Code de commerce

法国商法典 上册

罗结珍 译

著作权合同登记号　图字:01-2013-8573
图书在版编目(CIP)数据

法国商法典:全3册/罗结珍译. —北京:北京大学出版社,2015.9
ISBN 978-7-301-26233-7

Ⅰ.①法… Ⅱ.①罗… Ⅲ.①商法—法国 Ⅳ.①D956.539.9

中国版本图书馆 CIP 数据核字(2015)第 206730 号

CODE DE COMMERCE 2014
ⓒ DALLOZ Publisher，2014

书　　　名	法国商法典（上中下册）
著作责任者	罗结珍　译
责任编辑	罗　玲
标准书号	ISBN 978-7-301-26233-7
出版发行	北京大学出版社
地　　　址	北京市海淀区成府路 205 号　100871
网　　　址	http://www.pup.cn
电子信箱	law@pup.pku.edu.cn
新浪微博	@北京大学出版社　@北大出版社法律图书
电　　　话	邮购部 62752015　发行部 62750672　编辑部 62752027
印　刷　者	北京大学印刷厂
经　销　者	新华书店
	965 毫米×1300 毫米　16 开本　105.25 印张　1774 千字
	2015 年 9 月第 1 版　2015 年 9 月第 1 次印刷
定　　　价	240.00 元（全三册）

未经许可，不得以任何方式复制或抄袭本书之部分或全部内容。
版权所有，侵权必究
举报电话：010-62752024　电子信箱：fd@pup.pku.edu.cn
图书如有印装质量问题，请与出版部联系，电话：010-62756370

译 者 序

19世纪初,法国人怀着强烈的政治意愿、全新的立法观念,开启了人类法制史上的辉煌篇章,先后制定了五部著名法典①:《民法典》(1804年)②、《民事诉讼法典》(1806年)、《商法典》(1807年)、《刑法典》(1810年)和《重罪审理法典》(1811年)③。

中世纪的欧洲,习惯法在商事领域占据主导地位。地中海沿岸的各自治城市,有关商人、商业事务的习惯规则被人们通称为"商人法"(lois des commerçants, Law Merchant)。商人法是协调商人之间相互关系的自治规则,体现的是商人团体的共同意愿,其效力仅及于作为团体成员的商人。这种以习惯法形式体现的商人法是商法独立的初始形态,其涉及的内容十分广泛:商人资格、商号、商事合伙、商事代理、居间、行纪、借贷、票据、保险、海商等。一般认为,近代商法起源于欧洲中世纪的商人习惯法。商人习惯法或商人法是商法的最早表现形式。

古代法兰西王国南北不同地区并无统一的制定法。16世纪,商事领域的立法活动在习惯法规则的基础上开始启动。国王查理九世曾诏令米歇尔·德·奥斯皮泰尔(Michel de l'Hospital)主持起草一部"海商敕令",也称为"1563年敕令"(l'édit de 1563)。这部敕令规定在若干商业城市设立"商事裁判所"(les juridictions consulaires,商法庭),负责处理普通商事案件,商事裁判组织方面因此有所规范。但是,整个16世纪,法国并未进行真正意义上的有组织的商事立法活动。17世纪上半叶,国王路易十三于1627年6月27日发布诏令,由掌玺大臣(亦称"掌玺官",通常为法务大臣)米歇尔·德·马利亚克(Michel de Marillac)负责起草了一部涉及诸多商事问题的法令,但这项法令遭到当时各高等法院的抵制,仅部分得到实施。人们还借用法令主要制

---

① 这五部法典也统称为"拿破仑法典",但《拿破仑法典》通常仅指法国《民法典》。——译者注

② 法国《民法典》最初的法文名称为"Le Code Civil des Français",应为《法国人之民法典》,后改为《民法典》(Code Civil)。——译者注

③ 1810年法国"刑事诉讼法典"原文名称为"code d'instruction criminelle",译为《重罪审理法典》或《刑事审理法典》,与后来的《刑事诉讼法典》(Code de procédure pénale)名称不同。——译者注

定者的名字的谐音,将其谑称为"米醋法典"(code Michau)。① 1630年,马利亚克因其他缘故失宠,由其主持制定的商事法令也无果而终。但是,这项法令的制定,展现了法国人统一商事习惯、制定成文法典的意愿,预示着路易十四时代一系列著名的大法令势将应运而生。

自诩为"太阳王"的路易十四依靠财政总监(contrôleur général des finances)让·巴帕底斯特·柯尔贝(Jean Baptiste Colbert)的支持,对王国行政管理的法律基础构建进行了一系列重大改革,前后十多年的时间制定并颁布了5项大法令(les grandes ordonnances),将王国极为分散的立法初步统一起来。

这5部法令中的前4部法令分别是:民事诉讼法令(1667年),刑事诉讼法令(1670年),森林法令(1669年),以及陆上商事法令(l'Ordonnance sur le commerce terrestre,1673年,简称"商事法令",又称"商事敕令");但陆上商事法令中没有关于海商方面的规定,于是,1681年又颁布了第5部法令即海商法令。

虽然人们通常认为1673年与1681年的两项大法令是最早的国家层面的商事法,实际上,在此之前,法国在商事立法活动方面就已经进行了近百年的尝试与努力。

古代欧洲,商人之间发生的争议很少提交法院裁判;行会组织在中世纪发挥着重要作用:商人之间的权利、义务与责任通常按照行会方式来认定与处理;这一时期,法国先后出现了三种不同的商事裁判组织,它们是"沙特莱"(le Châtelet),即"商事裁判所"(la juridiction consulaire,创立于1563年),"城市商人事务所"(le Bureau de la ville)以及"商人事务裁判所"(prévôté des marchands)。随着商业的繁荣兴旺,人们越来越认识到"统一并简化商事立法的必要性",越来越认识到商业"应当享有自由","讲求效率"。受领王命的柯尔贝希望通过颁布敕令,改变当时商业方面的混乱局面。在制定1673年"商事法令"的过程中,柯尔贝非常重视实际调查,深入听取"商事裁判官"和"优秀城市社团或团体"的意见。1673年的商事法令虽然名为"Ordonnance"(法令、条例),实际上是一项"国王敕令"(édit),共分12编计112条。法令由柯尔贝主导,主要起草人是雅克·撒瓦利(Jacque Savary),因此,也称为"柯尔贝法令"或者"撒瓦利法典"(Code Savary)。②

---

① 这里的"米醋"两字仅仅是音译,以表嘲讽之意,并非原文有此含义。——译者注
② 因此,1673年的"商事法令"有不同译名——商事"敕令"、商事"法令"、商事"条例"等。——译者注

1673年"商事法令"(敕令)的序言明确宣告:"商业乃公共富足之泉源,个人殷实之所系。吾辈竭诚为我王国之商业繁荣,经年不息。""彼等(商业)机构业已获得吾辈期待之成功业绩,立规定则,乃吾辈当尽之责,唯此,方能防止冗长讼案,倡扬商家诚善信誉,消弭欺诈之风。""商事法令"继承了中世纪的传统,展现了所谓"柯尔贝主义"的重商思想,是处萌芽时代的商品经济法律规则之集大成。法令将商事活动视为法兰西"王国生活的根本要素",确认了商事活动在社会中的重要地位,而且将商事立法作为独立议题,对商法的基本问题作了较为详细的规定,被看成是法国历史上的第一部"商法典"。直至法国大革命爆发、旧制度终结,这部法令一直是法兰西王国最基本的商事法律文件。

"商事法令"颁布后不久,雅克·撒瓦利写了一部著作,题为《论完美之商人》(le parfait Négociant),阐释了1673年法令中尚未涉及的诸多问题。该书一时畅销全国,多次再版,"巴黎纸贵"。然而,在当时的社会条件下,习惯法在商业领域仍然占据着绝对的主宰地位,所谓"习惯即国王"(l'usage est roi),是当时的流行语。不过,许多有识之士也清醒地看到,1673年法令难以适应社会经济与商业发展的需要,用E. Vincens的话来说,1673年的"商事敕令"乃是一部"为处于孩提时代的商业"制定的"法典"。许多人先后对该法令提出了修改意见,几乎所有的法院都希望"制定一部能够统一商事判例的法律,以保障商人们在法兰西王国内安居乐业,促进商业更加繁荣"。1774年,掌玺大臣胡·德·米罗梅尼尔在各商事裁判所与商法庭进行了广泛调研,并于1778年任命了一个由6名成员组成的委员会,负责起草新的商事法令;但也有人认为,1673年的法令无须进行重大修改,新的"商法典"只需要沿袭法令的规定即可。米罗梅尼尔于1782年完成了修改草案的起草工作,商法仍然被精心局限在"撒瓦利法典"的框架之内。修改草案于1783年提交当时的巴黎最高法院(le parlement,法国大革命前的名称),然而,新法令尚未问世就爆发了影响深远的法国大革命,整个社会处在政治大变革的浪潮之中。除政治上的原因之外,立法技术方面也遇到了困难:法国当时尚无一部具有民事基本法地位的民法典。在民商分立的立法体系内,商法是民法的特别法,《商法典》必须考虑《民法典》的规定,没有成功的《民法典》,很难设想制定一部成功的《商法典》。E. Vincens指出:"在尚无基本法律的状况下,怎么谈得上制定特别法?"

法国资产阶级大革命的成功为19世纪初的大规模"法典化"运动创造了前所未有的历史机遇与社会环境。1807年法国《商法典》的制定并非"白手起家",它既是对法国传统商事习惯法的继承,又展现了新的思想基础,进一步巩固了民商分立制度的传统。以"拿破仑法典"为代表的欧洲大陆法典化运动是理性主义哲学在法学领域的认同与实践;伏尔泰、卢梭、孟德斯鸠等先驱为新社会的政治、法律的构建提供了坚实的理论准备。1800年8月14日,时任第一执政的拿破仑指定了由波塔利斯等4位杰出法学家组成的《民法典》起草委员会,并于1804年颁布了对后世有着深远影响的《法国人之民法典》(code civil des Français)。《民法典》四人起草委员会中,波塔利斯、特龙谢和普雷阿梅纳是律师出身,马尔维尔是司法官。拿破仑本人不仅在战场上是一位叱咤风云、才华横溢的军事家,在治理国家方面同样有着远见卓识,称得上一流的开明政治家;他将《民法典》的起草重任交给了政治背景不同、经历不同但在此前30年中有从事本行实际经验的人去完成,如同他任用军事将领一样,展现了任人唯贤、知人善用的胸怀。

《民法典》起草委员会成立后半年多,1801年4月3日执政府又决定成立由7名成员组成的《商法典》起草委员会。这7名成员都是有丰富实践经验的业内人士,他们是:巴黎上诉法院法官戈尔诺(Gorneau)、商事法院院长维农(Vignon)、原商事法官布尔谢(Boursier)、法学家莱格拉斯(Legras)、原司法官古伦贝(Coulomb)、济贫院总管穆尔格(Mourgues)以及里昂著名商人维塔尔·卢(Vital-Roux)。维塔尔·卢在共和九年(1800年)出版了一部著作,题为《论政府对商业繁荣的影响》。该书第一部分阐释了"商事公法",第二部分深入论证了"商法典"的起草与制定,堪称一部名副其实的"商法典编纂简论"。维塔尔·卢强调商事法律的独立性与特殊性,认为"商事立法完全不同于民事立法",如同将"民法典"交给在民法方面有实际经验的人一样,"商法典"也应当是"商人之作",而不能仅仅出自理论界人士之手。如果说《民法典》实际上是"民事宪法",那么,《商法典》就应当成为一部包含基本原则的"商事宪法"。

在《商法典》起草过程中,时任掌玺官(法务大臣)的胡·德·米罗梅尼尔主持进行的调研工作起到了决定性作用。《商法典》起草委员会遵照指令,以1673年和1681年的两项法令为基础,仅用了8个月的时间,于1801年12月4日(共和十年霜月13日)向政府提交了第一份草案。第二天,法典草案即送交各商事法院、上诉法院与最高法院,并要求在2个月内提出修改意见。根据各法院提出的大量意见和建议,起草委员会对草案进行了修改,然后送交国家参议院(Conseil d'Etat,即现今的最高行政法院),并于1803年以"《商法典》修改稿"的名义,连同各种修改建议一起同时向全国公示。然而,法典草案送到国家参议院后,在那里却延搁了很长时间。当时的国家参议院内基本上没有商人的代表,其中在负责"商法典草案"讨论的部门里也只有曾经担任过商事案件代理律师的柯尔维托(Corvetto)与船东富商贝谷恩(Begouën)尚可凭借自己的实践体验,提出商界在实践中关心的问题。从1806年11月4日开始,国家参议院的讨论一直延续了9个多月,期间举行了60多次会议,仅第一卷"商事总则"就先后修改了5稿。1805—1806年间,法国发生了一些引起重大社会反响的破产案,商业声誉降到了低点,此时已经称为"皇帝"的拿破仑对商业领域的投机之风非常恼火,担心法兰西银行面临倒闭风险,对正在拟订中的有关破产法的规定十分关注,责令起草委员会加紧工作,并亲自主持《商法典》草案修改会议。其时,法国面对着英国、普鲁士与俄国结成的第四次反法联盟的进攻,为了保卫法兰西大革命的成果,拿破仑正在远离巴黎的前线指挥法军与强敌殊死搏斗,法军先后在耶拿等地取得重大胜利。1807年7月27日,刚刚返回巴黎近郊圣—克卢(Saint-Clou)的拿破仑顾不上休息,立即了解《商法典》的制定情况,第二天就召集了国家参议院会议。在这位皇帝看来,法典草案对破产欺诈行为的处罚力度不够,应当更加严厉一些;后来有人据此认为,法国《商法典》完全是为了满足法国对外侵略战争的要求,解决军火供应方面的问题,在拿破仑一怒之下而制定的一部法典。这种评论有失偏颇。参加修改稿讨论的贝谷恩、康巴塞雷斯等人的发言使拿破仑所持的过于严厉的态度有所缓和,原草案的有关规定得到维持。7月29日和8月8日,拿破仑又主持了3场会议并对诸如公司、期票等问题提出了自己的见解。如同法国《民法典》一样,组成《商法典》的各项法律也深深打上拿破仑的思想烙印。法典全文终于提交立法会议(le Corps législatif)讨论通过,并由1807年9月15日的法律予以颁布。"拿破仑法典"家族中的第三名重要成员由此诞生。

新颁布的《商法典》自1808年1月1日起开始施行(人们在谈到这部法典时,常常会提到不同的日期)。组成法典的各项法律共分4卷计648个条文:第一卷"商事总则",包括第一编"商人"(第1—7条),第二编"商人会计"(第8—17条),第三编"公司"(第18—46条),第四编"商事注册"(第47—70条),第五编"商品交易所、证券经纪人和居间商"(第71—78条,第79—90条为过渡条款),第六编"质押和行纪商"(第91—108条),第七编"商事行为的证据"(第109条),第八编"汇票和本票"(第110—189条);第二卷"海商"(第190—436条);第三卷"破产与破产欺诈罪"(第437—614条);第四卷"商事法院"(第615—648条)。

1807年《商法典》的制定者对这部法典抱有很高的期望,自认为它将成为"一部具有普遍意义的法典"。国家参议院在说明《商法典》的立法理由时声称:"至关重要的是,法兰西帝国《商法典》的制定,应当遵照'能够使其产生普遍影响的原则',应当遵从'与重要商事习惯协调一致的原则'。"新的《商法典》继承了历史传统,肯定了1673年(柯尔贝)"商事敕令"的精神与原则,并深受其影响。然而,"卑微地迎合先时之法",恰恰是这部商法典的最大不足。法典的制定者对欧洲工业与商业领域的真正革命缺乏深刻的预见意识,但与旧时法律相比,《商法典》将"商事行为"作为其立足基石,采取了商法客观主义理念:《商法典》要调整的不是特别类型的法律主体,而是特定类型的行为,它是商事法典,而不是商人法典,传统的商人法(商人习惯法)转变为商事行为法。《商法典》将法国大革命的价值带进了商业领域,确认了公民在法律面前一律平等以及"经商自由""商事结社自由"等思想观念,确认了"制定法高于商业习惯(法)"的地位,确认了商法的普遍性与特殊性。

1807年的法国《商法典》是世界上第一部真正意义上的独立的商法典,首开民商分立法典之先河,标志着民商分立的立法体系的确立。商法成为一个独立的法律部门。法典确立了以商事行为与商事组织为主要调整对象的商法体系。早在18世纪上半叶,法国著名法学家波蒂埃(Pothier)就从理论上阐明了民法所应有的主导地位。民法是"一般私法",商法则是"特别私法",商业习惯和商事法庭的判例被看成是民法的例外(exception au droit civil)。《商法典》的制定需要遵循"民法的导向",商法的调整对象是民法的一般规范不足以调整的,基于行为的性质、形式与实际需要而应当作出特别规定的诸多问题。商法是适用于商人与商事行为(商事活动)的全部法律规范的总称。

1807年的《商法典》确认了在商事领域统一法院判决的必要性。商事法院是司法系统的"专门法院"(juridictions d'exception)①;在最高法院内应当设置专门的"商事庭",对商事立法作出统一解释。维塔尔·卢在其著作中认为"商事法院乃商法之基石,应当独立于民事法院";时任国家参议院秘书长的洛克雷男爵(Le baron Locré)在阐述商事法院作为专门法院的原因时说:商业应当有其必要的"庇护所"(abri),没有这个庇护所,商业便无从获得信心与力量。商事法院的设置应当遵从以下原则:法官应有从事商业活动的实践经验,当事人之间的辩论应当简化,程序应当快捷(expéditive),判决执行应当迅速。

1807年的《商法典》改进了有关破产的法律制度,规范了证券交易,增加

---

① 在法国法院系统中,"专门法院"有别于"特别法庭"。——译者注

了商事领域的刑事规定；第一次对实践中早已存在的"可以发行股票的股票制公司"——股份有限公司与股份两合公司进行了规范，并且是这方面的第一份官方法律文件。基于所有的股东仅承担有限责任的规则，法典规定，设立股份有限公司需经政府批准（至1867年为止）；与此相反，股份两合公司的设立则是完全自由的，因为，当时人们错误地认为，在这类公司里既然无限责任股东应承担无限连带责任，就足以构成对第三人的严肃担保。

1807年9月15日颁布《商法典》的法律虽然规定自新的《商法典》开始实施，与商法有关的所有旧法全部废止，但实际上并非如此，商事习惯法仍然保留着一定的地位与空间，商法的适用也有一定的灵活性。洛克雷男爵在阐释《商法典》的精神时指出："其他补充规定自然是不可缺少的。"国家参议院在1811年12月13日的通知（avis）中也确认，商事法院在裁判涉及适用《商法典》的问题时，如果法典本身没有明确的条文规定，可以按照普通法与商事习惯进行裁判。

1807年的《商法典》虽然是一部现代商事立法的开山之作，但它并没有实现立法者当初所希望的宏伟目标，没有成为一部真正的"商事宪法"，也没有获得法国《民法典》那样高的地位，有些法国学者甚至认为它仅够得上"一部平庸之作"。尽管如此，在19世纪近代商事立法的起步阶段，法国《商法典》的制定仍然具有划时代意义，它在大陆法系国家一度树立了法国商事立法的领先地位，对后世的商事立法产生过很大的影响，除原法国在非洲的殖民地国家之外，比利时、荷兰、希腊、土耳其等国家的商法典都是以法国《商法典》为直接蓝本；同属大陆法系的德国与日本，《商法典》的颁布时间则分别后于法国五十至八十多年。

法国《商法典》问世之后的二百年间，随着工业革命和资本主义经济的高度发展，法国社会完全改变了旧时的面貌，科学技术成果辉煌，工业、商业以及国际间的经济贸易关系也发生了翻天覆地的变化。19世纪初制定的《商法典》显然已经老旧，不能适应时代的需要，其先天不足也更加显露出来，在这种情况下，法国商事立法领域出现了以下相互联系的状况：

其一，相关法律修改频繁：例如，有关公司与破产倒闭的立法在1838年、1856年、1863年、1867年先后多次修改，1955年至2001年期间又数次修订了有关规定；一度相当完善的1966年7月24日的商事公司法也经常处在修改当中；2001年新的"集体程序法"编入《商法典》第六卷，2003年、2004年、2005年及此后分别对这一卷的规定又进行了重大修改。

其二，商事立法出现了一段"去法典化"（décodification）的过程。这里的所谓"去法典化",并不是说法国人放弃了制定或编纂法典的传统,仅仅是说,在特定领域编纂法典的条件尚未成熟时,先在法典之外进行单行法的立法活动,同时废止(原)法典的相关规定,这样,法典的原有的卷、编、章、节就会暂时空缺。《商法典》是这方面的典型例子(2008年后的法国《民法典》也出现了这种情况)。如前所述,由于社会经济的迅速发展,一方面需要频繁修改不适用社会实际情况的原有规范和制度,另一方面更需要增加、补充新的制度与规定。例如,《商法典》原来的第一卷第三编(第18条至第46条)有关公司的规范在1867年改革时虽然有所补充,但改革后的条文一直作为单行法存在于法典之外;1966年7月24日的商事公司法虽然是一项比较完善的现代公司立法,它废止了《商法典》原第三编的全部规定,但在很长时间里这部法律始终没有正式编纂入《商法典》,而是作为一项独立的法律文件汇编在法典之内;1909年3月17日关于营业资产买卖与质押的法律,1935年关于营业资产买卖价金清偿的法律,1953年9月30日关于商业、工业、手工业用途的建筑物与场所的商事租约延展时出租人与承租人关系的第53-960号法令,1986年有关价格自由与竞争的第86-1243号法令,1967年、1985年有关司法重整与司法清算的法律,也都是相同情况;还有其他一些商事法规仍然分散在《商法典》之外。直至2000年9月18日法令重新编纂《商法典》之前,1807年《商法典》原有的648个条文中仅剩150多个条文仍然适用:在一段时间里,《商法典》几乎成为一个"空壳"。

其三,商法调整范围不断扩展。现代社会,经济活动、商务活动的领域无限广阔:工业生产、商业贸易、手工业、加工承揽、金融市场与金融工具、工商管理、人力资源与劳动法规、价格与竞争规范、消费者权益保障、环境保护、卫生标准与监督、商业方面的无形权利或知识产权、旅游休闲活动等,都与商法有着紧密关系;商法几乎成为社会的一部通用法律,可以融合或囊括商业法、公司法、金融法、工商管理(例如工商登记)以及其他经济法方面的内容。现代商法显然不再是传统的"商业法"(le droit commercial,商贸法)。各种经济、商务活动领域的法律、法规的交叉,使商法成为一个开放的天地,《商法典》几乎成为一个博大的容器,也就是说,其规范的内容有着很大的伸缩性。以法国Dalloz出版社2010年版的《商法典》为例,除组成《商法典》本身的立法部分与(实施)法令(行政法规)两大部分之外,还有一个涉及范围很广的"附目"(appendice),其中编入了有关商业广告、承包与分包、手工业者、竞争以及属于民法范畴的财产托管、银行担保、金钱借贷、买卖等诸多内容,《货币与金融法典》也是其中的一部分。如今,一部《商法典》加上判例与注释,全书长达 3400 多页。

现代《商法典》究竟应当包括哪些最基本的内容？对于这一问题，始终存在着各种观点与见解。传统"商法"（le droit commercial）是有关商人职业活动的法律规范的总称，调整对象是商人之间的商事活动关系，而"商法"是适用于商事行为的法律制度，但是，作为法国《商法典》立足基石的"商事行为"却没有任何明确的法律定义，甚至很难作出定义。现行的法国《商法典》第 L110-1 条与第 L110-2 条仍然采取列举方式，将买卖、租赁、居间、行纪、代理、代办、运输、拍卖、汇兑、银行、汇票甚至制造业等行为都囊括为商事行为。与此同时，商事行为也是认定商人资格的唯一标准：法典第 L121-1 条规定，"实施商事行为并将其作为经常性职业的人是商人"。于是，就出现了这样一个循环反复的逻辑：商人就是实施商事行为的人；商事行为就是商人实施的行为。法国学者针对这种以商事行为和商人为中心的商法构建模式提出了一个新的概念——"droit des affaires"。有关"商法"的专著和教科书也往往以此为书名，法律专业与综合性大学也设置这门课程，有的著作甚至以"le droit commercial et des affaires"作为书名，同时使用"commercial"与"des affaires"两个概念。总体来说，传统的"商法"（droit commercial，或称商业法、商贸法）概念出现的频率相对减少。从语义上看，法文"affaires"（复数）一词既是指"商业""商务"，也指"工商企业"；"homme d'affaires"可称为"工商业者"或"企业家""实业家"。我国有学者认为，商法中的"商"与"商事"是同一概念，只不过范围上有广义与狭义之分，"商事"（法）以公司、票据、破产等方面的规定为主要内容，所以，"droit des affaires"似可译为"商事法"或"商务法"；在法国学者看来，"droit des affaires"这一概念更能涵盖现代商法应当包含的领域，它可以接受民法、刑法、社会法、税法等部门法的相应规范，具有跨部门法的性质，适用范围更为广阔，例如，商人选择实行的夫妻财产制度影响其营业资产买卖所适用的规则，营业资产的转移也不能离开继承法的特定规则；现在，法国大多数商法著作都将"适用于商人、商业企业、商业合同与商业活动的传统商法"作为"droit des affaires"的一个组成部分。但是，将不同部门法的规则放进同一个"箩筐"，这种做法也受到反对意见的批评："droit des affaires"同样是一个不甚清晰的模糊概念，对其作出准确定义仍然存在很大难度。①

---

① "droit des affaires"一语有各种不同的翻译，例如，"工商事业法""企业法""商贸法"或者仍然称其为"商法"。译者倾向于采用"商事法"或"商务法"的概念。期待学者见仁见智，提出更好的译名。——译者注

其四,商法的"公法化"倾向。传统上,商法属于私法范畴,是私法的一个分支。不过,关于这一问题,早在1807年法国《商法典》的制定过程中就存在针锋相对的意见。有人认为,商法既应包括私法规范,也应包括公法规范,因此《商法典》的结构应当包括两大部分。当时,由于这种观点缺乏成熟的逻辑论证,而且没有提出一个可行的构架,最终没有得到采纳;虽然如此,最后通过的1807年《商法典》并非不包括公法性质的规定;现行的《商法典》更是如此。国家对经济生活的干预、工商业管理规则、价格制度、竞争法则、环境保护等行政法规,很难归入私法范畴;以1966年的商事公司法为例,其中规定了大量的刑事处罚条款(第423条至第489条近70个条文,现在已大幅减少),法国现行的《司法组织法典》没有关于"商事法院"等专门法院的规定,有关商事法院的组织规则编在《商法典》第七卷;许多属于社会法范畴的规则,同样涉及"droit des affaires";从法国最高法院的判例来看,对"从事经济活动的公法人"适用商事法律规范的情况也越来越多,如此等等,现代商法被涂上了更多的公法色彩。

其五,《商法典》的重新编纂。自19世纪初成功制定以《民法典》为代表的五大法典之后,法国人编纂法典的热情从未退减。早在1905年,法国政府就提出了"按照既定法编纂法典"(codification à droit constant)的计划,但是,这种"通过行政途径"编纂法典的方式并未得到立法权力机关的青睐。1934年法国政府开始采用"法律性法令"(la procédure des décrets-lois)程序;1948年又成立了一个专门委员会负责法典编纂事务。法国历届政府都怀着雄心壮志,要实现法国法的全面法典化。自1989年以后,经过10年,几经周折,议会终于批准政府采取"立法授权法令"(l'ordonnance)的形式编纂法典。自此,编纂法典的热情延烧到所有的部门法,取得的成果也令人叹为观止,据不完全统计,至2008年7月1日止,大约有40.8%的法国法律编纂成法典,其中包括立法文件以及部分实施条例。仅2007年与2008年就先后编纂了新的《劳动法典》(code du travail)、《国防法典》(code de la défense)、《环境法典》(code de l'environnement)的条例部分、《社会行动与家庭法典》(code de l'action sociale et des familles)、新的《司法组织法典》(code de l'organisation judiciaire)、《军法典》(code de justice militaire)、《体育法典》(code du sport),当然还有新的《商法典》;正在编纂中的有《国内安全法典》(code de la sécurité intérieure)、《能源法典》(code de l'énergie)、《民事强制执行程序法典》(code des voies civiles d'exécution,现已制定)、《公共财会法典》(code de la comptabilité publique);重新编纂的有《消费法典》(code de la consommation)、

《选举法典》(code électoral)及《刑事诉讼法典》(code de procédure pénale)。今天,由法国legifrance网站发布的、有正式名称的法典近70余部。系统编纂法典已经成为法国立法实践的最突出特色。法国人对法国的众多法典,既怀有对其立法质量自我欣赏之情,也有对某些法典存在的不可拯救的缺陷的苦涩责备。在法国,实际上存在两种所谓"法典化"(codification)的方式:其一是(直接)"制定法典"(当然,即使是直接制定法典,也首先是分别制定不同的卷编,然后再合成一个整体,1804年的《民法典》、20世纪70年代的《新民事诉讼法典》即是如此)。法典的制定过程遵循的是学说、法理,整部法典一开始就有着严密的内在结构,是一个不可分割的协调整体;因此,"制定法典"被视为"货真价实的法典化",是具有"革新精神或原创性的法典化"(codification réformatrice ou novatrice)。拿破仑时代制定的五大法典,尤其是《民法典》,就是最具意义的代表。第二种方式是所谓"按照既定法编纂法典"(codification à droit constant,也称"恒定法编纂",但"恒定"一词意味"不变",因此宜用"既定")。基本做法是:遵照"法典编纂高级委员会"确定的一般规则以及"立法授权法"的特别规定,对特定领域现有的、有效法律条文进行形式上集中、归类、编排、组合,编纂成一部完整的法典,对编入法典的条文(原有)的文字表述不做任何"实质性修改"。例如,1966年的商事公司法的全文编入现行的《商法典》第二卷(第L210-1条至第L252-13条),原商事公司法第1条成为《商法典》的第L210-1条,依次顺推。然而,法国现行的立法文件与行政法规浩如烟海,修改频繁,再加上与相应条文有关的判例解释,确定一部法典的内容,并不容易,既要避免兼收并蓄,又要避免挂一漏万,因此,每一部法典的编纂都是一项浩繁的巨大工程,既要审慎细致,又要有很高的工作效率。一部法典,无论其诞生的方式如何,毕竟不是"法律文件汇编",必须尊重法律规范的层级(法律、法令、条例),至少应做到构架合理、结构完整、体例统一,卷编章节及条文相互协调,不同法律规范之间不发生冲突。实际上,"按照既定法编纂法典"仅仅是一种"形式上的法典化"(codification formelle),主要体现的是"将法典作为形式工具"的思想。按照这种方式编撰的法典,虽然便于人们查阅与运用,但却很难达到"直接制定法典"可能达到的理想目标与理论高度。

除此之外,在编纂法典时,仍然有必要对收入的法律条文的编排与体例进行适当调整(例如,《商法典》条文序号后面的括号中标明的原法律条文的顺序常有调动),修正或取消那些已经过时的或者不再使用的术语或表述。例如,过去在许多单行立法文件中使用的(证券交易)"经纪人"(agents de change)概念,1988年改用"证券交易公司"(sociétés de bourse),1996年又改用一个含义更广的概念——"投资服务提供人"(prestataires de service d'investissement),因此,在编纂新的《商法典》时,凡是使用原术语的条文均作了相应修改;又例如,《商法典》中所有的刑事处罚条款必须与新《刑法典》的规范一致,新《刑法典》第121-3条表述了一项适用于所有重罪与轻罪的原则:"无犯罪之故意,即无重罪与轻罪。"这样,凡是规定重罪与轻罪的条文均无须对"故意"这一要件重复作出明文表述。

如上所述,法国立法机关在《商法典》之外制定了大量的单行法律,在一段时间里,《商法典》本身仅剩下"一个被掏空的框架"。这种局面当然不能继续。法国政府于1993年向国民议会提交了重新编纂《商法典》的法案,参议院一读通过之后,却被国民议会法律委员会"打回"(1994年),直到2000年9月18日,终于采用"授权法令"的形式颁布了《商法典》立法部分的全部条文;2001年5月关于经济新规范的法律又对法典的许多规定进行了修改;2007年3月25日的法令完成了法典条例(行政法规)部分的编纂;2009年最终推出了现行的法国《商法典》。法国人将这一过程称为"la re-codification",我们称之为法国商法的"再法典化"。

新的《商法典》并未废除1807年的《商法典》,而是对旧法典的改革,是《商法典》的重新编纂,不过,仅从卷编安排上我们就可以看到两者之间的巨大差别。新的《商法典》分为九卷,共有1800多个条文,许多条文有很多分条文。第一卷"商事总则",第二卷"公司及经济利益组织",第三卷"特定形式的买卖与排他性条款",第四卷"价格与竞争",第五卷"商业票据与担保",第六卷"企业困境",第七卷"商事组织",第八卷"有规范的职业",第九卷"适用于海外省与海外领土的规定"。

现行的法国《商法典》也显现出不可克服的缺陷,在一定程度上隐约可见"法律汇编"的面目。新法典是一个开放的体系,纳入了旧法典没有规范的新内容,调整范围不仅扩展或超越了传统的商事界限,而且外沿也没有明显的限制:商人、商行为、商人财会义务、商事证据自由、商法庭的特别管辖权、商业代理人、企业主配偶的法律地位以及对企业主家庭住所的法律保护、商事公司、经济利益合作组织、商事和公司登记制度、营业资产、商业租约、竞争法与价格自由、集体程序、会计监察人等商事领域的司法助理人员的执业规则、仓单质押、工具和设备材料的抵押等都是本书的重要篇章。

法国立法与行政法规的修改极为频繁,Dalloz出版社出版的许多法典每年一版,上一年出下一年版本,例如,2009年8月出版的《商法典》为2010年版(第105版),2012年7月出版2013年版(第108版),这就意味着第105版、第108版的内容不包括2009年与2012年下半年以后才修改的内容。依此类推。本书于2009年10月开始依据法国Dalloz出版社2010年版(第105版)Code de commerce翻译。由于出版周期较长,译者不得不先后根据2013年版与2014年版(第108版与第109版)以及法国政府网站Legifrance 2015年2月6日公布的文本进行修改,"司法解释"仍为2010年版收入的内容。原书篇幅长达3300多页,此次翻译的内容包括全部立法条文,部分法令条文以及部分司法解释。

需要特别提示的是,法国的法典条文中间往往插有许多写明"年月日第几号法律或法令"的括号,这些括号后面引号里的内容即是相应法律或法令的修改文字,有些条款甚至修改多次。因此,本书收入的许多判例往往是相关条文修改之前作出的判决,故书中常常出现"原第××条"之类的表述。

在法典的"司法解释"部分,编者不仅加了序号而且往往加了提示性标题,例如,"8. 租约的延展"。必须强调的是,这些提示性标题有时并不是直接概括其后的判决内容,容易引起误解,例如,"3. 顾客群体:用营业资产的次要要素设质,特别是用第1款所指的有形要素设质,并且是从其个体的角度来考虑时,所设立的质权,并不是第L142-1条意义上的营业资产质押,而是一种普通的(有形)动产质押合同"。这一段话的标题虽然写的是"顾客群体",但内容却没有提及这一概念,其意思恰恰是说:不包括顾客群体这一主要要素而设立的质押不属于营业资产设质。又例如,"6. 符合规定的通知:由承租人的享有质权的债权人的提出的清偿提议,在出租人向承租人发出解除租约的传唤状经过1个之后才送达出租人,而期限经过之后才送达的此种清偿提议不能产生效果,因此,应当宣告解除租约"。这里的标题是"符合规定的通知",而判例的内容说的是"不按照规定的期限进行的通知不能产生任何效果"。

为方便读者了解有关方面的问题,译者在若干编目之前加了一些简介,供参考。本书错误与不足在所难免,诚望批评指正。

罗结珍

2015年3月18日于北京

目　　录

上　　册

第一部分　立　法　部　分

第一卷　商　事　总　则

第一编　商事行为　/3
第二编　商人　/15
　第一章　商人定义及地位　/15
　　第一节　商人资格　/15
　　第二节　在家庭企业里工作的企业主的配偶或与企业主订立"紧密关系民事协议"的伙伴　/17
　第二章　外国商人　/19
　第三章　商人的一般义务　/20
　　第一节　"商事及公司注册登记簿"　/20
　　　第一目　应当进行注册登记的人　/20
　　　第二目　"商事及公司注册登记簿"的掌管以及与注册登记相关联的效果　/22
　　　第三目　申请注册登记的人的注册住所　/23
　　第二节　商人的财会制度　/29
　　　第一目　适用于所有商人的会计义务　/29
　　　第二目　适用于某些商自然人的财会义务　/32

第三目　流动性商业与手工业活动　/33
第四章　零售商合作社　/34
第五章　独立商人同名商店　/40
　　第一节　同名商店的开设　/40
　　第二节　同名商店的行政管理　/42
　　第三节　成员的认可与开除　/43
　　第四节　独立商人同名商店的解散　/45
第六章　合作担保公司　/45
第七章　对创业或恢复经济活动的企业计划提供扶持的合同　/45
第八章　全国被禁止担任管理职务的人员的信息检索系统　/47
第九章　有报酬的企业监管制度　/50

第三编　居间商、行纪商、承运人、商业代理人与独立的上门销售人　/51

第一章　居间商　/51
　　第一节　居间商总则　/51
　　第二节　经宣誓的商品居间商　/52
　　　第一目　宣誓的条件　/52
　　　第二目　经宣誓的商品居间商的职责　/54
　　　第三目　经宣誓的商品居间商的纪律　/56
　　　第四目　经宣誓的商品居间商全国理事会　/57
　　　第五目　适用条件　/57
第二章　行纪商　/57
　　第一节　行纪商通则　/57
　　第二节　运输行纪商　/63
第三章　承运人　/66
第四章　商业代理人　/68
第五章　独立的上门销售人　/76

第四编　营业资产　/81

第一章　营业资产的买卖　/86
　　第一节　买卖文书　/86
　　第二节　出卖人的优先权　/95

第三节　用工人数不到50人的企业里，在转让营业资产的情况下，为薪金雇员设置的提出要约的期限　/117

第二章　营业资产的设质　/118

第三章　营业资产的买卖与质押的共同规定　/123

第一节　质押物的变现以及债权担保登记的清除　/123

第二节　优先权登记的手续与注销　/136

第三节　中间人与价金的分配　/137

第四章　营业资产的租赁经营　/138

第五章　商业租约　/151

第一节　适用范围　/155

第二节　商业租约的期限　/156

第三节　租约的延展　/159

第四节　拒绝延展租约　/161

第五节　转租　/167

第六节　租金　/168

第六节（二）　场所的状态、租赁负担与税收　/171

第七节　租约的解除　/172

第八节　承租人经营活动的非专业化　/174

第九节　诉讼程序　/176

第六章　委托经营管理人　/182

第二卷　商事公司与经济利益合作组织

第一编　通则　/203

第二编　各种商事公司的特别规定　/206

第一章　合名公司　/206

第二章　普通两合公司　/211

第三章　有限责任公司　/213

第四章　可以发行股票的公司适用的规定　/227

第五章　股份有限公司　/229

第一节　股份有限公司的设立　/229

第一目 公开募集设立 /229

第二目 非公开募集设立 /232

第二节 股份有限公司的领导与管理 /233

第一目 董事会 /233

第二目 管理委员会与监事会 /251

第三目 股份有限公司中担任委任职务的人适用的共同规定 /265

第三节 股东大会 /267

第四节 公司资本的变更与薪金雇员股份制 /286

第一目 增加资本 /286

第二目 薪金雇员认股及购买股票 /310

第三目 资本的分期偿还 /324

第四目 减少资本 /325

第五目 公司认购、回购自己的股票或者用其股份设质 /325

第五节 股份有限公司的监督 /331

第六节 股份有限公司的转型 /334

第七节 股份有限公司的解散 /335

第八节 民事责任 /336

第九节 工人参股股份有限公司 /337

第六章 股份两合公司 /342

第七章 简化的可以发行股票的公司 /346

第八章 可以发行股票的公司发行的有价证券 /350

第一节 关于有价证券的共同规定 /350

第二节 股票 /355

第三节 几种正在消失的证券适用的规定 /363

第一目 一般规定 /363

第二目 投资证书 /363

第三目 优先股 /366

第四目 无表决权优先派息股 /367

第四节 代表债权的有价证券 /371

第一目 参与性证券 /371

第二目 公司债 /372

第五节 可以进入公司资本的有价证券或者有权分派债权凭证的

有价证券 /381

第一目 一般规定 /381

第二目 有关可以进入公司资本的有价证券的规定 /384

第九章 欧洲公司 /388

第三编 各种商事公司的共同规定 /394

第一章 可变资本 /394

第二章 公司账目 /395

第一节 会计文件 /395

第二节 公开募集资本的公司专有的文件 /397

第三节 费用的偿还与准备金(provisions) /398

第四节 利润 /398

第五节 账目的公示 /401

第三章 子公司、参股与被控股的公司 /403

第一节 定义 /403

第二节 通知与信息披露 /404

第三节 集团合并结算 /412

第四节 相互参股 /415

第五节 公开收购要约 /416

第四章 警报程序 /419

第五章 无效 /421

第六章 合并与分立 /424

第一节 一般规定 /424

第二节 有关股份有限公司的特别规定 /425

第三节 有关有限责任公司的特别规定 /429

第四节 关于公司跨国合并的特别规定 /430

第七章 清算 /432

第一节 一般规定 /432

第二节 适用于判决与裁定的规定 /433

第八章 作为指令 /437

第九章 公司股票与股份的出租 /439

第十章 在企业转让情况下向薪金雇员的告知 /441

第一节 为雇员人数不足50人的公司的薪金雇员能够取得本公司的多

数资本而提出购买本公司股份、股票或有价证券的要约的
期限 /441
第二节　雇员人数为50人至249人的公司为其薪金雇员能够提出旨在
取得公司多数资本而购买股份、股票或有价证券之要约所进行
的告知 /442

第四编　刑事规定 /444

第一章　与有限责任公司有关的犯罪行为 /444
第二章　与股份有限公司有关的犯罪行为 /446
第一节　与股份有限公司设立有关的犯罪行为 /446
第二节　与股份有限公司领导及管理有关的犯罪行为 /447
第三节　与股份有限公司股东大会有关的犯罪行为 /448
第四节　与公司变更资本有关的犯罪行为 /450
　第一目　增加资本 /450
　第二目　分期偿还资本 /451
　第三目　减少资本 /451
第五节　与股份有限公司的监督有关的犯罪行为 /451
第六节　与股份有限公司解散有关的犯罪行为 /452
第七节　与设立管理委员会和监事会的股份有限公司有关的
犯罪行为 /452
第八节　与工人参股股份有限公司有关的犯罪行为 /453

第三章　与股份两合公司有关的犯罪行为 /453
第四章　与简化的股份有限公司有关的犯罪行为 /453
第四章(二)　与欧洲公司有关的犯罪行为 /454
第五章　与可以发行股票的公司发行的有价证券有关的
犯罪行为 /454
第一节　与股票有关的犯罪行为 /454
第二节　与发起人股有关的犯罪行为 /455
第三节　与公司债有关的违法行为 /455
第四节　共同规定 /457
第五节　与设立管理委员会、监事会的股份有限公司有关的规定 /458

第六章　与各种形式的可以发行股票的公司均有关的
　　　　犯罪行为 /458
第七章　与各种形式的商事公司均有关的犯罪行为 /458
　第一节　与子公司、参股及被控股的公司有关的违法行为 /458
　第二节　与公告有关的犯罪行为 /460
　第三节　与公司清算有关的犯罪行为 /460
　第四节　与设立管理委员会及监事会的股份有限公司有关的
　　　　　规定 /461
　第五节　与可变资本公司有关的犯罪行为 /461
第八章　有关股份有限公司或欧洲公司总经理助理的规定 /462
第九章　自然人适用的附加刑罚 /462

第五编　经济利益合作组织 /463
　第一章　法国法规定的经济利益合作组织 /464
　第二章　欧洲经济利益合作组织 /470

第三卷　特定形式的买卖与排他性条款

第一编　清仓处理、摆摊销售、季节性减价、工厂店 /473
第二编　拍卖 /486
　第一章　动产任意拍卖 /490
　　第一节　一般规定 /490
　　　第一目　动产任意拍卖执业人 /494
　　　第二目　动产任意拍卖委员会 /508
　　第二节　欧盟成员国与欧洲经济区协议签字国的国民自由
　　　　　　提供动产任意拍卖活动之服务 /512
　　第三节　参与动产任意拍卖的鉴定师 /513
　　第四节　其他规定 /515
　第二章　其他拍卖 /516
第三编　排他性条款 /519

第四卷　价格与竞争自由

第一编　一般规定 /520
第二编　各种反竞争行为 /522
第三编　经济集中 /525
第四编　透明度、限制竞争的行为与其他受禁止的行为 /533
  序章　通则 /533
  第一章　透明度 /534
  第二章　各种限制竞争的行为 /540
  第三章　其他受到禁止的行为 /547
第五编　调查权力 /549
第六编　竞争主管机关 /554
  第一章　竞争主管机关的组织 /554
  第二章　竞争主管机关的职权 /558
  第三章　程序 /563
  第四章　决定与上诉 /565
第七编　其他规定 /571

中　册

第五卷　商业票据与担保

第一编　商业票据 /573
  第一章　汇票 /573
    第一节　汇票的开立与格式 /573
    第二节　存款资金 /574
    第三节　背书 /575
    第四节　承兑 /576

第五节　保证　/578
第六节　到期日　/578
第七节　付款　/579
第八节　不获承兑及不获付款情况下的追索权　/581
第九节　拒绝证书　/585
　第一目　拒绝证书的形式　/585
　第二目　公示　/586
　第三目　期限的延长　/587
第十节　转开汇票　/587
第十一节　参加　/588
　第一目　参加承兑　/588
　第二目　参加付款　/589
第十二节　复本及抄本　/589
　第一目　复本　/589
　第二目　抄本　/590
第十三节　变造　/590
第十四节　时效　/591
第十五节　通则　/591

第二章　本票　/592

第二编　担保　/594

第一章　有关商事质押的一般规定　/594

第二章　质押物的仓储寄托　/603

第一节　质押物仓储库的认可、转让与停止经营　/603
第二节　义务、责任与担保　/605
第三节　仓储库的运作与监督　/606
第四节　存入仓单与出质仓单　/606
第五节　制裁　/609

第三章　饭店融资质押　/609

第四章　石油仓单质押　/613

第五章　工具与设备的质押　/617

第六章　对个体企业经营者及配偶的保护　/623

第一节　财产不得扣押之声明　/623

第二节 有限责任个体企业主 /625
第七章 库存融资质押 /637

第六卷 企业困境

第一编 企业困境的预防 /644
第一章 企业困境的预防、专门委任及和解程序 /644
第二章 适用于从事经济活动的非商人私法法人的规定 /653

第二编 保护程序 /657
第一章 保护程序的开始 /662
第二章 观察期间的企业 /681
第三章 经济、社会与环保概报表的制定 /755
第四章 债务人概括财产的确定 /757
第一节 债权的审核与准许登记 /757
第二节 配偶的权利 /764
第三节 动产出卖人的权利以及动产的追还与返还 /765
第四节 适用于有限责任个体企业主的特别规定 /784
第五章 由劳动合同产生的债权的清偿 /784
第一节 债权的审核 /784
第二节 薪金雇员的优先权 /788
第三节 劳动合同产生的债权的支付保证 /789
第六章 保护方案 /792
第一节 保护方案草案的制定 /793
第二节 确定方案的判决与方案的执行 /797
第三节 债权人委员会 /812
第七章 没有司法管理人的情况下适用的特别规定 /815
第八章 加快的保护程序 /816
第一节 一般规定 /816
第一目 程序的开始 /816
第二目 加快的保护程序的效力 /817
第二节 加快的财务保护程序适用的特别规定 /818

第三编　司法重整程序 /820
第一章　司法重整的开始与进行 /820
第二章　特定行为之无效 /843

第四编　司法清算程序 /856
序章　实行司法清算的条件 /856
第一章　司法清算判决 /859
第二章　资产变现 /877
第一节　企业转让 /877
第二节　债务人资产的转让 /902
第三节　共同规定 /907
第三章　债务的清理 /909
第一节　债权人债权的清理 /909
第二节　司法清算活动的终结 /913
第四章　简化的司法清算程序 /916
第五章　恢复职业 /917

第五编　责任与制裁 /920
第一章　对资产不足承担的责任 /920
第二章　对公司债务的义务 /931
第三章　个人破产及其他禁止性措施 /932
第四章　破产欺诈罪及其他违法行为 /942
第一节　破产欺诈罪 /942
第二节　其他犯罪行为 /947
第三节　程序规则 /949

第六编　程序性一般规定 /951
第一章　救济途径 /951
第二章　其他规定 /954
第三章　诉讼费用 /956

第七编　适用于摩泽尔、上莱茵省与下莱茵省的特别例外规定 /959

第八编　适用于有限责任个体企业主的特别规定 /959

第七卷　商事法院及商事组织

第一编　工商会系统 /961
第一章　工商会系统的组织与任务 /963
第一节　各地域工商会与法兰西岛各省工商会 /963
第二节　地区工商会 /966
第三节　巴黎—法兰西岛地区工商会 /969
第四节　法国工商会大会 /969
第五节　工商会主办的学校 /971
第六节　地区工商会的地方工商会 /973
第二章　工商会系统各机构的行政管理 /973
第三章　地域工商会、地区工商会成员以及商事代表的选举 /976
第一节　地域工商会与地区工商会成员的选举 /976
第二节　商事代表的选举 /979
第三节　共同规定 /981

第二编　商事法院 /984
第一章　机构与管辖权 /987
第二章　组织及其运作 /989
第一节　商事法院的组织与运作 /989
第二节　商事法院法官的委任 /990
第三章　商事法院法官的选举 /992
第一节　选举人资格 /992
第二节　被选举人资格 /992
第三节　投票和选举程序 /993
第四章　商事法院法官的纪律 /994

第三编　特别商事法院 /996
第一章　适用于上莱茵省、下莱茵省及摩泽尔的规定 /996
第二章　适用于海外省与地区的规定 /996

第四编　商事法院书记室 /998
第一章　机构与任务 /998
第二章　从事商事法院书记员职业与其他司法和法律职业的

　　　　条件 /999
　第三章　执业条件 /999
　　第一节　巡视检查与纪律 /999
　　　第一目　巡视检查 /999
　　　第二目　纪律 /1000
　　第二节　商事法院书记员的执业方式 /1002
　　第三节　商事法院书记员的收费标准 /1002
　　第四节　商事法院书记员财会制度 /1003
第五编　商业布局 /1004
　第一章　商业网点布局委员会 /1006
　　第一节　省商业网点布局委员会 /1006
　　第二节　国家商业网点布局委员会 /1007
　　第三节　对商业网点布局状况的观测 /1009
　第二章　商业批准 /1010
　　第一节　需经批准的商业项目 /1010
　　第二节　省商业网点布局委员会的决定 /1013
　　第三节　对省商业网点布局委员会的决定的申诉 /1015
　　第四节　竞争主管机关对滥用经济支配地位的情况的监督 /1018
第六编　农副产品批发市场与商业展会 /1020
　第一章　民生利益市场 /1023
　第二章　商业展会 /1025

第八卷　某些受特别规则约束的职业

第一编　司法管理人、司法代理人、企业状况诊断鉴定人 /1027
　第一章　司法管理人 /1027
　　第一节　任务、任职与执业条件以及不得任职的各种情形 /1028
　　　第一目　任务 /1028
　　　第二目　取得执业资质的条件 /1028
　　　第三目　执业条件 /1031
　　　第四目　不得兼任职务的各种情况 /1031
　　第二节　监督、巡视与纪律 /1032

第一目 监督与巡视 /1032

第二目 纪律 /1033

第二章 司法代理人 /1035

第一节 任务、任职与执业条件以及不得任职的各种情形 /1036

第一目 任务 /1036

第二目 取得执业资质的条件 /1037

第三目 执业条件 /1039

第四目 不得兼任职务的各种情况 /1040

第二节 监督、巡视与纪律 /1041

第三章 企业状况诊断鉴定人 /1041

第四章 共同规定 /1042

第一节 对委员会的决定提出申诉以及对公共权力机关的代表权 /1042

第一目 对各委员会的决定提出申诉 /1042

第二目 对公共权力机关代表职业的权利 /1042

第二节 有关返还资金的担保、职业民事责任及报酬 /1043

第一目 有关返还资金的担保、职业民事责任 /1043

第二目 报酬 /1044

第三节 其他规定 /1044

第二编 会计监察人 /1046

序章 一般规定 /1051

第一章 职业的组织与监督 /1053

第二章 会计监察人的地位 /1059

第一节 登记与纪律 /1059

第一目 登记 /1059

第二目 纪律 /1063

第二节 会计监察人的职业道德规范与独立地位 /1064

第三节 民事责任 /1070

第三章 法定监督的实施 /1070

第一节 会计监察人的任命、回避与解职 /1070

第二节 会计监察人的任务 /1073

第三节 会计监察人执行任务的方式 /1074

第九卷 适用于海外(省、领地)的规定

下 册

第二部分 实施法令

第一卷 商事总则

第一编 商事行为(无条文) /1081
第二编 商人 /1081
　第一章 定义与地位 /1081
　第二章 外国商人 /1082
　第三章 商人的一般义务 /1084
　　序节 企业手续办理中心 /1084
　　第一节 商事及公司注册登记簿 /1084
　　　第一目 有义务进行注册登记的人 /1084
　　　第二目 "商事及公司注册登记簿"的掌管以及注册登记的效力 /1099
　　　第三目 自然人与法人的注册住所的设立 /1121
　　　第四目 有关欧洲公司的通知的公示 /1124
　　第二节 商人的账目 /1124
　　　第一目 适用于所有商人的财会义务 /1124
　　　第二目 适用于某些自然人商人的财会义务 /1134
　　　第三目 流动性商业与手工业活动 /1135
　　第三节 其他规定 /1138
　　　第一目 《民商事法定公告正式简报》 /1138
　　　第二目 全国企业及其机构的识别与查询检索系统 /1140
　　　第三目 企业统一识别号码 /1144
　　　第四目 在业务文件上应当记载的事项 /1144
　第四章 零售商合作社(无条文) /1146

第五章　独立商人的合名商店(无条文)　/1146
第六章　合作担保公司(无条文)　/1146
第七章　"支持创业合同"或"支持恢复经济活动合同"　/1146

第三编　居间商、行纪商、承运人与商业代理人　/1148

第一章　居间商　/1148
第一节　经宣誓的商品居间商在上诉法院名册上进行登记　/1148
第二节　经宣誓的商品居间商的保险与担保　/1150
第三节　经宣誓的商品居间商任职资质考试　/1151
第四节　经宣誓的商品居间商的纪律　/1152
第五节　经宣誓的商品居间商全国理事会　/1153

第二章　行纪商　/1164

第三章　承运人　/1164

第四章　商业代理人　/1164

第四编　营业资产　/1169

第一章　营业资产的买卖　/1169

第二章　营业资产的设质(无条文)　/1169

第三章　营业资产的买卖和设质的共同规定　/1169
第一节　质权的实现与登记债权的清偿　/1169
第二节　登记与注销手续　/1170
　第一目　登记　/1170
　第二目　注销　/1173
　第三目　特别规定　/1174
第三节　中间人与价金的分配　/1174

第四章　营业资产的"租赁—经营"　/1175
第一节　公告措施　/1175
第二节　有关公共运输企业及工业用车辆租赁的特别规定　/1175

第五章　商业租约　/1175
第一节　商业租约的延展　/1175
第二节　租金　/1175
　第一目　租赁价值的确定　/1175
　第二目　省商业、工业或手工业用途的建筑物或场所租金事务
　　　　　调解委员会　/1177

第三目　租金的调整　/1178
第三节　程序　/1179
第四节　环境保护方面的附件　/1179
第五节　租约负担、税收、使用费与工程费用　/1179
第六章　委托经营管理人　/1179

第二卷　商事公司及经济利益联合组织

第一编　序编　/1181
第一节　公司的设立与修改章程　/1181
第一目　公司的设立　/1181
第二目　章程的修改　/1183
第三目　补正手续之诉讼　/1184
第二节　公司的解散　/1184
第三节　公告的形式　/1185

第二编　有关各种商事公司的特别规定　/1186
第一章　合名公司　/1186
第二章　普通两合公司　/1188
第三章　有限责任公司　/1188
第四章　可以发行股票的公司适用的一般规定　/1196
第五章　股份有限公司　/1197
第一节　股份有限公司的设立　/1197
第一目　公开募集设立　/1197
第二目　非公开募集设立　/1200
第二节　股份有限公司的领导与管理　/1200
第一目　董事会与总经理　/1200
第二目　管理委员会与监事会　/1204
第三节　股东大会　/1208
第四节　公司资本的变更与雇员股份制　/1228
第一目　增加资本　/1228
第二目　薪金雇员认购或购买股票　/1236
第三目　资本的分期偿还　/1237

第四目　减少资本　/1238
　　　第五目　公司认购、回购自己的股票或者用其股票设质　/1240
　第五节　股份有限公司的监督　/1241
　第六节　股份有限公司的转型　/1242
　第七节　股份有限公司的解散　/1242
　第八节　民事责任　/1242
　第九节　工人参股股份有限公司　/1243

第六章　股份两合公司　/1243
第七章　简化的可以发行股票的公司　/1244
第八章　可以发行股票的公司发行的有价证券　/1244
　第一节　共同规定　/1244
　第二节　股票　/1247
　　　第一目　股票的发行、回购与转换　/1247
　　　第二目　对转让资本凭证和可以进入公司资本的有价证券的认可条款　/1249
　　　第三目　股东不履行义务　/1249
　　　第四目　没有进入规范市场交易的股票的合并　/1250
　第三节　正在消失的几种证券适用的规定　/1251
　　　第一目　投资证书　/1251
　　　第二目　无表决权优先股(无表决权优先派息股)　/1252
　第四节　参与性证券　/1254
　第五节　公司债　/1255
　第六节　可以进入公司资本或者有权分派债权凭证的有价证券　/1260

第九章　欧洲公司　/1263
　第一节　一般规定　/1263
　第二节　公司注册住所的迁移　/1264
　　　第一目　公示对第三人权利的保护　/1264
　　　第二目　对公司迁移注册住所的合法性审查　/1266
　第三节　欧洲公司的设立　/1267
　　　第一目　合并设立　/1267
　　　第二目　欧洲控股公司的设立　/1267
　第三节　通过股份有限公司转型设立欧洲公司　/1269
　第四节　欧洲公司的管理　/1270

第五节　欧洲公司转型为股份有限公司　/1270
第三编　对各种商事公司的共同规定　/1271
　第一章　可变资本(无条文)　/1271
　第二章　公司账目　/1271
　　第一节　会计文件　/1271
　　第二节　适用于股票准许进入规范市场交易的公司及其子公司的特别规定　/1273
　　第三节　利润　/1274
　　第四节　账目的公示　/1275
　第三章　子公司、参股与被控制的公司　/1275
　　第一节　通知与情况告知　/1275
　　第二节　集团结算账目　/1276
　　第三节　相互参股　/1282
　第四章　警告程序　/1283
　第五章　无效　/1285
　第六章　合并与分立　/1285
　　第二节　跨国合并适用的特别规定　/1290
　第七章　清算　/1292
　　第一节　一般规定　/1292
　　第二节　法院判决与裁定适用的规定　/1294
　第八章　作为指令(无条文)　/1296
　第九章　股票与股份的出租　/1296
第四编　刑事规定　/1297
　第一章　与有限责任公司有关的犯罪行为(无条文)　/1297
　第二章　与股份有限公司有关的犯罪行为(无条文)　/1297
　第三章　与股份两合公司有关的犯罪行为(无条文)　/1297
　第四章　与简化的股份有限公司有关的犯罪行为(无条文)　/1297
　第五章　与可以发行股票的公司发行的有价证券有关的犯罪行为(无条文)　/1297
　第六章　与各种形式的可以发行股票的公司共同有关的犯罪行为(无条文)　/1297
　第七章　各种形式的商事公司共同的犯罪行为　/1298

第八章　与股份有限公司或欧洲公司总经理助理有关的
　　　　规定（无条文）　/1299
第五编　经济利益合作组织　/1300
　　第一章　法国法规定的经济利益合作组织　/1300
　　第二章　欧洲经济利益合作组织　/1301

第三卷　特定形式的买卖与排他性条款

第一编　清仓处理、摆摊销售、季节性减价与工厂店　/1312
　　第一节　清仓处理　/1312
　　第二节　摆摊销售　/1313
　　第三节　季节性减价销售　/1314
　　第四节　工厂店或工厂仓储销售　/1315
　　第五节　制裁　/1315
第二编　拍卖　/1316
　　第一章　动产的任意拍卖　/1316
　　　第一节　一般规定　/1316
　　　　第一目　动产任意拍卖执业人　/1316
　　　　第二目　动产任意拍卖委员会　/1325
　　　第二节　欧洲共同体成员国与欧洲经济区协议签字国的国民在法国
　　　　　　　从事动产任意拍卖活动的自由　/1329
　　　第三节　在欧洲共同体成员国与欧洲经济区协议签字国内有资质主持
　　　　　　　动产任意拍卖活动的人在法国开业　/1329
　　　第四节　经动产任意拍卖委员会认可的专家鉴定人　/1330
　　　第五节　其他规定　/1331
　　第二章　其他拍卖　/1331
第三编　排他性条款　/1334

第四卷 价格自由与竞争自由

第一编 价格自由(无条文) /1336
第二编 各种反竞争行为 /1336
第三编 经济集中 /1338
第四编 透明度、限制竞争与其他受到禁止的实践行为 /1341
  第一章 透明度 /1343
  第二章 各种限制竞争的行为 /1343
  第三章 其他受禁止的行为(无条文) /1344
第五编 调查权力 /1345
第六编 竞争主管机关 /1347
  第一章 组织 /1347
  第二章 竞争主管机关的权限 /1347
  第三章 程序 /1348
  第四章 决定与申诉 /1348
第七编 其他规定 /1348

第五卷 商业票据及担保

第一编 商业票据 /1349
第二编 担保 /1349
  第一章 有关商事质权的一般规定 /1349
  第二章 质押物仓储库 /1349
    第一节 仓储库的认可、转让与停止经营 /1349
    第二节 义务、责任与担保 /1351
    第三节 质押物仓储库的运作与监督 /1352
    第四节 存入仓单与出质仓单 /1353
    第五节 制裁 /1353
  第三章 饭店融资质押 /1354

第四章　石油仓单质押　/1354
第五章　工具与设备的质押　/1355
第六章　对个体企业主及其配偶的保护　/1356
　第一节　关于财产不得扣押的申明　/1356
　第二节　有限责任个体企业主　/1357
　　第一目　共同规定　/1357
　　第二目　有限责任个体企业主的专门登记簿　/1360
第七章　仓储融资质押　/1362
　第一节　登记手续　/1362
　第二节　变更手续　/1363
　第三节　登记的效力　/1364
　第四节　登记的注销　/1364
　第五节　法院书记员的义务　/1364
　第六节　救济途径　/1365
　第七节　其他规定　/1365

第六卷　企业困境

第一编　企业困境的预防　/1366
　第一章　企业困境预防、特别委任与和解程序　/1367
　　第一节　经认可的预防组织　/1367
　　第二节　商事法院院长对企业困境的监测　/1369
　　第三节　专门委任　/1371
　　第六节　和解程序　/1372
　　第五节　专门委托代理人、和解人与鉴定人的报酬　/1378
　第二章　适用于从事经济活动的非商人私法法人的规定　/1379
第二编　保护程序　/1381
　第一章　程序的开始　/1381
　　第一节　法院受理与判决　/1381
　　第二节　程序机关与监督人　/1387
　第二章　观察期间的企业　/1389
　　第一节　保全措施　/1389

第二节　企业的管理　/1391
　　第三节　经营活动的继续　/1392
　　第四节　债权申报　/1395
第三章　经济、社会与环保概报表的制定　/1396
第四章　债务人概括财产的确定　/1397
　　第一节　债权审核与准许登记　/1397
　　　第一目　债权审核　/1397
　　　第二目　准许登记　/1398
　　　第三目　债权清册　/1399
　　第二节　配偶的权利　/1400
　　第三节　动产出卖人的权利以及动产的追还与返还　/1400
　　第四节　有关公司的特别规定　/1401
第五章　由劳动合同产生的债权的清偿　/1402
第六章　保护方案　/1403
　　第一节　保护方案草案的起草　/1403
　　　第一目　大会的召集　/1403
　　　第二目　更换企业领导人　/1404
　　　第三目　征求债权人的意见　/1404
　　　第四目　公共债权的清偿　/1405
　　第二节　确定保护方案的判决与方案的执行　/1408
　　　第一目　保护方案的确定　/1408
　　　第二目　方案的执行　/1409
　　第三节　债权人委员会　/1415
第七章　在没有司法管理人的情况下的特别规定　/1418
第八章　加快的保护程序　/1419
　　第一节　一般规定　/1419
　　　第一目　加快的保护程序的实行　/1419
　　　第二目　加快的保护程序的效力　/1421
　　第二节　加快的财务保护程序的特别规定　/1421

第三编　司法重整程序　/1423

第一章　司法重整程序的开始与进行　/1423
　　第一节　司法重整程序的开始　/1423

第一目　法院受理与判决　/1423
　　　第二目　实施程序的机关与监督人　/1426
　　第二节　程序的进行　/1427
　　　第一目　管理人任务的变更　/1427
　　　第二目　观察期间的保全措施　/1427
　　　第三目　观察期内企业的转让　/1427
　　　第四目　观察期内企业继续经营活动　/1427
　　　第五目　观察期内薪金雇员的地位　/1428
　　　第六目　债权申报　/1429
　　　第七目　制定经济、社会与环保状况的概报表　/1429
　　　第八目　债权的审核与准许登记　/1429
　　　第九目　债务人的配偶的权利　/1429
　　　第十目　动产出卖人的权利、动产的追还与返还　/1429
　　　第十一目　因劳动合同产生的债权的清偿　/1429
　　　第十二目　重整方案草案　/1430
　　　第十三目　确定重整方案的判决　/1431
　　　第十四目　债权人委员会　/1432
　　　第十五目　在没有司法管理人的情况下的特别规定　/1432
　　　第十六目　企业部分或全部转让　/1432
　　　第十七目　程序的终结　/1433

第四编　司法清算与职业的恢复　/1434
　序章　司法清算的开始与进行　/1434
　第一章　司法清算判决　/1435
　　第一节　法院受理与判决　/1435
　　第二节　简易司法清算程序的适用条件　/1436
　　第三节　实施程序的机关与监督人　/1436
　　第四节　保全措施　/1437
　　第五节　经营活动的维持　/1437
　　第六节　原已中断的诉讼与正在进行中的清偿顺位程序　/1438
　　第七节　债权申报　/1438
　　第八节　债权的审核与准许登记　/1439
　　第九节　配偶的权利　/1439
　　第十节　动产出卖人的权利、动产的追还与返还　/1439

第十一节　因劳动合同产生的债权的清偿　/1440

　　第十二节　其他规定　/1440

　第二章　资产的变现　/1442

　　第一节　企业的转让　/1442

　　第二节　债务人资产的转让　/1447

　　　第一目　不动产的变卖　/1447

　　　第二目　其他财产的买卖　/1452

　　第三节　共同规定　/1453

　第三章　负债的清理　/1453

　　第一节　债权人债权的清理　/1453

　　第二节　清算活动的终结　/1457

　第四章　简易司法清算程序　/1459

　第五章　恢复职业　/1459

第五编　责任与制裁　/1463

　第一章　因资产不足的责任　/1463

　第二章　对公司债务的义务　/1464

　第三章　个人破产与其他禁止性措施　/1464

　第四章　破产欺诈罪与其他犯罪　/1465

第六编　程序性一般规定　/1466

　第一章　救济途径　/1466

　第二章　其他规定　/1468

　第三章　诉讼费用　/1469

　　第一节　由国库负担的特定诉讼费用　/1469

　　第二节　司法管理人、方案执行监察人、司法代理人与清算人的
　　　　　　报酬　/1469

　　　第一目　司法管理人的报酬　/1469

　　　第二目　方案执行监察人的报酬　/1473

　　　第三目　司法代理人与清算人的报酬　/1474

　　　第四目　有关司法管理人、方案执行监察人、司法代理人与清算人的报酬的
　　　　　　　共同规定　/1478

　　　第五目　按照第L643-9条第3款的规定指定的代理人　/1479

　　第三节　对旨在不涉及金钱数目的案卷的补偿费　/1480

第七卷 商事法院与商事组织

第一编 工商会的组织系统 /1481
   第一章 工商会系统的组织与任务 /1481
   第二章 工商会系统各机构的管理 /1481
   第三章 工商会成员及商事代表的选举 /1481

第二编 商事法院 /1482
   第一章 商事法院的设置与管辖权限 /1482
      第一节 一般规定 /1482
      第二节 管辖 /1482
      第三节 商事法院全国理事会 /1483
   第二章 商事法院的组织与运作 /1485
      第一节 商事法院的组织与运作 /1485
      第二节 商事法院法官的就职 /1486
   第三章 商事法官的选举 /1489
      第一节 选举人资格 /1489
      第二节 投票与选举 /1490
         第一目 候选人资格与投票前的活动 /1490
         第二目 通信投票 /1491
         第三目 网上投票 /1491
         第四目 公布选举结果以及商事法官选举的争议 /1491
   第四章 商事法院法官的纪律 /1492
      第一节 全国纪律委员会 /1492
      第二节 纪律惩戒程序 /1493

第三编 特别商事法院 /1496

第四编 商事法院书记室 /1496
   第一章 机构与任务 /1496
      第一节 一般规定 /1496
      第二节 商事法院辖区的变动 /1498
      第三节 商事法院书记员全国理事会 /1499

第二章 从事商事法院书记员职业及其他司法与法律职业的
条件 /1499
　第一节 从事商事法院书记员职业的条件 /1499
　　第一目 资质条件 /1499
　　第二目 任命 /1504
　　第三目 就职与荣誉称号 /1507
　第二节 某些商事法院书记员司法与法律职业的执业条件 /1508
　第三节 商事法院书记员的继续职业培训 /1508
第三章 商事法院书记员的执业条件 /1509
　第一节 巡视与纪律 /1509
　　第一目 巡视 /1509
　　第二目 纪律 /1510
　第二节 商事法院书记员的执业形式 /1512
　　第一目 有关各种公司的共同规定 /1512
　　第二目 商事法院书记员职业民事合伙适用的规定 /1523
　　第三目 适用于(商事法院书记员)"自由执业公司"的规定 /1531
　　第四目 商事法院书记员隐名合伙适用的规定 /1534
　　第五目 薪金雇员 /1535
　第三节 商事法院书记员的收费标准 /1535
　第四节 因新的行政区划或司法管辖区划引起的商事法院辖区范围的
变动 /1535
　第五节 为第三人利益持有的资金的专项账目 /1537

第五编　商事组织 /1538
第六编　民生利益市场 /1538

第八卷　几种有专门规范的职业

第一编　司法管理人、司法代理人与企业诊断鉴定人 /1539
第二编　会计监察人 /1539
　第一章 会计监察人职业的组织与监督 /1539
　　第一节 国家会计监察人最高委员会 /1539
　　　第一目 国家会计监察人最高委员会的组织 /1539

　　　　第二目　国家会计监察人最高委员会的运作　/1542

　　　　第三目　国家会计监察人最高委员会与外国同行的关系　/1548

　　第二节　会计监察人的监督与巡查　/1550

　　第三节　行业组织　/1552

　　　　第一目　全国会计监察人公会与地区会计监察人公会　/1552

　　　　第二目　全国会计监察人公会理事会　/1555

　　　　第三目　地区会计监察人公会理事会　/1558

第二章　会计监察人的地位　/1562

　　第一节　登记与纪律　/1562

　　　　第一目　登记　/1562

　　　　第二目　纪律　/1572

　　第二节　会计监察人的职业道德规范与独立性　/1579

　　第三节　民事责任　/1582

　　第四节　会计监察人公司　/1582

　　　　第一目　各种公司的共同规定　/1582

　　　　第二目　适用于职业民事合伙的规定　/1588

　　　　第三目　适用于其他职业民事合伙的规定　/1592

　　　　第四目　适用于隐名合伙的规定　/1594

　　　　第五目　会计监察人自由职业金融参股公司　/1594

第三章　法定监督任务的执行　/1594

　　第一节　会计监察人的任命、回避与解职　/1594

　　第二节　会计监察人的任务　/1596

　　第三节　会计监察人执行任务的方式　/1597

第一部分

立法部分

第一卷　商事总则

第一编　商事行为

译者概述：

"商事行为"（acte de commerce），也称"商行为"，是法国等大陆法系国家商法的一个特定概念，与"民事行为"（acte civil）相对应，是法律行为在商法中的体现。

在法国商法里，商事行为是指因其"性质"或"形式"以及（或者）因"行为人本身的（身份）资格"而应当适用商法的行为。"商事行为"的概念反映了法国商事立法的中心原则：任何主体（即使非商人）从事的以"获取利润"（营利）为目的的行为，均构成商事行为；《商法典》关于商事公司的性质认定，也采取了相同的方式："公司的商事性质依其形式，或者依其宗旨确定。合名公司、普通两合公司、有限责任公司以及可发行股票的公司，无论其宗旨如何，均因其形式为商事公司。"（第 L210-1 条）

法文"acte de commerce"中的"commerce"一词本义为"商业"，但"acte de commerce"是法律概念，不应称其为"商业行为"："商业行为"是经济学上的概念。狭义的商业行为仅指批发商、销售商从事的，以货物转换为目的的，"买进是为了卖出"的行为；而作为商法概念的"商事行为"的内涵要广泛得多，但是，很难对商事行为作出统一定义。为此，有的国家立法采取列举方式，有的采取概括方式，也有的采取概括加列举方式。法国法同样没有对"商行为"给出明确的文字定义，《商法典》第 L110-1 条与第 L110-2 条采取的是列举方式，其中囊括了买卖、租赁、居间、行纪、代理、代办、运输、拍卖、汇兑、银行、汇票甚至制造业等行为。

上述商事行为可以划分为三种类型：第一类是"依其性质为商事行为"的行为（所谓"固有商事行为"），指的是商人"作为独立职业经常性实施的行为"（第L110-1条第一、四、七项以及某些中介业务活动）；第二类是"形式上的商事行为"，主要指任何人之间的汇票以及商事公司实施的行为：凡是采取合名公司、普通两合公司、股份有限公司或有限责任公司形式的公司，均因其（法律）形式而为商事公司；第三类是"从属性商事行为"。按照所谓"从属理论"（la théorie dite de l'accessoire），商人在从事商业活动中完成的所有行为均推定为商事行为，例如，商事公司之间订立的"租约"即是商事行为。学理与法院判例还将"从属性商事行为"分为"客观的从属商事行为"（Les actes de commerce par accessoire objectif）和"主观的从属商事行为"（Les actes de commerce par accessoire subjectif）以及"混合性商事行为"（Les actes mixtes）。

我国学者在对商事行为进行分类时，有"绝对商事行为、相对商事行为、基本商事行为、附属商事行为、固有商事行为、推定商事行为"之说，法国学者所说的"依其性质"为商事行为者，实际上是"绝对的"或"固有的"商事行为，"从属性商事行为"也是"推定的商事行为"，我国学者所说的"辅助商事行为"是指"不直接以营利性营业为内容，而是为基本商事行为实现营利提供辅助的行为"。不同的分类方式概括的内容既有重叠又有差异，有关商事行为的分类，同样是一个仁者见仁、智者见智的问题。

依据法国法，商事行为是认定商人资格的标准之一：按照本《法典》第L121-1条的规定，实施商事行为并将其作为经常职业的人是商人。

第L110-1条① 法律视以下所列为商事行为：

1. 任何为再卖出而买进动产，不论是按实物原状卖出还是经制作与加工之后再卖出；

2. 任何为再卖出而买进不动产，但买受人是为了建造一幢或多幢建筑物并将其整体或分区卖出而实施的行为，不在此限；

3. 为买进、认购或卖出不动产、营业资产、不动产公司的股票或股份而

---

① 中译本各条文序号前的大写字母"L"、"R"或"D"均为原文所有，分别是法文"loi""règlement"与"décret"的第一个字母。每一条文序号中的各数字分别代表"卷"、"编"、"章"，横杠后的数字标示的是该章的第几条，因此，第L211-1条，即是《商法典》第二卷第一编第一章第一条。法国现行法律、法规的条文基本上采取这种方法，用以标明相应条文是"法律"还是"条例"或"实施法令"的规定及相应条文在法典中的位置。由于篇幅限制，本书翻译了现行《商法典》法律部分的全部条文，仅翻译了"实施法令"的绝大部分条文。——译者注

进行的任何中介活动；

4. 各种动产租赁业；
5. 各种制造业、行纪业、陆路或水路运输业；
6. 各种供货、代理、商业事务所、拍卖机构、公众演出业务；
7. 各种汇兑、银行与(2009年7月15日第2009-866号法令第17条)"居间"业务,(2013年1月28日第2013-100号法律第22条)"电子货币发行与管理活动"以及所有的支付服务活动；
8. 公立银行的各种业务；
9. 批发商、零售商和银行业者之间的各种债权债务关系；
10. 任何人之间的汇票。(《商法典》原第632条)

司法解释：
一、商事行为

(一)(行为)依其性质为商事行为(actes de commerce par nature,固有商事行为)

1. 为再卖出而买进："为了再卖出并获利而买进"(的行为),只有在其是以营利为最终目的(finalité lucrative)时,才具有商事性质(塞纳商事法院,1912年3月12日)。这就是说,商事行为是以营利为目的的行为。这里所说的"买进"(购买),可以是买进任何动产财产(bien meuble),因此,药房(药剂师)买进药品(为了将其再卖出),是一种商事行为(最高法院刑事庭,1905年5月25日)。经常通过拍卖网站"为再卖出而买进动产物品",对于(经常性从事这项活动的)个人而言,构成商业活动(acitivité commerciale)(缪卢斯法院,2006年1月6日)。(是否有)"再卖出之意图",得以各种方法证明之,尤其可以从进行活动的量、次来判断是否有此种意图(科尔马法院,1982年6月16日)。从(涉案)纳税人进行艺术品交易的频率与交易的数量来看,加上涉案艺术品在该人的"概括财产"内停留的时间往往很短,有必要认定"该人不应被看成是普通的收藏者,而是为其本人的利益经常性从事一种为再卖出而买进艺术品的活动"(最高行政法院,2007年6月18日)。

2. 不动产的交易活动:按照《商法典》第L110-1条第2款的规定,当"为了再卖出并获得利润而买进"的活动是以不动产为标的时,该行为属于商事性质,只有当买受人(买进不动产)是为了建筑一幢或数幢建筑物并将其整体或者分区卖出时,才另当别论(参见1971年5月18日部颁通知)。为了在其上建筑楼房而取得一宗地产,然后将这些不动产再卖出而成立的一家"不动产民事公司"(société civile immobilière),并不因此而实施商事行为,因此,不具有商人身份(最高法院商事庭,2007年11月13日)。从事建筑不动产改造活动的"不动产民事公司",尽管其(在法律上是)民事形式,但其从事的是一种商业活动(acitivité commerciale)(巴黎商事法院,1991年4月18日)。购得一块土地,按照所适用的市政建设规章,对其进行基础管网建设与平整清理之后,将其分成多个区块卖出,构成商业性质的活动(卢昂法院,1995年11月22日);一商人在取得一宗不动产的文书中并未写明其(具有)"财产买卖商"的身份,在其职业性账册与资产负债表上也没有记载这项交易,但是,经查证确认,该商人进行此项交易的目的恰恰是将其购买的不动产进行改造后再卖出或者用于出租,并从中获得利润,而且是在另外两名财产买卖商的参与下以赚钱为目的而进行的交易,因此,该商人不能以此(未写明、未记载)情况作为证据证明其是为了本人的利益及个人用途而取得该不动产(巴黎法院,1995年1月11日);建筑企业,即使仅仅提供劳动力,不进行商品销售或材料租赁,仍然具有商事性质(最高法院诉状审理庭,1908年10月20日)。

3. 不动产租赁:不动产租赁具有民事性质,但如其附属于商事活动,不在此限(最高法院商事庭,1961年12月5日)。

4. 商务代理与居间活动:商务代理活动为商事性质,即使是"收债代理"事务(讨债代理业务)(巴黎法院,1977年2月7日);旅行社(参见奥尔良法院2007年4月26日判决),婚姻介绍所,尽管其宗旨(是业务中介),仍具有商事性质(最高法院商事庭,1984年4月3日)。一家主要从事保险中介(居间)活动的公司,与银行机构和投资企业签订协议,联系与开拓客户,并向投资企业推荐投资产品,直接受领其指令,并且由于有银行机构的长期授权,基于其活动而按照合同规定的标准获得佣金,在该公司并无资格以委托人的名义订立合同的情况下,其从事的活动不属于商事性质(最高行政法院,2007年12月21日)。

5. 银行与保险业务活动:银行的业务活动为商事性质,参见1970年2月2日最高法院商事庭判决;农业信用社,是一种合作社形式的合作性民事合伙(民事公司)(最高法院第三民事庭,1982年1月26日)。法人,即使是具有民事地位的法人,在其平常从事的活动是反复实施商事行为的情况下,可以作为商法人承担义务,农业信用社因从事银行业务活动的情况,即是如此(最高法院商事庭,2001年7月17日)。固定保费的保险公司为商事性质,因此可以因其缔结的保险义务被诉至商事法院(最高法院民事庭,1884年2月5日);与此相反,合作社性质的保险公司原则上为民事合伙(民事公司),其业务活动不具有商事性质(最高法院民事庭,1921年8月3日)。

6. 证券交易活动:关于股票或股份的转让,参见第L721-3条。关于由个人实现的证券(交易所)交易行为,是否因下达指令的次数与交易量而具有商事性质的问题,参见巴黎法院1976年1月13日判决。

(二) 附属商事性质(附属商事行为)

1. 关于商事性质的推定,参见第L721-3条。由商人为其商事之需要而实施的"按照其性质为民事行为的行为"(acte civil par nature,固有民事行为),具有附属商事性质(构成"附属商事行为")(最高法院诉状审理庭,1883年1月29日);基于此,保险合同被认定为商事性质的合同(最高法院民事庭,1956年1月3日);(商人进行的)借贷(最高法院民事庭,1907年7月30日),(商人订立的)"日常往来账户协议"(最高法院诉状审理庭,1928年2月11日),为保障其营业资产的安全而订立的监控设备租赁合同(里昂法院,1999年4月30日),也具有附属商事性质。

2. 就营业资产实施的活动:按照第L110-1条的规定,由非商人完成的某一行为,在其是为经商之目的并且属于经商所必不可少时,成为商事行为(最高法院商事庭,1997年5月13日)。商人的妻子为了取得一项营业资产(例如,商业店铺)而缔结借贷,该借贷人虽然具有"配偶合作人"的身份,只要其不亲自经营该营业资产,就不属于前述情况(同一判决)。在没有查明商人的配偶是否有经营营业资产的意愿的情况下,不能仅仅因其在取得一项营业资产时参与投入了资金,便推断其具有商人身份(最高法院商事庭,2005年11月15日)。关于为了进行经营而作出的购买一项营业资产的许诺被认定为商事行为的问题,参见最高法院商事庭1972年6月19日判决。商人承租一处建筑不动产,是为了在其内从事经商活动时,这项租赁构成商事行为(最高法院民事庭,1924年11月19日)。营业资产的买卖具有商事性质(巴黎法院,1962年11月27日)。鉴于营业资产的转让具有商事性质,因此,在没有相反规定的情况下,转让人对遵守"竞业禁止条款"负有连带责任,对因违反此项禁止性规定造成的损失负连带赔偿责任(最高法院商事庭,1993年6月8日)。

3. 商事形式的公司:参见第L721-3条。

(三) 依其形式为商事行为(形式上的商事行为):商业票据,参见第L721-4条。

二、民事行为

（一）农业

1. 按照法国法律传统，农业生产活动被视为民事性质（的活动）。《商法典》原第 L638 条规定："土地所有人、农业耕作者、葡萄种植者，因其生产的产品销售引起的诉讼，商事法院没有管辖权。"《农村及海洋渔业法典》第 L311-1 条将农业活动规定为民事性质的活动：农村土地的所有权人、承租人或耕种人出卖其农产品，是一种民事行为（acte civil）（最高法院民事庭，1974 年 2 月 12 日）；经营者从事的主要活动是养鸡产蛋，尽管其每星期都要购入大量的饲料，只要该经营者只是出卖其养鸡场生产的鸡蛋，而不进行鸡蛋的买进再卖出（活动），其实施的行为仍然是一种民事行为（最高法院商事庭，1995 年 4 月 11 日）。虽然说，按照《农村及海洋渔业法典》第 L521-5 条的规定，（农业）合作社或者合作社联合会属于民事法院管辖，但是，在涉及此种合作社与"并非合作社成员的第三人"实施的《商法典》第 L110-1 条所指的商事行为的争议时，并不因此就不受商事法院管辖（卢昂法院，2006 年 2 月 9 日）。

2. 商业经营：当农业耕作者从事的是对主要来自其他经营单位的产品进行加工的农业经营活动时，此种活动具有商事性质（最高法院诉状审理庭，1925 年 2 月 4 日）。为了再卖出而饲养牲畜，饲料主要外买而不是喂养者自行生产，此种活动为商事性质（最高法院商事庭，1981 年 3 月 23 日）。

（二）手工业

手工业者之所以有别于商人，在于其职业收入基本上来自其（本身的）体力劳动，既不就原材料进行交易，也不就他人的劳动进行交易（最高法院民事庭，1909 年 4 月 22 日）。在"手工业职业目录"（répertoire des métiers）[①]上进行注册登记，不过是一项纯粹的行政手续，并不能（仅仅）据此即排除（当事人）具有商人资格（普瓦提耶法院，1992 年 11 月 23 日）。一个"面点生产者"完全使用大型机器进行生产，虽然不雇用工人，但该人不具有手工业者的资格，而是商人（最高法院商事庭，1972 年 5 月 2 日）。雇用 8 名工人从事生产活动，这种情形与民事性质的活动不相吻合（图卢兹法院，1983 年 1 月 13 日）。鞋匠，如其既不雇用任何工人，也没有商店和橱窗，仅仅是按照订货进

[①] 按照法国法律的界定，有某种专业特长、亲自参加劳动、以个人名义从事手工业职业的人为手工业者。在法国，手工业者应在"手工业职业目录"上登记注册。法国没有工商局这样的行政主管机关。"手工业职业目录"，也可称为"职业一览"，与"商事及公司注册登记簿"一起，专事工业、商业、手工业的法定登记注册，由商事法院书记室掌管。主要或辅助从事手工业生产、加工、修理或服务性独立职业活动的人应在"手工业职业目录"上注册登记。——译者注

行加工、制作，收入完全来自其手工劳动，购进皮料完全是根据加工活动的需要，这种情况属于从事普通手工业者的活动，而不是商人(最高法院诉状审理庭,1909年4月22日)。特许合同并不必然具有商事性质，特许权人与并未在"商事及公司注册登记簿"上登记注册、作为受特许人的独立的手工业者之间发生争议时，商事法院没有管辖权(最高法院商事庭,1994年10月25日)。驾驶自家车辆的出租车司机，以及理发师、农业机械修理工，亦同。汽车驾校的教学，从根本上来说，是一种技术人员从事的活动，属于民事性质，即使有时也提供物资服务，也仅仅是从属性质(最高法院商事庭,1986年6月3日)。

(三) 教学活动

车辆驾驶教学活动本质上是一种技术性活动，因此具有民事性质(最高法院商事庭,1986年6月3日)；教师的身份与商人身份不具有兼容性(最高法院商事庭,1994年10月4日)。

(四) 保证

1. 保证人的个人利益：保证是一种民事行为，但如保证人，不论其是否有商人身份，对清偿受担保的债务有财产利益，另当别论，即使其并不直接或间接参与债务人的活动(最高法院商事庭,1981年7月20日)。

2. 事例：有限责任公司的经理为其领导的公司的债务提供的保证，具有商事性质(最高法院商事庭,1989年7月7日)；当公司领导人为其领导的公司的债务提供保证时，推定其对此有财产性质的利益(最高法院商事庭,2000年1月18日)；当领导人同时是公司的多数股东时，这种推定更加得到补强(巴黎法院,2000年1月21日)；同样，为属于同一经济集团的商事公司提供担保的数名保证人，其中一人是集团的真正领导人，两人在集团中有相互交叉的利益和责任，此种情况作相同处理(最高法院商事庭,1999年5月26日)；公司一股东持有33%的股份，其余股份属于他的弟弟，后者作为公司创始人且自公司创立以来一直担任工程经理职务，该股东为公司提供保证，属于商事行为(巴黎法院,1999年1月20日)。法院判决认为，仅仅作为公司"事实上的领导人"为公司提供保证，仅凭此身份，不足以认定为商事行为(巴黎法院,1993年2月10日)；法院判决认为，夫妻实行共同财产制，并不足以说明配偶一方对另一方作为领导人的公司取得贷款而在其中有个人利益(巴黎法院,1991年6月3日)；同样，没有认定公司董事在为之提供保证的价金(支付)中有个人利益时，由该董事提供的保证不具有商事性质(最高法院商事庭,1973年11月19日)；又例如，由公司的少数股东提供的保证

(不具有商事性质)(巴黎法院,1994年6月22日)。公司经理也是公司的多数股东,由其提供保证,以担保一项有商事目的的业务活动,且保证人在其中有个人的财产性质的利益,此项保证具有商事性质(巴黎法院,2008年4月23日)。照此意义,(本案中)由于保证人是与主债务人在企业注册住所同居的同居人,其对提供保证有财产性质的个人利益(最高法院商事庭,2008年7月3日)。仅仅因为保证人在其为之提供保证的公司里占有一半股份,不足以赋予保证人承担的保证义务以商事性质(巴黎法院,1998年5月19日)。

3. 商人身份:当保证具有商事性质时,仅此一项(条件),不足以赋予保证人以商人身份(最高法院商事庭,1997年3月25日)。公司的领导人多次以保证人的身份为其领导的多个法人承担义务,在该领导人由于不经常性实施商事行为因而不能被视为商人的限度内,其提供保证之事实仍不赋予其作出的义务承诺以商事性质(最高法院商事庭,1997年10月1日)。

第L110-2条 法律同样视以下所列为商事行为:
1. 任何内水与外海航运船舶之建造业,以及此种船舶的任何买进、卖出与再卖出;
2. 各种海运业;
3. 船桅设备、船上设备与给养的任何买卖;
4. 船舶的各种租赁、整体借用或出借;
5. 与海商贸易有关的各种保险及其他契约;
6. 就船员薪金与房租订立的各种协定与协议;
7. 为服务于商船的海上人员订立的各种契约。(《商法典》原第633条)

司法解释:
1. 购买一艘游艇,不是为了将其再卖出,而是由买受人个人使用,不具有商事性质(最高法院诉状审理庭,1888年1月23日)。游艇航运,也是如此,即使游艇回到某个港口的船坞进行修理,亦同(卡昂法院,1963年2月25日)。

2. 远海作业活动:都埃法院1913年2月6日作出判决认为,所有的远海航运作业无一例外均为商事性质,特别是捕鱼业,不论企业规模多么小,均是如此;而最高法院商事庭1994年1月18日判决认为:"上诉法院在认定作为捕捞者的老板具有商人资格时认为,不论其捕捞活动的范围如何,是作为普通的捕捞者出卖其从海上捕获的鱼品,还是作为工业捕捞者并在出卖其捕捞的鱼品之前进行加工、冷冻,都属于经常性从事海上航运活动,此种活动应视为商事行为,但上诉法院的判决并未查明捕捞者是在什么条件下从事这种职业活动,因此并没有赋予其判决以法律基础。"

试比较:经2005年5月26日第2005-554号法令修改的1997年11月18日第97-1051号法律的规定:以销售产品为目的,使用船只实施的任何海上捕鱼活动,均视为商事活动,但如果是以个人名义使用长度在12米以下的船只或者通常出海的时间不超过24小时的,不在此限。

3. 租船:租船合同,仅在其与商事业务活动相关联时,才对船只出租人为商事性质(最高法院诉状审理庭,1884年7月30日);试比较巴黎法院1927年10月26日关于国家租船为军队运送必要的粮食、食品给养的问题的判决。

4. 海上旅客运输(活动),对于船主而言,属于商事性质;对于乘客而言,纯属民事性质,因此乘客可以选择向民事法院或者商事法院提起诉讼(最高法院诉状审理庭,1860年1月11日)。

5. 按照《保险法典》第L322-26-1条的规定,合作性保险公司具有非商事性质的宗旨(objet),因此,不属商事法院管辖,即使其从事的保险活动——例如《商法典》第L110-2条(原第633条)所指的海商保险——被视为商事活动(最高法院第一民事庭,1996年10月22日)。

6. 按照第L110-2条规定,船舶建造活动,只要是以企业的形式进行,即具有商事性质(卢昂法院,2006年3月30日);但这一条文规定并没有涉及船舶修理业,因此船舶修理不构成"性质上的商事行为"(同一判决)。

第L110-3条 针对商人,商事行为得以任何方法证明之,法律另有规定的除外。(《商法典》原第109条)

司法解释:
一、适用范围

1. 商事性质的标准:"针对商人,商事行为得以任何方法证明之。"这一规定也被称为"商事行为之证据自由规则"。《民法典》第1326条规定:"由一方当事人单方承担向另一方当事人给付一定数额的金钱或者交付某一可替代之财产的法律行为,必须用另一包含有订立此项义务的人签名的文书见证、确认,同时写明'经其本人签字'之字样,并且用大写数字与数目书写款项数额或财产数量。在两份文书有差别时,私署证书对大写数字有效。"但是,在针对商人证明商事行为时,不适用这一条文的规定,法律另有规定的除外(最高法院第一民事庭,2001年5月2日);只有当商人是在从事商事活动或者是在为其商事利益从事活动时,才能对其适用《商法典》第L110-3条的规定(即所谓"商事性质标准")(最高法院商事庭,1993年1月19日)。所有的股份有限公司均"因其(法律)形式"而具有商事性质,因此,针对任何股份有限公司证明商事行为时,"得以任何方法为之"(最高法院商事庭,2007年11月13日);针对因其(法律)形式而具有商事性质的有限责任公司,买卖(行为)得以任何方法证明之,但如公司本身证明其实施的行为与其(从事)商事(活动)无关,不在此限(最高法院商事庭,2004年3月10日);与此相反,只要商人同意给予另一商人的借贷与(该商人)从事其商业业务无关,则应适用民法上的证据规则(最高法院第一民事庭,1977年5月23日)。变更商人之间为从事商事活动而订立的协议的任何文书(行为),均适用"商事证据规则",即使在订立变更文书时,其中一方已不再具有商人资格,亦同(最高法院商事庭,1980年12月16日)。

2. 利息:有关约定利息的条款,参见《民法典》第1907条。

3. 混合性质的行为:在(民事与商事)混合性质的行为中,第L110-3条确定的证据规则仅对商人一方适用,针对商人,商事行为得以各种方法证明之(最高法院第一民事庭,1984年2月21日);在混合性质的行为中,仅对商人一方的商事行为得以各种方法证明,对于另一方当事人,其实施的行为属于民事性质时,仍然适用民法证据规则(最高法院第一民事庭,2001年5月2日);无形动产质权,只要是用于担保一商人对另一商人承担的义务,即使是由非商人设立,得以任何方法提出证据(最高法院商事庭,2001年10月2日)。

二、证据之自由

可以采用各种证据形式:传真、电报、电子签字、电子拷贝等。在商事方面,准许运用所有的证据形式,诸如,推定证据、证人证言(最高法院民事庭,1904年2月3日),即使是为了证明或者反证文书的内容,亦同(最高法院诉状审理庭,1903年11月25日)。法官得自由裁量并认定正常运作的计算机系统的密码为"简单推定"(的证据)(蒙帕利耶法院,1987年4月9日)。发票,即使是采用电子形式,亦具有证明公司与其顾客之间订立合同及合同内容之效力,即使顾客并非商人,亦同(巴黎商事法院,1975年6月24日);但是,按照"任何人均不得为自己创设证据"之规则,仅仅是提出一张发票来证明对方当事人的义务,(有时)证据并不充分(凡尔赛法院,1993年12月6

日)。关于会计文件的证明力,参见本《法典》第L123-23条。针对商人,商事行为的日期得以任何方法证明之(最高法院第一民事庭,2005年11月29日)。《民法典》第1328条关于私文书"取得确定日期"的规定,不适用于商事诉讼(最高法院民事庭,1869年4月21日)。用私署文书订立的(营业资产)"租赁经营合同"仅以其登记之日为其"确定日期",但如果有其他条件,按照《民法典》第1328条的规定,也可以确定合同的日期,以及在《法定公告简报》上进行公示之日才能确定合同日期的,不在此限(巴黎法院,2007年3月21日)。

第L110-4条 一、商人之间,或者,商人与非商人之间,于商事活动之时产生的债务,时效期间为(2008年6月17日第2008-561号法律)"5年"(原规定为"10年"),适用更短期间之特别时效的情况除外。

二、任何支付之诉,属于以下情形时,即属已过时效期间:

1. 对于依据船长的命令向水手提供的饮食,交付后经过1年;

2. 为建造船只提供材料或其他必需之物,提供设备与给养,供货后经过1年;

3. 对于实施的工程,工程验收后经过1年。

(2013年7月16日第2013-619号法律第32条废止:三、船务人员中官员、水手或其他成员的工资支付之诉,按照《民法典》第2277条的规定时效期间为5年。)

司法解释:

一、普通法时效(prescription de droit commun)

《商法典》原第148条规定的普通时效期间为"10年",2008年6月17日第2008-561号法律改为"5年"。以下司法解释是在旧时效制度下作出,仍然有效。

1. 本条第1款所针对的债务(范围):原第189条(第L110-4条)针对的是商人在从事商事活动时产生的所有债务,不论其为契约之债(南锡法院,1979年11月6日)、准契约之债(最高法院商事庭,1967年4月7日),还是侵权之债(最高法院商事庭,1979年5月14日),例如,不动产代理人在订立商人之间的"商业租约"时因过错而引起的侵权责任。

商人之间,或者,商人与非商人之间,于商事活动之时由法律规定而产生的债务,例如,"返还不当支付之款项"(不当得利)的债务,适用10年(5年)

时效期间(最高法院商事庭,2005 年 11 月 29 日)。关于艺术品买卖(拍卖)无效之诉,不适用第 L110-4 条之规定,因为这项诉讼不是由商人之间从事商事活动时进行的买卖所产生(巴黎法院,2007 年 6 月 26 日)。

2. 混合性质的行为:混合性质的行为的无效之诉(本案涉及的是"银行贷款"),如其不适用期间更短的(特别)时效,则适用 10 年(5 年)时效(最高法院第一民事庭,2006 年 6 月 27 日)。《商法典》原第 189 条(现第 L110-4 条)的规定并不区分其涉及的债务是民事性质还是商事性质(最高法院第一民事庭,1997 年 4 月 29 日);因此,这一条文的规定适用于律师为商事公司提供服务而应得的酬金之债(最高法院第二民事庭,2006 年 1 月 4 日)。贷与人认为自然人之间的借贷属于民事性质,而只要其给予的借贷是为了取得一项营业资产,这样的借贷行为属于商事活动范畴,因此,适用第 L110-4 条之规定。贷与人的主张不能得到支持(巴黎法院,2008 年 7 月 4 日)。

3. 普通时效期间的起始点与时效中断(略)

二、特别时效

第 L110-4 条第二项的规定仅适用于海商(最高法院第三民事庭,2007 年 10 月 10 日);在已有的工程之上实施的修建工作的款项支付,不适用于船只的建造,建造船只构成"待交付的买卖"(最高法院商事庭,1991 年 4 月 9 日);除绝对不可能提起诉讼的情况之外,对船只进行修理的工程价款的支付诉讼,时效期间为 1 年,自修理工程验收之日起计算(最高法院商事庭,1997 年 1 月 14 日)。《民法典》原第 2271 条、第 2272 条与第 2273 条规定的特别时效的专门制度,不得扩张适用于第 L110-4 条所指并非以支付推定为基础的诉讼的时效期间(最高法院商事庭,1987 年 5 月 26 日)。

第二编 商 人

第一章 商人定义及地位

第一节 商人资格

第 L121-1 条 实施商事行为并以其为经常性职业的人是商人。

司法解释:

1. (实施)商事行为:商事法院诉讼代理人,并不经常性主要实施商事行为,因此不具有商人资格(最高法院民事庭,1907 年 2 月 5 日)。一自然人,即使并未在"商事及公司注册登记簿"上登记注册,也没有再次提出购买零售酒馆营业资产的要约,但其实际经营该资产并作为经常性职业从事商事活动,因此,具有商人资格(卡昂法院,2005 年 3 月 31 日)。

2. 经常性职业:所谓"职业"是指,从事某种可以产生利润并且满足生存需求的"严肃认真的事务"(巴黎法院,1906 年 4 月 30 日)。商人资格的认定(问题),应当接受最高法院监督①(最高法院商事庭,1984 年 10 月 2 日)。经常性实施商事行为是一种"可以用任何方法提出证据的法律事实"(亚眠法院,1997 年 10 月 17 日)。不能仅仅根据"税收申报单"上的简单记载就认定(某一纳税人具有)商人身份(最高法院第一民事庭,1966 年 1 月 31 日);也

---

① 最高法院为法律审,只审查法律适用问题,因此,对一个人是否具有商人资格的认定,不属"事实问题",而是"法律问题"。——译者注

不仅仅因为(某人)在商事法院选举人名册上进行了登记,就认定其具有商人身份(阿根法院,1921年12月23日)。仅仅一次从事孤立的商事行为,也是如此。一次孤立的财产交易行为,不能认定为商事活动(波城法院,1995年5月18日)。将营业资产出租给某一公司经营,并为该公司的债务做保证人,且在"商事及公司注册登记簿"上进行了登记,仍不能充分认定(出租人具有)商人资格(最高法院商事庭,1996年2月20日)。兄弟二人取代年事已高的母亲从事原先的商业职业,以经常性职业名义独立实施商事行为,共同经营营业资产并且轮流担负实际的领导职责,该两兄弟均为商人(最高法院商事庭,1993年3月30日)。利用法人掩饰个人行为,并不妨碍认定行为人在为其本人的利益经常性实施商事行为(巴黎法院,1996年9月27日)。

3. 独立的活动:尽管是从事职业,但并不"以其本人的名义,为本人的利益"完成商事行为的人,并不具有商人资格。① 经营并领导一家医学生物实验室的自然人医师,不具有商人资格,因为,他是按照《公共卫生法典》第754条的规则从事自由职业(埃克斯—普罗旺斯法院,1991年6月21日)。但是,一个人虽然是薪金雇员,但并不因此妨碍他为本人的利益实施商事行为而承认其具有商人资格(最高法院诉状审理庭,1928年6月9日)。按照本《法典》第L210-6条的规定,以"正在设立中,尚未取得法人资格"的公司的名义从事活动的人,对其实施的行为负连带无限责任,但按照本《法典》第L121-1条的标准,这时并不必然赋予其商人资格(巴黎法院,1987年1月14日)。虽然说,公务员的身份与商人身份不能兼容,但是,当某一公务员取得一项正在实行租赁经营的营业资产时,不得主张此种"不得兼容"之规定,以摆脱自己应当承担的合同义务(最高法院商事庭,1996年1月30日)。

4. 协会:某一协会,尽管其宗旨具有宗教性质,但法官认定,该协会按照教规向其成员信众提供食品,并因此以经常性职业实施"被视为商事行为"的行为(最高法院商事庭,1981年3月17日)。某一协会从事的主要活动,甚至全部活动是旅行社的商事活动,而协会的主席所得报酬只能与追求利润相关,因此该协会(所涉争议)属于商事法院管辖(图卢兹法院,1995年12月19日)。

第 L121-2 条 (2010年6月15日第2010-658号法律第2-5条) "已解除监护的未成年人,在决定解除监护时,经监护法官批准,或者,如其在解除

---

① 须是"独立从事商事活动"。——译者注

监护后提出请求,经大审法院院长批准,得为商人。"

(1974年7月5日第74-631号法律原条文:未成年人,即使已解除监护,亦不得为商人。)

第L121-3条 商人的配偶,仅在其实施与夫或妻分开的商事行为时,本人才被视为商人。

司法解释:

1. (商人的配偶为商人的)条件:法院经审查认定,某人不仅与其妻子开设的商店的顾客有着经常不断的联系,并且对其妻子的商事银行账号享有委托授权,更重要的是,他还订立了商店的保险合同,在商店的广告中,如同妻子一样,也加上了他本人的名字,上诉法院认定该人具有商人身份,因为,该人独立实施商事行为并将其作为经常性职业。上诉法院的这一认定并未倒置举证责任(最高法院商事庭,1991年10月15日)。

2. 司法重整程序:只要夫妻二人均具有商人身份,在共同的活动中经常性独立实施商事行为,尤其是通过妻子的银行账号实施商事行为,(因此)可以对夫妻每一方实行司法重整程序(最高法院商事庭,1986年5月27日)。对于共同经营一项营业资产并具备(《商法典》原)第620-2条规定之条件的每一个人都可以实施司法重整或司法清算程序,但是,如果这些人的概括财产相互之间并不混同,法院应当在认定每一个人"停止支付"之后,宣告他们分开实行司法重整或司法清算程序(最高法院商事庭,2005年3月15日)。

第二节 在家庭企业里工作的企业主的配偶或与企业主订立"紧密关系民事协议"的伙伴[①]

第L121-4条 (2005年8月2日第2005-882号法律第12-2条)一、手工业企业、商业企业或者自由职业企业主的配偶,正规从事职业活动的,可以选择下列之一种地位:

1. 配偶合作人;

---

① 法国《民法典》将同性或异姓伙伴之间订立的"类似于结成正式婚姻关系的协议"称为"pacte civil de solidarité",但主要涉及的仍然是"在一起生活的同性恋伙伴"之间订立的这种协议。——译者注

2. 领取薪金的配偶雇员；

3. 配偶合伙人。

二、对于公司而言，只有作为公司唯一持股人的经理的配偶，或者，作为有限责任公司或符合最高行政法院提出资政意见后颁布的法令确定之条件的自由执业有限责任公司的多数股东的经理的配偶，才准许选择配偶合作人的地位。

担任经理的多数股东的配偶选择合作人地位的，应在向以下第四项所指的机构登记此种选择之后召开的第一次股东会议时告知股东。

三、配偶在职业与社会方面的权利与义务，按照其选择的地位确定。

(2008年8月4日第2008-776号法律第16-2条)"四、企业主应向有资格为企业进行登记注册的机构报明其配偶选择的地位。只有在配偶作为合作人时，才需要在职业性质的法定公告登记簿上载明。"

五、配偶合作人的定义、选择合作人地位的方式，应向上述第四项所指的机构报明。本条其他适用条件由最高行政法院提出资政意见后颁布的法令具体规定。

司法解释：

1. "领取薪金的配偶雇员"：只要认定丈夫确实以经常性职业的名义参与妻子的(商事)活动，并取得最低工资报酬，即可推断《劳动法典》的规定适用于他们之间的职业关系，而没有必要就是否存在服从关系作出宣告，因为，(当事人之间)是否存在服从关系并不是适用(原)《劳动法典》第L784-1条(该条文现已废止)的必备条件(最高法院社会事务庭，2001年11月6日)。

2. "配偶合作人"：只有已婚夫妻才能选择配偶合作人的地位，同居人或者订立"紧密关系民事协议"(PACS)的伙伴不得选择此种地位(2005年12月15日第2005-81号通知)。只有与企业主结婚的人才能选择"配偶合作人"的地位，关于与企业主订立"紧密关系民事协议"的人取得这一地位的问题，在议会辩论法律草案时，没有获得认同；这一问题有待社会的变化，或许在此后的立法中提出。

3. 商业代理人的配偶：法院判例认为，商业代理人的配偶可以选择配偶合作人地位，并建议在商业代理的专门登记簿上对此作出记载。

第L121-5条 在"手工业职业目录"上登记注册的人，或者商人，在配偶以在企业内工作的配偶的身份参与职业活动的情况下，非经其配偶的明确同意,不得转让属于夫妻共同财产的、因其性质及重要性实属企业经营所必需的营业资产或手工业企业的构成要素,或者用其设定物权,或者出租该营业资产或手工业企业;非经配偶明确同意,不得受领来源于此类活动的资金。

配偶,对上述实施行为没有明确同意的,得请求撤销该行为;自其知道该实施行为之日起2年内,得提起撤销之诉,但是,在夫妻共同财产制解除之后超过2年的,不得再提起此种诉讼。

第 L121-6 条　凡是在"商事及公司注册登记簿""手工业职业目录"或阿尔萨斯与摩泽尔地区行业商会掌管的"企业注册登记簿"上载有其名的配偶合作人,均视为得到企业主的委托授权,可以以企业主的名义完成涉及企业之需要的各种管理行为。

夫妻任何一方均可通过在公证人前作出的声明终止前款有关委托授权的推定;在提出此项声明时,配偶另一方应当到场或者按规定传唤其到场,否则声明无效;对于第三人,这项经公证的声明自其在"商事及公司注册登记簿""手工业职业目录"或者阿尔萨斯与摩泽尔地区行业商会掌管的"企业注册登记簿"上作出记载之后3个月产生效力;如果没有作出记载,只有证明第三人知道此项经公证的声明时,才能对该第三人产生效力。

在配偶一方推定失踪、夫妻别居或者司法分别财产的情况下,有关委托授权的推定当然停止;不再具备第1款规定之各项条件的情况,亦同。

第 L121-7 条　(2005年8月2日第2005-882号法律第14条)在与第三人的关系中,由配偶合作人为企业的需要而完成的各项管理行为,视其为企业主的利益所实施,不引起应由配偶合作人承担的任何个人债务。

第 L121-8 条　(2008年8月4日第2008-776号法律第16-3条)本节之规定亦适用于与企业主订立有"紧密关系民事协议"的人。

第二章　外 国 商 人

(2006年7月24日第2006-911号法律第22条)

第 L122-1 条　(2006年7月24日第2006-911号法律第22条)不居住在法国但在法国领土上从事商业、工业或者手工业职业的外国人,应当按照法令确定的有关在"商事及公司注册登记簿"或"手工业职业目录"上进行注册登记的条件,向其打算第一次从事商业活动的所在省的省长提交申请。

欧盟成员国的国民、欧洲经济区协定参加国或瑞士联邦的国民,免于提交第1款所指的申请。

第L122-2条 （2006年7月24日第2006-911号法律第22条）任何违反第L122-1条及其实施法令之规定的行为，处6个月监禁刑并处3750欧元罚金(2009年5月12日第2009-526号法律废止："累犯之情形，刑罚加倍")。此外，法院得命令关闭(所设立的)机构。

第L122-3条与第L122-4条 （2006年7月24日第2006-911号法律第22条废止）

第三章 商人的一般义务

第一节 "商事及公司注册登记簿"

第一目 应当进行注册登记的人

第L123-1条 一、以下人等，依其提出申请，在"商事及公司注册登记簿"进行注册登记：

1. 具有商人身份的自然人，即使其应当在"手工业职业目录"上进行注册登记；

2. 注册住所在法国的一省内，按照《民法典》第1842条或者本《法典》第L251-4条的规定享有法人资格的公司和共同经济利益联合组织；

3. 注册住所虽不在法国但在其一省内设有一个机构的商事公司；

4. 具有工商性质的法国公立机构；

5. 立法或条例规定应当进行注册登记的其他法人；

6. 在法国一省内设立机构的外国国家、外国地方行政部门或公立机构的商务代表机构或商务代表处。

二、由最高行政法院提出资政意见后颁布的法令规定应当进行的登记以及应当提交的文书或材料，亦记载于"商事及公司注册登记簿"，以兹公示。

第L123-1-1条 （依据2014年6月18日第2014-626号法律第27条于2014年12月19日废止：尽管有上述第L123-1条的规定，主要或者附带从事商事活动的自然人，只要适用《社会保险法典》第L133-6-8条规定的制度，免于在"商事及公司注册登记簿"上进行注册登记。

最高行政法院提出资政意见后颁布的法令具体规定本条的适用条件，特别是规定在免除注册登记的情况下，采取何种方式向有权限的"企业手续办理中心"申报其从事的活动,以及在不进行注册登记的情况下,按照何种条件向第三人进行公示告知。法令还具体规定在超过界限的情况下应当申报其从事的活动的方式。

本条第 1 款所指之人,主要从事领取薪金之活动的,非经其雇主准许,不得对其雇主的客户附带从事属于其劳动合同规定范围的职业活动。)

第 L123-2 条 任何人,如果不具备从事相应活动之必要条件,均不得在"商事及公司注册登记簿"上进行注册登记;此外,法人在进行注册登记之前,必须完成现行法律与条例规定的各项手续。

第 L123-3 条 自然人商人在规定的期限内不申请进行注册登记的,委任法官依职权,或者依共和国检察官或任何证明有利益关系的人提出请求而委任的法官,作出一项裁定,责令该人申请进行注册登记,(2012 年 3 月 22 日第 2012-387 号法律第 1-1 条)"相应情况下,处逾期罚款"。

已经在"商事及公司注册登记簿"上进行注册登记的人,在其申报的情况不准确或者不完备的情况下,没有在规定的时间内申请补充登记或变更登记的,法官得按照相同条件,责令其进行补充登记或变更登记,或者注销登记,(2012 年 3 月 22 日第 2012-387 号法律第 1-1 条)"相应情况下,处逾期罚款"。

法院作出有关某人应履行注册登记义务的判决时,该法院的书记员将此项裁决通知当事人所在辖区内有注册住所或有主要机构的商事法院的书记员。接收此项裁决的商事法院的书记员将其报送负责监督"商事及公司注册登记簿"的委任法官。

第 L123-4 条 (2012 年 3 月 22 日第 2012-387 号法律第 1-1 条废止:有义务在"商事及公司注册登记簿"上申请注册登记,补充登记或变更登记,或者注销登记的任何人,没有经认定有效的可宽恕的理由,在负责监督登记簿事务的法官责令其履行前述之一种手续的裁定成为终局裁定之日起 15 日内仍然没有对此命令作出回复的,处 3750 欧元罚金。

此外,法院得剥夺当事人在商事法院、工商会以及劳资纠纷仲裁法庭选举中行使的选举表决权与被选举权,但时间不超过 5 年。

依当事人申请,法院命令应在确定的期限内在"商事及公司注册登记簿"上进行注册登记,补充登记或变更登记,或者注销登记。)

第 L123-5 条 为了能够在"商事及公司注册登记簿"上进行注册登记、补充登记、变更登记或注销登记,恶意提交不准确或不完整的材料、说明的,处 4500 欧元罚金并处 6 个月监禁。

（2012年3月22日第2012-387号法律第1-1条）"此外，有管辖权的法院得剥夺当事人在商事法院、工商会以及劳资纠纷仲裁法庭选举中的选举权与被选举权，但时间不超过5年。"

第L123-5-1条 依任何利益关系人或检察院的请求，法院院长得依紧急审理程序并规定逾期罚款，责令任何法人的领导人向"商事及公司注册登记簿"提交法律与条例规定其应当提交的各项材料与文书。

法院院长得按相同条件，为相同目的指定一委托代理人办理这些手续。

第二目 "商事及公司注册登记簿"的掌管以及与注册登记相关联的效果

第L123-6条 "商事及公司注册登记簿"由每一个商事法院的书记室掌管，并受法院院长或者就此委任的法官监督，院长或委任法官对注册登记人与书记员之间的任何争议均有管辖权。

（关于海外省与海外领土的规定，略）

第L123-7条 凡是在"商事及公司注册登记簿"上进行了注册登记的自然人，推定其具有商人资格；但是，对于提出相反证据的第三人与行政部门，此种推定不具有对抗效力；第三人与行政部门如知道进行了注册登记的人不是商人，不准许主张此种推定。

第L123-8条 需要进行注册登记的人，在其开始从事活动起15日内不申请办理注册登记手续的，至其注册登记之前，不得对第三人与公共行政部门主张其具有商人身份，但是，该人也不得援引其没有进行注册登记之事实来摆脱与商人身份相关联而应当承担的责任和义务。

已经进行注册登记的商人，在转让营业资产时，或者，尤其是在采取"租赁经营"的形式租让营业资产的经营权时，只有就其停止商事活动之事由进行了相应的注销登记或作出相应记载之后，才能以其已经停止商事活动为抗辩理由，摆脱因其营业资产的继任经营者缔结的债务而受到的追究责任之诉，且不影响适用第L144-7条之规定。

第L123-9条 应当记载于"商事及公司注册登记簿"上的各事项和所有文书，只有在该登记簿上进行了公示，应当进行注册登记的人才能在其从事活动时援引这些事项与文书对抗第三人与公共行政部门；但第三人及公共行政部门则可以援用这些尚未公示的事实与文书。

此外，应当向"商事及公司注册登记簿"作为附件而提交文书或材料的人，只有履行了相应的手续，才能在其从事活动时援引这些材料与文书对抗第三人与公共行政部门;但第三人与行政部门可以援引这些文书或材料。

应当提交的文书或材料,或者应在注册登记簿上作出记载的事项与文书,即使已经进行过其他的法定公告,仍然适用前款之规定,但如第三人与行政部门本身知道这些事项与文书,不得为此主张。

第L123-9-1条 （2003年8月1日第2003-721号法律）在申请注册登记的人提交完整案卷材料之后,法院书记员,或者1994年2月11日有关个人主动性与个体企业的第94-126号法律第2条最后一款所指的组织,向申请注册登记的人免费出具一份有关交存"创立企业案卷材料"的收据。凭此收据,并由具有商人资格的自然人或者以设立中的公司的名义开展活动的自然人个人承担责任,到公共机构以及负责公务任务的私立机构办理各项必要的手续。收据上应写明"等待注册登记"的字样。

最高行政法院提出资政意见后颁布的法令具体规定本条之适用条件。

第三目 申请注册登记的人的注册住所

译者概述：

关于企业或公司注册住所的问题,首先应当区分"个体企业的地址"与"公司的注册住所",其次应当区分"注册住所"与"从事活动的场所",最后还应当区分"设置注册住所的公司"与"提供注册住所的公司或企业"。

2003年8月1日"关于经济主动性"的法律修改了《商法典》第L123-10条,规定凡是申请在"商事及公司注册登记簿"（商人）或"手工业职业目录"（手工业者）上进行注册登记的企业经营者,均应申报其企业或公司的地址（注册住所）,并证明当前在使用该地址。

法律准许企业经营者将其居住场所的地址申报为企业的注册住所。对于将自己的居住场所作为个体企业的注册住所,不再规定任何其他条件,但是,不得因此而将住宅场所改变为商业场所,也就是说,不得改变建筑物原定的居住用途,在房屋出租时也不能适用"商业场地租赁规则";此外,法律或者合同可以明确禁止将居住场所作为企业的注册住所,例如,城市规划法规、"住房租约"和"建筑不动产共同所有权物业管理规约"（物业管理规约）,均可明确禁止承租人将其承租的房屋设置为企业或公司注册住所,禁止他们将租用的居住场所用来经商。

关于公司注册住所问题,同样应区分"单纯的注册住所"与"从事商业与经营活动的场所"。2003年8月1日"关于经济主动性"的法律在《商法典》

中增加了第 L123-11-1 条，该条规定：凡是申请在"商事及公司注册登记簿"上进行注册登记的法人，均应当证明自己对设置为注册住所的场所享有使用权，或者与其他人（法人、公司）一起享有使用权。法律准许公司（企业）将法人的法定代表人的住所设为注册住所，但一般股东的住所不得作为其持有股份的公司的注册住所。具体来说，股份有限公司、个体有限责任企业、合名公司的经理以及股份公司的董事长可以将自己的居住场所申报为公司注册住所，没有任何法律或合同规定禁止这样做，也就是说，租约或者物业管理规约不得禁止这样做。只要不加禁止，也可以长期将个人住宅作为公司的注册住所；如果有禁止规定，仍然有可能在公司创立起不超过 5 年的期限内将法定代表人的个人住所作为公司的注册住所，但是不得超过场所"租赁合同"或者司法规定的时间，在此情况下，在公司申请注册之前就应当将其选择注册住所的意图告知房屋的出租人或物业管理人。即使准许将居住场所申报为公司的注册住所，同样不得改变建筑物的原本用途，也不适用"商业场地租赁规则"。

单纯将住宅申报为公司的注册住所，完全不同于将住宅作为"从事活动的场所"。如果是主要居所，在其内从事的活动只能是（公司、企业）行政性质活动，也就是说，可以将居所地址作为在公司文件抬头上写明的地址，可以用该地址接收函件、电话与传真，但不能将住宅作为办公场所，不能在其内接待顾客，接收、买卖或库存商品，不得因从事商业经营活动给邻居造成影响或危险，或者引起建筑物内秩序混乱。

无论是个体企业，还是公司或其他法人，都可以在专门从事"提供企业注册住所"的商务中心（例如，我们通常所说的"写字楼""办公楼""商务楼"）或者企业的建筑物内设置注册住所，可以在其中从事商务活动并享受相应的服务。这种"专门提供注册住所的活动"在法国称为"activité de domiciliation"，这种情况不同于"将居住场所作为企业的注册住所"。法律对从事这种活动的公司或企业的资格同样有严格的规定和要求，它们的活动须事先得到行政机关的批准，并且进行注册登记（参见以下第三段第 L123-11-3 条）。不是任何人都可以自由地从事这种活动，也"不得在主要用于居住的场所或者在居住与从事职业混用的场所内从事'提供注册住所'的商事活动"，也就是说，不得在住宅楼里为其他企业提供办公室。

以"提供注册住所作为主要业务"的企业或商务中心与入住写字楼、商务中心或办公楼的各公司、企业之间必须签订"注册住所合同"。自 2010 年 4 月 1 日起，商务中心、写字楼、办公楼必须持有其注册住所所在地的省长签发的认可书。《商法典》条例第 R123-167 条具体规定了应当具备哪些条件，尤其规定应当提供哪些设备与服务，才能获得认可。

第一段 适用于自然人的规定

（2003 年 8 月 1 日第 2003-721 号法律第 6-1 条）

第 L123-10 条 （2003 年 8 月 1 日第 2003-721 号法律第 6-1 条）申请在"商事及公司注册登记簿"或"手工业职业目录"上进行注册登记的自然人，必须申报其企业的地址并证明其享有该地址的使用权。（2008 年 8 月 4 日第 2008-776 号法律第 8-6 条）"申请注册登记的自然人，尤其可以在多家企业按照最高行政法院提出资政意见后颁布的法令规定的条件共同占用的场所内设置其企业的注册住所"。该项法令具体规定这些场所内应当配备哪些设备或提供哪些服务，以证明在此设置注册住所的各企业确实设在此场所。

只要没有任何立法规定或合同的约定予以禁止，自然人可以申报其居住场所的地址（作为企业的地址）并在其中从事某种活动。

自然人如果没有设立机构，也可以将其居住场所的地址作为企业的唯一地址予以申报，但此种申报不引起场所用途的改变，也不引起商业租约规则的适用。

第二段 适用于法人的规定

（2003 年 8 月 1 日第 2003-721 号法律第 6-1 条）

第 L123-11 条 （2003 年 8 月 1 日第 2003-721 号法律第 6-1 条）凡是申请在"商事及公司注册登记簿"上进行注册登记的法人与公司，必须证明其单独或者与其他企业一起对安置其企业注册住所地的场所或各场所享有使用权，或者，如注册住所设置在国外，对安置其在法国领土上设立的分支机构、分公司或代表机构的场所或各场所享有使用权。

按照最高行政法院提出资政意见后颁布的法令规定的条件，准许申请注册登记的(2009 年 1 月 30 日第 2009-104 号法令第 9 条)"法人"将其注册住所设在由多家企业共同占用的场所。该项法令具体规定上述场所应当配备哪些设备或者提供哪些服务，以证明住所设在其中的法人的注册住所的现实性。

第 L123-11-1 条 （2003 年 8 月 1 日第 2003-721 号法律第 6-1 条，2005 年 8 月 2 日第 2005-882 号法律第 30 条）除立法另有规定或者合同另有约定外，准许法人将其注册住所设在其法定代表人的住所并在其中从事某种活动。

　　法人受到前款所指的立法规定或合同条款的约束时,其法定代表人可以自法人创立起不超过5年时间内将该法人的注册住所设在其本人的住所,但不得超过法定、约定或法院判决规定的占用场所期间的到期日。

　　在此情况下,法人在提交注册登记申请之前(2005年8月2日第2005-882号法律第30条)"或者在变更登记"之前,应当用书面形式将其打算运用此项权利的意图通知场所的出租人、不动产共同所有权的物业管理人、不动产综合建筑物的管理代表。

　　在第2款所指期间届满之前,当事人应当按照最高行政法院提出资政意见后颁布的法令确定的方式,向法院书记室报送证明其注册住所已经改变的材料。

　　本条之规定不得引起对场所规定的用途的改变,也不因此引起商业租约规则的适用。

　　司法解释:

　　1. 法定代表人的住所:在没有任何立法规定或者合同约定禁止法人将注册住所设在其法定代表人的住所内的情况下,法人可以随时从该住所内迁出注册住所,相反情况下,法人在"商事及公司注册登记簿"上进行注册登记之后,不得将其注册住所迁至其法定代表人的住所。简化的股份有限公司的注册住所,只准许安置在作为其唯一的法定代表人的董事长的住宅,而不能安置在其总经理或总经理助理的住宅,即使公司章程赋予总经理与董事长对第三人代表公司的相同权利。第L123-11-1条所指的将股份有限公司的注册住所设在其法定代表人的住所内的选择权利,仅限适用于总经理的住所,股份有限公司的注册住所不得设在总经理助理的住所。

　　2. 相反的立法规定:申报人在进行注册住所登记时无义务证明没有任何立法规定禁止其将法人的注册住所设在法定代表人的住所。所谓"相反的立法规定"见于《城市规划法典》第510-1条至第510-4条以及《建筑与住宅法典》第631-7条。

第三段　共同规定

(2009年1月30日第2009-104号法令第9条)

第L123-11-2条　不得在主要用于居住的场所或者在居住与从事职业

混用的场所内从事提供企业注册住所的活动。

第 L123-11-3 条 一、任何人,在"商事及公司注册登记簿"上注册之前,如事先未经行政机关认可,不得从事提供企业注册住所之活动。

二、只能向具备以下条件的人颁发(提供企业注册住所的)资格认可书:

1. 能够向在其中设立商业住所的人提供办公用房,其内可以确保必要的秘密,可供负责企业领导、管理与监事的机关召开例会会议,以及可以备置、保管、查阅法律与条例规定的各种簿册、登记簿与文件;

2. 证明自己是其提供给设置注册住所的人使用的场所的所有权人或者是这些场所的商业租约持有人;

3. 没有因以下犯罪而受到终局有罪判决:

A. 重罪;

B. 未因以下犯罪被判处至少 3 个月无缓期之监禁刑:

——《刑法典》第三卷第一编规定的犯罪之一,以及由特别法规定的当处诈骗罪、背信罪之刑罚的犯罪;

——窝藏赃物罪或《刑法典》第三卷第二编第一章第二节所指的视同窝赃罪或与窝赃罪相近似的一种犯罪;

——洗钱罪;

——受贿罪或行贿罪、影响力交易罪、窃取或挪用财产罪;

——伪造、变造公共权力机关签发的证书或托管的有价证券罪,变造公共权力机关标志罪;

——参与黑社会团伙罪;

——毒品走私罪;

——淫媒牟利罪(容留卖淫罪)或者《刑法典》第二卷第二编第五章第三节所规定的犯罪之一;

——本《法典》第二卷第二编第五章第三节规定的犯罪之一;

——破产欺诈罪;

——放高利贷罪;

——1836 年 5 月 21 日关于禁止彩票活动的法律,1983 年 7 月 12 日第 83-628 号关于赌博活动的法律所规定的犯罪之一;

——违反有关与外国经济关系的法律与条例之规定的犯罪;

——税务欺诈罪;

——《消费法典》第 L115-16 条与第 L115-18 条、第 L115-24 条、第 L115-30 条、第 L121-6 条、第 L121-28 条、第 L122-8 条至第 L122-10 条、第 L213-1

条至第 L213-5 条、第 L217-1 条至第 L217-3 条、第 L217-6 条至第 L217-10 条规定的犯罪；

——《劳动法典》第 L8221-1 条与第 L8221-3 条规定的犯罪之一；

4. 在最近 5 年之内没有受到撤销认可其从事提供企业注册住所之活动的纪律性或行政性制裁；

5. 没有本《法典》第六卷所指的个人破产或者禁止权利或丧失权利处分的情形。

第 L123-11-4 条 对于法人，只有其至少持有 25% 的表决票、股份或表决权的股东或持股人以及领导人符合第 L123-11-3 条第三、四、五项规定的各项条件时，才能向该法人颁发（有从事提供企业注册住所之活动资格的）认可证书。

如提交认可申请的人经营一家或数家从属机构，应当证明其经营的每一家机构均符合第 L123-11-3 条第一项与第二项规定的条件。

需要取得资格认可的人从事的活动及其机构的设置与组织或者其领导层发生任何重要变更时，均应向行政机关报告。

第 L123-11-5 条 从事提供企业注册住所活动的人应当履行《货币与金融法典》第五卷第六编第一章规定的有关反洗钱与反资助恐怖活动之斗争的义务。

第 L123-11-6 条 一、下列人员，有资格在各自权限内对违反本目各条文及其实施条例的犯罪行为进行追查与认定：

1.《社会保险法典》第 L243-7 条所指的人员；

2. 劳动巡视员与劳动监督员以及《劳动法典》第 L8113-7 条意义上的公务员；

3.《农村及海洋渔业法典》第 L724-7 条所指的农村社会保险合作社的工作人员。

为此目的，上述人员，对于与各自有关的问题，按照《农村及海洋渔业法典》《社会保险法典》与《劳动法典》的适用条文所规定的对犯罪进行追查与认定的规则开展活动。

除有相反证据之外，以上犯罪的认定，以笔录为见证。笔录直接转送检察院。

二、违反第 L123-11-3 条第一项之规定的违法行为，由第 L450-1 条所指的工作人员按照第 L450-2 条至第 L450-7 条、第 L450-8 条、第 L465-1 条、第 L470-1 条与第 L470-5 条规定的条件进行追查、认定与追诉。

第 L123-11-7 条 最高行政法院提出资政意见后颁布的法令具体规定本段之实施条件。

第 L123-11-8 条 任何人,事先未取得第 L123-11-3 条所指的认可,或者,在此前获得的认可被撤销或被停止之后,仍然从事提供企业注册住所之活动的,处 6 个月监禁并处 7500 欧元罚金。

第二节 商人的财会制度

(1983 年 4 月 30 日第 83-353 号法令)

第一目 适用于所有商人的会计义务

第 L123-12 条 (1983 年 4 月 30 日第 83-353 号法令)任何具有商人身份的自然人或法人,对涉及其企业概括财产(包括资产与负债)的资金运动,均应进行会计记载。此种资金运动应逐年按照时间先后顺序进行记载。

前款所指自然人或法人,应当至少每 12 个月进行一次盘存,审核、监督企业概括财产的资产与负债要素的存在与价值。

前款所指自然人或法人,应在每一会计年度终结时,根据会计记录与盘存表制定年度账目。年度账目包括资产负债表、损益账目及附件,三者构成一个不可分离的整体。

第 L123-13 条 (1983 年 4 月 30 日第 83-353 号法令)资产负债表分开记载企业的资产与负债的全部要素,并分开显示企业的自有资金状况。

损益账目汇总记载本会计年度的产出与费用负担,但无须考虑这些产出与费用负担的入账或支付日期。损益账目,在扣除折旧额和准备金之后,用差额显示本会计年度的利润或亏损。产出与费用负担,应进行分类入账,或者采用图表,或者采用列单方式。

(1985 年 7 月 11 日第 85-695 号法律)"企业在退休金、补充退休金、开始退休时的津贴和补助金,或者在员工、员工合伙人和公司委任人员的类似利益方面的义务负担的金额,均记入账目附件。此外,企业可以决定将相当于上述义务负担的全部或部分金额按照准备金的形式列入资产负债表"。

账目的附件对资产负债表和损益账目中提供的情况进行补充与说明。

第 L123-14 条 年度账目必须符合规则,必须真实、准确地反映企业的概括财产状况、财务状况和盈亏情况。

如执行有关财会的规定仍然不足以做到本条所指的真实准确地反映企

业的情况,应在账目附件中提供补充情况(说明)。

特殊情况下,执行有关财会的规定并不适于准确反映企业的概括财产、财务状况或盈亏情况时,准许不执行此种规定;这种例外处理应当在附件中注明并按照规定说明理由,指出类似处理对企业的概括财产、财务状况与盈亏情况产生的影响。

第 L123-15 条 (1983 年 4 月 30 日第 83-353 号法令)资产负债表、损益账目及附件应当包含能够准确反映企业概括财产(资产与负债)、财务状况和盈亏情况的必要的栏目和科目。资产负债表和损益账目的每一科目均应记明上一个会计年度在相应科目项下的数目。

(2009 年 1 月 22 日第 2009-79 号法令第 5-1 条)"哪些要素构成自有资产(自有资金),由法令具体规定。资产负债表和损益账目的各要素的排列,以及附件中应当包括的事项,由会计准则主管机关发布的规范确定"。

第 L123-16 条 小型企业可以按照会计准则主管机关颁布的会计规则所确定的条件,采用简化形式提交年度账目。

商自然人或商法人的企业,凡在最近终结的会计年度内,并且以年度为基础,没有超过下列三项标准中两项标准的,属于小型企业;这三项标准是:资产负债总额、净营业额或者在会计年度内雇用职工的平均人数。企业在这三方面达到的水平与计算方式由法令确定。

只有在连续两个会计年度内企业的规模超过上述三项标准中的两项标准,或者不再超过这种标准时,才会影响其是否能够选择以简化形式制定年度账目。

第 L123-16-1 条 尽管有第 L123-12 条之规定,微型企业无须制定会计账目的附件,但从事参与性证券及有价证券管理活动的微型企业除外。

商自然人或商法人的企业,凡在最近终结的会计年度内,并且以年度为基础,没有超过下列三项标准中两项标准的,属于微型企业;这三项标准的水平与计算方式由法令确定。这三项标准是:资产负债总额、净营业额或者在该会计年度内雇用职工的平均人数。企业在这三方面达到的水平与计算方式由法令确定。

只有在连续两个会计年度内企业规模超过上述三项标准中的两项标准,或者不再超过这种标准时,才会影响其是否能够选择以简化形式制定年度账目。

第 L123-16-2 条 第 L123-16 条与第 L123-16-1 条不适用于:

1.《货币与金融法典》第 L511-1 条所指的信贷机构与金融公司,以及该

《法典》第 L521-1 条所指的电子货币机构；

2.《保险法典》第 L310-1 条与第 L310-1-1 条所指的保险企业与再保险企业，《社会保险法典》第 L114-8 条所指的社会保险企业，《社会保险法典》第九卷第三编所指的预防性保险机构以及这些机构组成的联合会，《合作社法典》第二卷规范的合作社与合作社联合会；

3. 金融证券准许进入规范市场交易的人（自然人或法人）；

4. 1991 年 8 月 7 日关于协会与合作社取得代表资格以及社会募捐组织的财务账目监督的第 91-772 号法律意义上的、对社会公众进行募捐的人与实体。

第 L123-17 条 （1983 年 4 月 30 日第 83-353 号法令）除情况发生特殊变化之外，商自然人或者商法人作为评价方法而采用的制定年度账目的方式不得随着会计年度之不同而改变；如果发生改变，应在附件中详细说明并解释理由。（2011 年 3 月 17 日第 2011-525 号法律第 55-1 条）"相应情况下，应在会计监察人的报告中指出"。

第 L123-18 条 （1983 年 4 月 30 日第 83-353 号法令）企业有偿取得的各项财产，在列入企业概括财产之日，按照其购进成本进行登记；无偿取得的财产，按照其市价进行登记；产出的产品，按其生产成本登记。

各项固定资产要素在盘存账目上登记的价值，如有必要，应考虑折旧计划。如某项资产要素的价值变得低于其登记的账面净值，无论其减值是否最后确定，在会计年度终了时，均调整为盘存值。

可替换的财产，或者按进价或生产成本的加权平均值进行计价，或者考虑先进先出的情况进行计价。

某项财产的盘存值与其入账时价值相比已经确认发生的增值，不进行记账核算。如对所有有形固定资产和金融固定资产进行重新估值，因此在现值和账面净值之间出现的差额，不得用于填补亏损，并且应分开记入资产负债表的负债项目。

第 L123-19 条 （1983 年 4 月 30 日第 83-353 号法令）资产要素和负债要素应当分别计价。

资产负债表的资产科目和负债科目之间，或者损益账目的费用科目和收益科目之间，不得进行任何抵销。

本会计年度开始时的资产负债表，应与上一个会计年度终了时的资产负债表一致。

第 L123-20 条 （1983 年 4 月 30 日第 83-353 号法令）年度账目应遵守

谨慎原则。因编制年度账目,推定商自然人或商法人在继续从事其活动。企业即使没有利润或利润不足,也应进行折旧以及设立必要的准备金。

本会计年度或者以前一个会计年度中发生的风险与亏损,即使在年度终了之日与账目编制之日期间才发现,亦应考虑在内。

第 L123-21 条 （1983 年 4 月 30 日第 83-353 号法令）只有在截至会计年度终了之日已经实现的利润,才能记入年度账目。(1985 年 1 月 3 日第 85-11 号法律)"经过盘存之后,由共同签约人部分执行与同意执行的业务活动所实现的利润,如其确定能够实现,并且通过预测的会计资料有可能充分安全地评估此种业务活动的总利润时,亦可入账"。

第 L123-22 条 （1983 年 4 月 30 日第 83-353 号法令,2003 年 1 月 3 日第 2003-7 号法律）全部会计文件均使用欧元和法语记录。

各项会计文件及凭据应保存 10 年。

有关业务活动记录和盘存账目的会计文件,按照最高行政法院提出资政意见后颁布的法令确定的条件进行编制和管理,不得留有空白或以任何方式进行篡改。

第 L123-23 条 （1983 年 4 月 30 日第 83-353 号法令）符合规定而编制的财务账目,准许作为商人之间商事行为的证据在法院提出。

如账目编制不符合规定,编制该账目的人不得为自己的利益援用其作为证据。

仅在涉及继承、夫妻共同财产、公司分立以及司法重整或司法清算的诉讼中,法院才能命令提出会计文件。

第 L123-24 条 所有的商人均应在（2003 年 1 月 3 日第 2003-7 号法律废止:"银行"）信贷机构或邮政支票分理处开立账户。

第二目　适用于某些商自然人的财会义务

（1994 年 2 月 11 日第 94-126 号法律）

第 L123-25 条 （1994 年 2 月 11 日第 94-126 号法律）尽管有第 L123-12 第 1 款和第 3 款的规定,选择采用或者当然适用"简化征税制度"的自然人,可以仅在会计年度终了时才对各项债权与债务进行登记,并且可以不制作附件。

有商人资格并且选择或者当然适用简化税收制度的法人,可以按照会计准则主管机关颁布的规则确定的模式提交简化的账目附件。

（2011 年 3 月 17 日第 2011-525 号法律第 55-1 条）"尽管有第 L123-12 条

第 1 款的规定,具有商人资格的法人可以仅在其会计年度终结时才进行债权与债务的记载,但受按照第 L233-16 条的规定编制账目的公司控制的,选择或者当然适用简化征税制度的法人除外"。

第 L123-26 条 （1994 年 2 月 11 日第 94-126 号法律）尽管有第 L123-13 条第 2 款之规定,选择采用或者当然适用"简化征税制度"的自然人,对周期不超过 1 年的费用,可以按照其支付日期计入损益账目,但采购项目除外。

第 L123-27 条 （1994 年 2 月 11 日第 94-126 号法律）尽管有第 L123-18 条第 3 款之规定,选择采用或者当然适用"简化征税制度"的自然人,对其库存货物和本期生产的产品,可以根据（2009 年 1 月 22 日第 2009-79 号法令第 5-2 条）"会计准则主管机关发布的规则"确定的方法进行简化的评估计价。

第 L123-28 条 （2008 年 8 月 4 日第 2008-776 号法律第 9-1 条）尽管有第 L123-12 条至第 L123-23 条之规定,适用《税收总法典》第 50 条规定之税制（微型企业税收制度）的自然人,可以不编制年度账目；但这些自然人应备置簿册,逐日登记其以职业活动的名义收取的收入数额与来源。这些自然人,如其主要商业活动是出售可以提走或现场消费的商品、物品、货品与食品或者是提供住房,则应备置登记册,逐年详细记载其购进货品的细目。该簿册与登记册的备置条件由法令具体规定。

第三目　流动性商业活动与手工业活动

第 L123-29 条 任何自然人或法人,本人或者通过其配偶,或者通过其职员,在其居住地或主要机构设立地之外的市镇行政区内从事流动性商业活动或手工业活动的,均应事先向主管机关申报,以获得颁发本条第 4 款所指的证件。

按照 1969 年 1 月 3 日有关在法国既无住所,也无居所,从事流动性活动的人所适用的制度的第 69-3 号法律第 2 条的意义,在超过 6 个月的时间里既无住所也无居所的任何人打算本人或者由其配偶或职员从事流动性商业或手工业活动的,也应事先向主管机关申报。

第 1 款所指的申报需进行定期延展。

经过申报,可发给从事流动性活动的证件。

第 L123-30 条 除司法警察的警官与警员之外：

1. 《刑事诉讼法典》第 21 条第二项所指的助理司法警察警员有权以笔录确认本《法典》第 L123-31 条所指的法令规定的违警罪行为；

2. 负责对流动性商人或手工业者在其市镇行政区的土地上设置的市场或

交易大厅内从事活动进行监管工作的市场与交易厅的公务员,也有此项权限。

第 L123-31 条　本节的实施条件,尤其是第 L123-30 条第 2 点所指人员的授权条件以及行使此种权限的条件,由最高行政法院提出资政意见后颁布的法令具体规定。

第四章　零售商合作社①

第 L124-1 条　(2001 年 5 月 15 日第 2001-420 号法律)零售商合作社的宗旨是通过合作社成员(参加者)的共同努力,改善他们从事商业活动的条件,为此目的,零售商合作社可以直接或间接为其社员的利益从事以下活动:

1. 向社员提供经商所必要的全部或部分商品、食品或服务、设备与物资,特别是通过建立与维护用于存放商品的任何库房,建立、取得或承租并管理特定的商店与库房,为合作社或其社员的机构实施任何必要的改造与现代化活动。

2. 将属于本合作社成员的商业事务集中到同一交易场所,创立并管理这些商业经营活动所必要的共同服务,建设、取得或承租合作社本身或其社员的活动所必要的建筑物并进行管理。所有这些事务均应遵守本编第五章规定的条件。

3. 在有关金融活动的立法规定的框架内,方便其社员与客户取得各种资金手段与贷款。

组织合作成员之间的金融合作,特别是通过设立公司的方式,并且在合作社的直接或间接监督之下,按照有关信贷机构的特别条件,以任何方法在物资采购、创立和发展商业方面提供支持。照此成立的公司的资本绝大部分必须由合作社与合作社成员持有;非合作社成员的参股人持有的全部表决权数目不得超过 35%。在非合作社成员的参股人持有的表决权数超过这一界限时,应将其降至法律规定的比例。

4. 从事以上所指的各项活动的辅助活动,尤其是向社员提供技术、资金与财会管理方面的协助。

5. (2012 年 3 月 22 日第 2012-387 号法律第 1-2 条)购进营业资产,以及,尽管有第 L144-3 条的规定,在 2 个月期限内将这些营业资产交给某一社

---

① "零售商合作社"原文全称为"les sociétés coopératives de commerçants détaillants",按照第 L124-3 条的规定,这种合作社必须采用"可变资本股份有限公司"的形式,因此也称为"零售商股份合作公司"。——译者注

员租赁经营,同时在最长7年时间内再转让这些营业资产。在该期限内没有进行再转让的,得按照第L124-15条第2款规定的形式责令为之。

6. (2001年5月15日第2001-420号法律)制定并采取各种办法实施共同的商业销售政策,确保本合作社成员的商业活动得到发展,尤其是采取以下办法:

(2004年3月25日第2004-274号法律第1条)——建立适应本合作社情况的法律组织;

——将合作社享有所有权或使用权的商号或商标提供给社员使用;

——实施可以包含共同价格的商业广告活动;

——制定进货、产品介绍、商业建筑布局与商业组织的共同方法与模式;

——建立与管理网络销售平台。

7. 在作为本合作社的直接或间接合伙人经营营业资产的公司内参与资本,甚至参与多数资本。

第L124-1-1条 如果不是按照与每一个合作社成员进行的交易的比例,或者不是按照由合作社在其成员与第三人之间作为中间人的角色实现的交易的比例,不得进行任何分配。

第L124-2条 (2014年7月31日第2014-856号法律第38条废止:"零售商合作社不得准许不是其成员的第三人享受其提供的服务。")

经营药房的药剂师合作社,在紧急情况下,不得拒绝向并非本药店合作社成员的其他药店或治疗病人的公立或私立机构提供服务,如这些药房或机构也是正规开设的药房或机构的所有权人。

第L124-3条 零售商合作社是按照本《法典》第二卷第三编第一章的规定以有限责任公司、股份有限公司的形式设立和运作的可变资本股份有限公司;零售商合作社受本章和第二卷第一编至第四编中与本章之规定不相抵触的各项规定以及1947年9月10日关于合作社地位的第47-1775号法律调整。本《法典》第二卷第一编至第四编有关设立法定公积金的规定也适用于零售商合作社。

只有为进行第L124-1条所指活动之目的而设立,并且其设立与运作符合本章之规定的合作社及合作社联合会,才能视为零售商合作社或零售商合作社联合会,并且才能准许使用这一名称以及在其名称中加上此种称号。

第L124-4条 (2004年3月25日第2004-274号法律第2-2条)在不影响适用1947年9月10日关于合作社地位的第47-1775号法律的规定的条件下,符合规定在法国领土上开业,从事零售商业活动的商人,均可作为成员参加零售商合作社；受本章之规定调整的零售商合作社以及同时在"手工业职业目录"与"商事及公司注册登记簿"上进行注册登记的企业也可以加入零售商合作社。受本章之规定调整的零售商合作社可以按合作社成员的身份接纳由于其活动而与合作社有利益关系的自然人或法人作为其成员。

从事第 L124-1 条第 2 点所指活动的零售商合作社，可以按社员的身份接纳第 L125-1 条所指的任何人作为其成员。

(2004 年 3 月 25 日第 2004-274 号法律第 2-2 条) 其参加的合作社加盟另一合作社的零售商人，可以直接享受后者提供的服务。

第 L124-4-1 条 零售商合作社的章程条款可以规定，希望转让其营业资产的社员，或者希望转让组成经营其营业资产的公司资本 50% 股份或股票的社员，或者希望转让用该营业资产从事的经营活动所使用的不动产的社员，应当事先通知合作社；合作社可以在接到这项通知起 3 个月内提出取得资产、股份或财产的要约。

有管辖权限的法院可以撤销违反第 1 款的规定进行的资产转让。

如果转让人在 2 年期限内没有实现营业资产的转让，应告知合作社，合作社可以按照第 1 款规定的条件提出新的要约。

在财产继承、夫妻财产制清算的情况下，或者在向配偶、直系尊血亲或卑血亲进行转让的情况下，排除适用第 1 款所指的条款。

第 L124-5 条 受本章之规定调整的各合作社之间，可以成立与第 L124-1 条规定的宗旨相同的联合会。

这些零售商合作社联合会的设立与运作，必须遵守各合作社本身应当遵守的相同规则。1947 年 9 月 10 日关于合作社地位的第 47-1775 号法律第 9 条第 2 款的规定适用于这些联合会。零售商合作社联合会只能以参加本联合会的合作社为其成员。

其参加的合作社加盟联合会的各零售商人，可以直接享受该联合会提供的服务。

零售商合作社及其联合会，可以与其他合作社或联合会成立混合联合会。

尽管有本《法典》第 L223-1 条与第 L225-1 条的规定，受本条之规定调整的联合会，如果采用股份有限公司的形式，其成员数可以少于 7 名；如果采用有限责任公司的形式，其成员不得少于 4 名。

第 L124-6 条 零售商合作社的董事或者管理委员会与监事会的成员应当是本人具有合作社成员资格的自然人，或者是作为合作社成员的某一合作社的董事长、(2005年8月2日第2005-882号法律第31-1条)"总经理或"管理委员会成员或经理。

零售商合作社联合会的董事或监事会成员的任职不给报酬,因此他们仅有权依据费用支出证明,获得偿还其垫付的费用,以及在相应情况下,获得对用于合作社管理的时间与劳动的补偿费。

(2004年3月25日第2004-274号法律第3条)"董事长或者管理委员会成员以及监事会主席可以领取报酬,但是,如果合作社章程对取酬方式有明确规定,则只能按照所从事的业务活动或者实现的结余的比例领取报酬。合作社章程规定授权哪一机构确定在不超过5年的时间内每年可以给予的报酬的最高数额"。

执行前款之规定所作出的决定,应经在此之后召开的全体大会批准。

第L124-6-1条 采用有限责任公司形式设立的零售商合作社,其经理或者所有的经理,都应当是以本人的身份作为合作社成员的自然人,或者是作为合作社成员的公司的董事长、总经理、管理委员会的成员或经理。

零售商合作社的成员超过20名时,应当由3名或3名以上的经理管理。

第L124-7条 (零售商合作社联合会)章程可以规定,若干零售商合作社按照1947年9月10日关于合作社地位的法律第3条规定的条件结盟。在此情况下,各合作社可以借助与其结盟的合作社提供的服务。

第L124-8条 如签订协议之日已有的成员中1/3出席或委托代表(代理人)出席会议,全体大会即可有效进行审议。

但是,为了修改章程而召开的全体大会,只有至少在会议召集之日已有的成员一半出席或委托代表(代理人)出席时,才能有效进行审议。

在合作社章程准许时,通过函件进行投票的成员,在计算应当达到的法定人数时,应予计入。

在没有达到法定人数的情况下,应当重新进行大会的召集。于此情形,不论出席或者委托代表(代理人)出席会议的人数如何,大会均可有效进行审议。

第L124-9条 全体大会按照出席或委托代表(代理人)出席会议的成员多数表决作出审议决定;(2004年3月25日第2004-274号法律第4条)"但是,对于章程的任何修改,只有出席或委托代表(代理人)出席的2/3的成员投赞成票才能作出决定"。

如合作社从事的是第L124-1条第2点所指的活动,可以按照第L125-10条规定的条件,而不遵守本条之规定。

第 L124-10 条　如果是采用股份有限公司形式设立的零售商合作社,或者是采用有限责任公司的形式设立,根据两种不同情况,分别由董事会或监事会作出决定,或者由管理部门作出决定,可以宣告开除某个合作社成员,但应当按照规定听取当事人的陈述。

被宣告开除的合作社成员,可以对此项决定向全体大会提出申诉;通知该成员被开除之后召开的第一次普通全体大会应就该成员提出的申诉进行审议,作出决定。开除决定,于通知全体大会同意之日产生效力。

但是,在合作社的利益有此要求时,如果是采用股份有限公司形式设立的零售商合作社,按照不同情况,分别由董事会或监事会作出决定,可以停止被开除的成员依其合作社成员的资格而享有的权利,直至向该成员通知全体大会作出的决定之日,但停止合作社成员行使权利的时间不得超过 1 年。

如果旨在开除某个成员的决定并无严肃的正当理由,法院在向当事人通知全体大会不同意开除的决定之日起 1 个月期限内,宣告恢复无正当理由被开除的成员的资格,或者向其给予损害赔偿,或者同时宣告两项措施。

在合作社从事的是第 L124-1 条第 2 点所指的活动时,不适用本条之规定,在此情况下,适用第 L125-1 条与第 L125-16 条的规定。

第 L124-11 条　(2004 年 3 月 25 日第 2004-274 号法律第 5 条)如果涉及的是从事第 L124-1 条第二项所指活动的合作社,尽管有 1947 年 9 月 10 日法律第 18 条的规定,退出合作社的成员或者被排除的成员持有的股份,按照第 L125-17 条与第 L125-18 条规定的条件予以偿还。

但是,这些合作社成员,自其丧失成员资格之日起 5 年时间内,仍然对本合作社以及第三人就其退出时的那一会计年度终结时存在的各项债务承担义务。按照具体情况,管理委员会或者监事会,在最长 5 年时间里,保管按照前款之规定本应属于原合作社成员所有的款项,但以该成员按照前款的规定负担有担保的债务所必要的数额为限,当事人另行提供足够的担保时除外。

第 L124-12 条　如果是采用股份有限公司形式设立的零售商合作社,由合作社全体成员普通大会按照成员特别大会相同的法定人数与多数条件作出审议决定,或者,如果是采用有限责任公司形式设立的零售商合作社,按照修改章程的法定人数与多数条件作出审议决定,可以将在成员个人账户上以前一个会计年度的名义分配的暂时不得动用的或可以分配给合作社成员的全部或部分返还款项部分转为合作社的股份。

在后一种情况下,每一个合作社成员在因此种资本增加而可以分配的股份中的权利,与他们各自可分配到的返还款项相同。

第 L124-13 条 准许"合作信贷中心管理处"为符合本章之规定而设立的各合作社进行资金方面的业务活动,特别是将专门分配给该信贷中心的资金或者由该信贷中心以贷款或票据再贴现的形式获得的资金提供给各合作社;准许信贷中心为合作社进行的借贷提供票据担保或者作为担保人,接受并管理合作社的存款。

第 L124-14 条 在受本章之规定调整的零售商合作社或者合作社联合会解散的情况下,并且以本条以下各款为保留条件,其资金中的净资产余额将转归其他合作社或合作社联合会,或者转归具有公共利益性质或职业性质的事业机构。

但是,各合作社或者合作社联合会,经负责经济与财政事务的部长发布的条例的批准,可以将其净资产的余额部分分配给其成员。这项分配不能包括由国家或公共部门直接或间接给予合作社或合作社联合会的补助而产生的净资产的余额之部分,这一部分余额应当按照此前给予批准的条例所规定的条件返还给国家或公共部门。

当合作社从事的是第 L124-1 条第 2 点所指的活动时,当然可进行净资产余额的分配。

第 L124-15 条 为从事第 L124-1 条第 1、3、4 点所指的一项或多项活动而设立的零售商的任何联合组织,如采用受本章规定调整的零售商合作社的形式,均应按照股份有限公司、有限责任公司、共同经济利益联合组织或者欧洲共同经济利益联合组织的形式设立。

(2012 年 3 月 22 日第 2012-387 号法律第 1-3 条)"检察院或者任何利益关系人均可请求有管辖权的法院的院长依紧急审理程序,责令违反第 1 款之规定设立的组织的商人成员按照规定的形式设立其组织,相应情况下,处以逾期罚款"。

第 L124-16 条 按照 1949 年 8 月 2 日第 L49-1070 号法律设置的零售商共同进货合作社以及这些合作社之间成立的联合会,视为符合本章之规定,无须其修改各自的章程。

但是,享有前款规定之利益的合作社在随后对章程进行任何修改时,必须对其章程作出调整,使之符合规定。

第五章　独立商人同名商店[①]

第一节　同名商店的开设

第 L125-1 条　在同一营业场所范围内，不转让所有权，但使用同一店名，按照共同规则，经营各自的营业资产（铺位）或者经营在"手工业职业目录"上进行注册登记的企业，据此开设独立商人同名商店的自然人或法人，适用本章之规定。

第 L125-2 条　第 L125-1 条所指的自然人或法人，按照经济利益联合组织或可变资本股份有限公司或零售商人合作社的形式，组成一个对同名商店使用的建筑物及其附属场地享有所有权与使用权或者仅享有使用权，并制定与实施共同的政策，对共同的服务进行组织与管理的法人。

前款所指的经济利益联合组织或者公司，在同名商店开办期间，作为同名商店使用的土地、建筑物及附属场地之全部或一部的所有权人时，不得将这些不动产之全部或一部再转让给其成员。

只有设立与运作均符合本章之规定的经济利益联合组织与可变资本股份有限公司及零售商合作社，才能视为独立商人同名商店，才准许使用同名商店的名义，或者使用其本身的名称（商号）加上同名商店的名称。

第 L125-3 条　运用信贷租赁（融资租赁）方式开设独立商人同名商店的经济利益联合组织或者公司，视为 1967 年 9 月 28 日第 67-837 号法律第 5 条 B 点意义上的使用人（utilisateur，用户）。

第 L125-4 条　前款所指的经济利益联合组织或者公司的每一个成员都持有与同名商店的设立合同或章程确定的场所的使用权不可分离的股份或

[①]　"独立商人同名商店"，原文为"magasins collectifs de commerçants indépendants"，字面意思是"独立商人的集体商店"，也是现代大型商场、大型商城最常见的经营方式。在这些商场或商城里从事经营活动的商户往往是相互独立的不同厂商或商人，但共同使用统一的店名（同名商店），形成店名品牌。法国商法对这种同名商店的法律性质与运作规则作了原则性规定。从事独立经营的商人，"按照经济利益联合组织或者可变资本股份有限公司或零售商合作社的形式，组成一个对同名商店使用的建筑物与附属场地享有所有权及使用权或者仅享有使用权的法人，并制定与实施共同的政策，对共同服务进行组织与管理"，因此，在同名商店内从事经营活动的各商户，并非单纯是该商店的"经营场所"（柜台）的承租人，他们与同名商店这一独立的法人之间并非仅仅存在租赁关系。同名商店的设立可以采用三种法律形式："经济利益联合组织"或"可变资本股份有限公司"或"零售商合作社"。——译者注

股票,并可享受共同的服务。

同名商店的设立合同或者章程,可以根据季节性活动的具体情况,向任何股份持有人分配供其开展活动的其他场地。

根据具体情况,同名商店的成员大会或股东大会,唯一有权经各当事人同意而变更按照前款规定已经分配的场地。

本章有关股份的规定,适用于上述第1款所指的可变资本股份有限公司的股份。

第 L125-5 条　在向同名商店内迁入或者在其中建立一项营业资产(铺位)或在"手工业职业目录"上注册登记的企业时,就分配给这些营业资产或手工业企业的所有人的股份而言,无须再向上述经济利益联合组织或者公司出资。经济利益联合组织或者公司本身的股份,也不代表这些营业资产或企业的价值,亦禁止除现金之外的其他任何形式的出资。

第 L125-6 条　如果(在同名商店内从事经营活动的)营业资产(铺位)或在"手工业职业目录"上注册登记的企业(本身)实行租赁经营,仅有该营业资产或手工业企业的出租人才是经济利益联合组织或公司的成员。

已有的某一营业资产或手工业企业在同名商店内迁移,必须得到承租经营人同意。

第 L125-7 条　营业资产负担本卷第四编第一章至第三章所指的优先权或无形动产质权时,该营业资产的所有权人在加入同名商店或者将其营业资产迁入同名商店之前,必须履行本《法典》第 L141-21 条与第 L141-22 条规定的公示手续。

持有优先权或无形动产质权的债权人,如果在第 L141-12 条与第 L141-13 条所指的从日期上看最后进行的公示之后起 10 日内没有在法院书记室进行登记、通知其持有异议,视其已经同意所有权人加入同名商店。

在(债权人)提出了异议的情况下,如所有权人证明债权人享有的担保并未因其营业资产加入同名商店而有所减少,或者证明其已经向债权人提供了至少等值的担保,法院得命令撤销(债权人)提出的异议。在法院没有撤销债权人提出的异议的情况下,商人本人只要仍然是其营业资产的所有权人,不得加入同名商店。

第 L125-8 条　同名商店的设立合同或其章程,应当明文规定在其内经营的所有营业资产均不得负担优先权或本卷第四编第一章至第三章所指的无形动产质权,或者,在相反情况下,应明文指出没有任何人对某个成员加盟同名商店之事由提出异议,或者指明法院已经命令撤销提出的异议,否则,同名商店设立合同或章程无效，并且设立合同或章程的所有签字人应负连带责任。

第 L125-9 条 （在本法实施之前）由某一法人已经创立的独立商人同名商店通过采取适应性措施或者转型改制，可以改用本章规定的制度。

该法人的任何成员，均可紧急申请指定一名委托代理人专门负责召集法人的全体大会，以便就此种适应性措施或者转型改制事由进行审议，作出决定。

不论有何相反规定，决定应由组成该法人的全体成员的多数赞成作出；没有参加会议的人可以退出该法人，并要求按照第 L125-17 条与第 L125-18 条规定的条件偿还其持有的证券、股票或股份。

第二节　同名商店的行政管理

第 L125-10 条　按照具体情况，同名商店的设立合同或者章程，应附有一份内部规章。

只有召开全体大会并且由经济利益联合组织或者公司成员人数的绝对多数同意，才能修改同名商店的设立合同或章程以及内部规章；或者，如果设立合同或章程有规定，只有经全体成员更高比例的人数赞成，才能进行此种修改；有关认可新成员加盟同名商店或者开除成员的决定，亦同。

其他决定，按照第 L125-2 条对其各自规定的形式条件作出；但是，尽管有本《法典》第二卷（有关公司）的规定，按照本章规定设立的可变资本股份有限公司的章程仍可规定每一股东在股东大会上均只有一票表决权，不论持有的股份数目的多少。

第 L125-11 条　同名商店的内部规章具体规定适于保障本商店执行共同商业政策的各项规则以及本商店的一般经营条件，尤其是以下事项的具体规定：

1. 本商店（每周）开门营业的日期与时间，以及在相应情况下，季节性关门停业或因休年假而停业的时期；

2. 共同服务的组织与管理；与共同服务相对应的各项费用的分摊；

3. 除保留执行现行立法的有关规定之外，（在商店内部场地的布局与布置方面）对业务上相互有竞争性的活动作出的安排，并规定业务上相互有竞争性的每一个成员可以与店内的其他成员一起从事哪些附带活动；

4. 选用特别的广告文字表述，选用适宜于各摊位的装潢装饰，可能情况

下,规定店面装饰应当相互协调;

5. 为活跃本店的经营氛围而开展集体的或单独的活动,特别是创造具有季节性特点的销售氛围。

第三节 成员的认可与开除

第 L125-12 条 独立商人同名商店的设立合同或者章程可以规定,任何股份转让均应事先经本经济利益联合组织或公司全体大会的认可。全体大会应在收到认可申请之日起 1 个月内作出决定。

同名商店的设立合同或者章程还可以规定,在同名商店股份持有人死亡的情况下,该人的权利继受人原先没有参与同名商店活动的,由其继受原有的股份时,也应经过认可。

拒绝认可,产生按照第 L125-17 条与第 L125-18 条规定的条件给予补偿的权利。

第 L125-13 条 在强制出卖股份的情况下,(设立合同或者章程中规定的)认可条款不具有对抗(买受人的)效力,不论这些股份是否负担无形动产质权。

第 L125-14 条 同名商店的设立合同,或者在相应情况下,同名商店的章程可以规定,在同名商店内经营的营业资产(铺位)或手工业企业实行租赁经营时,租赁经营人也应得到全体大会认可。

(2005 年 7 月 26 日第 2005-845 号法律第 165-2 条)"在营业资产的所有权人实行司法重整或司法清算程序的情况下,如法院按照本《法典》第六卷第二编的规定批准订立营业资产的租赁经营合同,不得援用有关认可条款的规定"。

第 L125-15 条 独立商人同名商店的任何成员其本人的行为或者受其委托经营营业资产的人的行为违反本商店内部规章的,同名商店的管理机关得对其提出警告。

在营业资产实行租赁经营的情况下有上述行为的,管理机关亦向租赁经营人提出警告。

如果在提出警告后 3 个月内仍无效果,且同名商店本身或某些成员的正当利益因此受到影响时,经济利益联合组织的全体成员大会或者公司股东大会,经第 L125-10 条所指的多数同意,得宣告开除有关的当事人。

在开除决定终局确定之前,被开除的人有权按照同名商店设立合同或者章程规定的条件,(为其营业资产)推荐一名或数名受让人(接管其从事的经营活动)。

第 L125-16 条 除保留第 L125-17 条第 2 款有关股份作价的规定之外,对于按照第 L125-12 条、第 L125-14 条以及第 L125-15 条第 3 款之规定作出的任何决定,在用挂号信并要求回执进行通知起 1 个月期限内,同名商店的任何成员均可向大审法院提出申诉。

法院可以撤销或者变更提交其审理裁决的决定,或者以其判决替代原决定。

不论有何相反条款规定,成员向法院提出申诉的,均暂时中止执行受到申诉的决定,但是,由于(已经安排的经营)场地不使用,或者不交纳场地使用费之原因而被同名商店开除的情况除外。

第 L125-17 条 在某一成员被开除或退出或者死亡而商店本身又拒绝接受受让人或继承人作为其成员的情况下,被开除或退出同名商店的股份持有人,或者在股份持有人死亡情况下,其继承人,有权转让其在同名商店内经营的营业资产(铺位)或在"手工业职业目录"上注册登记的企业。取得原经营场地的新的经营人,或者在没有新的经营人的情况下,经济利益联合组织或者公司本身,应向原股份持有人或其继承人偿还相应股份的价值,必要时,应加上由于原场地使用人进行装修、布置、安排而给该场地带来的增加价值。

经营场地的价值,由同名商店经济利益联合组织成员大会或者公司股东大会确定,并且应当在作出开除决定或者拒绝认可受让人或继承人作为本店成员的决定的同时确定其原经营场地的价值。

在达不成协议的情况下,场地的价值由大审法院院长按照紧急审理程序作出的裁定所指定的评估鉴定人在上述决定作出之日确定。

无论有何相反条款规定,对大审法院院长作出的指定评估鉴定人的决定,不准提出任何不服申请。

经营场地价值的评估报告,应提交大审法院院长认可,大审法院院长依紧急审理程序进行审理裁判。

第 L125-18 条 在第 L125-17 条所指情况下,只有在向股份持有人,或者在股份持有人死亡的情况下,向其继承人,支付了第 L125-17 条所指的款项之后,经济利益联合组织或者公司才能在原经营场所(柜台)安排该场地的新的经营人,或者,如果暂时不支付该款项,则应支付一笔预付款,具体数额由大审法院院长依紧急审理程序裁判确定。

但是,在已经由(2003 年 1 月 3 日第 2003-7 号法律)"信贷机构"或专门为此授权的金融机构为该款项或预付款的支付提供担保的情况下,或者在该款项已经提存至法院依紧急审理程序作出的裁定所指定的委托代理人之手时,不再要求进行上述预先支付。

此外,如果同名商店采取的是零售商合作社的法律形式,合作社的管理委员会或者董事会可以主张适用第 L124-11 条第 2 款的规定。

第四节 独立商人同名商店的解散

第 L125-19 条 除设立合同或章程另有规定之外,在同名商店内从事经营活动的一名成员实行司法重整或司法清算程序,并不当然引起作为经济利益联合组织的同名商店本身随之解散。

第六章 合作担保公司

第 L126-1 条 在商人、工业生产经营者、制造商、手工业者、商事公司、自由职业人员、不动产或不动产权利的所有人以及第 L524-1 条所指的执业人员之间设立合作担保公司的规则,由 1917 年 3 月 13 日法律确定。

第七章 对创业或恢复经济活动的企业计划提供扶持的合同

第 L127-1 条 (2003 年 8 月 1 日第 2003-721 号法律第 20 条)为创立企业或者恢复经济活动而订立的创业计划给予扶持,由合同作出具体规定:由某一法人依据这项合同承担义务,通过其掌握的手段,向某一非全时薪金雇员的自然人提供特别的持续帮助,后者承诺制定创立、恢复或管理某种经济活动的准备方案。在某一法人与另一法人的唯一股东及领导人之间,也可以订立这种合同。

第 L127-2 条 (2003 年 8 月 1 日第 2003-721 号法律第 20 条)为创立企业或者恢复经济活动而订立的创业计划扶持合同的期限不得超过 12 个月,但可以延展两次。(创业或恢复经济活动的)扶持与准备方案以及合同双方当事人各自的义务,均由该合同作出具体规定。获得扶持的人可以按照何种条件对第三人承担与方案规定的经济活动有关系的义务,也由合同规定。

扶持合同应采用书面形式,否则无效。

第 L127-3 条 （2003 年 8 月 1 日第 2003-721 号法律第 20 条）负责对创业或恢复经济活动给予扶持的法人向受益人提供准备创业或恢复或管理经济活动的必要手段,这一事实本身并不引起两者之间存在服从关系的推定。

由负责给予扶持的法人按照合同向接受扶持的人提供的必要手段以及由此投入的费用可能得到的回报,应在资产负债表中作出记载。

第 L127-4 条 （2003 年 8 月 1 日第 2003-721 号法律第 20 条）在为创业或者恢复经济活动而订立创业计划扶持合同的期间即已开始经济活动的情况下,如因（受扶持人）从事的活动的性质而要求进行企业注册登记时,受益人应当进行注册登记。

在进行注册登记之前,受益人在扶持与准备方案之时对第三人承担的义务,由提供扶持的人对该第三人承诺履行;在注册登记之后,负责对创业或恢复经济活动给予扶持的法人与受益人按照扶持合同的具体规定,对受益人承诺的义务承担连带责任,直至合同终止。

第 L127-5 条 （2003 年 8 月 1 日第 2003-721 号法律第 20 条）为创立企业或恢复经济活动而订立的创业计划扶持合同不得以妨碍《劳动法典》（原）第 L125-1 条、第 L125-3 条、第 L324-9 条或第 L324-10 条（现第 L8221-1 条、第 L8221-2 条、第 L8221-3 条、第 L8221-5 条、第 L8231-1 条、第 L8241-1 条、第 L8141-2 条）之规定为目的或效果。

创立企业或者恢复经济活动的行为,应当与扶持、协助的职责明确分开。

第 L127-6 条 （2003 年 8 月 1 日第 2003-721 号法律第 20 条）为创立企业或者恢复经济活动而订立的创业计划扶持合同的受益人的职业与社会状况,由《劳动法典》（原）第 L783-1 条与第 L783-2 条（现第 L5142-1 条与第 L5142-3 条）具体规定。

负责为创立企业或恢复经济活动提供扶持的人,对于受益人在第 L127-4 条所指的注册登记之前为实施第 L127-1 条与第 L127-2 条所指的扶持与准备方案时造成的损害,对第三人承担责任。在受益人注册登记之后,如果受益人在合同终止之前一直很好地遵守了合同条款的各项规定,负责为创立企业或恢复经济活动提供扶持的法人对受益人在创业计划扶持合同期间引起的责任负责提供担保。

第 L127-7 条 （2003 年 8 月 1 日第 2003-721 号法律第 20 条）为创立企业或者恢复经济活动而订立的创业计划扶持合同的公示方式,由最高行政法院提出资政意见后颁布的法令具体规定。

第八章　全国被禁止担任管理职务的
　　　　人员的信息检索系统①

（2012 年 3 月 22 日第 2012-387 号法律第 71 条）

第 L128-1 条　为了与欺诈行为作斗争，预防《刑法典》第 434-40-1 条及本《法典》第 L654-15 条规定的犯罪，有利于执行司法法院宣告的禁止担任管理职务之措施，准许在全国商事法院书记员理事会建立一个"全国被禁止担任管理职务的人员的信息检索系统"。

掌管这一全国信息检索系统是全国商事法院书记员理事会负责承担的一项公共服务性任务，并由其负担经费与责任。

在这一信息检索系统中记录以下事项：以民事制裁、商事制裁的名义或者以刑罚的名义宣告的已经产生既判力的司法裁判性质的判决所引起的个人破产以及其他所有的禁止措施：禁止直接或间接领导、管理或监督商业企业、工业企业或手工业企业，禁止直接或间接领导、管理或监督从事任何独立活动的企业或任何法人。在该信息检索系统中不记载纪律惩戒事项。

该信息检索系统记载宣告上述措施的各级法院作出的判决。

该信息检索系统受本章之规定以及 1978 年 1 月 6 日有关信息检索系统与自由的第 78-17 号法律的规定调整。该信息检索系统在完成该法律第四章规定的准备手续之后实施设置。

第 L128-2 条　各商事法院书记员以及在商事方面有管辖权限的民事法院书记员，可以经常进入第 L128-1 条所指的信息检索系统。

下列人员提出简单申请并且付费，可以按照 1978 年 1 月 6 日有关信息检索系统与自由的第 78-17 号法律第 3 条第二项的规定，向他们提供第 L128-1 所指的信息检索系统中记录的个人性质的信息与数据资料：

1. 司法官与司法系统法院的人员，因履行职责需要；
2. 司法部的部门工作人员，因执行任务需要；

---

① "全国被禁止担任管理职务的人员的信息检索系统"（fichier national des interdits de gérer）是一项新规定，这一检索系统内登记的是，依据本《法典》第六卷第五编第三章的规则被宣告"个人破产"的人的情况。这种处理几乎类似于刑事诉讼法规定的"犯罪记录"，是一种"商事处分记录"。——译者注

3. 最高行政法院提出资政意见后颁布的法令确定的组织与行政部门的代表，在执行与欺诈行为作斗争的任务范围之内；

4. 按照最高行政法院提出资政意见后颁布的法令确定的方式指定的各省与各地区手工业职业商会的人员，以及阿尔萨斯与摩泽尔手工业职业商会的人员，在他们各自掌管企业登记簿的任务范围之内。

如果在跨部委工业重组委员会受理的相关案卷中预定将要担任领导、管理或者监督职务的人是在本信息检索系统中登记的人，上述第二项所指的工作人员应当通知该跨部委委员会的秘书长。

第 L128-3 条　进入第 L128-1 条所指的信息检索系统进行信息查询，查询人应登记其身份、查询日期与时间。

第 L128-4 条　在"全国被禁止担任管理职务的人员的信息检索系统"与其他任何人或者不属于司法部的国家部门掌管的个人性质的信息系统或信息处理系统之间，不得进行1978年1月6日有关信息检索系统与自由的第78-17号法律第30条第一项第3点意义上的任何联网。

第 L128-5 条　本章之实施方式，在征求全国自由与信息委员会的意见之后，由最高行政法院提出资政意见后颁布的法令作出具体规定。

（原）第八章　有关无能力从事商业职业或工业职业的规定

（2005年5月6日第2005-428号法令）

（第八章由2008年8月4日第2008-776号法律废止，参见《刑法典》第131-6条第十五项、第 L131-27 条第二项、第 L213-1 条第五项、第 L215-1 条第六项、第 L221-8 条第一项、第 L224-1 条、第 L224-9 条第二项、第 L225-19 条第七项、第 L225-20 条第二项、第 L227-29 条第八项、第 L311-14 条第二项、L312-13 条第二项、第 L313-7 条第二项、第 L314-10 条第二项、第 L321-9 条第二项、第 L322-15 条第二项、第 L324-7 条第一项、第 L414-5 条第二项、L422-3 条第二项、第 L432-17 条第二项、第 L433-22 条第二项、第 L434-44 条第三项、第 L441-10 条第二项、第 L442-11 条第二项、第 L443-6 条第二项、第 L444-7 条第二项、第 L445-3 条第二项、第 L450-3 条第二项）

第 L128-1 条原条文：（2005年5月6日第2005-428号法令第1条）任何人，如其在最近10年之内因下列行为受到终局有罪判决，不得直接或间接为其本人或他人利益从事商业或工业职业，不得以任何名义领导、管理或者监督商业或工业企业或商事公司：

1. 因重罪；
2. 因以下犯罪被判处至少3个月无缓期之监禁刑：

A. 《刑法典》第三卷第一编规定的犯罪之一，以及由特别法规定的当处对诈骗罪、背信罪规定之刑罚的犯罪；

B. 窝藏赃物罪或《刑法典》第三卷第二编第一章第二节所指的某一种视同窝赃罪或与窝赃罪相近似的犯罪；

C. 洗钱罪；

D. 受贿罪或行贿罪、滥用权势罪、窃取或挪用财产罪；

E. 伪造文书罪、变造公共权力机关签发的证书或托管的有价证券罪，变造公共权力机关标志罪；

F. 参与坏人结社罪；

G. 毒品走私罪；

H. 淫媒牟利罪或者《刑法典》第二卷第二编第五章第二节所规定的犯罪之一；

I. 违反本《法典》第二卷第二编第五章第三节有关商事公司的立法规定的犯罪之一；

J. 破产欺诈罪；

K. 放高利贷罪；

L. 1836年5月21日关于禁止彩票活动的法律，1983年7月12日第L83-628号关于赌博活动的法律所规定的犯罪之一；

M. 违反有关与外国经济关系的法律与条例之规定的犯罪；

N. 税务欺诈罪；

O. 《消费法典》第L115-16条与第L115-18条、第L115-24条、第L115-30条、第L121-6条、第L121-28条、第L122-8条至第L122-10条、第L213-1条至第L213-5条、第L217-1条至第L217-3条、第L217-6条至第L217-10条规定的犯罪；

P. 《劳动法典》第L8221-1条与第L8221-3条规定的犯罪之一；

3. 公务助理人员或司法助理人员的任职资格被撤销。

第九章　有报酬的企业监管制度

第 L129-1 条　（2005 年 8 月 2 日第 2005-882 号法律第 24-1 条）商业、手工业企业、(2008 年 8 月 4 日第 2008-776 号法律第 69-3 条)"自由职业"企业或服务企业的转让人，得在企业转让之后，与受让人订立一项合同，规定由转让人承担义务并取得报酬，在一定时间内对其转让的企业实行暂时的监管服务。此种服务的目的是为了确保向受让人传授转让人作为被转让企业的厂长所取得的职业经验。监管人仍然参加其在企业转让之前参加的社会保险制度。

最高行政法院提出资政意见后颁布的法令具体规定本条的实施条件。

第三编 居间商、行纪商、承运人、商业代理人与独立的上门销售人

第一章 居 间 商①

第一节 居间商总则

第 L131-1 条 设商品居间商、船舶驾驶员和翻译居间商以及陆路或水上运输居间商。

第 L131-2 条 (2011 年 7 月 20 日第 2011-850 号法律第 41-2 条)任何商人均可从事商品居间业务。

第 L131-3 条 依法设立的陆路或水上运输居间商唯一有权在其执业地从事陆路或水上运输居间业务。陆路或水上运输居间商不得同时从事商品居间商或者船舶驾驶居间商业务。

第 L131-4 条 (2001 年 1 月 16 日第 2001-43 号法律废止)

第 L131-5 条 投资服务提供人,可以与商品居间商竞合从事金属材料的交易与买卖居间业务。投资服务提供人唯一有权确认这些材料的市价。

第 L131-6 条 (2001 年 1 月 16 日第 2001-43 号法律废止)

---

① "居间"原文为"courtage","居间商"为"courtier"(居间人)。居间活动就是通常所说的中介活动,居间合同也称为中介合同。居间人仅以自己的名义向当事人提供与第三人缔约的机会,或者为订约提供媒介服务。委托人应支付报酬。按照法国《商法典》的规定,居间合同是一种商事合同,通常是双务、有偿与诺成合同。——译者注

第 L131-7 条　（2001 年 1 月 16 日第 2001-43 号法律废止）

第 L131-8 条　（2001 年 1 月 16 日第 2001-43 号法律废止）

第 L131-9 条　（2001 年 1 月 16 日第 2001-43 号法律废止）

第 L131-10 条　（2001 年 1 月 16 日第 2001-43 号法律废止）

第 L131-11 条　对于本人在其中有利益的交易，从事居间业务的居间商如不向接受其作为中间人（intermédiaire）提供服务的各方当事人告知此事项，处 3750 欧元罚金，且不影响当事人提起损害赔偿诉讼；如果是在（2011 年 7 月 20 日第 2011-850 号法律第 41-3 条）"第 L131-12 所指的名册上登记的居间商"，则予以除名，且在不超过 5 年的时间内不得重新注册作为居间商。

第二节　经宣誓的商品居间商

（2011 年 7 月 20 日第 2011-850 号法律第 41 条）

第一目　宣誓的条件

第 L131-12 条　（2011 年 7 月 20 日第 2011-850 号法律第 41 条）在每一个上诉法院，按照检察长的意见要求，编制一份"经宣誓的商品居间商名册"。该名册上登记每一个商品居间商进行注册登记的日期以及各自经过第 L131-3 条第五项规定的资质考试所确认的专业领域。

只要受到请求，上诉法院均可进行新的注册登记或者对名册进行修订。

第 L131-13 条　（2011 年 7 月 20 日第 2011-850 号法律第 41 条）任何人，如果不具备以下条件，不得在上诉法院制定的"经宣誓的商品居间商名册"上进行注册登记：

1. 是法国人，或者是欧盟成员国或者欧洲经济区协定签字国的国民；

2. 没有受到个人破产处分或《商法典》第六卷第五编或此前的其他条文规定的其他制裁；没有因为违反荣誉与廉洁的行为而受到刑事有罪判决或者撤职、注销登记、解除职务、撤销对其此前从事的职业的认可或批准之纪律惩戒性质的处罚或者行政性处罚；

3. 以本人名义在"商事及公司注册登记簿"上进行登记注册；

4. 有资格主持动产任意拍卖以及在其申请注册登记的专业领域从事活动至少已有 2 年；

5. 在申请注册登记的 1 个或数个专业领域通过资质考试至少已有 3 年；

6. 在本上诉法院辖区内有住所。

第 L131-14 条 （2011 年 7 月 20 日第 2011-850 号法律第 41 条）法人，在某一上诉法院设置的"经宣誓的商品居间商名册"上进行注册登记时，应当证明：

1. 其领导人没有因有违反荣誉、廉洁或善良风俗的行为而受到终局确定的刑事有罪判决，或者受到撤职、注销登记、解除职务、撤销对其此前从事的职业的认可或批准之纪律惩戒性质的处罚或者行政性处罚；

2. 法人在申请注册登记的专业领域从事经宣誓的居间商活动至少已有 2 年；

3. 法人从事的活动与担任经宣誓的商品居间商的职责不相抵触；

4. 在其领导人、股东或薪金雇员中至少有 1 人具备第 L131-13 条第 1、2、4、5 点所规定的各项条件。

5. 在上诉法院辖区内有注册住所，或者有与其专业领域有关系的机构。

第 L131-15 条 （2011 年 7 月 20 日第 2011-850 号法律第 41 条）经宣誓的商品居间商应当证明

1. 在某一信贷机构开立了专门用于为他人利益接收资金的账户；

2. 参加了担保职业责任的保险；

3. 参加了担保其能够提交、返还上述第 1 点所指资金的保险或者提供了这方面的保证。

第 L131-16 条 （2011 年 7 月 20 日第 2011-850 号法律第 41 条）申请或者已经在名册上进行注册登记的商品居间商，在有关第 L131-15 条所指条件的各项情况发生任何变更时，均应报告上诉法院检察长。

第 L131-17 条 （2011 年 7 月 20 日第 2011-850 号法律第 41 条）任何人均不得在数个上诉法院的注册登记簿上以经宣誓的商品居间商的资格进行注册登记。

第 L131-18 条 （2011 年 7 月 20 日第 2011-850 号法律第 41 条）已经在第 L131-2 条所指的"经宣誓的商品居间商名册"上进行注册登记的人，在从事只能由居间商从事的活动中，可以使用"上诉法院经宣誓的商品居间商"的名称，以援用其资格，在此名称之后应写明其注册登记的 1 个或数个专业领域。

获得荣誉称号的经宣誓的商品居间商可以继续使用其职称名义，但应加"荣誉"二字。

第 L131-19 条 （2011 年 7 月 20 日第 2011-850 号法律第 41 条）第

L131-18条所指以外的其他任何人使用该条所指名称的,处《刑法典》第433-17条规定的刑罚。

任何人使用某种名称在公众思想上造成与本《法典》第L131-18条所指的名义相混淆的,处相同刑罚。

第 L131-20 条 (2011年7月20日第2011-850号法律第41条)经宣誓的商品居间商,在履行其职责之外,得以其个人的名义或者在公司范围内从事日常职业,特别是从事经纪人业务、居间人业务、商业代理或商品仓储业务。在从事这些职业时,应表明其不是以经宣誓的商品居间商的资格从事活动。

第 L131-21 条 (2011年7月20日第2011-850号法律第41条)经宣誓的商品居间商,在上诉法院制定的名册上进行注册登记时,应在该法院宣誓,本着荣誉与廉洁精神履行职责。

第 L131-22 条 (2011年7月20日第2011-850号法律第41条)经宣誓的商品居间商自愿辞职或者受到纪律惩戒之后,得从上诉法院制定的名册上除名。

经宣誓的商品居间商,如停止以个人名义从事属于其注册登记的专业范围内商品居间活动,或者因从事某类专业活动而必须重新进行技术知识方面的考试时,在确定的期限届满没有通过新的考试的,其注册登记按过期失效处理。

经宣誓的商品居间商,由于有经上诉法院评价的重大原因,可以提出申请并经上诉法院征求检察长的意见之后作出决定,暂时停业;如果暂停业务的时间在6个月或者超过6个月,应在其注册登记的名册上作出记载。

第二目 经宣誓的商品居间商的职责

第 L131-23 条 (2011年7月20日第2011-850号法律第41条)如果在上诉法院辖区内没有从事特定种类的商品交易活动的经宣誓的专业商品居间商,或者经宣誓的专业商品居间商自行回避办理此种居间业务,法院得指定在另一上诉法院辖区内从事相应专业或者在其辖区内从事另一专业活动的经宣誓的专业居间商处理相应业务。

除法院指定专业的商品居间商之情况外,经宣誓的商品居间商,对与其在第L131-12条所指的名册上注册登记的专业相对应的活动领域,在全国范围内均有执业权限。

第 L131-24 条 (2011年7月20日第2011-850号法律第41条)在商品

交易所上市的商品的牌价,由在该交易所现场执业的相应专业的经宣誓的商品居间商进行认定。

这些在现场从事交易活动的商品居间商不足以代理参与交易活动的所有专业行业和商品的交易时,工商会每年可以在征求经宣誓的商品居间商全国理事会的意见之后作出决定,由一定数量的没有经过宣誓的商品居间商以及在市场内现场从事交易的批发商与经宣誓的商品居间商共同参与,并由后者承担责任,确认商品的交易市价。

经宣誓的商品居间商也有权在专门用于批发、派送和大宗买卖业务的场所,对大宗拍卖来自农业与渔业的食品及产品进行价格认定。公开拍卖的农业、渔业产品与食品进行价格认定。

本条的实施方式由负责商业事务的部长根据需要发布决定具体规定。

第 L131-25 条 (2011 年 7 月 20 日第 2011-850 号法律第 41 条)对于已经按照第 L131-24 条规定的条件认定的商品交易牌价,经宣誓的商品居间商可出具商品交易牌价证书。

相反情况下,经宣誓的商品居间商可以出具价格证明书,并由其承担责任,指明某种商品在确定日期与确定地点所实行的价格。

第 L131-26 条 (2011 年 7 月 20 日第 2011-850 号法律第 41 条)在合同或交易未得到履行的情况下,经宣誓的商品居间商可以对没有得到履行的合同或大宗买卖所涉及的商品,进行再卖出与买进活动。

第 L131-27 条 (2011 年 7 月 20 日第 2011-850 号法律第 41 条)在当事人之间没有协议指定评估作价人的情况下,经宣誓的商品居间商可以应要求,对按照第 L522-31 条的规定在仓储质押物仓库内存放的商品进行评估作价。

经宣誓的商品居间商可以接受请求,对大宗商品进行司法鉴定或者参与自愿协商的评估作价鉴定。

第 L131-28 条 (2011 年 7 月 20 日第 2011-850 号法律第 41 条)除法庭指定一名司法评估作价人或者指定另一名公务助理人员的情形外,经宣誓的商品居间商有权限进行下列公卖:

1. 由商事法院批准或命令按照第 L322-14 条规定的条件进行的大宗商品的拍卖;

2. 按照第 L642-194 条规定的条件进行的、实行司法清算的债务人的商品的变卖;

3. 按照第 L521-3 条规定的条件为质押物的变现而进行的买卖。

第 L131-29 条 （2011 年 7 月 20 日第 2011-850 号法律第 41 条）经宣誓的商品居间商可以受指定进行下列公卖：

1. 经行政扣押或司法扣押的大宗商品的拍卖；
2. 法院判决命令进行的商品零散拍卖；
3. 按照《农村及海洋渔业法典》第 L342-11 条的规定进行的商品买卖；
4. 在取自农业、渔业的食品与产品进行批发与大宗买卖的场所进行的拍卖。

第 L131-30 条 （2011 年 7 月 20 日第 2011-850 号法律第 41 条）经宣誓的商品居间商，在负责进行公卖或者接受请求对存放在质押物仓库的商品进行评估作价时，不得为其自己的利益而成为交付其进行公卖或聘请其进行评估作价的商品的买受人。

第 L131-31 条 因进行公卖业务而收取的居间费用，以及因对存放在质押物仓储库内的商品进行评估作价而应当向经宣誓的商品居间商支付的酬金的数额，按照负责商业事务的部长颁布的决定规定的条件确定。

但是，在进行司法拍卖或强制拍卖的情况下，经宣誓的商品居间商应得的报酬，按照司法拍卖评估作价人的收费标准确定。

第三目　经宣誓的商品居间商的纪律

第 L131-32 条 （2011 年 7 月 20 日第 2011-850 号法律第 41 条）任何违反有关经宣誓的商品居间商的职业或职责的法律与规章的行为，以及任何违反诚信、廉洁和荣誉的行为，即使是与交付其完成的任务之外的事实有关，均对有此种行为的经宣誓的商品居间商提起纪律追究。

只要经宣誓的商品居间商受到指控的事实发生在其履行职务之时，即使其注册登记已经过期或其已被除名，仍不妨碍提起纪律追究。

纪律惩戒分别为：

1. 警告；
2. 禁止执业，但时间不超过 3 年；
3. 除名并最终剥夺在第 L131-12 条所指的名册上登记的权利或者取消荣誉称号。

对经宣誓的商品居间商提起追诉，由其从事活动的辖区的大审法院的共和国检察官实施。纪律惩戒诉讼的时效期间为 10 年。纪律惩戒决定应当说明理由。对此决定可以向上诉法院提起上诉。

第四目　经宣誓的商品居间商全国理事会

第 L131-33 条　(2011 年 7 月 20 日第 2011-850 号法律第 41 条)经宣誓的商品居间商由经宣誓的商品居间商全国理事会作为代表。

第 L131-34 条　(2011 年 7 月 20 日第 2011-850 号法律第 41 条)经宣誓的商品居间商全国理事会是一个具有法人资格的公益性质的机构。

经宣誓的商品居间商全国理事会负责：

1. 在全国范围内，审查涉及行使经宣誓的商品居间商职责的问题，必要时，向公共权力机构提出对此类问题的意见；
2. 向上诉法院就担任经宣誓的商品居间商的人选提出意见；
3. 及时编制与更新在上诉法院注册的、通常按专业分类的经宣誓的商品居间商全国最新名册；
4. 组织经宣誓的商品居间商的执业资质考试；
5. 预防和调解经宣誓的商品居间商之间的一切争议，接收针对经宣誓的商品居间商提出的各项要求，相应情况下，向有地域管辖权的共和国检察官进行通报。

第五目　适　用　条　件

第 L131-35 条　(2011 年 7 月 20 日第 2011-850 号法律第 41 条)最高行政法院提出资政意见后颁布的法令具体规定本节的适用条件，特别是有关在经宣誓的商品居间商名册上进行注册登记、进行宣誓的方式以及荣誉称号、纪律惩戒程序、经宣誓的商品居间商全国理事会的组织与运作的方式。

第二章　行　纪　商[①]

第一节　行纪商通则

第 L132-1 条　行纪商是指以自己名义或以公司的名义为委托人的利益

[①]　此处的"行纪商"原文为"commissionnaire"，是指以自己名义从事活动，直接与第三人进行商事行为的人。按照第 L132-1 条的规定，行纪合同(contrat de commission)是行纪人以自己的名义为委托人从事商事活动，并由委托人支付报酬的合同。行纪人也是合同当事人，直接享有权利和承担义务及法律后果。——译者注

开展活动的人。

以委托人的名义开展活动的行纪商的权利与义务,由《民法典》第三卷第十三编规定。

司法解释:
一、行纪合同的性质认定
(一) 行纪人资格的标准

1. 以自己的名义开展活动。与委托代理人(mandataire)不同,行纪人(commissionnaire)是以自己的名义或者以公司的名义从事活动,而不是以委托人公司的名义从事活动(最高法院商事庭,1960年7月6日)。按照订立的合同,生产者工厂委托某一公司销售一定数量的商品,并承诺按照确定的价格提供这些商品,但销售公司在向其本身的客户销售时应遵守这一价格,并从中取得确定数额的佣金(作为给予销售公司的报酬)。(而在本案中)上诉法院已指出销售公司是完全自由地与自己的顾客进行交易,无须向供货商证明其进行的销售的情况,因此,可以认定:由于双方当事人的关系中不存在委托代理,故不能认为(该销售)公司是在以工业生产厂家的行纪人的身份从事活动,他们之间的业务关系应当看成是按照约定的价格进行买卖的市场交易活动。上诉法院的这一认定并不违反《商法典》第L132-1条的规定(最高法院商事庭,1963年4月29日)。

2. 委托人的披露问题:只要行纪人是以其本人的名义开展活动,买受人是否知道委托人的身份,在所不问(最高法院商事庭,1962年5月7日)。

(二) 行纪合同与其他合同的区别

按照《商法典》第L132-1条的规定,《民法典》关于代理的规定,尤其是第1994条第2款,准许被替代的委托代理人就其应得的酬金直接对委托人提起诉讼的规定,只有在行纪人是以委托人(commettant)的名义而不是以其本人的名义开展活动时,这些规定才能适用于运输行纪合同(contrat de commission de transport)(最高法院商事庭,1997年12月9日)。按照《商法典》第L132-1条第2款的规定,《民法典》有关代理的各项规定适用于"不是以自己的名义而是以'commettant'①的名义"开展活动的行纪人。法院判决认为:报刊发行合同(le contrat de diffusion de presse)是一种"共同利益性质的委托

---

① 此处仍然译为"委托人"。但《民法典》所指的"委托人"法文称为"mandant",委托代理人称为"mandataire",与"commettant"是不同的名称,尽管中文都译为"委托人"。——译者注

合同"(mandat d'intérêt commun)(最高法院商事庭,2007年2月20日)。居间商(courtier,居间人)与行纪商(commissionnaire,行纪人)的区别在于,前者并不自行订立合同,而仅仅是联系和拉近合同双方当事人(促成他们订立合同)(最高法院商事庭,1964年10月15日)。商业代理人(agent commercial),只要其本人不承担义务,便没有行纪人的身份(巴黎法院,1963年11月20日)。

二、行纪合同的性质

商事性质:行纪人以从事职业的名义订立行纪合同时,其业务活动属于商事性质,且行纪人具有商人资格(最高法院商事庭,1954年11月2日)。由此产生的后果是,适用商事行纪的证据自由规则(埃克斯—普罗旺斯法院,1937年11月23日)。行纪合同是基于(并相信)行纪人的人格而订立的合同(巴黎法院,1969年5月30日)。

三、行纪合同的履行

(一)行纪人的义务与责任

1. 执行委托人的指令,实现行纪业务活动:法院认为,在运输行纪人仅受到托运人给予的有限委托——"交付商品并由运输合同指定的收货人支付价金"的情况下,如果超越这一委托的范围且没有接受任何指示便进行关税的支付,法院可以认为行纪人有过错;由于该托运商品因收货人拒绝提货而被退回,故法院判令承运人负担由其过错引起的损害,并由其偿还托运人应交纳的关税(最高法院商事庭,1969年11月18日)。

2. 告知义务:在行纪合同的履行发生困难的情况下,行纪人有告知义务(最高法院商事庭,1970年11月24日)。

3. 独家代理:行纪人可以作出义务承诺,仅为委托人独家处理业务(兰斯法院,1976年5月18日)。

4. 由第三人替代的可能性:在由第三人替代行纪人处理业务的情况下,行纪人就其选择的第三人以及就委托人业务活动指令的传达,仍然对委托人承担责任(最高法院商事庭,1970年11月23日)。作为中间替代人的行纪人,应对其本人自由选择的承运人的行为造成的损害,向主行纪人承担责任(最高法院商事庭,1989年10月3日)。

5. 由于行纪人是以其本人的名义开展活动,因此唯一由其本人对与之交易的第三人承担义务(最高法院商事庭,1963年7月15日)。

6. 对行纪活动的特别约定:在委托人不知情的情况下,行纪人不得自行

(向对方当事人)作出义务承诺,不知情的委托人有权请求(行纪人进行的)业务交易无效,并请求返还已支付的款项(最高法院民事庭,1912年12月10日)。与此相反,委托人可以明文准许行纪人承诺相对应的义务,即使是事后补行确认手续,亦同(最高法院民事庭,1912年12月10日)。行纪人作为支付能力担保人的义务,不局限于(担保)与之进行交易的第三人的支付能力(最高法院商事庭,1981年1月6日)。但是,有关支付能力担保的义务承诺,不得推定(凡尔赛法院,1987年12月16日)。

7. 行纪人的责任:涉及行纪人对委托人的责任时,适用(民法)委托代理规则(最高法院商事庭,1973年12月4日)。关于不可抗力的免责效力,参见最高法院诉状审理庭1904年11月7日判决。以本人的名义开展活动的运输行纪人对商品给运输工具造成的损害,对承运人承担责任(最高法院商事庭,2004年1月14日)。行纪人可能就其卖出之物的隐蔽瑕疵对买受人承担责任(对第三人的责任)(巴黎法院,1892年6月13日)。(刑事责任)一法国行纪商因其从西班牙进口产品不符合产品标签所指明的"实质性品质"受到有罪判决(最高法院刑事庭,1999年3月9日)。

(二)委托人的义务

1. 不论业务交易是否成功实现,委托人均应支付费用,并应支付行纪人为此垫付的款项(最高法院商事庭,1965年1月26日)。

2. 支付佣金:在(行纪)合同没有相反约定的情况下,(有关交易的)合同一经订立,即应支付佣金,不论该合同是否得到履行(最高法院诉状审理庭,1892年12月21日)。在合同没有规定的情况下,由法官确定佣金的数额,法官可以考虑合同履行地的习惯(最高法院商事庭,1979年1月16日)。

3. 第三人的诉权(action des tiers,第三人诉讼):由于行纪人是以其本人的名义开展活动,因此唯一由其本人对与之进行交易的第三人承担义务。对于行纪人的对方合同当事人,委托人并无直接的义务承诺;相反,如果已经向行纪人的对方合同当事人揭示了委托人的姓名,该方当事人可以享有对委托人的直接诉权(巴黎商事法院,1985年9月25日)。

(三)行纪合同的终止

行纪合同是基于人格信誉而订立的合同,一方当事人死亡,合同即告终止(巴黎法院,1969年5月30日)。有确定期限的行纪合同到期时,委托人可以终止合同,无须证明其拒绝延展合同的理由(巴黎法院,1963年11月20日)。无确定期限的行纪合同可以由任何一方当事人单方解除(雷恩法院,

1974年7月3日)。

第 L132-2 条　(1998年2月6日第98-69号法律)行纪商,就其对委托人享有的佣金债权,对作为其义务标的的商品的价值以及与此有关的文件享有优先权,即使是由此前的委托业务产生的债权,亦同。

行纪商享有优先权的债权,包括本金连同利息、佣金及费用。

司法解释:

一、优先权的范围

(一)享有优先权的人

1. 享有优先权的行纪人。第 L132-2 条所指的优先权,既属于卖出行纪人,也属于买进行纪人(卢昂法院,1906年3月7日)。此种优先权也属于运输行纪人,如同属于其他任何行纪人一样(里昂法院,1933年3月13日)。运输行纪人在尚未受到委托将商品入库以等待再卖出之前,便为其顾客的利益将商品出手,在此情况下,应当证明其是以行纪人的身份占有该商品,才能享有本条规定的优先权(最高法院商事庭,1995年12月19日)。

2. 报关业务行纪人。报关业务行纪人应当提出证据证明其并不是以"货物过境通关代理人"的资格而是以行纪人的身份办理海关手续,才能享有本条规定的优先权,因为,报关业务行纪人虽然使用的是"行纪人"的称号,但也可以以自己的名义作为他人的委托代理人或者为某一雇主委托人的利益作为行纪人办理报关手续;只有在后一种情况下,才能享有本条规定的优先权(最高法院商事庭,1999年2月2日)。

(二)受担保的债权

1. 垫付款与费用。此种优先权适用于行纪人与委托人(commettant)之间的全部业务活动相关的垫付款项与费用的偿还,不区分(行纪人)仍然持有的商品与已经发出的商品(最高法院商事庭,1976年5月11日)。

2. 无须要求受担保的债权与持有的商品之间有某种联系(里昂法院,1933年3月13日);因此,行纪公司,接收商品并在办理必要的报关手续之后将这些商品运送给收货人,有权就这些商品行使第 L132-2 条所指的优先权,以获得委托人清偿因此前的运输引起的有关款项(巴黎法院,1994年5月18日)。

二、优先权的行使

1. 第 L132-2 条规定设置的优先权当然赋予"符合规定实行占有"的行

纪人,无须其他任何手续(最高法院商事庭,1977年6月2日)。

2. 属于此项优先权行使范围的商品应当是债务人(委托人)享有所有权的商品(最高法院商事庭,1980年2月5日)。但是,在行使这种优先权时,只需要行纪人原是善意相信所涉商品属于债务人所有即可;只要在运输文件(承运单)上没有记载(出卖人)"保留所有权条款",即使后来告知行纪人存在这项条款,仍然具备"行纪人原是善意相信"(该商品属于债务人)这一条件(巴黎法院,1994年5月18日)。

3. 1998年2月6日第98-69号法律不再要求(行纪人)"占有商品"(此前则有此要求),仍可行使优先权(巴黎法院,1980年5月12日)。

4. 优先权的效力:《商法典》第L132-2条与第L521-1条设置的优先权具有相同性质,在两者发生冲突的情况下,其受偿顺序按照"设置在先"的规则确定(最高法院民事庭,1885年5月12日)。第三人在将商品交给受让人之后就保管该商品而投入的费用享有的优先权优先于行纪人的优先权(最高法院民事庭,1962年11月13日)。法院判决认为,在买受人破产的情况下,运输行纪人,如是善意,得以其优先权对抗价金尚未获得清偿而向破产买受人要求追还这些商品的出卖人的优先权(最高法院商事庭,1947年12月15日)。行纪人对其占有的商品在自己手中实施支付扣押,仍不会使其丧失留置权(最高法院商事庭,1992年6月23日)。由于假冒商品属于违法性质,在此种商品被禁止销售时,行纪人不得就此种商品主张留置权(最高法院商事庭,1999年10月26日)。为了行使留置权,要求持有"数额确定、已经到期的"债权(最高法院商事庭,1992年1月7日)。但是,如果经认定,在行使留置权之日,行纪人对委托人持有数额确定的、已到期的债权,即使其错误地主张了一宗并不属于委托人的债务,仍然不能认为其行使留置权是一种滥权行为(凡尔赛法院,2004年10月14日)。在行纪人的优先权与保留所有权的出卖人的权利发生冲突的情况下,法院判决认为,行纪人并不是买卖合同的一方当事人,因此无须审查交给他的商品是否订有保留所有权条款,也无须告知这项商品的出卖人存在此前产生的可能引起行使留置权的债权(巴黎法院,2003年9月17日)。

第二节 运输行纪商

第 L132-3 条 负责陆路或水路运输的行纪商,必须在其日志账簿上登记所申报的商品的性质与数量,以及如有此要求,登记所申报的商品的价值。

司法解释:
一、合同性质的认定
(一)运输行纪的区分标准
1. 自由选择安排全部运输活动:运输行纪是行纪人向委托人承诺为其利益完成商品运输所必要的法律行为的协议,不仅涉及完全由行纪人以其本人的名义并承担责任选择运输途径与工具,自由组织运输,而且涉及运输全过程(最高法院商事庭,1988 年 2 月 16 日)。
2. 从业执照:中介人持有行纪人执照,本身并不意味着可以据此认定所订合同的性质(雷恩法院,1986 年 6 月 5 日);中介人不持有行纪人执照,也不一定就改变行纪合同的性质(最高法院商事庭,1976 年 5 月 11 日)。
(二)运输行纪合同与运输合同的区别
1. 运输合同:不论承运人公司此前在实践中履行(运输)义务的方式如何,由其承担义务负责将商品运到目的地,而且双方当事人仅为此目的缔结合同关系,只要并未约定由该公司负责处理有关运输的事务,并让他人按照其选择的任何工具负责全程运送,那么其订立的合同属于运输合同而不是运输行纪合同(最高法院商事庭,1978 年 2 月 13 日)。
2. 卸货合同:企业接受海运承运人从船上卸下一个集装箱并运送入库保管的任务,以等待向收货人提交运到的货品,该企业是以卸货人的身份参与活动,而不是作为运输行纪人(卢昂法院,1998 年 9 月 10 日)。
(三)运输行纪合同的履行
1. 行纪人对委托人有提出建议的职责(最高法院商事庭,1980 年 6 月 18 日)。
2. 在委托人自己可以评判其可能承受的风险时,行纪人可不负此种建议义务(埃克斯—普罗旺斯法院,1977 年 12 月 7 日)。除合同另有规定外,行纪人无义务订立对抗运输风险的商品保险(最高法院商事庭,1975 年 10 月 27 日);给予运输行纪人为商品价值"上保险"的委托(mandat),必须有(委托人的)明确具体的指示;行纪人接受这一特别任务,亦应有明文同意

(巴黎法院,1990年5月29日)。

3. 如果行纪人选择的承运人不适于承担运输任务,对此,行纪人应负责任(最高法院商事庭,1980年1月15日)。

4. 关于对属于不同发货人但运至相同地点的商品进行配货运输的问题,参见昂古莱麦法院1979年2月22日判决。关于运输行纪人选用火车装运卡车拖车的做法,参见巴黎法院1996年6月6日判决。

第L132-4条 行纪商应保证按托运单确定的期限运达商品和财产,但法定的不可抗力的情况除外。

司法解释:

1. 交货期限:在没有约定运输期限的情况下,行纪人应当根据具体情形遵守合理的运输期限(巴黎法院,1982年3月23日)。

2. 有关交货的通知:行纪人应当从头至尾跟踪运输进程,直至交货,尤其应通知收货人货物已经运到(凡尔赛法院,2004年9月14日)。

3. 延迟交货:货物到站后延迟交货,只有在负责运输的铁路受到交货催告,或者收到类似催告书的文书,例如用挂号信发出的交货催告之后,才会产生损害赔偿(最高法院民事庭,1938年12月7日)。

4. 不可抗力:例如,在海湾战争期间,航空运输受到封锁的状况很严重,即使此种状况是可以预见的,但是,行纪人即使采取了一切措施避免运输的商品延误到站,然而终因这种状况的不可抗拒性而无法做到按时将货品运抵目的地,这种情形具有不可抗力性质(最高法院商事庭,1999年3月16日)。

第L132-5条 除托运单有相反的规定或者不可抗力情形之外,行纪商对商品和财产的海损或损失负担保责任。

司法解释:

对行纪人自己行为的担保,此种担保的条件与范围:(1)作为中间人的行纪人:按照第L132-5条与第L132-6条的规定,除约定订立的免责条款之外,运输行纪人,即使是作为中间人,亦应对其交付给由其选择的承运人的商品发生的海损或损失负担保责任,但损害是由不可抗力、商品本身的缺陷(瑕疵)或者托运人的过错导致的除外(最高法院商事庭,1997年7月1日)。

(2) 行纪人对其在挑选运输方式时没有遵照托运人的指示而造成的运费增加应承担责任(巴黎法院,1975 年 2 月 27 日)。行纪人选用没有冷冻设备的运送工具运输装载冷冻牛肉的集装箱,并且选择按照这种条件进行运输的承运人,行纪人方面明显有过错(卢昂法院,1995 年 3 月 16 日)。(3) 由于运送的商品(食品)与其他商品混装在同一集装箱内,并与这些商品接触,造成前者不能食用,运输行纪人应对由此造成的损失承担责任(巴黎商事法院,1979 年 11 月 19 日)。

第 L132-6 条 行纪商对其交付商品的中间行纪商的行为负担保责任。

第 L132-7 条 如无相反约定,从出卖人或托运人仓库发出的商品,由其所有人承担运输风险与损失;但所有人对负责运输的行纪商和承运人有求偿权。

第 L132-8 条 (1998 年 2 月 6 日第 98-69 号法律)在托运人、承运人和收货人之间,或者在托运人、收货人、行纪商和承运人之间,货运单构成契约,承运人因此对托运人和收货人享有要求支付其服务报酬的直接诉权。托运人和收货人是支付运输费的保证人。任何与此相抵触的条款均视为未予订立。

第 L132-9 条 一、货运单应写明日期。

二、货运单应载明以下事项:

1. 交运货物的性质、重量或容量;

2. 应完成运输的期限。

三、货运单应写明:

1. 如有行纪商介入,行纪商的姓名和住所;

2. 商品收货人的姓名与住所;

3. 承运人的姓名和住所。

四、货运单还应写明:

1. 运费;

2. 因延迟交货引起的赔偿金。

五、货运单由托运人或行纪商签字。

六、货运单应在其备注栏内标明所运货物的标志和编号。

七、货运单由行纪商以副联形式登载于连续编号并画押签字的注册簿。

第三章 承 运 人

第 L133-1 条 承运人对交付其运输的货物的损失负担保责任,但不可抗力情形除外。

承运人对货损负担保责任,但因物本身的瑕疵或不可抗力之情形导致的除外。

在货运单、价格表或其他任何文书中订入与上述规定相抵触的条款一律无效。

第 L133-2 条 因受到不可抗力的影响,未能在约定的期限内完成运输时,不因货物的延迟运达而引起对承运人请求的赔偿。

第 L133-3 条 收货人在接收运达的货物之后 3 日内,不包括节假日,没有以诉讼外文书或者挂号信向承运人提出说明理由的异议的,即告消灭请求承运人赔偿货损或部分损失的诉权。

如在前款所指的期限内按照第 L133-4 条的规定提出了鉴定申请,此项申请与提出异议具有同等效力,无须按照第 1 款的规定处理。

一切相反的约定均无效,且不产生任何效果。这一规定不适用于国际运输。

第 L133-4 条 在运达或提交的货物被拒绝的情况下,或者,对运输合同的成立或履行,或者因运输之时或运输过程中的某种事件而产生的任何性质的争议,由一名或数名鉴定人对运达或提交的货物的状况,以及必要时,对货物的包装、重量、性质等进行检验并确认。鉴定人由商事法院院长指定,或者,在没有商事法院时,由初审法院院长依申请作出的裁定指定。

申请人应当通知所有与此有关系的当事人,尤其应通知托运人、收货人、承运人和行纪商参加这一鉴定。可以用普通挂号信或电报进行此项通知,并由申请人承担责任。鉴定人应当在委派其作为鉴定人的法官前宣誓,或者,在进行鉴定的初审法院法官前宣誓,无须办理开庭宣誓手续。但是,在紧急情况下,受理鉴定申请的法官得免除履行本款规定的全部或部分手续;在裁定书中应当写明此一免除事项。

法庭可裁定将有争议的货物予以寄存或者实行讼争物保管,并且随后将其存放于公共仓库。

法庭可裁定变卖上述货物,但以运输费或其他已支出费用的数额为限。

法官将变卖货物所得分配给预付了上述费用的当事人。

第 L133-5 条 （2010 年 10 月 28 日第 2010-1307 号法令第 4 条）在不妨碍适用《运输法典》的各项规定的条件下，本章之各项规定适用于陆路、水路运输与空运。

第 L133-6 条 由运输合同可能引起的就货损、损失或延误而针对承运人提起的诉讼，时效期间为 1 年，但对欺诈行为或背信行为提起的诉讼除外。

因此种合同可能引起的针对承运人、行纪商、托运人或收货人提起的其他任何诉讼，以及依（2007 年 12 月 20 日第 2007-1787 号法律第 26-4 条）"《民事诉讼法典》第 1269 条之规定而提出的诉讼，时效期间为 1 年"。

在商品全部损失的情况下，上述诉讼时效期间，自本应交付商品之日起计算；在其他所有情况下，自向收货人交付或提议交付商品之日起计算。

提起每一项求偿诉讼的期限为 1 个月。该时效期间自向被担保人提起诉讼之日起计算。

在为国家的利益进行运输的情况下，诉讼时效期间仅自向部长通知送达关于结算或最后拨款的决定之日起计算。

第 L133-7 条 承运人，对于因运输而产生的任何债权，即使是在运输之前的活动中产生的债权，在运输指令的签发人、托运人或收货人仍然是其债务人并且其行使优先权的商品的所有权人与这些先期活动有关系时，对作为其承运义务之标的物的商品的价值及与此相关的所有文件、材料，均享有优先权。

受优先权保障的运输债权是指，本义上的运输费用、以提供附带服务以及因装卸货物致车辆停驶的名义而产生的附加报酬、为有益于商品而发生的费用、与运输活动相关的通关费用、关税与罚款及其利息。

第 L133-8 条 （2009 年 12 月 8 日第 2009-1503 号法律第 34-2 条）只有当承运人与运输行纪人有不可原谅的过错时，才能视同欺诈行为。知道有造成损害的可能性且没有任何有效理由轻率地听任损害发生的故意过错，属于不可原谅的过错。任何相反条款均视为未予订立。

第 L133-9 条 （2009 年 12 月 8 日第 2009-1503 号法律第 40-2 条）在不影响适用《消费法典》第 L121-95 条与第 L121-96 条之规定的情况下，只要搬家合同的服务内容包括运输服务，那么，本《法典》第 L133-1 条至第 L133-8 条有关承运人的规定亦适用于从事搬家运输的企业。

第四章　商业代理人

第 L134-1 条　商业代理人①是指,没有劳务合同约束,以从事独立职业的名义,经常性以生产商、工业生产者、商人或其他商业代理人的名义并为他们的利益负责进行谈判,以及在可能情况下,签订买卖、销售、租赁或提供服务之合同的委托代理人。商业代理人可以是自然人或法人。

就执行的任务而言,在受特别立法调整的经济活动领域执行代理任务的代理人(agent),不属于本法的调整范围。

司法解释:

1. 独立的职业:商业代理人的地位不能等同于"唯一为委托人的利益开展活动的领取薪金的委托代理人(mandataire)"(最高法院商事庭,1992 年 3 月 31 日)。主张自己是商业代理人的人应当负此事项的举证责任(最高法院商事庭,2003 年 9 月 24 日)。商业代理人(agent commercial)是从事"以委托人的名义、为委托人的利益,进行谈判与订立合同"为宗旨的"民事活动"(une activité civile)的委托代理人(mandataire);与商业代理人相反,特许经营人是为自己利益开展活动的商人,由其本人购进商品、再销售给本人的客户(顾客)(凡尔赛法院,1997 年 11 月 6 日)。拥有自己客户的批发商(distributeur,总经销商),不能主张商业代理人的地位,参见巴黎法院 2007 年 7 月 10 日判决。一家公司接受委托,从事"赌注"的登记与支付活动,并返还由此收取的资金,由于其并没有接受招徕顾客的任务,一方面,要接受委托人对其销售点经营条件的监督,另一方面,要遵守有关条例的严格规定,因此其完全没有(与顾客)谈判的地位,在这种情况下,该公司不属于"从事商业代理人的活动"(巴黎法院,2001 年 10 月 18 日)。

2. 民事性质:商业代理人,作为"单纯的委托代理人"(simple mandataire),并没有自己的顾客群体,因此,不是营业资产的持有人,故其不具有商人身份(最高法院商事庭,2008 年 2 月 26 日)。由于商业代理合同属于民事

---

①　法国商法中"商业代理人"原文名称为"agent commercial",而在法国《民法典》中使用的委托代理人的名称是"mandataire"。商业代理合同是代理人(或受托人)以从事职业的名义,经常性为被代理人(或委托人)代理事务,由被代理人按照约定支付报酬的合同。这种合同仍然属于委托代理的范畴,是一种民事性质的合同;委托是产生各种代理的基础,委托合同是一种基础合同。——译者注

性质的合同,因此,对于合同的内容,不能以任何证人证言作为证据(最高法院商事庭,1995年10月24日)。由此,赋予商事法院管辖权的协议(管辖)条款,不能产生效力(最高法院商事庭,1995年10月24日)。但是,由于作为商业代理人的公司与作为委托人的公司两个法人均具有商人资格,尽管联系两者的商业代理合同(委托合同)属于民事性质的合同,但这一合同是在其从事商事活动时订立的,所以,委托公司仍然有依据主张商事法院有管辖权(巴黎法院,2002年10月3日)。银行业务中介人的活动是根据信贷机构给予的委托(mandat)而实施的活动,不属于第L134-1条的适用范围(最高法院商事庭,2005年4月5日)。

3. 委托人的身份:第L134-1条的规定并不要求其针对的经济活动(应当)是委托人从事的主要活动(最高法院商事庭,2005年4月5日)。

4. 特别规定:银行业务中介人的任务是根据信贷机构发出的委托书从事活动,因此,排除在第L134-11条的适用范围之外(阿根法院,2002年3月11日)。

第L134-2条 每一方当事人均有权在其提出要求时,从另一方当事人处获得已经签字的、载明代理合同的文书,其中包括有关附加条款的文书。

司法解释:

合同的证据:商业代理人合同(contra d'agent commercial),只要已经为双方当事人所接受,并指明各方当事人的资格,即是一种诺成合同(un contrat consensuel),可以用任何文字(un écrit)作为证据证明之(最高法院商事庭,1993年1月19日);因此,得以简单交换的通信件作为证据(最高法院商事庭,1997年11月12日)。第L134-2条并不要求(商业代理合同必须)采取书面形式,因此,只要商业代理人一方不主张证明合同的不同内容,即准许以任何方法作为(证明)协议存在的证据,包括出具的证明书(最高法院商事庭,2002年6月25日)。

第L134-3条 商业代理人可以不经(委托人)批准,同意为新的委托人作代理,但非经委托人许可,不得同时代理与委托人相竞争的企业。

司法解释:

即使没有订立"独家代理"条款,商业代理人也应当诚信对待其受到的委托,按照第L134-3条的规定,这意味着在商业代理人打算为(其委托人的)某一竞争对手从事相类似的活动时,应当通知委托人,以获得其批准(最高法院商事庭,2007年5月15日)。

第L134-4条 商业代理人与委托人之间的合同是为双方共同利益而订立的合同。

商业代理人与其委托人之间的关系,受诚信与相互提供信息之义务约束。

商业代理人应以一个善良职业人(en bon professionnel)的态度履行委托。委托人应当为商业代理人能够履行其给予的委托提供必要的条件。

司法解释:

1. 诚信义务:关于诚信义务所包含的"竞业禁止义务",参见巴黎法院1995年1月17日判决。关于委托人有义务让商业代理人能够履行其委托任务的问题,参见最高法院商事庭1998年11月24日判决。

2. 关于委托人与商业代理人之间的诚信与告知义务的相互性,这种义务可能引起双方分担责任的问题,参见巴黎法院2001年3月8日判决。

3. 共同利益:关于在商业代理合同中的"合同利益委托"(mandat d'interet commun)的概念,参见埃克斯—普罗旺斯法院2001年6月19日判决。

第L134-5条 根据交易数量或交易价值而变动的报酬的任何组成部分,均构成本法意义上的佣金。

商业代理人获得的报酬全部或一部是按照此种方式确定的佣金时,适用第L134-6条至第L134-9条的规定。

在合同没有规定时,商业代理人有权按照在其代理职责所涵盖的活动领域实行的惯例获得报酬;没有此种惯例的,有权获得在考虑业务交易相关的各种因素的基础上计算的合理报酬。

第L134-6条 对于在商业代理合同(contrat d'agence)存续期间缔结的所有商业交易,在其是由于代理人的参与而得以签约时,或者是与代理人原先因同类业务已赢得的顾客的第三人进行交易时,商业代理人均有权获得第L134-5条规定的佣金。

商业代理人负责某一特定区域或某类特定人的业务时,亦有权就商业代理合同存续期间与属于该特定区域或该特定类型的人达成的交易业务获得佣金。

司法解释：

1. 欧洲共同体1986年12月18日关于协调成员国有关独立商业代理人的第86-653号指令第7条第二项的规定应当按照以下意义解释：当合同约定由商业代理人负责某一区域的业务时，对于与该区域范围的客户签约的业务，商业代理人有权获得相关的佣金，即使代理人本人并未参与某些业务的签约（巴黎法院，2000年11月8日）。

2. 如客户是法人，"属于该区域"的客户的概念，按照该法人的实际商业活动的地点确定。如一家公司在不同地点开展业务活动，或者商业代理人在多个国家从事业务活动时，为确定该法人开展活动的中心，也可以考虑其他因素，尤其是与代理人的谈判地、商品交付地、签发订货单的机构的所在地（同一判决）。

3. 上述条文也应当解释为：负责确定区域的业务的商业代理人，没有直接或间接参与业务的，对于属于该区域的客户与第三人签约的业务，无权获得佣金。

4. 订立条款规定"仅对有始有终的业务交易给予佣金"，其目的是要保持当事人之间的平衡，避免代理人抱着"反正有获得全额佣金的保障"的思想而不顾一切地进行冒险销售，因此，此种条款有效（最高法院商事庭，1992年3月31日）。

第L134-7条 对于在代理合同终止之后才签约的所有商业业务交易，如其签约主要归功于商业代理人在代理合同存续期间开展的活动并且是在合同终止之后的合理期限之内订立的，或者是在第L134-6条所指条件下，委托人或商业代理人在代理合同终止之前即已收到第三人的订单的，商业代理人也有权获得佣金。

第L134-8条 第L134-6条所指的佣金按照第L134-7条的规定应当给予前任商业代理人时，现任商业代理人无权获得这些佣金，但是，如果根据具体情节，在前后两任商业代理人之间分配这些佣金更为公平，应在两者之间公平分配。

第L134-9条 只要委托人已经履行业务交易，或者根据与第三人达成的协议应当履行交易，或者，只要第三人履行了交易，代理人即属已确定可得佣金。

如委托人履行了自己的义务,最迟在第三人履行或应当履行其义务之部分时,代理人即属已确定可得佣金。佣金,最迟应在其相应季度之后1个月的最后一日支付。

第 L134-10 条 只有证明第三人与委托人之间的合同不能履行,并且合同之不履行并非由于可以归咎于委托人的情况时,代理人获得佣金的权利才能消灭。

代理人在获得佣金的权利已经消灭的情况下受领的佣金应予退还。

第 L134-11 条 有确定期限的商业代理合同到期之后,双方当事人仍然继续履行的,视其转为不定期合同。

各方当事人可以在预先通知之后终止不定期代理合同。本条之规定适用于由定期合同转成的不定期合同。在此情况下,在计算预先通知的期限时,应考虑此前的定期期间。

在合同的第一年内,终止合同的预先通知期限为1个月;进入第二年的合同,预先通知的期限为2个月;进入第三年及此后各年,为3个月。如无另外协议,预先通知的期限终止于民事月份的最后一日。

当事人之间不得约定比上述期限更短的预先通知期限。当事人约定更长期限时,对委托人规定的预先通知期限,不得短于对代理人规定的期限。

因一方当事人有严重过错或者因发生不可抗力情形而终止合同时,不适用上述规定。

司法解释:

第 L134-11 条规定,不定期商业代理合同的当事人在遵守预先通知期限的情况下可以终止合同。这一规定适用于"因双方当事人在定期合同到期之后继续履行而成为不定期的合同",但是不适用于"一方当事人有严重过错"的情形,也不适用于"在尚未到期之前即已解除的定期合同"(卢昂法院,1998年5月14日)。

第 L134-12 条 商业代理人,在终止其与委托人的关系的情况下,有权获得补偿金(indemnité compensatrice,补偿性赔偿金),以赔偿其遭受的损失。

商业代理人自合同终止之日起1年期限内没有向委托人通知其主张此种权利的,即丧失获得补偿金的权利。

商业代理合同因代理人死亡而终止时,代理人的权利继受人亦享有获得补偿的权利。

司法解释:

1. 公共秩序:双方当事人在合同中订立条款约定(在代理人有)某种"确定的行为"(时即)构成"可据以剥夺(代理人)享有补偿金权利的严重过错"的,此种条款违反公共秩序(最高法院商事庭,2002年5月28日)。商业代理合同中规定,在由于(委托)企业的原因中断合同的情况下限制补偿金的数额的,此种条款亦违反公共秩序(波城法院,1998年9月24日)。合同中规定"不给予补偿金即可解除合同"的条款,对商业代理人不具有对抗效力(尼姆法院,2008年4月17日);虽然说当事人可以在本条规定的补偿金的同时约定另行给予补偿金,但基于公共秩序,规定不同补偿方式的条款视为未予订立(最高法院商事庭,2003年6月17日)。

2. 委托代理人的损失:因终止合同而给予商业代理人的补偿金,其目的是为了赔偿商业代理人受到的损失,这种损失包括代理人丧失的、在为双方共同利益发展业务时应得的所有报酬,而无必要按照这些报酬的性质进行区分(最高法院商事庭,2005年4月5日)。因此,应当考虑商业代理人在履行合同期间应获报酬的各个组成部分,无须区分是由于合同之前已有的顾客还是由代理人本人开发的顾客(最高法院商事庭,2009年2月10日)。商业代理人接受相类似的、可以为其带来替代收入的(其他)委托,对评价其在终止合同的情况下应当获得的补偿金不产生影响(巴黎法院,2004年2月11日)。只要代理人证明其在合同存续期间获得佣金,那么,"商业代理合同被终止"这一事实本身即可被认定为"使之丧失了在合同继续履行的情况下本可期待的市场份额"(最高法院商事庭,2005年11月8日)。

3. 试用期:法院判决认为,商业代理人的地位要以(代理人)最终订立代理合同为前提条件,在确定取得这种地位之前,并不禁止(对代理人)规定试用期,因此委托人在试用期尚未届满之前即终止合同的情况下,并不一定要给予法定的补偿性赔偿金(最高法院商事庭,2001年7月17日)。

4. 委托人的损失:只有证明委托代理人是滥权中断(商业代理)合同或者不诚实地中断合同,并由此导致委托人受到损失时,才适用《民法典》第2007条的规定:"受托人(代理人)得以向委托人发出放弃受委托的通知,抛弃其所受之委托。但是,如抛弃受委托给委托人的利益造成损害,受托人(代理人)应负责对委托人给予补偿;但受托人(代理人)本人非受重大损失即不能继续其所受之委托的情形,不在此限。"(最高法院商事庭,1995年3月14日)

5. 不延展合同:法院判决,由于委托人不延展合同,商业代理人有权获得补偿金(最高法院商事庭,2002年5月28日)。

6. 最高法院撤销上诉法院作出的判决：上诉法院判决在以中断合同的名义给予商业代理人补偿金的同时，还以丧失顾客的名义给予其补偿金。参见最高法院商事庭2002年6月25日判决。由于第L134-12条的规定具有公共秩序性质，虽然说双方当事人可以在法律条文规定的补偿金的同时约定给予补偿金，但规定其他补偿方式的条款应视为未予订立（最高法院商事庭，2003年6月17日）。

7. 法院判决拒绝承认"在合同履行期间计算代理人应得的报酬时就已经包括了中断合同的补偿金"（最高法院商事庭，2003年6月17日）；如果商业代理人因为没有达到确定的业务量而没有获得报酬，但每月因其附带活动而获得合同约定的报酬，那么，在合同终止时的补偿金可参照这种报酬计算（最高法院商事庭，2008年10月21日）。

8. 诉讼时效、管辖法院（略）

第 L134-13 条　下列情形，不给予前条规定的补偿金：

1. 合同终止是因商业代理人的严重过错引起；

2. 由商业代理人主动提出终止合同，但如证明终止合同是由于下列情况造成，不在此限：归咎于委托人的原因或因商业代理人的年龄、残疾或疾病，要求其继续从事代理业务已不合情理时；

3. 按照与委托人达成的协议，商业代理人将其按照代理合同而享有的权利和义务让与第三人。

司法解释：

1. 严重过错：所谓严重过错（faute grave）是指，损害"共同利益委托"本身所追求的共同目的，致使无法继续维持此种合同关系的过错（最高法院商事庭，2002年10月15日）。就认定商业代理人是否有权获得法律规定的补偿金而言，应当由法官认定提交其审查的事实是否可以定性为严重过错，而不是按照双方当事人订立的合同的表述来判断（最高法院商事庭，2002年5月28日）。应由委托人提出此种（严重）过错的证据（凡尔赛法院，2005年10月27日）。上诉法院的判决认为代理合同的中断是由于商业代理人有过错，因而（应）减少给予他的补偿金，但是，该判决并没有认定代理人的这种过错已经达到"足以使其丧失获得赔偿金的一切权利"的严重程度（没有认定其构成"严重过错"），因此违反了第L134-12条与第L134-13条的规定（最高法院商事庭，2007年7月10日）。法官在评价商业代理人违反义务的情形是否严重到足以有理由解除合同时,应当考虑直至其作出判决之日发生的所有情节(最高法院商事庭,2006年11月14日);委托人始终可以主张代理人此前的过错,即使此种过错是在中断合同之后才显露出来(巴黎法院,2003年6月19日);但是,委托人在合同终止之前就知道但已经容忍,并且在往来通讯中并未责备代理人有严重过错时,不得将这种情况下代理人的行为再认定为严重过错(最高法院商事庭,2002年6月11日)。如果说商业代理人因有严重过错将被剥夺获得终止合同的补偿金的权利,这种严重过错也可以是指因不正当竞争行为给委托人造成的损失而引起其责任(最高法院商事庭,2007年9月25日)。

2. 解除条款:合同订有解除条款时,如果商业代理人向法院请求适用这一条款并解除商业代理合同,仅此事实,并不意味着是代理人方面中断合同(最高法院商事庭,1998年11月24日)。

3. 商业代理人主动中断合同:(虽然)商业代理人原已表明其打算在休年假之后恢复其原先作为薪金雇员的工作,但其在休假期间仍然为雇主的利益从事商业代理人的活动,此种情况,不能认定代理人已主动终止商业代理合同(最高法院商事庭,2002年1月22日)。关于由商业代理人主动提出中断合同,但原因应当归咎于委托人的情况,参见最高法院商事庭2004年7月23日判决。

4. 应当归咎于委托人的情节:委托人的财务状况非常吃紧,致使其无法继续保持给予商业代理人的报酬的原有水平,这种情形并非故意给商业代理人造成损失,而恰恰是代理人本身愿意另选其认为有更高收益的活动,因此,在这种情况下,对主动中断代理合同的商业代理人提出的补偿金请求,应予驳回(巴黎法院,2002年2月14日)。委托人不遵守商业代理人享有的独家代理权,与属于代理人独家代理的地域内的其他人缔结业务,并且不就这些业务向代理人支付任何佣金,这种情况下,"应将代理人主动中断合同的原因归咎于委托人"(最高法院商事庭,2004年10月5日)。

5. 委托人转让合同:商业代理合同是一种基于缔约人信誉而订立的合同,即使是在(委托人)仅仅转让部分资产的情况下,也只有经(这部分资产的)受让人与商业代理人双方同意,商业代理合同才能转让给受让人(最高法院商事庭,2002年10月29日)。

6. 商业代理人的年龄:商业代理人年龄超过普通法规定的薪金雇员60岁退休的年龄时,仅此事实,该代理人仍然有义务证明:由于其年龄,不能再合理要求其继续从事活动,并可据以终止其代理合同(巴黎法院,2004年2月12日)。

第 L134-14 条　商业代理合同可以规定在合同终止之后不得开展竞争的条款(clause de non-concurrence,竞业禁止条款)。

这一条款应采用书面形式订立,应涉及原合同规定的授权商业代理人从事代理业务的地域范围,相应情况下,应涉及与代理人的业务有关的特定人群以及财产或服务的类型。

竞业禁止条款,仅自合同终止起最长2年期间有效。

第 L134-15 条　如果从事商业代理活动是根据当事人之间订立的一项以其他目的为主的书面合同,当事人之间可以(在该合同中)书面约定本章的各项规定不适用于与商业代理活动相对应的事项。

如果在履行合同时表明当事人实际上从事的主要是或基本是商业代理活动,上述有关放弃适用本章之规定的约定无效。

第 L134-16 条　违反第 L134-2 条、第 L134-4 条、第 L134-11 条第 3 款和第 4 款以及第 L134-15 条之规定的条款或协议,或者违反第 L134-9 条第 2 款、第 L134-10 条第 1 款、第 L134-12 条、第 L134-13 条和第 L134-14 条第 3 款之规定损害商业代理人利益的条款或协议,均视为未予订立。

第 L134-17 条　最高行政法院提出资政意见后颁布的法令具体规定本章的实施条件。

第五章　独立的上门销售人

(2008 年 8 月 4 日第 2008-776 号法律第 61-1 条)

译者概述:

"独立的上门销售人",法文原文为"vendeur à domicile indépendant",指的是"Le démarchage"或者"vente porte à porte"(挨家挨户地推销),是"上门销售产品或服务的人"或"独立推销员"。这种销售方式介于传统的"商店(店铺)销售"与"通信销售"之间。由于经济状况不理想,这种销售方式近年来有所发展,但效果也不尽如人意。从事上门推销活动的优点是:行政手续少,只需找一家采用这种销售方法的企业,与之订立一份"认可合同",与企业正式接上关系即可;不需任何文凭,工作时间有弹性,不受强制;企业往往还会对推销人员进行培训,因而可以为参与者将来就业打下初步基础。独立的家庭销售人往往是大学生、家庭主妇、申请就业的人,也适合于"初涉商界者"或者需要额外挣钱补贴家庭开支的人。失业者、退休人员或残疾人员可以在领取失业补助、退休金、抚恤金的同时兼作独立的上门销售人。销售人自由寻找顾客,所得报酬(佣金)直接与其销售业绩联系。1993年1月27日法律之后,推销人不再与其负责推销产品的企业有劳动合同关系,因此没有工资保障,失业时,得不到补偿金;其为之推销产品的企业倒闭、裁减人员时,推销人也得不到解雇补偿金。

上门推销的商品一般是家庭(厨房)用品、化妆品、衣服,还有一些特殊用品。在法国法律中,"上门推销"不仅包括"产品或服务的销售",还包括"出租"或者"以出租方式进行的销售";它不仅指直接到自然人消费者的住所、居所进行的推销,也指"在并非销售产品或服务的场所进行的推销",例如,工作场所、会议场所或旅行途中进行推销;此外,私下将一些人邀请到自己的家中或某个关系人的家中向他们推荐产品或服务并进行演示,称为"通过私下聚会的方式进行的销售活动"(vente par réunion privée),也属于"独立的上门推销活动";在某些企业采取的其他销售技术中有一些也属于有关"上门推销"的法律规范的范围,例如,商家通过寄送书面材料或者电话,通知消费者到其商业场所领取礼品,借机向消费者销售其他商品或服务。

但是,商家在展销会上进行的销售或订货活动,以及在"经常性定期巡回买卖"范围内进行的日常消费品的销售,不属上门推销,不受此种法律规范调整,日常食品、饮料或其他家用日常消费品的销售也是如此;直接或间接在农业、工业、商业或手工业经营或其他任何职业框架内从事的活动,由其他立法文件规范或禁止进行的推销活动,也不属于独立的上门销售人的活动范围。

为了保护消费者,法国法律对独立的上门销售活动有严格规范,特别是1972年12月22日的法律。所谓"上门推销产品或服务",实际上是"上门订货",通常不当场交付产品实物,因此,独立的上门销售人与所谓"无业人员任意上门兜售伪劣产品或者提供虚假服务"有着根本区别。

首先,独立的上门销售人与其负责推销产品的生产企业之间存在合同关系,但不是劳动合同关系。法律对此种合同没有规定标准条款,而是基于契约自由原则,独立的上门销售人从事销售活动的条件,完全由其与企业之间订立的合同来具体规定。

可以根据双方的具体情况和要求,订立以下不同类型的合同(参见第L135-1条):

1. 委托代理人合同(委托合同)。这种合同受《民法典》第1984条及随后条文调整。委托企业仍然是商品的所有权人;有时委托合同还附带"仓储存货合同"(寄托合同),企业赋予销售人以仓储任务,销售人与委托企业均可直接向订货人(消费者)交货。销售人作为委托代理人,其任务范围由合同具体规定。如果销售人仅仅是偶然从事推销活动,其订立的合同可以被认为普通法上的委托合同;如果是作为经常性职业,销售人则享有商业代理人的地位。不论何种情况,销售人均独立从事推销活动,与委托企业之间并不存在劳动关系,在法律上不处于服从地位。销售人所得报酬通常是按照营业额(销售额)给予的佣金。

2. 零售再销售人合同。在这种情况下,独立的销售人买进直销企业的产品,进行再销售。他与企业订立的合同可称为"经销合同"。销售人按照产品出厂优惠价批发买进,加价卖出,获取差价,视经销产品的数量取得利润(报酬)。他与企业之间也没有劳动合同关系,无须企业事先批准,可以自由决定再销售的商品价格。

3. 居间人合同(居间合同)。销售人仅仅作为中介人,在直销企业与消费者之间从事居间活动,使企业与购买人建立关系,订立买卖合同,在这种情况下,原则上,独立的上门销售人并不自行缔结买卖合同,其任务仅仅限于中介,但是在习惯上,居间人的任务也兼有委托代理。居间人按照因其中介而订立的业务获得中介费(佣金)。

也可以按照其他区分标准,将独立的上门销售人分为以下几种情况:不自主从事活动者,与雇主企业订立有劳动合同,为雇主企业的薪金雇员,但独立的上门销售人在交纳所得税时可以按照"职业费"(frais professinonels)的名义享受减税待遇;经常性自主从事活动者,需要在职业登记簿上进行注册登记,上面所提到的商业代理人即是如此,属于"非薪金雇员"类型;此外,还有偶尔自主从事活动的人,无须进行登记注册,从劳动法的角度,属于"非薪金雇员",从社会保险法的角度,"视为薪金雇员"。

打算从事独立的上门推销活动的人,在订立合同之前,应当充分了解此种活动的不同模式以及从事相应活动的条件,考虑自己可以安排的活动时间,是偶然性还是经常性从事职业,等等。

虽然独立的上门销售人与企业之间的合同没有标准条款,但按照商业习惯,这种合同往往都包含一些常见条款,分别规定独立销售人与委托企业的权利与义务。1994年的部颁通知也对此作出了规定。

合同可以规定企业应当定期向独立的销售人提供技术或商业信息,诸如,寄送销售指导手册,向销售人提出销售建议,为其提供从事活动的必要文件(订单、产品说明书),邀请销售人参加销售会议、研讨会,进行上门推销方面的职业道德与法律培训(例如,保护消费者的法律),向销售人寄送可以送给消费者的样品、目录、礼品，销售人可以享受企业统一促销与广告行动带来的利益。为了保持产品与品牌在公众中的形象，规定销售人应遵守最低价格，不准低于此种价格进行销售。如果是委托代理人，则应遵守委托人的指令，尤其是有关价格方面的指令。合同还应规定，在销售人停止从业时企业回收没有卖出的库存商品的条件。

　　在与生产企业的关系中，企业可以要求销售人承诺以下义务：严格遵守《消费法典》第 L121-21 条的规定，尤其是必须使用符合规定的订单，遵守"直销行业规则"，按照技术说明书推销产品，当然，销售人员可以自由发挥其商业推销方面的主观能动性与宣讲口才。销售人可以到消费者的住所、劳动场所或会议场所销售与展示产品或服务。通常情况下，销售人并不享有任何地域上的独家销售权。销售人可以同时从事其他职业，但非经企业事先准许不得与另一竞争企业订立独立的上门销售人合同。有些企业还准许销售人推荐新的销售人，但应遵守企业规章。销售人可以使用企业的名称、标志或商标，或者向新的销售人介绍销售网。为了保护品牌企业或者整个销售网的形象，企业可以向销售人提供本企业的招牌、广告牌、张贴广告、推销小册子、有其名称抬头的纸张；如果销售人自行制作包含企业名称或品牌形象的上述物品，也就是说，凡是可以让消费者认为是企业的产品或服务的名称、标志或形象，事先均应得到企业的同意，销售人应随时维护招牌、广告牌等的良好状态。

　　独立的上门销售人与消费者之间的关系，主要受《消费法典》的规范调整。因此，独立的上门销售人的义务是：必须与消费者（买受人、购买人）订立（订购）合同，一式多份，写明购买人的姓名，商品提供人（生产企业）的名称与地址，其推荐的产品或服务的性能，履行合同的条件，例如，交货期限，放弃购买的权利，总价款等。在订购合同签订时，销售人应让消费者（顾客）在所有文本上签字、注明日期并当场交给文本一份。顾客可以在 7 个工作日内取消订购合同，60 岁以上的人，退货期限延长为 60 日，自在订货或购买合同上签字之日起计算；在此期限内，销售方不得（事先）收取消费者的任何款项，或者，不得开始提供任何服务。违反这些要求的合同无效。如果违反这些规则的行为构成犯罪，处 3750 欧元罚金，销售人有滥用消费者弱势地位的行为时，加重处罚；欺诈、诈骗罪，按刑法的规定论处。

第 L135-1 条　独立的上门销售人是指，按照《消费法典》第一卷第二编第一章第三节规定的条件，在与委托其销售产品或服务的企业订立的书面的委托代理、行纪、再销售或居间合同的框架内销售产品或服务的人，但通过电话或任何类似手段进行产品或服务推销的除外。

第 L135-2 条 如果有利于按照第 L135-1 条所指的条件实现企业的产品或服务的销售,合同可以规定销售人提供旨在发展和促进"独立的上门销售人网点"的服务。此种服务的性质、提供服务的条件以及给予报酬的方式,由合同具体规定。

提供此种服务的销售人,在任何情况下均不得从事雇主性质的活动(成为其发展的销售人的雇主),也不得与受其带动的其他独立的上门销售人之间成立合同关系。

独立的上门销售人不得向其他独立的上门销售人支付任何名义的报酬,也不得向其他独立的上门推销人购买其销售的任何产品或服务。①

第 L135-3 条 在条例规定的期间内收入达到条例确定数额的独立的上门销售人,应当在该期间之后的 1 月 1 日在"商事及公司注册登记簿"上进行注册登记,或者在商业代理人的专门登记簿上进行登记。

---

① 第 L135-2 条规定的是为同一企业提供服务的独立的上门销售人之间的关系,尤其是销售人与通过其提供的服务、为企业建立销售网络而发展的其他成员之间的关系。——译者注

第四编 营业资产

译者概述：

法国商法所称的"营业资产"原文为"fonds de commerce"，1807年《商法典》没有相关规定，1872年4月4日的《税法》首次出现这一概念。现在，受法国法影响，比利时、瑞士、加拿大魁北克省以及非洲法语国家大都规定了类似制度，同属于大陆法系的德国、意大利、西班牙等国使用的术语有所不同。

"fonds de commerce"是受"fonds de terre"（地产）的启发而创造的术语，"fonds"的本义指"土地"，转义指"资金""资源""非物质财富"。不同译者对"fonds de commerce"一词有不同的翻译，例如："店铺""商业资产""铺底"等。法国法律没有"民事资产"（fonds civils）但有"民事顾客群体"（clientèle civile）的概念，与"商业顾客群体"（clientèle commerciale）相比，前者更强调和重视经营活动主体本人的人格（资质、信誉）。法国法律同时还承认"手工业营业资产"（fonds artisanal）与"农业资产"（fonds agricole），因此，本《法典》所规定的"营业资产"实际上为"商事营业资产"。德国法称为"handelsgeschaft"，西班牙法律称为"empresa"，"企业"的概念占主导地位；意大利语的"azienda"是指"企业经营者为企业的运作所投入的全部财产"；英语"goodwill of the busines"（商誉、商务潜力）一词相当于法国商法的"顾客群体"（la clientèle）。法国商法意义上的"营业资产"与"商业资产"似有很大差别。

一、营业资产的法律性质

最初，"fonds de commerce"（营业资产）仅仅是指"从事商业活动的店铺"，但"店铺"是一个与传统零售商业联系在一起的概念，含义比较狭窄，现代商法意义上的营业资产涵盖面要广泛得多：小商店、大商场、餐馆、酒吧、咖啡馆、烟草店、报刊亭、理发店、美容店、药店、音乐厅、放映厅、游戏厅、加油站、汽车修理铺、旅行社、婚姻介绍所，乃至大型工厂等，都可以是营业资产（网店也有可能）。不过，受传统观念影响，营业资产主要涉及的仍然是"直接向顾客销售商品、提供服务的营业机构"。

法国《商法典》至今没有关于营业资产的定义。法院判例与学理认为：营业资产是"商人用于从事某项经营活动的全部动产"，由有体动产和无形动产两部分组成，前者包括待出售的商品、从事经营活动所需的设备和器材，诸如货架、货柜等；后者主要是指顾客群体、经营场地的租约权、商业名称、招牌，还可能包括商标品牌、专利权或专有技术，以及从事特定职业的资质证书、营业执照或许可证等。

显然，并非任何营业资产都必须具备以上全部要素。不同行业、不同机构，从事不同的活动，营业资产的构成有很大差别：酒吧不同于加油站，剧场、音乐厅也有别于麦当劳和肯德基。即使是同一种财产要素，在不同的营业资产中地位也不尽相同：有些营业资产的价值主要体现为商标品牌，例如，路易威登品牌门店；街边水果铺通常不包括商标权等无形权利；随着经营活动的持续，营业资产的组成要素也会发生变化：有的被卖出，有的新买进，有的已消失。营业资产是"一个组成要素随时可变的容器"。

法国法律总体上将不动产排除在商法的调整范围之外，营业资产的全部构成要素仅包括动产。人们习惯上将用于从事经营活动的建筑物或场地称为"四壁"。商人一般只是"四壁"的承租人而不是所有权人，即使在自家房产内从事经营活动，"四壁"与营业资产也是分开的两项财产。"四壁"的租赁适用特别制度：商业承租人享有延展此种租约的权利，而租约权（droit au bail）则是营业资产的重要组成部分。

一切营业资产都必须有一项根本要素——顾客群体，指的是"营业资产凭借其地理位置、产品、服务、品种和质量，通过竞争逐步形成的潜在的消费者人群"。顾客群体越大，营业资产的价值就越高。顾客群体虽然很难量化，但可以从营业额上反映出来，因此，它应当具有"现实性"和"肯定性"。商誉好的店铺往往拥有稳定的消费者群体。在自由竞争的商品经济环境里，顾客群体流动性很大，是商人追求的目标，甚至可以说，营业资产的其他要素都是为了吸引顾客群体，它是一条纽带，将原本独立的不同要素结合起来，形成法律意义上的营业资产。顾客群体是营业资产存在的前提条件：没有顾客群体，便没有营业资产；丧失顾客群体，营业资产就会消亡。谁占有顾客群体，谁就是营业资产的实际占有人。法学家里佩尔(Ripert)说:"顾客群体即是营业资产本身。"理论上将顾客群体区分为"依附于特许经营权的顾客群体,经常性顾客群体以及随机路过的顾客群体"。《商法典》第L141-5条则区分顾客群体(clientèle)与"招徕随机路过的顾客的潜在能力"(l'achalandage)。这种区分在实践中并无很大意义。

实践中也会遇到一些困难问题:其一,使用他人商标从事经营活动的商人是否拥有自己的顾客群体?法国最高法院曾就一起涉及本田摩托专营店的诉讼作出判决认为,"顾客群体与商标品牌的知名度不可分离",这就是说,顾客群体属于知名商标的持有人而不属于其特许经营人。最高法院后来又作出了另一项判决,自此之后,一般认为:顾客群体的归属不仅以知名商标为依据,同时也应当考虑商标使用人从事的组织与经营活动:知名商标固然是吸引顾客的重要因素,但销售点的经营者也承担着投资风险,可以通过综合运用包括商业租约在内的各种手段吸引、创立属于自己的顾客群体,形成自己的营业资产。其二,体育场、赛马场、候机楼或超级市场内从事餐饮、冷饮、报刊或其他服务活动的经营者是否可以形成属于自己的营业资产?1970年,最高法院作出一项原则性判决认为:赛马场酒吧的消费者群体属于赛马场而不属于酒吧经营者;吸引顾客前来赛场的唯一原因是赛马。在大型商场内的摊位,如果大部分管理权力属于商场,遵守统一管理规则、营业时间、价格和销售政策,那么,这种摊位的经营者就缺乏完全自主地位,不能拥有自己的顾客群体;但是法院判例也承认,独立的经营者可以证明其享有"完全自主管理权",例如,摊位有独立的入口或橱窗,有区分隔离设施,销售的是不同的商品,营业时间不受统一限制等,总之,只有当摊位拥有自己的顾客群体时,才能构成独立的营业资产。这方面的实际情形比较复杂,应当具体个案具体分析。

任何营业资产,不论由哪些要素组成,法律均将其视为一个"统一的整体",视为一项"无形动产"。这是一种法律上的拟制,也是理论上的高度抽象。商品、设备、工具等动产以及商号、招牌、商标等无形权利可以是独立的单项财产,当它们被用于共同的经济目的,紧密联系在一起,成为营业资产的组成部分时,即丧失其个体性质,原本孤立的财产要素被看成是一种结合形态。不同的财产要素只有形成一个概括整体,才能具备营业资产的属性。营业资产并非单项财产的简单相加,而是一项区别于各组成部分的独立财产。营业资产所具有的概括性、整体性与独立性,体现的是一种远远高于各单项财产的整体价值。

对于这一财产整体的法律性质,法国法学界曾有不同观点。法院判例与多数学者认为:营业资产并不是民法意义上的概括财产(le patrimoine)。在法国法律中,"概括财产"是一个特殊概念(有不同的中文译名,例如,"整体财产""全部财产"等),指的是"同一民事主体现有的和未来的,包括资产与负债在内的全部财产",它是"法律上的整体"(une universalité de droit),是民事主体享有法律人格的依据和基础:没有概括财产就没有法律人格。任何一个民事主体必然有一份概括财产而且只能有一份概括财产,一贫如洗的流浪者与亿万富豪,概无例外;基于此,任何民事主体均享有相同的法律人格。与概括财产不同,营业资产仅仅是一种"事实上的整体"(une universalité de fait),并不具有独立的法律人格,它是一个人的概括财产的部分,或者,可能是其全部资产的主要部分;但同一个经营者可以有多处经营点,也就是说,无论是商自然人还是商法人,均可以有多项营业资产。

需要强调的是,商法意义上的营业资产不同于会计法所规定的、可以记入资产负债表的企业资产:这两者之间既有重叠的部分,也有互不涵盖的部分。企业资产是其拥有或控制的全部资产,包括流动资产、固定资产、长期投资、无形及递延资产、其他长期资产、递延税项等,固定资产中尤其包括厂房、库房等建筑物或场地不动产,而营业资产的全部构成要素仅包括动产,并且仅有部分要素,例如商品、设备等可以列入企业的资产负债表,另一些要素,如店铺所在的地理位置、商号招牌、顾客群体、租约权等等虽然具有重要价值,却无法列入资产栏目;营业资产本身也不能作为一个整体单项入账。

"营业资产"与"企业"也有所不同,所谓"企业"是指"从事生产活动的组织或机构",更多属于经济概念而不是法律概念,涵盖面更广,并且包含不属于营业资产的资本要素与劳动要素;营业资产则是企业在某一场所"从事经营活动所需的全部动产财产":当某一个商人仅开设一处店铺时,该商店既是企业,也是营业资产,但同一企业可以有多处营业资产,无论是商法人还是商自然人,均可以在不同地点持有营业资产,开设门店,形成连锁经营企业。法国法律没有"民事资产"(fonds civils)的概念,而最多只是说"民事顾客群体"(clientèle civile),与"商业顾客群体"(clientèle commerciale)相比,"民事顾客群体"更加重视经营者本人的人格(信誉)。1996年7月5日法律(第22条)已经承认"手工业资产"(le fonds artisanal)的概念,并比照营业资产的制度。理论界也倾向于承认"农业资产"(fonds agricole)、"自由职业资产"(fonds liberal)的概念。

二、营业资产的法律制度

基于上述特色理论,法国现行《商法典》对营业资产规定了比较完善的制度:买卖或转让、质押、租赁经营以及商业租约等均是如此。就营业资产的买卖或转让而言,首先,营业资产是动产,不适用《民法典》有关"取得时效"的规定;是无形动产,不适用"对于动产,占有即等于所有权证书"之规则。转让营业资产是一种商事行为。非商人受让营业资产,应在15日内到商事法院注册登记,取得商人资格;无能力未成年人以及受监护的成年人不能买受营业资产;实行共同财产制的夫妻在婚姻关系存续期间取得的营业资产须经双方同意才能转让。

营业资产的转让是无形动产整体转让,但是,当事人可以自由确定哪些财产要素包括在转让范围之内。一般认为,只要转让"能够保持顾客群体的要素",即构成转让营业资产。这是一项主要标准。商号、招牌、商标是吸引顾客群体的根本条件,通常应予转让;转让知名商标品牌,可能需要另商价格。营业资产不是由债权债务构成的概括财产,除诸如劳动合同、保险合同之外,与转让人的经营活动相关的债权债务一般不转移给受让人。

转让文书应采用私署或公证形式,载明以下法定事项:(1)前出卖人的姓名、其取得资产的文书日期与性质;无形要素、商品与设备的价格应当分列;(2)营业资产负担优先权与质权的状况(清单);(3)前3个会计年度的营业额;(4)前3年的(净)利润额(以及当年的营业额与利润额);(5)商业租约,其日期与期限、出租人或租约转让人的姓名与地址。除法定事项外,文书可订立竞业禁止条款、顾客群体转移条款、违约金条款等。

营业额往往体现资产的真实价值;只是口头说明数额而没有文字记载,不符合法律要求。双方应对转让人前3年的会计账册进行盘点并签字确认,不得借口当年账目尚未确定而拒绝提交,也不得以保密为理由对抗之。如果经营时间不足3年,以实际时间为准。自买卖实现之日起3年内受让人还可查阅这些账册。任何相反条款均不产生效力。出卖人应担保其声明事项的准确性;不准确的声明事项,例如,将含税营业额说成是净营业额,构成"隐蔽瑕疵",买受人可在1年内要求降低价金或者取消买卖。如果遗漏上述法定事项,买受人在1年期间可以主张买卖无效。出卖人负有交付义务与竞业禁止义务,担保受让人取得的营业资产不受追夺。

转让营业资产,应在法定期间到商事法院及税务部门进行登记,按照税法规定,交纳登记税、财产转移税(具备条件的可减免"升值税"),还应在有资质的报纸和《民商事法定公告正式简报》上分别刊载通知、进行公示。

当事人可以自由确定买卖的价金,但价金应当真实、严肃,符合资产的实际价值。故意低价转让资产,可能构成"伪装的赠与"或"间接赠与"。税务部门有权对超低价金提出异议,可以按照当事人之间公开的低价位行使"先购权"(droit de préemption)。自买卖公示起10日内,买受人不得向出卖人支付价金,出卖人的任何债权人,不论债权是否到期,均可对价金的支付行使"异议权"(droit d'opposition);如果买受人在此10日内将价金支付给出卖人,不能对抗债权人。如果无人提出异议或者提存足够款项,满足债权人利益,不妨碍支付价金。此外,法律还规定了一种"加价拍卖"(surenchère)程序:相关债权人可以向法院提出请求,"以当事人确定的无形财产要素的转让价位为基础加价1/6",进行第二次拍卖,例如,一项营业资产原卖价320000欧元,其中无形要素的价格为120000欧元,设备与商品分别为150000欧元和50000欧元,那么,1/6加价拍卖时起拍价为:320000 + 120000 × 1/6 = 340000欧元。任何人,包括原买受人,均可参与竞价;如无人应价,则宣告提出加价拍卖申请的人为新的买受人。这三项限制性措施是非常有创意的制度,可以有效抑制"阴阳合同"、偷逃税款,以及低价转移资产的违法行为,对我国经济活动现实应当有很好的启发作用。

营业资产的转让只有符合规定进行了登记与公示,出卖人才能对转让文书中所列举的财产要素享有优先权。这种优先权是指:当买受人转卖其买受的营业资产中的商品、设备和无形要素时,(原)出卖人就这些要素中的每一种要素的价金优先于其他任何债权人受偿;如果文书没有列举财产要素,出卖人仅能就招牌、商业名称、租约权及顾客群体(的价金)行使优先权。

双方当事人可以约定解除条款。自愿协议或经判决解除合同时,出卖人应对营业资产的全部要素回复占有,但应通知就该营业资产登记了担保权利的债权人;担保债权人可在1个月期间(替代买受人)向出卖人支付款项、进行清偿,以避免解除合同。解除诉权应在优先权登记中作出特别记载,并与优先权同时消灭。

价金未获得清偿的出卖人享有追及权(droit de suite):不论营业资产转移至何人之手,经法院批准,均可以强制拍卖已经被买受人转卖的资产,但转购人可以向(原)出卖人进行清偿,清除优先权,保住转购的财产。

营业资产可用于向公司出资,但应遵守实物出资的有关规定:订立出资文书、对资产评估作价,办理公示手续。实物出资相当于向公司转让营业资产。

第一章 营业资产的买卖

第一节 买卖文书

第L141-1条 一、在确认协议转让营业资产的任何文书中,即使是按

照其他合同的条件与形式同意进行的营业资产转让,或者,用营业资产向公司出资,出卖人均有义务写明:

1. 该营业资产的前出卖人的姓名,该出卖人据以取得营业资产的文书的日期及其性质,组成营业资产的各项无形要素、商品与设备的取得价格;

2. 营业资产负担的优先权与无形动产质权的状况(清单);

3. (2008 年 8 月 4 日第 2008-776 号法律第 56-6 条)"营业资产转让前最近 3 个会计年度实现的营业额;如果转让人占有营业资产的时间不足 3 年,营业额按其实际占有时间计算";

4. 在相同时间内实现的(2012 年 3 月 22 日第 2012-387 号法律)"经营结果"(原规定为"商业利润");

5. 相应情况下,(商业)租约及其日期、年限、出租人与租约转让人的姓名。

二、买卖文书遗漏写明上述事项的,应营业资产买受人在 1 年内提出的请求,可引起该文书无效。

司法解释:

一、法律(条文)所针对的文书

1. 营业资产的买卖:本条(1935 年 6 月 19 日法律)的规定仅仅针对为了确认营业资产的买卖而制定的文书(里奥姆法院,1947 年 6 月 23 日);即使被出卖的营业资产正在实行租赁经营,出卖人亦不能免除在买卖文书上写明法律规定的事项(里奥姆法院,1964 年 10 月 27 日)。第 L141-1 条的规定适用于婚姻介绍所的转让,婚姻介绍所是一种营业资产(里摩日法院,1980 年 6 月 10 日)。按照第 L141-1 条条文的意义,将零售酒馆内的动产与其经营许可证分开转让给不同的人,由于此种转让不包含与顾客群体的性质和规模有关的任何要素,因此不构成营业资产的买卖(最高法院商事庭,1996 年 3 月 26 日)。关于只转让(经营场地)租约权而不转让营业资产的问题,参见巴黎法院 2003 年 3 月 26 日判决。

2. 类似(于营业资产)的买卖:关于通过营业资产租赁经营方式进行的买卖,参见卢昂法院 1968 年 11 月 22 日判决;关于向承租经营人转让设备,参见最高法院商事庭 1984 年 1 月 18 日判决;关于经营许可证的转让,参见最高法院商事庭 2004 年 6 月 9 日判决。

3. 股份转让:仅仅是大量转让公司股份,不适用第 L141-1 条之规定(最高法院商事庭,1990 年 2 月 13 日);但是,分数次将有限责任公司的全部股份相继转让他人,必然引起"构成公司经营对象的营业资产"的转移(最高法院商事庭,1980年1月3日);为了规避第L141-1条所定的规则,以掩盖营业资产转让为目的而进行的有限责任公司股份的转让,此种转让无效(凡尔赛法院,1988年2月25日)。

4. 公司的合并:当事人选择采取"吸收—合并"的法律制度时,排除适用转让营业资产的特有规则(巴黎法院,1986年4月10日)。营业资产的附条件的、双方的买卖预约,即使所附条件没有实现,仍适用《商法典》第L141-1条之规定,因为按照《民法典》第1589条的规定,"买卖预约具有相当于买卖的效力"(最高法院商事庭,1954年11月24日)。

二、买卖文书必须记载的事项

1. 第L141-1条对营业资产买卖文书规定的应载事项为限制性列举(最高法院商事庭,1974年6月7日)。有关丧失顾客群体的问题不在应载事项之列(最高法院商事庭,1998年1月13日)。

2. 营业额与利润(2008年8月4日第2008-776号法律之前的判例):买受人在营业资产的买卖文书中声明其知道该营业资产最近3年的营业额与利润,这种声明不能替代写明具体数字(里昂法院,1950年7月26日);同样,没有按照法律规定作出记载,仅仅是口头报明营业额,不符合要求(最高法院商事庭,1971年10月18日)。由于所报的营业额和利润与某一项营业资产的活动不吻合,由此造成的不符合规定的情况不构成"遗漏有关营业额和利润的强制性记载"(巴黎法院,1994年9月6日)。第L141-1条所指的营业资产转让前的"最近3个会计年度",应当自买卖文书订立之日向前推至相同日期(最高法院商事庭,1954年11月24日)。如果出卖人(转让人)经营营业资产的时间不足3年,仅需提供与其本人实际经营该资产的时间相对应的营业额(最高法院商事庭,1957年7月23日);营业资产的实际存在时间尚不足1年,转让人向买受人提交的是未来3年的(营业的)预计账目,不能构成"可据以撤销转让的欺诈性操作",因为,应当由买受人自己(在同意取得营业资产时)考虑该资产实际存在的时间(巴黎法院,2005年1月11日)。营业资产的经营时间超过3年,但合同中只记载最近3年中两年的营业额,这种做法不符合法律规定(最高法院第一民事庭,2000年6月29日)。营业资产的出卖人仅向买受人提交了一份资产负债表和两份没有签字的增值税申报单,没有遵守第L141-1条的规定(图卢兹法院,2002年11月5日)。营业资产的出卖人不得借口其当年的账目尚未确定而自行免除提交"与正在进行中的经营期相对应的营业额(数据)",恰恰相反,他应当采取一切措施,必要时,以其掌握的会计资料为基础,向买受人提供这方面的情况(最高法院商事庭,1997年4月29日)。

3. (对资产状况变化进行)比较评估(évolution comparative):原则上,为了取得一项营业资产,在确定其中某项财产的市值时,应当与"能够反映市场现实状况的内在相似的财产转让"相比较;如果无法采用这种比较方法,则应当按照与涉及的资产的状况、位置相适应的标准进行评估,例如,以公司在资产转让前三年的会计资料以及平均营业额为基础(卢昂法院,2006年11月8日)。

三、对遗漏记载营业额与利润的制裁

1. 相对无效:按照第L141-1条的规定,(营业资产的买卖文书)遗漏该条规定的手续时,只有应买受人提出的请求,才能作出(文书无效)宣告(最高法院商事庭,1998年11月17日)。因遗漏法律规定的应载事项而引起的买卖文书的无效,是一种相对无效,只有营业资产的买受人才能主张此种无效(里昂法院,1948年2月10日)。应由作为请求撤销合同之原告的买受人提出证据证明因买卖文书遗漏法定应载事项致使其表达的同意意思有瑕疵并因此受到损失(最高法院商事庭,1953年7月21日)。法官应当查明所发生的遗漏是否致使买受人的同意产生瑕疵,并且构成其受到损失的原因(最高法院商事庭,1971年1月5日)。

2. 提起诉讼的期间:本条规定的1年期间自买卖之日开始计算,而不是自(买受人)实行占有之日起计算(最高法院商事庭,1987年12月15日)。关于在多项转让行为的情况下期间计算的问题,参见最高法院商事庭2004年5月26日判决。本条规定的期间是一种"预先固定的期间",既不能中断,也不能中止(最高法院商事庭,1991年12月10日)。

3. 法官应当查明,转让文书没有记载营业额与利润是否致使买受人的同意产生瑕疵,并且构成其受到损失的原因(最高法院商事庭,1971年1月5日)。只要经认定,买受人了解法律对营业资产买卖文书的应载事项的要求,遗漏的事项并未给其造成损失,便不能认定买卖无效(最高法院商事庭,1965年2月4日)。营业资产的买卖文书是由买受人的律师应买受人的明文请求而起草,买受人在该文书中承认对出卖人的账簿进行了签证并草签,应当排除(其提出的有关营业资产买卖)无效的请求(巴黎法院,2001年11月9日)。

4. 欺诈(概念):只有营业资产的出卖人缺乏善意,故意对买受人隐瞒明显影响该营业资产营业额的情形,买受人才能主张出卖人有欺诈(行为)

（dol）（凡尔赛法院，1986年5月21日）；（出卖营业资产的）一方当事人对足以影响营业资产买卖的某种事实（纯粹是故意地）保持沉默（而不向买受人如实说明），可以构成欺诈，但应当根据合同当事人的具体情况进行评判（巴黎法院，2000年1月28日）。

5. 欺诈（的事例）：一项"汽车修理铺营业资产"的买受人提出，在这项资产转让中包含有销售汽车业务，并据此认为其受到欺诈性操弄，但是，买受人是汽车行业的专业人员，不可能不知道汽车制造人的姓名（权）本质上是不可转让的，有关汽车销售特许权是一种"在考虑当事人人格"的基础上由汽车品牌的代表与受特许权人之间订立的不可转让的合同，而且本案涉及的转让价格很低，也可以看出其中并不包含汽车品牌的销售业务，因此，买受人的主张不能得到支持（凡尔赛法院，1997年6月6日）；一项营业资产的出卖人在进行（本次）转让之前就因该资产将要被强制拍卖而已经对其没有处分权，因出卖人（故意隐瞒这一事实）的欺诈行为，致买受人的同意有瑕疵，此项转让应当撤销（巴黎商事法院，1992年6月17日）。一家药店营业资产的出卖人对买受人隐瞒其在此之前是由于大量销售非法药品与物质材料而使营业额大量增加，而正常的合法经营不可能达到这样的销售水平，因此这项营业资产的买卖应予撤销（卢昂法院，1996年12月10日）；省安全委员会此前要求对营业资产实施的安全工程并未按规定进行，因转让人没有向受让人如实说明这一情况，该资产的转让被法院撤销（最高法院第三民事庭，2005年7月6日）。

6. 误解：仅仅是对营业资产的价值评价错误，并不构成买卖无效之原因（最高法院商事庭，1994年6月28日）。出卖人对其转让的财产的经营结果做了错误介绍，该营业资产没有自己的顾客群体，但在买卖文书中却将其作为营业资产的组成部分，这种情况足以使买受人的同意产生瑕疵，因为，如果买受人在订立合同之前就知道此种状况，便不会与出卖人订立买卖合同，基于其对买受之物的根本性质量发生错误，该项买卖应以无效论处（最高法院商事庭，1996年6月18日）。

7. 放弃：如果说营业资产的买受人在买卖文书中既不能放弃"提起无效之诉"（放弃主张买卖无效），甚至也不能在买卖文书订立之前就放弃此项权利，但法院也认为，在涉及相对无效的事由时，买受人可以在买卖（成立）之后放弃此项主张（最高法院商事庭、凡尔赛法院等）。

8. 法官的权力：法官可以评判（文书）遗漏法定应载事项是否致使买受人的同意存在瑕疵，从而有权（选择）是否认定买卖无效（最高法院商事庭，

1951年10月30日)。

9. 降低价格:法律只规定了(可以提起)无效之诉(action en nullité),提出"降(低卖)价之诉"不予受理(巴黎法院,1962年10月12日)。

10. 损害赔偿:给予损害赔偿即足以赔偿损害(最高法院商事庭,1977年7月11日)。

11. 中介人的责任:买卖文书中没有关于(最近3年)营业额与利润记载,法院判处该文书的起草人承担责任,甚至不用审查是否因为(出卖人)提供的会计账目而致使起草人这样做(最高法院第一民事庭,1996年12月17日);公证人,作为公务助理人员,有义务保证其制作的文书的有效性,因此应当按照第L141-1条的要求采取一切措施保障营业资产买受人的利益(最高法院第一民事庭,1999年10月13日)。由于公证人的过错,导致营业资产的出卖人签署了一份按照第L141-1条的规定来看不完整的文书,只要公证人与出卖人的过错共同造成买卖被撤销,该公务助理人员与出卖人即应分担责任;但是,如果说公证人可以被判决担保出卖人应对买受人给予的损害赔偿,其并不负有返还其本人并没有收受的价金之义务(最高法院第一民事庭,1993年3月17日);营业资产的出卖人因欺诈而受到处罚判决,公证人方面即使有职业性过错,法官也可以排除出卖人对公证人提起的"担保之诉",尽管如此,法官仍可在其自由裁量权的范围内根据该公务助理人员的过错程度,判处其承担部分担保义务(最高法院第三民事庭,1998年3月3日)。只要公证人是应买受人的明文请求并进行了一切必要努力,营业资产的买受人是在充分了解情况的条件下订立买卖合同的,那么就没有依据对制作该公证文书的公证人提出诉讼请求,尽管公证文书上没有写明出卖人没有提供的营业额与利润数额(波尔多法院,1994年3月22日)。

第L141-2条 营业资产转让之日,出卖人与买受人应对出卖人(2005年8月2日第2005-882号法律第32条)"在实现买卖的会计年度之前的3个会计年度里"编制并掌管的会计账册进行签证;如果出卖人占有营业资产的时间不满3年,需经签证的会计账册以出卖人实际占有营业资产的时间为准;同时,出卖人与买受人应在显示最后一个会计年度终结之后至买卖之前一个月实现的营业额的账目文件上签字。

应当对这些簿册进行盘点。账册盘点记录由双方当事人签字,每一当事人各执一份。自买受人开始享有并利用营业资产之日起3年内,转让人应将这些账册交给买受人支配。

任何相反条款均视为未予订立。

司法解释：

1. 会计账目不具有保密性：按照第 L141-2 条的规定，(营业资产出卖人)在账簿内记载的会计文件，对于该资产的买受人不再具有机密性质，因此出卖人的财会人员可以直接将账簿传送给买受人而并无过错(最高法院第一民事庭，1993 年 1 月 27 日)。

2. 买卖许诺：第 L141-2 条有关对营业资产出卖人的会计账册进行签证的规定，适用于"双务的买卖预约"(prommesses synallagmatiques)(巴黎法院，1983 年 5 月 24 日)。

3. 本条所说的"3 个会计年度"是指自买卖合同订立之日向前推至 3 个整年的同一日期(巴黎法院，1983 年 5 月 24 日)。

4. 营业资产的出卖人仍然是其会计簿册的所有权人，如果出卖人的会计簿册是由第三人掌管(例如，会计师事务所)，只要买受人在查阅这些簿册时不会遇到任何障碍，出卖人即属履行了第 L141-2 条规定的义务：向买受人传达会计簿册并将簿册交由买受人支配(最高法院商事庭，2004 年 6 月 23 日)。法院判决认为，履行传达会计簿册的义务，对买受人实行占有时这些簿册中并未记载的营业资产的要素不产生影响(最高法院商事庭，2004 年 6 月 23 日)。在营业资产的出卖人没有传达其会计簿册的情况下，应由其确认买卖文书上所做的各项记载准确无误(里昂法院，1938 年 3 月 30 日)。在买受人了解(出卖人的)财务账目并对此事实不持异议的情况下，(买受人)没有对会计账册进行签证，这一事实并不意味着其存在"同意瑕疵"(最高法院商事庭，1973 年 5 月 29 日)。

第 L141-3 条 不论有何相反条款规定，出卖人均应按照《民法典》第 1644 条与第 1645 条规定的条件，对其申明事项的不准确性负担保责任。

负责起草文件的中间人及其职员，如果知道文件中的记载不准确，与出卖人连带负担保责任。

司法解释：

1. "记载不准确"的概念：第 L141-3 条将营业资产买卖文书所做的"不准确记载"(inéxactitude)视同"隐蔽瑕疵"(按照《民法典》第 1644 条与第 1645 条的规定，出卖人对其出卖之物的隐蔽瑕疵负担保责任)。只要买卖文书应当写明"实际利润"但事实上仅仅写明了应税利润，此种情形构成本条所指的"不准确记载"，而不仅仅属于"遗漏"记载(最高法院商事庭，1982 年

5月10日)。买卖文书中所作的说明如果不是唯一与出卖的营业资产之部分有关的利润(而是写上了出卖人经营的该营业资产的全部活动相关的商业利润),此种情形亦属于"不准确的记载"(最高法院商事庭,1992年3月31日)。关于"遗漏"与"不准确"的区别,参见尚贝里法院1991年10月28日判决。买卖文书上所作的记载并非唯一与(当前)出卖的营业资产有关时,属于"不准确的记载"(最高法院商事庭,1992年3月31日)。

2. 举证责任:买受人证明会计材料不准确,而买卖文书有关营业额的记载正是以这些材料为基础时,即属提出了有关"文书上的记载不准确"的证据(最高法院商事庭,1994年3月29日);涉及出卖人的担保责任时,买受人应当证明买卖文书上所作的说明"不准确"(最高法院商事庭,1970年6月9日);买受人未能实现(与以前水准)相同的营业额或相同的利润额,仅凭此,不适于作为证据(巴黎法院,1969年5月13日);

3. (应当有)诉讼利益:有必要要求(由于买卖文书的记载不准确)"对买受人造成了损害"。在出卖人只说明了税前利润而实际利润高于纳税申报的利润的情况下,(买受人就"买卖文书记载不准确"事由)提起的诉讼不能得到受理(最高法院商事庭,1966年3月21日);可以要求提出"不准确的记载是造成买受人同意瑕疵的原因"(最高法院商事庭,1970年6月8日);营业资产出卖人因诈骗罪受到追诉但被判无罪,(这种情况)不妨碍(以文书记载事项不准确为理由对其)提起上述诉讼(最高法院商事庭,1971年3月1日)。法院判决认为,应当查明买卖文书的不准确记载是否对买受人接受合同所定的价位起到了决定性作用(最高法院商事庭,2008年5月6日)。

4. "不担保条款":(文书中订立)条款规定买受人按照营业资产的现状受领该资产而不得因任何原因要求任何赔偿金或降低价格,此种条款不能妨碍因营业资产存在隐蔽瑕疵而提起解除买卖之诉讼(最高法院商事庭,1973年6月26日)。即使双方当事人达成协议,同意在文书中仅记载利润数额的大体估算结果,这种情况丝毫不能影响资产转让人对于文书中记载的利润数额应负的担保责任(最高法院商事庭,1996年3月12日)。(在部分转让营业资产的情况下)买卖文书写明其记载的营业额属于总营业额,包括出卖人用该资产从事的全部活动的,即使买受人知道此情节,仍不能排除出卖人应负的担保责任(最高法院商事庭,2002年12月3日)。

5. 降低价金:转让营业资产时,只有在其缺陷被隐瞒的情况下,才能援用此种事由来支持有关减少价金的诉讼,因为,如果买受人知道此种缺陷,可能不会购买该资产,或者只会出较低价格(巴黎法院,2008年1月17日)。

法律规定在营业资产买卖文书中应强制记载的事项"不准确"的,只能产生第 L141-3 条所指的担保之诉,这与强制应载事项有"遗漏"的情况不同,不能引起由买受人唯一请求的解除买卖之诉(最高法院商事庭,1992 年 12 月 1 日)。唯有可归咎于出卖人或其代理人的欺诈(行为),才能作为买受人提起"降低价金之诉"的正当理由,仅仅是营业资产的转让价格过高,只要谈判原是公道地进行,(即使后来)买受人实现的营业额达不到买卖文书中写明的营业额,(这种情况)不足以对营业资产的买卖提出质疑,也不足以作为变更买卖条件的理由(雷恩法院,1998 年 2 月 11 日)。

6. 任意性记载:如果买卖文书中记载不准确的事项不属于第 L141-1 强制规定的应载事项,在以此为理由提起诉讼时,应当受有关隐蔽瑕疵担保之普通法调整(最高法院商事庭,1974 年 6 月 7 日)。

7. 交付义务:如果涉及的商业买卖,在出卖人未履行或者不完全履行《民法典》第 1610 条规定的交付义务的情况下,已经对买卖标的物实行占有的买受人仍然有权(从法院)获准减少价金(最高法院商事庭,1992 年 12 月 15 日)。出卖人在约定的交付期限之前没有很好地保护营业资产,该资产的租赁经营人提前停止经营,导致资产在交付之前就已消失,法院以出卖人有过错而解除买卖(最高法院商事庭,2004 年 5 月 12 日)。

8. 担保营业资产不受追夺(garantie d'éviction):就担保买受人取得的营业资产不受(他人)追夺而言,无须查证买受人(在缔结买卖时)是否善意(最高法院商事庭,2001 年 2 月 20 日)。

9. 第 L141-3 条的特别规定并不禁止营业资产的买受人追究出卖人的普通法上的责任,特别是因欺诈行为引起的责任,即使买受人援引的出卖人采取的手段与强制规定的文书应载事项的不准确性有关(最高法院商事庭,2002 年 1 月 15 日)。法院判决排除营业资产的转让人对负责起草转让文书但有职业过错,对存在的欺诈行为为共同责任人的公证人提出的担保之诉(最高法院第一民事庭,2001 年 1 月 16 日)。

第 L141-4 条　依据第 L141-3 条的规定提起的诉讼,应自营业资产的买受人取得占有之日起 1 年期间提起。

司法解释:

期间的计算:1 年期间,自营业资产买受人取得占有之日起计算,而不是自买卖文书订立之日起计算(亚眠法院,1968 年 3 月 13 日)。期间的性质:

第L141-4条强制规定的期间是一种"事先确定的期限",既不能中断,也不能中止(最高法院商事庭,1997年10月7日)。

第二节 出卖人的优先权

第L141-5条 只有营业资产的买卖经公证文书或私署文书确认,并且符合规定在营业资产经营地所在辖区内的商事法院掌管的公立登记簿上进行了登记,其出卖人的优先权才能成立。

营业资产出卖人的优先权仅及于买卖文书中或者在登记时所作的记载中列举的资产组成要素;在没有明确指明营业资产是由哪些要素构成的情况下,出卖人的优先权仅及于该营业资产所使用的招牌与商业名称、租约权及其已有的顾客群体和招徕顾客的潜在能力。

构成营业资产的全部无形要素、设备和商品,应当分开确定价格。

在买受人将其买受的营业资产中的商品、设备和无形要素再卖出时,出卖人享有的优先权担保其此前出卖该营业资产时的每一项价金或者尚未支付的价金获得清偿,但应就该营业资产在再出卖时的每一要素各自的价金分开行使优先权。

不论有何相反条款规定,除现款支付之外,凡是部分支付价金的情形,均应首先清偿商品的价金,然后清偿设备的价金。

如营业资产在重新出卖时所得的价金中包含有第一次买卖时并未包括在内的一项或数项构成要素的价款,应就分开计算的价金进行分摊。

司法解释:
一、营业资产的构成要素

性质:事实上的整体(universalité de fait)。没有任何法律条文对营业资产的构成作出具体定义,而1909年3月17日法律仅仅是列举了"可以构成营业资产的各种要素"(最高法院第二民事庭,1953年3月17日)。营业资产是一个"有别于其各个组成要素"的整体(最高法院诉状审理庭,1888年3月13日)。营业资产是一个不能部分转让的动产整体(如果部分转让,便仅仅是转让某些单项财产)。事实审法官应当根据协议涉及的各项要素来评价哪些要素是营业资产赖以存在的主要因素(最高法院民事庭,1953年7月10日)。关于营业资产的某些要素消失之后营业资产本身是否仍然存在以及如何确定营业资产赖以存在的根本要素问题,应当由事实审法官进行裁判(最高法院第一民事庭,1957年10月30日)。

(一)顾客群体

1. 根本性质:顾客群体是营业资产赖以存在的根本条件(最高法院诉状审理庭,1937年2月15日);没有顾客群体,营业资产就不能存在(最高法院商事庭,1978年3月7日);顾客群体消失,营业资产便不能继续存在(最高法院第三民事庭,1978年5月18日);照此意义,将某一有着特定顾客群体的自成一体的独立的活动部门转让给他人,构成(一项)"独立的营业资产"的转让(最高法院商事庭,1992年4月14日)。营业资产出卖人在转让营业资产时不转让全部或部分顾客群体,属于没有履行"交付义务",买受人有理由请求解除该转让合同(最高法院商事庭,1992年11月24日)。

2. 经营者本人的人格:从法律上来说,将自然人经营者本身看成是营业资产的组成部分,有违人格尊严及劳动自由之原则,尽管营业资产经营者本身的人格魅力对提高该资产的价值有着特有的效果,但不能将经营者本人所具有的这种吸引力与法律上转让营业资产的顾客群体混为一谈(巴黎法院,2004年7月1日)。

3. "事先已经存在的顾客群体":加油站的第一位管理人只要自第一天开业就有车辆前来加油,便不得认为他在接管加油站时(该加油站)不存在任何顾客群体(最高法院商事庭,1973年2月27日)。由于前来快餐店消费的公众是前来观看赛马的人群,因此这些餐饮点的经营者并没有形成有别于赛马组织者的、属于他们个人的顾客群体(最高法院全体庭,1970年4月24日)。在超市附近的一块场地上设置一处鱼摊,只要前来光顾的顾客大都是作为该场所所有人的公司经营的超市的顾客,那么,鱼摊的经营人并不是(一项独立的)营业资产的持有人(最高法院第三民事庭,1991年11月27日);当承租人完全是自主经营,并且有不同于超市的、自己的顾客群体时(则是另一种情形)(最高法院第三民事庭,1996年1月24日)。法院判决认为,转让在巴黎蒙帕纳斯大厦一层大厅内经营的图书文具销售点,属于营业资产的转让,因为,该销售点附近并没有其他营业资产,其本身的顾客群体并不完全处于附属大厦的经营范围的地位(巴黎法院,2008年12月17日)。营业资产虽然停止经营已有3年,但顾客群体并没有完全消失,因为这家饭店位于临近旅游景点的海滨,其经营活动具有明显季节性,其顾客并非经常性客人但却可以持续地有新的顾客(卡昂法院,2006年9月9日)。

4. 招徕顾客的潜在能力:市场摊位的特殊位置使受让人在经营上占据

先机,由此带来的"事实上的垄断地位"所构成的(营业资产的)"招徕顾客的潜在能力"有别于"真正的顾客群体"。顾客群体对于营业资产的存在是必要的(最高法院商事庭,1970年2月3日)。

5. 商业顾客:要使营业资产具有商业性质,其经营者必须是商人,并且其经营资产的宗旨是实施商事行为(波城法院,1960年3月30日);因此,一家以民事行为为活动宗旨、采取商事形式的公司,并不经营"商事营业资产"(巴黎法院,1959年11月14日)。香烟零售点不构成营业资产(最高法院诉状审理庭,1905年3月13日)。公共机构不是营业资产的所有人(因此,没有营业资产)(最高法院民事庭,1952年1月29日)。

6. (营业资产的转让人负有)"不得(在临近场所)重新设点开业、从事竞争性活动的义务"(obligation de non-rétablissement):即使营业资产转让文书中没有规定禁止转让人恢复竞争性业务活动的条款,但是,已经转让其营业资产,尤其是已经转让顾客群体的出卖人,仍然有义务使买受人能够平静地享有其买受物的利益,因此,出卖人应当放弃一切可能转移其已经卖出的营业资产的顾客群体的行为(巴黎法院,1990年11月26日)。转让人此前将其营业资产转让给受让人,随后又创立一处类似的营业资产,并将其卖给另一人,在该人知道出卖人负有法定的(竞业禁止之)保证义务的情况下,其仍然购买(该)新创立的营业资产的,构成其应当承担责任的侵权过错(最高法院商事庭,1993年5月4日)。

7. 转让人"不得(在临近场所)重新设点开业、从事竞争性活动的条款"(clause de non-rétablissement):在没有损失的情况下,营业资产的买受人没有利益提起关于"履行不得重新设点开业条款"之诉讼,并且(如其仍然提起此种诉讼)可能因此而滥用权利(最高法院第一民事庭,1996年11月19日)。在营业资产买卖合同中订有"禁止转让人重新设点开业、从事竞争性活动的条款"的情况下,如果营业资产的出卖人仅仅是成为一家与买受人有竞争的公司的薪金雇员,有必要查明出卖人的行为是否违反该条款的规定(最高法院商事庭,1991年1月22日)。在营业资产买卖合同中订有"禁止转让人重新设点开业、从事竞争性活动的条款"的情况下,只有当出卖人参与竞争机构的领导事务时,才(可能)属违反该条款的规定,如果他仅仅是成为一个服从于买受人的合作者,不能认为其违反该条款(最高法院商事庭,2000年12月5日);营业资产的出卖人随后与相同性质的资产承租人结婚并在一起生活,此种情况亦同(卢昂法院,2002年3月7日)。一家咖啡餐馆的出卖人在设立于同一条街道、性质相同、部分顾客相同的另一机构内找到一份工作,只要他在新机构里负有负责人的管理职责,因此参加该竞争性机构的经营活动,即使其与共同的顾客群体没有直接接触,仍然违反其在营业资产出卖合同中订立的"禁止转让人恢复竞争性业务活动的条款"(波城法院,2005年3月22日)。营业资产的转让人即使为此种条款所限制的区域内的顾客供货,只要不能证明其向这些顾客进行积极的推销活动,转让人仍然没有违反转让合同中订立的"禁止转让人恢复竞争性业务活动的条款"(格勒诺贝尔法院,2004年11月18日)。即使双方当事人在营业资产转让合同中只是规定转让人在规定的期限内不得恢复从事特定的活动,但是,这一期限到期并不能解除转让人对自己行为所负的法定保证义务,因为这项保证义务具有公共秩序性质(这一判决的依据是《民法典》第1625条、第1626条与第1628条的规定)(最高法院商事庭,1992年4月14日)。在转让营业资产的情况下,由于出卖人应当提供"保证资产不会被(第三人)追夺"之法定担保,因此禁止出卖人转移其转让的资产的顾客群体,如果出卖人是法人,不仅法人本身,而且其领导人或者其借助的中间人均负有由这项禁止性规定所产生的义务(最高法院商事庭,2005年5月24日)。即使营业资产的出卖人原属一家有限责任公司,而且本人不是该公司的经理,仍然负有竞业禁止义务(巴黎法院,1992年1月30日)。营业资产的转让具有商事性质,在没有相反约定的情况下,该营业资产的所有出卖人均负有连带义务遵守转让文书中规定的竞业禁止义务,并且应连带赔偿因违反此种义务而引起的损害(最高法院商事庭,1993年6月8日)。

(二)营业资产的其他组成要素

1.(经营场所的)租约权:转让营业资产并不必然包括转让该资产所在的经营场所的租约(最高法院商事庭,2007年5月9日)。原则上,经营场所的租约权并非必然是营业资产的主要组成要素(最高法院诉状审理庭,1928年7月17日),即使经营场所的租约占有极重要的地位,甚至仅其一项就几乎构成营业资产的全部价值,亦是如此(岗贝莱法院,1953年12月10日)。租约权的转让,只有在其引起顾客群体的转让时,才构成营业资产的转让(佩里戈法院,1927年12月10日)。法院判决认为,只要顾客群体中的大部分已经转让,即构成营业资产的转让,而不仅仅是租约权的转让(最高法院第三民事庭,2005年11月29日)。由于营业资产已经停业、关闭,其经营人也已从"商事及公司注册登记簿"上注销登记,此项资产的转让应视为租约权的转让(图卢兹法院,2006年4月4日)。不论租约权多么重要,仍不能当然构成营业资产的必不可少的要素,在没有租约权的条件下营业资产也可以存在

(本案涉及的是一处根据"不得转移的使用权"而占用的场所的出租问题)(最高法院商事庭,1993年4月27日)。关于解除营业资产的买卖对出于经营所需而订立的(经营场所的)商业租约的后果,参见最高法院第三民事庭2002年10月30日判决。

关于转让营业资产所包括的向正在设立中的公司(经营场地)转让租约权及其对租约权的影响,以及由此牵涉到的"租约被追夺时的补偿权""继续留在场所内的权利"等延伸权利,参见最高法院第三民事庭2005年2月2日判决。在营业资产转让之前经营场地就已经进行转租的,在转让营业资产包含转让(经营场所的)租约权的情况下,并不引起"向出租人进行告知的义务"也随之转移(最高法院第三民事庭,2008年9月17日)。

2. 市场摊位的使用权:市场摊位使用权人向市政管理当局推荐接替人时,可以同时有偿转让与营业资产要素相类似的各项要素,这丝毫不违反"公产不得转让"之规则(最高法院第一民事庭,1995年12月5日)。

3. 不动产(建筑物)被排除在营业资产的组成要素之外:营业资产的所有权人同时也是经营场所所在的不动产的所有权人时,该不动产仍然不是其营业资产的组成部分,营业资产仅仅是由有体动产和无形动产构成的整体(里摩日法院,1990年11月26日)。关于排除通行权的问题,参见最高法院第三民事庭1913年1月20日判决。商人享有的、据以占用不动产的物权,被排除在"可以转让或用于设立无形动产质权的营业资产"的构成要素之外(最高法院民事庭,1937年7月21日)。按照《民法典》的规定,为服务于不动产而在其上安置的材料,依其用途为不动产,亦被排除在营业资产构成要素之外(最高法院诉状审理庭,1913年1月27日);但是,如果所有权人将材料拆下并卖出,该材料不再视为不动产(埃克斯—普罗旺斯法院,1949年12月29日)。营业资产的经营(场地)在一幢建筑物里,经拍卖竞价而买受该建筑物的买受人并没有就这些营业资产的经营缔结任何特别义务,因此,营业资产的经营者不得仅仅因其被迫丧失经营场地使用权而追究建筑物买受人的责任(里摩日法院,1990年11月26日)。

4. 商品与设备:当一处营业资产的顾客群体差不多完全丧失,并且法院(对承租人)作出的"驱逐裁定"正待付诸执行从而终止租约权的情况下,设备可以构成该营业资产的唯一价值和真正的实质要素(最高法院商事庭,1949年8月2日)。鉴于所订立的合同的内在与外在因素,将专用车辆包括进救护车司机的营业资产之内,参见卡昂法院2002年3月28日判决。

5. 商号(商业名称):商号是营业资产的构成要素,只有营业资产消失,或者(权利人)抛弃权利,才能引起其个人对商号与招牌的权利消灭。离开其设立机构的原场所的商人仍然保有其营业资产的无形要素,仍可在其从事活动的新地址使用这些无形要素,以标示其从事的活动(巴黎法院,1996年7月3日)。营业资产的出卖人有义务交付组成该营业资产的所有有形要素与无形要素,其中包括招牌与商号,出卖人原已允许他的一名原雇员使用其营业资产的招牌但在该营业资产的买卖文书中重申其对组成营业资产的所有要素均享有自由处分权,这种做法违反前述交付义务(巴黎法院,2000年10月25日)。原则上,营业资产买受人及其之后相继的接替人均有权使用商号创始人经营其商店时使用的名称(巴黎法院,1949年11月7日);在营业资产的买卖文书没有作出规定的情况下,资产买受人使用商号名称的权利,不得"以对出卖人规定的竞业禁止的时间为限"(最高法院商事庭,1958年6月16日)。

6. 商标:在转让营业资产的同时转让经营商标的情况下,商标构成该营业资产的组成要素,并与其他要素一起承担营业资产转让时所适用的资产变动税的税负;工业产权在其依附的营业资产一部或全部转让时,亦同(最高法院商事庭,2007年1月23日)。由于此前的经营,被转让的商标有很好的名声而且有很高的知名度,因而有特定的顾客群体,在其转让时,应当交纳《税收总法典》第719条规定的资产变动税(同一判决)。

7. 公司名称:公司名称(dénomination sociale)有别于"商业名称"(nom commercial),后者用于指明企业或营业资产,不能与"经营该营业资产的法人"(的名称)混为一谈;因此当一家公司取得另一家公司的营业资产连同其招牌与商业名称时,不能认为其同时取得了该另一公司的名称(凡尔赛法院,2006年10月19日)。

8. (商业)招牌:由于转让营业资产时,在出卖的资产无形要素中包括了商业名称与招牌,因此某一具有相同性质的营业资产恢复营业时没有依据继续使用原商业名称与招牌,即使在其订立的"竞业禁止条款"规定的范围之外使用,亦同(奥尔良法院,2007年6月14日)。

9. 信息服务系统:由公司开发的信息服务系统不能视同营业资产本身(巴黎法院,2001年4月6日)。

10. 工业产权:关于将工业产权包括在营业资产(构成要素)内的问题,参见最高法院商事庭1950年1月18日判决。

11. 许可证(营业执照):酒馆经营许可证是营业资产的附属要素(最高法院诉状审理庭,1926年1月18日)。法院判决认为:经营许可证只有作为营业资产的经营必不可少的资产要素并且在此商业活动范围之外便没有用途的情况下,才能进行转让(里摩日法院,1993年5月24日)。有法院判决认定:营业资产的要素中唯一尚存的零售酒馆经营许可证的转让相当于营业资产的转让(最高法院商事庭,1998年10月20日)。零售酒馆经营许可证构成无形权利,可以按照有价证券的扣押条件对其实施扣押(最高法院通知,1999年2月8日)。零售酒馆经营许可证具有与营业资产相同的无形动产性质,前者也是后者的构成要素,不能经"简单的现实交付"而进行转让,因此,对于这类经营许可证,应当排除适用《民法典》第2279条有关"对于动产,占有即等于所有权证书"之推定(最高法院商事庭,2006年3月7日)。如果许可证是从事经营活动的必要条件,该许可证过期即引起营业资产消失,在此情况下进行的营业资产转让(可能)因欺诈而无效(最高法院商事庭,1970年5月11日)。

12. 会计文件(资料)排除在外,参见第L141-2条。

13. 在转让出版(社)营业资产的情况下,出版合同随之转移(参见1957年3月11日第57-298号法律第62条)。

14. 排除其他合同:在没有明文约定的情况下,营业资产的买卖并不当然引起出卖人因原先缔结的债务而产生的负债也转给买受人承担(最高法院第三民事庭,2005年1月13日)。一贯原则是,营业资产并不是(所有权人的)一项独立的概括财产,既不包括商人缔结的债务也不包括其债权,因此,(与此相关的)合同排除在营业资产的构成要素之外(巴黎法院,1991年6月19日);仅有法律承认的若干特定合同属于例外,这些合同包括劳动合同、保险合同、出版合同与租约,因此,应当由营业资产买卖双方当事人默示或者明示将这些合同规定在该资产的买卖合同当中,并且只有在这类合同的缔结"并非以人格信誉为基础"的情况下才能作出这样的默示或明示(同一判决)。在融资租赁合同的出租人方面没有同意承接该融资租赁合同的情况下,亦是如此,参见最高法院商事庭1994年3月8日判决。上诉法院作出判决,判处营业资产的买受人履行资产出卖人为经营该资产而与第三人缔结的债务,只要资产买受人与第三人之间没有就继续履行(争议所涉及的)合同达成任何合意,那么上诉法院的判决就违反了《民法典》第1134条与第1165条之规定(最高法院商事庭,1997年6月24日)。为了有效订立营业资产转让合同,买受人应当了解(出卖人订立的)批发经销合同的内容,只要出卖人采取欺诈性沉默的方式,没有向资产买受人披露其原先订立的批发经销合同具有相互依赖关系,该营业资产转让合同可以撤销(巴黎法院,1995年1

月10日)。

二、出卖人的优先权

1. 优先权的范围:营业资产的构成要素。在买卖合同以及优先权登记中没有就营业资产的构成要素作出明确表述的情况下,就无形要素而言,出卖人的优先权仅及于商号与招牌、租约权、顾客群体与招徕顾客群体的能力(巴黎法院,1923年11月2日)。

2. 优先权的条件:书面文书。出卖人可以根据"确认营业资产买卖合同的判决"进行优先权登记(马赛商事法院,1939年7月7日)。

第L141-6条　优先权登记,应在买卖文书订立之日起15日内进行,否则无效。此项登记(的效力)优先于在同一期限内因买受人的原因引起的其他任何(债权)登记;(2005年7月26日第2005-845号法律第165-2条)在买受人实行"司法保护程序"、司法重整或司法清算程序时,此项登记对于买受人的(其他)债权人及其遗产的限定继承人具有对抗效力。

《民法典》第1654条确立的解除诉权,为产生效力,应在上述登记中作出记载并予以明确保留。在优先权消灭之后,不得损害第三人利益行使这一解除诉权。如同优先权,仅限于对属于买卖范围内的各组成要素行使此项解除诉权。

司法解释:

一、优先权登记

1. 登记期限:优先权登记的期限自当事人一方或另一方在买卖文书上签字之日开始计算(巴黎法院,1974年4月25日)。计算期限的起始日不包括在期限之内(巴黎法院,1969年2月3日)。

2. 无效:出卖人在规定的期限内没有申请登记或者没有延展登记,即丧失其优先权,并随之引起其对于第三人丧失解除(营业资产买卖之)诉权(最高法院民事庭,1928年7月17日)。

二、解除诉权

(以)公示(为)条件:没有得到清偿的出卖人的解除诉权,以其符合规定进行了优先权登记为条件(最高法院商事庭,1977年10月3日)。但是,由于无担保债权人不是1855年3月23日法律(《民法典》第2379条)意义上的第三人,因此,只有买受人用营业资产为其设定无形动产质权的债权人或者善意的再买受人,才能主张"没有进行优先权登记"(之事由)(最高法院诉状审理庭,1942 年 5 月 7 日)。营业资产买卖的解除引起租赁经营合同的解除(马赛商事法院,1957 年 7 月 3 日)。

第 L141-7 条 在经法院判决或者自愿协商解除买卖的情况下,营业资产的出卖人有义务收回其卖出的该营业资产的全部组成要素,甚至有义务收回其不再享有优先权与解除诉权的那些要素。出卖人应对其重新占有营业资产时现存的商品与设备的价金逐一作账,但应减除因其对商品与设备各自的价金享有的优先权而尚未得到支付的款项。价金经自愿协商或者司法对席鉴定确定。仍然剩余的部分,继续用于担保对已经登记的债权人的债务;如果没有已经登记的担保债权人,这一部分剩余款项用于担保对普通债权人的债务。

司法解释:

1. 恢复占有:"收回"(营业资产)是指,出卖人收回作为买卖标的的营业资产的全部组成要素(最高法院商事庭,1952 年 5 月 14 日)。无形要素的收回按照合同规定的价格进行(最高法院商事庭,1978 年 6 月 20 日)。

2. 出卖人(在收回营业资产时)可以就每一项要素分别应当支付的价金与对其拖欠的款项进行抵销(巴黎法院,1975 年 6 月 27 日);但是,在营业资产贬值而受到损失的情况下(或者在其一度不能利用营业资产,已经肯定造成损失的情况下;或者在买受人管理不善,造成营业资产的无形要素贬值的情况下)出卖人可以获得解除合同的损害赔偿金,参见巴黎法院等判决。

3. 有必要考虑买受人在经营其应当返还的营业资产期间实现的利润(奥尔良法院,1925 年 5 月 13 日)。关于在解除合同引起营业资产消失的情况下赔偿出卖人受到的损失问题,参见最高法院商事庭 1998 年 6 月 30 日判决。

4. 转购人的权利:营业资产出卖人提起的解除之诉,可以使其收回构成买卖标的的所有资产要素,不论这些要素被转移至何人之手,也不论其在何地,即使是其已经受领价金因而其优先权已经消灭的那些要素,亦是如此(最高法院商事庭,1952 年 5 月 14 日)。对于取得单项资产要素的人,准许出卖人追还这些单项资产;对于无形要素,不适用《民法典》第 2276 条的规定;而对于有形要素,如果买受人为恶意,则可以追还(最高法院民事庭,1938 年 7 月 28 日)。

第 L141-8 条 营业资产的出卖人行使解除诉权时,应当按照在该营业资产上登记了权利的债权人在登记时选定的住所进行通知；只有自通知起经过1个月，法院才能作出判决。

第L141-9条 营业资产的出卖人，即使在买卖当时就已约定如买受人在约定期限内没有支付价金，买卖当然解除，或者在出卖人经买受人同意自愿解除买卖时，亦应当向在该营业资产上登记了担保权利的债权人登记时选定的住所通知合同规定的或经买受人同意的解除买卖。只有自此项通知起经过1个月，买卖的解除才能最终确定。

第L141-10条 如果应司法管理人（2005年7月26日第2005-845号法律第165-5条）"或司法代理人"申请，或者由法院应其他权利人的申请作出判决，通过公开竞价拍卖营业资产时，拍卖申请人应当按照营业资产的前出卖人在登记时选定的住所进行通知，同时应当声明，如果此前的出卖人在接到通知后1个月内没有提起解除原买卖之诉讼，即丧失针对此次拍卖中的买受人（竞价得标人）提起诉讼的权利。

第L141-11条 本《法典》第L624-11条至第L624-18条之规定，不适用于营业资产出卖人的优先权，也不适用于其享有的解除诉权。

第L141-12条 除执行第L141-21条和第L141-22条有关将营业资产用于向公司出资的规定之外，营业资产的任何买卖与转让，即使是按照其他条件或者采用其他合同形式进行，以及通过财产分割或拍卖而进行的营业资产的任何分配，（2005年7月26日第2005-845号法律第161-1条）"除适用第L642-5条的规定外"，均应由资产买受人负责以节录或通知的形式，在该营业资产的经营地所在市区或省内有资格登载法定公告的报纸上以及在《民商事法定公告正式简报》上进行公告。对于集市流动摊位营业资产，其经营地点是指出卖人在"商事及公司注册登记簿"上注册登记的地点。

第L141-13条 在按照前条规定进行节录或通知公示之前，载明营业资产权利变动的文书应当进行登记，或者，在没有此种文书的情况下，应对《税收总法典》第638条与第653条规定的税务申报单进行登记，否则，节录或通知的公示无效。公示的节录应当写明纳税申报的日期，在税务机关纳税登记的卷目，或者，在进行简易纳税申报的情况下，接收纳税申报的日期以及纳税收据的编号；在两种情况下，均应指明进行这项活动的税务征收处。此外，公示的节录还应写明资产的原所有人与新所有人的姓名、住所、营业资产本身的性质与所在地、约定的价格，其中包括各项费用或作为征收登记税基础的估价，同时应指明可以提出异议的确定期限以及在法院辖区内选定的住所。

司法解释：

一、买卖的公示范围与形式

1. 营业资产（本身的买卖）：除顾客群体之外，单独出卖营业资产的某项孤立的组成要素，无须进行公示（最高法院民事庭，1944年3月13日）。

2. 公司股份的转让：在不存在掩盖真实情况的条件下，仅仅是转让公司的大部分股份，不适用1909年3月17日法律的规定（本《法典》第L141-13条之规定）（最高法院商事庭，1982年3月1日）；即使公司股份集中到唯一的股东之手，亦同（最高法院商事庭，1971年1月4日）；与此相反，当转让公司股份掩盖着营业资产之买卖时，必须进行公示（巴黎法院，1963年11月4日）。

3. 赠与：关于（对营业资产）赠与手续的适用，参见1952年部颁条例。

4. 单独转让租约权：第L141-12条的规定不适用于租约的单独转让（最高法院商事庭，1982年12月6日）。

5. 营业资产被追夺时给予的补偿金：关于营业资产被追夺时给予的补偿金是否可以视同该资产的转让价金，因而是否适用第L141-12条之规定的问题，参见巴黎法院1998年4月24日判决。

二、公示的形式

1. 进行公示的人：虽然说，按照第L141-12条的规定，公示由营业资产的买受人负责进行，但也可以由营业资产的出卖人或者债权人或者破产财产管理人（syndic de faillte）进行（哈兹布克法院，1932年6月6日）。

2. 税务申报单的登记：没有进行税务申报单登记，或者在进行的公示中没有记载这项登记，公示无效，并且此种无效具有公共秩序性质（圣太田法院，1929年10月10日），但是，营业资产买卖本身仍然有效（沙隆法院，1935年12月6日）。

3. 公示：如果刊登的公告既没有写明营业资产买受人（或双方当事人）的姓名，也没有出卖人住所的准确地址，也没有写明其选定住所，此种公告不符合规定（巴黎法院，1925年12月6日）；在刊登的公告中既没有写明买卖双方当事人的姓名、买卖文书的日期，也没有指出可以提出异议的期间，亦同（马赛商事法院，1912年6月24日）；与此相反，刊登的公告仅仅是没有指出可以提出异议的期间，但写明了营业资产买卖双方当事人的姓名，资产所在位置，负责接收异议的人的姓名，在有人提出了异议的情况下，法院可以判决此种虽然不完整的公告仍然有效（马赛商事法院，1911年5月11日）。

三、后果

如果在规定的期限经过之后才进行公示，受到的唯一制裁是"仅自公示之日开始计算提出异议的期间"(奥尔良商事法院,1954年1月13日);如果在(营业资产的)"转让通知"(公告)中没有写明法律规定的10日期间,不得仅仅因为资产出卖人的债权人之一是在该期间经过之后才对价金的支付提出异议而宣告其不予受理(最高法院商事庭,1996年1月16日)。1909年3月17日法律规定的公示只是为了保护(营业资产出卖人的)债权人,防止其担保物(质押物)消失,因此,只要各方当事人就买卖标的和价金达成一致,营业资产的买卖本身即告完全成立(普瓦提耶法院,1929年7月9日)。没有进行第L141-12条所要求的公示,并不以"买卖无效"实行制裁,而仅仅是认定价金的支付对出卖该资产的原所有权人的债权人不具有对抗效力(最高法院商事庭,1908年6月30日);营业资产的买卖没有进行公示,并不构成买卖无效的原因,对其给予的唯一制裁是:如果没有履行公示手续买受人便向资产出卖人支付价金,那么他就不能对第三人解除义务(巴黎法院,1929年1月9日)。营业资产的出卖人承诺"由其自己处理可能提出的异议",仍然不能排除适用"具有公共秩序性质的"第L141-17条的规定(最高法院商事庭,1973年5月15日)。

第L141-14条 自(2003年1月3日第2003-7号法律)进行"第L141-12条"所指的最后一次公告起10日内,营业资产的前所有权人的任何债权人,不论其债权是否已经到期,均可通过向出卖人选定的住所寄送诉讼外的普通文书,对营业资产的价金支付提出异议。提出异议的文书应当写明所涉债权的数额及其产生的原因,并且写明提出异议的人在营业资产所在辖区内选定的住所,否则无效。不论有何相反条款规定,出租人均不得因当前租期或将要到期的租金而(就营业资产的买卖价金的支付)提出异议。不论是自愿协商还是经法院判决而进行的价金全部或一部转移,对于按照上述方式提出异议的债权人均不产生对抗效力。

司法解释:
一、提出异议的条件
(一)实质条件
1. 转让人的资格:就转让人的资格而言,在营业资产出卖人是地方行政部门或者地方公立机构时,不适用第L141-14条至第L141-20条之规定(部颁通知第12654号)。
2. 可以提出异议的债权人:营业资产出卖人的任何债权人均有(就价金

的支付)提出异议的权利,不论是无担保债权人还是优先权债权人均是如此,不过,原已进行担保登记、可以行使追及权的债权人并无必要提出此种异议(最高法院民事庭,1937年12月21日);但是,作为业务代理人的债权人,如其已同意营业资产买受人向出卖人支付价金,则不得再主张第L141-14条的规定(最高法院商事庭,1976年4月8日);唯有债权人可以提出异议,排除营业资产的买受人(巴黎法院,1935年6月8日)。

3. 债权:就行使异议权而言,(提出异议的人)援引的债权应当是"肯定的债权",而不能是"可能的债权"(最高法院商事庭,1974年1月21日);(提出异议的人)援引有争议的债权,不足以行使异议权(最高法院第二民事庭,1957年7月10日)。

4. 提出异议的期限:异议应在10日内提出,过此期限提出的异议不能产生任何效力(最高法院民事庭,1932年7月5日)。10日期限的起始日是第L141-12条所指的在《民商事法定公告正式简报》上进行公示之日(部颁通知,1980年2月4日)。

5. 撤销之诉(action paulienne,撤销诉权):关于在转让营业资产、欺诈侵害债权人权利的情况下按照《民法典》第1167条的规定行使撤销诉权的问题,参见最高法院商事庭1988年1月12日判决。

(二) 形式条件

非司法文书(acte extra-judiciaire,诉讼外文书):对营业资产买卖价金的支付提出异议,是(出卖人的债权人采取的)一种保全行为,按照第L141-14条的规定,只能采用诉讼外文书的形式提出(最高法院商事庭,2002年5月6日);所有的异议均应当用诉讼外文书提出,否则,以无效论处(巴黎法院,1957年11月5日);《民法典》第808条所指的异议(文书)不具有第L141-14条所要求的非司法文书的效果(最高法院民事庭,1932年7月5日)。采用挂号信的形式提出的异议不能产生任何效果,无须查明其是否造成损害(最高法院第二民事庭,1986年5月12日)。提出的异议应当写明债权的数额及其产生的原因(巴黎法院,1957年11月5日)。在公司进行清算,某一债权人并未提出异议的情况下,清算人依此而拒绝考虑该债权人的债权,不能免除承担责任(最高法院商事庭,1993年11月9日)。

二、异议的效果

1. (在异议期间)营业资产的买卖价金不得处分:营业资产的买受人,在法律给予(出卖人的)债权人行使异议权的期限尚未经过之前,如果将价金支付给资产出卖人,此种支付对出卖人的债权人不具有对抗效力(最高法院商事庭,1998年5月19日);提出异议的目的并不是要"剥夺营业资产的买卖价金并将其给予出卖人的债权人",而是实施保全行为,目的是要禁止价金的保管人放弃保管这笔资金,以使提出异议的债权人随后能够主张其权利(凡尔赛法院,1993年6月10日)。

2. 对诉讼时效的效果:对营业资产买卖价金的支付提出异议,仅仅是一种保全行为,不能等同于(实施)扣押,因此,不是《民法典》第2244条意义上的具有中断时效之效力的行为(文书),该条所作的列举为限制性列举(最高法院商事庭,1998年6月16日)。

3. 变更价金:在有债权人提出异议之后,买卖文书的双方当事人不能变更价金,损害债权人的利益(格勒诺贝尔法院,1910年1月28日)。

4. 追及权:债权人就营业资产的买卖价金(的支付)提出异议,延长了价金不得处分的期间,因此不仅不是默示放弃追及权,而恰恰是保留行使此种权利(凡尔赛法院,1993年6月10日)。

5. 不存在优先受偿权:在法定期限内就营业资产买卖价金的支付提出异议的债权人,不因第L141-5条及随后的各条规定而享有优先受偿的权利(最高法院民事庭,1935年6月3日)。

6. 归属扣押:提出异议的债权人不依1909年法律的规定而获得优先受偿之权利。提出异议,作为单纯的保全行为,其效力是使营业资产的买卖价金暂时不得处分,因此,债权人不能对其实施归属扣押(最高法院第二民事庭,2000年7月6日)。

第L141-15条 在对价金的支付提出了异议的情况下,出卖人在诉讼的任何阶段,均可在10日期限终结之前,向大审法院院长紧急申请批准其不管存在任何异议均受领价金,但以其向信托银行交纳由紧急审理法官确定数额的足够款项为(担保)条件,或者将此款项支付到专门委任的第三人之手,以保障引起支付异议的、出卖人(可能)承认或(可能)经法院判决认定其为债务人的债务得到清偿。紧急审理法官由此命令的、交付第三持有人手中的寄存款项,作为担保,专门用于优先清偿为之而提出上述异议的债权,并排除在此寄存款项上的任何其他优先权。自紧急审理裁定得到执行起,营业资产的买受人即解除其义务,提出的异议的效力也随之转移至第三持有人。

只有在牵连诉讼的买受人个人承担责任,以书面声明证明除已经提出异议的(出卖人的)债权人之外不再存在其他持有异议的债权人时,紧急审理法官才能批准营业资产出卖人提出的受领价金的请求。如果存在提出了异议的其他债权人,买受人在执行紧急审理裁定之后仍不能对在紧急审理裁定作出之前即提出了异议的其他债权人就价金解除责任。

第 L141-16 条　如果既没有证书也没有原因而对价金的支付提出异议,或者提出的异议因形式而无效,以及如果没有就本金提起诉讼,即使提出支付异议,出卖人仍可向大审法院院长提出紧急申请,以获得(其出卖的营业资产的)价金支付。

司法解释:
(提出)不符合规定的异议,本身并不构成一种过错,不能以此为理由(向提出异议的人)请求损害赔偿(最高法院第二民事庭,1977 年 2 月 10 日)。

第 L141-17 条　买受人向出卖人支付了价金,但没有按照规定的形式或者没有在 10 日期限内进行公示,不能解除其对第三人的义务。

司法解释:
1. 价金的对抗效力:按照 1909 年 3 月 17 日法律第 3 条第 8 款(本《法典》第 L141-17 条)的规定,对营业资产的买卖进行公示,是此种买卖对第三人产生对抗效力的条件,但此项公示不是买卖(本身)的条件,而是"价金支付"的条件(最高法院商事庭,2005 年 5 月 20 日)。
2. 支付之诉:上诉法院指出,营业资产的买受人在法律规定的(出卖人的债权人)可以就价金的支付提出异议的期间经过之前即已向出卖人支付了价金,并据此认定此种支付对出卖人的债权人不具有对抗效力,不论(债权人)在此期间是否提出了支付异议,均无影响。这一判决是正确的(最高法院商事庭,2005 年 5 月 24 日)。
3. 支付扣押(现在为"归属扣押"):如果(营业资产出卖人的)债权人在法定期间没有按照规定提出异议,仍然可以通过普通法的强制执行途径(就价金)实施支付扣押(最高法院民事庭,1932 年 7 月 5 日)。
4. 营业资产的买受人尚未等到"(债权人)可以提出异议的法定期间"经过就已经向出卖人支付了部分价金,属于有过错,应当承担责任,因此,对于作为银行客户的出卖人因透支而欠银行的无担保债权,买受人应负全额清偿责任(巴黎大审法院,2006 年 1 月 25 日)。

第 L141-18 条　如果出售或转让某项在法国领土上设有分店（分号）或机构的营业资产，第 L141-6 条至第 L141-17 条规定的登记与公示还应在这些分店或机构的所在地有资格登载法定公告的报纸上进行。

司法解释：

分店（分号）的概念：分店从事与主机构的活动相似的活动（最高法院商事庭，1951 年 11 月 6 日）；仅仅是使用共同的商业招牌，不足以表明分店的特征（卢昂民事法院，1948 年 11 月 30 日）；分号（分店）的领导层的负责人相对于主机构的所有权人应当有上下级从属关系（最高法院诉状审理庭，1934 年 1 月 29 日）；但是，分号（分店）的经理应当有资格以本机构的名义与第三人进行业务活动（贝藏松法院，1928 年 1 月 25 日）。

第 L141-19 条　在第 L141-12 条规定的《民商事法定公告正式简报》上进行公示起 20 日期间，营业资产买卖文书经公证的副本或一份正本应在出卖人选定的住所提交给任何提出支付异议或者已经登记担保的债权人就地查阅。

在第 L141-14 条确定的 10 日期限内进行了担保登记或者提出了价金支付异议的债权人，在第 1 款所指的相同期间内，均可在出卖人选定的住所取得向其转达的买卖文书与异议文书，并且，如果营业资产的买卖价金不足以清偿已登记和经提出支付异议而请求清偿债务的所有债权人的债务，最迟在第 L141-12 条规定的于《民商事法定公告正式简报》上进行公告起 10 日之内，可以按照第 L141-14 条至第 L141-16 条的规定，在不包括设备与商品在内的该营业资产的原价位之上提出加价 1/6 的再拍卖请求。

在营业资产经司法拍卖之后，或者在司法管理人（2005 年 7 月 26 日第 2005-845 号法律第 165-5 条）"或司法代理人"或该资产的共有人提出请求按照第 L143-6 条与第 L143-7 条（2005 年 7 月 26 日 2005-845 号法律第 161-11 条）"或第 L642-5 条"的规定变卖之后，不准许进行加价 1/6 的再次拍卖。

受委派主持拍卖的公务助理人员应当只准许其知道有支付能力的人或者已经向其或者向信托银行寄存了专用于支付价金的人参与拍卖竞价。参加竞价的人寄存的款项不得低于第一次拍卖时的总价金的一半，也不得低于第一次拍卖时约定用现款支付的价金之部分加上重新拍卖时提出的加价数额。

营业资产加价 1/6 再次拍卖，按照针对其提出加价拍卖要求的第一次拍卖相同的条件与期限进行。

加价拍卖之后,原买受人丧失(对营业资产的)占有;如果在其掌握营业资产期间已经向其提出的支付异议并未在加价拍卖的细则中作出记载,原买受人应负责在加价拍卖后8日内将提出的这些支付异议转交给加价拍卖中的买受人。提出的异议的效力转移至加价拍卖的价金。

译者概述:

"加价拍卖程序"是法国法律对不动产和营业资产的拍卖分别规定的特别程序,目的是对不动产与营业资产给予特别保护。1806年的《民事诉讼法典》强制规定不动产拍卖应当先后进行两次竞价:第一次为"预备性竞拍",第二次为"终局竞拍",前后两次竞价的时间应当相隔2个月。在第二次拍卖竞价时,如果有新的竞价人提出了更高应价,第一次拍卖中的"不确定买受人"即被排除。1841年6月2日法律取消了这一过于繁杂的程序。但是,现行的法国不动产拍卖制度仍然实行"加价拍卖程序",可以认为是过去制度的遗留。

所谓"加价拍卖"是指,为了使不动产卖出更好的价位,自(第一次)拍卖成交起10日之内,任何人都可以声明在此次拍卖成交价位的基础上提议至少加价1/10(拍卖费用不包括在内),要求对已经拍出的不动产重新进行一次拍卖。日常生活中,人们将这种加价拍卖程序简称为"十分之一程序"。加价拍卖程序与(一般的)"再次拍卖程序"有所不同:"加价提议"是在"竞价之上的竞价"(但一般动产拍卖不准许进行加价拍卖),而再次拍卖则是因买受人不支付拍卖价款或拍卖费用所引起的附带事件。

在不动产拍卖成交后的第一个工作日,便在法庭门口张贴一份由(拍卖庭的)书记员起草的通知,对"加价拍卖"进行公告:通知指明,任何有意向的人均可在10日内提出加价拍卖的声明。加价拍卖通知应当对实行加价拍卖的财产作出简介。

原则上,任何有资格参与竞买活动的人都可以提出"加价拍卖声明",特别是实施不动产扣押的债权人,因为第一次拍卖的价格如果很低,有可能使抵押债权人的担保债权无法获得尽可能多的清偿,而再次进行加价拍卖,所得款项(也许)会更多一些;但是,财产受到扣押的人本身,作为债务人,提出加价拍卖无效;不禁止当前持有作为拍卖标的的不动产的人(第三人)提出加价拍卖声明,以便保住已在其手中的不动产。任何人都不得采取任何手段,特别是私下达成默契,阻止或者故意策动加价拍卖。

加价拍卖声明由律师制作,应在 10 日期限内交存法院书记室。声明并不一定要指明"提议的加价价位的具体数额",只要求加价的数额高于第一拍卖成交价的 1/10 即可。这样一来,加价拍卖的起拍价必然高于第一次的起拍价,至少也应达到原成交价再加上 1/10。声明加价拍卖的人有义务提供经律师出具证明的银行担保或者交付一张支票。这种担保金的数额为本次起拍价的 1/10。

不动产加价拍卖的声明,应在其提出后 3 日内经司法执达员送达第一次拍卖中的买受人、实施扣押的债权人以及债务人。这项通知具有传唤状的效力,因此应当指明加价拍卖的开庭日期。如果涉及的是正在出租的地产,应当向土地承租人通知加价拍卖。

加价拍卖开庭的日期由执行法官确定。这一日期应确定在提出加价拍卖声明之后的 2 个月到 4 个月之间。加价拍卖开庭之前,有可能先进行一次预备性开庭,处理可能对加价拍卖提出的任何异议。第一次拍卖中的买受人,为了保住其取得的不动产,尤其可以对(他人提出的)加价拍卖提出异议。

因此,第一次拍卖中的买受人,只有在等待 10 日期限经过之后无人提出加价拍卖声明的情况下,才能真正成为其竞拍的财产所有权人。加价拍卖被看成是对已经进行的拍卖附加的一种"解除条件":只要有人提出加价拍卖声明,解除条件即告实现,第一次的竞价成交视为没有发生,财产受扣押人由此恢复对财产的权利,而且视其"无任何中断地保有所有权"。只要不动产的竞买尚未终局完成,财产受扣押人仍然可以继续受领不动产的孳息,承担与所有权相关的费用,有效订立与不动产有关的法律文书,而且,还可以利用这一间隙时间,清偿债务,避免加价拍卖,不过,这样做,也可能损害加价竞买人的利益。

加价拍卖中的买受人可能是新的竞买人。主动提出加价拍卖声明的人也会面临风险:如果没有其他任何人应价,该人则必须按照其提议的价位被宣告为新的买受人;如果第一次拍卖中的买受人在加价拍卖中再次竞买成功,其对财产的所有权不能追溯至第一次拍卖成交之日;但如其已经公告第一次拍卖的"成交判决",则无须再次公告加价拍卖的成交判决。如果第一次的买受人没有竞买成功,他在拍卖中取得的权利溯及既往地被解除,既不需要支付不动产的拍卖价款,也不需要交纳拍卖费用;如果他在等待加价拍卖的 10 日期间就已经同意对不动产设置物权,这些权利将一并被消灭。

营业资产的加价拍卖与不动产加价拍卖有相同点,也有不同点:营业资产加价拍卖的幅度为买卖价金中无形要素价位的1/6,而不是总价的1/10。营业资产经司法拍卖之后,或者在司法管理人或司法代理人或该资产的共有人提出请求按照第L143-6条与第L143-7条或第L642-5条的规定变卖之后,不准许再进行加价1/6的重新拍卖。

司法解释:
一、加价拍卖的条件是营业资产已经买卖但所得价金不足
(一) 营业资产的买卖
   1. 必须是已进行的营业资产的买卖:加价拍卖的条件是营业资产已经进行买卖,因此,在仅仅是将营业资产用于租赁经营的情况下,提出加价拍卖的申请不予受理(最高法院民事庭,1938年3月8日)。
   2. 税务登记或税务管理机关的先购权:在税务机关按照《税收总法典》第668条的规定(对营业资产)行使先购权的情况下,营业资产的债权人仍然保留提出异议以及提出加价拍卖的权利(里昂法院,1949年3月31日)。
   3. 排除在司法拍卖之后再进行加价拍卖:按照《商法典》第L143-6条的形式进行营业资产的公开拍卖能够(为资产的买卖)"提供公正的价位保障",不能在此基础上再开放加价拍卖途径,即使是应海关管理部门的申请命令进行的(司法)拍卖,亦是如此(巴黎法院,1948年7月12日);部分属于未成年人的共有营业资产的买卖(最高法院商事庭,1953年5月6日),或者是由民事法院院长应讼争物管理人提出的申请裁决进行的买卖(巴黎法院,1948年7月12日),亦同。

(二) 价金不足
   营业资产加价拍卖的另一条件是已经进行的买卖所得的价金不足:只要已经进行的买卖价金数额超过有权申请加价拍卖的债权总额,便没有理由再提出加价拍卖的申请,提出的申请应予驳回(格勒诺贝尔法院,1910年1月28日)。在确定营业资产的买卖价金数额时,应当考虑价金的全部组成部分(埃克斯—普罗旺斯法院,1913年1月22日)。
   在这里,应予计算的营业资产的价金应当是全部包括在内的总价金,既包括现金支付的部分,也包括定期支付的部分,尽管法律条文规定"在不包括设备与商品在内的该营业资产的本金基础上加价1/6"(提出加价拍卖声明)(埃克斯—普罗旺斯法院,1939年7月11日)。

(三) 提出加价拍卖的债权人
   哪些债权人可以提出加价拍卖的申请:关于可据以提出加价拍卖申请的

债权,仅考虑已经登记担保的债权以及在规定的期限内对营业资产的买卖提出了异议的债权人的债权;在资产出卖人实行集体程序的情况下,没有对营业资产的买卖提出异议,而仅仅是办理了债权申报手续,不能替代提出异议(最高法院商事庭,1955年12月5日)。已经与营业资产的出卖人离婚的前妻,作为扶养费的债权人,只要其债权已经成为"肯定的债权",即使尚未到期、不可追偿,仍然可以(就其前夫的营业资产的买卖)提出加价拍卖的申请(最高法院诉状审理庭,1927年5月24日)。

二、加价拍卖的程序

1. 期间:本条规定的20日期间不具有公共秩序性质,在出卖人与买受人一致同意的情况下,该期间可以延长(最高法院民事庭,1924年4月14日)。

2. 即使已经进行的(买卖)公示无效,在此情况下,提出加价拍卖的期间以及提出异议的期间仍然继续进行,并且债权人不可能对加价拍卖提出异议(雷恩法院,1950年1月3日)。

3. 加价拍卖的形式:关于提出加价拍卖的形式,尽管法律并未明确规定,仍可向出卖人选定的住所进行送达,只要为保护债权人的利益而发出的文书能够送达出卖人选定的住所(最高法院民事庭,1920年7月27日)。可以默示承认提出加价拍卖申请的人有支付能力(最高法院商事庭,1960年3月21日)。综合第L141-19条与第L143-14条第4款的规定,提出加价拍卖申请的人撤回申请时,应当得到所有债权人的同意,无论是提出异议的债权人还是已登记担保的债权人(最高法院商事庭,1961年12月6日)。

三、加价拍卖的结果

1. 原买受人(再次)成为竞价买受人的情况:在宣告原买受人再次竞价成功的情况下,自买卖实现之日,该人被视为营业资产的所有权人(马赛商事法院,1936年3月15日)。

2. 第三人成为竞价买受人的情况:法院判决认为,如果是(第一次)买卖中的买受人以外的第三人在加价拍卖中成为新的买受人,该第三人仅仅是在"附中止条件下"为所有权人,该第三人并不承担任何风险,因此,在营业资产完全灭失的情况下,他有依据请求解除加价拍卖的全部负担(巴黎法院,1923年11月29日)。(第一次)买卖中的买受人之外的第三人在加价拍卖中成为新的买受人时,该第三人的权利不是来自"权利已经被消灭的(第一次)买卖中的买受人,而是(直接)来自营业资产的(原)出卖人"(塞纳法院,1912年8月24日)。营业资产经过加价1/6的程序拍卖成交,引起第一次的买卖被解除(最高法院第二民事庭,1984 年 12 月 17 日)。在提出加价声明与最终竞价完成之间,加价拍卖人始终处于营业资产的管理之外,因此对此期间在该资产上产生的债务不负任何责任(蒙帕利耶法院,1933 年 6 月 10 日)。

第 L141-20 条 不论是否经过加价拍卖,在营业资产买卖价金最终确定之后,如各债权人之间就价金的分配达不成协议,营业资产的买受人有义务依据任何债权人发出的催告通知,在 15 日内将价金中可要求支付的部分予以提存,剩余的部分,随其到期随即提存,以便用于负担经其手接收到的所有支付异议以及就营业资产登记了担保权利的各项债权与向其通知的各项转让。

第 L141-21 条 除受本《法典》第 L236-2 条第 4 款以及第 L236-7 条至第 L236-22 条之规定调整的公司合并与分立引起的营业资产出资之外,用营业资产向正在设立中的公司或者已有的公司进行任何出资,均应按照第 L141-12 条至第 L141-18 条规定的条件,在有资格刊载法定公告的报纸上以及在《民商事法定公告正式简报》上刊登通知,以便告知第三人。

但是,如因适用有关公司文书公告的法律与条例的规定,上述条文规定的有关说明事项已经在应当进行公告的法定公告报纸上公示,那么,简单地提及这些公告即可。

在报纸上刊载的公告中涉及的相关住所,用出资人的债权人在申报其债权时向有管辖权的商事法院的书记室提出申请替代。

司法解释:
1. 用构成营业资产之主要部分的有形要素连同其他全部有价值的要素出资,受第 L141-21 条的规定调整,因此,要求履行与买卖营业资产相同的公示手续(亚眠法院,1976 年 5 月 13 日)。
2. 受益公司:所有有法人资格的商事公司,不论其法律形式如何,均受第 L141-21 条规定的手续的约束,尤其是股份有限公司(塞纳商事法院,1929 年 3 月 6 日);但是,在不转移所有权的情况下,不适用这项法律规定(最高法院商事庭,1973 年 5 月 15 日)。
3. 关于在公司合并情况下引起的用营业资产进行的出资排除适用法定公示手续的问题,参见巴黎法院 1930 年 6 月 26 日判决。

第 L141-22 条 自日期上最后进行的第 L141-12 条与第 L141-13 条所指的公告起 10 日内,用营业资产出资的股东的债权人,凡是没有登记担保的,均可向营业资产所在地的商事法院书记室申明其债权人资格,并申报其债权数额。商事法院书记员对此项申报应出具收据。

如公司的所有股东或者其中之一人在随后 15 日内没有提出撤销公司或撤销出资的请求,或者,如果法院没有作出此项宣告,公司和主债务人有义务连带清偿在上述期限内进行了申报并得到证明的债务。

在一公司用营业资产向另一公司出资的情况下,尤其是因合并或分立而进行此种出资时,如果应当适用第 L236-14 条、第 L236-20 条、第 L236-21 条或者第 L236-22 条的规定,则不适用前款规定。

司法解释:

一、申报债权

1. 债权人的资格:本条规定的诉讼只能由债权人提起(最高法院商事庭,1965 年 6 月 2 日);债权人无须向法院书记员提供其债权证明(巴黎法院,1926 年 2 月 27 日)。当债权得到法院判决承认时,该判决追溯至诉讼请求提出之日产生效力(塞纳商事法院,1929 年 3 月 6 日)。

2. 已登记担保的债权人:已经进行担保登记的债权人享有追及权,并保持其权利,无须进行债权申报(最高法院民事庭,1937 年 12 月 21 日)。

3. 申报债权的期限与手续:申报债权的期限为 10 日,自日期上最后进行的第 L141-12 条与第 L141-13 条所指的公示起计算(马赛商事法院,1925 年 11 月 27 日);债权人甚至可以在上述期限尚未开始之前即进行债权申报(最高法院商事庭,1968 年 12 月 28 日);申报债权时,不要求说明债权产生的原因(最高法院商事庭,1958 年 10 月 14 日)。

4. 没有申报债权:如果没有进行债权申报或者已进行的申报无效,债权人即丧失对接受营业资产出资的公司的权利(塞纳法院,1931 年 5 月 8 日)。

二、公司股东提起的"出资无效之诉"

享有此种诉权的人:此项无效之诉的诉权不属于(用营业资产出资的)出资人本人,出资人本人不能主张因自己的行为产生的无效事由(塞纳法院,1937 年 4 月 19 日)。应在 15 日期限内提起诉讼,期间的起始点为申报债权的期限终止后的第 2 天(马赛商事法院,1925 年 11 月 27 日)。法院并非一定要宣告营业资产出资无效,特别是在债权人已经获得清偿或者可以获得清偿的情况下,法院可以驳回公司股东提起的无效之诉(塞纳法院,1937 年 4 月

19日)。

三、公司的连带义务

法律性质:公司仅负有"作为出资人债务的连带保证人"的义务(图卢兹法院,1927年3月25日)。关于在出资人破产的情况下对公司的求偿权,参见塞纳商事法院1911年4月4日判决。用营业资产向公司出资,即使明文约定同时向公司转移由资产的经营人缔结的债务,仍然不产生"对转让人解除这些债务"之效力(最高法院商事庭,1998年11月27日)。

第三节 用工人数不到50人的企业里,在转让营业资产的情况下,为薪金雇员设置的提出要约的期限

第L141-23条 在没有义务按照《劳动法典》第L2322-1条之规定设置企业委员会的企业里,营业资产的所有权人转让营业资产时,最迟应在转让之前2个月向薪金雇员进行告知,以便本企业的1名或数名薪金雇员提出取得该营业资产的要约。

在营业资产的所有权人不具体负责经营业务的情况下,转让营业资产之事由向负责资产经营的管理人进行通知;上述2个月期限自这项通知之日起开始计算;负责营业资产经营的管理人立即将转让营业资产事由通知薪金雇员,并告知他们可以向转让人提出取得营业资产的要约。

在营业资产是由其所有权人本人进行经营时,所有权人直接向薪金雇员通知其有转让营业资产的意图,并告知他们可以提出购买要约。上述2个月期限自此项通知之日起计算。

只要每一个薪金雇员均已向转让人告知了自己的决定但并未提出购买要约,在上述2个月期限经过之后,转让人即可进行营业资产的转让。

违反以上4款之规定进行的营业资产转让,应任何薪金雇员的请求,可以撤销。

撤销之诉的时效期间为2个月,自转让营业资产的通知之日起计算。

第L141-24条 薪金雇员(在打算提出购买要约的情况下)可以提出请求,聘请与"地区社会协作互助经济行会"有联系的、有地域管辖权限的地区工商会、地区农业商会、地区手工业职业商会的1名代表提供协助,或者可以由其本人按照法令确定的条件指定的任何人提供协助。

第L141-25条 可以通过法规规定的任何方式向薪金雇员进行上述告

知,但所采取的方式应当能够用以确定薪金雇员得到上述告知的具体日期。

薪金雇员对于其按照本条之规定接收的信息,有义务按照《劳动法典》第L2325-5条对企业委员会的成员所规定的相同条件,保证不任意扩散与此有关的内容,但对于为了能够向转让人提出购买要约而有必要聘请其提供协助的人除外。

第 L141-26 条　最迟应在第 L141-23 条规定的期限经过之后 2 年内进行营业资产的转让;过此期限才进行转让的,仍然按照第 L141-23 条至第 L141-26 条之规定处理。

第二章　营业资产的设质

译者概述:

可以用营业资产设定无形动产质权(nantissement)。这种物的担保不需要转移占有,因此不影响企业的正常经营活动,但它本身并不十分有效,因为,设质人经营困难之日,正是债权人最需保障之时,然而此时的营业资产的价值可能很低。

营业资产质押与不动产抵押有某些共同点。质押合同应采用私署文书或公证文书形式,并在15日内到商事法院登记公示,否则无效。设质人应是质押的营业资产的所有权人,用他人的营业资产设质无效;租赁经营人无权用其承租的营业资产设质;共有人可以用属于自己的份额设质,甚至用整个营业资产设质,但质权人的权利需待资产分割结果而定。

如同出卖人的优先权规则,质押合同可以列举质权标的涉及的是哪些财产要素;如果没有明确列举,质权标的物仅包括招牌、商业名称、租约权、顾客群体,但是,任何情况下均应包括顾客群体。如果同时用(营业资产的)多处分店设质,应当写明各分店的地址。仅仅用某一单项动产设质,不能成立营业资产质押。商品是待出卖的财产,不能作为质权标的。

质权人对营业资产的转让价金享有优先受偿权,受偿顺位按照质权登记顺序确定。与"转移占有的有体动产质权"不同,营业资产质押,不能赋予质权人将质押物归属自己的权利;与不动产抵押权相同,不论负担质权的营业资产转至何人之手,质权人均享有追及权。同样,法律准许转购人进行清偿、清除质权,保住其转购的资产。经营者可以更换营业地点,但应在法定报纸上刊登迁址启事,变更工商登记,并且提前15日通知已进行担保登记的债权人,这些债权人可要求债务人立即清偿债务,否则,应重新进行质权登记。

第 L142-1 条 营业资产可用于设立无形动产质权(nantissement),除本章和以下第三章规定的手续之外,无须其他条件与手续。
用营业资产设立无形动产质权,并不赋予质权债权人(质权人)将用于设质的资产在其债权数额的限度内归属于自己的权利。

司法解释:

1.(用营业资产设质时)质权的性质:为第三人的债务提供担保,用营业资产设立无形动产质权,是一种"物的担保"(sureté réelle),不产生"由营业资产所有权人负担清偿该债务的个人义务"的效果(最高法院商事庭,2003年9月24日)。用营业资产设立无形动产质权,仅仅是一种担保,而不是一种清偿借贷的方式(最高法院第一民事庭,2006年5月10日)。

2.(用于设质的)营业资产:行政特许经营(权)不构成营业资产,不能用作无形动产质权的标的(物)(最高法院诉状审理庭,1943年6月22日)。以前,法院判决曾认定:正在形成中的营业资产不能用于设立无形动产质权(布尔日法院,1901年1月29日);公司尚未注册时,不能用营业资产设立无形动产质权,营业资产需要通过(将来)对其资产要素的经营(活动)而(逐步)形成(最高法院第一民事庭,1989年7月5日)。不能用营业资产的某些孤立的组成要素设置第 L142-1 条所指的无形动产质权①(最高法院民事庭,1918年6月17日);第 L142-1 条所指的无形动产质权由该营业资产的全部要素不可分割地承受与负担,这些要素构成该无形动产质权的基础,因此,这种质权的设立并不能赋予登记担保权利的债权人就营业资产中的某个孤立要素(例如,用于从事营业活动的车辆)享有优先受偿权(最高法院商事庭,2006年12月19日)。

3. 设质人对其用于设质的营业资产应当享有所有权:用营业资产设立无形动产质权时,设质人应当是该营业资产的所有权人(马赛商事法院,1923年5月31日)。设质人(起初是)用他人的营业资产设质,但在任何无效之诉尚未提出之前,已经成为该资产的所有权人时,此种情形,不再追究设质(行

---

① 营业资产是一个不可分割的整体,如果仅仅用其中的某项动产设质,只能是"有体动产质权"——"le gage"。——译者注

为)无效(最高法院商事庭,2002年11月5日)。用属于他人的营业资产设立无形动产质权,属于绝对无效(而不仅仅是相对无效)(卢昂法院,1924年5月3日);因此,债务人将其营业资产转让他人之后,不能再用该营业资产有效设立无形动产质权(最高法院商事庭,1974年7月8日);与此相反,在对营业资产强制拍卖之前就已经用其设立的无形动产质权有效(塞纳商事法院,1958年2月17日)。债权人仅针对营业资产的共有人之一登记无形动产质权,由此带来的后果是降低质权的效力,因此,可能因行使代位权而转移的权利的价值也将减少,即使在实行集体程序时概括财产发生混同的情况下,亦是如此(最高法院第一民事庭,2000年4月26日)。一项营业资产的共有人可以用属于自己的份额设质,甚至可以用整个营业资产设质;与此相反,质权(债权)人的权利将有赖于资产分割的结果而定(巴黎法院,1999年10月22日)。营业资产的(外聘的)"自由经理"用其负责管理的营业资产设立无形动产质权,此种设质无效(巴黎法院,1929年6月24日)。获得单方买卖预约的"可能的购买人"不得用(其尚未最终取得的)营业资产设立无形动产质权(塞纳商事法院,1928年8月16日)。

4. 受担保的债权:用营业资产设质,可用于担保将来的债权或者担保附条件的或可能的债权(最高法院民事庭,1903年6月24日);与此相反,债权本身的无效原因、消灭原因或者解除原因,均引起(无形动产)质权无效(里昂法院,1909年12月1日)。

5. 不产生归属权(droit d'attribution):按照第L142-1条的规定,用营业资产设立无形动产质权,并不赋予质权债权人将该资产归属于自己、用于清偿其债权的权利(禁止流质权)(最高法院商事庭,1998年10月13日)。

第L142-2条 仅有作为营业资产之组成部分的下列各项要素才可能被包括在受本章规定调整的无形动产质权之内:商号,招牌与商业名称,租约权,顾客群体与招徕顾客的能力,用于资产经营活动的商业动产,设备或工具,发明专利、许可证、商标、实用新型,总而言之,与营业资产相关联的知识产权。

用营业资产设立的无形动产质权中包含专利证书时,此后追加的质押物的证书随该专利的命运而定,并且构成原设立的担保的一部分。

营业资产设质文书没有明文具体指定的情况下,由此设立的无形动产质权仅包括商号、招牌与商业名称、租约权、顾客群体与招徕顾客的能力。

如同时用营业资产及其分号、分店设立无形动产质权,应当在文书中具体指明用于设质的是哪些分店,并写明它们所在的地址。

司法解释:
一、此种质权的必要要素
1. 没有明文指定的情况:本条第1款列举的有形要素或无形要素,除第L142-2条第3款所指情况外,只有在设质文书中明文具体指定的情况下,并因此是作为营业资产主要的根本要素的附属要素时,才能被包含在同一项无形动产质权之内(最高法院商事庭,1918年6月17日)。

2. 租约权:对某项营业资产持有无形动产质权的债权人,对该资产的经营所签订的场所租约被解除时所得的赔偿金(补偿金),并不享有优先受偿权与追及权(最高法院第三民事庭,2005年4月6日);在出租人没有欺诈行为,也没有明确的立法条文规定在支付补偿金的情况下保护已登记担保权利的债权人时,这些债权人不能对经营场所租约被解除的承租人所得到的补偿金主张权利(巴黎法院,1997年10月10日);照此意义,在租约不再延展的情况下给予营业资产所有权人的补偿金,应当包括在租约权之内(卢昂法院,1935年7月25日)。经营场所属于商人自己所有,用在该场所内经营的营业资产设立的无形动产质权中不包括租约权;营业资产没有经营场地的情况,亦同(马赛商事法院,1929年6月13日)。

3. 顾客群体:用营业资产的次要要素设质,特别是用第1款所指的有形要素设质,并且是从其个体的角度来考虑时,所设立的质权(nantissement),并不是1909年法律(本《法典》第L142-1条)意义上的营业资产的质押,而是一种普通的(有形)动产质押合同(contrat de gage)①(最高法院民事庭,1918年6月17日)。

4. 经营许可证:除第3款列举的各项要素之外,即使设质文书没有任何明确规定,零售酒馆的经营许可证应包括在用营业资产设置的无形动产质权之内(巴黎法院,1996年4月28日)。

二、任意性要素
1. 第L142-2条第1款所作的列举为限制性列举(巴黎法院,1936年5月25日)。
2. 对于第L142-2条第3款具体指明的要素之外的其他要素,必须在设

---

① 也就是说,当质押物中不包括"顾客群体"这一营业资产的主要要素时,由此设立的质押不构成用营业资产设质。参见第L142-1条司法解释第2点。——译者注

质文书以及设质财产的清单中有明确具体的专门规定(才能包括在用营业资产设置的无形动产质权范围之内)(南特商事法院,1921年6月2日);但是,不要求一定要对其中的设备进行全面的明细盘点(奥尔良法院,1919年12月5日)。1851年1月8日法律关于设备的特别质权的规定不适用于用营业资产设立的无形动产质权(1999年11月23日)。表见的设备:债权人接受用营业资产中的设备作为对其债权的担保,但并不知道这些设备中包括第三人出租给商人(债务人)的物品时,该质权(债权)人可以对这些物品的承租人行使优先权(最高法院诉状审理庭,1912年10月14日)。

三、被排除在(无形动产)质权之外的要素

1. "依其性质为不动产"的财产,以及不动产物权,均排除在(用营业资产设立的)无形动产质权之外,因此,营业资产经营场所所在的不动产的所有权人不能将"永久附属于不动产、依其用途为不动产"的动产或物资纳入(营业资产的)质押合同(最高法院诉状审理庭,1937年7月28日)。

2. 个人物品:属于商人个人动产的绘画作品、艺术品,即使被安置在(营业资产的)经营场所内,仍然不构成无形动产质权的标的物(南锡法院,1936年12月4日)。

3. 商品不能作为用营业资产设立的无形动产质权的标的,尽管有时它很难与(营业资产内的其他)物资、设备区分开来(第L142-2条第1款列举的要素中不包括商品)。

四、用于设质的要素的变更

1. 租约的延展:用营业资产设质,凡是涉及租约权的,在原租约到期时,均扩张至延展之后的租约(巴黎法院,1924年6月19日)。

2. 租约权:营业资产的所有权人(即商业场所的承租人)因"被排除延展租约的权利"而获得的赔偿金(补偿金)替代此项租约延展权,因此质权(债权)人应当(能够)就该补偿金行使优先权(卢昂法院,1935年7月25日)。

3. 损害赔偿金:在用于设质的营业资产的某一要素被征收的情况下,质权(债权)人的优先权扩张至替代被征收物的补偿金(马赛商事法院,1935年11月8日),或者扩张至对(设质人因)丧失营业资产所受到的损害而给予的赔偿金(塞纳商事法院,1940年3月14日)。

第L142-3条 用营业资产设立无形动产质权的设质合同应采用公证文书或私署文书的形式,以兹确认,并按照规定进行登记。

由质押合同产生的优先权,唯一以其在营业资产经营地所属辖区的商事法院书记室掌管的公立登记簿上进行登记之事实而成立。

用营业资产设立的无形动产质权中包含该资产的分店时,应当在每一个有关分店所属辖区的商事法院书记室履行相同手续。

第 L142-4 条　应在质押文书之日期后 15 日内办理前述登记手续,否则,设立无形动产质权无效。

在实行司法重整或司法清算程序的情况下,本《法典》第 L.632-1 条至第 L.632-4 条之规定适用于以营业资产设置的无形动产质权。

第 L142-5 条　诸质权人(créanciers gagistes,质权债权人)相互之间的受偿顺位按照他们各自登记质权的日期确定;同一日登记质权的诸债权人竞合受偿。

第三章　营业资产的买卖与质押的共同规定

第一节　质押物的变现以及债权担保登记的清除

第 L143-1 条　在迁移营业资产的情况下,如该资产的所有权人没有提前 15 日向已经登记担保权利的诸债权人告知其打算迁移该资产并告知新的地址,已登记担保的所有债权当然成为已到期的可追偿债权。

自向债权人进行通知起 15 日内,或者自债权人知道营业资产迁移地址之日起 15 日内,出卖人或者质权人应请求在其已登记的担保的备注栏内写明该营业资产的新地址;如果营业资产的地址迁移至另一法院的辖区,债权人应请求将其原先进行的担保登记转录于后一商事法院登记簿并指明营业资产的新地址。

未经出卖人或债权人同意迁移营业资产的地址,如因迁址而引起资产价值下降,出卖人或债权人的所有债权即成为已到期的可追偿债权。

登记用营业资产设置的无形动产质权,也可使此前因该营业资产的经营原因而产生的各项债权成为已到期的可追偿债权。

根据前 2 款的规定向商事法院提出的确认债权到期的请求,受本《法典》第 L143-4 条第 4 款规定的程序规则约束。

司法解释:

1. (用营业资产设质之后)债务人的权利:债务人保有迁移其营业资产

的权利(最高法院诉状审理庭,1938年4月29日)。

2. "迁移"的概念:迁移营业资产,原则上不会引起该资产消失,但如果考虑到营业资产本身的性质以及在其内从事的活动,所处(地段)位置是营业资产的生存条件时,此种情况除外(最高法院商事庭,1998年10月6日)。除了将该资产向注册住所在另一地点的公司出资之外,如果仍然在原地点从事经营活动,不构成迁移营业资产(马赛商事法院,1931年11月16日)。同样,当营业资产仍然在相同的地点,只有其中部分设备迁移另地的情况,也不适用第L143-1条的规定(不属于迁移营业资产)(里昂商事法院,1903年3月6日)。关于营业资产在"独立商人同名商店"内转移经营场地的情况,参见第L125-7条的规定:"营业资产负担优先权或本卷第四编第一章至第三章所指的无形动产质权时,该营业资产的所有权人在加盟同名商店或者将其营业资产迁进同名商店之前,应当履行第L141-21条与第L141-22条规定的公示手续。"

3. 通知:营业资产的所有权人至少应提前15日告知其打算迁移该资产,迟延通知,不能产生(通知的)效力(巴黎法院,1932年1月7日)。法院判决认为,仅仅是在"商事及公司注册登记簿"上作出记载,不能产生相当于第L143-1条所指的通知的效力(巴黎法院,1930年11月15日);但是,判决也认为,如果债权人本人知道营业资产迁移事由,则相当于对其进行了通知,并产生与通知相同的效力(蒙帕利耶法院,1932年11月30日)。债权人虽然得到公司变更地址的通知,但是,只要作为营业资产所有权人的公司的注册住所的(此次)迁移并不必然引起该营业资产迁移,就不能因债权人得到有关"公司变更地址"的上述通知而推断其知道营业资产也已迁移地点(最高法院商事庭,2002年1月29日)。

4. 第L143-1条规定的债权的可追偿性应当由法院作出宣告,但它属于当然事由,法官没有任何裁量(评判)权(塞纳商事法院,1922年10月27日)。

5. 债权人没有就其质权办理正规手续的情况:由于营业资产的所有权人没有进行通知,债权人没有就其质权办理正规手续的,前者不得主张此事由(巴黎法院,1969年4月1日);对营业资产享有无形动产质权的人,由于不知道负担质权的营业资产已经迁移地点,因而没有变更质权登记,此种情况下,不能以其丧失优先权给以制裁(最高法院商事庭,1998年10月6日)。

6. 期限经过:"自向债权人进行通知起15日内,或者自债权人知道营业资产迁移地址之日起15日内,出卖人或质权人应当请求在其已登记的担保的备注栏内写明该营业资产的新地址",但是,(尽管)15日期限已过(没有进行变更登记),这并不意味着债权人同意营业资产的迁移,债权人仍可提起诉讼(巴黎法院,1932年1月7日)。

第L143-2条 如果营业资产负有已登记的无形动产质权,其经营场地所在的建筑物的所有权人向法院起诉解除建筑物场地的租约时,应当按照此前进行质权登记的债权人在登记时选定的住所通知其提出的诉讼请求。只有在进行这项通知之后经过1个月,法院才能作出判决。

当事人自愿协商解除建筑物租约的,只有在按照选定的住所向已经登记的债权人进行上述通知之后经过1个月,租约的解除才能最终确定。

司法解释:
一、解除租约

1. 受保护的租约:第L143-2条指的是作为营业资产经营场所的不动产(建筑物)的租约,至于是书面租约还是口头承租,有确定期限还是无确定期限,在所不问(巴黎法院,1927年1月4日);也不论是原始的租约还是自愿协商延展或法院判决延展的租约(同一判决)。即使承租人不是最初的承租人而仅仅是租约的受让人,如果在其租约转让时没有通知出租人,解除租约前也应进行本条规定的通知(最高法院第三民事庭,1993年12月8日)。

2. 解除租约的概念:租约中订有解除条款,在其产生效力时租约当然解除。这种情况与法院判决解除租约或当事人自愿协商解除相类似(最高法院民事庭,1932年1月23日);因此,(出租人)请求法院确认承租人在实行集体程序之前租约中订立的解除条款即已成就,此项请求适用第L143-2条的规定(最高法院第三民事庭,1997年1月22日)。当承租人在接到(出租人发出的)"提及租约中有关解除条款的"支付催告令之后,主动向紧急审理法官提出"给予宽限期的请求"时,对此,承租人并无任何义务向已经登记的债权人通知这一程序,因为该程序并不是以"确认解除条款已经成就"为目的的,所以,在出租人收到传唤状之后,如果打算提出解除租约之反诉,则应当由其向已登记担保的债权人通知其(将向法庭提出的)(陈述)"准备书状",或者向这些债权人通知法庭作出的判决(巴黎法院,2007年6月22日);(出租人)请求向已登记担保的债权人通知其提出的"请求法院确认租约中订立的解除条款已经成就"的传唤状,目的仅仅是告知这些债权人为保护他们的质押物,可以有1个月期限决定替代债务人(承租人)清偿债务,出租人进行此项通知并不给其带来"向这些债权人送达法院作出的紧急审理裁定"之义务(最高法院第三民事庭,1998年3月4日)。没有按照规定向此前已经登记担保的债权人进行通知而导致"租约被解除"及其全部程序,对这些债权人均不具有对抗效力(图卢兹法院,1998年9月28日)。

按照1909年法律的规定,租约的当然解除应当视同当事人自愿协商解除(或者法院判决解除),因此,只要出租人向已经登记担保的债权人送达了法院作出的"中止解除条款之效力"的裁定,解除程序即对这些债权人产生对抗效力(最高法院第三民事庭,1998年3月4日)。出租人打算向法院提出"因租约中订立的解除条款已经成就而请求解除该租约"时,应当向在此日期已经登记担保的所有债权人通知其提出的(这项诉讼)请求(最高法院第三民事庭,2006年3月22日)。出租人(只是向承租人)发出了"提及租约中有关解除条款的"支付催告令,不能构成向法院提出的(解除租约的)诉讼请求(最高法院第三民事庭,2007年10月3日)。

二、通知的方式

1. 出租人的主动:解除租约的通知应当是出自出租人(条文说的是"建筑物的所有权人",即出租人),才能对抗已经登记担保权利的债权人(最高法院商事庭,1992年3月3日)。

2. 形式:第L143-2条所指的通知只有写明要求写明的全部事项,使债权人能够评判其是否有利益替代债务人清偿债务时,这项通知才算符合规定(巴黎法院,2004年1月21日)。在(租约中订有)解除条款的情况下,应当向债权人通知:(出租人向法院提出的)旨在确认租约解除的传唤状以及(法院作出的)确认解除租约的判决(最高法院第三民事庭,1990年6月27日)。出租人在有资格刊载法定公告的报纸上刊登有关解除租约的公告,可以替代第L143-2条规定的通知(最高法院诉状审理庭,1939年4月25日);即使在解除租约时应向承租人支付补偿金,亦同(都埃法院,1928年5月3日)。只要出租人向已经登记担保的债权人发出的信件中包含非常清楚的信息,能够让债权人及时作出决定,那么,出租人在信件中向债权人说明其目前正在进行谈判,以便在租约解除之后将场所重新出租,并且已经与各方面进行接触,这一信件可以构成足够的证据,因此,具有相当于第L143-2条意义上的通知的效力(最高法院商事庭,2001年1月16日);与此相反,尽管某一债权人在其提出的第三人异议中表明他此前就默示知道债务人未履行租约之事实,但这一情节仍不能取代出租人向债权人进行解除租约的通知(最高法院第三民事庭,1986年6月4日)。此外,向承租人(债务人)发出催告,通知其必须停止违反租约的行为,也不足以取代应当进行的上述通知(最高法院商事庭,1961年11月6日)。

3. 期限:只要出租人没有履行其对已经登记担保的债权人的(通知)义务,当然引起已经发生的(租约)解除不能产生对抗效力(最高法院第三民事庭,2006年7月12日)。某一债权人参加在法院进行的解除租约的诉讼,即可免除出租人(所有权人)向其进行通知之义务,并开始计算(法律条文规定的)1个月的期间(最高法院商事庭,1967年6月20日)。

三、债权人的权利与义务

(一) 符合规定的通知

1. 如果是以承租人没有缴纳租金为理由提出解除租约,接到解除租约通知后,已登记担保的债权人可以替代债务人(承租人)履行因租约而产生的此种债务,以阻止租约被解除(最高法院民事庭,1933年1月23日);由承租人的享有质权的债权人提出的清偿提议,在出租人向承租人发出解除租约的传唤状后经过1个月才送达出租人,期限经过之后才送达的此种清偿提议不能产生效果,因此,应当宣告解除租约(都埃法院,1994年11月17日);已登记担保的债权人可以请求延展租约(卢昂法院,1935年7月25日);但是,已登记担保的债权人在强制拍卖营业资产的当月之内不能阻止租约被解除(巴黎法院,1930年12月2日);同样,已登记担保的债权人对于解除租约而给予的补偿金不享有任何优先受偿权或追及权(最高法院第三民事庭,2005年4月6日)。

2. 已登记担保的债权人可以参加司法解除租约的诉讼,对出租人的诉讼请求提出异议,在上诉审亦可参加此种诉讼(埃克斯—普罗旺斯法院,1922年11月22日)。

3. 向保证人进行通知:已登记担保的债权人即使没有向保证人通知出租人打算解除营业资产的经营场所所在建筑物的租约,也没有任何过错(最高法院商事庭,2004年12月7日)。

(二) 没有进行通知

1. 租约的解除对已登记担保的债权人没有对抗效力:如果没有进行通知,租约的解除不能对抗已登记担保的债权人,并且不能用事后进行的补救性通知来替代符合规定的通知(最高法院商事庭,1970年5月25日);如果没有向已登记担保的债权人进行(有关解除租约的)通知,在其对解除租约提出异议时,即使上诉法院确认了(一审法院)宣告解除租约的判决,对于所有的当事人而言,这一判决仍然可以撤回(rétractation)(最高法院第三民事庭，1976年12月15日）；不过，应当是在解除租约之前即已进行担保登记（最高法院商事庭，1967年6月20日）；第L143-2条是仅为了债权人的利益作出的规定，用以保护他们所享有的质权担保，但这一规定并不具有公共秩序性质，因此，如果没有履行该条规定的手续，所受到的制裁仅仅是所作决定对没有得到通知的债权人不能产生对抗效力，而没有其他制裁（巴黎法院，1998年10月14日）。第L143-2条的规定目的是要告知已经登记担保的债权人有1个月期限替代债务人，以便他们保持其享有的质权担保，但这一条文并没有因此而赋予这些债权人作为解除租约诉讼之当事人的资格，因此，没有按照规定向他们进行（有关解除租约的）通知，所产生的效果仅仅是，租约的解除以及所实施的程序对他们不能产生对抗效力且不为他们开放向上诉法院提起上诉的权利（巴黎法院，2007年11月23日）。唯有进行了质权担保登记的债权人可以主张"没有通知"（解除租约）之事由，无担保债权人不能为此主张（最高法院诉状审理庭，1933年11月14日）。由于只有已进行担保登记的债权人才能主张第L143-2条的规定，因此，（当出租人）没有遵守这一规定时，并不构成其对承租人的过错（最高法院商事庭，2007年10月16日）。承租人不能主张"没有通知"（解除租约）之事由（最高法院第三民事庭，1973年5月22日）。在没有进行通知的情况下，租约的解除对已经进行担保登记的债权人不能产生对抗效力，并且，不能通过"补发通知"来取代"没有进行通知"（最高法院商事庭，1970年5月25日）。债权人的担保登记应是在租约解除之前进行的登记（最高法院商事庭，1967年6月20日）。（如果没有通知解除租约）已进行登记的债权人可以诉请强制变卖营业资产，其中包括租约权，因为租约的解除对这些债权人不具有对抗效力（最高法院诉状审理庭，1930年12月3日）。持有用营业资产设立的、按照规定进行了公示的无形动产质权的债权人，通过援引（出租人）没有遵守第L143-2条规定的手续而享有反对解除租约的特有权利，可以替代没有履行义务的债务人，以避免其享有的担保丧失价值（最高法院商事庭，2004年5月19日）。但是，此种无形动产质权并不赋予债权人任何留置权（流质权），在因其他债权人提出申请强制变卖营业资产的情况下，该债权人的优先受偿权只能按照其所占顺位，转移至变卖资产所得的款项之上，因此其债权不能优先于国库受偿（最高法院商事庭，1972年4月13日）。法官如果认定出租人的过错与债权人受到的损失之间存在因果关系，可以判处出租人偿付已进行担保登记的债权人对营业资产所享有的债权中尚未得到清偿的款项（最高法院商事庭，1969年11月13日）。债权人如果证明其受到损失，可请求并获准法院判处出租人给予损害赔偿(最高法院商事庭,1935年7月3日)。被判处给付损害赔偿的出租人对疏漏进行第L143-2条所指通知的公务助理人员享有求偿权(最高法院诉状审理庭,1935年7月3日)。

2. 债权人的义务:债权人没有向(债务人的)保证人通知出租人打算解除负担质权的营业资产的经营场所的建筑物租约,并无任何过错(最高法院商事庭,2004年12月7日)。

第L143-3条　向法院申请实施动产变现扣押(saisie-exécution)的任何债权人,以及此种扣押的被申请债务人,可以向营业资产经营地所在辖区的商事法院请求出卖被申请人的营业资产与附属于该营业资产的设备与商品。

商事法院依据实施扣押的债权人提出的诉讼请求,命令债务人如在规定的期限内不清偿债务,经完成第L143-6条规定的各项手续之后,按照债权人的申请出卖营业资产。

如果是由债务人提起诉讼,在债权人请求出卖营业资产时,同前款之规定。

如果债权人并未请求出卖营业资产,由商事法院确定一个出卖营业资产的期限;营业资产的出卖,依债务人的申请,按照第L143-6条规定的手续进行;如债务人在上述期限内没有进行资产的出卖,商事法院命令按照最近的通常习惯做法,恢复对该资产实行的动产扣押。

司法解释:

1. 设备:在质权(债权)人对营业资产中的设备实施扣押的情况下,适用第L143-3条之规定,而债务人则可以请求整体拍卖营业资产(最高法院商事庭,1970年11月3日)。

2. 尽管债权人(仅仅)是请求实施(有体)动产变现扣押,税务机关仍可要求整体拍卖营业资产(巴黎法院,1938年11月28日)。按照第L143-3条的规定,债务人提出整体拍卖营业资产的请求时,中止(债权人提出的仅仅实施)动产变现扣押程序(塞纳商事法院,1924年8月19日)。请求整体拍卖营业资产的债务人,应当证明这样做对债权人及其本人均有利益(巴黎法院,1961年11月21日)。

3. 在实施扣押的债权人请求整体拍卖营业资产的情况下,法官应当确定期限,即使对据以实施动产变现扣押的债权不可能给予任何清偿宽限期,法官也必须确定一个期限(最高法院民事庭,1955年11月2日)。虽然第

L143-3 条第 2 款与第 3 款并没有规定商事法院需确定债权人在实施动产扣押之后申请资产变卖的实现期限,但法律在这一问题上没有具体规定,因此并不剥夺法官为正确司法之利益,规定实现资产变卖之期限的权力(最高法院商事庭,1975 年 3 月 18 日)。

第 L143-4 条 如有必要,法院任命一名营业资产的临时管理人并确定该资产的起拍价,规定资产拍卖的各项主要条件,委派一名公务助理人员负责制定竞价细则。

在需要进行特别公告时,由法院判决作出具体规定;法院没有作出判决的,由商事法院院长依申请作出裁定。

如果没有其他已登记的债权人或提出异议的人,商事法院院长得以其作出的裁定批准申请拍卖营业资产的人直接从该资产的买受人(拍卖竞价得标人)或主持拍卖资产的公务助理人员处受领价金,并出具普通收据,但应从价金中首先扣除相应的权利人应得的、享有优先权的费用,申请人在扣除费用之后或者按照其债权的本金、利息与费用的数额,受领价金。

商事法院在第一次开庭后 15 日内作出判决,这一判决依原本即具有执行力,且不准对其提出缺席裁判异议。针对该判决向上诉法院提出上诉,具有中止执行效力;上诉,应在向当事人通知判决起 15 日内提起。上诉法院在 1 个月内作出判决。上诉法院的判决依原本即具有执行力。

司法解释:

按照本条规定,受理诉讼请求的法院有权力评判(是否)命令整体拍卖营业资产(里昂法院,1913 年 10 月 28 日)。

第 L143-5 条 营业资产的出卖人以及就该资产登记了无形动产质权的债权人,在向债务人以及作为资产持有人的第三人送达支付催告通知书而无效果之后经过 8 日,也可以请求法院命令出卖作为担保物的营业资产,甚至根据私署证书而为之。

这项请求应向资产经营地所在辖区的商事法院提出。商事法院按照第 L143-4 条的规定进行审理,作出裁判。

司法解释:

1. 第 L143-5 条的适用条件:第 L143-5 条并不要求在出卖营业资产之前

债务人受到法院的处罚判决(巴黎法院,1961年11月21日)。

2. 出卖的标的范围:法院判决认为,如果应当出卖的是营业资产的全部构成要素,甚至出卖该营业资产中并不负担优先权的那些要素,那么,由第三人作为资产持有人而增加的新要素仍然不(应)包括在出卖的要素之内,例如,由第三人新增加的租约权(最高民事庭,1937年7月21日)。

3. 应当在出卖营业资产之前用催告书向债务人提出支付请求,如果仅仅是向债务人寄送一封平信,不足以构成(支付)催告通知书(凡尔赛法院,1989年5月25日)。

4. 可以在送达催告通知书的同一文书中送达起诉状(传唤状)(马赛商事法院,1921年2月3日)。如果有作为营业资产持有人的第三人,传唤状,如同催告通知书一样,既应送达债务人,也应送达第三人(马赛商事法院,1936年3月19日)。

5. 追及权:由于只有"毫不含糊地表明抛弃权利之意思的行为"才能产生抛弃某项权利的效果,因此,对营业资产享有无形动产质权的债权人同意由该资产的转让价金的保管人向其支付款项,即使是无保留地接受支付,仍然不能构成(其)"明确放弃担保的意思",因此也就不能表明其放弃行使追及权,同样不能表明其同意营业资产买受人所进行的款项提存"具有解除其负担的义务的效力"(最高法院商事庭,1997年2月18日)。

6. 由持有营业资产的第三人进行清偿:一家新成立的公司由"解散的"原公司的股东组成,使用与原公司相同的名称并在相同地点从事相同的活动,这一新成立的公司仍被视为第L143-5条意义上的"持有营业资产的第三人"(巴黎法院,1997年1月17日)。

第L143-6条 要求出卖营业资产的人最迟应在资产出售之前15日向营业资产的所有人,以及按照命令出售资产的判决或裁定作出之前即已登记质押担保的债权人在登记时选定的住所,向这些债权人发出催告通知书,催促他们取得资产出售细则并提出意见与说明,如他们认为合适,可前往参加营业资产的竞买活动。

竞价拍卖在张贴告示之后至少应经过10日才能进行。张贴的告示应当指明:营业资产的所有人与申请拍卖该资产的人的姓名、职业与住所,据以提出拍卖营业资产的法院判决或者裁定,资产经营地所在法院辖区内选定的住所,组成该营业资产的各要素,所从事的业务活动的性质,资产所在的位置与状况以及起拍价,拍卖竞价的地点、日期与时间,作为竞价细则受寄托人的公务助理人员的姓名与住所。

由公务助理人员负责在待拍卖的营业资产所在建筑物的大门口、营业资产所在地的市府以及商事法院门口和受委任的公务助理人员事务所的门口张贴此项告示。

该项告示应在营业资产出卖前10日刊登于所在市区或省内有资格登载法定公告的报纸上。

履行上述公示手续,在拍卖笔录上作出记载确认。

第 L143-7 条 如有必要,营业资产经营地所在市区的大审法院院长,对拍卖竞价之前进行的程序中存在的无效事由以及诉讼费用作出裁判。无效事由最迟应在拍卖竞价之前8日提出,否则,丧失主张此种事由的权利。法院院长作出的裁定适用第 L143-4 条第4款的规定。

第 L143-8 条 商事法院在受理与营业资产的经营相关的某一债权的清偿之诉时如作出某项处罚判决,以及如债权人提出要求,得在同一判决中命令出卖该营业资产。法院按照第 L143-4 条第1款与第2款的规定进行审理裁判,并确定期限,在此期限经过后如没有进行债务清偿,则可以申请出卖营业资产。

商事法院照此命令出卖营业资产时,适用第 L143-4 条第4款、第 L143-6 条以及第 L143-7 条的规定。

第 L143-9 条 如买受人(adjudicataire,竞价得标人)不履行竞买条款的规定,则可按照第 L143-6 条与第 L143-7 条规定的形式对已经拍卖成交的营业资产再次进行公开竞价拍卖。

前一次竞买中的买受人有义务对营业资产出卖人的各债权人以及出卖人本人支付其竞买时取得该资产的价格与第二次拍卖成交价之间的差价,但是,如果第二次拍卖的成交价高于第一次拍卖成交价,第一次的买受人不得要求向其支付超过部分的差价款。

第 L143-10 条 如果是依据动产变卖扣押或本章之规定请求分开出售负担已进行登记的质权的营业资产的某一要素或某些要素部分,只有按照至少此前15日即已登记质权担保的债权人在进行此项登记时选定的住所进行通知之后经过10日,才能进行此种买卖。在此10日期间,原已进行质权登记的任何债权人,不论其债权是否到期,均可向营业资产经营地的商事法院传唤有关当事人,请求法院按照第 L143-3 条至第 L143-7 条的规定根据追偿债务的人或其本人的申请,出售该营业资产的所有构成要素。

营业资产中的设备与商品应分开确定起拍价,并与资产本身同时出卖;

如竞价细则强制规定买受人应当按照鉴定人的意见取得这些设备与商品,亦可分开作价。

对于营业资产的要素中不负担已经登记的优先权的,其价格应列出细目。

第 L143-11 条　在按照第 L141-19 条、第 L143-3 条至第 L143-8 条、第 L143-110 条与第 L143-13 条至第 L143-15 条规定的形式出卖营业资产时,不准许进行任何加价拍卖。

第 L143-12 条　不论营业资产转入何人之手,出卖人与质权(债权)人的优先权均追随营业资产而存在。

在不是按照第 L143-11 条提及的各条文的规定对营业资产进行公开竞价拍卖的情况下,欲保障自己不受已进行担保登记的债权人追偿的该资产的买受人,有义务在其受到追偿之前或者在接到向其提出的支付催告通知书之后 15 日内,按照法令规定的条件向所有已进行担保登记的债权人通知已经进行的买卖。

司法解释:

1. 单项要素的出卖:仅仅是单独出卖营业资产的某项构成要素,例如,单独出卖某项设备,或者单独出卖(经营场地的)租约权,并不引起(整体)营业资产的转移,因此,不适用"有关清除资产上负担之担保"的程序(最高法院诉状审理庭,1913 年 4 月 22 日);但是,债权人在享有无形动产质权的情况下可以提出债务人有"通过出卖单项资产要素的方式隐匿担保物"的违法行为,例如通过出卖设备而隐匿担保物(最高法院刑事庭,1909 年 3 月 13 日);此外,(单独)转让营业资产的某项构成要素,例如,单独转让租约,也有可能掩盖营业资产本身的(整体)转让(巴黎法院,1928 年 6 月 12 日)。法院判决认为,由于作为营业资产经营场所的不动产的消失并没有引起营业资产的消失,但与场所所在的位置以及招牌相联系的顾客群体仍然存在,将零售酒馆经营许可证作为营业资产的唯一尚存的资产要素转让他人,肯定会损害已登记担保的债权人的权利,因此,对于这项"从无形要素来考虑,仍然存在的营业资产",在按照第 L143-12 条的规定进行有关转让的通知之后,已经接到通知的、持有无形动产质权的债权人仍然有依据提出加价拍卖请求(最高法院商事庭,1998 年 10 月 20 日)。

2. 只有(当前)持有营业资产的第三人支付或寄存了所提议的价款,才能产生清除担保的效果(塞纳法院,1924 年 12 月 12 日)。清除营业资产上登记的担保权利，此种程序的目的是使营业资产的买受人能够保障自己不受已登记的债权人追偿，这一程序的实施是一种选择（任意）权利，除有严重过错或者滥用权利之情形外，买受人有不运用这一选择权的完全自由，即使其明知营业资产上负担着已登记的担保权利（最高法院商事庭，2004 年 4 月 28 日）。

第 L143-13 条　在不适用第 L143-11 条之规定的情况下，就营业资产登记了质权的任何债权人，均可提议在不包括设备与商品在内的主价金的基础上加价 1/10，并对拍卖价金与费用的支付提供担保或者证明自己有足够的支付能力，要求对营业资产实行加价拍卖。①

加价拍卖的请求由债权人签字，应在进行通知后 15 日内送达资产的买受人以及此前作为资产所有人的债务人；在进行通知的同时应附上向资产所在地的商事法院提出的传唤状，以便在有人提出异议的情况下，由法院就加价拍卖的有效性、提供的担保的可接受性以及加价拍卖提议人的支付能力作出评判，并且请求法院命令将营业资产连同附带的设备与商品一起纳入公开竞价拍卖；受到加价拍卖请求的原买受人有义务将其权利证书以及租约或转让租约的文书转达给受委任主持加价拍卖的公务助理人员。不准许以登记无形动产质权的各债权人的选定住所与实际住所之间距离遥远为理由增加上述规定的 15 日期限。

第 L143-14 条　自送达加价拍卖的通知起，如果买受人在此之前即已对营业资产实行占有，则当然作为讼争物保管人，但只能对营业资产实施管理行为。但是，买受人根据具体情况，可以在程序进行的任何时候，请求商事法院或者紧急审理法官另行任命保管人，任何债权人均可提出这项请求。

非经全体已登记担保的债权人同意，提出加价拍卖的人，即使支付参与竞价的费用，仍然不得以撤回加价拍卖提议的方式来阻止公开竞价的进行。

有关加价拍卖程序以及此项拍卖的各项手续，均由加价拍卖提议人负责完成；在其没有负责完成这些手续的情况下，由任何已登记担保的债权人或者（原）买受人负责完成这些手续，但由提出加价拍卖申请的人按照第 L143-4 条、第 L143-5 条至第 L143-7 条与第 L143-10 条第 3 款之规定负担费用与风

---

① 本条规定的"加价拍卖"与第 L143-9 条所指的"再次拍卖"是两种不同的程序；这一程序是"在不适用第 L143-11 条的情况下实行的程序，其中包括不适用第 L141-19 条的规定"。第 L143-13 条与第 L141-19 条规定的加价数额不同，分别为 1/10 与 1/6。——译者注

险,并且其保证人仍然受其承诺的担保义务的约束。

如无人参加竞买,宣告加价拍卖提议人为营业资产的新的买受人(adjudicadaire)

第 L143-15 条　加价拍卖中的买受人有义务按照原买受人、出卖人与买受人之间通过自愿协商进行鉴定或者由法院命令进行的对席鉴定所确定的价金,受领在其开始占有营业资产时现存的设备与商品。

加价拍卖中的买受人,除竞价成交时确定的价金之外,还应向被剥夺占有的原买受人偿还其合同的各项费用、各项通知的费用、第 L141-6 条至第 L141-18 条所指的登记和公示费用以及为实现加价拍卖所需的其他费用。

第 L143-9 条之规定适用于按照加价拍卖程序进行的买卖与竞价。

受到加价拍卖要求的原买受人,在加价拍卖中再次成为竞价买受人时,对于其支付的超过其权利证书上写明之价金的款项以及由此种款项自每次支付之日起产生的利息,对出卖人有请求偿还的权利。

司法解释:

1. 加价拍卖的主动:作为文书起草人并被指定作为价金分配与讼争物保管人的债权人,被视为已经接受拍卖的成交价,因此不得主动提议对(已经拍卖成交的)营业资产实行加价拍卖(巴黎法院,1962 年 10 月 19 日)。按照第 L143-14 条第 2 款与第 L141-19 条第 2 款的规定,在加价拍卖的情况下,如果提议加价拍卖的人不尽其努力,此种程序只能由(原)买受人或者已登记担保的债权人或者提出异议的人负责进行,出卖人不能负责加价拍卖程序(最高法院商事庭,1961 年 12 月 6 日)。

2. 提议加价拍卖的人应当提供保证人,否则加价拍卖无效(图卢兹法院,1930 年 10 月 13 日)。法院自主评判提出加价拍卖申请的债权人与保证人是否有支付能力(马赛商事法院,1934 年 3 月 7 日)。提供的保证人(的姓名)应当在提议加价拍卖的通知中指明(塞纳商事法院,1928 年 5 月 22 日)。

3. 中间管理:受到加价拍卖请求的(原)买受人应当负责营业资产的正常管理(塞纳商事法院,1912 年 8 月 24 日);但是,在法院已经指定管理人的情况下,提议加价拍卖的债权人有义务提供经营活动所必要的款项(南特商事法院,1912 年 2 月 17 日)。

4. 费用的偿还:提出加价拍卖并成为买受人的人有义务向被剥夺占有的营业资产的(原)买受人偿还本条限制性列举的各项费用,其中应当包括与原拍卖成交文书有关的费用(最高法院商事庭,2000 年 3 月 7 日)。

5. 已支出的营业资产的维护费用的返还:《民法典》(原)第2175条(现第2470条)规定:"由于持有不动产的第三人的行为致使该不动产受到毁损,给享有抵押权或优先权的债权人造成损失的,得产生针对该第三人的赔偿请求权;但是,如持有不动产的第三人对不动产进行了改善并使其价值有所增加,该第三人得在增值范围内请求返还其为此支出的费用。"这一条文有关按照增加价值的数额返还维护费用的规则也适用于被要求加价拍卖的营业资产的(原)买受人,因为在加价拍卖被认定有效之后,第一次拍卖中的买受人(在一定期间)就成了持有营业资产的第三人,这样,他就有权要求新的买受人返还其在此期间付出的营业资产的维护费用(巴黎法院,1995年6月16日)。

第二节 优先权登记的手续与注销

第L143-16条 (营业资产的)出卖人与质权(债权)人在进行优先权登记与注销时,应当履行最高行政法院提出资政意见后颁布的法令所确定的实施方式的各项手续。

第L143-17条 除履行第L143-16条提及的登记手续外,在买卖或转让的营业资产的构成要素中包括制造商标、商业商标、工业实用新型时,或用营业资产设立的无形动产质权中包括发明专利证书、许可证、商标或实用新型时,应当在商事法院进行登记之后的15日内,向国家工业产权局提交该法院出具的登记证明并进行登记,否则,所进行的买卖、转让或设立的无形动产质权,就其涉及发明专利、许可证、商业商标与制造商标以及工业实用新型的部分而言,对第三人不产生任何效力。

包括在营业资产转让中的发明专利,就其转移而言,仍然受《知识产权法典》第L613-8条及随后条款确定的规则的约束。

第L143-18条 如果登记的优先权据以产生的证书是期票,通过背书进行转让即可引起优先权转移。

第L143-19条 已进行的担保登记,自登记日期开始,10年内均可保持优先权。如果在10年期限届满时没有延展登记,担保登记的效力即告停止。

已进行的担保登记,按照本金相同的顺位,担保2年的利息。

第L143-20条 注销担保登记,由在这方面有能力的各利益关系人同意或者根据法院产生既判力的判决为之。

在没有法院判决的情况下,只有法院书记员按照能够证明其权利的债权人或者符合规定取得代位权的受让人交存的同意注销担保登记的公证书(2003 年 8 月 1 日第 2003-721 号法律第 3 条)"或者符合规定进行了登记的私署文书",才能全部或部分注销已登记的担保。

全部或部分注销在国家工业产权局进行的登记,需提交商事法院书记员出具的注销证明书。

第三节 中间人与价金的分配

第 L143-21 条 在营业资产的注册住所所在地的且持有该资产买卖价金的第三人,应当在自买卖文书注明的日期起(2012 年 3 月 22 日第 2012-387 号法律第 3-3 条)"5 个月"(原规定为"3 个月")期间进行价金分配。

这一期限间届满后,最迫切要求的一方当事人可以向选定的注册住所地的有管辖权的法院提出紧急申请,请求命令将价金款项寄存于信托银行,或者任命一名讼争物管理人兼分配人。

第 L143-22 条 在刑事法院按照《刑法典》第 225-16 条、第 225-19 条、第 225-22 条以及《刑事诉讼法典》第 706-39 条的规定宣告没收营业资产的情况下,国家应当在 1 年期限内按照本编规定的形式拍卖被没收的营业资产,但如大审法院院长作出裁定命令特别延长期限,不在此限。国家负责在营业资产拍卖所得价金的限度内对债权人进行清偿。

国家在拍卖被没收的营业资产时,不论是通过竞价拍卖还是自愿协商出卖,均应在买卖之前 45 日履行法定的公示手续,并按照此种形式实现资产的买卖。

在第 1 款所指的一种犯罪受到追诉之日后才进行的担保登记当然无效,如法院另有判决,不在此限。

行政机关可以随时要求按照与场所的租赁价值相符合的比率,确定该场所出租时的租金。

如果被没收的营业资产的所有权人同时也是该资产的经营场地的产权人,则应当制定一项租约。该租约的条件,在不能协商一致时,由大审法院院长按照不动产租约或者商业、手工业或工业用场所租约的形式具体确定。

第 L143-23 条 最高行政法院提出资政意见后颁布的法令具体规定上述第一章、第二章以及本章的实施措施,尤其规定给予商事法院书记员的酬金,以及在国家工业产权局进行的,包括发明专利或许可证、制造商标、商业商标、工业实用新型在内的营业资产的买卖、转让或质押的登记、注销或签发否认证书的条件。

该法令还规定手艺与工艺保护局为国家工业产权局的利益,就登记与注明优先受偿权、代位权、注销事项以及登记证书或证明书而收取的费用。

第四章 营业资产的租赁经营

译者概述:

营业资产的租赁经营为商事性质,承租人应具有商人资格,相应情况下,还应具备从事特定行业的资质。出租人并非必须是商人;仅仅是将其持有的营业资产用于租赁经营,并不要求出租人取得商人资格,但应在"商事及公司注册登记簿"上登记为出租人。租赁经营应刊登公告,自公示之日起6个月内,出租人对承租人的经营债务负连带责任。出租人将营业资产用于租赁经营时,应保证该资产确实存在,尤其是有顾客群体,为此,法律要求营业资产至少已经过2年的经营时间,特殊情况除外。承租人自担经营风险,不得用营业资产设质,但可转租。

营业资产的租赁经营与经营场所的商业租约是两项不同的制度。一般而言,前者实行租赁经营,不构成后者的转租。承租人不享有商业租约利益。营业资产出租人对其承租人不遵守商业租约的行为应承担责任;经营场地的出租人一般不反对承租人出租其营业资产;但是,如果商业租约中订有条款规定禁止任何人取代承租人使用经营场所,出租人有权终止商业租约,并且可以不支付赔偿金。按照最高法院的判决:订立"带有租约权的自由管理合同",强制租赁经营人遵守商业租约各项条款并直接向(场地)出租人交纳租金,此种情形构成经营场所的转租。

营业资产的租赁经营,可能给债权人带来一定风险。法律准许债权人请求法院宣告其债权为到期债权。租赁经营合同终止,与经营活动相关的债务成为到期债务。不定期租赁经营合同到期可以解除;定期合同的解除必须经双方当事人一致同意。租赁经营人提前解除合同,应赔偿出租人受到的损失,赔偿金从承租人寄托的保证金中提取,租金仍按合同原定终止日期计算。在租赁经营人不进行充分经营的情况下,也可以解除合同。

第 L144-1 条 营业资产或手工业机构的所有权人或经营人可以订立合

同,将其营业资产或机构之全部或一部出租给另一管理人自担风险、负责经营。不论有何相反条款规定,就此订立的任何合同或协议均受本章之规定调整。

司法解释:

1. 公共秩序:一项合同,如果符合法律定义,即使当事人将其规定为其他性质,仍应定性为"租赁经营"合同(巴黎法院,1994年3月31日)。(没有订立书面合同也没有明确规定租金)一家公司为共同经济利益将一项营业资产租让给另一公司,并由后者自担风险、进行经营,此项活动仍然属于第L144-1条规定的范围,无必要提出"当事人有订立租赁经营合同之明确意思"的证据(最高法院商事庭,1999年3月23日)。

2. 法律性质:营业资产的租赁经营具有无形动产租赁性质(最高法院商事庭,1953年3月9日)。

3. 是民事性质还是商事性质:营业资产的租赁经营人必然是商人,因此,对于承租人而言,此种租赁经营合同为商事性质(科尔玛法院,1937年1月16日)。如果出租人在此之前经营其营业资产,对其而言,所订(租赁经营)合同为商事性质(巴黎法院,1953年3月13日);如果出租人在此之前从未经营过营业资产①,由其订立(营业资产租赁经营)合同的活动,对其而言,属于民事性质(波尔多法院,1966年5月10日)。照此意义,(仅仅是)将营业资产用于租赁经营的行为,并不使出租人(必然)取得商人资格(最高法院商事庭,1996年2月20日)。出租人在根据用益权受领营业资产时并无商人资格,因此有理由认为其订立的该营业资产的租赁经营合同,对其而言,属于民事性质;出租人就租赁经营的租金而不是就商业租金提起诉讼时,可以在民事法院传唤承租人(巴黎法院,2000年11月8日)。

4. 法院判决将营业资产的用益权出资认定为该资产的租赁,违反了《民法典》第1832条与第1843-3条的规定(最高法院商事庭,1991年12月3日)。

5. 转租:营业资产实行租赁经营,并不构成(经营场地的)转租(最高法院商事庭,1995年5月23日),因为经营场地的使用权不过是营业资产租赁经营附带的但却是必然的(必要的)后果(最高法院第三民事庭,2003年7月9日);这样一来,营业资产经营场地的所有权人作为出租人,虽然在其订立

---

① 例如,非商人继承人继承取得的营业资产。请对比第L144-3条与第L144-4条的规定。——译者注

的租约中强制规定"由承租人本人占用"该场所,但他并不能依据这一条款反对(经营场地的)承租人将其营业资产用于租赁经营(最高法院第三民事庭,2002年11月14日)。但是,当经营场所的租约强制规定由承租人"本人经营"该场所时,则应作不同处理①(最高法院第三民事庭,1996年11月14日);同样,如果经营场所的租约规定"承租人不得由任何人替代",也"不得将场所出借给第三人",即使是暂时出借,此种情况也应作不同处理(最高法院第三民事庭,2003年1月22日);如果场所租约规定"承租人不得以任何形式,无偿或有偿地将场所的使用权转让给第三人",即使是暂时转让,亦应作不同处理(巴黎法院,2005年10月12日)。关于营业资产的租赁经营与商业租约的区别,参见最高法院第三民事庭2002年6月30日判决。除经营场所的租赁合同有相反规定之外,准许(在场所内从事经营活动的)营业资产实行租赁经营,但如果合同在"有关场所的占用与使用"的条文中专门针对"场所"而不是针对"营业资产的经营"作出规定——"承租人不得由任何人替代",也"不得将场所出借给第三人",即使是暂时出借,那就应当另行对待(凡尔赛法院,2004年6月24日)。《民法典》第1732条与第1733条②有关在发生火灾的情况下(场所)承租人的责任的规定,不适用于租赁经营③(最高法院商事庭,1980年7月16日)。

与前述情况相反,就营业资产订立带有租约权的自由管理合同,并强制租赁经营人遵守场地租约的各项条款、义务与费用负担,独立于营业资产的管理费,直接向(场地)所有权人交纳租金,此种合同构成(经营场地的)转租合同(最高法院商事庭,1958年6月2日)。(虽然合同的名称为"租赁经营合同",但)管理人在经营场所内使用的是自己的招牌,而没有使用其受让的营业资产的原商业名称,其从事的活动也超过原租约规定的范围,这种所谓"租赁经营合同"构成(经营场所的)转租合同(最高法院第三民事庭,1975年7月1日)。

6. 营业资产的一部租赁经营:营业资产可以部分实行租赁经营(巴黎法

---

① 这两个判决涉及的事实不同:一为场地的"占用",一为场地的"经营"。——译者注

② 《民法典》第1732条:承租人对承租期间出租物发生的损坏或灭失应负赔偿责任;但如其证明此种损坏或灭失非因其过错造成时,不在此限。

第1733条:承租人应当对发生火灾承担责任,但如其能证明下列情形,不在此限:1. 火灾之发生是由于意外事故或者是由于不可抗力或建筑物本身的缺陷所致;2. 或者火灾的发生是由于毗邻房屋起火延烧所致。——译者注

③ 也就是说,如果两者不是同一人,则应由营业资产的租赁经营人而不是由场所的承租人承担责任。——译者注

院,1994年3月31日)。经营超市的公司通过订立"摊位合同",准许另一公司在超市的食品经营区内设置肉类销售专柜,此类合同既不属于经营场所的租赁,也不是委托经营,而是(超市)营业资产的部分租赁经营(同一判决)。关于在大型超市内事先并未设立的肉类专柜作为营业资产实行租赁经营的问题,参见巴黎法院1994年3月31日判决。租赁经营的前提条件是,出租人向承租人提供营业资产的使用权、收益权,而营业资产的构成要素可以包括经营场所租约权(最高法院商事庭,1970年6月30日)。因此,商业租约的特别规则并不适用(于营业资产的租赁经营)(最高法院商事庭,1980年7月6日)。某一市镇将一处设在公产土地上的"酒吧—餐馆"交由个人经营,由于对公产土地的占用只能是暂时的,可以随时解除,从这一角度来看,这一合同不能看成是营业资产的租赁经营合同(波尔多法院,1997年11月4日)。

7. 关于"租赁经营"与"租赁—买卖"(采用缴纳租金的方式分期支付价金的买卖)的区别,参见卢昂法院1968年11月22日判决。

8. 保全扣押:未经法院批准,仅仅以营业资产租赁经营合同为依据实施的保全措施与扣押,属于"无权利、无执行根据"而实施的强制措施,因此无效①(巴黎法院,2006年2月23日)。

第L144-2条 (营业资产的)租赁经营人具有商人资格,负担由此资格产生的全部义务。

如营业资产是一家手工业机构,租赁经营人应在"手工业职业目录"上注册登记,负担由此项登记产生的全部义务。

司法解释:

虽然说公务员身份与商人身份相互冲突,但是,取得实行租赁经营的营业资产的公务员却不得主张存在此种冲突性来逃避履行其合同义务(最高法院商事庭,1996年1月30日)。

第L144-3条 转让租赁经营权的自然人或法人,(2004年3月25日第2004-274号法律废止:"应在此前7年期间是商人,或者应是在'手工业职业目录'上登记注册的人,或者在相同期限内担任过管理人职务或者担任过商

---

① 法国法律禁止对不动产实施保全扣押,对营业资产也是如此。——译者注

业或技术经理职务")至少应在此前 2 年期间经营过其出租的营业资产或手工业机构。①

司法解释：

1. 能力：只要《民法典》第 815-3 条有关"要求全体共有人同意"的规定不适用于用益权与虚有权人之间的关系，那么，按照《民法典》第 595 条的规定，用益权人便可以不经虚有权人同意，将营业资产用于出租（最高法院第一民事庭，1986 年 11 月 25 日）。关于在企业内工作的配偶，参见第 L121-5 条的规定。

2. 按照 2004 年 3 月 25 日法令之前的规定，要求出租人符合"在此前 7 年期间是商人"之条件：1901 年关于协会的法律所指的协会没有商人资格，因此不能由其将"酒吧—餐厅"用于租赁经营（最高法院商事庭，1988 年 1 月 19 日）；当出租人是一家商事公司时，本条规定的 7 年期间自公司在"商事及公司注册登记簿"上登记注册之日起计算（埃克斯—普罗旺斯法院，1991 年 9 月 10 日）。

3. 本人经营：按照 2004 年 3 月 25 日法令之后的现行法律规定，只要求本人在此前 2 年期间从事过营业资产的经营，但没有必要要求所有的经营活动都已经有 2 年，因为，这里所要求的根本要素是，营业资产已经营业 2 年（拉瓦尔法院，1989 年 2 月 21 日）。虽然说，要求营业资产的所有权人在此前至少 2 年期间经营过该营业资产，否则不得将该资产用于租赁经营，但是，并不要求 2 年期间必须是在合同订立之前的最近 2 年（最高法院商事庭，1995 年 2 月 7 日）。

4. 取得已实行租赁经营的营业资产的买受人：为了在取得该资产以后继续将其用于租赁经营，这种营业资产的买受人必须具备法律规定的条件（最高法院商事庭，1974 年 6 月 25 日）；如果买受人是在与其职业活动有联系的情况下取得某一此前就已经实行租赁经营的营业资产，既无任何欺诈的证据，也无投机意图时，（如买受人将该资产继续用于租赁经营）对其本人则可免于要求第 L144-3 条规定的条件（里摩日法院，1985 年 5 月 13 日）。

5. 租赁经营人将营业资产转租他人经营：在租赁经营人将营业资产转

---

① 这里规定的是"转让租赁经营（权）"，与第 L144-1 条规定的"所有人"有所不同。这一条文的规定可以抑制"购买新建商铺，立即转手出租"的投机炒作，有利于商业秩序的稳定。以下第 L144-7 条对出租人规定的连带责任，引人注目。——译者注

租他人经营的情况下,有关"2年期间经营过"这一条件,应当从主租赁经营人本人的角度来评判,而不是从资产的所有权人的角度来评判(最高法院商事庭,1994年10月18日)。

6. 共同的营业资产:夫妻二人同意将一项共同的营业资产用于租赁经营时,只要夫妻一方具备本条所要求的条件即可(南锡法院,1959年11月6日);但是,也有法院判决认为,是否具备法定条件,应当从营业资产的共同所有人的角度来评判,两共同所有人同意订立的营业资产租赁经营合同被法院宣告无效,因为其中一人并未经营过该营业资产(巴黎法院,2001年11月9日)。

7. 在国外从事过经营活动的人是否可以免除有关法定条件的要求,必须经法院裁判才能认定(1980年6月9日部颁通知)。

8. 营业资产迁移:营业资产迁移到租赁的新场所之前承租人本人在法律规定的期间内经营过该资产,此次迁址并未开创新的顾客群体,并未创建新的营业资产,该资产迁址前后两地点相距较近,因此,承租人可以在新址将该营业资产用于租赁经营(最高法院第三民事庭,1994年6月15日)。

9. 无效:第L144-3条对营业资产的出租人规定的条件,并不是为了保护合同当事人的个人利益,因此,违反这些条件而订立的合同以绝对无效论处(最高法院商事庭,2005年10月4日)。因违反第L144-3条之规定而引起的合同无效属于公共秩序性质,任何有利益关系的人均可主张此种无效,甚至因其谎言或缄默而造成合同无效的人,亦可以主张之(最高法院商事庭,1975年2月4日)。出租人应当向承租人偿还因履行该合同而受领的全部款项,且不得要求承租人向其支付(资产)"占用补偿金"(奥尔良法院,2007年6月14日)。

第L144-4条　在当事人证明有正当理由不可能由其本人或其职员经营营业资产达到规定的期间的情况下,大审法院院长可以依据利益关系人提出的简单申请,在听取检察院的意见之后,作出裁定取消或者缩短第L144-3条要求的经营期限。

司法解释:

关于正当理由的例子并无限制,例如,商人生病,即属有正当理由;资产不可能出卖或者无法找到一个领取薪金的管理人,准备安置某一子女,等等,也是如此。

第 L144-5 条　第 L144-3 条之规定不适用于：

1. 国家；
2. 地方行政机关；
3. 信贷机构；
4. 受到法律保护的成年人，或因精神障碍按照《公共卫生法典》第 L3211-2 条与第 L3212-1 条至第 L3212-12 条规定的条件（2011 年 7 月 5 日第 2011-803 号法律第 1-3 条）"接受精神治疗"的人，就其在受到法律保护措施或者住院之前作为所有权人的营业资产而言；
5. 死亡的商人或手工业者的继承人或者受遗赠人，以及对于受领的营业资产，享有由尊亲进行的财产分割之利益的人；
6. 由《城市规划法典》第 L325-1 条创设的公共机构；
7. （2004 年 3 月 25 日第 2004-274 号法律第 10-2 条）"在夫妻财产制解除之前至少有 2 年期间参与营业资产的经营，且在夫妻财产制解除之后分配到商业营业资产或手工业营业资产的配偶一方"；
8. 营业资产的出租人，在租赁经营的主要宗旨是确保其在独占合同项下由出租人自行销售制造或经销的产品时；
9. （2004 年 3 月 25 日第 2004-274 号法律第 10-2 条）"电影院、剧场与音乐厅等营业资产的出租人"。

第 L144-6 条　对于出租人在营业资产实行租赁经营之时即已存在的、与该资产的经营相关的债务，如资产所在地的商事法院认为因该资产实行租赁经营将影响债权的收取，可以立即宣告其为到期的、可追偿债务。

此项诉讼应在租赁经营合同在有资格登载法定公告的报纸上公示之日起 3 个月内提起，否则丧失即时追偿的权利。

司法解释：

1. 所持债权与营业资产的经营相关联的债权人，如认为该营业资产实行租赁经营之后将危及到债权的收取，应当向法院请求宣告其债权为立即到期的、可追偿债权（最高法院商事庭，1979 年 11 月 6 日）。
2. 第 L144-6 条的规定并不引起"因债务人的改变而发生的债的更新"，在没有相反意思表示的情况下，营业资产出租人的供货商有权针对该资产的所有人（出租人）收取其债权（最高法院商事庭，1979 年 11 月 26 日）。
3. 除租赁经营合同有特别约定之外，租赁经营人并不是营业资产所有权人的概括权利继受人，因此，对该所有权人的个人债务不承担义务（最高法院商事庭,2008年12月9日)。

第L144-7条 至租赁经营合同公示以及自公示起6个月期间,营业资产的出租人与租赁经营人对后者在资产经营时缔结的债务连带承担责任。

司法解释:

1. 债务的用途:第L144-7条的规定应当严格解释(最高法院商事庭,1980年1月8日)。法官应当查明缔结的贷款与营业资产的经营之间(是否)有联系以及该项债务是(否)因营业资产的经营所产生之事实(最高法院商事庭,1969年2月19日)。为一项投资计划筹措资金而缔结的银行贷款,尽管贷款合同对取得的财产并无具体规定,出租人因确认其连带义务承诺以及能够将营业资产用于设质而参与该项贷款行为,即是明确承认由租赁经营人缔结的这项债务与资产的经营有联系,因此,出租人应当被宣告对偿还这笔贷款负连带责任(昂热法院,2004年4月27日)。就适用第L144-7条的规定而言,只需要"未得到清偿的债务原属实行租赁经营的营业资产的经营之必要"即可(最高法院商事庭,1999年5月4日)。一上诉法院作出判决认为,第L144-7条的规定仅仅是针对合同产生的债务,而社会性分摊款额的交纳是由法律规定的义务,不属于因合同产生的债务。这一判决没有从其所作的认定中得出正确结论,因此违反了第L144-7条的规定(同一判决)。旨在为营业资产的经营而购进商品,为此缔结的贷款,属于第L144-7条所指的债务范围(最高法院商事庭,1972年2月8日)。

与此相反,法院判决认为,(营业资产的)出租人对于与该资产的经营无关的活动所产生的债务不负担(连带)责任(最高法院商事庭,1972年6月6日);例如,应当分期缴纳的养老金份额,严格属于商人个人(人身)性质的债务(最高法院商事庭,1972年5月6日);酒吧的出租人对(该酒吧的租赁经营人)购买餐馆设备与制冷机械的费用,不负连带偿付责任,因为租赁经营人购买这些设备并非其租赁的资产一开始经营时所必要,而是为了发展餐馆的活动,营业资产在交付租赁经营之前并无制冷设备之需要(巴黎法院,2008年1月17日)。

2. 善意:只有善意第三人才能主张营业资产的出租人应负连带责任(巴黎法院,2002年6月28日);只有在租赁经营人的供货人不谨慎从事,听任该经营人向其过分举债的条件下,营业资产的出租人才能主张排除其按照第L144-7条的规定应负的连带责任(最高法院商事庭,1995年10月17日);在此情况下,应当由营业资产出租人负举证责任,证明债权人有此种过错(最高法院商事庭,2002年7月2日)。由于营业资产的租赁经营人是由债权人自己选聘的人,因此资产出租人不对经营人承担(连带)责任(最高法院商事庭,1977年10月11日)。

3. 营业资产的出租人与该资产的租赁经营人的债权人身份发生混同时,租赁经营人的保证人即可解除其保证义务,因为按照第L144-7条的规定,营业资产的出租人与租赁经营人应负连带责任(最高法院商事庭,1992年3月24日)。

4. 租赁经营的公示:只要租赁经营合同没有进行公示,出租人即应对租赁经营人为资产经营而缔结的债务负连带责任,无须查明债权人是否知道该营业资产已实行租赁经营(最高法院商事庭,1992年1月7日)。在延展租赁经营合同的情况下,只要经营性质以及经营者本人自最初公示以来均没有发生任何改变,则无须重新进行公示(最高法院商事庭,1966年7月7日)。双方当事人之间签订了第二份协议,在协议中重申已经按照规定进行了公示的关于经营管理人替换问题的补充条款的内容,上诉法院在审查这一补充协议之后,宣告该协议是一项独立的新协议,因此必须(再次)进行公示,这一判决违反了第L144-7以及合同法的规定(最高法院商事庭,1996年1月16日)。

5. 在计算本条所指的6个月期间的开始日期时,应当考虑的是债务产生之日期,因此,对于一份在此6个月期间订立的连续履行的合同,营业资产的出租人对租赁经营人由该合同产生的债务应负连带责任,即使该合同债务的到期日在6个月期间之后(最高法院商事庭,1975年11月19日)。

6. 由于营业资产的出租人与租赁经营人之间存在法定的连带责任(关系),因此,营业资产的所有人(出租人),即使不是商人,仍可因债务的清偿被诉至商事法院(最高法院商事庭,1991年1月22日)。营业资产出租人与租赁经营人对在该资产经营之时缔结的债务负连带责任,这仅仅是为债权人的利益作出的规定,因此,租赁经营人本身不能以第L144-7条的规定为依据提起诉讼,请求法院宣告出租人对其债务负连带责任(最高法院商事庭,1996年1月16日)。

7. 当缔结的债务是唯一为了租赁经营人的利益时,营业资产出租人对租赁经营人有求偿权(最高法院商事庭,1978年7月17日)。租赁经营合同因没有遵守第L144-3条的规定而无效,并不影响出租人求偿权的有效性(同一判决)。营业资产的出租人的(连带)责任虽然有利于第三人(债权人),但并不剥夺出租人针对租赁经营人为收取其以供货商的资格向租赁经营人提供的商品的价金而行使的求偿权(巴黎法院,1984 年 1 月 26 日)。

8. 在租赁经营人实行司法重整程序的情况下,原已按照规定进行了公示的租赁经营合同的出租人,无须提起有关其营业资产的追还之诉,也无须按照原规定的形式进行第二次公示(最高法院商事庭,2005 年 3 月 15 日)。

第 L144-8 条 在司法代理人经委托机关批准可以订立营业资产的租赁经营合同并履行了各项公示手续的情况下,第 L144-3 条、第 L144-4 条与第 L144-7 条之规定不适用于由司法代理人订立的租赁经营合同,不论其是以何名义负责管理营业资产。

第 L144-9 条 租赁经营合同的终止,立即使租赁经营人在经营期间缔结的、与营业资产或手工业机构的经营相关的债务成为到期的、可追偿的债务。

司法解释:

1. 租赁经营合同的解除:对于无确定期限的租赁经营合同,各方当事人均可通过退租而解除,但"退租的意思表示"必须非常明确(马赛商事法院,1932 年 2 月 4 日)。对于有确定期限的租赁经营合同,只能经双方当事人一致同意而解除(最高法院商事庭,1966 年 10 月 10 日)。在租赁经营人提前解除合同的情况下,对营业资产所有人所受损失的赔偿,从(租赁经营人)寄托的保证金中提取,租金仍然按照合同的正常终止日期计算(最高法院商事庭,1975 年 10 月 14 日)。

2. 解除合同的理由:租赁经营人对资产不进行充分经营,可以解除合同(最高法院商事庭,1966 年 2 月 8 日);在因行政决定或者司法判决而征收或者关闭营业资产的情况下,亦解除该营业资产的租赁经营合同(最高法院刑事庭,1960 年 1 月 20 日)。在营业资产被征收的情况下,原则上应对所有权人给予补偿(最高法院商事庭,1973 年 2 月 27 日)。租赁经营合同中有条款规定,在从事经营所需的场所的租约被解除的情况下,租赁经营合同本身亦当然解除,这一条款并不包含"仅凭单方意愿随意解除合同之条件"(任意条件),因此并不无效,只要经营场所的所有人(场所的出租人)解除该场所的租约完全是出于其个人的意思(承租人并无参与),即使他是在承租人不履行义务的情况下提出解除经营场所租约;在这种情况下,租赁经营合同是继续还是解除应由经营场所的所有权人作出决定,而从租赁经营合同的角度来看,经营场所的所有人是该合同之外的第三人(最高法院第三民事庭,1995

年11月22日)。

3. 租赁经营人实行司法清算,或者清算人决定终止正在履行中的合同,仅凭此,并不引起租赁经营合同解除而将出租的企业返还给所有权人(最高法院商事庭,1989年2月7日)。营业资产的所有权人本身实行司法清算,并不自动引起(该营业资产的)租赁经营合同停止,因为,营业资产及其租赁经营合同可以在清算活动的框架内进行转让(巴黎法院,1994年12月2日)。

4. 租赁经营合同的延展:租赁经营人在合同原定的到期日之后继续进行经营活动,但没有签订新的合同,此种情况属于原合同的默示延展,即使原合同对此种情况并无明确规定(最高法院商事庭,1967年7月11日)。

5. 营业资产的租赁经营人不享有商业租约规则之利益:由于只有营业资产的所有权人才享有(对经营场所的)商业租约(经营场所的租约权)规则之利益,营业资产的租赁经营人不能主张享有此种利益(最高法院诉状审理庭,1931年7月22日);但是,如果营业资产的租赁经营人在独立从事的活动中形成了自己特有的顾客群体,则另当别论,在这种情况下,租赁经营人可以主张享有商业租约规则之利益以及享有延展租约的权利(最高法院民事庭,1968年5月22日)。《商法典》第L145-17条规范的是,在涉及延展商用场所租赁合同时该场所的出租人与承租人之间的关系,因此不适用于营业资产的租赁经营(人)(最高法院商事庭,2005年4月12日)。一方当事人为了享有商业租约规则之利益,请求法院将营业资产的租赁经营合同认定为商业(场所的)租约,适用第L145-60条规定的2年时效(最高法院第三民事庭,2008年10月29日)。

6. 营业资产的返还与补偿金:租赁经营合同解除,只有在企业仍然存在并且可以继续从事经营活动时,才会产生向(企业的)所有权人返还该经济实体的责任(巴黎法院,2009年12月16日);除有相反条款规定之外,经营人有义务返还与营业资产的经营不可分开的新的资产要素,且对此种返还不享有补偿金(最高法院商事庭,1960年1月11日);规定营业资产的租赁经营人有义务(在合同终止时)按照租赁经营合同订立时该营业资产所处的状态以及该资产当时的全部构成要素,将资产返回其所有权人,这并不意味着租赁经营人有义务返回一份"必然与合同开始时具有相同商品价值"的营业资产(最高法院商事庭,1998年5月19日)。营业资产的所有权人提出"是因为租赁经营人的所作所为造成该资产价值减少",应当举证证明之(同一判决)。在租赁经营合同到期时,租赁经营人应当将营业资产返回所有权人,如其拒绝返回,可以申请紧急审理裁定将其驱逐(最高法院商事庭,1972年

10月3日)。在租赁经营人无权而滞留于经营场所的情况下,所有权人有权要求租赁经营人支付"占据场所赔偿金"(indemnité d'occupation)(最高法院商事庭,1966年5月17日)。没有任何法律规定强制实行租赁经营的营业资产的所有权人在该合同终止时必须回购租赁经营人的库存货品,因此,在没有此种合同条款规定的情况下,营业资产的所有权人没有义务回购租赁经营人离开之后留下的所有商品(最高法院商事庭,1999年3月23日)。在营业资产中的原有设备发生短少的情况下,应当由要求返还此种设备的营业资产出租人举证证明其所指的设备原来包含在租赁经营的营业资产之内(最高法院商事庭,1979年6月11日)。

租赁经营合同到期,营业资产的租赁经营人有义务按照合同订立时资产的全部构成要素返回该资产,对于因其过错造成的营业资产的价值损失应负赔偿责任(最高法院商事庭,2002年5月6日)。法院作出了解除合同的判决,但该判决并不具有假执行效力,而租赁经营人停止经营活动长达6个月时间,即属有过错(造成营业资产贬值)(同一判决)。关于在造成营业资产不正常贬值的情况下给予赔偿的条款,参见普瓦提耶法院1986年11月16日判决。除有相反约定外,租赁经营人有义务返还属于与营业资产经营必不可分的新构成要素,且出租人不必给予补偿(最高法院商事庭,1960年1月11日)。营业资产的所有权人在租赁经营合同终止时应当返还(承租人)寄托的保证金(担保物),即使寄托的资金已被其委托代理人挥霍一空(最高法院商事庭,1976年5月11日)。订立条款规定在租赁经营合同解除的情况下,应当交纳尚未到期的租金直至合同约定的原到期日,这一条款的目的仅仅是为了确保在合同规定的期限内的全部租金得到支付,而不能解释为"是对租赁经营人不履行义务的制裁"(巴黎法院,1993年6月22日)。

7. 劳动合同:在营业资产的租赁经营合同终止时,(与该资产经营相联系的)劳动合同原则上仍然随着出租人而存在,但条件是:该同一(由同样的营业资产构成的)企业在继续运作并回到了出租人的概括财产之内(最高法院社会事务庭,1983年6月9日)。在实行租赁经营的营业资产返还给其出租人的情况下,《劳动法典》第L122-12条第2款的规定应予适用,但如该资产的经营活动已经消失或者已经无法再继续经营,不在此限(格勒诺贝尔法院,2007年9月12日)。法院判决认定,营业资产的出租人终止租赁经营合同并收回营业资产后,与另一经营人签订了新的租赁经营合同,由此根据先后订立的合同所引起的雇主法律地位的改变,上诉法院判决最后的雇主负责向薪金雇员先行支付其要求的尚欠款项(最高法院社会事务庭,2002年9月24日)。

8. 竞业禁止条款:虽然说租赁经营合同并不当然禁止租赁经营人在本合同规定的经营活动终止之后从事与该营业资产性质相同的活动,但是,只要与租赁经营合同的宗旨相一致,也就没有任何规则禁止双方当事人以合同特别的形式条款作出这样的禁止性规定(巴黎法院,2005年2月2日)。

第L144-10条 任何营业资产的租赁经营合同,或者营业资产的所有权人或经营人订立的包含类似条款的其他合同,不符合上述条文规定之条件的,一律无效;但是,合同各方当事人不得针对第三人主张此种无效事由。

前款规定的无效,对缔结合同的各方当事人,引起其丧失按照本编第五章的规定可能享有的权利。本编第五章就建筑物租约或商业、工业或手工业经营场所租约的延展问题,对出租人与承租人的关系进行了规范。

司法解释:

1. 本条的适用范围:第L144-10条仅仅是针对违反法律有关订立营业资产租赁经营合同的强制性规定的情况对该合同各方当事人以合同无效作为制裁,而不是指违反有关合同公示的规定的情况,有关合同公示的规定不过是为了向第三人进行告知(最高法院商事庭,1969年3月5日)。第L144-10条规定的无效具有强制性:违反法律规定的条件而订立的租赁经营合同绝对无效,因此,不能经(事后)确认而不予追究,因为法律规定应当遵守的条件并不是为了保护合同当事人的个别利益(最高法院商事庭,2004年6月9日)。

2. 对抗第三人的效力:合同当事人不得对第三人主张(其订立的)合同无效,因此,(无效合同中的)出租人不得主张合同无效以摆脱其对该资产的经营所缔结的债务的(连带)责任①(最高法院商事庭,1985年4月24日)。

3. 按照第L144-10条第2款的规定,经营场所的承租人②订立的营业资产租赁经营合同无效,引起其丧失延展(经营场所)租约的权利,因此合同当事人不能主张重订租约,以逃避对其丧失权利的处罚,即使引起合同无效的原因已经消失,亦同(最高法院商事庭,1992年6月30日)。

第L144-11条 如果租赁经营合同中规定了按照变动比例调整租金的条款,即使有其他任何相反约定,只要因调整租金条款的效力,与合同约定或

---

① 参见第L144-7条。——译者注
② 在本案中也就是营业资产的出租人。——译者注

法院确定的原租金相比,租金的提高或下降超过 1/4 时,均可请求调整租金。

如果按照变动比例调整租金的计算因素之一已经不再存在,只有在因经济条件发生改变,致使营业资产的租赁价值发生变动超过 1/4 时,才能请求调整租金。

第 L144-12 条　请求调整租金的当事人,应当用挂号信并取得回执或者用诉讼外文书通知另一方当事人。

在双方当事人达不成协议的情况下,按照调整建筑物租约或商业、工业或手工业经营场所租约的租金的有关规定,提起诉讼,进行判决。

法官应当在考虑各种评价因素的基础上,使有关调整租金的条款的效力与上述通知之日公平的租赁价值相适应。新确定的租金,自该日开始实行,但如各方当事人在诉讼期间或者在此之前就推迟或提前实行新的租金达成协议,不在此限。

第 L144-13 条　第 L144-11 条与第 L144-12 条之规定不适用于有关信贷租赁企业的 1966 年 7 月 2 日第 66-455 号法律第 1 条第三项所指的手工业机构或营业资产方面的信贷租赁活动。

租赁经营人按照信贷租赁经营合同取得租赁权之后行使购买权的,不适用第 L144-9 条之规定。

第五章　商业租约

译者概述:

法国商法意义上的营业资产(fonds de commerce)的各种构成要素中不包括用于从事经营活动的房屋建筑物、场地或场所等不动产。商人一般仅仅是这类不动产的承租人而不是所有权人,他们与所有权人之间订立的"经营场所租赁合同"被称为"商业租约"(bail commerciale)。所谓"租约权"(droit au bail)是指营业资产所有权人对其从事经营活动的场所享有的延展租约的权利。租约权是营业资产的重要组成要素。

在法国,直至第一次世界大战结束,工业或商业经营场所的租赁都受《民法典》第 1714 条及随后条款的调整,也就是说,适用"建筑物不动产租赁之普通法"。当事人可以自由确定租约期限;租约到期,出租人没有义务延展租约;对商人来说,稳定的经营场所却是至关重要的,只有这样,他们才能安定地、持续地开拓和发展自己的顾客群体,使自己在创业时的智力投资与资金投入不受人为的干扰,其创建的经营资产才能得到保护,才可以由继承人继承,或者将其转让给接替经营活动的任何人。如果经营场所租约不能得到延展,或者出租人可以任意拒绝延展租约,作为承租人的商人,即使此时生意红火,也不得不离开其承租的经营场所,虽然不至于被迫停业,但重新找到场所继续经营几乎等于重新开业,至少会失去一部分原有顾客。从出租人的角度来看,如果给予其任意拒绝延展商业租约的权利,也许是有利可图的:他本人可能利用原场所继续从事与(原)承租人相同的经营活动,这就等于轻而易举地将他人的顾客群体攫为己有;他也可能为了获得更高的租金而将场所收回再租给他人,而后者也就取得了前任经营者多年形成的客源。实际生活中,并非每一个顾客都能随时洞悉同一家店铺是否更换了经营者,消费者关注的是经营场所内从事的经营活动,而不关注谁是经营者。在这种情况下,被迫解除租约的商人即使以出租人不当得利或滥用权利为理由提起诉讼,取得损害赔偿,仍难以弥补其受到的损失。此外,如果对于出租人拒绝延展租约的情形仅仅适用有关合同的普通法,商人因租约被解除而提起诉讼时,往往很难获得期望的结果。

近30年来,法国各地建设了大量的商业中心,城市中许多老的街区也新建了各种店铺或商业场所,大型商场的建设导致一些零售商店相继关闭。这样,商业店铺、商用办公场所往往供过于求,要想找到经营场地或办公用房,并不困难。商人有可能无须向出租人交纳过高的入门费,只需交纳"合理的租金"即可开业。基于现实状况,最近几年,立法者也在尽力限制有关"商业租约规则"的适用范围。

自1926年6月30日一项关于"商业所有权"的法律通过以来,法国商法对商业场所的承租人始终给予特别保护。商法有关营业资产的规范之所以十分强调经营场地的租约权,主要目的是保护营业资产的稳定性与持续性,使商业活动不因经营场地租约的任意变动而处于游离不定的状况。租约权对保护经营者的权益、发展商业网点起到了非常重要的作用。有些法国学者比照知识产权(propriété intellctuelle)或工业产权(propriété industielle)的概念,将租约权称为"商业产权"(propriété commerciale),足见商业租约在商业经营活动中所占的重要地位;但也有人认为,由于商人承租人对其租用的建筑物、场所或场地等不动产不享有任何物权,从技术上看,"商业产权"这一术语并不恰当。现在,除少数学者仍然沿用这一术语外,法国很少有著述将经营场所的租约权称为"商业产权"。

法国《商法典》就商业经营场所的租约确立了不同于普通法的特别制

度，商业租约适用的规则完全不同于(用于居住的)"住房租约"规则。

法律没有限制"什么人可以是商业经营场所的出租人"，这是显而易见的。但是，如果出租人是由委托代理人签订租约，代理人应当持有委托书；如出租人是夫妻二人，双方都应在租约上签字；如出租人是公司，应由公司的法定代表人在租约上签字。

法律也没有详细规定出租人与承租人各自的权利与义务，这方面的规则仍然适用《民法典》的规定：《民法典》有关租赁的基本规则同样适用于商业租约，例如，有关维修、大修、装修等方面的规定，均适用于商业租约。

既然是商业租约，承租人就必须是商人，因此必须在"商事及公司注册登记簿"进行注册登记。不论是个人还是公司，只有具有商人资格才能享有租约权。自由职业者，如果不是以商事公司的形式从业，在签订业务场所的租约时，不能享有法律赋予的待遇或权利。租约或者经延展的租约，只要期限加起来不超过 24 个月，均属短期租约；只要期限超过 24 个月，即使是默示延展的租约，均自动成为商业租约。短期租约不适用商业租约规则。

商业租约的期限不得少于 9 年，但准许承租人每 3 年终了前提前 6 个月通知，要求退租或者续约，这就是所谓"369 规则"。如果租约中订有解除条款，在其产生效力时，当然可以解除租约。经双方当事人同意，可以协议解除租约，但只有在通知登记了担保权利的债权人 1 个月后，解除租约的协议才能生效；因实施工程等原因，出租人也有权运用这项规则。

退租或续约请求，采用诉讼外文书的形式通知出租人。如果没有提出请求，视为默示延展租约，延展期限仍为 9 年，也可以约定更长期限。租约 9 年到期时，如果承租人没有要求延展，或者，出租人证明有重大的正当理由不宜延展，则可以不延展租约且无须支付补偿金；承租人不履行债务或者没有任何正当理由随意停止经营活动，出租人经诉讼外文书发出催告通知书之后 1 个月仍无效果，出租人也可以拒绝延展租约，并有权收回其出租的场所或房产且可不给予任何补偿。

在商业经营场所的租约到期时，承租人享有延展租约的权利；出租人可以拒绝延展租约，但应向承租人支付(经营场所被追夺的)赔偿金；除证明损失较小的情形外，赔偿金数额尤其应包括按照本行业习惯确定的营业资产的商业价值，还可能加上因搬迁与重新安置而引起的正常费用以及同等价值的营业资产在发生变动时应当交纳的费用与税款。这种高额赔偿制度，往往迫使出租人不敢轻易中断商业租约。

法律条文规定，不论采取何种形式，"禁止承租人(即营业资产的所有权人)向取得其营业资产的买受人转让商业租约"的协议均无效;商业租约可以随同营业资产一起转让,出租人不得以"商业租约是基于承租人个人信誉而订立"为理由反对转让该租约。

但是,营业资产的转让(cession du fonds de commerce)并不等同于租约权的转让(cession du droit au bail)。根据法国最高法院商事庭1996年12月17日的判决,也可以只转让营业资产而保留租约权:"在转让营业资产时,并不一定要转让租约权。"不过,如果只转让营业资产不转让租约权(Cession du fonds sans cession du droit au bail),要求具备两项条件:其一,双方在签订营业资产转让合同时已写明场所的租约权被排除在转让之外;其二,租约权并非"营业资产保持顾客群体"的必不可少的要件。根据1979年6月20日法国最高法院的判决,也可以单独转让租约权:"如果受让人在其接替承租的场所内从事与其前任经营者完全不同的商业活动,而前一经营者可以在另地继续从事其经营活动并且保有其顾客群体,那么,可以单独进行租约权的转让。"

商人在承租经营场地的同时,当然可以将其营业资产出租给其他商人,实行租赁经营。营业资产的租赁经营与经营场所的租赁是两项不同的租约。由于租约权属于营业资产的构成要素,因此后者实行租赁经营,对租约权不产生影响。

商业租约的"转让"也不同于"转租"。除租约中有约定或者经出租人同意之外,可以禁止承租人转租经营场所的全部或一部;如其获准转租,也应当通知出租人参与转租合同的制定;如转租的租金高于主约的原定租金,出租人有权要求相应提高主约租金。转承租人可以按照其权利限度,请求延展租约。

改变房屋的用途应遵守有关物业管理的规定,一般而言,经营场地出租人无权反对营业资产受让人增加与原业务"相关的"或"补充性"业务;改变经营范围的,应提前2个月向出租人进行相关通知,出租人在2个月内未作答复,视为同意,但有可能要求变更租金。

订立租约时,当事人可以自由协商租金数额。只有在承租人开始使用场地或者自延展租约开始执行之后至少经过3年,出租人才能提出调整租金的请求;自开始实行新的租金之日起,出租人每3年均可提出变更请求。

第一节 适用范围

第 L145-1 条 一、为从事营业资产的经营活动所需的不动产或场所的租约,适用本章之规定,不论营业资产是属于在"商事及公司注册登记簿"上注册登记的商人或工业事业经营者,还是属于在"手工业职业目录"上注册登记、从事或不从事商事行为的企业主。

此外:

1. 如果没有所需的附属不动产或场所,势必妨碍营业资产的经营活动,而这些附属的不动产或场所同样属于在其内设置主要营业机构的场所或不动产的所有权人时,此种附属场所或附属不动产的租约亦适用本章之规定;在用于出租的各场所属于多名所有权人的情况下,附属场所的出租,应在出租人完全知情的情况下,为营业资产经营所需的附属使用之目的订立租约。

2. 在商业租约订立之前或订立之后就建有从事商业、工业或手工业之用途的建筑物的土地所订立的土地租约,亦适用本章之规定,但以这些建筑物的建立或经营得到土地所有权人的明文同意为条件。

二、如果营业资产的经营活动采取的是本编第四章所指的租赁经营形式,该营业资产的所有权人,无须证明其在"商事及公司注册登记簿"或"手工业职业目录"上进行了注册登记,亦享有本章规定之利益(亦适用本章之规定)。

(2008 年 8 月 4 日第 2008-776 号法律第 42 条)三、如果是与多名承租人或共有人订立商业租约,商业营业资产或手工业营业资产的经营人享有本章规定之利益,即使其他共同承租人或共有人并非资产的经营人,也没有在"商事及公司注册登记簿"或"手工业职业目录"上进行注册登记。

在租约持有人本人死亡的情况下,其继承人或权利继受人,即使不从事商业营业资产或手工业营业资产的经营活动,在其为继承遗产之需要,请求继续保持原权利人已有的注册登记时,亦适用本章之规定。

第 L145-2 条 一、本章之规定亦适用于:

1. 其内设有教育机构的场所或不动产的租约;

2. 在租约订立之时或者其后,经所有权人明示或默示同意,用于按照政府管理模式进行经营的公共服务事业所需的场所或不动产的租约;

3. 在适用的法律与条例确定的界限之内,为公共企业与工商性质的公共机构继续从事活动所必要的主要的或附属的不动产或场所的租约,但以此种租约不包含对公共财产的任何侵占为条件;

4. 以第 L145-26 条之规定为保留条件,属于国家、(2008 年 8 月 4 日第 2008-776 号法律第 43-1 条)"地方行政机关与"公共机构的场所或不动产的租约,但以这些场所或不动产符合上述第 L145-1 条或本条上述第 1 点与第 2 点之规定为条件;

5. 其内设置具有商事形式或商事宗旨的合作社、信贷合作社或储蓄机构以及互济保险金管理机构的建筑不动产的租约;

6. 准许参加艺术家用房社会保险并承认其属于《税收总法典》附件三第 98 条 A 所定义的雕塑作品创作人的艺术创作人员订立的租约;

(2008 年 8 月 4 日第 2008-776 号法律第 43-1 条)"7. 尽管有 1986 年 12 月 23 日旨在为地方投资、取得社会保障性住房所有权以及为发展房地产供给创造有利条件的第 86-1290 号法律第 57 条 A 的规定,如经双方当事人约定采用此种制度,唯一供从事职业使用的场所的租约"。

二、但是,行政部门在作出公益用途宣告之后取得的不动产,批准暂时占用的,不适用本章之规定。(2005 年 8 月 2 日第 2005-882 号法律第 58-2 条)本章之规定,在《城市规划法典》第 L214-2 条第 1 款所指的(2012 年 3 月 22 日第 2012-387 号法律第 3-3 条)"2 年"(原规定为"1 年")期间,也不适用于按照该《法典》第 L214-1 条之规定行使优先购买权而购买的手工业营业资产、商业营业资产或者商业租约。

第 L145-3 条 本章之规定不适用于长期租约(baux emphytéotiques,期限长达 99 年的不动产租约),有关租金调整的规定除外;但是,在第 L145-1 条与第 L145-2 条所指情况下,本章之规定仍然适用于持有长期租约的人所订立的租约,且以其同意与分租人订立的租约年限不超过其持有的长期租约本身的年限为条件。

第二节 商业租约的期限

第 L145-4 条 (商业)租赁合同(contrat de location)①的期限不得少于 9 年。

但是,如无相反约定,承租人每三年期终了前有权按照第 L145-9 条规定

---

① 此处使用的术语是"contrat de location"(租赁合同),而商业租约(bail commerciale)是对这种合同性质的认定,因此此处仍然是指商业租约。租赁合同是一种统称,商业租约、住房租约、建筑租约都属于租赁合同。——译者注

的形式与期限退租(解除租约)。① 期限超过9年的租约、单一用途的建筑场所的租约、专门用作办公场所的租约,以及《税收总法典》第231条第三项第3点所指的仓储场所的租约,可以订立与此不同的条款。

(2006年7月13日第2006-872号法律第45条)为了进行建筑、重建或者加高现有建筑,或者将附属的居住场所改作新的用途,或者在不动产更新改造与城市更新改造规划范围内拆除不动产而实施经命令或批准的工程,如出租人援用第L145-18条、第L145-21条、第L145-23条与第L145-24条的规定,也享有相同的退租选择权。

请求享有退休社会保险制度之权利的承租人,或者享受在此种社会保险制度范围内给予的残疾抚恤金的承租人,享有按照第L145-9条规定的形式与期限退租的选择权。

在一人有限责任企业或有限责任公司本身是租约的持有人时,前款之规定适用于这种企业的唯一持股人或作为此类公司多数持股人至少已有2年的多数股东。

第L145-5条 (2008年8月4日第2008-776号法律第44条)只要租约或连续延展的租约的总期限不超过3年,双方当事人得在承租人进入租用场所之时,约定不遵守本章之规定。

上述期限到期时,各方当事人不得再就相同的场所、为相同的营业资产的经营而订立与本章之规定不同的新租约。

如在上述期限终止后1个月内承租人仍未退租,并且出租人听任承租人继续占用出租场所,则属于订立新的租约;新的租约的效力受本章之规定调整。

(2008年8月4日第2008-776号法律第44条第二项)在上述期限终止时,相同的当事人就相同场所明示延展租约,或者订立新的租约,租约的效力亦受本章之规定调整。

季节性租赁,不适用前两款之规定。

在按照第1款的规定订立租约时,有关场所的状态,在承租人开始占用

---

① 商业租约的期限不得少于9年。如无相反约定,承租人有权选择每三年期终了时,按照第L145-9条的规定,至少提前6个月通知,提出退租,退租通知在相应的民事季度的最后一日才能产生效力。这就是商业租约的所谓"369规则",承租人违反这种规则,则应补交剩余时间的租金。租约到期,承租人有权要求续约;如遭到拒绝,有权要求补偿。承租人有时也会签署"临时租约",但这种临时租约不是商业租约,承租人不能要求出租人续约。除双方当事人一致同意订立更长期限的租约之外,经延展的租约的期限为9年。——译者注

场所时,以及在其归还该场所时,由双方当事人通过当面协商进行确认、作出说明,或者由他们委托的第三人进行确认。此项说明附于租赁合同。

如果不能按照前款的规定制作场所的状态说明书,应最迫切要求的当事人主动提出的要求,由司法执达员制作出租场所状态说明书,并由出租人与承租人对半承担费用。

第 L145-5-1 条 不论期限如何,完全是由于与双方当事人的意愿无关的特殊情形而需要、准许临时占用场所时,此种临时占用场所的协议不受本章之规定约束。

第 L145-6 条 在原始租约或延展后的租约执行期间,因工程施工,必须清空(2005 年 12 月 8 日第 2005-1572 号法律第 29 条,2007 年 10 月 1 日起实施)"《城市规划法典》第 L313-4 条与第 L313-4-2 条"所指地段内或其周边的场地,或者有必要清空按照这些条文规定的条件批准或命令空出的场地时,商业、工业或手工业场所的出租人为继续执行原租约,向承租人提议将租约转移至在同一或另一建筑物内安排的相类似场所,则可以收回正在出租的上述场所之全部或一部。这项提议应当具体说明所涉及的场所的特点,其提议的场所应能继续用于承租人此前从事的活动。此项提议应提前 1 年通知。

承租人应在 2 个月内告知其接受这项提议,或者向有管辖权限的法院提出其拒绝提议的理由,否则,法院依职权视承租人接受出租人的提议。

第 L145-7 条 租约转移至其他场所的承租人有获得补偿金的权利;补偿金包括承租人因暂时被剥夺原场所的使用而引起的损害后果;相应情况下,应当考虑出租人为进行临时安置而支出的费用及其已经偿还的、承租人因搬迁和重新安置所引起的正常费用。

如承租人接受出租人的提议,或者有管辖权的法院认定出租人的提议有效,且此项提议通知的 1 年期限已届满,所提议的场所一经交由承租人实际支配,并且向其支付了先期补偿金,承租人即应离开原先的承租场所。先期补偿金的数额按照第 L145-9 条规定的形式确定。

应最勤勉的一方当事人的请求,租约所定的租金价位与附加条件可予变更。

第 L145-7-1 条 (2009 年 7 月 22 日第 2009-888 号法律第 16 条)在《旅游法典》第 L321-1 条所指的旅游居所的所有权人与其经营人之间签订的商业租约最短为 9 年,且不享有在每三年期终了时解除租约的权利。

第三节 租约的延展①

第 L145-8 条 只有在租赁场所内经营的营业资产的所有权人,才能主张(享有)延展租约的权利。②

如果营业资产按照本章第八节规定的条件改变经营项目内容,必须是在租约到期日之前实际经营已有 3 年,或者在第 L145-9 条所指的(2012 年 3 月 22 日第 2012-387 号法律)"延展"之日前实际经营已有 3 年,其所有权人才能主张享有租约延展权,有正当理由的除外。租约到期日是指表明退租意思的日期,或者,如提出的是延展租约的请求,提出延展租约请求后的(2008 年 8 月 4 日第 2008-776 号法律第 45 条)"民事季度的第一日为租约到期日"。

第 L145-9 条 (2012 年 3 月 22 日第 2012-387 号法律第 2-2 条)尽管有《民法典》第 1736 条与第 1737 条的规定,受本章之规定调整的经营场所的租约,仅因提前 6 个月通知退租或提出延展申请而停止。

如果没有提出退租(2008 年 8 月 4 日第 2008-776 号法律第 45 条第二项)"或者没有提出延展租约的请求",对于书面订立的租约,默示延展至合同确定的到期日之后。在合同默示延展的期间,退租应提前 6 个月通知并且于相应的民事季度的最后一日开始。

如果以发生某种事件作为租约的到期条件,在该事件发生时即准许出租人请求解除租约,而此种租约在已超过 9 年期限之后,则只能通过至少提前 6 个月进行通知并于(2008 年 8 月 4 日第 2008-776 号法律第 45 条)"相应的民事季度的最后一日"产生效力而终止。这项通知应当写明合同中规定的事件已经实际发生。

对于包含多个时间段的租约,如果出租人在第一个 9 年期间终止时或者在随后的时间段终止时解除租约,应按照上述第 1 款规定的期限提前通知。

---

① 此种法文原文为"renouvellement",是一个多义词,既有"更新""更换"之意,也有"续约""展期""延展"之意,应当注意的是,这两层意义在中文里并不完全同义:续约或者合同的延展并不等于合同"更新"。通常来说,"续约"或"延展"的意思是将原来的合同(租约)延长一个特定的期限,对于这里所说的"商业租约"而言,就是延长 9 年;而合同的更新通常是原合同的双方当事人重新谈判合同的各项条件并签署一份新的合同,在这里就是订立一份新的租约(nouveau bail)。——译者注

② 按照第 L145-8 条的规定,并不是任何人都可以主张延展租约:只有"在租赁场所内经营的营业资产"所有权人,才能主张享有延展租约的权利。营业资产的承租人不能主张享有商业租约延展权。——译者注

通知退租,以诉讼外文书为之。该项通知应当具体说明退租理由,并且指出承租人不论是打算对退租提出异议还是打算请求支付因经营场所被追夺而应当给予的补偿金,均应自退租通知之日起2年期限内向法院提起诉讼(2008年8月4日第2008-776号法律第45条第3款废止:"否则丧失提起诉讼的权利")。

第L145-10条 在没有通知退租的情况下,承租人欲延展租约的,应在租约到期前6个月提出延展租约的请求,或者,在相应情况下,应在(2012年3月22日第2012-387号法律第2-1条)"租约延展"过程中的任何时候提出此项请求。①

延展租约的请求应当采用诉讼外文书,经司法执达员送达出租人。除另有约定或者出租人方面另有通知之外,不论是向出租人本人还是向营业资产的经营管理人通知延展租约的请求均有效;经营管理人被视为有资格接收延展租约的通知。

如经营场所有多名所有权人,除有相反约定或者出租人另有通知之外,向其中一所有权人提出延展租约的请求,对其他所有权人均具有已提出请求之效力。

延展租约的请求应当照录下一款的文字规定,否则无效。

延展租约的请求经执达员送达之后3个月内,出租人应采用相同形式向申请人通知其拒绝延展租约,并说明拒绝理由。出租人在此期限内没有通知其拒绝延展租约之意图的,视其接受延展原租约之原则。

通知拒绝延展租约的诉讼外文书应当指出,承租人无论是打算对出租人拒绝延展租约提出异议还是就其经营场所被追夺而请求补偿金,均应在拒绝延展租约的通知送达之日起2年内向法院提起诉讼(2008年8月4日第2008-776号法律第45条第三项废止:"否则丧失提起诉讼的权利")。

---

① 出租人如终止9年期租约,应在租约到期前6个月通知承租人。通知书采用诉讼外文书,经执达员送达。通知书应说明不延展租约的理由,并告诉承租人如其不同意终止租约或者要求补偿金,均有权在通知书送达之日起2年内向法院提起诉讼。通知书没有写明这一事项的,视为无效。如果出租人在租约到期前6个月没有向承租人通知续约,原缔结的商业租约视为得到延展。承租人如果想订立新的租约,应在原租约到期前6个月,或者在租约到期后的任何时候,通过司法执达员送达文书请求订立新租约。出租人应在3个月内作出答复。如其拒绝延展租约,应当补偿承租人受到的损失;如果双方同意续约,但就租金数额达不成协议,出租人及承租人均可向法院提起诉讼,确定新的租金数额;出租人在3个月期限经过之后仍然没有答复的,无权拒绝订立新租约。——译者注

第 L145-11 条 出租人如果在第 L145-9 条所指的退租通知中或者在回答第 L145-10 条所指的延展租约的请求时并未反对延展租约之原则，但希望变更租金数额，应当告知其提议的数额，否则，只有按照最高行政法院提出资政意见后颁布的法令规定的方式提出请求后才能开始收取新的租金。

第 L145-12 条 经延展的租约的期限为 9 年，但双方当事人一致同意订立更长期限的，不在此限。

在经延展的租约的执行过程中，适用第 L145-4 条第 2 款与第 3 款的规定。

新租约自前租约终止时生效，或者在相应情况下，自（2012 年 3 月 22 日第 2012-387 号法律第 2-1 条）"租约延展"之日起生效。所谓"租约终止日"是指表明退租意思的日期，或者如提出的是延展租约的请求，租约延展之日是指（2008 年 8 月 4 日第 2008-776 号法律第 45 条第四项）"提出该项请求之后的民事季度的第一日"。

但是，如果出租人在通知退租或者表明拒绝延展租约的意思之后又决定延展租约，新租约自其以诉讼外文书向承租人通知其同意延展租约之日起产生效力。

第 L145-13 条 除保留执行 1943 年 5 月 28 日对外国人适用有关房屋租金或土地租金的法律规定之外，外国籍商人、工业经营者或者在"手工业职业目录"上注册登记的人，不论是直接还是通过中间人，均不得主张本节之规定，但在 1914 年与 1939 年战争期间在法国或盟国军队里战斗过的外国人或者子女有法国人身份的外国人，不在此限。

前款之规定不适用于欧洲共同体成员国或欧洲经济区协议参加国的国民。

第四节 拒绝延展租约

第 L145-14 条 出租人可以拒绝延展租约，但是，除有第 L145-17 条及随后条款规定的抗辩理由之外，出租人应当向丧失经营场所的承租人支付"经营场所被追夺之补偿金"（indemnité d'éviction），此种补偿金的数额相当于因租约不能得到延展而给承租人造成的损失。

这项补偿金尤其应包括按照本行业习惯确定的营业资产的商业价值，还可能加上因搬迁与重新安置所引起的正常费用以及同等价值的营业资产在发生变动时应当交纳的费用与税金,场地所有权人(出租人)能证明所造成的损失小于此种情形时除外。①

第 L145-15 条　不论采取何种形式,凡是以抵触本章或者第 L145-4 条、第 L145-37 条至第 L145-41 条、第 L145-42 条第 2 款与第 L145-47 条至第 L145-54 条所设置的租约延展权为效果的条款、约定和安排均无效。

第 L145-16 条　不论采用何种形式,旨在禁止承租人向取得其营业资产或企业的买受人转让商业租约或其依本章之规定享有的各项权利的协议亦无效。

在公司合并或分立或者按照《民法典》第 1844-5 条规定的条件实行公司的资产负债(概括财产)整体转移时,或者按照(2012 年 3 月 22 日第 2012-387 号法律第 16-2 条)"第 L236-6-1 条、第 L236-22 条及第 L236-24 条"规定的条件用公司资产之一部进行出资的情况下,不论有何相反约定,均由合并后产生的公司、分立合同指定的公司,或者在分立合同没有这项指定时,分立后产生的各公司,或者获得概括财产转移的公司,或者享有出资利益的公司取代享有经营场所租约利益的原签约公司依据该租约而享有全部权利与义务。

在进行转让的情况下,或者在本条第 2 款所指的情况下,如果不能再按照原协议的规定确实保障担保义务,法院得责令承租人设立其认为充分的担保,以替代原有的担保。

第 L145-16-1 条　如果在转让商业租约的同时订有转让人担保出租人获得利润的条款,只要承租人有不缴纳租金的情况,出租人均可在本应缴纳租金之日起 1 个月内将此情况告知转让人。

第 L45-16-2 条　如果在转让商业租约的同时订有转让人担保出租人获得利润的条款,出租人只能在租约转让起 3 年期间主张该条款的规定。

第 L145-17 条　一、以下情形,出租人可以拒绝延展租约且无须支付任何补偿金:

1. 如其对租约到期的承租人证明有(拒绝延展租约的)重大的正当理由

---

①　出租人可以在 9 年期租约到期时不再延展该租约,但应对出租人给予相应的赔偿。这种补偿金有特定的法文名称——"indemnité d'éviction",称为"经营场所被追夺之补偿金",其数额实际上是按照行业习惯确定,条文中所说的营业资产的"商业价值",一般情况下相当于 3 年的平均营业额,加上搬家和安置费用,以及因资产变动而应当交纳各种税金和费用。——译者注

(motif grave et légitime)。① 但是，如果是基于(承租人)不履行某项债务，或者按照第 L145-8 条的规定来看，是因(承租人)无任何严肃的正当理由而停止经营其营业资产，只有在向承租人发出催告，经过 1 个月之后，承租人仍然继续或者重复其违法行为的，出租人才能援用此种违法行为(作为拒绝延展租约的理由)；这项催告应当采用诉讼外文书为之，具体说明援用的理由并照录本款之规定，否则无效。

2. 如果经行政机关认定，建筑物本身处于不卫生、不安全的状况中，确认其需要全部或一部拆除时，或者如建筑物本身的状况确有危险因而不能再继续使用时。

二、在所有权人或者其权利继受人重建一处包含商业场所的新建筑物的情况下，承租人按照第 L145-19 条与第 L145-20 条所指的条件在重建的建筑物内享有优先(承租)权(un droit de priorité)。②

第 L145-18 条　因进行建筑或者重建现有建筑物，出租人有拒绝延展租约的权利，但应向经营场所被追夺的承租人支付第 L145-14 条所指的补偿金。

因工程施工需要空出位于《城市规划法典》(2005 年 12 月 8 日第 2005-1527 号法律第 29 条)"第 L313-4 条与第 L313-4-2 条"所指的某一地段或其周边的场地，并且按照这些条文规定的条件得到批准或者命令清空场地时，出租人亦有拒绝延展租约的权利。

但是，出租人如果向丧失经营场所的承租人提供在类似地段且符合承租人需要的另一经营场所，则可免于支付补偿金。

相应情况下，承租人可以得到一定的补偿费(indemnité compensatrice)，用以补偿其因暂时不能使用经营场所而受到的损失以及由此引起的营业资产价值的降低；此外，承租人因搬迁与重新安置而引起的正当费用，可以得到偿还。

出租人主张享有本条规定之利益时，应在拒绝延展租约的文书中或者在辞退承租人的通知中写明上述第 3 款的规定，并且具体说明新的租赁条件；

---

①　本款第一项规定的出租人可以拒绝延展租约且不给予赔偿的情况，其中所谓"重大的正当理由"应是指承租人严重违反租约的违法行为(infraction)，"但书"之后明确指出在以下两种情况下，出租人需要履行"催告"手续："如果是基于(承租人)不履行某项债务，或者因(承租人)无任何严肃的正当理由而停止经营其营业资产"，出租人只有在通过执达员提出催告且经过 1 个月期限之后承租人仍然不加改正时，才能援引"重大的正当理由"。所谓"重大的正当理由"通常是指：长期拖欠租金、改变经营项目、长期不经营、不参加保险等。——译者注
②　此处的优先权应指优先就在原址建立的新建筑物订立商业租约的权利。——译者注

承租人应在 3 个月内,用诉讼外文书告知其接受新的租赁条件,或者按照第 L145-58 条规定的条件向有管辖权的法院提起诉讼。

如各方当事人仅仅是对新租约的条件存在分歧,新租约的条件按照第 L145-56 条规定的程序确定。

第 L145-19 条 为了享有第 L145-17 条规定的订立租约的优先权,承租人应在离开其承租的经营场所的当时,或者最迟在此后 3 个月内,用诉讼外文书向出租人通知其有运用该项优先权的意思,并告知其新的住所;在其住所有任何变更时,均应告知出租人,否则,丧失订立租约的优先权。

收到这项通知的所有权人(出租人),应当在其出租或者由其本人占用新的场所之前,以相同方式告知承租人其准备与之订立新的租约。在双方当事人就新租约的条件达不成协议的情况下,按照第 L145-56 条规定的程序确定这些条件。

承租人可以在 3 个月期限内表明其同意订立新的租约,或者向法院提起诉讼。3 个月期限经过之后,经营场所的所有权人可以处分其场所。

所有权人不遵守本条前 2 款的规定,经承租人提出请求,得被判处向承租人支付损害赔偿。

第 L145-20 条 如果按照第 L145-17 条规定的条件重建后的建筑物面积大于原建筑物的面积,(原承租人所享有的订立租约的)优先权仅限于与(其)原来占用的各经营场地相等的面积,或者仅限于能够满足(其)在原先占用的场地上进行相同的商业经营活动所需的面积。

如重建后的建筑物不能满足重新安置原有的全部商位之需求,优先订约权应首先给予已经告知继续租用场所并持有最早订之租约的承租人。

第 L145-21 条 如果所有权人准备加高其建筑物,并且因实施加高工程有必要暂时让承租人迁出,所有权人也可以在最长 3 年内推迟延展租约。在此情况下,承租人有权对其受到的损失获得补偿金,但数额不得超过 3 年的租金。

第 L145-22 条 出租人打算将原先附属于商业场所的居住场所用于其本人或配偶,或者本人或配偶的直系尊血亲与直系卑血亲居住时,可以拒绝延展仅涉及该居住场所部分的租约,但以打算在收回后的场所内居住的人没有符合其本人及平常与其一起居住的家庭成员之正常需要的其他居住场所为条件。

但是,不得按照上述条件收回用于开设旅馆的建筑物场所或者带家具出租的场所,以及用作医疗设施或教育设施的场所。

同样，如果承租人证明其被剥夺附属的居住场所的租赁使用权将严重妨害其从事营业资产的经营活动时，或者在商业场所与居住场所组成一个不可分开的整体时，出租人也不得按照上述条件将附属的居住场所收回。

在出租人有偿取得建筑物的情况下，只有在其表示拒绝延展租约之前，取得该建筑物的文书最终确定买卖成立的日期之后已经过6年，才能享有本条规定的利益。①

有权收回出租场所的人，由于其行使此种收回权而可能使住房空闲时，有义务将可能空闲的住房提供给被收回的场所的原承租人。②

在本条所指的部分收回出租场所的情况下确定租约延展之后的租金数额时，应当考虑原经营场所被部分收回给承租人或其权利继受人从事的活动所造成的损失。

除有正当理由外，享有收回出租场所之利益的人，应当在被收回的场所的原承租人离开之日起6个月期限内，并且最少应在6年期间，由其本人占用该场所，否则经营场所被收回的承租人有权按照被收回的场所的大小，获得经营场所被追夺之补偿金。

第L145-23条 （2014年6月18日第2014-626号法律第5条废止：第L145-22条之规定不适用于直接或通过中间人从事活动的外国籍出租人，但在1914年与1939年战争期间在法国或盟国军队里战斗过的外国人或者子女有法国人身份的外国人，不在此限。

前款之规定不适用于欧盟成员国或者欧洲经济区协议参加国的国民。）

第L145-23-1条 （2006年7月13日第2006-872号法律第45条）如果附属于商业场所出租的居住场所并未用于居住，在3年期终了时，出租人至少提前6个月进行通知，可以按照第L145-9条规定的形式收回此种附属出租的居住场所。只有在为此目的发出的解除附属居住场所租约的通知之后经过6个月，该场所仍然没有用于居住时，才能将其收回。

但是，不得按照上述条件收回用于开设旅馆的建筑物场所或带家具出租的场所，以及用作医疗设施或教育设施的场所。

同样，如果承租人证明其被剥夺附属的居住场所的租赁使用权将严重妨害其从事营业资产的经营活动时，或者在商业场所与居住场所组成一个不可

---

① 这就是说，该建筑物的商业租约是由前所有权人订立时，当前的所有权人只有在该建筑物的买卖文书经办理公示手续、确定买卖最终成立的日期之后经过6年，才能拒绝继续订立租约。——译者注

② 这仍然属于订立租约的优先权的一部分内容。——译者注

分开的整体时,出租人也不得按照上述条件将附属的居住场所收回。

在本条所指的部分收回出租场所的情况下,确定租约的租金时,应当考虑该场所部分收回之后被分割的面积,且不得因此种收回构成对第L145-33条所指的租赁价值各构成要素的明显改变。

第L145-24条 (承租人享有的)延展租约的权利,对于已经取得将第L145-1条第一项第2点所指地块全部或一部用于建设住房之建筑许可证的所有权人,不具有对抗效力。

但是,在任何情况下,只能对用于建筑住房必不可少的地块部分行使此种收回权。如果行使收回权产生的效果是强制停止(在这些地段从事的)商业、工业或手工业经营活动,适用第L145-18条之规定。

第L145-25条 经营场所的所有权人或者主承租人同时也是该场所的出租人时,如果他是在该场所内经营的营业资产的出卖人,在其受领全部买卖价金之后,只有在负担支付第L145-14条规定的补偿金的条件下,才能(对其出卖的营业资产的买受人)拒绝延展租约,但如其能对买受人证明有严肃的重大理由,不在此限。

第L145-26条 对属于国家、(2008年8月4日第2008-776号法律第43-2条)"地方行政机关"与公共机构的建筑物,如果作为所有权人的行政机关没有负责(向被排除租约的承租人)支付第L145-14条规定的经营场所被追夺之补偿金,则不得拒绝延展涉及这些建筑物的商业租约,即使是出于公共用益之原因而有拒绝延展租约的理由,亦应支付此种补偿金。

第L145-27条 如经认定,出租人行使第L145-17条赋予的权利只不过是为了使承租人不能行使其权利而采取的欺诈手段,尤其是采取将场所出租或者转卖给他人的手段来达到此种目的,不论其进行的交易活动是民事性质还是商事性质,承租人均有权获得相等于所受损失的补偿金。

第L145-28条 凡是可以主张补偿金的承租人,在没有收到补偿金之前,均不得被强制离开其承租的场所;直至补偿金支付,承租人均有权按照已经到期的租赁合同规定的条件与条款继续留在该场所,但是,因其占用场所而应当向出租人支付的补偿金,在考虑各种评价因素的基础上,按照第六节与第七节的规定确定。

尽管有前款规定,在第L145-18条第2款所指的唯一情况下,法院院长根据最高行政法院提出资政意见后颁布的法令规定的形式命令通过事先评估鉴定而确定的预付性补偿金一经支付,承租人即应离开其承租的原场所。

第 L145-29 条 自向承租人本人支付因经营场所被追夺而给予的补偿金之日,或者在将该项补偿金支付至讼争物保管人手中之日起,(2008 年 8 月 4 日第 2008-776 号法律第 46 条)经过"3 个月期限",承租人应将原承租场所交还出租人。在各方当事人达不成协议的情况下,由宣告判处支付补偿金的判决任命讼争物保管人;如果没有此项判决,法院依申请作出简单裁定,指定保管人。

在没有任何债权人提出支付异议的情况下,由讼争物保管人向承租人支付补偿金,承租人出具收据并交还已经腾空的场所的钥匙,同时应出具已支付税款及拖欠的租金的证明,且以其完成了租赁性质的修缮为保留条件。

第 L145-30 条 承租人如在确定的日期不交还钥匙,则在经过催告之后,每迟交一日,讼争物保管人可扣减 1% 的补偿金,并将扣取的款项返还给出租人,出租人应出具收据。

至第 L145-58 条规定的 15 日期限终了,出租人始终没有运用其扣减补偿金的权利时,在以诉讼外文书进行支付催告之日起 3 个月内,补偿金即应(全额)支付给承租人或者支付给讼争物保管人,诉讼外文书应当照录本条第 1 款的规定,否则无效。

第五节 转 租①

第 L145-31 条 除租约另有规定或者经出租人同意之外,禁止经营场所的任何全部或一部转租。

在(经营场所的所有权人)批准转租的情况下,所有权人受召唤参与转

---

① 这里的"转租"是指经营场所的转租,法语原文为"sous-location",既用指"转租"行为,也指"转租租约"本身。商业租约(租赁权)是(承租人的)营业资产的重要组成要素。在营业资产的所有权人将其资产转让他人时,本身并不牵涉经营场所的所有权人,但是,由于这两个所有权人之间订有经营场所的"商业租约",因此,在营业资产转让时,仍然涉及经营场所的所有权人(出租人)。法国法律明确区分"经营场所的出租或转租"与"营业资产的租赁经营"。第 L145-31 条明文规定:"除租约另有规定或者经出租人同意之外,禁止经营场所的任何全部或一部转租。"因此,经营场所的转租应当得到该场所的出租人(所有权人)同意,但《商法典》同时明文规定,"任何禁止商业租约的承租人买卖(或转让)其经营资产的条款一律无效";在商业租约中,应该尽量减少经营场所的出租人(所有权人)对营业资产所有权人权利的各种限制。——译者注

租文书的制定。①

当转租租金高于主租约规定的租金时，经营场所的所有权人有权要求相应提高主租约的租金。双方当事人达不成协议时，租金提高的数额，按照最高行政法院提出资政意见之后颁布的法令规定的程序确定并适用第 L145-56 条的规定。

承租人应当用诉讼外文书或者用挂号信并取得回执，将其打算转租经营场所的意图通知所有权人，所有权人应在接到通知后 15 日内告知其是否打算参与这项转租行为。如果出租人在租约中有准许转租之规定的情况下仍然拒绝转租或者怠于作出回复，承租人对此可不予过问。

第 L145-32 条 转承租人可以按照主承租人本人从所有权人那里取得的权利的限度，请求延展其订立的租约。出租人，如第 L145-31 条之规定，受召唤参与延展租约的行为。

主租约到期时，经营场所的所有权人，仅在其原已明示或默示批准或认可转租的情况下，才负有延展转租租约的义务，以及在部分转租的情况下，如果从事实上或者各方当事人的共同意图来看，按照主租约出租的场地并不构成一个不可分的整体时，场所所有权人才负有此项延展义务。

第六节 租 金

第 L145-33 条 延展或者修改后的租约的租金数额应当与经营场所的租赁价值（valeur locative）相一致。

在双方当事人达不成协议的情况下，(2001 年 12 月 11 日第 2001-1168 号法律)(经营场所的)租赁价值根据以下因素确定：

1. 用于出租的场所的性质；
2. 场所的规定用途；
3. 当事人各自的义务；
4. 当地的商业性因素；
5. 周边地区通常实行的租金价位。

最高行政法院提出资政意见后颁布的法令具体规定这些因素的组成成分。

---

① 在租约另有规定或者经出租人同意的情况下，可以进行经营场所的转租，但是经营场所的转租是一项有风险的活动，即使租约中规定准许转租，承租人仍应通知经营场所的所有权人参与（转租）文书的制定，通常来说，签订转租合同时，必须有出租人的参与。——译者注

第 L145-34 条 除(2001 年 12 月 11 日第 2001-1168 号法律第 16-2 条)"第 L145-33 条第 2 款第 1 点至第 4 点"提及的各因素发生明显变化之外,如果待延展的租约的期限不超过 9 年①,该租约订立以后适用的租金变动比例(le taux de variation du loyer)不得超过(2008 年 8 月 4 日第 2008-776 号法律第 47-1 条)已经到期的租约最初确定租金以来国内建筑成本季度指数所发生的变动,或者,(如果采用以下指数则)不得超过《货币与金融法典》第 L112-2 条第 1 款与第 2 款所指的、由国家统计与经济研究院②发布的第三产业活动租约的季度指数或商业租约的季度指数。如果合同中没有条款确定适用这种指数的参照季度,则应当考虑国内建筑成本的季度指数的变动情况,或者考虑国家统计与经济研究院最近一次发布指数之前 9 年期间计算的商业租约季度指数或者第三产业活动租约季度指数。

在原定的租约到期日之后才延展租约的情况下,就租金的原定到期日与其实际延展日之间的租金进行的调整,按照(国家经济研究与统计局)最近公布的指数计算。

租约(2012 年 3 月 22 日第 2012-387 号法律第 2-1 条)因默示"延展期限"超过 12 年时,不再适用上款之规定。

在第 L145-33 条第 2 款第 1 点至第 4 点所指的因素发生明显改变的情况下,或者在合同中订立的关于期限的条款对最高限额规定了例外时,由此产生的租金比例变动不得导致在一年内增加的数额超过上一年租金数额 10%的结果。

第 L145-35 条 如因适用第 L145-34 条与第 L145-38 条的规定而发生争议,以及与费用和工程有关的争议,由省调解委员会处理。省调解委员会由人数相等的出租人与承租人以及有资格的人士组成。省调解委员会尽力使双方当事人实现和解并提出意见。

如果一方当事人在向省调解委员会提出调解申请的同时还向法院提起

---

① 经营场所的租金由双方自由确定,《商法典》仅对每 3 年修改租金或者租约更新时的租金有明文规定。租金的确定应考虑是否将税金与杂费包括在内,但增值税不包括在内。除租金之外,对于地段位置好的店铺一般需要缴纳所谓"入门费"。出租人一般会按法律规定,每年或每 3 年提高一次租金。

提高租金时应考虑国内建筑成本的季节指数,这是强制性规定,双方不得任意取消这一参照标准。如果租约期限不超过 9 年,更新后的租金不能超过国家颁布的建筑成本的季节指数的浮动。如果合同没有此种规定,出租人仍然有权每 3 年要求按指数提高租金。如果出租场所升值,升幅超过了 10%,同样可以要求提高租金。——译者注

② 即法国国家统计局。——译者注

诉讼,只要省调解委员会尚未提出其意见,法院不得进行审理裁判。

如果省调解委员会在 3 个月期限内没有进行审理,应停止管辖。

省调解委员会的组成、成员的指定方式与委员会的运作规则,由法令确定。

第 L145-36 条　为了确定土地租约的租金价位、为单一用途而建筑的场所的租金价位,以及专门作办公写字楼的场所的租金价位,可以参照哪些因素,由最高行政法院提出资政意见后颁布的法令规定。

(2010 年 9 月 30 日第 2010-1149 号法律第 5 条)"为开设《电影与动漫法典》第 L212-2 条所指的放映电影节目的机构而建设或安排的场所的租金,唯一按照相应活动领域的习惯做法确定,无须遵守第 L145-33 条及随后条款的规定"。

第 L145-37 条　受本章规定调整的不动产或场地租约的租金,不论是否是经延展的租约,均可应当事人一方的请求进行调整,但应遵守第 L145-38 条与第 L145-39 条的规定,以及最高行政法院提出资政意见后颁布的法令确定的条件。

第 L145-38 条　调整租金的请求,只有自承租人开始使用承租场地起至少经过 3 年时才能提出,或者在延展的租约开始执行之后至少经过 3 年时才能提出。租金的调整,自提出调整请求之日起产生效力。

自实行新的租金之日起,每 3 年均可提出调整租金的请求。

(2001 年 12 月 11 日第 2001-1168 号法律)"尽管有第 L145-33 条之规定",以及除提出证据证明当地的商业因素发生实际变化,因而引起场地的租赁价值发生变化超过 10% 之情况外,每 3 年期请求调整租金时,无论是提高还是降低的数额,均不得超过建筑成本的季度指数的变动,或者不得超过自双方当事人最后一次协商确定或法院确定租金以来,(2008 年 8 月 4 日第 2008-776 号法律第 47-1 条,2011 年 5 月 17 日第 2011-525 号法律第 63-4 条)"由国家经济研究与统计局发布的《货币与金融法典》第 L112-2 条第 1 款与第 2 款所指的商业租约的季度指数"。在提出此种证据的情况下,由此产生的租金比例变动不得导致在一年内增加的数额超过上一年租金数额 10% 的结果。

在任何情况下,为计算场地的租赁价值,均不考虑承租人进行的资金投入,也不考虑因承租人在租约期间进行的管理而给其承租的场所带来的价值增加或者减少。

第 L145-39 条　此外,尽管有第 L145-38 条之规定,如果租约规定了租金的变动比例条款,只要与原租约或原先由法院判决确定的租金相比,租金增加或减少超过 1/4 时,均可请求调整租金。由此产生的租金比例变动不得导致在一年内增加的数额超过上一年租金数额 10% 的结果。

第 L145-40 条　提前交纳的租金,不论采取何种形式,即使是作为保证金缴纳,凡是超过两期租金数额的部分,均按照法兰西银行在依票据提前支付款项时实行的利率产生利于承租人的利息。

第六节(二)　场所的状态、租赁负担与税收

第 L145-40-1 条　在订立租约、转让租约权、转让营业资产或者营业资产发生无偿变动的情况下,承租人开始占用租赁场所时,以及在其归还租赁场所时,由出租人与承租人当面协商或者由他们委托的第三人制作出租场所的状态说明书。这项说明书附于租赁合同,或者由各方当事人各自保存。

如果不能按照第 1 款规定的条件制作出租场所的状态说明书,应最迫切要求的当事人主动要求,由司法执达员制作这一说明书并由双方当事人各自负担一半费用。

出租人对制作出租场所的状态说明书没有尽其努力的,不得主张《民法典》第 1731 条的推定。

第 L145-40-2 条　所有的租赁合同均应逐一列明与租约相关的费用负担、各种税负与应纳款项,并且写明哪些款项由出租人负担、哪些由承租人负担。按照这项费用明细单,出租人在法规规定的期限内每年向承租人发出详细的费用分担细目。在租约期间,如发生新的费用负担、税负和应纳款项,出租人均应通知承租人。

在租约订立时,以及此后每 3 年,出租人均应向承租人传送:

1. 其考虑在 3 年内实施的工程的预计项目以及预计的工程费用;
2. 在此前 3 年已经完成的工程的列表并具体写明每项工程的费用。

在同一建筑物里有多名承租人的情况下,租赁合同应具体写明占用整个建筑物的不同承租人各自分担的费用或者工程费用的数额。

分担费用的数额,按照承租人使用的经营场所的面积计算;承租人负担的各种税款与应纳款项,严格按照每一个人占用的场所以及出租场所的经营所必要的公共部分的分摊面积计算。

在租赁过程中,凡是有可能改变上述费用负担的因素,出租人均应告知承租人。

最高行政法院提出资政意见后颁布的法令确定本条的实施条件,并具体规定哪些费用、税款和应纳款项因其性质不得转嫁给承租人负担。

第七节 租约的解除

第 L145-41 条 租约中订立的当然解除租约的任何条款①,只有在进行催告通知之后经过 1 个月仍未产生结果时才能产生效力。催告通知书应当写明这一期限,否则无效。

法官在受理按照《民法典》第 1244-1 条至第 1244-3 条规定的形式与条件提出的请求时,如果没有已经产生既判力的判决确认或宣告解除租约,可以在给予宽限期的同时,暂行中止实现解除条款及其效力;如果承租人按照法官确定的条件履行了义务,解除条款不再发生效力。

第 L145-42 条 在实现按照第八节之规定进行经营活动转型所必要的时期内,(租约中规定的)在(承租人)停止经营活动时当然解除租约的条款不产生效力。

但是,就经营活动转型而规定的期限不得超过 6 个月,自双方当事人就(承租人从事)多项目经营达成协议或法院批准改变经营项目之日起开始计算。

第 L145-43 条 在"手工业职业目录"上注册登记的商人或个人,作为其营业资产的经营场地的承租人,准许实行《劳动法典》第 L900-2 条(第三项与第五项)意义上的转行试营业期或开发试营业期,在此期间可以不履行实际进行经营之义务,但试营业期不得超过 1 年,按照《劳动法典》第 L961-3 条规定,经认可的开发试营业期除外。

第 L145-44 条 商人或手工业者,在第 L145-43 条所指的试营业期经过之后,为改行从事其他活动而离开其作为承租人的经营场地,并将其经营活动迁移至另一场地时,或者改作薪金雇员从事活动时,自其向出租人送达解除租约的通知之日起 3 个月期满,租约当然解除,并且无须支付补偿金。

第 L145-45 条 (2005 年 7 月 26 日第 2005-845 号法律第 165-2 条)承租

---

① 实践中,几乎所有的商业租约都包含有"当然解除条款",但法律对这一条款有严格规定。"租约中订立的当然解除租约的任何条款,只有在进行催告通知之后经过 1 个月仍未产生结果时才能产生效力。"如果在租约中订立条款规定缩短这一期间,该条款无效。承租人可以在 1 个月内付清租金,以避免解除租约;如果不能付清租金,应向法院起诉,要求法官同意分期支付所欠的租金。分期交纳拖欠租金的时间不能超过 24 个月。如果在法官同意分期交租的期限内继续拖欠租金,当然解除条款则立即产生效力,出租人无须向法院提起诉讼,即可驱逐承租人。——译者注

人实行司法保护、司法重整与司法清算程序时,并不当然引起债务人用于从事工业、商业或手工业活动的建筑物的租约被解除,包括附属于这些建筑物的由债务人或其家庭用作居住场所之部分的租约。任何相反约定均无效。

第 L145-46 条 出租人既是建筑物的所有权人又是在该建筑物内经营的营业资产的所有权人并且就此同时订立两项租约时,对于承租人经过所有权人明文同意进行的实际改善给营业资产或建筑物本身的租赁价值带来的增加值,出租人应向承租人支付补偿金,补偿金的数额相等于出租人从此项增加价值中获得的利益。

第 L145-46-1 条 商业用途或手工业用途的场所的所有权人打算出卖该场所时,应当用挂号信并要求回执通知承租人,或者亲手将信件交给承租人并取得收据或由承租人画押、草签。这项通知应当写明场所的出卖价位及考虑实行的买卖条件,否则,通知无效;该项通知具有向承租人提出买卖要约的效力。承租人可以在接到这项要约起 1 个月内作出决定。在承租人决定接受要约的情况下,可以在其向出租人作出回复之日起 2 个月内实现买卖;如果承租人在其作出的回复中通知出卖人其打算通过贷款方式进行买卖,承租人对这项要约的承诺以其取得贷款为中止条件,买卖实现的期限由此推迟至 4 个月。

如果在该期限经过后没有实现买卖,承租人对要约的承诺失去效力。

在所有权人决定按照优惠条件或价格向买受人出卖资产的情况下,如果出租人没有事先进行通知,公证人应按照第 1 款规定的形式向承租人通知这种优惠条件与优惠价格,否则买卖无效。该项通知具有向承租人提出买卖要约的效力。在承租人接到这项要约起 1 个月期限内,该要约有效;如果承租人在 1 个月内没有对要约作出承诺,要约失去效力。

承租人对向其通知的要约作出承诺,可以在其向出租人或公证人作出回复之日起 2 个月内实现买卖。如果承租人在其作出的回复中通知出卖人他打算通过贷款方式进行买卖,承租人对这项买卖要约的承诺以其取得贷款为中止条件,为此,买卖实现的期限推迟至 4 个月。如果在该期限经过后没有实现买卖,承租人对要约的承诺失去效力。

在每次进行通知时,均应写明本条前 4 款的规定,否则通知无效。

对一个商业建筑整体的多个场所进行单一转让,或者向商业建筑整体的某个共同所有权人转让某个商业场所的情况,不适用本条之规定。在包含有多个商业场所的建筑物进行整体转让时,或者向出租人的配偶、直系尊血亲或卑血亲或者他们的配偶转让某个场所时,也不适用本条之规定。

第八节　承租人经营活动的非专业化①

第 L145-47 条　承租人可以在租约规定的经营活动之外增加与这些活动有关联的或者补充性质的活动。

为此目的,承租人应当用诉讼外文书将其意图通知(经营场地的)所有权人,并指明其打算从事哪些活动。履行这项通知手续具有向所有权人发出催告的效力,促其在 2 个月期限内告知对这些活动的关联性或补充性是否持有异议,否则,丧失提出异议的权利。在所有权人提出异议的情况下,由最迫切的一方当事人提出请求,受理争议的法院尤其应根据商业习惯的演变作出判决。

在前款所指的通知之后第一个 3 年期调整租金时,尽管有第 L145-38 条的规定,如果增加的商业活动本身引起经营场地的租赁价值改变,为确定租金数额,可以将这些活动考虑在内。

第 L145-48 条　如果承租人根据经济情势与合理组织销售之必要,打算在其承租的场所内从事一项或数项不同于租约原先规定的营业活动,且这些活动符合建筑物或建筑物所在的整体结构的用途、性质和状况时,由其提出请求,可以获批准从事此种活动。

但是,在建筑规划确定的、构成一个商业单位的整体内的某一经营场地的最初承租人,自其开始使用该场所之日起 9 年期间不得主张上述权利。

第 L145-49 条　承租人向出租人提出的请求应当写明其打算从事哪些营业活动,否则所提请求无效。此项请求以诉讼外文书提出,并按照相同形

---

①　本节所谓"非专业化"(déspécialisation)是对承租人在其承租的经营场所内是否可以改变营业活动范围的规定。按照《商法典》第 L145-47 条的规定,承租人可以增加与租约原规定的营业范围有联系的或者补充性质的活动,但应事先经执达员向出租人送达通知,出租人应在 2 个月内作出答复,否则视其同意;如有争议,可向法院起诉。通常来说,在涉及的楼房有所谓"内部规章"的情况下,这方面的问题应由租约双方当事人根据"内部规章"来处理。原本是用作商业店铺的建筑不动产,将其承租过来继续经商,当然不会有问题,但如果是改变建筑物的原有用途,特别是将住宅改作经商之用,需办理一定的手续,尤其要经过不动产所有权人或全体所有权人同意。"同意"改变建筑物或场所的用途,当然意味着同意对建筑物进行装修、悬挂商业招牌,同意修建抽烟设备等,在此基础上,还应当向省、市政府提出申请批准开业。

实践中,如果其他所有权人不同意改变某个场所的用途,或者行政机关拒绝批准,出租人为了保护自己的利益,在租约中都会规定由承租人自行负责申请有关批准手续,而出租人不负任何责任;但是,如果出租人明知其出租的场所不能用作经营餐馆,仍然签订餐馆经营场所的出租合同,在承租人得不到批准的情况下,出租人应负责任。——译者注

式通知在其营业资产上登记了无形动产质权的债权人。这些债权人可以要求在改变经营活动时必须遵守足以保障其利益的各项条件。

如果出租人原已对其他某些承租人作出承诺，不会向与请求从事的活动相类似的活动出租经营场所，则应当在承租人提出请求之日起 1 个月内，以相同形式将承租人提出的请求通知这些承租人。这些承租人应当在接到通知之日起 1 个月内告知他们的态度，否则丧失这方面的权利。

出租人在承租人提出上述请求起 3 个月内没有经司法执达员送达其拒绝或同意所提请求的通知，或者虽然表示同意但附加条件时，均视其同意承租人提出的请求。出租人同意承租人的请求，并不妨碍其行使以下第 L145-50 条规定的权利。

第 L145-50 条 在承租人改变经营活动的情况下，出租人得以此为理由，要求承租人支付补偿金，其数额等于出租人能够证明的受到损失的数额。

此外，与承租人获得的利益相对应，在承租人改变其从事的活动的当时，出租人可以要求变更租金价位，而不适用第 L145-37 条至第 L145-39 条之规定。

已登记担保的债权人仍然按照原来的顺位就变更后的营业资产行使权利。

第 L145-51 条 已经提出退休申请的承租人，或者获准享有按照手工业或工业、商业职业残疾与死亡保险制度给予的残疾抚恤金的承租人，在向经营场地所有权人以及就其营业资产登记了债权的债权人送达通知，告知其打算转让经营场地的租约，并且具体说明拟从事的活动的性质和转让价位之后，出租人在 2 个月期限内可以按照承租人在送达的文书中确定的条件行使优先赎回权。如果出租人不行使这项权利，在 2 个月内也并没有向大审法院提出诉讼请求，视其同意转让。

租约转让之后，受让人从事的活动的性质应当符合建筑物的用途及其性质与状况。

一人有限责任企业的唯一股东，或者担任有限责任公司经理至少已有 2 年并且持有公司多数股份的股东，如果是租约的持有人，亦适用本条之规定。

第 L145-52 条 即使出租人拒绝承租人改变经营项目，如果没有重大的正当原因证明其有拒绝的理由，大审法院可以批准承租人改变其从事的活动之全部或一部。

如果仅仅是对租金价位存在分歧，可按照有关调整租金价位的条例的规定确定租金数额。

其他情况下,争议由法院处理。

第L145-53条 如果出租人依据第L145-18条至第L145-24条的规定,或者为了实施在城市改造或建筑物改造的框架内命令或批准的工程,证明其有理由于正在进行中的3年期间终了时收回出租的场地,可据以认为出租人有正当理由拒绝承租人改变所从事的活动。

如出租人援引的属于前一款所指的理由虚假不实,或者不具备拒绝承租人所提请求的条件时,出租人不得反对承租人重新提出改变活动的申请,有重大的正当理由时除外。此外,出租人有可能被判处向承租人支付因其受到的损失而给予的补偿金。

第L145-54条 如果营业资产的经营场地所在的建筑物必须拆除或者需要更新改造,或者位于至少3年前就已经决定的建筑物更新改造的范围内的营业资产本身应予征收,在此情况下,不考虑因第L145-48条所指的改变经营活动给营业资产带来的增加价值。

第L145-55条 按照第L145-47条、第L145-48条或者第L145-49条的规定提出请求的承租人,得在法院判决取得既判力之后15日期间届满前的任何时候,以诉讼外文书通知出租人放弃所提出的请求。在此情况下,由承租人承担全部诉讼费用。

第九节 诉讼程序

第L145-56条 有关租约的争议的管辖权规则和程序规则,由最高行政法院提出资政意见后颁布的法令确定。

第L145-57条 在为确定调整后的租金价位或延展后的租金价位而进行的诉讼期间,承租人有义务继续交纳按照原价位确定的到期租金,相应情况下,应按照法院在任何情况下均可临时确定的价位交纳租金,但是,在租金价位最终确定之后,出租人与承租人之间应考虑已经交纳的租金的情况。

在终局判决送达后1个月期限内,各方当事人应按照法院确定的条件订立新的租约,承租人放弃延展租约或者出租人拒绝延展租约之情形除外,并且应由表明其不同意订立新租约的一方当事人承担全部费用。出租人在规定的期限内没有按照判决的规定将租约草案送达承租人签字,或者在寄送草案之后1个月内仍然没有达成协议的,由法院裁定或判决确定新租约的各项条件,此项裁定或判决本身具有租约的效力。

第 L145-58 条　至法院判决产生既判力起 15 日期限经过,所有权人可以不支付补偿金,但应由其负担诉讼费用并同意延展租约;双方达不成协议的情况下,延展租约的条件按照为此发布的条例的规定确定之。

只有在承租人仍然留在其承租的场地,并且没有承租或购买其他建筑物以重新安置其业务时,才能行使此项权利。

第 L145-59 条　所有权人按照第 L145-57 条第 2 款的规定拒绝延展租约的判决或者按照第 L145-58 条第 1 款规定的条件不支付补偿金的判决,为不可撤销的判决。

第 L145-60 条　根据本章之规定提起的诉讼时效期间为 2 年。

附《民法典》关于房屋租赁的规定

第一节　房屋租赁与农产租赁的共同规则

第 1714 条　(1945 年 10 月 17 日第 45-2380 号法令,1946 年 4 月 13 日第 46-682 号法律)租赁得以书面或口头方式为之,但涉及农产租赁时,适用土地租赁与雇佣佃农之特别规则者,不在此限。

第 1715 条　不是书面订立的租约,如其尚未执行,在一方当事人否认存在此种租约时,不论租金如何低微,即使他方认为其已交纳定金,有关是否有此租约的证据,均不得以证人证明之。

在此情况下,仅得要求否认存在租约的一方进行宣誓。

第 1716 条　如口头租约已经开始执行,在发生租金争议且没有任何收据时,如承租人不肯请求由鉴定人评估,得以财产所有人的宣誓为准。如承租人要求由鉴定人进行评估,在评估的租金超过其申明的数额时,鉴定费用由承租人负担。

第 1717 条　承租人有转租的权利,甚至有将其租约权让与他人的权利,但如租约禁止其享有此种权利,不在此限。

此种权利的禁止,得为全部,或为一部。

此种条款,在任何场合均有拘束力。

第 1718 条　(1965 年 7 月 13 日第 65-570 号法律)第 595 条第 2 款与第 3 款有关用益权人订立的租约的规定,适用于监护人未经亲属会议批准而订立的租约。

第1719条 无须任何特别条款规定,出租人,依租约的性质负以下义务:

1. 向承租人交付出租物,(2000年12月13日第2000-1208号法令第187-1条)"以及如果出租的场所是用作主要居住场所,应提交适当的住房";如出租的场所不适于居住,出租人不得为了驱逐承租人而主张租约无效或解除租约;

2. 保持出租物处于能够用于据以订立租约的使用状态;

3. 保证承租人在承租期间不受妨碍地使用与享益;

4. (1946年4月13日第46-682号法律)"以及保证栽种物的持久性与质量"。

第1720条 出租人有义务保持其交付的出租物在各方面均处于良好的维护状态。

在租约期间,出租人应对出租物进行一切可能成为必要的修缮,但应当由承租人负担的修缮除外。

第1721条 出租人对出租物存在的妨碍其使用的瑕疵或缺陷,对承租人负担保责任;即使出租人在订立租约时并不知道存在此种瑕疵或缺陷,亦同。

如因出租物的此种瑕疵或缺陷致承租人受到损失,出租人应负赔偿责任。

第1722条 租赁期间,如出租物因意外事故全部被毁,租约当然解除;如出租物仅部分被毁,承租人得视情况,或者请求减少租金,或者请求解除租约。此两种情形,均不发生任何赔偿责任。

第1723条 出租人在租约期间不得改变出租物的形态。

第1724条 租约期间,如出租物需要紧急修缮,且此种修缮不能推迟至租约期满后才进行时,不论修缮给承租人带来何种不便,即使承租人在修缮期间被剥夺对租赁物之一部的使用,承租人均应忍受之。

但是,如此种修缮延续时间在40天以上,应按照承租人被剥夺使用租赁物的时间长短与被剥夺使用的部分所占的比例,相应减少租金。

如因修缮致使承租人及其家庭居住所必要的场所不能用于居住,承租人得请求解除租约。

第1725条 出租人对第三人在并不主张对出租物享有任何权利的情况下以粗暴行为给承租人占有、使用租赁物带来的妨害,不负保证责任;承租人应以自己的名义对第三人提出排除妨碍之诉。

第1726条 与前述情形相反,由于涉及不动产的所有权的诉讼结果,房屋承租人或土地承租人对租赁物的享益因此受到妨碍时,只要其已将此种妨碍告知所有权人,则有权要求按相应比例减少房屋租金或土地租金。

第1727条 如实施粗暴行为的人主张对出租物享有某种权利,或者如承租人本人被诉至法院并被判处放弃承租物之全部或一部,或者被判处承受某种役权的行使,承租人应当要求出租人提供担保,并且如其提出要求,应当指明出租人的姓名并说明其本人是为该出租人而占有出租物,以此脱离诉讼。

第1728条 承租人负有两项主要义务:

1. 以善良家父的注意并且按照租赁契约规定的目的使用出租物,或者在没有协议约定的情况下,按照具体情形推定的目的使用出租物;

2. 按照约定的期限支付租金。

第1729条 (2007年3月5日第2007-297号法律第18-1条) 如承租人不以善良家父的态度使用承租物或者将承租物用于规定用途以外的其他用途,或者由此给出租人造成损失,出租人得视情形,请求解除租约。

第1730条 出租人与承租人之间如已作成出租场所的状态说明书,承租人应当按其接受租赁时该出租物的原状将出租物返还出租人,但因年久破败或不可抗力致出租物灭失或毁坏者,不在此限。

第1731条 如没有制作出租场所的状态说明书,推定承租人接受的场所处于修缮完好的使用状态,因此应当按此原状将其交还出租人,有相反证据者,不在此限。

第1732条 承租人对承租期间出租物发生的损坏或灭失应负赔偿责任;但如其证明此种损坏或灭失非因其过错造成时,不在此限。

第1733条 承租人应当对发生火灾承担责任,但如其能证明下列情形,不在此限:

——火灾之发生是由于意外事故或者是由于不可抗力或建筑物本身的缺陷所致;

——或者火灾的发生是由于毗邻房屋起火延烧所致。

第1734条 (1883年1月5日法律) 承租人为数人时,所有承租人按各自所占有的房屋部分的出租价值的比例,对火灾负担责任,但下列情由除外:

——如能证明火灾始发于某个承租人的住房内;在此情况下,仅由该承租人一人负担责任；

——或者如承租人中一些人仅证明火灾并非始发于他们的住房内；此种情形，这些承租人不负责任。

第1735条　承租人对由其房屋内的人所为或者由他的转租人所为而引起的损坏或灭失，负赔偿责任。

第1736条　没有采用书面形式订立的租赁契约，当事人一方仅能按照当地习惯确定的期限，向他方当事人通知终止租约。

第1737条　采用书面形式订立的租赁契约，至原约定期限届满时当然终止，无须另外进行终止租赁的预先通知。

第1738条　如书面租赁契约期满之后，承租人仍然占有租赁物，或者出租人听任其占有租赁物，即属成立新的租赁；此种租约的效力按照前述有关非书面形式订立的租赁的条文规定。

第1739条　在已经预先通知终止租赁契约之后，承租人即使继续享有租赁物，仍不得据此主张租约已得到默示延展。

第1740条　在前两条所指情况下，为租赁契约提供的保证，不扩大至因租赁期延展而产生的义务。

第1741条　租赁契约因出租物灭失以及出租人与承租人不履行各自的义务而解除。

第1742条　租赁契约不因出租人或承租人死亡而解除。

第1743条　(1945年10月17日第45-2380号法令，1946年4月13日第46-682号法律)如出租人出卖其出租物，买受人不得辞退已订立经公证或规定有确定期日的租赁契约的土地承租人、佃农或房屋承租人。

但是，如在租赁契约中原已保留此项权利，买受人得辞退非农业用财产的承租人。

第1744条　(1945年10月17日第45-2380号法令)如订立租赁契约时即已约定在出卖出租物的情况下，买受人可以辞退承租人，并且未就损害赔偿订立任何条款，出租人应按以下条文规定的方式对承租人给予补偿。

第1745条　如出租物是房屋、套房或店铺，出租人向被解除租赁契约的承租人支付相等于承租人在受到解除租约通知至其搬出租赁场所这一段时间内按当地习惯计算的租金的款项，作为对承租人给予的损害赔偿。

第1746条　如出租物是农业用财产，出租人应向土地承租人支付的赔偿金为：按租赁契约规定尚剩的全部租赁时间的租金的1/3。

第1747条　如出租物是加工企业、工厂或其他需要先期投入大量款项的设施,赔偿金应经鉴定人确定。

第 1748 条 （1945 年 10 月 17 日第 45-2380 号法令）出租财产的买受人欲利用原租赁契约规定的在出卖出租物之场合可以辞退承租人的权利时,仍有义务按照当地习惯上的有关提前通知的时间,将辞退事由通知承租人。

第 1749 条 （1945 年 10 月 7 日第 45-2380 号法令）出租人未向承租人支付以上规定的损害赔偿时,不得辞退承租人;如出租人不支付此项赔偿金,应由租赁物的买受人支付。

第 1750 条 如租赁契约不是采用公证文书作成,或者没有规定确定的日期,租赁物的买受人不负担任何损害赔偿。

第 1751 条 （1962 年 8 月 4 日第 62-902 号法律）夫妻二人实际用作住宅、不具有职业性质或商业性质的场所的租赁权,属于夫妻双方,不论夫妻实行何种财产制度,也不论有何相反条款约定,即使租赁契约订立于结婚之前,亦同。

在夫妻离婚或者别居的情况下,此项租赁权,视所涉及的社会利益与家庭利益,由受理离婚诉讼或别居诉讼的法院判给夫妻一方,但夫妻另一方保留得到补偿或赔偿的权利。

（2001 年 12 月 3 日第 2001-1135 号法律第 14 条）"在配偶一方死亡的情况下,作为租约共同持有人的健在配偶对该租约享有独占权利,但明确放弃此项权利的除外。"

第二节 有关房屋租赁的特别规则

第 1752 条 房屋承租人,不为其租赁的房屋配置足够的家具者,得予辞退;但如其提供能够保障租金支付的担保,不在此限。

第 1753 条 房屋分租人对房屋所有人所负的义务,仅以其在受到要求之时作为债务人应交纳的分租租金为限,但不得以租金已提前支付为抗辩。

房屋分租人依据租赁契约的条款或者依据当地习惯而进行的支付,不视为提前支付。

第 1754 条 如没有相反的条款约定,承租人应当对租赁物进行的修缮或零星维修,依当地习惯,主要包括下列各项:

——壁炉的炉膛、炉背、炉框及壁炉的台面;

——套房或其他居住场所墙壁下段一公尺高的灰泥粉饰;

——室内的铺面地板砖或铺石有破碎时,对此种铺面地板砖或铺石的修整;

——门窗上的玻璃,但如因冰雹或其他承租人不负责任的特殊事故或不可抗力致碎者,不在此限;

——门、窗、隔板或店铺的门板、挂钩、插销与门锁。

第1755条 任何被视为应由承租人进行的修缮,如系因租赁物年久破败或因不可抗力所致,承租人均不负担。

第1756条 水井与方便场所的疏浚由出租人负担,有相反条款约定时除外。

第1757条 为整所房屋、整个住所、店铺或其他任何居住套房配备的家具,其租赁期依当地的习惯,视为与上述各场所的通常租赁期相同。

第1758条 带家具出租的套间,

——规定其1年租金为若干时,租赁期视为1年;

——规定1月租金为若干时,其租赁期视为1月;

——规定1日租金为若干时,其租赁期为1日;

——如无任何规定表明租赁是按年、月、日计算时,租赁期间依当地习惯而定。

第1759条 如房屋或套间的承租人在书面订立的租赁契约规定的期限届满后继续占用其租赁的场所,且出租人一方并未对此提出异议,即视承租人按照相同条件,在当地习惯上确定的期限内继续承租,并且只有在按当地习惯确定的期限内进行预先通知后,才能让承租人搬出,或者辞退承租人。

第1760条 在由于承租人的过错而解除租赁契约的情况下,承租人应当负担该场所至其再出租时所需的必要时间的租金,且不妨碍对滥用权利请求损害赔偿。

第1761条 如无相反约定,即使出租人申明将收回出租的房屋供其本人占用,仍不得据此解除租约。

第1762条 如在租赁契约中已经约定,出租人得收回房屋供其本人占用,仍应按照当地习惯上规定的期限,提前进行终止租约的通知。

【以下为《商法典》条文】

第六章 委托经营管理人

第L146-1条 (2005年8月2日第2005-882号法律第19条)与委托人订立合同,为委托人的利益,或者相应情况下,在连锁网的范围内,受委托管理商业营业资产或手工业营业资产的自然人或法人,具有"委托经营管理人"(gérant-mandataire)的身份;委托人仍然是营业资产的所有权人,并承担与营业资产的经营相联系的各种风险,同时对委托经营管理人确定任务,在由此规定的框架内给予委托经营管理人以完全的授权资格,确定其劳动条件,并确定招聘员工及在其负担费用与承担完全责任的情况下由替代人取代其从事活动的各项条件。

(2010年7月23日第2010-853号法律第30条)"委托经营管理人的任务可以具体规定营业资产的经营管理在相应情况下需要遵守的规范以及委托人进行监督的方式。但是,订立此类商业条款,不得改变合同的性质"。

委托经营管理人应在"商事及公司注册登记簿"进行登记注册,相应情况下,应在"手工业职业目录"上登记注册。委托管理合同应在这一登记簿上进行记载,并在有资格刊载法定公告的报纸上进行公示。

本章之规定不适用于受《劳动法典》第七卷第八编第二章调整的职业。

第L146-2条 (2005年8月2日第2005-882号法律第19条)委托人在签订委托经营管理合同之前,应按照法令的规定,向委托经营管理人提供有关管理任务的所有情况资料,以便委托经营管理人在充分知情的情况下承担义务。

第L146-3条 (2005年8月2日第2005-882号法律第19条)订立合同的委托人与委托经营管理人之间,或者他们的代表之间,应当签订一份框架协议。该框架协议尤其要确定在委托人订立的全部委托经营管理合同中均有得到保障的最低佣金。在确定最低佣金时,应当考虑受管理的机构的规模及经营模式。

在双方达不成协议的情况下,由负责中小企业事务的部长确定此种最低佣金的数额。

第L146-4条 (2005年8月2日第2005-882号法律第19条)委托人与委托经营管理人之间订立的合同得随时按照双方确定的条件终止;但是,除委托经营管理人有严重过错之情况外,委托人解除合同,应向委托经营管理人支付相等于应付佣金数额的补偿金,或者支付相等于解除合同之前6个月期间的第L146-3条所指的最低佣金,或者如履行合同的时间不到6个月,应支付相等于履行合同期间的此种最低佣金。

附《民法典》关于公司的规定

第九编 公　　司[①]

（1978年1月4日第78-9号法律）

第1832条[②]　（1985年7月11日法律第1条）公司由二人或数人依据一项契约约定将其财产或技艺用于共同事业，以期分享利润或者获取由此可得之经济利益而设立。

在法律有规定的情况下，公司得以一人的意思表示行为设立。

股东负分担亏损之义务。

[①]　法国有关公司的立法不仅编入《商法典》，而且还有《公司法典》或《公司与金融市场法典》，《民法典》规范的则是所有公司均适用的基本规则。

法语"société"一词是一个多义词，通常有"社会""社团""公司"之意。法国《公司法典》将民法典的这一编收为首编，称为对"公司"的"一般规定"。因此，"société"一词一般是指"公司"，也有人称之为"社团"，但一般很少用"商事社团""民事社团"的概念。

与此同时，法国法律将公司分为"商事公司"（société commerciale），"民事公司"（民事合伙，société civile）与其他公司等类型。所谓"民事公司"（民事合伙）主要包括：建筑师公司、律师公司、会计监察公司、法律顾问公司，专利顾问公司、公证人公司、商事法院书记员公司等等，这些公司的合伙性质显而易见，但并不都是"合伙"，由此而言，在法国法律中"合伙"只是"公司"的一种形式，这与我们通常所说的"合伙"这一独立概念有所不同，而且现行法国《民法典》第九编的规定与1804年《民法典》关于"合伙"的规定存在很大差别。

除"商事公司"与"民事公司"（民事合伙）外，《公司法典》中还有关于各种特殊公司的规定。所谓特殊公司，主要是指：无法人资格的公司，如隐名合伙、事实公司或事实上设立的公司，可变资本公司以及专门标的公司，如农业公司，农业利益混合公司，土地整治公司，农业开发有限责任公司，林业生产组合，合作保险公司，工人参与性股份有限公司，地方混合经济公司，国有化的公司以及"雷诺汽车国家管理局"等等。——译者注

[②]　法国《民法典》第1832条是法国公司法的一项支柱性质的条文。在1985年7月11日法律之前，法国法一直将公司定义为合同。例如，直至1978年1月4日第78-9号法律对《民法典》的这一条文进行修改之前，对公司的定义均表述为："公司是二人或数人约定将其部分财产或技艺集合在一起，以期分享利润或者获取由此可得之经济利益的契约。"1985年7月11日第85-697号法律承认单独一人可以设立公司，《民法典》第1832条也随之修改为现行的条文：公司由"两人或数人"设立，或者由"一人的意思表示行为设立"。这一表述也相应地收缩了"参加公司的意愿"的传统概念。1985年7月11日法律承认一人可以设立公司，在公司法里引起了一场小小的革命，《民法典》第1832条作为公司法的支柱也发生动摇。从此以后，法国有关公司的基本法律条文不再将公司定义为合同。——译者注

第1832-1条 (1982年7月10日第82-596号法律)夫妻可以二人单独或者与他人一起为同一公司的股东①,并一起或不一起参与公司的管理,即使他们仅动用夫妻共同财产作为对公司的出资或取得公司股份,亦同(1985年12月23日第85-1372号法律第50条废止:"但是,此种权利只有在夫妻双方均不对公司的债务负无限连带责任时才能发生")。

夫妻之间由设立公司的契约产生的利益和赠与,不因其条件在由公证证书规定时构成变相赠与而被宣告无效。

第1832-2条 (1982年7月10日第82-596号法律)夫妻一方在事先未告知配偶,且不能以文书证明其已进行告知的情况下,不得用夫妻共同财产作为向公司的出资或者用其取得不能流通的公司股份,违者,依第1427条的规定进行处罚。

承认夫妻二人中出资或取得股份的一方具有股东资格。

向公司告知其本人意欲作为股东的另一方配偶,承认其对已经认购或取得的股份的一半享有股东资格。如其在出资或取得股份的当时即已告知此意愿,其他股东的接受或认可即属于对夫妻二人的接受或认可;如果是在出资或取得股份之后才进行告知,公司章程就此规定的"认可条款"对该一方配偶具对抗效力。在审议是否认可配偶一方享有股东资格时,具有股东资格的另一方配偶不参加投票,其持有的股份不计入要求会议应达到的法定人数与多数。

本条规定仅适用于股份不得自由转让的公司,且仅在夫妻共同财产制没有解除之前适用。

第1833条 任何公司均应有合法的宗旨,应为股东的共同利益设立。

第1834条 本章之规定适用于所有公司,法律依据公司的形式或宗旨另有规定的除外。

---

① 在法国法律中,各种公司的股东或持股人的名称不同。在合名公司、有限责任公司、普通两合公司中持有资本份额的人均称为"associé",意为"参股人""合伙人""合作人";在可以发行股票的公司里,例如,在股份有限公司与股份两合公司里,持有资本份额的人则称为"actionnaire",意为"股票持有人",此为本义上的"股东"。

同样,按照法国法律的规定,只有可以发行股票的公司的股份才称为"action"(股票),而代表这种股份的证券本身也称为"action",其他公司的股份均称为"part"(份额,股份)。日本公司法将有限责任公司中的股份称为"持分",属同一意义。在本书中有时区别译为"股票"或"股份"。

有限责任公司、合名公司、普通两合公司的经理称为"gérant",意为"管理人""管理者",译本统一称其为"经理";只有股份有限公司的经理称为"directeur"(général),译本统一称其为"总经理"。——译者注

第1835条　公司章程应采用书面形式制定①；除每一股东的出资外,章程还应确定公司的形式、宗旨、名称、注册住所②、公司资本、存续期限及其经营管理方式。

第1836条　如无相反条款规定,公司章程只有经全体股东一致同意始能修改。

在任何情况下,非经股东同意,不得增加其承担的义务。③

第1837条　(1978年1月4日第78-9号法律)注册住所在法国领土上的一切公司均应遵守法国法律之规定。

第三人得援用章程中确定的公司注册住所；但如公司总机构的实际住所在另一地点时,公司不得用章程中确定的注册住所对抗第三人。

第1838条　(1978年1月4日第78-9号法律)公司的存续期限不得超过99年。

第1839条　(1978年1月4日第78-9号法律)如公司章程没有包含立法要求的全部应载事项,或者立法规定的设立公司应当办理的手续有遗漏或者办理得不符合规定,任何利害关系人均得请求法院命令补正手续。逾期未补正手续的,处以逾期罚款。检察院有权为同样目的提起诉讼。

同样规则适用于修改章程。

上述第1款所指的以补正手续为目的的诉讼,时效期间为3年,自公司注册登记之日或修改章程的文书公示之日起计算。

第1840条　(1978年1月4日第78-9号法律)公司发起人以及经营管理、领导或管理机关的最初成员,对因章程漏载某一法定应载事项,或者因没有办理或没有按规定办理设立公司应当办理的某项手续而造成的损害负连带责任。

在修改章程的情况下,前款规定适用于当时在职的经营管理、领导或管理机关的成员。

此种诉讼,时效期间为10年,自第1839条第3款所指不同情况下这一

---

① 《民法典》第1835条的规定适用于所有公司,但实际上主要是适用于民事公司。因为,商事公司还应受《商法典》第L210-2条之规定的约束。所有的公司都必须有章程,而章程必须采用书面形式,否则公司将被视为"事实上设立的公司"。——译者注

② 原文为"siège sociale",也译为"总机构住所",但两者并不完全同义。参见《民法典》第1837条。——译者注

③ 《民法典》第1836条第2款规定了禁止所有公司"增加股东承担的义务"这样一个基本原则。《商法典》第L223-30条第2款与第L225-96条第1款分别对有限责任公司与股份有限公司重申了这一原则。这一原则的根基源于公司"契约设立说"的观念,反映的是意思自治原则与股东权利不可侵犯之传统理论。——译者注

或那一手续原应办理之日起计算。

第 1841 条 (1978 年月 4 日第 78-9 号法律) 禁止未得到法律许可的公司公开募集资本或者发行可流通证券，违者，所缔结的契约或发行的证券均无效。

第 1842 条 (1978 年 1 月 4 日第 78-9 号法律) 除第三章所指的隐名合伙以外的公司，自其注册登记之日起享有法人资格。

公司注册登记之前，股东之间的关系由公司契约以及适用于契约和债的法律一般原则调整。①

第 1843 条 (1978 年 1 月 4 日第 78-9 号法律) 在公司注册登记之前以正在设立中的公司的名义开展活动的人，对据此实施的法律行为所产生的债务承担责任；如果是商事公司，负连带责任；其他情况下，不负连带责任。公司符合规定注册登记之后可以承接已缔结的义务。在此情况下，此种义务视为一开始即是由公司缔结。

第 1843-1 条 (1978 年 1 月 4 日第 78-9 号法律) 为了对第三人具有对抗效力，而应当进行公示的财产出资或权利出资，可以在公司注册登记之前进行公示，且以该项登记为条件。自公司注册登记起，公示手续的效力追溯至其完成之日。

第 1843-2 条 (1978 年 1 月 4 日第 78-9 号法律) 每一股东在公司资本中的权利与其在公司设立时或者在公司存续过程中的出资数额成正比。

(1982 年 7 月 10 日第 82-596 号法律第 14 条) "劳动、技艺出资②不参与形成公司注册资本，但有权分享公司利润与净资产的份额，并且应负填补亏损之责任。"

第 1843-3 条 (1978 年 1 月 4 日第 78-9 号法律) 各股东就其许诺向公

---

① 《民法典》第 1842 条表述了对所有公司均适用的原则，《商法典》第 L210-6 条第 1 款也表述了这一原则：公司只有自其在"商事及公司注册登记簿"上注册登记之日起才享有法人资格。法国公司的注册登记是在"商事及公司注册登记簿"上登记，而"商事及公司注册登记簿"由商事法院书记室掌管，不属于行政机关主管。有管辖权的法院的书记员按照有关商事及公司登记的立法与条例规定的条件审核公司设立符合规定之后，公司即可进行注册登记。——译者注

② 原文为"apport en industrie"，这里的"劳动、技艺出资"(les apports en industrie) 中的"技艺"不是指专利技术、专有技术，因此不是指技术入股，而是指出资人本人的劳动技能，也就是用劳动技能出资。这种出资不能参与形成注册资本，法律规定股份有限公司的股份不得表示劳动、技艺出资，但是有权分享公司利润与净资产的份额并且应负填补亏损之责任。《民法典》第 1843-3 条最后一款规定："承担义务用劳动技艺出资的股东，应通过属于其出资范围的活动所实现的全部利益归于公司。"这也是"资本股"与"劳动股"的区分基础。参见《商法典》第 L223-7 条与第 L225-3 条、第 L225-258 条及随后条文关于"工人参股股份有限公司"的规定以及《商法典》第 L225-122 条。——译者注

司投入的全部实物、货币或者劳动技艺对公司为债务人。

实物出资（apports en nature），以向公司转移相关权利并将财产实际交由公司支配而实现。

用财产所有权出资（apports en propriété）时，出资人对公司，如同出卖人对买受人，负担保人之责任。

用收益权出资（apports en jouissance）时，出资人对公司，如同出租人对承租人，负担保人之责任，但是，收益权出资涉及的标的物是种类物时，或者是在公司存续期间需要正常更新的其他任何财产时，由契约规定将上述作为出资的财产所有权转移给公司，并由公司负担返还同样数量、质量及价值之财产。在此情况下，出资人应按前款规定的条件负担保人之责任。

应当用一定数额的款项向公司出资的股东，如不缴纳此款项，无须公司提出请求，当然成为负担该款项所生利息的债务人。该项利息自前述款项应当支付之日起计算，且不影响必要时支付更高数额的损害赔偿。（2001年5月15日第2001-420号法律）"此外，如果在法定期限内没有进行股金的收缴，以实现全额缴清公司资本，任何利益关系人均可请求法院院长依紧急审理程序命令公司董事、经理与领导人收缴股金；逾期仍不收缴股金的，对这些相关人员处以罚款；任何利益关系人也可以请求法院院长指定一名代理人负责完成此项手续。"

承担义务用劳动技艺向公司出资的股东，应将通过属于其出资范围的活动所实现的全部利益归于公司。①

第1843-4条 （1978年1月4日第78-9号法律）在对股东转让其在公

---

① 2003年8月1日法律规定有限责任公司章程可以自由确定其注册资本的数额，实际上等于说，可以用1欧元的注册资本设立有限责任公司，因此，用货币出资，广而言之，非象征性的出资之必要性已经丧失了其实际意义。

资合公司中，原则上禁止用劳动、技艺作为出资，这主要是指股份有限公司与简化的可以发行股票的公司。两合公司中只禁止有限责任股东用劳动技艺出资。但是，由于"人力资本""智力资本"越来越占有重要地位，人们也主张在非公开上市的股份有限公司里准许用"专有技术"出资。

"收益权"（jouissance）不是"用益权"（usufruit）。实践中很少用收益权出资，然而这种出资方式有很多优点：因为出资人始终是其用于出资的财产的所有人，在公司解散时，出资人不仅可以从公司取回其对财产的完全收益权，而且可以获得所偿还的财产价值；在公司清算时，这种财产不属于公司资产之部分，可以避免强制变现。——译者注司内的权益①，或者公司买回此种权利有规定的情况下，此种权利的价值，遇有争议时，应由双方指定的鉴定人确定；或者如就指定鉴定人事宜达不成协议，由法庭庭长以紧急审理程序作出裁定，指定鉴定人，以确定在公司内的权益的价值。对此裁定不得提出上诉。

第1843-5条 （1988年1月5日第88-15号法律）一名或数名股东除了就个人受到的损害提起赔偿诉讼外，得(行使公司诉权)对经理人提起追究责任的公司诉讼②，原告有权就公司受到的损害请求赔偿。在法院判处赔偿的场合，损害赔偿金应归于公司。

公司章程的任何条款，凡是产生行使公司诉权应当预先通知或者需经股东大会批准之效果的，或者包含预先放弃行使该项诉权之规定的，均视为未予订立。

股东大会的任何决议均不得具有消灭对履行委任职务时有过错的经理人追究法律责任之诉权的效力。

第1844条 （1978年1月4日第78-9号法律）每一位股东均有权参与集体决定。

共有股份的共同所有人，从共有人中或者从共有人之外，推选一名代理人为代理；在就推选代理人不能取得一致意见的情况下，由法院应共有人中最积极请求者的请求指定代理人。

如某些股份设定了用益权，与其相关的表决权属于虚有权人，但有关分派利润的决定的表决权不在此限，此种场合，表决权属于用益权人。

公司章程得作出与前两款不同的规定。

第1844-1条 （1978年1月4日第78-9号法律）每一股东按其在公司

---

① 原文为"les droits sociaux"，本是一个特定术语，称为"社会权利"，本义是指宪法赋予劳动者的权利，以建立社会平等，使之享有劳动自由、就业自由、结社与罢工自由，捍卫他们的职业利益。这一术语运用在公司法里，是指股东在公司内享有的特定的金钱性质的权利，即股东权利，例如，所持的股份及相关权利、优先认购权(优先购买权)等。——译者注

② 原文为"action sociale"，指由公司本身，或者在特定情况下，由股东个人提起的、旨在请求赔偿公司所受损害的诉讼，或者行使公司诉权。在1988年1月5日第88-15号法律之前，法国公司法对有限责任公司与股份有限公司的股东即已赋予这种诉权，使他们可以提起"公司诉讼"。现在，所有公司的股东都可以行使这种诉权，尤其是在"民事公司"与"合名公司"里，不仅其法定代表，而且其一名或数名股东都可以单独行使这一诉权。但是，与《商法典》第L223-22条及第L225-252条之规定不同的是，《民法典》第1843-5条的规定并不准许股东集合共同行使诉权、提起"集团诉讼"(集体诉讼)。——译者注

资本中所占份额的比例确定其分享利润与填补亏损的份额①；仅用劳动技艺作为出资的股东所占的份额与出资最少的股东所持份额相同；此二项，有相反规定时除外。

但是，任何情况下，将公司所得利润全部分派给某一股东或者完全免除某一股东分担亏损，以及排除某一股东分享利润或者责成其承担全部亏损，此种条款视为未予订立。

第1844-2条　（1978年7月17日第78-753号法律第64条）尽管设立抵押或担保需用公证证书做成，但仍可依据审议决议赋予的权力或者用私署的委托书就公司财产设定抵押权或设定其他任何物的担保。

第1844-3条　（1978年1月4日第78-9号法律）符合正规手续，由一种形式的公司变更为另一种形式的公司，并不导致创立新的法人；公司存续期限的延展以及章程的任何修改，亦同。

第1844-4条　（1978年1月4日第78-9号法律）公司，即使处于清算中，仍得被另一公司吸收（absorption），或者通过合并（fusion）②，参与组建另一新的公司。

公司亦可通过分立，将其全部财产、权利与义务转移给现存的或者新创立的公司。

不同形式的公司之间可以进行此种活动。

此种活动由有利害关系的各公司依照修改章程所规定的条件作出决定。

如果此种活动中包含创建新的公司，每一家新公司均分别按照各自采取的形式所适用的专门规则设立之。

第1844-5条　（1981年12月30日第81-1162法律第1条第1款）公司的全部股份集中于一人之手时③，并不当然导致公司解散；如在1年期限内，未按照规定的手续调整此种状况，任何利害关系人均得请求解散公司。法院

---

① 应当说，股东按照其在公司资本中所占份额的比例确定其分享利润的原则仅仅属于补充性原则，因为，除本条第2款之保留外，公司章程可以规定其他的分配利润的方式。本条第2款通俗的表述为"狮子打猎条款"，这是出自童话故事的比喻：狮子与其他野兽一起去打猎，所有的猎物均被狮子独自占有。我们也许可以称其为"霸王条款"。——译者注

② 吸收合并是合并方式之一种。——译者注

③ 《民法典》第1844-5条确认了在公司成为一人公司时仍然可以继续维持，显然这不是指"一开始设立的一人公司"，而是指原有多名股东的公司在存续过程中"成为一人公司"，例如，因股份转让或者股份的继承转移而引起"公司的全部股份集中于一人之手"。因此，第1844-5条之规定适用于除有限责任公司和简化的可以发行股票的公司以外的所有公司，其中包括股份有限公司。对于两种被排除的公司来说，"一人公司"的形式是由立法者完全承认的一种选择。——译者注

得同意给予公司最长6个月期限,以便其调整状况、符合规定。如法院进行实质审理之日,公司状况已调整并且符合规定,法院不得判其解散。

公司全部股份的用益权属于同一人,对公司的存在不产生影响。

(1988年1月5日第88-15号法律)"在公司解散的情况下,此种解散导致公司全部财产、权利与义务转移给唯一持股人而不必进行清算,债权人得自解散公告之日起30日内对解散公司提出异议①;法院作出裁定,或者驳回异议,或者责令清偿债务,或者在公司提供担保且法院认为担保充分时,设立担保。仅在可以提出异议的期限届满,或者相应情况下,仅在提出的异议被一审法院驳回或者在清偿债务或担保设定之后,才能实现公司财产、权利与义务的转移以及法人资格的消灭。"

(2001年5月15日第2001-420号法律)"第3款之规定不适用于唯一持股人是自然人的公司。"

第1844-6条 (1978年1月4日第78-9号法律)公司期限的延长,由股东一致同意作出决定②,或者在章程有规定的情况下,按照修改章程所需的多数作出决定。

在公司存续期限届满之日前至少1年,应征询全体股东的意见,以决定是否延长公司的期限。

如没有进行此项意见征求,任何股东均得请求法院院长指定一名司法代理人负责征求意见。

第1844-7条 (1978年1月4日第78-9号法律)公司因下列事由而终止:

1. 公司创立时规定的期限届满,但依第1844-6条之规定决定延长期限的除外;

2. 公司宗旨已经实现或消失;

3. 公司契约被解除;

4. 全体股东决定提前解散公司;

5. 应一名股东有正当理由的请求,法院宣判公司提前解散,尤其是在股东不履行其义务或者股东之间不和,致使公司无法营运的情况下提出的解散公司的请求;

---

① 公司债权人异议是债权人认为公司的行为可能影响其债权利益时针对该项行为提出的异议。——译者注

② 这里规定的"全体同意的决议"原则(一致同意原则)只适用于特别重大的事项,它是对各类公司的规定,而不仅仅适用于合名公司或有限责任公司。——译者注

6. 法院在第1844-5条规定的情况下宣告公司提前解散；

7. (1988年1月5日第88-15号法律)"法院作出的命令公司进行裁判清算的判决生效"；

8. (1985年1月25日第85-98号法律)"章程规定的任何其他原因"。①

第1844-8条 (1978年1月4日第78-9号法律)公司解散导致公司进行清算,但第1844-4条(1988年1月5日第88-15号法律)"以及第1844-5条第3款规定的情况,不在此限"。公司解散仅在其进行公示之后始对第三人产生效力。

清算人依据公司章程的规定任命；章程无此规定时,由全体股东进行任命；或者如股东未能进行此项任命,由法院作出决定任命清算人。清算人的职务得按照相同条件免除。清算人的任命与免职仅自其公示起对第三人产生对抗效力。自清算人的任命或免职按照规定进行公示起,无论是公司还是第三人,均不得援用清算人的任命或免职不符合规定为理由,以摆脱其承担的义务。

为公司清算之需要,公司的法人资格延续至清算终结之公告。②

如自公司解散起3年期限内公司仍未结束清算,检察院或者任何利害关系人均得向法院提出请求,由法院派人进行清算,或者派人完成已经开始的清算。

第1844-9条 (1978年1月4日第78-9号法律)在清偿债务和偿还股本之后,股东之间按照各自参与分享利润时相同的比例分配资产,有相反条款或相反协议的除外。

有关遗产分割的规定,其中包括优先分配遗产的规定,适用于股东之间进行的公司资产的分割。

但是,股东得在公司章程中规定,或者通过决议,或者以单项文书的形

---

① 本条列举的是普通法上的公司解散的原因,此外,还有每一类公司解散的特别原因以及在法人应负刑事责任的情况下作为刑事制裁而宣告法人解散。本条第五项提及的两种"法院宣告公司提前解散的正当理由"(justes motifs)不是限制性列举。这两种解散公司的正当理由是：股东之一不履行合同义务而产生争讼,股东之间不和,致使公司运作瘫痪。法国法院就此作出过很多判决对此进行司法解释。——译者注

② 《民法典》第1844-8条重申了仅仅是为了清算之需要而令公司的法人资格继续存在的原则,但实际上这时"法人资格"已经有所缩小。

公司清算终结,进行公告,法人资格即告终止；通常情况下清算工作最迟应在公司解散后3年内完成,但法院判例明确认为："只要公司性质的权利与义务尚未清算,法人资格均可继续存在。"——译者注

式,有效地决定将某些财产分配给某些股东;如无此情况,在原来投入的任何财产实物仍然存在于可以分配的资产中时,均可以应原出资人的请求并在支付差价的条件下,将该财产分配给该出资人。此项权利的行使得优先于其他任何优先分配权。

全体股东,或者仅其中某些股东,亦可继续保持公司全部或部分财产的共有;于此情形,在公司清算终止以后,就这些财产而言,这些股东之间的关系受有关共有的法律规定调整。

第 1844-10 条 (1978 年 1 月 4 日第 78-9 号法律) 只有因违反第 1832 条、第 1832-1 条第 1 款以及第 1833 条之规定,或者因违反有关合同无效之一般条款,始能引起公司无效。①

公司章程的任何条款,虽然违反本编某项强制性规定但此种情况不以公司无效论处时,均视为未予订立。

公司机关的文件以及审议决定之无效,仅得因其违反本编之强制性规定或者因存在有关合同无效之一项原因而产生。

第 1844-11 条 (1978 年 1 月 4 日第 78-9 号法律) 在一审法院进行实质审理之日,如导致上述无效的事由已经消灭,无效之诉亦消灭;但如此种无效是由于公司宗旨非法而引起,不在此限。

第 1844-12 条 (1978 年 1 月 4 日第 78-9 号法律) 公司无效或公司成立之后所作的决议或文件无效是基于某一股东的同意意思表示有瑕疵或者无能力,但此种情况可以得到纠正时,在其中有利益的任何人均得向有可能采取行动的人发出催告,促其纠正上述状况,或者,在 6 个月期限内,提起无效之诉,否则,丧失此项权利。该项催告应通知公司。

公司或一名股东得于前款规定的期限内向受诉法院提出可能取消原告之利益的任何措施,尤其是通过回购原告在公司的权益,以取消其利益。在此情况下,法院可以作出判决,宣告无效,或者在上述提议的措施事先已由公司按照修改章程规定的条件通过时,宣判此种措施具有强制效力。在公司内的权益受到回购请求的股东本人进行的表决投票,对公司作出决定不产生

---

① 《民法典》第 1844-10 条是有关公司无效理论的一项中心条款,与 1966 年 7 月 24 日商事公司法的相关规定有同样的考虑:保护第三人,对引起公司无效的原因进行限制。

除本条第 1 款所指的"原因"(causes),即违反有关合同普通法的规定,违反第 1832 条与第 1833 条的规定,违反公司合同的特别规则——没有资本或者虚拟资本,在法律不准许采用一人公司形式的情况下从一开始就由唯一的股东设立公司,缺乏设立公司的意愿、公司的宗旨非法、缺乏股东的共同利益之外,不得宣告公司无效。——译者注

影响。

在有争议的情况下,应当返还给该股东的权益的价值,按照第1843-4条的规定确定。

第1844-13条 (1978年1月4日第78-9号法律)受理无效之诉的法院得依职权确定一个期限,以便对无效事由进行补正;法院不得在司法执达员送达起诉状后尚不满2个月时宣判无效。

如果为了对无效事由进行补救而应当召开股东大会,或者应当与股东协商,并且如果证明此种大会的召集符合规定,或者证明已向股东寄送了决议草案的文本以及应当向他们通报的文件,法庭得裁定给予一个必要的期限,以便股东能够作出一项决定。

第1844-14条 (1978年1月4日第78-9号法律)对公司,或者对公司成立之后的审议决定与文件提出无效之诉,时效期间为3年,自无效事由发生之日起计算。

第1844-15条 (1978年1月4日第78-9号法律)在公司被宣判无效[①]的情况下,此种无效引起无追溯力地终止执行合同。

对于已经产生的法人而言,公司被宣判无效产生法院宣判解散该法人的效力。

第1844-16条 (1978年1月4日第78-9号法律)无论是公司还是公司股东,均不得对善意第三人主张上述无效事由,但因无民事能力或因同意瑕疵而引起的无效,无能力人或其法定代表人得主张该事由以对抗第三人,或者,股东是因误解、受到欺诈、胁迫而致其作出同意意思表示者,得主张此种无效对抗第三人。

第1844-17条 (1978年1月4日第78-9号法律)基于公司被撤销(annulation)或者公司创立之后所作审议决定与文件被撤销而提起追究责任的诉讼,时效期间为3年,自撤销判决(la décision d'annulation)产生既判力之日起计算。

产生无效的原因(la cause de nullité)消灭,并不妨碍旨在弥补因公司之瑕疵以及公司审议决定或文件之瑕疵造成的损害而提起损害赔偿之诉讼。此种诉讼时效期间为3年,自无效事由得到补救之日起计算。

[①] 《民法典》第1844-12条及以下条文中的"无效"一词均为"nullité",不是"撤销"(annuler 或 annulation),但撤销是"裁判宣告无效",是法院实施的司法权性质的行为,法院认定存在无效原因并由此判决有瑕疵的无效行为溯至既往地视为不曾发生,所设事由亦恢复行为实施之前所处的状态。——译者注

第二章 民事公司

第一节 一般规定

第1845条 (1978年1月4日第78-9号法律第1条)本章之规定适用于所有的民事公司①,但保留执行特定的民事公司适用的特别法定规则。

任何公司,凡法律未因其形式、性质或宗旨而赋予其另一种性质的,均具民事性质。

第1845-1条 (1978年1月4日第78-9号法律第1条)公司资本分为相等之份额。②

(2001年12月3日第2001-1168号法律)"《商法典》第二卷第三编第一章有关公司可变资本的规定适用于民事公司。"

第二节 公司管理

第1846条 (1978年1月4日第78-9号法律第1条)公司由一人或数人经营管理,不论该人是否为股东,经理由章程任命,或者另以文书任命,或者由股东作出决定任命。

指定一名或者数名经理的规则及经营管理的组织方式,由公司章程规定。

除公司章程有相反规定外,经理由代表半数以上资本的股东作出决定、予以任命。

如章程没有作出任何规定,以及股东在指定经理时没有作出另外的决定,经理的任期视同公司的存续期限。

如不论何种原因,公司没有经理时,任何股东均得请求法院院长依诉状审理指定一名代理人负责召集股东会议,以任命一名或数名经理。

第1846-1条 (1978年1月4日第78-9号法律)除第1844-7条所指情

---

① 大体上说,设立民事公司有以下两种情况:其一,共同从事农业或自由职业,特别是职业民事公司(职业民事合伙);其二,是私人财产的管理。——译者注

② 有关民事公司的普通法没有规定公司的最低资本数额,由此看来,可以设立没有注册资本的民事公司,设立这种民事公司的人可以共同运用他们的劳动技艺,而劳动技艺并不参与形成公司资本,民事公司也就是合伙。民事公司也具有法人资格。——译者注

况外，公司如在 1 年以上的时间内没有经理，法院应任何利害关系人的请求，得宣告公司提前解散，公司即行终止。

第 1846-2 条 （1978 年 1 月 4 日第 78-9 号法律）经理的任命与停止任职，均应进行公示。

只要经理人的任命和停止履职的决定按照规定进行了公示，无论是公司还是第三人均不得援用经理的任命或停止履职有不符合规定之事由而摆脱其应当承担的义务。

第 1847 条 （1978 年 1 月 4 日第 78-9 号法律）如公司的管理职能是由法人行使，该法人的领导人，按照如其本人担任经理之相同条件，负相同义务，并承担同样的民事与刑事责任，且不妨碍其领导的法人承担连带责任。

第 1848 条 （1978 年 1 月 4 日第 78-9 号法律）在股东的相互关系中，经理得完成公司利益所要求的一切管理行为。

在有多名经理的情况下，由他们分开行使这些权力，但属于每一个经理的、在某项经营业务缔结之前反对该项业务活动的权力除外。

在章程对公司管理方式无任何特别规定时，前两款之规定适用于各种问题。

第 1849 条 （1978 年 1 月 4 日第 78-9 号法律）在与第三人的关系中，经理以属于公司宗旨范围内的行为为公司缔结义务。

在有多名经理的情况下，各经理分别掌握前款所指权力。一经理对另一位经理的法律行为提出的异议，对第三人不产生效力，但如经证明该第三人知道此种情形，不在此限。

公司章程中有关限制经理权力的条款对第三人不具有对抗效力。

第 1850 条 （1978 年 1 月 4 日第 78-9 号法律）每一位经理因违反法律与法规，或者因违反公司章程，或者因其管理活动中的过错，个人对公司以及对第三人承担责任。

如有多名经理参与了相同事务，他们对公司以及对第三人的责任为连带责任，但是，在他们的相互关系中，法院得决定各经理对赔偿损失所应当承担的份额。

第 1851 条 （1978 年 1 月 4 日第 78-9 号法律）除章程另有规定之外，经理得由代表公司一半以上资本的股东作出决定、解除职务。无正当理由决定解除经理的职务，得引起损害赔偿。

经理亦可由法院应任何股东的请求因正当原因解除职务。

除有相反规定外，解除一位经理的职务，不论其是否股东，均不引起公司解散。如被解除职务的经理是股东,他可以按第1869条第2款规定的条件退出公司。但如公司章程另有规定,或者其他股东决定提前解散公司时,不在此限。

第三节 集体决定

第1852条 (1978年1月4日第78-9号法律)凡是超出赋予经理权力范围的决定,均应依章程的规定作出,或者,在章程无此规定时,由股东一致同意作出。

第1853条 (1978年1月4日第78-9号法律)集体决定由参加全体会议的股东作出;公司章程可以规定,经过书面征求意见也可作出决定。

第1854条 (1978年1月4日第78-9号法律)集体决定还可以由全体股东用一项文书表示同意而作出。

第四节 向股东通报情况

第1855条 (1978年1月4日第78-9号法律)股东有权至少每年一次取得向其送交的公司簿册及文件资料,并有权书面就公司的管理状况提出问题。公司对所提出的问题,应在1个月期限内作出书面答复。

第1856条 (1978年1月4日第78-9号法律)经理应至少每年一次向股东汇报其进行管理的情况。该项查账活动应当包括一份公司在本会计年度内整体活动的书面报告,或者已经过去的会计年度内整体活动的书面报告,其中包括说明可实现或可预计的利润以及已经出现或预计的亏损情况。

第五节 股东对第三人的义务

第1857条 (1978年1月4日第78-9号法律)对第三人,各股东按照债务可追偿之日或停止支付之日其在公司资本中所占份额的比例,就公司负债承担无限责任。

仅以劳动技艺出资的股东,如同参与公司资本最少的股东,对公司负债承担责任。

第1858条 (1978年1月4日第78-9号法律)债权人只有在事先向法人本身进行追偿而无效果之后,才能对某一股东追偿公司债务。

第1859条 （1978年1月4日第78-9号法律第1条）对所有并非清算人的股东或其继承人与权利继受人提起诉讼,时效期间为5年,自公司解散公告之日起计算。

第1860条 （1978年1月4日第78-9号法律第1条）如某一股东无力清偿债务、个人破产、财产清算或受到裁判上的清理（司法重整或司法清算）,得依第1843-4条规定的条件,偿还该当事人在公司内的权益,该人丧失股东资格,但如其他股东一致同意决定提前解散公司或者章程对此种情况下解散公司已有规定,不在此限。

第六节 公司股份的转让

第1861条 （1978年1月4日第78-9号法律）只有经全体股东认可①才能转让公司股份,但在公司章程中可以约定,按照章程规定的多数即可取得认可或者经理也可以给予认可。公司章程亦可规定,向股东转让股份或者向他们的配偶转让股份,无须得到认可。除章程有相反规定外,向转让人的直系尊、卑亲属转让公司股份,无须得到认可。

转让股份的计划连同请求认可的申请,应通知公司及每一位股东;在章程规定可以由经理给予认可时,上述计划只需通知公司。

在夫妻二人同为公司成员的情况下,其中一方向另一方转让股份,为其能生效力,应采用公证文书才能实现转让,或者除让与人死亡之外,以署明确定日期的私署文书实现转让。

第1862条 （1978年1月4日第78-9号法律）在有多名股东表示愿意取得某股东拟转让的股份的情况下,除有相反条款或协议规定之外,视其按照各自持股份数的比例取得拟转让的股份。

如无任何股东出面取得拟转让的股份,公司得让其他股东一致指定的第三人取得这些股份,或者按照章程规定的方式由第三人取得这些股份。公司亦可买回这些股份并予销除。

提议取得股份的人的姓名,无论是股东还是第三人,或者公司提出的买回股份的要约以及所出价格,均应通知转让人。在对价格有争议的情况下,

---

① 对民事公司的股份转让规定认可条款有多方面的意义:有助于保持公司的"人格信誉",例如,在某一股东去世时,其他股东依据认可条款,可以阻止他们不希望进入公司的该去世股东的配偶或继承人进入公司;依据认可条款,还可以摆脱法国继承法有关遗产继承的某些强制性规则,例如有关特留份的规则。——译者注

按照第1843-4条的规定确定之。任何情况均不影响转让人继续保留其股份的权利。

第1863条 （1978年1月4日第78-9号法律）如果自第1861条第3款所指的最后一次通知起6个月内未向转让人提出任何购买要约,即视其已经获准认可转让,但如其他股东在相同期限内决定提前解散公司,不在此限。

在后一种情况下,转让人可以在此项决定作出之日起1个月内通过告知其放弃转让股份,使解散公司的决定不产生效力。

第1864条 （1978年1月4日第78-9号法律）只有变更第1863条规定的6个月期限之事由,才能不依前述二条的规定;且公司章程规定的期限不得超过1年,亦不得低于1个月。

第1865条 （1978年1月4日第78-9号法律）股份转让必须有书面文字确认。此种转让依第1690条规定的形式对公司产生对抗效力,或者如公司章程有规定,在公司掌管的登记簿册上进行转账过户,即可对公司产生对抗效力。

仅在完成上述手续并进行公示之后,股份转让始对第三人产生对抗效力。

第1866条 （1978年1月4日第78-9号法律）用公司股份设质,以公证文书为见证,或者以私署文书为见证,并应通知公司或者由公司以公证文书接受之。股份设质应进行公示,公示的日期决定质权人的顺位。文书于同一日公示的债权人取得同等地位。

设质一经公示,质权人对用于设质的公司权益享有优先权。

第1867条 （1978年1月4日第78-9号法律）任何股东均可按照取得认可股份转让之相同条件,就其用股份设质的计划取得其他股东同意。

对股份设质计划给予同意,意味着在这些股份被强制变卖的情况下认可受让人,但此项强制变卖应在出卖前1个月通知各股东与公司。

自出让股份起5个整日内,每一股东均可取代打算取得这些股份的受让人。如有多位股东行使该项权力,除有相反条款或协议之外,视他们按照各自原有的股份比例取得拟出让的股份;如无任何股东行使该项权力,公司也可自行买回这些股份并予销除。

第1868条 （1978年1月4日第78-9号法律）因并非其他股东同意设立的质押而引起的股份强制变卖,亦应在出卖前1个月通知公司及股东。

在此期限内,股东得决定解散公司,或者按第1862及第1863条规定的条件取得拟变卖的股份。

如果股份的出售已经进行，股东或公司得行使由第 1867 条赋予他们的替代权利；不行使该项权利即告认可取得这些股份的人。

第七节　股东的退出或死亡

第 1869 条　(1978 年 1 月 4 日第 78-9 号法律第 1 条)在不损及第三人权益的情况下，股东得按照章程规定的条件完全或部分退出公司，或者章程无规定时，得由其他股东一致决定批准退出公司。亦可由法院以正当理由裁定批准股东退出公司。

除实行第 1844-9 条之规定外，退出公司的股东有权要求退还其在公司内的权益的价值；在协议不成的情况下，股东在公司内的权益的价值按第 1843-4 条的规定确定。

第 1870 条　(1978 年 1 月 4 日第 78-9 号法律)公司不因某一股东死亡而解散，但可以由死者的继承人或受遗赠人参与而继续存在，如公司章程规定继承人或受遗赠人参与公司应得到其他股东认可，不在此限。

可以约定，一股东死亡即导致公司解散，或者约定，在此情况下公司仅以其他股东为成员而继续存在。

亦可约定，公司得由死亡的股东的健在配偶为其成员而继续存在，或者以该股东的一名或数名继承人，或公司章程指定的其他任何人为其成员而继续存在，或者如章程允许，得由遗嘱指定的人为公司成员。

除公司章程另有规定外，如继承的财产转归某一法人，该法人仅在得到其他股东认可之后始能成为公司的股东。此种认可，按照章程规定的条件给予，或者在章程没有规定的情况下，由股东一致同意给予。

第 1870-1 条　(1978 年 1 月 4 日第 78-9 号法律)没有成为公司股东的继承人或受遗赠人，仅对被继承人的股份价值享有权利。与此项价值相对应的款额，由股份的新持有人支付，或者，在公司买回这些股份予以销除的情况下，由公司自行支付。

死亡的股东在公司内的权益的价值于其死亡之日按照第 1843-4 条规定的条件确定。

第三章　隐名合伙

第 1871 条　(1978 年 1 月 4 日第 78-9 号法律)合伙人得约定他们之间

的合伙不进行任何注册登记,此种情况称为"隐名合伙"(sociétés en participation)。① 隐名合伙不是法人,无须履行公告手续。隐名合伙(的存在)得以各种方式证明之。

合伙人得自由约定隐名合伙的宗旨、经营管理的运作与条件,但不得违反第 1832 条、第 1832-1 条、第 1833 条、第 1836 条(第 2 款)、第 1841 条、第 1844 条(第 1 款)与第 1844-1 条(第 2 款)的各项强制性规定。

第 1871-1 条 除规定另一种组织形式外,如合伙具有民事性质②,各合伙人之间的关系受适用于民事公司的规定的约束;如合伙具有商事性质,受适用于合名公司的规定的约束。

第 1872 条 对于第三人,各合伙人仍为其交由合伙支配之财产的所有人。③ 合伙存续期间,因使用或再使用共有钱款而取得的财产,以及在交由合伙支配之前已属共有的财产,视为合伙人之间的共有财产。

诸合伙人约定交归共有的财产,亦同。

此外,可以约定合伙人之一对第三人是其为实现合伙宗旨而取得的全部或一部财产的所有人。

第 1872-1 条 各合伙人均以其本人的名义缔结契约,并且单独对第三人承担义务。

但是,如参加合伙的人以合伙人身份从事活动,而且第三人知道此种情形,在合伙具商事性质时,每一合伙人均就其他合伙人之一以此身份进行的行为而产生的义务对第三人承担连带责任;其他情形,不负担连带责任。

由于合伙人的参与行为,与之订立契约的人认为该合伙人意欲对其承担义务,或者经证明缔结的义务已转为利益于该合伙人,适用前款之规定。

---

① 由于隐名合伙不是法人,无须履行公示手续,因此对于一些不需要很长时间即可完成的短期活动,比较适于设立隐名合伙。目前,设立隐名合伙的领域各不相同,例如,企业间的合作、投资合伙(pools d' investissement)、银行合伙(pools bancaires)、共有财产的管理、共同购买彩票,等等。尽管隐名合伙没有注册登记,但并不意味着它是"暗中的合伙",自 1978 年法律以来,隐名合伙可以向第三人披露,并且不因此就导致其成为"事实公司"。——译者注

② 按照《民法典》第 1871-1 条的规定,在商事性质的隐名合伙解散时,每一股东在清偿合伙债务之后,对偿还其出资以及按照出资比例对剩余资产,均享有权利(最高法院商事庭,1988 年 11 月 29 日)。但是,适用于合名公司的各项规定仅调整商事性质的隐名合伙的合伙人之间的关系,因此,这些合伙人不能主张对社会保险机构援用这些规定(最高法院社会庭,1997 年 12 月 18 日)。——译者注

③ 在隐名合伙清算的范围内,各合伙人取回个人原来用于出资的财产实物时,原则上应当考虑这些财产因其他股东的活动而获得的增值以及因其他投资或使用其他设备而使这些财产从中获得的利益(最高司法法院第一民事庭,1984 年 5 月 23 日)。——译者注

前述所有情况,涉及依第 1872 条(第 2 款与第 3 款)规定被视为共有的财产时,在与第三人的关系中,或者适用本《法典》第三卷第一编第六章之规定,或者如第 1873-2 条规定的手续已经完成,适用本卷第九编(二)之规定;在此情况下,所有合伙人均视为共有财产的管理人,有相反约定者除外。

第 1872-2 条 隐名合伙如没有规定确定的期限,经合伙人之一向其他合伙人进行通知,得于任何时候解散;但此种通知应善意为之,并且应遵守有关期间的规定。

除另有约定外,只要合伙并未解散,任何合伙人均不得请求按照第 1872 条之规定分割共有财产。

第 1873 条 事实上设立的公司①,适用本章之规定。

---

① 法国法律中,"事实上设立的公司"(sociétés crées de fait)与"事实公司"(sociétés de fait)是两个不同的概念,不能混淆,当然也不能与隐名合伙相混淆。"事实公司"指的是被撤销但实际上仍然存在的公司,而第 1873 条所指的"事实上设立的公司"则是指这样一种情形:两人或数人的行为如同公司股东,但并没有办理设立公司所要求的各种必要手续。因此,"事实上设立的公司"具备设立公司的各项要件:出资、分享利润、分担亏损,特别是有"设立公司的意愿"(affectio societatis)。这些条件往往是认定公司的决定性因素。虽然说"事实上设立的公司"的存在要求具备上述出资、当事人参加公司的意愿、股东参与分享利润和分担亏损等条件,但是,有关这类公司存在的证据得以任何方法提出,因为,提出这种证据的目的只有一个:确定当事人之间可能存在什么性质的关系。——译者注

第二卷 商事公司与经济利益合作组织

第一编 通 则

第 L210-1 条 公司的商事性质依其形式或者依其宗旨确定。

合名公司①、普通两合公司②、有限责任公司以及可以发行股票的公司③,

---

① "合名公司"(société en nom collectif),法文的字面意义是"用集体名字冠名的公司"。所谓"合名"是指这种公司的名称中必须冠以所有股东或某些股东的名字,便于社会公众尤其是与公司进行交易的人明确知道该公司的股东对公司负债承担无限连带责任,因此也称为"无限公司"。合名公司是法国法律对无限公司的称谓,是与"资合公司"(société de capitaux)相对应的"人合公司"(société de personnes)。合名公司的所有股东均具有商人身份,股东的人格信誉对合名公司非常重要,如无相反规定,一名股东死亡,公司即应解散。公司的经理拥有管理全权,在公司的宗旨范围内为公司缔结义务。——译者注

② "两合公司"(société en commandite)是由两类成员组成的公司:一类成员是被称为"commandité"的股东,即无限责任股东,如同合名公司股东一样,对公司负债承担无限连带责任;另一类成员称为"commanditaire",仅以其出资额为限对公司负债承担责任,即有限责任股东。公司的管理事务由无限责任股东负责,而有限责任股东仅能施行某些监督行为,或者,有时可以参与一些公司内部管理活动。

两合公司的名称中只能出现无限责任股东的名称。法国公司法规定的两合公司又分为两种类型:其一是"普通两合公司"(société en commandite simple),不能发行股票,其资本只能以"持股份额"或"持份"(les parts)来表示;其二是"股份两合公司"(société en commandite par actions),属于可以发行股票的公司类型,其资本份额可以用"股票"表示。——译者注

③ "可发行股票的公司"(société par action),按照法文的字面意义是指"用股票表示股份的公司"(如果我们认为,股份制的最基本形式是股份有限公司,那么,也可以把"可发行股票的公司"译为"股份制公司"或者"股票制公司")。法国公司法原来规定只有两种公司,即"股份两合公司"(société en commandite par actions)和"股份有限公司"(société anonyme)能发行股票,现行的《公司法典》增加了"简化的股份有限公司(简化的可以发行股票的公司)"(société par actions simplifiée)。合名公司、有限责任公司、普通两合公司均不能发行股票,其资本份额不能用"股票"(action)而只能用"持股份额"或"持份"(parts)来表示。——译者注

无论其宗旨如何,均因其形式为商事公司。

第 L210-2 条　公司的形式、存续时间(不得超过 99 年)、商号或名称、注册住所地、公司宗旨①以及注册资本的数额,由公司章程确定。

第 L210-3 条　注册住所在法国领土上的公司受法国法律约束。

第三人得援用章程中确定的注册住所,但是,如实际注册住所在另一地点,公司则不得以章程中确定的住所对抗第三人。

第 L210-4 条　公司设立时或者其后制定的文书与作出的审议决议所要履行的各项公示手续由最高行政法院提出资政意见后颁布的法令规定。

第 L210-5 条　就有限责任公司和可发行股票的公司在《民商事法定公告正式简报》上公告其应当公示的法律文书与说明事项的第 16 天之前进行的业务活动而言,此种法律文书与说明事项对于能够证明自己不可能知情的第三人不具对抗效力。

(2008 年 8 月 4 日第 2008-776 号法律第 56-2 条)"对于由唯一的自然人股东负责公司经理职责或董事长职责的有限责任公司与简化的可发行股票的公司而言,第 1 款所指的期限自在'商事及公司注册登记簿'上进行文书与事项说明登记时起开始计算"。

如在《民商事法定公告正式简报》上公示的关于有限责任公司与可发行股票的公司的法律文书及说明事项的文本与交存至"商事及公司登记处"的文本不一致,公示的文本对第三人不具对抗效力,但第三人可以援用该文本;公司能够证明第三人知道其向"商事及公司注册登记簿"交存的文本者,不在此限。

第 L210-6 条　商事公司自其在"商事及公司注册登记簿"上注册登记之日起享有法人资格。公司按照规定的手续变更其形式的,不导致创设新的法人;公司存续期的延展,亦同。

在公司取得法人资格之前,以正在筹建中的公司的名义开展活动的人,对由此实施的行为负无限连带责任;公司在符合规定设立与注册登记以后承接所缔结的义务的,不在此限;在此场合,此种义务视为一开始即是由公司所

---

① 公司的宗旨(objet social)是指公司的经营范围、活动领域。有限责任(有限风险)公司选择其从事的经营活动的多样性,较为有利;按照法国公司法的规定,有限责任公司的领导人即使是超过公司宗旨的行为(活动),公司仍然要对此承担义务;无限责任公司则相反,只有其领导人实施的属于公司宗旨范围内的行为,才能使公司承担义务,超越公司宗旨范围的行为则不具有对抗效力(参见第 L221-5 条),基于此,无限责任公司的股东个人有可能要承担责任,为了保护自己的利益,公司章程应当具体界定公司的宗旨。——译者注

缔结。

第 L210-7 条 有管辖权限的法院的书记员按照有关商事及公司登记的立法与行政法规规定的条件审核公司之设立符合规定之后，为公司进行注册登记。

如公司章程中未包括法律与行政法规所要求的应当载明的全部事项，或者法律与行政法规规定的设立公司的手续遗漏办理或不符合规定，任何利害关系人均得请求法院命令补正设立公司的手续，逾期未补正手续的，处以逾期罚款。检察院有权为相同目的提起诉讼。

前两款规定适用于修改章程之情况。

本条第 2 款所指的诉讼，时效期间为 3 年，自公司在"商事及公司注册登记簿"注册登记之日起计算，或者自在上述注册登记簿上进行变更登记并同时交存修改公司章程的法律文书之日起计算。

第 L210-8 条 公司发起人及其经营、管理、领导、监事机关的首任成员对因公司章程中遗漏某一法定事项，以及因未办理法律与行政法规规定的设立公司应当办理的某项手续，或者某项手续办理得不符合规定而造成的损害负连带责任。

在修改公司章程的情况下，前款之规定适用于当时在职的公司经营、管理、领导、监事机关的各成员。

此种诉讼，时效期间为 10 年，按照具体情况，自第 L210-7 条第 4 款所指的某一项手续办理之日起计算。

第 L210-9 条 负责经营、管理、领导公司的人员的任命事由已经按照规定进行公示的情况下，无论公司还是第三人，均不得为摆脱其承担的义务而援用此种任命事由中的不符合规定的情形。

只要以上所指人员的任命事由或停职事由没有按照规定进行公示，公司便不得对第三人援用此种事由。

第二编　各种商事公司的特别规定

第一章　合 名 公 司

第 L221-1 条　合名公司的所有股东均具商人资格,并且对公司负债承担无限连带责任。

公司的债权人,只有在用诉讼外文书向公司发出催告无果的情况下,才能向某一股东追偿公司债务。①

第 L221-2 条　(1985 年 7 月 1 日第 85-695 号法律第 36 条)合名公司应有其名称。公司名称里可以加进一位或数位股东的姓名。公司名称之前或紧接其后应标明"合名公司"字样。

第 L221-3 条　合名公司的所有股东均为公司的经理,章程另有规定的除外;章程得指定一名或数名股东或者非股东②为公司的经理,或者在章程中规定以后通过另外的文书指定经理。

如果是由某一法人担任合名公司的经理,该法人的领导人,按照其以个人名义作为经理之相同条件,负相同义务,承担相同的民事和刑事责任,且不影响其领导的法人承担连带责任。

---

① 传统理论认为,合名公司股东的资格近似于公司的连带保证人(caution)。1999 年 10 月 8 日法国最高司法法院的判决认为合名公司股东的资格对公司是一种"法定担保"(garantie légale),从而将其放在"从债务人"的地位,因为合名公司的股东与合名公司本身相互之间不存在连带责任关系。合名公司与民事公司不同,公司本身的债权人只有"在用诉讼外文书向公司发出催告无果的情况下,才能向某一股东追偿公司债务"。——译者注

② 这意味着合名公司可以外聘经理。——译者注

第 L221-4 条 在股东相互之间的关系中,以及在公司章程没有确定其权力的情况下,经理得为公司利益实施一切管理行为。

在有多名经理的情况下,每一位经理分开掌握前款所指的权力,但每一位经理拥有的、在任何业务活动尚未正式缔约之前提出异议的权力除外。

第 L221-5 条 在与第三人的关系中,经理通过属于公司宗旨范围内的法律行为使公司承担义务。①

在有多名经理的情况下,每一位经理分开掌握前款所指的权力;一经理对另一经理的法律行为提出的异议,对第三人不产生效力,但如证明该第三人知道此种情形,不在此限。

公司章程有关限制经理依本条规定产生之权力的所有条款,对第三人均不具对抗效力。

第 L221-6 条 超出经理所享有的权力的决定,应经股东一致同意作出,但公司章程得规定某些决定可按照章程规定的多数同意意见作出。

公司章程也可规定,如没有股东要求召开全体股东会议,可通过书面征求意见的方式作出决定。

第 L221-7 条 (1983 年 4 月 30 日第 83-353 号法令)经理制订的管理报告、盘存表以及年度账目,应在本会计年度终结起 6 个月内提交股东大会批准。

(1985 年 1 月 30 日第 85-11 号法律)为此目的,前款所指的各项文件、提议的决议文本,以及相应情况下,会计监察人的报告、集团合并结算账目与集团管理报告,均应按照最高行政法院提出资政意见后颁布的法令规定的条件和期限通报给各股东。任何违反本款以及为实施本款而制定之法令的决议均得被撤销。

违反本条及其实施法令的任何条款,均视为未予订立。

(2004 年 12 月 20 日第 2004-1382 号法令第 6 条)在公司的全部股份是由具有股份有限公司、股份两合公司或者有限责任公司之形式的法人所持有时,本《法典》第 L225-100 条第 3 款至第 6 款以及第 L225-100-1 条之规定适用于管理报告。

第 L221-7-1 条 第 L225-102-3 条,除其中第三项之外,适用于所有的无限责任股东都是有限责任公司或可发行股票的公司的合名公司。

第 L225-102-3 条所指的报告由公司经理制定。

---

① 参见第 L210-2 条。——译者注

这项报告在获得股东大会通过后1个月内交存至商事法院书记室作为"商事及公司注册登记簿"的附件，或者在通过电子途径传送该报告时，在其获得通过后2个月内交存。

这项报告在相同期限内按照最高行政法院提出资政意见后颁布的法令确定的条件在公众可以进入的公司网站上公示，并提供可免费阅读的文本。

第L221-8条　不担任经理的股东有权每年两次取得公司提交的簿册和文件，并有权就公司的管理事务书面提出问题。对所提问题也应以书面形式作出答复。

第L221-9条　（1984年3月1日第84-148号法律）股东可以按照第L221-6条规定的形式任命一名或数名会计监察人。

在会计年度终结时，资产负债总额、税负外总营业额或一会计年度内的平均薪金雇员人数两项标准超过最高行政法院提出资政意见后颁布之法令①所确定之数额的公司，至少应指定一名会计监察人。

即使公司未达到上述数额限度，任意一名股东均可请求法院任命一名会计监察人。

第L221-10条　（2005年9月8日第2005-1126号法令废止：一、会计监察人必须从本《法典》第L822-1条所指的名单中挑选，任期为6个会计年度。

（2003年8月1日第2003-706号法律废止并参见第八卷第L820-3-1条、第L822-1条及第L822-11条：二、下列人员不得被选任为会计监察人：

1. 经理及其配偶，直系尊、卑亲属以及包括第四亲等在内的旁系亲属；

2. 以实物出资的出资人以及特别利益的受益人；

3. 由于从事除会计监察人工作之外的活动，直接或间接，或者通过中间人，从公司或从公司经理处获得工资或任何一种报酬的人，但第L225-224条第4款允许从事的活动不在此限；

4. 其股东或领导人中有一人处于前两项所指之地位的会计监察人公司；

5. 由于从事除会计监察人工作之外的经常性活动，从公司或从公司经理处获得工资或报酬之人的配偶；

6. 其领导人或者股东中有一人以公司的名义从事会计监察人之职务，而其配偶处于第五项所指之地位的会计监察公司。

---

①　法国最高行政法院有两大职能：作为政府顾问，履行咨询职能；作为最高行政司法机关，履行行政司法职能。前者主要是指对法律、法令草案提出意见，而属于行政法规性质的法令一般都要经过最高行政法院审查。——译者注

三、会计监察人在停止履行该职后的 5 年内,不得成为其原负责监督的公司的经理。在同样期限内,会计监察人不得被任命为占有其原负责监督的公司 10% 资本的公司的经理、董事、总经理、管理委员会成员或者监事会成员,亦不得被任命为其原监督的公司占有 10% 资本的公司的经理、董事、总经理、管理委员会或监事会的成员。该项禁止事项亦适用于会计监察公司的股东,股东或领导人。

四、没有按照规定指定会计监察人,或者会计监察人之任命或继续任职不符合本条之规定的,依据该会计监察人提交的报告而作出的审议决定无效。如股东大会依照符合规定而指定的会计监察人提交的报告对此种决议予以确认,上述有关无效之诉即行消灭。

第 L221-11 条 （2005 年 9 月 8 日第 2005-1126 号法令第 20-3 条废止并参见第八卷第 L822-1 条:本法除涉及合名公司本身的规定之外,第 L225-222 条所指的关于股份有限公司会计监察人的权限、不得任职之限制、职责、义务、责任、替补、回避、罢免的规定均适用于合名公司的会计监察人。

会计监察人最迟应与公司股东同时得到有关召开股东大会或征求意见的通知。会计监察人得参与股东大会。

第 L221-7 条第 1 款所指的各项文件,应当按照最高行政法院提出资政意见后颁布的法令规定的形式与期限,提交给会计监察人。

第 L221-12 条 如全体股东均为公司经理,或者,如一名或数名经理选自股东并且在章程中指定,则只有在其他股东一致同意作出决定时,才能撤销其中任何一人的经理职务。解除一名经理的职务即导致公司解散,但如章程规定在此情况下公司仍继续存在,或者其他股东一致决定公司继续存在的,不在此限。被解除职务的经理此时可以请求偿还其在公司的权益并决定退出公司。其在公司的权益的价值依照《民法典》第 1843-4 条确定;任何违反该《法典》第 1843-4 条之规定的条款,均视为未予订立。

如一名或数名股东担任公司经理不是由章程指定的,则其中任何一人均得依章程规定的条件被解除职务,或者在章程未作规定时,得依担任或不担任经理职务的其他股东一致作出的决定而解除职务。

由非股东担任公司经理职务的,得依据公司章程规定的条件解除之,或者如章程无此种规定,得由股东按多数意见作出决定解除之。

无正当理由即解除经理的职务,得引起损害赔偿。

第 L221-13 条 合名公司的股份不得用可流通的证券表示;只有经全体股东同意,才能转让。

任何与此相抵触的条款,均视为未予订立。

第 L221-14 条 转让合名公司的股份必须有书面文字见证。此种转让依《民法典》第 1690 条规定的形式对公司产生对抗效力。但是,向公司注册住所交存一份转让文书的正本并由公司经理出具收悉此项存文的证明,即可替代另行通知之手续。

只有完成此种手续并且在"商事及公司注册登记簿"进行公示之后,股份转让始对第三人产生对抗效力。

第 L221-15 条 公司因其一名股东死亡而终止,但保留执行本条如下规定:

如果规定在一名股东死亡的情况下公司仍然继续存在并由该股东的继承人作为公司成员,或者公司仅以健在的股东为其成员,此种规定应予遵守。但如规定股东的继承人成为公司股东需得到公司认可,不在此限。

如果规定在一名股东死亡的情况下公司继续存在,该股东的健在配偶或其一名或多名继承人可成为公司成员,或者以公司章程指定的任何其他人为其成员;或者在公司章程允许的情况下,可由该股东在遗嘱中指定的其他任何人为公司成员。

在公司仅由健在的股东为成员而继续存在时,死亡的股东的继承人仅为公司的债权人,并且仅对原股东在公司内的权益的价值享有权利。如有条款规定继承人成为公司股东需经公司认可,在公司拒绝认可的情况下,该继承人同样对死亡的股东在公司内的权益的价值享有权利。

在公司按照上述第 3 款规定的条件继续存在的情况下,享有此项规定之利益的人就他们分配到的死亡股东在公司内的权益的价值,对该人的遗产,为负债人。

在本条所指的所有情况下,股东在公司内的权益的价值,均按照《民法典》第 1843-4 条的规定以及股东死亡之日的情形确定。

在公司继续存在,并且股东的一名或数名继承人是未解除监护的未成年人的情况下,继承人对公司负债仅以其继承的遗产权利为限承担责任。此外,自该股东死亡之日起一年期限内,合名公司应变更为两合公司,未成年人继承人成为公司的有限责任股东;非如此,公司解散。

第 L221-16 条 法院对公司的一名股东作出判决,判其进行司法清算,或者确定其转让全部股份的方案,或者禁止其从事商业职业,或者判决其无(权利)能力,(2005 年 7 月 26 日第 2005-845 号法律第 162-1 条)"且该判决已经终局确定时",公司应予解散,但如章程规定或者其他股东一致决定,即使在此情况下公司仍继续存在的,不在此限。

在公司继续存在的情况下,应当向丧失股东资格的股东退还其在公司内的权益的价值,该项价值按照《民法典》第1843-4条的规定确定。任何与《民法典》第1843-4条之规定相抵触的条款,均视为未予订立。

第L221-17条 至1967年4月1日,其名称中使用一名或数名已经去世的发起人名字的合名公司,准许其不遵守第L221-2条与第L222-3条之规定,得在其名称中仍然保留这些发起人的名字。

最高行政法院提出资政意见后颁布的法令确定此项准许事项应当遵守的条件,与此同时,该法令还具体规定第三人得以向司法系统的法院提出异议的条件。

第二章 普通两合公司

第L222-1条 普通两合公司的无限责任股东与合名公司股东的地位相同。①

有限责任股东仅以其出资额为限对公司债务承担责任;这些股东不得用劳务技艺作为出资。

第L222-2条 除本章所定规则外,有关合名公司的规定均适用于普通两合公司。

第L222-3条 普通两合公司应有其公司名称。公司名称中可以加进一名或数名股东的名字,其前或紧接其后应标明"普通两合公司"字样。

第L222-4条 公司章程必须载明以下事项:
1. 全体股东的出资总额或价值;
2. 每一位无限责任股东或有限责任股东在出资总额或价值中所占的份额;
3. 无限责任股东在分配利润与清算余额时所占的总份额以及每一位有限责任股东所占的份额。

第L222-5条 公司的各项决定均应按照章程规定的条件作出;但是,如有一名无限责任股东提出请求,或者人数及资本均占1/4的有限责任股东提

---

① 即具有商人身份并承担相应义务。至2005年7月1日,法国仍有大约3.2万家合名公司,而普通两合公司仅有917家。——译者注

出请求,当然应召开全体股东会议。

第 L222-6 条 有限责任股东即使是依据委托授权书亦不得对外进行任何管理活动。

有限责任股东违反前款之禁止规定的,与无限责任股东一起,对因此种受到禁止的行为引起的公司债务和义务负连带责任。根据违反禁止性规定的行动的次数或严重程度,有限责任股东得被宣告就公司因此承担的全部义务负连带责任,或者被宣告仅就其中某些义务负连带责任。

第 L222-7 条 有限责任股东有权每年两次取得公司提交的簿册与文件,并有权就公司的管理事务书面提出问题。对所提问题,应当作出书面答复。

第 L222-8 条 一、公司股份只有经全体股东一致同意才能转让。

二、但是,公司章程可以规定:

1. 有限责任股东持有的股份可以在股东之间自由转让;

2. 有限责任股东所持的股份,在全体无限责任股东同意的情况下,或者经人数或资本额占多数的有限责任股东同意,也可以转让给公司外的第三人;

3. 无限责任股东可以按照上述第 2 点规定的条件,向有限责任股东或公司外的第三人转让其所持的部分股份。

第 L222-9 条 股东,非经一致同意,不得改变公司的国籍。

公司章程的其他任何变更,可以经全体无限责任股东以及人数和资本额占多数的有限责任股东同意作出决定。

要求更高多数条件的条款,视为未予订立。

第 L222-10 条 即使有一位有限责任股东死亡,公司仍继续存在。

如果规定,即使无限责任股东之一死亡,由其继承人参与,公司仍然继续存在,那么,当其继承人是未解除监护的未成年人时,继承人成为公司的有限责任股东;如死亡的股东是两合公司中唯一的无限责任股东,且其所有继承人均是未解除监护的未成年人,那么,自该股东死亡之日起一年期限内,应由一名新的无限责任股东取代之,或者对原公司进行变更;非如此,上述期限届满,公司当然解散。

第 L222-11 条 无限责任股东之一实行司法重整或清算,或者被禁止从事商事职业,或者被认定无(权利)能力,公司解散,但是,如果公司还另有一名或数名无限责任股东且章程规定即使在前述场合公司仍将继续存在,或者股东一致决定公司仍然继续存在的,则适用第 L221-16 条第 2 款的规定。

第 L222-12 条　第 L221-17 条的规定适用于两合公司。

第三章　有限责任公司

第 L223-1 条　有限责任公司由一人或数人设立,股东仅以其出资额为限对公司亏损承担责任。

当公司仅由一名股东组成时,该人称为"唯一持股人"。① 唯一持股人行使本章规定赋予的股东大会的权力。(2008 年 8 月 4 日第 2008-776 号法律第 56-1 条)颁布一项法令确定由唯一的自然人持股人本人负责管理的有限责任公司使用的标准章程范本以及按照何种条件让有利益关系的人知道此种章程(范本)。除当事人在公司进行登记注册时提交不同的章程文本之外,均采用这种标准文本。

(2008 年 8 月 4 日第 2008-776 号法律第 56-2 条第一项)由唯一的自然人持股人本人负责经营管理的有限责任公司应履行最高行政法院提出资政意见后颁布的法令规定的简化的公示手续,法令还就免除在《民商事法定公告正式简报》上刊载公告的问题作出规定。

有限责任公司应有其公司名称,名称中得加进一位或数位股东的姓名,公司名称之前或紧接其后应标明"有限责任公司"字样或者加上缩写"SARL",并标明公司注册资本。

保险公司、资本与储蓄公司,不得采用有限责任公司的形式。

第 L223-2 条　(2003 年 8 月 1 日第 2003-721 号法律第 1-1 条)公司注册资本由章程确定。② 资本分为相等的份额(parts sociales)。

(第 L223-2 条原条文:有限责任公司的资本至少应为 7500 欧元,资本分为相等的股份份额。

如果将资本减至低于上述规定的数额,只有以随后增资从而使资本恢复

---

① 这种公司称为"一人有限责任公司"或"一人公司"(société unipersonnelle)。1985 年 7 月 11 日法律将其称为"一人有限责任企业"(entreprise unipersonnelle à responsabilité limitée),缩写为"EURL",其股东称为"唯一股东""一人股东"(associé unique)。——译者注

② 法国公司法对有限责任公司取消了最低注册资本的限制。1984 年 3 月 1 日的法律规定有限责任公司的最低资本数额为 50000 法郎(2004 年法令修改为 7500 欧元),现行法律则仅仅规定"公司注册资本由章程确定",实际上,这意味着可以用 1 欧元的注册资本设立公司。参见《民法典》第 1843-3 条。——译者注

至最低与前款规定的数额相等为中止条件才能作出此项决定,但公司变更为另一种形式的公司,不在此限。如前款规定未得到遵守,任何利害关系人均得向法院请求解散公司,但如果在法庭进行实质审理之日,不符合规定的事项已得到纠正,不得宣告解散公司。)

第 L223-3 条　(2004 年 3 月 25 日第 2004-274 号法律第 11 条)有限责任公司的股东人数不得超过 100 人。如果股东人数超过 100 人的时间持续一年,有限责任公司应予解散,但如在此期限内公司股东人数已减至等于或少于 100 人,或者公司已经转型,不在此限。

(第 L223-3 条原条文:有限责任公司的股东人数不得超过 50 人。如果股东人数超过 50 人,有限责任公司应在 2 年期限内转型为股份有限公司,非如此,公司应予解散,但如在此期限内股东人数减至等于或少于 50 人,不在此限。)

第 L223-4 条　有限责任公司的全部股份集中到一人之手时,不适用《民法典》第 1844-5 条关于司法裁判解散公司的规定。

第 L223-5 条　(2014 年 7 月 31 日第 2014-863 号法令废止:有限责任公司的唯一持股人不得是另一家仅由一人组成的有限责任公司。

在违反前款规定的情况下,任何利害关系人均得请求解散不符合规定而设立的公司。如果此种不符合规定的状况是由于原本有一个以上股东的公司的全部股份集中于一人之手而引起的,在此种股份集中之事实还不满一年时,不得解散公司。在任何情况下,法院均得给予最长 6 个月的期限,以便公司调整其状况,使之符合规定;如法院在进行实质审理之日公司的状况已经符合规定,不得宣告解散公司。)

第 L223-6 条　全体股东均应亲自参与或者由证明得到专门授权的代理人参与公司的设立行为(acte constitutif de la société)。

第 L223-7 条　(2001 年 5 月 15 日第 2001-420 号法律)"公司的所有股份必须得到股东全额认购。代表实物出资的股份,应当全数缴清;代表货币出资的股份,至少应当缴纳其数额的 1/5,其余部分,应自公司于'商事及公司注册登记簿'上注册登记起不超过 5 年期限内,按照公司经理的决定,一次或者分数次缴清。但是,在应当用金钱出资的新股份开始任何认购之前,公司资本必须已全额缴清,否则,新股份认购活动无效。"

相应情况下,公司章程得确定以劳务技艺出资的公司股份的认购方式。①
公司股份的分配情况应在章程中载明。

来自缴纳股款的资金,应当按照最高行政法院提出资政意见后颁布的法令规定的条件与期限进行交存寄托。

(第L223-7条原条文:用实物或金钱出资的公司股份应由股东全部认购并全部缴纳。

有限责任公司的股份不得以劳务技艺出资;但是,如果公司宗旨主要是经营交付给它的营业资产或手工业企业,或者主要是经营公司利用作为实物交付给它的有形或无形财产而创立的营业资产或手工业企业,在以实物出资的人或其配偶的主要活动与实现公司宗旨相关时,得以其技艺出资;在不损及《民法典》第1844-1条第2款适用的情况下,共同以技艺出资的人对公司亏损各自应负的责任份额由公司章程确定,但此份额不得高于出资最少的股东所应负担的份额。公司章程得确定认购此种股份的方式。

公司股份的分配情况应在章程中载明。

来自缴纳公司股款的资金应按照最高行政法院提出资政意见后颁布的法令规定的条件与期限进行交存寄托。)

第L223-8条 公司在"商事及公司注册登记簿"进行注册登记之前,受公司委任职务的人不得提取来自缴纳股款的资金。

(2004年3月25日第2004-274号法律第15条)如果自第一次寄托股款起6个月期限内公司未能成立,或者公司在相同期限内没有在"商事及公司注册登记簿"上注册登记,全体出资人可以个人向法院请求批准其抽回出资款项;相同情况下,可以由一名委托代理人代表全体出资人,直接向资金受寄托人要求抽回所寄存的股金。

如各出资人随后又决定组建公司,股款应当重新进行寄托。

---

① 1982年7月10日法律只准许"用营业资产作为实物出资的人的配偶可以用劳务技艺出资",并且《公司法》原第L223-7条规定"有限责任公司的股份不得以劳务技艺出资"。现在的条文改为"公司章程得确定以劳务技艺出资的公司股份的认购方式"。这就意味着劳务技艺出资人可以参加有限责任公司。虽然"公司的股份不得表示劳务技艺出资",但出资人有权分享公司利润与净资产的份额并且应负补亏损之责任。承诺用技艺向公司出资的股东,应当将其通过属于出资标的的活动所实现的全部利益归于公司(《民法典》第1843-3条)。

研究项目、课题、劳务往往不构成具有可以评价之价值并可触及的实际资产,难以将其作为资本股。技艺出资不参与形成公司注册资本;股份有限公司的股份也不得表示劳务技艺出资(本《法典》第L225-122条)。应当强调的是,自此2003年8月1日法律以后,理论上既然可以考虑用1欧元的金钱进行象征性出资,那么,有限责任公司的全体股东便可以都是"劳务技艺出资人"。——译者注

（第L223-8条原条文：公司在"商事及公司注册登记簿"上注册登记之前，不得由公司委任职务的人提取来自缴纳股款的资金。如果自第一次寄托股款起6个月期限内公司未能组成，出资人得单独或者由代表其集体的委托代理人请求法院批准抽回其出资款项。）

第L223-9条 公司章程必须载明每一项实物出资的评估价值。进行此项价值的评估，应当由未来公司的股东一致指定的出资评估鉴定人负责制定评估报告并附于章程；或者在股东不能就指定出资评估鉴定人达成一致时，由法院按照最积极要求的未来股东的请求，作出裁定，指定出资评估鉴定人。

但是，如果任何一项实物出资的价值均不超过（2010年6月15日第2010-658号法律第11-1条）"法令确定的数额"以及如果未经出资评估鉴定人评估作价的实物出资总价值不超过公司注册资本的一半，未来股东可以一致决定不强制要求聘请出资评估鉴定人进行资产评估。

如公司仅由一人设立，出资评估鉴定人由该唯一持股人指定；如符合前款规定的条件，并非一定要聘请出资评估鉴定人进行出资评估。

如果没有聘任出资评估鉴定人，或者公司认定的价值与出资评估鉴定人提议的作价有差异，全体股东在5年期限内，就公司设立时认定的实物出资的价值，对第三人承担连带责任。

第L223-10条 对公司无效负有责任的首任经理及股东，就公司被撤销而引起的损害，对其他股东及第三人承担连带责任。诉讼时效期间依第L235-13条之规定。

第L223-11条 （2004年3月25日第2004-274号法律）有义务按照第L223-35条之规定指定一名会计监察人的有限责任公司，其最后3个会计年度（每个会计年度为12个月）的账目按照规定得到股东的批准的，(2009年1月22日第2009-80号法令第7-1条)"可以发行记名债券，但以不进行公开募集此种债券资金为条件"。[1]

---

[1] 为了便于有限责任公司筹措用于自身发展的资金，2004年3月25日第2004-274号法律准许有限责任公司发行公司债券。这与原来的规定有很大不同，《商法典》第L223-11条原规定："禁止有限责任公司发行可流通证券，否则，发行无效。"但是，这种"准许"或"放松"仍被限制在一定的范围之内，即只有具备一定规模、符合以下两项条件的有限责任公司才能发行公司债券，这两项条件是：有义务按照第L223-35条之规定指定一名会计监察人，其最后3个会计年度（每个会计年度为12个月）的账目按照规定得到股东的批准。换句话说，符合1967年3月23日法令第12条规定的三项标准中的两项标准的有限责任公司可以发行公司债券；这三项标准是，公司资产负债表总额为155万欧元，税负外营业额为310万欧元，薪金雇员平均人数为50人。——译者注

记名债券的发行由股东大会(assemblée des associés)按照适用于可以发行股票的股份有限公司的股东大会的规定作出决定。这些证券受有关可以发行股票的公司发行债券的规定约束,但第 L228-39 条至第 L228-43 条与第 L228-51 条之规定除外。

具备第 1 款所指条件的公司每次发行债券时,均应将有关债券发行条件的说明书和信息资料交由认购人支配。

禁止有限责任公司为有价证券的发行提供担保,否则,担保无效。但如有价证券是由地区发展公司发行,或者发行的有价证券是得到国家辅助担保的债券,不在此限。

(第 L223-11 条原条文:禁止有限责任公司发行可流通证券,否则,发行无效。)

第 L223-12 条 有限责任公司的股份不得用可流通证券表示。

第 L223-13 条 有限责任公司的股份可以通过继承自由转移(transmissible),或者在对夫妻共同财产进行清算的情况下,可以在夫妻之间自由转移,以及可以在夫妻之间、尊、卑直系亲属之间自由转让(cessible)。

(2004 年 3 月 25 日第 2004-274 号法律第 13-1 条)"但是,公司章程可以规定,股东的配偶、继承人、直系尊血亲或直系卑血亲,只有按照第 L223-14 条规定的条件获得认可之后,才能成为公司股东"。章程条款规定公司审议是否给予认可的期限不得超过第 L223-14 条规定的期限,有效表决应当达到的票数亦不得高于该条规定的多数,否则该条款无效。在公司拒绝认可的情况下,适用第 L223-14 条第 3 款与第 4 款的规定。如果在规定的期限内,这些条款规定的任何一种处理方法均未被采用,则视为当事人已经获得认可。

(2004 年 3 月 25 日第 2004-274 号法律第 13-2 条)公司章程可以规定,在股东之一死亡的情况下,公司仍然继续存在,死者的继承人成为公司股东,或者公司仅由仍然健在的股东为其成员。在公司仅由健在股东为其成员而继续存在的情况下,或者,在拒绝认可死者的继承人成为股东的情况下,继承人对被继承人在公司内的权益的价值享有权利。

公司章程亦可规定,公司继续存在,死者的健在配偶或者其一名或多名继承人成为公司的股东,或者由公司章程指明的任何其他人成为股东,或者如果公司章程准许,由遗嘱指定的任何其他人成为公司股东。

(2004 年 3 月 25 日第 2004-274 号法律第 13-2 条)"在本条所指各种情况下,死者在公司内的权益的价值按照《民法典》第 1843-4 条之规定以及死者死亡之日的情形确定。"

（第L223-13条原条文：公司股份得通过继承自由转移，或者在对夫妻共同财产进行清算的情况下，在夫妻之间自由转移，并且可以在夫妻之间，尊、卑直系亲属之间自由转让。

但是，公司章程可以规定，股东的配偶、继承人、直系尊血亲或直系卑亲属，只有按照章程规定的条件获得认可，始能成为公司股东。公司章程赋予公司审议是否给予认可的期限不得超过第45条所指的期限，有效表决应当达到的票数亦不得高于该条规定的多数，否则，所订条款无效。在公司拒绝认可的情况下，适用第45条第3款、第4款的规定。如这些条款所规定的解决方法在规定的期限内均未被采用，即视已经获得认可。）

第 L223-14 条　（2004年3月25日第2004-274号法律第14-1条）"只有得到至少持有公司一半股份的股东多数同意，公司股份才能转让给公司以外的第三人，章程规定应得到更高多数同意的情况除外。"

如公司有多名股东，转让股份的方案应当通知公司和每一位股东；如公司在发出最后一份本条所指的通知起3个月期限内没有告知其决定，视其同意转让。

（2004年3月25日第2004-274号法律第14-2条）"如公司不同意转让股份，其他股东应在此项拒绝（决定）之日起3个月期限内，按照《民法典》第1843-4条规定的条件所确定的价格，取得或让人取得这些股份，但转让人如已放弃转让股份，不在此限。鉴定费用由公司承担。应公司经理的请求，上述期限得由法院决定延长一次，但延长期不得超过6个月。"

经打算转让股份的股东同意，公司也可以在相同期限内，决定减少资本；减少的数额为该股东（拟转让的）股份的面值数额，公司应按照以上规定的条件所确定的价格回购其所持的股份。在公司有正当理由的情况下，法院得决定给予公司一个支付款项的期限，但此期限不得超过2年，所欠款项按法定商业利率支付利息。

如给予的期限届满，上述第3款及第4款所指的任何一种办法均未被采用，股东即可实现原来打算进行的股份转让。

除继承、夫妻共同财产清算或者向配偶、直系尊血亲或卑血亲进行赠与之情况外，如转让股份的股东持股时间不满2年，不得援用上述第3款及第5款之规定。

违反本条之规定的一切条款，均视为未予订立。

第 L223-15 条　如公司同意（股东）在符合第L223-14条第1款和第2款规定的条件下用其在公司的股份设质的计划，此项同意意味着如果用于设质的股份按照《民法典》第 2078 条第 1 款的规定被强制变卖，公司即认可受让人为其股东，但如在实现股份转让之后，公司立即回购这些股份并减少注册资本，不在此限。

第 L223-16 条 有限责任公司的股份可以在股东之间自由转让。

如公司章程订有条款限制股份转让，则适用第 L223-14 条之规定，但章程可以规定在这种情况下减少所要求的赞同票数，或者缩短该条规定的期限。

第 L223-17 条 转让股份应遵守第 L221-14 条之规定。

第 L223-18 条 有限责任公司由一名或数名自然人管理。

公司的全体经理得从股东之外选任。经理由股东按照（2004 年 3 月 25 日第 2004-274 号法律第 16-1 条）"第 L223-29 条规定的条件，在章程中或嗣后以法律文书任命。章程中提到的某一经理的姓名，在该人不论何种原因停止履职时，均可由股东按照相同条件作出决定，予以取消"。

在章程没有规定的情况下，经理的任职期限与公司的存续期限相同。

在股东相互关系中，经理的权力由公司章程确定；章程无此种规定的，依第 L221-4 条之规定。

在与第三人的关系中，经理享有代表公司在各种情况下开展活动的最广泛的权力，但法律明文规定专门赋予股东的权力除外；经理实施的行为，即使不属于公司宗旨范围，亦使公司承担义务；但如公司能够证明第三人知道此种行为已超越公司宗旨范围，或者按照实际情况，第三人不可能不知道此种行为已超越公司宗旨范围的，不在此限；仅仅是进行了章程的公示，不足以构成此种证据。

公司章程限制经理依据本条之规定所享有的权力的一切条款，对第三人均不产生对抗效力。

如公司有多名经理，由他们分别掌握本条规定的权力；一名经理对另一名经理的行为提出的异议，对第三人不产生效力，但如证明第三人知道此情形，不在此限。

（2004 年 3 月 25 日第 2004-274 号法律第 16-3 条）"经理或者全体经理得决定在同一省内或者在相邻省内迁移公司注册住所，但此种决定应按照第 L223-30 条第 2 款规定的条件经全体股东批准。

按照相同条件，经理可以对公司章程的规定进行调整，使之与法律和条例的（现行）强制性规定保持一致。"

（2005 年 8 月 2 日第 2005-882 号法律第 26-2 条）"如公司股份按照第

L239-1 条之规定成为租赁契约的标的，经理得在公司章程中将订立股份租约之事由以及承租人的姓名写在有关的股东的姓名旁边，且以全体股东按照第 L223-29 条规定的条件批准订立租约的决定为保留条件。在租约不再延展或者被解除的情况下，经理得按照相同条件删除此项记载。"

第 L223-19 条 经理，或者如果公司有会计监察人，会计监察人，应当向股东大会提交一份报告，或者在书面征求意见的情况下，在向股东提交的文件内附上一份报告，说明公司与其经理或股东之间直接或者通过中间人缔结的所有协议。① 股东大会对此项报告进行审议，有利害关系的经理或股东不得参加表决投票，在计算有效表决应当达到的人数和持股数目时，利害关系人所持的股份不予考虑。

但是，如果公司没有会计监察人，非公司股东的经理缔结的此种协议应当事先提交股东大会批准。

尽管有第 1 款的规定，在公司仅有一名持股人并且是与该人订立协议的情况下，只需将此事项记录于"审议决定记录簿"即可。

没有得到批准的协议仍然产生效力。但是，在协议给公司带来损害后果的情况下，经理，以及视具体情节，订立合同的股东个人应单独或连带承担责任。

如果某一公司的无限责任股东、经理、董事、总经理、管理委员会成员或监事会成员兼任有限责任公司的经理或股东，与该公司订立的协议，亦扩大适用本条之规定。

第 L223-20 条 第 L223-19 条之规定不适用于仅涉及日常业务活动的、依正常条件订立的协议。

第 L223-21 条 除法人担任公司经理或法人股东之外，禁止其他经理或股东以任何形式向公司缔约借贷，或者让公司同意以转账形式或其他形式透支款项，或者让公司为其对第三人承担的义务提供担保或者使此种担保具有效力，违反此项禁止规定的行为无效。此项禁止规定适用于作为公司股东的法人的法定代表人。

这一禁止规定也适用于本条第 1 款所指之人的配偶、直系尊血亲与直系卑血亲以及任何中间人。

---

① 与第 L225-38 条对股份有限公司规定的制度相比，有限责任公司在这方面的制度更为灵活，因为公司与其经理或股东之间直接或者通过中间人缔结的所有协议只需要事后得到股东大会批准。未得到批准的协议仍然产生效力。——译者注

但是,如果公司经营的是一家金融机构,上述禁止规定不适用于正常条件下开展此种商务活动的日常业务。

第 L223-22 条 公司经理,违反有限责任公司适用的法律和法规,或者违反公司章程,或者在管理中有过错的,视相应情况,对公司或者对第三人承担个人责任或者连带责任。

如有多名经理共同参与了某一事务,法庭得确定每一个人在赔偿损失时应当分担的份额。

除了对本人受到的损害提起赔偿诉讼之外,股东得单独个人或者按照最高行政法院提出资政意见后颁布的法令确定的条件组成集体,对经理提起追究责任的"公司诉讼"(action sociale)。诸起诉人有权就公司受到的全部损失请求赔偿,相应情况下,损害赔偿金归属公司。

公司章程中的任何条款,旨在规定行使"公司诉权"(提起公司诉讼)必须事先通知或者需经事先批准的,或者规定事先放弃行使该项诉权的,视为未予订立。

股东大会的任何决定,均不得产生消灭对经理因其履行职务中的过错追究其责任之诉权的效力。

第 L223-23 条 第 L223-19 条及第 L223-22 条所指的追究责任之诉讼,时效期间为 3 年,自造成损害的事实发生之日起计算,或者,如损害事实曾被隐瞒,时效期间仅自事实被揭露之日起计算。如损害行为构成犯罪,诉讼时效期间为 10 年。

第 L223-24 条 在按照本《法典》第六卷第二编之规定实行(2005 年 7 月 26 日第 2005-845 号法律第 165-2 条)"保护程序"、司法重整与裁判清算程序的情况下,这些规定所针对的人得被认定对公司负债承担责任,并且按照这些规定所确定的条件,受到有关禁止权利与丧失权利的拘束。

第 L223-25 条 (2004 年 3 月 25 日第 2004-274 号法律第 17 条)"股东按照第 L223-29 条规定的条件作出决定,可以免除经理的职务①,但如公司章程规定要求更高的多数才能作出决定,不在此限。无正当理由即作出决定,撤销经理的职务,得引起损害赔偿。"

此外,应任何股东的请求,法院得以正当原因,解除经理的职务。

尽管有第 1 款的规定,经营 1986 年 8 月 1 日关于改革新闻法律制度的第

---

① 这就意味着经理是有限责任公司的唯一股东时,不可能被免除职务,因为股东大会上的各项决定均由代表公司一半以上股份的一名或数名股东作出。——译者注

86-897号法律第2条意义上的新闻企业的有限责任公司的经理，只有在至少代表公司3/4股份的股东作出决定时，才能被解除职务。

第L223-26条 （2012年3月22日第2012-387号法律第17-1条）经理制定的管理报告、盘存表与年度账目，应在本会计年度终结后6个月期限内提交股东大会批准。如在会计年度终结后6个月内没有召开股东大会，检察院、任何利益关系人，均可向法院院长申请紧急审理，责令召集股东大会或者指定一名委托代理人进行大会召集，相应情况下，处逾期罚款。

前款所指各项文件、提议中的决议文本，以及相应情况下，会计监察人的报告、集团合并结算账目和集团经营管理报告，均应按照法令规定的条件与期限通报给各股东。任何违反本款及其实施法令之规定而作出的审议决议均得被撤销。

自前款所指文件提交之日起，任何股东均有权书面提出问题，经理应当在股东大会期间对这些问题作出答复。

此外，股东得于任何时间，按照最高行政法院提出资政意见后颁布的法令规定的条件，取得该法令规定的有关公司最近3个会计年度的文件。

任何违反本款及其实施法令之规定而作出的决议均视为未予订立。

（2004年12月20日第2004-1382号法令第5条）"第L225-100条第3款至第6款与第L225-100-1条的规定适用于管理报告；相应情况下，第L225-100-2条之规定适用于集团管理报告"。

第L223-26-1条 第L225-102-3条，除其中第四项之外，适用于有限责任公司。

第L225-102-3条所指的报告由公司经理制定。

这项报告在获得股东大会通过后1个月内交存至商事法院书记室作为"商事及公司注册登记簿"的附件，或者在通过电子途径传送该报告时，在其获得通过后2个月内交存。

这项报告在相同期限内按照最高行政法院提出资政意见后颁布的法令确定的条件在公众可以进入的公司网站上公示，并提供可免费阅读的文本。

第L223-27条 所有决定均应在股东大会上作出；但是，公司章程可以规定，除第L223-26条第1款所指决定外，其他所有决定或其中某些决定可以通过书面征求股东意见或者由股东在一项文书上表明同意意见的方式作出。

按照最高行政法院提出资政意见后颁布的法令规定的形式与期限召集股东参加大会。股东大会由经理召集；在经理不召集会议的情况下，（2004年3月25日第2004-274号法律第18-1条）"如有会计监察人，由会计监察人负责召集股东大会。在发送第L223-26条所指文件的期限尚未届满之前,不得举行股东大会"。

（2008年8月4日第2008-776号法律第56-3条）"除审议第L232-1条与第L233-16条所指的活动而召开的股东大会之外,如章程有此规定,在计算出席会议的人数与表决票数时,通过视频会议或者可以鉴别身份的电子通讯方式参加会议的股东视为出席会议。电子通信手段的性质与适用条件由最高行政法院提出资政意见后颁布的法令确定。公司章程可以就确定的审议事项以及为确定数目的股东规定一种反对使用这种通信手段的权利"。

（2012年3月22日第2012-387号法律第17-1条）一名或数名股东,如其持有公司一半股份,或者持有1/10股份且至少代表1/10股东,可以要求召开股东大会。任何与此相抵触的条款,均视为未予订立。

任何股东均可请求法院指定一名委托代理人负责召集股东大会并确定会议日程。

（2004年3月25日第2004-274号法律第18-2条）"在唯一的经理死亡的情况下,会计监察人或者任何股东,得召集股东会议,但唯一目的是进行经理的替换。召集股东大会应遵守最高行政法院提出资政意见后颁布的法令规定的形式与期限"。

任何不符合规定而召集的股东大会均得被撤销（annulé）,但如全体股东均出席或委派代表出席了会议,无效之诉不予受理。

第L223-28条 每一位股东均有权参与作出决定,并拥有与其所持股份数目相等的表决权。

除公司仅由夫妻二人组成之情况外,每一位股东均可由其配偶代理;除公司仅有2名股东之情况外,一股东得由另一股东代理。

只有在公司章程允许的情况下,公司股东才能由其他人代理。

同一股东不得以其所持的一部分股份指定代理人参加投票表决,而由其本人用另一部分股份参加投票表决。

与上述第1款、第2款和第4款的规定相抵触的任何条款,均视为未予订立。

第L223-29条 在股东大会上,或者在书面征求意见时,各项决定均应由代表公司一半以上股份的一名或数名股东作出。

如没有达到这一多数,除章程另有规定外,可以视具体情况,第二次召集股东会议或者征求意见,不论参加表决的人数多少,决定均按照多数表决票作出。

第L223-30条 非经全体股东一致同意,不得改变公司的国籍。

公司章程的任何其他修改,由至少持有3/4公司股份的股东决定。任何要求更高多数的条款,均视为未予订立。

(2005年8月2日第2005-882号法律废止:"但是,在任何场合,多数股东均不得强迫一股东承担更多的公司义务。")(2005年8月2日第2005-882号法律第35条)但是,为了便于在2005年8月2日"利于中、小企业"的第2005-882号法律之后设立的有限责任公司修改其章程,经第一次召集即召开的股东大会,只有当出席或者由代理人出席会议的股东至少持有1/4公司股份时,才能有效进行审议;经第二次召集才召开的股东大会,只有当出席或者由代理人出席会议的股东至少持有1/5公司股份时,才能有效进行审议;如果仍然达不到这一法定比例,第二次召集的股东大会可以最迟推延至召集会议之日期后的2个月举行。在此两种情况下,公司章程的修改,由出席或者委托代理人出席会议并持有公司2/3股份的多数股东作出决定。公司章程可以就此情况要求达到更高的法定人数或多数比例,但仍不得要求需经全体股东一致同意才能决定修改公司章程。

在上述2005年8月2日第2005-882号法律颁布之后设立的有限责任公司,得经股东一致同意作出决定,受本条第3款之规定调整。

但是,在任何场合,均不得以多数股东的意见强迫一股东承担更多的公司义务。

尽管有(2005年8月2日第2005-882号法律第35条)"第2款与第3款之规定",通过转换利润或公积金来增加公司资本的决定,应由至少代表一半公司股份的股东作出。

第L223-31条 第L223-26条第1款、第L223-27条至第L223-30条之规定不适用于仅有一名股东的公司。

在此情况下,公司的管理报告、盘存表及年度账目均由经理制定;相应情况下,由唯一持股人在会计监察人提出报告之后,自本会计年度结束起6个月期限内批准公司账目。(2005年8月2日第2005-882号法律第34条)"由唯一股东担任公司经理时,向'商事及公司注册登记簿'交存符合规定签字的管理报告、盘存表和年度账目,即等于批准账目",(2008年8月4日第2008-776号法律第56-5条)"无须将商事法院书记室签发的收据写入下款所指的登记簿"。

唯一的持股人不得将其权限委托他人行使;唯一持股人取代股东大会作出的决定应当用一个登记簿进行归档登记。

违反本条规定所作的决定,得应任何利害关系人的请求撤销之。

第 L223-32 条 在通过用金钱认购股份的方式增加公司资本的情况下,适用第 L223-7 条最后一款之规定。(2012 年 3 月 22 日第 2012-387 号法律第 10 条)"这些股份在认购时至少应缴纳面值 1/4 的股款;剩余股款,自增加资本最后确定之日起 5 年内,一次或分数次缴纳。"

来自缴纳股款的资金,在资金受寄托人出具证明书之后,得由公司委任的人提取。

如自第一次寄托认股资金后 6 个月期限内未能实现增加资本,适用第 L223-8 条第 2 款之规定。

第 L223-33 条 如果是全部或部分用实物出资以实现增加资本的,适用第 L223-9 条第 1 款之规定,(2012 年 3 月 22 日第 2012-387 号法律第 7-1 条)"实物出资评估鉴定人,由股东一致同意指定,或者在不能这样做的情况下,应一名股东或者"一名经理的请求,出资评估鉴定人由法院作出决定指定。

在没有指定出资评估鉴定人的情况下,或者出资实物的最后作价与出资评估鉴定人提议的评估价值有差异时,公司经理与所有认购了增资股份的人,在 5 年之内,就上述出资实物所定的价值,对第三人承担连带责任。

第 L223-34 条 减少资本由股东大会按照修改章程所要求的条件进行审议、予以批准。任何情况下,减少资本均不得损害各股东的平等地位。

如公司有会计监察人,应在最高行政法院提出资政意见后颁布的法令规定的期限内,向会计监察人提交减少资本方案。会计监察人向股东大会通报其对减少资本的原因和条件所作的评价。

如股东大会批准并非由于公司亏损而减少资本的方案,债权发生在公司向商事法院书记室交存减少资本的审议笔录以前的债权人,可以在最高行政法院提出资政意见后颁布的法令规定的期限内,对公司减少资本提出异议。

法院作出裁定:或者驳回异议,或者责令偿还债务,或者如公司提供担保且此种担保被认为充分时,责令设定担保。在可提出异议期间,公司不得开始进行减少资本的各项活动。

禁止公司购买自己的股份;但股东大会在决定非因公司亏损而减少资本的情况下,得批准公司经理回购确定数量的股份予以销除(annuler)。①

第 L223-35 条 全体股东得按照第 L223-29 条规定的条件,任命一名或

---

① 股份的销除,主要是在股份有限公司减少资本的情况下进行的活动,公司依照减少资本或者合并股份的程序,回购自己公司的股份并将其销除。销除股份准用股份合并的程序规定。——译者注

数名会计监察人。

在一个会计年度结束时,公司资产负债总额、税负外总营业额或本会计年度的平均用工人数任意两项标准超过最高行政法院提出资政意见后颁布的法令规定之数额的有限责任公司,至少应指定一名会计监察人。

即使是没有达到上述数额指标的公司,至少持有公司1/10资本的一名或数名股东得请求法院任命一名会计监察人。

第L223-36条 凡是不担任经理的股东,均可在一个会计年度内两次向经理就任何可能影响公司继续经营活动的事实书面提出问题。经理所作的答复应当通报给会计监察人。

第L223-37条 至少持有公司1/10股份的一名或数名股东,得单独或者以任何形式的组合,请求法院指定一名或数名专家鉴定人,负责对公司的一项或数项管理活动提出报告。

检察院以及企业委员会①亦有权为同样目的向法院提出请求。

如上述请求得到批准,法院作出裁定确定上述专家鉴定人的任务与权力范围。该项裁定得规定专家的报酬由公司负担。

此项报告应提交给提出请求的股东、检察院、企业委员会、会计监察人及公司经理。此外,这一报告应附于会计监察人为下一次股东大会提交的报告,并履行同样的公示手续。

第L223-38条 (2005年9月8日第2005-1126号法令第20-3条废止并参见第L820-3-1条)

第L223-39条 会计监察人最迟应与公司股东同时得到有关召开股东大会或者征求股东意见的通知。会计监察人应参加股东大会。

第L223-26条第1款所指的各项文件应按照最高行政法院提出资政意见后颁布的法令规定的条件与期限提交给会计监察人。

第L223-40条 如果分派的股息与公司实际获得的利润不符,可以要求受领了该股息的股东返还。

有关返还股息的诉讼,时效期间为3年,自开始分派股息之日起计算。

第L223-41条 公司股东之一被法院判决宣告进行司法清算、个人破产以及禁止从事第L625-8条所指的管理活动,或者被宣告无(权利)能力时,有

---

① 法国法律中的"企业委员会"(comite d'entreprise)是1945年开始在企业内设立的一种员工代表机构,但有别于工会,更不是企业的领导机构。其主要职能是社会性事务,在其他方面也享有咨询权。——译者注

限责任公司并不解散。

有限责任公司亦不因某一股东死亡而解散,公司章程另有规定的除外。

第 L223-42 条 如公司会计文件上已确认发生亏损,公司自有资金(les capitaux propres de la société)已低于其注册资本之一半,由全体股东在现已亏损的账目通过后4个月内决定是否有必要提前解散公司。

如果修改公司章程所要求达到之多数的股东不宣告解散公司,至现已亏损的会计年度之后的第二个会计年度结束,如公司自有资本在此期限内仍然未能恢复到至少等于注册资本之一半的价值,(2003年8月1日第2003-721号法律废止:"且在第L223-2条规定之保留下"),公司最迟应在此时减少资本,减资数额至少相当于未能用公积金填补的亏损数额。

在以上两种情况下,股东通过的决议,均应按照最高行政法院提出资政意见后颁布的法令确定的方式进行公示。

如经理或者会计监察人没有主动提请股东作出决定,或者如股东未能有效进行审议,任何利害关系人均得向法院请求解散公司;在上述第2款之规定未得到执行的情况下,亦同。

所有情况下,法院均得给予公司最长6个月的期限,以便其依法调整状态;如在法院进行实质审理之日,公司状况已经符合规定,不得宣判解散公司。

本条之规定不适用于正在实行(2005年7月26日第2005-845号法律第165-2条)"保护程序或司法重整程序,或者享有保护方案或司法重整方案的公司"。

第 L223-43 条 有限责任公司转型为合名公司或者转型为普通两合公司或股份两合公司,要求经全体股东一致同意。

有限责任公司改制为股份有限公司,由修改章程所要求达到的多数作出决定;但如公司最近一个会计年度资产负债表上自有资本超过75万欧元,持有公司多数股份的股东得决定公司改制为股份有限公司。

上述决定作出之前,应有注册会计监察人提交的有关公司状况的报告。

违反本条规定进行的任何改制均无效。

第四章 可以发行股票的公司适用的规定

第 L224-1 条 可以发行股票的公司应有公司名称,名称之前或之后应标明公司的法律形式与资本数额。

公司名称中得包括一名或数名股东的姓名,但是,股份两合公司的名称中不得出现有限责任股东的姓名。

第 L224-2 条 (2009年1月22日第2009-80号法令第7-2条)"公司注册资本最少应为3.7万欧元"。

(第L224-2条第1款原条文:如公司公开募集资本,其注册资本最少应达22.5万欧元;如公司非公开募集资本,其注册资本最少应为3.7万欧元。)

如拟将公司资本减至低于上述规定数额,只有以随后增加资本,使之至少达到本条所指的数额为中止条件,才能作出决定,否则,公司应改制为另一种形式的公司。如有违反本款规定之情况,任何利害关系人均可请求法院解散公司,但如法院进行实质审理之日,公司状况已符合规定,法院不得宣判解散该公司。

尽管有第1款的规定,以股份有限公司的形式设立的新闻编辑出版公司的注册资本为(2000年9月19日第2000-916号法令)"300欧元"。

第 L224-3 条 (2003年8月1日第2003-706号法律第98条)没有任命会计监察人的公司,不论其原为何种形式,在转型为可以发行股票的公司时,应有一名或数名公司转型审计员负责对组成公司资产的财产价值及获得的特别利益进行评估。公司转型审计员由法院应公司诸领导人或其中之一人的请求作出决定,予以指定;但如股东一致同意指定公司转型审计员的,不在此限。负责公司转型审计的审计员可以负责制定第L223-43条第3款所指的有关公司状况的报告。在此情况下,仅制定一份报告。公司转型审计员应遵守第L225-224条有关不能任职的规定。公司已有的会计监察人可以被任命为公司转型审计员。所制定的报告应提交各股东支配。

全体股东对财产的估价以及特别利益的给予进行审议,作出决定,只有经股东一致同意,才能减少所给予的特别利益。

未经全体股东明文批准并在笔录上作出记载,公司转型无效。

第五章　股份有限公司①

第 L225-1 条　股份有限公司是指资本分为股票,并由仅以其出资额为限对公司亏损承担责任的股东设立的公司。公司股东人数不得少于 7 人。

第一节　股份有限公司的设立

第一目　公开募集设立

第 L225-2 条　公司章程草案由一名或数名发起人制定并签署,发起人向公司注册住所地的商事法院书记室交存章程草案一份。

发起人按照最高行政法院提出咨政意见后颁布的法令确定的条件发布一份招股说明书。②

如第 1 款及第 2 款规定的手续未遵照履行,不得接受任何认股登记。

被取消经营或管理公司之权利的人,或者被禁止担任此种职务的人,不得作为股份有限公司的发起人。

第 L225-3 条　公司资本应全部得到认购。

用货币出资认股(les actions de numeraire,货币股),在认购时至少应缴纳面值 1/2(原规定为"1/4")的股款,其余部分,按照公司董事会或管理委员会的决定,自公司在"商事及公司注册登记簿"注册登记之日起不超过 5 年的期限内,一次或分数次缴纳。

用实物出资认股(les actions d'apport,实物股,财产股)③,在股份发行时,应全部缴付。

---

① "股份有限公司"的法文名称为"société anonyme",直译为"隐名公司"。这并不是说公司本身匿名,而是因为股份有限公司的资本以股票为凭证,股票可以自由转让,尤其是股票在证券交易所公开挂牌上市的公司,股票的买卖与交易经常发生,股份有限公司的股票持有人是经常变动的,他们相互之间也许界不相识,彼此是"隐名"的。本《法典》译文遵从"约定俗成"的原则,将"隐名公司"统译为"股份有限公司"。这种形式的公司是典型的"资合公司"。——译者注

② 招股章程。——译者注

③ 实物股,原文为"action d'apport",译为实物股、财产股。与货币股相对应,实物股特指认股人,包括公司发起人向公司投入的物质或非物质财产;用于出资的财产,可以是土地、建筑物、营业资产、专利权、商标、物资、商品、股份、债权等,但金钱除外。这种实物财产股只有在经法院指定的出资评估鉴定人对出资的实物进行审核之后才能分派,因此,在其发行之时必须全数缴付与之相应的财产。财产股只有在公司于"商事及公司注册登记簿"上注册登记 2 年后才能流通,或者在公司增加资本且进行变更登记 2 年后才能流通。——译者注

公司股份不得表示劳务技艺出资(les apports en industrie)①。

第 L225-4 条 认购货币股,采用按照最高行政法院提出资政意见后颁布的法令确定的条件制定的认股单(un bulletin)②以示确认。

第 L225-5 条 用货币认股的股款、认股人的名单并指明各认股人认购股份的股金数额,应按照最高行政法院提出资政意见后颁布的法令确定的条件一并寄托。该法令还确定在何种条件下有权获得这一名单。

除前款所指法令规定的股款受寄托人(股款保管人)之外,任何人均不得将为正在筹建中的公司收取的款项滞留持有超过 8 天时间。

第 L225-6 条 股份的认购以及股金的缴纳,均由股款受寄托人(股款保管人)在资金寄托时按照提交的认股单出具一份证明书予以确认。

第 L225-7 条 股款受寄托人(股款保管人)出具证明书之后,公司发起人按照最高行政法院提出资政意见后颁布的法令确定的形式和期限,召集认股人举行公司创立大会(assemblée générale constitutive)。

此次大会确认:公司资本已全部得到认购,要求缴纳的股款数额已经缴足。大会作出通过公司章程的决议。只有经全体认股人一致同意,始能修改章程。大会任命首任董事或监事会成员,指定一名或数名会计监察人。必要时,大会会议笔录还应确认:董事或监事会成员以及会计监察人均已接受各自的职务。

第 L225-8 条 在有实物出资(apports en nature)以及不论是否规定给予某些股东或非股东以特别利益的情况下,由公司发起人(2012 年 3 月 22 日第 2012-387 号法律第 7-2 条)一致同意指定出资评估鉴定人,或者,在不能这样做的情况下,应公司发起人或其中一人的请求,由法院作出裁定,指派一名或数名出资评估鉴定人(commissaire aux apports)。出资评估鉴定人受(2009 年 5 月 12 日第 2009-526 号法律第 46-12 条)"第 L822-11 条"所指的不得任职之规定的约束。

实物出资评估鉴定人,以其个人责任,对出资实物的价值以及给予的特别利益作出评估。向商事法院书记室交存的报告连同公司章程草案,均依最高行政法院提出资政意见后颁布的法令规定的条件交由认股人支配。

公司创立大会就出资实物的评估作价以及给予的特别利益作出审议决定。只有经全体认股人一致同意,大会才能减少上述价值与利益。

---

① 不包括专利技术、专有技术。——译者注
② 不是指"认股书"或"认股权证"。——译者注

没有实物出资人与特别利益的受益人的明确赞同并在会议笔录中作出记述,公司不能成立。

第 L225-8-1 条 （2012 年 3 月 22 日第 2012-387 号法律第 8-1 条）一、在实物出资是由以下项目组成时,不适用第 L225-8 条之规定：

1. 可以进入公司资本的、第 L228-1 条所指的有价证券,或者 2004 年 4 月 21 日欧洲议会与理事会关于金融工具市场的第 2004-39 号指令（关于修改欧洲经济共同体第 85/611 号、第 93/6 号以及废止欧洲理事会第 93/22 号指令的指令）第 4 条意义上的金融工具,如其是按照实际实现出资之日前 3 个月期间在多个市场上进行交易的加权平均价进行价值评估的；

2. 除第一项所指的有价证券或金融市场工具之外的其他资产,如果在实际实现出资之日这些资产要素已经由按照第 L225-8 条所指条件指定的会计监察人进行过正确的价值评估。

二、下列情况,由公司发起人主动,并由其承担责任,按照第 L225-8 条规定的条件重新进行评估作价：

1. 在本条上述第一项第 1 点所指情况下,由于可能使资产要素的价值在实际实现出资之日发生明显改变的特殊情况,价格已经受到影响；

2. 在上述第一项第 2 点所指情况下,因新的情况,使资产要素的正确价值在实际实现出资之日已经发生明显改变。

三、上述第一项第 1 点与第 2 点所指的实物出资的信息,应当按照最高行政法院提出资政意见后颁发的法令确定的条件告知认购人。

第 L225-9 条 全体认股人（les souscripteurs d'actions）均应参加表决投票,或者按照第 L225-106 条、第 L225-110 条及第 L225-113 条规定的条件委派代理人参加表决投票。

公司创立大会依照特别股东大会要求的法定人数及法定多数条件进行审议,作出决定。

第 L225-10 条 在大会就是否赞同某项实物出资或给予某项特别利益进行审议,作出决定时,该实物出资人以及特别利益受益人的股份不计入投票票数。

实物出资人（apporteur）与特别利益受益人（bénéficiaire）,无论是为其本人还是作为代理人,均无此项审议表决权。

第 L225-11 条 公司在"商事及公司注册登记簿"注册登记之前,受公司委任职务的人不得提取来自货币认股的股款。

如公司自其向商事法院书记室交存章程草案起 6 个月内未能成立,任何认股人均得请求法院任命一名委托代理人负责撤回股款,并在扣除分摊的费用后,将股款返还各认股人。

如发起人嗣后再决定组建公司,应当重新进行股款寄托并履行第 L225-5 条与第 L225-6 条规定的申报手续。

第 L225-11-1 条　(2012 年 3 月 22 日第 2012-387 号法律第 17-2 条)违反本目所定的有关股份有限公司公开募集设立之规定而发行的股票或股券的表决权与分享股息的权利中止行使,直至不符合规范的情形得到纠正为止。在中止行使权利的期间,用此种股票或股券进行的表决投票或股息支付一律无效。

第二目　非公开募集设立

第 L225-12 条　如公司(2009 年 1 月 22 日第 2009-80 号法令第 7-5 条)"不公开募集资本",适用上述第一目之规定,但第 L225-2 条、第 L225-4 条、第 L225-7 条、第 L225-8 条第 2、3、4 款以及第 L225-9 条和第 L225-10 条之规定除外。

第 L225-13 条　缴纳认股款,由股款受寄托人在股款寄托时依据载明每一股东缴款数额的名册,出具一份证明书予以确认。

第 L225-14 条　公司章程应当载明对实物出资的评估作价。该项评估作价按照出资评估鉴定人个人负责制订的报告进行。该报告附于公司章程。

如规定给予特别利益,应遵照同样的程序。

第 L225-15 条　公司章程,由全体股东签署。签署章程,由股东本人,或者由证明享有专门授权的代理人,在股款受寄托人出具缴款证明书并且按照最高行政法院提出资政意见后颁布的法令确定的条件与期限为股东备齐第 L225-14 条所指的报告以后进行。

第 L225-16 条　公司首任董事或监事会成员以及首任会计监察人在章程中指定。

第 L225-16-1 条　(2012 年 3 月 22 日第 2009-387 号法律第 17-2 条)违反本目之规定发行的股份的表决权与派息权,在纠正不符合规定的状态之前中止行使;在中止行使这些权利期间依据其进行的任何表决投票或者分配股息,以无效论处。

第二节　股份有限公司的领导与管理①

第一目　董　事　会

第 L225-17 条　股份有限公司由董事会进行管理。董事会至少由 3 名成员组成；公司章程确定其董事会的最多人数。（2001 年 5 月 15 日第 2001-420 号法律）"董事会成员最多不得超过 18 人"。

（2011 年 1 月 27 日第 2011-103 号法律第 1-1 条）"董事会的组成应尽量做到男女人数的比例平衡"。

但是，在公司董事长死亡、（2003 年 8 月 1 日第 2003-706 号法律第 128 条）"辞职或者被解除职务"，并且董事会未能由其成员之一接替董事长职务的情况下，董事会得任命一名替补董事代行董事长的职务，但保留执行第 L225-24 条之规定。

（第 L225-17 条原条文：股份有限公司由董事会进行管理，董事会最少由 3 名成员、最多由 12 名成员组成；或者，如公司股票在证券交易所公开挂牌上市，其董事会由 15 人组成；在公司合并的情况下，可以超过上述 12 名或 15 名成员之数额，总数可达被合并的各公司在职超过 6 个月的董事人数之总数，但不得多于 24 人；如公司合并之前，其中一家公司的股票在证券交易所公开挂牌上市，合并后公司董事总数可达 27 人；两家股票均在证券交易所公开挂牌上市的公司合并，合并后公司董事总数可达 30 人。

除公司重新合并的情况之外，只要董事人数未减至 12 人，或者股票在证券交易所公开挂牌上市的公司董事人数未减至 15 人，不得任命新董事，亦不得对死亡、辞职或被解除职务的董事进行增补。

---

① 法国公司法对股份有限公司的领导与管理机关规定了两种可以选择的制度：一种是设立单一的"董事会"（conseil d'administration），被称为"一元委员会制度"，实际上，法文"conseil d'administration"的意思是"管理委员会"，这是法国传统的公司管理制度；另一种是借鉴联邦德国有关公司立法的经验，设立一个"集体性领导机关"（organe collégial），称为"directoire"，实际意思为"领导委员会"或"执行委员会"，同时设立一个"管理监督机关"（conseil de sunvéillance），为"监督委员会"，即监事会，这种制度被称为"二元委员会制度"。凡是采取第一种传统形式的股份有限公司并不设立"监事会"。国内许多文章和书籍在介绍法国股份有限公司的领导与管理机构时，通常称其为"二元体制"，一种为"董事会"，另一种为"董事会"加"监事会"，并没有注意到"conseil d'administration"与"directoire"的区别，使人误以为"董事会"与"管理委员会"是一回事，只不过后一种制度里加了一个"监事会"而已。译者认为，不应将"conseil d'administration"与"directoire"都称为"董事会"。但是，考虑到"约定俗成"的原则，仍将前者译为"董事会"，后者译为"管理委员会"。——译者注

但是，在公司董事长死亡或辞职并且董事会未能由其成员之一接替董事长职务时，董事会得在第94条规定之保留条件下，任命一名替补董事代行董事长之职务。)

第L225-18条 董事由公司创立大会或普通股东大会任命；在第L225-16条所指情况下，董事由公司章程指定。董事的任职期限由章程确定。董事任职期限为6年。(2012年3月22日第2009-387号法律第6-1条废止："股东大会任命的董事任职期限不得超过6年；由章程任命的董事任职期限不得超过3年。")在公司合并与分立的情况下，董事得由特别股东大会任命。

除公司章程另有规定外，董事可以连选连任。董事得随时由普通股东大会解除职务。

违反以上规定的任何任命事项均无效，但可以按照第L225-24条规定的条件进行的任命事项不在此限。

第L225-18-1条 (2011年1月27日第2011-103号法律第1-2条，2017年1月1日起实行)在股票准许进入规范市场交易的公司里，以及在就任命事项作出决定的最近一次股东大会之后连续3个会计年度平均雇用至少500人的长期雇员、营业额或资产负债表总额至少5000万欧元的公司里，男女董事人数的比例均不得低于40%。在这些公司里，董事会成员超过8人的，男女董事人数的比例差额不得超过2人。

不能产生补救董事会人员组成不符合规定之效果，违反第1款之规定进行的任何任命均无效。但此种无效并不引起不符合规定任命的董事参与作出的审议决定无效。

第L225-19条 为使董事能够履行其职责，公司章程应当规定其任职的年龄限制；此种年龄限制，适用于全体董事，或者适用于确定比例人数的董事。

在公司章程没有明文规定的情况下，年龄在70岁以上的董事的人数不得超过在职董事的1/3。

违反前款规定的一切任命事项均无效。

在公司章程没有明文规定其他程序的情况下，如已经超过章程或法律确定的有关董事年龄的限制，年龄最大的董事视为按规定辞职。

第L225-20条 法人得被任命为股份有限公司的董事。法人接受该项任命时，应当指定一名常任代表。法人常任代表的履职条件、应当承担的义务以及可能承担的民事责任、刑事责任，均如同其是以个人名义担任董事时，且不影响其代表的法人承担连带责任。

（2011年1月27日第2011-103号法律第1-3条,2017年1月1日起实行）在认定第L225-18-1条第1款所指的董事会的人员组成是否符合规定时,由法人派驻的常任代表计算在董事会人数之内。为调整董事会人员组成不符合规定的状况,违反第1款之规定进行的任何任命均无效。但此种无效并不引起不符合规定而指定的法人常任代表参与作出的审议决定无效。

如法人调换其常任代表,应同时委派接替人。

第L225-21条 （2001年5月15日第2001-420号法律）同一自然人不得同时在5个以上注册住所设在法国领土上的股份有限公司的董事会里担任董事职务。①

（2002年10月29日第2002-1303号法律）尽管有第1款的规定,一人在由其担任董事的公司实行第L233-16条意义上的控制的公司里担任的董事或监事会成员的职务不计算在内。

为适用本条之规定,一人在由同一公司实行第L233-16条意义上的控制、其证券未获准进入规范市场交易的各公司里担任的董事职务,仅按一个职务计算,但以这种名义担任的董事职务亦不得超过5个。

任何自然人在接受新的委任时,如有不符合本条规定的情形,必须在受任新职后的3个月内辞去其中一项任职;或者在造成前款规定的条件之一消失的事件起3个月内辞去所涉及的职务。过此期限仍未办理此项辞职手续者,视其辞去新职,或者视其辞去不符合前款规定条件的任职,并且应当返还其收受的报酬,但不因此影响在此期间该人参与作出的审议决议的效力。

（第L225-21条原条文:同一自然人不得同时在5个以上注册住所在法国本土的股份有限公司的董事会里担任董事职务。

任何自然人在其接受新的委任之时有违前款规定者,必须在其被任命新职的3个月内辞去其一项任职;过此期限未办理此项辞职手续的,视其自动辞去新职,且应返还其收受的报酬,但并不因此影响在此期间该人参与作出的决议的效力。

上述第1款之规定不适用于法人之常任代表,亦不适用于:

---

① 同一自然人不得同时在5个以上注册住所设在法国领土上的股份有限公司的董事会里担任董事职务;与此相反,对同一法人担任董事的职数并无限制。按照第L225-94条的规定:对同一自然人同时担任监事会成员或董事的职数限制,亦适用于担任董事及监事会成员的职数。与此同时,同一自然人受委任的职数限制也包括"不得在注册住所设在法国领土上的公司里担任5个以上的总经理、管理委员会成员、唯一总经理、董事或者监事会成员之委任职务"（第L225-94-1条）,总的来说,自然人受委任职务不得超过5职。——译者注

——依据法律、法规之规定,其任职不获取任何报酬的董事;

——研究性公司的董事会成员,只要该公司未达到经营程度;

——至少有20%资本为另一公司持有的公司之董事,同时是该另一公司的董事、管理委员会成员或监事会成员,且依本条之规定,当事人所担任职务不超过5职者;

——地区发展公司的董事会成员;

——合伙性质的地区研究院、所的董事会成员,只要章程规定该项任职不获取任何报酬;

——在具有同一公司名称的各保险公司所担任的董事职务仅算一职。)

第L225-21-1条 (2012年3月22日第2012-387号法律第6-2条)如公司在会计年度终结时没有超过2003年5月6日欧洲委员会关于认定中小企业的第2003-361号建议附件第2条意义上的中小企业的指标界限,并且订立的劳动合同有相对应的实际工作岗位,在这样的公司里担任董事的人可以为薪金雇员。①

在认定与公司订立有第L225-22条所指劳动合同的董事人数时,本条第1款所指的任何董事均计算在内。

第L225-22条 公司的薪金雇员,只有在其订立的劳动合同(2001年12月1日第2001-1168号法律废止:"至少是在其受任命前2年订立,并且")与实际工作岗位相对应时,才能被任命为公司董事②;被任命为董事的该雇员并不因此而丧失其劳动合同之权益。任何违反本款之规定进行的任命均无效,但此种无效并不引起不符规定而任命的董事参与作出的决定无效。

(第L225-22条第1款原条文:如薪金雇员被任命为董事时公司创建还不足2年,上述劳动合同之年限条件可予要求。)

但是,与公司之间仅为劳动合同关系的董事的人数不得超过在职董事人数的1/3。

所有情况下,由薪金雇员选举的董事,(2013年6月14日第2013-504号法律第9-1条)"按照第L225-27-1条之规定指定的董事",按照第L225-23条之规定代表薪金雇员股东的董事,或者代表企业共同投资基金(fonds commun de placement)的董事,以及在"工人参股股份有限公司"里担任董事的

---

① 对薪金雇员有劳动合同年限要求,并且只有其劳动合同与实际工作岗位相对应时,才能被任命为董事,但无持股要求,因此可以是非股权董事。——译者注

② "股权董事"是一般要求,但不包括法律有规定的情况下任命的"非股权董事"。参见第L225-22条、第L225-27条。——译者注

"劳动力合作公司"的代表,在确定与公司之间仅为劳动合同关系的董事的人数时,均不予计入。

在公司合并与分立的情况下,劳动合同可以是与某一参与合并的公司订立的合同,或者是与分立后的公司订立的合同。

第 L225-22-1 条　(2005 年 7 月 26 日第 2005-842 号法律第 8-1 条)在证券准许进入规范市场交易的公司里,如果与本公司或者与本公司实行第 L233-16 条第二项与第三项意义上控制的任何公司有劳动合同关系的某人被任命为董事长、总经理或者总经理代表(directeur général délégué),相应情况下,其订立的劳动合同中与其应得的报酬以及因其停职或改变职务而应当给予的补偿金或者可能应给予的利益相对应的条款,(2007 年 8 月 21 日第 2007-1223 法律第 17-2 条)"受第 L225-42-1 条之规定的约束"。

第 L225-23 条　(2002 年 1 月 17 日第 2002-73 号法律,2006 年 12 月 30 日第 2006-1770 号法律第 32-1 条)"在证券准许进入规范市场交易的公司里",如果董事会在股东大会期间按照第 L225-102 条的规定提交的报告中确认本公司人员以及第 L225-180 条意义上的与本公司有联系的公司的人员所持有的股份已经达到公司资本的 3%,经第 L225-102 条所指的股东提出建议,股东大会应当选举一名或数名董事。这些董事应当从作为股东的薪金雇员中任命,或者在相应情况下,应当从作为持有本公司股份的企业共同投资基金的监事会成员的薪金雇员中任命。在确定第 L225-17 条所指的董事最少或最多人数时,这些董事的名额均不计算在内。这些董事的任职期限适用第 L225-18 条之规定确定,但是,任职到期或者不论他们的劳动合同因何原因被中断,其任职均予终止。

(2001 年 2 月 19 日第 2001-152 号法律)"如果在报告提交之后的 18 个月内未能召开特别股东大会,任何作为股东的薪金雇员均可请求法院院长依据紧急审理程序命令董事会召集特别股东大会,违者处以逾期罚款,并且将旨在按照本条第 1 款与最后一款意义修改章程的决议草案提交大会审议。"

如法院支持前述请求,逾期罚款与诉讼费用均由所有董事负担。

凡是公司董事会里已经有一名或数名从代表薪金雇员的企业共同投资基金监事会成员中任命的董事,或者董事会里有一名或数名按照第 L225-27 条规定选举的薪金雇员董事时,这样的公司不必遵守(2001 年 2 月 19 日第 2001-152 号法律)"第 1 款"规定的义务。

(2001 年 2 月 19 日第 2001-152 号法律)"按照第 1 款的规定召集的特别股东大会,也可以就规定从本公司人员以及注册住所设在法国领土上的本公司的直接或间接子公司的人员选举一名或数名董事的决议草案作出决定。相应情况下，这些代表按照第 L225-27 条规定的条件指定。"

第 L225-24 条 在一名或多名董事死亡或辞职，董事会席位有空缺的情况下，董事会可以在两次股东大会之间临时任命董事。

在董事会人数少于法定最低人数时，仍然在职的董事应当立即召集普通股东大会，以增补董事会成员。

在董事的人数少于章程规定的最低人数但不少于法定最低人数时，董事会应自其发生缺额之日起 3 个月期限内，任命临时董事，以增补成员。

（2011 年 1 月 27 日第 2011-103 号法律第 1-4 条，2017 年 1 月 1 日起实行）在其人员组成不再符合第 L225-18-1 条第 1 款的规定时，董事会应进行临时任命，以补足自董事会缺员之日起 6 个月以来的缺员状况。

董事会依据上述第 1 款、（2011 年 1 月 27 日第 2011-103 法律第 1-4 条，2017 年 1 月 1 日起实行）"第 3 款和第 4 款"的规定进行的任命事项，应提交下一次普通股东大会批准。即使任命事项未得到股东大会的批准，董事会在此之前所做的决议与完成的法律行为仍然有效。

如董事会疏于进行所要求的任命或疏于召集股东大会，任何利害关系人均可请求法院指定一名代理人负责召集股东大会，以任命董事或者批准上述第 3 款所指的任命事项。

第 L225-25 条 （2008 年 8 月 4 日第 2008-776 号法律第 57-1 条）"公司章程可以强制要求每一位董事都必须按照章程的规定持有本公司一定数量的股票"。（2001 年 5 月 15 日第 2001-420 号法律废止："这一数目不得少于章程要求的股东有权参加普通股东大会而应当持有的股票数量。"）

如某一董事在其接受任命之日并未持有要求之数目的股票，或者在其任职期间不再是公司股票的所有人，如其在（2008 年 8 月 4 日第 2008-776 号法律第 57-1 条）"6 个月"内不按规定纠正此种状况，视其为按规定辞职。

（2001 年 5 月 15 日第 2001-420 号法律）本条第 1 款之规定不适用于按照第 L225-23 条被任命为董事的薪金雇员股东，（2013 年 6 月 14 日第 2013-504 号法律第 9-1 条）"也不适用于按照第 L225-27 条与第 L225-27-1 条的规定任命为董事的薪金雇员"。

（第 L225-25 条第 3 款原条文：尽管有第 1 款之规定，为了能够以第 L225-23 条名义被任命为董事会的成员，由公司章程确定的、公司薪金雇员个人或者通过 1988 年 12 月 23 日有关有价证券集体投资机构的第 88-1201 号法律第 20 条与第 21 条所指的企业共同投资基金持有的股票的数量，应等于参加普通股东大会所要求持有的股票数量。)

第 L225-26 条　会计监察人,由其承担责任,注意保障遵守第 L225-25 条之规定,并在其向年度股东大会提交的报告中披露任何违反这些规定的情形。

第 L225-27 条　公司章程可以规定,除人数与指定方式是由第 L225-17 条与第 L225-18 条规定的董事外,董事会还包括由公司人员或者本公司及注册住所在法国领土上的直接或间接的子公司的人员选举的董事,但这些董事人数不得超过 4 人;在股票准许进入规范市场交易的公司里,这些员工选举的董事人数不得多于 5 人,也不得超过其他董事总人数的 1/3;如薪金雇员选举的董事人数为 2 人或 2 人以上,工程师、干部或类似人员至少应占一个席位。

由薪金雇员选举的董事,在确定第 L225-17 条所指的董事最多或最少人数,(2011 年 1 月 27 日第 2011-103 号法律第 1-2 条,2017 年 1 月 1 日起实行)"以及在适用第 L225-18-1 条第 1 款的规定时",不考虑在内。

第 L225-27-1 条　一、本公司与其直接或间接的子公司在连续两个会计年度终结时雇用的长期薪金雇员至少 5000 人,注册住所确定在法国领土之上,或者本公司与其直接或间接的子公司雇用的长期薪金雇员至少 10000 人,注册住所确定在法国领土及国外,有义务按照《劳动法典》第 L2322-1 条的规定设立企业委员会的,其章程应当规定董事会里除按照第 L225-17 条与第 L225-18 条规定的人数与方式指定的董事之外还应包括代表薪金雇员的董事。

如果公司本身应当遵守前款之规定,其直接或间接的子公司不受上述第 1 款规定的义务约束。

二、在第 L225-17 条与第 L225-18 条所指的董事的人数超过 12 人时,代表薪金雇员的董事人数至少为 2 人;在第 L225-17 条与第 L225-18 条所指的董事的人数不到 12 人时,代表薪金雇员的董事人数至少为 1 人。

就确定第 L225-17 条所指的董事的最少人数以及适用第 L225-18-1 条的规定而言,代表薪金雇员的董事的人数本身不计算在内。

三、本条第一项所指的两个会计年度的第二个会计年度终结后 6 个月内,按具体情况,在听取集团委员会、企业中心委员会或者企业委员会的意见之后,由特别股东大会进行章程修改,以便确定按照下列所指的一种方式指定代表薪金雇员的董事的条件:

1. 按照第 L225-28 条确定的条件,在注册住所设在法国领土上的公司及其直接或间接子公司里组织选举；

2. 根据具体情况，由本条第一项规定的《劳动法典》第L2331-1条所指的集团委员会、企业中心委员会或者企业委员会进行指定；

3. 在仅需指定1名代表薪金雇员的董事时，对注册住所设在法国领土上的公司及其直接或间接子公司，由在《劳动法典》第L2122-1条与第L2122-4条所指的第一轮投票中得票最多的工会组织指定人选；在需要指定2名董事时，对注册住所设在法国领土上的公司及其直接或间接子公司，由在《劳动法典》第L2122-1条与第L2122-4条所指的第一轮投票中得票最多的两个工会组织各自指定1名董事；

4. 在至少需要指定2名董事时，按照上述第1点至第3点确定的方式之一指定其中1名董事，另一名董事由欧洲企业委员会指定，或者对于《劳动法典》第L2351-1条意义上的欧洲公司，由该《法典》第L2352-16条所指的有代表性的薪金雇员组织指定；在没有这样的有代表性的组织时，由该《法典》第L2353-1条所指的欧洲公司委员会指定另一名董事。

代表薪金雇员的董事的选举与指定，在本条第三项所指的修改章程之后6个月内进行。

四、如果在本条第三项第1款所指的期限内没有召开特别股东大会，任何薪金雇员均得请求法院院长按照紧急审理程序责令董事会召集特别股东大会并向大会提出旨在修改公司章程的决议草案，同时规定逾期罚款。

在本条第三项第1款规定的期限经过之后仍然没有修改章程的情况下，期限经过之后6个月内，代表薪金雇员的董事按照该第三项第1点所指的选举方式进行指定。

五、具备本条第一项确定的标准，董事会里包括按照本《法典》第L225-27条、2014年8月20日关于公共资金参股公司的资本管理与运作的第2014-948号法令第7条第一项的规定指定的代表薪金雇员的董事的公司及其直接与间接子公司，只要其薪金雇员董事的人数至少等于第二项规定的人数，则不再适用本条第三项规定的义务。

但是，在这些董事的人数不足本条第二项规定的人数时，正在任职的代表薪金雇员的董事任期届满，仍然适用本条第一项至第三项的规定。

第L225-28条 由薪金雇员选举的董事，(2013年6月14日第2013-504号法律第9-1条)"或者按照第L225-27-1条的规定指定的董事，在受任命之前，必须持有与公司或者与在法国领土上设立注册住所的直接或间接子公司订立的、同实际岗位相对应的时间至少已满2年的劳动合同，但是，作为例外,按照第 L225-27-1 条第三项第 4 点之规定指定的第 2 名董事,在受任命之前,必须持有与公司或者与其一家直接或间接子公司订立的、同实际岗位相对应的时间至少已满 2 年的劳动合同"。但是,如在其受任命之日,公司创立还不到 2 年,可以不要求具备上述合同年限条件。

本公司以及注册住所在法国领土上的本公司的直接或间接子公司的所有薪金雇员,至选举之日,劳动合同已满 3 个月的,均为选举人。投票采用秘密方式进行。

(2013 年 6 月 14 日第 2013-504 号法律第 9-1 条)"按照第 L225-27 条的规定",在至少有一个席位应当选举工程师、干部或类似人员时,全体有选举权的薪金雇员应分成两大选举人团组,分别进行投票。一组选举人由工程师、干部和类似人员组成,另一组选举人由其他薪金雇员组成。公司章程依据人员结构情况确定分配给每一选举人团组的可选席位。

(2013 年 6 月 14 日第 2013-504 号法律第 9-1 条)"在适用第 L225-27 条之规定时",候选人或者候选人名单,可以由《劳动法典》(2007 年 3 月 12 日第 2007-329 号法令第 3 条)"第 L2122-1 条"所指的一个或几个有代表性的工会组织提出,或者按选举人 1/20 的比例提出;如公司薪金雇员超过 2000 人,按 1% 的比例推选候选人。(2013 年 6 月 14 日第 2013-504 号法律第 9-1 条)"在适用本《法典》第 L225-27-1 条之规定时,候选人与候选人名单由《劳动法典》第 L2122-1 条意义上的一个或数个有代表性的薪金雇员组织提出"。

如全体选举团组仅能推选一个席位的董事,可以采用两轮多数票当选的方式进行选举。如每一选举人团组仅能推选一个董事,可在该组选举人内部采用两轮多数票当选的方式进行选举。每一个选举名额,除候选人的姓名外,还应包括可能的替补人的姓名。(2013 年 6 月 14 日第 2013-504 号法律第 9-1 条)"候选人与替补候选人应为不同性别"。在第一轮选举中即获得表决票绝对多数的候选人当选;如经第二轮选举,获表决票相对多数者当选。

其他情况下,均采用最高比例代表分配名额,投票表决。各自名单上得票领先者当选。每张被选举人名单均须按照应选董事的人数,以 2 倍差额提出候选人。(2011 年 1 月 27 日第 2011-103 号法律第 1-4 条,2017 年 1 月 1 日起实行)并且男女候选人应交叉排列。每一张选举名单上,男女候选人人数之差额不得超过 1 人。

如候选人得票相等,宣告劳动合同订立时间最早的候选人当选。

是否采用其他表决方式,由公司章程确定。

有关选举人资格、被选举人资格、选举活动是否符合规定的争议,均提交初审法院按照《劳动法典》第 L433-11 条第 1 款规定的条件作出终审裁判。

第 L225-29 条　薪金雇员选举的董事(2013 年 6 月 14 日第 2013-504 号法律第 9-1 条)"或者按照第 L225-27-1 条之规定指定的董事"的任期由公司章程确定,但任期不得超过 6 年,可以连选连任,章程另有规定的除外。

任何违反第 L225-27 条、(2013 年 6 月 14 日第 2013-504 号法律第 9-1 条)"第 L225-27-1 条"、第 L225-28 条与本条之规定进行的任命,均无效,但此种无效并不引起不符合规定任命的董事参与作出的决定无效。

第 L225-30 条　由薪金雇员选举的董事(2013 年 6 月 14 日第 2013-504 号法律第 9-1 条)"或者按照第 L225-27-1 条之规定指定的董事"不得兼任任何工会代表、企业委员会成员、(2013 年 6 月 14 日第 2013-504 号法律第 9-1 条)"集团(企业)委员会"、员工代表或卫生、安全、劳动条件委员会委员等职务,(2013 年 6 月 14 日第 2013-504 号法律第 9-1 条)"也不得兼任欧洲(公司集团)企业委员会的成员"。如果公司或《劳动法典》第 L2353-1 条所指的欧洲(公司集团)已有《劳动法典》第 L2352-16 条所指的代表薪金雇员的组织或该《法典》第 L2353-1 条所指的欧洲(公司集团)企业委员会的成员,董事(2013 年 6 月 14 日第 2013-504 号法律第 9-1 条)"或者按照本《法典》第 L225-27-1 条之规定指定的董事",如其在当选之时已担任上述一项或多项职务,应在 8 日之内辞去此职,否则,视其辞去董事职务。

第 L225-30-1 条　(2013 年 6 月 14 日第 2013-504 号法律第 9-1 条)由薪金雇员选举的董事或者按照第 L225-27-1 条的规定指定的董事,按照最高行政法院提出资政意见后颁布的法令规定的条件享有有效履行职责的必要时间。

第 L225-30-2 条　(2013 年 6 月 14 日第 2013-504 号法律第 9-1 条)由薪金雇员选举的董事或按照第 L225-27-1 条的规定指定的董事,由其提出要求,按照最高行政法院提出资政意见后颁布的法令规定的条件,享有适于履行其委任职务的培训机会。培训费用由公司负担。参加培训的时间计入第 L225-30-1 条所规定的履职时间。

第 L225-31 条　由薪金雇员选举的董事或(2013 年 6 月 14 日第 2013-504 号法律第 9-1 条)"按照第 L225-27-1 条的规定指定的董事",不丧失劳动合同利益;不得因其担任董事职务而减少其作为薪金雇员应得的报酬。

第 L225-32 条　薪金雇员选举产生的董事或(2013 年 6 月 14 日第 2013-504 号法律第 9-1 条)"按照第 L225-27-1 条的规定指定的董事"的劳动合同被解除时,亦终止其担任的由薪金雇员选举的董事职务。

由薪金雇员选举产生的董事或(2013 年 6 月 14 日第 2013-504 号法律第 9-1 条)"按照第 L225-27-1 条的规定指定的董事",只有因其履职中有过错,应董事会多数成员的请求,经大审法院依紧急审理程序作出裁定,才能被免除职务。该项裁定为假执行裁定。

第 L225-33 条　(2013 年 6 月 14 日第 2013-504 号法律第 9-1 条废止:除本人主动提出解除劳动合同之外,只有劳资纠纷仲裁法庭的裁判庭按照紧急审理程序作出裁定,才能宣告解除由薪金雇员选举产生的董事的劳动合同。该项裁定为假执行裁定。)

第 L225-34 条　一、因薪金雇员选举产生的董事或(2013 年 6 月 14 日第 2013-504 号法律第 9-1 条)"按照第 L225-27-1 条的规定指定的董事"死亡、辞职、免职或被解除劳动合同,董事会席位有空缺时,空缺席位按以下方式增补:

1. 如采用两轮多数票当选方式进行选举,由当选人替补;

2. 如采用名单投票选举,由原选举人名单上得票数紧接原当选人最后一名的候选人替补;

3. 在按照第 L225-27-1 条第三项第 2 点至第 4 点规定的方式之一指定董事时,由按照相同条件指定的 1 名薪金雇员增补。

二、按照上述方式指定的董事的任职期限,至薪金雇员选出的其他董事任职期满,亦行终止。

第 L225-35 条　(2001 年 5 月 15 日第 2001-420 号法律)董事会决定公司的活动导向并确保其得到实施。除明文规定属于股东大会的权力之外,在公司宗旨范围内,董事会处理涉及公司良好运作的所有问题,并通过审议,处理与公司有关的事务。

在与第三人的关系中,董事会实施的行为,即使不属于公司宗旨范围,亦使公司承担义务,但如能证明第三人知道此种行为已超出公司宗旨范围,或者能够证明从具体情况来看第三人不可能不知道此种情形的,不在此限,仅仅是进行了公司章程的公示,不足以构成这方面的证据。

董事会进行其认为适当的监督与审核。(2003 年 8 月 1 日第 2003-706 号法律第 129 条)"公司董事长或者总经理有义务向每一个董事通报为他们履行职务所必需的所有文件与信息。"

除经营银行或金融机构的公司以外,公司提供保证、票据担保及其他担保,均应按照最高行政法院提出资政意见后颁布的法令确定的条件,经董事会批准。该项法令还确定超越上述批准权限的行为对第三人仍然具对抗效力之条件。

第 L225-36 条 公司注册住所在本省内迁址或者迁入相邻省份,得由董事会决定,但应提交下一次普通股东大会批准。

第 L225-36-1 条 (2001 年 5 月 15 日第 2001-420 号法律)公司章程确定有关董事会召集会议和进行审议的规则。

如果已超过 2 个月的时间没有召开董事会,至少 1/3 的董事会成员可以请求董事长按照确定的议事日程召集董事会会议。总经理也可以请求董事长按照确定的议事日程召集董事会会议。

董事长受依据前两款的规定向其提出的请求的约束。

第 L225-37 条 董事会只有在至少半数成员出席会议的情况下,才能有效进行审议,与此相抵触的任何规定均视为未予订立。

除公司章程规定要求达到更高的多数之外,董事会的决议按照出席会议或委托代表出席会议的董事的多数票作出。

(2005 年 7 月 26 日第 2005-842 号法律第 5-1 条)除为进行第 L232-1 条与第 L233-16 条所指的活动而召开董事会会议以及章程另有规定之外,公司内部规章也可以规定,可通过能鉴别本人音像并且能确保其实际参加会议的视听转播方式或电讯方式参加董事会;以这种方式参加会议的董事,在计算法定到会人数与法定多数时,均计算在内。这种方式的性质与适用条件,由最高行政法院提出资政意见后颁布的法令确定;但是,公司章程得限制按照这种方式召开的董事会会议可以作出的决定的性质,并且为确定人数的董事规定提出异议的权利。

在两种票数相等的情况下,会议主席的表决票起决定性作用,章程另有规定的除外。

全体董事以及应召参加董事会会议的任何人,对具有保密性质的信息以及董事长提供的具有此种性质的信息,均负有保守机密的义务。

(2003 年 8 月 1 日第 2003-706 号法律第 117-1 条,2005 年 7 月 26 日第 2005-842 号法律 7-1 条,2008 年 7 月 3 日第 2008-649 号法律第 26 条)"在证券准许进入规范市场交易的公司里,董事长应提交一份报告,对董事会的组成(2011 年 1 月 27 日第 2011-103 号法律第 1-2 条,2017 年 1 月 1 日起实行)'以及在董事会内执行组成人员男女人数平衡原则',董事会的工作与组织条件以及公司建立的内部监督与风险防范程序作出汇报,尤其应详细报告有关制定和处理公司账目或集团合并结算账目的财务/金融信息的程序。这一报告应附于第 L225-100 条、第 L225-102 条、第 L225-102-1 条与第 L225-

26 条所指的报告。在不妨碍适用第 L225-56 条之规定的情况下,这一报告还应指明董事会对总经理的权力可能进行的限制。"

如公司自愿参照有代表性的企业组织制定的"企业治理规范",本条所指的报告还应明确本公司排除执行该规范中的哪些条款及排除执行的原因。此外,还应具体写明如何查阅上述规范。如公司不参照执行上述规范,前述报告应当指明采用哪些规则来补充法律规定的各项要求,并说明公司为何不采用该"企业治理规范"之任何规定。

本条所指的报告还应具体介绍有关股东参加股东大会的特别方式或者提及公司章程中有关这种方式的规定。

除此之外,(2009 年 1 月 22 日第 2009-80 号法令第 7-6 条废止:"在证券准许进入规范市场交易的公司里")这一报告还应具体说明董事会为了确定给予公司委托代理人的任何性质的报酬与利益而规定的原则与规则,并应提及第 L225-100-3 条所指的信息的公示。

本条所指的报告由董事会批准并进行公示。

第 L225-37-1 条 (2011 年 1 月 27 日第 2011-103 号法律第 8-1 条)董事会每年应就公司在男女就业与工资平等方面的政策进行审议,作出决定;对于应当就《劳动法典》第 L2323-57 条所指的企业内男女工作岗位与培训的一般条件状况制订报告的公司,以及实施《劳动法典》第 L1143-1 条所指的男女职业平等计划的公司,董事会应在此基础上进行审议,作出决定。

第 L225-38 条 (2001 年 5 月 15 日第 2001-420 号法律)公司与其总经理、总经理代表、董事以及持有超过(2003 年 8 月 1 日第 2003-706 号法律第 123-1 条)"10%"(原规定为"5%")表决权的股东之间直接或者通过中间人订立的任何协议,或者在涉及作为股东的公司时,第 L233-3 条意义上的控制该公司的公司与上述所指之人直接或者通过中间人订立的任何协议,均须事先提交董事会批准。

前款所指的人在其中有间接利益的协议,亦同。

如公司总经理或总经理代表之一或者董事之一是某一企业的所有人、无限责任股东、经理、董事、监事会成员,或者总而言之,是该企业的领导人,该企业与本公司之间订立的所有协议,也应事先提交董事会批准。

董事会作出的事先批准决定,应当说明理由,用以证明所订立的协议对公司有哪些好处,尤其要具体说明与此相关的资金条件。

第 L225-39 条 第 L225-38 条之规定不适用于在正常条件下订立的仅涉及日常业务活动的协议。

相应情况下,减去为满足《民法典》第 1832 条或者本《法典》第 L225-1 条与第 L226-1 条的要求而取得的最少股份数目之后,一公司直接或间接持有另一公司的全部资本时,在此两公司之间订立的协议也不适用第 L225-38 条之规定。

第 L225-40 条　(2001 年 5 月 15 日第 2001-420 号法律)"有利益关系的人"有义务在其知道所订协议适用第 L225-38 条之规定时应告知董事会;有利益关系的人不得参加为此种协议获得批准而进行的投票表决。

董事长将已批准的所有协议告知会计监察人,并将这些协议提交股东大会批准。

会计监察人应就这些协议向股东大会提出专门报告,以供审议。

有利益关系的人不得参加股东大会的投票表决;在计算法定人数和多数时,其所持股份不予计算。

第 L225-40-1 条　在此前的会计年度中订立并得到批准的协议,一直延续履行到最近一个会计年度的,董事会每年均应对这些协议进行审查,并将其报送会计监察人,以便制定第 L225-40 条第 3 款所指的报告。

第 L225-41 条　经股东大会批准的协议以及没有获得批准的协议,均对第三人产生效力,但因有欺诈行为而被撤销的协议,不在此限。

即使订立协议不存在欺诈行为,股东大会未予批准的协议给公司造成的损害性后果,得由(2001 年 5 月 15 日第 2001-420 号法律)"有利益关系的人"(原规定为"有关的董事或总经理")承担责任,亦有可能由董事会其他成员承担责任。

第 L225-42 条　在不影响(2001 年 5 月 15 日第 2001-420 号法律)"有利益关系的人"(原规定为"有关的董事或总经理")承担责任的情况下,第 L225-38 条所指的并且事先未经董事会批准的协议,如已对公司产生损害后果,得予撤销(annulé)。

协议无效之诉讼,时效期间为 3 年,自协议订立之日起计算,但如协议此前被隐瞒,时效期间的起始期日推迟至该协议被披露之时。

股东大会可以依据会计监察人提交的、说明由于何种具体情况而没有办理批准手续的专门报告,通过投票表决,对协议之无效不予追究。于此情形,适用第 L225-40 条第 4 款之规定。

第 L225-42-1 条　(2005 年 7 月 26 日第 2005-842 号法律第 8-1 条)在证券准许进入规范市场交易的公司里,由公司本身、其控制的任何公司或者第 L233-16 条第二项与第三项意义上对其实行控制的任何公司,为其董事长、总经理或者总经理助理的利益而作出的、与他们停止任职或改变职务或在此之后应当给予或可能给予的报酬、补偿金或利益的各项内容相对应的义务承诺,受第 L225-38 条、第 L225-40 条与第 L225-42 条约束。

(2007 年 8 月 21 日第 2007-1223 号法令第 17-1 条)不考虑受益人业绩条件而给予的各项报酬、补偿金与利益,一律禁止;应当根据受益人主持董事会或者担任总经理或总经理助理的公司的业绩来评价受益人的业绩。

由董事会按照第 L225-38 条的规定给予的批准,应当按照最高行政法院提出资政意见后颁布的法令确定的条件与期限进行公示。

提交股东大会按照第 L225-40 条的规定批准的事项,应当就每一个受益人作出一项专门决议;本条第 1 款所指的人担任的职务每一次延展时,均需就这些事项重新进行批准。

受益人实际停止任职或改变任职之时或之后,在董事会尚未确认有关事项均遵守了规定的各项条件之前,不得支付上述任何报酬、补偿金或利益。这项决定按照最高行政法院提出资政意见后颁布的法令确定的条件与期限进行公示。违反本款之规定进行的任何支付,当然无效。

如订有"禁止受益人在停止任职之后从事与公司的活动开展竞争的职业活动、损害公司利益"的条款,作为此项条款的对应义务,由公司承担的支付补偿金的承诺,仅适用本条第 1 款的规定;按照符合《社会保险法典》第 L137-11 条所指的制度性质的给付实行退休的承诺以及符合《社会保险法典》第 L242-1 条所指的退休与集体性强制保险制度性质的承诺,亦同。

第 L225-43 条 除由法人担任的董事外,禁止其他董事以任何形式向公司进行借贷,让公司同意通过往来账户或其他方式透支款项,或由公司为其对第三人承担的义务提供担保或认可担保有效,否则,所订契约无效。

但是,如果是经营银行或金融机构的公司,上述禁止规定不适用于正常条件下缔结的此类商事活动的日常业务。

上述相同的禁止事项亦适用于(2001 年 5 月 15 日第 2001-420 号法律)"总经理或总经理代表"以及担任董事的法人的常任代表,并且适用于本条所指之人的配偶、直系尊血亲、直系卑血亲和一切中间人。

第 L225-44 条 除保留执行(2012 年 3 月 22 日第 2009-387 号法律第 6-3 条)"第 L225-21-1 条、第 L225-22 条"、(2013 年 6 月 14 日第 2013-504 号法律第 9-1 条)"第 L225-23 条、第 L225-27 条与第 L225-27-1 条"之规定外,所有的董事均不得从公司受领第 L225-45 条、第 L225-46 条、第 L225-47 条以及第 L225-53 条所指报酬以外的任何经常性或非经常性报酬。

公司章程中与此相抵触的任何条款,均视为未予订立;任何相反决定均无效。

第 L225-45 条 股东大会得以出席会议补贴(jetons de présence)的形式确定给予董事每年一个固定数额的活动报酬,且可以不受公司章程之规定或原先所作决定的约束。该款项可以计入经营费用支出。(2001 年 5 月 15 日第 2001-420 号法律)"各董事之间如何分配该款项,由董事会决定"。

(2011 年 1 月 27 日第 2011-103 号法律第 1-2 条,2017 年 1 月 1 日起实行)如果董事会的组成不符合第 L225-18-1 条第 1 款的规定,应暂停支付本条第 1 款所指的报酬;在董事会的组成符合规定之后,再恢复支付报酬,包括自停止支付以来拖欠的款项。

第 L225-46 条 对于(另行)交付给董事的任务或委任事务,董事会可以另行给予报酬。在此场合,此种报酬计入经营费用支出,并受第 L225-38 条至第 L225-42 条之规定的约束。

第 L225-47 条 董事会从其成员中推选一名董事长。董事长应为自然人,否则,任命无效。董事会决定给予董事长的报酬。

董事长的任期不得超过其本人担任董事的期限。董事长可以连选连任。

董事会得于任何时间解除(révoquer)董事长的职务;与此相抵触的任何规定视为未予订立。

第 L225-48 条 公司章程应当规定担任董事长职务的年龄限制。在章程没有明文规定的情况下,董事长的任职年龄限制为 65 岁。

违反前款规定进行的一切任命均无效。

董事长已达限制年龄者,视为按规定辞职。

第 L225-49 条 (2001 年 5 月 15 日第 2001-420 号法律废止:任何人均不得兼任两个以上注册住所设在法国本土的股份有限公司的董事长职务。

第 L225-21 条第二项、第三项与第四项的规定得适用之。)

第 L225-50 条 在董事长因故临时不能履职或者死亡的情况下,董事会得授权一名董事行使董事长职权。

在董事长因故临时不能履职的情况下,前述授权为有期限的授权,但期限可以延展;在董事长死亡的情况下,前述授权的期限至选出新的董事长时终止。

第 L225-51 条 (2001 年 5 月 15 日第 2001-420 号法律)董事长(2003 年 8 月 1 日第 2003-706 号法律第 117-1 条废止:"代表董事会")组织与领导董事会的工作并向股东大会汇报董事会的工作。董事长保障公司各机关的正常运作,尤其要确保各董事能够履行其职责。

(第 L225-51 条原条文:董事长,以其个人责任,全面负责公司的领导工作;在公司与第三人的关系中,董事长代表公司。

除法律明文规定属于股东大会的权力以及法律专门规定属于董事会的权力外,在公司宗旨范围内,董事长拥有在一切场合代表公司开展活动的最广泛的权力。

在与第三人的关系中,公司对董事长作出的、即使不属于公司宗旨范围的法律行为,亦承担责任,但如能证明该第三人知道此种行为已超越公司宗旨,或者能够证明按照具体情况该第三人不可能不知道此种情形的,不在此限,仅仅是进行了公司章程的公告,不足以构成这方面的证据。

公司章程或董事会作出的限制董事长权力的规定或决定对第三人不产生对抗效力。)

第 L225-51-1 条 （2001 年 5 月 15 日第 2001-420 号法律）公司总的领导事务由董事长负责①并承担责任,或者由董事会任命的、具有总经理头衔(titre de directeur général)的另一自然人负责并承担责任。

董事会按照公司章程规定的条件在上述第 1 款所指的行使总的领导职责的两种模式中作出选择,并按照最高行政法院提出资政意见后颁布的法令确定的条件将公司所作的选择告知股东与第三人。

在公司是由董事长负责总的领导事务时,本目有关总经理的规定适用于董事长。

第 L225-52 条 在公司按照本《法典》第六卷第二编的规定开始实行(2005 年 7 月 26 日第 2005-845 号法律第 165-2 条)"保护程序"、司法重整及司法清算程序的情况下,这些规定所指的人,得对公司负债承担责任,并按规定的条件,受到禁止权利与丧失权利的约束。

第 L225-53 条 （2001 年 5 月 15 日第 2001-420 号法律）根据总经理的提议,董事会得任命一名或数名自然人负责协助总经理,并具有"总经理助理"(directeur général délégué,意为"授权总经理"或者"总经理代表")的职衔。董事会确定总经理助理的人数,其人数不得超过 5 人。

董事会确定总经理与总经理助理的报酬。

(第 L225-53 条原条文:根据董事长的提议,董事会得委任一自然人为总

---

① 公司选择由董事长负责总的领导事务的模式时,该人通称为"董事长兼总经理",即"président-directeur général",简称为"PDG"。——译者注

经理,协助董事长工作。在资本至少达 50 万法郎的公司,得任命 2 名总经理;在资本达 1 千万法郎的公司,得任命 5 名总经理,但以其中至少 3 人是董事为条件。董事会确定总经理的报酬。)

第 L225-54 条　为了使总经理(2001 年 5 月 15 日第 2001-420 号法律)"或总经理助理"能够履行其职务,公司章程应当规定他们任职的年龄限制;在章程没有明文规定的情况下,任职年龄限制为 65 岁。

任何违反本款之规定而进行的任命均无效。

总经理(2001 年 5 月 15 日第 2001-420 号法律)"或总经理助理"已达任职年龄限制者,视为按规定辞职。

第 L225-54-1 条　(2001 年 5 月 15 日第 2001-420 号法律)同一自然人不得同时担任一个以上的注册住所在法国领土上的股份有限公司的总经理职务。

(2002 年 10 月 29 日第 2002-1303 号法律)尽管有前款规定:

——在由其担任总经理的公司实行第 L233-16 条意义上的控制的公司里,该自然人仍然可以担任第二个总经理职务,或者担任管理委员会成员或唯一总经理的职务;

——只要两家公司的证券均未被准许进入规范市场交易,在一公司里担任总经理职务的自然人,仍然可以担任另一家公司的总经理、管理委员会成员或者唯一总经理的职务。

任何自然人处于与本条之规定相抵触的地位时,均应在受任命起 3 个月内辞去其中一个职务,或者在造成其不具备前款所确定的条件的事实发生之日起 3 个月内辞去所涉及的职务。过此期限仍未纠正者,视其按具体情况辞去新任的职务,或者辞去不符合前款规定之条件的职务,并且应当返还所得的报酬,但并不因此影响其参加审议作出的决定的效力。

第 L225-55 条　(2001 年 5 月 15 日第 2001-420 号法律)董事会得于任何时候解除总经理的职务。除总经理同时担任董事长之外,根据总经理的提议,董事会得于任何时候解除总经理助理的职务。无正当理由即决定解除总经理的职务,可引起损害赔偿。

在总经理停止履职或者因故不能履职的情况下,总经理助理仍然保持其职务,直至任命新的总经理,董事会另有决定时除外。

第 L225-56 条　(2001 年 5 月 15 日第 2001-420 号法律)一、总经理享有在任何情况下以公司名义开展活动的最广泛的权力,并在公司宗旨范围内行使这些权力,法律明确规定属于股东大会与董事会的权力除外。

在与第三人的关系中,总经理代表公司;总经理的行为,即使不属于公司宗旨范围,亦使公司承担义务,但如能够证明第三人知道此种行为已超越公司宗旨范围,或者按照具体情况,第三人不可能不知道此种情形的,不在此限;仅仅是进行了章程的公示,不足以构成这方面的证据。

公司章程的规定或者董事会的决定中限制总经理的权力的内容,对第三人不产生对抗效力。

二、经总经理同意,董事会确定赋予总经理助理的权力的范围与期限。

对于第三人,总经理助理享有与总经理相同的权力。

第二目 管理委员会与监事会

第 L225-57 条 所有股份有限公司均得在章程中规定其受本目之规定约束。在此情况下,公司仍然适用有关股份有限公司的全部规则,但第 L225-17 条至第 L225-56 条之规定除外。

可以在公司存续过程中决定在公司章程里写入或取消这种规定。

第 L225-58 条 股份有限公司由一个管理委员会领导;管理委员会最多由 5 名成员组成;股票准许进入规范市场交易的公司,管理委员会成员人数得增为 7 人。

注册资本不足(2000 年 9 月 19 日第 2000-916 号法令)"15 万欧元"的股份有限公司,管理委员会的职能可以仅由一人行使。

管理委员会在监事会的监督下行使其职权。

第 L225-59 条 管理委员会的全体成员由监事会任命①,并委任其中一人为管理委员会主席。

仅由一人行使属于管理委员会的职权时,该人的职务为唯一总经理(directeur général unique)。

管理委员会的全体成员或者唯一总经理应为自然人,否则,任命无效。管理委员会成员或唯一总经理可以从股东之外挑选。

第 L225-60 条 为使管理委员会成员或唯一总经理能够履行其职务,公司章程应规定他们的任职年龄限制,在章程没有明文规定的情况下,任职年龄限制为 65 岁。

---

① 管理委员会的全体成员由监事会任命,管理委员会成员可以从股东之外挑选,但监事会的每一成员均应是本公司一定数量股票的持有人;由监事会任命的管理委员会成员可以由股东大会解除职务,在公司章程有此规定时,也可以由监事会解除其职务等,这些规定都体现了管理委员会与传统董事会模式的差别。——译者注

违反前款之规定的一切任命均无效。

管理委员会的成员或唯一总经理达到任职年龄限制者,视为按规定辞职。

第 L225-61 条 (2001 年 5 月 15 日第 2001-420 号法律)"管理委员会成员或者唯一总经理得由股东大会解除职务,以及如果公司章程有此规定,得由监事会解除职务"。如解除职务的决定无正当理由,得引起损害赔偿。

如当事人与公司之间订有劳动合同,解除其担任的管理委员会成员的职务,并不产生解除劳动合同之效力。

第 L225-62 条 公司章程确定管理委员会的任职期限。管理委员会的任职期限通常为 2 年至 6 年;在章程没有规定的情况下,管理委员会任职期限为 4 年。委员席位有空缺时,替补人的任职至管理委员会换届时终止。

第 L225-63 条 任命书确定管理委员会每一成员取得报酬的方式及数额。

第 L225-64 条 管理委员会享有在任何情况下代表公司进行活动的最广泛的权力。管理委员会在公司宗旨范围内行使这些权力,但法律明文规定属于监事会与股东大会的权限除外。

在与第三人的关系中,管理委员会的行为,即使不属于公司宗旨范围,仍使公司承担义务,但如能够证明第三人知道此种行为已超越公司宗旨范围,或者能够证明依据具体情况第三人不可能不知道这种情形,不在此限;仅仅是进行了章程的公示,不足以构成这方面的证据。

公司章程中限制管理委员会权力的条款,对第三人不产生对抗效力。

管理委员会依章程规定的条件进行审议并作出决定。

第 L225-65 条 公司在同一省内迁移注册住所,或者将注册住所迁移至相邻省内,得由监事会作出决定,但该决定应提交下一次普通股东大会批准。

第 L225-66 条 管理委员会主席,或者相应情况下,唯一总经理,在同第三人的关系中代表公司。

但是,公司章程可以授权监事会赋予一名或数名管理委员会的其他成员以同样的代表权。在此情况下,这些成员具有总经理职衔。

公司章程中限制公司代表权的条款,对第三人不产生对抗效力。

第 L225-67 条 (2001 年 5 月 15 日第 2001-420 号法律)同一自然人不得同时担任一个以上注册住所在法国领土上的股份有限公司的管理委员会成员或唯一总经理的职务。

(2002 年 10 月 29 日第 2002-1303 号法律)尽管有前款之规定:

——在由其担任管理委员会成员或唯一总经理的公司实行第 L233-16 条意义上的控制的公司里,该自然人仍然可以担任第二个管理委员会成员或唯一总经理或总经理的职务

——只要两家公司的证券均未被准许进入规范市场进行交易,在一公司里担任管理委员会成员或唯一总经理职务的自然人,仍然可以担任另一家公司的总经理、管理委员会成员或者唯一总经理的职务。

任何自然人处于与本条规定相抵触的地位时,均应在受任命起 3 个月内辞去其中一个职务,或者在造成其不具备前款确定之条件的事实发生之日起 3 个月内辞去所涉及的职务。过此期限仍然没有进行纠正的,视其按具体情况辞去新任的职务,或者辞去不符合前款规定之条件的职务,并且应当返还所得报酬,但并不因此影响其此前参与审议而作出的决定的效力。

第 L225-68 条 监事会对管理委员会管理公司的活动实施经常性监督。

公司章程得规定并具体列举哪些业务活动的签约应当事先得到监事会批准;凡是涉及依其性质为不动产的财产的转让、全部或部分参股的转让、各种担保的设定以及提供保证、票据担保和其他担保的,均应按照最高行政法院提出资政意见后颁布的法令确定的条件经监事会批准,但经营银行或金融机构的公司除外。这项法令还确定在何种条件下超越此项批准权限的情形仍可对第三人产生对抗效力。

在一年中的任何时间,监事会均可进行其认为适当的审核与监督,并且随时可以要求向其提交其认为对完成监督任务(2005 年 7 月 26 日第 2005-842 号法律第 11-2 条)"有必要的"文件。

管理委员会至少每个季度一次,向监事会提交一份报告。

在每一会计年度终结之后,并且在最高行政法院提出资政意见后颁布的法令规定的期限内,管理委员会应向监事会提交第 L225-100 条第 2 款所指的文件,以供审核与监督。

监事会向第 L225-100 条所指的股东大会提交其对管理委员会的报告及年度会计账目的意见。

(2003 年 8 月 1 日第 2003-706 号法律第 117-1 条,2005 年 7 月 26 日第 2005-842 号法律第 7-2 条,2008 年 7 月 3 日第 2008-649 号法律第 27 条)"在证券准许进入规范市场交易的公司里,监事长应在其报告中,说明监事会的组成(2011 年 1 月 27 日第 2011-103 号法律第 1-2 条,2017 年 1 月 1 日起实行)'以及在监事会内执行组成人员男女人数平衡原则的情况'、工作准备与组织条件以及公司已经建立的内部监督程序,尤其要详细说明有关公司账目

或集团合并结算账目的财务与会计资料的制定与处理程序,并将此报告附于前款以及第 L225-102 条,第 L225-102-1 条和第 L233-26 条所指的报告"。

在公司自愿参照有代表性的企业组织制定的"企业治理规范"时,本条第 7 款所指的报告还要具体说明其排除执行该规范中的哪些规定以及排除执行这些规定的理由,同时说明在何处可以查阅这些规范。如果公司不参照这种"企业治理规范",前述报告则应说明采取哪些规则以补充法律所规定的各项要求,并说明本公司之所以决定不适用该"企业治理规范"之任何规定的理由。

本条第 7 款所指的报告还应说明有关股东参加股东大会的各项特别规定或者指明章程中有关这种方式的条款。

(2009 年 1 月 27 日第 2009-80 号法令第 7-7 条废止:"在证券准许进入规范市场交易的公司里")这项报告还应说明监事会所确定的给予公司委托代理人以报酬和利益的原则与规则,并提及第 L225-100-3 条所指的信息的公示。

本条第 7 款所指的报告由监事会批准并予公示。

(第 L225-68 条原条文:监事会对管理委员会管理公司的活动实施经常性监督。

公司章程得规定并具体列举哪些业务活动的缔约应当事先经过监事会批准;涉及不动产的转让、全部或部分参股的转让、各种担保的设定以及保证、票据担保及其他担保的,除经营银行或金融机构的公司之外,均应按照最高行政法院提出资政意见后颁布的法令确定的条件提交监事会批准。该项法令还确定在何种条件下超越此项批准权限的情形对第三人可产生对抗效力。

在一年中的任何时间,监事会均可进行其认为适当的审核与监督,并且随时可以要求向其提交其认为对完成工作有用的一切文件。

公司管理委员会至少每季度向监事会提交一份报告。

在每一会计年度终结之后并且在法令规定的期限内,管理委员会应向监事会提交第 L225-100 条第 2 款所指之文件以供审核与监督。

监事会向第 L225-100 条所指之股东大会提出其对管理委员会的报告及年度会计账目的意见。)

第 L225-69 条 监事会最少由 3 名成员组成;由公司章程确定监事会成员的最多人数,该人数不得超过(2001 年 5 月 15 日第 2001-420 号法律)"18 人"。

(2011年1月27日第2011-103号法律第1-1条)"监事会的组成应尽量做到男女人数比例平衡"。

(第L225-69条原条文：监事会最少由3名、最多由12名成员组成，但在公司合并的情况下，可以超过前述12名限额，监事会成员人数可达参与合并的各公司任职已超过6个月的监事人数之总和，但不得超过24人。

除公司再次合并的情况外，只要监事会成员人数未减至12人，不得再行任命新成员，亦不得任命成员替代死亡、免职或辞职的监事。)

第L225-69-1条 (2011年1月27日第2011-103号法律第1-2条，2017年1月1日起实行)"在股票准许进入规范市场交易的公司里，以及就任命事项作出决定的最近一次股东大会之后连续3个会计年度平均雇用至少500名长期雇员、营业额或者资产负债表总额至少5000万欧元的公司里，监事会成员的男女人数比例均不得低于40%。在这些公司里，监事会成员超过8人的，男女监事人数的差额不得超过2人"。

不能产生补救监事会人员组成不符合规定之效果，违反第1款之规定进行的任何任命均无效。

第L225-70条 为使监事会成员能够履行职责，公司章程应当规定他们的任职年龄限制。年龄限制适用于全体监事会成员，或者适用于其中确定比例的成员。

在公司章程无明文规定的情况下，监事会中年龄已达70岁的成员人数不得超过在职监事人数的1/3。

违反本款之规定进行的一切任命均无效。

在公司章程无条款规定其他程序的情况下，如章程或法律确定的有关监事会成员任职年龄的限制已经超过，其中年龄最大的监事视为按规定辞职。

第L225-71条 (2006年12月30日第2006-1770号法律第32-1条)"在证券准许进入规范市场进行交易的公司里"，(2002年1月17日第2002-73号法律)管理委员会依据第L225-102条的规定向股东大会提交的报告确认本公司的人员以及与本公司有第L225-180条意义上联系的公司的人员所持的股票数额已经达到本公司资本的3%时，股东大会应当按照第L225-102条所指的股东的提议，(2006年12月30日第2006-1770号法律第32-1条)"选举"一名或数名监事会成员。(2006年12月30日第2006-1770号法律第32-1条)"提议人选的这些股东按照公司章程规定的条件采用投票表决的方式确定人选"。这些监事会成员从薪金雇员股东(les salariés actionnaires)中(2006年12月30日第2006-1770号法律第32-1条)"选举"产生，或者，在相应情况下,从作为持有本公司股份的企业共同投资基金的监事会成员的薪金雇员中选举产生。在计算第 L225-69 条所指的监事会成员的最多或最少人数时,从薪金雇员中选举的这些成员人数不计算在内。(2006 年 12 月 30 日第 2006-1770 号法律第 32-1 条)"这些成员的任职期限按照第 L225-18 条的规定确定"。但是,任职到期或者在他们的劳动合同不论因何种原因中断时,其任职均告终止。

如果自提交报告之日起 18 个月期限内没有举行特别股东大会,任何薪金雇员股东均可请求法院院长以逾期罚款为条件,紧急命令管理委员会召集特别股东大会,并向大会提交旨在按照前款与本条最后一款的规定修改章程的决议草案。

在法院院长支持所提出的请求时,逾期罚款和诉讼费用由管理委员会成员负担。

如果公司监事会中包括从代表薪金雇员的企业共同投资基金的监事会成员中选任的成员,或者包括一名或数名按照第 L225-79 条的规定选任的薪金雇员,此类公司不负担本条第 1 款规定的各项义务。

(2001 年 2 月 19 日第 2001-152 号法律)"按照前款规定召集的特别股东大会应就本公司以及注册住所设在法国本土的本公司的直接或间接子公司的人员选举一名或数名监事会成员的决议草案进行审议并作出决定。相应情况下,这些代表按照第 L225-79 条规定的条件指定。"

第 L225-72 条　(2008 年 8 月 4 日第 2008-776 号法律第 57-2 条)"公司章程可以强制要求监事会的每一成员均应是本公司一定数量股票的持有人,具体数目由公司章程确定"(2001 年 5 月 15 日第 2001-420 号法律废止:"但不得低于章程要求的股东有权参加普通股东大会而应当持有的股份数目")。

如某一监事会成员在受任命之日不是所要求之数目的公司股份的持有人,或者某一监事会成员在任职过程中不再是公司股份的持有人,在 3 个月内不按照规定纠正此种状况的,视该监事按规定辞职。

(2001 年 5 月 15 日第 2001-420 号法律)第 1 款之规定不适用于按照第 L225-71 条的规定被任命为监事会成员的薪金雇员股东,(2013 年 6 月 4 日第 2013-504 号法律第 9-2 条)"也不适用于按照第 L225-79 条与第 L2225-79-2 条之规定被任命为监事会成员的薪金雇员"。

第 L225-73 条　会计监察人,以其个人承担责任,负责监督第 L225-72 条之规定的执行,并且在其向年度股东大会提交的报告中披露任何违反规定的情形。

第 L225-74 条 监事会的任何成员均不得兼任公司管理委员会成员。

第 L225-75 条 监事会成员由公司创立大会或普通股东大会任命；在第 L225-16 条所指情况下，监事会成员由公司章程指定。监事会成员任职期限由公司章程确定，但在股东大会任命监事会成员的情况下，监事会成员的任职期限不得超过 6 年（2012 年 3 月 22 日第 2012-387 号法律废止："在章程中任命监事会成员的情况下，任职期限不得超过 3 年"）；但是，在公司合并或分立的情况下，监事会成员得由特别股东大会任命。

监事得连选连任，公司章程另有规定的除外。监事得于任何时候由普通股东大会解除职务。

违反前述规定而进行的任何任命均无效，但可以按照第 L225-78 条规定的条件进行的任命不在此限。

第 L225-76 条 法人可以被任命为监事会成员。法人受任命时，应当指定一名常任代表。该代表如同其本人担任监事会成员一样，承担相同的义务，负相同的民事与刑事责任，且不影响其代表的法人承担责任。

（2011 年 1 月 27 日第 2011-103 号法律第 1-2 条，2017 年 1 月 1 日起实行）"在认定第 L225-69-1 条第 1 款所指的监事会人员组成是否符合规定时，由法人派驻的常任代表计算在监事会的成员人数之内。在调整监事会人员组成不符合规定的状况时，违反本条第 1 款之规定进行的任何任命均无效；但此种无效并不引起不符合规定指定的法人常任代表参与作出的审议决定无效。

法人调换其常任代表的，应同时委任接替人。"

第 L225-77 条 （2001 年 5 月 15 日第 2001-420 号法律）同一自然人不得同时在注册住所设在法国领土上的 5 家以上的股份有限公司的监事会里担任职务。

（2002 年 10 月 29 日第 2002-1303 号法律）尽管有本条第 1 款的规定，自然人在其已经担任管理委员会成员的公司实行第 L233-16 条意义上的控制的所有公司里担任的监事会成员或董事的职务不予计算。

为适用本条之规定，凡是由同一家公司实行第 L233-16 条意义上的控制的所有公司，只要其证券未准许进入规范市场交易，在这些公司内担任监事会成员的职务，仅计算为一个职务，但以此名义担任的职务仍不得超过 5 个。

任何自然人处于与本条规定相抵触的地位时，均应在受任命起 3 个月内，辞去其中一个职务，或者在造成其不具备前款确定之条件的事实发生之日起 3 个月内辞去所涉及的职务。过此期限仍未纠正的,视其按具体情况辞去新任的职务或者辞去不符合前款规定之条件的职务,并且应当返还所得的报酬,但不因此影响其参与审议作出的决定的效力。

(第 L225-77 条原条文:一、同一自然人不得同时在注册住所设在法国领土的 5 家以上的股份有限公司的监事会里担任职务。

二、任何自然人,在受任新职时,有违前款之规定的,应在其受任命起 3 个月内,辞去其中之一职,过此期限,视其自动辞去新任之职,且应返还已收受的报酬,但不影响在其参与下作出的决定的有效性。

三、上述第 1 款的规定不适用于以下所指情况的法人的常任代表,也不适用于监事会成员:

1. 依据法律或法规的规定,其任职不获取任何报酬者;
2. 研究性公司的常任代表及监事,只要该公司尚未达到经营之程度;
3. 至少有 20% 的资本为另一公司持有的公司之常任代表或监事,同时也是该另一公司之董事、管理委员会成员或监事,且当事人所担任之职务依本规定不超过 5 个职位的;
4. 地区性发展公司的常任代表或监事。

四、在具有同一公司名称的各公司监事会里所任职务仅算一职。)

第 L225-78 条　因一名或数名监事会成员死亡或辞职而造成监事席位空缺的情况下,监事会得于两次股东大会之间临时任命监事会成员。

在监事会成员人数少于法定最低人数时,公司管理委员会应立即召集普通股东大会,以增补监事会成员。

在监事会成员人数少于章程规定的最低人数但不低于法定最低人数时,监事会应当进行临时性任命,以便自缺额之日起 3 个月期间内增补成员。

(2011 年 1 月 27 日第 2011-103 号法律第 1-2 条,2017 年 1 月 1 日起实行)在其人员组成不再符合第 L225-69-1 条第 1 款的规定时,监事会应进行临时任命,以便补足自董事会缺员之日起 6 个月以来的缺员状况。

监事会依据上述第 1 款、(2001 年 5 月 15 日第 2001-420 号法律,2017 年 1 月 1 日起实行)"第 3 款及第 4 款"的规定进行的任命,应提交下一次普通股东大会批准。在未履行批准手续的情况下,监事会此前作出的决议以及完成的行为仍然有效。

如监事会怠于进行上述要求的任命,或者没有召开股东大会,任何利害关系人均得向法院请求指定一名委托代理人负责召集股东大会,以进行或批准上述第 3 款所指的任命事项。

第 L225-79 条 公司章程可以规定在监事会中除了依据第 L225-69 条及第 L225-75 条规定的方式和人数指定的成员之外,还应包括由本公司员工选举的成员,或者本公司以及注册地址设在法国领土上的直接或间接子公司的员工选举产生的成员。

由薪金雇员选举产生的监事会成员的人数不得超过 4 人,也不得超过其他成员人数的 1/3;在薪金雇员选举的监事会成员人数等于或超过 2 人时,工程师、干部及类似人员应至少占有一个席位。

在决定第 L225-69 条所指的监事会的最少或最多成员人数(2011 年 1 月 27 日第 2011-103 号法律第 1-2 条,2017 年 1 月 1 日起实行)"以及在适用第 L225-18-1 条第 1 款的规定时",薪金雇员选出的监事会成员不予计入。

第 L225-79-1 条 (2005 年 7 月 26 日第 2005-842 号法律第 8-1 条)证券准许进入规范市场交易的公司,在任命与本公司或者与受本公司实行第 L233-16 条第二项与第三项的意义上的控制的任何公司有劳动合同关系的人担任管理委员会成员职务时,该合同中所规定的与该人所得报酬或因其停止履职或改变职务而应得或可得的补偿金或利益的组成部分相对应的条款,受第 L225-90-1 条之规定的约束。

第 L225-79-2 条 (2013 年 6 月 14 日第 2013-504 号法律第 9-2 条)一、母公司与其直接或间接的子公司连续两个会计年度长期用工人数至少 5000 人,注册住所确定在法国领土上的公司,或者,母公司与其直接或间接的子公司连续 2 个会计年度长期用工人数至少 10000 人,注册住所确定在法国领土及国外的公司,有义务按照《劳动法典》第 L2322-1 条的规定设置企业委员会的,应当在其公司章程中规定监事会里除按照本《法典》第 L225-69 条与第 L225-75 条所指的方式与人数指定的监事成员之外,还应包括若干代表薪金雇员的监事。

凡应遵守前款规定之义务的公司的直接或间接的子公司,无须执行上述规定。

二、按照本《法典》第 L225-75 条规定的方式指定的监事人数超过 12 人时,代表薪金雇员的监事人数至少为 2 人;如前者人数为 12 人或 12 人以下,代表薪金雇员的监事人数至少为 1 人。

在按照本《法典》第 L225-69 条以及第 L225-69-1 条第 1 款的规定确定公司监事的最高或最低人数时,代表薪金雇员的监事人数不计算在内。

三、上述第一项所指的两个会计年度的第二个年度终了后 6 个月内,按照具体情况,在听取集团(企业)委员会、中心企业委员会或者企业委员会的意见之后,特别股东大会对公司章程进行修改,以确定按照以下之一种方式指定代表薪金雇员的监事的条件:

1. 第 L225-28 条规定的注册住所确定在法国领土上的公司与其各直接或间接的子公司,组织薪金雇员进行选举;

2. 按照具体情况,由《劳动法典》第 L2331-1 条所指的集团(企业)委员会、本条上述第一项所指的企业委员会指定监事人选;

3. 在注册住所确定在法国领土上的公司与其各直接或间接的子公司里,如仅需任命一名监事会成员,由在《劳动法典》第 L2331-1 条与第 2122-4 条所指的选举活动第一轮投票中获得多数票的工会组织指定该监事人选;或者,如果待指定 2 名监事会成员,由上述选举活动第一轮投票中获得多数票的两个工会组织各自指定 1 名监事人选;

4. 如果至少待指定两名监事,按照本条第三项第 1 点与第 3 点规定的方式之一指定其中一名监事,另一名监事由欧洲企业委员会(如公司集团设有此种委员会)指定,或者,对于《劳动法典》第 L2351-1 条意义上的欧洲公司,由该《法典》第 L2352-16 条所指的有代表性的薪金雇员组织指定另一名监事人选;无此种代表性组织时,由《劳动法典》第 L2353-1 条所指的欧洲公司的(企业)委员会指定人选。

代表薪金雇员的监事会成员的选举或指定,在本条第三项第 1 点规定的修改章程之后的 6 个月内进行。

四、如果在本条第三项第 1 点规定的期限内没有举行特别股东大会,任何薪金雇员均可向法院院长提出紧急审理申请,责令管理委员会召集特别股东大会,并向股东大会提交本条第三项意义上的旨在修改公司章程的草案,同时规定逾期罚款。

在本条第三项第 1 点规定的期限经过之后仍然没有修改公司章程的情况下,在上述 6 个月期限经过之后,应在 6 个月内按照该第三项第 1 点规定的选举方式指定代表薪金雇员的监事会成员。

任何一名薪金雇员均可向法院院长提出紧急审理申请,责令公司组织此项选举,同时规定逾期罚款。

五、具备本条第一项确定之条件,其监事会里有 1 名或数名按照本《法典》第 L225-27 条、1983 年 7 月 26 日关于公有部门民主化的第 83-675 号法律第 5 条或 1986 年 8 月 6 日关于私有化方式的第 86-912 号法律第 8-1 条之规定指定的监事会成员的所有公司,只要这些监事的人数至少达到本条第二项规定的人数,则无须再履行本条第一项至第三项规定的义务。

若这些成员的人数少于本条第二项规定的人数,在代表薪金雇员的监事会成员正在履行的职务到期时,适用本条第一项至第四项之规定。

第 L225-80 条 有关选举权、被选举权、选举人团的组成、投票方式、异议的提出、由薪金雇员选出的监事会成员,或者(2013 年 6 月 14 日第 2013-504 号法律第 9-2 条)"按照第 L225-79-2 条之规定指定的"监事会成员的任职期限与任职条件、解除职务、劳动合同的保护以及替补事项的条件,均按照第 L225-28 条至第 L225-34 条所定规则确定。

第 L225-81 条 监事会从其内部选举监事会主席一名、副主席一名,负责召集监事会会议并领导会议进行审议与讨论;监事会如打算作出此项决定,可以确定给予主席、副主席的报酬。

监事会主席及副主席应为自然人,否则,任命无效;主席与副主席担任职务的期限同于其担任监事的期限。

第 L225-82 条 只有至少 1/2 成员出席会议,监事会才能有效进行审议。

除公司章程规定要求达到更高的多数之外,监事会的决定依出席或委托代理人出席会议的成员的多数意见作出。

(2005 年 7 月 26 日第 2005-842 号法律)"除监事会召开会议是为了进行第 L225-68 条第 5 款所指的活动以及章程另有规定之外,公司内部规章可以规定,在计算出席监事会会议的成员人数与多数时,通过能够鉴别音像并保障切实参与会议的视听通信途径参加会议的成员,亦计算在内。这种规定的性质与适用条件,由最高行政法院提出资政意见后颁布的法令确定。公司章程得对监事会会议可以按照这种条件作出的决定的性质加以限制,并且为一定人数的监事会成员提出异议的权利。"

在赞成与反对票数相等的情况下,会议主席的表决意见起决定作用,章程另有规定的除外。

第 L225-82-1 条 (2011 年 1 月 27 日第 2011-103 号法律第 8-1 条)监事会每年应就公司在就业与工资平等方面的政策进行审议,作出决定;应当就《劳动法典》第 L2323-57 条所指的企业内男女工作岗位与培训的一般条件状况制订报告的公司,以及实施《劳动法典》第 L1143-1 条所指的男女职业平等计划的公司,监事会应在此基础上进行审议,作出决定。

第 L225-83 条　股东大会得决定以出席会议补贴的形式每年给予监事会成员固定数额的报酬,而不受章程规定和先前作出的决定的约束。该项报酬得列入公司的经营费用支出。(2001 年 5 月 15 日第 2001-420 号法律)"这些经费在监事会成员之间的分配,由监事会决定"。

(2011 年 1 月 27 日第 2011-103 号法律第 1-2 条,2017 年 1 月 1 日起实行)"在监事会的组成没有遵守第 L225-69-1 条第 1 款的规定时,暂停支付本条第 1 款所指的报酬;在监事会的组成符合规定之后,可恢复支付报酬,包括自停止支付以来产生的拖欠的款项"。

第 L225-84 条　监事会得对另行交付其成员完成的任务或委托事项给予额外的报酬,在此场合,此种报酬可以计入公司的经营费用支出并受第 L225-86 条至第 L225-90 条之规定约束。

第 L225-85 条　除依据第 L225-81 条、第 L225-83 条与第 L225-84 条的规定以及与实际工作岗位相对应的劳动合同的名义而获得的报酬之外,监事会成员不得从公司收受其他任何经常性或非经常性报酬。

与公司有劳动合同关系的监事会成员的人数不得超过在职监事会成员的 1/3,但是,在计算这一人数时,按照第 L225-79 条与第 L225-80 条之规定选举产生的以及按照第 L225-71 条之规定任命的监事会成员的人数不计算在内。章程中与此相抵触的任何规定均视为未予订立;任何相反的决定均无效。

第 L225-86 条　(2001 年 5 月 15 日第 2001-420 号法律)公司与其管理委员会或监事会的成员之一,或者与其持有(2003 年 8 月 1 日第 2003-706 号法律第 123-1 条)"10%"(原规定为"5%")以上表决权数的股东之间,直接或者通过中间人订立的任何协议,或者,如果涉及作为其股东的公司,与第 L233-3 条意义上的控制该股东公司的公司之间直接或者通过中间人订立的任何协议,都应事先经监事会批准。

前款所指之人在其中有间接利益的协议,亦同。

如公司管理委员会或监事会的某一成员是某一企业的所有人、无限责任股东、经理、董事、总经理、管理委员会成员或监事会成员,总而言之,是该企业的领导人时,该企业与公司之间订立的所有协议,也应事先经监事会批准。

监事会作出的事先批准决定,应当说明理由,用以证明所订立的协议对公司有哪些好处,尤其要具体说明与此相关的资金条件。

第 L225-87 条　第 L225-86 条之规定不适用于按照正常条件缔结的仅

涉及日常业务活动的协议。相应情况下，减去为满足《民法典》第 1832 条或本《法典》第 L225-1 条与第 L226-1 条的要求而取得的最少股份数目之后，一公司直接或间接持有另一公司的全部资本时，在此两公司之间订立的协议也不适用第 L225-86 条之规定。

（2011 年 5 月 17 日第 2011-525 号法律废止：但是，订立的这些协议，除其对于任何一方当事人均不很重要外，当事人均应将其报送监事会主席。监事会主席将这些协议的性质与标的通报给监事会各成员以及公司会计监察人。）

第 L225-88 条 （2001 年 5 月 15 日第 2001-420 号法律）"有利益关系的人"（原规定为"有利益关系的管理委员会成员或监事会成员"）在知道所订协议适用第 L225-86 条之规定时，即应报告监事会；如该人是监事会成员，其本人不得参加为该协议获得批准而进行的投票表决。

监事会主席将已获得批准的所有协议报送会计监察人，并将它们提交股东大会批准。

会计监察人就这些协议向股东大会提交一份专门报告，股东大会对该报告作出审议决定。

有利害关系的当事人不得参加投票表决；在计算法定人数与多数票时，利害关系人所持股份不予计入。

第 L225-88-1 条 在此前的会计年度内订立并得到批准的协议，一直延续履行到最近一个会计年度的，监事会每年均应对这些协议进行审查，并将其报送会计监察人，以便制定第 L225-40 条第 3 款所指的报告。

第 L225-89 条 经股东大会批准的所有协议以及大会不予批准的协议，对第三人均产生效力，但因有欺诈行为而被撤销的协议，不在此限。

即使没有欺诈行为，未得到批准的协议如对公司产生损害后果，得由（2001 年 5 月 15 日第 2001-420 号法律）"有利益关系的人"（原规定为"有关的监事会成员与管理委员会成员"）承担责任，视具体情况，可能由管理委员会的其他成员承担责任。

第 L225-90 条 在不影响利益关系人承担责任的情况下，第 L225-86 条所指的未经监事会事先批准而订立的协议如已对公司产生损害后果，得予撤销。

协议无效之诉讼，时效期间为 3 年，自协议订立之日起开始计算，如协议曾被隐瞒，开始计算时效的日期推迟至该协议披露之日。

依据会计监察人提交的专门报告,说明因何种具体情况而未办理批准协议的手续,并在进行审议之后,由股东大会通过投票表决,可以对协议无效不予追究,第L225-88条第4款的规定得适用之。

第L225-90-1条 (2005年7月26日第2005-842号法律第8-1条)在证券准许进入规范市场交易的公司里,由公司本身、其控制的任何公司或者对其实行第L233-16条第二项与第三项意义上控制的任何公司为其管理委员成员的利益作出的、与其管理委员会成员停止任职或改变职务或在此之后应当给予或可能给予的报酬、补偿金或利益的各项内容相对应的义务承诺,受第L225-86条、第L225-88条与第L225-90条之规定的约束。

(2007年8月21日第2007-1223号法令第17-3条)在不考虑受益人业绩的条件下给予的各项报酬、补偿金与利益,一律禁止;应当根据受益人作为成员的管理委员会所属公司本身的业绩来评价受益人的业绩。

由监事会按照第L225-86条的规定给予的批准,应当按照最高行政法院提出资政意见后颁布的法令确定的条件与期限进行公示。

提交股东大会按照第L225-88条的规定批准的事项,应当就每一个受益人作出一项专门决议;本条第1款所指的人担任的职务每一次延展时,均需对这些事项重新进行批准。

受益人实际停止任职或改变任职之时或者之后,在董事会尚未确认此事项遵守了规定的各项条件之前,不得支付任何报酬、补偿金或利益。这项决定应按照最高行政法院提出资政意见后颁布的法令确定的条件与期限进行公示。违反本款之规定进行的任何支付,当然无效。

如有"禁止受益人在停止公司任职之后从事与公司的活动开展竞争的职业活动、损害公司利益"的条款,作为此项条款的对应义务,与支付补偿金相关的承诺,仅适用第1款的规定;按照符合《社会保险法典》第L137-11条所指的制度性质的给付实行退休的承诺以及符合《社会保险法典》第L242-1条所指的退休与集体性强制保险制度性质的承诺,亦同。

第L225-91条 除法人担任的管理委员会成员及监事会成员之外,禁止其他管理委员会成员和监事会成员以任何形式向公司进行借贷,让公司同意通过往来账户的形式或其他方式透支款项,或者让公司为其对第三人的义务提供担保或认可担保有效,否则,合同无效。

上述禁止性规定同样适用于作为监事会成员的法人的常任代表,也适用于本条所指之人的配偶、直系尊血亲、直系卑血亲及一切中介人。

但是，如公司经营的是银行或金融机构，此种禁止性规定不适用于此类机构在正常条件下进行的日常业务活动。

第 L225-92 条 管理委员会成员、监事会成员以及应邀参加两机关会议的任何人，对具有保密性质的信息以及管理委员会主席或监事长认为应当保密的信息，均应保守秘密。

第 L225-93 条 在按照本《法典》第六卷第二编之规定开始实行(2005年7月26日第2005-845号法律第165-2条)"保护程序"、司法重整或司法清算程序的情况下，这些规定所指之人得对公司负债承担责任，并且按照规定的条件，受到有关禁止权利与丧失权利的约束。

第三目 股份有限公司中担任委任职务的人[1]适用的共同规定

第 L225-94 条 依据第 L225-21 条及第 L225-77 条之规定，对同一自然人同时担任监事会成员或董事的职数限制，亦适用于担任董事及监事会成员的职数。

(2002年10月29日第2002-1303号法律)"为适用第 L225-54-1 条与第 L225-67 条之规定，准许同一自然人同时在一家公司与另一家由该公司实行第 L233-16 条意义上控制的公司里担任总经理的职务"。

第 L225-94-1 条 (2002年10月29日第2002-1303号法律)"在不影响第 L225-21 条、第 L225-54-1 条、第 L225-67 条、第 L225-77 条与第 L225-94 条之规定适用的情况下，同一自然人不得在注册住所设在法国领土上的公司里担任5个以上的总经理、管理委员会成员、唯一总经理、董事或者监事会成员等委任职务。为了适用这些规定，由董事担任总经理职务时，仅算作一个职务"。

(2003年8月1日第2003-706号法律第131-1条)"尽管有以上规定，由当事人在其中担任本条第1款名义上的职务的公司实行第 L233-16 条意义上控制的公司里，其担任董事或监事会成员之职务，不予计算"。

(2001年5月15日第2001-420号法律)"任何自然人处于与本条之规定相抵触的地位时，均应自受任命起3个月内，辞去其中一个职务，或者在造成其不具备前款确定之条件的事实发生之日起3个月内辞去所涉及的职务。

---

[1] 在股份有限公司内"担任委任职务的人"（原文称"公司委托代理人"），包括董事会、监事会、管理委员会的成员以及总经理等。——译者注

过此期限仍然未纠正的,视其按具体情况辞去新任的职务或者辞去不符合前款规定条件的职务,并且应当返还所得报酬,但不因此影响其参与审议作出的决定的效力"。

第 L225-95 条　在股份有限公司实行合并的情况下,董事会成员或监事会成员的人数,视具体情况,得在第 L236-4 条确定的合并日期起 3 年期间超过第 L225-17 条与第 L225-69 条所规定的(2001 年 5 月 15 日第 2001-420 号法律)"18 人"(原规定为"24 人"),但不得超过(2001 年 5 月 15 日第 2001-420 号法律)"24 人"。

(第 L225-95 条原条文:在一家由董事会管理的股份有限公司与另一家设立管理委员会及监事会的股份有限公司合并的情况下,董事会成员或监事会成员人数,视情况,得超过 12 人,可达合并各公司近 10 个月以来在职董事与监事人数的总和,但不得超过 24 人。第 L89 条第 2 款与第 3 款,或者视情况,第 L129 条第 2 款之规定适用之。)

第 L225-95-1 条　(2001 年 5 月 15 日第 2001-420 号法律)尽管有第 L225-21 条、第 L225-27 条与第 L225-94-1 条之规定,1985 年 7 月 11 日关于经济与金融秩序若干规定的第 85-695 号法律第 1 条所指的"风险资本公司"的常任代表,1972 年 7 月 11 日关于经济与金融秩序若干规定的第 72-650 号法律第 4 条第三项 B 点所提及的"发明创造资金"公司的常任代表,或者由《货币与金融法典》第二卷第一编第四章第一节第六目以及该《法典》第 L214-28 条与第 L214-30 条调整的有资格管理"共同投资资金"的公司的常任代表,不予计算。

任何自然人,只要不再具备本条规定的条件,均应在 3 个月期限内辞去不符合第 L225-21 条、第 L225-27 条与第 L225-94-1 条之规定的任职。过此期限,视该人不再代表法人,并应返还其收受的报酬,但不因此影响其参与审议作出的决定的效力。

(2002 年 10 月 29 日第 2002-1303 号法律)"尽管有第 L225-21 条、第 L225-54-1 条、第 L225-67 条与第 L225-94-1 条之规定,在按照有关兼任公司职务的规则计算任职数目时,由地方行政部门或其组成的团体的代表担任的地方混合经济公司的董事长、总经理、唯一总经理、管理委员会成员或董事之职务,不予计算"。

第三节 股东大会

第 L225-96 条 特别股东大会①唯一有权修改公司章程的各项条款,与此相抵触的任何规定均视为未予订立;特别股东大会不得增加股东承担的义务,但依照规定的手续进行公司股份合并而开展的活动不在此限。

(2005 年 7 月 26 日第 2005-842 号法律第 6-1 条)经第一次召集即召开的特别股东大会,只有当出席会议或委托代理人出席会议的股东至少持有 1/4(原规定为"1/3")有表决权股份时,才能有效进行审议;经第二次召集才召开的特别股东大会,至少应有持 1/5(原规定为"1/5")有表决权股份的股东出席或委托代理人出席会议,才能有效进行审议。在未达到后一项法定人数的情况下,第二次召集的特别股东大会得最晚推延至其进行召集之后 2 个月召开。(2009 年 1 月 22 日第 2009-80 号法令第 7-8 条)"在股票没有获准进入规范市场交易的公司里,章程得规定要求更高的人数比例"。

特别股东大会按照出席或委托代理人出席会议的股东所拥有的表决权的 2/3 之多数作出审议决定。

第 L225-97 条 特别股东大会可以变更公司国籍,但以接纳国与法国订立有公司可以取得该国国籍以及可以将注册住所迁至其领土并保留公司法律人格之特别协议为条件。

第 L225-98 条 普通股东大会可以作出除第 L225-96 条及第 L225-97 条所指决定以外的其他一切决定。

(2005-7 月 26 日第 2005-842 号法律第 6-2 条)经第一次召集即召开的普通股东大会,只有当至少持有 1/5 有表决权股份的股东出席会议或委托代理人出席会议时,才能有效进行审议;(2009 年 1 月 22 日第 2009-80 号法令第 7-8 条)"在股票没有获准进入规范市场交易的公司里,章程得规定要求达到更高的人数比例"。经第二次召集才召开的普通股东大会,不对参加会议

---

① 按照第 L225-96 条、第 L225-98 条与第 L225-99 条的规定,股份有限公司的股东大会分为三种:"普通股东大会"(assemblée générale ordinaire d'actionnaires),即"股东大会"或者"股东会"或"成员会",有权作出与公司有关的各种决定,但涉及修改公司章程与改变公司国籍的事项除外;"特别股东大会"(assemblée générale extraordinaire d'actionnaires),唯一有权修改公司章程,例如,因增加资本或者减少资本而修改章程;"专门股东大会"(assemblee spéciale d'actionnaires),也称"特种股东大会"或"特种股东会",是持有特定种类股票的股东召开的会议。法国法律中,"特别股东大会"与"专门股东大会"或"特种股东大会"是两个不同的概念,不能混为一谈。在本《法典》中,股东大会前不冠以"特别"或"专门"之限定语时,应指"普通股东大会"。——译者注

的法定人数作任何要求。

普通股东大会,按照出席或委托代理人出席会议的股东所拥有的表决权多数,作出审议决议。

第 L225-99 条 专门股东大会是持有特定种类股票的股东召开的会议。

股东大会作出的改变与某种(特定)股份相关的权益的决定,只有得到这一类股东的专门大会批准,始为最终决定。

(2005年7月26日第2005-842号法律第6-3条)经第一次召集即召开的专门股东会议,只有在出席会议或委托代理人出席会议的股东至少持有1/3(原规定为"1/2")拟议改变其权益的有表决权的股份时,才能有效进行审议;第二次召集才召开的专门股东会议,只有在出席会议或委托代理人出席会议的股东至少持有1/5(原规定为"1/4")上述股份的条件下,才能有效进行审议。在达不到这一法定人数时,专门股东会议可以推延至召集之日后的2个月内召开。(2009年1月22日第2009-80号法令第7-8条)"在股票没有获准进入规范市场交易的公司里,章程得规定参加专门股东大会的更高人数比例"。

专门股东大会按照第L225-96条规定的条件进行审议,作出决定。

第 L225-100 条 普通股东大会至少每年召开一次,并且应在会计年度终结后6个月内召开,但法院裁定延长此期限的,不在此限。(2012年3月22日第2012-387号法律第17-2条)"如果在此期限内没有召开普通股东大会,检察院或者任何利益关系人均可向有管辖权限的法院的院长申请紧急审理,责令公司领导人召集股东大会或者指定一名委托代理人进行大会召集,相应情况下,处逾期罚款"。

(2004年12月20日第2004-1382号法令第3条)"公司董事会或者管理委员会向股东大会提交报告和公司年度账目,相应情况下,提交集团合并结算账目以及与此相关的报告"。

(2004年6月24日第2004-604号法令第51-1条)"向股东大会提交的报告应当对公司业务、资产负债状况与财务状况的变化作出详尽客观的分析,特别是从业务的重要性与复杂性来看,应对公司借债状况作出详尽客观的分析"。(2004年12月20日第2004-1382号法令第3条)按照本条之规定,报告中除了对公司财务性质的业绩作出关键性说明之外,对公司业务、资产负债以及财务状况的变化的分析应能让股东听得懂,在此必要程度上,报告还应当对与公司的特别活动有关的非财务性质的业绩作出关键性说明,特别是对环境与人员问题的情况作出说明。

这一报告还应说明公司面临的主要风险和不确定因素。

相应情况下,本条第 3 款所指的分析说明应当参照年度报告中指明的数字以及与此相关的补充解释。

此外,如果报告还应当具体说明企业所采用的会计方法对于评估企业的资产、负债、财务、亏损或盈利状况来说是适当的。这些说明应当是对公司财务风险管理方面的政策与目标的说明,包括有关化解每一类主要交易风险的对策;同时还应对公司面临的价格风险、信贷风险、流动资金与现金收支风险作出说明。

(2004 年 6 月 24 日第 2004-604 号法令第 51-1 条)这一报告应当附有股东大会按照第 L225-129-1 条以及第 L225-129-2 条之规定在增加资本方面赋予董事会或管理委员会的仍然有效的授权的概述性一览表。一览表应显示本会计年度内已经运用这种授权的情况。

会计监察人在其报告中应介绍其履行第 L225-235 条所赋予的职责的情况。普通股东大会对与已经过去的会计年度的账目,(2001 年 5 月 15 日第 2001-420 号法律)"以及相应情况下,与集团合并结算账目"有关的一切问题进行审议并作出决定。

普通股东大会行使主要由以下条款赋予的权力:第 L225-18 条、第 L225-24 条第 4 款、第 L225-40 条第 3 款、第 L225-42 条第 3 款及第 L225-45 条,或者在相应情况下,第 L225-75 条、第 L225-78 条第 4 款、第 L225-83 条、第 L225-88 条第 3 款及第 L225-90 条第 3 款。

(2004 年 6 月 24 日第 2004-206 号法令第 51-1 条废止:普通股东大会批准发行公司债券以及设定此种债券之特别担保,但是,以筹措借贷资金为主要标的时,公司董事会有权发行集资债券,或在相应情况下,其管理委员会依法有权发行此种借贷债券,章程另有规定者不在此限。)

(第 L225-100 条原条文:普通股东大会至少每年召开一次,并且应在会计年度终结后 6 个月内召开,法院裁定延长此期限的,不在此限。)

公司董事会,或者相应情况下,管理委员会在宣读其报告之后,向股东大会提交公司年度账目;相应情况下,提交集团合并结算账目以及资产负债表。与此同时,会计监察人在其报告中应详细说明其履行第 L225-235 条赋予之职责的情况。

普通股东大会对与过去的会计年度账目有关的一切问题进行审议并作出决定。

普通股东大会行使主要由以下条款赋予的权力：第 L225-18 条、第 L225-24 条第 4 款、第 L225-40 条第 3 款、第 L225-42 条第 3 款及第 L225-45 条，或者在相应情况下，第 L225-75 条、第 L225-78 条第 4 款、第 L225-83 条、第 L225-88 条第 3 款及第 L225-90 条第 3 款。

第 L225-100-1 条　（2004 年 12 月 20 日第 2004-1382 号法令第 4 条）会计年度结束时，资产负债表显示的总额，营业额的净值或本经营期内雇佣的经常性薪金雇员的平均人数两项标准均不超过法令确定之数额的公司，不适用第 L225-100 条第 3 款至第 6 款的规定。《货币与金融法典》（2009 年 1 月 22 日第 2009-80 号法令第 7 条）"第 L211-1 条第二项第 1 款与第 2 款"所指的金融工具获准进入规范市场交易的公司，不适用本款之规定。

在会计年度结束时不超过法令按照以下两项标准确定之数字的公司没有提供第 L225-100 条第 3 款所指的非金融性质的信息的义务：资产负债总额、净营业额或者会计年度雇用的长期雇员人数。（2009 年 1 月 8 日第 2009-15 号法令第 7 条）"《货币与金融法典》第 L211-1 条第二项第 1 款与第 2 款"所指的金融工具获准进入规范市场交易的公司，不适用本款之规定。

第 L225-100-2 条　（2004 年 12 月 20 日第 2004-1382 号法令第 4 条）在公司按照第 L233-16 条之规定制定集团合并结算账目的情况下，集团管理报告应当根据业务的总量与综合性，对纳入集团合并结算的全部企业的业务发展情况、经营结果与财务状况，特别是负债状况作出客观详尽的分析。这项分析应当包括与各企业的活动有关的财务性质和非财务性质的效益的关键性说明，特别是有关环境与人员方面的情况的关键性说明。

报告还应包括对纳入集团结算的所有企业面临的主要风险与不确定情况的说明。

第 1 款所指的分析，在相应情况下，应当参照集团合并结算账目中指出的数额与所附的相关解释。

此外，如果对于评价企业的资产、负债、财务、亏损或盈利状况，有必要适当说明企业采用的会计方法，那么，在报告中可就此作出说明。这些说明应当是对公司财务风险管理方面的政策与目标的说明，其中包括有关化解每一类主要交易风险的政策；同时还应对公司面临的价格风险、信贷风险、流动资金与现金收支风险作出说明。

第 L225-100-3 条　（2006 年 3 月 31 日第 2006-387 号法律第 6 条）在证

券准许进入规范市场交易的公司里，如以下要素对公开出价收购活动产生影响，第L225-100条所指的报告，在相应情况下，应对其作出说明或解释：

1. 公司注册资本的结构；

2. 公司章程对行使表决权与股份转让所规定的限制；或者按照第L233-11条之规定向公司通报的协议的条款；

3. 公司根据第L233-7条与第L233-12条之规定所了解到的他人对公司资本的直接或间接参与情况；

4. 持有任何包含特别监督权利的证券的人的名单以及对他们的具体说明；

5. 在可能实行的员工持股制度下，当员工不行使监督权时，所规定的监督机制；

6. 公司所了解的，可能引起对股份转让与行使表决权进行限制的股东之间订立的协议；

7. 董事会或者管理委员会的成员任命与替换以及公司章程修改所适用的规则；

8. 董事会或者管理委员会的权力，特别是在发行或回购股份方面的权力；

9. 公司订立的，在公司控股情况发生变化的情况下即发生改变与终止的协议；但除法律规定的改变之外，如这种改变将严重损害公司利益，则不在此限；

10. 对董事会或管理委员会成员或者薪金雇员在没有实际的严肃理由辞职或被解雇的情况，或者在他们的工作因公开收购之原因而终止的情况下，规定给予补偿金的协议。

第L225-101条 （1981年12月30日第L81-1162号法律第5条）公司在注册登记后2年内取得的属于某一股东的财产价值至少相等于公司1/10注册资本时，应董事长的请求，或者依据情况，应管理委员会主席的请求，法院得指定一名资产评估鉴定人并由其个人承担责任，负责对该财产进行价值评估。资产评估鉴定人能否任职，应遵守第L225-224条之规定。

资产评估鉴定人的报告应提交给各股东；普通股东大会对财产评估进行审议，作出决定，否则，财产的取得无效。财产的出卖人，无论其本人还是作为代理人，均无审议表决权。

如果是在交易市场并在法院监督下取得某项财产①,或在公司按照正常条件缔结的日常业务范围之内取得财产,不适用本条之规定。

第 L225-102 条 由公司董事会,或者相应情况下,由管理委员会向股东大会提交的报告每年都应对本经营期结束的最后一日薪金雇员参与公司资本的情况作出汇报,并且对本公司的人员以及与本公司有第 L225-180 条意义上联系的公司的人员在《劳动法典》第 L443-1 条至第 L443-9 条所指的"企业储蓄计划"范围内持有的股份所占资本的比例作出汇报,同时还应对薪金雇员与原来的薪金雇员在"企业投资共同基金"范围内持有的股份所占公司资本的比例作出汇报。"企业投资共同基金"受 1988 年 12 月 23 日第 88-1201 号有关证券投资组织与创设债权共同基金的法律第二章的规定调整。本《法典》第 L225-194 条与第 L225-197 条、1986 年 8 月 6 日关于私有化方式的第 86-912 号法律第 11 条以及《劳动法典》第 L442-7 条所规定的股份不得转让的期限内薪金雇员直接持有的股票,应计算在内。

在 1984 年 7 月 9 日关于发挥经济主动性的第 84-578 号法律所规定的薪金雇员回购企业的活动中,薪金雇员取得的证券以及 1978 年 7 月 19 日第 78-763 号关于生产性工人合作公司的地位的法律意义上的生产性工人合作公司的薪金雇员取得的证券,在评估前款所指的所占资本比例时,不计算在内。

(2001 年 2 月 19 日第 2001-152 号法律)公司的年度报告没有包括本条第 1 款所规定的内容时,任何利益关系人均可请求法院院长依紧急审理程序作出裁定,命令董事会,或者相应情况下,命令管理委员会传达这项情况,不履行法院命令者,处逾期罚款。

法院支持利益关系人提出的请求时,逾期罚款与程序性费用由董事会全体成员负担,或者相应情况下,由管理委员会全体成员负担。

第 L225-102-1 条 (2001 年 5 月 15 日第 2001-420 号法律)本《法典》第 L225-102 条所指的报告应当汇报本会计年度内向公司每一个担任委任职务的人支付的任何性质的报酬和利益的总额,(2004 年 6 月 24 日第 2004-206 号法令第 51-2 条)"其中包括通过分派本公司或第 L228-13 条与第 L228-93 条所指公司的资本凭证、债权凭证,或者可以进入资本的凭证或可以享有分

---

① 指在拍卖市场,特别是企业破产财产的拍卖变现。——译者注

派债权凭证之权利的凭证①而给予的报酬与利益"。

这项报告还应指明,在本会计年度内公司每一个受委任职务的人从本公司按照第L233-16条的意义控股的公司受领的报酬与利益的数额,或者(2003年8月1日第2003-706号法律第138条)"从按照同一条的意义对其担任委任职务的公司实行控制的公司受领的报酬与利益数额"。

(2005年7月26日第2005-842号法律第9-1条)"这项报告还应当分项具体说明组成这些报酬与利益的固定要素、可变要素与特殊要素,据以计算这些报酬与利益的标准或具体情节。报告还应指明公司对其担任委任职务的人所承诺的义务,如有必要,报告应写明根据具体情况适用第L225-45条或者第L225-83条的规定。报告还应指明这些义务承诺与构成报酬的要素以及因受委任职务的人任职、停止任职或改变任职而可能应当给予的补偿金或利益相一致。以此种名义提供的信息应具体说明确定这种变更的方式。除善意而为外,违反本款之规定进行的支付与承担的义务,得予撤销"。

报告应当逐一列出在本会计年度内,本公司每一个担任委任职务的人在其他任何公司里接受的所有委任与职务(的名单)。

(2010年7月12日第2010-788号法律第225-1条)"这项报告还应包括以下内容:公司以何种方式考虑其从事的活动在社会与环境方面的后果以及为可持续发展"(2011年6月16日第2011-672号法律第9条)"和反对歧视、促进多样性方面"作出的社会义务承诺;最高行政法院提出资政意见后颁布的法令按照公司是否在规范市场进行交易之不同情况,确定两份清单,具体规定本款所指的内容以及提供这些信息的方式,以便进行对比。

(2010年7月12日第2010-788号法律)证券准许进入规范市场交易的公司,以及资产负债表总额或营业额与薪金雇员人数超过最高行政法院提出政意见后颁布的法令确定的界限的公司,(2012年3月22日第2012-387号法律第32-1条)"适用前款之规定"。在公司制订合并结算账目的情况下,应当合并提交本公司及其第L233-1条意义上的全部子公司或者由其实行第L233-3条意义上的控制的各公司的情况。(2012年3月22日第2012-387号法律第12-1条)相应数额超过本款所指的上述界限的子公司或者受控制的各公司,只要由第L233-3条意义上的控股公司本身发布各子公司与受控制公司的详细信息,并且这些子公司或者受控制的公司在自己的管理报告中已

---

① 泛指股票、债券、债权凭证、可转换债券、可兑换债券等。——译者注

写明如何了解这些处理情况，则无须再公布本条第5款所指的各项信息。如这些子公司或者受控制的公司是在法国领土之上并且是经营需要得到批准、评定等级或者需经注册登记的设施，其提供的信息情况不具有合并结算性质时，则应分别公布与每一处设施有关的信息。

按照法律与行政法令的规定应当提供的有关社会或环保方面的信息，还需经独立的组织按照最高行政法院提出资政意见后颁布的法令规定的方式进行审核。对审核结果应当提出一份意见书，并同时将此意见书与董事会或管理委员会的报告一起提交股东大会。证券准许进入规范市场交易的各企业，(2012年3月22日第2012-387号法律第12-1条)"自2011年12月31日之后开始的会计年度起"执行前款之规定。本条涉及的所有企业均自2016年12月31日终止的会计年度起实行前款之规定。

经独立的组织按照最高行政法院提出资政意见后颁布的法令规定的方式进行审核之后提出的意见，尤其要对按照法律与行政法令的规定应当提供的有关信息作出证明。本条涉及的所有企业，自2011年12月31日之后开始的会计年度起，均需提供这项证明。

(2005年7月26日第2005-842号法律第9-1条)"本《法典》第L225-102条最后两款的规定适用于本条所指的各项信息"。

证券没有获准进入规范市场交易，也没有受到某一证券准许进入规范市场交易的公司实行第L233-16条意义上的控制的公司，不适用(2003年8月1日第2003-706号法律)"第1款"至(2005年7月26日第2005-842号法律第9-1条)"第3款"之规定。(2004年6月24日第2004-604号法令第51-2条)"这些规定也不适用于没有受到证券准许进入规范市场交易的公司任何委托权的委托代理公司"。

(2010年10月22日第2010-1249号法律第32-1条)"自2013年1月1日起，政府每3年向议会提交一份各企业执行本条第5款之规定以及它们许诺在法国、欧洲与国际上开展鼓励企业社会责任行动之情况的报告"。

第L225-102条所指的报告应当指明公司的管理委员会或者监事会的某一成员、总经理、总经理助理、某一董事或者持有公司10%以上表决权的某一股东，直接或通过中间人，与本公司直接或间接持有其一半以上资本的公司之间订立的所有协议，但按照正常条件订立的与日常业务活动有关的协议除外。

第L225-102-2条 (2003年7月30日第2003-699号法律第23条)对于

至少经营一处《环境法典》第 L515-8 条第四项所指名单上的设施的公司,其提交的第 L225-102 条所指的报告应当:

——说明公司采取的预防技术风险的对策;

——汇报公司承担因经营这类设施可能引起的财产和人员之责任的能力;

——具体说明公司采取哪些手段,确保在发生引起其责任的事故的情况下对受害人进行赔偿事务的管理。

第 L225-102-3 条　一、第 L123-16-2 条第 1 点与第 3 点所指的公司,或者最近终结的两个会计年度以每年情况为基础计算,资产负债表总额、净营业额或者平均雇用人数三项标准中有两项超过确定的界限,全部或者部分活动是从事碳氢化合物、煤炭、褐煤、金属矿产、石材、沙石、化学物矿场、化学肥料、盐矿或其他矿产资源的发现、勘探、开发、开采或者经营的公司,或者从事原始森林开采经营事业的公司,每年均应按照以下第三项规定的条件,就向其从事的活动所在地的每一国家或地区的有关当局进行款项支付的情况公告一份报告。

尽管有前款的规定,前款所指的公司,以及按照第 L233-16 条的意义对具备前款所指条件的公司实行控制的公司,有义务按照第 L233-16 条的规定制定集团结算账目的,应就向其从事的活动所在地的一国或数国或地区的当局进行款项支付的情况公告一份报告。

二、具备本条第一项以及第 L233-19 条规定之条件的受到控制的公司,不包括在本条第一项第 2 款所指的合并报告的范围之内。

具备本条第一项规定之条件的受到控制的公司,在制定合并结算账目的公司受欧盟某一成员国的法律调整,并且这些公司进行的款项支付已经包括在按照其适用的法律制定合并结算账目的公司所制定的报告中时,无须公告其账目。

三、任何一次单项支付,或者相互之间有联系的所有单项支付,在前一个会计年度中向任何国家或地区的当局或者任何行政部门、办事处或者由这样的当局实行第 L233-16 条意义上的控制的企业支付的款项的数额等于或者超过 100000 欧元时,就以下确定的每一类型的款项所支付的数额,在本条第一项所指的有关款项支付的报告中写明:

1. 对生产与产品征收的税款;
2. 所得税、产品税或利润税,但消费税除外,例如,增值税、自然人所得税或者销售税；

3. 使用费；

4. 股息；

5. 许可证使用费、租赁费、入门费或其他许可费或特许费；报告应写明任何一次单项支付的款项数额，或者写明支付的总额；

6. 为改善基础设施而支付的款项。

如果这些支付款项已经记入某个或多个特定项目，报告仍应写明支付的总额以及就每一特定专门项目所支付的数额。

由某项合同、许可证或租约、特许权使用协议或类似的法律性质的协议规定的全部业务活动，在它们相互之间存在实质性联系、构成支付义务之基础时，即属前款所指的特定专门项目。

四、本条第一项所指的关于款项支付情况的报告，应提交董事会或管理委员会批准，并在其获得通过后1个月内交存至商事法院书记室作为"商事及公司注册登记簿"的附件；如果采用电子版本提交，向法院书记室交存的期限为2个月。在相同期限内，在公司网站上公示该报告，供免费查阅；公众可以按照最高行政法院提出资政意见后颁布的法令规定的条件浏览、下载。

五、本条之实施条件由最高行政法院提出资政意见后颁布的法令具体规定，尤其是具体规定本条第一项第1款所指的界限、第三项第1款所指的支付款项的类别以及在公司网站上进行公示的条件。

六、不遵守本条第四项规定的义务，或者公示的报告不完整或者虚假，处3750欧元罚款。

法人，除处以罚款之外，还可处《刑法典》第131-39条第9点规定的附加刑。

第L225-103条 一、股东大会由董事会，或者在相应场合下，由管理委员会召集。

二、在董事会、管理委员会未召集会议的情况下，股东大会亦可由下列人员召集：

1. 会计监察人；

2. 紧急情况下，应任何利害关系人的请求，或者应至少持有公司（2001年5月15日第2001-420号法律）"5%"（原规定为"10%"）资本的一名或数名股东的请求，或者应具备第L225-120条确定的条件的股东协会的请求，由法院指定的代理人；

3. 清算人；

4. 在公开出价收购或公开出价交换之后①,或者在控股权整体转让以后,占有资本或表决权多数的股东。

三、在受第 L225-57 条至第 L225-93 条之规定约束的公司里,股东大会得由监事会召集。

四、上述规定适用于专门股东大会。向法院提出指定司法代理人请求的股东,至少应集中(2012 年 3 月 22 日第 2012-387 号法律第 17-2 条)"1/20"的相关种类的股份。

五、股东大会会议在公司注册住所地召开或在同一省内其他任何地点召开,章程另有规定者除外。

第 L225-104 条 召集股东大会应当遵守最高行政法院提出资政意见后颁布的法令确定的形式与期限。

不符合规定而召集的任何股东大会均得被撤销(annulée),但如全体股

---

① 公开出价收购(offre publique d'achat)或公开出价交换(offre publique d'échange)股份,是企业兼并中为了控制目标公司而采取的一种手段。投资者(通常是打算控制目标公司的公司),通过新闻、报刊或其他任何广告途径,公开向目标公司的股东提出要约以一定的价格购买他们所持的该公司的股票,而提出的价格通常很有吸引力,可以激发目标公司的股东转让自己的股票。

公开出价收购或交换通常分以下几个阶段:第一阶段为秘密阶段。提出收购的人在银行机构的协助下准备"收购要约"的条件,确定要取得目标公司控制权应当收购的股票的数量以及对股东的出价。公开出价收购与交换只能针对证券交易所的上市公司,因此,收购与交换计划应呈报证券管理委员会,由其决定是否受理该项计划;与此同时,还应呈报财政经济部。如收购者(投资者)不是欧盟成员国的国民,财政经济部可以反对收购计划。其后,收购计划应通报给证券交易所业务委员会。第二阶段为公开阶段。投资者收到其收购计划已经被接受的通知,即可以公告方式告知公众,其打算收购目标公司的股份,同时发布一份由证券交易所业务委员会签字同意的收购说明书。如采取收购方式,目标公司的股东可以得到现金;如采取交换方式,则可以得到证券,例如投资者(收购者)自己或其子公司的股票、可转股债券或其他任何证券;等等。第三阶段为收购与交换阶段。这一阶段至少为一个月。在此期间,目标公司的股票仍在挂牌上市。这就等于说,如果该种股票的行情上扬,价格有可能超过收购者提议的价格,收购活动有失败的可能。法规允许收购者在进行收购活动期间提高价格,并且至少应上提 5%。第四阶段为证券交易业务委员会确认收购失败还是成功阶段。例如,1986 年秋,Cerus 公司首先提出公开收购 Cité 出版公司的股份,10 月初的出价为每股 Cité 公司的股票 2953 法郎,随后,西方通用出版公司于 10 月中旬提出每股 3170 法郎的收购价格。至 10 月 24 日,正当证券收购战激烈进行之际,已经持有 Cité 出版公司 22.5% 股票的 Cerus 公司突然停止"战斗",与西方通用出版公司站在一起。报刊当时传闻,Hachette 公司要参与收购战,但后无下文。于是西方通用出版收购获胜。普遍认为:Cerus 公司之所以中途放弃收购,是因为它原本无意去管理 Cité 公司,只不过是为了实现一次高盈利的投资,也许二家收购公司之间早有暗中协议,因为,收购成功以后,西方通用出版公司将购回 Cerus 公司所持的 Cité 公司的股份。2006 年 3 月 31 日第 2006-387 号法律对"公开收购要约"(offre pubilique d'acquisition)的情况下被针对的目标公司采取的措施进行了规范,参见第 L233-32 条等条文。——译者注

东均出席或委托代理人出席了会议,无效之诉(l'action en nullité)不予受理。

第 L225-105 条 股东大会的议程由会议召集人确定。

但是,至少持有公司 5% 资本的一名或数名股东,或者符合第 L225-120 条确定之条件的股东协会(association,股东维权团体),有权利要求将其提出的(2010 年 12 月 9 日第 2010-1511 号法令第 2 条)"问题或决议草案"载入股东大会的议事日程,并按照最高行政法院提出资政意见后颁布的法令规定的条件(2003 年 8 月 1 日第 2003-706 号法律)"通知各股东";在公司资本超过此项法令规定的数额时,前款所要求的应当持有资本的比例可以减少。

股东大会不得审议未载入议事日程的问题;但是,股东大会得于任何情况下解除一名或数名董事或监事会成员的职务并进行相应替补。

股东大会不得因其是第二次召集而改变原定的议事日程。

(2003 年 8 月 1 日第 2003-706 号法律第 119 条)"股东大会将要审议变更企业的经济或法律组织的事项并且已经按照《劳动法典》第 L432-1 条的规定征求过企业委员会的意见时,企业委员会的意见应在股东大会上通报。"

第 L225-106 条 (2010 年 12 月 9 日第 2010-1511 号法令第 3 条)一、股东可以由另一股东、其配偶或者与之订立"紧密关系民事协议"的人为代理。①

此外,以下情况,股东可以由其选择的任何其他自然人或法人为其代理:

1. 公司股票准许进入规范市场交易时;

2. 公司股票准许进入多边交易系统进行交易——这些系统受旨在保护投资人免受内部交易、操纵交易价格、提供虚假信息侵害的立法或条例制约,并且进入金融市场主管机关颁布的规则确定的名单时。

二、委托,以及相应情况下解除委托,均应采用书面形式,并报送公司。本款之适用条件,由最高行政法院提出资政意见后颁布的法令具体规定。

三、每次股东大会之前,董事长或者管理委员会可以作出安排征求第 L225-102 条所指的股东的意见,以便他们指定 1 名或多名委托代理人在股东大会上按照本条的规定作为其代表。

在已经按照第 L225-23 条或第 L225-71 条的规定修改了章程,普通股东

---

① 一股东的代理人只能是另一股东、其配偶或与之订立"紧密关系民事协议"的人,这一原则也有例外。非法国长期居民的股东可以由他们的利益登记的中间人为代理人参加上市的法国公司的股东大会,以转达他们的表决投票,参见第 L225-107-1 条、第 L228-1 条。——译者注

大会应当任命一名或数名薪金雇员股东或者持有公司股份的企业投资基金监事会的成员进入董事会或管理委员会的情况下,上述征求意见具有强制性。

(2001年2月19日第2001-152号法律)"在特别股东大会应当就按照第L225-23条或者第L225-71条之规定修改章程之事项作出决定时,同样受强制征求意见"。

违反前几款规定的任何条款均视为未予订立。

对于某一股东提出的并未指明委托人的任何委托授权,由大会主席代为就董事会,或者在相应场合,就管理委员会提出或同意的决议案投赞成票,对其他决议案投不赞成票。如股东本人欲投表达另一种意见的表决票,应委派一名同意按照委托人指示的意向投票的委托代理人。

第L225-106-1条 （2010年12月9日第2010-1511号法令第4条）第L225-106条第一项第1点与第2点所指情况下,当股东是由其配偶或与之订立"紧密关系民事协议"的人以外的其他人作为代理人时,该代理人应向委托人告知所有情况,以便委托人了解该代理人可能追求的、不符合委托人利益的某种风险。

这项告知,尤其应涉及代理人或者为代理人利益从事活动的人的以下事实:

1. 代理人对拟召开股东大会的公司实行第L233-3条意义上的控制的情况;

2. 代理人在按照第L233-3条的意义控制本公司的公司或法人里担任管理、监事机关成员职务的情况;

3. 代理人在按照第L233-3条的意义控制本公司的公司或法人里作为薪金雇员的情况;

4. 代理人在对本公司实行第L233-3条的意义上的控制的公司或法人所控制的法人或实体内担任上述第2点与第3点所指职务或者受控制的情况。

当代理人或者为代理人利益从事活动的人与处于第2款第1点至第4点之状况的某一自然人有亲属关系时,代理人也应进行上述告知。

在委托代理期间发生以上几款所指的情况时,代理人应立即告知委托人;在委托人没有明文确认的情况下,委托即告终止。

终止委托,由公司担任委任职务的人进行通知。本条之实施办法由最高行政法院提出资政意见后颁布的法令具体规定。

第L225-106-2条 （2010年12月9日第2010-1511号法令第4条）任何

人主动请求代理他人并直接或间接以任何形式、任何方法向某一股东或多名股东提议自己同意接受代理，以取得代表这些股东参加第 L225-106 条第一项第 1 点与第 2 点所指的公司股东大会的委托授权，即是公开其投票政策取向。

该人也可以公开其对股东大会上提出的决议草案的投票意向。在此情况下，对于其接受的任何没有明确投票指令的委托授权，均由其按照公开的投票意向行使表决权。

本条之实施办法，由最高行政法院提出资政意见后颁布的法令具体规定。

第 L225-106-3 条　（2010 年 12 月 9 日第 2010-1511 号法令第 4 条）在委托代理人不遵守第 L225-106-1 条第 2 款至第 3 款的规定或者不遵守第 L225-106-2 条之规定的情况下，公司注册住所所在辖区的商事法院可以应委托人的请求，并且在不超过 3 年的时间内，取消代理人以此身份在任何有关的股东大会上参加表决投票的权利。法院可以决定公示这项决定，并由委托代理人承担公示费用。

在委托代理人不遵守第 L225-106-2 条之规定的情况下，公司注册住所所在辖区的商事法院可以应公司的请求，对委托代理人宣告相同的处罚。

第 L225-107 条　（2001 年 5 月 15 日第 2001-420 号法律）一、任何股东均可通过函寄表决票的方式进行投票，票样及其应载事项由最高行政法院提出资政意见后颁布的法令确定，公司章程中与之相抵触的规定视为未予订立。

邮寄返回的表决票，只有按照最高行政法院提出资政意见后颁布的法令规定的条件与期限，在股东大会会议召开之前为公司所收悉，始能计入法定人数。返回的表决票上没有表明任何表决意向或者没有表示弃权者，均视为投否决票。

（2001 年 5 月 15 日第 2001-420 号法律）"二、如公司章程有规定，在计算参加会议的法定人数与多数票时，通过可以鉴别音像的视听或电讯方式参加股东大会的股东视为出席会议。这种参加会议方式的性质与条件，由最高行政法院提出资政意见后颁布的法令确定"。

第 L225-107-1 条　（2001 年 5 月 15 日第 2001-420 号法律）第 L228-1 条第 7 款所指的证券持有人可以按照该条（2004 年 6 月 24 日第 2004-604 号法令第 51-3 条）"第 7 款"规定的条件，由某一注册中间人为其代理。

第 L225-108 条　董事会，或者相应场合，管理委员会，应向股东发送或提交必要的文件、材料，便于股东在充分了解情况的基础上表明其意见并对公司业务进展和管理状况作出准确判断。

上述文件、材料的性质以及按照何种条件向股东发送或提交这些文件、材料，由最高行政法院提出资政意见后颁布的法令确定。

自通报第1款所指文件、材料之日起，任何股东均有权书面提出问题，董事会，或者相应场合，管理委员会有义务在股东大会期间作出答复。（2010年12月9日第2010-1511号法令第5条）"对于所提内容相同的问题，可以作出共同答复"。

只要在公司网站的"问题与答复"栏目内对某一书面问题作出了答复，视为就所提的问题（向股东）作出了回复。

第L225-109条 公司董事长、总经理、管理委员会成员、在该公司内担任董事或监事会成员职务的自然人或法人，以及担任这些职务的法人的常任代表，有义务按照最高行政法院提出资政意见后颁布的法令规定的条件，将属于其本人或其未解除亲权的未成年子女持有的、由本公司、本公司的子公司、母公司或该母公司的其他子公司发行的、准许进入规范市场交易的股票转为记名股，或者予以寄托。

相同的义务，亦适用于前款所指之人的未与其别居的配偶。

（2012年3月22日第2012-387号法律第17-2条）"不履行本条规定之义务的任何人，暂停行使表决权与分配股息的权利，直至其状况得到纠正，符合规定。该人在中止行使权利期间行使的任何表决投票权或者进行的任何股息支付均无效。"

第L225-110条 与股票相关联的表决权，在普通股东大会上，属于用益权人；在特别股东大会上，属于虚有权人。

共有股份的共同所有人，得由其中一人或者由唯一的委托代理人为代表出席股东大会；在不能就此取得一致意见的情况下，由最紧迫要求的共有人请求法院指定一名代理人出席会议。

已经用于设质的股票，表决权由所有人行使；为此，应债务人的请求，质权人依最高行政法院提出资政意见后颁布的法令确定的条件与期限，将其作为出质物而占有的股票予以寄托。

公司章程可以作出不同于本条第1款的规定。①

---

① 与股票相关联的表决权，在普通股东大会上，属于用益权人；在特别股东大会上，属于虚有权人。公司章程可以作出与这一原则不同的规定。《民法典》第1844条规定："如某一股份设定了用益权，其表决权属于虚有权人，但对有关分派利润之决定的表决权不在此限，此种场合，表决权属于用益权人。"公司章程也可以作出不同的规定。在实践中，有些公司为了方便股东大会的准备与举行，规定所有的股东大会的表决权均由用益权人行使。——译者注

第 L225-111 条 公司不得利用其认购、取得或因设质而占有的股票参加表决投票，在计算法定人数时，此种股票不予计入。

第 L225-112 条 (2001 年 5 月 15 日第 2001-420 号法律废止:公司章程得要求股东至少应持有多少股份才有权参加普通股东大会，但该数目不得多于 10 股。

数名股东得集中他们所持有的股份，以达到章程规定的最低持股数目；数名股东可以由其中一人或其中一人的配偶为代表参加普通股东大会。)

第 L225-113 条 任何股东均可参加特别股东大会；持有第 L225-99 条所指股票的任何股东，均可参加专门股东大会；与此相抵触的任何规定均视为未予订立。

第 L225-114 条 每次股东大会均应备有出席会议签到簿，其应载事项由最高行政法院提出资证意见后颁布的法令确定。(2012 年 3 月 22 日第 2012-387 号法律第 17-2 条)签到簿应附有给予每一位委托代理人的委托授权书。

股东大会的所有决议均应制作笔录，以兹见证，笔录的应载事项由最高行政法院提出资政意见后颁布的法令具体规定。

不遵守本条之规定，股东大会的审议决定得予撤销。

第 L225-115 条 任何股东均有权按照最高行政法院提出资政意见后颁布的法令确定的条件与期限，获得向其通报的以下文件：

1. (2011 年 5 月 17 日第 2011-525 号法律第 59-1 条废止："公司盘存表")年度账目、董事名单或管理委员会成员、监事会成员名单，以及相应情况下，集团合并结算账目；

2. 董事会向股东大会提交的各项报告，或者，相应场合，管理委员会与监事会向大会提交的各项报告以及会计监察人的报告；

3. 相应情况下，提议的决议案文本以及对提出该决议案的原因的说明，有关董事会或监事会成员候选人的情况介绍；

4. 由会计监察人核定并出具证明的、支付给公司内最高薪酬人员的报酬总额；按照公司薪金雇员是否超过 200 人的区别，公司获得最高薪酬的人数分别为 10 人或 5 人；

5. 由会计监察人核定并出具证明的(2004 年 6 月 24 日第 2004-206 号法令第 51-6 条)"按照《税收总法典》第 238 条(B)第一项与第四项进行的款项支付"的总额，以及捐赠性记名股与对文学艺术提供赞助的记名股的清单。

6.（2011 年 5 月 17 日第 2011-525 号法律第 58 条废止）

第 L225-116 条　每次股东大会会议之前，任何股东均有权按照最高行政法院提出咨政意见后颁布的法令确定的条件和期限取得本公司的股东名单。

第 L225-117 条　任何股东均有权在任何时候取得向其通报的第 L225-115 条所指的有关公司最近 3 个会计年度的文件以及最近 3 个会计年度内召开的股东大会的出席签到簿与会议记录。

第 L225-118 条　第 L225-115 条、第 L225-116 条以及第 L225-117 条所指的取得所通报的文件的权利，亦属于共有股份的每一共有人以及股票虚有权人和用益权人。

第 L225-119 条　（2001 年 5 月 15 日第 2001-420 号法律废止）

第 L225-120 条　一、在股票准许进入规范市场交易的公司里，证明其进行记名登记至少已有 2 年并且持有至少 5% 表决权的股东，可以组成旨在公司内部代表其利益的股东协会。这些协会，为行使第 L225-103 条、第 L225-105 条、第 L225-230 条、(2005 年 9 月 8 日第 2005-1126 号法令第 22 条）"第 L823-6 条"、第 L225-231 条、第 L225-232 条、(2005 年 9 月 8 日第 2005-1126 号法令第 22 条）"第 L823-7 条"以及第 L225-252 条赋予他们的权利，应当将其章程报送公司(2003 年 8 月 1 日第 2003-706 号法律第 46-5 条）"以及金融市场主管机关"。

二、但是，当公司资本超过(2000 年 9 月 19 日第 2000-916 号法令）"75 万欧元"（原规定为"50 万欧元"）时，依据前款规定要求持有的表决权数，根据与公司资本相关的表决权数目的多少，按下列数目递减：

1. 资本为 75 万欧元至 450 万欧元的公司，至少应持有 4% 的表决权；
2. 资本为 450 万欧元至 750 万欧元的公司，至少应持有 3% 的表决权；
3. 资本为 750 万欧元至 1500 万欧元的公司，至少应持有 2% 的表决权；
4. 资本超过 1500 万欧元的公司，至少应持有 1% 的表决权。

第 L225-121 条　违反第 L225-96 条、第 L225-97 条、第 L225-98 条、第 L225-99 条第 3 款与第 4 款、第 L225-100 条第 2 款、(2012 年 3 月 22 日第 2012-387 号法律第 17-2 条）"第 L225-105 条"的规定作出的审议决定无效（nulle）。

违反第 L225-115 条、第 L225-116 条或其实施条例之规定而召开的股东大会得予撤销（annulée）。

第 L225-122 条 一、与资本股或收益股①相关联的表决权与其所代表的资本份额成正比,每股至少享有一票表决权,但第 L225-10 条、第 L225-123 条、第 L225-124 条、第 L225-125 条及第 L226-126 条(已废止)规定的情况除外,与之相抵触的任何规定均视同未予订立。

二、在基于总体利益之理由,资本部分属于国家、省、市镇行政区或者公共机构,可以发行股票的公司里,以及设在法国本土之外、经营范围是由主管行政部门特许的公司里,表决权仍然按照 1967 年 4 月 1 日有效的章程作出处理。

第 L225-123 条 除按照其代表的资本份额赋予其他股票的表决权之外,对于股金已经全部缴纳并且证明是以同一股东的名义记名登记至少 2 年的股票,公司章程或以后召开的股东大会可以分派一种双重表决权(un droit de vote double,复表决权)。②

此外,在公司通过转化公积金、利润或者转化发行溢价的方式增加注册资本的情况下,鉴于股东原有的股份已经享有了双重表决权,向该股东无偿派送的记名股(les actions nominative atrribuées gratuitement)③,亦可自其发行时起即赋予双重表决权。

股票准许进入规范市场交易的公司当然赋予第 1 款规定的双重表决权,但如果在 2004 年 3 月 29 日第 2014-384 号法律颁布之后制定的公司章程对

---

① 资本股(action de capital):与出资数额相对应、构成公司注册资本的股份。资本股是股份有限公司股份的本义。表示这种股份的股票的持有人有权按照其投入的资本数额(面额)参与公司利润的分配;在公司解散时,股票的持有人有权参与(剩余)资产的分配。相对于资本股,以个人活动出资形成的"劳动股"(actions de travail,职工股、劳工股),例如,1917 年 4 月 26 日法律所规定的工人参股股份有限公司的劳动股,或者代表劳务技艺出资的股份,就不属于资本股,因为这类股份不能进入公司注册资本。劳务技艺出资虽然不参与形成公司注册资本,但有权分享公司利润与净资产的份额,并应负填补亏损之责任。股份有限公司的股份也不得表示劳务技艺出资。承担义务用劳务技艺向公司出资的股东,应当将其通过属于出资标的的活动所实现的全部利益归于公司。

收益股(action de jouissance,本金偿还股):与资本股相区别,公司按照股票面值向股东全额偿还了相应本金的股份(股票)。由于收益股(本金偿还股)是已经偿还股本的股份,因此仅仅享有分配股息的权利,在公司终止时,对公司资产不再享有按面值偿还款项的权利。一定条件下,按照法律规定的程序,收益股(本金偿还股)可以恢复为资本股。参见第 L225-198 条至第 L225-203 条。——译者注

② 此为多重表决权股(actions à vote plural)或多权股之一种。公司章程或者以后召开的股东大会可以分派双重表决权,但可以享有双重表决权的股份应当具备两项强制性条件:章程规定以同一股东的名义记名登记至少 2 年;股金已经全部缴纳。——译者注

③ 通过转化公积金增加资本时,无偿派送的记名股份构成"无偿股"(action gratuite)。——译者注

于以同一股东的名字进行记名登记已有2年、已全部缴纳股款的所有股票作出了相反规定，不在此限。上述第1款与第2款所指的表决权仅得授予拥有法国国籍的股东以及是欧洲共同体成员国国民的股东。

第L225-124条 （2008年8月4日第2008-776号法律第57-3条）"转换为无记名股的任何股份，或者以所有权的形式转让给他人的股份，均丧失按照第L225-123条之规定而分派的双重表决权，但是，因继承、夫妻共同财产清算以及生前对配偶或属于继承人系列之内的亲属进行的赠与而引起的转移(transfert)，不引起既得权利的丧失，亦不中断第L225-123条第1款与最后一款规定的期间。除分派双重表决权的公司章程另有规定外，对于因某一股东公司进行合并或分立而引起的转移，亦同"。

如受益公司章程设立有此种表决权，公司合并与分立对双重表决权不产生影响，此种表决权在合并或分立的公司里仍得行使。

第L225-125条 公司章程可以限制每一股东在股东大会上拥有的表决权数目，但以针对除无表决权优先股(les actions à dividende prioritaire，无表决权优先派息股)以外的所有股份进行不区分类别的相同限制为条件。

（2006年3月31日第2006-387号法律第18条）如果发出公开收购要约的公司，单独或者与他人协同，取得公开收购目标的公司的资本份额或表决权数量超过金融市场主管机关一般规章所定的份额，至少等于修改公司章程所要求的表决权数，则股票准许金融规范市场交易的、作为公开收购要约目标的公司的章程中所规定的前款所指限制，在收购要约终止后的第一次股东大会时亦停止其效力。

第L225-126条 （2010年10月22日第2010-1249号法律第49-1条）
一、如注册住所设在法国的公司的股票准许进入欧盟某一成员国或欧洲经济区协议某一签字国的规范市场交易，除第L233-7条第四项第3点所指的人以外的任何人，以对这些公司的股票一次或多次暂时转让的名义，或者以可以取得这些股票的任何交易活动的名义，单独或者与他人协同，持有超过2%表决权数并且安排这种交易活动的合同该日仍然在执行的，最迟应在公司的股东大会召开之前第3天巴黎时间零时，向公司以及法国金融市场主管机关告知其当前暂时持有的股票的总数量。在这项申报中，除以上述交易活动的名义取得的股票数量外，还应说明转让人的身份、有关交易的合同日期与到期日，必要时，应说明订立的表决权协议。公司应当按照金融市场主管机关的一般规则所定的条件与方式公示这些信息。

二、如果不向公司及法国金融市场主管机关告知上述信息，以本条第一项所指的交易活动的名义取得的股份,在有关的股东大会上,以及直至这些股份再卖出或者归还之日召开的任何股东大会上,均剥夺其表决权。股东大会违反本款规定进行审议而作出的决定得予撤销。

三、公司注册住所所在辖区的商事法院可以应公司的代表、某一股东或者金融市场主管机关的请求,在听取检察院的意见后,对不按照本条第一项的规定进行信息披露的任何股东宣告停止其全部或部分表决权,但停权的最长时间不得超过5年。

第四节 公司资本的变更与薪金雇员股份制

第一目 增加资本

第 L225-127 条 (2004 年 6 月 24 日第 2004-604 号法令第 2 条)公司得通过发行普通股或优先股(les actions de préférence)[1],或者通过提高现有资本证券(les titres de capital,资本凭证)[2]的面值增加资本。

亦可通过行使与能够按照第 L225-149 条与第 L225-177 条规定的条件进入公司资本的有价证券相关的权利来增加公司资本。

(第 L225-127 条原条文:公司可以通过发行新股或提高现有证券的面值来增加资本。新股股款通过以下方式缴付:缴纳现金或者用对公司已经到期、可追偿的债权进行抵销,转化公积金、利润或发行溢价款,用实物出资或者进行债券转换。

只有股东一致同意,才能决定采用提高现有股票面值的方式增加资本,但通过转化公积金、利润或发行溢价款的方式提高现有股份面值之情形除外。)

第 L225-128 条 (2004 年 6 月 24 日第 2004-604 号法令第 3 条)新的资本证券按面值发行,或者按面值加溢价发行。

新股股款通过以下方式缴纳:缴纳现金,或者用对公司已经到期、可以追偿的债权进行抵销,或者通过实物出资,转化公积金、利润或发行溢价款,或者由公司合并或分立导致。

也可以通过行使与能够进入公司资本的有价证券相关联的、相应情况下

---

[1] 2004 年 6 月 24 日第 2004-604 号法令对有价证券制度进行改革后使用的"优先股"名称为"les actions de préférence"。参见第 L228-11 条至第 L228-20 条的规定。——译者注

[2] 代表资本份额的证券或凭证,为设权证券之一种。此处实指股票。——译者注

包含相对应款项的支付的权利来缴纳新股的股款。

第 L225-129 条 （2004 年 6 月 24 日第 2004-604 号法令第 4 条）特别股东大会唯一有权依据董事会的报告，或者在相应场合，依据管理委员会的报告，决定立即或者到期增加资本。特别股东大会也可以按照第 L225-129-2 条规定的条件将此项权限授予董事会或管理委员会行使。

除第 L225-129-2 条与第 L225-138 条之规定保留外，增加资本应当在 5 年期限内实现，自作出增加资本的决定或者进行此项授权之日开始计算。这一期限不适用于因行使与能够进入公司资本的有价证券相关联的权利而实现的增加资本，或者在行使第 L225-177 条所指的选择权或（2006 年 12 月 30 日第 2006-1770 号法律第 18 条）"第 L225-197-1 条所指的最终确定的无偿分派股份之后"实现的增加资本。

（第 L225-129 条原条文：一、特别股东大会唯一有权依据董事会的报告，或者在相应场合，依据管理委员会的报告，决定增加资本。

二、如果是通过转化公积金、利润或发行溢价款来实现增加资本，股东大会可以不依照第 L225-96 条的规定，而是按照第 L225-98 条所指之法定人数及应达多数之条件进行审议，在此场合，股东大会可以按照上述相同的法定人数与多数条件决定不能构成整股的权利①不得流通，与该权利相应的股票应予出售。出售所得之款额最迟在所分配的整股股票入账后 30 天内交付给权利享有人。

三、特别股东大会可以自行确定每一种增资股份发行的具体条件。

股东大会也可以授予董事会，或相应场合，授予管理委员会以必要的权力，以期一次或分数次实现同一类有价证券的发行，确定其发行数额，确认已经实现增资并对公司章程作相应修改。

特别股东大会还可以在其决定增加资本的最高限额之内，依据会计监察人的专项报告分开作出决定，自行确定可以按照无优先认购权而实现的增资数额，授予董事会或者管理委员会以必要权力，以期在 26 个月期限内一次或分数次进行增资活动，确认已经实现增资并对公司章程作出相应

---

① 不构成整股的权利（股份）（rompus）：公司决定合并其股份，例如三股并为一股，实际上为"反向的股份分裂"，有可能出现某些股东所持的股票数量不足以取得整股新股票的情况，于是，该股东不得不购买或卖出其持有的不构成整股的股票。例如，一家公司将其每股面值 40 法郎的股票合并为每股 100 法郎的股票。这样，旧股兑换新股，为 5 旧股兑换 2 新股。如有一位股东持有 23 股旧股票，可以取得 8 股新股票，还剩余 3 股旧股票。这 3 股旧股票便成为不构成整股的权益。该股东将不得不：要么卖掉这 3 股旧股票，要么买进另外 2 股旧股票，后一种场合，该股东将持有公司 10 股新股票。——译者注

修改。

本条第3句所指的授权使在此之前给予的具有相同目的的任何授权均丧失效力,并禁止进行新的授权。但是,在所有情况下,本《法典》第L225-138条、第L225-177条至第L225-197条和《劳动法典》第L443-5条所指的证券发行应当作出特别决定。

股东大会按照上述第3句之规定给予授权时,必须确定依据第L228-11条发行优先股(les actions de priorité)以及依据第L228-30条发行的投资证书的特别最高限额。

四、在公开出价收购或公开出价交换公司证券期间,暂行中止股东大会(有关增资的)的一切授权;但如股东大会在上述收购与交换要约提出之前即已明确批准在公开收购与公开交换证券期间进行增资,并将时间限制在审议过去的年度账目而召开的两次股东会议日期之间,且拟议中的增资未附保留条件,则不在此限。

五、证券准许进入规范市场交易的股份有限公司、董事会,或者相应情况下,管理委员会,可以授予董事长或管理委员会主席,按照事先确定的限额与具体条件,实现增加资本与推迟增加资本所必要的权力。

董事长,或者相应情况下,管理委员会主席向董事会或者管理委员会汇报其按照规定的条件运用这项权力的情况。

董事会,或者相应情况下,管理委员会向下一次召开的普通股东大会汇报其如何运用此前特别股东大会对增加资本所给予的批准。

六、公司章程中任何有关授予董事会或管理委员会决定增加资本之权力的条款,均视同未予订立。

七、在按照本条之规定作出增加资本的任何决定时,除是因实物出资或发行可以产生分派代表资本份额之证券而引起的增加资本之外,特别股东大会应当对旨在按照《劳动法典》第L443-5条规定的条件实现增加资本的决议案作出决定。

如果按照董事会或者管理委员会依据第L225-102条之规定提出的报告,由公司的人员以及与其有第L225-180条意义上联系的公司的人员所持的股份至少到达公司资本的3%时,每3年均应召开一次特别股东大会,就旨在按照《劳动法典》第L443-5条规定的条件实现增加资本的决议案作出决定。

八、违反本条之规定作出的所有决定均无效。)

第 L225-129-1 条 （2004 年 6 月 24 日第 2004-604 号法令第 5 条）特别股东大会决定增加资本时，可以授予董事会或管理委员会确定证券发行的具体条件的权力。

第 L225-129-2 条 （2004 年 6 月 24 日第 2004-604 号法令第 5 条）特别股东大会将其决定增加资本的权力授予董事会或管理委员会行使时，得确定可以运用此种授权的期限以及最高增资总数额。确定的期限不得超过 26 个月。

此次授权使在此之前给予的具有相同目的的任何授权均丧失效力。

第 L225-135 条至第 L225-138-1 条、第 L225-177 条至第 L225-186 条、（2004 年 12 月 30 日第 2004-1484 号法律第 83-1 条）"第 L225-197-1 条至第 L225-197-3 条"所指的证券发行以及第 L228-11 条至第 L228-20 条所指的优先股的发行，应当另行作出特别决定。

在特别股东大会授权的范围内，董事会或者管理委员会享有必要的权力，确定证券发行的条件，确认由此实现了增加资本并对公司章程进行相应的修改。

第 L225-129-3 条 （2004 年 6 月 24 日第 2004-604 号法令第 5 条废止：在公开出价收购或者公开出价交换本公司证券的时期内，股东大会的任何授权均暂时中止，但是，如果此种授权载入公司活动的正常进程，并且授权的实施不会导致所提出的收购要约或交换要约无法兑现，则不在此限。）

第 L225-129-4 条 （2004 年 6 月 24 日第 2004-604 号法令第 5 条，2009 年 1 月 22 日第 2009-80 号法令第 11-1 条）"在资本证券准许进入规范市场交易的股份有限公司里，或者在进入受旨在保护投资者防范内线交易、操纵市值以及散布虚假信息的立法或条例之规定约束的多边交易系统的股份有限公司里"：

（2004 年 6 月 24 日第 2004-604 号法令第 5 条）1. 董事会可以在其事先确定的限度内授予总经理，或者经总经理同意，授予一名或数名总经理助理以决定实现增加资本或暂缓增加资本的权力；

2. 管理委员会可以授予其主席，或者经主席同意，授予管理委员会一名或数名成员以决定实现增加资本或暂缓增加资本的权力。

经授权指定的人应当按照董事会或者管理委员会确定的条件汇报其行使此种授权的情况。

第 L225-129-5 条 （2004 年 6 月 24 日第 2004-604 号法令第 5 条）董事

会或者管理委员会在运用第L225-129-1条与第L225-129-2条所指的授权时,应当按照最高行政法院提出资政意见后颁布的法令确定的条件向下一次召开的普通股东大会提交一份补充报告。

第L225-129-6条 (2004年6月24日第2004-604号法令第5条)在作出以现金增加资本的任何决定时,除因事先发行可以进入公司资本的有价证券而实现增加资本外,(2011年5月17日第2011-525号法律第60条)"在公司有薪金雇员的情况下",特别股东大会应当对旨在按照《劳动法典》第L443-5条规定的条件实现增加资本的决议草案作出决定。(2004年12月9日第2004-1343号法律第78-27条)"但是,特别股东大会在按照(本《法典》)第L225-129-2条的规定给予实现增加资本的委托授权时,应对这一决议草案作出决定"。

如果根据董事会或者管理委员会按照本《法典》第L225-102条之规定向股东大会提交的报告,由本公司的人员或者按照本《法典》第L225-180条的意义与本公司有联系的公司的人员至少持有本公司3%的股份时,应当(2005年7月26日第2005-842号法律第42条)"每三年"召集一次特别股东大会,就旨在按照《劳动法典》(2012年3月22日第2012-387号法律第13条)"第三部分第三卷第三编第二章第四节"规定的条件实现增加资本的决议草案作出决定。如果在本条第1款规定的情况下,特别股东大会按照该第四节规定的条件就旨在实现增加资本的决议草案作出决定的时间尚不满3年的,该期限推延至5年。

(2011年5月17日第2011-525号法律第60条)在按照本《法典》第L233-16条的意义控制其他公司的公司依《劳动法典》第L3344-1条第2款规定的条件作出增加资本的安排,而受其控制的各公司的薪金雇员可以享有此种利益时,本条第1款与第2款的规定适用于这些受控制的公司。

第L225-130条 (2004年6月24日第2004-604号法令第6条)不论是发行新的资本证券还是增加现有资本证券的面值,通过转换公积金或发行溢价款的方式来实现增加资本时,尽管有第L225-96条之规定,股东大会均应按照第L225-98条规定的法定人数与多数条件进行审议,作出决定。在此情况下,股东大会可以决定不能构成整股的权利不得流通,与该权利相对应的股票应予出售。出售所得的款额,按照最高行政法院提出资政意见后颁布的法令规定的条件支付给权利享有人。

只有经全体股东一致同意,才能决定在前款规定的情况之外通过提高现有资本证券面值的方式增加资本。

（第 L225-130 条原条文：除运用第 L225-129 条第三项第 3 款规定的权力之外，应当在股东大会作出增资决定或者批准增加资本之日起 5 年内，或者在第 L225-136 条、第 L225-137 条、第 L225-138 条、第 L225-151 条与第 L225-95 条规定的期限内，实现增资。

这一期限不适用于通过将债券转换为股票或提交认股证的方式进行的增加资本，亦不适用于专门保留给选择将其所持债券转换为股票的债券持有人的补充性增资，或者专门保留给可能将行使认股权的认股证持有人的补充性增资。这一期限亦不适用于在行使第 L225-177 条所指的选择权以后认购所发行的股票而引起的现金增资。）

第 L225-131 条 在发行应当用现金缴纳股款的任何新股之前，公司的注册资本必须已经全部缴纳（2004 年 6 月 24 日第 2004-604 号法令废止："否则，新股的发行活动无效"）。

此外，公司设立后不到 2 年依据第 L225-12 条至第 L225-16 条之规定（2009 年 1 月 22 日第 2009-80 号法令第 11-2 条）"以公开募集方式"实现增加资本时，必须按照第 L225-8 条至第 L225-10 条规定的条件，事先审核公司的资产与负债，以及在相应情况下，审核公司已经同意给予的特别利益。

第 L225-132 条 股票本身即包含对增加资本的优先认购权。①

所有股东按照各自所持股份数额的比例，对公司为实现增加资本而发行的货币股有优先认购权（2004 年 6 月 24 日第 2004-604 号法令废止："任何相抵触的条款均视为未予订立"）。

优先认购权如果与本身可以转让的股票相脱离，则其在认购期内亦可转让；相反情况下，优先认购权的转让依股票自身转让之同样条件。

股东得以个人名义放弃优先认购权。

（2004 年 6 月 24 日第 2004-604 号法令第 7 条）作出有关优先股转换的决定，即意味着股东放弃对由此种转换所产生的股份的优先认购权。

---

① "股票本身即包含对增加资本的优先认购权"，因此股份有限公司的股东对公司发行新股享有优先认购权，但是，决定或批准增加资本的股东大会可以取消对全部增资数额的优先认购权，或者仅取消对其中某一部分或某几个部分增资数额的优先认购权（第 L225-135 条），公司可以通过公开募集方式，无优先认购权地发行资本证券（第 L225-136 条），这也说明，公司可以认可或者不认可原股东对新股的优先认购权（参见本条第 2 款的修改）。——译者注

作出发行可以进入公司资本的有价证券的决定,也意味着股东放弃对将要发行的有价证券可以享有权利的资本股的优先认购权。

第 L225-133 条 (2004 年 6 月 24 日第 2004-604 号法令第 8 条)如果股东大会,或者在第 L225-129 条所指授权的情况下,董事会或者管理委员会明确作出决定,凡是没有按照既约方式得到认购的股份均按照股东拥有的认购权的比例分派给股东,在此情况下,这些股东可以认购超过其拥有的优先认购权的股份,但无论何种情况,仅以股东个人申请认购的数目为限。

第 L225-134 条 一、如果按既约规则认购,或者相应情况下,按可约规则①认购,仍然没有认购全部拟增资的数额时,则:

(2004 年 6 月 24 日第 2004-604 号法令第 9 条)"1. 增资的数额可以得到认购的数额为限,股东大会作出相反决定的除外,但在任何情况下,已经认购的增资数额均不得低于决定增资的数额的 3/4。"

(第 L225-134 条第一项第 1 点原条文:但条件有二:已得到认购的数额至少已达原定增资数额的 3/4;股东大会在决定发行增资股份时即明确预知此种可能。)

2. 没有得到认购的股份可以全部或部分自由分配,但股东大会另有决定时除外。

3. 如股东大会明确准许此种可能性,没有得到认购的股份可以全部或部分提交公众认购。

二、公司董事会或者管理委员会,可以按照其确定的顺序,分先后运用上述各种选择权,或者仅运用其中某项选择权。如在运用上述可能的选择权之后,收到的认股款金额仍然达不到全部拟增资本的数额,或者没有达到本条第一项第 1 点所指的情况下拟增资本数额的 3/4,则增资未能实现。

三、但是,如没有得到认购的股票所占比例低于拟增资本数额的 3%,公司董事会或管理委员会可以在任何情况下依职权将增资额限制为已经达到的认购数额。与此相抵触的任何审议决议,均视同未予订立。

第 L225-135 条 (2011 年 5 月 17 日第 2011-525 号法律第 61 条)决定或批准增加资本的股东大会,通过自行确定采用任何方式或者根据第 L225-

---

① "按既约规则认购"(les souscriptions à titre irréductible)是指股东按照其在资本中所占的份额比例计算优先认购权,并据以行使这种优先认购权,认购新股份;"按可约规则认购"(les souscriptions à titre réductible),则是指股东可以超过其按照既约规则认购的股份数目,认购新股份。——译者注

129-1 条或第 L225-129-2 条规定的条件委托行使其权力或权限,可以按照第 L225-136 条至第 L225-138-1 条规定的方式,取消对全部增资数额的优先认购权,或者仅取消对某一部分或某几个部分增资数额的优先认购权。

股东大会依据董事会或管理委员会提出的报告进行审议,作出决定。

股东大会决定增加资本,并自行确定采用任何方式或者按照第 L225-129-1 条规定的条件委托行使其权力时,也可以依据会计监察人的报告进行审议,作出决定,但第 L225-136 条第一项第 1 款所指的情况除外。

董事会或者管理委员会运用授予给它的权力或权限时,应当就增资股份的最终发行制订一份报告,并将该报告提交下一次的普通股东大会。董事会或管理委员会的报告应履行第 L225-129-5 条规定的义务。

证券准许进入规范市场交易的公司的股东大会得为其决定或批准的增资活动规定一个股东进行优先认购的期限,由最高行政法院提出资政意见后颁布的法令确定优先认购的最短期限。股东大会也可以授权董事会或者管理委员会决定是否规定这样的优先认购期限,并且在可能情况下按照相同条件确定该期限的延续时间。

最高行政法院提出资政意见后颁布的法令确定会计监察人制订本条所指报告的条件。

第 L225-135-1 条 (2004 年 6 月 24 日第 2004-604 号法令第 11 条)无论在增加资本时是否附有优先认购权,股东大会均可规定,在最高行政法院提出资政意见后颁布的法令规定的期限内,按照同一法令确定的最初发行数额的限度以及最初发行时确定的价格,增加证券的数量。在此情况下,第 L225-134 条第一项第 1 点所规定的限度亦按相同比例增加。

第 L225-136 条 (2004 年 6 月 24 日第 2004-604 号法令第 12 条,2009 年 1 月 22 日第 2009-80 号法令第 11-3 条)通过公开募集方式并且没有优先认购权而发行的资本证券,或者采用《货币与金融法典》第 L411-2 条第二项所指的要约而发行的资本证券,应遵守下列条件:

1. 对于资本证券准许进入规范市场交易并且立即发行或推迟发行的有证券价相同似的所有公司,此种资本证券的发行价格应在咨询金融市场主管机关的意见之后,按照最高行政法院提出资政意见后颁布的法令规定的方式确定。

(2004 年 6 月 24 日第 2004-604 号法令第 12 条)但是,特别股东大会每年在公司 10%的资本限度内,可以按照董事会或者管理委员会的报告以及会计监察人的专门报告,批准董事会或者管理委员会按照大会确定的具体条件决定发行价格。董事会或管理委员会利用这项批准权力时,应制订一份补充报告,详细说明发行活动的最终条件以及对股东地位产生实际影响的评价因素。这项报告应经会计监察人认证确认。

2. 其他情况下,发行价格或者确定发行价格的条件,均由特别股东大会依据董事会或者管理委员会以及会计监察人的专门报告决定。

(2009年1月22日第2009-80号法令第11-3条)"3. 采用《货币与金融法典》第L411-2条第二项所指的要约而实现发行的资本证券,每年均限制为公司资本的20%。"

(第L225-136条原条文:通过公开募集方式、无优先认购权而发行赋予新股持有人与旧股份相同权利的新股,亦应遵守下列条件:

1. 应在批准发行的股东大会之后3年内实现发行;

2. 股票在证券交易所挂牌上市或在二级市场上市的公司,新股发行价格至少等于开始发行之日前40天中任意的连续20天里该种股票的平均价格;

3. 第2款所指公司以外的其他公司,新股发行价格至少等于发行之日已通过的公司资产负债表显示的每一股所占资本之份额,或者至少等于公司董事会或管理委员会请求法院指定的专家所确定的价格。采用何种价格,由公司选择之。)

第L225-137条 (2004年6月24日第2004-604号法令第51-2条废止:无优先认购权且不赋予新股持有人与原有股份相同权利,以公开募集方式发行新股,应遵守下列条件:

1. 这种新股应在批准其发行的股东大会起2年期限内实现发行;

2. 新股的发行价格,或者确定此种价格的条件,由特别股东大会依据董事会或管理委员会的报告以及会计监察人的专项报告决定。

如自决定发行新股至其后召开年度股东大会之日尚未完成发行,得召开一次特别股东大会,根据董事会或管理委员会的报告以及会计监察人的专门报告,就维持还是调整发行价格或定价条件作出决定,非如此,第一次股东大会的决定作废。)

第L225-138条 (2004年6月24日第2004-604号法令第13条第一项)一、决定增加资本的股东大会可以将增加的资本数额专门保留给指定的、符合确定的特别条件的一人或数人或者一类人认购。为此目的,股东大会可以取消优先认购权。享有这项规定之利益的指名受益人不得参加作出此项决定的投票表决,在计算应当达到的有效法定人数及多数票时应扣除享受此种利益的人所持有的股份。第L225-147条所指程序不予适用。

在特别股东大会为符合其确定之特别条件的一类或数类人的利益取消(其他人的)优先认购权时,可以按照具体情况,授权董事会或管理委员会在第L225-129-2条第1款规定的最高限额之内,具体确定在每一类人中可以享有此种利益的人的名册,以及向这些受益人中每一个人分派的股份数目。董事会或者管理委员会在运用此项授权时,可以按照具体情况,制订一份经会计监察人出具证明的补充报告并将其提交下一次普通股东大会,以说明发行活动的最后条件。

二、发行价格或者确定发行价格的条件,由特别股东大会依据董事会或者管理委员会的报告以及会计监察人的专门报告作出决定。

三、发行活动应在作出此项决定或者就第L225-129条所指授权进行表决的股东大会起18个月内完成。

第L225-138-1条 (2004年6月24日第2004-604号法令)为适用《劳动法典》(2004年6月24日第2004-206号法令)第L443-5条关于保留给参与企业储蓄计划的人认购的增加资本的规定,在股东大会为本公司雇员的利益或者为与其有本《法典》第L225-180条意义上联系的公司的雇员的利益而决定取消优先认购权时,(2004年6月24日第2004-604号法令第14-1条)"适用本《法典》第L225-138条第一项与第二项的规定,并且":

1. 认购价格仍应按照《劳动法典》第L443-5条规定的条件确定;

2. 增资数额的实现仅以(2004年6月24日第2004-604号法令第14-2条)薪金雇员个人或通过企业共同投资基金作为中间人而认购的资本证券数额为限,或者仅以(2011年8月24日第2011-915号法律第14-1条)"《货币与金融法典》第L214-166条"所调整的可变资本投资公司发行的证券的数额为限。该项增资不必履行本《法典》第L225-142条及第L225-144条与第L225-146条规定的手续。

(2004年6月24日第2004-604号法令第14-3条废止:3. 证券准许进入规范市场交易的公司进行的增资发行活动,得在自批准发行的股东大会之日起5年内完成。)

4. 给予认购人缴纳认股款的期限不得超过3年;

5. 应公司或者认购人的请求,(2004年6月24日第2004-604号法令第

14-4条)认购资本证券或可以进入公司资本的有价证券的认购款可以分期缴纳,或者从认购人的工资中定期等额扣取;

6. 在《劳动法典》第L443-6条规定的5年期限届满之前,(2004年6月24日第2004-604号法令第14-5条)"照此规定认购并交付的资本证券或者可以进入公司资本的有价证券",只有全部(2004年6月24日第2004-604号法令第14-5条)"缴纳"股款之后才能流通;

(2004年6月24日第2004-604号法令第14-6条)7. 尽管有本《法典》第L225-131条第1款的规定,即使公司资本尚未全部缴纳,仍可发行资本证券或者专门保留给《劳动法典》第L443-1条所指的企业储蓄计划参加者认购的可以进入公司资本的有价证券。

即使前款所指的证券尚未全部缴纳认购款项,仍不妨碍发行用现金缴纳股款的资本证券。

《劳动法典》第L443-1条所指的企业储蓄计划参加者,可以按照该《法典》第L442-7条所指的最高行政法院提出资政意见后颁布的法令规定的情况和条件①,解除或者减少其承担的认购或持有企业发行的资本证券或可以进入本企业资本的有价证券的义务。

第L225-139条 (2004年6月24日第2004-604号法令第15条)在第L225-129条、第L225-135条、第L225-136条以及第L225-138条所指的各项报告中,以及在发行优先股(les actions de préférence)或可以进入公司资本的有价证券的情况下规定提交的报告中应当写明的事项,由最高行政法院提出资政意见后颁布的法令确定。

第L225-140条 (2004年6月24日第2004-604号法令第16条)资本凭证上负担有用益权时,与此证券相关联的优先认购权(le droit préférentiel de souscription)属于虚有权人;如虚有权人出让其优先认购权,出让所得款项或者虚有权人用该款项取得的财产,仍然负担用益权;如虚有权人怠于行使其权利,用益权人可以取代其认购(2004年6月24日第2004-604号法令第16条)"新证券"(原规定为"新股",下同),或者取代其出卖相应权利。后一种情况下,虚有权人可以要求将转让所得的款项再投入使用;由此取得的财产仍然负担用益权。

(2004年6月24日第2004-604号法令第16条)"新证券",就其虚有权

---

① 例如,薪金雇员结婚、有子女出生、创办自己的企业等。——译者注

而言,属于虚有权人,其用益权则属于用益权人。但是,在由虚有权人或用益权人支付款项实现或完成认购活动的情况下,认购的(2004年6月24日第2004-604号法令第16条)"新证券"仅在认购权的价值限度内分别属于虚有权人和用益权人。超过此限度的(2004年6月24日第2004-604号法令第16条)"新证券",以完全所有权的形式,属于支付款项的人。

最高行政法院提出资政意见后颁布的法令确定实施本条之规定的细则,(2004年6月24日第2004-604号法令第16条)"无偿证券"(titres gratuits)的分派,亦适用该法令的规定。

当事人订立的协定没有约定时,亦适用本条之规定。

第 L225-141 条 给予股东行使认购权的期限,自开始认购之日起计算,不得少于(2004年6月27日第2004-604号法令第17条)"5个证券交易日"。

只要按照既约规则全部认购权均得到运用,或者在没有参与认购的股东个人放弃其认购权之后,拟增资本仍已全部认购,上述期限可提前终止。

第 L225-142 条 在开始认购之前,公司应当履行各项公示手续,公示的方式由最高行政法院提出资政意见后颁布的法令规定。

第 L225-143 条 (2004年6月24日第2004-604号法令第18条)"资本凭证或者可以进入资本的有价证券的"认购合同以认股单(bulletin de souscription)的形式确认。认股单按最高行政法院提出资政意见后颁布的法令规定的条件制作。

即使接受委托、进行认购的信贷机构和投资服务提供人不要求持有认股单,受托人仍应能证明其受到了委托。

第 L225-144 条 用货币认购股份(les actions souscrites en numéraire,用金钱认购股份)时,至少应缴纳股票面值1/4的股款,以及在溢价发行的情况下,应缴纳全部发行溢价款;其余股款,应自增资最后确定之日起5年期限内,一次或分数次缴纳。

除有关认股人名单的规定之外,均适用第L225-5条第1款之规定。用货币认股而缴纳的股款,可以由公司一名担任委任职务的人在股款受寄托人制定缴纳股款的证明书之后提取。

如自股份开始认购起6个月期限内仍然未实现增资,可以适用第L225-11条第2款之规定。

第 L225-145 条 对于为发行股票而进行公开募集或者(2009年1月22

日第 2009-80 号法律第 11-4 条)"进行《货币与金融法典》第 L411-2 条"所指募集活动的公司,如有一家或数家经认可的(2001 年 12 月 11 日第 2001-1168 号法律)"有资格提供《货币与金融法典》第 L321-1 条第六项所指的投资服务的机构,或者同一《法典》第 L532-18 条所指的准许在其国籍国领土上提供相同服务的人"为此种发行活动取得圆满结果而提供不可撤销的担保,即可视为该公司已经实现增加资本。最迟应在认购期限终结之后第 35 日按照证券面值缴纳股款的部分与全部发行溢价。

第 L225-146 条 认股与缴纳股款,由股款受寄托人在交纳股款时依据提交的认股单出具证明书予以确认。

用对公司的已经到期、可以追索的债权抵销的方式缴纳认股款,由公证人或者会计监察人出具的证明书确认。该项证明书与公司股款受寄托人出具的证明书具有同等效力。

第 L225-147 条 在用实物出资或者订有特别利益条款的情况下,(2012 年 3 月 22 日第 2012-387 号法律第 7-3 条)"由股东一致同意"指定 1 名或数名出资评估鉴定人;在不能这样做的情况下,由法院决定指定出资评估鉴定人。出资评估鉴定人应遵守(2004 年 6 月 24 日第 2004-604 号法令第 19 条)"第 L822-11 条"有关不得任职的规定。

出资评估鉴定人,以其个人责任,负责对出资的实物的价值以及给予的特别利益作出评估。(2004 年 6 月 24 日第 2004-604 号法令第 19 条)最高行政法院提出资政意见后颁布的法令确定出资评估鉴定人在提交的报告中应当写明的主要事项、提交报告的期限以及将该评估报告提交给股东的条件。特别股东大会适用第 L225-10 条之规定。

如股东大会批准对实物出资所作的评估以及给予的特别利益,即是确认公司已经实现增加资本。

如股东大会降低对出资实物所作的评估价值以及减少所给予的特别利益,此种变更应当得到实物出资人、特别利益受益人或者他们为此目的按照规定授权的委托代理人的明文赞同,否则,公司增资未告实现。

(2004 年 6 月 24 日第 2004-604 号法令第 19 条)与实物出资相对应而发行的资本凭证,应在其发行之时完全缴清实物。

在不适用第 L225-148 条之规定的情况下,证券准许进入规范市场交易的公司的特别股东大会,可以授予董事会或者管理委员会以必要的权力,以期在公司资本 10% 的限度内进行增资活动,以便使用其对同意向公司提供的并且构成资本凭证或可以进入公司资本的有价证券的实物出资给予回报,但此项授权的最长期限为26个月。董事会或者管理委员会依据本条第1款与第2款所指的出资评估鉴定人的报告,按照本条第3款或者第4款的规定进行审议,作出决定。

(第L225-147条原条文:在用实物出资或者订立有特别利益条款的情况下,法院得指定1名或数名出资评估鉴定人。原第L220条有关不得任职的规定得予适用。出资评估鉴定人,以其个人责任,负责对出资实物的价值以及给予的特别利益作出评估。评估报告按法令确定的条件提交给股东。第L225-10条之规定适用于特别股东大会。

如股东大会批准对实物出资所作的评估以及同意给予特别利益,即确认已经实现增资。

如股东大会降低对出资实物的评估价值以及减少所给予的特别利益,此种变更应经出资人、受益人或他们的合法代理人明文表示赞同,否则,公司增资未告实现。

以实物出资认股应在新股发行之时完全缴付。)

第L225-147-1条 （2012年3月22日第2012-387号法律第8-2条）一、在实物出资是由以下项目组成时,由董事会或者管理委员会作出决定,不适用第L225-147条之规定:

1. 可以进入公司资本的第L228-1条所指的有价证券,或者2004年4月21日欧洲议会与理事会关于金融工具市场的第2004-39号指令（关于修改欧洲经济共同体第85/611号、第93/6号指令以及废止欧洲理事会第93/22号指令的指令）第4条意义上的金融工具,如其是按照实际实现出资之日前3个月在多个市场上进行交易的加权平均价进行价值评估;

2. 除上述第1点所指的有价证券或金融市场工具之外的其他资产要素,如果在实际实现出资之日,这些资产要素已经由符合第L225-147条规定的条件指定的会计监察人进行过正确的价值评估。

二、下列情况,由董事会或者管理委员会主动并承担责任,按照第L225-147条第1款规定的条件重新进行评估作价:

1. 在本条第一项第1点所指情况下,因特殊情况,资产要素的价值在实际实现出资之日可能已发生明显改变的;

2. 在上述第一项第2点所指情况下,因新的情况,资产要素的正确价值在实际实现出资之日已经发生明显改变的;如果没有进行新的评估作价,在增加资本的决定作出之日至少持有公司5%资本的1名或多名股东，或者符合第L225-120条规定之条件的股东协会，可以选任1名会计监察人，由其按照第L225-147条第1款、第2款所指的条件进行评估作价。

三、上述第一项第1点与第2点所指的实物出资的信息应按照最高行政法院提出资政意见后颁布的法令确定的条件告知认购人。

第L225-148条 股票准许进入规范市场交易的某一公司，为了对因就股票准许在（2004年6月24日第2004-604号法令第51-8条）"欧洲经济区协议或经济合作与发展组织的某一成员国的规范市场上交易的另一家公司的证券进行公开出价收购或公开出价交换"而投入的证券给予回报并由此增加资本时，不适用第L225-147条之规定。

增加资本，按照（2004年6月24日第2004-604号法令第51-8条）"第L225-129条至第L225-129-6条"规定的条件进行。但是，会计监察人应当在进行增资时散发的说明书中，或者在向增资发行之后召开的第一次股东大会提交的报告中，对发行条件及其后果提出意见。

第L225-149条 （2004年6月24日第2004-604号法令第20条）由于行使与可以进入公司资本的有价证券相关联的权利而引起的增加资本，无须履行第L225-142条、第L225-144条第2款以及第L225-146条规定的手续。按照第L225-149-2条之规定发行的有价证券的持有人取得的权利不能全部构成整股时，这部分不构成整股的权利按照最高行政法院提出资政意见后颁布的法令确定的条件支付现金。

只要行使上述权利并且在相应情况下支付了相应的款项，增加资本即告实现。

如有必要，董事会或者管理委员会，在进行中的会计年度的任何时候，以及最迟在会计年度终结后的第一次会议上，对过去的一个会计年度为上述权利持有人的利益创设的股票总数目与面值作出确认，并对公司章程中有关公司资本及组成资本的证券数量的条款进行必要的变更。

管理委员会主席或者总经理，可以按照管理委员会或者董事会的授权，在会计年度的任何时候并且最迟在最高行政法院提出资政意见后颁布的法令确定的期限内进行上述活动。

第L225-149-1条 （2004年6月24日第2004-604号法令第21条）在发行新的资本凭证或者发行可以进入公司资本的新的有价证券的情况下，以及在待发行此种证券的公司合并或分立的情况下，公司董事会或者管理委员会可以在最高行政法院提出资政意见后颁布的法令规定的最长期限内暂时中止通过行使第 L225-149 条(2004 年 12 月 9 日第 2004-1343 号法律第 78-28 条)"或者第 L225-178 条"所指的权利取得分派资本凭证的可能性。

除发行合同另有规定外,在上述中止期结束之后,通过行使与有价证券相关联的权利而取得的资本证券,有权分派以其发行当年的会计年度的名义支付的股息。

第 L225-149-2 条 (2004 年 6 月 24 日第 2004-604 号法令第 22 条)已经由发行证券的公司或者待发行新资本凭证的公司使用或取得的、与可以进入公司资本的证券相关联的权利,由发行公司销除(annulé)。

第 L225-149-3 条 (2012 年 3 月 22 日第 2012-387 号法律第 20 条)第 L225-129-2 条、第 L225-131 条第 2 款、第 L225-136 条第 1 点与第 2 点、第 L225-138 条、第 L225-142 条、第 L225-143 条、第 L225-144 条最后一款、第 L225-145 条至第 L225-147 条、第 L225-148 条第 2 款、第 L225-149 条倒数第 2 款以及第 L225-129-2 条所指的报告与各项手续,均可按照第 L238-1 条与第 L238-6 条规定的方式产生一项作为指令。

违反第 L225-129 条、第 L225-129-1 条、第 L225-129-2 条第 1 款与第 2 款、第 L225-129-6 条第 1 款、第 L225-130 条第 1 款与第 2 款、第 L225-131 条第 1 款、第 L225-132 条第 2 款以及第 L225-147 条之规定作出的决定,得予撤销(annulé)。

违反第 L233-32 条以及本目除本条第 2 款之规定作出的决定,得予撤销(annulé)。

第 L225-127 条与第 L225-128 条以及第 L225-132 条第 1 款、第 225-135 条、第 L225-140 条以及第 L225-148 条不适用于本条所指的情况。

第 L225-150 条 (2012 年 3 月 22 日第 2012-387 号法律第 17-2 条)违反本目之规定发行的股票的表决权与分配股息的权利停止行使,直至不符合规定的状况得到纠正;在权利中止期内进行的任何投票或者任何股息支付一律无效。

（原）第二目①　附认股证的债券②

（2004 年 6 月 24 日第 2004-604 号法令第 51-9 条废止）

第 L225-150 条原条文：（1983 年 1 月 3 日第 83-1 号法律第 8 条）特别股东大会依据董事会或者相应情况下管理委员会的报告以及会计监察人的专门报告，可以批准发行附有一张或多张认股证的债券。此种认股证赋予持证人根据发行合同规定的条件与期限，按照一种或多种价格，认购公司将要发行的股票的权利。行使该项认股权的期限不得超过债券的最后偿还期 3 个月。

（1985 年 12 月 14 日第 85-1321 号法律第 13-1 条）一公司可以发行附认股证的债券，凭此债券可以认购直接或间接持有其 1/2 以上资本的另一公司

---

① 《商法典》第二卷第二编第五章第四节原第二目，"附认股证的债券"，第 L225-150 条至第 L225-160 条，第三目"可转股债券"，第 L225-161 条至第 L225-167 条，第四目"可兑股的债券"，第 L225-168 条至第 L225-176 条均已废止，原第五目、第六目、第七目与第八目分别成为现在的第二目、第三目、第四目与第五目。

以《商法典》第二卷第二编第五章第四节原第二、三、四目以及第八章第六节所规定的制度为基础发行的"可以进入公司资本或者分派债权凭证的有价证券"，自 2004 年 6 月 24 日第 2004-206 号法令生效起，受《商法典》第二卷第二编第八章第三节第四目以及第六节之规定调整，但是在 2004 年 6 月 24 日第 2004-206 号法令之前订立的发行合同所规定的证券持有人的权利应得到保留。——译者注

② 附认股证的债券（des obligations avec bons de souscription d'actions），"附权利债券"之一种，是依据 1983 年 1 月 3 日第 L83-1 号法律设立的一种新债券，可以赋予持有人在确定的时间内，按照事先确定的条件，以所持债券为凭证，认购本公司在这种债券之后发行的股票，但不包括认股公司发行的其他债券的权利。

附认股证的债券只能由特别股东大会批准发行。认股证可与债券本身分离，并可独立流通，因此，投资者有三种可能的选择：1. 单独转让认股证，保留债券；2. 将认股证与其依附的债券分离后，出售债券，保留认股证，以期在公司股票价格上涨时，从中获利；3. 同时保留债券与认股证。

发行附认股证的债券的公司可以按照低于一般债券的利率发行此种债券，因为，这种债券的持有人可以从认股选择权中获得利益。与此同时，公司还可以通过调整发行利率与认股价格、在公司内的权益的数量或期限等方式，灵活地利用此种债券。

附认股证的债券的发行应在特别股东大会作出批准发行的决定之日起最长 5 年期限内实现。在发行合同中应当规定认购的条件，尤其应当规定认购价格、计价方式、行使选择权的条件与期限等。

与该项认股证相关联的权利有：1. 在公司内的权益，仅在此种债券发行合同确定的时期内行使；2. 了解公司 3 个会计年度的有关文件的权利，例如，年度账目、董事会、监事会成员名册、董事会及会计监察人的报告，或监事会的报告；3. 认股证的转让权，在发行合同没有相反规定的情况下，认股证可以与其债券本身分离，独立于债券进行流通。在这种情况下，认股证即同其他有价证券一样，如其为记名式，通过发行此种债券的公司转账，如其为无记名式，则通过有资格的中间人转账。——译者注

将要发行的股票。在此场合,发行此种债券应得到该债券发行子公司的股东大会的批准,而发行前述股票则应得到该股票发行公司的特别股东大会的批准。

特别股东大会尤其要对行使认股权的一种或多种价格的计算方式以及认股证持有人可以认购股份的最高数额作出决定。行使认购权时支付的(认购)价格不得低于按照提交的认股证所认购的股票的面值。除发行合同另有规定外,认股证可以独立于债券本身进行转让或交易。

第L225-151条原条文:发行公司的股东对附认股证的债券有优先认购权;该项优先认购权受第L225-132条至第L225-141条之规定约束。

特别股东大会批准发行上述证券即意味着在上述认股证持有人提交其认股证时,公司股东放弃其对拟发行的股票的优先认购权,以利于认股证的持有人。

附认股证的债券的发行,应当在特别股东大会作出决定之日起最长5年时间内完成。在股东放弃对附认股证的债券的优先认购权的情况下,前述期限减至2年。

第L225-152条原条文:(1983年1月3日第83-1号法律第8条)在将要发行股票的公司增加资本、合并或分立的情况下,其董事会或者管理委员会可以决定在不超过3个月的期限内暂行中止行使附认股证的债券的认购权。

由持有此种认股证的人认购的股票,有权分享以认购这种股票的会计年度的名义支付的股息。

第L225-153条原条文:(1983年1月3日第83-1号法律第8条)自将要发行股票的公司的特别股东大会进行投票表决之日起,只要尚存有效的认股证,即禁止该公司分期偿还资本或者通过偿还款项的方式减少资本以及改变对利润的分配。

但是,公司可以设立无表决权优先股(无表决权优先派息股),并按照第L225-154条之规定保留债券持有人的权利。

在公司发生亏损,通过减少股票面值或减少股票数量的方式实现减少资本的情况下,认股证持有人的权利亦随之减少,如同该人自附认股证的债券发行之日起即是公司股东一样。

第L225-154条原条文:(1983年1月3日第83-1号法律第8条)自将要发行股票的公司的特别股东大会进行投票表决之日起,只要尚存有效的认股证,则只有在保留可能行使其权利的认股证持有人的权利的条件下,才准许发行专供股东用现金认购的股票,将公积金、利润或发行溢价款转化为公司资本，或者用现金或证券分配公积金。

为此，公司应当按照最高行政法院提出资政意见后颁布的法令规定的条件，准许行使此种认股证所赋予的相关权利的人，视具体情况，或者按照既约规则如数认购股票，或者无偿取得新股份，或者接收现金，或者按照如同认股证持有人在上述发行、转化、分配活动进行时即已是股东之相同条件、比例与数量，接受与所分派的证券相类似的证券。

在发行附认股证的新债券的情况下，或者在发行可转股债券或可兑股债券的情况下，公司应当按照最高行政法院提出资政意见后颁布的法令规定的条件发布一项通知，告知认股证所有人或持有人，以便他们在愿意参与该项活动时，按上述公告规定的期限，行使认购权。如行使该项认购权的时期尚未开始，认购价格应为发行合同中所载明的最初价格。本款之规定适用于包含专门保留给股东的认购的其他一切活动。

但是，如所持认股证有权认购准许进入规范市场交易的股票，发行合同可以规定，除前几款提及的措施之外，对一开始确定的认购条件进行调整，以考虑在所确定的计算方式与条件下，发行、转换与分派股票所产生的影响。

第 L225-155 条原条文：(1983 年 1 月 3 日第 83-1 号法律第 8 条) 因行使认购权而引起的增加资本，无须办理第 L225-142 条与第 L225-144 条第 2 款以及第 L225-146 条所规定的各项手续。认股款一经支付并同时交回认购单，以及在相应情况下，交付第 L225-154 条所指情况下用现金认股而应当缴纳的款项，即告公司实现增加资本。

在每一会计年度结束后的 1 个月内，公司董事会，或者相应情况下，管理委员会，如有必要，可以对认股证持有人在过去的会计年度里认购的股票的数目以及面值总额进行确认，并对公司章程中涉及资本总额与构成资本的股份数目的条款进行必要的变更。董事会或者管理委员会亦可于任何时候对正在进行中的会计年度的上述事项进行查证确认并相应变更章程。

由于第 L225-154 条及第 L225-156 条所指的活动之一，只要认股证持有人提交其认股证，即有权认购一定数量股票，其中不构成整股的那部分股票，应当按照最高行政法院提出资政意见后颁布的法令规定的计算方式缴纳现金。

第 L225-156 条原条文：(1983 年 1 月 3 日第 83-1 号法律第 8 条) 如将要发行股票的公司被另一公司吸收(absorber)①，或者同另一家或数家公司合

---

① 指公司之间的吸收合并。——译者注

并为一家新公司，或者通过向已有的公司或新成立的公司进行出资而分立，认股证持有人可以认购吸收公司或新公司的股票，其有权认购的股票的数目按照其有权认购的原公司股票的数目折换成吸收公司或新公司股票的比例确定，相应情况下，应考虑第 L225-154 条之规定。

吸收公司或新成立的公司的股东大会，依据第 L225-150 条第 1 款规定的条件，就放弃第 L225-151 条所指的优先认购权作出审议决议。

吸收公司、新成立的公司，就适用第 L225-153 条至第 L225-155 条之规定而言，取代原发行股票的公司。

第 L225-157 条原条文：(1983 年 1 月 3 日第 83-1 号法律第 8 条) 违反第 L225-150 条至第 L225-156 条之规定作出的所有决议均无效。

第 L225-158 条原条文：(由 1985 年 7 月 11 日第 85-695 号法律第 16 条取代) 认股证持有人可以按照最高行政法院提出资政意见后颁布的法令规定的条件，获得第 L225-115 条所指的发行公司最近 3 个会计年度的公司文件，但盘存文件除外。

第 L225-159 条原条文：(1983 年 1 月 3 日第 83-1 号法律第 8 条) 由发行股票的公司收购的认股证以及因已认购股票而使用过的认股证，予以销除。

第 L225-160 条原条文：(1983 年 1 月 3 日第 83-1 号法律第 8 条) 上述第 L225-150 条至第 L225-159 条之规定，适用于以薪金雇员参与企业发展成果之名义而分派给雇员的附认股证的债券的发行。

(原)第三目　可转股债券(可转换股票的债券)①

(2004 年 6 月 24 日第 2004-604 号法令第 51-9 条废止)

第 L225-161 条原条文：特别股东大会，根据董事会或管理委员的报告以及会计监察人就拟议中的转换基础所提出的专项报告，得批准发行可以转换公司股票的债券。此种债券适用本编第八章第五节的规定。除第 L225-135

---

① 法国公司法原来规定的"转换公司债"分为："可转换股票的债券"(les obligations convertibles en actions) 与"可兑换股票的债券"(les obligations echangeable contre des actions)，两者都属于"可转换债券"，但这种"可转换债券"仅仅包含将债券转换或兑换为股票的权利，不包括"用其作为凭证，将其转换其他债券"的权利，因此，译本分别将其称为"可转股债券"与"可兑股债券"，而不是"可转换债券"与"可兑换债券"。现行公司法已经废除了这方面的规定，并使用了一个"广义的表述"，即"可以进入公司资本的有价证券或者可以分派债权凭证的有价证券"(les valeurs mobilieres donnant acces au capital)。因此，原来的"可转股债券"与"可兑股债券"应属于"可以进入公司资本的有价证券"之列。新的规定参见第 L228-91 条及其后条文。——译者注

条所规定的例外情形外,可转股债券的认购权,按照认购新股票所规定的条件,属于本公司股东。

特别股东大会作出批准决定,即意味着公司股东为利于可转股债券的持有人而明确放弃他们对将要通过转换债券的方式发行的股票的优先认购权。

只有经公司债券持有人同意,并且按照此种债券的发行合同规定的转换基础与条件,始得将公司债券转换为股票。债券发行合同可以明确规定,转换工作仅在一个或几个确定的选择期内进行,或者随时可以进行。

可转股债券的发行价格不得低于债券持有人在选择转换股票时所收到的股票的面值。

自股东大会进行投票表决之日起,只要尚存有可转股债券,即禁止公司分期偿还资本,或者通过偿还款项的方式减少资本以及改变利润的分配方式。(1983年1月3日第83-1号法律第15条)"但是,在保留债券持有人按照第L225-162条规定的条件可行使的权利的情况下,公司可以发行无表决权的优先股"。

在公司发生亏损,减少其股票数量或者减少股票面值,以减少资本的情况下,可转股债券的持有人,如其选择转换股票,其权利可相应减少,如同该债券持有人自债券发行之日起即是公司股东一样。

第L225-162条原条文:(1983年1月3日第83-1号法律)自股东大会进行第L225-161条所指的投票表决之日起,只要尚存有可转股债券,则只有在保留此种债券持有人的选择转换权利的条件下,才能准许发行以货币认购的股票,或者将公积金转化为资本,或者将利润或发行溢价款转化为资本以及用现金或证券分配公积金。

为此,公司应当按照最高行政法院提出资政意见后颁布的法令规定的条件,准许此种债券的持有人进行选择:或者将其债券转换为股票,或者按照既约方式如数认购股份,或者无偿取得新股份,或者接收现金,或者如同可转股债券的持有人在上述发行、转化、分配活动进行时即已是股东一样,按照与股东相同的条件、比例与数量接受与可以分派的证券相类似的证券。

(1988年1月5日第88-15号法律第21条)"在发行附认股证的债券、新的可转股债券或可兑股债券的情况下,公司应当按照最高行政法院提出资政意见后颁布的法令规定的条件公告一份通知告知债券持有人,以便其在上述公告规定的期限内就是否转换其所持的债券作出选择。如选择期尚未开始,债券持有人转换债券的基数应按照发行合同所规定的第一种基数确定。本条之规定适用于包含有保留给股东的认购权的其他任何发行活动,但因适用第 L225-177 条第 1 款之规定而引起的发行活动不在此限。"

但是,在公司股票已准许进入规范市场交易的条件下,发行合同可以规定,在前几款所指的措施之外,对一开始确定的认购条件进行调整,以便考虑依照法令规定的计算方式与条件且受到(2003 年 8 月 1 日第 2003-706 号法律第 46-5 条)"金融市场主管机关"(原规定为"证券交易所业务委员会")监督的发行、转换或分派活动的影响。

(1969 年 1 月 6 日第 69-12 号法律第 5 条)"在发行用现金认购的股票或发行可转股或可兑股的新债券时,如股东大会决定取消优先认购权,这一决定应经有利害关系的债券持有人普通大会批准。"

第 L225-163 条原条文:(1969 年 1 月 6 日第 69-12 号法律第 5 条)在发行随时可转股债券的情况下,持有此种债券的人可以在下列期限内进行转换:该期限的开始日期不得早于债券第一次偿还期限,也不得晚于债券开始发行后的第 5 年届满。该期限在上述债券开始偿还之日 3 个月后即告终止。但是,在增加资本或者公司合并的情况下,董事会,或者相应情况下,管理委员会得暂时中止行使转换权,其期限可以超过 3 个月。

交付给债券持有人的股票有权参与以提出转换要求的会计年度的名义进行的股息分配。

由于进行第 L225-162 条和第 L225-164 条所指的一项或数项发行活动,要求转换所持债券的债券持有人有权取得一定数量证券,其中不构成整股的那部分股份应当按照最高行政法院提出资政意见后颁布的法令规定的条件支付现金。(1983 年 1 月 3 日第 83-1 号法律第 3-11 条)"因债券转换为股份而必然引起的增加资本,无须履行第 L225-142 条、第 L225-144 条第 2 款以及第 L225-146 条规定的各项手续。只要债券持有人提出转换请求,除适用第 L225-143 条第 2 款的情况之外,同时交出认购单,以及在第 L225-162 条所指情况下,用现金认购股份且支付了现金,即告公司最终实现了增加资本"。

在每一会计年度结束后的 1 个月内,公司董事会,或者相应情况下,管理委员会,如有必要,可以对前一个会计年度内通过转换债券的方式发行的股票的数量及其面值总额进行确认,并对公司章程中有关资本总额与构成资本的股票数量的条款进行必要的变更。董事会或管理委员会亦可在任何时候对所在会计年度的上述事项进行检查确认并相应变更章程。

第 L225-164 条原条文:(1969 年 1 月 6 日第 69-12 号法律第 5 条)自可转股债券发行之日起,在发行此种债券的公司被另一公司吸收,或者与另一家或数家公司合并为一新公司时,只要尚存有此种债券未进行转换,均应事先得到有利害关系的债券持有人召开的特别大会批准。如特别大会不赞成上述吸收或合并，或者由于特别大会未达到所要求的法定人数而不能有效地进行审议，适用第L228-73条之规定。

可转股债券得转换为吸收公司的股份，或转换为合并后的新公司的股份。此项转换可以在发行合同规定的选择权行使期间内进行，也可以在任何时候进行。转换基数按照原发行公司的股票相对于吸收公司或新成立的公司的股票的比例，并对发行合同规定的比例进行调整后决定，必要时，应考虑第L225-162条之规定。

吸收公司或合并后的新公司的股东大会，按照第L225-147条所指的出资评估鉴定人的报告，以及董事会或相应情况下管理委员会的报告，并依据会计监察人的报告，对是否赞成合并与放弃第L225-161条第2款规定的优先认购权作出决定。

就适用第L225-161条第3款、第5款及第L225-162条而言，以及在相应场合，就适用第L225-163条而言，吸收公司或新成立的公司取代原先发行可转股债券的公司。

第L225-165条原条文：(1969年1月6日第69-12号法律第5条)违反第L225-161条至第L225-164条之规定所作的决定无效。

第L225-166条原条文：(1969年1月6日第69-12号法律第5条)以参与和分享公司经营成果的名义专门分派给薪金雇员的可转股债券的发行，适用第L225-161条至第L225-165条之规定。

第L225-167条原条文：(1985年1月25日第85-98号法律第220-6条)如发行可转股债券的公司实行司法重整程序，自法院作出公司继续存在的判决之日起，将此种债券转换为股份的期限即告开始。转换与否，由每一位债券持有人按照法律规定的条件自行作出决定。

（原）第四目　可兑股债券（可兑换股票的债券）

（2004年6月24日第2004-604号法令第51-9条废止）

第L225-168条原条文：股票准许进入规范市场交易的公司，均可按照第L225-169条至第L225-176条规定的条件，发行可兑股债券。本《法典》第L228-38条至第L228-90条的各项规定适用于此种债券。

第L225-169条原条文：(1969年1月6日第69-12号法律第6条)特别股东大会依据董事会，或者相应情况下，管理委员会的报告以及会计监察人提出的专门报告，得批准发行可以兑换已经发行的、由第三人持有的股票的债券,或者可以兑换在增加资本时发行的新股票的债券;在后一种情况下,所发行的新股票得由一家或数家银行(包销)认购,或者由一名或数名已取得银行担保的自然人认购;批准发行此种债券,意味着本公司的股东放弃对增加资本的优先认购权。

股东对将要发行的可兑股债券享有优先认购权,但其按第L225-135条规定的条件放弃这项权利时除外。这项权利受第L225-132条至第L225-141条之规定调整。

第L225-170条原条文:已经认购相应数量的股票并且承担义务确保进行兑换的人与公司之间订立的协议,应当经特别股东大会依据第L225-169条第1款所指的同样的报告予以批准。会计监察人的专门报告尤其要写明对上述之人应当给付的报酬。

第L225-171条原条文:可兑股债券的发行价格不得低于此种债券持有人在进行兑换时可收到的股票的面值。

只有经债券持有人同意,并且依据发行合同以及第L225-170条所指的协议规定的条件与确定的基数,才能进行兑换。任何时候均得请求进行兑换,直至此种债券可予偿还之日起3个月期限终止。

第L225-172条原条文:(1969年1月6日第69-12号法律第7条)承担义务、确保兑换债券的人,自债券发行起至债券持有人行使选择权的期限终止,行使按既约规则规定数目的全部股票的认购权以及与认购的股票相关的分配权。由此得到的新股票,在开始兑换的情况下,应提供给债券持有人兑换,但因认购或缴纳此种证券款项而引起的支出、为补足与原股票相关的在公司内的权益数目而购买必要的补充权利的支出以及在第L225-170条所指的协议有规定时,上述款项的利息,均由债券持有人负担。在出现不能构成整股的情况下,债券持有人有权要求用现金支付不构成整股股票的价值,这一价值按照兑换之日的情况评估。

第L225-173条原条文:(1983年1月3日第83-1号法律第31-1条)"为保证债券兑换而准备的必需的股票,至兑换活动完成时为止,为不可转让、不可扣押的记名股票。只有证明是为了进行兑换,始得转交此种股票。"

与此同时,此种股票,作为一种对于债券持有人的担保物,保证承担兑换义务的人履行其义务。

前两款之规定适用于因执行第L225-172条之规定所取得的新股票。

第L225-174条原条文:(1969年1月6日第69-12号法律第8-1条)自第L225-169条第1款所指的股东大会投票表决时起,直至全部债券均已兑换或均已偿还为止，禁止公司分期偿还资本或通过偿还本金的方式减少资本和改变利润的分派方式，(1983年1月3日第83-1号法律第16条)但公司可以设立无表决权的优先股。

公司在同期内以证券的形式分派公积金的情况下，以兑换所需的股票的名义进行分派的证券受第L225-173条第1款及第2款之规定调整。

在进行兑换的情况下，证券(股票)应当交付给债券持有人，其数目应当与债券持有人有权兑换的股票的数目相一致，可能出现的不构成整股的部分应当按照兑换之日该证券的价值计算并用现金支付。在分派证券之日与进行兑换之日之间产生的股息与利息归属承担义务、确保兑换的人。

(1969年1月6日第69-12号法律第8-11条)"在上述第1款所指的时期里，如公司用现金分派公积金，债券持有人在兑换其所持证券时，有权得到如同其在分派公积金时就已经是公司股东一样可以分得的款项。"

第L225-175条原条文：在可兑股债券发行之日与这种债券全部兑换或全部偿还的期间，如发行债券的公司被另一公司吸收，或者该公司同另一家或数家公司合并设立一家新公司，应当得到有利害关系的债券持有人的特别全体大会批准。

在此种情况下，可兑股债券，在第L225-171条第2款规定的期限内，可以与担负义务确保兑换的人所收到的吸收公司或新成立公司的股票进行兑换。兑换基数按发行债券的公司与吸收公司或新成立公司的股票的比价，对发行合同确定的兑换比例进行调整以后，再行决定。

吸收公司或者新成立的公司取代原发行债券的公司，以适用第L225-174条之规定及第L225-170条所指的协定的规定。

第L225-176条原条文：违反第L225-169条、第L225-170条、第L225-171条、第L225-174条与第L225-175条之规定作出的决定无效。

第二目　薪金雇员认股及购买股票

(2004年6月24日第2004-604号法令第15-9条)

第一段　认股或购买股票的选择权

第L225-177条　特别股东大会，依据董事会的报告，或者相应情况下依据管理委员提出的报告，以及会计监察人提出的专项报告，可以批准董事会或者管理委员会同意本公司全体薪金雇员或者其中某些雇员享有能够赋予认股权利的选择权(option donnant droit à la souscription d'action)。特别股东大会确定董事会或管理委员会运用此种授权的期限。该期限不得超过（2001年5月15日第2001-420号法律）"38个月"（原规定为"5年"）。（2001年5月15日第2001-420号法律）"但是，在2001年5月15日有关'新经济关系'的第2001-420号法律颁布之前已经给予的批准至其原定到期日仍然有效"。

由董事会或管理委员会确定同意给予上述选择权的条件。在这些条件中，可以规定条款禁止选择人立即出卖其取得的全部或部分股票，但强制规定持有证券的期限不得超过3年，自作出认购选择之日起计算。

即使在公司资本尚未全部缴纳的情况下，也可以同意给予或者行使上述选择权。

认购股票的价格，由董事会或管理委员会在同意给予选择权之日依照特别股东大会根据会计监察人的报告决定的方式确定。（2001年5月15日第2001-420号法律）如公司股票未获准进入规范市场交易，在考虑企业财务方面显示的净资产状况、收益率以及企业活动发展前景的基础上，按照个案的具体情况适用的加权方法，采用股票价格评估方面所认定的客观方法确定认购价格。这些标准，视具体情况，可以在集团合并结算的基础上进行评价；在不进行集团合并结算的情况下，可以考虑有一定影响的子公司的财务方面的因素。如果不按照这些方法确定认购价格，可以按照最近一期的资产负债表显示评估的公司净资产除以现存证券数量的方法来确定认购价格。如果公司的股票准许进入规范市场交易，其认购价格不得低于认购之日前20个交易日平均市价的80%。在股票与某一可以分享股息的息票分离以后，如不满20个交易日之期限，不得同意授予其任何选择权。

（2001年5月15日第2001-420号法律）证券准许进入规范的市场交易的公司，在以下期限内不得同意给予认购股票的选择权：

1. 在集团合并结算账目公告之日后，或者在没有集团合并结算账目的情况下，公司年度账目公告之后的10个交易日期限内；

2. 公司机关知道如果某项信息公开有可能对公司证券的价格产生有意义的影响之日与该信息公开后在证券交易所进行交易的10个交易日之间的时间内。

对于没有获准进入规范市场交易的证券而言，可以赋予认购此种证券之权利的选择权，只能同意给予分派此种选择权的公司的薪金雇员，或者只能给予第L225-180条第一项第1点所指的公司的薪金雇员。

（第L225-177条原条文：特别股东大会依据董事会，或相应情况下，依据管理委员会的报告以及会计监察人提出的专项报告,可以批准董事会或管理委员会同意本公司薪金雇员或者某些雇员有认购股票的选择权,以分享公司利润。特别股东大会可以规定董事会或管理委员会运用上述授权的期限。该期限不得超过5年。

给予上述选择权的条件,由董事会或管理委员会确定。在此种条件中可以规定禁止选择人立即出卖全部或部分股票,但强制保持证券的期限不得超过3年,自作出认购选择之日起计算。

即使在公司资本尚未全部缴纳的情况下,亦可同意给予或者行使这一选择权。

认购价格,由董事会或管理委员会在同意给予选择权之日,依照特别股东大会根据会计监察人的报告决定的方式予以确定。如公司股票在证券交易所公开挂牌上市或者在二级市场上市,认购价格不得低于该日之前20个交易日平均市价的80%。在股票与某一可分享股息之息票分离以后,如不满20个交易日之期限,不得同意授予任何选择权。)

第L225-178条 特别股东大会批准给予上述选择权,即意味着公司股东,为享有此种选择权的人的利益,明确放弃对在该项选择权行使期间发行的股票的优先认购权。

由于行使该项选择权而引起公司增加资本,无须履行第L225-142条、第L225-144条第2款以及第L225-146条规定的各项手续。

在此情况下,只需要声明行使选择权,同时交回认购单及支付现金或者以债权抵销的方式交付相应款额,即告公司实现增加资本。

(2008年8月4日第2008-776号法律第57-4条)"在每一会计年度终结后的第一次会议上,公司董事会,或者相应情况下,管理委员会,如有必要,应对在本会计年度内由于行使上述选择权而发行的股票的数量及其股款数额作出确认,并对章程条款中涉及公司资本数额与代表资本的股票数量的相关事项作必要修改。董事长,按照董事会或者管理委员会的授权,在会计年度终结后1个月内进行这项确认。董事会、管理委员会或者在给予授权的情况下,董事长,也可以随时对本会计年度的认购股份的情形进行确认并对公司章程进行相应的修改"。

第L225-179条 特别股东大会也可批准董事会,或者相应情况下,批准管理委员会同意本公司全体薪金雇员或者其中某些雇员享有选择权,购买在此选择权设立之前公司本身按照第L225-208条与第L225-209条规定的条件回购的股票(库存股)。(2001年5月15日第2001-420号法律)"特别股东大会确定董事会或管理委员会运用上述授权的期限。该期限不得超过38个月。但是,在2001年5月15日有关新经济关系的第2001-420号法律颁布之前已经给予的批准,至其原定的到期日仍然有效"。

在此情况下,适用第L225-177条(2001年5月15日第2001-420号法律)"第2款、第4款及第5款"的规定。此外,股票的价格,在同意给予选择权的当日,不得低于公司依第L225-208条及第L225-209条所持股票平均购买价格的80%。"

(2001年5月15日第2001-420号法律)"对于没有获准进入规范市场交易的证券,赋予认购此种证券之权利的选择权,只能给予分派此种选择权的公司的薪金雇员,或者第L225-180条第一项所指公司的薪金雇员"。

第L225-180条 一、可以按照第L225-177条至第L225-179条规定的相同条件同意给予以下人员以选择权:

1. 同意给予选择权的公司直接或间接持有其至少10%资本的公司或共同经济利益合作组织的薪金雇员;

2. 直接或间接持有同意给予选择权的公司至少10%资本的公司与共同经济利益合作组织的薪金雇员;

3. 由一家直接或间接持有同意给予选择权的公司至少50%资本的公司直接或间接持有其至少50%资本的公司或共同经济利益合作组织的薪金雇员。

二、对于直接或间接控制同意给予选择权的公司多数股份的公司,应当按照第L225-184条规定的条件,向其普通股东大会进行通知。

三、(2001年5月15日第2001-420号法律,2006年12月30日第2006-1770号法律第40-1条)"由某一中心机构(organe central)或者按照《货币与金融法典》第L511-30条至第L511-32条的意义与该中心机构有控股联系的信贷机构单独或共同、直接或间接控制的企业,也可以按照本《法典》第L225-177条至第L224-170条规定的相同条件,同意给予这些公司的薪金雇员以选择权,以及同意给予由该中心机构或其控股的信贷机构单独或共同、直接或间接持有其50%以上资本之实体的薪金雇员以选择权。"

第L225-181条 已确定的认股或购股价格,在选择权有效期内不得修改。

(2004年6月24日第2004-604号法令第51-10条)"但是,公司在实现偿还资本或者减少资本,变更利润分派,无偿分派股份,将公积金、利润或发行溢价款转化为资本,分派公积金或者发行任何资本凭证或可以产生分派资本凭证之权利的证券并包含有专门保留给股东的认购权时,应当按照第 L228-99 条规定的条件采取必要措施,以保护选择权受益人的利益"。

第 L225-182 条 已经设置但尚未行使的选择权的总数,对超过最高行政法院提出资政意见后颁布的法令确定的资本额度的那些股份不产生认购权。

对于已持股份超过公司资本 10% 的薪金雇员与代理人,不得给予上述选择权。

第 L225-183 条 特别股东大会确定必须行使选择权的期限。

由给予的选择权所产生的权利,至选择权行使之日,不得转让。

选择权的受益人死亡,其继承人可以在受益人死亡之日起 6 个月期限内行使该选择权。

第 L225-184 条 (2001 年 5 月 15 日第 2001-420 号法律)对于按照第 L225-177 条至第 L225-186 条的规定实现的活动,每年均应向普通股东大会作出专门报告。

这一专门报告应当汇报以下事项:

1. 在当年内因在公司担任委任职务或其他职务,由本公司以及按照第 L225-180 条所指条件与本公司有联系的公司给予每一个受委任职务的人认股或购股选择权的数目、到期日期与价格;

2. 因在第 L233-16 条意义上的受控制的公司内担任委任职务或其他职务,由该公司同意给予每一个受委任职务的人认股或购股选择权的数目、到期日期与价格;

3. 在当年内由公司受委任职务的人通过行使对上述第 1 点与第 2 点所指的公司持有的选择权而认购或购买的股票的数目与价格。

这一专门报告还应指明:

1. 在当年内由本公司以及按照第 L225-180 条所指条件与本公司有联系的各公司或组织同意给予享有最多选择权的不担任委任职务的公司 10 名薪金雇员每一个人认股或购股选择权的数目、到期日期与价格;

2. 在当年内由公司同意给予享有最多选择权的不担任委任职务的 10 名薪金雇员每一个人通过行使对前款所指的各公司持有的选择权而认购或购买的股票的数目与价格。

(2008 年 12 月 3 日第 2008-1258 号法律第 22-3 条)"这份报告还要指明在 1 年之内由前款所指的各公司同意向所有享有此种利益的薪金雇员给予的认购或购买股份的选择权的数目、价格与到期日以及这项薪金雇员的人数和不同类型的雇员之间选择权的分配情况"。

第 L225-185 条 可以产生认股权的选择权,自公司注册登记起 2 年期限内,得给予和本公司的薪金雇员一起参与设立另一家公司的本公司的受委任职务的自然人。

此种选择权亦可在开始回购股份后的 2 年时间内,给予为保证公司设立成功而与薪金雇员一起取得大多数表决权的另一家公司的受委任职务的自然人。

在分派选择权的情况下,公司薪金雇员或受委任职务的人创立一家公司以后的 2 年期限内,或者公司薪金雇员或受委任职务的人购得一家公司多数资本以后的 2 年期限内,第 L225-182 条最后一款所指的最高限额定为公司资本的 1/3。

(2001 年 5 月 15 日第 2001-420 号法律)"对于可以发行股票的公司的董事长、管理委员会成员、总经理、总经理助理及经理,也可以按照第 L225-177 条至第 L225-184 条与(2008 年 12 月 3 日第 2008-1258 号法律第 22-3 条)'第 L225-186-1 条'规定的条件,由该公司向其分配可以产生认股权或购股权的选择权。"

(2006 年 12 月 30 日第 2006-1770 号法律第 62-1 条)"但是,尽管有这些规定,公司董事会,或者相应情况下,其监事会可以决定在当事人停止任职之前不得行使选择权,或者确定他们直至停止任职时必须保持的因行使选择权而取得的股份的数量。有关的告知事项在第 L225-102-1 条所指的报告中公示"。

前款所指之人,也可以按照第 L225-180 条规定的条件,获得与该公司有联系的另一家公司的、可以产生认购股份或购买股份的选择权。

第 L225-186 条 (2001 年 5 月 15 日第 2001-420 号法律)第 L225-177 条至第 L225-185 条之规定适用于投资证书(certificat d'investissement)、合作性投资证书(certificat coopératifs d'investissement)以及股东合作证书(certificat coopératifs d'associés)。

第 L225-186-1 条 (2008 年 12 月 3 日第 2008-1258 号法律第 22-2 条)在证券准许进入规范市场交易的公司里,只有当公司在分派此种选择权的会计年度内至少具备以下条件之一时,才能向第 L225-185 条第 4 款所指的人分派可以产生认购股份或购买股票的选择权:

1. 公司按照第 L225-177 条至第 L225-186 条规定的条件为其全体薪金雇员以及属于第 L210-3 条所指公司的第 L233-1 条意义上的子公司的 90%

的薪金雇员分派选择权；

2. 公司按照第 L225-197-1 条至第 L225-197-5 条规定的条件为其全体薪金雇员以及属于第 L210-3 条所指公司的第 L233-1 条意义上的子公司的 90% 的薪金雇员无偿分派选择权；

3. 在公司内部，《劳动法典》第 L3312-2 条所指的员工股份制协议、第 L2234-2 条意义上的例外参与性协议或者第 L3322-6 条意义上的自愿参与性协议仍然有效并且使属于本《法典》第 L210-3 条所指公司的第 L233-1 条意义上的子公司的至少 90% 的薪金雇员受益。如在公司以及上述子公司内，有关协议仍然有效或者在前一会计年度内有效，只有在有关的公司变更其每一项协议原规定的计算方式之后，代之以新的协议或附加条款，或者按照《劳动法典》第 L3314-10 条的意义支付集体股份利益，或者补充设立《劳动法典》第 L3324-9 条意义上的参与性专项准备金，才能在 2008 年 12 月 3 日第 2008-1258 号法律公布之后由股东大会进行第一次分派选择权。

第二段　在证券交易所发行与购买保留给薪金雇员的股票①

第 L225-187 条　(2001 年 2 月 19 日第 2001-152 号法律废止:一、在最近 3 个会计年度至少已 2 次分派股息的公司,可以通过发行专供下列人员认购的股份,以增加资本:

1. 公司的薪金雇员；

2. 发行公司直接或间接持有 10% 资本的公司或共同经济利益合作组织的薪金雇员；

3. 直接或间接持有发行公司至少 1/10 资本的公司或共同经济利益合作组织的薪金雇员；

4. 至少有 50% 的资本或权益直接或间接为一家直接或间接持有发行公司至少 50% 资本的公司所持有的公司或共同经济利益合作组织的薪金雇员。

二、薪金雇员可以个人单独认购公司增加的资本,或者通过公司设立的共同投资基金为中介进行认购。该共同投资基金即是第 1 款所指的薪金雇员以 1967 年 8 月 17 日第 67-693 号法令规定的薪金雇员参与企业经营成果名义已取得之权益的持有人,或者是依据 1967 年 8 月 17 日第 67-694 号法令

---

① 薪金雇员在证券交易所购买股票实际上不属于本义上的"薪金雇员股份制"。——译者注

规定的发行公司的薪金雇员可以参与的企业储蓄计划范围内设立的共同投资资金。

三、在一个民事年度内，每个薪金雇员依本条规定的条件所能认购的限额为其计算社会保险分摊额所使用的最高基数。）

第 L225-187-1 条 （2001 年 2 月 19 日第 2001-152 号法律）第 L225-192 条至第 L225-194 条与第 L225-197 条的规定，按照 2001 年 2 月 19 日关于薪金雇员储蓄的第 2001-152 号法律颁布之前的条文，至该法颁布起 5 年期限届满，仍然适用。

第 L225-188 条 （2001 年 2 月 19 日第 2001-152 号法律废止：特别股东大会，依据董事会，或者相应情况下，依据管理委员会的报告，以及依据会计监察人提出的专项报告，确定增资的最高数额以及认购增资股票的价格。

资本增加的数额，加上依据上述第 L225-187 条之规定在本会计年度以及前四个会计年度内已经实现的增资额度，不得超过最高行政法院提出资政意见后颁布的法令规定的公司资本的一定比例。

认股价格不得高于董事会，或者相应情况下，管理委员会确定开始认购日期的决定作出之前 20 个证券交易日的平均价格，亦不得低于该平均价格的 10%。股东大会作出此项决定，当然意味着本公司的股东放弃优先认购权，以利于第 L225-187 条所指的薪金雇员。

第 L225-187 条所指的资本增加不需要履行第 L225-142 条、第 L225-144 条以及第 L225-146 条规定的各项手续。

尽管有第 L225-131 条第 1 款的规定，即使公司资本尚未全部缴足，仍可发行第 L225-187 条所指的专供薪金雇员认购的股票。此外，即使依据第 L225-187 条的规定发行的股票尚未全部缴足股款，仍可允许发行以现金缴纳股款的新股票。）

第 L225-189 条 （2001 年 2 月 19 日第 2001-152 号法律废止：一、特别股东大会确定以下事项：

1. 薪金雇员对上述股票的发行享有认购权所要求的工龄限制，但是，要求薪金雇员在公司内工作的年限既不能高于、也不能低于法令规定的最长与最短年限。

2. 给予薪金雇员行使其权利的期限。该期限自开始认购之日起，不得少于 30 天，也不得超过 3 个月。

3. 给予认购人缴纳认股款的期限。该期限自给予薪金雇员行使其认购权的期限届满时起，不得超过 3 个月。

二、除第 L225-129 条第三项规定的事项之外，特别股东大会可以将确定上述所列条件的必要权力授予董事会行使，或者在相应场合，授予管理委员会行使。）

第 L225-190 条 （2001 年 2 月 19 日第 2001-152 号法律废止：在开始认购前至少 30 天，可以进行认购的全体薪金雇员以及共同投资资金的管理人，均应得到提议中的有关认购条件的通知，并且可以获得所通报的第 L225-117 条所指的文件。）

第 L225-191 条 （2001 年 2 月 19 日第 2001-152 号法律废止：在提交的认购股份的申请数额超过公司拟增加资本的数额时，首先对申请最高的数额进行压减。

如薪金雇员个人单独或者通过共同投资基金在规定的期限内没有认购公司拟增加资本的全部额度，增资数额以已经得到认购的股份数额为限。）

第 L225-192 条 （2001 年 2 月 19 日第 2001-152 号法律废止：在适用第 L225-189 条第一项第 3 点之规定对缴纳股款给予一定期限的情况下，已经认购的股份的股款可以按照最高行政法院提出资政意见后颁布的法令规定的条件从认购人的工资中定期等额扣缴。

公司可以补足前款所指扣缴款额后的不足部分，但由公司补交的该部分款额不得超过每一薪金雇员应缴纳的数额，也不得超过《劳动法典》第 L443-7 条所确定的最高数额。）

第 L225-193 条 （2001 年 2 月 19 日第 2001-152 号法律废止：何种情况下，薪金雇员本人可以提出请求，以解除或减少其承担的义务，以及在此场合，按照何种条件，其认购的股票可以提前交付股款或予以销除，由最高行政法院提出资政意见后颁布的法令确定。）

第 L225-194 条 （2001 年 2 月 19 日第 2001-152 号法律废止：由薪金雇员按照上述各条之规定认购的股票，强制规定为记名股票，自其认购之日起 5 年之内不得转让。

上述期限终止之前，此种股票亦不得转移或者转换为无记名股票，但适用下述第 L228-27 条之规定或者上述第 L225-193 条之规定的情况不在此限。

为了有利于依据《劳动法典》第 L122-32-12 条之规定享受"创办企业假期"的薪金雇员，此种股票可以转移或者转换为无记名股份。

与此种股票相联系的派股权以及依据这些权利而无偿取得的股票，在其可以进行分派之日起即可交易或转让，但不能构成整股股份的派股权以及基于符合规定进行交易的分派权而无偿获得的股票可以立即交易流通。

与第一款所指的股票相关联的一切认购权均可立即交易。)

第 L225-195 条 (2001 年 2 月 19 日第 2001-152 号法律废止:共同投资基金的管理人认购按照上述各条所定条件发行的股票,应当事先得到基金监事会同意。)

第 L225-196 条 (2001 年 2 月 19 日第 2001-152 号法律废止:一、普通股东大会可以批准董事会,或者相应情况下,批准管理委员会向薪金雇员提供从证券交易所取得下列证券的可能性:

1. 本公司发行的股票;

2. 发行股票的公司直接或间接持有其至少 1/10 资本的公司发行的股票;

3. 直接或间接持有发行股票的公司至少 1/10 资本的公司发行的股票;

4. 直接或间接持有发行公司至少 50% 资本的公司直接或间接持有其至少 50% 资本的另一公司发行的股票。

二、上述公司应当是在法国设有其注册住所的公司,或者是在欧盟成员国内设有其注册住所的公司,并且符合第 L225-187 条规定的条件。

从薪金雇员的工资中定期等额扣缴股款并存入以他们名义开立的专门账户,以及在可能时,由公司补交扣款不足的部分,薪金雇员即可取得上述股票。但公司补缴的款额不得超过每一薪金雇员所缴纳的款额,也不得超过《劳动法典》第 L443-7 条规定的最高数额。

三、只要薪金雇员具备股东大会规定的工龄年限,即应面向全体薪金雇员提供前述可能性,或者向薪金雇员单独个人,或者通过第 L225-187 条所指的公司自设的共同投资基金提供此种可能性,不得规定其他任何限制条件。前述工龄年限不得低于最高行政法院提出资政意见后颁布的法令规定的最低年限,也不得高于该法令规定的最高年限。

四、在一个民事年度内,同一薪金雇员依据本条规定的条件在证券交易所可以购买的股票数量仅以计算其社会保险分摊额时所确定的基数之一半为限。

五、共同投资基金管理人取得本条所指的股票,事先应当得到基金监事会的批准。

六、各项条件,均应通知所有可以享有本条所指可能权益的薪金雇员及共同投资基金管理人。他们可以取得第 L225-117 条所指的各项公司文件。

七、向以上所指专门账户支付的款项应受会计监察人的监督,直至取得股票之时,此款项不得动用,但在第 L225-193 条所指情况下,应当事人的请求返还该款项的情况,不在此限。)

第 L225-197 条 (2001 年 2 月 19 日第 2001-152 号法律废止:按照前一条规定的条件取得的股票必须为记名股票。这种股票自其购买之日起 5 年内不得转让。在该期限终止之前,适用第 L225-194 条第 2 款及其后各款的规定。)

第三段 无偿分派股份

第 L225-197-1 条 (2006 年 12 月 30 日第 2006-1770 号法律第 39-1 条) 一、特别股东大会,依据董事会提出的报告,或者相应情况下,依据管理委员会提出的报告以及会计监察人的专门报告,可以批准董事会或管理委员会为本公司薪金雇员或者其中特定类别的人员的利益,无偿分派公司现有的或将要发行的股份。

可以按照第 1 款规定的条件分派的股份在公司资本中占有的最高比例,由特别股东大会确定。无偿分派的股份的总数不得超过董事会或管理委员会作出分派决定之日公司资本的 10%。在为公司全体员工的利益无偿分派股票时,这一比例可以提高到 30%;分派给每一位薪金雇员的股票数额的差距不得超过 1:5 的比例。(2012 年 3 月 22 日第 2012-387 号法律第 14 条)在证券准许进入规范市场或多边交易系统进行交易,会计年度终结时没有超过 2003 年 5 月 6 日欧洲委员会关于认定中小企业的第 2003-361 号建议附件第 2 条意义上的中小企业的指标界限的公司里,其章程可以规定一个最高比例。这一比例不得超过在董事会或管理委员会决定无偿分派股份之日公司资本的 15%。在为公司全体员工的利益无偿分派股票时,这一比例可以提高到 30%;分派给每一位薪金雇员的股票数额的差距不得超过 1:5 的比例。

特别股东大会还可以确定董事会或管理委员会可以利用这项批准权限的期间,该期间不得超过 38 个月。

在无偿分派的股份是将要发行的股份时,特别股东大会作出批准决定,当然意味着其他股东放弃他们的优先认购权,以利于可以享有无偿分派股份之利益的受益人。只要向受益人最终分派股份,即意味着最终实现与此相对应的增加资本。

在规定可以取得这种股份的期限届满时,向受益人分派无偿股份即告最终完成。受益人可以取得这些股份的期限,由特别股东大会决定,这一期限不得少于 2 年。

但是,股东大会可以规定,在与《社会保险法典》第 L341-4 条规定的第 2

类与第 3 类中的分类相对应的受益人不符合资格的情况下,即使分派时间尚未终了之前,也可认为分派股份已最终确定;特别股东大会也可以确定受益人必须保存这些股份的最少时间;受益人必须保存股份的最少时间,自股份最终完成分派起开始计算,不得少于 2 年。但是,在与《社会保险法典》所指的上述分类相对应的受益人不符合资格的情况下,股份可以自由转让。

如特别股东大会规定全部或者部分分派股份的股东按照上述第 5 款所指的取得股份的时间至少为 4 年,则可以减少或取消上述第 6 款所指的必须持有这些股份的时间。

在证券准许进入规范市场交易的公司里,这些股票在上述保持持有期限经过之后,按照以下规定,仍然不得转让:

1. 在集团合并结算账目公告之日后,或者在没有集团合并结算账目的情况下,在年度账目公告之后,(2012 年 3 月 22 日第 2012-387 号法律第 14 条)"3 个证券交易日"期间之内;

2. 在公司机关知道对公司证券的市价有明显影响的信息之日与这一信息公开之后的 10 个交易日之间。

公司董事会,或者相应情况下,管理委员会,确定可以享有本条第 1 款所指的无偿分派股份之利益的人的身份,并且相应确定无偿分派股份的条件与标准。

二、对于可以发行股票的公司的董事长、总经理、总经理助理、管理委员会成员或者经理,也可以按照薪金雇员人员相同的条件,分派本公司的股份,(2008 年 12 月 3 日第 2008-1258 号法律第 22-4 条)并应遵守第 L225-197-6 条所指的条件。

对于前款所指之人,也可以按照第 L225-197-2 条规定的条件分派与本公司有联系的公司的股份,但以后者的证券准许进入规范市场交易为条件,(2008 年 12 月 3 日第 2008-1258 号法律第 22-4 条)且应遵守第 L225-197-6 条规定的条件。

不得向已经持有超过公司资本 10% 的薪金雇员和担任委任职务的人再无偿分派本公司的股份。无偿分派股份也不得产生薪金雇员与公司受委任职务的人所持有的股份超过公司资本 10% 的后果。

(2006 年 12 月 30 日第 2006-1770 号法律第 62-2 条)尽管有前几款的规定,对于按照上述规定向可以发行股票的公司的董事长、总经理、总经理助理、管理委员会成员、经理分派的股份而言,董事会,或者根据具体情况,监事会可以决定当事人在停止任职之前不得转让这些股份,或者确定在他们停止任职之前必须在其持有的股份中保持的记名股份的数量,相关的信息在第L225-102-1条所指的报告中公示。

(2006年12月30日第2006-1770号法律第39-1条)三、在本条第一项规定的取得或保持股票的期间,因按照现行的规章实现公司合并或分立而进行全数交换的情况下,本条之规定,以及上述期间,对于自进行交换之日以后仍然剩余的时间,均适用于因交换而取得的股份及可行使的分派权,在保持股份的期间按照现行的规章实现的由公开出价收购、拆股与并股而引起的交换,亦同。

在向某一公司或者共同投资基金进行出资的情况下,如果该公司或该基金的资产完全是由可以进入公司资本的证券组成,或者完全是由可以进入第L225-197-2条意义上的、与其有联系的某一公司的资本的证券组成,那么,本条第一项规定的保持持有证券的义务,对于至出资日尚剩的时间,仍适用于作为出资回报而取得的那些股票或股份。

第L225-197-2条　一、可以按照第L225-197-1条所指的相同条件向以下人员分派股票:

1. 由分派股票的公司直接或间接持有至少10%的资本或表决权的公司或经济利益合作组织的薪金雇员;

2. 直接或间接持有分派股票的公司至少10%的资本或表决权的公司或经济利益合作组织的薪金雇员;

3. 直接或间接持有分派股票的公司至少50%的资本的公司直接或间接持有其至少50%的资本或表决权的公司或经济利益合作组织的薪金雇员。

没有获准许进入规范市场交易的股票,只能按照上述条件分派给进行股票分派的公司的薪金雇员或上述第1点所指的公司的薪金雇员。

(2006年12月30日第2006-1770号法律第40-2条)"二、按照《货币与金融法典》第L511-30条至第L511-32条之规定,由与其有联系的中心机构或信贷机构直接或间接、单独或联合控制的企业,也可以按照第L225-197-1条所指的相同条件,向本公司的薪金雇员以及由同一中心机构或信贷机构直接或间接、单独或联合持有其50%以上资本的实体的薪金雇员分派股票"。

第L225-197-3条　因无偿分派股份产生的权利,在可以取得这些股份的期间终止之前,不得转让。

此种权利的受益人死亡,其继承人可以在受益人死亡后6个月期限内请求分派股份。(2006年12月30日第2006-1770号法律第39-1条)"这些股份可以自由转让"。

第 L225-197-4 条 每年均应向普通股东大会提交一份专门报告说明按照第 L225-197-1 条至第 L225-197-2 条之规定实现的分派活动的情况。

这一专门报告应当汇报以下事项：

1. 由本公司以及按照第 L225-197-2 条所指条件与本公司有联系的公司当年内同意向每一个在公司内受委任与担任职务的人无偿分派的股票的数目与价值；

2. 由第 L233-16 条意义上的受控制的公司当年内同意向每一个在其内受委任或担任职务的人无偿分派的股票的数目与价值。

这一专门报告还应说明公司以及按照第 L225-197-2 条所指条件与公司有联系的经济组织在当年内同意给予享有无偿分派股票之最高数额的公司担任非委任职务的 10 名薪金雇员每一个人的股票数目与价值。

(2008 年 12 月 3 日第 2008-1258 号法律第 22-6 条) "该报告还指明由前款所指的公司在当年内向受益的全体薪金雇员无偿分派的股份的数目与价值，受益人的人数以及他们中不同类型的人之间所分派的股份的分配情况"。

第 L225-197-5 条 应当按照第 L225-197-4 条规定的条件，向直接或间接控制无偿分派股份的公司大多数资本的公司的普通股东大会进行通知。

第 L225-197-6 条 (2008 年 12 月 3 日第 2008-1258 号法律第 22-5 条) 证券获准进入规范市场交易的公司，只有当其在分派股份的那个会计年度至少具备以下条件之一时，才能在第 L225-197-1 条第二项第 1 款与第 2 款的框架内分派股票：

1. 公司按照第 L225-197-1 条至第 L225-197-5 条规定的条件向其全体股东以及属于第 L210-3 条所指公司的第 L233-1 条意义上的子公司的全体薪金雇员中至少 90% 的人无偿分派股票；

2. 公司按照第 L225-177 条至第 L225-186 条规定的条件，向其全体薪金雇员以及属于第 L210-3 条所指公司的第 L233-1 条意义上的子公司的全体薪金雇员中至少 90% 的人分派选择权；

3. 在公司内部，以及为了属于本《法典》第 L210-3 条所指的第 L233-1 条意义上的子公司的全体薪金雇员中至少 90% 的人受益，按照第 L233-1 条的规定正在执行《劳动法典》第 L3313-2 条意义上的职工参股制协议，正在执行不同于该《法典》第 L3324-2 条意义上的职工参与公司经营成果协议或者第 L3323-6 条意义上的职工自愿参与协议。如果在上述公司或子公司里，正在执行或者前一个会计年度曾执行上述协议，只有所涉及的公司按照一项新的协议或附加协议，或者按照《劳动法典》第 L3314-10 条意义上的集体参股制支付补充款项,或者按照第 L3324-9 条的意义增加专项补充准备金,并修改原协议规定的计算模式时,才能进行 2008 年 12 月 3 日第 2008-1258 号法律颁布之日后召开的股东大会批准的第一期分派股票。

第三目 资本的分期偿还

(2004 年 6 月 24 日第 2004-604 号法令第 51-9 条)

第 L225-198 条 (1981 年 12 月 30 日第 L81-1162 号法律第 12 条)资本分期偿还[1],按照章程的规定或者特别股东大会的决定,用第 L232-11 条意义上可以分配的款项进行。资本的分期偿还,只能按照每一张同类股票偿还相等数额的方式进行,且不导致公司的注册资本减少。

本金已经全额偿还的股份称为"收益股"。

第 L225-199 条 本金全部或部分偿还的股份,在已偿还的数额限度内,丧失对第 L232-19 条所指的最先支付的优先股息(章程规定的股息)[2]的权利以及偿还面值的权利,但保留其他所有权利。

第 L225-200 条 在公司资本分为"资本股"与"本金全部或部分偿还股"(les actions totalement ou partiellement amorties),或者存在"本金非等额偿还的股份"(les actions inégalement amorties)的情况下,股东大会可以按照修改章程的条件,决定将已经全部或部分偿还本金的股份转换为资本股[3]。

为此目的,股东大会可以规定,按照待转换的股份已经偿还的本金的数额,在其有权取得的基本股息或章程规定的利息支付之后,从它们在一个或几个会计年度应得的利润份额中强制性扣取相应款项。

第 L225-201 条 股东亦可被准许按照同样条件,向公司交付待转换的股份的已经偿还的本金数额,必要时,补交本会计年度已经过的时间以及以往会计年度可能已分配的基本股息或章程规定的利息。

第 L225-202 条 第 L225-200 条与第 L225-201 条所指的各项决定,应当提交各类享有同等权利的股东的专门大会批准。

第 L225-203 条 公司董事会,或者相应情况下,管理委员会,对公司章程作出必要变更,但此种变更应与第 L225-200 条及第 L225-201 条所指的活

---

① 此处原用语为"amortissement du capital"。"amortissement"一词有"折旧""摊还""偿还"之意,因此是"资本折旧"或"资本摊还"。已全额偿还本金的股份称为"收益股",参见第 L225-122 条注"收益股"。——译者注

② 参见第 L232-16 条。——译者注

③ 还原为资本股。——译者注

动的实际结果完全一致。

第四目　减　少　资　本

(2004 年 6 月 24 日第 2004-604 号法令第 51-9 条)

第 L225-204 条　公司减少资本,由特别股东大会批准或决定。特别股东大会可以将实现减少资本的全部权力授予董事会行使,或者相应情况下,授予管理委员会行使。任何情况下,资本减少均不得损害股东的平等地位。

会计监察人就打算进行的减少资本活动提出的报告,应当在最高行政法院提出资政意见后颁布的法令规定的期限内通报给全体股东。会计监察人对减少资本的原因与条件作出评价;股东大会据此报告进行审议,作出决定。

(2012 年 3 月 22 日第 2012-387 号法律第 17-2 条)在董事会,或者相应情况下,管理委员会,按照股东大会的授权实现减少资本时,就此制作的笔录应在"商事及公司注册登记簿"进行公示,同时对公司章程作出相应修改。如不遵守这项公示义务,实现减少资本的决定得予撤销。

第 L225-205 条　股东大会批准并非因公司发生亏损而减少资本的计划时,公司同期债券持有人的代表以及债权产生于股东大会审议笔录交存至商事法庭书记室之前的债权人,可以在最高行政法院提出资政意见后颁布的法令规定的期限内,对公司减少资本提出异议。

法院作出裁定:或者驳回异议;或者命令偿还债务;或者,如公司同意提供担保并且提供的担保被认为充分时,设立担保。

减少资本的各项活动不得在债权人可以提出异议的期间开始,相应场合,不得在初审法院对异议进行审理之前开始。

如初审法院支持提出的异议,减少资本的程序立即中断,直至设定足够担保或清偿债务为止。如法院驳回债权人提出的异议,减少资本的活动即可开始。

第五目　公司认购、回购自己的股票或者用其股份设质

(2004 年 6 月 24 日第 2004-604 号法令第 51-9 条)

第 L225-206 条　一、禁止公司直接或通过虽以其个人名义但是为公司利益开展活动的人认购(la souscription)本公司的股票。

公司发起人,或者在增加资本的情况下,董事会的成员,或者相应情况下,管理委员会的成员,应当按照第 L225-251 条以及第 L225-256 条第 1 款规

定的条件,缴纳公司违反上述第 1 款的规定而认购的股票的股款。

在股票是由虽以其个人名义但是为公司利益开展活动的人认购时,该人应与公司发起人,或者在相应情况下,应与董事会成员或管理委员会成员连带缴纳前述股票的股款;与此同时,视该人为其本人的利益认购这些股票。

二、准许公司按照第 L225-207 条至第 L225-217 条规定的条件与方式购买(achat)自己的股票。

禁止为公司的利益开展活动的人购买本公司的股票,但投资服务机构(投资服务给付人)或者按照 1996 年 7 月 2 日第 96-597 号关于金融活动现代化的法律第 43 条第一项之条件开展活动的规范市场的成员除外。

第 L225-207 条 并非因为公司发生亏损而决定减少资本的股东大会,可以批准公司董事会或管理委员会根据具体情况购买(acheter)确定数量的股票,以行销除。

第 L225-208 条 通过分派股票的方式让薪金雇员参与分享经营成果的公司,(2004 年 12 月 30 日第 2004-1484 号法律第 83-1 条)"按照第 L225-197-1 条至第 L225-197-3 条规定的条件(无偿)分派股份的公司",以及同意按照第 L225-177 条及其后各条规定的条件给予购买股票之选择权的公司,可以为此目的回购(racheter)自己的股票。此种股票应在自其回购之日起 1 年内进行分派,或者在此 1 年内,同意给予上述选择权。

第 L225-209 条 如果公司股票准许进入规范市场交易,(2012 年 3 月 22 日第 2012-387 号法律第 15 条)或者准许进入多边交易系统进行交易,旨在保护投资人免受金融市场主管机关确定的名单上记载的内部交易、操纵行情、提供虚假信息的侵害,这些公司的股东大会可以批准董事会,或者在相应情况下,批准管理委员会购买本公司一定数量的股票,所购股票的数额限制最高可达到公司资本的 10%。开展这项交易活动的目的与方式以及购进股票的具体最高数量,由股东大会确定。此项批准的有效期不得超过 18 个月。股东大会通过的决议应通知公司企业委员会。

(2005 年 7 月 26 日第 2005-842 号法律第 27 条,2009 年 1 月 30 日第 2009-105 号法令第 1-1 条)如果是为了按照金融市场主管机关制定的一般规则方便公司证券的流通与变现而回购股票,为计算上述第 1 款规定的 10% 的比例而纳入考虑范围的股票数量等于回购的数量减去在批准期内已经再卖出的股票数量。

(2004 年 6 月 24 日第 2004-604 号法令第 23 条)公司董事会可以授予总经理,或者经总经理同意,授予一名或数名总经理助理以必要权力,以具体实现上述活动;管理委员会可以授权其主席,或者经主席同意,授予管理委员会一名或数名成员以必要权利,以具体实现上述活动。受指定的人应当向董事会或者管理委员会汇报其按照后者规定的条件运用其所受权力的情况。

这些股票的取得、转让或者转移,可以通过任何方式进行。在公司资本10%的限度内,可以每24个月为一期对这些股票(股份)进行销除。公司每个月均应向(2003年8月1日第2003-706号法律第46-5条)"金融市场主管机关"报告其购买、转让与销除其股票的情况。(2003年8月1日第2003-706号法律第46-5条)"金融市场主管机关"将这些情况告知公众。

通过向薪金雇员分派股票让他们参与企业发展成果的公司、(2004年12月30日第2004-1484号法律第83-1条)"按照第L225-197-1条至第L225-197-3条规定的条件(无偿)分派股份的公司"以及同意给予薪金雇员购买其股票之选择权的公司,可以为此目的使用按照上述条件取得的全部或部分股票。这些公司也可以向其薪金雇员提议按照(2006年12月30日第2006-1770号法律第23-11条废止:"本《法典》第L225-196条第二项以及")《劳动法典》第L3332-1条及随后条文规定的条件取得本公司自己的股票。

(2005年7月26日第2005-842号法律第27条)公司为了保存并在此后进行合并、分立或者出资的范围内将其用于支付或交换而取得的股份①的数量不得超过公司资本的5%。这项规定适用于将要提交2006年1月1日以后举行的股东大会审议的回购(rachat)股份的计划。

在公司销除所购买(achat)的股份的情况下,由特别股东大会批准或者决定减少资本;特别股东大会可以授予董事会,或者相应情况下,授予管理委员会以全部权力,实现减少资本。由会计监察人就考虑中的减资活动提出的专门报告,应在最高行政法院提出资政意见后颁布的法令规定的期限内通报给全体股东。

(第L225-209条原条文:尽管有第L217条第1款之规定,股票在证券交易所公开挂牌上市或在二级市场上市的公司,可以为调节其股票市场而在证券交易所购买自己的股票。

为此目的,普通股东大会必须事先明文允许本公司在证券市场开展涉及自己股票的交易活动,并且确定开展该项交易活动的方式,尤其确定最高买进价与最低卖出价,以及确定应当取得的股票的最高数量和进行购买活动的期限。此项许可的有效期不得超过18个月。

---

① 这种股份应为"回收股"或"库存股",数目不得超过公司资本的5%。——译者注

通过向其薪金雇员分派股票让他们参与企业发展成果的公司,以及同意授予其雇员购买股票之选择权的公司,亦可为此目的使用在上述条件下取得的全部或部分股票。)

第 225-209-1 条 （2012 年 3 月 14 日第 2012-354 号法律废止：股票准许进入受"旨在保护投资人、防止内部交易、操纵交易价格与发布虚假信息的立法与法规"约束的多边交易系统进行交易,且在按照金融市场主管机关的一般规则确定的名册上进行了登记的公司,其股东大会可以批准董事会,或者相应情况下,批准管理委员会购买(acheter)本公司一定数量的股票,以便于公司证券的流通与变现。所购股票的数量最高可达到公司资本的 10%。开展这项交易活动的方式以及购进股票的具体最高数量,由股东大会确定。此项批准的有效期不得超过 18 个月。股东大会通过的决议应通知公司的企业委员会。

如果是为了按照金融市场主管机关制定的一般规则方便公司证券的流通、变现而回购股票,为计算上述第 1 款规定的 10% 的比例而纳入考虑范围的股票数量等于回购的数量减去在批准期内已经再卖出的股票数量。

公司董事会可以授权总经理,或者经总经理同意,授予一名或数名总经理助理以必要的权力,以具体实现上述活动；管理委员会可以授权其主席,或者经主席同意,授予管理委员会一名或数名成员以必要权利,实现上述活动。受指定的人应当向董事会或者管理委员会汇报其按照后者规定的条件运用其所授予权力的情况。

这些股票的取得、转让或者转移,可以通过任何方式进行。)

第 L225-209-2 条 （2012 年 3 月 14 日第 2012-354 号法律第 6-1 条）在股票不能进入规范市场交易的公司,或者股票不能进入受旨在保护投资人、防止内部交易、防止操纵交易价格与发布虚假信息的立法与法规约束的多边交易系统进行交易的公司,普通股东大会可以批准董事会,或者相应情况下,批准管理委员会购买(acheter)本公司的股票,以便向以下所列人员提供认购或分派：

1. 在这些证券回购的年份内,本《法典》第 L225-208 条所指活动的受益人,或者按照《劳动法典》第 L3332-1 条及随后条文的范围进行的活动的受益人；

2. 在回购后的 2 年内,用于支付或者交换公司在外部增仓活动、合并、分立或者出资活动的框架内取得的资产；

3. 在回购后的 5 年内,提供给已经向公司表明在公司本身组织实施购买程序时取得这些证券之意愿的股东认购或分派。

由公司取得的股票的数量不得超过：

1. 在批准回购股份是为了进行本条第 1 款第 1 点或第 3 点所指的活动时，不得超过公司资本的 10%；

2. 在批准回购股份是为了进行本条第 1 款第 2 点所指的活动时，不得超过公司资本的 5%。

普通股东大会应具体规定所进行的活动的目的，并确定其批准公司取得的股份的最高数目、回购价格以及确定价格的方式、批准的期限。该期限不得超过 12 个月。

回购股票的价款，从股东大会根据本《法典》第 L232-11 条第 2 款的规定可以处分的准备金中提取与支付。

回购的股份在本条第 1 款第 2 点至第 4 点规定的期限内没有用于上述任何一种目的时，当然销除。

普通股东大会，根据独立的评估鉴定人按照最高行政法院提出资政意见后颁布的法令确定的条件提出的报告以及会计监察人提交的专项报告，进行审议，作出决定。会计监察人的专项报告应显示能够确定回购价格的条件。

回购股份的价格，不得高于独立的评估鉴定人向股东大会提交的评估报告中所表明的最高价格，也不得低于该报告表明的最低价格，否则，回购活动无效。

为实现上述活动，公司董事会可以授权总经理，或者经总经理同意，授予一名或数名总经理助理以必要的权力；管理委员会可以授权其主席，或者经主席同意，授予管理委员会一名或数名成员以必要的权力，以实现上述活动。受到指定的人应向董事会或者管理委员会汇报其按照后者规定的条件运用其所受权力的情况。

会计监察人在年度普通股东大会上就过去一个会计年度回购与使用股份的条件提交一项专门报告。

回购的股份，可在公司资本 10% 的限额内，按照每 24 个月一期，进行销除。在销除股份的情况下，特别股东大会可以批准或决定减少资本。特别股东大会可以授权董事会或者管理委员会实现这些活动。

尽管有上述第 5 款的规定，已经回购但并未使用的股份，可以按照普通股东大会的决定，用于本条规定之外的其他目的。

在任何情况下，这些活动均不得损害股东之间的平等地位。

第 L225-210 条 公司不得直接或者通过虽以其个人名义但是为公司利益开展活动的人，占有其全部股份 10% 以上的股票，也不得占有 10% 以上特定种类的股票。公司占有的股票,除为了方便公司证券变现而回购并在取得时已全部缴清股款的股票之外,应当全部采用记名形式,否则,公司董事会成员,或者相应情况下,管理委员会成员,应当按第 L225-251 条至第 L225-256 条第 1 款规定的条件缴清这些股票的股款。

取得本公司股票,不得产生使公司自有资金降到低于其注册资本加上未分派的公积金总额的结果。

除设立法定公积金外,公司必须拥有至少等于其占有的全部股票价值的公积金。

由公司持有的股票不产生分派股息的权利,也不享有表决权。

在以通过现金认购股份的方式增加资本的情况下,公司本身不得行使优先认购权。股东大会可以决定在确定其他股份可以享有的优先认购权时,不考虑公司所占有的这些股份;非如此,与公司占有的股份相关联的权利,应当在认购期限终止之前,或者在证券交易所卖出,或者按股东个人应占权利的比例分配给股东。

第 L225-211 条 公司或其证券事务部门的负责人应当按照最高行政法院提出资政意见后颁布的法令确定的条件,制作并掌管按照(2012 年 3 月 14 日第 2012-354 号法律第 6-1 条)"第 L225-209-2 条"、第 L225-208 条及(2012 年 3 月 22 日第 2102-387 号法律第 15 条)"第 L225-209 条"之规定进行的股票买卖的登记簿。

公司董事会,或者相应情况下,管理委员会,应当在第 L225-100 条所指的报告中指出按照(2012 年 3 月 14 日第 2012-354 号法律第 6-1 条)"第 L225-209-2 条"、第 L225-208 条与(2012 年 3 月 14 日第 2012-354 号法律第 15 条)"第 L225-209 条"之规定在本会计年度终止时买卖股票的数量、买卖的平均价格、交易费用总额、本会计年度结束时以公司名义登记的股份数量、按买进价估计的股票价值以及股票的面值、购买股份的动机与这些股票所代表的资本比例。

第 L225-212 条 公司应当向(2003 年 8 月 1 日第 2003-706 号法律第 46-5 条)"金融市场主管机关"(原规定为"证券交易所业务委员会")报告其打算按照上述(2012 年 3 月 14 日第 2012-354 号法律第 15 条)"第 L225-209 条"的规定进行的交易活动。公司应每月向(2003 年 8 月 1 日第 2003-706 号法律第 46-5 条,2009 年 1 月 30 日第 2009-105 号法令第 1-5 条)"金融市场主管机关"汇报其已经进行的取得、转让与销除股份的活动。

金融市场主管机关可以要求公司对这些问题作出解释或者对其任务必

要的理由作出说明。

如果没有满足上述要求或者(2003年8月1日第2003-706号法律第46-5条)"金融市场主管机关"认定这些交易活动违反第L225-209条的规定,可以采取一切措施阻止执行公司直接或间接转达的这类交易命令。

第L225-213条 (2012年3月14日第2012-354号法律第6-1条)"第L225-209-2条"、第L225-206条与(2012年3月14日第2012-354号法律第15条)"第L225-209条"之规定不适用于因公司全部财产概括转移或者经法院判决而取得的股款已经全部缴纳的股票。

但是,当公司占有的股份超过其注册资本的10%时,应当自取得这些股份起2年期限内将其(超过的部分)转让,过此期限,这些股份应予销除。

第L225-214条 违反第L225-206-1条至第L225-209-1条以及第L225-10条之规定而持有的股票,应在自其认购或取得之日起1年期限内转让,过此期限,这些股票应予销除。

第L225-215条 禁止公司直接或者通过虽以其个人名义但是为公司利益开展活动的人用公司自己的股票设质(la prise en gage)。

由公司用于设质的股票,应在1年期限内返还其所有人。如出质物转移给公司是因为全部财产概括转移或者是由于司法判决所引起,可在2年期限内返还出质物,非如此,设质契约依法当然无效。

本条禁止性规定不适用于信贷企业的日常业务活动。

第L225-216条 公司不得垫付资金、提供借款或者同意设立担保,以供第三人认购或购买本公司的股票。

(2001年2月19日第2001-152号法律)"本条之规定不适用于信贷企业的日常业务活动,亦不适用于由薪金雇员在《劳动法典》第L444-3条规定的集团储蓄计划范围内为取得本公司或本公司某一子公司的股票而进行的活动。"

第L225-217条 第L225-206条至第L225-216条之规定,适用于投资证书。

第五节 股份有限公司的监督[①]

第L225-218条 在每一公司里,由一名或数名会计监察人实行监督。

---

① 本节修改较大,并且基本上归入《商法典》第八卷第二编有关会计监察人的规定。——译者注

（第 L225-218 条第 2 款至第 6 款的规定由 2003 年 8 月 1 日第 2003-706 号法律第 104 条归入《商法典》第 L822-9 条）

第 L225-219 条至第 L225-221 条 （2003 年 8 月 1 日第 2003-706 号法律第 112 条废止并参见《商法典》第 L822-1 条）

第 L225-222 条 （2003 年 8 月 1 日第 2003-706 号法律第 104 条废止并参见《商法典》第 L822-10 条）

第 L225-223 条 （2003 年 8 月 1 日第 2003-706 号法律第 112 条废止并参见《商法典》第 L822-3 条）

第 L225-224 条 （2003 年 8 月 1 日第 2003-706 号法律第 111 条废止并参见《商法典》第 L822-11 条）

第 L225-225 条 （2003 年 8 月 1 日第 2003-706 号法律第 112 条废止并参见《商法典》第 L822-12 条）

第 L225-226 条 （2003 年 8 月 1 日第 2003-706 号法律第 112 条废止并参见《商法典》第 L822-13 条）

第 L225-227 条 （2005 年 9 月 8 日第 2005-1126 号法令第 20-3 条废止并参见《商法典》第 L820-3-1 条）

第 L225-228 条 （2003 年 8 月 1 日第 2003-706 号法律第 105 条）"由董事会或者监事会提出决议草案，或者在本章第三节规定的条件下，由股东提出决议草案，提议股东大会指定会计监察人；如公司股票准许进入规范市场进行交易，由董事会选择其考虑提议的会计监察人，但如总经理与总经理助理是董事，不得参加董事会的投票表决"。

第 L225-229 条 （2005 年 9 月 8 日第 2005-1126 号法令第 20-3 条废止并参见《商法典》第 L823-5 条）

第 L225-230 条 （2005 年 9 月 8 日第 2005-1126 号法令第 20-1 条，参见《商法典》第 L823-6 条）第 L823-6 条所指的诉讼，可以由具备第 L225-120 条规定之条件的协会提起。

第 L225-231 条 （2001 年 5 月 15 日第 2001-420 号法律）符合第 L225-120 条确定之条件的协会，以及至少持有公司 5% 资本的一名或数名股东，得单独或者以任何形式组成集体，就有关本公司以及相应情况下按照第 L233-2 条的意义受其控制的各公司管理中的一项或数项活动书面提出问题。在后一种情况下，应当按照整个集团的利益来评价所提出的请求。对提出的问题所作的答复应转达给会计监察人。

如果在一个月期限内对所提问题没有作出答复或者没有转达令人满意

的答复材料,这些股东可以紧急请求指定一名或数名鉴定人负责就公司管理中的一项或数项活动提出报告。

检察院、企业委员会,以及(2009年1月22日第2009-80号法令第7-11条)"对于股票获准进入规范市场交易的公司",(2003年8月1日第2003-706号法律第46-5条)"金融市场主管机关",也可以紧急请求指定一名或数名鉴定人负责就公司管理中的一项或数项活动提出报告。

(第L225-231条第1款与第2款原条文:至少持有公司10%资本的一名或数名股东,得单独或者以任何形式组成集体,请求法院指定一名或数名专家,负责就公司之一项或多项管理活动提出报告。

检察机关、企业委员会以及对于公开募集资本的公司,证券交易所业务委员会,有权为上述同样之目的采取行动。)

如法院支持此项请求,应同时确定鉴定人的任务与权限范围。法院亦规定由公司支付给鉴定人的报酬。

鉴定人的报告应送交请求人、检察部门、企业委员会与会计监察人,以及相应情况下,应送交公司董事会、管理委员会与监事会;对公开募集资本的公司,上述报告应送交(2003年8月1日第2003-706号法律第46-5条)"金融市场主管机关"。此外,该项报告应当作为会计监察人为下一次召开的股东大会准备的报告的附件并办理同样的公告手续。

第L225-232条 至少持有公司(2001年5月15日第2001-420号法律)"5%"(原规定为"10%")资本的一名或数名股东,或者符合第L225-120条确定之条件的(股东)协会,在每一个会计年度内,可以两次就一切可能影响公司继续存在与经营的事由,向董事长或管理委员会主席书面提出问题。对这些问题所作的答复应当通知会计监察人。

第L225-233条 (2005年9月8日第2005-1126号法令第20-1条)第L823-7条所指的诉讼可以由符合第L225-120条确定之条件的(股东)协会提起。

第L225-234条 (2005年9月8日第2005-1126号法令第20-3条废止)

第L225-235条 (除以下最后一款之外,由2005年9月8日第2005-1126号法令第20-3条废止并参见《商法典》第L823-9条至第L823-11条)

(2003年8月1日第2003-706号法律第120条)"会计监察人,在其附于第L225-100条第2款所指报告的另一份报告中,应当就第L225-37条或者第L225-68条所指的有关内部财务信息的制订与监督程序问题的报告提出看法"。会计监察人对第L225-37条与第L225-68条所要求的其他信息的制订作出证明。

第 L225-236 条 （2005 年 9 月 8 日第 2005-1126 号法令第 20-3 条废止）

第 L225-237 条 （2005 年 9 月 8 日第 2005-1126 号法令第 20-3 条废止）

第 L225-238 条 （2005 年 9 月 8 日第 2005-1126 号法令第 20-3 条废止并参见《商法典》第 L823-17 条）

第 L225-239 条 （2005 年 9 月 8 日第 2005-1126 号法令第 20-3 条废止并参见《商法典》第 L823-18 条）

第 L225-240 条 （2005 年 9 月 8 日第 2005-1126 号法令第 20-3 条废止并参见《商法典》第 L822-15 条）

第 L225-241 条 （2005 年 9 月 8 日第 2005-1126 号法令第 20-3 条废止并参见《商法典》第 L822-17 条）

第 L225-242 条 （2005 年 9 月 8 日第 2005-1126 号法令第 20-3 条废止并参见《商法典》第 L822-18 条）

第六节 股份有限公司的转型

第 L225-243 条 任何股份有限公司，如其在打算转型时至少已经存在两年且已制订并经股东批准了头两个会计年度的资产负债表，均可转变为其他形式的公司。

第 L225-244 条 公司转型的决议，依据会计监察人的报告作出。该项报告应当证明公司自有资金至少等于公司注册资本。

相应情况下，公司转型应当经债券持有人大会以及利益股（parts bénéficiaires）或发起人股（parts de fondateur）[①]的持有人会议批准。

公司转型决议，应当按照最高行政法院提出资政意见后颁布的法令规定的方式进行公示。

第 L225-245 条 股份有限公司转变为合名公司，必须得到全体股东的同意，在此情况下，第 L225-243 条以及第 L225-244 条所指的条件可不予要求。

股份有限公司转变为普通两合公司或股份两合公司，应按照修改公司章

[①] 发起人股或创办人股；也称为"利益股"，是一种无面值的可转让的有价证券，由公司无代价地赠送其发起人，以支付或补偿发起人提供的劳务的费用。发起人股可以分派一定份额的企业利润，通常还可参与分配企业清算余额。法国1966年7月24日的《公司法》生效之后，已禁止发行发起人股，参见本《法典》第L228-4条。——译者注

程的条件并取得愿意作为无限责任股东的股东同意而作出决定。

股份有限公司转变为有限责任公司,按照对这类公司规定的修改章程的条件作出决定。

第 L225-245-1 条 （2005 年 7 月 26 日第 2005-842 号法律第 11-2 条）在股份有限公司转型为欧洲公司①的情况下,不适用第 L225-244 条第 1 款之规定。

公司应制订转型为欧洲公司的方案。这一方案应交存至公司注册登记所在辖区的法院书记室,并按照最高行政法院提出资政意见后颁布的法令规定的条件进行公示。

法院作出决定指定的一名或数名公司转型审计员,由其各自承担责任,制订一份提交给转型公司的股东的报告,以证明公司（2008 年 7 月 3 日第 2008-649 号法律第 11 条）"持有的净资产至少等于其注册资本加上法律或章程规定不准许分配的准备金"。公司转型审计员应遵守第 L822-11 条有关不得兼任该职的规定。

股份有限公司转型为欧洲公司,按照第 L225-96 条与第 L225-99 条之规定作出决定。

第七节　股份有限公司的解散

第 L225-246 条　公司提前解散,由特别股东大会宣告。

第 L225-247 条　如公司股东人数减少至不足 7 人的时间已经超过 1 年,应任何利害关系人的请求,商事法院得宣告公司解散。

商事法院可以给予公司最长 6 个月期限,以便公司调整状况;如在法院就实质进行审理之日,公司状况已经符合规定,不得宣布解散公司。

第 L225-248 条　如因公司会计文件确认发生亏损,公司自有资金低于其注册资本的一半,董事会,或者相应情况下,管理委员会,应当在显示公司发生亏损的账目得到批准后的 4 个月内,召集特别股东大会,以决定是否必要提前解散公司。

如果没有宣布解散公司,至已经确认发生亏损的会计年度后的第二个会计年度结束,公司自有资金在此期间仍然未能恢复到至少等于其注册资本的一半时,最迟应在此时将其注册资本至少减少未能用公积金填补的亏损数

---

①　参见第 L229-1 条及随后条文。——译者注

额,第 L224-2 条之规定保留执行。

在上述两种场合,股东大会所做的决定均应按照最高行政法院提出资政意见后颁布的法令规定的方式进行公示。

在没有召开股东大会,以及在最后一次召集的股东大会未能有效进行审议的情况下,任何利害关系人均得向法院提出解散公司的请求。上述第 2 款的规定未得到执行的情况亦同。任何情况下,法院均可给予公司最长 6 个月的期限,以便其调整状况。如法院就实质问题进行审理之日,公司状况已经进行调整,符合规定,法院不得宣布解散公司。

本条之规定不适用处于(2005 年 7 月 26 日第 2005-845 号法律第 165-2 条)"保护程序或司法重整程序"中的公司或者享有继续经营方案之利益的公司。

第八节　民事责任

第 L225-249 条　对公司被撤销负有责任的发起人以及公司被判撤销时在职的董事,因公司被撤销给股东或第三人造成的损害,得被宣告连带承担责任。

出资或利益未得到检证与批准的股东,得被宣告负同样的连带责任。

第 L225-250 条　基于公司被撤销提起的追究责任之诉讼,时效期间依第 L235-13 条第 1 款规定的条件确定。

第 L225-251 条　(2001 年 5 月 15 日第 2001-420 号法律)公司董事与总经理,对违反有关股份有限公司的法律与法规的规定,违反公司章程的规定,以及对其在管理中的过错,视情况,向公司或第三人,个人或连带承担责任。

如有多名董事,(2001 年 5 月 15 日第 2001-420 号法律)或者多名董事与总经理共同参与了同一事实,法庭得确定其中每一个人对所造成的损害应当分担的责任。

第 L225-252 条　所有股东,除了就其个人受到的损害提起赔偿之诉外,均可单独或者由符合第 L225-120 条之规定条件的(股东)协会,或者按最高行政法院提出资政意见后颁布的法令规定的条件组合为集体,针对董事(2001 年 5 月 15 日第 2001-420 号法律)或总经理提起追究责任的公司诉讼。原告有权就公司受到的全部损失追究赔偿责任,相应情况下,获得的损害赔偿归属于公司。

第 L225-253 条　公司章程的任何条款,凡是产生"行使公司诉权应当事先通知或应当事先经股东大会批准"之效力的,或者包含事先放弃此种诉权之效力的,均视为未予订立。

股东大会的任何决定,均不得产生消灭对董事(2001年5月15日第2001-420号法律)或总经理在行使职权过程中的过错追究责任之诉权的效力。

第L225-254条 对董事(2001年5月15日第2001-420号法律)或者总经理提起追究责任的个人诉讼或公司诉讼,时效期间为3年,自造成损害的行为之日起计算,或者如果此种行为被隐瞒,自其被披露之日起计算;但如行为构成犯罪,诉讼时效期间为10年。

第L225-255条 在适用有关企业司法重整与司法清算的第六卷第三编与第四编的规定(原规定为"1985年1月25日关于企业实行司法重整与司法清算的第85-98号法律")开始实施(2005年7月26日第2005-845号法律第165-2条)"保护程序"、司法重整与司法清算程序的情况下,这些规定所指的人得对公司负债承担责任,并按照这些规定所确定的条件,受有关禁止权利与丧失权利的约束。

第L225-256条 在公司适用第L225-57条至第L225-93条之规定时,其管理委员会成员与所有董事一样,按照第L225-249条至第L225-255条规定的条件承担同样的责任。

在适用有关企业司法重整与司法清算的第六卷第二编的规定(原规定为"1985年1月25日关于企业实行司法重整与司法清算的第85-98号法律")开始实施(2005年7月26日第2005-845号法律第165-2条)"保护程序"、司法重整与司法清算程序的情况下,这些规定所指的人可能对公司负债承担责任,并按这些条文规定的条件受到有关禁止权利与丧失权利的约束。

第L225-257条 监事会成员对其在履行职责中所犯的个人过错承担责任;监事会成员对公司管理行为及其结果不负任何责任。管理委员会成员有违法行为,监事会成员知情而不向股东大会揭露此种行为者,得被宣告对此种违法行为承担民事责任。

第L225-253条及第L225-254条之规定得予适用。

第九节 工人参股股份有限公司

第L225-258条 所有的股份有限公司的章程均可规定本公司为"工人

参股公司"。①

　　章程中没有这种规定的股份有限公司,也可以按照第 L225-96 条的规定转型为工人参股公司。

　　工人参股公司,除有关股份有限公司的一般规定之外,受本节规定调整。

　　第 L225-259 条　如公司运用其发行劳动股的选择权利,则在其发给第三人的所有文件中均应当写明"工人参股"(à participation ouvrière)(公司)之字样,以标明这种情况。

　　第 L225-260 条　公司的股份组成为:

　　1. 资本股或者资本股股券;

　　2. 被称为"劳动股"(action de travail,劳工股)的股份。

　　第 L225-261 条　劳动股是作为本公司薪金雇员的员工(工人与雇员)的集体财产(la propriété collective)。薪金雇员员工组成"劳动力合作性商业公司"。这种"劳动力公司"必须并且唯一包括与本企业至少有 1 年劳动关系、年龄满 18 周岁的所有薪金雇员。公司成员丧失领薪岗位,即被剥夺其在劳动力合作公司中的一切权利,且不给予任何补偿。当事人在企业内从事工作的最后一个会计年度中途离开企业的,就其在离开之前已经取得的权利而言,应将其在最后一个会计年度内所经过的时间计算在内并按照第 L225-269 条的规定进行清算。

　　如(股份有限)公司一开始就按照"工人参股股份有限公司"的形式设立,公司章程应当规定将分派给薪金雇员集体的劳动股暂行库存(mise en reserve),直至当年终结。股份暂存期限终结时,股票交付给依法设立的"劳动力合作公司"。

----

①　"工人参股股份有限公司"(société anonyme à participation ouvrière)或"工人参股公司"(société à participation ouvrière),是法国法律规定的一种特殊类型的股份有限公司,其股份分为两大类:资本股与劳动股。股份有限公司本身是劳动股的发行人,但劳动股只能分派给"由持有此种股份的薪金雇员组成的集体",不能直接分派给职工个人,职工个人按照各自的条件(第 L225-261 条)在这个集体中持有份额。这就是说,所谓"工人参股股份有限公司",实际上是在股份有限公司的内部设立一个"由劳动股组成的职工股集体"。在日常用语中,这个集体本身有不同名称,例如,"劳动力合作性商事公司"(société commerciale coopérative de main d'oeuvre)、"劳动力公司"(société de main d'oeuvre)、"劳动力合作公司"(société coopérative de main d'oeuvre)、"劳动力合作社"(coopérative de main-d'oeuvre)、"工人公司"(société ouvrière)、"工人合作社"(coopérative ouvrière)等。由于股份有限公司是劳动股股份的发行主体,因此,如果股份有限公司本身解散,必然会引起"劳动力合作公司"随之解散。实践中,采取"工人参股股份有限公司"的形式设立的(股份有限)公司并不很成功,因此,虽然在立法上有规定,这种法律形式的公司实际上数量很少。应当强调的是,法国法律有关"职工股份制"的实践做法很多,而不拘泥于一种手段,例如,认股或者无偿分派股份、分派库存股等。——译者注

分派给参与"工人合作社"的工人与雇员的股息，按照这种"工人公司"的章程确定的规则以及股东大会的决定进行分配，但是，股份有限公司的章程应当规定，为了资本股持有人的利益，在分派任何股息之前，按照章程确定的利息，首先从公司利润中提取与已经缴纳的资本应得的利息相对应的款项。

任何情况下，(工人参股股份有限公司的)劳动股均不得分派给作为劳动力合作社成员的本公司的薪金雇员个人。①

第 L225-262 条 劳动股为记名股，以劳动力合作公司的名义登记，在工人参股公司存续的整个期间均不得转让。

第 L225-263 条 股份有限公司的股东大会上，劳动力合作公司的参加人由他们选举的委托代理人代表他们出席，而劳动力合作公司参加人的委托代理人由合作公司本身举行大会选举产生。

委托代理人应当从劳动力合作公司的参加人中选举产生，其人数由股份有限公司的章程规定。

在股份有限公司的每一次股东大会上，劳动力合作公司参加人的委托代理人所拥有的表决权数目，根据出席或者派代表出席大会的其他股东所拥有的表决权的数量确定，并且应当遵守公司章程确定的劳动股与资本股的比例。劳动力合作公司参加人的委托代理人拥有的表决权的数目，在每一次股东大会开始时，按照签到簿的登记情况确定。

按照上述规定分配给劳动力合作公司参加人的所有委托代理人的表决权数，在他们之间再进行等数分配，剩余的票数归年纪最大者持有。

劳动力合作公司参加人大会，每年在公司章程确定的期限内举行；在公司章程没有规定的情况下，在股份有限公司(本身)的股东大会举行之后4个月内召开。

第 L225-264 条 在劳动力合作公司自己的大会上，每一个参加人均拥有1票表决权。

但是，(劳动力合作)公司章程可以根据参加人的工资高低分配给参加人多份表决权，但最高数目限制为当事人在前一个会计年度终结时确定的年工资额相对于本公司给予年满18周岁的薪金雇员最低工资的倍数。

(劳动力合作)公司章程可以规定，其全体参加人划分为不同团体，每一个团体代表一类人员，每个团体选举各自的一名或数名委托代理人；并且可

---

① 只能作为集体财产，由合作社持有。——译者注

以规定修改(劳动力)合作公司的章程以及作出章程所列举的其他决定,应当得到每一个团体的同意。表决时要求达到的多数,由章程具体规定。

第 L225-265 条 劳动力合作公司的大会,如第一次召集即举行,至少应有 2/3 的参加人出席或者委托代理人出席,才能有效进行审议。对第二次召集才召开的劳动力合作公司的大会,由章程规定所要求达到的人数。在章程没有这方面的规定时,出席或者委托代理人出席会议的人数应为合作公司参加者人数的一半。

大会按照参加表决的票数多数作出审议决定。在采用书面方式进行投票表决时,空白票不予计算。

但是,在修改(劳动力)合作公司章程以及作出章程所列举的其他决定时,要求达到的法定多数可以低于公司全体参加人人数的一半;此外,这些决定可以按照参加表决的票数的 2/3 多数作出。在采用书面方式进行投票表决时,空白票不予计算。

第 L225-266 条 在向法院提起诉讼的情况下,最后一次大会选举产生的(劳动力合作公司的)委托代理人从他们中间指定一人或数人代理公司全体参加人进行诉讼。如果尚未进行任何选举或者如果选举的委托代理人不是劳动力合作公司的成员,应当按照第 L225-263 条第 1 款与第 L225-264 条及第 L225-265 条规定的条件选举专门的委托代理人。

第 L225-267 条 但是,为了审议修改公司章程、期限到期之后公司继续存在的提议或者在规定的期限未到即解散公司之事项而召开的工人参股股份有限公司的股东大会,至少应有代表公司 3/4 资本的股东参加会议,才能符合规定召开并进行有效审议。公司章程不得作出另外的规定。

如果大会所作的决议包含有变更与劳动股相关权利的规定,这一决议只有在经过劳动力合作公司的全体大会批准之后才能最终确定。

第 L225-268 条 工人参股股份有限公司的董事会成员中,应当有劳动力合作公司的一名或数名代表。这些代表从代表劳动力合作公司出席股东大会的委托代理人中挑选,并由该股东大会选举参加公司董事会。参加董事会的人数按照劳动股与资本股的比例确定。由此当选的董事任期与其他董事任期相同并且可以连选连任。但是,如果当选的人停止作为本公司的薪金雇员,因而不再是劳动力合作公司的成员时,其董事任期亦行终止。如果(股份有限)公司董事会仅由 3 名成员组成,其中至少应有 1 名劳动力合作公司的代表。

第 L225-269 条 在工人参股股份有限公司解散的情况下,只有在资本股全部偿还之后，公司资产才能在股东之间进行分配。

代表劳动股的部分，按照为此召开的劳动力合作公司大会作出的决定，在该公司的现有参加人以及在公司机构中至少有连续10年的服务年限或者不间断地服务年限至少达到公司存在时间之一半、由于以下原因离开公司的原参加人之间进行分配：自愿或者按照规定退休并享有养老金，因疾病或身体残疾而不适应原先从事的工作，由于工作岗位被取消或者压缩人员编制而被解雇。

但是，符合前款规定之条件的公司原参加人，仅能参与分配与其服务时间相对应的资产部分，并且按照其停止服务的时间每经过1年下调总数额的1/10。

（工人参股）股份有限公司解散，导致劳动力合作公司随之解散。

第L225-270条 一、尽管有第L225-267条第2款的规定，也不论章程有何其他规定，如果工人参股股份有限公司处于第L225-248条所指的状况但并未被宣告解散，特别股东大会可以决定在第L225-248条第2款规定的期限内修改公司章程，并由此引起公司丧失工人参股股份有限公司的形式，同时引起劳动力合作公司的解散。

但是，只有在与《劳动法典》第L132-2条意义上的一个或数个有代表性的工会组织订立了企业集体协议，协议中有关于劳动力合作公司解散之规定的情况下，特别股东大会的决定才能付诸实施。在1994年8月8日关于经济与金融秩序若干问题的第94-679号法律实施之前即订有包含相同宗旨、按照相同条件的企业集体协议，如其仍然有效，适用本款之规定。

二、如果劳动力合作公司按照上述第一项的规定被解散，应向该公司的参加人以及第L225-269条第2款意义上的原参加人分派补偿金。

这项补偿金的数额的确定，主要考虑与劳动股相联系的权利的性质与特别范围，由股份有限公司特别股东大会在听取劳动力合作公司的委托代理人的咨询意见之后，根据最高行政法院提出资政意见后颁布的法令规定的方式指定的独立鉴定人的报告作出决定。

三、依据股份有限公司的特别股东大会的决定，分派补偿金可以采取专门向劳动力合作公司参加人以及第L225-269条意义上的原公司参加人分派股票的形式。

可以用能够处分的溢价与公积金中提取的款项来设立这些股票。尽管有第L225-206条之规定，股份有限公司也可以取得自己的股票，以便自取得这些股票起1年期限内将它们分派给劳动力合作公司的参加人以及第L225-

269 条第 2 款意义上的原公司参加人。

按照以上规定分派的股票,只有在劳动力合作公司解散起 3 年期限届满后才能转让。

尽管有前款之规定,股份有限公司的特别股东大会可以决定将这些股票委托给 1988 年 12 月 23 日关于有价证券集体投资组织以及创设债权共同基金的第 88-1201 号法律第 21 条之规定调整的企业共同投资基金管理。这种企业共同投资基金最迟应在股票分派之日专门为此目的而设立。在此情况下,共同投资基金的股份以及构成共同投资基金资产的股票,只有在前款所指的期限届满之后才能转让。共同投资基金的规章通过集体劳动协议进行批准。

四、为适用本条之规定,由股份有限公司的特别股东大会作出的决定,对任何股东以及立即或者到期可以进入公司资本的证券的任何持有人,均当然具有约束力。

五、本条第二项所指的补偿金在享有权利的人之间进行分配,但应当考虑他们在公司内服务时间的长短以及在劳动力合作公司里已经取得的工作年限和他们所得报酬的高低。

在劳动力合作公司解散之后,以及在股份有限公司为确定给予补偿金的数额与形式而召开的特别股东大会进行审议后的 6 个月期限内,即应按照劳动力合作公司的全体大会依据其委托代理人的建议作出的决定,进行上述分配。在 6 个月期限内没有进行分配的情况下,由公司注册住所所在辖区的商事法院院长指定的委托清算代理人进行分配。

第 L225-269 条第 3 款的规定适用于本第五项所指的情况。

六、就适用《劳动法典》与《社会保险法典》的规定而言,本条第二项所指的补偿金,或者相应情况下,以此名义分派的股票的价值,均不属于工资的组成成分。在计算应纳税税基以及从工资中扣除的款项时,或者在计算收入时,亦不予计入,但《税收总法典》第 94A 条之规定保留执行。

第六章 股份两合公司

第 L226-1 条 可发行股票,以股票形式表示其注册资本份额(en action)的股份两合公司,由一名或数名无限责任股东以及多名有限责任股东组成。无限责任股东具有商人(commerçant)资格,对公司负债承担无限连带责任;有限责任股东享有股票持有人(actionnaire)的资格,对公司亏损仅以其出资额为限承担责任。有限责任股东的人数不得少于3人。

有关普通两合公司及股份有限公司的规则，除第L225-17条至第L225-93条之外，在其与本节之特别规定不相抵触时，均适用于股份两合公司。

第L226-2条 公司的一名或多名首任经理由章程指定。经理完成第L225-2条至第L225-16条有关股份有限公司发起人应当负责完成的创建公司的各项手续。

在公司存续期间，经理，经全体无限责任股东同意，由普通股东大会指任，章程另有规定时除外。

经理，不论其是否为公司股东，均得依章程规定的条件解除职务。

此外，应任何股东或者公司的请求，得由商事法院以正当原因解除公司经理的职务。与此相抵触的任何条款，均视同未予订立。

第L226-3条 公司章程应当规定经理任职的年龄限制。在章程无明文规定时，经理任职年龄限制为65周岁。

违反本款之规定进行的任何任命均无效。

经理已到任职限制年龄的，视其按规定辞职。

第L226-4条 普通股东大会，按照公司章程规定的条件，任命监事会。监事会至少由3名公司股票持有人(股东)组成。

(2011年1月27日第2011-103号法律第4-1条)"监事会的组成应尽量做到男女人数比例平衡"。

无限责任股东不得被任命为公司监事会的成员，否则，任命无效。具有无限责任股东身份的股票持有人(股东)不得参与监事会成员的任命事宜。

在公司章程没有规定的情况下，适用有关指定股份有限公司董事及其任职期限的规定。

第L226-4-1条 (2011年1月27日第2011-103号法律第4-2条,2017年1月1日起实行)在股票准许进入规范市场交易的公司里，以及在就任命事项作出决定的最近一次股东大会之后连续3个会计年度平均雇用至少500名长期雇员、营业额或者资产负债表总额至少5000万欧元的公司里，监事会成员男女人数比例均不得低于40%。在这些公司里，监事会成员超过8人的，男女监事的人数比例差不得超过2人。

在调整监事会人员组成不符合规定的状况时，违反第1款之规定进行的任何任命一律无效；但这种无效并不引起不符合规定任命的监事会成员参与作出的决定无效。

第L226-5条 公司章程应当规定监事会成员任职的年龄限制。此种年龄限制得适用于(2003年1月3日第2003-7号法律第50-2条)全体成员,或者适用于其中确定比例的成员。

在章程没有明文规定时,监事会中年龄已达到70岁的成员的人数不得超过在职的监事会成员人数的1/3。

违反前款之规定进行的任何任命均无效。

在公司章程没有明文规定另一种程序的情况下,如已超过章程或法律规定的对监事会成员的年龄限制,监事会中年龄最大的成员视为按规定辞职。

第L226-5-1条 (2013年6月14日第2013-504号法律第9-3条)在具备第L225-79-2条第一项规定标准的公司里,薪金雇员在监事会里的代表权适用第L225-79-2条与第L225-80条的规定。

因确定代表薪金雇员的监事会成员的条件需对公司章程进行必要修改时,应当遵守本章确定的规则。如果在第L225-79-2条第三项规定的期限内没有召开有限责任股东或无限责任股东的全体会议,任何薪金雇员均可以请求法院院长进行紧急审理,责令公司经理或者经理之一召集此种会议,并向会议提交按照该第三项的规定修改章程的草案,并且规定逾期罚款。

第L226-6条 普通股东大会指定一名或多名会计监察人。

第L226-7条 公司经理拥有在任何情况下代表公司开展活动的最广泛的权力。

在与第三人的关系中,经理实施的行为,即使不属于公司宗旨范围,仍然使公司承担义务,但如能证明第三人知道此种行为已经超越公司的宗旨范围,或者能证明依据具体情况第三人不可能不知道此种情形的,不在此限;仅仅是进行了章程的公示,不足以构成这方面的证据。

公司章程中有关限制经理依据本条规定所产生的权力的条款,对第三人不具有对抗效力。

在公司有多名经理的情况下,由他们分别掌握本条所指的权力。由一名管理人对另一名管理人的行为提出的反对意见,对第三人不产生效力,但如其能够证明第三人知道此情况,不在此限。

除本章之规定外,公司经理承担与股份有限公司的董事会相同的义务。

第L226-8条 除章程规定的报酬外,公司经理的其他任何报酬,只能由普通股东大会决定给予,并且只有得到无限责任股东一致同意,才能决定给予,有相反条款规定时,不在此限。

第L226-9条 监事会对公司的管理实行经常性监督,为此,监事会拥有与会计监察人相同的权力。

监事会向年度普通股东大会提出报告,主要指出在公司年度账目中是否存在不符合规定以及与实际情况不相符合的情形;相应情况下,应当指出公司集团合并结算账目中是否存在此种问题。

监事会与会计监察人同时得到向他们提交的文件。

监事会可以召集股东大会。

第 L226-9-1 条 (2011 年 1 月 27 日第 2011-103 号法律第 8-3 条) 监事会每年应就公司在就业与工资平等方面的政策进行审议,作出决定;应当就《劳动法典》第 L2323-57 条所指的企业内男女工作岗位与培训的一般条件状况制定报告的公司以及实施《劳动法典》第 L1143-1 条所指的男女职业平等计划的公司,监事会应在此基础上进行审议,作出决定。

第 L226-10 条 (2001 年 5 月 15 日第 2001-420 号法律) 公司与其经理之一、监事会成员之一、持有的表决权超过 (2003 年 8 月 1 日第 2003-706 号法律第 123-1 条) "10%" (原规定为 "5%") 的一位股东之间,或者,如果是另一公司作为股东,该公司与其实行第 L233-3 条意义上的控制的公司之间,直接或通过中间人订立的协议,适用第 L225-38 条至第 L225-43 条之规定(需经事先批准)。

公司与其经理之一或监事会成员之一作为所有人、无限责任股东、董事、总经理、管理委员会成员或监事会成员的企业之间订立的协议,亦适用这些规定。

第 L225-38 条第 1 款所指的批准由监事会给予。

第 L226-10-1 条 (2009 年 1 月 22 日第 2009-80 号法令第 7-12 条) "当公司的金融证券准许进入金融规范市场交易时",(2008 年 7 月 3 日第 2008-649 号法律第 28 条) "监事会主席制定一份报告附于第 L225-102 条、第 L225-102-1 条以及第 L233-26 条所指的报告。该报告应包含第 L225-68 条第 7 款至第 9 款所指的信息"。

报告由监事会批准并予公示。

(2009 年 5 月 12 日第 2009-526 号法律第 46-1 条) "会计监察人应就此报告提出意见,特别是对公司按照第 L225-235 条规定的条件建立会计与金融信息处理系统的内部监督程序与风险管理方面的看法,会计监察人对公司按照相同条件要求建立的其他信息作出证明。"

第 L226-11 条 修改公司章程,应得到全体无限责任股东的同意,另有规定时除外。

因增加资本而修改章程,由经理作出确认。

第 L226-12 条 第 L225-109 条及第 L225-249 条之规定适用于公司经理

和监事会成员。

第 L225-52 条、第 L225-251 条以及第 L225-255 条之规定,适用于公司经理,即使其并非本公司的股东。

第 L226-13 条 监事会成员对公司的管理行为及其产生的后果,不承担任何责任。

监事会成员如果知道公司经理有违法行为而不向股东大会披露,得被宣告对此违法行为承担民事责任。监事会成员对其个人在履行职务中的过错承担责任。

第 L226-14 条 股份两合公司转变为股份有限公司或者转变为有限责任公司,应当得到大多数无限责任股东同意,并由特别股东大会作出决定。

第七章 简化的可以发行股票的公司①

第 L227-1 条 一人或数人可以设立简化的可以发行股票的公司,并仅以其出资额为限对公司亏损承担责任。

在这种公司仅有一名股东时,该人称为"一人股东"(唯一股东),在按照本章的规定应当作出集体决议的情况下,一人股东行使全体股东享有的权力。

有关股份有限公司的各项规则,在其与本章之特别规定不抵触的情况下,适用于简化的可以发行股票的公司(简化的股份有限公司),(2008 年 8 月 4 日第 2008-776 号法律第 59-1 条)"但第 L224-2 条、第 L225-17 条至第 L225-126 条以及第 L225-243 条与第 L233-8 条"的规定除外。为了适用这些规则,董事会或者董事长的职权,由简化的可以发行股票的公司的董事长或者公司章程为此从领导人中指定的一人或数人行使。

(2008 年 8 月 4 日第 2008-776 号法律第 59-1 条)简化的可以发行股票的公司可以发行如《民法典》第 1843-2 条所定义的由劳务技艺出资形成的不得转让的股票;公司章程具体规定这些股票的认购与分派方式,并且确定在股

---

① "简化的可以发行股票的公司"也称为"简化的股份有限公司"。在 1999 年 7 月 12 日第 99-587 号法律实施之前,这种公司只能在法人之间设立,并且要求至少应是两个或数个掌握巨大资本的法人才能设立这种类型的公司。现行的《商法典》第 L227-1 条则规定,"一人或数人可以设立简化的可以发行股票的公司(简化的股份有限公司)",这里的"一人或数人"包括自然人,并且不要求股东具有商人身份,股东可以是外国人(相应情况下,应履行在法国直接投资的有关手续)。——译者注

票发行之后何种期限到期时应按照第 L225-8 条规定的条件进行估价。

简化的可以发行股票的公司只有一自然人作为一人股东并由其本人亲自主持时，应遵守最高行政法院提出资政意见后颁布的法令确定的简化的公示手续，该法令还规定在何种条件下可以免除在《民商事法定公告正式简报》上进行公告的手续。

第 L227-2 条 （2009 年 1 月 22 日第 2009-80 号法令第 7-13 条）简化的可以发行股票的公司不得采取公开募集方式发行金融证券，或者将其股票投入规范市场进行交易，但可以进行《货币与金融法典》第 L411-2 条第一项第 2 点与第 3 点以及第二项所指的募集。

第 L227-2-1 条 一、尽管有第 L227-1 条与第 L227-9 条之规定，简化的可以发行股票的公司进行《货币与金融法典》第 L411-2 条第 1B 项所定义的公开募集资金时：

1. 适用本《法典》第 L225-122 条至第 L225-125 条的规定；
2. 适用本《法典》第 L225-96 条至第 L225-98 条的规定；
3. 适用本《法典》第 L225-105 条第 3 款的规定；
4. 按照最高行政法院提出资政意见后颁布的法令确定的形式与期限召集股东会议。

不符合规定而召集的任何会议可均撤销，但如果所有的股东都出席了会议或者派代表出席了会议，有关大会无效之诉不予受理。

二、进行募集资金的公司是以持有或管理对其他公司的参股为活动宗旨时，上述第一项的规定适用于其持有资金参股的公司。

第 L227-3 条 将原有的公司转型为简化的可以发行股票的公司，应由股东一致同意作出决定。

第 L227-4 条 简化的可以发行股票的公司的全部股份集中到一人之手时，不适用《民法典》第 1844-5 条有关司法解散公司的规定。

第 L227-5 条 简化的可以发行股票的公司按照何种条件实行领导，由其章程规定。

第 L227-6 条 对于第三人，简化的可以发行股票的公司由其章程指定的董事长领导。董事长享有在任何情况下以公司的名义、在公司宗旨的范围内开展活动的最广泛的权力。

在与第三人的关系中，董事长实施的行为即使不属于公司宗旨范围，亦使公司承担义务，但如其能够证明第三人知道此种行为已超越公司的宗旨，或者能够证明该第三人不可能不知道此情形时，不在此限；仅仅是进行了公司章程的公示,不能构成这方面的证据。

(2003年8月1日第2003-706号法律第118条)简化的可以发行股票的公司的章程可以规定在何种条件下,除董事长以外的一人或数人以总经理或者总经理助理的名义行使本条规定赋予董事长的权力。

公司章程中有关限制董事长权力的规定对第三人不产生对抗效力。

第L227-7条 在法人被任命为简化的可以发行股票的公司的董事长或领导人时,该法人的所有领导人均应如同他们是以自己的名义担任董事长或领导人一样遵守相同的条件与义务,承担相同的民事责任与刑事责任,且不影响其领导的法人负连带责任。

第L227-8条 有关确定股份有限公司董事会与管理委员会成员责任的规则,适用于简化的可以发行股票的公司的董事长与领导人。

第L227-9条 简化的可以发行股票的公司的章程规定哪些决定应当由股东按照章程规定的条件集体作出。

但是,有关公司增加资本、偿还资本或者减少资本方面以及公司合并、分立、解散、(2001年5月15日第2001-420号法律)转型为另一种形式的公司、任命会计监察人、年度账目以及利润方面属于股份有限公司特别股东大会与普通股东大会的权限,仍然按照章程规定的条件由股东集体行使。

在仅有一人股东的简化的可以发行股票的公司里,管理报告、年度账目以及相应情况下集团合并结算账目,均由董事长确定。(2008年8月4日第2008-776号法律第59-1条第四项)"如公司有会计监察人",一人股东在本会计年度终结后6个月内,经会计监察人提出报告,批准该账目。一人股东不得将其权力委托他人行使。其所作决定应归入登记簿。

(2008年8月4日第2008-776号法律第59-1条第五项)"唯一股东是自然人并由其本人担任公司董事长时,应在上述相同期限内,向'商事及公司注册登记簿'交存符合规定的盘存表与年度账目。办理这一手续即等于账目得到批准,无须该唯一股东向前述登记簿提交商事法院签发的收据。"

违反本条之规定作出的决定,得应任何有利益关系的人的请求撤销之。

第L227-9-1条 (2008年8月4日第2008-776号法律第59-1条)股东可以按照第L227-9条规定的条件任命一名或数名会计监察人。

在一个会计年度终结时,超过最高行政法院提出资政意见后颁布的法令确定的下列两项标准的简化的可以发行股票的公司至少应指定一名会计监察人,这两项限额是指:资产负债总额,税负外营业额或者一个会计年度内的平均用工人数。

按照第 L233-16 条第二项与第三项的意义控制一家或数家公司的简化的可以发行股票的公司，或者按照相同意义被一家或数家公司控制的简化的可以发行股票的公司，也必须指定一名会计监察人。

即使前几款规定的条件都没有达到，至少持有公司 10% 股份的一名或数名股东也可以请求法院任命一名会计监察人。

第 L227-10 条　（2001 年 5 月 15 日第 2001-420 号法律）对于简化的可以发行股票的公司直接或者通过中间人与其董事长、领导人之一、持有的表决权数目超过（2003 年 8 月 1 日第 2003-706 号法律第 123-1 条）10% 的股东之一订立的所有协议，会计检察人应向各股东提交一份报告；（2008 年 8 月 4 日第 2008-776 号法律第 59-1 条）如果公司没有指定会计监察人，由其董事长提交该报告；如果持有表决权数目超过 10% 的股东是一家公司，其与第 L233-3 条意义上的控制本公司的公司之间订立的协议，亦应报告。

股东对这份报告作出审议决定。

没有得到批准的协议仍然产生效力，但应由与此有关的人，以及可能由董事长与其他领导人承担给公司造成损害的后果。

尽管有本条第 1 款的规定，当公司仅有一名股东时，仅需在登记簿上记明公司与其领导人之间直接或者通过中间人订立的协议。

第 L227-11 条　（2001 年 5 月 15 日第 2001-420 号法律，2003 年 8 月 1 日第 2003-706 号法律第 123-1 条，2011 年 5 月 17 日第 2011-525 号法律第 58 条）"第 L227-10 条之规定不适用于按照正常条件就日常业务活动订立的协议。"

第 L227-12 条　第 L225-43 条规定的禁止事项，按照该条规定的条件，适用于简化的可以发行股票的公司的董事长与领导人。

第 L227-13 条　简化的可以发行股票的公司的章程可以规定其股票不得转让，但限制期限不得超过 10 年。

第 L227-14 条　简化的可以发行股票的公司的章程可以规定股票的任何转让均应事先经公司认可。

第 L227-15 条　违反公司章程之规定进行的任何转让均无效。

第 L227-16 条　简化的可以发行股票的公司的章程可按照其确定的条件，规定某一股东有义务转让其持有的股票。

公司章程亦可规定，在该股东没有进行前述要求的转让时，即暂时中止该股东的非金钱权利。

第 L227-17 条　简化的可以发行股票的公司的章程可以规定，在作为其股东的公司按照第 L233-3 条规定的意义进行控股的情况发生变化时,此种变化一经发生,即应通知简化的可以发行股票的公司。简化的可以发行股票的公司可以决定,按照其章程规定的条件,暂时中止该公司的非金钱权利并将其排除出公司。

前款之规定,可以按照相同的条件,适用于经公司合并、分立或者解散等活动而取得这种资格的股东。

第 L227-18 条　如果简化的可以发行股票的公司的章程没有具体规定股票转让价格的方式,在公司实行依据第 L227-14 条、第 L224-16 条与第 L227-17 条而引入的某种条款时,股票转让的价格由各方当事人协议确定,或者在没有此种协议的情况下,按照《民法典》第 1843-4 条规定的条件确定。公司回购股份时,有义务在 6 个月内转让这些股份或者将其销除。

第 L227-19 条　只有经过股东一致同意,才能采用或者变更第 L227-13 条、第 L227-14 条、第 L227-16 条与第 L227-17 条所指的章程条款。

第 L227-20 条　第 L227-13 条至第 L227-19 条之规定不适用于仅有一名股东的简化的可以发行股票的公司。

第八章　可以发行股票的公司发行的有价证券

第一节　关于有价证券的共同规定

第 L228-1 条　(2004 年 6 月 24 日第 2004-604 号法令第 24 条)可以发行股票的公司,按照本卷规定的条件,可以发行任何有价证券。

(2009 年 1 月 8 日第 2009-15 号法令第 7 条)"可以发行股票的公司发行的所有有价证券,均属于《货币与金融法典》第 L211-1 条意义上的金融证券,并按其类型赋予相同的权益"。

(2004 年 6 月 24 日第 2004-604 号法令第 24 条)可以发行股票的公司发行的有价证券具有无记名证券形式或记名证券形式,法律或章程强制规定其全部或一部资本只能采用记名形式的公司除外。

不论有何相反协议,同一次发行的证券中既有记名证券又有无记名证券时,任何持有人均有权选择将其所持证券转换为另一种形式。

但是,法律或章程对其资本之全部或一部强制规定采用记名形式的公司不能转换其记名证券。

(2001年5月15日第2001-420号法律)这些有价证券,不论其形式如何,均应按照《货币与金融法典》(2009年1月8日第2009-15号法令第7条)"第L211-3条与第L211-4条"规定的条件,以其所有人的名义在账目上进行登记。

但是,公司的资本凭证(资本证券)准许进入规范市场交易并且其持有人在法国领土上没有《民法典》第102条意义上的住所时,为该所有人的利益,可以登记任何中间人。这种登记采取集体账户的形式,或者采取多个个人账户的形式,每一个个人账户均与一个所有人相对应。

在账户上登记的中间人在发行证券的公司开立账户时,或者(2009年1月8日第2009-15号法令第7条)"在《货币与金融法典》第L211-3条所指的中间人"处开立账户时,有义务按照法令规定的条件声明他具有为他人利益持有证券的中间人资格。

转让准许由中心受寄托人进行交易的有价证券,或者转让准许进入《货币与金融法典》第L330-1条所指的结算与交割系统进行交易的有价证券时,所有权的转移按照该《法典》第L211-17条规定的条件进行;其他情况下,按照最高行政法院提出资政意见后颁布的法令确定的条件在购买人的账户上进行登记,即引起所有权的转移。

第L228-2条 (2001年5月15日第2001-420号法律)一、为了鉴别无记名证券的持有人的身份,公司章程可以规定,发行证券的公司有权随时向掌握(2003年8月1日第2003-706号法律第125条,2004年6月24日第2004-604号法令第25条)"证券发行账户的中心受寄托人"①(depositaire central,原规定为"证券交易机构")查询可以立即赋予或到期赋予在股东大会上的表决权的证券的持有人姓名或名称、国籍、出生年月日或者设立的年月日、邮政地址或者电子通讯地址,同时可以查询这些证券持有人各自所持证券的数量,以及在相应情况下,此种证券上所附有的各种限制事项。查询费用由发行证券的公司承担。

请求提供的各种情况由上述(2004年6月24日第2004-604号法令第25条)"中心受寄托人"向与其有联系的、持有证券账目的机构收集。后者在最高行政法院提出资政意见后颁布的法令确定的期限内(原规定为"在其提出请求后的10个工作日内")向前者通报这些情况。(2004年6月24日第

---

① 这里的"中心受寄托人"应指证券公司、银行等接受寄托、负责保管证券、进行证券交易的机构。——译者注

2004-604号法令第25条)"中心受寄托人"在接收此种材料后5个工作日内告知(发行证券的)公司。

如没有遵守法令规定的期限,或者持有账目的机构提供的情况不完整或者有差错,(2004年6月24日第2004-604号法令第25条)"中心受寄托人"可以请求大审法院院长以紧急审理程序裁定这些机构履行通报情况之义务,否则,处以逾期罚款。

二、发行证券的公司,在遵守第一项规定的程序之后并且依据(2004年6月24日第2004-604号法令第25条)"中心受寄托人"向其转送的名单,有权通过(2004年6月24日第2004-604号法令第25条)"中心受寄托人"或者直接要求其认为可能为第三人利益进行登记、在名单上载有其姓名或名称的人提供第一项所指的证券的真正所有人的有关信息。

这些人,在其具有中间人身份时,有义务披露这些证券的真正所有人的身份。信息直接提供给有资格掌握账户的金融中间人,并由金融中间人负责将这些信息转告公司或者上述(2004年6月24日第2004-604号法令第25条)"中心受寄托人"。

三、公司不得将其获得的有关信息让与他人,即使无偿让与,亦予禁止。对违反这一规定的任何行为,处《刑法典》第226-13条规定的刑罚。

第L228-3条 (2001年5月15日第2001-420号法律)如果是立即可以或者到期即可进入公司资本的记名证券,应发行公司或其委托代理人提出的简单请求,按照第L228-1条规定的条件进行登记的中间人有义务在最高行政法院提出资政意见后颁布的法令确定的期限内披露这些证券的所有人的身份(2004年6月24日第2004-604号法令第51-11条)"以及他们中每一个人持有的证券的数量"。发行公司或其委托代理人可以随时提出这种请求。

与记名证券相关联的特别表决权,尤其是第L225-123条与第L232-14条规定的特别表决权①,只能在按照第L228-1条规定的条件进行登记的中间人所提供的情况准许对行使这些权利所要求的条件进行监督时,才能由中间人行使。

第L228-3-1条 (2001年5月15日第2001-420号法律)一、只要发行证券的公司认为已向其报明身份的某些证券持有人是在为某些作为真正所有权人的第三人持有这些证券,即有权要求这些证券持有人披露真正所有人的身份(2004年6月24日第2004-604号法令第51-11条)"以及他们每一个

---

① 例如、双重表决权。——译者注

人持有的证券的数量"。对于无记名证券,应遵守第 L228-2 条第二项第 1 款规定的条件;对于记名证券,应当遵守第 L228-3 条第 1 款规定的条件。

二、在进行这些活动之后并且不影响履行第 L233-7 条、第 L233-12 条与第 L223-13 条强制规定的报明"有意义的参股情况"之义务的情况下,发行证券的公司可以要求任何作为股票所有人并且持有的参股数量超过公司 1/40 资本或表决权的法人向其告知"直接或间接持有该法人 1/3 以上资本"或者"持有在该法人的股东大会上行使的 1/3 以上表决权"的人的身份。

第 L228-3-2 条 (2001 年 5 月 15 日第 2001-420 号法律)履行了第 L228-1 条(2004 年 6 月 24 日第 2004-604 号法令第 51-12 条)"第 7 款"与(2004 年 6 月 24 日第 2004-604 号法令第 51-12 条)"第 8 款"规定之义务的中间人,可以根据证券管理的一般委托,向发行公司的股东大会转达(transmettre)该条第 3 款所定义的股票所有权人的表决权或权力。

在(中间人)向股东大会转达(所持股份的)权力或者表决权之前,应发行证券的公司或其委托代理人的请求,按照第 L228-1 条登记的中间人有义务提供与这些表决权相关联的股票的非法国居民所有人的名单(2004 年 6 月 24 日第 2004-604 号法令第 51-12 条)"以及他们每一个人所持证券的数量"。视相应情况,提供这一名单时,应遵守第 L228-2 条或者第 L228-3 条规定的条件。

由中间人转达的表决权或权力,没有按照第 L228-1 条(2004 年 6 月 24 日第 2004-604 号法令第 51-12 条)"第 8 款"或本条第 2 款之规定进行申报的,或者没有按照第 L228-2 条或第 L228-3 条披露证券真正所有人身份的,股东大会将不予考虑。

第 L228-3-3 条 (2001 年 5 月 15 日第 2001-420 号法律)接到按照第 L228-2 条至第 L228-3-1 条之规定提出的请求的人,在这些条文规定的期限内没有转达有关证券真正所有人(2004 年 6 月 24 日第 2004-604 号法令第 51-13 条)"以及他们每一个人所持证券的数量"的信息,或者转达的信息不完整或者有错误的,其为这些证券所有人登记的、立即可以或者到期可以进入公司资本的股票或证券,在任何股东大会上均被剥夺表决权,直至这些人的身份按照规定披露之日为止,与之相对应的股息亦推迟至该日期才予支付。

此外,在登记人明知而故意违反第 L228-1 条至第 L228-3-1 条规定的情况下,发行证券的公司的注册住所设在其管辖区内的法院,应该公司或者一名或数名至少持有其 5% 资本的股东的请求,应发行债券的公司的请求,或者应一名或数名至少持有与同期债券相关联的5%的表决权的债券持有人的请求,可以宣告全部或一部剥夺与受到询问的股票相关的表决权,但剥夺表决权的总时间不得超过5年,并且有可能在相同期间内,剥夺这些股票在相应时间内产生的股息。

第L228-3-4条 (2001年5月15日第2001-420号法律)无论以任何身份,凡是参与(2003年8月1日第2003-706号法律第125条)"金融证券中心受寄托人"领导事务或管理事务的人,以及由"金融证券中心受寄托人"、发行证券的公司或者登记的中间人所雇佣的、在其职业活动的范围内知道第L228-1条至第L228-3-2条所指情况的人,均应按照《刑法典》第226-13条与第226-14条规定的条件保守职业秘密,违者,处这些条款规定的刑罚。职业秘密对(2003年8月1日第2003-706号法令第46-5条)"金融市场主管机关"(原规定为"证券交易所业务委员会")不具有对抗效力,对司法裁判机关亦不具对抗效力。

第L228-4条 (2004年6月24日第2004-206号法令第26条)禁止发行利益股或发起人股①,违者,以发行无效论处。

但是,1967年4月1日之前发行的利益股或发起人股仍然受与其有关的条文调整。

第L228-5条 除执行第L225-110条与第L225-118条之规定外②,对公司而言,其证券不可分割。

第L228-6条 无论公司章程有何相反规定,因合并、分立、减少资本、证券合并(regroupement)与分裂(division)③或者强制将无记名证券转换为记名证券而进行证券兑换的公司,动用公积金或进行与减少资本相联系的证券分派的公司,以及分派无偿股份的公司,依据其董事会、管理委员会或经理的简单决定,即可按照最高行政法院提出资政意见后颁布的法令确定的方式,卖出其因权利人没有要求交付而尚存的证券,但应当至少提前2年按照上述法令规定的方式进行公告。

自该项出售活动开始之日起,旧证券或者旧的可以分派证券的权利或可派息的权利,作为一种必要,予以销除;对于没有要求分派的证券的买卖所得的净款,旧证券或权利的持有人只能主张分配现金。

---

① 参见第L225-244条。——译者注
② 例如,虚有权与用益权的分离。——译者注
③ 应指证券(股份)的分裂或合并。——译者注

第L228-6-1条 （2004年6月24日第2004-604号法令第27条）在证券准许进入规范市场交易的公司里，批准公司合并或分立的特别股东大会可以决定，自全部已经分派的股票均在账目上登记之日起并且不超过最高行政法院提出资政意见后颁布的法令确定期限，在此期限时间经过之后，按照该法令确定的方式，将没有分派的股票整体卖出，以便在有利益关系的当事人之间分配资金。

第L228-6-2条 （2004年6月24日第2004-604号法令第27条）与账目上登记的有价证券相关联的非金钱权利，由共同持有人中一人按照开立账户的协议确定的条件行使。

第L228-6-3条 （2004年6月24日第2004-604号法令第27条）尽管遵守了有关召集股东大会的各项手续，对于账户的掌管人仍不知身份的证券持有人，或者10年来一直未能向其送达召集股东大会通知的证券持有人，公司可以按照第L228-6条规定的程序将这些人所持有的证券卖出。此种买卖应当在最高行政法院提出资政意见后颁布的法令规定的期限终止时进行。该期限自第L228-6条规定进行的公告起开始计算，并且账目的掌管人，在此期限内按照同一法令确定的条件，为了与证券的持有人或其权利继受人取得联系，尽到了一切必要的努力。

第二节 股 票

第L228-7条 货币股是指交纳现金或采用抵销方式交付股款的股票以及通过将公积金、利润或发行溢价款转化为资本而发行的股票，或者其一部分是通过将公积金、利润或发行溢价款转化为资本，另一部分是用现金支付股款而发行的股票；后一种货币股，在其认购时，股款应全部缴纳。

（2004年6月24日第2004-604号法令第28条）除了由公司合并或分立产生的股份应适用的特别规则之外，其他一切股票均为实物股。

第L228-8条 股票面值或股金券（coupure d'action）的面值，由公司章程确定。这种选择权适用于任何股票的发行。

（1998年7月2日第98-546号法律废止：但是，以薪金雇员参与企业发展成果之名义分派股票的公司得为此将其股票分为股金券。股金券的面值不得低于法令确定的额度。

接受以同样名义而支付之款项的可变资本投资公司，亦享有同样权利。）

第L228-9条 以货币认购的股票，直至股款全数缴清，为记名股票。

(2012年3月22日第2012-387号法律第17-3条)"不遵守第1款之规定,引起上述股份被撤销"。

第L228-10条 只有公司在"商事及公司注册登记簿"上进行注册登记之后,股票才能进行交易;在公司增加资本的情况下,增加资本实现之日,股票即可交易。

禁止股票的预约交易(la négociation de promesse d'actions),但将要发行的、(2004年6月24日第2004-206号法令第29条)"已申请进入规范市场交易的"股票或者原有股票已经进入规范市场交易的公司增加资本时发行的股票除外。在此情况下,只有以实现增加资本为中止条件,股票的交易才能有效进行。这一条件在没有明文规定的情况下属于推定条件。

第L228-11条 (2004年6月24日第2004-604号法令第31条)公司设立时或其存续期间,可以创设临时或永久附带有任何性质之特别权利的有表决权或无表决权的优先股(action de préférence avec ou sans droit de vote)。① 这些权利由公司章程按照第L225-10条、第L225-122条至第L225-125条规定的条件作出具体规定。

此种表决权,可以规定在确定期限或无确定期限内行使;也可以规定在确定的或不确定的期限内中止行使表决权,或者取消表决权。

无表决权优先股(无表决权优先派息股)的数目不得占到公司一半以上的资本;在股票准许进入规范市场交易的公司,无表决权优先股(无表决权优先派息股)的数目不得占到公司1/4以上的资本。

任何股票的发行所产生的结果超过以上比例限额时,均得撤销之。

(2008年8月4日第2008-776号法律第57-5条)"尽管有第L225-132条与第L228-91条之规定,发行时附有限制参与分配股息和公积金之权利,或者附有在公司清算时限制分配(剩余)概括财产之权利的无表决权优先股,

---

① 2004年6月24日法令对有价证券制度进行了改革,创立了第L228-11条至第L228-20条所指的"优先股"(actions de préférence)。这一改革是吸取了美国公司法关于"preferred shares"的经验而作出的规定。新的公司法所规定的优先股取代了原来的"无表决权优先派息股"(actions à dividende prioritaire sans droit de vote)与"享有特别利益的优先股"(actions de priorité,简称"优先股")以及投资证书。由于旧公司法对这两种优先股的界定不很明确,改革后的法令对这两种优先股规定了特别的过渡性制度,并将其列入"正在消失的证券"(第三节)。改革后创设的优先股为"有表决权或无表决权的优先股",可以在公司设立时或者在公司存续过程中创立、发行。特别股东大会唯一有权决定这种优先股的发行、转换与回购,但也可以授权董事会或管理委员会。公司章程也可以规定优先股回购与转换的方式(具体条件)。优先股可以转换为普通股,或者转换为另一种优先股,等等。——译者注

对于所有用货币认购而进行的增加资本,均无优先认购权,章程另有规定时除外"。

第 L228-12 条 （2004 年 6 月 24 日第 2004-604 号法令第 31 条）一、特别股东大会唯一有权依据会计监察人的专门报告,决定发行、回购与转换优先股股票;特别股东大会可以按照第 L225-129 条至第 L225-129-6 条规定的条件将这项权力委托董事会或管理委员会行使。

回购与转换优先股的方式也可以在公司章程中作出规定。

如有必要,公司董事会或者管理委员会,在一个会计年度的任何时候或者最迟在会计年度终结后的第一次会议上,确认已经过去的一个会计年度内因转换优先股产生的股票的面额总值,并对章程中有关公司资本数额以及组成资本的证券数目的条款作出必要的修改。

管理委员会主席或者总经理,可以在会计年度的任何时候或者最迟在最高行政法院提出资政意见后颁布的法令规定的期限内,依据管理委员会或者董事会的授权进行这项确认活动。

二、优先股可以按照第 L225-204 条至第 L225-214 条规定的条件与方式进行回购。

三、在创设某一类型的优先股时,若公司章程事前就已对回购原则与回购方式作出了规定,则除第 L225-210 条至第 L225-212 条所指的条件外,只需满足以下各项条件:

1. 只能用第 L232-11 条意义上的分配款项或者为回购而新发行资本证券的所得收入取得这种优先股。

2. 第 L225-210 条第 3 款所指的准备金的价值唯一按照所回购的优先股的面值计算;除减少认购的资本之外,这项准备金不得分配给股东,只能用于通过转换准备金的方式增加资本。

3. 若公司章程规定在回购股份之后向股东支付溢价,这种溢价只能从第 L232-11 条意义上的可分配款项中提取,或者只能从前款规定的准备金之外的、为此目的设置的准备金中提取。除减少公司资本之外,这项准备金不得分配给股东,只能用于通过转换准备金的方式增加资本,填补优先股发行费用,或者用于支付可回购的优先股的股票持有人可能获得的溢价。

4. 回购优先股只能由公司主动进行。

5. 任何情况下,这种活动均不得损害处于相同情况的股东的平等地位。

第 L228-12-1 条 一、回购的优先股用于第 L225-204 条至第 L225-214 条所指的目的。

二、按照第 L228-12 条第三项的规定回购的优先股，可以按照第 L225-210 条至第 L225-214 条规定的方式予以储存，也可以按照任何方式进行转让或者转移。

如果公司章程或发行合同有规定，这些优先股也可以在减少资本的框架内予以销除。在此情况下，适用第 L225-205 条之规定，但如果 L228-12 条三项第 2 点所规定的准备金被用于偿还对债权人的债务，随后可以将剩余的款项分配给股东。

第 L228-13 条　（2004 年 12 月 9 日第 2004-1343 号法律第 78-27 条）"第 L228-11 条所指的特别权利，可以在直接或间接持有发行公司半数以上资本的公司里行使，或者在发行公司直接或间接持有半数以上资本的公司里行使"。

（2004 年 6 月 24 日第 2004-604 号法令第 31 条）在此情况下，优先股的发行，应当得到将要发行此种证券的公司的特别股东大会以及对其行使上述特别权利的公司的特别股东大会批准。

有关的各公司的会计监察人应当提出一份专门报告。

第 L228-14 条　（2004 年 6 月 24 日第 2004-604 号法令第 31 条）优先股可以转换为普通股或另一种类型的优先股。

在将优先股转换为"将导致公司非因亏损原因而减少资本的股票"时，凡是债权产生于向法院书记室交存股东大会审议决议笔录之日前的债权人，均可在最高行政法院提出资政意见后颁布的法令规定的期限并且按照该法令确定的方式，对此种股票的转换事宜提出异议。

在可以提出异议的期间，或者相应情况下，在初审法院就提出的异议作出审理裁判之前，转换活动不得开始。

第 L228-15 条　（2004 年 6 月 24 日第 2004-604 号法令第 31 条）在发行优先股是为了指定的一名或数名股东的利益时，这种优先股的创设应当适用有关特别利益的第 L225-8 条、第 L225-14 条、第 L225-147 条、第 L225-148 条的规定。在此情况下，这些条文所指的出资评估鉴定人应当是 5 年以来没有在本公司内履行过职务的会计监察人。

持股人所持股票将要转换为新创立的某一类优先股时，这些持股人不得参加有关创立这类股票的表决投票，否则，审议决定无效；在计算法定人数与多数时，这些持股人所持的股票不予考虑，但如所有的股票均订立了转换为优先股的协议，不在此限。

（2008 年 8 月 4 日第 2008-776 号法律第 57-6 条）"尽管有本条第 1 款的

规定,如所进行的发行活动涉及某一类已经创设的优先股,由此引起的特别利益应在第 L228-12 条所指的专门报告中作出评价"。

第 L228-16 条 (2004 年 6 月 24 日第 2004-604 号法令第 31 条)在公司变更资本或者偿还本金的情况下,特别股东大会应当确定这些活动对优先股持有人的权利将会产生哪些影响。

第 L228-17 条 (2004 年 6 月 24 日第 2004-604 号法令第 31 条)在公司合并或者分立的情况下,优先股可以兑换成接受公司资产转移的受益公司的包含等值特别权利的股票,或者在考虑所放弃的特别权利的基础上按照专门的交换系数,兑换受益公司的股票。

第 L228-18 条 (2004 年 6 月 24 日第 2004-604 号法令第 31 条)相应情况下,向优先股持股人分派的股息,可以按照特别股东大会或者章程确定的方式分派资本凭证。

第 L228-19 条 (2004 年 6 月 24 日第 2004-604 号法令第 31 条)经专门大会创设的优先股的持股人,有权给予公司会计监察人以任务,由会计监察人就公司遵守与优先股相关的特别权利的情况提出专门报告。这项报告应在专门大会召开时分发给这些优先股的持有人。

第 L228-20 条 (2008 年 11 月 6 日第 2008-1145 号法令废止:在优先股准许进入规范市场交易的情况下,如果不是用现金交割的交易,由公司或者持股人提议,可以按照章程规定的条件回购这些优先股或者偿还其本金。)

第 L228-21 条 股票在公司解散之后,直至清算终结,均可交易。

第 L228-22 条 如果证券在形式上符合规定,公司被撤销或者股票的发行被撤销,并不引起在此撤销决定作出之前进行的交易无效,但是,取得证券的人可以针对其出卖人提起担保之诉。

第 L228-23 条 (2004 年 6 月 24 日第 2004-604 号法令第 32 条)在资本凭证没有准许进入规范市场交易的公司里,不论以何名义,股票的转让,或者可以进入公司资本的证券的转让,均可按照章程条款的规定,提交公司认可;但只有按照法律或章程的规定证券属于记名证券时,才能规定此种认可条款。

在继承、夫妻财产清算,或者向配偶或直系尊、卑血亲转让证券的情况下,排除适用这种认可条款。

对于证券没有准许进入规范市场交易的公司专门保留给薪金雇员认购的股票,只要规定这种认可条款的目的是为了避免这些股票归入或转让给不具有公司薪金雇员身份的人,不适用前款之规定。

违反公司章程规定的认可条款而进行的任何转让,均无效。

第 L228-24 条 如果订有认可条款,请求给予认可的申请应写明受让人的姓名、地址,考虑转让的(2004 年 6 月 24 日第 2004-604 号法令第 33 条)"资本凭证以及可以进入公司资本的证券"的数量与报价。这项申请应通知公司。如果接到了(批准认可申请的)通知,或者在提出申请后 3 个月期限内未得到答复,均视为已经得到认可。

如公司对提议的受让人不予认可,视具体情况,董事会、管理委员会或经理,应当在拒绝给予认可的通知发出之日起 3 个月内,让本公司股东或者第三人取得这些(2004 年 6 月 24 日第 2004-604 号法令第 33 条)"资本凭证或可以进入公司资本的有价证券";或者,经转让人同意,由公司取得这些(2004 年 6 月 24 日第 2004-604 号法令第 33 条)证券以减少公司资本。在各方当事人达不成一致意见时,这些(2004 年 6 月 24 日第 2004-604 号法令第 33 条)"资本凭证或者可以进入公司资本的有价证券"的价格,按照《民法典》第 1843-4 条规定的条件确定。(2004 年 6 月 24 日第 2004-604 号法令第 33 条)"转让人得随时放弃转让其资本凭证或可以进入公司资本的有价证券"。违反《民法典》第 1843-4 条之规定的任何条款,均视为未予订立。

如果前款规定的期限终止仍未实现收购,视为已经(对受让人)给予认可。但是,应公司的请求,法院得决定延长该期限。

第 L228-25 条 (2004 年 6 月 24 日第 2004-604 号法令第 51-7 条废止:在通过投资服务机构(投资服务给付人)进行交易,并且不依第 L228-24 条之规定执行交易的情况下,公司应当在其章程规定的期限内行使认可权。该期限不得超过 30 个证券交易日。

如公司对取得股票的人选不予认可,董事会、管理委员会或者经理应当在发出拒绝认可通知之日起 30 个证券交易日期限内,让公司股东或者第三人取得这些股票,或者由公司自行取得这些股票并减少公司资本。

取得股票时认定的股价为一开始的交易价格,但是,支付给未获得认可的购股人的款项不得低于拒绝给予认可之日该股票在证券交易所的交易价格,若这一日没有挂牌交易活动,按该日前一天的交易价计算。

如第 2 款规定的期限终止仍然未能实现收购,则视为已经给予认可。)

第 L228-26 条 如公司同意按照第 L228-24 条第 1 款规定的条件用股票设质的方案,即意味着在依据《民法典》第 2078 条第 1 款的规定强制变卖这些负担质权的股票的情况下,对受让人予以认可。但如公司愿意在(强制)转让之后立即赎回这些股票并减少资本,不在此限。

第 L228-27 条 股东没有根据具体情况按照董事会、管理委员会或者经理规定的期限全部缴纳其认购的股票的股款时,公司就股东尚要缴纳的款项发出催告通知。

在此项催告通知发出后至少1个月仍无结果的情况下,无须经法院批准,公司即可以出售这些股票。在证券交易所挂牌上市的股票在交易所进行交易;没有挂牌上市的股票以公开竞价方式出售。

未履行缴纳股款义务的股东,仍为债务人,或者可以获得差价利益。本款之规定的实施方式由最高行政法院提出资政意见后颁布的法令确定。

第 L228-28 条 未履行缴纳股款义务的股东以及相继接受股票转让的受让人和认股人,对尚未缴纳的股款数额承担连带责任。公司可以在上述股票出售之前或者其后,或者在出售股票的同时,对上述之人提出追偿,以取得全部欠款和支出费用的偿还。

已经对公司负担了清偿义务的人,就全部款项,对相继持有股票的人享有请求权,最终的债务由最后一位股票持有人承担。

在有价证券转账过户2年以后,转让其证券的任何认购人或者股东,不再对此前没有提出支付要求的款项承担支付责任。

第 L228-29 条 在最高行政法院提出资政意见后颁布的法令规定的期限届满时,可以请求缴纳而尚未缴纳股款的股票,不再产生参加股东大会及参与投票表决的权利。在计算出席会议的法定人数时,此种股票不予考虑。

与这种股票相关联的派息权及其对公司增加资本的优先认购权,亦予中止。

股东在支付了本金和所欠利息之款项后,得请求支付没有超过时效期间的股息。在为行使诉讼权利而确定的期限届满之后,该股东不得就增加资本而享有的优先认购权提起诉讼。

第 L228-29-1 条 (2004年6月24日第2004-604号法令第34条)面值低于最高行政法院提出资政意见后颁布的法令确定的数额且未进入规范市场交易的股票,可以进行股份合并(regrouper);即使立法或者公司章程另有规定,亦同。股份合并,由特别股东大会按照修改章程规定的条件以及第L228-29-2条之规定作出决定。

第 L228-29-2 条 (2004年6月24日第2004-604号法令第34条)第L228-29-1条所指的股份合并,对于股东而言,包含着为实现此种合并而进行必要的购买或转让股票的义务。

合并后的股票的面值不得高于最高行政法院提出资政意见后颁布的法

令确定的数额。

为方便股份合并活动,公司应当在股东大会作出决定之前即取得一名或数名股东的同意,由他们承担义务,按照股东大会决定的价格,在2年期限内买进或卖出不能构成整股权益的股票,以及满足对属于每一个股东的证券的数目进行填补的请求。

第 L228-29-3 条 (2004年6月24日第2004-604号法令第34条)第L228-29-7条所指的法令确定的期限届满,没有提交合并的股票丧失表决权,其获得股息的权利亦暂时中止。

对于承担第L228-29-2条第3款所指义务的股东,本条第1款所指的法令可以规定给予其一个补充的期限。

依据第1款的规定暂时中止支付的股息,在随后进行股份合并时,如其并未因时效经过而受到影响,仍然支付给原股票的所有人。

第 L228-29-4 条 (2004年6月24日第2004-604号法令第34条)在证券的所有人不能自由管理其财产时,请求兑换旧证券以及为实现股份合并而进行的不构成整股的小额股的必要购买或转让,视为单纯的管理行为,但如果是按照无记名形式交换为记名形式而提出的兑换新证券的请求,不在此限。

第 L228-29-5 条 (2004年6月24日第2004-604号法令第34条)新证券与由其替代的旧证券具有相同的性质,并且当然赋予相同的物权或债权,无须履行任何手续。

各种物权和无形动产质权当然转移至替代负担此种物权与质权的原证券的新证券。

第 L228-29-6 条 (2004年6月24日第2004-604号法令第34条)在公司不遵守第L228-29-1条或者第L228-29-2条之规定,或者不遵守股东大会所作决定时应当遵守的条件以及没有履行第L228-29-7条所指法令确定的公示手续的情况下,是否进行股份合并,仍然由股东任意选择。第L228-29-3条之规定可以不适用于股东。

承担第L228-29-2条所指义务的一名或数名股东如果没有履行这些义务,股份合并活动可予撤销。在此情况下,应已经进行这项活动的股东或其权利继受人提出的请求,不构成整股的小额股的买卖得予以撤销,但不履行义务的股东本身排除在外,且不影响必要时给予任何损害赔偿。

第 L228-29-7 条 (2004年6月24日第2004-604号法令第34条)最高行政法院提出资政意见后颁布的法令确定第L228-29-1条至第L228-29-6条

的适用方式,特别是第 L228-29-1 条没有规定的股东大会所作决议以及这项决议履行公告手续所应当遵守的条件。

第三节 几种正在消失的证券适用的规定

(2004 年 6 月 24 日第 2004-206 号法令第 35-1 条)

第一目 一般规定

(2004 年 6 月 24 日第 2004-604 号法令第 35-2 条)

第 L228-29-8 条 (2004 年 6 月 24 日第 2004-604 号法令第 35-2 条)除了在 2004 年 6 月 24 日关于改革商事公司发行的有价证券以及将变更商事立法的规定扩张适用于海外领土的第 2004-604 号法令实施之前已经由股东大会决定发行的证券之外,不得依据本节各条之规定发行任何新的证券。

第 L228-29-9 条 (2004 年 6 月 24 日第 2004-604 号法令第 35-2 条)在第 L228-11 条所指的优先股赋予受本节规定调整的证券的持有人所持的证券以等值的权利时,受本节规定调整的证券的持有人对第 L228-11 条所指的优先股享有优先认购权,但适用第 L225-138 条之规定时除外。

在第 L228-91 条所指的优先股赋予受本节规定调整的证券的持有人所持的证券以等值的权利时,受本节规定调整的证券的持有人对第 L228-91 条所指的有价证券享有优先认购权,但适用第 L225-138 条之规定时除外。

第 L228-29-10 条 (2004 年 6 月 24 日第 2004-604 号法令第 35-2 条)在计算第 L228-11 条所指的额度时,应将现有的无表决权的优先股或投资证书计算在内。

但是,适用前款之规定,不妨碍继续保持现有证券持有人的权利。

第二目 投资证书

(2004 年 6 月 24 日第 2004-604 号法令第 36-1 条)

第 L228-30 条 可以发行股票的公司的特别股东大会,或者股票未公开挂牌上市的公司的相应机构,可以视具体情况,依据董事会或者管理委员会以及会计监察人的报告,在不超过公司资本 1/4 的比例限度内,发行代表金钱权利的投资证书①以及代表与增加资本或现有股份分裂而发行的股份相关联的其他权利的表决权证书②。

在增加资本的情况下,股票持有人以及投资证书的持有人(如其存在),对(新)发行的投资证书享有优先认购权。在此情况下遵循的程序,为增加资本的程序。投资证书持有人可以在专门大会上放弃此项优先认购权,此种专门大会按照特别股东大会的规则召集并作出审议决议。表决权证书在股票持有人和已有的表决权证书持有人之间,按照他们各自拥有的权利比例进行分配,如后者已经存在。

在股份分裂的情况下,创设投资证书的要约,按股票持有人各自所占的资本份额的相等比例,同时向全体股票持有人发出。特别股东大会确定的期限经过之后,没有分派的剩余的投资证书,可以在要求得到补充分配该证书的股票持有人之间,按照他们各自所占的资本份额的相等比例分派。此次分配以股票持有人要求的份额为限;如此后仍有剩余,可以由董事会或管理委员会(直接)进行分配。

表决权证书应当采用记名形式。

投资证书可以流通交易,其面值与股票面值相同;在将股票分裂为小股时,投资证书亦同样分裂。

---

① 投资证书是将与股票相联系的,仅仅与经济、金钱权利相一致的权利部分分割出来而创立的一种有价证券。投资证书享有:分派股息的权利,分享公积金及清算剩余的权利,但与股票相关的表决权则属于表决权证书享有的权利。投资证书是通过1983年1月3日第L83-1号法律设立的一种新型金融证券,其性质有别于股票,亦有别于债券。设立这种证书的目的是使公营和私营部门的企业能够通过向社会募集资金,以充实自己的资金,而又不因此影响对企业的控制权。因为,一家企业或公司发行的投资证书额度不得超过其注册资本的1/4,且没有表决权,因此,在一定程度上,它是企业阻止"公开出价收购"的一种方法。

投资证书是可流通证券。其面值与发行企业或公司的股票面值相同,如公司股份发生分裂,投资证书同样进行分裂。

只有股份有限公司与股份两合公司才能发行投资证书。除此项限制外,对发行投资证书的企业或公司没有特别条件要求。任何股份有限公司,不论其股票是否公开挂牌上市,也不论其是否公开招股,是属于公营部门还是私营部门,均可发行投资证书。特别股东大会唯一有权决定发行投资证书。——译者注

② 表决权证书是一种将与股票相关联的权利加以分割,表示除金钱权利以外的其他权利的一种有价证券。

同一期发行的表决权证书的数量与投资证书的发行数量应当相等。两种证书分别代表的权利合并起来则等同于与相同数目的股票相关的全部权利,所以,两种证书合并在一起可以重组为具有完整的股东权益的股票。

表决权证书必须采用记名形式,其持有人享有参加股东大会的权利、在股东大会上投票表决的权利、了解公司情况的权利、担任公司职务的被选举权、向法院提起诉讼的权利。

原则上,表决权证书不得转让,但继承、赠与、或夫妻共同财产清算之情况除外。——译者注

表决权证书只能随同投资证书一起转让；但是，表决权证书也可转让给投资证书持有人。这两种情况下进行的转让均当然重新组合成股票。同一人持有的投资证书与表决权证书，亦当然重新组合成股票。持有人应在15日内向公司申报；如不申报，由此而持有的股票，至其补办申报手续以及此后的1个月内，不享有表决权。

不得分派低于一票表决权的表决权证书。对于不构成整股股票的权益分派表决权证书的方式，由股东大会确定。

在公司合并或分立的情况下，将要消失的公司的投资证书与表决权证书，可以兑换为接受资产转移的受益公司的股票。

第 L228-31 条 股票准许进入规范市场交易并且现有的投资证书已占其1%以上资本的公司，特别股东大会可以依据董事会提出的报告，决定将现存的证书重组为股票，以及将现存的附有特别利益的证书重组为可以赋予其持有人相同利益的股票。

前款所指的特别股东大会，按照第 L225-147 条所指的批准给予特别利益时所要求的相同条件，进行审议，作出决定。此次特别股东大会召开之前，应举行表决权证书持有人大会；表决权证书持有人大会，按照股东专门大会的规则召集，并按照出席会议或者受委托出席会议的表决权持有人的95%之多数对重组股票的方案进行审议，作出决定。在此情况下，尽管有第 L228-30 条第6款之规定，向公司转让证券的价格，由本条第1款所指的特别股东大会确定。

前款所指的价格按照1966年7月24日关于商事公司的第66-537号法律第283-1-1条第二项规定的方式确定。①

属于没有查明身份的证券持有人应得的补偿金，予以提存。

将相对应的表决权证书无偿转让给投资证书持有人，即属重组股票。

为此，即使公司章程没有明文规定，公司亦可请求按照第 L228-2 条规定的方式查明证书持有人的身份。

第 L228-32 条 投资证书持有人可以按照与股东相同的条件取得向其提交的公司文件、资料。

第 L228-33 条 在公司无偿分派股票的情况下，必须创设（2004年6月24日第2004-604号法令第36-2条）"无表决权但附有与投资证书相同权利的新的优先股"，并且应当按照旧股派新股的数目比例，将新证书无偿交给原

---

① 参见《货币与金融法典》第 L212-6-3 条与第 L212-6-4 条。

有证书的持有人,但如他们放弃自己的份额而让与其他持有人集体或其中某些持有人,不在此限。

第 L228-34 条 （2004 年 6 月 24 日第 2004-604 号法令第 37-1 条）在用现金增加资本的情况下,除按照第 L225-138-1 条之基础专门保留给薪金雇员认购的新的无表决权优先股（无表决权优先派息股）之外,新发行无表决权但附有与投资证书相同权利的新的优先股时,应当考虑在完全实现增加资本以后全部优先股的数量,以维持与增加资本之前普通股和表决权证书的相同比例。

投资证书的所有人,按照其持有的证书的数量应占的比例,对新的投资证书享有按既约规则行使的优先认购权。在按照特别股东大会规则召集并作出审议决定的专门大会上,投资证书的持有人可以放弃此项优先认购权。没有得到认购的投资证书,由董事会,或者相应情况下,由管理委员会进行分配。实现的增资数额以（实际）发行的股份的相应数量为准。但是,尽管有以上第 1 款的规定,在投资证书所有人放弃优先认购权时,公司可以不发行新的优先股。

第 L228-35 条 在发行可转股债券的情况下,投资证书持有人享有按照其所持证书的数目的比例并依据既约规则行使优先认购权的权利。按照特别股东大会之规则进行召集并作出审议决定的投资证书持有人专门大会,可以决定放弃此项优先认购权。

（2004 年 6 月 24 日第 2004-604 号法令第 36-4 条）由此认购的这些债券只能转换为无表决权但附有与投资证书相同权利的股票。

第三目 优 先 股

（2004 年 6 月 24 日第 2004-604 号法令第 37-1 条）

第 L228-35-1 条 （2004 年 6 月 24 日第 2004-604 号法令第 30-1 条）在公司设立时,或者在其存续期间,可以创设相对于其他股票而享有优先利益的优先股(des actions de priorité jouissant d'avantage)[①],但第 L225-122 条至第 L225-125 条之规定保留执行。

---

① 第三目所指的"优先股"与第四目的"无表决权优先派息股"是 2004 年 6 月 24 日 2004-604 号法令规定的特别过渡性制度。现在,这两种股票均被归入"正在消失的证券"。第三目所指的优先股为"相对于其他股票而享有优先利益的优先股"(des actions de priorité jouissant d'avantage),而第四目则为"无表决权优先派息股",名称更为具体,通常称其为"无表决权优先股（无表决权优先派息股）"。——译者注

(2004年6月24日第2004-604号法令第37-2条)"作为第L225-99条之例外,公司章程或者发行合同可以规定,特别股东大会作出的将优先股转换为普通股的决定,对此种优先股的持有人不具有强制作用"。

第四目 无表决权优先派息股

(2004年6月24日第2004-604号法令第38-1条)

第L228-35-2条 可以按照以下(2004年6月24日第2004-604号法令第38-2条)"第L228-35-3条"至(2004年6月24日第2004-604号法令第38-1条)"第L228-35-11条"规定的条件,设立无表决权优先派息股,但保留执行第L225-122条至第L225-126条之规定。

第L228-35-3条 (2004年6月24日第2004-604号法令第30-3条)无表决权优先股(无表决权优先派息股)可以通过增加资本或者通过已发行的普通股转换设立。无表决权优先股(无表决权优先派息股)可以转换为普通股。

无表决权优先股(无表决权优先派息股)不得超过公司注册资本总额的1/4,其面值与普通股面值相等,或者在相应情况下,与公司先期发行的某一类普通股的面值相等。

无表决权优先股(无表决权优先派息股)持有人享有其他股东可以享有的权利,但排除依据此种股票参加股东大会并投票表决的权利。

在通过转换已发行的普通股的方式设立无表决权优先股(无表决权优先派息股)的情况下,或者在将无表决权优先股(无表决权优先派息股)转换为普通股的情况下,特别股东大会确定拟转换的股票的最高数额,并依据会计监察人提出的专项报告确定转换条件。特别股东大会作出的这项决定,只有在(2004年6月24日第2004-604号法令第38-3条)"经过第L228-35-6条与第L228-103条所指的专门大会"(原规定为"无表决权优先股(无表决权优先派息股)持有人大会")以及附认股证之债券、可转股或可兑股之债券持有人大会批准以后,始为最终决定。

转换要约,按照各股东在公司资本中所持份额的比例同时向全体股东发出,但排除(2004年6月24日第2004-604号法令第38-2条)"第L228-35-8条"所指的人。特别股东大会确定股东可以接受转换要约的期限。

(2004年6月24日第2004-604号法令第38-3条)"作为第L225-99条之例外,公司章程或者发行合同可以规定,特别股东大会作出的将优先股转换为普通股的决定对这种优先股的持有人不具有强制作用"。

第L228-35-4条 (2004年6月24日第2004-604号法令第30-3条)对

于公司本期可以分派的利润,无表决权优先股(无表决权优先派息股)有权在其他任何分配安排之前优先取得股息。

如因可分派的利润不足,出现优先股息得不到全额支付的情况,应当将可分派的利润在无表决权优先股(无表决权优先派息股)持股人之间按照相应的同等权利进行分配。由于可分派的利润不足而未能得到全额派息的无表决权优先股(无表决权优先派息股)的股息支付权,可以推延至下一会计年度,必要时,可以推延至下两个会计年度;或者,如章程有规定,还可推延至以后的会计年度。① 此种(被推延的)优先派息权的行使,优先于本期应当派息的其他优先股股息的支付。

优先股股息不得低于(2004 年 6 月 24 日第 2004-604 号法令第 38-2 条)"第 L232-35-7 条"所指的第一次最先支付的优先股息(premier dividende,或章程规定的基本股息)②,也不得低于无表决权优先股(无表决权优先派息股)股票所代表的已缴纳的资本额的 7.5%。无表决权优先股(无表决权优先派息股)不享有分派公司章程规定的基本股息的权利。

在提取优先股股息之后,以及如章程有规定,支付章程规定的基本股息或依第 L232-16 条规定的条件计算的所有股份都享有的 5% 的股息之后,无表决权优先股(无表决权优先派息股)可以按照其面值比例,与普通股一样享有同等权利。

如普通股划分为对章程规定的基本股息享有不等权利的不同类别,本条第 2 款所指的基本股息数额为最高额。

第 L228-35-5 条 (2004 年 6 月 24 日第 2004-604 号法令第 30-3 条)如以 3 个会计年度的名义应付的优先股股息未得到全额支付,相应股票的持有人可以按照这些股份所代表的资本份额比例,获得与其他股东权益相等的表决权。

前款规定的表决权,直至优先股股息得到全额支付的会计年度结束均存在,其中包括支付以前会计年度所欠的优先股股息。

第 L228-35-6 条 (2004 年 6 月 24 日第 2004-604 号法令第 30-3 条)无表决权优先股(无表决权优先派息股)的持有人,可以按照最高行政法院提出资政意见后颁布的法令确定的条件召开专门大会。

持有无表决权优先股(无表决权优先派息股)的任何股东,均可参加专门大会,与此相抵触的任何条款均视为未予订立。

---

① 此为累积优先股(premier dividende cumulatif)。——译者注
② 参见第 L232-15 条。——译者注

无表决权优先股(无表决权优先派息股)的股东专门大会,可以在公司股东大会作出任何决议之前,提出自己的意见。专门大会按照出席会议或委托他人出席会议的股东的多数表决作出审议决议。在无记名投票的情况下,空白票不予计数。专门大会提出的意见转交公司,同时告知公司股东大会并记入股东大会记录。

专门大会指定一名代理人,或者如公司章程有规定,可以指定多名代理人,由其代表无表决权优先股(无表决权优先派息股)股东出席公司股东大会,以及在必要时,在股东大会尚未进行任何投票之前陈述专门大会提出的意见。此种意见应记入公司股东大会记录。

除(2004年6月24日第2004-604号法令第38-2条)"第L228-35-7条之保留外",任何旨在改变无表决权优先股(无表决权优先派息股)股东权益的决议,仅在得到本条第1款所指的专门大会批准之后,始为最终确定。专门大会按照第L225-99条规定的法定人数与多数作出决定。

(2004年6月24日第2004-604号法令第38-4条)如在指定负责到公司股东大会上代表无表决权优先股股东的委托代理人时遇到困难,应任何股东的请求,由法院院长指定一名负责此项职责的委托代理人。

第L228-35-7条 (2004年6月24日第2004-604号法令第30-3条)在用现金出资增加资本的情况下,无表决权优先股(无表决权优先派息股)的持有人,按照与普通股东相同的条件,享有优先认购权。但是,特别股东大会在听取(2004年6月24日第2004-604号法令第38-2条)"第L228-35-6条"所指的专门大会的意见之后,可以决定上述股票持有人按照相同条件对按照相同比例新发行的无表决权优先股(无表决权优先派息股)享有优先认购权。

通过转化公积金、利润或发行溢价款的方式增加资本而无偿分派新股票,同样适用于无表决权优先股(无表决权优先派息股)的持股人。但是,特别股东大会在听取(2004年6月24日第2004-604号法令第38-2条)"第L228-35-6条"所指的专门大会的意见以后,可以决定无表决权优先股(无表决权优先派息股)的持有人不取得普通股,而是接收按照同样比例发行的(2004年6月24日第2004-604号法令第38-5条)与无表决权优先派息股具有相同权利的无表决权优先股。

通过转化公积金、利润或发行溢价款增加资本而引起的现有股票面值的任何提高,均使无表决权优先股(无表决权优先派息股)的股票面值同样提高。在此情况下,(2004年6月24日第2004-604号法令第38-2条)"第L228-35-4条"所指的优先股息,自实现增加资本之日起,按照已经提高的新面值计算,必要时,可以按照新股面值加上认购旧股票时已缴纳的发行溢价计算。

第 L228-35-8 条 （2004 年 6 月 24 日第 2004-604 号法令第 30-3 条）股份有限公司的董事长及董事会成员、总经理、管理委员会成员及监事会成员,股份两合公司的经理以及他们未分居的配偶、未解除监护的子女,不得以任何形式持有本公司发行的无表决权优先股(无表决权优先派息股)股份。

第 L228-35-9 条 （2004 年 6 月 24 日第 2004-604 号法令第 30-3 条）禁止已发行无表决权优先股(无表决权优先派息股)股票的公司分期偿还资本。(2012 年 3 月 22 日第 2012-387 号法律第 17-3 条)"无表决权优先股全部回购或者销除之前进行的偿还活动得予撤销"。

在并非由于亏损而减少资本的情况下,可以在(回购)普通股之前,按照(2004 年 6 月 24 日第 2004-604 号法令第 38-2 条)第 L228-35-10 条最后两款规定的条件,回购无表决权优先股(无表决权优先派息股)并予销除。(2012 年 3 月 22 日第 2012-387 号法律第 17-3 条)"没有遵守本款之规定进行的普通股的回购得予撤销"。

但是,在第 L225-209 条规定的范围内实现的减少资本,不适用这些规定。在此情况下,如果股票是在规范市场上取得,不适用第 L225-99 条之规定。

无表决权优先股(无表决权优先派息股),按照其面值的比例,对公司存续期间留存的储备金,可以享有与其他股票同等的权利。

第 L228-35-10 条 （2004 年 6 月 24 日第 2004-604 号法令第 30-3 条）章程可以授予公司以权利,要求回购其全部无表决权优先股(无表决权优先派息股)或其中某些种类的股票;(要求回购的)每一种无表决权优先股(无表决权优先派息股),在其发行之日即已确定。如回购某类无表决权优先股(无表决权优先派息股),回购活动必须针对此类股份的全部股票进行;回购活动由股东大会依据第 L225-204 条规定的条件作出决定。第 L225-205 条之规定得予适用。已经回购的股票依据第 L225-207 条的规定予以销除,并且当然相应减少公司资本。

只有在无表决权优先股(无表决权优先派息股)发行之前公司章程即订有特别条款规定的情况下,公司才能要求回购此种股票。

回购无表决权优先股(无表决权优先派息股)的价格,由出售这种股票的股东专门大会与公司达成共同协议,按照回购之日的价格确定。专门大会按照第 L225-99 条规定的法定人数与多数作出审议决定。如双方达不成一致意见,适用《民法典》第 1843-4 条之规定。

只有在以前的会计年度以及本会计年度应付的优先股股息已经全部分

派的情况下,公司才能回购无表决权优先股(无表决权优先派息股)。

第L228-35-11条 (2004年6月24日第2004-604号法令第30-3条)在决定第L233-1条或第L233-2条所规定的百分比时,无表决权优先股(无表决权优先派息股)不予计入。

第四节 代表债权的有价证券

第L228-36-A条 可以发行股票的公司,得按照本卷规定的条件,发行任何代表债权的有价证券,以及按照章程或者在相应情况下按照发行合同规定的条件,发行代表债权的其他任何有价证券。

第一目 参与性证券[①]

第L228-36条 属于公营部门的、可以发行股票的公司(2001年7月17日第2001-624号法律)"以及按照股份有限公司或者有限责任公司的形式设立的合作性股份有限公司",可以发行参与性证券。此种证券仅在公司清算的情况下才能偿还,或者在公司主动提议偿还时,按照发行合同规定的条件,在不少于7年的期限届满时,予以偿还。

参与性证券可获得的报酬包括固定部分和可变部分。可变部分参照与公司从事的行业活动相关的因素或公司的经营成果,以证券面值为基础计算。此种证券的可变报酬部分的基数在何种条件下封顶,由最高行政法院提出资政意见后颁布的法令规定的条件确定。

参与性证券可以交易流通。

为实施1978年7月13日第78-741号关于将储蓄导向为企业筹措资金的法律第26条的规定,只有在除参与性证券以外的优先债权与无担保债权得到全部偿还以后,参与性借贷才予偿还。

---

① 参与性证券(titres participatifs)指的是1983年1月3日第L83-1号法律规定创立的一种新型有价证券,目的是准许公营企业及合作性公司通过向社会公开募集资金,改善自身的资金状况,但不改变其注册资本的结构,也就不有损于对这类企业与公司的监督与控制。

只有属于公营部门的股份有限公司,以及按照股份有限公司或者有限责任公司的形式设立的合作性股份有限公司(具有工商性质的国家公共机构以及农业合作社)才能发行这种参与性证券。

参与性证券的性质类似于债券,但不称为(公营)"公司债券",不能进行分期偿还,只有在公司进行清算,且全部债权人均得到清偿后,才能得到偿还。特殊情况除外。

参与性证券可能获得的部分报酬依据企业活动与经营成果而定。——译者注

第L228-37条 参与性证券的发行与偿还,必须按照第L225-100条第5款与第L228-40条至第L228-44条规定的条件得到批准。

同一期发行的参与性证券的持有人依法当然组成享有民事资格的群体,以维护其共同利益。此种参与性证券的持有人受本法第L228-47条至第L228-71条、第L228-73条及第L228-76条至第L228-90条之规定约束。

此外,同一期发行的参与性证券的持有人集体每年至少召开一次会议,听取公司领导人对过去的会计年度内公司活动情况的报告,以及公司会计监察人关于该会计年度账目与确定上述参与性证券所得报酬的诸种因素的报告。

同一期证券持有人集体的代表可以参加公司股东大会或公司持股人大会。载入议事日程的所有问题都应征求他们的意见,但有关公司机关成员的指定与罢免的问题不在其内。同一期证券持有人集体的代表得在股东大会期间随时发表意见。

参与性证券的持有人可以按照与股东相同的条件取阅公司文件。

在不设立股东大会的公营企业中,董事会得行使属于普通股东大会的有关发行参与性证券的权利。本条第4款在此情况下不予适用。

第二目 公 司 债①

第L228-38条 按照(2000年12月14日第2000-1223号法令第3条)《货币与金融法典》第L213-5条之规定,债券是指同一期发行的面值相同、可以赋予相同债权的可交易②的证券。

第L228-39条 (2001年5月15日第2001-420号法律)已经制订了2年资产负债表,并且按照规定该资产负债表已得到股东批准的、可以发行股票的公司,在发行债券之前,必须按照第L225-8条与第L225-10条规定的条件对其资产与负债进行审核。

禁止资本尚未全部缴纳的公司发行债券。但是,如果尚未缴纳股款的股票是由于执行本《法典》第L225-187条或《劳动法典》第L443-5条之规定而专门保留给薪金雇员认购,以及是为了以参与企业发展成果之名义向薪金雇

---

① 法国公司法所称的公司债原文为"les obligations"。在民法里,这一术语的总体意思是"债",因此是"债权债务关系"的统称,但也专指"债务"或"义务",在公司法里通常用以指"债券",按照中文习惯译为"公司债"。——译者注

② 此处原文为"négociable",其意义不仅仅是一般的"可以转让"(cessible),而是可以进行交易、可以在市场流通。——译者注

员分派债券而发行的,不在此限。

（第L228-39条原条文:只有已经存在2年,制订了2年的资产负债表,并且该资产负债表依照规定得到股东批准的可以发行股票的公司,始允许发行债券。

债券的发行,如得到国家或公共权力机关担保,或者得到符合前款规定条件的公司提供的担保,上述条件不予适用。以对国家、公共权力机关、已制定第一个会计年度之资产负债表且得到补贴或受租让企业的债权证书为质押的债券的发行亦不适用上述条件。

禁止资本尚未全部缴纳的公司发行债券,但如果尚未缴纳股款的股票是由于执行1986年10月21日关于薪金雇员参与企业经营成果及雇员股份制的第86-1134号法律第25条及本法第L228-187条之规定保留给薪金雇员认购,以及所发行的债券是以薪金雇员参与企业发展成果的名义而分配给薪金雇员时,不在此限。）

第L228-40条 （2004年6月24日第2004-604号法令第39条）董事会、管理委员会或者经理有资格决定或者批准发行债券,但如公司章程规定此项权力专属于股东大会,或者股东大会决定行使此项权力时除外。

董事会可以授予其一名或数名成员或总经理,或者经总经理同意,授予一名或数名总经理助理,以及在信贷机构内,授予任何人以必要权力,以便在1年期限内实现债券的发行并决定其发行方式。

管理委员会可以授予其主席,或者经主席同意,授予其一名或数名成员,以及在信贷机构内,授予任何人以必要权力,以便在1年期限内实现债券的发行并决定其发行方式。

受指定的人向董事会或者管理委员会按照这些机关确定的条件作出汇报。

（第L228-40条原条文:股东大会唯一有资格决定或批准发行债券。）

第L228-41条 （2004年6月24日第2004-604号法令第40条废止:股东大会得授予董事会,或者相应情况下,授予管理委员会或经理必要的权力,以便在5年期限内一次或分几次发行债券并确定其发行方式。

董事会,或者相应情况下,管理委员会可以将其依据前款规定得到的权力授予董事长或主席或者其选择的任何人行使,或者授予董事会或管理委员会的一名或数名成员行使。董事会或主席,或者得到授权的人,应向董事会或管理委员会按照其确定的条件作出汇报。）

第L228-42条 （2004年6月24日第2004-604号法令第40条废止:第

L228-40 条及第 L228-41 条之规定不适用于主要宗旨是发行必要的债券,为其同意给予的借款筹措资金的公司。)

第 L228-43 条 (2009 年 1 月 22 日第 2009-80 号法令废止:公司如果公开发行债券募集资金,应在债券开始认购之前,按照最高行政法院提出咨政意见后颁布的法令规定的方式,就债券的发行条件履行公告手续。)

第 L228-44 条 公司不得用自己的债券设置任何动产质权。

第 L228-45 条 在发行债券的公司通过抽签方式原已继续支付可偿还之债券的收益的情况下,当这些债券提交偿还时,公司不得追还这些款项。

一切与此相抵触的条款均视为未予订立。

第 L228-46 条 同期发行的债券的持有人,得依法组成一个享有民事资格的群体,以维护其共同利益。

但是,在连续发行债券的情况下,如每一次发行合同均有规定,公司可以将拥有相同权利的债券的持有人组合为单一的债券持有人集体。

第 L228-47 条 债券持有人集体由一名或数名经债券持有人选出的委托代理人为代表。任何情况下,债券持有人代表的人数均不得超过 3 人。(2009 年 1 月 22 日第 2009-80 号法令第 7-15 条废止:"在通过公开募集的方式发行债券的情况下")债券持有人代表得在发行合同中指定。

第 L228-48 条 同一期债券持有人代表的委任职务,只能授予有法国国籍的人,或者授予在法国领土上有住所的欧洲共同体成员国的国民以及在法国领土上设立注册住所的协会与公司。

第 L228-49 条 属下列情形之一者,不得被推选为同一期发行的债券持有人集体的代表:

1. 作为债务人的公司;

2. 至少持有作为债务人的公司 1/10 资本的公司,或者作为债务人的公司持有其 1/10 资本的公司;

3. 为债务人公司的全部或部分债务提供担保的公司;

4. 第一项及第三项所指的公司的经理、董事、管理委员会成员、监事会成员、总经理、会计监察人或雇员以及这些人的直系尊、卑血亲与配偶;

5. 被禁止从事银行职业的人,或者被禁止以任何名义领导、管理、经营公司的人。

第 L228-50 条 紧急情况下,应任何利害关系人提出的请求,同期债券持有人的代表得由法院指定。

第 L228-51 条 在债券发行合同中没有指定同期债券持有人代表时,同一期发行的借贷性债券的持有人的代表,自这种债券开始认购之日起,(2009年1月22日第2009-80号法令第7-16条)"在1年期限内作出任命",最迟应在预定的第一期偿还债券开始前1个月任命。

由股东大会进行此项任命,或者在股东大会没有进行任命的情况下,应任何利害关系人的请求,由法院任命。

第 L228-52 条 同期债券持有人代表得由该期全体债券持有人普通大会解除其职务。

第 L228-53 条 同期债券持有人代表有权以该期债券持有人集体的名义,为保护他们的共同利益,完成一切管理活动,但债券持有人全体大会决定的限制事项除外。

第 L228-54 条 同期债券持有人代表,经债券持有人全体大会按照规定给予授权,唯一有资格以债券持有人(群体)的名义,就公司之无效提起诉讼,或者就公司成立后的法律行为与决议之无效提起诉讼,以及提起旨在保护债券持有人共同利益的任何诉讼,尤其是有关要求采取第 L237-14 条所规定的措施的诉讼。

针对同一期债券持有人全体的诉讼,只能针对该期债券持有人代表提起。

违反本条之规定提起的任何诉讼,法院均应依职权宣告不予受理。

第 L228-55 条 同一期发行的债券持有人的代表不得干涉公司的管理事务。债券持有人代表得参与股东大会,但无审议权(voix délibérative)。

债券持有人代表有权按照与股东同等条件,获得公司通报给股东的相同文件。

第 L228-56 条 股东大会或者债券发行合同确定的给予债券持有人代表的报酬,由发行债券的公司负担。

没有确定报酬或者在公司对报酬数额持有异议的情况下,由法院裁定确定报酬。

(2003年8月1日第2003-706号法律第134-6条)违反本条之规定给予同期债券持有人代表以报酬的任何决定,均无效,且不影响针对公司担任职务的人或债券持有人代表提起追究责任之诉讼。

第 L228-57 条 同一期债券持有人的全体大会得于任何时候召开。

第 L228-58 条 债券持有人全体大会由董事会、管理委员会或者经理负责召集,或者由债券持有人代表召集,或者在公司清算期间,由公司清算人召集。

至少持有同期债券 1/30 的一名或数名债券持有人,得向公司及同期债券持有人代表提出召开大会的请求。

如在最高行政法院提出资政意见后颁布的法令规定的期限内没有召开债券持有人全体大会,提出上述请求的人可以委托其中一人请求法院指定一名代理人负责召集全体大会。

第 L228-59 条　债券持有人全体大会的召集,依照召集股东大会的形式与期限之相同条件;与此同时,召集债券持有人大会的通知应包含最高行政法院提出资政意见后颁布的法令确定的专项内容。

不符合规定召集的任何债券持有人大会得予撤销。但是,如全体同期债券持有人均出席了会议或者委托代表出席了会议,就会议无效提起的诉讼不予受理。

第 L228-60 条　债券持有人全体大会的议程由会议召集人确定。

但是,一名或数名债券持有人有权按照第 L228-58 条第 2 款规定的条件,要求将有关议题列入会议日程。此种议题由会议主席列入议事日程并提交大会表决。

大会不得审议没有列入议事日程的问题。

如会议经第二次召集才得以召开,不得更改原定议事日程。

第 L228-60-1 条　(2004 年 6 月 24 日第 2004-604 号法令第 41-11 条)每一次债券持有人大会均应备置出席签到簿。

每一次债券持有人大会作出的决议,均应以笔录确认;笔录由大会办事处成员签字并保存于公司注册住所的登记簿内。

签到簿与笔录上应当写明的事项由最高行政法院提出资政意见后颁布的法令确定。

第 L228-61 条　如果有数期发行的债券持有人团体,在任何情况下,数期发行的债券持有人团体均不得在一次共同大会上审议问题。

任何债券持有人均有权参加大会,或者由其选定的代理人代表其参加会议。

(2004 年 6 月 24 日第 2004-604 号法令第 42 条)任何债券持有人均可通过函件投票。函寄的表决票的样式及其上应当写明的事项,由最高行政法院提出资政意见后颁布的法令确定。公司章程中任何相反规定,均视为未予订立。

在计算应到会的法定人数时,只考虑公司在债券持有人大会召开之前按照最高行政法院提出资政意见后颁布的法令确定的条件已经收到的表决票。

没有表明任何投票意向或者表示弃权的表决票,均按否决票计算。

如果公司章程有规定,在计算应到会的法定人数与多数时,通过可以鉴别身份的视听途径或电讯途径参加会议的债券持有人,视为出席会议。本条规定使用的技术手段的性质以及适用条件,由最高行政法院提出资政意见后颁布的法令确定。

应当分期偿还但因发行债券的公司暂无偿还能力而尚未得到偿还的债券的持有人,或者由于对偿还条件有争议而未进行偿付的债券的持有人,得参加债券持有人全体大会。

至少持有发行债券的公司 10% 资本的公司,不得以其所持有的债券在债券持有人大会上参加投票表决。

第 L228-62 条 发行债券的公司或者为发行债券的公司全部或部分义务提供担保的公司的经理、董事、管理委员会成员以及监事会成员、总经理、会计监察人或雇员,不得代表债券持有人出席债券持有人全体大会;上述人员的配偶与直系尊、卑血亲,亦同。

第 L228-63 条 债券持有人的代表权不得授予被禁止从事银行职业的人或已经被取消以任何名义领导、管理、经营公司之资格的人。

第 L228-64 条 债券持有人全体大会由同期债券持有人集体的一名代表主持。在债券持有人代表缺席或代表之间达不成一致意见时,全体大会得指定一人履行主席的职权。在由司法代理人召集大会的情况下,全体大会由司法代理人主持。

在没有按照第 L228-50 条以及第 L228-51 条规定的条件指定债券持有人代表的情况下,第一次债券持有人全体大会由持有或代表的债券数量最多的债券持有人或者委托代理人临时主持召开。

第 L228-65 条 一、债券持有人全体大会就旨在保护持有人利益和履行借贷合同的一切措施以及旨在修改合同的任何建议进行审议,作出决定,其中尤其包括:

1. 有关变更公司宗旨与形式的任何建议;

2. 对有争议的权益或者提交司法裁判的权益达成妥协或进行和解的任何建议;

3. 对在第 L236-13 条及第 L236-18 条所指情况下,公司进行合并与分立提出的任何建议;

4. 就相对于同期债券持有人的债权而言包含有某种优先权的债券的发行提出的任何建议;

5. 就有关全部或部分放弃对债券持有人提供的担保,推迟支付债券利息的限期以及变更还本方式或利率等问题提出的建议;

(2005年7月26日第2005-842号法律第11-2条)"6. 有关欧洲公司注册住所迁移至另一成员国的方案的建议。"

二、(2004年6月24日第2004-604号法令第43条)"债券持有人全体大会得按照第L255-98条第2款规定的法定人数条件进行审议,按照出席会议或者派代表出席会议的债券持有人所拥有的表决票的2/3多数作出决定"。

第L228-66条 债券持有人全体大会上的表决权属于虚有权人。

第L228-67条 与债券相关联的表决权必须与其表示的借贷数额成比例。每张债券至少享有一票表决权。

第L228-68条 债券持有人大会不得加重债券持有人的负担,亦不得在同一期债券持有人之间规定不平等待遇。

债券持有人大会不得决定将债券转换为股票,但保留执行(2004年6月24日第2004-604号法令第51-14条)"第L228-106条"之规定。

与此相抵触的任何规定,均视为未予订立。

第L228-69条 任何债券持有人均有权按照最高行政法院提出资政意见后颁布的法令确定的条件与期限,获得提交的议案文本以及在大会上提交的各项报告的文本。

任何时候,对于大会会议笔录以及其所属的债券持有人集体的全体大会的出席登记表,各债券持有人均享有同等权利。

第L228-70条 不准许债券持有人个人对公司的业务活动进行监督,或者要求向其个人通报公司文件。

第L228-71条 召集和召开债券持有人大会的费用,以及公示会议决议与实施第L228-50条规定的程序而引起的费用,由发行债券的公司承担。由债券持有人大会决定的其他管理费用,可以从支付给债券持有人的利息中扣取。此种管理费用额度得由法院确定。

前款所指的扣除数额,不得超过年利息的10%。

第L228-72条 在债券持有人全体大会没有批准第L228-65条第一项第1点与第4点所指建议的情况下,发行债券的公司的董事会、管理委员会或者经理可以对此不予考虑而且提议按照最高行政法院提出资政意见后颁布的法令确定期限偿还债券。

董事会、管理委员会或者经理作出的上述决定,应按照最高行政法院提出资政意见后颁布的法令确定的条件进行公示。该法令还对可以要求偿还债券本息的条件作出规定。

第 L228-73 条　如果被吸收或者已经分立的公司的债券持有人全体大会没有批准第 L228-65 条第三项与第六项所指的某项建议,或者因大会没有达到必要的法定人数而未能有效进行审议,发行债券的公司的董事会、管理委员会或经理可对此不予考虑,但其所作决定应按照最高行政法院提出资政意见后颁布的法令确定的条件进行公示。

在此情况下,债券持有人在吸收公司内仍然保持其资格,或者在前述公司分立后取得财产利益的公司内保持此种资格。

但是,债券持有人大会可以委托同期债券持有人的代表按第 L236-14 条规定的条件及效力对公司的合并与分立提出异议。

第 L228-74 条　由发行债券的公司回购的债券,以及按照抽签号码已经偿还的债券,应予销除,且不得再投入流通。

第 L228-75 条　如发行债券的合同没有特别规定,发行债券的公司不得强迫债券持有人同意提前偿还债券。

第 L228-76 条　在不是因为合并或分立而引起公司提前解散的情况下,债券持有人大会得要求偿还债券,且公司亦可强制偿还债券。

第 L228-77 条　如发行的债券附有特别担保,此种担保由公司在债券发行之前,为同期债券持有人的利益设定。认购此种债券,即告接受上述担保。对应当进行登录的担保,其效力追溯至其登录之日;其他担保,效力追溯至其设定之日。

第 L228-78 条　公司董事长、管理委员会的代表或者经理,可以依据章程规定的有权批准此类担保的公司机关的授权,决定提供第 L228-77 条所指的担保。

第 L228-79 条　担保,应当用专门的文书设定,并在任何认购活动开始之前完成公示手续,以保护尚在形成中的同期债券持有人的利益。

自债券开始认购起 6 个月期限内,认购结果由发行债券的公司代表用公证文书进行确认。

担保的登录以及延展登录的方式,由最高行政法院提出资政意见后颁布的法令确定。

同期债券持有人的代表,由其个人承担责任,负责监督是否遵守了与上述担保的延展登录有关的规定。

第 L228-80 条　取消登录,按照最高行政法院提出资政意见后颁布的法令确定的条件进行。

第 L228-81 条 债券发行之后设立的担保,由公司董事长、管理委员会代表或者经理依据章程规定的有权限的公司机关的批准提供。此种担保应经债券持有人的代表表示接受。

第 L228-82 条 禁止发行由资本公司担保偿还的公司债券。

第 L228-83 条 在公司实行(2005 年 7 月 26 日第 2005-845 号法律第 165-2 条)"保护程序"、司法重整的情况下,同期债券持有人的代表有权代表债券持有人开展活动。

第 L228-84 条 同期债券持有人的代表,应为该期全体债券持有人向公司在(2005 年 7 月 26 日第 2005-845 号法律第 165-2 条)"保护程序"、司法重整时的负债申报尚在流通的债券本金加上已经到期、尚未支付的利息的总额。利息的分期偿付,由(2005 年 7 月 26 日第 2005-845 号法律第 165-3 条)"司法代理人"(原规定为"债权人代表")确定。债券持有人代表在进行这项申报时不必提供其委托人所持的证券作为申报的证明。

第 L228-85 条 在同期债券持有人的代表没有申报债权的情况下,应司法代理人(指破产程序中的司法代理人)的请求,法院得指定一名代理人,由其(2005 年 7 月 26 日第 2005-845 号法律第 165-3 条)在"保护程序"、司法重整或司法清算活动中负责代表该期债券持有人并负责申报其债权。

第 L228-86 条 (2005 年 7 月 26 日第 2005-845 号法律第 165-3 条)司法代理人应就按照第 L626-4 条的规定提议清偿债券的方式征求同期债权人代表的意见。同期债券持有人代表按照专门为此召集的债券持有人大会确定的意向表达同意意见。

第 L228-87 条 在公司实行(2005 年 7 月 26 日第 2005-845 号法律第 165-2 条)"保护程序"、司法重整程序的期间,因债券持有人的代表事由所引起的费用由公司负担,此种费用作为司法行政性费用。

第 L228-88 条 公司实行(2005 年 7 月 26 日第 2005-845 号法律第 165-2 条)"保护程序"、司法重整或司法清算程序,不终止债券持有人大会的作用与职能。

第 L228-89 条 在因公司资产不足而终止司法重整程序的情况下,同期债券持有人的代表或法院指定的代理人恢复行使债券持有人的权利。

第 L228-90 条 除债券发行合同另有规定外,第 L228-46 至第 L228-69 条、第 L228-71 条、第 L228-72 条、第 L228-76 条至第 L228-81 条以及第 L228-83 条至第 L228-89 条之规定,不适用于其借贷受特别法律制度调整的公司,亦不适用于由国家、省、市镇当局或公共机构给予担保的贷款以及法国公司在国外发行的借贷债券。

第五节 可以进入公司资本的有价证券或者有权分派债权凭证的有价证券①

(2004年6月24日第2004-604号法令第44条)

第一目 一般规定

(2004年6月24日第2004-604号法令第44条)

第L228-91条 (2004年6月24日第2004-604号法令第44条)可以发行股票的公司得发行可以进入公司资本的有价证券,或者发行有权分派债权凭证(titres de créance)的有价证券。

(2014年7月31日第2014-863号法律第27条废止:在发行可以进入公司资本的有价证券的公司里,股东按照他们持有的股份数额的比例对发行的这些有价证券享有优先认购权。

这种优先认购权适用按照第L225-132条及第L225-135条至第L225-140条与资本凭证相关联的优先认购权所适用的规定。)

发行合同可以规定,这些有价证券或其有权取得的资本凭证或债权凭证,只能进行整体转让与交易。在这种情况下,如果一开始发行的证券是一种资本凭证,那么这种证券便不属于按照第L225-99条的意义所确定的证券类型。

资本证券不得转换或转变为代表债权的有价证券。任何相反的规定均视为未予订立。

依据本条之规定发行的有价证券不得视为构成为适用第L228-10条第2款之规定而对股份的预约。

(第L228-91条原条文:可以发行股票的公司得发行可以通过转换、兑换、偿还、提交票券或其他任何方式,有权随时或于固定日期,可以分派到已发行或将要发行的代表发行公司资本份额之证券的有价证券。

---

① 参见本《法典》第二卷第二编第五章第四节原第三目"可转股债券"、原第四目"可兑股债券",即原第L225-161至第L225-176条的规定。但修改后的法律使用的是概括性概念。——译者注

该公司的股东，依据其所持股票之数额比例，对此种有价证券享有优先认购权。

这种优先认购权受适用于按照第 L225-132 条及第 L225-135 条至第 L225-140 条与资本凭证相关联的优先认购权之规定调整。

凡规定或允许将代表资本份额的有价证券转化或变更为代表债权的另一种有价证券的任何条款均属无效。)

第 L228-92 条　发行第 L228-91 条所指的、可用于取得其他资本证券，或者可以产生分派债权凭证的权利，或者可用于取得待发行的资本证券的有价证券，由特别股东大会按照第 L225-129 条至第 L225-129-6 条的规定批准。特别股东大会依据董事会或管理委员会的报告以及会计监察人的专门报告作出决定。

在此情况下，股东按照各自持有的股票的数额对这些有价证券享有优先认购权；这种认购权受适用于第 L225-132 条至第 L225-141 条规定的、与资本证券相关联的优先认购权的规则调整。

受第 L228-91 条的规定调整的有价证券，有权分派其他债权凭证，或者有权分派可以取得现存资本证券的债权凭证。此种有价证券的发行，按照不同情况，分别进行批准：如果是发行债券或者发行参与性证券，按照第 L228-40 条规定的条件批准；其他情况下，按照发行公司依据第 L228-36-A 条的规定确定的条件给予批准。

（第 L228-92 条原条文：(原) 第 L339-1 条所指的有价证券的发行，由特别股东大会依据董事会或管理委员会的报告以及会计监察人的专门报告予以批准。

特别股东大会作出此项决定，即意味着为了此种证券持有人的利益，公司股东放弃对此种证券的优先认购权。)

第 L228-93 条　一家可以发行股票的公司，可以发行直接或间接持有其一半以上资本的公司待发行的能够取得其资本证券的有价证券，或者发行本公司直接或间接持有其一半以上资本的公司待发行的能够取得该公司资本证券的有价证券。

这种有价证券的发行，必须得到待发行这些有价证券的公司以及在其内部行使上述权利的公司的特别股东大会按照第 L228-92 条第 1 款规定的条件给予的批准，否则发行无效。

所发行的有价证券是可用其取得现有的其他资本证券的资本证券，或者是可以取得分派债权凭证的权利的有价证券。此种证券的发行，由特别股东大会按照第 L225-129 条至第 L225-129-6 条的规定批准。

本条第 1 款所指的待发行资本证券的公司的股东,按照各自持有的股票的数额,对这些有价证券的发行享有优先认购权。这种认购权受适用于第 L225-132 条至第 L225-141 条规定的、与资本证券相关联的优先认购权的规则调整。

在适用本条第 4 款的规定赋予多家公司的股东同时享有优先认购权的情况下,批准这些证券发行的股东大会应当批准取消这些公司中的一家或数家公司的股东的优先认购权,否则发行决定无效。

所发行的有价证券是可以有权分派其他债权凭证的有价证券,或者是可以取得现存的资本证券的债权凭证的有价证券。此种有价证券的发行,按照具体情况进行批准;如果是发行债券或参与性证券,按照第 L228-40 条规定的条件进行批准;其他情况下,按照发行公司依据第 L228-36-A 条的规定确定的条件给予批准。

(第 L228-93 条原条文:可以发行股票的公司得发行(原)第 339-1 条所指的、有权分派直接或间接持有其一半以上资本的公司已发行或将要发行的代表该公司资本份额之证券的有价证券。

在此场合发行此种证券必须经过持有发行公司一半以上资本的公司的特别股东大会批准。

该公司的特别股东大会的决定依法意味着其股东放弃对此种证券的优先认购权。)

第 L228-94 条 (2004 年 6 月 24 日第 2004-604 号法令第 51-7 条废止:投资证书的持有人,在第 L228-91 条所指的有价证券可以分派投资证书时,对此种证券有优先认购权。该项权利依第 L228-91 条、第 L228-92 条、第 L228-93 条与第 L228-95 条规定的条件实施。

按前款规定的条件发行的、与投资证书相对应的表决权证书分派给原有的表决权证书持有人。

此项分派,按照各持有人所持表决权证书的比例进行,但放弃分派权而由其他证书持有人全体或其中某些持有人受益之情况不在此限。

第 1 款所指的优先权按照第 L228-30 条、第 L228-34 条及第 L228-35 条之规定调整。)

第 L228-95 条 (2004 年 6 月 24 日第 2004-604 号法令第 48 条)违反第 L228-92 条第 2 款与第 L229-93 条第 3 款、第 4 款的规定作出的所有决定均无效。

（第 L228-95 条原条文：特别股东大会，根据董事会，或者相应情况下，根据管理委员会的报告以及会计监察人的专门报告，在发行其他任何证券之外，可以批准发行能够赋予其持有人对代表该发行公司资本份额的证券以优先认购权的凭证。此种凭证受调整有价证券的法规约束。

此种凭证仅在下列条件下可以发行：一方面，这种凭证所能认购的证券已经得到特别股东大会决定或批准发行，另一方面，公司股东已放弃对此种票券的优先认购权。

在公司股东放弃对本条所指之票券的优先认购权之后，此种票券应在前款所指之股东大会作出决定之日起 1 年期限内发行，而此种票券所能认购的那种证券则应在该票券发行起 5 年内发行。

第 L228-10 条、第 L242-3 条第三项以及第 L242-4 条之规定不适用于本条所指的凭证。

违反第 L228-91 条、第 L228-93 条以及本条之规定进行的任何审议均无效。）

第 L228-96 条 （2004 年 6 月 24 日第 2004-604 号法令第 51-7 条废止：第 L225-130 条第 1 款以及第 L225-136 条至第 L225-138 条所规定的期限不适用于在第 L228-91 条、第 L228-93 条以及第 L228-95 条第 1 款与第 2 款所指情况下分派的证券的发行。此类发行活动以持券人要求分派证券以及在相应情况下支付价款为最终实现。由此而引起的公司资本的增加不必履行第 L225-142 条、第 L225-144 条第 2 款以及第 L225-146 条规定的手续。在每一会计年度终结后的第一次会议上，董事会，或相应情况下，管理委员会应对本期内已经分派的证券的数量及面额进行确认，并对公司章程中有关其资本总额及代表该资本的份额的证券数量的条款作必要的修改。）

第 L228-97 条 （2003 年 8 月 1 日第 2003-706 号法律第 61 条）在发行对发行公司享有债权的有价证券，其中包括可以认购或取得对公司享有债权的有价证券时，尽管有本《法典》第 L228-36 条以及《货币与金融法典》第 L313-13 条之规定，仍可规定此种有价证券仅在除参与性借贷或参与性证券的持有人之外的其他债权人得到偿还之后，才能得到清偿。

对这类有价证券，可以规定优先受偿顺序。

第二目 有关可以进入公司资本的有价证券的规定

（2004 年 6 月 24 日第 2004-604 号法令第 49-1 条）

第 L228-98 条 （2004 年 6 月 24 日第 2004-604 号法令第 49-2 条）自可

以进入公司资本的有价证券发行之日起,发行此种证券的公司不得变更其法律形式或宗旨,但如发行合同准许或者按照第 L228-103 条规定的条件得到准许的,不在此限。

此外,发行此种证券的公司不得变更利润分配规则,也不得偿还资本或者创设优先股而引起公司形式或宗旨发生改变或偿还资本,但如(2008 年 8 月 4 日第 2008-776 号法律第 57-7 条废止:"发行合同准许或者")按照第 L228-103 条规定的条件得到准许,并且能够按照第 L228-99 条(2008 年 8 月 4 日第 2008-776 号法律第 57-7 条)"或发行合同"规定的条件保持可以进入公司资本的有价证券持有人的权利,不在此限。

在同样的保留条件下,发行此种证券的公司可以创设优先股。

在由于公司发生亏损并通过减少构成资本的证券的面值或数量而减少资本的情况下,可以进入公司资本的有价证券持有人的权利也随之减少,如同他们在公司实现减少资本之日前即已行使这些权利一样。

第 L228-99 条 (2004 年 6 月 24 日第 2004-604 号法令第 49-2 条)将要发行资本凭证或可以进入公司资本的有价证券的公司,如果决定以任何形式发行附有专门保留给股东的优先认购权的资本凭证,用现金或者用实物分配公积金或者发行溢价,或者通过创设优先股而改变利润的分配方式,均应采取必要措施保护由此创设的权利的持有人的利益。

为此,发行证券的公司:

1. 如果发行合同规定的行使权利的时间尚未开始,仍应让这些权利的持有人能够行使其权利,使他们能够立即参加本条第 1 款所指的活动或者能够享有这些活动的利益;

2. 如果权利的持有人需要等待以后才能行使这些权利,公司也应当采取措施,使他们能够按照既约条件认购新发行的有价证券或者无偿分派到这些证券,或接收现金,或按照他们在这些活动进行之时即是公司股东之相同条件与数量或比例接收与已经分配的财产相类似的财产,但收益权除外;

3. 或者,对原先规定的认购条件、转换基础、交换方式与分配方式进行调整,以便考虑本条第 1 款所指的活动产生的影响。

除发行合同另有规定外,公司可以同时采取上述第 2 款第 1 点与第 2 点所指的各项措施。所有情况下,公司均可通过上述第 2 款第 3 点所指的调整替代这些措施。在资本证券未被准许进入规范市场交易的情况下,这种调整由发行合同作出具体安排。

发行合同可以规定对能够取得资本证券的有价证券的全体持有人的补

充保护措施。

在存在可以进入公司注册资本的有价证券的情况下，待发行资本证券的公司，如果按照第 L225-207 条、第 L225-208 条或者第 L225-209 条规定的条件取得自己的股票，并且取得这些股票的价格高于证券交易所的挂牌价格时，应当对认购条件、转换基础、交换方式或者原先规定的分派方式作出调整，以保障在此项活动进行之前与进行之后，行使与可以进入公司注册资本的有价证券相关联的权利时所取得的资本证券的价值一致。

本条规定的适用条件，由最高行政法院提出资政意见后颁布的法令作出规定。

第 L228-100 条 （2004 年 6 月 24 日第 2004-604 号法令第 49-2 条）与第 L228-98 条及第 L228-99 条所指的有价证券的每一种组成因素有联系的权利，只要存在，均适用这些条文的规定。

第 L228-101 条 （2004 年 6 月 24 日第 2004-604 号法令第 49-2 条）如果发行资本证券的公司被另一家公司吸收，或者与另一家或数家公司合并组成一家新公司，或者公司分立，可以进入公司资本的有价证券持有人的权利可以在受益于该公司之出资的公司里行使。第 L228-65 条之规定不予适用，但如发行合同另有规定，不在此限。

可以进入公司资本的有价证券持有人可以享有的、对吸收公司或对新公司主张权利的资本证券的数量，应当按照出资公司所创设的股份数目对发行合同规定发行或者分派的证券数目进行调整之后确定。会计监察人应就依此确定的证券数量提出意见。

如果（因合并或分立而带来的）此种出资的受益公司或者新创立公司的股东赞成合并或分立方案，即意味着他们以及相应情况下这些公司的投资证书的持有人均放弃第 L228-35 条或第 L228-92 条第 2 款所指的优先认购权，以利于可以进入公司资本的有价证券的持有人。

（因合并或分立而带来的）此种出资的受益公司或者新创立的公司，当然取代原发行公司对这些证券持有人承担义务。

第 L228-102 条 （2004 年 6 月 24 日第 2004-604 号法令第 49-2 条）除发行合同有特别规定以及因公司合并或分立而引起提前解散的情况之外，公司不得向可以进入其资本的有价证券的持有人强制回购或偿还其权利。

第 L228-103 条 （2004 年 6 月 24 日第 2004-604 号法令第 49-2 条）到期可以取得公司资本份额的证券，在必要时依据本节之规定与原始证券的权利分离之后，其持有人，为了维护他们的共同利益，可以依法组成享有民事资格的集体。就相关义务而言,由此组成的集体受与第 L228-47 条至第 L228-64 条、第 L228-66 条与第 L228-90 条之规定相同的规定约束。到期可以进入公司资本的证券的持有人,在必要时也可以按照能够产生相同权利的每一种性质的证券分开组成不同的集体。

发行合同的任何变更,均应当提请这些有价证券的持有人召开的大会批准;凡是涉及(变更)发行时确定的资本证券的认购与分派条件的决定,均应提请这些有价证券的持有人大会进行审议、作出决定。

每一张可以进入公司资本的有价证券均享有一票表决权。这些证券的持有人大会要求达到的法定人数与多数依据(2004 年 12 月 9 日第 2004-1343 号法律第 78-17 条)第 L225-96 条第 2 款与第 3 款规定的条件确定。

大会所需的费用,以及总而言之,与不同的证券持有人集体的运作相关的所有费用,均由发行或者分配代表各自公司资本的新的有价证券的公司负担。

依据本节之规定发行的有价证券是将来可以转换为资本凭证的债券,或是可以用资本凭证偿还的债券,或者是可以兑换资本凭证的债券时,本条第 2 款、第 3 款与第 4 款的规定适用于依据第 L228-46 条之规定组成的证券持有人集体。

第 L228-104 条 (2004 年 6 月 24 日第 2004-604 号法令第 49-2 条)违反第 L228-98 条至第 L228-101 条与第 L228-103 条之规定进行的审议与作出的规定,均无效。

第 L228-105 条 (2004 年 6 月 24 日第 2004-604 号法令第 49-2 条)可以进入公司资本的有价证券的持有人,对于他们有权接收的发行证券的公司传达给该公司股东或投资证书持有人或者交由他们支配的公司文件,均有权按照最高行政法院提出资政意见后颁布的法令确定的条件得到传达。

如果可以分派到公司资本份额的权利与债券结合在一起,或者与债券相关联,由债券持有人集体的代表按照第 L228-55 条之规定行使上述得到公司文件传达的权利。

在这些权利与原始证券分离之后,得到文件转达的权利由按照第 L228-103 条之规定组成的债券持有人集体的代表行使。

所有情况下,各期债券的持有人集体的代表均可以参加公司的股东大会,但并无审议权,在任何情况下,债券持有人集体的代表均不得干预公司的事务管理。

第 L228-106 条 (2004 年 6 月 24 日第 2004-604 号法令第 49-2 条)在按

照第 L228-91 条规定的条件对发行可以进入公司资本的有价证券的公司实行(2005 年 7 月 26 日第 2005-845 号法律第 165-2 条)"保护程序"、司法重整程序的情况下,自法院作出确定公司(2005 年 7 月 26 日第 2005-845 号法律第 165-2 条)"保护方案或重整方案"的判决起,不论每一个证券持有人个人意见如何,均按照该继续经营方案确定的条件,开始计算原来规定的行使分派公司资本份额的权利的期限。

第九章 欧 洲 公 司

(2005 年 7 月 26 日第 2005-842 号法律第 11-1 条)

第 L229-1 条 (2005 年 7 月 26 日第 2005-842 号法律第 11-1 条)在法国"商事及公司注册登记簿"上注册登记的欧洲公司,自其注册之日起取得法人资格。

欧洲公司受欧洲理事会 2001 年 10 月 8 日第 L2157/2001 号有关欧洲公司地位的条例以及本章与该条例不相抵触的有关股份有限公司的规定的约束。

欧洲公司受本《法典》第 L210-3 条之规定约束。欧洲公司的章程规定的公司注册住所与其中心管理机关不能分开。

第 L229-2 条 (2005 年 7 月 26 日第 2005-842 号法律第 11-1 条)凡是符合规定在(法国)"商事及公司注册登记簿"进行注册登记的欧洲公司,均可将其注册住所迁往(2008 年 7 月 3 日第 2008-649 号法律第 12-2 条)"欧洲共同体"的另一成员国。公司制定注册住所的迁移方案,将其交存公司注册登记所在辖区的法院书记室,并按照最高行政法院提出资政意见后颁布的法令确定的方式进行公示。

欧洲公司迁移注册住所,由其特别股东大会按照第 L225-96 条规定的条件作出决定,并且应经第 L225-99 条与第 L225-35-6 条所指的专门股东大会批准。

在(股东)对公司迁址提出异议的情况下,股东可以获准让公司按照最高行政法院提出资政意见后颁布的法令确定的条件回购其持有的股票。

公司注册住所的迁移方案,应当提交投资证书持有人大会按照股东大会的规则进行审议,但是,如果应股东提出的简单请求,公司(回购)取得股东持有的证券并且股东专门大会已经同意由公司取得这些股份时,不在此限。

公司提出的取得股东所持股份的要约应当公示,公示方式由最高行政法院提出资政意见后颁布的法令确定。凡是在最高行政法院提出资政意见后颁布的法令确定的期限内没有转让其证券的投资证书持有人仍然是此种证书的持有人,但如将其投资证书与表决权交换成公司股票,不在此限。

公司注册住所的迁移方案,应当提交公司债券持有人大会审议,但是,如果向债券持有人提出要约,只要他们提出简单请求,公司即偿还他们持有的债券,不在此限。偿还债券的要约应当按照最高行政法院提出资政意见后颁布的法令确定的方式进行公告。凡是在最高行政法院提出资政意见后颁布的法令确定的期限内没有请求偿还其债券的持有人仍然按照公司迁址方案规定的条件在公司内保留债券持有人的资格。

迁移注册住所的公司的非债券持有人债权人,其债权产生于迁址之前的,可以在最高行政法院提出资政意见后颁布的法令确定的期限内对公司迁移注册住所提出异议。法院作出驳回异议的裁定,或者作出偿还债权的裁定,或者如果迁移注册住所的公司提供担保并且所提供的担保被认为是充分的,裁判命令设立担保。公司没有偿还债权或者没有设立法院命令的担保,公司注册住所的迁移对(提出异议)这些债权人不产生对抗效力。一名债权人提出的异议并不足以产生禁止继续进行迁址活动的效果。本款之规定不妨碍执行在公司迁址的情况下准许债权人要求立即偿还其债权的协议。

公证人出具一份证明,确认公司在迁移注册住所之前办理了各项文书与手续。

第 L229-3 条 (2005 年 7 月 26 日第 2005-842 号法律第 11-1 条,2009 年 5 月 12 日第 2009-526 号法律第 46-1 条)一、参加合并的每一公司各自有关的程序,在条例规定的期限内,由公司在其辖区内进行注册登记的法院的书记室进行审查,并出具一份关于合并前的各项手续与文书均符合规定的证明。

实现合并以及经合并而设立的新公司的合法性,由公证人或者合并后的公司在其辖区内进行注册登记的法院的书记员在条例规定的期限内进行监督。

为此目的,每一家参与合并的公司均应向公证人提交一份上述 2001 年 10 月 8 日欧洲理事会第 2157/2001 号条例第 25 条所指的证明以及公司批准的合并方案的副本。

公证人或法院书记员应特别监督参加合并的公司是否在相同期限内批准了合并方案以及是否按照《劳动法典》第二部分第二卷第五编第一章至第三章的规定确定了牵涉劳动者的各项条件。

此外,公证人或法院书记员还应监督通过合并而设立的欧洲公司是否符合法国立法规定的条件。

二、（2005年7月26日第2005-842号法律第11-1条）按照股份有限公司适用的法律决定合并的股东大会所作审议决定无效的原因，或者没有对公司合并的合法性进行监督，构成解散欧洲公司的原因。

在引起公司解散的不符合规定的情形可以进行补救的情况下，受理经合并而成立的欧洲公司解散之诉的法院可以给予一个期限，以便公司纠正不符合规定的状况。

欧洲公司解散之诉，时效期间为6个月，自最后一次在"商事及公司注册登记簿"上对合并事项进行必要的登录之日起计算。

欧洲公司宣告解散时，应当按照本卷第三编第七章的规定以及公司章程的规定进行清算。

因本条第二项第1款所指的原因之一宣告欧洲公司解散的法院判决一经最终确定，应当按照最高行政法院提出资政意见后颁布的法令确定的方式进行公示。

第L229-4条　（2005年7月26日第2005-842号法律第11-1条）对于在法国注册的欧洲公司注册住所迁移并由此引起适用法律改变的情况，以及涉及属于法国法管辖的公司因合并而设立欧洲公司的问题，有权按照上述2001年10月8日欧洲理事会第2157/2001号条例第8条第十四项之规定提出反对意见的权力机关是共和国检察官。

（2008年7月3日第2008-649号法律第12-1条）"共和国检察官得依职权受理提出的意见，或者认为此项活动违反公共利益的任何人或机关均可向共和国检察官提出请求。"对共和国检察官作出的决定，可以向巴黎上诉法院提起上诉。

第L229-5条　（2005年7月26日第2005-842号法律第11-1条）推动设立欧洲控股公司之行动的各公司应当制定一份设立欧洲公司的共同方案。

这一方案应当交存至各公司注册登记所在辖区的法院书记室，并且按照最高行政法院提出资政意见后颁布的法令确定的方式进行公告。

由法院为设立欧洲控股公司而指定的一名或数名评估鉴定人承担责任，制订一份发给各公司股东的报告。该报告的应载事项由最高行政法院提出资政意见后颁布的法令确定。

由推动上述设立欧洲公司之行动的各公司达成协议，评估鉴定人可以制订一份发给各公司全体股东的报告。

在设立欧洲控股公司的情况下，适用第L236-9条第3款与第4款、第L236-13条以及第L236-14条之规定。

第 L229-6 条 （2005 年 7 月 26 日第 2005-842 号法律第 11-1 条）作为第 L225-1 条第 2 句之例外，欧洲公司可以设立由其本身作为唯一股东的公司。这种一人股东公司受适用于欧洲公司的各项规定的约束，并且受第 L223-5 条与第 L223-31 条有关一人有限责任公司之规定的约束。

在此情况下，唯一股东行使股东大会的各项权力。

对于一人欧洲公司，第 L225-25 条、第 L225-26 条、第 L225-72 条与第 L225-73 条不适用于该公司的董事或监事会成员。

第 L229-7 条 （2005 年 7 月 26 日第 2005-842 号法律第 11-1 条）欧洲公司的领导与管理受本编第五章第二节之规定调整，但第 L225-37 条第 1 款与第 L225-82 条以及第 L225-64 条的规定除外。

但是，作为第 L225-62 条之规定的例外，在管理委员会内部有空缺位置时，监事会的某个成员可以受监事会任命担任管理委员会成员的职务；任职的最长时间由最高行政法院提出资政意见后颁布的法令确定；在其任职期间，当事人在监事会内的职务暂时中止。

第 L225-17 条第 1 款、第 L225-22 条第 2 款、第 L225-69 条以及第 L225-79 条第 2 款的规定，不得妨碍《劳动法典》第 L439-25 条意义上的劳动者参股。

监事会的每一个成员均可要求管理委员会主席向其传达其认为履行职责所必要的文件。

欧洲公司由管理委员会领导，管理委员会最多由 7 人组成。

如所涉及的公司是第 L229-6 条所指的公司，其章程可以规定与第 L225-38 条至第 L225-42 条以及第 L225-86 条至第 L225-90 条宣告的规则相类似的规则。在审议决定登记簿上作出记载，等于批准所订立的协议。

第 L229-8 条 （2005 年 7 月 26 日第 2005-842 号法律第 11-1 条）本编第五章第三节所定规则，在其与上述 2001 年 10 月 8 日欧洲理事会第 2157/2001 号条例不抵触的程度上，对欧洲公司的股东大会产生约束。

第 L229-9 条 （2005 年 7 月 26 日第 2005-842 号法律第 11-1 条）如欧洲公司的中心管理机关不再设在法国，任何利益关系人均可向法院提出请求，要求公司迁移注册住所，或者在原法国的注册住所地设立中心管理机构，以纠正公司的状况，在必要时，得处以逾期罚款。

法院应当规定公司调整其状况的最长时限。

如果在这一期限经过之后公司的状况仍然没有得到纠正，法院宣告公司按照第 L237-1 条至第 L237-31 条规定的条件进行清算。

这些决定由法院的书记员转送共和国检察官。法官在其判决中指出判决由其书记员转送。

(2008年7月3日第2008-649号法律第12-2条)"欧洲共同体"另一成员国内注册登记的欧洲公司将其中心管理机关迁移至法国的情况下，如果这种迁移违反上述2001年10月8日欧洲理事会第2157/2001号条例第7条的规定，该中心机关所在辖区的大审法院的共和国检察官应当立即通知公司章程规定的注册住所所在的经确认在(2008年7月3日第2008-649号法律第12-2条)"欧洲共同体"成员国。

经确认在法国注册登记的欧洲公司将其中心管理机关迁移至(2008年7月3日第2008-649号法律第12-2条)"欧洲共同体"另一成员国的情况下，如果这种迁移违反上述2001年10月8日欧洲理事会第2157/2001号条例第7条的规定，该成员国的当局应当立即通知该公司原注册住所所在辖区的(法国)大审法院的共和国检察官。

第L229-10条 (2005年7月26日第2005-842号法律第11-1条)所有欧洲公司，如注册登记已超过2年，并且已经批准最初2个会计年度的资产负债表，均可转型为股份有限公司。

公司应当制订转型为股份有限公司的方案。该方案应当交存至公司注册住所所在地的法院书记室，并且应按照最高行政法院提出资政意见后颁布的法令确定的方式进行公告。

法院指定一名或数名公司转型评估鉴定人，并由鉴定人承担责任，制订一份发给拟转型的公司全体股东的报告；该报告应当证明公司的自有资金至少等于其注册资本。公司转型评估鉴定人受第L822-11条有关不得任职的规定的约束。

公司转型为股份有限公司，按照第L225-96条与第L225-99条之规定作出决定。

第L229-11条 (2005年7月26日第2005-842号法律第11-1条)不打算向公众公开募集资本、发行股票的欧洲公司的章程可以规定，其股票的任何转让均受到"不得自由处分"之限制，但这种限制不得产生在超过10年的期限内股票均不能转让之效果。

违反公司章程之规定进行的任何转让均无效。此种无效对受让人或其权利继受人具有对抗效力。如果不是作为合同当事人或转让股票活动当事人的其他全体股东一致同意作出决定，此种无效得到补正。

第L229-12条 (2009年1月22日第2009-80号法令第7-17条)"不打

算公开募集资本、发行股票的欧洲公司",(2005年7月26日第2005-842号法律第11-1条)可以按照其章程确定的条件,规定某个股东有义务转让其持有的股票。章程还可以规定,只要该股东没有按规定转让其股票,即暂时中止其行使非金钱性质的权利。

第L229-13条 (2009年1月22日第2009-80号法令第7-17条)"不打算公开募集资本、发行股票的欧洲公司"的(2005年7月26日第2005-842号法律第11-1条)章程可以规定,凡是作为其股东的公司只要其第L233-16条意义上的控股情况发生变更,即应通知欧洲公司。欧洲公司可以按照章程确定的条件暂时中止该股东公司行使其非金钱性质的权利并将其排除出公司。

第1款之规定,按照相同条件,可以适用于经合并、分立或者解散活动而取得这种资格的股东。

第L229-14条 (2005年7月26日第2005-842号法律第11-1条)如果公司章程没有具体规定股票转让价格的作价方式,当欧洲公司执行依据第L229-11条至第L229-14条而订立的条款时,股票转让的价格由各方当事人协议确定;在没有此种协议的情况下,按照《民法典》第1843-4条规定的条件确定。

欧洲公司回购其股票时,有义务在6个月期限内将这些股票转让他人或者销除。

第L229-15条 (2005年7月26日第2005-842号法律第11-1条)只有经股东一致同意,才能采用或者修改依据第L229-11条至第L229-14条之规定而订立的条款。

第三编　各种商事公司的共同规定

第一章　可变资本

第 L231-1 条　不具有股份有限公司形式的公司以及所有合作性质的公司的章程均可规定，得通过股东相继缴纳股金或者新股东加入而增加其注册资本，得通过完全或部分抽回(2003年1月3日第2003-7号法律)"已经进行的"出资(la reprise totale ou partielle des apports effectués)[①]而减少资本。

凡是章程包含上述规定的公司，除了适用依据其特别形式而各自特有的一般规则外，还应受本章之规定约束。

第 L231-2 条　如果公司运用第 L231-1 条规定的选择权利，在公司发给第三人的所有文件中均应写明这种情形并加上"可变资本"(公司)之字样。

第 L231-3 条　确认公司按照第 L231-1 条之规定进行增加资本或减少资本的文书，以及确认股东退出(les retraits)公司的文书，不需要办理交存与公示手续，但公司的经理或者董事退出公司之情况除外，这些人退出公司应当遵守第 L231-6 条之规定。

第 L231-4 条　可变资本公司(sociétés à capital variable)的股票或者股券为记名证券，即使在股款已经全部缴纳之后，亦同。

可变资本公司的股票或股券，只有在公司最终设立之后才能进行交易。

[①]　由于准许抽回出资，公司资本必然减少，这似乎违反了传统的公司资本维持与不变原则，各国法律一般均明确禁止股东抽回其出资。当股东不愿再持有公司股份时，只能将其股份转让他人，而不能抽回出资。法国公司法规定的可变资本公司是"不具有股份有限公司形式的公司"或"合作性公司"。——译者注

可变资本公司的股票或股券,只能通过在公司登记账户转账的方式进行交易,并且公司章程可以授予董事会或者股东大会以权利反对进行这种股份交易。

第 L231-5 条 可变资本公司的章程确定,在通过第 L231-1 条准许的抽回出资的方式减少资本时,必须保持的公司资本的最低额度。

(2001 年 5 月 15 日第 2001-420 号法律)这一额度不能低于公司章程原规定的资本数额的 1/10;对于合作性公司以外的其他公司,这一额度不得低于按照公司的形式所适用的立法规定要求的最低资本数额。

合作性公司在缴纳了 1/10 的资本时,即告最终成立。

第 L231-6 条 每个股东均可在其认为适当时退出公司(se retirer de la société),但如有相反协议以及适用第 L231-5 条第 1 款之规定时除外。

也可以规定,股东大会有权按照修改章程所需要的多数,决定一名或数名股东停止作为本公司的成员。

由于其本人自愿或者由于股东大会决定而停止作为公司成员的股东,在 5 年之内,对其退出公司时即存在的公司债务,对公司以及第三人仍然负有义务。

第 L231-7 条 公司董事可以有效地代表公司进行诉讼,不论公司的形式如何。

第 L231-8 条 可变资本公司,不因某一股东死亡或退出而解散,也不因法院对股东之一作出清算判决,或者对其采取禁止从事商业职业之措施,或宣告其无(权利)能力,或宣告其个人破产而解散。可变资本公司在其他股东之间当然继续运作。

第二章 公司账目

第一节 会计文件

第 L232-1 条 一、每一会计年度终结,公司董事会、管理委员会或经理均按照本《法典》第一卷第二编第三章第二节的规定,编制盘存表、年度账目以及一份书面管理报告,并在公司资产负债表内附上以下文件:

1. 由公司设立的保证、票据担保及其他担保的清单。此项规定不适用于经营信贷机构或保险企业的公司。

2. 由公司同意设立的其他担保的清单。

二、管理报告应陈述过去的会计年度本公司的状况、可预见的发展变化、在本会计年度结束之时与管理报告制定之日的期间发生的重大事件以及公司在研究与发展方面开展的活动。

三、本条所指的各项文件，如有必要，按照最高行政法院提出资政意见后颁布的法令规定的条件提交给会计监察人。

(2009年10月19日第2009-1255号法律第8条)四、有限责任公司、由唯一的自然人股东亲自担任董事长或负责管理的简化的可以发行股票的公司，在会计年度终结时，不超过最高行政法院提出资政意见后颁布的法令关于资产负债总额、税负外营业额以及年度平均雇用薪金雇员人数确定的两项标准的，免除制订管理报告之义务。

第L232-2条 在符合最高行政法院提出资政意见后颁布的法令规定的条件之一的商事公司里，根据薪金雇员的人数或营业额，在可能时，考虑其活动的性质，董事会，或相应情况下，管理委员会或经理，应当制订公司可实现与可支配的资产状态表，以及应当偿付的到期债务、预期损益表、资金安排计划表以及年度资产负债表和预期资金安排计划，资产状态表中应将经营值排除在外。

上述最高行政法院提出资政意见后颁布的法令具体规定制订这些文件的方式、期限及制定文件的周期。

在确定薪金雇员人数时，本公司直接或间接持有一半以上资本的公司的薪金雇员视同本公司的员工，不论其持股的公司为何种形式的公司。

第L232-3条 在股份有限公司里，董事会或管理委员会制订的有关公司发展变化的书面报告中应当对第L232-2条所指的各项文件作出分析。这些文件与报告同时通报给公司监事会、会计监察人与企业委员会。

在没有遵守第L232-2条及前款规定的情况下，或者如前款所指的报告中提供的情况需要另作说明时，会计监察人应在其向董事会或者管理委员会提交的报告中指出。会计监察人的报告同时报送企业委员会，并在下一次股东大会上进行通报。

第L232-4条 在股份有限公司以外的其他公司里，第L232-3条所指的各项报告，由经理制订并通报给会计监察人、企业委员会，以及相应情况下，在公司设有监事会时，通报给监事会。

在没有遵守第L232-2条及前款规定的情况下，或者如前款所指的报告中提供的情况需要另作说明时，会计监察人应在其向经理提交的报告中指出，或者在年度报告中予以指出。会计监察人可以要求将其报告提交给公司股东，或者在下一次股东大会上进行通报。该报告应报送企业委员会。

第L232-5条 按照第L233-18条至第L233-26条之规定建立集团合并结算账目的公司，可以按照第L123-17条规定的条件且不依第L123-18条之规定，将其依据第L233-16条所指意义独家控制的公司的证券，按照其以集团合并结算规则决定的这种证券所代表的公司自有资本的份额，记入其资产负债表的资产栏目之内。如果采用此种估价方法，符合前述条件的全部证券均适用这一方法。账目的附件中载明这种选择。

这些证券所代表的公司自有资金的总份额每年发生变动的相应款额不构成公司损益的构成要素。这一部分的变动数额应单独列入自有资本的一个栏目，不得纳入分配，不得用于填补亏损。但是，如果出入相抵，总额为出大于入，则应记入损益账目。

如某一公司采用前款所指的方法，在受该公司控制的公司本身亦在相同条件下控制着其他公司时，受该公司控制的公司也要采用同样的方法。

最高行政法院提出资政意见后颁布的法令确定本条的实施办法。

第L232-6条 (2011年5月17日第2011-525号法律第55-1条废止：按照第L123-17条规定的条件所采用的年度账目的制定与评价方式发生变更时，应当在管理报告中予以指出，并且在相应情况下，应在会计监察人的报告中指出。)

第二节 公开募集资本的公司专有的文件

第L232-7条 (2009年1月22日第2009-80号法令第29条)股票准许进入规范市场交易的公司(原规定为"在证券交易所公开挂牌上市的公司")，应当在其年度账目中附有本期终结时公司所持有的全部有价证券的盘存表以及拟向股东大会提议的有关可分派款项的使用与分配的明细表。

除可变资本投资公司(sociétés d'investissement à capital variable)外，《货币与金融法典》第L451-1-2条第一项、第三项与第七项之规定适用于本条第1款所指的公司。

第L232-8条 (2009年1月22日第2009-80号法令废止：如公司的一半资本属于一家或数家股票准许进入规范市场交易的公司，股票没有获准进入规范市场交易的公司以及不具有可以发行股票之公司形式的公司，如其资产负债超过 30 万欧元或者其盘存值或其所持全部证券的交易价值超过 30 万欧元,应当在其年度账目中附加其在本会计年度结束时所持有的有价证券的盘存表。)

第三节 费用的偿还与准备金(provisions)

第 L232-9 条 除第 L232-15 条第 2 款规定之保留外,设立公司的费用,可以在进行任何利润分派之前分期偿还(amortissement),摊还费用的期限最迟为 5 年。

增加资本的费用,最迟应在此种费用投入的那一会计年度之后第 5 个会计年度终结时摊还。此种费用得从与本次增加资本相关联的发行溢价总额中摊还。

但是,专一经营目标是建造与管理主要用于住宅出租的建筑物的房产公司或房产租赁公司,以及工商用不动产公司,可以按照有关房产的相同条件分期摊还设立公司的费用以及增加资本的费用。获准对通讯业提供资金的公司得按有关建筑与设备的相同条件分期摊还设立公司的费用以及增加资本的费用。

第四节 利　　润

第 L232-10 条 有限责任公司与可以发行股票的公司,应从当年会计年度的利润中,必须时可在扣除以往的亏损额之后,提取至少 1/20 的款额用于设立公积金基金(fonds de réserve),称为"法定公积金"(réserve légale)。与此相抵触的一切审议决定均无效。

在公积金数额达到公司资本的 1/10 时,不再强制提取上述款项。

第 L232-11 条 可分配的利润,由本会计年度获得的利润,扣除前期亏损与依据法律或章程的规定纳入公积金的款项,加上转接的利润构成。

与此同时,股东大会可以决定将从其可处分的公积金部分中提取的款项纳入分配。在此情况下,这项决定应当明确指出从哪些公积金栏目中提取款项;任何情况下,股息均优先从本期可分配的利润中提取。

除减少资本的情况外,如果在分派利润以后公司自有资金将低于公司注册资本加上法律或章程规定的不允许分配的公积金的数额,则不得进行任何利润分配。

因重新估价而产生的差额部分不得进行分配,此种差额可全部或部分纳入公司资本。

第 L232-12 条　在年度账目获得批准并确认有可以分配的款项之后,由股东大会确定可以采用股息的形式分配给持股人的那一部分数额。

但是,如果在一个会计年度中或结束时制订的并经会计监察人出具证明的资产负债表显示,公司自前一会计年度终结以来,在设立必要的公积金与应当摊还的款项之后,减去前期亏损数额以及法律或章程规定应当纳入公积金的款项,同时考虑到转接的利润额,公司实现了利润,也可以在本期账目得到批准之前以预付股息①的方式进行分配。此种预付股息的数额不得超过本款所定义的利润额。此种分配按最高行政法院提出资政意见后颁布的法令确定的条件与方式进行。

违反上述规则进行分配的任何股息,均为虚假股息。

第 L232-13 条　经股东大会投票表决的可予分派的股息的支付方式由股东大会确定,或者股东大会未确定支付方式时,由公司董事会,或者相应情况下,由管理委员会或经理确定。

但是,股息应当在会计年度结束后最迟9个月内支付。法院得决定延长该期限。

第 L232-14 条　公司章程可以规定,对凡是证明自己在本会计年度终结时记名登记至少已经2年并且在开始支付股息之日仍然维持记名登记的股东提高分派股息的数额,但增加的幅度在10%的限度之内。增加股息的具体比例,由特别股东大会确定。(2009年1月22日第2009-80号法令第7-18条)"在资本证券准许进入规范市场交易的公司",同一股东可以获得增加股息的股票的数量不得超过公司注册资本的0.5%;在无偿分派股票的情况下,也可以按照相同条件分派同样的增加股息。

在公司章程修改之后的第二个会计年度终结之前不得增加分派股息。

第 L232-15 条　禁止为股东的利益规定固定利息或附加利息;与此相抵触的任何条款均视为未予订立。

国家给予股票以最低股息保证时,不适用前款之规定。

第 L232-16 条　公司章程可以规定以"最先支付的优先股息"(premier

---

①　此处为"des acomptes sur dividendes"或"des acomptes de dividendes",不同于第 L232-16 条所指的"章程规定的股息"(premier dividende)。——译者注

dividende)①的名义分派一种利息,此种利息按照已缴纳且未予偿还的股款数额计算。除章程另有规定外,在计算基本股息时,不考虑公积金。

第L232-17条　公司不得要求股东或股份持有人返还任何股息,但是,下列两个条件均具备的情况除外:

1. 如股息的分派违反了第L232-1条、第L232-12条以及第L232-15条的规定;

2. 如公司证明,股息受益人在分派股息时知道此项分派不符合规定,或者依据分派时的具体情况,受益人不可能不知道此种情形。

第L232-18条　可以发行股票的公司的章程可以规定,审议公司年度账目的股东大会有权给予每个股东以选择权;对于纳入分配的全部或部分股息以及分期支付的股息,在"用现金支付"与"用股票支付"两者之间进行选择。

在公司有不同种类的股票的情况下,审议年度账目的股东大会有权决定已经认购的股票与有权分派股息或分期分派股息的股票属于同一种类。

用股票支付股息或者用其分期支付股息(股票股息)的要约,应当同时向所有股东发出。

第L232-19条　按照第L232-18条规定的条件发行的股票,其发行价格不得低于面值。

股票准许进入规范市场交易的公司(原规定为"在证券交易所公开挂牌上市或在二级市场上市的公司"),股票的发行价格不得低于其推销决定作出之日前20个交易日的平均价格减去股息或分期支付的股息净额之后的90%。

在其他公司里,股票的发行价格由公司选择确定;或以最近的资产负债表计算的资产净值除以现存证券的总数,或者按照董事会或管理委员会请求法院指定的鉴定专家的意见确定。确定发行价格的规则的实施由会计监察人审核。会计监察人向第L232-18条所指的股东大会提出专项报告。

如股东有权取得的股息或分期支付的股息不能构成整股股票,该股东可以接收构成整股的股票同时接收余额的现金,或者相反,如公司提出要求,该股东可以接收超过其可得数目的整股股票并补交差额部分的现金。

---

①　"最先支付的优先股息"(premier dividende)或者称为"章程规定的股息"(dividende statutaire),是指在公司章程规定向全体股东或其中某些股东分数次分派股息时,第一次分派的股息。这种第一次分派的股息的额度,依据股票或股份的面值已缴纳、未偿还的款额计算,表示占这一数额的百分之几的利息。第L232-16条是规定此种股息的基本条款。参见第L225-199条、第L228-35-1条。——译者注

第 L232-20 条 请求用股票支付股息,必要情况下缴纳第 L232-19 条第 2 款所指的款额,必须在股东大会确定的期限内提出。该期限自股东大会召开之日起计算,不得超过 3 个月。只要股东提出了用股票支付股息的要求,即意味着公司实现增加资本;相应情况下,只要缴纳了上述款额,即告公司实现增加资本,并且不必履行第 L225-142 条、第 L225-144 条第 2 款以及第 L225-146 条规定的各项手续。

但是,在公司增加资本的情况下,董事会或管理委员会可以在不超过 3 个月的期限内暂行中止行使请求用股票支付股息的权利。

在股东大会依本条第 1 款确定的期限届满后的第一次会议上,公司董事会或管理委员会应当确认按照本条规定发行的股票的数目,并对公司章程中有关注册资本以及代表资本的股票数目的条款作出必要修改。董事长依据董事会或管理委员会的授权可以在股东大会确定的期限届满后 1 个月内进行这一活动。

第五节 账目的公示

第 L232-21 条 (2012 年 3 月 22 日第 2012-387 号法律第 9-1 条)一、合名公司的所有无限责任股东都是有限责任公司或者可以发行股票的公司时,其有义务在股东大会批准年度账目之后的 1 个月内,或者如果是通过电子途径提交账目,应在年度账目得到批准后的 2 个月内,向法院书记室交存以下文件,一式两份,以便附于"商事及公司注册登记簿":

1. 年度账目(2012 年 3 月 22 日第 2012-387 号法律第 9-1 条废止:"管理报告"),以及相应情况下,集团合并结算报告、有关集团管理的报告、会计监察人关于年度账目与集团合并结算账目的报告,相应情况下,应对股东大会就此报告所进行的修改提出补充意见说明;

2. 提交股东大会审查的有关使用经营结果的安排建议以及表决通过的有关使用经营结果的决议或者已经作出的决定。

按照最高行政法院提出资政意见后颁布的法令规定的条件向提出要求的任何人提供公司的管理报告。

二、在股东大会拒绝批准或者拒绝同意的情况下,其审议决定的复印件亦应在相同期限内交存。

三、如果合名公司的所有无限责任股东都是合名公司,或者合名公司的所有无限责任股东都是普通两和公司,而这些普通两合公司的所有无限责任股东都是有限责任公司或者是可以发行股票的公司,上述规定的义务具有强制性。

四、适用本条之规定,具有相似法律形式的外国公司,视为有限责任公司或可以发行股票的公司。

第 L232-22 条 （2012 年 3 月 22 日第 2012-387 号法律第 9-2 条）一、所有的有限责任公司均有义务在普通股东大会或唯一的股东批准年度账目之后的 1 个月内,或者如果是通过电子途径提交账目,应在年度账目得到批准后的 2 个月内,向法院书记室交存以下文件,一式两份,以便将其附于"商事及公司注册登记簿":

1. 年度账目（2012 年 3 月 22 日第 2012-387 号法律第 9-2 条废止:"管理报告"）以及相应情况下,集团合并结算报告、有关集团管理的报告、会计监察人关于年度账目与集团合并结算账目的报告,可能情况下,应对股东大会就此报告进行的修改作出补充说明;

2. 提交股东大会或唯一的股东审查的有关使用经营结果的安排建议以及表决通过的有关使用经营结果的决议或者已经作出的决定。

按照最高行政法院提出资政意见后颁布的法令规定的条件向提出要求的任何人提供公司的管理报告。

二、在拒绝批准或者拒绝同意年度账目的情况下,股东大会或者唯一股东审议决定的复印件亦应在相同期限内交存。

第 L232-23 条 （2012 年 3 月 22 日第 2012-387 号法律第 9-3 条）一、所有可以发行股票的公司均有义务在股东大会批准年度账目之后的 1 个月内或者如果是通过电子途径提交账目,应在年度账目获得批准后的 2 个月内,向法院书记室交存以下文件,一式两份,附于"商事及公司注册登记簿":

1. 年度账目、管理报告、会计监察人关于年度账目的报告,可能情况下,应对股东大会就此报告进行的修改作出补充说明,以及相应情况下,集团合并结算账目、有关集团管理的报告、会计监察人关于集团合并结算账目的报告以及监事会的报告;

2. 提交股东大会审查的有关使用经营结果的建议以及表决通过的有关使用经营结果的决议。

除股票准许进入规范市场交易的公司,或者进入受旨在保护投资人、防止内部交易活动、防止操纵交易价格与发布虚假信息的立法与法规约束的多边交易系统进行交易的公司之外,关于上述第 1 款所指的其他公司提交管理报告的问题,可以作出例外规定,但是,对于提出要求的任何人,均应按照最高行政法院提出资政意见后颁布的法令规定的条件提供公司的管理报告。

二、在拒绝批准或者拒绝同意年度账目的情况下，股东大会审议决定的复印件亦应在相同期限内交存。

第 L232-24 条 （2012 年 3 月 22 日第 2012-387 号法律第 18-1 条）法院书记员如认定公司没有遵守第 L232-21 条第一项至第 L232-23 条有关提交报告的规定，应向商事法院院长报告，由院长按照本《法典》第 L611-2 条的规定处理。

第 L232-25 条 属于第 L123-16-1 条定义的微型企业的公司，除第 L123-16-2 条所指的公司以及从事的活动是管理参与性证券和有价证券的公司之外，在办理第 L232-21 条至第 L232-23 条所指的账目交存手续时，可以声明其交存的年度账目不进行公示。

但 2000 年 4 月 12 日关于公民在与行政部门的关系中的权利的第 2000-321 号法律第 1 条意义上的行政机关以及法兰西银行可以了解、查阅这些账目。

最高行政法院提出资政意见后颁布的法令规定本条的实施方式。

第三章　子公司、参股与被控股的公司

第一节　定　义

第 L233-1 条 一公司占有另一公司一半以上资本时，依本章之规定，后者视为前者的子公司。

第 L233-1 条 一公司占有另一公司 10% 至 50% 的资本时，依本章之规定，前者视为对后者有资本参股的公司。

第 L233-3 条 一、依本章第二节与第四节的规定，下述情形，一公司视为控制另一公司：

1. 其直接或者间接持有另一公司资本之部分，可以赋予其在该另一公司的股东大会上持有多数表决权时；

2. 根据与其他股东或持股人订立的不违反公司利益的协议而单独拥有另一公司的多数表决权时；

3. 其运用自己持有的表决权，事实上决定着另一公司股东大会所作的决议时；

（2005年7月26日第2005-842号法律第33-1条）"4. 其持有另一公司的股票或股份，作为股东或持股人拥有任命或解除该另一公司的管理机关、领导机关或监事机关的多数成员的职务时。"

二、一公司在另一公司里直接或间接持有超过40%的表决权，并且没有任何其他股东或持股人直接或间接持有的表决权数高于该公司所持表决权数时，推定该公司对另一公司实行控制。

（2001年12月11日第2001-1168号法律）"三、为适用本章相同各节之规定，两人或数人经协调商定、共同采取行动，在事实上决定着股东大会所作的决议时，这些人被视为对另一人①共同实行控制。"

第L233-4条 被控制的公司对其他公司的任何资本参股，即使比例低于10%，仍视为对该公司实行控制的公司间接持有的资本参股。

第L233-5条 （2009年1月22日第2009-80号法令第7-14条）"对于股票准许在第L233-7条第二项所指的金融工具交易市场交易的"公司，检察院与（2003年8月1日第2003-706号法律第46-5条）"金融市场主管机关"（原规定为"证券交易所业务委员会"）有权向法院提出请求，以确认某一公司是否控制另一家或数家公司。

第L233-5-1条 （2010年7月12日第2010-788号法律第227-1条）按照第L233-1条的意义一公司持有另一公司一半以上资本，而该另一公司对某一公司有第L233-2条意义上的参股或者实行控制时，持有该另一公司一半以上资本的公司作出决定，在与其有联系的公司不能偿还债务的情况下，由其负担按照《环境保护法典》第L162-1条至第L162-9条的规定应由后者负担的预防与修复环境污染的责任的，此种决定应根据公司的法律形式，分别按照本《法典》第L223-19条、第L225-38条、第L225-86条、第L226-10条或者第L227-10条规定的程序处理。

第二节 通知与信息披露

第L233-6条 一家公司在一个会计年度过程中对注册住所设在法兰西共和国领土上的另一家公司取得的资本参股占有该公司注册资本的1/20、1/10、1/5、1/3或者1/2时，或者取得对该公司的控制权时，均应当在其向股东提交的有关本会计年度的营业活动的报告中，以及在相应情况下，在其向

---

① 本条第三项使用的术语改为"人"（personne）。——译者注

会计监察人提交的报告中,写明这种情况。

公司董事会、管理委员会或者经理在其报告中应当汇报本公司、本公司的各子公司及其按活动部门控制的各公司的全部经营活动及经营结果;如该公司是制定并公布集团合并结算账目的公司,以上提及的报告可包括在第L233-26条所指的有关集团管理活动的报告之内。

第L233-7条 (2005年7月26日第2005-842号法律第33-2条)一、当注册住所在法兰西共和国领土上的公司,其股票准许进入(2007年12月17日第2007-1774号法律第10-1条)"欧洲经济区协议成员国的规范市场"或者准许进入按照《货币与金融法典》第L211-3条规定的条件(2009年1月8日第2009-15号法令第7条)"在有资格的中间人账户上"登记的金融工具交易市场时,任何自然人或法人单独或者协同行动,在该公司内占有的股票数量超过其注册资本或表决权数的1/20、1/10、1/5、3/20、3/10、1/3、1/2或2/3、18/20、19/20时,均应自越过上述参股额度之日起,在最高行政法院提出资政意见后颁布的法令确定的期限内,将其持有该公司股票或表决权的总数通知该公司。

在对上述公司资本的参股或者拥有的表决权数目变得低于前款所指的额度时,也应在相同期限内进行该款所指的通知。

(2009年1月30日第2009-105号法令第2条第1款)按照本项第1款的规定负有信息告知义务的人在提交的申明书中还应具体说明以下事项:

1. 由其持有的、到期可以取得公司将要发行之股份的证券的数目以及与这些证券相关联的表决权数;

2. 该人根据协议或者《货币与金融法典》第L211-1条所指的金融工具可以取得的已经发行的股票的数量,不影响适用本《法典》第L233-9条第一项的第4点与第4B点的规定。该人可以按照相同条件取得的表决权,亦同。

二、在公司股份准许进入规范市场交易或者规范市场之外的金融工具市场时,应管理该金融工具市场的人的请求,有义务进行本条第一项所指信息通知的人在其参股超过上述额度时,亦应按照金融市场主管机关的一般规则确定的期限与方式,向金融市场主管机关进行通知。在此情况下,按照金融市场主管机关的一般规则确定的条件,所告知的信息可以仅涉及第一项所指限额中的一部分。这一信息还应按照金融市场主管机关的一般规则确定的条件告知公众。

金融市场主管机关的一般规则应具体规定计算参股额度的方式(2012年3月22日第2012-387号法律废止:"并且规定在何种条件下第1款所指的

协议或金融工具被视为具有类似于占有股份之经济效果")。

三、公司章程可以规定,即使在持股份额或表决权数低于第一项所指的 1/20 的额度时,亦有进行信息通知的附加义务。这种附加义务是上述持股情况的每一额度档次都应履行的义务,但是,持股额度低于资本的 0.5% 时,可不进行通知。

四、上述第一项、第二项与第三项以及第 L225-126 条第一项所指的通知义务不适用于以下股票:

1. 金融市场主管机关一般规则所定义的,通常在短期结算周期范围内的,唯一为了抵销、结算或者金融证券交割之目的而取得的股票;

2. 由账目掌管人在其掌管账目与保存股票的活动范围内持有的股票;

3. 投资服务提供者按照欧洲议会与欧洲理事会 2006 年 6 月 14 日第 L2006/49 号指令的意义就企业信贷投资基金的调整而持有的全部股票,但条件是这些股票的总数所代表的发行者的注册资本与表决权没有超过证券市场主管机关一般规则所确定的额度,并且与这些证券相关联的表决权的行使与使用不是为了干预发行者的管理事务;

4. 按照证券市场主管机关一般规则确定的条件,向欧洲中央银行系统的成员交付的股票,或者由这些成员交付的股票。

五、上述第一项、第二项与第三项规定的信息告知义务,不适用于:

1. 金融市场管理主持人,当其在主持管理证券市场的范围内持有的证券或者表决权的数量超过发行者注册资本 1/20 的额度时,但条件是:证券市场管理主持人按照金融市场主管机关一般规则所确定的条件不干预发行者的管理事务;

2. 上述第一项所指的人,按照第 L233-3 条的意义,受到因该人持有的股票而负有第一项至第三项规定的义务约束的实体控制的,或者该实体本身按照第 L233-3 条之意义受到因同样的股份持有而负有第一项至第三项所规定的义务的。

3. (2012 年 3 月 22 日第 2012-387 号法律第 25-1 条废止)

六、在未遵守第三项所指的信息告知义务的情况下,公司章程可以规定第 L233-14 条第 1 款与第 2 款的规定仅适用于持有发行公司的资本或表决权数至少已经达到应予公开之额度的一名或数名股东提出的请求。该项请求保存于股东大会之记录内。上述最低额度不得高于资本的 5%。

六(B)、(2012 年 3 月 22 日第 2012-387 号法律) 金融市场主管机关的一般规则具体规定在哪些情况与条件下,本条第一项所指的不同类型的工具之间的资金参与的分配比例发生变化时,与此有关的人即有义务申明第一项与第二项所指的越过规定限额的情况。

七、(2009年1月30日第2009-105号法令第2条)公司股票准许进入规范市场交易的,在持股数额越过公司资本或表决权的1/10、3/20、1/5或1/4的界限时,负有本条第一项所指信息告知义务的人,应当申明其在将来6个月内意图追求的目标。

(2012年3月22日第2012-387号法律第25-1条)这些人在其提交的申报书中应具体说明以下事项：

1. 取得这些股份或表决权的资金的筹措方式；
2. 是单独还是与他人协同采取行动；
3. 是考虑停止收购还是准备继续收购,是否打算取得对公司的控制权；
4. 考虑对发行股票的公司采取何种战略以及为实施这一战略所开展的活动；
5. 在第L233-9条第一项第4点、第4B点所指的协议与工具方面有何打算；
6. 旨在取得股份和表决权的任何临时转让协议；
7. 是否考虑要求任命自己或者其他一人或数人作为公司董事、管理委员会成员或监事会成员。

上述申报事项的具体内容由金融市场主管机关一般规则作出具体规定,相应情况下,应当考虑参股水平以及进行申报的人的特点。

(2009年1月30日第2009-105号法令第2条)这项申报应在最高行政法院提出资政意见后颁布的法令确定的期限内寄送至股票被收购的公司以及金融市场主管机关。还应按照金融市场主管机关制定的一般规则确定的条件向公众公示这些信息。

如收购人在进行申报后6个月内改变原有的意图,应立即向公司与金融市场主管机关重新报告并说明理由,同时按照相同条件向公众进行披露。自新的公示起,重新开始计算本条第1款所指的期限。

第L233-7-1条 (2009年10月19日第2009-1255号法律第11条)在股票停止进入规范市场交易,转而进入受旨在保护投资人、防止内部交易活动、防止操纵交易价格与发布虚假信息的立法与法规约束的多边交易系统进行交易时,自持股数额超越规定的界限之日起,负有第L233-7条第一项所指信息告知义务的人,在股票停止进入规范市场交易开始3年期间内,仍应按照金融市场主管机关制定的一般规则确定的期限与方式向该主管机关进行报告。还应按照金融市场主管机关制定的一般规则确定的条件向公众公示这些信息。

前款之规定适用于证券交易资本低于10亿欧元的公司。

第L233-7条第七项的规定也适用于本条第1款所指的人。

第L233-8条 (2005年7月26日第2005-842号法律第33-3条)一、所有可以发行股票的公司,最迟应在普通股东大会召开之后15日内,将此时存在的表决权总数告知其股东。(2012年3月22日第2012-387号法律第11条)但是,如果与前次普通股东大会时公开的股份数目相比,公司的表决权数目没有发生变动,股票不能进入规范市场交易的公司不负有这项告知义务。在两次普通股东大会之间,股份数目的变动比例达到负责经济事务的部长颁布的条例确定的百分比时,公司在了解此情以后,应告知股东。

二、(2007年12月17日第2007-1774号法律第10-2条)"第L233-7条所指的股票准许进入欧洲经济区协议成员国的规范市场"(2010年10月22日第2010-1249号法律第55条)"或者进入受旨在保护投资人、防止内部交易活动、防止操纵交易价格与发布虚假信息的立法与法规约束的多边交易系统进行交易的各公司",如其组成公司资本的股份数目及表决权的总数,与向公众公布的数目相比,已经发生变动,则每个月均应按照金融市场主管机关的一般规则确定的条件与方式发布相关数字。这些公司被视为履行第一项规定的义务。

第L233-9条 (2005年7月26日第2005-842号法律第33-4条)一、以下所列各项视同由负有第L233-7条第一项规定之信息通知义务的人占有的股票或表决权:

1. 其他人为该人的利益持有的股票或表决权;
2. 该人依照第L233-3条的意义控制的公司持有的股票或表决权;
3. 由与该人合作开展活动的第三人持有的股票或表决权;

(2009年1月30日第2009-105号法令第3条)"4. 该人或者上述第1点至第3点所指的人,依据协议或者《货币与金融法典》第L211-1条所指的金融工具,只要主动提出要求即有权按期取得的股票或表决权;该人按照相同条件可以取得的表决权,亦同"(2012年3月22日第2012-387号法律第25-2条废止:"金融市场主管机关的一般规则具体规定本款的适用条件");

(2012年3月22日第2012-387号法律第25-2条)"4B.《货币与金融法典》第L211-1条所指的任何协议或金融工具所涉及的用现款结算的已经发行的股票,对该人或者第1点与第3点所指的人产生类似于占有股票之效果

的;相同条件下,任何协议或金融工具所涉及的表决权,亦同";

5. 该人享有用益权的股票;

6. (虽然是)由第三人持有的股票,但与该人就转让这些股份或表决权订有临时转让协议;

7. 该人在没有股票持有人的特别指令的情况下也可以行使的与寄托在该人处的股票相关的表决权;

8. 该人在没有有关的股票持有人下达特别指令的情况下依据授权可以自由行使的表决权。

(2012年3月22日第2012-387号法律第25-2条)"金融市场主管机关的一般规则确定上述第4点与第4B点的适用条件,特别是规定协议或金融工具被视为具有类似于占有股票之效果的条件。"

二、以下所列各项不视为由负有第L233-7条第一项意义上的信息通知义务的人所持有的股份或表决权:

1. 由该人在金融市场主管机关的一般规则确定的条件下,按照第L233-3条的意义控制的证券管理公司管理的有价证券集体投资机构所持有的股票,但金融市场主管机关一般规则所规定的例外情形,不在此限;

2. 由该人按照第L233-3条的意义控制的投资服务提供者,在按照金融市场主管机关一般规则确定的条件为第三人的利益提供全部证券管理服务的范围内管理的全部证券中所持有的股票,但(2009年1月30日第2009-105号法令第3条)该一般规则规定的例外情形,不在此限;

3. 由投资服务提供者在欧洲议会与欧洲理事会2006年6月14日第2006/49号关于调整投资企业与信贷机构自有资金的指令意义上的可流通证券范围内持有的(2012年3月22日第2012-387号法律第9-3条)"本条上述第一项第4点与第4B点所指的金融工具";但条件是运用这些金融工具所取得的进入此种证券发行者的资本的份额或表决权数均不超过金融主管机关一般规则所确定的界限。

(第L233-9条原条文:以下各项视同由第L233-7条第一项所指的负有通知义务的人占有的股票或表决权:

1. 他人为该人的利益持有的股票或表决权;

2. 该人依第L233-3条的意义控制的公司所持有的股票或表决权;

3. 同该人合作开展活动的第三人持有的股票或表决权;

4. 该人或上述第1点至第3点所指的人依据一项协议只要提出要求即有权取得的股票或表决权。)

第 L233-10 条 （2010 年 10 月 22 日第 2010 年-1249 号法律第 48 条）一、凡是为了针对某一公司实施某种政策或者为了取得对该公司的控制权，订立某种旨在取得、转让或行使（该公司的）表决权的协议的人，视为协同采取行动。

二、下列情形，推定存在上述协议：

1. 在一公司、其董事长与其总经理或其管理委员会成员或经理之间；

2. 一公司与其实行第 L233-3 条意义上的控制的各公司之间；

3. 由同一人或同一些人控制的各公司之间；

4. 简化的可以发行股票的公司的股东之间针对由该公司控制的公司而订立的协议；

5. （2007 年 2 月 19 日第 2007-211 号法律第 4 条）"如财产托管合同的受益人就是托管人，在该受益人与受托管人之间"。

三、参与协同行动的人对法律与条例规定其承担的义务负连带责任。

第 L233-10-1 条 （2006 年 3 月 31 日第 2006-387 号法律）在公开出价收购股份的情况下，与发出一项公开要约且旨在取得该要约所针对的目标公司的控制权的人订立协议的所有人，视为在采取协同行动；与目标公司订立协议，旨在使公开收购活动失败的所有人，也视为在采取协同行动。

第 L233-11 条 （2001 年 5 月 15 日第 2001-420 号法律）协议的任何条款就准许进入规范市场交易的股票的转让或取得规定优惠条件。至少涉及发行公司 5% 的资本或表决权时，应（2003 年 8 月 1 日第 2003-706 号法律第 46-1 条）"自协议或者订立此种条款的补充协议签字之日起 5 个证券交易日内报送公司与金融市场主管机关"（原规定为"证券交易所管理委员会"）。如果没有报送，在公开要约期间，这种条款的效力暂时中止，各方当事人不受协议规定的义务约束。

（2003 年 8 月 1 日第 2003-706 号法律第 46-5 条）"上述条款终止的日期，也应当告知公司与金融市场主管机关"。

在 2001 年 5 月 15 日第 2001-420 号有关"新的经济关系"的法律之前订立的此种协议条款，如没有在此日期报送金融市场主管机关，则应当在 6 个月期限内按照第 1 款规定的相同条件报送该主管机关，并产生与第 1 款所指的相同效力。

（2003 年 8 月 1 日第 2003-706 号法律第 46-1 条）"以上各款所指的信息，应当按照金融市场主管机关的一般规则告知公众"。

（第 L233-11 条原条文：股票在由法国法律规范的市场上公开上市的公

司的股东之间订立的包含有转让与取得股票之优惠条件的一切协议均应提交证券交易所管理委员会，由其负责进行公告。)

第 L233-12 条　一公司被另一可以发行股票的公司直接或间接控制时，该公司应向后者及每一家参与此种控制的公司通报其在这些公司各自的资本中直接或间接持有的参股数额以及该数额的各项变动情况。对于公司在知道其受到控制之日前就持有的证券，应在该日起 1 个月期限内进行通知，或者对于在此后进行的转让与取得，应在该活动之日进行通知。

第 L233-13 条　在向股东提交的有关本期交易活动的报告中，根据适用第 L233-7 条与第 L233-12 条的规定所收集的情况，应当写明直接或间接持有公司 1/20、1/10、(2005 年 7 月 26 日第 2005-842 号法律第 33-6 条) 3/20、1/5、1/4、1/3、1/2、2/3、9/10 或 19/20 的资本或股东大会表决权的自然人或法人的身份，同时应当显示本期发生的各项变更。报告还应指明受到控制的公司的名称以及这些公司所持有的该公司的资本份额。相应情况下，上述事项亦应在会计监察人的报告中作出说明。

第 L233-14 条　(2012 年 3 月 22 日第 2012-387 号法律第 25-3 条) 有义务进行第 L233-7 条第一、二、四、七项所指申报的股东，没有按照规定进行申报的，(2009 年 1 月 30 日第 2009-105 号法令第 4 条) "就其超过应当申报之额度的股份，在自其办理正规申报手续之日起 2 年期间内召开的普通股东大会上均无表决权"。

按照相同条件，未履行申报义务的股票持有人不能行使或授权行使与这些股票相关联的但没有进行申报的表决权。

公司注册住所在其管辖地域内的商事法院，应公司董事长的请求，或者应一名股东或 (2003 年 8 月 1 日第 2003-706 号法律第 46-5 条) "金融市场主管机关" (原规定为"证券交易所业务委员会") 的请求，并听取检察院的意见，可以宣布 (2003 年 8 月 1 日第 2003-706 号法律第 46-1 条) 在按照金融市场主管机关规定的条件进行公告之后的 12 个月内，取消没有进行第 L233-7 条所指申报或者不遵守 (2005 年 7 月 26 日第 2005-842 号法律第 33-7 条) "第 L233-7 第七项"所规定的申报内容的任何股东的表决权。

第 L233-15 条　有子公司或者对其他公司参股的任何公司，其董事会、管理委员会或经理，均应在公司的资产负债表内附上一份图表，以显示这些子公司与参股的状况。

第三节　集团合并结算

第 L233-16 条　一、所有商事公司，独家或者与他人一起共同控制另一家或数家企业，或者对这些企业施加明显影响，每年均应由其董事会、管理委员会或经理负责建立并公布集团合并结算账目以及集团管理报告。

二、以下所指情形即构成由一家公司实行独家控制：

1. 一家公司直接或间接在另一家企业里持有绝大多数表决权。

2. 或者，该公司在连续两个会计年度内对另一家企业的管理、领导或监督机关的大多数成员进行指定。当一家进行集团合并结算的公司在上述时期内直接或间接持有另一家企业 40% 以上的表决权并且没有其他任何持股人直接或间接持有的表决权超过此数目时，推定该公司进行上述人员的指定。

3. 或者，依据合同或者公司章程条款的规定，在所适用的法律允许（2003 年 8 月 1 日第 2003-706 号法律第 133-1 条废止："且占支配地位的公司是某一企业的股东或持股人"）时，公司对另一企业有权施加起到支配性作用的影响。

三、所谓"与他人一起共同控制"是指，由有限数量的股东或持股人对共同经营的某一企业分享控制权，所作的决定均出自这些人的共同意见。

四、在一公司直接或间接至少持有另一企业 1/5 的表决权时，推定该公司对该企业的管理与财务政策可以施加明显影响。

第 L233-17 条　尽管有第 L233-16 条的规定，该条所指的公司，除发行准许进入规范市场交易的有价证券或可转让的债权凭证的公司以外，属下列情况者，可以按照最高行政法院提出资政意见后颁布的法令确定的条件，免除其制订与公布集团合并结算账目与集团管理报告的义务：

1. 该公司本身受另一企业控制，已被纳入该另一企业公布的集团合并结算账目；即使在此情况下，只有受到控制的公司的一名或多名至少持有 1/10 资本的股东或持股人不反对免除上述义务时，始可不制订和不公布该项集团合并结算账目；

2. 或者，一家公司与由其控制的所有企业组成的整体在连续两年内，以其最近几年的年度结算为基础，仍然不超过按照第 L233-16 条提及的三项标准中任两项标准所确定的规模时。

第 L233-17-1 条　（2012 年 3 月 22 日第 2012-387 号法律第 58 条）第

L233-16 条第一项所指的各公司,除第 L123-12 条所指的附件提供的证明外,在其独家控制或者与他人一起共同控制的企业或者其施加第 L233-16 条意义上的明显影响的企业里,相对于第 L233-21 条所指的目标,单独或者集中起来仅具有较小利益时,可免除制订与公示集团合并结算账目与集体管理报告的义务。

第 L233-18 条 由进行集团合并结算的公司独家控制的所有企业的账目,按全额合并结算。

由进行集团合并结算的公司与其他股东或持股人共同控制的所有企业的账目,按比例合并结算。

由进行集团合并结算的公司施加明显影响的企业的账目,按照相应等值合并结算。

(2004 年 12 月 20 日第 2004-1382 号法令第 2 条废止:当依据第 L233-16 条第二项、第三项与第四项的规定,某些可纳入集团合并结算的企业的年度账目编制,如以全额合并结算或比例合并结算,则不能反映第 L233-21 条所指的忠实情况时,这种账目可按等值合并结算。)

第 L233-19 条 一、如因某些持久而严格的限制,从根本上妨碍进行集团合并结算的公司对其子公司或其参股公司的控制或影响,或者妨碍其子公司或其参股公司转移资金,该子公司或该项参股可以不纳入集团合并结算,但进行集团合并结算的公司应在其制订的附件中说明理由。

二、在前款同样的保留条件下,属于下列情况时,子公司或参股可以不纳入集团合并结算:

1. 仅仅是为了随后进行转让而持有子公司的股票或股份,或者参股;

2. 子公司或者参股,单独计算或同其他事项一起计算,相对于第 L233-21 条所规定的目标来说,仅具有无关紧要的利益;

3. 只有动用极高费用才能取得为制订集团合并结算账目所必需的信息资料,或者这些信息只能在依据第 L233-27 条确定的期限里取得。

第 L233-20 条 集团合并结算账目包括集团损益账目、资产负债表以及一份附件,这些文件共同组成一个不可分割的整体。

为此,包括在集团合并结算中的各企业有义务向进行集团合并结算的公司报送制订集团合并结算账目所必需的信息材料。

(2009 年 1 月 22 日第 2009-79 号法令第 5-4 条)"集团合并结算账目的制订与公告方式,由最高行政法院征求国家会计理事会的意见并提出资政意见后颁布的法令规定。该项法令尤其应规定资产负债表与损益表的各项内容的分类以及附件中所包括的事项的分类"。

第 L233-21 条 集团合并结算账目必须符合规定，真实可信，能够忠实反映包括在集团合并结算中的各企业所组成的整体的资产、负债、权利与义务的状况、财务状况以及集团的经营结果。

相应情况下，可以适用第 L123-14 条第 1 款与第 2 款的规定。

第 L233-22 条 除第 L233-23 条规定的情况之外，在考虑到集团合并结算账目相对于普通的年度账目来说有其自身特点因而应当进行必要调整的情况下，集团合并结算账目依照本《法典》规定的会计原则及评估规则制订。

包括在集团合并结算账目中的资产要素与负债要素、收入与支出等各个项目，均应按照统一的方法进行评估，所花的费用不成比例，以及对集团合并结算的资产负债、权利与义务和财务状况与集团损益账目均无重大影响之情况除外。

第 L233-23 条 只要能够在附件中说明理由，进行集团合并结算的公司可以依照第 L123-17 条规定的条件，采用（2009 年 1 月 22 日第 2009-79 号法令第 6 条）"会计准则主管机关"确定的规则，以便：

1. 考虑价格变动或替代性价值；
2. 考虑到最先调出的财产是最后回收的财产的情况，评估可替换的财产；
3. 允许采用与《商法典》第 L123-18 条至第 L123-21 条的规定不相符的规则。

第 L233-24 条 （2004 年 12 月 20 日第 2004-1382 号法令第 1 条）制订并公布第 L233-16 条意义上的集团合并结算账目的各公司，在运用欧洲委员会条例规定的国际会计规范时，可以免于遵守第 L233-18 条至第 L233-23 条有关制订与公布集团合并结算账目的会计规则。

第 L233-25 条 只要能够在附件中说明理由，集团合并结算账目的制订日期可以有别于进行集团合并结算的公司本身的年度账目的日期。

如包括在集团合并结算中的某一企业的会计年度终结日期比集团合并结算会计年度终结日期早 3 个月以上，该集团合并结算账目可以经会计监察人监督的临时账目为基础制订，或者在没有会计监察人的情况下，以负责监督账目的专业人员监审的账目为基础进行制定。

第 L233-26 条 集团管理报告应当说明包括在集团合并结算中的所有企业组成的整体的状况、可预期的变化、在集团合并结算会计年度终结之日与制订集团合并结算账目之日期间所发生的重大事件以及该集团在研究与发展方面开展的活动。此项报告可以包含在第 L232-1 条所指的管理报告之内。

第 L233-27 条 集团合并结算账目以及集团管理报告以何种方式提交会计监察人，由最高行政法院提出资政意见后颁布的法令规定。

第 L233-28 条 具有商人资格但由于其法律形式或集团的整体规模，不必制订与公布集团合并结算账目的法人，如其公布集团合并结算账目，也应当遵守第 L233-16 条、第 L233-18 条至第 L233-27 条之规定。在此种情况下，如其年度账目是按照（2005 年 9 月 8 日第 2005-1126 号法令第 22 条）第 L823-9 条规定的条件进行确认，其集团合并结算账目亦应依该条第 2 款规定的条件进行确认。

第四节 相 互 参 股

第 L233-29 条 如一家可以发行股票的公司持有另一家公司 10% 以上的资本，后者不得持有前者的股份。

在有利害关系的各公司之间就纠正不符合规定的状况达不成协议时，对另一家公司资本持股比例最少的公司必须转让其投资。如果公司相互投资的数额相等，每一相互参股的公司均应减少在对方的投资，使其投资不超过对方公司资本的 10%。

当一公司必须将其股份转让给另一公司时，该项转让应在最高行政法院提出资政意见后颁布的法令规定的期限内进行。公司不得行使与这些股份相关联的表决权。

第 L233-30 条 如一家可以发行股票的公司以外的公司的股东中有一家掌握其 10% 以上资本的可以发行股票的公司，前者不得持有后者发行的股票。

前者可能持有后者的股票时，应在最高行政法院提出资政意见后颁布的法令规定的期限内将这些股票转让他人，且不得就此行使与这些股份相关的表决权。

如一家可以发行股票的公司以外的公司的股东中有一家掌握其等于或少于 10% 资本的可以发行股票的公司，前者仅能持有后者等于或少于 10% 的股份。

如前者可能持有后者更高比例的股票，应在最高行政法院提出资政意见后颁布的法令规定的期限内将其超过 10% 的部分转让他人，该公司就此不得行使相关的表决权。

第 L233-31 条 当一公司的股份或表决权为一家或数家公司所持有，而该公司又直接或间接控制或持有与这些公司的股份相关联的表决权时，或者这些表决权不得在公司股东大会上行使时，在计算法定人数时不考虑这些表决权数。

第五节 公开收购要约[①]

（2006 年 3 月 31 日第 2006-387 号法律第 11 条）

第 L233-32 条 （2006 年 3 月 31 日第 2006-387 号法律第 12 条）一、在针对股票准许进入规范市场交易的某一公司发出公开收购要约期间，股票被作为收购对象的（目标）公司的董事会，或者经监事会批准之后，管理委员会，可以在公司利益的限度内作出任何决定，以便使提出的收购要约归于失败，但保留明文规定赋予股东大会的权力（原规定为"董事会、监事会，以及管理委员会、总经理或副总经理，想要采取使收购要约失败的任何措施，应当事先得到股东大会的批准，但为了寻找其他要约而采取的措施除外"）。

二、股票被作为收购对象的（目标）公司的特别股东大会，可以按照第 L225-98 条规定的法定人数与多数，决定发行能够按照优惠条件认购本公司股票的认股券并将认股券无偿分派给在公开收购要约期限经过之前已经具有本公司股东资格的所有股东，且不影响采取法律准许的其他措施。

股东大会可以授权董事会或管理委员会行使这一权限。股东大会确定因兑现认股券而引起的公司资本增加的最高数额以及可发行的认股券的最大数量。

股东大会在给予授权时也可以确定董事会或管理委员会在何种条件下有义务或者被禁止进行、推迟或放弃认股券的发行与分派。公开收购要约针对的目标公司应在要约期截止之前将其发行认股券的意图告知公众。

在有关使用认股券的条件中应当指明针对本公司提出的收购要约的有效期限或者可能提出的竞争性要约的有效期限，并且写明本公司打算发行的认股券的性质、特点、认购价格或确定认购价格的方式。使用认股券的这些条件由股东大会确定，或者经股东大会授权，由董事会或管理委员会确定。

[①] 此处原文为"offre pubilique d'acquisition"，为"公开收购要约"，与第 L225-103 条使用的"offre pubilique d'achat"及"offre pubilique d'échange"的表述有所不同。——译者注

只要提出的收购要约以及其他任何竞争性收购要约均告失败,认股券即告过期或者予以收回。

第 L233-33 条 一、尽管有第 L233-32 条第一项的规定,股票准许进入规范市场交易的公司的章程可以规定,在公开收购要约有效期间,第 L233-32 条第一项与第二项所指的措施应当事先经过股东大会批准;股东大会在公开收购要约期开始之前同意给予授权而采取的措施凡有可能使公开收购要约归于失败的,在此要约期间均暂时中止执行。

二、尽管有第 L233-32 条第一项之规定,股票准许进入规范市场交易的公司的章程可以规定,在公开收购要约有效期间,董事会、管理委员会经监事会批准之后、总经理或副总经理,在公开收购要约期开始之前作出的不属于公司日常活动范围的任何决定,如果并未完全执行或者仅部分执行,而继续执行有可能使公开收购要约归于失败的,应当经过股东大会批准,或者得到股东大会的确认。

三、公司章程可以规定本条第一项与第二项的规定适用于所有的要约,或者只有以下情形,才适用这些规定:当要约是由若干实体单独或者采取第 L233-10 条意义的协同行动提出的,或者是由按照第 L233-16 条第二项与第三项的意义分别受到其他实体控制的实体提出的,目标公司的董事会、管理委员会、总经理或副总经理在采取有可能使公开收购要约归于失败的任何措施时,应当经过股东大会批准。

(第 L233-33 条原条文:当若干实体单独或者采取第 L233-10 条意义的协同行动,针对某一(目标)公司提出一项或多项公开收购股份的要约,而在这些实体中至少有一家不适用第 L233-32 条的规定或类似措施时,或者按照第 L233-16 条第二项与第三项的意义分别受到至少一家不适用这些规定的实体的控制时,第 L233-32 条之规定不予适用;但是,如果只有不适用第 L233-32 条之规定或类似措施的实体或者按照第 L233-16 条第二项与第三项的意义受到不适用这些规定或类似措施的实体控制的实体与要约针对的(目标)公司进行第 L233-10 条意义上的协同行动,则仍然适用第 L233-32 条的规定。对类似措施提出的任何异议,均应由金融市场主管机关作出裁决。

在适用本条第 1 款的情况下,收购要约的目标公司的董事会、监事会、管理委员会、总经理或副总经理之一采取的任何措施,均应得到在收购要约提出之前 18 个月就可能发生公开收购情况而召开的股东大会给予的批准。这种批准决定尤其可以涉及董事会或管理委员会发行第 L233-32 条第二项所指的认股券;在此情况下,特别股东大会按照第L225-98条规定的法定人数与多数条件作出审议决定。)

第L233-34条 (2006年3月31日第2006-387号法律第14条)除因法定义务而必须规定的条款之外,股票准许进入规范市场交易的公司章程中规定的限制公司股票转让的各项条款,对于在公开收购要约的框架内转归要约人的证券而言,对要约人不具有对抗效力。

第L233-35条 (2006年3月31日第2006-387号法律第15条)股票准许进入规范市场交易的公司的章程可以规定,在2004年4月21日之后订立的协议中有关限制公司股票转让的任何条款,在公开收购要约期间,不具有对抗要约人的效力。

第L233-36条 (2006年3月31日第2006-387号法律第16条)股票准许进入规范市场交易的公司的章程可以规定,在2004年4月21日之后订立的协议中有关限制行使与公司股票相关的表决权的任何条款的效力,在公开收购要约期间,当公司正在为采取或者批准可能使收购失败的任何措施而召开股东大会时暂时中止。

第L233-37条 (2006年3月31日第2006-387号法律第17条)股票准许进入规范市场交易的公司的章程可以规定,章程中限制行使与公司股票相关的表决权的任何条款的效力,在公开收购要约期间,当公司正在为采取或者批准可能使收购失败的任何措施而召开股东大会时暂时中止。

第L233-38条 (2006年3月31日第2006-387号法律第19条)股票准许进入规范市场交易的公司的章程可以规定,当发出公开收购要约的人单独或者与他人协同行动取得的公司资本股份或表决权超过金融市场主管机关一般规则确定的额度但尚未达到第L225-125条最后一款规定的界线时,章程中有关限制行使与股票相关的表决权的任何条款的效力,以及在2004年4月21日之后订立的协议中有关限制行使与公司股票相关的表决权的任何条款的效力,在收购要约截止后召开第一次股东大会时暂时中止。

第L233-39条 (2006年3月31日第2006-387号法律第20条)股票准许进入规范市场交易的公司的章程可以规定,当发出收购要约的人单独或者与他人协同行动取得的公司资本股份或表决权超过金融市场主管机关一般规则所确定的额度时,特定股东所掌握的任命或解除董事、监事会成员、管理委员会成员、总经理或副总经理的特别权利,在收购要约截止后召开的第一次股东大会上暂时中止行使。

第 L233-40 条 （2006 年 3 月 31 日第 2006-387 号法律第 21 条）当公司决定适用或者终止适用第 L233-35 条至第 L233-39 条之规定时，应当通知金融市场主管机关，由金融市场主管机关进行公示。本条之适用方式由金融市场主管机关一般规则具体规定。

第四章 警报程序

第 L234-1 条 股份有限公司的会计监察人在履行任务的过程中发现足以危害公司继续经营之事实时，应当按照最高行政法院提出资政意见后颁布的法令规定的条件，将此告知公司董事长或者管理委员会主席。

在 15 日期限内没有作出答复，或者所作的答复并不能确保公司继续经营的情况下，会计监察人（2005 年 7 月 26 日第 2005-845 号法律第 162-2 条）"用书面方式并将函件的副本送交商事法院院长"，提请公司董事长或者管理委员会主席主持召开董事会或管理委员会，就所指出的事实进行审议。会计监察人应召请参加此次会议（2005 年 7 月 26 日第 2005-845 号法律第 162-2 条）董事会或者监事会的审议决定报送商事法院院长与企业委员会，在没有企业委员会的情况下，报送企业员工代表。

（2011 年 5 月 17 日第 2011-525 号法律第 62-1 条）在董事会或者监事会没有就披露的事实召开会议、进行审议，或者会计监察人没有被召唤参加会议的情况下，或者（2005 年 7 月 26 日第 2005-845 号法律第 162-2 条）"如果会计监察人认定，尽管作出了决定，企业的继续经营仍然受到影响的，应按照最高行政法院提出资政意见后颁布的法令确定的期限与条件召开股东大会。会计监察人向这次大会提出专门报告。这一报告应报送企业委员会，在没有企业委员会的情况下，报送企业员工代表"。

如果召开股东大会之后会计监察人仍然认定所作的决定并不能确保公司的继续经营，则应向商事法院院长报告其所作的各项努力以及这种努力所产生的结果。

（2011 年 5 月 17 日第 2011-525 号法律第 62-1 条）自启动警报程序之后 6 个月内，会计监察人，即使此前按照其掌握的各项材料，作出了说明理由的评价，认为可以终止警报程序，但如企业继续经营仍然受到威胁、情况紧急，需要立即采取措施，可以恢复该警报程序。

第 L234-2 条 在股份有限公司以外的其他公司里，会计监察人按照最高行政法院提出资政意见后颁布的法令确定的条件，要求(2005年7月26日第2005-845号法律第162-3条)"公司领导人"就第L234-1条第1款所指的事实作出解释说明。(2005年7月26日第2005-845号法律第162-3条)"公司领导人"有义务在15日内作出回答。所作的回答传达给企业委员会；(2005年7月26日第2005-845号法律第162-3条)或者，在没有企业委员会的情况下，传达给企业员工代表，如有监事会，还应向监事会传达。(2011年5月17日第2011-525号法律第62-1条)"接收到回复，或者在15日内没有回复的情况下"，会计监察人将此情况报告商事法院院长。

(2011年5月17日第2011-525号法律第62-1条)"在公司领导人不作答复的情况下"，或者，(2005年7月26日第2005-845号法律第162-3条)"如果会计监察人确认，尽管作出了决定，但企业的继续经营仍然受到威胁时，应制定一份专门报告并用书面方式提请公司领导人召集股东大会，对所指出的问题进行审议。股东大会按照最高行政法院提出资政意见后颁布的法令确定的条件与期限进行召集。会计监察人的函件副本送交商事法院院长。"

如果召开股东大会之后会计监察人仍然认定所作的决定不能确保公司正常继续经营，则应向商事法院院长报告其所作的各项努力以及这些努力所产生的结果。

(2011年5月17日第2011-525号法律第62-1条)"第L234-1条最后1款的规定适用之"。

第L234-3条 在商事公司里，企业委员会，或者，在没有企业委员会的情况下，企业员工代表，行使《劳动法典》第L422-4条与第L432-5条规定的职权。

视具体情况，公司董事长、管理委员会或者经理向会计监察人报送企业委员会或者员工代表提出的、要求作出解释说明的申请与送交事会或者监事会的报告以及这些机关按照《劳动法典》第L422-4条与第L432-5条之规定所作的答复。

第L234-4条 (2005年7月26日第2005-845号法律第162-4条)在公司领导人已经按照第六卷第一编与第二编的规定实施和解程序或者拯救程序的情况下，不适用本章之规定。

第五章 无 效

第 L235-1 条 公司之无效①或者修改公司章程的行为无效,只有在本卷有明文规定的情况下才能发生,或者只有依据有关合同无效的法律有明文规定的情况下才能发生。对有限责任公司和可以发行股票的公司而言,不得因"同意瑕疵"或者"无能力"而引起公司无效,但如此种无效涉及全体发起人股东,不在此限。公司之无效,亦不因订有《民法典》第 1844-1 条所禁止的条款而产生。

除前款各项规定之外的法律文书或审议决定,只有因违反本卷以及有关调整合同的法律的强制性规定,始引起(公司)无效。

第 L235-2 条 合名公司与普通两合公司应当办理有关的法律文书或审议决定的公示手续,否则,以公司、文书或者审议决定无效论处,但公司股东不得对第三人援用此种无效事由。如没有发现任何欺诈行为,法院有权不宣告此种无效。

第 L235-2-1 条 (2003 年 8 月 1 日第 2003-706 号法律第 134-3 条,2006 年 3 月 31 日第 2006-387 号法律第 23 条)违反与股票相关联的表决权的有关规定作出的任何审议决定得予撤销。

第 L235-3 条 如果在初审法院进行实质审理之日,无效原因已不再存在,就无效提起的诉讼即行消灭,但基于公司宗旨非法而产生的无效,不在此限。

第 L235-4 条 受理无效之诉的商事法院得依职权确定对无效事由采取补救措施的期限。

自诉讼程序开始之日起不满 2 个月,法院不得宣判无效。

如为了对无效行为进行补救而应当召开一次股东大会或者应向股东征询意见,并且证明此种大会之召集符合规定或证明已经向股东送达了决议草案以及应当向他们提交的文件,法院得裁定给予必要的期限,以便股东能够

---

① 此处原文为"nullité"。按照欧洲共同体 1968 年 3 月 9 日第 L68/151 号指令,除了其第 111 条明文列举的无效之外,成员国的国内法不得强制规定任何"绝对无效或相对无效"。按照法国《商法典》第 L235-1 条的规定,"公司之无效或者修改公司章程的行为无效只有在本卷有明文规定的情况下才能发生,或者只有依据有关合同无效的法律有明文规定的情况下才能发生";"除前款各项规定之外的法律文书或审议决定,只有因违反本卷以及有关调整合同的法律的强制性规定,始引起无效"。总而言之,这里适用的是"条文无规定,无效不成立"之原则。——译者注

作出一项决定。

第 L235-5 条 如在第 L235-4 条规定的期限届满之后尚未作出任何决定,法院应最紧迫请求方的要求作出裁决。

第 L235-6 条 在基于某一股东无能力或者同意瑕疵而导致公司设立之后的法律行为与决议无效或者公司无效但可以进行补救时,任何于其中有利益的人均可向能够采取行动的人发出催告,或者使引起无效之原因得到纠正,或者在 6 个月期限内提起无效之诉,否则,即因逾期而丧失权利。此项催告应通知公司。

公司或者一名股东可以在前款规定的期限内向受理诉讼的法院提出任何可以取消起诉人利益的措施,尤其是通过回购其在公司的权利而取消其利益。在此情况下,法院可以作出裁定:或者宣布无效,或者在提出的措施事先依修改章程之条件得到公司采纳时,使此种措施为法定执行之措施。权利被公司请求赎买的股东所投的表决票对公司作出的决定不产生影响。

在有争议的情况下,应当偿还给股东的公司权益的价值按照《民法典》第 1843-4 条的规定确定。违反《民法典》第 1843-4 条规定的一切条款均视为未予订立。

第 L235-7 条 如公司设立之后的法律行为与审议决定无效是由于违反有关公示的规则时,任何对补正手续有利益关系的人均可向公司发出催告,促其在最高行政法院提出资政意见后颁布的法令确定的期限内纠正不符合规定的各项手续。

第 L235-8 条 公司合并或分立活动的无效,只能因决定这项行动的某一次股东大会的决定无效而引起,或者因没有按照第 L236-6 条第 3 款的要求进行申报而引起。

如果导致无效的不符合手续的行为有可能进行补救,受理有关公司分立或合并无效之诉讼的法院可以给予相关公司一个期限,以便其纠正不合规定的状况。

第 L235-9 条 公司或公司成立之后作出的审议决定与法律文件的无效之诉,时效期间为 3 年,自无效发生之日起计算,但第 L235-6 条所规定的因逾期丧失权利之情况除外。

但是,就公司合并与分立提起的无效之诉,时效期间为 6 个月,自合并或分立活动应当在"商事及公司注册登记簿"上进行最后一次登记之日起计算。

(2004 年 6 月 24 日第 2004-206 号法令第 51-16 条) 依据第 L225-149-3 条

提起的无效之诉,时效期间为3个月,自增加资本的决定作出之后的股东大会之日起计算。

第 L235-10 条 公司被宣告无效,按本卷第七章以及公司章程的规定进行清算。

第 L235-11 条 如宣告公司合并或分立无效的法院裁定为终局裁定,该项裁定应予公告,公告方式由最高行政法院提出资政意见后颁布的法令确定。

此项法院裁定对在合并或分立产生效力之日至宣告无效之裁定公告之日期间接受概括财产转移之公司因负担或受益而产生之义务不生影响。

在公司合并的情况下,参加合并活动的各公司对履行前款规定的应由吸收公司承担的义务负连带责任;与此相同,在公司分立的情况下,被分立的公司对接受其概括财产转移的公司的义务亦承担连带责任。接受概括财产转移的每一公司对分立生效之日至宣告无效的裁定公告之日产生的由其负担的义务承担责任。

第 L235-12 条 无论是公司还是其股东,均不得对善意第三人援用上述某项无效而免于承担责任,但是,因无能力或者同意瑕疵而引起的无效仍可由无能力人或者因错误、欺诈或胁迫而作出有缺陷之同意的股东提出而对第三人产生对抗效力。

第 L235-13 条 由于公司被撤销或者公司设立之后的法律行为与审议决定被撤销而提起的追究责任之诉讼,时效期间为3年,自宣判撤销的裁决生效之日起计算。

引起无效之原因消灭,不妨碍对有缺陷的公司的法律行为及决定引起的损害请求提起损害赔偿之诉讼。该项诉讼的时效期间为3年。自上述无效行为发生之日起计算。

第 L235-14 条 (2004年3月25日第2004-274号法律第20-2条)公司领导机关或管理机关的董事长或主席,或者这些机关的会议的主席,不制作机关会议的记录以确认会议事项的,以这些机关的审议决定无效论处。

任何董事、管理委员会成员或者监事会成员均可提起此种诉讼。

直至董事会、管理委员会或者监事会在可能被撤销的决定作出之后召开的会议的记录得到批准之前,均可提起诉讼。

此种诉讼受第 L235-4 条与第 L235-5 条之规定约束。

第六章　合并与分立

第一节　一般规定

第 L236-1 条　一家或数家公司可以通过合并,将其概括财产(资产与负债)转移给一家现存的公司,或者转移给由它们创立的新公司。

一家公司亦可通过分立,将其概括财产(资产与负债)转移给数家现存的公司,或者转移给数家新公司。

处于清算过程中的公司,如其股东尚未开始对公司资产进行分配,亦可采用上述途径。

在上述 3 款所指活动范围内进行概括财产(资产与负债)转移的公司的股东,可以取得获益公司的股份或股票,以及有可能对不足的余额收取现金,但现金数额不得超过所分派的股份或股票面值的 10%。

第 L236-2 条　第 L236-1 条所指的活动得在不同形式的公司之间进行。

此种活动由相关公司各自按照修改章程规定的条件作出决定。

如此种活动涉及创立新公司,各新公司均按各自采取之(法律)形式的特有规则设立。

如果此种活动中有股份有限公司与有限责任公司的参与,适用第 L236-10 条、第 L236-11 条、第 L236-13 条、第 L236-14 条、(2008 年 7 月 3 日第 2008-649 号法律第 10 条)"第 L236-15 条、第 L236-18 条、第 L236-19 条"以及第 L236-20 条与第 L236-21 条之规定。

第 L236-3 条　一、因公司合并与分立导致消失的各公司不进行清算而解散,并将它们的概括财产按合并或分立活动最终实现之时所处的状态整体转移给各受益公司。与此同时,公司合并或分立亦引起消失的公司的股东按照合并或分立合同确定的条件取得受益公司的股东资格。

二、但是,如果消失的公司的股份或股票是由下列所指之人持有,不必将其交换成受益公司的股份或股票:

1. 由受益公司持有,或者由以其个人名义但是为受益公司的利益开展活动的人持有;

2. 或者,由消失的公司持有,或者由以其个人名义但是为消失公司的利益开展活动的人持有。

第 L236-4 条 公司合并或分立：

1. 在设立一家或数家新公司的情况下，于新设立的公司或者其中最后设立的新公司在"商事及公司注册登记簿"上注册登记之日开始生效；

2. 其他情况下，于批准此类活动的最后一次股东大会之日生效，但如合并或分立合同对生效日期另有规定，不在此限。此日期既不得早于转移概括财产的公司最后一个会计年度结束之日，亦不得晚于受益公司正在进行的会计年度结束之日。

第 L236-5 条 尽管有第 L236-2 条第 2 款之规定，如果拟议中的合并或分立活动将导致其涉及的一家或数家公司的股东义务增加，只有经这些股东一致同意，才能决定进行此种活动。

第 L236-6 条 参加第 L236-1 条所指的某一种活动①的所有公司，应制定一份合并方案或分立方案。

该方案交存上述公司注册住所所在地的商事法院书记室，并按照最高行政法院提出资政意见后颁布的法令规定的方式进行公示。

参加第 L236-1 条第 1 款与第 2 款所指的一种活动的股份有限公司和欧洲公司，以及参与在欧盟内部跨境分立活动的各公司，应当向商事法院书记室提交申明，所提申明应当说明为进行该项活动已经完成的各项法律手续。通过该项申明，公司重申此项活动符合法律与法规的规定。商事法院书记员，由其个人承担责任，保证上述申明符合本条之规定。

第 L236-6-1 条 （2012 年 3 月 22 日第 2012-387 号法律第 16-1 条）用其部分资产向另一公司出资的公司与获得此种出资利益的公司，可以共同决定所进行的出资活动受第 L236-1 条与第 L236-6 条之规定约束。

第 L236-7 条 本章有关债券持有人的规定，适用于参与性证券的持有人。

第二节 有关股份有限公司的特别规定

第 L236-8 条 仅仅在股份有限公司之间实现的第 L236-1 条所指的活动，受本节之规定调整。

第 L236-9 条 股份有限公司之间的合并，由参加合并活动的各公司各自的特别股东大会作出决定。

---

① 合并或分立。——译者注

相应场合,公司合并,在参加该项活动的各公司内部,应得到第 L225-99 条及第 L228-15 条所指的股东专门大会批准。

合并方案应提交投资证书持有人专门大会按照股东大会的规则进行审议并作出决定,但如吸收公司完全是应上述持有人的要求取得这些证券,并按照最高行政法院提出资政意见后颁布的法令确定的方式进行了公示,其取得这些证券已为专门大会接受时,不在此限。凡是在最高行政法院提出资政意见后颁布的法令确定的期限内没有转让其所持证券的投资证书持有人,均按照合并合同规定的条件,仍然为吸收公司投资证书持有人,但第 L228-30 条最后一款的规定保留执行。

(2011 年 5 月 17 日第 2011-525 号法律第 64-1 条)"除参与合并活动的各公司的股东按照第 L236-10 条第二项规定的条件另作决定之外,参与合并活动的每一家公司的董事会或管理委员会均应制订一份书面报告,并将该报告提交给本公司的股东"。

参与合并活动的各公司的董事会或者管理委员会,应在第 1 款所指的股东大会召开之前,向各自的股东告知以下情况:在确定合并方案之日至同一条文所指的股东大会召开之日期间,公司资产与负债发生的变化。

实施合并活动的各公司的董事会或管理委员会还应向参与活动的其他公司的董事会或管理委员会进行这项告知,以便它们将这种变化分别告知各自的股东。

这项信息的告知方式,由最高行政法院提出资政意见后颁布的法令具体规定。

第 L236-10 条 (2008 年 7 月 3 日第 2008-649 号法律第 8 条)一、除参加合并的各公司的股东按照本条第二项规定的条件另行作出决定之外,由法院指定的一名或数名负责公司合并事宜的审计员,以其自己承担责任,制订有关合并方式的书面报告。对于参加合并活动的各公司,上述审计员应当遵守第 L822-11 条有关不能兼职的规定。

负责合并事宜的审计员应当审核分派给参加合并的各公司的股份的评估价值是否恰当,其兑换比例是否公平,为此,可以取得各公司提交的必要文件。

负责合并事宜的审计员制订的报告提交给各股东。报告应当指明:

1. 为确定所提议的兑换比例而采用的一种或多种方法;

2. 指明这些方法是否符合各自的具体情况,并写明这些方法中的每一种方法所导致的兑换价值;有关这些方法在确定股份价值方面各自所占的地位的说明应当另作陈述；

3. 此外，还应说明在评估股份价值中的特殊困难，如其存在的话。

二、关于不指定负责合并事项审核的审计员的决定由参加合并的各公司的股东一致同意作出，为此，在审议合并事宜的股东大会召开之前，提出报告的期间尚未开始时，即应征求股东的意见。

(2008年8月4日第2008-776号法律第57-8条)"三、当合并活动包含有实物出质或特别利益时，负责合并事项审核的审计员，或未指定该审计员时，按照第L225-8条规定的条件指定的出资审计员制订第L225-147条所指的报告"。

第L236-11条 自向商事法院交存合并方案起至公司实现合并活动，在吸收公司持续持有代表被吸收公司资本的全部股票的情况下，合并活动无须得到(2011年5月17日第2011-525号法律第64-2条)"参与合并活动的"各公司的特别股东大会批准，也无须制订第L236-9条第4款以及第L236-10条所指的报告。(2008年7月3日第2008-649号法律废止："吸收公司的特别股东大会依据出资审计员的报告，按照第L225-147条之规定进行审议，作出决定。")

(2011年5月17日第2011-525号法律第64-2条)"但是，至少持有吸收公司5%资本的一名或数名股东可以向法院请求指定一名代理人，以召集公司特别股东大会，就批准合并事宜作出决定。"

第L236-11-1条 (2011年5月17日第2011-525号法律第62-1条)自向商事法院书记室交存合并方案起至合并活动实现，吸收公司持续持有被吸收公司至少90%以上的表决权但尚未达到持有其全部表决权的情况下：

1. 拟进行的吸收活动没有必要经吸收公司的特别股东大会批准；但是，吸收公司的一名或多名至少持有5%资本的股东可以请求法院指定一名委托代理人，以便召集本公司的特别股东大会就是否赞成吸收活动作出决定；

2. 当被吸收公司的多数股东在公司合并之前就已经收到提议，由吸收公司按照以下条件确定的价值回购其持有的股份时，没有必要制订第L236-9条与第L236-10条所指的报告：

A. 如果被吸收公司的股票没有进入规范市场交易，按照《民法典》第1843-4条规定的条件确定股份价值；

B. 如果被吸收公司的股票准许进入规范市场交易，按照金融市场主管机关一般规则确定的条件与方式在公开收购的框架内确定的股份价值；

C. 如被吸收公司的股票准许进入受旨在保护投资人、防止内部交易活动、防止操纵交易价格与发布虚假信息的立法与法规约束的多边交易系统交易，按照符合上述 A 点与 B 点之条件的要约确定股份价值。

第 L236-12 条　如果是通过设立一家新公司来实现公司合并，该新公司，除参与合并的各公司的出资以外，不必有其他出资即可成立。

在任何情况下，新公司的章程草案均应当提交每一家将要消失的公司的特别股东大会批准，在此基础上，合并行动不必再经新成立的公司的股东大会批准。

第 L236-13 条　公司合并方案应提交被吸收公司的债券持有人大会审议，但只要债券持有人提出偿还请求，其债券即可得到偿还的情况除外。有关偿还债券的提议按照最高行政法院提出资政意见后颁布的法令规定的方式进行公示。

在只要提出偿还请求即可对债券进行偿还的情况下，吸收公司即成为被吸收公司债券持有人的债务人。

凡是在规定的期限内没有提出偿还请求的债券持有人，按照公司合并合同确定的条件，在吸收公司里保留其债券持有人的资格。

第 L236-14 条　吸收公司取代被吸收公司，成为后者的"非公司债"债权人的债务人，而此种替代并不引起这些债权人的债权更新。

参加合并行动的各公司的非债券债权人，其债权产生于合并方案公示之前的，在最高行政法院提出资政意见后颁布的法令确定的期限内，可以对合并方案提出异议。法院得作出裁定，或者驳回异议，或者命令偿还债务，或者在吸收公司同意提供担保且该项担保被认为充分时，设立担保。

如果没有偿还对债权人的债务，或者没有设立法院命令设立的担保，上述合并对这些债权人不产生对抗效力。

由某一债权人提出的异议，不具有禁止继续进行合并行动之效力。

本条之规定不妨碍在债务人公司与另一公司合并的情况下准许债权人要求立即偿还其债权的协议的适用。

第 L236-15 条　合并方案不必提交吸收公司的债券持有人大会审议，但是，债券持有人（2004 年 6 月 24 日第 2004-206 号法令废止："普通"）全体大会可以委托同期发行的债券持有人代表，按第 L236-14 条第 2 款及随后条款规定的条件与效力，对公司合并提出异议。

第 L236-16 条　第 L236-9 条、(2011 年 5 月 17 日第 2011-525 号法律第 64-5 条) "第 L236-10 条以及第 L236-11 条"的规定适用于公司分立。

第 L236-17 条　在公司分立必须通过向新的股份有限公司进行出资的

方式实现时,每一新公司均可仅以被分立的公司的财产作为出资而设立,无须另行出资。

在此情况下,如每一新公司的股份均按照被分立公司的股东在原公司资本中所占权利的比例进行分配,则无须制订(2011年5月17日第2011-525号法律第64-5条)"第L236-9条与第L236-10条"所指的报告。

任何情况下,各新公司的(所有)章程草案均由被分立的公司的特别股东大会批准,(分立活动)无须经各新公司的股东大会批准。

第L236-18条 公司分立方案应当按照第L228-65条第一项第3点的规定提交被分立的公司的债券持有人大会审议,但只要债券持有人提出请求,其债券即可立即得到清偿的情况除外。清偿债务的提议应当按照最高行政法院提出资政意见后颁布的法令规定的方式进行公示。

在只要提出请求即可对债券进行偿还的情况下,因公司分立而获得出资利益的受益公司是提出偿还请求的债券持有人的债务人。

第L236-19条 公司分立方案不必提交给接受概括财产转移的各公司的债券持有人大会审议。但是债券持有人普通大会得委托同期债券持有人的代表按照第L236-14条第2款及随后条款规定的条件与效力,对公司分立提出异议。

第L236-20条 因公司分立而获得出资利益的各受益公司取代被分立的公司,对其债券持有人以及非债券债权人的债务承担连带责任,但此种替代不引起这些债权人的债务更新。

第L236-21条 尽管有第L236-20条之规定,仍可订立条款规定公司分立行动中的各受益公司仅对被分立的公司的负债各自承担其应当承担的部分,相互之间不负连带责任。

在此情况下,参加公司分立行动的各公司的非债券债权人可以按第L236-14条第2款及随后条款规定的条件与效力,对公司分立提出异议。

第L236-22条 将其部分资产作为出资投入另一公司的公司以及接收此种资产投入的受益公司,可以共同决定该项行动受第L236-16条至第L236-21条之规定调整。

第三节 有关有限责任公司的特别规定

第L236-23条 (2008年7月3日第2008-649号法律第10条)第L236-10条、第L236-11条、第L236-13条、第L236-14条、第L236-15条、第L236-18

条、第 L236-19 条、第 L236-20 条以及第 L236-21 条之规定适用于有限责任公司合并或分立为相同法律形式的公司的活动。

当公司合并是通过向一家新的有限责任公司出资的方式实现时,该新公司得仅以参加合并的各公司的出资而设立,无须另行出资。

当公司分立是通过向数家新的有限责任公司出资的方式实现时,各新公司均可按照被分立的公司的财产所提供的出资而设立,无须另行出资。在此种情况下,如每一新公司的股份均依据被分立的公司的股东在原公司资本中所占权利的比例进行分配,无须制订第 L236-10 条所指的报告。

在前两款所指情况下,消失的公司的股东得依法当然以新公司发起人的资格并按照调整有限责任公司的法律规定进行活动。

第 L236-24 条　将部分资产投入另一家公司的公司以及受益于此项资产投入的公司,可以共同决定该项行动受适用于通过向数家现存的有限责任公司出资的方式进行公司分立的规定调整。

第四节　关于公司跨国合并的特别规定

(2008 年 7 月 3 日第 2008-649 号法律第 1 条)

第 L236-25 条　股份有限公司、股份两合公司、在法国注册登记的欧洲公司、有限责任公司以及简化的可以发行股票的公司,可以与属于 2005 年 10 月 26 日欧洲议会与欧洲理事会关于在欧洲共同体另一个或另数个成员国内注册的资本公司进行跨国合并的第 2005/56 号指令第 2 条第 1 段适用范围的一家或数家公司一起,按照本节以及与本章第一节至第三节不相抵触的规定所确定的条件,参与公司合并活动。

第 L236-26 条　尽管有第 L236-1 条的规定,若至少有合并活动所涉及的欧洲共同体成员国之一的立法准许,有关公司合并的协定可以规定,对于第 L236-25 条所指的合并活动,应当用现金支付部分股款,这一部分的数额可以超过股份面值的 10%,或者可以超过分配的证券、股份或股票的账面价值的 10%。

证券、股份或股票的账面价值,按照每一份股票或每一股份所代表的注册资本的份额确定。

第 L236-27 条　参与合并活动的每一家公司的管理机关、董事机关或领导机关,应就合并事宜制订一份书面报告,并将该报告提交股东。

作为对《劳动法典》第 L2323-19 条规定之义务的补充,本条第 1 款所指的报告,应按照最高行政法院提出资政意见后颁布的法令规定的条件,提交员工代表,或者在没有员工代表的情况下,提交给薪金雇员本人。

在不影响适用第 L225-105 条最后一款之规定的情况下,应当按照《劳动法典》第 L2323-19 条的规定征求企业委员会的意见,或者如果没有企业委员会,应当征求员工代表的意见。如果在最高行政法院提出资政意见后颁布的法令规定的期限内转交所征得的意见,应将这些意见附于本条第 1 款所指的报告。

第 L236-28 条 决定公司参与合并活动的所有股东,可以对合并活动的实现规定以下条件:跨国合并后产生的公司就《劳动法典》第 L2371-1 条意义上的薪金雇员参与股份决定采取的方式需要得到批准。

在相应国家的立法规定参与合并的公司之一的股东可以对公司证券交换的比例或者对少数股东的补偿比例实施分析与变更程序时,决定公司参与合并活动的所有股东可以作出专门决定,就实施此种分析与变更程序的可能性提出意见。

第 L236-29 条 在最高行政法院提出资政意见后颁布的法令规定的期限内,由参与跨国合并活动的公司在其注册登记辖区的商事法院的书记员进行第 L236-6 条所规定的审核之后,出具一份有关公司合并之前要求的各项文书与手续均符合规定的证明。

这项证明应具体说明是否正在对公司证券交换的比例或者对少数股东的补偿比例实施分析与变更程序。

第 L236-30 条 在最高行政法院提出资政意见后颁布的法令规定的期限内,公证人或者跨国合并活动之后产生的公司所在的注册登记辖区的商事法院的书记员,对实现合并是否合法以及合并活动产生的新公司的成立是否合法进行监督。

公证人或者商事法院的书记员尤其要监督参与合并的所有公司是否均在相同期限内批准了合并方案,是否均按照《劳动法典》第二部分第三卷第七编的规定确定了薪金雇员参与公司资本的方式。

第 L236-31 条 跨国合并按以下规定生效:

1. 在创立新公司的情况下,按照第 L236-4 条之规定;

2. 在通过向现有公司转移的方式进行合并的情况下,按照合同的规定;但是在对公司合并的合法性进行监督之前,合并不能生效;公司合并也不得拖延到监督完成之后的受益公司的会计年度终了之日才生效。

在合并活动生效之后,不得再宣告跨国合并的无效。

第L236-32条 如果参与第L236-25条所指的合并活动的公司之一受到薪金雇员参与股份制度的约束,因此,合并后产生的公司也受此制度的约束时,合并后的公司应当采取准许薪金雇员参与股份的法律形式。

第七章 清 算

第一节 一般规定

第L237-1条 在保留执行本章各项规定的条件下,公司清算受其章程规定的约束。

第L237-2条 公司不论何种原因解散,均自此时进入清算,但《民法典》第1844-5条第3款所指情况除外。在公司的名称之后应加上"清算中的公司"字样。

因清算需要,公司的法人资格存续至清算终结。

公司解散,仅自其在"商事及公司注册登记簿"上进行公示之日起,始对第三人产生效力。

第L237-3条 清算人的任命书,按照最高行政法院提出资政意见后颁布的法令规定的条件与期限,由清算人进行公示。该法令同时决定应作为附件向"商事及公司注册登记簿"提交的文件。

(2012年3月22日第2012-387号法律第18-2条)"检察院,或者任何有利益关系的人,均可向有管辖权限的法院院长申请紧急审理,责令清算人进行此项公示,相应情况下,处逾期罚款"。

第L237-4条 被禁止担任总经理、董事、经理、管理委员会成员或监事会成员之职务或者丧失担任这些职务之权利的人,不得被任命为清算人。

第L237-5条 公司解散并不当然引起用于公司活动的房产租赁合同被解除,其中包括附属于该房产的住宅场所的租赁合同。

如果在转让租约的情况下有关保证的义务不能按照原租赁合同的条款得到确保,按照法院作出的裁定,可以由受让人或者第三人提供被认为足够的任何担保,以取代原担保义务。

第L237-6条 除得到股东一致同意之外,将处于清算中的公司的全部或部分资产转让给在该公司内具有无限责任股东、经理、董事、总经理、监事会成员、管理委员会成员以及会计监察人之资格的人,只有经过商事法院批准,并且听取公司清算人以及监督员或会计监察人的意见之后,才能进行。

第 L237-7 条 禁止将处于清算中的公司的全部或部分资产转让给公司清算人,或者转让给清算人的雇员或清算人的配偶、直系尊、卑亲属。

第 L237-8 条 公司资产的整体转让,或者用资产向另一公司出资,尤其是通过公司合并的方式进行的转让或出资,按以下规定给予批准:

1. 在合名公司中,经股东一致同意,予以批准。

2. 在普通两合公司中,经无限责任股东一致同意以及经占资本和人数多数的有限责任股东同意,予以批准。

3. 在有限责任公司中,由修改公司章程所需要的票数多数予以批准。

4. 在可以发行股票的公司中,按照特别股东大会要求的法定人数与多数条件进行批准;此外,在股份两合公司中,附加全体无限责任股东一致同意为批准条件。

第 L237-9 条 公司的股东,其中包括无表决优先股持有人,均在公司清算终结时经召集举行会议,就公司最终结算账目、清算人管理交卸证明书及其卸职等问题进行审议,并对清算终结予以确认。

非如此,任何股东均可请求法院指定一名代理人负责召集股东会议。

第 L237-10 条 如第 L237-9 条所指的公司终结大会不能进行审议,或者如大会拒绝通过清算人制订的账目,应任何股东或利害关系人的请求,由法院裁定作出决定。

第 L237-11 条 清算终结的通知,按照最高行政法院提出资政意见后颁布的法令确定的方式予以公示。

第 L237-12 条 清算人对其在行使职务过程中所犯的过错造成的损害后果,向公司以及第三人承担责任。

追究清算人责任之诉讼,时效期间依第 L225-254 条所指条件确定。

第 L237-13 条 针对非清算人的股东或他们的健在配偶、继承人或权利继受人提起的任何诉讼,时效期间为 5 年,自公司向"商事及公司注册登记簿"公告其解散之日起计算。

第二节 适用于判决与裁定的规定

第 L237-14 条 一、在公司章程没有规定或者当事人之间无明确协议的情况下,已解散的公司的清算工作按照本节之规定进行,且不影响执行本章第一节的规定。

二、此外，法院得应下列人员的请求，裁定责令公司清算按照同样条件进行：

1. 在合名公司里，应绝大多数股东的请求；

2. 在普通两合公司、有限责任公司以及可以发行股票的公司里，应至少代表（2001年5月15日第2001-420号法律）5%（原规定为"10%"）资本的股东的请求；

3. 应公司债权人的请求。

三、在此情况下，公司章程中与本节相抵触的规定视为未予订立。

第 L237-15 条 董事会、管理委员会或经理的职权，自法院执行第 L237-14 条的规定作出裁定之日起终止，或者如公司解散是在法院作出裁定之后，自公司解散之日起终止。

第 L237-16 条 公司解散并不终止监事会和会计监察人的职务。

第 L237-17 条 在没有会计监察人的情况下，或者在并非必须指定会计监察人的公司里，得依据第 L237-27 条第一项规定的条件，由公司股东指派一名或数名监督员。如未能指定监督员，法院可以应清算人或任何利害关系人的请求，作出裁定，指定监督员。

监督员的任命书具体规定监督员的权力、义务、报酬及履职期限。监督员承担与会计监察人同样的责任。

第 L237-18 条 一、如公司解散是因为章程规定的期限届满，或者股东决定解散公司，由股东指定一名或数名清算人。

二、清算人的任命：

1. 在合名公司里，由全体股东一致同意；

2. 在普通两合公司里，由无限责任股东一致同意以及占多数资本额的有限责任股东同意；

3. 在股份有限公司里，依普通股东大会要求的法定人数及多数之条件；

4. 在有限责任公司里，由持多数资本的股东同意；

5. 在股份两合公司里，依普通股东大会所要求的法定人数及多数之条件，而此项多数赞成票中必须包括无限责任股东的一致赞成票；

6. 在简化的股份有限公司（简化的可以发行股票的公司）里，由股东一致同意，另有规定时除外。

第 L237-19 条 如公司股东未能任命清算人，清算人由法院应任何利害关系人的请求，按照最高行政法院提出资政意见后颁布的法令规定的条件任命。

第 L237-20 条 如公司解散是经法院裁定作出宣告,在该项裁定中指定一名或数名清算人。

第 L237-21 条 清算人的任职期限不得超过 3 年。但是,依据清算人是由股东指定还是由法院作出决定任命之不同情形,清算人的任职时间可以分别由公司股东或商事法院院长作出决定予以延长。

如未能有效召开股东大会,应清算人的请求,其任职时间得由法院决定延长。

清算人在请求延长其任职期限时,应当说明公司清算工作未能终结的原因、其打算采取的措施以及结束清算工作需要的时间。

第 L237-22 条 清算人的免职与替代,依任命清算人相同的形式。

第 L237-23 条 清算人在其受任后的 6 个月内召集公司股东大会。会议期间,清算人就公司资产与负债状况、清算工作的进展以及结束清算所需要的时间作出报告。应清算人的请求,经法院决定,清算人制作报告的期限可延长至 12 个月。

在未能按照以上规定召集会议的情况下,应任何利害关系人的请求,由监督机关,如果有的话,或者由法院指定的代理人召集股东大会。(2012 年 3 月 22 日第 2012-387 号法律第 18-2 条)"对于没有履行全部或部分义务的清算人,法官可取消其就整体任务获得报酬的权利,还可解除清算人的职务"。

如果不可能召开股东大会,或者大会未能作出任何决定,清算人可以请求法院给以必要的授权,以完成清算事宜。

第 L237-24 条 清算人代表公司。清算人拥有变卖公司资产的最广泛的权力,甚至可以采取自愿协商的方式变卖公司资产。公司章程或者任命书中对清算人权利的限制,对第三人不具有对抗效力。

清算人有权向债权人清偿债务以及分配尚可支配的清产余额。

清算人只有在得到公司股东批准的情况下,或者由法院决定其任命时,只有得到法院的批准,才能继续进行公司尚在进行中的业务或者缔结新的业务。

第 L237-25 条 清算人在每一会计年度结束后 3 个月内制订公司年度账目,将公司在该日期内已有的资产与负债的各个项目列入本期盘存,同时,写出书面报告,汇报上一个会计年度内已进行的清算工作。

除法院决定同意免除此项工作外,清算人至少每年一次,在当年会计年度结束之后 6 个月内,按照公司章程规定的方式,召集股东大会,就公司年度账目作出决定,给予必要授权以及有可能延长监督员、会计监察人或者监事会成员的任职期限。

如没有召开股东大会,上述第 1 款所指的报告交存商事法院书记室,并通知所有利害关系人。

(2012 年 3 月 22 日第 2012-387 号法律第 18-2 条)对于没有履行其义务的清算人,按照第 L238-2 条的规定受理请求的法院院长可以取消清算人就整体任务获得报酬的权利。

第 L237-26 条　在公司清算期间,股东得按照原来的条件取得公司传送的文件。

第 L237-27 条　一、第 L237-25 条第 2 款所指的决定:

1. 在合名公司、普通两合公司以及有限责任公司里,由占资本多数的股东作出;

2. 在可以发行股票的公司里,按照召开普通股东大会要求的法定人数和多数条件作出;

3. 除另有条款规定之外,在简化的股份有限公司(简化的可以发行股票的公司)里,由股东一致作出决定。

二、如未能获得必要的多数,应清算人或任何利害关系人的请求,由法院裁定作出决定。

三、在审议决定引起章程修改时,此种决定的作出应当符合各种类型的公司修改章程所应当具备的条件。

四、担任清算人的公司股东可以参加投票表决。

第 L237-28 条　在公司继续经营的情况下,清算人应当按照第 L237-25 条规定的条件召集股东大会;否则,任何利害关系人均得请求由会计监察人、监事会或其他监督机构召集此种大会,或者请求由法院指定的代理人召集大会。

第 L239-29 条　除公司章程另有规定外,在偿还公司股份面额资本以后,尚存的自有资金(les capitaux propres),在股东之间按照各自参与公司资本的比例进行分配。

第 L237-30 条　无表决权优先股(无表决权优先派息股)在普通股之前予以偿还。

尚未得到完全支付的优先股股息,亦同。

(2012 年 3 月 22 日第 2012-387 号法律第 18-2 条)在无表决权优先股尚未全额偿还之前,对普通股的全额或部分偿还得予撤销。

无表决权优先股,按照其面值所占的比例,对清算剩余享有与其他股票同等的权利。

违反本条规定的任何条款，均视为未予订立。

第 L237-31 条 除保留债权人的权利外，清算人可以决定在清算过程中形成的可支配资金是否适于分配。

在对清算人进行催告而无效果时，任何利害关系人均得请求法院就清算过程中进行的分配活动是否恰当作出审理裁判。

有关分配资金的决定按照最高行政法院提出资政意见后颁布的法令规定的方式进行公告。

第八章　作为指令

第 L238-1 条 有利益关系的人不能取得第 L221-7 条、第 L223-26 条、第 L225-115 条、第 L225-116 条、第 L225-117 条、第 L225-118 条、(2004 年 6 月 24 日第 2004-206 号法令第 51-8 条) 第 L225-129 条、第 L224-129-5 条、第 L225-129-6 条、第 L225-135 条、第 L225-136 条、第 L225-138 条、第 L225-177 条、第 L225-184 条、第 L228-69 条、第 L237-3 条及第 L237-26 条所指的文件的副本或者通知或转交的该副本时，得请求法院院长按照紧急审理程序进行审理、作出裁判，命令清算人或者公司董事、经理以及领导人向他们传达这项文件，或者命令代理人负责进行此项传达。

(2004 年 3 月 25 日第 2004-274 号法律第 21-2 条) 任何利益关系人，凡是不能从清算人、董事、经理或者领导人处取得应向其传达的符合最高行政法院提出资政意见后颁布的法令确定之要求的授权书的样本，或者不能取得法令为召开股东大会而要求传达的信息时，亦可以行使相同的诉权。

在法院支持所提出的请求时，逾期罚款与程序费用由与此有关的董事、经理、领导人或者清算人负担。

第 L238-2 条 (2003 年 8 月 1 日第 2003-706 号法律第 134-5 条) 任何利害关系人均可请求法院院长依紧急审理程序命令清算人履行第 L237-21 条、(2012 年 3 月 22 日第 2012-387 号法律第 18-3 条) "第 L237-23 条"与第 L237-25 条规定的义务；不履行法院命令者，处逾期罚款。

第 L238-3 条 (2003 年 8 月 1 日第 2003-721 号法律第 9 条) 检察院与任何利害关系人均可请求法院院长依紧急审理程序命令有限责任公司、股份有限公司、简化的可以发行股票的公司、(2005 年 7 月 26 日第 2005-842 号法律第 11-2 条) "欧洲公司"或者股份两合公司的法定代表，在公司发给第三人的所有文书与文件上写明：

1. 公司的名称，并且在名称之前或者其后清楚标明"有限责任公司"或其缩写名称"SARL"、"股份有限公司"或其缩写名称"SA"、"简化的可以发行股票的公司"或者其缩写名称"SAS"、"工人参股股份有限公司"或其缩写名称"SAPO"、(2005年7月26日第2005-842号法律第11-2条)"欧洲公司"或者其缩写名称"SE"、或者"股份两合公司"的字样；

2. （2012年3月22日第2012-387号法律第18-2条）如果是第L231-1条意义上的可变资本公司，应标明其注册资本数额。在此情况下，检察院或者任何利害关系人均可请求法院院长依紧急审理程序命令可变资本公司的法定代表人在公司发出的任何文书与文件上标明公司的名称并在名称之前或者其后清楚标明"可变资本"的字样，相应情况下，处逾期罚款。

检察院或者任何利害关系人，均可请求有管辖权限的法院院长依紧急审理程序责令经济利益组织的法定代表人在该组织发出的任何文书与文件上清楚标明其名称，并在名称之前或者其后清楚标明"经济利益组织"或其缩写名称"GIE"的字样，相应情况下，处逾期罚款。

第L238-3-1条 （2005年7月26日第2005-842号法律第11-2条）任何利害关系人均可请求法院院长依紧急审理程序命令违反欧洲理事会2001年10月8日关于欧洲公司地位的第2157/2001号条例之规定在其名称中使用"SE"缩写的公司对其名称作出变更；不履行此项命令者，处逾期罚款。

第L238-4条 （2004年3月25日第2004-274号法律第20-3条）任何利害关系人均可请求法院院长依紧急审理程序命令公司领导机关与管理机关的主持人将机关会议的笔录转录于公司注册住所地备置的专门登记簿；不履行此项命令者，处逾期罚款。

第L238-5条 （2004年3月25日第2004-274号法律第22-3条）任何利害关系人均可请求法院院长依紧急审理程序命令股东大会主席或者债券持有人大会主席，将这些会议的笔录转录于公司注册住所地备置的专门登记簿；不履行此项命令者，处逾期罚款。

第L238-6条 （2004年6月24日第2004-206号法令第50-1条）如没有按照第L228-35-6条、第L228-35-7条与第L228-35-10条规定的条件征求股东大会的意见，应任何利害关系人的请求，法院院长依紧急审理程序命令公司经理、董事长或者管理委员会主席召集此种大会或者指定一名代理人负责召集大会；不履行此项命令者，处逾期罚款。

任何股东或持有可以进入公司资本之有价证券的人，在没有按照第

L225-99 条、第 L225-129-6 条以及第 L228-16 条或者第 L228-103 条规定的条件征求其所属的股东大会或专门大会的意见时,亦享有前述诉权。

第九章 公司股票与股份的出租

(2005 年 8 月 2 日第 2005-882 号法律第 26-1 条)

第 L239-1 条　(2005 年 8 月 2 日第 2005-882 号法律第 26-1 条)可以发行股票的公司或者依法当然或依其选择缴纳公司税的有限责任公司的章程可以规定,本公司的股份可以为某一自然人的利益用于《民法典》第 1709 条意义上的出租。

不能在规范市场上交易、没有登记进入中心受寄托人的业务活动范围或者不受本《法典》第 L225-197 条规定的保管义务约束的记名股份,以及受《劳动法典》第四卷第四编第二章与第三章所指的不得处分期限约束的记名股份,不能用于出租。

公司股票或股份出租不得涉及以下证券:

1. 在自然人私人概括财产管理范围内由自然人持有的证券,如其所得或者增加价值享有免交所得税之利益;

2. 登记在 1985 年 7 月 11 日关于经济与金融秩序的若干规定的第 85-695 号法律第 1 条第一项所指的风险资本公司的资产上的证券,或者登记在《税收总法典》第 208D 条所指的风险投资一人公司的资产上的证券;

3. 分别由《货币与金融法典》(2011 年 8 月 1 日第 2011-915 号法律第 26 条)"第 L214-28 条、第 L214-30 条与第 L214-31 条"所指的某一"风险投资共同基金""发明创造共同投资基金"或者"相邻投资基金"持有的股票或股份。

已经出租的股票或股份不得进行转租或者用于《货币与金融法典》(2009 年 5 月 12 日第 2009-526 号法律第 138-13 条)第 L211-22 条至第 L211-26 条意义上的证券借贷,否则转租与借贷无效。

在设立可以发行股票的公司和有限责任公司的目的是为了从事 1990 年 12 月 31 日关于以公司形式从事受立法与条例规则约束、名称受到保护的自由职业的第 90-1258 号法律第 1 条所指的职业时,这些公司的股票与股份不能用于订立本条意义上的出租合同,但是,为了在公司内部从事自由职业的薪金人员或者自由合作人的利益订立出租合同除外。

在公司已经按照本《法典》第六卷第三编的规定实行裁判重整程序时,只有按照实行此种程序的法院确定的条件,才能进行其股票或股份的出租。

第 L239-2 条 （2005年8月2日第2005-882号法律第26-1条）公司股票与股份出租合同由经过登记程序的公证文书或者私署文书予以确认，合同的内容应当包括最高行政法院提出资政意见后颁布的法令逐一确定的事项，否则合同无效。

股票与股份出租合同按照《民法典》第1690条规定的形式对公司具有对抗效力。

当股票与股份出租合同以及承租人的名字记载于可以发行股票的公司记名证券登记簿之日，或者在有限责任公司里，出租合同与承租人的名字记载于公司章程中记明的股票持有人或股东的姓名旁边时，股票或股份的提交即告实现。自这一日期起，公司应向股票持有人或股东发送的文件与资料，均应发送给股票承租人，并由承租人按照第 L239-3 条第 2 款的规定参与股东大会并进行投票表决。

如出租人是法人，在出租合同开始与终止时以及在每一个会计年度结束时，均应对其出租的股票或者股份的价值进行评估。这一评估以从公司账目归结出来的标准为基础进行，所作出的评估应经会计监察人出具证明确认。

第 L239-3 条 （2005年8月2日第2005-882号法律第26-1条）法律或者公司章程中规定的股票或股份的受让人需得到认可的条款，按照相同条件，适用于股票或股份的承租人。

与出租的股票或股份相关联的表决权，在审议修改公司章程或者变更公司国籍的股东大会上，属于出租人，在其他股东大会上，属于承租人。就行使与出租的股份或股票相关联的其他权利而言，出租人被视为虚有权人，承租人视为用益权人。

就适用本《法典》第四卷的规定而言，出租人与承租人均被视为公司股票或股份的持有人。

第 L239-4 条 （2005年8月2日第2005-882号法律第26-1条）股票或股份的出租合同可以按照订立原始合同相同的条件延展。

在不延展股票或股份出租合同或者合同被解除的情况下，要求最紧迫的当事人应当注销在可以发行股票的公司的记名证券登记簿或者有限责任公司的章程中所作的记载。

第 L239-5 条 （2005年8月2日第2005-882号法律第26-1条）任何有利益关系的当事人均可请求法院院长进行紧急审理，命令可以发行股票的公司或者有限责任公司的法定代表在涉及股票或公司股份的出租合同送达或者送到时，对记名证券登记簿或者章程进行修改，并为此目的召开股东会议，否则处以逾期罚款。

第十章 在企业转让情况下向薪金雇员的告知

第一节 为雇员人数不足 50 人的公司的薪金雇员能够取得本公司的多数资本而提出购买本公司股份、股票或有价证券的要约的期限

第 L23-10-1 条① 在没有义务按照《劳动法典》第 L2322-1 条的规定设置企业委员会的公司里,持有有限责任公司 50% 以上股份的所有权人或者持有可以取得发行股票的公司的多数资本的股票或有价证券的所有权人在打算转让这些股份、股票或有价证券时,最迟应当在进行转让之前 2 个月通知其薪金雇员,以便他们能够提出购买这些参与资本的股份的要约。

由公司的法定代表人立即向薪金雇员进行这项通知,并向他们指出可以向转让人提出购买要约。

只要每一个薪金雇员均已向转让人告知不打算提出购买要约,经过 2 个月期限,转让即可进行。

违反本条规定进行的转让,应任何薪金雇员的请求,可予撤销。

撤销之诉的时效期间为 2 个月,自公示转让之日起开始计算,或者自所有的薪金雇员都得到有关转让事由的通知之日起计算。

第 L23-10-2 条 薪金雇员提出请求,可以由与地区社会互济会有联系的、有管辖权限的地区工商会、地区农业商会、地区手工业职业商会的代表提供协助,也可以由薪金雇员本人按照法令确定的条件指定的任何人提供协助。

第 L23-10-3 条 向薪金雇员进行有关转让证券的通知,可以采用行政法规规定的任何途径;采用的告知途径应当能够认定薪金雇员得到这项通知的确定日期。

薪金雇员对于按照本节之规定得到的信息,有义务按照《劳动法典》第 L2325-5 条对企业委员会的成员所规定的相同条件不对外进行扩散,但为了使其能够向转让人提出购买要约而为其提供必要帮助的人除外。

---

① 本节序号原文如此。——译者注

第 L23-10-4 条 有特别规章规定公司的全部或部分股份必须由符合特定条件的某一或某些股东持有,特别是全部或部分股份必须由具备专业资质的特定股东持有的公司,也适用第 L23-10-1 条至第 L23-10-3 条的规定,但保留执行以下条件:

1. 至少有 1 名可以提出购买要约的薪金雇员符合特别规章所要求的条件;

2. 将要转让的股份不涉及符合所要求的条件的股东所持有的、受特别规章约束的公司资本之部分。

第 L23-10-5 条 最迟应在第 L23-10-1 条规定的期限经过之后 2 个月内进行转让;超过此期限之后进行的任何转让,仍然受第 L23-10-1 条至第 L23-10-3 条的规定约束。

第 L23-10-6 条 本节之规定不适用于:

1. 继承、夫妻财产制清算及向配偶、直系尊血亲或卑血亲转让在公司里参与的资本;

2. 正在实行本《法典》第六卷规定的调解程序、保护程序、司法重整或司法清算程序的公司。

第二节 雇员人数为 50 人至 249 人的公司为其薪金雇员能够提出旨在取得公司多数资本而购买股份、股票或有价证券之要约所进行的告知

第 L23-10-7 条 在有义务按照《劳动法典》第 L2322-1 条之规定设置企业委员会,且最近一个会计年度终结时处于 2008 年 8 月 4 日关于经济现代化的第 2008-776 号法律第 51 条意义上的中小企业类型的公司里,持有有限责任公司 50% 以上的股份的人打算转让其持有的股份,或者打算转让可以取得某一发行股票的公司的多数资本的股票或有价证券时,应向公司通知其打算转让这些股份、股票或有价证券的意图。

企业主要负责人在按照《劳动法典》第 L2323-19 条的规定向企业委员会进行告知并征求其意见的同时,向薪金雇员告知本条第 1 款所指的通知,并向他们指出可以向转让人提出购买要约。

违反本条规定进行的转让,应任何薪金雇员的请求,可予撤销。

撤销之诉的时效期间为 2 个月,自公示转让之日开始计算或者自所有的薪金雇员都得到有关转让事由的通知之日起计算。

在按照《劳动法典》第 L2324-8 条与第 L2314-5 条之规定确认公司内既没有企业委员会也没有设置员工代表的情况下，股份、股票或有价证券的转让受本《法典》第 L23-10-1 条规定的期限约束。

第 L23-10-8 条 薪金雇员提出请求，可以由与地区社会互济会有联系的、有管辖权限的地区工商会、地区农业商会、地区手工业职业商会的代表提供协助，也可以由薪金雇员本人按照法令确定的条件指定的任何人提供协助。

第 L23-10-9 条 向薪金雇员通知转让事由，可以采用行政法规具体规定的任何途径；采用的告知途径应能够认定薪金雇员得到通知的确定日期。

薪金雇员对于其按照本节之规定得到的信息，有义务按照《劳动法典》第 L2325-5 条对企业委员会的成员所规定的相同条件不对外进行扩散，但为了使其能够向转让人提出购买要约而为其提供必要帮助的人除外。

第 L23-10-10 条 有特别规章规定公司的全部或部分股份必须由符合特定条件某一或某些股东持有，特别是全部或部分股份必须由具备专业资质的特定股东持有的公司，也适用第 L23-10-7 条至第 L23-10-9 条的规定，但保留执行以下条件：

1. 至少有 1 名可以提出购买要约的薪金雇员符合所要求的条件；
2. 所转让的股份不涉及符合所要求的条件的股东所持有的、受特别规章约束的公司资本之部分。

第 L23-10-11 条 如果是在第 L23-10-7 条规定的期限经过之后超过 2 年才进行转让，此种转让仍然受第 L23-10-7 条之规定的约束。

如果在 2 年期间按照《劳动法典》第 L2323-19 条的规定，就属于第 L23-10-7 条所指的通知涉及的资产要素的转让方案征求企业委员会的意见，自委员会接到请求之日至其提出意见之日，2 年期间中止计算，但以规定委员会提出意见的期限到期之日为限。

第 L23-10-12 条 本节之规定不适用于：

1. 继承、夫妻财产制清算及向配偶、直系尊血亲或卑血亲转让在公司里参与的资本；
2. 正在实行本《法典》第六卷规定的调解程序、保护程序、司法重整或司法清算程序的公司。

第四编 刑事规定

第一章 与有限责任公司有关的犯罪行为

第L241-1条 (2012年3月22日第2012-387号法律第21条废止:有限责任公司的股东在公司文书中故意虚报或漏报全体股东之间持股份额的分配、股款缴纳或资金交存的情况,处以6个月监禁并处9000欧元罚金。①

本条规定适用于资本增加之情况。)

第L241-2条 (2004年3月25日第2004-274号法律第19条)"除按照第L223-11条规定的条件发行的债券之外",公司经理以公司的名义直接或者通过中间人发行任何有价证券的,处6个月监禁并除9000欧元罚金。

第L241-3条 属下列情况者,处5年监禁并处37.5万欧元罚金:

1. 任何人以欺诈方法将某项实物出资作价高出实际价值的;

2. 经理,在没有进行盘存的情况下,或者以虚假盘存的方式,故意在股东之间分派虚假股息的;

3. 经理,在没有分派任何股息的情况下,每一年度故意向公司股东提交不能忠实反映公司经营成果及期末财务和资产状况的账目,以隐瞒公司真实状况的;

4. 经理,出于不正当目的,将公司财产与信贷用于明知与公司利益相违

---

① 《法国新刑法典》规定的刑罚均为最高刑,因此本《法典》有关刑罚的规定与《法国新刑法典》的规定一致。——译者注

背的用途，用于个人目的，或者利于其个人直接或间接有利害关系的另一公司或企业的；

5. 经理，出于不正当目的，将其作为经理所拥有的权力与表决权用于明知与公司利益相违背的用途，用于个人目的，或者利于其个人直接或间接有利害关系的另一公司或企业的。

除本《法典》第 L249-1 条规定的附加刑之外，法院在本条所指情况下还可宣告《刑法典》第 131-26 条规定的禁止公民权利、民事权利与家事权利作为附加刑。

与设在国外的组织订立合同掩护实施上述第 1 款第 4 点所指的犯罪，或者采取此种手段以方便实施此种犯罪，或者通过在国外的自然人或设在国外的法人或任何组织、财产托管机构或类似机构作为中间人实行此种犯罪，处 7 年监禁并处 50 万欧元罚金。

第 L241-4 条 以下情况，处 9000 欧元罚金：

1. 经理每一会计年度均不制订盘存报表、公司年度账目和管理报告的。

（2001 年 5 月 15 日第 2001-420 号法律废止：2. 经理，在股东大会召开之前 15 天期限内仍然不向公司股东提交年度账目、管理报告、提议的决议草案，以及在相应情况下，不提交会计监察人报告，或者不在公司注册住所建立公司盘存账目以供股东查阅的。

3. 经理，不能随时在其注册住所内向任何股东提供已交股东大会讨论过的最近 3 年有关文件者：公司年度账目、经理报告，以及在相应情况下，会计监察人的报告与股东大会的笔录。）

第 L241-5 条 （2012 年 3 月 22 日第 2012-387 号法律第 19-1 条）经理不将每一会计年度制订的公司盘存表、年度账目与管理报告提交股东大会或唯一股东批准的，处 9000 欧元罚金。

第 L241-6 条 （2012 年 3 月 22 日第 2012-387 号法律第 19-1 条废止：当公司自有资本因会计账面确认出现亏损而低于注册资本的 1/2 时，经理有以下情形的，处 6 个月监禁并处 4500 欧元罚金：

1. 在出现亏损的账目获得通过后 4 个月内，仍然不征求公司股东意见，以决定是否有必要提前解散公司的；

2. 不向商事法院书记室交存股东通过的决议，不向"商事及公司注册登记簿"登记并在法律文告上公布此种决议的。）

第 L241-7 条 （2003 年 8 月 1 日第 2003-721 号法律废止：有限责任公司的经理在公司向第三人发出的文件及法律文书上漏载公司名称，未在其前或其后标明"有限责任公司"或其缩写"SARL"字样或者不标明公司注册资本的,处3750欧元罚金。)

第L241-8条 (2001年5月15日第2001-420号法律废止:第L242-26条及242-27条之规定适用于有限责任公司及合名公司的会计监察人。)

第L241-9条 第L241-2条至(2003年8月1日第2003-721号法律第9条)"第L241-6条"之规定适用于在法定经理的名义下或者替代法定经理,直接或通过中间人,实际上对有限责任公司进行管理的任何人。

第二章 与股份有限公司有关的犯罪行为

第一节 与股份有限公司设立有关的犯罪行为

第L242-1条 (2012年3月22日第2012-387号法律第19-2条)"股份有限公司的发起人、董事长、董事或者总经理,在公司于'商事及公司登记簿'上注册登记之前,在认股时货币股款未缴足至少一半的股款或者用实物出资的股份尚未全部交付,即发行股票或股金券者,处15万欧元罚金"。

(2009年1月22日第2009-80号法令)如股票或股金券是通过公开募集资本的方式发行,依本条所规定的刑罚加倍。

第L242-2条 下列情况,处5年监禁并处9000欧元罚金:

(2001年5月15日第2001-420号法律废止:1. 为制作可以鉴证认股与缴纳股款的保管人证明书,明知认股情况虚假,却故意说成真实可信,或者股款并未最终交由公司支配,却故意报称股款已实际缴纳,或者故意向股款保管人提供虚假认股之股东名单,或者提供并未最终交由公司支配的资金的虚假情况的;

2. 故意通过虚假认购或虚假支付股款的方式,或者故意公示不存在的认购或缴纳股款之情况以及公告其他虚假事实,以获取或旨在获取他人对公司股份的认购或支付股款的;

3. 为挑动他人对公司股份进行认购或支付股款,故意违反真实情况,说某人以某种名义与公司相关,并公布其姓名的;)

4. 弄虚作假,对某一实物出资给以高出其实际价值的估价。

第L242-3条 (2012年3月22日第2012-387号法律第19-2条)货

币股尚未缴纳一半股款,其持有人即对此种股票进行交易的,处15万欧元罚金。

第L242-4条 (2012年3月22日第2012-387号法律第21条废止:任何人,故意确定或公布股票的价值,或者作出炒买股票的许诺的,处第L242-3条规定的刑罚。)

第L242-5条 违反法律有关禁止任职或不得兼职的规定,接受与保持出资评估鉴定人之职务的,处6个月监禁并处9000欧元罚金。

第二节 与股份有限公司领导及管理有关的犯罪行为

第L242-6条 下列情形,处5年监禁并处37.5万欧元罚金:

1. 股份有限公司的董事长、董事或者总经理,在没有进行盘存或者以弄虚作假方式进行盘存的情况下,故意在股东之间进行虚假股息分配的;

2. 股份有限公司的董事长、董事或者总经理,在没有分派任何股息的情况下,为隐瞒公司真实状况,故意向股东提交或公布不能忠实反映公司每一会计年度经营成果以及每一会计年度结束时的公司财务与概括财产状况的账目的;

3. 股份有限公司的董事长、董事或者总经理,出于恶意,将因其身份而掌握的权力或因其身份而拥有的表决权用于明知违反公司利益的个人利益,或者用于有利于其直接或间接有利害关系之企业或公司者;

4. 股份有限公司的董事长、董事或者总经理,出于恶意,将公司财产或信贷用于其明知违反公司利益的用途,用于其个人利益,或者用于有利于其直接或间接有利害关系的其他公司或企业者;

除本《法典》第L249-1条规定的附加刑之外,法院在本条所指情况下还可宣告《刑法典》第131-26条规定的禁止公民权利、民事权利与家事权利作为附加刑。

与设在国外的组织订立合同掩护实施上述第3点所指的犯罪,或者采取此种手段以方便实施此种犯罪,或者通过在国外的自然人或设在国外的法人或任何组织、财产托管机构或类似机构作为中间人实行此种犯罪,处7年监禁并处50万欧元罚金。

第L242-7条 (2004年3月25日第2004-274号法律废止:公司董事长或者担任会议主席的董事,对董事会的审议决定不以笔录检证确认,且不以专门登记簿登记并保存于公司注册住所者,处3750欧元罚金。)

第 L242-8 条 股份有限公司的董事长、董事或者总经理,每一会计年度均未建立公司盘存报表、年度账目及管理报告者,处 9000 欧元罚金。

第三节 与股份有限公司股东大会有关的犯罪行为

第 L242-9 条 下列情形,处 2 年监禁并处 9000 欧元罚金:

1. 阻挠某一股东参加股东大会的;

(2003 年 8 月 1 日第 2003-706 号法律废止:2. 假冒股票或股金券所有人,直接或通过中介人在股东大会上参加投票表决的;)

3. 让他人同意、保证或许诺给以其某种好处,从而(为该人的利益)投某种意向票或不参加投票的;同意、保证、许诺给以此种好处者,亦同。

第 L242-10 条 股份有限公司的董事长或者董事,不将第 L232-1 条规定的年度账目与管理报告提交股东大会批准的,处 6 个月监禁并处 9000 欧元罚金。

第 L242-11 条 (2003 年 8 月 1 日第 2003-706 号法律第 134-1 条废止:股份有限公司的董事长或董事不在法定期限内召集持记名证券至少已有一个月的股东参加任何大会的,处 9000 欧元罚金。会议以平信,或者如公司章程有规定或应利害关系人要求,以由各收件人支付费用的挂号信召集。)

第 L242-12 条 (2004 年 3 月 25 日第 2004-274 号法律废止:股份有限公司的董事长不按 1967 年 3 月 23 日关于商事公司的第 L67-236 号法律第 129 条及第 130 条规定的条件将这些条款所规定的为召开股东大会应当告知股东的情况告知股东者,处 2000 法郎至 30000 法郎之罚金。)

第 L242-13 条 (2004 年 3 月 25 日第 2004-274 号法律废止:股份有限公司的董事长、董事或者总经理不向提出要求的股东发送符合法令规定的委托书样本以及下列各项材料者,处 2000 法郎至 20000 法郎之罚金:

1. 现任董事名单;
2. 载入议事日程之决议草案文本及其解释说明;
3. 相应情况下,对董事会候选人的简要介绍;
4. 将要提交给股东大会的董事会报告与会计监察人报告;
5. 如召开年度普通股东大会,则包括公司年度账目。)

第 L242-14 条 (2001 年 5 月 15 日第 2001-420 号法律废止:股份有限公司的董事长、董事或总经理,在公司注册住所或公司管理领导机关所在地不能向任何股东提交下列材料者,处 2000 法郎至 60000 法郎之罚金:

1. 在年度普通股东大会召开前 15 天期限内,不能提交第 L168 条所列举之文件;

2. 在特别股东大会召开前 15 天期限内,不能提交建议的决议文本,董事会、管理委员会及监事会之报告文本,以及在相应情况下,会计监察人的报告以及公司合并方案之文本;

3. 在股东大会召开前的 15 天期限内,不能提交会议召开前 30 天即已确定的表示参加股东大会意向的股东名单以及公司所了解的每一股东所持股份数目;股东名单应包括每位持记名股及每位持无记名股的股东姓名与住所;

4. 在一年中的任何时候,不能提交经全体股东大会批准的有关最近三个会计年度的下述文件:公司盘存表、年度账目、董事会的报告,或者在相应情况下,管理委员会及监事会的报告、会计监察人的报告、出席股东大会的签到簿以及会议笔录。)

第 L242-15 条 (2012 年 3 月 22 日第 2012-387 号法律第 21 条废止:股份有限公司的董事长或者董事有下列情形的,处 3750 欧元罚金:

(2003 年 8 月 1 日第 2003-706 号法律第 134-1 条废止:"1. 对于任何股东大会,均不保存经出席会议的股东及代理人签到并经过大会办事处检证确实的签到簿。该签到簿应记载:

A. 每一位出席会议的股东的姓名、常用名及住所,其持有的股票数目以及与此股票相关联的表决权票数;

B. 每一位代理人的姓名、常用名与住所及其代理的股票数目、与此股票相关联的表决权的数目;

C. 派代表出席会议的每一位股东的姓名、常用名及住所,其所持有的股票数目、与此股票相关联的表决权的数目。")

2. 签到簿上不记载授予每一位代理人的权力;

3. 对每一次股东大会所作出的决议不以会议办事处成员签署的笔录加以确认。)

(2004 年 3 月 25 日第 2004-274 号法律第 22-1 条废止:并将其保存在公司注册住所设立的专门簿夹中。上述笔录应包括会议举行的日期、地点、举行会议的方式、议事日程、办事处成员、参加表决的股东人数以及所达到的法定人数、提交给大会的文件与报告、讨论纪要、付诸表决的决议文本以及表决结果等项内容。)

第 L242-16 条 (2003 年 8 月 1 日第 2003-706 号法律第 134-1 条废止:

董事长、会议主席及会议办事处成员在股东大会期间不遵守有关与股票相联系的表决权的规定,处前条规定的刑罚。)

第四节 与公司变更资本有关的犯罪行为

第一目 增加资本

第 L242-17 条 (2012年3月22日第2012-387号法律第19-2条)股份有限公司的董事长、董事或者总经理,在先前已认购的公司资本尚未全额缴纳股款,或者,在"商事及公司注册登记簿"进行变更性登记之前发行的以实物出资的新股尚未全部交付,或者,新发行的货币股在认购时尚未至少支付1/4面值的股款,或者在相应场合,未支付全部发行溢价,即发行股票或股金券的,处15万欧元罚金。

如果是公开募集资本的股份有限公司,依本条规定的刑法加倍。

通过转换可随时转股或兑股的债券,或者使用认股证,按规定发行的股票以及对依第L232-18条至第L232-20条规定的条件发行的股票,不适用本条之规定。

第 L242-18 条 (2003年8月1日第2003-706号法律第134-1条废止:除第L225-133条至第L225-138条之规定保留外,股份有限公司的董事长、董事或者总经理,在增加资本时,有下列情形者,处1.8万欧元罚金:

1. 不让股东按其所持股票之比例享有对货币股的优先认购权;

2. 不给股东保留自开始认购之日起至少20天的期限以行使其认购权;

3. 在优先认股数目不足的情况下,不将尚可供认购的股票分派给已减少认购数目的股东,以便其认购超过按其所占权利之比例可优先认购之数目的股票;

4. 在以前已发行了附认股证的债券或者已发行了可转股债券的情况下,不为认股证持有人保留行使认购在公司内的权益之权利或者不给债券持有人保留选择转换的权利;

5. 以前已发行附认股证的债券或可转股债券,在尚存有效认股证或可转股债券的情况下,即通过偿还本金之方式进行资本分期偿还或减少资本,或者改变利润分配方式,或将公积金纳入分配,并且不采取必要措施以保护认股证持有人或所有人之权利或保护债券持有人选择转换之权利;

6. 以前已发行可兑股债券,在全部债券尚未兑换或提请偿还之前,即进行资本偿还，或通过分期偿还之方式减少资本或改变利润分派方式。)

第 L242-19 条 (2003 年 8 月 1 日第 2003-706 号法律第 134-1 条废止：为剥夺全体股东或者某些股东，或者剥夺全体认股证、可转股债券或可兑股债券持有人或其中某些人在公司总财产中应占份额之权利，有第 L242-18 条所指犯罪行为者，处 5 年监禁并处 7.5 万欧元罚金。)

第 L242-20 条 股份有限公司的董事长、董事或者会计监察人，在其向将要决定取消优先认购权的股东大会提交的报告里提供或者确认不准确的说明的，处 2 年监禁并处 1.8 万欧元罚金。

第 L242-21 条 第 L242-2 条至第 L242-5 条有关股份有限公司设立的规定适用于增加资本之情况。

第二目 分期偿还资本

第 L242-22 条 (2001 年 5 月 15 日第 2001-420 号法律废止：股份有限公司的董事长或董事通过抽签方式分期偿还资本者，处 3 个月至 1 年监禁并处 2000 法郎至 40000 法郎罚金，或者仅二罚其一。)

第三目 减 少 资 本

第 L242-23 条 (2012 年 3 月 22 日第 2012-387 号法律第 19-2 条) 股份有限公司的董事长或董事在减少公司资本时，不尊重股东之平等地位的，处 30000 欧元罚金。

第 L242-24 条 (2012 年 3 月 22 日第 2012-387 号法律第 19-2 条) 股份有限公司的董事长、董事或总经理将公司因适用第 L225-208 条的规定为薪金雇员参与公司经营成果，无偿分派股份或同意给予其可以购买股票的选择权而购买的股票用于该条规定之外的其他目的，处 15 万欧元罚金。

股份有限公司的董事长、董事或者总经理，以公司名义进行第 L225-216 条第 1 款所禁止的活动的，处上述同样之刑罚。

第五节 与股份有限公司的监督有关的犯罪行为

第 L242-25 条 (2001 年 5 月 15 日第 2001-420 号法律废止：股份有限公司的董事长或董事不主动提请指定公司会计监察人或者不召集会计监察人出席各次股东大会者，处 6 个月至 2 年监禁并处 2000 法郎至 60000 法郎。)

第 L242-26 条 (2001 年 5 月 15 日第 2001-420 号法律废止：任何人无视法

定的不允许任职的规定，无论以个人名义，还是以会计监察公司持股人的名义，接受、行使或保留会计监察人之职务者，处2个月至6个月监禁并处2000法郎至60000法郎罚金。)

第L242-27条 （2001年5月15日第2001-420号法律废止：任何会计监察人，无论以其个人名义，还是以会计监察公司持股人的名义，就公司的状况提供或者确认虚假情况或对该虚假情况予以确认，或者不向检察官揭露其知情的违法事实者，处1年至5年监禁并处2000法郎至120000法郎罚金。

《刑法典》第226-13条与第L226-14条适用于会计监察人。）

第L242-28条 （2001年5月15日第2001-420号法律废止：股份有限公司的董事长、董事、总经理或任何为公司服务的人对执行第L225-231条之规定而任命的鉴定人或会计监察人进行检查与监督活动设置障碍，或者拒绝当场向他们提交有利于其履行职责的全部文件资料，尤其是拒绝当场提交全部合同、会计文件及笔录簿册者，处1年至5年监禁并处2000法郎至120000法郎罚金。）

第六节 与股份有限公司解散有关的犯罪行为

第L242-29条 （2012年3月22日第2012-387号法律第21条废止：股份有限公司的董事长或董事，在公司自有资本因账面确认出现亏损而低于其注册资本的一半时，有下列情形的，处6个月监禁并处4500欧元罚金：

1. 在确认出现亏损的账目获得通过以后的4个月内，仍不召集特别股东大会，以决定是否有必要提前解散公司的；

2. 不向商事法院书记室交存股东大会作出的决定，不向商事及公司登记簿登记以及不在法律文告上公布此项决定者。）

第七节 与设立管理委员会和监事会的股份 有限公司有关的犯罪行为

第L242-30条 第L242-1条至第L242-24条（2003年8月1日第2003-721号法律废止："第L246-1条"）对股份有限公司的董事长、总经理或者董事规定的刑罚，适用于受第L225-57条至第L225-93条之规定调整的股份有限公司的管理委员会成员与监事会成员。

此外，第L246-2条之规定亦适用于受第L225-57条与第L225-93条调整的股份有限公司的管理委员会成员与监事会成员。

第八节 与工人参股股份有限公司有关的犯罪行为

第 L242-31 条 （2012 年 3 月 22 日第 2012-387 号法律第 21 条废止：工人参股股份有限公司的董事长、董事或者总经理，利用发行劳动股股票的权利，在公司发给第三人的所有文书或所有文件上均不加写"工人参股"之字样且未提及这种情形的，处 3750 欧元罚金。）

第三章 与股份两合公司有关的犯罪行为

第 L243-1 条 第 L242-1 条至第 L242-29 条之规定适用于股份两合公司。
对股份有限公司的董事长、董事或者总经理规定的刑罚，就股份两合公司的经理的权限而言，亦适用之。

第 L243-2 条 （2001 年 5 月 15 日第 2001-420 号法律废止）

第四章 与简化的股份有限公司有关的犯罪行为

第 L244-1 条 第 L242-1 条至第 L242-6 条、第 L242-8 条、第 L242-17 条至（2012 年 3 月 22 日第 2012-387 号法律第 19-2 条）"第 L242-24 条"之规定适用于简化的可以发行股票的公司。

对股份有限公司的董事长、董事或者总经理规定的刑罚适用于简化的可以发行股票的公司的董事长与领导人。

第 L242-20 条、第 L820-6 条与第 L820-7 条之规定适用于简化的可发行股票的公司的会计监察人。

第 L244-2 条 （2003 年 8 月 1 日第 2003-721 号法律第 9 条废止：简化的可以发行股票的公司的董事长应在本公司发给第三人的所有文书或者文件上写明公司的名称并在紧接公司名称之后加写"简化的可以发行股票的公司"或其缩写"SAS"之字样，并且注明公司资本，违者处 3750 欧元罚金。）

（2001 年 5 月 15 日第 2001-420 号法律）简化的可以发行股票的公司的董事长或者领导人在增加资本、分期偿还资本或者减少资本、公司合并或分立、解散或者转变为另一种形式的公司(2003 年 8 月 1 日第 2003-721 号法律第 9 条废止："任命会计监察人、批准年度账目以及分派利润"）的情况下，不按照章程规定的条件征求股东的意见的，处 6 个月监禁并处 7500 欧元罚金。

第 L244-3 条　简化的可以发行股票的公司的领导人(2009 年 1 月 22 日第 2009-80 号法令第 8-3 条)"公开募集金融证券或者将其股票投入规范市场交易的",处 1.8 万欧元罚金。

第 L244-4 条　第 L244-1 条、第 L244-2 条与第 L244-3 条适用于直接或者通过中间人,以公司董事长或者领导人的名义或者替代他们行使简化的可以发行股票的公司领导职责的人。

第四章(二)　与欧洲公司有关的犯罪行为

(2005 年 7 月 26 日第 2005-842 号法律第 11-2 条)

第 L244-5 条　(2005 年 7 月 26 日第 2005-842 号法律第 11-2 条)第 L242-1 条至第 L242-30 条之规定适用于欧洲公司。

对股份有限公司的董事长、董事、总经理、管理委员会成员或者监事会成员规定的刑罚适用于欧洲公司的董事长、董事、总经理、管理委员会成员或者监事会成员。

第 L242-20 条之规定适用于欧洲公司的会计监察人。

第五章　与可以发行股票的公司发行的有价证券有关的犯罪行为

第一节　与股票有关的犯罪行为

第 L245-1 条　(2001 年 5 月 15 日第 2001-420 号法律废止:可以发行股票的公司的董事长、董事或经理有下列情形的,处 6 个月监禁并处 40000 法郎罚金:

1. 在法定期限内不催缴股金以实现全部缴足公司资本的;

2. 在公司资本尚未全部缴纳的情况下,即发行或听任发行债券或认购证的;但作为分派给薪金雇员参与企业发展成果而发行的债券不在此限。)

第 L245-2 条　(2001 年 5 月 15 日第 2001-420 号法律废止:任何人以任何形式散发或复制说明书,目的旨在邀请认购某一法国公司的有价证券,而该说明书上并无该公司有资格之代表的签字,未载明公司董事之姓名、地址,以及在相应情况下,没有此种证券挂牌上市的证券交易所的名称与地址的,此种情形处 2000 法郎至 40000 法郎罚金,且不损及税收方面的处罚。

如上述说明书所载情况介绍有虚假或不确实之处,在当事人有不正当目的的情况下,处《刑法典》第 313-1 条、第 313-7 条、第 313-8 条所规定的处罚。在所有情况下,任何人为制定上述说明书而恶意提供虚假或不确实的情况者,处相同处罚。)

第 L245-3 条 (2012 年 3 月 22 日第 2012-387 号法律第 21 条废止:股份有限公司的董事长、董事、总经理、管理委员会、监事会成员以及股份两合公司的经理有下列情形者,处 6 个月监禁并处 6000 欧元罚金。)

第 L245-4 条 股份有限公司的董事长、董事、总经理、管理委员会成员、监事会成员以及股份两合公司的经理,在(2004 年 6 月 24 日第 2004-206 号法令第 38-2 条)第 L228-35-8 条所指条件下,直接或间接持有其领导的公司的无表决权优先股(无表决权优先派息股)股份的,处 15 万欧元罚金。

第 L245-5 条 (2012 年 3 月 22 日第 2012-387 号法律第 21 条废止)

第二节 与发起人股有关的犯罪行为

第 L245-6 条 (2001 年 5 月 15 日第 2001-420 号法律废止:公司的发起人、董事长、董事及经理,自本法生效之日,仍以公司利益为名,发行发起人股份者,处 6 个月监禁并处 9000 欧元罚金。)

第三节 与公司债有关的违法行为

第 L245-7 条 (2001 年 5 月 15 日第 2001-420 号法律废止:可以发行股票的公司以外的其他公司的经理,广而言之,任何个人,发行可流通债券的,处 60000 法郎罚金。)

第 L245-8 条 (2001 年 5 月 15 日第 2001-420 号法律废止:可发行股票的公司的董事长、董事或者经理,以此公司利益之名,在公司存在还不到 2 年,并且此 2 年的资产负债尚未按照规定得到股东大会批准的情况下,即发行可流通债券者,处 60000 法郎罚金。

但是,如所发行的债券得到国家或地方政府机构的担保,或者得到符合前款规定之条件的公司的担保,或者如所发行的债券得到以对国家,对地方政府机构,对制订了首期资产负债表之受让特许权的企业或得到补贴的企业的债权凭证的担保,不在此限。)

第L245-9条 可发行股票的公司的董事长、董事、总经理或者经理,(2004年3月25日第2004-274号法律第23-2条)为公司之利益,发行相同面值但不赋予相同债权的债券的,处9000欧元罚金:

(2004年3月25日第2004-274号法律第23-1条废止:1.以公司之名义,在同一期发行面值相同但不赋予相同债权的可流通债券者。

2. 向债券购买人提交未载明下述事项之证券者:发行债券公司的法律形式、名称、资本额、注册住所地址、公司设立及终止日期、证券顺序号及面值、利率及支付时间、偿还本金的条件、发行额及与证券有关的专门保证、未偿还之数额,在本次发行时,先期已发行的借贷证券或债券的数目,以及在必要时,给予债券持有人将其债券转换为股票的期限以及此种转换之基数等。

3. 以公司名义,发行面值低于法定最低数额的可流通债券者。)

第L245-10条 (2003年8月1日第2003-706号法律第134-1条废止:可以发行股票的公司的董事长、董事、总经理或经理,以公司之名义,未经批准而发行有奖抽彩债券者,处6个月监禁并处6000欧元罚金。)

第L245-11条 下列情形,处2年监禁并处9000欧元罚金:

1. 阻挠某债券持有人参加债券持有人大会者;

(2004年6月24日第2004-206号法令第50-2条废止:2. 假冒债券持有人在债券持有人大会上参加投票表决者,不论其直接所为,还是让中间人所为;)

(2004年6月24日第2004-206号法令第50-2条废止)2. 答应按照某种意向投票,而让他人向其给予、保证或许诺某种特别利益,或者其本人同意给予、保证、许诺给以某种特别利益者。

第L245-12条 下列情况,处6000欧元罚金:

1. 发行债券的债务人公司,或者为发行债券的债务人公司的全部或部分义务提供担保的公司,其董事长、董事、总经理、经理、会计监察人、监事会成员或雇员及其直系尊、卑亲属,代表债券持有人出席全体大会,或者同意充当债券持有人的代表者;

(2004年6月24日第2004-206号法令第50-5条废止:2. 被禁止从事银行职业或无权以任何身份管理或经营公司的人,代表债券持有人参加大会,或者同意充当债券持有人之代表者;)

3. 所持债券已确定分期还本但尚未得到实际偿还,仍参加债券持有人大会者;

4. 所持债券已确定分期还本但尚未得到实际偿还,无权就债券尚未偿还之事由提及公司不履行义务或无权就有关偿还债券之条件提出争议之人,仍参加债券持有人大会者；

5. 可以发行股票的公司的董事长、董事、总经理或经理，以公司发行债券及赎买债券为由，参加债券持有人大会者。)

(2004 年 6 月 24 日第 2004-206 号法令第 50-5 条) 2. 持有发行债券之公司至少 10% 资本的各公司的董事长、董事、总经理或经理，以这些公司持有债券为由而参加债券持有人大会者。

第 L245-13 条 债券持有人大会主席不以笔录形式对每一次债券持有人大会所作的决议进行见证确认的，处 4500 欧元罚金。该笔录 (2004 年 3 月 25 日第 2004-274 号法律废止："应转录于公司注册住所专门的簿册")详细载明以下事项：举行会议的日期、地点、召集方式、议事日程、会议办事处的组成、参加投票的债券持有人人数以及达到的比例、提交给大会的文件与报告、讨论概要、付诸表决的决议文本以及表决结果。

第 L245-14 条 (2003 年 8 月 1 日第 2003-706 号法律第 134-1 条废止：下列情形，处 1.8 万欧元罚金：

1. 可以发行股票的公司的董事长、董事或经理向同期债券持有人之代表提供或支付的报酬超过大会或司法决定给予该代表的报酬者；

2. 任何债券持有人之代表接受的报酬超过大会或司法决定给予其报酬者，并且不影响向公司返还多收的款额。)

第 L245-15 条 对采取欺诈手段实施 (2004 年 6 月 24 日第 2004-206 号法令第 50-6 条) 第 L245-9 条、第 L245-12 条 (2003 年 8 月 1 日第 2003-706 号法律第 134-9 条) 与第 L245-13 条所指的一种犯罪行为，目的在于剥夺债券持有人或其中一些人享有的与其债权证券相关的部分权利者，处 5 年监禁并处 1.8 万欧元罚金。

第四节 共同规定

第 L245-16 条 本章针对可以发行股票的公司的董事长、董事、总经理以及经理的规定适用于直接或通过中间人，以法定代表的名义或者取代法定代表而实际行使公司领导、管理或经营权的一切人。

第五节　与设立管理委员会、监事会的股份有限公司有关的规定

第 L245-17 条　第 L245-1 条至第 L245-15 条针对股份有限公司董事长、董事和总经理的规定，依其各自的权限，适用于受第 L225-57 条至第 L225-93 条之规定调整的股份有限公司的管理委员会成员与监事会成员。

此外，第 L245-16 条之规定适用于受第 L225-57 条至第 L225-93 条之规定调整的股份有限公司。

第六章　与各种形式的可以发行股票的公司均有关的犯罪行为

第 L246-1 条　（2003 年 8 月 1 日第 2003-721 号法律第 9 条废止：可以发行股票的公司的董事长、董事、总经理或经理在公司发给第三人的一切文件或法律文书上不标明公司名称，在名称前、后不加上"股份有限公司"或缩写"SA"或者"股份两合公司"的字样以及不载明公司注册资本者，处 3750 欧元罚金。）

第 L246-2 条　第 L242-1 条至第 L242-29 条、（2005 年 7 月 26 日第 2005-842 号法律第 11-2 条）第 L243-1 条与第 L244-5 条针对股份有限公司（2005 年 7 月 26 日第 2005-842 号法律第 11-2 条）或者欧洲公司的董事长、董事或总经理以及股份两合公司经理的规定，适用于直接或通过中介人，以法定代表之名义或替代法定代表之地位，对上述公司实际行使领导、经营、管理职权的一切人。

第七章　与各种形式的商事公司均有关的犯罪行为

第一节　与子公司、参股及被控股的公司有关的违法行为

第 L247-1 条　一、任何公司的董事长、董事、总经理或经理有下列情形的，处 2 年监禁并处 9000 欧元罚金：

1. 在向公司持股人提交的年度报告中不提及本公司在另一家法国领土上的公司中占有 5%、10%、20% 资本或 1/3、1/2、2/3 股东大会表决权的参股事实，或者不提及控制该公司之事实；

2. 在上述报告中不汇报公司整个活动与经营结果,不分行业活动汇报由其控制的公司与本公司子公司的整个活动与经营结果;

3. 在公司资产负债表中不附有第 L233-15 条所指的应当包含的显示上述子公司与参股状况的资料。

二、第 L233-16 条所指的公司的管理委员会成员、董事会成员或者经理,除第 L233-17 条所指例外保留以外,不按照法律规定的限期,制订并向股东或持股人提供集团合并结算账目的,处 9000 欧元罚金。法院得命令将其判决刊载于一家或数家报纸上,费用由被判刑人负担。

三、会计监察人,在其报告中不提及本条第一项第 1 点所指的事项,处第一项所指的刑罚。

第 L247-2 条 一、自然人以及法人的董事长、董事、管理委员会成员、经理或总经理不提供其本人或法人按照第 L233-7 条之规定应当提供的有关参股情况者,处 1.8 万欧元罚金。

二、公司的董事长、董事、管理委员会成员、经理或者总经理,不通报公司按照第 L233-12 条之规定应当通报的有关本公司在控制本公司的另一可以发行股票的公司中参股的情况者,处上述相同刑罚。

三、公司的董事长、董事、管理委员会成员、经理或者总经理,在向股东提交的有关本会计年度经营活动的报告中不说明以下事项者,处上述同样之刑罚:在本公司里有相当参股地位的人的身份、在本期经营过程中所发生的变更、被控制的公司的名称、这些公司按照第 L233-13 条规定的条件在本公司所持有的资本份额。

四、会计监察人,在其报告中不提及上述第三项所指的事项,处相同刑罚。

五、对于(2009 年 1 月 22 日第 2009-80 号法令第 8-4 条)"股票准许在第 L233-7 条第二项所指的金融工具交易市场进行交易的公司",应在征询(2003 年 8 月 1 日第 2003-706 号法律第 46-5 条)金融市场主管机关的意见后,才追究其责任。

第 L247-3 条 公司董事长、董事、管理委员会成员、总经理或经理违反第 L233-29 条至第 L233-31 条之规定者,处 1.8 万欧元罚金。

对于(2009 年 1 月 22 日第 2009-80 号法令第 8-5 条)"股票准许进入规范交易的公司"违反第 L233-31 条之规定的,应在征询(2003 年 8 月 1 日第 2003-706 号法律第 46-5 条)金融市场主管机关的意见后,才追究其责任。

第二节　与公告有关的犯罪行为

第 L247-4 条　（2012 年 3 月 22 日第 2012-387 号法律第 21 条废止：任何人不按照最高行政法院提出资政意见后颁布的法令规定的期限与方式履行第 L225-109 条规定之义务的，处 9000 欧元罚金。）

第三节　与公司清算有关的犯罪行为

第 L247-5 条　违反担任清算人职务之禁止性规定的，处 2 年监禁并处 9000 欧元罚金。

因适用前款之规定受到有罪判决的任何人，不得再以任何名义受雇于其履行过受到禁止之职务的公司。在违反此项禁止性规定的情况下，被判刑人与其雇主处前款规定的刑罚，如雇主知道此种情形。

第 L247-6 条　（2012 年 3 月 22 日第 2012-387 号法律第 21 条废止：公司清算人有下列情形之一的，处 15 万欧元罚金：

1. 在其受任命 1 个月期限内，不在公司注册住所所在省的某一可以刊载法律公告的报纸上公告任命其为清算人的文书，并且不向"商事及公司注册登记簿"交存宣布公司解散的决定；

2. 在清算结束时，不召集公司持股人对公司的最终账目、交卸清算证明书、卸除任职以及确认清算结束等事宜进行审议，或者不在第 L237-10 条规定的情况下向法院书记室交存其账目，也不请求法院批准此项清算账目。）

第 L247-7 条　（2012 年 3 月 22 日第 2012-387 号法律第 19-2 条）在公司实行清算的情况下，清算人有下列情形之一的，处 15 万欧元罚金：

1. 在分配资产的决定作出起 15 日内，不将应当分配给债权人或股东的款项以清算中的公司的名义存入在信贷机构开立的账户的；

2. 在清算终结之后 1 年内，不将应当分配给债权人或股东的、没有人要求支付的款项存入信托银行的。

（第 L247-7 条原条文：在公司按照第 L237-14 条至第 L237-31 条之规定进行清算的情况下，清算人有下列情形之一的，处前条规定的相同刑罚：

1. 在受任后 6 个月内，不提交有关公司资产及负债状况和清算活动进展情况的报告，亦不请求给予必要的授权以结束清算的；

2. 在每一会计年度结束后 3 个月内，不依据盘存状况制定年度账目，亦

不对过去会计年度内的清算工作进展情况作出报告的;

（2001年5月15日第2001-420号法律废止:3.不允许公司持股人在清算期间按以前同样条件行使取得公司文件之权利的;)

（2003年8月1日第2003-706号法律第134-1条废止:4.在公司继续经营的情况下，没有至少每年一次召集股东会议，以便汇报公司年度账目的;

5. 在任职期满又不请求延续任职期限的情况下，继续履行其职责的;)

6. 在决定分派钱款之日起15日期限内，不向以清算中的公司的名义在银行开立的账户交存将分派给持股人、债权人的款项或者在公司清算结束之后1年期内，不向存款储蓄所交存将用于清偿债权人或支付持股人尚未请求支付的款项者。

第L247-8条 清算人有下列情形之一的，处5年监禁并处9000欧元罚金：

1. 采取欺诈手段，将清算中的公司财产或信贷用于其明知与公司利益相违背的个人利益，或者用于有利于其本人直接或间接有利害关系的另一公司或企业者;

2. 采取欺诈手段，违反第L237-6条与第L237-7条之规定，将清算中的公司的全部或部分资产转让他人者。

第四节 与设立管理委员会及监事会的股份有限公司有关的规定

第L247-9条 第L247-1条至第L247-4条针对股份有限公司董事长、总经理以及董事规定的刑罚，依据各自职权，适用于受第L225-57条至第L225-93条调整的股份有限公司的管理委员会成员与监事会成员。

第五节 与可变资本公司有关的犯罪行为

第L247-10条 （2012年3月22日第2012-387号法律第21条废止:可以运用第L231-1条所规定之权利的公司的董事长、经理，或者一般而言，其领导人，不在其公司发给第三人的所有文书与文件中写明"可变资本"之字样者，处3750欧元罚金。)

第八章　有关股份有限公司或欧洲公司总经理助理的规定

（2001年5月15日第2001-420号法律）

第L248-1条　本编针对股份有限公司或者（2005年7月26日第2005-842号法律第11-2条）欧洲公司总经理的规定，按照他们各自的职责，适用于总经理助理。

第九章　自然人适用的附加刑罚

（2008年8月4日第2008-776号法律第71-1条）

第L249-1条　（2008年8月4日第2008-776号法律第71-1条第一项）自然人实施本编第一章至第八章所指犯罪的，作为附加刑，还可按照《刑法典》第131-27条规定的条件，禁止担任公职，或者禁止在其从事的活动中或从事活动之时实行犯罪的那种职业活动或社会活动，或者禁止其从事工商业活动，禁止其以任何名义直接或间接为其本人或者为他人领导、管理与监督工商企业或商事公司。这些禁止事项可并科宣告。

第五编 经济利益合作组织

译者概述：

经济利益合作组织（groupement d'intéret économique）是根据1967年9月23日第67-821号法令设置的一种合作性经济组织。《法国商法典》将这种经济合作组织与其他商事公司分开规定，但这种合作组织与公司有许多相似之处。经济利益合作组织既可以是商事性质，也可以是民事性质。经济利益合作组织并非法国所特有，欧洲理事会对此也作了相应的规定。

经济利益合作组织是由两个以上的自然人或法人共同设立的有确定期限的合作实体，具有独立的法人资格并且应在"商事及公司注册登记簿"进行注册登记，但并不能仅仅据此就推定经济利益合作组织具有商事性质。设立经济利益合作组织的目的是，方便或发展其成员所从事的经济活动，改进或扩大此种活动的成果。经济利益合作组织并不为本身实现利润，其活动只能是对各成员活动的辅助。属于商事性质的经济利益合作组织可以为其自身利益，经常性并且主要地从事任何商事行为，但实现的利润应属于参与本合作组织的各成员。设立经济利益合作组织可以无注册资本。对经济利益合作组织的各事项作出具体规定的基本文件是合同，而不是章程。

经济利益合作组织的全体成员会议有资格按照合同规定的条件作出各项决定，其中包括提前解散经济利益合作组织或者延长期限的决定。

经济利益合作组织的所有成员都以各自的全部财产对本组织的债务承担责任。法律对经济利益合作组织的出资没有强制性规定。

经济利益合作组织的任何成员均可以按照合同规定的条件退出本组织，但应当履行其应予履行的义务。经济利益合作组织可以按照设立合同规定的条件接受新成员。

在每一年度终结时薪金雇员人数为100人或100人以上的经济利益合作组织，应当经全体会议任命的一名或数名会计监察人进行账目监督。会计监察人的任命时间为6个会计年度。

经济利益合作组织的设立有利于公司之间的合作，有利于参与合作组织的各公司设立共同的研究部门、信息资料部门、财务部门、计算机处理中心，共同开办一个员工食堂，等等。这样可以减少设施、设备、机构重复购置、设置与闲置，减少重复的资金投入和重复建设。工业、商业、手工业、农业和自由职业，都可以设立经济利益合作组织。

第一章　法国法规定的经济利益合作组织

第 L251-1 条　（1967 年 9 月 23 日第 67-821 号法令第 1 条）两个或数个自然人或法人可以在他们之间设立确定期限的经济利益合作组织。

设立经济利益合作组织的目的是，方便或者发展其成员所从事的经济活动，改进或扩大此种活动的成果。经济利益合作组织不为其自身实现利润。

经济利益合作组织的活动应当与其成员的经济活动有关联，并且仅能相对于其成员的活动具有辅助性质。

第 L251-2 条　（1967 年 9 月 23 日第 67-821 号法令第 1-1 条）从事受法律或条例规则约束或者名称受保护的自由职业的人可以设立经济利益合作组织，或者参加此种经济利益合作组织。

第 L251-3 条　（1967 年 9 月 23 日第 67-821 号法令第 2 条）经济利益合作组织可以无资本设立。

经济利益合作组织的各成员的权利不得用可以流通的证券来表示。

任何与此相反的规定均视为未予订立。

第 L251-4 条　（1967 年 9 月 23 日第 67-821 号法令第 3 条）经济利益合作组织自其在"商事及公司注册登记簿"上注册登记之日起即具有法人资格与完全的能力，但是，不因此项注册登记而引起对经济利益合作组织具有商事性质的推定。① 宗旨属于商事性质的经济利益合作组织可以为其自身利益,经常性并且是主要地从事任何商事行为。此种经济利益合作组织可以订立(活动场所的)商业租约。②

以正在设立中的经济利益合作组织的名义从事活动的人,对经济利益合作组织取得法人资格之前完成的各项行为负无限连带责任,但如经济利益合作组织按照规定设立并且在注册登记之后承接此种义务,不在此限。在此情况下,此种义务视其自一开始即是由经济利益合作组织缔结。

第 L251-5 条 (1967 年 9 月 23 日第 67-821 号法令第 3-1 条)只有在违反本法令的强制性规定或有关合同无效的一般规定时,才引起经济利益合作组织及其文书或审议决定无效。

如在法院就实体问题进行审理之日,引起无效的原因已经消失,无效之诉即告消灭,但由于经济利益合作组织的宗旨非法而引起的无效,不在此限。

(2003 年 1 月 3 日第 2003-7 号法律第 50-2 条)《民法典》第 1844-12 条与第 1844-17 条的规定,适用于经济利益合作组织。

第 L251-6 条 (1967 年 9 月 23 日第 67-821 号法令第 4 条)经济利益合作组织的所有成员均以各自的概括财产对本组织的债务负担责任。但是,如订立的合同准许,新成员得对其进入本组织之前产生的债务免负责任。有关免负责任的决定应当进行公示。新加入组织的成员可以承担连带责任,与缔约第三人有相反约定时不在此限。

经济利益合作组织的债权人,只有在对经济利益合作组织本身进行支付催告而无结果之后,才能诉请本组织的成员清偿该组织的债务。

第 L251-7 条 (1967 年 9 月 23 日第 67-821 号法令第 5 条)经济利益合作组织,如其所有成员全部是符合本卷(原规定为"1966 年 7 月 24 日第 66-537 号关于商事公司的法律")有关发行债券之条件的公司,可以按照公司发行债券的一般条件,发行债券。

经济利益合作组织,如果其成员全部是符合 1985 年关于批准某些协会发行有价证券的第 85-698 号法律规定的发行债券之条件的协会,也可以按照该法律规定的发行此种证券的一般条件,发行债券。

第 L251-8 条 (1967 年 9 月 23 日第 67-821 号法令第 6 条)一、经济利

---

① 不从事商事活动的自然人与法人不具有商人资格;无商人资格的人的活动不具商事性质。——译者注
② 商业铺位、店面、经营活动、业务活动场所或场地的租赁。——译者注

益合作组织合同对本合作组织的组织问题作出规定，但本章之规定应保留执行。经济利益合作组织合同应采用书面形式订立，并按照最高行政法院提出资政意见后颁布的法令确定的方式进行公示。

二、合同应当写明以下事项：

1. 经济利益合作组织的名称；

2. 经济利益合作组织的各成员的名称或其公司名称、法律形式、住所的地址或公司注册住所的地址，并且如有必要，本合作组织的每一个成员的鉴别号码，以及相应情况下，进行注册的法院书记室所在的城市或者本合作组织进行登记的职业行会所在的城市；

3. 经济利益合作组织设立的期限；

4. 经济利益合作组织的宗旨；

5. 经济利益合作组织的机构地址。

三、对经济利益合作组织合同的任何变更，应按照合同本身相同的条件订立与公告。此种变更仅自其公告之日起，始对第三人产生对抗效力。

第 L251-9 条 （1967 年 9 月 23 日第 67-821 号法令第 7 条）经济利益合作组织可以按照设立合同规定的条件接受新成员。

经济利益合作组织的任何成员均可以按合同规定的条件退出本组织，但应履行其应当履行的义务。

第 L251-10 条 （1967 年 9 月 23 日第 67-821 号法令第 8 条）经济利益合作组织的全体成员会议有资格按照合同规定的条件作出各项决定，其中包括提前解散经济利益合作组织或者延长本组织期限的决定。经济利益合作组织合同可以规定所有的决定或者其中某些特定的决定，只有达到合同规定的法定人数与多数条件才能作出。在合同对此没有作出规定的情况下，经济利益合作组织的决定应有全体成员一致同意才能作出。

经济利益合作组织合同可以对其每一成员分配与其他成员数量不同的表决票数目。在没有此种规定的情况下，每一成员拥有一张表决票。

在至少有 1/4 的成员要求召开会议的情况下，经济利益合作组织必须召开全体会议。

第 L251-11 条 （1967 年 9 月 23 日第 67-821 号法令第 9 条）经济利益合作组织由一人或数人管理。法人可以被任命为经济利益合作组织的管理人，但该法人应当为此指定一名常任代表。法人任命的常任代表，如同其本人是管理人一样，承担相同的民事责任与刑事责任。经济利益合作组织的管理人以及法人任命的担任管理人的常任代表，按照具体情况，对违反适用于经济利益合作组织的法律与条例的规定、违反本组织章程的规定的行为,以及其管理中的错误,对经济利益合作组织或者对第三人,个人承担责任,或者连带承担责任。如有数名管理人共同参与了同一行为,法院确定每一个管理人对赔偿损失应当负担的责任。除此规定之外,经济利益合作组织合同,或者在合同没有规定的情况下,经济利益合作组织的全体成员会议,自由安排经济利益合作组织的管理事务并任命管理人,确定管理人的职责、权限以及解除其职务的条件。

在与第三人的关系中,一管理人以其属于经济利益合作组织宗旨范围内的任何行为,使本合作组织承担义务。有关限制管理人权利的任何条款,对第三人均不生对抗效力。

第 L251-12 条 (1967 年 9 月 23 日第 67-821 号法令第 10 条)经济利益合作组织的管理活动应当交由自然人监督。对经济利益合作组织的管理监督与账目监督,均按照设立经济利益合作组织的合同规定的条件进行。

(1984 年 3 月 1 日第 84-148 号法律)但是,在经济利益合作组织按照第 L251-7 条规定的条件发行债券时,其管理监督应当交由经全体会议任命的一名或数名自然人进行。这些自然人的任职期限与权力,在经济利益合作组织的合同中作出规定。

前款所指的经济利益合作组织以及在每一年度终结时薪金雇员人数为 100 人或者超过 100 人的经济利益合作组织,应当由一名或数名从(2003 年 8 月 1 日第 2003-706 号法律)"第 L822-1 条"所指的名单中挑选并经全体大会任命的会计监察人进行账目监督。会计监察人的任命时间为 6 个会计年度。本《法典》有关股份有限公司会计监察人不得担任职务及其权力、职责、义务、责任、回避、解除职务与报酬的规定,以及第 L242-27 条(1966 年 7 月 24 日法律第 457 条)所指的惩处规定,均适用于经济利益合作组织的会计监察人,但有关经济利益合作组织的特有规定应保留执行。

在前两款所指的情况下,本《法典》第 L242-25 条、第 L242-26 条、第 L242-28 条、第 L245-8 条至第 L245-17 条(1966 年 7 月 24 日法律第 455 条、第 456 条与第 458 条、第 470 条至第 479 条)之规定适用于经济利益合作组织的领导人员、该组合之成员公司中担任领导职务的自然人或者领导这些公司的法人的常任代表。

第 L251-13 条 (1967 年 9 月 23 日第 67-821 号法令第 10-1 条)符合本《法典》第 L232-2 条规定之标准的经济利益合作组织,其管理人应当制订可以实现与可以支配的资产与可追偿之债务的资产状态表,但经营价值不计算在内,同时还应制订可预见的资产负债表、资金流通表以及年度账目结算表和可预见的资金安排计划。

由最高行政法院提出资政意见后发布的法令具体规定制订此种文件的周期、期限与方式。

第 L251-14 条 （1967 年 9 月 23 日第 67-821 号法令第 10-2 条）第 L251-13 条所指的各项文件,应在管理人制订的经济利益合作组织发展书面报告中作出分析。文件与报告均应报送会计监察人和企业委员会①。

在违反第 L251-13 条以及前款之规定的情况下,或者在前款所指的报告中提供的材料需要作出说明的情况下,会计监察人在其给管理人的报告中或者在年度报告中应当指出这些事项。会计监察人可以要求将其报告发送经济利益合作组织的各成员,或者要求在全体成员会议上进行通报。此项报告应通知企业委员会。

第 L251-15 条 （1967 年 9 月 23 日第 67-821 号法令第 10-3 条）如会计监察人在履行职责时发现足以危及经济利益合作组织继续存在的事实,应当按照最高行政法院提出资政意见后颁布的法令规定的条件通知本组织的管理人。管理人有义务在 15 日期限内作出答复。管理人所作的答复应当送交企业委员会。会计监察人将此事由通知法院院长。

如未遵守上述规定,或者尽管已经作出某项决定,经济利益合作组织的继续运作仍然受到影响时,会计监察人应当提出专项报告并以书面形式要求管理人在下一次全体会议上就报告中提出的事实进行审议。该项报告应当通知企业委员会。

如召开经济利益合作组织全体会议之后,会计监察人认定会议所作的决定不足以保证该合作组织继续运作,应当将其所做的各种努力通知法院院长并向法院院长报告结果。

第 L251-16 条 （1967 年 9 月 23 日第 67-821 号法令第 10-4 条）企业委员会,或者在没有企业委员会的情况下,员工代表,在经济利益合作组织内行使《劳动法典》第 L422-4 条与第 L432-5 条规定的职权。

经济利益合作组织的管理人向会计监察人通知由企业委员会或员工代表提出的要求说明情况的请求,并且通知向其提出的报告以及其依据《劳动法典》第 L422-4 条与第 L432-5 条之规定作出的答复。

第 L251-17 条 （1967 年 9 月 23 日第 67-821 号法令第 11 条）由经济利

---

① 企业委员会不是企业的领导机构,而是员工方面的具有工会性质的机构。——译者注

益合作组织发给第三人的文书与文件,尤其是信件、发票、通知或者发布的各种材料,均应当用明显的字体写明经济利益合作组织的名称,并且应加写"经济利益合作组织"的字样或其缩写"GIE"。

(2012年3月22日第2012-387号法律第21条废止;违反前款之规定的任何行为,处3750欧元罚金。)

第L251-18条 (1967年9月23日第67-821号法令第12条)凡是其宗旨符合经济利益合作组织之定义的公司与协会,均可以转型为经济利益合作组织,但并不因此引起原法人解散,也不引起新法人设立。

经济利益合作组织可以转型为合名公司,但不因此引起原法人解散,也不引起新法人设立。

第L251-19条 (1967年9月23日第67-821号法令第13条)经济利益合作组织依下列原因解散:

1. 设立期限届满;
2. 设立宗旨已经实现或消灭;
3. 由其成员在第L251-10条规定的条件下作出决定;
4. 由法院依正当理由作出裁判决定;
5. 作为经济利益合作组织之成员的某一自然人或法人死亡或消失,但合同有相反规定时,不在此限。

第L251-20条 (1967年9月23日第67-821号法令第14条)如经济利益合作组织的某一成员无能力、个人破产或者被禁止领导、管理与监督任何形式的商业企业或者非商人私法法人,经济利益合作组织予以解散,但如合同规定在这种情况下本合作组织仍然继续存在,或者其他成员一致决定合作组织继续存在时,不在此限。

第L251-21条 (1967年9月23日第67-821号法令第15条)经济利益合作组织解散,即引起对其进行清算。为进行清算之需要,经济利益合作组织的法人资格继续存在。

第L251-22条 (1967年9月23日第67-821号法令第16条)经济利益合作组织的清算按照合同的规定进行;在合同没有对此作出规定的情况下,由经济利益合作组织的全体成员会议任命一名清算人,或者如全体会议不进行此项任命,由法院决定任命一名清算人。

在清偿债务之后,经济利益合作组织的资产余额按照合同规定的条件在各成员之间进行分配;在合同对此没有规定的情况下,资产余额在各成员之间按照相同份额分配之。

第L251-23条 （1967年9月23日第67-821号法令第17条）只有受本法令之规定调整的经济利益合作组织才能使用"经济利益合作组织"的名称或其缩写"GIE"。（2012年3月22日第2012-387号法律第22-1条）检察院或者任何利益关系人均可请求有管辖权限的法院的院长依紧急审理程序命令禁止非法使用这一名称的行为，相应情况下，处逾期罚款。

法院院长还可以规定由非法使用"经济利益合作组织"或其缩写名称的领导人负担费用，在法院指定的地点公示、张贴法院的决定，或者在报纸上登载该决定的全文或节录，或者由向公众开放的传播机关发布这项决定。

第二章 欧洲经济利益合作组织

第L252-1条 （1989年6月13日第89-377号法律第1条）在法国"商事及公司注册登记簿"上注册登记的欧洲经济利益合作组织，自其注册登记之日起具有法人资格。

第L252-2条 （1989年6月13日第89-377号法律第2条）欧洲经济利益合作组织，依其宗旨，具有民事性质或商事性质。经济利益合作组织进行注册登记并不引起对该组织商事性质的推定。

第L252-3条 （1989年6月13日第89-377号法律第3条）欧洲经济利益合作组织各成员的权利不得用可流通证券来表示。

第L252-4条 （1989年6月13日第89-377号法律第4条）欧洲经济利益合作组织的集体性决定，由本组织召开全体成员会议作出，但是，经济利益合作组织的章程可以规定，此种决定或其中某些特定决定可以采用征求意见的方式作出。

第L252-5条 （1989年6月13日第89-377号法律第5条）欧洲经济利益合作组织的经理或所有经理，对违反适用于经济利益合作组织的法律或条例的规定，违反章程的规定或其管理中的过错，视不同情形，对经济利益合作组织或第三人，个人承担责任或者连带承担责任。如有数名经理共同参与了同一行为，法院得确定其中每一个人应当分担的损害赔偿责任。

第L252-6条 （1989年6月13日第89-377号法律第6条）法人可以被任命为欧洲经济利益合作组织的经理，法人在受任命时，有义务指定一名常任代表。该常任代表，如同其本人以自己的名义担任经理一样，承担相同责任，且不影响其代表的法人负连带责任。

第L252-7条 （1989年6月13日第89-377号法律第7条）适用于（法

国)经济利益合作组织有关财务方面的义务、账目的监督以及有关清算的规定,均适用于欧洲经济利益合作组织。

第 L252-8 条 (1989 年 6 月 13 日第 89-377 号法律第 8 条)任何公司或协会,以及任何法国经济利益合作组织,均可转型为欧洲共同经济利益合作组织,但并不因此引起原组织解散,也不因此引起新法人设立。

欧洲经济利益合作组织可以转型为受法国法律约束的经济利益合作组织,或者转型为合名公司,但并不因此引起原组织解散,也不引起新法人设立。

第 L252-9 条 (1989 年 6 月 13 日第 89-377 号法律第 9 条)只有违反 1985 年 7 月 25 日欧洲共同体理事会第 2137-85 号条例之强制性规定,或者违反本法之规定,或者仅在发生合同无效之一般原因时,欧洲经济利益合作组织及其文书与审议决定才无效。

在一审法院就实体问题进行审理时,如无效事由已经停止,无效之诉即告消灭,但因经济利益合作组织的宗旨非法产生的无效,不在此限。

《民法典》第 1844-12 条至第 1844-17 条的规定适用之。

第 L252-10 条 (1989 年 6 月 13 日第 89-377 号法律第 10 条)欧洲经济利益合作组织(2009 年 1 月 22 日第 2009-80 号法令第 8-6 条)"不得公开募集金融证券",否则订立的合同与发行的证券均无效。

欧洲经济利益合作组织的经理或管理此种合作组织的法人的常任代表公开募集资本的,处 2 年监禁并处 300000 欧元罚金。

第 L252-11 条 (1989 年 6 月 13 日第 89-377 号法律第 11 条,2012 年 3 月 22 日第 2012-387 号法律第 22-2 条)在与第三人的关系中,经济利益合作组织使用的任何文书、信件、记录与类似的文件材料中,未包括欧洲共同体委员会 1985 年 7 月 25 日第 2137-85 号条例第 25 条规定的应载事项者,得按照第 L238-3 条的条件规定一项指令,相应情况下,处逾期罚款。

第 L252-12 条 (1989 年 6 月 13 日第 89-377 号法律第 12 条,2012 年 3 月 22 日第 2012-387 号法律第 22-2 条)只有受欧洲共同体理事会 1985 年 7 月 25 日第 L2137-85 号条例之规定调整的经济利益合作组织,才能使用"欧洲经济利益合作组织"的名称或者其缩写名称"GEIE"。检察院或者任何利益关系人均可以请求有管辖权限的法院院长依紧急审理程序命令禁止非法使用此种名称与缩写的行为,相应情况下,规定逾期罚款。

此外,法院院长还可以命令公告其作出的判决,在其指定的场所张贴该判决,在报纸上全文或者节录登载判决以及在其指定的网站公布该判决。所有费用均由违法使用该名称或缩写名称的领导人负担。

第 L252-13 条　（2005 年 9 月 8 日第 2005-1126 号法令废止：1966 年 7 月 24 日第 66-537 号法律第 456 条与第 457 条之规定适用于欧洲经济利益合作组织。

上述 1966 年 7 月 24 日第 66-537 号法律第 455 条与第 458 条之规定适用于经济利益合作组织的领导人员与领导此种合作组织的成员公司的自然人，以及领导这些公司的法人的常任代表。）

第三卷 特定形式的买卖与排他性条款

第一编 清仓处理、摆摊销售、季节性减价、工厂店

第 L310-1 条 商业机构,不论出于何种原因,作出停业(cessation)、季节性歇业(suspension saisonnière)、改变经营活动或实质性变更经营条件的决定,事先或同时打出广告宣布通过减价、加速推销其全部或一部商品的,视为清仓处理。

(2004年3月25日第2004-274号法律第26条)清仓处理,应向清仓处理地的行政主管部门事先申报(déclaration préalable)。申报书应写明进行清仓处理的原因及持续时间。实行清仓处理的持续时间不得超过2个月。在进行清仓处理之前,应对待推销的商品进行盘存。如果在提出申报书之后最长6个月内构成清仓处理之原因的事件并未发生,申报人应将此情况告知有权限的行政主管部门。

在清仓处理期间,禁止搭销(proposer à la vente)在事先提交的作为清仓处理申报书之依据的商品盘存表中并未载明的其他商品。

译者概述:

法国商法对"清仓处理"、"摆摊销售"、"减价销售"(季节性减价)以及"工厂店"等特定形式的买卖均有明确规范,这样,商家在经营活动中不仅有规可循,而且比较守规则。总体上来说,法国零售商品市场的秩序比较好,这对保护消费者,"发展与促进商业、手工业"(法国1996年7月5日法律的名

称），打击商业欺诈与欺骗行为，抑制不正当竞争，都有重要作用。

"清仓处理"，法文称为"liquidation"，许多商店往往张贴"liquidation totale"、"vide stock"，甚至采用更为张扬的表述："tout doit disparaitre"（全部货品都必须消失），以示"彻底清仓，一件不留"。所谓"亏本大甩卖""跳楼价""出血价"等则是中国商家经常使用的夸张说法。

按照现行的《法国商法典》第 L310-1 条的表述，所谓"清仓处理"是指："商业机构，不论出于何种原因，作出停业、季节性歇业、改变经营活动或实质性变更经营条件的决定，事先或同时打出广告宣布通过减价、加速推销其全部或一部商品的。"

商店不得随意进行清仓处理，不得随意张贴虚假的"清仓处理"之类的宣传广告。进行清仓处理，事先应向商店所在的省府、市府申报，而且清仓销售的持续时间不得超过 2 个月。商店应当制作有待清仓的商品存货的盘存表，且应有正式的进货发票备查。不准许在清仓期间"搭车销售"，也就是说，不准借机推销没有载入"待清仓商品盘存表"的任何其他商品；更为严格的是，为了制止不正当竞争行为，禁止商家一边进行清仓处理，另一边又同时购进相同种类的商品，借机实行低价推销。

省府有关部门在 6 个月后还可对商家所申报的清仓处理活动进行核查，以审查是否存在违规行为。商家在接受核查时，应当提出证明，以证实其"按照原来的申报，实际进行了清仓处理"：如果销售人事先提交的清仓申报书是以"因本店实施工程，经营条件根本改变"为理由，申报人应在 6 个月期限内提交有关实施工程的发票；如果商人是以"最终停业"为理由提出库存商品的清仓申报，则应当提交其已经在"商事及公司注册登记簿"注销（经商）注册登记的证据，或者提交能够证明其机构"已经不再从事经营活动"的登记簿的节本作为证明，总之，不得弄虚作假。

司法解释：

1. 清仓处理（清仓甩卖）的概念。只要发布广告信息，宣告（本）商店因计划施工、实行减价、清理、推销其库存商品，即属清仓处理（巴黎法院，1998 年 10 月 28 日）。只要公司打出"最终停止（经营）活动"的广告，同时采用两种标签、对比原价与现价，顾客可以看到现价至少下降 50%，由此可以表明该公司有清理其库存商品之目的时，即使其在广告中并未（明文）宣告降价销售，亦属清仓处理（巴黎法院，2002 年 10 月 16 日）。

2. 什么是广告：通过邮政寄出 3000 份邀请信，目的只不过是为了吸引公众,让很多人知道(本机构)进行清仓处理,(此种情况)构成广告(最高法院商事庭,1991年11月2日)。

3. 改变经营条件:一家珠宝首饰店改变其经营地点、商店招牌并且用另一品牌取代其原先加盟的采购团体的品牌,而其加入原品牌的采购团体对商店的经营运作非常重要,因为该品牌在消费者中非常知名,此种情况构成经营条件的改变(雷恩法院,1993年4月1日)。

4. 禁止进行清仓处理的销售人在清仓处理期间"继续购进"(réapprovisionnement,继续进货)与其为了支持清仓处理申报而提交的"待清仓推销的商品盘存表"中所载品种相同的商品,即使销售人新购进的商品来自与其属于同一公司、同样获准进行清仓处理的其他机构,仍然适用这项禁止性规定(蒙帕利耶法院,1994年2月22日)。① 将商品打上不同的标签(用以掩盖继续购进的商品属于相同种类的商品之事实),对(此种)违法行为的客观构成要件(的存在)不产生影响(巴黎法院,2007年4月3日)。

5. 法人:一家有限责任公司的经理"未经批准"(sans autorisation)② 就进行"清仓处理",受到有罪判决,并且法人也应承担责任(2004年3月25日法令之前的判例)。

6. 关于行业公会以"妨害竞争、损害本行业集体利益"为依据提起诉讼的可受理性问题,参见最高法院刑事庭2005年1月25日判决。

7. 提交证明:以"实施工程,引起经营条件发生实质性改变"为理由而申报清仓处理的,应在6个月内提交该工程已经(或正在)实施的发票;在以"完全停止经营活动"为理由而申报清仓处理时,商人应当提交其在"商事及公司注册登记簿"上注销登记的文书或文书节录,作为证明该机构已不再经营的证据(部颁条例第10157号)。

第L310-2条 (2008年8月4日第2008-776号法律第54-1条第一项)
一、在不是用于向公众出售商品的场地或场所销售商品,以及使用专门安排的车辆销售商品的,视为摆摊销售。

一个民事年度内,在同一场地或场所摆摊销售的时间不得超过2个月。(2010年7月27日第2010-874号法律第17条)"在行情紧俏时期(période de

---

① 这一判例使用的术语是"réapprovisionnement",指的是"禁止在对商品进行清仓甩卖的同时,继续购进相同货品(搭车甩卖)",与L310-1条最后一款使用的"proposer à la vente"(向顾客推销)这一表述相比,禁止的范围有所扩张。——译者注
② 现在改为"事先申报"(déclaration préalable)。——译者注

crise conjoncturelle，淡季），新鲜蔬菜与水果的摆摊销售的时间不计算在内"。

摆摊销售，应当向摆摊场地所在市镇的市长事先申报。

准许并未在"商事及公司注册登记簿"上登记注册的个人参加摆摊销售，以出售使用过的个人物品，且每年最多只能参加两次。

二、上述第一项的规定不适用于从事下列活动的职业人：

1. 在一个或数个市镇行政区内进行《消费法典》第L121-22条所指的流动买卖的职业人；

2. 进行本《法典》第L320-2条所定义之买卖（拍卖活动）的职业人；

3. 持有准许在公共道路进行商品买卖之"路边货亭设置许可证"或"流动售货车停车许可证"的职业人。

（2004年3月25日第2004-274号法律第27条）三、上述第一项的规定不适用于下列活动的组织者：

1. 在展览园区内举办的、同时向公众销售商品的商业展销会的组织者；

2. 不是在展览园区内举办的、定名为"专业展览会"（专业沙龙）的商业展会的组织者；

3. 专由农副产品的生产者与养饲者参加的集市与农产品展销会。

译者概述：

"摆摊销售"，法语原文为"les ventes au déballage"，其中"déballage"一词的本义是：拆开包装，直接向公众出售廉价商品的零散买卖。

按照法律条文的表述，"摆摊销售"是指"在不是用于向公众出售商品的场地或场所或者使用专门安排的车辆销售商品"。"les ventes au déballage"是法律用语，而人们通常将其称为"braderie"或"brocante""vide-grenier"，这些说法是日常用语，指的是"不定期的旧货集市"。第L310-2条第一项规范的内容主要是"旧货的摆摊销售"，因为本条第一项的规定不适用于第二项与第三项所列人员。

除了不定期的旧货集市（brocante）之外，法国还有其他类型的旧货市场，大体上可分为：专营的"旧货商店"、在同一地点小门店比较集中的固定的旧货市场（例如，克利扬谷门旧货市场，塞纳河畔的旧书摊等），还有所谓"跳蚤市场"（跳蚤市场出售的大多是旧衣物，近年来有所萎缩）。

法国人把商店"降价清理库存商品"称为"清仓"，老百姓则将"清理与处理家庭旧货"称为"清阁"（vide-grenier，意思是"清空阁楼上的存物"），并将清理出来的旧物品拿到旧货集市出售。每个家庭都会有各种用不着的物品，有些还是祖辈留下的旧物,弃之可惜。法国许多街区都会举办"旧货清理日"活动,这种旧货集市实际上是在有关的市区政府备案后组织的交易活动。这种不定期的"旧货集市"不仅方便人们清理家庭存物,而且可以互通有无,节约社会资源。旧货集市上出售或交换的是人们使用过的物品,例如旧家具、旧日用品、旧杂货、旧书籍、旧明信片、绘画以及古玩等等,五花八门、应有尽有,因此也被称作"万物交易市场"(foire à tout)。旧货市场上的销售者一般不能是新商品的生产者,这样,有助于制止不正当竞争行为。

法国法律原来规定,摆摊销售需经"事先批准"(l'autorisation préalable),2008年8月4日第2008-776号法律则规定仅需向集市场地所在市镇的市府提出"事先简单申报"(la simple déclaration préalable)即可,也就是说,参加旧货集市的人应当事前到市府进行申报登记。

准许没有在"商事及公司注册登记簿"上登记注册的人,也就是说,准许非商人个人参加摆摊集市,但每年最多只能参与2次,并且只能出卖个人使用过的物品。限制非商人参加旧货集市的次数是必要的,一方面可以避免逃税,另一方面可以避免那些遵守法律的旧货商受到"不法的平行市场"秩序混乱的竞争冲击。

摆摊销售的期限也有限制:每一民事年度,在同一场所参与集市的时间不得超过2个月,这一期限可以分段安排。从公告、广告等渠道得知本地区将举办旧货集市的人,可以与集市组织者联系,预订摊位。绝大部分情况下,摊位是出租的,需要交费。登记者需要出示个人身份证或本地居民的证明,有时还需要写一份本年参加摆摊没有超过2次的书面保证书,并提供拟出售物品的清单。活动期间摊位地址不得变更。

摆摊销售的组织者最迟应在预计的集市开始日之前15日提出申报。申报的内容包括:申报人的身份,集市的特点,如时间、地点、出售的商品的性质,申报人对遵守摆摊销售所适用的规章的承诺。条例对申报书规定了统一的格式。未经申报或者违反申报的集市,处1.5万欧元至7.5万欧元罚款。任何人未经允许进行摆摊买卖,得以不正当竞争行为处以损害赔偿。

摆摊集市的组织者必须备制登记簿,登记每一参加摆摊集市的卖家的身份等详细情况(姓氏、住址、身份证发放时间等),送交警察局或由本地市长签字批准。税务部门、海关、缉私单位等部门有权在活动举办期间据此进行检查,以监管并处罚违规行为。活动结束后,名单将呈递给省政府存档。如果摆摊集市超过规定的时间,市镇的市长应提前告知,并指出将受到何种处罚。对超过法定期限(时期)的摆摊集市,处1500欧元至7500欧元罚款。

在法国,有各种各样的"摆摊销售",大小城市里许多比较宽敞的街心广场(例如,有些市政厅近旁的广场),或者,两侧车道中间比较宽敞的街心林荫带,在固定日期(例如,每逢星期六、星期三)都有集市,主要销售的是蔬菜、食品或服装之类的日用小商品。这种日用商品集市与上述"旧货集市"有所不同。《法国商法典》第 L310-2 条第二项与第三项明确规定了各种"不适用"有关规定的情形。

司法解释:

1. "摆摊销售"的概念:只需展示一件或数件样品进行摆摊,无须打开全部货包的包装,即构成摆摊销售①(巴黎法院,1966 年 2 月 3 日)。在不是用于向公众销售商品的场地或场所出售商品的,不论货款支付地如何,均构成摆摊销售(最高法院刑事庭,2000 年 11 月 29 日)。与此相反,宣告大量货品降价 30%—50%,实行所谓"摆摊销售"(开包零售),这种情形实际上并不是"摆摊销售",而是"降价销售"(布尔日法院,2001 年 7 月 25 日)。非法商贩随身携带数瓶香水,并承认其向过往行人进行了兜售,构成典型的"违法摆摊销售"(巴黎法院,2007 年 11 月 30 日)。

2. 销售的产品:没有任何立法与条例规定摆摊销售的货品必须是申请人平时出卖的商品之外的其他商品,市政府以申请摆摊销售的公司"拟销售的产品是其商店里日常出售的商品"为理由,拒绝批准该公司提出的摆摊销售申请,属于法律上的误解(亚眠行政法院,2007 年 6 月 28 日)。

3. 摆摊销售的地点(无固定场所):将销售服务车停放在(高速公路的)服务区,为顾客提供服务,接受订货并进行结算,构成摆摊销售(最高法院刑事庭,1993 年 11 月 24 日)。到餐馆里兜售奢侈品,或者,在商店的停车场内支起遮阳伞,出售床上用品,或者,在商店的停车场、顾客出入的门口等"不是用于商品销售的场所"展示商品并写明其性能与价格,即使需要到收款处交验所购的货品,仍然构成摆摊销售(最高法院刑事庭,2000 年 11 月 29 日)。

4. 租用的场所:租用一处原来用于存放汽车配件、现在空闲不用的场所从事时间很短的经商活动,适用本法律的规定(最高法院刑事庭,1973 年 3 月 6 日)。

5. 只要按照法律的规定,摆摊销售需经批准或者需要事先申报,那么对

---

① 这一判例实际上也解释了所谓"开包销售"并不一定要将所有的商品都摊开。——译者注

于市长作出的准许或者拒绝摆摊销售的决定,不能有效地援用"工商自由原则"(principe de la liberté du commerce et de l'industrie)认为该决定违反该原则(最高行政法院,1996年7月10日)。

6. 1906年12月30日法律(由1996年7月5日第96-603号法律取代,现为《商法典》第L310-2条)对摆摊销售自由进行的限制,不构成本《法典》第L420-1条与第L420-2条意义上的"反竞争行为"(pratiques anti-concurrentielles)(最高行政法院,1996年7月10日)。按照第L310-2条的规定,行政主管机关有权评判所申报的计划中的摆摊销售的适当性,并有权同意或者拒绝所提交的"批准申请"(现为"申报")。给予行政主管机关此种权力,既是为了治安管理之目的,也是为了保护当地的商业利益及消费者的利益,并不违反"竞争规则"(règles de concurrence)(都埃行政法院,2004年11月16日)。

第L310-3条 (2008年8月4日第2008-776号法律第98-1条)一、在一个民事年度内,按照以下规定的时期,同时或者事先发布广告,宣告减价,以加速清理库存商品的买卖,视为(季节性)降价销售:

1. 每年2期,每期延续时间为6个星期,每期降价销售的开始日期与时间由行政令确定。考虑到此种降价销售具有的很强的季节性或边境地区的商贸活动状况,该行政令可以规定,在其确定的省份内,(2011年5月17日第2011-525号法律第47条)"对两个降价销售期,以及对《消费法典》第121-16条所指买卖以外的其他买卖"实行降价销售的日期可以不同。

(2014年6月18日第2014-626号法律废止:2. 每年1期,最长时间为2个星期,或者每年2期,最长时间各为1个星期,实行降价销售,起始日期由商人自由选择。但是,这种增补的降价销售时间最迟应在上述第一项所指的降价销售期开始之前1个月结束。增补的降价销售期,事先应向降价销售地所在省的主管行政机关进行申报,或者,如果是进行异地销售的企业,应向本企业注册住所所在省的主管行政机关申报。)

宣告降价销售的产品,必须是相应的降价期开始之前即已投入销售至少有1个月并且已经支付货款的商品。

二、禁止在任何广告、招牌、商号或商业名称中使用"减价"(solde,降价、削价)或其派生词汇来标示与上述第一项定义的降价销售活动无关的任何活动、招牌、商号或商业名称,或者用其标示商品的品质。

译者概述：

法国的许多商店每年实行 2 次（全国性）大减价，一次在冬末，一次在夏初，一般在 1 月和 7 月，但每年季节性降价销售不能超过 2 次，每次持续时间通常为 5 周。每年季节性降价开始的日期不尽相同，不同省市开始实行减价销售的日期也有所差别，因此结束的时间也不相同。只要规定的日期未到，商店不论大小，都不得随意宣称在搞"降价""甩卖"活动。

法国的季节性降价销售活动是由政府批准的"真正减价"，出售的是"正品"而不是"次品打折销售"，也不是"以次充好"，借机推销假冒伪劣产品，更不是"在价格开得很高的基础上再谎称降价"，总之，很难将其与"玩减价游戏"搭在一起。任何一家商店，想要获得顾客的信任，都不会随意张贴一些"花花绿绿的纸张"，吸引顾客上当，公开欺骗消费者。

季节性减价是指"通过降低价格，加速出售库存商品"。季节性减价销售的商品主要是成衣、鞋袜等纺织品和日用品，但内衣、被单、毛巾、食品、面包、药品以及餐饮等通常不实行减价销售，文具、书店、娱乐场所也不减价。一家商店贴出"soldes"的宣传标语，通常也只是减价销售待清理的换季库存商品，而不会覆盖店内所有的在销商品，也就是说，并非整个商店的全部商品都实行减价。违反规定的季节性减价销售，最高将被判罚 1.5 万欧元的罚款。

季节性减价的幅度往往比促销价更为诱人：30%、50%、甚至 70%。在季节性减价期间，城市的临街橱窗以及店内贴满了"soldes"的彩色标志，非常醒目：黄色的、红色的、蓝色的，由商家自选。消费者对季节性减价的反应一般比较踊跃，有时季节性减价的第 1 天的销售额可达平日 3 天的数额。

除了季节性大减价之外，法律还准许商家"每年 1 期，最长时间为 2 个星期，或者每年 2 期，最长时间各为 1 星期，实行降价销售"，称为"补充减价期"，起始日期由商人自由选择。

商店可以自己决定对特定商品开展"促销活动"。虽然"促销"（法文为"promotion"，或者"prix de promotion"，促销价）与"季节性减价"两者都可以从价格上体现出来，但差别很大，涉及的商品范围也不尽相同。商店，特别是超市，可以采取各种各样的促销手段，促销价通常低于正常销售价，例如，家乐福（Carrefour）、欧尚（Auchan）等超市采取"（回头客）会员卡"（carte de fidélité，法文意为"忠诚顾客卡"）优惠，以及对即将到达保质期的食品实行"买一送一"，或者红葡萄酒"买一瓶送一瓶"，"买一箱送一箱"，或者购买的数量越多，价格越低，等等。

司法解释：

1. 季节性降价销售的概念：关于《商法典》第 L310-3 条的规定，存在两种不同的解读。一种意见认为，这一条文的目的是要阻止降价销售"在本降价期内或此前 1 个月专为此时机而购进的商品"，但不限制在此之前就已经购进的商品的减价销售，不论供货商同意给予再销售人以何种价格条件。按照这种意见，一家有限责任公司的经理将其在季节性降价销售期开始之前不足 1 个月购进的商品纳入季节性减价销售，被追究了刑事责任，参见巴黎法院 1997 年 10 月 8 日判决。另一种意见认为，只要商家按照现行立法的规定，"通过大幅降价"，向消费者推介的是"加速推销其库存商品"的活动，即使其没有使用"solde"（降价）这一用语，亦在所不问。但是，《商法典》第 L310-3 条并不区分"私下降价"（solde privée）与"公开降价"（solde publique），因为，季节性降价销售的标准是清理一批现有的库存商品，不重新进货，并且借助于广告为这种快速清理库存商品的活动提供方便条件（巴黎大审法院，1997 年 6 月 12 日）。用双标签标明两种不同的价格，或者打出广告，宣称"在库存数量的限度内"，销售已经进行过降价销售的夏季系列商品，此种活动应当被认定为在"准许的季节性降价期之外"进行的"降价销售"（巴黎法院，2002 年 9 月 27 日）。年末降价销售商品，并且在此次活动之后不再进货，此种销售不是"促销"，而是季节性降价销售。因为，这种销售活动的临时性可以从张贴的广告中得到证明，并且降价的幅度很大，也证明商家有"加速清理库存"的意思表示（里奥姆法院，1993 年 4 月 14 日）。关于季节性降价销售与商家进行的"促销活动"的区别，参见都埃法院 2000 年 7 月 25 日判决。

2. 库存商品的性质：同时或者事先发布广告宣告降价，加速清理"事先确定的而且不再进货"的库存商品的买卖，视为（季节性）降价销售（最高法院商事庭，2004 年 1 月 28 日）。

3. 禁止商家在季节性降价销售期间购进与"正在降价销售的商品"相同的新商品（尚贝里法院，1999 年 12 月 2 日）。1998 年 10 月 8 日博比尼法院判决认为，一公司向其分公司（分店）提供自己的库存货品，并不构成第 L310-3 条所规定的禁止"重新进货"（réapprovisionnement），但最高法院商事庭 2004 年 6 月 2 日的判决拒绝承认被起诉的公司向"与其有紧密联系的另一家公司"提供的订货属于（本公司内的）"配送货品"（rassortiment）。

4. "亏本销售"（vente à perte）：法律禁止"亏本销售"，但是，在季节性降价销售期内销售的商品可以亏本卖出。关于法定禁止"亏本销售"的例外情形,参见《商法典》第L442-2条与1963年7月2日第L63-628号法律第1条第二项第4款(《商法典》第L442-4条)。

5. (忠实顾客)"会员卡"的优惠待遇:《商法典》第L310-3条并没有具体规定(季节性降价销售)应当采用什么样的降价形式,或者说,并没有规定当商家采取哪些降价形式时就可以将促销活动认定为"季节性降价销售"活动。商家对于使用会员卡的顾客给予优惠,只要这种活动的目的是加速推销库存商品,法院可以根据个案,将事先或者同时打出广告宣布使用会员卡即可获得降价优惠待遇的销售活动认定为"季节性降价销售",但是,只有在对大多数顾客给予这种优惠待遇并且不附加诸如"购买商品的数额必须达到一定要求"等限制条件时,法院才能作出这种认定。

6. 购货券:超市进行广告宣传活动,宣告在购买商品时可以按照返还购货券的形式享有50%的折扣。在采取此种销售手段时,只要销售的商品并不实行降价,而是按照实际购物的价款比例给予"在再购物时可以享有的一种待遇",以便吸引回头客(忠实顾客),这种返还购货券的活动并不构成在准许降价销售的时期之外进行的降价销售(最高法院刑事庭,2001年1月23日)。

7. 法人:一家有限责任公司的经理对季节性降价期开始之前不到1个月购进的商品实行降价销售,因此受到刑事有罪判决(巴黎大审法院,1997年10月8日)。

8. "降价"一词的使用:在法律规定的季节性降价销售时期之外违反规定使用"降价"一词,应当受到惩处。本案中,一家名为"www.soldeur.com"的网站使用"solde"一词的派生词"soldeur",受到法院判决处罚(巴黎大审法院,2005年4月8日)。

9. 不正当竞争:一家大型商城在当地习惯确定的准许降价销售的时期之外进行降价销售,构成不正当竞争。如同法律文件或者约定的协议一样,这种当地习惯(做法)也构成法的渊源(source de droit)(里奥姆法院,1993年4月14日)。在附近的其他商店销售相同品牌的服装的情况下,某一商店未经批准,实行降价销售,降价幅度达20%到50%,致使附近的顾客都涌向该商店购物,该商店的行为构成不正当竞争行为(最高法院商事庭,1994年10月18日)。

10. 虚假广告:在消费者心目中,"solde"一词与"降价"的概念不可分割地联系在一起,商家虽然打出"solde"的广告但实际上并没有降价,是对消费者的误导(波城法院,1992年10月21日)。

11. 互联网：在刑法严格解释的范围内，《商法典》第 L310-3 条所指的"降价销售"的概念不能与"经双方就价格与标的物达成一致协议而实现的买卖"的概念相混淆（本案涉及的是购买人在互联网上按"点击"并经"确认"买卖程序有效而实现的买卖）（波尔多大审法院，2006 年 1 月 9 日）；由于在互联网上提交的出卖要约涉及全国范围，必然包括所有的省份，因此，在一个尚未正式开始降价销售的省内通过互联网推出这种（降价销售）要约，具备此种犯罪行为的客观要件（élément matériel，事实要件），这与公司注册住所在何地无关（同一判决）。

第 L310-4 条 只有直接向公众销售并未投入销售环节的产品或者被退回的产品之部分的生产者，才能使用工厂店（magasin d'usine）或仓储式商店（magasin de dépot，仓储式会员店）的名称。此种直接销售的商品只能是已过销售季节、有正当理由进行降价销售的产品。

译者概述：

"工厂店"（magasin d'usine）是指为销售特定产品而开设的专门店铺，也是一种销售过季商品或存在轻微缺陷的产品的途径。（真正的）"工厂店"与我国国内有些小商店随意挂牌自称"厂家直销"的情况不能等同。按照《法国商法典》第 L310-4 条的规定，使用工厂店的名称有所限制，其销售活动有明确规范。

1936 年在巴黎东南的小城（也是一个服装名城）特罗瓦（Troyes）开始出现最早的工厂店。一开始，仅准许制造商（服装生产厂）的雇员设立工厂店（实际上是下班之后从事的第二职业）：本工厂的工人、雇员可以按照较低的进货价格获得货源，制造厂商也可以将原本可能需要扔掉的产品售出。

工厂店具备展示、拍卖、销售、物流等一系列功能。雇员本身使用本工厂的产品，例如，本厂制作的衣服，也为产品做了广告。20 世纪 50、60 年代，在工厂周边开设工厂店的情况有很大发展，主要顾客是本厂周边的工人。70 年代，工厂店已开始面向广大公众，80 年代有所萎缩，90 年代又得到发展并进入现代化。现在的工厂店仍主要是服装、纺织品店，尤其是体育运动服装用品。

近年来，源于西方国家的工厂店概念也传入我国。工厂店的商品比商业街销售的同类商品价格便宜，主要经营的是剩余或积压产品、过季产品等。工厂店作为新兴的零售模式，使品牌更加大众化。这种经营模式可以满足不同消费群体的需求,如服装、鞋帽等产品,质量有保证,受到消费者的欢迎,尤其是像NIKE、ADIDAS等品牌的工厂店,往往还有较新的款式出售。例如,北京燕莎奥特莱斯购物广场,即属以工厂店的形式出现的大型折扣商场。

"仓储式商店",也称为"仓储式会员店"或"仓储超市",又称"货仓式销售",是将仓库与商场合二为一的一种新型营销方式,最早起源于欧洲,60年代首家仓储商店在荷兰创建,此后,仓储式销售获得了很大的发展。仓储式销售是西方商业经济发展中的一种强有力的经营方式。在我国,广州、上海、北京、深圳等大城市已有若干仓储式商店。

"仓储式商店"经营是指在大型销售场所,以会员制为基础,采取库存与销售合一、批发零售兼营,仓库式开架陈列、商品明码标价,顾客自选商品的销售方式,以及采用这种方式从事零售业的活动。这种商店主要销售大众化的实用品,以中低档为主,尤其是日常生活必需品,如食品、家庭用品、体育用品、服装、面料、文具、家用电器、汽车用品、室内用品等,品种齐全,货物充足,顾客面广。这种营业面积较大的商场,一般开设在城乡结合部、交通要道附近,顺应了居民向城市外围扩展的趋势,场地费用较低,装修简单实用,内部设施从简,节省人工费用;这种商场的目标顾客以中小零售商、餐饮店、集团购买以及有交通工具的消费者为主。"仓储式商店"这种销售方式的主要特点是价格低廉——这也是其吸引消费者的最主要原因,同时"仓储式商店"十分注重商品质量,所售商品基本上是从生产厂家直接进货,一旦出现质量问题,可以退换,能赢得消费者的信赖。

第L310-5条 以下行为处1.5万欧元罚金:

1. (2004年3月25日第2004-274号法律第28-1条)事先不进行第L310-1条所指的申报或者违反该条的规定进行清仓处理、销售商品的;

2. (2008年8月4日第2008-776号法律第54-2条)"不进行第L310-2条所指的申报或者违反此项申报进行摆摊销售商品的";

3. (由2008年8月4日第2008-776号法律第98条废止:"在第L310-3条第一项规定的时期之外,或者")对在季节性降价销售期开始之前持有时间尚不足1个月的商品实行降价销售的;

4. 在与第L310-3条定义的季节性降价销售无关的活动中使用"solde(s)"(减价销售)一词或其派生表述的;

5. 违反第L310-4条的规定使用"工厂店"或"仓储式商店"之名称的;

5B. (2009年5月12日第2009-526号法律第54条)"展览园区不按照

第 L762-1 条第 2 款的规定进行申请登记，不申报其安排的商业展览计划，或者对年初申报的展览计划的变更不予申报的"；

6. (2004 年 3 月 25 日第 2004-274 号法律第 28-2 条)"不进行第 L762-2 条第 2 款所指的申报，或者不遵守已经申报的展会条件，举行商业展会的"。

对于违反规定的自然人，亦可按照《刑法典》第 131-35 条规定的条件，判处张贴或发布法院判决之附加刑。

第 L310-6 条　(2009 年 5 月 12 日第 2009-526 号法律第 125-4 条) 按照《刑法典》第 121-2 条规定的条件被宣告对本《法典》第 L310-5 条所指犯罪应当负刑事责任的法人，除按照《刑法典》第 131-38 条规定的条件当处罚金之外，亦可处《刑法典》第 131-39 条第九项规定的刑罚。

第 310-6-1 条　(2011 年 12 月 13 日第 2011-1862 号法律第 30-2 条) 对于本编或其实施条例规定的犯罪行为，负责竞争与消费事务的行政机关，只要尚未发动公诉，均可经共和国检察官同意，按照第 L470-4-1 条规定的条件实行和解。

第 L310-7 条　由最高行政法院提出咨政意见后颁布的法令具体规定本编之规定的适用条件，尤其是规定在哪些领域向消费者发布减价广告时，不论其依托如何，均不得用百分比或此前实行的价格来标示价格，并且规定此项禁止规定的适用时间或条件。

第二编 拍　　卖

译者概述：

本编有关拍卖法的规定在2011年进行了大幅修改。"拍卖"，法语原文为"ventes aux enchères publiques"，其意思是"通过公开竞价方式进行的买卖"，这与我国《拍卖法》关于拍卖的定义有相似之处："以公开竞价的形式，将特定物品或者财产权利转让给最高应价者的买卖方式。"但是，《法国商法典》规定的"拍卖"仅指"动产任意拍卖"。"动产任意拍卖"法文表述为"ventes volontaires de meubles aux enchères publiques"，直接翻译即是"以公开竞价方式进行的自愿买卖"，是基于自愿原则进行的拍卖；排除法律规定的拍卖或者由司法机关判决进行的强制拍卖（第L320-2条），不动产拍卖属于《民法典》及《民事强制执行法》规定的范畴。

在法国，自1552年国王亨利二世颁布敕令以来，5个世纪里实际上不存在强制拍卖与任意拍卖的形式区分，因为，直至2000年进行改革之前，无论是任意拍卖还是强制拍卖都由"受司法机关监督的司法助理人员"所垄断。欧洲市场一体化，要求法国将那些属于"行使公共权力"的活动与属于"市场自由"的活动分离开来。为了与欧洲其他国家的拍卖行业规则协调一致，应对国际竞争的挑战，开放国内市场，法国通过2000年7月10日第2000-642号法律与2001年7月19日第2001-650号法令对拍卖法进行了改革。

上述法律与法令虽然取消了外国人在法国拍卖市场上的从业限制，但仍规定仅在一定条件下确认欧盟其他成员国国民在法国从事动产任意拍卖业务的权利。这次改革创设了"动产任意拍卖公司"这一类型的公司。动产任意拍卖公司是从事动产任意拍卖业务的商事形式的公司。成立动产任意拍卖公司，需得到"动产任意拍卖委员会"的认可，只有具备法律要求的各项保证条件的公司才能获得这种资格认可。动产任意拍卖公司，作为商事公司，不再具有司法助理人员与公务助理人员的地位，而是以出卖人(vendeur)的委托代理人(mandataire)的资格从事活动，因此不得是交付其拍卖的财产的所有权人，排除其自行从事"买进再卖出"业务的可能性，但允许这类公司采用商法上规定的商事公司的形式，并允许动产任意拍卖公司在一定条件下用自有资金垫付款项，允许其作出最低拍卖价的保证，有获得报酬的自由。2011年的法律取消了过去"禁止个人"单独从事动产任意拍卖业务的规定，准许动产任意拍卖执业人"以个人名义"或者"按照其选择的法律形式"（例如，公司、合伙）组织与实施此种拍卖业务。因为，虽然"公证人与司法执达员也可以组织和实施动产任意拍卖"，但大宗商品的公开任意拍卖仍然由经宣誓的商品居间商进行，而且公证人和司法执达员仅仅是在其职业权限范围内，按照各自适用的规则，"以附带名义"，从事动产任意拍卖活动。

上述法律与法令改变了原来由司法助理人员垄断拍卖活动的状况。将原先的"拍卖评估作价人"（即我们通常所称的"拍卖师"）职业分为两类，其一是"拍卖评估作价人"(commissaire-priseur)，其二是"司法拍卖评估作价人"(commissaire-priseur judiciaire)，原则上，由两者分别主持性质不同的任意拍卖与强制拍卖。

在法国，有资格从事财产拍卖活动的并非仅有上述两类人员。举例来说：

1. 不动产的任意拍卖仍然专由公证人进行。按照法国历史传统，不动产的任意买卖一直由公证人垄断，作为其附带业务，公证人也可主持动产任意买卖（参见第L321-2条第2款），不过，只有不到1%的公证人兼事两种活动。法国目前有4500多家公证人事务所(offices notariaux)，约8500名公证人，雇员约5.6万人。

2. 一方面，动产任意拍卖并非仅由动产任意拍卖公司垄断实施；另一方面，司法执达员也可以从事"动产司法拍卖"（强制拍卖），同时有权附带实施动产任意拍卖（第L321-2条第2款）；法国现有司法执达员事务所(études) 2000多家，司法执达员3300多人，雇员10000人左右。大约有10%的司法执达员从事动产任意拍卖业务。司法部的部颁通知限制司法执达员事务所附带从事动产任意拍卖活动，其从事动产任意拍卖活动所得的收入不得超过30%，但这一规定并未得到严格遵守。

3. 传统上,由国家公产部门负责国家决定降级(不再属于定级保护范围)的公产的拍卖。

4. 质押借贷方面,出质物的拍卖由给予借贷的"城市信贷机构"实施。

5. 大宗商品的拍卖由大宗商品经纪人事务所(经宣誓的商品居间商)垄断。目前法国大约有 400 家大宗商品经纪人事务所。

显然,不同的业务活动决定着不同职业人员的地位,立法上,除有关的共同规定之外,每一类人员均有其适用的特别规定。按照改革前的法律规定,有资格主持拍卖并对财产进行评估作价的人分为:

一、拍卖评估作价人

人们通常把在现场主持竞价拍卖活动的人称为"拍卖师",但法国拍卖师的职业活动范围似乎比较宽广,从其法文名称即可看出:"commissaire-priseur"这一名称最早出现于 1713 年,由"commissaire"与"priseur"二个名称组合而成,比较准确的中文翻译应当是"评估作价—拍卖师",本《法典》译为"拍卖评估作价人"。

如上文所述,在 2000 年进行改革之前,动产任意拍卖只能由作为司法助理人员的"司法拍卖评估作价人"主持。2000 年 7 月 10 日法律则规定只有"得到拍卖委员会认可、具有商事形式的'动产任意拍卖公司'"才能组织与实施动产任意拍卖活动。这意味着单独个人不能从事这种业务,拍卖评估作价人必须在拍卖公司内从业。任何一家动产任意拍卖公司中至少"应有一人具备主持动产任意拍卖所要求的资格或者有经认定的同等资格(证书)",即有资质的拍卖评估作价人(le commissaire-priseur habilité)。

尽管拍卖评估作价人是在商事形式的公司内从事业务活动,但其本身并不是商人,因为他并不从事"为再卖出而买进"的活动,拍卖评估作价人是受委托人的委托,为顾客的利益进行买卖。这是一种民事行为。

拍卖评估作价人不仅可以对交付拍卖的动产物品进行评估作价,还可自行或者借助或聘请艺术品鉴定专家(expert d'art)对财产进行评估、鉴定。评估、鉴定的主要内容包括:财产(古董、文物、艺术品)的来源、年代、制作技术、制作人(画家、艺术品、珠宝工匠、制作人等),并评估拍品的价格,确定起拍价(prix de départ),编制"拍品介绍"(catallogues,字面意思为"拍卖品目录")。"拍品介绍"比较详细地介绍拍卖品的艺术与物质特征、性质、年代、尺寸等。在拍卖珍贵文物、艺术品、画作、金银器物时,往往还会组织拍品的展示会;拍卖评估作价人在现场主持拍卖时,充分展现其能力与才干,活跃现场气氛、吸引潜在的应价人、提高拍品的竞争价值、提高成交率。拍卖评估作价人还可以应保险公司的请求,为投保财产进行评估作价。

在法国,要想取得拍卖评估作价人的资格并在动产任意拍卖公司内从事评估作价拍卖职业,首先必须持有国家颁发的(大学)法律专业毕业证书,同时持有艺术史、应用艺术、考古、雕塑方面的毕业证书,其中一项为基础阶段(高中毕业加3年学士学位)。只有持有这些证书的人才能参加拍卖评估作价人的实习资格考试,经(法律知识)口试与笔试合格者,才有资格进行为期2年的给付报酬的实习。实习方式由法国拍卖师公会与司法拍卖师公会共同确定,其中至少1年在法国(6个月在司法评估作价拍卖师事务所)。经过实习,取得合格证书。艺术方面的培训可以在"卢浮宫学校"或其他私立机构内完成。只有持有动产任意拍卖委员会颁发的执业资格证书者,才能进入任意拍卖公司,主持公开竞价拍卖活动。

拍卖评估作价人在通过专门的"司法拍卖评估作价人"资格考试之后也可以取得相应资格。在司法评估作价拍卖师事务所或者动产任意拍卖公司里至少有7年实践经验的人也可以报名参加司法拍卖评估作价人执业资格考试。按照2011年7月20日法律所做的修改,《法国商法典》第L321-4条规定,具备该条第一项第1点至第3点所定条件的自然人取得"司法拍卖评估作价人"的称号,在其进行此种拍卖活动时,排除使用其他任何称号。

二、司法拍卖评估作价人

司法拍卖评估作价人是由司法部长发布行政令任命的司法助理人员(officier ministériel),任职前应在大审法院宣誓。司法拍卖评估作价人唯一有资格组织与实施财产的强制拍卖以及对交付拍卖的动产进行评估作价(procéder aux prisés)。强制拍卖是指,依据法律规定或者由法院判决命令进行的动产拍卖。司法拍卖评估作价人的职业由此产生。

在法国,强制拍卖属于司法强制执行范畴。这种强制执行有时由司法助理人员实施,有时由法院自行实施,有时则由行政机关(公产部门、海关)实施。司法拍卖评估作价人参与的活动范围比较广泛,从司法重整与司法清算程序(破产程序)到动产扣押、继承、监护、城市信贷部门委托的拍卖等,都有职业资格参与。司法拍卖评估作价人行业设立有"全国司法拍卖评估作价人公会",司法拍卖评估作价人均为该行业公会的成员。

司法拍卖评估作价人可以取得动产任意拍卖公司的认可证书,在动产任意拍卖公司里任职、从业;司法拍卖评估作价人有权设立动产任意拍卖公司。实际上,法国目前80%的动产任意拍卖公司都是由司法拍卖评估作价人所设立。但拍卖评估作价人必须取得司法拍卖评估作价人的"司法助理人员"

资格才能成为"司法拍卖评估作价人"。在动产拍卖方面,大多数专业人员往往同时兼事两个方面的活动,仅有少数动产任意拍卖公司不具有任何司法性质的结构。

法国所谓的"司法助理人员"与"公务助理人员"(officier public)的地位比较特别,他们都是有公共机关(国家)赋予的在特定领域执业的资质的人。

司法助理人员由司法部长按照规定的形式发布行政令任命,而且有权推举继任人。取得这种资格的人有其事务所,由其本人作为持有人或者作为合伙人。上诉法院诉讼代理人、法院书记员、司法执达员、公证人、最高行政法院与最高司法法院律师都是司法助理人员(律师中只有"两院律师"具有这种资格,其他普通律师没有这种资格)。

有些司法助理人员,由于享有"认证法律文书或司法文书真实性或效力"的权力,所以同时也是"公务助理人员",例如,公证人和司法执达员;但不是所有的公务助理人员都是司法助理人员,例如,户籍官员、高级或初级法院书记员、抵押权登录员,只有司法执达员与公证人同时具有公务助理人员与司法助理人员的身份(参见本《法典》第八卷第一编)。

第 L320-1 条 (2011 年 7 月 20 日第 2011-850 号法律第 1 条)动产与有体动产物品的公开拍卖,受本编之规定调整。

(1841 年 6 月 25 日法律第 4 条)食品与低值物品的买卖,可以自由叫卖。

第 L320-2 条 (2011 年 7 月 20 日第 2011-850 号法律第 2 条)由第三人作为所有权人的委托代理人,或者作为所有权人的代表的委托代理人参与其中,推介某项财产,采取向公众开放的透明的竞争方法,将其竞拍给应价最高的竞买人,此种买卖构成公开拍卖。

除有特别规定以及在纯粹私人范围内进行的买卖之外,公开竞价拍卖,对所有可以参加竞价的人开放;不得对竞价自由设置任何障碍。

第一章 动产任意拍卖

第一节 一般规定

第 L321-1 条 (2011 年 7 月 20 日第 2011-850 号法律第 3 条)除保留执行第 L322-8 条之规定外,动产任意拍卖中可以拍卖新财产(biens neufs)或者旧财产(biens d'occasion)。这些财产可以零卖,也可以按份或按批次大宗拍卖,也就是说,每一配份均由相当数量的财产组成,从而不能将其视为直接面向消费者进行的买卖。按批次进行的财产大宗买卖只能是来自企业库存的新财产的买卖。当商人或手工业者将其生产的新产品投入买卖时,应在宣告买卖的文件或公告中写明。

依其性质为动产者,按本章之意义,视为动产。

在生产或销售的任何阶段,因任何有偿或无偿行为之效力,由某人为自用而已经实行过占有的财产,(2011 年 7 月 20 日第 2011-850 号法律第 3 条)或者,因受到损坏不能再作为新财产投入销售的财产,视为旧财产。

拍卖的财产是新财产时,应当在第 L321-11 条所指的公告中指明。

(第 L321-1 条原条文:如出卖人①不是商人也不是手工业者,动产任意拍卖只能拍卖旧财产②或者拍卖直接由其生产的新财产。此种财产零售或按份出卖。

依其性质为动产的财产,按本章之意义,视为动产。

在生产或销售的任何阶段,因任何有偿或无偿行为之效力,由某人为自用而已经实行过占有的财产,视为旧财产。)

第 L321-2 条 除第 L321-36 条所指情况外,动产任意拍卖,由动产任意拍卖执业人(2011 年 7 月 20 日第 2011-850 号法律第 1 条)"按照本章规定的条件",以个人名义或者按其选择的法律形式进行组织与实施。

(2011 年 7 月 20 日第 2011-850 号法律第 4-1 条)在没有设立司法评估作价拍卖人事务所的市镇行政区,符合条例规定的专业知识条件的公证人和司法执达员也可以组织与实施动产任意拍卖,但大宗商品的公开任意拍卖除外。公证人和司法执达员在其职业权限的范围内,按照各自适用的规则,以附带名义从事此种拍卖活动。在评判公证人和司法执达员从事此种拍卖活

---

① 法国拍卖法在这里使用的名称仍然是"出卖人"(vendeur),即我国拍卖法所称的"委托人"。本《法典》第 L321-2 条第 2 款也称(交付拍卖的)"财产所有人"。——译者注

② 本编有关拍卖的规定分为"动产任意拍卖"与"其他拍卖"两章,"其他拍卖"涉及多种类型的财产。

第 L321-1 条原规定对动产任意拍卖的标的物进行了明确界定。法国自王政时期以来有关拍卖的规则一直限定只能拍卖旧财产(旧财产仍分为旧建筑不动产与动产,前者由公证人垄断实施),正因如此,法国的动产拍卖市场过去实际上是一种"旧货市场"。这样的规定导致像佳士得这样的国际知名拍卖公司无法在法国进行珠宝、钻石之类的新财产的拍卖,等于将法国市场拱手让与了竞争对手:佳士得等拍卖公司为了开拓法国的珠宝市场业务,从侧面促成了日内瓦等城市在这方面的特殊地位,因为瑞士法律并不存在类似法国法的限制或禁止性规定。"旧财产"(旧货)以及古董、文物、艺术品的拍卖仅仅是动产任意拍卖中一个方面的业务。——译者注

动是否属于附带性质时,应当考虑其事务所的全部收入、进行此种买卖的频率、在此种买卖方面投入的时间,以及相应情况下,所在大审法院辖区内实现的动产任意拍卖的总量。公证人和司法执达员只有受到财产所有人的委托时,才能从事上述拍卖活动。

除第 L321-36 条所指情况外,只有由本条所指的人组织与进行的买卖才能使用"公开拍卖"这一名称。

在其他情况下使用这一名称,按照《消费法典》第 L121-6 条的规定实行制裁。

(第 L321-2 条原条文:除第 L321-36 条所指情况外,动产任意拍卖由本《法典》第二卷规范的、其活动受本章之规定调整的具有商事形式的公司①组织与实施。

在没有设立司法评估作价拍卖人事务所的市镇行政区,动产任意拍卖也可以由公证人②和司法执达员附带组织与实施。公证人和司法执达员在其职权范围内,按照各自适用的规则从事此种活动。公证人和司法执达员只能受财产所有人的委托。)

司法解释:

1. 委托代理人:只有取得(资质)认可的公司,或者公证人与司法执达员以附带的名义,才能进行动产任意拍卖,并且是以委托代理人的身份推出拍卖的财产,以便将此种财产拍卖给最高应价人(最高法院刑事庭,2007 年 1

---

① 原第 L321-2 条对有资质组织与实施动产任意拍卖活动的主体进行了限制,只有动产任意拍卖公司或者公证人及司法执达员才有这方面的资质,其他个人不得组织与实施这类活动。动产任意拍卖公司是采用商事形式的公司,受本《法典》第 L321-4 条及随后条文规范。2011 年 7 月 20 日法律修改后,拍卖法的适用范围有所扩大,明确规定可以拍卖新财产;与此同时,在涉及动产任意拍卖公司的规定方面改用一个含义广泛的术语"opérateur"(译为"动产任意拍卖执业人"),将执业人以个人名义以及按选择的法律形式从事此种业务的活动包括在内,其中包括动产任意拍卖公司,特别是公证人和司法执达员,但大宗商品的公开任意拍卖仍然由经宣誓的商品居间商实施。本编第一章第一节第一目的原标题为"动产任意拍卖公司",现在也改为"动产任意拍卖执业人",为便于比较,译本仍然保留了有关动产任意拍卖公司的部分规定。——译者注

② 这种拍卖是"在公证人前",由公证人主持的任意拍卖(la vente volontaire devant notaire)。交付拍卖的财产通常是因继承、离婚而分割的财产。有关法院拍卖(司法拍卖)的许多事项对公证人公会或者公证人事务所主持的拍卖均适用,但两者最主要的差别是,公证人拍卖的主持者是公证人,拍卖的地点是在公证人公会、公证人事务所,个别情况下也可以在现场拍卖。在分割财产的情况下,可以仅进行公证人主持的任意拍卖。公证人可以进行不动产的拍卖,起拍价通常为不动产的评估价下减 20%。参加竞买的人事先必须向公证人缴纳一张支票,交纳的款项作为保证金,数额大约为起拍价的 20%。如果未能竞价成功,担保款项予以返还。不动产拍卖的竞价方式采取点蜡烛的形式进行。最高出价者为买受人。

月 16 日)。

2. 司法执达员：综合 2000 年 7 月 10 日第 2000-642 号法律第 29 条与 1945 年 11 月 2 日第 45-2593 号法令第 1 条第 2 款的规定(即第 L321-2 条最后一句:"公证人和司法执达员只能受财产所有人的委托")，(所谓)"禁止司法执达员在设有拍卖评估作价人事务所的地方从事(动产)任意拍卖活动"，仅仅是指禁止其实施"有法律规定或者由法院判决进行的司法拍卖(vente judiciaire)"(最高法院第一民事庭,2005 年 11 月 29 日)。

第 L321-3 条 作为财产所有人的委托代理人从事活动，推出财产，通过电子途径远距离进行拍卖并将其卖给最高应价人的，(2011 年 7 月 20 日第 2011-850 号法律第 5 条)构成经电子途径进行的拍卖，受本章之规定约束。仅仅是要求按照《民法典》第 1369 条的规定作出确认，对买卖的性质不产生影响。

通过电子途径远距离实现的拍卖居间业务活动，既没有通过公开竞价将财产卖给最高应价人，也没有第三人参与对财产作出描述与缔结买卖时，由此实现的居间活动，不构成本章意义上的公开拍卖。

服务提供人，向出卖人提供基础依托平台，使其能够组织与进行经电子途径的拍卖居间业务活动的，应当按照《消费法典》第 L111-2 条以及本《法典》第 L441-6 条第三项确定的条件，清楚明白地向公众告知其提供的服务的性质。司法部长、掌玺官与负责文化事务的部长联合发布的行政决定具体规定：在通过电子途径从事的拍卖居间业务涉及文化财产(les biens culturels, 文物)与艺术品和收藏品时，服务提供者应当按照何种条件告知出卖人与买受人有关文化财产流通以及惩处在艺术品和收藏品方面的欺诈行为的规章制度。

违反本条第 3 款之规定的，处金钱性制裁，数额可达违规投入买卖的财产价值的两倍;对于自然人，以 1.5 万欧元为限;对于法人，以 7.5 万欧元为限。

违反本条第 3 款之规定的行为，按照本《法典》第 L450-1 条第二项与第三项以及第 L450-2 条、第 L450-3 条、第 L450-7 条、第 L450-8 条确定的条件进行追查并以笔录确认。

笔录的复本应写明受到制裁的款项数额，连同所有的有益材料，一并通知涉案的自然人或法人。笔录应指出涉案当事人可以在 1 个月内提出书面或者口头的解释说明。

1 个月期限经过之后，笔录，以及相应情况下，连同涉案人提出的书面或者口头的解释说明，一并转送有权限的行政机关。该行政机关可以在经过对审程序之后作出决定，命令支付本条第 4 款所指的金钱性制裁款项。涉案当事人收到通知，可以在该项通知起 2 个月内，对行政机关的决定提出诉讼或非诉讼的救济申请。

本条所指的金钱制裁款项支付至国库，作为国家税收与公产之外的债权予以征收。

自进行上述事项认定开始，可以按照《消费法典》第 L141-1 条第五项与第六项之规定处理。

服务提供人，向公众提供信息，足以在其从事的活动与经电子途径进行的拍卖活动之间造成混淆的，任何利益关系人均可向法院院长请求依紧急审理程序责令该服务提供人修改这些信息，相应情况下，规定逾期罚款，以排除所造成的混淆或者令其遵守本章之规定。

（第 L321-3 条原条文：作为财产所有人的委托代理人，通过电子途径远距离进行财产拍卖活动并将其卖给最高应价人的，构成本章意义上的公开竞价拍卖。①

在当事人之间通过电子途径就某项财产缔结买卖，既没有进行公开竞价，也没有第三人参与时，由此实现的居间活动，不构成公开竞价拍卖。

经电子途径就文化财产②实施的拍卖居间活动，亦适用本章之规定，但第 L321-7 条与第 L321-16 条除外。）

第一目　动产任意拍卖执业人

（2011 年 7 月 20 日第 2011-850 号法律第 6-1 条）

译者概述：

2000 年 7 月 10 日第 2000-642 号法律归入《法国商法典》时，这一目的标题原为"动产任意拍卖公司"（société de ventes volontaires de meubles aux enchères publiques），现在改为"动产任意拍卖执业人"（opérateur de ventes volontaires de meubles aux enchères publiques），这两个名称都是法定名称。"动产任意拍卖公司"即"拍卖公司"或"拍卖行"。在法国，根据不同情况，动产

---

①　即"网上拍卖"。——译者注

②　"文化财产"，法文原文为"bien culturel"。在日常用语里，"biens culturels"（文化财产）与"patrimoines culturels"（文化遗产）以及"objets culturels"（文物）往往被看成是可以互换的同义语，但是，不同国家的立法关于"文物"的定义各有差异。总的来说，按照国际条约或协定的表述，"财产"一词"更能体现所有权的法律意义"，而"遗产"一词主要是从保护的角度，从一代一代转移并流传、保存下去的角度来看待这些财产的。在法文里，"objet"（"物品"或"物件"）一词没有任何"与文化相关的色彩"。从打击文物走私的角度，联合国教科文组织 1970 年的协定以及国际私法统一学会 1995 年的协定都是使用"文化财产"一词。——译者注

任意拍卖应当由不同的职业人组织与实施,动产任意拍卖公司仅仅是其中之一,这种公司是"具有商事形式、民事标的"(des sociétés de forme commerciale et à objet civil)的公司。"动产任意拍卖"这一名称有明确的限制范围,不动产拍卖与动产强制拍卖均排除在外。与"动产任意拍卖公司"相比,"动产任意拍卖执业人"涵盖的范围比较广泛,包括所有有资质从事动产任意拍卖的职业人,但是,《法国商法典》的这一修改并不意味着已经取消"动产任意拍卖公司"。

按照《法国商法典》第二卷第L210-1条的规定,"公司的商事性质依其形式或者依其宗旨确定","合名公司、普通两合公司、有限责任公司以及可以发行股票的公司,无论其宗旨如何,均因其形式为商事公司"。至2007年1月1日统计,法国72.19%的动产任意拍卖公司采取的是"有限责任公司"(SARL)的形式,14.17%为"一人有限责任企业"(EURL)。动产任意拍卖公司在法律上采取"有限责任公司"(SARL)或"一人有限责任企业"(EURL)形式,也就决定了其具有商事性质。

动产任意拍卖公司虽然是采用"商事形式"的公司,但拍卖活动本身并不是一种"为再卖出而买进"的活动,因而不具备《法国商法典》第L110-1条规定的商事行为的特征。拍卖公司并无资格直接或间接为其自身利益买进或卖出交付其公开拍卖的动产财产,因此不能是(交)其拍卖的财产的出卖人(委托人)或买受人,而仅仅是顾客的委托代理人,尤其是出卖人的委托代理人。主持拍卖活动的拍卖师实施的是民事性质的委托代理行为。

从事动产任意拍卖职业的人必须设立动产任意拍卖公司。如上所述,这类公司一般是"按照有限责任公司的形式与规则"设立的"民事职业公司"(société civile professionnelle,也译为"职业民事合伙")或"自由执业公司"(société d'exercice libéral,也译为"自由执业合伙")。这两种公司通常是自由职业者为开展业务而成立的公司所采用的法律形式。所以说,动产任意拍卖公司具有"商事形式、民事标的":在法律上采取的是商事公司的形式结构,从事的业务范围却是民事性质的活动。

目前,法国约有380多家动产任意拍卖公司,其中250多家分散在各省,40多家在巴黎大区,81家在巴黎市内。2007年,42%的动产任意拍卖公司实现的拍卖所得还不到国际拍卖市场份额(动产、艺术品)的5%,法国拍卖公司在国际市场上有较高地位者屈指可数,无法与著名的佳士得、苏富比等英美拍卖公司相抗衡。

法国动产任意拍卖公司的行业代表组织是"全国拍卖行工会"(Le Syndicat National des Maisons de Ventes Volontaires),其职能是推行有关拍卖的原则,在法国和欧洲公共权力部门采取维护行业利益的行动,促进改善拍卖行业的形象。

第L321-4条 (2011年7月20日第2011-850号法律第6-2条)只有具备本条所定条件的执业人才有资格组织和实施动产任意拍卖以及经电子途径进行的动产任意拍卖:

一、如果是自然人,动产任意拍卖执业人应当:

1. 是法国人,或者是欧盟成员国或欧洲经济区协议签字国的国民;

2. 没有因在此之前从事的职业中有违反荣誉、廉洁或善良风俗的行为而受到刑事有罪判决,或者,没有因违反荣誉、廉洁或善良风俗的行为受到撤职、注销登记、撤销职务、撤销认可或者撤销批准之纪律性或行政性制裁;

3. 具备主持(diriger)①动产任意拍卖所要求的资质,或者持有这方面得到承认的毕业证书或同等资格;

4. 事先向第L321-18条所指的动产任意拍卖委员会申报其从事的活动。

二、如果是法人,动产任意拍卖执业人应当:

1. 其设立符合欧盟成员国或欧洲经济区协议签字国的立法,在欧盟成员国或欧洲经济区协议签字国内有章程规定的注册住所、行政管理中心或主要机构所在地;

2. 在法国至少设有一家机构,包括以分店(分号、分行)或子公司的形式设立的机构;

3. 在其领导人、股东或薪金雇员中至少有一人具备上述第一项第1点至第3点规定的条件;

4. 证明其领导人没有因在此之前从事的职业中有违反荣誉、廉洁或善良风俗的行为而受到刑事有罪判决,或者,没有因违反荣誉、廉洁或善良风俗的行为而受到撤职、注销登记、撤销职务、撤销认可或者撤销批准之纪律性或行政性制裁;

5. 事先向第L321-18条所指的动产任意拍卖委员会申报其从事的活动。

三、具备上述第一项第1点至第3点所定的条件的自然人取得"司法拍卖评估作价人"(简译为"拍卖人")的称号,在其进行此种拍卖活动时,排除使用其他任何称号。

---

① 这里的"主持",指"带领""引导"动产任意拍卖活动,具体指现场主持竞价活动的拍卖师,参见第L321-9条第1款的规定:只有具备第L321-4条第一项至第三项所指条件的人才有资格主持拍卖,指定最后应价人为买受人,或者宣告财产未能拍卖成交,并制作拍卖笔录。——译者注

四、动产任意拍卖执业人在其任何文件或广告中均应告知公众其向第 L321-18 条所指的动产任意拍卖委员会进行活动申报的日期。

（第 L321-4 条原条文：动产任意拍卖公司的经营范围仅限于对动产财产进行评估作价（estimation）以及按照本章确定的条件组织与实施动产任意拍卖。

动产任意拍卖公司作为财产所有人的委托代理人开展活动。此种公司无资格直接或间接为其自身利益买进或卖出交付其公开拍卖的动产财产。此项禁止性规定也适用于动产任意拍卖公司的领导人、股东（合伙人）与薪金雇员；作为例外，动产任意拍卖公司的领导人、股东（合伙人）与薪金雇员，可以通过本公司出卖属于他们自己所有的财产，但应在广告中写明属于此种情形。）

第 L321-5 条 （2011 年 7 月 20 日第 2011-850 号法律第 7 条）一、第 L321-4 条所指的动产任意拍卖执业人，在组织或实施动产任意拍卖时，作为（交付拍卖的）财产的所有权人的委托代理人，或者所有权人的代表的委托代理人开展活动。

第 L321-4 条所指的动产任意拍卖执业人应当采取一切适当措施，确保其顾客委托进行的动产任意拍卖的安全，特别是在执业人需要借助其他服务提供者组织或实施此种拍卖时应确保交易安全。这些服务提供者既不能为自己的利益买受交付其拍卖的财产，也不得通过接受其提供服务的动产任意拍卖执业人出卖属于他们自己的财产。

二、第 L321-4 条所指的动产任意拍卖执业人没有资格直接或间接为其本身的利益买受或出卖在其业务活动范围内交付其拍卖的财产，但是，在第 L321-12 条所指情况，以及在公开竞价拍卖之后为了终止出卖人与竞价买受人之间发生的争议，动产拍卖执业人出面取得交付其拍卖的财产的情况除外；在后一种情况下，准许第 L321-4 条所指的动产任意拍卖执业人将其取得的财产再卖出，包括采取公开竞价拍卖的方式，但其在广告中应当清楚写明其本身是财产的所有权人。

在动产任意拍卖执业人是法人时，上述禁止性规定也适用于法人的薪金雇员和领导人。作为特殊情况，这些薪金雇员、领导人与股东以及第 L321-4 条所指的以个人名义执业的动产任意拍卖执业人，可以在执业人组织的公开拍卖范围内，出卖属于他们的财产，但其在广告中应当清楚写明其本身为财产的所有权人。

三、第 L321-4 条所指的动产任意拍卖执业人，在第 L321-9 条所指情况之外，并且按照规定的手续事先书面告知出卖人有进行动产任意拍卖之可能性以后，作为所有权人（出卖人、委托人）的委托代理人进行自愿协商买卖时，委托书应当采用书面形式制作并包括对财产的价值评估。自愿协商拍卖应制作拍卖笔录。

第 L321-6 条 (2000 年 7 月 10 日第 2000-642 号法律第 6 条,2011 年 7 月 20 日第 2011-850 号法律第 8 条)第 L321-4 条所指的动产任意拍卖执业人应当证明:

1. 在信贷机构开立专门用于接收为他人利益所持有的资金的账户;
2. 参加担保职业责任的保险;
3. 参加能够保障返还第 1 点所指资金的保险,或者提供了此种担保。

(2011 年 7 月 20 日第 2011-850 号法律第 8 条)有关上述第 1 款第 1 点至第 3 点所指的资金担保的性质的各项要素,应当采用适当形式告知其提供服务的对象。

第 L321-7 条 (2000 年 7 月 10 日第 2000-642 号法律第 7 条,2011 年 7 月 20 日第 2011-850 号法律第 9 条)第 L321-4 条所指的动产任意拍卖执业人应当向动产任意拍卖委员会提交有关经常性展示交付其拍卖的动产的场所及有关拍卖业务活动的详细说明;在通过电子途径从事拍卖业务的情况下,应报告其使用的基础依托平台的相关情况。在其他场所或者通过电子途径远距离展示拍品或进行拍卖的情况下,应事先通知动产任意拍卖委员会。

第 L321-4 条所指的动产任意拍卖执业人,在动产任意拍卖委员会提出要求时,应向委员会提交有关其组织、技术与资金手段的一切必要的情况。

第 L321-8 条 (2011 年 7 月 20 日第 2011-850 号法律第 10-1 条废止:在动产任意拍卖公司的领导人、股东或薪金雇员中,至少应有一人具备按照最高行政法院提出资政意见后颁布的法令规定的条件主持拍卖活动所要求的资质,或者持有在这方面得到承认的同等职称、毕业证书或授权资格。)

第 L321-9 条 (2000 年 7 月 10 日第 2000-642 号法律第 9 条,2011 年 7 月 20 日第 2011-850 号法律第 11 条)只有具备第 L321-4 条第一项第 1 点至第 3 点所指条件的人才有资格主持拍卖(diriger la vente)、指定最后应价人(encherisseur,竞买人)为买受人(adjudicateur,竞买得标人)①,或者宣告财产未能拍卖成交,并制作拍卖笔录。

拍卖笔录,最迟应在拍卖终止后 1 个整日内制订。笔录应写明买受人(竞买得标人)所声明的新的所有权人②的姓名与地址、出卖人(委托人)的身

---

① 在普通买卖中,"买受人"一词的法文通常为"acquéreur"(财产取得人),而非"adjudicateur",后一术语专门指通过公开竞价取得财产或权利的买受人,因此是"竞买得标人"。——译者注

② 这表明在拍卖现场的(最高或最后)应价人虽然是拍卖师指定的"买受人",但出面应价的人可能只是委托代理人,而不一定是真正的买家。真正的买家可以不公开自己的身份。在拍品"流拍"的情况下,应价人也不能成为该拍品的"新所有权人"。——译者注

份、拍卖标的物以及公开确认的拍卖成交价格。

经过公开竞价之后宣告未能拍卖成交的财产,应出卖人(委托人)或其代理人的申请,可以通过此前组织动产任意拍卖的执业人进行自愿协商出卖。除在拍卖进行之后签订的补充委托书另有规定之外,自愿协商拍卖的成交价不得低于该拍品在撤出拍卖之前最后一次的公开应价;或者在拍卖过程中没有人应价的情况下,自愿协议的价格不得低于原定的起拍价(la mise a prix)①。如果知道谁是此前拍卖时的最后应价人,在对拍品进行自愿协商出卖的情况下,应事先通知该应价人。自愿协商出卖应制作文书,附于拍卖笔录。

第 L321-10 条 (2000 年 7 月 10 日第 2000-642 号法律第 10 条,2011 年 7 月 20 日第 2011-850 号法律第 12 条) 第 L321-4 条所指的动产任意拍卖执业人应当按照《刑法典》第 321-7 条与第 321-8 条的规定,逐日填写登记簿(拍卖日志),并且编制记载拍卖笔录的登记册。动产任意拍卖执业人应当按照法令确定的条件制作此种登记簿与登记册的电子版本。

第 L321-11 条 (2000 年 7 月 10 日第 2000-642 号法律第 11 条)每一项动产任意拍卖,均应采取一切适当的形式进行公告。

保留价(prix de réserve)②是指与出卖人(委托人)③一起对交付拍卖的财产确定的最低卖价,低于此价格不得卖出该财产。如果对交付拍卖的财产已

---

① "起拍价"是拍卖师第一次报出的价位,竞买人由此价位开始竞争应价。起拍价是竞买的起始价,法文所说的 " Mise à prix " 是宣告起拍价(Déclaration du prix que l'on indique comme point de départ d'une enchère)。——译者注

② 《法国商法典》对保留价并未作更为详细的规定。保留价("底价"或"拍卖底价")是对拍卖标的确定的最低价格。保留价一经确定,非经委托人允许,拍卖人不得变更,不得在拍卖活动中低于保留价卖出标的物。委托人和拍卖人双方都要对保留价保守秘密。拍卖现场竞买人的最后应价达不到保留价的情况下,不能成交。

与法国法相比,我国拍卖法对拍卖标的物的保留价的规定则比较详细,其中第 28 条规定:"委托人有权确定拍卖标的保留价并要求拍卖人保密。拍卖国有资产,依照法律或者按照国务院规定需要评估的,应当经依法设立的评估机构评估,并根据评估结果确定拍卖标的的保留价。"第 44 条规定:"委托拍卖合同应当载明以下事项:……(三) 委托人提出的保留价;……"第 50 条规定:"拍卖标的无保留价的,拍卖师应当在拍卖前予以说明。拍卖标的有保留价的,竞买人的最高应价未达到保留价时,该应价不发生效力,拍卖师应当停止拍卖标的的拍卖。"——译者注

③ 关于确定保留价的主体:一般情况下,保留价可以由出卖人(委托人)、拍卖人和评估作价人共同商定,但是,从根本上来说,决定权还是应当属于出卖人(委托人)。动产任意拍卖是基于自愿原则的拍卖,委托人是拍卖标的的所有人,有权认定其财产的最低商业价值,自行确定拍卖标的的保留价。"非任意拍卖"则有所不同,例如,企业破产财产的拍卖、法院判决的强制拍卖,前一种情况下,清算人与债权人代表有权利确定清算财产的价值。——译者注

进行评估作价,保留价不得高于在拍卖公告中写明的最低估价(estimation la plus base)或者主持拍卖的人公开宣告并且在笔录中写明的最低估价。①

(2011年7月20日第2011-850号法律第13条)除保留执行第L442-4条之规定外,第L442-2条之规定适用于经常性按照该条规定的条件,通过公开拍卖方式,以低于实际进价的价格原状再卖出新财产的任何出卖人。

第L321-12条 (2000年7月10日第2000-642号法律第12条,2011年7月20日第2011-850号法律第14条)第L321-4条所指的动产任意拍卖执业人可以向出卖人(委托人)保证交付其拍卖的财产的最低拍卖成交价(le prix d'adjudication minimal)。② 如果对交付拍卖的财产进行了评估作价,保证的最低拍卖成交价不得高于第L321-11条所指的最低估价。

如果拍卖没有达到保证的最低拍卖成交价,准许动产任意拍卖执业人自行宣告按此价格成为财产的买受人;如其没有这样做,动产任意拍卖执业人应向出卖人(委托人)支付其保证价与实际拍卖成交价(le prix d'adjudication effectif)之间的差额。

动产任意拍卖执业人可以将其按照这种做法取得的财产再卖出,包括通过公开拍卖的方式。在此情况下,在拍卖公告中应当清楚写明动产任意拍卖执业人是交付拍卖的财产的所有权人。

第L321-13条 (2000年7月10日第2000-642号法律第13条,2011年7月20日第2011-850号法律第15条)第L321-4条所指的动产任意拍卖执业人可以同意向出卖人(委托人)预先垫付其受委托拍卖的财产的部分拍卖价金(le prix d'adjudication)。

第L321-14条 (2000年7月10日第2000-642号法律第14条,2011年

---

① 对拍卖品确定的评估价不等于保留价,不能用评估价来代替保留价。委托人、拍卖公司、鉴定师或者其他业内人士均可对交付拍卖的财产进行价值评估,提出可供参考的评估价,事先对财产进行估价的目的与作用是,比较客观地反映拍卖标的物的内在价值,而保留价的作用在于为委托人的利益设置最低的保护门槛。本条明确规定,"保留价不得高于在拍卖公告中写明的最低估价,或主持拍卖的人公开宣告并在笔录中写明的最低估价",以避免交付拍卖的标的物不能顺利卖出或者损害委托人的利益。动产任意拍卖公司在拍卖标的宣传公告中向潜在的意向竞买人公开提供的最低评估价实际上是一种"参考价"。竞买人参加竞买时可以参照拍卖标的价值进行预估,在此基础上参加竞买。当竞价明显高于自己原先的预估价时,竞买人往往会更加慎重。拍卖品的评估价也不等于"起拍价"。——译者注

② 法国法律规定动产任意拍卖公司可以向委托人保证拍卖品的最低拍卖成交价,这种担保的最低拍卖成交价虽然"不应高于"拍卖标的的评估价,但在有保留价的情况下显然应当高于保留价;在无保留价的拍卖中,如果拍卖公司与委托人约定了最低拍卖成交价,实际上等于"约定保留价"。实践中,无保留价拍卖的情况并不多见。选择无保留价拍卖必须是出于委托人的意愿。委托人选择无保留价拍卖,需要承担更大的风险。——译者注

7月20日第2011-850号法律第16条)第L321-4条所指的动产任意拍卖执业人,就(2011年7月20日第2011-850号法律第16条)"其已经进行拍卖的"财产的价金的提交与财产的交付,对出卖人(委托人)和买受人承担责任。任何旨在排除或限制其责任的条款,均视为未予订立。

只有在组织(2011年7月20日第2011-850号法律第16条)"动产任意拍卖的执业人"已经收到拍卖价金或者买受人已经就价金的支付向公司提供任何担保时,才能向买受人交付拍卖成交的财产。

如参加竞买并成为买受人的人不支付价金,经催告仍无效果时,应出卖人(委托人)的请求,针对该不付款的买受人,再次将财产提交公开竞价拍卖(folle enchères)。如出卖人(委托人)在(第一次)竞价拍卖终结之后(2011年7月20日第2011-850号法律第16条)"3个月"(原规定为"1个月")期限内没有提出再次拍卖的请求,(原)买卖(拍卖)当然解除,且不影响对不履行价金支付义务的(原)买受人要求损害赔偿。①

为出卖人(委托人)的利益持有的资金,最迟应在拍卖成交起2个月内支付给出卖人。

第L321-15条 一、属于下列情况,进行或者指使进行动产任意拍卖的,处37.5万欧元罚金:

1. (2011年7月20日第2011-850号法律第17条)组织拍卖的动产任意拍卖执业人事先没有进行第L321-4条所指的申报,或者被暂时或已被最终禁止从事动产任意拍卖;

2. 或者,欧盟成员国或者欧洲经济区协议成员国的国民没有进行第L321-24条所指的申报即组织动产任意拍卖活动;

3. 主持拍卖活动的人不具备(2011年7月20日第2011-850号法律第17条)第L321-4条规定的条件,或者被暂时或已被最终禁止主持拍卖活动。

二、对有违反本条规定的一种犯罪行为的自然人,还可处以下附加刑:

1. 最长5年期间,禁止担任公职,或者禁止从事在其实施犯罪行为时从

---

① 原第L321-14条第3款规定,在买受人不履行价金支付义务的情况下,可能对财产进行"再次拍卖"并有可能要求买受人"支付差价",这是法国拍卖法此前对"参与竞买、竞得拍品之后不肯付款的买受人"可能采取的措施。在我国圆明园两铜兽首的拍卖事件之后,国内许多媒体对拍卖公司与委托人的行为表示愤慨,但对法国拍卖法的规定不太了解,甚至称(买受人)"将会受到刑事起诉"。现在,法国拍卖法修改后的条文取消了由买受人"支付差价"的规定,但增加了"不影响对其要求损害赔偿"的制裁,而且规定动产任意拍卖执业人应"支付其保证价与实际拍卖成交价"的差额(第L321-12条)。对于不履行商事交易所产生的义务,"制裁"基本上限制为金钱性质,有别于刑事犯罪。——译者注

事的那种职业活动或社会活动;

2. 按照《刑法典》第 131-35 条规定的条件张贴或公布法院宣告的有罪判决;

3. 没收犯罪行为人违规接受的款项或物品,但应予归还的物品除外。

2011 年 7 月 20 日第 2011-850 号法律第 17 条废止:三、按照《刑法典》第 121-2 条规定的条件被宣告对本条所指犯罪负有刑事责任的法人,除按照《刑法典》第 131-38 条规定的方式科处罚金之外,还可处《刑法典》第 131-39 条第一项至第四项、第八项与第九项规定的刑罚。《刑法典》第 131-39 条第二项的禁止性规定是指,禁止从事其实施犯罪行为时所从事的那些活动。)

(2011 年 7 月 20 日第 2011-850 号法律第 17 条)"四、动产任意拍卖委员会可以在依据本条之规定提起的诉讼中成为民事当事人"。

第 L321-16 条 (2011 年 7 月 20 日第 2011-850 号法律第 18 条废止:第 L752-1 条、第 L752-2 条与第 L752-15 条之规定不适用于由第 L321-2 条所指的公司使用的场所。)

第 L321-17 条 (2011 年 7 月 20 日第 2011-850 号法律第 19 条)第 L321-4 条所指的动产任意拍卖执业人、有权限进行司法拍卖或任意拍卖活动的公务助理人员或司法助理人员,(2004 年 2 月 11 日第 2004-130 号法律第 57 条,2011 年 7 月 20 日第 2011-850 号法律第 19 条)"以及协助这些人对财产进行表述、介绍与评估作价的鉴定师",在动产(2011 年 7 月 20 日第 2011-850 号法律第 19 条)"评估作价"与拍卖过程中,或者在评估作价与拍卖之时,按照这类拍卖活动适用的规则承担责任。

任何旨在排除或限制责任的条款均予禁止并视为未予订立。

就动产拍卖作价或在动产任意拍卖或司法拍卖时的责任提起的责任之诉,时效期间为(2008 年 6 月 17 日第 2008-561 号法律第 9 条)"5 年",自动产作价或者拍卖竞价时开始计算。(2000 年 7 月 10 日第 2000-642 号法律第 30 条,2011 年 7 月 20 日第 2011-850 号法律第 19 条)在第 L321-11 条所指的公告中应当重申这一时效期间。

译者概述:

就艺术品拍卖市场而言,法国也许是世界上对买受人的利益给予最佳保护的国家。一方面,本《法典》第 L321-17 条、第 L321-30 条第 2 款就此作出了特别规定,另一方面,法国最高法院最近十多年有很多判决,就《法国民法典》的有关条文在这一领域的适用作出了解释。概括起来说就是:如果买受人通过公开竞价买受的标的物不符合拍卖公司在其"拍卖品介绍"中所作的"不加任何保留的介绍",买受人可以请求撤销买卖;拍卖公司与鉴定人应承担连带责任。这是一种类似于严格责任的"准结果性责任"。买受人可以要求拍卖公司或者协助拍卖公司对拍品作出鉴定的鉴定人支付损害赔偿;任何排除或限制责任的条款均无效;拍卖公司必须参加担保此种职业责任的强制保险。

按照《法国民法典》第1110条第1款规定:"误解(erreur),仅在其涉及契约标的物的实质(substance)本身时,始构成契约无效之原因。"

法国学者普遍认为,这一条文中所说"标的物的实质"是指它的"实质性品质"(qualité substantielle),不仅涉及形成标的物的物质、材料,而且一般地包括"与当事人在订立契约时所考虑的标的物的实质有关的一切",例如,标的物的真实性、来源、用途等。

毫无疑问,艺术品的真伪问题是一个涉及"标的物的实质"的问题,包括拍卖品的作者、年代及其"物理特征"(caractéristiques physiques,或称"品质""品相",例如,经过修复的真品)等。法国最高法院就此作出明确解释:"对一幅油画的真实性(的认识)发生错误(误解),是涉及合同标的物的实质的错误(误解),而不是仅仅涉及标的物的价值的错误(误解)。"

对作为拍卖标的物的艺术品的实质发生误解,大多属于买受人方面"发生误解"的情形,当然也可能发生在出卖人方面,例如,出卖人将某个"真品"误作"仿品"超低价卖出,购买人碰到所谓"捡漏"的情况。

对标的物的"实质性品质"是否存在法律所说的"误解",是一个法律事实。法律事实的存在,应当举证证明。就艺术品拍卖而言,通常情况下,最具证明力的方法是聘请有公信力的、有专业资格的鉴定师进行鉴定。

《法国民法典》第1110条的规定不适用于当事人的欺诈行为。如果鉴定人或拍卖人明知其出卖的是赝品,故意采用欺诈手段、掩饰真相、"忽悠"买受人,致使买受人上当受骗,也就是"知假拍假",这种情况应当适用《法国民法典》第1113条的规定:"如果一方当事人不使用欺骗手段,另一方当事人显然不会与之缔结契约,于此情形,欺诈为契约无效之原因。"受到欺诈的一方当事人可请求撤销合同;同一条文还规定:"欺诈不得推定,应予证明之。"鉴定人为了私利,故意作出虚假鉴定证书,显然是一种严重的违规行为与欺诈行为。对于这种行为的惩处,鉴定行业法规有专门规定,例如,取消资格、停止履职、撤销事务所等等。不过,在艺术品交易中,当事人故意保持沉默的情况很普遍,甚至是"行业习惯",出卖人不会将"真情"和盘托出,因此,买受人要想找到"沉默构成欺诈"的证据是很困难的;此外,艺术品的真伪有时并无定论,不同的鉴定师也许会得出不同的结论,这方面也可能存在争议。

其次,就艺术品而言,所谓"标的物的实质性品质"应当是双方当事人"约定的品质",例如,买受人约定购买的是某一名人的"某一特定首饰",实际拍卖的却是该名人的另一件首饰,这种情况属于"不符合当事人约定的质量"。法国最高法院判决指出,"双方当事人对拍卖品的实质性品质的约定"是指,拍卖公司在"拍卖品介绍"及其他资料中"毫无保留地写明的事项"。如果买受人不是根据拍卖公司的"介绍"而是根据其他资料来源作出了错误的判断和决定,就很难认定其对"标的物的实质性品质存在误解"。因此,买受人应当证明其之所以"搞错了"、发生了误解,原因正是拍卖公司在其拍卖品介绍中所做的"不加任何保留的说明与介绍"。拍卖公司所作的"不加任何保留的说明与介绍"构成其对拍卖品的真实性的肯定与保证。法院判决认为:拍卖品介绍中写明的作者,就是有关作者的担保;写明的年代,就是有关年代的担保。竞买人正是基于拍卖公司的这种"肯定与保证",才会下决心出高价竞购拍卖品。

再次,买受人对"标的物的实质性品质"发生误解,应当是一种"可以原谅的误解",只有在这一限度上,才有可能将其误解认定为合同无效的原因;如果买受人有所谓"不可原谅的错误",则不能构成撤销买卖的理由。错误是否可予原谅,应当根据具体情况以及买受人的认识水平来判断,比如,出卖人是一个行业外的普通人,而买受人是本行业的专业人士,在买受人"走眼",误将某一赝品作为真品买受的情况下,就很难主张其"误判"是一种"可以原谅的误解"。

最后,当事人对"标的物的实质性品质"是否发生错误(误解),应当"按照买卖当时的具体情况以及当时的普遍认识水平"来判断。艺术品鉴定,"搞错了"的情况并不少见;随着科学技术的进步与历史发现,原先"搞错"的情况也可能发生变化。因此,鉴定人是否有过错,只能按照进行鉴定或拍卖当时的科学技术水平或历史资料来评判。法国最高法院原本也持这种立场:在一次拍卖中,一幅原以为是出自"普桑画室"的油画以不高的价格拍出,事后很久,经过鉴定,这幅油画确系普桑本人的真迹。出卖人针对拍卖公司提起诉讼,法国最高法院支持了巴黎上诉法院的判决,排除拍卖公司对出卖人的任何责任,其主要理由是"根据买卖当时人们的一致看法,在拍卖品介绍中简单地写明该油画来自普桑画室是完全可以理解的"。与这一案例相反,在另一起诉讼中,买受人在几年前购买了一尊被认为是中国唐代的雕像,当时就曾要求拍卖人提供有关这尊雕像是真品的证据,后来确认这是一尊赝品,法国法院支持了买受人提出的撤销买卖的请求。

艺术品市场是一种有风险的市场,参与者往往是甘冒风险。根据"风险自负"规则,合同当事人双方如果都同意接受合同范围内所允许的"射幸性选择",即使事后证明"对标的物的认识存在实质性错误",也很难适用《法国民法典》第1110条的规定。例如,在另一次拍卖中,一幅油画,虽然有某一著名画家的署名,但当时一般认为这幅作品出自另一画家之手,当事人双方在拍卖成交时在该作品的真实性问题上实际都是遵循"风险自负"的规则,都同意接受合同范围内许可的射幸性质,后来经鉴定证实,该油画确属该署名的著名画家的真迹,法国最高法院判决认为,任何一方都不得援用"误解"而主张撤销该合同,特别是出卖人或其权利继受人不得为此主张。又例如,购买绘画作品的发票虽然明确提到了对该绘画的鉴定报告,但这一鉴定报告对作品的真实性仅作了部分的相对肯定,后经鉴定确认该作品是真品,法院同样拒绝出卖人提出的撤销原合同的诉讼请求。

买卖合同因无效而被撤销,各方当事人回到买卖前的状态。买受人归还其买受物,出卖人返回其受领的价金。法国最高法院1976年作出一项判决:在买受人不能归还原物的情况下,可以按物的价值返还。如果买受人对买受物进行过修整,不能(原状)归还其买受物,法院判例通常认为,在这种情况下不能宣告撤销合同。

如果出卖人无支付能力,不能返还其收受的款项,法院判例的倾向是,由拍卖公司、鉴定人与出卖人连带偿还竞买成交价(prix d'adjudication)。巴黎上诉法院最近的一项判决再一次确认这种连带偿还责任:该案涉及的是两件被认为是罗丹作品的塑像,经鉴定为赝品,买受人提起诉讼并胜诉,买卖被撤销,但出卖人之一没有支付能力,另一出卖人已去世,因其女儿拒绝继承而无继承人,法院判决由拍卖公司与鉴定人负连带偿还责任。

除《法国民法典》上述规定之外,本《法典》第L321-17条明确规定:动产任意拍卖执业人、有资格进行司法拍卖或任意拍卖活动的公务助理人员或司法助理人员,以及协助这些人对财产进行表述、介绍与评估作价的鉴定师,在动产评估作价与拍卖过程中,或者在拍卖之时,按照这类拍卖活动适用的规则承担责任。

这项条文所说的"鉴定师"是指"独立鉴定师",也就是拍卖公司在本公司职员之外聘请的对拍品进行鉴定的人。无论鉴定人是独立鉴定还是与拍卖师共同鉴定,他与拍卖公司之间均成立劳务合同(un contrat d'entreprise)关系，即所谓"委托鉴定合同"。如果鉴定师与拍卖公司之间有劳动合同关系，按照一般原则，职员在其任务范围内的行为，不会直接引起其本人对第三人的责任。

按照本《法典》的规定，拍卖公司是出卖人的委托代理人，两者之间存在委托合同关系，与《法国民法典》第1984条的规定（代理人以委托人名义从事活动）不同的是：在动产任意拍卖中，拍卖公司往往不公开出卖人的身份，因此，买受人往往并不知道卖家的身份。

基于上述法律关系，2000年7月10日法律规定了对鉴定师的责任推定制度；近十年来，法国最高法院在这方面作出了一系列判决。法律与法院判例采取的立场比以前更加严厉：只要鉴定师所做的鉴定"有错误"(erreur)，只要拍卖公司据此对拍品作出了"不准确的介绍"，给买受人造成损害，即应承担责任。即使"按照拍卖活动当时掌握的全部资料和认识水准，将拍卖品认定为真品是完全可以理解的"，即使拍卖公司做到了"一个正常审慎的职业人的恰当注意"，即使拍卖公司"为审慎起见"特别聘请了鉴定师进行过鉴定，也就是说，即使其并无"过错"(faute)，或者说，并无"过错性错误"(erreur fautive)，只要拍卖赝品，就要承担责任。

2007年4月3日，法国最高法院作出的一项判决就是这方面的一个典型判例。该案的简要案由如下：

1989年，一位艺术品收藏爱好者在拍卖会上竞拍到一幅署名为"JEAN DUFY"的水粉画。这次拍卖会的"拍卖品介绍"写明：水粉画/《赛马》/右下角署名"JEAN DUFY"。2001年，该画作的买受人向《Jean Dufy绘画作品集》的编者推荐，希望将该作品编入画集，遭到拒绝，编者认为该作品并非出自画家之手。于是，买受人将拍卖公司以及拍卖公司聘请的两名鉴定师一并起诉至巴黎大审法院（原卖家不知去向）。法院委托的鉴定师作出鉴定结论：该画作系赝品，但这一鉴定同时写明，"在该作品拍卖时，按照当时的认识水准，得出其属于真迹的结论是完全可以理解的"。巴黎大审法院据此驳回了买受人的诉讼请求。买受人不服判决，上诉至巴黎上诉法院。上诉法院撤销一审判决并判处拍卖师及其聘请的两名鉴定师负连带责任。上诉法院判决写道："拍卖师有义务在拍卖品介绍中只向顾客提供准确的情况与信息。本案中，拍卖师与鉴定师不加任何保留地肯定争议标的作品是JEAN DUFY的真迹，应对其作出的不准确的认定承担责任，没有必要查明其是否有过错(faute)。"两鉴定师不服上诉法院判决，向法国最高法院提起上诉，法国最高法院"驳回上诉，维持原判"，并且完全支持上诉法院的判决理由："不加保留地认定艺术品为真品的鉴定师应就其所作的错误鉴定对该错误(erreur)的受害人承担责任。由于是拍卖公司聘请的两名鉴定师对交付拍卖的作品作出了真品的鉴定结论,拍卖公司有理由和依据要求鉴定师作出保证。"这一判决进一步确认了拍卖公司与鉴定师的"严格责任原则"。

在法国,最高法院的这一立场并未得到普遍认同。有学者认为,虽然说在对拍卖品进行介绍时,拍卖公司有义务只向顾客提供准确的情况与信息,这是大家都认同的,但是,如果认为只要拍卖师搞错了,就认定其有过错,就应当承担责任,那问题就大了,所以在这个问题上还需谨慎从事。因为,《法国民法典》第1382条在规定侵权责任时所称的"faute"(过错)与第1110条(关于无效契约)所说的"erreur"(错误、误解)并不是同一概念,不能等同。

早在1956年11月21日,法国就颁布法令规定,只要鉴定师与拍卖公司各自的过错共同造成了损害,即应对买受人负连带责任。这一法令后来被废止,不过,法院判例仍然维持这种连带责任原则。现在,本《法典》第L321-30条第2款明确规定:"鉴定师与拍卖活动的组织者,就属于其活动范围的事项连带承担责任。"鉴定师与拍卖公司的民事责任已经成为一种"法定的连带责任"。

1970年代,法国发生过一次著名的欺诈性"拍假事件",在此背景下,政府于1981年3月3日发布了一项"关于惩处艺术品与收藏品交易方面的欺诈行为"的法令。该法令第2条至第6条规定拍卖品介绍必须做到若干"保证",其目的是要保护艺术品买受人免受拍卖公司人为炒作、故意"拍假"造成的损害。当买受人对拍卖品介绍中所介绍的并已拍卖成交的物品的"实质性品质发生误解"时,完全有理由援引该法令的规定,请求撤销买卖合同。

反观我国文物艺术品市场,严重的鉴定造假、拍假卖假事件屡屡发生。人们在评论事件发生的原因时,一致强调"法律制度不完善"是其中一个重要方面,然而,真正触及严格法律责任时,有些人又会提出各种各样的理由,似乎问题根本无法解决。在一次有法国专业人士参加的论坛上,我国大多数文物、艺术品鉴定领域和拍卖行业的人士都认为"法国模式在中国做不到,中国国情不同"。"我国历史长,画家多,作品多,同时赝品也多,不是几个鉴定家就能解决问题的。""让拍卖公司来'保真'是不公平的","拍卖'保真'本身就是欺诈"。"艺术品,特别是中国艺术品,想要明确鉴定其真伪,是非常困难的。""法律不能规定人做不到的事情。"有人认为,以拍卖公司在拍卖品介绍中所做的"不加任何保留的表述"作为认定其责任的依据,对拍卖公司过于严厉,因为拍卖公司很难做到"保真";但同时也有另一种意见:如果承认拍卖公司对其拍卖品所作的"毫无保留的介绍"是对竞买人作出的一种承诺与保证,那么,一方面作出保证,另一方面又可以不承担责任,这等于准许拍卖公司"吹牛不负责"。本书译者认为,即使在艺术品拍卖中不能做到"拍卖公司必须保真",至少也应当做到"对其作出的承诺负责任",只有这样才能维护艺术品市场的正常秩序,有力地抑制造假、卖假、拍假的风潮。

第二目　动产任意拍卖委员会

译者概述:

法国的动产任意拍卖委员会是由2000年7月10日法律设立的一个具有"规范和调整职能"的机关(une autorité de régulation),有独立的法人资格,其主要职能是:负责对动产任意拍卖公司(les sociétés de ventes)以及艺术品鉴定师进行资格认可(agréer);对外国国民在法国从事动产任意拍卖活动提交的申报(declaration)进行登记备案;对违反法律、规章与行业义务的行为实行处罚、制裁;负责发布有关动产任意拍卖活动的年度报告,并向公共权力机关与动产任意拍卖市场的参与者提供这一报告;与其他机构合作,为希望取得动产拍卖评估作价和主持拍卖活动资格的人组织安排职业培训。

动产任意拍卖委员会由司法部长任命的11名成员组成,任期4年,其中:"有资格的人士"6名,专业(行业)人士的代表5名,专业人士中包括鉴定师1名。动产任意拍卖委员会各成员的任职只能连任一次。委员会主席由本委员会的成员在其内部选举产生。按照相同条件任命相同人数的替补成员。检察院的一名司法官受指定担任驻动产任意拍卖委员会的特派员。

需要强调的是,法国行政管理体制与我国有很大差别。在我国,按照行政法通例,所谓"行政管理"或者"行政权"属于"政府部门";但是,在法国等西方国家,各类行业管理职权并不直接划归政府部门的行政权力范围。动产任意拍卖委员会是一个行业规范与调整机关,而不是"行政主管机关",不具备"批准"设立拍卖公司的职权。法国并没有一个类似于中国专门负责工商管理的"工商局",但却设有很多"独立的行政机关"(统称为"autorités administratives indépendantes")。这些独立的行政机关一般称为"委员会",分别处理有关行业的事务,它们相对"独立"于政府机关,但又享有某种行业管理权力。

法国的动产任意拍卖委员会作为拍卖行业的"调整"(régulation)机关,

虽然有许多职能类似于我国的"拍卖行业协会",例如,组织拍卖师的执业资格培训,但它并不是行业协会,也不是"艺术品鉴定委员会"或者"文物鉴定委员会",更不是拍卖公司。

第L321-18条 （2011年7月20日第2011-850号法律第20条）设立一个具有规范、调整职能的机关,名为"动产任意拍卖委员会"。

动产任意拍卖委员会是一个具有法人资格的公共用益性质的机构,负责:

1. 对第L321-4条所指的动产任意拍卖执业人提交的申报进行登记;

2. 对本章第二节所指国家的国民提交的申报进行登记;

3. 按照第L321-22条规定的条件,对违反第L321-4条所指的动产任意拍卖执业人以及在法国领土上非经常性从事动产任意拍卖业务的欧盟成员国或者欧洲经济区协议签字国国民所适用的法律、条例与职业义务的行为进行处罚;

(2008年5月30日第2008-507号法令第20-1条)"4. 与欧盟成员国或欧洲经济区协议签字国的主管机关合作,为执行欧洲议会第2005/36号指令以及欧洲理事会2005年9月7日有关承认专业资格的指令提供方便条件";

(2009年1月30日第2009-104号法令第10条)"5. 对动产任意拍卖执业人遵守《货币与金融法典》第五卷第六编第一章在反洗钱方面规定的各项义务的情况进行检查,并按照最高行政法院提出资政意见后颁布的法令确定的条件通报有关遵守这些义务的文件";

6. (2011年7月20日第2011-850号法律第20条)"与第L321-4条所指的动产任意拍卖执业人的有代表性的行业组织以及有代表性的专家鉴定人的行业组织联系,鉴别并推荐(本行业的)优良做法,促进服务质量的提高";

7. 观察拍卖经济的状况;

8. 在听取第L321-4条所指的动产任意拍卖执业人的有代表性的行业组织的意见之后,制定动产任意拍卖执业人的职业道德规范,提交司法部长批准后予以公布。

违反上述第2款第8点所指的职业道德义务如已发展成动产任意拍卖执业人的普遍情形,动产任意拍卖委员会应发出通知,重申遵守职业道德义务。

动产任意拍卖委员会也可以对有关动产任意拍卖活动的立法与条例提出修改建议。

第 L321-19 条 动产任意拍卖委员会与(2011 年 7 月 20 日第 2011-850 号法律第 21 条)"全国司法拍卖评估作价人公会"、全国经宣誓的商品居间商同业公会共同负责组织有关取得主持拍卖资质的专业培训。

第 L321-20 条 动产任意拍卖委员会向全国司法评估作价拍卖人公会、各司法拍卖评估作价人公会、各省司法执达员与公证人公会以及(2011 年 7 月 20 日第 2011-850 号法律第 22 条)"全国经宣誓的商品居间商同业公会"通报其了解到的在这些公会各自的辖区内发生的违反有关任意拍卖规章的事实。

全国司法评估作价拍卖人公会、各司法拍卖评估作价人公会、各省司法执达员与公证人公会,以及全国经宣誓的商品居间商同业公会,向动产任意拍卖委员会进行相同的情况报告。

(2011 年 7 月 20 日第 2011-850 号法律第 22 条)"为了了解动产任意拍卖市场的状况,动产任意拍卖委员会可以要求全国司法执达员公会与全国公证人最高理事会向其通报司法执达员与公证人在附带从事动产任意拍卖业务活动方面实现的税负外营业额。这一营业额数字,按照各省司法执达员与公证人公会在对事务所进行年度巡视时提供的情况进行通报"。

第 L321-21 条 (2011 年 7 月 20 日第 2011-850 号法律第 23 条)动产任意拍卖委员会由司法部长、掌玺官任命的 11 名成员组成,任期 4 年,其中:

1. 最高行政法院在职的或者荣誉成员 1 人,由司法部长、掌玺官依据该法院副院长的提议任命;

2. 最高法院在职的或者荣誉审判员 2 人,由司法部长、掌玺官依据该法院院长的提议任命;

3. 最高审计法院在职的或者荣誉审判员 2 人,由司法部长、掌玺官依据该法院院长的提议任命;

4. 至少有 5 年动产任意拍卖执业活动经历的专业人士 3 人,由司法部长、掌玺官依据负责文化事务和商业事务的部长的提议任命;

5. 在动产任意拍卖业务活动方面有资格的人士 3 人,由司法部长、掌玺官依据负责文化事务和商业事务的部长的提议任命;

6. 在动产任意拍卖业务活动方面有财产评价、鉴定经验的鉴定师 1 人,由负责文化事务的部长任命。

按照相同条件任命相同人数的替补成员。

动产任意拍卖委员会的各成员在任职期满之前,只有在其辞职、因故不能履职的情况下,才能按照最高行政法院提出资政意见后颁布的法令确定的条件终止任职。

动产任意拍卖委员会各成员的任职可以连任一次。

动产任意拍卖委员会主席由司法部长、掌玺官在上述第1款第1点、第2点与第3点所指的人员中任命。

动产任意拍卖委员会的各成员在任职期间从事动产任意拍卖业务活动的,不得参与第L321-4条与第L321-24条所指的业务活动中涉及其个人情况的审议。

检察院的一名司法官受指定担任驻动产任意拍卖委员会的特派员职务。

动产任意拍卖委员会可以对提交其处理的、涉及动产任意拍卖业务活动的争议提议协商解决。

全国动产任意拍卖委员会的经费,由第L321-4条所指的动产任意拍卖执业人员交纳的职业会费构成,其数额以上一年在全国范围内从事动产任意拍卖业务活动所得的佣金毛数额为基础进行计算。职业会费的数额由司法部长、掌玺官在听取动产任意拍卖委员会以及第L321-4条所指的动产任意拍卖执业人的有代表性的行业组织的意见之后,发布行政决定确定。

动产任意拍卖委员会指定1名会计监察人和1名替补会计监察人,并接受审计法院的监督。

第L321-22条 任何违反有关第L321-4条所指的动产任意拍卖执业人员以及有资格主持第L321-9条所指的(2011年7月20日第2011-850号法律第24条)"动产任意拍卖执业人"所适用的法律、条例与义务的行为,均引起纪律性惩戒。纪律惩戒的时效期间为3年,自违反纪律的行为之日起计算,但是,如果动产任意拍卖执业人实施了引起刑事有罪判决的行为,纪律惩戒的时效期间为2年,自刑事有罪判决终局确定之日起计算。

动产任意拍卖委员会以说明理由的决定作出裁决。在没有向涉案的(2011年7月20日第2011-850号法律第24条)"动产任意拍卖执业人"的法定代表或者有资格主持拍卖的人进行通知,让其了解案卷并听取其对情况的说明,或者按照规定对其进行传唤之前,不得宣告任何处罚。

(2011年7月20日第2011-850号法律第24条)动产任意拍卖委员会的任何成员均不得参加涉及以下事项的审议:

1. 与其本人或者与其所代表的或原来代表的利益关系人有某种直接或间接利益的事务;

2. 与其在本次审议之前3年期间直接或间接持有某种利益、担任过某种职务或接受其某种委任(委托)的组织有关的事务。

动产任意拍卖委员会的任何成员应向委员会主席告知其在某一法人内直接或间接持有的或者将要持有的某种利益、担任或将要担任的某种职务以及接受或将要接受的任何委任(委托)。动产任意拍卖委员会的所有成员可以随时了解这些情况,以及可以随时了解与其主席有关的情况。

根据受到指控的违规行为的严重程度,对动产任意拍卖执业人实施的各项制裁分别为:警告;训诫;禁止从事全部或部分动产任意拍卖业务或主持动产任意拍卖活动,但时间不超过 3 年;最终禁止从事动产任意拍卖或者最终禁止主持动产任意拍卖活动。

紧急情况下,并以保全名义,动产任意拍卖委员会主席得宣告暂时禁止动产任意拍卖执业人员或有资格主持拍卖的人从事全部或部分动产任意拍卖活动。

宣告上一款所指措施的期限不得超过 1 个月。动产任意拍卖委员会可以决定延长这一期限,但不得超过 3 个月。主席应立即通知动产任意拍卖委员会。

在没有向当事人告知其受到指控的事实,当事人未能了解其案卷并且动产任意拍卖委员会没有听取其辩解,或者没有对其进行传唤之前,不得宣告暂时禁止动产任意拍卖执业人从事拍卖业务活动。

动产任意拍卖委员会可以在其确定的报纸或依托的平台上公布其作出的决定,但如公布决定将对涉案当事人造成不成比例的损害时,不进行公布。公告费用由受到制裁的人负担。

第 L321-23 条　对动产任意拍卖委员会及其主席的决定,可以向巴黎上诉法院提出申诉,也可以向巴黎上诉法院首席院长提出申诉。院长依紧急审理程序进行审理、作出裁判。

第二节　欧盟成员国与欧洲经济区协议签字国的国民自由提供动产任意拍卖活动之服务

第 L321-24 条　(2000 年 7 月 10 日第 2000-642 号法律第 24 条,2011 年 7 月 20 日第 2011-850 号法律第 25 条)欧盟成员国或者欧洲经济区协议签字国的国民,在法国以外的另一成员国内经常性从事动产任意拍卖活动的,可以在法国非经常性从事此种活动;但只有向法国动产任意拍卖委员会进行申报之后,才能在法国开展非经常性动产任意拍卖活动。(2008 年 5 月 30 日第 2008-507 号法令第 20-2 条)"对于第一次在法国开展此项活动的人,至少应提前 1 个月提出申报"。如果服务提供人打算在当年内继续在法国开展非经常性拍卖活动,或者与其有关的专业状况发生实际改变时,应当每年一次延展申报。

第 L321-25 条 (2000 年 7 月 10 日第 2000-642 号法律第 25 条,2011 年 7 月 20 日第 2011-850 号法律第 25-1 条)在原籍国经常性从事动产任意拍卖活动的人,在法国可以使用其机构设置地所在国的语言表述的资质,但应附有法文的翻译文字,以及有必要时,附有其隶属的专业机构的名称。

第 L321-26 条 (2000 年 7 月 10 日第 2000-642 号法律第 26 条,2011 年 7 月 20 日第 2011-850 号法律第 25-2 条)欧盟成员国与欧洲经济区协议签字国的国民,为了能够在法国非经常性从事动产任意拍卖活动,应当在第 L321-24 条所指的申报书中证明其在其中某一成员国国内合法设立了执业机构,相应情况下,证明其持有在该成员国执业的资质。

但是,如果其执业机构所在国对此种活动或者教育培训没有制定法律规范,动产任意拍卖的服务提供人应当证明其在从事业务活动之前的 10 年期间内至少有 2 年从事过此种活动。如果服务提供人是法人,应在申报书中证明其领导人、股东或薪金雇员中(至少)有一人具备这项条件。

第 L321-27 条 (2000 年 7 月 10 日第 2000-642 号法律第 27 条,2011 年 7 月 20 日第 2011-850 号法律第 26 条)欧盟成员国与欧洲经济区协议签字国的国民有义务遵守第 L321-1 条至第 L321-3 条以及第 L321-5 条至第 L321-17 条有关动产任意拍卖的各项规则,且不影响其执业机构所在国规定其应当遵守的与本章之规定不相抵触的义务。

第 L321-28 条 (2000 年 7 月 10 日第 2000-642 号法律第 28 条,2011 年 7 月 20 日第 2011-850 号法律第 27 条)在违反本章规定的情况下,欧盟成员国与欧洲经济区协议签字国的国民受第 L321-22 条之规定的约束,但是,有关暂时禁止或最终禁止从事动产任意拍卖业务活动的制裁改用暂时禁止或者最终禁止在法国从事动产任意拍卖活动替代。

在对当事人进行处罚的情况下,由动产任意拍卖委员会通知相关当事人设立的机构所在国的主管机关。

第三节 参与动产任意拍卖的鉴定师

第 L321-29 条 (2000 年 7 月 10 日第 2000-642 号法律第 33 条,2011 年 7 月 20 日第 2011-850 号法律第 29 条)第 L321-4 条所指的动产任意拍卖执

业人、司法执达员与公证人,唯一由其承担责任,可以聘请鉴定师①给予帮助,以协助其对交付拍卖的财产作出表述、介绍与评估作价。

应向公众告知在组织的拍卖中有鉴定师参与。

第 L321-30 条 (2000 年 7 月 10 日第 2000-642 号法律第 33 条,2011 年 7 月 20 日第 2011-850 号法律第 29 条)在动产任意拍卖中有偿参与活动的任何鉴定师,均有义务订立担保其职业责任的保险。

鉴定师与拍卖活动的组织者,就属于其活动范围的事项连带承担责任。

有关第 1 款规定的担保的性质的所有事项,均应告知公众。

第 L321-31 条 (2000 年 7 月 10 日第 2000-642 号法律第 31 条,2011 年 7 月 20 日第 2011-850 号法律第 30 条)动产任意拍卖的组织者应注意保障其聘任的、提供协助的鉴定师遵守第 L321-30 条第 1 款与第 L321-32 条各自规定的义务与禁止性规定,并将此告知公众。

第 L321-32 条 (2000 年 7 月 10 日第 2000-642 号法律第 34 条,2011 年 7 月 20 日第 2011-850 号法律第 31 条)第 L321-29 条所指的鉴定师,不得对属于其本人的财产进行表述、介绍与价格评估,也不得将其投入拍卖;不得直接或间接为其本人的利益,在其提供协助的动产任意拍卖中参与竞价而成为财产的买受人。

特殊情况下,鉴定师可以通过第 L321-4 条所指的动产任意拍卖执业人出卖属于其本人的财产,但应在公告中清楚明白地加以说明。

第 L321-33 条 (2000 年 7 月 10 日第 2000-642 号法律第 35 条)没有在第 L321-29 条所指名册上注册登记的任何人使用该条所指的名称或者使用与其相类似的名称,足以在公众思想上造成误解的,处《刑法典》第 433-17 条规定的刑罚。

第 L321-34 条 (2011 年 7 月 20 日第 2011-850 号法律第 31 条废止:得到认可的鉴定师被宣告法定的无能力,有严重的职业过错,因存在违反诚信、廉洁或善良风俗的行为而受到有罪判决的情况下,动产任意拍卖委员会得宣告撤销对该鉴定师的资质认可。)

第 L321-35 条 (2011 年 7 月 20 日第 2011-850 号法律第 31 条废止:鉴定师,不论是否取得资质认可,均不得对属于其本人的财产进行价格评估,也

---

① 例如,书画、瓷器、青铜器及其他古董、古玩等门类的鉴定专家。这与我国的实践有相似之处:我国人力资源和社会保障部职业技能鉴定中心关于文化经济职业岗位的认证项目就有:职业艺术品鉴定师、职业艺术品拍卖师、职业艺术品评估师、职业艺术品经纪人、书画鉴定评估师、玉器鉴定评估师、杂项鉴定评估师、铜器鉴定评估师、瓷器鉴定评估师等。——译者注

不得将其投入拍卖；鉴定师不得直接或间接为其本人的利益，在其提供协助的动产任意拍卖中参与竞价而成为该财产的买受人。

特殊情况下，鉴定师可以通过第 L321-2 条所指的人拍卖属于其本人的财产，但应在公告中予以载明。）

第 L321-35-1 条 （2011 年 7 月 20 日第 2011-850 号法律第 31 条废止：动产任意拍卖活动的组织者借助没有得到认可的鉴定师时，应保障让其遵守第 L321-31 条与第 L321-35 条所指的义务。）

第四节 其 他 规 定

第 L321-36 条 （2000 年 7 月 10 日第 2000-642 号法律第 58 条第 2 款与第 3 款，2011 年 7 月 20 日第 2011-850 号法律第 33 条）属于国家的动产的公开拍卖①以及按照公产的形式进行的动产买卖，仍按《公法人财产法典》第 L3211-17 条规定的方式进行；但是，尽管有《公法人财产法典》第 L3211-17 条的规定，这些财产的买卖也可以由本《法典》第 L321-4 条与第 L321-24 条所指的动产任意拍卖执业人按照本章规定的条件为国家的利益通过公示与竞争（concurrence）的方式进行。

属于《海关法典》调整的动产拍卖，按照该《法典》规定的方式进行；但是，尽管有《海关法典》的规定，这些财产的买卖也可以由本《法典》第 L321-4 条与第 L321-24 条所指的动产任意拍卖执业人按照本章规定的条件为国家的利益通过公示与竞争的方式进行。

第 L321-37 条 （2000 年 7 月 10 日第 2000-642 号法律第 61 条，2011 年 7 月 20 日第 2011-850 号法律第 34 条）除涉及属于商事法院管辖的有关大宗商品的任意公开拍卖的争议之外，凡是以第 L321-4 条所指的动产任意拍卖执业人为一方当事人的、涉及拍卖活动的诉讼，民事法院唯一有管辖权，任何相反条款均视为未予订立。但是，动产任意拍卖执业人是法人时，其股东可以在章程中约定将他们相互之间或动产任意拍卖执业人之间因其活动产生的争议提交仲裁。

第 L321-38 条 （2000 年 7 月 10 日第 2000-642 号法律第 66 条，2011 年

---

① 这是指公产拍卖。通过公产拍卖而出卖的财产主要来自无人继承的、转归国家的遗产。公产拍卖有时在大审法院进行，有时在公产管理部门（La Direction nationale d'interventions domaniales）进行。对于在法院之外进行的买卖，不强制要求公证人或律师参与。——译者注

7月20日第2011-850号法律第34条)最高行政法院提出资政意见后颁布的法令确定本章的实施条件,该法令具体规定:

1. 主持拍卖必须具备的专业资质;

2. 对证书、毕业证书、同等资质进行承认的条件,事先进行第L321-4条所指申报的条件以及应当附有的各项材料的清单;

3. 第L321-6条规定的担保制度,以及应当向服务对象告知的财务担保性质的条件;

4. 不是在第L321-7条所指场所展示拍品的情况下,向动产任意拍卖委员会进行报告的条件;

5. 在第L321-11条所指公告中应当写明的事项;

6. 有关遵守第L321-18条第2款第5点就反洗钱与资助恐怖活动方面规定的义务的文件进行通知、传达的方式;

7. 有关动产任意拍卖委员会的组织与运作的方式。

第二章 其他拍卖

第L322-1条 因(所有人)死亡,或者经司法机关决定进行的商品(marchandise)零散公卖(les ventes publiques et au detail),按照(2011年12月19日第2011-1895号法律第2条)"《民事执行程序法典》第L221-4条的规定",由司法助理人员按照动产强制拍卖的规定形式进行。

第L322-2条 (1841年6月25日法律第4条,2011年7月20日第2011-850号法律第36条)在实行司法清算之后进行的商品买卖,按照本《法典》第L642-19条及随后条文的规定进行。

(2011年7月20日第2011-850号法令第36条)在司法清算之后进行的商品买卖,在其是零散买卖或按份拍卖时,可以由司法拍卖评估作价人、公证人或者司法执达员进行;或者在其是按批次进行的大宗商品拍卖时,可以由经宣誓的商品居间商进行。除商品之外的债务人的动产财产,只能由司法拍卖评估作价人、公证人或者司法执达员按照调整这些人员参与活动的法律和规章的规定进行拍卖。

第L322-3条 (1841年6月25日法律第4条,2011年7月20日第2011-850号法律第37-1条)因停止商业活动,或者在紧迫情况下,通过竞价方式进行的公卖(les ventes publiques et par enchères),只有得到商事法院依据作为所有权人的商人提出的申请事先给予批准,始能进行。情况是否紧迫,由法院进行评判;提交的申请应附有待出卖的商品的详细清单。

法院以判决确认引起公卖的事实,指明在市区进行此种买卖的地点。法院甚至可以命令只对按份组成的商品进行投标竞价,每一份商品的组成数量由法院确定。

(2011年7月20日第2011-850号法律第37-1条)法院确定由经宣誓的商品居间商、司法拍卖评估作价人或者其他公务助理人员负责接收提出的应价。

出于必要,上述批准只给予在进行拍卖的市区内有实际住所至少1年的常住商人。

张贴在拍卖地点的出入口的告示,应写明批准进行拍卖的法院判决。

第 L322-4 条 (1841年6月25日法律第6条,2011年7月20日第2011-850号法律第37-2条)按照法律的规定或者由法院判决命令进行的大宗商品的拍卖,由经宣誓的商品居间商进行。

第 L322-5 条 对于违反第 L322-1 条至第 L322-7 条之规定的任何犯罪行为,处没收交付拍卖的商品之处罚,并处 3750 欧元罚金。对出卖人(委托人)、协助出卖人的经宣誓的商品居间商、公务助理人员连带宣告此项罚金,且不影响必要时判处损害赔偿。

(2011年7月20日第2011-850号法律第37-3条废止:为规避第 L320-1 条的禁止性规定而参与其中的任何人,视为此种犯罪的共犯,并处相同刑罚。)

第 L322-6 条 (1841年6月25日法律第8条,2011年7月20日第2011-850号法律第37-4条)在因实施扣押、当事人死亡、实行司法清算、停业或者在其他紧迫情况下进行经司法批准的买卖时,出卖人(委托人)、经宣誓的商品居间商或者公务助理人员将不属于交付拍卖的资产或动产的新商品纳入其中进行拍卖的,处第 L322-5 条规定的刑罚。(2011年7月20日第2011-850号法律第37-4条)情况是否紧迫,由法院评判。

第 L322-7 条 在没有(1841年6月25日法律第10条,2011年7月20日第2011-850号法律第37-5条)经宣誓的商品居间商的地方,由司法拍卖评估作价人、公证人与司法执达员,按照调整这些人员参与活动的法律与规章的规定,进行第 L322-4 条所指的买卖。

进行上述买卖活动,应当遵守强制经宣誓的商品居间商遵守的形式、条件与收费标准。

第 L322-8 条 (2004年3月25日第2004-279号法律第3-1条,2011年

7月20日第2011-850号法律第37-6条）只有事先得到商事法院批准,才能进行大宗武器、辎重及其主要部件的公开任意拍卖。

第L322-9条 （1858年5月28日法律第2条,2011年7月20日第2011-850号法律第37-6条）经宣誓的商品居间商应当遵守《税收总法典》第871条与第873条的各项规定。

第L322-10条 关于居间人、经纪人对第L322-8条至第L322-13条所指拍卖的权利,由负责农业事务、（2011年7月20日第2011-850号法律第37-8条）商业事务的部长听取工商会与商事法院的意见之后确定。

（1858年5月28日法律第3条）在任何情况下,此种权利均不得超过在进行当面协商买卖的情况下就相同类型的商品所能享有的权利。

第L322-11条 （1858年5月28日法律第5条）涉及按照第L322-8条的规定实现的买卖的争议,向商事法院提出。

第L322-12条 （2011年7月20日第2011-850号法律第37-9条废止：第L322-8条所指的买卖,在听取工商会与商事法院的意见之后专门为此批准的场所进行。）

第L322-13条 （2011年7月20日第2011-850号法律第37-9条废止：最高行政法院提出资政意见后颁布的法令规定实施第L322-11条与第L322-12条所必要的措施,特别是规定给予第L322-12条所指批准的形式与条件。）

第L322-14条 （1861年7月3日法律第1条）商事法院可以在商人死亡或停业之后,或者在其他所有紧迫情况下,批准拍卖来源不同的各类大宗商品。情况是否紧迫,由法院评判。

给予批准,应由申请人提出申请。提出的申请应附有待拍卖的商品的详细清单。法院以其判决确认引起拍卖的事实。

第L322-15条 （1861年7月3日法律第2条,2011年7月20日第2011-850号法律第37-10条）按照第L322-14条的规定经司法批准进行的大宗商品的拍卖,以及商事法院在本《法典》规定的不同情况下批准或命令进行的任何拍卖,均由经宣誓的商品居间商进行。

但是,批准或者命令进行此种拍卖的商事法院或法官始终可以指定由司法拍卖评估作价人、司法执达员或者公证人进行这些拍卖活动。在此情况下,受指定的公务助理人员,不论属于何种类别,均应遵守强制经宣誓的商品居间商遵守的形式、条件、收费标准与责任。

第L322-16条 （1861年7月3日法律第3条）第L322-11条至第L322-13条之规定适用于第L322-14条与第L322-15条所指的拍卖。

第三编　排他性条款

第 L330-1 条　规定动产买受人、受让人或承租人向出卖人、让与人或出租人作出承诺，保证不使用来自其他供货人(供应商)的类似的或补充性物品的任何排他性条款，有效限制时间最长为 10 年。

第 L330-2 条　在相同的当事人之间订有包含第 L330-1 条所指的排他性条款的合同，随后就相同种类的财产又缔结其他类似义务时，新订立的合同中包含的排他性条款与第一份合同中订立的此项条款至同一日期终止。

第 L330-3 条　任何人，将商业名称、商标或招牌交由他人使用，同时要求该人作出义务承诺，在其从事活动中排他性使用该商业名称、商标或招牌的，在为双方共同利益订立的任何合同签字之前，有义务向另一方当事人提供包含真实准确信息的文件，以便另一方当事人在充分了解实情的基础上作出义务承诺。

应提交的文件的内容由法令确定。这项文件尤其应当具体说明(授权)企业的经营年限与经验，相关市场的状况与发展前景，经营网点的规模，合同的期限，合同延展、解除与转让条件，以及排他性义务的适用范围。

在上述合同签字之前要求交纳一笔费用时，特别是为了取得(排他性条款规定的)保留地域而缴纳费用时，对此项费用所对应的服务以及在废除合同的情况下双方的义务应当书面作出明确规定。

第 1 款所指的文件以及合同草案，最迟应在签字前 20 日，或者，在相应情况下，于前款所指的费用支付之前，传达给对方当事人。

第四卷 价格与竞争自由

第一编 一般规定

第 L410-1 条 本卷所定各项规则适用于各种生产、销售与服务活动，其中包括由公法人（personnes publiques）从事的这类活动，尤其是公法人在"公共服务事业委托管理协议"（convention de délégation）的框架内进行的此种活动。

第 L410-2 条 除法律另有规定外，1987 年 1 月 1 日之前属于 1945 年 6 月 30 日第 45-1483 号法令调整的财产、产品与服务的价格，均通过竞争规则自由确定。

但是，在因垄断地位或持续的供给困难，或者因法律或条例的规定价格竞争受到限制的部门或区域，经最高行政法院提出资政意见并听取（2008 年 11 月 13 日第 2008-1161 号法律第 4 条）竞争主管机关①的咨询建议之后发布的法令可以对物价作出规定。

本条第 1 款、第 2 款的规定不妨碍政府为阻止物价过高上涨或过分下跌，通过征求最高行政法院的意见之后制定法令，确定因危机情势、特殊情况、公共灾害或特定部门市场表现出来的明显不正常状况而需要采取的各种临时措施。在制定此种法令之前，应听取"全国消费委员会"（Conseil national de la consommation）的意见。此种法令应明确规定其有效实施的期间。实行临时措施的期间不得超过 6 个月。

第 L410-3 条 （2012 年 11 月 20 日第 2012-1270 号法律第 1 条）在属于《宪法》第 73 条规定的地方行政区，圣巴泰勒米、圣马丁、圣皮埃尔—密克隆

---

① 参见本卷第六编的规定。——译者注

与瓦里斯和富图纳海外行政区,以及因供需条件或市场结构需要对自由竞争进行限制的部门,政府在听取竞争主管机关的公开意见之后,可以通过最高行政法院提出资政意见后颁布的法令,对相关的财产批发与提供服务的市场运作不通畅的问题采取必要的补救措施,特别是针对向这些行政区出口、输送、存储与销售的市场所遇到的问题采取必要的补救措施。政府采取的措施,应在考虑消费者利益的基础上,解决这些市场的准入、禁止价格歧视、交易诚信、交易人员范围、主要便利条件的管理等方面的问题。

第 L410-4 条 (2012 年 11 月 20 日第 2012-1270 号法律第 15-1 条) 在属于《宪法》第 73 条规定的地方行政区,圣巴泰勒米、圣马丁、圣皮埃尔—密克隆与瓦里斯和富图纳海外行政区,政府可以按照有关欧盟运作的条约第 349 条的规定,在听取竞争主管机关的公开意见之后,通过最高行政法院提出资政意见后颁布的法令,对有关生活必需品的销售价格加以规范。

第 L410-5 条 (2012 年 11 月 20 日第 2012-1270 号法律第 15-1 条) 一、在瓜德罗普、圭亚那、马提尼克、留尼汪、马约特、圣皮埃尔—密克隆与瓦里斯和富图纳,国家在当地的代表在对相关地区的物价与居民收入状况进行公开考察之后,每年与零售行业的专业组织以及他们的供货商进行谈判,达成一项总体价格调整协议,并确定调整价格的日常消费品的限制名单。参加谈判的供货商是生产商、批发商与进口商。

如果谈判取得成果,达成的协议由相应省的省长以行政条例的形式予以公布。

二、如果自开始谈判经过 1 个月仍然没有达成协议,国家在当地的代表在上述第一项所指的谈判以及相关的经济部门实行的最低价格的基础上,确定上述第一项第 1 款所指名单上的产品的总体价格。

三、上述第一项第 1 款所指名单上的产品实际实行的总体价格,应按照《消费法典》第 L113-3 条的规定进行张贴、公示。

四、违反本条上述第三项的规定,由本《法典》第 L450-1 条第二项所指的人员按照第 L450-2 条、第 L450-3 条、第 L450-7 条、第 L450-8 条与第 L470-5 条规定的条件进行调查、确认。

五、第一项至第四项的适用条件由最高行政法院提出资政意见后颁布的法令作出具体规定。

第二编 各种反竞争行为[①]

第 L420-1 条 以阻碍、限制或扭曲市场竞争规则为目的或者可能发生此种效果的协同行动、协议、明示或默示的默契或串通,(2001 年 5 月 15 日第 2001-420 号法律第 52 条)"即使是直接或间接通过设在法国国外的集团公司而为",均予禁止,尤其应禁止以下行为:
1. 旨在限制其他企业进入市场,或者限制其自由开展竞争的;
2. 旨在阻碍按照市场自由竞争规则确定价格,人为抬高或降低价格的;
3. 旨在限制或控制生产、市场销路、投资或技术进步的;
4. 划分市场或供货来源的。

第 L420-2 条 (2001 年 5 月 15 日第 2001-420 号法律)禁止企业或企业集团在上述第 L420-1 条所指条件下滥用其对国内市场或市场的实质部分所占的支配地位。所谓"滥用支配地位"主要是指:仅仅因为合作者拒绝服从无正当理由的商业条件,即拒绝向其出售货品,或者实行附加约束条件的捆绑式销售或附有歧视性条件的销售,以及中断原已建立的商业关系。

企业或企业集团滥用某个客户企业或供货企业对其所处的经济上的依赖地位,只要此种滥用情形可以影响到竞争的开展或竞争结构,亦在禁止之列。(2005 年 8 月 2 日第 2005-882 号法律第 40 条)所谓"滥用他人经济上的依赖地位"主要是指第 L442-6 条所指的拒绝销售,附加约束条件的捆绑式销

[①] 本《法典》所说的"反竞争行为"(des pratiques anticoncurrentielles),是指各种违反市场竞争规则的做法与行为,是阻止、限制或扭曲市场竞争规则的行为。资本主义市场经济主张的是自由竞争机制,市场经济的健康发展,不仅需要竞争,而且鼓励竞争,法律禁止各种反竞争的行为,但是,涉及国家经济命脉与国计民生的关键领域,不仅应当而且必然有所例外。——译者注

售,附加歧视性条件的销售或订立"配套销售协议"(accord de gamme)。

第 L420-2-1 条 (2012 年 11 月 20 日第 2012-1270 号法律第 5-1 条)在属于《宪法》第 73 条所指地方行政区,圣巴泰勒米、圣马丁、圣皮埃尔—密克隆与瓦里斯和富图纳海外行政区,禁止订立以给予某一企业或企业集团独占进口权为目的或效果的协议或者协同采取此种做法。

第 L420-3 条 与第 L420-1 条、第 L420-2 条以及(2012 年 11 月 20 日第 2012-1270 号法律第 5-1 条)"第 L420-2-1 条"所禁止的行为有关的任何义务承诺、协议或合同条款,一律无效。

第 L420-4 条 一、以下行为与做法不受第 L420-1 条和第 L420-2 条之规定约束:

1. 因执行立法文件以及为此制定的实施条例的规定而实施的行为及采取的做法;

2. 行为人能够证明其实施的行为是以保障经济发展为效果的,(2001 年 5 月 15 日第 2001-420 号法律)"其中包括通过创造或保持就业岗位"而采取的各种实际做法,并且将由此带来的利益的合理部分让利给用户,同时不会在所涉及的产品的主要部分为利益关系企业提供排除市场竞争的可能性(对手)。

这些行为与实际做法可以是,采用同一商标或品牌组织农产品或农副产品的生产,对产量作出安排并规范产品质量与商业营销政策,其中包括约定共同的转让价格(采购价格)。但是,只有当这些做法对于实现经济发展目标实属必不可少时,才能准许对开展竞争有所限制。

二、对于特定类型的协议或特定的协议,尤其是以改善中小企业的经营为目的的协议,可以在征求(2008 年 11 月 13 日第 2008-1161 号法律第 4 条)"竞争主管机关"的同意意见之后制定行政令承认其符合上述条件。

(2012 年 11 月 20 日第 2012-1270 号法律第 5-1 条)三、如果订立协议或者采取协同做法的人能够证明其所订协议或采取的做法有提高经济效率之客观理由作为依据,并且为消费者保留了相当部分的利益,那么,这些人所订协议与采取的做法不受第 L420-2-1 条之规定的禁止。

第 L420-5 条 向消费者提议或实行过分低于生产、加工与销售成本的价格,只要目的与效果是为了将某个企业或其生产的某种产品排除出特定市场或者阻碍其进入特定市场,一律予以禁止。

销售成本中同样而且必须包括因法律或条例规定的、与产品安全有关的各项义务而发生的全部费用。

上述规定,不适用于按照货品的原状再出卖的行为,但用物质载体复制的录音制品以及供公众私人使用的影视作品除外。

第 L420-6 条 任何自然人明知而故意参与筹划、组织或实施第 L420-1 条与第 L420-2 条所指的行为并在其中起决定作用的,处 4 年监禁并处 7.5 万欧元罚金。

法院得命令由被判刑人承担费用,在指定的报纸上公告判决全文或节录。

第 L462-7 条所规定的(2008 年 11 月 13 日第 2008-1161 号法律第 4 条)"竞争主管机关"采取的中断诉讼时效的行为,亦具有中断公诉时效的效力。

第 L420-7 条 (2004 年 11 月 4 日第 2004-1173 号法律的 1 条)除保留适用第 L420-6 条、第 L462-8 条、第 L463-1 条至第 L463-4 条、第 L463-6 条、第 L463-7 条与第 L464-1 条至第 464-8 条之规定外,有关适用本《法典》第 L420-1 条至第 L420-5 条、《建立欧洲共同体条约》第 81 条与第 82 条以及提及这些规定的条文中所定规则而产生的争议,按照具体情况,分别由大审法院或商事法院管辖。最高行政法院提出资政意见后颁布的法令具体规定这些法院的所在地与辖区,但不影响适用不同系统的法院之间管辖权限的分配规则。

第三编 经济集中①

第 L430-1 条 （2001 年 5 月 15 日第 2001-420 号法律）一、有以下情形时,经济集中即告实现：

1. 原先两家或数家独立的企业实现合并；

2. 至少已经对某一企业持有控制权的一人或数人或者一家或数家企业通过资本参与或购进资产要素、订立合同或者其他方式,直接或间接取得另一家企业或另数家企业的全部或部分控制权。

二、创立一家共同企业,持续地完成一个经济实体的全部功能,构成本条意义上的经济集中。

三、就适用本条之规定而言,凡是事实上与法律上的有可能单独或者共同对某一企业的活动带来决定性影响的权利、契约或其他任何手段,均可以产生控制权；控制权尤其来自以下权利：

——对某一企业的全部或部分财产的所有权或使用、收益权；

——可以在某一企业的机关人员的组成、审议或决议方面赋予决定性影

---

① "经济集中"法文原文为"concentration économique"。按照第 L430-1 条的规定,这一概念并非唯一指企业或公司之间的"兼并"活动。产业经济学认为,产业集中是市场竞争和政府干预的结果。市场竞争遵循的是"优胜劣汰"和经济效率原则,在市场竞争力量的作用下,有竞争力的高效益企业可能得到迅速扩张,市场份额不断扩大,因而带来经济上的集中。经济上的集中引起企业之间的联合、参股、控股、合并与兼并活动；反过来,经济集中程度的不断提高又会影响企业或产品的市场竞争力,并对企业行为和绩效产生影响,也可能会导致经济上的垄断地位,而经济上的垄断地位有可能带来不利后果。因此,产业组织政策的主要目标是要鼓励公平的、有效的竞争,防止或制止不正当竞争；法律上同样应当关注经济集中活动。在法国,只有得到竞争主管机关的同意,或者在竞争主管机关对案卷进行复审的情况下,只有得到负责经济事务的部长同意,才能实际实现规模和影响较大的经济集中活动。——译者注

响的权利或契约。

第 L430-2 条 (2008 年 8 月 4 日第 2008-776 号法律第 96-1 条 A) 一、具备以下 3 点条件的第 L430-1 条意义上的任何一种经济集中活动,均适用本编第 L430-3 条及随后条款的规定:

1. 属于经济集中的各方当事人的全部企业或自然人或法人集团在世界范围内实现的税负外的总营业额超过 1.5 亿欧元;

2. 至少两家参与活动的企业或者有关的自然人或法人集团在法国实现的税负外的总营业额超过 5000 万欧元;

3. 从事的业务活动不属于欧盟委员会有关监督企业经济集中活动的第 139/2004 号条例的适用范围。

二、参与经济集中活动的各方当事人至少有两方经营一家或数家大型商场时,若具备以下 3 点条件,则其间进行的第 L430-1 条意义上的任何经济集中活动,均适用本编第 L430-3 条及随后条款的规定:

1. 属于经济集中的各方当事人的全部企业或自然人或法人集团在世界范围内实现的税负外的总营业额超过 7500 万欧元;

2. 至少两家参与活动的企业或者有关的自然人或法人在法国实现的零售商业税负外的总营业额超过 1500 万欧元;

3. 从事的业务活动不属于上述欧盟委员会有关监督企业经济集中活动的第 139/2004 号规则的适用范围。

三、参与经济集中活动的各方当事人至少有一方在一个或数个海外省、(2011 年 3 月 29 日第 2011-337 号法令第 7 条)"马约特省或者圣皮埃尔—密克隆"、圣马丁与圣巴泰勒米海外行政区从事业务活动的,若具备以下 3 点条件,则其进行的第 L430-1 条意义上的任何经济集中活动,均适用本编第 L430-3 条及随后条款的规定:

1. 属于经济集中之各方当事人的全部企业或者自然人或法人集团在世界范围内实现的税负外的总营业额超过 7500 万欧元;

2. 至少两家参与活动的企业或者有关的自然人或法人在法国至少一个省或海外领土上单个实现的税负外的总营业额超过 1500 万欧元,(2010 年 7 月 23 日第 2010-853 号法律第 41 条,2012 年 11 月 20 日第 2012-1270 号法律第 9 条)或者在零售业部门单个实现的税负外的总营业额超过 "500 万欧元";

3. 从事的业务活动不属于上述欧盟委员会有关监督企业经济集中活动的第 139/2004 号规则的适用范围。

四、上述第一项、第二项与第三项所指的经济集中活动属于上述有关监督企业之间经济集中的欧盟委员会第139/2004号规则的适用范围。

上述第一项、第二项与第三项所指的营业额应按照欧洲理事会2004年1月20日第139/2004号规则第5条确定的方式进行计算。

第L430-3条 （2001年5月15日第2001-420号法律，2004年12月9日第2004-1343号法律第83-2条）经济集中活动，在其实现之前，应通知（2008年8月4日第2008-776号法律第96-1条）"竞争主管机关"。只要经济集中活动涉及的一方或各方当事人能够提出已经拟订的方案（projet），从而可以对案卷进行预备性审查时，尤其是在此项活动涉及的各方当事人已经达成原则性协议，签订意向书，或者已经发布公开收购要约的公告时，即可向（2008年8月4日第2008-776号法律第96-1条）"竞争主管机关"进行此种活动的通知。

将已经向欧洲委员会通知的经济集中活动的案卷移送法国（2008年8月4日第2008-776号法律第96-1条）"竞争主管机关"，产生本条所指的通知效力。

凡是取得某一企业全部或部分控制权的自然人或法人，均有义务进行上述通知；或者，在企业合并或创立一家共同企业的情况下，与此活动有关的各方亦应共同进行上述通知。通知案卷的内容由法令具体规定。

接收某项经济集中活动的通知，或者移送在欧盟范围内进行的经济集中活动的案卷之全部或一部，由（2008年8月4日第2008-776号法律第96-1条）"竞争主管机关"按照法令规定的形式进行公告。

第L430-4条 （2008年8月4日第2008-776号法律96-1条C）只有经（2008年11月13日第2008-1161号法律第4条）"竞争主管机关"同意，或者在（2008年11月13日第2008-1161号法律第4条）"竞争主管机关"按照第L430-7-1条规定的条件对案卷进行复审的情况下，只有经负责经济事务的部长同意，经济集中活动才能实际实现。

（2001年5月15日第2001-420号法律）在有必要特别说明理由的情况下，向（2008年11月13日第2008-1161号法律第4条）"竞争主管机关"进行上述通知的各方当事人，可以向主管机关申请例外处理，以便他们实现全部或部分经济集中活动，而不必等待第1款所指的决定作出，但这种例外处理不影响作出该项决定。

第L430-5条 （2008年8月4日第2008-776号法律第96-1条D）一、（2008年11月13日第2008-1161号法律第4条）"竞争主管机关"在收到完整的通知后 25 个工作日之内就经济集中活动作出决定。

（2001 年 5 月 15 日第 2001-420 号法律）二、只要尚未作出第一项所指的决定，参与经济集中活动的各方当事人可以承诺在进行此项活动通知的同时，或者在接到完整的通知之日起 25 个工作日届满之后的任何时候，采取各项措施，补救因此项经济集中活动而造成的反竞争效果。

（2008 年 8 月 4 日第 2008-776 号法律第 96-1 条 D2）"如果各方当事人所做的承诺被（2008 年 11 月 13 日第 2008-1161 号法律第 4 条）'竞争主管机关'接受，上述第一项所指的期限可以延长 15 个工作日。在有特殊必要性的情况下，例如，为了落实前款所指的义务承诺，各方当事人可以向（2008 年 11 月 13 日第 2008-1161 号法律第 4 条）'竞争主管机关'申请暂时中止经济集中活动的审查期限，但中止时间不得超过 15 个工作日"。

三、（2008 年 8 月 4 日第 2008-776 号法律第 96-1 条 D3,2008 年 11 月 13 日第 2008-1161 号法律第 4 条）"竞争主管机关"可以：

1. 以说明理由的决定确认向其通知的经济集中活动不属于第 L430-1 条与第 L430-2 条的规定范围；

2. 批准计划中的经济集中活动，但可以作出说明理由的决定规定：是否批准经济集中方案，以各方所作的承诺能否实际实现为前提条件；

3. 如（2008 年 11 月 13 日第 2008-1161 号法律第 4 条）"竞争主管机关"认为有严肃的理由质疑拟进行的经济集中可能妨害竞争时，按照第 L430-6 条规定的条件对经济集中方案进行深入审查。

（2008 年 8 月 4 日第 2008-776 号法律第 96-1 条 D4）"四、如果（2008 年 11 月 13 日第 2008-1161 号法律第 4 条）'竞争主管机关'在第一项所指的期限内，以及在可能按照第二项的规定给予的延长期限内没有作出上述任何一种决定，应当将此情况通知负责经济事务的部长。拟进行的经济集中活动，视其在第 L430-7-1 条第一项为经济部长作出决定而规定的期限内得到批准"。

第 L430-6 条　（2008 年 8 月 4 日第 2008-776 号法律第 96-1 条 E）在按照第 L430-5 条的规定对经济集中活动进行深入审查的情况下，（2008 年 11 月 13 日第 2008-1161 号法律第 4 条）"竞争主管机关"应当审查计划中的经济集中活动是否妨碍（开展）竞争，尤其要审查拟进行的经济集中活动是否会造成或者加剧（有关企业在经济上的）支配地位，或者造成或加剧（有关企业在）购买与进货方面的强势地位，致使供应商在经济上处于依附地位。

（2008 年 8 月 4 日第 2008-776 号法律第 96-1 条）"竞争主管机关"应当

评判计划进行的经济集中活动是否(可以)为经济发展作出足够贡献,以弥补其对竞争造成的妨碍。(2008 年 8 月 4 日第 2008-776 号法律第 96-1 条)"竞争主管机关"在对经济集中活动进行深入审查时,适用的程序是第 L463-2 条第 2 款、第 L463-4 条、第 L463-6 条与第 L463-7 条规定的程序。进行上述通知的各方当事人以及政府特派员,应当在 15 个工作日内提出意见,就向其报送的报告作出答复。

在进行审议之前,(2008 年 11 月 13 日第 2008-1161 号法律第 4 条)"竞争主管机关"应当听取第三人的意见,进行通知的各方当事人不得在场。参与经济集中的各企业的企业委员会①如提出请求,由(2008 年 11 月 13 日第 2008-1161 号法律第 4 条)"竞争主管机关"按照相同条件听取其意见。

第 L430-7 条 (2008 年 8 月 4 日第 2008-776 号法律第 96-1 条 F)一、(2008 年 11 月 13 日第 2008-1161 号法律第 4 条)"竞争主管机关"如对某一项经济集中活动进行深入审查,应在审查开始之后的 65 个工作日内作出决定。

二、各方当事人在知道(竞争主管机关)将按照第 L430-5 条第三项第 3 点的规定对其提交的经济集中方案进行深入审查之后,可以提议作出义务承诺,保证补救拟进行的经济集中活动可能造成的反竞争效果。如果当事人在第一项所指的期限终止之前 20 个工作日内将其提议的承诺事项报送(2008 年 11 月 13 日第 2008-1161 号法律第 4 条)"竞争主管机关",上述第一项所指的期限可以延长至该主管机关接收到提出的承诺之日后 20 个工作日终止。

在有特别必要的情况下,例如,为了落实前款所指的承诺,各方当事人可以请求(2008 年 11 月 13 日第 2008-1161 号法律第 4 条)"竞争主管机关"暂时中止对计划进行的经济集中活动的深入审查,但中止时间以 20 个工作日为限。原来进行通知的各方当事人,在发生新的事实之后,没有向(2008 年 11 月 13 日第 2008-1161 号法律第 4 条)"竞争主管机关"进行新的通知的,或者没有向该主管机关报送在规定的期限内要求报送的材料,或者因负责进行上述通知的当事人的原因造成第三人没有报送相应材料时,(2008 年 11 月 13 日第 2008-1161 号法律第 4 条)"竞争主管机关"也可以主动中止深入审查的期限。

在此情况下,中止审查期限的理由一经消失,期限即应恢复计算。

三、(2008 年 11 月 13 日第 2008-1161 号法律第 4 条)"竞争主管机关"

---

① 企业委员会是职工劳动与社会保障方面的机构,不是企业的管理或领导机关。参见第六卷。——译者注

得作出说明理由的决定：

——或者，禁止实施计划进行的经济集中活动，并命令各方当事人采取能够确保充分开展竞争的任何措施；

——或者，批准计划进行的经济集中活动，同时命令采取能够确保充分开展竞争的任何措施，或者强制当事人遵守能够为经济发展与社会进步产生足够作用的规定，以抵销其计划进行的经济集中活动给竞争造成的损害。

上述条款所指的命令与具体规定，无论当事人双方如何约定，均应予执行。

(2008年11月13日第2008-1161号法律第4条)"竞争主管机关"的决定草案提前转送各方当事人，并规定他们可以提出意见的期限。

四、如果(2008年11月13日第2008-1161号法律第4条)"竞争主管机关"没有作出第三项所指的任何一项决定，应以说明理由的决定批准(计划进行的)经济集中活动。在给予批准的同时，可以规定负责进行方案通知的各方当事人应切实兑现其所作的义务承诺。

五、如果(2008年11月13日第2008-1161号法律第4条)"竞争主管机关"在第一项规定的期限内没有作出第三项与第四项所指的任何一项决定，应当通知负责经济事务的部长。在第L430-7-1条为经济部长规定的期限届满时，方案中拟定进行的经济集中活动视为已经得到批准。

第L430-7-1条 (2008年8月4日第2008-776号法律第96-1条G)一、负责经济事务的部长在接到(2008年11月13日第2008-1161号法律第4条)"竞争主管机关"的通知之后，或者在按照第L430-5条的规定向其进行通知后5个工作日内，可以要求(2008年11月13日第2008-1161号法律第4条)"竞争主管机关"按照第L430-6条与第L430-7条规定的条件进行深入审查。

二、负责经济事务的部长在接到(2008年11月13日第2008-1161号法律第4条)"竞争主管机关"的通知或者按照第L430-5条的规定向其进行的通知后25个工作日内，可以提审案卷，并在保持竞争的角度的同时，本着整体利益，对所涉及的经济集中活动进行审查；相应情况下，就此项活动对竞争所带来的妨害进行审查。

除保持竞争之外，负责经济事务的部长提审案卷所依据的"保持竞争"与"整体利益"的理由主要是指，考虑工业发展，从国际竞争的角度来考虑相关企业的竞争能力以及创造与保持就业等。

负责经济事务的部长根据第二项的规定就(2008年11月13日第2008-1161号法律第4条)"竞争主管机关"的决定提审案卷时，应当对涉及的经济集中活动作出说明理由的审议决定;在作出此项决定之前,应当听取参加此项经济集中活动的各方当事人的意见。这项决定可以附加条件,要求当事人切实履行其义务承诺。

所作决定立即转送(2008 年 11 月 13 日第 2008-1161 号法律第 4 条)"竞争主管机关"。

第 L430-8 条 一、(2008 年 8 月 4 日第 2008-776 号法律第 96-1 条 H)如果事先没有进行通知即已实现经济集中活动,(2008 年 11 月 13 日第 2008-1161 号法律第 4 条)"竞争主管机关"可以按照第 L464-2 条的范围,以规定逾期罚款的方式,责令各方当事人通知其已经进行的经济集中活动,但如当事人之间恢复到此项活动实现之前的状态,不再要求进行通知。在此情况下,适用第 L430-5 条至第 L430-7 条之规定。

此外,对负有通知义务的人,(2008 年 11 月 13 日第 2008-1161 号法律第 4 条)"竞争主管机关"可以实行金钱制裁;对于法人,金钱制裁的最高数额可达已经终结的最后一个会计年度该法人在法国实现的税负外营业额的 5%,以及相应情况下,还要加上被其兼并的一方相同时期内在法国实现的税负外营业额的 5%;对于自然人,罚款可达 1500000 欧元。

(2001 年 5 月 15 日第 2001-420 号法律)二、如果一项经济集中活动虽然进行了通知但不能享有第 L430-4 条第 2 款之例外规定的利益,而该条第 1 款规定在所指的决定作出之前即已实现的,(2008 年 8 月 4 日第 2008-776 号法律第 96-1 条 H2,2008 年 11 月 13 日第 2008-1161 号法律第 4 条)"竞争主管机关"可以对负有通知义务的人实行金钱制裁,其数额不得超过本条第一项的规定。

三、如果在进行的通知中有遗漏申报的事项或者有不确实的申报事项,(2008 年 8 月 4 日第 2008-776 号法律第 96-1 条 H2,2008 年 11 月 13 日第 2008-1161 号法律第 4 条)"竞争主管机关"得对进行这种通知的人实行金钱制裁,其数额不得超过上述第一项的规定。

在实施金钱制裁的同时,还可以撤销原已作出的批准经济集中活动的决定。若参与该项活动的各方未恢复到进行经济集中活动之前的状态,各方当事人有义务在原批准决定被撤销后 1 个月内重新进行有关经济集中活动的通知,否则将受到本条第一项规定的制裁。

(2008 年 8 月 4 日第 2008-776 号法律第 96-1 条 H3)四、如果(2008 年 11 月 13 日第 2008-1161 号法律第 4 条)"竞争主管机关"认为各方当事人没有按照规定期限执行其所做决定规定的某项指令、命令或义务,或者没有执

行对经济集中活动进行审议的部长按照第 L430-7-1 条的规定所作决定中规定的某项指令、命令或义务,该主管机关可以:

1. 撤销已作出的批准实现经济集中活动的决定。若参与该项活动的各方未恢复到进行经济集中活动之前的状态,各方当事人均有义务在批准决定被撤销后 1 个月内重新进行有关经济集中活动的通知,否则将受到本条第一项规定的制裁。

2. 在第 L464-2 条的范围内规定逾期罚款,责令应当履行义务的当事人在确定的期限内履行上述指令、命令或义务。

(2008 年 8 月 4 日第 2008-776 号法律第 96-1 条 H3)此外,(2008 年 11 月 13 日第 2008-1161 号法律第 4 条)"竞争主管机关"还可以对没有履行应当履行之义务的当事人处以金钱制裁,其数额不得超过本条第一项规定的数额。

实行制裁适用的是第 L463-2 条与第 L463-4 条、第 L463-6 条、第 L463-7 条规定的程序。但是,进行了有关经济集中活动通知的人以及政府特派员应当在 15 个工作日内对传达的报告提出意见。

(2008 年 11 月 13 日第 2008-1161 号法律第 4 条)"竞争主管机关"在 75 个工作日内作出决定。

五、如果已经实现的经济集中活动违反第 L430-7 条与第 L430-7-1 条的规定,(2008 年 11 月 13 日第 2008-1161 号法律第 4 条)"竞争主管机关"可以在第 L464-2 条第二项规定的范围内,以逾期罚款方式,责令各方当事人恢复到经济集中活动之前的状态。

此外,(2008 年 11 月 13 日第 2008-1161 号法律第 4 条)"竞争主管机关"还可以对应当遵守上述各项决定的当事人处以本条第一项所指的金钱制裁。

第 L430-9 条 (2008 年 8 月 4 日第 2008-776 号法律第 96-1 条 I)存在滥用(自己的经济)支配地位或者(他人的)经济依赖地位的情况下,(2008 年 11 月 13 日第 2008-1161 号法律第 4 条)"竞争主管机关"可以以说明理由的决定命令有关企业或企业集团在确定的期限内修改、补充或解除因其实施滥权行为而引起经济力量集中所依据的一切协议与契约,即使契约是按照本编规定的程序签订,亦同。

第 L430-10 条 (2008 年 8 月 4 日第 2008-776 号法律第 96-1 条 J,2008 年 11 月 13 日第 2008-1161 号法律第 4 条)"竞争主管机关"就经济集中活动、其效果、各方当事人承担的义务询问第三人以及按照法令规定的条件公示其决定时,该主管机关与负责经济事务的部长应当考虑负责进行通知的各方或受到传唤的人所提出的保证不透露其商业秘密的要求。

第四编　透明度、限制竞争的行为与其他受禁止的行为

序章　通　　则

第L440-1条　设立一个"商业行为审查委员会"(Commission d'examen des pratiques commerciales)。商业行为审查委员会由以下人员组成:议会两院在供货商与再销售商之间的商业关系方面有权限的常设委员会指定的一名国民议会议员和一名参议员,行政法院与司法法院的成员,也可以是这些法院的名誉成员,农业、渔业以及工业与手工业生产和加工部门的代表,运输商、批发商、经销代理商、行政部门的代表和有资格的人士。(2008年8月4日第2008-776号法律第94条)商业行为审查委员会主席经行政令从委员会的成员中指定。如委员会主席不是法院的成员,则按照上述相同条件指定一名行政法院或司法法院的成员为副主席。在商业行为审查委员会的成员中,生产商与再销售商的代表人数相等。

商业行为审查委员会的全体成员,对于他们因履行职务而了解到的事实、文书与情况,有保守职业秘密的义务。

商业行为审查委员会的任务是,就提交其审核的有关生产商、供应商、再销售商之间商业关系的各种问题、商业文件或广告文件,包括以工业与商业秘密为掩护的发票、合同及实际做法提出意见或建议。商业行为审查委员会由其主席承担责任,确保不透露其受理的案卷以及向其提交的文件的来源,或者保护案卷或文件的匿名,即使是对本委员会的成员,也不得告知其受理的案卷与文件的来源或匿名。

委员会受理负责经济事务的部长以及负责有关的经济部门事务的部长，(2008年11月13日第2008-1161号法律第4条)"竞争主管机关"的主席,任何法人,特别是行业组织或工会组织、经认可的消费者协会、商会或农业公会以及认为受到某种商业行为侵害的任何生产商、供货商、再销售商提出的请求其审查的问题。委员会也可以依职权受理案卷。商业行为审查委员会主席可以决定在其内部设立数个审查室。

商业行为审查委员会提出的意见主要涉及的是提交其审查的有关商业行为或文件是否符合法律。

商业行为审查委员会提出要求,可以听取其认为对完成任务有必要听取意见的人或公务员的意见。商业行为审查委员会主席可以要求按照本《法典》第L450-1条或《消费法典》第L215-1条的规定得到授权资格的工作人员按照规定的程序进行调查。有关调查的总结汇报,送交给委员会主席,并由其确保不公开此项调查所涉及的人的姓名。

商业行为审查委员会也可以决定就其受理的以及属于其管辖权限的任何问题提出建议,特别是在倡导良好商业行为方面提出建议。在委员会按照第3款的规定对其受理的问题作出回复时,其提出的建议不应包含可据以鉴别这些问题所涉及的当事人的信息。商业行为审查委员会提出的建议,报送负责经济事务的部长,并且按照委员会的决定予以公布。

此外,委员会还起到正规设立的观察站的作用,由其负责对各种商业行为、发票行为、生产者、供应商与再销售人之间订立的合同的各种情况进行观察。商业行为审查委员会每年制订一份活动报告,报送政府和议会两院。该报告予以公布。报告内容包括因违反本编规定并受到行政或刑事制裁的各种行为的统计数字,并说明这些行为的性质,对其作出分析。委员会提出的报告内容还包括民事方面对引起行为人责任的业务活动作出的判决。

颁布一项法令,对商业行为审查委员会的组织、运作手段与方式以及为确保不公开在委员会提出的建议中所涉及的经济活动人员作出具体规定。

第一章 透 明 度

第L441-1条 关于向消费者提出的"销售条件"的规则,由《消费法典》

第 L113-3 条确定。①

第 L441-2 条　（2010 年 7 月 23 日第 2010-853 号法律第 13 条）一、利用任何载体向消费者发布的从销售场所的外部可以看见的任何广告，凡是对容易变质的食品写明削价或实行促销价格的，均应具体说明所提供的产品的性质与来源，以及发布此种广告的人提出的减价活动持续的时间。（2001 年 5 月 15 日第 2001-420 号法律）"有关产品来源的文字说明，应当与标明价格的文字使用同样大小的字体"。

在此类促销活动因其规模或实施频率而可能打乱市场秩序安排时，跨部制定的条例或省长制定的条例，可以就促销活动涉及的产品确定实行减价活动的定期，以及每一定期持续的时间。

任何违反本项第 1 款与第 2 款之规定的行为，处 1.5 万欧元罚款。

可以按照《消费法典》第 L121-3 条规定的条件命令停止违反第一项之规定的广告活动。

二、对于新鲜蔬菜或水果，供货商与其顾客（经销商）之间就转让价格订有协议的，在买卖地之外公告的价格应在实行公告价格的第 1 天前最早 3 日内申请批准，并且实行这一价格的时间，自开始实行该价格之日起计算，不得超过 5 天。

有关转让价格的协议应当采用经双方当事人签字的书面合同的形式，在买卖地之外公布价格之前由双方当事人各执一份。本款之规定不适用于本《法典》第 L310-2 条所指的在摆摊买卖地进行的价格公示。

三、在不具备上述第二项第 1 款所指条件的情况下，不论新鲜蔬菜与水果的来源地如何，在买卖地之外就此类货品公布的价格，均应按照《农村及海洋渔业法典》第 L632-1 条的规定签订跨行业协议。此项协议的期限为 1 年，可以延展。

前款所指跨行业协议可以按照《农村及海洋渔业法典》第 L632-3 条与第 L632-4 条的规定扩张适用。

四、不属于法国本土生产品种的新鲜水果与蔬菜，不适用上述第二项与

---

① 《消费法典》第 L113-1 条：任何产品销售者或服务提供者，均应按照负责经济事务的部长听取全国消费委员会的意见后发布的条例，采用标记、标签、告示或其他任何适当方法，向消费者告知其出售的商品的价格、可能的对合同责任的限制以及买卖的特别条件。这一规定适用于《消费法典》第 L113-2 条最后一款所指的所有活动。

《货币与金融法典》第 L518-1 条所指的信贷机构与组织负有的告知义务的规则，由《消费法典》第 L312-1-1 条第一项与第二项具体规定。——译者注

第三项的规定。

第 L441-2-1 条 （2005 年 2 月 23 日第 2005-157 号楼法律第 33 条）对于载入法令确定的名单的容易变质或生产周期很短的农产品、活禽活畜、禽畜骨架、渔业捕捞产品与水产养殖产品，只有在供货商就这些产品的销售订立的书面合同上有相应规定时，总经销人或服务提供者才能享受减价、折扣或回扣方面的利益，或者才能就其在再销售时提供的、有利于产品市场销路且不属于买进与卖出义务范围内的服务取得报酬。

（供货商与总经销商或服务提供者之间的）合同尤其应当订立条款，规定有关经销产品数量的承诺以及按照所涉产品与服务的数量和质量确定价格的方式。（2008 年 8 月 4 日第 2008-776 号法律第 92-3 条）"这项合同还应指明供货商根据总经销商的义务承诺向其提供的价格上的优惠条件"。

如果由跨行业组织订立的跨行业协议中规定了有关本条第 1 款所指活动的标准合同，第 1 款所指合同应当遵守标准合同。任何违反本条之规定的行为，处 1.5 万欧元罚金。

（2010 年 7 月 27 日第 2010-874 号法律第 13 条）本条第 2 款与第 3 款之规定不适用于按照《农村及海洋渔业法典》的规定必须订立书面合同的产品。

第 L441-2-2 条 （2010 年 7 月 27 日第 2010-874 号法律第 14-1 条）尽管有第 L441-2-1 条的规定，对于水果和新鲜蔬菜，购买人、经销人或者服务提供人不得享有减价、折扣与回扣。

第 L441-3 条 产品的任何买卖或者为职业活动提供的任何服务，均应出具发票。

买卖一经实现或者服务一经提供，出卖人即应提交发票。买受人应当索要发票。发票应一式两份。出卖人与买受人各保留一份。

发票应写明买卖双方的姓名与地址，买卖或服务提供的日期，出售的产品或者提供的服务的数量、具体名称、除增值税之外的单价，买卖之日与服务提供之日获得的与此次买卖业务或服务业务直接相关的减价，但发票上未予写明的折扣除外。

（2001 年 5 月 15 日第 2001-420 号法律）"发票还应记载价金结算的日期，在适用'一般销售条件'之日提前支付款项的情况下实行折扣的条件，以及在发票上开出的结算日期之后（2012 年 3 月 22 日第 2012-387 号法律第 121-2 条）'可能要求的罚款比率'。客户将资金交付给受益人或其权利代位人之日，视为实现结算的日期。"

第 L441-3-1 条 （2010 年 7 月 27 日第 2010-874 号法律第 13 条）除生产者或生产者组织的在批发市场进行买卖的产品之外,旨在向在法国从事经营的职业人销售或再销售的水果与蔬菜,在经陆路运输时,其中包括在民生利益市场范围内进行的运输,均应当附有购买人出具的订货单,或者附有与居间人、经纪人或委托人订立的合同。订货单应写明各方当事人的姓名、地址、订货日期、数量、确定价格的方式以及产品的具体名称;所附合同应写明各方当事人的姓名、地址、订立合同的日期、合同标的、确定向供货商支付的价格的条件,以及给予居间人、经纪人与委托人的报酬。

第 L441-4 条 任何违反第 L441-3 条之规定的行为,处 7.5 万欧元罚金。

罚金数额可以提高至发票记载数额的 50%,或者提高至实际应开发票数额的 50%。

第 L441-5 条 （2008 年 1 月 3 日第 2008-3 号法律第 9-1 条）经宣告对第 L441-4 条所指犯罪应负刑事责任的法人,按照《刑法典》第 131-39 条第五项的规定,取消其参与公共工程合同的资格,时间最长为 5 年。

第 L441-6 条 （2005 年 8 月 2 日第 2005-882 号法律第 41-1 条）一、任何生产者、服务提供者、批发商或进口商,应作为一项职业行为向提出要求的任何产品购买人或服务请求人传达其制定的"一般销售条件"。一般销售条件构成商业交易（谈判）的基础。一般销售条件包括以下内容:

——买卖的条件;

——单价表;

——（有关）减价（的事项）;

——款项结算的条件。

（2008 年 8 月 4 日第 2008-776 号法律第 92-1 条）根据产品购买人或服务请求人的不同类型,一般销售条件可以有所差别。在此情况下,第 1 款规定的传达义务仅记载于对相同类型的产品购买人或服务请求人适用的一般销售条件。

此外,任何生产者、服务提供者、批发商或者进口商,均可与某个产品购买人或服务请求人约定"特别销售条件不受第 1 款规定的传达义务约束"。

（2001 年 5 月 15 日第 2001-420 号法律）除一般销售条件另有规定或者各方当事人另有约定之外,结算欠款的期限确定在接收商品之日或要求的服务提供之日后的第 30 天。

（2008 年 8 月 4 日第 2008-776 号法律第 21-1 条）各方当事人之间约定的

结算欠款的期限,自月底开始计算不得超过45日,或者自出具发票之日起不得超过60日。

同一行业的职业人员,不论是客户还是供货商,可以共同决定缩短前款确定的最长结算期限,也可以提议将商品接收或服务提供之日作为货款结算期限的起始期日。此种协议由各行业组织为此目的而订立。法令可以将约定的新最长结算期限扩张适用于本行业的所有业务活动,或者,相应情况下,认可新的结算期限的计算方式,并将其扩张适用于相应活动的执业者。

(2008年8月4日第2008-420号法律第21-1条第二项)尽管有前几款规定,(2006年1月5日第2006-10号法律第26条)对于陆路商品运输或者带司机的车辆出租、运输行纪以及转运业务、海商代理或者空运业务,约定的结算期限,在任何情况下,自出具发票之日起,均不得超过30日。

(2001年5月15日第2001-420号法律)结算条件必须具体写明其适用的条件,在发票写明的日期之后才进行结算的情况下自该日之后对延迟结算可以要求的罚款的利率,(2012年3月22日第2012-420号法律第121-1条)"以及应当对债权人因收取债权而支出的费用给予的一次性补偿金的数额"。除有相反约定之外,罚款的利率应当等于欧洲中央银行对最新融资业务适用的利率增加(2008年8月4日第2008-776号法律第21-1条第三项)"10个百分点",并且即使有相反约定,罚款的利率也不得低于3倍的法定利率。(2012年3月22日第2012-420号法律第121-1条)"在此情况下,有关年度第1季度适用的利率为相应年度1月1日实际实行的利率。"对于该年度的第2季度,适用的利率为7月1日实行的利率。无须事先进行任何提示,处罚的款项延迟结算的,均为到期款项。(2012年3月22日第2012-420号法律第121-1条)任何职业人延迟付款的,均对其债权人为收取债权所支付的费用给予补偿金。对此项补偿金,任何职业人当然为债务人。补偿金的数额由法令具体规定;如果因收取债权而支付的费用超过法令确定的这一数额,债权人可以提交证明,请求补充补偿金。但是,如果是因为债务人实行保护程序、司法重整程序或者清算程序因而被禁止清偿到期债权时,相关的债权人不得主张享有补偿金。

(当事人相互之间)可以按照符合本行业习惯的任何方法传达本条第1款规定的一般销售条件。

(2010年7月23日第2010-853号法律第35-1条)二、在不能事先确定或者不能事先准确指明服务收费或者某一类型的服务收费时,此种服务的提供者有义务向提出请求的服务对象告知计算方法,以便审核收费情况,或者向服务对象提供详细的收费细目表。

三、所有的服务提供者均对其服务对象负有《消费法典》第 L111-2 条定义的信息告知义务。

信息告知义务适用于《货币与金融法典》第一卷至第三卷以及第五卷第五编所指的服务，也适用于由《保险法典》调整的企业、由《合作社法典》第二卷调整的合作社与合作社联合会、《社会保险法典》第九卷第三编调整的预防保险组织和此种组织的联合会。

（2012 年 3 月 22 日第 2012-387 号法律第 121-1 条）四、除保留执行对债权人更为有利的特别规定之外，如规定有某种收货程序或审核程序，从而可以确认和证明所提供的商品或服务符合合同的约定时，这一程序的期限应当符合良好的商业实践与习惯，在任何情况下，这一期限均不得超过 30 日，自接收商品或者服务提供完毕时开始计算，但如合同有明确的不同规定，且此种规定不构成第 L442-6 条意义上的滥权条款时，不在此限。

（2012 年 11 月 20 日第 2012-1270 号法律第 20-1 条）五、对于瓜德罗普、圭亚纳、马提尼克、留尼汪、马约特以及圣巴泰勒米、圣马丁、圣皮埃尔—密克隆等海外行政区进口的商品的交付，本条第一项第 4 款与第 5 款规定的支付期限，自商品到达目的港办理海关手续之日起开始计算。如商品已经交付在法国本土的买受人或其代理人，支付期限自交付之日后第 21 天起计算，或者如在办理海关手续之前即已交付，自办理海关手续之日起开始计算。

第 L441-6-1 条　（2008 年 8 月 4 日第 2008-776 号法律第 24 条）年度账目已由会计监察人出具审核证明的公司，应当按照法令规定的方式，公布有关其供货商或客户进行货款结算的期限。

这些信息由会计监察人按照同一法令规定的条件提出报告。（2012 年 3 月 22 日第 2012-387 号法律第 120 条）"除涉及 2008 年 8 月 4 日关于经济现代化的第 2008-776 号法律第 51 条所指的微型企业与中小型企业的相关信息之外"，如会计监察人证实存在反复违反第 L441-6 条第一项第 5 款与第 6 款之规定的行为，应向负责经济事务的部长送交该报告。

第 L441-7 条　（2008 年 8 月 4 日第 2008-776 号法律第 92-2 条）一、供货商与总经销商或者服务提供者之间应订立书面协议，指明各方当事人对商业谈判之后确定价格承担的各项义务。可以用单独的文件或者在年度框架合同与实施合同的整体内订立这项协议。该协议具体规定：

1. 按照第 L441-6 条的规定经商业谈判达成的产品买卖或提供服务的条件。

2. 总经销商或服务提供者承诺在向消费者销售产品或提供服务时,或者在向职业者进行再销售时向供货商提供的任何一项服务。此种服务是为了促进"不属于他们之间买进与卖出义务范围"的销售,并且应具体规定这些义务的范围、预定的日期、履行方式和相应报酬以及与此有关的产品或服务。

3. 其他有利于促进供货商、经销商或服务提供者之间商业关系的其他义务,并就每一项义务具体规定范围、预定日期以及履行方式。

在双方确定约定的价格时,应考虑属于上述规定的各项义务。

上述单独协议或者年度框架合同于每年3月1日之前订立,或者在受特别周期约束的产品或服务的销售周期起始日之后2个月内订立。

本项各款的规定不适用于第L441-2-1条第1款所指的产品。

(2008年1月3日第2008-3号法律第2条)"二、不能证明在规定的期限内订立了符合第一项规定的协议的,处7.5万欧元罚金"。

第二章　各种限制竞争的行为

第L442-1条　关于有奖销售或有奖服务、拒绝销售或拒绝服务,要求整批购买(捆绑销售)或者强制规定达到一定的购买数量才提供服务的规则,由《消费法典》第L121-35条与第L122-1条具体规定:

《消费法典》第L121-35条:采取无偿给予消费者立即有权或者在规定期限内有权获得某种产品、财产或服务之奖励方法,向消费者进行产品或财产的任何销售或提出此种销售要约,或者采取此种方法向消费者提供任何服务或提出服务要约,如果这种做法具有本《法典》第L120-1条意义上的不正当竞争性质,一律予以禁止,但是,如果给予消费者的产品、财产或提供的服务与买卖或服务的标完全相同,不在此限。

前款之规定不适用于给予小物品或提供价值很小的服务,也不适用于样品。如果是为了满足环保要求而发放某些小物件,不论是可降解的包装纸盒还是食品染色剂,这些物件均应完全是用可收回的材料制作的,并且价值低于所销售的产品包括税负在内的净价的7%。如果所赠物件属于《公共卫生法典》第L3511-1条规定的产品类型或成分类型,则不得包含注明该条所指的产品或成分的任何提示、图表、说明或其他任何标记。在此情况下,应作出"吸烟有碍健康"的警示。只要遵守《公共卫生法典》第L3511-3条、第L3511-4条、第L3323-2条至第L3323-5条有关限制与规范酒精饮料、烟草或网络游戏或赌博的规定,与广告活动有关的人的相关介绍、商标名称、缩写名称或图标可以出现在所赠的小物件之上。

本条第 1 款的规定适用于第 L113-2 条最后一款所指的各项活动。

为存款账户管理而提供的产品与服务,其适用的有奖销售的规则,依《货币与金融法典》第 L312-1-2 条第二项之规定。

《消费法典》第 L122-1 条:除有正当理由外,禁止拒绝向消费者出售某项产品或者提供某项服务;只要附加的条件构成第 L120-1 条意义上的不正当商业行为,禁止对销售某项产品强制附加购买一定数量之条件,或者附加必须同时购买其他产品或服务之条件,或者附加提供其他服务或购买某种产品作为提供服务的条件。

这一规定适用于第 L113-2 条最后一款所指的各项活动。

对于信贷机构、支付机构以及《货币与金融法典》第 L518-1 条所指的组织,有关附条件的销售规则依该《法典》第 L312-1-2 条第二项规定。

第 L442-2 条 任何商人,以低于进货的实际价格原状再销售某种产品或者宣告进行此种销售的,处 7.5 万欧元罚金。在广告宣告的价格低于进货价格的情况下,无论广告载体如何,罚金均可提高至此类广告的费用的一半。可以按照《消费法典》第 L121-3 条规定的条件命令停止此种广告宣传。

"商品进价"是指,进货发票上的单价减去出卖人同意按照产品的净单价的一定百分比给予的其他资金性质的好处(费)的总额,再加上营业税以及与此种再销售相关的特别税税额和运输费。

对于专门向从事零售再销售业务、加工业务或最终"服务给付业务"活动,处于独立地位的行业人员经销产品或服务的批发商,第 2 款所指的实际进货价按照 0.9 的系数计算。能够自由地确定自己的商业政策并与批发商没有资金参与关系或加盟关系的任何企业,均为本条意义上的"独立的企业"(独立的行业人员)。

第 L442-3 条 (2008 年 1 月 3 日第 2008-3 号法律第 9-2 条)"经宣告对第 L442-2 条所指犯罪负有刑事责任的法人,处《刑法典》第 131-39 条第九项规定的刑罚。"

可以按照《消费法典》第 L121-3 条规定的条件命令停止广告宣传。

第 L442-4 条 一、第 L442-2 条之规定不适用于:

1. 因停业或者改变原商业活动而进行的任意买卖或强制拍卖;

(2008 年 8 月 4 日第 2008-776 号法律第 98-3 条第二项)2. 具有明显季节性销售特点的产品,在销售季节收尾期间以及在两个销售季节间的空当时期；

（2008年8月4日第2008-776号法律第98-3条第二项）3. 因时尚、款式变化或者因出现更完善的技术，不再符合一般需求的产品；

（2008年8月4日第2008-776号法律第98-3条第二项）4. 性能完全相同但新的进货价格已经下降的产品，原实际进货价格已经由新的进货实行的价格取代时；

（2008年8月4日第2008-776号法律第98-3条第二项）5. 营业面积不足300平米的商场内销售的食品，以及营业面积不足1000平方米的商场内销售的非食品类商品，为了将其销售价格与同一活动区域的其他商人对相同产品实行的价格拉平时；

（2008年8月4日第2008-776号法律第98-3条第一项）6. 只要在实行减价时不在销售点以外进行任何广告或告示，容易变质的产品，自其有可能很快变质的时刻开始；

（2008年8月4日第2008-776号法律第98-3条第三项）7. 第L310-3条所指的季节性降价产品。

二、本条第一项所指的各项例外不妨碍适用第L653-5条第2点以及第L654-2条第1点之规定。

第L442-5条 任何人直接或间接对某项产品或财产的再销售价格以及提供服务的价格或商业边际利润强制规定某种最低数额的，处1.5万欧元罚金。

第L442-6条 一、生产者、商人、工业经营者或者（2003年1月3日第2003-7号法律）在"手工业职业目录"上登记注册的人，有下列行为的，应承担责任并赔偿造成的损失：

（2008年8月4日第2008-776号法律第93-1条第一项A）1. 从商业合作伙伴处获得或试图获得与实际提供的任何商业服务不相对应的利益，或者从实际提供的服务的价值来看，明显不成比例的利益。此种利益尤其是指，既没有任何共同利益作为正当理由，也没有成比例的对应给付，如对举办某种商业活动、财产的取得或投资活动享有资金参与份额，特别是在商店的更新改造或者在商店品牌、创办采购中心等领域内享有资金参与份额。

（2008年8月4日第2008-776号法律第93-1条第一项B、C）2. 对商业伙伴规定或者试图规定种种义务，造成双方权利与义务明显不平衡。

（2001年5月15日第2001-420号法律）3. 获得或试图获得某种利益，将其作为签订订货合同的前提条件，且没有书面承诺购买相应数量的货品，以及在相应情况下,没有订立书面协议对供货商要求提供的服务作出承诺。

(2008年8月4日第2008-776号法律第93-1条第一项D)4. 以突然中断全部或部分商业关系相威胁,获得或者试图获得价格方面明显过分的条件、支付期限、买卖条件或者不属于买卖义务范围内的服务。

(2001年5月15日第2001-420号法律)5. 不考虑已经建立的商业关系持续的时间,也不遵守根据行业间的协议、参照商业习惯确定的预先通知的期限,突然中断已经建立的商业关系,即使是部分中断这种关系。如果建立的商业关系涉及经销商品牌项下的产品的供货,预先通知的期限应为不属于经销商品牌项下的产品的预先通知期限的2倍。在没有订立这种协议的情况下,负责经济事务的部长制定的行政法规可以就每一类产品并考虑商业习惯,确定(在中断商业关系之前)应当遵守的预先通知的期限,并对中断商业关系的条件作出框架性规定,特别要考虑现有的商业关系已经持续的时间。以上规定不影响在一方当事人不履行义务的情况下,或者在发生不可抗力的情况下,不经事先通知即解除合同的(选择)权利。(2005年8月2日第2005-882号法律第49-3条)在中断商业关系是由于实行远距离的竞价竞争所引起时,预先通知的期限,在原来规定的预先通知的期限不足6个月的情况下,为适用本条而规定的期限的2倍;在其他情况下,预先通知的期限至少为1年。

6. 直接或者间接参加由选择性经销代理或独家经销代理合同规定的禁止经销代理人在销售网外进行的再销售而违反此种禁止性规定。

7. (2014年3月17日第2014-344号法律废止)

(2005年8月2日第2005-882号法律第48-2条)8. 在债务尚未确定到期、可以要求清偿的情况下,甚至在供货商不能控制相应损害发生的情况下,拒绝接收商品或返还商品,或者以供货方没有遵守交货日期或者商品不符合规定,自行从供货商开具的发票款项中扣取所主张的罚款或折扣。

(2008年1月3日第2008-3号法律第8条)9. 不按照第L441-6条规定的条件,向因从事某项职业活动而提出请求的任何产品购买人或任何服务请求人告知、传送一般销售条件。

(2008年8月4日第2008-776号法律第93-1条)10. 在制造厂商已经提出要求的情况下,拒绝在出卖商品的标签上将制作厂商的名称与地址写在经销商标之下。

(2010年7月27日第2010-874号法律第14-2条)11. 不遵守本《法典》第L441-2条第二项与第三项的规定,在销售点之外公告新鲜蔬菜或水果的价格的。

12. 对用于在法国从业的职业人销售或再销售的新鲜蔬菜或水果的运输过程不提交第 L441-3-1 条所指的文件的。

13. 违反第 L441-2-2 条的规定,在采购新鲜蔬菜或水果时收取折扣、回扣的。

(2001 年 5 月 15 日第 2001-420 号法律)二、对任何生产者、商人、工业经营者或者(2003 年 1 月 3 日第 2003-7 号法律)"在'手工业职业目录'上登记注册的人"规定以下可能性的条款或合同一律无效:

1. 可以对过去的交易享受减价、回扣或折扣的。

2. 在没有任何订货之前即对产品载入销售目录获得支付报酬的。

3. 禁止合同当事人向第三人转让其持有的债权的。

4. (2008 年 8 月 4 日第 2008-776 号法律第 93-1 条第二项)自动获得合同当事人同意给予竞争企业的更为优惠的条件的。

5. 与零售商没有直接或间接的商标许可合同或专有技术合同相联系,仅仅是为该零售商提供货品,但却从从事再销售业务、营业面积不到 300 平方米的零售商手中取得转让优先权或者营业活动的转让,或者规定在合同终止之后禁止其开展竞争性活动,或者对从事再销售业务的该零售商规定必须遵守独家供货条款、独家购买产品或服务,且限制期限超过 2 年的。

(2001 年 5 月 15 日第 2001-420 号法律)有关结算的条款被撤销,即适用第 L441-6 条第 4 款所指的期限,但如受诉法院可以按照不同的公平条件确认双方当事人所订协议,不在此限。

三、相应的诉讼,由任何证明有利益的人、检察院、负责经济事务的部长,向民事法院或商事法院提起,竞争主管机关的主席,在属于其管辖权限的案件中认定存在本条所指的某种做法时,也可提起诉讼。

在进行诉讼时,检察院与负责经济事务的部长,可以要求受诉法院责令当事人停止本条所指的做法。对于本条所指的所有做法,检察院与负责经济事务的部长均可请求法院认定违法条款或违反合同的行为无效,(2008 年 8 月 4 日第 2008-776 号法律第 93-1 条第三项 A)"并且可以向法院请求相应行为人返还不当收取的利益";(2008 年 8 月 4 日第 2008-776 号法律第 93-1 条第三项 B)检察院与负责经济事务的部长,还可请求法院宣告民事罚款。罚款数额不得超过 200 万欧元,但是,这项罚款可以提高至不当支付的款项数额的 3 倍;此外,还可以请求赔偿损失。(2005 年 8 月 2 日第 2005-882 号法律第 49-4 条)所有情况下,均应由主张自己不负有责任的服务提供者、生产者、商人、工业经营者或者在"手工业职业目录"上登记注册的人提出证据，证明已经引起其义务消灭的事实。

（2008年8月4日第2008-776号法律第93-1条第三项C）法院可以命令按照其规定的方式公示、发布、张贴其判决或判决节录；法院还可以命令在经理、董事会或者管理委员会就本会计年度的业务活动提交的报告中写明法院作出的判决或判决节录。有关费用由受到判决的人负担。

法院可以命令对判决的执行规定逾期罚款。

有关适用本条之规定引起的争议，由法令具体确定地址与辖区的相应法院管辖。

有管辖权的法院可以听取第L440-1条所指的"商业实践审查委员会"对本条定义的各种实际做法的意见。对法院作出的关于听取该委员会意见的决定，可以提出异议。委员会在其受理请求后最长4个月内提出意见。委员会提出意见之前，有关实体问题的所有判决均中止执行，或者在上述4个月内中止执行；但是，仍然可以采取紧急措施或保全措施。商业实践审查委员会的意见对法院没有约束力。

（2001年5月15日第2001-420号法律）四、紧急审理法官可以命令停止滥权行为，或者命令采取任何临时措施，（2008年8月4日第2008-776号法律第93-1条第四项）"必要时，规定逾期罚款"。

第L442-7条 任何协会或者企业或行政性质的合作社，如章程中没有规定其可以从事相关活动，则不得经常性向他人提供用于销售的产品、自销产品或者提供服务。

第L442-8条 禁止任何人违反规定的条件使用国家、地方行政部门及其公共机构的公有财产进行产品销售或推销服务。

（2008年8月4日第2008-776号法律第98-3条第三项）对违反前款禁止性规定的行为，依照第L450-1条至第L450-3条与第L450-8条规定的条件进行调查与确认。

调查人员可以到其确定的场所，封存供销售的产品及用于销售产品或提供服务的财产，但期限不得超过1个月。

封存产品与财产，应现场制作笔录。笔录应包含被封存的财产、商品及其价值的清单。笔录做成后5日内送交检察官及有关的当事人。

法院可以命令没收供销售的产品及用于销售产品或提供服务的财产。在没有实行扣押的情况下，法院可判处犯罪行为人向国库交纳相当于收缴并寄托的财产的价值的款项。

第 L442-9 条 （2005 年 2 月 23 日第 2005-34-1 条）任何生产者、商人、工业生产者或者在"手工业职业目录"上登记注册的人，在《农村及海洋渔业法典》第 L611-4 条所指的行情吃紧的局面下，对本《法典》第 L441-2 条所指名册上记载的产品实行或者指使实行极低廉的初次转让价格的，应承担责任，并受强制赔偿所造成的损失。

（2008 年 1 月 3 日第 2008-3 号法律第 5 条）任何再销售人，在某些农业原材料或者生产周期很短的农产品、活禽活畜、骨架、水产品以及由这些产品初加工的日常消费食品的价格明显上涨的情况下，要求其供应商对容易变质的农产品实行极低转让价格的，也应承担责任并受强制赔偿所造成的损失。哪些情况属于农业原材料价格明显上涨的情形，由法令确定条件加以认定，并确定相应情况下所涉及的产品的名单。

第 L442-6 条第三项与第四项亦适用于本条所指的行为。

第 L442-10 条 （2005 年 8 月 2 日第 2005-882 号法律第 51 条）一、供货商订立合同，向任何生产者、商人、工业者或者在"手工业职业目录"上登记注册的人就异地减价竞买，尤其是通过电子途径组织此种竞买之后的价格要约作出承诺，不遵守以下至少一项规定的，此种合同无效：

1. 在竞买之前，购买人或者为其利益组织竞价拍卖的人，应采取不加歧视的透明方式向所有准许提出竞买要约的人传达其打算取得的产品或服务的具有决定意义的要素、购买条件与方式、详细的选择标准以及竞买应当遵守的规则；

2. 在竞价期限经过之后，应向参与此次竞买并提出要求的人揭示买定人的身份；如果选择性要约的发出人不履行义务，任何人均无义务按照最后的应价及最后进行的拍卖受领拍卖物。

二、购买人或者为其利益组织竞价拍卖的人应对拍卖竞价进行登记，并在一年期限内保存登记记录。在按照本卷第五编规定的条件进行调查的情况下，应当出示这一登记记录。

三、对于（2008 年 1 月 3 日第 2008-3 号法律第 6 条）"法令确定的名单上载明的"农产品以及这些农产品初加工后形成的日常消费食品，禁止购买人或其代理人按照降价方式进行远距离竞价拍卖。

四、不遵守本条第一项至第三项之规定的行为，由行为人承担责任并受强制赔偿造成的损失。第 L442-6 条第三项与第四项之规定适用于本条第一项与第三项所指的活动。

第三章 其他受到禁止的行为

第 L443-1 条 下列情形,任何生产者、再销售人或服务提供者的支付期限不得超过规定的时间,否则,处7.5万欧元罚金:

1. 对购买容易变质的食品、冷冻或速冻肉类、速冻鱼类、熟食以及用容易变质的原料制成的罐头食品,10日交货期限之后30日;但在《农村及海洋渔业法典》第 L326-1 条至第 L326-3 条所指的"种植合同"框架内进行的时令农产品的购买除外;

2. 对购买用于消费的活家畜及新鲜肉类,交货之日后20日;

3. 对购买需要交纳《税收总法典》第 403 条规定的消费税的酒精饮料,交货当月结束后30日;

4. 如果没有按照《农村及海洋渔业法典》第六卷的规定订立由法令规定适用于法国本土所有经销商的跨行业协议,或者没有按照1941年4月12日关于就支付期限而设立香槟酒的跨行业委员会的法律作出的跨行业决定,自所购买的葡萄与酿酒用的原料以及需交纳《税收总法典》第438条规定的流通税的酒精饮料交货当月结束后45日或者60日。

(2012年11月20日第2012-1270号法律第20-2条)对于在瓜德罗普、马提尼克、圭亚那、留尼汪、马约特以及圣巴泰勒米、圣马丁、圣皮埃尔—密克隆等海外省或行政区进口的商品的交付,本条第1款第1点至第4点规定的支付期限自商品到达目的港办理海关手续之日起开始计算。如商品已交给在法国本土的买受人或其代理人,支付期限自交付之日后第21天起计算,或者如办理海关手续之前即已进行交付,支付期限自办理海关手续之日起开始计算。

第 L443-2 条 (2005年8月2日第2005-882号法律第52条)一、通过以下方式,人为地抬高或压低财产或服务的价格,或者人为地抬高公设证券或私人证券的价格,特别是在远距离拍卖时人为抬高价格的,处30000欧元罚金:

1. 采用任何手段发布虚假信息或诽谤性信息的;

2. 向市场提出或鼓动提出扰乱价格的要约,或者在出卖方或服务提供方要求的价格之上提出抬价或压价要约的;

3. 利用其他欺诈性手段的。

此种犯罪的未遂,处相同刑罚。

二、对于人为抬高或压低食品价格的情况,当处刑罚提高至 3 年监禁并处 4.5 万欧元的罚金。

三、犯本条所指犯罪的自然人亦可处以下附加刑:

1. 按照《刑法典》第 131-26 条的规定禁止公权、公民权与亲权;
2. 按照《刑法典》第 131-35 条规定的方式张贴或发布宣告的判决。

第 L443-3 条 (2008 年 1 月 3 日第 2008-3 号法律第 9-3 条)对第 L443-2 条第一项与第二项规定的犯罪应负刑事责任的人,处《刑法典》第 131-39 条第二项至第六项以及第九项规定的刑罚。

《刑法典》第 131-39 条第二项的禁止性规定是指禁止在从事活动之时或从事活动中实行了犯罪的那些活动。

第五编 调查权力

第 L450-1 条 (2008 年 11 月 13 日第 2008-1161 号法律第 1 条)一、由(竞争主管机关的)总报告人为此授权的(2008 年 11 月 13 日第 2008-1161 号法律第 4 条)"竞争主管机关"的工作人员,可以进行本卷第二编与第三编规定的任何必要的调查。

在按照欧洲共同体委员会第 2003/1 号关于实施建立共同体的条约第 81 条与第 82 条规定的竞争规范的条例第 22 条的规定,以共同体另一成员国的(2008 年 11 月 13 日第 2008-1161 号法律第 4 条)"竞争主管机关"的名义或者为其利益进行调查时,(法国)(2008 年 11 月 13 日第 2008-1161 号法律第 4 条)"竞争主管机关"的总报告员可以批准该另一国的(2008 年 11 月 13 日第 2008-1161 号法律第 4 条)"竞争主管机关"的工作人员协助前款所指的调查人员开展调查。

提供此种协助的方式由最高行政法院提出资政意见后颁布的法令具体规定。

二、由负责经济事务的部长为此授权的公务员可以进行为适用本卷之规定所必要的调查。

隶属于负责经济事务的部长的 A 类公务员,由该部长提议并经司法部长、掌玺官为此给予专门授权,可以接受预审法官签发的查案委托。

三、上述第一项与第二项所指的工作人员可以在全国范围内行使本条及以下条文规定的权力。

第 L450-2 条 进行调查,应制作笔录,相应情况下,应制作调查报告。笔录送交有权限的主管机关,并向有关当事人提交副本一份。笔录具有证据效力，提出相反证据时除外。

第 L450-3 条 （2008 年 11 月 13 日第 2008-1161 号法律第 1 条）第 L450-1 条所指的工作人员可以进入（受调查的当事人）从事职业的任何场所、场地或交通工具，可以要求其提供账册、发票及其他所有专业文件并取得复制件，或者（2001 年 5 月 15 日第 2001-420 号法律）"通过任何方法使用任何载体，取得或者复制副本"，亦可通过传唤有关人员，或者到现场收集情况和证据。

调查员可以要求其隶属的权力机关指定一名鉴定人，进行一切必要的对席鉴定。

第 L450-3-1 条　第 L450-1 条所指的工作人员在追查或者认定本卷所指的犯罪行为或违规行为时，有权要求接受监督的人报明自己的身份。如果接受监督的人拒绝证明或者不能证明其身份，工作人员立即报告有地域管辖权限的任何司法警察警官。司法警察警官可以按照《刑事诉讼法典》第 78-3 条规定的条件进行身份核查。在此情况下，该《法典》第 78-3 条第 3 款规定的期限仅自查明当事人的身份时开始计算。本《法典》第 L450-1 条所指的工作人员也可以请求其隶属的行政机关指定的任何有资质的人给予协助。受到指定的人可以陪同工作人员进行监督活动以及查阅、了解对其完成任务或进行鉴定有必要的任何文件或材料，但不得实施任何刑事诉讼行为或者行政警察行为，不得使用其在相应情况下按照立法或条例的规定行使监督权力时所了解的任何信息，不得散布其在此范围内了解的任何情况，否则按照《刑法典》第 226-13 条的规定予以惩处。

第 L450-3-2 条　一、如因确认犯罪行为或违规行为的证据有此需要，并且无法采取其他办法确认此种证据时，第 L450-1 条所指的工作人员可以推迟其卸去监督人员身份的时间，直至向接受监督的人通知已正式认定此种犯罪行为或违规行为。

二、为了监督通过互联网进行的财产买卖或提供服务的活动，上述第一项所指的工作人员可以使用借名的身份。这些工作人员进行此种监督的条件，由最高行政法院提出资政意见后颁布的法令具体规定。

第 L450-4 条　（2008 年 11 月 13 日第 2008-1161 号法律第 1 条）第 L450-1 条所指的（调查）工作人员，只有在欧洲委员会、负责经济事务的部长或（2008 年 11 月 13 日第 2008-1161 号法律第 4 条）"竞争主管机关"的总报告人依据报告人的提议要求进行的调查范围内，并根据待调查的场所所在的大审法庭的自由与羁押法官裁定给予的司法批准，才能对任何场所进行搜查,扣押文件。负责进行调查的工作人员也可以按照相同条件,对所有的商业场所、文件与资料载体进行查封。如待搜查的场所分散在数个法院辖区并且需要在这些法院辖区内同时进行搜查,得由(2008年11月13日第2008-1161号法律第1条)"其中一个有管辖权的自由与羁押法官"作出单一的裁定即可。

(2001年5月15日第2001-420号法律)法官应当审查向其提出的批准搜查申请的理由是否成立。所提申请应包含能够说明到现场查看的理由的全部信息材料。如进行现场查看的目的是为了确认违反本《法典》规定的犯罪行为正在实行,提交的批准搜查申请书可以仅写明能够推定相关案件中存在其正在查找证据的那些行为。

搜查与扣押,在作出批准的法官的领导和监督下进行。该法官(2004年11月4日第2004-1173号法律第3条)"指定司法警察的部门首长"任命司法警官参与上述行动,相应情况下,协助进行必要的搜查并报告搜查的进展情况。如果此种必要的搜查是在大审法庭的辖区之外进行,该法官应向搜查进行地的大审法院的(2008年11月13日第2008-1161号法律第1条)"自由与羁押法官"发出查案委托书,以便实行监督。

在搜查进行期间,法官得前往现场。法官得随时决定中止或停止搜查。

(2001年5月15日第2001-420号法律)应当"向搜查场所的占用人或其代理人当场口头通知所作裁定并提交副本,由其出具收据或者在笔录上签字"。(2008年11月13日第2008-1161号法律第1条)裁定应写明搜查场所的占用人或其代理人可以向其选择的委员会提出申诉。行使此种选择权力并不引起搜查与扣押行动中止。如搜查场所没有占用人,在行动结束之后以挂号信并要求回执的方式通知所作裁定;不是在裁定指明的场所进行的搜查,按同样方式通知。(2001年5月15日第2001-420号法律)"回执上记载的日期视为进行通知的日期"。

(2009年5月12日第2009-526号法律第139-7条)对于第1款所指的裁定,可以按照《刑事诉讼法典》所定规则,向批准(搜查或扣押)措施的法官所在辖区的上诉法院第一院长提出上诉。检察院以及针对其命令采取上述措施的人均可以提起上诉。此种上诉,自裁定通知起10日内,以上诉声明的形式向大审法院书记室提出。提出上诉不具有中止执行裁定的效力。对上诉法院第一院长作出的裁定,可以按照《刑事诉讼法典》规定的规则,向最高法院提起上诉。受到扣押的各项文件材料,均保留至终局裁判作出之日。

不得在6点以前或21点以后才开始到场所查看。查看场所,应在场所占用人或其代理人在场时进行。场所的占用人可以指定一名或数名代理人列席并在(查看)笔录上签字。(2001年5月15日第2001-420号法律)在不可能这样做时,司法警官在隶属其管辖的人之外从竞争、消费与制裁欺诈总署的行政部门的人员中或(2008年11月13日第2008-1161号法律第1条)"竞争主管机关"的人员中挑选2名证人。

只有(2008年11月13日第2008-1161号法律第1条)"第L450-1条所指的工作人员"、(2004年11月4日第2004-1173号法律第3条)场所的占用人或其代理人、司法警官,以及相应情况下,欧洲委员会委托的工作人员或其他人,才有权在实行扣押之前了解相应文件与材料的内容。在进行场所查看的过程中,(2008年11月13日第2008-1161号法律第1条)"第L450-1条所指的工作人员"可以听取场所占用人或其代理人的情况说明,以接收他们提供的对调查有必要的信息或解释。

依照《刑事诉讼法典》第56条的规定制作扣押物品的清单并予封存。

笔录与扣押物品清单的原件呈交批准查看场所的法官。(2009年5月12日第2009-526号法律第139-7条)(搜查或扣押)笔录的副本交给场所的占用人或其代理人。对于后来因在搜查行动中扣押的文件、材料而牵连其中的人,用挂号信并要求回执寄送笔录副本一份。

自(2008年11月13日第2008-1161号法律第1条,2008年11月13日第2008-1161号法律第4条)"竞争主管机关"的决定最终确定之日起6个月期限内,(2001年5月15日第2001-450号法律)被扣押的文件与材料退还给场所占用人。场所占用人接到用挂号信并要求回执的通知,受催告在2个月内取回这些文件;场所占用人过此期限不取回其文件材料的,由其负担费用,将文件材料归还。

(2009年5月12日第2009-526号法律第139-7条)对于搜查与扣押行动的进行,可以按照《刑事诉讼法典》所定规则,向命令采取此种措施的法官所在辖区的上诉法院第一院长提出上诉。检察院、第1款所指的裁定针对的人,以及因在这些行动中扣押的文件、材料而牵涉其中的人均可提起上诉。此种上诉自送交或者接收笔录与文件、材料的清单之日起10日期限内以上诉声明的形式向大审法院书记室提出,或者对于自身方面并没有受到搜查或扣押文件而只是受到牵连的人,自其接到有关笔录和清单的通知之日起,并且最迟应在第L463-2条所指的事由通知之日起10日内提出上诉。提出上诉并不产生中止执行决定之效力。对上诉法院第一院长作出的裁定,可以按照《刑事诉讼法典》所定规则,向最高法院提起上诉。受到扣押的文件、材料保留至法院的判决终局确定之时。

第 L450-5 条 （2008 年 11 月 13 日第 2008-1161 号法律第 1 条）竞争主管机关的总报告人在发动调查之前被告知司法部长希望就可能属于第 L420-1 条、第 L420-2 条、(2012 年 11 月 20 日第 2012-1270 号法律第 6 条) "第 L420-2-1 条"与第 L420-5 条适用范围的事实或者违反根据第 L410-3 条之规定采取的措施的事实进行必要调查时，得在法令确定的期限内领导此项行动。

隶属部长的相关部门立即向总报告人通知调查的结果；总报告人可以在法令确定的期限内向主管机关提出其依职权受理调查请求。

第 L450-6 条 （2008 年 11 月 13 日第 2008-1161 号法律第 1 条）总报告人指定一名或数名调查部门的人员作为审查每一案件的报告人。应总报告人提出的请求，第 L450-1 条所指人员隶属的机关应立即安排必要的人员，并按照指明的时期，听从总报告人的调遣，以完成第 L450-4 条所指的行动。

第 L450-7 条 （2008 年 11 月 13 日第 2008-1161 号法律第 1 条）第 L450-1 条所指调查人员可以查阅国家机构和部门以及其他公共机关持有的任何文件或信息材料，这些机关不得以保守职业秘密对抗之。

第 L450-8 条 任何人，以任何方式阻碍(2008 年 11 月 13 日第 2008-1161 号法律第 1 条)"第 L450-1 条所指的调查人员"行使其根据本法令的规定而负责的职权的，处 6 个月监禁并处 7500 欧元罚金。

第六编 竞争主管机关

(2008年11月13日第2008-1161号法律第4条)

第一章 竞争主管机关①的组织

(2008年11月13日第2008-1161号法律第4条)

第L461-1条 一、(2008年11月13日第2008-1161号法律第4条)"竞争主管机关"是"独立的行政机关"。(2008年11月13日第2008-1161号法律第4条)"竞争主管机关"负责保障自由开展竞争。(2008年11月13日第2008-1161号法律第4条)"竞争主管机关"对欧洲与国际范围内市场竞争机制运作给予协助。

二、赋予(2008年11月13日第2008-1161号法律第4条)"竞争主管机关"的各项职权由一个17名成员组成的合议机关行使,其中主席一名,依据负责经济事务的部长提出的报告颁布的行政令任命,任期为5年。

合议机关主席的任命依据是当事人在法律与经济领域的能力资质。

该合议机关还包括以下成员:

1. (1996年7月1日第96-588号法律)6名最高行政法院、审计法院、最高法院或其他行政或司法法院的法官或原法官;

---

① 法国专门负责规范、处理有关经济、商业领域竞争事务的独立机构,原来的名称是"conseil de concurrence",中译为"竞争委员会",现改称"Autorité de la concurrence",直译为"竞争主管机关",在这里,"Autorité de la concurrence"本身是这一机构的法定的正式名称,而不是泛指这一类主管机构。——译者注

2. 5名根据其在经济或竞争与消费事务方面的能力资格而挑选的人士；

3. 5名在生产、分配、手工业、服务或自由职业领域工作或曾工作过的人士。

合议机关从其成员中任命4名副主席，其中至少2人从上述第2点与第3点所指的人士中选任。

三、合议机关的全体成员的任职可以连任，但其主席的任职只能连任一次。

译者概述：

法国的"独立的行政机关"是一种比较特别的组织机构，它独立于政府机构之外，但也不是"协会""理事会""咨询委员会"等非行政机关。按照目前的统计，法国共设有40多个"独立的行政机关"，统称为"autorités administrative indépendante"（AAI）。这些机关的法文名称并不完全相同，有的称"l'Autorité"，例如"l'Autorité de sûreté nucléaire"（核安全委员会）；有的称"conseil"，例如"le Conseil supérieur de l'audiovisuel"（CSA）（视听事务高级委员会）；有的称"commission"，如"la Commission nationale de l'informatique et des libertés（CNIL）"（信息与自由委员会）；有的称"comité"，如 le Comité des établissements de crédit et des entreprises d'investissement（CECEI）（信贷机构与投资性企业委员会），还有其他名称。习惯上将这些法文名称统一翻译为"委员会"。

法国独立的行政机关大体上分为两大类型：一类是负责规范经济活动的机关，一类是负责保护公民权利的机关。每一个独立行政机关的法律地位均由创设该机构的法令作出具体规定。这些机构具有法人资格，由相关方面的代表人士组成。所有的独立行政机关均实行合议制（collégialité），也就是说，设立一个"集体审议班子"（un collège），共同作出审议决定。

独立的行政机关享有法令赋予的特定权力，是一种权力机关（autorité），从这个意义上说，独立的行政机关是一种"准行政机关"。这种权力体现在：可以直接作出具有执行力的特定决定，因此有别于各种可以提出相关意见（avis）的（咨询性）委员会（conseil），虽然有些独立的行政机关也可以向公共权力机关、企业，甚至向个人提出"意见"（avis）；另一方面，独立的行政机关还可以拥有强制权，可以要求、指示或者责令自然人或法人提交其所要求的文件或材料，停止某种违规状态，并对违法行为实行制裁。制裁大致分为：精神方面的处罚，如警告、训诫；撤销或者暂时吊销批准决定；行政罚款。之所以称这种行政机关为"独立的"（机构），是因为它实行的是合议制（集体领导制度),一般情况下,其成员并不是由同一个机关任命,而是由不同的组织推荐的有代表性的人员组成。有些独立的行政机关里还必须有国民议会指定的一名议员或非议员作为成员。

为了保持这种机关的独立性,法律对其成员规定了特定的不能任职的条件。一般情况下,独立的行政机关的成员可以连任。此外,机关的经费来源于接受其服务的人交纳的税款(taxe),也具有某种独立形式。

尽管如此,这种行政机关并不能始终保持对政治权力的独立性。独立的行政机关是国家机构,但从法国行政传统来看,其属于一种新的法律类别的机构,其主要责任是,在国家需要避免过分直接干预的那些部门,以国家的名义保障相关事务的规范化。从上下级别的角度看,独立的行政机关并不直接隶属于某一政府部长的权力,而是在传统的行政权力结构之外,因此,公共权力机关不能对独立的行政机关发出命令、指令,甚至简单建议,但独立的行政机关也不能完全摆脱行政权力。

第 L461-2 条 合议机关的主席和副主席为全时任职工作,并受担任公职方面规定的不得兼任之规则的约束。

(2008 年 11 月 13 日第 2008-1161 号法律第 4 条)"竞争主管机关"的成员无有效理由连续三次不参加会议,或者不履行以下第 3 款与第 4 款规定的义务,由负责经济事务的部长依职权宣告其辞职。

(2008 年 11 月 13 日第 2008-1161 号法律第 4 条)"竞争主管机关"的某一成员经合议机关按照内部规章规定的条件确认不能担任职务的,可以终止其职务。

(2008 年 11 月 13 日第 2008-1161 号法律第 4 条)"竞争主管机关"的任何成员均应将其持有的或可能取得的利益及其在经济活动中担任职务的情况告知合议机关的主席。

(2008 年 11 月 13 日第 2008-1161 号法律第 4 条)"竞争主管机关"的任何成员均不得参加审议与自己有利害关系的一方当事人的事务或者其代表或曾代表的有利害关系的一方当事人的事务。

派驻(2008 年 11 月 13 日第 2008-1161 号法律第 4 条)"竞争主管机关"的政府特派员由负责经济事务的部长任命。

第 L461-3 条 (2008 年 11 月 13 日第 2008-1161 号法律第 4 条)"竞争主管机关"可以召开全体会议、小组会议或常设委员会会议。常设委员会由(2008 年 11 月 13 日第 2008-1161 号法律第 4 条)"竞争主管机关"主席和 4

名副主席组成。

（2008年11月13日第2008-1161号法律第4条）"竞争主管机关"的各种会议均按照出席会议的成员的多数表决意见作出决议。（2008年11月13日第2008-1161号法律第4条）"竞争主管机关"的内部规章具体规定每一种会议适用的多数标准。

出现两种意见得票数相等的情形时，会议主席的表决票具有决定性作用。

（2008年11月13日第2008-1161号法律第2-1条、第4条）"竞争主管机关"主席或其指定的一名副主席唯一可以作出（2009年5月12日第2009-526号法律第139-3条）"第L462-8条"所指的各项决定。所作决定是针对（2008年11月13日第2008-1161号法律第4条）"竞争主管机关"按照第L464-9条的规定由部长提交的事实时，第L464-2条至第L464-4条所指决定只能由（2008年11月13日第2008-1161号法律第4条）"竞争主管机关"主席或其指定的一名副主席作出。在涉及第L430-5条所指决定时，（2008年11月13日第2008-1161号法律第4条）"竞争主管机关"主席亦可作出同样处理。

第L461-4条 （2008年11月13日第2008-1161号法律第4条）"竞争主管机关"设若干调查部门，由总报告人领导。总报告人由负责经济事务的部长在听取合议制机关的意见后任命。

（2008年11月13日第2008-1161号法律第4条）"竞争主管机关"的各调查部门负责进行本卷第二编与第三编规定的必要调查。

各副总报告人、常任或非常任报告人以及调查部门的调查员，由总报告人任命，并在正式公报上公布。

由负责经济事务的部长听取合议制机关的意见之后作出行政决定，任命一名具有司法官资格（2009年5月12日第2009-526号法律第139-7条）或可以担保具有独立地位和相应鉴定资格的咨询顾问。相应情况下，咨询顾问可以听取涉案的各当事人就其得到有关事实通知以来，与其相关的程序所作的情况说明。咨询顾问向（2008年11月13日第2008-1161号法律第4条）"竞争主管机关"的主席转送其就当事人提出的情况说明所做的报告，并在报告中提议采取任何必要的行动，以便改善当事人的权利行使情况。

咨询顾问以何方式参与工作，由最高行政法院提出资政意见后颁布的法令具体规定。

（2008年11月13日第2008-1161号法律第4条）"竞争主管机关"的运作经费，纳入负责经济事务的部长的预算项目。1922年8月10日关于安排经费开支、实行监督的法律不适用于此项经费预算的管理。

(2008年11月13日第2008-1161号法律第4条)"竞争主管机关"主席是本机关的经费收支的主管人;主席授权总报告人对各调查部门的经费开支实行管理。

最高行政法院提出资政意见后颁布的法令具体规定(2008年11月13日第2008-1161号法律第4条)"竞争主管机关"主席在所有的民事行为中代表该机关以及以该机关的名义进行诉讼的条件。

第L461-5条 国民议会中设立的在竞争事务方面有管辖权限的各委员会可以听取(2008年11月13日第2008-1161号法律第4条)"竞争主管机关"主席的意见,并就(2008年11月13日第2008-1161号法律第4条)"竞争主管机关"权限范围内的任何问题征求该机关的意见。

国民议会中设立的在竞争事务方面有管辖权限的各委员会提出要求时,(2008年11月13日第2008-1161号法律第4条)"竞争主管机关"主席应向这些委员会汇报其开展的活动。

(2008年11月13日第2008-1161号法律第4条)"竞争主管机关"每年6月30日之前制订一份汇报其活动的公开报告,并将报告送交政府与议会。

第二章　竞争主管机关的职权

(2008年11月13日第2008-1161号法律第4条)

第L462-1条 (2008年11月13日第2008-1161号法律第4条)"竞争主管机关"可以就法律提案以及有关竞争方面的其他任何问题接受议会各相关委员会的咨询。

(2008年11月13日第2008-1161号法律第4条)"竞争主管机关"应政府的要求,就有关竞争事务方面的任何问题提出意见,也可以应地方行政机关、行业组织和工会组织、经认可的消费者组织、农业公会、手工业公会、工商会或(2010年6月12日第2010-669号法律第18条)"互联网上发布作品与保护权利的高级委员会"就属于各自负责范围的事务提出的要求,以及应(2012年11月20日第2012-1270号法律23-3)瓜德罗普、马提尼克、圭亚纳、留尼汪、(2011年3月29日第2011-337号法令第7条)"马约特以及圣皮埃尔—密克隆等海外省"边际价格与收入观察所主任提出的请求,就相同的问题提出意见。

第L462-2条 (2008年11月13日第2008-1161号法律第4条)任何行

政法规的文本草案,如建立某种直接产生下列后果的新制度,政府必须事先征求(2008年11月13日第2008-1161号法律第4条)"竞争主管机关"的意见:

1. 对于从事某种职业或市场准入规定数量限制的;
2. 在某些区域设立独占权的;
3. 在物价或买卖条件方面强制实施统一措施的。

第L462-3条 (2008年11月13日第2008-1161号法律第4条)法院可以就其受理的案件涉及的属于第L420-1条、第L420-2条、第L420-2-1条、第L420-5条以及(2012年11月20日第2012-1270号法律第6条)"有关欧盟运作的条约第101条与第102条"定义的反竞争行为咨询(2008年11月13日第2008-1161号法律第4条)"竞争主管机关"的意见。(2008年11月13日第2008-1161号法律第4条)"竞争主管机关"只有在实行对席审理程序进行审议之后才能提出意见。但是,如果竞争主管机关已经掌握此前实施的程序中收集到的材料,也可以不经本条所指的对抗性程序即提出意见。

(2012年11月20日第2012-1270号法律第6条)"任何法院向竞争主管机关征求其意见或者要求其提交诉讼当事人并不掌握的材料时,竞争主管机关可以将其掌握的涉及反竞争行为的任何材料转送法院,但是以第L464-2条第四项的名义起草或者收集的材料除外。竞争主管机关主动向法院提出意见时,亦可在相同限制下转送相关材料。"

在向(2008年11月13日第2008-1161号法律第4条)"竞争主管机关"咨询意见的情况下,时效期间中止进行。

在作出不移送起诉的决定或者法院作出判决之后,(2008年11月13日第2008-1161号法律第4条)"竞争主管机关"的意见亦予公布。

第L462-4条 (2008年11月13日第2008-1161号法律第2-2条、第4条)"竞争主管机关"可以主动就有关竞争事务的任何问题提出意见。(2008年11月13日第2008-1161号法律第4条)"竞争主管机关"提出的意见应予公布。(2008年11月13日第2008-1161号法律第4条)"竞争主管机关"也可以向负责经济事务的部长或者负责有关事务的部长建议采取可以改善市场竞争机制的任何必要措施。

第L462-5条 (2008年11月13日第2008-1161号法律第2-3条)一、负责经济事务的部长可以提请(2008年11月13日第2008-1161号法律第4条)"竞争主管机关"受理第L420-1条、第L420-2条、(2012年11月20日第2012-1270号法律第8条)"第L420-2-1条与第L420-5条所指的各种反竞争行为的任何事实或违反按照第 L410-3 条的规定采取的措施的任何事实",或者提请其受理可能构成此种行为的事实,以及违反依据第 L430-7-1 条之规定或者 2008 年 11 月 13 日关于竞争规则现代化的第 2008-1161 号法律实施之前进行的经济集中的决定而作出的义务承诺的行为。

二、任何企业均可提请(2008 年 11 月 13 日第 2008-1161 号法律第 4 条)"竞争主管机关"受理第 L420-1 条、第 L420-2 条、(2012 年 11 月 20 日第 2012-1270 号法律第 8 条)"第 L420-2-1 条、L420-5 条所指的涉及反竞争行为的争议,或者受理违反按照第 L410-3 条的规定采取的措施的争议"。第 L462-1 条第 2 款所指的任何组织均可提请(2008 年 11 月 13 日第 2008-1161 号法律第 4 条)"竞争主管机关"受理与这些组织各自负责的利益有关的所有案卷。

三、总报告人可以建议(2008 年 11 月 13 日第 2008-1161 号法律第 4 条)"竞争主管机关"依职权受理第 L430-8 条第一项与第二项所指的行为,以及受理违反依据 2008 年 11 月 13 日关于竞争规则现代化的第 2008-1161 号法律实施之前批准进行经济集中的决定而作出的义务承诺的行为。

(2012 年 11 月 20 日第 2012-1270 号法律第 8 条)四、在海外地区、马约特省以及圣巴泰勒米、圣马丁、圣皮埃尔—密克隆等海外行政区,竞争主管机关可以受理第 L420-2 条、第 L420-2-1 条、第 L420-5 条所指的反竞争的行为,或者受理违反按照第 L410-3 条的规定采取的措施的行为。

第 L462-6 条 (2008 年 11 月 13 日第 2008-1161 号法律第 4 条)"竞争主管机关"审查其受理的行为是否属于第 L420-1 条、第 L420-2 条、(2012 年 11 月 20 日第 2012-1270 号法律第 6 条)"第 L420-2-1 条或者第 L420-5 条规定的范围,是否违反按照第 L410-3 条的规定采取的措施",或者审查按照第 L420-4 条的规定这些行为是否有正当理由;相应情况下,(2008 年 11 月 13 日第 2008-1161 号法律第 4 条)"竞争主管机关"宣布处罚措施并发布指令。

(2008 年 11 月 13 日第 2008-1161 号法律第 4 条)"竞争主管机关"认为(其受理的)事实应当适用第 L420-6 条的规定时,将案卷移送共和国检察官。移送案卷,即中断公诉时效期间。

(2004 年 11 月 4 日第 2004-1173 号法律第 5 条)"竞争主管机关受理的事实此前已对其进行过调查、查证,或者已经受到欧洲委员会或欧洲共同体另一成员国的竞争主管机关给予的制裁时,公诉时效亦中断"。

第 L462-7 条 (2008 年 11 月 13 日第 2008-1161 号法律第 4 条)对于时间已过(2004 年 11 月 4 日第 2004-1173 号法律第 6 条)"5 年"的行为,如果

此前没有采取任何旨在进行调查、确认或制裁的行动,不得再提交(2008年11月13日第2008-1161号法律第4条)"竞争主管机关"受理。

(2008年11月13日第2008-1161号法律第2-4条)凡是依据第L420-6条之规定可以中断公诉时效的行为,亦可中断在(2008年11月13日第2008-1161号法律第4条)"竞争主管机关"进行的程序的时效期间。

但是,在任何情况下,自反竞争的行为停止起经过10年,竞争主管机构仍然没有就此作出审理决定的,即视为时效期间已经经过。

(2012年11月20日第2012-1270号法律第13条)属于以下情形的,本条第3款所指的期限,至法院作出不可撤销的裁决并通知竞争主管机关之日,停止计算:

1. 按照第L450条的规定发出的指令受到上诉或者该条所指的活动的进行受到异议时,自提出上诉或者异议之日起,期限停止计算;

2. 竞争主管机关作出的决定,按照第L464-8条的规定受到上诉时,自上诉提出之日起期限停止计算。

第L462-8条　如果提请(2001年5月15日第2001-420号法律,2008年11月13日第2008-1161号法律第4条)"竞争主管机关"受理案卷的人没有(诉讼)利益或者没有诉讼资格,或者如果按照第L462-7条的规定所涉事由已过诉讼时效,或者如(2008年11月13日第2008-1161号法律第4条)"竞争主管机关"认为该事由不属于其管辖范围,竞争主管机关得以说明理由的决定宣告提请其受理的事由不予受理。

如果(2008年11月13日第2008-1161号法律第4条)"竞争主管机关"认为提交其受理的事由并无具有充分证明效力的材料作为证据时,得以说明理由的决定驳回向其提出的请求。

(2004年11月4日第2004-1173号法律第7条,2008年11月13日第2008-1161号法律第4条)"竞争主管机关"知道属于《建立欧洲共同体条约》第81条至第82条规定范围的相同案件已经由欧洲共同体另一成员国国内的(2008年11月13日第2008-1161号法律第4条)"竞争主管机关"或者欧洲委员会作出处理时,也可以按照上述相同条件驳回向其提出的受理案卷的请求。

(2008年11月13日第2008-1161号法律第4条)"竞争主管机关"知道属于《建立欧洲共同体条约》第81条至第82条规定范围的相同案件正在由欧洲共同体另一成员国国内的(2008年11月13日第2008-1161号法律第4条)"竞争主管机关"作出处理的,也可以按照上述相同条件驳回向其提出的受理案卷的请求或者中止程序的进行。在此种信息是在预审阶段由报告人接收时,总报告人可以中止程序的进行。

(2008年11月13日第2008-1161号法律第4条)"竞争主管机关"可以按照相同条件作出决定,终结其依职权受理的案件。

(2008年11月13日第2008-1161号法律第4条)"竞争主管机关"得以其主席或主席授权的副主席作出的决定,认可(2004年11月4日第2004-1173号法律第2-4条)"各方当事人"表明舍弃的诉权,或者认可欧洲委员会提出的撤诉。在当事人舍弃诉权的情况下,(2008年11月13日第2008-1161号法律第4条)"竞争主管机关"可以继续管辖相应案件,在此情况下,视其依职权受理该案。

第L462-9条 (2001年5月15日第2001-420号法律,2004年11月4日第2004-1173号法律第8条,2008年11月13日第2008-1161号法律第4条)一、"竞争主管机关"对属于其管辖权限的事由,在通知负责经济事务的部长之后,应欧洲共同体委员会的要求或者共同体成员国国内行使类似权限的机关的请求,可以向它们通报其持有或者收集的信息或文件,但以互惠条件以及外国权力机关受与法国规定相同的保守职业秘密的义务约束为条件。

(2008年11月13日第2008-1161号法律第4条)应外国类似的主管机关的请求,(2008年11月13日第2008-1161号法律第4条)"竞争主管机关"得按照其履行职责时的相同条件、相同程序以及相同的处罚,领导调查,或者请求负责经济事务的部长领导调查,但以国家间的互惠为保留条件。

在欧洲委员会以及欧洲共同体成员国国内主管竞争事务的机关提出要求的情况下,保守职业秘密之义务并不妨碍各成员国国内主管竞争事务的机关向该委员会与其他成员国行使类似权限并受相同的保守职业秘密义务约束的机关通报其持有的或收集的情况与信息。

如执行上述请求有损(法国的)国家主权、安全、基本经济利益或者公共秩序,或者依据相同的事实,针对相同的当事人在法国已经实施刑事诉讼程序,或者当事人因相同事实已经受到终局判决给予的制裁,(法国)(2008年11月13日第2008-1161号法律第4条)"竞争主管机关"可以拒绝对外国类似权限的机关在领导调查或者转送(法国)(2008年11月13日第2008-1161号法律第4条)"竞争主管机关"持有的信息资料上给予所请求的协助。

各成员国的(2008年11月13日第2008-1161号法律第4条)"竞争主管机关",就其各自权限范围内的事项,可以使用由欧洲共同体委员会或其他成员国国内行使类似权力的机关按照相同条件转送的信息资料或文件。

(2008年11月13日第2008-1161号法律第4条)"(法国)竞争主管机关"得为实施本条之规定订立协议,对其与其他成员国国内行使类似权限的机关的关系作出安排。这些协议由主管机关按照第L463-7条规定的条件进行批准,并在正式公报上公布。

二、(2004年11月4日第2004-1173号法律第8条)各成员国的(2008年11月13日第2008-1161号法律第4条)"竞争主管机关"在实施《建立欧洲共同体条约》第81条与第82条规定的竞争规则时,均适用欧洲理事会关于实施《建立欧洲共同体条约》第81条与第82条所定竞争规则的第1/2003号条例的各项规定,但保留适用本条第一项第1款至第5款的规定。

为适用上述条例第11条第四项的规定,(2008年11月13日第2008-1161号法律第4条)"竞争主管机关"向欧洲委员会报送其处理的案件的大致介绍以及一份说明考虑导向的文件,这一文件可以是通知有关案件造成的影响,或者是第L463-2条所指的报告。(2008年11月13日第2008-1161号法律第4条)"竞争主管机关"可以向欧洲共同体成员国的(2008年11月13日第2008-1161号法律第4条)"竞争主管机关"提交这些文件。

第三章 程 序

第L463-1条 在(2008年11月13日第2008-1161号法律第4条)"竞争主管机关"进行的初审与审理采取完全的对抗式程序,(2004年11月4日第2004-1173号法律9-1条)"但保留执行第L463-4条之规定"。

第L463-2条 在不影响第L464-1条规定的各项措施的情况下,总报告人或者由其指定的副总报告人向有关的当事人及政府特派员通知涉案事由,当事人与政府特派员可以查阅案卷,但保留执行第L463-4条的规定,当事人与政府特派员可以在2个月期限内提出他们的意见。有关事由涉及的企业,在其法律地位发生改变可能引起其代理条件或者归咎其责任的条件发生改变时,应在调查程序中及时向负责案卷的报告人通知其法律地位发生的变化。

报告随后提交各当事人、政府特派员及有关的部长。提交报告的同时应附有报告人所依据的相关文件及相应情况下各当事人提出的意见说明。

各当事人可以在2个月期限内提出补充的答辩文书。前款所指的人在审理开庭之前15日可以查阅这项答辩文书。

如果特殊情况证明有此理由,竞争主管机关的总报告人可以作出一项决定,给予1个月的补充期限,以便各当事人查阅案卷与提出各自的意见说明;对此决定不准提出不服申请。

第 L463-3 条 (2008年11月13日第2008-1161号法律第4条)"竞争主管机关"的总报告人可以在向有关的当事人通知案由时,决定该案将由(2008年11月13日第2008-1161号法律第4条)"竞争主管机关"审理而不事先提出报告。这项决定应通知有关当事人。

第 L463-4 条 (2008年11月13日第2008-1161号法律第4条)"竞争主管机关"的总报告人可以拒绝向某一当事人传达涉及其他人的案件秘密的文件,或者拒绝传达这些文件中包含的某些内容,或者拒绝某一当事人查阅这些文件。在此情况下,所制作的这些文件的无须保密的文本或概要或者与此相关的内容仍然可以向该当事人开放。

最高行政法院提出资政意见后颁布的法令具体规定本条的适用条件。

第 L463-5 条 预审法庭与审判法庭可以应(2008年11月13日第2008-1161号法律第4条)"竞争主管机关"提出的请求,向该机关通报与其受理的案件有直接联系的调查报告的笔录或者其他预审材料。

第 L463-6 条 一方当事人透露其仅仅是在材料报送之后或者查阅材料之后才知道材料中涉及另一方当事人或第三人的信息的,处《刑法典》第226-13条规定的刑罚。

第 L463-7 条 (2008年11月13日第2008-1161号法律第4条)"竞争主管机关"的审理会议不公开进行。只有各方当事人与政府特派员才能列席会议。各方当事人可以请求(2008年11月13日第2008-1161号法律第4条)"竞争主管机关"听取其意见说明并可由他人代理或者助理。

(2008年11月13日第2008-1161号法律第4条)"竞争主管机关"得听取其认为可能为其提供信息的任何人提供的情况说明。

总报告人或者由其指定的副总报告人以及政府特派员可以提出他们的意见。

总报告人或者由其指定的副总报告人以及政府特派员列席(2008年11月13日第2008-1161号法律第4条)"竞争主管机关"的评议会议但没有评议权,但(2008年11月13日第2008-1161号法律第4条)"竞争主管机关"对其按照第 L462-5 条的规定受理的行为进行审理时除外。

第 L463-8 条 应报告人或者一方当事人在进行预审期间随时提出的请求,总报告人可以决定聘请专家协助。对这项决定不准提出任何救济申请。

在指定专家的决定中应对其任务与完成任务的期限作出具体规定。专家的鉴定活动应对席进行。

鉴定经费由提出请求的一方当事人负担,或者在应报告人提出的请求命令进行鉴定的情况下,由(2008 年 11 月 13 日第 2008-1161 号法律第 4 条)"竞争主管机关"负担。但是,(2008 年 11 月 13 日第 2008-1161 号法律第 4 条)"竞争主管机关"可以在其就实体问题作出的决定中规定由受到处罚的一方当事人或诸当事人最后负担这些鉴定费用。

第四章 决定与上诉

第 L464-1 条 (2008 年 11 月 13 日第 2008-1161 号法律第 4 条)"竞争主管机关",应负责经济事务的部长的要求,或者应第 L462-1 条最后一款所指的人或者企业的请求,并且在听取所涉及的各方当事人与政府特派员的意见之后,采取当事人请求采取的各项保全措施或者在其看来属于必要的保全措施。

只有在所揭露的行为将立即对总体经济、有关行业部门的经济、消费者的利益或者提出指控的企业的利益造成严重侵害时,才能采取这种保全措施。

保全措施可以包括暂时停止涉案行为以及责令各方当事人恢复到以前的状态。这种保全措施严格限于处理紧急情况之必要。

第 L464-2 条 (2001 年 5 月 15 日第 2001-420 号法律)一、(2008 年 11 月 13 日第 2008-1161 号法律第 4 条)"竞争主管机关"可以命令有关的当事人在确定的期限内停止其反竞争的行为或者对当事人强制规定特别条件。(2004 年 11 月 4 日第 2004-1173 号法律第 10 条,2008 年 11 月 13 日第 2008-1161 号法律第 2-11 条)"竞争主管机关"也可以接受由企业或组织作出的承诺,以终止在竞争方面引起其关注的可能被第 L420-1 条、第 L420-2 条、第 L420-2-1 条与第 L420-5 条所禁止的行为,或者(2012 年 11 月 20 日第 2012-1270 号法律第 6 条)"违反按照第 L410-3 条的规定采取的措施的行为"。

在(当事人)不执行指令(2004 年 11 月 4 日第 2004-1173 号法律第 10 条)"或者不遵守其作出的并且已经被接受的承诺"的情况下,(2008 年 11 月 13 日第 2008-1161 号法律第 4 条)"竞争主管机关"得实行可以立即执行的金钱性质的制裁。

实行金钱制裁的数额应与以下考虑的事项相适应:受到指控的行为的严重程度,给经济造成的损害的大小,受到制裁的组织或企业或企业所属集团的状况，受到本章规定制裁的行为重新发生的可能性。应就每一个受到制裁的企业或组织个别确定金钱制裁并就每一项制裁说明理由。

如果违反规定的不是一家企业，金钱制裁的最高数额为 300 万欧元；如果违反规定的是一家企业，金钱制裁的最高数额为该企业在开始实施违规行为的会计年度之前的一个年度以来已经结算的某一个会计年度在世界范围内实现的税负外最高营业额的 10%。如果涉案企业的账目为合并结算账目或者根据其公司的法律形式所适用的法规条文进行了综合，（在确定金钱制裁的数额时）应当考虑的营业额为负责实行合并结算或综合账目的企业的账目上记载的数额。

（2008 年 11 月 13 日第 2008-1161 号法律第 4 条）"竞争主管机关"可以命令按照其具体规定的方式，公布、发布或者张贴其作出的决定或者该决定的节录，也可以命令将其决定或者决定的节录写进企业的经理、董事会或管理委员会就本年度的各项业务活动制订的报告。所需费用由涉案人负担。

（2012 年 11 月 20 日第 2012-1270 号法律第 7 条）"企业或者企业集团，因违反按照第 L410-3 条的规定采取的措施的行为"，接到竞争主管机关的指令之后，应当按竞争主管机关规定的方式，自费在按日出版的当地新闻报纸上公告该机关的指令；相应情况下，公告可以提及对该指令已经提出申诉。

（2004 年 11 月 4 日第 2004-1173 号法律第 10 条）二、（2008 年 11 月 13 日第 2008-1161 号法律第 4 条）"竞争主管机关"可以规定，自其确定的日期开始，有关当事人每延迟一日采取行动，按日实行逾期罚款，罚款数额以其平均日营业额的 5% 为限，以强制涉案当事人：

1. 执行强制其停止反竞争行为的决定或对其强制规定特别义务的决定，或者执行按照上述第一项规定已具有强制性的承诺；

2. 遵守依第 L464-1 条的规定宣告的各项措施。

营业额的计算，以本企业在上述决定作出之日已经终结的最后一个会计年度的账目为基础。规定的罚款由（2008 年 11 月 13 日第 2008-1161 号法律第 4 条）"竞争主管机关"结算，并由其确定最终的罚款数额。

（2004 年 11 月 4 日第 2004-1173 号法律第 10 条）三、在涉案组织或者企业对向其通知的涉案事由不持异议（2008 年 11 月 13 日第 2008-1173 号法律第 2-11 条废止："并承诺将来改正其行为"）的情况下，总报告人可以向（2008 年 11 月 13 日第 2008-1161 号法律第 4 条）"竞争主管机关"提议，在宣告上述第一项规定的金钱制裁时应考虑当事人不持异议之情形。在此情况下，给予制裁的最高数额可减少一半。(2008年11约13日第2008-1161号法律第2-11条)在涉案组织或企业承诺今后改正其行为的情况下,总报告人也可以向(2008年11月13日第2008-1161号法律第4条)"竞争主管机关"提议在确定金钱制裁的数额时应考虑组织或企业作出的改正承诺。

(2004年11月4日第2004-1173号法律第10条)四、对于与其他组织或企业一起实施了第L420-1条所禁止之行为的某一组织或企业,如果其为确认此种行为的现实性与查明行为人作出了努力,并向(2008年11月13日第2008-1161号法律第4条)"竞争主管机关"或行政部门提供了它们此前并不掌握的情况与信息,可以同意对其免除全部或一部金钱制裁。在涉案组织或企业进行此种努力之后,(2008年11月13日第2008-1161号法律第4条)"竞争主管机关",应总报告人或者负责经济事务的部长的要求,就此发布一项宽大处理的通知意见。这一通知意见应具体说明考虑免除金钱处罚时应当具备的条件。通知意见发出之前,政府特派员、涉案组织或企业应提出他们的意见。这些意见应通知涉案组织或企业以及负责经济事务的部长,但不予公布。在按照本条第一项的规定作出决定的情况下,如果从宽处罚的通知意见中明确规定的条件已经得到遵守,(2008年11月13日第2008-1161号法律第4条)"竞争主管机关"可以按照涉案组织或企业在确认犯罪方面作出的贡献的比例,免除对其实行的金钱制裁。

(2008年11月13日第2008-1161号法律第2-11条)五、如某一(涉案)组织或企业不听从传唤或者不在规定的期限内回复第L450-1条第一项所指的工作人员在行使第四卷第五编与第六编赋予的权力时向其提出的提供情况或报送材料的要求,(2008年11月13日第2008-1161号法律第4条)"竞争主管机关"可以按照总报告人的请求,对该组织或企业宣告一项指令并在本条第二项规定的限额内附加逾期罚款。

如果涉案企业设置障碍,阻挠调查或预审,尤其是提供不确实或者不完整的情况,或者报送不完整或歪曲事实的材料,应总报告人的请求,(2008年11月13日第2008-1161号法律第4条)"竞争主管机关"在听取涉案企业的说明与政府特派员的意见之后,可以对该企业实行金钱制裁。金钱制裁的最高数额为该企业在实施违规行为的会计年度之前的一个年度以来已经结算的某一会计年度中在世界范围内实现的税负外最高营业额的10%。

第L464-3条 (2004年11月4日第2004-1173号法律第11条)如果第L464-1条与第L464-2条所指的各项措施、指令或承诺没有得到遵守,(2008年11月13日第2008-1161号法律第4条)"竞争主管机关"可以在第L464-2

条规定的限额内宣告金钱制裁。

第 L464-4 条 金钱制裁款项以及(2004 年 11 月 4 日第 2004-1173 号法律第 12 条)"逾期罚款",作为国家债权收取,不负担税金。

第 L464-5 条 (2001 年 5 月 15 日第 2001-420 号法律,2008 年 11 月 13 日第 2008-1161 号法律第 4 条)"竞争主管机关"按照第 L463-3 条规定的程序进行审议时,可以宣告第 L464-2 条第一项所指的各项措施,但是,对每一个实施受到禁止之行为的行为人宣告的金钱制裁的数额不得超过 75 万欧元。

第 L464-6 条 (2001 年 5 月 15 日第 2001-420 号法律)在任何一种可能损害市场竞争的行为均未得到确认的情况下,(2008 年 11 月 13 日第 2008-1161 号法律第 4 条)"竞争主管机关"可以在涉案行为人以及政府特派员查阅案卷并提出意见之后,决定是否有必要继续实施程序。(2004 年 3 月 25 日第 2004-274 号法律第 24-1 条)"这项决定应当说明理由"。

第 L464-6-1 条 在第 L420-1 条所指行为并不涉及按照《公共工程法典》订立的合同,并且所有合同当事人作为涉案的企业或组织占有的份额加起来不超过以下数额时,(2004 年 3 月 25 日第 2004-274 号法律第 24-2 条,2008 年 11 月 13 日第 2008-1161 号法律第 4 条)"竞争主管机关"也可以按照第 L464-6 条规定的条件决定没有必要继续实施程序:

1. 如订立的合同或者实施的行为发生在相应市场上现时的或潜在的相互竞争的企业或组织之间,在受到该合同或行为影响的市场之一里所占份额不超过所涉市场的 10%;

2. 如订立的合同或者实施的行为不是发生在相应市场上现时的或潜在的相互竞争的企业或组织之间,不超过在合同或行为所涉及的市场之一里所占份额的 15%。

第 L464-6-2 条 (2004 年 3 月 25 日第 2004-274 号法律第 24-2 条)但是,第 L464-6-1 条之规定不适用于包含有以下任何一种对竞争有明显限制性规定的协议与行为:

1. 直接或间接,单独或者与当事人可以施加影响的其他因素配合,实施以确定买卖价格、限量生产或者限量买卖、分配市场或分配顾客为目的的各种限制;

2. 对经销商没有要求但由其在合同规定的地域范围之外实现的有利于最终用户的买卖进行限制;

3. 对选择性销售网的成员在市场上作为零售商进行的销售活动加以限制,而此种销售活动完全不属于销售网的成员在未得到许可设立的销售点进行的可能受到禁止的销售活动；

4. 对经销商在选择性销售网内部进行的交叉提货进行限制，其中包括禁止经销商在不同的销售阶段进行交叉提货活动。

第 L464-7 条　对于(2008 年 11 月 13 日第 2008-1161 号法律第 4 条)"竞争主管机关"按照第 L464-1 条的规定作出的决定，涉案当事人以及政府特派员可以在(2008 年 11 月 13 日第 2008-1161 号法律第 4 条)该决定通知后最长 10 日期限内，向巴黎上诉法院提起旨在撤销或变更该决定的上诉。上诉法院在上诉提出起 1 个月期限内作出审理裁判。

对(2008 年 11 月 13 日第 2008-1161 号法律第 4 条)"竞争主管机关"的决定提出上诉并不具有中止执行原决定的效果。但是，如果命令采取的保全措施有可能引起明显过分的后果，或者如果在(2008 年 11 月 13 日第 2008-1161 号法律第 4 条)"竞争主管机关"的决定通知之后发生了特别严重的新的违规行为，巴黎上诉法院第一院长得命令暂缓执行保全措施。

第 L464-8 条　(2008 年 11 月 13 日第 2008-1161 号法律第 4 条)"竞争主管机关"按照第 L462-8 条、(2001 年 12 月 11 日第 2004-1168 号法律废止："第 L464-1 条")第 L464-2 条、第 L464-3 条、第 L464-5 条、(2004 年 3 月 25 日第 2004-274 号法律第 24-3 条)"第 L464-6 条"、(2012 年 11 月 20 日第 2012-1270 号法律第 10-2 条)"第 L464-6-1 条与第 L752-27 条"的规定作出的决定应通知各涉案当事人与负责经济事务的部长；各涉案当事人与负责经济事务的部长均可在 1 个月期限内，向巴黎上诉法院提起撤销或者变更原决定的上诉。

(2008 年 11 月 13 日第 2008-1161 号法律第 2-12 条废止："竞争主管机关的决定在正式公告上进行公布")考虑到有关当事人的正当利益，避免泄露商业秘密，(2004 年 11 月 4 日第 2004-1173 号法律第 13 条，2008 年 11 月 13 日第 2008-1161 号法律第 4 条)"竞争主管机关"的决定可以进行有限制的公示。负责经济事务的部长关注这些决定的执行情况。

对(2008 年 11 月 13 日第 2008-1161 号法律第 4 条)"竞争主管机关"的决定提出上诉，并不具有中止执行该决定的效果。但是，如果命令采取的保全措施有可能引起明显过分的后果，或者如果在(2008 年 11 月 13 日第 2008-1161 号法律第 4 条)"竞争主管机关"的决定通知之后发生了特别严重的新的违规行为，巴黎上诉法院第一院长可以命令暂缓执行保全措施。

相应情况下，可以在上诉法院的判决通知后 1 个月期限内，向最高法院提起上诉。

（2008年11月13日第2008-1161号法律第2-12条,2008年11月13日第2008-1161号法律第4条）"竞争主管机关"的主席可以对巴黎上诉法院作出的撤销或变更该主管机关决定的判决向最高法院提起上诉。

（2004年12月9日第2004-1343号法律第83-2条）"负责经济事务的部长在所有情况下均可以对巴黎上诉法院的判决向最高法院提起上诉"。

（2008年11月13日第2008-1161号法律第2-12条,2008年11月13日第2008-1161号法律第4条）"竞争主管机关"关注其决定的执行情况。

第L464-9条 （2008年11月13日第2008-1161号法律第2-13条）在第L420-1条、第L420-2条、（2012年11月20日第2012-1270号法律第6条）"第L420-2-1条"与第L420-5条所指的行为，"或者违反按照第L410-3条的规定采取的措施的行为"涉及地方市场，但不涉及《建立欧洲共同体条约》第81条与第82条规定范围内的事实，且每一行为人在最后一个已经终结的会计年度内在法国实现的营业额均不超过5000万欧元，合并结算的营业额不超过1亿欧元时，负责经济事务的部长可以责令所涉及的企业停止此种行为。

负责经济事务的部长也可以在相同条件下向这些企业提议实行和解。实行和解的数额不得超过15万欧元，或者如果营业额低于此数目，则不得超过最后一个会计年度的营业额的5%。实行和解的方式由最高行政法院提出咨政意见后颁布的法令具体规定。如果涉案当事人在规定的期限内履行指令中规定的义务并接受和解，即停止在（2008年11月13日第2008-1161号法律第4条）"竞争主管机关"就相同事实进行的诉讼。负责经济事务的部长向（2008年11月13日第2008-1161号法律第4条）"竞争主管机关"通知实行和解之事由。

在相同的事实事先已经由第L462-1条第2款所指的企业或组织提交到（2008年11月13日第2008-1161号法律第4条）"竞争主管机关"的情况下，不得提议实行和解，也不得强制规定指令。

在拒绝实行和解的情况下，负责经济事务的部长向（2008年11月13日第2008-1161号法律第4条）"竞争主管机关"移送案卷；在第1款规定的指令没有得到执行或者因实现和解而产生的义务没有得到履行的情况下，部长也可以向（2008年11月13日第2008-1161号法律第4条）"竞争主管机关"移送案卷。

由实行和解而缴纳的款项向国库支付，并按照不负担税金的款项收取。

第七编 其他规定

第 L470-1 条 对于按照本卷及其实施法令的规定而针对法人的领导人判处的罚金,法院可以判处法人负连带支付责任。

第 L470-2 条 (2005年8月2日第2005-882号法律第53条)在对本卷第四编所指的轻罪作出有罪判决的情况下,法院得命令按照《刑法典》第131-10条规定的条件张贴或发布其判决。

第 L470-3 条 因第 L441-2 条、第 L441-3 条、第 L441-4 条、第 L441-5 条、第 L441-6 条、第 L442-2 条、第 L442-3 条、第 L442-4 条、第 L442-5 条与第 L443-1 条规定的犯罪之一受到有罪判决的人,在两年之内又实行同一犯罪的,罚金按最高额增加一倍。

第 L470-4 条 因第 L441-3 条、第 L441-4 条、第 L441-5 条、第 L441-6 条、第 L442-2 条、第 L442-3 条、第 L442-4 条规定的犯罪之一受到有罪判决的法人,在两年之内又实行同一犯罪的,当处的最高罚金的数额为自然人因相同犯罪所适用的罚金数额的10倍。

第 L470-4-1 条 对于本卷第四编所指的轻罪,法律没有规定监禁刑的,(2005年9月1日第2005-1086号法令第1条)"以及对本卷规定的违警罪",只要检察院尚未发动公诉,负责竞争与消费事务的行政主管机关经共和国检察官同意,可以按照最高行政法院提出资政意见后颁布的法令规定的形式与条件实行和解。

共和国检察官同意提议和解的文书,公诉时效中止进行。

犯罪行为人在规定的期限内履行其接受和解时对其规定的各项义务,公诉即告消灭。

第 L470-4-2 条 （2005 年 8 月 2 日第 2005-882 号法律第 46 条）一、对于承认自己实行了本卷第四编所指的法律没有规定监禁刑的一项或数项轻罪或者一项或数项有关联的违警罪的法人，适用《刑事诉讼法典》第 41-2 条规定的刑事和解，但只有该《法典》第 41-2 条第一项规定的措施才适用于这些法人。

二、对于本条第一项所指的轻罪，共和国检察官可以通过本《法典》第 L450-1 条第二项第 1 款所指的公务员向犯罪行为人提议刑事和解。

第 L470-4-3 条 （2005 年 8 月 2 日第 2005-882 号法律第 55 条）对于没有规定监禁刑的本卷第四编所指的轻罪，按照共和国检察官的指令，由本《法典》第 L450-1 条第 4 款所指的公务员向被告人通知送达的传唤出庭通知书，具有法庭传票的效力。

第 L470-5 条 为实施本卷之规定，负责经济事务的部长或其代表，可以向民事或刑事法院提交准备书状，并在庭审时进一步作出陈述。部长或其代表也可以提交调查笔录与调查报告。

第 L470-6 条 （2001 年 5 月 15 日第 2001-420 号法律）为实施《建立欧洲共同体条约》第 81 条至第 83 条的规定，负责经济事务的部长及其按照本卷的规定任命或授权的公务员与(2008 年 11 月 13 日第 2008-1161 号法律第 4 条)"竞争主管机关"各自拥有以下文件所承认的权力：本卷的规定，(2008 年 11 月 13 日第 2008-1161 号法律第 4 条)欧洲理事会 2004 年 1 月 20 日关于监督企业集中的第 139/2004 号条例，以及关于实施《建立欧洲共同体条约》第 81 条与第 82 条所定竞争规则的欧洲理事会 2002 年 12 月 16 日第 1/2003 号条例。这些文件规定的程序规则亦适用于。

（2001 年 5 月 15 日第 2001-450 号法律）为实施《建立欧洲共同体条约》第 87 条与第 88 条的规定，负责经济事务的部长及其按照第 L450-1 条的规定任命或授权的公务员，拥有第四卷第五编所承认的权力。

第 L470-7 条 （1995 年 2 月 1 日第 95-95 号法律）行业组织可因对其行业或其代表的领域的集体利益或正当竞争造成直接或间接损害的行为向民事法院或商事法院提起诉讼。

第 L470-7-1 条 （2008 年 11 月 13 日第 2008-1161 号法律第 3 条）按照第 L462-8 条、第 L464-1 条、第 L464-2 条、第 L464-3 条、第 L464-5 条、第 L464-6 条与第 L464-4-1 条之规定作出的判决的公告方式，由法令具体规定。

第 L470-8 条 最高行政法院提出资政意见后颁布的法令规定本卷的实施条件。

Code de commerce

法国商法典 下册

罗结珍 译

目 录

下 册

第二部分 实施法令

第一卷 商事总则

第一编 商事行为(无条文) /1081

第二编 商人 /1081

  第一章 定义与地位 /1081

  第二章 外国商人 /1082

  第三章 商人的一般义务 /1084

    序节 企业手续办理中心 /1084

    第一节 商事及公司注册登记簿 /1084

      第一目 有义务进行注册登记的人 /1084

      第二目 "商事及公司注册登记簿"的掌管以及注册登记的效力 /1099

      第三目 自然人与法人的注册住所的设立 /1121

      第四目 有关欧洲公司的通知的公示 /1124

    第二节 商人的账目 /1124

      第一目 适用于所有商人的财会义务 /1124

      第二目 适用于某些自然人商人的财会义务 /1134

      第三目 流动性商业与手工业活动 /1135

    第三节 其他规定 /1138

第一目　《民商事法定公告正式简报》　/1138
　　　第二目　全国企业及其机构的识别与查询检索系统　/1140
　　　第三目　企业统一识别号码　/1144
　　　第四目　在业务文件上应当记载的事项　/1144
　第四章　零售商合作社(无条文)　/1146
　第五章　独立商人的合名商店(无条文)　/1146
　第六章　合作担保公司(无条文)　/1146
　第七章　"支持创业合同"或"支持恢复经济活动合同"　/1146

第三编　居间商、行纪商、承运人与商业代理人　/1148
　第一章　居间商　/1148
　　第一节　经宣誓的商品居间商在上诉法院名册上进行登记　/1148
　　第二节　经宣誓的商品居间商的保险与担保　/1150
　　第三节　经宣誓的商品居间商任职资质考试　/1151
　　第四节　经宣誓的商品居间商的纪律　/1152
　　第五节　经宣誓的商品居间商全国理事会　/1153
　第二章　行纪商　/1164
　第三章　承运人　/1164
　第四章　商业代理人　/1164

第四编　营业资产　/1169
　第一章　营业资产的买卖　/1169
　第二章　营业资产的设质(无条文)　/1169
　第三章　营业资产的买卖和设质的共同规定　/1169
　　第一节　质权的实现与登记债权的清偿　/1169
　　第二节　登记与注销手续　/1170
　　　第一目　登记　/1170
　　　第二目　注销　/1173
　　　第三目　特别规定　/1174
　　第三节　中间人与价金的分配　/1174
　第四章　营业资产的"租赁—经营"　/1175
　　第一节　公告措施　/1175
　　第二节　有关公共运输企业及工业用车辆租赁的特别规定　/1175

第五章 商业租约 /1175
第一节 商业租约的延展 /1175
第二节 租金 /1175
第一目 租赁价值的确定 /1175
第二目 省商业、工业或手工业用途的建筑物或场所租金事务调解委员会 /1177
第三目 租金的调整 /1178
第三节 程序 /1179
第四节 环境保护方面的附件 /1179
第五节 租约负担、税收、使用费与工程费用 /1179
第六章 委托经营管理人 /1179

第二卷 商事公司及经济利益联合组织

第一编 序编 /1181
第一节 公司的设立与修改章程 /1181
第一目 公司的设立 /1181
第二目 章程的修改 /1183
第三目 补正手续之诉讼 /1184
第二节 公司的解散 /1184
第三节 公告的形式 /1185
第二编 有关各种商事公司的特别规定 /1186
第一章 合名公司 /1186
第二章 普通两合公司 /1188
第三章 有限责任公司 /1188
第四章 可以发行股票的公司适用的一般规定 /1196
第五章 股份有限公司 /1197
第一节 股份有限公司的设立 /1197
第一目 公开募集设立 /1197
第二目 非公开募集设立 /1200
第二节 股份有限公司的领导与管理 /1200
第一目 董事会与总经理 /1200

第二目　管理委员会与监事会　/1204
　　第三节　股东大会　/1208
　　第四节　公司资本的变更与雇员股份制　/1228
　　　第一目　增加资本　/1228
　　　第二目　薪金雇员认购或购买股票　/1236
　　　第三目　资本的分期偿还　/1237
　　　第四目　减少资本　/1238
　　　第五目　公司认购、回购自己的股票或者用其股票设质　/1240
　　第五节　股份有限公司的监督　/1241
　　第六节　股份有限公司的转型　/1242
　　第七节　股份有限公司的解散　/1242
　　第八节　民事责任　/1242
　　第九节　工人参股股份有限公司　/1243
第六章　股份两合公司　/1243
第七章　简化的可以发行股票的公司　/1244
第八章　可以发行股票的公司发行的有价证券　/1244
　　第一节　共同规定　/1244
　　第二节　股票　/1247
　　　第一目　股票的发行、回购与转换　/1247
　　　第二目　对转让资本凭证和可以进入公司资本的有价证券的
　　　　　　　认可条款　/1249
　　　第三目　股东不履行义务　/1249
　　　第四目　没有进入规范市场交易的股票的合并　/1250
　　第三节　正在消失的几种证券适用的规定　/1251
　　　第一目　投资证书　/1251
　　　第二目　无表决权优先股(无表决权优先派息股)　/1252
　　第四节　参与性证券　/1254
　　第五节　公司债　/1255
　　第六节　可以进入公司资本或者有权分派债权凭证的有价证券　/1260
第九章　欧洲公司　/1263
　　第一节　一般规定　/1263
　　第二节　公司注册住所的迁移　/1264
　　　第一目　公示对第三人权利的保护　/1264

第二目 对公司迁移注册住所的合法性审查 /1266
第三节 欧洲公司的设立 /1267
第一目 合并设立 /1267
第二目 欧洲控股公司的设立 /1267
第三节 通过股份有限公司转型设立欧洲公司 /1269
第四节 欧洲公司的管理 /1270
第五节 欧洲公司转型为股份有限公司 /1270

第三编 对各种商事公司的共同规定 /1271

第一章 可变资本(无条文) /1271
第二章 公司账目 /1271
第一节 会计文件 /1271
第二节 适用于股票准许进入规范市场交易的公司及其子公司的特别规定 /1273
第三节 利润 /1274
第四节 账目的公示 /1275

第三章 子公司、参股与被控制的公司 /1275
第一节 通知与情况告知 /1275
第二节 集团结算账目 /1276
第三节 相互参股 /1282

第四章 警告程序 /1283
第五章 无效 /1285
第六章 合并与分立 /1285
第二节 跨国合并适用的特别规定 /1290

第七章 清算 /1292
第一节 一般规定 /1292
第二节 法院判决与裁定适用的规定 /1294

第八章 作为指令(无条文) /1296
第九章 股票与股份的出租 /1296

第四编 刑事规定 /1297

第一章 与有限责任公司有关的犯罪行为(无条文) /1297
第二章 与股份有限公司有关的犯罪行为(无条文) /1297
第三章 与股份两合公司有关的犯罪行为(无条文) /1297

第四章　与简化的股份有限公司有关的犯罪行为(无条文)　/1297
　　第五章　与可以发行股票的公司发行的有价证券有关的犯罪
　　　　　　行为(无条文)　/1297
　　第六章　与各种形式的可以发行股票的公司共同有关的犯罪
　　　　　　行为(无条文)　/1297
　　第七章　各种形式的商事公司共同的犯罪行为　/1298
　　第八章　与股份有限公司或欧洲公司总经理助理有关的
　　　　　　规定(无条文)　/1299
第五编　经济利益合作组织　/1300
　　第一章　法国法规定的经济利益合作组织　/1300
　　第二章　欧洲经济利益合作组织　/1301

第三卷　特定形式的买卖与排他性条款

第一编　清仓处理、摆摊销售、季节性减价与工厂店　/1312
　　第一节　清仓处理　/1312
　　第二节　摆摊销售　/1313
　　第三节　季节性减价销售　/1314
　　第四节　工厂店或工厂仓储销售　/1315
　　第五节　制裁　/1315
第二编　拍卖　/1316
　　第一章　动产的任意拍卖　/1316
　　　第一节　一般规定　/1316
　　　　第一目　动产任意拍卖执业人　/1316
　　　　第二目　动产任意拍卖委员会　/1325
　　　第二节　欧洲共同体成员国与欧洲经济区协议签字国的国民在法国
　　　　　　　从事动产任意拍卖活动的自由　/1329
　　　第三节　在欧洲共同体成员国与欧洲经济区协议签字国内有资质主持
　　　　　　　动产任意拍卖活动的人在法国开业　/1329
　　　第四节　经动产任意拍卖委员会认可的专家鉴定人　/1330
　　　第五节　其他规定　/1331

第二章　其他拍卖　/1331
第三编　排他性条款　/1334

第四卷　价格自由与竞争自由

第一编　价格自由(无条文)　/1336
第二编　各种反竞争行为　/1336
第三编　经济集中　/1338
第四编　透明度、限制竞争与其他受到禁止的实践行为　/1341
　　第一章　透明度　/1343
　　第二章　各种限制竞争的行为　/1343
　　第三章　其他受禁止的行为(无条文)　/1344
第五编　调查权力　/1345
第六编　竞争主管机关　/1347
　　第一章　组织　/1347
　　第二章　竞争主管机关的权限　/1347
　　第三章　程序　/1348
　　第四章　决定与申诉　/1348
第七编　其他规定　/1348

第五卷　商业票据及担保

第一编　商业票据　/1349
第二编　担保　/1349
　　第一章　有关商事质权的一般规定　/1349
　　第二章　质押物仓储库　/1349
　　　第一节　仓储库的认可、转让与停止经营　/1349
　　　第二节　义务、责任与担保　/1351
　　　第三节　质押物仓储库的运作与监督　/1352

第四节　存入仓单与出质仓单　/1353
   第五节　制裁　/1353
  第三章　饭店融资质押　/1354
  第四章　石油仓单质押　/1354
  第五章　工具与设备的质押　/1355
  第六章　对个体企业主及其配偶的保护　/1356
   第一节　关于财产不得扣押的申明　/1356
   第二节　有限责任个体企业主　/1357
    第一目　共同规定　/1357
    第二目　有限责任个体企业主的专门登记簿　/1360
  第七章　仓储融资质押　/1362
   第一节　登记手续　/1362
   第二节　变更手续　/1363
   第三节　登记的效力　/1364
   第四节　登记的注销　/1364
   第五节　法院书记员的义务　/1364
   第六节　救济途径　/1365
   第七节　其他规定　/1365

第六卷　企业困境

第一编　企业困境的预防　/1366
 第一章　企业困境预防、特别委任与和解程序　/1367
  第一节　经认可的预防组织　/1367
  第二节　商事法院院长对企业困境的监测　/1369
  第三节　专门委任　/1371
  第六节　和解程序　/1372
  第五节　专门委托代理人、和解人与鉴定人的报酬　/1378
 第二章　适用于从事经济活动的非商人私法法人的规定　/1379
第二编　保护程序　/1381
 第一章　程序的开始　/1381
  第一节　法院受理与判决　/1381

第二节　程序机关与监督人　/1387
第二章　观察期间的企业　/1389
　　第一节　保全措施　/1389
　　第二节　企业的管理　/1391
　　第三节　经营活动的继续　/1392
　　第四节　债权申报　/1395
第三章　经济、社会与环保概报表的制定　/1396
第四章　债务人概括财产的确定　/1397
　　第一节　债权审核与准许登记　/1397
　　　　第一目　债权审核　/1397
　　　　第二目　准许登记　/1398
　　　　第三目　债权清册　/1399
　　第二节　配偶的权利　/1400
　　第三节　动产出卖人的权利以及动产的追还与返还　/1400
　　第四节　有关公司的特别规定　/1401
第五章　由劳动合同产生的债权的清偿　/1402
第六章　保护方案　/1403
　　第一节　保护方案草案的起草　/1403
　　　　第一目　大会的召集　/1403
　　　　第二目　更换企业领导人　/1404
　　　　第三目　征求债权人的意见　/1404
　　　　第四目　公共债权的清偿　/1405
　　第二节　确定保护方案的判决与方案的执行　/1408
　　　　第一目　保护方案的确定　/1408
　　　　第二目　方案的执行　/1409
　　第三节　债权人委员会　/1415
第七章　在没有司法管理人的情况下的特别规定　/1418
第八章　加快的保护程序　/1419
　　第一节　一般规定　/1419
　　　　第一目　加快的保护程序的实行　/1419
　　　　第二目　加快的保护程序的效力　/1421
　　第二节　加快的财务保护程序的特别规定　/1421

第三编　司法重整程序 /1423
第一章　司法重整程序的开始与进行 /1423
第一节　司法重整程序的开始 /1423
第一目　法院受理与判决 /1423
第二目　实施程序的机关与监督人 /1426
第二节　程序的进行 /1427
第一目　管理人任务的变更 /1427
第二目　观察期间的保全措施 /1427
第三目　观察期内企业的转让 /1427
第四目　观察期内企业继续经营活动 /1427
第五目　观察期内薪金雇员的地位 /1428
第六目　债权申报 /1429
第七目　制定经济、社会与环保状况的概报表 /1429
第八目　债权的审核与准许登记 /1429
第九目　债务人的配偶的权利 /1429
第十目　动产出卖人的权利、动产的追还与返还 /1429
第十一目　因劳动合同产生的债权的清偿 /1429
第十二目　重整方案草案 /1430
第十三目　确定重整方案的判决 /1431
第十四目　债权人委员会 /1432
第十五目　在没有司法管理人的情况下的特别规定 /1432
第十六目　企业部分或全部转让 /1432
第十七目　程序的终结 /1433

第四编　司法清算与职业的恢复 /1434
序章　司法清算的开始与进行 /1434
第一章　司法清算判决 /1435
第一节　法院受理与判决 /1435
第二节　简易司法清算程序的适用条件 /1436
第三节　实施程序的机关与监督人 /1436
第四节　保全措施 /1437
第五节　经营活动的维持 /1437
第六节　原已中断的诉讼与正在进行中的清偿顺位程序 /1438

第七节　债权申报　/1438
　　第八节　债权的审核与准许登记　/1439
　　第九节　配偶的权利　/1439
　　第十节　动产出卖人的权利、动产的追还与返还　/1439
　　第十一节　因劳动合同产生的债权的清偿　/1440
　　第十二节　其他规定　/1440
　第二章　资产的变现　/1442
　　第一节　企业的转让　/1442
　　第二节　债务人资产的转让　/1447
　　　第一目　不动产的变卖　/1447
　　　第二目　其他财产的买卖　/1452
　　第三节　共同规定　/1453
　第三章　负债的清理　/1453
　　第一节　债权人债权的清理　/1453
　　第二节　清算活动的终结　/1457
　第四章　简易司法清算程序　/1459
　第五章　恢复职业　/1459

第五编　责任与制裁　/1463
　第一章　因资产不足的责任　/1463
　第二章　对公司债务的义务　/1464
　第三章　个人破产与其他禁止性措施　/1464
　第四章　破产欺诈罪与其他犯罪　/1465

第六编　程序性一般规定　/1466
　第一章　救济途径　/1466
　第二章　其他规定　/1468
　第三章　诉讼费用　/1469
　　第一节　由国库负担的特定诉讼费用　/1469
　　第二节　司法管理人、方案执行监察人、司法代理人与清算人的报酬　/1469
　　　第一目　司法管理人的报酬　/1469
　　　第二目　方案执行监察人的报酬　/1473
　　　第三目　司法代理人与清算人的报酬　/1474

第四目　有关司法管理人、方案执行监察人、司法代理人与清算人的报酬的共同规定　/1478

第五目　按照第 L643-9 条第 3 款的规定指定的代理人　/1479

第三节　对旨在不涉及金钱数目的案卷的补偿费　/1480

第七卷　商事法院与商事组织

第一编　工商会的组织系统　/1481

第一章　工商会系统的组织与任务　/1481
第二章　工商会系统各机构的管理　/1481
第三章　工商会成员及商事代表的选举　/1481

第二编　商事法院　/1482

第一章　商事法院的设置与管辖权限　/1482
第一节　一般规定　/1482

第二节　管辖　/1482

第三节　商事法院全国理事会　/1483

第二章　商事法院的组织与运作　/1485
第一节　商事法院的组织与运作　/1485

第二节　商事法院法官的就职　/1486

第三章　商事法官的选举　/1489
第一节　选举人资格　/1489

第二节　投票与选举　/1490

第一目　候选人资格与投票前的活动　/1490

第二目　通信投票　/1491

第三目　网上投票　/1491

第四目　公布选举结果以及商事法官选举的争议　/1491

第四章　商事法院法官的纪律　/1492
第一节　全国纪律委员会　/1492

第二节　纪律惩戒程序　/1493

第三编　特别商事法院　/1496

第四编　商事法院书记室　/1496

第一章　机构与任务　/1496
第一节　一般规定　/1496

第二节　商事法院辖区的变动　/1498
第三节　商事法院书记员全国理事会　/1499
第二章　从事商事法院书记员职业及其他司法与法律职业的
　　　　条件　/1499
第一节　从事商事法院书记员职业的条件　/1499
第一目　资质条件　/1499
第二目　任命　/1504
第三目　就职与荣誉称号　/1507
第二节　某些商事法院书记员司法与法律职业的执业条件　/1508
第三节　商事法院书记员的继续职业培训　/1508
第三章　商事法院书记员的执业条件　/1509
第一节　巡视与纪律　/1509
第一目　巡视　/1509
第二目　纪律　/1510
第二节　商事法院书记员的执业形式　/1512
第一目　有关各种公司的共同规定　/1512
第二目　商事法院书记员职业民事合伙适用的规定　/1523
第三目　适用于(商事法院书记员)"自由执业公司"的规定　/1531
第四目　商事法院书记员隐名合伙适用的规定　/1534
第五目　薪金雇员　/1535
第三节　商事法院书记员的收费标准　/1535
第四节　因新的行政区划或司法管辖区划引起的商事法院辖区范围的
　　　　变动　/1535
第五节　为第三人利益持有的资金的专项账目　/1537

第五编　商事组织　/1538
第六编　民生利益市场　/1538

第八卷　几种有专门规范的职业

第一编　司法管理人、司法代理人与企业诊断鉴定人　/1539
第二编　会计监察人　/1539
第一章　会计监察人职业的组织与监督　/1539

第一节 国家会计监察人最高委员会 /1539
　第一目 国家会计监察人最高委员会的组织 /1539
　第二目 国家会计监察人最高委员会的运作 /1542
　第三目 国家会计监察人最高委员会与外国同行的关系 /1548
第二节 会计监察人的监督与巡查 /1550
第三节 行业组织 /1552
　第一目 全国会计监察人公会与地区会计监察人公会 /1552
　第二目 全国会计监察人公会理事会 /1555
　第三目 地区会计监察人公会理事会 /1558

第二章 会计监察人的地位 /1562

第一节 登记与纪律 /1562
　第一目 登记 /1562
　第二目 纪律 /1572
第二节 会计监察人的职业道德规范与独立性 /1579
第三节 民事责任 /1582
第四节 会计监察人公司 /1582
　第一目 各种公司的共同规定 /1582
　第二目 适用于职业民事合伙的规定 /1588
　第三目 适用于其他职业民事合伙的规定 /1592
　第四目 适用于隐名合伙的规定 /1594
　第五目 会计监察人自由职业金融参股公司 /1594

第三章 法定监督任务的执行 /1594

第一节 会计监察人的任命、回避与解职 /1594
第二节 会计监察人的任务 /1596
第三节 会计监察人执行任务的方式 /1597

第二部分

实施法令

第一卷 商事总则

第一编 商事行为(无条文)

第二编 商 人

第一章 定义与地位

第 R121-1 条 (2006年8月1日第2006-966号法令第1条)商业、手工业或自由职业的企业主的配偶,在企业内从事职业活动,不领取报酬,也不具有《民法典》第1832条意义上的"合伙人"(参股人)之身份的,视为"配偶合作人"(conjoint collaborateur)。

第 R121-2 条 (2006年8月1日第2006-966号法令第2条)商业、手工业或者自由职业的企业主的配偶,根据本《法典》第L121-4条的规定,在企业之外从事领取薪金之工作,工作时间至少达到一半法定劳动时间,或者在企业之外从事非薪金性质活动的,推定其在企业内不经常性从事职业活动。

第 R121-3 条 (2006年8月1日第2006-966号法令第3条)在本《法典》第L121-4条第二项所指的公司内,薪金雇员人数不超过20人的企业的企业主的配偶具有配偶合作人的地位。企业雇用的薪金雇员人数按照本《法典》第L117-11-1条与第L620-10条的规定评判。

第 R121-4 条 (2006年8月1日第2006-966号法令第4条)企业的薪金雇员人数在连续24个月内超过第R121-3条所指界限时,企业主应在2个月内申请按照第 R121-5 条第 3 点确定的条件注销有关配偶合作人的登记记载。

第 R121-5 条 （2006 年 8 月 1 日第 2006-966 号法令第 5 条）企业手续办理中心，按照本卷规定的条件负责：

1. 在企业主申报创立企业的单一案卷内，登记由企业主的配偶在相应情况下按照本《法典》第 L121-4 条第一项的规定作出的有关（地位）选择的申报；

2. 自企业主的配偶按照第 R121-1 条规定的条件从事职业起 2 个月内提出的有关记载此种事实的变更登记申报；

3. 自配偶合作人不再具备第 R121-1 条规定的条件起 2 个月内提出的注销登记的申报；

企业手续办理中心收到第 1 款第 1 点所指的选择配偶合作人地位的申报以及第 2 点与第 3 点所指的变更登记或注销登记的申报时，用挂号信并要求回执向企业主的配偶送达其接收申报的通知。

第 R121-6 条 （2008 年 12 月 30 日第 2008-1488 号法令第 2-1 条）本章之规定也适用于与企业主订有"紧密关系民事协议"的人。

第二章 外国商人

第 D122-1 条 （2007 年 7 月 26 日第 2007-1141 号法令）一、常住法国之外的外国人，为了在法国领域内从事有义务进行申报，应在"商事及公司注册登记簿"或"手工业职业目录"上进行注册登记或作出记载的商业、工业或手工业职业活动，在开始从事此种活动之前，应向其打算第一次从事此种活动的所在地省的省长提出申报。

需要在不同的省同时设立数个机构的情况下，前款所指的事先申报应向主要机构设置地的省长提出。

二、（外国）法人在法国从事这种活动时，由以下所指之人进行事先申报：

1. 对公司债务承担无限连带责任的股东；

2. 享有日常领导、管理法人之权力，或者享有一般权力、能够代表法人承担义务的股东或第三人；

3. 受 1901 年 7 月 1 日法律调整的可以发行债券并且从事经济活动已有 2 年的社团的法定代表人；

4. 现金兑换交易（Le change manuel）协会的法定代表；
5. 具有商事宗旨的经济利益联合组织的管理人或常任代表；
6. 有权力用以下名义代表外国法人承担义务的自然人：
——用外国法人在法国设立的机构、分支机构或商务代表处的名义；
——用外国国家、行政部门或公共机构在法国设立的从事商事活动的商务代表处的名义。

由自然人从事活动的，有权力日常代表自然人商人或手工业者的人，应当履行事先申报之义务。

第 D122-2 条 （2007 年 7 月 26 日第 2007-1141 号法令）事先申报，由第 D122-1 条所指的外国人或其委托的代理人向有权限的主管机关提交，或者用挂号信并要求回执寄送。

提交的申报书应包含以下内容：
1. 有关申报人户籍身份的事项；
2. 申报人为其国民的所属国家出具的"犯罪记录"或者类似文件的节录；
3. 公司章程的副本。

根据外国人或其委托代理人提交的完整申报案卷，省长立即出具接受申报书的收据。经邮政投递寄送申报案卷时，省长在接收完整案卷起 15 日内按照相同途径寄回收据。

第 D122-3 条 （2007 年 7 月 26 日第 2007-1141 号法令）收据应写明申报人的身份及其以何地位从事活动，其设立的机构的名称、地址与从事的活动。

第 D122-4 条 （2007 年 7 月 26 日第 2007-1141 号法令）扩张新的商业、工业或手工业活动，或者变更从事的活动时，外国人或其委托代理人应向有管辖权限的省长进行申报，由省长按照第 D122-2 条规定的条件向申报人出具新的收据。

此次申报应附有"商事及公司注册登记簿"或"手工业职业目录"的节录。

第三章 商人的一般义务

序节 企业手续办理中心

第 R123-1 条至第 R123-30 条 （略）①

第一节 商事及公司注册登记簿

第一目 有义务进行注册登记的人

第一段 注册登记义务

第 R123-31 条 （1984 年 5 月 30 日第 84-406 号法令第 9 条）注册登记具有个人性质，任何人均不得在同一登记簿册上进行数次注册登记。

一 自然人的注册登记义务

第 R123-32 条 （1984 年 5 月 30 日第 84-406 号法令第 9 条）具有商人身份的任何自然人，最迟应在开始从事商业活动之日起 15 日内，向以下所指机构或场所所在辖区的法院的书记室申请注册登记：

1. 主要机构；

2. （2005 年 2 月 1 日第 2005-77 条号法令第 5 条）在本《法典》第 L123-1 条第一项第 2 点与第 3 点所指情况下，其居住场所；

3. （1991 年 12 月 31 日第 97-1332 号法令，2005 年 2 月 1 日第 2005-77 条号法令第 5 条）在没有机构或者没有本《法典》第 L123-1 条第一项第 2 点与第 3 点所指情况下申报的居住场所时，1970 年 7 月 31 日第 70-708 号法令第 23 条及随后条文意义上的有隶属关系的市镇行政区，或者该《法令》第 2

---

① 为了方便企业办理有关手续，避免人们在商事法院书记室、社会保障机构、工商会与税务部门之间来回奔波，法国于 1981 年开始设置"企业手续办理中心"。这样，企业不仅可以在同一地点，使用单一案卷或表格，而且可以通过邮寄或电子邮件办理诸如注册登记、税务手续、参加社会保险、变更注册住所、变更名称、增加资本、改变企业的法律形式、改聘领导人、停止活动等手续，并向商事法院书记室、税务部门、社会保险部门转送案卷。根据企业从事的活动的性质与地点，企业手续办理中心分别设在"工商会"（涉及商事公司的手续）、手工业商会（涉及手工业的手续）或商事法院书记室（有关民事合伙的手续）、农业商会（与从事农业有关的手续），也可以直接向商事法院书记室提交案卷，办理企业注册、变更登记或注销手续。——译者注

条第 1 款最后一句所指的市镇行政区在其辖区内的法院的书记室。1970 年 7 月 31 日法令是 1969 年 1 月 3 日第 69-3 号有关在法国无住所和无固定居所的流动人员实行之制度的本《法典》第一编与第三编若干条文的适用法令。

第 R123-32-1 条 （2008 年 12 月 30 日第 2008-1488 号法令第 3-2 条）按照本《法典》第 L123-1-1 条之规定免除在"商事及公司注册登记簿"上注册登记义务的人，仍然可以随时申请注册登记。

不再具备免除注册登记条件的人，应在其丧失享有《社会保险法典》第 L133-6-8 条规定的制度利益之日起 2 个月期限内申请注册登记。

第 R123-33 条 （1984 年 5 月 30 日第 84-406 号法令第 7 条）第 R123-31 条所指情况下，注册登记申请由公证人提出。

第 R123-34 条 （1984 年 5 月 30 日第 84-406 号法令第 7 条）合名公司的股东无须在公司注册登记之外另行进行注册登记。

二　法人的注册登记义务

第 R123-35 条 （1984 年 5 月 30 日第 84-406 号法令第 14 条）注册住所设在法国一个省内、有义务进行注册登记的法人，应向其注册住所所在辖区的法院的书记室申请注册登记。

法人注册住所设在法国一省之外或者设在国外时，注册登记应向其设立的第一个机构所在辖区的法院提出申请，或者向 1970 年 7 月 31 日第 70-708 号法令第 2 条第 1 款所指的市镇行政区在其辖区内的法院的书记室申请注册登记。该《法令》是 1969 年 1 月 3 日关于从事流动职业以及在法国既无住所也无固定居所的流动人员的制度的本《法典》第一编及第三编规定的实施法令。

第 R123-36 条 （1984 年 5 月 30 日第 84-406 号法令第 14 条）公司与经济利益合作组织的注册登记，最早只能在完成全部设立手续之后提出申请，尤其应当在完成各项公示手续之后才能提出申请；其他法人注册登记，在其注册住所或经营机构开设之后 15 日内提出申请。

第二段　需要进行注册登记的人应当申报的事项

一　自然人应当申报的事项

（一）为进行注册登记而应当申报的事项

第 R123-37 条 （1984 年 5 月 30 日第 84-406 号法令第 8 条）自然人在注册登记申请中应申报以下事项：

1. 姓名、(1995年4月10日第95-374号法令)"常用名"、化名、姓氏与个人住所；

2. 其出生日期与出生地；

3. 国籍；

4. 相应情况下，已经按照本《法典》第L526-1条及随后条文的规定提出对其确定主要居所的不动产或者没有用于从事职业活动的所有财产上的权利均不得扣押的声明，并具体指明进行这项声明公示的地点；

5. 相应情况下，按照第L126-6条的规定与其个人的概括财产分开的、用于从事职业活动的概括财产，并具体写明其在从事职业活动时所使用的包含其姓氏或常用名的商号名称、用该概括财产所从事的职业活动、从事此种职业活动的主经营机构的地址，或者，在没有经营机构的情况下，使用其居住场所作为企业的地址，以及会计年度终止的日期；

6. 相应情况下，指明其由于从事职业活动已经向"商事及公司注册登记簿"交存上述第5点所指的有关财产指定用途的声明，并据此在"手工业职业目录"上进行了登记，或者正在登记当中；如其已经进行登记，指明登记日期与地点以及在该目录上的登记号码；

7. 相应情况下，指出其享有按照本《法典》第一卷第二编第七章规定的条件订立的支持创立企业方案合同之利益，用以支持创立或恢复经济活动，并且指明负责这一支持方案的法人的名称、注册住所，以及如该法人在公立登记簿上进行了注册登记，其注册地点与单一鉴别号码；

8. (1986年3月14日第86-464号法令，2008年12月30日第2008-1488号法令第9-2条)按照第R121-1条规定的条件与申请人实际合作、从事商业活动的配偶或者与其订有紧密关系民事协议的人的姓名、(1995年4月10日第95-374号法令)"常用名"、假名、姓氏、出生日期及地点、住所，(2005年2月1日第2005-77条号法令第6条)如与申请人的住所不同，以及配偶或该人的国籍；

9. 已经按照第L121-2条的规定获得批准为商人；

10. (2005年2月1日第2005-77号法令第6条，2007年5月9日第2007-750号法令第2条)可能已经进行的第二次注册登记的地点与注册号码，相应情况下，设在欧洲共同体一成员国内或者欧洲经济区协议签字国内并已进行注册登记的主要机构或附属机构的有关注册登记事项。此外，申请人可以提交第R123-166条所指条例规定的证明申报与这些机构的地址和主要活动有关的事项。

（2008年12月30日第2008-1488号法令第4-11条）原先按照本《法典》第L123-1-1条的规定免于进行注册登记的人，在按照第R123-32-1条申请注册登记时，除本条第1款第1点至第7点所指事项外，还应申报其在开始从事活动时被分配的第D123-235条所指的单一识别号码。

第R123-38条 （1984年5月30日第84-406号法令第8条）此外，自然人就其从事的活动及其设立的机构，应申报以下事项：

1. 其从事的、与法令规定的行业活动分类相一致的活动，相应情况下，由申报人作出具体说明；

2. 机构的地址；

3. 没有设立机构的情况下，在按照本《法典》第L123-10条的规定申报的居住场所设立的企业的地址；对于在法国没有住所、从事流动性活动的欧洲共同体成员国或者欧洲经济区协议签字国的国民，其从事主要活动的市镇行政区；

4. 开始从事活动的日期；

5. 如果使用商业名称或商号，应予申报；

6. （1987年12月3日第87-970号法令，1995年4月10日第95-374号法令，1998年7月2日第98-550号法令，2005年2月1日第2005-77号法令第7条）载明所进行的申报是创建营业资产，或者是取得现存的营业资产，或者是改变在现有的营业资产中从事的经营活动所适用的法律制度；在不属于这些情况时，应申报活动的来源。在承接原有营业活动的情况下，应指明原经营人的姓名、常用名、单一的鉴别号码；在购买、拍卖或者分割营业资产的情况下，应指出依照第L141-12条的规定进行公告时刊载该法律公告的报纸的名称与刊载公告的日期；

7. 在经营要素属于共有财产的情况下，自然人共有人的姓名、常用名、住所，或者法人共有人的名称及地址；

8. 在"租赁—经营"（location-gérance）的情况下，营业资产出租人的姓名、常用名、假名及住所，或者作为出租人的公司的名称与注册住所地址；租赁—经营合同的起讫日期；相应情况下，应说明"租赁—经营"合同可以默示延展；

9. 日常有权以自己的签字使申报人承担责任的人的姓名、其出生年月日及出生地址和国籍；

10. （2007年5月9日第2007-750号法令第3条）在"委托—经营"（gérance-mandat）的情况下，机构的委托经营人的姓名、常用名、假名及住所，或者作为委托经营人的公司的名称与注册住所地址以及第 R123-237 条第 1 款第 1 点与第 2 点所指的记载事项；委托人的姓名、常用名、住所，或者作为委托人的公司的名称与注册住所地址以及第 R123-237 条第 1 款第 1 点与第 2 点所指的记载事项；"委托—经营"合同的起讫日期；相应情况下，应说明"委托—经营"合同可以默示延展。此外，还可以申报其在因特网上的网址域名。

第 R129-39 条 （2007 年 5 月 9 日第 2007-750 号法令第 4 条）如已经制定转让方案，受让人应申报已经由其负责被转让的企业的管理，并在等待办理实现转让所必要的手续。所作申报应指明转让人。

（二）为在主要机构所在地域之外进行附属注册登记而应当申报的事项

第 R123-40 条 （1984 年 5 月 30 日第 84-406 号法令第 9 条）凡是由有义务进行注册登记的人、其职员或者有权力与第三人缔结法律关系的人领导的与注册住所或主要机构分开的常设机构，均构成本节意义上的附属机构。

第 R123-41 条 （1984 年 5 月 30 日第 84-406 号法令第 9 条）任何已经进行过注册登记的商人，在开设附属机构时，应在该附属机构设立（1995 年 4 月 10 日第 95-374 号法令）"之前或之后"1 个月内，向其没有（就该机构）进行注册登记的法院书记室申请进行附属登记。

第 R123-42 条 （1984 年 5 月 30 日第 84-406 号法令第 10 条）在附属注册登记的申请中，应当申报第 R123-38 条所指的全部情况。

（1998 年 7 月 2 日第 98-550 号法令）此外，附属注册登记申请，应当重述该商人的姓名、常用名或者化名，(2005 年 2 月 1 日第 2005-77 条号法令）如使用商业用名，亦应申报，(2005 年 5 月 2 日第 2005-530 号法令第 3 条废止："实行共同财产制的配偶的姓名、化名"）以及下述第 R123-237 条第 1 款第 1 点与第 2 点所指的全部情况。

在相应情况下，提出的申请应当重申当事人已经按照第 L526-6 条的规定将与其个人概括财产分开的概括财产用于从事职业活动，并具体写明用该概括财产从事活动时所使用的商号名称，以及交存指定专门用途的概括财产的声明的地点。

（三）变更登记申报与补充登记申报

第 R123-43 条 （1984 年 5 月 30 日第 84-406 号法令第 9 条）任何已经进行过注册登记的商人，在其进行注册登记的法院的辖区内开设第二机构（附属机构）时，应在该附属机构设立（1995 年 4 月 10 日第 95-374 号法令）"之前或之后"1 个月内，向该法院书记室申请进行补充登记。

第 R123-44 条 （1984 年 5 月 30 日第 84-406 号法令第 10 条）在补充登记申请中，应当申报第 R123-38 条所规定的全部情况。

第 R123-45 条 （1984 年 5 月 30 日第 84-406 号法令第 11 条）任何变更，凡是必然引起第 R123-37 条、第 R123-38 条、第 R123-43 条与第 R123-44 条规定应当记载的事项发生更正或增减的，均属于变更登记的范围。

第 R123-46 条 （1984 年 5 月 30 日第 84-406 号法令第 12 条）以下所列各项受第 R123-45 条规定的义务的约束：

1. 对成年人实行《民法典》（2007 年 5 月 9 日第 2007-750 号法令第 6 条）"第 440 条"意义上的监护或财产管理的终局判决，以及按照（2007 年 5 月 9 日第 2007-750 号法令第 6 条）"该条的规定"解除或取消此种监护或财产管理的终局判决；在这些条款的规定得到适用时，申报义务由监护人或财产管理人承担（2007 年 5 月 9 日第 2007-750 号法令第 6 条废止："有关夫妻婚姻状况的变更"）；

2. 在适用本《法典》第 L526-1 条及随后条文的规定时，已经注册登记的自然人就其在确定主要居所的不动产上享有的权利作出的"该不动产不得扣押之声明"；相应情况下，按照同一《法典》第 L526-3 条规定的条件将资金投入再使用的声明，以及放弃作出上述财产不得扣押之声明或者放弃作出同一《法典》第 L526-3 条所指的资金再使用的声明；

3. 第 L526-7 条、第 L526-8 条第 1 款第 2 点、第 L526-15 条、第 L526-16 条与第 L526-17 条所指的事件与声明；

（2007 年 5 月 9 日第 2007-750 号法令第 6 条）4. 有权以其签字使已经注册登记的人承担义务的人的指定或停止职务；

（2007 年 5 月 9 日第 2007-750 号法令第 6 条）5. 部分停止原从事的活动；

（2007 年 5 月 9 日第 2007-750 号法令第 6 条）6. 停止全部活动，不论是暂时停止还是最终停止；但是，在最终停止全部活动的情况下，可以声明暂时保留注册登记，最长期限为 1 年；

（2007 年 5 月 9 日第 2007-750 号法令第 6 条）7. 已经注册登记的人本人死亡，但是，可以声明暂时保留注册登记，最长期限为 1 年；如经营活动仍然继续，则应申报继续进行经营的条件，继承人及部分概括权利继受人的资格，其姓名、个人住所与身份、出生日期与出生地点、国籍，以及负责经营活动的人的身份；在此情况下，申报事宜由继续从事经营活动的人办理；

（2007 年 5 月 9 日第 2007-750 号法令第 6 条）8. 在上述第 6 点及第 7 点

所指的情况下延长暂时保留注册登记的时间,但补充延长的时间限定为1年。

第 R123-47 条 (1984年5月30日第84-406号法令第11条)第R123-45条的规定不适用于:

1. 在主注册登记中注明附属注册登记的事由。在此情况下,由进行主注册登记的书记员按照办理附属注册登记手续或注销登记手续的书记员进行的通知,依职权登记有关更正事由。

2. 对附属注册登记中登录的申请人个人情况的有关事项进行适时更新。在此情况下,可以由进行附属注册登记的书记员按照办理相应变更手续的书记员发来的通知,进行有关更正事由或补充事由的登记。

第 R123-48 条 (1984年5月30日第84-406号法令第12-1条,1998年7月2日第98-550号法令,2005年2月1日第2005-77条号法令第10条)在按照本《法典》第L123-10条之规定申报的主要机构、附属机构迁移至另一法院辖区的情况下,或者原确定在居住场所的企业地址发生改变的情况下,已经进行注册登记的自然人,应自其机构迁移或改变地址起1个月内申请:

1. 如其在该法院辖区内没有进行主注册登记或附属注册登记,进行新的注册登记;

2. 相反情况下,变更其已进行的登记事项,并且作为必要,指明上述第R123-37条与第R123-38条所指的情况;

3. 在所有情况下,如果在机构迁移或者地址变更之前已经按照第L526-7条的规定向原地址所在地的登记簿交存了专门用于从事职业活动的财产的声明,应写明第L526-7条所指的专门用于从事职业的财产的声明以及账目或文件的交存地址。

第 R123-49 条 (1984年5月30日第84-406号法令第12-1条,2005年2月1日第2005-77号法令第10条)新机构所在地的法院的书记员,或者在居住场所里确定的企业新地址所在地的法院书记员,在15日内,将新的注册登记或变更登记通知原机构或原地址所在地的法院书记员。原地址所在地的法院书记员依职权在其掌管的案卷上进行注销登记,或者作出相应记述,并向申请人和新地址所在地的法院书记员通知已完成这项手续。

在迁移次要机构地址的情况下,由新机构或新地址所在地的法院的书记员进行第R123-47条第1点所指的通知。

第 R123-50 条 (1984年5月30日第84-406号法令第13条)在商业活动迁移至另一法院辖区,原法院辖区内完全停止活动时,原辖区的法院书记员应按照进行新的注册登记的书记员发来的通知,依职权注销原登记。

(四) 为注销而进行的申报

第 R123-51 条 (1984 年 5 月 30 日第 84-406 号法令第 13 条)原已进行注册登记的任何商人,在某一法院辖区内完全停止商事活动时,应在停止活动前 1 个月或者此后 1 个月内,申请注销登记,并指明其停业日期,但如其利用第 R123-46 条第 5 点所指的某一种可能情况时除外。

第 R123-52 条 (1984 年 5 月 30 日第 84-406 号法令第 13 条)在商人死亡的情况下,前述注销申请由商人的继承人或部分概括权利继受人提出,但在第 R123-46 条第 7 点所指的可能情况下除外。

二 法人应当申报的事项

(一) 为注册登记而进行申报

第 R123-53 条 (1984 年 5 月 30 日第 84-406 号法令第 15 条)公司在提交的注册登记的申请中应当申报以下事项:

1. 商号或名称,相应情况下,其缩写名称(2005 年 2 月 1 日第 2005-77 条号法令第 12 条废止:"如其使用商业字号,应予申报");

2. (1998 年 7 月 2 日第 98-550 号法令,2007 年 5 月 9 日第 2007-750 号法令第 9 条)公司的法律形式,如有必要,指明其是由唯一的股东设立的公司,相应情况下,指明公司所具有的特别法律地位;

3. 公司注册资本数额,如公司资本为可变资本,指明其不能下降的最低数额;

4. 公司注册住所地址;

5. 指明法定代表人将法人的注册住所设在本人的住所,法人可以运用本《法典》第 L123-11-1 条第 2 款设置的权利;

6. 从事的主要活动;

7. 章程确定的期限;

8. 如果是应当公布账目和年度资产负债表的公司,其会计年度终结的日期;

9. 提及可能已经进行的附属登记的情况,相应情况下,指出其设在欧洲共同体成员国或欧洲经济区协议签字国内的或者在那里注册的主要机关,此外,法人可以出示第 R123-166 条所指的条例规定的证明,并据以申报有关这些机构的地址或其主要活动的记载事项;

10. 相应情况下,指出其享有按照本《法典》第一卷第二编第七章规定的条件订立的"支持企业方案合同"之利益,用以支持其创立或恢复某种经济活动;并且指明负责这一支持企业方案的法人的名称、注册住所的地址,以及如其在公立登记簿上进行了注册登记,其注册地点与单一鉴别号码。

公司还可以申报其在因特网上的网址域名。

第 R123-54 条　(1984 年 5 月 30 日第 84-406 号法令第 15 条)此外,公司还应申报:

1. 对公司债务负无限责任或者无限连带责任的股东的姓名、常用名、个人住所、出生日期、出生地点及(2007 年 5 月 9 日第 2007-750 号法令第 10 条)"国籍"。

2. 以下人员的姓名、出生日期及出生地点、个人住所及国籍:

A. (2002 年 5 月 3 日第 2002-803 号法令)"总经理"、(2005 年 2 月 1 日第 2005-77 条号法令第 12 条)"总经理助理"、(2007 年 5 月 9 日第 2007-750 号法令第 10 条)"管理委员会主席"(原规定为"管理委员会成员"),或者"相应情况下,唯一总经理",(1995 年 4 月 10 日第 95-374 号法令)拥有领导、管理公司之权力或者拥有日常为公司缔结义务之权力的股东或第三人;如果是商事公司,应当说明他们中每一个人是单独还是共同对第三人缔结义务;

B. 相应情况下,公司全体董事、(2002 年 5 月 3 日第 2002-803 号法令)"董事长"、(2007 年 5 月 9 日第 2007-750 号法令第 10 条)"监事会主席"、监事会全体成员以及会计监察人。

3. (1998 年 7 月 2 日第 98-550 号法令)如上述 A 点与 B 点所指的人是法人,其名称、法律形式、注册住所地址,(2005 年 2 月 1 日第 2005-77 号法令第 12 条)"相应情况下,其法定代表",以及:

A. 对于在"商事及公司注册登记簿"上注册登记的受法国法调整的法人,本《法令》第 R123-237 条第 1 款第 1 点与第 2 点所指的各事项;

B. 对于受欧洲共同体成员国或者欧洲经济区协议签字国立法调整的公司,其在公立登记簿上注册登记的号码(2005 年 2 月 1 日第 2005-77 号法令第 12 条)"及注册地点";

C. 对于没有进行注册登记或者不受欧洲共同体成员国或欧洲经济区协议签字国立法调整的法人,有权力领导、管理或者日常为法人缔结义务的人的姓名、常用名、假名及住所。

第 R123-55 条　(1984 年 5 月 30 日第 84-406 号法令第 15 条,2008 年 12 月 30 日第 2008-1488 号法令第 3-2 条)对于在有限责任公司或有限责任自由执业公司内担任经理管理人的唯一股东或多数股东的配偶，或者与该股东订立紧密关系民事协议的人，应按照本卷规定的条件在"商事及公司注册登记簿"上作出记载。

第 R123-56 条 （1984 年 5 月 30 日第 84-406 号法令第 15 条）此外，以下所列公司在申请注册时应当申报：

1. 对于由合并或分立而设立的公司，应申报参与合并或分立活动的所有公司的商号、名称、法律形式、注册住所以及第 R123-237 条第 1 款第 1 点与第 2 点所指的各事项；

2. 对于经合并产生的欧洲公司，应申报参与合并行动的所有公司的名称、法律形式；对于其中的每一公司，均应申报第 R123-237 条第 1 款第 1 点与第 2 点规定的事项，或者对于在欧洲共同体一成员国或欧洲经济区协议签字国内设立注册住所的公司，应申报在公立登记簿上进行注册登记的号码与注册地点。

第 R123-57 条 （1984 年 5 月 30 日第 84-406 号法令第 15 条）注册住所设在外国，受欧洲共同体成员国或欧洲经济区协议签字国的立法调整并且具有本《法令》附件所载名单列举的法律形式的商事公司，只需申报第 R123-53 条以及第 R123-54 条规定的事项以及在公立登记簿上进行注册登记的号码和注册地点。

第 R123-58 条 （1984 年 5 月 30 日第 84-406 号法令第 15 条）注册住所设在外国，不受第 R123-57 条所指的立法调整但具有与本卷附件 1—3① 所指类似的法律形式的商事公司，除申报第 R123-53 条至第 R123-56 条所指的情况外，还应申报其适用哪一国的立法以及在公立登记簿上进行注册登记的号码与注册地点，如该公司适用的外国法律有要求进行注册登记的规定。

第 R123-59 条 （1984 年 5 月 30 日第 84-406 号法令第 15 条）以下所列公司，就其活动与机构而言，在注册申请中应当申报：

1. 商事公司，第 R123-38 条规定的事项；

2. 第 R123-57 条意义上的注册住所设在国外的商事公司，第 R123-38 条规定的事项，但其中第 4 点、第 6 点与第 8 点所指情况除外；

3. 非商事公司或者民事合伙，第 R123-38 条规定的事项，但第 8 点所指情况除外。

第 R123-60 条 （1984 年 5 月 30 日第 84-406 号法令第 16 条）共同经济

---

① 附件略。——译者注

利益合作组织在注册登记申请中应当申报以下事项：

1. 有关人身方面的内容：

A. 合作组织的名称，相应情况下，加写其缩写名称；

B. 注册住所；

C. 从事的主要活动以及此种活动属于商事性质还是民事性质；

D. 合作组织的期限；

E. 对于合作组织的每一个自然人成员，应当申报（2007 年 5 月 9 日第 2007-750 号法令第 11 条）第 R123-37 条第 1、2、3 点规定的事项，相应情况下，应申报这些人的鉴别号码以及他们进行注册登记的法院或职业与手工业商会书记员的名字，并指明哪些人已免除其加入本组织之前产生的债务；

F. 对于合作组织的每一个法人成员，应申报第 R123-53 条第 1、2、4 点规定的各事项，相应情况下，应申报它们各自的鉴别号码以及他们进行注册登记的法院或职业与手工业商会书记员的名字，并指明哪些人已免除其加入本组织之前产生的债务；

G. 对于合作组织的全体董事以及负责监督该合作组织的经营管理与财务账目的人，应申报他们的姓名、常用名、假名、出生日期及地点、个人住所以及国籍；

H. 可能已进行的附属注册登记的地点与号码；相应情况下，应申报设在欧洲共同体成员国或欧洲经济区协议签字国内的主要机构与附属机构的情况；此外，法人可以按照出示的第 R123-166 条所定义的证明申报有关这些机构的地址与主要活动的登记事项。

2. 有关机构活动方面的申报内容：如所涉及的是非商业目的的经济合作组织，应申报第 R123-38 条规定的各事项，第 8 点除外。

第 R123-61 条　（1984 年 5 月 30 日第 84-406 号法令第 17 条）具有工商性质的公立机构在注册登记申请中应申报以下事项：

1. 有关人身方面的内容：

A. 第 R123-53 条第 1、4、6 点以及第 R123-54 条第 2 点所指的事项；

B. 企业的法律形式，并指明该企业由哪一机关或者以哪一机关的名义从事经营管理；

C. 相应情况下，应申报批准设立该机构的文件在官方公报上公告的日期以及变更其组织机构、变更确定其营运条件的规章或章程的文件的公告日期。

2. 有关机构活动方面的内容：第 R123-38 条规定的事项。

第 R123-62 条 （1984 年 5 月 30 日第 84-406 号法令第 18 条）按照本《法典》第 L123-1 条第一项第 5 点之规定进行注册登记的法人，应当申报第 R123-54 条至第 R123-59 条所指的各事项。要求申报的事项可以由掌玺官、司法部长、负责工业产权事务的部长以及负责法人监督事务的部长颁布条例酌情调整。

（二）为在主要机构所在地域之外进行附属注册登记而应当申报的事项

第 R123-63 条 （1984 年 5 月 30 日第 84-406 号法令第 20 条）任何已经进行过注册登记的商人，在开设附属机构时，均应按照第 R123-41 条规定的条件申请附属登记。

但是，由掌玺官、司法部长，负责工业产权事务的部长以及负责法人监督事务的部长颁布条例明确规定的、本《法典》第 L123-1 条第一项第 4 点与第 5 点所指法人，不适用这项附属登记义务。

第 R123-64 条 （1984 年 5 月 30 日第 84-406 号法令第 21 条）法人在提交的附属登记申请中应当申报第 R123-38 条规定的有关其机构的全部情况，但对不具有商事宗旨的法人，第 8 点的规定除外。

第 R123-65 条 （1984 年 5 月 30 日第 84-406 号法令第 21 条）附属登记申请应当重述第 R123-237 条第 1 款第 1 点与第 2 点规定的全部情况，以及，

1. 对于公司，第 R123-53 条第 1、2、4 点规定的情况；
2. 对于经济利益联合机构，第 R123-60 条规定的全部情况；
3. 对于其他法人，第 R123-53 条第 1 点与第 4 点，第 R123-61 条第 1 点中 B 点规定的情况。

（三）为附属登记以及变更登记或补充登记而进行申报

第 R123-66 条 （1984 年 5 月 30 日第 84-406 号法令第 22 条）凡是引起对第 R123-53 条及随后条款规定的登记事项需作必要更正和补充的一切事实及法律文件，已经注册登记的法人均应在 1 个月内提出变更登记申请。

第 R123-67 条 （1984 年 5 月 30 日第 84-406 号法令第 20 条）已经进行注册登记的任何法人，在开设附属机构时，均应按照第 R123-41 条规定的条件申请进行补充登记。

但是，由掌玺官、司法部长，负责工业产权事务的部长以及负责法人监督事务的部长颁布条例明确规定的本《法典》第 L123-1 条第一项第 4 点与第 5 点所指的法人，不适用这项附属登记义务。

第 R123-68 条 （1984 年 5 月 30 日第 84-406 号法令第 21 条）法人在提

出的补充登记申请中应当申报第 R123-38 条规定的有关机构的全部情况,但对不具有商事宗旨的法人,第 8 点的规定除外。

第 R123-69 条 （1984 年 5 月 30 日第 84-406 号法令第 23 条）第 R123-66 条规定的义务包括：

1. 在进行主注册登记的法院辖区内完全停止活动或部分停止活动,即使法人并未解散；

2. 在进行附属注册登记的法院辖区内某一机构完全或部分停止活动；

3. 在公司进行合并或分立的情况下,指明公司解散或增加资本的原因以及参与合并或分立行动的各法人的商号、名称、法律形式及其注册住所。

4. 对第 R123-54 条第 1 点与第 2 点所指的人实行《民法典》第 440 条意义上的监护或财产管理的终局判决,以及撤销或推迟实行监护或财产管理的终局判决。在适用这些条文的规定时,由监护人或财产管理人完成申报义务。

第 R123-70 条 （1984 年 5 月 30 日第 84-406 号法令第 23 条）第 R123-66 条规定的义务还包括：无论何种原因,法人解散或者宣告法人撤销的决定应指明清算人的姓名、(1995 年 4 月 10 日第 95-374 号法令）"常用名"、假名、住所；如涉及的是第 R123-53 条至第 R123-58 条所指的公司,应指明清算人的权力范围,并且提及登载清算人任命事由的法定公告报纸与进行清算的地址。

第 R123-71 条 （1984 年 5 月 30 日第 84-406 号法令第 22 条）第 R123-66 条规定的义务不适用于：

1. 及时在主注册登记中记载有关附属注册登记事由。在此情况下,有关更正事项的记载,可以由进行主注册登记的书记员按照办理附属登记或注销登记手续的书记员的通知,依职权进行登记。

2. 及时将附属登记中登载的有关申请人个人情况的材料进行增减登记。在此情况下,有关更正事由的记载或补充记载,可以由进行附属注册登记的法院书记员按照办理相应变更登记手续的书记员的通知进行登记。

第 R123-72 条 （1984 年 5 月 30 日第 84-406 号法令第 20 条）已经注册登记的法人,将其注册住所、主要机构或附属机构迁移至另一法院辖区时,应当在迁移后 1 个月内：

1. 如其在该法院辖区内没有进行主注册登记或者尚未进行附属注册登记,则应申请进行新的注册登记；

2. 相反情况下,应当申请将其附属注册登记转为主注册登记,并根据需要,指明第 R123-53 条至第 R123-61 条所指的各项情况。

第 R123-73 条 （1984 年 5 月 30 日第 84-406 号法令第 19 条）法人迁移后的新注册住所或新机构所在地的法院的书记员在 15 日内向原注册住所地或原机构所在地的法院的书记员通知第 R123-72 条所指的该法人进行新的注册登记或者变更登记的事由。

原法院的书记员，按照相应情况，依职权在其掌握的案卷上进行注销，或者作出相应记载。

原法院的书记员将其已履行此种手续的情况通知申报人本人并且通知新注册住所或新机构所在地的法院的书记员。

（2007 年 5 月 9 日第 2007-750 号法令第 13 条）在迁移附属机构的情况下，由新机构所在地法院的书记员进行第 R123-71 条第 1 点所指的通知。

第 R123-74 条 （1984 年 5 月 30 日第 84-406 号法令第 19-1 条）将在欧洲共同体成员国或欧洲经济区协议签字国内注册登记的公司迁移到法国的情况下，适用第 R123-71 条之规定。

注册住所迁移至其辖区内的法院的书记员应在 15 日内向原住所所在国负责公司注册登记事务的机关告知新的地址。

第 R123-74-1 条 （2009 年 1 月 5 日第 2009-11 号法令第 4 条）通过跨国合并产生的公司所在辖区的负责注册登记的法院的书记员，应立即向参与合并活动的每一公司的原注册住所地的法院的书记员或主管机关通知合并活动已经产生效力。

原注册住所地在法国的参与合并活动的每一公司所在辖区的负责注册登记的法院的书记员，一经接到在有关成员国内进行的跨国合并活动已经产生效力的通知，即应注销相关公司的（原）注册登记。

（四）为注销进行申报

第 R123-75 条 （1984 年 5 月 30 日第 84-406 号法令第 24 条）已经宣告解散的法人的主注册登记的注销，由清算人在清算终结公告之日起 1 个月内提出申请。

注销其他法人的主注册登记，应在法人进行注册登记的法院辖区内停止活动的当月内提出申请。

注销任何法人的附属注册登记，应在法人附属注册登记地的法院辖区内停止活动的当月内提出申请。

（1988 年 4 月 22 日第 88-418 号法令第 32 条）在执行《民法典》第 1844-5 条第 3 款之规定的情况下，注销注册登记，由唯一的股东在实现概括财产转让后的 1 个月内提出申请。（2005 年 2 月 1 日第 2005-77 号法令第 19 条）这一期限经过之后,法院书记员受请求提交一份证明,以确认法院在该期限内没有接到提出异议的申请。

(五) 申报书使用的语言

第 R123-75-1 条 (2007年12月26日第2007-1851号法令第1条)公司的注册住所在欧洲共同体成员国或欧洲经济区协议签字国内时,有关以下事项的记载,应请求,得以共同体的任何官方语言进行申报:

1. 有权力代表公司对第三人承担义务以及在法院代表公司或者参与公司管理、监督事务的人的任命、停职与身份;
2. 登记的资本数额;
3. 注册住所的迁移;
4. 公司的解散;
5. 宣告公司无效的判决;
6. 清算人的任命书与身份及各自的权力;
7. 清算终结与在登记簿上注销。

应当事人提出的申请,可以用欧洲共同体的任何一种官方语言,但在所有情况下,使用的语言中必须有法语。在同时用另一种语言进行申报的情况下,其法文翻译文本应由申报人确认无误。只有用法语进行的强制性公告才能产生效力,但是第三人可以援引自愿公示的翻译文本,但如公司证明第三人知道强制用法语公示的文本,不在此限。

三 外国国家、机关、公共机构的商务代表处或商务办事处应当进行的申报

第 R123-76 条 (1984年5月30日第84-406号法令第25条)在法国一个省内设立商务代表处或商务办事处的外国国家、地方政府部门和公共机构应当进行的申报事项,依第R123-61条、第R123-63条至第R123-75条之规定办理。

四 共同规定

第 R123-77 条 (1984年5月30日第84-406号法令第1条)向"商事及公司注册登记簿"提交登记申请、交存文书或材料,只要可以通过电子途径传送与接收,即可通过此种途径进行,但必须提交以纸张为依托制作之原件的文书与材料除外。(2007年5月9日第2007-750号法令)"不过,在进行第一次登记时,也可以通过提交副本替代提交私署文书或材料的原件"。

凡是第1款所指的用电子途径进行传送的任何文件、材料,均应有按照

《民法典》第 1316-4 条以及 2001 年 3 月 3 日有关该条的实施法令所规定的条件进行安全处理的电子签字。但是，为了提交注册登记申请，这种电子签字可以采用符合《民法典》第 1316-4 条第 2 款第 1 句规定之条件的方法。

向法院书记员传输的任何文件与材料一经到达，书记员应按照第 R123-166 条所指条例规定的方式进行签收。

第 R123-78 条　（2007 年 5 月 9 日第 2007-750 号法令第 15 条废止）

第二目　"商事及公司注册登记簿"的掌管以及注册登记的效力

第一段　一般规定

第 R123-79 条　（1984 年 5 月 30 日第 84-406 号法令第 4 条，2005 年 2 月 1 日第 2005-77 条号法令第 3 条修改）有关对"商事及公司注册登记簿"的监督职权以及本《法典》第 L123-6 条所指的与"商事及公司注册登记簿"有关的争议，涉及本《法典》第 L123-1 条第一项第 1 点、第 2 点与第 5 点所指的不具有商人资格的法人时，由大审法院院长或为此委派的 1 名法官管辖。

第 R123-80 条　（1984 年 5 月 30 日第 84-406 号法令第 5 条）由国家工业产权研究院掌管的全国性登记簿集中汇总相当于各法院书记室掌管的"商事及公司注册登记簿"原件的文件。

为此，各法院书记员应向国家工业产权研究院转送在本书记室登记的文书与材料以及按照第 R123-166 条规定的期限与条件存交的文书与材料各一份，相应情况下采用电子文件形式提交。

第 R123-81 条　（1984 年 5 月 30 日第 84-406 号法令第 6 条）设立一个协调委员会，负责协调执行有关"商事及公司注册登记簿"的法律与法规。

（1998 年 7 月 2 日第 98-550 号法令）该协调委员会就其按照第 R123-166 条所指条件受理的问题颁发有关通知。（2005 年 2 月 1 日第 2005-77 条号法令第 4 条）协调委员会应其 1 名成员的请求，就涉及登记簿的运作以及对其运作产生影响的立法与条例的适用的所有问题进行审议，相应情况下，对于某个特别问题，协调委员会可以听取任何了解情况的人的意见。委员会向主管部长报告其了解到的困难与不正常情况。

协调委员会由司法系统的 1 名司法官主持。委员会的成员包括司法部民事及掌玺局局长，国家工业产权研究院主任或他们的代表，2 名（2005 年 2 月 1 日第 2005-77 条号法令第 4 条）按照本《法典》第 L123-6 条以及第 R123-79 条与第 R123-80 条之规定负责掌管登记簿的人员，其中至少 1 人为商事法院书记员，上述人员均按照第 R123-166 条所指条例规定的条件进行任命。协调委员会制定其内部规则。

第 R123-82 条 （1984 年 5 月 30 日第 84-406 号法令第 3 条）"商事及公司注册登记簿"由以下内容组成：

1. 已经进行注册登记的人按字母排列的检索卡；

2. 由提交的注册登记申请构成的单独案卷，相应场合，由其他附加登记事项补充；

3. 制作一份附件案卷，附件案卷包括根据本《法典》和其他法律、法规的规定必须向"商事及公司注册登记簿"交存的文书与材料。

第 R123-83 条 （1984 年 5 月 30 日第 84-406 号法令第 4-1 条，1995 年 4 月 10 日第 95-374 号法令修改）除了在保护程序或者司法重整与司法清算程序中依职权进行的登记外，凡是涉及自然人或法人开始或者停止从事职业活动、其状况发生变更或者申请注销的事项，均由法院书记员依据申报或依职权作出登记。法院书记员应立即将所有的登记事项报送有权限的"企业手续办理中心"。

法院书记员还应向该中心报告任何拒绝注册登记或者拒绝变更登记的情况。

在第 R123-37 条第 6 点所指情况下，法院书记员在"商事及公司注册登记簿"上进行按照第 L526-7 条的规定提交的指定用途的财产声明的登记时，应立即通知手工业职业商会的会长，以便按照司法部长、掌玺官与负责经济事务的部长联合发布的条例规定的形式在"手工业职业目录"上作出记载。

第二段　依申报进行登记

一　申报表的提交

第 R123-84 条 （1984 年 5 月 30 日第 84-406 号法令第 26 条）除保留适用第 R123-1 条及随后条文规定的程序之外，申请按照第 R123-166 条所指的条例（2005 年 2 月 1 日第 2005-77 号法令第 20 条）"制定的表格"，一式两份，提交有管辖权的法院的书记室。

在提交申请的同时，应提交第 R123-102 条至第 R123-110 条所指的文书与材料以及符合第 R123-2 条之规定的材料。

应当提供的各项证明材料的清单，由上述第 1 款所指的条例具体规定。

但是，法官得同意暂时或最终免于提交某份材料。在暂时免交某份材料的情况下，如在要求的期限内仍然不送交该项材料，法官得依职权注销申请。

第 R123-85 条 （1984 年 5 月 30 日第 84-406 号法令第 27 条）除第

R123-87 条至第 R123-91 条之规定保留外,登记申请由应当进行注册登记的人签字,或者由其代理人签字;代理人应证明自己的身份,为此,代理人必须持有应当进行注册登记的人签署的委托授权书。在按照第 R123-77 条之规定采用电子途径传送申请材料时,可以提交委托授权书的复印件。

如果依据提交的用以支持申请的文书或材料可以确认委托代理人享有进行申报的权力,无须提交专门的委托授权书。

第 R123-86 条 (1984 年 5 月 30 日第 84-406 号法令第 28 条)所有的变更登记、补充登记或注销登记的申请,均应重述以下内容:

1. 对于自然人,其姓名、常用名、假名、(2005 年 2 月 1 日第 2005-77 号法令第 23 条)"出生日期与出生地点"以及第 R123-237 条第 1 款第 1 点与第 2 点所指的事项;

2. 对于法人,其商号或名称、法律形式、注册住所地址以及第 R123-237 条第 1 款第 1 点与第 2 点所指的事项。

第 R123-87 条 (1984 年 5 月 30 日第 84-406 号法令第 27 条)变更登记申请或者注销登记申请可以由证明有利益的任何人提出。

法院书记员向已经进行注册登记的人通知此事由。

第 R123-88 条 (1984 年 5 月 30 日第 84-406 号法令第 27 条)作为配偶合作人的登记申请,由有义务进行注册登记的人按照第 R123-37 条第 1 款第 6 点的规定提出(原规定为"由申请人及其配偶本人共同提出")。

第 R123-89 条 (1984 年 5 月 30 日第 84-406 号法令第 27 条)不论公证人起草的文书对各有关当事人在登记方面产生何种影响,该公证人均应履行相应的手续,否则,处 15 欧元至 750 欧元的民事罚款。这项罚款由大审法院宣布,且不影响按照 1955 年 5 月 20 日有关公务助理人员和司法助理人员的第 55-604 号法令第三章规定的条件担保的责任以及纪律惩戒。

第 R123-90 条 (1984 年 5 月 30 日第 84-406 号法令第 27 条)依据《民法典》第 1426 条或 1429 条提出的申请(2005 年 5 月 24 日第 2005-530 号法令第 5 条废止:"以及有关分别财产或提前对婚后取得的共同财产进行清算的申请"),由提出请求的配偶一方在 3 日内向法院书记室提交申请。受理此种请求的法院,只有在证实此事项已在登记簿上作出记载时,始可进行审理、判决。

第 R123-91 条 (1984 年 5 月 30 日第 84-406 号法令第 36-2 条)由欧洲共同体某一成员国法院按照欧洲理事会 2000 年 5 月 29 日第 1346-2000 号关于无支付能力的条例第 3 条的规定对主要利益中心或住所在该成员国内但

在法国"商事及公司注册登记簿"上注册登记的自然人或法人作出的无支付能力的判决,由按照该条例的意义被指定作为破产财产管理人并证明有此权力的人提出登记申请。

二 对申请的监督与登记

第 R123-92 条 (1984年5月30日第84-406号法令第29条)任何登记申请,无论涉及的是注册登记,变更登记还是注销登记,法院书记员均应在收件登记簿上登记。收件登记簿应当载明收到或提交申请的日期、申请的性质、提出申请的人的姓名及(1995年4月10日第95-374号法令)"常用名"、公司商号或名称。

事后,书记员还应记载对所提申请作出的最后处理。

第 R123-93 条 (1984年5月30日第84-406号法令第21条)如提交的注册登记申请的案卷已经齐全,按照第 R123-5 条第3条第2款之规定受理案卷的法院书记员,依第 R123-10 条与第 R123-11 条规定的条件,免费出具一份本《法典》第 L123-9-1 条设置的"创立企业"案卷的收据。

第 R123-94 条 (1984年5月30日第84-406号法令第30条)法院书记员应审核所提申请是否完全符合规定,并就此承担个人责任。

第 R123-95 条 (1984年5月30日第84-406号法令第30条)法院书记员还应审核申请中所作的载述是否符合法律与条例的规定,是否与作为附件提交的各项证明材料与文书一致。在申请变更登记或注销登记的情况下,应当审核该项申请与所涉及的案卷是否一致。

(1995年4月10日第95-374号法令)"此外,法院书记员还应审核商事公司的设立或者章程的修改是否符合有关的立法与条例的规定"。

(1998年7月2日第98-550号法令)"只有在应当进行注册登记的人本人或者依据本节之规定在登记簿上应当提及的人之一被要求必须具备从业条件时,法院书记员才审核其是否具备从事相关活动所适用的法规要求的申报、批准、证书或毕业证书"。

第 R123-96 条 (1984年5月30日第84-406号法令第30条)如果从事的相关活动适用的特别法规规定,在登记簿上注册登记之后应当进行申报或者申请批准,则应在有权限的主管机关签发批准文件之后15日内将相应的证明材料提交法院书记员。与此有关的人如不遵守此期限,法院书记员应按照第 R123-100 条第2款之规定作出处理。

第 R123-97 条 (1984年5月30日第84-406号法令第31条,1998年7

月 2 日第 98-550 号法令）法院书记员在收到申请后一个整日之内即（原规定为"5 个工作日之内"）进行登记。

（1995 年 4 月 10 日第 95-374 号法令）但是，如案卷不完整，法院书记员可在同样期限内要求申请人在 15 日内提交尚缺的情况与材料。法院书记员在收到补交的情况或材料之后，在第 1 款所指期限内进行注册登记。

在没有按照上述条件补正提交的申请的情况下，或者，在法院书记员认为所提申请不符合有关规定时，作出拒绝登记的决定，而且应当在第 1 款所指期限内将此决定交给申请人并取得收据，或者用挂号信并要求回执将此决定寄送申请人。拒绝登记的决定应当说明理由。在相同期限内，书记员通过电子途径发送邮件，将拒绝登记之事由通知国家统计与经济研究院。

（1998 年 7 月 2 日第 98-550 号法令）"如果案卷复杂，需要进行特别审核，法院书记员应在第 1 款规定的期限内用说明理由的信件通知申请人在接收申请之后 5 个工作日期限内进行登记，或者向申请人提交或通知拒绝登记的决定。"

法院书记员寄送的通知应当写明申请人可以根据具体情况，提出第 R123-139 条至第 R123-142 条以及第 R123-143 条至第 R123-149 条所指的申诉，并向申请人说明提出申诉的方式。

法院书记员如未遵守本条规定的期限，申请人可以向受委任监督登记簿事宜的法官提出救济申请。

第 R123-98 条　（1984 年 5 月 30 日第 84-406 号法令第 32 条，1984 年 12 月 13 日第 84-1113 号法令）法院书记员应当在按照日期的先后顺序编制的登记簿上载明所进行的登记事宜，并载明各项登记的日期与号码顺序、申请人的姓名、公司商号或名称以及所办手续的性质。书记员在每一份申请表上加盖"办讫·检验"印记，并向申请人提交副本一份。

第 R123-99 条　（1984 年 5 月 30 日第 84-406 号法令第 34 条）国家统计与经济研究院①按照第 R123-221 条的规定分派的企业鉴别号码②，由法院书记员按照第 R123-166 条规定的条件通知申请人。

第 R123-100 条　（1984 年 5 月 30 日第 84-406 号法令第 34 条）法院书记员可以随时审核已经进行的登记是否始终符合第 R123-95 条与第 R123-96 条所指的各项规定。

---

① 法国国家统计局。——译者注
② 相当自然人的企业身份证号码。——译者注

如发现有不一致的情况,法院书记员应令已经进行注册登记的人对其案卷上记载的事项进行补正;如提出此项要求起 1 个月内不作回复,法院书记员得请求受委任监督登记簿事宜的法官进行处理。

第 R123-101 条　(1984 年 5 月 30 日第 84-406 号法令第 34 条,1995 年 4 月 10 日第 95-374 号法令)"法院书记员进行的任何登记存在事实方面的错误时,可以由书记员本人按照受委任监督登记簿事宜的法官作出的裁定,予以撤销。"

第 R123-101-1 条　书记员审核并证明为掌管登记簿而在电子依托上登记的所有信息与按照第 R123-92 条至第 R123-98 条的规定接收到的信息完全一致。

司法部长、掌玺官发布条例具体规定书记员出具上述证明的条件与方式。

第三段　作为"商事及公司注册登记簿"的附件交存的材料

一　注册住所设在法国领土上的法人应当交存的材料

第 R123-102 条　(1984 年 5 月 30 日第 84-406 号法令第 47 条)以注册住所设在法国领土上的法人的名义作为"商事及公司注册登记簿"的附件交存的任何文书与材料,均需一式两份并由其法定代表人验证无误后,交存至注册住所所在辖区的法院的书记室。如果交存的文书或材料是副本,这一副本应由法定代表人检证确认与原本相符,或者由相应形式的公司所适用的法律规定有资格进行此种验证的任何人检证确认其与原本相符。

法院书记员制作笔录,确认该项交存事宜并出具收条。收条指明公司注册住所地址、公司商号或名称,还应写明提交的文书、材料的格式与数量以及交存日期。如提交文件、材料的人已经在登记簿上注册登记,笔录应写明第 R123-237 条第 1 点与第 2 点规定的各项情况。

(一)(公司)设立文件的交存

第 R123-103 条　(1984 年 5 月 30 日第 84-406 号法令第 48 条)注册住所设在法国领土上的法人,最迟应在其提出注册登记申请的同时交存有关设立手续的全部文件,这些文件包括:

1. 公司或者经济利益合作组织:

A. 如公司章程或合作组织的合同是采用公证文书的形式制定的,应交存副本 2 份;如其是用私署证书制定的,应交存原本 2 份;相应情况下,写明保存公证书原本的公证人的姓名及居所；

B. 有关任命管理、经营及领导、监事与监督机关的文书的副本 2 份。

2. 此外，对于公司而言，还应提交：

A. 相应情况下，出资评估鉴定人对实物出资的评估报告 2 份或者第 R225-9-1 条与第 R225-14-1 条所指的决定与文件 1 份；

B. 如果是可以发行股票的公司，股款受寄托人出具的证明 2 份，并附有认股人名单，载明他们各自认购股份的数量与缴纳的股款数额；

C. 如果是通过公开募集资本而设立的公司，公司成立大会的审议笔录副本 2 份。

(2007 年 5 月 9 日第 2007-750 号法令第 17 条)"在第一次注册登记时，采用私署文书的形式制定的章程可提交原件的复印件"。

第 R123-1 条第 5 点所指的法人，依据其适用的法规的规定有义务提交特定文书时，掌玺官、司法部长、负责工业产权事务的部长以及负责法人监督事务的部长得颁布条例对本条确定的上述规则进行调整。

第 R123-104 条　(1984 年 5 月 30 日第 84-406 号法令第 48-1 条) 没有注册登记的法人的设立文书，或者属于第 R123-54 条最后一款所指的非欧洲共同体成员国或非欧洲经济区协议签字国的立法调整的法人的设立文书，最迟应在提交注册登记申请或者变更登记申请的同时提交。

为了办理第 1 款所指的手续，应当提交有效的法文版公司章程的副本 1 份，并由公司法定代表人或者有权力在法国承担公司责任的人检证确认其与原本相符。

(二) 变更文书的交存

第 R123-105 条　(1984 年 5 月 30 日第 84-406 号法令第 49 条) 对法人设立时交存的材料进行变更的文书、审议决议或者决定，在依据第 R210-9 条或者 1978 年 7 月 3 日关于适用 1978 年 1 月 4 日修改《民法典》第三卷第九编的第 78-9 号法律的第 78-704 号法令第 24 条所指的通知公示之日起 1 个月期限内交存，其中应附有：

经法定代表人或者这种形式的公司所适用的法律法规赋予此种认证资格的人确认无误的、已经确定文本的公司章程或者合作组织的合同 1 份；

由另一种形式的公司转型为可以发行股票的公司时，公司转型评估鉴定人的报告，或者相应情况下，会计监察人的报告至少应在为审议公司转型而召开的股东大会之前 8 日交存，或者在书面征求股东意见的情况下，至少应在所规定的股东作出答复的限期之日前 8 日交存。

第 R123-106 条 （1984 年 5 月 30 日第 84-406 号法令第 50 条）对于有限责任公司，第 R123-105 条第 1 款所指的交存文书还包括：

1. 在公司增加或减少资本的情况下，股东会议的审议笔录的副本；

2. 在用实物出资增加资本的情况下，出资评估鉴定人的报告。该项报告至少应在为决定增加资本而召开的股东大会之日前 8 日交存。

第 R123-107 条 （1984 年 5 月 30 日第 84-406 号法令第 51 条）对于可以发行股票的公司以及（2009 年 5 月 9 日第 2009-557 号法令第 2-2 条）"通过公开募集资本而设立的"民事公司，第 R123-105 条第 1 款所指的交存文书还包括：

1. 决定或批准增加资本或减少资本的股东大会的笔录的副本；

2. 董事会，或者相应情况下，管理委员会或经理管理人所作的关于已经实现股东大会批准的增资或减资活动的决定；

3. 在用实物出资增加资本的情况下，出资评估鉴定人的报告。该项报告至少应在为决定增加资本而召开的股东大会之日前 8 日交存。

第 R123-108 条 （1984 年 5 月 30 日第 84-406 号法令第 52 条）专门对可以发行股票的公司而言，第 R123-105 条第 1 款所指的交存文书还包括：

1. 批准发行附认股证的债券、可转股债券（可转换债券）、可兑股债券（可兑换债券）或者投资证书的股东大会会议笔录的副本；

2. 设置复表决权股的股东大会会议笔录的副本；

3. 为决定回购发起人股或受益股而召开的股东大会笔录的复印件，或者为决定将其转换为股票而召开的股东大会笔录之复印件以及同意进行回购或转换的上述证券持有人大会的笔录的副本。

第 R123-109 条 （1984 年 5 月 30 日第 84-406 号法令第 52-1 条）对于设立董事会的股份有限公司，其中记录有董事会关于选择本《法典》第 L225-51-1 条规定的公司总领导层组织方式与职能的决定的笔录，应当按照第 R123-105 条之规定交存。

第 R123-110 条 （1984 年 5 月 30 日第 84-406 号法令第 53 条）在法人注册住所从其进行注册登记的法院管辖区内迁出的情况下，应当按照第 R123-105 条第 1 款与第 2 款规定的条件与期限向新的注册住所地的法院书记室交存公司章程或者合作组织的合同 1 份；

在公司章程或者合作组织的章程的附件中应当写明原机构的地址以及第 R123-102 条至第 R123-105 条所指的文书作为登记表的附件存放在哪一法院书记室。

新机构所在辖区的法院的书记员应在 15 日内向原机构所在辖区的法院的书记员进行通知,该通知应写明与案卷相关的内容。

(三)财会文件的交存

第 R123-111 条 （1984 年 5 月 30 日第 84-406 号法令第 54 条）所有的商事公司均应在其股东大会批准本《法典》第 L232-21 条至第 L232-23 条所指的财会文件起 1 个月内,提交得到批准的此种文件。

法人应当作为"商事及公司注册登记簿"的附件进行公示的财会文件,可以按照第 R123-77 条规定的条件通过电子途径交存。

在此情况下,第 1 款规定的期限增为 2 个月。

第 R123-111-1 条 构成第 L232-25 条第 1 款所指的微型企业的商事公司,选择不按照该条的规定向第三人报送年度会计账目时,在按照第 R123-111 条的规定交存会计文件的同时,可以附有关于按照司法部长、掌玺官发布的条例规定的模式制定的年度报告具有保密性质的声明。

企业在交存账目文件时附有关于年度报告具有保密性质的声明之事实,由法院书记员确认。

二 注册住所设在国外的公司交存的文件

(一)首次在法国设立机构的公司

第 R123-112 条 （1984 年 5 月 30 日第 84-406 号法令第 55 条）注册住所设在法国领土之外,首次在法国设立机构的任何公司,最迟应在提出注册登记申请的同时,向该机构所在辖区的法院的书记室交存其现行的公司章程的副本 1 份;此外,每年均应提交其在注册住所地所在国家内制定的并已接受监督与公示的财会文件。

(1995 年 4 月 10 日第 95-374 号法令)"财会文件按照公司注册住所地适用的立法规定的期限提交"。

此后,有关修改章程的任何文件,均应按照前款规定的条件提交。

提交的文件,相应情况下,应翻译成法文,并由公司法定代表人或者有权力在法国承担公司责任的人检证确认其与原本相符。

第 R123-113 条 （1984 年 5 月 30 日第 84-406 号法令第 55-1 条）没有进行注册登记的法人,或者属于第 R123-54 条最后一款所指的不受欧洲共同体成员国或欧洲经济区协议签字国立法调整的法人,其设立文书最迟应在提交注册登记申请的同时提交,相应情况下,与变更登记申请同时提交。

为了办理第 1 款所指的手续,应当提交有效的法文版公司章程的副本 1 份,并由公司的法定代表人或者有权力在法国承担公司责任的人检证确认其与原本相符。

第 R123-114 条 (1984 年 5 月 30 日第 84-406 号法令第 56 条)在公司将其最先设立的第一家机构迁至另一法院的辖区时,应当依前条相同之条件交存适时更新文本的章程。

(二) 在法国公开募集资本的公司

第 R123-115 条 (2009 年 5 月 9 日第 2009-557 号法令第 2-3 条废止:在法国领土上既无分支机构,又无办事机构的外国公司,以公开募集资本的方式在法国领土上发行股票、债券或其他可流通证券之前,或者这些公司发行的证券在法国证券交易所进行公开挂牌登记之前,发行证券的公司必须向巴黎商事法院书记室交存现行章程一式二份。

交存的章程副本可以由公司代表提交,或者由其在法国的证券推销人交存,如有必要,交存的章程副本应翻译成法文。

提交的章程副本应由交存人认证无误。)

第 R123-116 条 (2009 年 5 月 9 日第 2009-557 号法令第 2-3 条废止:在依据第 R123-115 条第 1 款的规定交存文件的同时,还应附交 2 份公司情况一览表,其中载明:

1. 公司商号或名称,相应情况下,载明其缩写名称;
2. 公司的法律形式及其适用的法律;
3. 公司资本数额,相应情况下,其发行的每一种股票的面值;
4. 公司注册住所的地址;
5. 主要从事的经营项目;
6. 相应情况下,如公司适用的外国法律有规定,该公司在某一公立登记处进行注册登记的号码及登记地点;
7. 对公司发行证券的业务活动给予协助的信贷机构的名称或注册住所地址,以及参与此项活动的投资服务提供人的姓名、常用名与住所。)

第 R123-117 条 (2009 年 5 月 9 日第 2009-557 号法令第 2-3 条废止:投资服务提供人必须遵守第 R123-102 条第 1 款规定的义务。第 R123-80 条、第 R123-102 条第 2 款、第 R123-150 条、第 R123-152 条与第 R123-153 条之规定亦适用于投资服务提供人。)

(三) 欧洲公司

第 R123-118 条 (1984 年 5 月 30 日第 84-406 号法令第 57-1 条)除本编

规定的各项义务之外,欧洲公司最迟应在其提出注册登记申请之日起 15 日内提交以下材料:

1. 在合并设立的情况下,由负责按照本《法典》第 L229-3 条第二项的规定对合并设立的合法性进行监督的公证人出具的证明书 1 份;

2. 如果是欧洲跨国公司,设立方案的副本以及本《法典》第 L229-5 条第 2 款与第 3 款所指的设立活动的评估鉴定人提交的报告的副本。

第 R123-119 条 (1984 年 5 月 30 日第 84-406 号法令第 57-2 条)将在欧洲共同体成员国或欧洲经济区协议签字国内注册的公司的注册住所迁移到法国的情况,适用第 R123-110 条之规定,但该条第 3 款除外。

此外,应当按照第 R123-105 条第 1 款规定的条件与期限,向新的注册住所地的法院书记员提交由本《法典》第 L229-2 条第 7 款所指的公证人出具的证明书。

新的注册住所地的法院书记员在 15 日内向公司原注册登记的国家负责公司公立登记簿的机关通知已经提交证明书之事由。

第 R123-120 条 (1984 年 5 月 30 日第 84-406 号法令第 57-3 条)在法国注册的欧洲公司将其注册住所迁至欧洲共同体某一成员国或欧洲经济区协议某一签字国的情况下,不适用第 R123-110 条之规定。

(四) 提交材料使用的语言

第 R123-120-1 条 (2007 年 12 月 26 日第 2007-1851 号法令第 1 条)公司的注册住所在欧洲共同体成员国或欧洲经济区协议签字国时,提交的文书与材料,应请求,可以使用共同体的任何官方语言;所有情况下,使用的语言中必须有法语。当交存的文书与材料同时使用另一种语言时,其法文翻译文本应由申报人确认无误。只有用法语进行的强制性公告才能产生效力,但是第三人可以援引自愿公示的翻译文本,但如公司证明第三人知道强制用法语公示的文本,不在此限。

三 共同规定

第 R123-121 条 (2007 年 5 月 25 日第 2007-431 号法令)按照本《法典》第一卷第二编第七章规定的条件订立的"支持创立企业方案或者恢复经济活动方案的合同"的副本,按照第 R123-102 条规定的条件交存。

四 自然人适用的特别规定

第 R123-121-1 条 (2007 年 5 月 9 日第 2007-750 号法令第 19 条)自然

人在申请注册登记时,由其承担责任,按照第 R123-102 条规定的形式提交一份关于已经向其实行共同财产制的配偶提供了情况、信息的证明,这些情况与信息涉及其在从事职业活动中缔结的债务对共同财产产生的法律后果。这项证明应按照掌玺官、司法部长发布的条例确定的格式制作。

第 R123-121-2 条 有限责任个体企业主按照第 R123-102 条的规定,采用第 R526-3 条规定的形式交存第 L526-7 条所指的指定用途的概括财产的声明。

第 R123-121-3 条 变更指定用途财产之声明的文书或决定,在其作出之日起 1 个月内交存。

在指定用途的概括财产设立之后又增加新的指定用途的财产的情况下,应在 1 个月内交存确认履行了第 L526-9 条至第 L526-11 条所指手续的文件。法院书记员在这些文件交存之日起 15 日内向个体企业主隶属管辖的税务部门寄送这些文件的副本。

第 R123-121-4 条 有限责任个体企业主已经向"商事及公司注册登记簿"交存第 L526-7 条所指的指定用途的概括财产的声明时,有义务在会计年度终止后 6 个月内交存第 L526-14 条所指的各项文件。

可以按照 1994 年 2 月 11 日第 94-126 号法律第 4 条规定的条件通过电子途径发送需要交存的会计文件。

第四段 依职权进行登记

一 变 更 登 记

第 R123-122 条 (1984 年 5 月 30 日第 84-406 号法令第 36-1-1 条)在 2006 年 1 月 1 日之后开始实行的保护程序或者司法重整或司法清算程序中作出的以下判决,由法院书记员依其职权记载于登记簿:

1. 宣告实行保护程序或司法重整程序的判决,并指明法院指定的司法代理人的姓名,以及相应情况下,赋予管理人的权力;
2. 将保护程序转为司法重整程序的判决,并指明赋予管理人的权力;
3. 延长观察期的裁定;
4. 变更管理人权力的裁定;
5. 命令按照本《法典》第 L622-10 条或者第 L631-15 条的规定部分停止活动的裁定;
6. 确定保护方案或重整方案的裁定,并指明方案执行监察人的姓名;
7. 变更保护方案或重整方案的裁定;

8. 宣告解除保护方案或重整方案的裁定；

9. 终止或者终结保护程序或司法重整程序的裁定；

10. 变更停止支付日期的裁定；

11. 开始或者宣告司法清算的判决，并指明清算人的姓名；

12. 批准在司法清算情况下企业继续开展活动的判决，并指明指定的管理人的姓名；或者，继续经营的裁定；或者，撤销该项批准的决定；

13. 关于适用简易清算规则的裁定；

14. 终止对程序适用简易清算规则的裁定；

15. 在司法重整或司法清算程序过程中确定企业转让方案的裁定；

16. 变更企业转让方案的裁定；

17. 宣告解除企业转让方案的裁定；

18. 宣告因负债消灭或者资产不足终结程序的裁定，(2007 年 5 月 9 日第 2007-750 号法令第 20 条)"并在相应情况下，指明法院批准任何债权人恢复对债务人的个人追偿权利"；

(2007 年 5 月 9 日第 2007-750 号法令第 20 条) 19. 批准任何债权人在司法清算程序终结之后恢复对债务人的个人追偿权利的裁定；

(2007 年 5 月 9 日第 2007-750 号法令第 20 条) 20. 宣告个人破产或第 L653-8 条所指的禁止权利的判决，并指明禁止权利的期限；

(2007 年 5 月 9 日第 2007-750 号法令第 20 条) 21. 更换司法代理人的裁定，撤换企业 1 名或数名领导人为先决条件的决定；

(2007 年 5 月 9 日第 2007-750 号法令第 20 条) 22. 决定恢复司法清算程序的判决。

第 R123-123 条 (1984 年 5 月 30 日第 84-406 号法令第 37 条) 如宣告上述第 R123-122 条所指的某项裁决的法院并不是掌管企业主注册登记的登记簿的法院，作出该裁决的法院的书记员，应当在裁决作出之日起 3 日内，用挂号信通知掌管上述登记簿的法院书记员，并由该书记员依职权进行登记。

第 R123-124 条 (1984 年 5 月 30 日第 84-406 号法令第 38 条) 以下事项，依职权在登记簿上进行登记：

1. 由产生既判力的司法裁决或最终确定的行政决定规定而采取的有关无能力处分或者禁止从事商事活动或职业活动的处分措施，以及禁止经营、管理或领导法人的措施；

2. 宣判法人解散或撤销法人的裁决；

3. 注册登记人死亡。

检察院，或者在相应情况下，行政当局，应将上述第1点及第2点提及的裁决通知法院书记员。有关原注册登记人死亡的事实，书记员可通过各种方式得到证实。

第 R123-125 条 （1984年5月30日第84-406号法令第40条）法院书记员了解到在登记簿上注册登记的人已经在其申报的地址停止活动时，应当向该同一地址发出挂号信并要求回执，提醒该人有义务进行申报。如该信件被邮政部门退回并指明收信人不再在信件所写的地址，法院书记员在该人的注册登记表上记载其已经停止经营活动。

（2007年5月9日第2007-750号法令第20条）法院书记员按照第R123-123条的规定了解到当事人在住所地已有3个月未领取其邮件，应向该人或者其法定代表人的住所或者注册住所或机构的地址寄送一封信件并向其指出，如果再没有其消息，则在其注册登记表上记载其已停止活动。

第 R123-126 条 （1984年5月30日第84-406号法令第40条）法院书记员如得到有权限的行政机关、司法机关通知，了解到已经注册登记的人所申报的某一地址有改变，应依职权记载这项变更，并按照新的地址向其进行此项通知。

法院书记员如得到通知，了解到因有权限的行政机关的决定而引起申报人所申报的地址的文字表述有更改（行政决定更改地名），应当做相同处理，但是，在此情况下法院书记员并无义务向进行了注册登记的人进行通知。

第 R123-126-1 条 在"商事及公司注册登记簿"上进行注册登记的自然人同时也在"手工业职业目录"上进行登记的，手工业商会会长向法院书记员通知该人按照第L526-7条之规定提交的指定用途的概括财产的声明。书记员依职权对这项声明进行登记。

二 注销登记

第 R123-127 条 （1984年5月30日第84-406号法令第40-1条）将在法国注册的欧洲公司迁移到欧洲共同体另一成员国或欧洲经济区协议签字国的情况下，（法国）原注册住所地的法院书记员，自公司注册住所迁往的国家负责公司公立登记簿的机关通知其公司已经重新注册之日，依职权注销原注册登记。

注销原注册登记，应通知公司注册住所迁往的国家负责公司公立登记簿的机关。

第 R123-128 条 （1984年5月30日第84-406号法令第41条）任何商

人,属下列情形的,其注册登记均依职权注销:

1. 依据已经产生既判力的司法判决或者具有执行力的行政决定,被禁止从事商事活动;

2. 死亡已经超过1年的,但如已依据第R123-46条第7点和第8点规定的条件进行申报的除外;在后一种情况下,注销手续得在申报事项登记起1年期限经过之后或者在其延长期经过之后再行办理,并且应通知接替的经营者,要求其办理注册登记手续。

第 R123-129 条 (1984年5月30日第84-406号法令第42条)对于任何商人或者法人,属下列情形者,依职权注销其注册登记:

1. 因破产或资产不足或解除婚姻关系而实行的财产清算程序终结,或者因资产不足而实行的司法清算程序终止时;

2. 在"商事及公司注册登记簿"上记载完全停止活动之后1年期限届满,但涉及可以适用解散程序的法人,不在此限。

第 R123-130 条 (1984年5月30日第84-406号法令第42-1条,1998年7月2日第98-550号法令修改)为可能经过解散程序的法人办理过主注册登记手续的法院书记员,在登记簿上记载该法人完全停止活动之后2年期限届满,发现该法人仍未进行任何有关恢复活动的变更登记时,在向该法人的注册住所地发出挂号信并要求回执通知该法人之后,向负责监督登记簿事务的委任法官提出申请,以审核是否适于注销登记。

根据本条之规定进行的依职权注销法人的注册登记,应报告检察院。

第 R123-131 条 (1984年5月30日第84-406号法令第43条,1998年7月2日第98-550号法令修改)凡是解散事由已经在登记簿上登记的法人,在其章程规定的清算期限届满时,或者在章程没有规定清算期限的情况下,在解散事由于登记簿上作出记载满3年时,均依职权予以注销登记。

但是,为进行清算之需要,清算人可以采取变更登记的方式请求延长原注册登记的有效期。此项延长有效期为1年,但逐年延长之情况除外。

第 R123-132 条 (1984年5月30日第84-406号法令第44-1条)办理注销注册登记手续的法院书记员立即要求:

1. 如被注销的是主注册登记,注销相应的附属注册登记,但商人迁移主营业机构、法人在一个省内迁移注册住所或迁移最早开设的机构的情况除外;

2. 如被注销的是附属注册登记,应当对主注册登记中的相应记载进行变更。

第 R123-133 条 （1984 年 5 月 30 日第 84-406 号法令第 41-1 条）属于下列情形的，依职权注销第 R123-124 条所指的记载事项：

1. 在作出恢复权利、撤销无能力处分的裁决时，或者由于获得大赦，取消对当事人的无能力处分或禁止权利处分时；

2. 在法院按照本《法典》第 L653-11 条之规定确定的禁止权利期间到期时；

3. （2007 年 5 月 9 日第 2007-750 号法令第 22 条）被宣告无能力或者禁止权利处分的领导人不再履行职务时。

第 R123-134 条 （1984 年 5 月 30 日第 84-406 号法令第 41-1 条，2007 年 5 月 9 日第 2007-750 号法令第 23 条）在附属登记地，根据主注册登记地的法院书记员的通知，亦依职权进行第 R123-132 条与第 R123-133 条所指的注销。这项注销事宜自主注册登记注销后 15 日内进行。

第 R123-135 条 （1984 年 5 月 30 日第 84-406 号法令第 41-1-1 条）下列情况，依职权注销有关第 R123-122 条所指的各项判决的记载：

1. 按照本《法典》第 L622-12 条的规定终止保护程序的判决；

2. 按照本《法典》第 L631-16 条的规定终止司法重整程序的判决；

3. 按照本《法典》第 L626-28 条的规定确认保护方案或重整方案执行完毕的判决；

4. 自其确定起 3 年内仍然在执行当中的保护方案；

5. 自其确定起 5 年内仍然在执行当中的重整方案。

进行上述第 4 点与第 5 点所指的注销，阻止进行有关执行保护方案或重整方案的任何新的记载，但涉及法院决定的财产不得转让措施的记载，或者与宣告解除这些方案的判决有关的记载除外。

第 R123-135-1 条 （2007 年 5 月 9 日第 2007-750 号法令第 24 条）在已经确认保护方案或重整方案执行完毕的情况下，依职权注销有关第 R123-122 条所指的判决的记载。

第 R123-136 条 （1984 年 5 月 30 日第 84-406 号法令第 44-2 条）法院书记员按照第 R123-125 条的规定在登记簿上记载企业已经停止活动时，在进行此项记载后 3 个月期限经过，即可依职权注销没有补正手续的人的登记。

第 R123-137 条 （1984 年 5 月 30 日第 84-406 号法令第 45 条）如发现提供的情况有错误，对于根据这些情况依其职权进行的任何注销登记，法院书记员均应作出报告。

第 R123-138 条 某人因适用本节之规定被依职权注销登记时，只要证明其已经纠正原先不符合规定的状况,自其被注销登记之日起 6 个月内,可以向法院书记员申请撤销对其登记进行的注销。自提出上述申请起 15 日内,法院书记员撤销原已进行的注销登记,或者向申请人送交说明理由的拒绝决定,并取得收据,或者用挂号信并要求回执向申请人寄送该项拒绝决定。

对于这项拒绝撤销的决定,或者在进行前款所指通知之后 15 日内法院书记员没有答复的情况下,申请人可以向受委任负责登记簿监督事务的法官提出申请。

第五段 争 议

第 R123-139 条 (1984 年 5 月 30 日第 84-406 号法令第 59 条)除保留执行第 R123-134 条至第 R123-149 条之规定外,有义务进行注册登记的人与法院书记员之间发生的任何争议,均提交负责监督登记簿事务的委任法官,并由其以裁定作出裁决。

第 R123-140 条 (1984 年 5 月 30 日第 84-406 号法令第 60 条)负责监督注册登记簿事务的法官作出的裁定,用挂号信并要求回执通知申请人。

这一通知应指出申请人可以提出救济申请的期限与形式,以及提出此种申请必须依据的程序,并且提及第 L123-4 条规定的处罚。

此外,法院书记员用平信向申请人的通信地址通知作出的裁定以及可以提出上诉的期限。

第 R123-141 条 (1984 年 5 月 30 日第 84-406 号法令第 61 条)对法院作出的裁定向上诉法院提出上诉,按照《民事诉讼法典》第 950 条至第 953 条的规定作为非讼案件起诉、审理与裁判,但当事人可免由律师或诉讼代理人协助。

上诉法院的书记员向负责掌管注册登记簿的法院书记员发送所作裁定的副本。

第 R123-142 条 (1984 年 5 月 30 日第 84-406 号法令第 62 条)对负责监督登记簿事务的法官所作的裁定以及上诉法院的裁定,自其终局确定之日起 15 日期限届满付诸执行。

如有义务进行注册登记的人不执行责令其办理某项手续的裁定,法院书记员将此事由告知共和国检察官并向共和国检察官送交该裁定的副本。

作出注销裁决的法院得责令法院书记员在通知裁决的挂号信发出后 1 个月期限届满时,依职权办理注销手续。

第 R123-143 条 (1984 年 5 月 30 日第 84-406 号法令第 62-1 条,1995 年 4 月 10 日第 95-374 号法令)对于法院书记员按照第 R123-95 条第 2 款的

规定作出的拒绝注册登记或拒绝对章程的修改进行登记的决定,可以自该决定通知之日起 15 日期限内提出异议。

(1998 年 7 月 2 日第 98-550 号法令)所提请求用挂号信并要求回执寄送作出拒绝注册登记或拒绝登记章程修改事宜之决定的书记员隶属的法院院长。这项请求由公司发起人、管理机关、董事机关、监事会的首任成员提出,或者由其中 1 人提出,或者由公司或其代表提出。

所提请求应当说明理由并附有全部必要的证据材料。

第 R123-144 条　(1984 年 5 月 30 日第 84-406 号法令第 62-2 条,1995 年 4 月 10 日第 95-374 号法令)法院院长或者为此授权的司法官,根据受到异议的裁决及其他必要的证据材料,紧急审理,作出裁定。

但是,法院院长可以将向其提出的请求移送法庭开庭审理;开庭期日由院长确定。

法院院长运用前款所指的权利时,法庭在听取原告陈述之后,或者在要求其作出陈述之后,紧急审理,作出裁判。

第 R123-145 条　(1984 年 5 月 30 日第 84-406 号法令第 62-3 条,1995 年 4 月 10 日第 95-374 号法令)法院作出的裁决的原本加盖执行令印鉴。

法院的裁决用挂号信并要求回执通知提出请求的人。

第 R123-146 条　(1984 年 5 月 30 日第 84-406 号法令第 62-4 条)法院作出的拒绝登记或者拒绝章程修改登记的裁决的通知书,应指出可以对该裁决提出救济申请的形式与期间以及提出救济申请应当遵守的限制条件。

第 R123-147 条　(1984 年 5 月 30 日第 84-406 号法令第 62-4 条,1995 年 4 月 10 日第 95-374 号法令)法院作出的批准登记或者章程修改登记的裁决,应通知有权限办理登记手续的法院书记员。

第 R123-148 条　(1984 年 5 月 30 日第 84-406 号法令第 62-5 条,1995 年 4 月 10 日第 95-374 号法令)对一审法院作出的拒绝登记或者拒绝章程修改登记的裁决,公司可以在该裁定通知起 15 日内向上诉法院提起上诉。

上诉,按照《民事诉讼法典》第 950 条至第 953 条之规定,作为非讼案件提出、审理与判决,但是,提起上诉的公司得免于由律师或者上诉法院诉讼代理人协助。

第 R123-149 条　(1984 年 5 月 30 日第 84-406 号法令第 62-6 条,1995 年 4 月 10 日第 95-374 号法令)上诉法院书记员向负责掌管登记簿的书记员寄送上诉法院判决的副本。

第六段　登记簿上记载事项的公示

一　文书的通报与登记

第 R123-150 条　（1984 年 5 月 30 日第 84-406 号法令第 67 条）法院书记员及国家工业产权研究院唯一有资格并且有义务向任何提出申请的人提供登记簿上的登记事项以及作为附件的各项文书的摘录、证明或副本，但有关已注销的登记事项的记载以及会计资料除外。这些资料的通报应遵循第 R123-166 条所指条例规定的条件。

第 R123-151 条　（1984 年 5 月 30 日第 84-406 号法令第 68 条）向法院书记员或者国家工业产权研究院提出的申请可以涉及：

1. 单份案卷或整套案卷。在第二种情况下，所提申请应当符合第 R123-166 条所指的条例规定的查询标准。

2. 有关登记事项或交存的文书的清单，或者将要制作的案卷的清单。在第二种情况下，对于提出的申请，可以按上述条例规定的定期提供有关情况。

第 R123-152 条　（1984 年 5 月 30 日第 84-406 号法令第 69 条）法院书记员可以提供在登记簿上登记的有关同一个人的各项登记事项的完整复印件，或者提供一项或数项已经交存的文书，或者提供摘要并指出至该摘要发出之日注册登记的有关情况，或者提供证实某人没有进行注册登记的证明书，即属满足了第 R123-150 条所指的请求。提供复印件、摘录或证明的费用由申请人负担并具有证明效力，提出相反证据时除外。

提供的节录或证明应写明日期以及书记员的姓名，由其签字、加盖印鉴，同时写明书记员履行职责的地点；除提出文书属于伪造之申明外，提供的节录或证明具有证明效力。在文件的文本中如有增添的任何事项以及字里行间添加的字句，一律无效。

第 R123-152-1 条　法院书记员可以按照第 R741-5 条规定的条件通过电子邮件提交副本、节录或证明。

第 R123-152-2 条　符合以下条件时，法院书记员通过电子邮件发送第 R123-152 条最后一款所指的节录或证明：

1. 如果节录或证明是采用能够保证其内容的完整性并得到商事法院书记员全国理事会认可的电子文件处理、保存与传送系统制作的；

2. 书记员采用的信息传送系统应当在他们之间以及在与其传送数据资料的组织之间能够运行；

3. 按照 2001 年 3 月 30 日第 2001-272 号关于实施《民法典》第 1316 条有关电子签字的法令的规定,传送的节录或证明必须有作为其发送人的书记员经过加密安全处理的签字;

4. 发送的节录或证明具备完整保存条件以及可读性条件;

5. 书记员保存有与其发送的节录或证明有关的全部信息资料,从而能够识别、确定其所有权,并且能够保障其具有可查找性;

6. 此外,书记员在其使用的电子载体上及时更新其制作的所有节录与证明的目录;

7. 书记员制作的这一目录完整指明节录或证明的发出日期、其性质与收件人的姓名、用以制作节录与证明的电子载体以及法律与行政法规规定的其他信息;

8. 其发出的节录或证明上应显示书记员加盖的印鉴的图像。

必要时,司法部长、掌玺官发布条例具体规定本条的适用方式。

第 R123-153 条 (1984 年 5 月 30 日第 84-406 号法令第 70 条)国家工业产权研究院可以依申请提交有关在国家登记簿上记载的信息的证明、副本,或者传送这些信息,但应交纳费用。

登记簿上记载的信息的副本(复印件),可以作为情况,通过电子途径发布。

国家工业产权研究院可以提交有关证明,以证实在提出申请之日某人没有在国家登记簿上进行注册登记。

第 R123-154 条 (1984 年 5 月 30 日第 84-406 号法令第 71 条)对于 2006 年 1 月 1 日起实行的程序,以下各项判决,不得传送:

1. 在按照本《法典》第 L622-12 条之规定终结程序情况下,或者按照第 L622-28 条之规定确认方案已经执行的情况下,就企业保护方面作出的判决;

2. 在按照本《法典》第 L631-16 条的规定终结程序的情况下,以及按照第 L631-21 条与第 L626-28 条之规定确认方案已经执行的情况下,就司法重整方面作出的判决;

3. 在因负债消灭终结程序的情况下,就司法清算方面作出的判决;

4. 按照本《法典》第 L651-2 条或第 L652-1 条之规定,决定由法人领导人或者其中某些人承担法人债务之全部或一部的判决,在这些人清偿了由其负担的债务的情况下,原判决不得传送;

5. 按照本《法典》第 L653-8 条之规定宣告个人破产或禁止权利的判决,在因负债消灭、完全取消丧失权利处分或者获得大赦的情况下,该判决不得传送。

二 在《民商事法定公告正式简报》上进行公示

第 R123-155 条 （1984 年 5 月 30 日第 84-406 号法令第 73 条）所有的注册登记，均应在《民商事法定公告正式简报》上登载一项通知。

但是，(2008 年 12 月 30 日第 2008-1488 号法令第 5-1 条）在有限责任公司的唯一自然人股东本人承担公司管理事务的情况下，或者简化的可以发行股票的公司的唯一股东本人承担公司董事长职责的情况下，在其进行注册登记时，不要求登载上述通知。

第 R123-156 条 （1984 年 5 月 30 日第 84-406 号法令第 73 条）对于自然人，在《民商事法定公告正式简报》上登载的通知应包括以下内容：

1. 指明已经进行注册登记；
2. 注册登记人的姓名、常用名、代用名；
3. 实际从事的活动、从事活动的场所、开始经营的日期；
4. 商事名称(商号)。

第 R123-157 条 （1984 年 5 月 30 日第 84-406 号法令第 73 条）对于公司与经济利益合作组织，在《民商事法定公告正式简报》上登载的应通知包括以下事项：

1. 指明已经进行注册登记；
2. 公司名称或商号，相应情况下，商号的缩写名称；
3. 注册资本数额；对于可变资本公司，不得降至其最低资本额度以下；
4. 公司注册住所；
5. 所从事的活动；相应情况下，开业日期；
6. 如果涉及的是公司，其法律形式，对公司负债承担(2007 年 5 月 9 日第 2007-750 号法令第 25-1 条废止："无限责任或者")无限连带责任的持股人的姓名、常用名、借用名，在公司里具有经理管理人、董事、董事长、总经理、管理委员会成员、监事会成员或会计监察人身份的持股人或第三人的姓名、常用名、借用名，日常拥有对第三人代表公司之权力的其他人的姓名、常用名与借用名；
7. 如涉及的是经济利益合作组织，董事和负责管理、监督以及账目监督的人的姓名、常用名，以及相应情况下，成员中对其加入合作组织之前的该组织债务减免责任的人的姓名。

第 R123-158 条 （1984 年 5 月 30 日第 84-406 号法令第 73 条）对于其

他法人，在《民商事法定公告正式简报》上登载的通知的内容，由掌玺官、司法部长、负责工业产权事务的部长以及负责法人监督事务的部长颁布条例，对其适用上述第 R123-157 条规定的事项作出调整。

第 R123-159 条 （1984 年 5 月 30 日第 84-406 号法令第 74 条）第 R123-156 条至第 R123-158 条所指的应当公示的事项之一发生变更，应在《民商事法定公告正式简报》上刊登一项变更通知。

该项变更通知包括以下内容：

一、对于自然人：

1. 提及有关注册登记的事宜；

2. 进行注册登记的人的姓名、常用名与代用名（2005 年 5 月 24 日第 2005-530 号法令第 7 条废止："及配偶的姓名"）；

3. 对发生的变更的说明。

二、对于法人：

1. 提及有关注册登记的事宜；

2. 商号或名称，相应情况下，其缩写名称；

3. 如涉及的是公司，应写明其法律形式；

4. 在公司合并或者分立的情况下，说明导致发生变更的活动以及参与这些活动的各个法人的商号或名称、法律形式、注册住所地址；

5. 指明所发生的变更。

本条规定适用于法人的解散与撤销，（2008 年 12 月 30 日第 2008-1488 号法令的 5-2 条）"但不适用于第 R123-155 条第 2 款所指的公司"。

第 R123-160 条 （1984 年 5 月 30 日第 84-406 号法令第 75 条）任何注销，均应在《民商事法定公告正式简报》上刊登一项通知。

这一通知应包括以下内容：

一、对于自然人：

1. 提及原进行的注册登记事宜；

2. 原注册登记人的姓名、常用名、代用名（2005 年 5 月 24 日第 2005-530 号法令第 7 条废止："及配偶的姓名"）。

3. 经营场所的地点；

4. 商号；

5. 停业日期。

二、对于法人：

1. 提及其注册登记事宜；

2. 商号及名称,相应情况下,应标明其缩写名称;
3. 如涉及的是公司,其法律形式;
4. 公司注册住所地址。

第 R123-161 条 (1984 年 5 月 30 日第 84-406 号法令第 76 条)第 R123-155 条及随后条款所指的通知,由法院书记员在完成相应登记手续之后 8 天内制作并发送给《民商事法定公告正式简报》,予以登载,或者,如涉及的是主注册登记,在国家统计与经济研究院通知其检索号码之后登载。

这项通知按照掌玺官、司法部长发布的条例规定的格式制作。

第 R123-162 条 (1984 年 5 月 30 日第 84-406 号法令第 77 条)第 R123-111 条第 1 款所指的财会文件的交存,亦应按照第 R232-19 条至第 R232-21 条之规定在《民商事法定公告正式简报》上登载告示。

第七段 其他规定

第 R123-163 条至第 R123-166 条 （略）

第三目 自然人与法人的注册住所的设立

第 R123-166-1 条 第 L123-11-3 条所指的认可书,由提供住所的企业的注册住所所在省的省长签发;在巴黎,该项认可书由警察局局长签发。

第 R123-166-2 条 提交认可申请的案卷应包括以下材料:
1. 涉及个体企业时,申报的事项包括:其名称、所从事的活动、其附属机构的地址以及经营者的户籍、住所、职业与资质,同时提交经营者的身份证的复印件;
2. 涉及法人时,申报的事项包括:法人的名称或字号、法律形式、从事的活动、注册住所地、其附属机构的地址和法定代表人、领导人,以及持有至少 25％ 表决权数、股份份额或者权利份额的股东的户籍、住所、职业与资质,同时提交这些人的身份证的复印件;
3. 有关的证明材料,用于证明提供企业住所业务活动的企业,以及相应情况下,其附属机构均具备本《法典》第 L123-11-3 条第二项第 1 点与第 2 点规定的各项条件;
4. 关于信誉方面的证明,用于证明经营者具备本《法典》第 L123-11-3 条第二项第 4 点与第 5 点规定的各项条件。

第 R123-166-3 条 受理认可申请的省长,自接收申请之日起 2 个月期限内,对申请作出审议决定。

省长在前款规定的期限内没有作出答复,等于拒绝认可提出的申请。

提供企业住所的申请人符合本《法典》第 L123-11-3 条、第 L123-11-4 条与第 R123-166-2 条规定的各项条件时,对其给予的认可的有效期为 6 年。

第 R123-166-4 条 第 R123-166-2 条所指的各事项发生实质性变更时,应当在 2 个月期限内向签发认可书的省长报告。

提供企业住所的企业如果再创建 1 家或数家附属机构,应在 2 个月内向签发认可书的省长提交证明,用以证明每一个经营机构均符合本《法典》第 L123-11-3 条第 1 点与第 2 点规定的各项条件。

省长在此基础上签发新的认可书。

第 R123-166-5 条 提供企业住所的企业不再符合本《法典》第 L123-11-3 条第二项规定的各项条件,或者没有进行第 R123-166-4 条规定的申报时,省长可以中止给予的认可,中止时间最长为 6 个月,或者甚至撤销认可。

提供企业住所的企业在《货币与金融法典》第 L561-38 条设置的全国惩戒委员会实行程序时,作为保全措施,省长可以中止对该企业的认可,最长期限为 6 个月,经特别说明理由的决定,可以延长期限。只有在提供企业住所的人能够提出辩解意见后,才能作出中止认可的决定。在全国惩戒委员会作出决定后,中止认可的决定随之停止其效力。

对于同一机构,可以作出中止或者撤销认可的决定。

第 R123-167 条 (1984 年 5 月 30 日第 84-406 号法令第 26-1 条,2008 年 12 月 30 日第 2008-1488 号法令)任何自然人或法人在其与一家或数家企业共同使用的场所内设立注册住所时,为支持其提交的注册登记申请,应提交与该场所的所有人或租约持有人为此用途订立的"设立注册住所合同"。

前款规定也适用于注册住所在国外,在法国设立办事处、分支机构或代表机构并与一家或数家企业共同使用场所的任何人。

第 R123-168 条 (1984 年 5 月 30 日第 84-406 号法令第 26-1 条)"设立注册住所合同"应采用书面形式,合同应当订明其期限至少 3 个月,可以默示延展,但预先发出解除合同通知的情况除外。合同双方当事人应保证遵守以下条件:

1. (2007 年 5 月 9 日第 2007-750 号法令第 10 条)注册住所提供人在其场所被占用期间,必须在"商事及公司注册登记簿"上进行注册登记或者在"自由职业行业目录"上进行注册登记,但如注册住所提供人是法国公法法人或由这些法人组成的协会,该项条件可不予要求。注册住所提供人应当为注册住所使用人提供场所,便于他们存放企业必要的机密材料,召开企业领导、管理、监督机关的例会,并且为其提供必要的服务设施,以便其保存、存放、查阅法律和法规规定的簿册、登记册或文件资料。

提供企业住所的人应当建立每一个入住企业或个人的案卷。案卷包括有关的证明材料,涉及自然人时,有关其住所的证明材料以及电子通讯联系方式;涉及法人时,有关其法定代表人的住所的证明材料以及电子通讯联系方式。案卷还应包括有关入住企业从事活动的每一个场所的证明材料以及保存会计文件的场所的证明材料。

注册住所提供人在合同期满或者提前解除合同的情况下,应将企业停止利用其场所作为注册住所之事宜通知法院书记员。在其提供的场所内设立企业住所的人如果有3个月的时间始终未接收其信件,提供场所的人也应向商事法院书记员或者手工业商会进行报告。

提供企业住所的人应向持有执行根据的司法执达员报明可据以找到入住企业或个人的所有情况。

每一季度,提供企业住所的人均应向税务中心以及有权限收取社会保险应纳款项的社会保险组织报送本期内在其提供的场所内设立住所的人的名单,并且在每年1月15日之前,报送至1月1日为止入住的企业的名单。

2. 注册住所租用人应承担义务,实际并独家使用其约定租用的场所,用其作为企业注册住所地,或者在其注册住所设在国外时,作为企业办事处、分支机构或代表机构。驻地场所的租用人应当声明其有义务在活动有任何变更时将情况告知驻地场所的提供人。(2005年2月1日第2005-77号法令第21条废止:"如驻地场所的租用人是自然人,其有义务告知有关其个人身份及个人住所的任何变动事宜。如驻地场所的租用人是法人")驻地场所的租用人,如为自然人,有义务声明其个人住所的任何变更;如其为法人,有义务告知有关其法律形式、经营范围的任何变化情况以及(1998年7月2日第98-550号法令)"平常有权使法人承担义务的"人的姓名及个人住所。驻地场所的租用人委托驻地场所的提供人以其名义接收一切通知。

企业住所合同应写明与第L123-11-3条所指的认可书有关的情况。

第R123-169条 (1984年5月30日第84-406号法令第26-1条)第R123-167条与第R123-168条所指的"设立注册住所的合同"应在"商事及公司注册登记簿"上作出记载,并写明公司的名称以及在提供注册住所的企业在公共登记簿上进行的主登记。

第R123-169-1条 (2007年5月9日第2007-750号法令第27条)不遵守第R123-168条第一项规定的义务,处第五级违警罪当处之罚金。

从事提供注册住所活动的企业,没有保障注册住所设置人遵守第R123-

168条第2点规定之义务的,处第五级违警罪当处之罚金。

犯本条所指违警罪的自然人或法人还可按照《刑法典》第131-21条与第131-48条规定的条件处没收用于犯罪或旨在用于犯罪之物或由实施的犯罪所生之物之附加刑。

第R123-170条 （1984年5月30日第84-406号法令第26-1条）总公司与子公司在其中之一享有使用权的同一场所设置注册住所的,相互之间无须签订注册住所合同。

第R123-171条 （1984年5月30日第84-406号法令第42-2条）已经进行注册登记的法人,按照本《法典》第L123-11-1条第2款与第4款之规定产生的选择权利,将其注册住所设在其法定代表人的住所的,商事法院书记员在该条规定的5年期限终止之前向其寄出一封信件,要求该法人报送其新的注册住所。

当事人不按照本《法典》第L123-11-1条第2款与第4款的规定在规定的期限内使其状况符合规定的,法院书记员将法人的登记注册予以注销。

第四目 有关欧洲公司的通知的公示

第R123-171-1条 对于欧洲理事会2001年10月8日关于欧洲公司地位的第2157/2001号条例第14条所指的在欧洲公司进行注册登记或者注销登记的情况下的通知,办理注册或注销手续的商事法院书记员应制作并最迟在第R123-161条所指的期限内送交负责"欧洲共同体官方公报"的机关。

这些通知应包含上述条例第14条第一项所规定的事项,并按照法国司法部长颁布的条例规定的范本制作。

相应情况下,法院书记员应指明注销公司登记的原因是由于在法国注册的欧洲公司将其注册住所迁移至另一欧洲共同体成员国。

第二节 商人的账目

第一目 适用于所有商人的财会义务

第一段 商人必须备置的会计簿册、文件与材料

第R123-172条 （1983年11月29日第83-1020号法令第1条）商人应当制作对理解其财务处理制度与实施监督有必要的、详细表述财会程序和财会组织的文件。

此种文件的保存时间,与要求提交的与其相关的会计文件的保存时间相同。

第 R123-173 条 (1983 年 11 月 29 日第 83-1020 号法令第 2 条)每个商人必须设立日记账、总账和盘存账目。

应商人提出的申请,日记账和盘存账目,可以由商人在其辖区内进行注册登记的商事法院的书记员编号、画押,或者在有必要时,可以由受理商事案件的大审法庭的书记员按照一般程序免费进行编号、画押。法院书记员对每一账簿分派一个在专门登记簿上编排的识别号码。

电子版文件具有相当于日记账和盘存账目的效力。在此情况下,自其建立起,此种电子文件应能以在证据方面提供一切保证的方式识别、编号并注明日期。

第 R123-174 条 (1983 年 11 月 29 日第 83-1020 号法令第 3 条)凡是涉及企业概括财产(资产与负债)的活动,均应逐项逐日记入日记账目。

每项财会记录均应记明每笔账目数据的来源、内容、入账科目及其依据的凭证。

同一天在相同地点实现的相同性质的数项交易可汇总至单一的证明凭证。

所有证明凭证均按照第 R123-174 条所指文件确定的顺序分类编排。

第 R123-175 条 (1983 年 11 月 29 日第 83-1020 号法令第 4 条)日记账记录的内容应记入总账,并按照会计纲要进行分类。

第 R123-176 条 (1983 年 11 月 29 日第 83-1020 号法令第 5 条)日记账和总账详细划分商业交易所要求的相应数目的明细日记账和明细账簿。

明细日记账和明细账簿的记载事项至少每月一次汇总至日记账和总账。

第 R123-177 条 (1983 年 11 月 29 日第 83-1020 号法令第 6 条)盘存账户是所有资产要素和负债要素的账户,并据以记载每项要素在进行盘存之日的数量和价值。

所有的盘存数据均汇总记入盘存账户,并按各项数据代表的资产或负债的性质和计价方式进行分类登记。盘存账户应做到充分、详细、具体,能够说明资产负债表每一科目的真实内容。

年度账目每年均应转记于盘存账户,但年度账目应当按照第 R123-111 条的规定作为"商事及公司注册登记簿"的附件进行公示的情况除外。

第二段　用数字表示的会计要素的评估方法

第 R123-178 条 (1983 年 11 月 29 日第 83-1020 号法令第 7 条)为适用

本《法典》第 L123-18 条的规定：

1. 购置成本等于购买价以及为了使财产处于使用状态所必要的附加费用之和；

2. 生产成本等于消费材料的购买成本，再加上生产的直接费用与部分间接费用；为投资建设固定资产所借资本在建设期间的利息，可以包括在生产成本当中；对于以下第 R123-182 条规定的流动资产要素，此种选择权的行使仅限于生产周期必然超过会计年度期间的那些资产要素；附件中应载明记入成本的理由和数额；

3. 无偿获得的财产的市价，等于其在市场正常条件下购买的价格；

4. 现值是指根据市场和该笔财产对企业所起的效用而作出的评估价值；

5. 盘存价值等于现值；但如一项非金融性固定资产不被认定为明显低于账面净值时，其账面净值视为盘存值。

第三段　折旧与准备金

第 R123-179 条　（1983 年 11 月 29 日第 83-1020 号法令第 9 条）固定资产的贬值，除保留执行以下第 2 款之规定外，通过折旧进行核算确认。折旧是指依据折旧计划，按照财产可能的使用期限，分摊财产的成本。但是，对于在会计年度终结时不超过第 R123-200 条确定的 3 项标准中 2 项标准的商人的财产，(2009 年 1 月 22 日第 2009-79 号法令第 6 条)"会计准则主管机关"可以规定不同的折旧方式。

财产使用条件发生的任何具有实质意义的改变，均构成对正在执行中的折旧计划进行修改的正当理由。

导致某一资产要素的价值减少的原因，在其影响并非不可挽回时，此种减少按贬值认定。

折旧和贬值分别按照相应要素的价值的减少数额记入资产。

已经或正在发生的事件有可能成为风险和费用负担时，只要宗旨明确，均可引起设立备用金。

凡是已不再存在设立理由的贬值与备用金，均记入损益账目。折旧费仅在附件中说明的特别情况下，始能记入损益账目。

第四段　账目的设置

第 R123-180 条　（1983 年 11 月 29 日第 83-1020 号法令第 9 条）资产负债表和损益账目的各要素的分类以及附件中包含的全部信息清单，在征求

(2009 年 1 月 22 日第 2009-79 号法令第 6 条)"会计准则主管机关"的意见之后，可以按活动部门分类进行调整。

年度账目中数额零头可忽略不计。

一　资产负债表

第 R123-181 条　(1983 年 11 月 29 日第 83-1020 号法令第 10 条)企业概括财产(资产与负债)的全部要素，根据其用途与来源，分类记入资产负债表的资产项目和负债项目：长期用于企业活动的各要素构成非流动资产(固定资产)。同一项资产要素或负债要素属于资产负债表的多个科目时，应在没有列入这一要素的相应科目附件中加以注明。

第 R123-182 条　(1983 年 11 月 29 日第 83-1020 号法令第 11 条)资产负债表中资产部分应依次显示下列各要素：

1. 在非流动资产(固定资产)项目内显示：无形非流动资产、有形非流动资产和金融性非流动资产；

2. 在流动资产项目内显示：库存以及正在生产过程中的资产，按照订货约定支付的预付款以及到期支付的分期款项、债权、投资有价证券和可支配资金；

3. 调剂账户；

4. 债券偿还所得溢价以及转换债券的收益。

非募集认购资本的账簿副本应作为资产的第一科目列入。

第 R123-183 条　(1983 年 11 月 29 日第 83-1020 号法令第 20 条)资产科目尤其要分别列入：

1. 在无形非流动资产(无形固定资产)中：开办费、研究和开发费、特许权、专利权、许可证、商标权、工艺、权利和类似的证券、营业资产以及垫付款和预付款；

2. 有形非流动资产中：土地、建筑物、技术设施、设备和装置、部分付款和预付款以及生产过程中的有形固定资产；

3. 金融资产中：投资、与投资相关的债权、其他固定资产证券和贷款；

4. 在库存和生产过程中的财产中：原料和其他原材料、生产过程中的货物、半成品、成品及商品；

5. 在债权中：客户债权、已募捐及认购但尚未缴纳的资本；

6. 投资有价证券中：公司发行并拥有所有权的股份。

第 R123-184 条　(1983 年 11 月 29 日第 83-1020 号法令第 21 条)在其

他法人的注册资本中所持有的权利,无论是否以证券形式表示,只要因其与这些企业建立了稳定联系并有利于资本持有公司的活动,均构成资本参股。

第 R123-185 条 （1983 年 11 月 29 日第 83-1020 号法令第 21 条）借贷性偿还溢价的数额,记入资产负债表资产部分的相应栏目。此种款项依据附件中指明的方式在借贷期间按计划摊销。属于已偿还之借款部分的溢价,在任何情况下均不得予以保留。

第 R123-186 条 （1983 年 11 月 29 日第 83-1020 号法令第 19 条）在开展对企业生存或发展起到决定性作用的活动时所发生的费用开支,在其数额不得记入特定的生产与服务栏目时,可以按"开办费"项目将其列入资产负债表的资产栏目。

应用性研究和开发费用可记入资产负债表的资产项下的相应科目,但以所涉及的项目十分具体,并具有可靠的商业赢利机会为条件。

不得列入资产负债表其他科目的营业资产的已有要素,均记入营业资金栏目。

上述科目的构成要素在附件中予以说明。

第 R123-187 条 （1983 年 11 月 29 日第 83-1020 号法令第 19 条）开办费以及应用性研究与开发费,在最长 5 年的期限内按计划摊销。对于个别特殊项目,作为例外,应用性研究与开发费可在更长的期限内摊销,但不得超过这些资产的使用期限,并应在附件中作出说明。

只要上述科目未经核销,不得进行任何股息分配,但任意准备金总额等于或超过尚未摊销的费用金额时,不在此限。

第 R123-188 条 （1983 年 11 月 29 日第 83-1020 号法令第 19 条）类似于应用性研究与开发费的矿业开发费,得用该科目的名义列入资产负债表的资产栏目。相应的摊销计划可推迟至研究结束时开始执行,但不影响可能执行第 R123-179 条之规定;在此情况下,尽管有第 R123-187 条第 2 款的规定,第 L233-1 条意义上的子公司在其母公司通过设立必要的准备金对其分红提供担保时,仍可以提前分配股息。

第 R123-189 条 （1983 年 11 月 29 日第 83-1020 号法令第 23 条）本年度已核算入账的涉及下一年度的费用,记入资产负债表的资产部分的"调剂账目"科目。

本年度已核算入账的涉及下一年度的收益,记入资产负债表的负债部分的"调剂账目"科目。

上述科目应在附件中作出说明。

与债权和债务栏目相关的待收收益和待付费用详细列入附件。

第 R123-190 条 （1983 年 11 月 29 日第 83-1020 号法令第 13 条）资产负债表的负债项目依次显示下列要素：自有资本、其他自有资金、准备金、债务、调剂账目以及转换差额。

负债科目尤其要分别记入：

1. 自有资本：资本、发行溢价和类似的溢价所得、重估差额、本会计年度损益、投资补贴和条例规定的预备金以及准备金；准备金应区别法定准备金、章程规定的准备金或契约约定的准备金以及条例规定的准备金；

2. 其他自有资金：发行投资证券收益、附条件的预借款（垫付款）；

3. 各种准备金；

4. 债务内记入：可转换公司债借款、其他借贷性债务、对信贷机构的借款和债务、各种金融借款和债务、本期按约定收到的部分付款和预付款、供货人债务、税收和社会保险欠款以及对固定资产的债务。

第 R123-191 条 （1983 年 11 月 29 日第 83-1020 号法令第 22 条）自有资金是由出资、资产重估的差额、除去已经决定分配的利润之外的利润、亏损、投资性补贴以及按照规定设置的备用金加减之后的款项数额。

二 损 益 账 目

第 R123-192 条 （1983 年 11 月 29 日第 83-1020 号法令第 14 条）会计年度的收入和费用，分别以经常性损益要素以及与企业日常经营无关而发生的特别要素记入损益账目（损益表）。

第 R123-193 条 （1983 年 11 月 29 日第 83-1020 号法令第 15 条）除库存的变动情况外，损益账目应依次显示：

1. 在费用支出项目内：经营费用、资金费用、特别费用以及职工参与分享经营成果之部分、所得税（利润税）。费用科目尤其应区分：

A. 在经营费用科目内：购买商品的费用、购买原料及其他原材料的费用、其他购置费用和对外开支、所得税之外的其他税款、税金和类似支出、人员和领导人的酬金、社会保险费用、与经营相关的折旧费、贬损费和准备金的划拨款项；

B. 在资金费用科目内：与资金要素相关的折旧费和准备金的划拨款项、类似的利息和费用、汇兑损失和转让投资性有价证券的损失；

C. 在特别费用内：一切具有特别性质的交易有关的费用，无论是经营活动或资本交易费用，还是折旧或准备金费用。

2. 在收入项目内：经营收益、资金收益和特别收益。收益项目尤其应区分：

A. 经营收益科目内：商品销售收入、财产与服务产品销售收入、净营业额、固定资产收入、经营补贴以及与经营相关的贬损与准备金的收转；

B. 资金收益科目内：资本参与收益、其他有价证券收益和固定资产债权、其他利息及类似收入、有关资金要素的备用金的收转、汇兑收益和转让投资有价证券的增值；

C. 特别收益内：一切具有特别性质的交易的收益，无论是经营收益，还是资本交易收益或准备金收益。

3. 本期损益。

第 R123-194 条 （1983 年 11 月 29 日第 83-1020 号法令第 16 条）依照本《法典》第 L123-13 条第 2 款规定以列表形式报告的本期损益账目，亦应能够依次得出经营盈亏、财务盈亏、税前经常性经营盈亏和特别盈亏。

三　附　件

第 R123-195 条 （1983 年 11 月 29 日第 83-1020 号法令第 24 条）除本《法典》第 L123-13 条至第 L123-21 条、第 L232-1 条至第 L232-23 条、第 R123-179 条至第 R123-189 条以及《货币与金融法典》第 R313-14 条规定的强制性事项外，账目附件还应包含全部关于企业财产和财务状况以及盈亏情况的有意义的信息。

第 R123-196 条 （1983 年 11 月 29 日第 83-1020 号法令第 24 条）第 R123-195 条所指的信息尤其包括下列内容：

1. 资产负债表和损益表各科目所采用的评估方式和方法；

2. 计算折旧费和准备金所使用的方法、各类折旧费和准备金的数额，并区分根据税法已经执行的数额；

3. 妨碍对资产负债表和损益账目的某些科目进行不同年度比较的情形以及必要时能够保证进行比较的方式；

4. 影响固定资产各个科目的变动；

5. 以外币表示的要素兑换为本国货币时发生的差额的性质、数额和会计处理；

6. 重估财产价值时为计算所定的价值而使用的方法、资产负债表中和损益账目相关的科目及相应的金额、重估差额的税收处理、本期内影响负债相关栏目的变动；

7. 在区分最长 1 年的债权、最长 1 年的债务、1 年以上至最长 5 年的债务以及 5 年以上的债务的基础上,按照本期尚剩时间的长短进行排列的债权和债务;

8. 每一有关债务的科目均注明受到物的担保所保障的债务;

9. 在区分涉及领导人、子公司、股份参与以及其他有联席企业的财务负担的基础上,按类排列的财务负担的数额;可以按照全额汇总纳入进行集团结算总账目的企业,视为是与另一企业有联系的企业。

第 R123-197 条　(1983 年 11 月 29 日第 83-1020 号法令第 24 条)法人的账目附件还应记载以下项目:

1. 对于涉及资产负债表中流动资产的所有可替换要素的每一科目,说明列入资产负债表的评估价值与按结算时的最后几次市价产生的估价之间的差额;

2. 本《法典》第 L233-1 条与第 L233-2 条规定的子公司和参股公司的名单,并指明它们各自直接或者以其他名义持有的资本份额、最近一个已经终结的会计年度的自有资金数额和损益状况;至少持有公司 1% 注册资本的发行公司的证券可予集中;如上述应载事项中某些事项因其披露可能导致严重损害后果而予以省略时,应注明列入该名单的信息为不完整信息;

3. 按照产生的权利进行分类编制的股票、股份份额和其他构成公司注册资本的证券的数量与面值,并注明其在本期所设立或所偿还的数量和面值;

4. 收益股,并载明其数量、价值及其赋予的权利;

5. 任何制定集团结算账目的公司的身份,有关公司的年度账目按照全额汇总纳入集体结算账目;

6. 载明涉及有联系的企业的金融性非流动资产、债权、债务以及资金费用和资金收益之部分;

7. 在年金、补充退休金以及类似的补贴方面负担的金额,并区分属于准备金的负担和利益于公司领导人而签订的合同所发生的负担;

8. 给予公司领导人的垫付款以及借款的数额,并载明同意借款的条件以及本期内的偿还情况;

9. (2009 年 3 月 9 日第 2009-267 号法令第 7 条)没有记入资产负债表的各项业务活动的性质与商业目标,但以这些业务活动带来的风险与利益具有意义且发布有关这些风险的信息对于评价公司的财务状况有必要为条件。与此相关的实施方式由会计规范委员会的规章确定。

第 R123-197-1 条 （2009 年 3 月 9 日第 2009-267 号法令第 7 条）如果按照本《法典》第 L123-16 条的规定实行简化方式编制账目的股份有限公司与其主要股东之间以及与其董事会、监事会成员之间进行的交易具有会计意义上的重要性，并且不是按照正常的市场条件进行，则应当在账目附件中记入这些交易的清单。与此相关的实施方式由会计规范委员会的规章确定。

第 R123-198 条 （1983 年 11 月 29 日第 83-1020 号法令第 24 条与第 26 条）可以按照本《法典》第 L123-16 条与第 R123-200 条规定的简化方式编制账目的法人，在其账目附件中还应记入：

1. 本期内向董事会、管理委员会和监督机构的成员因其职务而支付的报酬的总额；此种信息按照每一类型汇总记载；在这些信息能够辨认上述机构某一特定成员的状况时，可不予提供；

2. 可转换或可交换成类似性质的证券的公司债，并分类注明这些债券的数量、面值及其赋予的权利；

3. 与归入损益报表的特别要素部分相关的税款以及与其他要素部分相关的税款的各种数额、比例；

4. 按经营活动部门与类别以及市场地理区域统计的各自的净营业额；如上述应载事项中的某些事项的披露可能导致严重损害后果而予以省略时，则注明该信息为不完整信息；

5. 平均用工人数的具体情况，区分本期企业使用的薪金雇员以及由企业安排工作的人员；非全时用工或劳动时间短于本年度期间的用工的数量，根据实际劳动时间，参照协议或法定劳动时间计算；

6. 简要说明本年度损益状况受有关税收规定影响的程度以及对净资产科目产生的后果；

7. 载明因税收制度与收益或费用的会计处理在时间上的差异而对未来税收负担的增加或减少；如增加或减少的数额特别巨大，应注明可能实现的金额；

8. 第 R123-186 条第 1 款所指的开办费用栏的具体构成项目；

9. （2008 年 12 月 30 日第 2008-1487 号法令第 2 条）在本期资产负债表中记载的给予会计监察人的报酬总额，应区分按照实行法定监督而给予的报酬数额以及与本《法典》第 L822-11 条所指的职业规范所定的法定账目监督任务有关的报酬；如果法人本身纳入集团结算并且集团结算账目的附件已经作出记载，这些信息可不再重复；

10. （2009 年 3 月 9 日第 2009-267 号法令第 3 条）第 R123-197 条所指的

业务活动的财务影响；

11. 由公司与有联系的当事方进行的第 R123-199-1 条意义上的交易活动，如具有财务意义上的影响，且不是按照市场的正常条件缔结时，应列出这些交易的清单；但是，由公司与其全额持股的子公司之间或者在公司全额持股的子公司相互之间进行的这些交易可不提供清单。这一清单的编制方式由会计规范委员会的规章具体确定。

第 R123-199 条 （1983 年 11 月 29 日第 83-1020 号法令第 25 条）附件中用数字表示的各要素，除有充分理由的例外情况外，均应按照编制资产负债表和损益账目相同的原则和方法确定。

无论企业的活动在何处进行，上述用数字表示的各要素均应包括全部活动。这些要素应能够对照凭证，得到核实。

用数字表示的各要素，已列入资产负债表或损益账目的，可在附件中省略。

第 R123-199-1 条 （2009 年 3 月 9 日第 2009-267 号法令第 7 条）本节所使用的"有联系的当事方""在有联系的当事方之间"等表述符合欧洲委员会 2004 年 12 月 29 日第 R2238/2004 号条例采用的国际会计准则确定的意义。

第五段　简化账目的编制

第 R123-200 条 （1983 年 11 月 29 日第 83-1020 号法令第 17 条）为了适用本《法典》第 L123-16 条关于采用简化方式编制年度账目的规定：

1. 对于具有商人身份的自然人和法人编制的资产负债表与损益账目，资产负债总额确定为 26.7 万欧元，净营业额为 53.4 万欧元，本期内长期雇用的薪金雇员平均为 10 人；

2. 对于具有商人身份的法人编制的附件，资产负债总额确定为 365 万欧元，净营业额为 730 万欧元，本期内长期雇用薪金雇员平均为 50 人。

资产负债总额等于各项资产要素净额的总数。

净营业额等于销售与日常活动相关的产品和服务收入总额减去销售支出、增值税税款及类似税款。

本期长期雇用薪金雇员平均数等于民事年度的每季度末，或者在民事年度与会计年度不重合时，会计年度的每季度末与企业订有不定期劳动合同关系的用工人数的算术平均数。

第 R123-201 条 （1983 年 11 月 29 日第 83-1020 号法令第 18 条）本《法典》第 L123-16 条所指的简化资产负债表，应依次显示以下各要素：

1. 非流动资产（固定资产）项目：非流动无形资产，并区分商业资产、有

形固定资产和金融非流动资产;

2. 流动资产项目:库存和生产过程中的资产、支付的订货垫付款、预付款、对各客户持有的债权、投资性有价证券与可处分的资产;

3. 可预计确定的费用;

4. 第 R123-190 条所指的按细目列明的自有资金,但可予集中的准备金除外;

5. 各种准备金;

6. 债务并且区分借贷资金及类似的债务、本期按约定支付的部分付款和预付款、供货人;

7. 预计收益。

第 R123-202 条 (1983 年 11 月 29 日第 83-1020 号法令第 18 条)本《法典》第 L123-16 条所指的简化编制的损益账目,除库存变动情况外,应依次显示以下要素:

1. 经营费用,并区分购置费用、其他对外开支、除所得税(利润税)之外的其他税款与缴纳的类似款项、人员和企业领导人的酬金、社会性(保险)负担以及与经营相关的折旧费和准备金;

2. 资金费用;

3. 特别费用;

4. 所得税(利润税);

5. 经营收益,区分商品销售收入、产成品销售收入和经营补贴;

6. 资金收益;

7. 特别收益。

第二目 适用于某些自然人商人的财会义务

第 R123-203 条 (1983 年 11 月 29 日第 83-1020 号法令第 3 条)尽管有第 R123-174 条的规定,第 R123-25 条与第 R123-28 条所指之人,可以按照信贷机构向其提交的记账单记载的业务活动的日期,进行收支账目登记。

第 R123-204 条 (1983 年 11 月 29 日第 83-1020 号法令第 5 条)尽管有第 R123-176 条的规定,第 R123-25 条至第 R123-27 条以及第 R123-200 条第一项所指之人可以每 3 个月对其收支活动集中做账。

第 R123-205 条 (2000 年 2 月 25 日第 2000-234 号法令废止:尽管有上述第 R123-173 条至第 R123-177 条的规定,本《法典》第 L123-28 条第 1 款所指的不建立年度账目的自然人,无须建立日记账、总账和财产清册;在此情况下,这些自然人应建立信贷机构日记账和现金日记账,逐日记录进账收入与支付的开支以及凭证的出处。

期末编制的盘存清单上登记的库存货物,按以下第 R123-208 条确定的方法作价。)

第 R123-205-1 条 (2008 年 12 月 19 日第 2008-1405 号法令)第 R123-28 条所指的账册应将现金结算的项目与其他方式结算的项目区分开来,并指明所依据的证明单据、凭证。

第 R123-28 条所指的账册应按日期顺序显示进货明细登记记录,并区分现金结算项目与其他方式的结算项目,指明所依据的证明单据、凭证。

第 R123-206 条 (2009 年 2 月 25 日第 2009-234 号法令第 7 条废止:尽管有第 R123-173 条与第 R123-177 条的规定,本《法典》第 L123-28 条第 2 款所指的不建立年度账目的自然人无须建立日记账、总账和财产清册。

上述自然人建立的有页码编号的账册,应当按照收支日期记录其业务收入金额,不留空白,不得涂改,并区分现金结算与其他结算方式,注明凭证的出处。)

第 R123-207 条 (1983 年 11 月 29 日第 83-1020 号法令第 6-3 条,2002 年 2 月 26 日第 2002-312 号法令)本《法典》第 L123-25 条至第 L123-28 条所指之人可免于提交在税收方面允许免交的一般费用的明细证明凭据,并且可以按照税务部门每年公布的标准一次性登记因职业性活动所消耗的燃料费用。

第 R123-208 条 (1983 年 11 月 29 日第 83-1020 号法令第 7 条)尽管有第 R123-178 条第 1 点至第 5 点的规定,选择或者当然适用《税收总法典》第 302 条 A 项规定的简化征税制度的自然人可以通过以下方式确定:

1. 为确定其库存财产的价值,在资产负债表制定之日对这些库存财产的卖价实行本企业就其中每一类财产所实行的边际相一致的折算价;

2. 按照实际支付之前要求完成的数额确定在建工程的盘存价值。

第三目 流动性商业与手工业活动

(2009 年 2 月 18 日第 2009-194 号法令)

第 R123-208-1 条 一、以下所列各职业仍然受各自适用的规范调整:

1. 本《法典》第 L134-1 条及随后条文所指的商业代理人;

2. 1991 年 1 月 3 日关于通过企业内部培训、帮助融入社会、安排劳动时间、执行就业第三计划、促进就业的第 91-1 号法律所指的从事新闻报刊流动卖售活动的人；

3. 1995年1月20日关于从事司机职业的第95-66号法律规定的从事出租车运营职业的人，或者从事1982年12月30日第82-1153号法律所指的商品或人员运输业务的人；

4. 从事受专门规范调整的推销活动的人，特别是《劳动法典》有关从事推销活动的商务代表的第7311-1条及随后条文、《货币与金融法典》有关银行与金融推销的第L341-1条及随后条文和《商法典》有关独立的上门推销人员的第L135-1条及随后条文规范的从事推销活动的人员；

二、本《法典》第L123-29条之规定不适用于其他在相邻近的市镇内辅助性从事巡回销售由自己的固定机构生产的产品或提供的服务的职业人员。

第R123-208-2条 凡是应在"商事及公司注册登记簿"上进行注册登记的人或者需要进行本《法典》第L123-1-1条所指申报的人，均应向有权限的地域工商会进行本《法典》第L123-29条所指的申报。

凡是应在"手工业职业目录"上进行注册登记的人，或者需要进行1996年7月5日有关发展与促进商业、手工业的第96-603号法律第19条第五项所指申报的人，均应向有权限的工商会进行本《法典》第L123-29条所指的申报，即使其已经在"商事及公司注册登记簿"上进行登记注册，亦应进行这项申报。

凡是从事某种商业或手工业活动，不需要在法定公示登记簿上进行登记注册或者不需要进行本《法典》第L123-1-1条或1996年7月5日有关发展与促进商业、手工业的第96-603号法律第19条第五项所指申报的人，应在对其从事的主业有管辖权限的地域工商会或者手工业职业行会进行本《法典》第L123-29条所指的申报。

前3款所指之人向其从业的市镇或者自然人的住所或居所或者法人的注册住所所在的市镇所隶属的地域工商会或者手工业职业行会的企业办理手续中心进行申报；如自然人的住所、居所或者法人的注册住所在法国以外的另一欧洲共同成员国内，则向当事人从事主要职业活动或者流动性职业的市镇所隶属的企业手续办理中心进行申报。相关申报可以在提交创建企业申报的同时提交。

为了支持申报事项而提交的材料的清单，由负责商业事务的部长发布的条例具体规定。

第R123-208-3条 本《法典》第L123-29条所指的申报用挂号信并要求回执寄送，或者现场送交并取得收据。

如果申报材料不完整，企业手续办理中心在收到申报材料起15日内向当事人通知所缺材料的清单。

自接受完整的申报材料之后，由地域工商会或者地区手工业商会最迟在1个月内向当事人颁发一执业证，其名称为"流动商业或手工业活动执业证"，并缴纳相应费用，但在创建企业的同时进行申报的情况除外，在此情况下，1个月期限自当事人在法定公示登记簿上进行登记或者在接到本《法典》第L123-1-1条与1996年7月5日有关发展与促进商业、手工业的第96-603号法律第19条第五项所指申报的接收收据之日起开始计算。

在第3款所指的"1个月"至申报人收到执业证书之日，申报人在接受第R123-208-5条所指的检查时，可以出示临时执业证；临时执业证由地域工商会或者地区手工业商会应申请人的请求颁发。

第3款所指的费用数额不得超过制作与传送执业证书的平均成本。

流动商业或手工业活动执业证上应当写明的事项，由负责商业事务的部长发布条例作出具体规定。

第 R123-208-4 条　本《法典》第L123-29条所指的申报每4年按照第R123-208-2条规定的程序延展有效期限；在延展证件有效期的情况下，颁发新证的期限为15日，自接收完整的申报材料之日起计算。

凡是从事的活动或者从事活动的方式发生变更，或者其进行的法定公示登记有任何注销，流动商业或手工业活动执业证的持有人，均应向企业手续办理中心进行告知，以变更或注销其持有的执业证书。

为注销"商事及公司注册登记簿"或"手工业职业目录"上的注册或登记，当事人应交出其执业证。注销事宜及注销日期均在发证机关收回的证件上作出记载。在停止从事需要按照本《法典》第L123-1-1条或者1996年7月5日有关发展与促进商业、手工业的第96-603号法律第19条第五项的规定进行申报的活动的情况下，或者停止从事不需要在法定公示登记簿上进行注册登记的活动的情况下，注销事宜及注销日期均在发证机关收回的证件上作出记载。

第 R123-208-5 条　一、任何希望从事流动性商业活动或手工业活动的人，只要本《法典》第L123-30条所指的人员提出要求，即应出示有效的准许其从事流动商业或手工业活动的执业证以及证明其身份的文件。

二、本《法典》第L121-4条所指的任何职员、薪金雇员或人员为希望从事流动性商业或手工业活动的人的利益从事此种活动时，只要本《法典》第L123-30条所指的人员提出要求，即应出示其为之从事活动的人所持有的有效的准许其从事流动商业或手工业活动的执业证的副本以及证明其本人身份的文件。

三、从事流动商业或手工业活动的执业当事人及其职员，在占用按照《地方行政部门总法典》第 2224-18 条的规定设立的市场或大厅内的摊位之前，只要受到要求，即应向本《法典》第 L123-30 条所指的人员以及受委派的市场管理人的工作人员、市镇的市长为此委派的摊位管理负责人出示上述第一项或第二项所指的文件。

执业证的副本均由持证人承担责任制作并确认有效。

第 R123-208-6 条 本《法典》第 L123-30 条第 2 点所指的工作人员，经有关的市镇所在省的省长根据市镇镇长的提议，在巴黎，根据巴黎警察局局长的提议，由省长作出授权决定。

只有证明在市场管理方面至少有 2 年职业实践经验的公务员，或者在要求具备担任司法警察职务的学历与能力的职责中至少有 3 年职业实践经验的公务员，才能获得此项授权，省长在授权时要按照《刑事诉讼法典》第 776 条规定的条件对当事人的诚信操守进行审查。

授予的权限对为其工作人员提出申请的市镇行政区划的整个地域范围有效。获得授权资格的人的职责改变后，其获得的授权效力即告停止。

得到授权的公务人员在开始履行职责之前，应在其履行职责的市镇行政区内的初审法院进行宣誓，誓言如下："我宣誓，很好地忠实履行我的职责，不透露也不利用我在履行职责时了解的情况。"

进行宣誓，由初审法院书记员在授权书上作出记载。

第 R123-208-7 条 在流动商业或手工业活动执业证遗失或者被盗的情况下，持证人应向企业手续办理中心申请补发证件，但应当提交证件确属遗失的证明或者申报证件被盗时出具的收据。

第 R123-208-8 条 没有进行本《法典》第 L123-29 条所指的事先申报即从事流动性商业或手工业活动的，处第四级违警罪当处之罚金。

不能出示第 R123-208-5 条第一项、第二项及第三项所指的文件以及不按规定延展流动商业或手工业活动执业证的有效期限的，处第三级违警罪当处之罚金。

第三节　其他规定

第一目　《民商事法定公告正式简报》

第 R123-209 条 (1967 年 3 月 23 日第 67-238 号法令第 1 条) 创立一份

《民商事法定公告正式简报》,附于《法国官方公报》。

《民商事法定公告正式简报》用于登载本《法典》以及其他立法文件或行政法规规定的各项公告通知。

第 R123-210 条 （1967 年 3 月 23 日第 67-238 号法令第 2 条）有关在"商事及公司注册登记簿"上进行登记注册的公告中应当包括第 R123-156 条至第 R123-158 条规定的应载事项。

第 R123-211 条 （1967 年 3 月 23 日第 67-238 号法令第 3 条）有关营业资产的买卖、转让、用其向公司出资、通过分割或拍卖进行分配的公告通知应当包括以下事项：

1. 营业资产原所有权人的姓名,其在"商事及公司注册登记簿"上进行注册登记的情形；

2. 第 R123-156 条要求写明的有关新所有权人的各事项；

3. 约定的价金,其中包括作为收取登记税之基础的费用负担或估值；

4. 刊登本公告通知的有资格接受登载法定通知的报纸的名称；

5. 在机构所在地的法院辖区内选定的住所。

（2008 年 12 月 30 日第 2008-1488 号法令）"免于进行注册登记的自然人进行营业资产的买卖、转让、用其向公司出资、通过分割或拍卖进行的分配,应当登载通知"。

第 R123-212 条 （1967 年 3 月 23 日第 67-238 号法令第 3 条）第 R123-211 条所指的通知的公示,由营业资产的新所有权人在本《法典》第 L141-12 条所指的有资格刊登法定公告的报纸上进行第一次登载之后 3 日内向商事法院书记员提出申请。

如果新所有权人在其进行有关在"商事及公司注册登记簿"上注册登记的通知公示的同时,或者在营业资产买卖或转让之后进行变更登记的同时申请进行上述通知的公示,可以仅公示一项单一通知。这些单一通知应包含其取代的各项通知中应当包含的全部事项。

如果在申请公示有关买卖或者转让营业资产的通知之后才在"商事及公司注册登记簿"上进行注册登记,法院书记员按照第 R123-155 条及随后条文的规定进行通知公示。

第 R123-213 条 （1967 年 3 月 23 日第 67-238 号法令第 4 条）有关营业资产持有人的受赠与人、受遗赠人、唯一的继承人进行新的注册登记的通知,应当包含第 R123-155 条及随后条文所要求的各事项,除此之外,还应包括营业资产原经营人的姓名及其在"商事及公司注册登记簿"上进行注册登记的号码。

第 R123-214 条 （1967 年 3 月 23 日第 67-238 号法令第 5 条）在商业营业资产或手工业营业资产实行租赁经营之后重新注册登记的通知，应当包含有关新的经营人与原经营人的相同事项。

第 R123-215 条 （1967 年 3 月 23 日第 67-238 号法令第 6 条）除开办新的机构或者改变经营人之外的其他原因而要求进行注册登记的情况下，在公示的通知中应予说明，并指明重新进行注册登记的原因以及原登记号码。

第 R123-216 条 （1967 年 3 月 23 日第 67-238 号法令第 7 条）有关注册登记的通知应包含第 R123-160 条要求的各事项。

第 R123-217 条 （1967 年 3 月 23 日第 67-238 号法令第 8 条）法人变更登记以及解散与宣告法人无效的判决，按照第 R123-159 条规定的条件进行公示。

第 R123-218 条 （1967 年 3 月 23 日第 67-238 号法令第 9 条）公示通知，由接收申报的法院书记员关注并承担责任，由营业资产的新所有权人负担费用进行登载。

第 R123-219 条 （1967 年 3 月 23 日第 67-238 号法令第 11 条）《民商事法定公告正式简报》管理部门为各商事法院和负责审理商事案件的大审法院书记员提供免费服务。

第二目　全国企业及其机构的识别与查询检索系统

第 R123-220 条 （1973 年 3 月 14 日第 73-314 号法令第 1 条）独立从事某项非薪金职业的自然人、公法法人、私法法人、国家与地方行政部门的机构与服务部门以及它们设立的机构，凡是应在"商事及公司注册登记簿""手工业职业目录"上进行注册登记或者雇用薪金雇员，负有纳税义务或者获得公共财政拨款的，由国家统计与经济研究院①负责掌管其全国性登记与查询检索系统。

正在设立中的法人登记于第 1 款所指的查询检索系统。

（2006 年 12 月 30 日第 2008-1488 号法令）独立从事非薪金职业，按照本《法典》第 L123-1-1 条以及 1996 年 7 月 5 日有关发展与促进商业、手工业的第 96-603 号法律第 19 条第五项的规定应当进行申报的自然人，也在该查询检索系统进行登记。

---

① 即法国国家统计局。——译者注

在查询检索系统上进行登记,以及分派单一的识别号码,由有关部长发布条例作出具体规定。

第 R123-221 条 (1973 年 3 月 14 日第 73-314 号法令第 3 条)对于在查询检索系统上登记的每一个人,均分派一个由 9 位数字组成顺序号的单一识别号码。

分配给每一机构的单一识别号码由其所属的在检索系统上登记的人的 9 位数号码加上本机构自己的 2 位至 5 位数字组成。

第 R123-222 条 (1973 年 3 月 14 日第 73-314 号法令第 4 条)查询检索登记表上应记载以下供识别的情况:

1. 自然人的姓名、常用名、法定地址、出生年月日以及可能停止活动的情况;私法法人的名称或商号,相应情况下,其名称的缩写、法律形式、注册住所;公法法人以及第 R123-220 条所指的机构的名称,相应情况下,其名称的缩写、法律形式、主要活动地址;

2. 每一个机构的常用名称、地址,以及有必要时,其设立的日期与起源;

3. 所有在系统上登记之人的识别号码。

第 R123-223 条 (1973 年 3 月 14 日第 73-314 号法令第 5 条,2008 年 6 月 11 日第 2008-551 号法令)查询检索登记表上还应记载以下情况:

1. 由国家社会与经济代码编制委员会提出意见后发布的、表明所从事的活动的性质的法国现行的经济活动分类代码;

2. 具体表明所从事的活动的特殊形式的补充代码;此种代码及其与法国现行的经济活动分类代码的联系,由负责经济事务的部长发布条例确定;

3. 法国现行的有关手工业行业活动分类的补充代码;尽管有第 R123-220 条的规定,这类补充代码由手工业行业公会进行分派;

4. 与机构登记所雇用的文职薪金雇员总人数相对应的分类类型;

5. 写明公法法人、国家机构与部门的地域管辖权限以及它们与查询登记表上登记的其他法人或部门的关系。

第 R123-224 条 (1973 年 3 月 14 日第 73-314 号法令第 6 条,2008 年 12 月 30 日第 2008-1488 号法令第 7-3 条)国家统计与经济研究院在以下所列时间里向在全国查询检索系统上登记的人及其机构分派各自的识别号码:

1. 在当事人向"商事及公司注册登记簿"申请注册登记时,或者在其向"手工业职业目录"进行申报时;

2. 在当事人按照本《法典》第 L123-1-1 条以及 1996 年 7 月 5 日有关发展与促进商业、手工业的第 96-603 号法律第 19 条第五项的规定进行申报时；

3. 在总理发布的条例确定的行政部门或组织提出请求时。

第 R123-225 条 （1973 年 3 月 14 日第 73-314 号法令第 7 条）当查询检索系统上登记的人或者它们的机构在登记表上记载的各项识别情况发生变更因而应向"商事及公司注册登记簿""手工业职业目录"申请变更登记时，或者由第 R123-224 条所指的行政部门或组织提出申请，或者由登记者本身提出申请，作出变更修正。

第 R123-226 条 （1973 年 3 月 14 日第 73-314 号法令第 8 条）第 R123-222 条所列的各项识别情况，按照第 R123-224 条与第 R123-225 条的规定，分别由第 R123-224 条所指的行政部门或组织提供，或者由申请登记的人本人提供。国家统计与经济研究院应审核所提供的情况是否与当事人在向"商事及公司注册登记簿""手工业职业目录"申请注册登记时提供的情况一致；在两者不一致的情况下，本节所指的查询检索登记表只考虑向其提供的情况。

在已经登记的人本人按照第 R123-225 条的规定申请对第 R123-222 条所指的各项识别情况进行变更时，如申请人不需要向"商事及公司注册登记簿""手工业职业目录"申请注册登记，经要求当事人进行登记的行政部门或组织的同意，由国家统计与经济研究院进行相应事项的变更。

第 R123-227 条 （1973 年 3 月 14 日第 73-314 号法令第 9 条）除保留执行第 R123-228 条至第 R123-230 条之规定外，原已登记的法人解散，或者原已登记的自然人死亡或者停止从事第 R123-220 条所指的活动，即从查询检索登记表上注销，其识别号码也予撤销。

对正在设立中的法人作出拒绝其在"商事及公司注册登记簿"上注册的决定时，该法人的登记事项予以注销，其识别号码予以取消。

在原已登记的人设立的机构最终停止活动时，该机构从查询检索登记表上注销，其识别号码也予撤销。

在原已登记的人的登记事项被注销时，有关其机构的登记事项一并注销，其识别号码也予以取消。

第 R123-228 条 （1973 年 3 月 14 日第 73-314 号法令第 10 条）需要向"商事及公司注册登记簿"申请注册登记的商人，不论是自然人还是法人，只有在其从"商事及公司注册登记簿"注销登记之后，才能从查询检索登记表上注销。

第 R123-229 条 （1973 年 3 月 14 日第 73-314 号法令第 11 条）规范手工业职业查询检索表的法规所指的企业，需要在该查询检索表上进行登记的,只有在该企业被注销登记之后,或者只有在有关企业主要领导人的记载事项被注销之后,才能对该领导人进行注销。

第 R123-230 条 (1973年3月14日第73-314号法令第12条)当事人同时在"商事及公司注册登记簿"与"手工业职业目录"上进行注册登记的,只有在其注销"商事及公司注册登记簿"及"手工业职业目录"上的登记之后,才能从查询检索表上注销。

第 R123-231 条 (1973年3月14日第73-314号法令第13条)在查询检索表上登记的人是否能够识别,本身并不带有任何法律效果。查询检索表上登记的人始终受与其从事的职业活动有关的法律、法规或合同规定的义务约束。

第 R123-232 条 (1973年3月14日第73-314号法令第14条)除保留执行本《法典》第 L123-1 条至第 L123-11-1 条与第 R123-31 条至第 R123-153 条有关"商事及公司注册登记簿"的规定以及1998年4月2日有关手工业职业的认定以及手工业职业目录的第98-247号法令的规定之外,在查询检索表系统上分派的识别号码,由国家统计与经济研究院通知申请登记的人及其机构。

应各商事法院、负责审理商事案件的大审法院以及负责"商事及公司注册登记簿"的科尔玛上诉法院管辖的各初审法院书记室的请求,向其提供第 R123-222 条至第 R123-223 条列举的在查询检索登记表系统内记载的所有情况;这些情况也提供给负责掌管"商事及公司注册登记簿"的国家工业产权研究院、地区手工业职业行会以及第 R123-224 条所指的行政部门或组织。与登记人有关的情况应通报给当事人。

前2款的规定适用于第 R123-220 条定义的组织及它们设立的机构。

国家统计与经济研究院可以向提出申请的人或组织提供前款所指的情况,但有关自然人出生日期与出生地点的情况除外。总理发布条例具体规范本条之规定的适用条件。

第 R123-233 条 (1973年3月14日第73-314号法令第15条)在要求任何通信均必须采用注册号码指明第 R123-220 条所定的已登记的人与机构时,除第 R123-224 条所指的行政部门或组织之外,其他公共行政部门均有义务在其所有的通信上唯一使用识别号码。

第 R123-234 条 (1973年3月14日第73-314号法令第16条)按照第 R123-220 条的规定,凡是已经取得识别号码的自然人或法人以及机构或部门,在其与第 R123-224 条列举的行政部门或组织的通信中,均应写明其识别号码,在通信涉及其一个或数个下属机构时,应写明这些机构的识别号码。

第三目 企业统一识别号码

第 D123-235 条 （1997 年 5 月 16 日第 97-497 号法令第 1 条）在企业与 1994 年 2 月 11 日关于主动性与个体企业的第 94-126 号法律第 19 条所指的行政部门、法人或组织的关系中可以要求其提供的统一识别号码,在其按照以上第 2 目的规定于企业及其机构在查询登记表上进行登记时分派。

第 D123-236 （1997 年 5 月 16 日第 97-497 号法令第 2 条）第 D123-235 条的规定,不妨碍企业可能以特别识别要素的名义对统一识别号码进行补充:

1. 对于需要在"商事及公司注册登记簿"上进行注册登记的活动,应写明第 R123-137 条及随后条文规定的事项;

2. 对于与所涉企业的机构之一的行政部门、法人或组织的关系,按照第 R123-221 条规定的条件将补充号码分派给该机构;

3. 对于《税收总法典》第 256A 条规定的活动,应按照负责预算事务及简化企业手续的部长发布的条例规定的方式写明欧共体内增值税的纳税号码;

4. 对于需要在"商事及公司注册登记簿"以外的其他登记簿上进行登记的活动,或者需要事先批准或事先申报的活动,按照有关部长以及负责简化企业手续的部长联合发布的条例规定的条件办理与这些手续相关的记载;

5. 在有关部长及负责简化企业手续的部长联合发布的条例规定应当办理某项行政手续的情况下办理该手续的相关记载。

第四目 在业务文件上应当记载的事项

第 R123-237 条 （1984 年 5 月 30 日第 84-406 号法令第 72 条,2007 年 5 月 9 日第 2007-550 号法令第 29 条）凡是办理了注册登记手续的人,在有其签字或者以其名义签字的发票、订货单、收费标准的目录与广告文件上,以及在与其从事的活动有关的所有通信和收据上,均应写明以下事项:

1. 按照第 D123-235 条的规定分派给企业的统一识别号码;

2. 其进行注册登记的"商事及公司注册登记簿"以及进行注册登记的法院书记室所在城市的名称;

3. 注册住所的地址;

4. 相应情况下,应写明其正在实行司法清算程序;

5. 如果是注册住所设在国外的商事公司,除第三项与第四项规定的情况之外，应写明公司的名称、法律形式及其在进行注册登记的国家内的注册号码；

6. 相应情况下，写明租赁经营人的身份或者委托经营人的身份；

7. 如果是本《法典》第一卷第二编第七章意义上的"支持创业项目合同"或者"支持恢复经济活动合同"的受益人，应当写明负责给予此种支持的法人的名称、注册住所地址及统一识别号码；

8. 如果按照第 L526-6 条的规定设立了指定用途的概括财产，应当写明该概括财产被指定用于从事的职业活动的宗旨，以及从事该职业活动时使用的名称或商号，名称或商号之前或者紧随其后，应注明"有限责任个体企业"字样或其缩写名称"RCS"，还应加上该企业进行注册登记的法院书记室所在的城市，以及上述第 1、3、5、8 点所指的各项情况。

任何违反以上条款的行为，处第四级违警罪当处之刑罚。

第 R123-237-1 条 （2008 年 12 月 30 日第 2008-1488 号法令第 8 条）凡是需要按照本《法典》第 L123-1-1 条的规定申报其从事的活动的人，在有其签字或者以其名义签字的发票、订货单、收费标准的目录与广告文件上，以及在与其从事的活动有关的所有通信与收据上，均应写明以下事项：

1. 按照第 D123-235 条的规定分派给企业的统一识别号码，其后应清楚写明"按照本《法典》第 L123-1-1 条的规定免于进行注册登记"之字样；

2. 其地址；

3. 如果是本《法典》第 L127-1 条意义上的"支持创业项目合同"或者"支持恢复经济活动合同"的受益人，应当写明负责给予此种支持的法人的名称、注册住所地址及统一识别号码；

4. 如果按照第 L526-6 条的规定设立了指定用途的概括财产，应当写明该概括财产被指定用于从事的职业活动的宗旨，以及从事该职业活动时使用的名称或商号，名称或商号之前或者紧随其后，应注明"有限责任个体企业"字样或其缩写名称"RCS"。

所有按照本《法典》第 L123-1-1 条的规定对其从事的活动进行申报并有互联网网站的人，均应在其网站上写明上述第 1、2、4 点所指的各项内容。

第 R123-238 条 （1967 年 3 月 23 日第 67-236 号法令第 8、28、56、203-4 条）凡是公司发给第三人的文书与文件，特别是信件、发票、通知与各种公告材料，均应指明公司的名称，名称之前或者其后应清楚写明以下事项：

1. 所有的合名公司，应写明"合名公司"字样或其缩写名"SNC"；

2. 所有的普通两合公司，应写明"普通两合公司"字样或其缩写名"SCC"；

3. 所有的有限责任公司，应写明"有限责任公司"字样或其缩写名"SARL"并写明其注册资本的数额；

4. 所有可发行股票的公司：

A. 按照具体情况：

——写明公司为"股份有限公司"或其缩写名"SA"；此外，如果是设立管理委员会与监事会的公司，应写明公司的法律形式是"设立管理委员会与监事会的股份有限公司"；

——写明公司为"简化的可发行股票的公司"或者其缩写"SAS"；

——写明公司为"股份两合公司"或其缩写名称"SCA"；

——写明公司为"欧洲公司"或其缩写名称"SE"。

B. 写明公司的注册资本数额，此数额可以按整数标示；在由于行使与可以进入公司资本的有价证券相关联的权利、行使随时可以行使的股份认购权、分派股息，因而可能随时引起公司增加资本的情况下，除增资数额超过原有资本数的10%的情况外，仅需在确认增资起3年期限终止时在本条所指的文书与文件上写明新的资本数额。

第四章　零售商合作社（无条文）

第五章　独立商人的合名商店（无条文）

第六章　合作担保公司（无条文）

第七章　"支持创业合同"或"支持恢复经济活动合同"

第 R127-1 条　（2005年5月19日第2005-505号法令第1条）本《法典》第L127-1条意义上的"支持创业合同"或"支持恢复经济活动合同"应当：

1. 确定创业的准备计划或者恢复经济活动的准备计划，确定合同双方当事人各自承诺的义务，并将第 L127-4 条所指的活动开始前适用的规定以及活动开始后适用的规定区分开来；

2. 具体说明负责给予此种支持的法人给予合同受益人支配的（资金）手

段的性质、数额与使用条件,以及在合同执行过程中可能的变更;

3. 相应情况下,负责给予此种支持的法人收回的报酬的计算方式或一揽子报酬的数额,以及在合同执行过程中可能的变更;

4. 确定获得支持创业或恢复经济活动合同之利益的人在合同执行过程中对第三人承诺的义务的性质、最高数额与义务条件,以及最终承担资金费用的当事人;

5. 具体规定合同受益人在经济活动开始之后向负责给予支持的法人报告其财务资料的方式与定期时间;

6. 具体规定提前中断合同的方式;

7. 在经济活动开始之前合同受益人可获得的报酬,以及相应情况下,这种报酬的计算与支付方式与支付的数额;

8. 具体规定在经济活动开始之后合同受益人按照本《法典》第 L783-1 条第 2 款的规定向负责给予支持的法人支付其替代受益人交纳社会保险分摊份额与其他款项的条件。

第 R127-2 条　(2005 年 5 月 19 日第 2005-505 号法令第 2 条)"支持创业合同"或"支持恢复经济活动合同"可以采取书面形式延展期限。

第 R127-3 条　(2005 年 5 月 19 日第 2005-505 号法令第 3 条)在向"商事及公司注册登记簿""手工业职业目录""商业代理人专门登记簿"或者其他具有法定公告性质的任何登记簿进行登记之前,或者在从事的经济活动不要求注册登记的情况下,"支持创业合同"或"支持恢复经济活动合同"的受益人,在有其签字或者以其名义签字的发票、订货单、收费目录与广告文件上,或者在与其从事的活动有关的所有通信与收据上,均应写明其获得此种合同利益;受益人还应在这些文件上写明负责给予支持的法人的公司名称、其注册住所地与识别号码以及支持合同的期限。

如果从事的活动要求进行登记注册,"支持创业合同"或"支持恢复经济活动合同"的受益人的义务以及此种合同的公示方式,对于商人而言,按照有关"商事及公司注册登记簿"的规定确定;对于手工业者而言,按照经修改的 1998 年 4 月 2 日关于手工业者身份认定与职业目录的第 98-247 号法令的规定确定;对于商业代理人,按照本《法典》的规定确定。

第三编　居间商、行纪商、承运人与商业代理人

第一章　居　间　商

第一节　经宣誓的商品居间商在上诉法院名册上进行登记

第 R131-1 条　在经宣誓的商品居间商名册上进行登记的申请，向申请人的居所，或者如申请人是法人，向其注册住所、与其专业有关的分号或机构所在辖区的上诉法院检察长提出。提交申请的同时应附有各项具体的说明事项，特别是具体说明申请从事的一种或所有的专业。此外，还应提交以下材料：

一、对于自然人：

1. 证明申请人身份与国籍的文件；

2. 有关申请人在此前从事职业时没有受到撤职、注销、解除职务、收回认可或收回批准之纪律制裁或行政制裁的证明，这项证明按照掌玺官、司法部长发布的条例确定的方式制作；

3. 关于以个人名义在"商事及公司注册登记簿"上进行了注册登记的证明；

4. 具备主持动产拍卖活动的资质以及在申请登记的专业方面有职业经历的证明文件①

---

① 经宣誓的商品居间商是商品交易所从事交易活动的经纪人。——译者注

5. 在申请登记的专业方面通过资质考试至少已有 3 年的证明文件；

6. 在申请登记的上诉法院辖区内有居所的证明文件；

7. 在信贷机构内开立了专门为他人利益接收所持资金的专门账户的证明文件；

8. 已经参加职业责任保险的证明文件；

9. 已经参加保险或者提供担保，用于保证返还为他人利益所持资金的证明文件。

二、对于法人：

1. 公司章程的副本以及任命其法定代表人的文书的副本；

2. 有关其领导人在此前从事职业时没有因违反荣誉、廉洁和善良风俗之行为而受到撤职、注销登记、解除职务、收回认可或收回批准之纪律制裁或行政制裁的证明，这项证明按照掌玺官、司法部长发布的条例确定的方式制作；

3. 证明法人至少在此前两年在其申请登记的专业方面从事商品居间商活动的任何文件；

4. 第 L131-14 条第 3 点所指的证明；

5. 证明在其领导人、股东或者薪金雇员中至少有 1 人具备第 L131-13 条第 1、2、4、5 点所指条件的文件；

6. 证明其在申请登记的上诉法院辖区内设立注册住所、有一家与其从事的专业有关系的分号或机构的文件；

7. 在信贷机构内开立了专门为他人利益接收所持资金的专门账户的证明文件；

8. 已经参加职业责任保险的证明文件；

9. 已经参加保险或者提供担保，用于保证返还为他人利益所持资金的证明文件。

第 R131-2 条　登记申请由检察长审理，检察长应审查申请人是否具备所要求的各项条件并收集、了解与申请人的操行有关的情况。

检察长用挂号信并要求回执将所提申请转送经宣誓的商品居间商全国理事会，以听取其意见。

如果经宣誓的商品居间商全国理事会在接到转送的申请之后 45 日内没有向检察长提出意见，则视其提出了赞成意见。

第 R131-3 条　上诉法院召开坐席司法官全体会议对提出的登记申请进行审议、作出决定。

第 R131-4 条 申请人在经宣誓的商品居间商名册上进行注册登记之后 15 日内，在该上诉法院进行宣誓。宣誓的誓词为："我宣誓以我之荣誉廉洁忠实地履行我的职责，遵守其对我规定的各项义务。"

法人由其指定的法定代表人进行这项宣誓。

第 R131-5 条 在变更或者增加从事活动的专业时，以及在另一上诉法院申请登记的情况下，也适用第 R131-1 条至第 R131-4 条规定的程序。

申请登记时提供的情况与资料发生任何实质性变更的，均应向检察长作出报告。

第 R131-6 条 对从事职业 20 年、辞去行业职务的经宣誓的商品居间商可以授予荣誉称号。

授予荣誉称号的决定按照第 R131-2 条与第 R131-3 条规定的形式与方式作出。

第二节 经宣誓的商品居间商的保险与担保

第 R131-7 条 本《法典》第 L131-15 条所指的担保只能由信贷机构或者得到此种授权资格的金融公司提供，或者由《货币与金融法典》第 L518-1 条所指的有资格提供担保的机构、保险公司或者合作性担保公司提供。

提供担保应订立书面的担保合同，除有关担保的一般条件之外，担保合同应具体规定给予担保的数额、报酬条件、财务监督方式以及保证人可能要求提供的反担保。

第 R131-8 条 担保人或者保险人，向经宣誓的商品居间商提交一份担保或保险证明，其中具体说明在其间开立本《法典》第 L131-15 条第 1 点所指的账户的信贷机构以及该账户的号码、给予担保的数额与担保期限、可能对担保事项作出的限制性规定。

第 R131-9 条 只有出示证明材料，证实债权已经到期、可以追偿，并且经宣誓的商品居间商不能清偿的情况下，担保或保险才能适用。

担保人或者保险人不得对债权人提出首先向债权人实行追偿的抗辩。

对于担保人而言，受担保的经宣誓的商品居间商受到支付催告或者受到返还款项的催告，在催告送达后 1 个月内拒绝履行或者仍然没有效果时，即可认定其无力履行债务。

第 R131-10 条 给予经宣誓的商品居间商的担保的数额不得低于以下两款项中的最高数额：

1. 居间商实现的包括税负与净报酬数额在内的月平均销售额;
2. 经宣誓的商品居间商在此前 12 个月内为第三人利益持有的资金的最高数额的一半。

经宣誓的商品居间商从事职业不满 1 年的,为其提供担保的数额不得低于包括税负与净报酬数额在内的月平均销售额。经宣誓的商品居间商或者担保公司应就这一预计的数额进行申报。

第 R131-11 条 任何经宣誓的商品居间商每年均应对其缔结的担保数额进行调整;在特别情形有可能改变风险范围时,也应对担保数额作出调整。

第 R131-12 条 法人参加的保险用于担保具备第 L131-13 条第 1、2、4、5 点所指条件的经宣誓的商品居间商的某个领导人、股东或薪金雇员的民事责任。

第三节 经宣誓的商品居间商任职资质考试

第 D131-14 条 经宣誓的商品居间商的执业资格考试的项目包括:
——3 小时的笔试与实践考试,考试期间应试人撰写一份属于经宣誓的居间商执业职责范围的证明、笔录、报告或其他任何文件;
——1 小时的有关从事经宣誓的居间商职业的职责和义务的必要知识的口头理论测验;
——2 小时的口头技术性测验;测验内容涉及应试者所申请的执业专业范围内的按商品样品确定商品的特定质量、对商品的行情价格作出评估以及商品的市场流通条件。

第 R131-15 条 经宣誓的商品居间商的执业资格考试每年至少举行 1 次。此种资质考试在国家评委会进行,考试内容由评委会选题确定。

评审委员会由级别外的司法官或者初级司法官主持,其成员中包括 2 名商事法官及 2 名经宣誓的居间商。

第 R131-16 条 评审委员会主任及成员由负责商业事务的部长决定指定;评委会主任由司法部长、掌玺官提名;商事法官由商事法官全国纪律委员会提名;经宣誓的居间商由经宣誓的商品居间商全国理事会提名。

评审委员会主任及成员任职不得连续超过 3 年。

评审委员会由应试的居间商申请的专业类别的商品类型的 1 名或数名技术人员协助。受指定的技术人员与评委会的成员一样享有咨询权。

第 R131-17 条 商品居间商资格考试,由经宣誓的商品居间商全国理事会负责实际组织,由其接受应试人员的报名。有必要时,司法部长与负责商业事务的部长联合发布的决定确定本条的实施条件。这项决定尤其可以规定对于在确定的专业活动部门从事居间业务活动的经宣誓的居间商需要定期通过技术性考试,才能在居间商名册上保持登记。

司法部长与负责经济事务、商业事务的部长联合发布的决定确定应试人员应当缴纳的费用以及评委会成员和相应的技术考试的技术协助人员应得的报酬。

第四节 经宣誓的商品居间商的纪律

第 R131-18 条 在发现经宣誓的商品居间商有本《法典》第 L131-32 条所指的任何违法行为时,共和国检察官主动或者经任何利益关系人的投诉,进行任何必要的调查。

相应情况下,共和国检察官向大审法院对经宣誓的商品居间商提起追诉。共和国检察官保障与监督纪律制裁得到执行。

第 R131-19 条 驻大审法院的共和国检察官对受到追诉的经宣誓的商品居间商进行传唤。

至少在确定的开庭日期之前 15 日用挂号信并要求回执的方式寄送传唤通知书。传唤通知书写明经宣誓的商品居间商受到指控的事实。

受到传唤的经宣誓的商品居间商或其律师可以到共和国检察官的秘书那里了解案卷。受到传唤的经宣誓的商品居间商可以请另一位居间商协助。

法庭可以要求提交任何有益的文件与情况,法庭可以听取当事人的陈述与听证,以及在相应情况下,授权法庭的 1 名成员听取陈述、进行听证。

法庭审理辩论公开进行。但是应当事人的请求或者如果法庭认为公开审理辩论有损于私生活隐私,或者有可能发生足以扰乱庭审辩论正常进展的情况,则可以决定在评议室进行审理辩论。此项事由在决定中写明。

第 R131-20 条 法庭在听取检察院、受到追诉的经宣誓的商品居间商以及相应情况下,其律师的意见之后,以说明理由的决定作出裁判。

第 R131-21 条 法庭作出的决定,用挂号信并要求回执通知受到追诉的商品居间商和检察院。通知指明对此项决定提出救济申请的条件与期限。

救济申请向上诉法院提出。

救济申请在 1 个月内通过挂号信并要求回执向法院书记室提交声明提出。

对于共和国检察官,1 个月期限自上述决定宣告之日起计算,对于受到追诉的商品居间商,1 个月期限自向其通知法院的判决起计算。

第 R131-22 条 经宣誓的商品居间商受到刑事指控或者纪律惩戒追究时,如果情况紧急,大审法院院长可以应共和国检察官的要求,在告知当事人可以作出解释说明之后,先行停止受到追诉的商品居间商的执业活动。

大审法院院长可以应共和国检察官的要求或者应有利益关系的当事人的申请,终止此种停止执业的决定。

在刑事诉讼已经消灭或者纪律惩戒程序已经停止之后,当然终止暂时停止执业的决定。

用挂号信并要求回执向受到追究的经宣誓的商品居间商通知对其采取暂时停止执业的措施。这项通知指明对这项决定提出救济申请的期限与方式。

救济申请在 15 日内通过挂号信并要求回执向法院书记室提交声明的方式向上诉法院提出。对于共和国检察官,15 日期限自上述决定宣告之日起计算,对于受到追诉的商品居间商,15 日期限自向其通知法院的判决起计算。

第 R131-23 条 经宣誓的商品居间商在其名册上进行注册登记的上诉法院检察长负责将作出的纪律制裁决定与暂时停止执业的决定通知该上诉法院辖区的司法系统的法官与商事法官。

第五节 经宣誓的商品居间商全国理事会

第 R131-24 条 经宣誓的商品居间商全国理事会由经宣誓的商品居间商选举当选的成员组成。

在每一个上诉法院辖区内,如果执业的经宣誓的商品居间商的人数为 9 人至 15 人,选举 1 名全国理事会成员;如果在其辖区内执业的经宣誓的商品居间商的人数为 16 人至 25 人,选举 2 名全国理事会成员;居间商人数超过 25 人的,选举 3 名全国理事会成员。

如果在上诉法院辖区内执业的经宣誓的商品居间商的人数不到 9 人,由在 1 个或数个上诉法院辖区内执业的经宣誓的商品居间商组成一个集体推选相应人数的全国理事会成员。这种选举人团体的组成由司法部长、掌玺官发布条例决定,在此情况下,选举全国理事会成员的人数按照前款规定的相同条件确定。

经宣誓的商品居间商全国理事会成员当选任职时间为3年,可以连任一次。第二次任职期满后,只有经过3年才能再次当选任职。

第 R131-25 条 每一个从事经宣誓的商品居间商职业的自然人,在经宣誓之后,都是经宣誓的商品居间商全国理事会的选举人与被选举人。经宣誓的商品居间商职业的自然人停止执业或者被注销注册登记或者辞去职务的,不再为选举人和被选举人。

第 R131-26 条 经宣誓的商品居间商全国理事会的选举由理事会办事处组织。经宣誓的商品居间商全国理事会办事处,在选举前的10月15日之前确定在12月上旬开始投票的日期,并进行日期公示。

在选举投票的日期确定之后,经宣誓的商品居间商全国理事会的理事长向选举人通知选举活动进行的具体日期与进行方式以及检票的日期与地点。

第 R131-27 条 宣告作为候选人的申报表,最迟应在开始投票之前1个月送交或者用挂号信并要求回执寄送至经宣誓的商品居间商全国理事会。

在开始投票之前至少4日,经宣誓的商品居间商全国理事会理事长向每一个选举人以及每一个候选人寄送表决票,表决票上写明候选人的姓名以及委托投票的授权书。

第 R131-28 条 经宣誓的商品居间商全国理事会的选举,在全体大会期间,采用一轮多数票赞成的秘密表决方式进行。

选举结果在投票表决检票后宣告。经宣誓的商品居间商全国理事会理事长制作选举活动的笔录。

第 R131-29 条 每一个席位由取得多数赞成票的候选人宣告当选。

在多名候选人的票数目相等的情况下,宣告其中的年长者当选。

第 R131-30 条 在选举结果宣告后的10日之内,每一个经宣誓的商品居间商均可对全国理事会成员的选举向巴黎上诉法院提出异议;救济申请送交或者用挂号信并要求回执寄送巴黎上诉法院首席书记员。上诉按照非强制代理诉讼程序适用的规定进行审理与裁判。

第 R131-31 条 经宣誓的商品居间商全国理事会成员在其内部选举理事长1名、副理事长1名以及其他5名成员组成理事会办事处。选举采用一轮表决多数票当选方式进行,当选人任职时间为3年。在得票数目相等的情况下,宣告年长者当选。

第 R131-32 条 如有经宣誓的商品居间商全国理事会成员在任职到期之前即停止履行职务,3个月内进行补选,新的成员在其替代的成员原定任职时间到期时即停止履行职务。

经宣誓的商品居间商全国理事会理事长、副理事长以及理事会办事处的其他成员如果不再具备担任全国理事会成员的条件时，亦停止担任此种职务。

第 R131-33 条　经宣誓的商品居间商全国理事会成员的任职不给报酬；但可以按照全国理事会每年确定的条件报销差旅费。

经宣誓的商品居间商全国理事会理事长、副理事长以及理事会办事处的其他成员，可以对出席会议的费用取得补贴，补贴数额由全国理事会确定。

第 R131-34 条　经宣誓的商品居间商全国理事会，只有在至少 2/3 的成员出席会议时，才能进行审议与表决。在两种意见的表决票相等时，理事长的表决意见起决定作用。

第 R131-35 条　经宣誓的商品居间商全国理事会制定内部规章，对其日常运作以及办事处的日常运作作出规定，内部规章确定理事长和副理事长以及办事处的权力。

只有在经司法部长、掌玺官批准之后，这一内部规章才具有执行力。

第 R131-36 条　经宣誓的商品居间商全国理事会制定预算，确定每一个经宣誓的商品居间商每年应当缴纳的会费的数额。

第 R131-37 条　经宣誓的商品居间商全国理事会每年 12 月 31 日之前按照第 L823-3 条及随后条文规定的条件指定 1 名会计监察人和 1 名替补会计监察人。

第 R131-38 条　在经宣誓的商品居间商之间发生争议的情况下，争议的每一方当事人均可用平信传唤对方当事人至经宣誓的商品居间商全国理事会办事处，平信的正本交存至全国理事会办事处，经理事长签字的副本由办事处秘书寄送受到传唤的经宣誓的商品居间商。受到传唤的经宣誓的商品居间商在全国理事会办事处出庭的时间至少为其收到信件之后 8 日。

第 R131-39 条　经宣誓的商品居间商在与某一方当事人发生利益冲突时，应放弃参与有关事项的审议。

第 R131-40 条　经宣誓的商品居间商全国理事会办事处，在对投诉所涉及的经宣誓的商品居间商与投诉人进行传唤并听取他们的陈述之后，按照以上规定的形式受理第三人提出的投诉与要求。

全国理事会办事处可以听取受到投诉的商品居间商以及投诉人的陈述意见，并且在所有情况下，可以由另 1 名经宣誓的商品居间商或者律师协助。

全国理事会办事处作出的审理决定应说明理由，并由理事长与秘书签字。每一项审议决定都应当写明出席会议的理事会成员的姓名。

全国理事会办事处的审议决定,在有必要时,按照传票相同的形式进行通知,并由秘书在审议决定上作出记载;相应情况下,审议决定报送有地域管辖权的共和国检察官。

(原)第一章 居 间 商

(1964年4月29日关于经宣誓的商品居间商的第64-399号法令)

第一节 经宣誓的商品居间商的执业

第1条原条文:任何商人均可从事商品居间活动。

但是,只有证明对特定种类的商品具有专业能力并且提供必要担保,在(1994年8月19日第94-728号法令)"按照驻上诉法院检察长的要求"每年度专门为此建立的名册上进行了注册登记以及在(1994年8月19日第94-728号法令)"其执业活动地的上诉法院进行了宣誓"的商品居间商,才能从事特定的居间业务活动。

经宣誓的商品居间商的名册,(1994年8月19日第94-728号法令)应载明每一位居间商进行注册登记的日期及其通过以下第3条规定的执业资格考试确认的专业门类。

只要受到请求,上诉法院得在年度中间接受新的注册或者对名册进行修订。

第2条原条文:(2005年5月6日第2005-428号法令第4条)任何人,如果不具备必需的职业道德保证,以及如不符合下列条件,均不得在商品居间商名册上进行注册登记:

1. 是法国人或者是欧洲共同体成员国的国民;

2. 年满25周岁;

3. 没有受到任何有罪判决或(2005年5月6日第2005-428号法令)"本《法典》第一卷第二编第八章所指的丧失权利处分或处罚",(1994年8月19日第94-728号法令)"以及没有按照1985年1月25日第85-98号关于企业司法整顿和司法清算的本《法典》第六编的规定,或者,在该法实施之前的原有制度下,没有根据1967年7月13日第67-563号有关司法清算、个人破产与破产欺诈罪的本《法典》第二编的规定受宣告个人破产或其他处罚";

4. 以个人名义在"商事及公司注册登记簿"上进行登记注册;

5. 已向国库缴纳根据(1994年8月19日第94-728号法令)"负责经济事务的"部长的报告制定的法令确定的登记税;

6. 在提出第4点所指的注册申请之前的最近2年以内:

——或者,在经宣誓的居间商处已经完成为期4年的实习,其中至少有2年是在申请注册的专业领域进行实习;

——或者,以个人名义或者以(1994年8月19日第94—728号法令)"股份有限公司的董事长、管理委员会成员、商业公司经理管理人"、合名公司的合伙人、经营居间业务的企业的经理或享有此种权力的代理人的身份,从事商品居间商职业已达3年,并且其中至少有2年在该同一专业领域从事业务;

7. 在最近3年以内,通过了第3条所指的并与其申请相对应的一门或数门专业资格考试。

已经登记注册的商品居间商希望在其已经注册的专业之外增加从事新的专业时,应按照第3条所指的行政决定确定的条件重新接受与该专业对应的技术内容的(1994年8月19日第94 728号法令)"口试"。

第3条原条文:(1994年8月19日第94-728号法令修改)经宣誓的商品居间商的执业资格考试的项目包括:

——3小时的笔试与实践考试,期间应试人撰写一份属于经宣誓的居间商职责范围的证明、笔录、报告或其他任何文件;

——1小时的有关经宣誓的居间商的职责与义务的必要知识的口头理论测验;

——2小时的口头技术性测验,测验内容是在应试者所申请的专业范围内按商品样品确定商品的特定质量,对商品的行情价格作出评估,以及商品的市场流通条件。

经宣誓的商品居间商的执业资格考试每年至少举行1次。

评审委员会由初级司法官主持,其成员为2名商事法官及2名经宣誓的居间商。

评审委员会主任及成员由负责商业事务的部长发布决定指定;评委会主任由掌玺官、司法部长提出建议,参加评委会的商事法官以及经宣誓的居间人分别先由商事法官全国纪律委员会以及经宣誓的商品居间人管理委员会主席常设大会提出建议。

评审委员会主任及成员任职不得连续超过3年。

评审委员会由应试的居间人申请的专业类别的商品类型的1名或数名

技术人员协助。受指定的技术人员与评委会的成员一样享有咨询权。

居间人资格考试的实际组织，由经宣誓的商品居间人管理委员会主席常设大会负责，并由其接受应试人员的报名。有必要时，司法部长与负责商业事务的部长联合发布的决定确定本条实施条件。这些决定尤其可以规定对于在确定的活动部门从事活动的经宣誓的居间人，需要定期经过技术性考试，才能在居间人名册上保持登记。

司法部长与负责经济事务、商业事务的部长联合发布的决定确定应试人员应当缴纳的费用以及评委会成员和相应的技术考试的技术协助人员应得的报酬。

第 4 条原条文：(1994 年 8 月 19 日第 94-728 号法令) 申请在经宣誓的商品居间商名册上注册登记的任何人，均应向其执业地的上诉法院检察长提交申请书，申请书应附有各项证明文件，具体说明其希望从事的一种或所有的专业。检察长对申请进行预审。在变更注册登记、增加执业的专业范围或者延展注册登记时间的情况下，亦同。

在检察长的关注下，上述申请书在上诉法院所在场所内进行张贴，时间为 15 日。检察长将该申请书转交申请人所隶属的经宣誓的居间商同业公会的会长，以便进行调查，征求意见。

商品居间商同业公会会长将接收的申请通知本公会已有的全体经宣誓的居间商。会长指示将该申请张贴在本公会所在的场所内以及商品交易所大厅内进行公示，并指示本公会的 1 名理事作为报告人进行检察长要求进行的情况调查。

前款所指的理事报告人向同业公会提交报告，由公会提出说明理由的意见。同业公会会长将所提意见报送上诉法院检察长。

第 5 条原条文：申请人执业地所在的上诉法院以评议室的名义召开全体会议，对提交的注册申请进行审议，作出决定。

第 6 条原条文：(1994 年 8 月 19 日第 94-728 号法令) 上诉法院作出准予申请人在经宣誓的居间商名册上进行注册登记的决定之后 1 个星期内，申请人必须在其拟定的执业地所在辖区的上诉法院进行宣誓，诚实并廉洁地履行职责。

第 7 条原条文：(1994 年 8 月 19 日第 94-728 号法令) 经宣誓的商品居间商，得因自愿辞职或者因受到纪律处分，从登记名册上除名。

经宣誓的商品居间商，如停止以个人名义从事属于其注册专业的商品居间活动，或者因从事某类专业活动，必须重新进行技术知识方面的考试时，如其在确定的期限届满时仍没有通过新的考试,其注册登记即告过期失效。

经宣誓的居间商,由于有重大原因,并经上诉法院评判,在征求检察长的意见后,可申请临时停止业务。如暂停业务的时间为6个月或者超过6个月,应在名册上注明。

第8条原条文:(1994年8月19日第94-728号法令)从业20年后因辞职退出从业活动的经宣誓的居间商,可授予名誉称号。

授予名誉称号的决定,由经宣誓的居间商从业辖区的上诉法院征求同业公会的意见之后,按照上述第5条规定的程序作出决定。

第二节 经宣誓的商品居间商的职责

第9条原条文:(1994年8月19日第94-728号法令)经宣誓的商品居间商,对其在本《法令》第1条所指的名册上注册登记的专业所对应的活动领域,在全国范围内均有执业权限。如果在(1994年8月19日第94-728号法令)"上诉法院"辖区内没有特定种类商品的经宣誓的专业居间商,或者居间商拒绝办理此种居间业务,法院得要求在另一上诉法院辖区内从事相应专业的经宣誓的居间商办理相应业务。

第10条原条文:当事人之间没有协议指定的鉴定估价人的,经宣誓的居间商可以应要求,对仓储质押品的仓库内的商品进行评估作价。

居间商得应召唤对大宗商品进行司法鉴定或者自愿协商的评估作价鉴定。

第11条原条文:(2010年12月1日第2010-1463号法令第87条)凡是设有商品交易所的城市,在交易所挂牌上市的商品的牌价,由现场执业的相应专业的经宣誓的居间商认定。

现场从事交易活动的商品居间商不足以代理现场参与交易的所有专业行业与商品的交易时,当地的工商会在征求经宣誓的居间商同业公会的意见之后,得每年作出决定,由一定数量的没有经过宣誓的居间商和市场内的现场批发商与经宣誓的居间商共同参与并由后者承担责任,确认商品的牌价。

经宣誓的商品居间商也有权认定1958年6月28日第58-560号法令所指的按批次拍卖的大宗商品的行市牌价。

本条的实施方式由负责商业的部长根据需要发布条例作出具体规定。

第12条原条文:对于已经按照第11条规定的条件确认的商品牌价,由经宣誓的居间商出具商品牌价证书。

相反情况下,经宣誓的居间商出具价格证明书,并由其承担责任,指明某种商品在确定日期与确定地点实行的价格。

第13条原条文:合同或大宗商品买卖未得到履行时,经宣誓的居间商得进行商品的再卖出与再买进活动。

第14条原条文:(1994年8月19日第94-728号法令)法律或条例规定需要有居间商介入的大宗商品的公开拍卖,由对相应类别的商品具有执业权的经宣誓的居间商主持。

如果在上诉法院辖区内没有某一特定种类的商品方面的经宣誓的专业居间商,或者该居间商拒绝办理此项居间业务,尽管有本《法令》第9条的规定,上诉法院得要求在(1994年8月19日第94-728号法令)"其辖区内"的、从事另一专业的某一经宣誓的居间商办理相应业务。

第15条原条文:根据上述第14条的规定,下列买卖必须在经宣誓的居间商的主持下进行:

——按照《商法典》规定的大宗商品的任意拍卖;

——按照经修改的本《法典》第L522-31条以及1945年8月6条第9条的规定存放在质押物仓储库的商品的变卖。

第16条原条文:(1994年8月19日第94-728号法令)除法庭指定另1名公务助理人员之情形外,经宣誓的居间商有权进行下列公卖:

——商事法院批准或者命令按照1861年7月3日法律规定的条件进行的大宗商品的拍卖;

——按照1985年1月25日第85-98号的法律规定的条件进行司法清算的债务人的商品的变卖;

——按照本《法典》第L521-3条规定的条件进行的质押物的(变现)出卖。

第17条原条文:经宣誓的居间商得受指定进行下列公卖:

——受到行政扣押或司法扣押的大宗商品的拍卖;

——按照经修改后的1841年6月25日法律规定的条件进行的零售商品的拍卖;

——按照1906年4月30日关于农业仓储担保法的规定进行的商品出卖;

——按照1958年6月28日第58-560号法令第3条规定的条件进行的商品拍卖;在此情况下,居间商无须进行该《法令》第3条第2款规定的宣誓。

第18条原条文:负责进行公卖或者应要求对存放在质押物仓库的商品

进行评估作价的经宣誓的居间商,不得为自己的利益而成为交付其进行公卖或由其进行评估作价的商品的买受人。

第 19 条原条文:(2001 年 7 月 19 日第 2001-650 号法令)进行公卖业务而收取的居间费用以及对存放在质押物仓储库内的商品进行评估作价而应当向经宣誓的居间商支付的酬金的数额,按照负责商业事务的部长颁布决定规定的条件确定。

但是,在进行司法拍卖或强制拍卖的情况下,经宣誓的商品居间商的报酬,按照修改后的 1985 年 3 月 29 日第 85-382 号关于确定拍卖估价人报酬的法令第 16 条和第 18 条的规定确定。

第 20 条原条文:经宣誓的商品居间商,在履行此种职责之外,得以个人名义或者在一公司里从事经常性职业,尤其是从事行纪、居间、中介、商业代理和商品寄托等职业活动。在从事此类活动时,居间商应清楚说明其不是以经宣誓的居间商的身份从事活动。

第三节 经宣誓的商品居间商同业公会及管理委员会

第 21 条原条文:(1994 年 8 月 19 日第 94-728 号法令)在同一上诉法院辖区内执业的经宣誓的商品居间商组成一个同业公会(une compagnie),由其管理委员会(une chambre syndicale)领导和管理。管理委员会至少设 1 名会长和 1 名理事报告人。

管理委员会的全体成员每年由公会全体会议按照其内部规章确定的条件选举产生。该内部规则需经负责商业事务的部长批准。同业公会管理委员会的理事每届任期 3 年,可以连选连任;此项任职不领取报酬。

在同一上诉法院辖区内执业的经宣誓的居间商人数不到 3 人的,得依掌玺官、司法部长与负责商业事务的部长联合签署颁布的政令,附属于邻近一个上诉法院管辖范围内的协会。

第 22 条原条文:(2010 年 12 月 1 日第 2010-1463 号法令)同业公会管理委员会的职权如下:

1. 审查与经宣誓的居间商履行职责有关的所有问题;
2. 按照本章第 4 条的规定,在受到要求时,就申请履行经宣誓的居间商职责的候选人的资格向(1994 年 8 月 19 日第 94-728 号法令)"上诉法院"提出意见;同业公会管理委员会认为有必要时,对属于其职权范围内的问题,可以向上诉法院、商事法院或者有地域权限的工商会提出要求、报告或者意见;

3. 制定本同业公会的内部规章,在征求工商会意见之后,报送其(1994年8月19日第94-728号法令)"所在地的上诉法院"批准,并负责保障其实施;(1994年8月19日第94-728号法令)"上诉法院在评议室作出审议批准";

4. 拟定本公会的预算,编制公会账目,每年报公会全体会议批准;

5. 召开纪律惩戒庭:

——预防与协调本公会成员之间的分歧;

——如有必要,按照下一节规定的条件宣告纪律惩戒。

第四节 经宣誓的商品居间商的纪律

第23条原条文:(1994年8月19日第94-728号法令)经宣誓的商品居间商有任何违反行业规则的行为,以及不诚信廉洁地履行其职责或者不再具备必要的职业道德保证而犯有任何错误时,由同业公会组成纪律惩戒庭,依职权或者根据理事报告人的提议,或者应共和国检察官的要求,进行追究与惩处,或者由上诉法院根据检察长的要求进行追究并与惩处。

第24条原条文:(1994年8月19日第94-728号法令)所有情况下,同业公会以说明理由的决定作出审议决定并宣告以下所指的一种处罚:

——警告;

——纪律处分;

——(1994年8月9日第94-728号法令)"禁止执业,但时间不超过3年";

——最终除名。

第25条原条文:(1994年8月19日第94-728号法令)任何纪律制裁,只有在听取涉案的经宣誓的商品居间商的解释说明之后,或者在对其进行传唤之后经过8日,才能由公会纪律惩戒庭作出宣告。

同业公会会长在纪律惩戒庭作出任何处罚决定之后10日内用挂号信并要求回执将此决定通知涉案的商品居间人。并且按照相同条件与时间限制将此决定通知上诉法院首席院长与检察长。

如果是缺席作出的纪律惩戒决定,受到处罚的经宣誓的商品居间商可以在该决定通知后的1个月期限内提出取消缺席裁判的异议。此种异议用挂号信并要求回执向公会会长提出。

第26条原条文:对纪律庭的决定提起上诉的权利,在任何情况下均属于受惩处的经宣誓的居间商和(1994年8月19日第94-728号法令)"检察长"。

上诉应自通知之日起10日内提起;对缺席作出的决定,自可以提出异议的期限届满之日起10日内提起上诉。

上诉状用挂号信并要求回执寄送上诉法院书记室。

上诉,向上诉法院提出。上诉法院以不开庭审议的方式作出裁决。(1994年8月19日第94-728号法令)"上诉具有中止执行力。"

第27条原条文:(1994年8月19日第94-728号法令)上诉法院直接受理诉讼时,检察长应收集(1994年8月19日第94-728号法令)"相关同业公会"的意见。

必要时,上诉法院处以第24条规定的一种纪律惩戒措施。

上诉法院按照本《法令》受理案卷的,当然取消依照第24条与第25条可以管辖相同事实的纪律惩戒机关的权限。

第五节 经宣誓的商品居间商同业公会理事长常设会议

第28条原条文:经宣誓的商品居间商同业公会理事长常设会议,由第21条所指的(1994年8月19日第94—728号法令)"各同业公会"的会长组成。各同业公会会长可由其所属的协会根据其建议选举产生的1名代理者替代。

理事长常设会议在全国范围内代表全体经宣誓的居间商。

第29条原条文:理事长常设会议由一个领导委员会领导和管理。

领导委员会的全体成员由理事长常设会议选举产生,(1994年8月19日第94-728号法令)"任期3年"。领导委员会的成员可连选连任。

(1994年8月19日第94-728号法令)"领导委员会由1名主席、至少1名副主席、1名财务人员和两名报告人委员组成"。在理事长常设会议里担任职务不领取报酬。

第30条原条文:理事长常设会议负责:

1. 在全国范围内审查与行使与经宣誓的居间商职责相关的问题,必要时向公共权力机构提出对此类问题的意见;

2. 确定年度预算,并向各同业公会分配负担;

3. 组织经宣誓的居间商及其职工的社会性事业。

第31条原条文:领导委员会负责:

1. 召集理事长常设会议;

2. 及时编制全国在上诉法院注册的、通常按专业分类的经宣誓的居间商的最新名册;

3. 预防和调解协会间的一切争议;在征求有关的行业公会会长意见之

后,预防和调解不属于同一协会的经宣誓的居间商之间的争议,但并不影响有关同业公会行使其职权。

其他过渡性规定

第32条原条文:本《法令》颁布之日前,已在商事法院编制的名册上注册的经宣誓的商品居间商继续履行其职责,并自动地直接在上诉法院编制的名册上注册。

现存的同业公会继续履行职责,直至其年度换届时止。

在本《法令》颁布后的6个月内,应组织成立同业公会会长常务会议和第21条第3款规定的新的协会。

第二章 行 纪 商

第 R132-1 条 (2007年3月25日第2007-431号法令)有关运输行纪商的规则由1990年3月5日关于运输行纪商的第90-200号法令具体规定。

第三章 承 运 人

第 R123-1 条 (2007年3月25日第2007-431号法令)有关商品陆路公共运输企业从事活动的规则或者带司机出租工业车辆旨在运送商品的规则,由1999年8月30日关于商品陆路运输的第99-752号法令具体规定。

第 R123-2 条 (2007年3月25日第2007-431号法令)涉及多次装卸的联运业务的运输活动的规则,由1995年5月2日关于多次装卸联运业务的第95-541号法令具体规定。

第四章 商业代理人

第 R134-1 条 (1958年12月23日第58-1345号法令第1条)商业代理人应向其委托人通报为履行合同所必要的一切信息。

第 R134-2 条 (1958年12月23日第58-1345号法令第2条)委托人应向商业代理人交付有关代理合同标的范围内的产品或服务的一切必要资料。

委托人应向商业代理人提供为履行合同所必要的信息,尤其在预计代理业务的规模明显小于商业代理人通常可以期待的规模时，应当在合理的期限内通知代理人。

委托人亦应在接到代理人向其通知某项业务之后的合理期限内，告知代理人是接受还是拒绝或不履行该项交易。

第 R134-3 条 （1958 年 12 月 23 日第 58-1345 号法令第 3 条）如商业代理人一个季度应得的佣金数额已经确定，委托人最迟应在该季度终了后的 1 个月的最后 1 日向商业代理人提交应付佣金的清单。应付佣金的清单注明计算佣金金额所依据的全部要素。

商业代理人有权要求委托人提供为核对应付佣金数额所必需的一切信息，尤其是会计文件的摘录。

第 R134-4 条 （1958 年 12 月 23 日第 58-1345 号法令第 3-1 条）违反第 R134-1 条和第 R134-2 条之规定的任何条款或协议，或者违反第 R134-3 条之规定，损害商业代理人利益的条款或协议，按本《法典》第 L134-16 条的规定，均视为未予订立。

第 R134-5 条 （1958 年 12 月 23 日第 58-1345 号法令第 4-1 条）按照法定或约定的共同财产制结婚的自然人，在申请注册登记时，应当提交一份符合掌玺官、司法部长行政令规定的格式的证明书，确认其配偶知道其在从事职业中缔结的债务对夫妻共同财产可能产生的后果。

（2007 年 5 月 9 日第 2007-750 号法令第 31 条）相应情况下，商业代理人应当申明其已经按照第 L526-1 条的规定对其作为主要居所的建筑物的权利作出了"不得扣押的声明"，并指明该声明的公示地点。

在相应情况下，商业代理人应当对其按照第 L526-6 条的规定设立的、与其个人的概括财产分开的、指定用途的概括财产作出申明，并具体写明该概括财产被指定用于从事何种职业活动以及从事该职业活动的主机构的地址；在没有从事职业活动的主机构的情况下，其在居住场所内设置企业住所所在地的地址，并写明每一会计年度终止的日期。商业代理人所做的申报，按照第 R526-3 条规定的形式，作为登记簿的附件交存。

此外，商业代理人还应申报其本人与配偶的姓名、常用名、出生年月日与出生地点；如其与配偶有不同的住所，应申报其本人的住所以及按照第 R121-1 条规定的条件实际与其职业活动进行合作的配偶的住所。

第 R134-6 条 （1958 年 12 月 23 日第 58-1345 号法令第 4 条）商业代理人在开始从事职业活动之前，应在其住所所在辖区的商事法院书记室申请注册登记，为此，应当提交一份申报书，法院书记室向其签发回执。

尽管有前款的规定，在下莱茵省、上莱茵省和摩泽尔省，商业代理人的专门注册登记簿，在各大审法院的辖区范围内，由科尔马初审法庭、梅斯初审法庭、牟罗兹初审法庭、萨尔格米纳初审法庭、萨弟尔纳初审法庭、斯特拉斯堡初审法庭和蒂翁维尔初审法庭的书记室掌管。

凡是变更申报书中记载事项的行为，均应进行申报。

第 R123-46 条的规定适用于在第 1 款所指的专门登记簿上进行的变更登记。

用于从事职业活动的、指定用途的概括财产的变更登记，由商业代理人或者第 L526-15 条、第 L526-16 条第 1 款与第 L526-17 条所指的人提出申请；第 L526-16 条第 2 款所指的申明，由重新取得指定用途的概括财产的人提交。将指定用途的概括财产转让某一法人或者作为向公司出资的，由转让人或出资人提出申请。

变更指定用途的概括财产的文书或决定，在其作出之日后 15 日内交存。

在指定用途的概括财产设立之后又增加指定用途的新财产时，证明履行了第 L526-9 条至第 L526-11 条规定之手续的文件，在对新的财产指定用途后 1 个月内交存。法院书记员在这些文件交存后 15 日内，向商业代理人纳税的税务部门发送这些文件的副本。

第 1 款所指的申报义务不适用于住所在国外并且在法国没有设立任何机构，仅在法国临时或偶然从事活动的商业代理人。

第 R134-7 条　按照第 L526-6 条的规定设置指定用途的概括财产的商业代理人应在其会计年度终止后 6 个月内，向专门登记簿交存第 L526-14 条所指的会计文件。

第 R134-8 条　（1958 年 12 月 23 日第 58-1345 号法令第 6 条）停止从事代理活动的任何商业代理人，均应在 2 个月内申请注销其注册登记，并指明停止活动的具体日期。不再符合本《法令》规定条件的商业代理人负有同样的义务。

第 R134-9 条　（1958 年 12 月 23 日第 58-1345 号法令第 7 条）在规定的期限内未提出注销申请的，辖区内受委任监管"商事与公司注册登记簿"的法官依职权或者应共和国检察官或任何利益害关系人的要求作出裁定，责令当事人注销登记。

法官的这一裁定，按照第 R123-140 条规定的条件通知当事人。上诉，按照第 R123-141 条与第 R123-142 条的规定提出。

法官的裁定，自其终局确定之日起 15 日内付诸执行。

如在该期限内没有执行裁定,期限届满,法庭书记官依职权进行注销。

第 R134-10 条 （1958 年 12 月 23 日第 58-1345 号法令第 8 条）商业代理人死亡,申请注销登记的义务由其继承人或概括权利继受人承担。

法庭书记员在接收到登记在册的某一商业代理人的死亡证明,且其继承人或概括权利继受人没有按照前款的规定履行注销登记义务时,依职权在该商业代理人死亡 1 年后注销其登记。

第 R134-11 条 （1958 年 12 月 23 日第 58-1345 号法令第 9 条）司法系统的任何法院作出判决,引起登记在册的商业代理人丧失从事商业代理职业的资格或者被禁止从事该职业时,法院依职权注销当事人的登记。

注销商业代理人的注册登记,由法院书记员进行,或者由其通知有管辖权的法院的书记员。

第 R134-12 条 （1958 年 12 月 23 日第 58-1345 号法令第 10 条）在当事人从事职业使用的文件和信笺上,均应标明其在专门注册登记簿上写明的注册地点和注册号码。

如果商业代理人按照第 L526-6 条之规定设置指定用途的概括财产,也应在专门登记簿上记载用此概括财产所从事的职业活动的宗旨以及从事该职业活动所使用的名称或商号,名称或商号之前或者紧随其后应注明"有限责任个体企业"字样或其缩写名称"RCS"。

第 R134-13 条 如果有关商业代理人注册登记、情况变更或停止活动的申报可以通过电子途径传送与接收,即可经电子途径传送。

本条第 1 款所指的任何经电子途径进行的传送,均应使用按照《民法典》第 1316-4 条以及 2001 年 3 月 30 日第 2001-272 号法令规定的条件经过安全处理的电子签字;但是,对于商业代理人提交的有关注册登记的申报书,使用符合《民法典》第 1316-4 条第 2 款第 1 句规定之条件的方法,即告成立此种电子签字。

法院书记员接收向其传送的上述材料,应按照第 R134-17 条所指的行政令确定的方式出具收据。

第 R134-14 条 （1958 年 12 月 23 日第 58-1345 号法令第 11 条）任何人,为了在第 R134-6 条所指的专门登记簿上进行注册登记或者变更登记或者延展登记而提交不准确或不完整的申报材料的,处《刑法典》第 131-13 条第五项规定的罚金。

第 R134-15 条 （1958 年 12 月 23 日第 58-1345 号法令第 1 条）凡从事第 L134-1 条所指（商业代理）活动的人,有下列行为之一的,处《刑法典》第

131-13 条第五项规定的罚金。

1. 在专门登记簿上注册登记时,不按第 L134-6 条或其实施文件规定的条件进行该条规定的申报的;

2. 申报的事项已经发生变化,不就已进行的申报记载说明此种变更的;

3. (2010 年 11 月 2 日第 2010-1310 号法令第 2 条废止:"不按照第 R134-7 条的规定申请延展注册登记的";)

4. 虽然已经停止从事第 R134-1 条所定义的活动,但不申请从专门登记簿上注销其注册登记的。

第 R134-16 条 (1958 年 12 月 23 日第 58-1345 号法令第 13 条)凡是在专门登记簿上进行注册登记的人,在其从事职业使用的文件或信笺上不写明其注册地点和注册号码的,处《刑法典》第三级违警罪规定的罚金。

第 R134-17 条 (1958 年 12 月 23 日第 58-1345 号法令第 14 条)掌玺官、司法部长和经济与财政部长发布行政令确定提交注册登记申报材料的程序。

第四编　营业资产

第一章　营业资产的买卖

第 R141-1 条　本《法典》第 L141-12 条规定的在《民商事法定公告正式简报》上进行的公告,应当包含第 R123-211 条所指的各项内容。

第 R141-2 条　本《法典》第 L141-18 条所指情况下,在法国本土,进行公告的期限为 15 日;在海外省与海外领土,进行公告的期限为 2 个月。

公告应当写明在主要机构所在地法院辖区内选定的住所,或者在分支机构与主机构一起转让时,分支机构所在地的法院辖区内选定的住所。

第二章　营业资产的设质(无条文)

第三章　营业资产的买卖和设质的共同规定

第一节　质权的实现与登记债权的清偿

第 R143-1 条　(1909 年 3 月 17 日法律第 1 条至第 3 条)在不是按照本《法典》第 L141-19 条、第 L143-3 条至第 L143-8 条、第 L143-10 条、第 L143-13 条至第 L143-15 条之规定公开竞价拍卖营业资产的情况下,买受人欲保障其不受已登记担保的债权人追偿债务,有义务在受到追偿之前,或者在受到支

付催告起 15 日内,向债权人进行登记时选定的住所通知以下事项:

1. 营业资产出卖人的姓名与住所、对营业资产的具体说明、不包括设备和商品在内的买卖价金,或者在按照夫妻财产契约的规定,无偿转移、交换或者(一方)取回营业资产而没有确定价金的情况下,对该营业资产的估价,以及经证明由买受人承担的各项负担、成本费用;

2. 分设 3 个栏目的图表载明:

A. 第一栏,记载该营业资产此前进行过的买卖或设质情况,以及已经进行的登记;

B. 第二栏,记载已经登记担保的债权人的姓名及住所;

C. 第三栏,记载已经登记担保的债权的数额,并写明买受人准备按照营业资产的价金数额,不论债权是否已经到期,均立即清偿已登记担保债权的申明。

第 R143-2 条 (1909 年 3 月 17 日法律第 22 条)前条所指通知应写明在营业资产所在地的法院辖区内选定的住所。

第 R143-3 条 (1909 年 3 月 17 日法律第 22 条)如果营业资产的新所有权人的证书包含该资产的不同构成要素,其中有的负担已登记担保的权利,有的不负担此种权利,则不论是否在同一辖区,也不论是按照单一的价金还是按照分开的价金出卖,在通知中均应当按照证书所载明的总价金分别报明每一要素的价金数额。

第 R143-4 条 (1909 年 3 月 17 日法律第 32 条)为进行营业资产的买卖而委任的公务助理人员,可以请求法院书记员向其提交在其书记室交存的私署买卖文书的副本,也可以请求提供经公证的买卖文书的副本。

第 R143-5 条 (1909 年 3 月 17 日法律第 22 条)应当给予按照本《法典》第 L143-4 条之规定任命的临时管理人(委任的公务助理人员)的费用与补贴费,由商事法院院长确定标准。

第二节 登记与注销手续

第一目 登 记

第 R143-6 条 (1909 年 3 月 17 日法律第 24 条)如买卖文书或者设质文书是私署文书,营业资产的出卖人或者质权债权人(质权人),为登记其优先权,由其本人或者由第三人向商事法院书记员提交这一文书的正本一份;如果是公证文书,提交该文书的副本一份;私署买卖文书或者设质文书保存在法院书记室。

第 R143-7 条 (1909 年 8 月 28 日法令第 3 条)按照第 R143-6 条的规定交存私署的营业资产买卖文书或设质文书,以在法院书记室掌管的专门登记簿上进行的登记确认。

登记簿分为以下 2 个栏目:

1. 第一栏为登记簿的顺序编号;

2. 第二栏登记交存事项的记录,包括交存日期、文书登记的日期与费用、查阅编号、文书的性质、债权人与债务人或者出卖人与买受人的姓名、营业资产的性质与所在地址。

这一记录由法院书记员签字。

交存文书的登记簿按照出卖人或者买受人的姓名字母进行编号检索,并按照第 R143-9 条的规定签字与制作。

第 R143-8 条 (1909 年 3 月 17 日法律第 24 条)营业资产买卖文书或设质文书应附有两份不带印花的清单,清单的格式由掌玺官、司法部长发布的条例确定。清单载明以下事项:

1. 营业资产出卖人与买受人或者债权人与债务人的姓名、住所与职业,如果资产的所有权人是第三人,其姓名、住所与职业;

2. 证书的日期与性质;

3. 买卖价金,按照设备与商品以及营业资产的无形要素分别记载;证书中估计的各项费用负担与表述的债权数额以及有关利息与到期期限的规定;

4. 对营业资产的表述,并具体说明构成该营业资产的、包含在买卖或设质标的范围内的各要素,所涉及的活动的性质及其所在地,以及其他应当报明的事项;如果营业资产的买卖或设质扩张至商业招牌、商业名称、租约权、顾客群体以外的其他要素,则应当分别具体指名说明;

5. 出卖人或者质权人在营业资产所在的法院辖区内选定的住所。

第 R143-9 条 (1909 年 8 月 28 日法令第 1 条)第 R143-6 条与第 R143-8 条所指的各项材料以及向商事法院书记室交存的其他材料,均在交存时加上"入档编号"。

这些材料均登记于带有存根的登记簿,并提交一份该登记的节录的收据,收据应写明:

1. 按照第 1 款的规定,材料的"入档编号";

2. 交存材料的日期;

3. 交存材料的数量与性质,并指明交存材料的原因;

4. 各方当事人的姓名;

5. 营业资产的性质与机构所在地。

法院书记员在收据上注明日期,并按照第 R143-14 条的规定记载优先权已经登录的证明;

登记簿的第 1 页与最后一页均应当签字,每一页均应由法院院长编号并草签。

第 R143-10 条 (1909 年 8 月 28 日法令第 4 条)按照本《法典》第 L141-21 条与第 L141-22 条的规定向法院书记员进行的债权申报,均登记于书记员掌管的登记簿。

登记簿分以下 4 个栏目进行登记:

1. 第一栏为申报的顺序编号;

2. 第二栏为有关申报的记录:指明申报的日期、申报人的姓名、债务人的姓名与地址并指明债务人作为所有权人的营业资产的性质与机构设立地、债权的数额,指明营业资产已作为向公司的出资并载明该公司的性质与注册住所地、该公司设立文书交存法院书记室的日期与编号;这一记录由法院书记员签字;

3. 第三栏为重述登记顺序号;

4. 第四栏为债权申报证明,该证明应分别指明在申报书中所载各事项;这项证明提交申报人,并记载第三栏与第四栏的内容;证明由法院书记员签字。

债权申报登记簿应记载按照债务人的姓名字母顺序排列的查询编号,并按照第 R143-12 条的规定签字、编号与草签。

第 R143-11 条 (1909 年 8 月 28 日法令第 7 条)当营业资产的买卖或转让涉及制造商标、商业商标、工业实用新型,以及营业资产的设质包含发明专利或许可证、商标或实用新型时,商事法院书记员按照第 R143-17 条的规定提交的登记证明书应当包括以下内容:

1. 在法院书记室进行的登记的性质、日期与号码;

2. 买卖文书或设质文书的形式与日期;

3. 质权人与债务人的姓名与地址;

4. 有关营业资产的说明,所涉及的工业产权证书的性质及有关事项。

第 R143-12 条 (1909 年 8 月 28 日法令第 2 条)商事法院书记员为执行第 R141-5 条至第 R141-11 条、第 R142-3 条、第 R143-17 条之规定,按照第

R143-6 条、第 R143-8 条与第 R143-14 条的规定,将出卖人的优先权登记清单与营业资产设质合同产生的优先权登记清单装订在一起,并由这些人负担费用。

法院书记员制作按照债务人的姓名字母编号的检索卡,并指明与之有关的登记的号码。

法院书记员向申请人提交载名登记清单的材料,并由申请人负担费用;但公务助理人员或司法助理人员可以自行取得这项材料。

第 R143-13 条 (1909 年 8 月 28 日法令第 5 条)商事法院院长每年 12 月对第 R143-9 条及随后条款所指的掌管登记簿的情况进行一次审查,确保本节的各项规定均得到遵守,并在登记事项下作出此项证明。

第 R143-14 条 (1909 年 3 月 17 日法律第 25 条)法院书记员接受申请之后,在证书与第 R143-8 条所指的清单上注明已经登记向申请人提交的证书与清单的副本。副本应写明登记的日期与编号。

记载相同事项的其他清单保存于法院书记室。

第 R143-15 条 (1909 年 3 月 17 日法律第 26 条)法院书记员在备注栏内注明此前的登记事项、替换与完全或部分注销登记的情况。此前的登记、替换登记,可以由任何登记的私署文书产生。

第 R143-16 条 (1909 年 3 月 17 日法律第 32 条)商事法院书记员有义务向提出请求的人提交现有登记的清单,并指明此前进行的登记、全部或部分注销与替换登记,或者出具没有任何登记的证明,或者仅写明营业资产上负有已登记的质权。

只要提出请求,可以提供在国家工业产权研究院进行的有关登记或记载事项的清单。

第 R143-17 条 (1909 年 3 月 17 日法律第 33 条)禁止商事法院书记员拒绝或者推迟进行登记,或者拒绝或推迟提交所请求的清单或证明。

在书记室的登记簿上遗漏已向其申请的登记,或者在出具的清单或证明书上遗漏一项或数项已经进行的登记,法院书记员应当承担责任;但是,在后一种情况下,如果遗漏记载并非出于可归咎于书记员的错误,不在此限。

第二目 注 销

第 R143-18 条 (1909 年 3 月 17 日法令第 30 条)未经债权人同意,经本诉途径请求注销登记,应向原进行登记的商事法院提出。

如果是申请注销在不同的法院辖区内就某一营业资产及其分支机构进

行的质权登记,此项请求应向该营业资产的主机构所在辖区的商事法院一并提出。

第 R143-19 条 （1909 年 3 月 17 日法令第 31 条）注销登记,由法院书记员在原登记的备注栏内作出记载。

第 R143-20 条 （1909 年 8 月 28 日法令第 8 条）法院书记员按照本《法典》第 L143-20 条的规定提交的有关注销登记的证明中,应当包含与第 R143-11 条所指的登记证明相同的事项。

第三目 特别规定

第 R143-21 条 （1909 年 8 月 28 日法令第 9 条）向国家知识产权研究院申请登记与注销优先权或无形动产质权,按照所涉证书的性质,通过分别转录商事法院书记员出具的证书为之:

1. 按照证书各自适用的法规确定的条件,在国家专利登记簿或国家商标登记簿上作出转录记载;

2. 应文书的一方当事人的申请,在实用新型专门登记簿上作出转录记载。

上述规定适用于最先优先权与代位权的登记,但是,在此情况下,商事法院书记员出具的证明用第 R143-15 条所指证明替代之。

第 R143-22 条 （1909 年 8 月 28 日法令第 10 条）用包含有软件开发权的资产设质,以及包含有已设质的软件开发权的营业资产的买卖或转让,应提交商事法院书记员出具的登记证书,到国家知识产权研究院进行登记。

第 R143-11 条、第 R143-20 条、第 R143-21 条规定的各项手续适用于在国家知识产权研究院掌管的国家软件专门登记簿上进行登记的各项文书。

第三节 中间人与价金的分配

第 R143-23 条 为适用本《法典》第 L143-21 条的规定,应按照《民事诉讼法典》第 1281-2 条及随后条文的规定处理。

第四章 营业资产的"租赁—经营"

第一节 公告措施

第 R144-1 条 （1986 年 3 月 14 日第 86-465 号法令第 2 条）本《法典》第 L144-1 条规定的租赁经营合同的公告措施，在合同订立之后 15 日内，采用节录的形式，在有资格登载法律公告的报纸上刊载。租赁经营终了，亦应进行相同的公告。

第二节 有关公共运输企业及工业用车辆租赁的特别规定

第 D144-2 条至第 D144-5 条 （略）

第五章 商业租约

第一节 商业租约的延展

第 R145-1 条 （2007 年 3 月 25 日第 2007-431 号法令）出租人，没有按照本《法典》第 L145-11 条规定的条件告知其提议的租金数额的，可以在此后经司法执达员送达挂号信并要求回执，或者通过第 R145-23 条所指的备忘录，请求变更租金。

第二节 租金

第一目 租赁价值的确定

第 R145-2 条 （2007 年 3 月 25 日第 2007-431 号法令）本《法典》第 L145-33 条第 2 款第 1 点至第 5 点所指的各项要素，按照本节确定的条件进行评价。

第 R145-3 条 （1953 年 9 月 30 日第 53-960 号法令第 23-1 条）出租场所的特点，在考虑以下因素的基础上进行评价：

1. 出租场所所在的建筑物的位置、面积与大小，是否便利公众出入；

2. 用于接待公众、从事经营活动或者场所内从事的每一种活动各自所占的面积大小；

3. 每一部分以及与其内从事的活动形式相适应的所做安排的规模；

4. 保养与维护状况。

第 R145-4 条 （1953 年 9 月 30 日第 53-960 号法令第 23-1 条）场所的特点可以受外在因素的影响。由同一出租人出租的、有可能与主出租场所共同使用的附属场所、附属场地或者附带场所，构成租赁场所的外在因素。

若出租场所包括用于居住的部分，这一部分的租赁价值，比照类似居住场所所实行的租赁价格确定，并且可以考虑居住场所合并在整个商用场所之内带来的好处与弊端，适当增加或降低租金。

第 R145-5 条 （1953 年 9 月 30 日第 53-960 号法令第 23-2 条）所谓"出租场所的规定用途"是指租赁合同及附加条款准许的用途，或者，在本《法典》第 L145-47 条至第 L145-55 条所指情况下由法院批准的使用用途。

第 R145-6 条 （1953 年 9 月 30 日第 53-960 号法令第 23-4 条）就考虑从事的商业活动而言，出租场所的商业因素主要取决于该场所所在城市的规模、所在街区或街道的重要性，场所所在的地段、周边各种活动的分布情况、交通状况，从事经营活动的场所具有的特别的吸引顾客的能力以及由于这些因素的持久存在或暂时存在而带来的变革。

第 R145-7 条 （1953 年 9 月 30 日第 53-960 号法令第 23-5 条）"出租场所周边单位面积通常实行的租金"是指类似场所将第 R145-3 条至第 R145-6 条所指的全部因素考虑在内而实行的租金价位。

在没有类似的参考价位时，可以将周边通常实行的租金价位作为参考，确定一个基础价位，并可以根据出租场所与参照场所之间的差别进行调整。

由合同当事人一方或另一方提议的租金参照因素，应当参照多个场所并且写明每一个场所的地址并进行简单描述。这些参照因素可以根据确定租金的时间与方式等方面的不同情况进行调整。

第 R145-8 条 （1953 年 9 月 30 日第 53-960 号法令第 23-3 条）从各方当事人各自承担的义务来看，对场所的使用进行限制，以及如果出租人将通常规定应由其承担的义务转给承租人负担，则构成降低租赁价值的理由；规定承租人负担超过法律与条例或习惯规定的通常义务，亦构成降低租赁价值的因素。（承租人）在租赁过程中进行的改善，只有在出租人直接或间接，特别是同意降低租金，保障其承担费用的情况下，才能在延展租约时将其考虑在内。

自最后一次确定租金之后因法律与规定的义务引起一方或另一方承担的费用,承担费用的人可以提出要求。

原先确定租金价位的方式也应考虑。

第 R145-9 条 (1953 年 9 月 30 日第 53-960 号法令第 23-7 条)土地租金,根据实际批准的经营活动的性质与方式,在考虑与土地有关的特别因素的基础上确定。

第 R145-10 条 (1953 年 9 月 30 日第 53-960 号法令第 23-8 条)尽管有本《法典》第 L145-33 条以及上述第 R145-3 条的规定,单一用途的建筑场所①的租金,可以根据有关的行业活动部门的习惯确定。

第 R145-11 条 (1953 年 9 月 30 日第 53-960 号法令第 23-9 条)专门用作办公室的场所的租金,可参照类似场所的租金价位确定,并可根据出租场所与参照场所之间的差别进行调整。

在此情况下,适用第 R145-7 条第 2 款与第 3 款的规定。

第二目 省商业、工业或手工业用途的建筑物或场所租金事务调解委员会

第 D145-12 条 (1988 年 5 月 9 日第 88-694 号法令第 1 条)本《法典》第 L145-33 条所指的省商业、工业或手工业用途的建筑物或场所租金事务调解委员会的成员包括:出租人、承租人、有资质的人士;调解委员会分为一个或多个部门;每一个部门均由 2 名出租人、2 名承租人和 1 名有资质的人士组成。调解委员会划分几个部门,以及每一部门的正式成员与替补成员,由省长确定与任命。成员任期为 3 年,在征求有代表性的出租人与承租人组织的意见之后,可以延长任期。

第 D145-13 条 (1988 年 5 月 9 日第 88-694 号法令第 1 条)由于其资质身份而被任命的省租金事务调解委员会的成员,不得是商业、工业或手工业用途的建筑物或场所的出租人或承租人。

第 D145-14 条 (1988 年 5 月 9 日第 88-694 号法令第 1 条)不再具备担任省租金事务调解委员会成员资格的人,停止作为该委员会的成员;此外,省长可以依职权宣告没有正当理由连续 3 次不参加调解委员会会议的成员辞职。

第 D145-15 条 (1988 年 5 月 9 日第 88-694 号法令第 2 条)调解委员会

---

① 例如,开设旅馆的建筑物。——译者注

的每一个部门由依据其资质身份受任命的成员主持。省租金事务调解委员会由各部门主席中的年长者主持。

第 D145-16 条 (1988 年 5 月 9 日第 88-694 号法令第 3 条)省租金事务调解委员会制定内部规章,特别规定调查与审查案件的条件。

调解委员会的每一个部门的会议由其主席提议召开,相应情况下,由省长召集。

第 D145-17 条 (1988 年 5 月 9 日第 88-694 号法令第 4 条)省租金事务调解委员会通过向其秘书处寄送的挂号信并要求回执而受理争议;秘书室在确定的日期前至少 15 日用寄送挂号信并要求回执的方式召集各方当事人出席审查有关争议的调解会议。

第 D145-18 条 (1988 年 5 月 9 日第 88-694 号法令第 5 条)双方当事人实现和解的,制作一份(和解)文书,并由双方签字。在没有实现和解的情况下,省租金事务调解委员会发出一项通知,写明各方当事人分歧的要点,以及调解委员会有关变动租金的说明理由的建议。

这项通知由省租金事务调解委员会主席和秘书签字,并立即用挂号信并要求回执通知各方当事人。

第 D145-19 条 (1988 年 5 月 9 日第 88-694 号法令第 6 条)省租金事务调解委员会的成员的报酬,按照负责财政预算和商业、手工业与服务业事务的部长发布的条例确定的条件给予。

省租金事务调解委员会的成员的差旅费,在其是由国家、具有行政性质的国家公共机构与特定的受到资助的机构负担时,其结算条件与规则按照 1990 年 5 月 28 日关于确定民事人员在法国本土出差引起的费用的第 90-437 号法令规定的条件处理。

第三目 租金的调整

第 R145-20 条 (1953 年 9 月 30 日第 53-960 号法令第 26 条)本《法典》第 L145-37 条所指的调整租金的请求,用非司法文书提出,或者用挂号信并要求回执提出。提出的请求应当具体写明所请求或者提议的租金数额,否则无效。

在双方当事人达不成协议的情况下,按照本《法典》第 L145-56 条至第 L145-60 条规定的条件作出判决。

新的价金自提出请求之日开始计算。

第 R145-21 条 (1953 年 9 月 30 日第 53-960 号法令第 30 条)在任何情

况下,法院确定的租金均不得超过按照本《法典》第 L145-37 条与第 R145-20 条或第 L145-11 条提议或请求的数额限制,但如当事人在提出建议或请求之后变更其主张的,不在此限。

第 R145-22 条　（1953 年 9 月 30 日第 53-960 号法令第 28 条）法官可以按照提出请求之日的租赁价值采取按照比例进行调整的方式。

如果为计算调整比例而采纳的因素之一消失,只有按照本《法典》第 L145-38 条规定的条件才能请求或者诉请调整租金。

第三节　程　序

第 R145-23 条至第 R145-33 条（略）

第四节　环境保护方面的附件

第 D145-34 条（略）

第五节　租约负担、税收、使用费与工程费用

第 R145-35 条至第 R145-37 条（略）

第六章　委托经营管理人

第 D146-1 条　在称为"合同前文件"的文件中书面报送本《法典》第 L146-2 条所指的各项情况,其中包括:

1. 委托人是自然人时,其姓名;委托人是法人时,其领导人的姓名;
2. 委托他人管理营业资产的企业的注册住所地址、所从事的活动的性质、其法律形式,以及相应情况下,注册资本数额;
3. 实行委托管理的营业资产在前两个会计年度实现的年营业额以及同一时期的年度资产负债表;
4. 委托他人管理营业资产的企业的创建日期,并且回顾其自创建以来的主要阶段;
5. 委托人可能加盟的经营网以及调整此种加盟事项的合同的性质;
6. 营业资产管理的一般条件;

7. 为确定给予委托经营管理人的报酬而纳入考虑的各项要素、报酬的比例或计算方式；

8. 提议订立的合同的期限及其延展、停止与解除条件。

第 D146-2 条 上述情况应在委托管理合同签字之前至少 10 日传送给委托经营管理人。

第二卷 商事公司及经济利益联合组织

第一编 序　　编

第一节　公司的设立与修改章程

第一目　公司的设立

第 R210-1 条　(1967 年 3 月 23 日第 67-236 号法令第 1 条)所有商事公司均按照第一卷规定的条件在"商事及公司注册登记簿"注册登记。

注册登记申请在完成公司设立手续之后提出。

第 R210-2 条　(1967 年 3 月 23 日第 67-236 号法令第 2 条)公司的存续期限自其在"商事及公司注册登记簿"上注册登记之日起开始计算。

公司存续期限可以延长一次或数次,但每次延长的时间均不得超过 99 年。

第 R210-3 条　(1967 年 3 月 23 日第 67-236 号法令第 285 条第 1 款与 2 款)如设立公司的其他手续均已办理,应在公司注册住所所在省内有资格登载法定公告的报纸上刊登一项通知。

这项通知由接受公司文书并保管文书正本的公证人签字;其他情况下,由公司的创办人或者得到专门授权的股东签字。

第 R210-4 条　(1967 年 3 月 23 日第 67-236 号法令第 285 条第 3 款至第 16 款)第 R210-3 条所指的公告通知应载明以下事项:

1. 公司名称,相应情况下,名称之后应标明其缩写名称;

2. 公司的(法律)形式；

3. 注册资本数额；

4. 注册住所的地址；

5. 公司的宗旨，作概括简述；

6. 设立公司的期限；

7. 对公司债务承担无限责任的股东的姓名、常用名及住所；

8. 在公司里具有经理管理人、董事、董事长、总经理、管理委员会成员、监事会成员或会计监察人身份的股东或第三人的姓名、常用名及住所；

9. 拥有对第三人代表公司之一般权力的人的姓名、常用名及住所；

10. 如果是可以发行股票的公司，上述通知还应包括以下事项：

A. 参加股东大会及行使表决权的条件，尤其是分派双重表决权的条件；

B. 相应情况下，是否规定了有关股票受让人的认可条款，以及有资格对认可申请作出审议决定的机关；

11. 如果是可变资本公司，上述通知应载明此事项，并指出公司资本不得减至其下的最低数额。

第 R210-5 条 （1967 年 3 月 23 日第 67-236 号法令第 25 条）设立有限责任公司时，以设立中的公司的名义完成的各项行为的文书清单，以及每一项行为对公司引起的义务的说明，在公司章程签署之前，提交给各股东。

该项清单作为章程附件。签署章程即意味着公司此后在"商事及公司注册登记簿"上注册登记时，接承上述义务。

此外，持股人得在公司章程中，或者用单独文书，委托 1 名或数名股东或者非股东的经理管理人，为公司的利益承担义务，但是，此种义务应当是确定的，其履行方式在委托书中应有具体规定。公司在"商事及公司注册登记簿"上注册登记意味着接承这些义务。

第 R210-6 条 （1967 年 3 月 23 日第 67-236 号法令第 74 条）设立（2009 年 5 月 19 日第 2009-557 号法令）"非公开募集资本的"可以发行股票的公司时，为设立中的公司的利益完成的各项行为的文书清单以及由每一项行为给公司带来的义务的说明，均按第 R225-14 条规定的条件提供给各股东。

该份清单作为章程附件。公司章程一经签署，即意味着公司此后在"商事及公司注册登记簿"上注册登记时接承上述义务。

此外，公司股东得在章程中，或者以单独文书，委托其中 1 人或数人以公司名义承担上述义务，但此种义务应当是确定的，其履行方式亦由委托书明确作出规定。公司在"商事及公司注册登记簿"上注册登记意味着接承此种义务。

第 R210-7 条 （1967 年 3 月 23 日第 67-236 号法令第 67 条）设立（2009 年 5 月 19 日第 2009-557 号法令）"非公开募集资本的"、可以发行股票的公司时，为设立中的公司的利益完成的各项行为的文件清单，以及按照本《法典》第 L210-6 条第 2 款之规定完成的各项行为的文件，在指定公司首任董事会成员或监事会成员以及首任会计监察人以后，提交公司成立大会。

公司发起人在其报告中应逐一列举上述文件，并指明公司由此承担的义务。

如果成立大会批准公司接承上述义务，此项决定仅在公司按照上述第 R210-6 条第 2 款所指的条件于"商事及公司注册登记簿"上注册登记之后才开始生效。

公司成立大会亦可委托 1 名或数名已被指定为公司首任董事会成员或监事会成员的人，为公司的利益接承前述义务，但此种义务应当是确定的，其履行方式亦由委托书作出明确规定。公司在"商事及公司注册登记簿"上注册登记即告接承上述义务。

第 R210-8 条 （1967 年 3 月 23 日第 67-236 号法令第 286 条）公司在"商事及公司注册登记簿"上注册登记之后，应按照第 R123-155 条的规定在《民商事法定公告正式简报》上进行公示。

第二目 章程的修改

第 R210-9 条 （1967 年 3 月 23 日第 67-236 号法令第 287 条）如因修改章程或由于其他某一文书、审议决定或决议，致使第 R210-3 条所指的通知中某一记载事项已经过时，应当按照该第 R210-3 条规定的条件对发生的变更进行公示。

前述通知由受理该文件的公证人签署，或者由接受寄存该文件原件的公证人签署，在其他情况下，由公司的法定代表签署。

通知应载明以下事项：

1. 公司的商号或名称，相应情况下，其缩写名称；
2. 公司的法律形式；
3. 注册资本数额；
4. 注册住所；
5. 第 R123-237 条第 1 点与第 2 点规定的事项以公司在国家统计及经济研究院的单一鉴别号码；

6. 载明所修改的内容,并在其旁边载明修改前的文字。

第 R210-10 条 （1967 年 3 月 23 日第 67-236 号法令第 288 条）公司章程中提及的首任经理管理人、董事、监事会成员、会计监察人的姓名,在进行公告以及作为附件交存至"商事及公司注册登记簿"的章程中可不予记载,除章程另有规定外,亦无须以继任职务的人的姓名取代之。

第 R224-2 条第 4 点与第 8 点所指的应载事项,如公司在"商事及公司注册登记簿"上注册登记已经超过 5 年,在重新制定章程时亦可不提及。

第 R210-11 条 （1967 年 3 月 23 日第 67-236 号法令第 289 条）在公司将其注册住所迁出其注册登记的法院管辖范围的情况下,其在新的注册住所所在省的法定公告报纸上发布的通知应当说明公司的注册住所已经迁移,并且应重述第 R210-4 条第 1、2、4、9 点所指事项,此外,还应指明:

1. 公司在原注册住所地有关的第 R123-237 条第 1 点与第 2 点规定的事项;

2. 公司因其新注册住所而进行注册登记的"商事及公司注册登记簿"。

第三目 补正手续之诉讼

第 R210-12 条 （1967 年 3 月 23 日第 67-236 号法令第 3 条）第 R210-7 条规定的有关补正公司设立或修改章程手续的诉讼向商事法院提出。

有地域管辖权的法院是公司注册住所辖区的法院。

第 R210-13 条 如公司章程中没有写入法律或条例要求的一项或数项应载事项,法院得责令按照公司设立时应当遵守的同样条件补全缺项。

如法律或法规要求的设立公司或修改章程应当办理的某项手续未予办理或办理得不符合规定,法院得责令补办或重办该项手续;与此同时,法院得命令在没有办理或者办理得不符合规定的手续以后办理的所有手续或其中部分手续均应重新办理。

第二节 公司的解散

第 R210-14 条 （1967 年 3 月 23 日第 67-236 号法令第 4 条）公司的全部股份或股票集于其 1 人之手的股东或持股人,可以随时通过向商事法院书记室提交申明,请求解散公司,并在"商事及公司注册登记簿"上记载公司解散事由。

申明解散公司的人为清算人,但如其另外指定他人行使这一职权,不在此限。

第 R210-15 条 （1967 年 3 月 23 日第 67-236 号法令第 51 条）不论因何原因，司法解散公司，均由商事法院管辖。

第三节 公告的形式

第 R210-16 条 （1967 年 3 月 23 日第 67-236 号法令第 281 条）采用通知或通告的形式进行的公告，视具体情况，登载于《民商事法定公告正式简报》，或者登载于公司注册住所所在省有资格接受刊登法定公告的报纸，或者登载于《强制性法定公告简报》。

第 R210-17 条 （1967 年 3 月 23 日第 67-236 号法令第 282 条）采用交存文书或其他文件的形式进行的公示，在商事法庭书记室进行，并按照本《法典》第一卷第二编第三章第一节规定的条件作为"商事及公司注册登记簿"的附件。

第 R210-18 条 （1967 年 3 月 23 日第 67-236 号法令第 283 条）公告手续由公司法定代表人按规定办理并由其承担责任。

如果不涉及公司设立也不涉及修改章程的某一公告手续漏办或者办理得不符合规定，公司在受到催告后 1 个月内仍未纠正其状况的，任何利害关系人均可请求商事法院院长依紧急审理程序指定 1 名委托代理人负责完成应当办理的手续。

第 R210-19 条 （1967 年 3 月 23 日第 67-236 号法令第 284 条）在本《法令》规定由商事法院院长依诉状或者依紧急审理程序作出裁定的情况下，该项裁定的副本由商事法庭书记员归入公司档案并作为"商事及公司注册登记簿"的附件。

第 R210-20 条 股票准许进入规范市场交易的公司有义务设置一个网站，以满足向股东告知情况的义务要求。

第二编　有关各种商事公司的特别规定

第一章　合名公司

第 R221-1 条　（1967 年 3 月 23 日第 67-236 号法令第 6 条）如公司章程是用私署文书制定的，应制作必要份数的原件，一份存放于公司注册住所，其他各件供办理各种必要手续时使用，并且交由每位股东各持一份。

第 R221-2 条　（1967 年 3 月 23 日第 67-236 号法令第 9 条）公司股东作出的任何审议决定，均应以笔录（记录）确认。会议记录（笔录）应指明会议召开的日期与地点、出席会议的股东的姓名、提交讨论的文件及报告、讨论发言概略、交付表决的决议文本以及表决结果。会议记录应由每一位出席会议的股东签字。

如公司的所有股东均是经理管理人，只有当审议的议题超出赋予管理人的权力时，始受前款规定约束。

在向股东书面征求意见的情况下，会议记录应载明此项事由，并由经理管理人签字。每一位股东所做的答复均附于会议记录。

第 R221-3 条　（1967 年 3 月 23 日第 67-236 号法令第 10 条）第 R221-2 条所指的会议记录用专门的登记簿册装订并加编号，保存于公司注册住所，由公司注册住所所在地的商事法院的 1 名法官签字，或者由初审法院法官或市镇的市长或市长助理签字，无须收费。会议记录用普通格式制作。

但会议记录也可以用活页制作，加以编号。编号不得中断，并应按照前款规定的条件签字，加盖签字机关的印记。在某一活页仅部分使用时，该页应附于已用过的活页之后。禁止任何加页、抽页、换页或颠倒顺序。

第 R221-4 条 （1967 年 3 月 23 日第 67-236 号法令第 11 条）股东所做的审议决议的复印件与摘要，经 1 名经理管理人确认，即属符合原本并且有效。在公司清算期间，审议决议的复印件与摘要经 1 名清算人确认即属有效。

第 R221-5 条 （1967 年 3 月 23 日第 67-236 号法令第 12 条）为执行本《法典》第 L221-9 条第 2 款有关指定会计监察人的规定，公司资产负债总额定为（2001 年 4 月 27 日第 2001-373 号法令）"155 万欧元"，税负外营业额为"310 万欧元"，受薪雇员平均人数为 50 人。资产负债总额，税负外营业额以及受薪雇员平均人数按照第 R123-200 条第 4、5、6 款的规定确定。

凡是在委任的会计监察人任职期满以前两个会计年度内上述三项数字中有两项没有达到的公司，无须再行指定会计监察人。

在本《法典》第 L221-9 条第 3 款所指情况下，会计监察人由商事法院院长依紧急审理程序作出裁定指定。

第 R221-6 条 （1967 年 3 月 23 日第 67-236 号法令第 12-1 条）公司年度账目，管理报告，以及相应情况下，集团结算账目和集团管理报告，均存放于公司注册住所，并应在本《法典》第 L221-7 条所指的股东大会召开前至少一个月提交给会计监察人。

第 R221-7 条 （1967 年 3 月 23 日第 67-236 号法令第 12-2 条）公司年度账目、管理报告、打算提出的决议文本，以及相应情况下，集团结算账目、集团管理报告和会计监察人对公司年度账目及集团结算账目所做的报告，在本《法典》第 L221-7 条所指的股东大会会议召开前至少 15 日送发公司股东。

在股东大会召开前 15 日内，公司盘存表应备置于公司注册住所，供股东了解情况，股东可以取得副本。

如公司所有股东均为经理管理人，不适用本条之规定。

第 R221-8 条 （1967 年 3 月 23 日第 67-236 号法令第 13 条）适用本《法典》第 L221-8 条之规定，不担任经理管理人的股东有权在公司注册住所亲自了解公司的商务及财会簿册、合同、发票、通信、纪要，总之，了解公司制定与收到的一切文件。

了解上述事项的权利即意味着有权取得副本。

在行使上述权利时，股东可以请 1 名专家协助，该专家从法院制定的名单中挑选。

第 R221-9 条 （1967 年 3 月 23 日第 67-236 号法令第 14 条）本《法典》第 L221-14 条规定进行的公告，如文书是采用公证文书的形式，应向"商事及公司注册登记簿"交存两份转让文书副本，或者，如其是以私署文书的形式制作，应向上述登记簿交存两份转让证书的原件。

第 R221-10 条 （1967 年 3 月 23 日第 67-236 号法令第 15 条）在公司没有支付款项或者没有设立担保的情况下，债权人只有在向公司发出催告至少经过 8 天之后，才能对某一股东提出求偿请求。

商事法院院长得依紧急审理程序作出裁定延长此期限。

第二章 普通两合公司

第 R222-1 条 （1967 年 3 月 23 日第 67-236 号法令第 17 条）第一章的规定适用于普通两合公司。

第 R222-2 条 （1967 年 3 月 23 日第 67-236 号法令第 18 条）有限责任股东提出的意见、建议，实行的监督及监察行为，不构成本《法典》第 L222-6 条意义上的公司对外管理行为。

第 R222-3 条 （1967 年 3 月 23 日第 67-236 号法令第 19 条）有限责任股东依第 R221-8 条规定的条件行使本《法典》第 L222-7 条设定的权利。

第三章 有限责任公司

第 R223-1 条 （1967 年 3 月 23 日第 67-236 号法令第 20 条）如公司章程是采用私署证书制定，应制作必要份数的原件，一份留公司注册住所存档，其他备份用于履行必要手续。

另外，公司章程应当用无格白纸制作，交每位股东各持一份。

第 R223-2 条 （2008 年 12 月 19 日第 2008-1419 号法令）由唯一的自然人股东担任公司经理的有限责任公司的章程的范本，见本卷附件 2-1。[①]

企业手续办理中心，或者在第 R123-5 条第 2 款所指情况下，商事法院书记员，向公司的发起人免费提交这种公司章程范本。

该书记员应告知除另外附有章程的文本之外，在申请注册登记时，可以使用这一范本。

第 R223-3 条 （1967 年 3 月 23 日第 67-236 号法令第 22 条）来自缴纳股款的资金，由接收资金的人在 8 日内以设立中的公司的名义交存公证人

---

① 附件略。——译者注

处，或者交存至某一信托银行寄存处。

股款缴纳与资金交存事宜在公司章程中应予载明。

第 R223-4 条 （1967 年 3 月 23 日第 67-236 号法令第 23 条）资金的提取，由公司的委托代理人进行；委托代理人应出示商事法院书记室出具的证明公司已经在"商事及公司注册登记簿"注册登记的证明。

第 R223-5 条 （1967 年 3 月 23 日第 67-236 号法令第 24 条）为适用本《法典》第 L223-8 条第 2 款之规定：

1. 公司注册住所地的商事法院院长可以依提出的申请作出审理裁判，批准个人提取股款资金。

2. 委托代理人证明其持有全体出资人的书面批准书，为集体提取资金。

第 R223-6 条 （1967 年 3 月 23 日第 67-236 号法令第 25 条）出资评估鉴定人从本《法典》第 L822-1 条所指的名册上登记的会计监察人中挑选，或者从法院及法庭制定的登记名册上登记的专家中挑选。

相应情况下，尤其是在本《法典》第 L223-33 条所指情况下，出资评估鉴定人由商事法院院长依申请作出裁定指定。

第 D223-6-1 条 为适用本《法典》第 L223-9 条第 2 款之规定，任何实物出资的价值均不得超过的数额确定为 3 万欧元。

第 R223-7 条 （1967 年 3 月 23 日第 67-236 号法令第 27 条）本《法典》第 L223-11 条所指的介绍情况的文件均应在任何认购之前制定，并提交或者寄送任何提出认购请求的人。

这一文件应载明有利于向认购人提供情况的各事项，至少应写明以下情况：

1. 公司名称，并且应在紧接名称之前或者其后按照本《法典》第 L223-1 条第 2 款的规定标明"有限责任公司"或其缩写"SARL"，以及在相应情况下，表明公司名称的缩写、注册住所的地址、注册资本数额以及第 R123-237 条第 1 点与第 2 点所指的事项；

2. 公司的宗旨，作概括简述；公司的（法律）形式；

3. 公司正常的终止期限；

4. 对公司从事的活动以及发展前景的表述；

6. 公司指定的会计监察人及其替补人的姓名及任命日期；

7. 公司的自有资金，除发行资本之外其他义务承诺的总额以及按照支付期限进行分摊的数额；

8. 对公司的活动或者财务状况可能产生相当影响的事实，特别是有关的诉讼案件。

第 R223-8 条 （1967 年 3 月 23 日第 67-236 号法令第 27-1 条）第 R223-7 条所指的介绍情况的文件应附有以下材料：

1. 股东大会通过并由经理管理人认证无误的最后一期的资产负债表的副本；

2. 如果制定资产负债表的时间是在发行开始之前超过 10 个月，应制作一份不超过最近 10 个月的公司资产与负债状况的清单，并由经理管理人承担责任；

3. 正在进行中的经营期开始以来社会事务方面的情况，以及在没有召开股东大会的情况下，前一个经营期社会事务方面的情况。

第 R223-9 条 （1967 年 3 月 23 日第 67-236 号法令第 27-2 条）本《法典》第 L223-11 条所指的说明书应在任何认购之前制定，并提交或者寄送任何提出认购请求的人。

说明书应载明以下情况：

1. 发行的目的；

2. 发行的数额；

3. 发行的债券的数量，其面值、毛收入与净收入的估计；

4. 发行条件，计算利息的利率、方式与支付方式，债券偿还期与偿还条件；

5. 相应情况下，为担保债券的偿还而设置的担保以及鉴别担保人与评价担保人支付能力的各项情况；

6. 债券的转让方式，相应情况下，回购债券的方式；

7. 是否有债券持有人群体及其组织；

8. 在发行本次债券时尚未偿还的前期债券的数额；

9. 在发行本次债券时尚未偿还的、由公司担保的借贷债券的发行数额，相应情况下，这些借贷款项受担保的部分。

第 R223-10 条 （1967 年 3 月 23 日第 67-236 号法令第 27-3 条）第 R228-60 条，除其确定第 R228-59 条第 2 款适用条件的内容之外，以及第 R228-61 条至第 R228-64 条，均适用于同期债券持有人集体的代表。

第 R228-65 条至第 R228-69 条以及第 R228-72 条至第 R228-80 条之规定适用于债券持有人大会。

第 R228-81 条至第 R228-83 条之规定适用于为担保债券的偿还而设立的公司。

第 R228-84 条至第 R228-86 条适用于司法保护程序、重整程序或清算程序。

第 R223-11 条 （1967 年 3 月 23 日第 67-236 号法令第 29 条）本《法典》第 L223-14 条第 2 款及第 R223-15 条规定的有关公司股份的转让方案或者设质方案，采用非司法文书或者用挂号信并要求回执的方式进行通知。

《民法典》第 1843-4 条所指的专家由商事法院院长指定。商事法院院长在本《法典》第 L223-14 条第 3 款所指情况下，依申请进行审理、作出裁定；在本《法典》第 L223-14 条第 4 款所指情况下，商事法院院长依紧急审理程序作出裁定。对此项裁定不得提出救济申请。

第 R223-12 条 （1967 年 3 月 23 日第 67-236 号法令第 30 条）按第 R223-11 条的规定向公司经理管理人进行通知后 8 日内，经理管理人应当召集股东会议，以审议公司股份的转让方案，或者，在章程允许的情况下，就此方案书面征求股东的意见。

公司作出的决定用挂号信并要求回执的方式通知转让人。

第 R223-13 条 （1967 年 3 月 23 日第 67-236 号法令第 31 条）公司股份转让按照第 R221-9 条的规定进行公示。

第 R223-14 条 （1967 年 3 月 23 日第 67-236 号法令第 32 条）任何股东均有权随时提出请求，到公司注册住所地，并在提出请求的当日，获得经认证无误的章程副本。

公司在该文件中附上经理管理人的名单，相应场合，附上在职的会计监察人的名单，公司对提供该项文件不得要求支付超过 0.3 欧元的费用。

第 R223-15 条 （1967 年 3 月 23 日第 67-236 号法令第 33 条）任何股东均有权在任何时候亲自到公司注册住所了解下列文件：公司资产负债表，损益账目及其附件，公司盘存表，提交股东大会的报告，有关最近 3 个会计年度的此种大会的会议记录；除涉及公司盘存表之外，查询权即意味着取得副本的权利。

为此目的，股东得请一位在法院和法庭制定的名单上登记的专家协助。

第 R223-16 条 （1967 年 3 月 23 日第 67-236 号法令第 34 条）如公司已指定会计监察人，经理管理人在本《法典》第 L223-19 条所指的协议订立之后 1 个月期限内，向会计监察人通知该协议。

如前一会计年度订立的协议延续执行至最近一会计年度，在该会计年度结束后 1 个月期限内，将亦应此种情况告知会计监察人。

第 R223-17 条 （1967 年 3 月 23 日第 67-236 号法令第 35 条）本《法典》

第 L223-19 条第 1 款所指的报告包括下列内容:

1. 需要提交股东大会批准的协议;
2. 与这些协议有利害关系的经理管理人或股东的姓名;
3. 协议的标的与性质;
4. 此种协议的主要条件,尤其要指明实行的价格或收费标准、已经同意给予的回扣及佣金、已给予的支付期限、约定的利息、设立的担保,以及相应情况下,可供股东评判与所订协议有关的利益的各项说明。
5. 本会计年度因履行第 R223-16 条第 2 款所指的协议而实现的交货或提供服务的数量、支出与收取的款额。

第 R223-18 条 (1967 年 3 月 23 日第 67-236 号法令第 36 条)公司年度账目、管理报告以及提议的决议文本、集团结算账目、集团管理报告以及会计监察人对集团结算账目与年度账目提出的报告,在本《法典》第 L223-26 条所指的大会召开前至少 15 日送发股东。

大会召开之前 15 日内,公司盘存表存放于公司注册住所,供股东查阅,但不能取得副本。

第 R223-19 条 (1967 年 3 月 23 日第 67-236 号法令第 37 条)在召集本《法典》第 L223-26 条第 1 款所指的大会以外的其他大会的情况下,提议的决议文本、经理管理人的报告,以及在相应情况下,会计监察人提出的报告,在会议召开前至少 15 日发送股东。

此外,在会议召开前 15 日内,上述文件存放在公司注册住所,供股东查阅或者取得副本。

第 R223-20 条 (1967 年 3 月 23 日第 67-236 号法令第 38 条)应在股东大会会议召开前至少 15 日用挂号信对股东进行会议召集,挂号信应指出会议的议事日程。但是,由于唯一的经理管理人死亡,由会计监察人或者某一股东按照本《法典》第 L223-27 条第 4 款的规定召集股东大会时,提前期限减少为 8 天。

除了无关紧要的杂项之外,载入会议议事日程的问题均应表述清楚,使其内容和意义均很明白,而无须参阅其他文件。

在本《法典》第 L223-27 条第 4 款所指情况下,负责召集股东会议的委托代理人,由商事法院院长依紧急审理程序裁定指定。

第 R223-20-1 条 (2009 年 2 月 25 日第 2009-234 号法令第 2 条)为执行本《法典》第 L223-17 条第 3 款的规定,保证通过同步传输影像的方式或电讯途径参加股东大会的股东的身份得到鉴别并实际参加会议;所采用的方法至少应能传送参加人的声音,并具备能够不间断地同步传送大会审议情况的技术性能。

凡是章程规定准许股东通过电子途径或电讯途径在股东大会上进行投票表决的公司,应为此目的开通专门网站;股东只有通过在股东大会召开之前提供的密码,经过身份鉴别之后才能进入该网站。

各股东只有在通过大会召开之前提供的密码得到身份鉴别之后才能参加大会辩论与行使表决权。

第 R223-21 条　(1967 年 3 月 23 日第 67-236 号法令第 39 条)股东委托他人出席会议的委托书仅对一次大会有效,但此种委托书可以对同一天举行的两次大会有效,或者在 7 日内有效。

委托代表出席一次股东大会的委托书,对于议事日程相同的连续召开的会议均有效。

第 R223-22 条　(1967 年 3 月 23 日第 67-236 号法令第 40 条)在书面征求股东意见的情况下,提议的决议文本以及有必要告知股东的各项文件,均用挂号信分别送发每一位股东。

股东自其收到决议草案之日起最少有 15 天的时间用书面方式进行投票。

第 R223-23 条　(1967 年 3 月 23 日第 67-236 号法令第 41 条)股东大会由经理管理人或者经理管理人之一主持;如经理管理人均不是股东,在唯一的股东经理死亡的情况下,由出席并占有或代表公司股份最多且同意主持大会的 1 名股东主持大会。

如有两名股东占有或代表相同数量之股份并且均同意主持大会,大会由该两名股东中年长者主持。

第 R223-24 条　(1967 年 3 月 23 日第 67-236 号法令第 42 条)股东大会进行的任何审议均由笔录(记录)确认。笔录(记录)载明会议召开的日期、地点,会议主席的姓名、身份,出席或(2009 年 2 月 25 日第 2009-234 号法令第 3 条)"按照本《法典》第 L223-27 条第 3 款的规定视为出席"或由他人代表出席会议的股东的姓名以及他们各自持有的股份数额,向大会提交的文件与报告,会议讨论的概要,付诸表决的决议文本及表决结果。(2009 年 2 月 25 日第 2009-234 号法令第 3 条)"视频会议和电子通讯转输方面可能发生的故障打乱会议进行的情况下,大会笔录(记录)应记载可能出现的有关情况。"

在书面征求意见的情况下,上述事项应在笔录中予以记明并附有每一位股东所做的答复。

笔录由经理管理人制作并签字，相应情况下，由会议主席制作并签字。第 R221-3 条及第 R221-4 条的规定适用于制作笔录的经理管理人或会议主席。

第 R223-25 条 （1967 年 3 月 23 日第 67-236 号法令第 42-1 条）在仅有 1 名股东的公司内，且该唯一持股人不是唯一经理管理人的情况下，涉及由唯一持股人代替股东大会对公司账目作出批准决议时，公司的管理报告、账目，以及相应情况下，会计监察人提出的报告，均由该公司的经理管理人在本《法典》第 L223-31 条第 2 款规定的期限届满前至少 1 个月送发唯一持股人。在此期限内，在公司注册住所内存置公司盘存账目供唯一的股东查阅。

第 R223-26 条 （1967 年 3 月 23 日第 67-236 号法令第 42-2 条）唯一持股人取代股东大会所做的每一项决定，均由其保存于本《法典》第 L223-31 条第 3 款所指的登记簿。该登记簿存放在公司注册住所并加编号，由注册住所所在地的商事法院院长或初审法院院长签字，或者由注册住所所在的市镇的市长或其助理签字，不收取费用。对登记簿的副本或摘录进行确认，按照第 R221-4 条的规定进行。

本《法典》第 L223-19 条所指的各项协议按照相同条件记载于登记簿。

就适用第 L223-31 条之规定而言，唯一持股人是唯一经理管理人的情况下，由其按照相同条件在登记簿上记载公司的管理报告、盘存账目以及年度报告均已交存至"商事及公司注册登记簿"。

第 R223-27 条 （1967 年 3 月 23 日第 67-236 号法令第 43 条）第 R221-5 条之规定适用于有限责任公司会计监察人的指定或任命。

第 R223-28 条 （1967 年 3 月 23 日第 67-236 号法令第 44 条）公司年度账目、管理报告，以及相应情况下，集团结算账目和集团管理报告均存放于公司注册住所，并且按照以下具体情况，至少提前 1 个月提交会计监察人：

1. 在本《法典》第 L223-26 条所指的股东大会召集之前；
2. 第 R223-25 条规定的送发给唯一持股人的日期；
3. 由公司唯一经理管理人向"商事及公司注册登记簿"交存本《法典》第 L223-31 条第 2 款所指的各项文件之日。

第 R223-29 条 （1967 年 3 月 23 日第 67-236 号法令第 44-3 条）经理管理人应在 1 个月期限内，依据本《法典》第 L223-36 条的规定书面回答向其提出的问题。在同样期限内，经理管理人将上述问题及其答复的副本转交会计监察人。

第 R223-30 条 （1967 年 3 月 23 日第 67-236 号法令第 44-4 条）按照本

《法典》第 L223-37 条第 1 款所指的条件负责就公司的一项或数项活动提出报告的鉴定人,在商事法院书记室采用挂号信并要求回执的形式通知经理管理人到庭之后,由法院院长依紧急审理程序指定。

共和国检察官提出的进行鉴定的要求,以诉状提出。商事法院书记员向共和国检察官通知开庭日期。

鉴定报告交存至商事法庭书记室,由书记员负责传达。

第 R223-31 条 (1967 年 3 月 23 日第 67-236 号法令第 45 条)股东 1 人或数人,如至少持有公司 1/10 的资本,得为共同利益并自负费用,委派其中 1 人或数人为代表,支持对经理管理人提起的公司诉讼(action sociale)、起诉或应诉。

前款所指的 1 名或数名股东在诉讼进行过程中因失去股东身份或者自动撤诉而退出诉讼的,不影响诉讼继续进行。

第 R223-32 条 (1967 年 3 月 23 日第 67-236 号法令第 46 条)在 1 名或数名股东单独或者按照第 R223-31 条所指的条件提起公司诉讼的情况下,只有在该公司已按照规定通过其法定代表人参加诉讼时,法院始能进行审理。

在公司与其法定代表人之间存在利益冲突的情况下,法院可以指定 1 名专门的委托代理人在诉讼中代表公司。

第 R223-33 条 (1967 年 3 月 23 日第 67-236 号法令第 47 条)如公司已指定会计监察人,减少资本的方案,至少应在拟对该方案作出审议决定的股东会议召开之日前 45 日,通知会计监察人。

第 R223-34 条 (1967 年 3 月 23 日第 67-236 号法令第 48 条)在已经按照本《法典》第 L223-34 条第 4 款规定的条件决定减少资本时,公司股份的收购必须在第 R223-35 条所指的可以提出异议的期限届满后 3 个月内完成。收购股份即告销除这些股份。

第 R223-35 条 (1967 年 3 月 23 日第 67-236 号法令第 49 条)债权人可以对公司减少资本提出异议的期限为 1 个月,自公司决定减少资本的审议笔录交存至商事法院书记室之日起计算。

异议,采用非司法文书的形式通知公司并向商事法院提出。

第 R223-36 条 (1967 年 3 月 23 日第 67-236 号法令第 50 条)由于会计账面出现亏损,公司自有资金降到不足其注册资本一半时,本《法典》第 L223-42 条所指的由股东作出的决定,应在公司注册住所所在省的有资格登载法律公告的报纸上进行公示,并且交存至公司注册住所所在地商事法院的书记室,同时在"商事及公司注册登记簿"上登记备案。

第四章　可以发行股票的公司适用的一般规定

第 R224-1 条　(1967 年 3 月 23 日第 67-236 号法令第 54 条) 如公司章程是用私署文书制定的,应备有必要份数的原件,一份存放于公司注册住所,其他备份为履行必要手续之需。

第 R224-2 条　(1967 年 3 月 23 日第 67-236 号法令第 55 条) 除本《法典》第 L210-2 条所列事项外,且不影响其他有益规定,公司章程应载明下列事项:

1. 已经发行的每一种股票的数目,与这些股票相关联的特别权利的性质,以及相应情况下,每一类股票在公司资本中所占的份额或者组成这类股票的面值;

2. 股票的形式,或者全部为记名股,或者部分为记名股、部分为无记名股;

3. 在限制股票自由交易或转让的情况下,对受让人给予认可应当遵守的特别条件;

4. 实物出资人的身份,对每一个实物出资人投入的实物的评估价值及其折换股票的数目;

5. 享有特别利益的人的身份以及特别利益的性质;

6. 有关公司机关的组成、运作及权力的规定;

7. 有关经营成果的分派、公积金的设立、清产后剩余资产的分配的规定;

8. 签署或者代表他人签署章程或章程草案的所有自然人或法人的身份。

第 R224-3 条　(1967 年 3 月 23 日第 67-236 号法令第 56-1 条) 为适用本《法典》第 L224-3 条之规定,公司转型评估鉴定人按照第 R225-7 条规定的条件指定并完成任务。

公司转型评估鉴定人提出的报告应证明公司的自有资金至少等于注册资本。这一报告至少应在审议公司转型的大会召开之日前 8 日存放在公司注册住所,供股东查阅。在书面征求意见的情况下,该报告的文本应送发每一股东并附有提议的决议文本。

第五章 股份有限公司

第一节 股份有限公司的设立

第一目 公开募集设立

(2009年5月19日第2009-557号法令的3-3条)

第R225-1条 (1967年3月23日第67-236号法令第57条)由法律与条例规定进行的公告,本身不构成(2009年5月19日第2009-557号法令的3-3条)《货币与金融法典》第L411-1条与第L412-1条意义上的公开募集资本。

第R225-2条 (1967年3月23日第67-236号法令第58条)向公司注册住所所在地的商事法院书记室交存的公司章程草案文本应使用无格纸制作,并由公司发起人签字。该文本可以提交给任何要求了解其内容的人,并可交费取得副本。

第R225-3条 (1967年3月23日第67-236号法令第59条)本《法典》第L225-2条第2款所指的招股说明书,应当在认股活动开始之前,先于其他任何公告措施,在《强制性法定公告简报》上进行公告。

招股说明书应载明以下内容:

1. 拟设立的公司的名称;相应情况下,标明其缩写名称;
2. 公司的形式;
3. 供认购的资本数额;
4. 预定的公司注册住所的地址;
5. 公司的宗旨,作概括简述;
6. 预定的公司存续期限;
7. 交存章程草案的日期与地点;
8. 可以用货币认购的股份的数目以及应当立即交付的款额;相应情况下,包括发行溢价在内的应交款额;
9. 待发行的股票的面值;相应情况下,不论在公司章程中是否载明股票的面值,应区别不同类型的股票,分别标明其面值以及与优先股相关的特别权利;
10. 简要描述各项实物出资,实物出资的作价总值、取酬方式,并附带说明此项评估价值与取酬方式属于临时性质；

11. 公司章程草案中为任何人规定的特别利益；

12. 参加股东大会与行使表决权的条件；相应情况下，附带说明有关分派双重表决权的规定；

13. 相应情况下，有关股份受让人需经认可的条款；

14. 有关经营成果分派、公积金设立、清算后剩余财产分配的规定；

15. 公证人的姓名及居所，或者，接收认股款的信贷机构的名称及其注册住所；相应情况下，应指明所收股款已经交存信托银行进行寄存；

16. 认股截止期限，附带说明全部股份在此期限届满前即已完全认购的情况下，提前结束认购股份的可能性；

17. 公司成立大会的召集方式以及召开会议的地址。

招股说明书由公司发起人签署，并指明发起人的姓名、常用名、住所及国籍或者发起人的名称、法律形式，注册住所地以及注册资本数额。

第 R225-4 条 （1967 年 3 月 23 日第 67-236 号法令第 59 条）向公众发出的有关发行股票事宜的简介说明或通知，同样载明前条所指的招股说明书中应当载明的事项，并且指明招股说明书已在第 × 号《强制性法定公告简报》上公布。此外，简介说明或通知还应简述公司发起人使用认股资金的计划。

在报刊上登载的广告及通知同样应当载明前述事项，或者至少应有上述事项的摘要并提及参阅招股说明书，指明招股说明书已在第 × 号《强制性法定公告简报》上进行公示。

第 R225-5 条 （1967 年 3 月 23 日第 67-236 号法令第 61 条）认股单由认股人签字并写明日期，或者由认股人的委托代理人签字并写明日期。认购股份的数字应大写。用无格白纸复制的认股单副本交付认股人。

认股单应载明以下事项：

1. 拟设立的公司的名称；相应情况下，名称之后应标明其缩写名称；

2. 公司的法律形式；

3. 供认购的资本数额；

4. 预定的公司注册住所地址；

5. 公司的宗旨，作概括简述；

6. 交存章程草案的日期与地点；

7. 相应情况下，现金认股的比例以及实物出资认股的比例；

8. 用货币认购的股票的发行方式；

9. 接收认股资金的人的姓名或公司名称与地址；

10. 认股人的姓名、常用名、住所及其认购的股份数目；

11. 向认股人交付认股单副本之事宜；

12. 第 R225-3 条所指的招股说明书在《强制性法定公告简报》上发布之日期。

第 R225-6 条 （1967 年 3 月 23 日第 67-236 号法令第 62 条）来源于货币认股的资金以及载有每一认股人的姓名、常用名、住所及各人所缴股款数额的清单，由收受股款的人为设立中的公司的利益，按照招股说明书的公示，寄存至信托寄存处或公证人处或者（2009 年 3 月 16 日第 2009-295 号法令）"《货币与金融法典》第 L542-1 条第 2 点至第 7 点所指的信贷机构或中间人处"。

股款资金的寄托应当在收到资金之日起 8 日期限内进行，但如其是由信贷机构以及前款所指的有授权资格的中间人收受，不在此限。

股款资金的受寄托人，至资金提取为止，有义务将上述第 1 款所指的清单告知各认股人，以便确认与其认股额相符。凡是提出请求的认股人均可了解情况并可付费取得副本。

第 R225-7 条 （1967 年 3 月 23 日第 67-236 号法令第 64 条）出资评估鉴定人从本《法典》第 L822-1 条所指名册上注册登记的会计监察人中挑选，或者从法院制定的名册上登记的鉴定人中挑选。

出资评估鉴定人亦可由商事法院院长依诉状进行审理与指定。

出资评估鉴定人在完成其工作过程中，可挑选 1 名或数名专家协助。专家的酬金由公司负担。

第 R225-8 条 （1967 年 3 月 23 日第 67-236 号法令第 64-1 条）出资评估鉴定人的报告应详述每项出资实物的情况，指出其采取何种评估方式，申明该出资实物的价值至少符合将要发行的股票面额价值，或者与加上可能的发行溢价相一致。

第 R225-9 条 （1967 年 3 月 23 日第 67-236 号法令第 65 条）出资评估鉴定人的报告在公司成立大会召开之前至少 8 日交存至认股单指明的公司注册住所的预定地址，并且交存至该注册住所所在辖区的商事法院书记室。

该项报告可供认股人查阅，或者取得全文副本或部分副本。

第 R225-10 条 （1967 年 3 月 23 日第 67-236 号法令第 66 条）公司成立大会在第 R225-3 条所指的招股说明书指明的地点召开。

召集会议的通知写明公司的名称、法律形式、预定的注册机构地址、公司资本数额、大会召开的日期、时间与议事日程。

该项会议通知至少应在会议召开前8日刊载于《强制性法定公告简报》以及公司注册住所所在省内有资格接受刊载法律公告的一家报纸上。

第 R225-11 条 （1967年3月23日第67-236号法令第70条）来源于货币认股的资金，由公司的委托代理人提取，委托代理人应出示商事法院书记室出具的证明公司已经在"商事及公司注册登记簿"上注册登记的证明。

第 R225-12 条 （1967年3月23日第67-236号法令第71条）在本《法典》第L225-11条第2款规定的手续未能在同一《法典》第L225-7条第2款规定的期限内完成时，公司被视为在该期限终止之前未能设立。

在前款所指情况下，负责抽回认股资金以便将其返还认股人的委托代理人，由公司预定的注册住所地的商事法院院长依紧急审理程序任命。

第二目 非公开募集设立

第 R225-13 条 （1967年3月23日第67-236号法令第72条）对于非公开募集资本而设立的公司，仅适用第 R225-6 条、第 R225-7 条、第 R225-8 条和第 R225-11 条。

第 R225-14 条 （1967年3月23日第67-236号法令第73条）出资评估鉴定人的报告，在章程签字之前至少3日存放于公司注册住所的预定地址，供未来的股东查阅，并可取得副本。

第二节 股份有限公司的领导与管理

第一目 董事会与总经理

（2002年5月3日第2002-803号法令）

第 R225-15 条 （1967年3月23日第67-236号法令第77条）董事职务，至任职期满的年度内召开的、审议上一个会计年度账目的普通股东大会结束时终止。

第 R225-16 条 （1967年3月23日第67-236号法令第78条）法人被任命为公司董事时，由其指定的常任代表的任职期限即是该法人委任该代表的期限。

如法人撤销对其常任代表的委任，应立即用挂号信将此免职事项通知公司，同时应告知新任常任代表的身份。在法人的常任代表死亡或辞职的情况下，亦同。

第 R225-17 条 （1967 年 3 月 23 日第 67-236 号法令第 79 条）法人常任代表的指定与停止任职，如同该人是以其本人的名义担任董事一样，应履行公示手续。

第 R225-18 条 （1967 年 3 月 23 日第 67-236 号法令第 81 条）本《法典》第 L225-24 条所指的委托代理人由商事法院院长依申请进行审理与任命。

第 R225-19 条 （1967 年 3 月 23 日第 67-236 号法令第 83-1 条）除公司章程另有规定外，董事得以书面形式委托授权另一董事代表其出席某次董事会会议。

在同一次董事会会议上，每一位董事仅拥有依前款规定而接受的一项授权委托。

前两款之规定适用于担任董事的法人的常任代表。

第 R225-20 条 （1967 年 3 月 23 日第 67-236 号法令第 84 条）董事会应备有出席登记簿，由参加董事会会议的董事签到，并记载按照本《法典》第 L225-37 条第 3 款的意义被视为出席会议的董事的人数。

第 R225-21 条 （1967 年 3 月 23 日第 67-236 号法令第 84-1 条）为了保证按照本《法典》第 L225-37 条第 3 款的规定对通过视频或者电讯途径参加会议的董事进行鉴别，以及保证他们能够实际参加会议，这种视频或电讯手段至少应能传输会议参加者的声音，并且具备连续同步传输的技术性能，会议审议的信号传输不得中断。

第 R225-22 条 （1967 年 3 月 23 日第 67-236 号法令第 85 条）董事会审议的事项以笔录确认。笔录设专门的记录簿册，存放于公司注册住所、加以编号并由商事法院 1 名法官签字，或者由初审法院法官或公司注册住所所在市镇之市长或其助理按普通形式签字，不收取费用。

但是，会议笔录也可以用连续编号的活页簿制作，并按照前款的规定签字，加盖签字部门的印记。任何一页，如已填写，即使仅使用了部分页面，亦应与前面已使用的页面附在一起，禁止任何增加页、抽页、换页或页码颠倒。

第 R225-23 条 （1967 年 3 月 23 日第 67-236 号法令第 86 条）董事会会议的笔录（记录）记明出席会议以及按照本《法典》第 L225-37 条的意义被视为出席会议、请假、缺席的董事的姓名，会议记录还应写明依据法定条款的规定应当出席董事会会议的人出席或缺席情况，以及其他列席会议全过程或部分过程的人员的情况。（2009 年 2 月 25 日第 2009-234 号法令第 3 条）"视频会议和电子通讯转输方面可能发生的故障打乱会议进行的情况下，大会笔录

(记录)应记载可能出现的有关情况。"

会议笔录应有会议主席的签字,同时,至少有1名董事签字。在会议主席因故不能签字时,至少应有两名董事签字。

第 R225-24 条 （1967 年 3 月 23 日第 67-236 号法令第 87 条）董事会进行审议的笔录的副本或摘录由董事长、总经理、副总经理、临时代行董事长职权的董事或者 1 名经授权有资格的人员进行鉴证即为有效。

在公司清算过程中,上述副本或摘录由 1 名清算人检证确认即属有效。

第 R225-25 条 （1967 年 3 月 23 日第 67-236 号法令第 88 条）提出会议笔录的副本或摘录,即可用于证实在职的董事会成员人数以及他们出席或委派代表出席董事会的情况。

第 R225-26 条 已经被指定作为公司董事的人,自受任命起,有资格选择第 L225-51-1 条所规定的公司总领导层行使职权的模式之一,并有资格指定董事长、总经理,相应情况下,指定副总经理。

第 R225-27 条 董事会关于选择第 L225-51-1 条所指的公司领导层行使职权的模式的会议记录,应在公司注册住所地所在省的有资格刊登法定公告的报纸上登载公示通知。

第 R225-28 条 （1967 年 3 月 23 日第 67-236 号法令第 89 条）公司董事会得在其确定的总额限度内批准总经理(原规定为"董事长")以公司的名义设立担保、保证或票据担保。此项批准亦可确定一个数额,对于超过此数额承诺的义务,总经理不得设立公司担保、保证或票据担保。在某项义务超过由此确定的数额时,每项担保的设定均应得到董事会的批准。

不论为之设定担保、票据担保及其他保证的原义务的期限如何,前款所指批准的期限,不得超过 1 年。

尽管有上述第 1 款的规定,总经理(原规定为"董事长")仍可受准许代表公司对税务部门、海关管理部门设定保证、担保或票据担保,且无数额限制。

（2002 年 5 月 3 日第 2002-803 号法令）"总经理"(原规定为"董事长")得将其依据前款之规定享有的权利委托他人行使。

如果设定的保证、担保或票据担保的总额超过一定时期内能够提供的担保的限额,此种超额担保,对不了解情况的第三人不具有对抗效力,但如所涉及的义务仅其中一项即已超过董事会依据上述第 1 款作出决定所确定的限额,不在此限。

第 R225-29 条 （1967 年 3 月 23 日第 67-236 号法令第 90 条）董事会得

就一项或多项有确定宗旨的事务,给予1名或多名董事以任何专项委托,或者给予股东或非股东第三人以任何专项委托。

董事会得决定成立若干委员会,负责研究董事会本身或董事长为听取意见而交付其审查的问题。董事会确定此种委员会的人员组成及权限。委员会在董事会负责下开展活动。

第 R225-30 条 （1967 年 3 月 23 日第 67-236 号法令第 91 条）董事长自依据本《法典》第 L225-22-1 条、第 L225-38 条和第 L225-42-1 条之规定批准的协议或承诺的义务订立之日起 1 个月内,将此种协议与义务承诺通知会计监察人。

前一会计年度订立与批准的协议及承诺的义务延续履行至下一个会计年度时,此种情况应在会计年度结束后一个月内告知会计监察人。

第 R225-31 条 （1967 年 3 月 23 日第 67-236 号法令第 92 条）本《法典》第 L225-40 条第 3 款所指的会计监察人的报告应当包括以下内容:

1. 逐项列举需要提交股东大会批准的各项协议与义务承诺;
2. 与此有利益关系的董事的姓名;
3. 与此有利益关系的总经理或副总经理的姓名;
4. 持有公司 10% 以上表决权、与此有关的 1 名或数名股东的姓名,以及如果股东是一家公司,对其实行本《法典》第 L233-3 条意义上的控制的公司的名称;
5. 上述协议的标的及性质;
6. 这些协议与义务承诺的主要条件,尤其要说明实行的价格或收费标准,同意给予的回扣与佣金,商定的付款期限,规定的利率,设定的担保,同意给予的本《法典》第 L225-22-1 条与第 L225-42-1 条所指的每一种优惠利益或补偿金的性质、数额与给予方式,以及相应情况下,其他有助于股东对会计监察人报告中所分析的协议与义务承诺有关的利益作出评价的一切说明;
7. 已经交货的供货或服务的数量以及为履行第 R225-30 条第 2 款所指的协议与义务承诺,在一个会计年度中支付或收取的款项的数额。

第 R225-32 条 （1967 年 3 月 23 日第 67-236 号法令第 92-1 条）董事长最迟应在董事会确定已经过去的会计年度的账目之日,向董事会成员与会计监察人通报本《法典》第 L225-39 条所指协议的标的的清单。

第 R225-33 条 （1967 年 3 月 23 日第 67-236 号法令第 93 条）以出席会议补贴的形式拨给全体董事的收入总额,董事会得自由地在其成员之间进行分配。董事会尤其可以给予担任第 R225-29 条第 2 款所指委员会成员的董事高于其他董事的报酬份额。

董事为公司利益支付的差旅费及开支,由董事会批准报销。

第 R225-34 条 (1967 年 3 月 23 日第 67-236 号法令第 94 条)董事会确定给予临时受委托履行董事长职责的人在受委托期间的报酬,以及相应情况下,确定给予第 R225-29 条第 2 款所指委员会的非董事成员的报酬。

第 R225-34-1 条 (2008 年 5 月 7 日第 2008-448 号法令第 1 条)本《法典》第 L225-42-1 条第 3 款所指的批准,最迟应在作出批准决定的股东大会后 5 日内在有关的公司网站上公示。在受益人任职的整个期间均可查询。

本《法典》第 L225-42-1 条第 5 款所指的、就遵守该条第 2 款规定的条件所做的决定,最迟应在作出这项决定的股东大会后 5 日内在有关的公司网站上公示。至少至下一次股东大会召开之日,均可查询这项决定。

第二目 管理委员会与监事会

第 R225-35 条 (1967 年 3 月 23 日第 67-236 号法令第 96 条)公司管理委员会成员人数由章程确定;在章程未予确定时,由监事会确定。

第 R225-36 条 (1967 年 3 月 23 日第 67-236 号法令第 97 条)如管理委员会成员席位有空缺,监事会在 2 个月内进行增补。

非如此,任何利害关系人均得请求商事法院院长依紧急审理程序临时任命管理委员会成员;监事会得随时更换由此受任命的人。

第 R225-37 条 (1967 年 3 月 23 日第 67-236 号法令第 98 条)如某一监事会成员被任命为管理委员会成员,该人在监事会的任职至其在管理委员会开始任职时即告终止。

第 R225-38 条 (1967 年 3 月 23 日第 67-236 号法令第 68-2 条)被指定为监事会成员的人,自其受任命时起,有资格指定管理委员会的成员及唯一的总经理。

第 R225-39 条 (1967 年 3 月 23 日第 67-236 号法令第 99 条)除公司章程另有规定外,管理委员会成员,经过监事会批准,相互间可以进行领导任务分工。但是,此种分工在任何情况下均不得使管理委员会失去集体负责公司领导事务的机关性质。

第 R225-40 条 (1967 年 3 月 23 日第 67-236 号法令第 100 条)在某项业务活动需经监事会批准而监事会拒绝批准时,管理委员会可以将不同意见提交股东大会,由股东大会对方案的取舍作出决定。

第 R225-41 条 (1967 年 3 月 23 日第 67-236 号法令第 101 条)监事会

成员的任职,在该成员任职到期的年度内召开的审议公司前一个会计年度账目的普通股东大会召开之后即告终止。

第 R225-42 条 (1967 年 3 月 23 日第 67-236 号法令第 102 条)法人被任命为监事会成员时,其指定的常任代表的任职期限为法人委任该人作为常任代表的期限。

如法人免除其常任代表的职务,应立即用挂号信将免职事由通知公司,并向公司通知其新的常任代表的身份。常任代表死亡或辞职的情况,亦同。

第 R225-43 条 (1967 年 3 月 23 日第 67-236 号法令第 103 条)法人常任代表的指定与停止履职,如同该人是以自己名义担任监事会成员一样,应履行公示手续。

第 R225-44 条 (1967 年 3 月 23 日第 67-236 号法令第 105 条)本《法典》第 L225-78 条所指的委托代理人由商事法院院长依申请审理后指定。

第 R225-45 条 (1967 年 3 月 23 日第 67-236 号法令第 107 条)公司章程具体规定有关召开监事会及其进行审议的规则。

但是,如果至少有 1 名管理委员会成员,或者至少有 1/3 的监事会成员提出召开监事会会议的请求,监事会主席最迟应在 15 日内召集监事会会议。

如提出上述请求后没有结果,提出请求的人可以在指明会议议事日程之后,自行召集监事会会议。

第 R225-46 条 (1967 年 3 月 23 日第 67-236 号法令第 107-1 条)除章程另有规定外,监事会的成员得(2002 年 5 月 3 日第 2002-803 号法令)"以书面方式"委托另一监事会成员代表其出席监事会会议。

在同一次监事会会议上,每一位监事会成员只能按照前款规定接受一项委托授权。

前款规定适用于作为监事会成员的法人的常任代表。

第 R225-47 条 (1967 年 3 月 23 日第 67-236 号法令第 108 条)监事会应当备置签到登记簿,供参加监事会会议的成员签到,并且(2002 年 5 月 3 日第 2002-803 号法令)"写明按照本《法典》第 L225-82 条的意义视为出席监事会会议的成员的姓名"。

第 R225-48 条 (1967 年 3 月 23 日第 67-236 号法令第 108-1 条)第 R225-21 条的规定适用于本《法典》第 L225-82 条第 3 款所指的采用视频或电讯手段召开的会议。

第 R225-49 条 (1967 年 3 月 23 日第 67-236 号法令第 109 条)监事会的审议决定以笔录确认,并建立专门的记录登记簿,保存于公司注册住所;会议笔录应加编号,由商事法院的1名法官签字或者由初审法院法官、(1988年4月22日第88-418号法令)"公司注册住所所在"市镇的市长或其助理按照普通形式签字,不收取费用。

但是,笔录亦可用连续编号的活页簿制作,并按照前款规定签字,加盖签字部门的印记。任何一页,如已填写,即使仅使用了一部分,亦应与前面已使用的页面附在一起。禁止任何加页、抽页、换页与页码颠倒。

第 R225-50 条 (1967年3月23日第67-236号法令第110条,2002年5月3日第2002-803号法令修改)会议笔录载明出席、按照本《法典》第L225-82条的意义被视为出席会议以及请假或缺席的监事会成员的姓名;笔录还应写明依据法律规定应当出席监事会会议的人的出席或缺席情况,以及其他列席会议全过程或部分会议的人员出席的情况。(2009年2月25日第2009-234号法令第3条)"在召开视频会议以及采用电子通讯转输方式可能发生的故障打乱会议进行的情况下,大会笔录(记录)应记载可能出现的有关情况。"

会议笔录由会议主席以及至少1名监事会成员签字。在会议主席因故不能签字的情况下,应至少有两名监事会成员签字。

第 R225-51 条 (1967年3月23日第67-236号法令第111条)监事会会议进行审议的记录副本或摘录,由监事会主席、副主席、管理委员会的1名成员或者经授权有资格的人签证确认即属有效。

在公司清算过程中,上述副本或摘录由1名清算人签证确认即属有效。

第 R225-52 条 (1967年3月23日第67-236号法令第112条)提交会议笔录的副本或摘录,即可用于证实公司监事会在职的成员人数以及他们出席或派代表出席监事会会议的情况。

第 R225-53 条 (1967年3月23日第67-236号法令第113条)监事会可以在其确定的总数额限度内,授权管理委员会以公司名义设立保证、担保或票据担保。此项批准授权也可按每一项义务承诺确定一个数额,超过此数额的,管理委员会不得设定担保。在一项义务超过上述确定的数额时,每项担保的设定均应得到监事会批准。

不论为之设定担保、保证或票据担保的原义务的期限如何,前款所指的授权期限均不得超过1年。

尽管有上述第1款的规定,管理委员会仍可经授权代表公司对税务部门、海关管理部门设定担保、保证或票据担保,且无数额限制。

管理委员会可以将其依据前款规定而享有的权利委托他人行使。

(1968年1月2日第68-25号法令)"如果设定的担保、保证或票据担保的总额超过了一定时期内能够提供的担保限额,这种超过担保限额的情形,对于不了解情况的第三人不具有对抗效力,但是,如果涉及的义务仅其中一项即已超过监事会依上述第1款所确定的限额,不在此限"。

第 R225-54 条 (1967年3月23日第67-236号法令第113-1条) 监事会可以按照其对每一个项目确定的数额限度,批准管理委员会转让不动产实物、转让全部或部分参股份额、设立担保。如涉及的项目超过其确定的款额,每一项目均应得到监事会批准。

管理委员会可以将其依据前款规定而享有的权利委托他人行使。

项目未得到批准之事实,对第三人不产生对抗效力,但如公司能够证明第三人知道或不可能不知道项目未得到批准之事实,不在此限。

第 R225-55 条 (1967年3月23日第67-236号法令第114条) 本《法典》第L225-68条第5款所指期限为3个月,自会计年度结束时起开始计算。

第 R225-56 条 (1967年3月23日第67-236号法令第115条) 监事会得就一项或多项有确定标的的事务给予其1名或多名成员以任何专项委托。

监事会得在其内部设立若干委员会,各委员会的组成与权限由监事会确定。委员会在监事会负责下开展活动,但不得通过此种授权将法律或公司章程赋予监事会本身的权力委托给这种委员会,亦不得产生减少或限制管理委员会权力的后果。

第 R225-57 条 (1967年3月23日第67-236号法令第116条) 监事会主席应在依据本《法典》第L225-79-1条、第L225-86条或者第L225-90-1条之规定而批准的协议与义务承诺书签订起1个月内,将此协议与义务承诺告知会计监察人。

当前一财务年度内订立并批准的协议与承诺的义务延续履行至下一会计年度时,此种情况应在会计年度结束后1个月内告知会计监察人。

第 R225-58 条 (1967年3月23日第67-236号法令第117条) 本《法典》第L225-88条第3款所指的会计监察人的报告应载明以下内容:

1. 逐项列举提交股东大会批准的各项协议与义务承诺;
2. 与此有利益关系的监事会与管理委员会成员的姓名;
3. (2002年5月3日第2002-803号法令) 与此有利益关系的持有超过10%表决权的1名或数名股东的姓名;如果这些股东是公司,按照本《法典》第L233-3条之意义控制该公司的公司的名称;
4. 上述协议与义务承诺的标的及性质;
5. 此种协议与义务承诺的主要条件,尤其应说明实行的价格或收费标准，同意给予的回扣与佣金，商定的付款期限，规定的利率，设定的担保，本《法典》第 L225-79-1 条与第 L225-90-1 条所指的每一种利益或补贴的数额与给予方式，以及相应情况下，其他有助于股东评价与报告中所分析的协议与义务承诺有关的利益的一切说明。

6. 提供的供货或服务的数量以及为履行第 R225-57 条第 2 款所指的协议和义务承诺，在一个会计年度中支付或收取的款项数额。

第 R225-59 条 （1967 年 3 月 23 日第 67-236 号法令第 117-1 条）监事会主席最迟应在监事会审核与监督过去一个会计年度的账目之日向其成员与会计监察人报送本《法典》第 L225-87 条所指协议的清单与标的。

第 R225-60 条 （1967 年 3 月 23 日第 67-236 号法令第 118 条）以出席会议补贴的形式拨给全体监事会成员的总款额，监事会得自由地在其成员之间进行分配。监事会尤其可以给予担任第 R225-56 条第 2 款所指委员会成员的监事高于其他监事的报酬份额。

（2007 年 12 月 26 日第 2007-1851 号法令第 2 条）"监事会得批准报销其成员为公司利益所支付的差旅费及开支"。

第 R225-60-1 条 （2008 年 5 月 7 日第 2008-448 号法令第 2 条）本《法典》第 L225-90-1 条第 3 款所指的批准，最迟应在为作出审议决定而召开的监事会会议之后 5 日内在公司网站上进行公示，在受益人任职的整个期间均可在该网站查阅。

本《法典》第 L225-90-1 条第 5 款所指的就遵守该条第 2 款规定的条件以及进行支付而作出的决议，最迟应在为作出审议决定而召开的监事会会议之后 5 日内在公司网站进行公示，至少到下一次普通股东大会前均可在该网站查阅。

第三节　股　东　大　会

第 R225-61 条 （1967 年 3 月 23 日第 67-236 号法令第 119 条）凡是章程准许股东通过电子通信方式在股东大会上投票的公司，均应专门为此目的开设一个网站。

第 R225-62 条 （1967 年 3 月 23 日第 67-236 号法令第 120 条）除保留执行第 R225-66 条至第 R225-70 条之规定外，召集股东大会的规则由公司章程确定。

第 R225-63 条 （1967 年 3 月 23 日第 67-236 号法令第 120-1 条，2002

年5月3日第2002-803号法令)凡是打算采用电子通信方式替代邮寄方式办理第R225-67条、第R225-68条、第R225-72条、第R225-74条与第R225-88条规定之手续的公司,均应当事先采用邮寄方式或者电子邮件向实名登记的股东发出一项提议。有关的股东可以采用邮寄方式或者电子邮件表明其同意意见。

在股东不同意的情况下,公司最迟应在下一次股东大会召开之日前35日采用邮寄方式履行第R225-67条、第R225-68条、第R225-72条、第R225-74条、第R225-88条与第R236-3条规定的手续。

已经同意采用电子邮件进行联系的股东,可以在第R225-67条所指的召集会议的通知登载之日前至少35日,经邮寄或电子邮件,要求重新使用邮局邮寄方式。

第R225-64条 (1967年3月23日第67-236号法令第121条)本《法典》第L225-100条第1款规定的召开普通股东大会的6个月期限,应董事会或管理委员会的请求,可以由商事法院院长依申请作出裁定予以延长。

第R225-65条 (1967年3月23日第67-236号法令第122条)为了适用本《法典》第L225-103条之规定,公司全体股东(原规定为"至少代表公司1/10资本或者代表1/10有关种类股票的股东")得自费委派其中1人请求商事院院长依紧急审理程序指定该条所指的委托代理人。

法院作出的裁定确定股东会议的议事日程。

第R225-66条 (1967年3月23日第67-236号法令第123条)召集股东大会的通知写明公司名称,相应情况下,还应附加其缩写名称,公司的法律形式、注册资本、注册住所地址、在"商事及公司注册登记簿"与"国家统计与经济研究院"的登记号码,会议召开的日期、时间与地点,股东会议的性质——是普通股东大会、特别股东大会还是专门股东大会以及会议的议事日程。

除无关紧要的杂项之外,载入会议议事日程的各问题均应书写清楚明白,使其内容与意义一目了然,无须参阅其他文件资料。召集会议的通知应当指明股东通过信函进行表决投票的条件以及股东获取必备表格与资料的地点和条件,相应情况下,还应写明书面提出的问题可以发送至哪一电邮地址。

第R225-67条 (1967年3月23日第67-236号法令第124条)召集股东大会的通知登载于公司注册住所所在省内有资格刊登法律公告的报纸,(2009年5月19日第2009-557号法令的3-8条)"如果公司股票准许进入规范市场交易"或者股票不具有记名形式,召集股东大会的通知应登载于《强制性法定公告简报》。

如公司的全部股票都是记名股,前款所指的为召集股东会议而登载的通知可以改为向每一股东寄送平信或挂号信,邮费由公司支付。(2002年5月3日第2002-803号法令)"这项会议召集通知也可以按照第R225-63条所指条件采用电子通信方式传输至股东指示的地址。"

第R225-68条 (1967年3月23日第67-236号法令第125条)对于持股时间至第R225-67条第1款所指的召集会议的通知登载之日至少有1个月的记名股股东,用平信召集其参加所有的股东会议。如其要求用挂号信通知其参加会议,则以其向公司寄付挂号费为条件。(2002年5月3日第2002-803号法令)"这一召集会议的通知也可以按照第R225-63条所指条件采用电子通信方式传输至股东指示的地址。"

共有股份的全体共有人,其权利以记名登记方式在前款规定的期限内得到确认的,按照相同形式通知召集其参加股东会议。

如股票已用于设定用益权,按照同样形式及相同条件,召集表决权持有人参加股东会议。

第R225-69条 (1967年3月23日第67-236号法令第126条)自召开会议的通知登报或者其最后一次登报,或者自寄出信函至股东会召开之日,或者自采用电子通信方式传送召集通知之日至股东大会召开之日,如果是第一次召集即举行会议,两者之间至少应有15天间隔时间;如果是经第二次召集才举行会议,两者之间至少应有10天间隔时间。按照本《法典》第L233-32条的规定召集股东大会时,第一次召集即举行会议,该期限至少为6天;经第二次召集才举行会议,该期限至少应为4天;在法院决定会议延期召开的情况下,法官得另行确定间隔时间。

第R225-70条 (1967年3月23日第67-236号法令第127条)如股东大会因没有达到法定人数而未能按规定进行审议,第二次召集才召开的大会应按照第R225-67条规定的形式进行召集,召集大会的通知应提及第一次召集会议的日期。

特别股东大会或专门大会按照本《法典》第L225-96条第2款及第R225-99条第3款规定的条件推迟召开时,其召集方式同上款规定。

第R225-71条 (1967年3月23日第67-236号法令第128条)由至少持有公司5%注册资本的股东提出的关于将其问题或决议草案载入股东会议议事日程的请求,用挂号信并要求回执(2002年5月3日第2002-803号法令)"或者采用电子通信方式"发送至公司注册住所。

但是,如果公司资本超过(2001年4月27日第2001-373号法令)"75万欧元",前款要求持有公司资本数额的比例,视公司注册资本数额,按以下规则依次降低:

1. (2001年4月27日第2001-373号法令)"75万欧元"以下:4%;

2. (2001年4月27日第2001-373号法令)"75万欧元至750万欧元":2.5%;

3. (2001年4月27日第2001-373号法令)"750万欧元至1500万欧元":1%;

4. (2001年4月27日第2001-373号法令)超过"1500万欧元":0.5%。

关于将其提出的问题纳入大会议程的申请应当说明理由。

在申请登记其提出的决议草案的同时应当附有所提议案的文本,亦可附有对该议案目的的简要说明。

在提出上述申请的同时应当附有所提议案的文本,亦可附有对该项议案目的的简要说明。

如议案涉及向董事会或监事会提出候选人事宜,应附有第R225-83条所指的情况介绍。

提出申请的人应能证明其占有或者持有所要求的资本数额,这项证明中所写的数额可以是在公司掌管的记名证券账目上登记的证券或者是《货币与金融法典》第L211-3条所指的中间人掌管的无记名证券账目上登记的相应数目的证券。提出申请的人将有关其在账目上登记的证券数量的证明连同申请一起转送。

是否对问题或议案进行审议,以申请提出人传送一份新的证明为条件,该项证明应证实在股东大会召开之前第3日巴黎时间零时在上述相同账目上登记入账的证券数量。

第R225-72条 (1967年3月23日第67-236号法令第129条,2009年5月19日第2009-557号法令第3-8条修改)"全部股票均为记名股"(原规定为"非公开募集资本")的公司的任何股东,打算运用其权利,申请将其问题或议案载入股东会议议事日程时,可以请求公司用挂号信(2002年5月3日第2002-803号法令)"或者按照第R225-63条所指条件采用电子通信方式"向其指示的地址通知股东会议召开的日期。如股东已经向公司寄付邮费,公司有义务发送这项通知,或者按照第R225-63条所指条件采用电子通信方式向股东指示的地址发出上述通知。

有关将其问题或议案载入会议议事日程的申请,最迟应在第一次召集的会议召开前25日送出。

(2009年5月19日第2009-557号法令第3-8条)"股票准许进入规范市场交易的公司",不适用本条之规定。

第R225-73条 一、股票准许进入规范市场交易或者并非所有股票都为记名形式的公司,有义务在发出第R225-66条所指的股东大会召集通知之前,并且最迟在股东大会召开之前35日,在《强制性法定公告简报》上登载一项通知书;在按照本《法典》第L233-22条的规定召集股东大会的情况下,该期限减为15日。

除第R225-66条第1款规定的事项之外,前款所指的通知书应包含以下情况:

1. 简明扼要地说明股东参加大会和参加表决时应当遵守的程序,特别是通过信函或电子邮件或者委托他人参加投票的方式;

2. 简明扼要地说明股东行使第L225-105条第2款与第L225-108条第3款规定的权利的方式,特别是在相应情况下,需要提出问题或议案的股东寄送书面问题的地址,或者发送电子邮件的地址、发送邮件的期限;有关的证明材料应当按照本节之规定发送;

3. 除公司向所有的股东都寄送委托他人参加投票的表决票,或者向所有股东都发出用函寄方式投票的表决票或第R225-76条第3款所指的单一文件之外,应当向公司寄回表决票的地址、条件,特别是寄回表决票的期限;

4. 用于发布第R225-73-1条所指的各项信息的第R210-20条所指的因特网网址,相应情况下,第R225-61条所指的网址;

5. 在第R225-85条所指的账户上的登记日期,并具体说明只有在此日期具备该条规定的条件的股东才能参加股东大会;

6. 董事会或者管理委员会向股东大会提交的决议案的文本;

7. 以下文件全文可供查阅使用的时间与地点:

A. 将要向股东大会提交的文件,特别是按照第L225-115条与第R225-83条的规定提交的文件;

B. 提出的决议草案,相应情况下,由股东提交的议案以及应股东的要求在会议的议程中提出的补充问题的清单。

在公司发行无表决权优先股或可以进入公司资本的有价证券的情况下,进行公告的所有通知,都要写明有义务将相关决议提交无表决权优先股持有人专门大会或者第L228-103条所指的债券持有人大会,由这些大会提出意见、同意或者批准。

二、请求将问题或议案载入会议日程的申请最迟应当在股东大会召开之日前送到公司,且不得在上述第一项所指的通知发布之日起 20 日后才达到公司。

如果是按照第 L233-32 条的规定召集大会,关于将问题或议案载入会议日程的申请,最迟应在股东大会召开之日前 10 日达到公司。

发布的通知应写明对寄送申请规定的期限。

第 R225-73-1 条 股票准许进入规范市场交易的公司,最迟在股东大会召开前第 21 天,在第 R210-20 条所指的因特网网址上公告以下信息与文件:

1. 第 R225-73 条所指的通知;
2. 在第 R225-73 条所指的通知公告之日现有的全部表决权数以及组成公司注册资本的股票的数量;
3. 向股东大会提交的所有文件,特别是按照第 L225-115 条与第 R225-83 条的规定需要提交的文件;
4. 由董事会或者管理委员会向股东大会提交的决议草案的文本;
5. 通过信函方式以及委托授权方式进行投票的表决票,或者第 R225-76 条第 3 款所指的单一文件,但公司向所有股东都寄送这种样票或文件的情况除外。

由于技术原因无法通过因特网网址下载表决票时,公司应在其网址上指出可以取得样票的地点与条件。公司向提出请求的股东寄送样票,由股东自负费用。

公司在其网址上公告股东提交的决议草案的文本以及在提出请求之日在大会议程上增加的问题。

对于载入大会议程的每一个问题,公司也可以公示董事会或管理委员会的看法与意见。

按照第 L233-32 条的规定召集股东大会的情况下,本条第 1 款确定的期限最迟减至大会召开之前的第 15 日。

第 R225-74 条 (1967 年 3 月 23 日第 67-236 号法令第 131 条)董事长或管理委员会在收到关于将问题或议案纳入股东大会的议事日程的申请后 5 日内,用挂号信告知其已经收到此种申请。这一收件通知也可以按照第 R225-63 条所指的条件采用电子通信方式传输至股东指示的地址。

这些问题或议案载入会议日程;议案付诸大会表决。

第 R225-75 条 (1967 年 3 月 23 日第 67-236 号法令第 131-1 条)自通知

召集股东大会起,任何股东均可以提出书面要求,要求公司向其寄送,或者在相应情况下,按照第 R225-61 条规定的条件通过电子通信方式向其发送一份远程投票的样票。这项请求最迟应在会议召开之前 6 日提交至公司注册住所或者已为公司接收。

第 R225-76 条　（1967 年 3 月 23 日第 67-236 号法令第 131-2 条）通过信函进行投票表决所使用的样票,应能使投票人依照向股东大会上提出的议案的先后顺序,对每项决议各投一票。样票应向股东提供对每一项决议表示赞成、不赞成或者弃权意愿的可能性。

样票上还必须非常明显地告知股东:凡是写明弃权或者没有表明投票意向之标记的任何表决票,均视为对决议投不赞成票。

相应场合,表决使用的样票,可以与授权书的式样一起刊印在同一文件上。在此情况下,适用第 R225-78 条之规定。

用于表决的样票应当重申第 R225-77 条的各项规定,并指出依据公司章程的规定,只有在哪一天之前公司已收到的表决票才能计为有效票。如果公司与其授权的中间人之间有约定,在公司规定的日期之前,该中间人于某日之后收到的表决票,均不再转交公司;在表决使用的样票上应当写明这一日期。

表决使用的样票应附有:

1. 提出的议案的文本,并附有对该议案目的的说明以及提议者的姓名;

2. 有关寄送第 R225-83 条所指的、告知股东可以请求享有第 R225-88 条第 3 款规定之利益的文件与资料;

3. 如果召开的会议是本《法典》第 L225-100 条所指的普通股东大会,应当附有第 R225-81 条所指的文件以及对文件所做的说明。

第 R225-77 条　（1967 年 3 月 23 日第 67-236 号法令第 131-3 条）在股东大会会议召开前 3 日以内,公司才收到的表决票因过期不予计算,这一限定时间不得少于 3 天,章程规定更短期限的,不在此限。但是,（2002 年 5 月 3 日第 2002-803 号法令）"直至股东大会召开的前一日,公司最迟于巴黎时间 15 时收到的通过电子通信手段进行的远程投票仍然有效。"

公司收到的通过函寄的表决票应载明以下事项:

1. 股东的姓名、常用名、住所;

2. 指明其持有的证券是记名证券还是无记名证券以及各自的数量;有关确认证券已经在公司掌管的记名证券账目上登记或者在《货币与金融法

典》第 L211-3 条所指的中间人掌管的无记名证券账目上登记的记载；第 R225-85 条所指的持股证明应附于表决票的样票；

3. 股东或其法定代表人或法院指定的代表的签字，相应情况下，其电子签字。电子签字应采用 2001 年 3 月 30 日关于适用《民法典》有关电子签字的第 1316-4 条的第 2001-272 号法令意义上的安全电子签字形式，或者如果公司章程有规定，应采用符合《民法典》有关电子签字的第 1316-4 条第 2 款确定条件的另一种形式。

由股东大会发出的，以函寄方式投票的样票，对议事日程相同的、连续召开的股东会议均有效。

第 R225-78 条 （1967 年 3 月 23 日第 67-236 号法令第 131-4 条）如果公司使用第 R225-76 条第 3 款所指的单一文件，除第 R225-76 条、第 R225-77 条以及第 R225-81 条第 5 点与第 6 点所指各事项外，该文件应写明：

1. 可以通过信函或通过委托授权对每一项决议进行投票；
2. 可以向按照本《法典》第 L225-106 条规定的条件指定的委托代理人授予委托权，由其代表签字人进行投票表决；第 R225-106 条的条文抄载于该文件；
3. 如果在大会上提出了新的决议，签字人可以在该文件上表示弃权或者授权大会主席按照上述第 R225-106 条规定的条件指定 1 名委托代理人进行投票。

第 R225-79 条 （1967 年 3 月 23 日第 67-236 号法令第 132 条）股东委托他人代表其参加股东大会的委托书，应由委托人本人签字，相应情况下，由其通过电子签字形式签字，并指明其姓名、常用名与住所。股东可以指名指定委托代理人，指名指定的代理人不能由他人替代。

为适用第 1 款的规定，在公司按照章程的规定决定准许通过电子通讯途径参加股东大会的情况下，股东或者其法定代表人或法院指定的代表人可以采用能够鉴别股东身份、保障与远程投票的表决票对接联系的方法进行电子签字。电子签字应采用 2001 年 3 月 30 日关于适用《民法典》有关电子签字的第 1316-4 条的第 2001-272 号法令意义上的安全电子签字形式，或者如果公司章程有规定，可以采用符合《民法典》有关电子签字的第 1316-4 条第 2 款确定之条件的另一种形式。

给予的委托授权仅对一次大会有效，但对同一日召开的或者在 15 日之内召开的两次大会有效——一次普通大会，一次特别大会。

对一次股东大会授予的代理权对议事日程相同、连续召开的会议均有效。

可以按照指定委托代理人时所要求的相同形式解除委托授权。

股票准许进入规范市场交易的公司可以采用电子通讯途径进行有关指定委托代理人以及撤销委托的通知。

第 R225-80 条 （1967 年 3 月 23 日第 67-236 号法令第 132-1 条，2002 年 5 月 3 日第 2002-803 号法令修改）按照第 R225-61 条规定的条件通过电子邮件发出的、包含有委托授权或权力的指令，直至股东大会召开前夕巴黎时间 15 时到达公司的，均为有效。公司一旦收到这种指令，除应当按照第 R225-85 条第四项的规定进行通知的股份转让之外，不得撤销指令。

第 R225-81 条 （1967 年 3 月 23 日第 67-236 号法令第 133 条）由公司或者公司为此指定的委托代理人向股东发送的任何委托书的样本，或者相应情况下，按照第 R225-61 条规定的条件通过电子邮件向股东发送的任何委托书样本，均应附有：

1. 股东大会的议事日程；

2. 由董事会或管理委员会以及某些股东按照第 R225-71 条至第 R225-74 条规定的条件提交的决议草案的文本，以及应他们的要求在议事日程里增加的问题；

3. 公司上一个会计年度的大致情况简介；

4. 申请寄送第 R225-83 条所指文件和资料的申请表。该申请表应当告知股东可以要求享有第 R225-88 条第 3 款规定的利益。

5. 载有本《法典》第 L225-107 条条文的、采用信函方式进行投票的样票；

6. 用明显字体抄录本《法典》第 L225-106 条第 4 款的条文；

7. 指明如股东不能亲自参加大会，可以选择以下三种方式中的一种方式：

　A. 授予另一股东或其配偶以代理权；

　B. 采用信函方式投票；

　C. 向公司寄送一份不指明受委托人的委托书；

8. 指明在任何情况下股东均不得同时向公司返回委托书与表决票。

（1988 年 1 月 19 日第 88-55 号法令）违反本项之规定返还委托书及投票样票的情况，除函寄的表决票上已经表明投票意见的外，一律以委托书为准。

第 R225-82 条 （1967 年 3 月 23 日第 67-236 号法令第 134 条）按照第 R225-61 条规定的条件通过电子邮件传送的授权委托书以及表决票的票样，

应当遵守第 R225-76 条至第 R225-81 条与第 R225-95 条确定的有关授权委托书和信函投票及样票的各项规则。

第 R225-82-1 条 为适用本《法典》第 L225-106-1 条之规定,应当由委托代理人提交的情况,由其用挂号信并要求回执提交给股东,或者如果委托代理人事先已经得到股东的同意,可以采用电子通讯方法提交这些情况。

第 R225-82-2 条 本《法典》第 L225-106-1 条最后一款所指的通知,由委托代理人用挂号信并要求回执进行,或者通过电子通讯方法进行。

第 R225-82-3 条 一、主动提出本《法典》第 L225-106-2 条意义上的委托代理请求的任何人,应在其互联网址上公布其按照规定及时更新制作的称为"投票政策"的文件。这一文件可以在该人指明的住所地址或者公司注册住所地址查询。

二、这一文件应写明以下事项:

1. 对于自然人,其姓名、出生年月日与出生地址及住所;

2. 对于法人,其法律形式、公司名称或商号、注册资本数额、公司注册住所地址、公司宗旨或经营范围,以及负责审查与分析其提交的决议的机关、负责决定在将要进行的投票中采取何种表决意向的机关。

三、这一文件还应对没有得到表决意向指示的委托代理人在行使与其得到的授权相吻合的表决权时所参照的原则作出表述。

这一文件,按照提交大会讨论的以下决议的不同类别,分别提出表决意见:

1. 引起修改章程的决议;

2. 批准公司账目与损益表的决议;

3. 任命与解除公司机关的决议;

4. 第 L225-38 条、第 L225-40 条至第 L225-42 条、第 L225-86 条与第 L225-88 条至第 L225-90 条所指的协议;

5. 发行与认购公司证券的计划;

6. 指定公司会计监察人的决议。

此外,这一文件还对旨在发现、预防与解决可能影响当事人自由行使表决权的利益冲突的程序作出说明。

四、第 L225-106-2 条所指的投票意向,由主动提出委托代理请求的人在因特网网址上进行公示。

第 R225-83 条 (1967 年 3 月 23 日第 67-236 号法令第 135 条) 公司应当按照第 R225-88 条与第 R225-89 条规定的条件向股东送发或送交包括以

下情况的一份或数份文件：

1. 公司各董事的姓名、常用名，总经理的姓名、常用名或者管理委员会成员及监事会成员的姓名、常用名，以及相应情况下，前述人员在其中行使管理、领导、经营或监督职权的其他公司的名称；

2. 董事会，或者相应情况下，管理委员会提出的议案文本；

3. 相应情况下，由股东提出的议案的文本以及对议案所做的理由说明；

4. 董事会或者管理委员会将要向股东大会提交的报告以及监事会在相应情况下所做的说明；

5. 在会议日程中如有任命董事或监事会成员之事宜，文件应予写明：

a. 候选人的姓名、常用名及年龄，有关候选人最近5年内从事职业与业务活动的情况，尤其是在其他公司里担任过或正在担任的职务；

b. 候选人在公司内从事的工作或其担任的职务，以及该候选人持有的记名或不记名股票的数目；

6. 如召开的会议是本《法典》第L225-100条所指的普通股东大会，上述文件中应提供：

A. 公司年度账目、集团结算账目、集团管理报告、经营成果的使用情况表，尤其应当说明拟议中的纳入分配的款项的来源；

B. 本《法典》第L225-40条第3款、第L225-88条、第L232-3条、第L234-1条与第R823-7条所指的会计监察人的报告；

C. 如有必要，监事会的意见；

7. 如果是召开本《法典》第L225-101条所指的普通股东大会，应当提交该条所指的评估鉴定人的报告；

8. 如果是召开特别股东大会或者本《法典》第L255-99条所指的专门大会，相应情况下，应当向大会提交的会计监察人的报告。

第 R225-84 条　（1967年3月23日第67-236号法令第135-1条）本《法典》第L225-108条第3款所指的书面问题，均采用寄给董事长或管理委员会主席的挂号信并要求回执寄到公司注册住所，或者在大会召开前至少4日通过向召集通知书中指明的地址经电子通信方式发送。

在提交书面问题的同时应附有在公司掌管的记名证券账户上进行登记的证明或者在《货币与金融法典》第L211-3条所指的中间人掌管的无记名证券账户上进行登记的证明。

第 R225-85 条　（1967年3月23日第67-236号法令第136条）一、只要以股东的名义或者以按照本《法典》第L228-1条第7款的规定为股东利益进行登记的中间人的名义,在股东大会召开前的3个工作日巴黎时间零时在证券账目上进行了登记,或者在公司掌管的记名账户上有登记,或者(2009年3月16日第2009-295号法令第4条)"在《货币与金融法典》第L211-3条所指的中间人"掌管的无记名证券账户上有登记,即可证明有权利参加"证券准许进入规范市场交易的公司"的股东大会。

二、(2009年3月16日第2009-295号法令第4条)"《货币与金融法典》第L211-3条所指的中间人"掌管的无记名证券账户上的登记或会计记录,应由该中间人出具的参股证明书确认,相应情况下,按照第R225-61条规定的条件通过电子邮件确认。这一参股证明书应附于远程表决票的样本或授权书,或者附于以股东的名义或者由登记的中间人所代表的股东的利益而制作的委托授权书或索取出席证的申请。对于本人希望参加大会但按巴黎时间会前3日没有收到出席证的股东,也应出具相同的证明书。

三、已经进行远程投票、寄出授权委托书,或者申请大会出席证,或者请求按照上述第二项最后一句话所指的条件出具参股证明书的股东,不得再选择另一种方式参加股东大会,公司章程另有规定的除外。

四、已经进行远程投票、寄出授权委托书或者按照上述第二项所指的条件申请大会出席证的股东,可以在任何时候转让其全部或部分股票。

但是,如果以巴黎时间为准,在股东大会前3日进行股票转让,公司可根据情况,对所进行的投票、寄出的授权委托书或者出席证明的效力不予认可或者进行变更。为此目的,(2009年3月16日第2009-295号法令第4条)《货币与金融法典》第L211-3条所指的中间人应向公司或其代理人通知所进行的转让,并转送必要的信息。

以巴黎时间为准,在股东大会前3日之内通过任何方式进行的任何转让或其他任何交易活动,(2009年3月16日第2009-295号法令第4条)"《货币与金融法典》第L211-3条所指的中间人均不进行通知,或者不会得到公司考虑,有相反协议的除外。"

第R225-86条 (1967年3月23日第67-236号法令第136-1条)在股东大会召开之日公司掌管的记名证券账户上登记的股东,即可证明有权利参加证券没有准许进入规范市场交易,也没有通过证券账目登记由中心受寄托人进行交易的公司的股东大会。但是,公司章程得以专门条款规定,应在股东大会召开前的第3个工作日,以巴黎时间零时为准在同一账目上进行证券登记。

已经进行远程投票、寄出授权委托书或者按照第R225-85条第二项所指的条件申请大会出席证的股东,可以在任何时候转让其全部或部分股票。如果以巴黎时间为准,在股东大会前一日或者是按照上述第 1 款的规定在章程确定的日期进行的股票转让,公司可根据情况在大会召开之前对该股东进行的投票、寄出的授权委托书不予认可或者进行相应变更。

第 R225-87 条 (1967 年 3 月 23 日第 67-236 号法令第 137 条)按照本《法典》第 L225-110 条第 2 款规定的条件代表共有股份共同所有权人的委托代理人,由商事法院院长依紧急审理程序裁定指定。

第 R225-88 条 (1967 年 3 月 23 日第 67-236 号法令第 138 条)自通知召集股东大会起至会议召开之前的第 5 日(包括第 5 日),任何持有记名证券的股东均可请求公司按照其指明的地址寄送第 R225-81 条与第 R225-83 条所指的文件、资料。公司有义务在会议召开前进行寄送并支付费用。(2002 年 5 月 3 日第 2002-803 号法令)可以按照第 R225-63 条所指条件采用电子邮件向股东指示的地址发送这些文件与资料。

凡是通过寄送(2009 年 3 月 16 日第 2009-295 号法令)在《货币与金融法典》第 L211-3 条所指的中间人掌管的无记名证券账户上进行了登记的证明,从而证明其具有无记名股所有人资格的股东,亦享有上述同等权利。

上述第 1 款所指的股东可以一次性提出要求,以便在此后每次召开股东会时均获得公司寄送的上述文件和资料。

第 R225-89 条 (1967 年 3 月 23 日第 67-236 号法令第 139 条)自通知召集年度普通股东大会起,至会议开始前至少 15 日内,任何股东均有权在公司注册住所或管理领导机构所在地了解第 R225-83 条及本《法典》第 L225-115 条与第 R225-83 条所列举的各项文件与资料;但是,股东仅有权在上述相同地点以及在上述 15 日期限内,了解会计监察人的报告。

自通知召集(2007 年 12 月 26 日第 2007-1851 号法令第 2 条)"特别股东大会或者"专门股东大会之日起至会议召开前至少 15 日期限内,股东亦有权在上述相同地点,了解已经提交的决议的文本以及董事会或管理委员会的报告,相应情况下,了解会计监察人的报告。

股东亦可自本《法典》第 L225-101 条所指的股东大会召集之时起,按照前款规定的条件了解已经提交的议案文本、董事会或管理委员会的报告以及该第 L225-101 条所指的评估鉴定人的报告。

除公司盘存表之外,了解情况的权利即意味着可以取得文件的副本。

第 R225-90 条 (1967 年 3 月 23 日第 67-236 号法令第 140 条)依据本《法典》第 L225-116 条的规定,股东有权在股东大会召开前 15 日内,于第

R225-89条所指的地点,查阅股东名册或者取得其复印本。

为上述目的,股东名册由公司在会议召开前第16天即予备妥。该名册上载明每一个记名股票持有人的姓名、常用名及住所,此外,还应载明每一位股票持有人所持的无记名股票的数目。

第 R225-91 条 （1967年3月23日第67-236号法令第141条）股东亲自或由其指名指定的委托代理人代表其出席股东大会,行使第R225-89条及第R225-90条赋予的权利。

第 R225-92 条 （1967年3月23日第67-236号法令第142条）依据本《法典》第L225-117条之规定,股东有权亲自或通过委托代理人到公司注册住所或公司管理领导机构所在地查阅该条所指的各项文件。

查阅权即意味着可以取得文件的副本。

第 R225-93 条 （1967年3月23日第67-236号法令第142-1条,2002年5月3日第2002-803号法令）适用本《法典》第L225-51-1条第2款的规定,股东可以亲自或通过委托代理人到公司注册住所或公司管理领导机构所在地查阅董事会作出的有关从公司两种领导模式中选择其中一种模式的决定。

第 R225-94 条 （1967年3月23日第67-236号法令第144条）任何股东,在行使从公司取得文件与资料的权利时,均可从法院与法庭制定的名册上登记的专家中挑选一位专家给予协助。

第 R225-95 条 （1967年3月23日第67-236号法令第145条）股东大会的报到登记表应包括以下事项:

1. 每一位出席会议或者按照本《法典》第L225-107条的意义视为出席会议的股东的姓名、常用名及住所,各自持有的股票数量以及与这些股票相关联的表决权数;

2. 每一位派代表出席会议的股东的姓名、常用名及住所,各自持有的股票数以及与这些股票相关联的表决权数;

3. 每一位委托代理人的姓名、常用名及住所,各委托人持有的股票数以及与这些股票相关联的表决权数;

4. 已经用函件向公司发回表决票的每一位股东的姓名、常用名及住所,各自持有的股票数以及与这些股票相关联的表决权数。

股东大会办公室可以将以下事项作为出席登记表的附件:载明每一位委托人股东或以信函投票的股东的姓名、常用名及住所的投票样票与委托书,这些股东各自持有的股票数目以及与这些股票相关联的表决权数。在此情况下,股东大会办公室应指明附于出席登记表的通过信函投票样票的份数和委托权数,以及与这些委托权和样票相对应的股票数与表决权数。经信函进行投票的表决票样票与委托权应与签到簿相同的条件同时传送。

出席会议的股东和委托代理人按规定在登记表上签到,登记表由大会办公室检证确认。

第 R225-96 条 (1967 年 3 月 23 日第 67-236 号法令第 145-1 条)如第 R228-40 条至第 R228-48 条所指的无表决权优先股(无表决权优先派息股)持有人专门大会能够对提交股东大会的某项决议提出意见,只有在该专门大会结束之后,股东大会才能进行审议。

第 R225-97 条 (1967 年 3 月 23 日第 67-236 号法令第 145-2 条)在采用本《法典》第 L225-107 条第二项所指的视听会议手段时,必须使用具备相应技术性能的传输途径,以确保当事人实际参加股东大会,审议过程同步、传输不会中断。

第 R225-98 条 (1967 年 3 月 23 日第 67-236 号法令第 145-3 条)按照(2009 年 2 月 25 日第 2009-234 号法令)"第 R225-61 条"规定的条件通过电子邮件在会议上行使表决权的股东,只有通过其事先向大会提供的密码鉴别其身份之后,才能进入专门为此设置的网站。

第 R225-99 条 (1967 年 3 月 23 日第 67-236 号法令第 145-4 条)如电子通信或者电子视听会议发生技术障碍,在此种障碍打乱会议进行时,第 R225-106 条所指的会议审议笔录中应予记明。

第 R225-100 条 (1967 年 3 月 23 日第 67-236 号法令第 146 条)股东大会由董事长或者监事会主席主持,如他们缺席,由章程规定的人主持;章程没有此项规定时,股东大会自行选举主席。

在由会计监察人召集股东大会,或者由法院指定的委托代理人或清算人召集股东大会的情况下,股东大会由负责召集会议的人主持。

第 R225-101 条 (1967 年 3 月 23 日第 67-236 号法令第 147 条)在上述大会上拥有最多表决权并且同意担任监票人的 2 名大会成员为大会监票人。

大会办公室可以指定其秘书。秘书可以从股东之外挑选,章程另有规定时除外。

第 R225-102 条 (1967 年 3 月 23 日第 67-236 号法令第 148 条)董事会或者管理委员会,尤其在本《法典》第 L225-100 条及第 R225-100-2 条所指的报告中,必须清楚说明过去的一个财务年度内公司的活动,以及相应情况下,各子公司的活动、此种活动的结果、已取得的进展或者遇到的困难及前景。

(2002年5月3日第2002-803号法令)"董事会应指出其在本《法典》第L225-51-1条规定的两种领导模式中所选择的模式,除公司领导模式发生变更外,此后不必重复作出此项说明。"

前款所指的报告中,依法附有能够显示公司最近5个会计年度每一年成果的图表(见本卷附件2-2①),或者附有能够显示公司自设立以来已经结业的每一会计年度经营成果的图表,或者该公司吸收其他公司的情况,如其数目不超过5家公司。

第R225-103条 (1967年3月23日第67-236号法令第148-1条)本《法典》第L225-101条所指的评估鉴定人按照第R225-7条规定的条件指定并完成其工作。

评估鉴定人提交的报告应当详细说明将要取得的财产的状况,指出评估作价采用的标准,并说明这些标准为何适当。

第R225-104条 本《法典》第L225-102-1条第6款规定的限额确定为:资产负债总额为1亿欧元;净营业额为1亿欧元;在一个会计年度中平均全时用工人数为500人。

资产负债总额、净营业额以及一个会计年度中平均全时用工人数,按照第R123-200条第4款、第5款与第6款的规定确定。

第R225-105条 对于本公司,以及相应情况下,本《法典》第L233-1条意义上的各子公司或者本公司实行第L233-3条意义上的控制的各公司为考虑其活动对社会与环境产生的影响以及为履行其在可持续发展方面对社会作出的承诺所开展的活动和采取的导向,第L225-102条所指的董事会或者管理委员会的报告应按照第L225-102-1条的规定作出说明。

在这项报告中应提交对已经终结的会计年度,以及相应情况下,对前一个会计年度所观测到的各项数据,以便对这些数据进行对比。

这项报告指出从活动的性质与公司的组织来看,在第R225-105-1条所指的各项情况中,哪些情况不能提交或者不适于提交,并对此作出必要的解释说明。

在公司自愿遵照国家或者国际上有关社会或环境方面的参照标准的情况下,上述报告应指明这一点,并说明出于何种考虑决定参照这些标准以及查询这些参照标准的方式。

第R225-105-1条 一、除保留执行本《法典》第R225-105条第3款的规

---

① 附件略。——译者注

定,董事会或者管理委员会按照第 R225-104 条第 1 款规定的条件在其提交的报告中写明公司在以下方面的情况:

1. 社会方面的情况

A. 岗位设置方面:

——人员总数以及按照男女、年龄与地区雇用的薪金雇员的分配;

——招聘与解雇;

——工资报酬与变化;

B. 劳动组织方面:

——劳动时间的安排;

C. 社会关系方面:

——社会性质的对话、谈判,尤其是向员工咨询意见时的告知程序,以及与其进行谈判的告知程序;

——集体协议方面的情况总结;

D. 卫生与安全方面:

——劳动的卫生与安全条件;

——与工会组织和员工代表在卫生与劳动安全方面签订的协议的总结;

E. 培训方面:

——培训方面实行的政策;

——组织培训的总时数;

F. 待遇平等方面:

——为利于男女平等而采取的措施;

——为利于残疾劳动者就业与聘用而采取的措施;

——实行的反对歧视的政策。

2. 环境保护方面的情况:

A. 在环境保护方面采取的一般政策;

——在公司组织方面,为考虑环境保护问题,以及相应情况下,在环保方面所进行的评估尝试或者认证尝试;

——对公司员工进行的环保方面的培训与情况告知活动;

——用于防止环境风险和环境污染而投入的经费;

B. 废料、废物污染及其管理方面:

——为了预防、减少向大气、水与土壤排放严重影响环境的排放物而采取的措施,以及相应的赔偿措施;

——为了防止废料污染以及在废料再循环利用和废料清除方面采取的

措施；

——对防止噪声污染或其他形式的特别污染的重视情况；

C. 资源的可持续利用方面：

——根据地区水资源方面受到的限制，有关用水与水来源方面的情况；

——原材料的使用以及为改进原材料使用效率而采取的措施；

——能源消耗以及为改进能源使用效率与能源利用方面采取的措施；

D. 气候变化方面：

——温室效应气体的排放情况；

E. 保护生物多样性方面：

——为保护生物多样性而采取的措施。

3. 公司在社会责任与可持续发展方面的情况：

A. 公司从事的活动对地域、经济和社会的影响：

——就业与地区发展方面的影响；

——对周边或地方民众的影响；

B. 因公司的活动而产生的与人或有关组织之间的关系，特别是与社会就业协会、教育机构、保护环境协会、消费者协会及周边民众之间的关系：

——与这些人或组织进行对话的条件；

——对合作伙伴与资助文化体育事业方面采取的行动；

C. 分包业务与供货业务方面：

——在采购政策方面考虑的有关社会与环境保护方面的责任问题。

二、除保留执行第 R225-105 条的规定，并补充上述第一项规定的情况之外，证券准许进入规范市场交易的公司的董事会或管理委员会在其报告中还应写明以下情况：

1. 社会方面的情况：

A. 劳动的组织安排：

——缺勤情况；

B. 卫生与安全方面：

——工伤事故，尤其是事故的发生频率、严重程度以及职业病方面的情况；

C. 在推动与遵守和执行国际劳工组织公约方面的情况：

——遵守结社自由与集体谈判权方面的情况；

——在工作与职业方面排除歧视的情况；

——切实禁止强迫劳动的情况；

——切实禁止适用童工的情况。

2. 环保方面的情况：

A. 环境保护方面的一般政策：

——在预防环境风险方面的费用投入数额与保障；但以提供这种信息不会使公司在涉及的争议中产生严重损失为限；

B. 资源的可持续利用方面的问题：

——土地的利用情况；

C. 气候变化方面的问题：

——适应气候变化的情况。

三、有关在可持续发展方面承担社会责任的情况：

A. 分包和供货方：

——分包业务量以及在与供货方与分包方的关系中考虑社会与环保方面的责任问题；

B. 政策的诚实性：

——在防治腐败方面采取的行动；

——为利于消费者的健康与安全而采取的措施；

C. 在人权方面以本第三项的名义开展的其他行动。

第 R225-105-2 条 一、按照本《法典》第 L225-102-1 条第 7 款的规定负责对董事会或者管理委员会按照该条第 5 款的规定在其报告中提供的情况进行审核的第三方组织，根据具体情况，分别由总经理或者管理委员会主席指定，任职时间不得超过 6 个会计年度。第三方组织从法国认证委员会为此承认资质的组织中挑选，或者从签署欧洲认证组织协调建立的多边承认协议的组织中挑选。

独立的第三方组织受本《法典》第 L822-11 条规定的有关不得兼任职务的规定的约束。

二、独立的第三方组织在按照本《法典》第 L225-102-1 条第 5 款的规定对董事会或者管理委员会在管理报告中提交的各方面的情况进行审查之后，应当提出一份报告，该报告应包含以下各项内容：

1. 有关在管理报告中说明了第 R225-105-1 条所规定的各项情况的证明，相应情况下指出遗漏了哪些情况以及没有按照第 R225-105 条的规定作出解释说明的情况；

2. 就以下问题提出说明理由的意见：

——管理报告中介绍的各项情况的诚实性；

——相应情况下,对按照第 R225-105 条第 3 款的规定缺少某项情况的有关解释;

——在执行审查任务时所进行的各项工作。

三、司法部长、掌玺官与负责生态、经济、劳动事务的部长联合发布一项行政条例,对独立的第三方组织执行审查任务的方式与条件作出规定。

四、在公司自愿遵照 2009 年 11 月 25 日欧洲议会与欧洲委员会第 1221/2009 号条例关于有关组织自愿参与欧洲环境整治与审计系统的规定时,环境方面的审查人按照该条例第 25 条第八项、第九项的规定签字的声明应附于董事会或管理委员会提交的管理报告,该声明具有与独立的第三方组织就环境方面的情况提出的意见相同的效力。

就公司提供的有关其活动及其在可持续发展方面所做的社会承诺对社会的影响的审查,仍然属于本条第一项、第二项与第三项所指的独立的第三方组织的权限。

第 R225-106 条 (1967 年 3 月 23 日第 67-236 号法令第 149 条)股东大会进行审议的记录应当载明会议召开的日期、地点、召集方式、议事日程,会议办事处的组成,参加表决的股票数目以及达到的比例,提交大会的文件与报告,大会讨论的概要、付诸投票表决的决议。会议记录(笔录)由会议办事处成员签字。

会议记录应按照第 R225-22 条与第 R225-49 条规定的条件用专门簿册装订,存放于公司注册住所。

第 R225-106-1 条 股票准许进入规范市场交易的公司在股东大会之后 15 日内,在第 R210-20 条所指的因特网网站上应公布至少包括以下事项的表决结果:

1. 出席或者派代表出席股东大会的股东人数;
2. 出席或者派代表出席股东大会的股东的表决权数;
3. 对于每一项决议,赞成票数,并详细说明这些赞成票所代表的股票数量及其在公司资本中所占的份额,对决议投赞成票的票数所占投票总数的比例,以及投反对票的票数及其比例,投弃权票的数量。

第 R225-107 条 (1967 年 3 月 23 日第 67-236 号法令第 150 条)如股东大会因未能达到法定人数而不能按照规定进行审议,由会议办事处制作的会议记录中应当写明此种情况。

第 R225-108 条 (1967 年 3 月 23 日第 67-236 号法令第 151 条)股东大会的会议记录的副本或摘录,经董事长或者行使总经理职务的董事检证确认即属有效;或者在相应情况下,由监事会主席或监事会副主席或者 1 名管理委员会成员检证确认即属有效。该副本或摘录亦可由股东大会秘书检证确认。

在公司进行清算的情况下,大会记录的副本或摘录仅由 1 名清算人检证确认即属有效。

第 R225-109 条 （1967 年 3 月 23 日第 67-236 号法令第 153 条）任何人均可随时到公司注册住所取得公司提供的现行章程的经过认证与原本相符的有效副本。

公司应在上述文件内附有董事、监事会成员、管理委员会成员以及在职的会计监察人的名单。

为提供此项文件,公司收费不得超过 0.30 欧元。

第 R225-110 条 （1967 年 3 月 23 日第 67-236 号法令第 153-1 条）本《法典》第 L225-109 条所指的人,自其取得应当履行该条规定之义务的资格起 1 个月内,必须按照该条规定的条件,将属于其本人或其未解除亲权的子女的、本《法典》第 L225-109 条所指的股票转变为记名形式,或者将其寄托。

第 R225-111 条 （1967 年 3 月 23 日第 67-236 号法令第 153-2 条）本《法典》第 L225-109 条所指之人,在其取得该条所指股票时,应当按照第 R225-112 条规定的条件并在其占有这些股票起 20 日内,将这些股份转变为记名股票或者将其寄托。

第 R225-112 条 （1967 年 3 月 23 日第 67-236 号法令第 153-3 条）本《法典》第 L225-109 条规定的股票寄托于本《法典》第 L211-3 条所指之人。

第四节　公司资本的变更与雇员股份制

第一目　增加资本

第 R225-113 条 （1967 年 3 月 23 日第 67-236 号法令第 154 条）如果前一个会计年度没有召开审议公司账目的普通股东大会、公司董事会,或者相应情况下,管理委员会,在本《法典》第 L225-129 条所指的报告中应当对提议增加资本的原因以及有关本会计年度开始以来公司业务的进展情况作出全部有用说明。相应情况下,公司董事会或者管理委员会应当指出增加资本的最高数额。

第 R225-114 条 （1967 年 3 月 23 日第 67-236 号法令第 155 条）本《法

典》第 L225-135 条所指的董事会的报告或管理委员会的报告,应当说明提议增加资本的理由以及增资的最高数额,提出取消优先认购权建议的理由。

该报告还要指出:

1. 在本《法典》第 L225-136 条及第 L225-138 条第二项所指情况下,新的资本凭证或者可以进入公司注册资本的新的有价证券的推销方式及其发行价格或定价方式,并说明其理由。

2. 在本《法典》第 L225-138 条所指情况下,可以分派新的资本凭证或可以进入公司资本的新证券的人的姓名,或者所涉及的各类人的特点,以及每一个人或每一类人各自可以分派到的证券的数目或者分派证券的方式。

在上述第 1 点所指情况下,会计监察人按照第 R225-115 条第 2 款所指方式提出其意见。

第 R225-115 条 （1967 年 3 月 23 日第 67-236 号法令第 155-1 条）如股东大会自行确定增加资本的各项条件(2005 年 2 月 10 日第 2005-112 号法令第 4 条)"并决定取消优先认购权",第 R225-114 条所指的报告还应指明拟议中的增资对资本凭证持有人和可以进入公司资本之证券的持有人的地位将产生的影响,尤其是对上一个会计年度结束时所占公司自有资金的份额的影响。如自上一个会计年度结束至拟议中的股票发行开始之日之间的间隔超过 6 个月,这种影响可以按照上一个会计年度资产负债表相同的账面形式与相同的方法确定一种中间性财务状况,并在此基础上进行评估。(2005 年 2 月 10 日第 2005-112 号法令第 4-1 条)"证券准许进入规范市场交易的公司",还应当按照最近 20 个交易日的平均数,指出对现有的市场交易价值可能产生的理论上的影响。在提供这些信息时,应当考虑可以进入公司资本的全部证券的情况。

公司会计监察人应对取消优先认购权的建议、计算增资发行价格因素的选择、发行总额等提出意见,并就(2005 年 2 月 10 日第 2005-112 号法令第 4-2 条)新证券的发行对资本凭证持有人以及可以进入公司资本的有价证券的持有人在公司自有资金中所占的地位提出意见,相应情况下,对股票的证券市场交易价格的影响提出意见。会计监察人还应当审核并证明从公司账目中提取的这些资料是真实的,并对此提出意见。

第 R225-116 条 （1967 年 3 月 23 日第 67-236 号法令第 155-2 条,2005 年 2 月 10 日第 2005-112 号法令第 5-1 条）如股东大会按照本《法典》第 L225-129-1 条、第 L225-129-2 条、第 L225-136 条或者第 L225-138 条第一项与第二项规定的条件将其权力或者权限委托董事会或管理委员会行使,董事会或管理委员会在运用批准授权时，应制定一份补充报告，详细说明其依照股东大会所授权力而确定的增资活动的最后条件。与此同时，这份报告还应包括上述第 R225-115 条所指的信息。

会计监察人尤其应当审核所采取的增资方式是否符合股东大会的授权批准，并审查对该项活动所做的说明。会计监察人应对增资发行价格因素的选择与最后定价以及上述第 R225-115 条第 2 款所说的该项发行活动对资本凭证持有人和可以进入公司资本的有价证券持有人的地位产生的影响提出意见。

这一补充报告最迟应在董事会或管理委员会会议之后 15 日内在公司注册住所提交股东，并在即将举行的股东大会上供股东查阅。

第 R225-117 条　（1967 年 3 月 23 日第 67-236 号法令第 155-3 条）不论是否要求股东或投资证书持有人放弃优先认购权，董事会或管理委员会以及会计监察人向批准发行本《法典》第 L228-91 条与第 L228-93 条所指的有价证券的股东大会提出的报告的内容，均受第 R225-113 条与第 R225-114 条的约束，相应情况下，受上述第 R225-115 条与第 R225-116 条之规定的约束。

此外，还应说明上述有权分派债权凭证的有价证券或可以进入公司资本的有价证券的特点，有权分派债权凭证的有价证券或者可以进入公司资本的有价证券的分派方式以及可以行使此种分派权的时间。在发行有权分派唯一由债权凭证组成、可以分派债权凭证的有价证券的情况下，会计监察人的报告应当对公司负债情况作出说明，但无须说明如何选择计算发行价格的要素。

在保留优先认购权的条件下增加资本，会计监察人应就提议的发行计划与如何选择计算发行价格的要素提出意见。

第 R225-118 条　（1967 年 3 月 23 日第 67-236 号法令第 155-4 条，2005 年 2 月 10 日第 2005-112 号法令第 7 条）为适用本《法典》第 L225-135-1 条的规定，股东大会可以规定在认股时间截止后的 30 日内证券的数量可以增加，但增加的数量以原定发行数量的 15% 为限。发行价格与原定的发行价格相同。

第 R225-119 条　（1967 年 3 月 23 日第 67-236 号法令第 155-5 条，2005 年 2 月 10 日第 2005-112 号法令第 7 条）为适用本《法典》第 L225-136 条第 1 点之规定，发行价格至少等于确定价格之前的最近 3 个交易日的加权平均值，可能情况下，最多减低 5%。

第 R225-120 条　（1967 年 3 月 23 日第 67-236 号法令第 156 条）在发行

新股或发行可以进入公司资本的有价证券可能引起公司增加资本时,股东应当得到有关发行新股或发行可以进入公司资本的有价证券以及发行方式的通知。这项通知主要应包括以下事项:

1. 公司名称,相应情况下,其名称的缩写;
2. 公司的法律形式;
3. 公司的注册资本数额;
4. 公司注册住所;
5. 公司在"商事及公司注册登记簿"的登记号及其在国家统计及经济研究院的登记号;
6. 增加资本的数额;相应情况下,依据本《法典》第 L225-135-1 条的规定准许的补充增资数额;
7. 认股开始日期及截止日期;
8. 赋予股东对新股或者可以进入公司资本的新的有价证券的优先认购权,以及行使这项权利的方式;
9. 以货币认购的股票或者可以进入公司资本的新的有价证券的面值,不论这种面值在公司章程中是否有规定,以及相应情况下的发行溢价数额;
10. 已经认购的股份或者可以进入公司资本的新的有价证券每张应当立即支付的款项数额;
11. 接受股款寄存的公司的注册住所或居所的地址、姓名或公司名称;
12. 相应情况下,对计入增加资本的出资实物的简要说明,其评估价值以及取酬方式,并且说明该项评估价值及取酬方式具有暂定性质;
13. 指明如果没有得到认购的股票的比例超过拟增资本的 3%,则将此部分提供给公众认购,或者仅以实现的认购额为增资额度。

在发行可以进入公司资本的有价证券可能引起公司增加资本时,上述通知还应当说明这些有价证券的主要特点,特别是这些证券有权分派资本证券的方式,以及可以行使这种分派权的日期。

本条所指的各事项,应在预定的截止认购日期前至少 15 日用挂号信并要求回执告知各股东。

(2008 年 3 月 13 日第 2008-258 号法令第 4 条) 如果公司的全部股票不都是记名形式,或者(2009 年 5 月 19 日第 2009-557 号法令第 3-10 条)"如公司的股票准许进入规范市场交易",包含上述各项内容的通知应在相同期限内在《强制性法定公告简报》上发布的招股说明书中登载。

但是,如果公司(2009 年 5 月 19 日第 2009-557 号法令第 3-10 条)"通过

《货币与金融法典》第 L411-1 条意义上的公开募集方式进行第 1 款所指的发行活动,至少应在按照(2009 年 5 月 19 日第 2009-557 号法令第 3-10 条)'该《法典》第 L412-1 条'规定的条件进行认购截止前 15 日公布这些说明,并因此免除上述各款规定的手续"。

第 R225-121 条 (1967 年 3 月 23 日第 67-236 号法令 157 条)如股东大会决定取消(现有)股东的优先认购权,不适用第 R225-120 条之规定。

第 R225-122 条 (1967 年 3 月 23 日第 67-236 号法令第 157-1 条)股东个人放弃优先认购权,应当用挂号信通知公司。

在股票准许进入规范市场交易的公司里,股东不得为其指名的人受益而放弃其优先认购权。

对于无记名股,在放弃优先认购权但不指明受益人时,应同时交出相应的认购券,或者提交接受证券寄托的人或《货币与金融法典》第 R211-4 条所指的中间人出具的、确认股东已经放弃优先认购权的证明。

股东放弃优先认购权同时指明受益人时,应当同时提交受益人接受该项认购权的文书。

为执行本《法典》第 L225-133 条及第 L225-134 条之规定,在计算尚未得到认购的股票数目时,应当考虑股东个人已经放弃优先认购权但未指名受益人的那部分股票的数量。但是,如果股东将其个人放弃优先认购权之事宜最迟已在实现增加资本的决定作出之日通知了公司,与之相对应的股票应交由其他股东认购,并由其他股东行使优先认购权。

第 R225-123 条 (1967 年 3 月 23 日第 67-236 号法令第 158 条)如果股票的虚有权人在公司给予股东认购期限届满前 8 日既未认购公司发行的新股也未出卖其认股权,视其对用益权人怠于就公司发行的新股行使优先认购权。

虚有权人在公司开始分派无偿股之后 3 个月内,既不要求分派股份也不出卖其权利的,视其对用益权人怠于行使无偿股的分派权。

第 R225-124 条 (1967 年 3 月 23 日第 67-236 号法令第 159 条)第 R225-120 条最后一款所指的招股说明书应载明以下事项:

1. 简要说明公司的宗旨;
2. 公司正常终止的日期;
3. 已发行股票的种类及性质;
4. 章程规定的给予任何人的特别利益;
5. 参加股东大会与行使表决权的条件,以及相应情况下有关分派双重表决的规定；

  6. 相应情况下,限制股票自由转让的章程条款；

  7. 有关利润分配、设立公积金或分配清算余额的条款；

  8. 相应情况下,先期发行的可转换债券的数额,给予这些债券持有人行使选择权的期限,或者可以在任何时候进行转换以及转换基数的说明；

  9. 先期发行的其他债券尚未偿还的数额,以及为这些债券提供的担保；

  10. 在发行借贷性债券时,由公司担保的此种债券的数额,相应情况下,这种债券中享有担保的部分。

  招股说明书由公司签署。

  第 R225-125 条 (1967 年 3 月 23 日第 67-236 号法令第 160 条)由公司法定代表检证确认的最后一个会计年度的资产负债表的副本,应作为前条所指的招股说明书的附件进行公示。

  如公司已经在《强制性法定公告简报》上公告了最后一个会计年度的资产负债表,前款有关公示其副本的事项可用提及这项公告替代。

  如未制定任何资产负债表,招股说明书亦应写明。

  第 R225-126 条 向公众告知发行股票的文件,应写明第 R225-124 条对招股说明书规定的各事项,并应写明该说明书已经上登载于《强制性法定公告简报》以及登载该说明书的简报期号。

  在报纸上登载的通知也应写明相同的内容,或者至少应写明这些内容的摘要,并且指明在《强制性法定公告简报》上登载了该说明书以及该简报的期号。

  第 R225-127 条 (1967 年 3 月 23 日第 67-236 号法令第 162 条)在通过现金认购、发行新股增加资本的情况下,第 R225-120 条、第 R225-124 条与第 R225-125 条规定的各项手续,按具体情况,分别由董事会或者管理委员会的委托代理人办理。

  第 R225-128 条 (1967 年 3 月 23 日第 67-236 号法令第 163 条)认股单由认股人或其委托代理人签字并注明日期；认购证券的数量用大写数字书写。认股单的副本用无格白纸制作,交给认购人。

  认股单应当载明：

  1. 公司名称,相应情况下,其名称的缩写；

  2. 公司的形式；

  3. 公司资本数额；

  4. 公司注册住所的地址；

5. 第 R123-237 条第 1 点与第 2 点规定的事项；
6. 增加资本的数额以及增资的限制性条件；
7. 相应情况下，待认购的货币股数额及实物股数额；
8. 接收认股金的人的姓名、常用名及住所；
9. 认股人的姓名、常用名与住所及其所认购股份之数额；
10. 写明已将认股单的副本交付给认股人。

第 R225-129 条 （1967 年 3 月 23 日第 67-236 号法令第 164 条）来源于现金认股的资金，按照第 R225-6 条所指的条件予以寄托。

第 R225-130 条 （1967 年 3 月 23 日第 67-236 号法令第 165 条第 1 款）本《法典》第 L225-130 条所指的出售获得的款项最迟应在分派的资本证券整数入账之后 30 日内支付。

第 R225-131 条 （1967 年 3 月 23 日第 67-236 号法令第 165 条第 2 款）本《法典》第 L225-135 条所指的优先认购的最长期限为 3 个市场交易日。

第 R225-132 条 （1967 年 3 月 23 日第 67-236 号法令第 165 条第 3 款）公司管理委员会或者总经理可以最迟在本会计年度终结后 1 个月内进行本《法典》第 L225-149 条最后一款以及同一《法典》第 R228-12 条最后一款所指的活动。

第 R225-133 条 （1967 年 3 月 23 日第 67-236 号法令第 165-1 条）通过行使本《法典》第 L225-149-1 条所指的、与可以进入公司资本的有价证券相关联的权利而取得资本凭证的可能性可以被暂时中止；暂时中止的最长期限为 3 个月。

董事会或者管理委员会在暂时中止取得资本凭证的通知中载明的各事项，最迟应在这项决定开始执行之日前 7 天用挂号信并要求回执告知可以进入公司资本的有价证券的持有人。（2009 年 5 月 19 日第 2009-557 号法令第 3-11 条）如果可以进入公司资本的有价证券准许进入规范市场交易，或者不是全部可以进入公司资本的有价证券都具有记名形式，包含上述事项的通知应在同一期限内登载在《强制性法定公告简报》上发布的招股通知书内。

这项通知应当写明以下事项：
1. 公司名称，相应情况下，其名称的缩写；
2. 公司的形式；
3. 公司的资本数额；
4. 公司注册住所；
5. 第 R123-237 条第 1 点与第 2 点所指的事项；

6. 暂时中止决定的生效与停止执行的日期。

第 R225-134 条 （1967 年 3 月 23 日第 67-236 号法令第 166 条）在采用对公司的债权抵销的方式缴纳认股款的情况下，此种债权由董事会或管理委员会制作结账单并由会计监察人检证确认。

第 R225-135 条 （1967 年 3 月 23 日第 67-236 号法令第 167 条）通过发行用货币认购的股票增加资本，视相应情况，在股款受寄托人出具证明之日完成，或者，在依据本《法典》第 L225-145 条规定的条件订立的担保合同签字之日完成。

第 R225-136 条 （1967 年 3 月 23 日第 67-236 号法令第 169 条）在用实物出资或者规定给予特别利益的情况下，出资评估鉴定人按照第 R225-7 条规定的条件指定并开展工作。第 R225-8 条之规定适用于实物出资之情形。

为利益于指名的股东而发行优先股的情况下，本《法典》第 L228-15 条所指的出资评估鉴定人，按照第 R225-7 条第 2 款与第 3 款规定的条件指定并完成任务。

在规定给予特别利益或者适用本《法典》第 L228-15 条之规定发行优先股的情况下，提交的报告应当对每一项特别利益或者与优先股相关的特别权利作出具体说明与评价。如有必要，报告应指出对这些特别权利所采用的评估方法以及采用这种方法的理由，并且应证明特别权利的价值至少符合待发行的优先股的面值，可能的情况下，应加上发行溢价。

特别股东大会召开前至少 8 日，或者在按照本《法典》第 L225-147 条第 6 款之规定给予委托授权的情况下，最迟在董事会或者管理委员会会议之前，将出资评估鉴定人的报告置于公司注册住所供股东查阅。在下一次召开的股东大会上，这一报告应提交给股东。

在发行可以适用本《法典》第 L228-15 条之规定的优先股的情况下，如果所有的股东在指定出资评估鉴定人之前以书面形式表示同意，上述期限可以缩短。

第 R225-136-1 条 为适用本《法典》第 L225-147-1 条之规定，董事会或者管理委员会作出的不指定会计监察人的决定以及所有关于对出资作出表述和评估其价值的文件，其中包括具体说明没有任何情况改变这种价值评估的证明，在特别股东大会召开之前，或者在董事会或管理委员会按照第 L225-147 条第 6 款的规定得到授权的情况下，在该机关召开会议之前，均应在公司注册住所地及其所在辖区的商事法院书记室提供给股东查阅。在此情况下，这一文件在下一次召开的股东大会上提交给各股东。

第二目　薪金雇员认购或购买股票

第 R225-137 条　（1967 年 3 月 23 日第 67-236 号法令第 174-8 条）为按照本《法典》第 L225-181 条的规定并执行第 L228-99 条第 2 款第 3 点的规定保护享有认购或购买股票之选择权的人的利益，适用第 R228-91 条之规定，但以保留适用本目规定为条件。

第 R225-138 条　（1967 年 3 月 23 日第 67-236 号法令第 174-9 条）在存有尚未行使的认购或购买股票选择权的情况下，由公司购买其准许进入规范市场交易的股票时，如其取得这些股票的价格高于证券交易所的市场价格，应对用这些证券可以取得的股票的数量进行相应调整。

在进行这种调整时，应当保障在行使选择权的情况下认购活动实现之后所取得的股票的价值相当于在行使选择权的情况下认购活动之前可以取得的股票的价值。

为此目的，在计算新认购或新购买股票的权利时，应当考虑（公司支付的）回购价与回购前至少 3 个证券交易日的加权平均价之差额所回购的资本所占的比例；如果先后进行多次调整，在最近一次调整的基础上，按照前款的规定将相应证券的数量调整为整数。

董事会或者管理委员会应在下一年度报告中对调整价格的计算因素以及调整结果作出报告。

第 R225-139 条　（1967 年 3 月 23 日第 67-236 号法令第 174-10 条）不影响适用第 R228-91 条第 1 款的规定，公司通过转化公积金、利润或发行溢价以及无偿配股方式增加资本时，认购价格或在增资活动开始之前即已确定的选择权下的购股价格，可以依据原有的股票数与新、旧股票总数之间的比例计算出一个价格，以便对原先确定的价格进行调整。为确定前述比例，必要时，应当考虑各种类型的新、旧股票的数量。

第 R225-140 条　（1967 年 3 月 23 日第 67-236 号法令第 174-13 条）在上述第 R225-138 条、第 R225-139 条与第 R228-91 条所指的各种情况下，均对认购选择权项下的股票数目进行调整，以保持认股或购买股票的价格总值不变，但所调整的数目应向上一个单位拉平为整数。

第 R225-141 条　（1967 年 3 月 23 日第 67-236 号法令第 174-15 条）任何情况下，对股票价格进行调整，不得产生该价格低于股票面值之结果。

第 R225-142 条　（1967 年 3 月 23 日第 67-236 号法令第 174-16 条）在因发生亏损而减少资本的情况下，对在减资活动之前确定的认购价格或选择权项下购买股票的价格,按照原有股票数目与减资后尚存的股票数目的比例进行调整。为了确定这一调整比例,相应情况下,应考虑各种类型的新、旧股票的具体情况。

在对提供的股票数目进行调整时,要保持认购价或购买价总额不变,但调整后的数量可以向上一个单位拉平为整数。

在减少资本但不减少股票数量的情况下,无须进行相应调整。

第 R225-143 条 (1967 年 3 月 23 日第 67-236 号法令第 174-17 条)在不影响上述第 R225-137 条至第 R225-142 条所指调整结果的情况下,可以行使但尚未行使的选择权仍然有权认购的股票数目不得超过公司资本的1/3。

第 R225-144 条 (1967 年 3 月 23 日第 67-236 号法令第 174-19 条)公司董事会,或者相应场合,管理委员会应当在本《法典》第 L225-177 条所指的报告中指出设置认购或购买股票选择权的原因,以及为了确定认购或购买价格而提议的方式。选择权的可能受益人的姓名以及选择权所涉及的证券的数量可不予准确说明。

会计监察人在上述同一条所指的报告中,可以对所提议的确定认购价格或购买价格的方式提出意见。

第 R225-145 条 (1967 年 3 月 23 日第 67-236 号法令第 174-21 条)因行使认股选择权必然引起的增加资本,无须进行第 R225-120 条所指的通知公告,也无须公示第 R225-124 条所指的说明书以及在认股单上载述第 R225-128 条第 6 点和第 7 点所指的应载事项。第 R225-129 条至第 R225-135 条的规定不予适用。

依据本《法典》第 L225-178 条的规定修改章程,依第 R210-9 条规定的条件在 1 个月内进行公告。在同样期限内,有关修改章程的事宜应向商事法院书记室申报并按照第 R123-99 条的规定进行公告。

第三目 资本的分期偿还

第 R225-146 条 (1967 年 3 月 23 日第 67-236 号法令第 175 条)按照本《法典》第 L225-200 条第 2 款之规定从公司利润中提取的款项,记入公积金(reserves,准备金)账目。

执行本《法典》第 L225-201 条之规定由股东交付的款项,亦同。

在对公司股份进行非等额分期偿还资本时,应对每一类同额偿还资本的股份设立一个公积金(准备金)账目。

第 R225-147 条 (1967 年 3 月 23 日第 67-236 号法令第 176 条)在第

R225-146 条第 1 款所指的公积金账目上的款额与已经还本的数额相等时,或者与每一类股票的已还本数额相等时,即告实现已还本股转换为资本股,相应情况下,公司章程应当按照本《法典》第 L225-203 条之规定进行修改。

第 R225-148 条 （1967 年 3 月 23 日第 67-236 号法令第 177 条）按照本《法典》第 L225-201 条规定的条件实现已还本股转换为资本股时,最迟应在每一会计年度终结时对公司章程进行相应修改,使其与本期实现的转换活动相一致。

第 R225-149 条 （1967 年 3 月 23 日第 67-236 号法令第 178 条）决定要转换为资本股的已经全部或部分还本的股份,至此种转换实现时为止,有权对每一会计年度分享基本股息或分享依前一会计年度终结时第 R225-146 条第 1 款所指的公积金账目上的数额计算的利息。

与此同时,已部分还本的股份可继续享有基本股息,或者分享按此种股票尚未还本之部分的数额计算的利息。

第四目 减少资本

第 R225-150 条 （1967 年 3 月 23 日第 67-236 号法令第 179 条）为了审议按照本《法典》第 L225-204 条或者第 L225-209 条的规定考虑进行的活动,为此召开的股东大会开会前至少 15 日,应当将会计监察人就此种活动提出的报告发送给股东,或者按照第 R225-88 条与第 R225-89 条规定的条件将此报告提交股东查阅。

第 R225-151 条 （1967 年 3 月 23 日第 67-236 号法令第 1794-1 条）为了确定本《法典》第 L225-209 条所指的最高限额,股东大会应确定可以取得的股票的最高数量,以及此种活动的最高数额。

第 R225-152 条 （1967 年 3 月 23 日第 67-236 号法令第 180 条）适用本《法典》第 L225-205 条第 1 款的规定,债权人可以对公司资本减少提出异议的期限为 20 日,自决定或批准减少资本的股东大会的审议笔录交存至商事法院书记室之日起计算。

异议向商事法院提出。

第 R225-153 条 （1967 年 3 月 23 日第 67-236 号法令第 181 条）当公司决定回购自己的股票予以销除并相应减少其资本时,应向全体股东发出该项回购要约。

为此目的,公司准备回购股票的通知刊载在其注册住所所在省的有资格接受登载法定公告的报纸上；(2009 年 5 月 19 日第 2009-557 号法令第 3-12

条）"如果公司股票准许进入规范市场交易"，此项通知应登载于《强制性法定公告简报》。

但是，如公司的全部股票都是记名股，前款所指的刊载事宜可以采用向每一位股东寄送挂号信的方式替代。费用由公司承担。

第 R225-154 条 （1967 年 3 月 23 日第 67-236 号法令第 182 条）第 R225-153 条所指的通知应当指明公司名称、法律形式、注册住所地址、资本数额、考虑回购的股票数量、每股股票的回购价格、付款方式、回购要约保留的期限以及接收回购的地点。

前款所规定的期限不得少于（1991 年 4 月 1 日第 99-257 号法令）"20 日"。

第 R225-155 条 （1967 年 3 月 23 日第 67-236 号法令第 183 条）如果（股东）提供回购的股票的数目超过公司打算回购的数目，对每一位打算出售股票的股东，均按照其证明自己是所有人或持有人的股票数目，依相同比例，减少各自打算出售的数目。

如果提供回购的股票的数目没有达到公司打算回购的数目，公司资本的减少以其（实际）回购的股票数额为限。但是，公司董事会或者管理委员会得按照第 R225-153 条与第 R225-154 条规定的条件决定再次进行回购，直至达到原先确定的回购数额，但以在批准减少资本的股东大会决议规定的期限内进行回购为限。

第 R225-156 条 （1967 年 3 月 23 日第 67-236 号法令第 184 条）为了利于增加资本而发行可转换债券，以及便于公司合并与分立，在股东大会批准董事会回购少量股票并予销除时，不适用第 R225-153 条至第 R225-155 条之规定。

按照前款规定的条件在同一个会计年度内只能回购代表公司资本 0.25% 的股票。

会计监察人在其对拟议中的回购行动提出的报告中提出意见，以说明回购行动是否恰当，以及采取何种方式进行回购。

第 R225-157 条 （1967 年 3 月 23 日第 67-236 号法令第 184-1 条）依据本《法典》第 L225-209 条之规定实现的活动，不适用第 R225-153 条至第 R225-155 条之规定。

第 R225-158 条 （1967 年 3 月 23 日第 67-236 号法令第 185 条）发行股票的公司为了减少资本而回购的股票如果是记名股，在公司"记名股登记簿"上打上"作废"印记，予以销除。

如股票是按照《货币与金融法典》第 R211-1 条及随后条款的规定登记入账的，在公司或者在同一《法典》第 L211-3 条所指的中间人处以公司名义开立的账户上进行转账，即可销除这些股票。

在按照本《法典》第 L225-207 条规定的方式减少资本时，公司回购其原先发行的股票，最迟应在第 R225-154 条确定的期限届满后 1 个月内将其销除，或者最迟在第 R225-156 条规定的条件下实现回购后 1 个月内予以销除。

第五目 公司认购、回购自己的股票或者用其股票设质

第 R225-159 条 （1967 年 3 月 23 日第 67-236 号法令第 185-1 条）为了说明按照本《法典》第 L225-208 条的规定所进行的活动，按照同一《法典》第 L225-211 条之规定设立的股票回购登记簿，按照回购行动实现的先后顺序载明以下各项：

1. 每一次回购行动的日期；
2. 回购价格；
3. 按每一种价格回购的股票的数量；
4. 回购活动的总成本，其中包括回购费用。

登记簿还应载明每一个会计年度终结时持有的股票数目及其总价值，向雇员分派的股票的数目以及每次分派的日期。

第 R225-160 条 （1967 年 3 月 23 日第 67-236 号法令第 185-2 条）为了说明按照本《法典》第 L225-209 条的规定所进行的活动，按照同一《法典》第 L225-211 条的规定设置的股票买卖登记簿应分开登记买进活动与卖出活动。

对于每一类活动，登记簿均应按照交易的先后顺序，载明实现交易的：

1. 日期；
2. 买进或卖出的价格；
3. 按每种价格买进或卖出的股票数量；
4. 买进的总成本，其中包括费用或者出售净利；
5. 买进的股票的总数量及总价款；
6. 执行买进或卖出委托书的交易员（经纪人）的姓名，或者转达此种委托书的银行或金融机构的名称；
7. 相应场合，以个人名义但为公司利益而开展活动之人的姓名。

从买进的股票总数及总价中减去卖出的股票的数目及其总价，至少每一季度进行一次。

第五节　股份有限公司的监督

第 R225-161 条　（1967 年 3 月 23 日第 67-236 号法令第 191 条）会计监察人至少应当在普通股东大会前 15 日，制定本《法典》第 L225-40 条第 3 款与第 L225-88 条所指的专门报告并将其交存至公司注册住所。

第 R225-162 条　（1967 年 3 月 23 日第 67-236 号法令第 194 条）会计监察人只有在用挂号信并要求回执请求召集董事会或管理委员会会议而没有结果的情况下，才能（主动）召集股东会议。

由会计监察人召集股东会议时，会议议程由会计监察人确定，并且以决定性理由，在公司章程可能有规定的地点之外，选择召开会议的地点，但该地点应在同一省内。会计监察人在其向大会宣读的报告中说明召开股东大会的原因。

在有多名会计监察人的情况下，由他们协商一致开展上述行动；如他们对召集股东会议意见不一致，其中任何 1 人均可请求商事法院院长按紧急审理程序裁定批准召开会议，其他会计监察人、公司董事长或管理委员会主席均按规定受召集到会。对商事法院院长的裁定不允许提出任何救济申请。该项裁定确定会议议程。

任何情况下，因召开股东会会议而引起的费用开支均由公司承担。

第 R225-163 条　（1967 年 3 月 23 日第 67-236 号法令第 195 条）负责按照本《法典》第 L225-231 条规定的条件就公司一项或数项管理活动提出报告的专家，由商事法院院长依紧急审理程序指定，商事法院书记员在此之前用挂号信并要求回执的方式召集公司董事长或者管理委员会主席。

如共和国检察官提出进行鉴定的要求，这项要求以申请的形式提出；如进行鉴定的要求出自金融市场主管机关，此项要求用挂号信并要求回执的方式提出。共和国检察官之外的其他当事人，均得由商事法院书记官用挂号信并要求回执的方式召集到庭。

鉴定报告交存商事法院书记室，由书记员负责通报。

第 R225-164 条　（1967 年 3 月 23 日第 67-236 号法令第 195-1 条）董事长或者管理委员会在 1 个月期限内按照本《法典》第 L225-232 条的规定对向其提出的问题作出书面答复，并且在同样期限内，将问题及其所作答复的副本送发会计监察人。

第六节　股份有限公司的转型

第 R225-165 条　（1967 年 3 月 23 日第 67-236 号法令第 196 条）公司转型,应当按照对修改章程规定的条件进行公示。

第七节　股份有限公司的解散

第 R225-166 条　（1967 年 3 月 23 日第 67-236 号法令第 197 条）在因账面出现亏损,公司自有资金下降至低于注册资本的一半的情况下,本《法典》第 L225-248 条第 1 款所指的股东大会的决议应存交至公司注册住所所在地的商事法院书记室,并在"商事及公司注册登记簿"上备案。

与此同时,这项决议应按照第 R210-11 条的规定在《强制性法定公告简报》上进行公示。

第八节　民事责任

第 R225-167 条　（1967 年 3 月 23 日第 67-236 号法令第 199 条）依据本《法典》第 L225-251 条与第 R225-256 条的规定,打算要求董事或者总经理赔偿因相同事实致使其个人受到的损失的全体股东,可以委托其中 1 人或数人作为授权代表,以他们的名义按照下列条件向民事法院提起诉讼:

1. 委托授权应采用书面形式,并且明确指出其授权 1 名或多名委托代理人以委托人的名义完成全部程序行为,必要时,委托书还应明确这项委托也适用于上诉程序;

2. 向法院提起诉讼必须指明每一位委托人的姓名、地址,以及其各自所持的股票数目。

第 R225-168 条　（1967 年 3 月 23 日第 67-236 号法令第 199-1 条）各项诉讼文书及通知,对于委托代理人,均视为有效完成。

第 R225-169 条　（1967 年 3 月 23 日第 67-236 号法令第 200 条）至少持有公司 1/20 资本的部分股东,为了他们的共同利益,得自费委托其 1 人或数人为代表,作为原告或者被告参加对公司董事或总经理或管理委员会成员或监事会成员提起的诉讼。

但是,如果公司资本超过 75 万欧元,依据前款规定,股东应当持有的资本数额可按下列比例递减：

1. 资本不足 75 万欧元的,4%；
2. 资本在 75 万欧元至 750 万欧元的,2.5%；
3. 资本在 750 万欧元至 1500 万欧元的,1%；
4. 资本超过 1500 万欧元的,0.5%。

前款所指的 1 名或数名股东，由于丧失股东身份或者自愿放弃权利，退出正在进行中的诉讼的，不影响诉讼的继续进行。

第 R225-170 条　（1967 年 3 月 23 日第 67-236 号法令第 201 条）1 名或数名股东，或者以个人身份，或者按照第 R225-169 条规定的条件提起公司诉讼时，法院只有在公司已通过法定代表人按照合法程序参与诉讼时，始可进行审理。

在公司与其法定代表人之间有利益冲突时，法院可以指定专门的代理人。

第九节　工人参股股份有限公司

第 R225-171 条　（1994 年 9 月 14 日第 94-815 号法令第 1 条）应工人参股股份有限公司的董事长或管理委员会的申请作出审理裁判的商事法院院长指定独立的鉴定人负责向公司股东大会提交一份报告，就向本《法典》第 L225-269 条第 2 款所指的参股人与原参股人给予的补偿金数额提出建议。

鉴定人从本《法典》第 L822-1 条所指名单上登记的会计监察人中选任。

鉴定人受本《法典》第 L820-6 条、第 L822-10 条至第 L822-14 条以及会计监察人职业准则所规定的不得任职之情况的约束。

第 R225-172 条　（1994 年 9 月 14 日第 94-815 号法令第 2 条）工人参股股份有限公司的董事长或管理委员会的申请，最迟应在关于审议对参股人与原参股人给予补偿的股东大会召开前 3 个月提出。

鉴定人的上述报告至少应在审议对参股人与原参股人给予补偿的股东大会召开前 35 日提交并交给股东与劳动力合作公司的委托代理人支配。

第六章　股份两合公司

第 R226-1 条　（1967 年 3 月 23 日第 67-236 号法令第 202 条）本卷规定的有关普通两合公司的规则，在其与本《法典》第 L226-1 条至第 L226-14 条不相抵触时，除第 R225-15 条至第 R225-60 条之外，均适用于股份两合公司。

第 R226-2 条 （1967 年 3 月 23 日第 67-236 号法令第 203-1 条）第 R225-30 条与第 R225-31 条之规定适用于本《法典》第 L226-10 条所指的各项协议。

第 R225-30 条第 1 款所指的通知由监事会主席发出。

第 R226-3 条 （1967 年 3 月 23 日第 67-236 号法令第 203-2 条）第 R225-110 条至第 R225-112 条之规定适用于公司经理管理人与监事会成员。

第七章　简化的可以发行股票的公司

第 R227-1 条 （2009 年 2 月 25 日第 2009-234 号法令第 5 条）本《法典》第 L227-9-1 条有关指定会计监察人的规定，资产负债表的总额确定为 100 万欧元，税负外营业额为 200 万欧元，本会计年度的长期平均用工人数为 20 人。

资产负债总额、税负外营业额以及平均用工人数，按照第 R123-200 条第 4 款、第 5 款与第 6 款的规定确定。

只要公司在会计监察人的委任期终止之前的 2 个会计年度均没有超过上述 3 项标准中的 2 项标准，没有义务再指定会计监察人。

在第 L227-9-1 条第 4 款所指情况下，会计监察人由商事法院院长依紧急审理程序指定。

第 R227-2 条 第 R225-66 条至第 R225-70 条与第 R225-83 条的规定适用于进行《货币与金融法典》第 L411-2 条第一项中 B 点所定义的募集资本的经简化的发行股票的公司。

第八章　可以发行股票的公司发行的有价证券

第一节　共同规定

第 R228-1 条 （1967 年 3 月 23 日第 67-236 号法令第 151-1 条，2002 年 5 月 3 日第 2002-803 号法令修改）本《法典》第 L228-1 条第 7 款与第 8 款所指的中间人，在中心受寄托人的账册上开立证券账户时，应向发行证券的公司或者(2009年3月6日第2009-295号法令)"《货币与金融法典》第L211-3条所指的"中间人或某一中心受寄托人申明其具有为第三人的利益进行交易的"注册中间人"的资格。

第R228-2条 (1967年3月23日第67-236号法令第151-2条,2002年5月3日第2002-803号法令)如果证券具有接受管理的记名证券的形式,(2009年3月6日第2009-295号法令)"《货币与金融法典》第L211-3条"所指的中间人应当立即将其所做的申明转给发行证券的公司。

第R228-3条 (1967年3月23日第67-236号法令第151-3条,2002年5月3日第2002-803号法令)在适用本《法典》第L228-2条第二项与第L228-3-1条第一项规定的情况下,发行证券的公司可以直接向在证券"中心受寄托人"或者登记的中间人转送的名单上载有其姓名的人查询情况。这些人有义务直接答复公司,或者向资格经认可的账目保管人作出答复,然后由该保管人将此答复转告公司。

第R228-4条 (1967年3月23日第67-236号法令第151-4条,2002年5月3日第2002-803号法令)给予本《法典》第L228-2条第一项第2款所指的账目保管人(作出答复)的期限为10个工作日,自提出请求之日起计算。

第R228-5条 (1967年3月23日第67-236号法令第151-5条,2002年5月3日第2002-803号法令)给予按照本《法典》第L228-3条第1款登记的中间人(作出答复)的期限为10个工作日,自提出请求之日起计算。

第R228-6条 (1967年3月23日第67-236号法令第151-6条,2002年5月3日第2002-803号法令)已登记的中间人持有本《法典》第L228-3-2条所指的委托书时,可以其本人的签字,转达或进行股票所有人的表决投票。自行使表决权的会计年度召开的股东大会起3年内,委托书或者授权书均得到保留。

第R228-7条 (1967年3月23日第67-236号法令第152条)公司应备置记名股持股人的名册,并载明他们各自公开的地址。

第R228-8条 (1967年3月23日第67-236号法令第204条)公司发行的记名证券的登记簿,由公司或者由其为此授予权利的人制定。

登记簿得用单面使用的同质纸张制作并加顺序编号。每一页面必须专用于1名依据所有权而持有证券的人,或者专用于依共有权而持有证券的多名共有人,或者专用于这种证券的虚有权人或用益权人。

与此同时,公司还可以备制证券持有人登记卡,按字母顺序排列,载明证券持有人的姓名与地址以及每一位证券持有人所持证券的数量与种类,或者在相应情况下，证券的号码。登记卡上的载述不得构成对抗上述登记册上所登记事项的证据。

第 R228-9 条　（1967 年 3 月 23 日第 67-236 号法令第 205 条）第 R228-8 条所指的登记簿应当包含关于证券的转让与转换活动的记载，特别是以下事项：

1. 进行此种活动的日期；
2. 在转让证券的情况下，证券的新、旧持有人的姓名与住所；
3. 在无记名证券转换为记名证券的情况下，证券持有人的姓名及住所；
4. 转让或转换的证券的面值与数量；但是，当转让或转换的证券是股票时，指明同一类的全部股票所代表的公司资本数额与证券数量，以替代记载其面值；
5. 相应情况下，如果公司已经发行不同种类的股票且仅备有一本"记名股票登记簿"，应当载明已转让或已转换的股票种类与性质；
6. 对每次活动分派的顺序号。

在转让证券的情况下，可以用一个便于在登记册中查找的顺序号替代原持有人的姓名。

第 R228-10 条　（1967 年 3 月 23 日第 67-236 号法令第 205 条）为适用本《法典》第 L228-1 条之规定，在双方当事人一致确定的日期，在购买人账户上进行登记并通知发行证券的公司。

第 R228-11 条　（1967 年 3 月 23 日第 67-236 号法令第 205-1 条）公司依据本《法典》第 L228-6 条的规定出售权利人没有提出请求的证券时，事先应在发行量较大的金融性报纸上公告一项通知。这一通知应催告权利人在 2 年内行使其权利，同时告知权利人在此期限经过后公司得出售上述证券。

这一通知还应告知权利人，公司将在 10 年内将销售上述证券所得纯收入存入在金融机构开立的不得提取款项的账户，以供权利人支配。

第 R228-12 条　（1967 年 3 月 23 日第 67-236 号法令第 205-2 条）公司卖出售证券，在该证券准许上市的规范市场上进行。

在证券没有进入规范市场的情况下，证券出售按照（2009 年 3 月 16 日第 2009-295 号法令第 4 条）"《货币与金融法典》第 L211-21 条规定的条件进行"（原规定为"由经纪人或者公证人以公开竞价方式进行"）。

第 R228-13 条　（1967 年 3 月 23 日第 67-236 号法令第 205-3 条）依据本《法典》第 L228-6-1 条的规定，与不构成整股的股票相对应的没有分派的股份，其整体买卖应当等待的期限不得超过 30 日，最迟自分派整股股票的持有人在账目上登记其权利之日开始计算。不构成整股的股票的整体买卖,按照第 R228-12 条规定的方式进行。

第 R228-14 条 (1967 年 3 月 23 日第 67-236 号法令第 205-14 条)如果在第 R228-11 条规定的条件进行公示之后 1 年内以其名义进行登记的人或者其权利继受人没有得到用挂号信并要求回执发出的第 R228-11 条所指的通知,为适用本《法典》第 L228-6-3 条的规定,买卖按照第 R228-12 条规定的方式进行。

第二节 股 票

第一目 股票的发行、回购与转换

第 R228-15 条 (1967 年 3 月 23 日第 67-236 号法令第 206 条)在将优先股转换为(普通)股票导致非因亏损原因减少资本的情况下,适用第 R225-152 条之规定。

法院作出判决,驳回对优先股转换提出的异议,或者命令偿还债权,或者如果公司提供保证并且设立的保证被认为是充分的,命令设立保证。

如果一审法院作出判决支持所提出的异议,转换程序立即中断,直至设立充分保证或者直至偿还债权。如果法院作出驳回异议的判决,即可开始转换程序。

第 R228-16 条 (1967 年 3 月 23 日第 67-236 号法令第 206-1 条)有利益关系的优先股持有人专门大会,按照本《法典》第 L225-99 条规定的条件对提交其批准的问题进行审议、作出决定;会议应当按照股东大会相同的形式并且最迟与股东大会在同一天举行。

第 R228-17 条 (1967 年 3 月 23 日第 67-236 号法令第 206-2 条)在按照本《法典》第 L228-12 条规定的条件发行优先股的情况下,董事会或者管理委员会的报告应指明优先股的各项特点并且具体说明所进行的转换活动对资本凭证持有人和可以进入公司资本的有价证券的持有人的地位所产生的影响。根据具体情况,这一报告应分别遵守第 R225-113 条、第 R225-114 条,相应情况下,还应遵守第 R225-115 条或者第 R225-116 条所定的规则。

会计监察人应就考虑中的增加资本、优先股的性质与特点提出意见,以及按照第 R225-115 条第 1 款的规定,就转换活动对资本凭证持有人和可以进入公司资本的有价证券持有人的地位可能产生的影响提出意见。这一报告应当遵守第 R225-114 条所定规则,相应情况下,应遵守第 R225-115 条或者第 R225-116 条所定规则。

第 R228-18 条 （1967 年 3 月 23 日第 67-236 号法令第 206-3 条）董事会或者管理委员会向审议本《法典》第 L228-12 条、第 L228-14 条以及第 L228-15 条第 2 款所指的转换事项的股东大会提交的报告,应当指明转换条件、转换比例的计算方式以及实现转换的方式。这一报告还应具体说明,如第 R225-115 条第 1 款所规定,转换活动对资本凭证持有人和可以进入公司资本的有价证券持有人的地位所产生的影响,相应情况下,报告应指出通过转换产生的优先股的性质与特点。

会计监察人对转换活动,以及如第 R225-115 条第 1 款规定,就转换活动对资本凭证持有人和可以进入公司资本的有价证券的持有人的地位产生的影响提出意见,相应情况下,应指出转换比例关系的计算方式是否准确、诚实。

第 R228-19 条 （1967 年 3 月 23 日第 67-236 号法令第 206-4 条）为了适用本《法典》第 L228-12 条第 1 款与第 L228-20 条的规定,董事会或者管理委员会的报告应当具体说明回购或者偿还股本的条件以及提议中的价格的计算方式和采取这种方式的理由。

董事会或者管理委员会的报告应具体说明,如第 R225-115 条第 1 款所定义,转换活动对资本凭证持有人和可以进入公司资本的有价证券持有人的地位可能产生的影响。

会计监察人对回购要约或者偿还股本的要约,以及如第 R225-115 条第 1 款所规定,就转换活动对资本凭证持有人和可以进入公司资本的有价证券的持有人的地位产生的影响提出意见,相应情况下,应指出转换比例关系的计算方式是否准确、诚实。

第 R228-20 条 （1967 年 3 月 23 日第 67-236 号法令第 206-5 条）特别股东大会在就公司章程中写入有关优先股转换、回购或偿还方式的规定作出决定时,董事会或者管理委员会的报告应当指明转换、回购或者偿还的条件,并且指明将第 R228-18 条与第 R228-19 条所指的董事会或者管理委员会以及会计监察人的报告交股东查阅的方式。相应情况下,这一报告还应具体说明评价本《法典》第 L228-20 条所指的不能在市场上流通的标准。

会计监察人的报告就优先股转换、回购或偿还的条件提出意见。

第 R228-21 条 （1967 年 3 月 23 日第 67-236 号法令第 206-6 条）有利益关系的优先股持有人专门大会批准上述变更时,第 R228-17 条至第 R228-20

条所指的各项报告均应转交该专门大会。自专门大会召集之日起,这些报告按照第 R225-88 条与第 R225-89 条第 2 款规定的条件提交有关的优先股持有人。

第 R228-22 条 （1967 年 3 月 23 日第 67-236 号法令第 206-7 条）公司会计监察人依据本《法典》第 L228-19 条的规定制定的专门报告,应当对公司(是否)遵守与优先股相关联的特别权利的情况提出意见,相应情况下,指出自何时开始这些权利就被忽视。

制定报告引起的费用由公司负担。

这一报告,至少应在专门大会召开前 15 日存放在公司注册住所,以便股东支配。

第二目 对转让资本凭证和可以进入公司资本的有价证券的认可条款

第 R228-23 条 （1967 年 3 月 23 日第 67-236 号法令第 207 条）本《法典》第 L228-24 条第 1 款规定的对受让人给予认可的申请,用司法外文书或者挂号信并要求回执送达公司。

《民法典》第 1843-4 条所指的评估鉴定人由商事法院院长指定。商事法院院长得依紧急审理程序作出裁定,延长本《法典》第 L228-24 条所指的期限。作为转让人的股东以及受让人,均按规定传唤到庭。对法院院长的裁定不得提出救济申请。

第三目 股东不履行义务

第 R228-24 条 （1967 年 3 月 23 日第 67-236 号法令第 208 条）为执行本《法典》第 L228-27 条之规定,对不履行义务的股东,用挂号信并要求回执进行催告。

未进入规范市场交易的股票的买卖,由投资服务提供人或者公证人按照(2009 年 3 月 16 日第 2009-295 号法令第 4 条)《货币与金融法典》第 L211-21 条规定的条件进行公开竞价拍卖。为此目的,公司在前款所指的催告之后至少 30 日,应在其注册住所所在省的有资格登载法定公告的报纸上公布纳入出卖范围的股票的号码。公司还应当用挂号信将上述出售事宜通知债务人,或者在相应情况下,通知共同债务人。挂号信应写明进行公告的日期及发布该公告的报纸期号。挂号信发出后 15 日内,不得出售股票。

第 R228-25 条 （1967 年 3 月 23 日第 67-236 号法令第 209 条）不履行义务的股东依法从公司记名股登记簿上除名。如交割的股票为记名形式,取得股票的人应进行登记,同时,签发载明股款已经支付并带有"duflicatun"字样的新证书。

如果按照《货币与金融法典》第 R211-1 条与第 R211-4 条之规定,股票应登记于发行人设立的账户,不履行义务的股东在该账户上的登记依法当然注销,取得股票的人即登记入册,同时签发载明股款已经支付并带有"duflicatun"字样的新证书。

销售所得净利属于公司,并扣除不履行义务的股东所欠的本金和利息以及公司为进行该项销售而支付的费用。未履行义务的股东仍然为债务人,或者可获得余款。

第 R228-26 条 (1967 年 3 月 23 日第 67-236 号法令第 210 条) 本《法典》第 L228-29 条第 1 款所指的期限为 30 日,自《法典》第 L228-27 条第 1 款所指的催告书发出之日起计算。

第四目 没有进入规范市场交易的股票的合并

第 R228-27 条 (1965 年 4 月 5 日第 65-268 号法令第 1 条) 本《法典》第 L228-29-1 条所指的面值为 3.81 欧元;第 L228-29-2 条所指的面值为 15.25 欧元。

第 R228-28 条 (1965 年 4 月 5 日第 65-268 号法令第 1 条) 本《法典》第 L228-29-1 条与第 L228-29-2 条所指的股东大会有关股票合并的决定,按照修改公司章程规定的条件,依经理管理人或者董事会的提议作出;董事会的提议尤其要涉及不构成整股的股票的交易价格以及第 L228-29-2 条所指的交易的承诺。

监事会或者会计监察人在向股东大会提交的专门报告中应当对经理管理人或者董事会的提议提出意见;这一报告应当指明所提议的交易价格是否现实、严肃,第 L228-29-2 条所指的交易的承诺是否能够确保在任何情况下实现该条所定的回报。股东大会应确定股票合并的基础并确定第 L228-29-2 条所指的交易价格。

第 R228-29 条 (1965 年 4 月 5 日第 65-268 号法令第 2 条) 本《法典》第 L228-29-2 条所指的交易承诺,由经理管理人或者董事会向股东大会作出报告,并在监事会或者会计监察人向股东大会提交的专门报告中重述。

第 R228-30 条 (1965 年 4 月 5 日第 65-268 号法令第 3 条与第 4 条) 本《法典》第 L228-29-3 条第 1 款所指的期限为 2 年,自股票合并活动最初开始的日期计算。

作出第 L228-29-2 条所指交易承诺的全体股东为进行股票合并,享有 1 个月的补充期限,自本条第 1 款规定的期限终止时开始计算。

第 L228-29-3 条第 1 款的规定在此补充期限内不适用于属于这些股东的股票。

第 R228-31 条 (1965 年 4 月 5 日第 65-268 号法令第 5 条)第 R228-28 条所指的股东大会的决议应在《强制性法定公告简报》上公示。

这项公示应指明股票合并活动的开始日期。进行这项公示之后至少应经过 15 日,才能开始股票合并活动。

公示通知应当指明以下事项:

1. 公司名称与法律形式;
2. 资本数额;
3. 注册住所地址;
4. 需要合并的股票的数量及每一种股票的面值;
5. 经合并产生的股票的数量以及每一种股票的面值;
6. 需要合并的股票与合并后的股票的兑换基础;
7. 由股东大会按照第 R228-28 条所指的条件确定的不构成整股的旧股票的交易价格;
8. 作出第 L228-29-2 条所指交易承诺的股东的姓名与地址;
9. 决定股票合并的股东大会的日期;
10. 第 R228-28 所指的期限应当终止的日期;
11. 为进行股票合并需要提交旧股票的地点,或者提出取得股票或者转让不构成整股的股票的请求的地点。

第 R228-32 条 (1965 年 4 月 5 日第 65-268 号法令第 7 条)本《法典》第 L228-29-6 条第 2 款所指的无效之诉时效期间为 5 年,自第 R228-30 条第 1 款所指的期限终止时开始计算。

第三节　正在消失的几种证券适用的规定

第一目　投 资 证 书

第 R228-33 条 (1967 年 3 月 23 日第 67-236 号法令第 169-2 条)投资证书持有人专门大会,按照决定增加资本或者发行可以进入公司资本的有价证券的股东大会相同的形式,并与股东大会同时进行召集。

第 R225-62 条、第 R225-63 条、第 R225-66 条至第 R225-70 条、第 R225-73 条第一项及第 R225-87 之规定,均适用于投资证书持有人专门大会的召集。

第 R228-34 条 （1967 年 3 月 23 日第 67-236 号法令第 169-3 条）为了审议决定取消优先认购权的建议,为此召开的投资证书持有人专门大会,应在股东大会之前举行,以及相应情况下,应在第 R225-96 条所指的无表决权优先股(无表决权优先派息股)(actions à dividende prioritaire)持有人专门大会以及优先股(action de préférence)持有人专门大会之前举行。

第 R225-95 条、第 R225-100 条、第 R225-101 条、第 R225-106 条至第 R225-108 条之规定,除有关视频会议和通过电子邮件投票的规定外,均适用于投资证书持有人专门大会。

第 R228-35 条 （1967 年 3 月 23 日第 67-236 号法令第 169-4 条）可以对参加投资证书持有人专门大会的权利附加公司按照第 R225-85 条的规定要求股东应当具备的同样条件,但有关通过电子邮件投票的规定除外。

第 R228-36 条 （1967 年 3 月 23 日第 67-236 号法令第 169-5 条）投资证书持有人委派他人代表其出席专门大会的事宜,受第 R225-79 条与第 R225-81 条之规定约束,但有关通过电子邮件投票的规定除外。由公司或公司指定的委托代理人向每一个投资证书持有人发送的任何委托书样本,均应附有专门大会的日程表、向大会提交的议案的文本以及据以要求寄送第 R225-83 条所指文件资料的申请表。

第 R228-37 条 （1967 年 3 月 23 日第 67-236 号法令第 169-6 条）投资证书持有人按照本《法典》第 L225-115 条至第 R225-118 条规定的条件以及上述第 R225-88 条与第 R225-94 条的规定行使了解公司文件的权利。

第 R228-38 条 （1967 年 3 月 23 日第 67-236 号法令第 169-7 条）对于分派无表决权但附有与投资证书相同权利的优先股的要约的任何弃权,均应在要约规定的期限内进行。如当事人在放弃权利时并未指定受益人,其放弃的权利视为给予与该项分派要约有关的全体证券持有人。与被放弃的权利相对应的证书,可以在没有放弃这一补充分派权的证券持有人之间分配。此种证书中不能构成整股的部分应按照股东大会确定之规则进行分配。

第 R228-39 条 （1967 年 3 月 23 日第 67-236 号法令第 169-8 条）本《法典》第 L228-30 条第 6 款所指的申报,用平信或挂号信发送。

第二目　无表决权优先股(无表决权优先派息股)

第 R228-40 条 （1967 年 3 月 23 日第 67-236 号法令第 153-4 条）如召

开无表决权优先股(无表决权优先派息股)持股人专门大会是为了对普通股东大会或特别股东大会的任何决议提出意见,此种专门大会应当与相对应的每一次股东大会同时进行召集。

第 R228-41 条 (1967 年 3 月 23 日第 67-236 号法令第 153-5 条)无表决权优先股(无表决权优先派息股)持股人专门大会按照股东大会相同的形式召集,并且与股东大会在同一天召开。董事会或管理委员会向专门大会提交拟向股东大会提请审议的决议的报告。

第 R228-42 条 (1967 年 3 月 23 日第 67-236 号法令第 153-6 条)专门大会按照本《法典》第 L225-99 条规定的条件,对应当得到其赞成或同意的问题作出决定;相应情况下,仅由与此有关的无表决权优先股(无表决权优先派息股)持股人参加的专门大会最迟应在股东大会召开之后一个月内召开。

第 R228-43 条 (1967 年 3 月 23 日第 67-236 号法令第 153-6-1 条)在对本《法典》第 L228-35-3 条所指的转换股票事项作出决议的专门大会上,董事会或者管理委员会提交的报告应指明进行转换的条件、转换比例的计算方式以及实现转换的方式。

会计监察人对转换要约提出意见并指出转换比例关系的计算方式是否准确、诚实。

第 R228-44 条 (1967 年 3 月 23 日第 67-236 号法令第 153-7 条)为执行本《法典》第 L228-35-10 条第 3 款的规定,公司为支持其提出的回购(股份)要约,可以向出售证券的股东提出建议价格的计价方式及理由说明。

第 R228-45 条 (1967 年 3 月 23 日第 67-236 号法令第 153-8 条)召集无表决权优先股(无表决权优先派息股)的股东参加股东会议,应遵守第 R228-62 条、第 R225-63 条、第 R225-65 条至第 R225-69 条,以及相应情况下,第 R228-70 条规定的条件。

载于会议召集通知上的会议日程,应当包括说明会议可能指定本《法典》第 L228-35-6 条第 4 款所指的委托代理人的事宜。

第 R228-46 条 (1967 年 3 月 23 日第 67-236 号法令第 153-9 条)有关股东委派他人代表其出席专门大会的事宜,依第 R228-79 条至第 R225-82 条的规定。

但是,第 R225-79 条所指的委托授权书对议事日程和引起召集该会议的股东大会的议事日程有关联的专门会议均有效。

第 R228-47 条 (1967 年 3 月 23 日第 67-236 号法令第 153-10 条)第 R225-83 条至第 R225-94 条的规定,均适用于无表决权优先股(无表决权优先派息股)的持有人。

第 R228-48 条 (1967年3月23日第67-236号法令第153-11条)无表决权优先股(无表决权优先派息股)持有人大会,相应情况下,适用第 R225-95 条至第 R225-101 条、第 R225-106 至第 R225-108 条。

第四节 参与性证券

第 R228-49 条 (1967年3月23日第67-236号法令第242-1条)参与性证券所得报酬的可变部分的基数不得高于该种证券面额的40%。

为计算此种报酬的可变部分而选取的各种要素,必须从已经批准的会计年度的账目中提取,或者,如有必要,从集团结算账目中提取。

第 R228-50 条 (1967年3月23日第67-236号法令第242-2条)参与性证券持有人大会至少每年在股东大会召开之日举行一次,或者,公营企业没有股东大会的情况下,参与性证券持有人大会应在审议上一个会计年度的账目的董事会会议举行之日,或者在董事会会议之日前15日举行。

第 R228-51 条 (1967年3月23日第67-236号法令第242-3条,2008年3月13日第2008-258号法令第2条)发行参与性证券的公司应当按照《货币与金融法典》第 L412-1 条规定的方式公示此种证券的发行条件。

第 R228-52 条 (1967年3月23日第67-236号法令第242-4条)提交认购人的参与性证券应载有以下内容:

1. 公司的名称,相应情况下,其名称的缩写;
2. 公司的形式;
3. 资本数额;
4. 注册住所的地址;
5. 在"商事及公司注册登记簿"上注册登记的日期以及第 R123-237 条第 1 点与第 2 点所指的事项;
6. 公司正常终止的日期;
7. 在此次发行时由公司担保的证券的数额;
8. 发行总额;
9. 发行的债券的面值;
10. 利率及支付利息与其他收益的时期;
11. 偿还期与偿还条件以及有可能赎回债券的条件;
12. 与证券相关的担保,但如借贷性债券得到国家担保时,或者如果是由法国地产信贷银行或 Natexis 股份有限公司或由其按照本《法典》第 L233-3 条意义控制的公司发行的债券,不在此限;

13. 先期发行的其他尚未还本的债券数额;

14. 如果是可转换债券,给予此种债券持有人为转换其证券而行使选择权的期限,此种债券的转换基数;

15. 如果是可换股债券,为此种兑换确定的方式与条件,并指明此种兑换的担保人;

16. 借贷偿还图表。

第 R228-53 条 (1967 年 3 月 23 日第 67-236 号法令第 242-5 条)第 R228-60 条至第 R228-78 条以及第 R228-80 条至第 R228-86 条的规定适用于参与性证券的发行。为此目的,这些条款规定的涉及发行借贷债券的公司以及债券发行和债券持有人的各项规则,亦分别适用于发行参与性证券的公司、此种证券的发行及其持有人。

第 R228-54 条 (1967 年 3 月 23 日第 67-236 号法令第 242-6 条)参与性证券无记名持有人取得公司文件的权利,依第 R225-92 条至第 R225-94 之规定。

第 R228-55 条 (1967 年 3 月 23 日第 67-236 号法令第 242-7 条)公司得按照第 R225-159 条与第 R225-160 条规定的方式在规范市场上回购其发行的参与性证券。此种证券应在 1 年期限内予以转让;过此期限,证券应当销除。

第 D228-56 条 (1967 年 3 月 23 日第 67-236 号法令第 242-8 条)第 L228-37 条所指的持有人群体由具有工商性质、适用公共会计规则的国家公共机构发行的证券的全体持有人组成。有关本期账目的报告以及用于确定参与性证券可得报酬的各项要素,由机构的会计人员制定。

第五节 公 司 债

第 R228-57 条 (2008 年 3 月 13 日第 2008-258 号法令第 2 条)本《法典》第 L228-43 条所指的公司,在由公众认购债券之前,应当按照《货币与金融法典》第 L412-1 条规定的方式公告债券的发行条件。

第 R228-58 条至**第 R228-59 条** (2008 年 3 月 13 日第 2008-258 号法令废止)

第 R228-60 条 (1967 年 3 月 23 日第 67-236 号法令第 215 条)在本《法

典》第 L228-50 条及第 L228-51 条第 2 款所指情况下,同期债券持有人的代表由大审法院院长依紧急审理程序裁定指定。

按照前款规定指定的同期债券持有人的代表的职务至债券持有人普通大会第一次会议召开时终止,但此次会议得任命相同人选作为债券持有人代表。

第 R228-61 条 （1967 年 3 月 23 日第 67-236 号法令第 216 条）债券持有人大会作出的关于指定或替换同期债券持有人代表的任何决定,均由债券持有人代表通知发行债券的债务人公司,并由公司负责在大会作出审议决定之日起 1 个月期限内,在公司注册住所所在省的法定公告报纸上进行公告;如（2009 年 5 月 19 日第 2009-557 号法令第 3-13 条）公司债券准许在规范市场上进行交易,或者如果所有的债券并不都是记名债券,则在《强制性法定公告简报》上进行公示。

大审法院院长作出的任命同期债券持有人代表的裁定,按照相同条件与期限进行公示。

如果同期债券持有人代表的职务是由某一协会或公司担任的,前款所指的通知与公告应指明有资格代表该协会或公司的人的姓名及家庭住所。

第 R228-62 条 （1967 年 3 月 23 日第 67-236 号法令第 217 条）同期债券持有人的代表辞职,用挂号信并要求回执通知发行债券的公司。

第 R228-63 条 （1967 年 3 月 23 日第 67-236 号法令第 218 条）如债券发行合同以及债券持有人大会均未确定给予债券持有人代表的报酬,应公司或有利益关系的债券持有人代表的请求,由大审法院院长依诉状审理,确定应给的报酬。

债券持有人大会决定给予债券持有人代表的报酬数额,应公司请求,得由大审法院院长依紧急审理程序作出裁定、予以降低。

第 R228-64 条 （1967 年 3 月 23 日第 67-236 号法令第 219 条）任何有利益关系的人均有权到发行债券的公司注册住所了解同期债券持有人代表的姓名与地址。

第 R228-65 条 （1967 年 3 月 23 日第 67-236 号法令第 220 条）按照本《法典》第 L228-58 条第 2 款规定的条件提出旨在召集债券持有人大会的请求,用司法外文书或者挂号信并要求回执发出。该项请求应指明提交大会的议事日程。

本《法典》第 L228-58 条第 3 款规定的期限为 2 个月,自提出召开会议的请求起开始计算。同一条款所指的委托代理人由大审法院院长依紧急审理程序指定,大会的议事日程,亦由院长确定。

第 R228-66 条 (1967 年 3 月 23 日第 67-236 号法令第 221 条)除第 R225-66 条所指事项外,召集债券持有人大会的通知应包括以下内容:

1. 说明被召集参加大会的同期债券持有人所认购的债券借贷的情形;
2. 提议召集会议的人的姓名及住所,以何种身份提议召开大会;
3. 相应场合下,法院作出指定负责召集大会的委托代理人的决定的日期。

第 R228-67 条 (1967 年 3 月 23 日第 67-236 号法令第 222 条)召集会议的通知刊载于公司注册住所所在省的有资格刊载法律公告的报纸,(2009 年 3 月 16 日第 22009-295 号法令第 3-13 条)"如公司的全部债券准许进入规范市场交易",或者如不是全部债券都是记名债券,上述通知应刊载于《强制性法定公告简报》上。

如公司发行的全部债券都是记名债券,前款规定的登报事宜可以用下述方式替代:向每一个债券持有人发出平信或挂号信召集其参加会议,邮费由公司承担;召集会议的通知也可以通过按照第 R225-63 条所指的条件实施的电子通信方式向债券持有人指示的地址传送。如债券为共有债券,召集会议的信件应发给每一位共有人。如债券设定了用益权,召集会议的信件应发送给虚有权人。

第 R228-68 条 (1967 年 3 月 23 日第 67-236 号法令第 223 条)第一卷第二编第五章第三节所指的有关视频会议和电子表决的规定适用于本节。

第 R228-69 条 (1967 年 3 月 23 日第 67-236 号法令第 224 条)第 R225-69 条与第 R225-70 条之规定适用于债券持有人大会的召集。

第 R228-70 条 (1967 年 3 月 23 日第 67-236 号法令第 224-1 条)第 R225-72 条与第 R225-74 条之规定不适用于债券持有人大会。

第 R228-71 条 (1967 年 3 月 23 日第 67-236 号法令第 225 条)债券持有人在大会召开之日在公司掌管的记名证券账户上进行登记,(2009 年 3 月 16 日第 2009-295 号法令第 4 条)或者"在《货币与金融法典》第 L211-3 条所指的某一中间人"掌管的无记名证券账目上进行登记,即证明有参加债券持有人大会的权利;但是,公司得在债券发行合同中订立专门条款规定,应在债券持有人大会召开前第 3 个工作日以巴黎时间零时为准在同一账目上进行债券登记才能有权参加大会。

已经进行远程投票、寄出授权委托书的债券持有人,仍然可以在任何时候转让其全部或部分债券。如果是在以巴黎时间为准的股东大会前一日或者是按照上述第 1 款最后一句话的规定在章程确定的日期进行的债券转让，公司可以根据情况在大会召开之前对该债券持有人所进行的投票、寄出的授权委托书不予认可或者进行相应变更。(2009 年 3 月 16 日第 2009-295 号法令第 4 条)相应情况下，授权掌管账目的中间人向公司或公司的委托代理人通知所进行的转让，并转送有关的信息。

第 R228-72 条 (1967 年 3 月 23 日第 67-236 号法令第 226 条)除债券发行合同另有规定外，债券持有人大会在债务人公司(发行债券的公司)的注册住所所在地召开，或者在同一省内的其他任何地点召开。

但是，单位面值至少为 10 万欧元或者用欧元以外其他外国货币表示的、在发行之日单位面值至少等于 10 万欧元的债券的持有人单独召开的大会，可以在欧盟任何成员国或欧洲经济区协议的任何一个成员国内举行，但以在会议召开国家能够提供让这些债权人行使其权利所必要的各种手段与信息为条件。

第 R228-73 条 (1967 年 3 月 23 日第 67-236 号法令第 227 条)第 R225-95 条、第 R225-101 条、第 R225-106 条以及第 R225-107 条之规定适用于债券持有人大会。

第 R228-74 条 (1967 年 3 月 23 日第 67-236 号法令第 228 条)债券持有人大会确定委派代表出席会议的债券持有人的委托授权书、报到登记表以及会议笔录的寄存地点。

会议笔录的副本或摘录由同期债券持有人的 1 名代表验证即属有效，或者由大会秘书验证即属有效。

第 R228-75 条 (1967 年 3 月 23 日第 67-236 号法令第 229 条)第 R225-79 条的规定适用于债券持有人委派代表出席会议而签发的委托授权书。

第 R228-76 条 (1967 年 3 月 23 日第 67-236 号法令第 231 条)依据本《法典》第 L228-69 条之规定，债券持有人有权在其所属的同期债券持有人大会召开前 15 日内，亲自或通过中间人到发行债券的公司注册住所、其管理领导机关所在地，或者相应情况下，到召开会议的其他任何地点，查阅将要向大会提交的议案文本或报告文本，或者取得其副本。

任何债券持有人均有权到大会选定的地点了解其所属的同期债券持有人大会的会议纪要或出席登记表，或者取得其副本。

第 R228-77 条 (1967 年 3 月 23 日第 67-236 号法令第 232 条)任何利害关系人均有权随时从发行债券的公司取得对已经发行的债券数量的说明以及尚未还本的债券的数目。

第 R228-78 条 （1967 年 3 月 23 日第 67-236 号法令第 233 条）在本《法典》第 L228-71 条第 1 款第 2 句所指情况下，由大审法院院长依诉状审理、作出裁定，对此项裁定不得提出救济申请。

第 R228-79 条 （1967 年 3 月 23 日 67-236 号法令第 234 条）在本《法典》第 L228-72 条所指情况下，董事会、管理委员会或者经理管理人不顾债券持有人大会所表示的拒绝批准意见而作出的决定，应在刊登召开大会通知的法定公告报纸上进行公告；(2009 年 3 月 16 日第 2009-295 号法令第 3-13 条)如全部债券准许进入规范市场交易，或者如公司全部债券不都是记名债券，上述通知应刊载于《强制性法定公告简报》。后一项公示应写明第一次刊登召开大会通知的法定公告报纸的名称与进行公告的地点。

债券持有人偿还债权的请求，应在刊登公告或者刊登前款所指的最后一次公告起 3 个月期限内提出。

公司应当在每一位债券持有人提出请求后 30 天期限内偿还债券。

第 R228-80 条 （1967 年 3 月 23 日第 67-236 号法令第 234-1 条）在本《法典》第 L228-73 条规定的情况下，董事会、管理委员会或者经理管理人作出的"不采纳债券持有人大会意见"的决定，应当按照第 R228-79 条第 1 款规定的条件进行公告。

第 R228-81 条 （1967 年 3 月 23 日第 67-236 号法令第 235 条）自本《法典》第 L228-79 条第 2 款所指的公证文书作出起 30 日期限内，由公司负责在担保登录的页面备注栏内载明以下事由：发行的债券已全部认购或者仅部分认购，并且将担保效力减至实际认购的债券的数额；或者由于认购数量不足或者无人认购，债券发行未能实现。如记载后一种情况，担保登录效力即告终止，并最终注销该项担保登录。

第 R228-82 条 （1967 年 3 月 23 日第 67-236 号法令第 236 条）原有登录的延展，由公司进行并承担费用；董事长、管理委员会或者经理管理人负责办理此种手续。

第 R228-83 条 （1967 年 3 月 23 日第 67-236 号法令第 237 条）除第 R228-81 条所指的减少担保效力或最终注销担保登录之情况外，取消担保登录应由有利害关系的同期债券持有人的代表提出。

同期债券持有人的代表，如得到经债券持有人特别大会认可的决定给予的授权，即使在没有确认借贷已经偿还的情况下，亦可同意取消担保登录。

除前款所指情况外，只有在设定担保的财产的转让价款已经全额支付至债券持有人代表之手或已偿还债务的情况下，债券持有人代表才能同意取消全部或部分担保登录。

在按照抽签方式正常偿还债券或回购债券的情况下,债券持有人代表无须同意取消部分担保登录。

第 R228-84 条 （1967 年 3 月 23 日第 67-236 号法令第 238 条）在发行债券的公司实行司法保护程序、司法重整或司法清算程序的情况下,向债券持有人发出的通知与召集会议的通知,视相应情况,由公司的法定代表人、法院指定的司法管理人或司法代理人发送给同期债券持有人的代表。

第 R228-85 条 （1967 年 3 月 23 日第 67-236 号法令第 239 条）在本《法典》第 L228-85 条所指条件下承担债券持有人代表事务的委托代理人,由商事法院院长依申请指定。

委托代理人应当在其受指定起 15 日内申报同期债券所代表的债权。

第 R228-86 条 （1967 年 3 月 23 日第 67-236 号法令第 240 条）在公司进行司法清算的情况下,有关无记名债券已经在账目上登记的证明,以及相应情况下,代表这些债券的文件,按照委任法官规定的期限,交存至清算人之手。

第六节 可以进入公司资本或者有权分派债权凭证的有价证券

第 R228-87 条 （1967 年 3 月 23 日第 67-236 号法令第 242-8 条）按照本《法典》第 L228-99 条第 2 款第 1 点的规定,如存在可以进入公司资本的有价证券,公司发行新的资本凭证并附有专门保留给股东的优先认购权时,如果只能在特定的期日才能行使与这些可以进入公司资本的有价证券相关联的权利,应当规定一个特别期间,以便与这些可以进入公司资本的有价证券相关联的权利的持有人在其后行使这种权利时,能够认购公司发行的新证券。

如果在任何时候都能行使与这些可以进入公司资本的有价证券相关联的权利,那么,公司应当作出必要的安排,以便这些权利的持有人在行使其权利时能够认购公司发行的新证券。

第 R228-88 条 （1967 年 3 月 23 日第 67-236 号法令第 242-9 条）按照适用本《法典》第 L228-99 条第 2 款第 2 点的规定,如果存在可以进入公司资本的有价证券,公司在无偿分派股票时,应当向不能处分的公积金账户上转入必要的款项,以便持有与这些可以进入公司资本的有价证券相关联的权利的人在其后行使这种权利时能够无偿分派到股票,其可分配的数量等于这些权利持有人在公司进行分派股票之当时就已经是股东一样本可得到的股票数量。

第 R228-89 条 （1967 年 3 月 23 日第 67-236 号法令第 242-10 条）为了适用本《法典》第 L228-99 条第 2 款第 2 点的规定，在存在可以进入公司资本的有价证券的情况下，公司在用金钱或实物分派公积金或者分配发行溢价时，应当向不能处分的公积金账户转入必要的款项，以及相应情况下，保留实物财产，以便持有与这些可以进入公司资本的有价证券相关联的权利的人在其后行使这种权利时能够得到如同他们在公司进行此种分派之当时就已经是股东一样本可得到的款项或财产。

第 R228-90 条 （1967 年 3 月 23 日第 67-236 号法令第 242-11 条）在存在可以进入公司资本的有价证券的情况下，公司购买其准许进入规范市场交易的股票并且取得这些股票的价格高于市场证券交易的价格时，应当对这些证券可以取得的股票数目进行调整。

通过这种调整，做到在这些活动实现之后行使与可以进入公司资本的有价证券相关联的权利时所取得的股票的价值与在这些活动之前行使这种权利的情况下本可取得的股票的价值相一致。

为此目的，计算行使权利的新基础时，先应计算出购买价格与购买之前 3 个证券交易日价格的加权平均值之间的差额占回购资本的百分比，在此基础上再考虑该百分比与该平均价格之间的关系。

董事会或者管理委员会在下一次的年度报告中应汇报进行调整的结果以及计算时考虑的因素。

第 R228-91 条 （1967 年 3 月 23 日第 67-236 号法令第 242-12 条）为适用本《法典》第 L228-99 条第 2 款第 3 点的规定，通过调整，应当做到在这些活动实现之后行使与可以进入公司资本的有价证券相关联的权利时所取得的股票的价值与在这些活动之前行使这种权利的情况下本可取得的股票的价值相等。

为此目的，在计算行使与可以进入公司资本的有价证券相关联的权利的新基础时，应做到：

1. 在包含优先认购权的情况下，并且按照发行合同的规定：

A. 考虑优先认购权的价值与这种优先认购权同股票分离之后，在认购期内所有的证券交易日的平均开盘价所代表的这种股票的价值之间的比值；

B. 或者，考虑旧股票有权取得的证券的数目、这些证券的发行价格以及股票在与认购权分离之前的价值。股票的价值等于开始发行之日前至少

3 个证券交易日的加权平均值。

2. 在无偿分派股票的情况下,应当考虑旧股票有权取得的股票的数目。

3. 在用现金或实物分派公积金或发行溢价的情况下,应当考虑每股可分派的数额与分派之前股票的价值之间的比值,分派之前股票的价值等于开始分派之日前至少 3 个证券交易日的加权平均值。

4. 在变更利润分配的情况下,应当考虑每股对利润的权益的减少与变更之前股票的价值之间的比值。股票的价值等于进行变更之日前至少 3 个证券交易日的加权平均值。

5. 在分期偿还资本的情况下,应当考虑每股所偿还的数额与每股在偿还之前的价值。股票的价值等于进行偿还之日前至少 3 个证券交易日的加权平均值。

对于股票未进入规范市场交易的公司,发行合同可以规定进行调整的方式,特别是规定为适用上述各款的规定而应当考虑的确定股票价值的方式。

董事会或者管理委员会在下一次的年度报告中应汇报进行调整的结果以及计算时考虑的因素。

第 R228-92 条 (1967 年 3 月 23 日第 67-236 号法令第 242-13 条)如公司进行的活动必然适用本《法典》第 L228-99 条的规定,应当通知与可以进入公司资本的有价证券相关的权利的持有人。

这一通知包括以下内容:

1. 公司的名称,相应情况下,其名称的缩写;

2. 公司的形式;

3. 公司资本数额;

4. 公司注册住所的地址;

5. 第 R123-237 条第 1 点与第 2 点所指事项;

6. 活动的性质;相应情况下,待发行的证券的类型、认购价格、认购权的分派以及行使认购权的条件、认购的开始日期与截止日期;

7. 公司按照第 R228-87 条至第 R228-91 条之规定所作出的处分。

本条所指的各项情况,在发行证券的情况下,至少应在预定的认购活动截止前 14 日,在其他情况下,应当在考虑进行的活动的决定作出后 15 日,用挂号信并要求回执告知与可以进入公司资本的有价证券相关的权利的持有人。

(2009 年 3 月 16 日第 2009-295 号法令第 3-13 条)如公司发行的可以进入公司资本的有价证券准许在规范市场上交易,或者,如公司发行的准许在规范市场上进行交易的全部债券不都是记名债券,上述通知应包含这些说明事项并在相同期限内记载于《强制性法定公告简报》上登载了公告的说明书。

第 R228-93 条 （1967 年 3 月 23 日第 67-236 号法令第 242-14 条）因行使与可以进入公司资本之有价证券相关联的权利必然引起的增加资本,不需要进行第 R225-120 条所指的公告。认购单按照第 R225-128 条规定的模式制定,但其第 7 点与第 8 点所指事项除外。因行使与可以进入公司资本的有价证券相关的权利必然引起的资本增加,不适用第 R225-129 条至第 R225-135 条之规定。

第 R210-9 条所指的公告应在 1 个月内进行。

第 R228-94 条 （1967 年 3 月 23 日第 67-236 号法令第 242-15 条）在按照本《法典》第 L225-149 条的规定行使与可以进入公司资本的有价证券相关联的权利时如产生不构成整股的股票,这一部分股票用现金支付。支付的款项等于不构成整股的股票按股票的价值计算所得到的结果。

在股票准许进入规范市场交易的公司里,股票的价值是指提出行使权利之申请日前证券市场挂牌交易的市场价值。

在其他公司里,股票的价值按照发行合同的规定确定,或者以没有进入规范市场交易的证券每日的交易量的市价为基础确定,或者按照公司的自有资本确定。

发行合同可以规定,与可以进入公司资本的有价证券相关的权利的持有人,有权请求向其交割整股股票,但条件是其应当向公司支付所请求的额外股票之部分的款项,这一部分款项按照前两款中提出的规则确定。

第 R228-95 条 （1967 年 3 月 23 日第 67-236 号法令第 242-16 条）本《法典》第 L228-105 条规定的知情权,按照第 R225-92 条至第 R225-94 条规定的条件行使。

第 R228-96 条 （1967 年 3 月 23 日第 67-236 号法令第 242-300 条）适用本编之规定确定证券在交易市场的市价是指最后一个交易日的交易市价。

第九章 欧洲公司

第一节 一般规定

第 R229-1 条 （1967 年 3 月 23 日第 67-236 号法令第 203-3 条）在法国

登记注册的欧洲公司受本章以及适用于有关股份有限公司的、与本章不相抵触的规定调整。

第 R229-2 条 进行本《法典》第 L229-2 条最后一款与第 L229-3 条第一项第 2 款规定的监督活动的公证人既不得制作私署文书,也不得对私署文书进行公证,也不得就此提供咨询。

进行上述监督活动的公证人,不得在可能为相关活动制作过私署文书、对私署文书进行过公证、提供过咨询的公证人事务所或者公证人公司内从事活动。

第二节 公司注册住所的迁移

第一目 公示对第三人权利的保护

第 R229-3 条 (1967 年 3 月 23 日第 67-236 号法令第 203-6 条)在法国注册登记的欧洲公司,如其股票准许在规范市场进行交易,(2009 年 5 月 19 日第 2009-557 号法令)"或者其股票不全是记名股",按照本《法典》第 L229-2 条第 1 款的规定将其注册住所迁往欧洲共同体另一成员国的迁址方案,应在注册住所地所在省有资格刊登法定公告的报纸上以及《民商事法定公告正式简报》上登载一项通知。

这项通知应包括以下内容:

1. 公司的名称,相应情况下,其名称的缩写;公司注册住所的地址、注册资本数额,以及第 R123-237 条第 1 点与第 2 点所规定的事项;

2. 公司拟迁往的国家以及拟定的注册住所地址;

3. 拟议迁址的日程安排;

4. 有关行使回购股份以及债权人提出异议的方式;

5. 迁址方案的日期及其交存公司注册地的商事法院书记室的地点与日期。

以上第 1 款规定的交存与公告事宜至少应在召开审议迁址活动的第一次股东大会之前 1 个月进行。

第 R229-4 条 (1967 年 3 月 23 日第 67-236 号法令第 203-7 条)在法国注册登记的欧洲公司将其注册住所迁往欧洲共同体的另一成员国,不适用第 R210-11 条之规定。

第 R229-5 条 (1967 年 3 月 23 日第 67-236 号法令第 203-8 条)如公司

股票准许进入规范市场交易,(2009 年 5 月 19 日第 2009-557 号法令)"或者其股票不全是记名股",特别股东大会按照本《法典》第 L229-2 条的规定批准欧洲公司迁移注册住所的决定,应在注册住所地所在省有资格刊登法定公告的报纸上以及《民商事法定公告正式简报》上登载一项通知。

这项通知应写明上述股东大会的日期以及公司的注册住所。

第 R229-6 条 (1967 年 3 月 23 日第 67-236 号法令第 L203-9 条)本《法典》第 L229-2 条第 3 款所指的对公司迁址提出的异议以及回购股票的请求,应在第 R229-5 条所规定的最后一次公示起 1 个月期限内提出。

异议以及回购股票的请求应用挂号信并要求回执通知公司。

第 R229-7 条 (1967 年 3 月 23 日第 67-236 号法令第 203-10 条)公司应在接到股东提出的请求之后 15 日内用挂号信并要求回执向前条所指的每一股东发出回购股票的要约。

公司向持有相同种类股票的股东提议的回购价格应当一致。

这项要约应包含按股票提议的价格、提议的支付方式、保留要约的期限以及可以对要约表示接受的地点。

前款所指的期限不得少于 20 天。

准许进入规范市场交易的欧洲公司的股票,按照《货币与金融法典》第 L433-4 条第二项的规定评估作价。

第 R229-8 条 (1967 年 3 月 23 日第 67-236 号法令第 203-11 条)对提议的价格有任何争议,均在第 R229-7 条第 3 款所指的期限内提交公司注册住所地所在辖区的法院。

公司可以按照《民事诉讼法典》第 331 条规定的条件通知与回购股票有利益关系的所有股东参加诉讼;在此情况下,这些股东按照该《法典》第 333 条的规定办理。

回购股票的价格按照《民法典》第 1843-4 条以及实施 1978 年 1 月 4 日关于修改《民法典》第 78-9 号法律的 1978 年 7 月 3 日第 78-704 号法令第 17 条的规定确定。

第 R229-9 条 (1967 年 3 月 23 日第 67-236 号法令第 203-12 条)本《法典》第 L229-2 条第 4 款规定的取得投资证书的要约,(2009 年 5 月 19 日第 2009-557 号法令)如公司股票准许进入规范市场交易或者其股票不全是记名股,应在公司注册住所地所在省的有资格刊登法定公告的报纸上登载一项通知。

这项通知应当包括以下内容:

1. 公司的名称与法律形式,注册住所地址与注册资本数额;

2. 考虑取得投资证书的数量;

3. 投资证书持有人大会同意接受的每份投资证书的拟议价格;

4. 取得投资证书的要约的保留期限以及接受要约的地点,该期限不得少于 20 天。

对于记名投资证书持有人,本条第 1 款所指的公告用公司付费、向每人寄送挂号信并要求回执替代,但这封信件应写明与上述通知相同的内容。

投资证书持有人可以转让其证券的期限为 30 日,自最后进行上述公告之日起计算。

第 R229-10 条 (1967 年 3 月 23 日第 67-236 号法令第 203-3 条)本《法典》第 L229-2 条第 5 款所指的偿还债券持有人进行偿还的要约,(2009 年 5 月 19 日第 2009-557 号法令)如公司股票准许进入规范市场交易或者其股票不全是记名股,应在其注册住所地所在省有资格刊登法定公告的两份报纸上分两次登载一项通知,两次登载的间隔时间至少为 10 天。

对于记名债券持有人,本条第 1 款所指的公告由公司付费向每人寄送挂号信并要求回执替代。

债券持有人可以请求偿还其证券的期限为 30 日,视具体情况,分别自最后进行上述公告之日或最后接收挂号信之日起计算。

这一期限应在第 1 款与第 2 款所指的通知或挂号信中指明。

第 R229-11 条 (1967 年 3 月 23 日第 67-236 号法令第 203-14 条)本《法典》第 L229-2 条第 6 款所指的非债券持有人提出异议的期限为 30 日,自最后进行上述公告之日起计算。

第二目 对公司迁移注册住所的合法性审查

第 R229-12 条 (1967 年 3 月 23 日第 67-236 号法令第 203-15 条)为签发本《法典》第 L229-2 条第 7 款所指的证明书,欧洲公司应向负责进行迁址合法性审查的公证人提交一份至少包括以下材料的案卷:

1. 公司章程;

2. 公司注册住所的迁址方案;

3. 本节所规定的公告通知的副本;

4. 第 L229-2 条第 4 款所指的股东大会的笔录的副本;

5. 有关公司迁移注册住所对《劳动法典》第 L439-25 条至第 L439-50 条意义上的劳动者的安置所产生的后果的说明。

第三节 欧洲公司的设立

第一目 合并设立

第 D229-13 条 法院书记员在收到提交的符合规定的申报材料之后 8 日内出具一份证明,以确认在本《法典》第 L229-3 条所指的合并之前履行的各项手续均符合规定。

第 D229-13-1 条 通过合并设立的欧洲公司进行注册登记时,在法国注册的、参与此项合并活动的每一家公司,除本《法典》第 L229-3 条第一项第 3 款所指的证明书之外,还应向负责对合并的合法性进行监督的公证人或者向合并后的公司在其管辖区内进行注册登记的商事法院书记员提交一份至少包括以下材料的案卷:

1. 由合并设立的欧洲公司的章程;
2. 共同的合并方案;
3. 本卷规定的公告通知的副本;
4. 第 L236-9 条与第 L236-13 条所指的股东大会的笔录的副本;
5. 有关公司迁移注册住所对《劳动法典》第 L2351 条至第 L2354-4 条意义上的劳动者的安置所产生的后果的说明。

第 D229-13-2 条 本《法典》第 L229-3 条所指的合法性监督,应在接到第 D229-13-1 条所指的全部文件之后 15 日内完成。

第 R229-14 条 (1967 年 3 月 23 日第 67-236 号法令第 203-17 条)任何利益关系人均可向法院提出欧洲公司因本《法典》第 L229-3 条第二项第 1 款所指的原因之一予以解散的诉讼请求。

法院作出的宣告解散欧洲公司的判决,应在该公司注册住所地所在省有资格刊登法定公告的报纸上进行公告,如公司股票准许进入规范市场交易,(2009 年 5 月 19 日第 2009-557 号法令)"或者其股票不全是记名股",还应在《民商事法定公告正式简报》上登载一项通知。

第二目 欧洲控股公司的设立

第 R229-15 条 (1967 年 3 月 23 日第 67-236 号法令第 203-18 条)参与设立欧洲控股公司活动的、在法国注册登记的每一家公司,如其中至少有一家公司的股票准许进入规范市场交易,应在注册住所地所在省有资格刊登法定公告的报纸上公告设立控股公司的方案,(2009 年 5 月 19 日第 2009-557 号法令)"或者其股票不全是记名股",还应在《民商事法定公告正式简报》上登载一项通知。

这项通知应包括以下内容:

1. 推动设立欧洲控股公司的公司的名称,相应情况下,其名称的缩写;公司注册住所的地址、注册资本数额;第 R123-237 条第 1 点与第 2 点规定的事项,相应情况下,在注册住所地所在国家内的注册号码;

2. 拟议设立的欧洲控股公司的名称、缩写名、注册住所地址、注册资本数额;

3. 推动设立欧洲控股公司的每一家公司股东或股份持有人为设立欧洲控股公司而应当出资的股份的最小比例;

4. 股份或股票的交换比例,相应情况下,应当交付的差额;

5. 控股公司设立方案的日期及其交存至推动设立活动的公司注册地的商事法院书记室的地点与日期。

以上第 1 款规定的交存与公告事宜至少应在审议设立控股公司活动的第一次股东大会召开之前 1 个月进行。

第 R229-16 条 (1967 年 3 月 23 日第 67-236 号法令第 203-19 条)设立欧洲控股公司活动的监察人,按照第 R225-7 条规定的条件指定并完成任务。

第 R229-17 条 (1967 年 3 月 23 日第 67-236 号法令第 203-20 条)除 2001 年 10 月 8 日欧洲理事会关于欧洲公司地位的第 2157/2001 号条例第 32 条第 5 段规定的事项之外,设立控股公司活动的监察人在其提出的本《法典》第 L229-5 条第 3 款所指的报告中应当指明用于评估参与设立该欧洲控股公司的各只股票或股份价值的账目的制定日期。

第 R229-18 条 (1967 年 3 月 23 日第 67-236 号法令第 203-21 条)参与设立欧洲控股公司活动的、在法国注册登记的每一家公司的股东大会作出的决定,如其股票准许进入规范市场进行交易,应在注册住所地所在省有资格刊登法定公告的报纸上刊登一项通知,(2009 年 5 月 19 日第 2009-557 号法令)"或者其股票不全是记名股",还应在《民商事法定公告正式简报》上登载一项通知。

这项通知包括以下内容:

1. 召开特别股东大会的日期;

2. 公司注册住所;

3. 股东或股份持有人通过何种方式向推动设立欧洲控股公司的公司通

知其打算用其股份或股票向设立欧洲控股公司进行出资的意图,给予他们作出此种决定的3个月期限,自进行公示之日起计算。

第 R229-19 条 (1967 年 3 月 23 日第 67-236 号法令第 203-22 条)在具备设立欧洲控股公司条件的情况下,参与设立欧洲控股公司活动的、在法国注册登记的每一家公司,均应在有资格刊登法定公告的全国性报纸上刊登一项通知作出确认。

对于推动设立欧洲控股公司活动的公司,这项通知应包括以下内容:

1. 设立方案及其公示的日期;
2. 批准设立方案的日期;
3. 股东或股份持有人为设立欧洲控股公司将其股份或股票的比例投入欧洲控股公司作为出资的日期。

第三节 通过股份有限公司转型设立欧洲公司

第 R229-20 条 (1967 年 3 月 23 日第 67-236 号法令第 203-23 条)本《法典》第 L225-245-1 条第 2 款所指的股份有限公司转型方案,(2009 年 5 月 19 日第 2009-557 号法令)如公司的股票准许进入规范市场进行交易,或者其股票不全是记名股,应在公司注册住所地所在省有资格刊登法定公告的报纸上登载一项通知。

这项通知包括以下内容:

1. 公司名称、缩写名、注册住所地址、注册资本数额以及第 R123-237 条第 1 点与第 2 点所规定的事项;
2. 指明本公司打算转型为欧洲公司;
3. 转型方案的日期以及该方案交存至公司注册住所地的法院书记室的日期与地点。

以上第 1 款规定的交存与公告事宜,至少应在审议设立控股公司活动的第一次股东大会召开之前 1 个月进行。

第 R229-21 条 (1967 年 3 月 23 日第 67-236 号法令第 203-24 条)转型为欧洲公司之活动的监察人按照第 R225-7 条规定的条件指定并完成任务。

第 R229-22 条 (1967 年 3 月 23 日第 67-236 号法令第 203-25 条)在法国注册登记的股份有限公司转型为欧洲公司,按照第 R225-165 条规定的条件进行公示。

第四节 欧洲公司的管理

第 R229-23 条 (1967 年 3 月 23 日第 67-236 号法令第 203-26 条) 按照本《法典》第 L229-7 条第 2 款的规定,在管理委员会有席位空缺的情况下,负担缺额成员职责的监事会成员受任命任职的时间至管理委员会补选为止,且不得超过 6 个月。

第五节 欧洲公司转型为股份有限公司

第 R229-24 条 (1967 年 3 月 23 日第 67-236 号法令第 203-27 条) 木《法典》第 L229-10 条第 2 款规定的欧洲公司转型方案,如公司股票准许进入规范市场交易,应在注册住所地所在省有资格刊登法定公告的报纸上刊登一项通知,(2009 年 5 月 19 日第 2009-557 号法令) "或者其股票不全是记名股",还应在《强制性法定公告简报》上登载一项通知。

1. 公司名称,相应情况下,其缩写名称;公司注册住所地址、注册资本数额;第 R123-237 条第 1 点与第 2 点所规定的事项;
2. 指明本公司打算转型为欧洲公司;
3. 转型方案的日期以及该方案交存至公司注册住所地的法院书记室的日期与地点。

以上第 1 款规定的交存与公告事宜至少应在召开审议转型活动的第一次股东大会之前 1 个月进行。

第 R229-25 条 (1967 年 3 月 23 日第 67-236 号法令第 203-28 条) 欧洲公司转型活动的监察人按照第 R225-7 条规定的条件指定并完成任务。

第 R229-26 条 (1967 年 3 月 23 日第 67-236 号法令第 203-29 条) 在法国注册登记的欧洲控股公司转型为股份有限公司,按照第 R225-165 条规定的条件进行公示。

第三编 对各种商事公司的共同规定

第一章 可变资本(无条文)

第二章 公司账目

第一节 会 计 文 件

第 R232-1 条 (1967年3月23日第67-236号法令第243-1条)公司年度账目与管理报告,以及在相应情况下,集团结算账目与集团管理报告,应在为审议公司年度账目而召集的持股人会议或股东会议之前至少1个月在公司注册住所交由会计监察人支配。

前款所指的文件副本提供给提出要求的会计监察人。

第 R232-1-1 条 为了执行本《法典》第 L232-1 条第四项有关制定管理报告的规定,资产负债总额定为 100 万欧元,税负外营业额为 200 万欧元,在会计年度中平均全时用工人数为 20 人。

资产负债总额、税负外营业额及平均全时用工人数按照第 R123-200 条第 4 款、第 5 款与第 6 款的规定确定。

第 R232-2 条 (1967年3月23日第67-236号法令第244条)在公司会计年度终结时,受薪雇员人数为 300 人或超过 300 人,同一时期营业额净值等于或超过 1800 万欧元的商事公司,应制定本《法典》第 L232-2 条所指的文件。

如公司连续2个会计年度不再符合上述任何一项条件,可停止履行上述义务。

纳入统计数字的受薪雇员,是指与公司订立不定期劳动合同的薪金雇员,或者与该公司直接或间接持有一半以上资本的公司订有此种劳动合同的薪金雇员。如公司会计年度与民事年度不一致,公司薪金雇员人数按照民事年度每一个季度末或者会计年度末的平均人数计算。

营业额的净值等于公司日常经营活动相关产品与服务销售总额减除销售折让、增值税以及类似的税款后的数额。

第 R232-3 条 (1967 年 3 月 23 日第 67-236 号法令第 244-1 条)公司董事会,或者,相应情况下,管理委员会或经理管理人应制定:

1. 每一季度:扣除经营成本的、可实现或可支配的资产状况表以及在每一季度结束后 4 个月内可追索的负债;

2. 每一年度:

A. 资金一览表,同时应在上一个会计年度终结后 4 个月内制定年度账目;

B. 预计资金安排计划;

C. 预计损益账目,最迟在本期财务年度开始后第 4 个月届满时制定预计资金安排计划及预计损益账目。预计损益账目可在第二个会计季度开始后 4 个月内进行修正。

第 R232-4 条 (1967 年 3 月 23 日第 67-236 号法令第 244-2 条)本《法典》第 L232-3 条及第 L232-4 条所指的报告附于第 R232-3 条所指的文件。

该项报告应对这些文件提供的情况进行补充并作出评介。报告详细说明会计惯例、会计方法以及可能采用的方法,并对其适用性与连续性作出判断。

第 R232-5 条 (1967 年 3 月 23 日第 67-236 号法令第 244-3 条)为制订第 R232-3 条所指的文件而采用的方法与账目的编制规则,可以因时期不同而变更,无须在第 R232-4 条所指的报告中说明变更理由;但是,这项报告可以详述此种变更带来的影响。

资金图表的科目、预期资金安排计划的科目以及预期损益账目的科目应标示前一会计年度相应科目有关的数字。

可实现的与可支配的资产的明细,其中不包括经营值,以及可追偿的负债的明细,应当包括对前期 2 个半年相应栏目的数字的说明。

第 R232-3 条所指文件,每一份都应能够显示与该文件有关的公司整体财务状况、其预期结果以及资金准备与手段。如有必要,为使这些文件提供的情况与公司年度账目所提供的资料相接近，可以提供补充性资料。

预期损益账目，如有特别情况证明其理由，可包括一项或数项变量。

第 R232-6 条 （1967 年 3 月 23 日第 67-236 号法令第 244-4 条）第 R232-3 条与第 R232-4 条所指的文件与报告制定之后 8 日内报送会计监察人、企业委员会及监事会。

第 R232-7 条 （1967 年 3 月 23 日第 67-236 号法令第 244-5 条）会计监察人按照本《法典》第 L232-3 条与第 L232-4 条提出意见时，应将其意见记载于向董事会、管理委员会或经理管理人以及企业委员会提交的书面报告。此项报告于上述第 R232-3 条所指期限届满后 1 个月内提交。

在会计监察人依据本《法典》第 L232-4 条的规定要求将其报告通报给公司股东时，公司经理管理人在收到该报告后 8 天内进行此项通报。

第 R232-8 条 （1967 年 3 月 23 日第 67-236 号法令第 245 条）按照本《法典》第 L232-5 条的意义进行集团结算的公司，如其作出该条所指的选择，可以按照集团结算规则，对其直接或间接控制的公司的账目会计要素进行重新处理。

为执行本《法典》第 L232-5 条第 3 款之规定，对会计要素重新进行处理可由各家被控制的公司在进行集团结算的公司负责下进行。

为了适用这种方法，公司在资产负债表的资产项目中分开记载各自在进行成果分派之前自有资金的份额，不论经营成果是正是负，并且记载第一次集团结算未予列入的差额净值。

这一数字与取得证券的价格之间的差额，应计入自有资金的等值差额栏内。

在第一次运用这种评价方法时，作为证券价值减少而计入的准保金应转入等值差额栏内。

如果等值差额变为负数，因证券整体价值下降而保留的准保金应计入损益表的负债栏内。

第二节 适用于股票准许进入规范市场交易的公司及其子公司的特别规定

第 R232-9 条至第 R232-10 条 （2008 年 3 月 13 日第 2008-258 号法令废止）

第 R232-11 条 （1967 年 3 月 23 日第 67-236 号法令第 296 条，2008 年 3

月 13 日第 2008-258 号法令)股票全部或一部准许进入规范市场交易的所有公司,应在普通股东大会通过年度账目后 45 日内在《强制性法定公告简报》上公告下列文件:

1. 已经通过的公司年度账目,并附有会计监察人的证明;

2. 关于分派公司经营成果的决定;

3. 公司集团结算账目,并附有会计监察人的证明;如果第 R233-14 条第 5、6、7、8 点所指的资料已经在会计年度终止时向商事法庭书记室交存的集团结算账目中作出记载,此种资料可免于公布。

(2008 年 3 月 13 日第 2008-258 号法令第 6 条)"如果按照《货币与金融法典》第 L451-1-2 条第一项的规定,或者按照本条的规定公布集团结算账目的公告中不包括第 R233-14 条第 5、6、7、8 点所指的事项,应当在向商事法庭书记室交存的包括此种事项在内的集团结算账目中提及这些情况"。

如果各项方案未经修改即获得普通股东大会的批准,且相同期限内在《强制性法定公告简报》上刊登的一项通知中已提及按照第 R451-1-2 条第一项的规定进行的公告,同时有会计监察人的证明,那么,在前款所指的文件中可以不公布前款所指的事项。

第 R232-12 条 (2008 年 3 月 13 日第 2008-258 号法令第 6 条废止)

第 R232-13 条 (1967 年 3 月 23 日第 67-236 号法令第 297-1 条,2008 年 3 月 13 日第 2008-258 号法令第 6 条)每一会计年度第一季度结束后 4 个月内,股票全部或一部准许进入规范市场交易的所有公司应向金融市场主管机关提交本《法典》第 L232-7 条第 3 款所指的报告;这份报告应当载明与《货币与金融法典》第 L451-1-2 条第三项规定的相同内容。

第 R232-14 条至第 R232-16 条 (2008 年 3 月 13 日第 2008-258 号法令废止)

第三节 利 润

第 R232-17 条 (1967 年 3 月 23 日第 67-236 号法令第 245-1 条)在本《法典》第 L232-12 条第 2 款所指情况下,董事会,或者相应场合下,管理委员会或经理管理人有权决定预先分配部分股息,并且确定分配的数额与分配日期。

第 R232-18 条 (1967 年 3 月 23 日第 67-236 号法令第 246 条)本《法典》第 L232-13 条规定的每一会计年度终结后的 9 个月期限,可以由商事法院院长应公司经理管理人、董事会、管理委员会的请求，依诉状审理作出裁定予以延长。

第四节　账目的公示

第 R232-19 条　（1967 年 3 月 23 日第 67-236 号法令第 13-2 条）本《法典》第 L232-21 条所指的文件一经交存，商事法院书记员应在《民商事法定公告正式简报》上刊载如下通知：

"合名公司××，注册住所设在××，统一识别号码为：××××，已按照本《法典》第 L232-21 条的规定向其注册登记的'商事及公司注册登记簿'所在的商事法院书记室交存年度账目(集团结算账目)以及已终结的年度的报告，特此公告。"

第 R232-20 条　（1967 年 3 月 23 日第 67-236 号法令第 44-2 条）自交存本《法典》第 L232-22 条所指的文件之日起，商事法院书记员在《民商事法定公告正式简报》上刊载如下通知：

"有限责任公司(SARL)××，注册住所设在××，统一识别号码为：××××，已按照本《法典》第 L232-22 条的规定向其注册登记的'商事及公司注册登记簿'所在的商事法院书记室交存了×年×月×日结束的会计年度的年度账目(集团结算账目)及年度报告。特此公告。"

第 R232-21 条　（1967 年 3 月 23 日第 67-236 号法令第 293-1 条）本《法典》第 L232-22 条与第 R232-15 条所指的文件一经交存，商事法院书记员在《民商事法定公告正式简报》上刊载如下通知：

"依据本《法典》第 L232-22 条与第 R232-15 条的规定，××公司，注册住所设在××，统一识别号码为：××××，已向其登记注册的'商事及公司注册登记簿'所在的商事法院书记室交存了公司年度账目(集团结算账目)、公司所持有的全部有价证券的盘存清单以及××日结束的会计年度的报告。特此公告。"

第三章　子公司、参股与被控制的公司

第一节　通知与情况告知

第 R233-1 条　（1967 年 3 月 23 日第 67-236 号法令第 247-1 条，2009 年

5月19日第2005-557号法令第3-21条)为适用本《法典》第L233-7条第1款的规定,有关信息最迟应在参股数额跨过规定的额度之日起第4个证券交易日终止时发给公司。

第 R233-1-1 条 (2009年5月19日第2005-557号法令第3-21条)为适用本《法典》第L233-7条之规定,有关信息最迟应在按照该条的规定参股数额跨过确定额度之日起第5个证券交易日终止时发给公司,并送达金融市场主管机关。

第 R233-2 条 (1967年3月23日第67-236号法令第247条)本《法典》第L233-8条第一项规定的向股东提供信息,采用通知的形式,在年度普通股东大会之后15日内,或者自公司了解到在两次股东大会之间投票表决权的变动部分至少已经达到同一条文第一项所指的部颁条例确定的百分比之日起15日内,刊载在公司注册住所所在省有资格刊登法定公告的报纸上。

第二节　集团结算账目

第 R233-3 条 (1967年3月23日第67-236号法令第248条)本卷所指的集团结算账目按照全额合并结算、比例合并结算或等值合并结算的方式制定。

在全额合并结算中,集团结算的资产负债表应记入进行集团结算的公司的全部资产,包括权利与义务的各个项目,但是被纳入集团结算的各公司依照集团结算规则确定的构成其自有资本的资产与负债各个项目所取代的证券不计入其内。

在比例合并结算中,这些证券的账面价值由代表持有证券的各公司在按照集团结算规则确定的、构成其自有资金的资产与负债项目中所占的那一部分利益取代。

在等值合并结算中,这些证券的账面价值由按照集团结算规则确定的这些公司的自有资金的份额取代。

第 R233-4 条 (1967年3月23日第67-236号法令第248-1条)集团结算损益表包括:

1. 构成要素:

A. 进行集团结算的公司的损益账目;

B. 按照全额合并结算方式参与集团结算的各公司的损益账目的各项目;

C. 代表按照比例合并结算方式参与集团结算的各公司利益的损益账目之部分；

2. 代表进行集团结算的公司的直接或间接利益或者代表以等值合并结算的各公司利益的损益账目之部分。

第 R233-5 条 （1967 年 3 月 23 日第 67-236 号法令第 248-3 条）（在集团结算时与）一公司初步进行合并结算相比发生的差额，在集团结算的资产负债表的相应科目中进行分摊。差额中未能分摊入账的部分，记入集团结算资产负债表的资产或负债的特列科目。

未能分摊入账的差额部分，按分期偿付计划或恢复公积金计划，归入损益账目。

在上述附件中如有极特殊的情况，与一企业初步合并结算相比发生的差额未能分摊的部分，可以记入其自有资金或者列入其自有资金。

第 R233-6 条 （1967 年 3 月 23 日第 67-236 号法令第 248-4 条）纳入集团结算的各公司持有的代表进行集团结算的公司资本的证券，按证券在这些公司的用途进行分类。

已经作不动产处理的证券应分开单列，同时减少合并结算的自有资金的数额。

投资证券仍保留在合并结算的资产之中。

第 R233-7 条 （1967 年 3 月 23 日第 67-236 号法令第 248-5 条）合并结算的营业额等于纳入合并结算的各公司形成的整体的日常活动相关的产品与服务的销售总额。该项营业额，在排除内部往来业务之后，包括：

1. 由进行全额合并结算的各公司实现的营业额在进行可能必要的处理之后的净值；

2. 在进行比例合并结算的各公司实现的营业额经可能必要的处理之后的净值中，各参与公司所占的份额。

第 R233-8 条 （1967 年 3 月 23 日第 67-236 号法令第 248-6 条）进行合并结算要求：

1. 按照集团结算采用的分类表，对以合并方式进行集团结算的各公司的资产与负债、支出与收入的各个科目进行分类；

2. 采用必要的处理方式，按照集团结算采用的评估方法，对纳入集团结算的各公司的资产与负债、支出与收入的各个科目进行评估；

3. 排除账目中完全因执行税收立法的规定而入账的项目所产生的影响排除，尤其是因为投资补贴、法定公积金以及不动产折旧而入账的科目所产生的影响；

4. 将进行集团结算的整体内部损益，其中包括股息，排除在外；

5. 实行合并结算的各企业之间进行的某些分配活动，如其可以使这些企业享受减免税额的待遇，在与此种分配活动相关联的税项尚不能返还时，应对这种分配活动的费用开支进行检证；

6. 排除进行合并结算的各企业的相互账目。

但是，尽管有上述第 6 点的规定并且能在附件中予以证明，已作不动产处理的资产可以按进行合并结算的企业相互间进行交易而引起的新值入账，如果这种交易活动是按照正常的市场条件进行，而且如对该资产的补充值部分进行排除处理将引起不成比例的费用时，由此而引起的差额可直接记入公积金。

进行集团结算的公司可免除本条所指的某些工作，如这些工作对公司的总资产负债、财务状况以及包括在集团结算之内的各企业所组成的整体的损益状况没有明显影响。

第 R233-9 条 （1967 年 3 月 23 日第 67-236 号法令第 248-7 条）在两个会计年度之间，因国外企业的账目折换成欧元而产生的差额，应当分别按照所采用的折算方法，或者记入合并结算的自有资金，或者记入合并结算的损益账目。

第 R233-10 条 （1967 年 3 月 23 日第 67-236 号法令第 248-8 条）除本《法典》第 L123-18 条至第 L123-21 条所指的评价方法之外，还可采用以下方法制定集团结算账目：

1. 可以根据一个会计年度终结时欧元的购买力，以欧元为记账基本单位制定集团结算账目。原来采用另一种货币或者用购买力不同情况下的欧元入账的全部项目，均按这一共同的记账单位进行折算。这种评价方法对资产、负债以及对自有资金所产生的影响分别记入合并结算的自有资金。

2. 可折旧的有形不动产以及库存，可以按会计年度终结时其替代值（valeur de remplacement）入账。这种处理产生的对等值分别单项记入相应的栏目。

3. 流动资产的可替代项目，可以在考虑每一类型的资产首先调出的财产是最后调入的财产之基础上进行估价。这种估价方法可限于某些活动部门或某些地理区域。采用何种方法将上述流动资产项目归类，应在账目附件中说明理由。

4. 为流动资产某个构件的制造筹措资金而借入的资金的利息，可记入成本，如此种利息与生产制造期有关系。

5. 由参加集团结算的各企业因信贷租赁合同而占有的财产，或者依据类似形式而占有的财产，可以在集团结算的资产负债中以及在集团结算损益表中进行处理，如同这些财产是按照贷款方式取得的。

6. 由纳入集团结算的企业依据信贷—租赁合同或类似的形式而交给其顾客支配的财产如从道理上看，这些财产的卖出有肯定保证，可以视这些财产系以信贷方式出售而予以处理。

7. 纳入集团结算的各企业用另一种货币为记账单位入账的负债与债权，折换成制定年度账目所使用的货币而产生的资产与负债的差额，可以记入合并结算损益账目。

8. 如发行（借贷债券的）合同没有规定在出借人提出要求时即应偿还，也没有规定在没有利润或利润不足时不一定能取得报酬，则因执行此种合同而收取的资金可以记入合并结算的资产负债表中的自有资金栏目。

9. 受特别法确定的估价规则调整的机构组织所持有的财产可以在企业合并结算账目内保持执行这些规则而进行估价所得之价值。

第 R233-11 条 （1967 年 3 月 23 日第 67-236 号法令第 248-9 条）合并结算资产负债表可以采用图表形式，也可以采用列表形式。资产负债表至少应显示：

1. 无形非流动资产（无形固定资产）、有形非流动资产、资金性非流动资产、库存、债权、投资性有价证券以及流动资金；

2. 自有资本、风险与费用的公积金以及负债；

3. 少数股东或持股人所持有的股份。

第 R233-12 条 （1967 年 3 月 23 日第 67-236 号法令第 248-10 条）集团结算损益账目至少应当显示集团结算的营业额净值、以合并方式参与集团结算的各企业形成的整体的税后所得、进行等值结算的各企业的损益份额。少数股东或持股人所持有的股份以及进行集团结算的企业的份额应分别列出。

收入与支出应按照它们的性质与用途分类入账。收入与支出可以用图表表示，也可以采用列表形式。

第 R233-13 条 （1967 年 3 月 23 日第 67-236 号法令第 248-11 条）由下列情形引起的延期纳税项目应记入资产负债表及集团结算损益表：

1. 由时间差异引起的某一收入或支出入账时与其入账后的会计年度应税所得；

2. 由于进行本《法典》第 R233-8 条所指的处理，必须排除与调整某些项目从而引起的延期纳税,尤其是运用第R233-10条所指的估价规则而进行的项目排除与调整所引起的。

3. 纳入集团结算的企业税款不足,但可以从将来的利润中扣取而引起的延期纳税。

第R233-14条 (1967年3月23日第67-236号法令第248-12条)除本《法典》第L233-19条、第L233-23条、第L233-25条、第R233-5条、第R233-8条以及第R233-10条所指的各项信息资料外,集团结算账目的附件还应当包含一切有意义的信息,以便阅账人能够对参加集团结算的各企业组成的整体的总资产负债状况、财务状况及损益表有一个准确的评价。这些资料信息主要涉及以下内容:

1. 资产负债表以及集团结算损益表各科目采用的会计原则及评价方法,同时详细说明依照上述第R233-10条所采取的这些方法的有关资料;

2. 集团结算所采取的原则与方式;

3. 对在国外的企业进行集团结算而使用的折换方法;

4. 妨碍对一个会计年度与另一个会计年度的资产负债表、集团结算损益表的某些科目进行比较的各种情形,以及在相应情况下,能够保证进行此种比较的方法,尤其应说明集团结算的参数变化所产生的影响;

5. 进行全额合并结算的企业的名称、单一识别号码、企业注册住所以及直接或间接持有的资本的额度;

6. 进行等值合并结算的企业的名称、单一识别号码、企业注册住所以及直接或间接持有的资本的额度;

7. 进行比例合并结算的企业的名称、单一识别号码、企业注册住所以及直接或间接持有的资本额度;

8. 构成集团结算资产负债表中"参与性证券"栏目的主要企业的名单,并且说明它们的名称与注册住所及其直接或间接持有的资本的额度、这些企业各自自有资金的数额、最近一个会计年度的损益状况以及有关证券的账面净值;

9. 尚存的偿还期超过5年的、已记入集团结算资产负债表的负债总额,以及由参与进行集团结算的企业提供物权担保予以保证的负债总额,并且应说明这些负债的性质与形式;

10. 由参与集团结算的各企业组成的整体对第三人承担的在资产负债表内未予载入的资金性质的义务的总额,其中,在抚恤金或类似的补贴方面承担的义务的数额,以及对第R123-196条第9点意义上的相关联的企业承

担的资金性义务中未以合并结算之方式纳入结算账目的数额,应分别记载;

11. 每一会计年度分配给进行集团结算的公司的管理、领导与监事机关成员的,因其在本《法典》第 L233-16 条意义上的受控制的企业内担任职务的报酬总额;这方面的资料可以对每一个机关全体成员统一汇总提供。这些机关的原成员所得的抚恤金或类似补贴,也同样统一汇总;

12. 进行集团结算的公司以及受该公司控制的企业同意给予其管理、领导、监督机关成员的信贷与垫付款项的数额,并且说明给予此种信贷或垫付款的条件;对每一机构的全体成员,可以统一汇总记载;

13. 按活动部门与活动地区分别记载的纳入集团结算账目的营业额;

14. 在一个会计年度里,参与集团结算的企业的平均用工人数;如果这些人员的费用开支在集团结算的损益账目中没有单独列出,则应说明这种开支的数额;此种开支应按不同工种分别列出;

15. 如有关的延期纳税的数额以及一个会计年度中这种数额的变化的信息资料在集团损益账目与资产负债表中未予单列,应予列出;

16. 如果对参加集团结算的整体具有特殊性质的损益项目并未在集团结算损益表中分别列出,应列明这些项目的净值;

(2008 年 12 月 30 日第 2008-1487 号法令第 3 条)"17. 在本期集团结算损益账目上显示的给予会计监察人的酬金总额,并且应区分因集团结算账目进行法定监督所给予的报酬以及因提供直接与账目法定监督有联系的咨询与服务而收取的报酬数额;"

(2009 年 3 月 9 日第 2009-267 号法令第 5 条)18. 没有纳入集团结算资产负债表的各项业务活动的性质、目标及其在财务上的影响,如果这些活动产生的风险与利益具有一定的影响并且有关这些风险与利益的信息对评价包括在集团结算范围内的各公司的财务状况有必要;国家会计规范委员会发布规则具体规定本条的实施方式;

19. 由进行集团结算的公司、包括在集团结算内的公司或实体与有联系的当事方进行的第 R123-199-1 条意义上的交易的清单;这一清单包括的是不属于集团内部的具有一定影响并且不是按照市场正常条件进行的所有交易;国家会计规范委员会发布规则具体规定制定这一清单的方式。

以上第 5 点、第 6 点、第 7 点、第 8 点或第 13 点所指的某些项目,如其公开传出可能引起严重损害,则可回避记载,而只记述一个不完整的信息。

第 R233-15 条 (1967 年 3 月 23 日第 67-236 号法令第 248-15 条)除在本《法典》第 L123-12 条所指的附件中应说明理由外,本《法典》第 L233-17 条第1款所指的公司具备下列条件时可以不制定集团结算账目与集团管理报告：

1. 将这些公司包括在内的各最大企业制定的整体集团结算账目符合第L233-16条至第L233-28条的规定，或者受(2008年8月29日第2008-876号法令第8条废止："欧洲共同体另一成员国")外国立法调整的企业是按照欧洲共同体委员会1983年6月13日第83-349号指令采取措施制定其整体集团结算账目的；

2. 这些集团结算账目，依据适用于制定此种账目的公司的法律，已得到负责账目监督的独立的专业人员的鉴证并且已经进行公示；

3. 这些账目依上述第R225-88条及第R225-89条规定的条件与期限提交给公司的股东。如果是使用非法语编制的账目，则应当附有法语译本。

如果是由注册住所在欧洲共同体或者欧洲经济协议成员国之外的一家企业制定的集团结算账目，在该账目内应补充由所涉及的公司、其子公司及其参股所形成的整体的总体资产状况、资金状况以及损益状况的全部信息。这些信息尤其应涉及以下内容：已作非流动资产的数额、营业额净值、本期损益、自有资金数额，一个会计年度内的平均用工成员人数。这些信息可以记入以上提及的集团结算账目的附件，或者记入免除义务之公司的年度账目的附件，在后一种场合，这些信息材料应按本《法典》第L233-16条至第L233-25条规定的原则与方法来制定。

第R233-16条 (1967年3月23日第67-236号法令第248-14条)为执行本《法典》第L233-17条第2点之规定，依照该条规定的条件，一家公司及其控制的各企业不应超过的额度按以下规定确定：

1. 资产负债总额：(2001年4月27日第2001-373号法令)"1500万欧元"；

2. 营业额净值：(2001年4月27日第2001-373号法令)"3000万欧元"；

3. 长期平均用工人数：(2002年2月26日第2002-312号法令)"250人"(原规定为"500人")。

以上数字依照第R123-200条第2、3、4款规定的方法对有关企业组成的整体统一汇总计算。

第三节 相互参股

第R233-17条 (1967年3月23日第67-236号法令第249条)本《法

典》第 L233-29 条最后一款所指的期限为 1 年，自执行该法第 L233-7 条第一项第 1 款之规定而进行的通知时起计算。

第 R233-18 条 （1967 年 3 月 23 日第 67-236 号法令第 250 条）本《法典》第 L233-30 条第 2 款及第 4 款所规定的期限为 1 年，自应当转让股份的公司所转让的股份纳入其总资产负债时开始计算。

第 R233-19 条 （1967 年 3 月 23 日第 67-236 号法令第 251 条）依据第 R233-17 条的规定向一家公司发出的通知，由其董事会、管理委员会、经理管理人或会计监察人在下一次股东大会时提交的报告中告知全体股东。

公司依据本《法典》第 L233-29 条及第 L233-30 条的规定而进行的任何股票转让，均在下一次股东大会上通过前款所指之报告告知股东或股东。

第四章 警 告 程 序

（1985 年 3 月 1 日第 85-295 号法令）

第 R234-1 条 （1967 年 3 月 23 日第 67-236 号法令第 251-1 条第 1 款与第 2 款）在股份有限公司里，本《法典》第 L234-1 条所指的应当提供的信息，可以涉及会计监察人在审核提交其审查的各项文件时发现的任何事实，或者涉及会计监察人在履行其职责时了解到的任何事实。

董事长或管理委员会应在接到要求提供信息的请求后 15 日内，用挂号信并要求回执作出答复。

第 R234-2 条 （1967 年 3 月 23 日第 67-236 号法令第 251-1 条第 3 款与第 5 款）会计监察人按照本《法典》第 L234-1 条第 2 款的规定提请董事会或监事会进行审议的要求，可以在收到董事长或管理委员会的答复后 8 日内，用挂号信并要求回执的形式提出；或者在确认第 R234-1 条第 2 款规定的期限内没有作出任何答复的情况下，会计监察人可在该款规定的期限内提出相同请求。会计监察人立即用挂号信并要求回执向法院院长寄送其提出的这项请求的副本。

董事长或者管理委员会应在收到会计监察人的信件之后 8 日内召集董事会或监事会就发现的问题进行审议。会计监察人按照相同条件受召唤参加这次会议。这次审议应在收到会计监察人的信件之后 15 日内进行。

董事会或管理委员会进行审议的笔录摘要，应在会议后 8 日内用挂号信并要求回执送交商事法院院长、会计监察人及企业委员会，或者在没有企业委员会的情况下，送交员工代表。

第 R234-3 条 （1967 年 3 月 23 日第 67-236 号法令第 251-1 条第 6 款与第 8 款）如果董事会或管理委员会没有作出答复，或者尽管已作出决定，但公司继续经营仍然受到威胁时，会计监察人应提请召开股东大会对所披露的问题进行审议。这项请求在收到董事会或管理委员会的审议决定之后，或者在规定的审议期限经过之后 15 日内用挂号信并要求回执提出。所提请求应附有会计监察人的专门报告；董事长或管理委员会在接到这项请求后 8 日内将其送交企业委员会，如果没有企业委员会，送交员工代表。

董事会或者监事会在收到会计监察人的请求之后 8 日内按照第 R225-62 条规定的条件进行股东大会的召集。在任何情况下，这次股东大会最迟应在会计监察人提出要求之日起 1 个月内召开。

在董事会或者监事会没有这样做的情况下，会计监察人应在对董事会或者监事会规定的期限经过之后 8 日内召集股东大会并确定大会的议程，在必要情况下，可以选择在公司章程规定的地点以外的、位于同一省内的其他地点召开股东大会。所有情况下，此次会议引起的费用均由公司负担。

第 R234-4 条 （1967 年 3 月 23 日第 67-236 号法令第 251-1 条第 9 款）会计监察人按照本《法典》第 L234-1 条最后一款的规定将其所做的尝试报告商事法院院长时，立即用挂号信并要求回执向院长报告这些信息。在信息报告中应当包含便于商事法院院长了解情况的全部文件，并且说明导致会计监察人认为所做的决定仍然不充分的原因。

第 R234-5 条 （1967 年 3 月 23 日第 67-236 号法令第 251-1 条第 1 款）在股份有限公司以外的其他公司里，本《法典》第 L234-2 条所指的请求作出解释的要求，可以针对会计监察人在审核提交其审查的各项文件时发现的任何事实，或者针对会计监察人在履行其职责时所了解到的任何事实。这项请求用挂号信并要求回执提出。

公司领导人在收到请求作出解释的要求后 15 日内用挂号信并要求回执作出答复，并在相同期限内，用挂号信并要求回执将上述请求与所作答复的副本送交企业委员会，以及在有监事会的情况下，送交监事会；如果没有企业委员会，则送交员工代表。公司领导人应在其答复中对企业状况作出分析，相应情况下，具体说明其考虑采取的措施。会计监察人立即用挂号信并要求回执将此程序报告法院院长。

第 R234-6 条 （1967 年 3 月 23 日第 67-236 号法令第 251-1 条第 3 款至第 5 款）会计监察人按照本《法典》第 L234-2 条第 2 款的规定，提出要求股东大会对披露的事实进行审议的请求，由其在接到公司领导人所做答复之后 8

日内或者在为此规定的期限经过之日,用挂号信并要求回执寄送公司领导人。会计监察人立即用挂号信并要求回执将此项要求的副本寄送法院院长。公司领导人在收到会计监察人提出的要求之后 8 日内将此项要求及报告通报给企业委员会,如果没有企业委员会,则送交员工代表,并进行股东大会的召集。在任何情况下,这次股东大会最迟应在会计监察人提出要求之日起 1 个月内召开。

在公司领导人没有这样做的情况下,会计监察人应在对领导人规定的期限经过之后 8 日内召集股东大会;会计监察人确定股东大会的议程,必要情况下,可以选择在公司章程规定的地点以外的、位于同一省内的其他地点召开此次股东大会。所有情况下,此次会议引起的费用均由公司负担。

第 R234-7 条 (1967 年 3 月 23 日第 67-236 号法令第 251-2 条第 6 款)在会计监察人按照第 R234-2 条最后一款规定的条件将其所做的各种尝试向商事法院院长作出报告时,立即用挂号信并要求回执进行这些信息的报告。这一信息报告中应当包含有利于商事法院院长了解情况的全部文件,并且说明导致会计监察人认为所做决定仍然不充分的原因。

第五章　无　　效

第 R235-1 条 (1967 年 3 月 23 日第 67-236 号法令第 252 条)本《法典》第 L235-6 条第 1 款以及第 R235-7 条所指的催告书用司法外文书(非司法文书)或者用挂号信并要求回执发出。

第 R235-2 条 (1967 年 3 月 23 日第 67-236 号法令第 253 条)本《法典》第 L235-7 条所指的期限为 30 日,自该条所指催告起开始计算。

负责按照本《法典》第 L235-7 条规定的条件履行公告手续的委托代理人由商事法院院长依紧急审理程序指定。

第 R235-3 条 (1967 年 3 月 23 日第 67-236 号法令第 253-1 条)第三人对宣告公司无效的决定提出异议,只有在《民商事法定公告正式简报》上公告法院判决之日起 6 个月内始予受理。

第六章　合并与分立

第 R236-1 条 (1967 年 3 月 23 日第 67-236 号法令第 254 条)公司合并或分立方案,由参与拟议中的合并或分立的各公司的董事会、管理委员会、经理管理人制定。

该方案包含下列应载事项：

1. 参与合并或分立活动的各公司的法律形式、商号及注册住所；
2. 合并或分立的理由、目的及条件；
3. 预定接受资产与负债转移的吸收公司或者新公司的资产与负债细目及其估价；
4. 转交股份或股票的方式以及这些股份或股票有权分配利润的日期，与此种权利有关的各种特别条件，以及从财务角度，获得财产的公司或各公司被视为完成吸收或分立活动的日期；
5. 为确定合并或分立活动的条件而使用的有关公司的账目各自的制定日期；
6. 各公司权益交换的比例，以及相应情况下，结余的数额；
7. 分立或合并的溢价的预计数额；
8. 对享有特别权利的股东以及持股人之外的证券持有人给予的权利，相应场合下，给予的各种特殊利益。

对于第 L236-11 条所指的活动，合并方案中无须写明股份或股票的交付方式，也无须写明这些股份或股票产生分配利润的权利的日期，以及与这些权利有关的任何特别方式，也无须写明上述第 6 点与第 7 点所指的任何事项。

第 R236-2 条 （1967 年 3 月 23 日第 67-236 号法令第 255 条）公司分立或合并方案由参与行动的各公司在《民商事法定公告正式简报》上刊载通知，进行公告；如参与行动的公司中（2009 年 3 月 16 日第 2009-295 号法令第 3-13 条）至少有一家公司的全部股票准许进入规范市场交易，或者如其中有一家公司的全部股票不都是记名债券，上述通知应刊载于《强制性法定公告简报》。

这项通知包括以下应载事项：

1. 参与行动的每一家公司的商号或名称，相应情况下，其名称的缩写，公司注册住所、资本数额以及第 R123-237 条第 1 点与第 2 点规定的各事项；
2. 因上述行动而产生的新公司的商号或名称，相应情况下，其名称的缩写，公司的法律形式、注册住所、资本数额，或者原有各公司资本的增加数额；
3. 向接受资产与负债转移的吸收公司或新公司转移的资产与负债的估值；
4. 各公司权益的交换比例；

5. 分立或合并溢价的预定数额；

6. 本《法典》第 L236-6 条第 1 款规定的各项寄存事项进行的日期与地点以及方案制定的日期；

本《法典》第 L236-6 条所指的向法院书记室进行的交存事项以及本条所指的公告，应当在为审议上述行动而召开的第一次股东大会之日前至少 1 个月完成，或者，在相应情况下，对于第 L236-11 条所指的活动，在此种活动产生效力之前至少 30 日完成。

第 R236-2-1 条 公司如果最迟在确定召开审议公司合并或分立方案的股东大会之日前 30 日内，在其因特网网站上按照能够保障文件安全与真实可靠性的条件，不间断地公示其合并或分立方案，可以免除登载第 R236-2 条所指的通知。

网站上公布的通知应包含第 R236-2 条规定的相同事项，并且可以免费查阅与下载。

如果发生至少连续 24 小时无法进入公司网站的情况，有关公司合并或分立的方案立即按照第 R236-2 条规定的方式公布通知。在此情况下，第 L236-2 条第 9 款所指的期限，在公告此项通知之前停止计算。

第 R236-3 条 （1967 年 3 月 23 日第 67-236 号法令第 258 条）凡是参与合并或分立行动的可以发行股票的公司，均应在审议合并或分立方案的股东大会召开前至少 1 个月，在公司注册住所提交以下文件，供各股东支配：

1. 合并或分立方案；

2. 本《法典》第 L236-9 条与第 L236-10 条所指的报告；

3. 由股东大会批准的年度账目以及参与行动的各公司最近 3 个会计年度的管理报告；

4. 按照最近一个会计年度的资产负债表相同的方法与相同的账面制定的会计报表。如与最近一个会计年度账目相关的会计年度终结日期早于分立或合并方案 6 个月以上，确定该年度账目的日期应当先于分立或合并方案至少 3 个月。

为适用上述第 3 点的规定，如分立或合并行动是在最后一个会计年度的账目得到批准之前或者在该年度账目批准后不满 1 个月作出决定，则与该会计年度有关的、已经制定并经过检证的账目，以及前两个会计年度的已得到批准的账目，连同管理报告，均应提交股东支配。在公司董事会尚未制定账目的情况下，上述第 4 点所指的会计报表以及前两个会计年度已得到批准的账目连同管理报告应提交股东支配。

任何股东，提出简单要求，均可免费取得上述文件的全部或部分复印本。

此外，适用本《法典》第 L236-10 条之规定的所有有限责任公司，应当按照以上条件，向其股东提交该条所指的报告。在书面征求意见的场合，上述报告连同提交给股东的决议草案一起寄发给各股东。

第 R236-3-1 条　公司如果最迟在确定召开审议公司合并或分立方案的股东大会之日前 30 日期限内，在其因特网网站上按照能够保障文件安全与真实可靠性的条件，不间断地公示其合并或分立方案，可以免除在公司注册住所地按照第 R236-3 条的规定安排有关文件的查询。

如果发生至少连续 24 小时无法进入公司网站的情况，第 R236-3 条的规定仍然适用。在此情况下，第 L236-3 条第一项所指的期限，在安排文件查询之前停止计算。

在股东可以免费进入参与分立或合并行动的各公司的网站并且可以下载或复制有关文件的情况下，不能再取得第 R236-3 条所指文件的副本。

第 R236-4 条　（1967 年 3 月 23 日第 67-236 号法令第 265 条）本《法典》第 L236-6 条所指的申报连同变更登记申请一起交存至某一受益公司的注册住所所在地的"商事及公司注册登记簿"。

参与合并或分立的各公司至少委托 1 名董事、经理管理人或管理委员会成员签署该项申报。

申报书的副本交存至进行变更登记的每一家参与合并或分立行动的公司注册住所所在地的商事法院书记室。

第 R236-5 条　（1967 年 3 月 23 日第 67-236 号法令第 256 条）本《法典》第 L236-9 条所指的董事会或管理委员会的报告，应从法律、经济角度，尤其是有关股票的交换比例以及所采用的估价方法等方面，对合并或分立方案给以解释与说明理由。所采用的估价方法对所有有关的公司均应协调一致，相应场合下，应解释与说明估价中的特殊困难。

对于在公司分立时接受资产负债转让的各公司，应提及制定上述同一《法典》第 L225-147 所指报告，并指出该报告将寄存至这些公司注册住所所在地的商事法院书记室。

有关取得投资证书的要约的公告，依第 R225-153 条之规定。

投资证书的持有人，如其在最后一项公告起 30 日内仍未转让其证券，在吸收公司里仍然保留其身份。

第 R236-5-1 条　除参与合并活动的每一家公司的股东按照第 L236-10 条第二项所指的条件作出其他决定之外，第 L236-9 条第 5 款规定的应当向股东进行的告知事项，自参与合并活动的各公司的董事会或管理委员会了解这些事项之日，按照第 L236-2 条规定的形式向这些股东进行传达。

还应立即经任何方式向参与合并活动的其他公司转送这些情况并取得收据。这些公司按照第 1 款规定的方式向它们的股东进行相应的通知。

在参与合并活动的每一家公司召开股东大会时，也应告知所发生的变化。

第 R236-6 条　（1967 年 3 月 23 日第 67-236 号法令第 257 条）负责公司合并或分立的评估鉴定人，按照第 R236-6 条规定的条件指定并完成任务。

如果对整个分立或合并行动仅制定一份报告，评估鉴定人应按照所有参加行动的公司联合提出的请求指定。

第 R236-7 条　（1967 年 3 月 23 日第 67-236 号法令第 260 条）会计监察人尤其要审核被吸收的各公司带入的净资产数额至少等于吸收公司资本的增加数额，或者，至少等于合并后产生的新公司的资本数额。

对受益于公司分立的各公司的资本，亦应进行相同审核。

第 R236-8 条　（1967 年 3 月 23 日第 67-236 号法令第 261 条）由某一债权人按照本《法典》第 L236-14 条与第 L236-21 条规定的条件就公司合并或分立提出的异议，应在第 R236-2 条，或者相应情况下，第 R236-2-1 条规定的每一家公司的网站上最后一次向公众公示其合并或分立方案起 30 日期限内提出。

本《法典》第 L236-15 条所指的同期债权人的代表对公司合并的异议，在相同期限内提出。

所有情况下，异议均向商事法院提出。

第 R236-9 条　（1967 年 3 月 23 日第 67-236 号法令第 261-1 条）在本《法典》第 L228-73 条（第 3 款）所指的情况下，同期债权人的代表对公司合并或分立的异议，应当在进行第 R228-80 条所指的最后一次公告起 30 日内提出。

异议向商事法院提出。

第 R236-10 条　（1967 年 3 月 23 日第 67-236 号法令第 262 条）向吸收公司或分立的公司出租场地的出租人，也可以按照第 R236-8 条第 1 款规定的条件，对公司合并与分立提出异议。

第 R236-11 条　（1967 年 3 月 23 日第 67-236 号法令第 263 条）本《法典》第 L236-13 条第 1 款以及第 L236-18 条第 1 款所指的由债权人提出简单请求即偿还其债权的要约，应在《强制性法定公告简报》上进行公告，同时应当分两次在公司注册住所所在省的两份法定公告报纸上进行公告。两次公告相隔至少10天。

对于记名债券的持有人,用平信或者普通挂号信告知其上述偿还债权的要约。如所有的债券均为记名债券,前款所指的公告为任意性质。

第 R236-12 条 (1967年3月23日第67-236号法令第264条)本《法典》第 L236-13 条第3款规定的期限为3个月,自最后一次公告手续办理之日或者自前款所指平信或挂号信寄发之日起开始计算。

第二节 跨国合并适用的特别规定

第 R236-13 条 跨国合并活动受本节规定以及本章第一节与此不相抵触的规定调整。

第 R236-14 条 有关合并的共同方案由参与跨国合并活动的每一家公司的管理机关、董事会或者管理委员会制定。

有关跨国合并的共同方案应当包括以下事项:

1. 参与跨国合并行动的各公司以及合并后产生的公司的法律形式、名称与注册住所;

2. 代表各公司注册资本的证券、股份或股票的兑换比例,相应情况下,剩余的数额;

3. 合并后产生的公司的证券、股份或股票的交付方式,这些证券开始享有分配利润之权利的日期以及与此权利相关的任何特别限制条件;

4. 从财会角度,从哪一日期开始,参与合并的各公司的活动被视为是以合并后产生的公司的名义所实施的活动;

5. 合并后产生的公司对持有特别权利的股东以及持有代表公司注册资本的股份或股票之外的其他证券的股东的权利,或者向这些股东提议的措施;

6. 给予审核合并方案的专家以及参与合并的各公司的管理机关、管理委员会、监事机关或监督机关的各成员的特别利益;

7. 有关转移给合并后的公司的资产与负债的价值评估信息;

8. 参与合并的各公司用于确定跨国合并条件的账目的日期;

9. 合并后产生的公司的章程;

10. 相应情况下,在合并后产生的公司里关于确定劳动者参与公司资本的方式所适用的程序的信息;

11. 跨国合并对就业可能产生的影响。

第 R236-15 条 在法国登记注册的、参与跨国合并活动的公司,应在其注册住所所在省有资格刊登法定公告的报纸以及《民商事法定公告正式简报》上公告一项通知。该通知应包含以下内容:

1. 参与合并行动的每一家公司的商号或名称,相应情况下,在其名称后应标明名称的缩写、各自的法律形式、可以查阅合并方案的公司注册住所地址、注册资本的数额,以及对于其中在法国登记注册的、参加跨国合并活动的公司,应写明第 R123-237 条第 1 点与第 2 点规定的内容;

2. 参与合并行动的每一家公司进行法国本《法典》第 L236-6 条或其所在国法律要求进行公示的登记簿以及在该登记簿上进行登记的号码;

3. 合并后产生的新公司的名称,相应情况下,在名称之后标明名称的缩写、各自的法律形式、注册住所地址、注册资本的数额,以及原有的各公司增加资本的数额;

4. 参加合并的各公司转移给合并后的新公司或吸收公司的资产与负债的评估价值;

5. 参加合并的各公司股权的兑换比例;

6. 参加合并的各公司合并溢价的预计数额;

7. 跨国合并共同方案的日期,以及对于其中在法国登记注册的、参加跨国合并活动的公司,应写明其向本《法典》第 L236-6 条第 2 款所指"商事及公司注册登记簿"交存材料的日期与地点;

8. 参与跨国合并的每一家公司的债权人行使权利的方式与条件,相应情况下,写明少数股东行使权利的方式与条件,以及免费获取有关这些方式与条件的信息材料的地址。

最迟应在召开审议合并活动的股东大会之前 1 个月交存本《法典》第 L236-6 条规定的跨国合并共同方案以及进行该条规定的公告。

第 R236-16 条 按照本《法典》第 L236-27 条第 1 款的规定由参与合并活动的每一家公司的领导机关或管理机关制定的报告,应当从法律、经济角度,特别是从确定股份兑换比例时使用的评估方式以及合并方案对各股东、薪金雇员与债权人产生的后果影响等方面,对跨国合并方案作出相应解释并说明其理由。

最迟应在召开审议合并方案的股东大会前 1 个月将第 1 款所指的报告提交各股东与员工代表或薪金雇员代表。

如果企业委员会最迟在召开审议合并方案的股东大会前 1 个月提出意

见,该意见应附于上述报告。

第 R236-17 条 法院书记员在 8 日内出具本《法典》第 L236-29 条所指的证明,以确认合并之前办理手续的各项文书均符合规定。8 日期限自交存这项申请之日起计算。

第 R236-18 条 进行本《法典》第 L236-30 条规定的审核监督的公证人,不得是在进行此种审查监督活动时制作私署文书、对私署文书进行公证与提供咨询的人;公证人在进行此种审查活动时,不得在为此种审查活动制作私署文书、对私署文书进行公证与提供咨询的公司或事务所内从事公证人业务活动。

第 R236-19 条 每一家参与跨国合并的公司均向负责审查此项合并活动是否合法的公证人或者法院书记员提交一份案卷,除第 L236-29 条所指的合并前的各项文书与手续均符合规定的证明之外,案卷还应包括以下文件:

1. 参与跨国合并活动的各公司提出的共同合并方案;
2. 经跨国合并活动产生的新公司的章程;
3. 有关本节规定的各项公告通知的副本;
4. 本《法典》第 L236-9 条与第 L236-13 条所指的股东大会的笔录的副本;
5. 证明参与合并的各公司已经按照规定的期限批准合并方案的文件,以及证明已经按照《劳动法典》第二部分第三卷第七编的规定确定有关薪金雇员参与股份的方式与条件的文件。

第 R236-20 条 本《法典》第 L236-30 条规定的合法性审查应在收到第 R236-19 条所指的全部材料后 15 日内完成。

第七章 清 算

第一节 一般规定

第 R237-1 条 (1967 年 3 月 23 日第 67-236 号法令第 266 条)公司发给第三人的所有文书与文件,尤其是公司的各种信件、通知与广告,均应标明"清算中的公司"的字样以及 1 名或数名结算人的姓名。

第 R237-2 条 (1967 年 3 月 23 日第 67-236 号法令第 290 条)任命清算人的文书,不论其形式如何,均应在 1 个月内登载于公司注册住所所在省内有资格接受法定公告的报纸上；(2009 年 3 月 16 日第 22009-295 号法令第 3-13 条)如公司全部股票准许进入规范市场交易，或者如其全部股票并不都是记名证券，任命清算人的文书应在《强制性法定公告简报》上进行公告。

公告应包括以下事项：

1. 公司名称，相应情况下，其名称的缩写；
2. 公司的法律形式，并标明"清算中的公司"的字样；
3. 资本数额；
4. 注册住所地址；
5. 第 R123-237 条第 1 款第 1 点与第 2 点所指事项；
6. 进行清算的原因；
7. 清算人的姓名与住所；
8. 相应情况下，对清算人权力的限制。

此外，在登载的同一公告中，还应指明以下事项：

1. 信件以及与清算有关的文件与文书应当寄送的地址；
2. 与清算有关的材料和文书作为"商事及公司注册登记簿"的附件并交存至其书记室的商事法院。

由清算人负责，用平信向记名股票与记名债券的持有人通知以上相同事项。

第 R237-3 条 （1967 年 3 月 23 日第 67-236 号法令第 291 条）在公司清算过程中，由清算人完成应当由公司法定代表履行的公告手续，并由清算人承担责任。

但是，凡是引起按照第 R237-2 条已经公示的事项发生变更的决定，均应按照该条规定的条件进行公告。

第 R237-4 条 （1967 年 3 月 23 日第 67-236 号法令第 267 条）在本《法典》第 L237-5 条第 2 款所指的情况下，由不动产所在地的大审法院院长依紧急审理程序作出裁决。

第 R237-5 条 （1967 年 3 月 23 日第 67-236 号法令第 268 条）本《法典》第 L237-9 条第 2 款所指的委托代理人由商事法院院长依紧急审理程序指定。

第 R237-6 条 （1967 年 3 月 23 日第 67-236 号法令第 269 条）在本《法典》第 L237-10 条所指的情况下，清算人向商事法院书记室交存账目。任何利害关系人均可到法院查阅此账目，并自费取得账目的副本。

商事法院就此账目作出审理裁判，相应情况下，取代股东或股东大会对清算终结事宜作出裁决。

第 R237-7 条 （1967 年 3 月 23 日第 67-236 号法令第 270 条）由清算人制定的最终账目，交存至商事法院书记室并作为"商事及公司注册登记簿"的附件，其中应附有审议这些账目的股东大会作出的决定、对清算人卸任说明书以及清算人卸任事宜作出的决定，或者在没有上述决定之场合，附有前条所指的法院作出的决定。

第 R237-8 条 （1967 年 3 月 23 日第 67-236 号法令第 292 条）由清算人制定的最终账目，由其负责，登载于公司注册住所所在省内有资格接受第 R237-2 条规定的公告的法定公告报纸上；(2009 年 3 月 16 日第 22009-295 号法令第 3-24 条)"如公司全部股票准许进入规范市场交易"，或者如其全部股票不都是记名证券，这一账目应在《强制性法定公告简报》上进行公告。

公告应包括以下事项：
1. 公司的名称，相应情况下，其名称的缩写；
2. 公司的法律形式，并标明"清算中的公司"的字样；
3. 公司资本数额；
4. 公司注册住所地址；
5. 第 R123-237 条第 1 款第 1 点与第 2 点所指的事项；
6. 清算人的姓名与住所；
7. 终结清算的股东大会召开的日期与地址；如果公司的清算账目得到股东大会的批准，或者在没有得到批准的情况下，第 R237-6 条所指的法院判决的日期以及作出该判决的法院；
8. 清算账目交存至哪一法院书记室。

第 R237-9 条 （1967 年 3 月 23 日第 67-236 号法令第 271 条）公司在证明其已经完成第 R237-7 条与第 R237-8 条规定的各项手续之后，从"商事及公司注册登记簿"上注销。

第二节 法院判决与裁定适用的规定

第 R237-10 条 （1967 年 3 月 23 日第 67-236 号法令第 272 条）按照本《法典》第 L237-15 条至第 L237-31 条规定的条件进行公司清算，由商事法院院长应该《法典》第 L237-14 条第二项所指的人提出的请求，经紧急审理程序作出裁定。

第 R237-11 条 （1967 年 3 月 23 日第 67-236 号法令第 273 条）清算监

督人，由商事法院院长应清算人的请求，依申请作出裁定指定，或者应任何利害关系人的请求并按照规定传唤清算人之后，依紧急审理程序作出裁定指定。

清算监督人可以从本《法典》第 L822-1 条所指的名单上注册登记的会计监察人中挑选。

在任何情况下，监督人的任命书，按照第 R237-2 条规定的条件与期限，与清算人任命书同时进行公示。

第 R237-12 条 （1967 年 3 月 23 日第 67-236 号法令第 274 条）在本《法典》第 L237-19 条规定的情况下，清算人由商事法院院长依申请作出裁定指定。

任何利害关系人均可按照第 R237-2 条规定的条件，在上述裁定公告之后 15 日期限内提出异议。异议向商事法院提出。法院得另行指定清算人。

第 R237-13 条 （1967 年 3 月 23 日第 67-236 号法令第 275 条）如任命多名清算人，除任命书另有规定外，清算人可以分别行使职权，但应制定并提交一份共同的报告。

第 R237-14 条 （1967 年 3 月 23 日第 67-236 号法令第 276 条）清算人的报酬在任命决定中确定。如任命决定没有确定清算人的报酬，经有利益关系的清算人提出请求，由商事法院院长依申请审理确定。

第 R237-15 条 （1967 年 3 月 23 日第 67-236 号法令第 277 条）依申请进行审理的商事法院院长，有权作出本《法典》第 L237-21 条第 2 款、第 L237-23 条、第 L237-24 条第 3 款、第 L237-25 条第 2 款以及第 L237-27 条第二项所指的决定。

商事法院院长有权依紧急审理程序作出本《法典》第 L237-28 条及第 L237-31 条第 2 款所指的决定。

第 R237-16 条 （1967 年 3 月 23 日第 67-236 号法令第 278 条）有关资金分派的任何决定，均应在第 R237-2 条所指的有资格登载法定公告的报纸上进行公告，此外，(2009 年 3 月 16 日第 22009-295 号法令第 3-24 条)"如公司全部股票准许在规范市场上进行交易"，或者如其全部股票不都是记名证券，这项决定应在《强制性法定公告简报》上进行公告。

所做的决定应通知各记名证券持有人个人。

第 R237-17 条 （1967 年 3 月 23 日第 67-236 号法令第 279 条）用于在股东与债权人之间进行分配的款项，应当在分配决定作出后 15 日内，存入以清算中的公司的名义在一家银行开立的账户。由 1 名清算人签字并由其承担责任,即可提取该款项。

第 R237-18 条 (1967 年 3 月 23 日第 67-236 号法令第 280 条) 如分配给债权人或者股东的款项没有支付,自清算终结起 1 年期限届满,款项存入信托银行寄存处。

第八章　作为指令(无条文)

第九章　股票与股份的出租

第 R239-1 条 (1967 年 3 月 23 日第 67-236 号法令第 280-1 条) 为适用本《法典》第 L239-2 条之规定,股票或股份的出租合同应包括以下事项,否则无效:

1. 出租的股票或股份的性质、数量与识别方式;
2. 合同的期限以及解除合同需要预先通知的期限;
3. 租金的数额、交纳租金的定期以及相应情况下调整租金的方式;
4. 合同期间出租人是否可以转让(正在)出租的股票或股份,以及转让的方式;
5. 在遵守有关用益权的法定规则的条件下分配清算余额的条件。

在没有关于调整租金以及合同期间转让证券之规定的情况下,视整个合同期间的租金固定不变,证券不得转让。

第四编 刑事规定

第一章 与有限责任公司有关的犯罪行为(无条文)

第二章 与股份有限公司有关的犯罪行为(无条文)

第三章 与股份两合公司有关的犯罪行为(无条文)

第四章 与简化的股份有限公司有关的犯罪行为(无条文)

第五章 与可以发行股票的公司发行的有价证券有关的犯罪行为(无条文)

第六章 与各种形式的可以发行股票的公司共同有关的犯罪行为(无条文)

第七章　各种形式的商事公司共同的犯罪行为

第 R247-1 条　（1967 年 3 月 23 日第 67-236 号法令第 299-1 条）公司的董事长、总经理或经理管理人不进行第 R232-11 条至第 R232-13 条所指公告的，处《刑法典》第 131-13 条第 5 点对第五级违警罪规定当处的罚金。

累犯之情形，适用的罚金数额与再犯第五级违警罪当处之罚金相同。

第 R247-2 条　（1967 年 3 月 23 日第 67-236 号法令第 299-2 条）向公众发行有价证券的公司的董事长、总经理或经理管理人有下列情形，处《刑法典》第 131-13 条第 5 点对第五级违警罪规定当处之罚金：

1. 在履行任何公告手续之前，未在《强制性法定公告简报》上刊登按照第 R225-3 条的规定制定的有关公司设立之时发行股票的招股说明书，(2008 年 3 月 13 日第 2008-258 号法令第 7 条）"或者"未刊登按照第 R225-120 条第 3 款的规定制定的有关增加资本的说明书，(2008 年 3 月 13 日第 2008-258 号法令第 7 条）或者未刊登按照第 R228-51 条、第 L228-57 条及第 L228-58 条的规定制定的有关发行债券或参与性证券的说明书。

2. 情况简介与通知书中没有重述以上第 1 点所指说明书中的应载事项，也未提及该说明书已在《强制性法定公告简报》上公布以及登载该说明书的简报的期号。

3. 在报纸上刊登的广告与通告中不重述以上所指的应载事项，或者至少重述这些事项的摘录，并且未指明该说明书已在《强制性法定公告简报》上公布以及该期简报的期号；

4. 在广告、情况简介与通知书中不提及发行公司法定代表人的签字，也不说明提供认购的有价证券是否在证券交易所上市或者不提及在哪一家交易所上市。

在有价证券转让中充当中间人的人，如未遵守上述第 1 点至第 4 点之规定，亦适用相同之罚则。

累犯之情形，适用的罚金数额为《刑法典》第 131-13 条第 5 点对再犯第五级违警罪规定当处之罚金。

第 R247-3 条　（1967 年 3 月 23 日第 67-236 号法令第 246-1 条）不履行本《法典》第 L232-21 条至第 L232-23 条规定的存交义务的，处《刑法典》第 131-13 条第 5 点对第五级违警罪规定当处之罚金。

累犯之情形，所适用的罚金数额为《刑法典》第 131-13 条第五项对再犯第五级违警罪规定当处之罚金。

第R247-4条 （1967年3月23日第67-236号法令第266-2条）任何违反第R237-1条之规定的行为，处《刑法典》第131-13条第5点对第五级违警罪规定当处的罚金。

第八章 与股份有限公司或欧洲公司总经理助理有关的规定(无条文)

第五编　经济利益合作组织

第一章　法国法规定的经济利益合作组织

第 R251-1 条　在其会计监察人停止履职之前的两个会计年度雇用的薪金雇员不足 100 人的经济利益合作组织，无须再任命会计监察人。

第 R251-2 条　第 R232-2 条至第 R232-7 条的规定适用于经济利益合作组织，但是，第 R232-3 条所指的文件以及第 R232-4 条所指的报告，由合作组织的管理人在相应情况下经会计监察人提出意见后制定。

在会计检察人用挂号信并要求回执的方式要求向合作组织的成员通报第 R232-7 条所指的报告时，管理人在接到这项要求起 8 日内即应进行这项通报；在相同期限内，还应向企业委员会送交这项报告。

第 R251-3 条　会计监察人在向管理人寄送本《法典》第 L251-15 条所指的情况时，应说明其在履行职责时发现的任何事实。

管理人在接到上述情况通知起 15 日内用挂号信并要求回执作出答复，并将提出的要求与作出的回答的副本按照相同形式报送企业委员会。

管理人在作出的答复中应对经济合作组织的情况进行分析，并具体说明相应情况下考虑采取的措施。会计监察人立即亲自向有管辖权限的法院院长或院长的授权代表交付信件或者寄送挂号信，告知存在这项程序。

会计监察人在接到管理人作出的答复之后 15 日内用挂号信并要求回执提出将其按照第 L251-15 条第 2 款的规定起草的报告报送企业委员会的要求。合作组织的管理人在接到这项要求起 15 日内向企业委员会报送会计监察人提出的这项要求及其起草的报告。

在第 L251-15 条最后一款规定的条件下，会计监察人向有管辖权限的法院院长报告其所做的各项尝试。用挂号信并要求回执进行这项情况报告。在所报告的情况中应包含有助于法院院长了解情况所必要的文件的副本，以及会计监察人据以认为管理人所做的决定不够充分的原因的说明。

第二章 欧洲经济利益合作组织

第 R252-1 条 共和国检察官，按照具体情况，根据欧洲共同体理事会 1985 年 7 月 25 日关于建立欧洲经济利益合作组织的第 2137/85 号条例第 32-1 条之规定，有权限向大审法院或者商事法院提出相关问题。

附 欧洲共同体 1985 年 7 月 25 日关于设立欧洲经济利益合作组织的第 2137-85 号条例

第 1 条 一、欧洲经济利益合作组织按照本条例规定的条件、方式与效果设立。

为此目的，打算设立此种合作组织的人应当订立一项合同，并进行第 6 条所指的注册登记。

二、由此设立的合作组织，自其进行第 6 条所指的注册登记之日起，享有以其本身的名义作为各种性质的权利与义务持有人的能力，并享有订立合同或者完成其他法律行为以及在法院进行诉讼的能力。

三、欧洲共同体各成员国决定，按照第 6 条的规定在其登记簿上注册登记的这种合作组织是否具有法律人格。

第 2 条 一、除本条例之规定保留外，欧洲经济利益合作组织（的设立）合同适用的法律，是合作组织合同确定的机构住所所在成员国的法律，但是，一方面，有关自然人身份与能力以及法人的能力问题；另一方面，有关合作组织内部运作的问题，不在此限。

二、在某一成员国包含数个领土单位，其中每一个领土单位各自均有适用于第一项所指问题的规则时，对于按照本条之规定确定合作组织所适用的法律，每一个领土单位均看成是一个国家。

第 3 条 一、经济利益合作组织的目的是为了方便或者发展其成员的经济活动、改善或者扩大这种活动的成果。经济利益合作组织不为本身实现利润。

经济利益合作组织的活动应当与其成员的经济活动相关联,并且相对于其成员的经济活动而言,仅具有辅助性质。

二、因此,经济利益组织:

1. 不得对其成员自身的活动或者对另一企业的活动直接或间接行使领导或监督权力,特别是有关人员、财务与投资方面的领导与监督权力。

2. 不得以任何名义、任何形式,直接或间接持有其成员企业的股份或股票;只有在为实现合作组织的目的有此必要并且是为了其成员的利益时,经济合作组织才能在另一企业里持有股份或股票。

3. 雇佣的薪金雇员不得超过500人。

4. 不得被某一公司利用向某一公司的某一领导人或其他任何与之有关系的人进行借贷,当这种形式的借贷为公司适用的成员国的法律所禁止时。经济利益合作组织也不得被用于在公司与其领导人或者与领导人有关系的人之间转移财产,但公司适用的成员国法律准许时,不在此限。就适用本条之规定而言,所谓借贷包括所有的产生类似效果的活动,并且借贷的财产可以是动产也可以是不动产性质。

5. 不得成为另一欧洲经济利益合作组织的成员。

第4条　一、以下所列,可以成为欧洲经济利益合作组织的成员:

1.《欧洲共同体条约》第58条第2款意义上的公司以及符合某一成员国法律而设立的其他公法或私法实体。如按照某一成员国的立法,一公司或者一法律实体无须有章程规定的或法定的注册住所,只要该公司或者法律实体的中心管理处于欧洲共同体内即可。

2. 在共同体内从事工业、商业、手工业、农业、自由职业或者其他服务业的自然人。

二、每一个经济合作组织至少应由:

1. 在不同的成员国内设立中心管理机构的,上述第一项所指意义的2家公司或其他法律实体组成。

2. 在不同成员国内从事主要活动的、第一项意义上的2个自然人组成。

3. 由第一项所指意义的一家公司或另一法律实体与自然人组成,并且该公司或者该法律实体的中心管理在欧洲共同体一成员国内而自然人的中心管理在另一成员国内。

三、欧洲共同体的成员国可以规定,按照第6条的规定在其登记簿上注册登记的经济利益合作组织的成员不得超过20人。为此目的,成员国可以规定,按照其立法,除了注册登记的公司之外,符合其立法规定而设立的同一法律实体的每一个成员均作为经济合作组织的单个成员对待。

四、准许共同体的每一成员国基于公共利益之原因,排除或者限制特定类型的自然人、公司或者其他法律实体参加任何经济利益合作组织。

第5条 经济利益合作组织合同至少应写明以下事项:

1. 经济合作组织的名称,名称之前或者其后,应注明"经济利益合作组织"或者其缩写"GEIE",如这一表述与缩写已经出现在名称之中,不予要求;

2. 经济利益合作组织的机构住所;

3. 设立本经济利益合作组织的宗旨;

4. 本合作组织的各成员的姓名、名称或者商号、法律形式、住所或者机构住所,相应情况下,注册登记号码与地点。

5. 如果不是无期限的合作组织,其设立期限。

第6条 欧洲经济利益合作组织在其机构住所所在国内于第39条第一项所指的登记上进行注册登记。

第7条 欧洲经济利益合作组织的合同交存至第6条所指的登记簿。

以下各项文书与说明事项亦应交存至该登记簿:

1. 合作组织合同的任何修改,其中包括合作组织的组成成员的变更;

2. 合作组织的任何机构的设立与撤销;

3. 按照第15条的规定确认或宣告合作组织无效的司法裁判决定;

4. 合作组织经理的任命,经理的姓名、掌管登记簿的成员国法律要求的有关身份方面其他任何的情况,并且应特别指明各经理可以单独或者共同履行职责以及经理停止履职的情况;

5. 某一成员按照第22条第一项的规定完全停止或者部分停止参与合作组织活动的情况;

6. 按照第31条之规定宣告或者确认合作组织解散的决定,或者按照第31条与第32条之规定宣告合作组织解散的司法裁决。

7. 第35条所指的合作组织清算人的任命、清算人的姓名以及掌管登记簿的成员国的立法要求的有关清算人身份的所有情况以及清算人停止履职的情况;

8. 第35条第二项所指的合作组织清算终结;

9. 第14条第一项所指的合作组织的机构住所的迁移方案;

10. 按照第26条第二项的规定,免除新成员负担其加入之前产生之债务的条款。

第8条 以下事项应当按照第39条规定的条件在该条第一项所指的简

报上进行公告：

1. 按照第 5 条之规定必须写入合作组织合同的事项以及这些事项的变更；

2. 合作组织注册登记的号码、日期与地点以及注册登记的注销；

3. 第 7 条第 2 点至第 7 点所指的文书与说明事项。

本条第 1 点与第 2 点所指的事项应完全公告，第 3 点所指的文书与事项可以全文公告，也可以按照所适用的国内法的要求，公告节录或者登记簿上登记的事项。

第 9 条 一、按照欧洲共同体理事会 1968 年 3 月 9 日旨在协调条约第 58 条第 2 款意义上对各成员国公司所要求的保障并使之大体相当，以保护公司与第三人利益的第 68/151 号指令第 3 条第五项与第七项的规定，本条例规定的应当进行公告的文书与说明事项，依其适用的国内法规定的条件，具有对抗第三人的效力。

二、如果所涉及的行为是在合作组织成立之前按照第 6 条的规定完成的并且合作组织在注册登记之后不承接由这些行为所引起的义务，完成这些行为的自然人、公司或者其他法律实体应承担连带无限责任。

第 10 条 合作组织在欧洲共同体一成员国内设立的除注册住所之外的其他任何机构，均应在该成员国内进行注册登记。为此，合作组织应当向该成员国有权限的登记簿（主管机构）提交在注册住所所在的成员国的登记簿上进行注册登记时必须提交的所有文件、材料的副本，如有必要，应按照在该机构进行注册登记的登记簿现行的习惯，附有这些文件、材料的翻译本。

第 11 条 经济合作组织的设立与清算终结，应在第 29 条第一项所指的简报上进行公告之后，在欧洲共同体官方公报上进行公告，并且载明本合作组织注册登记的号码、日期与地点以及公告的日期、地点与标题。

第 12 条 合作组织合同所指名的注册住所应当设在共同体内。

合作组织的注册住所应确定在：

1. 合作组织设立中心行政管理的地点；

2. 合作组织的一成员设立其中心行政管理的地点，或者在涉及自然人成员时，设在该自然人主要活动所在地，但以合作组织本身在此有实际活动为条件。

第 13 条 经济合作组织的注册住所可以在共同体内迁移。

如合作组织的注册住所迁移的结果不引起依据第 2 条适用的法律的改变，迁移注册住所的决定按照合作组织合同规定的条件进行。

第 14 条 一、如合作组织的注册住所迁移的结果引起依据第 2 条适用的法律的改变,迁移注册住所的方案应当按照第 7 条与第 8 条规定的条件制定、交存并进行公告。

只有在注册住所迁移方案公告后经过 2 个月,才能作出迁移决定。迁移注册住所的决定应由合作组织的全体成员一致同意作出。自合作组织按照第 6 条的规定在新的注册住所所在国的登记簿上进行注册登记之日起,注册住所的迁移开始产生效力。只有提交注册住所迁移方案已经进行公告的证据,合作组织才能进行此项注册登记。

二、合作组织只有提交其在新的注册住所进行注册登记的证据,才能注销其在原注册住所进行注册的登记簿上的登记。

三、合作组织新的注册登记一经公告,新的注册住所即按照第 9 条第一项所指的条件产生对抗第三人的效力。但是,只要没有公告注销原先登记簿上进行的注册登记,第三人仍然可以援用该合作组织的原注册住所,合作组织能够证明第三人知道其新的注册住所的,不在此限。

四、共同体成员国的立法可以规定,对于按照第 6 条之规定在成员国内注册登记的合作组织,在其注册住所迁移引起适用法律的改变时,如在本条第一项所指的 2 个月内,该成员国的主管机构提出反对意见,注册住所的迁移不能产生效力;但是,只有基于公共利益之原因才能提出此种反对意见,对这种反对意见应当能够向司法机关提出救济申请。

第 15 条 一、在合作组织按照第 2 条规定适用的法律规定合作组织应予撤销(nullité,无效)时,对此撤销事由,应以司法裁决确认或者以司法裁决作出宣告。但是,在合作组织可以纠正其不符合规定的状况时,受诉法院应当给予其一个进行纠正的期限。

二、合作组织被撤销引起其按照第 35 条规定的条件进行清算。

三、确认或者宣告合作组织撤销的裁决,按照第 9 条第一项所指条件对第三人产生对抗效力。

对于在其按照前款所指条件对第三人产生对抗效力之前由合作组织负担或者有利于合作组织的债务,此种裁决本身并不损及其有效性。

第 16 条 一、合作组织中集体行动的所有成员以及 1 名或数名经理管理人是本合作组织的机关。

合作组织合同可以规定其他机关。在此情况下,合同应对这些机关的权力作出规定。

二、合作组织的所有成员,作为本组织的机关开展活动时,可以作出为实现本合作组织宗旨的任何决定。

第17条 一、合作组织的每一个成员均拥有一票表决权;但是,合作组织合同可以规定对某些特定成员分派多项表决权,但其中任何1人均不得拥有多数表决权。

二、以下事项,只有合作组织的全体成员一致同意才能作出决定:

1. 变更合作组织的宗旨;
2. 变更分配给每一个成员的表决权数;
3. 变更作出决定的条件;
4. 将合作组织的期限延展超过合作组织合同原定的期限;
5. 变更每一个成员或者其中某些特定成员对合作组织的资金负担;
6. 变更某一成员承担的任何其他义务,但合作组织合同另有规定时除外;
7. 对合作组织的合同进行本条第二项没有涉及的任何修改,但合作组织合同另有规定的除外。

三、在本条例没有规定合作组织的决定应当经所有成员一致同意才能作出的所有情况下,合作组织合同可以规定各项决定或者其中某些决定应当遵守的法定人数与多数。合作组织合同没有此种规定的,所有的决定均应经全体成员一致同意才能作出。

第18条 每一个成员均有权从经理管理人那里获得有关合作组织事务的情况,并且可以了解本组织的财务账册与文件。

第19条 一、合作组织由本组织合同或者成员作出决定任命1名或数名自然人进行管理。

以下所指之人,不得作为合作组织的经理管理人:

按照合作组织所适用的法律或者按照合作组织注册住所所在成员国的国内法,或者经成员国国内作出的或承认的司法裁判决定或行政决定,不能作为公司管理机关或领导机关的成员的人,或者不得管理企业的人,或者不得以欧洲经济利益合作组织经理管理人的身份开展活动的人。

二、欧洲共同体成员国可以规定法人可以作为按照第6条在其登记簿上注册登记的合作组织的经理管理人,但该法人应当指定1名或数名自然人作为代表,并且应按照第7条第4点的规定作出记载。

如成员国运用这项选择权利,应当规定法人的这些代表承担如其本身是合作组织经理管理人一样的责任。

三、合作组织经理管理人任命与解除职务的条件,由该组织合同作出规定，并确定他们的权力；在合同没有规定时，由合作组织全体成员一致作出决定。

第20条　一、对于第三人，只有经理管理人才能代表合作组织，在有多名经理管理人时，每一个经理管理人均代表合作组织。

每一个经理管理人在其以本合作组织的名义开展活动时，均使本合作组织承担义务，即使其行为超过本组织的宗旨，亦同。但是，如各合作组织证明第三人知道所涉及的行为超过合作组织的宗旨范围，或者按照具体情况，第三人不可能不知道所涉及的行为已经超过合作组织的宗旨时，不在此限，仅仅是进行了第5条第3点所指事项的公告，并不足以构成这种证据。

合作组织合同或者其成员作出的决定对经理管理权力的任何限制，对第三人均不产生对抗效力，即使这项限制进行了公告，亦同。

二、合作组织合同可以规定只有当两名或数名经理管理人共同行动时，才能有效地使本合作组织承担义务。这一条款，只有在其按照第8条之规定进行了公告时，才能按照第9条第一项规定的条件对第三人产生对抗效力。

第21条　一、经济合作组织的活动获得的利润被视为是所有成员的利润并按照合作组织合同规定的条件在各成员之间进行分配；合同没有规定的，按相等份额进行分配。

二、合作组织的全体成员按照合同规定的比例分摊负担超过收入部分的费用支出，在合同没有规定的情况下，按相等份额分摊。

第22条　一、合作组织的任何成员均可以将其在本组织内的参股或其部分参股转让给另一成员或者转让给第三人，只有经过其他成员一致同意、批准后，股份转让才能生效。

二、只有经过其他成员的一致同意、批准，合作组织的某一成员才能用其在本组织内的参与股份设立担保，但如合作组织的合同另有规定，不在此限。任何情况下，享有该项担保的人均不能成为合作组织的成员。

第23条　经济利益合作组织不得公开募集资金。

第24条　一、经济利益合作组织的所有成员对本组织任何性质的负债均承担无限连带责任，各成员国的国内法规定这种责任的后果。

二、直至合作组织清算终结，该合作组织的所有债权人，只有对合作组织本身请求清偿债务之后以及在给予的充分期限内没有进行清偿的情况下，才能按照本条第一项规定的条件，请求合作组织的某一成员清偿债务。

第25条　信件、订货单或者其他类似的文件均应写明以下事项：

1. 合作组织的名称,名称之前或其后应注明"经济利益合作组织"或其缩写"GEIE",如这一表述与缩写已经出现在名称之中,不予要求;

2. 第6条所指的本合作组织进行注册登记的登记簿所在地,以及本组织在该登记簿上进行注册登记的号码;

3. 合作组织的注册住所地;

4. 相应情况下,写明本组织的经理管理人必须共同开展活动;

5. 相应情况下,指出本合作组织按照第15条、第31条、第32条与第36条之规定处于清算中。

合作组织的任何机构,在其按照第10条的规定进行注册登记时,均应在发自本机构的第1款所指的文件上写明以上所指的各事项,同时应写明与其本身有关的各事项。

第26条 一、合作组织接收新成员,应经全体成员一致同意才能作出决定。

二、任何新成员均应按照第24条规定的条件对合作组织的债务承担责任,其中包括在其加入本组织之前由本组织的活动产生的债务。

但是,合作组织的合同或者加入合作组织的文书可以规定免除新成员对其加入组织之前的债务承担责任。这一条款,只有在其按照第8条的规定进行了公告时,才能在第9条第一项规定的条件下,对第三人产生对抗效力。

第27条 一、按照合作组织合同规定的条件,或者合同没有规定的,由其他成员一致同意作出决定,合作组织的某一成员可以退出本组织。

此外,合作组织的任何成员均可以以正当理由退出本合作组织。

二、合作组织的任何成员均可以因合作组织合同列举的原因,以及在所有情况下,当其严重违反其义务或者对本组织的运作造成或可能造成严重侵害时,被开除出本合作组织。

只有法院应其他大多数成员提出的请求作出裁决,才能依据该决定开除某一成员,但如合作组织合同另有规定,不在此限。

第28条 一、经济合作组织的任何成员死亡或者不再具备第4条第一项规定的条件,均停止作为合作组织的成员。

此外,共同体成员国可以规定,根据其国内在清算、解散、无支付能力或者停止支付方面的立法,在此种立法所规定的时刻,合作组织的成员亦停止作为本组织的成员。

二、合作组织的自然人成员死亡,如果不是按照合同规定的条件,或者在合同没有规定的情况下,未经全体现有成员一致同意,任何人均不得取代死亡成员在合作组织内的位置。

第29条 任何成员停止作为合作组织的成员时,合作组织的经理管理人均应将此情况通知其他成员,并且将第7条与第8条规定的相应义务付诸履行。此外,任何有利益关系的人均可将此种义务付诸履行。

第30条 除合作组织合同另有规定外,在不影响某人依据第22条第一项或者第28条第二项之规定已经取得的权利时,在合作组织的某一成员停止作为其成员之后,按照合作组织合同规定的条件或者由现有的其他成员一致决定,该合作组织继续存在。

第31条 一、由其成员作出宣告合作组织解散的决定,合作组织可以解散,但这项决定应由全体成员一致同意才能作出,合作组织合同另有规定时除外。

二、以下情况,合作组织必须由其成员作出一项决定予以解散:

1. 确认合作组织合同中规定的期限已到或者确认发生了合同规定的解散合作组织的任何原因;

2. 确认合作组织的宗旨已经实现或者其宗旨不可能实现。

如果前款所指的情况之一发生已经经过3个月,合作组织仍然没有作出确认合作组织解散的决定,该合作组织的任何成员均可请求法院宣告合作组织解散。

三、不再具备第4条第二项所指的条件时,合作组织的全体成员或者现有的成员也可以作出决定解散该合作组织。

四、在合作组织的成员作出决定解散组织之后,其经理管理人或者诸经理管理人应当将第7条与第8条规定的义务付诸履行。此外,任何有利益关系的人均可以将此义务付诸履行。

第32条 一、在违反第3条或者第12条或者第31条第三项之规定的情况下,应任何利益关系人或者有权限的机关的请求,法院应当宣告合作组织解散,但如可以对该合作组织的状况进行纠正,并且在法院就实体问题作出裁判之日前纠正了这种状况,法院不得宣告解散合作组织。

二、应合作组织的1名成员的请求,法院可以以正当理由宣告合作组织解散。

三、共同体成员国可以规定,在其国内设立的经济利益合作组织因其从事的活动违反公共利益的所有情况下,法院应该合作组织隶属管辖的有权限的机关的请求,得宣告解散该合作组织;如果在该成员国的立法中对注册登记的公司或者其他受其调整的法律实体规定了这种可能性,法院即可这样处理。

第 33 条　如果经济利益合作组织的某一个成员因按照第 22 条第一项规定的条件转让其权利之外的原因而停止作为合作组织的成员,应归其享有的权利或者应由其履行的义务的价值,以其停止作为成员之日本合作组织的财产状况为基础确定。

离开合作组织的成员的权利与义务的价值也可以事先统一确定。

第 34 条　任何停止作为合作组织成员的成员,仍应按照第 24 条规定的条件,对本合作组织在其停止作为其成员之日前产生的债务承担责任,且不影响第 37 条第一项之规定。

第 35 条　一、合作组织解散引起对其进行清算。

二、经济合作组织的清算以及清算终结,依其所在国的国内法之规定。

三、按照第 1 条第二项的意义,合作组织的(法律上的)能力一直延续至其清算终结。

四、清算人应履行第 7 条与第 8 条规定的相应义务。

第 36 条　欧洲经济利益合作组织受有关的国内法对无支付能力和停止支付所做规定的约束。因合作组织无支付能力与停止支付而开始实行的程序本身不引起对该合作组织的各成员也实行这一程序。

第 37 条　一、针对离开合作组织的成员就该合作组织的活动产生的债务提起诉讼,在所适用的共同体成员国的法律规定有任何更长的时效期间的情况下,均用 5 年时效期间替代之;5 年时效期间自按照第 8 条的规定公告该成员离开合作组织之日起计算。

二、针对合作组织的成员就该合作组织的活动产生的债务提起诉讼,在所适用的共同体成员国的法律规定有任何更长的时效期间的情况下,均用 5 年时效期间替代之;5 年时效期间自按照第 8 条的规定公告该合作组织清算终结之日起计算。

第 38 条　如合作组织在其所在的成员国内从事违反该国公共利益的活动,该成员国的主管机关可以禁止这种活动。对于主管机关的决定,可以向司法机关提出异议。

第 39 条　一、共同体各成员国应指定有权限接受第 6 条与第 10 条所指注册登记的登记簿,并确定这些登记簿适用的规则。各成员国应确定交存第 7 条与第 10 条所指文件的条件,确保在合作组织设立注册住所的成员国相应的官方简报上公告第 8 条所指的文书与说明事项,并且可以规定进行这种文书与说明事项的公告方式。

此外，共同体各成员国应确保其按照第 6 条或者相应情况下按照第 10 条的规定从这些登记簿上了解第 7 条所指的文件，并且甚至可以通过邮政途径取得这种文件的全文或部分的副本。

共同体成员国可以规定对前款所指的活动收取费用，但是，收取费用的数额不得高于行政成本。

二、各成员国应确保在欧洲共同体官方公报上应当公告的事项在其于第一项所指的简报上进行公告后 1 个月内转送欧洲共同体官方公告管理署。

三、对于违反第 7 条、第 8 条与第 10 条有关公告方面的规定，以及违反第 25 条规定的情况，各成员国应规定相应的制裁。

第 40 条　来自欧洲经济利益合作组织的活动所得，仅在成员国内征税。

第 41 条　一、各成员国在 1989 年 7 月 1 日之前按照第 39 条之规定采取的各项措施，均应立即向共同体委员会通报。

二、作为信息，各成员国应向共同体委员会通报其排除哪些自然人、公司与其他法律实体按照第 4 条第四项之规定参加经济利益合作组织。

共同体委员会将此情况通报给其他成员国。

第 42 条　（略）

第 43 条　本条例自其在欧洲共同体官方公报上公布之日后第 3 日生效。

本条例自 1989 年 7 月 1 日起开始适用，但第 39 条、第 41 条与第 42 条之规定除外，这些规定自本条例生效之日起即予适用。

第三卷　特定形式的买卖与排他性条款

第一编　清仓处理、摆摊销售、季节性减价与工厂店

第一节　清仓处理

第 R310-1 条　（2014 年 6 月 2 日第 2014-571 号法令第 1 条废止：根据本《法典》第 L310-1 条第 2 款的规定有权限接受清仓处理事先申请的行政机关是预计进行的清仓活动地所在市镇的市镇长。）

第 R310-2 条　（1996 年 12 月 16 日第 96-1097 号法令第 1 条）实行清仓处理的事先申报书，应在预计的清仓活动开始前至少 2 个月用挂号信并要求回执寄送或送交预定进行的清仓活动地所在市镇的市镇长。

但是，如果用以支持清仓处理申请而援引的理由是出于不能预见的、足以中断经营机构运作的事实，前款规定的提前申报时间可缩短至 5 天。

负责商业事务的部长发布的条例确定清仓申报应当提交的信息，尤其是有关出卖人的身份、清仓处理的原因及其持续时间、清仓处理的商品盘存表以及申报书的附件材料。

第 R310-3 条　（1996 年 12 月 16 日第 96-1097 号法令第 2 条）市镇长在接收申请进行清仓处理的申报书后最迟 15 日内签发接收申报书的收据。如果申报材料不完整，市镇长在接收申报书后 7 日内向当事人通知所缺材料的清单。当事人在接到有关材料缺项的通知后 7 日内不提交补充材料的，不得对第 R310-2 条所指的申报书开具接受收据。

在发生第 R310-2 条第 2 款所指的不能预见的事实的情况下，市镇长在收到完整案卷时即可签发接受收据。

只要市镇长没有签发接受清仓处理申报书的收据，不得进行任何清仓处理销售活动。

市镇长向地域工商会通报按照申请进行的清仓处理活动。

第 R310-4 条 （1996 年 12 月 16 日第 96-1097 号法令第 3 条）在清仓处理的整个期间，清仓处理申报的收据由申报人张贴在进行清仓处理的地点。第 R310-2 条所指的条例确定张贴该收据的条件与方式。

第 R310-5 条 （1996 年 12 月 16 日第 96-1097 号法令第 4 条）在申报人季节性停业的情况下，第 L310-1 条规定的进行清仓处理的最长 2 个月时间缩短为 15 日。

第 R310-6 条 （1996 年 12 月 16 日第 96-1097 号法令第 5 条）若第 R310-2 条所指的申报书中指明的清仓处理日期推迟，事先应当用挂号信并要求回执通知市镇长，并应说明推迟理由。

凡是将原申报的清仓处理日期推迟超过 2 个月的，均应按照第 R310-2 条规定的条件进行新的申报。

凡是作为本《法典》第 L310-1 条所指的进行清仓处理之原因的事件发生变化的，原申报人均应当用挂号信并要求回执通知市镇长。

第 R310-7 条 （1996 年 12 月 16 日第 96-1097 号法令第 6 条）有关清仓处理的广告只能涉及在第 R310-2 条所指的事先申报书的附件中提供的盘存表上登记的产品。

第二节 摆摊销售

第 R310-8 条 （2009 年 1 月 7 日第 2009-16 条第 1-1 条）一、摆摊集市的组织者，应当按照以下规定的期限，用挂号信并要求回执向预定的集市活动地点所在市镇的市镇长提出或送交申报书（déclaration）。

1. 如果集市活动的地点在公产上，应在提出批准暂时占用公产的申请的相同期限之内，提出集市申报；市镇长是有权给予此项批准的机关；

2. 其他情况下，至少应在集市活动开始前 15 日提出申报。

至少在集市活动开始前 8 日，市镇长向申报人通知，如果摆摊时间超过本《法典》第 L310-2 条第 2 款规定的得到批准的时间，申报人将受到第 R310-19 条第 3 点规定的制裁。

二、在按照《农村及海洋渔业法典》第 L611-4 条确认的市场行情吃紧的时期,或者为了防止发生市场行情吃紧的情况,通过迅速清理储存货品、调节市场物价而进行的新鲜蔬菜水果的集市摆摊不适用上述规定的期限。新鲜蔬菜水果的销售,可以经负责商业与农业事务的部长联合发布的决定随时进行集市摆摊,但在作出决定之前事先应咨询负责跨行业组织的部长的意见。

三、负责商业事务的部长发布的决定确定在这项申报中应当提供哪些情况。

第 R310-9 条 (2009 年 1 月 7 日第 2009-16 条第 1-1 条)按照本《法典》第 L310-2 条第一项第 3 款之规定批准个人参加的集市摆摊活动,通过《刑法典》第 321-7 条第 2 款规定的登记簿进行监督。

第 R310-10 条至第 R310-14 条 (2009 年 1 月 7 日第 2009-16 号法令废止)

第三节 季节性减价销售

第 R310-15 条 (1996 年 12 月 16 日第 96-1097 号法令第 11 条,2008 年 12 月 18 日第 2008-1342 号法令)本《法典》第 L310-3 条第一项第 2 点(已废止)规定的事先申报,由实行季节性减价销售的机构提出。

这项申报书最迟应在预定的季节性减价销售活动开始前 1 个月,由商人用挂号信并要求回执向省长提出;1 个月期限自该项申报寄出之日起计算。

可以通过电子途径发送申报书。在此情况下,接收申报书之后,采用电子通讯方式向申报人发出接收通知。省长应保障通过电子途径发送的申报书符合《民法典》第 1316-1 条规定的安全条件。

负责商业事务的部长发布的决定确定在这项申报中应当提供哪些情况以及通过电子途径进行申报的方式。

第 R310-15-1 条 (2008 年 12 月 18 日第 2008-1342 号法令第 1 条)实行季节性减价销售的商人在减价销售期间应当随时向负责监督此种销售活动的部门出示其申报书的接受通知书。

第 D310-15-2 条 (2008 年 12 月 18 日第 2008-1342 号法令第 1 条)按照本《法典》第 L310-3 条第一项的规定:

——冬季季节性减价销售开始时间为 1 月第 2 个星期二的早 8 时;如果 1 月第 2 个星期二是在 1 月 12 日之后,冬季季节性减价销售开始时间提前至 1 月第 1 个星期二(早 8 时)。

——夏季季节性减价销售开始时间为 6 月最后一个星期二早 8 时;如果 6 月最后一个星期二是在该月 28 日之后,夏季减价销售开始时间提前至 6

倒数第 2 个星期二（早 8 时）。

第 D310-15-3 条 （2008 年 12 月 18 日第 2008-1342 号法令第 1 条）尽管有上述第 D310-15-2 条并按照本《法典》第 L310-3 条第一项的规定，特定地区季节性减价销售可以在不同日期开始。这些地区的名称以及各自适用的日期由以下附表具体规定。①

第 R310-16 条 （1996 年 12 月 16 日第 96-1097 号法令第 12 条）实行季节性减价销售的任何人，均应向有资格监督此种销售活动的工作人员出示其提供的减价销售商品的文件。如果实行季节性减价销售的任何人不是减价商品的生产者或生产者的代理人，则应当提交证明其减价商品的进货价款在其实行减价销售期开始之前至少 1 个月已经支付的文件。

第 R310-17 条 （1996 年 12 月 16 日第 96-1097 号法令第 13 条）如果不是对机构的全部商品实行季节性减价销售，有关此项活动的任何广告均应写明该活动的开始时间与减价商品的性质。

第四节　工厂店或工厂仓储销售

第 R310-18 条 （1996 年 12 月 16 日第 96-1097 号法令第 14 条）用本《法典》第 L310-4 条所指的名称之一直接向公众销售其部分产品的生产者，应能向有资格进行监督的人员出示能够证明其直接向公众出售的产品的来源与生产日期的票据、文件。

第五节　制　　裁

第 R310-19 条 （1996 年 12 月 16 日第 96-1097 号法令第 15 条）以下行为，处《刑法典》第 131-13 条第 5 点对第五级违警罪规定的罚金。

1. 不按照第 R310-4 条规定的条件张贴清仓处理申报书收据的；
2. 在有关清仓处理的广告中不写明第 R310-7 条要求的各事项的；
3. （2009 年 1 月 7 日第 2009-16 号法令第 2 条）违反本《法典》第 L310-2 条第一项第 2 款批准的摆摊集市期限，并且其组织者已收到市长按照第 R310-8 条的规定进行的通知的；
4. 在实行季节性减价销售的广告中不写明第 R310-17 条要求的各事项的。

---

① 附表略。例如，在摩泽尔省，冬季季节性减价销售开始日期为 1 月的第 1 个工作日。——译者注

第二编 拍　　卖

第一章　动产的任意拍卖

第一节　一般规定

第一目　动产任意拍卖执业人

第一段　申　报

第 R321-1 条　组织与具体实施动产任意拍卖的自然人执业人或法人执业人，包括经电子途径组织与实现此种拍卖的执业人，用挂号信并要求回执或者通过任何无纸质实物方式，向动产任意拍卖委员会申报其从事的活动。在采用无纸质实物方式进行此项申报时，以能够保障按照要求识别申报人的身份为保留条件。

提交申报书的同时应提交以下材料：

1. 对于自然人：

A. 证明申报人的身份与国籍的文件；

B. 证明其不是本《法典》第 L321-4 条第一项第 2 点所指的行为人的证明书；这项证明按照司法部长、掌玺官确定的方式制作；

C. 证明负责领导(主持)拍卖活动的人具备所要求的资质的文件，或者证明其持有经认可的相同资质的证书、毕业证书或资格证书的文件；

D. 从事业务活动的场所的租约的副本，或者该场所所有权证书的副本，以及最后一个会计年度的资产负债表，或者预计资产负债情况表；

E. 证明在信贷机构开立了专门用于接受为他人利益寄存的资金的账户；

F. 证明参加了担保职业责任的保险；

G. 证明参加了担保其能够返还为他人利益持有的资金的责任的保险或者保证。

2. 对于法人：

A. 公司章程的副本，以及法定代表人的任命书的副本；

B. 证明其在法国至少设立有1家机构的文件；

C. 证明在法人的领导人、股东或者薪金雇员中至少有1人具备第L321-4条第一项第1点至第3点所规定的资质条件；

D. 证明法人的领导人不是第L321-4条第二项第4点所指行为人的证明书；这项证明按照司法部长、掌玺官确定的方式制作；

E. 证明负责领导（支持）拍卖活动的人的身份，如果该人是法人的薪金雇员，其劳动合同的副本，或者其雇主出具的具体说明其职务性质的证明；

F. 从事业务活动的场所的租约的副本，或者该场所所有权证书的副本，以及最后一个会计年度的资产负债表，或者预计资产负债情况表；

G. 证明在信贷机构开立了专门用于接受为他人利益寄存的资金的账户；

H. 证明参加了担保职业责任的保险；

I. 证明参加了担保其能够返还为他人利益持有的资金的责任的保险或者保证。

（第R321-1条原条文：以动产任意拍卖公司的名义向动产任意拍卖委员会提出认可申请的公司发起人与首任管理机关、董事机关、领导机关与监事机关或者其中符合规定受到委托的人，应当用挂号信并要求回执提交该项申请。

提交认可申请，应附有以下材料：

1. 动产任意拍卖公司的章程以及法定代表人的任命书的副本；

2. 证明有资格领导（主持）拍卖活动的人的身份的文件，如果这些人是本公司的薪金雇员，应提交他们签订的劳动合同或者雇主出具的说明他们获得报酬的性质的证明书，以及证明公司将按照《民法典》第1843条的规定承担因劳动合同产生的义务承诺的证明材料；

3. 证明将要领导（主持）动产任意拍卖公司的人的职业经历的文件；

4. 证明在本公司内负责领导（主持）拍卖活动的人具备所要求的资质，

或者持有经认可的相同资质的证书、毕业证书或资格证书；

5. 证明公司具备技术与资金条件的文件；

6. 证明公司在信贷机构开立了专门用于接受为他人利益寄存资金的账户。)

第 R321-2 条 动产任意拍卖执业人发生足以影响其从事动产任意拍卖业务活动资质能力的事实与法律性质的变更时，应向动产任意拍卖委员会进行申报，特别是在其暂时或者最终停止从事执业活动以及按照第 R321-1 条的规定申报的情况有任何改变时，必须进行申报。

(第 R320-2 条原条文：动产任意拍卖委员会可以要求提交所有有益于审核的文件以及听取将要领导申请设立的拍卖公司或者在其内主持拍卖的人所做的说明。)

第 R321-3 条 动产任意拍卖执业人每年自其参加的前一期担保到期后 30 日内，应动产任意拍卖委员会的要求，向该委员会提交证明材料，以证明其已经延展担保职业责任的保险，或者提供了担保其能够返还为他人持有的资金的责任的保险或保证。

在中止担保或者解除担保合同的情况下，保证人或保险人应在 30 日内报告动产任意拍卖委员会。

(第 R321-3 条原条文：动产任意拍卖委员会自接收第 R321-1 条所指的全部文件起 4 个月内就提交的认可申请作出决定；在此期限内没有作出明确决定的，视其驳回提交的申请。

动产任意拍卖委员会作出的决定，应通知提出认可申请的人。

这项通知应指明对委员会的决定提出救济申请的期限与方式。)

第 R321-4 条 动产任意拍卖执业人的某个领导人由于在犯罪记录上的记载，表明其被禁止从事商事活动或被禁止管理商事公司或企业时，如命令注销该人的登记，负责掌管"商事及公司注册登记簿"的法院书记员向动产任意拍卖委员会进行通知。

(第 R321-4 条原条文：只有在动产任意拍卖委员会对认可申请签发批准书之后，动产任意拍卖公司才能在"商事及公司注册登记簿"上进行注册或者进行章程的变更登记。)

第 R321-5 条 （2012 年 1 月 30 日第 2012-120 号法令第 4 条废止：得到认可的动产任意拍卖公司，自其在"商事及公司注册登记簿"上进行注册或登记，或者进行章程的变更登记起 30 日内，向动产任意拍卖委员会送交证明材料，证明其已经参加担保职业责任的保险，以及已经参加担保其能够返还为他人持有的资金的责任的保险或保证,同时提交第 R321-15 条所指的申报书。)

第 R321-6 条 （2012 年 1 月 30 日第 2012-120 号法令第 4 条废止：得到认可的动产任意拍卖公司发生变更,如可能影响其从事动产任意拍卖活动之能力,自发生变更之日起 30 日内,特别是其暂时或最终停止从事业务活动以及按照第 R321-1 条的规定申报的情况发生任何改变的情况下,应向动产任意拍卖委员会作出报告。)

第 R321-7 条 （2012 年 1 月 30 日第 2012-120 号法令第 4 条废止：动产任意拍卖公司每年自其参加的前一期担保到期后 30 日内应向动产任意拍卖委员会提交证明材料,以证明其已经延展担保职业责任的保险,以及担保其能够返还为他人持有的资金的责任的保险或保证。

在中止担保或者解除担保合同的情况下,保证人或保险人应在 30 日内报告动产任意拍卖委员会。)

第 R321-8 条 （2012 年 1 月 30 日第 2012-120 号法令第 4 条废止：在得到认可的动产任意拍卖公司的某一领导人被注销登记时,如果是根据犯罪记录揭示其被禁止从事商业活动或禁止进行管理活动,负责掌管"商事及公司注册登记簿"的法院书记员应向动产任意拍卖委员会报告。)

第 R321-9 条 （2012 年 1 月 30 日第 2012-120 号法令第 4 条废止：在动产任意拍卖公司违反第 R321-5 条至第 R321-7 条规定的义务的情况下,或者根据负责掌管"商事及公司注册登记簿"的法院书记员按照第 R321-8 条报送的通知材料,动产任意拍卖委员会可以撤销对动产任意拍卖公司的认可。

撤销对动产任意拍卖公司认可的决定,由负责掌管"商事及公司注册登记簿"的法院书记员按照第 R321-3 条规定的条件进行通知；书记员依职权在"商事及公司注册登记簿"的节本上记载撤销认可之决定。)

第二段 保险与保证

第 R321-10 条 （2001 年 7 月 19 日第 2001-650 号法令第 9 条）本《法典》第 L321-6 条第 1 款第 3 点所指的保证,只能由取得此种资质的信贷机构或金融公司提供,或者由《货币与金融法典》第 L518-1 条所指的机构之一、保险公司或者有资质提供保证的合作保证公司提供。

第 R321-11 条 （2001 年 7 月 19 日第 2001-650 号法令第 9 条）采用书面协议订立的保证合同,除一般条件之外,应具体写明同意给予担保的金额、回报条件、财务监督的方式以及保证人可能要求提供的反担保。

第 R321-12 条 （2001 年 7 月 19 日第 2001-650 号法令第 10 条）保证人

或保险人向动产任意拍卖执业人签发一份关于提供保证或参加保险的证明书,具体写明公司开立本《法典》第 L321-6 条第 1 款第 1 点所指的账户的信贷机构的名称,以及公司账户的号码、同意提供担保的数额与期限以及对提供的担保可能规定的条件限制。

第 R321-13 条 （2001 年 7 月 19 日第 2001-650 号法令第 11 条）保证人或保险人,只有在(债权人)证明其持有已到期的、数额确定、可追偿之债权并且被担保的动产任意拍卖执业人不履行义务的情况下,才履行义务。

保证人不得对债权人主张其首先应向债务人求偿。

受担保人在其受到支付催告或返还财产的催告后经过 1 个月仍然拒绝履行义务,或者仍然没有结果时,对于担保人而言,构成被担保人不履行义务(之情形)。受担保的公司经执达员送达而受到支付催告或返还催告经过 1 个月仍然拒绝履行义务,或者仍然没有结果时,对于担保人而言,构成被担保人不履行义务(之情形)。

第 R321-14 条 （2001 年 7 月 19 日第 2001-650 号法令第 12 条）同意给予公司的担保金数额不得低于以下两种款项中的最高数额:

1. 本公司在上一个会计年度实现的包括税金与酬金在内的月平均销售额;

2. 在前 12 个月期间的任何一个时刻动产任意执业人为他人利益持有的资金的最高数额的一半。

第 R321-15 条 （2001 年 7 月 19 日第 2001-650 号法令第 13 条）如动产任意拍卖执业人从事业务活动的时间尚不满 1 年,设立的保证金数额不得低于本会计年度实现的包括税金与酬金在内的预计月平均销售额;预计的月平均销售额由动产任意拍卖执业人向保险人或者担保公司作出申报。

第 R321-16 条 （2001 年 7 月 19 日第 2001-650 号法令第 14 条）动产任意拍卖执业人每年均应对其登记的担保数额进行调整;当特殊情况有可能改变(其应对的)风险的范围时,同样应对其登记的担保金数额进行调整。

第 R321-17 条 （2001 年 7 月 19 日第 2001-650 号法令第 15 条）保险合同不得规定在每个债权人 8000 欧元的限额内由被保险人负担超过 10% 的赔付费减免。减免赔付费对公司的债权人不具有对抗效力。

第三段　要求具备的资质

第 R321-18 条 （2001 年 7 月 19 日第 2001-650 号法令第 15 条,2009 年 2 月 9 日第 2009-143 号法令第 1 条修改）除保留适用第 R321-65 条的规定之外,任何人如果不具备以下资质,不得主持(diriger,领导)动产任意拍卖:

1. 是法国人或者是法国之外的欧洲共同体或欧洲经济区协议成员国的国民；

2. 没有因此前从事职业活动中有违反荣誉或廉洁义务的行为而受到刑事制裁，也没有因此相同性质的行为而受到撤职、注销登记、解除职务、撤销认可或撤销批准之纪律制裁或行政性制裁；

3. 除保留适用第 R321-19 条与第 R321-21 条有关"免于资质要求"的规定外，主持（领导）动产任意拍卖的人应当持有国家颁发的法学毕业证书以及一项由国家颁发的美术史、应用艺术、考古学或者雕塑艺术领域的毕业证书，这些证书中至少有一项是学士学位证书，其他证书至少应是确认具有相当于 2 年高等教育水准的证书，或者持有经掌玺官、司法部长与负责高等教育的部长联合颁发的条例确定的名单承认可以免除这项证书的职称或证书；

4. 成功通过第 R321-20 条至第 R321-25 条所指的"取得实习资格"的考试；

5. 按照第 R321-26 条至第 R321-31 条规定的条件完成上述第 4 点所指的实习。

2000 年 7 月 10 日关于规范动产任意拍卖的第 2000-642 号法律第 54 条所指的人，可免于要求具备上述第 1、3、4、5 点所指的条件。

第 R321-18-1 条 公证人与司法执达员，为了能够按照本《法典》第 L321-2 条的规定领导（主持）动产任意拍卖，应当证明其事先已经自费接受有关拍卖行业的规章、实践和职业道德规范的培训。

这种职业培训由动产任意拍卖动产委员会在听取公证人最高委员会与全国司法执达员公会的意见之后进行组织安排。

助理公证人与实习司法执达员准许参加此种培训。

培训结束时，动产任意拍卖动产委员会向参加培训的人颁发实习结业证明书。

第 R321-19 条 （2001 年 7 月 19 日第 2001-650 号法令第 17 条）证明在一家或数家评估作价拍卖事务所或者司法评估作价拍卖事务所至少有 7 年拍卖师的职业实践经验以及（2009 年 2 月 9 日第 2009-143 号法令第 3 条）在相同时间内在一家或数家动产任意拍卖公司承担此种责任，或者先后在评估作价拍卖事务所与动产任意拍卖公司承担此种责任、总时间至少 7 年的人，如果成功通过第 R321-23 条及随后条文所指的由评审委员会组织的资格考试，经动产任意拍卖委员会作出决定，可以免除要求具备上述第 R321-18 条第 1 款第 3、4、5 点规定的条件。

前款规定的职业实践的时间应当是在最近 10 年内的活动实践时间。

资格考试的科目与方式由掌玺官、司法部长发布条例作出具体规定。

(为取得资质)任何人参加考试的次数均不得超过 3 次。

一 取得实习资格的考试

第 R320-20 条 (2001 年 7 月 19 日第 2001-650 号法令第 18 条第 1 款)具备上述第 R321-18 条第 1 款第 1、2、3 点规定之条件的人,可以报名参加该条第 1 款第 4 点所指的实习资格考试。

第 R321-21 条 (2001 年 7 月 19 日第 2001-650 号法令第 18 条第 2 至第 14 款)以下所列之人可免除要求持有第 R321-18 条第 1 款第 3 点规定的、由国家颁发的法学毕业证书:

1. 最高行政法院的成员与原成员;行政法院和行政上诉法院的成员与原成员;

2. 司法系统的司法官或原司法官;

3. 审计法院、地区审计法院、法属波利尼西亚与新喀里多尼亚地方审计法院的司法官与原司法官;

4. 大学教授以及取得法学博士学位的讲师;

5. 最高行政法院与最高司法法院的律师;

6. 在一家法国律师公会注册的律师以及原法律顾问;

7. 上诉法院律师;

8. 司法执达员;

9. 公证人;

10. (有资质在)企业司法重整与司法清算中(担任)司法管理人、司法代理人(的人),原破产管理人或司法管理人;

11. 商事法院书记员与原书记员;

12. A 类公务员与原公务员,或者在行政部门、公共服务部门或国际组织中至少在 5 年内从事法律活动、与这类人员相类似的人员。

第 R321-22 条 (2001 年 7 月 19 日第 2001-650 号法令第 19 条)实习资格考试每年至少举行一次。

实习资格考试包括笔试与口试,考试科目为艺术、法律、经济、会计以及外语。考试组织、考试科目与方式,由掌玺官、司法部长听取动产任意拍卖委员会与国家司法评估作价拍卖师公会的意见后发布条例作出具体规定。

任何人参加实习资格考试的次数均不得超过 3 次。

第 R321-23 条 (2001 年 7 月 19 日第 2001-650 号法令第 20 条第 1 款) 实习资格考试由评审委员会主持,评审委员会由 1 名司法官主持,其成员包括 1 名在职的高等教育艺术史教授、1 名(文化)遗产管理人(博物馆专业)、1 名司法评估作价拍卖人和 2 名有资格主持动产任意拍卖的人。

第 R321-24 条 (2001 年 7 月 19 日第 2001-650 号法令第 20 条第 2 款至第 3 款)实习资格考试评审委员会的主任与成员,由掌玺官、司法部长发布决定任命;在职的高等教育艺术史教授由负责大学教育的部长提名,(文化)遗产管理人(博物馆专业)由负责文化事务的部长提名,司法评估作价拍卖人由全国司法评估作价拍卖人公会办公室提名,2 名有资格主持动产任意拍卖的人由动产任意拍卖委员会提名。

评审委员会人数相同的候补成员按照相同条件任命;专业的评审人员由掌玺官、司法部长作出决定任命。

第 R321-25 条 (2001 年 7 月 19 日第 2001-650 号法令第 20 条第 4 款与第 5 款)评审委员会主任与成员以及专业的评审人员不得连续任职超过 3 年。

在两种意见的表决票数相等时,委员会主任的意见起主导作用。

二 实 习

第 R321-26 条 (2001 年 7 月 19 日第 2001-650 号法令第 21 条)实习时间为 2 年,其中至少 1 年在法国。

实习内容包括深入掌握艺术、经济、会计与法律知识的理论教学以及在动产任意拍卖委员会监督下按照其与全国司法评估作价拍卖人公会共同确定的方式安排的实践教学。

第 R321-27 条 专业实践活动按照以下规定:

1. 6 个月在动产任意拍卖执业人事务所进行;
2. 6 个月在司法拍卖评估作价人事务所进行;
3. 2 个月在经宣誓的商品居间商(商品经纪人)事务所进行。

在动产任意拍卖委员会确认某个实习人员实际上不可能实现上述第 3 点所指的实习时,上述第 2 点所指的实习时间增加至 8 个月。在此情况下,实习人应当撰写有关经宣誓的商品居间商(商品经纪人)从事职业的论文。

实习人员可以要求在 3 个月时间内在司法拍卖评估作价人、经宣誓的商品居间人、公证人、司法执达员、司法管理人或者司法代理人事务所进行部分实习活动。在提交的此项申请中应向动产任意拍卖委员会指名接受其实习的人的姓名。

第 R320-28 条 （2001 年 7 月 19 日第 2001-650 号法令第 22 条第 2 款与第 3 款）动产任意拍卖委员会对实习人员进行实习安排；在司法评估作价拍卖人事务所安排实习，应听取全国司法评估作价拍卖人公会的意见；经宣誓的商品经纪人安排实习，应听取经宣誓的商品经纪人全国理事会的意见。

第 R321-29 条 （2001 年 7 月 19 日第 2001-650 号法令第 23 条）实习生经过第 1 年实习之后，动产任意拍卖委员会根据实习导师提交的案卷，确认实习生是否有继续职业培训的能力。

为此，动产任意拍卖委员会要安排一次谈话，评估实习生的实践知识。

如果动产任意拍卖委员会认为有必要，可以批准实习生重新开始第 1 年的专业培训工作，但这项批准只能给予一次。

第 R321-30 条 （2001 年 7 月 19 日第 2001-650 号法令第 24 条）实习结束时，动产任意拍卖委员会向实习生颁发成功完成实习的证书，以证明持证人有从事职业的能力。

相反情况下，动产任意拍卖委员会根据实习生存在的不足，批准其重新开始第 2 年的专业培训，或者拒绝向其颁发上述证书；允许实习生重新开始第 2 年的专业培训的批准只能给予一次。

第 R321-31 条 （2001 年 7 月 19 日第 2001-650 号法令第 25 条）只有在催告实习生本人提出辩护说明之后，动产任意拍卖委员会才能以纪律原因宣告开除实习生的实习资格。

第四段 通知与公示措施

第 R321-32 条 （2001 年 7 月 19 日第 2001-650 号法令第 26 条）本《法典》第 L321-7 条规定的向动产任意拍卖委员会报送信息，用挂号信并要求回执最迟在展示拍卖品之前或者实现拍卖之日前 8 日通知动产任意拍卖委员会。

在通过电子途径进行远程拍卖的情况下，第 L321-7 条所指的信息可以通过电子平台发送给委员会。

第 R321-33 条 （2001 年 7 月 19 日第 2001-650 号法令第 27 条）本《法典》第 L321-11 条第 1 款规定的公告至少应写明预计进行拍卖的日期与地点，组织拍卖的执业人的名称及其向动产任意拍卖委员会提出申报的日期，有资质主持拍卖的人的姓名，以及相应情况下，按照本《法典》第 L321-24 条的规定进行的申报的号码。

公告还应写明以下事项：

1. 如果提交拍卖的财产是其生产的产品,出卖人具有商人或手工业者的身份;

2. 拍卖的财产为新财产;

3. 相应情况下,在交付拍卖的财产的所有权人是组织动产拍卖的执业人或其薪金雇员、领导人或股东时,以及是在组织拍卖时参与活动的专家鉴定人时,应当指明财产所有人的身份;

4. 指明有专家鉴定人参与拍卖的组织活动;

5. 本《法典》第 L321-17 条所指的时效期间。

第 R321-34 条 （2001 年 7 月 19 日第 2001-650 号法令第 28 条）在通过电子途径远距离实现的拍卖完成之后,组织拍卖的公司应保障在线公示拍卖成交的物件、拍卖成交的价位以及每一件拍品完成拍卖的日期与时间。

第 R321-35 条 （2001 年 7 月 19 日第 2001-650 号法令第 67 条）在由行纪人通过电子途径远距离实现拍卖行纪的情况下,行纪人应当保障按照本《法典》第 L321-33 条的规定通过互联网在线向公众告知信息。

第二目　动产任意拍卖委员会

第一段　职　能

第 R321-36 条 （2001 年 7 月 19 日第 2001-650 号法令第 29 条第 1 款与第 2 款）动产任意拍卖委员会由其主席召集会议,在政府特派员或者有 4 名成员提出要求时,当然应召集委员会会议。

动产任意拍卖委员会会议的议程由其主席确定;政府特派员或者 4 名成员可以要求将属于委员会权限的任何问题列入会议议程。

第 R321-37 条 （2001 年 7 月 19 日第 2001-650 号法令第 29 条第 3 款与第 4 款）动产任意拍卖委员会只有在至少 6 名成员出席会议的情况下才能有效进行审议。在特定的议程没有达到出席会议的法定人数的情况下,由其就相同议程再次进行会议召集,并具体说明前次会议没有达到法定人数之后,不论到会人数多少,均可有效进行审议。

在两种意见票数相等的情况下,委员会主席的表决意见起主导作用。

第 R321-38 条 （2001 年 7 月 19 日第 2001-650 号法令第 30 条）动产任意拍卖委员会制定内部规章;内部规章尤其要确定委员会的职能、运作及其各部门的组织。内部规章还要规定在何种条件下委员会可以指定其某些成员按照第 R321-29 条的规定听取意见与进行谈话。

动产任意拍卖委员会的内部规章应报送司法部长、掌玺官。

第 R321-39 条 （2001 年 7 月 19 日第 2001-650 号法令第 31 条）动产任意拍卖委员会成员的任职不取报酬；但是，委员会成员与政府特派员因履行职务支出的费用可得到补偿。

第 R321-40 条 （2001 年 7 月 19 日第 2001-650 号法令第 32 条）政府特派员由司法部长作出决定任命。

政府特派员按照第 R321-45 条至第 R321-49 条规定的条件行使纪律惩戒方面的职权。

除第 R321-48 条第 2 款有关纪律惩戒方面的特别规定之外，政府特派员参加动产任意拍卖委员会的会议，享有咨询权。

不服动产任意拍卖委员会作出的决定，政府特派员可以提出本《法典》第 L321-23 条所指的救济申请。

第 R321-40-1 政府特派员提出简单申请，可以以动产任意拍卖委员会的名义取得向其报送的按照《货币与金融法典》第 L561-12 条的规定应予保存的文件。

第 R321-41 条 （2001 年 7 月 19 日第 2001-650 号法令第 33 条第 1 款）为适用本《法典》第 L321-21 条的规定，动产任意拍卖执业人每年 3 月 31 日之前向动产任意拍卖委员会申报前 1 年在法国境内组织的拍卖所收取的佣金的毛收入数额。在进行此项申报时，应提交证明凭据。

动产任意拍卖执业人从事活动不满 1 年的，按照其在第 1 年执业过程中预计实现的或者预计收取的佣金数额缴纳分摊会费。预计的佣金毛收入数额，按照前款规定的条件进行申报。

第 R321-42 条 （2001 年 7 月 19 日第 2001-650 号法令第 33 条第 2 款与第 3 款）动产任意拍卖委员会确定各动产任意拍卖执业人每年应当交纳的分摊份额费（会费）的比例和计算方式。

第 R321-43 条 （2001 年 7 月 19 日第 2001-650 号法令第 33 条第 4 款与第 5 款）动产任意拍卖委员会在每年 12 月 31 日之前根据其主席的提议确定预算。

动产任意拍卖委员会的预算由委员会主席执行。

动产任意拍卖委员会按照本《法典》第 L823-3 条及随后条文的规定指定 1 名会计监察人与 1 名替补会计监察人。

动产任意拍卖委员会审议其年度预算和年中发生的变更以及金融账目与成果的使用情况。此种审议决定，在其获得通过之后 15 日内报送掌玺官、司法部长。

第 R321-43-1 条 在动产任意拍卖委员会内部设置 1 个审计委员会,以监督预算的良好执行。

审计委员会由动产任意拍卖委员会选举的 3 名成员组成。依据动产任意拍卖委员会主席的提议,由该委员会依其成员投票,按照多数赞成票指定审计委员会主任。

审计委员会召开会议时,应通知政府特派员;政府特派员提出请求时,可以参加审计委员会会议。

根据委员会主席或者政府特派员的提议,审计委员会至少每年召开 1 次会议。

审计委员会对执行预算情况的准备文件以及财务账目进行审查;在将提议的预算与财务报告提交动产任意拍卖委员会审议时,就此预算与报告提出书面意见。

审计委员会就有关信息方面的项目、场所的承租与场所的布局提出意见。

审计委员会向动产任意拍卖委员会提出其关于预算执行情况的年度报告。

第 R321-43-2 条 为适用本《法典》第 L321-18 条的规定,动产任意拍卖委员会每年向动产任意拍卖执业人发出经济方面的问题调查表。

第 R321-44 条 (2001 年 7 月 19 日第 2001-650 号法令第 34 条)动产任意拍卖委员会每年在其提交的年度报告中汇报其工作。年度报告包括对执行本《法典》第 L321-3 条与第 R321-10 条至第 R321-17 条之规定的总结,(2009 年 2 月 9 日第 2009-143 号法令第 4 条)其接受的各类申报的统计数字表,以及在承认欧洲共同体成员国或者欧洲经济区成员国国民职业资格方面所做的各项决定的统计报表。动产任意拍卖委员会的年度报告呈送掌玺官、司法部长以及负责经济与财政事务、文化事务的部长。动产任意拍卖委员会的年度报告转送全国司法评估作价人公会、公证人公会、司法执达员公会以及这些行业公会的省级机构,相应情况下,政府特派员提出的意见应附于该报告。

第二段 纪律惩戒程序

第 R321-45 条 (2001 年 7 月 19 日第 2001-650 号法令第 35 条)在本《法典》第 L321-22 条与第 L321-28 条规定的情况下,动产任意拍卖委员会按照政府特派员提出的要求,受理有关纪律惩戒方面的案卷并作出审理决定。

政府特派员可以同时对得到认可的动产任意拍卖执业人以及取得主持

拍卖活动资质的人提出追究。政府特派员事先应对案卷进行审查，可以要求向其送交任何文件或材料，并进行任何必要的听证。

如果至少有4名成员出席会议，动产任意拍卖委员会即可在纪律惩戒方面进行有效审议并作出决定。

第 R321-46 条 （2001年7月19日第2001-650号法令第36条）受到追究的人由政府特派员召唤至动产任意拍卖委员会。

传唤通知书至少应提前1个月用挂号信并要求回执寄送受到传唤的人，信件中应写明当事人受到指控的事实。

受到传唤的人可以到动产任意拍卖委员会了解其案卷。

第 R321-47 条 （2001年7月19日第2001-650号法令第37条）动产任意拍卖委员会可以要求向其送交任何文件或材料，并进行任何必要的听证。

审理辩论公开进行。但是，如果受到追究的人明确提出请求或者如果公开审理将侵害受到法律保护的秘密或者私生活隐私，动产任意拍卖委员会可以决定不公开进行审理辩论。在所做决定中应当写明此事项。

应当听取受到纪律追究的人的辩解意见，受到纪律追究的人可以由律师协助。

第 R321-48 条 （2001年7月19日第2001-650号法令第38条）动产任意拍卖委员会在听取政府特派员、受到追究的人及其律师的陈述之后作出说明理由的决定。

政府特派员不参加委员会的评议。

第 R321-49 条 （2001年7月19日第2001-650号法令第39条）动产任意拍卖委员会的决定用挂号信并要求回执通知政府特派员与受到追究的人。这项通知应指明对所做决定提出救济申请的期限与方式。

第 R321-49-1 条 动产任意拍卖委员会主席以保全名义暂时停止某个执业人或者有资格主持拍卖活动的人从事的全部活动或部分活动时，此项决定用挂号信并要求回执通知当事人。

此项通知指出对所做决定提出救济申请的期限与方式。

第三段 对动产任意拍卖委员会或其主席的决定提出的救济申请

第 R321-50 条 （2001年7月19日第2001-650号法令第40条第1款）对动产任意拍卖委员会或其主席的决定提出救济申请，以申明的形式提交并取得收据，或者用挂号信并要求回执寄送。救济申请向巴黎上诉法院书记室提出。

第 R321-51 条 （2001年7月19日第2001-650号法令第40条第2款与第3款）对动产任意拍卖委员会或其主席的决定提出救济申请的期限为1个

月,自为政府特派员规定的对这项决定提出救济申请的日期起开始计算。

提出救济申请的期限因非讼救济申请的提出而中断。

第 R321-52 条 （2001 年 7 月 19 日第 2001-650 号法令第 40 条第 4 款）不服动产任意拍卖委员会或其主席的决定而提出的救济申请,不中止决定的执行。但是,如果动产任意拍卖委员会或其主席的决定有可能引起明显过分的后果,或者从审理阶段的情况来看,有特别理由可以对所做决定的合法性产生严肃怀疑,巴黎上诉法院第一院长可以依紧急审理程序中止决定的执行或者中止其特定效力。

第 R321-53 条 （2001 年 7 月 19 日第 2001-650 号法令第 41 条）因不服动产任意拍卖委员会或其主席的决定而提出的救济申请,按照非强制性代理诉讼程序的规则进行审理与裁判,但应当听取检察院的意见;不服动产任意拍卖委员会或其主席的决定而提出的救济申请应通知该委员会,相应情况下,应通知对该委员会的决定提出不服申请的当事人。

动产任意拍卖委员会为诉讼的一方当事人。

各方当事人可以由律师为诉讼助理或代理。

第 R321-54 条 （2001 年 7 月 19 日第 2001-650 号法令第 42 条）在上诉法院的辩论公开进行;但是,如果受到追究的人明确提出请求,或者如果公开审理将侵害受到法律保护的秘密或者私生活隐私,上诉法院可以决定审理辩论不公开进行。所做决定中应当写明此事项。

第 R321-55 条 （2001 年 7 月 19 日第 2001-650 号法令第 43 条）上诉法院的裁决由法院书记员负责用挂号信并要求回执通知各方当事人、政府特派员与驻上诉法院检察长。

第二节 欧洲共同体成员国与欧洲经济区协议签字国的国民在法国从事动产任意拍卖活动的自由

第 R321-56 条至第 R321-64 条 （略）

第三节 在欧洲共同体成员国与欧洲经济区协议签字国内有资质主持动产任意拍卖活动的人在法国开业

第 R321-65 条至第 R321-67 条 （略）

第四节 经动产任意拍卖委员会认可的专家鉴定人

（2012年1月30日第2012-120号法令第18条废止）

第R321-68条原条文：（2001年7月19日第2001-650号法令第55条）动产任意拍卖委员会制定经认可的专家鉴定人各自擅长的专业名册。

第R321-69条原条文：（2001年7月19日第2001-650号法令第56条）申请资质认可的专家鉴定人，用挂号信并要求回执向动产任意拍卖委员会提出认可申请。

提交认可申请的同时应提交以下材料：

1. 证明申请人身份的文件；
2. 申请人持有的毕业证书的复印件以及证明其在所申请的鉴定专业方面有职业经验的证明文件；
3. 犯罪纪律第3号登记表。

第R321-70条原条文：（2001年7月19日第2001-650号法令第57条）动产任意拍卖委员会，自接收第R321-69条所指的全部材料起4个月内，就提交的申请作出决定；在此期限内如果没有作出明确决定，视提交的申请已被驳回。

动产任意拍卖委员会的决定用挂号信并要求回执通知申请人。

动产任意拍卖委员会的通知决定应指明在不服决定的情况下提出救济申请的期限。

第R321-71条原条文：（2001年7月19日第2001-650号法令第58条）自颁发认可证书起30日内，得到认可的专家鉴定人应向动产任意拍卖委员会提交其参加了职业责任保险的证明。

得到认可的专家鉴定人如果发生可能影响其执业能力的事实或法律上的变更，应在发生此种变更起30日内向动产任意拍卖委员会作出报告，特别是在其暂时或者最终停止从业以及按照第R321-69条之规定申报的情况发生任何变化时，应当进行报告。在向动产任意拍卖委员会进行报告时应提交必要的证明材料。

每年自前一次投保到期之日起30日内，得到认可的专家鉴定人均应向动产任意拍卖委员会转送其已经延展职业责任保险的证明材料。

在保险合同被解除的情况下，保险人应在30日内向动产任意拍卖委员会进行通知。得到认可的专家鉴定人应向动产任意拍卖委员会转送其已经延展职业责任保险的证明材料。

在保险合同被解除的情况下,保险人应在 30 日内报告动产任意拍卖委员会。

第 R321-72 条原条文:(2001 年 7 月 19 日第 2001-650 号法令第 59 条)得到认可的专家鉴定人如不履行第 R321-71 条规定的义务,动产任意拍卖委员会可以决定撤销对鉴定人的认可。

撤销对鉴定人认可的决定,按照第 R321-70 条规定的条件通知当事人。

第 R321-73 条原条文:(2001 年 7 月 19 日第 2001-650 号法令第 60 条)不服动产任意拍卖委员会按照本节之规定作出的决定,可以按照第 R321-55 条的规定提出异议。

第五节 其他规定

第 R321-74 条 国家对动产任意的拍卖享有的先购权,受 2001 年 7 月 19 日第 2001-650 号关于适用本《法典》第 L321-1 条至 L321-38 条有关动产任意拍卖的法令第 61 条至第 65 条的规定调整。

第二章 其他拍卖

第 R322-1 条 (1859 年 3 月 12 日法令第 1 条)自然人、商贸公司或工业公司、信贷机构或资金投资公司,按照省长听取地域工商会及商事法院的意见之后发布的条例的规定,可以开办本《法典》第 L322-12 条所指的商品拍卖交易与大宗商品交易厅。

可以专门为某一类或者某几类商品开设交易厅。

第 R322-2 条 (1859 年 3 月 12 日法令第 2 条)申请开办商品公卖交易厅(市场)的任何人,均应证明自己具备与其计划开设的机构的规模相对应的财力。

第 R322-3 条 (1859 年 3 月 12 日法令第 3 条)商品交易厅的所有权人或经营人,应对交付给他的商品的照管与保管负责任,但是,由于商品本身的性质与包装保存条件而发生的自然损耗或者不可抗力情形除外。

第 R322-4 条 (1859 年 3 月 12 日法令第 4 条)商品交易厅的经营人可以自行负责以商品进入大厅交易为目的的各项业务。

商品交易厅的经营人也可以负责对其持有的商品集体投保,或者按照利益当事人的要求专门投保。

此外,商品交易厅的经营人,还可经批准自行负责为方便本机构与所有的交易对象之间的关系为目的的各种业务活动。

第 R322-5 条 (1859 年 3 月 12 日法令第 4 条)禁止商品交易厅的经营人直接或者间接为自己或者他人的利益从事以商品为交易标的的投机活动。

第 R322-6 条 (1859 年 3 月 12 日法令第 6 条)商品交易厅的经营人有义务向任何希望按照第 R322-8 条的规定进入本交易市场(交易厅)存放商品或进行买卖的人提供交易场所,不得区分优先与喜好。

第 R322-7 条 (1859 年 3 月 12 日法令第 7 条)商品交易厅,如建立在欧洲理事会 1992 年 10 月 12 日关于制定共同体海关法典的第 2913/92 号条例所指的受海关仓储库制度监管的区域(海关保税区)内,应遵守有关用于经商的公共场所的一般治安措施。

第 R322-8 条 (1859 年 3 月 12 日法令第 8 条)商品交易厅的经营者,对其提供的仓储、装卸、厅内场地出租、商品交易,总而言之,对其可以向公众提供的各种服务,确定收费标准。收费标准应在交易厅开业前报送省长与地域工商会以及就批准申请提出咨询意见的商事法院。

收费标准的任何变更均应事先张贴告示,以行公示,并且应报送省长与工商会以及为给予批准而提出咨询意见的商事法院。如果是为了提高收费标准而进行变更,只有事先进行公示与报送之后经过 3 个月才能生效。

第 R322-9 条 (1859 年 3 月 12 日法令第 9 条)每一家交易机构均应制定内部规章,并且按照第 R322-8 条的规定提前报送;内部规章的任何修改,亦同。

第 R322-10 条 (1859 年 3 月 12 日法令第 10 条)每一家交易机构的主要出入口以及最显眼的地方,应当张贴有关的立法与条例的规定以及收费标准与内部规章。

第 R322-11 条 (1859 年 3 月 12 日法令第 11 条)商品交易厅的经营者有任何违反规定或滥用权利的行为,严重损害商品交易利益的,可按照给予批准时相同的条件作出决定,撤销对其给予的批准,但应听取各方当事人的陈述。

第 R322-12 条 (1859 年 3 月 12 日法令第 12 条)商品交易厅的所有权人或经营者,非经原批准机关按照相同形式给予的批准,不得转让其交易机构。

第 R322-13 条 (1859 年 3 月 12 日法令第 1 条)第 R322-3 条与第 R322-

6 条的规定适用于第 R322-14 条与第 R322-15 条规定的买卖。

第 R322-14 条 (1859 年 3 月 12 日法令第 2 条第 1 款)法院按照本《法典》第 L322-14 条与第 L322-15 条的规定批准或命令进行买卖的判决,应写入买卖笔录。

第 R322-15 条 (1859 年 3 月 12 日法令第 3 条)在本《法典》第 L322-14 条与第 L322-15 条所指情况下,批准或者命令进行的任何种类的商品的买卖,每一份的价值最少应为 15 欧元。

法院或者命令或批准买卖的法官也可以批准降低每份卖品的最低价值。

第三编 排他性条款

第 R330-1 条 （1991年4月4日第91-337号法令第1条）本《法典》第 L330-3 条第 1 款所指的文件应当包括以下信息：

1. 企业注册住所的地址、从事的活动的性质并指明其法律形式；如果涉及的是自然人，应写明企业主要负责人的身份，如果涉及的是法人，其领导人的身份；

2. 第 R123-237 条第 1 款第 1 点与第 2 点规定的事项，或者在"手工业职业目录"上进行注册登记的号码以及商标的注册日期或交存日期；在应当签订商标使用合同的情况下，通过转让协议或许可协议而取得该商标使用权的日期；在国家商标登记簿上进行相应登记的日期与号码；对于许可证合同，还应写明同意使用许可证的期间；

3. 企业的开户银行，此项信息可以限制为企业开户的 5 家主要银行；

4. 企业创办的日期并简要说明其发展变化的主要阶段；如有必要，应写明连锁经营网的发展变化情况，以及可据以评价经营者或其领导人具备的职业经验的全部说明；

前款所指的所有信息，得以文件交付之日前最近 5 年的情况为限。在提供以上情况的同时，还应补充介绍合同标的范围内的产品或服务的市场总体状况、地区分布状况以及这些市场的发展前景；

（2009年5月19日第2009-557号法令第4条）在文件的这一部分，应附有最近 2 年的年度账目，或者对于金融证券准许进入规范市场交易的公司，应当附有按照《货币与金融法典》第 L451-1-2 条第三项的规定制定的最近 2 年的相关报告；

5. 连锁经营网的介绍应当包括以下内容：

A. 经营网各成员企业的名单，并指明通过协议规定的每一家成员企业的经营方式；

B. 在法国设立的哪些企业与提议订立合同的人订有同类性质的合同以及这些成员企业的地址；

在连锁经营网的成员经营者超过 50 家时，只要求提供与拟订立的合同所预计的经营地点最近的 50 家经营点有关的前款所指的信息；

C. 通过订立与拟议中的合同相同性质的合同参与本经营网但在提交本条所指文件的前 1 年已经退出经营网的企业的数目；提供的文件应当具体说明这些企业退出的原因是合同正常到期还是合同被解除或被撤销；

D. 如有必要，应当说明在拟议中的设点经营地区范围内是否有任何机构提供与本合同标的相同的产品或服务，并说明拟订立本合同的人已明确同意接受这一事实；

6. 写明提议中的合同的期限、展期、解除与转让条件以及排他性条款的适用范围。

提交的文件应当写明拟按照本合同开展经营活动的人在开始经营之前用于商号招牌或商标的专门费用与投资的数额。

第 R330-2 条 （1991 年 4 月 4 日第 91-337 号法令第 2 条）将商业名称、商标或者商号招牌提供给他人使用但在合同签订之前至少 20 日仍然不向该人送交本《法典》第 L330-3 条第 1 款所指的文件所规定的介绍情况的文件与合同文本，却要求其在从事活动时应承担排他性经营义务或准排他性经营义务，此种行为处《刑法典》第 131-13 条第 5 点对第五级违警罪当处之罚金。

累犯之情形，适用《刑法典》第 131-13 条第 5 点对第五级违警罪累犯当处之罚金。

第四卷 价格自由与竞争自由

第一编 价格自由(无条文)

第二编 各种反竞争行为

第 R420-1 条 (2002 年 4 月 30 日第 2002-689 号法令第 1 条第 1 款至第 9 款)按照本《法典》第 L420-4 条第二项的规定,向负责经济事务的部长送交所订协议,应附有以下信息材料:

1. 作为协议当事人的各企业的详细资料;
2. 协议确定的目标;
3. 协议涉及的市场的范围;
4. 协议涉及的产品、财产或服务;
5. 可替代产品、财产或服务;
6. 协议各当事人所占的市场份额(按照数量与营业额);
7. 协议对(开展)竞争产生的影响。

如果各企业认为包含在这一案卷中的特定文件具有保密性质,可以在该文件上写明"商业秘密"字样。在此情况下,负责经济事务的部长可要求当事人向其指明他们希望哪些情况不出现在行政令与(2008 年 11 月 13 日第 2008-1161 号法令)"竞争主管机关"发出的通知当中。

第 R420-2 条 (2002 年 4 月 30 日第 2002-689 号法令第 1 条第 10 款)本《法典》第 L420-4 条第二项规定的行政令,在转送(2008 年 11 月 13 日第

2008-1161号法令)"竞争主管机关"之前1个月,应在《竞争、消费与制裁欺诈行为正式简报》上进行公示。在此期间可能收集到的有关当事人作出的说明,也应报送(2008年11月13日第2008-1161号法令)"竞争主管机关"。

第 R420-3 条　为适用本《法典》第 L420-7 条的规定,在本土与海外省及地区在这方面有管辖权的商事法院的地址及各自的管辖区域按照本卷附件 4-2①中的一览表确定。

第 R420-4 条　为适用本《法典》第 L420-7 条的规定,在本土与海外省及地区在这方面有管辖权的大审法院的地址及各自的管辖区域按照本卷附件 4-1②中的一览表确定。

第 R420-5 条　为适用本《法典》第 L420-7 条的规定,巴黎上诉法院有权管辖。

---

① 附件略。——译者注
② 附件略。——译者注

第三编　经济集中

第 R430-1 条　（2009 年 2 月 10 日第 2009-139 号法令废止）

第 R430-2 条　（2002 年 4 月 30 日第 2002-689 号法令第 3 条）本《法典》第 L430-3 条规定的通知案卷，应包括本卷附件 4-3 与附件 4-5①中所列举的各项材料，一式 4 份。

（2002 年 4 月 30 日第 2002-689 号法令第 4 条，2009 年 2 月 10 日第 2009-139 号法令）"竞争主管机关"确认提交的案卷完整无缺，或者确认其中某些材料不符合上述附件的明确要求，特别是有关市场范围的材料，竞争主管机关可要求对案卷进行补充或更正。

接收完整案卷时应出具收据。

第 R430-3 条　如果欧洲委员会按照 2004 年 1 月 20 日欧洲理事会关于监督企业之间经济集中情况的第 139/2004 号条例第 9 条的规定，决定向法国主管权力机关移送属于共同体层面的经济集中活动的全部或一部分事项时，该事项所涉及的各企业应当立即向竞争主管机关报送它们此前向欧洲委员会提交的涉及相关活动的通知案卷，一式三份。

第 R430-4 条　（2002 年 4 月 30 日第 2002-689 号法令第 6 条）本《法典》第 L430-3 条第 3 款所指的报送材料尤其应包括以下内容：

1. 所涉及的各企业的名称及这些企业所属集团的名称；
2. 经济集中活动的性质；
3. 活动涉及的经济部门；
4. 在欧洲委员会将具有共同体范畴的某项经济集中事项部分移送法国

---

① 附件略。——译者注

有关机关处理的情况下,经移送的各项材料;

5. 受到此项经济集中活动影响的有利益关系的第三人就此提出意见的期限;

6. 各方当事人提供的对该活动作出的无须保密的概述。

在接收通知案卷或者(2009年2月10日第2009-689号法令)"竞争主管机关"接到欧洲委员会移送通知之日起5个工作日内,对报送的材料进行公示。

第 R430-5 条 如果是通过在规范市场上买入或交换证券实现经济集中(并购),在行使与这些证券相关的权利时,即告实际实现本《法典》第L430-4条意义上的经济集中;竞争主管机关没有作出任何决定,并不妨碍这些证券的转让。

第 R430-6 条 (2002年4月30日第2002-689号法令第7条,2009年2月10日第2009-139号法令)在按照本《法典》第L430-5条、第L430-7条、第L430-7-1条、第L430-8条或者第L430-9条的规定作出决定时,竞争主管机关或者负责经济事务的部长在作出决定之日起5个工作日公示其决定的主要内容。

第 R430-7 条 (2002年4月30日第2002-689号法令第8条,2009年2月10日第2009-139号法令)本《法典》第L430-5条所指的决定,应通知参与第L430-3条所指的经济集中活动的人,并且报送负责经济事务的部长。

有关的企业在接到按照《商法典》L430-5条、第L430-7条、第L430-7-1条、第L430-8条与第L430-9条的规定作出的决定时,可以在15日期限内向竞争主管机关或者负责经济事务的部长指明其认为哪些内容属于商务秘密范畴。

第 R430-8 条 (2002年4月30日第2002-689号法令第9条,2009年2月10日第2009-139号法令)竞争主管机关或者负责经济事务的部长就经济集中活动作出的决定应进行公示。

竞争主管机关应保障通过互联网公示其作出的决定;被视为由竞争主管机关作出决定的经济集中活动的清单,也应在互联网上公示。

负责经济事务的部长就经济集中活动作出的说明理由的决定,应在《竞争、消费与惩处欺诈行为正式简报》的电子版上进行公示。

竞争主管机关或者负责经济事务的部长就经济集中活动作出的决定在进行公示时应尊重向其通知经济集中活动的各方当事人的正当利益,尊重向其指明的不得泄露其商业秘密的人的正当利益。

第 R430-9 条 （2002 年 4 月 30 日第 2002-689 号法令第 10 条,2009 年 2 月 10 日第 2009-139 号法令）竞争主管机关或者负责经济事务的部长按照本《法典》第 L430-5 条、第 L430-7 条、第 L430-7-1 条、第 L430-8 条或者第 L430-9 条的规定作出的决定全部或部分撤销并且有必要对案卷进行审核时,此前已经就经济集中活动进行过通知的各有关企业应在最高行政法院作出裁决通知之日起 2 个月内按照新的情况进行有关经济集中活动的通知。

第 R430-10 条 （2002 年 4 月 30 日第 2002-689 号法令第 11 条）按照本《法典》第 L430-8 条的规定宣告的经济惩罚款项,作为税收之外的国家债权,予以收取。

由(2009 年 2 月 10 日第 2009-689 号法令)"竞争主管机关"按照同一条文的规定宣告的逾期罚款,按照相同条件征收。

第四编 透明度、限制竞争与其他受到禁止的实践行为

第 D440-1 条 （2001 年 12 月 31 日第 2001-1370 号法令第 1 条）本《法典》第 L440-1 条规定设置的商业实践审查委员会，由负责经济事务的部长主管。

第 D440-2 条 （2001 年 12 月 31 日第 2001-1370 号法令第 2 条，2009 年 5 月 19 日第 2009-559 号法令）商业实践审查委员由 1 名议会议员与 1 名参议员以及 24 名正式成员、16 名替补成员组成，成员人数按以下规定分配：

1. 来自行政法院系统或司法法院系统的成员 3 名，在委员会主任不是由司法官担任时，从这 3 名成员中任命 1 人作为委员会副主任；副主任可替补主任的任何职责；

2. 代表农业与渔业以及工业、手工业生产与加工部门的成员 8 名，或者担任替补成员；

3. 批发商、经销商的代表成员 8 名或其替补成员，从其行业组织或企业中选任；

4. 在工商业关系方面有资质的人士 2 名；

5. （2009 年 5 月 19 日第 2009-559 号法令）行政部门的代表 3 名：竞争、消费与惩处欺诈行为总署署长或者其代表，工业与服务业竞争力总署署长或者其代表，农业、农产品食品与土地政策总署署长或者其代表。

（2009 年 5 月 19 日第 2009-559 号法令）上述第 1 点至第 4 点所指的各成员由负责经济与商业事务的部长联合发布决定任命。

第 D440-3 条 （2001 年 12 月 31 日第 2001-1370 号法令第 2 条）行政法院系统或司法法院系统的司法官成员，分别由最高行政法院副院长、掌玺官

或司法部长提议,从竞争、消费与惩处欺诈行为委员会的成员中任命。

第 D440-4 条 (2001 年 12 月 31 日第 2001-1370 号法令第 2 条)商业实践审查委员会在审查特别领域的问题时,可以邀请所涉及的各领域的供应商与经销商参加会议,提出咨询性意见。

第 D440-5 条 (2001 年 12 月 31 日第 2001-1370 号法令第 3 条)商业实践审查委员会内设置的"审查室"(chambre d'examen),由 1 名司法官主持,其成员包括生产商与经销商人数相等的代表。

第 D440-6 条 (2001 年 12 月 31 日第 2001-1370 号法令第 4 条)商业实践审查委员会的主席可以根据专业能力指定 1 名或数名报告员。

商业实践审查委员会的秘书处工作由竞争、消费与反欺诈行为总局承担。

第 D440-7 条 (2001 年 12 月 31 日第 2001-1370 号法令第 5 条)商业实践审查委员会制定内部规章,确定其运作方式。

商业实践审查委员会制定的内部规章应提交负责经济事务的部长批准。

第 D440-8 条 (2001 年 12 月 31 日第 2001-1370 号法令第 6 条)经有关申请人同意,商业实践审查委员会可以公开其提出的意见。

第 D440-9 条 (2001 年 12 月 31 日第 2001-1370 号法令第 7 条)商业实践审查委员会的会议不公开进行。

商业实践审查委员会召开会议审查需要本《法典》第 L440-1 条第 6 款所指的调查员给予协助的问题时,应委员会的要求,调查员可以列席会议。

第 D440-10 条 (2001 年 12 月 31 日第 2001-1370 号法令第 8 条)商业实践审查委员会的会议只有在至少超过 1/2 的成员出席,才能有效进行审议。

第 D440-11 条 (2001 年 12 月 31 日第 2001-1370 号法令第 9 条,2009 年 5 月 19 日第 2009-559 号法令)所有的调查文件、调查报告与收集到的信息、材料,在尚未报送商业实践审查委员会之前,委员会的主席与副主席应注意保障其不予公开。

为此目的,商业实践审查委员会的秘书处应删除所有有关的名称与姓名,或者,在相应情况下,应将可能辨别出所涉企业或人的材料抽出。

第 D440-12 条 (2001 年 12 月 31 日第 2001-1370 号法令第 10 条)商业实践审查委员会以及审查室提出的意见与建议,应经出席会议的成员多数赞成才能通过;在持两种意见的人数相同时,主任的意见起主导作用。

第 D440-13 条 (2001 年 12 月 31 日第 2001-1370 号法令第 11 条)商业实

践审查委员会履行职责所必要的经费,纳入负责经济事务的部长的预算。

第一章 透 明 度

第 R441-1 条 (2002 年 4 月 30 日第 2002-689 号法令第 14 条)违反按照本《法典》第 L441-2 条发布的条例的规定,处《刑法典》第 131-13 条第 5 点对第五级违警罪规定的罚金。

累犯之情形,处《刑法典》第 131-13 条第 5 点对第五级违警罪累犯规定的罚金。

第 D441-2 条 (2005 年 5 月 20 日第 2005-524 号法令第 1 条)适用本《法典》第 L441-2-1 条之规定的农产品是指以下产品:
——向消费者出售的新鲜水果蔬菜,但储存的土豆除外;
——新鲜的冷冻或速冻的家禽与兔肉;
——蛋类;
——蜂蜜。

第 R441-3 条 (2002 年 4 月 30 日第 2002-689 号法令第 13 条)为适用本《法典》第 L441-3 条的规定,发票的原件或复印件应保存 3 年,自买卖或提供服务之日起计算。

第 D441-4 条 (2008 年 12 月 30 日第 2008-1492 号法令第 1 条)为适用本《法典》第 L441-6-1 条的规定,公司在第 L232-1 条所指的管理报告中应当公布最近 2 个会计年度终结时按照到期日详细分列的对供货商的债务。

第 D441-5 条 对第 L441-6 条第一项第 8 款所指的征收费用所收取的补偿金的数额确定为 40 欧元。

第 D441-6 条至第 D441-7 条 (略)

第二章 各种限制竞争的行为

第 R442-1 条 (2002 年 4 月 30 日第 2002-689 号法令第 48 条)在负责经济事务的部长或者(2008 年 11 月 13 日第 2008-1161 号法令第 4 条)"竞争主管机关"行使本《法典》第 L442-6 条所指的诉权以及与之相关的救济程序时,免由律师代理。

第 R442-2 条 (2002 年 4 月 30 日第 2002-689 号法令第 14 条)违反本《法典》第 L442-7 条与第 L442-8 条的规定,处《刑法典》第 131-13 条第 5 点对

第五级违警罪规定的罚金。

累犯之情形,处《刑法典》第 131-13 条第 5 点对第五级违警罪累犯规定的罚金。

第 D442-3 条 为适用本《法典》第 L442-6 条的规定,在法国本土以及在海外省有管辖权限的商事法院的设立地址和管辖范围,按照本卷附件 4-2[①]的列表确定。

对这些法院作出的判决提起的上诉有管辖权限的上诉法院是巴黎上诉法院。

第 D442-4 条 适用本《法典》第 L442-6 条的规定,在法国本土以及在海外省有管辖权限的大审法院的设立地址和管辖范围,按照本卷附件 4-2-2[②]的列表确定。

对这些法院作出的判决提起的上诉有管辖权限的上诉法院是巴黎上诉法院。

第 D442-5 条至**第 D442-7 条** (略)

第三章 其他受禁止的行为(无条文)

[①] 附件略。——译者注
[②] 附件略。——译者注

第五编 调 查 权 力

第 R450-1 条 一、本《法典》第 L450-2 条规定的笔录应当写明所进行的事实查证或监督的性质、日期与地点;笔录由第 L450-1 条所指的工作人员签字。

在本《法典》第 L450-1 条规定的情况下,竞争主管机关调查部门的工作人员由欧洲共同体另一成员国的竞争主管机关的人员协助。笔录应记载此事项。笔录写明该工作人员的身份以及批准其协助法国竞争主管机关调查部门的工作人员的决定作出的日期。

二、如果调查人员按照本《法典》第 L450-3-2 条第二项规定的条件查证、确认有犯罪行为或者有违反规定的行为,也在笔录中写明查询方式以及使用因特网查询时的限制性条件,特别要写明:

1. 制作笔录的工作人员的姓名、资格与行政居所;
2. 进行监督时使用的身份;
3. 进行监督的日期与时间;
4. 链接网址与接收信息的方式。

第 R450-2 条 (2002 年 4 月 30 日第 2002-689 号法令第 16 条,2009 年 2 月 10 日第 2009-139 号法令第 2 条)本《法典》第 L450-4 条所指的裁定应指明场地占用人或其代表可以提出救济申请以及提出救济申请的日期。

本《法典》第 L450-4 条规定的笔录应写明进行调查与查看的具体情况以及进行的事实确认。笔录当场制作,并且应包含被扣押的材料与文件的详细清单。

笔录由(2009 年 2 月 10 日第 2009-139 号法令第 2 条)"第 L450-1 条所指的工作人员"以及负责协助调查活动的司法警察签字,相应情况下,同时由接受调查的场所的占用人或其代表以及符合第 L450-4 条第 7 款要求的 2 名证人签字。

笔录的副本交给场所占用人或其代表。如场所占用人或其代表当时不在场，笔录的副本在查看场所之后用挂号信并要求回执寄送其涉及的企业或组织的负责人。被扣押的材料与文件，只有在当事人了解情况之后，才能对他们产生对抗效力。

第 D450-3 条 一、负责经济事务的部长通知竞争主管机关的总报告员其希望就可能属于本《法典》第 L450-1 条、第 L450-2 条与第 L450-5 条规定范围内的哪些事实进行调查，并向竞争主管机关转送可以证明需要开展调查的材料与文件。

在接到上述文件之后 1 个月内，竞争主管机关的总报告员指挥进行调查，并向负责经济事务的部长作出报告。如竞争主管机关的总报告员排除进行调查的可能性或者在接收向其转送的材料与文件之后经过 35 日不向负责经济事务的部长报告后续的处理情况，负责经济事务的部长可以指派其所属部门直接进行调查。

二、负责经济事务的部长告知竞争主管机关的总报告员其指派所属部门进行调查的结果，并向竞争主管机关转送全部程序材料与文件。

总报告员可以向竞争主管机关建议依职权调取调查结果。竞争主管机关可以自总报告员收到与程序有关的材料起 2 个月内作出决定。总报告员排除这种可能性或者竞争主管机关在上述期限内对总报告人的提议没有作出答复时，总报告人可以将此情况报告负责经济事务的部长。如果总报告员在接收到与程序有关的材料起 65 日内不通知竞争主管机关作出的决定，负责经济事务的部长可以采取本《法典》第 L462-5 条、第 L464-9 条规定的措施，或者将案卷归档、不予追究。

第六编 竞争主管机关

第一章 组　　织

第 R461-1 条至第 R461-9 条　（略）

第二章 竞争主管机关的权限

第 R462-1 条　（2002 年 4 月 30 日第 2002-141 号法令第 28 条）根据本《法典》第 L410-2 条与第 L462-2 条提出的意见书连同有关文件一起公布。

根据第 L462-1 条的规定向国民议会某一委员会或政府提出的意见，可以由收件方进行公示，或者经收件方同意，由竞争主管机关进行公示。竞争主管机关可公布其他人要求进行公示的意见。

第 R462-2 条　（2002 年 4 月 30 日第 2002-141 号法令第 29 条）赋予负责经济事务的部长以经常性授权，由其以政府名义主动，或者根据第 L410-2 条、第 L462-1 条与第 L462-2 条，有关经济部门隶属其管辖的部长提出的要求，征求竞争主管机关的意见。

第 R462-3 条　（2002 年 4 月 30 日第 2002-141 号法令第 40 条）第 L462-3 条所指的对审程序包括：由总报告人向涉案的各当事人、政府派驻竞争主管机关的特派员，以及相应情况下，按照《建立欧洲共同体条约》第 81 条与第 82 条的规定，向行为受到审查、在报告中有所涉及的其他人，通知总报告人提交的这项报告。总报告人对受通知的各当事人规定查询案卷、提出书面辩解意见、作出答复的期限；该期限自进行报告的通知之日起开始计算，但不得少于1个月。

法庭征求竞争主管机关的意见时,应向第1款所指的人通知后者向法庭提出的意见。

第 R462-4 条 （2009 年 2 月 10 日第 2009-139 号法令第 3 条）本《法典》第 L464-8 条所指的竞争主管机关作出的决定作为第 L461-5 条所指的活动报告的附件。

第三章 程 序

第 R463-1 条至第 R463-16 条 （略）

第四章 决定与申诉

第 R464-1 条至第 R464-31 条 （略）

第七编 其 他 规 定

第 R470-1 条至第 R470-7 条 （略）

第五卷　商业票据及担保

第一编　商业票据

第 R511-1 条至第 R512-1 条　（略）

第二编　担　　保

第一章　有关商事质权的一般规定

第 R521-1 条　第 R322-3 条与第 R322-6 条之规定适用于本《法典》第 L521-3 条规定的买卖，但保留执行第 R521-2 条之规定。

第 R521-2 条　在本《法典》第 L521-3 条所规定的情况下进行的各种商品的买卖，每一份商品的最低价值不少于 15 欧元。

第二章　质押物仓储库

第一节　仓储库的认可、转让与停止经营

第 R522-1 条　(1945 年 8 月 6 日第 45-1754 号法令第 1 条第 1 款) 本《法典》第 L522-1 条所指的认可申请由相应仓储库的经营者向省府提出。

第 R522-2 条　(1945 年 8 月 6 日第 45-1754 号法令第 1 条第 2 款至第

12 款)提交认可申请的同时应附交以下材料：

1. 经营者注册登记的"商事及公司注册登记簿"登记事项的节录；

2. 如经营者是公司,其章程一份以及持有公司 10% 以上资本的股东的名单；

3. 用于仓储经营活动的场地的平面图,并指明经营者对场地的权利的性质；

4. 指明本仓储经营机构的位置、其拥有的设备、进入机构场地的途径以及预期进出货物的性质与数量；

5. 本仓储机构特别规章的草案。

如果申请人是正在设立中的公司,提交的认可申请书应附有公司章程草案以及持有公司 10% 以上资本的股东的名单,以替代上述第 1 点与第 2 点所指的材料。

第 R522-3 条 (1945 年 8 月 6 日第 45-1754 号法令第 1 条第 13 款)省长可以要求提交能够确认经营者身份与道德以及财政状况的任何材料。

第 R522-4 条 (2011 年 12 月 5 日第 2011-1772 号法令第 2 条废止)

第 R522-5 条 (2011 年 12 月 5 日第 2011-1772 号法令第 2 条废止)

第 R522-6 条 (1945 年 8 月 6 日第 45-1754 号法令第 4 条第 1 款与第 2 款)本《法典》第 L522-11 条所指的企业提出的认可申请,在其提交之后 3 个月期限内,应在仓储库所在地的省府、市府与商事法院书记室进行张贴,此外,还应在第 1 个月内在有资格刊登法定公告的一份或多份报纸上进行刊载。

3 个月期限经过之后,请求给予例外期限的申请移送第 R522-4 条所指的机构。

第 R522-7 条 (2011 年 12 月 5 日第 2011-1772 号法令第 2 条废止)

第 R522-8 条 (1945 年 8 月 6 日第 45-1754 号法令第 5 条)省长在审理认可申请时,应审核申请人提交的特别规章草案是否符合此种规章的范本。

第 R522-9 条 (1945 年 8 月 6 日第 45-1754 号法令第 21 条)在打算开设的仓储库是质押物仓储机构时,提交的认可申请需经行政令或部级行政决定批准时,该行政令或部级行政决定,在省长的关注下,通知经国家认可的"计算机服务提供者与仓储库经营者联合会"以及所涉仓储库在其辖区范围内的地域工商会。

第 R522-10 条 (1945 年 8 月 6 日第 45-1754 号法令第 7 条第 1 款)由省长发布的行政决定确定的保证金为每平方米地面面积 3.18 欧元,每平方米货架面积为 1.06 欧元。经营者在同一市镇行政区内经营的各仓储机构交纳的保证金最低为 212 欧元,最高为 2120 欧元。

第 R522-11 条 (1945 年 8 月 6 日第 45-1754 号法令第 7 条第 2 款)可以用金钱、年金或者准许进入规范市场交易的有价证券提供保证之全部或一部,或者用不动产设置抵押权。不动产的价值为受担保的款项的 2 倍。经仓储库所在辖区内的商事法院认可,也可以由有资格提供担保的信贷机构或《货币与金融法典》第 L518-1 条所指的机构之一提供全部保证。

如果是通过设置抵押权的方式提供担保,抵押的不动产由省或者地区公共财政局局长以死因转移权利时征收的税款为基础进行估值。

为了保持此种担保,由省或者地区公共财政局局长负责并以其名义,为第三人的利益进行(担保)登记。

第 R522-12 条 (1945 年 8 月 6 日第 45-1754 号法令第 19 条)仓储机构被卖出时,其经营者及债权人的权利按照本《法典》第一卷第四编有关营业资产的质押与买卖的规则处理。

第二节 义务、责任与担保

第 R522-13 条 (1945 年 8 月 6 日第 45-1754 号法令第 8 条)本《法典》第 L522-13 条所指的规章范本,由国家认可的"计算机服务提供者与仓储库经营者联合会"制定并经负责工业事务的部长认可。

规章范本包含对仓储库经营者规定的义务:对希望按照第 R522-14 条至第 R522-19 条确定的条件为其货物提供仓储保管服务的人在提交货物时不加选择地优先提供储存货位。

但是,规章范本可以规定将仓储库专用于库存特定类型的商品,特别是从保险公司火灾保险的一般规定的角度确定的特定种类的商品。如果某些商品,从其状态或性质来看,有可能损害其他商品的良好储存,规章范本也可以为仓储库经营者保留权利:经营者有权拒绝这些商品入库,或者不再为其提供继续储存。

第 R522-14 条 (1945 年 8 月 6 日第 45-1754 号法令第 9 条)如果在按照商品的性质制定的专业规章确定的期限内,没有支付仓储费以及与仓单质押的商品相关的费用,在对存放商品的人进行催告通知之后,商事法院院长得依申请作出裁定,命令拍卖所涉及的商品,且不影响因商品的状况而有必要采取的其他措施。法官将出卖商品所得款项,按照拖欠费用的数额,偿还仓储库经营者，如有多余款项，将其提存于仓单质押储存库的管理部门，交给持有质押仓单与入库仓单的第三人支配。

第 R522-15 条 （1945 年 8 月 6 日第 45-1754 号法令第 10 条）仓储机构的特别规章中所附的收费标准，除仓储保管费用外，还包括火灾保险费。

仓储库经营者投保的保险单应当包含保险公司方面放弃对存货人享有任何救济权利的规定。

第三节 质押物仓储库的运作与监督

第 R522-16 条 （1945 年 8 月 6 日第 45-1754 号法令第 17 条第 1 款）质押物仓储库应当遵守有关商业用途的公共场所的一般治安措施；如仓储库设立在按照欧洲理事会 1992 年 10 月 12 日关于制定《欧共体海关法典》的条例所指的受海关监管制度管理的场所，不影响海关部门的权利。

第 R522-17 条 （1945 年 8 月 6 日第 45-1754 号法令第 17 条第 2 款与第 4 款）省长应巡视质押物仓储库的活动，监督其按照规则正常运作。

省长可以自由进入受其监督的仓储机构，可以进行或者派人进行任何为履行职责所必要的审核与调查活动。

如仓储库的经营者是公司，在公司领导层或管理层有任何变更时，均应在新的领导人或管理人开始任职起 1 个月内向省长作出报告。

第 R522-18 条 （1945 年 8 月 6 日第 45-1754 号法令第 20 条）质押物仓储库的经营者有义务在每年的第 1 个月向其机构所在辖区的"工商业总巡视员"报送其上一年经营活动的总体汇报。

这项总体汇报应附有一份报表，其中列出：

1. 进入仓储库的主要商品库存达到的最高水平，并详细列出按照国家认可的"计算机服务提供者与仓储库经营者联合会"的建议，由巡视总局确定的名单；

2. 质押仓单上登记的垫付款项的数额。

第 R522-19 条 （1945 年 8 月 6 日第 45-1754 号法令第 17 条第 5 款与第 22 条）工商业巡视总局派出常任代表对得到认可的质押物仓储库实行由省长按照第 R522-17 条的规定负责的巡视与监督活动。

工商业巡视总局向省长报告其认定的违法行为，省长向签署原认可行政令或者作出认可决定的机关作出汇报，相应情况下，按照本《法典》第 L522-39 条规定的形式，向该机关提议撤销对仓储机构的认可。

第四节　存入仓单与出质仓单

第 R522-20 条　（1945 年 8 月 6 日第 45-1754 号法令第 11 条）仓储库经营者出具的存入仓单与出质仓单的背面应写明由仓储库一般保险条款规定的商品火灾保险事项。

第 R522-21 条　（1945 年 8 月 6 日第 45-1754 号法令第 13 条）由同时持有存入仓单与出质仓单的持单人提出的任何请求，入库商品可以按照每次请求提取的数目分批出库，在此情况下，用每次提取商品之后制作的存入仓单与出质仓单取代原始仓单。

第 R522-22 条　（1945 年 8 月 6 日第 45-1754 号法令第 14 条）应存入仓单或出质仓单的持单人的请求，质押物仓储库的管理部门结清本《法典》第 L522-32 条所列举的、其优先权优于受质押仓单担保的债权的债务与费用。质押物仓储库的管理部门提交的清偿单据应当写明与之相对应的存入仓单或出质仓单的号码。

第 R522-23 条　（1945 年 8 月 6 日第 45-1754 号法令第 15 条）根据提示的出质仓单，质押物仓储库的管理部门向持单人为出卖商品而指定的经纪人提供各种方便，以便其进行业务活动。

只有向其出示买卖成交笔录并提交以下材料，质押物仓储库的管理部门才能向买受人提交（已被卖出的）商品，这些材料包括：

1. 有关清偿了享有优先权的权利与费用的证明，以及在质押仓单持有人出借款项的额度内支付给持单人的款项数额；

2. 如仍有多余款项，应将其寄存，并在本《法典》第 L522-32 条所指情况下，退还入库仓单的持单人。

第 R522-24 条　（1945 年 8 月 6 日第 45-1754 号法令第 16 条）除商事方面的一般簿册以及入库仓单与质押仓单之外，质押物仓储库的管理部门应备置带存根的簿册，用以确认按照本《法典》第 L522-30 条及第 L522-32 条的规定向其进行的款项寄存。

所有账簿，自第 1 页至最后 1 页，均应编号与草签。

第五节　制　　裁

第 R522-25 条　（1945 年 8 月 6 日第 45-1754 号法令第 18 条）本《法典》

第 L522-39 条规定的质押物仓储库的转让程序,在省长作出撤销认可的最终决定起 3 个月内实施。此种转让可以通过竞价拍卖的方式进行,也可以自愿协商进行;但是,当质押物仓储库在前一年度实现的营业额超过负责工业事务的部长发布的条例确定的数额时,不得通过自愿协商方式进行质押物仓储库的转让。

只有得到省长批准的人才能参与拍卖竞价或者通过自愿协商取得待转让的质押物仓储库。

第三章 饭店融资质押

第 R523-1 条 (1913 年 8 月 8 日法律第 3 条第 2 款)本《法典》第 L523-3 条规定的在每一个商事法院的书记室备置的带存根的登记簿的正页与存根上均应记载以下事项:

1. 各方当事人的姓名、职业与住所;

2. 用于质押的物件的性质,便于鉴别这些物件并确定其价值的各项说明,以及物件所在地点;

3. 在用于设质的物件上不存在(原)出卖人的优先权、无形动产或有形动产质权;

4. 为物件投保的保险公司的名称以及在整个借贷期间已参加火灾保险的建筑物;

5. 受担保的债权的数额、其到期日以及各方当事人约定的特别条款与特别条件;

6. 向所有权人、用益权人或者他们的法定代理人发出的司法外文书的通知日期以及这些人作出答复的日期;

7. 饭店的年租金数额,以及有关本《法典》第 L523-2 条所列举的租金均已缴纳的证明。

第四章 石油仓单质押

第 R524-1 条 (1932 年 4 月 21 日法律第 2 条第 2 款)商事法院书记员应在专门的登记簿上转登石油仓储质押仓单(warrrant pétrolier),并在该质押仓单上写明其转登时的卷目与编号,同时写明此前是否就相同的库存品设置仓单质押。

第五章　工具与设备的质押

第 R525-1 条　（1951 年 2 月 17 日第 51-194 号法令第 1 条）如买受人没有商人身份,在登记本《法典》第 L525-1 条所指的优先权时,应履行第 L525-2 条至第 L525-7 条规定的手续。

第 R525-2 条　（1951 年 2 月 17 日第 51-194 号法令第 2 条）为了登记优先权,由质权人本人或者委托第三人向负担质权的财产在其辖区的商事法院的书记室提交设定质权的买卖文书或借贷文书的原本一份,或者在有公证文书的正本时,提交该文书的副本一份;如其为私署文书,该文书留存于法院书记室。

质权人同时应提交两份清单,无须贴印花;清单的形式由司法部长发布的条例作出具体规定。

第 R525-3 条　（1951 年 2 月 17 日第 51-194 号法令第 2 条第 3 款与第 8 款）制作清单的用纸由法院书记室提供,使用人应付费。但是,公务助理人员或司法助理人员可以自行取得用纸。制作的清单应记载以下事项:

1. 债权人和债务人的姓名、住所与各自的职业;
2. 证书的日期与性质;
3. 证书上记载的债权数额以及有关利息和追偿条件;
4. 放置设备的地点以及关于设备可能移至他处的记载;
5. 质权人在其申请登记的书记室所属法院的辖区内选定的住所。

第 R525-4 条　（1951 年 2 月 17 日第 51-194 号法令第 3 条）法院书记员在接收申请人提交的第 R525-2 条所指的证书与清单之后,在其上加注各登记事项,并向申请人提交证书的副本和清单各一份。登记事项包括登记的日期与登记号码。

记载内容相同的另一份清单保存于法院书记室。

第 R525-5 条　（1951 年 2 月 17 日第 51-194 号法令第 4 条）法院书记员有义务自担费用,将其按照第 R525-4 条之规定保存的清单汇订成册。

法院书记员备置一份按照姓氏字母顺序排列的债务人姓名的查询表,并写明与各债务人有关的质权登记号码。

第 R525-6 条　（1951 年 2 月 17 日第 51-194 号法令第 5 条）第 R525-2 条所指的各项材料在提交时均加上一个查询号码。

第 R525-2 条所指的各项材料登记于第 R143-9 条所指的带存根的登记

簿，并出具收据。收据应写明以下事项：

1. 在提交的材料上加编的号码；
2. 交存材料的日期；
3. 这些材料的数量与性质并写明交存材料的目的；
4. 各有关当事人的姓名；
5. 设质财产的性质与所在地，以及关于该财产可能移至他处的记载。

收据由法院书记员注明日期并签字，提交收据时交付写明已经进行质权登记的文书。

第 R525-7 条 （1951 年 2 月 17 日第 51-194 号法令第 6 条）提交第 R525-2 条所指的私署文书，以在第 R143-7 条所指的登记簿上作出的记载为见证。

在该登记簿的第 2 行登记交存材料的笔录，写明笔录制作的日期、文书登记的日期与费用、编入时所加的查询号码、文书的性质、债权人与债务人的姓名、设质财产的性质与所在地点，如有必要，关于该财产可能移至他处的记载。

第 R525-8 条 （1951 年 2 月 17 日第 51-194 号法令第 7 条）如设质财产的买受人不是商人，第 R143-8 条所指的清单应当写明财产放置的地点，以及有关该财产可能移至他处的记载。

该条所指的各项材料应登记于第 R143-9 条所指的登记簿。

法院书记员按照第 R525-4 条的规定办理。

提交私署文书，以在第 R143-7 条所指的登记簿上作出的记载为见证。

第六章　对个体企业主及其配偶的保护

第一节　关于财产不得扣押的申明

第 R526-1 条 （2007 年 3 月 25 日第 2007-431 号法令）按照第 R123-37 条的规定，申请在"商事及公司注册登记簿"上进行注册登记的自然人作出的有关本《法典》第 L526-1 条所指的"确定为主要居所的不动产或者用于从事职业活动的任何房地产的权利不得扣押的申明"，应在登记申请中指明。

第 R526-2 条 （2008 年 12 月 30 日第 2008-1488 号法令第 9-4 条）按照第 R123-45 条与第 R123-46 条第 2 点的规定，以下事由应在 1 个月内向"商事及公司注册登记簿"提出变更登记申请：

1. 已经进行注册登记的自然人作出的有关本《法典》第 L526-1 条所指的确定为主要居所的不动产或者用于从事职业活动的任何房地产的权利不得扣押的申明；

2. 本《法典》第 L526-3 条所指的有关土地使用的申明；

3. 本《法典》第 L526-3 条第 4 款所指的放弃此前作出的财产不得扣押或再利用的申明。

第二节 有限责任个体企业主

第一目 共同规定

第 R526-3 条 第 L526-7 条所指的指定专门用途的概括财产的声明应当包含以下事项：

1. 个体企业主的姓名、常用名、出生年月日、出生地点以及住所所在地。

2. 利用指定用途的概括财产从事职业活动时使用的名称；如果个体企业主提交了多项指定用途的概括财产的声明，应当分开写明利用每一项概括财产从事职业活动所使用的名称。

3. 利用指定用途的概括财产从事职业活动的主要机构的地址；如果没有主要机构，利用居住场所设置企业的地址。

4. 利用指定用途的概括财产所从事的职业活动的性质。

5. 会计年度终止的日期。

6. 相应情况下，有关指定概括财产的用途的声明对于权利产生于其提交该项声明之前的债权人具有对抗效力的记载。

7. 从性质、质量、数量与价值等方面对用于从事职业活动的财产、权利、债务与担保的详细记载清单。

对指定用途的财产所声明的价值是指该财产的市值；在没有相应的财产市场评估作价时，声明的财产价值为该财产的使用价值。在声明设置专门指定用途的概括财产之前即已从事职业活动、实行实际税制的个体企业主，如果没有选择"1 人有限责任企业"的法律形式，或者没有选择《税收总法典》第1655-6 条意义上的"有限责任农业经营企业"的法律形式，如其制定商事会计账目，在进行申报时，应当按照设置指定用途的概括财产之日终止的最后一期的账目上记载的、构成指定用途的概括财产的各项财产要素的会计净值进行申报；如其没有制定商事会计账目的义务，则按照最后一期的固定资产登记簿上记载的这些财产要素的原始价值减去已经进行的折旧值进行申报。

8. 如果有限责任个体企业主已经进行注册登记,按照第 D123-235 条的规定向其颁发的企业统一识别号码。

9. 确认已经办理第 L526-9 条至第 L526-11 条所指的各项手续的证明文件。

在提交第 1 款所指的声明的同时,还应提交证明有限责任个体企业主身份的材料以及获得《民法典》第 389-8 条所指的批准的证明材料。

第 R526-3-1 条　为适用本《法典》第 L526-6 条第 2 款之规定,用于从事职业活动所必要的财产、权利、债务与担保是指依其性质只能在此职业活动范围内使用的财产、权利、债务与担保。

第 R526-4 条　由司法部长、掌玺官与负责经济事务的部长联合发布的条例批准制订"指定用途的概括财产的声明"的范本,供选择使用。

企业手续办理中心,或者在第 R123-5 条第 2 款所指情况下,商事法院书记员向个体企业主无偿提供此种声明范本。

第 R526-5 条　为适用本《法典》第 L526-10 条之规定,有限责任个体企业主声明的概括财产的价值确定为 3 万欧元。

第 R526-6 条　负责进行本《法典》第 L526-10 条所指的财产价值评估的人,应在其提交的评估报告中详细介绍其采取的评估方式并说明其正确理由。

第 R526-7 条　如果指定专门用途的概括财产是夫妻共同财产,或者是共有财产,由司法部长、掌玺官与负责经济事务的部长联合发布的条例批准制订配偶或者共有人表示同意的"协议的范本",供选择使用。

企业手续办理中心,或者在第 R123-5 条第 2 款所指情况下,商事法院书记员向个体企业主无偿提供此种协议范本。

第 R526-8 条　为适用本《法典》第 L526-12 条第 2 款之规定,有限责任个体企业主应向权利产生在其提交指定用途的概括财产的声明之前的每一个债权人告知第 R526-3 条第 1 点至第 8 点所指的情况;与此同时,还应告知这些债权人有权对其提出的指定用途的概括财产的声明提出异议,以及按照普通法的规则向有管辖权限的法院提出异议的期限。

第 R526-9 条　在指定用途的概括财产的声明提交后 1 个月内,用挂号信并要求回执进行第 R526-8 条所指的各项情况的告知。

第 R526-10 条　本《法典》第 L526-12 条第 3 款所指的异议,在第 R526-8 条所指的第 1 次提供个人信息之日起 1 个月内提出。

第 R526-10-1 条 对按照本《法典》第 L526-7 条的规定提出指定用途的概括财产的声明的人实行《税收总法典》第 50-64 条与第 102 条规定的制度，这种制度是指：

1. 在其从事的职业活动有此要求时，如本《法典》第 L123-28 条之规定，制作收入账簿、进货登记簿；

2. 按照司法部长、掌玺官与负责经济事务的部长联合发布的条例批准的范本，在每年的 12 月 31 日制作一项及时更新指定用途的概括财产的一览表。这份一览表每年均按照本《法典》第 L526-14 条规定的条件在其制定后 6 个月内交存至登记簿。

第 R526-10-2 条 为履行本《法典》第 L526-13 条与第 L526-14 条规定的会计义务之需要，对有限责任个体企业主根据第 R526-3 条第 1 款第 7 点最后一句的规定声明的财产价值进行认定。

第 R526-11 条 有限责任个体企业主利用指定用途的概括财产从事的职业活动需要开立的每一个银行账户，均应在账户名称中写明第 R526-3 条第 2 点所指的商号，并且写明"有限责任个体企业主"字样或其缩写名称"EIRL"。

第 R526-12 条 个体企业主在本《法典》第 L526-15 条所指的放弃对财产的指定用途之后 1 个月内，应就此放弃事由在其此前提交指定用途的概括财产的声明的登记簿上作出记载。在其作出放弃表示之后 2 个月内，应向该登记簿交存一份清单，详细列出其原来指定的用于从事职业的财产、权利、债务或担保，并就其性质、质量、数量与价值作出详细说明。

第 R526-13 条 将指定用途的概括财产有偿转让给某个自然人或者生前将此财产无偿转移给某个法人，或者用其作为向公司的出资，由转让人、赠与人或者出资人按照在《民商事法定公告正式简报》上公示通知的形式进行公示。

这项公示通知应写明以下事项：

1. 对于转让人、赠与人、出资人以及自然人受让人、受赠与人：其姓名、常用名、相应情况下，其商号或者从事职业时使用的名号，用指定用途的概括财产从事的职业活动的范围，从事职业活动的主机构的地址或者利用其居住场所从事职业活动的地址，其提交本《法典》第 L526-7 条所指的指定用途的概括财产的声明的登记簿，以及按照第 D123-235 条之规定颁发的企业统一识别号码；

2. 对于法人受让人或者获得出资的法人：其商号或公司名称，相应情况下,其缩写名称、法律形式、注册住所地址、注册资本数额,按照第 D123-235 条的规定颁发的企业统一识别号码,以及组成指定用途的概括财产的资产的价值、负债数额、担保数额,并按照司法部长、掌玺官与负责经济事务的部长联合发布的条例规定的形式,以最后一个会计年度终结时的现值计算;

3. 第 L526-17 条第二项所指的声明交存的日期与地点。

第 R526-14 条 第 L526-17 条第三项第 4 款所指的债权人,在第 R526-13 条所指的公示起 1 个月内,按照普通法规则向有管辖权的法院提出异议。

第二目 有限责任个体企业主的专门登记簿

第 R526-15 条 不需要在法定公告登记簿上进行注册登记的有限责任个体企业主,应当向其设立的主要机构所在辖区的商事法院书记室或者向对商事案件有管辖权的大审法院的书记室掌管的专门登记簿交存第 L526-7 条所指的指定用途的概括财产的声明;如果没有设立主要机构,向其确定企业地址的居住场所所在的法院的书记室交存此项声明。

在上、下莱茵省及摩泽尔省,就每一个大审法院的辖区范围而言,前款所指的专门登记簿分别由科尔玛、梅茨、穆罗兹、萨维纳、斯特拉斯堡与提翁维尔初审法院书记室掌管。

第 R526-16 条 有限责任个体企业主在第 R526-15 条所指的专门登记簿上进行注册登记时,法院书记员向其指出在登记簿上应当记载第 R526-3 条第 1 点至第 5 点以及第 8 点所指的各事项。

在专门登记簿上还应记载本《法典》第 L526-8 条第 1 款第 2 点、第 L526-15 条、第 L526-16 条与第 L526-17 条所指的事件与决定(或判决)。

如因发生的事件而有必要对前两款所指的记载进行变更或补充时,应当在事件发生之后 1 个月内提出变更登记申请。

有关变更登记的申请,由在专门登记簿上已经登记注册的人提出,或者由第 L526-15 条、第 L526-16 条第 1 款以及第 L526-17 条所指的人提出;有关第 L526-16 条第 2 款所指的接管企业的声明,由取得指定用途的概括财产的人提出;有关将指定用途的概括财产转让给某一法人或者将其作为对公司的出资的申请,由转让人或者出资人提出。

第 R526-17 条 在当事人从事职业活动时所使用的文件与通讯件上均应写明以下事项:在司法部长、掌玺官与负责经济事务的部长联合发布的条例确定的专门登记簿上进行注册登记的地点与注册号码,用指定用途的概括财产从事的职业活动的范围,从事活动时使用的名称,其中应包含个体企主的姓名,在使用的名称前或者紧接其后,应写明"有限责任个体企业主"字样或其缩写名称"EIRL"。

第 R526-18 条 按照第 R526-3 条规定的形式向第 R526-15 条所指的专门登记簿交存指定用途的概括财产的声明以及变更这项声明的文书或决定(判决),在设置指定用途的概括财产之后又增加指定用途的新财产的情况下,证明履行了本《法典》第 L526-9 条至第 L526-11 条所指的各项手续的文件均受第 R123-121-2 条与第 R123-121-3 条的规定调整。

第 R526-19 条 有限责任个体企业主在会计年度终结后 6 个月内向第 R526-15 条所指的专门登记簿交存本《法典》第 L526-14 条规定的会计文件。

第 R526-20 条 可以通过电子邮件向第 R526-15 条所指的专门登记簿交存声明、文书和决定,但以能够采用这种途径传送为保留条件。

采取电子邮件传送的所有文件、材料,均应按照《民法典》第 1316-4 条以及 2001 年 3 月 30 日第 2001-272 号实施法令规定的条件,带有发送人的经过安全处理的电子签字。但是,对于当事人提交的注册登记的声明,采用符合《民法典》第 1316-4 条第 2 款规定之条件的方法,即可成立电子签字。

法院书记员接到向其发送的文件,即应回复其已经受到传送的文件。

第 R526-21 条 在进行了注册登记的人死亡的情况下,如其继承人或全部权利概括继受人不打算继续用按照本《法典》第 L526-16 条规定的条件指定用途的概括财产从事职业活动,应由他们申请注销在专门登记簿上的注册登记。

法院书记员接到关于原已注册登记的人死亡的证据材料时,如果死者的继承人或者全部权利概括继受人不按照前款的规定申请注销登记,在死者死亡后 1 年,依职权注销该人的注册登记。

第 R526-22 条 有限责任个体企业主在职业活动全部停业之后,或者在停业后 1 个月内,申请注销在本《法典》第 R526-15 条所指的专门登记簿上的登记,并指明停业日期。

第 R526-23 条 有限责任个体企业主放弃对概括财产的指定用途、向自然人有偿转让该财产或者无偿进行生前赠与,或者将此种概括财产转让给某个法人或用其作为对法人的出资的,法院书记员在第 R526-15 条所指的专门登记簿上对此作出记载并立即依职权注销该人的登记。

第 R526-24 条 在不遵守第 R526-16 条第 3 款之规定的情况下,受委任负责监督其辖区内的"商事及公司注册登记簿"的法官,依职权或者应共和国检察官的申请,或者应任何证明有利益的人的请求,作出一项裁定,责令当事人进行有关事项的登记或者注销登记。

法官作出的这项裁定,按照第 R123-40 条所指条件通知当事人。对此项裁定可以按照第 R123-141 条与第 R123-142 条的规定提出救济申请。

法官作出的上述裁定,自其最终确定之日起 15 日期限内付诸执行。在该裁定没有执行的情况下,法院书记员依职权进行有关事项的登记,或者在上述期限经过时,如有必要,依职权注销登记。

第七章　仓储融资质押

第一节　登记手续

第 R527-1 条　(2006 年 12 月 23 日第 2006-1803 号法令第 2 条第 1 款)为了登记其质权,债权人应向设质人的注册住所或其本人的住所所在辖区的商事法院的书记员送交或寄送设质文书的正本一份,或者如其是以公证文书的形式设立的,应提交经认证与原本一致的副本一份。

第 R527-2 条　(2006 年 12 月 23 日第 2006-1803 号法令第 2 条第 2 款与第 12 款)清单一式两份,并附于本《法典》第 R527-1 条所指的文书。

提交的清单应包括以下内容:

1. 各方当事人的姓名;

A. 作为债权人的信贷机构:其法律形式、公司名称、注册住所地址、识别号码,并补充其在"商事及公司注册登记簿"上记载的事项,识别号码之后写明其进行注册登记的城市的名称;

B. 对于设质人:

——如其是自然人:姓名、出生年月日、住所地以及从事活动的地点或者主要经营地,以及在相应情况下,其统一识别号码,如有必要,补充写明其在"商事及公司注册登记簿"上记载的事项,识别号码之后写明其进行注册登记的城市的名称;

——如其是法人:法律形式、公司名称、注册住所地址、识别号码并补充其在"商事及公司注册登记簿"上记载的事项,识别号码之后写明其进行注册登记的城市的名称;

2. 设质文书的日期以及文书涉及的仓储库存的货品;

3. 受担保的债权本金数额,可追偿的到期日期并指明利率;对于将来的

债权人,清单应写明可以确定这些债权人的各事项;

4. 对用于设质的库存货品实物的表述,质量、数量与价值以及相应情况下,写明用于设质的库存货品按照已经清偿债权人的数额比例相应减少的数量;

5. 用于设质的库存货品的保存地点,相应情况下,指明保管人。

第 R527-3 条 (2006 年 12 月 23 日第 2006-1803 号法令第 3 条)交存设质文书,以交存事宜在商事法院书记室掌管的专门登记簿上作出记载作为见证。法院书记员对交存的设质文书进行编号。

第 R527-4 条 (2006 年 12 月 23 日第 2006-1803 号法令第 4 条)质权登记应在清单上作出记载。记载的内容包括质权登记的日期以及登记号码。

法院书记员向申请人提交或寄送清单一份,并在该份清单下方注明已经进行质权登记。

记载相同事项的另一份清单,以及如设置文书是私署文书,均保存于法院书记室。

第 R527-5 条 (2006 年 12 月 23 日第 2006-1803 号法令第 5 条)法院书记员备置一份查询表,按照姓氏字母顺序排列债务人姓名,并写明与各债务人有关的质权登记号码。查询表可以采用数字形式编制。

第二节 变更手续

第 R527-6 条 (2006 年 12 月 23 日第 2006-1803 号法令第 6 条)变更或者注销质权(登记)的请求,向进行该项登记的原商事法院书记员提出。

变更登记的清单,由申请人制作,一式两份,并由其交存或寄送书记员。

法院书记员在接收变更登记申请与清单之后,在其上补写变更登记的日期以及变更登记在登记簿上作出记载时所编的号码。

法院书记员向申请人提交或寄送清单一份,记载相同事项的另一份清单,以及如设置文书是私署文书,均保存于法院书记室。

书记员在原始登记清单的下方注明已经进行质权变更登记。

第 R527-7 条 (2006 年 12 月 23 日第 2006-1803 号法令第 7 条)涉及第 R527-2 条所指情况的变更登记在原登记的备注栏内作出记载。

第 R527-8 条 (2006 年 12 月 23 日第 2006-1803 号法令第 8 条)如果进行的变更涉及第 R527-1 条所指的商事法院以外的法院的管辖权限,债务人应请求在该法院的书记室掌管的登记簿上转录已变更的登记事项。进行这项登记转录,以证明债务人已经用挂号信并要求回执将此变更通知债权人为条件。

原始登记也转录于新的有管辖权的法院的书记室,并从原登记法院的登记簿注销。

第三节 登记的效力

第 R527-9 条 (2006 年 12 月 23 日第 2006-1803 号法令第 9 条)符合第 R527-1 条至第 R527-8 条的规定进行的质权登记,自登记之日产生效力。

第 R527-10 条 (2006 年 12 月 23 日第 2006-1803 号法令第 10 条)符合第 R527-1 条至第 R527-8 条的规定进行的质权登记,自登记之日起 5 年内保持质权。如果在该期限经过之后没有延展登记,原登记的效力即告停止。在此情况下,法院书记员依职权注销原登记。

第四节 登记的注销

第 R527-11 条 (2006 年 12 月 23 日第 2006-1803 号法令第 11 条)如债权人或者设质人经证明各方当事人一致同意或者提交同意取消登记的文书,质权登记得予注销;根据已经产生既判力的判决,亦注销质权登记。

注销质权登记,由法院书记员在原登记的备注栏作出记载。

法院书记员向申请注销登记的人出具一份注销质权登记证明书。

已经注销或者已经过期的登记不再记载于登记表。

第五节 法院书记员的义务

第 R527-12 条 (2006 年 12 月 23 日第 2006-1803 号法令第 12 条)负责掌管登记簿的法院书记员向所有提出请求的人提交在用于设置担保的库存货品上现有的担保登记的清单,或者,提交一份不存在任何质权登记的证明。

涉及不同的债务人时,以及对每一份用于担保的库存货品,申请人均应提出一份申请。

提交的登记清单是登记簿上登记的事项的复印件或者节录,申请人应负担费用。

第 R527-13 条 (2006 年 12 月 23 日第 2006-1803 号法令第 13 条)法院书记员不得拒绝进行登记或者拒绝提交请求提供的登记清单,也不得拖延办理这些手续。

但是，对于不具备第 R527-1 条、第 R527-2 条、第 R527-6 条、第 R527-8 条与第 R527-11 条规定之条件的登记、变更与注销申请，法院书记员有义务予以拒绝。法院书记员拒绝登记以及拒绝变更或注销登记时，均应当说明理由。书记员通过挂号信并要求回执或者当面交付并取得收据，向申请人进行相应通知。通知中指明，申请人如果不服书记员的拒绝决定，可以在收到通知起 15 日内提出救济申请。

第六节 救济途径

第 R527-14 条 （2006 年 12 月 23 日第 2006-1803 号法令第 14 条）不服书记员作出的拒绝登记、拒绝变更或注销登记的决定而提出的救济申请，向作出此种拒绝决定的书记员隶属管辖的法院院长提出。救济申请用挂号信并要求回执提出，并寄送该法院的书记室。

提出救济申请，应附有各项必要的证明材料。

法院院长或者由其为此授权的法官根据书记员所做的决定以及申请人提交的材料，以裁定的形式作出裁决。

第 R527-15 条 （2006 年 12 月 23 日第 2006-1803 号法令第 15 条）法院院长或者由其为此授权的法官根据书记员所做的裁定，用挂号信并要求回执通知申请人。

不服法院院长或者由其为此授权的法官所做的裁定，可以在 15 日期限内向上诉法院提起上诉。通知裁定时应指出救济申请的形式与期限。

第 R527-16 条 （2006 年 12 月 23 日第 2006-1803 号法令第 16 条）对法院院长或者由其为此授权的法官作出的裁定向上诉法院提起的上诉，依据《民事诉讼法典》第 950 条至第 953 条的规定，按照非讼程序提出、审理与判决，但各方当事人免由律师或诉讼代理人协助。

上诉法院书记员向负责掌管登记簿的法院书记室通知上诉法院作出的判决。

第七节 其他规定

第 R527-17 条 （2006 年 12 月 23 日第 2006-1803 号法令第 18 条）本《法典》第 L527-7 条所指的催告通知书，由专利权人用挂号信并要求回执寄送设质人。设质人可以在 15 日内遵照通知执行。

第六卷 企业困境

第一编 企业困境的预防

第 R600-1 条 （2005 年 12 月 28 日第 2005-1677 号法令第 1 条）不影响适用第 R662-7 条之规定，对本《法典》立法部分第六卷规定的程序有地域管辖权的法院是法人债务人的注册住所地或自然人债务人申报的企业地址或从事活动的地址所在辖区的法院。法人债务人在法国领土上没有注册住所的，有地域管辖权的法院是债务人在法国的主要利益中心所在辖区的法院。

但是，在法院受理案卷之前 6 个月法人才变更注册住所的情况下，原注册住所所在辖区的法院仍然唯一有管辖权限。6 个月期限自法人从原注册地"商事及公司注册登记簿"上进行变更登记之日起计算。

第 R600-2 条 本《法典》第 L611-2 条所指的各项措施属于法人债务人注册住所地或者相应情况下属于自然人申报的企业地址或从事活动的地址所在的法院院长的权限。

法院院长在指定专门的委托代理人方面的地域管辖权限，依上述第 R600-1 条规定。

第 R600-3 条 为执行本《法典》第 L610-1 条的规定，在法国本土，有管辖权的商事法院与大审法院的所在地以及各自的（地域）管辖区范围按照本卷附件 6-1 与附件 6-2[①] 的图表确定。

第 R600-4 条 为执行本《法典》第 L610-1 条之规定，在海外各省，有管辖权的商事法院与大审法院的（地域）管辖区范围，按照本卷附件 6-3 与附件

[①] 附件略。——译者注

6-4①的图表确定。

第一章　企业困境预防、特别委任与和解程序

第一节　经认可的预防组织

第 D611-1 条　（1985 年 8 月 27 日第 85-910 号法令第 1 条）预防性组织必须具备以下第 D611-2 条至第 D611-8 条规定的各项条件，才能获得本《法典》第 L611-1 条所指的认可。

第 D611-2 条　（1985 年 8 月 27 日第 85-910 号法令第 2 条）经认可的预防性组织可以采取任何法律形式设立，并由此赋予其法人资格。

第 D611-3 条　（1985 年 8 月 27 日第 85-910 号法令第 3 条）设立预防性组织的认可申请，向拟设该组织的注册住所所在地区的行政长官提出。经确认提交的申请案卷完整无缺时，向申请人出具收件回执。

提交的认可申请应写明：

1. 设立预防性组织的宗旨；预防性组织的设立宗旨应与本《法典》第 L611-1 条规定的任务一致；

2. 拟设立的预防性组织从事活动的地域范围；地域范围不得超越其注册住所所在行政大区的范围；

3. 受邀参加该预防性组织的法人有哪些；

4. 本预防性组织拥有的手段以及以本组织的名义从事活动的人员，并指明这些人的职业资质；

5. 本组织对（相关企业向其提交的）财务与财政资料进行分析的方法，以及进行这种分析的频率（间隔时间）。

第 D611-4 条　（1985 年 8 月 27 日第 85-910 号法令第 4 条）提交的申请应附有以下文件：

1. 本预防性组织的章程一份，以及相应情况下，其内部规章一份；

2. 有关本组织履行了现行立法就其选定法律形式的团体的创建与正规运作所规定的各项手续的证明；

3. 负责领导、管理本预防性组织的人员的名单，并指明每一个人的姓

---

① 附件略。——译者注

名、出生日期与出生地点；

4. 提交本组织的每一位领导人或管理者没有受到以下处分的证明：没有受到任何无能力从事商事活动或职业的处分，没有受到任何禁止领导、管理、监督法人或个体企业或手工业企业的处分；

5. 经认证确实的第 D611-5 条所指的保险合同的复印件；

6. 第 D611-5 条规定的义务承诺。

第 D611-5 条　（1985 年 8 月 27 日第 85-910 号法令第 5 条）预防性组织应当作出以下义务承诺：

——除在专业报纸与简报上做广告之外，不做其他任何广告；

——在通信件与所有文件上均写明其具有预防性组织的资质，并提交其获得认可的决定；

——在本组织的章程以及与其领导、管理者相关的内容发生改变的情况下，在此种改变与修改实现之日起 1 个月内即应报告大区行政长官；

——要求与其合作的任何人切实保守职业秘密；

——与保险公司或经认可的保险人订立保险合同，用于担保因其在从事活动时的疏忽大意或过错可能应承担的职业民事责任的金钱性质的后果；

——在预防性组织被撤销认可的情况下，自接到撤销认可的决定的通知起，立即告知本组织的所有参加者。

第 D611-6 条　（1985 年 8 月 27 日第 85-910 号法令第 6 条）大区行政长官在 3 个月内决定给予或拒绝认可。

3 个月期限的起始日期确定为写明申请人提交的认可申请案卷材料完整的收件回执之日。

如果大区行政长官在规定的期限内没有通知其答复，视提出申请的预防组织已获得认可。

大区行政长官宣告撤销对某一预防组织的认可时，用信件通知该组织及所有的行政部门。

第 D611-7 条　（1985 年 8 月 27 日第 85-910 号法令第 7 条）预防性组织的认可有效期限最长为 3 年；由该组织注册住所所在地区的大区行政长官作出行政决定，可以延展预防性组织的有效期限。

大区行政长官对预防组织作出的认可决定尤其要考虑：

——提交申请的组织的宗旨是否符合本《法典》第 L611-1 条的规定；

——该组织拟采取的手段是否符合追求的目标；

——是否按照第 D611-5 条的规定作出了相应的义务承诺；在申请延展

期限的情况下,应审查是否遵守了这些义务承诺;

——预防组织的领导人、经理人、管理人以及用本组织的名义从事活动的任何人是否具有良好的道德保证,在分析企业提交的财务与财政资料和企业管理方面是否有经验。

预防组织不再具备第 D611-5 条确定的各项条件时,得按照给予认可时的相同程序,撤销对该组织的认可。

第 D611-8 条　(1985 年 8 月 27 日第 85-910 号法令第 8 条)预防性组织应向大区行政长官送交其按照本《法典》第 L611-1 条第 5 款的规定与信贷机构及保险企业订立的协议。

第 D611-9 条　(1985 年 8 月 27 日第 85-910 号法令第 9 条)根据参加预防组织的企业就每一个案表明的书面同意意见,预防组织可以申请国家及公共机构提供协助。

可能提交的写明有关当事人名称的情况、材料,均具有保密性质。如果预防组织不遵守这一保密规定,当然按照给予认可时相同的程序撤销认可。

第二节　商事法院院长对企业困境的监测

第 R611-10 条　(2005 年 12 月 18 日第 2005-1677 号法令第 3 条)在本《法典》第 L611-1 条第 1 款所指情况下,商事法院院长指示书记员发出挂号信并要求回执,同时用平信召见法人债务人的法定代表人或者自然人债务人。信件照录本《法典》第 L611-2 条与第 R611-11 条及第 R611-12 条的规定。这封召见信至少应提前 1 个月寄送。信件还应附有法院院长所做的简短的理由说明,向债务人解释哪些事实促使其发出这一信件。

第 R611-10-1 条　按照第 L611-2-1 条的规定,法院院长提交一份简短的意见说明,将其了解到的足以妨碍当事人继续进行职业活动的困难告知其隶属的行业公会或有管辖权限的机关。这项简短的意见说明由法院书记员用挂号信并要求回执转送相关组织的法定代表人。行业公会或者主管机关的代表受要求在 1 个月内按照相同形式向法院院长告知对这些情况所做的后续处理结果。

第 R611-11 条　(2005 年 12 月 18 日第 2005-1677 号法令第 4 条)在进行第 L611-2 条第一项第 1 款规定的谈话时,法院书记员应在场。法院院长制作谈话笔录;笔录仅写明谈话的日期与地点及参与谈话的每一个人的身份,并由他们签字;法院院长亦在笔录上签字。

如果受到召见的人不到场，应制作有关其没有到场的笔录，并由法院书记员在同一日寄出，以便适用第 L611-2 条第一项第 2 款的规定。寄出的笔录应附有（当事人已）接收召见通知书的回执。与此同时，法院书记员还要用挂号信并要求回执向受到召见的人通知笔录的副本。挂号信应照录第 L611-2 条第一项第 2 款的规定。

如有必要，笔录应写明有限责任个体企业主为从事职业活动所使用的（企业）名称，并交存至法院书记室。

第 R611-12 条 （2005 年 12 月 18 日第 2005-1677 号法令第 5 条）本《法典》第 L611-2 条所指的有关提供情况的要求，应自进行上述谈话或者寄送债务人不到场的笔录起 1 个月内寄出；在寄送这一要求的同时应按照第 R611-11 条的规定附寄谈话笔录或当事人未到场笔录的副本。

如果有关提供情况的要求是按照上述第 1 款规定的形式与期限提出，受到询问的人与组织应在 1 个月内报送要求其提供的情况，相反情况下，则无义务作出答复。

第 R611-13 条 （2005 年 12 月 18 日第 2005-1677 号法令第 6 条）按照本《法典》第 L611-2 条第二项的规定，法院院长作出一项裁定，责令法人的法定代表人在接到通知或送达的裁定之日起 1 个月内提交法人的年度账目，并对其规定逾期罚款。

法院院长的这一裁定确定罚款的比例，并写明本案审理开庭日期与时间。对这一裁定不准提出不服申请。

第 R611-14 条 （2005 年 12 月 18 日第 2005-1677 号法令第 7 条）法院书记员用挂号信并要求回执向法人的法定代表人通知上述裁定，挂号信应当照录本《法典》第 L611-2 条第一项第 2 款以及第 R611-15 条与第 R611-16 条第 1 款的规定。

如果挂号信被邮局退回并写明"收件人没有受领"，法院书记员派执达员送达上述裁定。送达文书照录第 1 款提及的各项条文规定。

如果挂号信被退回并写明"收件人不在指明的地址"，法院院长将案件撤出庭期表，书记员在"商事及公司注册登记簿"上注明企业已"停止活动"。

法院院长所做的裁定原件保存于书记室。

第 R611-15 条 （2005 年 12 月 18 日第 2005-1677 号法令第 8 条）如果规定债务人负作为义务的裁定在规定的期限内得到执行，法院院长亦将案件撤出庭期表。

相反情况下，法院书记员以笔录确认"没有提交年度账目"。

第 R611-16 条 （2005 年 12 月 18 日第 2005-1677 号法令第 9 条）法院院长在规定当事人负作为义务的裁定没有得到执行的情况下，就结清逾期罚款作出裁判。

逾期罚款的数额不超过商事法院终审管辖权限的价额时，法院对结清逾期罚款作出的裁判为终审裁判。

对法人的法定代表人宣告的罚款支付至国库，并作为税收之外的国家债权收取。

与此相关的决定应通知国库，并由法院书记员负责送达法人的法定代表人。上诉，按照非强制代理诉讼所适用的规则提出、审理与裁判。

第 R611-17 条 （2005 年 12 月 18 日第 2005-1677 号法令第 10 条）本《法典》第 L611-2 条最后一款所指的关于提供情况的要求，应在第 R611-13 条第 1 款规定的期限经过之后寄出，提出的要求应采用书面形式并附有第 R611-13 条所指的裁定和第 R611-15 条所指的笔录的副本。

如果有关提供情况的要求是按照上述第 1 款规定的形式与期限提出的，受到询问的人与组织应在 1 个月内报送要求其提供的情况，相反情况下，则无义务作出答复。

第三节 专门委任

第 R611-18 条 （2005 年 12 月 18 日第 2005-1677 号法令第 11 条）本《法典》第 L611-3 条所指的请求指定专门委托代理人的申请，应以书面形式提出，并由法人的法定代表人或者自然人债务人寄送或者送交商事法院院长或大审法院院长。该申请交存至法院书记室。

申请书中应说明提出该项申请的理由。

(2009 年 2 月 12 日第 2009-160 号法令)"在债务人向法院院长提议专门的委托代理人的人选供法院指定时，应具体说明其推荐的人的身份与地址。"

第 R611-19 条 （2005 年 12 月 18 日第 2005-1677 号法令第 12 条）法院院长在接到提交的申请之后，指示书记员召见法人的法定代表人或者自然人债务人，以听取他们对情况的说明。

法庭作出的指定专门委托代理人的裁定，应具体规定代理人的任务，并按照本章第五节的规定确定代理人取得报酬的条件。

第 R611-20 条 （2005 年 12 月 18 日第 2005-1677 号法令第 13 条）法院作出的指定专门委托代理人的裁定应通知申请人。(2009 年 2 月 12 日第

2009-160号法令第5条)"在法院拒绝指定委托代理人的情况下,申请人可以提出上诉。上诉,按照第R611-26条的规定提出、审理与作出裁判。"

法院任命专门委托代理人的裁定,由法院书记员通知受到任命的人。通知信应照录第L611-13条的规定。

受到委任的人应立即告知法院院长是否接受任命。如其接受任命,应向法院院长寄送第L611-13条所指有关其信誉的证明。

第R611-21条 (2005年12月18日第2005-1677号法令第14条)在债务人提出请求时,法院院长得立即终止专门的委托代理人的任务。

第R611-21-1条 专门委托代理人立即向法院院长报告证明有理由终止其任务的各种因素。

第六节 和解程序

第R611-22条 (2005年12月18日第2005-1677号法令第15条)请求实行调解程序(和解程序)的申请,按照第L611-6条的规定寄送或送交法院院长。除保留对债务人适用的特别规定之外,提交的申请应附有以下材料:

1. 在第R621-8条所指登记簿或手工业职业目录上进行注册登记的节录,或者,相应情况下,有关企业的统一鉴别号码;

2. 债权与债务的清单,并写明各自的到期日以及主要债权人的名单;

3. 资产以及担保的负债的清单,在资产负债表之外的义务承诺;

4. 年度报告、资金图表、可以实现的以及可处分的资产的状况,经营值除外,以及在最近3个会计年度可追偿的负债;

5. (2009年2月12日第2009-160号法令第6条)有关信誉的证明,证实申请人在提交申请之前3个月没有实行过调解程序(和解程序)。

相应情况下,提交的申请应写明停止支付的日期。

如债务人从事的是受特别立法与规章规范的、名称受到保护的自由职业,提交的申请应写明其隶属的行业组织或有管辖权限的机关。

在债务人提议调解人(和解人)人选供法院指定的情况下,应具体说明其推荐的人的身份与地址。

第R611-23条 (2005年12月18日第2005-1677号法令第16条)法院院长在接到提交的申请之后,指示书记员召见法人债务人的法定代表人或者自然人债务人,以听取他们对情况的说明。

法庭指定调解人(和解人)的裁定应具体规定调解人的任务并按照本章

第五节的规定确定调解人(和解人)取得报酬的条件以及按照第 L611-6 条规定实施程序的期间。

第 R611-24 条 (2005 年 12 月 18 日第 2005-1677 号法令第 17 条)在调解(和解)的任何阶段,法院院长均可运用本《法典》第 L611-6 条(2009 年 2 月 12 日第 2009-160 号法令第 7 条)"第 5 款"的规定。

第 R611-25 条 (2005 年 12 月 18 日第 2005-1677 号法令第 18 条)法院就提交的申请作出的裁定,由书记员通知申请人。在指定调解人(和解人)的情况下,通知书中应照录第 R611-27 条与第 R611-28 条的规定。

法院作出的实行调解程序(和解程序)的判决立即由书记员报送检察院,相应情况下,传达给债务人隶属管辖的行业公会或主管机关。

应向调解人(和解人)通知这项判决。通知书中应照录第 L611-13 条以及第 R611-27 条与第 R611-28 条的规定。

受到任命的调解人(和解人)应立即告知法院院长是否接受任命。在其接受任命的情况下,应向法院院长寄送第 L611-13 条所指有关其信誉的证明。

第 R611-26 条 (2005 年 12 月 18 日第 2005-1677 号法令第 19 条)在法院不支持指定调解人的申请,或者不延长调解人任务期限的情况下,债务人可以(2009 年 2 月 12 日第 2009-160 号法令第 8 条)"通过向法院书记室寄送挂号信并要求回执提交上诉声明",向上诉法院提起上诉。但是,债务人免除由律师或诉讼代理人协助。上诉按照第 R611-26 条的规定提出、审理与作出裁判。

法院院长可以在收到上诉声明起 5 日内变更或撤回其决定。

在法院变更或撤回其决定的情况下,由书记员向债务人通知院长的后一决定。

相反情况下,法院书记员应立即将案卷以及上诉声明和院长的决定的副本一并移送上诉法院书记室,并向债务人通知已进行这项移送。

上诉,按照大审法院非讼程序适用的规则进行审理与判决。

第 R611-26-1 条 (2009 年 2 月 12 日第 2009-160 号法令第 9 条)"检察院对实行调解(和解)程序的判决提出上诉,按照非强制代理诉讼程序的规则审理与判决。"

第 R611-26-2 条 在提交第 L611-7 条第 1 款第 3 句话所指的申请的同时应提交以下材料:

1. 向参加调解会议的全体债权人发出的征求意见的申请,并写明第

L611-7 条第 1 款与第 L642-2 条第一项的规定；每一个债权人在收到的这项申请上写明自己的意见，非如此，则提交一份征求意见的证明材料；

2. 调解人同意接受调解任务；

3. 债务人就此项任务给予调解人的报酬的条件表示的同意意见。

法院院长作出的支持所提申请并确定或者变更调解人任务的裁定，按照本章第五节的规定确定对补充任务给予报酬的条件。该项裁定由法院书记员通知申请人与调解人。第 R611-25 条以及第 R611-47 条与第 R611-50 条的规定适用于此项通知。

第 R611-27 条　（2005 年 12 月 18 日第 2005-1677 号法令第 20 条）如指定的调解人（和解人）有下列情形，债务人得按照本《法典》第 L611-6 条的规定申请调解人回避：

1. 对实行调解程序有直接或间接的个人利益；

2. 调解人（和解人）与债权人之一或债权人之一的领导人或职员之间有直接或间接的关系，不论这种关系的性质如何；

3. 调解人（和解人）与债务人之间有某种互不信任的原因；

4. 调解人（和解人）处于本《法典》第 L611-13 条所指的不能担任调解人职责的状况之一种；

5. 调解人（和解人）已经最终自有规范的职业中注销或者除名。

第 R611-28 条　（2005 年 12 月 18 日第 2005-1677 号法令第 21 条）要求调解人（和解人）回避的申请，应在指定调解人（和解人）的裁定通知起 15 日内通过向法院书记室送交文书或者由书记员在笔录中记载提出的声明的方式提出。

回避申请应说明理由，相应情况下，应附有有关的证明材料。

要求调解人（和解人）回避的申请一经提出，即中止调解程序，直至法庭就调解申请作出终局裁判。

第 R611-29 条　（2005 年 12 月 18 日第 2005-1677 号法令第 22 条）法院书记员用挂号信并要求回执向调解人（和解人）通知对其提出的回避申请。在通知信件中应照录本条第 2 款与第 3 款的规定。

调解人（和解人）自接到回避申请的通知起即应回避，直至法庭就回避申请作出审理裁判。

在接到回避申请起 8 日之内，调解人（和解人）以书面形式向法院院长告知其同意回避或者反对回避的理由。

第 R611-30 条　（2005 年 12 月 18 日第 2005-1677 号法令第 23 条）如调

解人同意回避,立即另行指定他人替换。

第 R611-31 条 （2005 年 12 月 18 日第 2005-1677 号法令第 24 条）如调解人不同意回避或者不予答复,法院院长在对回避申请进行审理时,应听取债务人与调解人的意见或者按照规定对其进行传唤。

就回避申请作出的裁定由法院书记员通知债务人。

这一裁定的副本亦送交或寄送调解人。

第 R611-32 条 （2005 年 12 月 18 日第 2005-1677 号法令第 25 条）如果回避申请得到法院支持,应立即更换调解人。

第 R611-33 条 （2005 年 12 月 18 日第 2005-1677 号法令第 26 条）对法院作出的驳回回避申请的裁定,债务人可以在向其通知该裁定后 10 日期限内向上诉法院院长提出申诉。

申诉,通过向上诉法院书记室送交"说明上诉理由的简单说明"提出。

第 R611-34 条 （2005 年 12 月 18 日第 2005-1677 号法令第 27 条）上诉法院书记员提前 15 日用挂号信并要求回执传唤债务人与调解人。第 R611-33 条第 2 款所指的简单说明,应附于向调解人发出的传唤通知书。

上诉法院院长或者其授权代表对席听取债务人与调解人的意见。

所做裁定由书记员通知债务人。调解人亦得到此项裁定通知。

第 R611-34-1 条 调解人立即向法院院长报告在接受任务时并不了解但有可能构成其回避原因的其他任何因素以及证明有理由终止其履行任务的其他任何情况。

第 R611-35 条 （2005 年 12 月 18 日第 2005-1677 号法令第 28 条）按照第 L611-7 条第 5 款的规定债务人将追偿债务（2009 年 2 月 12 日第 2009-160 号法令第 10 条）"或发出催告书"的债权人传唤至实行调解程序的法院院长前。法院院长在听取调解人的意见之后,以紧急审理形式就清偿债务的宽限期作出裁判。

（2009 年 2 月 12 日第 2009-160 号法令第 11 条）有关诉讼请求,相应情况下,应向受理追偿债务之请求的法院进行通知,该法院延期作出审理裁判,直至法院就清偿宽限期作出裁判。

法院院长作出的裁定由书记员通知上述法院。

第 R611-36 条 （2005 年 12 月 18 日第 2005-1677 号法令第 29 条）调解人认为由其按照第 L611-7 条第 1 款的规定向债务人提出的各项建议实属必要,但债务人拒绝这些建议时,可以向法院院长请求终止其任务。

第 R611-37 条 （2005 年 12 月 18 日第 2005-1677 号法令第 30 条）债务

人提出请求时,法院院长可以立即终止调解程序。

第 R611-38 条 （2005 年 12 月 18 日第 2005-1677 号法令第 31 条）对终止调解程序的裁定,不准提出不服申请。

第 R611-38-1 条 只要实行保护程序、司法重整程序或者清算程序,当然终止已经实行的调解程序。

第 R611-39 条 （2005 年 12 月 18 日第 2005-1677 号法令第 32 条）按照第 L611-8 条第一项的规定,各方当事人达成的（和解）协议,由法院院长作出裁定予以确认,并由其指示法院书记员在该裁定书上加盖执行令印鉴。债务人作出的经认证属实的声明附于该裁定。

协议及其附件均交存至法院书记室。只能向当事人以及可以主张该协议之规定的人提交协议的副本。协议具有相当于执行根据的效力。

第 R611-40 条 （2005 年 12 月 18 日第 2005-1677 号法令第 33 条）按照第 L611-9 条的规定受到召唤参加法庭为认可协议而进行的庭审的人,可以到法院书记室了解协议的内容。

法庭作出的判决并不重复写明协议所做的表述,但应写明为保障协议的执行设立的担保与优先权。判决还写明受第 L611-11 条设置的优先权担保的债权数额。

第 R611-40-1 条 债务人请求指定执行协议的委托代理人时,调解人受要求就这样做的好处提出意见。只有在调解人表示同意以后,才能指定执行协议的委托代理人。

第 R611-41 条 （2005 年 12 月 18 日第 2005-1677 号法令第 34 条）为认可协议而作出的判决,由法院书记员通知债务人与签署该协议的各债权人,并报送调解人与检察院。

第 R611-42 条 （2005 年 12 月 18 日第 2005-1677 号法令第 35 条）对驳回协议的判决提起上诉,按照非讼程序规则提出、审理与判决,但各方当事人免由律师或诉讼代理人协助。

（2009 年 2 月 12 日第 2009-160 号法令第 12 条）"其他情况下,上诉,按照非强制代理诉讼程序的特定规则提出、审理与判决。"

第 R611-43 条 （2005 年 12 月 18 日第 2005-1677 号法令第 36 条）向《民商事法定公告正式简报》寄送一份认可判决的通知,以便登载。登载的内容包括债务人的名称与注册住所,或者如债务人是自然人,其企业的地址或者从事活动的地址,同时写明债务人企业的统一识别号码,以及相应情况下,法院书记员或者债务人登记注册的手工业职业公会所在的城市的名称。

如果处于困境中的经营活动是有限责任个体企业主用指定用途的概括财产从事的活动,在登载的内容中应具体写明交存指定用途的概括财产的声明的登记簿。

这项通知也应在债务人的注册住所所在地的有资格刊登法律公告的报纸上登载,或者如债务人是自然人,应在其企业地址或其从事活动的地址的有资格刊登法律公告的报纸上登载。

登载的通知应写明判决已交存至法院书记室,任何利益关系人均可了解其内容。

法院书记员依职权在判决作出起7日内进行上述各项公示。

第 R611-44 条 (2005年12月18日第2005-1677号法令第37条)除按照第 L611-10 条第2款的规定因第三人异议而开始的诉讼之外,以及除可以按照第 L621-1 条的规定传达经认可的协议与鉴定报告的司法机关外,订立的协议只能通知当事人以及可以主张该协议的人;鉴定报告只能提交给债务人与调解人。

经法院认可的协议由法院书记员传达给债务人的会计监察人。

第 R611-45 条 (2005年12月18日第2005-1677号法令第38条,2009年2月12日第2009-160号法令第13条)"按照第 L611-10-2 条第2款的规定",债务人应证明其被禁止在信贷机构签发支票的处分已经撤销。

原来作出此项禁止性规定的信贷机构将撤销禁止权利之事由通知法兰西银行,以便债务人恢复正常状况。

第 R611-46 条 (2005年12月18日第2005-1677号法令第39条,2009年2月12日第2009-160号法令第14条)按照第 L611-10-3 条的规定提出的解除经法院认可或确认的协议的请求,采用传唤状的形式提出。协议的各方当事人以及按照第 L611-7 条第5款的规定被强制遵守清偿宽限期的所有债权人,均由申请人通知参加诉讼,相应情况下,由法院命令参加诉讼。

作出的判决传达给检察院并由书记员通知前款所指的债权人。

宣告解除原已得到认可的协议的判决,应进行第 R611-43 条所指的公告。

第 R611-46-1 条 由有限责任个体企业主申请实行调解程序时,本节之规定仅适用于此项请求所指范围的指定用途的概括财产;但是,调解人是否适于担任此项任务,仍然按照申请人作为持有人的全部概括财产的情况来判断。

第五节　专门委托代理人、和解人与鉴定人的报酬

第 R611-47 条　（2005 年 12 月 18 日第 2005-1677 号法令第 40 条）第 L611-14 条所指的专门委托人、调解人（和解人）以及鉴定人获得报酬的条件，应包括确定此种报酬所依据的基础、标准、其最高数额以及预付的数额。

第 R611-47-1 条　专门委托代理人或者调解人向债务人提出的有关其报酬的提议，应附于第 R611-18 条所指的申请，或者附于第 R611-22 条所指的申请。调解人提出的有关报酬的提议立即转送法院书记员。

只有在债务人就给予调解人的报酬事项表示同意之后，法院院长才能指定此前并未向债务人建议指定的专门委托代理人或调解人。

在检察院没有提出意见的情况下，法院院长只有在第 1 款所指的申请转送之后经过 48 小时，才能开始实行调解程序。

第 R611-48 条　（2005 年 12 月 18 日第 2005-1677 号法令第 41 条）债务人对给予专门委托人、调解人以及鉴定人的报酬表示的同意意见，应在这些人受指定时采用书面形式写明，并附于指定这些人的指定裁定书。

第 R611-49 条　（2005 年 12 月 18 日第 2005-1677 号法令第 42 条）如果专门委托人、调解人以及鉴定人在执行任务的过程中认为指定其担任任务的裁定所确定的最高报酬数额不够，应将此告知法院院长。

法院院长与债务人协商一致，确定给予报酬的新条件。对债务人表示的同意意见，应作出书面记载。

如达不成一致意见，可终止第 1 款所指之人的任务。

第 R611-50 条　（2005 年 12 月 18 日第 2005-1677 号法令第 43 条）法院书记员向专门委托人、调解人（和解人）、鉴定人以及债务人通知确定报酬的裁定。

对此裁定，专门委托人、调解人、鉴定人以及债务人可以向上诉法院院长提出救济申请。

救济申请，按照新《民事诉讼法典》第 714 条至第 718 条规定的条件与期限提出、审理与裁判。

第二章　适用于从事经济活动的非商人私法法人的规定

第 R612-1 条　（2005 年 12 月 18 日第 2005-1677 号法令第 44 条）本《法典》第 L612-1 条所指的从事经济活动的非商人私法法人，在民事年度年末或者会计年度终结时如超过以下 3 项标准中的 2 项标准所定的下列数额，应当制定年度账目，并且至少应指定 1 名会计监察人与 1 名替补会计监察人：

1. 薪金雇员 50 名；纳入考虑人数之内的薪金雇员是指与法人订有不定期劳动合同的雇员；企业实行的会计年度与民事年度不一致的，薪金雇员的人数按照会计年度或民事年度的每一个季度末的人员平均数计算。

2. 税负外营业额或收入额为 310 万欧元；税负外营业额等于销售与日常活动相关联的产品和服务的销售额；收入数额等于交纳的分摊份额款、补助金以及与日常活动相联系的各种性质的产品的数额。但是，对于汇集有从事建筑业活动的雇主参加的行业协会或跨行业协会，其收入数额是指按照《建筑与住宅法典》第 R313-25 条的意义收取的款项，其额度确定为 75 万欧元。

3. 资产负债表总额为 155 万欧元；资产负债表总额等于资产要素的净值数额。

第 1 款所指法人如果在连续 2 个会计年度没有达到上述 3 项标准中 2 项标准所确定的数额，不再有义务制定年度账目，并且在相同条件下，经有权限审议年度账目的机关作出决定，可以终止对会计监察人的委任。

适用本条有关制定年度账目或指定会计监察人的规定，不影响适用于属于本《法典》第 L612-1 条所指的某一类型的特定形式的法人特有的法规规定。

第 R612-2 条　年度账目包括资产负债表、损益表及附件。年度账目按照本《法典》第 L123-12 条与随后条文及其适用条例第 R123-172 条至第 R123-208 条确定的会计原则与方法制定，但保留执行因这些法人从事的活动的性质或法律形式而作出必要的调整。适用于这些法人的会计账目的科目安排由（2009 年 1 月 22 日第 2009-79 号法令第 6 条）"会计准则主管机关"发布规章确定。如果因从事的活动、企业结构或业务的特殊性，证明有必要调整相关的科目安排，可以按照相应的形式作出调整。

年度账目与管理报告最迟应在本会计年度终结后 6 个月内提交审议机关批准，并且在为批准账目与报告而召开的大会之前至少 45 日应将此两项文件同时送交会计监察人。应法人的法定代表人的请求，经大审法院院长依申请作出裁定，6 个月期限可以延长。

第 R612-3 条 从事经济活动的非商人私法法人，在民事年度或者会计年度终结时，有员工 300 人或者超过 300 人，或者税负外营业额或收入超过或等于 1800 万欧元的，应当制定本《法典》第 L612-2 条所指的各项文件。这些标准按照第 R612-1 条的规定确定。

第 1 款所指法人，如果在连续 2 个会计年度均不超过上述标准确定的数额，不再有义务制定上述文件。

适用第 R232-3 条与第 R232-7 条的规定，不影响因这些法人的法律形式而有必要进行的相应调整。

第 R612-4 条 会计监察人实施本《法典》第 L612-3 条所指的警告程序时，如法人是分开设置其负责管理的集体机关与负责领导的机关的，会计监察人应适用第 R234-1 条的规定，其他情况下，应适用（2007 年 5 月 10 日第 2007-812 号法令第 6 条）"第 R234-5 条"及随后条文的规定。

就适用这些规定而言，有管辖权限的法院院长是大审法院院长。

第 R612-5 条 本《法典》第 L612-4 条第 1 款所指的数额确定为 153000 欧元。

第 R612-6 条 本《法典》第 L612-5 条所指的报告应当写明以下内容：

1. 逐一列举提交法人审议机关批准的协议，或者在没有此种审议机关的情况下，向法人的成员报送的文件所附的各项协议；

2. 有利益关系的管理人（董事）或者负有公司委任职责的有利益关系的人的姓名；

3. 指明按照本《法典》第 L612-5 条第 2 款所指条件订立协议的人；

4. 这些协议的性质与宗旨；

5. 这些协议规定的各项条件，特别要指明实行的价格、同意给予的回扣与佣金、同意给予的支付期限、约定的利息、给予的担保，以及相应情况下，可以让审议机关或法人的各成员评价与所订立的协议有关的利益的其他事项。

第 R612-7 条 会计监察人制定报告时，法人的法定代表人应在本《法典》第 L612-5 条所指的协议订立后 1 个月内向会计监察人报送所订立的各项协议。

第二编 保护程序

第一章 程序的开始

第一节 法院受理与判决

第 R621-1 条 （2005 年 12 月 28 日第 2005-1677 号法令第 50 条）实行保护程序的申请，由法人的法定代表人或者自然人债务人向有管辖权限的法院的书记室提出。提交实行保护程序的申请应当说明遇到的困难的性质以及无力克服这些困难的原因。（2009 年 2 月 12 日第 2009-160 号法令第 15 条）提交的申请应具体说明申请人是否承诺按照本《法典》第 L622-6-1 条规定的条件进行资产负债盘存，或者是否申请由法院指定 1 人负责按照本《法典》第 L621-4 条第 6 款的规定实现此项盘存。

提交申请的同时，除最近 1 个会计年度的账目之外，还应附有以下材料：

1. 在第 R621-8 条或者第 L526-7 条所指的登记簿与检索表上进行注册登记的节录，或者相应情况下，统一识别号码；
2. 财务状况表；
3. 预计损益账目；
4. 提交申请之日的雇员人数以及在最后一个会计年度终结之日按照第 R123-200 条的规定定义的营业额；
5. 用具体数字表示的债权与债务的清单，并写明各债权人姓名与住所或注册住所，以及按照债权人与债务人分别写明从提交申请起 30 日内待清偿或待收取的款项的总数额；由有限责任个体企业主就其利用指定用途的概括财产从事的活动提出此项申请时，应当写入债权债务清单的负债是指用这项概括财产从事的活动的负债以及从事这种活动之时产生的负债；

6. 担保的资产与负债的清单以及在资产负债表外承担的义务的清单；

7. 债务人财产的大体盘存表，或者如果有某项概括财产指定用于发生困难的活动，对用于从事这种活动的财产的大体盘存表；

8. 有资格由法院听取其意见的企业委员会代表或员工代表的姓名与地址；

9. 有关提交申请之前18个月内没有实行"专门委任"或"调解（和解）程序"的诚实性的证明一份，或者，在相反情况下，则写明指定专门委托代理人的日期或实行调解程序的日期，以及实行这一程序的机关；在由有限责任个体企业主就其利用指定用途的概括财产从事的活动提出此种申请时，这些信息仅涉及已经发生困难的那些活动；

10. 如果债务人从事的是受专门立法或条例规范的自由职业或者名称受到保护的职业，应当指明其隶属的行业公会；

11. 如果债务人经营的是《环境法典》第五卷第一编意义上的已经进行定级的设施，应提交批准决定的副本或者申报书；

12. （2009年2月12日第2009-160号法令第15条）如果债务人向法院提议1名管理人供法院指定，应写明人选的身份与地址；

以上各项文件均应由债务人签字、署明日期并确认其诚实与真实。（2009年2月12日第2009-160号法令第15条）上述第1点与第7点所指的文件，除第4点之外，均应按照提交申请之日的情况或此前7日的情况制定。

在不能提交或者不能完全提交上述某一项文件的情况下，提交的申请应写明不能提交该文件的原因。

第R621-2条 （2005年12月28日第2005-1677号法令第51条）在法庭审理是否实行保护程序之前，应庭长的要求，书记员应通知作为债务人的法人的法定代表人或者自然人债务人召开企业委员会会议，或者在没有成立企业委员会的情况下，应当召集员工代表会议，以指定有资格出面由法庭听取其意见以及有资格提出本《法典》第L661-10条所指的救济申请的人。法院书记员将这项通知的副本寄送企业委员会的秘书或者员工代表本人。指定人选的笔录交存法庭书记室。

第R621-2-1条 债务人雇用的薪金雇员至少为50人时，由法院书记员提出要求，《劳动法典》第L3253-14条所指的担保机构向其告知有资格在法庭上代表该机构的人。也可以通过书面方式收集第 L621-4 条第 5 款所指的意见;在此情况下,法院书记员将收集到的意见传达给债务人和检察院。

第 R621-3 条 (2005 年 12 月 28 日第 2005-1677 号法令第 52 条)法庭在进行审理之前,按照本《法典》第 L621-1 条的规定,指派 1 名法官收集有关企业财务、经济与社会状况的各种情况。法庭的这项决定按照该条第 1、2 款就实行保护程序而规定的相同条件作出。

受指派的法官提出的报告,交存至法庭书记室并由书记员通报给债务人和检察院。在指定了鉴定人的情况下,由该鉴定人提交的报告附于受指派的法官提出的报告。

法庭书记员通知企业委员会或者员工代表,告知他们可以派代表到法庭书记室阅知该报告,同时通知法庭开庭期日。

第 R621-4 条 (2005 年 12 月 28 日第 2005-1677 号法令第 55 条)相应情况下,法庭依据受指派的法官提出的报告作出审理裁判。如果法庭不能当庭作出判决,可推迟至下次开庭时作出宣告。下次开庭的日期当庭通知债务人。

实行保护程序的判决自宣告之日起产生效力。

第 R621-5 条 (2005 年 12 月 28 日第 2005-1677 号法令第 56 条)经认定债务人不具备实行保护程序所要求的条件时,法庭驳回提出的申请。

如果法庭在受理申请后认为应当依职权宣告实行司法重整程序或者司法清算程序,则适用第 R631-3 条的规定。

第 R621-6 条 (2005 年 12 月 28 日第 2005-1677 号法令第 60 条)实行保护程序的判决由书记员在判决作出之日起 8 日内通知债务人。

第 R621-7 条 (2005 年 12 月 28 日第 2005-1677 号法令第 61 条)法院书记员立即向下列人等寄送宣告实行保护程序的判决:

1. 已经指定的司法代理人;
2. 共和国检察官;
3. 债务人的注册住所及主要机构所在省的国库主计官。

第 R621-7-1 条 法院书记通过任何方式向被指定负责进行资产盘存的人通知其受到指定。

第 R621-8 条 (2005 年 12 月 28 日第 2005-1677 号法令第 63 条)如果涉及的是商人或者在"商事及公司注册登记簿"上注册的法人,实行保护程序的判决应记载于该登记簿,并且如已指定管理人,指明赋予管理人的各项权力。

在上、下莱茵省与摩泽尔省,如果涉及手工业企业,应作出实行保护程序的判决的法庭的书记员提出的要求,该判决记载于"手工业职业目录"或"企业登记表"。

如果涉及的是没有在"商事及公司注册登记簿"上注册或者没有在"手工业职业目录"或"企业登记表"登记的人,实行保护程序的判决应记载于大审法院为此设置的登记簿。于此情形,法院书记员根据具体情况,分别指明债务人的注册住所或地址、法人债务人的法定代表的姓名与地址,或者自然人债务人的姓名与地址。

如果按照本《法典》第 L526-7 条的规定指定了专门用途的概括财产,由宣告该判决的法院的书记员提出请求,按照该条第 1、3、4 点的规定,将有关实行程序的判决记载于第 R526-15 条所指的专门登记簿,或者记载于本《法典》第 R134-6 条所指的登记簿,或者记载于《农村及海洋渔业法典》第 L311-2 条所指的登记簿。

有关实行保护程序的通知,应在《民商事法定公告正式简报》上登载。在登载的通知中,应写明债务人的姓名,或者在对有限责任个体企业主利用指定用途的概括财产从事的活动实行保护程序时,根据具体情况,在登载的通知中应写明本《法典》第 L526-6 条最后一款所指的名称,或其注册住所的地址或从事职业活动的地址以及统一识别号码,如有必要,还应写明其进行注册登记的法院书记室或手工业职业行会或从事职业活动的城市,或者如果是用专门指定用途的概括财产从事职业活动,则应写明掌管本《法典》第 L526-7 条所指的登记簿的法院书记室所在城市的名称,以及实行保护程序的判决作出的日期。

在登载的通知中还应写明司法代理人的姓名,以及如已指定管理人,该管理人的姓名,在此情况下,还应写明给予管理人的权力。最后,在登载的通知中还包括告知债权人应当向司法代理人申报债权以及进行债权申报的期限。

相同的通知还应登载于债务人注册住所或从事职业的地址以及相应情况下,其附属机构所在地的有资格刊登法定公告的报纸。

法院书记员在判决作出之日起 15 日内依职权进行上述公示。

第 R621-8-1 条 为适用本《法典》第 L621-2 条第 2 款之规定,为了扩张程序的适用范围,或者为了将有限责任个体企业主的各项指定用途的概括财产合并处理,或者相应情况下,按照第 R631-4 条规定的程序,法院经提出的传唤状受理案卷。

由法院书记员负责,在法院判决宣告起 8 日内,向扩张程序范围的申请所针对的债务人送达该判决。在相同期限内,向第 R621-7 条所指的受到传唤的人传达这项判决。

前两款所指的受送达人身份的识别以及第 R631-4 条所指的传唤通知书,在相应情况下,用有限责任个体企业主所使用的商号以及利用指定用途的概括财产从事的活动的范围进行补充说明。

宣告扩张程序适用范围或者命令将多项指定用途的概括财产合并审理的判决应进行第 R621-8 条所指的公告。但是在检察院按照本《法典》第 L661-1 条的规定提出抗诉的情况下,或者按照第 R661-1 条第 3 款的规定停止已经命令的先予执行的情况下,法院书记员只有依据上诉法院书记员在上诉法院的判决宣告后 8 日内向其转送的该判决,才进行上述公告。

第 R621-8-2 条 为适用本《法典》第 L621-2 条第 4 款的规定,法官根据已经开始的集体程序中申报的负债的情况,或者如果第 R622-24 条第 1 款所指的期限尚未经过,根据第 R625-1 条所指的债务清单,确定命令采取保全措施而应当提供担保的数额。

第 R621-9 条 (2005 年 12 月 28 日第 2005-1677 号法令第 64 条)特殊情况下,由判决开始的观察期可以按照第 R621-3 条的规定最长延展 6 个月。

法庭庭长最迟在每一观察期到期前 10 日确定案件在庭期表上的安排时间;法院书记员传唤债务人、司法代理人、监督人在此次开庭时到庭,并将此事项通知检察院。

法庭在听取检察院的意见后,就是否延长观察期间作出审理裁判;法庭事先应听取债务人、管理人、司法代理人与监督人的意见陈述。决定延长观察期的应判决通知第 R621-7 条所指的人以及监督人,并在第 R621-8 条所指的登记簿上作出记载。

第 R621-10 条 (2005 年 12 月 28 日第 2005-1677 号法令第 65 条)在宣告实行保护程序的判决中,或者在程序进行的任何时候,法庭均可指定 1 名替补委任法官,由其代行因故暂时不能履职的委任法官。

第 R621-11 条 (2005 年 12 月 28 日第 2005-1677 号法令第 53 条)按照本《法典》第 L621-4 条的规定确定的税负外营业额为 300 万欧元,雇用薪金雇员人数为 20 人。

营业额按照第 R123-200 条的规定,依据最近一个会计年度的情况确定。

应当考虑的薪金雇员人数是指债务人在提出实行保护程序的申请之日的薪金雇员人数。

第 R621-12 条 （2005 年 12 月 28 日第 2005-1677 号法令第 53 条）法院按照本《法典》第 L811-2 条或第 L812-2 条的规定指定 1 名没有在这些条文所指的名册上注册登记的人行使司法管理人或司法代理人的职责时，该人应立即向法院提交第 L811-2 条第 4 款或第 L812-2 条第二项第 3 款所指的信誉证明、第 L814-5 条所指的担保与保险的证明以及负责按照第 L811-11-1 条的规定进行专门财务监督的会计监察人的姓名。

第 R621-13 条 （2005 年 12 月 28 日第 2005-1677 号法令第 62 条）如果受指定的司法管理人或司法代理人没有在本《法典》第 L811-2 条或第 L812-2 条所指的名册上登记注册，法院书记员视具体情况，在第 R621-7 条所指的判决书的副本中附上相关文件，重述第 L811-2 条或者第 L812-2 条、第 L811-11-1 条、第 L814-5 条、第 L622-18 条、第 L626-25 条与第 L641-8 条或第 R621-12 条以及第 R814-24 条与第 R814-38 条之规定。

第 R621-14 条 （2005 年 12 月 28 日第 2005-1677 号法令第 57 条）在法院宣告实行保护程序的判决之后 10 日内，法人债务人的法定代表人或者自然人债务人，在任命了管理人的情况下，由管理人协助，召集企业委员会、员工代表会议，或者在没有企业委员会或员工代表的情况下，召集薪金雇员会议。薪金雇员经单轮无记名投票方式选举其代表。

指定薪金雇员代表的笔录或者按照本《法典》第 L621-4 条第 2 款规定的条件制作的、未能选举雇员代表的笔录，应立即交存法院书记室。

第 R621-15 条 （2005 年 12 月 28 日第 2005-1677 号法令第 58 条）有关指定薪金雇员代表的争议，采用向法院书记室提交异议声明的形式，由初审法院受理。

只有在指定薪金雇员代表之后 2 日内提出的声明才能得到受理。

初审法院在受理提出的异议后 5 日内作出终审裁决，无须缴纳诉讼费，也无须遵守程序形式，仅需在裁判之前提前 2 日向各方当事人进行通知即可。

法院作出的裁决在 2 日内由书记员进行通知。

向最高法院提起上诉的期间为 5 日。上诉，按照《民事诉讼法典》第 999 条与第 1008 条确定的条件提出、审理与判决。

第 R621-16 条 （2005 年 12 月 28 日第 2005-1677 号法令第 59 条）按照本《法典》第 L621-4 条的规定指定的薪金雇员代表的解雇，应当遵守《劳动法典》第 R436-1 条至第 R436-8 条与第 R436-10 条的规定。

第二节　程序机关与监督人

第 R621-17 条　(2005 年 12 月 28 日第 2005-1677 号法令第 72 条)如果检察院或者委任法官向法院提出更换管理人、鉴定人或者司法代理人的请求,或者法院为同样目的依职权办理,视具体情况,按照第 R631-3 条与第 R631-4 条规定的形式与程序传唤受到更换或解职请求的人;在向法院请求解除某一监督人的职务的情况下,亦应同样办理。

如果不是由检察院提出上述请求,法院在听取检察院的意见之后作出审理裁判。

在增补 1 名或数名管理人或司法代理人的情况下,亦适用前两款的规定。

(2009 年 2 月 12 日第 2009-160 号法令第 17 条)管理人或者司法代理人按照第本《法典》第 L621-7 条的规定自行提出换人请求时,此项请求用平信向委任法官提出。法院院长作出的裁定由书记员报送检察院,并用平信通知被替换的以及重新指定的管理人或司法代理人,同时通知债务人。

第 R621-18 条　(2005 年 12 月 28 日第 2005-1677 号法令第 73 条)停止任职的司法代理人应在委任法官面前向替换人交代账目,并听取债务人的意见或者按照规定传唤债务人到场。

第 R621-19 条　(2005 年 12 月 28 日第 2005-1677 号法令第 70 条)司法代理人应采取任何措施通知债权人并征求债权人的意见。

随着程序的进展,司法代理人有义务随时用挂号信并要求回执向提出要求的债权人告知程序的进展情况。

第 R621-20 条　(2005 年 12 月 28 日第 2005-1677 号法令第 71 条)在法院作出实行保护程序的判决之后 2 个月内、司法代理人与管理人(如已指定管理人)应向委任法官与检察院提交有关程序进展情况以及债务人经济与财务状况的报告。这些报告交存法院书记室。

第 R621-21 条　(2005 年 12 月 28 日第 2005-1677 号法令第 67 条)委任法官对属于其权限范围的请求、异议与要求以及针对管理人、司法代理人、保护方案执行监察人的行为提出的要求,以裁定的形式作出裁判。

如果委任法官没有在合理的期限内作出审理裁判,法院应当事人之一或者检察院的请求,可以实行管辖。

委任法官作出的裁定立即交存法院书记室,书记员将此裁定通知司法代理人、各方当事人以及权利与义务受到影响的人。如检察院提出要求,应向其报送该裁定。

不服委任法官的裁定,可以自该裁定传达或通知之日起10日内采用声明的形式,或者寄送挂号信并要求回执,向法院提出救济申请。

检察院也可以在向其传达法官的裁定起10日内以申请的形式向法院提出请求。

对提出的救济申请,在法庭下一次开庭时审理,有关的当事人与司法代理人均应接到开庭通知。

第 R621-22 条 (2014年6月30日第2014-736号法令第38条废止:法院在审理针对委任法官的裁定提出的救济申请时,委任法官不得作为审理法官,否则所做判决无效。)

第 R621-23 条 (2005年12月28日第2005-1677号法令第69条)在按照本《法典》第L621-9条的规定指定技术人员的情况下,委任法官应听取债务人的意见。

技术人员完成任务时,委任法官按照其完成的工作量、提供劳务的质量以及遵守规定的期限等具体情况,确定应当给予技术人员的报酬。

委任法官考虑给予技术人员的报酬低于技术人员要求的数额时,应事先提请技术人员本人提出其意见。

应技术人员的请求,委任法官向其提交一份执行根据。

第 R621-24 条 (2005年12月28日第2005-1677号法令第74条)按照本《法典》第L621-10条的规定要求指定自己作为监督人的债权人,应当通过向法院书记室提交声明的形式提出此项请求。该债权人应指明其持有的债权数额以及相应情况下其享有的担保的性质。

法院作出实行保护程序的判决之后尚未经过20日期限,委任法官不得指定任何监督人。

相应情况下,债务人隶属的行业公会或者有管辖权限的机关应向法院书记室报送由其指定行使监督人职责的代表的姓名;在没有这样做的情况下,由行业公会或有权限的机关的法定代表人行使监督人的职责。

提出指定自己作为监督人之申请的债权人,应当提交有关其具备本《法典》第L621-10条第2款规定之条件的信誉证明。

第 R621-25 条 (2005年12月28日第2005-1677号法令第75条)在司法管理人、司法代理人以及相应情况下,保护方案执行监察人的任务终结并作出报告之日,委任法官与监督人的职务亦告终止。

第 R621-26 条 （2005 年 12 月 28 日第 2005-1677 号法令第 76 条）为适用本《法典》第 L621-12 条的规定，法院依申请受理案件，或者在相应情况下，按照第 R631-3 条与第 R631-4 条规定的形式受理案件。

法院在听取司法代理人，以及如果指定了管理人，在听取管理人、监督人、企业委员会代表，或者在没有成立企业委员会的情况下，听取员工代表的意见之后，听取检察院的意见，作出审理裁判。

法院作出的将保护程序转为司法重整程序的判决，由书记员在判决宣告后 8 日内送达有资格对该判决提起上诉的人，但检察院除外。

这项判决传达给第 R621-7 条列举的人，并进行第 R621-8 条所指的公告。

第二章 观察期间的企业

第 R622-1 条 （2005 年 12 月 28 日第 2005-1677 号法令第 77 条）有关变更管理人任务的请求，以申请的形式向法院提出。法院在听取债务人、管理人、司法代理人的解释说明之后，以及如果不是由检察院提出此项请求，在听取检察院的意见后，作出裁判。

任何变更管理人任务的决定均应通知债务人，并传达给第 R621-7 条列举的人以及进行第 R621-8 条所指的公告。

第一节 保 全 措 施

第 R622-2 条 （2005 年 12 月 28 日第 2005-1677 号法令第 78 条）实行保护程序的判决一经作出，债务人有义务向管理人，或者在没有管理人的情况下，向司法代理人指明其设立的全部机构，并且为进入这些机构提供方便，同时向司法代理人报送人员名单以及可以确定应付的工资与补贴款项的全部材料。

第 R622-3 条 （2005 年 12 月 28 日第 2005-1677 号法令第 79 条）在没有制定年度账目的情况下，或者在指定了管理人但没有向管理人提交年度账目的情况下，管理人在其掌握的文件或情况的基础上制定一份（债务人企业）状况说明书。

第 R622-4 条 （2005 年 12 月 28 日第 2005-1677 号法令第 80 条）本《法典》第 L622-6 条规定的盘存表的编制，应有债务人或其已知的权利人参与，或者召唤其参与。

为了编制财产盘存表，债务人向受指定的人交付其设置的有形动产质押或无形动产质押的清单，或者置于海关监管下的财产的清单，以及由其按照寄托、租赁或信贷租赁方式或者在所有权人保留所有权条件下所持有的财产的清单，或者广而言之，有可能受到第三人追还的财产的清单。这份财产清单附于盘存表。

相应情况下，如果债务人没有在"商事及公司注册登记簿"或者"手工业职业目录"上注册登记，则应当向司法代理人告知其按照本《法典》第L526-1条的规定作出的"财产不得扣押的声明"。

财产盘存表由其编制人交存至商事法院书记室，并向债务人、司法代理人提交副本一份，或者在指定了管理人的情况下，向管理人提交副本一份。

盘存表编制人应得的报酬，由商事法院院长或其代表根据提交的明细账目确定，或者相应情况下，按照所适用的收费标准确定。

在没有规范的收费标准的情况下，适用第R621-23条第2款与第3款的规定。

第R622-4-1条 （2009年2月12日第2009-160号法令第19条）如果是由债务人（本人）按照本《法典》第L622-6-1条的规定编制财产盘存表，在指定了管理人的情况下，应当随时将编制活动的进展情况告知管理人与司法代理人。司法代理人以及委任法官和检察院可以要求提交与盘存表相关的所有文书或文件资料。

债务人在其编制的盘存表中应附有第R622-4条第2款所指的清单，并负责进行该条第3款所指的通知。

债务人向商事法院书记室交存盘存表一份，并向管理人及司法代理人提交一份副本。

为适用本《法典》第L622-6-1条第2款的规定，有关的请求，以申请的形式，提交或寄送至法院书记室。书记员用挂号信并要求回执传唤债务人，并向管理人及司法代理人与检察院通知开庭日期。在法院依职权作出处理的情况下，委任法官就采用此种受理方式的理由作出的说明应附于传唤通知书及各项通知。

第R622-5条 （2005年12月28日第2005-1677号法令第81条）由债务人按照本《法典》第L622-6条的规定制定的债权人名单，应当写明每一个债权人的姓名或名称，注册住所或住所以及在实行保护程序的判决作出之日应付的款项与尚未到期的款项数额及到期日、债权的性质以及各项债权所享有的担保和优先权。这份清单中还应包括正在履行中的主要合同。

债务人在实行保护程序的判决作出后8日内,将上述清单送交管理人与司法代理人,并将名单交存法院书记室。

第二节 企业的管理

第R622-6条 (2005年12月28日第2005-1677号法令第82条,2009年2月12日第2009-160号法令第20条)委任法官就债务人按照本《法典》第L622-7条的规定提出的批准申请进行审理裁判时,书记员应传唤债务人、管理人(如已指定)、司法代理人,以及如有必要,传唤就考虑出卖的财产持有特别担保的债权人。

第R622-7条 (2005年12月28日第2005-1677号法令第83条)在出卖本《法典》第L622-8条所指的某项财产的情况下,所得价款应交给管理人,如果没有管理人,交给司法代理人,以便将其存入信托银行。在整个观察期内,这些资金均不得处分。

但是,可以按照本《法典》第L622-8条第2款规定的条件进行先行支付。根据债务人与管理人(如已指定)的意见,或者在没有指定管理人的情况下,根据司法代理人的意见,委任法官在受理由某一债权人提出的请求时,根据债权申报书以及与债权申报有关的证明材料,相应情况下,根据同一条文规定提供的担保,作出审理裁判。根据这些因素以及债权的受偿顺序,在没有严重争议的数额限度内,进行此种款项的先行支付。

只要经授权的司法代理人提出请求,不当支付的资金根据委任法官的裁定予以返还。

第R622-8条 (2005年12月28日第2005-1677号法令第84条)委任法官在听取债务人、管理人(如已指定)、有关的债权人以及司法代理人的意见之后,或者由书记员对这些人进行传唤之后,对按照本《法典》第L622-8条第3款的规定提出的担保替代申请作出裁定。

根据委任法官在其裁定中发出的指令,由申请人或者利益关系人请求进行担保的注销或登记,与此有关的费用由债务人负担。只有在设置替代担保之后,才能注销原担保。

第三节　经营活动的继续

第 R622-9 条　（2005 年 12 月 28 日第 2005-1677 号法令第 85 条）在法院确定的每一段观察期结束时，或者在任何时候，应检察院或委任法官的请求，债务人均应向检察院或委任法官、管理人（如已指定）、司法代理人与监督人报告企业继续经营活动的结果、其财务状况以及清偿本《法典》第 L622-17 条第一项所指的债务的能力。

第 R622-10 条　（2009 年 2 月 12 日第 2009-160 号法令第 22 条）为适用第 L622-10 条第 1 款的规定，法院依申请受理请求。法院作出的命令部分停止经营活动的判决送达第 R621-7 条列举的人，并在第 R621-8 条所指的登记簿或查询目录上作出记载。

第 R622-11 条　（2005 年 12 月 28 日第 2005-1677 号法令第 86 条，2009 年 2 月 12 日第 2009-160 号法令第 22 条）为适用第 L622-10 条第 1 款与第 3 款的规定，法院依申请受理请求，或者在相应情况下，按照第 R631-3 条或第 R631-4 条规定的形式与程序受理请求。

法院作出的将保护程序转换为司法重整程序的判决，或者宣告司法清算的判决，应在其宣告起 8 日内通知债务人；如果债务人不是提出此项请求的人，法院作出的判决应在相同时间内经执达员送达。

除此之外，这项判决由书记员负责在相同期限内送达有资格提起上诉的人，但检察院除外。

法院作出的这项判决应传达给第 R621-7 条列举的人，并进行第 R621-8 条所指的公示。

第 R622-12 条　（2005 年 12 月 28 日第 2005-1677 号法令第 87 条）在法院适用本《法典》第 L622-12 条的规定作出终止保护程序的判决时，司法代理人应立即按照第 R626-39 条与第 R626-40 条规定的条件提交任务终结汇报。这项判决应通知第 R621-7 条列举的人，并进行第 R621-8 条所指的公示。第 R626-41 条之规定适用之。

第 R622-13 条　法院书记员向（债务人的）对方合同当事人通知委任法官作出的同意管理人按照本《法典》第 L622-13 条（2009 年 2 月 12 日第 2009-160 号法令第 24 条）"第三项第 1 点"的规定延长期限的裁定。

应任何利益关系人提出的请求，委任法官就本《法典》第 L622-13 条（2009 年 2 月 12 日第 2009-160 号法令第 24 条）"第三项"与第 L622-14 条所指情况下合同已经当然解除以及解除的日期作出确认。

（2009年2月12日第2009-160号法令第2条）管理人按照本《法典》第L622-13条第四项的规定提出的解除合同的请求，采用申请的形式寄送或交存法院书记室。书记员用挂号信并要求回执传唤债务人及其对方合同当事人，并向管理人通知开庭期日。

第R622-14条 （2005年12月28日第2005-1677号法令第89条）委任法官按照本《法典》第L622-17条（2009年2月12日第2009-160号法令第2条）"第三项第2点"的规定批准借贷并同意延长支付期限的裁定，应转录于法院书记室为此设置并掌管的登记簿，并写明债务人的身份、借贷的数额、贷与人的识别资料以及借贷的到期日和支付期限。

第R622-15条 （2005年12月28日第2005-1677号法令第90条，2009年2月12日第2009-160号法令第26条）管理人（如已指定），应随时向司法代理人告知其按照本《法典》第L622-17条第四项的规定所知悉的该条第一项所指的债权。

管理人，或者在没有指定管理人的情况下，司法代理人，自其停止履职起，即应将债权清单转送方案执行监察人或者清算人，相应情况下，应对清单进行补全。

在观察期终止之后1年内，方案执行监察人或者清算人将债权清单交存至法院书记室。任何利益当事人均可到书记室查阅该清单。书记员在《民商事法定公告正式简报》上刊登一项告示，指明债权清单已经交存法院书记室（2009年2月12日第2009-160号法令第26条），并且指明可以对其提出异议的期限。

任何有利益关系的当事人均可自这份债权清单公示之日起1个月期限内向委任法官提出异议。

由委任法官从清单上排除的债权视为已经按照本《法典》第L622-24条规定的条件进行了申报。在此情况下，债权人应向司法代理人提交本《法典》第L622-25条与第R622-23条所指的情况。

第R622-16条 （2005年12月28日第2005-1677号法令第91条）债务人、管理人（如已指定），以及相应情况下，司法代理人，应向委任法官与检察院（如其提出要求）指明企业银行账户上的资金余额以及在信托银行开立的账户上的资金余额。

如企业继续经营活动有此要求，委任法官可以对企业银行账户及其在信托银行开立的账户上的资金数额的分配进行变更。

第 R622-17 条 （2005 年 12 月 28 日第 2005-1677 号法令第 92 条）债务人按照本《法典》第 L622-19 条的规定向税务部门进行申报。

第 R622-18 条 （2005 年 12 月 28 日第 2005-1677 号法令第 93 条）只有用挂号信并要求回执向司法代理人进行催告并且自收到催告起 2 个月仍无结果的情况下，被任命为监督人的债权人按照本《法典》第 L622-20 条第 1 款的规定为债权人集体利益提起的诉讼才能得到受理。

第 R622-19 条 （2005 年 12 月 28 日第 2005-1677 号法令第 94 条）按照本《法典》第 L622-21 条第二项的规定，出卖某项不动产所得价金的分配程序以及出卖某项动产的价金分配程序，如在保护程序的判决作出之日尚在进行当中，只要其不是源于在实行保护程序的判决作出之前就已经产生分配效力的强制执行程序，均告失效；所得资金交给司法代理人，相应情况下，由争讼物保管人交给司法代理人，后者交付资金之后即对各方当事人不再承担义务。

如果法院确定一项方案，司法代理人将这项资金交给方案执行监察人，以便进行分配。

如果是 2006 年 7 月 27 日第 2006-936 号关于不动产扣押与不动产价金分配程序的法律第 111 条第 1 款的规定所指的出卖不动产所得价金的分配程序，并且买受人已经办理清除不动产上负担的担保的手续，或者免除履行此种手续时，不动产的买受人可以向大审法院提出宣告注销担保登记的请求。

不动产的买受人在提出上述请求时应附有价金已经支付的证明、有关手续登记的清单以及已办理清除担保登记手续的证明或者登记此种担保的债权人同意免除办理此项手续与已经支付《民法典》第 2209 条所指的买卖费用的证明。

对于没有同意取消担保登记的债权人，法院书记员用挂号信并要求回执进行传唤，传唤通知书送达该债权人的住所。传唤通知书应写明债权人可以在接收挂号信并要求回执起 30 日内，通过向法院书记室提出的声明或者用挂号信并要求回执对价金的支付提出异议。

法官对所提异议作出裁判以及命令注销担保登记。

第 R622-20 条 （2005 年 12 月 28 日第 2005-1677 号法令第 95 条）如果作为诉讼原告的债权人向受理诉讼的法院提出其债权申报书的副本并通知司法代理人参加诉讼，以及相应情况下，在管理人有协助债务人的义务时，通知管理人或者方案执行监察人参加诉讼时，由该债权人采取主动，按照本《法典》第 L622-22 条的规定中断的诉讼得恢复进行。

在诉讼恢复之后作出的产生既判力的判决，应司法代理人的请求，由判决实行保护程序的法院的书记员在债权清册上作出记载。

第四节 债权申报

第 R622-21 条 （2005 年 12 月 28 日第 2005-1677 号法令第 96 条）司法代理人自实行保护程序的判决作出起 15 日内通知已知的债权人在第 R622-24 条规定的期限内申报各自的债权。

本《法典》第 L622-13 条与第 L622-14 条所指的（债务人的）合同相对方当事人，可以自其合同当然被解除之日或自宣告合同解除的判决通知之日起 1 个月内，向债务人的负债申报因各自的合同被解除而产生的债权。在符合规定正常履行的合同被解除的情况下，由本《法典》第 L622-17 条（2009 年 2 月 12 日第 2009-160 号法令第 27 条）第三项第 2 点所指的补偿金或违约金，亦适用相同规定。

司法代理人发出的通知应照录关于债权申报、请求撤销失权处分以及提起财产追还诉讼与返还诉讼应当遵守的期限与手续的立法与条例的各项规定。这项通知还应照录本《法典》第 L621-10 条、第 R621-19 条以及第 R621-24 条的规定，或者，如有必要，对于持有已经公示之担保的债权人或者与债务人订有经过公示的合同的债权人，应当用挂号信并要求回执向其本人或其住所进行通知。

《劳动法典》第 L143-11-4 条所指的各机构应申报在本《法典》第 L625-1 条所指的登记表上记载的债权，其中包括这些机构以任何原因拒绝结清的债权。在《劳动法典》第 L143-11-7 条第 3 款所指的结算期限经过之后 15 日，申报债权的期限即告终止。

第 R622-22 条 （2005 年 12 月 28 日第 2005-1677 号法令第 97 条）按照本《法典》第 L622-24 条第 5 款的规定，在实行保护程序的判决作出之后因连续履行的合同正规产生的、除本《法典》第 L622-17 条第一项所指之外的债权的债权人，在实行保护程序的判决于《民商事法定公告正式简报》上进行公告之日起 2 个月期限内，按照评估的基础，就其已经到期与尚未到期的款项全额进行申报。

如果是在上述判决作出之后签订的合同，自到期债权第 1 次未得到清偿之日或者未得到正常清偿之日起 2 个月内，按照评估的基础，就其已经到期与尚未到期的全部债权进行申报。

第 R622-23 条 （2005 年 12 月 28 日第 2005-1677 号法令第 98 条）除本《法典》第 L622-25 条规定的事项外，债权申报还应包括：

1. 如果债权没有证书为凭据，能够证明债权存在及其数额的各项材料；如果债权的数额尚未确定，应写明债权的评估数额；

2. 在没有具体规定利率的情况下，应写明计算利息的方式。这项申报对此后确定的数额有效；

3. 如果债权有争议，指明受理争议的法院。

在进行债权申报时，应附有证明文件的清单；准许提交各项证明文件的副本。司法代理人在任何时候均可要求提交没有附于清单的其他文件。

第 R622-24 条 （2005 年 12 月 28 日第 2005-1677 号法令第 99 条）按照本《法典》第 L622-26 条的规定确定的申报债权的期限为 2 个月，自实行保护程序的判决在《民商事法定公告正式简报》上公示之日起开始计算。

如果是由法国本土的法院作出的实行保护程序的判决，对于不居住在本土的债权人，申报债权的期限增加 2 个月。

第 R622-25 条 （2005 年 12 月 28 日第 2005-1677 号法令第 100 条）在交存本《法典》第 L624-1 条所指的债权人名册之后，委任法官取消对某一债权人的失权处分且其裁定已经终局确定时，按照本《法典》第 L624-2 条规定的条件就债权作出审理裁判。法院书记员在债权清册上作出记载。

有关取消失权处分之诉讼的费用，由（此前）没有按规定申报债权的债权人负担。

第 R622-26 条 （2005 年 12 月 28 日第 2005-1677 号法令第 101 条）根据本《法典》第 L622-28 条第 2 款规定被暂时中止进行的诉讼与民事（强制）执行程序，由享有该条最后一款所指担保的债权人提交法院作出的确定方案的判决，并按照该方案对担保人产生对抗效力的规定，主动恢复进行。

根据本《法典》第 L622-28 条第 3 款的规定，这些债权人可以按照实施 1991 年 7 月 9 日关于改革民事执行程序的法律的 1992 年 7 月 31 日设立民事执行程序新规则的第 92-755 号法令第 210 条及随后条文（《民事执行程序法典》第 R511-1 条）规定的条件采取保全措施。

第三章 经济、社会与环保概报表的制定

第 R623-1 条 （2005 年 12 月 28 日第 2005-1677 号法令第 101 条，2009

年2月12日第2009-160号法令)管理人用挂号信并要求回执向法院书记室交存并向本《法典》第L626-8条所指的机关和人通报按照本《法典》第L623-1条的规定制定的经济、社会与环保方面的概报表。

第R623-2条 （2005年12月28日第2005-1677号法令第102条）本《法典》第L623-1条所指的环保方面的概报表,应管理人的要求,由债务人编制,或者如果委任法官认为有必要有技术人员参与,概报表由指定的技术人员编制。

环保方面的概报表应当指明由债务人企业经营的、经过定级的设施所在的景区或景点,并对其作出描述,同时说明其环境情况、存在污染的潜在可能性、已经采取或者规定或将要采取的紧急安全措施,以及为防止经营活动对环境产生影响已经采取的措施。

经济、社会与环保概报表的制定应遵守掌玺官、司法部长与负责定级设施事务的部长发布的条例确定的栏目。

第四章 债务人概括财产的确定

第一节 债权审核与准许登记

第一目 债权审核

第R624-1条 （2005年12月28日第2005-1677号法令第103条）债权由司法代理人进行审核,债务人以及相应情况下,已经指定的监督人到场,或者按照规定对其进行传唤。

如本《法典》第L625-1条所指的债权以外的某一项债权存有争议,司法代理人用挂号信并要求回执将此事由告知(所涉及的)债权人或其委托代理人。本《法典》第L622-27条规定的30日期限自收到挂号信之日起计算。挂号信应具体说明争议的标的,并指出建议登记的债权数额,同时重述本《法典》第L622-27条的规定。

第R624-2条 （2005年12月28日第2005-1677号法令第104条）包含有本《法典》第L622-25条与第R622-23条规定事项的债权清册以及司法代理人的建议意见和债务人所做的解释说明,均交存至法院书记室,以便立即呈交委任法官。债权清册应转送管理人(如已指定),以及相应情况下,转送方案执行监察人。

凡是其债权在本《法典》第 L624-1 条规定的期限内没有最终载入债权清册的债权人，均可以申请按照本《法典》第 L622-26 条规定的方式取消本《法典》第 L622-24 条第 4 款规定的失权处分。

在债权清册交存至法院书记室之后，应司法代理人或者有利益关系的债权人的请求，法院书记员在清册上补充登记经过司法诉讼或行政诉讼最终获得确定的债权，以及补充登记在债权清册交存之后因对相应债权人取消失权处分而准许登记的债权。

第二目 准许登记

第 R624-3 条 （2005 年 12 月 28 日第 2005-1677 号法令第 105 条）委任法官在司法代理人制定的债权清册上签字，即告法院作出"准许没有争议的债权实际登记"的决定。

书记员用平信将其债权获准登记之事由通知各债权人或他们的委托代理人。这项通知应当具体指明债权获准登记的数额以及获准登记的债权附有的担保与优先权，并照录本《法典》第 L622-27 条与第 L624-3 条的规定。

准许债权登记的决定，应通知司法代理人与管理人（如已指定），并取得接收通知的收据。

第 R624-4 条 （2005 年 12 月 28 日第 2005-1677 号法令第 106 条）在委任法官的管辖权受到异议或者该法官依职权提出无管辖权时，法院书记员用挂号信并要求回执通知债务人、债权人、司法代理人以及管理人（如已指定）。

在委任法官受请求对债权争议进行审理裁判时，也适用这些规定；（2009 年 2 月 12 日第 2009-160 号法令第 30 条）但是，如果债权人在本《法典》第 L622-27 条规定的期限内并未对司法代理人的建议提出异议，则无须传唤债权人。

就管辖权或者债权异议作出的裁定，由法院书记员在 8 日内通知债务人与债权人或者其委托代理人。

这项通知应具体写明债权获准登记的数额以及获准登记的债权附有的担保与优先权，并照录本《法典》第 L622-27 条与第 L624-3 条之规定。

准许债权登记的决定应通知司法代理人与管理人（如已指定），并取得接收通知的收据。

第 R624-5 条 （2005 年 12 月 28 日第 2005-1677 号法令第 107 条）有关委任法官无管辖权的裁决一经作出，除针对该裁决提出管辖权异议之外，自该裁定通知之日起或者自接收通知书之日起1个月内,债权人、债务人以及司法代理人可以向有管辖权的法院提出请求。

有利益关系的第三人只能在有管辖权的法院作出的裁决于债权清册上作出记载之日起1个月内才能对该裁决提出第三人异议(案外人异议)。

第 R624-6 条 由国库提出申请,委任法官在听取司法代理人的意见之后,宣告已经持有执行根据或者没有受到异议的债权按照本《法典》第 L622-24 条第4款的规定获准最终登记。如委任法官不再履职,法院院长,经国库提出申请,宣告债权最终登记。这项决定应在债权清册上作出记载。

对于违反本《法典》第 L622-24 条第4款的规定作出的裁决,可以向上诉法院提起上诉。

第 R624-7 条 (2005年12月28日第2005-1677号法令第108条)对委任法官作出的准许债权登记的裁决,可以向上诉法院提起上诉。

第三目 债权清册(état des créances)

第 R624-8 条 (2005年12月28日第2005-1677号法令第109条)委任法官宣告的所有裁定,均由书记员记载于第 R624-2 条第1款所指的债权清单(liste des créances)。这份债权清单以及由劳动合同引起的各项债权的登记表,共同组成债权清册。

债权清册交存于法院书记室,任何人均可查阅该清册。

法院书记员在《民商事法定公告正式简报》上刊登一项通知,指出债权清册已经交存并指出可以提出要求的期限。

任何利益关系人均可在债权清册公示之日起1个月内向委任法官提出要求。

第 R624-9 条 (2005年12月28日第2005-1677号法令第110条)第 R624-8 条所指的债权清册应补充记载以下事项:

1. 如果相关事由属于另一法院的管辖权限,由有管辖权的法院作出的(相关)判决;
2. 第 R624-11 条第1款所指的裁定;
3. 由上诉法院就针对委任法官的裁决提出的上诉作出的判决。

第 R624-10 条 (2005年12月28日第2005-1677号法令第111条)第 R624-8 条最后1款所指的第三人的要求,以向法院书记室提出或送交声明并取得收据的方式提出,或者用挂号信并要求回执寄送书记室。

书记员用挂号信并要求回执传唤当事人或他们的委托代理人,并通知司法代理人与管理人(如已指定)。

对委任法官就提出的要求作出的裁定,可以向上诉法院提起上诉。

第 R624-11 条 （2005 年 12 月 28 日第 2005-1677 号法令第 112 条）权利得到另一有管辖权的法院作出的产生既判力的裁定承认的债权人,应向实行保护程序的法院寄送该裁定的副本。

法院书记员向司法代理人与管理人以及方案执行监察人通知因此对债权清册所做的任何变更。

第二节 配偶的权利

第 R624-12 条 （2005 年 12 月 28 日第 2005-1677 号法令第 113 条）在作出批准变卖夫妻共同财产的任何决定之前,均应听取债务人配偶的意见陈述,或者按规定对其进行传唤。

在程序进行过程中债务人与其配偶之间的共同财产制被解除对第三人产生对抗效力时,在作出批准变卖夫妻共有财产的任何裁定之前,均应听取配偶的陈述意见,或者按规定对其进行传唤。

第三节 动产出卖人的权利以及动产的追还与返还

第 R624-13 条 （2005 年 12 月 28 日第 2005-1677 号法令第 114 条）追还财产的请求,应在本《法典》第 L624-9 条规定的期限内用挂号信并要求回执寄送管理人(如已指定);或者在没有指定管理人的情况下,寄送债务人。申请追还财产的人应向司法代理人寄送其提出的请求的副本。

在第 1 款所指的人接收追还财产的请求之日起 1 个月内没有同意返还财产的情况下,申请人最迟应在本应作出答复的期限届满起 1 个月内,向委任法官提出请求,否则,因逾期而丧失追还权利。

委任法官在进行审理裁判之前,应听取有关当事人的意见陈述。

追还财产的请求当然包含返还财产的请求。

第 R624-13-1 条 如果已经指定了管理人,在本《法典》第 L624-9 条规定的期限内,用挂号信并要求回执向管理人通知按照第 L624-19 条的规定提出的请求。有限责任个体企业主将此请求的副本寄送司法代理人。在管理人接到申请起 1 个月内没有传达同意意见的情况下,申请人应在第 R624-13 条规定的期限内向委任法官提出请求,否则,因逾期而丧失权利。

在没有指定管理人的情况下,有限责任个体企业主在第 L624-9 条所指的期限内以申请向委任法官提出请求。

委任法官在作出审理决定之前,应听取申请人、司法管理人的意见,相应情况下,听取司法代理人的意见。

第 R624-14 条　(2005 年 12 月 28 日第 2005-1677 号法令第 116 条)为适用本《法典》第 L624-10 条的规定,返还财产的请求由财产所有权人用挂号信并要求回执向管理人提出(如已指定);在没有指定管理人的情况下,向债务人提出。请求返还财产的人应向司法代理人寄送其提出的请求的副本。

在第 1 款所指的人接收返还财产的请求之日起 1 个月内没有同意返还财产或者发生争议的情况下,所有权人可以主动向委任法官提出请求,由委任法官就其权利作出裁判;即使事先并未提出返还财产的请求,管理人或者债务人也可以为此目的向委任法官提出这项请求。

第 R624-15 条　(2005 年 12 月 28 日第 2005-1677 号法令第 117 条)为适用本《法典》第 L624-10 条的规定,该条所指的合同应在实行保护程序的判决作出之前按照各自适用的条件进行公示。

在没有特别规则的情况下,为上述相同目的,财产所有权人应在实行保护程序的判决作出之前,在《货币与金融法典》第 R313-4 条所指的登记簿上或者在本《法典》第 R621-8 条所指的登记簿上进行合同公示。

第 R624-16 条　(2005 年 12 月 28 日第 2005-1677 号法令第 115 条)在按照本《法典》第 L624-18 条的规定追还财产价金的情况下,由财产的再受让人在(债务人)实行保护程序的判决开始之后支付的相应款项,应当由债务人或者管理人交付至司法代理人手中。司法代理人按照提出追还请求的人的债权数额,向该人交付相应数额。

第四节　有关公司的特别规定

第 R624-17 条　为适用本《法典》第 L622-20 条第 2 款的规定,司法代理人用挂号信并要求回执向不履行义务的股东或持股人进行催告。

这封挂号信写明第 L624-20 条的规定。

第 R624-18 条　第 R228-26 条所指的期限适用于本《法典》第 L622-20 条第 2 款所指的催告。

第五章 由劳动合同产生的债权的清偿

第 R625-1 条 （2005 年 12 月 28 日第 2005-1677 号法令第 118 条）司法代理人根据薪金雇员、管理人以及薪金雇员代表提供的文件或者介绍的情况，对由劳动合同产生的债权进行审核并编制登记表。即使不审核其他无担保债权，仍应对由劳动合同产生的债权进行审核。

债务人应向薪金雇员代表提交可供司法代理人编制此种债权登记表的材料，特别是工资支付账册及人员登记簿。薪金雇员代表在债权登记表上签字，并且在有必要时，提出保留意见。如果薪金雇员代表没有在债权登记簿上签字，委任法官应听取其意见。

由劳动合同产生的债权的登记簿，由司法代理人负责提交给委任法官签字；司法代理人在《劳动法典》第 L143-11-7 条就每一类型的债权规定的期限经过之前，将这一登记簿送交该《法典》第 L143-11-4 条所指的机构。

第 R625-2 条 （2005 年 12 月 28 日第 2005-1677 号法令第 119 条）由劳动合同产生的债权的登记簿应写明每一位薪金雇员的身份、其劳动合同的性质、进入企业工作的日期、从事的工作岗位及其能力资历、是否担任社会性职务、劳动合同中断的日期、已经获得支付的款项、尚待支付的款项。在计算这些款项的数额时，应当扣除法定的或约定的应予扣取的数额，其中包括当这些款项是与法院判决最终确定的债权相对应时应予扣取的数额。

第 R625-3 条 （2005 年 12 月 28 日第 2005-1677 号法令第 120 条）司法代理人采用任何方式向每一个薪金雇员通知其债权的性质以及得到或没有得到承认的数额，并重申本《法典》第 L625-1 条规定的因逾期而丧失权利的期限，该期限自本条第 3 款规定的公示之日起计算。应向债权得到承认的薪金雇员告知进行支付的时间。

对于债权被遗漏登记的薪金雇员，劳资纠纷仲裁委员会在本《法典》第 L622-26 条(2009 年 2 月 12 日第 2009-160 号法令第 27 条)第 3 款规定的期限内可以取消对该雇员的失权处分。取消失权处分利益于《劳动法典》法律第 L143-11-4 条所指的机构。

本《法典》第 L625-1 条所指的公告，由司法代理人负责，在法人注册住所或者自然人申报的企业地址所在地或其从事活动的地点所在省，以及相应情况下，企业的每一个机构所在省内有资格刊登法定公告的报纸上刊登一项通知；这项通知应写明因劳动合同产生的债权登记表已全部交存至法院书记室。最迟应在《劳动法典》第 L143-11-1 条所指的担保最后期限经过之后 3 个月内进行这项公告。

上述通知由司法代理人签字、注明上述第 3 款所指的公告日期,自这一日期起,开始计算本《法典》第 L625-1 条所指的逾期丧失权利的期间。

第 R625-4 条 (2005 年 12 月 28 日第 2005-1677 号法令第 122 条)司法代理人或者方案执行监察人向《劳动法典》第 L143-11-4 条所指的机构返还由其垫付的、支付凭证有效期已经经过而没有被薪金雇员领取的款项。在薪金雇员提出请求时,由这些机构向其支付相应的款项。

第 R625-5 条 (2005 年 12 月 28 日第 2005-1677 号法令第 123 条)债务人向司法代理人或者管理人(如已指定)提供有关在保护程序的判决作出之日在劳资纠纷仲裁法庭进行的诉讼的全部情况。

第 R625-6 条 (2005 年 12 月 28 日第 2005-1677 号法令第 121 条)《劳动法典》第 L143-11-4 条所指的机构拒绝结清已经在登记表上记载的某项债权时,应当告知司法代理人,并且就尚未支付的款项,在相同期限内告知同一《法典》第 L143-11-7 条所指的人。这些机构应指明其拒绝结清的债权的性质与数额以及拒绝的原因。

司法代理人向薪金雇员通知上述机构拒绝结清其债权并将此事由告知薪金雇员代表。

第 R625-7 条 (2005 年 12 月 28 日第 2005-1677 号法令第 124 条)本《法典》第 L625-6 条所指的救济申请应在 1 个月内提出。

第六章 保护方案

第一节 保护方案草案的起草

第一目 大会的召集

第 R626-1 条 (2005 年 12 月 28 日第 2005-1677 号法令第 125 条)适用本《法典》第 L626-3 条的规定,有关的大会按照本《法典》第二卷的规定进行召集,但保留适用本节之规定。

第 R626-2 条 (2005 年 12 月 28 日第 2005-1677 号法令第 126 条)对于所有股份有限公司与股份两合公司,除第 R225-66 条与第 R225-73 条所指的事项外,召集大会的通知应包含以下内容:

1. 在第一次召集可能达不到要求的法定人数的情况下,第二次召集的大会可能召开的日期;

2. 重申第 R626-3 条第 1 款规定的期限。

在两次进行大会召集的情况下,间隔时间至少为 6 天。

第 R626-3 条 (2005 年 12 月 28 日第 2005-1677 号法令第 127 条)尽管有第 R225-72 条的规定,股东提出的将某个问题或某项决议草案纳入大会议程的请求,至少应在第一次召集即召开的大会之日前 15 日寄送公司的注册住所。

第二目 更换企业领导人

第 R626-4 条至第 R626-6 条 (2009 年 2 月 12 日第 2009-160 号法令第 33 条废止)

第三目 征求债权人的意见

第 R626-7 条 (2005 年 12 月 28 日第 2005-1677 号法令第 131 条)一、适用本《法典》第 L626-5 条第 2 款的规定,有关清偿债务的各项提议,由司法代理人用挂号信并要求回执传达给每一位已经申报债权并征求过意见的债权人。

二、向债权人寄送的提出清理债务期限与减免债务建议的信件,应具体写明征求意见的形式。在进行个人征求意见的情况下,这封信件应写明第 L626-5 条第 2 款第 1、2 句话的规定。在进行集体征求意见的情况下,则写明第 R626-8 条规定的召集通知书。挂号信还附有:

1. 资产与负债的清单,并逐一列出享有优先权的负债与普通负债;

2. 有关清理债务的全部提议,并指明提供的担保;

3. 司法代理人提出的意见,以及如已指定监督人,监督人的意见。

三、向债权人寄送的建议将债权转换为可以进入或取得公司注册资本的信件,应包含第 L626-5 条第 3 款的规定。

这封信件除上述第一项第 1、2、3 点所指的事项外,还应包括:

1. 由管理人制定的文件,如果没有指定管理人,由债务人制定的文件;该文件应对企业困难发生的原因、程度与性质作出说明;

2. 预计的资产负债状况;

3. 作为这项转换建议接收人的债权人的名单。

第 R626-8 条 在司法代理人决定集体征求债权人对向他们提出的清理

债务的期限与债务减免的建议的(同意)意见时,应当召集债权人参加会议,此次征求意见的会议在第 R626-7 条所指的挂号信中指定的地点与日期召开,并由司法代理人主持。

此外,召集此次会议的通知还可以刊登于法人注册住所地或企业地址所在地或者自然人债务人从事活动的地点有资格刊登法定公告的报纸上。

债权人可以由持有特别授权书的人为其代表。

司法代理人向债权人报告保护程序进行的情况以及债务人自保护程序开始之后继续从事经营活动的条件。

亲自出席或者由代理人出席此次会议的每一个债权人就清理负债表示的同意意见,均应采用书面形式并作出记载。

第四目 公共债权的清偿

第 D626-9 条 （2009 年 4 月 6 日第 2009-385 号法令）财政部门、社会保险机构、就业组织为失业保险金管理组织的利益,《社会保险法典》第九卷规范的机构,以及《农村及海洋渔业法典》第七卷规范的机构,按照本《法典》第 L626-6 条的规定同意的债务减免,依据以下第 D626-10 条至第 D626-15 条的规定进行。

第 D626-10 条 （2009 年 4 月 6 日第 2009-385 号法令）可以减免的债务是与以下所列项目相对应的债务:

1. 违约金、滞纳与延期利息、税务罚款或海关罚款、加收的款项、因追偿债务引起的费用,不论这些罚款与费用适用的是哪种税款,或者应向国家财政交纳的款项;

2. 与社会保险组织、《社会保险法典》第九卷规范的机构以及《农村及海洋渔业法典》第七卷规范的机构收取的分摊份额款项与应交款项相关联的、因拖延交纳期限而应当加收的款项、违约金与罚款以及因追偿此种应交款项而引起的费用;

3. 与就业组织为失业保险管理组织的利益收取的分摊份额款及应纳款项相关联的、因拖延交纳期限而应当加收的款项、因追偿此种应交款项而引起的费用以及处罚款项;

4. 以雇用薪金雇员的名义应当由雇主交纳的法定的或协议规定的社会性分摊份额款及应交款项之部分;

5. 与为国家及地方行政部门的利益征收的唯一直接税相关联的本金的权益;

6. 税收之外的国家债权以及地产、地产租金、提供服务的收费以及其他对国家财政的应纳款项。

在同意债务减免时,应优先考虑减免因追偿相应款项而引起的费用,因拖延交纳期限而加收的款项与罚款,然后考虑减免滞纳利息与延期利息,最后考虑减免与本金相关联的权益与款项;所欠本金的款项不得全额免除。

第 D626-11 条 （2009 年 4 月 6 日第 2009-385 号法令）在收到向第 D626-14 条所指的委员会提出的减免债务的请求之日,拖欠第 D626-9 条所指的（税务）行政部门、组织与机构的到期债务可以得到减免。

第 D626-12 条 （2009 年 4 月 6 日第 2009-385 号法令）在实行调解（和解）程序的情况下,债务人或者受理请求的调解人（和解人）,向第 D626-14 条所指的委员会提出减免债务的申请,该申请可以采用非纸质手段提交。减免债务的申请应在开始实行调解程序之日起 2 个月内向委员会提出,否则,因逾期而丧失权利。

1. 提交减免债务的申请时应附有以下材料:

A. 资产以及有担保的负债（债权）的清册和资产负债表之外承担的义务的清单;

B. 年度账目、最近 3 个会计年度的资金图表（如果已经制定这些文件）以及可实现的与可支配的资产和到期债务的状况;

C. 私人性质的债务的数额;私人性质的债务数额与债权人同意给予的全部（资金）帮助的部分相对应,第 D626-9 条所指的帮助除外。

2. 向委员会提出申请时,可以补充提交以下材料:

A. 预计资金安排计划;

B. 预计订货清单;

C. 希望减免债务的数额,或者已经由私人债权人同意减免的数额。

第 D626-13 条 （2009 年 4 月 6 日第 2009-385 号法令）在实行保护程序或司法重整程序的情况下,司法管理人或司法代理人向第 D626-14 条所指的委员会提出减免债务的申请。该申请可以采用非纸质手段提交。应在开始实行调解程序之日起 2 个月内向委员会提出减免债务的申请,否则,因逾期而丧失权利。

1. 提交减免债务的申请应附有以下材料:

A. 资产以及有担保的负债（债权）的清册和资产负债表之外承担的义务的清单;

B. 年度账目、最近 3 个会计年度的资金图表（如果已经制定这些文件）

以及可实现的与可支配的资产和到期债务的状况；

C. 私人性质的债务的数额；私人性质的债务数额与债权人同意给予的全部(资金)帮助的部分相对应，第 D626-9 条所指的帮助除外。

2. 向委员会提出申请时，可以补充提交以下材料：

A. 预计资金安排计划；

B. 预计订货清单；

C. 希望减免债务的数额或者已经由私人债权人同意减免的数额。

第 D626-14 条所指的委员会也可以在法院为实质性变更方案之目的而受理申请的框架内受理减免债务的申请。

第 D626-14 条 (2009 年 4 月 6 日第 2009-385 号法令)减免(公共)债务的申请，由一个委员会进行审查，委员会的成员包括金融部门的主管负责人以及有关组织和机构的代表。

上述委员会及其运作条件，由 2007 年 5 月 4 日第 2007-686 号法令具体规定。按照该《法令》的规定，在每一个省均设立一个委员会，其成员包括金融部门的主管负责人以及社会保险与失业保险组织的代表。委员会负责审查拖欠公共债务的债务人的状况。

委员会主任收集汇总由行政部门、有代表的组织与机构作出的相应决定，并负责进行通知。在通知减免债务的情况下，应通知放弃公共债务的数额及其相对于私人债务人所附的条件。委员会主任可以将签字权授予委员会的 1 名成员行使。

如果委员会自收到第 D626-12 条与第 D626-13 条所指的各项材料之日起 2 个月内没有作出答复，即等于拒绝减免债务。

第 D626-15 条 (2009 年 4 月 6 日第 2009-385 号法令)减免(公共)债务的目的是，便于遇到困难的企业进行资金重组，继续经营活动并保持就业岗位。只要企业没有继续生存的可能性，便没有减免债务的理由。减免债务不应当作为某种无正当理由的经济上的优惠待遇。公共债权人的此种努力应与其他债权人所做的努力相配合，以便企业能够持久地重振其经营活动以及在将来交纳属于公共收入的款项。

减免债务的申请可以得到受理的条件是，确认债务人至少在最近 10 年没有受到《劳动法典》第 L8224-1 条、第 L8224-2 条、第 L8224-3 条及第 L8224-5 条规定的终局确定的有罪判决，或者，如果债务人是法人，确认其机关或代表人没有受到这种判决。

在审查减免债务的申请时，应当考虑：

——第 D626-9 条所指之外的其他债权人同意作出的(减免债务的)努力;

——债务人的财务状况及其持久恢复经济的前景;

——债务人平常对第 D626-9 条所指的债权人的行为表现;

——这些债权人对优先权或抵押权顺位的转让,或者对其享有的担保的放弃或者已经同意给予的清偿期限。

第二节 确定保护方案的判决与方案的执行

第一目 保护方案的确定

第 R626-17 条 (2005 年 12 月 28 日第 2005-1677 号法令第 133 条)债务人一经向法院书记室交存保护方案的草案,书记员即用挂号信并要求回执传唤债务人、企业委员会代表,或者在没有企业委员会的情况下,传唤员工代表以及监督人。

检察院以及管理人与司法代理人均应得到开庭日期的通知。

第 R626-18 条 (2005 年 12 月 28 日第 2005-1677 号法令第 134 条)法庭在本《法典》第 L621-3 条规定的期限内作出审理裁判。

如果没有在有效时间内提出保护方案草案,检察院、任何债权人或者司法代理人均可向法庭提出终结程序的请求。法庭在听取债务人的陈述或者按规定对其进行传唤之后作出裁判。

法庭作出的终结程序的判决,应通知债务人并进行第 R621-8 条规定的公告。

终结保护程序按照本《法典》第 L626-9 条规定的条件作出宣告。

司法代理人立即按照本《法典》第 R626-39 条、第 R626-40 条规定的条件提交其终结任务的汇报。本《法典》第 R626-41 条的规定适用之。

第 R626-19 条 (2005 年 12 月 28 日第 2005-1677 号法令第 135 条)超过本《法典》第 L626-9 条确定的界限时,有关确定保护方案的法庭辩论应有检察院出席。该界限是第 R621-11 条所定数额。

第 R626-20 条 (2005 年 12 月 28 日第 2005-1677 号法令第 136 条)确定保护方案的判决由书记员传达给本《法典》第 R621-7 条第 3 点所指的人,并进行第 R621-8 条规定的公告。

(2009 年 2 月 12 日第 2009-160 号法令第 34 条)如果保护方案确定之后

2 年期间仍在执行当中,有关保护程序与方案执行的各事项,均由债务人负责从相应的登记簿或"手工业职业目录"上进行注销。进行此项注销即不得再重新记载有关执行保护方案的事项。

前款规定不适用于由法院判决确定的"(财产)不得转让"的记载以及宣告撤销(解除)保护方案的判决。

第 R626-21 条 (2005 年 12 月 28 日第 2005-1677 号法令第 137 条)确定或者驳回保护方案的判决,在其作出之日起 8 日内,由书记员通知债务人与企业委员会代表,在没有企业委员会代表的情况下,通知员工代表,并且送交检察院与司法代理人。此外,书记员将该判决通知按照本《法典》第 L626-10 条之规定有义务执行方案的任何人。

第 R626-22 条 (2005 年 12 月 28 日第 2005-1677 号法令第 138 条)在法院作出的驳回保护方案的判决终局确定,以及不适用本《法典》第 L622-10 条第 2 款与(2009 年 2 月 12 日第 2009-160 号法令第 35 条)第 3 款的规定时,法庭依职权终结程序;法庭按照本《法典》第 R626-9 条规定的条件作出裁判。

终结程序的判决应通知债务人,并进行本《法典》第 R621-8 条规定的公告。

司法代理人立即按照本《法典》第 R626-39 条、第 R626-40 条规定的条件提交其终结任务的汇报。第 R626-41 条的规定适用之。

第二目 方案的执行

第 R626-23 条 (2005 年 12 月 28 日第 2005-1677 号法令第 139 条)即使法人注册住所的地点或者企业的地址或自然人债务人从事活动的地址发生变更,确定保护方案的原法院对执行方案的条件仍然有管辖权。

第 R626-24 条 (2005 年 12 月 28 日第 2005-1677 号法令第 140 条)如果此前已禁止债务人在信贷机构签发支票,按照本《法典》第 L626-13 条的规定,债务人提出确定保护方案的判决并附于拒绝承兑事件的清单,即可证明有理由取消此前的禁止性处分措施。

禁止债务人签发支票的原信贷机构应将取消此种禁止措施的事由通知法兰西银行,以便债务人恢复正常权利。

第 R626-25 条 (2005 年 12 月 28 日第 2005-1677 号法令第 141 条)本《法典》第 L626-14 条规定的关于(宣告财产)不得转让的措施,由方案执行监察人负责,在公立登记簿上作出记载;宣告不得转让的财产以及财产上负担的权利,登记于第 R821-8 条所指的登记簿。

所进行的公示应写明财产不得转让的期限。

第 R626-26 条 （1951 年 2 月 17 日第 51-194 号法令第 8 条）在按照本《法典》第 L626-14 条的规定确定或变更方案的判决宣告债务人的动产设备暂时不得处分，并且该判决已经取得既判力的情况下，方案执行监察人应申请在第 R143-9 条规定的登记簿上就(财产)不得转让措施进行登记。

第 R626-27 条 （1951 年 2 月 17 日第 51-194 号法令第 9 条第 1 款至第 5 款）方案执行监察人向法人债务人注册住所或者自然人债务人申报的企业地址或从事活动的地址所在辖区的商事法院的书记室提交判决的副本。提交的副本应附有包括以下事项的登记表：

1. 如果债务人是自然人，其姓名、企业或者从事活动的地址；如果债务人是法人，其公司名称或者商号以及注册住所地址，第 R123-237 条第 1 款第 1、2 点所指事项或者在"手工业职业目录"上的注册号码；

2. 判决作出的日期；

3. 对暂时不得处分的设备(财产)的大体说明，其存放地点，并指出在相应情况下，可以将其移至他处；

4. 财产不得处分的期限。

第 R626-28 条 （1951 年 2 月 17 日第 51-194 号法令第 9 条第 6 款至第 8 款）书记员在登记表上记载登记日期以及第 R626-26 条所指的登记簿上的登记号码。

登记表按照第 R525-2 条、第 R525-3 条与第 R525-5 条所指的条件制作与保存，其中一份交给债务人。

法院书记员建立一份按字母顺序排列的债务人查询登记表，并指明各自相关的登记的号码。

第 R626-29 条 （1951 年 2 月 17 日第 51-194 号法令第 10 条）所有的登记表在其提交时均分派一个"编入号"。

所有这些材料均登记于第 R626-26 条所指的登记簿，并提交一份该登记摘要收据，其上写明：

1. 在材料上分派的第 1 款所指的"编入号"；

2. 提交材料的日期；

3. 提交的材料的件数与性质，并指明提交材料的目的；

4. 债务人的姓名或名称；

5. 不得转让的财产的性质及所在地点，可能情况下，写明其可能移动至其他地点。

第 R626-30 条 （1951 年 2 月 17 日第 51-194 号法令第 11 条）对于法院按照《商法典》第 L626-14 条第 1 款的规定批准转让的财产，书记员在登记表的备注栏内记载此前有关这些财产不得转让的措施已经全部或一部注销。

委任法官就财产暂时不得转让的措施确定的期限到期时，书记员依职权在登记表的备注栏内对注销登记事项作出记载，并向提出请求的债务人出具有关注销登记的证明。

法院有义务向提出请求的任何人提交仍然存在的有关登记事项的清单，相应情况下，应注明其中被注销的项目。

注销登记的费用包括在登记费用之内。

第 R626-31 条 （2005 年 12 月 28 日第 2005-1677 号法令第 142 条）法院根据本《法典》第 L626-14 条所指的批准并依据方案执行监察人提交的报告，就债务人提出的申请作出裁判。

法庭作出的裁决应通知债务人并报送检察院与方案执行监察人。不服法庭作出的裁决，可以如同针对法庭作出的变更方案的裁定一样，提出救济申请。

第 R626-32 条 （2005 年 12 月 28 日第 2005-1677 号法令第 143 条）为适用本《法典》第 L626-16 条的规定，应按照第 R626-1 条至第 R626-3 条规定的形式与期限召集有相应权限的大会。

第 R626-32-1 条 法院按照本《法典》第 L626-16-1 条的规定已经变更投票表决的条件时，为召开有权限的大会而发出的召集通知应当写明这一情况。

第 R626-33 条 （2005 年 12 月 28 日第 2005-1677 号法令第 144 条）本《法典》第 L626-18 条第 4 款规定的 1 年期限，自确定方案的判决作出之日起计算。

第 R626-33-1 条 对第 L626-20 条所指的债权同意给予清偿期限与减免数额，必须采用明文同意的形式。

第 R626-34 条 （2005 年 12 月 28 日第 2005-1677 号法令第 145 条）本《法典》第 L626-20 条规定的"无支付宽限期、不予减免的债权"的最高数额确定为 300 欧元。

第 R626-35 条 （2005 年 12 月 28 日第 2005-1677 号法令第 146 条）本《法典》第 L626-22 条所指的替换担保的请求，由债务人向有关的债权人提出。如债权人不同意债务人的请求，替换担保的请求可以经申请向法庭提出。

法庭在听取债务人、债权人与方案执行监察人的陈述意见,或者按照规定对他们进行传唤之后作出裁判。

由债务人负担费用对担保进行相应的注销与登记;只有在设置替代担保之后才能注销原担保。

第 R626-36 条 (2005 年 12 月 28 日第 2005-1677 号法令第 147 条)按照本《法典》第 L626-22 条的规定将出卖某项财产的价金存入信托银行之后,可以按照本《法典》第 L622-8 条第 2 款规定的条件向享有担保的债权人进行预付;方案执行监察人在债权人之间进行分配与支付,并注销相应担保。

在出卖不动产的情况下,按照本《法典》第 R643-3 条至第 R643-14 条规定的顺位清偿程序办理《民法典》第 2476 条及随后条文规定的清除抵押权手续之后,支付价金。

方案执行监察人用挂号信并要求回执通知因不动产的前所有权人的原因进行了担保登记的债权人以及对不动产享有追及权的人。这些债权人有义务在接到通知起 1 个月内向顺位清偿程序申报债权。

债权申报书应写明在(被出卖的)财产上登记的担保。申报书还应附有分别列出的债权款项的本金、利息与从属权利以及相关的证明材料。

如果在第 3 款规定的期限内没有申报其债权,相关债权人丧失参与分配价金的权利。

在按照本《法典》第 L626-22 条第 2 款的规定减少股息的情况下,由方案执行监察人制定的清偿顺位排列表应写明减少股息的计算方法。

第 R626-37 条 (2005 年 12 月 28 日第 2005-1677 号法令第 148 条)债务人有权提出第 R643-11 条所指的救济申请,法院书记员向债务人寄送清偿顺位排列表的副本。这项通知应具体写明提出救济申请的期限与方式。

第 R626-38 条 (2005 年 12 月 28 日第 2005-1677 号法令第 150 条)管理人向委任法官汇报按照本《法典》第 L626-24 条的规定采取的实施方案的行为的执行情况。

司法代理人向委任法官汇报其履行任务的情况;委任法官在确认债权审核已经结束,拖欠薪金雇员的款项已经按照《劳动法典》第 L143-11-7 条的规定进行支付之后,终止司法代理人的任务。

第 R626-39 条 (2005 年 12 月 28 日第 2005-1677 号法令第 151 条)管理人或者司法代理人已完成任务时,向法院书记室交存一份汇报。任何利益关系人均可查阅这份汇报。

前款所指汇报由法院书记员报送检察院,并由司法代理人用挂号信并要求回执通知债务人与监督人。这项通知应具体写明债务人与监督人可以在15日期限内向委任法官说明其意见。

委任法官批准管理人或司法代理人提出的终结任务汇报,相应情况下,应考虑前款所指的意见。委任法官可以要求司法代理人向其提交任何证明材料。委任法官作出的决定留存于法院书记室;对这项决定不得提出救济申请。

第 R626-40 条 (2005年12月28日第2005-1677号法令第152条)终结任务汇报应包括以下内容:

1. 依据管理人或司法代理人在专门账目方面的委托任务制定的分析账目版本而编制的账目;

2. 参照有关规定而确定的收费标准所收取的酬金与劳务费的细目;

3. 司法代理人从其所得报酬中返还给按照本《法典》第 L811-1 条与第 L812-1 条的规定接受委托、参与活动的人的劳务费数额;

4. 法庭指定的专家鉴定人以及委任法官指定的技术人员(其中包括公务助理人员或司法助理人员)的报酬。

第 R626-41 条 (2005年12月28日第2005-1677号法令第153条)第 R626-40 条所指的终结任务汇报一经交存至法院书记室,书记员即向债务人、监督人以及检察院寄送书记员根据第 R743-140 条至第 R743-157 条的规定制作的酬金、费用与劳务费的详细账目。这一账目应交存至法院书记室并附于司法代理人提交的账目;如果书记员在此后受请求支付其他费用,应在交存的账目上作出补记。

第 R626-42 条 (2005年12月28日第2005-1677号法令第154条)在管理人或司法代理人终结任务的专门账目得到批准时,法庭庭长作出终结程序的裁定,终止相应程序。

这项裁定是一项司法行政措施,不准对其提出不服申请。

这项裁定传达给第 R621-7 条所列举的人,并在第 R621-8 条所指的登记簿与查询表上作出记载。

第 R626-43 条 (2005年12月28日第2005-1677号法令第149条)不影响适用第 R626-51 条的规定,方案执行监察人就债务人履行义务及其进行清偿与款项分配的情况提出年度报告。这份年度报告交存法院书记室,并报送检察院。任何债权人均可查阅该报告。

第 R626-44 条 (2005年12月28日第2005-1677号法令第155条)在检察院要求更换方案执行监察人或者法院依职权受理此事由的情况下,视相应情况，分别按照第 R631-3 条或第 R631-4 条所指的程序规定的形式传唤有关的当事人。

方案执行监察人本人提出的请求换人的申请用平信提出；法庭就此项申请作出的裁定由书记员报送检察院，并用平信通知被更换的以及重新指定的方案执行监察人与债务人。

第 R626-45 条 （2005 年 12 月 28 日第 2005-1677 号法令第 156 条）由债务人按照本《法典》第 L626-26 条的规定提出的请求，以向书记室提交声明的形式为之。

书记员用挂号信并要求回执传唤债务人、监督人、企业委员会代表，或者在没有企业委员会的情况下，传唤按照第 R621-2 条的规定指定的员工代表，并向检察院与方案执行监察人通知开庭日期。

如果变更清偿债务的条件，法院书记员用挂号信并要求回执通知有关的债权人。有关的债权人在 15 日期限内用挂号信并要求回执向方案执行检察人提出其意见。

法庭作出的判决，按照第 R621-21 条的规定进行通知。

第 R626-46 条 （2005 年 12 月 28 日第 2005-1677 号法令第 157 条）变更方案的判决的副本，由法院书记员寄送第 R621-7 条所指的人，并按照第 R621-8 条的规定进行公告。

第 R626-47 条 （2005 年 12 月 28 日第 2005-1677 号法令第 158 条）方案执行监察人在向法院院长与检察院提交的报告中指出债务人或者其他任何人没有履行方案的情况。

方案执行监察人在报告中写明债务人的意见并且可以提议能够使方案得到履行的解决办法。

方案执行监察人向法院院长汇报其执行任务的情况。

第 R626-47-1 条 为了执行本《法典》第 L626-27 条第一项规定的任务，如果方案执行监督人没有取得执行根据，应向法院院长提出请求，以取得执行根据，法院院长以裁定作出决定。

第 R626-48 条 （2005 年 12 月 28 日第 2005-1677 号法令第 159 条）按照本《法典》第 L626-27 条第一项的规定，法庭根据向其提出的申请受理解除方案事由，或者在相应情况下，按照第 R631-3 条或者第 R631-4 条规定的程序与形式受理此种请求。法院按照本《法典》第 L626-9 条规定的条件作出裁判；法庭应听取方案执行监察人的陈述意见或者按规定传唤方案执行监察人。方案执行监察人提出的报告取代管理人的报告。

法庭按照本《法典》第 L626-27 条第一项第 3 款的规定解除方案时，（2009 年 2 月 12 日第 2009-160 号法令第 38 条）在同一判决中，视具体情况，宣告对债务人实行司法重整程序或者司法清算程序。

这项判决自宣告起 8 日内，由书记员负责、经司法执达员送达除检察院之外的有资格对判决提出上诉的人。

这项判决传达给第 R621-7 条所指的人。

解除方案的判决，应进行第 R621-8 条所规定的公告。

第 R626-49 条　（2005 年 12 月 28 日第 2005-1677 号法令第 159-1 条）按照本《法典》第 L626-27 条第三项的规定，方案执行监察人向法院书记员转送已经获准登记于方案的债权的清单。每一项债权均应记明债权人已经受领清偿的数额并予扣减。法院书记员将债权清单登记于新开始的程序的债权登记清册。

第 R626-50 条　（2005 年 12 月 28 日第 2005-1677 号法令第 160 条）法庭按照本《法典》第 L626-28 条的规定受理案卷时，根据方案执行监察人制定的报告进行审理，作出裁判。

法院作出的判决应报送检察院。

有关程序的各项决定均由债务人负责从其原已登记的登记簿上注销。

第 R626-51 条　（2005 年 12 月 28 日第 2005-1677 号法令第 161 条）方案执行监察人在终结任务后 2 个月内，按照第 R626-39 条或者第 R626-40 条规定的条件提交终结任务报告。第 R626-41 条的规定适用之。

第三节　债权人委员会

第 R626-52 条　（2005 年 12 月 28 日第 2005-1677 号法令第 162 条）按照本《法典》第 L626-29 条的规定确定的数额为 150 名薪金雇员以及 2000 万欧元营业额。

这两项数额按照第 R621-11 条第 2 款与第 3 款的规定确定。

第 R626-53 条　（2005 年 12 月 28 日第 2005-1677 号法令第 163 条）在法院没有指定管理人，并且委任法官批准适用本《法典》第 L626-29 条至第 L626-35 条之规定的情况下，由委任法官指定 1 名管理人履行本《法典》第 L626-30 条至第 L626-33 条赋予管理人的任务。

第 R626-54 条　（2005 年 12 月 28 日第 2005-1677 号法令第 163-1 条）委任法官批准本《法典》第 L626-29 条至第 L626-35 条之规定的判决，属于司法行政措施，不准对此提出救济申请。

第 R626-55 条 （2009 年 2 月 12 日第 2009-160 号法令第 40 条）管理人向本《法典》第 L626-30 条第 2 款所指的每一位债权人通知其是"信贷机构委员会的当然成员"。

本条所称的信贷机构及类似机构是指《货币与金融法典》第 L511-1 条所指的机构，该《法典》第 L518-1 条所指的机构，该《法典》第五卷所指的在欧洲经济区协议签字国领土上自由设立或自由提供服务的机构，以及债务人与之缔结信贷合同的其他任何实体。

第 R626-56 条 （2005 年 12 月 28 日第 2005-1677 号法令第 165 条）为了确定"主要供应商委员会"的成员组成，应当考虑在开始程序的判决作出之日存在的（2009 年 2 月 12 日第 2009-160 号法令第 41 条）包括各项税款在内的债权数额。

为此目的，债务人应立即向管理人提交由其本人或会计监察人出具证明的供货人的债权清单以及每一项债权的数额，或者，如果指定了会计师，由会计师出具该清单。

（2009 年 2 月 12 日第 2009-160 号法令第 41 条）凡是所持债权数额在供货商的债权总额中超过 3% 的供货商，管理人均通知其是"主要供货商委员会的当然成员"。

第 R626-57 条 （2005 年 12 月 28 日第 2005-1677 号法令第 166 条，2009 年 2 月 12 日第 2009-160 号法令第 42 条）管理人最迟在向"主要供货商委员会"提交债务人的提议之前 15 日，可以要求任何所持债权数额在供货商的债权总额中不超过 3% 的供货商提出作为"主要供货商委员会"成员的申请。

收到前款所指要求的供货商，如果在收到管理人的通知之日起 8 日期限内没有向管理人寄送同意担任委员会成员的书面答复，视其拒绝管理人提出的要求。

第 R626-57-1 条 （2009 年 2 月 12 日第 2009-160 号法令第 43 条）为适用本《法典》第 L626-30-1 条第 3 款的规定，产生于实行程序的判决作出之前的某项债权的转移，应当用挂号信并要求回执通知管理人。

第 R626-57-2 条 （2009 年 2 月 12 日第 2009-160 号法令第 43 条）作为上述每一个委员会的成员的债权人，如打算按照本《法典》第 L626-30-2 条的规定提出建议，可以采用任何方法将其建议转交债务人与管理人。债务人在管理人的参与下评判是否将所提建议提交债权人委员会。

第 L626-30-2 条第 2 句话所指的方案草案最迟在第一次投票前 15 日用

挂号信并要求回执转送管理人。

第 R626-58 条　管理人在转送第 R626-55 条、第 R626-57 条以及本条第 2 款所指的各项通知时，要求有关的债权人立即向其报告可能存在的本《法典》第 L626-30-2 条第 4 款所指的协议。

在投票表决之前 8 日，对于在将要召开的会议上有权作出决定的委员会的全体成员所持有的、包含所有税负在内计算的债权的数额，由管理人统一计算后确定。在同一日，管理人制定按照第 L626-30-2 条第 5 款的规定不享有表决权的债权清单。这一清单在表决之日提交给出席或派代表出席会议的债权人。最迟在表决之日前 8 天，管理人向有关的债权人告知按照第 L626-30-2 条第 4 款的规定确定的计算方法；在投票表决之前最迟 48 小时出现不同意见的情况下，管理人可以按照有关规定向商事法院院长提出请求。应将所采用的计算方式作为债权清单的补充事项告知债权人。

在订有按照指数计算利息的条款的情况下，在实行集体程序的判决作出之日尚未到期的利息的数额，按照判决作出之日的利率计算。用外国货币表示的债权，按照上述判决作出之日的汇率折合成欧元。

第 R626-59 条　管理人邀请司法代理人与企业委员会代表，或者在没有设立企业委员会的情况下，邀请员工代表，在每一个委员会就方案作出决定之前，向委员会提出他们各自的意见。

第 R626-60 条　（2009 年 2 月 12 日第 2009-160 号法令第 45 条）为适用本《法典》第 L626-32 条的规定，有关召集债券持有人大会的通知，由管理人负责，登载于债务人注册住所地所在省的有资格登载法定公告的报纸上，并且，如果债务人公开募集资本或者并非所有的债券均为记名债券，还应在《民商事法定公告正式简报》上进行登载。登载的通知应包括第 R228-66 条规定的各项内容，并指明第 R626-61 条所指的地址。

如果债务人发行的全部债券均为记名债券，可以用平信或挂号信向每一个债券持有人寄送召集会议的通知，以替代前款所指的登载通知。在债券是共有财产的情况下，召集大会的通知书应寄送所有的共有人。在债券负担用益权的情况下，召集大会的通知应寄送虚有权人。

登载召集会议的通知之日或者寄送信件之日与债券持有人大会进行投票表决之日两者间隔时间至少应有 15 日。

应在本条第 1 款规定的通知中写明第 R626-58 条第 1 款所指的要求，或者在第 2 款规定的召集通知中写明此种要求。

第 R626-61 条　（2009 年 2 月 12 日第 2009-160 号法令第 45 条）在债券

持有人大会召开前 15 日内,每一债券持有人均有权亲自或者委托代理人在会议召集通知书指明的地点了解由债权人委员会通过的方案草案;如果债务人提交的方案与此方案不同,可以查阅债务人提交的方案。

债务人在管理人的参与下向债券持有人大会提交由债权人委员会通过的方案草案;在通过的方案不是债务人提交的方案时,由管理人向大会提交该方案。仍然主张其提出的方案但没有获得通过的债务人,可以受要求提出其说明意见。

每一种方案后均应附有管理人的报告。

第 R626-61-1 条　在大会召开之前 8 日,管理人确定有权参加投票表决的债权的数额。在此情况下,适用第 R626-58 条第 2 款最后两句话以及该条第 3 款的规定。

第 R626-62 条　(2009 年 2 月 12 日第 2009-160 号法令第 45 条)管理人唯一有权限决定(债权人)委员会与债券持有人大会的表决方式;如其决定采用秘密投票方式进行表决,对此项决定不得提出任何异议。持有的债权数额最高的 2 名债券持有人或债权人,如同意担任此职务,担任大会检票人。

第 R626-63 条　(2009 年 2 月 12 日第 2009-160 号法令第 45 条)有关适用本《法典》第 L626-30 条至第 L626-32 条之规定的争议,应在 10 日期限内提出;10 日期限自提出异议的人作为成员所属的债权人委员会或债权持有人大会表决之日起计算。此种异议通过向法院书记室提交声明并取得收据的形式提出,否则不予受理。法院书记员用平信将此种异议声明的副本寄送债务人与管理人。

书记员用平信传唤提出异议的人出庭,法庭就确定或变更方案进行辩论。

法庭在规定可以提出异议的期限终止后不满 5 日时不得开庭。

书记员将法庭作出的判决通知提出异议的人。

第七章　在没有司法管理人的情况下的特别规定

第 R627-1 条　(2005 年 12 月 28 日第 2005-1677 号法令第 169 条)在没有管理人的情况下,(债务人的)合同对方当事人用挂号信并要求回执向债务人寄送催告书,同时用挂号信并要求回执向司法代理人寄送催告书的副本,以此告知司法代理人。

司法代理人立即将其意见告知债务人及其合同对方当事人。

如司法代理人在债务人收到催告书起15日期限内没有作出答复,债务人可以向委任法官提出请求。

(2009年2月12日第2009-160号法令第46条)委任法官受理债务人提出的请求,即中止本《法典》第L622-13条第三项第1点规定的期限。法院书记员向(债务人的)合同相对方当事人通知委任法官已经受理债务人的请求,受理请求即产生中止效力。

如果由债务人行使为司法管理人设置的选择权利,请求解除正在履行中的合同,债务人将其听取的司法代理人的意见附于其提出的申请。法院书记员向司法代理人而不是向管理人通知开庭的日期。

第八章 加快的保护程序

第一节 一般规定

第R628-1条 除保留适用本章之规定外,加快的保护程序受保护程序所适用的规定调整,但其中第R621-20条、第R621-26条、第R622-11条、第R622-13条、第R626-17条、第R626-18条与第R626-22条以及第四章第三节的规定除外。

第一目 加快的保护程序的实行

第R628-2条 请求实行加快的保护程序的申请应证明所提的方案草案具备第L628-1条第2款规定的各项条件,以便对第R621-1条所指的材料与情况进行补充。

方案草案改变了其债权的清偿条件,并且没有规定只要方案一经确定或者债权获准登记,即用现金全额清偿其债权的债权人对方案表示支持的证据,可以通过任何方式收集;对方案草案表示支持的证据材料最迟应在法官进行审理时提出。

债务人并未停止支付并申请免除进行资产盘存时,提出这项申请可以替代第R621-1条第1款最后一句所指的各项材料。

为适用第R621-1条第2款第5点的规定,所提申请还应具体说明在进行的调解程序范围内正进行谈判的有关债务的情况。

相应情况下,申请应具体说明停止支付的日期,并附交以下材料:

1. 实行调解程序的判决的副本；

2. 资金状况一览表，如果债务人制定合并结算账目，流动资产状况一览表；

3. 未来 3 个月的财务预算状况；

4. 预计的资金筹措计划；

5. 本《法典》第 L628-1 条第 2 款所指的方案。

上述第 2 点至第 4 点所指的文件由债务人注明日期、签字并确认其真实可信。这些文件按照提出申请之日的情况制定或者在此前 7 日内制定。如果不能提供其中某项文件，或者仅能提供不完整的文件，所提申请应指出妨碍提出完整文件的原因。

第 R628-3 条 按照本《法典》第 L628-1 条的规定确定的限额为：薪金雇员 20 人、税负外营业额为 300 万欧元、资产负债总额为 150 万欧元。

税负外营业额与资产负债总额按照第 D123-200 条第 4 款与第 5 款的规定确定，并根据会计年度终结之日的情况进行评估。薪金雇员人数为债务人提出实行加快的保护程序的申请之日的雇员人数。

第 R628-4 条 本《法典》第 L628-2 条所指的调解人的报告交存至法院书记室，并由书记员传送给债务人与检察院。对调解人提交的报告，可以用能够评判方案适当性的任何材料加以补充，特别是从方案所表述的继续经营活动的财务与经济条件以及第 L628-1 条所要求的债权人的支持幅度的角度来进行补充。调解人提交的报告还应根据实行加快的保护程序的申请中所附的债权清册，就调解程序范围内进行谈判的各项债权的准确性提出看法。

法庭在听取调解人的意见之后，就实行加快的保护程序进行审理、作出裁判。

第 R628-5 条 如果检察院没有要求向其报送本《法典》第 L628-2 条所指的各项材料与文书，法院书记员在接收这些材料和文书后立即将其转送检察院。

第 R628-6 条 第 R621-24 条规定的 20 日期限减为 15 日；委任法官在此期限经过之前不得指定监督人。

第 R628-7 条 检察院要求实行加快的保护程序时，向法院提出申请，指明据以提出此项申请的事实与理由。法院院长指示其书记员用挂号信并要求回执传唤债务人在确定的期限内到庭。

第二目 加快的保护程序的效力

第 R628-8 条 债务人在实行加快的保护程序的判决作出起 10 日之内,向法院书记室交存第 L628-7 条所指的债权清册,一式两份。书记员将其中一份交给司法代理人。

债权清册包含第 L622-25 条第 1 款与第 2 款、第 R622-5 条第 1 句以及第 R622-23 条所指的各项材料。

如果在债权清册上记载的情况与第 L622-6 条所指的清册上的情况有差异,只考虑前者记载的情况。

第 R628-9 条 司法代理人在法院书记员送交债权清册后 8 日内,用挂号信并要求回执,或者在相应情况下,通过本《法典》第 L814-2 条与第 L814-13 条所指的途径,向每一个有关的债权人传送债权清册上所涉及的其持有的债权的相关情况,并向每一个债权人告知第 L628-7 条以及本条的规定。

第 R628-10 条 法院在实行加快的保护程序的判决中确定开庭的日期。在此次开庭时,法庭就方案作出裁判。书记员在 8 日内向检察院、司法管理人与司法代理人通知开庭日期,同时用挂号信并要求回执传唤债务人、企业委员会代表出庭,或者,在没有设置企业委员会时,传唤员工代表出庭。

第 R628-11 条 由债务人、检察院、管理人或者司法代理人提出申请,或者经债权人提出传唤状,法院可以随时受理案卷,对所提方案或者就终结程序作出审判裁判。

在法院依申请受理案卷时,法院院长指示书记员用挂号信并要求回执对债务人进行传唤。书记员向检察院、管理人与司法代理人通知开庭日期。

第 R628-12 条 终结程序的判决通知债务人,并传送给第 R621-7 条所指的人,同时进行第 R621-8 条所指的公告。

司法管理人与司法代理人立即按照第 R626-39 条与第 R626-40 条规定的条件提交一份终结任务的汇报。于此情形,适用第 R626-41 条之规定。

第二节 加快的财务保护程序的特别规定

第 R628-13 条 请求实行加快的财务保护程序的申请,除第 R628-2 条所指的各项情况之外,还应按照本《法典》第 L628-9 条规定的条件对有关负债的性质作出说明。

为适用第 R621-1 条第 2 款第 5 点的规定,写明各项负债的数额的清单应对各种负债作出区分:哪些负债不受开始实行的程序的影响,哪些负债已在正进行的调解程序中进行过谈判。

第 R628-14 条 为了在《民商事法定公告正式简报》以及刊载法定公告的报纸上进行刊载而寄送的实行程序的判决的通知,除第 R621-8 条第 5 款与第 6 款所指的各项内容外,还应写明本《法典》第 L628-9 条的规定。

第 R628-15 条 第 R621-24 条规定的 20 日期限减少至 8 日,在此期限经过之前,委任法官不得指定任何监督人。

第 R628-16 条 委任法官将本《法典》第 L626-30-2 条第 3 款所指的期限减少至 15 日以下时,管理人应在委员会投票之日前 3 日完成第 R626-58 条与第 R626-61-1 条规定的各项工作。

第 R626-60 条对召集债券持有人大会与投票表决之间规定的最少间隔时间减少至 10 日。

第 R626-61 条规定的每一债券持有人了解方案内容的权利,应当在此次大会之前 10 日内行使。

第 R628-17 条 登载包含有召集大会通知的公告之日或者进行最后一次登载公告或者寄送信件或者通过电子邮件发送召集通知之日,与第一次召集即可举行的股东大会召开之日,两者之间至少应有 10 日的间隔时间。

第 R628-18 条 第 R225-73 条第一项所指的通知,最迟在股东大会召开之前 21 日在《强制性法定公告简报》上进行公示。

股东提出将某个问题或决议草案纳入大会议程的请求,至少应在第一次召集即可召开的股东大会之前 15 日寄送至债务人的注册住所。

第 R628-19 条 第 R225-89 条第 2 款与第 R225-90 条第 1 款所指的期限减少为 10 日。第 R225-90 条第 2 款所指的股东名册应在股东大会召开之前 12 日制定。

第三编　司法重整程序

第一章　司法重整程序的开始与进行

第一节　司法重整程序的开始

第一目　法院受理与判决

第 R631-1 条　（2005 年 12 月 28 日第 2005-1677 号法令第 170 条）申请实行司法重整程序，由法人的法定代表人或者自然人债务人向有管辖权的法院书记室提出。

除最近一个会计年度的年度账目之外，提交申请应附有以下材料：

1. 已到期的可追偿债务与可处分资产的清册以及停止支付的声明（déclaration，或译为"申报书"），如果发生困难的经营活动是由有限责任个体企业主从事的活动，在相应情况下，负债清册应当补充可以就其指定用途的概括财产实行追偿的其他债权的清单；

2. 在第 R621-8 条所指的登记簿与检索表上登记事项的节录；

3. 最近 1 个月内的财务状况；

4. 提交申请之日雇用的薪金雇员人数，他们各自的姓名与地址，以及最近一个会计年度终结之日评价的、按照第 R123-200 条的规定定义的营业额；

5. 用具体数字表示的债权与债务的清单，并写明债权人的姓名与住所，以及拖欠薪金雇员的款项总额；

6. 享有担保的资产与负债的清单以及在资产负债表之外承担的义务的

清单；

7. 债务人财产的大体盘存表，或者，如果是用指定用途的概括财产从事现在发生困难的活动，用于从事此种活动的是哪些财产；

8. 如果法人成员中有对公司债务承担连带责任的成员，这些成员的名单以及他们的姓名与住所；

9. 有资格由法院听取其意见的企业委员会代表或员工代表的姓名与地址；

10. 有关在提交本次申请之前18个月内没有实行专门委任或调解（和解）程序的诚实性的证明一份；如果在这一期间实行过专门委任或调解（和解）程序，则应写明专门委任的代理人受指定的日期或调解（和解）程序开始的日期以及进行调解（和解）的机关；

11. 如果债务人从事的是受专门立法或条例规范的自由职业或者名称受到保护的职业，应指明其隶属的行业公会；

12. 如果债务人经营的是《环境法典》第五卷第一编意义上的定级设施，则应提交批准决定的副本或者申报书。

以上各项文件均应由债务人签字、写明日期并确认其诚实与真实。(2009年2月12日第2009-160号法令第47条)上述第1、2、5、7、8点所指的文件，均应根据提交申请日期的实际情况制定或者按照此前7日的情况制定。

在不能提交或者不能完全提交上述某一项文件的情况下，提交的申请应写明不能提交该文件的原因。

第R631-2条 （2005年12月28日第2005-1677号法令第171条）由某一债权人提出的（申请对债务人实行司法重整程序的）传唤状，应具体说明其债权的性质与数额，并附有能够证明债务人已停止支付的任何证据材料（éléments de preuve）。债权人在提交的申请中应附有法院书记员出具的关于大审法院院长已受理指定调解人之申请的证明一份。

在提出实行司法重整程序的申请时，应当排除提出其他任何请求，否则，法庭依职权宣告提交的申请不予受理，(2009年2月12日第2009-160号法令第48条)但以附带名义（在相应情况下）提出的实行司法清算程序的申请不在此限。

第R631-3条 （2005年12月28日第2005-1677号法令第172条）在法庭依职权受理案件的情况下，法庭庭长应责成书记员负责经司法执达员传唤债务人在确定的期限内到庭。

传唤通知书应附有法庭庭长所做的简短说明,说明法庭因哪些事实理由依职权受理案件。

法院书记员将这项简短说明寄送检察院。

第 R631-4 条 （2005 年 12 月 28 日第 2005-1677 号法令第 173 条）在检察院要求(对债务人)实行司法重整程序的情况下,由检察院向法院提出申请,指明据以提出该申请的理由。法院院长责成书记员经司法执达员送达文书传唤债权人在确定的期限内到庭。

法庭的传唤通知书附有检察院提出的申请。

第 R631-5 条 （2005 年 12 月 28 日第 2005-1677 号法令第 174 条）在本《法典》第 L631-3 条第 2 款所指情况下法院决定依职权或者依检察院的申请受理案件时,第 R631-3 条与第 R631-4 条的规定适用于已知其地址的债务人的继承人;如债务人的继承人中有人地址不明,依职权或者依检察院、管理人或者司法代理人提出的申请受理案件的大审法院院长为这些继承人指定 1 名代理人。

第 R631-6 条 （2009 年 2 月 12 日第 2009-160 号法令第 49 条）上诉法院撤销或者驳回就(是否)实行司法重整程序作出的判决时,可以依职权裁判实行司法重整程序或司法清算程序。

第 R631-7 条 （2005 年 12 月 28 日第 2005-1677 号法令第 176 条）第 R621-2 条至第 R621-4 条、第 R621-7 条至第 R621-9 条与第 R621-14 条至第 R621-16 条的规定适用于司法重整程序,但保留执行本节之规定。

第 R631-7-1 条 按照本《法典》第 L621-2 条的规定采取的保全措施,自向被告人进行该条所指的送达之日起,应立即告知按照第 R621-2 条的规定指定的人。

第 R631-8 条 （2005 年 12 月 28 日第 2005-1677 号法令第 177 条）相应情况下,法院书记员通知提出追偿债务请求的债权人可以到法院书记室了解第 R621-3 条第 2 款所指的报告,同时向其通知开庭日期。

第 R631-9 条 （2005 年 12 月 28 日第 2005-1677 号法令第 178 条）为适用第 R621-11 条的规定,应当考虑的薪金雇员的人数按照提出(实行司法重整程序的)请求之日的实际情况确定;在法院依职权受理案件的情况下,按照向债务人发出的传唤通知书之日的情况确定。

第 R631-10 条 （2005 年 12 月 28 日第 2005-1677 号法令第 179 条）为适用第 R621-4 条之规定,如果不能当庭作出判决,应向债务人,以及相应情况下,向提出追偿债务之请求的债权人通知宣告判决的日期。

第 R631-11 条 （2005 年 12 月 28 日第 2005-1677 号法令第 180 条）如果认定债务人不具备实行司法重整程序所要求的条件，法庭驳回（有关实行该程序的）请求。

（2009 年 2 月 12 日第 2009-160 号法令第 50 条）如果在提起诉讼的文书中，或者在债务人或其代理人出席庭审的法庭上没有以附带名义提出实行司法清算程序的申请，法庭因此没有受理此项请求，以及在法院认为应当依职权受理案件并实行司法清算程序的情况下，应当适用第 R631-3 条的规定。

第 R631-12 条 （2005 年 12 月 28 日第 2005-1677 号法令第 181 条）就（是否）实行司法重整程序作出的判决，在其宣告起 8 日内由法院书记员通知作为申请人的债务人或债权人；如果债权人不是申请人，应在相同期限内经执达员向其送达法院作出的判决。

第 R631-13 条 （2005 年 12 月 28 日第 2005-1677 号法令第 182 条）法院作出的变更债务人停止支付日期的判决，应通知债务人，并传达给第 R621-7 条所指的人，还应进行第 R621-8 条规定的公告。

第 R631-14 条 （2005 年 12 月 28 日第 2005-1677 号法令第 183 条）对于所持有的代表公司权益的股份已经转入（2009 年 2 月 12 日第 2009-160 号法令第 51 条）第 R631-10 条所指专门账户上的人，由其提出请求，管理人向其出具一份准许参加公司股东大会的证明。

除另有裁定之外，法庭应最紧迫要求的利益当事人的请求，在通过司法重整方案或者终结重整活动之后终止这一专门账户。

按照第 R631-19-1 条的规定，（2009 年 2 月 12 日第 2009-160 号法令第 51 条）作为资本证券或可以进入资本的证券的公司股份不能转让或进行转让的情况下，命令进行转让或者取消其不得转让之处分的判决取得既判力之后，也终止专门账户。

第 R631-14-1 条 命令采取保全措施所担保的款项的数额，不得超过原告主张的因被告的过错造成的损失而请求赔偿的数额。

第 R631-15 条 （2009 年 2 月 12 日第 2009-160 号法令第 52 条）第 R631-11 条所指的报酬或劳务费，由委任法官作出特别说明理由的裁定确定，但应听取管理人、司法代理人与自然人债务人或者法人债务人的领导人的意见陈述，或者按规定对他们进行传唤。

第二目 实施程序的机关与监督人

第 R631-16 条 第 R621-10 条至第 R621-25 条，除第 R621-23 条第 1 款

以及第 R621-20 条之外,均适用于司法重整程序。

第二节 程序的进行

第一目 管理人任务的变更

第 R631-17 条 (2005 年 12 月 28 日第 2005-1677 号法令第 186 条)第 R622-1 条适用于司法重整程序。

第二目 观察期间的保全措施

第 R631-18 条 (2005 年 12 月 28 日第 2005-1677 号法令第 187 条)第 R622-2 条至第 R622-5 条之规定,除第 R622-4-1 条之外,适用于司法重整程序。

第 R622-4 条第 4 款至第 6 款所定的规则适用于在实行司法重整程序或保护程序转为司法重整程序的情况下对债务人资产进行的评估作价。

第三目 观察期内企业的转让

第 R631-19 条 (2005 年 12 月 28 日第 2005-1677 号法令第 188 条)第 R622-6 条至第 R622-8 条的规定适用于司法重整程序。

(2009 年 2 月 12 日第 2009-160 号法令第 54 条)在由管理人按照本《法典》第 L622-7 条的规定提出批准申请的情况下,第 R622-6 条的规定也适用于司法重整程序。

为适用第 R622-7 条的规定,委任法官受理先行支付款项的请求之后,依据管理人(如已指定)提出的意见作出审理裁判,或者如没有指定管理人,依据债务人与司法代理人的意见作出审理裁判。

第四目 观察期内企业继续经营活动

第 R631-20 条 (2005 年 12 月 28 日第 2005-1677 号法令第 189 条)第 R622-9 条与第 R622-13 条至第 R622-20 条的规定适用于司法重整程序,但保留执行本目的各项规定。

第 R631-21 条 (2005 年 12 月 28 日第 2005-1677 号法令第 190 条)管理人(如已指定)应当履行本应由债务人按照第 R622-9 条与第 R622-16 条的规定进行通知的义务。

第 R631-22 条 （2005 年 12 月 28 日第 2005-1677 号法令第 191 条）为适用第 R622-17 条的规定，在管理人负有单独管理企业的任务时，应当由其履行相应的申报义务。

为适用第 R622-20 条的规定，不论管理人的任务如何，均受通知参加诉讼。

第 R631-23 条 （2005 年 12 月 28 日第 2005-1677 号法令第 192 条第 1 款，2009 年 2 月 12 日第 2009-160 号法令第 55 条）为了按照本《法典》第 L631-15 条的规定宣告债务人部分停止经营活动，法庭经向其提出的申请受理此种请求，相应情况下，按照第 R631-3 条或第 R631-4 条规定的形式与程序受理此项请求。

命令企业部分停止经营活动的判决，应传达给第 R621-7 条所指的人，并在第 R621-8 条所指的登记簿或登记表上作出记载。

第 R631-24 条 （2005 年 12 月 28 日第 2005-1677 号法令第 192 条）为了宣告实行司法清算，法庭经向其提出的申请受理此种请求，相应情况下，按照第 R631-3 条或第 R631-4 条规定的形式与程序受理此项请求。

宣告债务人实行司法清算的判决，自其宣告起 8 日内通知债务人；如果债务人不是提出实行司法清算的请求，法院判决应在相同期限内经司法执达员送达债务人。

此外，这项判决由法院书记员负责在相同期限内经执达员送达有资格对其提起上诉的人，但检察院除外。

实行司法清算的判决应传达给第 R621-7 条所指的人，并进行第 R621-8 条所指的公告。

第 R631-25 条 （2005 年 12 月 28 日第 2005-1677 号法令第 193 条）在法庭按照本《法典》第 L631-16 条的规定作出终结程序的判决时，司法代理人立即按照第 R626-39 条与第 R626-40 条规定的条件提交终结任务汇报。法院作出的这项判决应传达给第 R621-7 条所指的人，并进行第 R621-8 条所指的公告。第 R626-41 条的规定适用之。

第五目　观察期内薪金雇员的地位

第 R631-26 条 （2005 年 12 月 28 日第 2005-1677 号法令第 194 条）委任法官按照本《法典》第 L631-17 条的规定作出的裁定应指明批准解雇的薪金雇员的人数及其涉及的专业活动与类型。

委任法官的这一裁定通知企业委员会，或者在没有设立企业委员会的情况下,通知员工代表,或者在相应情况下,通知薪金雇员代表。这项裁定应转送检察院、管理人与司法代理人。

第六目 债权申报

第 R631-27 条 (2005 年 12 月 28 日第 2005-1677 号法令第 195 条)第 R622-21 条至第 R622-26 条的规定适用于司法重整程序。

第七目 制定经济、社会与环保状况的概报表

第 R631-28 条 (2005 年 12 月 28 日第 2005-1677 号法令第 196 条)第 R623-1 条至第 R623-2 条的规定适用于司法重整程序。

第八目 债权的审核与准许登记

第 R631-29 条 (2005 年 12 月 28 日第 2005-1677 号法令第 197 条)第 R624-1 条,除第 1 款之外,以及第 R624-2 条至第 R624-11 条的规定,适用于司法重整程序。

司法代理人,在债务人到场或者传唤债务人到场,以及在管理人负有管理企业的任务时,在管理人,以及相应情况下,已经指定的监督人到场或者按规定对其进行传唤之后,对债权进行审核。

第九目 债务人的配偶的权利

第 R631-30 条 (2005 年 12 月 28 日第 2005-1677 号法令第 198 条)在命令或者批准出卖债务人夫妻的任何共同财产之前,均应听取债务人的配偶的意见,或者按规定对其进行传唤。

在程序进行的过程中债务人与其配偶解除他们之间原有的共同财产制对第三人产生对抗效力时,在命令或者批准出卖债务人夫妻的任何共有财产之前,均应听取债务人的配偶的意见或者按规定对其进行传唤。

第十目 动产出卖人的权利、动产的追还与返还

第 R631-31 条 (2005 年 12 月 28 日第 2005-1677 号法令第 199 条)第 R624-13 条至第 R624-16 条的规定适用于司法重整程序。

第十一目 因劳动合同产生的债权的清偿

第 R631-32 条 (2005 年 12 月 28 日第 2005-1677 号法令第 200 条)第

R625-1 条至第 R625-7 条的规定适用于司法重整程序。

第 R631-33 条 （2005 年 12 月 28 日第 2005-1677 号法令第 201 条）如果实行司法重整程序的判决作出之日在劳资纠纷仲裁法庭正在进行诉讼,有关这种争议的标的与情节的信息以及相关的证明材料,由司法代理人转送《劳动法典》第 L143-11-4 条所指的各机构,这些机构按照本《法典》第 L631-18 条的规定在劳资纠纷仲裁法庭参加诉讼。

第十二目　重整方案草案

第 R631-34 条 （2005 年 12 月 28 日第 2005-1677 号法令第 202 条,2009 年 2 月 12 日第 2009-160 号法令第 57 条）第 R626-1 条至第 R626-3 条有关召集相关大会的规定适用于司法重整程序。

但是,为适用本《法典》第 L626-3 条的规定,在领导人不召集大会的情况下,由管理人召集大会。

第 R631-34-1 条 （2009 年 2 月 12 日第 2009-160 号法令第 58 条）在检察院按照本《法典》第 L631-19-1 条的规定要求以更换（企业的）1 名或数名领导人作为通过重整方案的条件时,应向法院提出申请并指出据以提出此项申请的事实。

法庭庭长责成书记员经司法执达员送达,在法庭开庭前 15 日传唤被要求更换的 1 名或数名法人领导人;送达的传唤通知书应负有检察院(向法庭)提出的申请。法庭在听取债务人、管理人（如已指定）、司法代理人以及企业委员会代表或者员工代表的意见陈述之后,或者按规定对这些人进行传唤之后,作出裁判。

法庭就此事由作出的判决,由书记员负责经司法执达员送达每一个涉及的领导人以及法人的法定代表人。这项判决应通知第 R621-7 条所列举的人以及企业委员会代表,或者在没有成立企业委员会的情况下,通知员工代表。

第 R631-34-2 条 （2009 年 2 月 12 日第 2009-160 号法令第 58 条）管理人（如已指定）或者司法代理人召集有权限的公司机关的会议,就更换领导人之事由作出决定。

法庭根据前款所指的决定,作出审理裁判。

第 R631-34-3 条 （2009 年 2 月 12 日第 2009-160 号法令第 58 条）本《法典》第 L631-19-1 条第 2 款所指的代理人可以是司法管理人。

第 R631-34-4 条 （2009 年 2 月 12 日第 2009-160 号法令第 58 条）第 R626-7 条与第 R626-8 条有关征求债权人意见以及本卷第二编第六章第一

节第四目有关清偿公共债权的规定适用于司法重整程序。

第 R631-34-5 条 第 R626-7 条与第 R626-8 条关于征求债权人意见的规定以及本卷第二编第六章第一节第四目有关清理公共债权的规定，均适用于司法重整程序。

第 R631-34-6 条 由司法管理人按照本《法典》第 L631-9-1 条的规定提出的请求，经公司提出的传唤状向商事法院院长提出；法院院长以紧急审理裁定对此项请求作出裁判。

紧急审理裁定确定大会的议事日程。对此裁定可以向上诉法院提起上诉。

第 R631-34-7 条 为适用本《法典》第 L631-9-1 条之规定，大会的召集与召开，适用与本《法典》第二卷不相抵触的各项规定。

第十三目 确定重整方案的判决

第 R631-35 条 （2005 年 12 月 28 日第 2005-1677 号法令第 203 条）第 R626-17 条至第 R626-51 条的规定，（2009 年 2 月 12 日第 2009-160 号法令第 59 条）"除其中第 R626-18 条、第 R626-20 条第 2 款与第 3 款以及第 R626-22 条之外"，均适用于司法重整程序。

（2009 年 2 月 12 日第 2009-160 号法令第 59 条）管理人一经向法院书记室交存重整方案草案，书记员即进行第 R626-17 条所指的传唤与通知。

为适用第 R626-48 条之规定，法院决定按照本《法典》第 L626-27 条第一项第 3 款的规定解除重整方案时，在同一判决中对债务人宣告实行司法清算程序。

第 R631-36 条 （2005 年 12 月 28 日第 2005-1677 号法令第 204 条）按照本《法典》第 L631-19 条第二项的规定，管理人或者债务人在提交的重整方案草案中规定因经济原因裁减人员时，应在其向法院书记室交存的报告中或者在法庭上提交的报告中附有以下文件：

1. 按照《劳动法典》第 L321-9 条的规定在征求企业委员会或者员工代表的意见时，委员会或员工代表进行审议的笔录；

2. 按照《劳动法典》第 L321-8 条的规定向行政主管部门报送裁员方案的信件的副本。

法庭作出的确定重整方案的判决，应指明批准裁减的薪金雇员人数、所涉及的职业活动与类型。

第十四目 债权人委员会

第 R631-37 条 （2005 年 12 月 28 日第 2005-1677 号法令第 205 条）第 R626-52 条（2009 年 2 月 12 日第 2009-160 号法令第 60 条）至第 R626-63 条的规定,适用于司法重整程序。管理人在债务人的协助下,行使第 R626-57-2 条与第 R626-61 条赋予债务人的各项权利。

第十五目 在没有司法管理人的情况下的特别规定

第 R631-38 条 （2005 年 12 月 28 日第 2005-1677 号法令第 206 条）第 R627-1 条的规定适用于司法重整程序。司法代理人行使第 R631-14 条赋予管理人的各项权利。

第十六目 企业部分或全部转让

第 R631-39 条 （2005 年 12 月 28 日第 2005-1677 号法令第 207 条）不影响适用第 R642-40 条第 1 款的规定,管理人(2009 年 2 月 12 日第 2009-160 号法令第 61 条废止:"如已指定")向法院书记员报送有关企业转让或者可以按照本《法典》第 L631-22 条的规定予以转让的活动部门的主要特征的材料。管理人确定一个期限,在此期限内可以按照第 L631-13 条的规定向其提出受让要约;任何当事人均可到法院书记室了解这些材料。

管理人向司法代理人与监督人转告已经确定的提出受让要约的期限。

所有的受让要约均应在管理人确定的期限内送交管理人。除债务人、薪金雇员代表、司法代理人与监督人之间达成协议之外,管理人接收要约与法庭为审查要约而开庭,两者之间至少应间隔 15 日。

第 R631-40 条 （2005 年 12 月 28 日第 2005-1677 号法令第 208 条）第 R642-1 条至第 R642-21 条的规定,(2009 年 2 月 12 日第 2009-160 号法令第 62 条)除其中第 R642-10 条第 1 款的规定之外,均适用于第 R631-22 条所指的转让。

(2009 年 2 月 12 日第 2009-160 号法令第 62 条)司法代理人行使第 R642-8 条、第 R642-18 条、第 R642-20 条与第 R642-21 条赋予清算人的权利。

第 R631-41 条 （2009 年 2 月 12 日第 2009-160 号法令第 63 条废止）

第 R631-42 条 （2005 年 12 月 28 日第 2005-1677 号法令第 210 条）在法庭按照本《法典》第 L631-22 条的规定命令企业全部或一部转让的情况下,尽管转让协议是由管理人签订的,但转让价金应由司法代理人收取。

在债务人享有司法重整利益的情况下,司法代理人将收取的转让价金交付给方案执行监察人。

在债务人实行司法清算的情况下,司法代理人以清算人的身份保存其收取的转让价金或者将此价金交付给法庭指定的清算人。

第十七目　程序的终结

第 R631-43 条　(2005 年 12 月 28 日第 2005-1677 号法令第 211 条)当管理人与司法代理人提交的终结任务汇报得到委任法官批准时,法庭庭长作出终结程序的裁定。

这项裁定是一项司法行政措施,不准许对其提出不服申请。

这项裁定应转送第 R621-7 条所指的人,并记载于第 R621-8 条所指的登记簿与登记表。

第四编　司法清算与职业的恢复

序章　司法清算的开始与进行

第 R640-1 条　(2005 年 12 月 28 日第 2005-1677 号法令第 212 条)实行司法清算的请求,按照第 R631-1 条、第 R631-2 条与第 R631-5 条规定的形式提出,(2009 年 2 月 12 日第 2009-160 号法令第 64 条)但第 R631-2 条第 2 款的规定除外。

(2009 年 2 月 12 日第 2009-160 号法令第 64 条)债权人之一提出(对债务人)实行司法清算的请求时,不得同时提出任何其他请求,否则无效,但以附带名义提出的实行司法重整的请求除外;此种无效应依职权提出。

凡是可据以确认债务人显然不能进行司法重整的材料,均应附于债务人(本人)提出的实行司法清算的请求,或者附于债权人提出的此种传唤状(起诉状),或者附于检察院提出的申请;在法庭依职权受理的情况下,附于法庭庭长的简短意见或者附于法庭委任的法官提交的报告。

第 R640-1-1 条　在自然人债务人同时请求享有恢复职业程序之利益时,应以补充盘存的形式具体说明对其财产的价值评估。经补充的盘存表,按照提出请求之日的情况制定。

此外,自然人债务人应当证明其符合本《法典》第 L645-1 条与第 L645-2 条规定的各项条件。

第 R631-1 条最后一款规定的条件也适用。

第 R640-2 条　(2005 年 12 月 28 日第 2005-1677 号法令第 213 条)上诉法院撤销原审法院就(是否)实行或宣告司法清算程序作出的判决时,可以依职权实行或宣告司法清算程序。

(2009年2月12日第2009-160号法令第65条)上诉法院在驳回原审法院作出的实行司法清算程序的判决时,可以依职权宣告实行司法重整程序。

第一章　司法清算判决

第一节　法院受理与判决

第R641-1条　(2005年12月28日第2005-1677号法令第214条)除保留执行本节的规定之外,第R621-2条至第R621-4条、第R621-7条、第R621-7-1条、(2009年2月12日第2009-160号法令第66条)第R621-8-1条、第R621-10条以及第R621-12条至第R621-16条的规定均适用于司法清算程序,但其中第R621-8-1条最后1款的规定除外。

第R641-2条　(2005年12月28日第2005-1677号法令第215条)相应情况下,法院书记员通知提出追偿债务的债权人可以到法院书记室了解第R621-3条第2款所指的报告,同时告知该债权人开庭日期。

第R641-3条　(2009年2月12日第2009-160号法令第67条废止)

第R641-4条　(2005年12月28日第2005-1677号法令第217条)为适用第R621-4条的规定,如果不能当庭作出判决,宣告判决的日期应通知债务人,相应情况下,通知提出追偿债务的债权人。

第R641-5条　(2005年12月28日第2005-1677号法令第218条)法庭认为债务人不具备实行司法清算程序所要求的条件时,驳回提出实行此种程序的请求。

(2009年2月12日第2009-160号法令第68条)如果在提起诉讼的书状里并未以附带名义提出实行司法重整程序的请求,或者法庭上在债务人或其代理人在场时没有提出此种请求,或者法院认为其应当依职权受理并实行司法重整程序时,适用第R631-3条的规定。

第R641-6条　(2005年12月28日第2005-1677号法令第219条)就(是否)实行司法清算程序作出的判决,由法院书记员在判决宣告起8日内通知债务人或债权人;如果实行司法清算的请求不是债务人本人提出的,法庭作出的判决应在相同期限内经司法执达员送达债务人。

这项判决应转送第R621-7条所指的人。

第 R641-7 条 （2005 年 12 月 28 日第 2005-1677 号法令第 220 条）实行司法清算的判决,(2009 年 2 月 12 日第 2009-160 号法令第 69 条)或者宣告扩张该程序的判决,应进行第 R621-8 条所指的公告。

但是,在由检察院按照第 R661-1 条的规定向上诉法院提出上诉(抗诉)的情况下,或者在停止按照第 R661-1 条第 3 款的规定命令的先予执行的情况下,只有在上诉法院书记员在上诉法院判决宣告起 8 日内向原法院书记员转送该判决之后,原法院书记员才根据其接收到的上诉法院的判决进行上述公告。

第 R641-8 条 （2005 年 12 月 28 日第 2005-1677 号法令第 221 条）如果由法庭指定的清算人不是在本《法典》第 L812-2 条所指的名册上注册登记的人,适用于司法代理人的(2009 年 2 月 12 日第 2009-160 号法令第 70 条)第 R621-12 条与第 R621-13 条的规定也适用于由法庭指定的该清算人。

第 R641-9 条 （2005 年 12 月 28 日第 2005-1677 号法令第 222 条）法庭作出的变更债务人停止支付日期的判决,由法院书记员通知债务人,并转送第 R621-7 条所指的人,同时进行第 R621-8 条规定的公告。

第二节　简易司法清算程序的适用条件

第 D641-10 条 为强制性适用简易司法清算程序,本《法典》第 L641-2 条确定的限额为:税负外营业额 30 万欧元,薪金雇员人数为 1 人。

为任意性适用简易司法清算程序,本《法典》第 L641-2-1 条确定的限额为:税负外营业额 75 万欧元,薪金雇员人数为 5 人。

营业额按照第 R123-200 条第 3 款规定的条件确定,以最近一个会计年度终结之日的数额为准。

在实行(相应的)司法清算程序之前的 6 个月期间,不应有超过本条第 1 款或第 2 款所指的薪金雇员人数的情况。

第三节　实施程序的机关与监督人

第 R641-11 条 除第 R621-20 条与第 R621-23 条第 1 款的规定之外,第 R621-17 条至第 R621-24 条与第 R622-18 条的规定均适用于实施程序的机关与监督人。

委任法官按照第 R621-21 条规定的条件就针对清算人的行为提出的请

求作出审理裁判。

司法代理人按照第 R621-18 条与第 R621-19 条的规定应当履行的义务转由清算人履行。

第 R641-12 条 在按照本《法典》第 L641-1-1 条的规定向法庭提出更换清算人的请求的情况下,适用第 R621-17 条的规定;在请求增加 1 名或数名清算人或者清算人本人请求换人的情况下,亦适用第 R621-17 条的规定。

第 R641-13 条 委任法官与监督人的任务在清算人提交的终结任务汇报得到通过之日,亦告终止。

第四节 保全措施

第 R641-14 条 除第 R622-4-1 条之外,第 R622-2 条至第 R622-5 条的规定适用于司法清算程序。清算人行使由这些条文规定赋予司法代理人的职责。

在实行司法清算程序或者在保护程序的过程中宣告司法清算的情况下,第 R622-4 条所定的各项规则适用于对债务人资产的评估作价。

第 R641-15 条 委任法官可以命令对债务人的全部财产或部分财产加贴封条。在此情况下,按照封存死者财产时所适用的规则办理。

加贴封条事宜应报告作出此项命令的委任法官。

如果债务人从事的是受专门立法或条例规范或者名称受到保护的自由职业,在对其财产进行查封时,应有债务人隶属的行业公会的 1 名代表在场。

第 R641-16 条 按照委任法官的裁定查封的财产、文件与物件应立即进行盘点;负责进行盘点的人对被查封的财产的价值作出评估。在查封财产的笔录中应对财产的状况作出大体描述。

第 R641-17 条 为了进行财产盘存,清算人或者管理人(如已指定)可请求撤去封条。

第五节 经营活动的维持

第 R641-18 条 可以按照本《法典》第 L641-10 条规定的条件批准在不超过 3 个月的时期内继续维持经营活动,且保留适用于农业经营事业的各项规定。

由检察院提出要求,前款所指的批准可以延长 1 次,延长的时间相同。

第 R641-19 条 在超过规定限额的情况下,法院应指定 1 名管理人负责管理企业。这一限额与第 R621-11 条确定的限额相同。

第 R641-20 条 在实行或者宣告司法清算程序之后负责企业管理的清算人或者管理人应随时向委任法官和检察院报告企业经过一段时间的继续经营之后所取得的结果。

第 R641-21 条 委任法官如同意给予清算人或者管理人(如已指定)延长本《法典》第 L641-11-1 条第三项第 1 点所指的时间,法院书记员应将此延长事由告知(债务人的)合同相对方当事人。

应任何利益关系人的请求,委任法官对在本《法典》第 L641-11-1 条与第 L641-12 条所指情况下当然解除合同以及解除合同的日期作出确认。

由管理人提出的解除合同的请求,或者在没有指定管理人的情况下,由清算人按照本《法典》第 L641-11-1 条第四项的规定提出的这项请求,以向法院书记室寄送或提交申请的形式提出;书记员用挂号信并要求回执通知传唤债务人与合同相对方当事人,并向管理人,或者在没有指定管理人的情况下,向清算人通知开庭日期。

在没有批准企业继续经营活动的情况下,也适用本条之规定。

第 R641-22 条 委任法官按照本《法典》第 L641-13 条第三项第 2 点的规定作出的批准(债务人)进行借贷并同意给予支付宽限期的裁定,应转录于法院书记室为此设立的登记簿并指明债务人的身份、借贷数额、贷与人的识别信息、借贷期限或者清偿期限。

第六节 原已中断的诉讼与正在进行中的清偿顺位程序

第 R641-23 条 第 R622-19 条与第 R622-20 条的规定适用于司法清算程序。

第 R641-24 条 为适用第 R622-19 条的规定,资金应交付至清算人之手,以便其进行分配。

在观察期间宣告进行司法清算的情况下,司法代理人将资金交给清算人,以便进行分配。

第七节 债权申报

第 R641-25 条 第 R622-21 条至第 R622-25 条的规定适用于司法清算程

序。清算人行使这些条文赋予司法代理人的职权。

第 R641-26 条 按照本《法典》第 L622-28 条第 2 款的规定被中止进行的诉讼与民事强制执行程序,由享有该条最后 1 款所指担保利益的债权人主动提出法庭作出的宣告司法清算的判决,可恢复进行。

按照本《法典》第 L622-28 条第 3 款的规定,这些债权人可以按照实施 1991 年 7 月 9 日关于改革民事执行程序的第 91-650 号法律的 1992 年 7 月 31 日第 92-755 号法令第 210 条及随后条文(《民事执行程序法典》第 R511-1 条)规定的条件采取保全措施。

第八节 债权的审核与准许登记

第 R641-27 条 清算人自开始履职起 2 个月内向委任法官提交一份清册,登记债务人的资产以及负有优先权的债务和无担保的债务。

委任法官根据这份清册并在听取清算人的意见说明之后,决定是否有必要按照本《法典》第 L641-4 条的规定开始或继续对无担保债权进行审核。

第 R641-28 条 第 R624-1 条至第 R624-11 条的规定适用于司法清算程序。清算人行使这些条文赋予司法代理人的职权。

第 R641-29 条 在保护程序过程中,或者在司法重整程序过程中宣告进行司法清算的情况下,清算人应对第 R624-2 条所指的债权清册进行补充,并将补充后的债权清册送交法院书记室。任何债权人均可查阅该清册。

第九节 配偶的权利

第 R641-30 条 在命令或者批准出卖债务人夫妻的任何共同财产之前,均应听取债务人的配偶的意见,或者按规定对其进行传唤。

在程序进行过程中,债务人与其配偶解除他们之间原有的共同财产制对第三人产生对抗效力时,在命令或者批准出卖债务人夫妻的任何共有财产之前,应听取债务人的配偶的意见,或者按规定对其进行传唤。

第十节 动产出卖人的权利、动产的追还与返还

第 R641-31 条 (2005 年 12 月 28 日第 2005-1677 号法令第 199 条)第 R624-13 条至第 R624-16 条的规定适用于司法清算程序。清算人行使这些条

文赋予司法代理人的职权。在没有指定管理人的情况下，这些条文赋予管理人的职权也由清算人行使。

第 R641-32 条　（债务人持有的）没有受到返还请求的财产，在向所有权人发出催告通知之后1个月期限届满，可以按照本《法典》法律部分第六卷第四编规定的形式予以出卖。可以在程序开始时即由清算人用挂号信并要求回执向所有权人已知的最后地址寄送催告通知书。

清算人将买卖价金寄存信托银行，并在扣减费用之后，由清算人用挂号信并要求回执通知债权人，将所寄存的款项交由债权人处分。在清算程序终结时，由此寄存的款项由信托银行按照法庭庭长的裁定返还债权人或其权利继受人。

第 R641-32-1 条　没有按照本《法典》第 L624-19 条规定的条件取回的该条所指的财产，可以将其出卖；在就这些财产签订需经公示的合同时，适用第 R641-32 条之规定。

第十一节　因劳动合同产生的债权的清偿

第 R641-33 条　（2005年12月28日第2005-1677号法令第244条）第 R625-1 条至第 R625-7 条的规定适用于司法清算程序。清算人行使这些条文赋予司法代理人的职权。清算人履行第 R625-1 条第2款规定的本应由债务人承担的各项义务。

第 R631-34 条　（2005年12月28日第2005-1677号法令第245条）如果实行司法重整程序的判决作出之日在劳资纠纷仲裁法庭正在进行诉讼，有关这种争议的标的与情节的信息以及相关的证明材料，由司法代理人转送《劳动法典》第 L143-11-4 条所指的各机构。这些机构按照本《法典》第 L641-14 条的规定在劳资纠纷仲裁法庭参加诉讼。

第 R641-35 条　（2009年2月12日第2009-160号法令废止）

第十二节　其他规定

第 R641-36 条　（2005年12月28日第2005-1677号法令第247条）如果债务人从事的是受专门立法或条例规范或者名称受到保护的自由职业，法院在实行司法清算程序时，指定债务人隶属的行业公会的代表或者其隶属的管理机关的代表实施（债务人的）职业行为。

受法庭指定的代表可以将此项任务委托给本行业在职的或者退休的成员承担。

本《法典》第 L631-11 条规定的报酬或补贴费用,由委任法官在听取清算人、管理人(如已指定)的意见之后确定。

为适用本条第 1 款的规定,委任法官确定给予从事(债务人的)职业活动的人的报酬。

第 R641-37 条 (2005 年 12 月 28 日第 2005-1677 号法令第 248 条)清算人自宣告债务人实行司法清算的判决作出起 6 个月内,或者在法庭按照本《法典》第 L641-10 条的规定批准维持企业活动的期间内,以其签字使用债务人的银行账户。在此期限之后使用债务人的银行账户,需经委任法官听取检察院的意见之后给予批准。

在继续保持职业活动的情况下,如已指定管理人,这些规定适用于管理人。

第 R631-38 条 (2005 年 12 月 28 日第 2005-1677 号法令第 249 条)除本《法典》第 L641-7 条所指的每季度的信息之外,清算人得随时应要求或者至少在每年 12 月 31 日向委任法官与检察院送交一份清算报告。该报告应写明以下事项:

1. 得到承认的负债的数额,或者在没有此项数额的情况下,债权的审核清册;
2. 资产变现活动的进展状况;
3. 向债权人分配款项的清册;
4. 在信托银行持有的款项的清册;
5. 清算程序进展与终结的前景。

债务人与任何债权人均可到法院书记室了解这项报告。

第 R641-39 条 (2005 年 12 月 28 日第 2005-1677 号法令第 250 条)本《法典》第 L641-13 条第一项所指的债权清册,按照该条第四项的规定告知管理人(如已指定)或清算人,并自实行或宣告司法清算的判决进行公告起经过 6 个月或者自确定企业转让方案的判决起 1 年期限经过之后,由清算人交存至法院书记室。任何利益关系人均可查阅该清册。法院书记员在《民商事法定公告正式简报》上登载一项告示,指明这份债权清册已交存至法院书记室。

任何利益关系人均可在前款所指公告起 1 个月内就这份清册向委任法官提出异议。

被委任法官驳回登记的债权，视其原已按照本《法典》第 L622-24 条规定的条件进行了申报。

在此情况下，债权人向（2009 年 2 月 12 日第 2009-160 号法令第 78 条）清算人送交本《法典》第 L622-25 条与第 R622-23 条所指的情况。

第 R641-40 条　（2005 年 12 月 28 日第 2005-1677 号法令第 251 条）按照本《法典》第 L641-15 条的规定，清算人可以根据委任法官的裁定，要求法人债务人的法定代表人，或者自然人债务人，或者债务人的可以接收有益信息的任何其他薪金雇员，通过电子邮件自动向为他们提供的地址发送职业方面的邮件。

（2009 年 2 月 12 日第 2009-160 号法令第 79 条）为此目的，清算人，以及相应情况下，管理人也可以要求债务人的任何薪金雇员提供帮助。

哪些电子邮件应转交清算人，以及相应情况下应交给管理人，由委任法官的裁定指定。

清算人与管理人应立即删除不具有任何职业性质的邮件。

管理人结束其任务时，应立即向清算人转发其仍然占有的邮件。在清算终结时，清算人应删除其不予保留的邮件。

第二章　资产的变现

第一节　企业的转让

第 R642-1 条　（2005 年 12 月 28 日第 2005-1677 号法令第 252 条）提出（受让）要约的人应证明其没有受到本《法典》第 L642-3 条所指的无能力处分，并且，如其有义务制定年度账目，应在提交的证明中附有最近 3 个会计年度的账目与预计账目。不影响适用本《法典》第 L642-2 条第四项规定，要约及所附文件仅转送委任法官与共和国检察官。

按照本《法典》第 L642-2 条第五项的条件对提出的要约进行的变更，由清算人或者管理人（如已指定）转送本《法典》第 L642-2 条第四项所指的人。

至法庭对提出的要约进行审查开庭之前已经（2009 年 2 月 12 日第 2009-160 号法令第 80 条）不足 2 个工作日时，不得再对任何要约进行修改，否则不予受理。

在案件移送以后开庭的情况下，法庭可以确定新的期限；在此期限内可以提出新的要约或者对已经提出的要约作出改进。

第 R642-2 条 （2005年12月28日第2005-1677号法令第253条）超过本《法典》第 L642-5 条第 2 款规定的限额时，有关确定转让方案的辩论应有检察院到场。这一限额与第 R621-11 条规定的限额相同。

第 R642-3 条 （2005年12月28日第2005-1677号法令第254条）凡是应当受召唤参加确定企业转让方案之庭审的人，均按照第 R626-17 条规定的方式进行传唤。

如果企业转让方案规定因经济原因裁减人员，清算人，或者管理人（如已指定），应向法庭提交第 R631-36 条所指的各项文件。确定企业转让方案的判决应指明批准裁员的人数以及裁员涉及的活动与职业类型。

第 R642-4 条 （2005年12月28日第2005-1677号法令第255条）确定企业转让方案的判决，由法院书记员传达给第 R621-7 条所指的人，并进行第 R621-8 条所指的公告。

该项判决由法院书记员自判决作出之日起 8 日内送达有资格对该判决提起上诉的人，但共和国检察官、债务人的合同相对方当事人或者出租人除外。

第 R642-5 条 （2005年12月28日第2005-1677号法令第258条）按照本《法典》第 L642-6 条的规定提出的请求，以向受让人所在地的法院书记室提出的声明为之。

变更企业转让方案的判决，由法院书记员传达给第 R621-7 条所指的人，并进行第 R621-8 条所指的公告。

该项判决由法院书记员自判决作出之日起 8 日内送达有资格对该判决提起上诉的人，但共和国检察官除外。

第 R642-6 条 （2005年12月28日第2005-1677号法令第259条）凡是应当受通知参加变更企业转让方案的庭审的人，均按照第 R626-17 条规定的方式进行传唤。

第 R642-7 条 （2005年12月28日第2005-1677号法令第260条）在法庭受请求对本《法典》第 L642-7 条所指的合同转让事由作出裁判时，或者受请求确认本《法典》第 L642-12 条所指的担保转移时，书记员应在开庭之前 15 日，按照管理人（如已指定）或者清算人指示的情况，用挂号信并要求回执传唤合同相对方当事人或持有担保利益的人。

第 R642-8 条 （2005年12月28日第2005-1677号法令第261条）按照本《法典》第 L642-7 条（2009年2月12日第2009-160号法令第81条）

第 4 款的规定,各方当事人之间就作为信贷租赁合同之标的的财产的价值不能达成一致意见时,该财产的价值由法庭在转让方案中确定,必要时,进行鉴定,或者在没有转让方案的情况下,由法庭应各方当事人的申请确定。

本《法典》第 L642-7 条意义上的仍然拖欠的款项,由受让人支付给清算人,否则进行的支付无效,清算人将此款项立即交给信贷出租人。在该款项与实行清算的判决作出之日拖欠的租金有关时,应当扣减信贷出租人持有的、已经获准登记的债权的数额。

第 R642-9 条 (2005 年 12 月 28 日第 2005-1677 号法令第 256 条)转让活动结束,清算人或者管理人(如已指定)应提出报告。报告交存至法院书记室。

第 R642-10 条 (2005 年 12 月 28 日第 2005-1677 号法令第 257 条)企业转让所得的价金,由清算人按照本卷第三章第一节的规定进行分配。

如果涉及营业资产的转让,受让人应在支付价金之后向委任法官请求宣告注销该营业资产上登记的担保。第 R642-38 条的规定适用之。但是,不要求提出有关清偿担保登记的任何证明。

第 R642-11 条 (2005 年 12 月 28 日第 2005-1677 号法令第 262 条)管理人,(2009 年 2 月 12 日第 2009-160 号法令第 82 条)或者在没有指定管理人的情况下,清算人向委任法官汇报其按照本《法典》第 L642-8 条的规定办理实施方案的各项手续的情况。

管理人,或者在没有指定管理人的情况下,清算人在完成任务时,按照第 R626-39 条与第 R626-40 条规定的条件,向法院书记员提交终结任务汇报。第 R626-41 条的规定适用之。

第 R642-12 条 (2005 年 12 月 28 日第 2005-1677 号法令第 263 条)本《法典》第 L642-10 条规定的(财产)"不得转让"的措施,由管理人负责,或者在没有指定管理人的情况下,由清算人负责,在用于登记经宣告不得转让的财产及其负担的权利的公立登记簿上作出记载,或者在第 R621-8 条所指的登记簿上作出记载。

上述公示应写明财产不得处分的期间。

第 R642-13 条 (1951 年 2 月 17 日第 51-194 号法令第 8 条)法院按照本《法典》第 L642-10 条的规定作出的确定或变更转让方案的判决宣告受让人的动产设备暂时不得(再次)转让且该判决取得既判力时,由司法管理人,或者在没有司法管理人的情况下,由清算人申请在第 R143-9 条所指的登记簿上就财产不得转让之措施进行登记。

第 R642-14 条 （1951 年 2 月 17 日第 51-194 号法令第 9 条第 1 款至第 5 款）司法管理人，或者在没有司法管理人的情况下，由清算人向法人受让人注册住所或者自然人受让人申报的企业地址或从事活动的地址所在辖区的商事法院书记室提交第 R642-13 条所指的判决；提交判决时应附有包含以下事项的登记清单：

1. 如受让人是自然人，其姓名、企业或者从事活动的地址；如受让人是法人，其名称或商号；以及如债务人是法人，其注册住所的地址、第 R123-237 条第 1 款第 1 点与第 2 点所指事项或者在登记簿或登记表上的注册号码；

2. 法院判决作出的日期；

3. 对规定暂时不得转让的设备的大体描述，其存放地点并指出其可以移放至其他地点；

4. 不得处分措施的延续时间。

第 R642-15 条 （1951 年 2 月 17 日第 51-194 号法令第 9 条第 6 款至第 8 款）法院书记员在登记清单上写明进行登记的日期以及在第 R642-13 条所指的登记簿上的登记号码。

登记清单按照第 R525-2 条、第 R525-3 条以及第 R525-5 条规定的条件制作、保存与交给受让人。

法院书记员编制一份按字母排列的受让人登记表，并写明与各自有关的各项号码。

第 R642-16 条 （1951 年 2 月 17 日第 51-194 号法令第 10 条）上述登记清单在提交时分派一个编入号码。

提交的各项材料均登记于第 R642-13 条所指的登记簿，并出具一份收据，同时节录登记簿的以下事项：

1. 在各项材料上编写的第 1 款所指的"编入号码"；

2. 材料交存的日期；

3. 材料的件数与性质，并写明交存这些材料的目的；

4. 受让人的姓名或名称；

5. 不得转让的设备的性质与所在地点，以及可能情况下，写明可以将其移至他处。

第 R642-17 条 （1951 年 2 月 17 日第 51-194 号法令第 11 条）法院判决规定的财产不得转让措施的期限到期时，法院书记员依职权在相应登记的备注栏内注销登记，并向提出申请的受让人出具注销登记的证明。

法院书记员有义务向所有提出要求的人出具仍然存在的登记的清单。

注销登记的费用包括在登记费用之内。

第 R642-17-1 条 （2009 年 2 月 12 日第 2009-160 号法令第 85 条）法庭应受让人的申请，就本《法典》第 L642-10 条所指的批准事宜作出审理裁判。

法庭作出的裁定由书记员通知受让人并报送检察院。不服这项裁决的，可以提出对变更转让方案的判决所规定的救济申请。

第 R642-18 条 （2005 年 12 月 28 日第 2005-1677 号法令第 264 条）清算人在其向委任法官与共和国检察官提出的并交存至法院书记室的报告中披露受让人没有执行转让方案的情形。

为适用本《法典》第 L642-11 条第 2 款的规定，法院书记员用挂号信并要求回执传唤受让人，由法庭听取其作出的解释说明。

受召唤参加庭审的其他人，按照第 R626-17 条规定的方式进行传唤。

法庭就（是否）按照本《法典》第 L642-5 条第 1 款与第 2 款的条件解除转让方案事由作出裁判。

法庭作出的宣告解除转让方案的判决，由书记员传达第 R621-7 条所指的人，并进行第 R621-8 条所指的公告。

这一判决由法院书记员负责，在其宣告后 8 日内经司法执达员送达有资格对其提起上诉的人，但共和国检察官除外。

第 R642-19 条 （2005 年 12 月 28 日第 2005-1677 号法令第 265 条）法庭对是否具备本《法典》第 L642-12 条所要求的条件进行审查，并在确定方案的判决中确认随之转移（财产上）负担的担保。

判决的节本由法院书记员寄送第 R642-7 条所指的人。

第 R642-20 条 （2005 年 12 月 28 日第 2005-1677 号法令第 266 条）在本《法典》第 L642-12 条第 3 款所指情况下，受让人有关转让其受让的财产的任何计划，应事先告知清算人；如果受让人在提出受让要约时没有考虑按照本《法典》第 L642-2 条第二项第 7 点规定的条件转让其将要受让的财产，有关转让此种财产的计划还应报告法庭。

清算人在得到受让人按照本条第 1 款的规定进行的通知之后，或者依职权，立即向委任法官与享有追及权的债权人报告此事由。

第 R642-21 条 （2005 年 12 月 28 日第 2005-1677 号法令第 267 条）清算人在其向委任法官与共和国检察官提出的并交存至法院书记室的报告中，披露实行租赁经营的财产要素受到损害以及租赁经营人没有履行义务的情形。这项报告应写明租赁经营人作出的解释说明，并且在可能情况下，提议能够使方案得到执行的处理办法。

第二节 债务人资产的转让

第一目 不动产的变卖

第一段 法院拍卖与自愿协商拍卖的共同规定

第 R642-22 条 （2005 年 12 月 28 日第 2005-1677 号法令第 268 条）按照本《法典》第 L642-18 条的规定作出裁定命令司法拍卖或自愿协商拍卖不动产的委任法官应确定以下事项：

1. 每一项待出卖的财产的作价以及拍卖的主要条件；
2. 考虑财产的价值、性质与所在位置而决定的公示方式；
3. 到现场参观财产的方式。

在某一债权人按照本《法典》第 L643-2 条的规定申请拍卖（债务人的）财产的情况下，应与提出追偿请求的债权人协商一致、确定财产的作价。

委任法官可以具体说明在拍卖应价没有达到财产作价的情况下，可以按照其确定的较低作价进行财产的拍卖。

第 R642-23 条 （2005 年 12 月 28 日第 2005-1677 号法令第 269 条）委任法官的裁定由法院书记员负责用挂号信并要求回执通知债务人以及裁定中指明姓名的已登记债权人。书记员将此事由通知监督人。

委任法官作出的裁定产生 2006 年 7 月 27 日关于不动产扣押与价金分配程序的第 2006-936 号法令第 13 条（《民事执行程序法典》第 R321-1 条）所指的支付催告令的效力。这项裁定由清算人或者提出追偿债务的债权人负责按照对此种催告令规定的条件在不动产所在地的抵押权登记处进行公示。

由抵押权登录员办理这项裁定的公示手续，即使此前已经进行上述催告令的公示，仍应公示该裁定。自委任法官的裁定进行公示之日起，原已进行公示的催告令的效力随之停止。

第 R642-24 条 （2005 年 12 月 28 日第 2005-1677 号法令第 270 条）委任法官按照本《法典》第 L642-18 条第 2 款的规定批准清算人恢复因实行司法清算的判决而中止的不动产扣押程序时，应确定财产的起拍价、公示方式以及现场参观财产的方式。委任法官按照第 R642-36-1 条规定的条件进行审理裁判。

委任法官作出的裁定，应清算人提出的申请，在抵押权登录处公示的催告令的备注栏内作出记载。

实施不动产扣押程序的债权人应向清算人提交其追偿债务的各项材料并取得收据；由其支付的因程序引起的费用在分配程序中予以返还。

第 R642-25 条　追偿债务的债权人或者委任的公证人制定不动产变卖条件细则。

作为 2006 年 7 月 27 日关于不动产扣押与价金分配程序的第 2006-936 号法令第 44 条（《民事执行程序法典》第 R322-10 条）的例外，不动产变卖条件细则应包括以下事项：

1. 命令出卖财产的裁定的表述，并指明该裁定已进行公示；
2. 指明待变卖的不动产、其所有权的来源、负担的役权、就该不动产订立的租赁合同以及相关登记的笔录；
3. 写明财产的作价、出卖条件以及按照第 R643-3 条第 2 款所定规则支付价金的方式。

第 R642-26 条　（2005 年 12 月 28 日第 2005-1677 号法令第 272 条）清算人，作为债务人的委托代理人，不得被宣告为债务人的不动产的竞价买受人。

第二段　有关法院拍卖的特别规定

第 R642-27 条　（2005 年 12 月 28 日第 2005-1677 号法令第 273 条）（不动产）经司法拍卖途径进行变卖，受 2006 年 7 月 27 日关于不动产扣押与价金分配程序的第 2006-936 号法令第一编（《民事执行程序法典》第三卷第一、二编）的规定调整，但保留执行本卷之规定。

第 R642-28 条　（2005 年 12 月 28 日第 2005-1677 号法令第 274 条）应清算人或者追偿债务的债权人提出的请求作出的命令经司法拍卖途径拍卖不动产的裁定，除第 R642-22 条所指事项以外，还应包括 2006 年 7 月 27 日关于不动产扣押与价金分配程序的第 2006-936 号法令第 15 条（《民事执行程序法典》第 R321-3 条）第 1、5、10 点规定的各事项。

第 R642-29 条　（2005 年 12 月 28 日第 2005-1677 号法令第 275 条）委任法官可以批准清算人或者债权人同时申请拍卖债务人的多项不动产，即使这些不动产位于不同的大审法院的辖区。

这些财产的拍卖是在不动产所在辖区的大审法院进行还是在自然人债务人申报的企业或从事活动的地址所在辖区的大审法院进行，由委任法官决定。

第 R642-29-1 条　不动产拍卖条件细则由追偿债务的债权人自委任法官的裁定作出起 2 个月内交存至有管辖权限的大审法院书记室。

作为 2006 年 7 月 27 日关于不动产扣押与价金分配程序的第 2006-936

号法令第一编第三章第二节与第四节以及第四章与第五章(《民事执行程序法典》第三卷第二编第二章第一节第二目与第四目以及第二节与第三节)之规定的例外,最迟在拍卖条件细则交存以后5个工作日,追偿债务的债权人应当经司法执达员送达文书,向已登记(担保)的债权人的住所发出通知,并且如果拍卖的财产属于夫妻共同财产,还应向债务人的配偶进行这项通知,告知法院拍卖开庭的日期。法院拍卖的开庭日期确定在进行此项通知之后的2个月到4个月之间。

除司法执达员文书的规定事项之外,前款所指的通知应包括以下事项,否则无效:

1. 指明由执行法官主持拍卖开庭的地点、日期与时间;

2. 有关了解拍卖条件细则的催告通知,并指明执行法官的书记室以及追偿债务的债权人的咨询律师的事务所;

3. 用极明显的字体写明:只能提出涉及委任法官作出裁定之后的某项诉讼行为(诉讼文书)的争议,否则提出的争议不予受理;这种争议只能自诉讼文书日期起15日内,或者在相应情况下,自文书通知之日起15日内,由律师向执行法官书记室提交书状为之。

为上述第3点所指之目的,上述通知具有通知拍卖条件细则相同的效力。

在按照上述第3点的规定提出异议的情况下,由执行法官的书记员按照2006年7月27日关于不动产扣押与价金分配程序的第2006-936号法令第7条(《民事执行程序法典》第R311-6条)第3款的规定传唤各方当事人。

如果超过本条第1款与第2款所指的期限,执行法官宣告委任法官作出的裁定不发生效力(视其未予作出),但证明有正当理由的情况除外。

第R642-29-2条　2006年7月27日关于不动产扣押与价金分配程序的第2006-936号法令第一编第六章(《民事执行程序法典》第三卷第二编第二章第四节)的各项规定中只有以下规定适用于经司法拍卖途径进行的债务人资产的转让:

在拍卖开庭时,按照该《法令》第六章第二节的规定办理。

上述法令第86条适用于含税费用的支付。

除其他任何判决所规定的事项外,拍卖成交判决应指明委任法官作出的命令拍卖的判决与其他裁判有关争议的判决以及拍卖条件细则;拍卖成交判决应指明追偿债务的债权人,并且写明同一法令第87条第3、4句话所列各项材料。

对执行法官的这项判决提出救济申请的方式，由同一法令第 88 条第 2 款的规定确定。

同一法令第 89 条至第 91 条的规定适用于买卖证书。

经司法拍卖途径进行的买卖产生同一法令第 92 条所指的效力。

对已拍卖成交的财产实行加价拍卖，受同一法令第 94 条至第 99 条的规定调整。

财产的再次拍卖受同一法令第 100 条至第 106 条的规定调整。

第三段　有关自愿竞价买卖的特别规定

第 R642-30 条　（2005 年 12 月 28 日第 2005-1677 号法令第 276 条）命令经自愿竞价途径买卖不动产的裁定，除写明第 R642-22 条规定的应载事项之外，还应包括 2006 年 7 月 27 日关于不动产扣押与价金分配程序的第 2006-936 号法令第 13 条（《民事执行程序法典》第 R321-3 条）第 5 点要求写明的各事项。这项裁定应指明主持拍卖的公证人。

第 R642-31 条　（2005 年 12 月 28 日第 2005-1677 号法令第 277 条）公证人用挂号信并要求回执通知在委任法官的裁定公告之后提交的债权清册上登记的所有债权人，告知他们应当在确定的竞价日期之前 2 个月到公证人事务所取得竞价条件细则，并在该日期之前至少 1 个月登记其提出的有争议的意见与说明。公证人用同一信件召集债权人参加自愿拍卖竞价。

如果有某一债权人拟提出意见要求，应在 8 日之内向大审法院的执行法官提出请求，传唤清算人在可能开庭处理争议时到庭。该债权人应立即通知公证人，由公证人告知其他人可以对该债权人提出的争议意见提出异议。法院作出的判决由清算人转送公证人；在有必要的情况下，由公证人对原竞价拍卖条件细则作出修正。

公证人至少提前 1 个月传唤清算人、债务人与已经登记的债权人参加拍卖竞价。

第 R642-32 条　（2005 年 12 月 28 日第 2005-1677 号法令第 278 条）在自愿拍卖竞价之前，公证人要求参加竞价的人按照 2006 年 7 月 27 日关于不动产扣押与价金分配程序的第 2006-936 号法令第 74 条（《民事执行程序法典》第 R322-41 条）的规定提交不可撤销的银行担保或者交付一张支票。如果竞价成交的买受人不履行义务，其缴纳的款项或提供的保证不予返还，并将与资产变现的价金一起纳入分配。

公证人重申自愿拍卖竞价以按照第 R642-22 的规定确定的作价数额为起拍价。

在公证人前进行的拍卖竞价可以无律师协助。此种竞价不得附有任何条件。如果没有任何应价到达确定的财产作价,公证人确认提出最高价的要约,并可确认交付拍卖的财产按照该出价的数额暂时成交。由公证人或者任何利益当事人提出的申请,确定财产作价的委任法官可以宣告拍卖最终成交以及买卖已经实现,或者命令按照本《法典》第 L642-18 条规定的形式之一对财产重新进行买卖。如果重新变卖财产采取的是公开竞价拍卖的形式,委任法官应当确定重新进行拍卖的期限以及财产的作价与公告方式。该期限不得少于 15 日。

经认证无误并且加盖执行令印鉴的拍卖条件细则的副本构成拍卖成交的买卖证书,公证人制作的拍卖成交笔录记载于该副本的最后。

第 R642-33 条 (2005 年 12 月 28 日第 2005-1677 号法令第 279 条)任何人,自拍卖成交起 15 日内,均可通过向主持自愿拍卖的公证人所在辖区内的大审法院的执行法官的书记员提交声明的形式,提出加价 1/10,申请加价拍卖。

提出加价拍卖的人,按照 2006 年 7 月 27 日关于不动产扣押与价金分配程序的第 2006-936 号法令第 96 条(《民事执行程序法典》第 R322-52 条)规定的期限,经司法执达员送达文书,向(第一次拍卖中的)买受人本人或其住所通知其提出的加价拍卖声明,并向公证人告知该项声明。法院作出判决确认提出的加价拍卖声明有效,并将新的拍卖事宜移送主持第一次拍卖的公证人,由其按照原先制定的拍卖条件细则主持加价拍卖。

第 R642-34 条 (2005 年 12 月 28 日第 2005-1677 号法令第 280 条)如有必要进行再次拍卖,再次拍卖程序在进行第一次拍卖的公证人所在辖区的大审法院进行。经公证的拍卖成交笔录副本交存于该大审法院的执行法官书记室。

第 R642-35 条 (2005 年 12 月 28 日第 2005-1677 号法令第 281 条)通过自愿竞价方式进行的拍卖,适用《民事执行程序法典》第 R322-39 条、第 R322-41 条第 3 款、第 R322-42 条、第 R322-44 条、第 R322-45 条、第 R322-46 条、第 R322-48 条第 2 款与第 3 款、第 R322-62 条第 3 款与第 4 款以及第 R322-66 条至第 R322-72 条的规定。

第四段 当事人自行协商变卖财产所适用的特别规定

第 R642-36 条 (2005 年 12 月 28 日第 2005-1677 号法令第 282 条)按照本《法典》第 L642-18 条的规定批准当事人自行协商变卖其一项或数项不动产的批准书,应确定每一宗不动产的卖价以及买卖的主要条件。

批准出卖不动产的裁定,按照本《法典》第 L642-23 条第 1 款的规定进行通知。

由清算人办理为实现买卖所必要的文书、手续;清算人,作为委托代理人,不得成为债务人不动产的买受人。

第五段　对各种形式的买卖的共同规定

第 R642-36-1 条　如果属于第 R641-30 条所指的情况,委任法官在听取监督人的意见并听取债务人、其配偶以及清算人的意见之后,或者按照规定进行传唤之后,作出审理裁判。

第 R642-37 条　在宣告司法清算的判决中作出的决定,或者在随后同意给予本《法典》第 L642-18 条第 6 款所指期限的决定,确定债务人因(继续)占用财产而应当给予的补偿金。

第 R642-37-1 条　不服委任法官按照本《法典》第 L642-18 条的规定作出的裁定,可以向上诉法院提起上诉。

第二目　其他财产的买卖

第 R642-37-2 条　如果属于第 R641-30 条所指的情况,委任法官在听取监督人、债务人、其配偶以及清算人的意见之后,或者按照规定对这些人进行传唤之后,作出审理裁判。

第 R642-37-3 条　委任法官按照本《法典》第 L642-19 条的规定作出的裁定,由书记员负责通知债务人,并且用平信转达给监督人。

不服委任法官的这项裁定,可以向上诉法院提起上诉。

第 R642-38 条　(2005 年 12 月 28 日第 2005-1677 号法令第 284 条)在转让营业资产的情况下,受让人可以向委任法官请求宣告注销就该资产进行的担保登记;受让人在提出此项请求时应当附有担保登记的清单、有关履行注销担保登记的各项手续的证明或者登记债权人同意免除此种手续的证明,以及事先已经清偿买卖费用的证明。

法院书记员用挂号信并要求回执向没有同意取消其担保登记的债权人发出通知,告知其可以自这一信件寄出之日起 30 日内,向法院书记室提交声明或者用挂号信并要求回执,以财产的价金尚未得到支付为理由,对取消担保登记的请求提出异议。

第 R642-39 条　(2009 年 2 月 12 日第 2009-160 号法令废止)

第三节 共同规定

第 R642-40 条 （2005 年 12 月 28 日第 2005-1677 号法令第 286 条）本《法典》第 L642-22 条规定的企业转让与资产变现的公告，由司法代理人通过互联网可以进入的信息服务部门进行。

企业的任何转让均应经新闻途径进行公示。公示的范围由委任法官确定；对于价值很小的资产的转让，由委任法官决定是否有必要经新闻途径进行公示。

清算人或管理人（如已指定）向法院书记员报送有关企业或可能被转让的活动部门的主要特点的材料；任何对此种转让感兴趣的人均可以到法院书记室了解这些信息。

第 R642-41 条 （2005 年 12 月 28 日第 2005-1677 号法令第 287 条）如委任法官认为按照本《法典》第 L642-24 条的规定有必要实行仲裁或和解，书记员在开庭之前 15 日对债务人进行传唤，并在传唤通知里附上清算人提出的仲裁或和解申请的副本。

如果实行仲裁或和解需经法院认可，按照相同条件对债务人进行传唤。

第三章 负债的清理

第一节 债权人债权的清理

第 R643-1 条 （2005 年 12 月 28 日第 2005-1677 号法令第 288 条）如果某一债权人按照本《法典》第 L643-2 条的规定要求出卖（债务人的）财产，财产的作价由委任法官与提出追偿请求的债权人共同商议确定。

第 R643-2 条 （2005 年 12 月 28 日第 2005-1677 号法令第 289 条）委任法官受理某一债权人以本《法典》第 L643-3 条为依据提出的请求时，在听取清算人的意见之后，根据债权人提交的证明文件，证明其请求先行清偿的债权已经最终获准登记或者提供了该条第 2 款所指的担保，并作出审理裁判。

法官在确定先行清偿的数额时，应考虑已拖欠的或将来可能拖欠的债权的数额以及其他债权的清偿顺位。

只要清算人提出请求，依据委任法官的裁定，不当支付的资金即予返还。

第 R643-3 条 （2005 年 12 月 28 日第 2005-1677 号法令第 290 条）自竞价拍卖成交起 2 个月内，或者在提起上诉的情况下，自上诉法院作出确认拍卖成交的判决起 2 个月内，买受人应申请在抵押权登记处公示拍卖成交文书或判决，否则，由清算人负责将财产交付再次拍卖。

在拍卖成交后 3 个月内，买受人向清算人开立的银行信托账户支付全部价金，其中包括自买卖最终成立之日至款项支付之日按照法定利率计算的利息。过此期限，清算人应用挂号信并要求回执的方式责令买受人进行支付，否则将财产交付再次拍卖。

在自愿协商变卖财产的情况下，负责财产变卖的公证人一经受领价金，即应将其交付清算人。

除买受人证明其已经完成清偿债务的程序，或者经登记债权人同意免除其提出此项证明之外，清算人不得从变卖财产的价金中提取任何款项。

在对已拍卖成交的财产实行加价拍卖的情况下，清算人通过公证人立即将（第一次拍卖中买受人）已经支付的款项返还给该买受人。

第 R643-4 条 （2005 年 12 月 28 日第 2005-1677 号法令第 291 条）自买卖公告起，清算人请求抵押权登记处按照《民法典》第 2449 条的规定提交一份登记清册，以便确定债权人的受偿顺位与分配款项。

在自行协商变卖财产的情况下，清算人，或者依其职权，或者应买受人或任何利益关系人的要求，在买受人完成《民法典》第 2476 条及随后条文规定的注销各项担保登记的手续并将买卖价金支付至信托银行之后，按照债权人各自的受偿顺位进行清偿。

第 R643-5 条 （2005 年 12 月 28 日第 2005-1677 号法令第 292 条）清算人用挂号信并要求回执通知因财产的前所有权人的原因登记担保的债权人以及享有追及权的人，告知他们有义务自接到通知起 2 个月内向顺位清偿程序申报债权。这项通知应照录本条第 2 款与第 3 款的规定。

第 1 款所指的人提交的申报书应写明就财产登记的担保；申报书应附有分别列出的尚欠的债权的本金、利息与附加款项的细目以及相应的证明文件。

在第 1 款规定的期限内没有提交债权申报书的债权人，丧失参与价金分配的权利。

第 R643-6 条 （2005 年 12 月 28 日第 2005-1677 号法令第 293 条）在竞价拍卖的情况下，买受人支付价金之后，或者在自行协商变卖财产的情况下，买受人办理注销担保登记的手续之后，根据原进行的担保登记、准许登记的债权以及本《法典》第 L641-13 条所指的债权清单,制作清偿顺位排列清册;如清算人认为有必要,可以召集已登记债权的债权人、在拍卖竞价中的买受人或者取得财产的买受人。清偿顺位排列清册由清算人负责交存至实施清偿程序的法院的书记室。任何人均可了解这一清册。

书记员在有资格登载法定公告的报纸上以及在《民商事法定公告正式简报》上登载一项通知,告知债权人与财产买受人清偿顺位排列清册已经交存至法院书记室。在《民商事法定公告正式简报》上登载的内容应指明在哪一家报纸上进行了上述公告并指明可以提出第 R643-11 条所指救济申请的期限。

在《劳动法典》第 L143-11-4 条所指的机构事先提出请求的情况下,清偿顺位排列清册应寄送给这些机构。

第 R643-7 条 (2005 年 12 月 28 日第 2005-1677 号法令第 294 条)如果没有提出任何异议,清算人在第 R643-11 条第 1 款规定的期限终止后 15 日内终结清偿顺位排列程序,并向实施清算程序的法院的书记室交存终结清偿顺位排列的笔录。

前款所指的终结清偿顺位排列的笔录一经交存,各债权人的受偿顺序即按照债权的本金与利息数额最终确定,但是,为债权人受益,信托银行仍然按照其确定的利率,对由此清算的款项继续计算利息。

第 R643-8 条 (2005 年 12 月 28 日第 2005-1677 号法令第 295 条)在已经按照第 R643-3 条规定的方式支付了价金而债权人并未取消其(担保)登记的情况下,由清算人提出注销此种登记的请求。为此目的,清算人向实施司法清算程序的大审法院的执行法官或者向在其辖区内实施该程序的执行法官提出这项申请。清算人在提交申请时应附有登记清册、清偿顺位排列清册以及有关已经支付《民法典》第 2209 条所指的买卖费用的证明。如已经制作终结清偿顺位排列程序的笔录,清算人应移送这一笔录。

买受人在履行注销担保登记的手续与支付买卖价金之后,也可以向前款所指的法院的执行法官提出申请,请求该法官宣告注销(担保)登记。清算人在提交申请时应附有登记清册、已经履行注销担保登记的手续的证明或者提交登记债权人同意免除此项手续的证明以及有关已经支付以上所指的买卖费用的证明。

法院书记员用挂号信并要求回执向还没有注销其担保登记的债权人的选定住所进行通知,告知其可以在该挂号信寄出之日起 30 日内,通过向书记室提出声明或者寄送挂号信并要求回执,对价金的支付提出异议。

执行法官对提出的异议作出裁判,并命令注销(担保)登记。

第 R643-9 条 （2005 年 12 月 28 日第 2005-1677 号法令第 296 条）清算人向不动产公示部门提交终结清偿顺位排列程序的笔录的副本以及法官宣告注销(担保)登记的裁定的副本或者债权人注销其担保登记的文书。

不动产公示部门注销担保登记,但仍然有义务按照 1991 年 7 月 9 日第 91-650 号改革民事执行程序的法律的 1992 年 7 月 31 日关于民事执行程序的法令第 260 条(《民事执行程序法典》第 R533-1 条及随后条文)的规定进行最终登记。

第 R643-10 条 （2005 年 12 月 28 日第 2005-1677 号法令第 297 条）清算人确定办理注销手续的费用以及按照本《法典》第 L641-13 条所定的规则排列清偿顺位的费用;此外,清算人还应清偿已经排列有效顺位的债权人的费用,并在确定所欠款项的数额之后进行支付。

第 R643-11 条 （2005 年 12 月 28 日第 2005-1677 号法令第 298 条）如有异议,应在《民商事法定公告正式简报》上登载有关清除顺位排列清册已经交存至法院书记室的通知之日起 30 日内提出。此种异议通过向实施司法清算程序的大审法院的执行法官的书记员,或者向在其辖区内实施该程序的执行法官的书记员以提交声明的形式提出。

提出的异议,应在其交存法院书记室起 10 日内,经司法执达员送达文书,通知有关的债权人及清算人。送达的文书应指明债权人与清算人需在接到文书之日起 15 日内选任律师协助。

对于提出的异议,按照执行法官适用的程序进行审理裁判。2006 年 7 月 27 日关于不动产扣押与价金分配程序的第 2006-936 号法令第 5 条、第 7 条第 1 款与第 8 条(《民事执行程序法典》第 R311-4 条、第 R311-6 条第 1 款与第 R311-7 条)的规定适用之。

第 R643-12 条 （2005 年 12 月 28 日第 2005-1677 号法令第 299 条）在有异议的情况下,清算人仍然可以排列清偿顺位并向排在提出异议的债权人之前的债权人出具支付根据;清算人甚至可以向排在后面的债权人进行清偿,但应为存有异议的债权保留足够数额的款项。

第 R643-13 条 （2005 年 12 月 28 日第 2005-1677 号法令第 300 条）在可以提起上诉的期限经过之后 8 日内,以及在提起上诉的情况下,自上诉法院的判决送达起 8 日内,清算人按照第 R643-7 条至第 R643-10 条的规定最终确定有异议的债权及其后债权的清偿顺位。

第 R643-14 条 （2005 年 12 月 28 日第 2005-1677 号法令第 301 条）在清

偿顺位排列过程中或者甚至在最后确定清偿顺位之后,由清算人负责将财产提交再次竞价拍卖的情况下,清算人应按照再次竞价拍卖的结果,对原排列的清偿顺位以及在排列笔录上登记的债权人应得款项的数额进行修正,然后进行相应清偿。

第 R643-15 条 (2005 年 12 月 28 日第 2005-1677 号法令第 302 条)为适用本节之规定,在寄出的某一信件没有寄达收件人而退回给清算人的情况下,清算人应当经执达员重新送达信件。

第二节 清算活动的终结

第 R643-16 条 (2005 年 12 月 28 日第 2005-1677 号法令第 303 条)债务人的资产变现所得的款项,以及为企业或债权人的利益提起诉讼与实施程序之后所得的款项,如不足以清偿债权人的债务,甚至不足以部分清偿债务时,即表明债务人的资产不足。

第 R643-17 条 (2005 年 12 月 28 日第 2005-1677 号法令第 304 条)书记员最迟应在法院为审查程序终结而确定的期限经过之前 2 个月,按照本《法典》第 L643-9 条第 1 款的规定,经司法执达员送达文书传唤债务人,并向清算人与监督人通知开庭日期。

在适用本《法典》第 L643-9 条第 3 款规定的情况下,书记员进行前款所指的传唤与通知,但是,书记员可以用挂号信并要求回执对债务人进行通知,或者如债权人提出请求,经此途径通知债权人。

第 R643-18 条 (2005 年 12 月 28 日第 2005-1677 号法令第 305 条)法院根据清算人提出的报告就(是否)终结(清算)程序作出裁判。

因负债消灭,或者因资产不足而宣告终结清算程序的判决,应进行第 R621-8 条所指的公告。该项判决由法院书记员通知债务人。

在法院作出判决批准任何债权人对债务人恢复个人追偿债务的诉讼的情况下,应在上述公告中写明此事项。于此情形,法院判决由书记员负责在判决宣告起 8 日内经司法执达员送达债务人。

如前款所指的批准事项是在宣告终结清算程序的判决之后,法院的这项批准决定应进行相同公告,并按照相同条件送达债务人。

第 R643-19 条 (2005 年 12 月 28 日第 2005-1677 号法令第 306 条)清算人在完成任务之后 2 个月内,按照第 R626-39 条与第 R626-40 条规定的条件提交其终结任务汇报。第 R626-41 条的规定适用之。

第 R643-20 条 （2005 年 12 月 28 日第 2005-1677 号法令第 309 条）(在资产不足的情况下）债权获准登记并且按照本《法典》第 L643-11 条的规定恢复个人追偿权的债权人可以提出申请，请求由法院院长作出裁定，以取得该条第五项所指的执行根据。该条第二项所指的保证人或者共同债务人可以按照相同条件，提出其已进行的清偿的证明，取得执行根据。在此情况下，适用《民事诉讼法典》第 1405 条规定的指令支付程序。

在程序进行过程中债权即已获准登记的情况下，决定实施该程序的法院的院长有管辖权；在债权没有得到审核的情况下，按照普通法规则确定法院的管辖权。

法院作出的裁定应指明债权人的债权已最终获准登记以及法院因债务人资产不足而作出的终结程序判决。这项裁定包含支付指令并由书记员加盖执行令印鉴。

在本《法典》第 L643-11 条第 1、2、3 项所指情况下，作出裁定之前，应听取债务人的陈述获准对其进行传唤。

第 R643-21 条 （2005 年 12 月 28 日第 2005-1677 号法令第 307 条）如果债务人按照《货币与金融法典》第 L131-73 条的规定被禁止签发支票，清算人请求法兰西银行提交一份以当事人的名义登记在案的支票承兑附带事件的清单并将该清单交存法院书记室。法院书记员在实行程序的判决作出起 5 年期间均保存该清单。

第 R643-22 条 （2005 年 12 月 28 日第 2005-1677 号法令第 308 条）为适用本《法典》第 L643-12 条的规定，债务人应向规定禁止其签发支票的信贷机构提交法院作出的终结程序的判决的副本，以证明禁止其签发支票的措施已中止执行，同时附有支票承兑附带事件的清单。

对债务人规定上述禁止措施的金融机构，将中止执行这一措施之事由通知法兰西银行，以恢复债务人的正常状态。

第 R643-23 条 （2005 年 12 月 28 日第 2005-1677 号法令第 310 条）如果在债权人恢复个人追偿权利之后，按照本《法典》第 L643-12 条的规定原已中止执行的禁止签发支票的措施又恢复其效力，本《法典》第 L643-11 条第五项所指的具有执行力的裁定，由法院书记员通知法兰西银行，费用由个人追偿债务的债权人负担。在通知该裁定的同时应附有第 R643-22 条所指的支票承兑附带事件的清单。

第 R643-24 条 （2005 年 12 月 28 日第 2005-1677 号法令第 311 条）法院在听取债务人的陈述或者按规定传唤债务人之后，就恢复本《法典》第 L643-13

条所指的司法清算程序作出裁判。法院作出的恢复程序的判决应进行第 R621-7 条与第 R621-8 条所指的通知与公告。这项判决应送达债务人,相应情况下,通知作为提出上述请求之原告的债权人。

第四章 简易司法清算程序

第 R644-1 条 （2005 年 12 月 28 日第 2005-1677 号法令第 312 条）就（是否）适用本《法典》第六卷第四编第四章规定的简易清算程序规则作出裁定属于法院院长的管辖权限时,院长根据清算人的报告依职权作出裁决。

法院院长作出的这项裁决属于司法行政措施,不准对其提出不服申请。这项裁决应传达给债务人与清算人,并在第 R621-8 条所指的登记簿或登记表上作出记载。

第 R644-2 条 （2005 年 12 月 28 日第 2005-1677 号法令第 313 条）债权清册,由清算人在债权审核与准许债权登记以及资产变现程序之后制定的款项分配方案上作出补充并交存至法院书记室;任何有利益关系的人均可了解这一清册;向法院书记室交存这一清册之事由,应在《民商事法定公告正式简报》及有资格刊登法定公告的报纸上进行公示。

第 R644-3 条 （2005 年 12 月 28 日第 2005-1677 号法令第 314 条）针对经过分配方案补充的债权清册提出的异议,由委任法官作出裁判;委任法官的裁定应进行第 R644-2 条所指的公示。这项裁定由法院书记员负责通知有利益关系的债权人。有利益关系的债权人可以按照第 R621-21 条规定的期限与形式提出上诉。

第 R644-4 条 （2005 年 12 月 28 日第 2005-1677 号法令第 315 条）在法院考虑按照本《法典》第 L644-6 条的规定不适用简易清算程序规则的情况下,应指示书记员用挂号信并要求回执传唤债务人到庭。

法院根据清算人提交的报告作出裁判。

法院作出的这项裁定属于司法行政措施,不准对其提出不服申请。这项裁定传达给债务人与清算人,并在第 R621-8 条所指的登记簿或登记表上作出记载。

第五章 恢 复 职 业

第 R645-1 条 本《法典》第 L645-1 条第 1 款所指的资产变现的价值低

于 5000 欧元。该资产按照第 R640-1-1 条的规定进行申报。

第 R645-2 条 法院应债务人的申请实行恢复职业的程序时，推迟审理由债务人此前提出的实行司法清算程序的申请，以及相应情况下，推迟审理债权人提出的实行司法清算程序的传唤状或检察院提出的此种目的的申请。

第 R645-3 条 如果认为债务人并不具备享有恢复职业程序的条件，法院驳回其提出的此项申请，并就实行司法清算程序的请求作出审理裁判。

第 R645-4 条 就实行恢复职业程序的请求作出审理裁判的判决，在其宣告起 8 日内，由法院书记员用挂号信并要求回执通知债务人。这封通知信件写明本《法典》第 L645-9 条与第 L645-11 条以及第 L645-12 条的规定。

法院的这项判决传达给第 R621-7 条所指的人，相应情况下，传达给债务人隶属的行业公会或其隶属管辖的机关。

第 R645-5 条 如果按照本《法典》第 L645-4 条的规定指定的司法代理人并未在第 L812-2 条所指的名册上进行注册登记，适用于司法代理人的第 R621-12 条与第 R621-13 条的规定，也适用于法院按照第 L645-4 条的规定指定的该司法代理人。

第 R645-6 条 在委任法官因故不能履职或者已停止任职时，法院院长有权管辖委任法官的替代事由。任命替代法官的决定是一项司法行政措施。

第 R645-7 条 为适用本《法典》第 L645-6 条第 1 款的规定，实行的程序是第 R611-35 条规定的程序，并且由委任法官行使该条赋予法院院长的各项权力。

第 R645-8 条 为保全债务人的权利与保护其财产所必要的行为与相应的文书，应向委任法官进行汇报，这些文书的副本由司法代理人转送检察院。

第 R645-9 条 债务人可以在恢复职业的程序开始后 15 日内，对写明第 R631-1 条第 2 款第 5 点所指的写明债权与债务的具体数字的清册进行补充。债务人应立即向司法代理人报告这些变更事项。

第 R645-10 条 为适用本《法典》第 L645-8 条的规定，司法代理人用平信向已知的债权人通知债务人实行恢复职业程序。

这封通知信件写明第 L645-8 条、第 L645-11 条及第 L645-19 条的规定，并包含债务人财产盘存表的副本以及债务人申报的债权的清单副本作为附件。

第 R645-11 条 对于保证人以及共同负担债务的人或者同意给予债务人以人的担保或用某项财产提供担保的人，只要是债务人或者某个债权人已经告知司法代理人的，司法代理人均应用挂号信并要求回执向这些担保人通知债务人实行恢复职业程序。

第 R645-12 条 司法代理人在进行调查的任何时候如果遇到某种困难，可以用平信向委任法官提出请求，由委任法官确定一个期限，规定有关的人在此期限内对司法代理人按照本《法典》第 L645-5 条的规定提出的有关提供情况的请求作出答复。

第 R645-13 条 司法代理人的报告，由其本人转送委任法官与检察院。

第 R645-14 条 委任法官在听取检察院的意见后，最迟在开庭前 3 日向法院书记室交存其报告。但是，在按照本《法典》第 L645-9 条的规定请求实行司法清算程序的情况下，委任法官的报告在开庭的当日提交并告知债务人。

第 R645-15 条 债务人按照本《法典》第 L645-9 条第 2 款的规定提出的请求，由其本人交存至法院书记室。

委任法官按照第 L645-10 条的规定将案卷移送法庭审理时，法院书记员用挂号信并要求回执传唤债务人在法官确定的期限内出庭。书记员通知债务人在相应情况下可以到法院书记室查阅、了解委任法官提交的报告的内容。

在检察院提出申请的情况下，适用第 R631-4 条之规定。

第 R645-16 条 委任法官不得作为合议庭的成员，也不得参加法庭审理辩论，否则，以判决无效论处。

第 R645-17 条 法庭在其作出的终结程序的判决中写明已经被消灭的债权的清单以及这些债权各自的数额，并根据具体情况，写明债权人的姓名或名称、住所或注册住所。

第 R645-18 条 书记员向债务人通知法庭作出的终结程序的判决，并将该判决报送检察院。债务已经消灭的债权人如果提出请求，可以从法院书记员那里取得经认证与原本相符的判决节录。

第 R645-19 条 向《民商事法定公告正式简报》寄送一份终结程序的判决的通知，以便进行登载。在该简报上登载的通知书应指明债务人的姓名、从事职业的地址、企业的统一识别号码，以及必要时，写明法院书记员的姓名、债务人所从事的职业活动、判决作出的日期以及作出判决的法院、债务人进行注册登记的地区手工业职业行会的名称。

在债务人从事职业的地址所在地的有资格刊登法定公告的报纸上，也应公告相同的通知。

法院书记员依职权在判决作出后 15 日内进行这些公告。

但是，在检察院按照第 R661-1 条最后一款的规定提起抗诉或者在按照第 R661-1 条第 3 款的规定命令停止先予执行的情况下，法院书记员只有根据上诉法院书记员在上诉法院作出判决后 8 日内向其转送的该判决，才进行上述各项通知的公告。

此外，应向第 R621-8 条第 1、2、3 款所指的登记簿或者职业目录寄送上述通知。

第 R645-20 条 在法院宣告终结恢复职业的程序但不进行清算时，适用第 R643-21 条与第 R643-22 条的规定；在此情况下，由司法代理人履行第 R643-21 条对司法清算人规定的各项职责。

第 R645-21 条 如债务人提出上诉，用挂号信并要求回执向上诉法院书记室提出，或者寄送。

上诉，按照非强制代理诉讼程序的规则提出、审理与裁判。

第 R645-22 条 法院按照本《法典》第 L645-9 条的规定作出的实行司法清算程序的判决，当然终止恢复职业程序，且债务不因此而消灭。

第 R644-23 条 在实行恢复职业程序的判决被撤销或者被终止的情况下，上诉法院可以依职权对实行司法清算程序的请求作出裁判。

第 R645-24 条 司法代理人完成任务时，应向法院书记室提交一份终结任务汇报，详细说明其取得的报酬数额，并向法院院长送交该项汇报的副本以及第 R645-13 条所指的报告的副本。

法院院长，根据委任法官提出的意见，以裁定确定按照第 R663-41 条最后一款的规定给予司法代理人的款项的数额。对这项裁定不准提出不服申请。

第 R645-25 条 在司法代理人向法院书记室交存终结任务的汇报之后，法院书记员向债务人与检察院寄送按照第 R743-140 条至第 R743-157 条的规定制定的有关酬金、费用与劳务费的详细账目。该账目交存至法院书记室，并附于司法代理人提交的账目。如果法院书记员在此后受请求对其他费用进行结算，应对原已交存的账目作出补充。

第五编　责任与制裁

第一章　因资产不足的责任

第 R651-1 条　（2005 年 12 月 28 日第 2005-1677 号法令第 316 条）对在本《法典》第 L651-2 条所指情况下进行审理裁判有管辖权的法院是法人实行司法清算或者宣告法人司法清算的法院。

第 R651-2 条　为适用本《法典》第 L651-2 条的规定，根据具体情况，法院经提交的传唤状（起诉状）受理案件，或者按照第 R631-4 条规定的形式与程序受理案件。

第 R651-3 条　（2005 年 12 月 28 日第 2005-1677 号法令第 320 条）按照本《法典》第 L651-2 条的规定作出的判决，由法院书记员报送共和国检察官。

第 R651-4 条　（2005 年 12 月 28 日第 2005-1677 号法令第 317 条）适用本《法典》第 L651-3 条的规定，向司法代理人发出的、催促其提起（追究）责任之诉讼的催告书，至少应有 2 名作为监督人的债权人提出。只有在司法代理人收到用挂号信并要求回执向其寄送的这一催告书之后 2 个月内没有任何结果的情况下，债权人提起的诉讼才能得到受理。

第 R651-5 条　（2005 年 12 月 28 日第 2005-1677 号法令第 318 条）适用本《法典》第 L651-4 条的规定，法院院长指定的法官可以选择任何人给予协助。确认法官挑选协助人之事宜应在其提交的报告中作出记载。这份报告交存至法院书记室并由书记员报送检察院。书记员至少应在开庭之前 1 个月用挂号信并要求回执将这份报告传达给有关的领导人或者有限责任个体企业主。

法院在听取监督人的意见或者按照规定传唤监督人之后,对委任法官提交的报告进行审理、作出裁判。

按照第 L651-4 条第 2 款的规定命令采取的保全措施所保障的款项数额,不得超过针对领导人提出的请求的数额。

第 R651-6 条 (2005 年 12 月 28 日第 2005-1677 号法令第 319 条) 如果法人的某一领导人已经实行保护程序、司法重整程序或司法清算程序,应当由其负担的债务数额,只有在通知该领导人涉及的程序中指定的司法代理人或清算人参加(将进行的)诉讼之后才能确定。判处该领导人负担的债务数额,由法院书记员登记于针对该领导人实行的程序的债权清册,或者登记于移送有管辖权限的法院的程序的债权清册。

第二章　对公司债务的义务

(2009 年 2 月 12 日第 2009-160 号法令废止)

第 R652-1 条原条文:(2005 年 12 月 28 日第 2005-1677 号法令第 321 条) 对在本《法典》第 L652-1 条所指情况下进行审理裁判有管辖权的法院是开始实行或者宣告法人实行保护程序、司法重整或司法清算的法院。

第 R652-2 条原条文:(2005 年 12 月 28 日第 2005-1677 号法令第 322 条) 按照本《法典》第 L632-1 条的规定作出的判决由法院书记员报送共和国检察官。

第三章　个人破产与其他禁止性措施

第 R653-1 条 (2005 年 12 月 28 日第 2005-1677 号法令第 323 条) 本《法典》第 L653-7 条所指的司法代理人了解到第 L653-3 条至第 L653-6 条与第 L653-8 条所指的事实时,应向共和国检察官与委任法官报告。

为适用本《法典》第 L653-8 条的规定,经认定的(债务人)停止支付的日期不得与按照本《法典》第 L631-8 条的规定认定的日期不同。

第 R653-2 条 (2005 年 12 月 28 日第 2005-1677 号法令第 324 条) 为适用本《法典》第 L653-7 条的规定,根据具体情况,法院经提交的传唤状(起诉状)受理案件,或者按照第 R631-4 条规定的形式与程序受理案件。向司法代理人发出的催促其提起(追究)责任之诉讼的催告书,至少应有 2 名作为监督人的债权人提出。只有在司法代理人收到用挂号信并要求回执向其寄送的这一催告书之后 2 个月内没有任何结果的情况下，债权人提起的诉讼才能得到受理。

第 R653-3 条 （2005 年 12 月 28 日第 2005-1677 号法令第 325 条）除了按照《刑事诉讼法典》第 768 条第五项的规定在"司法记录卡"（casier judiciaire，即"犯罪记录"）上作出记载之外，宣告个人破产或者本《法典》第 L653-8 条所指的禁止性处分的判决，应进行第 R621-8 条所规定的公告，并由法院书记员寄送第 R621-7 条所指的人。

根据具体情况，这些判决由法院书记员或上诉法院书记员负责，经执达员送达受到处罚的人。

第 R653-4 条 （2005 年 12 月 28 日第 2005-1677 号法令第 326 条）有关取消丧失权利、禁止权利与无能力处分的任何请求，均以申请的形式向宣告此种处分措施的法院提出；提交的申请应附有证明（申请人）已经清偿债务的文件，或者在当事人受到本《法典》第 L653-8 条所指的禁止性处分时，在提交申请的同时应附有证明其有能力领导或者监督该条所指的企业或（法）人的保证。此种保证可以是指（重新）接受过职业培训。

法院在听取申请人和检察院的意见之后作出裁判。

第四章　破产欺诈罪与其他犯罪

第 R654-1 条 （2005 年 12 月 28 日第 2005-1677 号法令第 327 条）适用本《法典》第 L654-17 条的规定，向司法代理人发出的催促其在刑事法院作为民事当事人提起诉讼的催告书，至少应有 2 名作为监督人的债权人提出。只有在司法代理人收到用挂号信并要求回执向其寄送的这一催告书之后 2 个月内没有任何结果的情况下，债权人提起的诉讼才能得到受理。

第六编　程序性一般规定

第一章　救济途径

第 R661-1 条　（2005 年 12 月 28 日第 2005-1677 号法令第 328 条）就专门委任、调解（和解）、司法保护、司法重整与司法清算事由作出的判决或裁定当然具有先予执行力。

但是，根据本《法典》第 L622-8 条、第 L626-22 条、第 L642-20-1 条第 1 款、第 L651-2 条、第 L663-1 条至第 L663-4 条之规定作出的判决和裁定以及宣告第 L653-8 条所指的个人破产或禁止权利处分的判决，并不当然具有先予执行力。

尽管有《民事诉讼法典》第 524 条的规定，按照紧急审理程序进行裁判的上诉法院院长，只有在其认为用以支持上诉请求所援引的理由有严肃依据时，才能停止第 1 款与第 2 款所指的判决与裁定的先予执行。在先予执行依据第 L663-1-1 条的规定作出的裁决将引起过分严重的后果的情况下，也可以停止该裁决的先予执行。上诉法院院长作出停止先予执行的裁定，书记员立即将此通知（作出原判决的）法院书记员。

在检察院对本《法典》第 L645-11 条、第 L661-1 条所指的判决——除实行保护程序或司法重整程序作出的判决之外，以及第 L661-6 条与第 L661-11 条所指的判决提起上诉（抗诉）的情况下，自提出抗诉之日，当然停止（这些判决的）先予执行。上诉法院院长应检察院的申请，可以在上诉审诉讼进行期间采取任何保全措施。

第 R661-2 条　（2005 年 12 月 28 日第 2005-1677 号法令第 329 条）除另

有规定外，针对法院就专门委任、调解、司法保护、司法重整与司法清算、因资产不足而承担责任、个人破产或者本《法典》第 L653-8 条所指的禁止权利处分作出的判决提出缺席判决异议或第三人异议，在判决宣告起 10 日内，采用向法院书记室提出声明的形式提出。

但是，对于需要在有资格刊登法定公告的报纸和《民商事法定公告正式简报》上履行公告手续的判决，提出缺席判决异议或第三人异议的期间，仅自该判决在《民商事法定公告正式简报》上履行公告手续之日起开始计算；对于仅应在法定公告报纸上进行公告的判决，该期间自进行公告之日起计算。

第 R661-3 条 （2005 年 12 月 28 日第 2005-1677 号法令第 330 条）除另有规定外，各方当事人针对法院就专门委任、调解、司法保护、司法重整与司法清算、因资产不足而承担责任、个人破产或者本《法典》第 L653-8 条所指的禁止权利处分作出的判决向上诉法院提起上诉的期间为 10 日，自通知判决之日起计算。

但是，债务人不服确定或驳回企业转让方案的判决时，可以在判决宣告起 10 日内提起上诉。

在本《法典》第 L642-1 条第 3 款与第 L642-7 条所指情况下，法院书记员在判决宣告起 48 小时内向债务人的合同对方当事人、受让人或者出租人通知法院作出的判决，其提起上诉的期间为 10 日，自判决通知起计算。

共和国检察官与检察长提出抗诉的期间为 10 日，自共和国检察官收到向其通知的判决起计算。向共和国检察官通知判决，根据具体情况，分别采用第 R611-25 条、第 R611-41 条或第 R621-7 条规定的形式。

第 R661-4 条 （2005 年 12 月 28 日第 2005-1677 号法令第 331 条）共和国检察官与检察长提出抗诉，通过向上诉法院书记室送交或寄送上诉声明为之。

在邮寄上诉声明的情况下，上诉文书的日期为寄发信件的日期。

在共和国检察官或者检察长对本《法典》第 L661-6 条、第 L661-9 条所指的判决或者按照本《法典》立法部分第六卷第五编第二章与第三章的规定作出的判决提出上诉（抗诉）的情况下，抗诉人应立即采取任何方法通知（原审）法院书记员及司法代理人。上诉法院书记员用平信向债务人以及第 R661-6 条所指之人通知提出抗诉之事由。

第 R661-5 条 （2005 年 12 月 28 日第 2005-1677 号法令第 332 条）以企业委员会或者员工代表的名义提出救济申请的人，以及相应情况下，提出救济申请的薪金雇员代表，应当证明其有此种资格，否则提出的救济请求不予受理。

第 R661-6 条 （2005 年 12 月 28 日第 2005-1677 号法令第 333 条）根据本《法典》第 L661-1 条、第 L661-6 条以及本《法典》立法部分第六卷第五编第一章与第三章的规定对判决提起上诉，按照《民事诉讼法典》第 901 条至第 925 条规定的强制代理诉讼的程序规则提出、审理与裁判，但保留执行以下规定：

1. 凡是司法代理人不是上诉人的情况，均应将其作为被上诉人；
在所有情况下，开庭日期均应通知检察院。

2. 对确定或者驳回转让方案的判决提起上诉，适用确定期日程序。

3. 除上述第 2 点所指以外的其他所有情况，诉讼按照《民事诉讼法典》第 905 条的规定进行审理，实行确定期日程序时除外；但是，法庭庭长可以决定诉讼审理在本法庭 1 名法官的监督下按照该《法典》第 763 条至第 787 条规定的条件进行。

4. 如果企业委员会代表或者员工代表，以及相应情况下，薪金雇员代表、受让人、监督人、本《法典》第 L642-7 条所指的债务人的合同相对方当事人、第 L642-12 条所指的担保持有人或者享有租赁经营利益的人不是上诉人，由上诉法院进行传唤并听取他们的意见陈述。传唤通知书由法院书记员用平信寄送。

5. 在开庭之前 10 日内，任何参加之诉均不予受理。

6. 上诉法院在本《法典》第 L661-6 条所指的判决宣告之后 4 个月内就实体问题作出审理裁判。

第 R661-7 条 （2005 年 12 月 28 日第 2005-1677 号法令第 334 条）自上诉法院的判决宣告起 8 日内，书记员将该判决的副本移送（原审）法院的书记室，以便在其撤销需经公告的判决的情况下履行第 R621-8 条所指的公告。

书记员向各方当事人以及检察院通知上诉法院作出的判决并取得收据；并向第 R661-6 条第 4 点所指的人告知上诉法院已宣告其判决。

第 R661-8 条 （2005 年 12 月 28 日第 2005-1677 号法令第 335 条）检察院向最高法院提起上诉，按照第 R661-4 条第 1 条所指规则，以向最高法院书记室提出上诉声明为之。

第二章　其他规定

第 R662-1 条至第 R662-21 条　（略）

第三章 诉讼费用

第 R663-1 条 （2005 年 12 月 28 日第 2005-1677 号法令第 351 条）法院书记员不得向申请实行司法重整程序或者司法清算程序的债务人要求任何预付款项。

第一节 由国库负担的特定诉讼费用

第 R663-2 条 委任法官按照本《法典》第 L663-1 条之规定作出的裁定，由法院书记员通知司法代理人、债务人、国库以及共和国检察官；不服这项裁定，可以在其通知起 1 个月内经向法院书记室提交声明并取得收据或者用挂号信并要求回执寄送该声明向上诉法院提起上诉。上诉，按照非强制代理诉讼程序提出、审理与判决。司法代理人、债务人、国库以及共和国检察官如果不是对这项裁定提起上诉的上诉人，则为被上诉人。

第二节 司法管理人、方案执行监察人、司法代理人与清算人的报酬

第一目 司法管理人的报酬

第 R663-3 条 一、司法管理人因完成本《法典》立法部分第六卷第二编至第四编所规定的各项工作而应得的劳务报酬按照以下条文的规定确定。

二、为适用本节之规定：

1. 税负外营业额，按照第 R123-200 条第 3 款的规定，以最近 1 个会计年度终结之日的情况为准；适用第 R663-5 条至第 R663-8 条与第 R663-28 条的规定时，营业额是指在观察期间或者在维持经营活动的期间实现的数额；债务人是非商人私法法人时，相应情况下，用参照其税负的收入或税负外产出数额替代参照营业额。

2. 资产负债总额按照第 R123-200 条第 3 款的规定，以最近 1 个会计年度终结之日的情况为准；

3. 薪金员工的人数以提出实行程序的请求之日债务人的用工人数为准。

三、适用第 R663-4 条与第 R663-9 条的规定,司法管理人的报酬,采用基础费率的形式表示,每一个基础费率为 100 欧元。

第 R663-4 条 对于司法管理人受指定在保护程序或司法重整程序中担负的有关企业状况诊断工作给予报酬的数额,在债务人雇用的薪金雇员人数或者营业额的基础上,按照以下标准确定:

1. 薪金雇员为 0 人至 5 人,或者营业额在 0 欧元至 75 万欧元的,报酬数额为 10 个基础费率;

2. 薪金雇员为 6 人至 19 人,或者营业额在 750001 欧元至 300 万欧元的,报酬数额为 20 个基础费率;

3. 薪金雇员为 20 人至 49 人,或者营业额在 3000001 欧元至 700 万欧元的,报酬数额为 40 个基础费率;

4. 薪金雇员为 50 人至 149 人,或者营业额在 7000001 欧元至 2000 万欧元的,报酬数额为 80 个基础费率;

5. 薪金雇员人数超过 150 人,或者营业额超过 2000 万欧元的,报酬数额为 100 个基础费率。

如果从薪金雇员的人数和营业额两项数字来看,债务人可以列入上述不同的档次,则按照最高数额的档次的标准确定费率。

不论债务人雇用的薪金雇员人数及其营业额为多少,企业的资产负债总额为 365 万欧元至 1000 万欧元时,报酬数额均按 80 个基础费率计算;营业额超过 1000 万欧元的,报酬数额均为 100 个基础费率。

此项报酬由债务人在程序开始时立即支付给司法管理人。

第 R663-5 条 对于司法管理人在保护程序或司法重整程序过程中以协助债务人的名义承担的任务,按照营业额的比例计算报酬,其数额按照以下标准确定:

1. 营业额在 0 欧元至 15 万欧元的,报酬数额的比例为 2%;

2. 营业额在 150001 欧元至 75 万欧元的,报酬数额的比例为 1%;

3. 营业额在 750001 欧元至 300 万欧元的,报酬数额的比例为 0.60%;

4. 营业额在 3000001 欧元至 700 万欧元的,报酬数额的比例为 0.40%;

5. 营业额在 7000001 欧元至 2000 万欧元的,报酬数额的比例为 0.30%。

营业额超过 2000 万欧元的,适用第 R663-13 条的规定。

第 R663-6 条 对于司法管理人在保护程序中担负监督任务,按照第 R663-5 条规定的比例减少 25% 给予报酬。

第 R663-7 条 对于司法管理人在司法重整程序或司法清算程序过程中负担企业管理任务，按照第 R663-5 条规定的比例增加 25% 计算报酬。

如果按照本《法典》第 L631-12 条的规定，司法管理人在管理企业时有 1 名或数名专家协助，对其给予的报酬不再增加前款所定的比例。

第 R663-8 条 在法院按照本《法典》第 L622-12 条或者第 L631-16 条的规定终止保护程序或司法重整程序时，或者就保护方案或重整方案作出裁决时，或者在保护程序或司法重整程序实施过程中法院宣告债务人进行司法清算时，第 R663-5 条、第 R663-6 条与第 R663-7 条规定应当按比例给予（司法管理人）的报酬为既得报酬；在司法清算程序中，当法院确定企业转让或终止其继续维持的活动时，应当给予（司法管理人）的报酬亦为既得报酬。

第 R663-9 条 对于司法管理人因制定债务人的经济、社会与环境保护概报，为其准备保护方案或重整方案而给予的协助，按照债务人雇用的薪金雇员人数或者营业额，并根据以下收费标准确定报酬：

1. 薪金雇员为 0 人至 5 人，或者营业额在 0 欧元至 75 万欧元的，报酬数额为 15 个基础费率；

2. 薪金雇员为 6 人至 19 人，或者营业额在 750001 欧元至 300 万欧元的，报酬数额为 20 个基础费率；

3. 薪金雇员为 20 人至 49 人，或者营业额在 3000001 欧元至 700 万欧元的，报酬数额为 60 个基础费率；

4. 薪金雇员为 50 人至 149 人，或者营业额在 7000001 欧元至 2000 万欧元的，报酬数额为 100 个基础费率；

5. 薪金雇员人数超过 150 人，或者营业额超过 2000 万欧元的，报酬数额为 150 个基础费率。

如果分别按照薪金雇员的人数或者营业额两种档次计算，债务人应给予的报酬数额不同，则应参照适用其中数额最高的档次。

不论债务人的薪金雇员人数及营业额多少，在其资产负债总额为 365 万欧元至 1000 万欧元时，报酬数额均按 100 个基础费率计算；营业额超过 1000 万欧元的，报酬数额均为 150 个基础费率。

在法院就保护方案或重整方案作出裁决时，或者在保护程序或司法重整程序过程中宣告债务人进行司法清算时，以上规定的应当给予（司法管理人）的报酬为既得报酬；在法院确定提交的方案的情况下，司法管理人的报酬增加 50%。

在必要情况下，法院院长按照委任法官的提议确定为了给予此种报酬而设立的准备金的数额,但确定的准备金不得超过待付报酬的一半,也不得超过第 R663-13 条第 1 款所指数额的 2/3。

第 R663-10 条 在债权人委员会召开会议时,作为该委员会成员的每一个人给予司法管理人 150 欧元报酬,而在债权人委员会通过的方案得到确定时,按照第 R626-58 条规定得到考虑的债权数额的 0.1% 的比例确定给予司法管理人报酬的数额。

第 R663-11 条 在司法重整程序或司法清算程序中确定转让方案的情况下,按照纳入转让方案的全部资产的税负外转让价金的比例,计算司法管理人的报酬,其数额按照以下标准确定:

1. 税负外转让价金在 0 欧元至 15000 欧元的,报酬数额的比例为 5%;

2. 税负外转让价金在 15001 欧元至 5 万欧元的,报酬数额的比例为 4%;

3. 税负外转让价金在 50001 欧元至 15 万欧元的,报酬数额的比例为 3%;

4. 税负外转让价金在 150001 欧元至 30 万欧元的,报酬数额的比例为 1.5%;

5. 税负外转让价金超过 30 万欧元的,报酬数额的比例为 1%。

只有出示已经订立的全部转让文书作为证明,才能最终取得这项权利。

第 R663-12 条 在保护方案或重整方案预计的自有资金有所增加时,对司法管理人按照增加数额的比例以及第 R663-11 条规定的标准给予报酬。

只有出示已经支付资金的证明,才能最终取得这项权利。

第 R663-13 条 尽管有本目之规定,司法管理人所得的全部报酬,应当在考虑开支的费用及所做的工作情况的基础上确定。在按照本目规定的标准计算的报酬税负外数额超过 10 万欧元时,不得参照这些标准计算报酬数额。

在第 1 款所指情况下,给予司法管理人的报酬,由上诉法院院长为此授权的法官,根据费用数额及管理人所做的工作情况,在委任法官提议的基础上确定,但确定的这一税负外报酬的数额不得低于 10 万欧元。上诉法院院长授权的法官事先应当听取检察院的意见并要求债务人自己提出意见。管理人、债务人与检察院不服授权法官的决定的,可以向上诉法院院长提出上诉。

第 R663-4 条规定的报酬和已经领取的款项,在按照前两款规定确定的数额限度内,作为对应得报酬的分期支付款项,仍然为管理人取得。

第 R663-13-1 条 本《法典》第 L662-8 条所指的作为协调人的管理人的报酬,由上诉法院院长按照具体情况依据第 R662-18 条第一项与第二项的规定为此委任的上诉法院的 1 名司法官确定。该司法官事先听取检察长的意见。听取意见,也包含听取每一个有关的共和国检察官提出的意见。

受委任的检察官对在不同的程序中与履行职责有关的各自应当负担的报酬的数额作出分配决定。负责协调的管理人、债务人或者检察院可以对该司法官的决定提出不服申请。

第二目 方案执行监察人的报酬

第 R663-14 条 在执行方案的每一年终结时,对于方案执行监察人担负的监督方案执行任务、为债权人的集体利益提起或继续进行诉讼、实施使方案得到执行的各项行为以及提交第 R626-43 条所指的年度报告,以此名义,给予方案执行监察人报酬。报酬数额相等于按照第 R663-4 条规定的标准确定的数额。

只有在证明已经提交前款所指报告的情况下,应给报酬才能为既得报酬。

第 R663-15 条 如果对原方案所定的目标与实施方法进行实质性修改,在准备修改草案时方案执行监察人对债务人给予了协助,法院院长或其授权代表可以对方案执行监察人给予报酬;此项报酬的数额等于按照第 R663-9 条的标准确定的报酬的一半。债务人的情况按照向法院提出修改方案请求之日的状况评判。

在其向法院提出解除方案的请求的情况下,按照相同条件,对方案执行监察人给予第 1 款所指的报酬。

第 R663-16 条 如果方案执行监察人负担收取与分配方案确定的股息之任务,以此名义按照比例向其给予报酬;报酬数额根据全体债权人受领的款项总额按比例计算,或者,在债权人并未受领款项的情况下,按照执行方案的每一个年度寄存至信托银行的款项数额的比例计算。给予的报酬计算比例如下:

1. 0 欧元至 15000 欧元,报酬数额的比例为 3.5%;
2. 15001 欧元至 5 万欧元,报酬数额的比例为 2.5%;
3. 50001 欧元至 15 万欧元,报酬数额的比例为 1.5%;
4. 150001 欧元至 30 万欧元的,报酬数额的比例为 0.5%;
5. 超过 30 万欧元的,报酬数额的比例为 0.25%;

由于债权人中仅有 1 人可以获得股息,方案执行监察人并没有在多个债权人之间进行款项分配的情况下,其可得报酬的数额减少一半。

按照上述标准计算,以同一个年度的名义给予的报酬数额超过 15000 欧元时,本条规定的劳务费按照第 R663-13 条的规定确定;在此情况下,劳务费不得低于 15000 欧元。

第 R663-17 条 以方案执行监察人登记于第 R622-15 条所指名册上的债权的名义,给予其第 R663-22 条所指的报酬。

第三目 司法代理人与清算人的报酬

第 R663-18 条 就整个保护程序或司法重整程序,司法代理人领取 2500 欧元的固定报酬;如其随后被指定担任清算人,则不得以清算人的名义主张领取固定报酬。

如果法院在同一程序中既指定了司法代理人又另行指定了清算人,司法代理人领取第 1 款所指的固定报酬的全额,清算人领取的报酬为该固定数额的一半。

如果在欧洲理事会 2000 年 5 月 29 日关于无支付能力的程序的第 1346/2000 号条例所指的无支付能力的附带程序中指定的清算人,可以按照对主程序的(财产)管理人有义务提供信息的名义领取第二份固定数额的报酬;如果是在主程序中指定的清算人随后也被指定为附带程序中的清算人,同样可以领取第二份固定报酬;在后一种情况下,有几项附带程序,即可领取几份报酬。

宣告附带程序的判决一经通知债务人,债务人应立即向清算人支付固定报酬。

第 R663-19 条 按照本《法典》第 L641-1 条的规定指定的清算人,在其知悉受到指定的决定时,可以就整个司法清算程序领取第 R663-18 条所指的固定报酬,并且保留第七卷附件 7-5 表 7① 最后一款作出说明的向书记员支付的款项。

对于清算人,适用第 R663-22 条至第 R663-25 条与第 R663-27 条之规定。

为适用第 R663-22 条的规定,债权清册是指第 R641-39 条规定的清册。

第 R663-20 条 在指定了多名司法代理人或多名清算人的情况下,每一个人在相应情况下分别按照第 R663-18 条第 2 款规定的方式领取该条所指

---

① 附件略。——译者注

的固定数额的报酬。

第 R663-21 条 为适用本节之规定,以下所列构成一项债权:

1. 每一个供货债权人申报的款项全额;

2. 每一个提供服务的债权人以债务人与其订立的每一份合同的名义申报的款项全额;

3. 每一个信贷机构债权人以债务人与其订立的每一份合同的名义申报的款项全额;

4. 每一个社会保险组织债权人按照其债权所享有的优先权顺位所申报的款项全额;

5. 国库就每一类债权申报的款项全额。

第 R663-22 条 对于为已经申报但未进行审核的债权办理登记手续,以及在第 R622-15 条所指的清单上的登记的债权,按照以下规定向司法代理人支付固定数额的报酬:

1. 数额低于 150 欧元的每一项债权,固定报酬的数额为 5 欧元;

2. 等于或高于 150 欧元的每一项债权,固定报酬的数额为 10 欧元。

第 R663-23 条 对于进行审核并且在第 R624-8 条所指的债权清册上登记的每一项债权,除工资债权以外,按照以下规定向司法代理人支付固定数额的报酬:

1. 数额为 40 欧元至 150 欧元的每一项债权,固定报酬的数额为 30 欧元;

2. 等于或高于 150 欧元的每一项债权,固定报酬的数额为 50 欧元。

第 R663-24 条 为制定工资债权登记表,每一位薪金雇员向司法代理人支付 120 欧元的报酬。

第 R663-25 条 以下事务,支付给司法代理人的固定报酬为 100 欧元:

1. 对于工资债权以外的、经委任法官作出的裁决已经在第 R624-8 条所指债权清册上进行登记的每一项债权提出争议,不论是准许登记还是驳回登记;

2. 不论是涉及追还财产或返还财产之请求的任何争议,经委任法官作出裁定的;

3. 对于司法代理人作为当事人出庭或者由他人代理出庭,按照本《法典》第 L625-1 条与第 L625-3 条的规定在劳资纠纷仲裁法庭提起或恢复的任何诉讼,经法院作出判决或者经订立协议并得到委任法官签证而终止的。

第 R663-26 条 在适用本《法典》第 L631-16 条的规定以及法院指定司

法代理人负责在债权人之间进行资金分配的情况下,按照第 R663-16 条所指的比例给予司法代理人报酬。

第 R663-27 条 对于《环境法典》第五卷第一编意义上的一处或数处定级设施在停止经营活动时应当履行的全部义务,按照以下标准向司法清算人支付固定数额的报酬。这项报酬按照以下标准确定:

1. 如果定级设施属于需要申报的设施,固定数额的报酬为 500 欧元;

2. 如果至少有一处设施是需经批准或登记注册的设施,固定数额的报酬为 1500 欧元;

3. 如定级设施中至少有一处设施属于《环境法典》第 L515-8 条第四项所指名单上的设施,固定数额的报酬为 4500 欧元。

如果至少有一处需经批准的设施经行政主管机关作出决定命令对其采取紧急措施与安全措施,给予司法代理人的报酬增加 1 倍。

第 R663-27-1 条 对于按照第 L641-2 条第 2 款的规定交由清算人实现的资产盘存,以此名义给予 100 欧元的报酬。

第 R663-28 条 在按照本《法典》第 L641-10 条的规定批准继续维持企业活动的情况下,以司法代理人负担管理企业任务的名义给予其按照营业额的比例计算的报酬,计算标准如下:

1. 0 欧元至 15 万欧元,报酬数额的比例为 3%;

2. 150001 欧元至 75 万欧元,报酬数额的比例为 1.5%;

3. 750001 欧元至 300 万欧元,报酬数额的比例为 0.9%。

第 R663-29 条 一、以下情况,向清算人按比例支付相应报酬:

1. 对于有体动产的转让活动,按照比例给予报酬;计算报酬时使用的基数为被转让的资产包括各种税负在内的价金总额扣除清算人以外的参与该项转让活动的其他人所得的包含税负在内的报酬数额;

2. 对于任何债权的收取活动,按照比例给予报酬;计算报酬时使用的基数为被转让的资产包括各种税负在内的价金总额扣除清算人以外的参与该项收取活动的其他人所得的包含税负在内的报酬数额;

3. 对不动产与无形动产的变现活动,按照比例给予报酬;计算报酬时使用的基数为被转让的每一项资产包括各种税金在内的价金数额。

二、本条规定的报酬按照以下档次与比例计算:

1. 0 欧元至 15000 欧元,报酬数额的比例为 5%;

2. 15001 欧元至 5 万欧元,报酬数额的比例为 4%;

3. 50001 欧元至 15 万欧元,报酬数额的比例为 3%;

4. 150001 欧元至 30 万欧元,报酬数额的比例为 1.5%；

5. 超过 30 万欧元,报酬数额的比例为 1%。

为适用以上标准比例,价款的基数中不计入信托银行向清算人支付的利息。

三、包括在转让方案中的资产的转让,不向清算人(另行)支付报酬;在没有指定管理人的情况下,得以转让纳入转让方案中的资产的名义,给予清算人报酬。

四、只要保全措施没有转换为资产变现活动,对于按照第 L663-1-1 条的规定批准进行的转让活动,不给予本条规定的报酬。

第 R663-30 条 在本《法典》第 L622-24 条所指的向债权人分配款项以及清偿第 L641-13 条所指的债权结束时,给予清算人按照比例计算的报酬;报酬数额按照全体债权人取得的款项总额计算,或者按照寄托于信托银行的款项总额计算,其比例标准如下：

1. 0 欧元至 15000 欧元,给予的报酬数额为 4.5%；

2. 15001 欧元至 5 万欧元,给予的报酬数额为 3.5%；

3. 50001 欧元至 15 万欧元,给予的报酬数额为 2.5%；

4. 150001 欧元至 30 万欧元,给予的报酬数额为 1.5%；

5. 超过 30 万欧元,给予的报酬数额为 0.75%。

如果清算人并没有在多个债权人之间分配款项,只有一个债权人可以领取支付的款项,这一比例报酬减半。

第 R663-31 条 尽管有本目之规定,在确定清算人的报酬全额时,应考虑支出的费用及清算人所做的工作,并且如按照本节规定的标准计算的报酬总额超过 75000 欧元,则不得参照本目所定标准确定报酬。

在第 1 款所指情况下,清算人的报酬由上诉法院院长为此指定的司法官根据委任法官的提议,并参照清算人完成任务所支出的费用与工作情况确定;受指定的法官事先应听取检察院的意见,并要求债务人提出意见。清算人、债务人以及检察院如果不服受指定的法官的决定,可以向上诉法院院长提出救济申请。

第 R663-18 条所指的报酬以及分期收到的支付款项,在按照前两款的规定确定的数额的限度内,作为对报酬的支付,仍然为清算人取得。

第 R663-31-1 条 本《法典》第 L622-8 条规定的向作为协调人的司法代理人给付的报酬,由上诉法院院长为此委任的上诉法院的 1 名司法官确定;院长事先听取检察院的意见,其提出的这项意见中也包含每一个有关的共和国检察官提出的意见。

受委任的检察官对在不同的程序中与履行此种职责有关的报酬、费用或酬金各自应当负担的数额作出分配决定。负责协调的司法代理人、债务人或者检察院可以对此种分配决定提出不服申请。

第四目 有关司法管理人、方案执行监察人、司法代理人与清算人的报酬的共同规定

第 R663-32 条 司法管理人、方案执行监察人、司法代理人与清算人,对其因执行委托而引起的费用以及对由法庭庭长或其授权代表确定的向国库支付的任何性质的税款,有权按照提交明细账目证明获得偿还。此种款项偿还可以按季度进行。

第 R663-33 条 司法管理人、方案执行监察人、司法代理人与清算人有权对其为企业的利益交纳的各项税款获得偿还。

第 R663-34 条 因实行保护程序、司法重整程序或者司法清算程序而应当支付的劳务费,在程序终结时确定。除执行第 R663-13 条与第 R663-31 条之规定外,法庭庭长或其授权代表依据明细账目作出裁判;在由大审法院实施程序的情况下,由法院院长为此授权的 1 名司法官处理此事项。

除第 R663-4 条与第 R663-18 条至第 R663-20 条规定的权利以及经批准的预付款和分期支付的款项外,劳务费在数额确定之后支付。

因司法清算程序引起的劳务费,根据清算人提交的终结程序的报告确定;劳务费只有在法庭庭长或其授权代表最后确定之后才能成为既得权利;在清算人提交的终结程序的报告得到批准之后,清算人不得再获得任何劳务费,但不影响其领取第 R663-3 条所指的补偿费。

第 R663-35 条 如在同一程序中指定了多名司法管理人、方案执行监察人、司法代理人与清算人,除第 R663-18 条所指的固定款项之外,由该程序引起的每一项劳务费均增加 30%;由法院指定的上述每一个代理人,按照他们之间约定的份额受领这些费用;在达不成协议的情况下,由法庭庭长或其授权代表在听取检察院的意见之后确定每一个人应得的报酬数额。

在法院指定的上述代理人被替换或者达不成协议的情况下,由法庭庭长或其授权代表在听取检察院的意见之后确定先后任职的每一个人应得的报酬数额。

第 R663-36 条 在有必要时,尽管有第 R663-34 条的规定,法院院长依

据委任法官的提议确定司法代理人与清算人的报酬中分期支付的数额。

依据完成工作任务的证明而成为既得权利以及劳务费的临时明细账目，确定分期支付的数额。

分期支付的总数额，包括第 R663-18 条至第 R663-20 条所规定的权利，不得超过司法代理人与清算人应得报酬的 2/3，也不得超过第 R663-31 条第 1 款所指数额的 2/3。每一个季度不得批准多次分期支付。

第 R663-37 条　如果分期支付的款项超过第 R663-9 条最后一款与第 R663-37 条确定的数额，应当立即返还。

第 R663-38 条　有关的司法代理人、债务人或检察院，对批准分期支付款项或确定司法管理人、方案执行监察人、司法代理人与清算人报酬的裁决可以提出异议。这种裁决自其作出起 15 日内，由法院书记员报送检察院，并且在相应情况下，由其传达给有关的司法管理人或司法代理人，书记员用挂号信并要求回执向债务人通知此项裁决。通知函应指明，针对这些裁决，可以向大审法院院长或者有地域管辖权的上诉法院院长提出异议。

第 R663-39 条　关于纳税的要求，在第 R663-38 条所指的传达或通知起 1 个月内以口头或书面的形式向大审法院或上诉法院书记室提出。此项要求应说明理由。

第 R663-40 条　司法管理人、方案执行监察人、司法代理人与清算人有关报酬的诉讼，时效期间为 6 个月，自第 R663-38 条所指的通知起计算。

第五目　按照第 L643-9 条第 3 款的规定指定的代理人

第 R663-40-1 条　按照第 L643-9 条第 3 款的规定指定的代理人，也适用有关报酬、费用与劳务费的规定。

在确定按照比例取得的报酬的计算方式时，不考虑是否承担多项任务；第 R663-25 条规定的固定报酬，根据相应情形，按照派给代理人的任务情况进行分配。

第 R663-40-2 条　委任法官确定按照何种方式将支付至信托寄存处（信托银行）账户上的资金用于执行这些任务。

第 R663-40-3 条　如果清算人继续执行原应由照此指定的代理人执行的任务，由委任法官，或者如委任法官已停止履职，由法院院长依据清算人与代理人提出的意见并且在听取检察院的意见之后，确定清算人应当取得的报酬的份额。

第 R663-40-4 条 代理人所得的报酬由法院院长根据详细的账目确定。如有必要,法院院长最终确定给予清算人的酬金数额。

第三节 对旨在不涉及金钱数目的案卷的补偿费

第 R663-41 条至第 R663-50 条 （略）

第七卷　商事法院与商事组织

第一编　工商会的组织系统

第一章　工商会系统的组织与任务

第 R711-1 条至第 R711-75-3 条（略）

第二章　工商会系统各机构的管理

第 R712-1 条至第 R712-37 条（略）

第三章　工商会成员及商事代表的选举

第 R713-1 条至第 R713-71 条（略）

第二编　商事法院

第一章　商事法院的设置与管辖权限

第一节　一般规定

第 R721-1 条　(2007 年 3 月 25 日第 2007-431 号法令)商事法院适用民事诉讼的指导原则。

第 D721-2 条　(《司法组织法典》第 R411-1 条)商事法院的所在地与辖区范围按照本卷附件 7-1① 的图表确定。

第 D721-3 条　(《司法组织法典》第 R411-2 条)每一商事法院的法官人数与法庭数按照本卷附件 7-2② 的图表确定。

第 R721-4 条　(《司法组织法典》第 R741-6 条)商事法院成员的着装规定如下：

1. 法袍：黑色，大袖、丝绒内衬(巴黎商事法院院长，在主持庄严的公开仪式开庭时，红色法袍，黑丝绒袖饰)；
2. 黑色丝绸衬袍；
3. 高筒软帽，加银色条杠(法院院长，加两道杠)；
4. 领带，白色(有褶)。

第二节　管辖

第 R721-5 条　(《司法组织法典》第 R411-3 条)在设置(新的)商事法院的情况下，或者，(原)商事法院或审理商事案件的大审法院的辖区因新的行政区划或司法管辖区划发生变动时，最初有管辖权限受理案件的法院，对于在(新的)法院设置之前或法院辖区范围变动之前开始的诉讼程序，以及由

---

① 附件略。——译者注
② 附件略。——译者注

司法保护、司法重整、司法清算、司法清理债务、财产清算、个人破产或者其他制裁措施产生的程序,仍然有管辖权并进行审理裁判。

第 R721-6 条 (《司法组织法典》第 R411-4 条)商事法院(一审)终审管辖权的标的限定为价额 4000 欧元及以下数额的诉讼请求。

第三节 商事法院全国理事会

第 R721-7 条 (2005 年 9 月 23 日第 2005-1201 号法令第 1 条)设置一个受掌玺官、司法部长管辖的商事法院全国理事会。

第 R721-8 条 (2005 年 9 月 23 日第 2005-1201 号法令第 2 条)商事法院全国理事会由掌玺官、司法部长主持(任理事长)。

商事法院全国理事会其他成员为:

1. 5 名当然成员,他们是:

  A. 司法局局长;
  B. 掌玺与民事局局长;
  C. 刑事与特赦局局长。
  D. 法国商事法官总会会长;
  E. 商事法院书记员全国理事会理事长。

掌玺官、司法部长以及理事会的其他 5 名当然成员可以由他人代表。

2. 由掌玺官、司法部长指定的 7 名成员:

  A. 上诉法院院长 1 名;
  B. 上诉法院检察官 1 名;
  C. 依据最高行政法院副院长的提议指定的最高行政法院的成员 1 名;
  D. 至少在商事法院担任法官职务有 2 年时间的商事法院法官 9 名,其中最多包括 2 名荣誉法官;荣誉法官应当是在其受指定之日停止司法裁判活动不到 3 年的人;
  E. 有资格的人士 2 名,其中 1 名根据社会经济委员会主席的提议指定。

第二项所指的全体成员任职 4 年,可以延展 1 次。

按照相同条件,为每一个正式成员配备 1 名替补成员。

任何成员,如果至其任职正常到期时间有超过 3 个月职位空缺或者丧失其受指定任职的资格,均予更换;更换人选的任职时间为被替换人尚剩的任职时间。

第 R721-9 条 (2005 年 9 月 23 日第 2005-1201 号法令第 3 条)商事法

院全国理事会中具有商事法官资格的成员从提出候选人申请书的人中指定；候选人申请文书应在现任成员任职期满前最迟3个月提出。

第 R721-10 条 （2005年9月23日第2005-1201号法令第4条）商事法院全国理事会在第1次会议上以及在每一次延展任期时，从在职的或荣誉商事法官成员中选举1名副理事长。

第 R721-11 条 （2005年9月23日第2005-1201号法令第5条）在以下领域，掌玺官、司法部长可以征求商事法院全国理事会的意见：

1. 商事法院法官的培训与职业规范；
2. 商事法院的组织、运作与活动；
3. 商事法院的管辖权限与设置地点；

商事法院全国理事会可以就以上问题提出建议。

第 R721-12 条 （2005年9月23日第2005-1201号法令第6条）应上诉法院首长的请求，或者经他们同意，商事法院全国理事会可以到商事法院进行情况查访。

第 R721-13 条 （2005年9月23日第2005-1201号法令第7条）商事法院全国理事会在向掌玺官、司法部长提交的年度报告中汇报其活动。

第 R721-14 条 （2005年9月23日第2005-1201号法令第8条）商事法院全国理事会秘书长及其职权由掌玺官、司法部长指定与确定。

第 R721-15 条 商事法院全国理事会每年至少举行1次会议。会议由理事长召集并确定议程。

商事法院全国理事会也可以在司法部长、掌玺官不出席会议的情况下，由副理事长召集并在其主持下召开会议，尤其是为了通过提交司法部长的决议。

商事法院全国理事会会议的召集通知书在会议召开之日前寄送理事会各成员。召集通知书应写明会议日程。

商事法院全国理事会副理事长组织与协调理事会的成员应理事会要求为每一次会议所做的工作。

第 R721-16 条 （2005年9月23日第2005-1201号法令第10条）商事法院全国理事会只有在其成员多数出席的情况下才能举行会议；只有14名成员赞成才能有效通过其审议决定。

第 R721-17 条 （2005年9月23日第2005-1201号法令第11条）商事法院全国理事会制定其内部规章。

第 R721-18 条 （2005年9月23日第2005-1201号法令第12条）商事

法院全国理事会成员有权按照国家公务员适用的法规报销差旅费。

第二章　商事法院的组织与运作

第一节　商事法院的组织与运作

第 R722-1 条　(《司法组织法典》第 R412-12 条)商事法院全体大会由(本法院)在职法官为其成员;商事法院全体大会由本法院院长主持(任主席)。

商事法院全体大会的召开日期与议程由商事法院院长至少在大会召开前 15 日以裁定确定。

商事法院全体大会只能审议已确定载入议事日程的问题。

第 R722-2 条　(《司法组织法典》第 R412-13 条)商事法院全体大会每次会议均应设会议办事处;办事处的成员包括商事法院院长、副院长以及参加大会的各法庭庭长中按排表顺序排在第一位的庭长。在副院长缺席的情况下,由顺序排在第一位的庭长替代,而排在第一位的庭长则由排列其后的庭长替代。在法院(不分设法庭)没有庭长的情况下,由参加会议的资格最老的法官作为大会办事处成员。

办事处保障商事法院全体大会正常运作,备置签到簿与表决票,监督投票的进行。大会表决结果由法院院长宣布。

法院书记员列席商事法院全体大会并制作大会会议笔录(记录)。大会笔录由法院院长与书记员签字并向上诉法院首长转送笔录副本。

第 R722-3 条　(《司法组织法典》第 R412-14 条)商事法院全体大会只有在至少一半成员出席会议或者委托代表出席会议的情况下才能有效进行审议、作出决定。

如果没有达到前款所指的法定人数,应在 1 个月内按照相同议程重新进行大会召集,只有在至少 1/4 的成员出席会议或者委托代表出席会议的情况下才能有效进行审议、作出决定。

第 R722-4 条　(《司法组织法典》第 R412-15 条)商事法院在职法官可以由其(本人)从本法院其他法官中选定的委托代理人代理其出席法官全体大会。

每一个委托代理人只能接受 1 人的委托授权。

委托授权应采取书面形式,并附于大会笔录。

第 R722-5 条　(《司法组织法典》第 R412-12 条)在商事法院,按照《司法组织法典》第 L122-2 条与第 R311-34 条至第 R311-37 条规定的条件派驻检察院代表。

第 R722-6 条　(《司法组织法典》第 R412-5 条)商事法院院长以裁定(命令)的形式采取司法行政措施。

第二节　商事法院法官的就职

第 R722-7 条　(《司法组织法典》第 R412-11 条)经选举的法官当选之后 1 个星期内,驻上诉法院检察长邀请没有在商事法院担任过司法裁判职务的本上诉法院辖区内的所有商事法官到上诉法院进行宣誓。

商事法院的院址不在上诉法院所在地的情况下,由商事法院所在辖区的大审法院的共和国检察官邀请没有在商事法院担任过司法裁判职务的所有商事法官到大审法院进行宣誓。

商事法官宣誓,以笔录为接受宣誓的见证。

第 R722-8 条　(《司法组织法典》第 R412-2 条)在有必要进行商事法院院长选举的情况下,按照本《法典》第 R722-1 条第 1 款规定的条件召开商事法院全体大会;除第 L722-12 条第 1 款规定的情况之外,应在院长任职到期前的 10 月 20 日至 11 月 10 日之间进行选举。

关于召开商事法院全体大会的裁定应具体说明担任院长职务的候选人资格申请必须在全体大会召开之日前 8 日交存至法院书记室。此日期到期时,院长终止候选人登记、确定候选人名单并立即张贴于法院书记室。

尽管有第 R722-2 条的规定,为选举商事法院院长而举行全体大会的办事处,由年龄最长的法官主持,或者由将要卸任的法院院长主持,大会办事处由出席大会、按排列顺序排在前 2 位的庭长为成员;在没有排在前 2 位的庭长的情况下,由参加会议的资格最老的法官作为大会办事处成员。

第 R722-9 条　(《司法组织法典》第 R412-3 条)有关商事法院院长选举的申诉,以书面声明的形式提出;申诉声明在选举表决后 10 日内提交或送交上诉法院书记室;只有在职的商事法院法官与共和国检察官才有资格就院长选举事由提出申诉;只要对提出的申诉尚未作出终局裁判,当选受到争议的商事法院院长仍然有效上任并履行职责。

上诉法院对申诉人和当选受到争议的理事长进行传唤,在听取他们的陈述之后10日内作出裁决。

向最高法院上诉,按照《民事诉讼法典》第999条至第1008条确定的条件提出。向最高法院提起上诉的期限,自上诉法院作出裁判之日起,按照《民事诉讼法典》第641条与第642条规定的条件计算。

第R722-10条 (《司法组织法典》第R412-4条)新当选的商事法院院长与法官的公开就职仪式在1月的上半月举行;在按照本《法典》第L723-11条第2款的规定组织并进行补选的情况下,当选法官的公开就职仪式在上诉法院检察长收到选举笔录后15日期限内举行。

在新设商事法院的情况下,由新设法院所在辖区的上诉法院的院长主持当选法官的公开就职仪式。

第R722-11条 (《司法组织法典》第R412-6条)在商事法院院长因故不能履职的情况下,由1名副院长代行职权;该副院长的指定条件与第R722-12条所指情况下替代履职的条件相同。代行院长职权的副院长从商事法院任职至少3年的法官中选任。

第R722-12条 (《司法组织法典》第R412-12条第2款)在本《法典》第L722-12条第2款所指的因故不能履职的情况下,商事法院院长在1月上半月以裁定指定代行院长职责的法官。

第R722-13条 (《司法组织法典》第R412-7条)商事法院的(分设的)法庭由院长任庭长或者由指定的庭长主持。法庭庭长按照第R722-14条与第R722-16条确定的条件指定。

商事法院院长认为适当时,始终可以担任一个法庭的庭长。

第R722-14条 (《司法组织法典》第R412-8条)商事法院各法庭庭长从商事法院任职至少3年的法官中选任,并且在每年新当选的法官就职起15日内由商事法院院长在听取全体大会的意见之后作出裁定指定。在原来指定的法官停止履职的情况下,在司法年度中间可以变更这项裁定。

第R722-15条 (《司法组织法典》第R412-9条)每年在新当选的法官就职起15日内,法院院长在听取全体大会的意见之后作出裁定确定本法院的法官排列表。商事法院的法官按照以下顺序排列:

1. 商事法院院长;
2. 副院长;
3. 各法庭庭长;
4. 法官。

各法庭庭长按照各自在商事法院担任庭长职务的年限排列先后顺序,在任职年限相同的情况下,按照年龄大小排序。

各法官按照各自在商事法院担任司法裁判职务的年限排列先后顺序;在同一次选举中当选的法官按照各自在选举中得票多少排名;在得票数相等的情况下,按照年龄大小排名。

第 R722-16 条 (《司法组织法典》第 R412-10 条)每年自新当选的法官就职仪式起 15 日期限内,商事法院院长在听取全体大会的意见之后作出裁定,确定本法院各庭长与法官在法庭及部门的分配;这项裁定具体规定法庭开庭的次数、日期与性质。在组成法院的 1 名或数名法官停止履职的情况下,可以按照相同形式变更这项裁定。

同一法官可以安排在数个法庭任职。

在商事法院法庭庭长或者 1 名或数名组成法庭的法官因故不能履职的情况下,该法庭可以由本法院其他法庭的庭长或其他法庭的法官替代;在法庭庭长因故不能履职的情况下,该法庭可以由在其成员法官排名表上排列第一位的法官主持。

第 R722-17 条 (《司法组织法典》第 R412-11 条)商事法院院长按照第 R722-8 条与第 R722-11 条至第 R722-16 条的规定作出的裁定的副本应转送上诉法院首长。

第 R722-18 条 (《司法组织法典》第 R412-17 条)商事法院法官希望解除其受到的委任时,向法院院长提出辞呈,法院院长立即将此辞呈转送省长与共和国检察官;省长接收辞呈之日,辞职即告最终确定,非如此,自用挂号信并要求回执重新寄送辞呈起 1 个月后最终确定辞职事宜。

第 R722-19 条 (《司法组织法典》第 R412-18 条)除保留执行第 R724-20 条之规定外,在商事法院担任院长、副院长、法庭庭长与法官职务至少 12 年的人,可以受批准使用其曾担任过的职务的荣誉称号。

第 R722-20 条 (《司法组织法典》第 R412-19 条)商事法院的荣誉法官可以列席法官的就职仪式,并且可以参加法院的全体大会,享有咨询权。在(新任法官的)就职仪式或全体大会上,以及如有必要,在所有的公开仪式上,荣誉法官可以着在职法官的着装。

第 R722-21 条 (《司法组织法典》第 R412-20 条)商事法院院长、副院长、各法庭庭长、在职法官和荣誉法官,如不指明其任职或者曾经任职的法院,不得援用其身份。商事法院院长、副院长、各法庭庭长、在职法官和荣誉法官不得在广告与商业通信中使用其身份与职务。

第三章　商事法官的选举

第一节　选举人资格

第 R723-1 条　(《司法组织法典》第 R413-1 条)在选举商事代表之后 1 个月内,本《法典》第 L723-3 条所指的委员会制定选举商事法院法官的选举人名册。该委员会成员,除主席之外,还包括由商事法院院长在司法年度开始时听取本院全体会议的意见之后以命令指定的 1 名本院法官以及省长派出的代表 1 名。

委员会由主席主动提议召开会议。

委员会的秘书事务由商事法院书记员负责。

第 R723-2 条　(《司法组织法典》第 R413-2 条)为制定商事法官选举人团的成员名册,委员会可以取得由省长签证确认的关于商事代表选举的笔录副本以及由商事法院院长签发的确定组成本法院的法官名单的命令的副本。

选举人团中已经去世、辞职、被宣告解除职务或者被判处本《法典》第 L723-2 条第 1 点至第 4 点规定的刑罚、丧失权利或相应制裁的成员,由委员会从选举人团成员的名册上注销。此外,委员会还对在商事代表选举之后才进行选举的法官进行登记,以及对按照本《法典》第 L723-1 条之规定申请登记的原商事法官进行登记。

第 R723-3 条　(《司法组织法典》第 R413-3 条)最迟至每年 7 月 15 日,委员会确定在本《法典》第 L723-11 条所指选举时使用的选举人名单。这份名单立即张贴于商事法院书记室,直至检票结束。名单的副本呈送省长。有任何当事人通知按照《选举法典》第 L25 条与第 L34 条确定的条件作出的判决时,均由商事法院书记员对选举名单进行更正;所进行的更正应立即报告省长,并在检票与计票活动开始之前报告本《法典》第 L723-13 条所指的委员会。

第 R723-4 条　(《司法组织法典》第 R413-4 条)在两个或多个商事法院的辖区范围发生变更的情况下,均按照第 R723-2 条规定的条件对此种变更所涉及的每一个法院的选举人团成员的名单作出更正。这些法院的书记员应互通情况,以便进行相应的登记或注销。

第二节 投票与选举

第 R723-5 条 (《司法组织法典》第 R413-8 条第 1 款)本《法典》第 L723-11 条第 1 款所指的选举在 10 月的上半月进行。

第一目 候选人资格与投票前的活动

第 R723-6 条 (《司法组织法典》第 R413-5 条)商事法院法官的候选人向省长申报其参选资格;任何人均不得同时在多个商事法院作为候选人参选。

只有在第 1 轮投票前第 20 日 18 时之前提出的候选人资格申报才能得到受理。候选人资格申报应采取书面形式并由候选人本人签字。候选人资格申报可以由每一个候选人个人提交,也可以集体提交。

每一个候选人在提交候选资格申报的同时应附有其身份证书的复印件以及有关以下事项的诚信声明:声明其具备本《法典》第 L723-4 条规定的选举资格条件,没有受到无能力处分,没有不得任职事由与丧失权利或者本《法典》第 L723-2 条第 1 款第 1 点至第 4 点与第 L723-5 条至第 L723-8 条规定的无当选资格之情形,没有受到按照本《法典》第 L724-4 条的规定采取的暂时停止权利的措施以及没有在另一商事法院提出候选资格声明。

省长对提交的候选人资格申报进行登记并出具收据。凡是没有提交前 1 款要求的(诚信)声明的资格申报,省长拒绝接收并书面通知当事人。

已提交的候选人资格申报,不得撤回或者改由他人替换。

已经登记的候选资格申报,在其提交后的第 2 天,张贴于省府,并报告驻上诉法院检察长。

第 R723-7 条 (《司法组织法典》第 R413-6 条)在第一轮投票之前 1 个月,省长以行政决定向选举人团通知第一轮与第二轮检票与计票活动的日期与时间。这项行政决定的副本寄送每一位选举人。

第 R723-8 条 (《司法组织法典》第 R413-7 条)本《法典》第 L723-13 条所指的委员会的成员,除主席外,还包括两名初审法院法官。3 名司法官均由上诉法院院长听取上诉法院全体会议的意见后指定。

委员会的秘书工作由商事法院书记员负责。

第二目 通信投票

第 R723-9 条至第 R723-15 条 （略）

第三目 网上投票

第 R723-16 条至第 R723-21 条 （略）

第四目 公布选举结果以及商事法官选举的争议

第 R723-22 条 （《司法组织法典》第 R413-16 条）由本《法典》第 L723-13 条所指的委员会进行检票、复核。表决结果由该委员会主席公开宣布。当选的候选人名单，按照各自得票数的顺序排列，立即张贴于商事法院书记室。

选举活动的笔录，一式三份，由委员会成员签字，一份寄送上诉法院检察长，一份送交省长，第三份保存于商事法院书记室。

第 R723-23 条 （《司法组织法典》第 R413-17 条）由本《法典》第 L723-13 条所指的委员会的主席在每一当选人的名字旁边草签并签字的名单在 8 日内仍然存放于商事法院书记室，并可向所有提出要求的选举人提交该名单。

第 R723-24 条 （《司法组织法典》第 R413-11 条）有关商事法官选举人资格、被选举人资格及组织选举活动的争议，由商事法院在其辖区内的初审法院管辖。

初审法院为终审管辖法院。

第 R723-25 条 （《司法组织法典》第 R413-18 条）自商事法院法官选举结果宣布起 8 日之内，任何选举人均可提出第 R723-24 条所指的异议。

在接到第 R723-22 条所指的有关商事法院法官选举活动的笔录起 15 日内，省长与共和国检察官也可以对选举结果提出异议。

第 R723-26 条 （《司法组织法典》第 R413-19 条）异议，以口头声明或书面声明的形式提出，送交或者寄送商事法院书记室。提交的声明应指明提出异议的人的姓名与地址、以何身份提出异议以及提出异议的目的。提交的异议申请应写明选举事由受到异议的人的姓名与地址。

提出的异议，由初审法院书记员报送商事法院院长与共和国检察官。

第 R723-27 条 （《司法组织法典》第 R413-20 条）在提出异议后的 10 日期间，初审法院在向所有有关的当事人进行简单通知之后，无须履行任何手续，不收取任何费用，对提出的异议作出审理裁判。

第 R723-28 条 （《司法组织法典》第 R413-21 条）初审法院作出的裁

决,由书记员在 3 日内用挂号信并要求回执通知各当事人;初审法院书记员在相同期限内将此裁决通知省长与共和国检察官。

对法院作出的裁决不准提出缺席裁判异议。

第 R723-29 条 (《司法组织法典》第 R413-22 条)向最高法院上诉,按照《民事诉讼法典》第 999 条至第 1008 条确定的条件提出、审理与判决。向最高法院提起上诉的期限自第 R723-28 条所指的通知之日起计算。

第 R723-30 条 (《司法组织法典》第 R413-23 条)只要对其当选事宜提出的异议尚未作出终审裁判,当选受到异议的法官仍然可以有效进行宣誓并参加就职仪式与履行审判职责。

第 R723-31 条 (《司法组织法典》第 R413-24 条)本章规定的期限按照《民事诉讼法典》第 640 条至第 647-1 条规定的条件计算。

第四章 商事法院法官的纪律

第一节 全国纪律委员会

第 R724-1 条 (《司法组织法典》第 R414-1 条)本《法典》第 L724-2 条所指的全国纪律委员会设在最高法院,其全称为"国家商事法院法官纪律委员会"。

第 R724-2 条 (《司法组织法典》第 R414-3 条)国家商事法院法官纪律委员会的正式成员与候补成员每 4 年在 2 月 21 日至 3 月 31 日期间指定。

第 R724-3 条 (《司法组织法典》第 R414-4 条)在国家商事法院法官纪律委员会成员换届的年度,各上诉法院院长最迟于 2 月 15 日向最高法院院长书面报送各自提议的、属于本法院的法庭庭长或审判法官的姓名,以便作为被推选人按照本《法典》第 L724-2 条的规定指定作为纪律委员会成员。

第 R724-4 条 (《司法组织法典》第 R414-5 条)在国家商事法院法官纪律委员会成员换届的年度,各上诉法院院长最迟在 2 月 15 日向纪律委员会秘书处报送本法院提名的按照本《法典》第 L724-2 条的规定指定作为委员会成员候选人的法官的姓名、地址、出生日期与出生地。

国家商事法院法官纪律委员会秘书处最迟于 2 月 20 日制定候选人名单,并向所有的商事法院院长寄送名单副本一份。

第 R724-5 条 (《司法组织法典》第 R414-6 条)本《法典》第 L724-2 条

第 2 款第 3 点所指的国家商事法院法官纪律委员会成员的选举结果按照得票多数计算，在得票数相同的情况下，宣告年长者当选。

投票采取通信方式进行。各商事法院院长应当书写表决票，在其上书写 4 位被推选为候选人的姓名，随后将表决票装入信封，并在信封上写明院长本人的姓名、签字，加盖法院印鉴，写明"国家商事法院法官纪律委员会成员选举"之字样，封好后，再将整封信件套入一个大信封，最迟于 3 月 10 日寄送纪律委员会秘书处。

第 R724-6 条　（《司法组织法典》第 R414-7 条）在 3 月 15 日至 3 月 31 日期间，由最高法院院长召集最高法院办公厅会议，进行检票、计票，并按照每一位候选人得票数多少排列名次。最高法院院长宣告排在前 4 位的得票数最高者当选为纪律委员会正式成员，排列随后的 4 名候选人为委员会候补成员。

有关投票表决事项的困难与争议，由最高法院办公厅处理。

第 R724-7 条　（《司法组织法典》第 R414-8 条）国家商事法院法官纪律委员会成员的名单，由最高法院院长负责，在《法兰西政府公报》上公告。

国家商事法院法官纪律委员会成员，在受指定或者当选后于 4 月 10 日至 20 日期间，由最高法院院长主持就任仪式，开始任职。

第 R724-8 条　（《司法组织法典》第 R414-9 条）国家商事法院法官纪律委员会成员希望解除任职时，应向掌玺官、司法部长递交辞呈；只有在司法部长接受辞职的情况下，才能最终确定辞职。

第 R724-9 条　（《司法组织法典》第 R414-2 条）国家商事法院法官纪律委员会书记室的工作由最高法院院长书记室的书记长负责。

第 R724-10 条　（《司法组织法典》第 R414-10 条）国家商事法院法官纪律委员会的会议日期与日程由委员会主席指令确定。这项指令的副本应送交掌玺官、司法部长并附于委员会秘书处发出的会议召集通知书。

国家商事法院法官纪律委员会的会议笔录由委员会主席和秘书签字。

第二节　纪律惩戒程序

第 R724-11 条　（《司法组织法典》第 R414-11 条）掌玺官、司法部长按照本《法典》第 L724-3 条、第 L724-4 条或第 R724-20 条的规定向国家商事法院法官纪律委员会提交其受理的案卷时，应向纪律委员会主席转送与纪律追究有关的全部材料。

第 R724-12 条　（《司法组织法典》第 R414-12）国家商事法院法官纪律委员会受理案卷后,委员会秘书用挂号信并要求回执通知涉及纪律追究的法官,并向其明确告知可以到国家商事法院法官纪律委员会秘书室了解有关其受到纪律追究之事由。

国家商事法院法官纪律委员会主席从委员会成员中指定 1 名报告人,由其就案卷涉及的事实进行任何必要的调查。报告人应听取当事人的辩解与情况说明,如有必要,应听取投诉人与证人的陈述。报告人也可以委托上诉法院的 1 名坐席司法官听取这些人的陈述。

第 R724-13 条　（《司法组织法典》第 R414-13 条）受到纪律追究的商事法院法官可以由其同行协助,或者由最高司法法院与最高行政法院的律师协助,或者由在律师公会注册的律师协助。

在纪律委员会每次开庭前至少 48 小时,应将诉讼案卷交由当事人及其诉讼助理人员使用。报告人或者其委托授权人在每次听取当事人陈述之前,亦应照此办理。在纪律惩戒程序进行的任何时候,受到纪律追究的法官均可提交其认为有用的材料,以供辩论与提出辩护意见。

第 R724-14 条　（《司法组织法典》第 R414-14 条）国家商事法院法官纪律委员会秘书用挂号信并要求回执传唤受到纪律追究的法官到该委员会出庭。

第 R724-15 条　（《司法组织法典》第 R414-15 条）受到纪律追究的法官应当亲自出庭;但是,在其生病或者经认定有正当理由不能亲自出庭的情况下,可以由其根据第 R724-13 条的规定选任的代理人代理出庭。

第 R724-16 条　（《司法组织法典》第 R414-16 条）在宣读报告以及听取掌玺官、司法部长的代表的意见之后,受到纪律追究的法官受要求对其受到指责的事实作出解释、提出辩护意见。

第 R724-17 条　（《司法组织法典》第 R414-17 条）在国家商事法院法官纪律委员会的辩论公开进行,但是,受到纪律追究的法官明文提出请求或者如果公开辩论将损害受到法律保护的秘密或者个人私生活隐私时,委员会可以决定不公开进行辩论。

第 R724-18 条　（《司法组织法典》第 R414-18 条）国家商事法院法官纪律委员会主席按照本《法典》第 L724-4 条的规定受理案卷的情况下,在 10 日之内以裁定的形式作出裁决;委员会主席作出的裁决立即产生执行力。

第 R724-19 条　（《司法组织法典》第 R414-19 条）国家商事法院法官纪律委员会根据本《法典》第 L724-1 条、第 L724-3 条与第 R724-20 条的规定作出的裁决以及委员会主席按照本《法典》第L724-4条的规定作出的裁定,由委员会秘书用挂号信并要求回执进行通知。

向最高法院提起上诉的期间为10日,自受通知人接收通知信件之日起计算。向最高法院的上诉,按照《民事诉讼法典》第974条至第982条的规定提出、审理与判决。上诉,由最高法院全体庭管辖。

第R724-20条 (《司法组织法典》第R414-20条)国家商事法院法官纪律委员会可以根据掌玺官、司法部长的建议,按照本《法典》第L724-1条、第L724-3条、第L724-5条、第L724-6条以及第R724-11条至第R724-17条与第R724-19条的规定,取消某一原商事法院法官的荣誉法官称号。

国家商事法院法官纪律委员会主席也可以按照本《法典》第L724-4条、第R724-18条与第R724-19条的规定暂时禁止某一原商事法院法官使用荣誉法官称号。

当事人向掌玺官、司法部长或者向国家商事法院法官纪律委员会主席提出书面声明最终放弃使用荣誉称号的情况下,前两款规定不予适用。

第R724-21条 (《司法组织法典》第R414-21条)本章规定的各种期限,均按照《民事诉讼法典》第641条至第647-1条确定的条件计算。

第三编　特别商事法院

第 R731-1 条至第 R732-8 条　（略）

第四编　商事法院书记室

第一章　机构与任务

第一节　一般规定

第 R741-1 条　（《司法组织法典》第 R821-1 条）书记员在法庭开庭时以及法律规定的所有场合，协助商事法院法官。

在属于商事法院院长处理的行政性事务中，书记员协助院长。书记员负责商事法院书记室的工作。

书记员协助院长制定与执行法院内部规章、安排庭期表、分配案卷、准备预算以及管理分配给本法院的拨款。书记员对本院档案进行归档、保存。

在掌玺官、司法部长的行政决定确定名单上的商事法院，书记员经本院院长同意，安排本书记室的 1 名或数名工作人员负责日常处理本条第 2 款与第 3 款所指的各项任务。每一个商事法院书记室的工作人员的人数由同一行政决定具体规定。

按照上述规定任用的工作人员，唯一受法院院长的职权管辖。这些工作人员受书记室人员适用的规章的约束。

第 R741-2 条 (《司法组织法典》第 R821-2 条)书记员,在法院院长的领导下并接受检察院的监督,领导整个书记室的各部门的工作。

书记员负责掌管按照现行法律、法规设置的各种登记簿,及时编制法院的档案案卷。书记员按照规定的格式将法官作出的说明理由的判决与裁定做成文书。

书记员是其负责保管的文书原件与档案的受寄托人,(对外)提交经认证无误的副本与复印本并保管(法院的)各种印鉴以及寄托至书记室的所有款项。

书记员制作各种书记室文书,办理属于其权限内的各项手续。

书记员为法院会议做准备,制作会议笔录(记录)并予保管。

书记员负责及时更新法院的一般文献资料。

书记员负责接待公众。

第 R741-3 条 (《司法组织法典》第 R821-4 条)商事法院书记员负责掌管有关法院事务的总登记簿。

书记员执行司法部制定的有关掌管法院总登记簿事务的各项指令。

书记员按照司法部长规定的方式呈报要求上报的情况材料。

第 R741-4 条 在地域工商会或者地区手工业行会设有企业手续办理中心的情况下,如有必要在商事法院所在城市设置这类中心的附属办事机构,为用户的利益,应工商会或者手工业行会的请求,经掌玺官、司法部长发布的行政决定批准,商事法院书记员可以从事第 R123-1 条及随后条文规定的由企业手续办理中心从事的活动。

为了取得前款所指的批准,法院书记员应向掌玺官、司法部长提交与相应的工商会或者手工业行会之间订立的、规定双方权利与义务的协议。这项协议需经负责工业、商业与手工业事务的部长作出的联合行政决定批准。

司法部长可以撤销前款所指的批准,特别是在从事这项活动有损于法院书记员履行自己的义务时,或者在其产生无正当理由的要求的情况下,可以撤销经批准的协议。

第 R741-5 条 由商事法院书记员作为简单情况提交的与其负责掌管的"法定公告登记簿"上的记载事项有关的复印件(副本),可以按照本条规定的条件,经电子邮件发送。

1. (相应的)情况信息由有管辖权限的法院书记员直接发送。但是,(在有关情况信息由其他部门掌握的情况下)书记员可以作为合伙人,参加具备本《法典》第 L743-12 条批准之形式或合伙形式的合作组织。由这些合作组织负责集中(人们)提出的请求,再将其发送给有关的法院书记室。法院书记员可以按照相同条件、为相同目的,与国家工业产权研究院(局)订立属于其权限范围内的协议。

2. 提供的情况信息仅能涉及按照法律与条例的规定记载于法院书记员掌管的登记簿上的登记事项;

3. 情况信息应按照登记簿或附件文书上的记载提供,不得做任何变动处理,但应遵守 1978 年 1 月 6 日关于信息、登记表与自由的第 78-17 号法律的实施条例的有关规定。

第 R741-6 条 商事法院主任书记员与书记员的着装按照以下规定:

1. 书记员与商事法官的着装相同,但无软口袖饰;
2. 经宣誓任职的委任书记员,无软口袖饰的黑色袍服。

第二节 商事法院辖区的变动

第 R741-7 条 (《司法组织法典》第 R821-10 条)在两个或数个商事法院的辖区范围发生变动的情况下,保留执行第 R743-162 条至第 R743-177 条的规定,仍然由原先有管辖权限的法院书记员保存在法院辖区变动之前存放在书记室的正本、登记簿、文书、文件与材料;原法院唯一有资格提交写明辖区变动日期的以及现在有管辖权的法院的经认证的副本、复印本或节本。

第 R741-8 条 (《司法组织法典》第 R821-11 条)在辖区变动之后,有管辖权的法院的书记员在提交涉及自然人或法人的经认证的副本、复印本与节本时,如所涉及的人的住所或注册住所仍在原先属于另一法院辖区的城区、市镇或市镇之部分,直至法律规定的向第三人传达文书的期限终止之前,均应在这些经认证的正本、复印本或节本上写明原先有管辖权限的法院及其辖区变动的日期。

第 R741-9 条 (《司法组织法典》第 R821-12 条)在某一商事法院被撤销的情况下,被撤销的法院的书记室存放的正本、登记簿、文书、文件与材料转移至现在有管辖权的一家或数家法院的书记室。

因此种转移引起的费用由国家负担。

第三节　商事法院书记员全国理事会

第 R741-10 条至第 R741-24 条　（略）

第二章　从事商事法院书记员职业及其他司法与法律职业的条件

第一节　从事商事法院书记员职业的条件

第一目　资　质　条　件

第一段　一　般　条　件

第 R742-1 条　（1987 年 7 月 29 日第 87-601 号法令第 1 条）任何人，如不具备以下条件，不得从事商事法院书记员的职业：

1. 有法国国籍（是法国人）；
2. 已服（完）兵役；
3. 没有因违反荣誉、廉洁或良俗而受到刑事有罪判决；
4. 没有受到过撤职、除名、责令退职、撤销认可或撤销批准之纪律惩戒或行政处罚；
5. 没有被宣告个人破产或者本《法典》第 L653-8 条规定的禁止权利处分；
6. 除保留适用第 R742-2 条、第 742-3 条、第 R742-4 条与第 R742-6 条之规定外，应取得法学硕士学位，或者持有经掌玺官、司法部长发布行政条例承认的、可以从事商事法院书记员职业的同等学力的证书或毕业证书；
7. 按照第 R742-7 条至第 R742-15 条规定的条件完成实习，但保留执行第 R742-2 条、第 R742-3 条、第 R742-4 条与第 R742-6 条有关免除实习的规定；
8. 成功通过第 R742-16 条规定的执业资质考试，但保留执行第 R742-2 条、第 R742-3 条、第 R742-4 条与第 R742-6 条有关免考的规定。

第 R742-2 条　（1987 年 7 月 29 日第 87-601 号法令第 2 条）对于在商事法院书记室内经授权行使书记员执业资格持有人的全部或部分权力、担任负责任的职务至少已经10年的人，免除要求具备第R742-1条第6点与第7点所指的毕业证书或实习条件。

凡是能够证明有10年职业经历的人，其中至少5年在商事法院书记室内经授权行使书记员执业资格持有人的全部或部分权力，可以经其住所所在辖区的上诉法院检察长听取全国商事法院书记员办公室的意见之后作出决定，免于要求完成第R742-1条第7点规定的实习条件，以及免于要求该条第8点有关通过执业资质考试的条件。这些人必须持有第R742-1条第6点所指的毕业证书，或者持有得到承认的具有同等学力的证书或毕业证书。

第R742-3条 （1987年7月29日第87-601号法令第3条）一、以下所列之人，不要求具备持有第R742-1条第6点规定的毕业证书之条件，并且经其住所所在辖区的上诉法院检察长听取全国商事法院书记员办公室的意见之后作出的决定，可以免于要求完成第R742-1条第8点规定的有关通过执业资质考试的条件：

1. 受1958年12月22日关于司法官地位的组织法的第58-1270号法令约束的司法系统的原司法官；

2. 在律师公会注册、至少执业5年的原律师、原上诉法院律师与最高司法法院和最高行政法院的律师；

3. 至少执业5年的原公正人、原司法执达员、原司法评估作价人；

4. 此前在法律咨询顾问名册上注册登记至少5年的人；

5. 至少从事职务5年的原破产财产管理人与司法管理人、原司法管理人与司法代理人；

6. 原A类公务员或者在行政部门或公告服务部门从事法律或税收工作至少5年的类似于A类公务员的人。

二、在至少使用3名法律工作人员的公有或私有企业的法律部门至少从事职业活动8年的人，经其住所所在辖区的上诉法院检察长听取全国商事法院书记员办公室的意见之后作出的决定，也可以免于要求第R742-1条第8点规定的有关通过执业资质考试的条件。

第R742-4条 （1987年7月29日第87-601号法令第3-1条）以下所列之人，中学毕业之后在大学或者某一高等教育机构或者其他具有同等教育水平的机构内圆满完成至少3年学习或者相当于相同时间的非全日制学习的，可以被任命为商事法院书记员而不要求第R742-1条规定的毕业证书与通过执业资质考试之条件：

1. 持有欧洲共同体成员国或欧洲经济区协议签字国主管机关发给的、

确认在欧洲经济区内取得相互承认的学历、准许在共同体成员国或欧洲经济区协议签字国内从事(商事法院书记员)职业活动的毕业证书、证书或其他证件的人;或者持有第三国发给的此种毕业证书、证书或其他证件,并且提供由承认其学历、毕业证书、证书或其他证件的共同体成员国或经济区协议签字国主管机关出具的、证明持有人在该国至少有3年从事(商事法院书记员)职业活动经历之证明的人;

2. 在此前10年期间至少有2年在对商事法院书记员职业没有规范的欧洲共同体成员国或欧洲经济区协议签字国内全时从事该职业,并且以该成员国主管机关出具证明确认此种执业经历为条件;但是,如果申请人持有的学历或培训证书确认其接受过可以直接导向从事本职业的规范教育培训,也可不要求有2年的执业经历。

第 R742-5 条 (1987年7月29日第87-601号法令第3-1条)除其在从事职业的经历中取得的知识足以证明无须进行资质审核之外,第 R742-4 条所涉及的人,属于以下情况时,应在第 R742-17 条所指的评审团前接受考试。考试科目与方式由掌玺官、司法部长听取商事法院书记员全国理事会的意见之后发布行政决定确定:

1. 如其接受教育的内容及第 R742-1 条所指的毕业证书与专业考试要求的科目的内容存在实质性差别;

2. 如果当事人从事过的一种或几种职业活动虽然在其原先执业的成员国内要求持有上述毕业证书并经过考试,但其从事过的这些职业在颁发证书与要求考试的成员国内并没有专门的规范或者有不同的规范,而这种差别表现为接纳申请人的成员国所要求的专门学历涉及的教学内容与其持有的证书涵盖的教学内容之间存在实质性差别。

准许参加考试的应试人员的名单,由掌玺官、司法部长听取全国商事法院书记员理事会的意见之后发布行政决定确定;相应情况下,这项决定应在考虑应试人员已接受过的教育及从业经历的基础上具体规定对应试人进行询问与考察的内容。

任何人经3次考试未通过的,均不得再参加考试。

第 R742-6 条 (1987年7月29日第87-601号法令第3-2条)享有2001年1月16日关于在运输领域适应共同体法的第2001-43号法律第5条之利益的居间人、翻译以及船舶驾驶员,经其住所所在辖区的上诉法院检察长听取全国商事法院书记员理事会的意见之后作出决定,可以不要求完成第 R742-1 条第7点规定的部分实习以及第 R742-1 条第8点规定的有关通过执业资质考试的条件。免除的实习时间以一半时间为限。

第二段 实 习

第 R742-7 条 （1987 年 7 月 29 日第 87-601 号法令第 4 条）为持有第 R742-1 条所指的证书或毕业证书的人或第 R742-3 条所指的人专门安排从事商事法院书记员职业而应当进行的实习。

第 R742-8 条 （1987 年 7 月 29 日第 87-601 号法令第 5 条）实习时间为 1 年；第 R742-3 条所指的人，实习时间减为 6 个月。

第 R742-9 条 （1987 年 7 月 29 日第 87-601 号法令第 6 条）为从事商事法院书记员职业而安排的培训实习，在商事法院书记室或者在有商事案件管辖权的大审法院书记室进行。

如果实习期间为 1 年，其中至少 9 个月时间应按照本条第 1 款规定的方式进行，剩余的不超过 3 个月的时间，可以跟随 1 名律师、上诉法院诉讼代理人、法律咨询顾问、会计师、司法管理人、司法代理人、公证人、司法执达员或者司法评估作价人进行实习；或者在公共行政部门或企业的法律或税务部门实习。

第 R742-10 条 （1987 年 7 月 29 日第 87-601 号法令第 7 条）实习人员由其指导导师负责，参与指导导师的职业活动，但不得替代指导导师实施其职务性质的行为。

实习期间，应当按照相应职业的现行法规、集体协议、协议或习惯规定的正常劳动时间安排工作；实习人员的报酬按照相应职业的现行法规、集体协议、协议或习惯的规定确定，但《劳动法典》有关个人晋级与薪金雇员培训假的各项规定除外。

实习可以采取非全时形式，但一个非全时实习日仅按半日实习时间计算。

第 R742-11 条 （1987 年 7 月 29 日第 87-601 号法令第 7-1 条）全国商事法院书记员理事会设立登记簿，登记实习人的姓名、实习指导导师的姓名以及实习开始与结束日期。

全国商事法院书记员理事会如认为实习指导导师从事的职业活动不能保证实习人员获得第 R742-9 条所指的执业经验，可以拒绝实习人员提交的完成实习登记的申请。对于此项拒绝申请的决定，可以在其经挂号信并要求回执通知当事人之日起 1 个月内向巴黎上诉法院提起上诉。

第 R742-12 条 （1987 年 7 月 29 日第 87-601 号法令第 7-2 条）上诉法院检察长得随时要求向其报送实习登记簿的副本。

实习条件发生任何改变的,实习人员应当向商事法院书记员全国理事会报告。

第 R742-13 条 (1987 年 7 月 29 日第 87-601 号法令第 7-3 条)应实习人员本人的请求,或者在其已经通过商事法院书记员执业资质考试之后,可以停止在上述登记簿上继续登记。

第 R742-14 条 (1987 年 7 月 29 日第 87-601 号法令第 7-4 条)以下情形,全国商事法院书记员理事会将实习人员从登记簿上除名:

1. 实习人员因违反荣誉或廉洁义务之行为受到刑事有罪判决的;
2. 实习人员无有效理由中断实习时间超过 1 年的;
3. 3 次参加第 R742-16 条规定的资质考试均未通过的;

属于以下情况,可以注销实习登记:

1. 如果实习人员严重违反实习义务或者有违反荣誉或廉洁义务的行为;
2. 如果实习人员在完成要求的实习时间之后无有效理由在超过 2 年期间不参加第 R742-16 条规定的资质考试;
3. 如果实习人员在未能通过考试之后无有效理由在超过 2 年期间不重新报名参加第 R742-16 条规定的资质考试。

对于将实习人员从实习登记簿除名的决定,在其用挂号信并要求回执的方式通知当事人提出其辩解意见之后,当事人可以在 2 个月内向巴黎上诉法院提出申诉。

第 R742-15 条 (1987 年 7 月 29 日第 87-601 号法令第 8 条)实习人员按照规定完成实习之后,包括按照第 R742-9 条的规定安排的实习,由实习指导导师出具一份证明;这项证明文件应具体写明实习培训的时间、实习人员在实习期间从事的工作的性质及其获得报酬的方式,并且应包含实习指导导师对实习人员本身及其工作的评价。这项证明应传达给实习人员,并由其确认收到此项通知,相应情况下,可以提出辩解与说明。随后,由实习指导导师将出具的证明报送商事法院书记员全国理事会;理事会出具实习结业证书。

商事法院书记员全国理事会拒绝出具实习结业证书时,可以自用挂号信并要求回执通知当事人起 2 个月期限内向巴黎上诉法院提出申诉。

第三段　执业资质考试

第 R742-16 条 (1987 年 7 月 29 日第 87-601 号法令第 9 条)商事法院书记员执业资质考试每年至少举行 1 次。

考试科目与考试形式,包括理论与实践内容的笔试和口试,由掌玺官、司法部长听取商事法院书记员全国理事会的意见之后发布行政决定确定。

准许参加考试的应试人的名单,由掌玺官、司法部长确定。只有持有第R742-1条第6点所列证书之一,并且经证书证明其按照要求的时间完成实习的人,才能报名参加商事法院书记员执业资质考试。但是,经掌玺官、司法部长批准,尚在实习期间的人也可以在实习的最后3个月报名参加考试。

任何人经3次考试未获通过的,均不得再次参加考试。

第 R742-17 条 (1987年7月29日第87-601号法令第10条)商事法院书记员执业资质考试在全国考试评审委员会进行。考试题目由委员会选定。

商事法院书记员执业资质考试全国评审委员会,除主席外,由2名司法系统的司法官与2名在职或荣誉商事法院书记员组成。考试评审委员会由级别最高的司法官担任主席。

在考试评审委员会表决意见票数相等的情况下,委员会主席的表决票起决定作用。

商事法院书记员执业资质考试全国评审委员会的主席与成员,由掌玺官、司法部长发布行政决定指定,任期3年;对于其中2名商事法院书记员成员,在听取商事法院书记员全国理事会的意见之后,可以延任一次;按照相同条件指定相同人数的替补成员。

掌玺官、司法部长可以作出行政决定指定专家主考人协助考试评审委员会工作。

第二目 任 命

第 R742-18 条 (1977年7月20日第77-828号法令第1条)在(新)设立商事法院的情况下,由掌玺官、司法部长根据第R742-19条规定其人员组成的委员会的提名,任命该法院的书记员。

第 R742-19 条 (1977年7月20日第77-828号法令第4条)第R742-18条所指的委员会由以下成员组成:

1. 司法系统的第一级别的司法官1名,任主席;
2. 司法系统的另1名司法官;
3. 商事法院成员1名;
4. 商事法院书记员2名;
5. 具备担任商事法院书记员资质的人1名。

委员会的全体成员,以及在涉及商事法院书记员成员时,根据商事法院书记员全国理事会的提名,由掌玺官、司法部长发布行政决定任命。

按照相同条件任命相同人数的替补成员。

委员会秘书室的工作由 1 名司法官或 1 名 A 类公务员负责。

在委员会成员不同表决意见人数相等的情况下，其主席的表决意见起决定作用。

第 R742-20 条 （1977 年 7 月 20 日第 77-828 号法令第 2 条）掌玺官、司法部长以行政决定确定书记员候任人提交任命申请的最后期限；对每一个候任人规定的提交申请的期限，不得少于 30 日，自司法部长的行政决定在官方公报上发布之日起计算。

第 R742-21 条 （1977 年 7 月 20 日第 77-828 号法令第 3 条）每一候任人的申请书，用挂号信并要求回执寄送（新）设置的商事法院所在辖区的上诉法院检察长。

上诉法院检察长派人对候任书记员的申请人的道德操守与专业能力进行调查，并且根据书记员将要承担的义务，对其资金能力进行调查。上诉法院检察长，在按照第 R742-28 条规定的条件听取商事法院书记员全国理事会办事处的说明理由的意见之后，将候任人的案卷连同检察长提出的说明理由的意见一并报送掌玺官、司法部长。

第 R742-22 条 （1977 年 7 月 20 日第 77-828 号法令第 5 条）对于每一个等待任命书记员的商事法院书记员事务所，第 R742-19 条所指的委员会均提议多名候任人选并排列首选顺序，供掌玺官、司法部长选任。

第 R742-23 条 （1977 年 7 月 20 日第 77-828 号法令第 6 条）在没有提出候任申请，或者如果委员会没有提出任何候任人选的情况下，掌玺官、司法部长可以按照第 R742-20 条规定的条件再规定一段提交候任申请的时间。候任申请可以按照第 R742-21 条与第 R742-22 条的规定提出与审查。

如果掌玺官、司法部长没有选任委员会提出的任何候任人选，也同样适用以上规定。

如果获得任命的候选人在受任命后立即按照第 R742-31 条的规定宣告辞职，掌玺官、司法部长可以任命由第 R742-18 条所指的委员会提名的另 1 人选；在当事人不肯接受任命的情况下，或者如果提名的任何人选均未得到任命，掌玺官、司法部长可以按照第 R742-21 条与第 R742-22 条规定的条件启动新的程序。

第 R742-24 条 （1977 年 7 月 20 日第 77-828 号法令第 7 条）如果某一商事法院书记员事务所无法通过"行使继任人推荐权"的方式任命继任人，由掌玺官、司法部长宣告该事务所职位空缺，并按照第 R742-20 条至第 R742-

23 条规定的条件对该事务所进行补缺。

候任人选应立即支付由掌玺官、司法部长确定数额的"商事法院书记员职位补偿金"。

第 R742-25 条 （1977 年 7 月 20 日第 77-828 号法令第 8 条）在某一商事法院被撤销，其书记员被任命为新设置的商事法院书记员时，属于以下情况的，无须按照第 R742-18 条至第 R742-23 条规定的程序办理：

1. 如果新设置的商事法院与撤销的法院管辖地域相同，所发生的变更仅仅涉及法院设立地所在的市镇行政区；

2. 新设置的商事法院辖区虽然仅涵盖被撤销的法院的原辖区的一部分，但其所在地仍然在被撤销的原法院的辖区范围之内；

3. 新设置的法院的辖区涵盖被撤销的法院的原辖区的全部，以及涵盖按照本《法典》第 L721-2 条的规定在商事案件方面有管辖权限的大审法院辖区的全部或一部；

4. 新设置的法院的辖区涵盖被撤销的法院的原辖区的全部，以及涵盖仍然得到保留的一家或数家商事法院的辖区之一部。

只有在当事人被任命进入仅有唯一书记员的事务所时才能适用以上例外规定。

第 R742-26 条 （1977 年 7 月 20 日第 77-828 号法令第 8-1 条）在按照第 R742-29 条的规定，原本是被撤销的商事法院的书记员的自然人或法人被任命为新的法院的书记员时，无须适用第 R742-18 条至第 R742-23 条规定的程序。

第 R742-27 条 （1977 年 7 月 20 日第 77-828 号法令第 8-2 条）如果在两家或数家商事法院进行合并时按照第 R743-169 条至第 R743-176 条的规定应当支付书记员职位补偿费，无须等待第 R743-169 条第 1 款规定的期限到期。

第 R742-28 条 （1977 年 7 月 20 日第 77-828 号法令第 10-1 条）继任商事法院书记员（职位）的候任人，应当按照本条规定的形式向掌玺官、司法部长申请认可：

任命申请，向商事法院书记员事务所所在辖区的上诉法院检察长提出；提交认可申请应附有全部证明材料，特别是事务所持有人或其权利继受人与提交申请的候任人之间签订的协议；

上诉法院检察长应听取商事法院书记员全国理事会办公室就当事人的

道德操守与专业能力提出的说明理由的意见,以及根据缔结的义务对当事人资金能力提出的意见。如果商事法院书记员全国理事会办事处经挂号信并要求回执受理案卷之后 45 日期满,仍然没有向上诉法院检察长提出其要求提出的意见,视商事法院书记员全国理事会办事处提出了赞成意见,并且不再考虑其他意见。

上诉法院检察长将继任人的案卷连同其提出的说明理由的意见一并报送掌玺官、司法部长。由掌玺官、司法部长宣告对继任人的任命。

第 R742-29 条 (《司法组织法典》第 R821-4 条)同 1 人可以被任命在同一上诉法院辖区内的数家商事法院书记室担任书记员。

第 R742-30 条 (《司法组织法典》第 R821-4-1 条)经商事法院书记员同意,或者由其提出申请,掌玺官、司法部长可以决定在某一商事法院辖区范围内设置一处或数处附属书记室。司法部长的这项决定应确定这些附属书记室对公众开放的条件。

掌玺官、司法部长在作出决定时应当用挂号信并要求回执征求商事法院书记员全国理事会的意见;理事会应自接收信件起 2 个月内提出意见,在此期限内没有作出答复的,视其提出了赞成意见。

掌玺官、司法部长应商事法院书记员提出的请求,或者依职权,可以在按照前款规定的相同形式征求商事法院书记员全国理事会的意见之后,决定关闭一处或数处附属书记室。

第三目 就职与荣誉称号

第 R742-31 条 商事法院书记员应在受任命后 1 个月内在商事法院宣誓,誓词如下:

"我宣誓,忠诚、廉洁地切实履行我的职务,完全遵守其对我规定的义务。"

商事法院书记员只有在宣誓之后才能履行职务。

任何商事法院书记员在其受任命事由于官方公报上公布之后 1 个月内不进行职业宣誓的,宣告其辞去职务,但证明因有效理由未能宣誓的除外。

第 R742-32 条 对于担任职务至少 20 年的商事法院书记员,上诉法院检察长可以授予其荣誉书记员称号。

第二节 某些商事法院书记员司法与法律职业的执业条件

第 R742-33 条至第 R742-38 条 （略）

第三节 商事法院书记员的继续职业培训

第 R742-39 条 本《法典》第 L743-15 条所指的继续职业培训，其目的是确保商事法院书记员更新与完善从事职业所必要的知识。

每个民事年度参加继续职业培训的时间为 20 小时，或者连续两个民事年度为 40 小时。继续职业培训可以通过以下方式完成：

1. 参加由商事法院书记员全国理事会或者由大学机构组织安排的法律或专业性质的培训活动；

2. 参加由商事法院书记员全国理事会授权、由商事法院书记员或教育机构组织安排的培训；

3. 参加与商事法院书记员的职业活动有联系的法律性质的研讨会或报告会；

4. 在大学或者在专业范围内安排的与商事法院书记员的职业活动有联系的法律性质的教学活动；

5. 发表法律方面的论文。

在从事商事法院书记员职业的头两年，这种培训包含至少 10 小时的有关书记员事务所的管理、职业道德规范与职业规则的培训，但是，在相同时间里，第 R742-3 条所指的人应将其全部培训的义务用于这方面的活动。

商事法院书记员全国理事会作出的、确定本条规定之实施方式的决定，在 30 日内报送掌玺官、司法部长。

第 R742-40 条 商事法院书记员最迟在每年 1 月 31 日向商事法院书记员全国理事会申报其在上一年里完成继续职业培训的情况与条件。在其提交的申报书中，应附有可据以审查其遵守了这些继续职业培训义务的证明材料。

商事法院书记员全国理事会对书记员接受培训的标准以及此种培训与商事法院书记员的职业活动的联系进行审核，以监督他们切实履行了继续职业培训的义务。

第三章 商事法院书记员的执业条件

第一节 巡视与纪律

第一目 巡 视

第 R743-1 条 (《司法组织法典》第 R821-5 条)不妨碍适用《司法组织法典》第 R213-29 条的规定,每一个商事法院书记员每 4 年至少应接受一次巡视检查,除此之外,还应接受对其职业活动的特别领域或全部职业活动进行的无事先通知的随机性巡视检查。

每一次巡视检查,均由掌玺官、司法部长依职权指令进行,或者由司法部长应商事法院院长或商事法院书记员全国理事会主席的请求指令进行。巡视检查,由共和国检察官指挥,并由掌玺官、司法部长从在职的商事法院书记员或者已经停止履职不到 3 年的荣誉书记员中指定的 1 名或数名巡视员具体实施。

按照前款规定指定的书记员从商事法院书记员全国理事会办公室每年年初制定的至少列有 40 人的名单中挑选。

每年年初,商事法院书记员全国理事会办公室向掌玺官、司法部长报送其提议的在下一年度中应对其进行定期巡视检查的商事法院书记员的名单。

第 R743-2 条 (《司法组织法典》第 R821-6 条)司法部门的总巡视员,也可以应掌玺官、司法部长的要求,就商事法院书记员的整个活动进行不事先通知的随机性巡视检查。为此,总巡视员可以要求第 R743-1 条所指的巡视员给予协助或者提请其就书记员的账目提出技术性意见。

第 R743-3 条 (《司法组织法典》第 R821-7 条)司法部门的总巡视员与第 R743-1 条所指的巡视员在执行巡视任务时享有整体调查与监督权力。

总巡视员与第 R743-1 条所指的巡视员可以请会计师或会计监察人给予协助;因提供此种协助引起的费用由商事法院书记员全国理事会负担;如果接受巡视的商事法院书记员受到纪律惩戒,相关费用由该书记员本人承担。

接受巡视检查的商事法院书记室的人员应当回答巡视员向其提出的问题,并且应当向巡视检查员提供完成检查任务所必要的情况信息。

第 R743-4 条 (《司法组织法典》第 R821-8 条)除第 R743-2 条规定的情况之外,第 R743-1 条所指的巡视员应向共和国检察官汇报其执行任务的情况。随机抽查应制作详细的抽查报告。

在每次巡视检查结束之后,应将这些文件呈送掌玺官、司法部长,并向商事法院书记员全国理事会主席转送文件的副本;如果巡视检查是应商事法院院长的请求进行的,还应向该法院院长转送副本一份。

第二目 纪 律

第 R743-5 条 (《司法组织法典》第 R822-19 条)凡是本章所定的程序性规定没有规范的事项,均适用《民事诉讼法典》的规定。

第一段 纪律调查

第 R743-6 条 (《司法组织法典》第 R822-1 条)商事法院书记员全国理事会主席可以主动,或者应共和国检察官的要求,或者因任何利益关系人的投诉,对商事法院书记员的行为表现进行调查。

为此目的,商事法院书记员全国理事会主席可以从理事会的现任成员或原成员中指定 1 名调查报告人。由此指定的调查报告人可以作为商事法院书记员全国理事会为审议相关案卷而组成的纪律惩戒室的成员。

为了查清真实情况,可以听取任何人的陈述意见并制作听证笔录。笔录由接受听证的人签字,附于调查报告。

如果接受听证的人是行为表现受到调查的商事法院书记员本人,应当用挂号信并要求回执向其发出传唤通知书。受到调查的书记员本人可以聘请律师或者另 1 名商事法院书记员协助。

第 R743-7 条 (《司法组织法典》第 R822-1-1 条)根据调查收集的情况,商事法院书记员全国理事会主席可以作出不予追究的决定,或者提起纪律惩戒诉讼。

商事法院书记员全国理事会主席应向共和国检察官通知其决定,并转送调查报告,相应情况下,应将其决定通知投诉人。

商事法院书记员全国理事会主席受理共和国检察官提出的调查要求或者受理利益关系人的投诉之后作出的不予追究的决定,应当通知共和国检察官或投诉人。

第二段 商事法院书记员全国理事会纪律惩戒室适用的程序

第 R743-8 条至**第 R743-11 条** (略)

第三段 审理纪律惩戒案件的大审法院适用的程序

第 R743-12 条至**第 R743-15 条** (略)

第四段 临时管理

第 R743-16 条 (《司法组织法典》第 R822-7 条)重申纪律、警告、训诫与撤销荣誉称号(之处分),经司法执达员送达,即视为付诸执行。

暂时被禁止履职或者撤销职务的商事法院书记员,自相应决定产生执行力起,即应停止任何履职行为,并且应立即将其掌握的书记室的全部文件与档案交给临时管理人,特别是交出与当年和此前年度有关的财务登记簿与账簿。

第 R743-17 条 (《司法组织法典》第 R822-8 条)在商事法院书记员被暂时禁止履职或者被撤销职务的情况下,按照本《法典》第 L743-10 条的规定任命的临时管理人,从设在上诉法院辖区内的商事法院在职书记员中选任,或者从第 R742-2 条所指的书记室工作人员中选任,也可以从商事法院荣誉书记员或具备履行此种职务之一般条件的人中选任。

临时管理人可以领取与其完成的工作有关的劳务费或特别酬金,并按照书记室的收入数额支付"与书记员事务所有关的费用负担"。

如果指定了多名临时管理人,应得的劳务费或酬金在管理人之间平均分配,也可以规定其他分配方式;但其中 1 人所得收入不得超过其他人所得收入的 2 倍。

第 R743-18 条 (《司法组织法典》第 R822-9 条)共和国检察官立即向当事人通知其被任命为(书记员事务所的)临时管理人。如果受任命的临时管理人不是在职的商事法院书记员,还应在其执行任务的商事法院进行宣誓。

根据不同情况,临时管理人自向其通知任命决定之日或者自其宣誓之日起开始履行书记员职责。

第 R743-19 条 (《司法组织法典》第 R822-10 条)临时管理人自其上任起 8 日内制定书记员事务所的账目。该账目的清册副本送交共和国检察官。

临时管理人还应在相同期限内通知有关的行政部门以及被撤职的法院书记员以其名义开立职业账户的银行机构。自此开始,这些账户只能按照临时管理人的指令运作。

第 R743-20 条 (《司法组织法典》第 R822-11 条)临时管理人负责书记室的活动,保障其管理,在其以书记室的名义出具的职业文书与文件上应写明其身份。

第 R743-21 条 (《司法组织法典》第 R822-12 条)被暂时禁止履职或者被撤销职务的商事法院书记员不得使用其原有的书记员身份。

第五段 暂时中止履职

第 R743-22 条 大审法院,应共和国检察官的申请(requête),经向商事法院书记员送达"确定期日开庭"的传唤状,受理有关暂时停止书记员任职的请求。

"确定期日开庭"审理在法院评议室进行。

法院在听取检察院与作为当事人的书记员的陈述之后,或者对其进行传唤之后,作出裁判。当事人可以由 1 名律师协助,如其表示此种愿望,可以由另 1 名商事法院书记员协助。

第 R743-23 条 第 R743-16 条第 2 款以及第 R743-17 条至第 R743-20 条的规定适用于暂时停止任职之情形;但是,被任命的管理人对其完成的工作只能受领一半数额的特别劳务费或报酬。

第 R743-24 条 因本《法典》第 L743-7 条第 4 款所指的原因之一当然停止"暂时中止履职"处分,或者大审法院作出终止此项处分的裁决,应立即由共和国检察官通知作为当事人的商事法院书记员以及临时管理人。

临时管理人的任务自其接到这项通知即行终止。

书记员与临时管理人应在 8 日之内确定事务所的账目。该账目清册送交共和国检察官。

第六段 救济途径

第 R743-25 条 对大审法院就纪律惩戒事由作出的判决向上诉法院提起上诉,采用向法院书记室提交简单声明的形式提出。

只有主张在民事利益方面受到损害的人才能向上诉法院提起上诉。

第 R743-26 条 对商事法院书记员全国理事会的纪律惩戒组织作出的决定提起上诉,采用向巴黎上诉法院书记室提交声明的形式提出。

第 R743-27 条 向上诉法院提起上诉的期间为 1 个月;对"暂时中止履职"的决定提起上诉的期间减为 15 日。

第 R743-28 条 在审理纪律惩戒案件的大审法院适用的程序,适用于上诉法院。

第二节 商事法院书记员的执业形式

第一目 有关各种公司的共同规定

第 R743-29 条 (1971 年 8 月 11 日第 71-688 号法令第 2 条)(以公司的

形式执业时)公司是商事法院书记员事务所(资质)的持有人。公司的注册住所即是事务所的注册注册。

这类公司称为"商事法院书记员事务所持有人公司"(société titulaire d'un office de greffier de tribunal de commerc)。

第一段 公司的设立、注册与开始运作

第 R743-30 条 (1971 年 8 月 11 日第 71-688 号法令第 6 条)商事法院书记员公司的设立,以掌玺官、司法部长对公司作出任命(其为事务所持有人的)决定为中止条件。自第 R743-31 条所指的部颁决定进行公告之日,视书记员公司具备设立条件。

第 R743-31 条 (1971 年 8 月 11 日第 71-688 号法令第 5 条)任命某一公司在商事法院书记员事务所执业,在该公司内执业的每一个商事法院书记员的任命与辞职,均由掌玺官、司法部长以行政决定作出宣告。

第 R743-32 条 (1971 年 8 月 11 日第 71-688 号法令第 7 条)受本节规定调整的公司提出的任命其为事务所持有人的申请,由在该公司内执业的持股人集体向掌玺官、司法部长提出。

任命申请,由提出申请的公司向其作为持有人的商事法院书记员事务所的注册地址所在地或将要确定的注册住所所在辖区的上诉法院检察长提出。提交申请的同时应附有各项证明材料,尤其是该公司的注册住所地的商事法院书记员出具的证明,以确认公司已经提交随后在"商事及公司注册登记簿"上进行注册登记的申请及相关材料的证明一份;此外,如果在公司内执业的 1 名或数名持股人需要缔结借贷合同,应提交一份有关他们每一个人按照何种条件保障到期偿还款项的资金安排计划、预算安排以及 1990 年 12 月 31 日关于有专门立法或条例规范或者名称受到保护的自由职业的第 90-1258 号法律第 5 条第 2 款所指的持股人的名单,同时注明他们的职业以及各自持有的公司股份。

检察长用挂号信并要求回执要求商事法院书记员全国理事会就提交审查的申请提出说明理由的意见。

商事法院书记员全国理事会在确定对申请进行审议前 8 日通知有关的当事人在理事会进行审议时亲自或者委托代理人就其打算设立的合伙事务所事宜提出口头的或者书面的解释。

如果理事会在受理申请后 45 日内没有向检察长送交其要求提出的意见,视为提出了赞成意见。

在收到理事会提出的意见之后,或者在前款规定的时间经过之后,检察长将案卷连同其提出的报告一并报送掌玺官、司法部长。

第 R743-33 条 （1971 年 8 月 11 日第 71-688 号法令第 8 条）上诉法院检察长用挂号信并要求回执将申请案卷的全部文件与证明材料，连同其本人提出的报告，一并转送掌玺官、司法部长。

第 R743-34 条 （1977 年 7 月 20 日第 77-828 号法令第 8-1 条）如果有若干商事法院被撤销，并由一个法院的管辖地域涵盖这些被撤销的法院的全部辖区范围，而且被撤销的各法院的书记员之间设立一家公司时，该公司可以被任命到这一新的商事法院书记室执业，无须再按照第 R742-18 条至第 R742-23 条规定的程序办理。

第 R743-35 条 （1971 年 8 月 11 日第 71-688 号法令第 44-1 条）掌玺官、司法部长按照第 R743-42 条、第 R743-47 条、第 R743-69 条、第 R743-100 条、第 R743-101 条、第 R743-123 条、第 R743-126 条与第 R743-127 条的规定作出的每一项行政决定，均可变更或补充第 R743-31 条所指的行政决定。这些行政决定根据各商事法院书记员退出或受任命的情况，确定作为公司持股人的商事法院书记员的名单。

掌玺官、司法部长按照第 R743-130 条的规定作出的每一项行政决定的副本，均由相关的商事法院书记员公司负责寄送该公司注册住所地的商事法院书记室，以便将其编入以"商事及公司注册登记簿"的名义制作的案卷。

第 R743-36 条 （1971 年 8 月 11 日第 71-688 号法令第 9 条）如果商事法院书记员公司的章程是采用私署文书的形式订立的，应制作相应份数的原本由每一合伙人各执一份并且应符合第 R743-32 条与第 R743-41 条的要求。

第 R743-37 条 （1971 年 8 月 11 日第 71-688 号法令第 11 条，1993 年 1 月 21 日第 93-86 号法令第 10 条）以下所列各项，可以作为向商事法院书记员公司的出资：

1. 由辞职的商事法院书记员、正待解散的职业民事合伙的经理管理人或者已经解散的公司的清算人行使的(继任人)推荐权；

2. 去世的商事法院书记员的 1 名或数名权利继受人行使的推荐权；

3. 因毗邻的某一商事法院及其书记室被撤销，在该法院的辖区范围与公司执业的书记室的管辖地域相关联时，由此给本公司带来的利益；

4. 用于从事商事法院书记员职业的一切无形权利与所有动产；

5. 用于设立商事法院书记员事务所的不动产，以及相应情况下，用于设立该事务所的附属办事处的不动产；

6. 任何金钱现款。

第 R743-38 条 （1971年8月11日第71-688号法令第13条,1993年1月21日第93-86号法令第11条）保留适用第 R743-30 条规定的中止条件,作为对实物出资的回报而分配的资本证券或股份(的持有人),在出资人签订的"入股协议"(公司合同)中承诺在第 R743-37 条第1点与第2点所指情况下为公司的利益行使继任人推荐权时,即视其已经缴纳股款,或者在同一条文第3点所指的情况下,对撤销其作为持有人的商事法院书记员事务所放弃要求补偿金,亦视其已缴纳股款。

第 R743-39 条 （1971年8月11日第71-688号法令第12条,1993年1月21日第93-86号法令第11条）商事法院书记员事务所持有人公司的资本证券或股份,既不能用于设质,也不得拍卖。

第 R743-40 条 （1971年8月11日第71-688号法令第15条,1993年1月21日第93-86号法令第11条）用现金认股缴纳的股款,由商事法院书记员公司的委托代理人出示该公司被任命为"商事法院书记员公司"的证明提取。

第 R743-41 条 （1971年8月11日第71-688号法令第16条,1993年1月21日第93-86号法令第12条）商事法院书记员公司应在"商事及公司注册登记簿"上注册登记,并受第 R123-31 条之规定约束,但保留执行以下规定。

应当向掌管"商事及公司注册登记簿"的法院书记室提交第743-31条所指的任命决定的副本。法院书记员在接到这一副本之后为公司进行登记注册,并且通知公司注册住所地所在辖区的上诉法院检察长。

第 R743-42 条 （1971年8月11日第71-688号法令第17条,1993年1月21日第93-86号法令第13条）有关书记员宣誓以及"交存被任命担任商事法院书记员职务的自然人的签字笔迹"的立法或条例的规定,适用于在商事法院书记员公司内执业的书记员持股人。

只有在公司内执业的所有成员均进行宣誓之后,公司才能开始履行书记员职责。商事法院书记员公司的全体成员只有在进行宣誓之后才能从事该职业活动。

持股人,原先是商事法院书记员事务所的持有人,行使推荐权,推荐公司作为该事务所的继任持有人,并将此项推荐权作为向公司出资时,无须再进行宣誓。

在公司内执业的全体持股人,在第 R743-31 条所指的条例进行公告之后的当月内没有进行宣誓的,经掌玺官、司法部长作出行政决定,可以被取消作为公司持股人的资格,其在公司内持有的资本证券或股份,按照第 R743-102 条与第 R743-128 条规定的条件予以转让。

　　第二段　商事法院书记员公司的运作

第 R743-43 条　(1971 年 8 月 11 日第 71-688 号法令第 20 条,1993 年 1 月 21 日第 93-86 号法令第 41 条)公司所有的审议决议均应当作成笔录,并由全体出席会议的持股人签字。签字笔录应写明召开会议的日期与地址、详细的议事日程、出席或委托代理人出席会议的持股人的身份、会议讨论的简要记录、提交表决的决议草案以及投票表决的结果。

　　公司以及公司董事会或者监事会以及管理委员会作出的决定,应当登记于专门制作的登记簿,并且事先应经公司所在地的商事法院院长或其为此授权的 1 名法官签名、编号。笔录保存于公司的注册住所。

　　经全体持股人签字的会议笔录,具有证明会议举行的效力。

　　笔录也可以用不间断编号的活页簿制作,并按照第 1 款的规定草签;每一页上即使没有写满文字,仍应与已经使用的前一页编号相连。任何增加、取消、替换或者颠倒顺序均予禁止。

第 R743-44 条　(1971 年 8 月 11 日第 71-688 号法令第 27 条,1993 年 1 月 21 日第 93-86 号法令第 14 条)由商事法院书记员公司持股人之一订立的、旨在向公司之外的第三人转让其持有的资本证券或股份之全部或一部的任何协议,均以受让人获得公司认可为中止条件,必要时,以批准转让人退出公司为中止条件。

　　如股份转让已经按照第 R743-99 条与第 R743-125 条规定的条件得到公司同意,受让人应向掌玺官、司法部长提出申请,以申请任命其以商事法院书记员持股人的资格在公司内执业。

　　这项申请呈交公司注册住所所在辖区的上诉法院检察长。如转让文书是用公证书制作的,在提交申请的同时应附有转让文书的经认证的副本,其他情况下,应附有该文件的原本一份以及所有的证明材料,尤其是确认公司明示或者默示同意转让股份的证明材料,且不影响要求每一个商事法院书记员职务侯任人提供证明材料。未来的参股人需要缔结借贷合同的,还应提交一份资金筹措计划,详细说明其打算按照何种条件按时还贷,并且说明预计的资金安排。

　　转让股份的价格以及付款方式由各方当事人确定。

　　检察长用挂号信并要求回执向商事法院书记员全国理事会要求其就提交的申请提出说明理由的意见。

商事法院书记员全国理事会在接到要求后 45 日内没有向检察长提出要求的意见，视为提出了赞成意见。

在收到请求理事会提出的意见之后，或者在前款规定的时间经过之后，检察长将案卷连同其提出的报告一并转送掌玺官、司法部长。

第 R743-45 条　（1971 年 8 月 11 日第 71-688 号法令第 29 条，1993 年 1 月 21 日第 93-86 号法令第 16 条）公司各持股人持有的资本证券或股份数目或持股分配情况的任何变更，不论持股人是否在公司内执业，均应由公司及有关的持股人负责用挂号信并要求回执告知商事法院书记员全国理事会以及公司注册住所所在辖区的上诉法院检察长。上诉法院检察长将此情况呈报掌玺官、司法部长。

某一职业民事合伙的持股人向公司、其他合伙人或者其中 1 人或多人转让其在合伙内持有的全部资本证券或股份，同时仍然在公司内作为利益股持有人的情况，亦适用前款之规定。

第 R743-46 条　（1971 年 8 月 11 日第 71-688 号法令第 30 条，1993 年 1 月 21 日第 93-86 号法令第 17 条）由持股人之一同意无偿转让其持有的资本证券或股份之全部或一部的，也适用第 R743-44 条、第 R743-45 条、第 R743-100 条与第 R743-126 条的规定。

第 R743-47 条　（1971 年 8 月 11 日第 71-688 号法令第 40 条，1993 年 1 月 21 日第 93-86 号法令第 25 条）在公司存续过程中持股人人数可以增加；在增加持股人人数的同时可以增加或者不增加资本。

任何新合伙人都应具备从事商事法院书记员职业所要求的条件，经过掌玺官、司法部长认可，由司法部长任命其为商事法院书记员并取得此种资格。

第 R743-48 条　（1971 年 8 月 11 日第 71-688 号法令第 21 条，1993 年 1 月 21 日第 93-86 号法令第 26 条）如果在公司增加资本时有新的商事法院书记员参股人被任命进入公司执业，适用第 R743-31 条、第 R743-32 条、第 R743-33 条、第 R743-36 条与第 R743-42 条之规定。

公司增加资本的决定以掌玺官、司法部长认可新的参股人进入公司执业为中止条件。

第 R743-49 条　（1971 年 8 月 11 日第 71-688 号法令第 44 条，1993 年 1 月 21 日第 93-86 号法令第 27 条）延长公司设立期限的决定，应立即由公司的法定代表人报告掌玺官、司法部长。

第三段　由公司与持股人从事商事法院书记员职业

第 R743-50 条　（1971 年 8 月 11 日第 71-688 号法令第 48 条，1993 年 1 月 21 日第 93-86 号法令第 31 条）除本节规定之外，有关自然人从事商事法院书记员职业的立法与条例的所有规定，特别是有关职业道德规范或纪律惩戒的规定，均适用于作为商事法院书记员事务所持有人的公司，以及在公司内执业的商事法院书记员。

第 R743-51 条　（1971 年 8 月 11 日第 71-688 号法令第 45 条，1993 年 1 月 21 日第 93-86 号法令第 28 条）商事法院书记员制作的职业文书以及所有的通信件，均应指明其具有商事法院书记员的头衔以及持有商事法院书记员事务所的公司的参股人的资格与该公司的地址所在地。

第 R743-52 条　（1971 年 8 月 11 日第 71-688 号法令第 46 条，1993 年 1 月 21 日第 93-86 号法令第 29 条）在商事法院书记员公司内从事职业的书记员持股人，不得以个人名义从事商事法院书记员职业，也不得以另一公司成员的名义从事职业，不论该公司的法律形式如何。

第 R743-53 条　（1971 年 8 月 11 日第 71-688 号法令第 47 条，1993 年 1 月 21 日第 93-86 号法令第 30 条）在商事法院书记员公司内从事书记员职业的每一个持股人，均以公司的名义从事商事法院书记员职业活动。在公司内从事商事法院书记员职业的持股人，应当为公司从事其全部职业活动，并且向公司以及相互之间告知此种职业活动。

商事法院书记员应专职从事书记员职业以及与此职业相关联的所有活动。

第 R743-54 条　（1971 年 8 月 11 日第 71-688 号法令第 51 条，1993 年 1 月 21 日第 93-86 号法令第 33 条）有关设立商事法院书记员财务账目的规则，适用于商事法院书记员公司。所有登记簿与文件、材料，均应以公司的名义设立或制作。

第 R743-55 条　（1971 年 8 月 11 日第 71-688 号法令第 52 条，1993 年 1 月 21 日第 93-86 号法令第 34 条）受本编规定调整的商事法院书记员公司，均应参加职业责任保险。

第 R743-56 条　（1971 年 8 月 11 日第 71-688 号法令第 53 条，1993 年 1 月 21 日第 93-86 号法令第 35 条）商事法院书记员公司不得独立于对持股人的纪律性惩戒而单独受到纪律追究。

第 R743-57 条　（1971 年 8 月 11 日第 71-688 号法令第 55 条，1993 年 1 月 21 日第 93-86 号法令第 37 条）公司内执业的持股人被暂时中止执业时，在此期间不得从事职业活动,但仍然保留持股人资格以及由此产生的权利与义务。

宣告暂时停止 1 名或数名持股人执业而不是禁止全体持股人在公司内履行职务的决定,无须委派临时管理人。

宣告暂时停止公司或者全体持股人在公司内执业的决定,应委派 1 名或数名(公司)临时管理人,以完成属于商事法院书记员公司或书记员持股人职务范围内的各项职业行为。

与此同时,可以指定第 R743-17 条第 1 款所指的人作为(公司)临时管理人。

如果临时管理人不是现时执业的商事法院书记员,在其开始履行职责之前,应当进行对所有的商事法院书记员都要求的宣誓。与此同时,管理人还必须持有一枚专门的印鉴,其上刻明其姓名以及管理人的身份。

管理人在公司的注册住所从事其有义务完成的职业活动。

第 R743-58 条 (1971 年 8 月 11 日第 71-688 号法令第 56 条,1993 年 1 月 21 日第 93-86 号法令第 38 条)撤销资格的持股人丧失其作为"商事法院书记员持股人"的资格,并且自宣告其被撤销资格的决定取得既判力之日起停止从事该职业活动;自该日起,被撤销资格的持股人丧失参加持股人全体会议的权利以及在会议上投票表决的权利。

该被撤销资格的持股人持有的资本证券或股份,按照第 R743-102 条与第 R743-128 条确定的条件转让。

在撤销商事法院书记员的资格的情况下,适用第 R743-57 条的规定。

公司本身或者在公司内执业的全体持股人被撤销执业资格的后果,受第 R743-66 条之规定调整。

第 R743-59 条 (1971 年 8 月 11 日第 71-688 号法令第 76 条,1993 年 1 月 21 日第 93-86 号法令第 52 条)宣告公司本身或者在公司内执业的全体持股人被撤销执业资格的决定,依检察院的要求,归入以公司名义在掌管"商事及公司注册登记簿"的法院书记室设置的案卷。

第 R743-60 条 (1971 年 8 月 11 日第 71-688 号法令第 58 条,1993 年 1 月 21 日第 93-86 号法令第 39 条)在公司内执业的某一持股人因不可抗力暂时不能履职时,由在公司内执业的其他商事法院书记员替代。

在公司内执业的所有书记员持股人均因不可抗力而暂时不能履职时,按照现行法规的规定保障事务所的管理。

但是,替代人从第 R743-17 条第 1 款列举的人中间挑选,并且适用第

R743-57条第5款与第6款的规定。

第R743-61条 （1971年8月11日第71-688号法令第59条,1993年1月21日第93-86号法令第40条）在公司内执业的商事法院书记员持股人或薪金雇员,在被授予荣誉商事法院书记员称号时,视为商事法院书记员任职。

第R743-62条 （1971年8月11日第71-688号法令第50条,1993年1月21日第93-86号法令第32条）在公司内执业的商事法院书记员持股人的执业年限,如有必要,应考虑其(单独)担任商事法院书记员的时间。

商事法院书记员公司的执业年限,自公司内执业年限最老的成员进入公司之日起计算。

第四段 公司无效、解散与清算

第R743-63条 （1971年8月11日第71-688号法令第70条,1993年1月21日第93-86号法令第47条）宣告公司无效的任何终局判决,依共和国检察官的要求,在法兰西共和国《政府公报》上进行公告,并且向掌管"商事及公司注册登记簿"的法院的书记室交存副本一份,归入以公司名义设立的案卷。

第R743-64条 （1971年8月11日第71-688号法令第71条,1993年1月21日第93-86号法令第48条）公司之无效,不损及作为公司持股人的商事法院书记员在终局确定此种无效之前完成的各项职业行为的效力。

第R743-65条 （1971年8月11日第71-688号法令第60条,1993年1月21日第93-86号法令第42条）公司之无效,仅自完成第R743-63条、第R743-75条第2款与第R743-76条规定的各项公告手续时起,始对第三人产生对抗效力。

第R743-66条 （1971年8月11日第71-688号法令第75条,1993年1月21日第93-86号法令第51条）在商事法院书记员公司的全体持股人或公司本身被撤销商事法院书记员资格,当然引起公司因宗旨消灭而解散。

宣告撤销资格的决定,确认公司解散并命令对公司进行清算。

受指定的清算人履行按照第R743-17条的规定任命的管理人的职责。

被撤销资格的所有持股人不得被选任为清算人。

第R743-67条 （1971年8月11日第71-688号法令第77条）在商事法院书记员公司内执业的全体持股人同时死亡,或者所有的持股人先后死亡的,至最后一位持股人死亡之日,其他持股人持有的公司的资本证券或股份没有转让给第三人时,公司当然解散。

第R743-68条 （1971年8月11日第71-688号法令第81条）在商事法

院书记员公司内执业的全体持股人按照 1966 年 11 月 29 日有关职业民事合伙的第 66-879 号法律第 21 条以及第 R743-101 条与第 R743-127 条规定的条件同时要求退出公司，或者所有的持股人先后要求退出公司的，至最后一位持股人退出之日，其他持股人持有的公司的资本证券或股份没有转让给第三人时，该公司当然解散。

公司于持股人向公司同时通知退出请求或者通知最后提出的退出请求之日解散。

第 R743-69 条、第 R743-75 条与第 R743-114 条之规定适用之。

第 R743-69 条 （1971 年 8 月 11 日第 71-688 号法令第 74 条，1993 年 1 月 21 日第 93-86 号法令第 49 条）公司，在其解散之日，视为辞去其持有的商事法院书记员事务所资质。

公司解散，不论其原因如何，自掌玺官、司法部长发布行政决定予以确认之日产生效力。

第 R743-70 条 （1971 年 8 月 11 日第 71-688 号法令第 60 条，1993 年 1 月 21 日第 93-86 号法令第 42 条）公司解散，仅自完成第 R743-59 条、第 R743-63 条、第 R743-75 条第 2 款与第 R743-76 条规定的各项公告手续起，始对第三人产生对抗效力。

第 R743-71 条 （1971 年 8 月 11 日第 71-688 号法令第 61 条）如果公司正在实行清算，为进行清算之需要，其法人资格继续保留至清算终结。

公司的名称之后必须加上"正在清算中"的字样。

第 R743-72 条 （1971 年 8 月 11 日第 71-688 号法令第 62 条，1993 年 1 月 21 日第 93-86 号法令第 43 条）公司清算由公司章程规定，并保留适用本《法典》第二卷及本章之规定，但公司因撤销商事法院书记员资质而解散的情况除外。

第 R743-73 条 （1971 年 8 月 11 日第 71-688 号法令第 63 条，1993 年 1 月 21 日第 93-86 号法令第 44 条）清算人按照公司章程的规定指定，但第 R743-72 条所指的两种情况以及第 R743-74 条所指的情况除外。非如此，清算人由宣告公司无效与解散的判决指定，或者由持股人作出的确认或决定公司解散的审议决定指定。

除第 R743-66 条第 4 款之规定外，清算人可以从持股人中间选任，或者从第 R743-17 条所指的人中选任。

清算人因故不能履行职务，或者因任何其他重大原因不能履行职务时，应本人的请求，或者应持股人或他们的权利继受人或检察院的请求，公司注册住所地的大审法院院长可以更换清算人。

可以指定数名清算人。

第 R743-74 条 （1971 年 8 月 11 日第 71-688 号法令第 78 条）尽管有第 R743-73 条的规定，在商事法院书记员公司是因持股人死亡而解散的情况下，清算人按照有关公务助理人员与司法助理人员事务所替补事宜适用的规章指定，并由清算人行使由这些规定赋予替补人的职权。

第 R743-75 条 （1971 年 8 月 11 日第 71-688 号法令第 73 条，1993 年 1 月 21 日第 93-86 号法令第 50 条）除按照共和国检察官的申请指定清算人之外，清算人应将其受任命的事宜报告共和国检察官，并向共和国检察官报送公司持股人作出的任命其为清算人的决定的副本，或者法院作出的任命其为清算人的裁决的副本。

清算人向负责掌管公司登记的"商事及公司注册登记簿"的商事法院书记室交存第 1 款所指的文书的副本，以便将其归入以公司的名义制作的案卷，任何利益关系人均可取得其请求传达的副本。

清算人只有在完成这些手续之后，才能开始履职。

第 R743-76 条 （1971 年 8 月 11 日第 71-688 号法令第 79 条）如果是由共和国检察官主动提议任命清算人，依共和国检察官的要求办理第 R743-75 条所指的交存副本事务。

第 R743-77 条 （1971 年 8 月 11 日第 71-688 号法令第 64 条，1993 年 1 月 21 日第 93-86 号法令第 45 条）在商事法院书记员公司清算期间，由清算人代表公司并取代全体合伙人完成属于商事法院书记员职业的所有行为。

第 R743-57 条最后两款的规定适用之。

自商事法院书记员公司的继任人进行宣誓之日，清算人即停止享有以公司名义完成属于商事法院书记员职业之行为的资格。

第 R743-78 条 （1971 年 8 月 11 日第 71-688 号法令第 65 条）清算人享有进行公司清算的最广泛的权力，清算人尤其要在清算期间负责管理公司、进行公司资产变现、清理负债，在向公司资本证券或股份的持有人或他们的权利继受人偿还本金之后，按照章程的规定在他们之间对来自清算的资产进行分配。

清算人的权力可以由法院判决或者由持股人作出的赋予清算人任务的决定具体规定。

第 R743-79 条 （1993 年 1 月 21 日第 93-86 号法令第 46 条，1993 年 1 月 21 日第 93-86 号法令第 46 条）除商事法院书记员公司因撤销执业资质而解散的情况之外,均由清算人以公司的名义行使1816年4月28日法律第91条所指的(继任人)推荐权。

如果清算人自其受指定起1年内没有行使商事法院书记员公司作为持有人的推荐权,则按照有关条例对持有人空缺的商事法院书记员事务所的规定,为其任命、配备持有人。掌玺官、司法部长可以延长该期限。

第 R743-80 条 （1971年8月11日第71-688号法令第69条,1993年1月21日第93-86号法令第8条)清算人的报酬,由任命清算人的判决,或者持股人全体会议作出的决定确定。

清算人的报酬,可以由被清算的公司作为持有人的商事法院书记员事务所的纯利润的一定比例组成。

第二目　商事法院书记员职业民事合伙适用的规定

第一段　商事法院书记员职业民事合伙的设立

第 R743-81 条 （1971年8月11日第71-688号法令第3条)持有商事法院书记员事务所的自然人可以与以下之人设立职业民事合伙：

——具备从事商事法院书记员职业所要求的条件的1名或数名自然人；

——在撤销商事法院的情况下,持有隶属于毗邻的另一商事法院辖区的商事法院书记员事务所的1名或数名自然人。设立的职业民事合伙可以受任命在该事务所内执业。

第 R743-82 条 （1971年8月11日第71-688号法令第3条)具备商事法院书记员执业条件的自然人之间可以设立职业民事合伙,该合伙本身可以被任命为商事法院书记员：

1. 取代现有的事务所的原持有人；此种情况属于原持有人行使推荐继任人之权利；

2. 或者,新设立的职业民事合伙被任命到持有人空缺的商事法院书记员事务所内执业；

3. 或者,在新设置商事法院的情况下,被任命到该法院的书记员事务所内执业。

第 R743-83 条 （1971年8月11日第71-688号法令第4条)在第R743-82条第2点与第3点所指情况下,如果商事法院书记员职业民事合伙中有1名合伙人具备受任命到持有人空缺的某一事务所执业的特别条件,可以将该商事法院书记员职业民事合伙任命为持有人空缺的事务所的持有人。

第 R743-84 条 （1971年8月11日第71-688号法令第10条)除其他必

要事项外,特别是上述 1966 年 11 月 29 日第 66-879 号法律第 8 条、第 10 条、第 11 条、第 14 条、第 15 条、第 19 条与第 20 条有关职业民事合伙的名称、股份的分配、经理管理人、利润分配、合伙的债务、股份转让的规定,或者除本编所规定的事项之外,合伙章程应当写明以下事项:

1. 全体合伙人的姓名与住所;
2. 合伙的注册住所地址所在的商事法院;
3. 合伙设立的期限;
4. 合伙人进行的每一种出资的性质及分别的评估价值;
5. 合伙资本的数额,代表该资本的股份的数目与股份的面值;
6. 向每一个以劳务出资的合伙人分配的利益股份的数目;
7. 对形成合伙资本的、应当缴纳的股本全部缴纳或部分缴纳情况的确认。

第 R743-85 条 (1971 年 8 月 11 日第 71-688 号法令第 11 条)各合伙人的劳务,按照 1966 年 11 月 29 日第 66-879 号法律第 10 条的规定,不参与形成合伙的注册资本,但可分派利益股,并可作为向作为商事法院书记员事务所持有人的自由职业民事合伙的出资。

第 R743-86 条 (1971 年 8 月 11 日第 71-688 号法令第 12 条)合伙股份的面值不得低于 150 欧元。

与劳务出资相对应的利益股不得转让,在其持有人不论何种原因退出合伙时,其中包括在合伙解散时,此种股份应予销除。

第 R743-87 条 (1971 年 8 月 11 日第 71-688 号法令第 14 条)与货币出资相对应的合伙股份,认购时至少应当缴纳面值的 1/4 的股款。

其余股款,应当按照合伙章程规定的日期,或者由合伙人全体会议的决定,或者最迟在合伙受任命(为商事法院书记员资质持有人)之日起 5 年内,一次或者分数次缴纳。

第 R743-88 条 (1971 年 8 月 11 日第 71-688 号法令第 15 条)缴纳的现金股款,应当在 8 日之内存入信托银行,或者交存至某一公证人之手或者存入信贷机构。

第 R743-89 条 (1971 年 8 月 11 日第 71-688 号法令第 16 条)职业民事合伙免于在有资格刊登法定公告的报纸上登载 1978 年 7 月 3 日第 78-704 号法令第 22 条、第 24 条与第 26 条所指的通知。

第二段　商事法院书记员职业民事合伙的运作

第 R743-90 条 (1971 年 8 月 11 日第 71-688 号法令第 18 条)为适用上

述 1966 年 11 月 29 日第 66-879 号法律第 11 条之规定,有关经理管理人的规定,由合伙章程确定。

第 R743-91 条 (1971 年 8 月 11 日第 71-688 号法令第 19 条)超过经理管理人权力的决定,由合伙人召开全体会议作出。合伙人每年至少应召开一次年度全体会议。

至少代表半数合伙人或者代表 1/4 资本的 1 名或数名合伙人提出要求,可以另行召开合伙人全体会议。

提出召开全体会议的请求,应具体说明会议的日程。

合伙章程确定召集全体会议的方式。

第 R743-92 条 (1971 年 8 月 11 日第 71-688 号法令第 21 条)每一个合伙人仅有一票表决权。

一合伙人可以用委托书的形式委托另一合伙人代理其参加合伙人全体会议。

全体合伙人会议,只有在至少 3/4 的合伙人出席或委托代理人出席会议的情况下,才能有效进行审议。

如果达不到要求的法定人数,可以对合伙人进行第二次召集,并且如出席或委托代理人出席第二次召集的会议的人数至少有 2 人,会议即可进行审议。

第 R743-93 条 (1971 年 8 月 11 日第 71-688 号法令第 22 条)除 1966 年 11 月 29 日第 66-879 号法律有关股份转让的第 19 条规定的情况,以及第 R743-94 条、第 R743-95 条、第 R743-104 条第 2 款与第 R743-114 条所指情况外,合伙的决定可以由出席或委托代理人出席会议的合伙人的多数作出,但合伙章程规定至少需要持有半数以上资本赞成才能作出的决定除外。

第 R743-94 条 (1971 年 8 月 11 日第 71-688 号法令第 23 条)修改合伙章程,除延长合伙期限或者增加合伙人的义务之情况外,应当得到至少持有 3/4 资本的全体合伙人 3/4 的多数票同意。

延长合伙期限,可以由至少持有 3/4 资本的全体合伙人多数同意作出决定。

增加合伙人的义务,只能由全体合伙人一致同意才能作出决定。

第 R743-95 条 (1971 年 8 月 11 日第 71-688 号法令第 24 条)合伙本身持有的推荐继任人的权利,只能经全体合伙人一致同意才能行使。

第 R743-96 条 (1971 年 8 月 11 日第 71-688 号法令第 25 条)每一业务年度结束,由 1 名或数名经理管理人之一,按照合伙章程要求的条件,制定合伙的年度账目以及有关合伙资产负债的报告。

在年度业务活动结束后的 3 个月内,前款所指的各项文件应提交合伙人会议批准。

为此目的,这些文件应当在全体会议召开前 15 日或者最迟在召集会议同时,连同所提议的草案一起寄送每一合伙人。

第 R743-97 条 （1971 年 8 月 11 日第 71-688 号法令第 26 条）每一合伙人均可随时亲自了解第 R743-96 条所指的文件以及法律与条例对从事商事法院书记员职业规定的应当备置的各种登记簿与会计文件。

第 R743-98 条 （1971 年 8 月 11 日第 71-688 号法令第 82 条）唯一的合伙人可以按照第 R743-44 条与第 R743-99 条规定的条件将其持有的合伙股份转让给具备第 R743-81 条规定条件的第三人。

第 R743-99 条 （1971 年 8 月 11 日第 71-688 号法令第 27 条）合伙人转让股份的计划应当以挂号信并要求回执通知合伙本身及每一合伙人。

合伙按照相同形式向合伙人通知其明确同意计划中的股份转让。如果合伙自上述第 1 款所指的最后一次通知之日起 2 个月内没有通知其决定,意味着合伙默示同意(合伙人)计划的股份转让。

第 R743-100 条 （1971 年 8 月 11 日第 71-688 号法令第 28 条）在合伙拒绝(合伙人)转让股份的情况下,自其用挂号信并要求回执通知拒绝决定之日起 6 个月内,可以用相同形式向坚持转让其股份的合伙人通知转让股份计划,或者按照上述 1966 年 11 月 29 日第 66-879 号法律第 19 条第 3 款的规定赎回其股份。应全体合伙人包括转让人提出的请求,掌玺官、司法部长可以延长这一期限。

如果取得股份的人是合伙以外的第三人,适用第 R743-44 条与第 R743-99 条之规定,但有关应当向合伙本身进行通知的规定以及第 R743-99 条第 2 款的规定除外。受让人提出的申请应在第 1 款所指期限届满之前呈送上诉法院检察长。

在各方当事人达不成一致意见的情况下,转让价金由按照《民法典》第 1843-4 条规定的条件指定的鉴定人确定,任何不同的规定均视为未予订立。

受让人应采用书面形式作出义务承诺,保障支付已确定的转让价金。这项承诺应附于提交的申请。转让文书草案的副本相当于第 R743-44 条第 3 款所指的经认证与原本相符的副本或原本。

如果合伙本身自行取得合伙人拟转让的股份,或者由其他合伙人或其中 1 人或数人取得拟转让的股份,应当按照第 R743-45 条的规定办理。在此情况下,应当在本条第 1 款规定的期限届满前向上诉法院检察长呈报转让文书的经认证无误的副本或者原本。

如果转让人拒绝签署将其股份转让给其他合伙人或者其中 1 人或数人或者第三人的文书,在合伙用挂号信并要求回执向其进行通知之后 2 个月仍无结果时,对转让人的拒绝意见可不予采纳。掌玺官、司法部长作出行政决定宣告该人退出合伙,其在合伙内的股份的转让价金由受让人负责进行提存。

第 R743-101 条 (1971 年 8 月 11 日第 71-688 号法令第 31 条)商事法院书记员职业民事合伙的合伙人请求退出合伙并转让其持有的全部股份时,按照第 R743-44 条、第 R743-99 条与第 R743-100 条的规定办理。

但是,持有合伙股份或利益股的合伙人也可以用挂号信并要求回执通知合伙本身及其他合伙人要求退出合伙,此外,在相应情况下,该合伙人应当遵守合伙章程规定的退出合伙的期限。此期限不得超过 6 个月。自确认其退出合伙的行政决定进行公告之日起,持有合伙股份的该合伙人丧失与合伙人资格相关的各项权利,但与其出资股本相关的获得报酬的权利除外。

合伙人退出合伙,由掌玺官、司法部长作出行政决定宣告,该合伙人视为辞职。

第 R743-102 条 (1971 年 8 月 11 日第 71-688 号法令第 32 条)被撤销执业资质的合伙人,可以在 6 个月内按照第 R743-44 条与第 R743-99 条规定的条件将其所持股份转让给第三人;该期限自合伙人被撤销执业资格的决定终局确定之日起计算。

如果在规定的期限经过之后仍然没有进行任何股份转让,按照第 R743-100 条的规定处理,但以可适用该条之规定的情况为限。

被撤销执业资格的合伙人也可以在上述期限经过之前将其所持股份转让给合伙本身,或者转让给其他合伙人,或者按照第 R743-45 条规定的条件转让给 1 名或多名合伙人。

第 R743-103 条 (1971 年 8 月 11 日第 71-688 号法令第 33 7 条)除适用有关无能力人的保护与代理的规则之外,对于被法定禁止执业或者实行无能力的成年人财产管理制度的合伙人,第 R743-102 条之规定适用于其所持股份的转让。

给予被开除的合伙人转让股份的期限为 6 个月,自其他合伙人作出宣告将该人开除出合伙的决定,用挂号信并要求回执向其进行通知之日起计算。

第 R743-104 条 (1971 年 8 月 11 日第 71-688 号法令第 34 条)1966 年

11月29日第66-879号法律第24条第2款对死亡的合伙人的股份转让规定的期限为6个月,自合伙人死亡之日起计算。

应去世的合伙人的权利继受人的请求,并且按照上述1966年11月29日第66-879号法律第19条第1款就转让合伙股份规定的条件,经合伙本身同意,掌玺官、司法部长可以延长该期限。

第R743-105条 (1971年8月11日第71-688号法令第35条)如果在第R743-104条所指的期限内,权利继受人或全体权利继受人决定向合伙以外的第三人转让已经去世的被继承人在合伙内的股份,应当按照第R743-44条、第R743-99条与第R743-100条之规定处理。

相同期限内,如合伙本身、其他健在的合伙人或者其中1人或数人愿意取得该人的股份,经去世的合伙合伙人的权利继受人同意,按照第R743-45条之规定处理。

第R743-106条 (1971年8月11日第71-688号法令第36条)去世的合伙人的权利继受人之1人或数人提出的、旨在要求优先分配该人在合伙内股份的任何请求,均采取第R743-99条规定的形式通知合伙及每一个合伙人。

优先分配多余股份的限制条件,相应情况下,受第R743-44条、第R743-99条与第R743-100条的规定约束。

第R743-107条 (1971年8月11日第71-688号法令第37条)如在第R743-104条规定的期限经过之后,已经去世的合伙人的权利继受人或诸权利继受人仍然没有行使转让被继承人股份的权利,并且合伙也没有同意任何优先分配股份,合伙本身可以在1年内取得或者让他人取得已去世的合伙人的股份。应任何有利益关系的人提出请求,掌玺官、司法部长可以延长该期限。

如果将股份转让给合伙以外的第三人,应适用第R743-44条、第R743-99条与第R743-100条的规定。

如果由合伙本身自行取得这些股份,或者由全体合伙人或其中某些合伙人取得这些股份,应当按照第R743-45条与第R743-100条第5款的规定处理。

第R743-108条 (1971年8月11日第71-688号法令第38条)转让合伙股份的公示,以及在相应情况下,按照1966年11月29日第66-879号法律第21条的规定减少合伙资本的公示,应当按照有关修改《民法典》第三卷第九编于1978年1月4日第78-9号法律的1978年7月3日第78-704号法令

第 52 条确定的规则进行。

在第 R743-100 条第 6 款所指情况下,交存两份经认证与原本相符的、向转让人发出的催告通知书的副本并且送达此项催告的证明材料,即属进行了股份转让公示。

第 R743-109 条 (1971 年 8 月 11 日第 71-688 号法令第 41 条)如新的合伙人是通过取得(原)合伙人、其中某一或某些合伙人的股份而加入合伙的,应当按照第 R743-44 条与第 R743-99 条之规定办理。

如新的合伙人仅以其劳务出资加入合伙,适用第 R743-31 条之规定。

第 R743-110 条 (1971 年 8 月 11 日第 71-688 号法令第 43 条)如果用没有分派的利润设立公积金,或者因合伙人的劳务使合伙的资产产生增加值,也可以定期增加合伙的资本;由此设置的股份应当在全体合伙人之间分配,其中包括(此前)仅仅以劳动出资的合伙人。

合伙章程可以规定适用前款规定的条件。

不得在用货币出资的股份尚未完全缴纳股款之前,采用这种方式增加资本。

第三段 由合伙与合伙人从事商事法院书记员职业

第 R743-111 条 (1971 年 8 月 11 日第 71-688 号法令第 45 条)作为商事法院书记员事务所持有人的职业民事合伙发出的任何文件与通讯件,除其他任何事项外,在写明"商事法院书记员事务所持有人职业民事合伙"这一称号的同时,还应写明合伙本身的名称。

第 R743-112 条 (1971 年 8 月 11 日第 71-688 号法令第 47 条)所有合伙人均按照第 R743-53 条的规定相互告知其从事的活动,不得被指控侵犯职业秘密。

第 R743-113 条 (1971 年 8 月 11 日第 71-688 号法令第 55 条)尽管有第 R743-57 条的规定,被暂时停止履职的合伙人对合伙利润参与分配的数额减半,另一半等额分配给各管理人;如果没有任命管理人,这部分利润在没有被暂时停止履职的其他合伙人之间等额分配。

第四段 商事法院书记员职业民事合伙的解散与清算

第 R743-114 条 (1971 年 8 月 11 日第 71-688 号法令第 72 条)商事法院书记员职业民事合伙至其设立时规定的期限到期时即行终止;但是,经至少持有 3/4 注册资本并至少持有一半劳务股份的合伙人多数赞成,也可以决定提前解散合伙。

清算人按照至少持有一半注册资本以及一半劳务股份的合伙人多数意见指定。

非如此,清算人由大审法院院长应某一合伙人或者检察院的申请,依紧急审理程序指定。

第 R743-115 条 （1971 年 8 月 11 日第 71-688 号法令第 82 条）唯一合伙人可以行使合伙本身作为持有人的资质推荐权,推荐第三人为继任人。自商事法院书记员事务所的新持有人进行宣誓之日,原合伙当然解散。

唯一合伙人可以申请任命其本人为商事法院书记员(持有原事务所),以取代原合伙。在此情况下,唯一合伙人应当通过上诉法院检察长向掌玺官、司法部长呈送说明理由的申请,并附交所有的证明材料。自唯一合伙人被任命为商事法院书记员(作为事务所持有人)并取代原合伙之日起原合伙解散。

第 R743-116 条 （1971 年 8 月 11 日第 71-688 号法令第 66 条）因合伙人死亡,合伙解散的情况下,清算人行使合伙所持有的推荐权。

如果在第 1 款所指情况下,死亡的合伙人的权利继受人,或者在其他解散合伙的情况下,全体合伙人已经一致挑选了的候任人,由清算人行使推荐权,推荐该候任人。

第 R743-117 条 （1971 年 8 月 11 日第 71-688 号法令第 67 条）清算人在每一个会计年度终结后 3 个月内召集合伙人或权利继受人会议,向他们报告合伙事务的管理情况。

在合伙清算终结时,清算人也应召集合伙人或者权利继受人会议,对最终账目进行审议、作出决定。清算人取得交账证明并确认清算活动终结。

第 R743-118 条 （1971 年 8 月 11 日第 71-688 号法令第 68 条）合伙终结大会,按照审查与通过合伙账目所要求的法定人数和多数进行审议、作出决定。

如合伙终结大会不能进行审议,或者合伙人会议拒绝批准清算人提交的账目,合伙注册住所地的大审法院,应清算人或任何有利害关系的人的请求,作出裁判。

第 R743-119 条 （1971 年 8 月 11 日第 71-688 号法令第 84 条）除 1966 年 11 月 29 日关于实行合作社规则的公司的第 66-879 号法律第 37 条第 2 款所指情况外,在债务清偿完毕与偿还资本金之后仍然剩余的净资产在合伙人之间按照各自所持的股份比例分配,其中包括与劳务出资相对应的利益股。

第三目 适用于(商事法院书记员)"自由执业公司"的规定

第 R743-120 条 （1993年1月21日第93-86号法令第1条）以有限责任公司、股份有限公司、股份两合公司或简化的股份公司的形式设立的"商事法院书记员自由执业公司"，受本《法典》第二卷的规定调整，但保留适用本节之规定。

第一段 （商事法院书记员）"自由执业公司"的设立

第 R743-121 条 （1993年1月21日第93-86号法令第3条）符合从事商事法院书记员职业所要求的条件但不是商事法院书记员事务所持有人的自然人之间可以设立自由执业公司，并且可以按照1990年12月31日关于以自由执业公司的形式从事有专门立法或专门条例规范或者名称受到保护的自由职业的第90-1258号法律第5条规定的条件，与该条所指的自然人一起设立自由执业公司。由此设立的自由执业公司(本身)可以被任命为(法人)商事法院书记员并取代现有的事务所持有人，或者成为新成立的或职位空缺的事务所的持有人。①

这些人中的1人或数人也可以与作为商事法院书记员事务所持有人的自然人一起设立自由执业公司，由此设立的公司可以：

1. 被任命在该事务所内(作为法人商事法院书记员)执业；
2. 在新设立商事法院的情况下，被任命到该法院的书记员事务所内执业。

第 R743-122 条 （1993年1月21日第93-86号法令第4条）受第R743-121条调整的自由执业公司被任命为新创立的商事法院书记员事务所的持有人或者被任命为持有人空缺的事务所的持有人时，此项任命应当按照第R742-18条及随后条文规定的条件进行。

第 R743-123 条 （1993年1月21日第93-86号法令第9条）由作为商事法院书记员事务所持有人的职业民事合伙转型而设立自由执业公司，应当得到掌玺官、司法部长的认可。

第 R743-124 条 （1993年1月21日第93-86号法令第12条）商事法院书记员自由执业公司免于进行本《法典》第R210-16条及随后条文所规定的公告。

---

① 此为"法人持有人"。——译者注

第二段 （商事法院书记员）"自由执业公司"的运作

第 R743-125 条 （1993 年 1 月 21 日第 93-86 号法令第 14 条）公司同意转让其资本证券或股份之全部或一部时,应遵守本《法典》第 L223-14 条与第 L228-24 条以及 1990 年 12 月 31 日第 90-1258 号法律第 10 条规定的各项条件。

第 R743-126 条 （1993 年 1 月 21 日第 93-86 号法令第 15 条）如果公司对提议的受让人不予认可,应按照本《法典》第 L223-14 条与第 L228-24 条的规定办理。

如取得股份的受让人是公司之外的第三人,应适用第 R743-44 条与第 R743-125 条的规定。

如果公司资本证券或股份由公司本身取得或者由 1 名或数名已在公司内执业的持股人取得,应当按照第 R743-45 条的规定处理。在此情况下,转让文书的正本一份或者经认证与原本相符的副本,应送交上诉法院检察长。

受让人应采用书面形式作出承诺,保证支付确定的转让价金。这项承诺附于其提出的申请书。转让文书草案的副本相当于第 R743-44 条所指的经认证与原本相符的副本或者原本。

如果作为转让人的持股人拒绝签署向公司或者向其他共同持股人或其中 1 人或数人或者第三人转让其所持资本证券或股份的文书,在公司用挂号信并要求回执的方式向其进行催告之后 2 个月仍然没有结果的情况下,可以不考虑该持股人的拒绝态度。在此情况下,由掌玺官、司法部长宣告该持股人退出公司,其所持股份的转让价金由受让人负责予以提存。

第 R743-127 条 （1993 年 1 月 21 日第 93-86 号法令第 18 条）某一持股人要求退出公司并转让其持有的全部资本证券或股份时,按照第 R743-44 条、第 R743-125 条与第 R743-126 条的规定办理。

但是,持股人打算停止在公司内执业,但按照上述 1990 年 12 月 31 日第 90-1258 号法律第 5 条第 2 款第 2 点规定的条件仍然保留其全部资本证券或股份（股份）时,在用挂号信并要求回执的方式通知公司与其他持股人之后,可以申请退出公司,停止以持股人的资格在公司内执业。自确认其退出公司的行政决定进行公告之日起,退出公司的持股人丧失与此种资格相关联的各项权利。

任何持股人退出公司,均由掌玺官、司法部长作出行政决定宣告之。

第 R743-128 条 （1993 年 1 月 21 日第 93-86 号法令第 19 条）原本在公司内执业、已经被撤销执业资格的持股人,可以自其被撤销执业资格的决定产生既判力之日起，在6个月内将其所持有的资本证券或股份按照第R743-44条与第R743-125条规定的条件转让给公司之外的第三人。

如果在规定的期限经过之后仍然没有进行任何转让，按照第R743-126条的规定处理。

被撤销执业资格的持股人也可以在上述期限经过之后将其所持资本证券或股份转让给公司或者其他仍在公司内执业的持股人，或者转让给符合上述1990年12月31日第90-1258号法律第5条第2款所指条件的人。

第R743-129条 （1993年1月21日第93-86号法令第20条）除有关无能力人的保护与代理之规则外，对于已经实行无能力的成年人财产管理制度的持股人，如其不愿意或者不能够享有上述1990年12月31日第90-1258号法律第5条第2款第2点规定的利益，或者，对于法定禁止执业的持股人，第R743-128条之规定适用于他们所持股份的转让。

在第R743-134条所指情况下，经决定被开除出公司的持股人持有的资本证券或股份的转让，亦适用第R743-128条之规定。

第R743-130条 （1993年1月21日第93-86号法令第21条）不影响适用本《法典》第L223-14条与第L228-24条以及上述1990年12月31日第90-1258号法律第10条之规定，向1990年12月31日第90-1258号法律第5条第2款第1、4、5点所指的人转让公司资本证券或股份，均以获得掌玺官、司法部长的认可为中止条件。资本证券或股份的转让应向商事法院书记员自由执业公司注册住所所在辖区的上诉法院检察长报告。

检察长用挂号信并要求回执向商事法院书记员全国理事会要求其就所订协议提出说明理由的意见。

如果商事法院书记员全国理事会在接到此项要求后1个月内没有向检察长提出所要求的意见，视为提出了赞成意见。

检察长在收到其要求理事会提出的意见之后，或者在前款规定的时间经过之后，将案卷连同其本人提出的报告一并转送掌玺官、司法部长。

掌玺官、司法部长以说明理由的决定，对协议给予认可，并通过检察长向当事人进行通知。在拒绝认可的情况下，所做决定应说明理由。

第R743-131条 （1993年1月21日第93-86号法令第22条）在1990年12月31日第90-1258号法律第5条第2款第4点所指情况下，向上诉法院检察长呈报转让协议时应附有公司章程。

在向某一家以取得设在数个上诉法院辖区内的自由执业公司的资本为宗旨的资本参与公司转让商事法院书记员公司的股份或证券的情况下，该商事法院书记员公司的全体股东应向资金参与公司的注册住所所在辖区的上诉法院的检察长转送案卷的副本,以便向该检察长进行情况告知。

第 R743-132 条 (1993年1月21日第93-86号法令第23条)第 R743-126条第5款所指情况下,向公司注册住所地负责"商事及公司注册登记簿"的法院书记员交存两份经认证与原本相符的、向转让人发出的催告通知书的副本以及有关送达此项催告通知书的证明材料,即告进行了有关转让公司资本证券或股份的公告。

第三段 由公司及持股人从事商事法院书记员职业

第 R743-133 条 (1993年1月21日第93-86号法令第28条)除1990年12月31日第90-1258号法律第2条所指事项外,商事法院书记员自由执业公司发出的任何文件和通信件,均应写明其具有"商事法院书记员事务所持有人公司"的资格。

第 R743-134 条 (1993年1月21日第93-86号法令第36条)任何在公司内执业、受到纪律处罚的商事法院书记员,在其受到的纪律处罚是禁止执业且时间超过3个月,或者受到刑事有罪判决、刑期为3个月或超过3个月的监禁刑时,在惩戒决定产生既判力之后,经在公司内执业的其他参股人一致同意,得强制该当事人退出公司。

该人所持的公司资本证券或股份,按照第 R743-128 条规定的条件进行转让。

第四目 商事法院书记员隐名合伙适用的规定

第 R743-135 条 (1993年1月21日第93-86号法令第53条)1990年12月31日第90-1258号法律第22条所指的隐名合伙,可以称为"商事法院书记员隐名合伙"(sociétés en participation de grffier de tribunal de commerce)。

商事法院书记员隐名合伙不是商事法院书记员事务所的持有人;该隐名合伙的每一个合伙人均在其作为持有人的事务所内执业。

在每一个商事法院书记员的职业文书和通信件上,均应指明其属于该合伙并写明合伙的名称。

第 R743-136 条 (1993年1月21日第93-86号法令第54条)自然人商事法院书记员之间设立隐名合伙,以进行第 R743-138 条所指的公告为中止条件。

第 R743-137 条 (1993年1月21日第93-86号法令第55条)为了确保进行隐名合伙的设立公示,全体合伙人应向合伙注册住所所在辖区的上诉法院检察长寄送合伙章程。

如果合伙人是在不同的上诉法院辖区内的商事法院书记员事务所内执业,应将设立隐名合伙之事由告知每一个事务所所在地的上诉法院的检察长。

第 R743-138 条 (1993 年 1 月 21 日第 93-86 号法令第 56 条)第 R743-137 条第 1 款所指的上诉法院检察长提请所有有关的检察长提出意见。

检察长向掌玺官、司法部长转送案卷与收集到的意见,并附有其提出的报告。

隐名合伙的设立,由掌玺官、司法部长主动提议,在法兰西共和国《政府公报》上进行公告。

第 R743-139 条 (1993 年 1 月 21 日第 93-86 号法令第 57 条)在隐名合伙解散的情况下,由请求解散合伙的合伙人向该合伙注册住所所在辖区的上诉法院的检察长呈送有关解散合伙的通知书,并且视情况,向有关的检察长寄送这项通知。

公司注册住所地的上诉法院检察长向掌玺官、司法部长转送有关合伙解散的通知书,以便在法兰西共和国《政府公报》上进行公告。

每一个合伙人在第 2 款所指的公告之日起恢复其个人执业。

第五目 薪 金 雇 员

第 R743-139-1 条至第 R743-139-31 条 (略)

第三节 商事法院书记员的收费标准

第 R743-140 条至第 R743-157 条 (略)

第四节 因新的行政区划或司法管辖区划引起的商事法院辖区范围的变动

第 R743-158 条 (1969 年 4 月 18 日第 69-389 号法令第 1 条)因新的行政区划或司法管辖区划引起商事法院或审理商事案件的大审法院的地域管辖范围发生变动时,按照以下第 R743-159 条至第 R743-177 条之规定办理;在新设的法院或者民商事混合的商事法院,书记室交由某一商事法院管理时,亦照此处理。

第 R743-159 条　（1969 年 4 月 18 日第 69-389 号法令第 2 条）按照第 R721-5 条的规定，原先受理案件的法院对管辖区划发生变动之前已经开始实施的程序以及由司法保护、司法重整、司法清算、司法清理债务、财产清算、个人破产或者其他制裁措施产生的程序，仍然有管辖权并进行审理、裁判。

第 R743-160 条　（1969 年 4 月 18 日第 69-389 号法令第 3 条）原先受理案件的法院书记室保存地域管辖范围发生变动之前交存至本书记室的文书原本、登记簿、文书、材料与文件，但保留执行第 R743-162 条至第 R743-168 条之规定；原先受理案件的法院书记室唯一有资格提交由其保管的这些文书的经认证无误的副本、复印本或节本，但应写明法院管辖区划发生变动的日期以及（现在）有管辖权的法院。

第 R743-161 条　（1969 年 4 月 18 日第 69-389 号法令第 4 条）直至法律规定的向第三人传达文书的期限终止，（现在）有管辖权的法院在提交文书的经认证无误的副本、复印本，或者文书原本、登记簿、文书、材料与文件的节本时，如果涉及的自然人或法人的住所或注册住所在原属于另一法院辖区内的市区、市镇行政区或其某一部分之内，应当在其提交的这些文书的经认证无误的副本、复印本或节本上写明原先有管辖权的法院以及管辖区划发生变动的日期。

第 R743-162 条　（1969 年 4 月 18 日第 69-389 号法令第 5 条）如果属于某一自然人或者法人的商业机构被并入另一法院辖区的市区、市镇行政区或其某一部分之内，原先有管辖权的法院书记室应向现在有管辖权的法院书记室移送有关该机构的完整的注册登记案卷，但在法院管辖区划发生变动之前就已经注销的注册登记除外。

第 R743-163 条　（1969 年 4 月 18 日第 69-389 号法令第 6 条）如果案卷涉及的是主注册登记，现在有管辖权的法院的书记员应当对第 R123-237 条第 1 款第 2 点所指的记载事项进行变更。

如果案卷涉及的是自然人或者法人已经以任何名义在现有管辖权的法院的书记室登记的第 R123-237 条第 1 款第 2 点所指的事项，该法院的书记员应将这些事项分别记入向其移送的案卷的相应记载之下。

法院书记员至少应在原先有管辖权的法院辖区内发行的两份地区性报刊上刊登一项公告，指明因原来有管辖权的法院被取消，在该法院进行的注册登记已经转移至新的有管辖权的法院。刊登的公告应采用粗体字，加边框，尺寸大小应足以引人注意。

法院书记员向国家工业产权研究院寄送一份概述性质的清单，以通知所发生的变更。

第 R743-164 条 （1969 年 4 月 18 日第 69-389 号法令第 7 条）直至向现在有管辖权限的法院的书记室移送案卷为止，原登记事项应当进行的变更登记，仍然由原先有管辖权的法院的书记员接收。"商事及公司注册登记簿"上注册登记事项的副本或节本仍然由该书记员出具。

第 R743-165 条 （1969 年 4 月 18 日第 69-389 号法令第 8 条）除变更行政区划或有关的商事法院管辖区域的法令规定的特别例外之外，第 R743-162 条所指的案卷的移送，应在变更行政区划或司法管辖区划的法令生效之日起 3 个月内进行。

第 R743-166 条 （1969 年 4 月 18 日第 69-389 号法令第 9 条）除变更商事法院管辖区域的法令规定的特别例外之外，第 R743-163 条规定现在有管辖权的法院书记员应做的工作，需在其接收第 R743-162 条所指的案卷材料之日起 6 个月内完成。

第 R743-167 条 （1969 年 4 月 18 日第 69-389 号法令第 10 条）作为需要，第 R743-162 条至第 R743-166 条之规定适用于商业代理人。

第 R743-168 条至**第 R743-177 条** （关于管辖地域变更引起的补偿费问题的有关规定，略）

第五节 为第三人利益持有的资金的专项账目

（2009 年 6 月 23 日第 2009-768 号法令）

第 R743-178 条 （2009 年 6 月 23 日第 2009-768 号法令）商事法院书记员因履行职务或接受委托而收到的下列资金，应存入在信托银行专门开立的寄托账户：

1. 为了进行司法鉴定而缴纳的预付款；
2. 作为争讼物交由商事法院书记员管理的有争议的款项；
3. 按照《劳动法典》第 L3253-15 条的规定收到的款项。

这些资金中的每一类款项均应在信托银行分别开立账户。

第 R743-179 条 （2009 年 6 月 23 日第 2009-768 号法令）第 R743-178 条所指的寄托款项的账户上唯一准许的收支活动是：

——收入款项：商事法院书记员按照第 R743-178 条的规定为第三人利益收取的款项，以及相应情况下，来自投资资金清算、作为争讼物交由商事法院书记员管理的有争议的款项；

——支出款项：商事法院书记员因执行交付给他的任务或接受的委托而提取并进行支付的款项，以及相应情况下，从作为争讼物交由商事法院书记员管理的有争议的款项中发放的资金。作为争讼物交由商事法院书记员管理的每一项资金应分别开立一个账号。

第 R743-180 条 （2009 年 6 月 23 日第 2009-768 号法令）在任何时候，商事法院书记员按照第 R743-178 条的规定因履行职务或接受委托而收取入账的全部款项，均应有属于他人的、交存于第 R743-178 条所指账户上的资金、票据或有价证券作保障，或者有第 R743-179 条所指的投资资金作保障。

除另有协议约定之外，只能在收取入账的第三人资金与同一案卷当付的费用之间进行抵销。

第 R743-181 条至第 R743-182 条 （略）

第五编　商事组织

第 R751-1 条至第 R752-55 条 （略）

第六编　民生利益市场

第 R761-1 条至第 R7652-14 条 （略）

第八卷 几种有专门规范的职业

第一编 司法管理人、司法代理人与企业诊断鉴定人

第 R811-1 条至第 R814-169 条 （略）

第二编 会计监察人

第一章 会计监察人职业的组织与监督

第一节 国家会计监察人最高委员会

第一目 国家会计监察人最高委员会的组织

第 R821-1 条 （1969 年 8 月 12 日第 69-810 号法令第 1 条，2008 年 12 月 30 日第 2008-1487 号法令第 2 条修改）国家会计监察人最高委员会设秘书长 1 人，由掌玺官、司法部长任命。

秘书长在最高委员会主席管辖下，负责最高委员会的行政管理事务，准备并督办各项可能交由其处理的工作与问题。为此目的，秘书长负责对各监督人的领导工作，并由 1 名负责人协助其工作，该负责人由最高委员会招聘，受秘书长领导。

（2005 年 5 月 27 日第 2005-599 号法令第 2 条）最高委员会秘书长负责

审查全国会计监察人公会和各地区会计监察人公会按照本《法典》第 L821-7 条第 1 款第 2 点的规定，以及应最高委员会提出的，按照同一条文 C 项的规定进行监督检查时制作的各项案卷文件。最高委员会秘书长可以参加这些监督活动的实施并发出要求与建议。

最高委员会秘书长负责审查由最高委员会受理的个案涉及的任何问题。

秘书长在审查前两款所指的文件与个案时如发现某个原则性问题，或者在参与第 3 款所指的监督活动时发现相同性质的问题，在其对案卷进行审理之后，以匿名形式提交给最高委员会。

秘书长每年向最高委员会提交一份按照本《法典》第 L821-7 条第 1 款第 2 点的规定进行的各项监督活动的报告。秘书长对所进行的工作作出汇报，但不指明所涉及的人的名称或姓名。

秘书长可以为任何目的向有管辖权限的检察长提出请求，可以要求会计监察人全国理事会提交补充材料。

(2008 年 12 月 30 日第 2008-1487 号法令第 2 条) 除由最高委员会主席代表最高委员会进行诉讼之外，最高委员会其他民事方面的所有问题均由秘书长作为其代表。

第 R821-1-1 条　(2008 年 12 月 30 日第 2008-1487 号法令第 3 条) 秘书长由副秘书长以及在其领导下的工作部门协助。副秘书长由掌玺官、司法部长任命。秘书长可以邀请任何内行人士与专家给予帮助。

秘书长对最高委员会的工作人员有领导权限；在适用《劳动法典》的规定方面，由秘书行使一个企业领导人的各项权限。

秘书长可以在各方面将签字权授权给副秘书长，也可以就其确定的问题与范围授予最高委员会的工作部门的其他任何工作人员以签字权。

第 R821-1-2 条　(1969 年 8 月 12 日第 69-810 号法令第 1 条，2008 年 12 月 30 日第 2008-1487 号法令第 3 条) 全国会计监察人最高委员会的常任性质的民事职务由以下所列人员担任：

——按照各自相关的规章规定的条件受派遣或者被安排到最高委员会工作但应回归原派遣单位的司法官与公务员；

——由按照《国防法典》第 4138-2 条第 2 点规定的条件受派遣的现役军事人员；

——按照受 1984 年 1 月 11 日关于国家公职规章的第 84-16 号法律以及 1986 年 1 月 17 日关于国家非正式工作人员第 86-83 号法令之一般规定调整的合同招聘的非正式的公法工作人员。

受派遣或者被安排到最高委员会工作的司法官与公务员的任职期限为3年,可以延展;受派遣的现役军事人员任职期限为3年,可以按照相同条件延展。

委员会的部门工作规章具体规定其工作人员的雇用条件。

全国会计监察人最高委员会可以委派公法合同制工作人员或者私法薪金雇员到其他公立雇主、欧洲共同体组织或国际组织并由其安排工作;或者由其他公立雇主将其人员安排到最高委员会内工作。这种人员的互派事宜,由全国会计监察人最高委员会与其他雇主、欧洲共同体组织或国际组织之间订立合同规定。

第 R821-1-3 条 全国会计监察人最高委员会各工作部门的工作人员中的合同制公法工作人员、私法薪金雇员以及向该委员会派出的公法工作人员,都是按照《劳动法典》规定的条件代表员工机构的选举人和被选举人。

这些有代表性的机构对全体员工行使各自的管辖职权。

第 R821-2 条 (1969年8月12日第69-810号法令第1-1条)在最高委员会受理地区会计监察人登记委员会的决定或者作为上诉审受理地区纪律惩戒庭的决定时,由(2005年5月27日第2005-599号法令第2条)"掌玺官、司法部长发布的决定"任命在最高委员会的报告人与书记员。

第 R821-3 条 (1969年8月12日第69-810号法令第1-1条)政府特派员的职务由(司法部)民事与掌玺局局长或其代表担任。

第 R821-4 条 (1969年8月12日第69-810号法令第1-2条)国家会计监察人最高委员会的任何成员都应当向主席报告以下事项:

1. 在其受任命之前的两年中担任过以及正在担任或准备担任的经济或金融方面的职务;

2. 在其受任命之前的两年中在法人内担任过以及正在担任或准备担任的领导、管理、监事或监督方面的委任职务。

国家会计监察人最高委员会的任何成员均不得参加审议与上述第1点和第2点所指的任职或委任职务有联系的事务。

(2005年5月27日第2005-599号法令第3条)担任国家会计监察人最高委员会成员职务的人,不得同时在全国会计监察人公会与地区会计监察人公会内担任职务。

国家会计监察人最高委员会的某一成员有与其职务明显不相称的严重违规行为的,在其受到要求作出解释说明之后,受催告纠正其不符合规定的状况,否则,由国家会计监察人最高委员会依职权宣告该成员辞去职务。最高委员会采用秘密投票表决的形式,按其组成人员的多数票作出此项决定。

第 R821-5 条 (1969 年 8 月 12 日第 69-810 号法令第 1-3 条)国家会计监察人最高委员会制定内部规章。内部规章尤其规定本《法典》第 L821-3 条所指的专门委员会的设立与运作条件。(2009 年 5 月 19 日第 2009-557 号法令废止:"其中至少有两个委员会应当是与'公开募集资本'和'协会'有关的专门委员会")国家会计监察人最高委员会的内部规章同时还确定"处理可能涉及其成员的个别利益冲突"的方式,并且规定在何种条件下,最高委员会可以请求全国会计监察人公会提供协助。

内部规章由掌玺官、司法部长发布决定认可,并在法兰西共和国《政府公报》上公布。

第二目 国家会计监察人最高委员会的运作

第 R821-6 条 (1969 年 8 月 12 日第 69-810 号法令第 1-5 条)除保留适用有关登记与纪律惩戒的特别规则之外,国家会计监察人最高委员会可以受理由掌玺官、司法部长、负责经济事务的部长、(2005 年 5 月 27 日第 2005-599 号法令第 4 条)"驻审计法院检察长"、全国会计监察人公会主席或者金融市场主管机关提出的属于本《法典》第 L821-1 条规定的其权限范围的任何问题,(2005 年 5 月 27 日第 2005-599 号法令第 4 条)但"全国会计监察人公会制定的执业规范草案排除在外。对于这些规范草案,国家会计监察人最高委员会只能在掌玺官、司法部长按照本《法典》第 L821-2 条之规定提出要求时才能提出意见。"国家会计监察人最高委员会也可以依职权受理这些问题。

(2005 年 5 月 27 日第 2005-599 号法令第 4 条)"除前款有关全国会计监察人公会制定的执业规范草案的规定之外",国家会计监察人最高委员会可以受理地区会计监察人公会主席或任何会计监察人提出的第 L821-1 条第 1 款第 1 点、第 2 点与第 2 款第 1 点所指的各种问题。

向国家会计监察人最高委员会提交的听取其意见的请求,立即转送政府特派员。

第 R821-7 条 (1969 年 8 月 12 日第 69-810 号法令第 1-6 条)国家会计监察人最高委员会会议,由主席主动召集,或者应 3 名成员或政府特派员的请求,由主席召集。

国家会计监察人最高委员会至少每季度召开一次会议。

除保留执行有关登记和纪律惩戒的特别规则之外,召集会议的期间为 15 日,情况紧急时,此期间可以减为 8 日。

第 R821-8 条 （1969 年 8 月 12 日第 69-810 号法令第 1-7 条）国家会计监察人最高委员会会议的日程由主席确定，相应情况下，应考虑政府特派员或 3 名成员提出的将某个问题纳入议事日程的任何请求。

第 R821-9 条 （1969 年 8 月 12 日第 69-810 号法令第 1-8 条）国家会计监察人最高委员会只有在至少 8 名成员出席会议的情况下才能有效进行审议。

在没有达到法定人数的情况下，国家会计监察人最高委员会按照相同议事日程进行第二次召集，只有至少经过 8 日之后才能召开会议，不论到会成员的人数如何，均可有效进行审议。

第 R821-10 条 （1969 年 8 月 12 日第 69-810 号法令第 1-9 条，2005 年 5 月 27 日第 2005-599 号法令第 5 条）国家会计监察人最高委员会的审议决定报送政府特派员。

政府特派员可以依据本《法典》第 L821-4 条的规定在接收到向其通报的决议起 5 个工作日内，以说明理由的决定要求进行第二次审议。

第 R821-11 条 （1969 年 8 月 12 日第 69-810 号法令第 1-10 条）国家会计监察人最高委员会依据本《法典》第 L821-1 条的规定，受掌玺官、司法部长的要求，就会计监察人执业规范提出意见，相应情况下，这项请求应同时附有此前向本《法典》第 L821-2 条所指的机构与组织征集的意见。国家会计监察人最高委员会在 2 个月内提出意见；紧急情况下，应司法部长的要求，该期限缩短为 15 日（原规定为"1 个月"）。

（2005 年 5 月 27 日第 2005-599 号法令第 6 条）当委员会认定某种实践是一种可以推广的良好做法时，国家会计监察人最高委员会尤其可以通过电子途径就这些做法发表意见。

国家会计监察人最高委员会按照相同条件公布其确定的定期监督检查的导向与范围，以及依据本《法典》第 L822-11 条最后一款的规定公布其作出的评价。

第 R821-12 条 （1969 年 8 月 12 日第 69-810 号法令第 1-11 条）国家会计监察人最高委员会就会计监察人按照本编第二章第一节规定的条件在名册上进行登记的事宜作出决定。

国家会计监察人最高委员会按照本编第二章第一节第二目规定的条件作出纪律惩戒方面的审议决定。

第 R821-13 条 （1969 年 8 月 12 日第 69-810 号法令第 1-12 条）国家会计监察人最高委员会在年度报告中汇报其开展的活动。这项报告尤其要汇报当年对会计监察人实施监督的结果,相应情况下,政府特派员的意见应附于该报告。

国家会计监察人最高委员会的报告呈送掌玺官、司法部长,并予公布。

第 R821-14 条 （1969 年 8 月 12 日第 69-810 号法令第 1-13 条,2009 年 2 月 11 日第 2009-159 号法令） 一、国家会计监察人最高委员会主席享受定额职务补贴,可与作为最高司法法院成员应得的报酬兼得;或者,如其是最高司法法院的原成员,同时享有可以主张的权利与补贴。

除最高委员会主席之外,国家会计监察人最高委员会的其他成员享受定额职务补贴。

国家会计监察人最高委员会秘书长与副秘书长,按照其与国家会计监察人最高委员会签订的合同确定的报酬,享受职务补贴。

本条第一项确定的补贴的数额由掌玺官、司法部长发布条例确定;这项补贴的数额在法兰西共和国《政府公报》上进行公示。

二、国家会计监察人最高委员会成员、秘书长与副秘书长、专家鉴定人、报告人以及负责登记与纪律惩戒事务的秘书对其因履行职责而产生的费用与支持,有权按照内部规章规定的条件获得补偿费。

除最高委员会主席之外,国家会计监察人最高委员会可以就其成员参与专门委员会的工作确定另行给予补贴费。

第 R821-14-1 条 （2008 年 8 月 29 日第 2008-876 号法令第 6 条）国家会计监察人最高委员会就以下事项作出审议决定:

1. 年度经费预算以及年度中间预算的变更;
2. 财务账目及经费的使用;
3. 资金与账目规章,并报送掌玺官、司法部长与负责财政事务的部长;
4. 人员的招聘、岗位编制与报酬的一般条件;
5. （对外）订立合同、协议与工程的一般条件;
6. 可支配的资金的使用、准备金的投放的一般条件;
7. 不动产财产的取得、交换与转让;
8. 借贷;
9. 根据秘书长的提议就超过其确定数额的交易作出审议决定;
10. （接受）赠与与遗赠;
11. 第 R821-5 条所指的内部规章。

第 R821-14-2 条 （2008 年 8 月 29 日第 2008-876 号法令第 6 条）国家会计监察人最高委员会秘书长是本委员会收入与支出的主管。

在国家会计监察人最高委员会内部规章确定的范围内,秘书长:

1. 对收入与支出进行结算与拨发;
2. 按照资金与账目规章确定的条件掌管费用支出账目;
3. 管理可支配的经费以及决定其投资、投放;
4. 以最高委员会的名义订立协议与工程项目,并决定不动产的取得或租赁性质的转让;
5. 以行使雇主权限的名义为委员会招聘、管理或解聘人员以及确定人员的报酬与补贴数额;
6. 确定委员会人员的差旅费补贴制度。

国家会计监察人最高委员会秘书长,在第 R821-14-1 条第 9 点确定的范围内,是以本委员会名义按照《民法典》第 2044 条至第 2058 条确定的条件进行交易的机关。

第 R821-14-3 条 (2008 年 8 月 29 日第 2008-876 号法令第 6 条)年度经费与财务的执行时间为每年 1 月 1 日至 12 月 31 日。

国家会计监察人最高委员会在每一会计年度开始之前确定每年的经费预算。经费预算包括:预计的可期待收入以及最高委员会为完成任务所必要的费用支出;经费预算在年度中间可以变更;记入预算的拨款不具有限制性列举之性质。

国家会计监察人最高委员会就每一会计年度的经费预算及其变更作出的决定,在为政府特派员规定的可以要求重新审议的期限经过之后,当然具有执行力。

第 R821-14-4 条 (2008 年 8 月 29 日第 2008-876 号法令第 6 条)国家会计监察人最高委员会配备 1 名财务人员,由掌玺官、司法部长与负责预算事务的部长发布决定任命。

受任命的财务人员按照 1963 年 2 月 23 日第 63-156 号(1963 年)财政法第 63 条以及 2008 年 3 月 5 日第 2008-228 号有关确认与结清公共财务的法令规定的条件,个人承担金钱方面的责任。

受任命的财务人员负责:

1. 掌管国家会计监察人最高委员会的账目;
2. 向全国会计监察人公会收取款项,以及负责返还本《法典》第 L821-5 条设置的税款与交纳的款项;
3. 收取最高委员会的其他各项经费;
4. 支付开支的费用以及掌管资金的运用,制定可支配经费的账目。

经秘书长同意并在其监督之下,受任命的财务人员可以将核算账目与分类账目委托给国家会计监察人最高委员会的部门负责。

受任命的财务人员可以任命1名代理人,并经国家会计监察人最高委员会秘书长认可。

第 R821-14-5 条 (2008年8月29日第2008-876号法令第6条)国家会计监察人最高委员会的账目按照一般会计账目规则制作;由秘书长提议,经国家会计监察人最高委员会提出意见,并得到负责预算事务的部长与司法部长的批准,对账目的编制可以作出调整。

在每一会计年度终结时,受任命的财务人员应制定资金账目。资金账目包括损益表、资产负债表、本期结束时总收支账目、预计收入支出和实际实现的收入支出的对比,相应情况下,特别账目的收入与支出情况。

国家会计监察人最高委员会的资金账目由受任命的财务人员编制,并由秘书长提交最高委员会。国家会计监察人最高委员会听取受任命的财务人员的说明。在一个会计年度终结后4个月内,国家会计监察人最高委员会确定的资金账目由其秘书长报送审计法院,并附有国家会计监察人最高委员会所做的有关预算、预算变更以及资金账目的审议决定,同时附有部长或审计法院要求提交的其他文件。

国家会计监察人最高委员会的年度报告应对其资金账目作出说明并提交损益账目与资产负债表。

第 R821-14-6 条 (2008年8月29日第2008-876号法令第6条)全国会计监察人公会每年10月1日之前向秘书长通知按照本《法典》第L821-5条的规定应当收取的下一年度款项的预交经费数额。

为此,全国会计监察人公会向秘书长发出一份汇总文件。除前款所指的预交款项的数额之外,该文件写明以下事项:

1. 至此日期截止,在本《法典》第L822-1条所指的名册上注册登记的人数;

2. 本《法典》第L822-1条所指的名册上登记的人在本年度内预定完成的监督任务的工作量,并分别指明其中在(2009年5月19日第2009-557号法令第5-2条)"金融证券准许进入规范市场交易的人"或实体那里执行的任务、在利用多边交易系统向公众提供金融证券的人或实体那里执行的任务以及在不属于这两种类型的人或实体那里执行的任务。

3. 本《法典》第L822-1条所指的名册上登记的人在本年度内签字认可的审计证明报告的数量,并按照上述第2点所指的3种类型的人或实体进行区分。

应秘书长的请求，全国会计监察人公会在每年的 11 月 30 日之前向秘书长转送能够证实汇总文件中所包含的信息的各项材料。

第 R821-14-7 条 （2008 年 8 月 29 日第 2008-876 号法令第 6 条）每年 1 月 31 日前，全国会计监察人公会向国家会计监察人最高委员会预交部分款项，其数额为国家会计监察人最高委员会确定的预算数额的 1/3。

每年 3 月 1 日之前，全国会计监察人公会将剩下的应交款项上交国家会计监察人最高委员会，并提交有关材料，以证明截至当年 1 月 1 日在本《法典》第 L822-1 条所指名册上登记的确实人数以及上一个年度以这些人签字出具的证明报告的名义收取的款项的最终数额。

第 R821-14-7-1 条 为执行第 L821-6-1 条的规定，全国会计监察人公会向秘书长报告以下事项：

1. 每年 10 月 31 日之前，正在执业的本公会的会计监察人成员在当年内对本《法典》第 L821-6-1 条所指的人已经完成的法定监督工作预计收取的酬金的数额；

2. 每年 3 月 1 日之前，正在执业的本公会的会计监察人成员在当年内对第 L821-6-1 条所指的人已经完成的法定监督工作最终收取的酬金的数额；由秘书长提出要求，全国会计监察人公会向秘书长报送这些信息、情况的证明材料。

在上述第 2 点的基础上，秘书长对缴纳的分摊份额款项进行结算，并制定收入账单，连同证明材料一起交给会计人员。

会计人员向全国会计监察人公会发出第一份通知书，要求公会在每年的 4 月 30 日前缴纳相当于第 L821-6-1 条所指的分摊份额款项的一半。会计人员向全国会计监察人公会进行第二次通知，要求其在每年的 9 月 3 日前缴纳当年应当缴纳的剩余款项。

第 R821-14-8 条 （2008 年 8 月 29 日第 2008-876 号法令第 6 条）受任命的财务人员应当认真履行职责，确保收取国家会计监察人最高委员会应当收取的全部款项。由受任命的财务人员收入的款项，或者自动收取，或者依据秘书长的指令收取。除了由全国会计监察人公会收取的本《法典》第 L821-5 条所指的应纳税款之外，受任命的财务人员在结清款项时，应向交款人出具相应的发票。本年度内取得的所有权利，均应记入年度收入。

第 R821-14-9 条 （2008 年 8 月 29 日第 2008-876 号法令第 6 条）国家会计监察人最高委员会的债权未能通过自愿途径收取的，得按照商事习惯进行追收,或者由秘书长发出具有执行力的追款单。具有执行力的追款单可以用挂号信并要求回执通知债务人,对追缴款项事由,可以向有管辖权限的法院提出异议。

第 R821-14-10 条 (2008 年 8 月 29 日第 2008-876 号法令第 6 条)款项,由受任命的财务人员追缴。如果债权受到异议,依据秘书长的书面指令,可以随时中止追缴款项。如果受任命的财务人员同意,在秘书长认为债权不可能收取时,或者在受任命的财务人员给予的交款期限符合国家会计监察人最高委员会的利益时,秘书长也可以决定暂时中止追缴款项。

第 R821-14-11 条 (2008 年 8 月 29 日第 2008-876 号法令第 6 条)秘书长在听取受任命的财务人员的意见之后可以决定:

1. 在债务人有困难时,可以同意减免国家会计监察人最高委员会的债权,但收取本《法典》第 L821-5 条所指的税款除外;

2. 在涉及的债权无法收取或者债务人无支付能力的情况下,认可国家会计监察人最高委员会的债权作为坏账处理。

国家会计监察人最高委员会确定上述第 1 点所指的减免数额的界限,减免的数额超过此界限时,需经委员会批准。

如果涉及受任命的财务人员的某项债务的全部或部分减免,由国家会计监察人最高委员会进行 2008 年 3 月 5 日第 2008-228 号法令第 9 条关于确认与清理公共财会人员结欠款项的通知。

第 R821-14-12 条至第 R821-14-19 条 (略)

第三目 国家会计监察人最高委员会与外国同行的关系

第 R821-15 条 国家会计监察人最高委员会,在欧洲共同体内及国际层面,与其外国同行保持经常关系。

第 R821-16 条 国家会计监察人最高委员会在与欧洲共同体成员国负责相同权限的机关合作的范围内,接到其中某一机关提出的请求,为其提供信息、文件与协助时,最高委员会主席立即采取必要措施,收集请求提供的信息与文件,或者实施所请求的监督或巡视监督活动。

除保留执行第 R821-17 条的规定之外,收集到的材料立即传送给提出请求的(外国同行)机关。

在遇到障碍的情况下,最高委员会主席立即通知提出上述请求的(外国同行)机关,并具体说明所遇困难的性质。

第 R821-17 条 属于以下情况时,对于第 R821-16 条所指的提供信息、

文件与协助的请求,最高委员会主席应立即作出回复:

1. 提出请求的机关雇用的人或者曾雇用的人不受保守职业秘密的约束;

2. 所提申请的目的与提出该申请的(外国同行)机关执行的任务无关,或者与负责账目法定监督的人进行的监察与监督无关,或者与执行会计监察任务相应的程序无关;

3. 请求提供的信息与文件存在严重的外泄风险,有可能传给提出请求的机关以外的其他人或机关,但在与实行会计监督有关的立法、条例或行政规定所确定的程序范围内准许泄露这些信息与文件的情况除外;

4. 如果提供(外国同行)机关请求提供的信息与文件有可能严重损害法国的主权、安全或公共秩序;

5. 在法国因相同事实对相同的人已经开始刑事诉讼程序;

6. (外国同行)机关提出的申请所涉及的人已经因相同事实受到终局判决。

在法国因相同事实对相同的人已经开始民事诉讼程序或者纪律惩戒程序的情况下,最高委员会主席也可以拒绝回复(外国同行)机关提出的有关提供信息、文件与协助的申请。

第 R821-18 条 国家会计监察人最高委员会在与欧洲共同体成员国负责相同权限的机关合作的范围内接收到的信息与文件,只能用于与执行会计监察有关的任务与程序。

第 R821-19 条 国家会计监察人最高委员会确定认为在欧洲共同体某一成员国的领土上已经发生违反(法国)有关会计监察人规章或实施会计监察职责之规则的行为时,最高委员会主席应通知该成员国有权限的机关,并说明其得出此项结论的理由,具体指出相关的事实材料。

第 R821-20 条 国家会计监察人最高委员会,按照本《法典》第 L821-5-1 条规定的条件,与得到欧洲委员会承认、符合欧洲议会与欧洲理事会第 2006 年 5 月 17 日第 2006/14 号指令第 14 条所指的适用标准的非欧洲共同体成员国行使相同职权的国家机关订立合作协议。

这种协议规定的信息与文件的交换只能涉及在有关国家资本市场上发行有价证券的人或实体或者属于这些人或实体集团结算范围的账目的法定监督。

这些协议应当包含有关规定,以确保在与第三国的主管机关交换信息与文件时,遵守第 R821-17 条与第 R821-18 条确定的规范,尤其应保障:

1. 在相对应的主管机关之间传送信息与文件;

2. 要求向其传送信息与文件的主管机关对请求合作的原因的说明；

3. 遵守有关保护个人资料的规定；

4. 将传送的信息与文件唯一用于对负责账目法定监督职责的人的公共监察目的。

第 R821-21 条　拟订协议的草案，应在为审查该草案而召开的会议之前 1 个月，转送国家会计监察人最高委员会的所有成员及政府特派员。

国家会计监察人最高委员会对拟订协议的草案进行审议后作出的决议，应报送掌玺官、司法部长以及政府特派员。

掌玺官、司法部长可以在接收上述决定的通知起 1 个月内就该决议向最高行政法院提出审查申请。

国家会计监察人最高委员会对拟订协议的草案作出的审议决议最终确定时，由委员会主席签署。

不影响本《法典》第 L821-5-1 条第 2 款的规定，这些审议决定由国家会计监察人最高委员会进行公布，尤其通过电子途径公布。

第 R821-22 条　国家会计监察人最高委员会主席，或者经其授权，委员会秘书长，采取何种方式行使第 R821-16 条至第 R821-19 条以及由第 R821-20 条所指的协议规定的权限，由最高委员会内部规章具体规定。

第二节　会计监察人的监督与巡查

第 R821-23 条　(1969 年 8 月 12 日第 69-810 号法令第 66 条) 依据第 R823-10 条的规定制定的案卷与文件资料保存 10 年，即使在会计监察人停止履职之后，亦同。为监督检查、巡查与纪律惩戒程序之需要，这些案卷与资料应提交监督检查机关支配，监督检查机关可以要求会计监察人本人对案卷与文件中应当作出记述的文件与业务活动作出其认为必要的解释与证明。

第 R821-24 条　(1969 年 8 月 12 日第 69-810 号法令第 66-1 条，2005 年 5 月 27 日第 2005-599 号法令第 46 条) 本《法典》第 L821-7 条规定的监督检查与巡查，通过材料审查的方式进行或者实地进行。

负责实行监督的人可以要求会计监察人提交所有文件、材料，可以根据提交的材料进行审查，也可以实地审查；负责实行监督的人可以要求会计监察人对以下方面的问题作出解释说明：按照第 R823-10 条的规定采用任何载体制作的案卷与文件，会计监察人在接受监督的人或实体内执行任务的条件，以及执业机构的活动与组织的总体情况。对于按照第 R823-10 条的规定制定的案卷与文件，会计监察人本人有义务提交所有文件、材料与说明，对于其在受监督的人那里履行职务的条件以及有关其事务所的组织与总体活动情况，会计监察人有义务提交所有的文件、材料与说明。

此外，会计监察人应证明其为了保证遵守独立性规则，按照本《法典》第L822-11条以及《职业规范》的规定所做的各项努力，并且有义务提供所有的情况，以便具体评价其是否遵守了本《法典》第L822-11条的各项规定。

在完成上述检查活动之后，会计监察人此前报送给检查监督人员的所有材料与文件均予退还。

第 R821-25 条　负责进行监督检查的人可以取得第R821-24条所指的材料、文件的副本，不论这些材料、文件采用何种载体制作。

监督检查人员对其取得的材料、文件应制作清单。

在监督检查是由全国会计监察人最高委员会按照第L827-7条的规定进行时，或者由其按照该条的要求进行时，最高委员会秘书长可以按照能够保守秘密的条件将这些材料、文件的副本保存10年。过此期限，这些材料、文件予以销毁。

其他情况下，接受监督检查的会计监察人注册登记地的地区会计监察人公会理事长可以按照能够保守秘密的条件将这些材料、文件保存10年，过此期限，这些材料、文件予以销毁。对在监督检查范围内了解的各种情况，均负有保密义务，不得私人保留因执行监督检查任务而获得的任何材料、文件。

第 R821-26 条　（1969年8月12日第69-810号法令第66-1条）本《法典》第L821-7条第1款第2点所指的定期监督检查，按照全国会计监察人最高委员会确定的导向、范围与方式，至少每6年进行1次；对于金融证券准许进入规范市场交易或者募集公众资金的人或实体、《社会保险法典》第L114-8条所指的社会保险机构、受《保险法典》规范的信贷机构与企业、《社会保险法典》第九卷第三编调整的预防机构、《合作社法典》第二卷调整的合作社与合作社联合会，在其内执行法定监督任务的会计监察人进行定期监督的时间为每3年1次。

本《法典》第L821-7条第1款第3点所指的随机监督检查，由全国会计监察人公会与各地区会计监察人公会决定，并根据全国会计监察人公会确定的规则进行。

第 R821-27 条　（1969年8月12日第69-810号法令第66-2条）在对集团公司进行账目监督的情况下，对于在非欧洲共同体成员国注册登记的职业人员所负责的对属于集团结算范围内的人或实体进行法定监督时所做的监察工作应当进行审查。会计监察人应按照符合其义务的方式制作适当的监督文件。

如果负责上述法定监督任务的职业人员注册登记的国家与法国全国会计监察人最高委员会之间没有订立任何协议,在这些职业人员为属于集团结算范围内的人或实体出具账目证明时,法国会计监察人应注意保障这些职业人员在本《法典》第 L821-7 条所指的监督与巡视检察人提出要求时,按照规定提供他们制作的工作文件。

法国会计监察人保留这些文件的副本,或者与所涉及的人或实体的法定监督人订立协议,约定法国会计监察人可以取得这些文件,或者约定在其提出要求时不受限制地采取任何措施取得这些文件。

在遇到障碍的情况下,会计监察人将全部材料均附于案卷,以证明其为取得这些文件所做的各种努力与尝试以及实施的程序和遇到的困难。

第三节　行　业　组　织

第一目　全国会计监察人公会与地区会计监察人公会

第 R821-28 条　(1969 年 8 月 12 日第 69-810 号法令第 25 条)按照本编第二章第一节的规定在名册上进行登记的所有会计监察人与"会计监察人公司",均为(2005 年 5 月 27 日第 2005-599 号法令第 23 条)"按照本《法典》第 L821-6 条的规定设立的全国会计监察人公会"的成员。

第 R821-29 条　(1969 年 8 月 12 日第 69-810 号法令第 26 条,2005 年 5 月 27 日第 2005-599 号法令第 24 条)按照本《法典》第 L821-6 条的规定设立的每一地区会计监察人公会的成员包括,在该地区登记委员会按照本编第二章第一节规定的条件制定的名册上登记的、属于本上诉法院管辖区内的所有会计监察人及会计监察人公司。

第 R821-30 条　(1969 年 8 月 12 日第 69-810 号法令第 28 条,2005 年 5 月 27 日第 2005-599 号法令第 26 条)全国会计监察人公会与各地区会计监察人公会在各自的权限范围内共同实现本《法典》第 L821-6 条为其成员良好执业所确定的目标。

全国会计监察人公会与各地区会计监察人公会代表本职业,维护本职业的精神与物质利益。

全国会计监察人公会与各地区会计监察人公会努力为其成员进行培训,

提高他们的专业水平,并且为准备从事会计监察人职业的人的培训作出努力。

全国会计监察人公会与各地区会计监察人公会,按照国家会计监察人最高委员会根据本《法典》第 L821-1 条的规定确定的方向与方式,实行该《法典》第 L821-7 条与第 L821-9 条所指的监督。

第 R821-31 条　(1969 年 8 月 12 日第 69-810 号法令第 28 条,2008 年 8 月 29 日第 2008-876 号法令第 7 条)全国会计监察人公会每年 10 月 31 日之前,向国家会计监察人最高委员会报送各地区公会按照第 R823-10 条的规定向其提交的活动申报书;在违反这项义务的情况下,国家会计监察人最高委员会向全国会计监察人公会发出催告仍无结果时,可以要求会计监察人以及会计监察人公司直接按照国家会计监察人最高委员会确定的形式与方式提交其进行的活动的申报书。

为第 R821-1 条所指目的,(2008 年 8 月 29 日第 2008-876 号法令第 7 条)应国家会计监察人最高委员会秘书长的要求,全国会计监察人公会向秘书长报送与其按照第 R821-7 条第 1 款第 2 点的规定进行的监督检查有关的全部文件。

全国会计监察人公会每年向国家会计监察人最高委员会提交一份有关按照本《法典》第 L821-7 条与第 L821-9 条实施监督的报告。这份报告的内容分为两部分,第一部分汇报按照国家会计监察人最高委员会确定的范围、方向与方式(对公司账目)进行定期监督的情况;第二部分汇报由全国会计监察人公会与各地区会计监察人公会按照第 L821-7 条第 1 款第 3 点的规定进行的随机抽查监督的情况。两部分内容均应详细说明所进行的监督的性质、目标与结果以及采取的后续措施。

全国会计监察人公会向有关的部长提出涉及其成员利益的任何建议。

第 R821-32 条　(1969 年 8 月 12 日第 69-810 号法令第 54-2 条,2009 年 5 月 19 日第 2009-557 号法令第 5-3 条)全国会计监察人公会内设置一个(专门)部门,协助本公会执行任务。这一专门部门集中处理在公开募集资金的活动范围内或者在金融证券准许进入规范市场交易的人或实体那里执行法定监督任务的会计监察人与各会计监察公司的代表所涉及的事务。

该部门的主席与副主席在全国会计监察人公会办公室内享有咨询权。

该部门应制定其内部规章。

第 R821-33 条　(1969 年 8 月 12 日第 69-810 号法令第 42 条)地区会计监察人公会的全体成员每年举行一次会议。会议由地区公会主席召集。

(2005年5月27日第2005-599号法令第32条)"至全体会议前1个月"仍不交纳分摊会费者,不得参加全体会议。

第 R821-34 条 (1969年8月12日第69-810号法令第173条)以公司的形式从事职业活动的每一位会计监察人、合伙人、股东、管理、领导、董事或监事机关的成员,均参加各自隶属的地区会计监察人公会的全体会议。

第 R821-35 条 (1969年8月12日第69-810号法令第43条)地区会计监察人公会全体会议由公会主席主持,地区理事会办事处的其他成员协助主席工作。

全体会议按照出席会议人数的多数票进行审议、作出决定。在两种意见票数相等的情况下,主席的表决票具有决定性作用。

第 R821-36 条 (1969年8月12日第69-810号法令第44条)全体会议从公会的自然人成员中选举2名稽核员,任职2年,稽核员负责就其任职期间的会计年度的地区会计监察人理事会的财务管理状况向全体大会提出报告。

地区会计监察人公会理事会的成员不得作为稽核员。稽核员的职务为无偿职务,但可以提出报销差旅费及食宿费用的请求。

第 R821-37 条 (1969年8月12日第69-810号法令第45条)全体会议应听取地区理事会对过去的会计年度所做的道德及财务报告以及稽核员所做的关于地区理事会的财务管理的报告。全体会议对这些报告进行审议、作出决议。

第 R821-38 条 (1969年8月12日第69-810号法令第46条)地区会计监察人公会全体会议只能讨论已经由地区理事会载入会议日程的问题。

在确定开会之日前至少15天即已由至少1/4有表决权的公会成员或上诉法院检察长提请纳入议程的问题,理事会应将其载入议事日程。

第 R821-39 条 (1969年8月12日第69-810号法令第47条)投票表决,在离任的理事会成员任期届满之前,按照理事会确定的日期进行。可以通过通信与电子途径进行表决投票。

获选票绝对多数的候选人,按照得票数的顺序,在应选举的人数限额内,宣布经第一轮投票当选为理事会成员。

如果需要进行第二轮投票,获得多数选票的候选人当选。

如二人得票相等,年长者当选。

第 R821-40 条 (1969年8月12日第69-810号法令第49条)每一会计监察人公会均应制定内部规则,以确定有关候选人资格、选举活动的组织、选票的计点、异议规则以及公布结果等事项的公示方式。

第二目　全国会计监察人公会理事会

第 R821-41 条　（1969 年 8 月 12 日第 69-810 号法令第 50 条）全国会计监察人公会理事会会址设在巴黎。

第 R821-42 条　（1969 年 8 月 12 日第 69-810 号法令第 51 条）全国会计监察人公会理事会由各地区会计监察人公会委任的具有会计监察人身份的代表组成。

（1993 年 1 月 4 日第 93-9 号法令）所有代表均由各地区会计监察人公会理事会在其内部采用秘密投票表决的方式选举产生，任期 4 年。各公会按照每 200 名自然人成员选举 1 名代表的比例进行选举，（2005 年 5 月 27 日第 2005-599 号法令第 35 条）"但每一个地区理事会选举的代表人数均不得超过 15 人"。只有（2005 年 5 月 27 日第 2005-599 号法令第 35 条）"按时交纳职业会费"并且在投票表决之日仍然从事会计监察人职业的自然人才能当选代表。

全国会计监察人公会理事会每两年改选一半成员。

第 R821-43 条　（1969 年 8 月 12 日第 69-810 号法令第 52 条）如果在按正常时间改选之前全国会计监察人公会理事会席位有空缺，应在 3 个月内进行补选。补选任职的代表履职期限至由其替代任职的代表任职到期时亦行终止。

第 R821-72 条的规定适用于全国会计监察人公会理事会的成员。

第 R821-44 条　（1969 年 8 月 12 日第 69-810 号法令第 53 条）各地区会计监察人公会理事会可以在选举正式代表的同时，按相同条件、相同任期，选举等额人数的替补代表。正式代表因故不能履职时，由替补代表取代其在全国会计监察人公会理事会的席位。

第 R821-39 条第 2、3、4 款的规定适用于正式代表和替补代表的选举。

第 R821-45 条　（1969 年 8 月 12 日第 69-810 号法令第 54 条，1993 年 1 月 4 日第 93-9 号法令修改）全国会计监察人公会理事会按照第 R821-63 条确定的方式从其内部选举主席 1 名，副主席 3 名以及其他成员 6 名，组成理事会办事处。办事处成员任职期限为 2 年。（2005 年 5 月 27 日第 2005-599 号法令第 36 条）全国会计监察人公会理事会办事处中至少应有 4 名成员是（2009 年 5 月 19 日第 2009-557 号法令第 5-4 条）"在公开募集资本的框架内或者在证券准许进入规范市场交易的人或实体那里实际履行法定账目监督职责的"会计监察人。

只有担任全国会计监察人公会理事会代表的职务至少 2 年的人,或者作为全国理事会办事处成员至少已有 1 年的人才能当选为全国会计监察人公会理事会主席。

如果全国会计监察人公会理事会成员席位空缺,由理事会在 3 个月内进行增补。增补的新成员任期至其前任任期届满时亦行终止。

第 R821-46 条 （1969 年 8 月 12 日第 69-810 号法令第 54-1 条,2005 年 5 月 27 日第 2005-599 号法令 37 条）全国会计监察人公会理事会在其内部设置若干专门委员会。各专门委员会向理事会提交相关报告,但不能代表全国会计监察人公会理事会。

各专门委员会的权限、组成与运作由理事会确定。

第 R821-47 条 （1969 年 8 月 12 日第 69-810 号法令第 55 条）全国会计监察人公会理事会至少每半年召开一次会议。

只要有必要,在听取理事会办事处的意见之后,理事会主席得随时召集会议。

应司法部长、掌玺官的要求,理事会必须召开会议。

第 R821-48 条 （1969 年 8 月 12 日第 69-810 号法令第 56 条）理事会办事处会议由主席召集,或者由 1 名副主席或至少一半成员召集。

第 R821-49 条 （1969 年 8 月 12 日第 69-810 号法令第 57 条,2005 年 5 月 27 日第 2005-599 号法令第 37 条）全国会计监察人公会理事会以及理事会办事处会议只有在至少半数成员出席时,才能有效进行审议。

各成员可以委托他人代表其出席会议。

但每一个成员不得同时接受超过两项的委托。

各项决议依出席或派代表出席会议的成员大多数赞成意见作出。在两种意见票数相等的情况下,主席的表决票起决定性作用。

第 R821-50 条 （1969 年 8 月 12 日第 69-810 号法令第 58 条）全国会计监察人公会理事会及其办事处应设置会议审议事项登记簿。

每一次会议的笔录（记录）均由理事会主席与秘书签字。

第 R821-51 条 （1969 年 8 月 12 日第 69-810 号法令第 59 条）全国会计监察人公会理事会负责全国会计监察人公会的日常行政管理与财产管理。

(2005 年 5 月 27 日第 2005-599 号法令第 39 条废止:对于公共权力机关,理事会代表全国会计监察人公会。)

如掌玺官、司法部长提出要求,全国会计监察人公会理事会应当（2005

年5月27日第2005-599号法令第39条)"就提交的法律与法令的草案以及"属于其权限内的问题提出意见。

理事会可以就本行业组织以及会计监察人的工作向公共权力机关提出任何有益的建议。

理事会可以按照本《法令》的规定,尤其是第R821-30条与第R821-31条的规定,作出属于国家会计监察人公会权限之内的决定。

(2005年5月27日第2005-599号法令第39条)"依据办事处的提议,理事会通过全国会计监察人公会的预算,并在各地区会计监察人公会之间分配它们各自应当分担的份额,理事会制定其内部规章"。

第R821-52条 (1969年8月12日第69-810号法令第60条,2005年5月27日第2005-599号法令第40条)全国会计监察人公会理事会办事处,依据理事会的授权,负责全国会计监察人公会的日常行政管理,并向理事会作出汇报。

按照相同条件,

1. 理事会办事处协调各地区理事会的行动,尤其是协调涉及保护本职业的道德利益与物质利益以及确保会计监察人总体纪律的行动;

2. 理事会办事处审查各地区理事会提出的各种建议,并对其作出相应处理;

3. 理事会办事处预防并调解各地区理事会之间或者不属于同一地区公会的会计监察人之间出现的职业方面的分歧。

第R821-53条 (1969年8月12日第69-810号法令第61条,2005年5月27日第2005-599号法令第41条)全国会计监察人公会理事会办事处为理事长确定日程的审议事项做准备。

理事会办事处将事先依据理事会的建议通过的"职业规范"草案报送掌玺官、司法部长。

理事会办事处统一集中第R821-68条第2点所指的地区公会登记表上的登记事项,并为全国会计监察人公会的每一个成员以及任用其担任会计监察人职务的人制定一份全国性登记表。

理事会办事处发布第R821-19条所指的年鉴,并用电子途径发布该年鉴。

理事会办事处向国家会计监察人最高委员会报送第R821-68条第2点所指的有关登记与执行委托的信息资料。

第R821-54条 (1969年8月12日第69-810号法令第62条)全国会计

监察人公会理事会可以授予(2005年5月27日第2005-599号法令第42条废止:"理事会")办事处以适当的权力,以执行其决定(2005年5月27日第2005-599号法令第42条废止:"和负责全国会计监察人公会的日常行政管理")。

第 R821-55 条 (1969年8月12日第69-810号法令第63条)由理事会选举产生的理事会主席在各项民事活动中代表全国会计监察人公会,并代表公会参加诉讼;理事会主席兼任全国会计监察人公会理事长。

(2005年5月27日第2005-599号法令第43条)对于公共权力机关,理事长代表全国会计监察人公会。

理事长不得作为(2005年5月27日第2005-599号法令第43条废止:"公会")"任何纪律惩戒庭的成员"。

(1985年7月3日第85-665号法令)主席不再担任地区理事会的代表时,其原有席位职务应进行增补。

第三目　地区会计监察人公会理事会

第 R821-56 条 (1969年8月12日第69-810号法令第29条)各地区会计监察人理事会的会址设在上诉法院所在地,并冠以该所在地的地名。

特殊情况下,地区会计监察人公会理事会可以经其隶属管辖的上诉法院的首长同意,将会址设在该上诉法院辖区的其他地点。

第 R821-57 条 (1969年8月12日第69-810号法令第30条)地区会计监察人公会理事会组成如下:

1. 如地区会计监察人公会有自然人成员不足(2005年5月27日第2005-599号法令第26条)"100人",地区理事会成员为(2005年5月27日第2005-599号法令第26条)"6人";

2. 如地区会计监察人公会有自然人成员(2005年5月27日第2005-599号法令第26条)"100人至249人",地区理事会成员为(2005年5月27日第2005-599号法令第26条)"12人";

3. 如地区会计监察人公会有自然人成员(2005年5月27日第2005-599号法令第26条)"250人至499人",地区理事会成员为(2005年5月27日第2005-599号法令第26条)"14人";

4. 如地区会计监察人公会有自然人成员(2005年5月27日第2005-599号法令第26条)"500人至749人",地区理事会成员为(2005年5月27日第2005-599号法令第26条)"16人";

5. 如地区会计监察人公会有自然人成员(2005年5月27日第2005-599号法令第26条)"750至999人",地区理事会成员为(2005年5月27日第2005-599号法令第26条)"18人";

6. 如地区会计监察人公会有自然人成员(2005年5月27日第2005-599号法令第26条)"1000人至1999人",地区理事会成员为(2005年5月27日第2005-599号法令第26条)"22人";

7. (2005年5月27日第2005-599号法令第26条)如地区会计监察人公会有自然人成员至少2000人,地区理事会成员为26人;

地区会计监察人公会理事会的组成人数按照选举当年1月1日确定的名单上登记的人数确定"。

第 R821-58 条 (1969年8月12日第69-810号法令第173条第2款)地区会计监察人公会理事会中不得有超过半数的成员属于同一家会计监察人公司。

第 R821-59 条 (1969年8月12日第69-810号法令第31条)地区会计监察人公会理事会成员通过秘密投票方式选举产生,任期4年。

地区会计监察人公会理事会成员每两年改选一半。

地区会计监察人公会的自然人成员,按期交纳职业会费的,为地区理事会的选举人(2005年5月27日第2005-599号法令第29条废止:"及被选举人")。①

(2005年5月27日第2005-599号法令第29条)"按期交纳会费、在表决投票之日履行会计监察人职务的选举人可以作为被选举人"。

第 R821-60 条 (1969年8月12日第69-810号法令第32条)如地区会计监察人公会理事会的成员人数减少超过一半,应在2个月内进行部分选举,以补足空缺席位;由此当选的理事会成员的任期至其前任成员的任期届满时亦行终止。

如果在6个月内即可举行下一轮2年期选举,无须进行部分成员的补选。

未进行补选的空缺席位可在此次选举时补足,当选成员的任期至其前任成员任期届满时亦行终止。

第 R821-61 条 (1969年8月12日第69-810号法令第32-1条,1993年

---

① 全国会计监察人公会理事会、各地区会计监察人公会理事会,即使在某些方面负担公共服务事业的工作任务,仍然属于私立组织机构性质。——译者注

1月4日第93-9号法令）凡是参加地区会计监察人公会理事会成员选举的候选人均应在确定的选举日期前1个月用挂号信并要求回执向地区会计监察人公会理事会住所地提交候选人资格申请。

卸任的成员立即作为候选人的，只能有一次。

第 R821-62 条　（1969 年 8 月 12 日第 69-810 号法令第 33 条）如果经部分选举补选的成员中有多人任职期限的长短不同，或者在 2 年期选举中替补的空缺席位在正常任职期届满前即应重新选举，可以在选举之后举行的理事会第一次会议上，采用抽签方式确定每一位新当选成员应当重新改选的时间。

由首任地区会计监察人公会理事会选举产生的全体成员，亦可采取上述同样方法指定其中部分成员在 2 年后即应改选。

第 R821-63 条　（1969 年 8 月 12 日第 69-810 号法令第 34 条，2005 年 5 月 27 日第 2005-599 号法令第 29 条）地区会计监察人公会理事会通过秘密投票表决方式在其成员中选举理事长 1 名，副理事长 1 名至 2 名，秘书及司库各 1 名，任职期限均为 2 年。理事会办事处由这些成员组成。如地区会计监察人公会的成员人数分别超过 500 人或 1000 人，理事会办事处成员人数可增至 7 人或 9 人。

理事长的任职可以连任一次。

理事会成员的指定，第一轮投票，依绝对多数当选，第二轮投票，依相对多数当选。

第 R821-64 条　（1969 年 8 月 12 日第 69-810 号法令第 35 条）地区会计监察人公会理事会只有在至少一半成员出席会议的情况下，才能有效进行审议。

在 1 名或多名成员缺席或不能出席会议的情况下，为达到法定人数，地区会计监察人公会理事会可以召请按照登记顺序排列、登记最早的成员出席理事会；如有 2 名成员注册登记的日期相同，由年龄最长者出席理事会会议。

地区会计监察人公会理事会会议的决定由出席会议的成员多数赞成票作出，两种意见票数相等时，理事会主席（理事长）的表决意见具有主导作用。

第 R821-65 条　（1969 年 8 月 12 日第 69-810 号法令第 36 条）地区会计监察人公会理事会应备置会议审议登记与记录簿。每次会议的记录均由理事会主席及秘书签字。

第 R821-66 条　（1969 年 8 月 12 日第 69-810 号法令第 37 条）在有必要

时,并且至少每半年一次,地区会计监察人公会理事会会议由理事长召集。

只要上诉法院检察长提出要求,或者至少有一半成员提出请求,理事长应当召集会议。会议应在理事长收到请求之后15日内召开。

第 R821-67 条 (1969年8月12日第69-810号法令第38条第1款)地区会计监察人公会理事会按照第R821-33条至第R821-40条的规定在地区会计监察人公会决定的范围内开展活动。

第 R821-68 条 (1969年8月12日第69-810号法令第38条第2款至第14款)除地区会计监察人公会的日常行政管理事务以及对其总资产进行管理外,地区会计监察人公会理事会的任务还包括:

1. 依本编之规定,尤其是第R821-30条的规定,作出属于地区会计监察人公会权限的决定。

(2005年5月27日第2005-599号法令第31条)2.制定并及时更新本公会每一个成员的登记表。成员登记表应写明以下事项:

A. 聘用该成员担任会计监察人的人(公司或企业);

B. 聘用其担任会计监察人的人的资产负债表记载的总额、营业总额以及资金收入总额,完成相应监察工作的总时数;

C. 会计监察人本人雇用的薪金雇员人数与名单,这些人受委任的情况,参加监察工作的任务以及完成工作的时数;如果是法人,应写明该法人的各持股人。

3. 监督其辖区范围内的会计监察人履行职业的情况;尤其是将其发现的、涉及本公会成员职业方面的错误提交纪律惩戒庭的法定代表。

4. (2005年5月27日第2005-599号法令第31条)"制定本地区会计监察人公会的内部规章"。

5. 审查第三人对地区会计监察人公会的成员在履行职责时提出的各种要求。

6. 如其受到当事人一方的邀请,或者受到检察部门的邀请,可以就"针对某一(2005年5月27日第2005-599号法令第31条)'会计'监察人的职业行为提起的追究责任的诉讼"提出其意见。

7. 确定并收取地区会计监察人公会成员应当交纳的会费,用以支付本公会的经费开支,其中包括依照第R821-51条之规定应当上交全国会计监察人公会的款项。

8. 向全国会计监察人公会理事会提出任何请求或有关本职业的任何建议。

9. 为其成员提供有利于正常从事本职业活动、具有共同利益性质的服务。

第 R821-69 条 （2005 年 5 月 27 日第 2005-599 号法令第 31 条）向全国会计监察人公会理事会转送第 R821-68 条第 2 点所指的信息资料。

第 R821-70 条 （1969 年 8 月 12 日第 69-810 号法令第 39 条）由地区会计监察人公会理事会选举产生的理事长兼任地区会计监察人公会理事长的职务。

理事长在各项民事法律行为中以及在司法事务中代表地区会计监察人公会。

理事长保障执行地区会计监察人公会理事会的各项决议，并且保障在本地区会计监察人公会的所辖范围内遵守全国会计监察人公会理事会的决定，监督本地区会计监察人公会按照规章运作。

理事长定期召集地区理事会办事处会议，随时向办事处成员通知有关履行其职责的决定及采取的措施。

（2005 年 5 月 27 日第 2005-599 号法令第 32 条）"如有可能，理事长预防与调解本地区会计监察人公会的成员之间业务性质的任何冲突或争议。

理事长按照第 R821-6 条第 2 款的规定向国家会计监察人最高委员会提出请求，并且应立即将此通知全国会计监察人公会理事长"。

第 R821-71 条 （1969 年 8 月 12 日第 69-810 号法令第 40 条）副理事长协助理事长工作；在理事长辞职、缺席或因故不能履职之场合，代行理事长职务。在没有理事长或副理事长的情况下，由地区理事会成员中年长者代行理事长职权。

第 R821-72 条 （1969 年 8 月 12 日第 69-810 号法令第 41 条）理事会的任何成员在其不再具备当选理事之条件时，按规定不得再作为理事会成员。

第二章 会计监察人的地位

第一节 登记与纪律

第一目 登 记

第 R822-1 条 （1969 年 8 月 12 日第 69-810 号法令第 2 条第 2 款至第 4 款）本《法典》第 L822-1 条所指的会计监察人名册，由按照第 L822-2 条的规定设立的各地区登记委员会制定。

会计监察人由各自的住所或从事职业活动的机构所在辖区的上诉法院地区登记委员会进行登记；会计监察人公司由其注册住所所在辖区的地区登记委员会进行登记；如果注册住所在国外，由在法国领土上设立的第一家机构所在辖区的地区登记委员会登记。

（2005年5月27日第2005-599号法令第7条）在公司内执业的会计监察人，在申请注册登记时，应当将此事实告知地区委员会，还应用挂号信并要求回执通知他们所属的地区公会。在这种状况发生任何变更时，应立即用挂号信并要求回执通知地区委员会与当事人所属的地区公会。

（2005年5月27日第2005-599号法令第7条）已经登记的会计监察人可以在全国范围内从事其职业。

第一段 在名册上登记的条件

第 R822-2 条 持有国家硕士证书的人，或者持有赋予与法国颁发的硕士学位相同学力的证书或毕业证书的人，或者持有在外国取得的证书但经掌玺官、司法部长认定与法国硕士学位证书具有相同水平的人，按照以下不同情况，准许参加从事会计监察人职业的资质证书考试：

1. 成功通过从事会计监察人职业的预考；

2. 持有1981年5月12日关于高等会计学毕业证书、高等会计与金融学毕业证书的第81-537号法令规定的高等会计学毕业证书或者持有2012年3月30日第2012-432号法令第50条规定的高等会计与管理学毕业证书；

3. 经掌玺官、司法部长认定具备上述第2点所指的同等学力水平的人。

从事会计监察人职业的资质证书与预备证书的资质考试的科目与考试模式，由司法部长、掌玺官与负责高等教育事务的部长颁布条例确定。

会计监察人执业资质证书考试每年至少举行一次。考试日期由司法部长、掌玺官确定，并在法兰西共和国《政府公报》上进行公告。

第 R822-3 条 （1969年8月12日第69-810号法令第4条）本《法典》第L822-1-1条第1款第5点所指的职业实习时间为3年。

具备按照第R822-2条的规定报考会计监察人执业资质证书考试之条件的人可以进行职业实习。

职业实习，应当在第R822-1条所指名册上登记并经（2005年5月27日第2005-599号法令第10-1条废止："会计监察人地区理事会"）认可有此资格的自然人那里或者公司里完成。也可以按照下列条件完成职业实习：

1. 在2年期限内，在经欧洲共同体一成员国认可的、有资格进行账目法律监督的人那里实行；

2. 在 1 年期限内，在法国或欧洲共同体其他成员国虽然不从事账目法律监督业务但能够为实习生的培训提供充分保障的任何人那里实行。

按照要求完成实习之后，可以颁发一份证书（实习证明书）；证书应载明地区会计监察人理事会理事长依据实习导师的报告对实习人所做的评价。如实习是在数个地区会计监察人公会理事会的管辖范围内完成的，或者是全部或部分在国外完成的，有此权限的地区会计监察人理事会理事长按照司法部长、掌玺官颁布条例确定的条件指定。

在本职业内有权批准实习生在国外完成全部或部分实习或者在经认可从事账目法律监督职务的人之外的其他人那里完成实习的主管机关，由司法部长、掌玺官颁布的条例规定；该条例还对完成实习的方式以及颁发实习结业证明的条件作出规定。

具备何种条件才具备接待实习人员的资质，由司法部长、掌玺官根据地区公会的建议颁布的行政决定确定。

实习人员在取得完成实习的证明之后，可以在 6 年期限内取得从事会计监察人职业的资质证书。经过 6 年（仍未取得这种资质证书），此前完成实习的证明过期失效。

已经完成本《法典》第 L822-1-1 条第 1 款第 5 点所指的全部专业实习但根据前款规定的条件完成实习的证书已经过期的人，应当重新进行为期 1 年的实习。

第 R822-4 条　如果申请登记作为会计监察人的人持有会计鉴定师证书，2012 年 3 月 30 日关于从事会计鉴定师职业的第 2012-432 号法令第 67 条所规定的实习至少 2/3 应当在已经在会计监察人名册上登记注册、有资格按照第 R822-3 条最后一款规定的条件接受实习生的人那里进行，或者在欧洲共同体某一成员国内得到认可的、有资格对账目执行法定监督任务的人那里完成，且需按照司法部长、掌玺官与负责财政预算事务的部长发布的行政决定确定的条件获得批准。

如果持有会计鉴定师证书、申请登记作为会计监察人的人不具备第 1 款规定的条件，可以经批准进行 2 年的补充实习，以期达到要求的条件。于此情形，适用第 R822-3 条第 4 款之规定。

第 R822-5 条　至少有 15 年从事公职或私职活动经历的人，经司法部长、掌玺官认定其在商事公司的财务、法律、会计领域取得了足够经验的，准许其参加从事会计监察人职业的资质考试，并免于按照本《法典》第 L822-1-2

条的规定完成职业实习。

至少有 7 年担任过破产财产管理人与司法管理人、原司法管理人与司法代理人职务的人，准许参加从事会计监察人职业的资质考试；为了计算第 R822-3 条规定的应当完成的职业实习时间，在这些职业里进行的实习可考虑在内，但计时不得超过 1 年。

第 R822-6 条 已经获得欧洲共同体另一成员国认可、有法定账目监督资质的人，可以按照本《法典》第 L822-1-2 条第 2 款的规定在会计监察人名册上进行注册登记，但以其成功通过执业资质考试为保留条件，以证明其掌握在法国执行法定账目监督任务方面所要求的法律、规则与职业规范知识。

这项考试的形式，由掌玺官、司法部长在审查登记申请人的案卷之后作出行政决定确定。

为此，申请人应向掌玺官、司法部长寄送案卷；接收案卷时，应向申请人出具收据。

掌玺官、司法部长批准当事人参加考试的决定，应在考虑当事人已接受的教育与培训的基础上，具体明确应试人应接受考核的内容。这项决定应当说明理由，并在出具上述收据后 4 个月内作出，如果在此期间没有作出答复，等于驳回申请。

本条之规定也适用于虽然未在欧洲共同体某一成员国获得认可，但按照欧洲议会与欧洲委员会 2006 年 5 月 17 日第 2006/48 号指令的规定可以获得此项认可的人。

第 R822-7 条 在大学或者某一高等教育机构或者其他具有相同高等教育水平的机构内圆满完成至少 3 年学习或者相当于相同时间的非全日制学习并在此学历之外还获得职业培训且证明持有以下文凭的人，也可以按照本《法典》第 L822-1-2 条的规定在会计监察人名册上注册登记：

1. 经司法部长、掌玺官认定，持有与担任会计监察人职务资质证书或会计鉴定师毕业证书同等水平、在准许法国国民在其内担任法定账目监督职责的非欧洲共同体成员国从事该职业的毕业证书或其他证书的人；

2. 在法定账目监督方面有 3 年执业经验，经司法部长、掌玺官认定具备条件的人。

当事人应当按照第 R822-6 条规定的条件接受资质考试。

第 D822-7-1 条 （略）

第二段　地区登记委员会及登记名册的掌管

第 R822-8 条　（1969 年 8 月 12 日第 69-810 号法令第 8 条,2003 年 11 月 25 日第 2003-1121 号法令第 6 条）本《法典》第 L822-2 条所指的地区注册登记委员会的主席及成员,由掌玺官、司法部长按照以下条件任命:

1. 主席,大学教授以及按照上诉法院院长提议的 2 名有资格的人士;
2. 负责经济事务的部长代表,由部长本人提议;
3. 地区审计法院院长提议的本法院的 1 名司法官;
4. 由地区会计监察人理事会理事长提议的地区会计监察人公会的成员,但事先应听取上诉法院院长与驻上诉法院检察长的意见。

替补人选按相同条件指定。

第 R822-9 条　（1969 年 8 月 12 日第 69-810 号法令第 8-1 条,2003 年 11 月 25 日第 2003-1121 号法令第 6 条）地区注册登记委员会的主席或 1 名成员,或者替补成员,不论何种原因不能履行职务时,由掌玺官、司法部长按照任命委员会成员的相同条件指定替换人选,替换人的任职时间为被替换人剩余的任职时间。

上诉法院首席书记员或者由其委托授权的书记员负责会计监察人地区注册登记委员会的秘书工作。

第 R822-10 条　（1969 年 8 月 12 日第 69-810 号法令第 9 条）向地区登记委员会提出的登记申请,连同证明申请人资格的各项材料,提交或寄送上诉法院书记室。

地区登记委员会在收到完整案卷之后,向申请人或其委托代理人签发接收案卷的收据;收据指出本条第 7 款规定的对所提申请进行审查的期限。

也可以通过因特网信息服务部门经过安全处理的电子邮件,向地区登记委员会提交登记申请,并经此途径传送需要提交的数字形式的证明材料。登记委员会在接到完整的案卷之后,向申请人传送收据,并且指明对所提申请进行本条第 7 款所指的审查的期限。

申请人的姓名、住址,或者相应情况下,商号或者公司名称以及公司注册住所地、收到申请的日期,均登记于上诉法院书记室设置的专门登记册。

上诉法院首席书记员要求提供申请人的犯罪记录的第 2 号登记表。

完整案卷转送地区登记委员会主席。主席从委员会成员中,或者必要时,从替补成员中,指定 1 名报告人。

（2003 年 11 月 25 日第 2003-1121 号法令第 7 条）地区登记委员会在接受送交的完整案卷起 2 个月内对登记申请进行审查。

第 R822-11 条 （1969 年 8 月 12 日第 69-810 号法令第 10 条）此外，会计监察人公司的登记申请受第 R822-74 条及随后条文的规定调整。

第 R822-12 条 （1969 年 8 月 12 日第 69-810 号法令第 11 条）委员会审查申请人是否具备作为会计监察人登记注册所要求的各项条件。委员会可以收集有关申请人的一切有用材料。

委员会可以召见申请人并听取其陈述。接到这项召见通知之后，申请人可以了解其案卷以及案卷中所附的报告，申请人可以由其选择的律师协助。

申请人与其律师可以要求提供其案卷的全部或部分材料，但只能用于申请登记的程序。

如果在提交登记申请之日申请人处于本《法典》第 L822-10 条所指的不能任职的情形，也可以以其在 6 个月内纠正其不符合规定的事由为中止条件再决定是否能够进行登记。当事人向地区登记委员会提交其已经纠正不能任职事由的证明。

（2005 年 5 月 27 日第 2005-599 号法令第 15 条）如果申请人在提交申请之日，有本《法典》第 L822-10 条（1966 年 7 月 24 日法律第 219-3 条）所指的不能任职的情况，对其申请登记可以附加中止条件，以便其在 6 个月内纠正不符合规定的状况。当事人可以向地区会计监察人登记委员会证明其不能任职的情形已经终止。

第 R822-13 条 （1969 年 8 月 12 日第 69-810 号法令第 12 条）委员会只有在至少（2003 年 11 月 25 日第 2003-1121 号法令第 7 条）4 名成员出席的情况下，才能举行会议。委员会按照多数意见作出关于申请人是否可以登记的决定。如果委员会驳回申请人的登记申请，应当说明其所作决定的理由。在两种意见票数相等时，委员会主席的表决意见具有决定作用。

第 R822-14 条 （1969 年 8 月 12 日第 69-810 号法令第 12 条第 2 至 4 款，2005 年 5 月 27 日第 2005-599 号法令第 16 条）本《法典》第 L822-3 条及随后条文所指的宣誓形式如下：

"我宣誓，(2005 年 5 月 27 日第 2005-599 号法令第 16 条)荣誉、廉明、独立地从事我的职业，遵守并让他人遵守法律。"

（2005 年 5 月 27 日第 2005-599 号法令第 16 条）宣誓在会计监察人隶属的上诉法院的院长前口头或者以书面方式进行。

第 R822-15 条 每年 1 月 1 日之前，委员会召开会议，对上一年 12 月 31 日为止已经进行登记的在职的会计监察人名册进行复查，并确定 1 月 1 日开始使用的新名册。

在进行年度复查时,在登记名册上补载当年作出的准许登记的决定,取消已去世的人及辞职者的姓名,同时(2005 年 5 月 27 日第 2005-599 号法令第 17 条)取消"遗漏登记或中止登记"、注销登记(2005 年 5 月 27 日第 2005-599 号法令第 17 条)或"暂时禁止登记"或者不再具备法律或条例规定的登记条件的人的姓名。

第 R822-16 条　(1969 年 8 月 12 日第 69-810 号法令第 13-1 条,1985 年 7 月 3 日第 85-665 号法令)登记名册按照字母顺序排列,注明每一位会计监察人或会计监察人公司进行最初登记的年月。

登记册分两部分:第一部分为自然人登记名册;第二部分为公司登记名册。

登记名册的第一部分应记载以下事项:

1. 登记人的姓名与登记号码;
2. 登记人的执业地址以及电话号码,相应情况下,其电子邮箱地址;
3. 如登记人是某一法人的合伙人或薪金雇员或者是为某一法人的利益从事职业的,应记载其公司的名称、法律形式、公司注册住所的地址、登记号码,以及相应情况下,其电子邮箱地址。

登记名册的第二部分应载明以下事项:

1. 公司的名称、法律形式与登记号码;
2. 公司注册住所的地址、电话号码,以及相应情况下,其电子邮箱地址;
3. 公司各持股人或股东以及公司管理、领导、董事与监事机构之成员的姓名与执业地址;
4. 作为公司持股人或股东或者薪金雇员的会计监察人的姓名与登记号码以及公司设立的机构的名单与地址;
5. 相应情况下,公司加入国内或国际上成员之间有共同经济利益的合作系统的情况,并且写明该合作系统各成员事务所的名称与地址以及加盟该系统的人与实体的名称(姓名)与地址,或者写明公众可以了解这些情况的地点。

如果在登记名册上登记的人在欧洲共同体另一成员国经认可从事法定会计监察活动,登记名册应载明其进行的登记,相应情况下,写明外国主管登记的机关的名称及其分派给登记人的登记号码。

第 R822-17 条　(1969 年 8 月 12 日第 69-810 号法令第 13-2 条)登记名册应写明地区登记委员会、地区纪律惩戒庭以及第 R822-35 条所指的负责检察院职责的司法官和全国会计监察人最高委员会的联系资料。

第 R822-18 条 （1969 年 8 月 12 日第 69-810 号法令第 13-3 条）会计监察人或者会计监察人公司在提交登记申请时，应向会计监察人登记委员会呈送由他们签字的、为制定登记名册所必要的信息资料。

已经登记的人提交的信息资料有任何变更，应立即用挂号信并要求回执报告会计监察人登记委员会、其隶属的地区会计监察人公会以及全国会计监察人公会。

第 R822-19 条 （1969 年 8 月 12 日第 69-810 号法令第 14 条）由登记委员会依据第 R822-15 条、第 R822-16 条与第 R822-17 条的规定每年制定的名册，在每年 1 月 31 日之前，由上诉法院首席书记员张贴于上诉法院书记室的场所之内。

上诉法院首席书记员在相同期限内将该名册的副本寄送本法院管辖区内的每一大审法院或商事法院书记室以及每一个地域工商会的主席，以便将名单张贴在上述各法院书记室及工商会的场所内，同时，该副本应寄送地区与全国会计监察人公会理事长。（2003 年 11 月 25 日第 2003-1121 号法令第 9 条）"名单的副本还应立即呈送会计监察人最高委员会"。（2005 年 5 月 27 日第 2005-599 号法令第 18 条）"第 R822-18 条所指的变更，应立即报送全国会计监察人最高委员会以及全国会计监察人公会和有关的地域会计监察人公会"

全国会计监察人公会最迟应在每年 3 月 1 日发布《全国会计监察人年鉴》。年鉴按照各地域公会划分，分区登载依据按照第 R822-15 条、第 R822-16 条与第 R822-17 条的规定制定的名册。（2005 年 5 月 27 日第 2005-599 号法令第 18 条）"全国会计监察人公会应保障及时对其发布的名单进行更新并通过电子途径进行公布"。

第 R822-20 条 （1969 年 8 月 12 日第 69-810 号法令第 14-1 条，2005 年 5 月 27 日第 2005-599 号法令第 19 条）如某一会计监察人将其住所或其从事活动的机构迁出其进行登记的上诉法院的辖区，应当立即申请在新的住所或新的机构所在辖区的名册上进行登记。

只要求提交最后一次登录以后发生的变更的证明材料。

在新住所所在地的名册上进行登记的申请按照第 R822-10 条规定的条件接收与审查。新的住所或新的机构所在辖区的上诉法院的书记员通知原登记地的上诉法院书记员，以便注销原登记。

第 R822-21 条 （1969 年 8 月 12 日第 69-810 号法令第 14-2 条，2005 年 5 月 27 日第 2005-599 号法令第 19 条）已经登记的人变更其隶属管辖的上诉法院,仍然保留由其最初登记所产生的利益。

第 R822-21-1 条 （2008 年 12 月 30 日第 2008-1487 号法令）本《法典》第 L822-1-3 条第 1 款所指的会计监察人及会计监察人公司,由巴黎上诉法院地区登记委员会登记于记载有第 R822-16 条所指信息的登记名册。

为此目的,本《法典》第 L822-1-3 条第 1 款所指的会计监察人及会计监察人公司,向巴黎上诉法院书记室提交登记申请,并附有原籍国的主管机关给予认可的证明材料案卷。

本目第二段、第三段之规定适用之。

为适用本《法典》第 L822-1-3 条 B 项的规定,掌玺官、司法部长向欧洲委员会报送各项评估材料以及按照本《法典》第 L821-5-1 条的规定订立的协议。

第三段 不服地区会计监察人登记委员会的决定而提出救济申请

第 R822-22 条 （1969 年 8 月 12 日第 69-810 号法令第 12 条第 1 款）地区会计监察人登记委员会作出的任何决定,均由首席书记员在 1 个月内呈送驻上诉法院检察长,由其签字或者出具收据,同时用挂号信并要求回执寄送地区会计监察人公会理事会理事长及当事人本人。通知信应写明第 R822-24 条所规定的提出不服申请的期限与方式。

第 R822-23 条 （1969 年 8 月 12 日第 69-810 号法令第 15 条）不服地区会计监察人登记委员会的决定,可以按照第 R822-24 条规定的条件向全国会计监察人登记委员会提出申诉。

第 R822-24 条 （1969 年 8 月 12 日第 69-810 号法令第 18 条）以下所列之人,自依据第 R822-22 条的规定发出的通知起 1 个月内,可以向全国委员会提出申诉:

1. 上诉法院检察长,针对地区登记委员会作出的任何决定提出的上诉（抗诉）；

2. 申请人,针对驳回其登记申请的决定提出的申诉；

3. 地区理事会,依据其办公室的决定针对申请人在名册上登记的决定提出的上诉。

在默示作出第 R822-10 条所指的驳回登记申请的决定的情况下,登记申请人可以在该条第 7 款所指的期限经过之日起 1 个月内提出申诉；但是如果在此 1 个月内又作出了明文驳回登记申请的决定,应重新开始计算申诉的期间。

此外,上诉法院检察长、全国理事会与地区理事会或者任何当事人,对地区登记委员会在每年复查登记名册时作出的决定,得于 3 月 15 日之前提出上诉。

第 R822-25 条 (1969 年 8 月 12 日第 69-810 号法令第 19 条)全国会计监察人登记委员会秘书在收到检察长提出的上诉书之后 8 日内,用挂号信并要求回执通知有关当事人。

在地区理事会提出上诉的情况下,亦同样进行通知。但是,地区理事会在此情况下可以在 15 日内,到上诉法院书记室了解受到上诉的决定所涉及的案卷,并提出补充意见,同时告知有关的当事人。

第 R822-26 条 (1969 年 8 月 12 日第 69-810 号法令第 20 条)任何人就其从名册上除名、驳回其登记申请之事由向全国会计监察人登记委员会提出申诉,或者任何人就有关登记事由向全国会计监察人最高委员会提出申诉,均可以在 15 日内,到上诉法院书记室了解可能依据第 R822-25 条之规定而提出的补充意见以及受到上诉的决定所涉及的案卷,并且向国家登记委员会秘书处送交自己提出的意见。

第 R822-27 条 (1969 年 8 月 12 日第 69-810 号法令第 21 条)在针对地区委员会的决定提出申诉的情况下,全国会计监察人最高委员会的秘书将此告知该地区委员会的主席。

第 R822-28 条 (1969 年 8 月 12 日第 69-810 号法令第 22 条)在第 R822-26 条规定的期限届满后 8 日内,上诉法院首席书记员将受到上诉的决定所涉及的案卷资料转交国家登记委员会的秘书。

第 R822-29 条 (1969 年 8 月 12 日第 69-810 号法令第 23 条)国家会计监察人最高委员会对此前提交地区登记委员会审议的问题作出审议决定。

(2005 年 5 月 27 日第 2005-599 号法令第 20 条)国家会计监察人最高委员会可以召见当事人并听取其陈述。用平信向当事人通知审查其提出的申诉的期限。

全国会计监察人最高委员会可以召见当事人并听取其陈述。自接到召见通知之日起,当事人可以了解其案卷。当事人可以由其选择的 1 名会计监察人及律师协助。当事人与其律师可以请求提交其案卷的全部材料或部分材料,但仅能用于所实行的程序。

第 R822-30 条 (1969 年 8 月 12 日第 69-810 号法令第 24 条,2005 年 5 月 27 日第 2005-599 号法令第 21 条)国家会计监察人最高委员会的秘书用平信将委员会的决定通知地区登记委员会主席,相应情况下,通知当事人及其律师。国家会计监察人最高委员会的秘书将所做决定呈报掌玺官、司法部长,并由其签收或者取得收据,同时通知提出上诉的检察长。

国家会计监察人最高委员会的秘书用挂号信并要求回执通知当事人本人。

第 R822-31 条 (1969 年 8 月 12 日第 69-810 号法令第 24-1 条,2005 年 5 月 27 日第 2005-599 号法令第 22 条)掌玺官、司法部长以及本《法典》第 L822-24 条所指的人,可以对国家会计监察人最高委员会的决定向最高行政法院提出上诉。

第二目 纪 律

第一段 一般规定

第 R822-32 条 (1969 年 8 月 12 日第 69-810 号法令第 88 条,2005 年 5 月 27 日第 2005-599 号法令第 57 条)会计监察人,无论是自然人还是法人,即使与所从事的职业没有关联,但只要有任何违反法律、规章以及掌玺官、司法部长发布的条例规定的执业规范的行为,任何违反职业道德规范以及国家会计监察人最高委员会认定的良好执业的行为,任何严重的失职行为,以及任何违反诚实、信用与独立性的行为,均构成违纪过错,可以受到本《法典》第 L822-8 条宣告的一项纪律制裁。

第 R822-33 条 (1969 年 8 月 12 日第 69-810 号法令第 90 条)对会计监察人公司,得按照"适用于所有的会计监察人公司的共同规定"一目确定的条件实行纪律惩戒。

第 R822-34 条 (1969 年 8 月 12 日第 69-810 号法令第 92 条,1993 年 1 月 4 日第 93-9 号法令)会计监察人辞职,不妨碍对其在执业时实施的行为提起纪律惩戒诉讼。

第二段 纪律惩戒庭与程序

第 R822-35 条 (1969 年 8 月 12 日第 69-810 号法令第 91 条,2003 年 11 月 25 日第 2003-1121 号法令第 13 条,2005 年 5 月 27 日第 2005-599 号法令第 59 条)本《法典》第 L822-6 条所指的"纪律惩戒庭"只有在至少 5 名成员出席的情况下才能进行审理。

派驻纪律惩戒庭、负责检察院职责的司法官,从驻上诉法院检察院或者上诉法院辖区的检察院的司法官中选任。该司法官由掌玺官、司法部长依据上诉法院检察长的提议任命。

地区会计监察人公会理事会按照本卷第一编第一章第二节规定的条件

从其内部选举1名法定代表人和1名替补法定代表人,任期2年。(2005年5月27日第2005-599号法令第59条)在登记成员人数超过1000人的地区会计监察人公会,可以选举2名法定代表人和2名替补法定代表人,任期2年。

纪律惩戒庭的书记室工作由上诉法院首席书记员或者其委托授权的书记员负责。

第R822-36条 (1969年8月12日第69-810号法令第92条第1款)针对某一会计监察人提出的投诉,由驻上诉法院检察长受理,或者由地区会计监察人公会理事会受理,并转交(2003年11月25日第2003-1121号法令第14条)驻地区纪律惩戒庭的"行使检察院职权的司法官"。

应(2003年11月25日第2003-1121号法令第14条)驻地区纪律惩戒庭的"行使检察院职权的司法官"提出的要求,地区理事会的法定代表应在2个月内汇集各项有益的情况资料并连同其意见一起,将案卷转送(2003年11月25日第2003-1121号法令第14条)"行使检察院职权的司法官"。该司法官可以要求法定代表向其通报案卷或者提供补充材料。

(2005年5月27日第2005-599号法令第60条)驻上诉法院检察长也可以将引起纪律惩戒诉讼的所有材料转送"行使检察院职权的司法官"。

第R822-37条 (1969年8月12日第69-810号法令第92条第2款至第4款)法定代表人以及(2003年11月25日第2003-1121号法令第14条)驻地区纪律惩戒庭的"行使检察院职权的司法官",可以要求会计监察人、(2005年5月27日第2005-599号法令第60条)聘任其从事监督工作的人或者其他任何人对提交纪律惩戒庭的材料作出必要的解释与证明。

如(2003年11月25日第2003-1121号法令第14条)驻地区纪律惩戒庭的"行使检察院职权的司法官"认为所涉及的事实已经构成违纪错误,提请地区纪律惩戒庭受理诉讼。

如涉案事实牵涉到住所或注册住所在另一地区公会辖区的会计监察人,(2003年11月25日第2003-1121号法令第14条)"行使检察院职权的司法官"在汇集各项材料之后,将案卷移送有管辖权的地区纪律惩戒庭的(2003年11月25日第2003-1121号法令第14条)"行使检察院职权的司法官"。该司法官可以要求法定代表人对材料进行补充。

第R822-38条 (1969年8月12日第69-810号法令第93条,2003年11月25日第2003-1121号法令第15条修改)驻地区纪律惩戒庭的"行使检察院职权的司法官"认为所揭露的事实不构成违纪错误时,可以将提出的投诉

(告诉)归档不究(不予立案),但如其是按照本《法典》第 L822-7 条规定的条件,经掌玺官、司法部长、共和国检察官、地区与全国会计监察人公会主席而受理案卷,不在此限。

对投诉作出归档不究(不予立案)的决定,由地区纪律惩戒庭的书记员告知投诉人、(2005 年 5 月 27 日第 2005-599 号法令第 61 条)"有关的会计监察人"、驻上诉法院检察长以及地区与全国会计监察人公会的理事长。

在适用本《法典》第 L822-7 条第 2 款的规定时,检察长将金融市场主管机关提出的告诉转送"行使检察院职权的司法官",以便提起纪律惩戒诉讼。

第 R822-39 条 (1969 年 8 月 12 日第 69-810 号法令第 94 条,2005 年 5 月 27 日第 2005-599 号法令第 62 条)在数个地区纪律惩戒庭受理了涉及相同事实或者相互有关联的事实的案卷时,"行使检察院职权的司法官"可以要求其中某一纪律惩戒庭放弃管辖,由另一纪律惩戒庭管辖该案。

在有关的纪律惩戒庭达不成一致意见的情况下,由检察院提出申请,将有关案卷的管辖权问题提交国家会计监察人最高委员会,并由其指定管辖本案的地区纪律惩戒庭。

第 R822-40 条 (1969 年 8 月 12 日第 69-810 号法令第 95 条)受到纪律追究的会计监察人,在开庭审理之前至少 15 天,由(2003 年 11 月 25 日第 2003-1121 号法令第 14 条)"行使检察院职权的司法官"用挂号信并要求回执传唤至地区纪律惩戒庭。

传票应当说明其据以发出的原因,否则无效。传票用平信通知提出告诉的人,并告知其可以由纪律惩戒庭听取其陈述。

第 R822-41 条 (1969 年 8 月 12 日第 69-810 号法令第 96 条,2005 年 5 月 27 日第 2005-599 号法令第 63 条)受传唤至地区纪律惩戒庭的会计监察人自接收传票起,可以了解其案卷,为此,他可以请另一会计监察人及 1 名律师给以协助或者由律师代理。

受到追究的会计监察人或者协助或代理当事人的律师可以要求向其提供案卷的全部材料的副本,但唯一目的是将其用于纪律惩戒程序。

第 R822-42 条 (1969 年 8 月 12 日第 69-810 号法令第 97 条)地区纪律惩戒庭庭长收到案卷之后,从惩戒庭的成员中指定 1 名报告人负责在开庭审理时就案件的各项内容做口头陈述。

第 R822-43 条 (1969 年 8 月 12 日第 69-810 号法令第 98 条,2005 年 5 月 27 日第 2005-599 号法令第 64 条)纪律惩戒庭的辩论公开进行。但是,如果受到纪律追究的会计监察人本人提出请求,或者如果进行公开辩论将严重损害受到法律保护的秘密,纪律惩戒庭可以决定辩论不公开进行。

如投诉人提出请求,纪律惩戒庭应当听取其陈述。纪律惩戒庭得听取其他证人的证言,并进行其认为任何有益的调查;在必要情况下,可以指定1名或数名鉴定专家。鉴定专家的报酬由地区会计监察人公会负担。

(2003年11月25日第2003-1121号法令第14条)"行使检察院职权的司法官"提出书面意见,并可做口头说明。会计监察人可以做书面陈述与口头陈述,并且可由另1名会计监察人与1名律师协助。

所有情况下,驻上诉法院的检察长均可向地区纪律惩戒庭提出一份说明理由的起诉书。

(2005年5月27日第2005-599号法令第64条)应法定代表、受到追究的会计监察人提出的要求,或者依职权,地区纪律审议庭应听取法定代表的意见。

由上诉法院首席书记员或其授权的人制作笔录一份。

第 R822-44 条 (1969年8月12日第69-810号法令第99条,2005年5月27日第2005-599号法令第64条)地区纪律惩戒庭的决定按照成员的多数赞成意见作出。在两种意见票数相等的情况下,庭长的表决意见起主导作用。

所做决定应当说明理由。决定公开开庭宣告或者在秘书处提交公众查阅。

纪律惩戒庭书记员用挂号信并要求回执将所做决定通知当事人、全国会计监察人公会理事长以及地区会计监察人公会理事长。纪律惩戒庭书记员还将这项决定通知掌玺官、司法部长、上诉法院检察长、行使检察院职权的司法官,在当事人也在会计鉴定人公会的登记簿进行注册登记时,还通知驻全国会计鉴定人最高委员会纪律惩戒庭的政府特派员,并取得收据或者签收。

通知函应写明第R822-46条规定的上诉期间及上诉方式。

投诉人(告诉人)以及相应情况下,会计监察人的律师,亦得到用平信进行的有关该项决定的通知。

地区纪律惩戒庭书记员应在(2005年5月27日第2005-599号法令第65条)"自决定宣告之日起"1个月期限内完成其应尽的职责。

第 R822-45 条 (1969年8月12日第69-810号法令第100条,2003年11月25日第2003-1121号法令第19条)在国家会计监察人最高委员会内"行使检察院职权的司法官",由掌玺官、司法部长根据总检察长的提议从最高司法法院的检察官中选任。

国家会计监察人最高委员会审理纪律惩戒案件时,由第 R821-2 条所指的报告人协助。书记员的职责由该条所指的 1 名书记员承担。

第 R822-46 条 (1969 年 8 月 12 日第 69-810 号法令第 101 条,2003 年 11 月 25 日第 2003-1121 号法令第 19 条)第 R822-44 条所指的人,以及由金融市场主管机关提出纪律追究诉讼时,该主管机关的主席,可以在地区会计监察人纪律惩戒庭作出的决定通知之日起 1 个月内,向国家会计监察人最高委员会提出上诉。

第 R822-47 条 (1969 年 8 月 12 日第 69-810 号法令第 103 条)上诉,通过向全国会计监察人纪律惩戒庭书书记室寄送挂号信并要求回执的形式提出。

全国会计监察人纪律惩戒庭书记员将此上诉通知其他当事人以及检察长、(2005 年 5 月 27 日第 2005-599 号法令第 66 条)司法部长,如上诉人是全国会计监察人公会理事长或者地区会计监察人公会理事长,亦应向其进行此项通知。

同样,用挂号信并要求回执向会计监察人、全国会计监察人公会理事长、地区会计监察人公会理事长、"行使检察院职权的司法官"进行通知,并取得收据或者签收。

进行上述通知即开始计算提起附带上诉的期间。

上诉,具有中止执行之效力。

地区纪律惩戒庭的秘书立即将案卷的全部材料寄送全国会计监察人最高委员会的秘书。

第 R822-48 条 (1969 年 8 月 12 日第 69-810 号法令第 104 条第 1 款至第 4 款)在开庭审理前至少 15 天,由全国会计监察人纪律惩戒庭(2003 年 11 月 25 日第 2003-1121 号法令第 14 条)"行使检察院职权的司法官"用挂号信并要求回执传唤会计监察人到纪律惩戒庭出庭。

全国会计监察人最高委员会的秘书,在相应情况下,用平信向律师及其协助或者代理的会计监察人通知开庭审理的日期。

用平信通知诉人(投诉人)开庭审理的日期,并告知其有权要求最高委员会听取其陈述。

除上诉状对提起上诉的事由已作出限制之外,案卷全部移送全国会计监察人纪律惩戒庭。会计监察人享有第 R822-41 条规定的利益。

总报告员或报告员向全国会计监察人纪律惩戒庭介绍案件的各项内容。

第 R822-49 条 (1969 年 8 月 12 日第 69-810 号法令第 104-1 条,2005

年5月27日第2005-599号法令第68条)在国家会计监察人最高委员会的辩论公开进行。但是,如果受到纪律追究的会计监察人本人明确提出请求,或者如果公开辩论将严重损害受到法律保护的秘密,纪律惩戒庭可以决定辩论不公开进行。

如告诉人(投诉人)提出请求,最高委员会应当听取告诉人的陈述;此外,可以听取其他证人的证言,并进行其认为任何有益的调查。必要情况下,可以指定1名或数名鉴定专家。

"行使检察院职权的司法官"提出书面意见,并且可作口头说明。会计监察人本人可以作出书面陈述与口头陈述,并且可由另1名会计监察人与1名律师协助,如果按照规定受到传唤的会计监察人不出庭,最高委员会可以在其缺席情况下作出决定;但是,如果最高委员会认为会计监察人本人出庭实属必要,可以推迟审理该人的案卷,并要求"行使检察院职权的司法官"再次对该当事人进行传唤。

第R821-2条所指的书记员应制作辩论笔录。

第R822-50条 (1969年8月12日第69-810号法令第105条)全国会计监察人纪律惩戒庭书记员作出的决定应当说明理由,并由秘书通知当事人、(2005年5月27日第2005-599号法令第69条)"掌玺官、司法部长"、总检察长(2003年11月25日第2003-1121号法令第18条)"以及行使检察院职权的司法官"、全国会计监察人公会主席以及地区会计监察人公会主席。

这项通知按照第R822-44条规定的条件进行。

告诉人(投诉人)亦得到有关该项决定的通知。

第R822-51条 (1969年8月12日第69-810号法令第105-1条,2005年5月27日第2005-599号法令第70条)对国家会计监察人最高委员会作出的决定,可以按照《行政法法典》条例第R821-1条及随后条款规定的条件向最高行政法院提起上诉。

第三段 纪律惩戒处分的执行

第R822-52条 (1969年8月12日第69-810号法令第106条)全国会计监察人公会理事会编制、掌管(2005年5月27日第2005-599号法令第72条)"登记在册"的会计监察人的登记册或者依据第R822-63条及随后条款的规定被暂时停止在名册上登记的会计监察人以及受到过纪律处分的会计监察人的检索登记表,其上载明受处分者各自受到的处罚。

(2005年5月27日第2005-599号法令第72条)检索登记表每个月及时按照规定进行更新,并且最迟每年2月1日报送国家会计监察人最高委员会。

第 R822-53 条 地区会计监察人纪律惩戒庭的决定,在上诉期间经过以后产生执行力。

国家会计监察人纪律惩戒庭的决定自向当事人本人进行通知起产生执行力。

第 R822-54 条 (1969 年 8 月 12 日第 69-810 号法令第 109 条,2005 年 5 月 27 日第 2005-599 号法令第 74 条)会计监察人被暂停登记、暂禁履职或者被除名,必须将为其担任监督职务的公司的利益所持有的各项文件归还其负责监督的公司;已收取的超过其支付费用的款项或者超出其实际完成工作应收的款项,亦应返还给公司。

第 R822-55 条 (1969 年 8 月 12 日第 69-810 号法令第 110 条)如果所作决定是宣布(2005 年 5 月 27 日第 2005-599 号法令第 75 条)暂禁履职或者从登记名册上除名,该决定的主文由地区纪律惩戒庭或者全国会计监察人纪律惩戒庭书记员负责在《民商事法定公告正式简报》上进行公示。

相应情况下,地区纪律惩戒庭或者全国会计监察人纪律惩戒庭的书记员负责向受到暂禁执业或者注销登记之纪律处分的会计监察人进行登记的欧洲共同体另一成员国的主管机关通报对该当事人所作的纪律惩戒决定。

第 R822-56 条 (1969 年 8 月 12 日第 69-810 号法令第 111 条,2005 年 5 月 27 日第 2005-599 号法令第 76 条)会计监察人被暂禁履职以及从登记名册上除名,意味着当事人在第一种情况下,在(2005 年 5 月 27 日第 2005-599 号法令第 76 条)"受制裁"的期间禁止从事会计监察人职业;在第二种情况下,最终确定禁止从事会计监察人职业。

暂行中止履职或者被除名的会计监察人不得使用会计监察人的身份。

(2005 年 5 月 27 日第 2005-599 号法令第 76 条)暂停登记,也意味着禁止从事会计监察人职业与使用会计监察人的身份。

第 R822-57 条 (1969 年 8 月 12 日第 69-810 号法令第 112 条,2003 年 11 月 25 日第 2003-1121 号法令第 21 条)在掌玺官、司法部长按照本《法典》第 L821-10 条的规定考虑先行中止某一会计监察人的职务时,应当用挂号信并要求回执通知有关当事人。掌玺官、司法部长或者其代表,要求当事人在 8 日内提出自己的说明,紧急情况下,该期限缩短为 72 小时。

如果先行中止某一会计监察人履行职务随后又决定对当事人实行纪律惩戒,该人被先行中止履行职务的时间计入可能宣告的暂禁履职的时间。

第 R822-58 条 (1969 年 8 月 12 日第 69-810 号法令第 113 条,2005 年 5

月 27 日第 2005-599 号法令第 77 条）在暂停登记或者暂禁履职的情况下，地区会计监察人公会理事长应立即将此项措施告知聘任该会计监察人的人。

暂禁履职的会计监察人不得参加其为成员的行业组织的活动。

会计监察人暂停登记或者暂禁履职，按照本《法典》第 L823-1 条的规定，构成"因故不能履职"之情形。

第 R822-59 条 （1969 年 8 月 12 日第 69-810 号法令第 115 条）纪律惩戒诉讼时效期间为 10 年。

第二节 会计监察人的职业道德规范与独立性

第 R822-60 条 （2005 年 11 月 16 日第 2005-1412 号法令第 1 条）会计监察人的职业道德规范作为本卷的附件。①

第 R822-61 条 （1969 年 8 月 12 日第 69-810 号法令第 67 条，2005 年 5 月 27 日第 2005-599 号法令第 47 条）任何会计监察人均有义务参加职业培训，并向其作为成员的会计监察人公会作出有关接受培训的汇报。

哪些活动可以有效地替代接受培训的义务，这些活动的性质与时间，以及对从事这些活动的监督检查，依据全国会计监察人公会的提议，由掌玺官、司法部长发布条例作出规定。地区会计监察人公会理事会向全国会计监察人公会汇报实施培训的情况。

第 R822-61-1 条 本《法典》第 L822-4 条规定的个人继续培训为 40 小时。

此种培训应在接受任务之前 18 个月内一次完成或者分次完成，以确保有关的会计监察人及时更新知识、提高执业能力。

个人继续培训可以通过以下方式完成：

1. 参加由全国或地区会计监察人公会组织安排的有特别培训内容的强制性培训，时间为 20 小时；

2. 自愿参加根据司法部长、掌玺官发布的决定确定的方式与条件安排的培训研讨会、划定范围的自动培训项目或者远程教育项目培训，时间最少为 20 小时。

上述第 1 点所指的特别继续培训项目及其实施方式，由全国会计监察人公会确定。

---

① 附件略。——译者注

本条规定的个人特别继续培训的时间,可以替代履行第 R822-61 条规定的继续培训义务。

第 R822-61-2 条　在连续 3 年内没有执行过任务的任何会计监察人,在接受某项新的任务之前,均应当向其隶属的地区会计监察人公会报告其已经完成本《法典》第 L822-4 条所指的个人特别继续培训义务。

自接受新的任务起 10 年内均需保存其遵守了这项义务的证明材料。

地区会计监察人公会每年向全国会计监察人公会报告其管辖的各会计监察人遵守申报义务的情况。

第 R822-62 条　(1969 年 8 月 12 日第 69-810 号法令第 73 条)作为会计监察人公会的成员但以其个体名义履行会计监察人职责的自然人,在从事活动时必须使用其家庭姓氏,不得使用任何假名或个人职衔。

第 R822-63 条　(1969 年 8 月 12 日第 69-810 号法令第 76 条)地区会计监察人公会理事会或全国会计监察人公会理事会的任何成员,如果没有有效理由,拒绝或者放弃履行为理事会或公会的正常运作而必须履行的义务或必须进行的工作,视为辞去其担任的理事会成员的职务,且不损及因同样原因针对其采取纪律处罚措施。

第 R822-64 条　会计监察人公会的任何成员不缴纳其应当交纳的会费、分摊份额款和其他应纳款项的,地区会计监察人公会理事会向当事人发出催告,督促其在收到催告通知书之后 30 日内履行其义务。

在此期限内仍然不履行义务的,理事会向地区会计监察人登记委员会提出请求。

地区会计监察人登记委员会用挂号信并要求回执召见会计监察人,并在 2 个月内听取当事人的陈述。当事人可以由另一会计监察人及律师协助,或者由律师代理。

当事人没有正当理由的,地区会计监察人登记委员会将当事人从登记名册上除名。

对除名决定,可以按照对登记决定规定的相同形式提起上诉。

反复发生不履行义务的行为,构成违反义务,应当受到纪律追究。

第 R822-65 条　(1969 年 8 月 12 日第 69-810 号法令第 78 条)会计监察人公会的任何成员均可请求暂停作为本公会的成员。

此项申请用挂号信并要求回执寄送地区会计监察人公会理事会。申请必须说明理由,尤其应当指明当事人打算从事的新的业务活动以及希望暂时退出公会的日期。

地区会计监察人公会理事会将其申请转送地区登记委员会,由登记委员会按照本编第二章第一节规定的程序作出决定。

即使地区登记委员会尚未作出决定,当事人亦有权从事新的业务活动,但应按照上述第 2 款规定的条件至少在停止(2005 年 5 月 27 日第 2005-599 号法令第 53 条废止:"公司的")会计监察人活动之前 8 日告知地区会计监察人公会理事会,并缴清职业会费。

第 R822-66 条　(1969 年 8 月 12 日第 69-810 号法令第 79 条)如地区会计监察人登记委员会认为当事人从事的新的业务活动及其行为无损于公会的道德利益,可以批准申请,并将当事人从名册上暂行除名。

自通知当事人暂时除名的决定开始,当事人不再是会计监察人公会的成员。当事人不得以此名义从事会计监察人职业,亦不得使用这种职衔,否则,责任自负。但是,上述决定并不具有消灭当事人因此前的事实而受到的纪律惩罚的效力。

会计监察人公会内部规章规定在何种条件下应当事人的请求可以继续保留只有公会成员才能享有的利益。

第 R822-67 条　(1969 年 8 月 12 日第 69-810 号法令第 80 条)依据第 R822-63 条、第 R822-64 条与第 R822-66 条的规定暂时从名册上除名的会计监察人,可以按照本编第二章第一节规定的程序申请重新登记,(2005 年 5 月 27 日第 2005-599 号法令第 54 条)"但以其被除名之日缴纳了职业分摊会费为条件"。是否具备执业资格条件,仍然按照其第一次登记之日实行的规定进行评判。

第 R822-68 条　(1969 年 8 月 12 日第 69-810 号法令第 81 条)对于在会计监察人名册上登记至少有 20 年,在其登记期间从事过足够的职业活动,其辞职已被接受的公会成员,地区会计监察人公会理事会可以授予名誉会计监察人的称号。

(2005 年 5 月 27 日第 2005-599 号法令第 55 条)"名誉会计监察人仍应受公会的纪律约束"。

名誉会计监察人的权利与义务由(2005 年 5 月 27 日第 2005-599 号法令第 55 条)"职业道德规范"确定。

第 R822-69 条　(1969 年 8 月 12 日第 69-810 号法令第 83 条)按照本编规定的条件(2005 年 5 月 27 日第 2005-599 号法令第 56 条)"个体"从事会计监察人活动的人,应参加按照《社会保险法典》(2005 年 5 月 27 日第 2005-599 号法令第 56 条)"第 L621-3 条"所规定的自由职业养老保险自治组织。

第三节 民事责任

第 R822-70 条 （1969 年 8 月 12 日第 69-810 号法令第 84 条）凡是参加会计监察人公会的会计监察人,都必须按照掌玺官、司法部长及财政、经济部长联合颁布的条例确定的条件与限额,参加本《法典》第 L225-17 条规定的责任保险。

第 R822-71 条 第 R822-70 条规定的参加责任保险义务,按照第 R822-98 条规定的条件,适用于会计监察人公司。

第四节 会计监察人公司

第一目 各种公司的共同规定

第一段 设立、登记与注册

第 R822-72 条 （1969 年 8 月 12 日第 69-810 号法令第 132 条）如公司章程是以私署文书制定的,应当备有必要份数的原件,以符合本编之规定并由每一位持股人各持一份。

第 R822-73 条 （1969 年 8 月 12 日第 69-810 号法令第 128 条、第 166 条与第 169 条）会计监察人公司的注册住所确定在大多数在上诉法院登记名册上登记的执业持股人或股东隶属的地区会计监察人公会的辖区之内;如果公司中分别属于两个或多个地区会计监察人公会的持股人或股东的人数相同,持股人或股东可以将公司的注册住所选择确定在这些公会之一的辖区内。

如果因为后来持有公司资本的数额发生变化,致使公司大多数持股人或股东进行的登记是在另一上诉法院会计监察人名册上,该公司可以在 1 年内迁移注册住所,并向有管辖权限的地区会计监察人登记委员会申请登记。

第 R822-74 条 （1969 年 8 月 12 日第 69-810 号法令第 6 条与第 129 条）会计监察人公司的设立,以其在注册住所地上诉法院辖区内编制的登记名册上进行注册登记为中止条件。

第 R822-75 条 （1969 年 8 月 12 日第 69-810 号法令第 9 条与第 130 条）公司的登记申请由持股或持股人集体提出,并按照第 R822-10 条规定的条件寄送地区会计监察人登记委员会。

提交登记申请的同时应提交：

1. 公司章程一份；
2. 每一个持股人或股东的登记申请书；
3. 股东或持股人名单，并写明各自的姓名、住所地址、在会计监察人名册上进行登记的情况以及股东或持股人各自持有的资本证券或公司股份的数量；
4. 公司管理、领导、董事或监事机关成员的名单；作为公司管理、领导、董事或监事机关成员的会计监察人应当提交其在会计监察人名册上进行登记的证明材料；

但是，如果同时申请会计监察人公司和本款所指的会计监察人登记，会计监察人应对其本人的申请附交证明材料；地区会计监察人登记委员会在对公司提交的申请进行审查时，应当审核本款所指的所有会计监察人都进行了登记；

5. 公司注册住所地的商事法院书记员出具的证明，确认公司此前已经在"商事及公司注册登记簿"上注册登记以及所必需的申请与材料均已交存至法院书记室。

第 R822-76 条 （1969 年 8 月 12 日第 69-810 号法令第 167 条）登记申请可以由公司法定代表提交。公司法定代表人签署的申请书应附有设立公司的股东或持股人大会授权其提出公司申请登记的决定。

第 R822-77 条 （1969 年 8 月 12 日第 69-810 号法令第 9 条）会计监察人公司提交登记申请的登录与移送，应当符合第 R822-10 条规定的条件。

上诉法院首席书记官要求提供公司管理、领导、董事机关或监事机关里不是会计监察人的成员的犯罪记录的第 2 号登记表。

第 R822-78 条 （1969 年 8 月 12 日第 69-810 号法令第 130-6 条）登记申请的副本，由每一位股东或持股人寄送给其作为成员的地区会计监察人公会理事长。

第 R822-79 条 （1969 年 8 月 12 日第 69-810 号法令第 14-1 条，2005 年 5 月 27 日第 2005-599 号法令第 19 条）如某一会计监察人公司将其注册住所迁移至其注册登记的上诉法院的辖区之外，应当立即申请在新的注册住所所在辖区的名册上进行登记。

只要求提交公司最后一次登录以后发生的变更的证明材料。

新的注册登记申请，按照第 R822-10 条规定的条件受理与审查。

准许公司在新的注册住所所在地的名册上进行登记的决定，由该上诉法院的书记员通知原登记地的上诉法院书记员,以便注销原登记。

第 R822-80 条 (1969 年 8 月 12 日第 69-810 号法令第 14-2 条,2005 年 5 月 27 日第 2005-599 号法令第 19 条)公司变更其隶属管辖的上诉法院,仍然保留自其最初登记日期产生的利益。

第 R822-81 条 (1969 年 8 月 12 日第 69-810 号法令第 131 条)只有在合伙章程不符合法律或条例规定以及没有向登记委员会提交第 R822-75 条规定的材料时,才能拒绝公司登记。

(2005 年 5 月 27 日第 2005-599 号法令第 88 条)不服登记委员会的决定提出申诉,应遵守本《法典》第 L821-1 条、第 L821-3 条与第 L821-4 条以及第 R822-23 条至第 R822-31 条规定的条件。

第 R822-82 条 (1969 年 8 月 12 日第 69-810 号法令第 164 条)会计监察人(2005 年 5 月 27 日第 2005-599 号法令第 93 条)公司转换为另一种形式的会计监察人公司时,应申请变更登记簿上的相应登记事项。该项申请寄送地区会计监察人登记委员会。委员会在进行变更登记之前,应确认公司的新章程符合受其约束的立法与条例的规定。

新章程有不符法律、法规规定的情况下,地区会计监察人登记委员会可给予一个期限,以便纠正此种状况。如果该期限届满,不符合规定之状况仍未得到纠正,地区会计监察人登记委员会宣告注销登记。

变更登记申请,按照第 R822-10 条规定的条件提出、受理与审查。

第 R822-83 条 (1969 年 8 月 12 日第 69-810 号法令第 129 条与第 169-4 条)公司只有在登记名册上进行登记之后,才能在"商事及公司注册登记簿"上进行注册登记并开始执业。

第 R822-84 条 (1969 年 8 月 12 日第 69-810 号法令第 169-6 条与第 169-7 条)公司在"商事及公司注册登记簿"上进行注册登记的申请,应当按照第一卷规定的条件制作。

在《民商事法定公告正式简报》上登载的通知应包括第 R123-157 条规定的各事项。

第 R822-85 条 (1969 年 8 月 12 日第 69-810 号法令第 137-2 条)地区会计监察人登记委员会的秘书向公司交存注册登记申请的"商事及公司注册登记簿"所属的法院书记室寄送该公司在会计监察人名册上进行登记的决定的副本。制作副本,即可证明公司已经获得从事职业活动所必要的批准,其成员本人亦获得批准,并且证明其持有从事会计监察人活动必要的证书或职称。

法院书记员依据该副本为公司进行注册登记。

如书记员拒绝公司注册登记,应通知地区会计监察人登记委员会秘书。

第 R822-86 条 （1969 年 8 月 12 日第 69-810 号法令第 137-3 条）如公司已经在"商事及公司注册登记簿"上注册登记,其经理管理人应向公司作为其成员的地区会计监察人公会住所地交存公司章程一份,以便归入公司案卷。

第二段　组织与运作

第 R822-87 条 （1969 年 8 月 12 日第 69-810 号法令第 147 条与第 169-11 条）持股人或股东将其全部或部分股份转让给打算在公司内从事职业的第三人时,以该第三人事先在新的持股人或股东名册上进行登记为中止条件。

第 R822-88 条 （1969 年 8 月 12 日第 69-810 号法令第 156 条与第 169-12 条）股票或股份转让文书的副本,以及相应情况下,修改公司章程的文书的副本,作为情况,应报告转送地区会计监察人登记委员会。

第 R822-89 条 （1969 年 8 月 12 日第 69-810 号法令第 157 条、第 169 条与第 169-13 条）在有股东或持股人或管理、领导、董事或监事机关的成员退出或加入公司的情况下,公司应当向地区会计监察人登记委员会申请相应变更其在名册上的登记事项。

如登记委员会确认公司经上述活动之后仍然符合本《法典》第 L822-9 条的规定,则对其在名册上的登记事项进行变更。

相反情况下,地区会计监察人登记委员会可以给予公司一个期限,以便其纠正不合规定的情况；如该期限届满后此种状况仍未得到纠正,地区登记委员会宣布注销公司的登记。

所涉及的公司不服这项决定,可以按照第 R822-24 条及随后条文规定的条件,向全国会计监察人最高委员会提出申诉。

第三段　以公司的形式从事职业

第 R822-90 条 （1969 年 8 月 12 日第 69-810 号法令第 74 条）只有作为会计监察人公会成员的公司才能使用"会计监察公司"的名称。

第 R822-91 条 （1969 年 8 月 12 日第 69-810 号法令第 68 条,2005 年 5 月 27 日第 2005-599 号法令第 48 条）除本编有关会计监察人公会理事会及其机构的选举的例外规定之外,作为会计监察人公会成员的公司享有与自然人一样的权利并承担相同的义务。

第 R822-92 条 （1969 年 8 月 12 日第 69-810 号法令第 169-17 条，2005 年 5 月 27 日第 2005-599 号法令第 101 条）除适用本编之规定外，有关会计监察人从事职业的所有立法与法规的规定，均适用于会计监察人公司以及在公司内执业的成员。

第 R822-93 条 （1969 年 8 月 12 日第 69-810 号法令第 170 条，2005 年 5 月 27 日第 2005-599 号法令第 102 条）由公司发出的所有函件与文件，除第 R123-237 条规定的应载事项外，公司的商号或名称均应加上"会计监察公司"的字样，并写明公司的法律形式。

第 R822-94 条 （1969 年 8 月 12 日第 69-810 号法令第 69 条）会计监察公司在履行其法定工作任务时发出的任何报告与文件，除有公司的签字之外，还应当有参与制定报告或文件的、作为公司成员或领导该公司的 1 名或数名会计监察人本人签字。

第 R822-95 条 （1969 年 8 月 12 日第 69-810 号法令第 171 条）以公司名义履行会计监察人职务的人，在所有与从事职业有关的文书中，均应指明其隶属的公司的商号或名称。

第 R822-96 条 （1969 年 8 月 12 日第 69-810 号法令第 172 条）公司参股人或股东在公司内部应相互通报各自开展活动的情况。持股人或股东相互之间通报此种信息不构成侵害职业秘密。

第 R822-97 条 （1969 年 8 月 12 日第 69-810 号法令第 174 条第 1 款）按照法规规定备置的登记簿、检索卡及文件资料，均以公司的名义备置和编制。

第 R822-98 条 （1969 年 8 月 12 日第 69-810 号法令第 174 条第 2 与第 3 款）第 R822-70 条所指的参加保险的义务，适用于会计监察人公司，且不影响持股人或股东个人缔结保险合同。

1966 年 11 月 29 日第 66-879 号法律第 16 条第 3 款要求参加的职业民事责任保险，由公司缔结。

第 R822-99 条 （1969 年 8 月 12 日第 69-810 号法令第 175 条）除第 R822-100 条与第 R822-101 条之保留外，第二目有关会计监察人纪律惩戒的规定适用于公司以及公司的持股人或股东。

第 R822-100 条 （1969 年 8 月 12 日第 69-810 号法令第 176 条）公司章程可以规定，凡是受到纪律惩戒处分、暂时停止履职 3 个月或 3 个月以上的股东或持股人，经其他股东或合伙人一致同意，得受强制退出公司；如涉及的是职业民事合伙，合伙人所持股份按照第 R822-128 条规定的条件进行转让；

如涉及的是其他形式的会计监察人公司,该股东或持股人可以在向其通知被开除的决定起 6 个月内,转让其全部或部分股票或股份,以便公司内由会计监察人持有的资本份额得以保持。

受到纪律处分、停止职务的股东或持股人在其受处分期间,不得从事会计监察人职业的任何活动,但保留其股东或持股人资格以及与此相关的一切权利与义务;在此情况下,该股东或持股人仅收取由其资本份额产生的报酬。

作为会计监察人公司管理、领导、董事及监事机关成员的会计监察人,在受到停止履职处分期间,不得在这些机关内履行职务。

第 R822-101 条 (1969 年 8 月 12 日第 69-810 号法令第 177 条)从登记名册上除名的股东或持股人,自宣告其除名的决定最终确定之日起,停止从事会计监察人活动。如涉及的是职业民事合伙,其股份按照第 R822-127 条规定的条件进行转让;如涉及的是其他形式的会计监察人公司,股东或持股人可以在宣告其除名的决定最终确定之日起 6 个月内,转让其全部或部分股份,以便会计监察人在公司内持有的资本份额得以保持。

第 R822-102 条 (1969 年 8 月 12 日第 69-810 号法令第 151 条)除了有关保护无能力人以及无能力人之代理事宜的规则之外,第 R822-101 条与第 R822-127 条之规定适用于受到法定禁止执业或者受监护制度约束的股东或持有人的股份转让。

第四段 解散与清算

第 R822-103 条 (1969 年 8 月 12 日第 69-810 号法令第 158 条与第 169-14 条)公司在其规定的设立期限届满时即告终止,但是,加在一起至少持有 3/4 表决权的持股人可以决定提前解散公司。

第 R822-104 条 (1969 年 8 月 12 日第 69-810 号法令第 160 条)同一时期所有的持股人死亡,公司依法当然解散,或者由于持股人相继死亡,在最后一位持股人死亡时,其他持股人的股份并未转让给第三人的,公司亦当然解散。

第 R822-105 条 (1969 年 8 月 12 日第 69-810 号法令第 169-15 条)公司清算由章程规定,但保留适用《民法典》以及本《法典》第二卷与本段之规定。

第 R822-106 条 (1969 年 8 月 12 日第 69-810 号法令第 169-16 条第 1 款)除公司被注销登记之情况外,清算人可以从持股人中选任,但清算人职务不得交由受到纪律惩戒处罚的会计监察人担任。

第 R822-107 条 (1969 年 8 月 12 日第 69-810 号法令第 169-16 条第 3 款至第 5 款)可以指定多名清算人。

清算人的任命书，不论其形式如何，均由清算人送交地区会计监察人登记委员会。

法院判决或者股东会议任命清算人的决定，应确定给予清算人的报酬。

第 R822-108 条 （1969 年 8 月 12 日第 69-810 号法令第 169-16 条第 6 款）清算终结，清算人应向地区会计监察人登记委员会报告。

第二目 适用于职业民事合伙的规定

第一段 设 立

第 R822-109 条 （1969 年 8 月 12 日第 69-810 号法令第 128 条第 1 款与第 2 款）2 名或数名会计监察人之间可以设立职业民事合伙，共同从事职业。

此种合伙称为"会计监察人职业民事合伙"。

第 R822-110 条 （1969 年 8 月 12 日第 69-810 号法令第 133 条）合伙章程应当符合 1966 年 11 月 29 日第 66-879 号法律第 8 条、第 11 条、第 14 条、第 15 条、第 19 条、第 20 条与第 24 条的规定，此外还应写明：

1. 每一个合伙人的姓名及住所；
2. 合伙的注册住所地址；
3. 合伙规定的存续时间；
4. 由各合伙人提交的每项出资的性质及各自的作价；
5. 合伙的资本数额，代表资本的股份的面值及股份的分派情况；
6. 向每一位以劳务出资的合伙人分派的（2005 年 5 月 27 日第 2005-599 号法令第 89 条）"劳务"出资股份的利益股的数目；
7. 合伙设立时，用现金出资已缴纳的款额。

第 R822-111 条 （1969 年 8 月 12 日第 69-810 号法令第 138 条）合伙章程应按照 1966 年 11 月 29 日第 66-879 号法律第 11 条的规定对合伙的组织管理作出规定，并确定经理管理人的权限。

第 R822-112 条 （1969 年 8 月 12 日第 69-810 号法令第 134 条）以下所列，得以所有权或用益权作为出资：

1. 各种无形权利，不论是动产权利还是不动产权利；
2. 各种文件、资料及档案，广而言之，各种供执业使用的动产物品；
3. 用于开展业务的房屋或场所；
4. 现款；
5. 合伙人的劳务，按照 1966 年 11 月 29 日第 66-879 号法律第 10 条的规定不参与构成合伙资本，但可以分派（2005 年 5 月 27 日第 2005-599 号法令

第 90 条)"劳务股"。

第 R822-113 条 (1969 年 8 月 12 日第 69-810 号法令第 135 条)合伙股份不得用于设质。

分派给劳务出资人的(2005 年 5 月 27 日第 2005-599 号法令第 91 条)"劳务股"不得转让;其持有人不论因何种缘故失去合伙人资格时,此种股份予以销除。

第 R822-114 条 (1969 年 8 月 12 日第 69-810 号法令第 136 条)代表现金出资的合伙股份在认购时至少应缴纳面值一半的股款;其余部分应在章程规定的日期,或者按照股东会议的决定,一次或分次缴清,最迟应在合伙于名册上登记起 2 年限期内交清。

来自缴纳现金出资的股款,自其接收起 8 日之内,以合伙的名义寄存至信托银行寄托处、公证人处或者交存信贷机构托管。这些资金由合伙的委托代理人出示合伙已在名册上登记的证明提取。

第 R822-115 条 (1969 年 8 月 12 日第 69-810 号法令第 137 条)尽管有 1978 年 7 月 3 日第 78-704 号关于实施 1978 年 1 月 4 日第 78-9 号修改《民法典》第三卷第九编的法律的法令第 22 条、第 24 条及第 26 条的规定,合伙免于在有资格刊登法定公告的报纸上登载上述条款所指的通知。

第二段 组织与运作

第 R822-116 条 (1969 年 8 月 12 日第 69-810 号法令第 139 条)凡是超出经理管理人权限的决定,应由合伙人召开全体会议作出。

合伙人全体会议至少每年召开一次。在至少代表半数合伙人及 1/4 资本的数名合伙人提出请求时,亦应召开合伙人全体会议。提出召开会议的请求,应指明会议议程。

合伙人全体会议的召集方式由章程确定。

第 R822-117 条 (1969 年 8 月 12 日第 69-810 号法令第 140 条)合伙人全体会议的任何审议决定均应制作笔录,并由出席会议的合伙人签字。会议笔录尤其要写明召开会议的日期与地点、纳入议事日程的问题、出席或派代表出席会议的合伙人的身份、会议讨论概要、付诸投票表决的决议文本以及表决结果。

会议笔录应当用专设的登记簿制作。登记簿事先编号并由掌管合伙注册登记之登记簿的书记员签字。

第 R822-118 条 (1969 年 8 月 12 日第 69-810 号法令第 141 条)每一位合伙人拥有的表决权数由合伙章程规定。

合伙人可以书面委托授权另一合伙人代表其参加全体会议。

只有至少 3/4 的合伙人出席或派代表出席会议，全体会议才能有效进行审议；如果没有达到法定人数，可以再次对合伙人进行召集，如至少有 2 名合伙人出席（第二次召集的）会议，即可有效进行审议。

第 R822-119 条 （1969 年 8 月 12 日第 69-810 号法令第 142 条）除 1966 年 11 月 29 日第 66-879 号法律以及本段强制性规定的多数条件之外，合伙人会议的决定由出席或派代表出席会议的合伙人拥有的表决权之多数票作出。

但是，合伙章程可以规定，所有决定都应由更高的多数票赞成或者应合伙人一致同意才能作出，或者规定仅有章程中具体列举的决定应依此条件作出。

第 R822-120 条 （1969 年 8 月 12 日第 69-810 号法令第 143 条）修改合伙章程以及延长合伙期限，由出席或派代表出席会议的合伙人总共拥有的表决权的 3/4 多数作出决定。

第 R822-121 条 （1969 年 8 月 12 日第 69-810 号法令第 144 条）每一个会计年度终结，经理管理人应按照章程规定的条件制定合伙的年度账目以及经营结果的报告。

前款所指文件应在每一会计年度终结后 6 个月期限内提交合伙人全体会议批准。为此目的，此种文件连同提议的决议文本，至少应在全体会议召开之前 15 日，寄送给每一合伙人，或者最迟与全体会议召集通知一道寄送每一合伙人。

第 R822-122 条 （1969 年 8 月 12 日第 69-810 号法令第 145 条）每一合伙人得随时亲自了解有关合伙前一会计年度的报告、笔录登记簿以及第 R823-10 条所指的登记簿，广而言之，了解由合伙掌握的所有文件。

第 R822-123 条 （1969 年 8 月 12 日第 69-810 号法令第 146 条）如果用没有分配的利润设立的公积金（储备金、准备金）或者用合伙人的劳务所产生的资产增加值设立的公积金允许，合伙可以定期增加资本，由此创设的合伙股份在合伙人之间分配，其中包括仅以劳务出资的合伙人。实施条件由合伙章程确定。

以现金认购的合伙股份尚未全额缴足股款之前，不得通过转换公积金方式增加资本。

第 R822-124 条 （1969 年 8 月 12 日第 69-810 号法令第 147 条第 2 款）合伙人只有事先得到合伙按照 1966 年 11 月 29 日第 66-879 号法律第 19 条第 1 款规定的条件给予的认可，才能将其全部或部分股份转让给合伙以外的

(第三)人。

转让方案按照《民法典》第 1690 条规定的形式或者用挂号信并要求回执通知合伙及每一合伙人。

第 R822-125 条 （1969 年 8 月 12 日第 69-810 号法令第 148 条）如合伙拒绝认可受让人，应在其通知拒绝认可之后 6 个月内，依第 R822-124 条规定，以相同的形式，按照 1966 年 11 月 29 日第 66-879 号法律第 19 条第 3 款的规定，向仍然坚持转让股份的合伙人通知一项转让方案。进行此项通知，意味着受让人或者合伙承担义务、取得这些股份。

如转让人不接受提议的转让价格，转让价格按照《民法典》第 1843-4 条的规定确定。

第 R822-126 条 （1969 年 8 月 12 日第 69-810 号法令第 149 条）合伙人如打算按照 1966 年 11 月 29 日第 66-879 号法律第 21 条第 3 款的规定退出合伙，应按照第 R822-124 条规定的形式之一，向合伙通知其决定。

自此项通知起，合伙可以在 6 个月内，通知合伙人将按照相同形式向第三人或另一合伙人转让股份的方案，或者向其通知由合伙赎回股份的方案。进行这一通知，意味着受让人或合伙承担义务、取得这些股份。

如转让人不接受提议的转让价格或赎回价格，价格按照《民法典》第 1843-4 条的规定确定。

第 R822-127 条 （1969 年 8 月 12 日第 69-810 号法令第 150 条）本人已经从登记名册上注销登记的合伙人，可以在其注销登记最后确定之日起 6 个月内，按照第 R822-87 条与第 R822-124 条规定的条件将其股份转让给第三人，或者转让给全体合伙人，或者转让给其中 1 名或数名合伙人，或者转让给合伙本身。

如果至此限期届满未进行任何转让，按照第 R822-125 条之规定处理。

如合伙人拒绝在提议其转让股份的转让文书上签字，自合伙按照第 R822-124 条规定的形式之一向其发出催告通知书之后 2 个月仍无结果的，将该合伙人依法排除出合伙，其股份转让的价款由受让人负责交付托管。

第 R822-128 条 （1969 年 8 月 12 日第 69-810 号法令第 151 条第 2 款）第 R822-127 条之规定适用于因按照第 R822-100 条规定的条件受到有罪判决，已决定开除的合伙人的股份转让。给予被开除的合伙人转让股份的期限，自其他合伙人将宣布开除的决定按照第 R822-124 条规定的形式通知当事人之日起计算。

第 R822-129 条 （1969 年 8 月 12 日第 69-810 号法令第 152 条）1966 年

11月29日第66-879号法律第24条关于死亡的合伙人的股份转让的期限确定为1年,自合伙人死亡起计算。

应死亡的合伙人的权利继受人提出的请求,并经合伙按上述法律第19条第1款关于股份转让的条件给予的同意,地区会计监察人公会理事长可以延长该期限。

第 R822-130 条 （1969 年 8 月 12 日第 69-810 号法令第 153 条）如果在第 R822-129 条所指期限内,死亡的合伙人的权利继受人决定将属于被继承人的合伙股份转让给合伙以外的第三人,应按照第 R822-87 条、第 R822-124 条与第 R822-125 条的规定处理。

第 R822-131 条 （1969 年 8 月 12 日第 69-810 号法令第 154 条）死亡的合伙人的 1 名或多名权利继受人提出优先分配该合伙人股份的任何请求,均按照第 R822-124 条规定的形式之一,通知合伙以及每一位合伙人。

此种分配的条件受第 R822-87 条的规定调整;相应场合,适用第 R822-125 条之规定。

第 R822-132 条 （1969 年 8 月 12 日第 69-810 号法令第 155 条）如第 R822-129 条所指的期限届满,死亡的合伙人的权利继受人没有行使其转让该合伙人股份的权利,以及合伙没有同意任何优先分配此种股份时,合伙本身可以在 6 个月内取得或者让他人取得死亡的合伙人的股份。有争议的情况下,适用《民法典》第 1843-4 条之规定。

第 R822-133 条 （1969 年 8 月 12 日第 69-810 号法令第 156 条第 1 款）股份转让,按照 1978 年 7 月 3 日第 78-704 号法令第 52 条之规定进行公告;在第 R822-127 条第 3 款所指情况下,转让股份的公告按照以下方式进行:按照相同条件交存 2 份经认证确实的、发给转让人的催告通知书的副本,并附有发送或送达此项催告通知书的证明件。

第三段 解散与清算

第 R822-134 条 （1969 年 8 月 12 日第 69-810 号法令第 161 条）如果仅剩下 1 名合伙人,该人可以在 1 年内将部分股份转让给已经在名册上登记的第三人。

非如此,至上述期限届满,合伙解散。

第三目 适用于其他职业民事合伙的规定

第 R822-135 条 （1969 年 8 月 12 日第 69-810 号法令第 15 条）职业民事合伙形式以外的会计监察人公司受本节第一目至第三目的规定调整。

第 R822-136 条 （1969 年 8 月 12 日第 69-810 号法令第 169-2 条）会计监察人自由执业有限责任公司、股份有限公司、简化的股份有限公司受本《法典》第二卷之规定调整,但保留执行本节第一目至第三目的规定。

第 R822-137 条 （1969 年 8 月 12 日第 69-810 号法令第 169-3 条）在 1 名或者数名已经登记的会计监察人之间,可以按照本《法典》第 L822-9 条以及 1990 年 12 月 31 日第 90-1258 号法律第 5 条规定的条件,与该条所指的人设立自由执业公司。

第 R822-138 条 （1969 年 8 月 12 日第 69-810 号法令第 169-3 条）任何自然人或法人最高可持有 1990 年 12 月 31 日第 90-1258 号法律第 1 条所指的公司 1/4 的资本。

第 R822-139 条 （1969 年 8 月 12 日第 69-810 号法令第 167 条第 4 款与第 5 款）除第 R822-75 条所指的各项材料外,由自由执业公司提交的登记申请,应附有公司内不具有会计监察人身份的股东或持股人的名单,具体写明他们各自的姓名、住所、职业以及在公司内的职务、各自持有的公司资本证券或股份的数量。

第 R822-75 条第 4 点所指的名单,应补充写明在该名单上登记的每一个人均具有会计监察人的身份。

第 R822-140 条 （1969 年 8 月 12 日第 69-810 号法令第 169-8 条）只有至少 3/4 的持股人出席或者派代表出席会议时,持股人会议才能有效进行审议。如果没有达到法定人数,可以按照相同议事日程对持股人再次进行召集,并且如果至少有 2 名持股人出席,(第二次召集的)持股人会议即可有效进行审议。

第 R822-141 条 （1969 年 8 月 12 日第 69-810 号法令第 169-9 条）除保留执行 1990 年 12 月 31 日第 90-1258 号法律的规定以及本节对要求的多数有专门规定之外,持股人会议的决定可以按照出席或者派代表出席会议的持股人持有的表决票的多数意见作出。

但是,合伙章程可以规定,所有决定或者其具体列举的决定,只有达到更高人数比例才能作出。

第 R822-142 条 （1969 年 8 月 12 日第 69-810 号法令第 169-10 条）修改公司章程以及延长公司期限,应当经出席与派代表出席会议的持股人持有的表决票的 3/4 多数赞成才能作出决定。

第 R822-143 条 （1969 年 8 月 12 日第 69-810 号法令第 169-11 条）持股人之一将其全部或部分资本证券或股份转让给希望到公司内从事职业的任

何第三人,均应按照本《法典》第 L223-14 条与第 L228-24 条以及 1990 年 12 月 31 日第 90-1258 号法律第 10 条规定的条件,征得公司同意。

第 R822-144 条 (1969 年 8 月 12 日第 69-810 号法令第 169-16 条)清算人因故不能履行职务或者有重大理由时,按照公司住所地的大审法院院长的决定,可进行替换。院长,应清算人本人或者其他持股人或者他们的权利继受人的请求,依紧急审理程序作出裁判。

第四目 适用于隐名合伙的规定

第 R822-145 条 (1969 年 8 月 12 日第 69-810 号法令第 178-1 条)《民法典》第 1871 条至第 1873 条有关隐名合伙的规定,按照本目规定的条件适用于会计监察人职业。

第 R822-146 条 (1969 年 8 月 12 日第 69-810 号法令第 178-2 条)设立隐名合伙,应当在合伙住所地有资格登载法律公告的报纸上发布一项通知,或者在每一个合伙人从事职业地的此种报纸上发布一项通知。这一通知应写明合伙的名称、宗旨,相应情况下,写明合伙住所的地址。

第 R822-147 条 (1969 年 8 月 12 日第 69-810 号法令第 178-3 条)在每一个合伙人使用的职业性文书或通信件上,均应指明其隶属于合伙,并写明其所属合伙的名称。

第 R822-148 条 (1969 年 8 月 12 日第 69-810 号法令第 178-4 条)有关会计监察人公司的共同规定的第一目的各项规定不适用于隐名合伙。

第五目 会计监察人自由职业金融参股公司

第 R822-149 条至**第 R822-162 条** (略)

第三章 法定监督任务的执行

第一节 会计监察人的任命、回避与解职

第 R823-1 条 (1969 年 8 月 12 日第 69-810 号法令第 64 条)任何会计监察人,在其同意作为应聘人选,向一家公司的股东大会或金融证券准许进入规范市场交易的实体的有权限的审议机关提交应聘材料时,必须在股东大会或有权限的审议机关的会议召开之前,用挂号信并要求回执,通知金融市

场主管机关。

如果是由（接受监督的）公司本身在按照第 R225-73 之规定提出的决议草案中提议的人选，至少应在第 R225-73 条第 1 款所指的《强制性法定公告简报》上公布之前 15 日，将此人选通知金融市场主管机关。

如果金融市场主管机关对提议的会计监察人人选有所保留，而（接受监督的）公司或实体的领导人仍然坚持其意向，应在决定正式聘任该会计监察人的股东大会或有权限的审议机关的会议召开之前，将金融市场主管机关提出的说明理由的意见通报给各股东和有审议权的机关；这一意见还应报送全国会计监察人公会理事会以及涉聘会计监察人作为其成员的地区会计监察人公会理事会。

（2002 年 2 月 28 日第 2002-300 号法令）本条之规定不适用于受银行委员会监督的信贷机构、金融公司与跨国金融公司、投资企业以及这些机构的会计监察人。

第 R823-2 条　（1969 年 8 月 12 日第 69-810 号法令第 65 条）负责对（2005 年 5 月 27 日第 2005-599 号法令第 44 条）"人"[①]或实体实行监督的会计监察人，应在 8 日内用挂号信，或者通过电子邮件，将其受任命事由报告其作为成员的地区会计监察人公会理事会；在后一种情况下，地区会计监察人公会理事会应立即签发写明收件日期的收据。地区会计监察人公会理事会向全国会计监察人公会理事会进行通报。

（2005 年 5 月 27 日第 2005-599 号法令第 44 条）如果会计监察人或者其隶属的会计监察人公司将其住所迁至其在名册上登记的上诉法院辖区之外，应当按照前款规定的形式向其隶属的新的地区会计监察人公会理事会重新申报其接受聘任之事由。

第 R823-3 条　（1969 年 8 月 12 日第 69-810 号法令第 187 条）在本《法典》第 L823-4 条所指情况下，会计监察人由商事法院院长依紧急审理程序指定。

第 R823-4 条　（1969 年 8 月 12 日第 69-810 号法令第 190 条）本《法典》第 L823-14 条规定的第三人向会计监察人报送文件事宜，由商事法院院长经紧急审理程序批准。

第 R823-5 条　（1969 年 8 月 12 日第 69-810 号法令第 188 条）在本《法典》第 L823-6 条与第 L823-7 条所指情况下，有关会计监察人回避或者解职

---

① 此处原规定为"企业"，现改为"人"，应为统称。——译者注

事由,由商事法院依紧急审理程序作出裁判;有关会计监察人回避或者解除职责的请求,针对会计监察人本人及其受指定为之担任该职责的人或实体提出;有关会计监察人回避的申请,应在当事人受指定起30日内提出。

如果第1款所指的请求是由共和国检察官提出的,应采用申请的形式;如果是由金融市场主管机关提出的,应采用挂号信并要求回执的形式。

向上诉法院提起上诉的期间为15日;上诉,依简易程序或"确定期日程序"提出、审理与裁判。

会计监察人被解除职责时,由1名替补会计监察人替换。

第 R823-6 条 (1969年8月12日第69-810号法令第70条)如会计监察人公会的某一成员依据本《法典》第L823-7条的规定被解除会计监察人职务,作出此项裁决的法院的书记员应在8日内用挂号信并要求回执通知地区会计监察人公会理事会。

(2005年5月27日第2005-599号法令第49条)"地区会计监察人公会理事会立即通知全国会计监察人公会、国家会计监察人最高委员会以及接受该人监督的人与替补的会计监察人"。

依据本《法典》第L823-6条的规定宣告会计监察人回避的情况,亦同。

第二节 会计监察人的任务

第 R823-7 条 (1969年8月12日第69-810号法令第193条)会计监察人在其向普通股东大会提交的报告中,

一、宣告:

1. 证明本会计年度的账目与集团结算账目符合规定、真实可信,能够反映所涉及的人或实体在过去的会计年度中(经营业务)活动的结果以及包括在集团结算内的全部企业在会计年度终结时的财务状况与资产负债状况的真实面貌;必要时,应作出有益的说明;

2. 或者,对其提交的证明附保留意见;

3. 或者,拒绝对(受监督人的)账目出具证明;

二、就公司在发给股东的文件中以及在年度账目与集团结算账目中提供的有关公司以及包括在集团结算内的全部企业的财务状况的情况是否真实可信,这些情况是否与公司本会计年度的管理报告相一致提出意见;

三、特别证明本《法典》第L225-102-1条第1款至第3款所指的信息是否准确、是否真实。

第一项第2点与第3点所指情况下,会计监察人应具体说明其持有保留意见或者拒绝出具账目证明的理由。

第 D823-7-1 条 （2008年12月30日第2008-1492号法令）为适用本《法典》第 L441-6-1 条的规定,会计监察人在第 R823-7 条所指的报告中应就第 D441-4 条所指的情况是否真实可信,这些情况是否与本会计年度的年度管理相一致提出意见。

第三节　会计监察人执行任务的方式

第 R823-8 条 （1969年8月12日第69-810号法令第189条）如果(同一公司任命)有多名会计监察人履行职务,他们可以分开进行调查、审核与监督,但应提出共同报告。

各会计监察人之间达不成一致意见的情况下,提交的报告应指出各自表达的不同意见。

第 R823-9 条 （1969年8月12日第69-810号法令第192条）会计监察人最迟应在各次股东大会或持股人大会,以及(公司中)有权限的机关的所有会议召开时受召唤参加这些会议。

如有必要,会计监察人应与相应机关同时受通知参加董事会或者管理委员会以及监事机关等集体审议机关的会议。

召集会计监察人参加会议,以挂号信并要求回执进行通知。

第 R823-10 条 （1969年8月12日第69-810号法令第66条）会计监察人应及时编制其受聘任在那里履行工作职责的(2005年5月27日第2005-599号法令第45条)"人"（原规定为"企业"）与实体的名册。会计监察公司按照每一位履行职务的会计监察人分开编制该名册。

会计监察人应分别制作(2005年5月27日第2005-599号法令第45条)"接受监督的人"（原规定为"受监督的每一家企业"）或实体的案卷;案卷应包括从受其监督的人那里接收的全部文件以及由其本人制作的文件,尤其应包括其制定的(2005年5月27日第2005-599号法令第45条)工作方案、工作日程安排、日期、工作延续时间、工作地点、工作所涉及的标的以及有助于今后检查其完成工作情况的其他任何说明。

会计监察人对其获得的全部报酬应设立专门账目。该项专门账目应能显示从(2005年5月27日第2005-599号法令第45条)每一个"受其监督的人"那里收受的款项的数额;酬金、车马费、食宿费以及在国外从事职业活动的费用应分开入账。

（2005年5月27日第2005-599号法令第45条）会计监察人每年均应进行其从事职业活动的申报，一式两份，申报的内容包括第R821-68条所指的各项信息，并将此项申报寄送或者用电子邮件发送其隶属的地区会计监察人公会。地区会计监察人公会将其中一份申报材料转送全国会计监察人公会。

第R823-11条 （1969年8月12日第69-810号法令第119条）会计监察人对其所做的工作应制定书面计划以及每年的工作安排。任务计划与年度工作安排应考虑(受其监督的)"人"（原规定为"企业"）或实体的法律形式、其从事的活动的性质，以及可能由公共机关实行的监督活动、监督任务的复杂程度和会计监察人使用的方法与专门技术。

任务计划应说明日程安排的一般进程。

年度工作安排应确定在本会计年度为实施任务计划而有必要进行的工作的性质与范围，并应当考虑法律规定和职业的习惯作法。年度工作计划还应指出完成这些工作所需的工作时数以及相应的酬金。

任务计划与年度工作计划均归入第R823-10条第2款所指的案卷。

第R823-12条 （1969年8月12日第69-810号法令第120条）为实施年度工作计划估计的工作量，就一个会计年度，均应依据接受监督的人或实体资产负债表的总额，加上除增值税税负以外的经营所得与资金所得，写明所需的工作小时数。工作小时数通常按以下数字确定：

资产负债总额加上税负外经营所得及资金所得	正常工作时数
30.5万欧元以下	20—35小时
30.5万欧元—76万欧元	30—50小时
76万欧元—152.5万欧元	40—60小时
152.5万欧元—305万欧元	50—80小时
305万欧元—762.2万欧元	70—120小时
762.2万欧元—1524.5万欧元	100—200小时
1524.5万欧元—4573.5万欧元	180—360小时
4573.5万欧元—12200万欧元	300—700小时

第R823-13条 （1969年8月12日第69-810号法令第121条）在警告程序中，如会计监察人需要对企业领导人所作的答复或者作出的决定进行评估，以认定这种答复或决定是否充分，从而需要额外增加工作量时，年度工作计划原定的工作时数最多可以增加1/3。

第R823-14条 （1969年8月12日第69-810号法令第122条）如按上

述正常工作时数实现会计监察人年度工作计划所必要的时间显得过多或者过少,有最迫切要求的当事人可以向地区会计监察人公会提出请求,不按照第 R823-12 条的规定计算工作时数。该项请求应写明估计需要的工时数目以及提出请求的原因。(2005 年 5 月 27 日第 2005-599 号法令第 80 条)"这项请求应当在工作完成之前提出",另一方当事人可以提出意见。

地区会计监察人公会理事长在 15 日内作出决定。对这项决定,可以向地区纪律惩戒庭提出申诉。地区纪律惩戒庭按照第 R823-18 条规定的条件受理申诉,作出审理决定。

如各方当事人同意超过第 R823-12 条及第 R823-13 条规定的时数限制,不适用上述程序。

第 R823-15 条　(1969 年 8 月 12 日第 69-810 号法令第 123 条)会计监察人每小时工作的酬金数额由其与(2005 年 5 月 27 日第 2005-599 号法令第 81 条)"接受监督的人或实体在执行工作任务之前"共同订立协议确定。

会计监察人因履行职务而支出的差旅费由(2005 年 5 月 27 日第 2005-599 号法令第 81 条)"(接受监督的)人或者实体按证明凭据"(报销)偿还。

第 R823-16 条　(1969 年 8 月 12 日第 69-810 号法令第 124 条)第 R823-12 条的规定不适用于本《法典》第 L823-9 条第 2 款所指的每项活动或任务的报酬。

第 R823-17 条　(1969 年 8 月 12 日第 69-810 号法令第 125 条)第 R823-12 条与第 R823-13 条的规定不适用于:

1. 资产负债总额加上税负外经营收入及金融收益超过 12200 万欧元的人与实体;
2. 发行的有价证券(2005 年 5 月 27 日第 2005-599 号法令第 82 条)"准许进入规范市场交易的"人与实体;
3. 受《保险法典》(2005 年 5 月 27 日第 2005-599 号法令第 82 条)与《合作社法典》调整的企业;
4. 受(2005 年 5 月 27 日第 2005-599 号法令第 82 条)《货币与金融法典》调整的信贷机构与金融公司、跨国金融公司;
5. 由 1945 年 11 月 2 日关于投资公司的第 45-2710 号法令调整的投资公司;
6. 由《货币与金融法典》第 R516-21 条调整的地区发展公司;
7. 在协会或者基金会有义务或者决定任用会计监察人时;
8. 由(2005 年 5 月 27 日第 2005-599 号法令第 82 条)《建筑与城市规划

法典》第 L321-1 条调整的建筑业混合经济公司;

(2005 年 5 月 27 日第 2005-599 号法令第 82 条)9. 受《建筑与住宅法典》第 L411-2 条及随后条款调整的应当执行商业企业会计规则的低租金住宅公司;建筑与整治公共办事机构;

10.《社会保险法典》第 L114-8 条所指的组织;

11.《社会保险法典》第九编所指的机构与组织;

12. 司法管理人与司法代理人;

13. 薪金雇员行业工会或者雇主行业工会与它们的联合会,《劳动法典》第 L2135-1 条所指的薪金雇员或者雇主成立的协会。

(2005 年 5 月 27 日第 2005-599 号法令第 82 条)酬金数额由会计监察人与(受其监督的)(2005 年 5 月 27 日第 2005-599 号法令第 82 条废止:"法")"人"或实体,依据完成法定监督任务所需要的实际工作量大小,共同协商订立协议确定。

第 R823-18 条 (1969 年 8 月 12 日第 69-810 号法令第 126 条)如会计监察人与受其监督的人或实体的领导人就报酬的数额不能达成一致意见,地区会计监察人公会理事长应当事人一方提出的书面请求,可以对当事人各方进行调解。

如多名会计监察人是在不同的地区会计监察人公会登记的,由最先受理申请的地区会计监察人公会理事长进行调解。

如在上述请求提出之后 1 个月内未能进行调解,要求最迫切的一方当事人可在该期限届满后 15 日内向地区纪律惩戒庭庭长寄送挂号信并要求回执,将争议提交地区纪律惩戒庭。

在开庭审理前至少 15 日,地区纪律惩戒庭书记员用挂号信并要求回执传唤各方当事人到地区纪律惩戒庭。

自接到地区纪律惩戒庭传唤出庭的通知之日起,当事人可以了解其案卷。当事人可以由其选择的律师协助或者由律师代理。当事人与其律师可以请求提交案卷的全部材料或部分材料,但仅能用于所实行的程序。

纪律惩戒庭的审理辩论公开进行,但是,如果各方当事人明确提出请求或者如果公开进行辩论将损害公共秩序、损害受到法律保护的秘密或者所涉事项的秘密,纪律惩戒庭可以决定不公开进行审理。

纪律惩戒庭的秘书用挂号信并要求回执将所做决定通知负责检察院职责的司法官,并且取得收据。

相应情况下,用平信向各当事人的律师寄送所做决定的副本。

第二部分 实施法令·第八卷 几种有专门规范的职业

第 R823- 19 条 对地区纪律惩戒庭依据第 R823-14 条与第 R823-18 条的规定作出的决定提起的上诉,由全国会计监察人最高委员会受理;全国会计监察人最高委员会在被上诉的决定通知起 1 个月内受理上诉。上诉,采用向全国会计监察人最高委员会秘书寄送挂号信并要求回执的方式提出。

全国会计监察人最高委员会的秘书接到上诉文书之后,要求地区纪律惩戒庭的秘书立即向其转送案卷材料。

提起上诉,具有中止执行所做决定的效力。

全国会计监察人最高委员会的秘书,在开庭审理前至少 15 日,用挂号信并要求回执传唤各方当事人到最高委员会出庭,相应情况下,用平信向各方当事人的律师通知开庭日期。

自接到最高委员会的出庭传唤通知书之日起,当事人可以了解其案卷。当事人可以由其选择的律师协助,或者由律师代理。当事人与其律师可以请求提交案卷的全部材料或部分材料,但仅能用于所实行的程序。

审理辩论公开进行,但是,如果各方当事人明确提出请求,或者如果公开进行辩论将损害公共秩序、损害受到法律保护的秘密或者所涉事项的秘密,纪律惩戒庭可以决定不公开进行辩论。

全国会计监察人最高委员会的秘书用挂号信并要求回执将审理决定通知负责检察院职责的司法官并取得收据,或者签收;相应情况下,用平信向各当事人的律师寄送决定的副本。

第 R823-20 条 (1969 年 8 月 12 日第 69-810 号法令第 126-3 条,2005 年 5 月 27 日第 2005-599 号法令第 85 条修改)对国家会计监察人最高委员会就酬金问题作出的决定,有关当事人或者"行使检察院职权的司法官"可以按照《民事诉讼法典》第 612 条及随后条文规定的条件向最高司法法院提起上诉。

第 R823-21 条 受聘任在金融证券(2009 年 5 月 19 日第 2009-557 号法令第 5-6 条)"准许进入规范市场交易的"人与实体那里或者在信贷机构内执行监督任务的会计监察人,应在每一会计年度终结后 3 个月内公布一份有关透明度的报告,这项报告尤其要公示:

1. 说明其从事职业的机构系统的法律形式与资本;

2. 相应情况下,说明其所属的联络体系,尤其应指出其法律形式与组织;

3. 对内部质量监督系统的描述,相应情况下,应附有关于其管理机关或者领导机关运作效率的说明;

4. 第 R821-26 条所指的最后一次监督的日期；

5. 本会计监察人事务所在过去的会计年度实行过法定监督的本条第 1 句所指的人或实体的名单；

6. 有关本会计监察人事务所内建立的涉及会计监察人独立性的具体做法的说明，并确认内部已经进行独立性审查；

7. 有关本事务所在继续教育方面执行的政策的声明，特别是证明其遵守了本《法典》第 L822-4 条与第 R822-61 条的规定；

8. 据以评价本会计监察人事务所从事的活动的全部财务资料，特别是事务所的总营业额、因完成法定监督任务而收取的报酬总额，以及与法定监督任务没有直接关系而提供的服务所收取的报酬总额；

9. 受聘对本条第 1 句所指的人担任监督任务的会计监察人公司的透明度报告还应包括以下情况：

A. 对其从事职业的组织结构、领导、管理与监事机关的描述，并指明其组织与运作的方式；

B. 有关合伙人或股东报酬基础的信息。

透明度报告由会计监察人或会计监察人公司的法定代表签字。

第 R823-22 条 为适用本《法典》第 L823-12-1 条有关以合名公司、普通两合公司、有限责任公司与简化的可以发行股票的公司的形式从事职业的特别规范，资产负债表总额定为 155 万欧元，税负外营业额为 310 万欧元，一个会计年度平均长期用工人数为 50 人。

资产负债表总额、税负外营业额、会计年度平均长期用工人数，按照第 R123-200 条第 2 款、第 3 款与第 4 款的规定确定。

Code de commerce

法国商法典 中册

罗结珍 译

目 录

中 册

第一部分 立法部分

第五卷 商业票据与担保

第一编 商业票据 /573
  第一章 汇票 /573
    第一节 汇票的开立与格式 /573
    第二节 存款资金 /574
    第三节 背书 /575
    第四节 承兑 /576
    第五节 保证 /578
    第六节 到期日 /578
    第七节 付款 /579
    第八节 不获承兑及不获付款情况下的追索权 /581
    第九节 拒绝证书 /585
      第一目 拒绝证书的形式 /585
      第二目 公示 /586
      第三目 期限的延长 /587
    第十节 转开汇票 /587

第十一节 参加 /588
　第一目 参加承兑 /588
　第二目 参加付款 /589
第十二节 复本及抄本 /589
　第一目 复本 /589
　第二目 抄本 /590
第十三节 变造 /590
第十四节 时效 /591
第十五节 通则 /591

第二章 本票 /592

第二编 担保 /594

第一章 有关商事质押的一般规定 /594
第二章 质押物的仓储寄托 /603
　第一节 质押物仓储库的认可、转让与停止经营 /603
　第二节 义务、责任与担保 /605
　第三节 仓储库的运作与监督 /606
　第四节 存入仓单与出质仓单 /606
　第五节 制裁 /609
第三章 饭店融资质押 /609
第四章 石油仓单质押 /613
第五章 工具与设备的质押 /617
第六章 对个体企业经营者及配偶的保护 /623
　第一节 财产不得扣押之声明 /623
　第二节 有限责任个体企业主 /625
第七章 库存融资质押 /637

第六卷 企业困境

第一编 企业困境的预防 /644

第一章 企业困境的预防、专门委任及和解程序 /644
第二章 适用于从事经济活动的非商人私法法人的规定 /653

第二编　保护程序　/657
第一章　保护程序的开始　/662
第二章　观察期间的企业　/681
第三章　经济、社会与环保概报表的制定　/755
第四章　债务人概括财产的确定　/757
第一节　债权的审核与准许登记　/757
第二节　配偶的权利　/764
第三节　动产出卖人的权利以及动产的追还与返还　/765
第四节　适用于有限责任个体企业主的特别规定　/784
第五章　由劳动合同产生的债权的清偿　/784
第一节　债权的审核　/784
第二节　薪金雇员的优先权　/788
第三节　劳动合同产生的债权的支付保证　/789
第六章　保护方案　/792
第一节　保护方案草案的制定　/793
第二节　确定方案的判决与方案的执行　/797
第三节　债权人委员会　/812
第七章　没有司法管理人的情况下适用的特别规定　/815
第八章　加快的保护程序　/816
第一节　一般规定　/816
第一目　程序的开始　/816
第二目　加快的保护程序的效力　/817
第二节　加快的财务保护程序适用的特别规定　/818

第三编　司法重整程序　/820
第一章　司法重整的开始与进行　/820
第二章　特定行为之无效　/843

第四编　司法清算程序　/856
序章　实行司法清算的条件　/856
第一章　司法清算判决　/859
第二章　资产变现　/877
第一节　企业转让　/877
第二节　债务人资产的转让　/902

第三节 共同规定 /907
第三章 债务的清理 /909
  第一节 债权人债权的清理 /909
  第二节 司法清算活动的终结 /913
第四章 简化的司法清算程序 /916
第五章 恢复职业 /917

第五编 责任与制裁 /920
第一章 对资产不足承担的责任 /920
第二章 对公司债务的义务 /931
第三章 个人破产及其他禁止性措施 /932
第四章 破产欺诈罪及其他违法行为 /942
  第一节 破产欺诈罪 /942
  第二节 其他犯罪行为 /947
  第三节 程序规则 /949

第六编 程序性一般规定 /951
第一章 救济途径 /951
第二章 其他规定 /954
第三章 诉讼费用 /956

第七编 适用于摩泽尔、上莱茵省与下莱茵省的特别例外规定 /959
第八编 适用于有限责任个体企业主的特别规定 /959

第七卷 商事法院及商事组织

第一编 工商会系统 /961
第一章 工商会系统的组织与任务 /963
  第一节 各地域工商会与法兰西岛各省工商会 /963
  第二节 地区工商会 /966
  第三节 巴黎—法兰西岛地区工商会 /969
  第四节 法国工商会大会 /969

第五节　工商会主办的学校　/971
第六节　地区工商会的地方工商会　/973
第二章　工商会系统各机构的行政管理　/973
第三章　地域工商会、地区工商会成员以及商事代表的选举　/976
第一节　地域工商会与地区工商会成员的选举　/976
第二节　商事代表的选举　/979
第三节　共同规定　/981

第二编　商事法院　/984

第一章　机构与管辖权　/987
第二章　组织及其运作　/989
第一节　商事法院的组织与运作　/989
第二节　商事法院法官的委任　/990
第三章　商事法院法官的选举　/992
第一节　选举人资格　/992
第二节　被选举人资格　/992
第三节　投票和选举程序　/993
第四章　商事法院法官的纪律　/994

第三编　特别商事法院

第一章　适用于上莱茵省、下莱茵省及摩泽尔的规定　/996
第二章　适用于海外省与地区的规定　/996

第四编　商事法院书记室　/998

第一章　机构与任务　/998
第二章　从事商事法院书记员职业与其他司法和法律职业的条件　/999
第三章　执业条件　/999
第一节　巡视检查与纪律　/999
第一目　巡视检查　/999
第二目　纪律　/1000
第二节　商事法院书记员的执业方式　/1002
第三节　商事法院书记员的收费标准　/1002
第四节　商事法院书记员财会制度　/1003

第五编　商业布局　/1004

第一章　商业网点布局委员会　/1006
第一节　省商业网点布局委员会　/1006
第二节　国家商业网点布局委员会　/1007
第三节　对商业网点布局状况的观测　/1009

第二章　商业批准　/1010
第一节　需经批准的商业项目　/1010
第二节　省商业网点布局委员会的决定　/1013
第三节　对省商业网点布局委员会的决定的申诉　/1015
第四节　竞争主管机关对滥用经济支配地位的情况的监督　/1018

第六编　农副产品批发市场与商业展会　/1020

第一章　民生利益市场　/1023

第二章　商业展会　/1025

第八卷　某些受特别规则约束的职业

第一编　司法管理人、司法代理人、企业状况诊断鉴定人　/1027

第一章　司法管理人　/1027
第一节　任务、任职与执业条件以及不得任职的各种情形　/1028
　第一目　任务　/1028
　第二目　取得执业资质的条件　/1028
　第三目　执业条件　/1031
　第四目　不得兼任职务的各种情况　/1031
第二节　监督、巡视与纪律　/1032
　第一目　监督与巡视　/1032
　第二目　纪律　/1033

第二章　司法代理人　/1035
第一节　任务、任职与执业条件以及不得任职的各种情形　/1036
　第一目　任务　/1036
　第二目　取得执业资质的条件　/1037
　第三目　执业条件　/1039
　第四目　不得兼任职务的各种情况　/1040

第二节　监督、巡视与纪律　/1041
第三章　企业状况诊断鉴定人　/1041
第四章　共同规定　/1042
　　第一节　对委员会的决定提出申诉以及对公共权力机关的
　　　　　　代表权　/1042
　　　　第一目　对各委员会的决定提出申诉　/1042
　　　　第二目　对公共权力机关代表职业的权利　/1042
　　第二节　有关返还资金的担保、职业民事责任及报酬　/1043
　　　　第一目　有关返还资金的担保、职业民事责任　/1043
　　　　第二目　报酬　/1044
　　第三节　其他规定　/1044

第二编　会计监察人　/1046
　序章　一般规定　/1051
　第一章　职业的组织与监督　/1053
　第二章　会计监察人的地位　/1059
　　第一节　登记与纪律　/1059
　　　　第一目　登记　/1059
　　　　第二目　纪律　/1063
　　第二节　会计监察人的职业道德规范与独立地位　/1064
　　第三节　民事责任　/1070
　第三章　法定监督的实施　/1070
　　第一节　会计监察人的任命、回避与解职　/1070
　　第二节　会计监察人的任务　/1073
　　第三节　会计监察人执行任务的方式　/1074

第九卷　适用于海外(省、领地)的规定

下　册

第二部分　实施法令

第一卷　商事总则

第一编　商事行为(无条文) /1081

第二编　商人 /1081

　第一章　定义与地位 /1081

　第二章　外国商人 /1082

　第三章　商人的一般义务 /1084

　　序节　企业手续办理中心 /1084

　　第一节　商事及公司注册登记簿 /1084

　　　第一目　有义务进行注册登记的人 /1084

　　　第二目　"商事及公司注册登记簿"的掌管以及注册登记的效力 /1099

　　　第三目　自然人与法人的注册住所的设立 /1121

　　　第四目　有关欧洲公司的通知的公示 /1124

　　第二节　商人的账目 /1124

　　　第一目　适用于所有商人的财会义务 /1124

　　　第二目　适用于某些自然人商人的财会义务 /1134

　　　第三目　流动性商业与手工业活动 /1135

　　第三节　其他规定 /1138

　　　第一目　《民商事法定公告正式简报》 /1138

　　　第二目　全国企业及其机构的识别与查询检索系统 /1140

　　　第三目　企业统一识别号码 /1144

　　　第四目　在业务文件上应当记载的事项 /1144

　第四章　零售商合作社(无条文) /1146

　第五章　独立商人的合名商店(无条文) /1146

　第六章　合作担保公司(无条文) /1146

　第七章　"支持创业合同"或"支持恢复经济活动合同" /1146

第三编　居间商、行纪商、承运人与商业代理人　/1148

第一章　居间商　/1148

第一节　经宣誓的商品居间商在上诉法院名册上进行登记　/1148

第二节　经宣誓的商品居间商的保险与担保　/1150

第三节　经宣誓的商品居间商任职资质考试　/1151

第四节　经宣誓的商品居间商的纪律　/1152

第五节　经宣誓的商品居间商全国理事会　/1153

第二章　行纪商　/1164

第三章　承运人　/1164

第四章　商业代理人　/1164

第四编　营业资产　/1169

第一章　营业资产的买卖　/1169

第二章　营业资产的设质（无条文）　/1169

第三章　营业资产的买卖和设质的共同规定　/1169

第一节　质权的实现与登记债权的清偿　/1169

第二节　登记与注销手续　/1170

　第一目　登记　/1170

　第二目　注销　/1173

　第三目　特别规定　/1174

第三节　中间人与价金的分配　/1174

第四章　营业资产的"租赁—经营"　/1175

第一节　公告措施　/1175

第二节　有关公共运输企业及工业用车辆租赁的特别规定　/1175

第五章　商业租约　/1175

第一节　商业租约的延展　/1175

第二节　租金　/1175

　第一目　租赁价值的确定　/1175

　第二目　省商业、工业或手工业用途的建筑物或场所租金事务调解委员会　/1177

　第三目　租金的调整　/1178

第三节　程序　/1179

第四节　环境保护方面的附件　/1179

第五节　租约负担、税收、使用费与工程费用　/1179

第六章　委托经营管理人　/1179

第二卷　商事公司及经济利益联合组织

第一编　序编　/1181

第一节　公司的设立与修改章程　/1181

　　第一目　公司的设立　/1181

　　第二目　章程的修改　/1183

　　第三目　补正手续之诉讼　/1184

第二节　公司的解散　/1184

第三节　公告的形式　/1185

第二编　有关各种商事公司的特别规定　/1186

第一章　合名公司　/1186

第二章　普通两合公司　/1188

第三章　有限责任公司　/1188

第四章　可以发行股票的公司适用的一般规定　/1196

第五章　股份有限公司　/1197

第一节　股份有限公司的设立　/1197

　　第一目　公开募集设立　/1197

　　第二目　非公开募集设立　/1200

第二节　股份有限公司的领导与管理　/1200

　　第一目　董事会与总经理　/1200

　　第二目　管理委员会与监事会　/1204

第三节　股东大会　/1208

第四节　公司资本的变更与雇员股份制　/1228

　　第一目　增加资本　/1228

　　第二目　薪金雇员认购或购买股票　/1236

　　第三目　资本的分期偿还　/1237

　　第四目　减少资本　/1238

　　第五目　公司认购、回购自己的股票或者用其股票设质　/1240

第五节　股份有限公司的监督　/1241

  第六节 股份有限公司的转型 /1242

  第七节 股份有限公司的解散 /1242

  第八节 民事责任 /1242

  第九节 工人参股股份有限公司 /1243

第六章 股份两合公司 /1243

第七章 简化的可以发行股票的公司 /1244

第八章 可以发行股票的公司发行的有价证券 /1244

  第一节 共同规定 /1244

  第二节 股票 /1247

    第一目 股票的发行、回购与转换 /1247

    第二目 对转让资本凭证和可以进入公司资本的有价证券的认可条款 /1249

    第三目 股东不履行义务 /1249

    第四目 没有进入规范市场交易的股票的合并 /1250

  第三节 正在消失的几种证券适用的规定 /1251

    第一目 投资证书 /1251

    第二目 无表决权优先股(无表决权优先派息股) /1252

  第四节 参与性证券 /1254

  第五节 公司债 /1255

  第六节 可以进入公司资本或者有权分派债权凭证的有价证券 /1260

第九章 欧洲公司 /1263

  第一节 一般规定 /1263

  第二节 公司注册住所的迁移 /1264

    第一目 公示对第三人权利的保护 /1264

    第二目 对公司迁移注册住所的合法性审查 /1266

  第三节 欧洲公司的设立 /1267

    第一目 合并设立 /1267

    第二目 欧洲控股公司的设立 /1267

  第三节 通过股份有限公司转型设立欧洲公司 /1269

  第四节 欧洲公司的管理 /1270

  第五节 欧洲公司转型为股份有限公司 /1270

第三编 对各种商事公司的共同规定 /1271

第一章 可变资本(无条文) /1271

第二章　公司账目　/1271
　　第一节　会计文件　/1271
　　第二节　适用于股票准许进入规范市场交易的公司及其子公司的
　　　　　　特别规定　/1273
　　第三节　利润　/1274
　　第四节　账目的公示　/1275
第三章　子公司、参股与被控制的公司　/1275
　　第一节　通知与情况告知　/1275
　　第二节　集团结算账目　/1276
　　第三节　相互参股　/1282
第四章　警告程序　/1283
第五章　无效　/1285
第六章　合并与分立　/1285
　　第二节　跨国合并适用的特别规定　/1290
第七章　清算　/1292
　　第一节　一般规定　/1292
　　第二节　法院判决与裁定适用的规定　/1294
第八章　作为指令(无条文)　/1296
第九章　股票与股份的出租　/1296

第四编　刑事规定　/1297
第一章　与有限责任公司有关的犯罪行为(无条文)　/1297
第二章　与股份有限公司有关的犯罪行为(无条文)　/1297
第三章　与股份两合公司有关的犯罪行为(无条文)　/1297
第四章　与简化的股份有限公司有关的犯罪行为(无条文)　/1297
第五章　与可以发行股票的公司发行的有价证券有关的犯罪
　　　　行为(无条文)　/1297
第六章　与各种形式的可以发行股票的公司共同有关的犯罪
　　　　行为(无条文)　/1297
第七章　各种形式的商事公司共同的犯罪行为　/1298
第八章　与股份有限公司或欧洲公司总经理助理有关的
　　　　规定(无条文)　/1299

第五编　经济利益合作组织 /1300
第一章　法国法规定的经济利益合作组织 /1300
第二章　欧洲经济利益合作组织 /1301

第三卷　特定形式的买卖与排他性条款

第一编　清仓处理、摆摊销售、季节性减价与工厂店 /1312
  第一节　清仓处理 /1312
  第二节　摆摊销售 /1313
  第三节　季节性减价销售 /1314
  第四节　工厂店或工厂仓储销售 /1315
  第五节　制裁 /1315

第二编　拍卖 /1316
第一章　动产的任意拍卖 /1316
  第一节　一般规定 /1316
    第一目　动产任意拍卖执业人 /1316
    第二目　动产任意拍卖委员会 /1325
  第二节　欧洲共同体成员国与欧洲经济区协议签字国的国民在法国从事动产任意拍卖活动的自由 /1329
  第三节　在欧洲共同体成员国与欧洲经济区协议签字国内有资质主持动产任意拍卖活动的人在法国开业 /1329
  第四节　经动产任意拍卖委员会认可的专家鉴定人 /1330
  第五节　其他规定 /1331
第二章　其他拍卖 /1331

第三编　排他性条款 /1334

第四卷　价格自由与竞争自由

第一编　价格自由(无条文) /1336
第二编　各种反竞争行为 /1336
第三编　经济集中 /1338

第四编 透明度、限制竞争与其他受到禁止的实践行为 /1341
- 第一章 透明度 /1343
- 第二章 各种限制竞争的行为 /1343
- 第三章 其他受禁止的行为(无条文) /1344

第五编 调查权力 /1345

第六编 竞争主管机关 /1347
- 第一章 组织 /1347
- 第二章 竞争主管机关的权限 /1347
- 第三章 程序 /1348
- 第四章 决定与申诉 /1348

第七编 其他规定 /1348

第五卷 商业票据及担保

第一编 商业票据 /1349

第二编 担保 /1349
- 第一章 有关商事质权的一般规定 /1349
- 第二章 质押物仓储库 /1349
  - 第一节 仓储库的认可、转让与停止经营 /1349
  - 第二节 义务、责任与担保 /1351
  - 第三节 质押物仓储库的运作与监督 /1352
  - 第四节 存入仓单与出质仓单 /1353
  - 第五节 制裁 /1353
- 第三章 饭店融资质押 /1354
- 第四章 石油仓单质押 /1354
- 第五章 工具与设备的质押 /1355
- 第六章 对个体企业主及其配偶的保护 /1356
  - 第一节 关于财产不得扣押的申明 /1356
  - 第二节 有限责任个体企业主 /1357
    - 第一目 共同规定 /1357

第二目　有限责任个体企业主的专门登记簿　/1360
第七章　仓储融资质押　/1362
　　第一节　登记手续　/1362
　　第二节　变更手续　/1363
　　第三节　登记的效力　/1364
　　第四节　登记的注销　/1364
　　第五节　法院书记员的义务　/1364
　　第六节　救济途径　/1365
　　第七节　其他规定　/1365

第六卷　企业困境

第一编　企业困境的预防　/1366
第一章　企业困境预防、特别委任与和解程序　/1367
　　第一节　经认可的预防组织　/1367
　　第二节　商事法院院长对企业困境的监测　/1369
　　第三节　专门委任　/1371
　　第六节　和解程序　/1372
　　第五节　专门委托代理人、和解人与鉴定人的报酬　/1378
第二章　适用于从事经济活动的非商人私法法人的规定　/1379
第二编　保护程序　/1381
第一章　程序的开始　/1381
　　第一节　法院受理与判决　/1381
　　第二节　程序机关与监督人　/1387
第二章　观察期间的企业　/1389
　　第一节　保全措施　/1389
　　第二节　企业的管理　/1391
　　第三节　经营活动的继续　/1392
　　第四节　债权申报　/1395
第三章　经济、社会与环保概报表的制定　/1396
第四章　债务人概括财产的确定　/1397
　　第一节　债权审核与准许登记　/1397

第一目 债权审核 /1397
第二目 准许登记 /1398
第三目 债权清册 /1399
第二节 配偶的权利 /1400
第三节 动产出卖人的权利以及动产的追还与返还 /1400
第四节 有关公司的特别规定 /1401
第五章 由劳动合同产生的债权的清偿 /1402
第六章 保护方案 /1403
第一节 保护方案草案的起草 /1403
第一目 大会的召集 /1403
第二目 更换企业领导人 /1404
第三目 征求债权人的意见 /1404
第四目 公共债权的清偿 /1405
第二节 确定保护方案的判决与方案的执行 /1408
第一目 保护方案的确定 /1408
第二目 方案的执行 /1409
第三节 债权人委员会 /1415
第七章 在没有司法管理人的情况下的特别规定 /1418
第八章 加快的保护程序 /1419
第一节 一般规定 /1419
第一目 加快的保护程序的实行 /1419
第二目 加快的保护程序的效力 /1421
第二节 加快的财务保护程序的特别规定 /1421

第三编 司法重整程序 /1423
第一章 司法重整程序的开始与进行 /1423
第一节 司法重整程序的开始 /1423
第一目 法院受理与判决 /1423
第二目 实施程序的机关与监督人 /1426
第二节 程序的进行 /1427
第一目 管理人任务的变更 /1427
第二目 观察期间的保全措施 /1427
第三目 观察期内企业的转让 /1427
第四目 观察期内企业继续经营活动 /1427

第五目　观察期内薪金雇员的地位　/1428

第六目　债权申报　/1429

第七目　制定经济、社会与环保状况的概报表　/1429

第八目　债权的审核与准许登记　/1429

第九目　债务人的配偶的权利　/1429

第十目　动产出卖人的权利、动产的追还与返还　/1429

第十一目　因劳动合同产生的债权的清偿　/1429

第十二目　重整方案草案　/1430

第十三目　确定重整方案的判决　/1431

第十四目　债权人委员会　/1432

第十五目　在没有司法管理人的情况下的特别规定　/1432

第十六目　企业部分或全部转让　/1432

第十七目　程序的终结　/1433

第四编　司法清算与职业的恢复　/1434

序章　司法清算的开始与进行　/1434

第一章　司法清算判决　/1435

第一节　法院受理与判决　/1435

第二节　简易司法清算程序的适用条件　/1436

第三节　实施程序的机关与监督人　/1436

第四节　保全措施　/1437

第五节　经营活动的维持　/1437

第六节　原已中断的诉讼与正在进行中的清偿顺位程序　/1438

第七节　债权申报　/1438

第八节　债权的审核与准许登记　/1439

第九节　配偶的权利　/1439

第十节　动产出卖人的权利、动产的追还与返还　/1439

第十一节　因劳动合同产生的债权的清偿　/1440

第十二节　其他规定　/1440

第二章　资产的变现　/1442

第一节　企业的转让　/1442

第二节　债务人资产的转让　/1447

第一目　不动产的变卖　/1447

第二目　其他财产的买卖　/1452

第三节　共同规定　/1453
　第三章　负债的清理　/1453
　　第一节　债权人债权的清理　/1453
　　第二节　清算活动的终结　/1457
　第四章　简易司法清算程序　/1459
　第五章　恢复职业　/1459

第五编　责任与制裁　/1463
　第一章　因资产不足的责任　/1463
　第二章　对公司债务的义务　/1464
　第三章　个人破产与其他禁止性措施　/1464
　第四章　破产欺诈罪与其他犯罪　/1465

第六编　程序性一般规定　/1466
　第一章　救济途径　/1466
　第二章　其他规定　/1468
　第三章　诉讼费用　/1469
　　第一节　由国库负担的特定诉讼费用　/1469
　　第二节　司法管理人、方案执行监察人、司法代理人与清算人的报酬　/1469
　　　第一目　司法管理人的报酬　/1469
　　　第二目　方案执行监察人的报酬　/1473
　　　第三目　司法代理人与清算人的报酬　/1474
　　　第四目　有关司法管理人、方案执行监察人、司法代理人与清算人的报酬的共同规定　/1478
　　　第五目　按照第 L643-9 条第 3 款的规定指定的代理人　/1479
　　第三节　对旨在不涉及金钱数目的案卷的补偿费　/1480

第七卷　商事法院与商事组织

第一编　工商会的组织系统　/1481
　第一章　工商会系统的组织与任务　/1481
　第二章　工商会系统各机构的管理　/1481
　第三章　工商会成员及商事代表的选举　/1481

第二编　商事法院 /1482

第一章　商事法院的设置与管辖权限 /1482
第一节　一般规定 /1482

第二节　管辖 /1482

第三节　商事法院全国理事会 /1483

第二章　商事法院的组织与运作 /1485
第一节　商事法院的组织与运作 /1485

第二节　商事法院法官的就职 /1486

第三章　商事法官的选举 /1489
第一节　选举人资格 /1489

第二节　投票与选举 /1490

　第一目　候选人资格与投票前的活动 /1490

　第二目　通信投票 /1491

　第三目　网上投票 /1491

　第四目　公布选举结果以及商事法官选举的争议 /1491

第四章　商事法院法官的纪律 /1492
第一节　全国纪律委员会 /1492

第二节　纪律惩戒程序 /1493

第三编　特别商事法院 /1496

第四编　商事法院书记室 /1496

第一章　机构与任务 /1496
第一节　一般规定 /1496

第二节　商事法院辖区的变动 /1498

第三节　商事法院书记员全国理事会 /1499

第二章　从事商事法院书记员职业及其他司法与法律职业的条件 /1499
第一节　从事商事法院书记员职业的条件 /1499

　第一目　资质条件 /1499

　第二目　任命 /1504

　第三目　就职与荣誉称号 /1507

第二节　某些商事法院书记员司法与法律职业的执业条件 /1508

第三节　商事法院书记员的继续职业培训 /1508

第三章　商事法院书记员的执业条件　/1509
  第一节　巡视与纪律　/1509
    第一目　巡视　/1509
    第二目　纪律　/1510
  第二节　商事法院书记员的执业形式　/1512
    第一目　有关各种公司的共同规定　/1512
    第二目　商事法院书记员职业民事合伙适用的规定　/1523
    第三目　适用于（商事法院书记员）"自由执业公司"的规定　/1531
    第四目　商事法院书记员隐名合伙适用的规定　/1534
    第五目　薪金雇员　/1535
  第三节　商事法院书记员的收费标准　/1535
  第四节　因新的行政区划或司法管辖区划引起的商事法院辖区范围的变动　/1535
  第五节　为第三人利益持有的资金的专项账目　/1537
第五编　商事组织　/1538
第六编　民生利益市场　/1538

第八卷　几种有专门规范的职业

第一编　司法管理人、司法代理人与企业诊断鉴定人　/1539
第二编　会计监察人　/1539
  第一章　会计监察人职业的组织与监督　/1539
    第一节　国家会计监察人最高委员会　/1539
      第一目　国家会计监察人最高委员会的组织　/1539
      第二目　国家会计监察人最高委员会的运作　/1542
      第三目　国家会计监察人最高委员会与外国同行的关系　/1548
    第二节　会计监察人的监督与巡查　/1550
    第三节　行业组织　/1552
      第一目　全国会计监察人公会与地区会计监察人公会　/1552
      第二目　全国会计监察人公会理事会　/1555
      第三目　地区会计监察人公会理事会　/1558

第二章 会计监察人的地位 /1562
第一节 登记与纪律 /1562
第一目 登记 /1562
第二目 纪律 /1572
第二节 会计监察人的职业道德规范与独立性 /1579
第三节 民事责任 /1582
第四节 会计监察人公司 /1582
第一目 各种公司的共同规定 /1582
第二目 适用于职业民事合伙的规定 /1588
第三目 适用于其他职业民事合伙的规定 /1592
第四目 适用于隐名合伙的规定 /1594
第五目 会计监察人自由职业金融参股公司 /1594
第三章 法定监督任务的执行 /1594
第一节 会计监察人的任命、回避与解职 /1594
第二节 会计监察人的任务 /1596
第三节 会计监察人执行任务的方式 /1597

第五卷　商业票据与担保

第一编　商业票据

第一章　汇　票

第一节　汇票的开立与格式

第 L511-1 条　一、汇票应包括下列内容：
1. 用制作票据所使用的语言在票据的正面文字中写明"汇票"字样；
2. 支付确定数额之款项的无条件委托；
3. 应支付款项的人的姓名，称为付款人；
4. 到期日；
5. 付款地点；
6. 收款人或其指定人的姓名；
7. 出票日期和地点；
8. 汇票签发人的签名，称为出票人。签名，或者采用手书，或者采用任何非手书方式。

二、票据缺少前款指明的应载事项之一的，不具有汇票的效力，以下第三项至第五项所指情况除外。

三、未载明付款日期的汇票，视为即期汇票。

四、没有特别指示付款地的，付款人姓名旁指示的地点，视为付款地，且同时视为付款人的住所地。

五、没有指明出票地的，出票人姓名旁指示的地点视为出票地。

第 L511-2 条　汇票得以出票人本人为收款人。

汇票得以出票人本人为付款人。

汇票得为第三人的利益签发。

无论是在付款人有住所的地点还是在其他地点,汇票得在第三人住所付款。

第 L511-3 条　见票即付或见票后特定期限内付款的汇票,出票人得规定票据记载的款额可产生利息。其他任何汇票作此记载的,视为未作记载。

前款所指利率应在汇票上指明;没有指明利率的,有关利息的记载视为未作记载。

如未另行指明日期,汇票出票日为利息起算日。

第 L511-4 条　同时用文字和数字填写金额的汇票,两者存在差异时,以文字(大写)填写的金额为准。

不论是用文字还是用数字填写,汇票上的数额有多次书写并发生差异时,以最小的金额为准。

第 L511-5 条　未成年人签发的汇票,对该未成年人而言,无效,但按照《民法典》第1312条的规定,当事人各自的权利不在此限。

如果汇票上有无能力对该汇票承担义务之人的签名,或者有伪造的或虚构的签名,或者汇票上签名因任何其他原因而不能约束汇票签名人时,其他签名人的义务仍然有效。

无权代理而作为代理人在汇票上签名的任何人,应按汇票承担义务;如其已付款,可取得与所谓的被代理人本可享有的权利相同之权利;超越代理权限的代理人,亦同。

第 L511-6 条　出票人是汇票承兑与付款的保证人。

出票人的担保承兑责任可以免除;但任何免除其担保付款责任的条款,均视为未予订立。

第二节　存款资金

第 L511-7 条　存款资金应由出票人准备,或者由委托签发汇票的人提供,在后一种情况下并不免除为他人利益(签发汇票)的出票人其本人仅对背书人和持票人承担的责任。

在汇票到期日如存款资金的收受人对出票人或委托签发汇票人欠有至少等于汇票金额的债款,即属有存款资金。

资金的所有权自动转移给汇票的相继持有人。

承兑,以有存款资金为前提条件。

对于背书人,承兑即构成有存款资金的证据。

无论是否承兑,出现否认签收票据的情形时,唯一由出票人负担义务证明付款人在汇票到期日持有(其)存款资金;否则,即使在规定期限之后已做成拒绝证书,出票人仍负有担保的义务。

第三节 背 书

第 L511-8 条 所有汇票,即使没有写明由指定人收款,均得经背书转让。

出票人在汇票上写明"非由指定人收款"的字样或类似的语句时,该票据只能以普通转让的形式转让,并仅具有普通转让的效力。

无论付款人是否承兑人,汇票得以付款人为被背书人,或者以出票人或其他任何承担义务的人为被背书人。被背书人可将汇票再背书。

背书应当无条件。背书附加的任何条件,视为未作记载。

就汇票金额之一部所作背书,无效。

无记名的背书,同于空白背书之效力。

背书应在汇票或其粘单(附页)上记明。背书应由背书人签名。背书人的签名采用手书或者任何非手书方式。

背书可以不指定受益人,或者作仅有背书人签名之空白背书。在后一种情况下,背书应在汇票背面或其粘单上记明,方为有效。

第 L511-9 条 一、背书转移依汇票产生的全部权利。

二、如系空白背书,持票人可以:

1. 于空白处,或者填写自己的姓名,或者填写他人的姓名;

2. 将汇票再为空白背书,或者背书给他人;

3. 既不填写空白,也不背书而将汇票交与第三人。

第 L511-10 条 背书人是承兑与付款的保证人,另有条款规定的除外。

背书人可以禁止再背书;在此情况下,背书人对此后汇票的被背书人不负担保责任。

第 L511-11 条 汇票的持有人,如证明其因无间断的连续的背书而享有权利,即使最后一次背书为空白背书,仍视为合法持票人。就背书的连续而言,涂销的背书,视为不曾作出。在空白背书之后继续有另一背书的,视后一背书的签名人是通过空白背书取得汇票。

如某人因任何事件丧失对其汇票的占有,能够按照前款规定的方式证明其权利的该汇票的持有人没有放弃该汇票的义务,但如其是恶意取得该汇票,或者在其取得该汇票时有重大过失的除外。

第 L511-12 条 依据汇票被起诉的人,不得以自己与出票人或此前的持票人之间的个人关系为依据提出抗辩事由,以对抗持票人,但持票人明知而故意损害债务人利益取得汇票的,不在此限。

第 L511-13 条 背书记有"托收票据""托收""代理"字样,或者有其他表明普通委托的记载时,持票人可以行使由此汇票产生的全部权利,但只能以委托授权的名义对该汇票进行背书。

在此情况下,汇票债务人只能对持票人主张可以对抗背书人的各种抗辩事由。授权代理背书中包含的委托,不因委托人死亡或发生无能力之情形而终止。

背书记有"担保票据""质押票据"字样,或者有其他涉及无形动产质权的记载时,持票人得行使由此汇票产生的全部权利,但由持票人所作的背书只具有代理人背书的效力。

汇票债务人不得以其自己与背书人之间的个人关系为抗辩事由对抗持票人,但持票人故意损害债务人利益而取得汇票的,不在此限。

第 L511-14 条 到期日之后进行的背书与此前的背书产生相同的效力,但是,在拒绝承兑证书做成之后或者在制作拒绝承兑证书规定的期限届满之后所作的背书,仅具有普通转让之效力。

没有记载日期的背书,推定是在制作拒绝承兑证书规定的期限届满之前所为,有相反证据的除外。

禁止倒填背书日期,违者以伪造文书罪论处。

第四节 承 兑

第 L511-15 条 汇票持票人,或者,汇票的单纯持有人,得于汇票到期日之前,在付款人的住所,向付款人出示汇票,提示承兑。

在任何汇票上,出票人均可规定汇票应在确定的或不确定的期限内提示承兑。

除在第三人处付款或在付款人住所以外的其他地点付款的汇票,或见票后一定期限内付款的汇票之外,持票人可在汇票上记明禁止提示承兑。

出票人亦可明定在指定的到期日之前不得提示承兑。

任何背书人均可明定汇票应在确定或不确定的期限内提示承兑,但出票人声明不得提示承兑的除外。

见票后定期付款的汇票,应在出票日起1年期限内提示承兑。

出票人可以缩短或延长上述1年期限。

背书人得缩短上述各期限。

如出具汇票是为了履行商人之间签订的某种商品供货协议,并且出票人已经履行契约规定的义务,只要所定期限符合有关承认商品的一般商业惯例,该期限届满,付款人不得拒绝承兑汇票。

拒绝承兑,当然引起汇票规定的到期日失效,并由付款人承担费用。

第 L511-16 条 付款人得请求在第一次提示的次日向其作第二次提示。有利益关系的当事人不得以此项请求未得到满足为由主张其权利,但此项请求已在拒绝证书上注明的除外。

持票人没有义务将提示承兑的汇票放弃给付款人。

第 L511-17 条 承兑应在汇票上作出书面记载。承兑应以"已承兑"字样或其他同意的字样作出表述,并由付款人签名。付款人在汇票正面的简单签名具有承兑效力。

如果是见票后一定期限内付款的汇票,或者是应在根据特别记载而确定的期限内提示承兑的汇票,承兑时应注明进行承兑的日期,但持票人要求记载提示日期的,不在此限。在没有记载日期的情况下,持票人为保留其对背书人和出票人的求偿权,应以在有效期内做成的拒绝证书确认未记载日期之事实。

承兑应为无条件,但付款人得限制仅承兑汇票金额之一部。

承兑时对汇票的记载事项作出其他任何变更的,视为拒绝承兑,但承兑人仍在其承兑范围内负承兑义务。

第 L511-18 条 出票人在汇票上指明以付款人住所之外的地点为付款地但没有指明应在该处进行付款的第三人时,付款人得在承兑时指明此事项。未指明第三人的,视为承兑人自己承担在付款地进行付款的义务。

对于以付款人住所为付款地的汇票,付款人得于承兑时指明应当进行付款的地址。

第 L511-19 条 付款人同意承兑,即有义务在到期时支付汇票记载的款项。

汇票记载的款项未得到支付时,持票人,即使其是出票人,对根据第

L511-45 条和第 L511-46 条之规定可以要求的全部款项,对承兑人享有依汇票产生的直接诉权。

第 L511-20 条 如原已在汇票上写明承兑的付款人在交还汇票之前将其承兑涂去,视为拒绝承兑。除有相反的证据外,涂销视为在票据交还之前所为。

但是,如付款人已书面向持票人或在汇票上签名的任何人告知承兑,付款人仍依其承兑的条件对持票人或签字人负有承兑义务。

第五节 保 证

第 L511-21 条 得以保证担保汇票金额之全部或一部得到兑付。

此种保证得由第三人提供,或者甚至由汇票上的签字人提供。

出具保证,在汇票或其粘单上为之,或者用指明保证出具地的分开的文书为之。

保证,以"用于票据担保"之字样或者其他具有相同意义的格式作出表述,并由保证人签名。

保证人仅需在汇票的正面签名,即可视为保证成立,但票面上仅有付款人或出票人签名的除外。

保证,应载明为何人出具担保;未写明被保证人的,视其为出票人提供保证。

票据保证人与被保证人负同样义务。

即使保证人所保证的债务因形式上的瑕疵之外的其他任何原因而无效,保证人的义务承诺仍然有效。

保证人清偿汇票所载款项,即对被保证人以及依据汇票对被保证人负有义务的人,取得由该汇票产生的各项权利。

第六节 到 期 日

第 L511-22 条 一、汇票得按下列方式出具:

1. 见票即付;
2. 见票后特定期限付款;
3. 出票日后特定期限付款;
4. 确定期日付款。

二、以其他到期日付款的汇票，或者以连续的到期日付款的汇票，一律无效。

第 L511-23 条 见票即付的汇票，在其提示时付款。见票即付的汇票，应在出票日起 1 年期限内为付款提示。出票人可以缩短或者延长付款提示期限。上述期限，得由背书人缩短之。

见票即付的汇票的出票人可以规定，不得在指明的到期日之前提示付款；在此情况下，提示期限从指定的到期日开始计算。

第 L511-24 条 见票后特定期限付款的汇票，其到期日，或者按承兑日确定，或者按拒绝证书做成日确定。

没有拒绝证书的情况下，没有记载日期的承兑，对于承兑人，视其于规定的提示承兑期限的最后一日所为。

出票日或者见票后 1 个月或数月付款的汇票，以应付款月的相应日期为到期日；如应付款月没有相对应的日期，汇票的到期日为该月的最后一日。

出票日或者见票后 1 月半或数月半付款的汇票，应先计算整月。

到期日确定为月初、月中或者月底的汇票，其到期日是指该月的 1 日、15 日或者最后一日。

用 8 天或 15 天表述汇票的期限，不是指"一个星期"或"两个星期"，而是应当实际经过 8 天或 15 天。

"半月"表示的期限为 15 天。

第 L511-25 条 确定期日付款的汇票，如付款地日历与出票地日历有时差，到期日视为依付款地日历确定。

在日历上的日期有时差的两地之间签发的汇票应在出票后的特定期限付款时，出票日依付款地日历的相应日期计算，并据此确定到期日。

汇票的提示期限，按前款规则计算。

如汇票的条款或票据上的简单表述事项指明当事人有采用不同规则的意思，则不适用上述规则。

第七节 付　　款

第 L511-26 条 确定日期付款、出票日后特定期限付款或者见票后特定期限付款的汇票的持票人，应在可付款之日，或者在其后两个工作日中的一日为付款提示。

向票据交换分理处所为提示，具有与付款提示相同的效力。

第 L511-27 条 付款人付款时得要求持票人交出(已付之)汇票并在汇票上记明金额"收讫"的字样。

持票人不得拒绝部分付款。

在部分付款的情况下,付款人得要求持票人在汇票上记明所收金额并出具收据。

对汇票所载金额已经进行的分期付款(的数额),出票人和背书人不再负义务。

持票人有义务请求对汇票的剩余金额拒绝支付。

第 L511-28 条 汇票持票人不得受强制在汇票到期日前受领支付。

付款人在汇票到期日之前付款,自担风险。

付款人在汇票到期日进行付款,有效解除其义务,但付款人有欺诈行为或重大过失的除外。付款人应当审核连续背书是否符合规定,但不负义务审核背书人签名的真伪。

第 L511-29 条 规定汇票用付款地非通用货币支付时,其票面金额可按照到期日的汇率用付款地国家的货币支付。债务人延迟付款的,持票人可以选择要求按照到期日或者付款日的汇率,用付款地国家的货币支付。

外国货币的价值按付款地的惯例确定,但出票人得明定待付的款项按照汇票上确定的汇率进行兑换。

出票人通过用外国货币作为实际支付货币的条款明定汇票款项应采用特定货币支付时,不适用上述规则。

如汇票金额是用出票地国家和付款地国家具有相同名称但价值不同的货币表示的,推定付款地国家的货币是应当使用的货币。

第 L511-30 条 持票人在汇票到期日或其后两个工作日中的一日没有做付款提示的,票据债务人有权将汇票金额寄托于信托银行,费用与风险由持票人负担。

第 L511-31 条 只有在持票人遗失汇票或者实行(2005 年 7 月 26 日第 2005-845 号法律第 165-2 条)"司法保护"或司法重整或司法清算的情况下,才允许提出止付。

第 L511-32 条 在遗失尚未承兑的汇票的情况下,权利人得以任何复本请求付款。

第 L511-33 条 如遗失的汇票已经记载承兑,唯有根据法官的裁定并提供保证,才能以任何复本要求付款。

第 L511-34 条 如遗失汇票的人不能出示任何复本,无论该汇票是否已获承兑,均可请求支付丧失的汇票的金额,并用其账册证明其所有权,且提供保证之后,经法官裁定获得付款。

第 L511-35 条 在根据前两条规定提出的付款要求被拒绝的情况下,遗失的汇票的所有权人,依拒付证书而保留其一切权利。拒付证书应于遗失的汇票到期日的次日做成。第 L511-42 条规定的通知,应在该条确定的期限内送达出票人和背书人。

第 L511-36 条 丧失的汇票的所有权人,为取得第二份复本,应向其直接的前手背书人提出请求,后者应再向其前背书人请求,并从背书人到背书人,依次追溯至出票人。由此引起的费用由丧失汇票的权利人负担。

第 L511-37 条 3 年期间无人提出请求也无人提起诉讼,第 L511-33 条和第 L511-34 条所指的保证义务即告消灭。

第八节 不获承兑及不获付款情况下的追索权

第 L511-38 条 一、下列情形,持票人得对背书人、出票人和其他义务人行使追索权:

1. 汇票到期,如没有付款;
2. 即使在到期之前:
   A. 全部或部分拒绝承兑;
   B. 付款人,不论是否承兑人,实行司法重整或司法清算,或者已停止支付,即使此种状况未经判决认定,或者对其财产实施扣押而没有效果;
   C. 尚未承兑的汇票的出票人实行(2005 年 7 月 26 日第 2005-845 号法律第 165-2 条)"司法保护"、司法重整或司法清算。

二、但是,在前款 B 项和 C 项所指情况下,受到追索的保证人可以在受到追索起 3 日内向其住所地的商事法庭庭长提出延期申请;如其请求理由成立,法庭庭长作出裁定确定保证人有义务支付所涉及的商业票据的期限,但由此给予的期限不得超过确定的到期日。对法庭裁定不得提出"取消缺席裁判"之异议,也不得向上诉法院提起上诉。

第 L511-39 条 拒绝承兑或者拒绝付款,应经称为"拒绝证书"(protet)的公证文书确认。

确认未获承兑的拒绝证书,应在确定的提示承兑的期限内做成。如果在第 L511-16 条第 1 款所指情况下,第一次提示是在该期限最后一日,拒绝承兑证书也可于次日做成。

确定日期的汇票或者出票后或见票后特定期限付款的汇票未获付款的拒绝证书,应于汇票付款日后的2个工作日内做成。如系见票即付汇票,拒绝证书应按照前款对未获承兑的拒绝证书规定的条件做成。

做成拒绝承兑证书,免除提示付款与提交拒绝付款证书。

不论付款人是否承兑人,在其停止支付或者其财产受到扣押而无效果的情况下,持票人只有在向付款人做付款提示并在做成拒绝付款证书之后,才能行使追索权。

不论付款人是否承兑人,在其经宣告实行司法重整或司法清算的情况下,或者未获承兑的汇票的出票人经宣告实行司法重整或司法清算时,汇票持有人提出宣告司法重整或司法清算的判决,即可行使追索权。

第 L511-40 条　持票人同意用普通支票、法兰西银行转账委托书或者邮政支票付款的,支票或转账委托书应当指明采用这种方式支付的票据的数目与到期日;但对银行间结算时通过票据交换抵销后的余额签发的支票或转账委托书,无须作此记载。

如果是采用普通支票进行结算而未获付款,应在1935年10月30日关于统一支票和支付卡的法律第41条规定的期限内,向汇票的付款住所通知未获付款的拒绝证书。支票未获付款的拒绝证书与通知,采用同一执达员文书送达,但如果由于地域管辖原因,必须经两名司法助理人员参与时,不在此限。

通过转账委托结算时,如被法兰西银行拒绝,或者在用邮政支票结算时,如被持有借记账户的邮政支票中心拒绝,应在该转账委托书或支票的签发人的住所,自签发之日起8日内做成拒绝履行的通知书。该通知书由一名执达员或者一名公证员制作。

第 L511-41 条　如果为制作拒绝履行转账委托书或邮政支票的通知书而规定的期限最后一日是法定节假日,该期限顺延至随后的第一个工作日。在计算期间时,中间的节假日仍计算在内。凡是根据现行法律不得要求进行任何支付或做成任何拒绝证书的日子,视同法定节假日。

付款人在收到通知后,如其不兑付汇票以及不支付向其通知的费用,必要时,不支付制作支票拒付证书的费用,则应当将汇票交还制作文书的司法助理人员。司法助理人员立即做成拒绝付款证书。

如付款人不交还汇票,应立即做成拒绝交还证书,其上所作记载应确认拒绝交还汇票之事实。在此情况下,持票第三人无须再遵从本《法典》第L511-33条和第L511-34条的规定。

不交还汇票，构成轻罪，处《刑法典》第 314-1 条与第 314-10 条规定的刑罚。

第 L511-42 条 持票人应在拒绝证书做成后，或者在订立"无费用退票条款"情况下，在提示之日后 4 个工作日内，向背书人通知未获承兑或未获付款。

在票据记载有出票人的姓名和住址的情况下，公证人与司法执达员有义务在登记后 48 小时内，用挂号信向出票人通知拒付的理由，否则，应负损害赔偿责任。公证人或执达员邮寄信件，除邮资和挂号费用之外，还可获取由条例规定数额的酬金。

每一个背书人，应在收到通知后的 2 个工作日内，将其收到通知之事由通知自己的前手背书人，并载明各前手背书人的姓名和住址，依次通知，直至出票人。

以上所指的各期限，均自收到前一通知起开始计算。

在按照前款规定向汇票的签名人进行通知时，应在同一期限内向其保证人进行同样的通知。

如某一背书人没有指明其住址，或者指明的地址无法辨认，向该背书人的前手背书人进行通知即可。

应当进行上述通知的人可以采取任何方式，甚至单纯将汇票退还，亦可。

应当进行通知的人，应证明其在规定期限内进行了通知。

在规定期限内将通知的信件交付邮局，视为遵守了通知期限。

在以上指明的期限内没有进行通知的人，并不因此丧失追索权；如有必要，应对其怠于通知而造成的损失负赔偿责任，但损害赔偿数额不得超过汇票的金额。

第 L511-43 条 出票人、背书人或票据保证人，可以通过在票据上记载"退票时不承担费用""免作拒绝证书"条款或其他同义文字并予签名，免除持票人在行使追索权时提供拒绝承兑证书或拒绝付款证书的义务。

本条第 1 款所指的条款记载并不免除持票人在规定期限内提示汇票与进行通知的义务。

认为持票人未遵守期限的人，有责任提出持票人未遵守期限之证据。

如票据上的条款记载是由出票人所为，该条款记载对票据上的所有签名人均发生效力；如其是由背书人或票据保证人所为，则仅对该背书人或该保证人发生效力。

即使出票人已作此项条款记载，持票人仍然做成拒绝证书的，费用由持票人负担。如此项条款记载是由背书人或票据保证人所为,并且已做成拒绝证书,持票人得向汇票上所有签名人追偿制作拒绝证书的费用。

第 L511-44 条 汇票的出票人、承兑人、背书人或者保证人,对持票人负连带责任。

持票人有权对上述所有的人个人或全体提起诉讼,且不受他们负担债务的先后顺序的限制。

已清偿票款的任何签名人,也享有相同权利。

对负担债务的人之一提起诉讼,不影响对其他债务人提起诉讼;即使后者是被先起诉的人的后手,亦同。

第 L511-45 条 一、持票人得向受到其追索的人要求支付:
1. 未获承兑或未获付款的汇票的金额,如约定了利息,应支付利息;
2. 自到期日起按法定利率计算的利息;
3. 做成拒绝证书以及进行通知的费用及其他费用。

二、如果是在到期日之前行使追索权,应从汇票金额上扣除提前贴现的利息之部分。应扣除的折息按照持票人行使追索权之日其住所地的(法兰西银行利率)确定的贴现利率计算。

第 L511-46 条 已经清偿汇票金额的人可以向保证人要求支付:
1. 其已支付的全部款项;
2. 自该款项支付之日起按法定利率计算的利息;
3. 负担的费用。

第 L511-47 条 已经受到或者可能受到追索的任何义务人,在进行清偿之后,得要求交还汇票、拒绝证书以及已还款项的账单。

已清偿汇票票款的任何背书人,得涂销其本人及后手所为之背书。

第 L511-48 条 在仅获得部分承兑之后行使求偿权的情况下,清偿汇票上未获承兑之部分票款的人,得要求在汇票上记载其已为之清偿,并要求向其出具清偿收据。持票人还应向清偿人交付一份经认证与原票相符的誊本及拒绝证书,以便其以后行使追索权。

第 L511-49 条 一、为以下事项确定的期限届满之后,除对承兑人仍享有权利外,持票人丧失对背书人、出票人和其他义务人就以下事项的权利:
1. 见票即付汇票或见票后特定期限付款之汇票的提示期限;
2. 制作未获承兑或未获付款的拒绝证书的期限;
3. 在汇票上记有"退票不承担费用"之字句时,付款提示期限。

二、但是,只有当出票人证明其在汇票到期日有足够存款资金时,持票人才丧失对出票人的追索权。持票人在此情况下仅对该汇票的付款人保有诉权。

三、出票人明定的期限内汇票没有提示承兑的,持票人既丧失对未获付款的追索权,也丧失对未获承兑的追索权,但如出票人所定的字句表明其仅仅是免除承兑担保时,不在此限。

四、如果有关提示期限的记载包含在背书当中,唯有该背书人可以主张此项记载。

第 L511-50 条 因不可克服的障碍,诸如任何一国的法定时效之原因,或者其他不可抗力情况,持票人不能在规定的期限内提示汇票或不能做成拒绝证书时,期限得予延长。

持票人应立即将不可抗力事由通知背书人,同时在汇票或其粘单上记载已进行这项通知,注明日期并签名;其他事项,适用第 L511-42 条之规定。

不可抗力情况停止以后,持票人应立即为承兑提示或付款提示,如有必要时,做成拒绝证书。

如果不可抗力情况持续至汇票到期日以后超过 30 日,持票人可以直接行使追索权,无须为提示或者做成拒绝证书,但适用第 L511-61 条之规定,追索权处于更长的中止期间的情形除外。

对于见票即付的汇票或者见票后特定期限付款的汇票,即使是在提示期限届满之前,前款所指 30 日期限自持票人向其背书人通知不可抗力的情况之日起计算;如果是见票后特定期限付款的汇票,在汇票定明的见票后的期限之上增加 30 日期限。

单纯的持票人的个人行为,或者受持票人委托作汇票提示或做成拒绝证书之人的个人行为,不视为构成不可抗力。

第 L511-51 条 独立于行使担保诉权规定的各项手续,未获付款的汇票的持票人,经法官准许,可以对出票人、承兑人和背书人的动产实行保全扣押。

第九节 拒 绝 证 书

第一目 拒绝证书的形式

第 L511-52 条 拒绝承兑证书或者拒绝付款证书由一名公证人或者一名执达员制作。

拒绝证书应在下列地点用单一文书制作：

1. 付款人的住所或其已知的最后住所；
2. 汇票上注明的必要时支付票款的人的住所；
3. 参加承兑的第三人的住所。

在住所记载有错误的情况下，做成拒绝证书之前应制作住所查证证书。

第 L511-53 条 拒绝证书应抄录汇票、承兑、背书以及其上指明的有关指示的各项记载文字，照录要求支付汇票金额的催告。拒绝证书还应写明应当付款的人在还是不在，拒绝付款的理由以及无权签字或拒绝签字之情形。

第 L511-54 条 除第 L511-32 条至第 L511-37 条以及第 L511-40 条与第 L511-41 条所指情况外，汇票持票人方面的任何文书均不能取代拒绝证书。

第 L511-55 条 公证人与执达员有义务向当事人提供拒绝证书的准确无误的副本，否则，将受到免职、承担诉讼费以及向当事人赔偿损失之处罚。

公证人或执达员也有义务将汇票与期票因未获付款而做成的拒绝证书的准确无误的副本，送交债务人住所地的商事法院或者受理商事案件的大审法庭的书记员，并要求出具收据，或通过要求回执的挂号信邮寄给该书记员，违者，受上述相同的处罚。这一手续应在拒绝证书做成之日起 15 日内完成。

第二目 公　　示

第 L511-56 条 商事法院书记员逐日按照公证人与执达员向其通报的情况，制作有关虽获承兑但未获支付的汇票、本票与支票的拒绝证书以及由邮政支票中心向其通报的邮政支票未获支付的记名证明书的一览表。

一览表上应当公布的每一事项，均由法令确定。

第 L511-57 条 自拒绝证书或者邮政支票未获支付的证明书做成之日起经过 1 个月期限且在做成之日起 1 年期间内，任何请求人均可自付费用，要求上述法院的书记员提交一份第 L511-56 条所指的一览表的节本。

第 L511-58 条 按照债务人交存并取得回证的邮政支票的票据与拒绝证书以及未获支付的证明书或者收据，确认支票已经支付时，商事法院书记员在按照第 L511-56 条制作的一览表上注销有关拒绝证书或者未付款证明书的通知，并由债务人负担费用。

交存的各项材料在第 L511-57 条所指的 1 年期限经过之后可以取回，过此期限，书记员不再负担义务。

第 L511-59 条 禁止以其他任何形式公示根据本目规定制作的一览表，否则应负损害赔偿责任。

第 L511-60 条 最高行政法院提出咨政意见后颁布的法令具体规定本目的实施方式。法令尤其确定制作拒绝证书的公证人或执达员以及办理其负责的各项手续的法院书记员的报酬数额。

第三目 期限的延长

第 L511-61 条 在实行武装力量总动员、发生自然灾害或公共灾害，或者受国家或地方行政机关管理或监督的公共服务被中断的情况下，政府发布的法令可以规定，在全国或部分地区，有关做成拒绝证书以及为其他所有可转让的有价证券保全追索权而应当作成的其他任何文书的期限均可予延长。

在上述相同情势下并按照相同条件，可转让的有价证券的到期日可予延长。

第十节 转开汇票①

第 L511-62 条 任何有求偿权的人，为了获得清偿，可以对保证人之一开出一份在该保证人住所地付款的见票即付的新汇票，此种新汇票称为"转汇票"（retraite，也译为"反汇票"），另有约定的除外。

转汇票的金额，除第 L511-45 条及第 L511-46 条指明的数额外，还包含中介收费与印花税。

如转汇票是由持票人开出，其金额根据原汇票付款地汇往（前手）保证人住所地的见票即付汇票的汇率确定；如汇票是由背书人开出，其金额根据转汇票出票人自其住所汇往（前手）保证人住所地的见票即付汇票的汇率确定。

第 L511-63 条 转汇票在法兰西本土大陆上一律按下列比例结算：发往省府所在地的，0.25%；发往区首府所在地的，0.50%；发往其他地方的，0.75%。

任何情况下在同一省内均不得开具转汇票。

第 L511-64 条 所有的转汇票均不得并合。

每一背书人只能接受一张转汇票；出票人，亦同。

---

① 这是指汇票被拒绝承兑或被拒绝付款时，由持票人或者背书人发出的新汇票。——译者注

第十一节 参　　加

第 L511-65 条　　出票人、背书人或者票据保证人得指明由某一人在需要时承兑或者付款。

汇票得按照以下规定的条件,由一参加人为受到追索的任何债务人进行承兑或付款。

参加人得为第三人,甚至可以是付款人,或者是按照汇票负担义务的人,但承兑人除外。

参加人应在 2 个工作日内将其参加事由通知因其参加而获得利益的人。参加人未遵守该期限的,对因其懈怠而造成的损害负赔偿责任,但赔偿额不得超过汇票金额。

第一目　参 加 承 兑

第 L511-66 条　　在可承兑的汇票的持票人于到期日之前可以行使追索权的所有情况下,均可参加承兑。

如汇票上已指明某人在需要时进行承兑或者在付款地进行付款,持票人不得在汇票到期日之前对指定的预备承兑人或预备付款人及其后手签字人行使追索权,但持票人向指定的人提示承兑而被该人拒绝并以拒绝证书确认时,不在此限。

其他参加情形下参加承兑,持票人得拒绝之。

但是,如持票人已同意参加承兑,即丧失其享有的追索权,因而不得在汇票到期日之前对指定的预备承兑人或预备付款人及其后手签字人行使此种追索权。

参加承兑,应在汇票上载明,并由参加人签名;写明为何人利益而参加承兑;未作此记载的,视其为出票人的利益参加承兑。

承兑参加人以被参加人相同的方式,对持票人和被参加人的后手背书人承担责任。

被参加人及其(前手)保证人不受参加承兑影响,在清偿第 L511-45 条指明的金额后,参加人得要求持票人交出汇票、拒绝证书;有收款清单的,亦可要求一并交出。

第二目 参加付款

第 L511-67 条 在持票人得于到期日或者到期日之前行使追索权的所有情况下,均可参加付款。

参加付款,应包括受其利益的人需付款项的全额。

参加付款,最迟应在未获付款情况下做成拒绝付款证书的期限的最后一日的次日为之。

第 L511-68 条 汇票如获居住在付款地的数人参加承兑,或者居住在付款地的数人已被指定为预备付款人,持票人应向这些人的全体做付款提示,必要时,最迟应在做成拒绝证书期限的最后一日的次日做成拒绝付款证书。

如在此期限内没有做成拒绝证书,预备付款人的指定人、被参加承兑人以及后手背书人,不再负义务。

第 L511-69 条 拒绝参加付款的持票人,丧失其对可能已解除义务之人的追索权。

第 L511-70 条 参加付款应在汇票上记载"付讫"字样,以兹确认,并记明被参加人;未作此项记载的,视其为出票人付款。

汇票应交付给参加付款人;如有拒绝证书,应一并交付。

第 L511-71 条 参加付款人对被参加付款人以及依据汇票对该被参加付款人负有义务的人取得汇票上的一切权利,但不得再为汇票背书。

被参加付款人的后手背书人免除债务。

有数人参加付款时,付款清偿债务最多的人享有优先权。故意违反此规定而为参加付款的,丧失其对已解除债务之人的追索权。

第十二节 复本及抄本

第一目 复 本

第 L511-72 条 汇票得开立一式数份的复本。

这些复本在票据正文中应加编号;未加编号的,每一份复本视为一张独立的汇票。

汇票上没有指明其是以唯一的单份签发时,任何持有此种汇票的人均得自负费用,要求提交数份复本。持票人应向其直接的前手背书人为此请求,持票人的直接前手背书人再向其本人的前手提出请求,依次顺推,直至出票人。

所有背书人均应在新的复本上重为背书。

第 L511-73 条 就一份复本付款,即使没有记载其他复本因此付款而失效,仍然具有解除债务的效力;但付款人对其已经承兑而未收回的备份复本仍应承担责任。

背书人将复本分别转让给若干不同的人,该背书人及其后手应对所有经其签名而未收回的复本承担责任。

第 L511-74 条 将复本之一送交承兑的人,应在其他所有复本上写明持有该复本的人的姓名。持有该复本的人有义务将此复本交给持有另一复本的合法持票人。如该人拒绝交付,持票人只有在做成拒绝证书确认下列事项后,才能行使追索权:

1. 未依其请求向其交付送交承兑的复本;
2. 按另一份复本为承兑或付款提示而未获承兑或付款。

第二目 抄 本

第 L511-75 条 汇票持票人有权做成汇票抄本(copie,副本)。

抄本应正确誊写原本上的背书及其他一切记载事项。抄本应注明誊写终止之处。

背书和票据担保得以与原本相同的方法在誊本上为之,并与在原本上所为背书和保证具有同等效力。

第 L511-76 条 抄本应载明原本的持有人。原本持有人负有向抄本合法持有人交还原本的义务。

原本持有人拒绝交还时,抄本持有人只有做成拒绝证书证明虽经其请求,原本仍未交还之后,始可对抄本上的背书人或票据担保人行使追索权。

抄本作成之前,原本于最后背书之后载有"此后限于抄本上的背书有效"的文句或其他同义习惯语句的,其后于原本上所为的背书,不生效力。

第十三节 变 造

第 L511-77 条 汇票的文字有变造的情况下,在此种变造发生之后签字的人,按照变造后的文义承担义务;变造之前即已签字的人,仍然按照原文的记载承担义务。

第十四节 时 效

第 L511-78 条 对承兑人提起由汇票产生的任何诉讼,时效期间为 3 年,自汇票到期日起计算。

持票人对背书人和出票人的诉讼,时效期间为 1 年,自在有效期间做成拒绝证书之日起计算;汇票上有"退票不承担费用"的记载时,自汇票到期日开始计算期间。

背书人相互之间,以及背书人对出票人的诉讼,时效期间为 6 个月,自背书人清偿票款之日或者背书人自己被起诉之日起计算。

在已经向法院提起诉讼的情况下,上述诉讼时效期间仅从最后一次起诉之日起计算。已进行处罚或债务已获得单独文书确认时,不适用上述诉讼时效期间。

诉讼时效中断,仅对与中断事由有关的人发生效力。

但是,被视为债务人的人,被要求清偿债务时,应宣誓证明其不再负有债务;其在世配偶、法定继承人或权利义务继受人,被要求清偿债务的,亦应宣誓确认其真诚地认为自己不再负有任何债务。

第十五节 通 则

第 L511-79 条 汇票到期日为法定节假日的,只能在节假日之后的第 1 个工作日请求付款。同样,有关汇票的其他所有行为,特别是提示承兑和制作拒绝证书,只能在工作日为之。

前款所指的某一行为必须在特定期限内完成,但该期限的最后一日为法定节假日时,期限延长至其届满后的第 1 个工作日。期限中间的节假日,在计算期限时应予计算。

第 L511-80 条 根据现行法律不得要求进行任何支付或者不得做成任何拒绝证书的日子,视同法定节假日。

第 L511-81 条 法定或约定的期限不包括期限开始的当天。

任何不是法定的,也非法院判定的宽限日,均不予认可,但第 L511-38 条和第 L511-50 条规定的情形,不在此限。

第二章 本 票

第 L512-1 条 一、本票应包含下列内容：

1. 在票据主文中记载的，并以制作该票据所使用的语言表明其为本票的文字或本票的名称；
2. 支付确定金额的无条件承诺；
3. 有关付款日期的记载；
4. 有关付款地的记载；
5. 受款人或指定受款人的姓名；
6. 本票签发日期和签发地点的记载；
7. 签发本票的人的签名。

二、没有载明到期日的本票，视为见票即付的本票。

三、没有特别记载付款地的，本票的签发地视为付款地，并同时视为出票人的住所地。

四、没有载明签发地的本票，视其在记载于出票人姓名旁边的地点签发。

第 L512-2 条 票据缺少第 L512-1 条规定的应当记载的事项之一时，除第 L512-1 条第二项至第四项规定的情况外，不发生本票的效力。

第 L512-3 条 有关汇票的以下规定，凡是不与本票的性质相抵触的，均适用于本票：第 L511-2 条至第 L511-5 条，第 L511-8 条至第 L511-14 条，第 L511-18 条，第 L511-22 条至第 L511-47 条，第 L511-49 条至第 L511-55 条，第 L511-62 条至第 L511-65 条，第 L511-67 条至第 L511-71 条，第 L511-75 条至第 L511-81 条。

第 L512-4 条 有关票据保证的第 L511-21 条的规定，亦适用于本票。在该条第 6 款规定的情况下，票据保证没有载明是为何人利益设立此项担保（没有载明被保证人）时，视其为本票的出票人提供保证。

第 L512-5 条 第 L511-56 条至第 L511-61 条有关公示与延长制作拒绝证书的期限的规定，适用于本票未获支付而制作的拒绝证书。

第 L512-6 条 本票的出票人，按照与汇票承兑人相同的方式，承担义务。

第 L512-7 条 见票后定期付款的本票，应在第 L511-15 条规定的期限内，向出票人为见票提示。见票后的期限自出票人在本票上为见票签证之日起计算。出票人拒绝对注明日期的见票进行签证的,应做成拒绝证书予以证明;拒绝证书做成日即为见票后期限的开始之日。

第 L512-8 条 非经当事人明确约定并在发票上注明,债务人不得以本票结算。即使在此情况下,开出发票后 30 日内本票没有送达债权人的,债权人可签发一份汇票,债务人应根据第 L511-15 条最后两款规定的条件予以承兑。与此相抵触的任何条款,视为未予订立。

第二编 担　　保

第一章　有关商事质押的一般规定

译者概述：

按照《法国民法典》的规定，质权分为"有体动产质权""无形动产质权"和"不动产质权"，这些术语原文分别为"gage""nantissement"和"antichrèse"，均为《法国民法典》的法定术语，既指"质权"，也指"质押物"，还指"设质"（质押）行为本身。为此，译文根据条文的具体情况分别取其相对应的意义。按照适用法律进行分类，质权分为民事质权、商事质权与营业质权（质权的一种特殊类型，通常仅在典当法律关系中存在，是指专为担保典当借款的清偿而设的质权）。我国《担保法》规定质押分为动产质押和权利质押两种，其中第75条规定：下列权利可以质押：(1) 汇票、支票、本票、债券、存款单、仓单、提单；(2) 依法可以转让的股份、股票；(3) 依法可以转让的商标专用权，专利权、著作权中的财产权；(4) 依法可以质押的其他权利。《法国商法典》规定的"营业资产的设质"是一种无形动产质权，称为"nantissement du fonds de commerce"，债权等权利质权也属于无形动产质权或权利质押。

《法国商法典》第L521-1条第2款与第3款关于用可流通的有价证券以及可发行股票的公司发行的股票，金融公司、工业公司、商事公司或民事公司的权益份额与记名债券设质的规定与我国法律所持的观念有所不同：《法国商法典》将仓单、股份、股票的质押规定在动产质押类型当中。关于这一问题，理论上存在不同见解：我国有学者认为，仓单质押在性质上应为权利质押而非动产质押,如果仓单质押是动产质押,那么仓单质押的标的物应为动产,但是,仓单本身并不是动产,而是设定并证明持单人有权取得一定财产权利的书面凭证,是代表仓储物所有权的有价证券,其本身并无任何意义,仓单的意义在于其上记载的财产权利。虽然仓单是物权证券化的一种表现形式,合法拥有仓单即意味着拥有仓储物的所有权,但仓单本身仅仅是一纸文书。

按照《法国民法典》的规定,不动产的用益权、役权或地役权、旨在请求追还不动产的诉权,依其附着的客体为不动产(第526条);以可追偿的到期款项或动产为标的的债(obligation)与诉权(action),在金融、商业、工业公司内的股份与权益,依法律的规定为动产,虽然依附于这些企业的不动产属于公司;只要公司存续,此种股份与权益,对于每一参股人而言,均为动产;对国家或者对个人的永久定期金或终身定期金,依法律的规定,亦为动产(第529条)。因此,在法国法律中有所谓"动产债权"(créances mobilières)、"不动产债权"(créances immobilières)以及"动产诉权"(actions mobilières)、"不动产诉权"(actions immobilières)等概念与区分。

第L521-1条 商人或非商人个人为商事行为设立的动产质权,对于第三人,如同对缔约当事人,按照第L110-3条的规定确认。①

对于可流通的有价证券,动产质权也可以通过指明证券已用于设立担保、符合规定的背书②确认之。

对于金融公司、工业公司、商事公司或民事公司发行的股票、权益份额与记名债券③,凡其转移(transmission)需要在本公司设置的登记账簿上办理过户(transfert)手续的,以及在公债账簿上的记名登记,设置动产质权也可经在这些登记簿上以担保名义进行的转让登记确认。

(2006年3月23日第2006-346号法令第45条)"适用本条之规定不得

---

① 即"对于商人,商事行为得以任何方法证明之,法律另有规定的除外"。——译者注
② 持票人为被背书人设定质权所作的设质背书,以票据权利为被背书人设定质权,用于担保债权的实现,被背书人取得实体上的权利,并享有优先受偿权。本《法典》第L521-1条第2款规定,对可流通的有价证券,动产质权也可以经符合规定的背书设立。这仍然是一种有体动产质权,意味着这种质权的标的物仍然是有价证券本身。——译者注
③ 本条仅规定记名股份的设质,因为无记名股份在转让时很少限制,将无记名股票交付质权人即告用股权设定质权。本条所指的"凡其转移需要在本公司设置的登记账簿上办理过户登记",属于"记名股份与记名债券"。本《法典》这一规定与《日本商法典》的规定相类似:根据出质人的请求,将质权人的姓名和住址登记在股东名册上。除应当交付股票外,还应完成登记手续。质权人可以先于其他债权人接受公司红利、股息和剩余财产等,用于自己债权的清偿。——译者注

违反《民法典》第2355条至第2366条有关动产债权的规定"。

用于设质的商业票据,得由质权人(créancier gagiste,质权债权人)[①]兑现收取(recouvrable)。

司法解释:

1. 质权的性质与确认:(1)评判商事质权的标准:设置的质权是民事性质还是商事性质,按照其担保的债务性质来评判,而不考虑设质人的资格(身份)(最高法院商事庭,1974年6月11日)。(2)商事质权的特殊性:《民法典》第2074条的规定不适用于商事质权(卢昂法院,1905年12月20日)。(3)商事质权的确认:商事质权按照本《法典》第L110-3条的规定确认,即使对第三人,亦同(最高法院民事庭,1905年1月9日);在制作设质文书的情况下,该文书无须符合民法上对私署文书的要求(巴黎法院,1935年4月4日)。(4)证据之自由:按照本《法典》第L521-1条与第L110-3条的规定,为担保商人对另一商人的债务而设置的(动产)质权,得自由证明之,即使出质人本人并非商人(最高法院商事庭,2001年10月2日)。

2. 动产质权的标的:(1)公司权益。A. 有价证券:用无记名证券设质,依转移占有而实现,且得以任何方法证明之(最高法院商事庭,1975年2月25日)。用记名证券设质,经在公司登记簿上作出转移过户记载,即告实现,而对于民事质权(民法上规定的质权),应履行《民法典》(原)第2074条规定的手续(最高法院商事庭,1987年12月8日)。用金融工具设质,参见《货币与金融法典》第L211-20条的规定。关于质权人可以请求法院任命一名司法代理人监督公司管理的问题,参见里昂法院1978年3月30日判决。有价证券仅仅是暂时不得处分,不妨碍将其用于设质(最高法院商事庭,2008年9月30日)。B. 公司股份:禁止用公证人职业民事合伙的股份设质或者将其公开拍卖,(这种禁止)原则上并不意味着这些股份具有不可扣押性,哪些财产具有不可扣押性(为不得扣押的财产),只能由立法作出规定(最高法院第一民事庭,2003年11月4日)。(2)债权:第L521-1条第4款明确规定适用本条之规定不得违反《民法典》第2355条至第2366条有关动产债权的规定,用对指明的人的债权设质,应当用进行了登记的文书为见证(最高法院民事

[①] 质权人的名称,法文原文为"créancier gagiste",这是法国法律的法定术语,照其意应为"质权债权人",抵押权人则称为"créancier hypothècaire",同样应为"抵押权债权人"。——译者注

庭,1865年11月27日)。综合《商法典》第L521-1条与《民法典》(原)第2075条的规定,确认(用债权)设质的文书应当进行登记,并送达设质债权的债务人或者经债务人用公证文书的形式同意(巴黎法院,1993年6月29日);当履行这些手续构成质权(债权)人的权利据以产生的实质性条件时,只要没有履行这些手续,债权人便不能主张(持有)有效的质押文书(同一判决)。用在账户上登记的可转让的债权凭证设质的问题,参见《货币与金融法典》第L213-2条。(3)期票:用期票(为标的物)设立的商业质权,可以任何方法见证、确认,对双方当事人与第三人均是如此(最高法院商事庭,1972年6月20日)。本条第2款与第3款规定的"背书"与"转让、过户"方法,并非必不可少(最高法院诉状审理庭,1899年12月13日)。(4)支票:关于用支票设质的问题,参见最高法院商事庭1989年7月10日判决。(5)用人寿保险单设质:参见第L521-2条之规定。用人寿保险单设质并非(设置)"人的担保"(保证),因此,《民法典》第1415条不适用于此种质押(最高法院第一民事庭,2006年2月28日)。

第L521-2条 (2006年3月23日第2006-346号法令第56-2条废止:在所有情况下,只有在质押物(gage)已交由债权人或双方当事人约定的第三人占有并且仍然由其占有时,优先权始能继续对动产质押物存在。

当商品在债权人的仓库或船只、海关或公立库房内,但债权人可以支配时,或者,如商品在运抵之前已按提单或托运单受到扣押时,视为债权人已经占有商品。)

第L521-3条 (2006年3月23日第2006-346号法令第46-1条)债权到期仍未得到清偿时,债权人得在向债务人,以及如有作为质押物出租人的第三人,向该第三人,进行普通送达之后经过8日,按照本条规定的限制条件,对用于设质之物进行公卖(vente publique)。① 所订协议不得违反本条之规定。

除由投资服务提供者负责进行的买卖之外,其他买卖(公卖)通过(2011年7月20日第2011-850号法律第37-11条)"经宣誓的商品居间商"进行,但是,应各方当事人的请求,商事法庭庭长得指定另一类别的公务助理人员进行此种公卖。

---

① 这里的"公卖"原文为"vente publique",法语中,"拍卖"称为"vente aux encheres publiques",两者概念不完全相同。拍卖是公卖之一种。我国过去官设部门售卖烟酒、食盐等为公卖,或者依法律规定,通过投标、拍卖等方式进行的强制出卖也称为公卖。公卖标的物称为公卖品。第L521-2条原规定废止以后,"无形动产质押物"并非一定要转移占有。——译者注

第 L322-9 条至第 L322-13 条关于公卖的各项规定均适用于前款所指的拍卖。

（2006 年 3 月 23 日第 2006-346 号法令第 46-2 条）债权人也可以向法院申请将质押物归属自己，或者同意按照《民法典》第 2347 条与第 2348 条的规定取得质押物的所有权。

附《法国民法典》关于质权的规定

第二章　有体动产质权

（2006 年 3 月 23 日第 2006-346 号法令）

第一节　有体动产质权之普通法

第 2333 条　（2006 年 3 月 23 日第 2006-346 号法令）有体动产质权（有体动产质押）是指设质人据以给予债权人就某项有体动产或者现有的或将来的全部有体动产优先于其他债权人受清偿之权利的契约。

受担保的债权得为现有的或将来的债权；后一种情况，应当是可以确定的债权。

第 2334 条　（2006 年 3 月 23 日第 2006-346 号法令）债务人或者第三人均可同意设立有体动产质押。由第三人设质的情况下，债权人仅对用于担保的财产享有诉权。

第 2335 条　（2006 年 3 月 23 日第 2006-346 号法令）用他人之物设立有体动产质权，无效。在债权人不知质押物属于他人时，得引起损害赔偿。

第 2336 条　（2006 年 3 月 23 日第 2006-346 号法令）经制作文书，写明受担保的债权、用于设质的财产的数量及其类型或性质，有体动产质权即告完全成立。

第 2337 条　（2006 年 3 月 23 日第 2006-346 号法令）有体动产质权一经公示，对第三人具有对抗效力。

将作为有体动产质权标的的财产转移占有于债权人，或者转移至约定的第三人之手,亦产生对抗第三人的效力。

有体动产质权符合规定地进行了公告时,设质人的特定财产权利继受人不得主张(本《法典》)第2279条之规定。

第2338条 (2006年3月23日第2006-346号法令)有体动产质权,经在专门的登记簿上登记进行公示。有体动产质权登记之具体条件由最高行政法院提出资政意见后颁布的法令作出规定。

第2339条 (2006年3月23日第2006-346号法令)设质人只有在全额清偿受担保的债务的本金、利息与费用之后,才能要求注销动产质权登记或者要求返还用于设质的财产。

第2340条 (2006年3月23日第2006-346号法令)先后设立的多项不转移占有的有体动产质权的标的为同一财产时,各债权人之间的清偿顺位按照他们的质权登记的顺序确定。

如果用于设质但不转移占有的财产随后又被作为转移占有的有体动产质权的标的,在原先设立的动产质权符合规定地进行了公告的情况下,该质权债权人的优先受偿权对后来的质权债权人有对抗效力,即使后者享有留置权,亦无影响。

第2341条 (2006年3月23日第2006-346号法令)用可替换物设立转移占有的有体动产质权时,债权人应当将质押物与属于其本人的相同性质之物分开持有。非如此,设质人得主张本《法典》第2344条第1款之规定。

如果协议免除债权人承担此项义务,债权人可取得质押物的所有权,但应返还相同数量的等值物。

第2342条 (2006年3月23日第2006-346号法令)用可替换物设立不转移占有的有体动产质权时,如协议有此规定,设质人可以转让用于设质的标的物,但应当负责用相同数量的等值物替换之。①

第2343条 (2006年3月23日第2006-346号法令)设质人应当偿还债权人或者约定的第三人为保管作为质押物的动产而付出的有益的或必要的费用。

第2344条 (2006年3月23日第2006-346号法令)设置转移占有的有体动产质权时,如债权人或者约定的第三人不履行保管出质物的义务,设质人可以要求返还出质物,且不影响其请求损害赔偿。

设置有体动产质权但不转移占有时,如设质人不履行保管出质物的义

---

① 这意味着法国法规定的"有体动产设质可以转移占有,也可不转移占有"。——译者注

务,债权人可以主张受担保的债务已经到期或者要求增加出质物。

第2345条 (2006年3月23日第2006-346号法令)除另有规定外,用于设质的财产的持有人是受担保的债务的债权人时,该债权人可以受领该财产的孳息并用其冲抵利息,或者在没有规定利息的情况下,用其扣抵债务的原本。

第2346条 (2006年3月23日第2006-346号法令)在受担保的债务未得清偿的情况下,债权人可以向法院请求出卖用于设质的财产。此种出卖按照民事执行程序规定的限制条件进行,设质协议不得另行规定条件。

第2347条 (2006年3月23日第2006-346号法令)债权人也可以请求法院命令将该财产留给其用于债务清偿。

财产的价值超过受担保的债务数额时,等于差额的款项应当支付给债务人,或者在有其他质权人时,此款项寄存。

第2348条 (2006年3月23日第2006-346号法令)设立动产质权之时或者其后,也可以约定在受担保的债务没有得到履行的情况下,债权人将成为用于设质的财产的所有权人。

财产的价值,在其没有《货币与金融法典》意义上的市场挂牌价格时,由协商指定或者法院裁判指定的鉴定人依据所有权转移之日的情形确定;任何相反条款均视为未予订立。

财产的价值超过受担保的债务数额时,等于差额的款项应支付给债务人,或者如有其他质权人,此款项寄存。

第2349条 (2006年3月23日第2006-346号法令)即使债务在债务人的继承人之间具有可分性或者在债权人的继承人之间具有可分性,有体动产质权仍不可分割。

只要债务尚未全部清偿,已经清偿其份额的债务人的继承人不得请求返还其在设质物中可占的份额。

与此相对应,已经受领其债权份额的债权人继承人不得损害共同继承人中尚未得到清偿之人的利益而交还出质物。

第2350条 (2006年3月23日第2006-346号法令)经法院裁判命令以担保或者保全的名义交存或寄存的款项、票据或有价证券,产生第2383条意义上的特别用途与优先受偿权。

第二节 对机动车辆的动产质权

第 2351 条 （2006 年 3 月 23 日第 2006-346 号法令）用陆路机动车辆或者注册的拖车设置动产质权,按照最高行政法院提出资政意见后颁布的法令规定的条件向行政机关进行申报,即对第三人产生对抗效力。

第 2352 条 （2006 年 3 月 23 日第 2006-346 号法令）质权债权人提交申报回证,即被视为对用于设质的财产保持占有。

第 2353 条 （2006 年 3 月 23 日第 2006-346 号法令）不论债务人的身份如何,质押物的变现受第 2346 条与第 2348 条所定规则约束。

第三节 共同规定

第 2354 条 （2006 年 3 月 23 日第 2006-346 号法令）本章之规定不影响适用商事方面或者为获得批准的借贷机构的利益对质押物所定的特别规则。

第三章 无形动产质权①

第 2355 条 （2006 年 3 月 23 日第 2006-346 号法令）用无形动产设质（无形动产质权）是指,将现有的或将来的某项无形动产或全部无形动产用于担保某项债务。

无形动产质权,依契约设立,或者依法院裁判设立。

经法院裁判设立的无形动产质权受民事执行程序适用的规定调整。

在没有特别规定的情况下,用债权设立约定的无形动产质权,受本章之规定调整。

在没有特别规定的情况下,用其他无形动产设质,受有体动产质权之规则调整。

---

① "无形动产质权"原文为"nantissement"。这一术语原来是对动产质权与不动产质权的统称,现在仅指"无形动产质权"。《法国民法典》原第 2071 条规定:"质押是指债务人为担保其债务,将某物交给其债权人的契约。"原第 2072 条规定:"动产物的质押称为动产质;不动产物的质押称为不动产质权。"（参见第 2387 条至第 2392 条）无形动产质权往往是动产权利质权,但"营业资产"（例如商业店铺）也是无形动产。参见第一卷第四编。本节所规定的主要是债权质权。——译者注

第 2356 条 （2006 年 3 月 23 日第 2006-346 号法令）用债权设质，应书面订立，否则无效。

受担保的债权以及用于设质的债权，均应在文书中写明。

如果是用将来取得的债权（设质），文书应当能够将其个别化或者包含可以将其个别化的要件，例如，指明债务人、清偿地点、债权数额或者债权的估值，必要时，写明债权的到期日。

第 2357 条 （2006 年 3 月 23 日第 2006-346 号法令）以将来的债权为标的的无形动产质权，自该债权产生之时，质权人即对其取得权利。

第 2358 条 （2006 年 3 月 23 日第 2006-346 号法令）用债权设质，可以有确定的时间。

可以用债权之一部设质，但不可分之债权除外。

第 2359 条 （2006 年 3 月 23 日第 2006-346 号法令）除各方当事人另有约定外，无形动产质权扩张至债权的从属权利。

第 2360 条 （2006 年 3 月 23 日第 2006-346 号法令）用某一账号设质时，用于设质的债权是指，在担保实现之日该账号的贷方余额，不论此余额为暂时余额还是已最终确定，但保留按照民事执行程序规定的条件对正在进行中的账目出入活动的调整。

除相同保留之外，在对出质人实行保护程序、司法重整、司法清算程序或者个人超额负债状况处理程序的情况下，质权债权人对此种程序开始之日设质账号上的余额享有权利。

第 2361 条 （2006 年 3 月 23 日第 2006-346 号法令）用现在的或将来的债权设质，自设质文书之日，在各方当事人之间产生效力，并对第三人产生对抗效力。

第 2362 条 （2006 年 3 月 23 日第 2006-346 号法令）用债权设质，应当通知用于设质的债权的债务人，或者该债务人应当参与设质行为，以便由此设立的质权对债务人能够产生对抗效力。

非如此，唯有出质人才能有效受领债权的清偿。

第 2363 条 （2006 年 3 月 23 日第 2006-346 号法令）在进行通知之后，唯有质权债权人才能有效受领用于设质的债权的原本与利息的清偿。

第 2364 条 （2006 年 3 月 23 日第 2006-346 号法令）以用于设质的债权的名义支付的款项，在受担保的债权已经到期时，扣抵该债权。

相反情况下，质权债权人将此款项以担保的名义存入在有资格接受款项的机构里开立的账户；如受担保的债务得到履行，由该机构负责将款项返还。

(2007年2月20日第2007-212号法律第10-11条)在受担保的债权的债务人不履行债务的情况下,如经催告后8天仍无效果,债权人在尚未得到清偿的款项限度内将此资金用于清偿其债权。

第2365条 (2006年3月23日第2006-346号法令)在债务人不履行债务的情况下,质权债权人得向法官提出请求或者按照设质协议规定的条件,将其债务人用于设质的债权以及与之相关联的权利归属于自己。

质权债权人也可以等待设质债权到期。

第2366条 (2006年3月23日第2006-346号法令)如设质人向质权人清偿的款项数额超过受担保的债务,质权人应向设质人偿还差额。

【以下为《商法典》条文】

第二章 质押物的仓储寄托

第一节 质押物仓储库的认可、转让与停止经营

第 L522-1 条 工业生产者、商人、农业种植者或手工业者在其内存放原材料、商品、食品或制成品(produits fabriqués,制造产品)的仓储机构,只有在取得省长颁发的认可书之后,其经营者才能签发可以转让的质押仓单(bulletin de gage),并将其机构称为"仓单质押仓储库"(magasin général)。①

第 L522-2 条 省长(2011年5月17日第2011-525号法律废止:"在听取经最高行政法院提出资政意见后颁布的有关本章的实施法令所指的行业组织或跨行业组织的意见后")对认可申请进行审议并作出行政决定。省长所作的决定应当说明理由。

第 L522-3 条 存放质押物的仓储库的转让,按照与前款相同形式,经省长认可。

第 L522-4 条 质押物仓储库在不进行转让的情况下发生的任何停止经

---

① 不仅仓储库的经营者应当得到行政许可,而且未得到认可的任何仓库均不得使用"仓单质押仓储库"的名称。——译者注

营,其经营者应提前6个月向省长预先通知。6个月期限届满时,如商业总体利益有此要求,大审法院得(为仓储库)指定一名临时管理人。大审法院院长应检察院的申请,依紧急审理程序进行审理,作出裁判。

第 L522-5 条 禁止质押物仓储库的经营者直接或间接为其本人或他人的利益,以行纪人或其他任何名义,从事以其有资格签发质押仓单的商品为标的的任何商业交易或投机交易活动。

第 L522-6 条 对于经营质押物仓储库的公司,只要有一名持有本公司10%以上资本的股东从事抵触第 L522-5 条之规定的活动,视该公司属于该条禁止性规定的范围。

第 L522-7 条 经营质押物仓储库的任何公司,由于其股东之间持有的资本份额发生变化因而不再符合第 L522-6 条要求的条件时,应在此种变化发生后的1个月内提出申请继续保留其原已获得的(资格)认可。

原已给予的认可,至省长进行审议并作出行政决定之日,仍然有效。

省长得按照第 L511-11 条规定的条件宣告继续保留已给予的认可,或者按照第 L522-39 条的规定宣告撤回认可。

第 L522-8 条 在设立质押物仓储机构须经行政令或部级行政决定批准时,(2011年5月17日第2011-525号法律第48条废止:"在听取第 L522-2 条所指的机构的意见之后")由该行政令或者部级行政决定认可该机构为质押物仓储库。

第 L522-9 条 已经获得认可的质押物仓储机构的经营者,无须按照有关规范此种机构的设置、扩展或转让的法规的规定重新申请批准。

第 L511-10 条 认可某一机构作为质押物仓储库的行政令或行政决定,得包含批准该机构的经营者开设公开买卖大宗商品的交易大厅。

第 L522-11 条 一、不符合第 L522-5 条及第 L522-6 条确定之条件的企业,也可为其正在经营、计划经营的仓库提出申请,以请求将该仓库作为质押物仓储库给予认可,并且如经认定商业利益有此要求,可以(2011年5月17日第2011-525号法律第48条废止:"作为特例")取得认可。

二、在此情况下:

1. 认可申请应当按照条例的规定在省府以及仓储库机构所在地的市镇进行公示;

2. 认可决定,除规定第 L522-12 条所指的保证之外,还规定需提供特别担保,特别担保的数额至少等于第 L522-12 条规定的担保数额。特别担保,或者用金钱设立,或者采用仓储机构所在辖区的商事法院认可的银行作为保证人而设立。

第 L522-12 条 省长作出的批准设立质押物仓储库的行政决定,应规定仓库经营者有义务提供保证。

提供保证的数额,在最高行政法院提出资政意见后颁布的法令确定的最高数额与最低数额之间,按照存放质押物的仓库的面积计算。

第 L522-8 条所指的机构也有义务提供本条第 1 款所指的担保。

第 L522-13 条 在本章以及最高行政法院提出资政意见后颁布的法令确定的框架内,制定一项或数项标准规则,确定质押物仓储库的运作条件。

第二节 义务、责任与担保

第 L522-14 条 将商品存放于质押物仓储库的任何人,有义务向仓储库经营者报明这些商品的性质与价值。

第 L552-15 条 质押物仓储库的经营者,在申报的商品价值的限度内,对交付给他的仓储物负看护(garde)与保管(conservation)责任。

存放质押物的仓储库的经营者对于商品因其本身的性质、包装或者因不可抗力引起的损坏与损耗不负责任。

仓储库的经营者在保管仓储物方面的义务,由第 L522-13 条与第 L522-17 条所指的标准规则和特别规则具体规定。

第 L522-16 条 可以作为质押物入库的商品,由仓储库的总保险单(统一)强制参加火灾保险。

但是,就设立在海港的仓储库而言,对于已经参加海上保险的商品,只要该项保险包括火险担保,可暂时停止参加前述火灾保险之义务。

如果在此(中止)期间发生火灾,不发生质押物仓储经营者对存货人、保险公司以及仓单持有人的责任。

此期间经过之后,上述商品应受仓储库总保单的保险。

第 L522-17 条 每一个仓储保管机构均应在考虑仓库的性质与情况的基础上,制定本仓库的特别规则,确定本仓库的经营条件,用以对"标准规则的一般规定"进行补充。

第 L522-18 条 第 L522-17 条所指的特别规则应附有一份按照本章规定制定的本仓库管理费以及为存货人提供服务的一般标准,可能情况下,应附有一份专门的收费标准。相应税费的收取,不作任何区分,也不给予任何优惠。

第 L522-19 条 质押物仓储库的收费标准价目表,应在仓库开业前至少一个月报送省长备案。

已经确定的收费标准价目的任何变更,应通知省长(2011 年 5 月 17 日第 2011-525 号法律第 48 条废止:"以及第 L522-2 条所指的组织"),并且只有在此项通知之后经过一个月,才能执行变更后的收费标准。但是,经营者实行的收费标准价目需经行政批准的,不适用上述期限。

第三节 仓储库的运作与监督

第 L522-20 条 仓储库(magasins généraux)的经营者可以就其接收入库的商品作为质押,给予借贷,或者对代表商品的仓单进行转让。

第 L522-21 条 仓储库经营企业的董事长、管理人、经理与员工,对涉及与存放的商品有关的任何事项,有义务保守职业秘密,违规者处《刑法典》第 226-13 条规定的刑罚。

第 L522-22 条 仓储库按照最高行政法院提出资政意见后颁布的法令规定的条件置于行政部门的监督之下。

第 L522-23 条 本章之规定及其实施法令、仓库的收费标准价目表与规章,均应张贴在公众可以进入的各办公区域。

第四节 存入仓单与出质仓单①

第 L522-24 条 应当向每一存货人签发一张或数张商品存入仓单(入库仓单)。存入仓单应记载存货人的姓名、职业与住所、存入的商品的性质以及适用于鉴别此种商品并确定商品价值的各说明事项。

存入仓储库并为其签发了存入仓单和出质仓单的可替代性商品,均得以相同性质、相同种类及相同质量的商品替换之。此种替换之可能性,应同时记载于存入仓单与出质仓单。

存入仓单持有人与出质仓单持有人的权利和优先权,转移至替换的商品。

---

① "存入仓单"原文为"récépissés",意为"收据"或"入库单";"出质仓单"原文为"warrant",法文也称为"bulletin de gage"(质押单)。不同国家对于仓单的立法有所不同,通常有三种:其一为两单主义或复单主义,即同时填发两张仓单,一张为存入仓单,一张为出质仓单,用于设定动产权权。《法国商法典》采取的是两单主义。其二为一单主义,即保管人只需填发存入仓单,存入仓单既可用于转让,也可用于出质。我国《合同法》第 385 条规定:"存货人交付仓储物的,保管人应当给付仓单。"似采一单主义。我国台湾地区、西班牙等国亦采一单主义。其三是并用主义,依存货人的请求填发两单或一单,例如,日本、俄罗斯。——译者注

如果存入的一批可替代性商品的数量较大,得按其中的批次签发存入仓单与出质仓单。

第 L522-25 条 每一份商品的存入仓单均附有一份出质仓单(bulletin de gage),其名称为"warrant",存入仓单与出质仓单的记载事项相同。

商品的存入仓单与其所附的出质仓单,均裁取于保留有存根的登记簿。

第 L522-26 条 商品的存入仓单及其所附的出质仓单,可以通过背书同时或者分开转让。

第 L522-27 条 存入仓单或出质仓单的任何受让人,均可要求在开出此种单据并保留存根的登记簿上转记为其利益而进行的转让并指明其住所。

第 L522-28 条 与存入仓单分离的出质仓单的背书,产生使出质仓单受让人对商品享有无形动产质权(nantissement de la marchandise)①的效力。

存入仓单的背书,向受让人转移处分该商品的权利。但是,在出质仓单并未连同存入仓单转让时,受让人应负担清偿受仓单质押担保的债权,或者,应用出卖商品的价金清偿此种债权。

第 L522-29 条 同时或者分开转让的存入仓单与出质仓单的背书,应当记明日期。

与存入仓单分开转让的出质仓单的背书,还应写明受担保的债权的本金与利息的总数额,债权的到期日,债权人的姓名、职业与住所。

出质仓单的第一受让人(premier cessionnaire)应立即到仓储库的登记簿上转记所进行的背书以及背书时所附的全部记载事项,并且在出质仓单上记载已经进行此项登记。

第 L522-30 条 与出质仓单分离的存入仓单的持有人,得对受仓单质押担保的债权进行清偿,甚至可以在该债权到期日之前进行清偿。

如不知出质仓单的持有人,或者虽知其持有人,但与债务人就提前清偿债务的条件达不成一致意见时,得将应当清偿的款项,包括至债权到期日应付的利息,一并提存于仓储库的管理部门。仓储库仍然负有其责任。此种款项的提存,解除商品上的各项负担。

第 L522-31 条 债权到期未获清偿时,与存入仓单分离的出质仓单的持有人得在作成未获清偿的证书之后 8 日内,按照第三卷有关大宗商品拍卖的规定,申请在公务助理人员主持下整批拍卖负担义务的商品。

---

① "出质仓单的背书属于债权转让",此种债权转让使出质仓单受让人享有对商品的无形动产质权——译者注

出质仓单的原始签发人(souscripteur primitif)，如已清偿上述第 1 款所指的出质仓单持有人的债权，得按照前款规定，在债权到期日后经过 8 天，无须发出任何催告，针对存入仓单的持有人，申请拍卖仓储的商品。

第 L522-32 条 一、质权债权人无须履行司法手续，直接依据其享有的优先权，并且优先于所有的债权人，用(仓单质押物的)价金清偿其债权，除以下所列之外，无其他费用扣除项目：

1. 商品应纳的间接税与关税；
2. 拍卖费用、仓储费以及因物的保管而产生的其他费用。

二、在商品拍卖时如存入仓单的持有人不到场，拍卖所得超过应当支付给出质仓单持有人数额的款项，依第 L522-30 条之规定，提存于仓储库的管理部门。

第 L522-33 条 出质仓单的持有人，只有在就质押商品行使其权利之后并且在其债权仍然没有获得全额清偿时，才对借贷人与背书人享有求偿权。

第 L511-42 条针对背书人行使求偿权(追索权)而确定的期限，仅自实现商品拍卖之日起开始计算。

任何情况下，出质仓单的持有人如在做成未获清偿证书之日后 1 个月内没有申请拍卖商品，丧失对质押仓单背书人的求偿权。

第 L522-34 条 存入仓单与出质仓单的持有人，对于发生灾害情况下给予的保险赔付款，享有与对投保商品相同的优先权。

第 L522-35 条 公立信贷机构可以接受出质仓单作为商业票据，并免除这些机构的章程所要求的签字。

第 L522-36 条 遗失存入仓单与出质仓单的人，能够证明其所有权并提供保证的，如其遗失的是存入仓单，可以请求并由法院裁定取得一份仓单复本，如其遗失的是出质仓单，可以获得受担保的债权的清偿。

在此情况下，如果出质仓单的签发人在债权到期时仍然没有解除债务，在仓储库的登记簿上登记其背书的持单第三人，得申请法院裁定批准按照第 L522-31 条规定的条件出卖负担义务的商品，但应提供保证人。

该条所规定的债权未获清偿的证书，应当照录在仓储库的登记簿上记载的所有事项。

第 L522-37 条 在丧失存入仓单的情况下，经过 5 年期限，如涉及的商品在仓储库内没有被第三人追夺，第 L522-36 条所指的保证人解除其担保义务。

在丧失出质仓单的情况下，自背书转录记载之日起，经过 3 年期限，保证人解除其担保义务。

第五节 制　　裁

第 L522-38 条　禁止在没有获得第 L522-1 条所指批准的情况下开设与经营可以接收仓储质押商品的仓储机构并以质押仓单（warrant）的名称或其他任何名称向存货人开具可以转让的质押单（bulletins de gage）。

违反此项禁止规定的任何行为，处 6000 欧元罚金并处 1 年监禁。

法院得命令在其指定的报纸上全文或节录公布处罚判决，并在其指定的地点，特别是在受处罚人的住所地与仓储库的门口全文或节录张贴其判决，但因这项公示引起的费用不得超过当处罚金的最高数额。

第 L522-39 条　质押物仓储库的经营人违反本章以及最高行政法院提出资政意见后颁布的实施法令的规定的情况下，省长得在听取经营者所作的说明（2011 年 5 月 17 日第 2011-525 号法律废止："并征求第 L522-2 条所指的行业或跨行业组织的意见"）之后，作出行政决定，宣告暂时或者最终撤销对仓储库的经营认可。

在此情况下，依紧急审理程序进行审理裁判的法院院长，应检察院的请求，得（为仓储库）指定一名临时管理人，并具体规定其在该仓储机构经营方面的各项权力。

在最终撤销对经营人的认可，但当地的商业利益要求继续保留仓储库的情况下，临时管理人的权力包括对该营业资产及其经营所必要的设备实行公开拍卖。

对于至少已有 2 年停止作为质押物仓储库或仓库运作的机构，（2011 年 5 月 17 日第 2011-525 号法律废止："在听取行业组织或跨行业组织的意见之后"），也可以宣告最终撤销（资格）认可。

第 L522-40 条　最高行政法院提出资政意见后颁布的法令具体规定本章的实施条件。

第三章　饭店融资质押[①]

第 L523-1 条　任何饭店经营人均得以其用于饭店经营的商业动产、设

---

① 原文为"warrant hôtelier"，字面意思是"饭店质押单"，这一术语同样既指设质行为，又指质押仓单。饭店融资质押是"以用于饭店经营的商业动产、设备和工具进行借贷"而设立的动产质押，而不是饭店建筑物不动产的抵押（hypothèque）。——译者注

备和工具进行借贷,并在饭店的场所内保留对这些物资的照管(garde)义务,即使这些物资因其用途已视为不动产,亦同。

直至借贷款项偿还,用于担保债权的物品(objet)始终是贷与人及其权利继受人的担保物(gage,质押物)。

借贷人对于仍然由其照管的这些物品承担责任,对贷与人及其权利继受人不享有任何可以主张的补偿金。

第 L523-2 条 饭店经营者,如果不是其经营的饭店的建筑物的所有权人或用益权人,在进行任何借贷之前,应当用诉讼外文书向其承租的不动产的所有权人或用益权人通知拟用于设质的物品的性质、数量与价值以及拟借贷款项的数额;此外,还应通过在饭店经营地的有管辖权限的商事法院书记员,用信件再次进行同样的通知。这一通知信件交法院书记员,由其在信件上签证并进行登记,然后用挂号信并要求回执的形式寄出。

在借贷人没有交纳已到期的(饭店不动产的)租金、正在进行中的 6 个月的租金以及将要到期的 6 个月的租金的情况下,饭店不动产的所有权人、用益权人或者其法定委托代理人,可以在上述(司法外)文书通知之后 15 个整日内,就法院书记员寄送的诉讼外文书,对(饭店租赁经营人)打算进行的借贷提出异议。

借贷人可以通过支付上述各项租金而获准撤回提出的异议。

饭店不动产的所有权人、用益权人或者其法定代理人,在上述期限内没有作出回复的,视其对拟进行的借贷不持异议。

饭店不动产的出租人对于作为融资(借贷)质押物的物品的优先权,按照借贷款项的数额额度相应减少。如果借贷人是在不顾出租人反对的情况下仍然实现借贷,出租人的优先权仍然按照原来的规定当然存在。

出租人始终可以通过在第 L523-3 条所指的登记簿上签字,(对进行借贷)放弃提出异议或者放弃要求支付上述第 2 款指明的各项租金。

在饭店融资质押单的持有人与(对饭店建筑不动产)享有抵押权的债权人之间优先权发生冲突的情况下,两者各自的受偿顺位,按照质押单第一次背书的日期登记和抵押权登记的日期确定。

第 L523-3 条 在每一个商事法院的书记室,均备置带有存根的登记簿,经编号并草签,正页与存根上均按照借贷人的申报,记载法令明文规定的各具体事项。

记载这些事项的正页构成饭店融资质押单。

第 L523-4 条 饭店融资质押单,由饭店经营地所在辖区的商事法院书记员签发。接收该质押单的借贷人在登记簿上签字并注明日期,即告该证书已向其交付。对于相同物品,只能签发一份质押单,该质押单由借贷人注明日期、背书与签字后交给贷与人。

贷与人应在 5 日之内在登记簿上登记第一背书,还应在质押单上对这项登记进行记载。

第 L523-5 条　饭店融资质押单得经符合第 L523-4 条规定的确认的背书进行转让,但无须如第一背书一样履行登记手续。

所有在质押单上签字或背书的人,均对该质押单的持有人负连带担保义务。

饭店融资质押单的贴现人或再贴现人,有义务在 8 日之内用挂号信并要求回执的方式向商事法院书记员进行通知,或者口头通知并取得收据。

借贷人得以其在融资质押单上作出的特别记载,免除贴现人或再贴现人进行上述通知的义务。在此情况下,无须适用第 L523-8 条最后两款的规定。

第 L523-6 条　商事法院书记员应向提出要求的任何借贷人提交一份饭店融资质押单的登记一览表,或者提交一份证明没有进行任何登记的证明书。商事法院书记员应向属于其书记室管辖并提出要求的任何饭店经营人提交相同的文书,但仅提交与他们自己经营的饭店资产相关的文书。

已经过去 5 年的饭店融资质押单,不再属于上述提供登记表的范围。

第 L523-7 条　提出已经清偿受质权担保的债权的证明,或者已经按照规定解除质押的,原进行的登记予以注销。

已经偿还其通过融资质押所借款项的借贷人,得请求商事法院书记员确认其已经进行清偿,并在书记员掌管的登记簿上作出债权已经清偿或质押已经解除的记载。书记员向借贷人出具一份注销(质权)登记的证明书。

质权登记之后 5 年期间没有延展的,依职权注销登记。如果在注销质权登记之后又重新进行登记,仅自其重新登记之日起对第三人产生效力。

第 L523-8 条　借贷人保留权利,在清偿受担保的债权之前,甚至无须贷与人参与,通过自愿协商,出卖用于设质的物品,但是,只有在受担保的债权人获得清偿之后,才能将出卖的物品交付买受人。

即使债务尚未到期,借贷人也可以清偿受饭店融资质押担保的债权;如果质押单的持有人拒绝债务人的清偿提议,债务人按照(2007 年 12 月 20 日第 2007-1787 号法律第 26-4 条)《民事诉讼法典》第 1426 条至第 1429 条规定的手续,将提议用于清偿的款项予以提存,即告解除债务。清偿提议,按照第 L523-5 条的规定,向根据法院书记员得到的通知已经知道的最后的权利人提出。饭店融资质押登记地所在辖区的商事法院院长,根据向其提交符合规定的提存足够款项的收据,作出裁定,据此将质权转移至提存的款项。

在提前清偿受饭店融资质押担保的款项的情况下,借贷人对质押单到期之前尚未到期的利息享有利益,但应扣减 10 日期限。

第 L523-9 条 经认可的从事信贷业务活动的公立机构可以接受饭店融资质押单作为商业票据,并可免除其章程所要求的某一项签字。

第 L523-10 条 在发生灾害事故的情况下,所有饭店融资质押单的持有人,对保险赔付款享有与对保险标的物相同的权利与优先权。

第 L523-11 条 饭店融资质押单的持有人,应向借贷人要求清偿到期债权;在债权到期没有获得清偿的情况下,应当用挂号信并要求回执的方式向债务人再次为此要求。

受质押担保的债权到期未获清偿时,质押单持有人为了实现其质权,享有第 L143-5 条至第 L143-15 条赋予优先权债权人或受无形动产质权担保的债权人的权利。

但是,饭店建筑不动产的出租人得始终行使其优先权,其数额以已经到期的 6 个月的租金、正在进行中的 6 个月的租金与将要到期的 6 个月的租金为限。

如果质押单的持有人请求出卖质押物,只有在对质押物的价金主张其权利之后,才能对质押单的所有背书人直至借贷人,行使求偿权。在质押物的价金不足以全额清偿债权时,给予其 3 个月期限向背书人行使求偿权,3 个月期限自质押物出卖实现之日起计算。

第 L523-12 条 饭店融资质押单的持有人,依其对所有债权人享有的优先权,优先从买卖价金中直接受偿,除扣除直接税与买卖费用之外,无须扣减其他任何款项,除商事法院院长的裁定之外,也无须办理其他手续。

第 L523-13 条 任何借贷人以不实声明或者用不属于其所有的物品或已经负担有体动产质权或无形动产质权之物设立饭店融资质押,或者损害债权人的利益,转移、隐匿或故意损坏质押物(担保物)的,视具体情况,处《刑法典》第 313-1 条、第 L313-7 条、第 L313-8 条或者第 L314-1 条与第 L314-10 条规定的诈骗罪或背信罪之刑罚。

第 L523-14 条 商事法院书记员收取的费用数额,由最高行政法院提出咨政意见后颁布的法令确定。

本章规定的各项通知采用商务挂号文书的形式并按照其收费标准寄送。

第 L523-15 条 违反本章之规定的任何协议,尤其是侵害承租人设立饭店物资融资质押之权利的任何规定，均视为无效与未予订立。

第四章　石油仓单质押①

第 L524-1 条　持有仓储原油或石油产品的交易商，得以其库存油品设立石油仓单质押，用以担保其借贷(贷款)，并保留在其工厂或油库内对仓储油品的照管义务。

直至借贷款项得到偿还，设立仓单质押的产品(produits)始终为仓单持有人的担保物。

石油仓单质押得设立于有特定质量规格的特定数量的商品(油品)之上，无须将用于设质的产品与借贷人持有的其他类似产品从物质上实际分开存放。

借贷人对于仍然交由其照管与看护的商品承担责任，且不可因此对石油仓单质押受益人主张任何补偿金。

第 L524-2 条　拟用于设立石油仓单质押的产品所在地的商事法院书记员在制作被称为"石油仓储质押单"的文件时，应当按照借贷人所作的申报，在该质押单上记载用作借贷之担保的产品的性质、数量、价值与存放地点，双方当事人确定的借款数额，以及有关石油仓单质押的各项条款与特别条件。

石油质押仓单由借贷人签字。

石油仓单质押的有效期限最长为 3 年，但可以延展。

第 L524-3 条　石油仓储质押单应指明用于设质的产品是否已上保险。如果已经投保，应记载保险人的名称与地址。

给予贷与人选择权，可要求续保至石油仓单质押解除之时。

在发生灾害事故的情况下，石油质押仓单的持有人对保险赔付款享有与

---

① "石油仓单质押"法文称为"warrant pétrolier"。通过石油仓单质押，借款人可以进行融资借贷，在油价走低时买入更多的油品，待价格上涨时再将其卖出。通过石油仓单融资的商家通常是经营燃料油、成品油进出口及此类商品批发、储运和代理业务的公司。

在我国，开展石油仓单质押业务使用的油库通常是受海关监管的仓储燃料油、柴油、汽油、润滑油的仓库。油品入库后，再办理质押。贷款银行按照当地油品现货市场前一日现货的最低价格，根据申请人提供的货物发票、交易合同、报关单等确定油品质押物的价值，填将"质物价格审核单"。银行与借贷方以及仓储油库三方签订仓储监管合同，并与借贷方签订仓储质押合同。在此之前，银行向仓储方发出"查询及出质通知书"，取得仓储方出具的"查复及出质确认书"。这一确认书除了确认仓单编号、仓单项下的货物数量、品种、规格、生产厂家等事项外，还应确认仓储方已经知晓质押之事实。借贷人应办理质押货物的保险手续，取得保险单的正本并将仓单、保险单正本提交贷与人。石油仓单质押的借款人也有经营风险。——译者注

对投保产品相同的权利和优先权。

第 L524-4 条 商事法院书记员向提出要求的任何人提交一份最近 5 年内以借贷人的名义登记的石油仓储质押的清单,或者提交一份不存在此种质权登记的证明书。

第 L524-5 条 根据提交的受仓单质押担保的债权已获清偿的证明,或者已经符合规定解除质押的,仓单质押登记予以注销。

已经偿还融资质押借贷款项的借贷人,得请求商事法院书记员确认其已经进行清偿。债权的清偿或质押的解除,应在第 L524-2 条所指的登记簿上作出记载。书记员向借贷人出具一份注销仓单质押登记的证明书。

如果在质押登记之后经过 5 年没有延展登记,(法院书记员)依职权注销此项登记。如果在注销登记之后又重新进行登记,对于第三人,仅自重新登记之日起产生效力。

第 L524-6 条 借贷人保留权利,在受担保的债权清偿之前,甚至无须贷与人参与,通过自愿协商,出卖质押品,但是,只有在受担保的债权人获得清偿之后,才能向买受人进行交付(tradition)。

借贷人得清偿受仓单质押担保的债权,甚至在该债权到期日之前进行清偿。

如质押仓单的持有人拒绝债务人的清偿提议,债务人为了解除其负担的债务,得按照《民事诉讼法典》第 1426 条至第 1429 条规定的条件,将提议用于清偿的款项予以提存。清偿提议,按照本《法典》第 L524-8 条的规定,向法院书记员得到通知的已知的最后权利人提出。依石油仓单质押登记地而享有管辖权的商事法院的院长,根据提交的符合规定的足够提存款项的收据,作出裁定。此项裁定确认,相应质权转由提存的款项负担。

在提前偿还受石油仓单质押担保的款项的情况下,借贷人对尚未到期的利息享有利益,但应扣除 10 日期限。

第 L524-7 条 经认可的从事信贷业务活动的公立机构得接受石油质押仓单作为商业票据,并可免除其章程要求的某一项签字。

第 L524-8 条 石油质押仓单得经背书转手,背书应记载日期并签字。背书应记载各当事人的姓名、职业与住所。

所有在质押仓单上签字或背书的人,对该仓单的持有人负连带担保义务。

石油质押仓单的贴现人或再贴现人,有义务在 8 日之内用挂号信并要求回执的方式向商事法院书记员进行通知,或者口头通知并取得收据。

借贷人得通过在质押仓单上作出特别记载,免除贴现人或再贴现人进行上述通知的义务。在此情况下,无须适用第 L524-6 条最后一款的规定。

第 L524-9 条 石油质押仓单的持有人应当向借贷人要求清偿已到期的债权;在债权到期但没有获得清偿的情况下,质押仓单持有人可用挂号信并要求回执的方式向债务人再次提出清偿要求。

如石油质押仓单的持有人在挂号信寄出后 5 日内仍未获得清偿,其有义务在债权到期后最迟 15 日内,采用催告通知书,向每一个背书人告知债务未获清偿,并且向商事法院书记室送交该催告通知书,非如此办理,即丧失权利。商事法院书记室向通知人出具收据,并在 8 日之内用挂号信并要求回执的方式向各背书人通知此项催告。

第 L524-10 条 在拒绝清偿的情况下,石油质押仓单的持有人得在向借贷人发出挂号信之后经过 15 日,如上所述,请求由公务助理人员或司法助理人员或(2011 年 7 月 20 日第 2011-850 号法律第 37-12 条)"经宣誓的商品居间商"对负有担保义务的商品(油品)进行公卖。公卖,按照设质商品(油品)所在地的商事法院院长依申请作出的裁定进行。法院院长的裁定确定公卖的日期、地点与时间。进行公卖,至少应提前 8 日在商事法院院长指定的地点张贴告示。所有情况下,商事法院院长均可批准在报纸上进行公卖公告。所进行的公示应在公卖笔录上作出记载。

第 L524-11 条 负责进行质押物公卖的公务助理人员或者(2011 年 7 月 20 日第 2011-850 号法律第 37-12 条)"经宣誓的商品居间商"提前 8 日用挂号信向债务人与质押仓单的所有背书人通知公卖的日期、地点与时间。

但是,借贷人得以在石油质押仓单上作出的特别记载,同意无须强制进行公卖,而是可以自愿协商买卖。在此情况下,仓单质押的标的物的买卖仍应按照仓单质押商品所在地的商事法院院长依申请作出的裁定进行。

第 L524-12 条 本章规定所指的买卖,适用(2011 年 12 月 19 日第 2011-1895 号法令第 2 条)《民事执行程序法典》第 L221-4 条的规定。

第 L524-13 条 石油质押仓单的持有人,依据其享有的优先权,优先于所有债权人,从买卖价金中直接受偿,除扣除直接税与买卖费用之外,无任何其他扣取款项;除商事法院院长的裁定之外,无须办理其他手续。

第 L524-14 条 如石油质押仓单的持有人请求按照第 L524-9 条至第 L524-11 条的规定出卖质押物,只有在对质押物的价金主张权利之后,才能对质押仓单的所有背书人,甚至借贷人,行使求偿权。在质押物的价金不足全额清偿债权时,石油质押仓单的持有人,需在买卖实现之日起经过 1 个月期限,才能对背书人行使求偿权。

第 L524-15 条 经确认现存的油品与原先用于设质的油品的数量与质量不相吻合时,所有的贷与人均可立即用挂号信并要求回执的方式催告石油质押仓单的持有人在收到该挂号信后 48 小时内重新设立担保,或者立即偿还涉及本石油质押仓单的全部或部分款项。如果贷与人没有得到满意答复,有权要求偿还被视为已经到期的全部债权。

在此情况下,借贷人丧失其依第 L524-6 条最后一款关于偿还利息问题的规定所享有的利益。

第 L524-16 条 在用于设质的仓储油品的价格(价值)下降超过或等于 10% 的情况下,贷与人得用挂号信并要求回执的方式催告借贷人增加质押物的数量,或者按照借贷款项的比例偿还部分借款。在后一种情况下,适用第 L524-6 条之规定。

如果在经过 8 个整日之后贷与人的这一要求仍然没有得到满足,有权要求偿还被视为已经到期的全部债权。

第 L524-17 条 任何借贷人作出不实申报,或者用已经设置仓单质押的产品再设立石油仓单质押,或者,任何借贷人或存货人,损害债权人的利益,转移、隐匿或故意损坏债权人的质押担保物的,视具体情况,处《刑法典》第 313-1 条、第 313-7 条、第 313-8 条或者第 314-1 条与第 314-10 条规定的诈骗罪或背信罪之刑罚。

第 L524-18 条 为执行本章之规定,有必要进行紧急审理时,此种紧急审理请求向设质的商品所在地的商事法院院长提出。

第 L524-19 条 商事法院书记员收取的费用数额,由最高行政法院提出资政意见后颁布的法令确定。

本章规定的各项通知采用商务挂号文书的形式与收费标准寄送。

第 L524-20 条 除应当遵守 1992 年 12 月 31 日关于改革石油制度的第 92-1443 号法律强制规定的各项义务,特别是有关石油储备库的设立与分布的规定之外,在不影响违反这些义务的情况下可能引起的经营人的责任时,本章之规定均予适用。

第 L524-21 条 本章之规定适用于上莱茵省、下莱茵省及摩泽尔省,但保留 1924 年 6 月 1 日关于在上述三省内开始适用法国商法的法律的有关规定。

对设立石油仓单质押有管辖权限的法院的书记员是上述法律关于设立饭店物资融资质押的第 35 条所规定的法院书记员。

第五章 工具与设备的质押

第 L525-1 条 （1951 年 1 月 18 日第 51-59 号法律第 1 条）购买用于从事职业的工具和设备而应当支付的价金，可以仅用所购买的工具或设备设立质押，对出卖人或者垫付必要资金、向出卖人支付价金的贷与人提供担保。

如果买受人具有商人身份，此种质押受第一卷第四编第二章与第三章所定规则约束，且无必要将营业资产的根本构成要素包括在内，但保留适用以下各项规定。

如买受人没有商人身份，此种质押受第 L525-16 条之规定调整。

司法解释：

1. 受担保的债权：当买受人为了"再卖出"而购进用于从事职业的工具或设备时，也可以用这些工具或设备设立质押（最高法院商事庭，1971 年 3 月 15 日）。对于为了使买受人能够向出卖人支付货款而贷给必要（贷款）资金的人，即使资金是直接交给买受人，买受人亦可用由此购买的工具与设备设质（巴黎法院，1977 年 4 月 29 日）。公司发起人以正在设立中的公司的名义购买工具与设备并用其设立质押，应由公司承接此项质押负担，参见最高法院商事庭 1980 年 5 月 29 日判决。

2. 工具与设备：公共工程承包人购买的拖拉机属于工地施工的工具与设备的范畴，不能将其认定为"农用设备"，因此，可以用其设立质权（nantissement）[①]，而用这些机械设备设立的普通动产质权（simple gage，转移占有的有体动产质权）应被宣告无效（蒙帕利耶法院，1960 年 12 月 8 日）。

3. 营业资产：第 L525-1 条之规定不适用于就营业资产设立的无形动产质权（最高法院商事庭，1999 年 11 月 23 日）。

第 L525-2 条 （1951 年 1 月 18 日第 51-59 号法律第 2 条）工具与设备的质押，采用公证文书或者私署文书设立，并缴纳固定的登记税。

同意向出卖人设立质权的，得在买卖文书中为之。

[①] 本条所列判例是法国担保法修改之前的判例。按照《法国民法典》的现行规定，"nantissement"一词用指（无形动产质权）（无形动产质押）。——译者注

向(为了使买受人能够向出卖人支付价金而)同意垫付必要资金的贷与人设立的质权,得在(和贷与人订立的)借贷文书中为之。

设质文书应当写明贷与人(prêteur,出借人)支付资金的目的是为了保障买受财产的价金得到支付,否则文书无效。

设质文书(质押书)的主文应当逐一列举用借款购买的财产,并且应对每一项财产作出具体表述,以便将这些财产与属于企业的其他相同性质的财产区分开来。设质文书还应指明这些财产的固定安置地点,或者,相反情况下,写明这些财产可以移动安置的地点。

在(贷与人)同意给予设备信贷时作为保证人参与其中的担保人、出具票据担保的人或者票据的背书人,视同贷与人;这些人当然取得对债权人的代位权。背书人、贴现人、票据担保人或者为表示这项信贷而创设的票据的承兑人,亦同。

司法解释:

1. 在设质文书(质押书)的主文中应逐一列举(用借贷的款项)买受的财产,并且应对每一项财产作出具体表述,以便将这些财产与属于企业的其他相同性质的财产区别开来。事实审法官自主裁量认定"文书中对所列举的各项财产进行的表述是否足以区分它们每个个体"(最高法院商事庭,1969年11月12日)。

2. 质权负担的转移:包括在转让方案中的设备所负担的质权,如果符合规定进行了登记,当然转移至受让人;而如果负担质权的财产并没有区分出个体时,用该设备设立的质权不属于这种情况(例如,文书中进行的表述既没有写明设备的数量、组成设施的各项可以分开或可以区别的要素,也没有写明这些设备的商标品牌以及系列号码)(里昂法院,2003年1月16日)。

第 L525-3 条 (1951年1月18日第51-59号法律第3条)工具与设备的质押,最迟应在设备于安装地进行交付之日起2个月期限内订立,否则无效。

工具与设备的质押,应在设立质权的文书做成之日起15日内,按照第L142-3条与第L142-4条要求的条件进行登记,否则亦无效。

在合同规定的日期之后才交付设备,或者不是在原先规定的地点交付设备,如果债务人在设备交付后15日内没有向质权债权人(质权人)告知(实际)交付的日期与地点,已经登记(担保)的债权即成为当然可追偿的到期债权。

如果在向第三人进行通知起 15 日内,或者在第三人知道交付设备的日期与地点起 15 日内,债权人没有向进行质权登记的法院书记室要求在该项登记的备注栏内记载(实际)交付设备的日期与地点,工具与设备的质押不能产生对抗第三人的效力。

第 L525-4 条 (1951 年 1 月 18 日第 51-59 号法律第 4 条)此外,应质权的受益人提出的申请,可以在按照本章规定用于设质的财产的主要部件上用明显可见的方式安置一个固定的标牌,用以指明该财产负担的优先权的登记地点、日期与号码。

债务人不得阻碍安置这一标牌(标签),否则处第 L525-19 条规定的处罚。在质权人的优先权消灭或注销之前,不得毁坏、取消或覆盖照此安置的标签。

司法解释:

安置固定标牌,为任意性质(塞纳大审法院,1965 年 6 月 17 日);用不干胶张贴的标签,不符合第 L525-4 条的规定(埃克斯—普罗旺斯法院,1993 年 6 月 22 日)。

第 L525-5 条 (1951 年 1 月 18 日第 51-59 号法律第 5 条)就享有质权利益而约定的任何代位权,均应在确认此种代位权的公证文书或私署文书订立之后 15 日内,按照向法院书记室提交的这一文书的经认证的副本或原本,在质权登记的备注栏内作出记载。

先后进行登记的人之间可能发生的冲突,按照《民法典》第 1252 条的规定处理。

第 L525-6 条 用工具与设备设立的质权利益,得当然按照《民法典》第 1692 条①的规定,转移给受该质权担保的票据的相继持有人,不论这些票据是依据出卖人的命令还是依据提供(贷与)全部或一部价款的人的命令签发或接受(承兑)的,广而言之,这些票据代表着按照本章之规定有效担保的债权的变动。

---

① 《民法典》第 1692 条:"债权买卖及让与包括该债权的从属权利,诸如保证、优先权与抵押权等。"

第 1693 条:"债权或其他无形权利的出卖人,对让与时该权利的存在负保证责任,即使让与并无特别担保约定,亦同。"——译者注如果为了表示债权而出具了多张票据,与这些票据相关联的优先权由第一个提出追偿的人以共同利益并就全部票据行使。

第 L525-7 条 债务人欲在清偿或者偿还按照本章之规定受到担保的款项之前经自愿协商出卖负担保义务的财产之全部或一部时,应事先征得质权债权人(质权人)的同意,或者,在没有得到质权人同意的情况下,应事先经商事法院紧急审理法官终审审理给予批准,否则,处第 L525-19 条规定的处罚。

在进行了本章所要求的公示并且财产上带有按照第 L525-4 条之规定制作的标牌时,质权人或者其代位人,就行使由质权产生的优先权而言,享有第 L143-12 条规定的追及权。

第 L525-8 条 如果负担质权的财产依其用途而成为不动产,按照本章之规定享有质权的债权人的优先权仍然存在。

《民法典》第 2133 条的规定适用于设质财产。

第 L525-9 条 一、质权债权人(质权人)按照本章之规定享有的优先权,得先于其他所有的优先权,就负担质权的财产行使之,但以下优先权除外:

1. 诉讼费的优先权;
2. 为保管财产而引起的费用的优先权;
3. 给予《劳动法典》第 L143-10 条所指的薪金雇员的优先权。

二、质权人按照本章之规定享有的优先权,尤其可以先于以下优先权行使:任何抵押权人的优先权,以及国库的优先权、《社会保险法典》第 L243-4 条所指的优先权,在营业资产的经营中使用这些负担质权的财产时,该营业资产的出卖人的优先权,以及质权债权人本身对该营业资产整体享有的优先权。

三、但是,享有按照本章之规定约定的质权的人,为了使其优先权能够对抗抵押权债权人、营业资产出卖人以及其他质权人就整个营业资产享有的权利,应当用诉讼外文书向这些债权人通知其享有此种质权。这项通知应在设立质权文书起 2 个月内进行,否则通知无效。

司法解释:

1. 优先受偿权:质押(质权)赋予债权人以特别优先权,优先于其他任何一般优先权,就负担质权的财产优先受偿,但诉讼费用、因保管财产产生的费用以及给予薪金雇员的优先权除外(南锡法院,1962 年 5 月 4 日)。关于此种优先权对保留所有权条款的影响,参见卢安内法院 1984 年 5 月 16 日判决。

2. 判决认为,对工具与设备享有的质权,并不赋予留置权(最高法院商事庭,2005 年 1 月 4 日)。

第 L525-10 条 除保留适用本章之特别规定外,质权人的优先权受第一卷第四编第三章有关登记,在资产转移情况下债权人的权利、建筑物出租人的权利以及优先权的清除和撤销质押等各项规定的约束。

第 L525-11 条 已经进行的(质权)登记,自其最终确定符合规定的手续之日起 5 年内,均保持优先权。

符合规定办理登记手续的质权同时担保债权的本金和 2 年的利息。但是,如在上述期限经过之前没有办理延展登记的手续,原先进行的登记停止产生效力。质权登记可以延展两次。

第 L525-12 条 按照 1909 年 3 月 17 日有关营业资产买卖和动产质押的法律第 32 条的规定提交的已登记的现存质权的清单,应当包括按照本章规定进行的各项质权登记。应申请人的请求,可以向其提交一份清单,以证明在所指的财产上存在或者不存在按照第一卷第四编第一章、第二章或者本章规定进行的登记。

第 L525-13 条 为了防止包括有负担出卖人优先权或本章所指的质权优先权的财产的营业资产的特定构成部分被强制变现,按照第 L143-10 条之规定进行的追偿通知即可以使受到这些优先权担保的债权成为到期的可追偿的债权。

第 L525-14 条 享有本章确立的优先权的债权人,在债权到期没有获得清偿的情况下,可诉请按照第 L521-3 条规定的条件变卖负担质权的财产。负责主持变卖的公务助理人员(2011 年 7 月 20 日第 2011-850 号法律第 37-14)"或者经宣誓的商品居间商"由商事法院院长依申请指定。在财产变卖之前,债权人应遵守第 L143-10 条规定。

质权人有权要求进行第 L143-13 条规定的加价 1/10 的拍卖。

司法解释:

1. 资产的出卖:按照 1909 年 3 月 17 日法律第 20 条(即现行第 L143-10 条)的规定,就营业资产登记了质权的债权人如果认为将营业资产整体出卖所得的价款可以高于将该资产要素分开出卖时所得的价款,准许其请求将营业资产整体变现,但在资产出卖之前,债权人应当遵守第 L143-10 条的有关规定(最高法院商事庭,1970 年 11 月 3 日)。

2. 由法院判决资产的归属:债权人在没有获得清偿的情况下,可以请求法院命令按照其债权数额的限度,将负担质权的财产归属于自己,在没有相反规定的情况下,对工具与设备持有质权但并不请求将其变卖的债权人,享有此种财产归属的请求权(最高法院全体庭,1984 年 10 月 26 日)。但是,如果已经用负担质权的设备交换了相同的设备,在没有进行质权变更登记的情况下,不能请求法院判决财产的归属,即使此种(交换)事实不能归咎于质权债权人(埃克斯—普罗旺斯法院,1992 年 7 月 2 日)。

第 L525-15 条 在请求同时拍卖按照本章之规定负担质权的财产与营业资产的其他组成部分时,应当分开作价;如果竞价细则强制规定买受人按照鉴定师评估的价格取得该财产,应分开评估价金。

在所有情况下,变卖这些财产所得的价金,在任何分配进行之前,按照登记的质权担保的债权的本金、利息与费用,归属于登记质权的受益人。

此种享有优先权的债权人出具的收据无须交纳固定数额的税款。

第 L525-16 条 如买受人没有商人身份,工具与设备的质押受第 L525-1 条至第 L525-9 条、第 L525-11 条与第 525-12 条及本章之规定调整。在此情况下,第 L524-3 条所指的登记,在负担质权的财产的买受人住所所在辖区的商事法院书记室进行,或者,如果买受人是在"手工业职业目录"上登记注册的人,则在手工业营业资产所在辖区的商事法院书记室进行登记。

享有本章确立的优先权的债权人,在债权到期没有得到清偿的情况下,可以诉请按照第 L521-3 条规定的条件变卖负担质权的财产。

经有关的当事人同意,或者根据已经取得既判力的判决,(原先)进行的登记予以注销。

在没有法院判决的情况下,只有交存经债权人表示同意的公证书,法院书记员才能注销全部或一部登记。

在债权人不同意注销登记的情况下,以本诉途径提出注销登记的请求时,该项诉讼请求向原登记地的商事法院提出。

法院书记员在原登记的备注栏内作出记载,注销登记。

书记员向提出请求的当事人出具一份证明书。

第 L525-17 条 为适用本章之规定,法院书记员应按照有关掌管质权登记簿与出具登记清单或提交证明书的条例的规定,做到勤勉谨慎,并承担由此确定的责任。

法院书记员应得的酬金按照现行条例的规定确定。

第 L525-18 条　以下所列不适用本章之规定：

1. 1953 年 9 月 30 日第 53-968 号法令所指的机动车辆；

2. 海洋船舶以及《运输法典》第 L4111-1 条与随后条文所指的内河航运船舶；

3. 《民用航空法典》第 L110-1 条所指的航空器。

第 L525-19 条　按照本章之规定用于设质的财产的任何买受人或者任何持有人，损害债权人的权利，以任何方式毁弃、隐匿、损坏此种财产，或者毁损、隐匿或损坏未遂的，处《刑法典》第 314-1 条与第 314-10 条规定的背信罪之刑罚。

旨在剥夺债权人对设质财产享有的优先权，或者旨在减少此种优先权的任何欺诈行为，处相同之刑罚。

第 L525-20 条　最高行政法院提出资政意见后颁布的法令确定本章的实施条件。

第六章　对个体企业经营者及配偶的保护

第一节　财产不得扣押之声明

第 L526-1 条　(2003 年 8 月 1 日第 2003-721 号法律第 8 条，2006 年 3 月 23 日第 2006-346 号法令)"尽管有《民法典》第 2284 条与第 2285 条的规定"，在具有职业性质的法定公示登记簿上进行登记注册的任何自然人，或者从事农业或独立职业活动的任何自然人，得声明其在确定为主要居所的不动产上的权利及其在没有用于从事职业活动的有建筑或无建筑的不动产财产上的权利为不得扣押之权利。但是，在税务部门向作出这项声明的人指出其所做声明中有舞弊行为时，或者在发现存在《税收总法典》第 1729 条意义上的多次违反税收义务的行为时，这项声明对税务部门不具有对抗效力。在 (2010 年 6 月 10 日第 2010-638 号法令第 13-3 条)"不动产登记簿"上或者在抵押权登记处或者在上莱茵省、下莱茵省、摩泽尔省的地契登记簿上进行公示的这项声明，仅对声明人在此声明公示之后所从事的职业活动中产生的债权的债权人具有效力。

（2008年8月4日第2008-776号法律第14-1条）在声明人的不动产没有被全部用于从事职业活动的情况下，没有用于从事职业活动的部分，仅在不动产的区分状况说明书上已经写明时，才能属于财产不受扣押声明的（限制）范围。声明人按照本《法典》第L123-10条的规定将职业注册住所设在其居住场所的，并不妨碍其声明该场所为不受扣押的财产，且无须制作不动产财产区分状态说明书。

第L526-2条 （2003年8月1日第2003-721号法律第8条）第L526-1条所指声明应由公证人制作，否则无效；声明应包含对（2008年8月4日第2008-776号法律第14-1条第三项）（不受扣押的）"财产"的详细表述并说明"其本身特定的性质"是夫妻共同财产还是共有财产。这项文书（声明）应在财产所在地的（2010年6月10日第2010-638号法令第13-3条）"不动产登记簿"上进行公示，或者在上莱茵省、下莱茵省、摩泽尔省的地契登记簿上进行公示。

如当事人已在具有职业性质的法定公告登记簿上注册登记，这一声明应在该登记簿上作出记载。

如当事人无须在法定公告登记簿上注册登记，只有在其从事职业活动的省内有权刊登法定公告的报纸上进行公告，其才能主张第L526-1条第1款规定的利益。

本条第1款所指的文书的制作及有关手续的办理，均应向公证人支付酬金，酬金数额上限由法令具体规定。

第L526-3条 （2003年8月1日第2003-721号法律第8条）在原声明中指定的不动产权利进行转让的情况下，由此取得的价金，对于声明人在该项声明公示之后因从事职业活动而产生的债权的债权人，仍然为不受扣押的款项，但以声明人在1年期限内用此款项取得作为主要居所的不动产为条件。

对于债权人而言，声明人对其新取得的主要居所的权利，在取得该财产的文书中包含有关于上述价金再使用的声明时，在第1款所指的得到再使用的款项的数额限度内，仍然不得扣押。

将转让不动产权利取得的资金投入使用的声明，只有遵守第L526-1条与第L526-2条规定的条件才能有效并产生对抗效力。

得随时放弃所作的（财产不受扣押的）声明，但放弃原来所作的声明应遵守相同条件才能有效并产生对抗效力。（2008年8月4日第2008-776号法律第14-1条第四项）放弃关于财产不受扣押的权利，得就财产之全部或一部作出此种表示。为第 L526-1 条所指的一债权人或数债权人的利益而放弃财产不得扣押之权利的,应在经公证的放弃文书中具体指明(受益人)。如因声明人放弃财产不得扣押之权利而享有利益的债权人转让其债权,受让人可以主张此种利益。

如果在夫妻共同财产制解除之后原提出声明的人分配到声明涉及的财产,上述关于财产不得扣押的声明仍然保持其效力。声明人死亡即引起原声明被取消。

第 L526-4 条 (2003 年 8 月 1 日第 2003-721 号法律第 8 条)在具有职业性质的法定公告登记簿上注册登记的任何自然人在申请注册登记时已按照法定的或者约定的夫妻共同财产制结婚的,应当证明已向其配偶告知在从事职业活动中缔结的债务对夫妻共同财产产生的后果。

必要时,本条之实施条件由最高行政法院提出资政意见后颁布的法令作出具体规定。

第 L526-5 条 (2006 年 3 月 23 日第 2006-346 号法令第 43 条)同意给予在具有职业性质的法定公告登记簿上注册登记的任何自然人、从事农业职业活动或独立职业活动的任何自然人以及有限责任公司的唯一股东经理的,并由在当事人确定的作为主要居所的不动产上登记的可以增加数额的抵押权担保的借贷活动,适用于《消费法典》第 L313-14 条至第 L313-14-2 条的规定。

第二节 有限责任个体企业主

(2010 年 6 月 15 日第 2010-658 号法律第 1 条)

译者概述:

近几年来,法国法律有关"有限责任制度"的规定在不断发展,除传统的"有限责任公司""股份有限公司"外,相继规范了"一人有限责任公司"、"一人有限责任企业"(entreprise unipersonnelle à responsabilité limité)以及"特定财产不具有可扣押性之声明"(déclaration d'insaisissabilité)等制度,2011 年 5 月 17 日的法律又对"有限责任个体企业主"(entrepreneur individual à responsabilité limité)进行了规范,准许个体企业主将"与其本人的概括财产分开的概括财产"指定用途,专门用于从事职业活动,且无须另设法人,并仅以这种专门用途的概括财产为限承担责任。这样,在法律上就正式承认"一个人可以有一项或多项概括财产",也正式承认了所谓"指定用途"或"专门用途"(patrimoine d'affectation)的概括财产。

所谓"指定用途的概括财产"是一个与德国法上的"目的性概括财产"（patrimoine—but）相类似的概念。在法国传统民法学说里,"概括财产"是一个非常重要的概念。所谓"概括财产",法语称为"le patrimoine",与罗马法的"patrimonium,de pater"属于同源词,本义为"家父的财产",转译为"祖传财产""世袭财产""家产""祖业"或"遗产"等,现代法语中有诸如"人类的共同遗产""人类口头的、非物质遗产""世界文化遗产"等说法;日常用语中,"le patrimoine"用指一个人的全部财富,但民法理论上的概括财产的意义与此大不相同。

至今为止,"le patrimoine"一词没有一个公认的汉译术语,译者所见,至少有以下几种不同译法:"概括财产"、"包括财产"（日本学者也采用这一概念）、"全部财产"、"整体财产"、"广义财产"等。本人倾向于将其译为"概括财产",是从"概括继承"的概念演绎而来。

法国习惯法里并没有概括财产的概念;《法国民法典》始终是从"个体"的角度,以客观观念看待"财产",法典有关"财产"的条文使用的术语是"les biens",例如,《法国民法典》第516条"一切财产,或为动产,或为不动产";仅有个别条文从"纯客观观念"出发使用了概括财产的概念。"概括财产"的概念与理论是由曾经担任最高司法法院大法官的奥布里（Aubry）与侯（Rau）在1838年出版的《法国民法教程》中提出并进行了阐述。

通常认为,法国法的概括财产概念是受到德国法学家扎沙里奥（Zachariae）的思想启发而提出的一个理论创新。扎沙里奥曾是海德堡大学讲授法国民法的教授。奥布里与侯在1837年翻译了扎沙里奥使用的教材,并将其作为编写《法国民法教程》的参照文献。扎沙里奥在其教材中对1804年《法国民法典》颁布以后法国继承法的演变进行了分析,他注意到,法国过去的法律在规范死者的财产转移时,都是按照财产的不同性质作出不同的规定（区分自有财产、婚后取得的财产与动产等）,并且只将动产用于清偿债务。1804年的《法国民法典》则规定死者的财产整体适用同一遗产继承制度,所有的财产均担保债务的清偿。扎沙里奥认为,这种"包括债务在内的单一整体"具有"可以转移给继承人"的属性,继承人被看成是继续死者的法律人格。由此而来,概括财产便成为一个高度抽象的主观概念。德国法学家扎沙里奥为法国民法的概括财产理论的产生作出了开拓性贡献。

在法国民法里,"财产"（les biens）与"概括财产"（le patrimone）是两个不同的"词",两个完全不同的概念,是不会引起任何混淆的,但是,在将这两个概念译成中文时,由于难以回避"财产"这一术语,很容易造成混同。

所谓"财产"(les biens),通常是指"可以取得其所有权的任何物质之物,即有体物";进言之,所谓财产是指可以"组成概括财产的动产和不动产要素,即:属于一个人的物质之物及其作为持有人的、除所有权以外的其他权利"。"财产"仅仅是"概括财产"的组成成分,"财产"通常是具体的,而"概括财产"并非其组成成分的各个具体的、单项的财产的简单相加,两者"不是整体与部分的关系",也就是说,"概括财产"不是一种"事实上的整体"(une universalité de fait)。按照法国学者的解释,所谓"事实上的整体"与"个体财产"两者之间仅有"量"的区别,没有法律意义上的差别,例如,一个藏书室,是由其中所有的藏书构成的"事实上的整体":当所有权人将其中1000册藏书赠与他人或者出卖时,尽管数目不小,仍然属于赠与或出卖"个体财产";即使将藏书室整体出卖,仍然不会改变其买卖具体财产的性质,买卖的标的始终是"一项财产",而不是"概括财产";组成藏书室的所有要素都被抽走之后,作为"事实上的整体"便不复存在。

概括财产则完全不同,法国学者在这方面有很多意义相同的表述:

——按照奥布里与侯构建的理论,所谓概括财产是指,"属于一个人的、可以用金钱评估其价值的全部权利与义务组成的整体";

——概括财产是"一个人现在和将来拥有的,包括资产与负债、债权和债务在内的,构成不可分割的法律整体的全部财产";

——概括财产是可以用金钱评价的全部权利关系;

——概括财产是组成一个法律整体的全部权利与义务。"

在以上几种表述中,"可以用金钱评估其价值的全部权利与义务组成的整体"是一个极为重要的界定。组成概括财产的各种权利称为"概括财产权"(我们往往称之为"财产权");与此相对应,不能进入概括财产的各种权利则称为"非概括财产权":"概括财产只能包括可以用金钱表示其价值的那些权利。"

所谓"概括财产权"(les biens patrimoniaux)是指,"直接包括在一个人的概括财产内的各种权利"。这些权利是:物权,包括主物权与从物权,诸如对动产与不动产、有体物与无体物的所有权和用益权;"物的担保"(suretés réelles,即我们通常所说的"担保物权"),诸如,动产质权、不动产抵押权、优先权;此外还包括对人权,即债权,智力权利或者知识产权、文学艺术所有权、工业产权,例如,发明权、商标权等。

所谓"非概括财产权"(les biens extra-patrimoniaux)是指,不能进入"概括财产"的各种权利,是"在概括财产之外的权利"(hors du patrimoine),通常包括"与概括财产的持有人人身相关的权利",例如,生命权、人身权、健康权、荣誉权、名誉权、肖像(形象)权、姓名权、私生活权、秘密权,以及诸如婚姻权、子女照管权、监护权、监督与教育权等亲属权(家庭权)。非概括财产权属于人身范畴,是人身固有权利,是人格权利;涉及政治权利时,更是如此,例如,自由、平等、公民权、选举权、参与政治生活的权利等都属于"非概括财产权"。《法国民法典》第7条明文规定:"行使民事权利独立于行使政治权利,政治权利的取得与保有依宪法和选举法。"

有的法国学者强调指出:人们往往说"概括财产包含一个人的全部权利与财产",其实是不准确的。概括财产并"不包含一个人作为所有权人的物",而是"包含该人作为持有人的权利",尤其是他对物的所有权;概括财产包含的是人的全部权利——物权(特别是所有权)、债权(对人权)、知识产权。概括财产是这些权利与义务的容器。作为容器,在某种程度上,将其包含的权利与外部隔离开来,并将它们汇集为一个整体,使之有着"共同的法律生命",服从于"只能用它们的聚合来解释的"种种法律规则。因此,"概括财产的本质并不是财产",而"是权利与义务的集合",是财产能力或财产权利能力,它是一个由相互关联的权利与义务组成的不可分割的"法律性质的整体"(une universalité de droit)或"法律整体"(une universalité juridique)。

奥布里与侯也曾明确提出,应当"将必然不得处分的'人的属性'排除在概括财产之外"。他们一方面承认,"从纯理论来说,概括财产无区别地包括所有财产,并且包括所有的'与生俱来的财产'(les biens innés),也就是说,应当包括人格权";但是,另一方面,他们又肯定地认为,"这些权利(人格权)不应当归入概括财产,概括财产只包括具有金钱价值的权利"。概括财产的一个基本特点就在于它"是一个金钱性质的概念",所有不具有经济价值的权利,例如,政治权利、人身权利,都不属于概括财产的组成部分。

虽然"非概括财产权"不能用金钱来评价或估价、不可转让、不可扣押、不因时效取得或消灭;但是,按照《法国民法典》第1382条的规定,"人的任何行为给他人造成损害时,因其过错致该行为发生之人应当赔偿损害"。当"人格权"(droits de la personnalité)受到侵害时,也就是说,当一个人的非概括财产权受到侵害时,受害人可以请求金钱性质的赔偿,加害人因此成为负担损害赔偿的债务人。法国学者称此为"非概括财产权利的概括财产化"(la patrimonialisation des biens extra-patrimoniaux)。这种"概括财产化",在"赔偿实际损失"的同时,往往还体现为"精神损失"(préjudice moral)赔偿。侵害他人人身权利引起的是侵权之债,由此产生的是债权债务关系。但是,在所有情况下,必须有特定的行为或事实才能引起"非概括财产的概括财产化",而"直接进入(受侵害人的)概括财产"的是债权,而不是人格权本身。《法国民法典》第16-1条明文规定:"人体、人体各组成部分以及人体所生之物,不得作为(概括)财产权利的标的。"将人格权从原则上排除在概括财产之外,是"人生而自由、平等"这一基本价值观的立足点。

奥布里与侯所说的概括财产是一个非常精细的概念。在概括财产这个抽象的整体内,其持有人的全部权利与义务相互联系在一起,资产与负债相互联系在一起,资产是对负债的担保。概括财产,如同一个钱包、一个容器,"一个实际组成内容不断变化的接受器","一个组成成分随时变动但在任何情况下均有着持久结构的整体"。在概括财产的内部,"物的替代"经常发生:随着权利主体实施某种法律行为,行使某项权利,随着构成概括财产的不同成分有进有出,例如,将特定财产赠与他人,买进某项不动产,概括财产的内容虽然有减有增,有时甚至仅剩下空壳,甚至仅剩负债而没有任何资产,但这个法律整体始终存在,并且依然属于同一持有人,这就是说,"概括财产与人联系在一起","概括财产与人格联系在一起"。这一论断包含以下四项原则:

第一,只有自然人或法人才能有其概括财产,与此相对应,任何概括财产均不可能无人而存在,"没有无人之概括财产"。

第二,任何人都必然有概括财产,"没有无概括财产之人"(il n'y a pas de personne sans patrimoine,或者说,"没有人没有概括财产"),即使一个人负债累累、倾家荡产,甚至一贫如洗,沦为乞丐,仍然毫无例外地拥有概括财产;刚出世的婴儿即同样有其概括财产。概括财产的存在不以其持有人占有财产或物质财富的多少为前提条件。

第三,任何人都必然只有一份概括财产。尽管一个人同时还持有"非概括财产权利",但概括财产与法律人格一样,本身不可分割。概括财产是人的权利与负债整体之间的对应关系。这就是法国学者所说的概括财产的"单一性"原则或"不可分"原则。

第四,任何人都必然拥有跟随其一生的概括财产。人的生命有多长,概括财产与人的联系就会有多久。基于此,任何活着的人都不能转让其概括财产,否则,就是剥夺其权利能力,就是剥夺其人身的组成部分。这就是概括财产的"生前不可转让性"。一个人可以转让其概括财产的某些组成成分,而且概括财产的管理逻辑所要求的恰恰是"其内部财产的流通",只有这样,概括财产持有人才能始终保有取得财产与缔结债务的潜在能力。概括财产本身只能随着持有人的死亡而转移,通过拟制中的人格延续,死者的概括财产,包括资产与负债,一并转移给继承人并归入继承人的概括财产。这即是人们所说的"概括继承"(包括继承)。

概括财产为"概括继承"提供了理论支撑。《法国民法典》第732条明文禁止将遗产划分为不同的"碎块":"法律在规定遗产的继承时,不考虑财产的性质与来源。"正是受到这一规定的启迪,奥布里与侯提出了他们的"概括财产"理论,反过来又深刻地阐明了该一规定的学理基石。

概括财产为"债的一般担保"提供了理论基础。正如《法国民法典》第2092条的规定:"任何人,个人负有债务者,均以其现有的与将来取得的动产与不动产履行其约定承担的义务。"

概括财产为自然人和法人的法律资格提供了解释依据。每一个人都生而拥有概括财产,因此每一个人都享有权利能力。自然人与法人的概括财产既是他(它)取得财产的权利,又是他(它)作为权利主体的权力。概括财产是一种潜能,一种作为权利主体的资格,它"是从人与外部事物的关系来考虑的人的人格"。法人之所以成为享有独立法律人格的"法律人"(personne juridique),是因为它拥有一份独立于各成员财产的概括财产。

概括财产为法律面前人人平等的思想提供了依托,为人格平等思想提供了依托。

在一段时间里,国内一些学者曾就"无财产即无人格"这一命题发生过争论,这与其说是一次理论之争,不如说是"语言引起的争论"。因为,引起争论的一个基本原因是有学者混淆了法语的"概括财产"与"财产","法律人格"与"人格"。译者认为,在法语里,"无财产即无人格"是一个并不存在的命题。法国学者不仅没有说"无财产即无人格",甚至没有说"无概括财产即无人格"。当法国学者强调"概括财产与人联系在一起"(le patrimoine est lié à la pesonne),"概括财产与人格联系在一起"(le patrimoine est lié à la personnalité)时,其表述的是同一个意思:"概括财产与法律人格同在",概括财产是法律人格的"流露"(émanation)、"表现"(expression)或"揭示"(révélateur)。

随着社会经济的发展,法国民法上的"概括财产"理论也不断受到冲击。许多学者早就提出不同见解,尤其是对"任何人必然只有一份概括财产"的绝对论断提出了种种批评,认为这一理论严重妨碍了人们将其部分财产"整体"用于"设立具有法人资格的基金会",也妨碍设立"一人有限责任公司"。

为此，法国近几年的立法不断突破这一传统观念：逐步承认了同一人可以有多项概括财产，可以用他的"某一概括财产"设立一个法人，可以将一项"概括财产"整体用于托管；现在，《法国商法典》经过2011年的改革，规定"任何有限责任个体企业主均可将与其本人的概括财产分开的一项概括财产专门用于从事职业活动，且无须另设法人"，这就是说，即使不创设新的法律人格，同一个人也可以有多项概括财产。个体企业主在从事职业活动时，可以仅以其"指定专门用途的概括财产"（patrimoine d'affectation）组成的权利义务整体作为担保、承担义务，负有限责任，从而可以避免危及其本人的概括财产。法国立法的新规定，在一定程度上修正了"概括财产是法律人格的延伸"的传统理论，应当指出的是，"准许个体企业主仅以专门用途的概括财产承担有限责任"的制度尚待实践的考验，这种制度也是对个体企业主社会诚信度的一种考验。

第L526-6条 （2011年5月17日第2011-525号法律）任何有限责任个体企业主均可将与其本人的概括财产分开的某项概括财产专门用于从事职业活动，且无须设立法人。

指定专门用于从事职业活动的概括财产，由个体企业主作为持有人的财产、权利、债务或担保整体构成。专门用于从事职业活动的概括财产也可以包括由个体企业主作为持有人的、专门用于从事职业活动以及决定用于从事职业的所有财产、权利、债务或担保。同一项财产、权利、债务或担保，只能属于一项"有指定用途的概括财产"的组成部分。

（2010年7月27日第2010-874号法律第40-1条）"尽管有前款规定，从事《农村及海洋渔业法典》第311-1条意义上的农业活动的个体企业主可以不将其从事农业经营所使用的土地用于从事职业活动；这项选择权利适用于经营者作为所有权人的全部土地"。

对于用其指定的概括财产专门从事的职业活动，个体企业主可以使用包含有其姓名的另一名称；在该名称之前或者其后，应写明"有限责任个体业主"或其缩写"EIRL"之字样。

第L526-7条 （2010年7月27日第2010-874号法律第40条）专门用途的概括财产的设立应当进行申报。这项申报：

1. 在个体企业主应当进行注册登记的法定公告登记簿上进行；

2. 或者，在进行两次注册登记的情况下，在个体企业主选择的法定公告登记簿上进行；于此情形，申报事项应在另一登记簿上作出记载；

3. 或者，对于无须在法定公告登记簿上进行登记注册的自然人，在其主营业机构所在地的有权管辖商事案件的法院的书记室掌管的登记簿上进行申报；

（2010年7月27日第2010-874号法律第40-2条）"4. 农业经营者，在有管辖权限的农业商会掌管的'农业登记簿'上进行申报"。

第L526-8条 （2010年6月15日第2010-658号法律第1条）负责掌管第L526-7条所指登记簿的机构，只有在对申报书进行审核之后，才能接受同一条文所指的注册登记。审核内容包括申报书是否包括以下材料：

1. 对专门用于从事职业活动的财产、权利、债务或担保的性质、数量、质量与价值的说明书；

2. 用该概括财产从事的职业活动的宗旨范围；所申报从事的职业活动的宗旨范围有变更时，应在进行第L525-7条所指申报的登记簿上作出记载；

3. 相应情况下，证明已经办理第L526-9条至第L526-11条所指的各项手续的文件。

在不影响遵守本节有关评估作价与指定财产用途的规则的情况下，在提交上述申报书之前就已经从事职业活动的有限责任个体企业主，只要其提出财产指定用途的声明之日距最后一个会计年度终结的时间尚不足4个月，就可以采用清单的形式对其资产负债作出表述。在此情况下，记入资产负债表的全部要素均为表述清单的内容；自最后一个会计年度终结以后进行的全部业务，均归入以有限责任个体企业主的身份所从事的活动的第一个会计年度。

第L526-9条 （2010年6月15日第2010-658号法律第1条）将某项不动产或者不动产的一部分专门用于从事职业活动的，应当做成公证文书并在抵押权登记处进行登记公示；在上莱茵省、下莱茵省与摩泽尔省，应在不动产所在地的"地产登记簿"上进行公示。个体企业主仅仅将其一项或数项不动产中的一部分专门用于从事职业活动的，应当在不动产区分状态说明书中具体指明其专门指定用途的是哪一部分。

制作公证文书与办理公示手续，应按照法令确定的最高限额缴纳固定的手续费用。

在规定用途的概括财产设置之后，又将某一不动产或不动产的一部分专门用于从事职业活动的，应向交存第L526-7条所指的申报书的登记簿进行补充申报，并适用第L526-8条之规定，但其第一项与第二项的规定除外。

不遵守本条各项规则,有关财产的指定用途不具有对抗效力。

第 L526-10 条 （2010 年 6 月 15 日第 2010-658 号法律第 1 条）除现金以外,专门用途的财产的任何资产要素,凡申报的价值高于法令确定之数额的,均应按照个体企业主指定的会计监察人、注册会计师、管理与财会协会或者公证人提交的报告进行价值评估,并由这些人承担责任。价值评估报告应附于所提交的申报书。由公证人进行的价值评估,只能涉及不动产。

在专门用途的概括财产设立之后又将第 1 款所指的某项财产规定专门用途时,应按照相同形式对该财产进行评估作价,并在此前交存第 L526-7 条所指申报书的登记簿上进行补充登记,且适用第 L526-8 条之规定,但其第一项与第二项的规定除外。

如果财产申报的价值高于会计监察人、注册会计师、管理与财会协会或者公证人评估的价值,个体企业主在 5 年之内,并根据评估价值与申报价值的差额,以其指定专门用途或没有指定专门用途的概括财产之全部,对第三人承担责任。

在没有聘请会计监察人、注册会计师、管理与财会协会或者公证人进行财产价值评估的情况下,个体企业主在 5 年之内,并根据财产在指定用途时的实际价值与申报价值之间的差额,以其指定专门用途或没有指定专门用途的概括财产之全部,对第三人承担责任。

第 L526-11 条 （2010 年 6 月 15 日第 2010-658 号法律第 1 条）如果指定专门用途的财产之全部或一部属于(夫妻)共同财产或共有财产,个体企业主应当证明其已得到配偶或共同共有人的明示同意,并且证明已经向他们告知第 L526-12 条所指的债权人对指定用途的财产所享有的权利。同一项共同财产或共有财产或者共同或共有的不动产的相同部分,只能属于一项专门用途的概括财产的组成部分。

如果在专门用途的概括财产设立之后又将某一项共同财产或共有财产用于专门用途,应当向进行第 L526-7 条所指申报的登记簿进行补充申报,并适用第 L526-8 条之规定,但该条第 1 款第 1 点与第 2 点的规定除外。

不遵守本条所定的各项规则,则财产的指定用途不具有对抗效力。

第 L526-12 条 （2010 年 6 月 15 日第 2010-658 号法律第 1 条）第 L526-7 条所指的概括财产的专门用途的申报,对于权利产生在此项申报之后的债权人当然产生对抗效力。

只有在有限责任个体企业主于指定概括财产的专门用途的申报书中作出了记载,并且按照条例确定的条件通知了债权人时,概括财产的专门用途申报才能对权利产生在此之前的债权人具有对抗效力。

在此情况下,有关的债权人,在条例规定的期限内,可以就个体企业主指定的概括财产的专门用途对其具有对抗效力之事由提出异议。法院作出判决,或者驳回异议,或者命令企业主偿还债权,或者如受让人或受赠人提议设置担保并且数额足够时,命令设置担保。

在没有偿还债权或者没有设置担保的情况下,专门用途的概括财产的申报,对提出的异议得到法院支持的债权人,不能产生对抗效力。

即使债权人提出了异议,仍不能产生禁止设立专门用途之概括财产的效果。

尽管有《民法典》第2284条与第2285条的规定:

1. 设立专门用途的概括财产的申报对其具有对抗效力且其权利产生于债务人利用指定用途的概括财产所从事的职业活动的债权人,仅以指定用途的概括财产作为其唯一的一般担保①;

2. 设立专门用途的概括财产的申报书对其具有对抗效力的其他债权人,仅以没有被指定专门用途的概括财产作为其唯一的一般担保。

但是,在有欺诈行为或者严重违反第L526-6条第2款所定规则的情况下,或者在严重违反第L526-13条所指义务的情况下,有限责任个体企业主以其财产与权利之全部承担责任。

在被指定专门用途的概括财产不足的情况下,上述第二项所指的债权人可以就有限责任个体企业主在最近一个经营期实现的利润行使其一般的担保权利。

第L526-13条 对于(2010年6月15日第2010-658号法律第1条)利用专门用途的概括财产从事的职业活动,应当按照第L123-12条至第L123-23条以及第L123-25条至第L123-27条的规定编制独立的财务账目。

尽管有第L123-28条以及本条第1款的规定,享有《税收总法典》第50条、第64条与第102条之三规定的制度利益的人从事的职业活动,可以编制简化的财务账目。

---

① 《民法典》第2285条规定:债务人的全部财产是对其债权人的共同担保(les biens du débuteur est le gage commun de ses créanciers)。这里的所谓"共同担保"即是"一般担保"(gage général)。现在,立法对"有限责任个体企业主"制度作出了规定,准许同一人有与其本人的概括财产分开的专门用途的概括财产,而专门用途的概括财产构成与其有关的职业活动引起的债务的担保,专门用途的概括财产的债权人不能对债务人的其他概括财产享有一般担保权利。正是从这个意义出发,关于有限责任个体企业主的规定被归入商业"担保"。——译者注

有限责任个体企业主应在信贷机构开立一个或数个银行账户，专门记载利用指定用途的概括财产所从事的职业活动。

第 L526-14 条 （2010 年 6 月 15 日第 2010-658 号法律第 1 条）有限责任个体企业主的年度账目，或者相应情况下，根据第 L526-13 条第 2 款所指的编制简化账目之义务制作的文件，每年均应交存至进行第 L526-7 条所指申报的登记簿，并作为其附件；在第 L526-7 条第 1 点所指情况下向"手工业职业目录"进行申报的，上述年度账目或文件应转送第 L526-7 条第 3 点所指的登记簿，有必要时，应转送同一条文第 2 点所指的"商事及公司注册登记簿"。这些文件一经提交，即具有反映专门用途的概括财产的即时组成状况与当前价值之效果。

如不遵守本条第 1 款规定的义务，法院院长可以应任何利益关系人或者检察院的请求，依紧急审理程序作出裁判，责令有限责任个体企业主提交年度账目，或者在相应情况下，提交第 L526-13 条第 2 款所指的简化账目所产生的文件。

第 L526-15 条 （2010 年 6 月 15 日第 2010-658 号法律第 1 条）在有限责任个体企业主放弃概括财产的指定用途的情况下，或者在其去世的情况下，其原先进行的概括财产指定用途的申报效力即告停止。但是，在放弃财产指定用途的同时停止用与此相关的概括财产从事的职业活动，或者在个体企业主去世的情况下，第 L526-12 条第 6 款第 1 点与第 2 点所指的债权人仍然保持在个体企业主放弃财产专门用途或其死亡时所享有的一般担保权利。

有限责任个体企业主在放弃概括财产的指定用途的情况下，应在其原先进行第 L526-7 条所指的专门用途的概括财产的申报登记簿上作出记载；在个体企业主死亡的情况下，由其一名继承人、权利继受人或者专门指定的委托代理人在登记簿上作出记载。

第 L526-16 条 （2010 年 6 月 15 日第 2010-658 号法律第 1 条）尽管有第 L526-15 条的规定，只要死亡的个体企业主的继承人之一或者权利继受人之一表明其打算继续利用原已指定用途的概括财产从事职业活动，那么，该概括财产的原指定用途并不停止；表明打算继续利用指定用途的概括财产从事职业活动的人，应在个体企业主死亡之日起 3 个月内进行第 L526-7 条所指申报的登记簿上作出记载。

接管指定用途的概括财产，相应情况下，因继承之需要，在分割或出卖指定用途的某些特定财产之后，还应在进行第 L526-7 条所指申报的登记簿上就接管概括财产作出申报。

第 L526-17 条 (2010 年 6 月 15 日第 2010-658 号法律第 1 条)一、有限责任个体企业主可以按照以下第二项与第三项规定的条件,有偿转让或者生前无偿转移其指定用途的概括财产之整体并转移其所有权而无须进行清算。

二、向某一自然人有偿转让或者生前无偿转移指定用途的概括财产,引起该概括财产归入受让人或受赠人的概括财产,并保留其原有的指定用途;转让人或赠与人应向进行第 L526-7 条所指申报的登记簿提交转让申报书,以进行公示。但只有在办理这些手续之后,该概括财产的所有权的转移才能对第三人产生对抗效力。

向某一法人转让指定用途的概括财产,或者将其用于向公司出资,引起该概括财产的所有权归入该法人受让人或公司的概括财产,并保留其原有的指定用途;同时应进行一项公告通知。只有在办理这些手续之后,该概括财产所有权的转移才能对第三人产生对抗效力。

三、在进行上述第二项所指的申报或通知时,应当提交组成指定用途的概括财产的各项具体财产、权利、债务或担保的详细说明书。

本《法典》第 L141-1 条至第 L141-22 条之规定不适用于在将指定用途的概括财产转让或向公司出资之后引起的用营业资产向公司出资或者此种资产的转让。

受让人、受赠人或者获得出资利益的人,取代原有限责任个体企业主,成为第 L526-12 条第 6 款第 1 点所指的债权人的债务人,但此种取代并不引起债的更新。

债权产生于本条第二项所指的公示之日前的第 L526-12 条第 6 款第 1 点所指的有限责任个体企业主的债权人,以及在将指定用途的概括财产用于生前赠与的情况下,债权产生于第 L526-7 条所指申报书提交之前因而所进行的申报对其不具有对抗效力的债权人,可以在条例确定的期限内,对指定用途的概括财产的转移事由提出异议;法院作出判决,或者驳回异议,或者命令偿还债权,或者如受让人或者受赠人提议设置担保并且数额足够时,命令设置担保。

在没有偿还债权或者没有设置担保的情况下,指定用途的概括财产的转移对提出的异议得到法院支持的债权人不产生对抗效力。

即使某一债权人提出异议,仍不产生禁止转移指定用途的概括财产的效果。

第 L526-18 条 (2010 年 6 月 15 日第 2010-658 号法律第 1 条)有限责任个体企业主确定其向自己的没有被指定用于从事职业活动的概括财产内

打入的收入数额。

第 L526-19 条 （2010 年 6 月 15 日第 2010-658 号法律第 1 条）本节所指的提交申报书与进行记载、办理登记手续的收费标准，以及按照第 L526-13 条第 2 款的规定因制定简化的财务账目之义务引起的年度账目与文件的提交和登记费用，由法令具体规定。

如果在向公立登记簿申请注册登记的同时提交第 L526-7 条所指的申报书，该申报书的登记手续免收费用。

第 L526-20 条 （2010 年 6 月 15 日第 2010-658 号法律第 1 条）检察院以及任何利益关系人，均可请求法院院长依紧急审理程序责令有限责任个体企业主在其使用的所有文书与文件上写明其企业的名称，在该名称之前或者其后，应加上"有限责任个体企业主"或其缩写"EIRL"，并规定逾期罚款。

第 L526-21 条 （2010 年 6 月 15 日第 2010-658 号法律第 1 条）本节之适用条件由最高行政法院提出咨政意见后颁布的法令具体规定。

第七章 库存融资质押

第 L527-1 条 （2006 年 3 月 23 日第 2006-346 号法令第 44 条）信贷机构同意为私法法人或自然人从事职业活动提供的任何信贷（crédit，贷款），可以用该法人或自然人持有的库存物（des stocks，库存货品）设立不转移占有的动产质权作为担保。

库存融资质押采用私署文书设立。

设立库存融资质押的文书应当记载以下事项，否则无效：

1. 写明其名称为"库存融资质押书"（acte de gage des stocks）；
2. 指明各方当事人；
3. 写明该质押书受第 L527-1 条至第 L527-11 条之规定约束；
4. 承保库存物资发生火灾与毁损的保险人的名称；
5. 写明受此项质权担保的债权；
6. 用于鉴别作为质押物实物的现存或将来的财产的描述，其质量与数量以及价值，并记载其保存地点；
7. 担保义务的持续时间。

《民法典》第 2335 条的规定适用之。

质押文书中得指定一名质押物的保管人。

司法解释：

1. 保留所有权：2006年3月23日有关担保的法令(《法国民法典》第四卷)对"库存融资质押"(gage des stocks,可直接译为"库存质押")作出了规定。按照本《法典》第L527-1条的规定，这是一种不转移占有的"有体动产质押"，因此，这种质押的成立，并不妨碍享有保留所有权条款之利益的人提起追还财产的诉讼(部颁决定第16491号)。

第L527-2条 （2006年3月23日第2006-346号法令第44条）规定在债务人不清偿到期债务的情况下债权人即成为库存质押物所有权人的任何条款(任何流押条款)，视为未予订立。

第L527-3条 （2006年3月23日第2006-346号法令第44条）除订立有保留所有权条款的财产之外，属于债务人的原材料与供货物资、中间产品、半成品与制成品，均可用于设质。这些物资的价值按实物评估，或者按照最后盘存日的价值计算。

第L527-4条 （2006年3月23日第2006-346号法令第44条）库存融资质押，只有在债务人的注册住所或住所所在辖区的法院的书记室掌管的登记簿上进行了登记，才能产生效力。库存融资质押应在设质文书成立之日起15日内进行登记，否则设质无效。

享有质权的债权人(质权人)相互之间的清偿顺位，按照各自的登记日期确定。同一日登记的各债权人，按照各自的债权比例竞合受偿。

第L527-5条 （2006年3月23日第2006-346号法令第44条）直至提供的贷款款项全额清偿，库存物均构成信贷机构或金融公司的担保物。

在仓储物转让的情况下，债权人的优先权从被转让的库存物转移至它们的替代物。

债权人得随时并自负费用请人确认用于设质的库存物的状态。

第L527-6条 （2006年3月23日第2006-346号法令第44条）债务人按照《民法典》第1137条规定的条件，在质量与数量上对库存物负保管责任。

债务人应证明其已经为仓储物投保火灾与毁损保险。

第L527-7条 （2006年3月23日第2006-346号法令第44条）债务人应向债权人提交一份用于设质的仓储物的清单以及与库存物有关的所有出库与入库活动的账目。

债务人应承诺不以其行为减少库存物的价值。

当库存物的状况显示按照设质文书的记载，其价值已经减少20%时，债权人得向债务人发出催告书,促其恢复担保的数额,或者按照已经得到认定的减少价值的比例,偿还借贷款项的相应部分。如果没有满足债权人的要求,债权人可要求全额偿还被视为已经到期的债权。

第 L527-8 条 (2006 年 3 月 23 日第 2006-346 号法令第 44 条)各方当事人可以约定,随着债权人受清偿,按照其已受清偿的数额比例相应减少用于担保债务的库存物之部分。

第 L527-9 条 (2006 年 3 月 23 日第 2006-346 号法令第 44 条)在提前偿还债权的情况下,债务人不负担至债权到期之日前待计算的利息。

如债权人拒绝债务人的清偿提议,债务人得将其提议的款项予以提存,并解除其负担的债务。

第 L527-10 条 (2006 年 3 月 23 日第 2006-346 号法令第 44 条)在已经到期的可追偿的债权没有得到清偿的情况下,债权人得按照《民法典》第 2346 条与第 2347 条的规定请求实现其质权。

第 L527-11 条 本章之规定的适用条件由最高行政法院提出资政意见后颁布的法令具体规定。

第六卷　企业困境

译者概述：

法国许多法律术语经常改变，人们常说"法律多有独特创造"。1967年以前使用的"破产"(faillite)一词已很少出现在法律条文中，现行法律以及人们在习惯上往往回避使用"破产""破产保护""破产整顿"和"破产清算"等概念（除本卷第五编第三章"个人破产"之外），与"破产"有关的三项程序被概括为"集体程序"(procédures collectives)，而不直接称为"破产程序"；"破产法院"（破产法庭）也称为"集体程序庭"(les chambres de procédures collectives)。在法语中，"dépôt de bilan"的字面意思是"向法院交存资产负债表"，实际法律意义则是"已经停止支付的债务人向法院申明其已停止支付"。"dépôt de bilan"并不是法律条文使用的概念，它是我们通常所说的"向法院提交破产保护申请"。

法国于1985年1月25日颁布了一部"关于处于困境的企业司法重整和司法清算的法律"，1994年对这一单行法律进行了修改，2001年再次修改之后编为《法国商法典》第六卷，2003年、2004年、2005年又先后对这一卷进行了修改，但并非每一次都修改全部条文，其中有些条文仅仅是移动了位置，例如，原第六卷第二编共有100多项条文（第L621-1条至第L621-139条），而现在这一编仅有12条，其他条文有的经修改，有的未经修改，但都移到了其他相关的编章。法国法律修改频繁，也给国内读者带来了一定的困难。

2003年8月1日第2003-721号法律规定设立一种预防性联合组织（原文称为"groupement"，也有人译为"预防集团"），主要职能是为企业提供咨询，帮助企业分析并认清其面临的经济、财务、法律状况或处境，及时为企业"号脉""诊断"，以便采取"病前"预防措施，避免企业状况进一步恶化。凡是在"商事及公司注册登记簿"或者"手工业职业目录"上登记注册的人（即商人与手工业者）以及所有的私法法人，都可以（自愿）参加这种得到认可的预防性联合组织；公司、企业（自愿）加入这种预防性联合机构，并不表明其状况已经或必定出了问题,更不表明其已经进入我们通常所说的"破产程序"。

"停止支付",是法国集体程序法中一个重要的基本概念,是划分和解程序、司法保护程序与司法重整程序的基础或分界线,也是实行司法重整与司法清算程序的条件。所谓"停止支付"(cessation de paiements)是指"债务人不能以其可支配的资产清偿到期债务"。

2005年7月26日法律作出了进一步重要改革,程序的划分标准更加明确,这次改革内容主要包括:设置了"在企业尚未停止支付之前,防止其出现困境的预防程序"(第L611-4条),这一程序称为"和解程序"(procédure de conciliation)(也有人译为"调解程序")。法国法律原来规定的"和解程序"使用的术语为"règlement amiable avec les créanciers",指"债务人与债权人自愿协商、自行和解";2006年1月1日起改用现在的名称。在新的和解程序中,由第三人作为"和解人"(conciliateur,但不是"médiateur"),协助、促成债权人与债务人实现和解。应当强调的是,这种"和解程序"本身不属于集体程序,而是集体程序的"补充程序"或"前置程序",是"预防进入集体程序的程序",它适用于商业、手工业与自由职业企业,不论这些企业是否以公司形式从事经营活动,但不适用于农业经营企业。在法律、经济或者财务方面已经证实或者可以预见会发生困难,甚至停止支付但时间不超过45日的从事商业活动或手工业活动的人,均可申请实行和解,通俗地说,"和解程序"的目的,就是对"即将生病"或者"虽然已经生病但时间不太长"的企业实行谨慎而简单快速的治疗。

和解程序的具体步骤是:由企业主动向其注册住所地的商事法院书记室(如果是自由职业企业,向大审法院书记室)提交一份申请(requête)。受理申请的法院对企业遇到的困难进行审核,并确认企业没有停止支付超过45天,否则,企业提出的和解申请不予受理;也就是说,企业停止支付超过45天的情况下,不能适用和解程序。如果企业具备条件,即使有某个债权人提出传唤状,向法院申请,要求对该企业实行司法重整或司法清算,仍然可以实行和解程序。法院指定一名和解人。和解人的任务是在4个月任期内,促成发生困境的企业与其主要债权人达成一项协议。不论债权人的地位如何,是私人、公法人还是公共服务事业的经营者,和解人均可与全体债权人进行真正的谈判。

如果经过谈判,未能促成债权人与债务人订立协议,和解人向法院提出报告。只要提交这项报告,即使和解人受委任的时间尚未到期,和解程序亦告终止;如果和解人在提交的报告中得出企业已经停止支付的结论,法院应依职权实行司法重整或司法清算程序;如果企业并未停止支付,即使和解没有达成协议,企业仍然可以请求实行保护程序。

2005年7月26日法律的另一重要改革与国库及社会保障组织有关:"金融管理部门、社会保险组织、负责管理《劳动法典》第L351-3条所指的失业保险制度的机构、受《社会保险法典》第九卷调整的机构,可以同意按照第L626-6条确定的条件减免债务人的债务。"

与以前的制度相比,也与保护程序不同,2005年法律的另一项重要改革是:即使企业实行和解程序,仍然不中止债权人的追偿权。这意味着债权人仍然可以对正在实行和解程序的企业提起诉讼,请求法院判决其清偿债权,但法律规定,债务人可以申请给予最长为2年的支付宽限期。2008年12月18日第2008-1345号法令却又朝着相反方向修改了这一规定:"得到法庭确认或认可的和解协议在执行期间中断或禁止任何诉讼,停止或禁止为了获得协议规定范围内的债权的清偿而就债务人的动产与不动产提出的任何个人追偿。"

按照法国学者的看法,"和解程序"是集体程序的"补充程序"或"前置程序",是"预防进入集体程序的程序",不属于(本义上的)集体程序的范畴,而现行法律所称的"集体程序"是指(司法)保护程序、司法重整程序和司法清算程序等三项程序。

开初,所谓"破产程序"仅仅是一种围绕着如何清偿债权人债务而制定的程序。经1985年法律的改革,实行"集体程序"的目的主要是为了追求企业持久生存、维持经营、维持就业、清理债务,尤其是清偿薪金工资方面的债务。但是,仅凭此,仍不足以达到"拯救企业、保护就业"的目的,因为在实际生活中,绝大多数处于破产状态的企业都未能"挽回生命",仍以宣告破产而告终。现在,法律规定设立一种预防性联合组织,在集体程序之前设立和解程序,目的都是要防止与减少企业进入破产程序。只有当企业确实无法挽救时,才会考虑终止债务人的经营活动,才对其实行司法重整或司法清算程序。总而言之,现代破产法追求的目标不是听任或坐等企业破产,更不是为破产而破产。

"保护程序"(la procédure de sauvegarde),也称"司法保护程序",是2005年7月26日法律作出的规定。保护程序的实施,由"遇到无力克服的困难但并未停止支付"的债务人提出请求(第L620-1条),也就是说,保护程序的启动权仅给予债务人。"债务人并未停止支付"是实行保护程序的前提条件,因为,实施保护程序的目的是为企业重组创造条件,使其能够继续从事经济活动,保持就业岗位,清偿债务。保护程序一经启动,处于困境中的企业可以得到为期6个月的观察期(该期间在特定条件下可以延长),以便采取"重振"经济的措施(在法语里,"redressement",本义为"重新站立起来""得到恢复",按照通说,在破产法中将其译为"重整")。在观察期内,企业领导人仍然承担管理企业的任务。法庭作出实施保护程序的判决,当然禁止(暂时中止)清偿产生于该判决之前的任何债权,这就是说,准许处于困境中的企业暂时中止清偿债务。与司法重整程序不同,保护程序适用的对象是"并未停止支付的债务人(公司、企业)"。与以前的法律规定相比,现行法律更加强调保护程序的重要地位,《商法典》第六卷中有关保护程序的条文规定也最多、最为详细。

"司法重整程序"(la procédure de redressement judiciaire)是在企业"不能以其可处分资产清偿到期债务,与债权人之间协商清偿失败"的情况下(第L631-1条)实行的程序。在企业宣告停止支付45日以后,债务人、债权人、法院或检察院均可提出实行重整程序的申请(第L631-4条、第L631-5条),这就是说,与保护程序相比,司法重整程序的启动权主体范围有所扩大。实行这一程序的目的仍然是尽力挽救企业,使其能够继续经营,保持就业岗位,清偿债务。法院作出实行司法重整程序的判决之后,经过一段观察期,产生一项由法院判决确定的重整方案,处于困境中的企业一次性地获得为期6个月(该期间在特定条件下可以延长)的整顿期。在此期间,债权人的一切权利"被冻结",但企业可以部分或全部转让其财产。

"司法清算程序"(la procédure de liquidation judiciaire)适用于"处于停止支付状态、明显无法实行重整的任何债务人"。如果债务人自停止支付起45日内没有请求实行和解程序,最迟应在45日之后提出实行司法清算程序的请求;企业在实行司法重整期间表明其无法保证继续执行重整方案的,也应启动司法清算程序,终止其经营活动,变卖或分割其权益与资产。债务人或某个债权人、法院或检察院均可提出启动司法清算程序的申请。实行司法清算程序的判决应当指定清算人。

第 L610-1 条 (2005年7月26日第2005-845号法律第2条)最高行政法院提出资政意见后颁布的法令①确定在每一省份由哪一法院或哪些法院管辖本卷规定的程序以及这些法院行使所赋予的职权的辖区范围。

---

① 在这里具体指本卷的"实施法令"或"实施条例",属于行政法规。——译者注

第一编 企业困境的预防

第一章 企业困境的预防、专门委任及和解程序

第 L611-1 条 (2003 年 8 月 1 日第 2003-721 号法律第 10 条)凡是在"商事及公司注册登记簿"或者"手工业职业目录"上登记注册的人、(2010 年 12 月 9 日第 2010-1512 号法令第 2-1 条)"任何有限责任个体企业主以及"所有的私法法人,均可参加由国家派驻各行政大区的代表(大区行政长官)发布的条例认可的预防性组织。①

此种预防性组织的任务是,按照规定并保守秘密,对加入本预防性组织的成员各自提交的有关其(2003 年 8 月 1 日第 2003-721 号法律第 10 条)"经济、财务与资金"的情况进行分析。

如预防性组织(通过分析)发现企业经营存在种种困境迹象,即将此事实告知企业主,并可向其提议、推荐一名专家鉴定人参与企业状况的分析。

在国家代表②的关注下,有权限的行政部门对获得认可的预防性组织提供协助。法兰西银行的各服务部门在受到请求时,也可以根据协议规定的具

---

① 这就是说,"经认可的预防性组织"是为企业提供咨询、分析和建议的组织,便于企业及时发现存在的困难,进行诊断、作出分析、采取措施,避免其财务状况进一步恶化。——译者注

② 即第 1 款所指的"大区行政长官"。法国行政区划常有变动,目前为 27 个行政区,其中本土包括科西嘉地区共 22 个,另外 5 个为海外地区,下辖 101 个省,此外还有不称为省的海外领土、领地或行政区。按照法国的行政体制,"国家派驻地方的代表"是指由中央政府任命的省长与行政大区首长,法国城市的市长、市镇镇长(市长)则是经选举任职。——译者注

体条件,对加入预防性组织的企业的财务状况提出意见。(2005 年 7 月 26 日第 2005-845 号法律第 3 条)"经认可的预防性组织还可以得到地方行政机关的帮助"。

经认可的预防性组织得到授权,与信贷机构、金融公司以及保险企业签订有利于参加本组织的各成员的协议。

第 L611-2 条 (2005 年 7 月 26 日第 2005-845 号法律第 4 条)一、如果从任何文书、文件或案卷来看,商事公司、共同经济利益组织或者个体企业、商业或手工业企业已经发生足以影响其继续经营之困难,商事法庭庭长得传唤其领导人,以便考虑采取能够使企业状况得到恢复的措施。

经过此次谈话,(2005 年 7 月 26 日第 2005-845 号法律第 4 条)"或者如果(企业或公司)领导人没有回应法庭庭长的召唤",无论法律和规章有何相反规定,商事法庭庭长均可通过(企业的)会计监察人、员工成员或员工代表、公共行政部门、社会保障和互济组织以及负责汇总银行风险和支付困难事件的机构,取得能够反映债务人经济与财务状况的准确资料。

(2005 年 7 月 26 日第 2005-845 号法律第 4 条)二、商事公司的领导人在适用的法律、法规确定的期限内不交存年度账目的,商事法庭庭长得对其发出指令,令其在短期内交存该账目并规定逾期罚款。

如果在最高行政法院提出资政意见后颁布的法令规定的期限内前款所指的指令仍然没有产生任何效果,商事法庭庭长也可以对公司领导人适用上述第一项第 2 款的规定。

(2010 年 12 月 9 日第 2010-1512 号法令第 2-2 条)"不需要交存年度账目和第 L526-14 条第 1 款所指文件的有限责任个体企业主,在利用指定用途的概括财产从事的职业活动是商事活动或者手工业活动时,按照相同条件,适用本项之规定"。

第 L611-2-1 条 按照相同条件,第 L611-2 条的规定适用于从事农业职业或独立职业活动的自然人,其中包括从事受特别立法与规章调整、名称受到保护的自由职业的自然人。

大审法院对适用本条规定有管辖权;大审法院院长行使赋予商事法院院长的相同的权力。

作为例外,如果所涉及的自然人或者法人从事的是律师职业或者司法管理人、司法代理人、公务助理人员或司法助理人员职业,大审法院院长仅将其了解的有关该职业人的经济、社会、财务与财产状况发生的困难告知当事人所隶属的职业公会及有管辖权限的机关。

第 L611-3 条 （2008 年 12 月 18 日第 2008-1345 号法令第 2 条）商事法庭庭长得应债务人提出的请求，指定一名（法院）专门的委托代理人①并对其规定具体任务。债务人可以提议某人作为专门的委托代理人。任命专门代理人的决定，作为情况告知，传达给已经指定的会计监察人。

如债务人从事的是商业活动或手工业活动，有管辖权的法院为商事法院；其他情况下，有管辖权的法院为大审法院。

第 L611-4 条 （2005 年 7 月 26 日第 2005-845 号法律第 5 条）在商事法庭设置一种和解程序（une procédure de conciliation）。② 在法律、经济或财务方面已经证实或者可预见会发生困难但停止支付尚未超过 45 日的从事商业活动或手工业活动的（2010 年 12 月 9 日第 2010-845 号法律第 5 条）"债务人"，可以享有和解程序之利益。

第 L611-5 条 （2005 年 7 月 26 日第 2005-845 号法律第 5 条）和解程序，按照相同条件，适用于私法法人以及从事独立职业活动的自然人，其中包括从事受专门立法或条例规范或者名称受保护的自由职业③的自然人。就适用本条之规定而言，大审法院有管辖权，大审法院院长行使法律赋予商事法庭庭长（院长）相同的权利。

和解程序不适用于享有《农村及海洋渔业法典》第 L351-条至第 L351-7 条规定之程序利益的农业生产者。④

第 L611-6 条 （2008 年 12 月 18 日第 2008-1345 号法令第 3 条）商事法庭庭长，依债务人提出的申请（requete，也译为"诉状"）受理案件。债务人在提交的申请中应当介绍其经济、社会与财务状况，并说明其在资金方面的需要，相应情况下，说明解决这些问题的手段。债务人可以提议担任和解人（conciliateur，调解人）的人选。

和解程序的实行由法庭庭长作出决定，并由其指定和解人。⑤ 和解人任

---

① 第 L611-3 条所指的"专门的委托代理人"（mandataire ad hoc），就是本章标题所说的由"专门委任"（mandat ad hoc）指定的代理人。——译者注
② 这里设置的"和解程序"（une procédure de conciliation），是有第三人参与、"通过调解、实现和解"的程序，并非完全听任"当事人自行和解"。"Conciliation"一词既解释为"调解"，也解释为"和解"，按照通说，译为"和解"。参见第 L611-4 条与第 L640-4 条。——译者注
③ 例如本《法典》第八卷规定的有关职业。——译者注
④ 但是，保护程序、司法重整程序与司法清算程序，亦即集体程序适用于"农业生产者"（agriculteur），参见第 L620-2 条、第 L621-2 条及第 L640-2 条。——译者注
⑤ "和解程序"中的和解人的指定与第 L611-3 条所指的"专门委任"中的专门代理人的指定相类似，但与"专门委任"不同的是，"和解程序"中的和解人的任职时间加在一起不得超过 5 个月，即使是"已经停止支付"（但不超过 45 天）的人，也可以申请实行和解程序。——译者注

职期限不得超过 4 个月,但是,应和解人的请求,法庭庭长作出说明理由的决定,得延长和解人的任职期限,但延长的时间(2009 年 1 月 30 日第 2009-112 号法令第 11-1 条)"最迟"不得超过 1 个月。如果在这一期限届满之前已经按照第 L611-8 条第二项的规定向法庭提交了认可和解协议之申请,和解人的任务以及和解程序均予延长,直至法庭作出判决。在没有提交和解协议认可申请的情况下,和解人的任务及和解程序当然终止,且在此之后 3 个月内不得开始进行新的和解。

实行和解程序的判决报送检察院;如果债务人应接受法定的账目监督,实行和解程序的判决应送交其会计监察人。如债务人从事的是受专门立法或条例规范或者名称受到保护的自由职业,这项判决还应送交债务人隶属的行业公会或主管机关。检察院可以就法院的判决向上诉法院提出上诉。

债务人得按照最高行政法院提出资政意见后颁布的法令确定的条件与期限,申请和解人回避。

在和解程序开始之后,不论立法或者行政法规有何相反规定,法庭庭长均可取得特别是由会计监察人、会计鉴定师、公证人、员工成员与员工代表、行政部门、公共组织、社会保险与社会预防组织、信贷机构、金融公司、电子货币机构、支付机构以及负责收集银行风险与支付事件的服务部门向其转报的任何情况。此外,法庭庭长可以挑选并指定一名鉴定人,对债务人的经济、社会、财务与财产状况提出一份报告(2014 年 3 月 12 日第 2014-326 号法律第 4 条废止:"即使有任何相反的法律与条例的规定,法庭庭长均可从银行或金融机构取得能够反映债务人经济与财务状况的准确信息的各种情况")。

第 L611-7 条 (2005 年 7 月 26 日第 2005-845 号法律第 6 条)和解人的任务是,促成债务人与其主要债权人,以及相应情况下,与其有经常合同关系的缔约人,订立一项旨在终止企业困难的协议。和解人也可以提出有关保护与挽救企业、使企业经济活动得以继续、保持就业岗位的各种建议。和解人可以应债务人的请求并且在听取参与活动的债权人的意见之后,相应情况下,在后来实行的保护程序、司法重整程序或者司法清算程序的范围内,受委托负责组织企业的部分或全部转让任务。

为了执行任务,和解人可以从债务人那里获得各种有益的情况;法庭庭长向和解人通知其了解的各种情况,相应情况下,向和解人传达(2008 年 12 月 18 日第 2008-1345 号法令第 4 条)"第 L611-6 条第 5 款"所指的鉴定的结果。

金融管理部门、社会保险组织、负责管理《劳动法典》第L5422-1条及随后条文所指的失业保险金管理组织、受《社会保险法典》第九卷调整的机构,可以同意按照本《法典》第L626-6条确定的条件减免债务人的债务,(2008年8月4日第2008-776号法律第76-1条)"也可以按照相同条件转让优先权或抵押权的顺位,或者放弃这些担保"。

和解人向法庭庭长汇报其任务的进展情况,并就债务人所作的全部努力提出任何有益的看法。

在程序进行过程中债务人受到某个债权人的(2008年12月18日第2008-1345号法令第4条)"催告或者"追偿债务时,可以向决定实行程序的法官请求适用《民法典》第1244-1条至第1244-3条的规定。法官在听取和解人的意见之后作出裁判决定。法官可以规定以订立本条所指的协议为条件才能采取相应措施。在此情况下,按照最高行政法院提出资政意见后颁布的法令规定的条件向有关的债权人通知法官所做的决定。

在无法达成协议的情况下,和解人立即向法庭庭长提出一份报告。法庭庭长终止和解人的任务及和解程序。其所做决定通知债务人。

在无法达成协议的情况下,和解人立即向法庭庭长提出一份报告。法庭庭长终止和解人的任务与和解程序。法庭所作决定通知债务人并报送检察院。

司法解释:

1. 第L611-7条所指的协议的范围:法律并不强制债务人的全部债务均纳入这种处理范围,因为债权人可以自由地承诺仅就其债权之一部进行"自愿协商处理"(实行自愿和解)(最高法院商事庭,1998年10月13日)。

2. 支付期限:按照第L611-7条第5款规定,只有在债务人受到某一债权人追偿债务的情况下,才准许"决定实行和解程序的法官"在该程序进行过程中为债务人的利益采取《民法典》第1244-1条与第1244-3条规定的措施(奥尔良法院,2007年2月22日)。持有执行根据的债权人在和解程序开始前夕已经追偿债务的,债务人不能依据第L611-7条的规定请求法院院长给予清偿宽限期,因为第L611-7条强制规定,只有当债权人在和解程序进行过程中提出追偿时,才准许"决定实行和解程序的法官"在该程序进行过程中给予债务人以清偿宽限期(波城法院,2008年1月17日)。

3. 如同"决定实行和解程序的法庭庭长"一样,上诉法院依紧急审理程序受理上诉时,也只能受理"因债权人在和解程序中向另一法官提出追偿债务而使债务人提出的给予宽限期的请求",上诉法院没有权力判处正在实行和解程序的债务人清偿债权人的债务(奥尔良法院,2007年12月20日)。

4. 撤销诉权(2005年7月26日法律之前的判例):在和解程序中进行的清偿,并不属于采用非平常方法进行的清偿,因此不得通过行使(《民法典》第1167条所规定的)撤销诉权(action paulienne)对其进行攻击(最高法院商事庭,2008年4月1日)。

第L611-8条 (2005年7月26日第2005-845号法律第7条)一、法庭庭长应各方当事人提出的共同申请(requête conjointe),对他们之间达成的协议予以确认(constater),并赋予该协议以执行力。法庭庭长根据债务人作出的经确认的能够证明其在订立协议时并未停止支付或者因该协议的订立停止支付状况已经终止的声明,作出审理裁判。法庭庭长确认(和解)协议的判决(décision)无须进行公告,也不得对其提出上诉。确认(和解)协议的判决终止和解程序。

二、但是,应债务人的请求,法庭如认为具备以下条件,对所达成的协议予以认可(homologuer):

1. 债务人并未停止支付,或者,因订立协议,停止支付的状况已经终止;
2. 协议的各项规定能够保障企业持续从事活动;
3. 所订立的协议不妨碍没有在协议上签字的其他债权人的利益。

三、法庭庭长或者法院,在确认或者认可所订协议的情况下,可以应债务人的请求,指定和解人在执行协议期间作为执行协议的委托代理人。在发生妨碍其执行此种任务的困难时,由此指定的委托代理人可以立即根据具体情况向法庭庭长或者法院提交一份报告;法庭庭长或者法院可以作出终止代理人任务的决定,并向债务人进行通知。债务人也可以随时请求终止委托代理人的任务。

第L611-8-1条 在债务人请求认可所订协议的情况下,该协议的内容应告知企业委员会,或者在没有企业委员会的情况下,告知员工代表。

第L611-9条 (2005年7月26日第2005-845号法律第7条)法庭在评议室听取债务人、参与订立协议的各债权人、企业委员会代表,或者在没有设立企业委员会时,听取员工代表以及和解人、检察院的意见之后,或者对他们进行传唤之后,就是否认可该协议作出审理裁判;或者,如果债务人从事的是受专门立法或条例规范或者名称受到保护的自由职业,法庭应在听取该人隶属的行业公会或者有权限的主管机关的意见之后,就是否认可协议作出审理裁判。

法庭可以听取其认为有必要听取意见之人的意见。

第 L611-10 条 （2005 年 7 月 26 日第 2005-845 号法律第 7 条）法庭认可协议，即终止和解程序。

如债务人需接受（会计监察人）对其账目的法定监督，经法庭认可的协议应传达给债务人的会计监察人。法庭（对该协议）作出的认可判决（le jugement d'homologation），交存至法庭书记室。任何利益关系人均可到书记室了解经法庭认可的协议。认可判决应进行公告。（2008 年 12 月 18 日第 2008-1345 号法令第 6 条）"检察院，以及在对第 L611-11 条所指的优先权持有异议的情况下，订立协议的当事人可以对法庭作出的认可判决提出上诉。第三人可以对认可和解协议的判决提出（第三人）异议。法庭作出的拒绝认可协议的判决不进行公告，但可以对其提出上诉"。

（以下条款由 2008 年 12 月 18 日第 2008-1345 号法令第 6 条废止）

第 L611-10-1 条 （2008 年 12 月 18 日第 2008-1345 号法令第 7 条）得到法庭确认或认可的和解协议在执行期间，中断或禁止提起任何诉讼并且停止或者禁止为获得协议规定范围内的债权清偿而对债务人的动产与不动产进行的任何个人追偿。

得到法庭确认或认可的和解协议在执行期间，中断原本对作为协议当事人的债权人规定的各项期间，否则，丧失或者解除与协议中指明的债权有关的各项权利。

如果在上述同样的期间，债务人受到某一受邀请参与和解的债权人为获得不属于所订协议范围内的某项债权的清偿而发出的催告通知或者受到此种追偿，决定实行程序的法官，应债务人的请求并且在听取负责执行协议的委托代理人的意见说明之后，在考虑执行协议的条件的基础上，可以适用《民法典》第 1244-1 条至第 1244-3 条①之规定。本款之规定不适用于第 L611-7

---

① 《民法典》第 1244-1 条：法官考虑到债务人的状况以及债权人的需要，得判令暂缓或分期清偿所欠款项，期间以 2 年为限。
法官得以特别说明理由之判决，命令被推迟清偿期限的款项按照降低的利率计算利息，但降低的利率不得低于法定利率；或者法官得以相同判决规定首先清偿本金。
此外，法官得规定在债务人完成便于清偿或保证清偿的行为之后，始适用上述措施。
本条规定不适用于扶养之债。
第 1244-2 条：法官依据第 1244-1 条之规定所作的判决中止可能由债权人已经实施的强制执行程序；按照延期清偿之情形加收的利息或处罚款项，在法官确定的期间，亦停止支付。
第 1244-3 条：违反第 1244-1 条与第 1244-2 条之规定的任何约定条款，均视为未予订立。——译者注条第 3 款所指的债权人。

第 L611-10-2 条 （2008 年 12 月 18 日第 2008-1345 号法令第 7 条）作为共同债务人的人，或者同意提供人的担保（sureté personnelle，保证）或动用或转让某项财产作为担保的人，可以按照第 L611-7 条第 5 款以及得到确认或认可的协议的规定，主张为债务人规定的各项措施。

经法庭认可的协议（accord homologué），当然取消按照《货币与金融法典》第 L131-73 条的规定自和解程序实行之前签发的某一支票被拒付之日开始的禁止债务人签发支票的任何处分。（2010 年 12 月 9 日第 2010-1512 号法令第 2-4 条）"在债务人是有限责任个体企业主时，对于程序针对的指定用途的概括财产的账户，取消这种禁止性处分"。

第 L611-10-3 条 （2008 年 12 月 18 日第 2008-1345 号法令第 7 条）经法庭确认的（和解）协议（accord constaté）的签字当事人之一提出请求，法庭庭长如认定协议规定的义务承诺没有得到履行，宣告解除该协议。

按照相同条件，法庭亦宣告解除经认可的协议。

法庭庭长或者法庭在决定解除协议时，也可以宣告取消按照第 L611-7 条第 5 款或者第 L611-10-1 条第 2 款之规定而给予的所有宽限支付期。

第 L611-11 条 （2008 年 12 月 18 日第 2008-1345 号法令第 8 条）在（债务人）实行保护程序、司法重整程序或司法清算程序的情况下，此前在第 L611-8 条第二项所指的经法庭认可的和解协议中同意为债务人的财务投入新的资金用以保障企业继续从事经营活动的人，按照其投入的款项数额限度以及第 L622-17 条第二项、第 L641-13 条第二项规定的顺位，优先于其他任何债权受偿。在得到法庭认可的和解协议中同意向债务人提供新的财产或服务，用以保障债务人的企业能够持久进行经营活动的人，就这些财产或服务的价金，享有相同的优先权。

（2005 年 7 月 26 日第 2005-845 号法律第 8 条）"这一规定不适用于债务人的股东或持股人在增加注册资本的框架内进行的出资。"

凡是在和解协议上签字的债权人，不得就其在和解程序之前提供的帮助直接或间接享有本条规定的利益。

第 L611-12 条 （2005 年 7 月 26 日第 2005-845 号法律第 9 条）（债务人）实行保护程序、司法重整程序或司法清算程序，当然终止按照第 L611-8 条的规定得到法院确认或认可的（和解）协议。在此情况下，所有的债权人均恢复其全部债权与担保，但应减去其已经受领的款项，且不妨碍适用第 L611-11 条之规定。

第 L611-13 条 （2005 年 7 月 26 日第 2005-845 号法律第 10 条）在此前 24 个月内，以任何名义直接或间接从有利益关系的债务人那里获得过报酬或某种支付的人、债务人的任何债权人、对债务人或者由债务人实行本《法典》第 L233-16 条意义上的控制的人，均不得担任专门的委托代理人或和解人，但是，如果是以担任专门委任人的名义给予的报酬，或者是在对同一债务人或同一债权人协议清理债务的程序中或实行的和解程序中以受到法院委任的名义而取得的报酬，不在此限。（2010 年 12 月 9 日第 2010-1512 号法令第 2-5 条）"是否存在从有限责任个体企业主债务人处受领的报酬或清偿，根据该人持有的所有概括财产的情况进行评判"。由此受到指定的人在接受任务时，应当以其荣誉和诚信，证明其遵守这些禁止性规定。

在职的商事法官，或者离职不满 5 年的商事法官，不得担任专门的委托代理人或和解人。

第 L611-14 条 （2005 年 7 月 26 日第 2005-845 号法律第 10 条）法庭庭长，在指定专门委任人、和解人时，相应情况下，在指定专家鉴定人时，可以在征得债务人同意之后，以及在实行了和解程序与委托执行协议的情况下，按照最高行政法院提出资政意见后颁布的法令规定的条件，在听取检察院的意见之后，根据这些受到指定的人为完成任务而必要进行的工作的情况，确定对他们给付报酬的条件。

由法庭庭长在这些人完成任务之后作出裁定最后确定所给予的报酬数额；所得报酬不得与债权人已经抛弃的债权有联系，也不得按照案卷整体统算。

（2008 年 12 月 18 日第 2008-1345 号法令第 9 条）"对法庭庭长确定报酬数额的裁定"提出的上诉，应在最高行政法院提出资政意见后颁布的法令确定的期限内，向上诉法院院长提出。

司法解释：

1. 和解人的报酬：和解人应得的报酬，一方面应考虑收费标准，另一方面应考虑"（债务人）所获得的减免债务的总额"以及和解人完成的工作量，比照司法管理人取得报酬的方式进行计算（拉恩法院，1987 年 5 月 18 日）。

2. 和解人在接受法院决定给予的任务时，是临时作为《民事诉讼法典》第 719 条意义上的司法辅助人员的；因此，凡是适用该《法典》第 714 条的情况，和解人就可以对法院院长作出的确定和解人报酬的裁定向上诉法院院长提出上诉（最高法院商事庭，1998 年 2 月 17 日）。

3. 专家鉴定人的报酬：法院院长只能确定其委任的专家鉴定人应得的报酬，而不能确定鉴定人聘请的作为其助手的"审计公司"（société d'audit）的报酬（最高法院民事庭，1997年3月12日）。

第 L611-15 条 （2005年7月26日第2005-845号法律第10条）所有受召唤参加和解程序的人，或者接受专门委任的人，或者因职务了解该程序情况的人，均负有保守秘密的义务。

第 L611-16 条 仅仅由于按照第L611-3条之规定指定了专门委托代理人或者按照第L611-6条的规定实行了和解程序，或者为此目的提出了请求，即对正在履行中的合同的继续履行条件进行变更、减少债务人的权利或者增加其负担的义务的任何条款，一律视为未予订立。

仅仅由于按照第L611-3条之规定指定了专门委托代理人或者按照第L611-6条的规定实行了和解程序，便规定将债权人在这些程序范围内聘请顾问而给予的酬金中超过司法部长、掌玺官发布的决定规定的限额的部分强加给债务人的任何条款，一律视为未予订立。

第二章　适用于从事经济活动的非商人私法法人的规定

第 L612-1 条 薪金雇员人数、税负外营业额或收入以及资产负债总额中有两项标准超过最高行政法院提出资政意见后颁布的法令规定之额度的从事经济活动的非商人私法法人，每年均应编制资产负债表、损益表（账目）及附件。编制这些文件的具体规则由法令规定。

第1款所指的法人有义务至少指定一名会计监察人及一名替补会计监察人。

（2006年10月5日第2006-1225号法律第6-3条）对于不采用商事形式的农业合作社和农业集体利益合伙，（2009年1月22日第2009-80号法令第9条）"其金融证券未获准进入规范市场交易的"，有关指定会计监察人的义务，可以按照《农村及海洋渔业法典》第L527-1-1条规定的条件，借助于该《法典》第L572-1条认可的联合会提供服务来实现。

本条第1款所指的法人不按规定每年编制资产负债表、损益表及其附件的，其领导人适用本《法典》第L242-8条规定的刑罚。

即使没有达到本条第1款规定的额度，从事经济活动的非商人私法法人，可以按照本条第2款的规定，指定一名会计监察人和一名替补会计监察人。在此情况下,会计监察人及替补人受同样义务的约束,承担同样的民事和刑事责任,以及行使同样的权力,如同他们是按照本条第1款的规定受到指定的一样。

第 L612-2 条 薪金雇员人数、税负外营业额或者收入超过最高行政法院提出资政意见后颁布的法令规定之额度的从事经济活动的非商人私法法人,有义务编制不包括经营价值在内的可实现与可支配的资产以及已到期的负债的状况表,同时应制定可预期的损益账目以及资金一览表与资金计划。

编制这些文件的周期、期限和具体条件,由法令规定。

负责法人管理事务的机关,在其制定的关于法人状况变化的书面报告中,应当对这些文件作出分析。这些文件和书面报告同时送交会计监察人、企业委员会;(2005年7月26日第2005-845号法律第11-2条)"如果没有设立企业委员会,则送交员工代表";在设立了监事机关时,还应报送监事机关。

在以上条款的规定未得到遵守的情况下,或者在前款所指的报告中提供的信息需要会计监察人提出意见时,会计监察人应在其向负责法人管理或领导事务的机关的书面报告中指出此种意见。该报告报送企业委员会,(2005年7月26日第2005-845号法律第11-2条)"如果没有设立企业委员会,送交员工代表",并在法人的审议机关的下次会议上通报这份报告。

第 L612-3 条 (2005年7月26日第2005-845号法律第11-3条)"第L612-1条与第L612-4条"所指的法人的会计监察人在执行任务时发现可能危及该法人继续经营之事实时,应当按照最高行政法院提出资政意见后颁布的法令确定的条件,将此事实告知法人的领导人。

(2005年7月26日第2005-845号法律第11-3条)"法人的领导人在最高行政法院提出资政意见后颁布的法令规定的期限内未作出答复的,或者所作答复仍不能保证法人继续经营时,会计监察人以书面形式要求法人的领导人召集该法人的合议制审议机关会议,就提出的事实进行审议。这一书面要求的副本转送大审法院院长。会计监察人受召参加这次会议。法人的合议制审议机关所作的审议决定应报送企业委员会,或者,如没有设立企业委员会,送交员工代表,并且报送大审法院院长"。

(2011年5月17日第2011-525号法律第62-1条第三项)"在法人的集体领导机关没有就披露的事实作出审议决定,或者会计监察人认定,尽管作出了某种决定,法人继续经营仍然受到危害时,应当按照最高行政法院提出资政意见后颁布的法令确定的条件召开股东大会。会计监察人向这次股东大会提交一份专门报告。专门报告送交企业委员会,如果没有设立企业委员会,送交员工代表。"

如果在股东全体大会之后,会计监察人认定所作决定仍然不能确保法人继续经营,应向大审法院院长报告其所做的各种尝试,并向院长送交这些尝试的结果。

(2011年5月17日第2011-525号法律第62-1条第三项)"在程序启动之后6个月内,尽管有会计监察人据以作出评判的各种因素,但法人继续经营仍然受到危及,并且情况紧急需要立即采取措施时,会计监察人可以恢复其此前认为可以终止的程序"。

如(2008年12月18日第2008-1345号法令第10条)"债务人"(2005年7月26日第2005-845号法律第11-3条)"按照第L611-6条与第L620-1条的规定已经实行和解程序或者保护程序,本条之规定不予适用"。

第L612-4条　(2005年7月26日第2005-845号法律第5条)"按照2000年4月12日法律第1条的意义,每年从行政主管部门或者具有工商性质的公共机构获得一笔或数笔经费资助的总额超过法令确定数额的所有协会,每年均应编制年度账目。年度账目包括资产负债表、损益表及附件。编制这些文件的具体规则由法令确定。"

这些协会,必须按照最高行政法院提出资政意见后颁布的法令规定的条件,确保公示其年度账目与会计监察人的报告。

这些协会有义务至少任命一名会计监察人和一名替补会计监察人。

对于本条第1款所指的每年均不制定资产负债表、损益表及附件的协会的领导人,适用第L242-8条的规定。

应任何利益关系人的请求,法院院长可以按照紧急审理程序责令第1款所指的任何协会的领导人确保公示年度账目与会计监察人的报告,并规定逾期罚款;为此目的,法院院长可以按照相同条件指定一名代理人履行这些手续。

第L612-5条　(2001年5月15日第2001-420号法律)从事经济活动的非商人私法法人或者第L612-4条所指协会的法定代表人,或者其会计监察人,如已任命,应在向法人或协会的审议机关,或者在没有审议机关时,向法人或协会的参加者提交的文件中附上一份有关报告,通报该法人与其董事之一,或者与担任公司委任职务的某一人之间,直接或者通过中间人订立的所有协议。

该法人与其某一无限责任股东、经理、董事、总经理、总经理代表、管理委员会成员或监事会成员、一名持有10%以上表决权同时担任董事或公司委任职务的股东之间订立的协议,亦附于上述报告。

法人的审议机关就该报告进行审议,作出决定。

最高行政法院提出资政意见后颁布的法令具体规定上述报告的编制条件。

未获得批准的某项协议,仍然产生效力。此种协议给法人带来损害后果时,视具体情况,可以由董事或担任公司委任职务的人个人承担责任,或者连带承担责任。

按照正常条件订立的,从公司宗旨或者财务方面涉及的层面来看,对任何一方当事人均属无关紧要的日常协议,不适用本条之规定。

第二编 保护程序

第L620-1条 (2008年12月18日第2008-1345号法令第12条)"设立保护程序①,在第L620-2条所指的债务人证明自己遇到无力克服的困难但并未停止支付时,由其提出请求,实行该程序"。(2005年7月26日第2005-845号法律第12条)保护程序的目的在于:为企业重组提供方便条件,使其能够继续从事经济活动,维持就业岗位,清理债务。

实行保护程序,在经过一个观察期之后,产生一项由法院判决确定的方案,相应情况下,按照第L626-29条与第L626-30条的规定设立两个债权人委员会(comité de creanciers)。

司法解释:

1. 实行保护程序的条件:(债务人)是否具备实行保护程序的条件,应当根据程序开始之日(该债务人)的情况评判(最高法院商事庭,2007年6月26日)。

2. 债务人原来开设有280处营业点,雇员达2000人,从事照相胶卷冲洗业务,由于数码技术的高速发展,业务受到巨大冲击,营业额下降,经营亏损,不得不改变其经营活动,而要这样做,必须大量投资,债务人无力保证此项投

---

① 原文为"procedure de sauvegarde",也称为"司法保护程序",属于"集体程序"之一(也有人译为"维持程序"或"拯救程序")。按照《法国商法典》的现行规定,(司法)保护程序有别于司法重整程序。两者的最大区别在于:前者是对"遇到无力克服的困难但并未停止支付"的债务人适用的程序,而后者则是适用于"不能以其可处分资产清偿到期债务,处于停止支付状态的任何债务人"的程序。——译者注

资,这种状况证明债务人遇到了足以导致其停止支付的不能克服的困难(凡尔赛法院,2006年6月15日)。

3. 债务人公司的状况,应当按照其本身的情况来评判,不考虑其所属的(公司)集团的财务能力(最高法院商事庭,2007年6月26日)。关于债务人是否具备实行保护程序的条件,立法者并没有强制规定债务人需要证明其接到了(债权人发出的支付)催告,或者事先已经实行和解程序(里昂法院,2006年5月31日)。关于债权人提出的诉讼请求的可受理性,参见梅茨法院2007年4月17日判决。

第L620-2条 (2005年7月26日第2005-845号法律第13条)保护程序适用于(2008年12月18日第2008-1345号法令第164-1条)"任何从事商业活动或手工业活动的人"、任何农业生产者,以及任何从事独立的职业活动,其中包括从事受法律与条例特别规范、名称受到保护的自由职业的其他自然人以及任何私法法人。

(2010年12月9日第2010-1512号法令第3-1条)"除涉及有限责任个体企业主相互分开的数项概括财产之外",对于已经在实行保护程序或司法重整程序或司法清算程序的债务人,只要由这些程序产生的方案(计划)所规定的活动尚未终结,或者清算程序尚未结束,就不得开始实行新的保护程序。

司法解释:
一、适用范围
(一)自然人

1. 商人:关于商人的定义,参见第L121-1条与第L121-2条。商人资格:法官有义务确认债务人在集体程序开始之日具有商人资格,参见最高法院商事庭2001年7月10日判决。

2. 只要在开始实行集体程序之日债务人实际上具有商人身份,则也可以因其在成为商人之前缔结的民事债务对其实行保护程序(最高法院商事庭,1993年6月22日)。同样,按照"概括财产单一性"原则(同一人只能有一份概括财产),商人虽已停止从事商事活动,但只要他在集体程序开始之日仍然可以按照商人身份受到债务追偿,那么,该商人在从事商事活动之前缔结的债务,即使其为民事性质,仍应由其概括财产负担,该债务的具体性质在所不问(最高法院商事庭,1996年2月3日)。

3. 商人资格的对抗效力：一个自然人（以"事实上设立的公司"的形式管理一处营业资产）从未在"商事及公司注册登记簿"上注册登记的，不能依其提出的申请而享有司法重整之利益（最高法院商事庭，1997年3月25日）。同样，商人本人实行司法重整程序，其配偶如并未以商人的资格在"商事及公司注册登记簿"上进行注册登记，则不能依其提出的申请而享有司法重整之利益（最高法院商事庭，2004年2月11日）。"商事及公司注册登记簿"上记载商人的妻子为营业资产的共同经营人，商人实行司法清算程序时，这一记载仅构成对商事性质（妻子的商人资格）的简单推定，因此得以相反证据推翻之（最高法院商事庭，2005年3月15日）。

4. 手工业者：对于以自己的名义从事手工业活动的女债务人，得以其本人的名义对其实行司法清算（南锡法院，1987年5月13日）。为了确定第L620-1条的适用范围，有必要参照依据传统标准认定的"手工业"的概念，而不必考虑与"手工业职业目录"相联系的有关手工业的行政定义（卢昂法院，1991年10月10日）。

5. 农业耕作者：农业耕作者的妻子虽然帮助丈夫从事农业生产活动，但这一事实本身并不赋予其农业耕作者的身份，更何况该妇女并不交纳（农业）"互助保险份额"，并且有公职（卡昂法院，1991年5月16日）。一家处于困境的农业事业的女经营人的丈夫，虽然已正式退休，但仍然不间断地从事管理活动，因此，有（法律）依据为其利益申请实行司法重整程序（普瓦提耶法院，1995年7月6日）。农业经营民事公司（合伙）的参股人（合伙人）如不能证明其本人作为经常性职业从事《农村及海洋渔业法典》第L311-1条意义上的农业活动，则不能对其实行集体程序（最高法院商事庭，2000年10月3日）。

6. 独立职业：有限责任公司的经理是以其代表的公司的名义从事活动，而不是从事《商法典》第L631-2条意义上的"独立职业活动"，因此，对该管理人（本人）不能实行司法重整（最高法院商事庭，2008年11月12日）。

7. 民事司法重整：从事独立职业活动的自然人，包括从事受特别立法与条例规范、名称受到保护的自由职业的人，自2006年1月1日起，按照2005年7月26日法律规定的条件，适用该法的规定，因此，这类人员此后排除适用有关处理《消费法典》第L330-1条所指的"超额负债"状况的规定（最高法院商事庭，2008年9月30日）。夫妻中一人已经终止商事活动，由这种活动产生的职业性质的债务，并不影响适用1989年12月31日关于超额负债的法律(《消费法典》第 L331-1 条)有关非商人配偶的规定(里约姆法院,1992年1月22日)。排除具有商人身份的配偶适用关于超额负债的法律的规定,夫妻一方作为纳入另一方的"企业继续经营方案"中的债务的连带共同债务人时,不能享有关于"处理超额负债状况之程序"的利益(最高法院第一民事庭,2000年10月11日)。照此意义,实行司法清算程序的商人的妻子,如果未经确认其本人是商人或者其本人的债务已全部纳入丈夫正在实行的集体程序,则不能排除对其适用关于处理超额负债的程序(集体程序与非商人自然人"超额负债处理程序"的适用范围不同,是两种不同的程序)(最高法院第一民事庭,2002年1月22日)。

8. 程序的单一性:(基于)法律意义上的"概括财产单一性原则",禁止对同一债务人(同时)实行两个集体程序,即使该人从事不同的活动或者经营数处营业资产(商铺)(最高法院商事庭,2002年2月19日)。但是,某人是一家正在实行集体程序的法人的领导人,在该法人本身实行集体程序的情况下,仍不影响因其法人领导人的身份而对其宣告实行集体程序,以作为对其实施的制裁(最高法院商事庭,2005年1月4日)。基于法律意义上的"概括财产单一性原则",禁止对同一债务人(同时)实行两个集体程序,债权人对债务人进行财产清算的权利不会受到该人在此后实行的司法清算的影响,即使经法院作出不可撤销的判决后该司法清算程序已经终结(最高法院商事庭,2005年3月1日)。

(二) 法人

1. 受本法调整的团体(社团)

(1) 公司

A. 正在设立中的公司:正在设立中的公司(因无法人资格)不能受传唤实行司法清算或实行财产清算,即使公司在此之后取得法人资格,仍不能成为(此前)宣告此种措施的理由(最高法院商事庭,1987年3月10日)。对于以正在设立中的公司的名义从事过活动的人,如果没有证据证明其具有商人身份或手工业者身份,应当驳回针对该人提出的实行集体程序的申请(巴黎法院,1987年1月14日)。但是,对已经用正在设立中的、尚未取得法人资格的公司的名义经常性从事商事活动的人,可以实行债务清理或财产清算程序(最高法院商事庭,1991年1月15日)。

B. 没有办理注册登记手续的公司:对于没有办理注册登记手续因此从未取得法人资格的公司,不得实行司法重整程序(巴黎法院,1987年9月22日)。

C. "事实上设立的公司"(也属于"没有办理注册登记手续的公司"): "事实上设立的公司"(société crée de fait), 由于没有法人资格, 不能实行集体程序(最高法院商事庭, 2004 年 11 月 23 日)。对于"事实上设立的公司"的股东, 只有证明其已经实施商事行为并将此作为经常性职业或者其本身经营属于公司宗旨范围的商业企业时, 才能实行集体程序(最高法院商事庭, 1993 年 4 月 27 日)。对于"事实公司"(société de fait)的股东, 只有证明其是在共同经营的范围内从事商事行为时, 才能实行集体程序(梅茨法院, 1997 年 4 月 8 日)。

D. 被吸收的公司: 一公司被另一公司吸收, 被吸收公司的法人资格已经消失, 不能再对其实行集体程序, 因为仅吸收公司具有法人资格(最高法院商事庭, 2004 年 9 月 28 日)。

(2) 其他团体

A. 合作社: 合作社(mutuelle), 如同所有的私法法人, 适用司法重整程序(巴黎法院, 1988 年 1 月 13 日)。

B. 协会: 协会作为私法法人, 适用 1985 年 1 月 25 日的法律, 特别是当协会实施商事行为时, 商事法院对协会实行集体程序有管辖权(巴黎法院, 1990 年 6 月 13 日)。

C. 公法法人排除在《商法典》第 L620-2 条的适用范围之外, 不论其从事的活动具有何种形式(巴黎法院, 1991 年 2 月 15 日)。

2. 影响法人的事件

(1) 法人无效: 共同经济利益组织被宣告无效, 不影响对其实行司法重整程序(最高法院商事庭, 1994 年 4 月 5 日)。

(2) 法人被依职权注销: 依职权将某一公司从"商事及公司注册登记簿"上注销, 对该公司(原本具有)的法人资格不产生影响, 因此, 仍可宣告对其实行司法重整程序或司法清算程序(巴黎法院, 1994 年 9 月 13 日)。

二、跨域破产(国际破产)

1. 在保留执行国际条约的规定以及在外国法律秩序接受的限度内, 法国(法院)对债务人宣告的司法重整, 在该债务人拥有财产的任何地点均产生效力(最高法院第一民事庭, 2002 年 11 月 19 日)。

2. 商会在重申这一司法清算原则的同时也明确认为, 外国法律秩序(是否)接受法国法院宣告的司法清算程序之效力, 并不是在法国实行该程序(而应当具备)的条件(最高法院商事庭, 2006 年 3 月 21 日)。

3. 债务人在国外实行集体程序, 只有根据条约的规定, 外国法院的判决在法国应当当然得到承认或者已经取得执行令时,才能阻止对该同一债务人在法国宣告实行司法重整程序(最高法院商事庭,1995年4月11日)。同样,英国宣告的破产判决没有在法国取得执行令时,该判决在法国不能产生中止"(债权人)个人对该债务人提出的追偿债务之请求"的效力(最高法院第一民事庭,1998年3月24日)。就外国法院针对某一非商人的人作出的实行集体程序的判决签发的执行令(虽然在法国只有商自然人才适用集体程序),并不违反法国国际公共秩序观念(最高法院商事庭,2000年1月18日)。由法官实施的对人或财产、权利与义务产生效力的任何参与行为,均构成可以获得执行令的判决(décision)(最高法院第一民事庭,2000年1月18日);只要法官对债务人公司提交的"停止支付申报"进行的干预活动具有中止债权人实施任何追偿行为的效力,美国法院作出的裁定(ordonnance)构成可以(在法国)获得执行令的"判决"(同一判决)。《西班牙商法典》第878条规定,破产效力发生之日以后,(债务人实施)的任何处分行为与管理行为,对于即使是善意的任何人,均无效,这一规定并不违反法国国际公共秩序的观念(最高法院商事庭,2002年2月5日)。

第一章　保护程序的开始

第L621-1条　(2005年7月26日第2005-845号法律第14条)法院在评议室听取债务人、企业委员会代表的意见,在没有设立企业委员会的情况下,听取企业员工代表的意见,或者在符合规定对这些人进行传唤之后,就是否实行保护程序作出裁判。法庭也可以听取能够提出有益意见的任何人的意见。

此外,如果债务人从事的是受法律与条例专门规范、名称受到保护的自由职业,法庭在按照相同条件,听取债务人隶属的同业公会的意见或主管机关的意见,或者按规定进行传唤之后,作出裁判。

法庭在进行审理裁判之前,可以委任一名法官收集有关企业(债务人)财务、经济与社会方面的各种情况。法官得适用第L623-2条之规定。法庭可以选任任何专家协助。

对此前18个月内享有或曾经享有(第六卷第一编所指的)专门委任之利益或和解程序之利益的债务人实行保护程序,必须在检察院出席的情况下进行审议,但(2010年12月9日第2010-1512号法令第3-2条)"涉及有限责任个体企业主相互分开的数项概括财产的情况除外"。

在此情况下,尽管有第L611-15条的规定,法庭得依职权或者应检察院的要求,取得向其报送的有关专门委任及和解程序的材料或文书。

司法解释:

1. 如果没有传唤债务人到庭,在开庭后便宣告实行司法清算程序,并不构成《民事诉讼法典》原第505条意义上的"可据以对法官提出控告"的"严重的职业过错",因此,只能产生(提起)上诉的权利(最高法院第一民事庭,1996年7月12日)。股份公司的总经理在宣告司法清算前的法庭听证中,有资格在法院代表公司(并非必须由董事长为代表)(最高法院商事庭,1993年7月12日)。

2. 按照《商法典》第L620-1条条文及其实施条例规定的精神,不论薪金雇员人数多少,没有邀请他们表达意见,便不能对企业进行司法重整或司法清算(凡尔赛法院,1986年11月26日)。

3. 即使由于企业规模很小没有设立企业委员会也没有员工代表,仍然强制适用这一规定(同一判决)。但只要符合规定对员工委托的代表进行了召唤,即可(巴黎法院,1986年5月20日)。

4. 如果是按照一般制度或简易制度仅在司法重整程序开始之后才指定薪金雇员代表,则无须事先听取他们的意见(最高法院商事庭,1995年5月22日)。

5. 制裁:第L621-1条第1款的规定具有公共秩序性质,如未遵守,程序有瑕疵,所做判决应予撤销(巴黎法院,1989年6月13日)。公司的新的注册住所已在"商事及公司注册登记簿"上公示,而传唤通知书仍然寄送到该公司的原注册住所(因而未能遵守第L621-1条的规定),法院在此情况下作出的宣告该公司司法清算的判决应予撤销(巴黎法院,1996年2月9日)。债务人本人没有资格"以法院在作出实行司法重整的判决之前没有召见企业委员会代表或员工代表为理由"提出诉讼请求(最高法院商事庭,1995年10月24日)。

第L621-2条 如果债务人从事的是(2008年12月18日第2008-1345号法令第13条)"商业或手工业活动",有管辖权的法院是商事法院,其他情况下,有管辖权的法院是大审法院。

(2008年12月18日第2008-1345号法令第13条)"应管理人、司法代理人①、检察院的要求,或者依职权,可以将已经开始实行的程序"(2005年7月26日第2005-845号法律第14条)"扩张至概括财产与债务人的概括财产发生混同的一人或数人,或者在法人为虚拟性质的情况下②,扩张至其他一人或数人。"

(2010年12月9日第2010-1512号法令第3-3条)"在相同条件下,作为有限责任个体企业主的债务人的其他一项或多项概括财产与程序涉及的概括财产发生混同时,可以并入该概括财产。有限责任个体企业主债务人严重违反第L526-6条第2款的规则或者违反第L526-13条所指的义务,或对某个就程序所针对的概括财产持有一般担保权利的债权人有欺诈行为时,亦作相同处理。"

(2012年3月12日第2012-346号法律第1条)"为适用本条第2款与第3款之规定,法院院长,应管理人、司法代理人、检察院的请求,或者依职权,可以命令就相同条款所指的诉讼的被告人的财产采取任何必要的保全措施。"

受最先开始的程序约束或者程序扩张所针对的债务人从事的是受专门立法与法规调整、名称受到保护的自由职业时,最先开始程序的法院对这些请求仍然有管辖权。法院在听取当事人所隶属的职业公会或者有权限的机关的意见之后,或者按照规定对其进行传唤之后,在评议室进行审理、作出裁判。

司法解释:
一、有管辖权的法院

1. 协会:对以营利为目的经营广播电台(或者以经营旅行社活动为主导)的协会实行司法重整程序,商事法院有管辖权(第戎法院,1987年11月4日;图卢兹法院,1995年12月19日)。

2. 从事商业活动的民事公司:在"商事及公司注册登记簿"上注册登

---

① 司法代理人:2005年法律之前使用的名称为"债权人代表",现在改为"由法院指定的委托代理人"(mandataire judiciaire),仍然是债权人利益的代表,参与债务人财产的管理,执行法院交付的任务委托、向债权人通知程序开始、要求债权人向其申报债权、接收债权申报、编制并向法院提交负债清册、制定债权及工资债权清册,受领国家工资保障基金所拨付的款项并直接支付给有关的薪金雇员。参见第八卷第一编。——译者注

② 表面上是两个不同的法人,实际上是同一个法人,即存在虚拟性。——译者注

记并注明其"从事财产买卖活动、取得不动产并将其再卖出"的不动产民事公司,尽管其为民事性质且公司的经营活动涉及的是不动产(交易活动),但就实行集体程序而言,商事法院仍有管辖权(巴黎法院,2000年9月5日)。

3. 行政管辖权:关于处理公法法人对实行司法重整程序的企业的债权问题时司法管辖权与行政管辖权的衔接,参见最高行政法院2000年6月14日判决。

二、集体程序的扩张

1. 在将程序扩张至正在实行司法重整的公司的领导人的情况下,以及在以法人的虚拟性或概括财产相混同为依据扩张集体程序时,最先受理诉讼的法院仍然有管辖权(巴黎法院,1986年12月17日)。

2. 由于一公司集团(本身)既没有法人资格,也没有自己的注册住所,其成员中实行司法重整的公司的注册住所地的商事法院有管辖权限通过同一判决将此重整程序扩张至属于该集团并且另有注册住所的另一公司(最高法院商事庭,1993年10月19日)。

3. 只有在两个法人的概括财产发生混同的情况下,或者只有在两个法人之一具有虚拟性质的情况下,一法人实行的司法清算程序才能扩张至另一法人(最高法院商事庭,1992年10月20日)。在两个法人的概括财产没有发生混同的情况下,法院在认定共同经营同一营业资产的每一法人均停止支付之后,应对每一法人实行分开的程序(最高法院商事庭,2005年3月15日)。

(一)概括财产的混同

1. (两家公司的全部资产与全部负债构成的)概括财产相互混同的条件:(1)两家公司之间虽然在资金方面的义务有相互依存性,由此产生的利益具有统一性或者相互交错,但这种情况并不足以说明两者的概括财产已发生混同(最高法院商事庭,1992年10月20日)。(2)同样,只要两公司仍然保持各自独立的活动,各有各的资产和负债,相互之间没有不正常的资金流动,即使两者有着共同的领导人或者共同的股东,公司的宗旨也具有同一性,并且管理机构也集中在同一地点,相互之间有经常的商业关系,有共同的顾客,这些情况仍不足以证明这两家公司的概括财产已经混同(最高法院商事庭,1993年5月11日)。(3)一公司将其场所交由另一公司使用而不收取任何回报,将此情况认定为"概括财产混同",参见最高法院商事庭2005年2月15日判决。属于同一集团的两公司之间存在不正常的资金流动,表明它们的概括财产已经混同，因而将其中一公司实行的司法清算程序扩张至另一公司，参见最高法院商事庭2000年2月15日判决。母公司与其子公司之一在财务管理、人员交流与交换以及母公司垫付资金方面订有协议，此种情况，排除两者之间概括财产的混同（最高法院商事庭，2005年4月9日）。一家公司在财务管理协议的框架内通过本集团的总公司向属于同一集团的另一家公司垫付资金，由于这种垫付并没有打破两家公司之间的平衡，也没有超越它们在资金（手段）上的可能性，因此，不属于概括财产混同（凡尔赛法院，2002年4月2日）。母公司虽然同意放弃其对子公司的债权余额，但仍然排除母公司与子公司的概括财产的混同，参见巴黎法院2004年9月7日判决。(4) 租赁经营：一处手工业营业资产的租赁经营公司替该营业资产的创建人兼原经营人清偿债务，且不向该创建人支付租赁经营的租金，也不支付其转让的库存货品的价金，据此情况，可以认定在该承租人公司与出租营业资产的创建人之间概括财产已经混同（最高法院商事庭，2000年3月14日）。(5) 在两自然人之间因存在"事实上设立的公司"而发生概括财产的混同的情况，参见巴黎法院1993年1月22日判决。在一起案件中，作为营业资产的所有权人与买受人的两个自然人之间概括财产发生混同的情况，参见最高法院商事庭1996年5月28日判决。(6) 公司的所有股东均作为公司的保证人参与筹措公司活动资金，并且为公司取得库存货品提供大量的个人出资，其中一股东个人清偿了公司的部分负债，最后，公司在通过建筑租约而取得的土地上建起了属于这些股东的建筑物，此种事实不足以确定公司与这些股东之间概括财产发生混同（最高法院商事庭，1997年10月1日）。(7) 一协会通过转账，将其数目很大的债权转入另一协会且没有取得对应利益，两协会的概括财产发生混同，参见最高法院商事庭2005年7月5日判决。(8) 以概括财产发生混同为依据，将一公司实行的司法清算程序扩张至另一公司，并不要求证明承受程序扩张的公司已经停止支付（巴黎法院，1991年2月12日）。(9) 关于概括财产发生混同的日期：只有在对这一法人或自然人实行集体程序的判决作出之前存在的事实，才能作为证明理由而将该程序扩张至另一法人或自然人（最高法院商事庭，2000年11月28日）。

2. 因概括财产混同而产生的效果：(1) 由于两公司概括财产发生混同（也就是说，两家公司实际上成为一家公司），在此情况下，将司法清算程序扩张至另一公司，无须对该另一公司事先实行司法重整程序（最高法院商事庭，1991年1月15日）。(2) 同样，在商事公司与其领导人之一的概括财产发生混同的情况下，对公司实行的司法清算程序可以扩张至该领导人，无须对该领导人事先实行司法重整程序(最高法院商事庭,1991年10月15日)。(3) 程序的单一性:商事法院作出判决将一企业实行的司法重整程序扩张至另一企业,由于这两家企业之间因唯一的概括财产(实际上)构成单一的企业,法院认为,鉴于集体程序具有单一性,应认定两家企业处于相同的法律状态,因此,对两企业宣告共同的司法清算程序是完全正当的(最高法院商事庭,1993年11月17日)。(4) 法院在确认同一集团的各公司因概括财产混同而宣告对其实行共同的司法重整程序之后,(对各公司)应当实施单一的程序,并且禁止对各公司仅进行部分司法清算(最高法院商事庭,1998年2月17日)。(5) 法院确认3家公司的概况财产已发生混同,这意味着应当对3家公司实行单一的集体程序,因此,不能分开解除这3家公司实行的共同的司法重整方案(最高法院商事庭,1998年6月23日)。(6) 在同一集团的各公司概括财产已经混同的情况下,债权人之一向实行司法重整的一公司的债权人代表申报债权,对该集团的任何一家公司均有效(最高法院商事庭,1997年10月1日)。(7) 同样,只要一公司实行的司法重整程序扩张至另外两家公司,基于它们的资产与负债的统一性,某项债权所享有的优先权性质,对这3家公司均同样得到认定(最高法院商事庭,1995年12月5日)。(8) 按照同样意义,债权人在最先开始的集体程序中(因逾期申报)已经丧失相应权利,但是,在该程序扩张至共同债务人之后,如果债权人向该共同债务人的负债申报了债权,则可以在这一(扩张后的)程序中保持其权利(最高法院商事庭,2001年12月11日)。(9) 与此相反,债权人在确认属于同一集团的各公司的概括财产已经混同的判决之前就已经向该集团的一家不动产民事公司申报了债权,但他并不是该公司的债权人且没有指明真正的债务人是该集团中的哪一公司,那么,他所进行的债权申报并不能使其保持对该集团的任何一家公司的债权(最高法院商事庭,2002年2月19日)。(10) 法院作出判决对同一集团的数家公司宣告实行集体程序,并且写明该程序为单一程序,这一判决(本身)并不产生"导致各公司概括财产混同"之效果:概括财产的混同不得推定,因此,委任法官不能有效地准许债权人只需向债务人公司之一的负债进行一次性债权申报即可涵盖(其对)各有关公司的全部债务(亚眠法院,2004年3月25日)。(11) 经法院认定概括财产发生混同的各公司应实行单一的集体程序,此种程序的单一性意味着,法官在审理有关公司提出的将其停止支付的日期向后推迟至某一日期的请求时,应当在对构成同一家企业的这些公司的到期负债与可处分的资产进行比较的基础上,确定停止支付的日期(最高法院商事庭,2003年1月7日)。(12) 由于两家公司的概括财产发生混同,因而将一公司实行的集体程序扩张至另一公司时,并不引起两公司的财产形成共有(最高法院第一民事庭,2001年3月20日)。(13)当保证人提供的保证仅仅涉及实行司法重整的公司自身的债务时,此种担保不能扩张至该公司的子公司,即使这些子公司随后(也)实行了共同的集体程序(最高法院商事庭,1997年11月25日)。(14)通过扩张主债务人实行的(集体)程序而对保证人实行集体程序的情况下,由(原提供的)保证(而)产生的义务因概括财产混同而消灭(最高法院商事庭,2009年2月17日)。(15)数家公司之一的原股东中有人尚未缴清其认购的注册资本的股款,因概括财产混同对这数家公司宣告实行共同的司法重整程序,随后又宣告实行共同的司法清算程序,这种情况不影响清算人针对这些负连带支付责任的公司之一的原股东提出的支付之诉(最高法院商事庭,1999年5月26日)。(16)由于概括财产发生混同,一自然人或法人实行的集体程序扩张至另一自然人或法人因此产生单一程序时,宣告实行该单一程序的判决不能产生(追溯至最先开始程序的判决作出之日的)追溯力(最高法院商事庭,2004年9月28日)。(17)因程序扩张而开始的集体程序,适用最先开始的集体程序的判决作出之日有效的法律(最高法院商事庭,2005年1月4日)。

(二)(法人或公司的)虚拟性

1. "虚拟性"这一概念具有的特殊性:关于明确区分"公司的虚拟性质"与"概括财产的混同"这两个概念,参见最高法院商事庭1988年11月8日、1994年2月8日等判决。

2. 关于虚拟公司的例子:一家公司,原本处于"休眠"状态,没有任何资产,其多数股东同时是另一家实行司法清算的公司的董事长兼总经理,该"休眠"公司之所以重新恢复活动,唯一目的是要通过规避集体程序规则,继续从事正在实行清算的(该另一家)公司的活动,在这种情况下,清算程序应当扩张至这一(原本处于休眠状态的)虚拟的公司(巴黎法院,1995年9月29日)。只要经认定,创建某一公司的目的是为了在极短的时间内结清另一公司的负债,并且在同一场所,由相同领导人对相同的顾客群体,按照相同的特许经营合同与合作伙伴关系,继续该另一(负债)公司的活动,使该另一公司呈现一片兴旺景象,以便保护其不动产,使之不被清算,在此情况下,应当按照"虚拟公司"并以概括财产混同为依据,宣告扩张司法重整程序(凡尔赛法院,1997年3月6日)。"一人有限责任企业"的唯一股东通过虚拟出资设立一家公司,这一事实表明其设立的后一公司带有虚拟性质,该公司实行的司法清算程序应扩张至该唯一股东,参见卢昂法院1999年12月16日判决。

一家不动产民事公司的资产仅有一幢大楼并将其出租给了一家有限责任公司,上诉法院作出判决认为,仅凭此事实即可推断该不动产公司具有虚拟性质,但最高法院撤销了该判决(参见最高法院商事庭1997年11月25日判决)。订立"租赁经营合同"的两家公司,经理和股东相同,从事的活动也相同,仅凭此种情况,不足以证明其中一公司对于另一公司而言属于虚拟性质(最高法院商事庭,1997年10月14日)。此外,因执行租赁经营合同的规定而引起的薪金雇员的(岗位)转移,并不能证明两公司之间具有虚拟性,外派员工是由租赁经营合同产生的效果(同一判决)。在没有认定公司的股东之一以法人为掩护而实际成为该(公司)法人的业务主人时,不能将该公司实行的司法清算程序扩张至该股东(最高法院商事庭,2002年2月19日)。

(三) 扩张程序的请求

1. 提出请求的时间:(1) 已经实行司法重整程序的公司(的情况):一家公司或者法人实行的司法重整程序,得以概括财产混同或法人的虚拟性为依据,扩张至另一正在实行司法重整的法人,但已经确定重整方案的除外;司法清算程序,得以概括财产混同或法人的虚拟性质为依据,扩张至另一正在实行司法清算或者司法重整程序的法人,但已经确定重整方案的除外(最高法院商事庭,2000年1月4日)。在此情况下,最初受理诉讼的法院仍然有管辖权(同一判决)。(2) 转让方案已经确定(的情况):当大审法院作出的一项当然具有先予执行力的判决已经确定向第三人转让企业(公司)资产的方案时,另一公司实行的清算程序不得扩张至已经确定了资产转让方案的该第一家公司(最高法院商事庭,1991年11月12日)。当法院在司法重整程序中已经通过资产转让或者企业继续经营方式确定了企业重整方案时,该司法重整程序不得再以概括财产混同为依据扩张至另一人(最高法院商事庭,1996年10月22日)。(3) 程序已经终结(的情况):因(公司)资产不足已经宣告终结的司法清算程序,不得再以(该公司与另一公司的)概括财产混同为依据扩张(至另一公司),但已经终结的程序按照第L643-13条规定的条件恢复进行的情况除外(最高法院商事庭,1995年7月11日);与此相反,只要公司实行的司法清算程序尚未终结,即可扩张至另一公司,即使前一公司的资产已经全部或一部变卖,亦无影响(最高法院商事庭,2002年11月13日)。

2. 请求扩张程序的原告:(为实行集体程序的公司指定的司法)管理人有资格请求将针对若干公司实行的司法重整程序扩张至属于同一集团的其他公司(蒙帕利耶法院,1991年7月31日);债权人代表,亦同,但排除方案执行监察人。一公司不得自行请求将涉及另一法人的司法重整程序扩张于己身(尼姆法院,2000年1月13日)。一公司因集体程序的扩张而实行司法重整或司法清算程序时,其领导人没有资格请求将此程序扩张至第三人,即使以担保的名义而为,亦不可(最高法院商事庭,2002年5月28日)。公司领导人提出将公司实行的集体程序扩张于己身的请求不予受理,参见奥尔良法院2004年1月22日判决。以概括财产混同或法人的虚拟性质为依据请求将一人实行的集体程序扩张至另一人的诉权,不对债权人开放(最高法院商事庭,2001年5月15日)。

3. 程序扩张诉讼中的被告:请求认定(公司之间)概括财产混同的诉讼,应当针对原告所认为的"概括财产与实行司法重整的公司的概括财产属于一个整体的公司"提起,因此,针对被牵连诉讼并且被诉对其实行财产与人身制裁的公司的领导人提出的此种请求无效,因而不能使法官受理案件(巴黎法院,1994年3月8日)。

4. 关于向上诉法院或者最高法院提起上诉的问题,参见第L661-1条之规定。关于针对法院作出的程序扩张判决提出第三人异议(案外人异议)的问题,参见最高法院2000年7月4日判决。

第L621-3条 (第1款由2005年7月26日第2005-845号法律第16条废止)

(2005年7月26日第2005-845号法律第16条)"法院作出实行程序的判决设置并由此开始一个观察期。观察期最长为6个月。法庭应管理人、债务人或者检察院的申请,作出说明理由的裁定,可以将观察期延展一次";应共和国检察官的要求,经法院作出说明理由的裁定,观察期得例外延长。例外延长的时间由最高行政法院提出资政意见后颁布的法令确定。

(2005年7月26日第2005-845号法律第16条)"在涉及农业经营事业时,法庭可以根据生产经营的特别习惯以及正在进行中的耕作季节的具体情况,延长观察期"。

司法解释:

1. 超过观察期:对于超过观察期的情况,或者在共和国检察官没有提出要求例外延长观察期的情况下,2005年7月26日第2005-845号法律并没有规定制裁(最高法院商事庭,2008年6月10日)。

2. 方案的提出:企业继续经营方案(保护方案或重整方案),必须在"法律规定的普通法的观察期"经过之前(也就是说,必须在"应检察院的要求可能延长观察期"之前)的足够时间里提出,以便就清偿债务征求债权人的意见(卢昂法院,1996年12月19日)。

3. 宣告司法清算:鉴于法院没有义务唯一以观察期届满为理由宣告对企业进行司法清算,因此,法院在认定下列事项之后才判决企业进行清算,是完全正确的:该企业在继续经营活动期间负债更加沉重,财务上不能偿付社会性债务,没有提出任何具有严肃依据的转让方案(最高法院商事庭,1992年10月6日)。

4. 已经延长一次的观察期,只有应共和国检察官的要求,才能再次延长(巴黎法院,2002年2月5日)。

第L621-4条 (2005年7月26日第2005-845号法律第17条)法庭在宣告实行程序的判决中指定一名委任法官(le juge commissaire),必要情况下,可以指定数名委任法官。委任法官的职能由第L621-9条具体规定。

法庭要求企业委员会,或者在没有成立企业委员会的情况下,要求员工代表,从本企业的全体薪金雇员中指定一名代表。在没有成立企业委员会也没有员工代表的情况下,由企业的全体薪金雇员选举一名代表,并由该薪金雇员代表①行使本编规定的、属于企业委员会和员工代表的职责。薪金雇员代表的指定或选举方式,由最高行政法院提出资政意见后颁布的法令规定。在不能指定或无法选举任何薪金雇员代表的情况下,由(2008年12月18日第2008-1345号法令第163-1条)"债务人"制作一份没有薪金雇员代表的笔录。

法庭在同一判决中指定两名由法院委任的代理人,分别作为司法代理人(le mandataire judiciaire)和司法管理人(l'administrateur judiciaire)。司法代理人与司法管理人各自的职能分别依第L622-20条与第L622-1条的规定确定,且不影响法庭就其确定的任务任命一名或若干名鉴定人。应检察院的要求,法庭可以指定数名司法管理人或数名司法代理人(2008年12月18日第2008-1345号法令第14条废止:"在第L621-1条第4款所指情况下,检察院得反对指定此前在涉及同一债务人的程序中担任过专门代理人或调解人的人

---

① "员工代表"(délégué du personnel),如同企业委员会,是法国《劳动法典》意义上的员工代表机构,是一种常任机关;"薪金雇员代表"(représentant des salariés)是由企业委员会选举的本企业的一名薪金雇员,主要任务是负责审核司法代理人编制的工资表与工资单。与员工代表不同,薪金雇员代表不属于常设性机关,仅仅是在雇主企业实行集体程序时指定的一个方面的人员代表。——译者注

作为司法代理人或司法管理人")。

但是,对于薪金雇员人数以及税负外营业额或收入低于最高行政法院提出资政意见后颁布的法令规定的额度的(2010年12月9日第2010-1512号法令第3条)"债务人"实施保护程序时,法庭并无义务指定司法管理人。在此情况下,适用本编第七章的规定。直至作出确定(保护)方案的判决之前,法庭均可应债务人、司法代理人或检察官的请求,决定任命一名司法管理人。

(2008年12月18日第2008-1345号法令第14条)债务人可以推荐一名或数名司法管理人人选,供法庭指定;检察院也可以提议一名或数名司法管理人及司法代理人人选,由法庭任命。法庭拒绝检察院提议的人选时,应当特别说明理由。在对此前18个月内享有或曾享有专门委托或和解程序之利益的债务人实行保护程序时,检察院可以反对再次任命专门指定的委托代理人或和解人担任司法管理人或司法代理人。雇用的薪金雇员人数至少达到最高行政法院提出资政意见后颁布的法令确定的条件的债务人实行保护程序时,法院要求《劳动法典》第L3253-14条所指的机构就指定司法代理人事由提出意见。

如果债务人提出请求,法庭根据在相应情况下适用的规定各自赋予相关人员的权限,指定一名财产评估作价人、一名司法执达员、一名公证人或者一名经宣誓的商品居间人;相反情况下,适用第L622-6-1条之规定。

法院指定的代理人以及前款所指的人应立即向法院告知可能需要另选他人进行替换的任何原因。

司法解释:
一、程序机关的指定
1. 申请委任法官回避:在法律赋予同一法院对同一程序的各个阶段均有管辖权时,该法院的(全体)司法官在程序的不同阶段均有管辖权,不得对这些司法官提出回避申请,也不得以"合理怀疑"为理由申请法官回避。在整个程序中,自始至终存在委任法官是完全正常的(波城法院,1997年12月17日)。只有诉讼的当事人之一才能申请委任法官回避,由监督人提出的委任法官回避申请,不予受理(凡尔赛法院,1997年4月21日)。
2. 委任法官的替换:在判决作出之前更换委任法官的情况下,适当的做法是,应在新的委任法官前恢复辩论(最高法院第二民事庭,1997年9月24日)。
3. 薪金雇员代表:在实行司法重整的公司内有正式的员工代表与候补员工代表的情况下,只有这两者才能指定薪金雇员代表,排除由全体员工进行的任何选举(南特拉若里法院,1991年9月13日)。在企业不可能由员工代表(délégué du personnel)指定唯一一名薪金雇员代表(représentant des salariés)的情况下,应由全体员工在最佳期限内从内部通过秘密投票方式进行选举、指定薪金雇员代表。此项选举采取单一候选人一轮投票表决的方式进行(尚贝里法院,1986年3月14日)。在实行司法重整之日,被解雇的薪金雇员预先进行通知,仍可在企业内被选任为薪金雇员代表(最高法院社会庭,1991年1月16日)。企业领导人或者对员工而言起到雇主作用的领取薪金的经理,不能被指定为薪金雇员代表(南特拉若里法院,1991年9月13日)。薪金雇员代表的职权仅限于与其雇主企业实行的集体程序有关的行为,因此,不能被视为《劳动法典》意义上的"员工代表"机构(最高法院社会庭,2003年2月4日)。经劳动巡视员批准解雇的薪金雇员代表,在终止其委任而应当预先通知的期限届满之后,不再享有以此资格开展活动的权力(最高法院社会庭,2007年7月4日)。

二、鉴定

按照第L621-4条的规定进行的鉴定,并不是《民事诉讼法典》第232条意义上的措施,因此不适用有关司法鉴定的规则(最高法院商事庭,1999年2月16日)。由法院委托的、从经济、财务与工业的角度对实行司法重整程序的企业发生困难的原因作出分析的会计师事务所,并不实施《民事诉讼法典》第L265条意义上的鉴定措施(最高法院商事庭,1999年6月8日)。

三、司法代理人的责任

1. (司法)管理人的民事责任:1994年法律之前,对于实行司法重整的公司的管理人在集体程序开始之后为企业继续经营活动而进行的订货,只要他在订立合同时认为公司的财务状况并非不可挽回,没有采取不谨慎的出具担保的方式诱导供货商发生误解,在该公司后来发生无力支付货款的情况下,不能宣告管理人承担责任(最高法院商事庭,1992年10月20日)。实行司法重整的公司无力清偿订货货款,管理人对造成此种情况是否有过错,应当按照供货人的债权产生之日的情况判断,也就是说,应当按照订货之日的情况判断(最高法院商事庭,2001年2月6日)。只要在签发支票之日及其后8日内债务人的银行账号上仍有足够的存款,债务人的财务状况并非不可挽回,对债务人负有协助任务的(司法)管理人在一张支票上签了字,后因账户上没有存款导致该支票不能承兑,此种情形,管理人并无任何过错(最高法院商事庭,2001年1月9日)。管理人的行为(是否有过错),应当从集体程序的各项强制性要求整体的角度来评判,这就要求综合考虑保护企业、保持企业的经营活动与清理债务等各方面,而不应仅仅从债权人的利益来考虑,因此,不能仅仅因为委托代理人在法庭准许下继续进行亏损经营以及在集体程序开始之后不能清偿债权,便认定其有可能引起个人责任的过错(巴黎大审法院,1999年2月3日)。司法管理人在订货之日明知公司的财务状况不可逆转,却(故意)不告知供货人,此种情况下的责任问题,参见最高法院商事庭2005年5月10日判决。管理人向委任法官与法庭指出企业存在种种困难但法官与法庭未予考虑,随后,在管理人单独负责公司继续经营期间,产生的债务越来越重因而无力清偿,在这种情况下,不能免除管理人应当承担的责任(最高法院商事庭,2000年1月18日)。管理人取得属于某一实行司法清算的企业集团资产的营业资产,并且继续进行亏损经营,严重危害对债权人的债务清偿,在这种情况下引起其责任的问题,参见凡尔赛法院1991年6月6日判决。管理人没有答复(出租人提出的)是否继续租约的催告,导致该租约被解除,损害债权人利益而引起其责任的问题,参见尼姆法院1997年4月2日判决。

2. 关于损害的问题:司法管理人决定继续履行租约,但他当时并无必要的资金保障遵守承租人对出租人(所有人)的义务,因此,应当赔偿出租人受到的损失。此种损失的数额相当于出租人丧失将其场所再出租给他人时可能得到的利益(巴黎法院,2001年9月26日)。

第 L621-5 条 (2008年12月18日第2008-1345号法令第163-2条)"自然人债务人"或者法人领导人的(2005年7月26日第2005-845号法律第17条)"任何第四亲等以内包括第四亲等的血亲或姻亲",不得被指定担任第L621-4条所指的任何一项职务,但是,如果按照这项禁止性规定执行,导致无法指定薪金雇员代表时,不在此限。

第 L621-6 条 薪金雇员代表以及参加选举该代表的全体薪金雇员必须是没有受到《选举法典》(2005年7月26日第2005-845号法律第18条)"第L6条"规定的任何一种处罚的人。薪金雇员代表应年满18周岁。

涉及指定薪金雇员代表的争议,由初审法庭管辖并作出终审判决。

第 L621-7 条 (2008年12月18日第2008-1345号法令第15条)法庭得依职权,或者根据委任法官的建议,或者应检察院的要求,更换司法管理人、鉴定人或司法代理人,也可以增加一名或数名司法管理人或司法代理人协助已经任命的人。

司法管理人、司法代理人,或者被任命为监督人的债权人①,得要求委任法官向法庭提出请求增加人员。

如果债务人从事的是受法律与条例特别规范、名称受到保护的自由职业,债务人隶属的同业公会或主管机关可以为上述同样目的向检察院提出请求。

债务人可以请求委任法官向法庭提出更换(司法)管理人、司法代理人或鉴定人的要求。任何债权人均可按照同样条件要求更换司法管理人或司法代理人②。

对于向其提出的要求法院更换人员的请求,委任法官应尽快作出裁定。

尽管有前几款的规定,司法管理人或者司法代理人自己请求换人时,法庭庭长,经委任法官为此目的提出请求而受理申请,有权限以裁定的形式对更换人选事由作出裁判。

只有企业委员会,或者在没有设立企业委员会的情况下,只有员工代表,或者在没有员工代表时,只有全体薪金雇员,才能进行薪金雇员代表的更换。

第 L621-8 条 司法管理人与司法代理人随时向委任法官和(2005 年 7 月 26 日第 2005-845 号法律第 20 条)"检察院"报告程序的进展情况。委任法官和检察院得随时要求向其报送与程序相关的所有文书或文件。

不论法律有何相反规定,(2005 年 7 月 26 日第 2005-845 号法律第 20 条)"检察院",应委任法官的要求,或者依职权,向委任法官传达其掌握的有利于程序进展的全部情况。

第 L621-9 条 委任法官负责保障程序的迅速开展并保护各方利益。

(2005 年 7 月 26 日第 2005-845 号法律第 21 条)"在有必要指定一名技术人员(就某些问题进行鉴定)的情况下,只有委任法官才能根据其确定的任务进行这项指定,但不影响第 L621-4 条规定的由法庭指定一名或数名鉴定人的权限"。最高行政法院提出资政意见后颁布的法令确定给予技术人员的报酬条件。

(2008 年 12 月 18 日第 2008-1345 号法令第 16 条)"在委任法官因故不能履职或者停止履职时,法庭庭长有权限更换委任法官。法庭庭长作出的更

---

① 监督人是应本人请求,由委任法官指定的某个债权人。监督人协助司法代理人与委任法官执行监督任务,可以接触送交给管理人与司法代理人的文件,可以就程序的进行提出意见。委任法官可以指定 1 至 5 名监督人。参见第 L621-10 条。——译者注

② 法国法律原来在这里使用的术语是"债权人代表"(représentants des créanciers),现改为法院指定的"司法代理人"(mandataire judiciaire)。参见第 L622-20 条。——译者注

换委任法官的裁定是一项司法行政措施。"

司法解释：
1. 关于委任法官在继续履行合同方面的管辖权限，参见第 L622-13 条。
2. 执行法官与委任法官的竞合管辖：当提出的诉讼请求并不涉及债权人之间按照各自的优先权或提出异议的价值确定受偿顺位，而是涉及保全措施的效力或者涉及对营业资产的买卖价金实行强制执行措施的效力时，应由执行法官管辖（不属委任法官的管辖权限范围）（巴黎大审法院执行法官，1995 年 1 月 12 日）；与此相反，委任法官对被驱逐之后实行司法清算的原承租人的动产进行的公开拍卖有管辖权（波尔多法院，1995 年 9 月 14 日）。同样，对于因出卖被排除在转让方案之外的财产所取得的价金在债权人之间的受偿顺位的排列与分配，应由委任法官管辖（都埃法院，1996 年 3 月 28 日）。在集体程序开始之前已经受到"归属扣押"的债务人依据第 L632-2 条的规定提起的无效之诉，不属于执行法官的管辖权限，而应由商事法院管辖（里莫日法院，1996 年 2 月 20 日）。唯有执行法官有权对委任法官作出的判决规定逾期罚款（参见下文的"译者概述"）（最高法院商事庭，1998 年 4 月 28 日）。
3. 鉴定：按照第 L621-9 条的规定，委任法官有完全的权力指定有资质的人进行情况调查，以查找"可以确认某人具有领导人身份并能揭示其在管理方面有过错"的事实（最高法院商事庭，2001 年 5 月 15 日）。与此相反，凡是"在任何诉讼之前"应当按照对审（对抗式）程序才能命令的"审前准备措施"，特别是鉴定措施，委任法官均不得"依申请作出裁定"而指定司法鉴定人，由于具体情况，无法按照对审程序进行审理时除外（凡尔赛法院，1997 年 3 月 6 日）。如果委任法官在集体程序中根据第 L621-9 条赋予的权力指定的技术人员的任务是对债务人在观察期内转让的商标的价值作出评估，这种任务并不是《民事诉讼法典》第 155 条意义上的"审前准备措施"（最高法院商事庭，1998 年 11 月 24 日）。因此，技术人员无须适用这些条文规定的（有关诉讼文书的）"形式规则"，在司法清算人提出的撤销转让（财产）的诉讼中，技术人员提交的简单介绍情况的报告，只要按照规定（向对方当事人）进行了传达，并且提交法庭辩论，则没有必要排除（采信）该报告（同一判决）。

译者概述：
所谓"逾期罚款"是指，法院在其作出的判决中宣告（或者执行法官在判决执行时规定），如果债务人超过确定期限仍不执行本判决，即应支付一定数额的金钱罚款。逾期罚款的数额可以逐日增加,或者,根据债务人违法行为的具体情况确定每延迟一日应当支付的罚款数额,直至债务人实际履行债务(执行判决)为止。判决宣告的逾期罚款属于"裁判上的逾期罚款"。但这种逾期罚款本身并不是一种处罚,法院并不是"判决逾期罚款",而是"以逾期罚款相威胁,判处并促使债务人给付、作为或者不作为",也就是说,逾期罚款是法院在对债务人宣告处罚的同时附加的一种威慑措施,目的是对债务人心理上施加压力,迫使债务人自动执行判决。在判决中宣告逾期罚款,使债务人随时随地都感到:如果不主动执行判决,每拖延一日,都要付出一定的代价,支付更高数额的款项。判决中宣告的逾期罚款最后并不一定得到支付:如果债务人及时执行判决,逾期罚款就不会实际进行支付结算。所以,逾期罚款本身不是一种强制执行措施,也不是一种损害赔偿,法院在判决中宣告逾期罚款,不妨碍其判处当事人给予损害赔偿。如果判决规定逾期罚款仍没有对债务人产生明显的威慑效果,只有在结清这项罚款之后,才能运用"本意上的强制执行途径",从这个意义上,逾期罚款构成本意上的强制执行程序的前置措施。逾期罚款所得的款项归债权人所有。有学者据此认为,民事逾期罚款本质上是所谓金钱性质"私罚金"。

1991年7月9日法律第33条规定:"任何法官,为了确保其判决得到执行,均可命令,甚至依职权命令逾期罚款。""如果具体情形表明有此必要,执行法官也可以对其他法官作出的判决附加规定逾期罚款。"所谓"任何法官",即是说无论是普通法院还是专门法院,是合议庭还是独任法官,是一审法院还是二审法院,均可以(在所作判决中)规定逾期罚款。

法官对宣告逾期罚款有自由裁量权。如果宣告的罚款数额过低,债务人不会感受到"真正令其心疼的威胁";如果宣告的罚款数额过高,又难以兑现,也会导致其丧失应有的效果。法官应当恰当地"挥舞这一具有实际意义的经济武器"。只要法官认为有利于保障判决得到执行,均可依职权宣告逾期罚款;(执行法官)为了保障已经产生执行力的判决得到执行,也可以规定逾期罚款;为了保障实体法官作出的判决得到执行,即使其在判决中没有宣告逾期罚款,执行法官仍然可以作出这项宣告。实践中,通常是在执行遇到困难之后,执行法官应债权人提出的请求,才会考虑采取这种手段,目的仍然是尽量促使债务人自动执行,而不要"走到被强制执行的地步"。对于执行法官作出的逾期罚款决定,可以向上诉法院提起上诉,但上诉期间与上诉本身,均不具有中止执行之效力。

不论是否有法律条文规定,任何法官对其作出的任何处罚性判决均可附加规定逾期罚款,即是说,判令债务人支付一笔金钱,或令债务人履行"给付义务""作为义务"或"不作为义务"的判决,都可以规定逾期罚款,例如,判决债务人交付某项财产、实施恢复原状的工程、停止侵害相邻关系、支付因工伤事故引起的赔偿金、停止假冒商标、遵守"竞业禁止义务"、交出文件材料、保障离婚夫妻一方对子女的探视权、责令债务人的资金持有人冻结其持有的资金等,都可以规定逾期罚款。判处清偿金钱债务,同样可以附加规定逾期罚款。因此,民事逾期罚款适用于法院就任何诉讼案件作出的判决,包括家事法官、紧急审理法官作出的裁定或判决。

逾期罚款分为两种情况:一是临时性逾期罚款,一是最终确定的逾期罚款。如果在对债务人规定的期限终了时,法院仍然有可能变更或者取消其此前在判决中宣告的逾期罚款,即属于临时性逾期罚款。临时性逾期罚款纯粹是一种威胁,有人将其称为"威慑性逾期罚款"。只要规定逾期罚款的判决没有做任何说明,法官没有明确该罚款具有最终确定性质,即推定其为临时性逾期罚款。宣告临时性逾期罚款的法官,考虑到债务人的行为表现及其困难,可以变更、调低或者提高原规定的罚款数额。按照1991年7月9日法律第34条的规定,法官只有在宣告临时性逾期罚款之后,才能根据具体情况宣告逾期罚款最终确定。最终确定的逾期罚款的数额在结算时不能再进行变更,因此对债务人具有更大的威胁。逾期罚款自法官确定的期日产生效果,由于判决本身在宣告逾期罚款时尚未取得既判力,因此,逾期罚款产生效力的时间不得早于判决产生执行力的时间。如果法官确定了产生效力的日期,那么自宣告逾期罚款的判决通知之日起即开始计算逾期罚款,但是,在判决受到上诉的情况下,如何确定原判决宣告的逾期罚款的计算日期,则是一个比较棘手的问题:如果附加宣告逾期罚款的原判决不是先予执行的判决,那么,只有在判决产生执行力时才能开始计算逾期罚款;与此相反,如果原判决为先予执行的判决,其宣告的逾期罚款仍然从一审判决通知之日或一审法官给予的期限经过之日开始计算,因为上诉并不中止原判决的执行。任何逾期罚款本身,在结算之前,均不得引起强制执行措施。

逾期罚款,即使是最终确定的逾期罚款,均由执行法官结算,其他法官均应当依职权宣告对逾期罚款的结算没有管辖权,但是,规定逾期罚款的原审法官如果仍然管辖案件或者明确保留了结算逾期罚款的权力,不在此限。对法官作出的有关管辖权的决定可以提出管辖权异议。

结算逾期罚款的诉讼是导致宣告逾期罚款的(原判决的)诉讼的后续,因此,请求宣告逾期罚款的人有资格请求结算罚款。执行法官在接到"逾期罚款结算申请"之后,可以责成司法执达员对"判决没有执行"的事实进行确认。如果债务人已经履行债务(已经执行),则不再对逾期罚款进行结算。关于"已经执行(判决)"的证据,通常应由债务人提出。如果能够证明因外来原因判决未执行或者延迟执行全部或部分,法官对债务人的行为表现及其遇到的困难进行评判之后,也可以决定全部或一部取消逾期罚款;如果附加宣告逾期罚款的债务根本就不可能履行,则不再结算逾期罚款。

除了由法院宣告的逾期罚款之外,还有由立法者明文规定的逾期罚款。这种情况属于法定的逾期罚款,例如,在城市规划方面,法院在其作出的判决中,责令拆除违章建筑、停止违法用地、停止污染环境的活动时,可以按照《城市规划法典》第480-7条的规定,附加规定"每拖延一日,处7.5欧元至75欧元的逾期罚款"。如果在一定的期限内仍然没有执行判决,法院应检察院的申请,可以多次提高逾期罚款的数额。

第 L621-10 条 (2005年7月26日第2005-845号法律第22条)委任法官从提出要求的债权人中指定1人至5人担任监督人(contrôleur)。委任法官在指定多名监督人时,应注意保障至少从有担保的债权人中选任1人,从无担保债权人中选任1人。

金融管理部门、第 L626-6 条所指的组织与机构如果提出请求,则指定它们作为监督人;如果以此名义有多个组织或机构提出了请求,委任法官指定其中一个机构或组织作为监督人;《劳动法典》第 L3253-14 条所指的机构如果提出要求,也可以被指定为监督人。

(2008年12月8日第2008-1345号法令第163-2条)"自然人债务人"或法人领导人的任何第四亲等以内包括第四亲等在内的血亲或姻亲,或者直接或间接持有债务人法人全部或一部资本,或者其资本全部或一部是由债务人法人持有的任何人,均不得被任命为监督人,或者不得担任被任命作为监督人的法人的代表。

如果债务人从事的是受法律与条例特别规范、名称受到保护的自由职业,其隶属的同业公会,或者相应情况下,有权限的主管机关,依职权当然作为监督人。在此情况下,由委任法官指定的监督人不得超过4人。

监督人,只有在有严重过错的情况下,才会引起其责任。(法人或机构担任)监督人(时)可以由自己的一名职员作为代理或者由律师代理。应检察院的要求,法庭可以更换由任何债权人担任的监督人。

司法解释：

1. 同业公会：关于指定行业公会作为监督人的规定具有公共秩序性质，因此，在将司法重整程序转为司法清算程序时，强制适用这一规定（波尔多法院，2007年6月27日）。

2. 可以被指定担任监督人的债权人：委任法官对选任监督人有自主评判权（南特尔法院，1999年5月11日）。主要债权人、优先权债权人、银行以及在不同法院进行的旨在收回买卖营业资产之价金的诉讼的各当事人，均可以被指定为监督人，他们的职责并不相互抵触（兰斯法院，1997年2月12日）。关于任命正在与债务人进行诉讼的债权人作为监督人的问题，参见巴黎商事法院1995年11月7日判决。持有工资债权的某一薪金雇员可以被任命为监督人，但是，薪金雇员作为监督人的任务，随着其丧失债权人的资格而终结，也就是说，在其工资得到支付之日即告终止（巴黎商事法院，1996年6月7日）。某一薪金雇员，因其具有债权人的身份，以个人名义被指定为监督人时，仍不能以此替代员工代表，或者将其作为不指定任何薪金雇员代表的权宜之计（梅茨法院，1997年3月26日）。国库是债权人的情况下，法律并不禁止指定税务部门的工作人员作为监督人（都埃法院，1997年1月23日）。关于必须从无担保债权人中至少指定一名监督人的问题，参见巴黎法院1996年3月26日判决。委任法官可以排除债务人的直接竞争对手或者取得债务人财产的人作为监督人（巴黎商事法院，1997年3月27日）。提出申请、自荐担任监督人的人，应当证明其所持债权原则上有依据，并可据以申请采取保全措施（巴黎商事法院，1994年10月7日）。

3. 监督人的解职：监督人在提交希望作为候任人的申请时有意隐瞒其在债务人实行清算程序之前即已提出"解除从债务人处买受营业资产的买卖"之诉讼，而案件本身仍在上诉程序中，法院基于监督人方面系出于恶意而申请担任该职务，撤销了监督人的任职，参见巴黎商事法院1994年10月7日判决。

第L621-11条 （2005年7月26日第2005-845号法律第22条）监督人协助司法代理人履行职责，并协助委任法官履行对企业管理实行监督的任务。监督人可以查阅送交给司法管理人和司法代理人的所有文件。监督人必须保守职业秘密。监督人的职务不收取报酬。

司法解释：

1. 监督人的任务：某一监督人任意参加诉讼、支持债权人的诉讼请求，(这种诉讼参加)并不属于第L621-11条规定的监督人的任务范围(最高法院商事庭,1996年1月16日)。

2. 第L621-11条规定准许监督人了解并取得送交给管理人与债权人代表的所有文件,这并不意味着所有的文件都要提交给监督人(巴黎商事法院,1996年9月20日)。

第L621-12条 (2005年7月26日第2005-845号法律第22条)如果在开始实行保护程序之后发现债务人在此项判决宣告时就已停止支付,(2008年12月8日第2008-1345号法令第17条)"法庭按照第L631-8条规定的条件"对债务人停止支付作出认定并确定其停止支付的日期。法庭将保护程序转为司法重整程序。如有必要,法庭可以变更尚待经过的观察期期间。(2008年12月8日第2008-1345号法令第163-2条)"为了按照保护程序期间编制的资产盘存表实现对债务人资产的评估作价,根据相应情况下适用的规定赋予相关人员的各自权限,法庭指定一名资产评估作价拍卖人、一名司法执达员、一名公证人或者一名经宣誓的商品居间商"。

法庭应司法管理人、司法代理人或检察院提出的申请或者依职权受理上述事由,并在听取债务人的说明或者对其进行传唤之后作出宣告。

第二章 观察期间的企业

第L622-1条 (2005年7月26日第2005-845号法律第23条)一、在观察期间企业管理职责由其领导人负责承担。

二、法庭按照第L621-4条的规定指定一名或数名司法管理人时,可以责成这些司法管理人共同或者分别对债务人的管理活动实行监督,或者在全部或特定管理行为中协助债务人。

三、(司法)管理人在执行(2008年12月8日第2008-1345号法令第18条)上述"协助"任务时,必须遵守应当由企业主要领导人承担的各项法定义务和约定义务。

四、(2005年7月26日第2005-845号法律第23条)"应管理人、司法代理人或者检察院提出的要求,法庭得随时变更管理人的任务"。

五、在债务人根据1935年10月30日关于支票的法律第65-2条与第68

条的规定被禁止使用支票的情况下,管理人得以其本人的签字启用债务人作为持有人所持的银行账号或邮政账户。

司法解释:

按照第L622-1条以及《民事诉讼法典》第974条、第975条与第976条的规定,针对某一正在实行保护程序的公司向最高法院提起上诉,如向该法院书记室提交的声明上诉状并未同时针对"实行保护程序的判决规定在全部管理行为中负有协助债务人之任务的司法管理人",此项上诉不予受理(最高法院第一民事庭,2008年6月5日)。关于遵守应当由企业主要领导人承担的各项法定义务和约定义务的问题,参见第L631-12条。

第L622-2条 (2008年12月8日第2008-1345号法令第19条废止)

第L622-3条 债务人继续对其概括财产(资产与负债)实施各种处分行为与日常管理行为,并行使不属于司法管理人任务内的各项权利与诉权。

此外,除保留执行第L622-7条与第L622-13条之规定外,债务人单独完成的日常管理行为,对于善意第三人视为有效。

司法解释:

1. 不属于管理人任务范围的权利与诉权,参见第L631-12条。

2. 职业活动:根据"概括财产单一性"原则(le principe de l'unicité du patrimoine),法院作出的实行集体程序的判决的效力,其范围涉及债务人的整个概括财产,包括从事职业活动的概括财产与个人的概括财产(凡尔赛法院,1998年1月15日)。

3. 日常管理行为(acte de gestion courante):为了在自己的店铺内进行再销售而订购商品,构成第L622-3条意义上的日常管理行为,因为商人进行订货,是为其商业活动之需要(最高法院商事庭,1996年6月11日)。通过商业代理人为中介,与购买人订立的买卖合同,亦同(凡尔赛法院,1996年11月28日);订立运输合同,转运由其顾客制造的商品,构成债务人公司的日常(管理)活动(最高法院商事庭,2001年1月9日)。一家经营汽车修理场与修理车间的公司出售可以使用的车辆,属于日常活动(最高法院商事庭,2002年5月28日)。债务人公司从事的是"建筑—销售"活动,其出售套房的行为,属于日常管理行为(最高法院商事庭,2001年11月27日)。按照现行的《货币与金融法典》规定的形式转让职业债权是一种日常管理行为,实行司法重整的债务人可以单独有效地实施此种行为(凡尔赛法院,1996年6月13日)。在法院进行诉讼,很难有严肃理由认为其构成日常管理行为,也就是说,很难认为这是"一项经常实施的日常业务活动",即使诉讼的目的是为了收取某项债权,仍然如此(巴黎法院,1996年10月4日)。接收诉讼文书通知,不能看成是第L622-3条意义上的日常管理行为(格勒诺贝尔法院,2001年11月13日)。(正在)实行司法重整的公司的领导人委托律师在本公司与其债权人之间进行的诉讼中代理本公司并向律师支付代理费,当律师要求支付的费用与代理费数额畸高时,将会使公司的财务状况更加严重,因而有损于其他债权人的利益时,此种诉讼委托不能构成日常管理行为(最高法院第一民事庭,1997年11月13日)。订立劳动合同,不是一种日常管理行为(最高法院社会庭,2001年5月30日)。一份定期劳动合同,尽管是在没有司法管理人的协助下订立的,如事后得到司法管理人批准,即具有对抗集体程序的效力(最高法院社会庭,2006年10月17日)。实行司法重整的债务人有资格单独进行追究违约责任的诉讼,或者在指定了管理人的情况下,由管理人代表(代理)或协助进行此种诉讼(最高法院商事庭,2003年3月4日)。

4. 个人的概括财产:法院判决认为,按照第L622-3条的规定,债务人有权进行涉及与其职业性概括财产分开的个人概括财产的诉讼(普瓦提耶法院,1987年11月10日)。

5. 制裁:在负担协助任务的司法管理人并未参与的情况下,由债务人单独以雇员有严重过错为理由进行的解雇,并非无效,只是不能对抗集体程序,因此,在当事人之间仍然保有其效力(最高法院社会庭,2001年6月28日)。

6. 没有任何法律条文规定强制某一企业向其合同相对方当事人通知其正在实行司法重整程序(最高法院商事庭,2003年9月24日)。关于管理人的民事责任,参见第L621-4条司法解释第三项。

第L622-4条 管理人自其开始履职起,即有义务要求(2008年12月8日第2008-1345号法令第163-1条)"债务人",或者根据具体情况,由其本人,针对企业的债务人实施保全本企业权利以及保护企业生产能力的所有必要行为。

管理人有资格以本企业的名义登记(2008年12月18日第2008-1345号法令第163-1条)"债务人"此前疏于登记或者疏于延展的各项抵押权、无形动产质权、有体动产质权或优先权。

第L622-5条 自实行程序的判决作出起,凡是持有债务人文件与会计簿册的第三人,均有义务向司法管理人,或者在没有任命司法管理人时,向司法代理人,提交这些文件与会计簿册,以便进行审核。

司法解释:

受寄托人的留置权:强制向管理人提交会计文件的规定,并不能对抗《民法典》第1948条赋予会计鉴定师(会计师)公司持有的、可以对抗任何人的物权;法院判例在适用这一条文的规定时,只要认定会计师应收的款项未得到支付,都确认会计师享有留置权,因此,会计师可以留置为完成会计鉴定任务而(由债务人企业)自愿交付给它的会计文件(凡尔赛法院,1997年2月27日)。

第L622-6条 (2005年7月26日第2005-845号法律第24条)自程序开始,即应编制盘存表,对债务人的概括财产(资产与负债)及其上负担的各项担保义务进行盘点(2008年12月18日第2008-1345号法令第20条废止:"并实现评估作价")。盘存表送交管理人与司法代理人,并由债务人补充写明其当前持有的哪些财产有可能受到第三人追还。(2010年12月9日第2010-1512号法令第3-5条)有限责任个体企业主债务人在盘存表上还应记载其在所实行的程序涉及的活动中持有的、包括在其另一概括财产内的、有可能按照第L624-19条规定的条件请求取回的各项财产。

债务人向管理人与司法代理人送交其债权人的名册、负债数额以及正在执行中的主要合同的清单。债务人向管理人与司法代理人告知其作为当事人正在进行的(何种)诉讼。

不论立法或者法规有何相反的规定,管理人,或者司法代理人,如已经任命,均可以从行政部门与公共组织、社会保险组织与互济组织、信贷机构、金融公司以及负责收集银行风险与支付事件的服务机构取得能够对债务人的概括财产状况提供准确情况的各种信息、材料。

如果债务人从事的是法律与条例特别规范、名称受到保护的自由职业,应在债务人隶属的同业公会或主管机关的代表在场时编制盘存表。在任何情况下,编制盘存表均不得侵害债务人受保护的职业秘密。

没有编制盘存表,不妨碍提起追还财产或返还财产之诉讼。

最高行政法院提出资政意见后颁布的法令确定本条规定的实施条件。

司法解释：

1. 盘存表：只有司法助理人员才有资格制定第 L622-6 条所指的财产盘存表（部颁通知第 69-245 号）。

2. 债权人名册：参见第 L622-26 条的规定："如债权人证明其所以没有申报债权并不是因其自身的行为造成，或者证明是由于债务人在编制第 L622-6 条第 2 款规定的名册时故意漏报所造成，委任法官得取消对该债权人的丧失权利处分。这些债权人只能参加在其提出取消失权处分的请求之后所进行的分配。"

3. 在债权人名册有遗漏的情况下，对债权人代表的责任的影响：由于债权人代表并无义务修补债务人在制定和提交债权人名册时出现的遗漏，也无义务亲自查询哪些债权人享有已经进行公示的担保利益，因此，当某一债权人就债务人的不动产登记了优先权与抵押权，但由于没有得到申报债权的通知而导致其债权消灭时，在并未确认债权人代表没有切实履行向已知债权人进行通知之义务的情况下，不能认定债权人代表应对此承担责任（最高法院商事庭，1995 年 5 月 9 日）。

4. 在债权人名册有遗漏的情况下，对债务人的责任的影响：在债权人因为没有得到申报债权的通知而导致其债权消灭的情况下，只要没有认定债务人有欺诈行为，(那么)未能申报债权而在名册上遗漏其姓名的债权人以《民法典》第 1382 条（关于侵权行为的规定）为依据，就其债权消灭而受到的损失提起的损害赔偿之诉，不予受理（最高法院商事庭，2001 年 5 月 2 日）。

第 L622-6-1 条　（2008 年 12 月 18 日第 2008-1345 号法令第 21 条）除由实行程序的判决指定负责编制盘存表的公务助理人员（2011 年 7 月 20 日第 2011-850 号法律第 37-15 条）"或者一名经宣誓的商品居间商"之外，盘存表（也可）由债务人本人编制，并由其会计监察人审核认证或者由会计师出具证明。在此情况下，适用第 L622-6 条第 4 款之规定。

如果债务人在实行程序的判决作出起 8 日内仍然不开始编制盘存表的活动，或者在判决确定的期限内不完成盘存表的编制，委任法官根据相应情况下适用的规定赋予各相关人员的权限，指定一名财产作价评估拍卖人、一名司法执达员、一名公证人或者一名经宣誓的商品居间商。(2009 年 1 月 30 日第 2009-112 号法令第 11-1 条)"委任法官经管理人、司法代理人或者检察院提出的请求受理此事由，或者依职权受理此事由。委任法官可以延长一次为完成盘存表的编制而确定的期限"。

第 L622-7 条① （2008 年 12 月 18 日第 2008-1345 号法令第 22 条）一、法院作出实行程序的判决,当然禁止清偿在该判决作出之前产生的任何债权,但通过债的抵销方式清偿相互关联的债权,不在禁止之列。法院作出实行程序的判决,也意味着当然禁止清偿在该判决作出之后产生的、第 L622-17 条没有提及的其他任何债权,但这些禁止规定不适用于对扶养债权的清偿。

同样,实行程序的判决,当然意味着《民法典》第 2286 条第四项规定的留置权在观察期内与执行(保护)方案期间不再具有对抗效力,但是,如作为动产质权标的物的财产包括在按照第 L626-1 条的规定决定转让的活动之内,不在禁止之列。

最后,实行程序的判决阻止订立与实现"如不履行,即取消契约"(pacte commissoire)的条款。

二、委任法官可以批准债务人实施企业日常管理之外的处分行为,可以批准债务人设立抵押权、有体动产质权或无形动产质权,或者批准其进行和解或实行仲裁。但是,如果实施这些行为有可能对程序的结果产生决定性影响,委任法官只有在听取检察院的意见之后才能作出裁判决定。

如果为了企业继续经营,证明有必要取回或收回动产质押物或受到合法留置之物时,或者有必要收回在交付托管的概括财产内以担保的名义转让的财产与权利时,委任法官也可以批准清偿在实行保护程序的判决作出之前产生的特定债权,从而收回这些财产或权利。此外,如因企业继续经营活动需要,证明有必要行使融资租赁合同规定的(作为标的物财产的)购买权,且需要清偿的款项数额低于该合同标的的市场价值时,委任法官也可以批准进行此项清偿,以利于行使购买选择权。

三、违反本条之规定实施的任何行为或进行的任何清偿,应任何利益关系当事人或者检察院在订立合同或进行清偿之后 3 年期限内提出的请求,均得予撤销。如订立的合同需要公示,上述期限自公示之日起计算。

司法解释:
一、禁止清偿产生于判决作出之前的债权
(一)这一条文的规定具有公共秩序性质
本条第 1 款关于"实行程序的判决一经作出,禁止清偿判决作出之前产

---

① 第 L622-7 条是法国有关在集体程序中保护债务人企业的一条非常重要的条文。对照第 L622-17 条与第 L622-21 条的规定。——译者注

生的债权"的规则具有公共秩序性质。

(二) 这一禁止性规定的适用范围:受到禁止的清偿

1. 应当缴纳的社会保险份额:实行集体程序的判决一经作出,当然禁止清偿在该判决作出之前产生的债权,但债务人没有完全缴纳此前的社会保险分摊份额款的,并不能据此剥夺被保险人或其权利人享有的任何保险给付的权利,而仅仅是在计算保险给付数额时应将没有缴纳保险份额款的那一段时间排除在外(最高法院商事庭,2007 年 3 月 13 日)。

2. 程序开始之前的"不可撤销的清偿委托书":在实行集体程序的判决作出之后清偿产生于该判决作出之前的债权,此种清偿无效,即使该债权得到无形动产质权的担保并且是根据债务人出具的不可撤销的委托书进行清偿,也不例外(最高法院商事庭,1995 年 4 月 11 日)。

3. 由第三人根据授权进行的清偿:在授权人(委托人)实行司法重整情况下,受托人按照其得到的委托授权向受益人进行清偿,不适用第 L622-7 条之规定,参见最高法院商事庭 2005 年 3 月 30 日判决。

4. 由债务人以委托代理人的身份进行的支付(清偿):债务人持有对第三人的银行账号的委托授权,在其实行司法重整程序之后,为了清偿对供货人的欠款而签发一张支票,但该账号上没有资金存款,按照委托代理的规则,第三人作为该账号的持有人,应对委托代理人(债务人)签发的这一支票承担义务。由于该第三人既没有提出委托代理人有任何越权行为,也没有证据证明委托代理人与该支票的受益人之间有任何欺诈性串通行为,尽管签发支票的原因是代理人从事的商业活动,该第三人仍然不能主张其享有第 L622-7 条规定(禁止清偿集体程序开始之前产生的债权)之利益,因为这一条文的规定仅适用于实行集体程序的债务人本人(最高法院商事庭,1993 年 10 月 5 日)。

5. 分包人的直接诉权:(在工程承包人实行集体程序的情况下)工程业主向工程分包人进行的直接支付(其应得的工程款项),不构成受(第 L622-7 条规定)禁止的优先清偿(这种情况属于分包人对业主的直接诉权)(巴黎法院,1992 年 9 月 29 日)。

6. 不当支付的款项的返还:紧急审理裁定判处债权人缴纳逾期罚款,上诉法院撤销了这项裁定,由此产生债权人对其缴纳的罚款的返还权(最高法院商事庭,1998 年 12 月 8 日)。

7. 终身年金:夫妻实行共同财产制,在丈夫实行集体程序之后,关于由妻子负担的终身年金的定期应付款项的问题,参见最高法院第一民事庭 2006 年 5 月 10 日判决。

8. 债权人平等原则:由实行集体程序的公司的原领导人进行的清偿并不损害债权人平等之原则(最高法院商事庭,2006年10月3日)。

(三) 通过债的抵销进行清偿的有效性

1. 必须是相互关联的债权:本《法典》原第 L.621-24 条以及现第 L.622-7 条均明确规定"禁止清偿实行集体程序的判决作出之前产生的债权",但这一规定并不妨碍在相互关联的债权之间通过债务抵销而进行的清偿,但必须是相互关联的债权之间才能进行抵销(例如,预先缴纳的承租保证金与没有缴纳的租金之间进行抵销),即使是在观察期内,亦不禁止。早在1994年6月10日法律实施之前,最高法院就已作出判决认为:按照1985年1月25日法律第33条与第37条的规定,禁止清偿在司法重整程序的判决作出之前产生的债权,并不妨碍在两项相互关联的债权之间进行抵销,即使是在观察期内,亦准许进行抵销(最高法院商事庭,1991年3月2日)。实行司法重整的债务人是一家从事生猪饲养的农户,其与生猪收购合作社之间订有合同,农户因供应生猪而成为合作社的债权人,合作社因在(实行集体程序的)判决作出之前向农户提供饲料亦为农户的债权人,两债权之间具有关联性,如均已到期,可以进行抵销(最高法院商事庭,1991年3月19日);养猪农户与合作社之间在各自从事经营活动的过程中相互供应生猪与饲料而互为债权人与债务人,在债权与债务的数额及到期日没有争议的情况下,有关在实行集体程序的判决作出之后符合规定、正常产生的债权的清偿顺序的法律规定并不妨碍上述债权与债务之间的相互抵销(同一判决)。在不是由同一项合同产生相互债务的情况下,只有债务人与债权人在"确定发展业务关系的框架协议"下进行的买卖产生的债权与债务相互之间才存在关联性(最高法院商事庭,1994年4月5日)。由同一份合同产生的相互债权债务之间具有关联性,或者,在一份总体协议框架内,本着实现相同的经济活动的共同意愿而订立的不同合同产生的各相互债权,也具有关联性(巴黎法院,1994年4月29日)。与此相反,(债务人与债权人)属于同一公司集团,这一事实不足以认定两项不同的合同之间(必定)存在关联性(巴黎法院,1994年3月17日);同样,两公司之间有业务往来而且业务量很大,并且相互买卖商品,虽然存在此种事实,但在没有具体情节认定双方之间进行的这些买卖是在履行"确定发展相互业务之框架协议"时,不足以认定两公司之间的相互债权具有关联性(里昂法院,1995年10月13日)。虽然说宣告一张未获承兑的汇票的出票人(签发人)实行司法重整程序的判决并不产生确认持票第三人(债权人)对(债务人)存款的权利的效果,但也不妨碍持票人就该项债权没有得到承兑的部分主张(与债务人对持票人的债务进行)抵销,但是,只有在集体程序开始之前就具备了抵销条件,或者,只有在出票人与持票人之间的相互债务存在关联性,并且持票人已经向出票人的司法重整程序申报此前产生的债权的情况下,才能进行抵销(最高法院商事庭,1994年2月22日)。租金与"应当返还的、作为担保而寄存的保证金款项"属于相互债权,由于二者产生于同一项租赁合同,因而具有关联性,在没有法定抵销的情况下,仍然具备经法院裁判进行抵销的条件,因此,在承租人实行司法重整之后,出租人因解除租赁合同而需要向承租人返还其寄存的保证金款项时,只要出租人按照规定向集体程序的负债申报了债权,即有正当理由从其应当返还的款项中扣除其租金债权(进行抵销),尽管租金债权产生于法院作出司法重整的判决之前(凡尔赛法院,1995年2月24日),即使出租人在申报债权时并未指出存在(承租人)寄存的保证金款项,亦同(最高法院商事庭,2005年1月18日)。由于解除商业租约而形成的(法律)状态,经营场所的出租人应当向承租人支付其"被剥夺租约权而引起的补偿金",(如果承租人自此之后一段时间里并未搬离原承租场所)那么,承租人应得的补偿金与其(在这段时间里仍然)继续占用租赁场所而应当向出租人支付的补偿金两者之间具有关联性(最高法院的一民事庭,2001年5月9日)。独立担保,由于其具有的独立性,排除担保人对债务人的债权与债务人对担保人的债权之间的关联性(最高法院商事庭,2006年12月19日)。公司账目在某一股东的名义下记载的公司对该股东的负债余额源于公司向该股东的借款,属于股东对公司的债权,而该股东对公司所负的债务源于其应当缴纳的认购股份的股金,两者之间没有关联性,不能进行抵销(最高法院商事庭,1997年5月20日)。债权与债务之间存在关联性的(前提)条件在于两者之间有合同为基础,如果其中有一项(债务)产生于(当事人实行的)诈骗罪,不能认可用此种债务与其他债权进行抵销(最高法院商事庭,1996年5月4日);同样,在租金债权与由于"滥用租约异议权"而产生的债权之间,也不能进行抵销(最高法院商事庭1997年4月22日)。关于讼争物保管人通过主张债的抵销而拒绝返还某一笔(交其保管的)款项的可能性,参见巴黎法院1996年9月25日判决。对于实行司法清算的购买人(债务人)在实行该程序的判决作出之前即已买受(取得)并已付款的商品,出卖人不得借(与其他债权进行)抵销之名而拒绝交付(商品),参见最高法院1998年7月7日判决。

2. 由各方当事人(故意)"造成的"关联性:虽然说(宣告实行程序的判决一经作出即)禁止清偿在司法重整程序的判决作出之前产生的任何债权,

但这一规定并不妨碍有关联性的债权之间进行抵销,但要求此种关联性不是由各方当事人故意造成(最高法院商事庭,1999年10月26日)。在司法重整判决作出之前产生的债权与该判决作出之后产生的某项债权之间是否存在关联性,应当由司法系统的法院进行评判,即使所涉及的债权与某项税款有关,因而属于税收性质,争议原属于行政法院的管辖权限时,亦同(管辖权限争议法庭,2001年1月22日)。

3. 不要求债权是"已经到期的、无争议的且数额已经确定的债权":在债权之间具有关联性因而有可能进行抵销时,实行集体程序的债务人或其权利继受人主张的债权应当是"原则上已经确定的、并未消灭的债权",但不要求债权具备"已经到期、无争议且数额已经确定"之条件(最高法院商事庭,2009年4月28日)。

4. 放弃抵销:在债务人实行集体程序的判决作出之后产生的某项债权的债权人(如果主动)清偿其对债务人的债务,这一行为表明债权人放弃主张其对债务人的该项债权与在实行集体程序的判决作出之前产生的债务人对该债权人的某项债权之间存在的关联性所可以带来的保障(放弃抵销)(最高法院商事庭,1997年6月17日)。

5. 受到企业继续经营方案规定的期限约束的债权:即使在司法重整程序中已经确定了企业继续经营方案,因而所有对该企业享有的债权均受到方案规定的期限限制的情况下,实行司法重整的债务人企业仍然有权主张其债务与某一项已经向其司法重整程序申报的(与该债务)有关联的债权之间进行抵销之原则,并据以对抗该债权的债权人提出的清偿请求(最高法院商事庭,1995年10月24日);同样,在实行司法重整的债务人企业已经确定继续经营方案的情况下,也可以主张将"尚未最终确定的债务"进行抵销(最高法院商事庭,1997年3月25日)。

6. 向债务人的负债申报债权的义务:如果某项债权在实行司法重整的判决作出之日数额尚未确定,按照1985年1月25日法律及其实施条例有关审核债权是否存在及其数额的规则,在等待法院就债权申报作出裁判的同时,并不禁止债务人在受诉法院主张债的抵销(最高法院商事庭,1993年4月27日)。法院最终准许某项已申报的债权登记为实行司法重整的公司的负债,并不妨碍因(债权债务之间)存在关联性而进行抵销的可能性,只要每一方当事人相互请求清偿债务的权利产生于实行集体程序的判决作出之前,即可命令进行抵销,即使债权数额直到这项命令之后的某一日才确定,亦无影响(巴黎法院,1997年10月31日)。出卖人实行司法清算程序,进货人

(商品买受人)在此之前因购进商品而对出卖人负有债务同时又对出卖人享有某项债权但并未向出卖人的负债进行申报,在此情况下,该进货人(买受人)提出的债务债权抵销的请求不能得到受理,尽管债权与债务因产生于同一合同而具有关联性(最高法院商事庭,1991年10月15日)。债权人将其对债务人持有的债权转让给受让人(第三人),在作为转让人的该债权人实行集体程序时,(债务被转让的)债务人对转让人持有某项损害赔偿债权,只要债务人没有就这一债权进行任何申报,该债务人便不得对(上述)职业性债权的受让人提出抗辩而主张被转让的债权(即债务人对转让人的债务)与转让人应清偿的损害赔偿债权之间进行抵销(最高法院商事庭,2000年11月21日)。

7. 保证人:按照《民法典》第2036条的规定,保证人,即使是连带保证人,仍可对债权人主张其欠主债务人的债务与主债务人欠其的债务进行抵销,即使主债务人放弃为此主张,亦无影响(最高法院商事庭,1999年10月26日)。

8. 经诉讼途径请求的抵销:《商法典》第L622-7条的规定并不妨碍实行司法重整程序的企业的债权人经诉讼途径请求将其产生于该集体程序之前的债权与其在该判决作出之后法庭批准企业继续经营活动时(对该企业)产生的债务进行抵销,但以这些相互债权之间有关联性为前提条件(最高法院商事庭,2006年3月7日)。

二、日常管理之外的处分行为(acte de disposition étranger à la gestion courante)

1. 按照第L622-7条第二项的规定:"委任法官可以批准债务人实施企业的日常管理之外的处分行为,可以批准债务人设立抵押权、有体动产质权或无形动产质权,或者批准其进行和解或实行仲裁。"但债务人打算处分的财产不论是否与企业的经营有关,均要求得到委任法官批准①(最高法院商事庭,1992年6月9日)。

2. 以下例子构成第L622-7条意义上的"日常管理之外的处分行为":将资金用于取得一项不动产(最高法院第一民事庭,2004年1月27日);将资金用于建筑一栋属于公司的房子(默东商事法院,2001年3月27日);转让公司的股票(里昂法院,1995年6月30日);(作为保证人)承担保证义务(都

---

① 法律条文的原文用语是"peut"——"得"或"可以",法院司法解释为"requise"——"要求",两者似有差别。——译者注

埃法院,1998年10月15日);订立独占性商业代理合同并规定代理人按照渐进比例取得佣金,而本企业在此之前从未采用过这种销售手段(奥尔良法院,2005年3月24日);与此相反,只要债务人公司订立的租约仅仅是确认其原来已经发出的预约的受益人提出的(正式)订约请求,此项行为构成(日常)管理行为,而不是"要求经委任法官批准的"处分行为(凡尔赛法院,1998年4月9日)。解除一项买卖合同,并不构成处分行为或转让行为(最高法院商事庭,1998年2月3日)。在观察期内,不得准许(企业)出卖营业资产,因为这项买卖(行为)构成企业转让行为(图卢兹法院,1987年5月3日)。(陆路运输企业为了应对运输活动激增的局面)订立一份期限较短的"司机送货劳动合同",法院判决认定这一订约行为属于日常管理行为(最高法院社会庭,2005年9月21日)。按照第L.622-7条第二项的规定并结合宣告公司实行司法重整的判决,公司的经理只有经委任法官批准之后,"在(司法)管理人的协助下"才能进行仲裁(法律条文并无这一项规定,因此属于判决提出的要求),(巴黎法院,1994年2月10日)。按照第L.622-7条的规定,实行和解或仲裁应经委任法官批准,并且规定,应任何利益关系人的请求,得撤销任何违反这一规定的行为,无须区分和解的目的与宗旨(最高法院商事庭,1999年1月5日)。委任法官批准的形式:委任法官不得采用平信的形式(通知)批准(债务人)实施企业日常管理之外的处分行为,否则,就是违反其权限(最高法院第一民事庭,2004年1月27日)。

三、商品的取回或者替换

1. 委任法官,只有按照第L.622-7条的规定,应企业负责人或者管理人的请求,而不是应某个债权人的请求,才能批准清偿企业在开始集体程序之前产生的某项债权,否则以无效论处(第戎法院,1995年5月23日)。

2. 为了取回用于设质的商品并用其他商品替换,以此作为条件,委任法官批准一部清偿产生于判决作出之前的某项债权的可能性,参见南锡商事法院1986年5月22日判决。

3. 委任法官批准司法管理人"出卖"由信贷机构作为质押物持有的信用券,而没有事先按照第L.622-7条规定的条件批准"取回"质押物,违反其权力范围,因此,这项买卖的价金应在信托银行被冻结(最高法院商事庭,1999年5月11日)。

4. 公司持有一台顾客交其修理的机器,为获得其此前为该同一顾客修理机器而未付费用的清偿,可以主张留置权,但要求寄托在其手中的机器与该债权之间有关联性,例如,当公司与其顾客订有一份一揽子修理合同,并且是按照该合同为该顾客机器修理时,即属于存在关联性(卢昂法院,1992年3月12日)。

5. 顾客在宣告实行司法重整之后又进行司法清算,因此,在(对方当事人因该顾客)没有清偿债务并据此(对交付其手中之物)行使留置权的情况下,顾客的清算人不得(向其对方当事人)要求追还由此留置的物资(卢昂法院,1992年3月12日)。留置权对(被留置物的所有权人实行的集体)程序具有对抗效力(最高法院商事庭,1994年5月31日);留置权赋予权利人(留置权人)拒绝返还其依法留置之物直至其债权获得全数清偿的权利,即使在债务人实行司法重整或司法清算程序的情况下,亦是如此,丧失这一权利将损害保证人的利益(因此可以主张《民法典》第2314条的规定)(最高法院商事庭,1997年11月25日)。留置(权)给予债权人以优先地位,留置(权的行使),既不能作为按照第L622-21条的规定被中断或被禁止的诉讼看待,也不能作为被同一法条中断或禁止的强制执行看待,亦不属于《商法典》第L622-30条规定的范围(图卢兹法院,1999年11月3日)。第L622-8条第3款赋予委任法官(可以)强制(用他物)替换担保(物)的权力,不能限制留置权(最高法院商事庭,2000年7月4日)。按照第L622-7条第一项第1款的规定,禁止清偿实行程序的判决作出之前产生的债权,否则,清偿无效。因此,行纪人不得为了获取判决作出之前产生的债权的清偿而对判决作出之后交给他的商品行使留置权(最高法院商事庭,2001年11月13日)。评判债权人主张的留置权是否符合规定,不属于委任法官的权限,因此委任法官不得命令返还(被留置的)文件(被银行作为购车借款的担保而留置的该车辆的登记证书)(最高法院商事庭,1995年6月6日)。

四、制裁

1. 无效的性质:不论具体实施违法行为的人是谁,对领导人越权行为的制裁都是:其实施的行为绝对无效(凡尔赛法院,1998年1月15日)。任何利益关系人都可提出无效事由(波尔多法院,1997年5月20日)。

2. 诉讼资格:方案执行监察人有权请求确认管理人对产生于判决作出之前的某项债权进行的清偿无效(最高法院商事庭,2002年5月28日)。

3. 无效的效力:债务人在司法重整程序的判决作出之后将供货人"以预付回扣的名义"用支票向其交付的资金用来清偿判决作出之前的债务,此种清偿无效,但不因此引起向供货人返还其预付的相应款项,因为,支票一经签发,其所有权就已转移给支票的受益人(最高法院商事庭,1992年2月4日)。

4. 与日常管理无关的处分行为,只要没有受到第 L622-7 条第三项规定的撤销之诉,就不会减少效力(奥尔良法院,2005 年 3 月 24 日)。

5. 民事责任:只要宣告债务人实行司法重整的程序的判决没有进行公告,债务人的银行在并不了解此项事实的情况下于程序开始之日,作为债务人的委托代理人进行了清偿,不能据此认定其有任何过错(最高法院商事庭,1998 年 3 月 30 日)。

第 L622-8 条　在出卖某项负担特别优先权、(2008 年 12 月 18 日第 2008-1345 号法令第 165 条)"有体动产质权或无形动产质权"或者抵押权的财产的情况下,与受担保的债权相对应的价金部分,应当支付至在信托银行开立的账号。在(2005 年 7 月 26 日第 2005-845 号法律第 26 条废止:"司法重整方案通过之后或者在司法清算情况下")方案通过之后,享有这些担保利益的债权人或者持有一般优先权的人,在其受到(2005 年 7 月 26 日第 2005-845 号法律第 26 条废止:"企业继续经营")方案规定的期限约束时,按照他们相互之间优先受偿的顺位以及第 L626-22 条的规定,就这些价金分别受偿。

委任法官得命令预先向对这些财产享有担保利益的债权人清偿他们持有的全部或部分债权。除委任法官作出特别说明理由的裁定或者为了国库或社会保险机构或类似机构的利益进行的清偿之外,进行预先清偿,要求清偿受益人提交由某一信贷机构或金融公司出具的担保。

债务人(2008 年 12 月 18 日第 2008-1345 号法令第 23 条废止:"或管理人")可以向债权人提议用其他等值担保替代现有的担保;在达不成协议的情况下,委任法官可以命令进行此种替代。不服委任法官此项裁定,可以向上诉法庭提出上诉。

第 L622-9 条　在观察期内,企业的(经营)活动继续进行,但保留执行(2005 年 7 月 26 日第 2005-845 号法律第 27 条)"第 L622-10 条至第 L622-16 条"的规定。

第 L622-10 条　(2005 年 7 月 26 日第 2005-845 号法律第 28 条)在观察期内,法庭得随时应债务人的请求(2008 年 12 月 18 日第 2008-1345 号法令第 24 条废止:"管理人、司法代理人、监督人或者检察院的请求,或者依职权")[1],命令停止企业的部分活动。

---

[1] 第 1 款废止这项规定后,有关管理人、司法代理人、监督人或者检察院的规定移至第 2 款,他们的作用有所变化。——译者注

按照相同条件,(2008 年 12 月 18 日第 2008-1345 号法令第 24 条)"应债务人、管理人、司法代理人、监督人或者检察院提出的请求,或者依职权",在具备第 L631-1 条规定的各项条件时,法庭可以将保护程序转为司法重整程序,或者,如具备第 L640-1 条规定的各项条件,宣告进行司法清算。

任何方案均未按照第 L626-30-2 条,或者相应情况下,第 L626-32 条的规定获得本编第四章第三节所指的委员会的通过的情况下,如果保护方案显然也不能获得通过,以及如果终结程序将导致在短期内肯定停止支付,应债务人的请求,或者应管理人、司法代理人或者检察院提出的请求,法庭也可决定将保护程序转为司法重整程序。

法庭在听取债务人、管理人、司法代理人、监督人与企业委员会的代表的意见,或者在没有企业委员会的情况下,听取员工代表的意见,或者按规定对这些人进行传唤,并且听取检察院的意见之后,作出审理裁判。

法庭在将保护程序转为司法重整程序时,可以变更尚待经过的观察期的原定时间。

(2008 年 12 月 18 日第 2008-1345 号法令第 24 条)为了按照在保护程序期间编制的盘存表对债务人的资产进行评估作价,法庭根据相应情况下适用的规定赋予相关人员各自的权限,指定一名作价评估拍卖人、一名司法执达员、一名公证人或者一名经宣誓的商品居间商。

司法解释:
1. 条件:可以在任何时候宣告司法清算,无须等待债权审核程序的结果(最高法院商事庭,2000 年 10 月 30 日);关于在考虑将债务人公司实行的集体程序扩张至另一公司的情况下仍然拒绝推迟宣告司法清算的问题,参见巴黎法院 2001 年 11 月 27 日判决。

2. 召集债务人:如果债务人没有收到通知其出庭的挂号信,为了作出将司法重整程序转为清算程序的判决,法庭书记员应当按照《民事诉讼法典》第 L670-1 条的规定经执达员送达通知书传唤债务人到庭,否则法庭作出的判决因没有遵守对审程序规则而无效(贝藏松法院,1996 年 12 月 6 日)。在宣告公司进行司法清算之前进行开庭听证时,股份公司的总经理有资格在法庭代表该公司(不一定由董事长作为代表)(最高法院商事庭,1993 年 7 月 12 日)。

3. 管理人职责的结束:在宣告进行司法清算的判决之后,管理人事先未经清算人批准,不得管理债务人的银行账户并进行结算,否则,就是无视管理人与清算人(职责)之区分,并违反具有公共秩序性质的规则(亚眠法院,

2001年10月25日)。

第L622-11条 (2005年7月26日第2005-845号法律第28条)法庭宣告实行清算时,即终止(原定的)观察期,并且,除保留适用第L641-10条之规定外,终止(司法)管理人的任务。法庭(2008年12月18日第2008-1345号法令第25条)"按照第L622-10条最后一款"规定的条件,指定一名资产评估作价人负责实现对债务人资产的评估作价。

第L622-12条 (2005年7月26日第2005-845号法律第28条)引起企业实行保护程序的困境已经消除时,法庭应债务人的请求终止保护程序。法庭(2008年12月18日第2008-1345号法令第26条)"按照第L622-10条第4款"规定的条件作出审理裁判。

第L622-13条 (2008年12月18日第2008-1345号法令第27条)一、不论法律有何相反规定或者合同有何相反约定,均不得仅仅因为企业实行保护程序便引起正在履行中的合同产生任何的不可分性,或者引起此种合同被解除或取消。

即使债务人(一方)没有履行其在实行程序的判决作出之前承诺的合同义务,合同相对方当事人仍应履行其自身的债务。债务人方面没有履行其承诺的义务,只能产生利于债权人的、向债务人的负债申报债权的权利。

二、管理人唯一有(选择)权要求履行正在履行中的合同,并向债务人的合同相对方当事人履行承诺的给付。

管理人根据其持有的预算文件要求履行合同时,应确保其拥有为履行合同所需的必要资金。如果涉及的是一项分期履行或分期支付的合同,管理人认为其手头并不拥有必要的资金以履行下次到期义务时,可以终止该合同的履行。

三、下列情况,正在履行中的合同当然解除:

1. 债务人的合同相对方当事人向管理人发出催告,催促管理人就是否继续履行合同作出决定,超过1个月时间仍然没有回答的,正在履行中的合同当然解除。在此期限终结之前,委任法官也可以对管理人规定一个更短的期限,或者同意延长该期限,但延长的期限不得超过2个月。

2. 在没有按照上述第二项规定的条件进行支付以及债务人的相对方合同当事人没有同意继续保留合同关系的情况下,正在履行中的合同当然解除。于此情形,检察院、管理人、司法代理人或者监督人,均可为此目的请求法庭终止观察期。

四、如果解除合同对于保护债务人实属必要,而且也不会给合同相对方当事人的利益造成过分损害时,应管理人的请求,由委任法官宣告解除合同。

五、如果管理人不运用其享有的要求继续履行合同的选择权利,或者如果其按照上述第二项规定的条件终止履行合同,或者法庭按照上述第四项的规定宣告解除合同,该合同的不履行可以产生有利于债务人的合同相对方当事人的损害赔偿。损害赔偿的数额,向债务人的负债进行债权申报,但是,债务人的合同相对方当事人可以推迟返还债务人在法院就损害赔偿作出裁判之前因履行合同而多支付的款项。

六、本条之规定不涉及劳动合同,也不涉及财产托管合同,但是,债务人在履行财产托管合同时对转移至受托管的概括财产内的财产或权利仍然保留使用权或用益权的情况除外。

司法解释:
一、适用范围
(一)本条涉及的合同

1."正在履行中的合同"的概念:(1)如果通过借贷合同出借的资金在(借贷人)开始实行司法重整之前已经交付借贷人,该合同不属于第L622-13条意义上的"正在履行中的合同"(尽管借款尚未偿还)(最高法院商事庭,1993年12月14日)。(2)一宗不动产的买卖合同中有一项条款规定不动产"所有权的转移以价金全额支付为条件",该合同是一项不包括任何借贷的"附期限的买卖合同",因此,在集体程序开始之时,只要有部分价金仍未支付,即属于"正在履行中"(最高司法法院商事庭,2000年2月1日)。(3)一份买卖合同规定采用"支付终身年金的方式"支付标的物的价金,当事人约定的是(按年金)"分期支付价金",但标的物的所有权在买卖之日即发生转移,仅凭此事实,该合同属于"立即履行的合同"(contrat à exécution instantanée,瞬时履行合同),因此,不能作为第L622-13条意义上的"正在履行中"的合同对待(巴黎法院,1999年3月2日)。(4)同样,规定以受赠与人支付终身年金为条件的财产"赠与—分割",也不属于"正在履行中"(阿根法院,2004年3月8日)。(5)法院判决认为,买卖一块土地,采用抵债的方式支付价金,并且在时间上规定了实现抵债的期限,该合同属于"排除任何关联性"的单项行为,不能构成"正在履行中的合同"(最高法院第三民事庭,1995年7月18日)。(6)照此意义,买卖不动产的单方预约(promesse unilatérale)的受益人(预约的对方当事人)在其可以作出"选择决定"的期限经过之前即已开始实行司法重整程序时,该项单方预约属于一项"正在履行中的合同"(最高法院商事庭,2000年2月1日)。(7)(承租人订立的)一份"商业租约"(商用场所租约),在提出退租要求之后又得到延展,由于已经提出的"退租要求"产生的效力,延展后的这项租约构成一项新的租约,因此不属于承租人的司法重整管理人可以要求履行"正在履行中的合同"(最高法院全体庭,2004年5月7日)。(8)不动产民事合伙的股份持有人承诺向某公司转让其股份,只要在该受让公司实行司法重整程序之前这些股份的所有权并未实现转移,这一转让合同(买卖合同)属于"正在履行中的合同"(最高法院商事庭,1996年10月22日)。(9)一人与商品经纪人订立合同,委托该经纪人为其利益进行一项有期限的业务活动,这项合同只有在其规定的到期日得到履行时才能终止,因此,如果在合同规定的到期日经纪人实行集体程序时该合同仍在履行中,应当适用第L622-13条的规定(最高法院商事庭,1998年5月26日)。(10)只要一份承揽合同的当事人在实行集体程序的判决之日仍然负有制作并交付产品的义务,那么,该项承揽合同就是一项正在履行中的合同(兰斯法院,2001年2月14日)。(11)照此意义,如果分包工程在集体程序开始之前已经结束,那么,与此有关的分包合同就不属于"正在履行中的合同",即使原约定的(工程或产品)担保在此日期之后仍有效力(最高法院商事庭,1999年1月19日)。

  2. 关于银行给予协助的问题:(1)司法重整程序中的管理人有权要求履行在程序宣告之时正在履行中的合同,不需要区分这种合同是否属于在考虑"人格信用"的基础上订立的合同。照此意义,管理人如果提出请求,在观察期内应能获准继续执行有关银行日常往来转账、开立信用证、透支或准许贴现的协议,但是,金融机构享有第L622-17条规定的利益(最高法院商事庭,1987年12月8日)。(2)银行按照第L622-13条的规定继续给予协助,但是,如果具备1985年1月25日法律第40条规定的条件,以及必要时,按照《货币与金融法典》第L313-12条规定的条件,并不禁止银行在观察期内中断此种协助(最高法院商事庭,1991年10月1日)。(3)银行在(企业实行的)集体程序开始之日事先通知其决定解除对企业给予协助之义务,但并未将此决定通知司法管理人,在此情况下,委任法官作出裁定命令银行在观察期内继续给予协助,该项裁定应当具有完全的效力(最高法院商事庭,1994年6月28日)。(4)判决认为:如果在开始实行司法重整程序之日银行往来账户并未关闭,此种程序的开始并不使该日在账户借方栏目内记载的债务余额成为到期债务,因此,保证人可以主张属于主债务人的所有抗辩(最高法院商事庭,1995年1月3日)。(5)法院判决认为,如果在集体程序开始之日银行往来账户上的债务余额在此后通过支票或转账进行偿还,那么,保证人便不得被判处清偿余额债务(最高法院商事庭,1999年3月2日)。(6)(即使)从观察期到企业继续经营方案执行时司法重整程序的法律制度发生改变,银行也不能借法律修改之事实主张其有正当理由突然中断原已同意给予的协助(阿根法院,1987年4月2日)。(7)银行应当按照第L626-11条的规定履行在企业继续经营方案得到认可时正在履行中的各项协议,直至各协议到期(昂提贝法院,1987年6月2日)。

3. 疾病保险:尽管参保人在加入保险时可以在不同的订约组织中进行选择,非农业行业的非薪金劳动者的疾病与生育保险制度属于法定的强制性制度,因此商人参加这种保险以及由此获得的保险给付并非来自合同,而是因执行这种法定制度使然(因此也就不适用第L622-13条之规定)(最高法院社会庭,1997年3月13日)。

4. "公司合同"①不属于第L622-13条意义上的"正在履行中的合同"(最高法院商事庭,2007年7月10日)。

(二)本条涉及的程序

早在1994年6月10日的法律之前,最高法院就作出判决认为,该法第37条与第38条的规定(即《商法典》现第L622-13条与第L622-14条)适用于司法清算程序。

二、管理人可以作出的选择

(一)(选择)继续履行合同

1. 请求的正当性:(1)司法代理人在决定继续履行合同的情况下,应当确保企业在财务方面具备当前以及可以预见的履行合同的资金可能性(凡尔赛法院,1999年3月18日)。(2)只要清算人不能再提供其承诺的给付,便有必要驳回其提出的"继续履行正在履行中的独占性特许合同"的请求(最高法院商事庭,1993年11月16日)。(3)此外,在(债务人)集体程序开始之前合同对方当事人就已经提起解除合同之诉讼的情况下,只要解除合同是基于债务人没有履行"作为义务"而不是基于其没有履行"支付一笔金钱的义务",便不能因债务人实行司法重整或因管理人行使第L622-13条为其规定的(选择)权力而停止正在进行中的这一(请求解除合同之)诉讼(最高法

---

① 股东参加公司,签署公司章程、接受加入公司的各项条件,被视为订立一项合同,称为"公司合同"(Contrat de Société)。——译者注

院商事庭,1996年5月28日)。(4)第L.622-13条的规定并不妨碍继续进行因司法重整判决作出之前的其他原因提起的解除租约的诉讼,但因支付一笔金钱的原因提起的诉讼除外(最高法院第三民事庭,1999年7月21日)。

2. 请求的形式:(1)无须合同当事人进行第L.622-13条所指的催告,在实行程序的判决作出之日正在履行中的合同即可继续履行(最高法院商事庭,2000年6月20日)。(2)管理人在实行程序的判决作出之后清偿在该日期之后才到期的部分债权,以便能够继续使用通过租赁形式取得的设备,属于清楚表明"继续履行合同的意思"(卡昂法院,1996年12月3日)。(3)法院判决认为,出租人的清算人请求收取租金的公证人向其提交账目,并且反对将租金寄托,即是表明其继续该租约的意思(最高法院商事庭,2002年4月29日)。

(二)(选择)放弃继续履行合同

1. 必须进行催告:(1)即使催告书并不受任何(法定)形式约束,也只有进行了催告,才能产生放弃继续履行合同的推定,或者,自1994年6月10日法律以来,才能产生"当然解除合同"的推定(巴黎法院,1993年2月26日)。(2)合同一方当事人单方作出的不打算继续与债务人之间的商务关系的声明,不能视同法律要求进行的催告(巴黎法院,1994年11月9日)。(3)由于委任法官没有任何权限对送交的催告书作出答复,因此,将催告书寄给委任法官而不是寄给管理人,此种情况不能开始计算第L.622-13条规定的期间(凡尔赛法院,2000年9月28日)。(4)与此相反,用挂号信并要求回执的方式向债务人发出催告,符合第L.622-13条的要求(卢昂法院,1992年12月3日)。(5)在清算人没有收到出租人发出的第L.622-13条所指的催告书的情况下,不得推定清算人(已)放弃继续履行租约;如果清算人始终没有收到催促其就是否继续履行租约作出决定的催告书,但他已经向委任法官提出延长期限的请求,以此清楚表明继续履行租约的意思,则不一定要再次提出延长期限的请求,因为第L.622-13条的规定赋予其单独继续履行正在履行中的合同的选择权力(最高法院商事庭,1993年10月19日)。

2. 放弃继续履行合同的形式:(1)管理人方面作出表示其不打算继续信贷租赁合同的简单声明,只要其没有归还原租赁的车辆,并且还再次获得作出选择决定的期限,此项"简单的意向声明"不足以表明管理人已放弃履行合同(最高法院商事庭,1991年4月9日)。(2)与此相反,"委托清算人"主动交还租赁场所及其钥匙,可据此推断其放弃继续履行租约(最高法院第三民事庭,1996年1月9日)。(3)按照本法关于"管理人唯一有权要求履行正在履行中的合同,并向债务人的对方合同当事人提供承诺的给付"的规定,由债务人(本人)在没有得到批准的情况下单独作出的继续履行某项合同的决定无效(最高法院商事庭,1997年5月6日)。

3. 推定"放弃继续履行合同":(1) 法律关于"放弃继续履行合同的推定"是一种不可反驳的推定(最高法院商事庭,1990年12月11日)。(2) 有关这一判例在1994年6月10日法律之后的沿用,参见巴黎法院2001年9月26日判决。(3) 在出租人向管理人发出催告书催促其作出决定的情况下,不适用《商法典》第L143-2条的规定(最高法院商事庭,1990年12月11日)。(4) 与此相反,在基于清算人放弃继续履行租约而向法院请求解除租约的情况下,出租人应当向已经登记的债权人通知其提出的诉讼请求(都埃法院,1991年10月3日)。

4. 延长期限:应当由管理人证明其在接到催告的当月内已经提出了延长期限的请求,并且已得到委任法官的准许(最高法院商事庭,1992年2月4日)。

三、行使选择权的效果

(一) 选择不继续履行合同的情况

1. 不继续履行的合同的解除(1994年6月10日法律之前的判例):(1)(在1994年6月10日法律之前)在管理人放弃继续履行合同时,出租人便从(管理人的)这一放弃行为获得请求法院宣告解除合同的权利,而且,这一权利不受法院作出的确定企业重整方案的判决的影响(最高法院商事庭,1990年12月11日)。(2) 推定放弃继续履行合同,致使债务人不再有权利也没有任何根据继续留在合同所指的原租赁场所,或者不再有权利由其指派的占用人继续留在原租用的场所(最高法院商事庭,1994年5月31日)。

2. 不继续履行的合同当然解除(1994年6月10日法律的规定):(1) 由于管理人已经受到"就是否继续正在履行中的合同作出决定"的催告,如对方当事人在第L622-13条规定的1个月期限内接到管理人明文表示"不再继续履行合同"的通知,这一合同在当事人接到这一通知之日当然解除(最高法院商事庭,2003年3月18日);没有必要请求委任法官确认该合同解除(同一判决)。(2) 与此相反,在对方合同当事人没有进行催告的情况下,管理人放弃继续履行合同并不引起"因其主动而当然解除合同",而只是赋予对方合同当事人请求法院宣告解除合同的权利。这项诉讼请求不属委任法官管辖(最高法院商事庭,2004年5月19日)。

3. 表示放弃履行合同与合同被解除两者之间间隔的时间的租金:清算

人仅有义务支付自程序开始之日到选择期限终止之日的租金,只要没有认定出租人受到的损失,清算人存在过错以及此种损失与过错之间有因果关系,那么,仅这部分租金属于第 L622-17 条规定的适用范围(最高法院商事庭,1993 年 2 月 2 日)。

4. 损害赔偿:在不再继续履行合同的情况下,债权人认为因解除"租赁经营合同"而受到损失时,应当在法定期限内申报以此名义产生的债权,债权人如果没有进行这项债权申报,则不能主张在其享有的这一损害赔偿债权与其返还寄托的担保物之债务两者之间进行抵销(最高法院商事庭,1990 年 1 月 23 日)。因租约不再继续履行而当然解除时产生的赔偿金,属于相同情形(巴黎法院,2000 年 11 月 24 日)。

5. 违约金条款:一债权人与债务人在集体程序开始之前订立的违约金条款,只有当该条款在债务人宣告司法重整的情况下加重了债务人对该债权人的债务时,才能认为该违约金条款与债权人之间平等原则相抵触(最高法院商事庭,1993 年 5 月 11 日)。同样,第 L622-13 条并没有规定"在解除协议的情况下,确定对出租人造成的损害所应给予的赔偿数额的条款在承租人被宣告实行司法重整之后视为未予订立",因此,除保留《民法典》第 1152 条所承认的法官的权力之外,各方当事人在合同签字时可以自由地订立的类似条款,订立这样的条款并不违反债权人的平等原则(最高法院商事庭,1991 年 12 月 10 日)。关于因提前中断合同而给予赔偿金的条款的有效性,参见最高法院商事庭 1991 年 7 月 9 日判决。

(二)选择继续履行合同的情况

1. 保持合同的原规定:在合同中订有条款明文规定"合同不履行,即解除本合同"的情况下,如果该条款在开始程序之前就已经产生效力,管理人便没有(继续或者放弃履行合同的)选择权(巴黎商事法院,1986 年 12 月 11 日)。与此相反,如果信贷租赁的出租人催告管理人就"是否继续履行合同"作出决定,即意味着出租人默示放弃享有(合同中原有的)"当然解除条款"之利益(最高法院商事庭,1992 年 1 月 21 日)。关于继续保持寄托的担保,参见凡尔赛法院 2001 年 10 月 25 日判决。关于遵守合同中订立的协议管辖条款,参见卢贝商事法院 1986 年 7 月 31 日判决。

2. 因不清偿债务而当然解除合同:《商法典》第 L622-13 条第三项第 2 点规定,在不清偿一笔(数额必须得到法官确认的)款项的情况下当然解除合同,这意味着管理人已明示或者默示选择继续履行合同,也就等于说,如果管理人此前没有明示或者默示选择继续履行合同,那么,其没有履行的合同并不当然解除(最高法院商事庭,2006年11月7日)。

3. 租约的解除:并无任何条文规定强制"选择继续履行合同的委托清算人"必须将该合同履行至合同约定的到期日,或者履行至(该商业租约的)下一个3年期到期之时,不论其在选择继续履行合同时对履行时间的长短是否做了明确保留(巴黎法院,2001年5月16日)。

4. 承认信贷租赁的出租人的所有权:管理人履行信贷租赁合同规定的给付,意味着他选择继续履行该合同,而继续履行合同也就意味着默示承认信贷出租人对出租的设备的所有权,无须出租人提出《商法典》第L624-9条规定的追还财产之诉讼(最高法院商事庭,1994年12月6日)。在清算人放弃选择继续履行合同之后又对作为原合同标的的设备订立一份新的租赁合同的情况下,亦是如此(默示承认信贷租赁人对出租物资的所有权)(最高法院商事庭,1996年6月25日)。

四、(合同中订立的)解除条款的效力暂时停止

按照第L622-13条第一项第1款规定,不论法律有何相反规定或者合同有何相反约定,均不得仅仅因为企业实行保护程序或司法重整程序即引起正在履行中的合同被解除或被取消;企业实行司法清算程序的情况,亦是如此(最高法院商事庭,2002年1月22日)。只要法院依债务人申请,或者由债权人提出传唤状,或者共和国检察官提出要求,或者依职权,确认债务人停止支付必然导致其实行司法重整程序,在此情况下,按照第L622-13条的规定,应当排除"以合同当事人处于停止支付状态为依据的合同解除条款"的有效性(最高法院商事庭,1993年3月2日)。不能仅仅因为企业实行司法重整程序就将合同中订立的解除条款付诸执行。这是一项仅为实行司法重整或司法清算的企业的利益作出的规定,目的是使获得委任法官批准的债务人、管理人或清算人行使其"可以要求履行正在履行中的合同"的选择权利。但是,实行司法清算的债务人的共同被保险人不得取代清算人主张这项规定(最高法院商事庭,1995年12月19日)。特许权人在受特许人实行司法重整前几日并且是在其"申明停止支付之后"才通知解除特许合同的,只要特许权人发出这一通知的依据是"债务人提交司法重整申请之外的"其他原因,没有欺诈或恶意,也没有证据证明特许权人在其付诸执行解除条款时已经知道受特许人处于停止支付状态或者知道受特许人已提交(破产)申请,那么特许权人通知解除合同,并不无效(最高法院商事庭,2002年3月19日)。

五、管辖权

对管理人为了获准在判决宣告之后继续使用其正在使用中的信用账户

和日常往来账户而提出的请求,委任法官唯一有管辖权(最高法院商事庭,1987年12月8日)。同样,管理人向法院提出请求指令银行提供服务,继续按照委任法官的裁定规定给予协助,此种请求唯一由委任法官管辖(最高法院商事庭,1991年10月1日)。

第L622-14条 (2008年12月18日第2008-1345号法令第28条)不影响执行第L622-13条第一项与第二项的规定,出租给债务人(2010年12月9日第2010-1512号法令第3条第六项)"用于"企业从事活动的不动产的租约,按照以下条件解除:

1. 在出租人得到管理人不再继续履行租约的决定通知之日(该租约当然解除)。在此情况下,债务人方面不再履行租约,得产生利于合同相对方当事人(出租人)的损害赔偿。这项损害赔偿的数额,作为债权,应向债务人的负债进行申报,但是,债务人的合同相对方当事人(出租人)可以推迟返还债务人在法院就损害赔偿作出裁判之日前因履行合同已经多支付的款项。

2. (2005年7月26日第2005-845号法律第30条)在出租人要求解除租约,或者因债务人不缴纳租金以及不缴纳在实行程序的判决作出之后继续占用租赁场所的相关费用而请求法院确认解除租约时,出租人只有在债务人实行保护程序的判决作出之后3个月期限届满,才能提起解除租约之诉讼。

如果在此期限届满之前债务人已经支付了拖欠的款项,无须再解除租约。

不论有何相反规定,即使出租给债务人企业的一处或多处不动产在观察期间没有进行任何经营活动,也不引起解除租约。

司法解释:

1. 企业用于从事活动所需的不动产的租约:只要所涉及的合同不是企业从事活动所需的不动产的租约,均不适用第L622-14条的规定(最高法院商事庭,1995年5月9日)。信贷租赁合同,不能视为(本条所指的不动产的)租约,因此,第L622-14条不适用于信贷租赁合同(最高法院商事庭,1997年3月11日)。

2. 合同中订立的已经产生效力的解除条款:只要(不动产)租约中订立的解除条款在开始实施集体程序之前就已经产生效力,且驱逐承租人并不构成对动产与不动产实施的强制执行措施,那么,承租人及其司法管理人均不得主张第L622-14条的规定,以对抗对其实施的驱逐(行动)(最高法院第三民事庭,1990年2月21日)。照此意义,只要法院在实行司法重整程序的判决作出之前就已经作出裁定命令驱逐承租人且已产生执行力,便没有必要中止关于腾空其承租的场所的催告通知书的效力(最高法院第二民事庭,1998年12月10日)。只要在实行集体程序的判决作出之日命令解除租约的裁定尚未取得既判力,按照第L.622-21条规定的"停止个人追偿债务"的规则,旨在请求确认解除租约的诉讼不得继续进行,由于该诉讼的原因涉及的是在实行集体程序的判决之前到期的租金,因此,出租人提出的请求不能得到受理(最高法院商事庭,1990年6月12日)。与此相反,当合同中订立的解除条款在承租人实行程序之前就已经产生效力,而承租人在程序开始之日仍然没有履行法院作出的具有中止效力的判决规定其应当履行的义务时,出租人提出的确认解除条款已经产生效力的请求,得予受理(最高法院第三民事庭,1998年11月4日)。同样,法官作出紧急审理裁定,以"在确定的日期支付租金"为条件,暂时中止合同中规定的解除条款的效力,(在此情况下)承租人如不遵守该裁定规定的支付期限,便不能有效主张由解除条款生效之后才作出的实行集体程序的判决(本可)产生的中止效力(最高法院第三民事庭,1999年12月8日)。凡是"不准再对其提出任何具有中止效力的救济申请"的判决,均为"产生既判力的判决",本来可以提出但在规定的期间并没有针对其提出救济申请的判决同样产生既判力。这一规则也适用于紧急审理裁定,即使紧急审理裁定对"本诉讼"没有既判力,亦无任何影响(最高法院商事庭,1995年10月24日)。只要在公司开始实行司法重整程序之日,紧急审理法官作出的"确认解除条款已经产生效力的紧急审理裁定"受到上诉,也就是说,(由出租人)以没有缴纳在受2005年7月25日法律调整的程序开始之前的租金为理由提出的"合同规定的解除条款已经成就"的请求"并未得到产生既判力的判决的确认",那么,出租人不能再继续此前已经提起的诉讼,即使紧急审理裁定具有先予执行力,亦在所不问(最高法院商事庭,2008年10月28日)。关于在集体程序开始之前租约被解除的情况下清算人有义务腾空原承租场所的问题,参见最高法院商事庭1999年3月30日判决。有关确认"解除条款在集体程序开始之前就已产生效力"的诉讼请求,应当通知在不动产上已登记担保的债权人(最高法院第三民事庭,1997年1月22日)。在实行司法重整程序的判决作出之后超过3个月时间没有支付租金,应当在提起或者继续进行"有关解除企业从事活动的不动产租约"的诉讼之日对此予以认定的,这一点构成解除租约的实质条件,而不是此种请求"可予受理"的条件(最高法院商事庭,1993年11月2日)。

3. 因(承租人)对承租的不动产缺乏维修而解除租约：第 L622-14 条最后一款的规定不妨碍"因司法重整判决作出之前即已认定的缺乏维修之原因"提起的解除租约的诉讼(最高法院第三民事庭,1999 年 7 月 21 日)。

第 L622-15 条 在转让租约的情况下,强制转让人与受让人负连带责任的任何条款均视为(2005 年 7 月 26 日第 2005-845 号法律第 31 条)"未予订立"。

第 L622-16 条 在(2005 年 7 月 26 日第 2005-845 号法律第 32 条)(承租人)"实行保护程序"的情况下,出租人仅对该程序开始之前最后 2 年的租金享有优先权。

如租约被解除,出租人对于当年有关履行租约的所有事项以及法庭可能判给的(2005 年 7 月 26 日第 2005-845 号法律第 32 条)"损害赔偿"(金)享有优先权。

如租约未解除,在订立租约时为出租人设立的担保仍然保留,或者在实行保护程序的判决作出之后提供的担保被认为足够时,出租人不得要求缴纳尚未到期的租金。

委任法官可以批准债务人或(司法)管理人根据具体情况出卖其在承租场所内配置的、短期内即会降价、贬值或不宜保留,或者将其变现不会影响企业资产,也不会影响对出租人保持足够担保的动产。

司法解释：

1. 本条规定适用于司法清算,参见第 L641-12 条最后一款的规定。

2. 仅限适用于租金：第 L622-16 条应严格解释,不得将其扩张适用于"入门费"(droit d'entrée 或者 pas de porte),尽管"入门费"可以作为一种补充租金来对待(巴黎法院,1995 年 11 月 14 日)。

3. 2 年期间：第 L622-16 条规定出租人对开始集体程序的判决作出之前 2 年的租金享有优先权,除此之外,在租约被解除的情况下,对当年的租金以及可能给予他的损害赔偿也享有优先权(最高法院第三民事庭,1999 年 2 月 10 日)。

4. 按照上述第 L622-16 条与《民法典》第 1256 条的规定,交纳租金的收据上没有具体指明是清偿哪一部分租金而且债务性质相同时,有必要认为承租人在 2 年期间内进行的最后一次(租金)支付首先是用于扣减在该期间终止之日尚欠的款项,应当准许与这一期间相关的债权余额作为优先债权向承租人的负债进行申报(卢昂法院,1990年3月29日)。

5. 归属扣押:只要按照1991年7月9日关于民事执行程序的法律第43条的规定,一经实施便将受到扣押的债权及其全部附带权利立即归属实施扣押的(债权)人,其中包括相关担保,那么,在作为受扣押第三人的承租人实行集体程序的情况下,由于此种扣押的效力而归属扣押实施人的债权(受扣押的债务人对其本人的债务人享有的债权),可以在第L622-16条规定的2年期间享有出租人所享有的优先权(最高法院商事庭,2000年5月25日)。

6. 出租人在申报债权时有必要指明其享有优先权(最高法院商事庭,2001年7月10日)。

第L622-17条 (2005年7月26日第2005-845号法律第33条)一、在实行程序的判决作出之后,因程序的进展或观察期的需要,符合规定、正规产生的债权,或者作为在此期间(2008年12月18日第2008-1345号法令第29条废止:"为其从事职业活动而")向债务人提供的给付的对价而正规产生的债权,到期即予清偿。

二、这些债权到期没有得到清偿的,优先于其他任何债权受偿,不论其他债权是否享有优先权或担保,但是,受《劳动法典》第L3253-2条、第L3253-4条与第L7313-8条确立的优先权担保的债权,(2008年12月18日第2008-1345号法令第29条)以及"在实行保护程序的判决作出之后,因程序进展的需要,符合规定产生的诉讼费用和受本《法典》第L611-1条确立的优先权担保的债权除外"。

三、清偿按照以下顺序进行:

1. 数额没有按照《劳动法典》第L3253-6条、第L3253-8条与第L3253-12条的规定得到预付的工资债权。

2. (2005年7月26日第2005-845号法律第33条废止:"由信贷机构")同意给予的借贷,(2008年12月18日第2008-1345号法令第29条)以及按照第L622-13条的规定继续履行合同所引起的、合同相对方当事人同意接受延期清偿的债权;此种借贷的数额以及延迟支付的期限,应得到委任法官的批准,且以在观察期内企业继续经营活动之必要为限,并应进行公示。在符合规定继续履行的合同被解除的情况下,赔偿金与违约金排除享有(2005年7月26日第2005-845号法律第33条)"本条"规定的利益。

3. 其他债权,按照各自的顺位受偿。

(2005年7月26日第2005-845号法律第33条)"四、没有得到清偿的债权,如果没有告知管理人,以及在没有管理人的情况下,如果没有告知司法代理人,或者在这些机关已经停止履行职责的情况下,如果没有告知受到委任的方案执行监察人或者清算人,自观察期结束起经过1年,丧失上述第二项赋予的优先权"。在这项告知涉及按照第L622-24条的规定为债权人的利益已经申报的某项债权时,如果委任法官没有就准许该债权登记作出裁判决定,此前进行的债权申报失去效力。

司法解释:
一、优先清偿的性质
1994年6月10日第94-475号法律之前的条文规定的优先清偿并不取决于债权(本身)的"质量",因此不构成《民法典》第2324条意义上的优先权(最高法院商事庭,2002年2月5日)。

二、适用范围
(一) 正在进行中的程序
1. 企业继续经营方案:在"确定企业继续经营方案"的判决作出之后产生的债权不适用《商法典》(原)第L621-32条的规定(最高法院商事庭,1990年4月3日)。
2. 企业转让方案:确定实行司法重整程序的企业的转让方案的判决,如其终止观察期并且无其他相反规定,则使债务人恢复全部权力,但并不引起集体程序终结。集体程序的终结应在企业经营所必要的全部活动转让完成之后作出宣告,因此,在这些活动尚未全部完成时,由企业继续经营引起的银行债权,享有(原)第L621-32条规定的利益(最高法院商事庭,1994年12月6日)。与"没有被转让方案转让的合同"有关的债权,直至这些合同履行完毕或者被解除时为止,适用(原)第L621-32条之规定,不论集体程序的终结日期如何,均无影响(最高法院商事庭,2002年10月15日)。
3. 司法清算(1994年6月10日法律之前的判例):(原)第L621-32条的规定适用于在司法重整程序开始之后符合规定、正规产生的债权,因此,与企业在宣告司法清算之后裁减人员应当给予的带薪假期和解雇补偿金有关的社保机构的分摊份额款债权,应当享有该条规定的(优先权)利益(最高法院商事庭,1990年2月20日)。立即司法清算:即使是在立即司法清算的情况下,也应当适用(原)第L621-32条就"产生于司法重整的判决之前的债权相对于该判决作出之后产生的债权"所规定的"优先受偿顺序",因为法律条文并没有按照在观察期内宣告司法清算还是直接进行清算的情况作出任何区分规定(蒙帕利耶法院,1999年1月26日)。

4.《商法典》(原)第L621-32条规定的利益并不局限于与企业继续经营活动或者清算本身有关的债权(最高法院商事庭,1999年6月22日)。

(二)符合规定、正规产生的债权

1. 没有管理人的协助,债务人不得缔结债务,否则,由此产生的债权属于"不符合规定产生的债权",并排除其享有((原)第L621-32条所规定的)优先受偿利益,参见最高法院商事庭1992年2月4日判决。未得到委任法官批准而缔结的连带保证义务,不能产生符合规定的债务(债权),因此,不能享有(原)第L621-32条规定的优先受偿利益(都埃法院,1998年10月15日)。未得到委任法官批准而对债务人给予的资金支持所产生的债权,亦同(巴黎商事法院,1997年5月20日)。

2.《商法典》(原)第L621-32条的规定,按照有关债务人或者管理人权力的规则,适用于(集体)程序开始之后产生的债权,因此,在债务人实行"没有指定管理人的简易司法重整程序"之后,由其本人的行为产生的债权,仍然属于该法条规定的范围,即使法院在进行《商法典》(原)第L621-138条所指的调查之后没有就行使该条规定的选择权作出任何判决,亦同(最高法院商事庭,1992年6月9日)。应当由本案(实体)法官(因此不属于委任法官管辖),按照有关债务人权力的规则,或者相应情况下,按照有关管理人权力的规则,查明在程序开始之后因侵权行为引起的债权是否属于"符合规定产生"的债权(最高法院商事庭,1998年10月13日)。在开始程序的判决作出之后产生的准侵权债权,属于(原)第L621-32条的规定范围(最高法院商事庭,1992年3月31日)。

(三)在实行程序的判决作出之后产生的债权

1. 社会保险分摊份额款:1985年1月25日法律规定"禁止清偿在司法重整程序的判决作出之前产生的任何债权",有关社会保险分摊份额款的可追偿性的规定(也)不能优先于该法的上述规定(最高法院商事庭,1988年11月8日)。只要有关企业应当缴纳的分摊份额款是与开始集体程序的判决作出之前的时期(企业员工所取得的工资数额)有关,那么,这些分摊份额款债权就属于该判决作出之前产生的债权,因此,旨在要求支付该债权的行为应予撤销,与应当缴纳的这些款项相对应的工资的支付时期如何,在所不问(因为,社会保险分摊份额与企业支付的工资数额相联系)(同一判决)。与此相反,非农业职业的非薪金劳动者每年应当缴纳的社会保险分摊份额债权,只要是与在实行集体程序的判决作出之后从事的活动有关,则仍属于(原)第

L621-32条的适用范围,即使这些债权(的数额)是按照前一年的职业收入数额计算的(最高法院商事庭,1992年12月15日)。与债务人实行司法清算程序之后进行的人员解雇引起的补偿金有关的社会保险分摊份额,准许享有(原)第L621-32条规定的利益(最高法院商事庭,1990年2月20日)。

2. 工资债权:在实行司法重整程序的判决作出之后产生的涉及带薪假期补偿金的债权,属于(原)第L621-32条的适用范围(最高法院社会庭,1999年3月30日)。只要是按照企业转让方案宣告裁减人员,由此中断劳动合同而产生的补偿金债权属于在判决作出之后正规产生的债权,适用(原)第L621-32条之规定,不论劳动合同本身订立于何时(最高法院社会庭,2001年10月2日);第13个月的工资支付,亦同(最高法院社会庭,1991年10月23日)。

3. 税收债权:如果在债务人实行司法重整程序的判决作出之后,符合规定产生的税收债权没有按期清偿,在企业继续经营的情况下,《商法典》(原)第L621-32条、第L621-40条与第L621-42条的规定并不禁止负责征收税款的国库财务人员单独行使追偿权,相应情况下,可以按照税收规则,向持有债务人资金的第三人发出征收(税款的)通知(最高法院商事庭,1989年6月20日)。缴纳所得税的事实并非由征税行为(征收活动)所引起,而是因为应当缴纳这种税款的年份已经终结(最高法院商事庭,1994年7月12日)。缴纳公司所得税的事实并非由征税行为(征收活动)所引起,而是因为公司应当纳税的会计年度已经终结(最高法院商事庭,2008年12月16日)。税务管理部门对买受不动产而征收的增值税所持有的(税收)债权,源于《税收总法典》第257条规定的5年期间的终结(最高法院商事庭,2008年12月16日)。在清算活动过程中符合规定产生的地产税征收债权,属于(原)第L621-32条规定的范围(最高法院商事庭,1995年1月17日)。只要在实行司法重整的公司的账目上可以查到,有关的工程是在该程序开始之前就已完工并开具了款项发票,那么,增值税债权就属于判决作出之前产生的债权(贝图纳法院,1996年6月20日)。国库以拍卖成交判决登记税的名义而持有的该项债权产生于办理登记手续之时,在其后作出集体程序的判决时,无须进行申报(最高法院商事庭,2004年3月10日)。

4. 继续履行的合同:在观察期内产生的、与实行程序的判决作出之日正在履行中的、管理人尚未作出(是否继续履行之)选择决定的合同(例如,车皮租用合同)有关的债权,享有(原)第L621-32条规定之利益(最高法院商事庭,1990年10月16日)。因承租人在实行集体程序的判决作出之后所欠的租金而产生的债权,属于该判决作出之后符合规定、正规产生的债权,适用(原)第 L621-32 条的规定,即使企业没有继续其经营活动,也没有向管理人发出催告书催促其就(是否)继续履行合同作出选择决定,亦无影响(最高法院商事庭,1998 年 10 月 27 日)。在一份设备租赁合同中订立的违约金条款规定"到期不缴纳租金即提高租金数额",这一违约金条款应当随合同本身的命运而定,由于其涉及司法重整程序之后产生的债权,因此可以享有(原)第 L621-32 条规定的利益(最高法院商事庭,1997 年 11 月 25 日)。因解除符合规定继续履行的合同而给予的补偿金与附带的违约金,排除享有(原)第 L621-32 条规定的优先受偿利益,因此需要同开始集体程序的判决作出之前的债权一样向该程序的负债进行(债权)申报(最高法院商事庭,2002 年 10 月 15 日)。管理人作出决定选择继续履行一项连续履行的合同,这一合同规定的特许权使用费中与开始程序的判决作出之后的时期相关的部分,属于该程序内的债权,而与该程序判决作出之前的时期相关的给付,属于该判决作出之前产生的债权,因此,这一部分债权需要向债务人的负债进行债权申报(最高法院商事庭,2002 年 5 月 28 日)。引起补偿金的事实是"公司在实行集体程序的判决作出之后既无权利也无证书的情况下继续使用(原)承租场所",因此,该判决作出之后产生的出租人的债权并不需要进行申报,并且享有(原)第 L621-32 条所规定的优先受偿之利益(最高法院商事庭,1994 年 1 月 25 日)。清算人在不归还承租场所的情况下继续占用原场所而应当支付的补偿金,基于清算人有过错而属于准侵权性质,因此不构成(原)第 L621-32 条所指的合同范围内的补偿金或违约金(巴黎法院,1997 年 10 月 17 日)。只要在承租人实行集体程序之前,出租人就已经提出承租人有过错,特别是提出承租人对其承租的场所缺乏维护,并据此向承租人发出了退租通知,那么,出租人关于要求承租人恢复出租场所状态的债权便不能享有(原)第 L621-32 条规定的利益(最高法院商事庭,1998 年 5 月 26 日)。一项因设备产生的债权涉及的是交付该设备,如果在债务人实行集体程序的判决之后将该设备交付给方案执行监察人,那么该债权属于(原)第 L621-32 条的适用范围,无须考虑发票上载明的日期(是在判决之前还是之后)(最高法院商事庭,1994 年 11 月 22 日)。因延迟交付(订立合同时规定的)"按照完工状态出卖的不动产"而引起的"延期交付补偿金",享有(原)第 L621-32 条规定的利益(凡尔赛法院,1995 年 1 月 22 日)。在实行集体程序的判决作出之后符合规定产生的赔偿债权,享有(原)第 L621-32 条规定的利益(本案涉及的是,在"正在履行中的建筑合同"的框架内,因其继续履行而实施的工程造成的混乱)(最高法院商事庭,1998年6月23日)。只要在司法重整程序开始之前订立的合同被管理人继续履行,那么,由于债务人的原因延迟其负担的给付而应当给予的补偿金以及继续履行合同时因粗制滥造而应当给予的赔偿,构成(原)第L621-32条意义上的债权(最高法院商事庭,1999年10月26日);与此相反,在实行集体程序的判决作出之前即已认定债务人没有履行应由其负担的进行建筑的义务,由此引起的适用违约金条款而产生的债权,排除适用(原)第L621-32条之规定(1999年10月13日)。商人因其合同对方当事人实行司法重整程序之前订立的合同被撤销而享有的"请求返还商品"的债权,属于(原)第L621-32条的适用范围(最高法院商事庭,1995年12月5日)。在实行集体程序的判决作出之后宣告撤销一宗不动产买卖合同而产生的返还价金的债权,属于(原)第L621-32条的适用范围(最高法院商事庭,2004年10月12日)。在集体程序中宣告解除信贷合同而引起的"请求返还信贷"之债权,亦同(最高法院商事庭,1997年5月20日)。

5. 保证人的求偿权:在实行程序的判决作出之后进行了清偿的保证人,可以以《民法典》第2028条为依据行使个人求偿权,只要他是在此时才成为债权人,即可以享有(原)第L621-32条规定的利益(图卢兹法院,1992年11月25日)。

6. 判决作出之后才订立的合同:在实行程序的判决作出之后与一家公司进行的3项买卖所产生的取得回扣的债权,属于(原)第L621-32条意义上的债权(里昂法院,1993年12月3日)。

7. 订有保留所有权条款的商品的转让(商品买卖):债务人企业的方案执行监察人,即使是根据方案,也不得转让在保留所有权条款下出卖的设备。本案中,法院作出的判决在命令(向出卖人)返还这些商品的同时正确认定:如果方案监察人转让这些商品,将按照(原)第L621-32条所指款项的名义成为这些商品价值的债务人(最高法院商事庭,1993年6月8日)。在企业继续经营活动时,出卖人要求追还其按照保留所有权条款出卖的商品,这种追还请求并不能使这些商品成为不得处分之商品,清算人已经将该商品转卖给了他人,原出卖人的债权属于法院作出判决之后产生的债权,因此,适用(原)第L621-32条的规定(最高法院商事庭,1997年3月11日);因此,上诉法院作出判决认为按照保留所有权条款出卖商品的出卖人的债权不属于(原)第L621-32条规定的范围,这一判决违反该条的规定,保留所有权的出卖人的债权应当被宣告优先于其他债权受偿(最高法院商事庭,1996年2月26日)。

8. 逾期罚款:法院作出实行程序的判决之后宣告结清原规定的逾期罚款并判处清算人返还财产,由此产生的(由清算程序负担债务的结清罚款的)债权属于(原)第 L621-32 条规定的范围(最高法院商事庭,1998 年 12 月 8 日)。

9. 诉讼费用:程序费用,是一种在实行该程序的判决作出之后符合规定、正规产生的债权,因此,在实行司法清算程序的情况下,诉讼费用应当优先于此前产生的抵押债权受偿,即使其对于出卖负担抵押权的不动产所得的价金可能并不享有《民法典》第 2375 条规定的一般优先权,亦同(最高法院商事庭,1998 年 3 月 31 日)。就《民事诉讼法典》第 700 条规定的费用作出审理裁判的判决,如其是在开始集体程序的判决之后作出,那么第 700 条规定的这些费用便是由集体程序判决之后作出的判决产生的债权,因此适用(原)第 L621-32 条之规定(最高法院商事庭,2002 年 6 月 11 日)。

10. 因程序滥用引起的损害赔偿债权,源于宣告给予这种损害赔偿的判决,当这项判决是在实行集体程序的判决之后作出时,该债权属于(原)第 L621-32 条规定的范围(最高法院商事庭,2003 年 6 月 11 日)。

11. 不动产拍卖中买受人的债权:一宗不动产经拍卖竞价成交并向债务人送达了"成交判决",实行司法清算程序的债务人在既无权利又无文书的情况下继续占用该不动产而应向买受人支付补偿金,这一债权属于(原)第 L621-32 条规定的范围,虽然在竞价细则中有条款写明债务人(当时)仍然在受到扣押的不动产之内,但这并不能免除不动产的出卖人负有的交付义务,也就不能免除清算人主动采取必要措施腾空该不动产的义务(最高法院商事庭,2005 年 3 月 30 日)。

12. 因受寄托人不履行义务而产生的债权:只要债权的产生不是因为寄卖合同被解除,而是由于在实行司法重整程序的判决作出之后,受寄托人不履行其对寄托之标的物应当给予的一切必要的审慎注意义务,那么,这一债权即是产生于集体程序开始之后,因此属于(原)第 L621-32 条规定的范围(埃克斯普罗旺斯法院,2003 年 9 月 10 日)。

13. 司法鉴定人的债权:司法鉴定人的债权产生于鉴定人提交鉴定报告之日(最高法院商事庭,1995 年 3 月 14 日)。

14. 会计监察人的债权:会计监察人负担的对债务人账目的审查、证明任务延续至集体程序判决作出之后的,只有与该判决作出之后提供的服务相对应的酬金债权才能享有(原)第 L621-32 条规定的利益(最高法院商事庭,2001 年 1 月 2 日)。

15. 环境保护性质的债权:定级设施的经营人不遵守对其强制规定的义务,不按照指令实施要求其实施的工程,《环境法典》第L514-1条对此规定了行政性制裁,债务人必须按照待实施的工程所需的经费数额寄存相应款项,这一债权适用(原)第L621-32条的规定(最高法院商事庭,2002年9月17日)。

16. 由刑事犯罪引起的债权:虽然说海关罚金与没收(涉案之物)具有刑事制裁性质,但受到此种制裁并构成债权产生之原因的违法行为,发生在集体程序开始之前,因此不能按照(原)第L621-32条的规定到期即可征收(最高法院商事庭,1998年2月5日)。

三、债权人的受偿顺序排列

1. 一信贷机构(银行),没有得到委任法官批准,同意实行司法重整程序的公司进行透支,这一事实并不使该银行在司法重整程序中丧失作为债权人的资格,而只是取消其按照(原)第L621-32条第三项第3款的规定取得的最有利的清偿顺位,因为,这种清偿顺位是"经委任法官批准并予公示的信贷产生的债权"所享有的优先受偿地位(巴黎法院,1999年10月26日)。

2. 建筑不动产共同所有权管理人(物业管理人)对实行司法重整程序的某一共同所有权人享有的按照《民法典》第2374条的规定受到担保的债权,属于实行司法重整程序的判决作出之后产生的债权时,其清偿顺序按照(原)第L621-32条的规定确定(最高法院通知,2002年1月21日)。(原)第L621-32条第二项所指的诉讼费用属于司法清算之前产生的费用,而(原)第L621-32条第三项第2款所指的费用属于司法清算之后产生的费用,因此,因司法清算之需要而引起的诉讼费用面对此前的抵押债权时,清算人不得以前者享有优先受偿顺位作为抗辩(巴黎法院,2002年10月1日)。

四、权利的行使

1. 薪金雇员的"最先优先权"(superprivilège des salariés,所谓"薪金雇员的超级优先权"):(原)第L621-32条宣告,在实行司法重整程序的判决作出之后正规产生的债权优先于该程序开始之前产生的债权获得清偿,但保留薪金雇员债权的最先受偿的优先地位,薪金雇员的(薪金)债权优先于其他一切债权受偿,即使是对程序判决作出之后产生的债权,亦同(最高法院商事庭,1993年7月6日)。但是,由国库向(债务人财产的)第三人持有人收取的程序开始之后所产生的税收债权已经按照1991年7月9日关于民事执行程序的法律第43条的规定产生该法所赋予的立即归属效力时,这种立即归属效力不得因存在《劳动法典》第L143-10条、第L143-11条、第L742-6条、第

L751-15 条确定的优先权而受到影响(最高法院商事庭,2002 年 11 月 13 日)。

2. 法院裁决动产质押物的归属:在债务人实行司法清算的情况下,(动产)质权人可以请求法院将用于设质的动产归属于自己,而其他债权人不得以他们按照(原)第 L621-32 条的规定而享有的权利相对抗(最高法院商事庭,1990 年 3 月 6 日)。

3. 负担抵押权的财产的转让:将拍卖不动产的价金支付至"地产信贷"之手,对通过寄托款项而履行了义务的(竞价)买受人而言,并不等于进行了支付,因此,将价金特别用于(清偿)抵押权人(的债权),并不剥夺优先权债权人对在这一分配活动之前仍然属于债务人概括财产的价金享有优先受偿的权利(最高法院商事庭,1990 年 7 月 10 日)。

4. 宽限期:(原)第 L621-32 条有关优先清偿规则的规定具有公共秩序性质,因此是《民法典》第 1244-1 条关于"法官考虑到债务人的状况以及债权人的需要,得判令暂缓或分期清偿所欠款项,期间以 2 年为限"的一般规定的例外,所以,法院对于开始集体程序的判决作出之后的商业租约的到期租金的支付不得给予宽限期(第戎法院,1994 年 9 月 13 日)。

5. 个人追偿:上诉法院判决指出,按照(原)第 L621-32 条的规定,在实行集体程序的判决作出之后符合规定、正规产生的债权,应当在其到期时才进行清偿,但算人以其现在持有足够的必要资金为理由,向某一债权人支付了一笔款项,法院判决对清算人作出处罚,这一判决是正确的(最高法院商事庭,1990 年 7 月 10 日)。

6. 在开始实行程序的判决作出之后到期的债权的清偿请求,紧急审理法官的管辖权限:对于一薪金雇员以其劳动合同在雇主实行司法重整程序的判决作出之后被中断而提出的支付尚欠款项的请求,紧急审理法官有管辖权(最高法院社会庭,1998 年 10 月 7 日)。

7. 强制执行:持有属于(原)第 L621-32 条所指的债权但尚未得到清偿的人可以自由行使其个人追偿权。只要"债务到期即受清偿的权利"与进行个人追偿的权利两者不可分开,那么,法院拒绝撤销受清偿人为了收取在债务人实行司法重整程序的判决作出之后正规产生的、已经到期的债权而向清算人发出的对财产第三持有人的通知,并不违反(原)第 L622-1 条的规定,也不违反 1991 年 7 月 9 日第 91-650 号法律的规定(最高法院商事庭,1996 年 6 月 25 日)。债权正规产生于实行程序的判决之前的债权人,在行使个人追偿权且不影响第 L621-32 条确定的清偿顺序时,可以取得执行根据(最高法院商事庭,1998 年 10 月 13 日)。对出卖不动产所得的价金进行分配,有必要在债权人之间确定受偿顺序,这种必要性并不妨碍持有(原)第 L621-32 条所指债权的债权人就该买卖价金采取(强制)执行措施(最高法院商事庭,2000 年 4 月 26 日)。同样,(原)第 L621-95 条的规定不妨碍债权人行使个人追偿权,为收取在集体程序的判决作出之后正规产生但尚未获得清偿的债权取得执行根据(最高法院商事庭,2001 年 3 月 20 日)。债务人的司法管理人,在其没有履行(关于民事强制执行程序的)1991 年 7 月 9 日法律第 44 条与 1992 年 7 月 31 日法令规定的义务时,作为受扣押第三人,得应债权人的请求,受判决由其本人向债权人清偿拖欠的款项(最高法院商事庭,2003 年 4 月 1 日)。

第 L622-18 条　管理人或司法代理人收取的任何款项,凡是没有存入债务人银行账户或邮政账户的,为继续从事经营活动之需要,均应立即支付至在信托银行开立的账户。

管理人或司法代理人延迟存入这些款项的,应按照法定利率增加 5 个百分点支付这些款项延迟存入期间的利息。

第 L622-19 条　《劳动法典》第 L143-11-4 条所指的协会按照第 L143-11-1 条至第 L143-11-3 条的规定支付的任何款项,均应向税务机关申报。

第 L622-20 条　(2005 年 7 月 26 日第 2005-845 号法律第 34 条)"法院指定的司法代理人唯一有资格以债权人的名义、为债权人的集体利益进行诉讼;但是,在没有司法代理人的情况下,被任命为监督人(contôleur)的任何债权人也可按照最高行政法院提出资政意见后颁布的法令确定的条件为债权人的集体利益进行诉讼"。

司法代理人有资格催告某个股东或持股人缴纳其尚未缴纳的认购股份与股票的认股款。

监督人在程序中的任何时候向司法代理人转达的所有意见,司法代理人均应报送委任法官(2005 年 7 月 26 日第 2005-845 号法律第 34 条)"与检察院"。

司法代理人(2005 年 7 月 26 日第 2005-845 号法律第 34 条)"通过提起诉讼"收取的任何款项,或者在没有司法代理人的情况下,被任命为监督人的一名或数名债权人通过提起诉讼收取的款项,均归入债务人的概括财产,并在企业继续经营活动的情况下按照清理债务规定的方式使用这些款项。

司法解释：

1. 权限的垄断性：只有债权人代表①有资格以债权人集体的名义并且为该集体的利益(提起与)进行诉讼，某一持股人或合作人或者某一债权人，均不能以债权人(集体)的名义提起诉讼(最高法院商事庭，1997年6月3日)；同样不能认为：只要债权人代表没有行使其依据第L622-20条之规定而享有的权利，任何债权人都可以单独自行提起诉讼(同一判决)。由于(单独的)债权人(个人)没有提起诉讼的资格，其提起的诉讼不予受理，此种诉讼不受理具有公共秩序性质；但是，由2005年7月26日第2005-845号法律产生的现行第L622-20条第1款也规定："在没有司法代理人的情况下，被任命为监督人的任何债权人，也可按照最高行政法院提出资政意见后颁布的法令确定的条件为债权人的集体利益进行诉讼。"

2. 债权人的利益：债权人代表有以全体债权人(集体)的名义并为其利益(提起与)进行诉讼的一般权利，特别是在为取得"对债权人集体受到的损害给予的赔偿"方面享有此种一般权利，这种权利的行使并不局限于观察期期间(巴黎法院，1994年5月3日)。只有债权人代表(相应情况下，其职责转归清算人行使)有资格以债权人集体的名义，为债权人集体的利益(提起与)进行诉讼，并按照法律的规定享有代表全体债权人捍卫这种集体利益的权力。既然债权人代表只能为全体债权人的利益而不能为某一个债权人或某一组债权人的利益提起与进行诉讼，也就无须指明他是代表哪些债权人提起并进行诉讼(最高法院商事庭，1993年3月16日)。若银行对债务人公司给予的过分支持仅仅损害到债权人的利益，由实行司法重整程序的公司在其管理人的协助下提起的赔偿诉讼，不能得到受理(最高法院商事庭，1999年1月5日)。

3. 某一债权人的行为对债务人的资产减少与债务加重起到促成作用时，债权人代表或者清算人针对该债权人提起的责任之诉的可受理性，参见第L641-4条。关于请求扩张司法重整程序或司法清算程序的诉讼，参见第L621-2条。债权人代表只能为全体债权人的利益而不能为某一债权人或一组债权人的利益合法提起与进行诉讼，因此，债权人代表以《商法典》第L144-7条(1956年3月20日法律第8条)的规定为依据，针对出租人提起的诉讼不予受理，因为这一条文是唯一为了"持有营业资产的经营所必要的债

---

① 相应情况下，债权人代表的职责转由清算人行使。这里的"债权人代表"是以前法律规定的名称，现在改为第L622-20条所称的"司法代理人"。——译者注

权"的债权人利益而作出的规定(最高法院商事庭,2004年11月9日)。某一债权人针对确定实行司法清算的企业的全部转让方案的判决提出第三人异议,只要其对该判决提出的批评限于(其认为)"该判决违反法律规定,损害债权人的集体利益",所提第三人异议便不能得到受理,因为,只有受到异议的判决的一方当事人的债权人代表才有代表债权人集体的权利(最高法院商事庭,1996年7月9日)。与此相反,债权人代表只能为债权人集体的利益提起与进行诉讼,而不能代理主张某项属于其本人之权利的债权人,但是,该债权人提出第三人异议得予受理(最高法院商事庭,2000年11月14日)。例如,对(债务人的)营业资产持有(无形动产)质权的债权人就享有属于其本人的权利,可以援引第L143-2条的规定(1909年3月17日法律第14条);反对解除该营业资产经营所需的建筑物租约(商业租约),(因此)由该债权人对(法院)确认解除该商业租约的裁定提出的第三人异议得予受理(最高法院商事庭,2004年5月19日)。

4. 按照(原)第L621-39条(现第L622-20条)的规定,债权人代表也可以为债权人集体的利益行使由《民法典》第1167条赋予的债权人的权利(撤销诉权,action paulienne)(最高法院商事庭,2001年11月13日)。第L622-20条赋予债权人代表以债权人集体的名义,为债权人集体的利益提起与进行诉讼的排他性权利,并不妨碍某一债权人对债务人侵害其权利而实施的所有行为行使《民法典》第1167条所指的撤销诉权(提起撤销之诉)。债权人代表并不比(全体)债权人本身享有更多的权利(最高法院商事庭,1993年11月30日)。例如,(本案中)债权人已提起诉讼,请求撤销欺诈侵害其权利的赠与之后,通过舍弃诉权的方式抛弃其权利,并且被告已接受该债权人的撤诉,在此情况下,债权人代表不能再通过诉讼任意参加,主张取代这些债权人的地位而行使撤销诉权(同一判决)。尽管有第L622-20条的规定,债权人之一,如果证明其本人有利益主张将其为之提起诉讼的债权归入债务人的概括财产,也可以通过行使代位诉权提起并进行诉讼(巴黎法院,1998年3月13日);如果债权人是第L622-17条所指债权的持有人并主张将获得支付的款项归入债务人的概括财产时,就其通过对"次债务人"行使代位诉权而获得清偿的债权而言,应当召唤原债务人参加诉讼(同一判决)。由债权人代表通过提起并进行诉讼收取的款项,应归入债务人的概括财产,在企业继续经营的情况下,按照清理负债规定的方式加以使用,以及在企业停止经营活动或者进行清算时,用于在所有债权人之间按比例进行分配(最高法院商事庭,1995年3月28日)。按照这些规则,在(实行集体程序的)债务人的债权人代表进行诉讼之后应由某个债权人负担的债务与债务人对该债权人的债务之间不能进行抵销(最高法院商事庭,1995年3月30日)。在因确定清理负债的方案而终止司法重整程序之后,债权人代表并无利益对开始司法重整程序的判决作出以后订立的出卖债务人某项财产的合同提起无效之诉(最高法院商事庭,1991年10月29日)。

5. 司法清算:法律赋予债权人代表在代表债权人集体利益方面的排他性权利,在法院作出司法清算的判决时,这种权利转移给清算人,因此,应当由清算人按照《商法典》(第六卷第二编第二章第一节)的规定行使(此前的程序中)赋予债权人代表的权限,某一债权人不能取代清算人行使该权限(尚贝里商事法院,1987年10月5日)。

6. (与其他债权人的利益)分开的利益与个人受到的损害:某一企业在公司使用的场所内实施施工工程,该场所发生火灾,只要该公司的保险人并未将优先用于支付这些工程的赔付款交给保险受益人或其授权的委托人,而是将其用在其他方面,从而剥夺了受到火灾损失的公司应当享有的资金,使其无法在实行司法重整之前结清对施工企业的债务,使该施工企业丧失了获得全额清偿的机会,该施工企业受到的损失为其个人的损失,这种损失的产生与其他债权人的利益有着不同的基础(最高法院商事庭,1994年10月11日)。与此相反,某些债权人,以其丧失了应得的报酬、丧失了其持有的公司股份或股票的价值,以及丧失了营业资产的价值和其他交给债务人公司支配的财产的价值的名义,提起个人诉讼,请求获得赔偿的,只要这些债权人主张的损失是"由所有申报了债权的债权人集体不加区分地受到的损失",那么,这些债权人提出的这一赔偿诉讼不能得到受理(最高法院商事庭,1999年12月14日)。由实行集体程序的债务人的某个债权人针对第三人提起的诉讼是否可予受理,仅取决于其是否(能够)证明"(自己)受到了与其他债权人主张的损失不同的特别损失"(最高法院社会庭,2007年11月14日)。全体薪金雇员因债务人子公司被转让而丧失了工作岗位以及按照该公司集团制定的社会性计划所安排的利益,他们对公司股份的参与权利也有所减少,这些薪金雇员所主张的损失构成不同于"作为受让人的公司实行的集体程序中的全体债权人"所受损失的特别损失(同一判决)。

7. 债权人之间的平等原则,并不反对"针对本身并未实行集体程序,因此其概括财产并不构成对全体债权人的担保物的破产欺诈罪的共犯"提起个人的诉讼(最高法院刑事庭,1993年10月11日)。就确定其优先受偿权利的基础而言,质权(债权)人有理由主张其享有与其他债权人分开的个人利益。因此,当该债权人认为出卖(设质的)营业资产的价金太低,委任法官作出的"批准协议出卖设质营业资产"的裁定影响到其担保物的价值时,可以有效地针对委任法官的这一裁定提出异议(最高法院商事庭,1995年4月27日)。在某个债权人为了保护其个别利益而提起诉讼时,没有任何法律条文规定其应当通知债权人代表参加诉讼(巴黎法院,1995年12月8日)。

8. 民事合伙的债权人的诉权:民事合伙的合伙人本人应对合伙的债务承担责任,即使在合伙实行集体程序的情况下,也是如此。这样一来,无论是债权人代表(司法代理人)还是在进行司法清算的情况下的清算人,均无资格行使《民法典》第1857条(对第三人,各股东按照债务可追偿之日或停止支付之日其在公司资本中所占份额的比例,就公司负债承担无限责任)为每一债权人设置的、针对全体合伙人提起诉讼的权利(最高法院商事庭,2006年1月24日)。

9. 领导人个人对债权人的责任:某一债权人因债务人公司实行集体程序的判决之前的事由针对该公司的领导人提起的追究个人责任的诉讼是否可予受理,需要根据该债权人(能否)主张其受到了与其他债权人分开的个人损失以及这种损失(是否)是由领导人与其职务分开的过错所引起的来确定(最高法院商事庭,2006年3月7日)。债权人因被剥夺"行使追还诉权"的可能性,从而丧失了其按照保留所有权条款出卖的商品,在这种情况下,债权人提起请求清偿其尚未收取的债权的诉讼,就不属于上述情况(同一判决)。

10. 债权人代表的民事责任:债权人代表是以全体债权人的名义,为全体债权人的利益开展活动。公司领导人因提供不确实的资产负债表而受到刑事有罪判决时,如果在监督人提出要求的情况下,债权人代表仍然不针对公司领导人提起诉讼,属于有过错,应对此负赔偿责任(巴黎法院,1998年2月3日)。

第L622-21条 一、开始实行程序的判决(2005年7月26日第2005-845号法律第35条)"中断或者"禁止不属于第L622-17条第一项所指的债权的所有债权人为以下目的提起的任何诉讼①:

---

① 参见第L622-7条的规定。"中止个人单独追偿债务"这一原则是集体程序的基本原则,也是一项具有公共秩序性质的原则。——译者注

1. 请求判决债务人支付一笔金钱款项;
2. 因没有支付一笔金钱款项而请求解除合同。

(2008年12月18日第2008-1345号法令第30条)"二、开始实行程序的判决亦停止或禁止所有(不属于第L622-17条第一项所指的债权的)债权人对债务人的动产与不动产实施的任何强制执行程序以及在实行程序的判决作出之前并未产生归属扣押效力的任何分配程序"。

三、以(逾期即)丧失权利或解除权利作为处罚而规定的期限,亦因此而(2008年12月18日第2008-1345号法令第30条)"中断"。

司法解释:
一、一般原则
1. 第L622-21条的规定具有公共秩序性质(波尔多法院,1987年7月9日)。照此意义,享有优先权与豁免权的国际组织亦受到"中止个人单独追偿债务"之原则的约束,这也是国际公共秩序规则(最高法院第一民事庭,1995年12月19日)。这一原则同样适用于司法清算程序(最高法院商事庭,1995年12月19日)。

2. 司法重整方案,参见第L625-6条。

3. 必须有法院作出的"实行集体程序的判决":第L622-21条所指的"停止(中止)债权人提起的诉讼",唯一出自法院作出的实行司法重整程序的判决的权威效力(最高法院商事庭,1993年4月27日)。

4. 第L622-21条并没有根据此前是否已经存在(集体)程序之不同情况作任何区分规定,这一条文也禁止为收取新的集体程序之前的债权而实施的任何强制执行(最高法院商事庭,1995年10月10日)。

5. 针对债务人计算的时效期间不因其实行司法重整程序或司法清算程序而中止进行(最高法院商事庭,2005年9月20日)。

二、本条所指诉讼的性质
(一)针对第三人的诉讼排除适用本条规定的原则
1. 针对公司领导人的诉讼:以《商法典》第L223-22条为依据提起的,不是针对(债务人)公司,而是因其经理本人的过错针对经理提起的诉讼,不受"中止个人追偿"(之原则)的约束(巴黎法院,1991年3月8日)。

2. 刑事诉讼中的民事当事人:公司领导人之一被认定为一宗诈骗罪的共犯,在该公司实行司法重整程序的情况下,由公司的债权人之一针对该领导人提起诉讼,只要其针对的是集体程序之外的人且该人的概括财产不构成

(本程序中的)债权人的担保物时,这一诉讼得予受理(最高法院刑事庭,1994年1月24日)。

3. 针对配偶提起的诉讼:金钱贷与人,不能在丈夫的债权人本身可以提起诉讼的情况之外,以妻子的主债权人的资格就夫妻共同财产提起追偿诉讼(最高法院商事庭,1997年6月17日)。夫妻实行的是共同财产制,对于其中一人实行司法清算之前二人共同使用的一宗不动产的租金,夫妻二人应为共同连带债务人,法院判决认为,对该夫妻二人享有的连续履行的债权(对夫妻二人的债务人实施的债权归属扣押)实施的归属扣押,对司法清算开始之后到期的租金仍然有效(并不中止对其提出的追偿请求)(最高法院通知,1994年12月16日)。夫妻一方实行司法清算程序,其债权人虽然在该程序中申报了债权,但在没有获得全额清偿的情况下,只有证明其持有特别优先权、无形动产质权或者抵押权,才能对夫妻共同财产行使个人追偿权(最高法院商事庭,1999年7月6日)。

4. 针对原配偶的诉讼:(关于)禁止对正在实行集体程序的人实施强制执行程序(的规定),不适用于原配偶,因为原配偶是其本人的财产的主人(最高法院商事庭,1999年7月6日)。

5. 针对继承人的诉讼:被继承人实行集体程序之前的债权人应当停止个人单独追偿,继承人享有这一规定的利益,参见最高法院商事庭2000年1月4日判决。

6. 针对合伙人的诉讼:本条规定的中止诉讼,并不影响某一债权人对实行司法重整程序的农业合伙的合伙人追偿其债权(最高法院商事庭,1993年1月9日)。只有实行司法重整程序的合名公司的合伙人(股东)本人才能主张第L622-21条宣告的"停止追偿"之原则,法人(合名公司)实行集体程序的效力不能当然扩张至其股东(巴黎法院,1995年2月24日)。关于停止个人追偿的规则适用于实行司法清算的一人有限责任企业的债权人,以及债权人对唯一的股东不享有诉权的问题,参见巴黎法院1998年1月6日判决。

7. 财产共有:在共有人之一实行集体程序之前就已存在的共有财产的债权人本来可以对共有财产提起诉讼,因此,尽管(一共有人)已经开始集体程序,这些债权人仍然保有对这些财产实施扣押的权利(最高法院第一民事庭,2005年12月13日)。

(二) 诉讼的中止与禁止

1. 支付之诉

(1) (应当是实行集体程序的)判决作出之前的债权:关于实行(集体)

程序的判决作出之后的债权不受停止个人追偿之原则约束的问题,参见最高法院商事庭2005年1月4日判决。

(2) 申请鉴定:提供了出资的公司提出进行鉴定的请求,以便提出证据证明其对出资协议所表示的同意受到(对方的)欺诈性操弄,只要该公司既不是请求法院判决已经开始集体程序的对方公司支付一笔金钱,也不是请求"只要对方不支付这一款项即解除合同",那么,该出资公司所提鉴定请求不属于第L622-21条规定的(禁止)范围(最高法院商事庭,2000年2月1日)。

(3) 损害赔偿:原告以实行司法重整程序的债务人妨害相邻关系为理由提起诉讼,尽管这种妨害相邻关系的事实发生在债务人实行集体程序的判决作出之前,只要债务人没有提出证据证明其在该程序开始之后既已采取措施防止这种妨碍,即可判处债务人向原告支付损害赔偿(最高法院第二民事庭,2000年1月20日)。

(4) 刑事保证金:正在接受刑事审查的人实行司法重整集体程序,并不妨碍适用《刑事诉讼法典》第137条与第138条第十一项的规定。预审法官规定接受司法监督的债务人缴纳的保证金,在终局有罪判决作出之后,应当按照第L622-7条与第L622-21条、第L622-22条支付(返还)至管理人或司法清算人手中(最高法院刑事庭,1996年4月29日)。

(5) 没有收取的款项:以《刑事诉讼法典》第475-1条的名义给予民事当事人的款项,并不是损害赔偿,因此不受第L622-21条与第L622-24条之规定约束(最高法院刑事庭,1998年1月15日)。

(6) 受到追诉的人实行司法重整或司法清算程序,犯罪的受害人作为民事当事人仅仅是请求确定受到追诉的犯罪所造成的损害数额时,这种请求可予受理,但债权人(即受害人)应当就这一数额进行(债权)申报(最高法院刑事庭,1996年1月31日)。

(7) 税务罚款:在间接税方面,受到追诉的人实行司法重整程序,并不妨碍在税务管理部门提出追缴税款之后对该人按照比例科处罚金以及实行没收(最高法院刑事庭,1997年4月28日)。《税收总法典》第1791条规定的罚款与处罚具有刑罚与民事赔偿的双重性质,不受第L622-21条之规定的约束(同一判决)。

(8) 征收税款的诉讼:主纳税人实行集体程序,并不中止税款征收诉讼的时效期间,在这一诉讼对债务人的时效尚未届满时,对于就税收债务负连带责任的保证人的时效也没有届满(最高法院商事庭,1999年10月12日)。

(9) 逾期罚款:法院作出实行司法重整的判决之后解除企业继续经营活

动的方案并规定逾期罚款,(当事人提出的)关于结清法院在实行集体程序的判决作出之前宣告的某项逾期罚款的诉讼,同样受到中止个人追偿之规定的约束,无须区分这种罚款是在集体程序判决作出之前还是之后宣告的(最高法院商事庭,2003年1月21日)。

(10)作为有争议的财产而实行保管的款项的返还:约定的或者法院裁判规定的对某一笔款项作为争讼物实行的保管并不妨碍将这笔寄存的款项转移至债权人的概括财产之内,因为,在将一项买卖的价金作为有争议的财产实行保管的情况下,法官在撤销这项买卖之后,可以将款项返还给买受人(最高法院商事庭,1995年6月20日)。

(11)有关履行"作为之债"的其他诉讼:(本案中)为了强制实行司法重整程序的债务人履行其在此程序开始之前缔结的替代保证人的义务而提起的诉讼,是一种以履行作为义务为掩盖的、旨在让实行司法重整的债务人支付一笔金钱的义务,因此,应当受到有关禁止个人追偿之规则的约束(最高法院商事庭,1995年6月6日)。一方当事人因合同解除而负有的恢复原状的义务,不能看成是"拆除已建工程"之"实物给付",因为这种"实物给付"不属于第L622-21条规定的应当停止的诉讼的范围,但是(本案中)当事人以请求法院判处债务人公司拆除建筑物并取走建筑物材料为掩护而提出的诉讼请求仅仅是支付一笔金钱,而鉴于这一支付请求源于集体程序开始之前的原因,因此不能作为上述"实物给付"对待(故适用第L622-21条之规定)(最高法院商事庭,1996年7月9日)。关于法院判决重建一方墙壁的情况,作同样处理;重建一处被拆除的工程,亦同。与此相反,提起诉讼,旨在请求出租人或者取代出租人的清算人实施工程,只要出租人在整个租约期间负有各种必要的修缮义务,那么,这种诉讼不受第L622-21条之规定约束,即使承租人已经以该项工程的名义申报了债权,亦无影响,因为,这项申报并不等于承租人放弃要求出租人履行因租约的继续而产生的义务的权利(最高法院商事庭,2002年4月29日)。关于行政部门强制定点旅游地的经营者的清算人为该经营者经营的景点治理污染而寄存一笔款项的可能性,参见2003年9月29日最高行政法院判决。要求返还不当支付之款项的诉讼,受第L622-21条之规定约束(最高法院社会庭,1996年3月7日)。

(12)仲裁程序:在集体程序开始之后停止个人追偿的原则是一项具有公共秩序性质的原则,按照这一原则,禁止债权产生于集体程序开始之前的某个债权人未经事先债权审核程序而向仲裁法庭申请仲裁(最高法院商事庭,2004年6月2日)。

(13) 已经转让的债权的清偿诉讼:按照《商法典》(有关转让职业债权的)第 L313-23 条与第 L313-24 条及第 L313-27 条的规定,一项债权,即使尚未确定已经到期、具有可追偿性,仍然可以转让;鉴于已被转让的债权已经脱离转让人的概括财产,因此已转让的债权的清偿不受转让人在转让日期之后才开始的集体程序的影响(最高法院商事庭,2004 年 12 月 7 日)。在此之前,最高法院商事庭曾判决认为:对转让人作出的实行集体程序的判决阻止作为受让人的银行对判决作出之后因履行连续履行的合同而产生的债权的权利(最高法院商事庭,2000 年 4 月 26 日)。

(14) 降低营业资产买卖价金的诉讼:以营业资产买卖文书中的法定应载事项表述不准确致使原价金定得过高而提出的降低买卖价金的诉讼,不属于第 L622-21 条的适用范围(巴黎法院,1994 年 1 月 17 日)。

(15) 隐蔽瑕疵担保:(本案中)发生争议的设备的出卖人实行司法重整程序,其企业已经被转让,购买人依据《民法典》第 1648 条(有关隐蔽瑕疵担保的规定)提起诉讼,主张出卖人负有更换设备的义务,出卖人的这项义务不受第 L622-21 条所定的停止个人追偿之规则的约束(最高法院商事庭,1995 年 3 月 28 日)。与此相反,只要买卖合同是在出卖人实行司法清算之前订立的,由买受人针对出卖人提出的损害赔偿请求,如同其在丧失使用权的情况下提出的损害赔偿请求一样,不予受理(最高法院商事庭,2003 年 2 月 18 日)。

(16) 合同无效之诉:原告称(债务人的)虚假广告构成欺诈行为并以此为依据提出的(该广告宣传的产品的)买卖无效之诉,不受中止个人追偿诉讼之原则的约束(第戎法院,1994 年 11 月 15 日)。

(17) 撤销之诉:债权人可以依据《民法典》第 1167 条的规定针对债务人欺诈其权利而实施的所有行为提起的撤销之诉,不受第 L622-21 条之规定的约束(最高法院商事庭,2005 年 11 月 2 日)。

(18) 代位诉讼:由某个债权人行使代位诉权而提起的代位诉讼,其主要标的(目的)不是为了从债务人本人的债务人那里获得债权清偿,而仅仅是为了将债务人怠于收取的债权归入其概括财产(因此,不受第 L622-21 条所定规则的约束)(巴黎法院,1998 年 3 月 13 日)。

(19) 解散公司之诉:因"全部股份已集中于一人之手"为理由提出的解散公司之诉,并不是为了清偿某一笔款项,因而不受第 L622-21 条之规定的约束(巴黎法院,1998 年 3 月 13 日)。

(20) 扶养债权:第三人(例如,债务人开立账户的银行或债务人的雇主)

手中持有扶养费债务人的已到期、可追偿的(债权)款项的(例如,存款、工资),扶养费债权人按照1973年1月2日法律第1、2条的规定对该第三人享有直接诉权,因此由其提出的直接支付扶养费的诉讼不受第L622-21条之规定的约束(南锡法院,1999年1月30日)。与此相反,旨在请求法院判决扶养费债务人定期支付生活费的诉讼,不予受理(巴黎法院,2000年9月4日)。

(21) 律师酬金的确定:停止个人追偿,不禁止律师公会会长就债务人提出的、有关律师酬金的争议作出审理裁判(最高法院商事庭,2006年1月24日)。

2. 解除之诉

(1) 因不支付一笔金钱而解除(合同):出租人以承租人没有缴纳租金而提起请求解除租约的诉讼,不予受理(波尔多法院,1987年7月9日)。因买受人没有支付价金而提起的解除买卖的诉讼,亦不予受理(最高法院商事庭,1992年3月31日)。同样,承租人没有交纳在集体程序判决作出之前产生的某一期租金,出租人提出的要求确认租约中解除条款已经成就(已发生效力)的请求,不予受理。但是,如果在开始集体程序的判决作出之前解除条款就已经发生效力,则属于相反情形(本案涉及的是"不动产融资租赁")(最高法院商事庭,1995年5月9日)。因集体程序判决作出之前已经到期的定期金分期支付款未予支付而请求解除以支付终身定期金的方式进行的买卖合同的,受到中止个人追偿之规则的约束(最高法院商事庭,1999年1月5日);相反,这一规则并不妨碍(提起)确认终身定期金合同中订立的解除条款在集体程序开始之日已经成就的诉讼(最高法院商事庭,1998年12月8日);因此,只要清算人不能证明终身定期金债务人已经履行了在宣告司法清算之前就已发出的支付催告令所指的定期金债务的支付义务,就有必要确认在"以支付终身定期金的方式订立的财产买卖合同中订立的当然解除合同的条款"已经成就(第戎法院,1998年12月3日)。以支付终身定期金的方式出卖一宗不动产,在买卖文书中有条款规定只要有一期到期的款项未予支付即可请求宣告解除这一买卖的,不能将这一条款看成是法官可以确认其已经成就的解除条款(凡尔赛法院,1998年1月16日)。

(2) 出卖人的债权产生于此前与债务人(买受人)订立的买卖合同与借贷合同,由于(按照法国法律)出卖的不动产的所有权自买卖文书一签署即发生转移,而且贷与人也已支付借贷款项,这两项合同已不在履行当中,在这种情况下,禁止出卖人因(买受人实行)集体程序的判决作出之后才到期的款项而提起解除买卖之诉(最高法院商事庭,1991年4月9日)。

(3) 出租人没有在有效时限内对承租人提起解除租约之诉,致使保证人因主债务人实行司法重整程序产生的效力而不能再在解除租约的诉讼中取得代位权,按照《民法典》第2314条的规定,保证人解除其担保义务(最高法院第一民事庭,1993年2月17日)。

(4) 因不履行作为之债而解除(合同):因不履行作为之债而提起解除合同之诉讼,不属于第L622-21条所指的禁止范围(最高法院商事庭,1992年5月12日)。例如,承租人不遵守商业租约规定的"必须将承租场所用于经商并且应当始终配备设备"之义务,在此情况下,可以按照该商业租约中规定的解除条款而解除合同(最高法院商事庭,1995年4月11日)。

(5) 拒绝延展租约并辞退承租人:出租人因承租人迟延缴纳租金而提起诉讼,请求宣告其拒绝延展租约并辞退承租人的行为有效,这一诉讼不适用第L622-21条确定的停止个人追偿债务之规则(最高法院商事庭,1992年6月3日)。

(6) 解除转让方案:在受让人实行司法重整程序中,《商法典》第L622-21条之规定并不妨碍法院宣告解除转让方案,因为从其性质与解除诉权来看,为共和国检察官与法院设置的解除诉权有别于第L622-21条规定的只有债权人才享有的诉权(梅茨法院,1988年8月3日)。与此相反,在受让人实行司法重整程序的情况下,转让方案执行人不能请求解除已进行的转让行为,这种情况也适用第L622-21条的规定:禁止因没有支付一笔金钱款项而提起任何解除之诉(奥尔良法院,1997年10月23日)。

(三) 停止强制执行程序

1. 停止哪些强制执行程序

(1) (关于民事强制程序的)1991年7月9日第91-650号法律之前的判例:支付扣押与保全扣押属于第L622-21条的适用范围(巴黎法院,1988年11月28日)。债权人实施动产变现扣押之后,在确定被扣押的动产出卖之前,法院对债务人作出了实行集体程序的判决并开始实行该程序,而实施动产扣押的债权人在债务人实行司法重整程序之前并不享有已经取得的任何(既定)权利,因此,中止动产变现扣押是完全正当的(最高法院第二民事庭,1998年3月11日);但是,如果法院作出的确定动产变现扣押有效性的判决已经产生既判力,并且在集体程序开始之前已经送达第三人,则是另一种情况(最高法院第二民事庭,1998年3月11日)。基于(一个人仅有一份概括财产的)"概括财产单一性"原则,产生(债权人现在要求清偿的)债权的活动与导致债务人实行集体程序的活动即使属于不同的活动,也不产生任何影响(最高法院商事庭,1991年10月1日)。税务机关向(持有债务人财产的)第三人发出的(收取债权的)通知已经最终确定,该第三人持有人欠债务人的款项,在税收债权数额的限度内,已经脱离债务人的概括财产而转给公共财务部门,因此,在对债务人宣告实行集体程序的判决作出之后,这一"向第三人持有人的通知"仍然可以执行(最高法院商事庭,1990年10月2日)。确定债权人受偿顺序的程序仅仅是一种具体分配措施,不涉及第L622-21条之规定(南锡法院,1990年1月17日)。在宣告对债务人的一宗不动产实行拍卖直至最终竞价的期间宣告债务人实行司法重整的情况下,也适用中止个人追偿之原则(最高法院第二民事庭,1993年3月24日)。

(2)归属扣押(1991年7月9日第91-650号法律之后的判例):实施归属扣押的行为,在受到扣押的债权数额限度内,将(债务人)在第三人手中的、可以处分的、受到扣押的债权及其所有的附带权利立即归属实施扣押的债权人,因此,法院作出债务人实行司法重整或者司法清算的判决,并不影响已经发生的归属效果(1991年7月9日关于改革民事执行程序的法律第43条)。按照1991年7月9日法律第43条的规定,法院作出债务人实行司法重整程序的判决,不影响此前已经实施的归属扣押(对受到扣押的财产)产生的归属效果,因此,(债务人在第三人手中受扣押的)债权立即转入实施扣押的债权人的概括财产,且无须进行债权申报(最高法院商事庭,1998年10月13日)。只要归属扣押的实施是在债务人实行司法重整程序开始之前,即使法院后来将债务人停止支付的日期认定在实施扣押之日前的某一日,中止个人追偿之规则仍不影响(已经实施的)归属扣押(对受到扣押的财产)所产生的立即归属效果(卡尔邦达执行法官,1999年7月22日)。按照1991年7月9日法律第13条与第43条以及该法的实施法律第69条的规定,(实施扣押的债权人)在债务人实行司法重整或司法清算程序的判决作出之前扣押债务人对第三人享有的连续履行的债权,此种归属扣押,在该判决作出之后,对该债权的数额内的款项仍然有效(最高法院混合庭,2002年11月22日)。仅仅是向受扣押的债务人通知(对债务人在其本人的债务人手中的债权)实施归属扣押,并不属于强制执行,因此,不受第L622-21条关于禁止任何强制执行之规定的约束(巴黎法院,1999年9月2日)。

(3)实行集体程序的判决一经作出,禁止将此前实施的保全扣押(saisie-conservatoire)转换为归属扣押(saisie-attribution)(最高法院商事庭,1997年4月22日)。按照1985年1月25日法律第47条(现第L622-21条)与1992年

7月31日第92-755号法令第240条至第242条的规定,在债务人停止支付之日前向第三人送达的并在其手中实施的保全扣押,只要在实行司法重整程序的判决作出之前没有转换为归属扣押,不能产生利于实施扣押的债权人的优先权,因此不能将此种保全扣押所得的利益专门用于对该债权人的清偿(最高法院商事庭,1997年4月22日)。因此,即使法院作出了确认其债权的判决,在开始集体程序的判决之前没有送达将保全扣押转换为归属扣押之文书的债权人,也不能主张其在该判决之前即已取得了确定的(既定的)权利(最高法院第二民事庭,1998年5月19日)。在债务人实行集体程序的判决作出之日没有转换为归属扣押的保全扣押,应予取消(最高法院商事庭,1998年3月13日)。因此,对作为替代保全扣押的一种方式而寄存在争讼物保管人手中的款项,亦应当命令取消寄存,并且将其收回到实行司法重整程序的公司的资产之内(里昂法院,1998年6月17日)。在财产受到扣押的债务人实行司法重整的判决作出之时尚未转换为归属扣押的保全扣押,不再产生效力,因此,实施扣押的债权人不能请求对"没有按照1991年7月9日(关于民事强制执行程序)法律第44条的规定提供情况的受扣押第三人"(债务人本人的债务人或持有债务人财产的人)进行处罚(最高法院第二民事庭,2005年10月25日)。实施扣押的债权人因归属扣押产生的立即归属效力而成为在其手中实施扣押的第三人(受扣押第三人)的债权人,因此,在受扣押第三人(本人)实行司法重整或司法清算程序的情况下,实施扣押的债权人应受停止个人追偿之规则的约束(最高法院商事庭,2002年6月11日)。

(4) 动产变卖扣押(saisie-vente):只有当受到扣押的动产脱离了债务人的概括财产而被出卖时,动产变卖扣押程序才告终结,而1991年7月9日(关于民事强制执行程序)法律第54条的规定的宗旨仅仅是确定已经获准登记债权的债权人参与价金分配,这样一来,只要动产变卖扣押这一强制执行程序尚未终结,就应适用(在集体程序判决作出之后)停止个人追偿债务这项具有公共秩序性质的规则(最高法院第二民事庭,1998年5月19日)。

(5) 动产追还扣押(saisie-revendication):按照第L622-21条的规定,实行集体程序的判决一经作出,禁止实施任何动产追还扣押(最高法院第二民事庭,1999年2月18日)。

(6) 税务机关向持有债务人款项的人发出的追偿税款的通知(avis à tiers détenteur):虽然持有债务人财产的第三人仅在法律规定的(可以提出)异议的期限经过之后才有义务支付受到扣押的款项,但是,该第三人收到的(税务机关追偿税款的)通知却可以产生"将受到扣押的款项立即归属公共财会人员之手"的效力,因此,在实行集体程序的情况下,不得以"第三人仍可提出异议,所进行的通知尚未最终确定"为理由而拒绝将受到扣押的债权归属于公共财产(最高法院商事庭,1998年6月16日)。

(7)向法院提出将质押物归属于质权人的诉讼,应当视为第L622-21条所指的强制执行(尚贝里法院,1994年7月26日)。

(8)只要债权产生于实行集体程序的判决作出之前,请求返还已经承兑的支票款项的诉讼构成"受到第L622-21条禁止的强制执行"(最高法院商事庭,1998年6月23日)。

2. 保全措施的有效性

保全措施不能视为强制执行程序,因此,不为第L622-21条所禁止。例如,债权人对债务人向第三人出卖营业资产时所定的价金提出的支付异议,就属于这种情况(蒙帕利耶法院,1997年3月5日)。在实行动产变卖扣押之前发出的支付催告书,也是如此(最高法院商事庭,1995年3月14日)。延长受扣押人实行集体程序之前就已经进行公示的不动产扣押催告令的时间,也是如此,因为这种延长的目的仅仅是为了避免超过《民事诉讼法典》第694条规定的"应当进行诉讼的期间"(巴黎法院,1987年10月20日)。

三、救济途径

在债务人实行司法重整程序的判决作出之日,旨在请求判处其支付一笔金钱的诉讼正在进行当中,而这一金钱债务的原因发生于该判决之前,在此情况下,债务人有权对法院就该债权的存在及其具体数额作出的判决提出法律规定的救济申请(最高法院商事庭,1993年5月11日)。

第 L622-22 条 除保留适用第L625-3条之规定外,至提出追偿请求的债权人申报其债权之时,正在进行中的所有诉讼均(2005年7月26日第2005-845号法律第36条)"中断"(interrompue)进行。在按照规定的程序对司法代理人,以及相应情况下,对管理人(2005年7月25日第2005-845号法律第36条)"或者对按照第L626-25条规定任命的方案执行监察人(commissaire à l'exécution du plan)"进行传唤之后,此种诉讼当然恢复进行,但唯一目的是确认债权以及确定债权数额。

作为诉讼当事人的债务人在程序开始后10日内向追偿债务的债权人告知开始实行该程序。

司法解释：

1. 中止(suspension)正在进行中的诉讼：债权人不能证明其已经向债权人代表申报债权时，法院应当确认中止正在进行中的诉讼，并对债权人规定一个期限，以使程序符合规定(巴黎法院，1986年12月2日)。

2. 但是，只有当债权人是在法律规定的期限内进行了债权申报，或者只有当迟延申报债权的债权人已经被法院取消"丧失权利处分"时，进行的债权申报才能按照第L622-22条规定的条件，终止"诉讼中止"(巴黎法院，1987年3月24日)。

3. 对一家公司实行司法重整程序的判决是在其于上诉法院进行的诉讼已经开始法庭辩论之后才作出，在上诉法院正在进行的这一诉讼，不因这一(实行司法重整的)判决的效力而中断(最高法院商事庭，1995年2月14日)。

4. 本条所指的诉讼：第L622-22条之规定并不适用于"因缺乏维修"而请求解除租约的诉讼(最高法院第二民事庭，1999年7月21日)。在(本诉)原告实行集体程序的判决作出之后提出的确定债权(数额)之反诉，不是第L622-22条意义上的"正在进行中的诉讼"(最高法院商事庭，2001年7月17日)；与此相反，在集体程序开始之前提起的请求支付损害赔偿之反诉，适用第L622-22条之规定(巴黎法院，2000年3月14日)；(债务人)实行司法清算的判决中断正在进行中的不动产扣押，这一被中断的扣押程序应当按照第L642-18条规定的形式与条件恢复进行(最高法院商事庭，2002年4月3日)。"直至实施扣押的债权人进行债权申报之时中止进行的诉讼"是指旨在请求受诉法院就债权的存在与数额作出终局裁判(终局判决)的诉讼，因此，旨在获得先行处罚的紧急审理诉讼，不属于这种情况(最高法院商事庭，1994年7月12日)；这种诉讼所涉及的债权应当遵守正常的审核程序并遵守委任法官作出的裁决(同一判决)。

5. 上诉法院作出的判决确定了"本人实行司法清算程序的"轻罪被告人向每一民事当事人给予的损害赔偿的数额，却没有通知清算人参加诉讼，这一判决违反了第L622-22条的规定(最高法院刑事庭，1999年2月24日)。在针对"实行集体程序的债务人"(本人)的债务人提起的支付之诉中，受理债务抵销请求的法官应当审查以此名义主张的债权是否在规定的期限内进行了申报，但无必要让债权人代表参加诉讼(最高法院商事庭，1996年2月6日)。

6. "停止诉讼"(中止诉讼)产生的效力：因(债务人)实行司法重整程序

而中止诉讼,只利于受此约束的人,因此,此种诉讼中止并不使法官停止管辖(最高法院第三民事庭,1999年3月17日)。

7. 诉讼恢复进行:只能"为确认债权并确定债权数额"而恢复被中止的诉讼,而排除(恢复)请求法院对债务人作出处罚的诉讼(最高法院商事庭,1993年5月11日)。关于在债务人死亡后针对其继承人提出的追偿诉讼,参见最高法院商事庭2000年1月4日的判决。只要债务人的清算人已参与诉讼,并且债权人已申报债权,那就应当由受诉法院依职权就债权的存在与数额作出宣告,即使债权人所做的陈述是请求判处债务人清偿债务,亦仅作此宣告(最高法院商事庭,2006年4月4日)。受诉法院应当查明,必要时,依职权查明,债权人是否已经向债权人代表申报债权,以及诉讼是否已经有效恢复(最高法院商事庭,1991年2月12日);受诉法院仅能按照申报的限度作出宣告(最高法院商事庭,2001年3月20日);涉及受2005年7月26日法律调整的程序时,如果没有进行债权申报,就不具备恢复诉讼的条件,即使债权人的债权并未消灭,亦同;因此,就本案而言,诉讼仍然中断,直至司法清算程序终结(最高法院通知,2009年6月8日)。由于清算人没有受通知参加"请求判处债务人支付扶养费"的诉讼,而就这一诉讼作出的判决是在对债务人实行集体程序的判决之后,这项判决对集体程序的全体债权人不具有对抗效力(最高法院商事庭,2002年1月22日)。商事法院对公司作出实行司法清算的判决,并指定了两名共同清算人,在针对该公司提起的诉讼的框架内,仅需有一名清算人提出(恢复诉讼之)传唤状,至上诉人进行债权申报之时一直被中断的上诉审诉讼即可有效地恢复进行,因为,每一个清算人均有权力行使(属于)受清算的公司的全部权利与诉权(波尔多法院,1994年12月6日)。

8. 转让方案:虽然由于(债务人)实行司法重整程序引起(正在进行中的)诉讼中断,而确定企业转让方案的判决在各阶段均终止此种中断,但这并不会引起第L.622-22条之规定不适用,因为,该条文并没有根据转让方案是否已经确定而作出不同的处理(巴黎法院,2002年1月18日)。

9. 仲裁:针对债务人进行的仲裁诉讼始于集体程序开始之前,按照第L.622-22条的规定,这一仲裁诉讼应中止进行,直至债权人申报其债权(巴黎法院,1998年3月3日)。

第L.622-23条 (2008年12月18日第2008-1345号法令第31条)在观察期内,除第L.622-21条所指的诉讼与执行程序以外的其他诉讼与执行程序,经通知司法代理人参加诉讼,或者在管理人有协助债务人的任务时,通知管理人参加诉讼之后,或者在司法代理人或管理人主动恢复诉讼之后,继续针对债务人进行。

司法解释:

1. 公共秩序性质:第L622-23条的规定具有公共秩序性质。但是,(有关)通知参加诉讼(的要求)唯一是为了债权人的利益作出的规定,因此,只有债权人代表才能主张这项规定,以请求认定在司法管理人或某一可能的债权人提起诉讼时没有通知债权人代表参加诉讼的情况下实施的程序不符合规定,排除司法管理人为此主张(南特行政上诉法院,1997年6月12日)。

2. 支付扣押(saisie-arret)或归属扣押(saisie-atribution):支付扣押被看成是一种就"动产"(债权)实施的强制执行途径,因此,不构成第L622-23条意义上的例外(巴黎法院,1988年10月12日)。(在债务人的次债务人手中)实施(的支付或归属)扣押,将(债务人)对该次债务人的可处分的债权在据以实施扣押的(债权)数额限度内立即归属于实施扣押的债权人,因此,实行司法重整或司法清算程序,并不影响此种归属效力。这是第L622-21条所定的中止债权人个人追偿规则的例外,而这一例外并不引起归属扣押(程序)也需要遵守第L622-23条的规定(最高法院商事庭,1999年2月6日)。在集体程序中,司法管理人如有协助债务人的任务,则应将其视同债务人,因此,实施归属扣押,应当按照1992年7月31日关于改革民事执行程序的法律的实施法令第58条的规定在8日之内通知管理人,也就是说,管理人应受通知参加诉讼,否则,实施的扣押因过期而失效(巴黎法院,1995年9月14日)。

3. 解除商业租约:在(商业租约的)承租人实行司法重整程序以及(司法)管理人已经(就是否继续租约)作出选择决定之后,以没有支付一笔金钱之外的其他原因,并且通知了管理人与债权人代表参加诉讼,可以有效地针对承租人提起解除商业租约之诉讼(最高法院商事庭,1998年1月6日)。但是,当商业租约中的解除条款在集体程序开始之前就已经产生效力,且紧急审理法官并未受理针对债务人的诉讼时,不适用第L622-23条之规定(最高法院商事庭,1989年12月19日)。

4. 简易程序:在没有(司法)管理人的简易程序中,有必要通知债权人代表参加诉讼(必要的诉讼参加)(最高法院商事庭,1999年5月26日)。

第 L622-23-1 条 （2008 年 12 月 18 日第 2008-1345 号法令第 32 条）在债务人作为托管人根据托管协议对其交付托管的概括财产内的某些现有财产或权利仍保留使用权或用益权的情况下，不得仅仅因为债务人开始实行程序、确定保护方案或者没有清偿在开始实行程序的判决作出之前产生的某项债权，便将这些财产或权利转让或转移给受托人或第三人。如不遵守这项禁止性规定，（对这些财产）所进行的任何转让或转移均以无效论处。

第 L622-24 条 除薪金雇员之外，自开始实行程序的判决公告之日起，债权（2005 年 7 月 26 日第 2005-845 号法律第 37 条）"产生于"该判决作出之前的所有债权人，均应在（2008 年 12 月 18 日第 2008-1345 号法令第 33 条）"最高行政法院提出资政意见后颁布的法令规定的期限内"向司法代理人申报债权。（2005 年 7 月 26 日第 2005-845 号法律第 37 条）"持有已经公示之担保的债权人或者因已经进行公示的合同而与债务人有关系的债权人个人均应得到申报债权的通知，或者如有必要，向其选定的住所进行此项通知"。申报债权的期限，自进行通知之日起计算。

债权申报，得由债权人或其任何职员或由其选定的任何委托代理人进行。至法官就是否准许债权登记作出审理裁判之前，债权人可以确认以其名义进行的债权申报。

在债务人将某项债权告知司法代理人的情况下，只要该债权的债权人没有提交第 1 款所指的债权申报书，推定债务人是为该债权人的利益向司法代理进行告知。

即使债权的设立没有证书，亦应当进行申报。（2005 年 7 月 26 日第 2005-845 号法律第 37 条）"数额尚未最终确定的债权，按照评估数额申报"。国库、社会保险与互济预防机构的债权以及应由《劳动法典》第 L5427-1 条至第 L5427-6 条所指的组织收取的、在申报时尚未取得执行根据的债权，准许按照申报数额进行临时登记。任何情况下，国库以及社会保险与互济机构在进行这些债权申报的同时，均保留应纳税款以及申报之日尚未确认的其他债权。除保留正在进行中的司法诉讼或行政诉讼之外，应在第 L624-1 条规定的期限内对各项债权进行最后的确定，否则因逾期而丧失权利。但是，如果已经实行确定税收数额的行政程序，应当在司法代理人向法院书记室交存其终结任务的汇报之前最终确定作为此种程序范围的债权的数额。

《劳动法典》第 L3253-14 条所指的机构，就其垫付的款项，并且按照开始实行程序的判决作出之前的债权规定的条件向其偿还时，受本条之规定约束。

(2005年7月26日第2005-845号法律第37条)在开始实行程序的判决作出之后符合规定产生的债权(2008年12月18日第2008-1345号法令第33条废止:"以及扶养债权")受本条规定的约束,第L622-17条第一项所指的债权除外。该期限自债权的到期日开始计算,但是,因连续履行的合同产生的债权的债权人,应当按照最高行政法院提出资政意见后颁布的法令规定的条件申报其应收取的债权的总额。

　　(2008年12月18日第2008-1345号法令第33条)对于因行为人刑事犯罪而产生的债权,民事当事人申报此种债权的期限按照第1款规定的条件计算,或者如果确定债权数额的终局判决是在开始实行保护程序的判决之后作出的,自该终局判决作出之日起开始计算。

　　扶养之债的债权人,不受本条规定的约束。

　　司法解释:
　　一、一般规则
　　1. 公共秩序:法官必须执行第L622-21条至第L622-24条具有公共秩序性质的规定,在涉及因集体程序开始之前的原因产生的金钱款项的支付请求时,均应强制实行司法重整程序的债务人的债权人遵守债权审核程序(procédure de verification des créances)。受理针对保证人提出的清偿请求的上诉法院,没有义务查明债权人是否已经向实行司法清算的主债务人公司的负债申报了债权,但是,(当保证人本身实行司法重整程序时)应当依职权查明债权人是否已经向保证人实行的司法重整程序的负债申报了债权(最高法院商事庭,1998年6月23日)。在法国作出的承认外国法院判决的判决,并不赋予该外国判决比本国法院判决更大的权利,因此,作出承认判决,仍然不影响"在集体程序中,所有的债权人均应进行债权申报"这一具有国内与国际公共秩序性质的原则(最高法院第一民事庭,2004年9月29日)。由此而言,只要银行的债权没有在法国法院宣告的司法清算程序中进行申报,由(法国)大审法院院长作出的宣告比利时法院对保证人作出的处罚判决在法国具有执行力的裁定,并不妨碍该保证人提出(受其担保的)债权已经消灭的抗辩(同一判决)。应当对实行集体程序的判决作出之前的债权进行申报的义务,不仅仅局限于与债务人的职业活动有关联的债权(最高法院商事庭,2000年5月13日)。

　　2. 由司法重整程序转为司法清算程序的情况:已经符合规定向实行司法重整程序的债务人的负债申报了债权的债权人,在债务人经过观察期之后被宣告实行司法清算时,没有义务重新进行债权申报(最高法院商事庭,2007年1月16日)。在企业继续经营方案执行过程中开始实行司法重整程序的情况,也做相同处理(最高法院商事庭,2007年6月5日)。

3. 程序的合并:(两)集体程序的合并是一项单纯的司法行政措施,并不引起合并后的程序要在共同的概括财产下进行,因此,在一程序中已进行的债权申报,并不等于向另一程序的负债也进行了债权申报(最高法院商事庭,2004年1月14日)。

4. 向债权人进行通知:关于在2005年7月26日法律之前的制度下没有向(所有的债权人)进行个人通知时给予的制裁,参见原第L621-46条的规定。按照第L622-24条及实施法令第R622-21条的规定,债权人代表有义务通知所有的持有已公示之担保的债权人进行债权申报,而且法律并不区分是持有特别优先权的债权人还是仅持一般优先权的债权人(最高法院商事庭,2001年1月9日)。《税收总法典》第1926条给予税务管理部门就征收营业税与类似税款而享有的动产优先权,属于第L622-24条意义上的优先权(最高法院商事庭,2000年7月4日)。虽然说用公司股份设质,只要按照1992年7月31日第92-735号关于强制执行程序的法令的规定向公司进行了送达,即属有效成立,但是,这种送达并不构成第L622-24条意义上的"公示",因此债权人不能借此送达而主张其(因没有申报而)受到的"逾期丧失权利之处分"不具有对抗效力(inopposabilité de la forclusion)(最高法院商事庭,2006年5月16日)。债权人代表有义务通知在集体程序判决作出之日所有持有已公示之担保的债权人个人进行债权申报(最高法院商事庭,2006年12月5日)。债权人就一宗营业资产登记了(无形动产质权)担保,这项担保不仅可以因注销登记而消灭,也可以因营业资产本身最终关闭而丧失,在这种情况下,主张持有第L622-24条所指担保的债权人应当证明该营业资产并没有随着顾客群体的消失而消失(奥尔良法院,2001年12月20日)。第L622-24条的规定并不要求债权人享有几项担保就应向其发出几份有关申报债权的通知,特别是在多项担保实际上是担保同一债权的情况下亦是如此(雷恩法院,1999年6月9日)。抵押权人个人在已经得到(申报债权的)通知的情况下,不得主张应向其住所进行这项通知(最高法院商事庭,2004年2月25日)。

5. 申报的范围:只要信贷出租人已经申报其债权,那么不动产信贷租赁合同即使没有进行公示,仍然具有对抗集体程序的效力(最高法院商事庭,2001年5月15日)。

二、需要申报的债权

（一）作为集体程序标的的对人的债权

1. 以农业公司非薪金经理人的活动的名义应当缴纳的"家庭与养老保险分摊份额款"，具有人身性质，不得作为公司司法重整程序的范围（最高法院社会庭，2001年7月19日）。

2. 追及权的行使：债权人对（债务人的）一宗营业资产持有（无形动产）质权，但该营业资产被债务人转卖给了第三人，在该第三人随后实行司法重整程序时，由于债权人并不是该第三人本人的债权人，因此在其行使《商法典》第L143-12条所规定的追及权时，无须进行申报债权（最高法院商事庭，2002年12月17日）。

（二）集体程序开始之前产生的债权

除薪金债权之外，在集体程序开始之前产生的债权的所有债权人，不论其债权是否得到已经产生既判力的判决的确认，均有义务向债权人代表提交其债权申报（宗政法院商事庭，1996年2月6日）。在企业继续经营方案确定之后产生的债权，不受"对集体程序判决作出之前产生的债权规定的制度"约束（最高法院商事庭，2002年9月17日）。

1. 排除已经消灭的债权

在集体程序的判决作出之前根据已经产生执行力的实体判决进行的先行支付已经消灭债权，因此，没有再进行申报的义务（最高法院商事庭，1994年6月14日）。与此相反，债务人已经对法院的判决提起上诉，（在此情况下）根据这一判决以先予执行的名义获得清偿的债权人，仍然应当按照债权申报程序向债务人上诉审诉讼期间开始的司法重整程序的债权人代表进行债权申报，否则按照（原）第L621-46条的规定，其债权即告消灭（埃克斯—普罗旺斯法院，1991年6月12日）。在债务人实行集体程序之前先行获得清偿的债权人，只要这一清偿在支付数额限度内并未消灭债权，则仍应申报债权全额（最高法院第二民事庭，2002年3月7日）。在债务人实现集体程序之前，法院已作出具有先予执行力的实体判决命令将质押物归属债权人，按照这一判决，质押物的所有权已经转移给债权人，并在质押物价值的限度内消灭其债权，因此，作为质权（债权）人的银行已经在集体程序之前成为质押商品的所有权人，就这些商品的价值限度内的债权数额而言，无须再履行债权申报义务（最高法院商事庭，2006年1月24日）。

2. 产生于集体程序之前的债权的例子

（1）瑕疵与（工程、建筑物的）缺陷：只要"有隐蔽瑕疵之物"的买卖是在出卖人实行司法重整的判决作出之前进行的,那么,因"隐蔽瑕疵担保而引起的债权"就是产生于买卖合同订立之日而不是在发现此种隐蔽瑕疵之日,故买受人有义务申报(由此产生的)债权,即使其(因买受物的隐蔽瑕疵而)受到的损失是在该集体程序之后才发生(最高法院商事庭,1992 年 7 月 7 日)。同样,因实施建筑工程过程中出现的质量不合格情形而引起的赔偿债权,必然产生于施工工程停止之前以及建筑人实行司法重整程序之前,而不是产生于法院命令给予赔偿的判决作出之后,因此应当进行债权申报(凡尔赛法院,1994 年 1 月 7 日)。

(2) 返还(财产之)债权:引起"返还关税"之债权的是应当向税务部门返还关税的法律事实,而不是返还(行为)本身(最高法院商事庭,2007 年 1 月 23 日)。

(3) 民事当事人的赔偿债权:虽然说轻罪被告人开始实行集体程序并不影响对其宣告实行"附考验期的缓刑"制度,这种缓刑制度包括《刑法典》第 132-45 条规定的犯罪行为人应当赔偿因其犯罪造成的损害的特别义务,即使法院对民事诉讼尚未作出判决,因此,涉及民事赔偿时,(进行债权申报)应以民事当事人的债权尚未消灭为前提条件(最高法院刑事庭,1998 年 6 月 11 日)。

(4) 按照 1986 年 12 月 1 日法律第 13 条的规定,由"竞争委员会"宣告的处罚是一种金钱性质的制裁,因此,只有在该委员会的处罚决定作出之后才能产生公共财会部门的债权,(如果)这一债权不是产生于集体程序开始之前,无须遵守第 L622-21 条至第 L622-24 条之规定(最高法院商事庭,1997 年 3 月 4 日)。

(5) 海关债权:海关根据《海关法典》第 L343-2 条的规定,为实施税务方面的制裁而以本诉名义提起诉讼,可以向刑事法院请求对实行司法重整的债务人并处罚金与没收(财产),无须向债权人代表申报债权,只有在为了取得不具有刑事处罚性质的"返还欺诈偷漏的税款"时,海关部门才有申报债权的义务(最高法院刑事庭,2000 年 12 月 13 日)。

(6) 公司股东的出资债权:公司股东只有在公司全额清偿负债之后才能(从清算余额中)取回其出资,因此,不得将此种出资作为(对公司的)债权进行申报(埃克斯—普罗旺斯法院,1994 年 6 月 23 日)。

(7) 不动产中介人或商业代理人的佣金:在买卖不动产范围内主导谈判的不动产中介人的佣金债权产生于其受到的委托(最高法院商事庭,1998 年 2 月 17 日);同样,商业代理人的佣金债权源于合同当事人与委托人之间存在的委托代理关系,按照《商法典》第L134-6条的规定,这种委托代理合同应当确定商业代理人对合同履行期间的所有业务活动均享有获得佣金的权利(最高法院商事庭,2005年11月15日)。

(8) 偿还不动产信贷的债权:在实行集体程序的判决作出之前同意提供的不动产信贷,(贷与人的)此项债权产生于该判决之前,应当进行申报(最高法院商事庭,2004年2月11日)。

(9) 提前偿还借贷债权:债务人提前偿还在实行集体程序的判决作出之前缔结的借贷,因提前偿还借贷而应当给予补偿金的,这一补偿金债权产生于贷款合同缔结之日,因此应当进行债权申报,即使在申报之日补偿金的数额尚未确定,亦无影响(最高法院商事庭,2006年6月27日)。

(10) 对民事合伙的某一合伙人的债权:法人的债权人对于"就合伙(本身)的债务负有无限责任的合伙人"持有的是一种"可能的债权",因为这种债权的行使要以"首先向法人本身提出追偿而没有结果"为前提条件,所以,因同意向合伙给予贷款而产生的债权,应当向合伙人实行的司法重整程序进行债权申报,即使合伙人实行集体程序的日期先于合伙本身实行此种程序的日期(最高法院商事庭,2004年6月30日)。

(11) 作为讼争物而交付保管的资金:在银行经营者实行司法重整的情况下,此前将资金作为讼争物交付(银行)保管的各方当事人收回其交付之款项的权利,或者将此资金转移至第三人之处的权利,只能按照与其他存款人相同的条件行使(最高法院商事庭,1997年3月4日)。

(12) 和解协议签字人的债权:法院宣告债务人实行司法重整程序的判决使在此之前订立的尚未完全得到执行的和解协议失去效力,签订该和解协议的债权人,如同债权产生于集体程序的判决作出之前的其他所有债权人一样,有义务向司法重整程序的负债申报其尚未得到支付的股息债权(最高法院商事庭,1995年5月23日)。

(13) 质权人(质权债权人):为了取得贷款将设备用于质押,在将质押的设备转让之后分期偿还贷款时,由于这项贷款债权属于集体程序开始之前产生的债权,因此应当进行申报,尽管受让人有义务清偿该债权(最高法院商事庭,1995年6月20日)。

(14) 对保证人享有的债权:关于对保证人在实行集体程序之前因其(为他人)提供保证而产生的债权,债权人有义务向保证人的司法重整程序的负债进行申报的问题,参见最高法院商事庭1993年1月19日判决。享有"人的担保"或"物的担保"的债权人对保证人享有一种债权(droit de créance),

在主债务人不能清偿债务的情况下,就"物的担保"而言,债权人的权利仅限于用于设立担保的财产,因此,债权人银行有义务向实行集体程序的保证人的负债申报债权(最高法院商事庭,1998年10月27日)。需要时,法官应当依职权审核债权是否已在保证人实行的司法重整程序中申报为负债(最高法院第一民事庭,2002年1月22日)。

(15) 债务人的保证人的债权:保证人在进行清偿之前即按照《民法典》第2309条的规定对主债务人提起了求偿诉讼,保证人的债权产生于保证义务承诺作出之日(最高法院商事庭,2009年2月3日)。保证人在进行清偿之前即已向实行司法重整的债务人提出求偿,因此享有可以申报的属于其本人的赔偿债权(créance personnlle d'indemnité),即使(此时享有保证利益的)主债权人的债权已经获准登记,亦无影响(最高法院商事庭,1991年10月29日)。保证人向主债务人的司法重整程序申报债权是一项简单的选择权利,并且对已经进行债务清偿的保证人按照《民法典》第2309条的规定所享有的代位权不产生影响(最高法院商事庭,1999年5月26日)。银行在进行支付之前,以保证人的资格向实行司法重整程序的债务人提出求偿的,有权在这一重整程序中申报债权,但是,如果其不能证明属于债的抵销,则不能从债务人持有的往来账户上直接获得该债权的清偿(最高法院商事庭,1998年3月3日)。符合规定清偿了(受其担保的)债务的保证人,为了保持对共同保证人的权利,并无义务向主债务人实行的司法重整程序的负债申报债权,同样在其进行清偿之前,其他保证人本人也享有按照《民法典》第2309条的规定进行此种申报的选择权(最高法院商事庭,2003年11月5日)。

(16) 债务人的律师的酬金债权:在确定债务人的律师的佣金债权产生的日期时,应当区分律师在宣告债务人实行司法重整程序的判决作出之前与作出之后提供的服务(最高法院商事庭,2007年6月19日);与律师在债务人实行司法重整程序的判决作出之后提供的服务有关的佣金债权不需要进行申报(最高法院商事庭,1996年1月30日)。

(17) 因"被剥夺商业租约权"而产生的债权:因商业租约的出租人在实行司法重整程序之前向承租人发出的退租通知而产生的(承租人)"被剥夺商业租约权而享有的补偿金债权"(créance d'éviction),应当进行申报(最高法院商事庭,1996年3月19日)。

(18) 约定的解除合同时给予的补偿金:解除合同应给予的约定的补偿金产生于实行司法重整程序之前,应当进行债权申报(最高法院商事庭,2002年7月9日)。照此意义,没有进行申报的解除信贷租赁合同的补偿金债权即告消灭,即使信贷租赁合同将这种补偿金的数额确定为租金的某个百分比而租金本身已经作为债权进行了申报(最高法院商事庭,2002年11月26日)。

(19) 劳动事故(工伤事故):疾病保险机构对于其向工伤事故受害人支付的款项请求偿还的债权,源于雇主的过错,而不是因为法院作出的确定"给予受害人补充赔偿金"之权利的判决(最高法院社会庭,2002年12月19日)。

(20) 由补偿性给付或者扶养义务产生的债权:(夫妻离婚,一方给予另一方的)补偿性给付中有一部分具有扶养费的性质,在债务人实行集体程序时,无须向其负债进行申报,因此,也不会因为没有进行申报而消灭(最高法院商事庭,2003年10月8日)。扶养费债权是实行集体程序的债务人的个人债务,应当用其仍然保留处分权的收入进行支付,或者通过"扶养费直接支付程序"进行清偿(同一判决);按照2008年12月18日第2008-1345号法令修改的第L622-24条最后一款的规定,排除扶养费债权的申报义务。

(21) 夫妻财产制清算之后的债权:与实行司法重整的债务人离婚的(原)配偶有义务申报其在夫妻财产清算之后的债权,只要这种债权产生于集体程序的判决之前(最高法院第一民事庭,2005年10月25日)。

(三) 债权转让

在公司开始实行司法重整之后,已经符合规定申报了债权的某一债权人将其债权转让他人,并且向公司、司法管理人以及债权人代表进行了通知送达,受让人由此取得对原债权人的代位权,无须重新申报该债权(卢昂法院,1997年3月27日)。

(四) 工资债权

工资债权不受第L622-24条之规定的约束,在债务人实行集体程序的判决之前以"有严重过错"为理由被解雇的薪金雇员提出诉讼请求的情况,尤其如此(最高法院社会庭,1991年6月19日)。薪金债权免除申报义务,这与债权的性质紧密相关,而与债权人的身份没有关系(凡尔赛法院,1993年3月11日)。

(五) 直接诉权(直接诉讼)

1. 保险:按照《保险法典》第L124-3条的规定,受到损害的受害人对损害责任人的保险人给付的赔偿金享有排他性权利,虽然受害人应当证明被保险人应负责任,但是在被保险人实行司法重整或司法清算程序的情况下,受害人并无义务遵守第L622-24条规定的申报与审核债权程序;如受害人主张其对被保险人享有一笔金钱债权,此项债权除外(最高法院第一民事庭,1991年3月25日)。

2. 工伤事故:因雇主不可宽恕的过错导致工伤事故,在疾病保险机构向受益人直接支付补充赔偿金后,该机构可以从雇主处收回其支付的款项,因此,当薪金雇员不请求对雇主判处支付一笔金钱时,不需要申报这项债权(最高法院社会庭,1998年6月11日)。

3. 承运人的直接诉权:承运人的直接诉权不需要向运输指令发出人的负债申报债权(最高法院商事庭,2003年12月17日)。

4. 按照1975年12月31日法律第12条第3款的规定,分包人在向业主提起直接诉讼时,不需要向实行集体程序的主承包人的负债申报债权(凡尔赛法院,1988年9月29日)。

(六) 归属扣押

由于归属扣押产生(将受到扣押的金钱债权归属于扣押人的)"立即归属效力",实施此项扣押的债权人即成为(在其手中实施扣押的)"受扣押第三人"(le tiers saisi)的债权人,因此,在该第三人实行集体程序的情况下,债权人仍应向该第三人的债权人代表申报债权(最高法院商事庭,2002年6月11日)。

(七) 抵销

因在公司开始实行集体程序之前当然进行的债的相互抵销而消灭的债权,其中一方当事人无须向(另一方)公司的负债申报债权(最高法院商事庭,1994年11月29日)。其数额与可追偿性均不存在异议的相互债权,在后一债权到期时,按照数额较低的债权的额度,当然进行抵销(最高法院商事庭,1994年5月17日);关于在实行集体程序的判决作出之后才进行的债务抵销有义务申报债权的问题,参见第L622-7条。

(八) 追还财产

追还资金的请求不得(直接)经"追还途径"(voie de revendication)提出,对金钱债权的债权人唯一开放的途径是向债务人实行的集体程序申报债权(最高法院商事庭,2003年2月4日)。公司提起追还一笔款项的诉讼,由于公司并不是这笔金钱的所有权人,而是实行司法重整程序的债务人的债权人,这种债权需要申报,因此,提起的追还之诉不予受理(最高法院商事庭,2000年5月10日)。

(九) 债务人实行集体程序的判决被撤销

上诉法院就一方当事人提出的地域管辖权异议作出判决,撤销一审法院作出的对债务人实行集体程序的判决,只要经上诉法院认定有管辖权的法院在受理向其移送的案件之后仍然对债务人作出了实行司法重整的判决,那么,上诉法院撤销原判决(的效果)并不扩张至"已经以原判决为依据进行的债权申报"(最高法院商事庭,2005年5月10日)。

三、申报债权的方式

(一)债权申报的接收人

债权人代表的垄断性权限:管理人的职能与债权人代表的职能不同,无资格接受债权申报(最高法院商事庭,1993年6月22日)。但是,只要在规定的期限终止之前债权申报送至债权人代表手中,这项申报是由第三人转送,还是由司法管理人转送,在所不问(最高法院商事庭,1996年10月8日)。管理人没有任何义务向债权人代表转送其错误接收的债权申报,管理人错误接收了债权人第一份债权申报并在申报债权的期限之内将其转送给债权人代表,并不能依据这一事实即认为管理人得到了"转送债权申报之委托",因为向管理人申报债权,有损于债权人代表在接受债权申报方面享有的垄断性权限,无论如何都是违反有关审核债权与准许债权登记之公共秩序性质的规则(凡尔赛法院,2000年1月21日)。由于债权人代表唯一有资格接收债权申报,法庭为此指定两名债权人代表并且特别规定了每一个人的任务时,法律赋予这一"程序机关"的职能不受任何影响(最高法院商事庭,2006年5月30日)。因此,只要在法定期限内向债权人代表进行了债权申报,就应当准许已经申报的债权进行登记(同一判决)。发生利益冲突的情形:如果说,同一个司法代理人不能在审核债权的程序中既作为债权申报人又作为债权人代表,但是,如果发生这种可能的不正规情形,仍然不影响债权申报的有效性,而只影响债权审核程序的正规性(最高法院商事庭,2006年2月7日)。

(二)由委托代理人进行申报

1. 由法人的委托代理人或职员进行债权申报:向债务人的司法重整程序的负债申报债权,具有相当于向法院起诉之效力,按照新《民事诉讼法典》第853条第1款的规定,债权人本人可以提出申报(最高法院商事庭,1993年12月14日)。在债权人是法人的情况下,如果不能由法律规定的代表法人的机关进行债权申报,也可以由"持有授权书,准许其完成此种行为的任何职员"进行申报,且这项授权无须遵守有关诉讼代理应当适用的规则(同一判决)。由没有得到授权的人进行债权申报,构成"实质性不符合规定",影响债权申报的有效性,并且应当按照(原)第L.621-46条的规定撤销所做的申报

(亚眠法院,1999年1月18日)。关于法院有义务审查申报债权的人是得到一般授权还是专门授权的问题,参见最高法院商事庭1999年3月2日判决。债权申报书的签字人的身份受到异议时,有关证据应由债权人提出(最高法院商事庭,1997年6月17日)。在债权申报书没有签字的情况下,得以任何方式提出有关申报人的身份的证据(最高法院商事庭,2006年11月21日)。只要银行董事长给予其所属机构的一般委托代理人在所有的民事诉讼与司法清理债务的程序中进行诉讼的权力,那么,银行人力资源部经理指定进行债权申报的职员作为一般委托代理人进行的债权申报便符合要求(最高法院商事庭,2002年4月29日)。董事会有权力任命公司职员负责进行债权申报,不论是否签发委托授权书(最高法院商事庭,2004年7月28日)。由公司领导人以公司的名义、为公司的利益而不是以其个人的名义给予的授权,只要没有被撤销,均属有效,即使公司(原)领导人已经更换(最高法院商事庭,1997年2月4日)。按照原则,外国法人代表享有的在法国进行活动的权力范围,应当按照该法人的注册住所地的法律评判。一家卢森堡银行的两名职员,只要其权力按照卢森堡"商事及公司注册登记簿"上公示的正式记载得到证明,那么,按法国法律的规定,便有资格申报该银行的债权(卢昂法院,1999年1月20日)。有关授权的证据:应当由债权人公司证明其"法律事务部门"的负责人持有法律规定的代表法人的机关所给予的授权,此种授权书应写明其有申报债权的权力(最高法院商事庭,1996年7月10日)。申报债权的人仅仅是占有集体劳动协议规定的工作岗位但被认为包含有申报债权的权力,这种情况不足以确认该职员持有法律规定的代表法人的机关给予的授权(最高法院商事庭,1996年10月22日)。

2. 由第三人申报债权的,必须持有专门授权:申报债权具有相当于向法院提起诉讼之效力,因此,为他人申报债权的(第三)人,如不是律师,必须持有书面的专门授权书(最高法院全体庭,2001年1月26日);照此意义,与债权人公司属于同一集团的公司的职员如申报该公司的债权,必须持有该公司的专门授权书,也就是说,持有为该公司在涉案公司实行的集体程序中申报债权的专门授权(最高法院商事庭,2000年2月1日)。第三人没有得到专门授权而进行债权申报,是一种"实质性不符合规定"的情形,影响申报行为的有效性,并且应予撤销(最高法院商事庭,1996年3月19日)。

3. 债权人的律师无须证明其得到授权,即有资格以其顾客的名义向债务人的司法重整程序或清算程序的负债申报债权(最高法院商事庭,1997年6月3日)。

4. 由连带债权人进行的债权申报：多名债权人之间的连带债权，按照《民法典》第 1197 条的规定，赋予每一个人请求清偿债权全额的权利，因此，每一债权人均有权利向债务人的集体程序的负债申报债权全额(最高法院商事庭,2001 年 3 月 20 日)。

5. 代位债权人的申报：取得代位权的债权人提交其已进行清偿并取得代位权的收据，那么，在与实行司法重整程序的债务人的关系中，其有资格申报所持有的债权(最高法院商事庭,2001 年 1 月 23 日)。

6. 共有：按照《民法典》第 815 条的规定，每一共有人均有权在共有财产的债务人的集体程序中申报共有财产(所有有)的债权(最高法院商事庭,2003 年 6 月 11 日)。"约定的共有"的管理人应当证明其得到专门授权，才能以共有的名义进行债权申报(最高法院商事庭,2002 年 5 月 28 日)。

7. 债权的转让：只要债权转让是在委任法官就准许债权登记作出审理裁判之前便已向债务人进行送达，那么受让人的债权申报即属有效(最高法院商事庭,2004 年 4 月 7 日)。

(三) 债权申报书的形式

法律不要求债权申报书必须采用专门的格式，只是要求应当由债权人作出清楚的申明(申报)(最高法院商事庭,1993 年 10 月 5 日)。只要签字可以辨认，债权申报书即符合规定(巴黎法院,1995 年 11 月 23 日)。申报债权具有相当于向法院提起诉讼之效力，因此申报书应当用法文书写(里昂法院,2001 年 3 月 15 日)。只要债权人代表在申报书上加盖的印记能够证明该项申报符合法定的期限，那么，通过邮寄信件申报债权即属有效(凡尔赛法院,1996 年 5 月 2 日)。用电话传真件进行债权申报本身并非不符合规定(最高法院商事庭,2003 年 12 月 17 日)。与此相反，向清算人发出的参加诉讼的传唤状，并不具有申报债权的效力(最高法院商事庭,1994 年 3 月 22 日);在正在进行的诉讼中向清算人或者债权人代表通知的反诉状，亦同(最高法院商事庭,1998 年 12 月 8 日)。

(四) 申报债权的证据

应当由债权人证明其发出的包含有债权申报的信件已经由收件人收讫(最高法院第一民事庭,1998 年 10 月 7 日)。债权人出示其认为已经寄给债权人代表的信件的邮局寄件收据，这并不能证明其所做的债权申报已经由接收人收讫(最高法院商事庭,1999 年 10 月 26 日)。同样，债权人代表为了收集(各债权人)提出的清偿建议而向债权人寄出的信件，并不等于该代表已收到债权申报的证据(最高法院商事庭,2000 年 1 月 18 日)。

四、债权申报的效力

1. 临时(预先)登记:除第 L622-24 条所指的债权之外,委任法官不得宣告临时(预先)登记其他债权,委任法官只能按照《商法典》第 L622-24 条的规定准许债权最终登记,或者,全部或者部分驳回登记(申请)(格勒诺贝尔法院,1988 年 4 月 26 日)。例如,委任法官不得宣告临时(预先)登记虽然已经取得税法意义上的执行根据但受到异议的债权(最高法院商事庭,2001 年 5 月 28 日)。

2. 补充申报:债权的补充申报,应当在第 L622-26 条规定的期限内进行,否则,因逾期而丧失权利(最高法院商事庭,1994 年 5 月 3 日)。第 L622-24 条第 3 款所指的债权人可以申请"最终确定"其此前"以临时名义"申报的债权(最高法院商事庭,2007 年 2 月 27 日)。

3. 第 L622-24 条所指的债权人可以申请将其临时申报的债权确认为最终登记的债权(最高法院商事庭,2007 年 2 月 27 日)。

第 L622-25 条　申报债权,应当申报在实行程序的判决作出之日的债权数额,并指明将要到期的债权的数额及各自的到期日期;债权申报,应具体说明债权可能享有的优先权或担保的性质。

用外国货币表示的债权,按照实行程序的判决作出之日的欧元汇价兑换为欧元。

已经申报的债权,除依据执行根据产生的债权之外,均应由债权人确认其真实性。委任法官可以要求债权申报书应经会计监察人签证确认,在(债权人)没有会计监察人时,应有会计师的签证确认。拒绝签证的,应当说明理由。

司法解释:

1. 尚未到期的债权:根据期限超过 1 年的借贷合同持有尚未到期的债权的债权人在申报债权时,应当具体写明债权每次到期时应当清偿的数额、到期日、计息方式以及逾期情况下实行的利率,委任法官不得仅仅满足于只要求债权人指明其申报的债权的数额,否则,以申报无效论处(都埃法院,1987 年 11 月 26 日)。定期金的债权人在进行债权申报时仅仅请求支付"将要到期的几个月的定期金",而没有指明每个月应付的具体数额以及各自的到期日,这种申报并未清楚表明"其请求支付将要到期的定期金分期应付款"之意思(最高法院商事庭,1995 年 2 月 28 日)。

2. 附条件的债权:债权人向债务人的司法重整程序的负债申报一宗附条件的债权的总额,并无过错(最高法院商事庭,1993年11月2日)。

3. 具体数额待定的债权:除法律有规定的情形外,任何债权都不得进行"临时申报",或者"有保留地"申报,或者"为数额待定"的债权进行申报(巴黎法院,2001年11月30日)。

4. "含糊不清的债权":申报的债权数额写有"大概数额"(à titre indicatif),如果其上所附"明细账目"记载的在集体程序开始之日存在的负债余额与这一申报数额不一致,所进行的债权申报不能产生效力(最高法院商事庭,1991年2月12日)。债权申报应当附有能够证明"债权存在及其数额"的证明材料(凡尔赛法院,1996年3月21日)。

5. 不符合规定的申报:提交的债权申报书不符合规定的情况下,债权人代表并无义务向(进行此项申报的)债权人通知(其进行的申报)存在不符合规定的情形(最高法院商事庭,2001年2月6日)。

6. 对事实性错误的更正:对于明显属于事实方面的错误,法官可以认为债权人提出的更正申请"不构成引起其丧失权利"的新的债权申报,并且可以准许(债权人)就更正之后的数额登记其债权(最高法院商事庭,1998年5月26日)。与此相反,申请更正事实,应当在规定的期限内提出,否则,因逾期而丧失权利(最高法院商事庭,1996年5月26日)。债权人一开始进行的债权申报中没有包含自集体程序的判决作出之后将要产生的利息,而在更正性申报中包含此项利息时,这项更正申报不能得到受理(最高法院商事庭,1998年11月24日)。债权人在逾期丧失权利的情况下以其所作的债权申报中存在错误(误解)为理由申请进行更正,(已经进行的)债权申报具有的恒定性的对抗债权人请求取消其受到的失权处分的权利,因此,不可能对已经在规定期限内申报了债权的债权人再"取消其受到的丧失权利之处分"(凡尔赛法院,1999年5月20日)。

7. 数额存在争议的债权:债权人在债权申报中要求清偿一笔款项但对于计算其数额的条件存在异议,仅此事实,不足以导致其进行的债权申报丧失法律价值,随后,在债务人对申报的数额提出异议的情况下,在第L622-27条规定的期限内已经向司法清算人作出解释说明的债权人无须再按照债务人的愿望提交更正性申报,即使债权清册上没有载明这一债权,委任法官的义务也不受影响,委任法官仍然应就已经符合规定登记的债权申报的可信度进行审理裁判(最高法院商事庭,1998年3月17日)。

8. 享有优先权的债权:信贷租赁出租人一开始在法定期限内进行的债

权申报中没有提及优先权,而在其进行新的申报之日,申报期限已过,此种情况下,债权人在其新的申报中不得再主张享有优先权(最高法院商事庭,1992年2月4日)。因为,债权人只能在第L622-24条规定的申报债权的期限内主张担保其债权的优先权(最高法院商事庭,2001年1月23日)。

9. 留置权:留置权不是一种担保,不能视同(有体)动产质权(最高法院商事庭,1997年5月20日);与此相反,也有法院判决认为:对行政文件的留置权构成一种动产担保,应当在债权申报中具体写明(埃克斯—普罗旺斯法院,1995年3月2日)。运输经纪人对交付其承运的商品享有留置权,这种留置权属于《商法典》(原)第L95条为任何经纪人规定的优先权所产生的后果,经纪人如果仅仅以无担保债权人的名义向债务人集体程序的负债申报债权则丧失其优先权,因此不能再留置商品(最高法院商事庭,1999年6月8日)。

10. 受寄托人作为债权人:实行集体程序的债务人为某一公司受益而寄存一笔款项,该受益公司已经符合规定申报了无担保债权,并得到法院承认,在此情况下,该公司应当就债务人在实行集体程序之前特别为清偿其债权而寄存的这笔款项受偿(最高法院商事庭,2006年3月21日)。

11. 由债权人作为代理人:非连带债权人接受另一债权人的申报债权委托,在其进行债权申报时,应当将两个申报人各自的债权区分开来,不遵守这一规定,将导致其进行的债权申报无效,但是,在法官作出审理裁判之前,申报人均可将两债权人的债权区分为每一人的债权(最高法院商事庭,2007年1月30日)。

12. 保留所有权的情况:享有保留所有权条款利益的人,在进行债权申报时,无须指明存在这一条款(蒙帕利耶法院,1990年5月15日)。

13. 保证:保证,是一种人的担保性质的措施,在债权申报中无须对此作出具体说明,保证存在与否,对债权申报的正规性不产生影响(最高法院第一民事庭,2000年2月1日);同时,法院也认为:债权申报书中提及向债务人提供了两项贷款,并指明这些债权享有人的担保(保证),这种申报符合第L622-24条的要求(最高法院商事庭,2000年1月4日)。

14. 用外国货币表示的债权:如果用外国货币表示的债权在司法重整程序的判决作出之日已经到期,应按照该判决作出之日欧元的汇率进行兑换(最高法院商事庭,2007年6月5日)。

15. 未遵守上述第L622-25条的规定进行的债权申报无效(最高法院商事庭,1992年12月1日)。

16. 会计监察人签证确认:如果出自债权人的会计监察人或会计师的文件仅仅是证明其入账的债权的数额可以有效证明文书的签发人所作的认定,

仅凭这样的文件并不能构成所缔结的义务的现实性与范围的证据(最高法院商事庭,1994年10月11日)。

第 L622-25-1 条 申报债权中断诉讼时效期间,直至程序终结;申报债权免除进行任何催告,并且产生与实施追偿行为相同的效果。

第 L622-26 条 (2005年7月26日第2005-845号法律第38条,2009年5月12日第2009-526号法律第138-9条)"在第L622-24条规定的期限内"没有申报债权的债权人,不准许参加分配和参与分配股息,但如这样的债权人证明其没有申报债权并非因其自身的行为引起,或者证明是由于债务人在编制第L622-6条第2款规定的名单时漏报所造成的,委任法官可以取消对该债权人的丧失权利处分。这些债权人只能参加在其取消失权处分的请求提出之后进行的分配。

(2008年12月18日第2008-1345号法令第34条)"在规定的期限内没有按照规则申报的债权,在保护方案执行期间,以及在方案中规定的各项义务或者法院确定的各项义务均得到遵守的情况下,在方案执行之后,对债务人不具有对抗效力。没有按照规则申报的债权,在方案执行期间,对于作为共同债务人的自然人,或者对于同意为债务人提供人的担保或同意使用或转让某项财产为债务人设立担保的自然人,也不具有对抗效力。"

有关取消丧失权利处分的诉讼,只能在6个月期限内提起。该期限自开始实行程序的判决进行公告之日起计算,或者,对于《劳动法典》第L143-11-14条所指的机构,该期限自劳动合同产生的债权得到这些机构保证的期间终止时开始计算。对于持有已经进行公示的担保的债权人,或者因已经公示的合同而与债务人有关系的债权人,上述期限自他们接到向其进行的通知之日起开始计算。作为特殊情况,对于在上述6个月期限届满之前不可能知道其债权存在的债权人,上述期限得增为1年。

第 L622-27 条 如果对于第L625-1条所指的债权以外的某项债权的全部或一部存有争议,司法代理人应通知有利益关系的债权人,并要求其告知对此所作的解释。有关的债权人在30日期限内没有作出答复的,禁止其此后再对司法代理人的提议提出异议,但涉及债权申报是否符合规定的争议除外。

司法解释:

1. 适用范围:第L622-27条与第L624-3条(第2款)规定的对30日内不作答复的情况给予的制裁,仅适用于对"第L625-1条所指的债权以外的某项债权全部或一部存有争议"的情况,因此,不得扩张适用于涉及"申报债权是否符合规定"的争议(最高法院商事庭,1998年7月7日)。

2. 在适用第L.622-27条之规定时,应遵守对审原则(雷恩法院,1994年11月22日)。(1)债权人在30日期限内"没有作出答复",属于"将自己排除在有关债权的辩论之外",因此,委任法官无须对其进行传唤并听取其(辩论)意见,并且,债权人不得再对该司法官作出的"确认债权人代表所提建议"的判决提出上诉(最高法院商事庭,1993年3月30日)。(2)但是,当债权人代表寄送的信件中并没有提出实际的争议时,债权人无须作出其解释,在这种情况下,债权人(虽然在规定的期限内)没有作出答复,仍不排除其参与有关债权的辩论(巴黎法院,1996年9月20日);这样,债权人代表仅仅是向债权人通知"存在正在进行中的诉讼",而债权人在30日内没有作出答复的情况,也不适用第L.622-27条规定的制裁(最高法院商事庭,2005年3月15日)。债权人对于拒绝某一债权的决定所作的答复不充分或者不完整,不能视同"没有作出答复"(最高法院商事庭,2001年12月11日)。对债权人所作的答复的内容如何评价,属于债权人本身提出的辩论意见,因此,不属于"因没有答复而给予的制裁"的范畴(最高法院商事庭,2002年10月15日)。(3)债权人没有被剥夺权利,且委任法官也没有义务遵照债权人代表的建议,因此委任法官有权命令将其认为得到证明的债权数额登记于债权清册(凡尔赛法院,1997年1月9日)。(4)只要债权人在第L.622-27条规定的30日期限内被传唤至委任法官前,那么,该条规定的制裁也不适用于该债权人,他是否对债权人代表发出的异议信件作出答复,在所不问(最高法院商事庭,2004年12月7日)。(5)向债权人的委托代理人发出信件:当债权人是通过其委托代理人申报债权时,债权人代表发出的通知"其申报的债权受到异议"的信件可以寄给进行债权申报的该委托代理人,也可以寄给债权人本人(最高法院商事庭,2006年12月19日)。(6)由债权人的职员作出的答复:法人债权人可以由其选任的任何职员答复清算人通知"其申报的债权全部或一部受到异议"的信件,而且该职员无须证明其得到了有权代表该法人的机关为此给予的授权(最高法院商事庭,2008年9月16日)。(7)30日期限:债权人应当对债权人代表的信件作出答复的30日期限,自债权人收到信件之日起计算(最高法院商事庭,2003年1月21日)。债权人代表寄出的信件因无人领取而被退回的,只要债权人没有收到通知"其债权受到异议"的信件,30日期限均不开始计算(最高法院商事庭,2003年11月5日)。

3. 居住在国外的债权人:居住在国外的债权人不享有增加期限之利益

(巴黎法院,1993年3月16日)。

第 L622-28 条 （2005年7月26日第2005-845号法律第39条）实行程序的判决一经作出,即停止计算法定的和约定的利息,以及停止计算一切滞纳的和加收的利息,但由期限为1年或1年以上的借贷合同或附有延期1年或更长时间之支付条件的合同产生的利息除外。（2008年12月18日第2008-1345号法令第166-1条）"作为共同债务人的自然人,或者同意为债务人提供人的担保或同意使用或转让某项财产为债务人设立担保的自然人",得主张本款之规定。尽管有《民法典》第1154条之规定,由这些债权产生的已经到期的利息,可以产生利息（复利）。

实施程序的判决中止进行针对自然人共同债务人或者同意（2008年12月18日第2008-1345号法令第166-2条）"为债务人提供人的担保或同意使用或转让某项财产为债务人设立担保的自然人"提起的任何诉讼,直至法庭作出确定保护方案的判决或宣布进行清算的判决。法庭可以在此之后给予一个限期,或者同意延期支付,但以2年期间为限。

享有这种（2005年7月26日第2005-845号法律第39条）"担保"利益的债权人得采取保全措施。

司法解释：

1. "停止计算利息"的终局性质:法院作出的实行司法重整程序的判决最终停止计算产生于该判决之前的债权的利息,因此,上诉法院不能规定"从采纳企业继续经营方案的判决作出之日"重新恢复计算利息（最高法院社会庭,1996年12月10日）。第L622-28条有关"停止计算利息"的规定,适用于司法清算程序（最高法院商事庭,1989年2月7日）。

2. 排除在开始集体程序的判决作出之后产生的债权:第L622-28条的规定仅适用于"在开始集体程序的判决作出之前产生的债权"（最高法院商事庭,1995年7月11日）。（在出卖财产的合同中）订有保留所有权条款的出卖人出卖的商品实物,如果在债务人开始集体程序的判决作出之日仍然存在,后来亦被转卖时,出卖人的债权不属于这种情况（最高法院商事庭,1995年7月11日）。

3. 第L622-28条之规定不适用于信贷租赁合同（最高法院商事庭,2001年5月29日）。

4. 超过1年时间（的借贷合同）:有关"停止计算利息"的规则的例外并

不只限于在程序开始之日正在履行中的合同,这种例外也适用于在此之前已经废约或者已经解除的合同(科尔玛法院,1990年1月10日)。先后3次延长还款期限,这种情况不能使原期限为6个月的贷款转变为期限等于或超过1年的贷款(合同)(最高法院商事庭,2003年4月29日)。按照第L622-28条的规定,保证人实行司法重整程序的判决停止计算其尚未偿还的款项的利息,即使原来在债权人与主债务人之间订立的借贷合同的期限超过1年,仍然不影响对保证人停止计算利息(最高法院商事庭,1994年5月3日)。债权人持有期限超过1年的借贷合同但其债权尚未到期时,应当进行债权申报并具体说明该债权每一次到期的数额、到期日、计息方式(都埃法院,1987年11月26日)。对期限超过1年的借贷合同产生的利息所规定的例外,适用于借贷合同规定的滞纳利息(最高法院商事庭,1991年11月27日)。

5. 企业继续经营方案:由于在确定企业继续经营方案的判决中强制规定了清偿宽限期,因而引起偿还贷款的期限的延长,在债权人方面并无过错的情况下,延迟还款产生的利息应当登记为(债务人的)负债(最高法院商事庭,1993年2月2日)。债权人在债务人实行司法重整程序之前同意(向债务人)提供期限不满1年的贷款,并因企业继续经营方案强制规定比原约定的还款期限更长的期限,就延长的期限而言,该债权人有权获得合同规定的利息(最高法院商事庭,1997年10月14日)。

6. 保全措施:按照1992年7月31日关于民事强制执行程序的法令第215条的规定,如果得到批准针对自然人保证人采取保全措施的债权人在采取这种措施时并不持有执行根据,则应当在采取这种措施后的当月内,提起诉讼或者完成必要手续,以取得执行根据,即使主债务人实行司法重整程序,亦同。在此情况下提起的诉讼停止进行,直至确定重整方案的判决或者宣告主债务人司法清算的判决作出之时(最高法院商事庭,2005年5月24日)。

7. 关于禁止对保证人求偿的问题:保证人不得第一次在上诉法院主张第L622-28条第2款唯一为保证人的利益规定的"诉讼不受理"(fin de non-recevoir)(最高法院混合庭,2007年11月16日)。票据担保的签发人如同连带保证人一样承担责任,因此,签发人如果具备第L622-28条规定的条件,亦适用该条之规定(巴黎法院,1999年6月11日)。保证人主张"中止追偿"(之抗辩),构成对债权的可追偿性的实质性异议,而不属于《民法典》第703条的适用范围,因此其对法院的判决可以向上诉法院提起上诉,而直接向最高法院提起上诉不予受理(最高法院商事庭,2005年5月4日)。

8. 恢复对保证人的求偿:由债权人按照符合规定的程序针对保证人提

起的诉讼,在主债务人实行司法重整的判决被中止进行之后,可以恢复进行,无须在法院确定重整方案或者宣告司法清算的判决之后重新提出(起诉)传唤状(最高法院商事庭,2005年5月24日)。

第L622-29条 开始实行程序(2005年7月26日第2005-845号法律第40条废止:"司法重整程序")的判决,并不使在该判决作出之日尚未到期的债权成为可追偿的到期债权。一切相反的条款均视为未予订立。

第L622-30条 在开始实行程序的判决作出之后,不得再登记抵押权、(2005年7月26日第2005-845号法律第41条)"有体动产质权"、无形动产质权和优先权,也不得登记转让或设置物权的文书或此种司法判决,但是,在开始程序的判决作出之前这些文书已经取得确定日期或者已经产生执行力的情况除外。

国库,对于其在债务人开始实行程序的判决作出之日无须登记的债权,以及对于已经按照第L622-24条规定的条件进行了申报、在判决作出之日后即已进行追收的债权,仍然保留优先权。

作为对本条第1款规定的例外,营业资产的出卖人仍可登记其优先权。

司法解释
一、禁止登记担保
1. 仅限于禁止登记在(实行集体程序的)判决作出之前的担保:第L622-30条的规定仅限于禁止登记在实行程序的判决作出之前的担保(如果这种担保在该日尚未登记),而且第L632-1条准许撤销"在停止支付之日后"为该日之前缔结的债务就债务人的财产设置的担保(最高法院商事庭,1994年12月6日)。

2. 不动产出卖人的优先权:在实行集体程序的判决作出之后才进行的担保登记,对集体程序不具有对抗效力,因此,出卖人不可能提起解除不动产买卖之诉讼(行使解除买卖之诉权)(巴黎商事法院,1998年4月2日)。

3. 补充(担保)登记排除在禁止范围之外:根据1991年7月9日关于改革民事(强制)执行程序的法律所废止的《民事诉讼法典》(原)第54条的规定,在法律规定的期限内进行的(有关担保)最终登记可以溯及既往地取代(此前已经进行的)"裁判上的抵押权"的临时登记,进行(原)临时登记的日期也因此被视为最终登记日期。只要在司法重整程序开始之前进行的临时登记"不是在停止支付之日后才进行",此种登记有效,因此,即使最终登记是在司法重整程序开始之后才进行,仍然不属于第L622-30条的禁止范围(最高法院商事庭,1992年11月17日)。同样,在集体程序开始之前就营业资产进行了无形动产质权临时登记的债权人,只要是在法定期限之内,即可进行该项质权的最终登记,而且最终登记的效力追溯至临时登记之日(图卢兹法院,1994年2月10日)。

4. 关于恢复此前被注销的临时登记的问题:按照第L622-22条与第L622-30条的规定,在债务人实行集体程序的判决作出之后,不能再就其营业资产登记无形动产质权(最高法院商事庭,1995年5月9日)。

5. 就共同财产或共有财产设置的抵押权:夫妻共同财产承担夫妻双方的债务,在共同财产存续期间,夫妻一方的权利不能个别体现在共同财产之全部或一部之上,或者个别体现于共同财产的某一项财产上,因此,在夫妻一方实行司法重整程序之后,不能再登记对共同不动产设置的抵押权(最高法院商事庭,1997年5月20日)。共有人中仅有一人同意就共有财产设置的抵押权,在负担该项抵押权的财产被出卖时,转移至分配给设置这一抵押权的该共有人的价金之上。因此,夫妻双方就共有不动产设立的抵押权,对其个人就该不动产的一半享有的权利有效,并且以其享有的部分为限,即使禁止因实行司法重整的另一方配偶的原因而登记抵押权,亦同(最高法院商事庭,1995年6月20日)。

6. 对开始实行程序的判决作出之后进行的担保登记的有效性的异议:按照1955年1月4日第55-22号关于地产公告的法令第30条的规定,请求法院宣告解除、取消、撤销"由应当进行公示的文书所产生的权利"时,此种诉讼请求应当进行公示,这一规定也适用于"以约定的抵押权的登记违反第L622-30条之规定为理由"而对此项登记的有效性提出异议的诉讼请求(巴黎法院,1999年5月28日)。

二、禁止登记"转让或设置物权的文书"与司法判决

有关禁止登记"转让或设置物权的文书"或此种司法判决的规定曾被1994年6月10日法律废止,2005年7月26日第2005-845号法律又恢复了这一规定,以下判决是1994年6月10日法律之前的判决:(1)关于在债务人开始集体程序之日宣告的但没有进行公示的竞价拍卖,对债务人、其管理人以及随后的清算人均不具有对抗效力的问题,参见最高法院商事庭1992年7月7日判决。(2)法院作出判决确定作为财产出卖人的公司在实行集体程序之前进行的没有经公证文书重申的不动产买卖的有效性,该判决适用(原)第57条第1款的规定(雷恩法院,1993年9月14日)。(3)宣告撤销一

项不动产买卖的判决,既没有转移物权的效力,也没有设置物权的效力,因此,其公示不受(原)第57条的禁止性规定的约束(圣特大审法院,1993年10月5日)。(4)在实行集体程序的判决作出之后才进行的买卖的公示不产生任何效力(阿拉斯法院,1995年8月1日)。(5)"拍卖成交判决",在实行集体程序的判决之前作出,在其后才进行公示的,对集体程序不具有对抗效力(最高法院商事庭,2002年1月22日);这种无对抗效力不影响"已经将拍卖的不动产从债务人的概括财产中脱离出来的'拍卖成交'的有效性",而仅仅对属于清算人权限的拍卖价金的分配产生影响(同一判决)。

第L622-31条 持有由两个或多个实行(2005年7月25日第2005-845号法律第42-1条)"保护程序"的共同债务人缔结、背书或连带担保的债权的债权人,可以在(这些人实行的)每一程序中就其所持有的票据的面值申报债权。

第L622-32条 实行(2005年7月26日第2005-845号法律第42-1条)"保护程序"的共同债务人相互之间不得就已经进行的支付提出任何求偿之诉,但是,如果根据每一程序所支付的款项,总额加起来超过债权的本金与附加部分时,不在此限。在此情况下,超额支付的部分,按照义务承诺的顺序,转归由其他人作为担保人的共同债务人。

第L622-33条 持有实行(2005年7月26日第2005-845号法律第42-2条)"保护程序"的债务人与其他共同债务人连带承诺之义务的债权人,在开始保护程序的判决作出之前已经受领其债权之一部清偿的,只能申报扣除已经清偿的数额之后的债权;对于尚未清偿的部分,保留对共同债务人或保证人的权利。

已经进行一部清偿的共同债务人或保证人,可以申报由其进行清偿而解除债务人负担之部分的债权。

第三章 经济、社会与环保概报表[①]的制定

第L623-1条 管理人,在债务人的帮助下,以及可能由一名或数名鉴定

[①] 这项报表与以下第四章所指的"资产负债表"原文使用的是同一概念——"le bilan",因此,本处实际上是"经济、社会与环保方面的资产负债表",但两者并不是同一种报表。"le bilan"的本义为"总结"。——译者注

人协助,负责在其提交的报告中编制一份企业经济与社会概报表(le bilan)(2005年7月26日第2005-845号法律第43废止:"管理人根据这一概报表提出一项重整方案或司法清算方案")。

企业经济与社会概报表应当具体说明企业发生困难的缘由、程度与性质。

(2003年7月30日第2003-699号法律第24-1条)"如果企业经营一处或多处《环境法典》第五卷第一编意义上的分类定级设施,其经济与社会概报表还应增加管理人按照最高行政法院提出资政意见后颁布的法令确定的条件实现的环境保护方面的内容。"

司法解释:

1. 债务人的协助:本条对"没有征求债务人意见"的情况没有规定任何制裁(尚贝里法院,1998年10月23日);法律并不要求概报表应当得到债务人批准并由其签字(同一判决)。

2. 协助管理人负责编制企业经济与社会概报表的鉴定人,在提出意见之前,没有义务向一方当事人传达另一方当事人作出的解释说明,而只需要就鉴定人的报告以及管理人的书面解释说明在法官前进行对席辩论(最高法院商事庭,1995年3月28日)。

第L623-2条 不论立法或条例有何相反规定,委任法官均可取得由企业的会计监察人(2005年7月26日第2005-845号法律第44条)"或会计师"、企业员工的成员与代表、管理人、公共机构、社会保险与互济组织、(2009年7月15日第2009-866号法令第17条)"信贷机构"、金融公司、(2013年1月28日第2013-866号法律第22条)"电子货币机构、支付机构"以及负责汇总银行风险与支付事件的中心报送的能够反映债务人(2005年7月26日第2005-845号法律第44条)"经济、财务、社会与概括财产方面的"准确状况的各种信息。

第L623-3条 管理人从委任法官处接收有益于其本身和鉴定人完成任务的各种情况。

在(2005年7月26日第2005-845号法律第45条)"对享有本《法典》第L611-8条或《农村及海洋渔业法典》第L351-6条所指的经认可的协议之利益的企业"实行程序的情况下,管理人还可接收(2005年7月26日第2005-845号法律第45条)"第L611-6条"所指的鉴定报告,或者在相应情况下,接收《农村及海洋渔业法典》第 L351-3 条与第 L351-6 条所指的鉴定报告与汇报。

管理人征求(2005 年 7 月 26 日第 2005-845 号法律第 45 条废止:"债务人与")司法代理人的意见,并听取任何可以告知企业目前状况与重整前景、清理负债方式以及继续经营活动的社会条件等情况的人的意见。(2005 年 7 月 26 日第 2005-845 号法律第 45 条)"管理人将这些意见告知债务人并听取其作出的说明"(2008 年 12 月 18 日第 2008-1345 号法令第 37 条废止:"与建议")。

管理人向(2005 年 7 月 26 日第 2005-845 号法律第 45 条废止:"债务人与")司法代理人与企业委员会报告其工作进展情况;在没有设立企业委员会的情况下,向企业的员工代表报告这些情况(2008 年 12 月 18 日第 2008-1345 号法令第 37 条废止:"管理人就其根据所接收的信息与提议考虑采取的措施征求债务人的意见")。

(2005 年 7 月 26 日第 2005-845 号法律第 45 条)"如果债务人从事的是受法律与条例特别规范、名称受到保护的自由职业,管理人应征求债务人所隶属的行业公会或有权限的主管机关的意见"。

第四章　债务人概括财产的确定

第一节　债权的审核与准许登记

第 L624-1 条　司法代理人,在法庭确定的期限内,要求债务人说明其意见之后,制订已经申报的债权的清单,并附上其关于哪些债权准许登记、驳回登记或者移送有管辖权的法庭进行审核的建议。司法代理人将其编制的债权清单呈送委任法官。

债务人在最高行政法院提出资政意见后颁布的法令确定的期限内提出其意见说明。

债务人在规定的期限没有提出意见的,不得再对司法代理人的提议提出任何异议。

对于已经申报但在上述期限内制订的清单上没有记载的债权,司法代理人不得以其(就这些债权所做的工作的)名义取得报酬,(2005 年 7 月 26 日第 2005-845 号法律第 46 条)"但是,对于在此期限之后按照第 L622-24 条最后两款的规定申报的债权,司法代理人仍可取得报酬"。

司法解释:

1. 债权人名单的确定:1985 年 1 月 25 日法律及其实施条例中没有任何条文规定,在债权人代表进行债权审核时,禁止债务人提出其在此前提交的说明中并未援用的方法,以支持其提出的异议(最高法院商事庭,1993 年 1 月 19 日)。按照 1985 年 1 月 25 日法律第 100 条(现第 L624-1 条)的规定,债权人代表在制订已申报的债权清单时,有义务要求债务人说明其意见,但是,这一法律中并无任何条文规定,在债权人代表可能没有提请债务人参与审核负债的情况下,委任法官作出的准许债权登记的决定将以无效论处(巴黎法院,1998 年 1 月 30 日)。

2. 第 L624-1 条提到的是(债务人)"简单的说明意见",因此,如果债务人在审核债权时持有异议,不能将此种情况视同向法院起诉,因为,当债务人是法人时,向法院起诉要求代表该法人的职员证明其持有准许其提起诉讼的(专门)授权书(兰斯法院,2001 年 6 月 6 日)。

3. 如果债务人疏于(在一审)向债权人代表提出其要求"驳回某项债权登记"的申请,以便委任法官按照第 L624-2 条所定规则作出审理裁判,在这种情况下,由于其没有遵守两审终审规则,债务人在上诉法院第一次提出的这项请求不予受理(巴黎法院,1990 年 6 月 12 日)。

4. 债权人代表的责任:一项债权申报明显超过规定的期限,而且提出"取消失权处分"之申请的期限也已经过,债权人代表仍然向委任法官建议准许该债权进行登记,因此违反其义务,应当对债务人的保证人承担责任(最高法院商事庭,2003 年 1 月 7 日)。

第 L624-2 条　委任法官根据司法代理人的建议,决定承认或者拒绝哪些债权登记①,或者确认(相关)诉讼正在进行之中,或者确认有关的争议不属于其管辖权限。在没有严重争议的情况下,委任法官在指定其履行此种职务的法院的事物管辖权限内,对于针对债权登记的申请提出的任何反对理由,也有进行审理裁判的管辖权限。

---

① 这里所说的"准许债权登记",原文为"admission des créances",按照字面意思为"承认债权",指在司法重整程序与司法清算程序中委任法官作出的"承认某项债权存在及其有效性与数额的裁定"。——译者注

司法解释：

1. 委任法官的权力与管辖权限：(1) 除薪金雇员的债权之外，委任法官唯一有管辖权限就债权申报事由作出审理裁判，其中包括对债权是否存在之事由作出裁判（最高法院商事庭，1998年10月27日）。委任法官在对某一债权进行审理、裁判时，并无义务遵从债权人代表的建议（最高法院商事庭，1994年3月8日）。因此，委任法官可以决定准许某项债权作为无担保债权进行登记，即使在委任法官受理之前，债权人代表对该债权在申报时所主张的优先权没有提出任何异议（最高法院商事庭，1998年5月19日）。(2) 与此相反，在债权人代表事先并未提出有关准许某项债权登记的任何建议的情况下，委任法官作出准许该债权登记的裁定，这一裁定应当撤销（格勒诺贝尔法院1990年3月29日）。(3) 除涉及第L622-24条第2款所指的债权外，排除委任法官作出的任何附条件的裁定（最高法院商事庭，1995年5月9日）。委任法官决定"部分驳回某项债权申报"时，应当指明其据以作出这项决定的理由，因为，按照第L624-2条的规定，在任何情况下均不免除委任法官说明其所作决定的理由（都埃法院，1993年6月17日）。委任法官以一项终审裁定驳回某项已经申报的债权（的登记）但未说明理由，违反《民事诉讼法典》第455条的要求（最高法院商事庭，1997年2月25日）。(4) 对于在集体程序的判决作出之后仍然有待计算的利息，委任法官应当指明其认定的计算利息的方式，而不是确定的利息的数额，其作出的决定，在这种计算方式的限度内，具有承认这项"利息债权"的效力（最高法院商事庭，1999年10月26日）。(5) 债权审核程序的目的仅仅是为了确定已申报的债权的存在、数额或性质（最高法院商事庭，1997年4月22日）。因此，实行司法重整或司法清算的债务人不得向委任法官提出"请求清偿之反诉"（凡尔赛法院，1998年10月8日）。但是，申报债权是债权审核程序的不可分割的组成部分，因此，评判某项债权申报是否具有"滥报"性质，属于债权审核程序（之范围），对滥行申报债权引起的损失提出损害赔偿的诉讼请求，在委任法官前得予受理（同一判决）。(6) 委任法官依职权适用《民法典》第1244-1条之规定进行审理裁判，超越了其权限（本案涉及的是"将债务人进行的清偿优先用于清偿本金"，而且《民法典》规定首先应用于清偿利息）（图卢兹法院，2001年11月15日）。(7) 上诉法院作为"债权审核法官"时对中断合同之事由作出裁判，超越了其依据第L624-2条可以享有的权力（最高法院商事庭，2003年2月18日）。(8) 同样，对债权人在履行合同时应当承担的责任作出宣告,不属于负责债权审核的委任法官的管辖权限(最高法院商事庭,2004年9月21日)。宣告企业在临界期内实施的某项行为无效,亦不属于债权审核法官的权限(参见第L632-4条)。(9)按照2007年3月25日第2007-431号法律第101条与第102条的规定,在相关事由属于作出实行集体程序的判决的法院的管辖权限时,委任法官有权就准许或驳回某项债权登记作出审理裁判,因此,有权对债权人公司援引的无形动产质押的有效性作出宣告,并确定有争议的债权的真正性质(最高法院商事庭,1998年5月19日);与此相反,委任法官没有管辖权限就产生债权的合同之(有效还是)无效作出宣告(最高法院商事庭,2004年5月19日)。(10)当实行集体程序的判决作出之日仲裁诉讼并不在进行之中但向受理争议的委任法官援用仲裁条款时,该法官应当在审核债权申报是否符合规定之后宣告其对此事由没有管辖权,仲裁协议明显无效或者明显不能适用的情形除外(最高法院商事庭,2004年6月2日)。

2. 正在进行中的诉讼:(1)当委任法官确认(相关的)"诉讼正在进行当中"时,该法官便没有权力同时决定承认还是驳回债权登记。这里所说的"正在进行中的诉讼"是指针对债务人提起的诉讼,而不是由债务人提起的诉讼(最高法院商事庭,2008年5月27日),或者是指针对实行集体程序的公司的经理提起的诉讼(最高法院商事庭,2005年5月10日)。(2)在劳资纠纷仲裁法庭正在为确定债权数额进行诉讼的情况下,委任法官就薪金债权的命运(承认或者驳回登记)作出的裁定,这一裁定应当宣告无效(都埃法院,1987年11月19日)。(3)债权人就上诉法院作出的驳回其要求债务人清偿债务的诉讼请求的判决向最高法院提起上诉,不属于第L624-2条意义上的"正在进行之中"的诉讼①,因此原判决已取得既判力,应当得到执行(最高法院商事庭,1994年6月14日)。(4)按照第L622-21条与第L622-22条的规定,只有在集体程序开始之日正在事实审法官前进行的诉讼,才能取消委任法官"承认还是驳回债权登记的权力"(最高法院商事庭,1995年3月14日)。(5)在债务人开始实行集体程序之日不存在"正在进行中的诉讼"的情况下,债权人在申报债权之后只能遵照(对债务人的)负债审核程序,请求确认其"债权原则"以及确定其债权数额(最高法院商事庭,2000年1月4日)。(6)确认(某一)"诉讼正在进行中"的裁定没有受到任何异议时,这一裁

---

① 因为,向最高法院上诉仅仅是"法律审"而不是"事实审",也不是原诉讼的第三审级。——译者注

定使委任法官停止管辖，因此不得就同一债权向委任法官提出任何新的请求（最高法院商事庭，2008年7月8日）。(7)按照(原)第L621-46条的规定，债权没有在规定的期限内进行申报，"丧失权利处分"也没有被取消，这一债权属于已经消灭的债权，因此，只要没有就"取消失权处分"作出不可撤销的裁定，便不得对是否准许该债权进行登记作出审理裁判（最高法院商事庭，1997年1月14日）。(8)委任法官唯一有权限就(是否)准许将某项债权登记为债务人的负债作出审理裁判，在债权人对保证人提起清偿之诉的情况下，委任法官无须等待受理该诉讼的法官作出判决而推迟裁判，审理担保事由的法官作出的判决仅在债权人与保证人的关系中产生强制力，不论是否属于连带担保（最高法院商事庭，2004年2月11日）。

3. "承认债权登记的裁定"(décision d'admission)的概念：上诉法院的判决指出，委任法官签署了由债权人代表制定的已经申报的债权的清册，其中包括债权人代表提出的"准许没有争议的债权进行登记"的建议，由此可以推断委任法官已经准许(承认)这些债权(最终)登记（最高法院商事庭，2004年11月23日）。

4. 既判力：既判力扩张至担保的性质。一项没有获准登记的抵押债权，不能对抗已经在债权清册上登记的其他抵押债权人（最高法院商事庭，1999年7月6日）。债权人在事实审法官前没有援用"准许债权登记的裁定已经取得既判力"之理由，在最高法院上诉审中不得第一次援用这一理由（最高法院商事庭，1995年6月20日）。委任法官准许将某项债权登记为债务人的负债，就该债权的存在与数额而言，委任法官的准许意味着对保证人产生既判力，保证人针对按照法令规定的条件向法院书记室交存的债权清册提出异议的情况除外（最高法院商事庭，1996年10月22日）。

5. 债权获准登记的证据(preuve d'admission)：(如果存在争议)应当由"其债权的存在有争议"的债权人提出证据，证明其债权已经获准登记为债务人负债（最高法院商事庭，1999年4月13日）。

6. 诉讼因逾期而失效[①]：法律规定"诉讼因逾期而失效"的目的是对诉讼当事人在提起诉讼之后(采取)的不行为(的态度)进行制裁，但是，(在集体程序中)债权人一经申报债权，便不再有任何需要其完成的其他行为，因

[①] 按照《民事诉讼法典》第386条的规定，所谓"诉讼因逾期而失效"，是指原告在提起诉讼以后2年期间不实施任何诉讼行为，该诉讼即告失效。这种"诉讼失效"是对"进行诉讼的期间"加以限制，与一般的诉讼时效期间并不相同。——译者注

此,债务人不得以"诉讼因逾期而失效"为理由主张其负债已经消灭(最高法院商事庭,2004年11月9日)。

第L624-3条 对于委任法官按照(2005年7月26日第2005-845号法律第47-1条)"本节之规定"作出的裁定,债权人、债务人(2005年7月26日第2005-845号法律第47-1条废止:"或者管理人,在其负有管理任务时")以及司法代理人均可提出救济申请。

但是,债权全部或部分存有争议并且在第L622-27条所指期限内没有回复司法代理人的债权人,在委任法官所作的裁定是确认司法代理人的建议的情况下,不得对该裁定提出上诉。

最高行政法院提出资政意见后颁布的法令具体规定第1款所指的上诉的条件与形式。

司法解释:

1. 债权人没有答复:按照第L624-3条第2款的规定,"债权全部或部分存有争议",并且在第L622-27条规定的期限内没有答复司法代理人的债权人,不能对委任法官作出的确认司法代理人建议的裁定提起上诉,但是,与此相反,当委任法官没有确认司法代理人的建议时,债权人仍然享有提起上诉的权利(最高法院商事庭,2003年4月1日)。

2. 救济申请的形式:按照第L624-3条的规定,对委任法官就准许债权登记作出的裁定可以提出救济申请,其中包括对该司法官宣告其没有管辖权的裁定提出救济申请,其形式是"向上诉法院提起上诉"(appel)(最高法院商事庭,1995年10月10日)。因此,向集体程序法庭提出"取消缺席裁判"之异议以及针对"缺席裁判异议"作出的判决向上诉法院提起上诉,均不予受理(最高法院商事庭,2000年2月15日)。在通知书中指明(可以运用)的救济途径有错误时,如果该救济途径为法律所禁止,则不能产生"运用此种救济途径"之效果(巴黎法院,1991年3月5日)。

3. 债务人提出救济申请:按照第L624-3条的规定,实行司法重整的债务人可以对委任法官就"债务人持有异议的债权"作出的裁定提出救济申请(最高法院商事庭,1999年6月22日)。与此相反,债务人如果没有向债权人代表提出其对某项债权持有异议,委任法官因此没有受理债务人的异议,自然也就未能对其作出审理裁判,在此情况下,债务人对(委任法官作出的)准许某项债权登记的裁定向上诉法院提起上诉,不予受理(最高法院商事庭,

1992年2月4日)。只有针对委任法官就异议作出的裁定,才能按照第L624-3条的规定向上诉法院提起上诉,债务人按照法令规定的条件参与已经进行的债权审核且没有提出任何异议,此后再对委任法官根据债权人代表的建议作出的裁定提出"无效—上诉"(nullité-appel),不予受理,即使(在审核中)漏于写明某项债权"申报因过期而丧失权利"(最高法院商事庭,1997年1月14日)。

4. 根据第L624-3条的规定,当有关事由属于宣告债务人实行司法重整程序的法庭管辖时,债务人即使已经被停止对其财产的管理与处分(权利),仍然可以对委任法官作出的"准许"或者"驳回"债权登记的裁定向上诉法院提起上诉,因此,当司法重整判决作出之日因该判决作出之前的原因提起的旨在请求判决债务人支付一笔金钱的诉讼正在进行时,债务人在此情况下同样有自己的权利运用法律规定的途径,对法院就所涉债权的存在与数额提出救济申请(最高法院商事庭,1993年5月11日)。

5. 司法代理人的申请救济权:参见最高法院商事庭1990年10月16日判决。

6. 资产受让人的申请救济权:第L624-3条规定的救济权不对债务人的全部或部分资产的受让人开放,受让人可以如同除第L624-3条所指以外的其他任何利益关系人一样,对按照法令规定的条件向法院书记室交存的债权清册提出异议(最高法院商事庭,1993年3月30日)。

7. 上诉法院在受理针对委任法官的裁定提起的上诉时,只能在此权限的限度内进行审理裁判(也就是说,债务人提起的反诉不予受理)(最高法院商事庭,2001年2月6日)。

第L624-3-1条 (2008年12月18日第2008-1345号法令第38条)委任法官宣告准许债权登记或驳回债权登记的裁定,或者宣告其没有管辖权的裁定,记载于交存至商事法院书记室的(与本程序有关的各项裁判决定的)登记簿。任何利益关系人,均可按照最高行政法院提出资政意见后颁布的法令具体规定的条件向委任法官提出要求,但第L624-3条所指的人除外。

第L624-4条 如果按照本金计算债权额不超过宣告实行(集体)程序的法庭的终审管辖权的价额,(2005年7月26日第2005-845号法律第47-2条)"在本节规定的情况下",委任法官作出的裁定为终审裁判。

司法解释：

按本金计算,债权不超过宣告实行(集体)程序的法庭的"终审管辖权价额"时,委任法官对债务人就该债权提出的异议作出终审裁判,因此,对委任法官的这一裁定,可以根据新《民事诉讼法典》第605条的规定向最高法院提出上诉(最高法院商事庭,1993年1月19日)。

第二节 配偶的权利

第L624-5条 实行(2005年7月26日第2005-845号法律第48条)程序的债务人的配偶,按照夫妻财产制的规则(2005年7月26日第2005-845号法律第48条)"以及第L624-9条与第L624-10条规定的条件",确认其个人财产由哪些具体项目组成。

第L624-6条 (2012年1月20日第2012-212号法令废止:司法代理人或者管理人,得以任何方法证明债务人的配偶的哪些财产是使用债务人提供的资金取得的,并要求将由此取得的财产归入(债务人的)资产。)

司法解释：

1. 在婚姻存续期间利用来自夫妻共同财产的资金在妻子自有土地上建起的建筑不动产本身仍然属于一方的自有财产,因此,不适用于第L624-6条之规定,但已经对另一方给予了补偿的情形除外(最高法院商事庭,2003年6月24日)。

2. 夫妻一方取得的财产:第L624-6条之规定仅涉及实行集体程序的债务人的配偶取得的财产(因此,法院驳回由清算人提出的将债务人的儿子取得的一宗不动产归入债务人资产的请求)(最高法院商事庭,2005年5月24日)。

3. 适用条件:第L624-6条的适用,不以取得的财产的价金已经全额支付为前提条件(最高法院商事庭,1996年1月23日)。第L624-6条之规定的适用,不以在债务人开始集体程序之日夫妻关系仍在继续为前提条件(最高法院商事庭,2007年1月16日)。

4. 证据:简单证明配偶一方在取得财产之当时并不拥有用于支付财产价金的个人资金或个人收入,此种证明即属足够,因为这种证据可以证明(配偶)在取得该财产时使用了债务人的收入(贝藏松法院,1997年11月21日)。

第 L624-7 条 按照第 L624-5 条的规定将这些财产归入债务人资产时，财产上依法负担的债务或抵押权继续由该财产负担之，且以此为条件。

第 L624-8 条 （2005 年 7 月 26 日第 2005-845 号法律第 49 条）债务人的配偶在结婚时或者在结婚当年或随后一年内是（2008 年 12 月 18 日第 2008-1345 号法令第 40 条）"农业生产者"或者商事、手工业或其他任何独立的职业活动的从业者时，不得在（债务人）实行保护程序时就婚姻财产契约或婚姻存续期间夫妻一方给予另一方的利益提起任何诉讼。债权人也不得主张夫妻一方给予另一方的利益。

第三节 动产出卖人的权利以及动产的追还与返还

第 L624-9 条 动产的追还（权）①，只能在宣告实行（2005 年 7 月 26 日第 2005-845 号法律第 50 条废止："司法重整或者司法清算"）程序的判决公告之日起 3 个月期限内行使。

（2008 年 12 月 18 日第 2008-1345 号法令第 41 条废止：对于作为上述程序开始之日正在履行的合同标的的财产，追还期限自合同解除或期满之日起计算。）

司法解释：
一、适用范围
（一）本条涉及的程序
1. 早在 1994 年 6 月 10 日法律之前，最高法院就作出判决认为（原）第 115 条的规定适用于司法清算程序（最高法院商事庭，1990 年 2 月 13 日）。这一判决后来得到出自 1994 年 6 月 10 日法律的《商法典》第 L622-3 条与第 L622-4 条条文的确认。
2. 关于在买受人司法重整程序开始之后（出卖人）追还按照保留所有权条款出卖的商品，参见凡尔赛法院 1990 年 2 月 22 日判决。
3. 在债务人实行集体程序之前即已开始的追还财产的诉讼，不适用第 L624-9 条之规定，按照第 L622-23 条的规定，此种诉讼只应对清算人继续进

---

① 本节规定的"动产的追还"，是在保护程序中有关"取回权"的规定，2005 年 7 月 26 日第 2005-845 号法律第 50 条废止了这一条文中原有的"司法重整或者司法清算"的限定，而笼统地改为"程序"，这意味着不限于"破产清算组接管破产企业移交的财产"时，对于不属于破产企业的那部分财产，其所有人有从破产管理人处取回的权利"。——译者注

行,而且不必限制在3个月期限内通知清算人参加该诉讼(最高法院商事庭,1996年7月9日)。

(二) 可追还的动产

1. 排除(追还)依据留置权而持有的动产:享有留置权的动产受寄托人,为了恢复占有其因欺诈或胁迫而被剥夺占有的动产,无须遵守第L624-9条之规定(最高法院商事庭,1995年1月3日)。汽车修理厂享有的留置权可以对抗所有的债权人,不论是享有优先权的债权人还是无担保债权人(波城法院,1994年10月13日)。

2. 信贷租赁(1994年6月10日法律之前的判例):在1994年6月10日法律之前(现为第L624-9条与第L624-10条),不论提出追还财产请求的法律原因与所援用的证书(名义)如何,信贷出租人都只能在宣告(债务人)实行司法重整的判决作出之后的3个月期限内通过追还财产之诉主张对作为合同标的的财产的所有权(最高法院商事庭,1991年10月15日)。有关在集体程序中管理人没有继续履行的信贷租赁合同所涉及的设备的返还请求,适用这些规定(最高法院商事庭,1991年10月15日);与此相反,只要信贷租赁合同仍在继续履行,就应当通过请求"解除继续履行的合同"的途径请求返还作为该合同标的的动产,而不是通过提起追还财产之诉讼来请求返还(最高法院商事庭,1996年6月25日)。以推定管理人放弃继续履行合同为基础,请求追还信贷租赁之标的物,并不引起适用第L622-9条的一般性强制规定的例外(最高法院商事庭,1992年3月17日)。在法律规定的期限内没有提出追还财产的请求,委任法官可以有效批准出卖作为信贷租赁标的物的车辆,以利于(债务人的)全体债权人(最高法院商事庭,1993年5月11日)。只要信贷租赁合同被解除,信贷出租人即丧失要求追还已经成为全体债权人共同担保物的出租财产的权利,但是信贷出租人丧失追还权并不为司法清算人带来针对出卖人提起解除该财产买卖并返还价金之请求的权利,因为(对于在租赁合同解除之前已经揭示出来的财产的缺陷)清算人仅保有依据"担保转移条款"取得信贷承租人所受损失的赔偿权利(最高法院商事庭,1998年1月6日)。由于信贷承租人实行集体程序并未引起此前订立的信贷租赁合同被解除,那么,信贷出租人仍然有义务履行自己的义务,直至委任法官对司法管理人规定的作出选择决定的期限终止时为止,或者直至司法管理人在此期限之前或在此期间明确放弃履行合同为止(最高法院商事庭,1995年5月9日)。信贷出租人丧失追还财产的权利,对其"可以按照合同主张的权利"并无影响,特别是在合同解除的情况下,更是如此,因此,不妨碍其因合同被解除而应当得到的补偿金以及就财产的剩余价值登记其债权(最高法院商事庭,1998年2月3日)。债务人实行司法重整的方案被解除,引起新的独立程序的开始,在这种情况下,信贷出租人可以自开始新程序的判决作出起3个月期限内行使追还财产的权利,无须查明他在前一程序中是否已提起追还之诉(最高法院商事庭,1995年6月20日)。在债务人实行程序的判决公告起3个月内没有行使所有权人之权利的信贷出租人,不能再要求实物追还其出租的财产,也不得追还用于取代该财产的价金,而只能对债务人主张"其在程序中可以按照规定申报的债权"(巴黎法院,1994年11月25日)。与此相反,管理人为履行信贷租赁合同规定的给付而选择继续履行该合同,继续履行合同意味着无须信贷出租人提出追还财产之诉即已承认其对出租财产的所有权(最高法院商事庭,1994年12月6日)。只要信贷租赁合同规定"只有在信贷承租人接收设备之日合同才能生效",当信贷承租人是在其实行司法重整程序之后才收到设备时,在这种情况下,信贷出租人无须遵守第L624-9条之规定(最高法院商事庭,1995年5月16日)。

3. 无偿出借(财产):第L624-9条之规定适用于出借财产的所有权人,即使是无偿借贷(最高法院商事庭,1997年1月28日)。

4. 无形动产:第L624-9条强制规定,针对实行集体程序的人主张所有权的人有义务在3个月期限内提出追还财产之请求,这项义务并不局限于有体动产(最高法院商事庭,1995年11月21日)。

5. 关于可替代物的追还,参见第L622-24条。

6. 作为争讼物而寄托的资金的追还:作为争讼物而寄托的资金(例如,出卖营业资产的价金),如果在各有关当事人没有同意的情况下被错误地交给了清算人,这笔资金并未进入实行司法清算的债务人的概括财产,因此无须针对其提出追还之诉(最高法院商事庭,2000年6月6日)。

(三) 与"动产追还扣押"相区别

向法官请求批准实行动产追还扣押(saisie-revendication)的债权人,提起的并不是追还财产之诉讼,而是请求采取强制执行措施,因此,不适用第L624-9条之规定(最高法院第二民事庭,1999年2月18日)。

二、追还(财产的)制度

(一) 没有申报债权

债权申报并不是"追还按照保留所有权条款出卖的商品"的一项(前提)条件(最高法院商事庭,1992年10月20日)。

(二) 追还(财产)的期限

1. 虽然说(债权人如果)没有提出追还(财产)的请求将导致其所有权不具有对抗集体程序的效力,但这不会引起所有权消灭,也不会将所有权转移给债务人,因为一方"因逾期而丧失权利"并不构成(另一方)取得权利的一种方式,由此而论,在债务人与出租人的关系中,(出租人)没有提出追还(财产)请求并无影响(本案指在债务人取得继续经营方案的情况下)(最高法院商事庭,2000年1月4日)。在第L624-9条规定的期限内没有提出追还财产的请求,不能对抗对(通过信贷租赁方式)出卖的设备享有保留所有权条款之利益的人,信贷出租人仍然占有这些设备,而实行清算程序的使用人(信贷承租人)不过是这些设备的"单纯持有人"(simple détenteur)(凡尔赛法院,1998年6月25日)。在1994年6月10日法律之前,追还财产的期限开始之日是实行集体程序的判决作出之日而不是该判决公告之日,1994年法律之后,该日期为判决公告之日。

2. 后来宣告的司法清算对行使诉权的条件不产生影响(最高法院商事庭,1991年11月27日)。订有保留所有权条款,价金在集体程序开始时尚未支付的动产买卖合同,并不是第L622-13条(原第L621-28条)意义上的"正在履行中的合同",因为追还财产的期限以实行集体程序的判决公告之日为计算起点(最高法院商事庭,2004年5月5日)。如果商品仍然在实行集体程序的(债务人)公司的场所内,没有证据证明该程序开始时有任何"正在执行中的订货"(合同),其后也没有任何订货(而只有这种订货才能证明订货合同在继续履行),那么,追还财产之诉的3个月期限,按照第L624-9条第1款的规定,自司法重整程序的判决作出之日起开始计算(巴黎法院,2001年9月10日)。在经邮政途径向委任法官寄送申请的情况下,只需要信件是在3个月期限终止之前发出即可,不要求在此期限到期之前收件人已收到信件(最高法院商事庭,1991年10月1日)。法院判决,仅仅是在有效时间里提出了追还请求并不足够,而应当是有管辖权的法庭在该期限内已经受理了提出的(追还)请求(最高法院商事庭,1997年2月11日)。《民事诉讼法典》第643条规定的期间延长不适用于本《法典》第L624-9条就向司法代理人提出追还财产之请求所规定的期间(最高法院商事庭,2006年2月7日)。

(三) 追还诉讼的当事人

1. 什么人可以提出追还财产请求?(1) 受第L624-9条之规定调整的追还诉权,仅赋予实行司法重整或司法清算的债务人所持有之物的所有权人,因此,只有这些所有权人才能提起追还财产之诉讼。信贷承租人将其承租的财产转租给后来才实行司法重整的(另一)用户,没有资格提起追还该财产之诉讼(最高法院商事庭,1995年6月13日)。(2) 在(涉及信贷租赁财产的)转租合同没有继续履行的情况下,请求返还转租标的物的追还之诉,只能由(财产的)所有权人(即信贷出租人)提起,不能由主承租人(转租人)提起(最高法院商事庭,1997年5月20日)。(3) 按照《民法典》第1915条的规定,受寄托人有义务实物返还交付其保管的原物,(在其将标的物转寄托于他人时)有权利从"转受寄托人"手中追还该财产(最高法院商事庭,2000年11月14日)。(4) 追还财产的诉讼应当在第L624-9条确定的期限内提起(同一判决)。由于董事长唯一有权对第三人代表公司,因此由公司总经理以"简化的股份有限公司"的名义提起的追还之诉不予受理(最高法院商事庭,2002年7月2日)。

2. 可以针对什么人提出追还财产的请求? 在信贷租赁中,即使持有租赁设备的人不是信贷出租人的债务人,追还之诉完全可以针对设备持有人提出(最高法院商事庭,1995年10月24日)。

3. 保证人:只要债权人没有在法定的期限内提出追还财产,从而使保证人丧失其本可以享有利益的权利,保证人就有依据主张解除其保证义务(最高法院商事庭,1995年2月14日)。出卖人既享有担保买卖价金支付的连带保证,又订有保留所有权条款,在此情况下,没有任何法律条文规定其针对保证人行使求偿权时需要事先提出追还财产之请求(最高法院商事庭,1994年6月14日)。

三、管辖权

法院判例认为,没有任何法律条文禁止保留所有权条款的受益人以保全名义向大审法院院长提出实施追还扣押之请求(巴黎法院,1991年12月12日)。

四、形式

1. 申请的形式:在3个月期限内通过邮政途径向委任法官提出诉状(申请)请求追还财产,得予受理(巴黎法院,1990年1月5日)。与此相反,向委任法官寄送的挂号信仅仅是向债权人代表提出的协商追还财产的请求的副本,只要这封信件不包含任何诉讼请求(哪怕是默示的请求),也就没有请求委任法官作出任何裁判决定,因此无须受理任何追还之诉,因为法官仅有义务审理向其提出的请求(最高法院商事庭,1992年1月21日)。

2. 授权:申请追还财产属于提起诉讼,财产所有权人可以自己提出诉状(最高法院商事庭,1995年5月9日)。所有权人是法人时,如果是由法律规定的代表法人的机关提出诉状（申请），可以由任何持有授权完成此项行为的职员寄送给委任法官，而不需要遵照诉讼委托代理所适用的规则（最高法院商事庭，1997年6月3日）。

第 L624-10 条　如果涉及某项财产的合同原已进行公示，所有权人免于申请确认其对该财产享有所有权。（2005年7月26日第2005-845号法律第51条）"财产所有权人得按照最高行政法院提出资政意见后颁布的法令规定的条件要求返还财产"。

司法解释：

1. 已经进行公示的合同：持有原已进行公示的合同而向（现在才）实行集体程序的债务人交付了动产的任何所有权人，可"免于申请确认其财产所有权"（最高法院商事庭，2005年3月15日）。因此，营业资产租赁经营人按照规定已经公示的租赁经营合同，无须按照法律要求的形式进行第二次公示，并免除申请确认对营业资产的所有权（同一判决）。债务人与金融机构之间订立的合同没有进行任何公示，该金融机构不能享有《商法典》第L624-10条规定的利益，因此，即使清算人知道金融机构（对某项财产）享有所有权，该机构仍应通过追还财产之途径提起诉讼（最高法院商事庭，2005年2月15日）。

2. 进行的公示不符合规定的情况：如果已进行的公示不符合规定，将导致信贷出租人的权利不能对抗其他债权人与清算人（最高法院商事庭，2001年12月4日）。

3. 债权转让：转让债权并不构成所有权的转让，因此，不会使信贷出租人丧失提出追还信贷租赁合同标的物的权利（都埃法院，2003年11月6日）。

4. 吸收合并：一家银行吸收并购一家信贷租赁公司，吸收合并合同进行了公示，吸收银行当然取代以该被吸收公司的名义在（债务人）实行集体程序之日已经进行的公示的利益，因此，该银行提出请求，要求返还作为已经公示的信贷租赁合同标的物的财产，此种请求得予受理（都埃法院，2003年11月6日）。

第 L624-10-1 条　（2008年12月18日第2008-1345号法令第42条）返还财产的请求权按照第L624-9条或者第L624-10条规定的条件得到承认，并且涉及的财产是(集体)程序开始之日正在履行中的合同的标的时,应在合同解除之日或者合同到期时进行该财产的实际返还。

第 L624-11 条 （2005年7月26日第2005-845号法律第52条）《民法典》第2102条(现第2332条)第四项为动产出卖人的利益规定的优先权与财产追还权以及解除买卖之诉权,只能在本《法典》第L624-12条至第L624-18条规定的范围内行使。

第 L624-12 条 在开始(2005年7月26日第2005-845号法律第53条)"实行程序"的判决作出之前依据法院判决或者因具备解除条件而已解除买卖的商品,如其全部或部分实物仍然存在,得予追还。

即使买卖的解除是在开始(2005年7月26日第2005-845号法律第53条)"实行程序"的判决作出之后才由法院判决宣告或者确认,如出卖人在开始(该)程序的判决作出之前即以没有支付价金之外的其他理由提起了追还商品或解除买卖之诉讼,应同样准许其追还财产。

第 L624-13 条 发运给债务人的商品,只要在债务人的库房内或者在为其从事代销的行纪商的库房内尚未进行任何交付,可请求追还。

但是,商品在运达上述库房之前,已经凭有效发票或者运输凭证再行转卖且没有诈欺行为时,追还财产诉讼不予受理。

第 L624-14 条 尚未交付或者尚未发运给债务人或者尚未发送给为债务人的利益进行活动的第三人的商品,出卖人得予留置。

第 L624-15 条 所有权人为进行承兑或者专门用于确定的支付项目而出具的商业票据或者其他尚未兑付的票据,如仍然在债务人持有的全部有价证券之内,得请求追还之。

第 L624-16 条 （2008年12月18日第2008-1345号法令第43条）以不确定占有(暂时持有)的名义交付给债务人的动产,或者被债务人转移至托管财产之内但其仍然保留使用权或收益权的动产,只要实物仍在,得予追还。

（2006年3月23日第2006-346号法令第48-1条）已经出卖但订有保留所有权条款的财产,如在(集体)程序开始时仍处于实物状态,得请求追还。此种保留所有权条款应当是当事人之间最迟在交付财产时达成的书面协议中订立的条款,也可以是在调整全部商业往来业务的书面文件中订立的条款。

动产虽然附合于另一动产,如将它们分开并不会对两项财产造成损害,可以按照相同条件要求追还其实物。如在债务人手中或者在为债务人利益开展活动的人手中持有同类、同等质量的财产,也可以对此种可替换财产请求追还实物。

(2005年7月26日第2005-845号法律第54条)"任何情况下,如果按照委任法官的决定,买卖价金已立即支付,则无必要追还财产。委任法官也可以经请求追还财产的债权人的同意,准许给予一个结清价金的宽限期;在此情况下,价金的支付被视同对第L622-17条第一项所指的债权的清偿。"

司法解释:
一、第L624-16条第1款的适用范围

1. 法院判决认为,与第L624-9条的规定不同,第L624-16条的规定是对"以寄托的名义"寄存至债务人之手的商品的特别规定,或者是对为所有权人的利益出卖的商品或者以保留所有权的名义卖出的商品的特有规定,因此不能扩张适用于其他合同(巴黎法院,1995年1月6日)。按照"委托加工合同"将宝石交给债务人加工,在债务人实行司法重整程序的情况下,可以(提出)追还(请求)(最高法院商事庭,1999年7月6日)。总的来说,按照2008年12月18日第2008-1345号法令的规定,凡是"以不确定占有(暂时持有)的名义交付给债务人的动产",均在可追还之列。

2. 只能对仍然存在实物的商品提出追还请求,黄金储备借贷涉及的是可替代物的借贷,不能据此提出追还(巴黎商事法院,1993年12月7日)。照此意义,虽然说保留其出借的商品所有权的出借人享有《民法典》第2314条意义上的优先受偿权(该条规定"因债权人本人所为致使保证人不能代位行使该债权人的权利、抵押权与优先权时,保证人即解除其义务,一切相反条款均视为未予订立"),但是,如果因为无法确认所找到的商品的所有权的来源,因而没有对委任法官作出的驳回其提出的追还商品的请求的判决提出救济申请,不能据此认为债权人有损害保证人利益的过错(最高法院商事庭,1999年5月26日)。

二、保留所有权条款
(一)可以请求追还的财产

1. 商品的概念:1994年6月10日法律使用的概念是"商品",但法律条文并未区分"设备"与"商品"(最高法院商事庭,1985年3月13日)。例如,追还安置在地上的平台或制冷设施。2006年3月23日第2006-346号法令使用的概念是"财产",而不是"商品"。在保留所有权的财产上存在无形权利,并不影响这种财产的追还(最高法院商事庭,2003年11月19日)。没有必要排除追还计算机软件的请求,虽然计算机软件是一种以有形财产为依托的无形财产(凡尔赛法院,1994年6月30日)。

2. 法院判决,(被使用的)材料已经与不动产结合为一个整体,不再"存在实物",因此,驳回追还此种材料的请求(最高法院商事庭,1987年1月6日);交付的材料仅仅是出于工业或商业功能而被固定在不动产上,其增添或拆卸都不会造成该不动产贬值并且拆卸很方便时,可以认定该材料的实物仍然存在(最高法院商事庭,1998年3月17日),例如,已经安装在汽车上的轮胎,已经安装在自动生产线的机床,安装在船舶上的发动机等。

3. 一项商品,虽然已经与其他商品附合为一个整体,但仍然可以区别,并且可以与其附合的整体分开时,仍然可以追还(最高法院商事庭,1987年7月15日)。已经屠宰的牲畜不再处于"实物"状态(最高法院商事庭,1994年3月22日)。

4. 相同的当事人之间就相同商品订立的连续买卖合同,即使是为了履行独家供货协议,在进货方尚未结清拖欠出卖方的货款就开始实行司法重整程序的情况下,只有当出卖方证明进货方仍然占有的商品正是尚未结清货款的商品时,出卖方提出的追还之诉才能得到受理(最高法院商事庭,1993年10月5日)。要求追还财产的人应负举证责任(最高法院商事庭,1992年4月14日)。

5. 可以通过任何方法提出证据,特别是提交在实行(集体)程序的判决作出之后制作的库存清单作为证据(巴黎法院,1994年3月18日)。同样,只要提出证据证明要求追还的商品在债务人实行司法重整程序之前不久就已交付给债务人,并且债务人对评估作价人完成其任务设置障碍,那么,即使没有由管理人指定的评估作价人制订的商品盘存表,也不妨碍提起追还财产之诉(凡尔赛法院,1998年9月17日)。

6. 可替代性财产:第L624-16条(原第L621-122条)宣告了一项实质性规则:只要在买受人(债务人)手中的可替代性财产与(出卖人)原先交付的,现在要求追还的财产属于相同种类,具有相同质量,就赋予提出追还请求的人(出卖人)对这些可替代性财产的所有权(最高法院商事庭,2002年3月5日)。在实行司法重整的企业的库房内实物存在的药品,只要从其同一性、性质、来源、包装与商标来看可以相互替换,就构成可替代性财产(卢昂法院,1996年4月4日)。只要要求追还的财产的可替代性没有争议,没有必要考虑这样一种论据:"由于库存周转速度很快,因此,债务人库存的实物商品并非保留所有权条款所涉及的商品。"(巴黎法院,1998年4月3日)与此相反,也有法院判决认为:第L624-16条意义上的具有可替代性的财产是指法律上视为"尚未个别化""具有同一性""可以相互替换"的财产,如果包装上已经作出一项或多项具体说明,据此可以个别化且不能任意替换的药品,不属于可替代性财产(巴黎法院,2000年5月12日)。新颖的首饰,尽管属于系列产品,仍不构成可替代性财产(最高法院商事庭,2000年2月15日)。但是,不是专用而是用作建筑物各种关闭系统的小型电机装置,仍属于可替代性财产,电机上虽然打有序列编号,仍不使其丧失按组分类的可替代性(奥尔良法院,2004年3月11日)。

7. 按照协议交给第三人的财产:就适用第L624-16条第3款的规定而言,要求追还的商品应当是"实物存在于债务人的概括财产之内"的商品,不论是由其本人持有还是由第三人为其利益而持有(最高法院商事庭,1996年12月3日)。

8. 因受灾被损的商品:按照保留所有权条款交付的财产已经灭失的情况下,出卖人虽是该财产的所有权人,但财产已由保险赔付款所取代,此项赔付款并不进入买受人(债务人)的概括财产,因此,对保险人提起诉讼时,按照第L624-16条规定的条件提出的追还之诉已丧失标的(最高法院商事庭,1997年4月22日)。

9. 对于有合同条款规定保留所有权的财产,均可提出追还之诉,不论规定这一条款的合同属于何种性质,承包合同中规定的这类条款,亦同(最高法院商事庭,2003年11月19日)

(二)在承揽合同中订立的条款

不论合同的法律性质如何,对于在合同中订立条款保留所有权的财产,均可提起追还之诉(最高法院商事庭,2003年11月19日)。在承揽合同中订立的保留所有权条款,亦可适用(最高法院商事庭,1991年3月2日)。

(三)必须有(买受人)"对保留所有权条款的明确接受"

1. 买受人接受保留所有权条款的标准:(1)虽然不需要有专门文书确认订有保留所有权条款,也不要求采用书面形式接受这项条款,但是,仍应(要求)买受人已肯定地毫不含糊地同意接受这项条款(巴黎法院,1990年12月18日)。(2)由于实行司法清算的债务人原已接受供货人提交的概算书,而在该概算书中明文提及保留所有权条款,只要这一保留所有权条款是由出卖人书面作出的规定并发给了买受人,那么,买受人在完全知情的情况下履行所缔结的合同,即是接受这一条款,因此,保留所有权条款符合条件,并且对集体程序具有对抗效力(最高法院商事庭,1989年6月13日)。(3)保留所有权条款书写在订货单的背面,并不意味着买受人"不知道这项条款"(最高法院商事庭，1998年10月13日）。(4) 唯一写在订货单背面的保留所有权条款，视为有效（最高法院商事庭，1998年3月17日）。(5) 如果保留所有权条款仅仅是印刷在发票的背面，则有必要就每一项交易查明是在买受人接受发票之前还是其后进行的交货（格勒诺贝尔法院，1999年5月26日）。(6) 保留所有权条款的字体极小，尽管买受人当时没有对此作出反应，并不能认为他已经默示接受这一条款（雷恩法院，1988年11月2日）。(7) 关于默示接受在连续履行的合同中订立的保留所有权条款的问题，参见雷恩法院1998年11月30日判决。(8) 关于用外语书写的保留所有权条款的对抗效力问题，参见都埃法院1999年3月4日判决。(9) 保留所有权条款对买受人的对抗效力，不以买受人采用书面形式接受该条款为条件，只要出卖人书面规定的保留所有权条款发给了买受人，买受人是在完全知情的情况下履行所订立的合同，即属接受这一条款，没必要查明买受人的某个薪金雇员是否有资格在该保留所有权条款下签字（最高法院商事庭，1995年7月11日）。

2. 包含在"框架合同"内的保留所有权条款：(1) 1994年6月10日法律之前，在履行供货合同所进行的商品买卖时，对于每一项单独进行的买卖，保留所有权条款均应在当事人之间采用书面形式订立，并且最迟应在交货时送交买受人（最高法院商事庭，1992年3月17日）。(2) 同样，在连续的相互独立的商品买卖下，只有就每一项独立的买卖采用书面形式订立的保留所有权条款，并发送给完全了解此情况而履行合同的买受人时，才能对抗（债务人）实行的集体程序（最高法院商事庭，1992年11月3日）。(3) 因此，既不能从寄给买受人的商品目录中夹带的"一般销售条款"推断买受人已经接受保留所有权的条款，也不能从买受人与出卖人之间此前进行过"保留所有权的买卖"之事实作出此种推断（同一判决）。(4) 1994年6月10日法律之后，《商法典》第L624-16条规定：保留所有权条款可以订立在调整当事人之间约定的全部商业交易的某项书面文件中（雷恩法院，1998年4月30日）。

3. 买受人接受保留所有权条款的证据：(1) 有关（买受人）接受保留所有权条款的证据，由本案实体法官自主评判（最高法院商事庭，1990年3月6日）。(2) 委任法官作出的批准清算人在订立保留所有权条款的条件下自愿协商出卖商品的裁定，并不能免除清算人证明存在第L624-16条所要求的书面文件的义务（最高法院商事庭，1990年10月16日）。

4. 买受人拒绝接受保留所有权条款的范围：(1) 在1996年7月1日法律之前，虽然可以默示接受保留所有权条款，但是，如果在交货之前买受人明确拒绝这一条款，即可排除认定其"默示接受"该条款，在此情况下，法官没有必要查明在合同履行之后的各种具体情节(是否)意味着(买受人已)撤回其(原表明的)拒绝(最高法院商事庭,1993年5月11日)。(2)买受人同意进行买卖,并不意味着其放弃自己的"一般购买条件",因此,在连续转让商品的情况下,当所进行的买卖无条件地立即转移所有权时,仅仅在出卖人提交的收货单上写明的保留所有权条款对买受人不具有对抗效力(最高法院商事庭,1994年7月12日)。(3)同样,由于(出卖人)公司的"一般销售条款"与(买受人的)"一般进货条款"相互存在矛盾,而出卖人签署了一份文件具体体现了其同意买受人提出的有关资金方面的条件;在此情况下,买受人签署订单并在订单上加盖印记,并不等于他已毫无保留地默示接受出卖人所主张的保留所有权条款,而且如果买受人在此之前已表明其拒绝保留所有权条款,(在此情况下)只有通过其明文表示同意,才能认定其撤回原先(曾)表明的拒绝(最高法院商事庭,1994年10月25日)。(4)无须得到供货方同意,买受人即可拒绝接受任何保留所有权(条款)仍然产生效力(最高法院商事庭,1995年7月11日)。(5)买受人方面订立的"拒绝接受(出卖人)任何保留所有权"的条款,只要为供货方所知悉,即对供货方具有强制力,供货方只有证明在交货之前买受人已放弃其拒绝(供货方)保留所有权的表示时,才能主张享有保留所有权之利益(最高法院商事庭,1995年7月11日)。

5. 交付(交货)的概念:第L624-16条意义上的"交付"(livraison)是指,出卖人在买卖合同的框架内向买受人进行的交货,而不是根据另一合同进行的交付(本案涉及的是买卖之前的租赁合同)(凡尔赛法院,1990年11月8日)。

(四)保留所有权条款的效力

1. 与抵押权(债权)人发生冲突的情况:一台船舶发动机的买卖(合同)中订有保留所有权条款,只要该发动机的实物仍然安装在船上,可以鉴别并且可以与船只分开,出卖人在没有获得价金清偿的情况下就可以追还该发动机,即使该船只上设置的海商抵押权符合规定,并且该抵押权扩张至船上安装的机器等所有辅助构件,只要该财产(这台发动机)"并未停止属于第三人"(仍然属于出卖人所有),那么,它在法律上就不能进入(海商)抵押权的范围(最高法院商事庭,1994年3月15日)。

2. 担保与保留所有权竞合的情况:第L624-16条的规定并没有根据出卖人或其代位权人是否享有特别担保之利益而进行区分,出卖人或其代位权人没有主张动产质权,并不排除其主张保留所有权条款的权利(最高法院商事庭,1993年10月5日)。(卖方信贷的)借贷人按照约定对持有保留所有权条款的出卖人的权利与诉权享有代位权,可以引起该条款的利益转移给代位权人,代位权人可以适用并实施该条款,即使其还享有约定的动产质权,亦同(里摩日法院,1995年2月17日)。同样,不动产出卖人享有优先权,此种优先权的存在,并不排除其主张在买卖文书中订立的保留所有权条款,即使其优先权原已进行公示,亦不妨碍其为此主张(最高法院商事庭,2004年9月28日)。

3. 返还财产:债权人在(债务人的)集体程序中提出要求追还按照保留所有权条款出卖的商品并恢复对商品的处分权,其债权在收回的商品的(数额)限度内即告消灭;如果其收回的商品的价值超过(买受人)尚未支付的款项的数额,债权人应当向买受人返还多收的数额部分(最高法院商事庭,1996年3月5日)。(债务人)"尚未支付的价金的余额"是指,双方当事人原来约定的价金中尚未清偿的部分,不考虑债权申报的数额是否与之相一致,因此,当(出卖人)收回的财产的价值不超过(买受人)"尚未支付的价金的余额"时,享有保留所有权条款之利益的公司(出卖人)无须(向买受人返还)任何款项(最高法院商事庭,2008年4月1日)。保留所有权的出卖人,在将其商品追回之后再卖出时,其债权数额按照原买卖价金与其再卖出商品时从新的买受人手中取得的价金两者之差额计算(巴黎法院,1994年1月11日)。追还按照保留所有权条款出卖的财产的诉讼不是解除买卖诉讼,出卖人保留所有权的财产构成对(其信贷的)贷与人的一种担保,贷与人就此担保对出卖人取得代位权,仅需"按照追回的财产的价值超过尚未支付的价金数额的部分"返还其收取的款项(最高法院商事庭,2001年1月23日)。在通过对出卖人取得代位权而转移债权的情况下,代位权人无义务返还由出卖人原已收取的分期支付的款项(最高法院商事庭,1995年5月9日)。

4. 申报债权的效果:为了获得债权的全额清偿,出卖人保留向(债务人实行的)集体程序的负债申报债权的权利(最高法院商事庭,1985年10月1日)。出卖人向买受人要求支付商品的价金,并不构成出卖人放弃其保留所有权条款的利益,但保留所有权条款仅在买受人没有清偿的限度内(继续)发挥效力(凡尔赛法院,1990年2月22日)。

5. 保留所有权条款所涉及的商品的买卖:(1)只要可以追还财产的期限没有经过,清算人知道就财产订有保留所有权条款时,非经出卖人同意,不得进行所涉资产的变现,清算人过早将此财产卖出,致使债权人获得清偿的款项少于尚待支付的余额时,债权人提起的追究清算人责任的诉讼得予受理(最高法院商事庭,1995年12月5日)。(2)司法清算人在(债务人)实行集体程序之后将(出卖人)保留所有权并已提起追还之诉的商品转让给他人的,(原出卖人)追究清算人的责任,并不因此解除转购人支付转让文书中约定的价金的义务(最高法院商事庭,1998年3月17日)。(3) 如果说管理人可以出卖(出卖人)保留所有权的商品,但是,追还商品的要求一经提出,管理人即应将转卖这些商品所取得的资金用于清偿出卖人公司的债权,如其在(出卖人公司提起)追还诉讼之后仍然没有采取保全措施,导致出卖人受到损害,司法管理人个人应受判决承担责任,赔偿原商品出卖人(受到的损失)(最高法院商事庭,2000年1月4日)。

6. 企业继续经营方案:当债权人在法定期限内提出了追还商品的诉讼并且没有明文舍弃诉权时,企业继续经营方案获得通过,并不产生"剥夺债权人追还商品之诉权"的效果(凡尔赛法院,1990年11月8日)。关于在解除企业重整方案并开始新的程序的情况下提起追还之诉的问题,参见第L624-9条。

7. 企业转让方案:如果依据保留所有权条款卖出的财产被包括在根据企业转让方案而转让的财产之内,没有获得清偿的出卖人不得对善意受让人提起追还财产之诉讼(雷恩法院,1998年10月15日)。但是,受让人可以通过转让文书订立特别条款承担义务,清偿本应由转让人负担的债务(最高法院商事庭,1994年5月17日)。

8. 保留所有权条款对转购人的对抗效力:合同中订立的保留所有权条款对第三人的对抗效力,不以履行该合同的公示手续为条件(最高法院商事庭,1993年5月11日)。但是,按照保留所有权条款出卖商品的出卖人,非经证明转购人"不是该商品的善意占有人",不得针对转购人要求追还系争商品(最高法院商事庭,1985年10月1日)。对于《民法典》第2279条利益于善意占有人的规定,第L624-16条并不构成例外(最高法院商事庭,1989年11月4日)。例如,(向银行借款的)借贷人将按照保留所有权条款出卖给他的商品作为动产质押物向银行设质,并将该商品储存在第三人的仓库中,但尚未支付价金,无论是法律还是商业习惯,均没有规定银行在这种情况下应当进行审查核实,因此,银行作为享有上述第2279条规定的推定之利益的善意占有人可以以其动产质权对抗出卖人的追还财产的请求(最高法院商事庭,1989年11月4日);但是,只有转购人自己或者他人为其利益对商品实行无瑕疵占有时,才能赋予其阻止(出卖人)追还财产的依据(最高法院商事庭,1993年5月11日)。法院判决认为,不知道(其运送的)商品订有保留所有权条款的运输经纪人有依据(有理由)对出卖人主张质权人所享有的留置权

(最高法院商事庭,1989年10月3日)。

9. 与作为场所出租人的所有权人的冲突:承租人承租的场所内有一处可以拆卸的隔板(在买卖时)订有保留所有权条款,清算人并没有将此通知出租人,在出租合同被解除并交还钥匙之后,出租人善意占有该隔板,在此情况下,该隔板的(原)出卖人不能有效提起追还诉讼,但可以以清算人有过错而对其提起追究民事责任之诉讼(最高法院商事庭,1994年2月22日)。

(五)保留所有权条款的转移

在买受人实行集体程序的情况下,就适用保留所有权条款而言,没有必要区分追还之诉是由出卖人本人提出的还是由对出卖人取得代位权的第三人提出的(最高法院商事庭,1988年3月15日)。虽然代位清偿产生的效果是消灭债权人的债权,但是,代位清偿也将债权保留给了代位权人,代位权人可以享有属于(原)债权人的在获得清偿之前与其债权相关的全部诉权(同一判决)。保留所有权,构成出卖人的债权的附属权利(从权利),目的是担保价金获得清偿,背书汇票即告将其上记载的款项与各项从权利一并转移给汇票持有人(最高法院商事庭,1988年7月11日)。

(六)通过支付价金避免订有保留所有权条款的财产被追还

1. 第L624-16条第4款规定的权利,是对"禁止清偿集体程序的判决作出之前产生的债权"之原则的一项例外规定,因此这一条文应当严格解释,不能依据该条规定的权利,通过"清偿在集体程序判决作出之前未予清偿的已到期债权"的方式来对抗"信贷租赁合同的标的物财产的返还请求权"(最高法院商事庭,2007年6月19日)。买受人的司法管理人为保留商品,经委任法官批准,清偿由此商品产生的债权,以此对抗订有保留所有权条款的动产出卖人的追还请求权,但却停止付款,在此情况下,出卖人提起的追究买受人的司法管理人侵权责任的诉讼,得予受理(巴黎法院,1996年9月20日)。

2. 追还程序,参见第L624-17条与第L624-9条。根据保留所有权条款追还财产的人不得实施保全扣押(最高法院商事庭,1990年1月9日)。适用于司法重整与司法清算程序的问题,参见第L631-18条第1款与第L641-14条第1款的规定。

第L624-17条 (2005年7月26日第2005-845号法律第55-1条,2006年3月23日第2006-346号法令第48-2条)管理人,经债务人同意,或者在没有指定管理人的情况下,债务人,经司法代理人同意,可以对本节所指的要求追还或返还财产的请求作出认诺。在不能达成协议或者存有争议的情况下,追还或返还财产的请求提交委任法官。委任法官根据债权人、债务人和受到请求的司法代理人提出的意见,就是否解除合同作出裁决。

司法解释:

1. 事前程序的适用范围:(1) 由 1994 年 6 月 10 日法律产生的《商法典》第 L624-17 条设置了一种在管理人前实行的事前程序,或者,在没有管理人的情况下,在债权人代表前实行的事前程序,构成提起"追还财产诉讼"的强制性前置程序(按照现行法律的规定,追还财产程序唯一属于委任法官的管辖),因此,在没有遵守这一前置程序的情况下,追还财产之诉不予受理(最高法院商事庭,2001 年 10 月 2 日)。(2) 追还财产的请求人在事先并不知道指定了管理人的情况下向债权人代表提出追还财产的请求,而债权人代表在规定对此种请求作出答复的期限内已成为司法代理人,在这种情况下,前置程序中存在的不符合规定的情形在(原本)对有权限的司法代理人规定的期限终止之前就已经消失的,法院可以据此认定此种情形并不违反第 L624-17 条规定的程序(最高法院商事庭,2005 年 7 月 5 日)。

2. 委任法官的管辖权限:按照第 L624-17 条的规定,追还财产之诉讼属委任法官管辖(最高法院商事庭,2001 年 10 月 2 日)。委任法官仅在司法代理人拒绝或者不予答复的情况下,才对追还诉讼进行审理裁判(最高法院商事庭,2007 年 5 月 22 日)。

3. 第 L624-17 条的规定既适用于追还财产本身,也适用于价金的追还(最高法院商事庭,2001 年 10 月 2 日)。

第 L624-18 条 第 L624-16 条所指财产的价金或者价金之一部,在开始(2005 年 7 月 26 日第 2005-845 号法律第 55-2 条废止:"司法重整")"实行程序的判决"作出之日尚未在买受人与债务人之间进行支付,也没有通过票据进行结算(2008 年 12 月 18 日第 2008-1345 号法令第 44 条废止:"也没有通过日常往来账户进行抵销")的,得要求追还;(2006 年 3 月 23 日第 2006-346 号法令第 48-3 条)"取代财产的保险赔付款,得按照相同的条件追还之"。

司法解释:

1. 承揽合同:如果转购人接收财产时该财产仍然处于原来的状态,对其出卖的财产保留所有权的出卖人可以要求追还转购人尚未支付的价金,即使转购人是在履行一项承揽合同时,亦同(最高法院商事庭,2003年11月5日)。

2. 价金的追还:只要转购人接收设备时该设备仍然处于原来的状态,对其出卖的设备保留所有权的出卖人,可以要求追还转购人尚未支付的价金(最高法院商事庭,1998年10月27日)。在开始实行(集体)程序的判决作出之前将仍然处于原来状态的特定商品转卖他人的,只要被转卖的商品仍然可以鉴别,便不影响(原)出卖人追还转购人尚未支付的价金(最高法院商事庭,1992年12月15日)。只要集体程序的实施引起"出卖人出卖之物已经由价金取代",出卖人即有依据在转购人手中追还其尚未支付(给转卖人)的价金(最高法院商事庭,1995年1月3日)。因此,转购人在(原出卖人)提出追还诉讼之后(仍然向转卖人)进行价金的清偿,并不妨碍(原出卖人)在照此支付的价金的限度内进行追还诉讼(最高法院商事庭,1998年10月27日)。

3. 买受人购买的财产订有保留所有权条款,在其尚未全额支付价金的情况下便将此财产转卖他人时,此种转卖在买受人实行集体程序之日因"物的替代"产生的效果,引起转购人支付的价金或者尚未支付的价金之部分归入原出卖人的概括财产,转购人不得对原出卖人主张其对自己的出卖人(转卖人)可以主张的抗辩(最高法院商事庭,2007年6月5日)。

4. 如果出卖人不是从其债务人(买受人)手中追还其保留所有权的财产而是追还该财产的价金,则应当证明在买受人实行集体程序的判决作出之后转购该财产的人已经将价金支付给了债务人(最高法院商事庭,1993年11月2日)。

5. 按照第L624-18条的规定,出卖人可以在其债务人的手中追还转购人在(债务人)实行集体程序之前尚未支付的已交付财产的价金,无须区分该价金是否在提出追还请求之前已经支付(最高法院商事庭,2003年12月3日)。

6. 保留所有权的财产的出卖人可以追还(现在)实行司法重整程序或司法清算程序的转购人(购买财产)尚未支付的价金,即使前买受人(即转卖人)的债权因没有向转购人的负债进行申报而消灭,亦无影响(最高法院商事庭,2005年2月21日)。

7. 照此意义,转购人在既不知道转卖人实行集体程序,也不知道原出卖人提出了追还请求的情况下,无视"尚未得到清偿的原出卖人"的权利仍然向转卖人(其本身的出卖人)进行清偿的,可以按照第L624-18条的规定在追还价金的诉讼框架内受到处罚(最高法院商事庭,1996 年 3 月 5 日)。在转购人不知其转购的商品仍然属于提出追还请求的原出卖人的财产时,第 L624-18 条的规定并不排除支付了商品价金的转购人负担返还商品的义务(雷恩法院,1991 年 11 月 13 日)。

8. 就适用保留所有权条款而言,在出卖人原来卖出的商品已经转卖给转购人的情况下,价金取代商品本身,出卖人只能按照他与买受人(原先)订立的协议约定的价金行使追还权,因此,债权人所得的价金中不包括买受人(在转卖财产时赚取的)让其转购人承担的利润部分(最高法院商事庭,1991 年 1 月 15 日)。此外,保留所有权的出卖人只能追还减去费用后的价金(巴黎法院,1994 年 7 月 8 日)。当保留所有权的出卖人在追还财产以后能够将这些商品再卖出时,其享有的债权的数额产生于"原先约定的价金与其将商品再卖出时所得价金的差额",如果在再次卖出时所得价金没有达到原合同约定的价金,若此种情形不能归咎于追还商品并将其再卖出的出卖人的原因,减少的部分不应由追还人承担(巴黎法院,1994 年 1 月 11 日)。按照《民法典》第 1315 条第 2 款的规定,主张不再负有债务的人应当证明其已经进行清偿或者有引起债务消灭之事实。因此,依据第 L624-18 条的规定受到追还请求的转购人,要想对保留所有权人的出卖人不负任何债务,应当证明其已经按照其取得的财产的价值进行了清偿或结算,或者已经通过往来账户进行了债的抵销(最高法院商事庭,1998 年 3 月 17 日)。

9. 商品的个别化:追还价金的请求,只有在其符合商品被转卖前追还该商品所要求具备的相同条件时,才能得到受理,特别是应当具备在债务人实行集体程序之时这些商品仍然实物存在于债务人的概括财产内的条件(最高法院商事庭,1986 年 5 月 27 日)。确定出卖人要求追还价金的商品仍然实物存在(于债务人概括财产之内)的日期,不是指实行集体程序的判决作出之日,而是指债务人向转购人交付其转卖的商品之日(最高法院商事庭,1995 年 1 月 3 日)。追还按照保留所有权条款出卖的商品的转卖价金,应当具备第 L624-16 条第 3 款规定的条件。这一条文规定:"动产虽然附合于另一动产,如将其收回不会对两项财产造成损害,可以按照相同条件要求追还其实物。"(凡尔赛法院,1999 年 6 月 24 日)。

10. 提起诉讼的期限:按照第 L624-9 条与第 L624-18 条的规定,只要在法律规定的期限内提起了追还财产实物之诉讼,对此后针对财产转购人提出的追还价金的诉讼,便不得以逾期丧失权利作为抗辩(最高法院商事庭,1998 年 11 月 24 日)。在委任法官作出裁定批准出卖人追还尚未支付的价金之后,对(按照保留所有权条款)出卖之商品的持有人提起的支付之诉,不适用第 L624-9 条规定的期限,因为这一诉讼虽然是由追还之诉引起的,但却不能与追还之诉相混淆(最高法院商事庭,2000 年 2 月 15 日)。

11. 只要追还商品价金之诉讼不导致行政合同的有效性受到影响,也不使其履行受到影响,追还转卖给公共行政机构的商品的价金的诉讼完全属于商事性质,因此应由司法系统的法院管辖(管辖权限冲突法庭,2000 年 11 月 13 日)。

12. 通过票据进行结算:法院判决指出,对于一开始按照保留所有权条款出卖的商品,转购人,为了清偿价金,已经向原买受人(转卖人)交付了一张汇票并且已经进行承兑,在按照《商法典》第 L624-18 条的规定进行这种票据结算之后,原出卖人不能再针对该商品的转购人提起追还价金之诉(最高法院商事庭,1990 年 1 月 9 日)。但是,实行司法重整的债务人(转购人)向(原)买受人(转卖人)签发一张汇票,用以支付到期款项,但买受人并未将汇票提交承兑,因此该汇票的交付并不能构成票据结算;按照第 L624-18 条的规定,已经进行的票据结算可以阻止保留商品所有权的人(商品所有权人)追还商品的价金(最高法院商事庭,1997 年 5 月 6 日)。

13. 除了在实行集体程序的判决之前通过往来账户进行的债的抵销之外,以抵销方式进行清偿,不能构成一种"可以阻止出卖人追还(价金)"的清偿方式(最高法院商事庭,2002 年 1 月 8 日)。抵债不能构成"可以阻止保留所有权的出卖人进行追还"的清偿方式(最高法院商事庭,2002 年 1 月 8 日)。

14. 债权转让:在债务人(买受人)原状转卖其购进的商品之后,(其收取的)价金取代原商品,(保留所有权的原)出卖人可以对转卖价金行使追还权(最高法院商事庭,1989 年 6 月 20 日)。买受人(转卖人)转让其债权,并不妨碍供货人(保留所有权的原出卖人)行使追还权(同一判决)。虽然说代位权可以将债权的全部利益及其所有的从属权利赋予代位权人,但是,代位权人并不享有比被代位人更多的权利(最高法院商事庭,2000 年 4 月 26 日)。对出卖的商品保留所有权的出卖人,有依据主张对所出卖的设备的所有权,在债务人将这些设备转卖他人的情况下,其收取的价金取代了由其出卖的但原出卖人仍然是所有权人的商品,因此,不能因转购人的债权而取消(原)出卖人的追还权(同一判决)。只有在提起追还诉讼之日转购人尚未将商品的价金支付至对转买商品的债务人公司取得代位权的第三人手中时,保留所有权的出卖人才能主张第 L624-18 条之规定(最高法院商事庭,2001 年 7 月 10 日)。

第四节　适用于有限责任个体企业主的特别规定

(2010 年 12 月 9 日第 2010-1512 号法令第 3-7 条)

第 L624-19 条　有限责任个体企业主债务人按照第 L624-9 条规定的条件,确认哪些财产是其在程序所涉及的活动中持有的、属于他的另一概括财产之内的财产。管理人,经司法代理人同意,可以对向其提出的取回财产的请求表示同意,在管理人不同意或者没有管理人的情况下,取回财产的申请向委任法官提出。

第五章　由劳动合同产生的债权的清偿

第一节　债权的审核

第 L625-1 条　司法代理人,通过听取债务人的说明或者对其进行传唤,对劳动合同产生的债权进行审核之后,在《劳动法典》第 L3253-19 条(原第 L143-11-7 条)规定的期限内制定此种债权的清册。这一债权清册,按照第 L625-2 条规定的条件,送交薪金雇员的代表。债权清册由委任法官签字确认后交存法院书记室,并按照最高行政法院提出资政意见后颁布的法令确定的条件进行公示。

债权全部或一部没有载入这一清册的薪金雇员,应当在前款所指的公示措施完成起 2 个月期限内,向劳资纠纷仲裁法庭提起诉讼,否则,因逾期而丧失权利。薪金雇员可以请求雇员代表作为助理或代理在劳资纠纷仲裁法庭进行诉讼。

(2008 年 12 月 18 日第 2008-1345 号法令第 45 条)"债务人,以及负有诉讼助理任务或者按照规定应当召唤其参加诉讼的司法代理人与司法管理人,受通知参加诉讼"。

司法解释:

1. 本条所指的工资债权:开始司法重整程序的判决作出之日正在劳资纠纷仲裁法庭进行诉讼的工资债权,不受第 L625-1 条关于审核工资债权之规定约束(最高法院社会庭,1996 年 12 月 10 日)。

2. 受理期限:在债权人代表没有向薪金雇员通知存在(诉讼)受理期限及其起始时间的情况下,不(对薪金雇员)开始计算"逾期丧失权利"的期限(最高法院社会庭,2002年6月25日)。因解雇的实质条件或程序不符合规定而受到损失并按照《劳动法典》第L1411-1条的规定向劳资纠纷仲裁法庭请求赔偿的薪金雇员,其提起的诉讼不同于第L625-1条所指的诉讼,因此不能以第L625-1条第2款所指的"逾期丧失权利"为依据对其提出"诉讼不受理"之抗辩(最高法院社会庭,2000年7月4日)。第L625-1条仅强制薪金雇员应在该条规定的期限内向劳资纠纷仲裁法庭提起诉讼,否则因逾期而丧失权利,在由此提起的诉讼的任何阶段,均可提出新的诉讼请求,即使规定"逾期丧失权利"的期限已经经过,亦无影响(最高法院社会庭,2005年11月9日)。

3. "失权处分"的取消:对债权人代表的决定持有异议的薪金雇员,在第L625-1条规定的2个月期限届满但法院作出的实行集体程序的判决尚不满1年时向劳资纠纷仲裁法庭提起诉讼,必然意味着其提出"取消失权处分"的请求,因此没有必要明文提出这一请求(最高法院社会庭,2003年3月26日)。

4. 在判决雇主清偿债权之后才提出的异议:债权人代表拒绝将某一薪金雇员的债权登记于由劳动合同产生的债权的清册,该薪金雇员可以向劳资纠纷仲裁法庭提起诉讼,即使仲裁法庭此前已经作出一项判决判处雇主清偿所请求的债权数额(最高法院社会庭,1998年12月16日)。

5. 诉讼中的被告:关于在债权清册上登记"因中断劳动合同而产生的各项补偿金、赔偿金"之债权的诉讼,以本诉讼的名义,针对实行司法重整的雇主的债权人代表提起(最高法院社会庭,1991年1月16日)。

6. 薪金雇员的参股利益:劳资纠纷仲裁法庭对审理有关在债权清册上登记薪金雇员参股利益的诉讼请求有管辖权(最高法院社会庭,1997年3月19日)。

7. 工伤事故:第L625-1条关于清偿债权的规定不适用于经认定的"因雇主的不可宽恕的过错而造成的"薪金雇员"工伤事故受害人之债权",因为这种债权不是由劳动合同产生的,而是一种因劳动或者在劳动时发生的事实引起的债权(第戎法院,1997年10月21日)。

8. 没有编制债权清册:在强制规定债权人代表制作由劳动合同产生的债权清册的期限已经经过仍然没有制定这一清册的情况下,所有的薪金雇员都可以向劳资纠纷仲裁法庭提出请求,以承认他们的工资债权,特别是请求承认实行集体程序的判决作出之后产生的债权(最高法院社会庭,2003年2月26日)。

第L625-2条 (2005年7月26日第2005-845号法律第57条)司法代理人将由劳动合同产生的债权的清册提交给第L621-4条所指的薪金雇员代表,以便进行审核。司法代理人向薪金雇员代表传达全部的有益文件与材料。在有困难的情况下,薪金雇员代表可以向管理人提出要求,相应情况下,可以向委任法官提出要求。薪金雇员代表应当遵守《劳动法典》第L2325-5条(原第L432-7条)规定的保守秘密义务。司法代理人为完成委任法官确定的任务所耗费的时间当然视为劳动时间,并按照正常的到期日取得报酬。

第L625-3条 (2008年12月18日第2008-1345号法令第47条)"在司法代理人与司法管理人负有诉讼助理任务时,或者按照规定应当召唤其参加诉讼时,正在劳资纠纷仲裁法庭进行的诉讼在司法代理人与司法管理人出席的情况下继续进行"。

司法代理人在10日之内向受诉法庭和作为诉讼当事人的薪金雇员告知(对债务人)已开始实行(2005年7月26日第2005-845号法律第58-1条废止:"司法重整")"程序"。

司法解释:

1. 新《民事诉讼法典》第369条与第372条的规定不适用于本《法典》第L625-3条所指的诉讼。第L625-3条所指的诉讼既不中断也不中止进行(最高法院社会庭,2003年9月17日)。商事法院已经终止原雇主的债权人代表的任务时,方案执行监察人可以按照第L625-3条的规定有效参加诉讼(最高法院社会庭,1997年9月30日)。

2. 在(债务人)实行集体程序的判决作出之日正在进行中的由薪金雇员提起的诉讼,经不履行义务的一方当事人提出异议之后恢复进行。继续进行的诉讼是在相同的雇主与集体程序机关之间进行的同一诉讼,因此,对薪金雇员不会引起任何因逾期而丧失权利之情形(最高法院社会庭,1999年3月16日)。

第L625-4条 《劳动法典》第L3253-14条(原第L143-11-4条)所指的各机构,不论以何原因拒绝结清在因劳动合同产生的债权的清册上记载的某项债权,均应当向司法代理人通知其拒绝结清该项债权之事由,司法代理人立即通知薪金雇员代表和有关的薪金雇员本人。

薪金雇员可以将此争议提交劳资纠纷仲裁法庭。司法代理人与（2008年12月18日第2008-1345号法令第48条、第163-1条）"债务人和负有协助任务的司法管理人"受通知参加诉讼。

薪金雇员得请求雇员代表在劳资仲裁法庭为其进行诉讼助理或诉讼代理。

司法解释：

本条第2款所使用的词汇是"可以"，显然意味着为薪金雇员设置的此项"救济权利"是一种任意性选择权，但不意味着薪金雇员有可能向劳资纠纷仲裁法庭之外的其他裁判机关提出救济申请：劳资纠纷仲裁法庭在这方面唯一有管辖权(巴黎大审法院,1986年7月7日)。

第 L625-5 条 根据第 L625-1 条与第 L625-4 条之规定提交劳资调解委员会(劳资纠纷仲裁法庭)审理的争议,直接提交该委员会的判决庭。

司法解释：

排他性管辖权(compétence exclusive)：有关薪金雇员与债权人代表之间关于应当在因劳动合同产生的债权的清册上登记的债权的争议,只要薪金雇员请求的是获得一般工资担保,劳资纠纷仲裁法庭的判决庭(bureau de jugement,也译为"审判室")唯一有管辖权(最高法院社会庭,2003年6月4日)。

第 L625-6 条 经委任法官签字确认的因劳动合同产生的债权的清册,以及劳资纠纷仲裁法庭作出的判决,均记载于向法院书记室交存的债权清册。除第 L625-1 条、第 L625-3 条与第 L625-4 条所指人员之外,任何有利害关系的人均可以按照最高行政法院提出资政意见后颁布的法令规定的条件提出要求或者第三人异议(案外人异议)。

司法解释：

1. 劳资纠纷仲裁法庭的权力：劳资纠纷仲裁法庭应当仅限于确定"有待在寄存于法庭书记室的债权清册"上登记的款项的数额,而没有权力判处雇主的清算人向利益关系人支付该款项(最高法院社会庭,1995年6月15日)。劳资纠纷仲裁法庭不得判决债权人代表向薪金雇员清偿款项,该法庭仅能就司法重整判决作出之后产生的债权确定其应当在寄存至法庭书记室的债权清册上登记的款项数额,债权人代表不得被判决清偿集体程序开始之后产生的所有债权(最高法院社会庭,1992年4月8日)。

2. 雇主因实行司法重整程序的判决之前履行的劳动合同而应当给付的款项仍然受集体程序的约束,即使其重整方案已经获得通过(最高法院社会庭,1998年10月27日)。

3. 工资债权清册包含的范围:按照第L625-6条之规定,除委任法官签字的债权清册外,只有劳资纠纷仲裁法庭作出的判决应当记载于工资债权清册,并因此为薪金雇员设置保险权利,以保障其因履行劳动合同而应得款项的支付(最高法院社会庭,2000年3月14日)。

第二节 薪金雇员的优先权

第L625-7条 在(债务人)实行(2005年7月26日第2005-845号法律第58-2条)"保护"程序的情况下,因劳动合同产生的债权受下列优先权担保:

1. 由《劳动法典》第L3253-2条(原第L143-10条)、第L3253-3条(原第143-11条)、第L7313-8条(原第L742-6条与原第L751-15条)规定其产生原因与数额的优先权;

2.《民法典》第2331条(原第2101条)第四项和第2375条(原第2104条)第二项规定的优先权。

司法解释:

1. 负责安排临时工作并外派人员的企业,在向用工企业的司法重整程序的负债申报债权时,不得就其提供的服务主张(仅)与"薪金雇员的债权相关联的优先权"(最高法院商事庭,1993年7月12日)。

2. 为了确定某项债权是否享有优先权(优先受偿权),应当查明该债权是否是由"与实行集体程序的人"订立的劳动合同所引起的,而不是查找该债权是否具有工资性质(卢昂法院,2001年4月5日)。

第L625-8条 即使存在任何其他债权,受到《劳动法典》第L3253-2条与第L3253-3条(原第L143-10条)、第L3253-4条(原第L143-11条)、第L7313-8条(原第L742-6条与原第L751-15条)规定的优先权担保的债权,按照(2008年12月18日第2008-1345号法令第49条)"委任法官的裁定",在开始实行保护程序的判决宣告之后 10 日内,由债务人进行清偿,或者,在司法管理人负有诉讼助理任务时,如债务人或管理人拥有必要的资金,由管理人进行清偿。

但是,在确定这些债权的数额之前,(2008 年 12 月 18 日第 2008-1345 号法令第 49 条)"债务人,或者在管理人负有参加诉讼任务时,管理人",应在得到委任法官批准之后,并且在可支配的资金范围内,以预付名义,立即向雇员支付相当于一个月的未付工资的款项;其具体数额按照最后一次工资单确定,并且不得超过《劳动法典》第 L3253-3 条(原第 L143-10 条)所指的限额。

在没有可以支配的资金时,根据前两款的规定应当支付的款项,必须在收进第一笔资金时即进行支付。

第三节 劳动合同产生的债权的支付保证

第 L625-9 条 (2008 年 12 月 18 日第 2008-1345 号法令 50 条)在不影响第 L625-7 条和第 L625-8 条确定的规则的情况下,由劳动合同或学徒合同产生的债权,按照《劳动法典》第 L3253-2 条至第 L3253-4 条、第 L3253-6 条至第 L3253-21 条与第 L8252-3 条确定的条件给予保护。

附《劳动法典》关于"在实行保护程序、司法重整程序或者司法清算程序的情况下的优先权与保险"的规定

《劳动法典》节选

第 L3253-2 条 在实行司法保护、司法重整程序与司法清算程序的情况下,即使存在其他任何享有优先权的债权,拖欠薪金雇员最近 60 天劳动应得的任何性质的报酬,扣除已经分次支付的款项数额之后,按照各类受益人每月可得的最高数额支付。

上述每月可得的最高数额由法令确定,但不得低于为计算社会保险分摊份额款而规定的最高数额的 2 倍。

第 L3253-3 条 第 L3253-2 条第 1 款所指的报酬包括:

1. 工资、补贴或本义上的佣金;
2. 各种附加款项,特别是《劳动法典》第 L1226-14 条所指的第 L1234-5

条规定的预先通知补偿金、第L1243-8条所指的终止劳动合同补偿金以及第L1251-32条所指的终止任务补偿金。

第L3253-4条 即使存在其他任何享有优先权的债权,带薪假期补偿金按照第L3253-1条所指的30天期间最高可得报酬的数额进行支付。

第L3253-5条 在委托加工人实行司法保护、司法重整与司法清算程序的情况下,除第L3253-2条担保的款项之外,即使存在其他任何享有优先权的债权,拖欠加工人的款项对于加工人的薪金雇员在委托加工人实行程序之前最近60天劳动或学徒应得的任何性质的报酬,按照其总额支付。

第二目 "不能支付风险"保险

第L3253-6条 所有的私法雇主,均应为其薪金雇员,其中包括派往国外或返回国内的薪金雇员参加保险,以担保在私法雇主实行司法保护、司法重整与司法清算程序的情况下发生的不能支付这些雇员因履行劳动合同而应得之报酬的风险。

第L3253-7条 薪金雇员的权利应得到保证,这种保证与雇主按照本节之规定应当履行的义务及履行其对第L3253-14条所指各机构的义务无关。

第L3253-8条 第L3253-6条所指的保险保障以下款项的赔付:

1. 在开始实行任何司法重整与司法清算程序的判决作出之日拖欠薪金雇员的款项以及雇主在人员重新安排工作的框架协议范围内应当缴纳的款项。

2. 因中断劳动合同在以下时间内产生的债权:
——观察期内;
——在确定司法保护、司法重整方案或转让方案的判决作出后的1个月期间;
——在司法清算判决作出后的15日期间;
——在经司法清算判决准许暂时维持活动的期间以及维持经营活动终止后15日期间。

3. 在向薪金雇员提议重新安排个人转岗工作的协议之后因中断劳动合同而产生的债权,其中包括雇主在重新安排工作的协议框架内应当缴纳的款项以及薪金雇员在给予答复的期间应得的工资,但管理人、雇主或者清算人在上述第2点所指的期间之一向薪金雇员提议此种协议的情况除外。

4. 在法院宣告实行司法清算程序的情况下,以下期间应当支付的款项,以1个半月劳动相对应的最高可得数额为限:

——在观察期内；

——在司法清算判决作出后的15日期间；

——在司法清算判决作出后的1个月期间，为《商法典》第L621-4条与第L631-9条所指的薪金雇员代表规定的款项；

——在司法清算判决准许暂时维持活动的期间以及维持经营活动终止后15日内。

上述第1点、第2点与第4点所指的款项与债权的担保包括法律强制规定的法定或约定的按照薪金水平确定的应当缴纳的社会保险应份额与款项。

第L3253-9条　管理人、雇主或者清算人在以上第L3253-8条第二项所指的期间表明其打算中断相关劳动合同的情况下，在解雇方面得到特别保护的薪金雇员①被解雇而产生的债权，也受到上述保险的担保。

第L3253-10条　根据薪金雇员股份制与参与企业发展成果而产生的对企业的权利与应得的款项，也受此种保险的担保。

第L3253-11条　薪金雇员或原薪金雇员根据行业协议或跨行业协议，或者根据集体协议或企业协议提前退休而应得的退休金的分期支付款项，亦在保险范围之内。

在协议或协定规定最早55岁提前退休的情况下，也适用这些规定。

本条规定的担保以法令规定的条件为限。

第L3253-12条　第L3253-10条与第L3253-11条所指的债权，属于以下情况时，受保险担保：

——这些债权在开始实行程序的判决作出之日已经到期；

——如果程序之后已经产生司法保护或司法重整的方案，在第L3253-8条第2点所指的期间因劳动合同终止债权成为到期债权的；

——作出司法清算判决或者确定企业全部转让的判决的。

第L3253-13条　按照企业协议、机构协议或集团协议，或者按照雇主单方面的决定，在因经济原因裁决人员的框架内中断劳动合同造成的损失而应给予补偿的款项，如果这些协议订立并交存的时间或者决定的通知时间距离法院作出司法保护、司法重整或司法清算判决不到18个月，则不包括在第L3253-6条所指的保险范围之内。

第L3253-14条　第L3253-6条所指的保险制度，由有代表性的全国雇主行业组织设立并得到主管行政机关认可的协会具体实施。

---

① 例如企业委员会的成员。——译者注

该协会与失业保险金管理组织以及社会保险组织中心管理处订立一项关于收取第L3253-18条所指分缴款项的协议。

在本条所指协会被解散的情况下,行政主管机关将第L3253-6条所指的保险基金的管理权委托给第L5427-1条所指的机构,但有关第L5422-16条所指的组织负责的收取第L3253-18条所指的分摊缴纳款项的事务除外。

第L3253-15条 即使第三人持有异议,司法代理人制作的通知单中记载的款项,由第L3253-14条所指的机构垫付。

即使担保期限已过,第L3253-14条所指的机构仍然垫付由具有执行力的法院判决确认的债权对应的款项。

法院作出的判决对第L3253-14条所指的机构当然具有对抗效力。

在司法代理人已经停止履行职务的情况下,法院书记员或者方案执行监察人向第L3253-14条所指的担保机构寄送亟制作的通知单。

第L3253-16条 第L3253-14条所指的机构因其垫付的款项就以下权利对薪金雇员行使代位权:

1. 实行保护程序时,全部债权;

2. 实行司法重整或司法清算程序时,受第L3253-2条、第L3253-4条以及第L7313-8条所指的优先权担保的债权;在这些程序范围内垫付的其他款项,按照《商法典》第六卷对清偿在程序开始之前产生的债权规定的条件,进行偿还。在此情况下,这些债权享有与其相关的优先权。

第L3253-17条 每一薪金雇员的所有债权均合并计算,第L3253-14条所指的担保机构提供的担保金数额限于法令确定的数额;这一数额参照为计算失业保险金而应当缴纳的最高数额确定。

第L3253-18条 保险费,由雇主交纳。雇主(向薪金雇员)支付的报酬数额作为计算其应当交纳的失业保险金数额的基础。

第L5422-15条之规定适用于这些应交款项以及与之相关的滞纳金的收取。

第L3253-18-1条至第L3253-21条 (略)

【以下为《商法典》条文】

第六章 保护方案

第L626-1条 (2008年12月18日第2008-1345号法令第59条)在企业存有"严肃的可以挽救的可能性"时,法庭为此目的确定一个(保护)方案

(plan)。确定保护方案即终止观察期。

这一保护方案(plan de sauvegarde)包括,在有必要时,停止、增加或者转让企业的一种或多种活动(部门)。根据本条之规定进行的转让,受第四编第二章第一节(2008年12月18日第2008-1345号法令第51条)"以及第L642-22条"之规定的约束。这些条文赋予清算人的任务由司法代理人执行。此外,法院在听取检察院的意见并要求监督人提出意见之后,作出特别说明理由的判决,可以不执行第L642-3条第1款所指的禁止性规定,并批准向该第1款所指的某一人进行转让,但监督人与债务人本身除外,不论是以其任何概括财产的名义进行的转让。

(2008年12月18日第2008-1345号法令第51条)对于按照本条的规定决定转让的一种或多种活动(部门)涉及的财产,不得行使《农村及海洋渔业法典》或《城市规划法典》设置的先购权。

第一节 保护方案草案的制定

第L626-2条 (2008年12月18日第2008-1345号法令第52条)债务人根据其经济、社会方面的资产负债概况,以及相应情况下,根据环境方面(资产负债)的概况,在管理人的协助下,提出一个建议方案,但不影响适用第L622-10条之规定。

(2005年7月26日第2005-1845号法律第60条)(由债务人提议的这一保护)方案草案,应根据企业从事的活动的可能性与各种条件、市场状况、可以支配的资金手段,确定企业的重整前景。

这一方案草案还应明确规定清理负债的方式与条件,以及(2008年12月18日第2008-1345号法令第163-1条)"债务人"为确保执行方案可能应当提供的担保。

保护方案草案应当说明并证明为了使企业能够继续从事活动而考虑的用工水平与用工前景以及社会保障方面的条件。在草案中提议因经济原因裁减人员的情况下,应重申已经采取的措施并确定将要采取的行动,以便工作岗位受到威胁的薪金雇员重新安排工作或者对其给予补偿金。草案还应考虑由环境方面的概况总结提出的各项工程。

保护方案草案应当逐一列举并分析第三人针对企业的一种或多种活动(部门)已经提出的收购要约,并建议企业的哪些活动应当停止或者合并。

第L626-2-1条 如果债务人从事的活动是需要获得2014年7月31日

关于社会与互助经济的第 2014-856 号法律第 1 条第二项意义上的行政许可、认可、协议或资格授权才能从事的活动，在制订方案草案时，应当征求行政机关或者监督与制订收费标准的机关的意见。

在由债权人提出方案草案的情况下，也需要征求这些机关的意见。如果指定了管理人，管理人应确保进行了这种意见征询。债务人，或者如有必要，管理人，向法院报告其进行的上述意见征询的情况，以及行政机关或者监督与制订收费标准的机关提出的意见。行政机关或者监督与制订收费标准的机关在考虑上述 2014 年 7 月 31 日第 2014-856 号法律第 1 条第一项第 3 点的规定的基础上，在 1 个月期限内提出意见。在此期限内没有提出意见的，不妨碍法院作出判决。

第 L626-3 条 （2005 年 7 月 26 日第 2005-1845 号法律第 61 条）如果保护方案草案规定变更公司注册资本，应当按照最高行政法院提出资政意见后颁布的法令规定的条件，召开特别股东大会或持股人大会，在变更注册资本需要得到第 L225-99 条与第 L228-35-6 条所指的专门大会批准时，还应召开专门大会或者第 L228-103 条所指的同期债权人大会。

如果企业的会计账目已经显示亏损，其自有资金已经下降至不足注册资本的一半时，召开上述股东大会首先要提议将自有资金恢复到管理人提议的数额，且不得低于原注册资本的一半。股东大会也可以受请求决定减少或增加资本，以便于某人或多人承诺执行保护方案。

由股东或持股人作出的承诺，或者由新的认购人作出的承诺(是否)付诸执行，均以法庭(是否)同意保护方案为前提条件。

在方案规定增加公司注册资本的情况下，股东或股票持有人可以按照其已经获准登记的债权数额进行抵销，并且以方案规定其减免后的数额为限。

(有关新的认股人应得到其他股东认可的)认可条款视为未予订立。

司法解释：

1. 公司股份的转让：股东将股份转让给拟接受转让的候选人，并不意味着第 L626-3 条意义上的变更资本，因此不强制适用该条之规定(巴黎法院，1989 年 1 月 17 日)。

2. 重组自有资本：在企业的自有资金已经下降到不足其注册资本的一半时，如果没有重构自有资金，并以法院同意接受方案为中止条件，便不能确定企业继续经营方案(贝杜纳法院，1986 年 9 月 26 日)。

3. 修改章程：当修改章程需要经股东投票通过时，法院不得强制修改章程(最高法院商事庭,1991年1月15日)。一家有限责任公司在另一家实行司法重整的股份有限公司继续经营方案的框架内取得该股份有限公司的多数资本而成为其董事(管理人)时,如不按照方案的要求增加资本,以恢复银行、供货人与顾客的信任,属于有管理错误(巴黎法院,1996年3月19日)。

4. 公司法(的规定):当企业实行司法重整时,排除第L225-248条规定的重组自有资本之义务(最高法院刑事庭,1997年4月27日)。

第L626-4条 (2008年12月18日第2008-1345号法令第53条废止:2005年7月26日第2005-1845号法律第62条,在为了挽救企业因而有此要求时,应检察官的要求,法庭可以将更换一名或多名企业领导人作为通过方案的前提条件,但如债务人从事的是受立法或条例专门规范的自由职业时,不在此限。

法庭得为此目的并且按照相同条件宣告企业在法律上或事实上由一名或数名领导人持有的股份、资本证券或可以进入注册资本的有价证券不得转让,并决定与这些证券相关联的表决权在确定的期限内由专门为此指定的司法代理人行使。同样,法庭也可以命令这些人持有的公司股份、资本证券或可以进入资本的有价证券应予转让,转让价格根据鉴定人的评估作价确定。

为执行本条之规定,应征求企业领导人与企业委员会代表的意见,或者,在没有设立企业委员会的情况下,应征求员工代表的意见,或者按规定对这些人进行传唤。)

第L626-5条 (2005年7月26日第2005-845号法律第63条)有关清理债务的提议,(2010年10月22日第2010-1249号法律第58-1条)"可以涉及债务的清偿期限、债务的减免以及将债权转换为进入或可以进入公司资本的证券";此种提议,随其制定,并且在委任法官的监督下,由司法管理人送交司法代理人、监督人以及企业委员会,或者,在没有设立企业委员会的情况下,送交员工代表。

(2010年10月22日第2010-1249号法律第58-1条)"在提出的建议涉及债务的清偿期限、债务的减免时,由司法代理人向已经按照第L622-24条的规定申报了债权的债权人个人或集体收集其表达的同意意见";在书面征求意见的情况下,(相关的债权人)自收到司法代理人的信函之日起30日内未作答复的,视为接受向其提出的清偿债务的提议。就第L622-24条第4款所指的款项而言,这些规定适用于《劳动法典》第L3253-9条所指的机构,即使它们尚未进行债权申报。(2008年12月18日第2008-1345号法令第54条)

"第L626-6条第1款所指的债权人,在向其提出的建议专门涉及支付期限时,亦适用这些规定"。

(2010年10月22日第2010-1249号法律第58-1条)在提出的建议涉及将债务转换为进入或可以进入公司资本的证券时,由司法代理人以书面形式向已经依照第L622-24条的规定申报了债权的各债权人个人收集其表达的同意意见;(相关的债权人)自收到司法代理人的信函之日起30日内未作答复的,视为拒绝接受提议。

对于方案草案并不会改变其债权的清偿条件的债权人,或者方案一经确定或债权一经登记即全额清偿其债权的债权人,司法代理人没有义务征求其意见。

司法解释:

1. 听取债权人的意见:债权人代表应当按照第L626-5条的规定负责收集债权人(表示)的同意意见,债权人代表在任何情况下均不得自行评判履行这一手续的适当性(贝藏松法院,1993年12月9日)。只有在所有的债权人均在30日期限内作出了答复,或者只有在该期限经过之后,法院才能就企业继续经营活动的方案作出判决;如果法院在30日期限尚未经过时即确定该方案,有必要宣告其判决无效(la nullité du jugement)(巴黎法院,1987年6月10日)。

2. 只有在法院考虑采纳企业提出的继续经营方案时,才"必须"听取债权人的意见;而如果法院当即排除该方案,再听取债权人的意见便无任何意义(凡尔赛法院,1994年1月20日)。由于法院享有"选择处理"的权利而不受管理人与债务人提出的方案的约束,因此,应当由法官评判所提建议的可行性及其取得良好结果的可能性,必要时,决定延长观察期,以便能够听取债权人的意见(最高法院商事庭,1998年3月17日)。

3. 30日期限的计算:债权人代表用挂号信并要求回执向债权人寄送文书,就减免债务与清偿期限征求意见时,债权人享有30日期限作出答复;这一期限自债权人接到挂号信之日起计算,只要债权人在法定期限内用挂号信并要求回执寄出其答复,即属符合规定,债权人代表何时收到这项答复,在所不问,即使30日期限已经经过(最高法院商事庭,2008年10月28日)。

4. 债务人(提起上诉的情况下)在上诉理由状中提出新的建议时,无须再听取债权人的意见(最高法院商事庭,1990年7月10日)。

第 L626-6 条 （2005 年 7 月 26 日第 2005-845 号法律第 63 条）金融管理部门、社会保险组织、管理《劳动法典》第 L351-3 条及随后条款规定的失业保险制度的机构以及受《社会保险法典》第九卷调整的机构，可以同意减免债务人全部或部分债务，减免条件与在相同情况下私人经济运作人按照市场条件给予债务人的条件相同。

在此框架内，金融管理部门可以减免为国家与地方政府的利益收取的全部直接税以及债务人拖欠的属于国家财政收入的各项所得；但对于为国家与地方政府的利益收取的各项间接税，可以减免的部分仅有因滞纳税款而产生的利息、加收的数额、罚款或罚金。

减免债务的条件由(第 2009 年 2 月 17 日第 2009-179 号法律废止："经最高行政法院提出资政意见后颁布的")法令具体规定。

第 1 款所指的债权人也可以决定转让其享有的优先权或抵押权的受偿顺位，或者决定放弃这些(优先权)担保。

第 L626-7 条 （2005 年 7 月 26 日第 2005-845 号法律第 63 条）司法代理人制订一份有关各债权人所作答复的登记册，并将其送交债务人与管理人以及监督人。

第 L626-8 条 （2008 年 12 月 18 日第 2008-1345 号法令第 56 条）债务人根据已接收的有关债务的提议而在其提交的方案草案中考虑提出的各项措施，均应通知企业委员会与司法委托人，并听取他们的意见，或者在没有设立企业委员会的情况下，应通知员工代表并听取意见。

管理人向前款所指的人报送的债务人的经济与社会资产负债概报表以及保护方案草案，也应听取这些人的意见，相应情况下，管理人应对资产负债概报表与方案草案提出补充意见。

第 2 款所指的文件同时送交在劳动法方面有管辖权限的行政机关。在其日程上载明听取员工代表意见的会议的记录应转送法庭与上述行政机关。

(2008 年 12 月 18 日第 2008-1345 号法令第 56 条)"这些文件也应报送检察院"。

第二节 确定方案的判决与方案的执行

第 L626-9 条 （2005 年 7 月 26 日第 2005-845 号法律第 65 条）法庭在听取债务人、管理人、司法代理人、监督人以及企业委员会代表的意见之后，或者在没有设立企业委员会的情况下，听取员工代表的意见之后，或者按照规定进行传唤,并听取检察院的意见之后,根据(2008年12月18日第2008-1345号法令第57条)"第L626-8条所指的文件"进行审理,作出判决。雇用的薪金雇员人数与税负外营业额超过最高行政法院提出资政意见后颁布的法令确定的额度的债务人实行集体程序时,法庭辩论应有检察院出席。

司法解释:

1. 传唤:法院在进行审理,作出判决之前如果没有传唤债务人,其作出的确定方案的判决应当撤销(南锡法院,1988年1月13日)。与此相反,法院并无义务听取"有可能接管企业"的人的意见(最高法院商事庭,1988年3月22日)。

2. 如果债权人代表违反第L622-20条对其规定的义务,既不出庭,也不向法庭提交方案草案要求其作出的解释说明,应当承担责任(巴黎法院,1995年10月12日)。只有在法院已经考虑采纳企业继续经营方案时,才"必须"听取债权人的意见,而当法院立即排除该方案时,无须再听取债权人的意见(凡尔赛法院,1994年1月20日)。

3. 债权人代表的责任:确定企业重整方案的法院行使其权限,(在由管理人的过错导致企业实行重整方案以及造成供货商受到损失的情况下)并不免除管理人按照《民法典》第1382条的规定承担责任(最高法院商事庭,1999年5月11日)。司法管理人建议法院采纳企业继续经营方案,但该方案能否成功存有很大的不确定性,管理人并没有向法庭提示由于出租人以经营场所所有权人的身份提出的异议,企业继续经营存在风险,在此种情况下,管理人的责任问题,参见巴黎大审法院1998年11月4日判决。

第L626-10条 保护方案应指定负有执行方案之义务的人,并具体写明由这些人承诺的、对(2005年7月26日第2005-845号法律第66条)"保护"企业有必要的全部义务。这些义务承诺涉及:企业活动的前景、维持企业活动的方式、资金筹措、(2008年12月18日第2008-1345号法令第58条)"对应当进行申报的负债的偿还",以及必要时,为确保方案得到执行而需要提供的担保。

保护方案应当说明企业的用工水平与用工前景,以及为了继续从事经营活动而考虑的社会保障方面的条件,并说明其理由。

负责执行保护方案的人,即使是以股东的身份执行该方案,除了在方案编制过程中已经承诺的义务外,不得被强加其他(新的)义务,但保留执行

(2005年7月26日第2005-845号法律第66条)"第L626-3条与第L626-16条"的规定。

第L626-11条 （2005年7月26日第2005-845号法律第67条）确定方案的判决一经作出,方案中的各项规定对所有的人均具有对抗效力。

除法人之外,共同债务人,或者同意为债务人提供(2008年12月18日第2008-1345号法令第166-2条)"人的担保"或者"同意使用或转让某项财产设立担保"的人,得主张确定方案的判决。

司法解释:

1. 由方案确定的股息:确定保护方案的判决可以批准债权已获准最终登记的任何债权人提起有关"支付方案确定的到期股息"的诉讼(最高法院商事庭,1995年3月14日)。

2. 强制执行措施:按照第L626-11条的规定,判决确定的保护方案对所有的人均具有对抗效力,特别是对司法重整程序开始之前产生的具有"裁判合同"价值的债权的债权人,因此,债权人不得单方面通过强制执行措施违反这一规定,因为在这种情况下实施强制执行措施势必将否定保护方案所确定的主要条件(卡斯特尔法院执行法官,1998年3月12日)。

3. 解除租约:规定企业继续进行经营活动并清偿债务的方案,对债权产生于实行司法重整程序的判决之前的债权人以及按照方案的规定作出义务承诺的人,均具有对抗效力,但是,这并不妨碍"以支付一笔金钱之外的原因"在实行司法重整的判决作出之后继续进行解除租约的诉讼(最高法院第三民事庭,1999年7月21日)。

4. 连带保证人(2005年7月26日法律之前的判例):尽管债务减免属于自愿性质,但在相应情况下,法院仍可降低减免的数额。债权的这种减少,其性质仍然属于法院确定的方案所做处分的司法性质,因此,不能视同《民法典》第1287条规定的"约定的减免债务"(协议减免债务),连带保证人不能主张享有这种减免所带来的利益(最高法院商事庭,1992年11月17日)。债权人明示或者默示接受为制订企业继续经营方案而向其提出的减免债务的建议,并不因为(这样做会)"剥夺了保证人按照减免数额行使代位救济权"而构成过错,但如有欺诈保证人权利的行为,不在此限(最高法院商事庭,1996年10月22日)。

5. 普通保证人:按照原第L621-65条的规定,非连带保证人可以主张(债务人的)司法重整方案所作的处分(最高法院商事庭,2004年11月23

日)。新的第 L626-11 条确认了这一规定。

6. 债务人的继承人:为其受益而确定了企业继续经营方案的债务人的继承人可以主张该方案的规定(最高法院商事庭,2000 年 1 月 4 日)。

7. 薪金雇员:确定方案的判决的权威效力不得扩张至在集体程序开始时拖欠的薪金雇员所持有的优先债权的清偿(最高法院社会庭,2002 年 2 月 19 日)。

第 L626-12 条 (2005 年 7 月 26 日第 2005-845 号法律第 68 条)保护方案的实施期限由法庭确定,但不影响适用第 L626-18 条的规定。这一期限不得超过 10 年,如果债务人是农业生产者,方案的实施期限不得超过 15 年。

司法解释:

如果延长期限可以(有助于)达到方案规定的目标,法院可以延长方案的期限,只要其不超过 10 年(2005 年以前的规定);即使并未同时对方案的目标与实施手段作出任何实质性变更决定,亦同(巴黎法院,2001 年 6 月 19 日)。法院在转让方案期限届满之前延长该方案的期限,同时延长经过不可撤销的裁定原已延长的方案执行监察人的任务,这样做并不越权(最高法院商事庭,2007 年 6 月 19 日)。

第 L626-13 条 (2005 年 7 月 26 日第 2005-845 号法律第 69 条)法庭确定保护方案,当然取消在实行程序的判决作出之前签发的支票被拒付的情况下按照《货币与金融法典》第 L131-73 条的规定所采取的禁止签发支票的措施。

(2010 年 12 月 9 日第 2010-1512 号法令第 3-8 条)"债务人是有限责任个体企业主时,就程序所针对的其指定用途的概括财产的有关账户,取消这种禁止性处分"。

第 L626-14 条 法庭在确定或者变更保护方案的判决中可以规定,在其确定的期限内,非经其批准,不得转让其认为对企业继续经营必不可少的财产,(2005 年 7 月 26 日第 2005-845 号法律第 70 条)"但所规定的不得转让这些财产的期限不得超过保护方案本身的期限"。

(2008 年 12 月 18 日第 2008-1345 号法令第 59 条)"法庭在受理请求转让某项按照上述第 1 款的规定不得转让之财产的请求时,应在听取检察院的意见之后作出裁判,否则裁判无效"。

财产的这种有时间限制的不可转让性,(2005 年 7 月 26 日第 2005-845 号法律第 70 条)"按照最高行政法院提出资政意见后颁布的法令规定的条件进行公示"。

违反本条第 1 款的规定签订的任何文书,应任何利害关系人的请求(2005 年 7 月 26 日第 2005-845 号法律第 70 条)"或者检察院的要求",得予撤销。此种请求应在文书签订之日起 3 年期限内提出。签订的文书需要进行公示的,提出上述请求的期限,自公示之日起计算。

司法解释:

哪些财产不得转让:只有所有权属于债务人的财产才属于不可转让的财产,债务人仅仅因承租而占有的财产,不牵涉"不可转让"的问题(科尔玛法院,1987 年 3 月 25 日)。

第 L626-15 条 保护方案应写明(2005 年 7 月 26 日第 2005-845 号法律第 71 条)因"企业重组"而对其章程所作的必要修改。

第 L626-16 条 (2005 年 7 月 26 日第 2005-845 号法律第 72 条)在有必要的情况下,确定保护方案的判决给予司法管理人以委托授权,由管理人按照最高行政法院提出资政意见后颁布的法令确定的条件召集有相应权限的(股东或持股人)大会,落实保护方案所规定的修改章程事宜。

第 L626-16-1 条 法庭在按照第 L626-16 条的规定授权管理人召集第 L626-3 条所指的大会对因方案引起的章程修改作出审议决定时,可以决定:第一次召集即举行的有相应权限的大会按照出席或者派代表出席会议并且至少占有半数以上有表决权的股份的持股人或股东的多数赞成票作出审议决定;如果是第二次召集才召开的大会,按照出席会议的人数与赞成票的多数的普通法作出审议决定。

第 L626-17 条 股东或持股人必须在法庭确定的期限内全部缴纳其认购的资本。在需要立即缴纳这些资本的情况下,股东或持股人得按照其已经获准登记的债权数额进行相应的抵扣,但应扣除按照减免或延期偿还的形式已经在方案中得到处理的数额。

第 L626-18 条 法庭对债权人按照(2005 年 7 月 26 日第 2005-845 号法律第 73 条)"第 L626-5 条第 2 款及第 L626-6 条"规定的条件同意的延期清偿和债权减免予以确认,必要时,法庭可以缩短延期支付期限,降低减免数额。

(2010年10月22日第2010-1249号法律第58-1条)"(在提出的建议涉及将债务转换为进入或可以进入公司资本的证券时)法庭对债权人按照第L625-5条第3款规定的条件同意接受的证券转换协议给予认可,但如果这样做将损害其他债权人的利益,则不予认可。如有必要,法庭应确定此种转换已得到第L626-3条所指的股东大会的批准"。

对于本条第1款与第2款所指债权人以外的其他债权人,如各方当事人在程序开始之前约定的偿还期限超过方案的期间,法庭裁定保留该期限。

其他情况下,法庭得强制规定一个统一的支付期限,但保留适用本条第5款的规定。第一次进行支付的时间不得超过1年;从第三年起,方案规定的每一年期的支付数额不得低于获准登记的负债的5%,但农业经营事业除外。

在方案规定的第一次进行清偿之日尚未全额到期的债权的本金,自当事人在程序开始之前约定的到期日起,于方案规定的每一年的到期日开始偿还。在该日期,偿还的本金的数额以法庭对其他债权人统一规定的清偿期限内该债权人本可受领清偿的数额为限;在方案规定的第一次进行清偿之日某项债权的本金尚未全额到期的,按照各当事人在程序开始之前约定的到期日,在方案规定的每年的到期日开始偿还;在该日期支付的本金数额,如同其他债权人自方案开始执行时就受到法院强制规定的统一清偿期限的限制一样,以此可以受理的清偿数额为限。此后各年度清偿的款项数额也按照对其他债权人规定的统一清偿期限确定。如果没有对任何债权人规定统一的清偿期限,以下一个年度的名义清偿的数额等于待偿的本金当年应当偿还的数额。

按照本条第4款与第5款强制规定的清偿期限不得超过方案本身的期限。

订立融资租赁合同的信贷承租人,在本条规定的期限经过之前,于合同到期时,可以行使买受租赁物的选择权。在此情况下,行使购买权的信贷承租人应当根据方案规定的债务减免所减少的数额及清偿期限,全额清偿仍欠的款项。

司法解释:

1. 强制的减免:法院对于已经拒绝第L626-5条所指建议的无担保债权人强制减少其债权,违反了第L626-18条的规定(凡尔赛法院,1988年3月3日)。统一的清偿期限:法院对优先权债权人与不服从(减免)建议的无担保债权人强制规定不同的清偿期限,违反第 L626-18 条的规定(凡尔赛法院,1988 年 3 月 3 日);但是,抵制(减免)建议的优先权债权人的命运必定要差于接受建议的优先权债权人的命运,因为法律强制法官将前者等同于抵制建议的无担保债权人(凡尔赛法院,1988 年 3 月 3 日)。

2. 方案的变更:第 L626-5 条关于在司法重整方案的框架内默示同意(减免债务)的规定,不得扩张至修改方案的建议,因为第 L626-18 条禁止"强制减少债权",而有关默示同意的规定是一种违反第 L626-18 条的规定(兰斯法院,1998 年 9 月 9 日)。

3. 支付期限:清偿负债的期限不得超过方案的最长期限,第 L626-12 条将方案期限确定为 10 年(波尔多法院,2002 年 4 月 8 日)。

4. 按年清偿:没有任何法律条文禁止法院决定在企业继续经营的情况下清理负债的方式,因此,不禁止法院规定按年向债权人支付股息,并强制债务人按月将股息款项寄存于方案执行监察人之手(奥尔良法院,2000 年 11 月 23 日)。

5. 信贷租赁:如果信贷租赁合同终止于观察期内,且承租人在此期间作出了(最后购买的)选择决定,则不适用第 L626-18 条之规定,在这种情况下,第 L622-7 条禁止清偿在司法重整程序开始之前产生的任何债权,因此不能清偿在该程序开始之前尚未支付的到期款项(尼斯法院,1997 年 11 月 4 日)。

第 L626-19 条　保护方案可以为所有的债权人提供一种选择:在统一的更短期限内清偿其债权,但需按照各自的债权数额的比例给予相应的减免(2005 年 7 月 26 日第 2005-845 号法律第 74 条废止:"在此情况下,支付期限不得超过方案本身的期间")。

只有当保护方案规定的(2008 年 12 月 18 日第 2008-1345 号法令第 60 条)"最后一期清偿"在确定的到期日实际进行了支付之后,债务人才最终获得债权减免。

司法解释:

如果通过挂号信个别征求意见,向债权人提议某项选择,该信件应当具体写明作出选择的时间,在法定的期限内不作答复的,视为同意(马赛商事法院,1991 年 5 月 16 日)。按照第 L622-19 条的规定,在保护方案的框架内同意减免的债权,只有在债务人履行了其作出的义务承诺时才予消灭(最高法院商事庭,2006 年 10 月 3 日)。保护方案被解除,溯及消灭在方案通过时同意给予的期限与债务减免,因此在与该方案无关的任何合同谈判之外同意给予债务人的债务减免,只有在方案规定的最后清偿到期日进行支付之后,才能(成为)最终取得(的利益)(最高法院商事庭,2007年5月9日)。

第L626-20条 一、尽管有第L626-18条与第L626-19条的规定,对以下债权不得减免或规定给予支付(宽限)期限:

1. 受《劳动法典》第L3253-2条与第L3253-3条、第L3253-4条、第L742-6条与第L751-15条(分别为原第L143-10条、原第L143-11条、原第L742-6条和原第L751-15条)确立的优先权保障的债权;

2. 受《民法典》第2101条第四项与第2104条第二项规定的优先权担保的、因劳动合同产生的债权,其数额未由《劳动法典》第L3253-9条所指的机构垫付或取得代位权的;

3. 受到第L611-11条第1款所指的优先权担保的债权。

二、在评估的负债数额的5%的限度内,按照数额递增排列,凡是不超过法令确定之数额的小额债权均予立即清偿,既不减免,也不给予清偿宽限期,但是,当同一债权人持有的全部债权的(总)数额超过上述比例的1/10时,或者第三人已经取得代位权或已进行清偿时,不适用这一规定。

第L626-21条 向保护方案进行某项债权登记,债权人同意给予宽限期或者同意减免债务,(2010年10月22日第2010-1249号法律第58-1条)"或者同意将债务转换为进入或可以进入公司资本的证券的",不妨碍该债权最终登记为债务人的负债。

(2010年10月22日第2010-1249号法律第58-1条)"当司法代理人向管理人建议准许某项债权登记且委任法官没有受理就该债权的全部或一部提出的任何争议时,只要确定方案的判决已经最后作出并且其中有此规定,与该债权相关的款项可以进行预付"。

与有争议的债权相对应的待分配的款项,仅自这些债权最终获准登记为债务人的负债之日起才予支付;但是,受理争议的法院可以决定债权人以先予清偿的名义参加在其债权最终登记之前进行的全部或部分分配。

除立法(2005年7月26日第2005-845号法律第75条废止:"或者保护方案")另有规定之外,保护方案规定的清偿属于指定清偿地点的债务清偿。

(2005年7月26日第2005-845号法律第75条)"法庭确定方案规定的股息的支付方式。股息支付至方案执行监察人之手,并由其进行分配"。(2010年10月22日第2010-1249号法律第75条)"如果从待进行的清偿的特别性质来看,为了很好地执行方案,因而有此要求,法庭可以在听取检察院的意见之后作出特别说明理由的裁定,批准方案执行监察人并由其承担责任,通过用大数额的现金或有价证券进行清偿而专门安排的信贷机构向债权人进行清偿"。

司法解释:
1. 在方案中登记的债权的范围:企业继续经营方案应当就已经申报的所有债权的清偿作出规定,即使是存在争议的债权(最高法院商事庭,1998年1月6日)。保护方案没有将债权人的(某一)债权包括在内,债权人因此没有收到方案所确定的股息时,可以根据第L626-27条的规定请求解除方案(最高法院商事庭,1998年1月6日)。
2. 保护方案规定的清偿:确定企业继续经营方案的判决准许其债权最终登记为债务人负债的任何债权人,在清偿期限到期时,按照普通法提起支付该方案所确定的股息的诉讼(巴黎法院,2002年2月6日)。

第L626-22条 在负担特别优先权、(2008年12月18日第2008-1345号法令第165条)"有体动产质权"、无形动产质权或抵押权的某项财产被出卖时,(2005年7月26日第2005-845号法律第76条)"价金中与享有这些担保的债权相对应的额度支付至在信托银行开立的账户";享有此种担保利益的债权人或者持有一般优先权的债权人,就出卖财产的价金,在《劳动法典》原第L143-10条、第L431-11条、第L742-6条与第L751-15条(《劳动法典》现第L3253-2条、第L3253-4条、第L7313条)确立的优先权所担保的债权得到清偿之后受偿。

这些债权人可以按照他们之间存在的优先受偿顺序,获得在方案确定之后才到期的股息,但应当扣减已经提前清偿的部分。

如果拟提供的另一种担保具有同等利益,必要时,可以用该另一种担保替代某项负担优先权、(2008年12月18日第2008-1345号法令第165条)"有体动产质权"、无形动产质权或抵押权的财产;不能达成一致意见的情况下,法庭得命令进行此种替代。

第L626-23条 在部分转让资产的情况下,转让价款应支付给(2005年7月26日第2005-845号法律第77条)"债务人",但保留适用第L626-22条之规定。

第L626-24条 (2005年7月26日第2005-845号法律第78条)"法庭

可以责成管理人完成对其具体规定的、实施方案所必要的行为"。

司法代理人在(2005年7月26日第2005-845号法律第78条)"审核与制订最终债权清册所必要的时间里仍然履行其职务"。

(2008年12月18日第2008-1345号法令第61条)"司法管理人与司法代理人的任务完成时,按照最高行政法院提出资政意见后颁布的法令确定的条件终结保护程序"。

司法解释:

1. 权力的界定:按照《商法典》(原来)的规定(现第L622-20条、第L626-24条与第L626-25条),债权人代表在审核债权所必要的时限内仍然履行职责,以债权人的名义,为债权人的利益开展活动;企业重整方案的委任执行人负责保障该方案的执行,而实施方案所必要的权力,特别是涉及方案规定的解雇人员方面的权力,则赋予管理人。在实行简易的司法重整程序的情况下,由于没有指定管理人,则由方案执行监察人协助债务人完成实施保护方案所必要的行为(最高法院社会庭,1992年4月8日)。

2. 债权人代表的职责的终止:在审核债权所必要的时限内仍然履行职责的债权人代表针对法院作出的承认某项债权的判决提起的上诉,得予受理(最高法院商事庭,1995年4月11日);但是,债权人代表仅仅是为了完成负债审核任务才仍然履行其职责,因此,在确定方案的判决作出之后,债权人代表不再有资格对其主张的"因过错行为导致债务人资产减少或者负债加重的人"提起损害赔偿之诉(最高法院商事庭,1994年7月12日);同样,在法院确定司法重整方案之后,债权人代表不再有资格为查明银行责任而紧急申请指定鉴定人(最高法院商事庭,2002年1月8日)。

第L626-25条 (2005年7月26日第2005-845号法律第79条)法庭任命管理人或者司法代理人作为方案执行监察人①,负责在第L626-12条确定的期限内保障与监督方案的执行;必要情况下,法院得任命多名方案执行监

---

① "方案执行监察人",原文称为"commissaire à l'exécution du plan",同样是由法院指定的委托代理人,负责两项主要任务:监督保护方案或司法重整方案的执行,监督企业的运作,直至方案得到完全执行,保护有关当事人的利益;在方案未得到执行的情况下,可以向检察院报告,可以请求解除方案,并且可以对任何变更方案的请求表示意见。按照第L626-26条规定,法庭在确定方案时,可以指定(此前任命的)管理人或司法代理人作为方案执行监察人,并且可以任命多名方案执行监察人。参见第L621-10条、第L622-20条、第L626-26条等。——译者注

察人(2009年1月30日第2009-112号法令自2009年2月15日起废止:"第L621-4-1条之规定适用于保护方案执行监察人")。

在确定方案的判决作出之前由管理人或者债权人代表作为一方当事人的诉讼,由方案执行监察人继续进行,或者如果方案执行监察人不再任职,由法院专门为此指定的委托代理人继续进行。

方案执行监察人也有资格为债权人的集体利益提起诉讼。

方案执行监察人得让他人向其报送对其完成任务有益的所有文件与材料。

方案执行监察人向法庭(2005年7月26日第2005-845号法律第79条)"与检察院"汇报方案没有得到执行的情况,并通知企业委员会,或者在没有设立企业委员会的情况下,通知员工代表。

(2003年1月3日第2003-7号法律第43条)"方案执行监察人受领的任何款项均应立即存入在信托银行开列的账户,在延迟存入的情况下,方案执行监察人应就其没有存入的款项支付按法定利率并加收5个百分点计算的利息。"

(2005年7月26日第2005-845号法律第79条)"法庭可以依职权或者应共和国检察官的要求,更换方案执行监察人"。(2008年12月18日第2008-1345号法令第62条)"方案执行监察人(本人)请求换人时,由法庭庭长审理裁定"。

司法解释:
一、确定方案的判决的效力
1. 确定企业转让(保护或者重整)方案的判决一经宣告,即终止观察期,债务人恢复其全部权力(pouvoir),但赋予管理人实施方案的权力以及赋予方案执行监察人监督方案执行的权力除外(最高法院社会庭,1993年1月20日)。

2. 在企业继续经营(重整)方案确定之后,除方案本身另有规定外,债务人重新成为其财产的主人,因此,可以处分财产及财产的价金,而无须请求法院或委任法官批准,债务人对债权人的债务按照方案规定的方式进行清偿(最高法院商事庭,2006年2月21日)。同样,重新成为其财产主人的债务人可以提起解除合同之诉讼,即使管理人在观察期内并未采取行动,亦无影响(最高法院商事庭,2008年9月16日)。

3. 在债务人公司实行集体程序的判决之前,信贷公司滥行中断其对该公司的支持,债务人公司对该机构提起违约诉讼,只要其请求获得的损害赔偿有别于集体程序的债权人受到的损失,此种诉讼得予受理(最高法院商事庭,2007年3月13日)。

4. 在确定企业继续经营(保护或者重整)方案的判决作出之日,交由管理人承担的协助(债务人的)任务即告停止,而债务人自此时起可以单独向最高法院提起上诉,因此,不能认为由于方案执行监察人没有取代负责协助债务人的管理人参与诉讼,由债务人单独向最高法院提起的上诉就不予受理(最高法院商事庭,1993年3月30日)。

5. 如果在确定方案的判决作出之日,一项涉及集体程序的判决作出之后产生的债权的诉讼程序正在进行当中,则应当传唤债务人参加诉讼,以便其维护自己的利益,因为,任何人在没有被听取辩护意见或者没有受到传唤时,均不受判决处罚(最高法院社会庭,2001年11月27日)。

二、方案执行监察人

1. 任命:基于债务人的状况有必要任命多名方案执行监察人时,没有任何法律规定禁止法院进行这样的任命(最高法院商事庭,2001年12月11日)。当确定方案的法院决定任命多名方案执行监察人时,受任命的每一个人均享有法律给予这一"机关"的全部权力,并有能力单独行使这些权力,该机关并不代表债务人,因此,(仅)向方案执行监察人中的一人进行判决通知,并不能对其他人开始计算上诉期限(最高法院商事庭,2007年5月9日)。

2. 资格:(由于)只有诉讼当事人或者由他人代理诉讼的当事人才能对法院的裁决提出救济申请,方案执行监察人不能对后来实行司法重整程序的债务人作为一方当事人的判决提出变更请求(最高法院商事庭,1999年3月16日)。

3. 权力(pouvoir):在管理人的任务结束之后,请求清偿集体程序判决作出之后符合规定、正规产生的债权的诉讼,应当按照第L.626-25条的规定针对方案执行监察人提起。方案执行监察人受指定在方案规定的期限内负有监督、保障方案执行的任务(最高法院社会庭,1993年1月20日)。

4. 第L.626-25条之规定不涉及在司法重整程序开始之日正在进行的诉讼(最高法院商事庭,1993年6月22日)。

5. 在转让方案被采纳之后,集体程序的相关活动之所以继续进行,不论是审核债权还是正在进行中的诉讼或者方案的执行,都只不过是为了使这些活动得以完成(蒙帕利耶法院,1996年3月19日)。

6. 在债权人代表的任务按照《商法典》第R.626-38条规定的条件结束之

后,由申报债权开始的债权审核与准许登记的程序,由方案执行监察人继续进行,或者,如果方案执行监察人不再履职,则由宣告实行集体程序的法院指定的"专门的委托代理人"继续进行(最高法院商事庭,1994年10月25日)。只要集体程序的各机关没有运用法律赋予它的权力,任何委托代理人,即使是专门任命的代理人(为了提起诉讼专门指定的委托代理人)均不得行使这些已经最终终止的权力(蒙帕利耶法院,1996年3月19日)。

7. 按照第L626-25条的规定,在确定司法重整方案的判决之后,只有方案执行监察人才有资格继续进行此前已经开始的诉讼(最高法院商事庭,1989年7月30日)。因此,在债务人与第三人的某项争议中,如果方案执行监察人没有在《民事诉讼法典》第978条规定的期限内取代管理人,司法重整程序中的管理人没有向最高法院提起上诉的资格(同一判决);此种"诉讼不受理"具有公共秩序性质,法院得依职权提出"诉讼不受理"(同一判决);同样,以司法管理人的资格开展活动的人没有资格对有关解雇某一薪金雇员的判决向上诉法院提起上诉(最高法院社会庭,1996年4月2日)。

8. 方案执行监察人并未以其身份对一家银行提起责任之诉,而仅仅是继续此前由并无资格提诉讼的管理人提起的诉讼时,方案执行监察人没有资格在该诉讼的基础上请求(对银行)进行处罚(最高法院商事庭,1999年1月5日)。

9. 方案执行监察人在继续进行由债权人代表为保护集体利益已经在确定方案的判决之前提起的诉讼时,可以从第L626-25条赋予的权力中取得"同样以债权人的名义、为相同目的的提起诉讼"的资格(最高法院商事庭,1994年7月12日);即使此时管理人唯一因审核负债之需要仍然在职(里昂法院,1999年2月26日)。因此,在企业转让方案确定之后,方案执行监察人有资格对任何人提起损害赔偿之诉;即使是债权产生于集体程序的判决作出之前的债权人,如方案执行监察人主张因该债权人的过错行为导致债务人的资产减少、负债加重,亦可针对该债权人提起诉讼(最高法院商事庭,1994年7月12日)。方案执行监察人有权为保护集体利益提起责任之诉(例如,因滥行中断特许经营合同给债权人造成损失的赔偿之诉)。只要集体程序尚未终结,方案执行监察人就仍然承担其任务,因此可以向法院提出"请求由公司领导人按照第L651-2条的规定清偿公司债务"的诉讼(最高法院商事庭,1995年1月3日)。同样,方案执行监察人有资格以债权人的名义提起诉讼,以收取产生于集体程序的判决作出之前的某项债权(最高法院商事庭,1997年5月20日);(他)可以向债务人的保证人的负债申报债权,(也)可以在对实行集体程序的公司的领导人制作与公布不准确账目的(刑事)诉讼中成为民事当事人。方案执行监察人可以对第三人提起以《民法典》第 1167 条(关于撤销诉权)的规定为依据的诉讼(最高法院商事庭,2001 年 11 月 13 日)。

10. 方案执行监察人没有资格取代债务人提起旨在要求赔偿因债务人的合同相对方当事人在确定价格时的滥权行为所造成的损失的损害赔偿诉讼(最高法院商事庭,2000 年 1 月 18 日)。方案执行监察人没有资格提起与方案的执行完全无关的诉讼,特别是旨在请求赔偿足球俱乐部重组之后造成的损失的诉讼(巴黎法院,1992 年 7 月 7 日)。方案执行监察人的职权应在严格界定的法定框架内行使,这种职权并不准许方案执行监察人代理债务人,并替代债务人履行"被判处向某一薪金雇员支付工资"的判决(埃克斯—普罗旺斯法院,1992 年 11 月 10 日)。方案执行监察人并不代表债务人,因此,不能取代公司的法定机关要求某一股东缴清其认购的资本本金(最高法院商事庭,2004 年 10 月 12 日)。

11. 在由商人提起或者针对商人提起的诉讼中,通知方案执行监察人参加诉讼虽然有其适当性,但属于任意性质,因此,不通知方案执行监察人参加诉讼并不会引起任何制裁(马赛法院,1988 年 4 月 20 日)。

12. 方案执行监察人负责保障方案得到执行,因此有权力(pouvoir)就任何妨碍执行方案的行为向法院提起诉讼(最高法院商事庭,1996 年 1 月 23 日)。按照第 L626-25 条与第 L626-27 条之规定,方案执行监察人,在没有事先受通知参加诉讼的情况下,可以为解除企业继续经营方案向法院提起诉讼(最高法院商事庭,1997 年 12 月 9 日)。

13. 方案执行监察人,在其停止履职之后,不再有资格继续正在进行中的诉讼,此种诉讼只能由法院专门指定的代理人继续进行,不论该诉讼是在方案执行监察人受任命之前提起的还是由其本人提起的,但方案执行监察人得到法院新的授权时除外(最高法院商事庭,2000 年 11 月 29 日)。方案执行监察人没有资格替代债务人提起旨在收取实行集体程序的判决作出之后产生的某项债权的诉讼(巴黎法院,2002 年 6 月 18 日)。

14. 专门的委托代理人:第 L626-25 条之规定并不排除指定一名专门的委托代理人的可能性,以便继续进行由方案执行监察人单独提起的诉讼(蒙帕利耶法院,1996 年 3 月 19 日)。

第 L626-26 条 (2005 年 7 月 26 日第 2005-845 号法律第 80 条)法庭只有应债务人的请求并根据方案执行监察人的报告,才能决定对方案原定的目标与实施手段进行实质性变更。在债务人的状况准许对已定方案进行有利于债权人的实质性修改或变更的情况下，方案执行监察人可以为此向法院提出请求。

（2008 年 8 月 4 日第 2008-776 号法律第 76-2 条）"第 L626-6 条之规定得予适用"。

法庭在听取检察院的意见，并且听取债务人、方案执行监察人（commissaire à l'exécution du plan）、监督人（contrôleur）①、企业委员会代表的意见，或者，在没有设立企业委员会的情况下，听取员工代表的意见以及任何有利益关系的人的意见之后，或者按照规定对这些人进行传唤之后，作出审理裁判。

第 L626-27 条 （2008 年 12 月 18 日第 2008-1345 号法令第 63 条）一、在债务人没有支付股息的情况下，方案执行监察人按照方案确定的规则进行收取。方案执行监察人唯一有此资格。当方案执行监察人已经停止履职时，任何利益关系人均可请求法院指定一名专门的代理人负责收取款项。

如果债务人在方案规定的期限内不履行其作出的义务承诺，确定该方案的法庭可以在听取检察院的意见之后决定撤销该方案。

如果在执行方案的期间认定债务人已经停止支付，确定保护方案的法庭在听取检察院的意见之后决定解除原方案并（对债务人）实行司法重整程序，或者，如显然不可能实行重整，决定实行司法清算程序。

法庭作出解除方案的判决，终止仍在进行中的、与此有关的活动及程序。除保留执行第 L626-19 条第 2 款的规定之外，法庭准许债权人收取其全部债权和担保，但应扣减其已经收取的款项，并且取消原先给予的任何支付期限。

二、在上述第一项第 2 款与第 3 款所指情况下，法庭受理由某一债权人、方案执行监察人或检察院提出的请求；法庭也可依职权受理。

三、在法庭用同一判决或者随后作出的判决解除方案并开始新的程序之后，如果该判决确认解除方案将引起债务人停止支付，受方案约束或者已经获准登记债权的所有债权人均免除申报债权及享有的担保；已经按照第 L622-17 条规定的条件向该条第四项所指的人之一进行告知的债权，同样可以免于再次申报。

第 L626-28 条 （2005 年 7 月 26 日第 2005-845 号法律第 82 条）经确认债务人已经遵守了方案中宣告的或法院确定的义务时，法庭应方案执行监察

---

① "监督人"与"方案执行监察人"是不同角色，因此，不能将后者完全等同于"监督人"。参见第 L641-1 条"清算监督人"及第 L621-7 条与第 L626-25 条。——译者注

人、债务人或任何有利益关系的人的申请,确认方案的执行已经终结。

第三节 债权人委员会

第 L626-29 条 (2005 年 7 月 26 日第 2005-845 号法律第 83 条)凡是账目已由会计监察人或者会计师出具审核证明,且薪金雇员人数或营业额超过最高行政法院提出资政意见后颁布的法令确定之界线的债务人,均受本节之规定约束。(2008 年 12 月 18 日第 2008-1345 号法令第 64 条)"本章其他规定,与此不相抵触的,亦适用之"。

应债务人或管理人的请求,委任法官可以批准上述两项标准并未达到法令规定界线的债务人,也适用本节之规定。

第 L626-30 条 (2008 年 12 月 18 日第 2008-1345 号法令第 65 条)由司法管理人将最高行政法院提出资政意见后颁布的法令所指的"金融公司、信贷机构与类似机构"以及"财产或服务的主要提供人"分别组织并成立两个委员会;两个委员会的组成人数根据实行程序的判决作出之前产生的债权的具体情况确定。

金融公司、信贷机构与类似机构以及持有从这些机构或财产或服务提供人处取得的某项债权的人,为"信贷机构与类似机构委员会"的法定成员。

除地方政府及其公共机构之外,凡是债权数额超过全体供应商的债权总额3%的财产提供人或服务提供人,均是"主要供应商委员会"的法定成员;其他供应商,在管理人提出要求时,可以成为该委员会的成员。

在对享有债务人以担保名义设立的财产托管利益的债权人适用上述规定时,只考虑其没有受交付托管的财产担保的那些债权的数额。

第 L626-30-1 条 (2008 年 12 月 18 日第 2008-1345 号法令第 66 条)不论有何相反规定,作为上述某一个委员会成员的义务或选择权利,属于在开始实行程序的判决作出之前产生的债权的从属权利,并可转移给相继的权利继受人。

(债权人)是隶属于"信贷机构与类似机构委员会"还是隶属于"主要供应商委员会",按照第 L626-30 条第 2 款与第 3 款的规定确定。

被转让的债权的持有人,只有在按照最高行政法院提出资政意见后颁布的法令规定的方式将债权转让事由告知管理人之日,才能得到有关债务人所提建议的通知,因而才准许行使投票权。

债权已经消灭或者已经转让他人的人,丧失作为(上述)委员会成员的资格。

第 L626-30-2 条 （2008 年 12 月 18 日第 2008-1345 号法令第 66 条）债务人在管理人的协助下向两个债权人委员会提出建议，以便制定第 L626-2 条所指的方案草案，作为某一委员会成员的任何债权人均可向债务人与管理人提出这种建议。

向两个委员会提出的方案草案不受第 L626-12 条与第 L626-18 条的规定约束，但最后一款除外；每一个方案草案尤其可以规定清偿宽限期、减免债务，以及在债务人是一家全体股东仅按照各自出资额负担亏损、可以发行股票的公司时，每一个方案草案均可以规定将债权人的债权转换为进入或可以进入公司资本的证券。如果债权的不同情况证明有理由这样做，每一个方案草案均可以对不同的债权规定不同的待遇。每一个方案草案均应考虑到在程序开始之前债权人之间原已经达成的服从方案的协议。

在与债务人和管理人讨论之后，上述两个委员会就该方案草案作出决定，相应情况下，在债务人提出的建议送交后 20 日至 30 日内就经过修改的方案草案作出决定。应债务人或者管理人的请求，委任法官可以决定增加或者缩短这一期间，但缩短后的期间不得少于 15 日。在债务人没有提出建议的情况下，由管理人确定上述委员会作出决定的日期。

每一个债权人委员会的决定，均按照债务人指明并得到会计监察人确认的、参加投票表决的委员会成员所持有的债权数额的 2/3 多数作出；或者在没有指定会计监察人的情况下，按照会计师确认的债权数额的 2/3 多数作出。对于享有债务人以担保名义设立的财产托管利益的债权人，仅考虑其持有的并不附有此种担保的债权数额。按照第 L626-30 条的规定设置的每一委员会的每一个债权人成员，在必要时，向管理人告知存在有关行使表决权需要遵守某种条件的任何协议，或者告知存在由任何第三人清偿全部或部分债权的任何协议以及有关服从方案的协议。管理人向该债权人告知并提交与其享有表决权的债权相对应的表决权数的计算方法。

（2010 年 10 月 22 日第 2010-1249 号法律第 58-1 条）"方案的规定对其债权的清偿条件没有作出任何变更的债权人，或者方案一经确定或债权准许登记之后即用现金偿还其债权的债权人，不参加表决投票"。

第 L626-30-3 条 如果按照第 L626-30-2 条的规定通过的方案，以及相应情况下，按照第 L626-32 条的规定通过的方案，不是债务人按照第 L626-2 条的规定提议的方案时，应当进行第 L626-8 条所指的传达。

第 L626-31 条 （2008 年 12 月 18 日第 2008-1345 号法令第 67 条）在债

务人提交的方案草案按照第 L626-30-2 条的规定获得两个委员会通过之后，以及相应情况下，由债券持有人大会按照第 L626-32 条规定的条件通过之后，法庭应按照本章第二节规定的方式对该方案以及第 L626-2 条所指的方案作出审理决定。法庭应审查确认所有债权人的利益均得到充分保护，以及在有必要的情况下，确认该方案已得到第 L626-3 条所指的大会或各相关大会按照该条规定的条件给予的批准。法庭的判决使已经获得两个委员会接受的所有建议均适用于它们的全体成员。

如果最后一次进行清偿的日期是在程序开始之前各方当事人约定的清偿日期之后，只有在进行最后一次清偿之后，方案执行监察人才能结束自己的任务。

"尽管有第 L626-26 条的规定，法庭按照本条第 1 款的规定确定的方案，只有遵守本节规定的限制条件，才能对其目标或实施方式进行实质性修改"。(2010 年 10 月 22 日第 2010-1249 号法律第 58-1 条) "在此情况下，方案执行监察人行使赋予司法管理人的全部权力"。

第 L626-32 条　(2008 年 12 月 18 日第 2008-1345 号法令第 68 条) 在有债券持有人的情况下，应当按照最高行政法院提出咨政意见后颁布的法令规定的条件召开由全体持有在法国或国外发行的债券的债权人组成的债券持有人大会，以便就(上述两个非债券的)债权人委员会通过的方案草案进行审议。

债券持有人大会进行的审议尤其涉及清偿期限、债券性债权的全部抛弃或部分抛弃，以及当债务人是一家全体股东仅按照出资额负担亏损、可以发行股票的公司时，应对将债权转换为进入或可以进入公司注册资本的证券事由进行审议。如果不同债权的具体情况证明有理由这样做，方案草案也可以对不同债权规定不同待遇。(2012 年 3 月 22 日第 2012-387 号法律第 28-1 条) "应当考虑债权人之间在程序开始之前订立的服从协议(accord de subordination)"。

不论有何相反条款，也不论适用于债券发行合同的法律有何相反规定，债券持有人大会的决定均应按照参加投票表决的持有人的债权数额的 2/3 多数作出。对于享有债务人以担保的名义设立的财产托管利益的债权人，仅考虑其持有的并不附有此种担保的债权数额。方案并未对其债权的清偿方式作出任何变更的债权人，或者规定方案一经确定或债权一经获准登记即用现金全额清偿其债权的债权人，均不参加投票。第 L626-30-2 条第 4 款之规定适用于大会的投票表决。

第 L626-33 条 （2008 年 12 月 18 日第 2008-1345 号法令第 69 条）不是按照第 L.626-30 条的规定设立的委员会成员的债权人以及享有债务人设立的作为担保的财产托管利益的债权人，对于享有此种担保的债权而言，按照第 L.626-5 条与第 L.626-6 条的规定，征求其意见。

（2005 年 7 月 26 日第 2005-845 号法律第 83 条）"方案中有关不是按照第 L.626-30 条的规定设立的委员会成员的债权人的规定，应当按照第 L.626-12 条与第 L.626-18 条至第 L.626-20 条的规定制定"。

第 L626-34 条 （2005 年 7 月 26 日第 2005-845 号法律第 83 条）上述两个委员会之一，(2008 年 12 月 18 日第 2008-1345 号法令第 70 条）"以及相应情况下，债券持有人大会，在开始实行程序的判决作出之后 6 个月期限内没有就方案草案作出决定，或者其中一个委员会拒绝接受债务人提出的建议"，或者法庭没有按照第 L.626-31 条的规定确定保护方案的情况下，程序重新进行，以便按照第 L.626-5 条至第 L.626-7 条规定的条件确定一个方案，并使该方案能够按照第 L.626-12 条与第 L.626-18 条至第 L.626-20 条的规定得到确定。但是，应管理人的请求，法庭可以对两个委员会确定一个新的期限，以及相应情况下，对债券持有人大会确定一个新的期限，但该期限不得超过观察期的期间。

第 L626-34-1 条 （2008 年 12 月 18 日第 2008-1345 号法令第 71 条）法庭在同一判决中对有关适用第 L.626-30 条与第 L.626-32 条的规定产生的争议以及有关方案的确定或变更的争议作出裁判。

债权人只能对委员会的决定或者其作为成员的大会所作的决定提出异议。

第 L626-35 条 （2005 年 7 月 26 日第 2005-845 号法律第 83 条）最高行政法院提出资政意见后颁布的法令规定本节的实施条件。

第七章 没有司法管理人的情况下适用的特别规定

第 L627-1 条 （2005 年 7 月 26 日第 2005-845 号法律第 84 条）在没有"按照第 L.621-4 条第 4 款的规定"指定（2008 年 12 月 18 日第 2008-1345 号法令第 70 条）司法管理人的情况下，适用本章之规定，本编的其他规定，在其不抵触本章规定的限度内，得予适用。

第 L627-2 条 （2005 年 7 月 26 日第 2005-845 号法律第 85 条）债务人，征得司法代理人的同意，行使为管理人设置的权力，继续履行正在履行中的合同(2008 年 12 月 18 日第 2008-1345 号法令第 73 条)"以及请求按照第 L622-13 条与第 L622-14 条的规定解除租约"。在达不成协议的情况下,任何利益关系人均可向委任法官提出请求。

第 L627-3 条 （2005 年 7 月 26 日第 2005-845 号法律第 86 条）在观察期内,债务人制定一份方案草案,并且在制定该草案时可能由法庭任命的专家协助。(2008 年 12 月 18 日第 2008-1345 号法令第 74 条)"债务人无须制定其经济、社会与环保方面的资产负债概况表"。

债务人向司法代理人与委任法官报送其提出的第 L626-5 条所指的清偿债务的建议,并进行相应通知(2008 年 12 月 18 日第 2008-1345 号法令第 74 条)以及"咨询意见与第 L626-8 条规定的转送"。

为适用第 L626-3 条之规定,应当按照最高行政法院提出资政意见后颁布的法令规定的条件召集参股人特别大会或股东大会,以及在需要经第 L225-99 条与第 L228-35-6 条所指的专门大会或第 L228-103 条所指的同期债券持有人大会批准时,应召集这一大会。委任法官确定向大会提议的增加资本的数额,以恢复企业的自有资金。

第 L627-4 条 （2005 年 7 月 26 日第 2005-845 号法律第 87 条）在债务人向法院书记室交存方案草案之后,法庭根据委任法官的报告进行审理,作出裁判。

第八章 加快的保护程序

第一节 一般规定

第一目 程序的开始

第 L628-1 条 设立一种加快的保护程序;除保留适用本章之规定外,加快的保护程序适用有关保护程序的规则,第 L622-13 条第三项与第四项的规定以及第四章第三节、第四节的规定不适用于加快的保护程序。

加快的保护程序的实行,由仍在进行调解程序、证明其已经制定可以确保企业持久经营方案的债务人提出请求。债务人提出的方案应当能够获得受此种程序影响的债权人充分、广泛的支持,且确实有可能在第 L628-8 条规定的期限内,或者相应情况下,在第 L628-10 条规定的期限内获得通过。

只能对属于以下情况的债务人实行加快的保护程序：

——账目已经得到会计监察人出具的审计证明或者得到会计师出具的证明，雇用的薪金雇员人数、营业额或资产负债总额高于法令确定的至少一项界限的债务人；

——已经按照第 L233-16 条的规定制定合并结算账目的债务人。

债务人虽然处于停止支付状态，如果这种状态在申请实行调解程序之前没有超过 45 天，不妨碍对其实行加快的保护程序。

第 L628-2 条 在调解人就调解的进展情况以及有关的债权人通过方案的前景提出一份报告之后，法庭就(是否)实行加快的保护程序作出审理裁判。

尽管有第 L611-15 条的规定，法庭可以调取有关调解程序的各项材料与文书，相应情况下，可以调取有关专门委任代理人的各项材料与文书。

审查(是否)实行加快的保护程序，应有检察院出席。

第 L628-3 条 法庭指定一名或数名司法管理人。如果和解人是在第 L811-2 条或第 L812-2 条所指的名册上登记注册的人，按照他们从事的职业，法庭指定其作为司法管理人或者司法代理人；法庭作出特别说明理由的裁定，可以按照这些条文规定的条件，另行指定他人为司法管理人或司法代理人。

应债务人的请求，法庭可以免除其进行第 L622-6 条所指的盘存。

第 L628-4 条 在债务人并无义务设立第 L626-29 条所指的债权人委员会的情况下，实行加快的保护程序需以设立债权人委员会为前提条件。为此目的，法庭在就实行程序作出的判决中命令设立债权人委员会。

第 L628-5 条 如果经认定债务人停止支付的日期早于第 L611-4 条所指的日期，检察院向法庭提出终止加快的保护程序的申请。

第二目　加快的保护程序的效力

第 L628-6 条 加快的保护程序仅对第 L622-24 条所指的、需要履行该条文所规定的申报义务的债权人，以及第 L622-13 条与第 L622-14 条所指的合同相对方当事人产生效力。

第 L628-7 条 不影响适用第 L622-6 条之规定，对于应当履行第 L622-24 条第 1 款所指的申报义务的每一个债权人，债务人均应制定他们各自债权的清册。这一债权清册应当包括第 L622-25 条第 1 款与第 2 款规定的事项。债权清册应由会计监察人审核并出具证明，在没有会计监察人的情况下,由注册会计师出具证明。债权清册由债务人交存至法院书记室。

如果债权人不按照第 L622-24 条至第 L622-26 条规定的条件提交债权申报书,向法院书记室交存债权清册具有以债权人的名义申报债权的效力。

在已经交存至法院书记室的债权清册上记载的债权的实时更新,应在第 L622-24 条第 1 款所指的期限内进行。

最高行政法院提出资政意见后颁布的法令具体规定本条的适用条件。

第 L628-8 条　法庭在作出实行加快的保护程序的判决之日起 3 个月内,按照第 L626-31 条规定的条件确定加快的保护方案。

如果在此期限内没有确定上述方案,法庭终止加快的保护程序。

于此情形,不适用第 L626-18 条第 4 款之规定。

第二节　加快的财务保护程序适用的特别规定

第 L628-9 条　如果债务人的账目显示,从其负债的性质来看,只有具有信贷机构委员会成员资格的债权人可能采纳提出的方案,以及如有必要,第 L626-32 条所指的债权人有可能采纳提出的方案,则在债务人具备第 L628-1 条规定的条件时,可以请求实行加快的财务保护程序。加快的财务保护程序仅适用于上述这些债权人。

第 L628-10 条　在法院决定实行加快的财务保护程序时,只设立第 L626-30 条所指的信贷机构委员会,以及有必要时,设立第 L626-32 条所指的债券持有人全体大会。第 L626-30-2 条第 3 款确定的 15 日期限减为 8 日。

第 L628-8 条规定的期限减为 1 个月。但是法庭可以最多将此期限延长 1 个月。

(原)第八章　加快的财务保护程序

(2010 年 10 月 22 日第 2010-1249 号法律第 57-1 条)

第 L628-1 条原条文:设立一种加快的财务保护程序;除保留适用本章之规定外,加快的财务保护程序适用有关保护程序的规则。

加快的财务保护程序的实行,由已经开始、仍在进行和解(调解)程序且符合第 L620-1 条第 1 款与第 L626-29 条所定标准的债务人提出申请;债务人应证明其已经制定能够确保企业持久经营,可以获得下一款所指的债权人充分广泛的支持,确实有可能在第 L628-6 条规定的期限内获得通过的方案草案。(2012年3月22日第2012-387号法律第28-1条)"为了适用本章之规定,资产负债总额高于法令确定的界限的债务人,视为符合第L626-29条第1款规定的界限条件"。

债务人实行加快的财务保护程序,仅对第L626-30条所指的具有信贷机构委员会成员资格的债权人具有效力,以及如有必要,对第L626-32条所指的债权人具有效力。

第L628-2条原条文:在不影响适用第L621-1条之规定的情况下,法庭根据和解人就和解程序的进展情况以及有关的债权人通过方案草案的前景提交的报告,就(是否)实行加快的财务保护程序进行审理,作出裁判。

第L628-3条原条文:如和解人是在第L811-2条所指的名册上登记注册的人,法庭指定其作为司法管理人;法庭作出特别说明理由的裁定,可以按照同一条文规定的条件,另行指定他人为司法管理人。

第L628-4条原条文:只设立第L626-30条所指的信贷机构委员会,或者,如有必要,则设立第L626-32条所指的债券持有人大会。第L626-30-2条第3款确定的15日期限减少为8日。

第L628-5条原条文:债权人按照第L622-24条至第L622-26条规定的条件向司法代理人寄送各自的债权申报书。

参加和解程序的第L628-1条最后一款所指的债权人在实行加快的财务保护程序之日的债权的清册,由债务人制定,并由会计监察人或注册会计师出具证明确认。该债权清册交存至法院书记室;司法代理人向每一位有关的债权人通知其在清册上登记的债权的性质。尽管有第1款的规定,如果债权人不按照第1款规定的条件寄送债权申报书,这些债权视为已经申报,但应按照当前状况重新进行认定。

最高行政法院提出资政意见后颁布的法令具体规定本条的适用条件。

第L628-6条原条文:法庭在开始实行加快的财务保护程序之日起1个月期限内按照第L626-31条规定的条件确定提出的方案。

如果上述委员会,以及相应情况下,第L628-4条所指的大会,没有通过方案草案,以及在本条第1款所指的期限内没有确定方案时,法庭终止所实行的加快程序。

第L628-7条原条文:受指定管辖和解程序的法庭按照第L662-2条作出的决定,引起地域管辖权的扩张,以利于同一法院管辖随后实行的加快保护程序。

第三编 司法重整程序

第一章 司法重整的开始与进行

第 L631-1 条 (2005 年 7 月 26 日第 L2-5-845 号法律第 88 条)设置司法重整程序,适用于"不能以其可以处分的资产清偿到期债务,处于停止支付状态"的第 L631-2 条与第 L631-3 条所指的任何债务人。(2008 年 12 月 18 日第 2008-1345 号法令第 75 条)凡是"能够证明其有信贷准备金或者已经得到债权人给予的延期支付利益因而能够用其可以处分的资产清偿到期债务的债务人,并未停止支付"。

司法重整程序的目的旨在使企业能够继续其活动、保持就业岗位、清理债务。司法重整程序的实行,在经过一段观察期之后,产生一项由法院判决确定的重整方案,以及在相应情况下,按照第 L626-29 条与第 L626-30 条的规定,设立两个债权人委员会。

司法解释:

"停止支付"(cessation de payement)的概念:

1. 不能仅仅因为(企业已经)确认"发生亏损",便推断(债务人处于)"停止支付状态"(最高法院商事庭,1992 年 11 月 3 日);不能仅仅因为"经营亏损"和"不能支付工资",即推断(企业已)"停止支付"(最高法院商事庭,1996 年 1 月 9 日);"停止支付"有别于"拒绝支付",因此,申请(对债务人)实行司法重整程序的人应当证明(债务人已)停止支付(最高法院商事庭,1993 年 4 月 27 日)。只有当债务人"不能以其可以处分的资产清偿到期债务"时,才属

"停止支付"(里尔法院,1987年5月5日)。有(停止支付)这一项条件即足够,因此,只要确认债务人无力清偿到期债务,便没有必要驳回(对债务人)"实行(司法重整)程序的申请"(都埃法院,1986年3月24日)。

2. 公司资产由两栋尚未卖出的房屋构成,该资产不属于"可以处分的"资产(最高法院商事庭,2007年2月27日)。在确定(什么是)"可以处分的资产"时,为取得营业资产而支付的价金,在场所内因实施工程而投入的款项,以及库存的商品价值,均不在考虑之列(最高法院商事庭,1989年5月17日)。(母公司)在子公司内的资金参股及其对子公司的债权,亦不予考虑(最高法院商事庭,1995年6月20日)。库存(商品),正在变现的除外,不属于"可以处分的资产"(凡尔赛法院,1997年3月6日)。除立即到期的债权之外,其他债权亦排除在"可以处分的资产"之外(凡尔赛法院,1997年5月22日)。法院拒绝承认债务人已经收到的订单是(其)"可以处分的资产"(奥尔良法院,2006年10月19日)。

与此相反,出卖营业资产所得的已经寄存至公证人手中的款项,足以清偿对买卖价金的支付提出了异议的债权人的债权时,应当予以考虑(埃克斯—普罗旺斯法院,1998年11月19日)。银行支票持有人对受票人的诉讼时效期间为1年,自(支票)"提示"期限结束起计算。在该诉讼时效期间,支票与支票持有人的相应(存款)款项利益,构成"可以处分的资产"(最高法院商事庭,2007年12月18日)。

3. 仅仅是对(企业在各经营期的)资产负债表的各项(资产与负债)要素进行对比,不足以确认(企业已)停止支付(最高法院商事庭,1999年2月2日)。关于在评判企业是否停止支付时拒绝采用单纯的会计分析(方法)并且将企业生活中的原动力因素纳入分析范围的问题,参见埃克斯—普罗旺斯法院1987年6月5日判决。关于考虑银行同意给予资金支持与帮助的问题,参见最高法院商事庭1995年5月23日判决。关于考虑企业领导人投入的现款问题,参见最高法院商事庭2004年3月24日判决。关于考虑债权人同意延期清偿的问题,参见最高法院商事庭2008年3月18日判决。关于在确定债务人的负债数额时排除有争议的债权的问题,参见最高法院商事庭2008年11月2日判决。

4. 停止支付的特点是"债务人不能以其可以处分的资产清偿到期债务",实际要求清偿的负债的数额,不在考虑之列(最高法院商事庭,1997年6月17日)。也有法院判决认为:(在判断企业是否停止支付时)应当考虑的负债(数额)仅仅是指"已经到期并且已要求清偿的(那一部分)负债的数额"。

5. 讼争物的保管:与此相反,当债务人已经将要求清偿的款项寄存至争讼物保管人之手时,不能成立(其)停止支付状态,因为尽管对于债权人来说,这些款项不能处分,但对于债务人来说,这些款项在交付寄托时却是可以处分的资产,只不过是基于安全措施考虑而暂时对其做"冻结"处理而已(伊维里法院,1988年5月20日)。

6. 公司集团:法院判决没有确认在其认定的停止支付之日公司集团的每一家公司均不能以其"可以处分的资产清偿其到期债务",就不能对该公司集团的所有公司均宣告实行司法重整(最高法院商事庭,1999年6月8日)。

7. 关于概括财产的混同问题,参见第L621-2条。关于立即进行司法清算,参见第L640-1条。

8. 清偿期限:法院只是受理(对债务人)"实行司法重整程序的申请",却在对债务人作出清偿债务的判决的同时给予清偿宽限期,属于"超越当事人诉讼请求范围"(ultra petita)进行审理裁判(最高法院商事庭,1997年5月20日)。

9. 停止支付的日期:法庭必须确定某一日为(债务人)"停止支付的日期"(最高法院商事庭,1997年5月20日)。

10. (如何)评判停止支付的日期:应当按照法院进行审理裁判之日的情况评判(企业是否)停止支付,即使在上诉审,亦同(最高法院商事庭,1987年5月9日)。上诉法院在评判其进行审理裁判之日(企业)是否"停止支付"时,可以考虑因"确定企业转让方案的判决"的效果而"成为已经到期、可要求清偿的"那些债权,只要(债务人)没有向上诉法院提出主张:"按照法律规定的条件",这些款项的债权人已经丧失向债务人提出个人追偿之诉讼的权利(最高法院商事庭,1993年12月14日)。关于前推停止支付的日期,参见第L631-8条。

11. 鉴定:为了确定一公司对其两家股东公司停止支付的日期,本案实体法官完全可以从鉴定报告中汲取各种情况(作为佐证,作出判断),即使有关企业状况的鉴定报告并不具有与司法鉴定报告相同的价值;但这些文件应当按照规定提交法庭进行对席辩论(最高法院商事庭,2000年2月15日)。

12. 延期裁判:当一家公司已经停止支付时,上诉法院不得以"存在即索即付担保"以及"担保人已经同意就其担保的债务延长提出追偿的期间"为由,对实行司法重整的请求延期进行审理裁判(最高法院商事庭,1990年6

月 26 日)。

13. 既判力：法院在认定某一债务人并未停止支付之后，作出判决，拒绝对该债务人实行司法重整程序，因这一判决产生的既判力，在其后对同一债务人宣告实行司法重整程序时，不能将该债务人停止支付的日期确定为前一判决作出之前的某一日期(否则两判决存在冲突)(最高法院商事庭，1995 年 6 月 20 日)。实行司法重整的判决确定的(债务人)停止支付的日期影响随后进行的(有关)撤销实行司法重整的公司的股份转让的诉讼，参见最高法院商事庭 2001 年 6 月 19 日判决。

14. (债务人停止支付的)证据：应当由请求宣告对债务人实行司法重整程序的债权人提出证据，债权人不仅要证明其债权已经确定、已经到期，而且要证明债务人的财务状况"不可能清偿已到期的、可求偿的债权"(最高法院商事庭，1999 年 6 月 22 日)；因此，不需要由债务人提出证据证明自己"能够以其可以处分的资产清偿已到期的债务"，以及证明其"拥有足够的资金立即对债权人进行清偿"(最高法院商事庭，1996 年 4 月 2 日)。司法执达员制作的文书已经确认"(债务人)没有任何可以扣押的不动产资产或设备"，上诉法院按照这一并未受到严重争议的文书宣告对该当事人实行司法重整程序，无须进行其他(证据)调查，尤其不需要查明债务人的银行账目状况(最高法院商事庭，1993 年 11 月 2 日)；照此意义，收到实行司法重整程序传唤状的债务人应当证明其已经得到债权人方面给予的清偿宽限期(最高法院商事庭，2007 年 2 月 27 日)。

第 L631-2 条 (2005 年 7 月 26 日第 2005-845 号法律第 88 条)司法重整程序适用于(2008 年 12 月 18 日第 2008-1345 号法令第 164-1 条)"任何从事商业、手工业活动的自然人，任何农业生产者以及其他所有从事独立职业活动的人，其中包括从事受法律与条例特别规范、名称受到保护的自由职业，以及任何私法法人"。①

(2010 年 12 月 9 日第 2010-1512 号法令第 4-1 条)"除涉及有限责任个体企业主的相互分开的概括财产之外"，对于正在实行司法重整程序、(2008 年 12 月 18 日第 2008-1345 号法令第 76 条)"保护程序"或者司法清算程序的债务人，只要由这些程序产生的方案规定的活动尚未终结，或者清算程序尚未结束，不得实行新的司法重整程序。

---

① 对照第 L611-5 条的规定。——译者注

第 L631-3 条 （2005 年 7 月 26 日第 2005-845 号法律第 88 条）对于第 L631-2 条第 1 款所指之人，在其停止从事职业活动之后，如其全部或一部负债产生于其从事的职业活动，也适用司法重整程序。

（2008 年 12 月 18 日第 2008-1345 号法令第 164-2 条，2009 年 1 月 30 日第 2009-112 号法令第 11-1 条）任何从事商业、手工业活动的自然人，任何农业生产者以及其他所有从事独立职业活动，其中包括从事受法律与条例特别规范、名称受到保护之自由职业的自然人在停止支付状态下死亡时，自该人死亡之日起 1 年期限内，根据某一债权人提出的传唤状（起诉状），不问该债权人的债权性质如何，法院均可受理诉讼，或者应检察院的申请受理诉讼。（2014 年 3 月 12 日第 2014-326 号法律第 49 条废止："法院也可以依职权在相同期限内受理诉讼"）法院可以应债务人的任何继承人的申请受理诉讼，且无期限条件的限制。

第 L631-3-1 条 法院院长在了解到表明债务人已经处于停止支付状态的任何情况时，向检察院提交一份情况说明，介绍可据以向法院提出受理案件之请求的各项事实。如果检察院要求对债务人实行司法重整程序或者司法清算程序，法院院长不得作为审判组织的成员，也不得参加案件的评议。

第 L631-4 条 （2005 年 7 月 26 日第 2005-845 号法律第 89 条）债务人，如果在停止支付后的 45 日内没有申请实行和解程序，最迟应在此期间经过时申请实行这一程序。①

第 L631-5 条 （2005 年 7 月 26 日第 2005-845 号法律第 89 条）没有正在进行中的和解程序的情况下，法院（宪法委员会 2012 年 12 月 7 日第 2012-286 号"合宪性优先审核问题"废止："也可以依职权受理案件，或者"）也可以应检察院为实行司法重整程序之目的提出的申请，受理案件。

除本条第 1 款之保留规定外，也可以依债权人之一提出的传唤状申请（对债务人）实行司法重整程序，不论该债权人的债权性质如何。但是，在债务人已经停止从事职业活动的情况下，债权人应在下列各事由发生之日后 1 年内提出传唤状：

1. 债务人在"商事及公司注册登记簿"上注销登记；如果是法人，1 年期限自法人清算终结公告并注销注册登记之日起计算；

2. 如果是从事（2008 年 12 月 18 日第 2008-1345 号法令第 164-3 条）"手工业活动"的自然人，农业生产者以及其他从事独立的职业活动，其中包括从

---

① 对照第 L611-4 条关于和解程序的规定。——译者注

事受法律与条例特别规范、名称受到保护的自由职业的自然人,自其停止从事活动之日;

3. 如果是不需要进行注册登记的法人,自其清算终结公告之日;

此外,对于不采用商事公司的形式从事农业活动的债务人,只有在大审法院院长接收传唤状之前即已收到按照《农村及海洋渔业法典》第L351-2条指定的调解人的请求时,才能实行司法重整程序。

司法解释:

一、依某一债权人提出的传唤状(assignation,起诉状)申请对债务人实行司法重整程序

1. 债权的性质:第L631-5条要求具有"债权人资格",但并不要求(债权人)提出执行根据(titre exécutoire),因此,薪金雇员也可以(作为债权人)提出(对债务人企业)实行司法重整程序的申请(里昂法院,2004年4月22日)。

2. 农业经营企业:大审法院院长应当首先受理按照《农村及海洋渔业法典》第L351-2条指定的调解人(和解人)的请求,即使请求实行司法重整程序的传唤状是在上诉法院驳回前一次提出的实行该程序的申请之后再次提出的,亦应首先提出旨在指定调解人(和解人)的请求(最高法院商事庭,2000年4月26日)。关于债权人在提出任何传唤状(起诉状)之前有义务请求指定一名调解人(和解人),参见最高法院商事庭2005年3月15日判决。

3. 任意性质:对债权人来说,提出旨在申请(对债务人)实行集体程序的传唤状,仅为一种选择性权利(最高法院第一民事庭,2005年1月8日)。

二、已经停止经营活动的债务人

1. 一年期限:"在债务人已经停止从事职业活动的情况下,债权人应在一年内提出传唤状",这里所说的一年期限是一种"事先确定的期限"(un délai préfix)(既不能中断,也不能中止)(最高法院商事庭,1995年10月10日)。

2. 停止支付(2005年7月26日法律):按照2005年7月26日法律产生的《商法典》第L631-5条的规定,法院在受理债权人提出的、对已经停止活动的债务人实行集体程序的申请(传唤状)时,不要求该债务人是在停止活动之前就已经停止支付(蒙帕利耶法院,2007年4月24日)。

3. 在"商事及公司注册登记簿"上注销登记:按照第L631-5条的规定,对于已经停止支付但没有在"商事及公司注册登记簿"上注销登记,或者

直到实行集体程序的判决作出之前1年内才注销登记的人,不可反驳地推定其活动具有商事性质(巴黎法院,1988年2月2日)。对于在"商事及公司注册登记簿"上注销登记之前实际已经停止支付的自然人商人,可以实行司法重整程序(最高法院商事庭,1995年2月14日),但是,不能将依法认定的停止支付的日期确定在开始程序的判决作出之前超过18个月(的某一日)(同一判决);由于已经在"商事及公司注册登记簿"上注销登记的商人不能自行申请实行司法重整程序,因此,不得依据(其提出的)停止支付的申报而宣告实行司法重整(最高法院商事庭,1995年10月10日)。[1]第L631-5条的规定针对的是在"商事及公司注册登记簿"上注销登记的债务人,因此,不能适用于从来没有在该登记簿上进行过注册登记的自然人,故有关商人资格(商人身份)的证据应当根据审查停止支付状态之日的情况按照普通法进行评判,此种证据应由提出请求的债权人提出(里摩日法院,1991年2月11日)。

4. 手工业者停止活动:手工业者只有在停止支付之后才停止从事活动时,才能适用(原)第L621-15条之规定(最高法院商事庭,1999年10月26日)。现在,由2005年7月26日法律规定的第L631-5条并没有要求"停止支付先于停止活动"这样一项条件。

5. 农业经营者停止活动:从应当适用的社会立法的角度确定的农业经营者的身份,对确定其停止活动不产生任何影响(最高法院商事庭,1997年7月1日)。

6. 法人的清算:第L631-5条的规定仅仅针对公司在清算活动终结公告之后进行的注销(登记)(最高法院商事庭,2000年1月4日)。因此,这一规定不适用于因全部股份集中于一人之手而宣告(原公司)解散的情况。因为,这种解散引起公司的概括财产整体转移给唯一的股东,而没有必要进行清算,原公司的法人资格在法律规定的可以提出异议的期限经过之时即告消失(同一判决)。

7. 司法重整程序转为司法清算程序:第L631-5条之规定不适用于将司法重整程序转换为司法清算程序的判决(最高法院商事庭,2001年1月9日)。

8. 企业继续经营方案被解除:第L631-5条之规定不适用于因企业继续

---

[1] 这就是说,非商人自然人不能申请实行集体程序,而应当适用《消费法典》规定的"个人超额负债程序"。——译者注

经营方案被解除而进行制裁所开始的集体程序(最高法院商事庭,2001年5月2日)。

第L631-6条 (2005年7月26日第2005-845号法律第89条)企业委员会、或者在没有设立企业委员会的情况下,员工代表,可以向法庭庭长或检察院提供揭示企业停止支付之状态的任何事实。

第L631-7条 (2005年7月26日第2005-845号法律第89条)第L621-1条、第L621-2条与第L621-3条之规定适用于司法重整程序。

从已经宣告处于停止支付状况的债务人的情形来看,若显然不能进行司法重整,在没有附带提出实行司法清算程序请求的情况下,法院首先要求债务人说明存在第L640-1条所指的条件,随后在同一判决中就实行司法重整的请求,以及在相应情况下,就实行司法清算程序作出审理裁判。

第L631-8条 (2005年7月26日第2005-845号法律第89条)法庭在要求债务人作出说明之后确定其停止支付的日期;在不能确定(债务人实际)停止支付日期的情况下,(2008年12月18日第2008-1345号法令第77条)"开始实行程序的"判决作出之日视为债务人停止支付的日期。

(法庭)可以将停止支付的日期前推至某一日,或者前推若干次,但不得前推至(2008年12月18日第2008-1345号法令第77条)"开始实行程序"的判决作出之前超过18个月(的某一日)。① 除有欺诈情形之外,停止支付的日期不得前推至按照第L611-8条第二项的规定认可和解协议的判决终局确定之前的日期。实行第L628-1条所指的程序,并不妨碍适用这些规定。

法庭应管理人、司法代理人或者检察院提出的请求受理申请。法庭在听取债务人的说明或者按规定对其进行传唤之后,(就债务人停止支付的日期)作出宣告。

变更(债务人)停止支付日期的请求,应自(2008年12月18日第2008-1345号法令第77条)"开始实行程序的判决"作出起1年期限内向法庭提出。

(2008年12月18日第2008-1345号法令第77条)"在适用第L621-12条规定的情况下",本条第1款与第2款所指的"开始实行程序的判决"是指

---

① 如果随着程序的进展,经查明原先认定的债务人停止支付的日期不准确,债务人实际上在此日期之前就已经停止支付,在这种情况下,应当将停止支付的日期提前,而将这一日期提前,对程序影响很大,因为停止支付是实行集体程序的关键分界线。——译者注

"宣告实行保护程序的判决",因此,本条第 4 款所指的期限的起始点是开始实行保护程序的判决作出之日。

司法解释:
1. "停止支付日期"的确定:法庭必须确定债务人"停止支付的日期",参见第 L631-1 条。
2. (在原先认定的停止支付的日期不准确的情况下)"将停止支付日前推至某一日"的请求:(《商法典》原)①第 L621-7 条的规定虽然被放在"观察程序"一章,但它并不仅仅适用于"观察程序",因为,直至交存债权清册之日,清算人也可提出请求,将(债务人实际)停止支付的日期前推(至某一日)(巴黎法院,1994 年 5 月 3 日)。只要法院宣告(债务人)进行司法清算,在交存债权清册之后 15 日期限届满之前(尽管在此时尚未宣告债务人实行司法清算),提出将(债务人实际)停止支付的日期前推(至某一日)的请求仍然有效(最高法院商事庭,1989 年 6 月 27 日)。
3. (《商法典》原)第 L621-7 条规定,可以将(债务人实际)停止支付的日期前推一次或数次,并且规定应在(原)第 L621-7 条所指的报告提交后 15 日期限届满之前向法院提出这项请求,这意味着强制规定这一诉讼请求的统一期间(最高法院商事庭,1999 年 10 月 26 日)。上诉法院认定"请求将停止支付日期前推"的诉讼的起始点是"向法庭交存债权清册"之日,正确适用了这一条文的规定(最高法院商事庭,1998 年 5 月 26 日);上诉法院判决认为,在交存债权清册的情况下,不能开始计算 15 日期间(最高法院商事庭,1999 年 4 月 13 日)。
4. 前推日期的确定:法院决定将债务人停止支付的日期前推至某一日时,应当具体说明在该日期(债务人)"不能以其可支配的资产清偿已到期债务"的状况(最高法院商事庭,1999 年 3 月 2 日);债务人企业的亏损状况(在

---

① 本《法典》中收入的按照以前的条文规定作出的判决仍然有效,因为修改后的新条文有相同的规定。
《商法典》原第 L621-7 条:在有必要时,由法庭确定企业停止支付的日期。如果不能确定企业停止支付的日期,确认企业已停止支付的判决作出之日视为企业停止支付的日期。停止支付日期可以前推一次或若干次,但不得前推至宣布开始实行司法重整程序的判决作出之日前超过 18 个月的(某一日)。
法庭依职权,或者应司法管理人、债权人代表、清算人或者检察官的要求作出宣告。变更停止支付日期的请求,应在提交第 L621-54 条所指的报告或第 L621-141 条所指的方案草案,或者如法庭宣告进行司法清算的,在提交债权清单之后的 15 日期限届满前,提交法庭。——译者注

实际停止支付之日后)虽然有所好转(但并未彻底脱离困境),这一事实并不妨碍将(原认定的)停止支付的日期前推至实际停止支付的日期(巴黎法院,1996年3月22日)。在任何情况下,(被认定的)债务人停止支付的日期均不得早于宣告实行程序的判决之前18个月(最高法院商事庭,1995年1月17日)。

5. 法庭依职权作出宣告:按照(原)第L621-7条的规定,法庭只有在提交第L621-54条所指的报告,或者(原)第L621-141条所指的方案(计划)或者债权清册之日起经过15日期间,才能依职权宣告将债务人停止支付的日期前推(至某一日)(最高法院商事庭,1991年6月11日)。

6. 资格:按照(原)第L621-7条的规定,债权人代表可以在提交第L621-54条所指的报告之后15日期限届满前提出"前推停止支付的日期"的请求(最高法院商事庭,1999年2月16日)。虽然说方案执行监察人可以请求撤销在临界期内实施的行为,但是在管理人或者债权人代表事先没有提起请求(诉讼)的情况下,方案执行监察人没有资格提出将停止支付的日期前推的请求(最高法院商事庭,2005年10月4日)。同样,在法院作出确定转让方案的判决之后,管理人或债权人代表提出此种请求,不予受理(最高法院商事庭,2002年7月9日)。

第L631-9条 (2008年12月18日第2008-1345号法令第78条)第L621-4条,除其第5款第3句与第6款第1句之外,以及第L621-5条至第L621-11条的规定,均适用于司法重整程序。法院得依职权为(2009年5月12日第2009-526号法律第138-9条第二项)"第L621-4条"第3款所指的目的受理案件。

法院要求提出追偿请求的债权人就指定司法代理人之事由提出意见,并且要求其债务人就指定管理人提出意见(2014年3月12日第2014-326号法律第51条废止:"检察院可以提议、推荐司法代理人人选,供法庭指定。法庭拒绝检察院提议的人选时应当说明理由")。

为了实现第L622-6条所指的财产盘存以及对债务人的资产评估作价,法庭根据下列人员各自适用的规定产生的职责,指定1名司法评估作价拍卖人或1名司法执达员、1名公证人或1名经宣誓的商品居间商。

第L631-9-1条 在方案草案规定变更注册资本以支持对遵守方案的1人或数人作出的承诺时,如果未能按照第L626-3条规定的条件重建自有资金,管理人有资格要求法院指定1名代理人,取代对变更资本提出反对意见的股东或持股人来负责召开有权限的大会并就重建自有资本问题进行投票表决,重建资本的数额最低应达到第 L626-3 条规定的数额。

第 L631-10 条 (2008 年 12 月 18 日第 2008-1345 号法令第 79 条)自实行程序的判决作出起,受到该项判决的法人的法律上或事实上的领导人直接或间接持有的股份、资本证券或者可以进入法人资本的有价证券,只有按照法庭确定的条件才能转让,不论这些领导人的任职是否领取报酬,否则,转让无效。

(2005 年 7 月 26 日第 2005-845 号法律第 90 条)"可以进入法人注册资本的资本证券或有价证券,均转入被冻结的专门账户"。该专门账户由管理人以证券持有人的名义开立,并且根据具体情况,由金融公司或者金融中间人掌管。非经委任法官批准,不得在该账户上进行任何收支活动。

相应情况下,依管理人指示在法人备的各项登记簿上均写明由(2008 年 12 月 18 日第 2008-1345 号法令第 79 条)"其领导人直接或间接持有的"股份不得转让。

司法解释:

1. 在实行程序的判决作出之前已经进行的转让:只要在宣告司法清算的判决之前就已经进行了数个月的谈判,结果达成出卖公司股份的协议,(这种情况)不适用第 L631-10 条之规定(最高法院商事庭,1992 年 3 月 10 日)。只要当事人在公司实行集体程序的判决作出之前已就转让股份的期限达成协议,便不适用第 L631-10 条之规定,即使是在该判决作出之后才行使(购买股份的)选择权,亦同(凡尔赛法院,2000 年 5 月 11 日)。

2. 企业停止活动:第 L631-10 条的目的不过是便于企业继续其活动,因此,当企业已经停止活动的情况下,不再适用这一条文的规定(巴黎商事法院,1995 年 2 月 6 日)。

第 L631-10-1 条 (2012 年 3 月 12 日第 2012-346 号法律第 2 条)"债务人的法律上或事实上的领导人,因其过错促使企业停止支付的,在管理人或司法代理人已经针对其提起责任诉讼的情况下,受诉法院的院长,应管理人或司法代理人提出的请求,可以命令对该领导人的财产采取任何必要的保全措施"。

第 L631-10-2 条 (2012 年 3 月 12 日第 2012-346 号法律第 2 条)"管理人,或者在没有管理人时,司法代理人,将按照第 L621-2 条的规定采取的保全措施的实施方式告知企业委员会的代表,或者,在没有企业委员会的情况下,告知员工代表"。

第 L631-11 条 委任法官确定给予(2005 年 7 月 26 日第 2005-845 号法律第 91 条)"债务人,如其为自然人",或者法人领导人与其履行职务相关的报酬。

在不给履职报酬的情况下,前款所指之人可以从资产中为其本人及其家庭取得生活费用,具体数额由委任法官确定。(2010 年 12 月 9 日第 2010-1512 号法令第 4-2 条)"在债务人是有限责任个体企业主的情况下,委任法官应考虑该个体企业主以当前实行的程序并未涉及的其他概括财产的名义获得的收入"。

司法解释:

1.(法人的)"事实上的领导人":委任法官仅有权确定给予法人法律上的领导人的履职报酬,而无权确定给予(法人)"事实上的领导人"的报酬(都埃法院,1989 年 4 月 28 日)。

2. 薪金雇员担任领导人的情况:第 L631-11 条之规定仅涉及以领导人的资格取得的报酬,而不涉及以劳动合同的名义给予的工资(报酬)(岗贝莱法院,1995 年 12 月 5 日)。

3. 与履职期间相联系的条件:法院判决认为,只有在观察期内才有可能给予生活费补贴,且以企业领导人在从事活动期间不领取"按照职务给予的报酬"为前提条件(梅茨法院,1988 年 1 月 27 日)。照此意义,在确定企业转让方案的判决作出之后,领导人便不能再以第 L631-11 条规定的名义领取生活费补贴(埃克斯—普罗旺斯法院,1997 年 11 月 13 日);在将司法重整程序转换为司法清算程序之后,也是如此(兰斯法院,1994 年 6 月 29 日)。

4. 报酬与生活费补贴的概念:向实行司法重整的法人的领导人支付报酬时,不论确定此种报酬的方式如何,均不改变这种报酬的性质。这种报酬仍然由公司负担(本案涉及的是,对支付给实行司法重整程序的有限责任公司的经理的报酬实施可扣押的问题)(巴黎法院,2001 年 3 月 27 日)。

第 L631-12 条 (2005 年 7 月 26 日第 2005-845 号法律第 92 条)除本编赋予的各项权力之外,管理人或全体管理人的任务由法庭确定。

法庭责成管理人共同或者分别负责协助债务人实施与企业经营有关的所有行为或其中部分行为,或者责成管理人独自负责企业的全部或部分管理活动。在管理人单独负责企业全部管理任务并且第 L621-4 条第 4 款所指的每一界限均已达到时,法院指定 1 名或数名专家协助管理人执行管理任务;其他情况下,法庭有选择指定专家的权利。法庭庭长确定给予这些专家的报酬,并将这些款项纳入程序费用。

管理人在履行职责时必须遵守应当由债务人承担的法定或约定的义务。

法庭应管理人、司法代理人或检察院的要求,或者依职权,得随时变更管理人的任务。

在债务人受到《货币与金融法典》第 L131-72 条或第 L163-6 条规定的禁止权利时,司法管理人得以其本人的签字,使用债务人持有的银行账号或邮政账号。

司法解释:

1. 协助任务:由社会保险机构送达实行司法重整的公司的强制交款通知书,亦应送达负责协助债务人实施与企业经营有关的所有管理行为与处分行为的管理人(最高法院商事庭,1992 年 3 月 3 日)。按照新《民事诉讼法典》第 369 条的规定,受任命的管理人负有协助(债务人的)任务,意味着中断已由实行集体程序的公司提起的诉讼(凡尔赛法院,2005 年 1 月 20 日)。在所有的管理行为中协助债务人的任务,意味着在提起上诉的诉讼中管理人也可以协助债务人(里约姆法院,2002 年 10 月 23 日)。照此意义,在没有明确规定接收诉讼文书的权利是否包括在管理人的任务范围之内时,实施归属扣押应当通知负有协助(债务人之)任务的管理人(最高法院商事庭,1999 年 2 月 16 日)。虽然说协助债务人管理企业的管理人所负的监督任务是,确保债务人的行为不违背企业的利益或者不违背债权人的利益,但对债务人采取调查措施或相关手段,了解某一供货人提供的、没有进行盘点的商品的去向,并不在管理人的任务范围之内(凡尔赛法院,1997 年 3 月 20 日)。

2. 管理任务:由司法管理人单独负担企业的管理任务时,要求管理人特别注意监督债务人在继续从事经营活动的范围内完成的所有行为,不论这些行为是否得到管理人的批准,在观察期非常长的情况下更是如此;只要任何继续经营方案或者转让方案均被排除,管理人就应当按照(原)第 L621-27 条的规定向法院提出将司法重整程序转换为司法清算程序的请求(巴黎法院,1999 年 4 月 16 日)。由于(法律规定)设置管理委员会与监事会的股份有限公司的唯一总经理有能力对其受到任命之事由进行公示,而在本案中法院作出判决认为,在受任命的司法管理人唯一全权负责企业的管理任务时,总经理不能单独申请就其任命事项进行变更登记,这一判决应当撤销(最高法院商事庭,1995年2月7日)。

3. 遵守法定义务:按照第L631-12条的规定,管理人在执行任务时应当遵守一个企业领导人本应履行的各项法定或约定的义务,这一条文没有对这些任务的范围作任何限制(最高法院刑事庭,2000年6月21日)。司法管理人怠于在一个会计年度终结后6个月内召集普通股东大会,以审议与通过公司账目,因此按照第L242-10条的规定受到追诉,但由于在上述6个月期限终结之前只有管理人应当履行企业领导人(应当履行)的职责,因此管理人应当召集上述股东大会,故管理人不能被宣告无罪(同一判决)。由于管理人负有单独管理企业的任务,只要在发生事故之日,管理人单独负有履行企业领导人应当履行的义务之责任,那么,对于违反劳动安全规章的犯罪行为,公司领导委员会的主席(董事长)不得被宣告有罪(最高法院刑事庭,1998年3月3日)。但是,已经被停止权限的债务人,未经拥有代理任务的管理人的同意,实施法律赋予的权力之外的行为时,仍然应遵守一个企业领导人应当履行的法定或约定义务,在此情况下,债务人(仍有)可能应负刑事责任(最高法院刑事庭,1996年6月12日)。(即使)管理人负有协助任务,并不取消企业领导人代表企业的资格及其应负的刑事责任(最高法院刑事庭,2003年12月3日)。司法管理人因妨碍员工代表正常履行职责而受到追诉时,不得援引其"已将权力委托实行司法重整的公司的董事长行使"作为理由来摆脱其刑事责任;管理人与企业领导人之间的关系不是雇主与雇员之间的关系,因此排除前者给予后者任何委托授权的可能性(最高法院刑事庭,1996年1月30日)。

4. 救济途径:由实行司法重整程序的债务人在不对管理行为负有协助任务的管理人的协助下向上诉法院提起的上诉,只有在提起上诉的期间经过之前该管理人已经参加上诉审诉讼的情况下,才符合规定;提起上诉的期间自向管理人送达一审判决之日开始计算(最高法院商事庭,2001年6月12日)。债务人可以有效地运用(某些)救济途径,例如,针对法庭作出的"取消对某一债权人的失权处分"的裁定向上诉法院提起上诉,实施保全行为(凡尔赛法院,1998年12月3日);同样,债务人可以针对"确定某项债权"的判决向上诉法院提起上诉(最高法院商事庭,2000年3月14日)。债务人自己有权针对变更管理人任务的判决提出救济申请(最高法院商事庭,2001年7月17日)。

第L631-13条 （2005年7月26日第2005-845号法律第92条）自程序开始，即准许第三人向管理人提出按照第四编第二章第一节的规定进行企业全部或部分转让的要约，以便保持企业继续从事经营活动。

管理人向企业委员会代表，或者在没有企业委员会的情况下，向员工代表或薪金雇员代表进行通知，告知薪金雇员可以提出一种或多种要约。

第L631-14条 除第L622-6-1条之外，（2008年12月18日第2008-1345号法令第80条）"第L622-3条至第L622-9条"，以及第L622-13条至第L622-33条的规定，均适用于司法重整程序，但保留适用以下各项规定。

在进行第L622-6条所指的资产负债盘存的同时，实现对债务人资产的评估作价。

在管理人负有代理任务的情况下，由其行使第L622-7条第二项与（2009年5月12日第2009-526号法律第138-9条第三项）"第L622-8条第3款"赋予债务人的各项特定权利；在管理人负有协助任务的情况下，由管理人与债务人共同行使这些权利。在行使第L622-13条规定的选择权利以及所进行的给付涉及支付一笔金钱的情况下，应当用现金进行此种支付，但如债务人的合同相对方当事人同意给予支付期限，则不在此限。管理人在要求执行方案时，应根据其掌握的预算性质的文件，确保其手中有这方面的必要资金。

在按照（2009年5月12日第2009-526号法律第138-9条第三项）"第L626-27条第一项第3款"的规定实行司法重整程序的情况下，以及债务人在保护程序开始之前即已将其部分权利或财产转移至交付托管的某项概括财产之内，且保护程序产生的和解方案已被撤销时，有关债务人保留这些财产或权利的使用权或用益权的协议，不受第L622-13条的约束，因此，也不适用第L622-23-1条的规定。

按照第L622-23条的规定，在管理人负有诉讼代理任务时，应当通知其参加诉讼。

共同债务人或者同意为债务人提供人的担保或动用或转让某项财产为债务人提供担保的人，不享有第L622-26条规定的"无对抗效力"之利益，也不得援引第L622-28条第1款的规定。

第L631-15条 （2005年7月26日第2005-845号法律第92条）一、在开始程序的判决作出之后最迟2个月期限到期时，法院如认为债务人拥有足够的资金能力，可以裁定（命令）延续观察期，但是，如债务人从事的是农业活动，可以根据当年的农时情况以及农业经营的特别习惯，对该观察期期限进行相应变更。

法庭根据管理人,或者在没有指定管理人的情况下,根据债务人的报告作出宣告。

二、在观察期内,法庭得随时应债务人、司法管理人、司法代理人、监督人之一、检察院的申请,或者依职权,命令停止企业的全部或部分活动,或者如企业(2008年12月18日第2008-1345号法令第81条)"显然不可能进行司法重整",宣告进行司法清算。

法庭在听取债务人、司法管理人、司法代理人、监督人之一和企业委员会代表,或者在没有设立企业委员会的情况下,听取员工代表的意见之后,或者在依法传唤上述人员之后,作出判决。

法庭宣告(债务人)进行司法清算时,即终止观察期与管理人的职责,但保留适用第L641-10条的规定。

第L631-16条 (2005年7月26日第2005-845号法律第92条)如果在观察期内看来债务人拥有足够的资金,能够清偿其对所有债权人的债务以及与程序有关的费用和债务,法庭可以终止程序。

应债务人的请求,法庭按照第L631-15条第二项规定的条件进行审理,作出裁判。

第L631-17条 (2005年7月26日第2005-845号法律第92条)在观察期内,因经济原因不可避免地必须紧急裁减人员时,委任法官可以批准管理人进行裁员。

在向委任法官提出请求之前,管理人(2013年6月14日第2013-504号法律第18-23条)"按照《劳动法典》第L1233-58条规定的条件实施人员裁决方案,为了支持其向委任法官提出的请求,管理人应在提出的请求中附上已经收集到的意见以及为了有利于对薪金雇员给予补偿与重新安排工作已作出的各种努力的证明材料,同时应附上《劳动法典》第L1233-57-4条所指的管理机关作出的决定"。

司法解释:

1. 批准裁减人员(解雇):委任法官批准裁减(解雇)人员,并不妨碍劳资纠纷仲裁法庭对被解雇的薪金雇员根据其本人的具体情况提出的诉讼请求作出判决(最高法院社会庭,1993年3月5日)。因此,委任法官作出的批准裁减(解雇)人员的裁定的权威效力,并不扩张至根据雇主所负有的重新安排工作的义务而确定的(雇员的)个人情况,对这种情况的处理仍由劳资纠纷仲裁法庭管辖(最高法院社会庭,2000年11月22日)。实行司法重整程序的判决一经宣告,即开始观察期;自观察期开始,应当由委任法官对引起裁减人员的经济原因进行审核,并且只有在认定裁减人员具有紧迫性,不可避免、必不可少的情况下,才能批准裁员(最高法院社会庭,1998年5月12日)。

2. 裁减人员的原因:当裁减人员可能是成功实施司法重整方案的一项重要手段时,以缩减人员编制为基础的做法便符合第L631-17条的规定(凡尔赛法院,1986年11月17日)。

3. 管理人有义务向薪金雇员寄出的有关裁员的信件,必须包含委任法官作出的批准经济性裁员的裁定,否则,裁减人员被视为没有"现实的严肃的原因"(最高法院全体庭,2003年1月24日);仅仅是提及(企业)实行司法重整程序,不能构成裁减人员的充分理由(最高法院社会庭,1999年10月5日)。

4. 裁员通知:虽然说按照第L631-17条的规定,在委任法官作出裁定批准裁减人员之后,应当由司法管理人具体实施"因经济原因引起的不可避免的、不可缺少的紧急性裁员",但是,如果是债务人取代管理人进行(经委任法官裁定确认的)裁员通知,仍然不会导致所进行的裁员失去"现实的严肃的原因",但可以"因没有遵守通知程序"而应当给予赔偿(凡尔赛法院,1989年9月19日)。

5. 救济途径:债权人代表可以对委任法官批准在观察期内裁减人员的裁定提出上诉(巴黎法院,1988年1月14日)。

6. 劳资纠纷仲裁法庭的管辖权限:虽然说委任法官按照第L631-17条的规定已经批准司法管理人实施"因经济原因造成的不可避免、不可缺少的紧急裁员",但是,只要裁减人员的通知信件没有对作为裁员理由的经济原因作出任何说明,劳资纠纷仲裁法庭仍然有管辖权限,对此项裁员是否具有"现实的严肃的原因"作出评判(最高法院社会庭,1996年2月21日)。已经同意参加"转换工作岗位协议"的薪金雇员,仍然对其被解雇的"现实性与严肃性"保留提出异议的可能性,上诉法院认定,雇主并没有证明其为雇员在公司内部或所属集团内找任何工作,也没有向雇员提出任何重新安排工作的建议,可以认为其宣告裁减人员缺乏"现实的严肃的原因"(最高法院社会庭,1998年3月3日)。

第L631-18条 (2008年12月18日第2008-1345号法令第82条)本卷第二编第三章、第四章与第五章的规定适用于司法重整程序,但保留执行本条其他规定。

按照第 L623-3 条第 4 款的规定，应当就管理人打算提出的措施征求意见，同时应听取债务人的意见。

在管理人负有企业管理任务的情况下，也为管理人设置第 L624-3 条第 1 款规定的提出救济申请的权利。

按照第 L625-1 条的规定，司法代理人应受传唤至劳资纠纷仲裁法庭的调解庭，或者申请人应将《劳动法典》第 L3253-14 条所指的机构传唤至劳资纠纷调解庭。在管理人负有企业管理任务的情况下，仅需传唤管理人参加诉讼。

按照第 L625-3 条之规定，《劳动法典》第 L3253-14 条所指机构，在开始司法重整程序的判决起 10 日内，或者在保护程序转为司法重整程序起 10 日内，由司法代理人通知其参加诉讼，或者由提出请求的薪金雇员通知其参加诉讼。在开始司法重整的判决作出之日正在劳资纠纷调解庭进行的诉讼，在司法代理人与管理人到场的情况下继续进行，或者传唤司法代理人与管理人出庭。

按照第 L625-4 条之规定，除司法代理人之外，在管理人负担企业管理任务时，唯有管理人受通知参加诉讼。

在管理人负担企业管理任务的情况下，唯一由其负责履行第 L625-8 条规定的各项义务。

第 L631-19 条 （2005 年 7 月 26 日第 2005-845 号法律第 92 条）一、本卷第二编第六章的规定，除第 L626-1 条第 3 款与第 4 款之外，适用于司法重整方案，但(2008 年 12 月 18 日第 2008-1345 号法令第 83 条)"保留适用以下各项规定"。

管理人应在债务人的参与下制订方案草案，相应情况下，向债权人委员会提出第 L626-30-2 条第 1 款所指的建议。为适用第 L626-2-1 条之规定，在指定了管理人的情况下，由管理人征求意见。两个委员会对所提出的每一项建议作出决定。为适用第 L626-8 条第 1 款的规定，需要提交债权人委员会投票表决的所有措施，均应进行告知和征求意见。

如果有股东或持股人之外的某一人或数人承诺将按照向开始实行程序的公司参与资本的条件执行重整方案，由第 L626-30 条所指的委员会表决的方案，或者在有必要时，由第 L626-32 条所指的大会投票表决的方案，应提交第 L626-3 条所指的大会讨论。

相应的大会对每一项方案进行审议、作出决定。

二、如果方案中规定变更公司注册资本或者转让公司股权，(章程中原先规定的)认可条款视为未予订立。

三、法院在管理人实行《劳动法典》第 L1233-58 条规定的程序之后确定方案。企业委员会，以及相应情况下，劳动条件卫生与安全委员会及协调机构，最迟应在就方案进行审理的法庭开庭之日前提出自己的意见。没有提交《劳动法典》第 L1233-34 条、第 L1233-35 条、第 L2325-35 条或者第 L4614-12-1 条所指的鉴定人报告的，不得产生推迟期限的效果。

方案尤其要具体说明在法院作出判决之后 1 个月内依据管理人的简单通知即可进行的人员解雇，但应保留法律、劳动集体协议或协定所规定的预先通知期限。

在应当制定保护工作岗位的方案时，管理人在法院判决作出后 1 个月内实行《劳动法典》第 L1233-58 条第二项规定的程序。同一条文第二项所指的 8 日期限，自接到确定方案的判决后提出申请之日起开始计算。

当解雇涉及受到特别保护的薪金雇员时，应在前款规定的 1 个月期限内向其表明中断劳动合同的意图。

司法解释：

1. 听取员工代表（représentants du personnel）的意见：司法管理人在向商事法院书记室交存载有方案草案的报告之后仅召开过一次会议，而且直到 20 个月的观察期终止之后法庭开庭前夕才召开这次会议，这样一来，员工代表（délegue du personnel）并未得到通知，因此不能有效地提出意见。这种情况表明，管理人并未实际有效地实施法律所规定的征求意见程序（最高法院社会庭，2007 年 9 月 12 日）。

2. 方案中规定的裁减人员：按照第 L631-19 条的规定，企业转让方案只应规定在转让之前进行裁员的人数，而且被裁减的薪金雇员只能是受让人没有接收的（原企业的）雇员。（本案）转让方案规定解雇实行司法重整企业的所有薪金雇员，又规定将来再聘用其中的 32 名雇员，这一规定是错误的，因为，由受让人接收的薪金雇员的劳动合同唯一因《劳动法典》的规定而继续保留，此前宣告的解雇不能产生任何效力（最高法院社会庭，1992 年 6 月 30 日）。企业转让方案只应规定拟裁减的人数，当被转让的企业的薪金雇员已经得到受让人的接收留用时，对受让人而言，薪金雇员的劳动合同继续存在，按照第 L631-19 条的规定，司法管理人在企业转让方案的框架内宣告的裁减人员不再有效力（最高法院社会庭，1999 年 12 月 14 日）。

3. 经商事法院批准的企业转让方案规定因经济原因裁减一定数量的人员时，只能按此人数进行解雇（最高法院社会庭，1998 年 2 月 3 日）。

4. 按照第 L631-19 条的规定，企业转让方案只应规定拟裁减的人数，因此，当薪金雇员已经被受让企业接收，即使是在其中止工作之后，对于受让企业而言，薪金雇员的劳动合同继续履行，由司法管理人在企业转让方案框架内宣告的解雇便不再产生效力（最高法院社会庭，1989 年 12 月 14 日）。确定企业部分转让方案的法院判决仅仅是按照受让人的提议确定保留劳动合同的数量，而没有指出其批准解雇的人数，也没有指出裁员所涉及的活动与专业类别，这一判决不符合第 L631-19 条的要求（最高法院社会庭，2001 年 7 月 10 日）。

5. 未经劳动巡视员批准，解雇（因担任社会性职务而）"受到保护的薪金雇员"，原因仅仅是"在商事法院确定的名单上没有其姓名"，这种做法构成"妨碍员工代表履行职务罪"（轻罪）（最高法院刑事庭，1992 年 3 月 17 日）。

6. 解雇的顺序：虽然说企业转让方案可以规定因经济原因裁减人员，且无须制定被解雇的薪金雇员的具体名单，但劳资纠纷仲裁法庭有权审查雇主是否遵守了为确定解雇顺序而应当确定的标准（最高法院社会庭，1992 年 4 月 8 日）。

7. 裁员通知书：司法管理人不遵守关于提前向薪金雇员通知"中断劳动合同"的 1 个月期限，使解雇在形式上不符合规定，可能给当事人造成损害。当事人可以请求赔偿（最高法院社会庭，2002 年 7 月 10 日），但是，法院判决批准的解雇的有效性并不因此受到影响（最高法院社会庭，2005 年 9 月 21 日）。解雇函的通知：向薪金雇员发出的解雇函写明了"确定企业重整方案并批准解雇"的判决，即属已经充分说明了解雇的理由（最高法院社会庭，2005 年 9 月 21 日）。

8. 劳动合同的变更：由司法管理人提出的变更劳动合同的建议，受《劳动法典》第 L321-1-2 条关于因经济困难引起劳动合同的程序变更的规定的约束（最高法院社会庭，2007 年 5 月 16 日）。

第 L631-19-1 条　（2008 年 12 月 18 日第 2008-1345 号法令第 84 条）在企业因进行司法重整而有此必要时，应检察院的要求，法庭得规定更换一名或数名企业领导人，作为采纳重整方案的条件。

为此目的，并且按照相同条件，法庭得宣告法人的法律上或事实上的领导人持有的股份、资本证券或可以进入法人资本的有价证券为不得转让之证券，并决定在确定的期限内由专门指定的委托代理人行使与这些权益相关联的表决权；同样，法庭可以命令转让由法人的法律上或事实上的领导人持有的股份、资本证券或可以进入法人资本的有价证券。转让价格按照鉴定师的评估作价确定。

法庭在听取这些领导人、企业委员会代表,或者在没有设立企业委员会的情况下,听取员工代表的意见之后,或者依法传唤这些人员之后,不公开开庭审理,作出判决。

在债务人从事的是受特别立法或条例规范的自由职业时,不适用本条之规定。

司法解释:
公司股份不得转让与强制转让:

1. 所涉及的领导人:(更换领导人,应考虑企业的利益)在企业继续经营有此必要时,法庭可以按照(原)第L621-59条的规定,命令持有公司股份与股票的法律上或事实上的领导人转让他们所持的股份或股票,当事人是否具有公司法律上或事实上的领导人的资格,按照命令转让股份的判决作出之日的情况评判(最高法院商事庭,2008年2月19日)。因此,法庭不得命令在其作出判决之日已经实际辞职的领导人再转让其持有的股份,即使辞职事由尚未进行公示(同一判决)。对于持有多数资本、在监事会占有多数表决票的股东,在没有特定的要件证明其除了担任监事会成员的职能之外还在公司里完全独立地从事主动的领导活动的情况下,法院应拒绝适用第L621-59条的规定(最高法院商事庭,2005年7月12日)。

2. 诉讼权利:无论是实行集体程序的公司还是其经理,均无权提起强制转让某一股东所持股份的诉讼(只有法庭才能作出此种命令)(最高法院商事庭,2003年2月4日)。

3. 选择受让人:对于选择何人作为被强制转让的证券的受让人,转让人本身无资格提出异议(凡尔赛法院,2002年2月12日)。

4. 先购权:法庭无须考虑公司章程规定的公司股东对领导人所持股份的先购权(格勒诺贝尔法院,1988年6月6日)。

5. 鉴定:本条之规定具有公共秩序性质,不论管理人的股份推定的价值如何,法庭均不得免于进行(价值)鉴定(格勒诺贝尔法院,1988年6月16日)。

6. 由强制转让股份产生的债权:在1985年1月25日关于企业司法重整的法律中并没有就"可以要求清偿股票转让价金与利息的日期"作出具体规定,因此,自进行转让之日起,即可清偿由此引起的、应当支付的款项,但该法律并未规定支付期限,而规定了应付利息(最高法院商事庭,1997年7月1日)。

7. 救济途径：对于命令转让一名或数名领导人所持股份的判决所作的处分，有关的领导人可以向上诉法院提起上诉（最高法院商事庭，2001年6月26日）。实行司法重整的公司的一名领导人在实行该程序的判决作出之前并未与其他领导人订立关于转让其所持股份的任何协议，在上诉法院作出命令通过"内部接管"向企业继续经营方案的第三人强制转让该领导人所持股份的判决之后，其他领导人对上诉法院的判决提出的救济申请，不予受理（最高法院商事庭，1994年7月12日）。

8. 判决的对抗效力：当法庭采纳了（企业重整）方案并宣告领导人所持有的股票不得转让时，这一判决具有既判力，因此对任何人都具有对抗效力，在此情况下，如果享有担保利益的银行实施的支付扣押将会导致强制出卖这些股份，则不得对这些股票实施此种扣押（格勒诺贝尔法院，1989年5月26日）。

第 L631-20 条　（2005年7月26日第2005-845号法律第92条）尽管有第 L626-11 条的规定，共同债务人或者同意给予（2008年12月18日第2008-1345号法令第166-2条）"人的担保"或者同意使用或转让某项财产设立担保的人，不得主张（重整）方案的规定。

第 L631-20-1 条　（2008年12月18日第2008-1345号法令第85条）尽管有第 L626-27 条第一项第3款的规定，在（重整）方案执行过程中确认债务人停止支付时，确定该重整方案的法庭在听取检察院的意见之后，可以决定解除该方案并决定（对债务人）实行司法清算程序。

第 L631-21 条　（2005年7月26日第2005-845号法律第92条）本卷第二编第七章的规定适用于重整方案。

在观察期内，由债务人继续进行企业的经营活动，债务人行使第 L631-17 条赋予管理人的各项特权，以及进行第 L631-19 条（原）第二项第2款所指的各项通知。

司法代理人行使由第 L631-10 条第3款赋予管理人的各项职权。

第 L631-21-1 条　（2008年12月18日第2008-1345号法令第86条）法庭认为可以考虑企业全部或部分转让时，如尚未指定管理人，则指定一名管理人，目的是实施为准备转让所必要的各项行为，相应情况下，为实现转让实施各项必要的行为。

第 L631-22 条　（2008年12月18日第2008-1345号法令第87条）如果债务人不可能自行保障企业实行重整，法庭应管理人的请求，得命令企业全部或一部转让。本卷第四编第二章第一节的规定，除第 L642-2 条以及第 L642-22 条之规定外,适用于这种转让。司法代理人行使由清算人执行的任务。

管理人继续任职,以订立转让所必要的各项契约。

在法庭按照本条第1款的规定命令企业全部或一部转让时,程序在第L621-3条规定的界限内继续进行。如果没有作出确定转让方案的判决,法庭宣告企业实行司法清算,并终止观察期及管理人的任务,但保留适用第L641-10条之规定。没有包括进转让方案的财产,按照第四卷第二章第二节规定的条件进行转让。

司法解释:

1. 选择处理方案:是选择企业继续经营方案还是选择转让方案,属于法官的自由裁量权限(最高法院商事庭,1992年1月21日);同样,是选择转让还是进行清算,亦是如此(最高法院商事庭,1993年2月2日),关于法庭选择转让方案还是企业继续经营方案的标准,参见最高法院商事庭2000年12月19日判决。以债权人的状况为依据,更倾向于选择转让,法庭经常拒绝考虑(债务人)针对第三人提起的责任之诉(将有)可能带来的款项,参见巴黎法院1995年3月31日判决。

2. 债务人本人没有提出任何重整方案时,不得以"应由管理人提出此种方案"为理由,对(宣告其)实行司法清算的判决提出异议,因为没有任何法律条文禁止债务人制定一个重整方案草案(最高法院商事庭,2002年4月29日)。由于债务人没有提出任何(企业)转让方案,法庭在认定所提出的继续经营方案并不严肃之后,排除该方案并宣告企业进行司法清算,在此情况下,无须再考虑是否有可能采纳转让方案(最高法院商事庭,1991年6月25日)。

3. 在延长观察期之后债务人始终无力提出清理社会性负债的方案,在此情况下亦可将司法重整程序转换为司法清算程序(最高法院商事庭,1998年10月27日)。没有任何法律条文禁止法庭"不采纳管理人提出的对企业进行司法清算的意见",而是"采纳债务人本人从'没有管理人的简易司法重整程序'转为普通程序之前就已经制定的企业继续经营方案"(最高法院商事庭,1999年6月8日)。

4. 虽然说,只有在观察期之后,经法庭作出的确定转让方案的判决批准,才能就实行司法重整程序的债务人的营业资产订立(新的)租赁经营合同,但是,如果(此时)已经有正在履行中的租赁经营合同,那么,实行司法重整程序的营业资产的所有权人仍然可以提出"将该项合同包括在内的"企业继续经营方案(最高法院商事庭,1995年4月11日)。

5. 关于确定两家公司继续经营方案的判决有可能宣告该两家公司的概括财产合并的问题,参见最高法院商事庭1997年5月6日判决。

6. 没有包括在方案范围内的财产的处理:在没有企业继续经营方案的情况下,(如何)满足债权人的利益便是优先考虑的问题,那么,没有被转让的债务人的全部财产均应用于此种目的,财产的变现活动不仅涉及债务人自有财产,而且应当涉及(其)共同财产(埃克斯—普罗旺斯法院,1998年10月22日)。在不再存在"可要求清偿的债务"时,或者方案执行人(司法代理人)掌握足够款项清偿债务时,便没有必要再对并未包括在转让方案之内的财产进行变现(最高法院商事庭,1997年4月22日)。委任法官在没有企业继续经营方案的情况下批准出卖并未包括在转让方案之内的财产时,如果这些财产中的有形要素与无形要素构成一个整体因而可以用其继续从事某种有特定宗旨的活动,那么,这项转让就应当包括转移"与这一独立的经营实体相关联的劳动合同",因此由管理人宣告的与该营业实体相关的人员的解雇也就不能产生效力,即使是此前得到确定企业部分转让方案的判决批准的解雇,亦同(最高法院社会庭,2006年10月24日)。

第二章 特定行为之无效

第L632-l条 (2005年7月26日第2005-845号法律第93条)一、自(债务人)停止支付之日起实施的以下行为无效①:

1. 任何无偿转让动产和不动产的行为;
2. 债务人的义务明显超过另一方当事人的义务的任何实定契约;
3. 无论采用的支付方式如何,对尚未到期的债务进行的任何清偿行为;
4. 用现金、商业票据、转账以及1981年1月2日第81-1号关于方便企业信贷的法律所指的单据转让或者商业往来关系中通常准许的支付方式以外的其他方式,对已到期的债务进行清偿的行为;
5. 在没有取得有既判力的法院判决的情况下,按照《民法典》第2350条的规定进行的任何款项的寄托与提存;

---

① 有学者认为:破产撤销权和破产无效行为是两种不同法律制度。法国法律在这里使用的术语是"nullité de certains actes",无效行为是可撤销的行为(annuler),但债务人在临界期内实施的行为无效与《民法典》第1167条规定的(债权人的)撤销诉权(action paulienne)是不同概念。——译者注

6. 用债务人的财产为其在停止支付之日前缔结的债务设立任何约定的抵押权、裁判上的抵押权和夫妻之间的法定抵押权以及其他任何(2006年3月23日第2006-346号法令第49条)"有体动产质权"或无形动产质权；

7. 任何保全措施，但在停止支付之日前已经进行登记或已实施的(保全)扣押行为除外；

8. (2005年7月26日第2005-845号法律第94条)给予本《法典》第L225-177条及随后条文所指的批准(2008年12月18日第2008-1345号法令第88条)"及行使选择权"；

9. (2007年2月19日第2007-211号法律第18条)"将财产或权利转移至交付托管的概括财产之内的任何行为"，(2008年12月18日第2008-1345号法令第89条)"但是，作为与其同时缔结的债务的担保而进行的转移除外"；

10. 为担保以前缔结的债务而转移至交付托管的概括财产内的权利或财产所订立的托管合同增订任何附加条款；

(2010年12月9日第2010-1512号法令第4-3条)11."如债务人是有限责任个体企业主，对某项概括财产指定的任何用途，或者对财产的指定用途进行的任何变更；但因程序所涉及的概括财产的减少而引起的向该企业主的其他概括财产支付的第L526-18条所指的收入除外"。

二、此外，法庭可以撤销(2003年1月3日第2003-7号法律第50-2条)"在停止支付日之前6个月内实施的上述第一项"所指的所有无偿行为。

司法解释：
一、由债务人实施的行为
第L632-1条关于在"临界期"①内实施的行为无效的规定，仅针对由实行司法重整的债务人实施的行为，而不针对债务人的妻子实施的行为(最高法院商事庭，1993年11月3日)；在涉及由债务人与其实行共同财产制的配

---

① 所谓"临界期"，法语原文为"période suspecte"，其意思是"等待最后决定的存疑时期"，是"企业停止支付之日开始至法院作出实行司法重整或司法清算程序的判决"之间的一段"悬而未决的时间"。这一期间的起始日为"债务人停止支付之日"。由于债务人停止支付的实际日期可以由法院作出认定，而法院根据实际情况，可以将原先认定的债务人停止支付的日期提前至某一日期，因此，"临界期"并非确定不变，但"临界期"不得超过18个月，特殊情况下，"临界期"的起始日可以前推至24个月内的某一日，例如，法院一开始判决将企业停止支付的日期确定为"实行司法重整程序的判决作出之日"的情况。在临界期内，发生财务困难的企业实施的行为可以被撤销。——译者注

偶同时实施的行为时,可以以第L.632-1条的规定为依据,宣告其基于债务人的原因而无效,并且宣告按照《民法典》第1167条(关于撤销诉权)的规定,基于享有财产权利的配偶的原因,该行为对所实行的程序中的债权人不具有对抗效力(雷恩法院,1998年12月1日)。

以下情况,不引起实施的行为无效:由获得作为债务人的公司的股份转让预约的受益人进行的清偿(最高法院商事庭,1994年10月11日);由第三人履行"为担保债务人的债务"而提供的"见索即付担保"(最高法院商事庭,2006年9月26日);因实施归属扣押程序,由作为第三人的债权人进行的强制性清偿(卢昂法院,1996年6月26日)。

对于3位共有人转让其共有的营业资产,其中仅有一人实行司法重整程序时,不得依据第L.632-1条之规定宣告撤销该项转让行为。

二、临界期(période suspecte)

第L.632-1条规定的无效只触及在临界期内完成的行为,而不触及债务人在法院作出实施(重整)程序的判决之后实施的行为。因此,夫妻双方订立离婚协议,在集体程序开始之后将一项营业资产与一宗共同的不动产归属妻子,并规定由其负担与此相对应的全部债务,超过部分的余款支付给丈夫,在这种情况下,以第L.632-1条为依据提起的旨在撤销该离婚协议的诉讼应予驳回(最高法院商事庭,1999年1月9日)。所谓"临界期",开始于"已经确定的停止支付之日"(最高法院商事庭,2004年9月28日)。

三、无偿行为

(1)改变夫妻财产制:临界期内实施的行为无效,只能触及为了履行"认可载有变更夫妻财产制之协议的判决"而制定的财产制清算清册(上登记的财产),不能触及该协议或判决本身(最高法院商事庭,1995年3月28日)。(2)包括在离婚协议内的清算清册:夫妻双方订立的、处理共同申请离婚或分居之后果的最终协议里包含的共同财产清算清册,不能避免以"在临界期内完成的行为"无效论处,即使协议中包括有关于扶养债权或者补偿性给付的规定,亦同(最高法院商事庭,2006年11月7日)。(3)放弃继承,参见里昂法院2000年2月17日判决。(4)赠与行为:关于夫妻双方将多项不动产赠与其儿子的行为,参见最高法院商事庭2000年2月1日判决。(5)保险:参见《保险法典》第132-14条。(6)和解交易:关于在第L.632-1条的基础上实行的和解无效,参见埃克斯—普罗旺斯法庭2002年2月19日判决。(7)就共同财产实施的行为:与配偶实行共同财产制的债务人,自停止支付之日或者在该日期之前的6个月内,与其配偶就"构成对债权人的担保物"的共同财产订立的无偿处分契约整体无效(最高法院商事庭,2009年4月7日)。

四、实定契约

任何实定契约,如果按照其订立之日的情况来评判,唯一因该契约产生的、需要由债务人负担的义务明显超过另一方当事人的义务,一律无效(最高法院商事庭,2002年12月10日);例如:通过高估股票的价值并按照过高的价格进行的股票转让(凡尔赛商事法院,1993年9月30日);(债务人)用不动产向公司出资,按照很低的比例(取得)分派的股份(格勒诺贝尔法院,2003年4月8日);将一项营业资产低价转让他人(巴黎法院,1992年5月19日);按照"极低价格"转让旅客运输线的经营权,价格低到连折旧费都不够(马赛商事法院,1987年4月16日);在一名薪金雇员解雇之后与其达成的和解(最高法院商事庭,2001年11月27日);在法院宣告司法清算的前夕,按照远远低于市场的价格转让许可证;等等。

五、清偿尚未到期的债务

(1)从公司章程或者借款给公司的股东与公司之间"就转账账户上同意垫付的款项的偿还"所订立的协议中明确规定的"债务到期的情况"来看,在没有特别条件的情况下,该账户上的贷方余额构成到期债务,账户的持有人随时可以请求偿还(因此,此种情况不属于"偿还尚未到期的债务")(巴黎法院,1999年9月17日)。(2)以履行救助义务的名义抛弃一项财产:以履行救助义务的名义抛弃在不动产中所占的份额,并不构成"清偿(在支付之日)尚未到期的债务"(最高法院商事庭,2006年11月7日)。

六、清偿方式

1. 抵销:用属于债务人的一幢房屋的买卖价金中的一部分清偿借贷的款项,这种故意造成的抵销不是第L632-1条准许的清偿方式(最高法院商事庭,2000年12月19日);债务人的营业资产的买受人与债务人之间有往来转账账户,债务人用其营业资产的买卖价金与该人在账户上对其拖欠的款项进行抵销,而这种支付方式并不是"营业资产买卖中经常采用的方式",而且,在法律规定(其他)债权人可以对营业资产的买卖价金的支付提出异议的期间经过之前,这项价金应当作为争讼物保管(冻结),因此债务人采取这种抵销方式进行的清偿无效(最高法院商事庭,1999年1月19日)。

2. 一股东认股款中尚未交纳的部分与其往来账户上对公司持有的一项"数额确定、已经到期的债权"两者之间进行的抵销,不作为在临界期内进行的抵销而以无效论处(巴黎法院,1994年6月10日)。

3. 债权的转让:法院判决认为,除了企业向为其提供资金的信贷机构转让其享有的职业性债权之外,其他债权转让不能构成"在商务关系中得到普遍承认的支付方式(清偿方式)",因此,在临界期内同意进行的债权转让无效(巴黎法院,1989年3月28日)。转让对法国电力公司与法国煤气公司持有的债权,无论是在营业资产的出卖人与买受人之间,还是在用于商业经营的场地的出租人与承租人之间,都不是一种"(商业往来中)得到普遍承认的支付方式(清偿方式)"(图卢兹法院,2001年2月28日)。照此意义,在特定部门的商务关系中,转让债权可以是一种"得到普遍承认的支付方式(清偿方式)",即使这种做法仅限于有限的地理范围(最高法院商事庭,2003年9月24日);但是,需要确定的是,"在特定的活动部门确实存在这种职业习惯"(行业习惯)或者这种普遍的经常的做法(最高法院商事庭,2001年12月21日)。

4. 债权转移(délégation de créance):一家已经处于停止支付状态的肉类商贸公司将其对保险公司持有的债权转移给受灾被毁的商品的所有权人,只要此项债权转移的受益人(即被毁商品的所有权人)不能真正主张"从该行业的习惯来看,这次因非常事件引起的偶尔为之的清偿是一种正常的方式",那么,通过这种债权转移方式清偿债务在肉类商贸行业部门的商务关系中就属于没有"得到普遍承认"(的支付方式),因此,这家处于停止支付状态的肉类商贸公司进行的债权转移应予撤销(最高法院商事庭,1993年6月30日)。所谓"得到普遍承认的支付方式(清偿方式)"并非必定是习惯上形成的方式(最高法院商事庭,2001年1月23日);因此,上诉法院在认定借款人向给予其贷款的信贷机构转移债权是不是银行行业在给予不动产贷款方面的一种"普遍的经常的"做法时考虑了信贷机构与借贷人之间的关系,即属对其判决给出了正确的说明理由(同一判决)。委托支付(支付转移)是房屋建筑领域"普遍承认的一种支付方式"(巴黎法院,2003年9月17日),但在机动车贸易行业中就不是(巴黎法院,2004年1月27日)。

5. 取代投保财产的保险赔付款(subrogation de l'indemnité d'assurance):在订有保留所有权条款下交付的财产灭失的情况下,出卖人仍然是该财产的所有权人,因此,取代该财产的保险赔付款并不能进入买受人的概括财产,(保险公司)将保险赔付款支付给该财产的出卖人,不受临界期内(进行的清偿)无效的约束(最高法院商事庭,1993年7月6日)。

6. 抵债(dation en payement):债务人公司交付的是各种水上运动设备,而合同规定的设备是船只,这种情况构成第L632-1条规定禁止的抵债(最高法院商事庭,2000年2月1日)。由出卖人取回其出卖的商品,双方当事人协商解除买卖,这样做,等于债务人已提交"相当于出卖人取回的商品价值的"财产,因而大大减少了出卖人对实行司法重整的债务人公司所持有的债权,由此引起的抵债无效(应予撤销)(巴黎法院,1992年1月7日)。同样,为汽车制造厂提供信贷的信贷公司为(该品牌的)一家特许经营商的库存车辆提供了资金贷款,由该信贷公司在临界期内取回尚未付款的车辆,这种做法同样无效(都埃法院,1997年2月6日)。

7. 解除合同:此前进行的商品买卖并未规定任何条件,而在临界期内订立的被认定是"自愿协商解除该项买卖"的协议,不能排除按照第L632-1条的规定提出的撤销之诉,无须认定这项协议是否构成所涉及的商务关系中"普遍承认的支付方式"(最高法院商事庭,1994年7月12日)。

8. 保留所有权条款:将按照保留所有权条款卖出的、货款尚未支付的商品返还出卖人,不能看成是一种不正常的支付手段而"应当以临界期内实施的无效行为论处"(最高法院商事庭,2008年12月16日)。

9. 第L632-1条规定的无效唯一针对的是"不正常的支付",而不能扩张适用于"依据有效订立的协议进行的支付"(凡尔赛法院,1995年10月19日)。在停止支付之日前依据支付扣押进行的款项提存应当宣告有效,尽管这一提存行为是在停止支付之日后才认定有效的(第戎法院,1987年10月15日)。

七、停止支付之日前缔结的债务的担保

1. 债权人设置的抵押权:裁判上的抵押权(法院判决设立的抵押权)不可能由债务人登记,但是,按照第L632-1条第一项第6点的表述,"用债务人的财产为其在停止支付之日前缔结的债务设立任何约定的抵押权、裁判上的抵押权和夫妻之间的法定抵押权",既涉及由债权人实施的行为,也涉及由债务人实施的行为(巴黎法院,1999年6月11日)。

2. 尽管是在临界期内同意设立的抵押权,但是,只要银行对承担抵押担保义务的公司的债权是来自同一日登记的保证,那么,这项抵押权与担保的设置就是同时发生的,因此,不按照第L632-1条第一项第6点的规定以无效论处(巴黎法院,2001年7月6日)。

3. 担保的替代:只要从抵押权转让文书的规定来看,没有设定新的担保而只是用"为担保贷款余额的偿还,就已经买受的不动产设置的抵押权"来替代贷款人的优先权及其就卖出的不动产登记的抵押权,而且这项担保无论在性质上还是在范围上都不超过其替代的担保,那么,在临界期内这项担保仍可进行有效登记(最高法院商事庭,1998年1月20日)。

4. 无形动产质权：第L632-1条是一项不加任何区分地针对所有担保的规定，其中包括任何无形动产质权，因此，它适用于用营业资产设置的裁判上的无形动产质权（巴黎法院，1992年2月18日）。

5. 以担保的名义转让债权：按照1981年1月2日法律规定的形式进行的债权转让，向受让人转移被转让的债权的所有权（原文为"la propriété de la créance cédée"）；同样，为担保转账账户上的余额得到支付而进行债权转让但没有关于价金的规定时，也是如此。因此，这种债权转让并不是就债务人的某项财产设置无形动产质权（最高法院商事庭，1996年5月28日）。

6. 担保设置的日期：（要想）按照第L632-1条的规定宣告某项（法院判决设立的）裁判上的抵押权无效，由于用债务人的财产设置的这一抵押权并非因登记而产生，而是产生于法院作出的处罚判决，因此，必须查明它（是否）产生于（债务人）停止支付之后（最高法院商事庭，1994年10月25日）。同样，对于用（债务人的）营业资产设置的无形动产质权，应当考虑的是这项质权设置的日期，而不是其进行登记的日期（最高法院商事庭，1994年11月22日）；对于约定的抵押权，亦是如此（最高法院商事庭，2003年2月18日）。自债务人停止支付以后用其财产为此前缔结的债务设置的抵押权无效，不考虑设置抵押的许诺是否是在停止支付之前作出（最高法院商事庭，1997年11月12日）。在债务人停止支付之前订立的协议强制规定债务人不得用某项不动产设置其他担保并且债权人无须债务人作出新的意思表示即可以进行抵押权登记时，此项协议应当看成在债务人停止支付之前符合规定设置的抵押权，而不仅仅是一项抵押许诺（尚贝里法院，2002年5月28日）。

7. 就夫妻共同不动产设置的抵押权：按照《民法典》第1413条的规定，夫妻共同财产应承担丈夫一方的债务，并且在债务期间夫妻一方或另一方的权利并不个别落实到全部或一部共同财产或者其中某项财产之上，自丈夫停止支付以后为担保此前缔结的债务而用夫妻共同的不动产设置的抵押权整体无效（最高法院商事庭，1996年4月2日）。

8. 清除担保：负担无形动产质权的营业资产的买受人在（债务人）实行集体程序之前按照第L143-12条的规定提起清除优先权与无形动产质权的程序，这一情节并不能对抗（债务人的）清算人提起的第L632-1条规定的无效之诉（最高法院商事庭，2001年11月20日）。

9. 借贷：第L632-1条的规定不适用于"撤销借贷行为的请求"（最高法院商事庭，2000年5月23日）。

八、保全措施

1. 第 L632-1 条第一项第 7 点的意义:(由于保全)扣押行为在(债务人)停止支付之日后,由此实施的保全措施无效(卢昂法院,1996 年 2 月 7 日)。

2. 保全扣押:关于在临界期内实施并在实行集体程序的判决作出之前就已转换为归属扣押的保全扣押的有效性,参见最高法院商事庭 2002 年 12 月 10 日判决。

第 L632-2 条 (2008 年 12 月 18 日第 2008-1345 号法令第 89 条)自"停止支付之日"起进行的到期债务的清偿,以及(2008 年 12 月 18 日第 2008-1345 号法令第 89 条)"在该日期之后"实施的有偿行为,如果与债务人进行交易的人知道债务人已经停止支付,得予撤销。

债权人,(2008 年 12 月 18 日第 2008-1345 号法令第 89 条)"自债务人停止支付之日起,或者自知道债务人停止支付之日起",向持有债务人款项的第三人发出的任何扣押通知以及实施的任何归属扣押或者提出的任何支付异议,均得予以撤销。

司法解释:

1. 是否有必要认定存在某种损失?在是否宣告第 L632-2 条规定的无效时,事实审法官并无必要确认债务人或者债权人受到了某种损失(最高法院商事庭,1993 年 2 月 16 日)。

2. 本条针对的行为:第 L632-2 条规定的无效仅仅针对在临界期内(自停止支付之日开始)完成的行为,不涉及债务人在实行集体程序的判决作出之后实施的行为(最高法院商事庭,1999 年 1 月 19 日)。第 L632-2 条从总体上考虑应撤销所有的有偿行为,只要这些行为是在临界期内实施的,不论实施的行为的法律性质如何,也不论使用的是何种技术方法(巴黎法院,1998 年 5 月 26 日)。在债务人在停止支付之后以社会保险分摊份额款的名义进行的支付中包含对工资的扣取款项,只要确认债权人知道债务人已停止支付,这种支付得予撤销(最高法院商事庭,2005 年 6 月 21 日)。

3. 受到禁止的支付行为和有偿行为:结合第 L632-2 条与第 L632-3 条的规定,用支票进行的支付,不受第 L632-2 条规定的无效的拘束,而是受"返还款项之诉"的约束(最高法院商事庭,2000 年 3 月 14 日)。通过股东的往来账户转账进行的支付,只有在股东知道公司的现实状况,知道公司已经停止支付的情况下,才受法律关于在临界期内进行的清偿无效之规定的约束(梅茨法院,1991年4月4日)。

4. 职业债权转让协议或者商业票据贴现协议,只有在其订立于(债务人)停止支付之日以后,才会以无效论处(最高法院商事庭,1999年1月19日)。

5. 第L632-2条不适用于信贷业务活动,特别是在转账账户运作期间进行的债权转让所引起的信贷业务活动,这种业务活动不能作为支付对待,因为这种债权转让实际上仅仅是为了担保账户上的借方余额得到支付,在转账账户终止时,账户上的借方余额如为负数,则构成银行的债权(巴黎法院,1993年6月15日)。

6. 按照第L632-2条的规定,债务人在停止支付之后(通过)向其转账账户交付的、由第三人签发的商业票据或支票(转出款项),应当撤销(最高法院商事庭,2004年2月25日)。但是,由于自设置争讼物保管之时起,保管人进行的支付是不再属于债务人的款项的支付,因此不具备适用第L632-2条的条件。因为,这一条文仅仅涉及用债务人的概括财产进行的支付(巴黎法院,1997年11月25日)。

7. 如何认定债权人是否知道债务人停止支付(之事实),事实审法官有自主评判权(最高法院商事庭,1999年2月2日)。债权人提出对债务人实行司法重整的传唤状,在其提出(应当对债务人)实行司法重整程序的请求之外没有任何其他请求,说明债权人知道债务人已停止支付,因为停止支付是实行(司法重整)程序的条件(巴黎法院,1994年9月1日)。但是,不能仅仅根据受到异议的支付活动距离法院作出判决的日期很近,就认定债权人(此前已经)知道债务人停止支付(最高法院商事庭,1994年10月25日)。债权人同意债务人延期支付,为债务人创造了没有停止支付的条件,因此债务人为履行其订立的协议而进行的清偿不得被撤销(埃克斯—普罗旺斯法院,1996年1月25日);但是,尽管同意债务人延期支付,如果债务人仍然对同一债权人持续拖延支付,那么,债权人将面临其受领的全部支付无一例外地被撤销的风险(巴黎法院,1997年1月24日)。

8. 债权人是否知道债务人已停止支付,应当按照债务人进行支付之日的情况判断,而不是按照债务人签署承认债务的文书之日的情况判断(最高法院商事庭,2001年7月17日)。

第L632-3条 第L632-1条和第L632-2条的规定不影响兑付汇票、本票或支票的有效性。

但是，司法管理人或司法代理人如能证明汇票出票人，或者在签发转账票据的情况下，该票据的签发人和支票受益人以及记名期票的第一背书人知道债务人已停止支付之事实，得对这些人提起返还之诉。

司法解释：
1. 按照第 L632-3 条的规定，由实行集体程序的债务人签发的期票的兑付，不能通过"临界期"内的无效之诉（action en nullité）或无效事由抗辩（exception en nullité）攻击之（最高法院商事庭，1997 年 11 月 25 日）。按照第 L632-3 条第 1 款的规定，第 L632-1 条与第 632-2 条的规定不损及兑付汇票的有效性；至于汇票本身是否已经转手，在所不问（最高法院商事庭，2004 年 1 月 28 日）。

2. 返还之诉（action en rapport），如同无效之诉（撤销之诉），前提条件是债务人本人进行了支付（最高法院商事庭，1992 年 6 月 23 日）。在支票不是由债务人签发的情况下，对接受用银行支票进行清偿的债权人，不得提起返还之诉（最高法院商事庭，2000 年 3 月 14 日）。同样，由作为争讼物保管人的第三人通过签发支票进行的清偿，做相同处理（最高法院商事庭，2004 年 10 月 12 日）。

3. 方案执行监察人有资格提起第 L632-3 条所指的返还之诉（最高法院商事庭，2004 年 11 月 23 日）。

第 L632-4 条 （2005 年 7 月 26 日第 2005-845 号法律第 96 条）无效之诉由司法管理人、司法代理人、方案执行监察人（2008 年 12 月 18 日第 2008-1345 号法令第 89 条废止："清算人"）或者检察院提起。无效之诉（撤销之诉）的效果是重构债务人的资产。

司法解释：
1. 提起诉讼的期间：委任法官此前就准许债权登记作出的裁定具有不可撤销性，在该裁定并未受到异议的情况下，与之相关联的既判力具有普遍性，即使在认定债务人停止支付的日期应当前推至某一日期的情况下，亦可主张此种既判力，因此，针对因以前缔结的债务在债务人财产上设置的质权提起无效之诉，其效果是为了重构债务人的资产，此种诉讼不受任何期限限制，具有独立性，无论是在交存债权清册之前还是在此之后，均可提起此种无效之诉，但不能因此认为"可以对委任法官此前作出的准许债权登记的裁定提出质疑"(最高法院商事庭,1991年11月12日)。虽然说,在银行债权获准登记之后对往来账户的借方余额提出的任何异议均不予受理,但是,与此相反,并没有任何法律条文反对"应当按照第L632-2条的规定撤销(annulé)债务人在临界期内进行的不正常清偿",因为,虽然法庭作出了准许银行登记其债权的裁决,但银行知道债务人停止支付的日期,而在临界期内债务人账目上的借方余额有所减少,表明债务人在此期间向银行进行了清偿,故不能认为这种清偿是符合规定的清偿(最高法院商事庭,1995年10月24日)。虽然法院作出了驳回(某项)债权登记的裁定,这并不妨碍针对"债务人在临界期内进行的职业性债权的转让"提出无效之诉(无效之诉仍可得到受理)(最高法院商事庭,1999年6月8日);同样,虽然法院准许某一债权人就其债权尚未得到清偿的部分进行登记,但这并不妨碍针对(该债权人)"在临界期内受领的清偿之部分"提出无效之诉(最高法院商事庭,1999年12月7日)。第L632-4条并没有将无效之诉局限在任何时效期间之内,因此不适用《民法典》第1304条规定的5年时效期间,第1304条的规定仅适用于契约(巴黎法院,2007年12月20日)。①

2. 提起无效之诉的资格:第L632-1条规定的无效(nullité),只有由第L632-4条所指的人主动提出请求,才能作出宣告(最高法院商事庭,1993年10月5日);债权人本人没有资格主张清偿无效,即使是经抗辩途径提出此种主张(最高法院商事庭,1997年5月5日);同样,保证人也没有资格主张此种无效事由(最高法院商事庭,2004年2月25日);但是,如果法院已经宣告无效,第三人得援用之(本案涉及的是:债权人将其债权转让但被宣告无效,该被转让债权的债务人可以主张此项无效事由)(最高法院商事庭,1997年6月2日)。

3. 针对债务人在停止支付之日后进行的清偿提起无效之诉时,程序各机关的职能并不相互排斥,而是具有协作性,因此,每一机关均可主张支付其本身支出的"不能收回的诉讼费用"(最高法院商事庭,1997年6月3日)。

4. 与此相反,唯有在集体程序中指定的司法代理人才有资格经诉讼途径或抗辩途径请求宣告由实行集体程序的债务人完成的行为无效(在为债务人签发的期票提供票据担保的人实行的集体程序中指定的司法代理人没有

---

① 《民法典》第1304条第1款:"请求宣告契约无效或取消契约之诉讼,凡是特别法律没有规定更短期限的情形,均应在5年内提起。"——译者注

此种资格)(最高法院商事庭,1997年11月25日)。

5. 确定转让方案的判决一经作出,即终止司法管理人的职能,有关实施方案所必要的权力也是如此,由于管理人已经不再具有司法重整管理人的资格,因此,由管理人在此时提起的有关临界期内实施的行为无效之诉不予受理(最高法院商事庭,2000年2月1日)。

6. 在原重整方案被解除之后任命的转让方案执行监察人,没有资格对原程序开始之前的临界期内进行的清偿或实施的行为提起无效之诉(最高法院商事庭,2007年11月13日)。

7. 在方案执行监察人已经(针对临界期内进行的清偿)提起无效之诉,其任务已经终止,并且司法重整程序已在法院专门指定的代理人前进行时,只有该专门代理人才能继续进行诉讼(最高法院商事庭,2001年6月12日)。

8. 诉讼利益:当(债务人)公司因负债消灭,司法清算程序已经终结,以及在清理负债的方案通过之后,对其领导人的司法重整也已结束,用于清理负债所需的全部款项在尚未提出无效诉讼之前就已经寄存至债权人代表手中时,债权人代表没有(再提起无效)诉讼之利益(最高法院商事庭,1991年10月29日)。关于是否有必要要求存在某种损失,参见第L632-2条。

9. 无效的性质:第L632-1条规定的债务人在停止支付之后实施的行为无效是一种相对无效,尤其不能由债务人自己的债务人主张这种无效事由(最高法院商事庭,1997年4月1日);但是,第L632-1条的规定具有公共秩序性质,作为清算人的代理人不得放弃主张该条第一项第6点列举的行为无效之事由(巴黎法院,1998年9月25日)。

10. 撤销诉权(action paulienne):虽然说债权人不能提起第L632-4条规定的只能由法院指定的代理人提起的诉讼,但是,以《民法典》第1167条为依据提起撤销之诉则不相同,债权人与司法代理人对于临界期之前的行为,显然可以行使这种撤销诉权(提出撤销之诉),而且对于在临界期内缔结或实施的行为,由于司法代理人的不行为(没有按照第L632-4条的规定提起无效之诉),迫使债权人不得不按照《民法典》的规定行使撤销诉权(action paulienne)时,债权人仍然可以提起此种撤销之诉(凡尔赛法院,1993年1月28日)。

11. 对停止支付日期的异议:按照第L632-1条与第L632-2条的规定提起的无效诉讼中的被告此前没有在法律规定的期限内,按照法律规定的形式就确定或前推停止支付日期的裁定提出异议的,不得再就此日期提出异议(最高法院商事庭,2007年2月13日)。

12. 返还:(债权人)受领(现在)被撤销的清偿的日期,是开始计算法定利息的日期(最高法院商事庭,1994年11月22日)。

13. 按照第L632-4条的规定宣告的清偿无效,目的(效果)是为了重构债务人的资产,因此,停止支付之后进行的清偿被宣告无效所引起的"返还(款项)之债"与"在集体程序的负债中已经登记的某项债权"两者之间不得进行任何抵销(最高法院商事庭,1995年10月24日)。在法院宣告所进行的清偿无效之后,债务人的债权人自愿将其在此清偿中受领的款项返还债务人,这种返还对保证人具有对抗效力(最高法院商事庭,1996年10月22日)。

第四编　司法清算程序

序章　实行司法清算的条件

(2008 年 12 月 18 日第 2008-1345 号法律)

第 L640-1 条　(2005 年 7 月 26 日第 2005-845 号法律第 97 条)设置司法清算程序,适用于第 L640-2 条所指的处于停止支付状态,显然不可能实行司法重整程序的任何债务人。

司法清算程序的目的是终止企业的活动,或者通过整体或分开转让企业的权利与财产,变现债务人的概括财产。

司法解释:

1. 立即进行司法清算:在 1994 年 6 月 10 日第 94-475 号法律之前,受诉法院如果没有(首先)作出"旨在评价挽救企业之可能性,对企业实行司法重整程序的第一项判决",便不能宣告对企业进行司法清算(最高法院商事庭,1986 年 11 月 4 日);但是,只要法院认定已经具备实行司法清算的条件,可以在同一日作出两项判决(最高法院商事庭,1989 年 5 月 17 日)。

关于 1994 年法律开始实施之后作出的拒绝宣告立即进行司法清算的判决,参见巴黎商事法院 1995 年 7 月 1 日判决。

对于 2005 年 7 月 26 日法律实施之后的判决:债权人之一以公司欠其 12500 欧元为理由向法院提交传唤状(提出对债务人公司实行司法清算程序的申请),法院拒绝宣告该公司进行司法清算,理由是该公司已经收到不可撤销的订单,货款总额达 7.2 万欧元,完全可以考虑(对其)实行严肃的司法重整方案(而不应进行司法清算)(奥尔良法院,2006年10月19日)。

企业停止经营已有数月,没有任何恢复经营活动的前景,法院宣告该企业实行立即司法清算,参见最高法院商事庭2001年5月29日判决。

2. 只要债务人承认其已停止支付,上诉法院在撤销经债权人提出传唤状(起诉状)而作出的判决之后,可以依职权宣告(债务人实行)司法清算(最高法院商事庭,1998年5月12日)。照此意义,上诉法院如果没有区分一审法院作出司法清算判决之日已经到期的债务与"因该清算判决的效力而使之成为到期债务的债务",也没有审查企业是否有资产,便不得确认一审法院作出的(债务人实行)"立即清算之判决"(最高法院商事庭,1999年5月26日)。

第L640-2条 (2005年7月26日第2005-845号法律第97条)司法清算程序适用于(2008年12月18日第2008-1345号法令第164-1条)"从事商业或手工业活动的任何自然人,任何农业生产者以及其他所有从事独立职业活动,其中包括从事'受法律与条例特别规范、名称受到保护的自由职业'的自然人,以及任何私法法人"。

(2010年12月9日第2010-1512号法令第5-1条)"除涉及有限责任个体企业主相互分开的概括财产之外",对于正在实行司法清算程序的债务人,只要该程序尚未终结,(2008年12月18日第2008-1345号法令第92条)"或者,对于正在实行保护程序或司法重整程序的债务人,只要由此种程序产生的方案规定的各项活动尚未终止",就不得实行新的司法清算程序。

第L640-3条 (2005年7月26日第2005-845号法律第97条)对于第L640-2条第1款所指之人,在其停止从事职业活动之后,如其全部或一部资产来自其职业活动,也适用司法清算程序。

如(2008年12月18日第2008-1345号法令第164-2条,2009年1月30日第2009-112号法令第11-1条)"从事商业或手工业活动的人",农业生产者以及其他所有从事独立的职业活动,其中包括从事受法律与条例特别规范、名称受到保护的自由职业的自然人在停止支付状态下死亡,法院得自该人死亡之日起1年期限内,根据某一债权人提出的传唤状(起诉状),不问该债权人的债权性质如何,或者应检察院的请求,受理申请。在相同期限内,法院(2014年3月12日第2014-326号法律第58条废止:"也可以依职权受理诉讼,并且")可以由债务人的任何继承人提出申请,受理诉讼,且无期限条件的限制。

第 L640-3-1 条 法院院长了解到的实际情况表明债务人已经具备第 L640-1 条所指的条件时,向检察院提交一份情况说明,介绍可据以向法院提出受理案件之请求的各种事实。如果检察院要求对债务人实行司法清算程序,法院院长不得作为法院审判组织的成员,也不得参加案件的评议。

第 L640-4 条 (2005 年 7 月 26 日第 2005-845 号法律第 97 条)债务人,如果在停止支付以后 45 日期限内没有申请实行(第 L611-4 条所指的)和解程序,最迟应在此期限内申请实行该程序。

(2014 年 3 月 12 日第 2014-326 号法律第 59 条废止:在和解程序失败的情况下,如按照第 L631-4 条第 2 款之规定进行审理的法院认定债务人已经具备第 L640-1 条所指条件,则宣告对其实行司法清算程序。)

第 L640-5 条 (2005 年 7 月 26 日第 2005-845 号法律第 97 条)在没有正在进行中的和解程序的情况下,法院也可以(宪法委员会 2014 年 3 月 7 日第 2013-368 号决定废止:"依职权,或者")依检察院的申请,为实行司法清算程序而受理案件。

按照相同保留条件,法庭也可以应债权人之一提出的传唤状宣告债务人实行司法清算程序,不论该债权人的债权属于何种性质;但是,如债务人已经停止从事职业活动,这一传唤状应自下列事由之日起 1 年内提出:

1. 债务人注销在"商事及公司注册登记簿"上的注册登记。如果债务人是法人,1 年期限自公告(此前的)清算活动终结并注销注册登记之日起计算;

2. 如果债务人是从事(2008 年 12 月 18 日第 2008-1345 号法令第 166-3 条)"手工业活动的人"、农业生产者以及其他所有从事独立职业活动,其中包括从事受法律与条例特别规范、名称受到保护的自由职业的自然人,已经停止从事活动之日;

3. 如果涉及的是不需要进行注册登记的法人,进行(此前的)清算终结公告之日。

在适用与《农村及海洋渔业法典》第 L351-1 条规定的程序有关的规定时,应在向债务人提出传唤状之前,向大审法院院长提出请求,按照该《法典》第 L351-2 条的规定指定一名和解人,但如正在进行本编第五章所指的恢复职业程序,不在此限。

第 L640-6 条 企业委员会,或者在没有设立企业委员会的情况下,员工代表,可以向法庭庭长或检察院提供任何能够揭示企业已经停止支付之状况的事实。

第一章 司法清算判决

第 L641-1 条 （2005 年 7 月 26 日第 2005-845 号法律第 98 条）一、第 L621-1 条、第 L621-2 条以及第 L622-6 条关于应当由债务人负担之义务的规定，均适用于司法清算程序。

从已经宣告处于停止支付状况的债务人的情形来看显然不能进行司法重整时，在没有附带请求实行司法重整程序的情况下，法院首先要求债务人对存在第 L631-1 条所指的条件作出解释说明，随后在同一判决中就实行司法清算的请求，以及相应情况下，就实行司法重整程序作出审理裁判。

（2008 年 12 月 18 日第 2008-1345 号法令第 93 条）二、法庭在宣告实行司法清算的判决中指定一名委任法官，必要时，指定数名委任法官。

法庭在同一判决中指定一名登记注册的司法代理人为清算人，或者指定一名按照第 L812-2 条第二项第 1 款的规定选择的人作为清算人，且不影响法庭就其确定的任务任命一名或数名鉴定人。法庭得应检察院的要求或者依职权指定数名清算人。

检察院得向法院推荐一名清算人的人选，供法庭指定；法庭拒绝检察院推荐的人选时，应当说明理由。在对得到或曾得到"专门的委托代理"之利益的债务人实行清算程序时，或者在对此前 18 个月内实行过和解程序的债务人实行清算程序时，检察院得反对再次指定专门的委托代理人或和解人作为清算人。

对雇员人数至少达到最高行政法院提出资政意见后颁布的法令确定的界限的债务人实行程序时，法院要求《劳动法典》第 L3253-14 条所指的机构就指定清算人提出意见。

应当按照第本《法典》L621-4 条第 2 款与第 L621-6 条规定的条件指定一名薪金雇员代表。薪金雇员代表执行第 L625-2 条规定的任务。在没有企业委员会与员工代表的情况下，由薪金雇员代表行使按照本编之规定赋予这些机关的各项职责。

应当指定清算监督人；监督人按照第二编规定的相同条件行使其职权。

在不影响适用第 L641-2 条之规定的情况下，为了实现第 L622-6 条所指的资产负债盘存并对债务人的资产进行评估作价，法庭根据相应人员各自适用的规定所赋予的职权，指定一名司法评估作价拍卖人或一名司法执达员、一名公证人或一名商品居间人。

法院指定的代理人以及前款所指的人,如存在任何因素需要由他人替换,应立即报告。

三、如果是在保护程序观察期内或司法重整程序观察期内宣告进行司法清算,法院任命司法代理人为清算人。但是,法庭得应司法管理人、债权人之一、债务人、《劳动法典》第 L3253-14 条所指的机关提出请求,或者应检察院提出的请求,以说明理由的判决,按照第 L812-2 条规定的条件指定其他人作为清算人。

(2008 年 12 月 18 日第 2008-1345 号法令第 93 条)"如果债务人从事的是受法律与条例特别规范,名称受到保护的自由职业,其所属的行业公会或者有权限的机关得为此目的向检察院提出请求"。

四、债务人停止支付的日期按照第 L631-8 条规定的条件确定。

第 L641-1-1 条 (2008 年 12 月 18 日第 2008-1345 号法令第 94 条)法庭得依职权,或者根据委任法官的建议,或者应检察官的要求,更换清算人、专家鉴定人或管理人(如已按照第 L641-10 条的规定指定了管理人),或者,法庭也可以为已经任命的这些人员增加一名或数名清算人或管理人作为助理。

清算人、管理人或者被任命为监督人的债权人,得要求委任法官为上述目的向法庭提出请求。

如果债务人从事的是受法律与条例特别规范、名称受到保护的自由职业时,其所属的行业公会或者有管辖权限的机关得为上述目的向检察院提出请求。

债务人得请求委任法官向法庭提出更换鉴定人的要求;按照同样条件,任何债权人均可要求更换清算人。

尽管有前几款的规定,清算人或者管理人自行请求换人时,法庭庭长受到委任法官就此提出的请求,有权进行此项替换;庭长以裁定形式作出审理裁定。

对于按照本条之规定向其提出的要求法院更换人选的请求,委任法官应尽快作出裁定。

只有企业委员会,或者在没有设立企业委员会的情况下,只有员工代表,或者没有员工代表时,只有企业的全体雇员,才能进行薪金雇员代表的替换。

第 L641-2 条 (2008 年 12 月 18 日第 2008-1345 号法令第 95 条)如果债务人的资产中没有不动产财产,以及如果在(清算)程序开始之前 6 个月内其雇用的薪金雇员人数和税负外的营业额等于或低于法令确定的数额,可以适用本编第四章规定的简易(清算)程序。

如果法院掌握了足够的材料来判断债务人（是否）具备本条第1款规定之条件，便可以在宣告实行司法清算程序的判决中就适用简易程序作出裁判并且可以将在此程序中实现资产盘存的任务交给清算人；相反情况下，法庭庭长，依据清算人在受任命后1个月内提交的有关债务人财务状况的报告，就是否适用简易程序作出裁判。

第L641-2-1条 （2008年12月18日第2008-1345号法令第96条）在债务人没有不动产资产的情况下，以及如果在程序开始之前6个月内其雇用的薪金雇员的人数和税负外的营业额超过第L641-2条所指的额度但不超过法令确定的数额时，法庭可以命令适用本编第四章规定的简易程序。

如果是在观察期内宣告司法清算程序，法庭在宣告司法清算的判决中就是否适用简易程序作出裁判；相反情况下，由法庭庭长根据清算人在受任命后1个月内提交的有关债务人财产状况的报告进行审理，作出裁定。

第L641-3条 （2005年7月26日第2005-845号法律第100条）实行司法清算的判决具有与第L622-7条第一项（2008年12月18日第2008-1345号法令第97条）"第1款"与第3款及其第三项、第L622-21条与第L622-22条、第L622-28条第1句以及第L622-30条所指的各项判决相同的效力。

委任法官可以批准清算人或管理人（如指定了管理人）清偿在（司法清算）判决作出之前产生的债权，取回动产质押物或者被合法留置之物，或者，在有待清偿的数额低于作为合同标的物的财产的市场价值时，选择行使信贷租赁合同规定的购买权。

如果法人债务人的领导人不遵守关于制定与批准年度账目的义务，清算人可以向法院院长请求指定1名专门的委托代理人。

（2005年7月26日第2005-845号法律第100条）"债权人按照第L622-24条至第L622-27条与第L622-31条至第L622-33条的规定向清算人申报各自的债权"。

如果已经实行确定税收数额的行政程序，应在清算人向法院书记室交存其终结任务的汇报之前，最终确定作为此种程序范围的债权的数额。

第L641-4条 （2005年7月26日第2005-845号法律第101条）清算人在审核债权的同时进行清算活动。清算人得提起或者继续进行属于司法代理人权限范围的诉讼。

如果清算人认为债务人的资产变现之后的全部所得只够支付诉讼费用和清偿受优先权担保的债权，可不再对无担保债权进行审核，但如债务人是法人，(2010年12月9日第2010-1512号法令第5-2条)"或者是有限责任个体企业主",并且有必要按照(2008年12月18日第2008-1345号法令第97条)"第L651-2条"的规定由其法律上或事实上的领导人或者该企业主负担全部或部分负债时,不在此限。

清算人行使由第L622-6条、第L622-20条、第L622-22条、第L622-23条、第L624-17条、第L625-3条、第L625-4条与第L625-8条赋予管理人和司法代理人的各项任务。

清算人按照(2008年12月18日第2008-1345号法令第98条)实行或者宣告实行司法清算的判决,相应情况下,在法院批准继续维持企业活动的期限终结时进行的人员裁减,应遵守(2013年6月14日第2013-504号法律第18-23条)"《劳动法典》第L1233-58条"的规定。法院在管理人实行《劳动法典》第L1233-58条规定的程序之后确定方案。企业委员会,相应情况下,劳动条件卫生与安全委员会及协调机构,最迟在法庭作出宣告实行清算程序的判决作出后12日内提出自己的意见,或者如果暂时准许企业继续维持其从事的活动,在该项批准到期之日提出意见。即使没有提交《劳动法典》第L1233-34条、第L1233-35条、第L2325-35条或者第L4614-12-1条所指的鉴定人报告,也不得因此而推迟该期限。

司法解释:

1. 清算人的权力:(1) 权力的范围:清算人从法律为其规定的捍卫债权人集体利益的权力中取得资格,有权针对任何人提起请求支付损害赔偿之诉讼,即使是对持有在实行集体程序的判决作出之前产生之债权的人,如果债务人的资产减少、负债加重是因该人过错行为所致,清算人亦可提起损害赔偿之诉(最高法院商事庭,1993年11月16日)。(2) 在企业继续经营方案解除之后开始的新程序中指定的清算人,从法律赋予其保护债权人集体利益的各项权力中取得资格,可以继续进行由方案执行监察人在继续经营方案解除之前为相同目的已经恢复进行或者已经提起的诉讼(最高法院商事庭,2004年3月24日)。按照《商法典》第L622-20条第1款与第L641-4条第1款具有公共秩序性质的规定,债权人代表(司法代理人)唯一有资格以债权人集体的名义、为该集体的利益提起诉讼,(在司法清算程序中)法律赋予债权人代表的权力转由清算人行使,因此,由某一债权人就其与其他债权人受到的、不能开分的损失提起请求赔偿的个人诉讼不予受理(最高法院商事庭,2005年10月4日);此种诉讼不受理,应当依职权提出(同一判决);例如,某一债权人提起的旨在以银行滥权给予债务人信贷而追究银行过错的诉讼,不予受理(凡尔赛商事法院,1995年10月12日)。债权人代表,在程序转换为清算程序之后被指定作为清算人的,在以"滥用公司财产罪"对公司原领导人提起的刑事诉讼中,可以成为民事当事人(最高司法法院刑事庭,1995年10月12日)。在债权人行使个人追偿权之外,只有清算人唯一可以主动出卖企业的财产(本案涉及的是委任法官应第三人的请求作出命令出卖企业财产的裁定)(最高法院商事庭,2002年1月22日)。清算人接替并继续履行债权人代表(司法代理人)的职责,以保护债权人集体的利益,相对于债务人在实行司法清算程序之前订立的动产质押合同而言,清算人是第三人,因此有资格对这一质权及其有效性提出异议,即使其本人在此之前因负担债权人代表的职责而知道这一质权的存在,亦无影响(最高法院商事庭,2001年1月23日)。清算人有权力请求按照第L624-6条的规定将与丈夫实行分别财产制的妻子用丈夫提供的钱款取得的财产收归实行司法重整的丈夫的公司资产之内(最高法院商事庭,1996年1月23日)。《民法典》第1167条赋予债权人的权利(撤销诉权)也可以由清算以债权人的名义、为债权人的集体利益行使(最高法院第一民事庭,2004年7月13日)。清算人通过提起为债权人利益而进行的诉讼或继续进行这一诉讼而收取的款项,均归入债务人的概括财产,以便按比例在债权人之间进行分配(最高法院商事庭,2004年11月9日)。

2. 清算人的民事责任(例子):清算人没有尽到充分努力,未能取得债务人的薪金雇员的人数与姓名,以便在《劳动法典》第L143-1条规定的期限内进行裁员(最高法院商事庭,1993年7月6日);由于清算人没有按照规定解雇一位生病多年后来又发生残疾的雇员,导致该雇员不能享受其有权享受的解雇补偿金(巴黎商事法院,1999年5月19日);清算人向营业资产的受让人隐瞒(此前已)提出的请求批准"解雇一名(因担任的社会职务)受到保护的薪金雇员"的申请(凡尔赛法院,2000年6月22日);清算人延迟解除商业租约的时间(巴黎法院,2002年10月25日);在(债务人)没有能力交纳租金的情况下,清算人仍然不将承租场所返还给出租人(巴黎法院,1993年3月18日);清算人在管理有价证券与收取租金方面有懈怠行为(最高法院商事庭,1996年2月6日);延迟向债权人支付因出卖债务人的营业资产而取得的资金(巴黎法院,1999年7月1日);不遵守用公证文书订立的转让合同规定的义务即转让租约权(最高法院第一民事庭,1996年2月13日);清算人出卖明知不属于债务人的车辆(最高法院商事庭,2002年1月22日);在债务人转为实施司法清算程序的情况下,清算人违规继续进行经营活动;等等。

3. 对清算人提起责任之诉：上诉法院查明，一债权人提起诉讼，向清算人请求赔偿其个人在全体债权人受到的损失中的部分，原审判决驳回该债权人的诉讼请求并且认为，为债权人集体利益的诉讼只能由按照第 L641-11 条规定的条件指定的新的清算人提起，上诉审法院的判决依法说明了理由（最高法院商事庭，2003 年 3 月 4 日）。提起责任之诉的时效期间：第三人针对清算程序中的司法委托人提起的责任之诉，受《民法典》第 2224 条规定的诉讼时效的约束（最高法院商事庭，2007 年 7 月 3 日）。

4. 无须审核无担保债权：在因资产不足而终结清算程序的情况下，只要按照规定进行了债权申报，不论是否享有优先权的债权，清算人没有对其进行审核，并不引起这些债权消灭（巴黎法院，2002 年 11 月 15 日）。由于保证属于从权利性质，（负责担保事务的）法官在受理债权人对保证人提出的求偿诉讼时，若清算人没有审核无担保债权，法官有义务对保证人援用的、与债务相关联的所有抗辩作出审理裁判，法官作出的裁定仅在债权人与保证人之间产生强制力（最高法院商事庭，2003 年 2 月 18 日）。

第 L641-5 条 （2005 年 7 月 26 日第 2005-845 号法律第 102 条）在保护程序的观察期内或者在司法重整程序的观察期内宣告司法清算时，清算人在其可能完成债权审核并确定各项债权的受偿顺位的同时进行清算活动。管理人或者司法代理人在清算判决作出之前提起的诉讼，由清算人继续进行；清算人也可以提起属于司法代理人权限范围内的诉讼。

第 L641-6 条 （2008 年 12 月 18 日第 2008-1345 号法令第 99 条）"自然人债务人"或法人"领导人"的配偶，或者与其订有"紧密民事关系协议"的伙伴，任何第四亲等以内——包括第四亲等的血亲或姻亲，不得被指定担任第 L641-1 条或第 L641-10 条所指的任何一项职务，但是，如果按照这一规定导致无法指定薪金雇员代表时，不在此限。

第 L641-7 条 （2005 年 7 月 26 日第 2005-845 号法律第 103 条）清算人至少每 3 个月向委任法官、债务人和（2005 年 7 月 26 日第 2005-845 号法律第 20 条）"检察院"通报清算活动的进展情况。

（2008 年 12 月 18 日第 2008-1345 号法令第 100 条）"委任法官和检察院得随时要求向其报送与清算程序有关的所有文书或文件"。

第 L641-8 条 清算人在履行职责期间收取的任何款项，均应立即存入信托银行的信托账户。对其延迟寄存的款项，清算人应支付利息；利息按照法定利率加 5 个百分点计算。

(2008年12月18日第2008-1345号法令第101条)"由《劳动法典》第L3253-14条所指的协会按照该《法典》第L3253-8条至第L3253-13条的规定支付的任何款项,均应由清算人向税务机关进行申报"。

第L641-9条 (2005年7月26日第2005-845号法律第104条)一、自实行或宣告实行司法清算的判决作出之日起,只要清算活动尚未结束,不论债务人原来以何种名义取得的财产,均当然停止其管理和处分财产的权利。在整个司法清算期间,凡是与债务人的概括资产有关的权利与诉权均由清算人行使(2005年7月26日第2005-845号法律第104条废止:"如其将诉讼限制为支持公司而不请求民事赔偿")。

但是,为了认定重罪或轻罪的犯罪行为人的犯罪事实,债务人是该犯罪中的受害人时,仍可在刑事诉讼中成为民事当事人。

(2005年7月26日第2005-845号法律第104条)"债务人也可以行使不包括在清算人或管理人(如指定了管理人)任务范围内的所有权利与诉权"。

二、如债务人是法人,在司法清算判决宣告之时在职的领导人仍然留任,但如章程另有规定或者股东大会作出另外的决定,不在此限。在有必要的情况下,应任何利益关系人、清算人或者检察院的申请,法庭庭长得作出裁定,指定司法代理人取代法人领导人的位置。

法人的注册住所被视为在其法定代表人的住所或者司法代理人的住所。

三、如债务人是自然人,在司法清算期间,债务人不得从事第L640-2条第1款所指的任何活动。(2010年12月9日第2010-1512号法令第5-1条)"但是,如有限责任个体企业主债务人在从事某种活动时使用的是程序所针对的概括财产之外的另一概括财产时,其仍可继续从事该活动"。

四、清算人不得变现债务人以在其宣告司法清算之后才开始的继承的名义所取得的财产或权利,也不得主动要求分割由此继承而引起的共有财产,经债务人同意的情况除外。

司法解释:

一、总的情况

1. 债务人被停止的权利的范围:(1)停止债务人对其财产与收入的管理权利与处分权利,也涉及在其开始实行清算程序之后从事新的职业活动所取得的收入,只要取得这些收入或者其他任何财产的时间是在债务人的清算程序终结之前(最高法院商事庭,1999年7月22日)。(2)对债务人管理与处分其财产的停权处分,扩张适用于具有财产性质的所有行为,因此涉及债务人的全部财产,不论这些财产(原先)是否用于经营(卡昂法院,1997年11月25日)。(3)法院作出对自然人实行司法清算的判决,意味着停止债务人管理与处分其财产的权利,特别是停止管理与处分其在公司资本中所占股份的权利,但是,并不停止其作为公司法定代表人的职务(最高法院商事庭,2001年11月27日)。因此,清算人,只能以作为公司股东的债务人的名义提起诉讼,而不能以公司法定代表人实行司法清算为理由向法院请求为公司指定一名临时管理人(同一判决)。(4)债务人被停止管理与处分财产的权利,并不妨碍其从事职业活动(最高法院商事庭,2005年7月5日)。(5)按照《民法典》第1844-8条的规定,(在公司实行司法清算时)为进行清算之需要,公司的法人资格仍然存在,因此,按照《商法典》第L641-9条的规定,由司法清算判决引起的停止债务人管理与处分财产的权利,并不引起其丧失对(现在)有争议的不动产的所有权,在这种情况下,实行司法清算的公司仍然应就该不动产交纳税法规定的税款(最高法院商事庭,2008年4月8日)。(6)关于司法清算人不召集股东大会审核公司年度账目而应负的刑事责任,参见2008年5月6日部颁条例。关于按照第L641-9条的规定,相对于债务人,司法清算人可以视为第三人的问题,参见《商法典》原第L621-32条的规定。(7)实行司法清算的债务人可能受到的某种损失,应当由司法清算人,或者在诉讼是针对清算人时,应当由专门指定的代理人提起请求赔偿之诉讼(最高法院商事庭,2005年5月24日)。

  2.(对债务人的)停权处分的起始:按照法律的规定,宣告债务人实现司法清算的判决一经作出(判决作出后的第一时间),(债务人)即受到停权处分(最高法院商事庭,1989年5月17日)。

  3.(对债务人的)停权处分的终止:(1)因资产不足终止司法清算程序时,亦终止对债务人的停权处分,并准许债务人对集体程序的判决作出之前产生的、清算人尚未收取的债权提出清偿之诉(最高法院商事庭,2000年10月17日)。(2)一宗不动产的拍卖成交判决被撤销,使各方当事人回到拍卖之前的状态,因此,在该不动产受到扣押时,债务人因处于停权期间而由司法清算人代表,(现在则)应由债务人负责返还(其已经受领的)该不动产的价金,并取回其不动产(最高法院商事庭,2006年2月7日)。(3)法院撤回已作出的宣告实行司法清算的判决:法院作出判决,撤回其宣告债务人进行司法清算的(原)判决,并不追溯消灭此前在债务人处于司法清算状态时对其进行的停权处分所产生的效果(最高法院商事庭,1996年4月2日)。因此,由于支票是由公司领导人在宣告该公司实行司法清算的判决作出之后签发的,这一行为不能对抗司法程序,所以,银行两次退回由受益债权人提示兑现的支票,并无任何过错,即使第二次拒绝提示有争议的支票是在法院已经撤回宣告公司实行清算的判决之后,亦是如此(同一判决)。(4) 善意第三人:第L641-9条并未规定利于善意第三人的抗辩(最高法院商事庭,1996年4月2日)。(5) 扶养之债的债权人:虽然说第L631-11条准许实行司法清算的人为其家庭的生活需要取得由委任法官确定的生活费,但是,由第L641-9条具有公共秩序性质的规定所产生的停权处分属于一项总体性规定,触及债务人概括财产之全部而并未规定任何有利于扶养费债权人的抗辩(巴黎法院,2000年7月4日)。

二、债务人的停权处分在财产方面的效果

1. 不得扣押的财产:虽然说(法律规定的)债务人工资中不得扣押的部分或者类似的给付被排除在实行司法清算的债务人受到的停权处分的范围之外,但是,只要不具备《民法典》第1166条规定的条件,第三人便不能主张这种唯一为了债务人利益而规定的抗辩(最高法院商事庭,1995年7月11日)。照此意义,法官在没有查明因发生交通事故而给予债务人的赔偿金是否全部或部分属于生活费性质时,不得将这种赔偿金排除在债务人受到的停权处分的适用范围之外(最高法院商事庭,2002年2月5日)。

2. 公司出资:债务人按照第L641-9条的规定被(宣告)停止管理和处分其财产的权利时,也没有能力向公司进行出资,因为向公司出资是一种处分行为。对于实行司法清算的债务人与其儿子(在债务人停权处分期间)设立的公司,应当按照《民法典》第1841-10条与第1832条的规定宣告无效(普瓦提耶法院,1999年7月22日)。

3. 已婚的债务人:(1) 综合第L622-9条与第L641-9条的规定,按照共同财产制结婚的丈夫作为债务人实行司法清算程序的情况下,被包括进集体程序资产内的共同财产唯一由清算人管理,在整个清算程序期间,由清算人行使被停权的债务人对其概括财产的所有权利(最高法院商事庭,2005年10月4日)。因此,正常情况下按照《民法典》第1421条的规定属于享有财产权利的配偶对共同财产的管理权利也不能再行使(同一判决)。当离婚判决是在实行集体程序的判决之后作出时,由集体程序判决引起的债务人的停权处分同样涉及夫妻共同财产(巴黎法院,1990年2月9日)。债务人在清算程序中死亡的情况,也是如此(科尔玛法院,2002年11月26日)。(2) 鉴于夫妻一方均有权单独管理与处分夫妻共同财产,因此,夫妻一方在涉及共同财产的诉讼中均有权单独起诉与应诉,唯一针对(当前)由清算人代理的、实行司法清算的夫妻一方作出的涉及某项共同财产之买卖的判决,对作为该财产所有权人的另一方也具有对抗效力,因此由该配偶另一方为此提出的(取消判决的)第三人异议不予受理(最高法院商事庭,2009年4月28日)。(3)在已经得到法官认可的离婚协议中规定实行司法清算的丈夫以扶养之债的名义放弃其对夫妻共同的不动产的权利份额,此种转让行为对集体程序不具有对抗效力(最高法院商事庭,2000年4月26日)。(4)丈夫实行司法清算程序,不妨碍妻子提出分别财产之诉讼请求(最高法院第一民事庭,2000年5月3日)。(5)虽然说按照夫妻共同财产制结婚的人实行司法清算时,并不改变其配偶的债权人依据此种财产制而享有的权利,但是,(由于)实行司法清算的人已被停止管理与处分其财产的权利,(因而)也禁止债权人在可以自行提起诉讼的情况之外就共同财产行使追偿的权利(最高法院全体庭,1994年12月23日)。(6)夫妻双方缔结的借贷,对被停止权利的丈夫实行的司法清算不具有对抗效力,但不影响此种借贷对妻子一方的效力,也不妨碍其用自有财产缔结义务(最高法院商事庭,1995年6月20日)。(7)在对夫妻一方的财产实行司法清算的判决作出之后,为担保夫妻双方此前缔结的某项债务而同意用共同财产设置的抵押权,对债权人集体不具有对抗效力,此种无对抗效力,对夫妻双方都产生效果(最高法院商事庭,1997年10月14日)。(8)在夫妻一方实行司法清算程序,而属于夫妻双方的一宗不动产受到(不动产)扣押时,(民事强制程序规定的)关于实施不动产扣押的支付催告令,也应通知实行司法清算的债务人的配偶(最高法院商事庭,1995年4月11日)。(9)按照《民法典》有关不动产扣押的规定,对实行分别财产制的夫妻双方按照共有形式取得的一宗不动产实行扣押时,支付催告令应当通知债务人的配偶(最高法院商事庭,1997年1月18日)。(10)如一宗不动产属于司法清算的资产之部分,在对该不动产进行拍卖的情况下,拍卖成交判决应当送达实行司法清算的债务人以及在买受人提出清空不动产的要求之前与债务人一起占用该不动产的配偶一方(最高法院第二民事庭,1996年6月5日)。

三、债务人的停权处分对法院诉讼的效力

1. 受到禁止的诉讼:(1)第L641-9条的规定具有公共秩序性质。按照这一条文的规定,债务人不得单独提出(诉讼)救济申请(巴黎法院,1988年7月12日)。因此,由于债务人因实行司法清算已经被停止权利,其向最高法院提起上诉时并不是行使属于自己的权利,由于宣告司法清算的判决产生的效力,债务人向最高法院提起上诉不予受理(最高法院商事庭,2007年1

月30日)。(2) 针对清算人提起的追究其民事责任的诉讼具有财产(诉讼)的性质,实行司法清算的债务人不能在清算活动终结之前提起此种诉讼(最高法院商事庭,2001年2月6日)。(3) 因此,虽然说,实行司法清算的债务人可以以保全的名义对驳回其诉讼请求的判决提起上诉,但如果没有管理人参加诉讼,债务人便不能单独进行上诉审诉讼(同一判决)。(4) 按照第L641-9条与1992年7月31日关于民事执行程序的法令的规定,在可以对实施的归属扣押提出异议的期限内作出司法清算判决宣告时,该期限即告中断,并自向清算人进行通知之日起开始一个新的期限(最高法院商事庭,1999年1月19日)。在宣告债务人进行司法清算之后,清算人唯一有资格提出有关归属扣押的异议(同一判决)。(5) 实行司法清算的债务人不得请求取消由某一债权人实行的动产变卖扣押(最高法院商事庭,2002年10月1日)。(6) 请求缴纳(尚未缴纳的)股份有限公司资本金的支付之诉,属于由清算人按照第L641-9条之规定行使的、与债务人概括财产有关的权利与诉权(最高法院商事庭,1999年5月26日)。(7) 当实行司法清算的债务人提起责任之诉的目的不是请求制止其权利受到的侵害,而是请求国家赔偿因严重过错造成的损害时,此种诉讼具有财产性质,并且可能影响到债权人的权利,因此属于第L641-9条的规定范围(最高法院商事庭,2004年7月12日)。(8) 对债务人作出(停止管理与处分财产之权利)的停权处分所产生的效力,也扩张适用于债务人作为共有人对共有财产享有的权利(最高法院商事庭,2003年1月21日)。清算人,在行使受到停权处分的债务人的权利时,可以依据《民法典》第815条关于"任何人均不受强制维持(财产)共有"的规定提起诉讼(最高法院商事庭,2003年12月3日)。(9) 按照第L641-9条的规定,实行司法清算的债务人不仅没有资格再提起诉讼,而且没有资格在法院应诉,那么,债务人对其个人受到的判决向上诉法院提起上诉,不予受理(凡尔赛法院,1998年6月4日)。(10) 既然只有清算人才能以债务人的名义在法院应诉,因此,清算人应当在上诉期间参加诉讼(同一判决)。在涉及实行司法清算程序的公司提起的上诉时,清算人在上诉期间经过之后才提出上诉理由状,参加诉讼,并不能使不符合规定的程序得到纠正(最高法院商事庭,2003年12月13日)。

2. 可以提起的诉讼:(1) 只要是针对清算人,或者只要有清算人参加,实行司法清算的债务人可以针对宣告其诉讼不予受理的判决向最高法院提起上诉,主张原判决违反了有关停权处分的性质与范围,在这种情况下,他始终可以单独提起诉讼(最高法院商事庭,1996年4月2日)。(2) 因此,当债务人认为上诉法院宣告其上诉不予受理的判决违反了有关债务人停权处分的性质与范围时,可以向最高法院提起上诉(最高法院商事庭,1996年4月2日)。(3) 实行司法清算程序的债务人可以对委任法官作出的取消对某一债权人的"逾期丧失权利处分"的判决,向上诉法院提起上诉(最高法院商事庭,2000年2月15日)。法院作出判决确认委任法官取消对某一债权人的"逾期丧失权利处分"的判决,实行司法清算的债务人向上诉法院提出针对该判决的"无效—上诉"(请求上诉法院宣告原审判决无效),上诉法院驳回其上诉时,债务人仍然有权向最高法院提起上诉(最高法院商事庭,1999年10月26日)。(4) 不论债务人运用何种救济途径,法院对债务人作出的实行司法清算的判决均具有先予执行力,并适用第L641-9条的规定,但应指出,债务人显然保有申请救济的权利,特别是对司法清算判决、确定停止支付日期的判决以及准许债权登记的判决,债务人均有权提出救济申请(凡尔赛法院,1995年12月14日)。(5) 实行司法清算的债务人始终可以依据其本人享有的权利,在清算人针对其提起的诉讼中单独应诉(最高法院商事庭,2003年7月8日)。(6) 债务人在尚未实行司法清算之前即已针对法院就某项债权的存在与数额作出的判决提起上诉,而清算人却舍弃上诉,在此情况下,如果上诉法院并没有确认债务人在行使其自有的权利的范围内已经撤回上诉,那么(尽管清算人舍弃上诉权)仍不足以使上诉法官停止管辖(最高法院商事庭,2002年10月1日)。(7) 关于债务人自己提起(上诉)救济申请的权利,参见第L624-3条。(8) 行使自有权利的债务人可以自行向法院申请终结司法清算程序(最高法院商事庭,2002年3月5日)。

3. 代位诉讼:在整个司法清算期间,债务人对于其概括财产的权利与诉权,均由清算人行使;因此任何债权人均不得取代清算人收取实行集体程序的债务人的债权,即使是通过代位诉讼,亦同(最高法院商事庭,2001年4月3日)。如果清算人没有尽到职责,应当由债权人按照第L641-1条规定的条件请求更换清算人(巴黎法院,1998年3月13日)。

4. 中断正在进行中的诉讼:由于司法清算判决的效力,诉讼中断之后,应当由清算人申请或者要求清算人申请恢复进行诉讼,因为只有清算人才有资格继续进行由管理人或者债权人代表在清算程序之前已经提起的诉讼(最高法院第二民事庭,1991年3月6日)。非如此,在诉讼中断之后取得的判决,即使已经产生既判力,亦视为"未予作出",但如为其利益中断诉讼的一方当事人明示或者默示确认该判决,不在此限(同一判决)。

四、债务人被停止管理与处分财产的权利对于法律行为的效力

1. 被停止管理与处分财产之权利的债务人通过取款、转账或签发支票等形式从银行提款,对清算人不具有对抗效力,不论银行在债务人提款之日是否知道其处于司法清算状态(最高法院商事庭,2001年12月11日)。在实行司法清算的判决作出之后(债务人)通过往来账户进行的支出活动,不能对抗集体程序(最高法院商事庭,2004年5月19日)。

2. 劳动合同:关于由正在实行司法清算的雇主订立的劳动合同不能对抗集体程序的问题,参见最高法院社会庭2001年11月13日判决。

3. 雇主的义务:劳资纠纷仲裁法庭判决清算人以此身份向薪金雇员出具劳动证明、工资支付单与劳动保险单是完全正当的(最高法院社会庭,1989年1月24日)。

4. 保全行为与向债务人通知:在"商事及公司注册登记簿"上进行登记,由于与这种登记行为相关联的后果,不属于实行司法清算的债务人可以完成的保全行为(最高法院商事庭,1994年5月3日)。同样,向主承包人发出催告通知书,由于与之相关联的情节,也不构成单纯的保全行为,因此,由分包人向受到停权处分的主承包人发出的催告通知,不能产生任何效果(最高法院第三民事庭,1996年7月3日)。在实行司法清算程序的判决作出之后决定关闭某一景点并(对原经营人)规定清除污染的义务,只要这一判决没有通知清算人,由该判决产生的"作为义务"对清算人不具有对抗效力(最高法院商事庭,2003年11月19日)。将清算人作为受扣押第三人,并向其送达实施归属扣押的通知书,又以清算人作为债权人代表的身份向其通知这项扣押,清算人有资格接收送达的扣押文书(最高法院第二民事庭,2001年4月5日)。因司法清算判决产生的效力,在债务人被停止管理与处分其财产的权利之后,向债务人通知支付指令,此项通知无效(最高法院商事庭,2002年10月1日)。

五、与债务人的人身相关的权利与诉权

1. 与人身相关的权利:(1)购买人身保险的权利是与购买人的人身相关联的权利,该人的财产清算人不能行使此种权利(最高法院商事庭,1994年10月25日)。(2)承认农村租约的诉权,不属于实行司法清算的债务人被停止的权利的范围(最高法院第三民事庭,2004年4月7日)。(3)与此相同,作为承租人的经营人对其订立农村租约的资产享有的先购权亦如此,即使承租人正在实行司法清算(最高法院第三民事庭,2004年4月7日)。(4)接受继承或放弃继承的权利,属于与人身相关的权利,实行司法清算的

债务人可以单独行使这些权利,但不影响清算人可能以债权人代表的资格行使《民法典》第788条规定的诉权(最高法院商事庭,2006年5月3日)。

2. 与人身相关的诉权:(1) 旨在请求批准处分某一按照"(受赠财产)不得转让条款"受赠的财产的诉权,受到道德与家庭性质的人身考虑的约束,因此,唯一与受赠与人的人身相关,清算人不能行使这项诉权(最高法院第一民事庭,2001年5月29日)。(2) 只有夫妻二人才能在离婚诉讼中作为原告或被告,作为夫妻二人婚姻住所(家庭住所)的建筑物的所有权人是某一公司时,该公司的清算人不能作为委托人参加离婚诉讼(最高法院第一民事庭,2007年6月4日)。(3) 同样,实行司法清算的人可以单独向上诉法院提起上诉,请求撤销(执行法官作出的)宣告将其与家庭从居住场所驱逐出去的判决(巴黎法院,1995年2月22日)。(4) 按照第L641-9条的规定,由薪金雇员在其劳动合同期间针对雇主或雇主的代表向劳资纠纷仲裁法庭提起的诉讼,完全与当事人的人身相关,即使其正在实行司法清算,此种诉讼也不能由其债权人或者其法定代理人提起(最高法院社会庭,2001年1月31日)。(5) 虽然说债务人可以继续进行其在司法清算之前已经提起的制止诽谤行为之诉讼,但集体程序机关仍可以主张在该诉讼的目的也包括获得物质赔偿的限度内,将法院宣告的利益于债务人的金钱赔偿归入司法清算程序(巴黎法院,2000年10月16日)。

六、在刑事诉讼中成为民事当事人

第L641-9条第2款既针对债务人也针对作为债务人的法人的法定代表人在刑事诉讼中成为民事当事人(最高法院刑事庭,1994年6月29日)。

七、制裁

1. 由实行司法清算、已经被停止管理与处分财产之权利的债务人实施的法律行为,并不以无效论处,而仅仅是不具有对抗集体程序的效力(最高法院商事庭,1995年5月23日)。

2. 向实行司法清算、已经被停止管理与处分财产之权利的债务人进行的判决送达无效,并且不能据此计算文书受送达人向上诉法院提起上诉的期间(最高法院商事庭,1994年6月28日)。

3. (债务人在司法清算程序进行的过程中违反停权处分的规则,取得一处不动产)为了清偿债权人已经准许登记的债权,将债务人的这一资产变现,既不意味着"清算人追认(并批准)债务人取得该不动产,也不意味着追认(并批准)为取得该不动产而提供的附担保条件的贷款,债务人实施的取得财产的行为对清算程序不具有对抗效力(最高法院商事庭,2004年5月19日)。

第 L641-10 条 （2005 年 7 月 26 日第 2005-845 号法律第 105 条）如果可以考虑企业全部或一部转让,或者如公共利益或债权人的利益有此要求,法庭得批准企业维持其经营活动,维持经营活动的最长期限由最高行政法院提出资政意见后颁布的法令确定。应(2005 年 7 月 26 日第 2005-845 号法律第 105 条)"检察院"的要求,这一期限得以同样方式延长。如涉及的是农业经营企业,由法庭根据当年耕作季节与时令及相关生产的特别惯例,确定延长期限的时间(2008 年 12 月 18 日第 2008-1345 号法令第 102 条废止："第 L641-13 条之规定适用于在此期间产生的债权")。

(2005 年 7 月 26 日第 2005-845 号法律第 105 条)"清算人负责企业的管理"(2008 年 12 月 18 日第 2008-1345 号法令第 105 条废止："清算人有权要求履行正在履行中的合同,并行使第 L622-13 条赋予管理人的各项特权")。

在第 L631-17 条规定的条件下,管理人可以裁减人员。

相应情况下,由管理人制订转让方案,订立实现转让方案所必要的合同,收取转让应得款项并进行分配。

但是,当企业雇用的薪金雇员人数或营业额超过(2008 年 12 月 18 日第 2008-1345 号法令第 102 条)"或等于"最高行政法院提出资政意见后颁布的法令确定的限度时,法庭指定一名司法管理人管理企业,(2008 年 12 月 18 日第 2008-1345 号法令第 102 条)"在此情况下,管理人行使第 L641-11-1 条与第 L641-12 条赋予清算人的各项特权。管理人制订转让方案,订立实现转让方案所必要的合同,以及可以按照第 L631-17 条规定的条件裁减人员"。

检察院可以向法院推荐 1 名司法管理人人选,供法院指定;法院只有以特别说明理由的裁决,才能拒绝检察院推荐的人选。

管理人不掌握企业继续经营活动所必要的资金时,得经委任法官批准,由清算人向其提供这些资金。

清算人或者管理人(如已指定管理人),履行第 L622-4 条与第 L624-6 条在相应情况下赋予管理人或司法代理人的职责。

(2008 年 12 月 18 日第 2008-1345 号法令第 102 条)"企业全部或一部转让的方案一经确定,或者按照第 1 款的规定确定的期间经过,即终止继续维持企业的活动。如果不再有理由维持企业的活动,法庭也可以随时决定终止这些活动"。

第 L642-11 条 （2008 年 12 月 18 日第 2008-1345 号法令第 103 条）"委任法官行使第 L621-9 条、第 L623-2 条、第 L631-11 条以及第 L622-16 条赋予的职权。在委任法官因故不能履职或者停止履行职责时,按照第 L621-9 条规定的条件进行替换"。

(2005年7月26日第2005-845号法律第106条)检察院按照第L621-8条第2款规定的规则向委任法官提供其掌握的情况。

清算人与管理人(如已指定管理人),可以从委任法官处获得为履行其职责所必要的一切信息与资料。

第L641-11-1条 (2008年12月18日第2008-1345号法令第104条)
一、不论有何立法规定或合同约定,均不得仅仅因为(债务人)实行或者宣告司法清算之事实而引起正在履行中的合同产生不可分性或者引起其被解除。

即使债务人没有履行其在开始司法清算的判决作出之前缔结的义务,合同的对方当事人仍应履行其义务。债务人不履行其义务,仅赋予债权人向债务人的负债进行债权申报的权利。

二、清算人唯一有权利要求履行正在履行中的合同并向债务人的合同相对方当事人提供已承诺的给付。

如果承诺的义务是支付一笔金钱,此种支付应以现金为之,但如果清算人获得债务人的合同相对方当事人同意给予的支付期限,不在此限。清算人应根据其掌握的文件进行估算,以确保在合同对方当事人要求履行合同时自己方面拥有必要的资金。如果涉及的是一项在时间上分期履行或者分期支付的合同,清算人如认为自己方面并不拥有必要的资金履行下一个到期日即应履行的义务,可以终止该合同。

三、下列情况,正在履行中的合同当然解除:

1. 在合同相对方当事人向清算人发出催告通知书,促其就是否继续履行合同作出决定超过1个月的时间仍然没有回复的。在1个月期限到期之前,委任法官,为了作出宣告,可以向清算人规定一个更短的期限或者给予延长期限,但延长的期限不得超过2个月。

2. 在上述第二项规定的条件下没有进行支付并且合同相对方当事人也不同意继续保持合同关系时。

3. 在债务人(原先)承诺的给付是支付一笔金钱时,合同相对方当事人得到清算人关于不再继续履行合同的通知之日。

四、如债务人承诺的给付不是支付一笔金钱,且解除合同对进行清算工作实有必要,也不会给合同相对方当事人的利益造成过分的损害时,应清算人的请求,委任法官可以宣告解除合同。

五、如果清算人不运用其继续履行合同的选择权利,也不按照上述第二项规定的条件终止合同,或者不按照第四项的规定宣告解除合同,合同的不履行得为合同对方当事人的利益产生损害赔偿；此种损害赔偿的数额应当向债务人的负债进行债权申报。但是，债权人可以推迟返还债务人在合同停止履行之前多支付的款项，直至就损害赔偿的数额作出审理裁判。

六、本条之规定不涉及劳动合同，也不适用于财产托管合同以及设置财产托管的债务人对转交付托管的财产与权利保留使用权的协议。

第 L641-12 条 （2008年12月18日第2008-1345号法令第105条）不影响适用第 L641-11-1 条第一项与第二项的规定，企业（2010年12月9日第2010-1512号法令第5-4条）"用于从事活动"的不动产租约，按照以下条件解除：

1. 在出租人接到清算人通知不继续租约之日。

2. 在出租人请求法院解除租约或者请求确认因司法清算判决作出之前的原因租约已经当然解除时，或者如司法清算判决是在实行保护程序或司法重整程序之后作出宣告，请求确认因宣告清算程序的判决之前的原因租约已经当然解除时。如果出租人没有这样做，则应当在司法清算判决公示之后3个月内提出解除合同的请求。

3. 出租人也可以以（承租人）不交纳在司法清算判决作出之后继续占用不动产的租金与相关费用为理由，按照第 L622-14 条第1款第2点至最后一款规定的条件，请求法院解除租约或者请求确认租约已经当然解除。

清算人得按照与出租人订立的合同规定的条件，将其租约连同与此相关的全部权利与义务转让他人。在此情况下，凡是强制规定转让人与受让人负担连带责任的条款，均视为未予订立。

出租人的优先权按照第 L622-16 条第1款、第2款与第3款的规定确定。

第 L641-12-1 条 （2008年12月18日第2008-1345号法令第106条）如果债务人是财产托管设置人并且是唯一的受益人，对其开始实行或者宣告实行司法清算程序，当然引起该财产托管合同被解除，在交付托管的概括财产内现有的权利、财产或者担保一并返还债务人的概括财产之内。

第 L642-13 条 一、在开始实行或者宣告实行司法清算程序之后符合规定产生的以下债权，到期时予以清偿：

——因程序的进展或暂时维持按照第 L641-10 条规定准许暂时保留的活动之需要而正规产生的债权；

——作为在维持这些活动期间向债务人提供的给付的相对利益而正规产生的债权或者因清算人决定履行的、正在履行中的合同而产生的债权；

——因自然人债务人的日常生活需要而产生的债权。

在宣告司法清算的情况下,开始实行保护程序的判决或者第 L622-17 条所指的司法重整判决作出之后正规产生的债权到期时,亦予清偿。

二、(2005 年 7 月 26 日第 2005-845 号法律第 108 条,2008 年 12 月 18 日第 2008-1345 号法令第 107 条)"上述债权到期没有获得清偿的",得优先于其他所有债权优先受偿,但受《劳动法典》第 L3253-2 条、第 L3253-4 条、第 L7313 条确定的优先权保护的债权除外,(2008 年 12 月 18 日第 2008-1345 号法令第 107 条)"宣告司法清算程序的判决作出之后,因开展程序之需要而符合规定产生的诉讼费用",或者受本《法典》第 L611-11 条确立的优先权保护的债权,以及受不动产担保或附有留置权的特别动产担保,或按照本《法典》第五卷第二编第五章设置的担保保护的债权,也除外。

三、上述债权按照以下顺位进行清偿:

1. 没有按照《劳动法典》第 L3253-6 条与第 L3253-8 条至第 L3253-13 条的规定支付的工资债权;

2. (2008 年 12 月 18 日第 2008-1345 号法令第 107 条)"按照本《法典》第 L622-13 条的规定因继续履行正在履行中的合同产生的债权以及同意给予的借贷、合同相对方当事人同意推迟清偿的债权;这些借贷与支付期限,由委任法官按照继续从事活动所必要的限度给予批准,且应进行公示;在符合规定继续履行的合同被解除的情况下,赔偿金与违约金均排除享有本条规定的利益";

3. (2008 年 12 月 18 日第 2008-1345 号法令第 107 条)"没有按照《劳动法典》第 L3253-8 条第四项的规定支付的款项";

4. (2008 年 12 月 18 日第 2008-1345 号法令第 107 条)"其他债权,按照各自的受偿顺位进行清偿"。

四、没有获得清偿的债权,如果(2008 年 12 月 18 日第 2008-1345 号法令第 107 条)"最迟"在开始实行或者宣告司法清算的判决公示之日起 6 个月内,或者自确定转让方案的判决公示之日起 1 年期限内,没有向司法代理人、管理人或者清算人进行通知,丧失(2008 年 12 月 18 日第 2008-1345 号法令第 107 条)本条第二项赋予的优先权。当这项通知涉及按照第 L622-24 条之规定为债权人的利益申报的某项债权时,如果法官没有就是否准许该债权登记作出裁判,所做申报也失去效力。

第 L641-14 条　(2008 年 12 月 18 日第 2008-1345 号法令第 109 条)本卷第二编第四章与第五章有关确定债务人的概括财产以及有关清算由劳动合同产生的债权的规定,除第 L624-17 条之外,以及本卷第二编与第三编有关特定行为无效的规定,均适用于司法清算程序。

但是,按照第 L625-1 条之规定被传唤至劳资纠纷调解法庭的清算人,或者原告,应召唤第 L3253-14 条所指的机构参加在劳资纠纷调解法庭进行的诉讼。

为适用本《法典》第 L625-3 条之规定,《劳动法典》第 L3253-14 条所指的机构,在开始实行或者宣告司法清算程序的判决起 10 日期限内,由清算人或者提出诉讼请求的薪金雇员通知参加诉讼。

第 L641-14-1 条　如果指定了管理人,清算人经管理人同意,可以对追还或返还本卷第二编第四章第三节所指的财产的请求作出认诺。在清算人与管理人意见不同或者有争议的情况下,有关的请求应向委任法官提出,委任法官根据请求人、债务人、清算人以及相应情况下,管理人提出的说明意见,作出裁判。

第 L641-15 条　(2008 年 12 月 18 日第 2008-1345 号法令第 110 条)在司法清算程序进行过程中,委任法官可以命令清算人或者管理人作为寄给债务人的邮件的收件人。

债务人事先得到告知,可以参与邮件拆封,但是,法院传唤通知书、法院判决的通知或者其他属于私人性质的邮件,应立即交给债务人。(2010 年 12 月 9 日第 2010-1512 号法令第 5-1 条)"当债务人是有限责任个体企业主时,应立即将与该程序所涉及的概括财产之外的某一概括财产有关的邮件交给或归还债务人"。

委任法官可以批准清算人(2008 年 12 月 18 日第 2008-1345 号法令第 109 条)"或管理人"按照最高行政法院提出资政意见后颁布的法令规定的条件打开债务人接收的电子邮件

在债务人从事的活动需要保守职业秘密时,不适用本条之规定。

第二章　资产变现

第一节　企业转让

第 L642-1 条　(2005 年 7 月 26 日第 2005-845 号法律第 111 条)企业转让的目的是确保维持那些可以独立经营的活动(部门),确保维持与这些活动(部门)相关联的全部或部分就业岗位,并清理债务。

企业转让可以是全部或一部转让。在企业部分转让的情况下,组成一个或数个完整的独立活动部门的全部经营要素应当一起转让。

如果某个整体部分主要由农村租约权构成,在保留退出租约的原承租人享有的补偿权利的同时,不论租赁规则有何其他规定,法院均可批准出租人、其配偶或者直系卑血亲之一为继续从事经营而收回出租的土地,或者将这一农产租约给予由出租人推荐的另一承租人,或者在出租人没有推荐承租人时,将租约给予按照第 L642-2 条、第 L642-4 条与第 L642-5 条确定的条件收到要约的任何接租人。有关控制农业结构的各项规定不予适用。但是,在收到多项要约的情况下,法院应当考虑《农村及海洋渔业法典》第 L312-1 条所指的农业经营地区指导规划的优先地位。

(2008 年 12 月 18 日第 2008-1345 号法令第 110 条) 如债务人是公务助理人员或司法助理人员,清算人可以行使债务人本可享有的向司法部长、掌玺官推荐继任人的权利。

司法解释:

1. 无须进行对席辩论:在法律并未规定应当听取愿意转接承租的候租人的意见,且这些候租人也不是法院辩论的当事人时,没有任何法律条文规定在法庭确定转让方案的判决作出之前,各愿意转接承租的候租人之间应当进行对席辩论(里摩日法院,1986 年 8 月 13 日)。

2. 负债的清理:法院可以确定仅能部分清理负债的转让方案(最高法院商事庭,1990 年 6 月 26 日)。关于转让价金仅具有象征性的问题,参见巴黎法院 1987 年 2 月 8 日判决;但是,不得确定"与被转让的财产的价值不成比例的价金"而牺牲债权人的利益(凡尔赛法院,1986 年 7 月 23 日)。因此,法院不得以(这样做可以)"挽救一半的工作岗位"为理由,准许按照"仅相当于公司财产清算价值 10%-15% 的"价格转让公司资产(阿贝维尔法院,2001 年 1 月 17 日)。

3. 维持经营活动与就业岗位:1985 年 1 月 25 日(关于司法重整的)法律规定的通过转让(资产)进行司法重整的程序,其主要目的是通过受让人提供的可以用于从事相应活动的财产帮助,确保被转让的企业(的活动部门)能够继续生存(巴黎法院,1992 年 7 月 23 日);因此,当作为受让人的公司与被转让的公司从事的活动毫不相干,也不从事此种活动时,该公司就不能取得被转让的财产,因为它不能继续进行被转让的公司的经营活动;如果接管被转让的企业的最终目的仅仅是"为了实现不动产(的买卖与交易)活动",

附带于此,才接管处于困境的企业,这种做法使转让程序脱离了其追求的目的(同一判决);正因为如此,法院作出判决,驳回一家财产贸易公司对(被转让的公司的)不动产资产提出的"部分接管要约",因为这家贸易公司并无薪金雇员(巴黎法院,1995年7月7日);又如,当一家饭店的营业资产可以作为单独转让的活动部门,接管饭店的不动产财产对饭店的经营本身完全没有必要时,这种投机性接管要约应予驳回(巴黎法院,1998年4月3日)。

4. 部分转让:(1)(候选受让人提出的)"接受转让的要约",即使仅能继续维持企业的某一活动部门,以及仅仅能够保留部分工作岗位,此种要约仍可接受(埃克斯—普罗旺斯法院,1986年10月2日)。(2)只有当没有纳入转让的财产对于维持企业继续从事活动无关紧要时,才能对所称的"部分转让"说法提出质疑①(最高法院商事庭,1996年6月11日)。(3)法院确定转让"构成多个完整的独立活动部门的"公司的全部经营要素,此种转让仍可构成企业的部分转让(最高法院商事庭,1998年2月17日)。(4)法院在确定转让方案的判决中明确指出是对多名受让候选人整体提出的一项要约作出裁判,以便实现公司最大部分的资产的转让,这种情况不能被认为是全部转让(最高法院商事庭,1998年11月24日)。

5. 活动部门:(经营场所的)租约权虽然是营业资产的主要构成要素,但不能将其视为企业本身,也不能单独构成"可以形成一个完整的独立活动部门的全部经营要素"(梅茨法院,1990年2月13日)。仅仅是购买企业持有的不动产及其内部配备的动产家具和若干机动车辆,法院拒绝承认此种买卖是企业转让,巴黎法院1988年4月19日判决驳回"由营业资产的租赁经营人提出的接受该营业资产转让的唯一要约"(巴黎法院,1993年12月14日)。

6. 农村租约:农村租约,不构成农业经营事业整体的主要要素时,不能转让(最高法院商事庭,1998年4月28日)。如果农业经营事业有多名所有权人,即使他们各自同意将经营事业的租约给予各自提议的不同的承租人,只要这些租约构成被转让的经营事业的主要要素,仍然准许法院按照第L642-1条的规定将该经营事业的农村租约给予出租人提议的其他承租人(最高法院商事庭,1993年6月9日);但是,只有在出租人并未请求将租约给予其提议的承租人的情况下,法院才能将租约给予按照第L642-1条、第L642-2条与第L642-3条确定的条件提出的要约已被接受的承租人(最高法

---

① 因为,在这种情况下实际上等于企业已经全部转让。——译者注

院商事庭,1993年11月30日)。1985年1月25日法律没有任何条文强制所有权人转让其土地的租约(最高法院商事庭,2000年3月24日)。

7. 实行司法重整程序的债务人在程序开始之前就已经将组成企业的各项要素转让给第三人,这些财产要素已不再属于债务人概括财产,在此情况下,不能再确定企业转让方案(最高法院商事庭,1993年2月2日)。

8. 企业部分转让具有买卖性质,所有权的转移仅限于"包括在转让方案内的财产",因此,受让人(仅仅)是转让财产的债务人的"部分概括权利继受人"(埃克斯—普罗旺斯法院,1993年2月23日)。只要在进行转让之日转让人的概括财产内存在的全部工业产权的转让不涉及"以第三人名义按照法定形式申请的发明专利"的转让,也没有作出有关追还权的任何保留,那么,(这意味着)受让人已默示承认转让人(债务人)并不是现在发生争议的专利的权利人;追还专利权的诉讼也不能看成是专利发明人此前唯一转让的专利许可证的正常的附属权利,因此,专利权人提出追还专利权的诉讼不予受理(同一判决)。

9. 包括在债务人重整方案中的抵押财产的转让,并不是由所有权人主动同意进行的买卖,因此,在这种情况下,(抵押权人)不能指责所有权人没有遵守其负有的"不得转让抵押财产"的义务承诺(最高法院商事庭,1999年10月12日);以特许经营网为代表的活动部门的转让,也属于第L642-1条的规定范围,但是,这种转让对接受特许权的经营人并不具有强制力,特许经营人有"不与新的特许权人继续合作"的自由(也就是说,特许网店的经营人可以退出连锁经营网)(巴黎法院,1992年12月15日)。

10. 不动产与营业资产的转让:只要所涉及的并不是普通法上的买卖,而是实行司法重整程序的债务人的企业通过转让所实施的重整方案,这种活动所具有的"一揽子性"(整体性)意味着排除适用普通法(对买卖规定)的担保,并且应当服从(商事)法律确定的特有规则,这样做是为了至少保持企业的部分活动,只要受让人必然知道(企业转让)协议具有射幸性质,(就不动产的转让而言)受让人不得主张所谓"没有履行交付义务",也不得主张"其受让的财产不受追夺"之担保,同样,也不能主张"因显失公平解除不动产买卖"之权利,此外,受让人不得主张(其表示的同意)"意思存有瑕疵",不论其是否发生"可宽恕的实质性误解",抑或是因司法代理人的欺诈性沉默而导致(巴黎法院,1994年9月13日)。与此相反,公司发起人,作为公司的领导人与主要领头人,对因其管理不善导致公司实行司法重整,应对受让人负有诚实说明实情的义务,因此,即使没有订立任何"竞业禁止条款"或"竞争禁止条款",符合规定实现资产转让的公司的这些领导人(在其公司转让之后)也应当放弃开展"有可能转移原公司的顾客群体"的竞争活动(巴黎法院,1996年9月25日)。只要是在整体接管实行司法重整的公司活动的框架内进行的企业转让,并且应当承诺按照商事法院认可的转让方案保持特定数量的工作岗位,那么,这种转让活动就具有整体性,并且存在一定的射幸性质,被转让的财产的价值可能会因此而降低(最高法院商事庭,1998年6月16日)。由于(在集体程序中确定的企业)转让方案并不具有(经当事人自由同意的)"任意转让"的性质,因此,财产的承租人并不享有《农村及海洋渔业法典》第L461-18条所规定的先购权(最高法院第三民事庭,1998年4月1日)。

第L642-2条 (2005年7月26日第2005-845号法律第111条)一、法院认为可以考虑对企业进行全部或一部转让时,得批准企业继续经营活动并且确定期限,在该期限内提出的接管企业的所有要约,均应当送达清算人与管理人(如已指定)。

但是,按照第L631-13条的规定收到的要约,或者在按照第L611-3条或第L611-6条的规定指定的专门代理人或和解人提出的请求范围内提出的要约具备本条规定的各项条件并且被认为很充分时,法庭可以决定不适用前款之规定。

二、所有要约,均应采取书面形式且应包括以下事项:

1. 对要约中包含的财产、权利与合同的具体说明;
2. 预计从事的(经营)活动以及经费的筹措;
3. 提议的(受让)价格、结算方式(条件)、资金提供方的资格,以及相应情况下,其担保方的资格;如果要约中提出要使用贷款,则应具体说明借贷的条件,特别是借贷款项的偿还期限;
4. 实现转让的日期;
5. 考虑从事的(经营)活动,以证明必要的用工水平与前景;
6. 为确保要约得到履行而提供的担保;
7. 对企业转让之后2年内(可能进行的经营)活动转让的预计;
8. 提出要约的人(要约人)所作的每一项义务承诺的期限。

三、如果债务人从事的是受法律与条例特别规范、名称受到保护的自由职业,提出的要约应写明受让人具有的职业资格。

四、清算人或管理人(如已指定)应向债务人、薪金雇员代表以及监督人告知已收到的各项要约的内容,并将要约交存至法院书记室,任何利益关系人均可到书记室了解此种要约。

五、除为了更加有利于实现第 L642-1 条第 1 款所指目标而进行的修改之外,已经提出的要约既不能变更,也不得撤回。提出的要约对要约人的约束力停止于法院作出确定(转让)方案的判决。

在对法院作出的确定方案的判决提起上诉的情况下,只有受让人仍然受其提出的要约的约束。

司法解释:

一、(有意接受转让企业的)要约的提交

1. 可以提出要约的人,参见第 L642-3 条。

2. 提出受让要约的期限:法律并未强制规定提出要约的最短期限,因此,虽然说可以责备管理人规定的提出要约的期限太短,但还需要认定管理人的决定会造成损害,才能认为其行为不符合法律规定(雷恩法院,1998 年 11 月 8 日)。没有任何法律条文规定对于在管理人确定的期限之后提出的要约以无效论处或者不予受理(巴黎法院,1999 年 7 月 2 日);只需要(所提交的)要约已由管理人接收,并由其在确定开庭审理之日前交存至法庭书记室即可(埃克斯—普罗旺斯法院,1988 年 6 月 2 日)。

3. 要约的形式:法院判决认为,要约应当采用书面形式并由要约人签字,否则,不予接受(巴黎法院,1986 年 11 月 19 日)。

4. 要约的内容:法院判决认为,有些要约并不很严肃,参见巴黎法院 1988 年 4 月 29 日判决。关于附条件的要约的有效性,参见最高法院商事庭,1995 年 10 月 24 日判决。

二、要约的意义

1. 要约的不可撤销性:(1) 在要约提出之后,要约人又提出"降低其在要约中承诺的负担"的要求,此种请求不予受理(安提贝法院,1988 年 8 月 5 日);(2) 但是,要约的不可撤销性仅涉及法院就转让方案作出的判决宣告之前的程序,因此,可能的受让人仅在其同意受让的情况下才会(继续)受到约束(巴黎法院,1989 年 1 月 4 日);(3) 在向上诉法院提起上诉的情况下,候选的受让人可以撤回要约,其他候选的受让人可以保留其要约并进行改进或变更(同一判决);(4) 但是,候选的受让人提出的要约已经被确定转让方案的判决采纳时,有义务执行转让方案;在有人向上诉法院提起上诉的情况下,该候选受让人不得主张其不受要约的约束(最高法院商事庭,1992 年 6 月 9 日);(5) 当要约人违反第 L642-2 条的规定变更其提出的要约时,法院不能考虑该人提出的新要约,也不得自行变更(要约人提出的原)要约(巴黎法院,1997年2月4日);(6)只要准备同意通过企业继续经营或企业转让的方式接管实行司法重整的企业的候选接管人提出的建议尚未被接受,该人便不受任何义务约束,但是,候选接管人,在制订方案的范围内作出有利于企业领导人的义务承诺的,应当对这些领导人承担责任,但如其能够证明有正当理由不受约束,则不在此限(巴黎法院,1992年11月20日)。

2. 改进要约:为了保障转让方案得到切实执行,法院可以要求要约人对其在要约中提供的担保作出改进,因为第L642-2条的规定并不约束法院(在这方面的权限)(巴黎法院,1988年10月14日)。但是,法律并不强制候选的接管人必须按照(法院的)要求办理,即使(法院)要求的对担保进行的改进微不足道或者不会改变要约的平衡,亦是如此(巴黎法院,1995年5月12日)。不愿满足(法院)对其要求的补充义务的候选接管人有权撤回要约(最高法院商事庭,1990年1月2日)。如果说按照第L642-2条的规定,企业的候选接管人只能改进其本人提出的要约,而且其提议的改进还必须是没有争议的、可以接受的,那么,候选接管人至少应当做到使参与程序的其他人可以理解其提出的改进(内容)(雷恩法院,1993年7月7日)。

第L642-3条 (2005年7月26日第2005-845号法律第111条)无论是债务人、实行司法清算的法人的法律上或事实上的领导人,还是这些人的包括第二亲等在内的直系血亲或姻亲,以及在清算程序中担任或曾经担任监督人的人,均不得直接或通过中间人间接提出(受让)要约。同样,禁止这些人在企业转让之后5年内直接或间接取得(2008年12月18日第2008-1345号法令111条)"包括在此次转让中的"全部或部分财产,或者取得其概括财产中直接或间接包含这些财产之全部或一部的任何公司的股份或资本证券。禁止这些人在相同期限内取得可以进入此种公司资本的有价证券。

但是,在涉及农村经营事业(的转让)时,法庭可以不遵守上述禁止性规定并可批准向本条第1款所指的人进行转让,但(清算程序中的)监督人(2010年12月9日第2010-1512号法令第5-6条)"以及债务人除外,不论是以任何概括财产的名义向其进行转让";其他情况下,并按相同的排除条件,法庭应检察院的要求,可以作出特别说明理由的判决批准向第1款所指的人进行转让,但在批准转让之前应听取监督人的意见。

违反本条之规定订立的任何(转让)契约,应任何有利益关系的人在此契约订立起3年内提出的请求或检察院提出的要求,均得撤销之。如订立的契约是应当进行公示的契约,上述期限自公告之日起计算。

司法解释:
1. 在实行司法重整的公司资本中持有股份的候选接管人,不能仅仅因为此项原因,便被视为第 L642-3 条意义上的"中间人"(巴黎法院,1996 年 6 月 4 日)。与此相反,可以推定债务人公司的某一股东也是该公司事实上的共同经理时,该股东作为经理提出的接管企业的要约应予排除(安内希法院,1998 年 9 月 11 日);同样,由公司的多数股东提出的(受让)要约,也应予排除(埃克斯—普罗旺斯法院,2001 年 2 月 14 日);提出(受让)要约的公司与债务人的"合同受让人公司"有着共同的领导人并且都在债务人公司的场所内从事活动,直接与受特许人打交道时,也不能承认提出要约的公司具有第三人身份(巴黎法院,1996 年 12 月 17 日)。

2. 早在 1994 年 6 月 10 日法律之前,法律就规定禁止作为"债务人法人"的领导人提出(接管该法人的受让)要约(最高法院商事庭,1998 年 5 月 26 日)。关于债务人通过中间人接管企业构成欺诈的问题,参见都埃法院 1988 年 3 月 31 日判决。

第 L642-4 条 (2005 年 7 月 26 日第 2005-845 号法律第 111 条)清算人,或管理人(如已指定),应向法庭报送全部材料,以便审查已经提出的要约是否严肃以及审查提出要约的人是否具备第 L642-3 条所指的第三人资格。

清算人,或管理人(如已指定),还应向法庭报送全部材料,以便评判清理负债的条件,特别是从已经提议的、待收回或待变现的资产的价金数额,继续从事(经营)活动期间的债务,以及相应情况下应由债务人负担的债务等角度来评判这些条件。

第 L642-4-1 条 如果债务人从事的活动是需要获得 2014 年 7 月 31 日关于社会与互助经济的第 2014-856 号法律第 1 条第二项意义上的行政许可、认可、协议或资格授权的活动,提出接管企业要约的人应征求行政机关或者监督与制定收费标准的机关的意见。

清算人,或管理人(如已指定),应确保进行了这些意见征询。提出要约的人,或者,如有必要,清算人或者管理人,应向法院报告已经进行的意见征询的情况以及行政机关或监督与制定收费标准的机关提出的意见。行政机关或者监督与制定收费标准的机关,应当在考虑上述 2014 年 7 月 31 日第

2014-856 号法律第 1 条第一项第 3 点的规定的基础上,在 1 个月期限内提出意见。此期限内没有提出意见,不妨碍法院作出判决。

第 L642-5 条 (2005 年 7 月 26 日第 2005-845 号法律第 111 条)法庭在听取检察院与债务人的意见之后,或者按照规定传唤债务人,并且听取清算人或管理人(如已指定)、企业委员会代表,或者在没有企业委员会的情况下,听取员工代表与监督人的意见之后,选定其认为能够按照最佳条件持久保障与被转让的活动整体相关的就业岗位、清偿债权人的债务并且最具有执行保障的要约。

在为用工人数或者税负外营业额超过法令确定之界限的(2010 年 12 月 9 日第 2010-1512 号法令第 5-7 条)"债务人"的利益实行程序的情况下,法庭辩论应在检察院出席的情况下进行。

确定(转让)方案的判决一经作出,该方案中作出的各项安排适用于所有的人。

(2008 年 12 月 18 日第 2008-1345 号法令第 112 条)"不得对包括在该方案中的财产行使依据《农村及海洋渔业法典》或者《城市规划法典》设置的先购权"。

在(转让)方案规定因经济原因裁减人员的情况下,法庭只有在实行《劳动法典》第 L1233-58 条第一项规定的程序之后,才能确定该方案。企业委员会,相应情况下,劳动条件卫生与安全委员会及协调机构,最迟在法庭就方案进行审理裁判之前一个工作日提出自己的意见,或者如果暂时准许继续维持企业活动,在该项批准到期之日提出意见。即使没有提交《劳动法典》第 L1233-34 条、第 L1233-35 条、第 L2325-35 条或者第 L4614-12-1 条所指的鉴定人报告,也不得因此而推迟该期限。

方案尤其要具体说明在法庭判决作出后 1 个月期限内由清算人进行简单通知或者由管理人进行简单通知即可裁减哪些人员,但应保留法律、集体劳动协议或协定所规定的预先通知的期限。

在应当制定保护工作岗位的方案时,清算人或者管理人在判决作出后 1 个月期限内实行《劳动法典》第 L1233-58 条规定的程序;该条所指的 4 日期限自接收在确定方案的判决之后提出的申请之日起开始计算。

(2008 年 12 月 18 日第 2008-1345 号法令第 112 条)如裁减人员涉及"在解雇方面受到特别保护的"薪金雇员时,上述判决后的 1 个月期限是指应当表明中断劳动合同之意图的期限。

司法解释：

1. 关于维持工作岗位，参见第 L642-1 条。

2. 对债权人的清偿：在转让方案没有相反规定的情况下，方案指定的受让人对企业转让之前的负债不承担义务（最高法院商事庭，1994 年 10 月 11 日）；但是，当受让人（即方案最后指定的接管企业的人）享有企业合并或者受企业分立制度约束的部分资产的投入（出资）之利益时，适用本《法典》第 L236-3 条与第 L236-22 条关于债务人概括财产（资产与负债）整体转移的规定，参见最高法院商事庭 1993 年 3 月 30 日判决。

3. 关于因经济原因裁减人员的问题，参见第 L631-19 条。

4. "竞业禁止义务"：就实行司法重整的企业资产全部转让提出要约的人，可以对其提出的要约规定以下中止条件：法人债务人的领导人或全体领导人个人应对受让人作出"不（与其）开展竞争"的义务承诺；在法院确定企业转让方案时，如法人债务人的领导人并未接受这种义务承诺，那么，强制他们作出这种义务承诺，不属于法庭的权力范围（最高法院商事庭，1998 年 3 月 17 日）。

5. 信贷租赁合同的对抗效力：关于在企业转让方案的框架内同时转让信贷租赁合同的情况下，信贷出租人就作为该合同标的的设备所享有的权利对企业接管人的债权人具有对抗效力的问题，参见最高法院商事庭 2008 年 10 月 28 日判决。

第 L642-6 条 （2005 年 7 月 26 日第 2005-845 号法律第 111 条）只有法庭应受让人提出的请求，才能对方案规定的目标与实现方案的手段进行实质性变更。

法庭在听取清算人或管理人（如已指定）的意见，或者按照规定对其进行传唤，并听取企业委员会，或者在没有企业委员会的情况下，听取员工代表与任何有利益关系的人的意见以及检察院的意见之后，作出审理裁判。

但是，在确定转让方案的判决中已经确定的价金数额不得变更。

司法解释：

1. 本条规定的适用范围，参见第 L626-26 条。关于解除转让方案的问题，参见第 L642-11 条。

2. 实质性变更的概念：法院作出判决转让在前一项判决确定的方案中并未包括的财产要素，从而使受让人取得实行司法重整的企业的全部工业资产,同时要求其增加"应当保留的工作岗位"的数目时,按照第L642-6条的规定,可以正确地认为,法院作出的第二项判决对转让方案的目标与手段进行了实质性变更(最高法院商事庭,1993年6月8日)。关于变更请求,参见第L626-26条。

第L642-7条 (2005年7月26日第2005-845号法律第111条)法庭根据债务人的合同相对方当事人向清算人或管理人(如已指定)提交的说明,确定哪些融资租赁合同、租赁合同或者财产或服务提供合同是企业继续维持经济活动所必要的合同。

确定转让方案的判决引起这些合同一并转让,即使在转让之前已实行第L642-13条所指的租赁经营,亦同。

不论有何相反条款规定,这些合同应当按照开始实行程序的判决作出之日有效的条件继续履行。

如果某项融资租赁合同的标的涉及包括在转让方案中的、企业从事活动所使用的一项或数项不动产或场所,法庭可以在确定方案的判决中批准接管企业的人在合同原规定的活动之外增加附带的或辅助的活动。法庭在听取出租人的意见之后,或者在按规定对其进行传唤之后,作出裁判。

在转让某项融资租赁合同的情况下,只有按照各方当事人一致同意确定的财产价值的限度,或者在协商不成时,只有按照法庭确定的财产价值的限度,支付了尚欠的款项,融资承租人才能作出购买租赁物的选择。

(2008年12月18日第2008-1345号法令第113条)"对于债务人以担保名义转移至交付托管的概括财产内的财产,债务人就其订立的保留使用权的协议,不能转让给受让人,但得到财产托管合同受益人同意的,不在此限"。

如果清算人没有要求继续履行合同,本条第2款所指的本应转让的合同的相对方当事人可以请求委任法官宣告解除此合同。

司法解释:
一、被转让的合同
(一)确定哪些合同应当转让
1. 合同的转让,不要求得到所涉合同的对方当事人同意;这些合同的对方当事人只能对"合同中原规定的条件的效力可能发生改变"之事由提出异议(巴黎法院,2000年3月17日);受让人在其提出的要约中表示只选择承接其愿意承接的合同,此种主张不符合第L642-7条之规定,因为该条文唯一给予法院以权力,确定哪些合同属于继续保持企业经营活动所必要的合同(埃克斯—普罗旺斯法院,1988年12月9日)。

2. 不属于企业继续经营活动所必要的合同,以及作为附带权利部分与被转让的资产同时转让的合同,例如租约,不属于第L642-7条规定的范围(无须由法院确定)(最高法院商事庭,2005年1月4日);保险合同,亦作相同处理;《保险法典》第L121-10条规定,在转让保险标的物的情况下,保险合同当然随之转移(最高法院第一民事庭,2005年7月13日)。当一项合同的履行属于企业的普通活动时,此种合同的转让不需要履行任何司法手续(都埃法院,2007年2月8日)。关于在确定转让方案的判决中明文记载被转让的合同的必要性,参见最高法院商事庭1990年10月16日判决。

(二)第L642-7条的适用范围

1. 第L642-7条所指的合同

(1)融资租赁合同:(本案中)被转让的营业资产比较脆弱,要求对顾客群体提供的服务不能有任何中断(否则顾客群体就会消失),因此该营业资产在转让之后不能离开现有的经营场所,在这种情况下,据以占用建筑物的融资租赁合同应当按照第L642-7条的规定一并转移给受让人(巴黎法院,1986年7月11日)。

(2)(商业场所的)租赁合同(商业租约):营业资产的转让并不必然包含(商业场所的)租约的转让以及该经营场所的转让,在法庭确定的方案的框架内进行的营业资产转让,也是如此;但是,如果法庭按照第L642-7条的规定认定(商业场所的)租约对于维持企业(营业资产)继续活动实属必要,因而该租约应当一并转让时,不在此限(最高法院商事庭,1996年12月17日)。与此相反,法院判决认为,构成营业资产组成部分并且可以按照《商法典》第L145-16条的规定进行转让的商业租约(bail commercial),不属于第L642-7条限制性列举的范围(巴黎法院,1993年1月19日)。第L642-1条第3款就农村租约规定了特别的转让方式,不得通过其他途径转让这一类型的租约(巴黎法院,1993年11月2日)。

(3)转租:只要主承租人并不占用场所,并且转租的租金是支付给出租人(而不是支付给主承租人),就说明在此情况下,商业转租合同对于维持主承租人的活动并非"实属必要"(巴黎法院,1992年3月24日)。

(4)所谓"合同对维持企业活动实属必要",是对强制转让(相应合同)所规定的唯一条件,与(合同当事人的)人格资质无关,不能以此种资质为由排除适用第L642-7条之规定,因为这一法律条文并没有"按照是否是基于人格资质而订立的合同"作出不同规定(都埃法院,1992年12月15日)。因此,法院判决认为,当事人的人格资质不构成转让特许经营合同的障碍(凡尔赛法院,1988年6月23日),也不构成转让专利使用合同的障碍(科尔贝法院,1990年6月13日);同样,信贷租赁合同中的出租人不能以其"与受让人在另一事务中发生冲突"为理由有效地反对该项信贷租赁合同的转让(巴黎法院,1996年11月22日)。

2. 排除适用第L642-7条规定的合同

(1) 借贷合同:借贷人在实行集体程序之前就已经全额取得(贷与人)向其交付的借贷资金时,这项借贷合同不能作为第L642-7条所指的合同进行转让(最高法院商事庭,1999年4月13日);法院判决认为,所有的借贷合同均不属于第L642-7条限制性列举的任何一类合同(巴黎法院,1993年3月16日)。

(2) 设立共同经济利益组织的合同:共同经济利益组织的各成员之间确立的关系不属于第L642-7条规定的适用范围(里昂法院,1992年3月13日)。

(3) 隐名合伙合同:尽管隐名合伙没有法人资格,也并不能因此将设立该合伙的合同降为"可以适用第L642-7条之规定的普通合同"(都埃法院,1995年10月12日)。

(4) 劳动合同:只要在企业转让时正在履行的劳动合同仍然按照《劳动法典》第L122-12条的规定在新的雇主与没有被解雇的人员之间履行,那么,此种劳动合同也不属于按照第L642-7条规定进行司法转让的合同之列(因为该劳动合同已经自动转让,无须司法干预)(巴黎法院,1987年2月6日)。

(5) 按照转让方案规定的框架因经济原因集体裁员时,被解雇的员工在获得补偿金的条件下同意接受的竞业禁止义务,亦转由受让公司承担(最高法院社会庭,1994年12月6日)。

(6) 保证合同:保证合同是债权人与保证人之间订立的合同,不能按照642-7条的规定作为债务人公司的合同之一转让给受让人(最高法院商事庭,2001年7月10日)。

(7) 没有继续履行的合同:在1994年6月10日法律对1985年1月25日法律进行修改之前,对于由管理人作出选择而没有继续履行的合同,如果在法院作出判决之日,出租人并没有提出解除这种合同的任何诉讼请求,那么该合同仍然可以按照该法86条(第L642-7条)的规定进行转让(巴黎法院,1989年11月21日)。

（三）没有得到转让方案承接的合同

就转让方案作出判决的法院裁定解除债务人公司订立的使用借贷合同，超越了第 L642-7 条赋予的权力（最高法院商事庭，2009 年 3 月 10 日）。按照《民法典》第 1844-7 条的规定，转让方案中没有承接的合同必然在转让判决作出之日终止（巴黎法院，1994 年 5 月 17 日）。

二、法庭的权力

1. 以前的债权：按照第 L642-7 条（第 4 款）的规定，（信贷租赁）合同的转让可以附加对受让人强制规定义务条件：向合同相对方当事人清偿其在集体程序的判决作出之前已提供的给付的价金（巴黎法院，1986 年 7 月 11 日）。

2. 支付期限（1994 年法律之前的判例）：虽然说法庭有权力强制对合同当事人规定支付期限（宽限期），但它确定的支付期限（宽限期）不能超过合同原先规定的到期日（埃克斯—普罗旺斯法院，1988 年 1 月 13 日）。（同意给予）支付期限，被看成是推迟清偿日期，因此，法庭可以裁决对于该期限内的一段时间不支付延迟利息（蒙帕利耶法院，1991 年 5 月 7 日）。

3. 在信贷租赁合同被转让时作出买受租赁物的选择：第 L642-7 条规定的限额仅适用于实行集体程序的原信贷租赁人尚未支付的款项，因此，并不免除受让人全额支付以被转让的合同的名义应由其本人清偿的款项的义务（最高法院商事庭，2004 年 11 月 23 日）。

三、被转让的合同的制度

1. 合同的转移日期：虽然说确定企业转让方案的判决引起法院确定的合同应予转让，但是，由这些合同产生的权利与义务的转移仅自转让文书订立之日起产生效力，或者仅自受让人按照判决的规定或管理人的批准，实行占有之日起（如占有发生在判决或批准之后）才产生效力（最高法院商事庭，1988 年 1 月 6 日）。

2. 合同条款的维持原则：(1) 对于无确定期限的合同，每一方合同当事人均有权随时要求在继续履行合同时变更原合同规定的义务，但滥用该权利的情况除外（最高法院商事庭，1992 年 1 月 21 日）。(2) 按照第 L642-18 条的规定，根据法院判决而不是按照当事人的意思进行的合同转让，并不引起此前业已存在的债务（义务）消灭，也不引起用新的义务替代原来规定的义务，因此，此种转让活动并不具有（债权债务关系的）任何更新效力（最高法院商事庭，1993 年 10 月 12 日）。(3) 承接被转让的合同的人，取代实行司法重整的债务人履行合同，由于此种合同是联系被转让的合同的对方当事人与债务人的合同,因此,债务人并不能解除"与其本人履行合同的期间"相关的约定债务,虽然说,债务人的保证人并无义务担保合同转让之后因承接人的原因产生的新债权,但他仍然对合同转让之前由原债务人的原因产生的债权负有保证义务(最高法院商事庭,1994年6月14日)。(4)无论是合同的转让本身,还是债权人同意按照转让方案的规定给予支付宽限期限与减免债务,均不因债务人的改变而引起(债的)更新(最高法院商事庭,1995年2月14日)。(5)当一项有保证人担保履行的信贷租赁合同按照第L642-7条的规定进行转让时,虽然说保证人对该合同转让之前因债务人的原因已经到期的租金的支付仍然负担保义务,但他并不担保应当由受让人交纳的后来的租金,因为保证人并没有为受让人的义务提供担保,但是,如果保证人以其新的担保承诺为受让人提供租金支付担保,不在此限(最高法院商事庭,1995年11月21日)。

3. 商业租约的转让:(1)约定条款规定商业租约的转让应当得到(经营场地)出租人书面同意,此种条款没有效力(最高法院商事庭,1994年12月6日)。(2)法院判决认为,只要在合理的期限内向出租人送交了转让文书,那么,在按照第L642-7条的规定进行的商业租约转让的框架内,不遵守该合同明文规定的"转让应有出租人(参与)协助"的条款,并不构成一种违约,因而不能以此为理由要求解除该商业租约,即使法院在确定转让方案的判决中并未规定有必要替换转让人的担保,亦同(巴黎法院,1993年2月4日)。(3)优先购买权是一种属人性质的债权,法院判决在确定实行司法重整的承租人的转让方案时命令进行的租约转让,并不引起原租约中订立的(承租人享有的)优先购买条款一并转让给受让人(最高法院商事庭,2007年2月13日)。

第L642-8条 (2005年7月26日第2005-845号法律第111条)为了执行法庭确定的转让方案,清算人或者管理人(如已指定)可以订立各项为实现转让所必要的合同。在等待订立这些合同的期间,根据转让价款已经寄存的证明或者已提供等值担保的证明,应受让人的请求并由其承担责任,法庭可以将被转让的企业的管理权交给受让人。

在转让的财产包括营业资产时,不准提出任何加价拍卖请求。

司法解释:

1. 所有权的转移:如果确定转让方案的判决没有另外的规定,转让方案内包含的财产与权利的转移,在实现转让所必要的各项文书订立之日进行,由此引起的雇主法律地位的变更也认定为在这一日期发生(最高法院商事庭,1993年1月26日)。

2. 风险的转移:只要安排企业全部转让的司法重整方案已经确定,并且有关转让的各项规定均未附带任何限制,这就意味着随着企业的生产单位的转让,各种经营风险和负担也将一并转移给受让人(巴斯特尔法院,1999年1月18日)。

3. 管理人与法庭各自的权力:(1) 由于管理人只能为执行法庭确定的转让方案而开展活动,因此,他并无进行任何谈判的权力,转让的实施不能附带任何条件,因此出租人在转让文书中所作的保留不能产生任何法律效果(巴黎法院,1991年10月18日)。(2) 在法院确定的价金尚未支付的情况下,管理人有正当理由拒绝签署转让文书(都埃法院,1990年10月11日)。(3) 这样,管理人可以追还包括在转让方案内的财产,并对这些财产重新恢复占有;在不能向管理人返还这些财产的情况下,应向其支付财产的价金(同一判决)。(4) 在受让人拒绝签署实现转让所必要的文书的情况下,法官可以宣告解除转让方案(最高法院商事庭,1995年12月5日)。(5) 法官也可以判处已被指定为受让人的人按规定签署这些文书,并对其规定逾期罚款(图卢兹法院,1998年5月11日)。(6) 法院判决认为,除受让人表示的同意意思有瑕疵的情况之外,如果拟接管企业的受让人拒绝签署转让文书,也可以由法院确认这些文书(已签署)(埃克斯—普罗旺斯法院,1997年10月23日);为执行转让方案而享有订立各项必要文书之权利的管理人,应当保障所订立的文书与转让方案的规定严格一致,这些文书仅对当事人具有对抗效力,特别是买卖合同;在文书的当事人没有遵守法院确定方案或变更方案的判决的内容时,负责方案执行的监察人可以对所订立的文书提出异议,因为法院判决的内容对所有人均具有对抗效力(最高法院商事庭,1999年6月8日)。

4. 被转让的企业的管理:除法院作出的"确定转让方案并规定受让人承担责任,立即对被转让的企业实行占有的"判决另有规定之外,在等待签订实现转让方案所必要的各项文书期间,受让人对企业的管理在管理人负责下进行(最高法院商事庭,1992年6月9日)。只要转让方案规定正在履行中的所有劳动合同均继续履行,并且写明接收(雇员的)方案立即生效,那么,有关的劳动保障机构便不享有《商法典》原第L621-32条规定的收取确定转让方案的判决作出之后(原企业应当负担的)社会保险份额款之利益(因为,该判决一经宣告,受让人即可由其本人负责继续进行其接收的、被转让的企业的活动,并负有相应的社会保险方面的义务,特别是承担与得到保留的劳动合同相对应的社会性负担(最高法院商事庭,1998年3月31日)。

5. 管理人,由其承担责任将企业管理交给受让人,即是向受让人转交一个"保留原有身份,继续从事经营活动的经济实体",受让人也由此成为雇主,因此,在受让人与薪金雇员之间进行的和解并不无效(最高法院社会庭,1996年11月26日)。

6. 作为一般原则的例外,按照第L642-8条的规定,由被转让的合同产生的权利与义务的转移,在受让人实行占有之日产生效力,而不仅仅是在管理人办完各项文书的手续之日(凡尔赛法院,2000年3月23日)。

7. 受让人拒绝按照其提出的要约的条件实现转让的,应当承担责任;照此意义,(第L642-8条第1款所指的将企业的管理交给受让人,对被转让的企业)取得占有并不等于已向其履行"交付(被转让的企业)义务"(最高法院商事庭,1997年10月14日)。

8. 为实现转让所必要的文书的条件:实现转让所必要的文书规定的各项条件,不得引起已经得到法庭认可的转让方案的内容与目标的变更(最高法院商事庭,1996年1月9日)。

9. 认可条款:负责订立实现转让所必要的各项文书的管理人,在出卖有关的股份时,有义务遵守公司章程中强制规定的(对买受人成为公司股东)事先应得到公司董事会认可的条款(最高法院商事庭,1995年1月31日)。

10. 撤销转让方案产生的后果:在转让方案被撤销的情况下,已经按照确定转让方案的判决的明文规定对企业实行占有的受让人,在该判决作出之后直至方案被撤销之日的期间进行的订货所产生的债权不能享有(原)第L621-32规定之利益(最高法院商事庭,1997年1月28日)。

11. 解除转让方案的后果:转让方案被解除,并不当然引起司法管理人为执行该方案而订立的买卖合同一并解除(最高法院商事庭,1993年6月22日)。宣告解除转让方案的判决与确定方案的判决是两项不同的法律文书,(本案中)由于宣告解除转让方案的判决并未裁决解除(转让方案中的)营业资产的买卖合同,如果银行在其提起的诉讼中并未请求解除营业资产的买卖,那么,该(营业资产的)买卖合同按照现状而继续存在(同一判决)。

12. 管理人,由其承担责任将企业的管理交给受让人,即是向受让人转交一个"保留原有身份,继续从事经营活动的经济实体",即使实现转让所必要的各项文书尚未签署,亦同;而转让方案被解除,仍引起已经转移的财产以及与此相关的劳动合同返回给转让人(最高法院社会庭,1999年6月8日)。随后,在转让方案解除之后进行的人员裁减,应由转让人负责进行(同一判决)。

第 L642-9 条 （2005年7月26日第2005-845号法律第111条）受让人只要尚未全额支付转让价金，不得转让其取得的有形财产或无形财产或者将这些财产用于租赁经营，但库存商品除外。

但是，法庭在清算人提交报告之后，可以批准全部或一部转让这些财产或者将其用于设立担保、出租或者实行租赁经营。清算人在提出报告之前应当听取企业委员会的意见，或者在没有企业委员会时，听取员工代表的意见。法庭应当考虑受让人提供的担保。

任何有关受让人由他人替代的事项，均应得到法庭在确定转让方案的判决中给予的批准，且不影响适用第 L642-6 条的规定；法庭选定的受让要约的原要约人仍然对其所作的义务承诺的履行承担连带担保责任。

违反前几款的规定订立的任何合同，应任何利益关系人或者检察院在合同订立起3年期限内提出的请求，均得予以撤销。在订立的合同是需要进行公示的合同时，3年期限自公示之日起计算。

司法解释：

1. 禁止转让：解除某项租约，不属于第 L642-9 条的适用范围（最高法院商事庭，1999年6月8日）。

2. 受让人的替代（2005年7月26日第2005-845号法律之前的判决）：只要法院按照（原）第 L621-63 条的规定确定某一公司提出的转让方案（要约），并指定该公司作为负有义务执行该方案的人（作为受让人），那么，该公司就应当单独承担执行方案的义务（最高法院商事庭，1991年2月12日）。即使转让要约附有准许"由他人替代被选定的受让人"的选择权利，也只有在得到法庭同意的情况下，才能行使这种替代权，并且不因此解除（被选定的原）要约人的义务，（原）要约人本人仍然受法院确定的转让方案的约束（最高法院商事庭，1998年12月8日）；但是，这种担保并不扩张至按转让方案转让的合同所产生的义务的履行（最高法院商事庭，2003年1月7日）。对司法重整方案中指定的受让人进行替换，不发生任何效力，即使债务人是在管理人的协助下进行这种替换，亦同；因为，仅仅有各当事人同意，不能进行这种替换（巴黎法院，1989年10月31日）。

3. 虽然说确定转让方案的判决规定，在连带支付价金并且有维持劳动合同之保障的条件下，可以准许任何自然人或法人取代（原定的）受让人，但是，唯一有权准许企业分割转让的法院，在安排资产全额转让但尚未解决全部经营要素由哪些部分组成的问题时，仍然可以禁止由他人替换受让人（最高法院商事庭,1991年7月16日)。

4. 关于在没有得到法院的批准即替换受让人的情况下,管理人与方案执行监察人的责任问题,参见巴黎法院1995年6月20日判决。

第 L642-10 条 (2008年12月18日第2008-1345号法令第114条)法庭可以在确定转让方案的判决中规定,在其确定的期限内,非经其批准,(受让人)受让的财产全部或一部不得(再次)转让。

有关财产暂时不得转让的公示,按照最高行政法院提出资政意见后颁布的法令规定的条件予以保障。

对于本条第1款规定的不得转让的某项财产,法庭在收到请求批准转让该财产的申请时,应在听取检察院的意见之后才进行审理裁判,否则以无效论处。

(2005年7月26日第2005-845号法律第111条)违反本条第1款的规定订立的任何合同,应任何利益关系人或者检察院自合同订立起3年期限内提出的请求,均得撤销之。在订立的合同需要公示时,期限自公示之日起计算。

第 L642-11 条 (2005年7月26日第2005-845号法律第111条)受让人应向清算人汇报转让方案各项规定的执行情况。

如果受让人不履行其承诺的义务,法庭可以应检察院、清算人、某一债权人、任何利益关系人的请求,或者在听取检察院的意见之后,依职权宣告解除转让方案,且不影响判处损害赔偿。

法庭可以宣告解除为执行被解除的转让方案而订立的合同。受让人已经支付的价金不予返还。

司法解释:

1. 不存在对债务人负债的法定担保:在第L642-1条规定的企业转让的框架内,受让人对债务人集体程序的所有债权人没有任何义务。除原已负担某项担保的特定财产外,受让人不以任何方式对转让人的债务承担任何义务,受让人承担的唯一义务是,支付转让价金并履行法律为保障维持企业的经营活动而强制规定的限制条件(凡尔赛法院,1994年5月3日)。

2. 约定的义务承诺:(但是)受让人可以通过在转让文书中订立的条款特别约定,除支付价金以外,对转让人此前的某项债务承担义务(最高法院商事庭,1993年11月30日);在此情况下,受让人便是作为第三人对有关的债权人缔结直接产生于确定转让方案的判决,对所有的人均产生对抗效力的个人债务(最高法院商事庭,1995年1月3日)。在转让文书没有规定的情况下,有关履行这一债务的诉讼,不受申报债权程序的约束(最高法院商事庭,1995年1月3日)。

3. 不遵守义务承诺的受让人对第三人的责任:如果受让人滥用权利,对其作出的义务承诺随意反悔,有利益让受让人遵守其单方缔结之义务的任何人,均可主张受让人的过错(本案中,受让人没有遵守其承诺的在其接受管理的景点维持经营活动的义务,市镇行政部门向法院提起的追究受让人民事责任的诉讼得予受理)(最高法院商事庭,2000年3月28日)。

4. 转让方案的解除(1994年6月10日法律之前的判例):在1994年6月10日法律之前,没有任何法律条文禁止法院以受让人不支付价金为由按照法律的一般原则宣告解除转让方案(最高法院商事庭,1998年6月9日)。

5. 转让方案的解除(1994年6月10日法律第475条):在以受让人不支付价金为由解除转让方案的情况下,受让人应当承担雇员被解雇产生的后果,因此,有必要让其承担被解雇的薪金雇员的补偿金以及在转让方案框架内应当给予薪金雇员的其他款项(巴斯特尔法院,1999年1月18日)。

第L642-12条 (2005年7月26日第2005-845号法律第111条)如转让涉及负担特别优先权、(2008年12月18日第2008-1345号法令第165条)"有体动产质权、无形动产质权或者抵押权"的财产,为了对价金进行分配以及行使优先受偿权,法庭应根据盘存和资产评估作价以及该财产的价值和被转让的资产的总价值的比例关系,确定每一项财产在转让价金总额中各占的份额。

转让价金一经支付,即阻止债权人对受让人行使就这些财产进行担保登记的权利。

价金全额支付,即清除包括在转让范围内的这些财产上登记的担保;在价金全额支付之前,只有在受让人将其受让的财产转让他人的情况下,享有追及权的债权人才能行使这项权利。

但是,为了使企业取得某项财产而提供信贷,并且为担保这项贷款得到偿还而用该项财产设置的不动产与动产担保,一并转移给受让人。因此,受让人有义务按照与债权人约定的期限,将自所有权转移之日起仍然拖欠的款项支付给债权人;在负担担保义务的财产实行租赁经营、设置用益权的情况下,亦同。受让人与享有担保利益的债权人可以约定不按照本款规定办理。

（2008年12月18日第2008-1345号法令第115条）"本条之规定不影响某一债权人对包括在转让范围之内的某些财产已经取得的留置权"。

司法解释：

1. 公共秩序：质权负担，强制由受让人承担，受让人不得提出"负担质权的财产在转让之时是否对企业经营有用或有必要"的争议（里约姆法院，1988年4月28日）。

2. 价金的分派：(1) 第L642-12条并没有对优先权与担保的（受偿）顺序作出例外规定，因此，不准许保留一部分转让价金专门用于对无担保债权人的清偿（巴黎法院，1993年6月8日）；即使存在其他优先债权，质权或抵押权的负担仍予转移，但是，应当由法院在遵守平等原则的基础上规定将一部分价金用于对质权债权人（质权人）的清偿（贝迪纳法院，1987年11月27日）；质权债权人（质权人）可以从已分派的价金中收取其在判决作出之前已经到期的债权（同一判决），但是，质权债权人不得要求拍卖财产（奥尔良法院，1988年2月19日）。第L642-12条并未具体规定有关确定每一项财产在总价金中应占份额的分派标准，因此，法院可以考虑鉴定人对这些不动产给出的评估价值，从而有效地分派负担抵押权的不动产的转让价金，而不是考虑财产接管人进行盘点后"认为的价值"（凡尔赛法院，1993年11月25日）。应当由法庭确定每一项财产在转让总价金中所占的份额，但法律并不禁止接管企业的人向法庭提出其希望采纳的价金分派的建议，也不禁止法官在认为从转让方案的总体经济来考虑所提出的建议比较适当时采纳这种建议。如果法官不采纳（受让人对价金分配）提出的建议，可以排除受此种条件约束的方案（最高法院商事庭，1997年1月14日）。(2) 第L642-12条的规定并不抵触《民法典》第524条的规定，也不改变优先权与担保的受偿顺序；只要列入企业转让方案的设备与工具构成"依其用途为不动产"之财产，那么抵押债权人就可以就这些设备与工具所分派的价金数额行使优先受偿权（最高法院商事庭，1995年10月24日）。(3) 将转让价金的相应份额专门用于满足已登记担保的债权人的权利，这是法律本身的规定，因此向信托银行寄存这些款项，等于进行款项提存，这样，自款项提存之日起，债权人无须再进行债权申报（最高法院商事庭，2000年2月1日）。

3. 用于设质的财产（1994年6月10日法律之前的判例）：(1) 在1994年6月10日法律之前，（因转让发生的）转移唯一涉及设备与工具，而为了保证营业资产的价金支付所设置的担保被排除在外(里摩日法院,1996年6月11日)。(2) 法院判决确认"(当初)为债务人购买从事职业所用的设备而提供借款的贷与人的债权受到用这些设备设置的质权的担保",(现在)这些设备已纳入债务人的被转让的财产当中,因此,受让人应当向(原)贷与人支付其开始使用这些设备之后才到期的"分期支付的价金"(最高法院商事庭,1993年11月23日)。(3) 在转让方案没有排除"转让的财产上负担的担保权利随该财产一并转移"的情况下,确定转让方案的判决当然引起按照第L642-12条规定的条件转移(财产上)负担的担保(埃克斯—普罗旺斯法院,2000年6月20日)。(4) 在重整方案被采纳之后进行的企业转让,不得损害债权人原已取得的"对转移占有的质押物的留置权",即使该质押物现在被纳入转让的资产之内(最高法院商事庭,1997年5月20日)。在没有这方面的法律规定的情况下,享有留置权的债权人,只有在其申报的债权得到清偿时,才能受强制放弃对其合法留置的财产的占有,仅仅是将转让价金的一部分分派用于清偿享有优先受偿权的债权并已提存,不足以让留置权人放弃对留置物的占有(最高法院商事庭,1997年5月20日)。(5) 1994年6月10日法律所针对的担保:第L642-12条的规定仅利益于对被转让的财产持有特别优先权或抵押权的债权人,而工资的一般优先权不属于此种范围(卡斯特尔法院1998年3月12日)。(6) 为(债务人)购买特定设备提供借贷并用整个营业资产设置动产质权作为对贷与人的担保,其中包括此前甚至此后取得的设备,适用第L642-12条之规定,参见梅茨法院1996年7月4日判决。(7) 按照第L642-12条的规定,动产特别担保的转移以其在此前按照规定进行了登记为前提条件,因此当用于设置动产质权的设备并未具体"个别化"时,不适用本条规定(里昂法院,2003年1月16日)。

4. 贷款的用途:按照第L642-12条的规定,借入的款项应当得到使用,同意给予借贷的文书应当具体说明其用途并规定为担保贷款清偿而设立的担保(最高法院商事庭,2004年11月23日)。关于对企业转让之后才到期的应当偿还的款项进行申报的问题,参见第L622-24条。

5. 保证人:尽管受让人按照第L642-12条的规定有义务按照债权的每一次到期日分期清偿(原)借贷在用于设置动产质权的设备转让之后尚需偿还的各期款项,但是为借贷人的义务提供人的担保的连带保证人,也有义务按照与借贷人相同的条件偿还借贷款项的全额,这种借贷款项的分期偿还构成集体程序开始之前产生的债权,但可减去已由受让人支付的数额(最高法院商事庭,1999年4月13日)。保证人在进行清偿之前,只能按照《民法典》第2309条①的规定对受其担保的债务人提起诉讼而不能对受让人提起诉讼,尽管受让人是债务人的共同债务人(最高法院商事庭,2007年2月27日)。在享有用借款购买的设备设置的动产质权的贷款银行没有就受让人企业的账户进行优先权变更登记的情况下,为借贷合同提供担保的保证人,根据第L642-7条的规定,可以按照《民法典》第2314条②的规定解除其担保义务(最高法院商事庭,1998年2月3日)。除受让人与持有第L642-12条所指担保的债权人之间订有协议之外,按照该条的规定,担保负担当然转移给受让人。由于法院没有确认这样的协议,因确定转让方案的判决而引起的动产质权的丧失并非完全归咎于债权人,故保证人并不能按照《民法典》第2314条的规定解除其担保义务(最高法院商事庭,2003年5月13日)。

6. 清除担保登记:按照第L642-12条第1款与第3款的规定,一宗负担抵押权的不动产包括在企业的转让方案之内,就该不动产登记了抵押权的债权人自价金完全支付之时起,即丧失其对该不动产的追及权,转让价金的完全支付即告清除包括在转让范围内的财产所负担的担保登记,但是,这些债权人仍然保持其就法院确定的、分配给该不动产的价金部分享有的优先受偿权(最高法院商事庭,1995年1月17日)。在1994年6月10日法律之前,(受让人)全额支付(企业)转让的价金,与受让人清偿自其开始使用负担质权的财产之后才到期的各期款项无关,因此,对于享有"用从事职业的设备设置的动产质权"的债权人继续向受让人追偿其债权的权利不产生影响(最高法院商事庭,1993年11月23日)。(现在)按照第L642-12条的规定,(受让人)全额支付转让价金,即告清除包括在转让范围内的财产所负担的担保登记,由此产生的结果是,受担保的债权人丧失其对已被转让的财产的追及权(最高法院商事庭,1999年5月26日)。

7. 担保登记的注销:按照《民法典》第2440条的规定,在没有各方当事人同意的情况下,只有依据法院的判决才能注销担保登记(最高法院商事庭,

---

① 《民法典》第2309条:"下列情形,保证人即使是在进行清偿之前,亦可对债务人提起诉讼,以获得赔偿:1.保证人在法院因债务清偿受到追诉时;2.债务人陷于破产或非商人无清偿能力时;3.债务人承诺推迟一定时间才解除保证人负担的义务时;4.因约定的期限到期债务已成为可追偿债务时;5.主债务没有规定清偿期限但已经经过10年时;但如主债务不具有在特定时间之前可以消灭之性质,例如监护义务,不在此限。"

② 《民法典》第2314条:"因债权人本人所为致使保证人不能代位行使债权人的权利、抵押权与优先权时,保证人解除其义务,一切相反条款均视为未予订立。"

1995 年 1 月 17 日）。

8. 关于保留所有权条款,参见第 L.622-17 条。

9. 债务人的义务的保留:按照第 L.642-12 条与第 L.642-7 条的规定,根据法院判决而不是按照当事人的意思进行的合同转让,并不引起原来的(债务)义务的消灭,也不引起用新的债务替代原债务,原合同仍然要履行,只不过是由受让人取代了实行司法重整的债务人,受让人自合同转移之日起开始负有清偿债务的义务,或者在实行租赁经营的情况下,自开始使用设质财产之日,或者自财产的所有权转移之日,负有此种清偿义务;而实行司法重整的债务人此时只对其自己在履行合同期间发生的负债承担义务(波尔多法院,1995 年 3 月 22 日）。

10. 保险赔付款的归属:按照《保险法典》第 L.121-13 条的规定,(在质押物灭失的情况下)对保险赔付款享有直接权利的(动产)质权债权人唯一有权决定此种赔付款的使用,因此不得强制其受领(包括在转让方案框架内的)经过修理的车辆的价金以替代应得的保险赔付款(最高法院商事庭,1998 年 5 月 12 日)。

第 L.642-13 条 （2005 年 7 月 26 日第 2005-845 号法律第 111 条）不论此前订有何种相反条款,特别是在(经营场所的)不动产租约中订立的相反条款;法庭均可在确定转让方案的判决中批准订立(企业)租赁经营合同,以利益于能够按照最佳条件持久保持就业岗位与清偿债务而提出买受要约之人。

法庭在听取清算人或管理人(如已指定)、监督人企业委员会代表,或者在没有企业委员会的情况下,听取员工代表和任何有利益关系的当事人的意见,以及听取检察院的意见之后,作出审理裁判。

第 L.642-14 条 （2005 年 7 月 26 日第 2005-845 号法律第 111 条)第 L.144-3 条、第 L.144-4 条与第 L.144-7 条关于租赁经营的规定不予适用。

第 L.642-15 条 （2005 年 7 月 26 日第 2005-845 号法律第 111 条)在(被转让的企业)实行租赁经营的情况下,企业应当在确定转让方案的判决作出之后 2 年内实际转让。

第 L.642-16 条 （2005 年 7 月 26 日第 2005-845 号法律第 111 条)清算人得要求受让人向其报送对完成其任务有必要的全部文件与资料。清算人向法庭汇报已发生的任何损害实行租赁经营之财产的行为以及租赁经营人应负的义务未得到履行的情形。

法庭可以依职权或者应检察院的要求,命令解除租赁经营合同与解除转让方案。

司法解释：

1. 租赁经营人不履行义务：在租赁经营人不履行其承诺义务的情况下，法庭宣告解除租赁合同，随后宣告解除转让方案，并对出租人实行司法重整程序，出租人与租赁经营人均受传唤至法庭（南锡法院，1988年4月1日）。

2. 债务人本人不属于"可以向法庭提出解除转让方案所包含的租赁经营合同的人"，因为解除租赁合同可能引起转让方案被解除的后果（巴黎法院，1990年3月2日）。

第 L642-17 条 （2005年7月26日第2005-845号法律第111条）如果租赁经营人不按照转让方案确定的条件与期限履行其取得财产之义务，法庭得依职权或者应清算人或检察院的要求，命令解除租赁经营合同与解除转让方案，且不影响判处全部损害赔偿。

但是，当租赁经营人证明其之所以不能按照原定的条件取得财产是出于不能归咎于他的原因时，他可以请求法院变更原定的取得财产的条件，但第L642-15条规定的期限与价金除外。在租赁合同到期之前，法庭在听取检察院的意见，并且听取清算人或管理人（如已指定）、监督人、企业委员会代表，或者在没有企业委员会的情况下，听取员工代表以及任何有利益关系的人的意见之后，作出审理裁判。

司法解释：

1. 本条之规定应当严格解释：只有在租赁经营人不支付其应当缴纳的保证金以及特定的月租金的情况下，才能实施第L642-17条规定的制裁（第戎法院，1996年4月2日）。

2. 支付期限：关于就转让价金的支付同意给予宽限期，以确定企业能够继续进行其经营活动的问题，参见巴黎商事法院1988年11月7日判决。

3. 不能归咎于租赁经营人的原因：在其接收的企业的管理中可能遇到的管理、财务或者商业上的困难，可以看成是不能归咎于租赁经营人的原因（巴黎商事法院，1988年10月31日）。

第二节 债务人资产的转让

第 L642-18 条 （2008 年 12 月 18 日第 2008-1345 号法令第 116 条）不动产的变卖，按照《民法典》第 2204 条至第 2212 条除第 2204 与第 2211 条之外的各项规定进行，但以这些规定与本《法典》的规定不相抵触为限。委任法官确定起拍价以及买卖的主要条件。

如果在保护程序、司法重整程序或者司法清算程序开始之前实施的不动产扣押因后一程序而被中止进行，清算人得就实施扣押的债权人已经实施的行为对该债权人取得代位权，实施扣押的债权人此前实施的这些行为被看成是"以变卖不动产的清算人的名义"而为；在此时，由实行程序的判决所中止的不动产扣押，得从其被中止的阶段恢复进行。

（2008 年 12 月 18 日第 2008-1345 号法令第 116 条）如果从财产的构成、其所在位置或者已经收到的（购买）要约来看，可以按照最佳条件实行自愿协商变卖该财产，委任法官即可（2005 年 7 月 26 日第 2005-845 号法律第 112 条）"命令按照其确定的起拍价，通过自愿竞价的方式变卖该财产，或者批准按照其确定的价格自愿协商买卖该财产"。（2008 年 12 月 18 日第 2008-1345 号法令第 116 条）"在进行自愿竞价的情况下，适用《民法典》第 2205 条、第 2207 条至第 L2209 条与第 L2212 条的规定，但以上述第 1 款之保留为条件，并且（在竞价之后）始终可以进行公开加价拍卖"。

按照前几款的规定实现不动产竞价变卖所得的价金一经支付给清算人，以及支付买卖费用之后，即清除由债务人（原先）设置的抵押权和各种优先权。在价金与费用尚未支付之前，买受人不得对这些财产实施任何处分行为，但是，如其为了取得这些财产而缔结借贷合同，用这些财产设置从属于借贷合同的抵押权，不在此限。

除有人向（2006 年 4 月 21 日第 2006-461 号法令第 14 条）"执行法官"提出异议之外，买卖所得的款项由清算人进行分配并确定各债权人之间的清偿顺位。

自然人债务人（原规定为"在对农业生产者"）实行司法清算的情况下，法庭可以考虑债务人本人及其家庭的状况，给予其一个离开作为主要住所的房屋的宽限期。宽限期的时间长短由法庭确定。

本条的实施方式由最高行政法院提出资政意见后颁布的法令具体规定。

司法解释：

1. 不动产扣押：委任法官可以按照第 L642-18 条规定的条件批准通过不动产扣押途径以外的其他方式变卖实行司法清算的债务人的不动产。从这一规定来看，如果该司法官批准清算人经不动产扣押途径出卖不动产，(当事人)便不能请求大审法院根据《民事诉讼法典》(原)第 744 条与第 745 条的规定将这项买卖转换为任意买卖(最高法院商事庭，1995 年 4 月 11 日)。

2. 自愿协商进行转让：第 L642-18 条给予委任法官以完全的自由，可以在(不动产)竞价变卖(vente par adjudication)与自愿协商变卖(le gré à gré)两者之间进行选择，且没有(强制)规定首选顺序，也没有赋予自愿协商变卖不动产以任何特别性质(巴黎法院，1990 年 2 月 27 日)。委任法官批准按照(有人)提出的某一特定要约所承诺的条件自愿协商变卖一宗不动产，在此情况下，这项批准的效力仅利益于提出该要约的要约人，即使在批准书的主文中并未写明该要约人的名字(最高法院商事庭，2006 年 5 月 3 日)。在委任法官按照第 L642-18 条的规定批准通过自愿协商转让包括在实行集体程序的资产内的不动产财产时，如果其作出的(批准)裁定没有另外的规定，则由清算人签订为实现转让所必要的各项文书，这些文书签订之日即发生财产所有权的转移(最高法院商事庭，2001 年 10 月 16 日)。虽然说，只有在委任法官作出批准转让财产的裁决之后各项手续均已完成之时才能实现"包括在实行司法清算的债务人的资产中的不动产"的自愿协商变卖，但是，如果以委任法官的裁定取得既判力为中止条件，则不妨碍转让行为自该裁定作出之日即告完全成立(最高法院商事庭，2005 年 10 月 4 日)。

3. 家庭住房：在强制拍卖的情况下，不适用《民法典》第 215 条第 3 款①的规定(最高法院第一民事庭，1997 年 5 月 21 日)。因此，当夫妻二人为其家庭住房的共有人(共有财产所有权人)而其中一人实行司法清算程序时，经委任法官批准对其家庭住房进行司法拍卖的清算人，可以经代位途径主动提出对该住房进行夫妻共有财产的协议分割，在不可能进行实物分割的情况下，可以请求进行拍卖(巴黎法院，1995 年 12 月 2 日)。

4. 共有(财产)：按照第 L642-18 条的规定，只能由清算人收取所有的买卖价金并按照债权人的顺位进行分配，但是，当银行作为夫妻一方"实行集体

---

① 该条款规定："未经他方同意，夫妻任何一方均不得擅自处分据以保障家庭住宅的权利，也不得处分住宅内配备的动产家具。对处分行为没有表示同意的配偶一方得请求撤销所做的处分。请求撤销处分行为的诉讼，得在其知道该行为之日起 1 年内提起；在夫妻财产制解除之后 1 年，不得再行提起此种诉讼。"

程序的判决之前就存在的共有财产"的债权人,因而在财产分割之前就可以请求实施不动产扣押并变卖该不动产时,不得以违反第 L642-18 条的规定为理由,要求银行向清算人返还因拍卖夫妻共有不动产所得的价金之部分(最高法院商事庭,2003 年 2 月 18 日)。由于在债务人死亡之前司法清算程序就已经开始,代表债权人的清算人本来就可以在债务人的财产作为遗产进入遗产共有状态之前提起诉讼,因此,他可以按照《民法典》第 815-17 条的规定请求强制变卖(现已)归入共有遗产的不动产(最高法院商事庭,2003 年 2 月 18 日)。当所涉及的不动产属于夫妻双方实行集体程序之前就存在的共有财产时,共有人之一实行司法清算程序,代表该共有人的债权人利益的清算人,有依据按照《民法典》第 815-17 条第 3 款的规定请求拍卖这一共有不动产且无须事先请求委任法官批准(最高法院商事庭,2006 年 10 月 3 日)。

5. 清除抵押权:被变卖的不动产属于实行司法清算的债务人的财产,这一事实不足以排除《民法典》第 2185 条规定的(申请)"加价拍卖的权利"(最高法院第三民事庭,2007 年 1 月 17 日)。

6. 第 L642-18 条以及其他任何法律条文均没有对不动产上享有特别优先权的债权人给予特别待遇,因此,享有特别优先权的债权人只能按清偿顺位在程序的框架内主张获得其债权的清偿(亚眠法院,1997 年 10 月 28 日)。

第 L642-19 条 (2008 年 12 月 18 日第 2008-1345 号法令第 117 条)委任法官可以命令公开拍卖或者批准按照其确定的价格条件自愿协商变卖债务人的其他财产。在(2005 年 7 月 26 日第 2005-845 号法律第 113 条)"财产公开拍卖的情况下,分别按照第 L322-2 条第 2 款、第 L322-4 条或者第 L322-7 条规定的条件进行"。

委任法官可以要求向其提交自愿协商变卖财产的方案,以便审查这一方案是否遵守了法官确定的各项条件。

司法解释:

1. 本条规定所涉及的财产:在打算转让的财产(营业资产、库存商品、各种设备)中不包括实行司法清算的企业从事经营活动所特有的任何生产工具,也不附随接受任何薪金雇员与立即创立工作岗位的方案时,委任法官完全可以按照第 L642-19 条的规定作出裁定,因为在这种情况下,唯一适用的是第 L642-19 条的规定(里昂法院,1986 年 7 月 29 日)。提出"买卖预约"(la promesse de vente,出卖预约)的人后来实行司法清算,对其在作为自己财产的主人时已经提出的买卖预约不产生任何影响,也不剥夺该预约的受益人作出选择决定的权利;依此而言,委任法官在要约受益人作出"选择决定"之后仍然批准将(买卖预约所指的)营业资产转让给第三人,属于越权,买卖预约的受益人可以对委任法官的判决向上诉法院提起上诉(最高法院商事庭,2006年3月7日)。

2. 购买要约(offres d'achat):第L642-19条的规定具有公共秩序性质,因此,对实行司法清算的债务人的某项动产资产要素提出自愿协商购买之要约,不受《民法典》关于买卖的性质与形式的私法性质之规定调整(最高法院商事庭,1994年6月14日)。提出要约、表示购买营业资产的要约人,在委任法官批准清算人自愿协商转让该财产的裁定作出之前并未撤回其提出的要约,也没有对符合规定向其通知的这项裁定提出救济申请时,没有主张"该要约附有的中止条件并未实现"之任何正当理由,却拒绝实现由委任法官命令进行的买卖,上诉法院可以裁决提出该营业资产购买要约的要约人有过错,并引起其应当承担的责任(同一判决)。虽然说只有在委任法官按照第L642-19条的规定命令进行转让的裁定作出之后各项手续完成时,实行司法清算的债务人的动产资产的自愿协商变卖才能实现,但是,法官的这一裁定一经作出,只要受让人此后不能再撤回其已经得到委任法官认定保留的购买要约,那么自愿协商买卖仍属已经完成,只不过需等待法官的裁定取得既判力,但是如果要约人能够证明原要约附加的条件并未实现,因而有正当理由拒绝买受该要约所涉及的财产时,不在此限(最高法院商事庭,1997年3月11日);一家公司提出的要约没有附带任何条件,只要其没有提出由委任法官的裁定保留的要约不是其提出的这项要约,那么,法院认定其所提要约涉及的资产的买卖已经完成,并认定以双方约定的买卖价金的名义向买受人(实行司法重整程序时)的负债申报债权,就是完全正当的,甚至没有必要在判决中宣告委任法官所作的裁定本身即具有买卖之效力(同一判决)。同样,由于受让人不得通过撤回要约而拒绝按照规定实现买卖,若其为了获得返还其已进行支付的款项,则应当向实行集体程序的法庭提起解除转让的诉讼(最高法院商事庭,2000年10月3日)。

3. 委任法官的批准:实行司法清算的企业的财产的变卖按照1985年1月25日法律规定的形式进行。这一规则具有公共秩序性质,任何利益关系人均可主张因违反第L642-19条规定的形式而引起的(买卖)绝对无效,无须证明其受到损害,并且,委任法官后来给予的批准,也不妨碍受让人及其清算人提起无效之诉(最高法院商事庭,1998年10月27日)。提出的要约未被选中的购买要约人对委任法官决定自愿协商买卖营业资产的裁定提出的异议,不予受理(南特尔商事法院,1988 年 5 月 3 日)。

4. 买卖的实现:委任法官依据第 L642-19 条的规定作出的裁定并不等于买卖本身(参见上述第 2 点中的判例),因此,由该裁定命令进行的转让,只有经司法清算人在该裁定作出之后签订应当签订的文书才能实现,财产所有权的转移以签订这些文书为前提条件(最高法院商事庭,2002 年 1 月 8 日)。由于在受让人支付价金以及委任法官批准提取设备之前,被转让的设备有一部分已经消失,致使委任法官在其裁定中确定的转让条件发生了改变,受让公司有正当理由拒绝继续(实现)该项买卖(巴黎法院,1999 年 10 月 19 日)。一项营业资产属于司法清算的资产范围并且在自愿协商买卖的框架内进行转让,委任法官未经所有权人的认可,也没有经法院批准,就准许对该营业资产实行占有,属于越权,对其判决向上诉法院提起上诉得予受理(最高法院商事庭,1997 年 10 月 14 日)。

5. "竞业禁止(不开展竞争)条款":(原)个体经营者(在转让资产以后又)重新开业,由此在顾客群体的思想上造成混淆,这种情况违反了营业资产买卖合同中订立的"竞业禁止条款"(布尔日法院,1996 年 9 月 10 日)。与此相反,只要营业资产买卖合同中订立的竞业禁止条款仅仅是(规定)由清算人代理的公司承担义务,而不是由公司的全体股东承担义务,但清算人并非公司股东的委托代理人,那么,就不能指责该公司的原股东从事受到该竞业禁止条款规定的"不得从事的(竞争性)活动"(南锡法院,1994 年 3 月 16 日)。委任法官作出裁定命令强制转让附属于第 L642-19 条所指的自愿协商买卖的一项合同,超越其权力(最高法院商事庭,2001 年 6 月 26 日)。

第 L642-19-1 条 (2008 年 12 月 18 日第 2008-1345 号法令第 118 条)对委任法官按照第 L642-18 条与第 L642-19 条的规定作出的裁定提起上诉的条件与形式,由最高行政法院提出资政意见后颁布的法令具体规定。

第 L642-20 条 按照第 L642-18 条与第 L642-19 条的规定实现的资产转让,受第 L642-3 条第 1 款所指的禁止性规定约束,但是,依检察院的申请,委任法官可以不执行这些规定,批准将资产转让给这些条文所指的某一人,但不论转让的是何概括财产,监督人与债务人本人均排除在外。

对属于日常生活必需品且价值很小的动产资产、属于农业经营之部分的财产的转让,以及其他动产财产的公开竞价拍卖或自愿协商竞卖,委任法官可以按照最高行政法院提出资政意见后颁布的法令确定的条件受理请求,同样准许不执行 L642-3 条第 1 款所指的禁止性规定。

在不是由检察院提出申请的情况下，委任法官在听取检察院的意见之后以特别说明理由的裁定作出裁判。

第 L642-20-1 条 （2008 年 12 月 18 日第 2008-1345 号法令第 120 条）在没有取回质押物或者取回按照第 L641-3 条第 2 款规定的条件被合法留置之物的情况下，清算人应在实行司法清算的判决作出之后 6 个月内请求委任法官批准将这些物品变现。清算人在对这些财产进行变现之前 15 日内向债权人通知委任法官作出的批准决定。

质权债权人（质权人），即使其债权尚未获准登记，仍可在财产变现之前请求委任法官裁判将财产归属给自己。如果其债权全部或部分被拒绝登记，则应向清算人返还其取得的财产或财产的价值，但保留其债权获准登记的数额。

在由清算人进行财产变卖的情况下，留置权当然转移至变卖财产所得的价金，可能因保管财产而产生的债权的登记，由清算人负责将其注销。

第 L642-21 条 （2008 年 12 月 18 日第 2008-1345 号法令第 121 条废止：在适用第 L631-22 条之规定并且债务人不能从法庭取得确定重整方案的裁判时，适用本编之规定。不包括在转让方案中的财产按照本节规定的条件进行转让。）

第三节 共同规定

第 L642-22 条 （2005 年 7 月 26 日第 2005-845 号法律第 115 条）企业的任何转让以及企业资产的任何变现，均应事先进行公示；公示的具体条件由最高行政法院提出资政意见后颁布的法令根据企业的规模与待出卖的资产的性质作出具体规定。

第 L642-23 条 在对债务人的任何档案进行任何变卖或毁弃之前，清算人均应通知在保存档案方面有权限的行政部门；该行政部门享有先购权。

（2005 年 7 月 26 日第 2005-845 号法律第 116 条）"债务人的职业秘密应当得到保守时，其档案的用途由清算人与行业公会或者行业公会隶属的有权限的部门达成一致意见之后另行确定"。

第 L642-24 条 清算人，经委任法官批准，并且在听取债务人的意见或者对其进行传唤之后，可以就涉及债权人集体的所有争议，甚至就涉及不动产权利与诉权的所有争议进行仲裁与和解。

如果交付仲裁或实行和解的标的物的价值数额尚未确定,或者标的的价值超过法庭终审管辖权的价额,仲裁或和解应当得到法庭认可。

司法解释:

1. 本条的适用范围:第 L.642-24 条之规定不适用于以第 L.651-2 条为依据提起的诉讼,这些诉讼依据的是一种具有公共秩序性质的规定(凡尔赛法院,1995 年 6 月 15 日)。按照《民法典》第 2285 条的规定,债务人的全部财产是对其债权人的共同担保物,(在财产变现之后)债权人之间可以进行价金的分配,有合法的优先受偿的原因除外,而按照达成的和解(协议),对于不享有任何担保的债权不能给予比质权人更多的权利(最高法院商事庭,2002 年 12 月 10 日)。

2. 法庭认可:只要提交仲裁或实行和解的标的物的价值超过法庭终审管辖权的价额,仲裁或和解均应当得到实行集体程序的法庭的认可(最高法院商事庭,1999 年 3 月 2 日);委任法官自行(依职权)给予认可,是超越其职权范围(同一判决)。关于第 L.642-24 条所指的行为应事先经委任法官批准并经法庭认可的双重手续,参见巴黎法院 2002 年 5 月 31 日判决。委任法官批准清算人实行和解的裁定本身无须经法庭认可(雷姆斯法院,1996 年 6 月 5 日)。

3. 本条之规定具有公共秩序性质,违反法律规定的形式而进行的和解绝对无效(最高法院商事庭,1994 年 12 月 5 日)。

4. 救济途径:银行对于作为和解标的的资产享有特别担保权利,以债权人的资格参加诉讼时,应当认为银行有其本身的、与集体程序分开的(诉讼)利益,因此银行可以对批准进行和解的判决向上诉法院提起上诉(最高法院商事庭,2002 年 12 月 10 日)。与此相反,实行司法清算的债务人本身兼有出租人与债权人的身份时,此种身份并不能准许其对上诉法院驳回清算人提出的和解申请的判决理由提出批评,清算人唯一有资格为债权人的集体利益(对该判决)提出异议(同一判决);清算人针对"认可没有经法庭批准的和解的判决"向上诉法院提起上诉,不得被宣告不予受理,因为清算人有利益请求宣告"绝对无效的和解"不发生任何效力(最高法院商事庭,2002 年 4 月 29 日)。尽管按照第 L.642-24 条的规定,应当听取债务人的意见,但债务人本身并不是和解的一方当事人,因此,只要由清算人订立的(和解)协议不涉及债务人的非财产权利或者不涉及其并未受到停权处分的权利,那么,由债务人针对认可判决提起的上诉不予受理(亚眠法院,2004 年 6 月 3 日)。关于实行司法清算的公司的股东提起的上诉不予受理的问题,参见最高法院商事庭

2001年10月16日判决。

第 L642-25 条 (2008年12月18日第2008-1345号法令第121条废止)

第三章 债务的清理

第一节 债权人债权的清理

第 L643-1 条 开始实行或者宣告实行司法清算的判决一经作出,尚未到期的债权即成为可追偿的到期债权。(2005年7月26日第2005-845号法律第118条)但是,法院得以可考虑将企业整体转让或部分转让为理由,批准企业继续从事经营活动,尚未到期的债权仅在(2008年12月18日第2008-1345号法令第122条)"法院就企业转让作出判决之日成为到期债权,或者在没有作出企业转让判决的情况下,仅在维持企业活动终止之日才成为到期债权"。

如果这些债权是采用司法清算宣告地的货币以外的货币来表示,则应当按照判决作出之日的汇率转换为清算地的货币。

司法解释:

1. 保证人(caution):因主债务人宣告实行司法清算引起原先约定的(债的)期限(提前)到期,(这种处理)仅对主债务人产生效果,在没有相反条款规定的情况下,不得将其扩张至保证人(caution)(最高法院商事庭,1994年3月8日);(不动产)抵押保证的情况,视为物的担保(sureté réelle)(最高法院第一民事庭,1999年5月4日);按此意义,为担保第三人的债务而同意提供的物的担保不构成保证(cautionnement)(最高法院混合庭,2005年12月2日)。

2. 按照1966年7月24日《商事公司法》第75条(《商法典》第L225-3条)的规定,认购货币股的股金的最长缴纳期限为5年,《商法典》第L643-1条规定,作出债务人实行司法清算的判决,使在该日尚未到期的债权成为可追偿的到期债权。因此,司法委托人——清算人可以随时要求所有股东缴纳各自仍未缴清的、与其出资数额相对应的股款,无须证明这样做对于清理债务人负债实有必要(巴黎法院,1992年1月16日)。法院判决认为,第L643-

1条之规定仅涉及对债务人(享有)的债权,而不涉及债务人本人(对他人享有)的债权(凡尔赛法院,1997年4月3日)。股东因其应当缴纳的已认购的资本金而对公司的负债,仅按照董事会或管理委员会作出的决定而成为到期债务,应当缴纳资本金的期限届满,不足以使这种债权成为可追偿的债权(同一判决)。只要公司领导人原先(对缴纳认股款)没有确定任何期限,那么,在公司实行司法清算时,取代(公司)原法定机关的清算人,有权要求特定的认购人全额交纳其认购股份的股款(最高法院商事庭,1995年5月9日)。

第 L643-2 条 如清算人在开始或者宣告债务人实行司法清算的判决作出之日起3个月内仍然没有对负担特别优先权、(2008年12月18日第2008-1345号法令第165条)"有体动产质权"、无形动产质权或者抵押权的财产进行清算,持有这些权利的债权人以及国库,就其享有优先权的债权,一经申报,即使这些债权尚未获准登记,也得行使他们的个人追偿权。

(2005年7月26日第2005-845号法律第119条)"在法庭按照第 L642-2 条的规定确定一个期限的情况下,如果没有人提出包括这些财产在内的任何要约,在该期限终止时,上述债权人即可行使个人追偿权"。

在出卖不动产的情况下,适用第 L642-18 条第1款、第3款、第5款的规定。在开始清算程序的判决作出之前即已实施不动产扣押程序,持有抵押权的债权人,在恢复个人追偿权时,免除办理在该判决之前已经办理过的各项手续。

司法解释:

1. 本条所指的债权人:立法者给予某些特定的债权人按照特定条件行使其个人求偿权的权利,即是默示但却必然意味着:(按照第 L622-21 条的规定)原则上中止或禁止所有的债权人行使这种权利(沙隆萨奥纳法院,1986年3月11日)。

2. 清算人的不作为:虽然说第 L643-2 条的规定并不要求清算人在法院判决后3个月期限内实现(清算财产的)买卖,但要求其必须在该期限内已经开始进行买卖(最高法院商事庭,1991年5月28日);委任法官应清算人申请,作出裁定,批准清算人通过进行任何评估鉴定与任何查找,以准确确定债务人的各项不动产的内在组成与价值,并且按照法律规定的条件继续进行业已开始的出卖活动,而清算人并未证明其已经实际聘请鉴定人,据此情况,可以推断认为,委任法官的批准决定是一项"可以开始执行清算活动"的单纯准备措施,由此也可以推断在法定期限内并未进行财产的清算(同一判决)。

3. 清算人,在宣告债务人进行司法清算之后几个星期,即参加由执行法官主持的、与债务人在实行集体程序之前提起的(请求宣告保全扣押无效并返还受到保全扣押与动产变卖扣押的动产)诉讼有关的庭审,并对债务人的财产进行盘点,清算人这样做,构成出卖受到扣押的动产之前所必要进行的工作(巴黎法院,1995 年 12 月 12 日)。

4. 债权人的个人追偿权,并不能改变清偿顺序,而仅仅是准许其进行追偿或者准许其请求实行强制执行程序。因此,对一处整体不动产的出卖人取得代位权的公司,不能提起解除(该不动产)买卖合同的诉讼,即使清算人在宣告司法清算的判决作出之日起 3 个月内仍然没有对负担抵押权的财产进行清算,亦同(最高法院商事庭,1995 年 12 月 19 日)。

5. 仍然享有财产权的夫妻一方的抵押债权人,只有证明该夫妻的另一方的清算人在宣告司法清算的判决作出之日起 3 个月内仍然没有对负担抵押权的财产开始清算,才能就夫妻共同的不动产提出追偿(最高法院全体庭,1994 年 12 月 22 日)。

6. 共有人的抵押债权人:实行集体程序的共有人的清算人在宣告司法清算的判决作出之日起 3 个月内仍然没有进行财产清算,对其财产仍然享有权利的共有人的抵押债权人可以对负担抵押权的不动产提出不动产扣押申请(最高法院商事庭,1999 年 7 月 6 日)。

第 L643-3 条 (2005 年 7 月 26 日第 2005-845 号法律第 120 条)委任法官可以依职权,或者应清算人或某一债权人的请求,命令先行清偿已经最终准许登记的债权的一部分。

在进行此种先行清偿时,可以规定受益人需要提供由信贷机构或金融公司出具的担保。

(2005 年 7 月 26 日第 2005-845 号法律第 120 条)"在先行清偿的请求涉及《劳动法典》第 L351-3 条及随后条款所指的金融管理部门、社会保险机构、失业保险金管理机构与《社会保险法典》第九卷所指的机构的优先债权的情况下,无须提交上述第 2 款所指的担保"。

第 L643-4 条 如果是在对款项进行一次或多次分配之后才进行不动产价金的分配,获准登记并且受优先权与抵押权担保的债权的债权人,按照各自的全部债权比例参与分配。

在出卖不动产并且最终确定抵押债权人与优先权债权人的受偿顺位之

后,凡是其债权全额对出卖不动产的价金取得有效受偿顺位的债权人,只有扣除其已经受领的款项之后,才能按照受偿顺位受领款项。

由此扣除的款项利益于普通债权人。

司法解释:

1. 债权人平等之规则:获准以无担保债权人的名义登记的债权人,不得保留违反无担保债权人平等之规则而支付的款项(最高法院商事庭,1992年11月17日)。但是,债权人平等之规则并不适用于优先权债权人,如果按照错误的顺序进行了清偿,只要受偿人仅仅受领了债务人应当对其清偿的数额,也没有损害(无担保)债权人平等规则,就不能产生返还请求权(最高法院商事庭,2000年10月30日)。

2. 归属扣押的有效性:债权人通过(在债务人本人的债务人手中实行)归属扣押,只能扣押1991年7月9日关于改革民事执行程序的法律意义上的(债务人)"可以处分的债权"之部分。因此,只要将(债务人)公司资产清算取得的款项按照集体程序的具有公共秩序性质的规则用于清偿该公司的债权人,那么再对这些款项实施扣押就并无用处(卡昂法院执行法官,1996年5月21日)。

第 L643-5 条 仅有部分债权对不动产价金的分配取得有效的清偿顺位的抵押权债权人的权利,按照各自在不动产价金分配之后仍然没有得到清偿的数额,进行偿还。

这些债权人在此前分配股息时已经受领的超过有效顺位计算的股息之部分,应当从其按照有效的抵押权顺位可以获得的款项中扣除,并归入在无担保债权人之间待进行分配的款项。

第 L643-6 条 在分配不动产的价金时没有获得全额清偿的优先权或抵押权债权人,就其债权尚未受偿的部分,与无担保债权人竞合受偿。

第 L643-7 条 除保留适用(2008年12月18日第2008-1345号法令第123条)"第L642-20-1条第2款"之规定外,第L643-4条至第L643-6条之规定适用于享有特别动产担保之利益的债权人。

第 L643-7-1 条 违反无担保债权人地位平等之规定而受领了清偿的债权人,或者因优先权顺位排列错误而受领了清偿的债权人,应当返还由此向其支付的款项。

第 L643-8 条 资产总额,扣除司法清算的费用以及给予(2008年12月

18 日第 2008-1345 号法令第 163-2 条)"自然人债务人"或法人领导人或他们的家庭的生活费和已经支付给优先权债权人的款项之后,在所有的债权人之间按照他们各自获准登记的债权数额的比例进行分配。

对于尚未得到最终承认的债权,特别是公司领导人的报酬,只要尚未作出审理裁判,应将与之对应的款项之部分归入预备金。

第二节 司法清算活动的终结

第 L643-9 条 (2005 年 7 月 26 日第 2005-845 号法律第 121 条)法庭在开始或者宣告司法清算的判决中确定一个期限,此期限到期时,即应就是否终结清算程序进行审查。如果在确定的期限到期时不能终结程序,法庭得以说明理由的裁定后延终结程序的日期。

不再存有可要求清偿的负债时,或者清算人持有足够资金以清偿所有债权人的债权,或者由于债务人的资产不足,司法清算程序无法继续进行时,或者继续进行清算所带来的利益与变现剩余资产的困难相比较完全不成比例时,法庭得在听取债务人的意见或者对其进行传唤之后,宣告终结司法清算程序。

在可能不能以负债消灭为理由宣告终结清算程序时,法庭也可以在指定 1 名委托代理人之后,宣告终结清算程序并由指定的代理人负责继续进行正在进行中的诉讼,以及在相应情况下负责分配经过诉讼取得的款项。

法庭得随时应清算人、债务人或者检察院的请求受理案卷,或者依职权受理案卷;自实行司法清算的判决作出起 2 年期限经过,任何债权人均可向法院提出终结清算程序的请求。

在实施转让方案的情况下,法庭只有在确认受让人遵守了对其规定的各项义务之后才宣告终结清算程序。

司法解释:

1. (这一条的规定同样)适用于司法重整程序:如果在观察期内确认债务人已经安排足够的资金,足以清偿其对债权人可以要求清偿的到期债务,那么,(原)第 L621-6 条并不禁止在该期间宣告终结司法重整程序(最高法院商事庭,2003 年 7 月 8 日)。

2. 因负债消灭而终结程序的判决的效力:在债务人没有遵守其与某一债权人订立的分期清偿债权的协议的情况下,(法院)因负债消灭而作出的终结程序的判决,不妨碍没有获得清偿的该债权人在此后提出追偿请求(最高法院商事庭,2005年10月4日)(对比第L643-11条的规定)。

3. 因资产不足而终结程序的判决的效力:因资产不足而终结清算程序,即停止司法代理人代表法人(债务人)的权利(最高法院第二民事庭,2002年10月17日);照此意义,终结清算程序的判决终止清算人的职务,(于此情形)在一审程序中作为一方当事人的清算人,不得再在二审程序中作为被上诉人;在上诉审程序中应当另行指定专门的委托代理人(最高法院商事庭,2003年11月5日)。

4.《民事诉讼法典》第386条规定:"如果任何一方当事人在(提起诉讼之后)2年时间内均未尽到进行诉讼的努力,诉讼失效。"这种诉讼失效是对当事人(在2年期间)"不进行诉讼(努力)"的一种制裁,而集体程序的实行是由法律按照特定条件强制实施的程序,因此,不属于上述第386条意义上的诉讼(最高法院商事庭,2006年1月10日)。

5. 恢复个人追偿:确定转让方案,并不因此终止第L622-21条所指的"停止个人追偿债务"(最高法院商事庭,2000年3月14日),因为,只要商事法院没有宣告活动终结,个人追偿债务的权利便不能恢复(最高法院第二民事庭,1997年2月5日);第L622-7条规定,"法院作出实行保护程序的判决,当然禁止清偿在该判决作出之前产生的任何债权",只要没有任何判决宣告转让程序已经终结,那么,债权人的个人追偿债务的权利就没有恢复(最高法院商事庭,1995年4月11日)。

第L643-10条 (2005年7月26日第2005-845号法律第122条)清算人应进行交账,并且自账目注销起5年之内对清算程序中交给他的文件承担责任。

第L643-11条 一、因资产不足终止司法清算程序的判决,并不恢复债权人个人对债务人提起诉讼的权利,但以下情况,可以不执行这项规则:

1. 对于涉及以清算程序期间才开始的继承的名义所取得的财产的诉讼;

2. 债权产生的原因是经认定债务人有罪的犯罪行为,或者债权涉及与债权人的人身相关的权利。

二、同意提供人的保证或动用或转让某项财产作为担保,或者已经代替债务人偿还债务的保证人或共同债务人,可以向债务人提出求偿。

三、下列情况，债权人恢复个人追偿权：

1. 债务人宣告个人破产；

2. 债务人被认定犯有破产欺诈罪；

3. 债务人，不论以其任何概括财产的名义，或者由债务人担任领导人的法人，在实行此次程序之前5年期间实行过因资产不足而终结的司法清算程序，以及在此日期之前5年期间获得过第L645-11条规定之利益的；

4. 按照欧盟理事会2000年5月29日关于无支付能力程序的第(CE)1346/2000号条例第3条第2段意义上的地域管辖程序实行清算程序时。

四、此外，在(债务人)对一名或数名债权人有欺诈行为的情况下，法庭可以批准任何债权人恢复对债务人的个人追偿诉讼；在此情况下，法庭在听取债务人的辩解意见或者按规定传唤债务人、清算人与监督人之后，于终结程序时作出裁判；法庭也可以在此之后应任何当事人的请求，按照相同条件作出审理裁判。

(2008年12月18日第2008-1345号法令第124条) 五、债权已经获准登记并且恢复个人追偿权利的债权人，如果没有取得执行根据，或者虽然持有执行根据但没有请求认定其具备本条规定的条件，不得行使个人追偿权。受理请求的法院院长以裁定作出裁判。

债权没有得到审核但恢复个人追偿权利的债权人，可以按照普通法的条件行使此种权利。

六、(2010年12月9日第2010-1512号法令第5-8条) "有限责任个体企业主债务人用其指定用途的概括财产从事的活动因资产不足而宣告清算终结时，在(债务人)对一名或数名债权人有欺诈行为的情况下，法庭可以批准任何债权人就该个体企业主的没有被纳入指定用途的概括财产内的所有财产，恢复个人对债务人的追偿。在此情况下，法庭按照上述第四项的相同条件作出裁判；债权人按照上述第五项规定的条件行使本款规定所赋予的权利。"

七、自然人债务人用并未指定用途的概括财产从事活动，在实行程序之后因资产不足而终结清算程序时，法庭可以对第L641-13条所指的债权强制规定统一的清偿期限，但金融部门、社会保险组织、《劳动法典》第L5422-1条及随后条文所指的失业保险金管理组织以及受《社会保险法典》第九卷调整的机构的债权除外。这一清偿期限可以超过2年。

第L643-12条　清算程序终结或者第L645-1条所指的程序终结，即中止1935年10月30日关于统一支票和支付卡的法律第65-3条规定的禁止债务人签发支票之措施的效力,这一措施是指在拒付宣告司法清算的判决作出之前所签发的支票时采取的禁令:(2010年12月9日第2010-1512号法令第5-8条)"但是,当债务人是有限责任个体企业主时,仅限于中止与程序所涉及的概括财产有关的账户的禁止性处分。"

如债权人恢复个人追偿权利,自第L643-11条(2008年12月18日第2008-1345号法令第125条)"第五项"所指的执行根据签发之时起,上述禁止签发支票的措施恢复其效力。

第L643-13条 (2005年7月26日第2005-845号法律第122条)如果因资产不足宣布终止司法清算程序,但事后看来尚有部分资产并未变现,或者在程序进行的过程中没有为债权人的利益提起诉讼,清算程序得恢复进行。

法庭应此前指定的清算人、检察院或者任何有利益关系的债权人的请求受理诉讼。法院也可以依职权受理诉讼。如果法院是经债权人之一提出的请求受理诉讼,该债权人应证明为进行清算活动所必需的经费已寄存至法院书记室。寄存的费用数额从恢复清算程序后收取的款项中优先偿还寄存经费的债权人。恢复实施的程序,对清算人在司法清算程序终结之前本应变现(但并未变现)的债务人的全部资产均产生效力。

如果债务人的资产是金钱,当然适用本编第四章规定的程序。

第四章 简化的司法清算程序

第L644-1条 (2005年7月26日第2005-845号法律第125条)简化的司法清算程序(简易程序)受司法清算程序规则约束,但保留适用本章之规定。

第L644-1-1条 在清算人按照第L641-2条的规定进行资产盘存时,以及如果财产的价值证明有此理由,委任法官指定第L641-1条第二项最后一款所指的人之一对债务人的资产进行评估作价。

第L644-2条 (2008年12月18日第2008-1345号法令第126条)尽管有第L642-19条的规定,在按照第L641-2条或第L641-2-1条的规定适用简化的司法清算程序(简易程序)时,清算人在司法清算判决作出后4个月内进行动产的自愿买卖或公开拍卖。

(2005年7月26日第2005-845号法律第125条)"上述4个月期间经过,清算人对剩余财产进行公开拍卖"。

第 L644-3 条 （2005 年 7 月 26 日第 2005-845 号法律第 125 条）尽管有第 L641-4 条的规定，仅对有可能在分配时进入有效清偿顺位的债权以及由劳动合同产生的债权进行审核。

第 L644-4 条 （2008 年 12 月 18 日第 2008-1345 号法令第 127 条）在按照第 L644-3 条的规定进行债权审核与债权登记程序之后，清算人将其提出的分配建议写在债权清册上。债权清册，在作出这项补充记载之后，交存至法庭书记室以进行公示。但是，如果待分配的款项仅能满足对第 L641-13 条第二项所指债权人的债权的清偿，经过补充的债权清册只需交存至法院书记室。

任何利益关系人均可了解该债权清册，均可按照最高行政法院提出资证意见后颁布的法令规定的条件向委任法官提出其意见要求，但清算人除外。债务人只能就委任法官的建议提出其意见要求；债权人只能就委任法官作出的涉及其作为当事人的债权的决定提出要求。

委任法官就提出的异议作出裁判；对委任法官的判决得在最高行政法院提出资政意见后颁布的法令规定的期限内提出上诉。

清算人按照其提出的建议或者法院的判决进行款项分配。

第 L644-5 条 （2008 年 12 月 18 日第 2008-1345 号法令第 128 条）"法庭最迟在命令或者决定适用简易程序的判决之 1 年期限间届满，宣告司法清算程序终结，但此前应听取债务人的意见，或者对其进行传唤"。

法庭，或者相应情况下，法庭庭长按照第 L641-2 条的规定进行审理裁判时，最迟在 6 个月期限内宣告终结简化的清算程序。

（2005 年 7 月 26 日第 2005-845 号法律第 125 条）法庭得以特别说明理由的判决延长程序的期间，但延长的时间不得超过 3 个月。

第 L644-6 条 （2005 年 7 月 26 日第 2005-845 号法律第 125 条）法庭得随时作出特别说明理由的判决，决定不再适用本章之例外规定。

第五章　恢复职业

第 L645-1 条 设立一种不进行清算即恢复职业的程序。第 L640-2 条第 1 款所指的、没有任何集体程序正在进行当中、在最近 6 个月期间没有雇用任何薪金雇员、申报的资产价值低于最高行政法院提出资政意见后颁布的法令确定之数额的任何自然人债务人，均适用不进行清算即恢复职业的程序。

对于按照第 L526-6 条的规定,利用与其个人的概括财产分开的某项概括财产从事职业活动而处于困境的债务人,不得实行恢复职业程序。

在债务人正在劳资纠纷仲裁法庭进行诉讼的情况下,也不适用上述恢复职业程序。

第 L645-2 条 以任何概括财产的名义实行的司法清算程序因资产不足而终结不满 5 年的债务人,或者已经受到终结恢复职业程序的判决的债务人,不得实行恢复职业程序。

第 L645-3 条 请求实行司法清算程序的债务人,可以在同一文书中申请实行恢复职业程序。

法庭只有在确认债务人具备各项法定条件之后,才能实行恢复职业程序。

实行恢复职业程序之前,应当听取检察院的意见。

第 L645-4 条 实行恢复职业程序的法庭指定 1 名委任法官负责收集有关债务人财产状况的各种信息,特别是有关其负债及资产价值的信息。

法庭任命 1 名司法代理人协助委任法官。

实行恢复职业的程序为期 4 个月。

第 L645-5 条 委任法官行使第 L623-2 条规定的各项权力,立即向协助其工作的司法代理人转达为完成任务而必要的各种情况与文件。

第 L645-6 条 如果债务人在实行恢复职业的程序过程中受到某个债权人的清偿催告或者债务追偿,应债务人的请求,委任法官可以将要求清偿的款项的支付推迟 4 个月,并且命令在此期限内中止债权人可能已经请求实行的强制执行程序。

任何相反的条款约定,均视为未予订立。

第 L645-7 条 司法代理人可以实施为保全债务人的权利而有必要的任何行为,并立即向委任法官作出汇报。

第 L645-8 条 司法代理人立即向已知的债权人通知债务人实行恢复职业程序,并要求债权人在接到通知之日起 2 个月内向其报送各自的债权数额,指明将要到期的款项数额、各项债权的到期日,以及他们对债务人持有的财产权利的全部有益情况。

第 L645-9 条 如法庭认定请求实行恢复职业程序的债务人提出此项请求不属善意,或者如果经预先审理,表明债务人存在本卷第五编规定的实行制裁的因素,或者有可以适用第 L632-1 条至第 L632-3 条之规定的因素,法庭在实行恢复职业程序的任何时候,均可以依据委任法官的报告,对债务人实行司法清算程序。

在法庭就是否实行恢复职业程序进行审理之日,如经认定债务人不具备恢复职业程序的各项条件,或者不再具备这些条件,也可以实行司法清算程序。

应检察院提出的申请,或者经某一债权人提出的传唤状,或者在上述第2款所指情况下,由债务人提出请求,法庭也可以实行司法清算程序。

第 L645-10 条 委任法官在听取检察院的意见之后,并且依据司法代理人的报告,将案卷移送法庭,以便适用第 L645-9 条之规定,或者宣告不经清算而终结恢复职业程序。对于终结恢复职业程序的判决,可以按照最高行政法院提出资政意见后颁布的法令确定的条件提出救济申请。

第 L645-11 条 终结恢复职业程序的判决,将消灭债务人对实行程序的判决作出之前产生的、向委任法官报明并且进行了第 L645-8 条告知的债权的债权人的债务。

但薪金雇员的工资债权、扶养债权以及第 L643-11 条第一项第 1 点、第 2 点与第二项所指的债权不得因此而被消灭。

在终结恢复职业程序的判决中应写明被消灭的是哪些债务。

第 L645-12 条 在按照第 L645-10 条的规定宣告终结恢复职业程序的情况下,如果从对其资产与负债的不完整表述即可看出债务人已经获得这一程序的利益,如果法院受理了实行司法清算程序的请求,可以在其作出的判决中将债务人停止支付的日期确定在其实行恢复职业的程序之日,但这一日期不得确定为早于判决作出之前 18 个月。法庭作出的判决,使按照第 L645-11 条之规定被取消的债权的债权人恢复其权利。这些债权人免除向清算程序申报债权。

第五编 责任与制裁

第 L650-1 条 在(债务人)实行(2008 年 12 月 18 日第 2008-1345 号法令第 129 条)"保护程序、司法重整程序或司法清算程序"的情况下,(2005 年 7 月 26 日第 2005-845 号法律第 126 条)所有的债权人均不得被认定对其此前同意参与协助而造成的损失负责,但如债权人有欺诈情形,或者债权人明显参与和干预债务人的管理事务,或者其提供的协助对应获得的担保与其提供的协助不成比例时,不在此限。

在某个债权人的责任得到认定的情况下,(2008 年 12 月 18 日第 2008-1345 号法令第 129 条)"法官得撤销或者减少"与该债权人提供的协助相对应而获得的担保。

第一章 对资产不足承担的责任

第 L651-1 条 (2005 年 7 月 26 日第 2005-845 号法律第 127 条)本章(2008 年 12 月 18 日第 2008-1345 号法令第 130 条废止:"以及本编第二章")之规定适用于实行集体程序的私法法人的领导人、作为此种领导人的法人所委派的自然人常任代表(2010 年 12 月 9 日第 2010-1512 号法令第 6-1 条)"以及有限责任个体企业主"。

第 L651-2 条 (2008 年 12 月 18 日第 2008-1345 号法令第 131 条)法人在实行司法清算时显示资产不足,且此种资产不足状况是由于管理上的过错促成时,法庭得判决对造成管理过错有责任的该法人的所有法律上或事实上的领导人,或者其中某些领导人承担资产不足之数额的全部或一部;如法人有多名领导人,法庭得以说明理由的判决宣告其连带承担责任。

(2010年12月9日第2010-1512号法令第6-2条)在对有限责任个体企业主债务人用其指定用途的概括财产从事的活动宣告实行或者开始实行清算程序时,在相同条件下,法庭可以判决该个体企业主清偿资产不足之数额的全部或一部。有限责任个体企业主债务人因此而负担的款项,从其没有用于经营活动的概括财产中提取。

此种诉讼时效期间为3年,自宣告司法清算的判决起计算。

由领导人或者(2010年12月9日第2010-1512号法令第6-2条)有限责任个体企业主支付的款项,归入债务人的概括财产,并在债权人之间按照比例进行分配,但所有的领导人或(2010年12月9日第2010-1512号法令第6-2条)"有限责任个体企业主",不得参与分配其被判支付的这些款项。

司法解释:
一、适用条件
1. 法律性质:(因资产不足,由有管理过错的领导人负填补责任)"不具有刑事惩罚性质";关于(领导人所负填补责任)属于赔偿性质的问题,参见波城法院2004年3月23日判决。

第L651-2条规定的由领导人填补法人资产不足的义务,具有财产性质与赔偿性质,因此这一规定不妨碍债务人公司的法律上或者事实上的领导人自愿参与清偿法人的负债,即使其并不承认自己有责任或者其责任并未得到认定(巴黎商事法院,1998年9月7日)。有关(由领导人负填补责任的)诉讼具有财产性质,由此引起的(填补债务的)负担可以依继承而转移(最高法院商事庭,1979年2月9日);按照"遗产清册利益"(限定继承)接受继承的继承人有义务按照其受领的财产的价值清偿遗产的债务(凡尔赛法院,1997年2月27日)。

2. 责任诉讼的竞合:(1)当有限责任公司经司法重整或司法清算程序显示资产不足时,《商法典》第L651-2条与第L651-3条创设的、按照其规定的条件填补资产不足、清偿公司负债的诉讼,与第L223-22条规定的诉讼不发生相竞合(最高法院商事庭,1995年2月28日);因此,某一债权人针对有管理过错的经理不清偿债务而使其受到的损失提起的赔偿之诉不能得到受理(同一判决),即使领导人并未受到依据第L651-2条的规定提起的清偿公司债务的诉讼(最高法院商事庭,1995年4月11日)。(2)同样,第L651-2条与第L651-3条的规定也不与《民法典》第1382条与第1383条的规定(关于侵权行为与准侵权行为的规定)竞合适用(最高法院商事庭,1995年6月20日),因此,清算人以《民法典》的这些条文为依据提出的请求赔偿债权人因债务人资产不足而受到的总体损失的附带诉讼不予受理(同一判决)。(3)虽然说,第L651-2条的规定确实排除清算人以《民法典》第1382条为依据提起的任何竞合诉讼,但是,只有当归咎于公司领导人的过错促成了公司资产不足的情况时,才能适用这种排除处理,公司资产是否不足应当按照程序开始之日存在的资产状况来评判(里昂法院,1999年4月30日)。关于在没有提出资产不足问题的情况下,按照第L223-22条之规定提起的诉讼可受理性问题,参见最高法院商事庭2000年3月28日判决。

3. 只有公司领导人在法院宣告实行程序的判决作出之前(存在)的管理(过错),才能引起其按照第L651-2条的规定(填补)清偿公司债务的诉讼,因此,某一债权人依据第L225-251条之规定提起的属于第L622-17条范围的、旨在因判决之后的事实提起的责任之诉得予受理(最高法院商事庭,2000年3月14日)。

4. (本条所指的)法律上的领导人:(1) 公司法定监事机关的成员并不具有1967年法律第99条意义上的公司"法律上的领导人"的身份(最高法院商事庭,1978年5月9日)。(2) 某一领导人的指定或任命事项没有进行公示,不能产生"使该人免负与其接受并行使的职责相关联的责任"的效果(最高法院商事庭,2003年7月8日)。(3) 虽然说按照《商法典》第L123-9条的规定,应当在"商事及公司注册登记簿"上登记注册的人,在其从事活动中只能主张在该登记簿上进行了公示的文书与事实对第三人具有对抗效力,但是,此种(没有进行公示的文书)不具有对抗效力,不涉于"以第L651-2条之规定为依据"引起(领导人)个人责任的事实与行为(例如,没有进行公示的辞职)(最高法院商事庭,1997年10月14日);因此,某一股份有限公司的董事被认为在任职刚满3个月时自动辞职,实际上是在此后2个月才辞职,不能仅仅因为其辞职(事由)没有进行公示,就认为其对辞职之后的事实仍负有责任(巴黎法院,2000年2月5日)。(4) 公司(法律上的)领导人虽然与公司之间存在劳动合同,但不能以此种事实为理由,将法律上的领导人认定为仅仅是"事实上的领导人的借名"(梅茨法院,1993年6月29日)。

5. 事实上的领导人:在公司总体管理中积极、主动、独立从事活动的人具有公司"事实上的领导人"的身份(最高法院商事庭,1978年5月9日)。所谓"参与企业管理",应当有"完全独立的主动行为"来体现(雷恩法院,1990年7月11日);表面上是履行"内部合作伙伴合同",实际上负责公司的财务管理组织,并且与不同的财务、行政和商务伙伴进行谈判的人,属于参与公司的管理活动,可以将其认定为公司"事实上的领导人"(最高法院商事庭,1992年10月6日)。银行对其贷出的资金的使用情况实行监督并且对这方面的情况进行跟踪,甚至在必要时对借贷公司的领导人进行干预,这些行为属于维护银行自身利益的正当行为,因此,不能毫无例外地认定银行具有(该借贷公司的)"事实上的领导人"的资格(巴黎法院,1995年12月15日)。不能仅仅因为存在特许经营合同就推断(特许权人对受特许人享有)事实上的领导(权),而应当根据具体情况,进行个案分析,只有在特许权人享有超越当事人之间必要的合作关系相关的义务时,才能认定其行使事实上的领导权(奥尔良法院,2001年3月8日)。(管理饭店的)公司在以下方面保留权利:招工与裁员、行政组织与财务组织、确定价格政策、进行合同谈判、确定商业政策。这一切事实上是负担饭店的领导职责,而饭店场所的所有权人只不过是普通的营业资产出租人(最高法院商事庭,1995年12月19日)。只要确认"原被禁止担任管理职责"的公司法律上的经理在辞职之后仍然参与公司的管理事务,应当将其看成是公司"事实上的领导人"(巴黎法院,2000年10月10日)。与此相反,该经理的同居人虽然持有公司半数以上的资本并对公司的业务场所持有租约,但不交纳任何租金,在这种情况下不足以认定该人是公司事实上的领导人(同一判决)。一家法律顾问事务所的经理,为一家公司组织市场调研、寻找投资人、安排与金融机构接触,并且表明其对该公司有主管权力,为公司提供保证,这种情况说明其本人在其中有自己的利益,法院应将其视为公司"事实上的领导人"(图卢兹法院,1993年1月25日)。建筑人,与债务人公司签订"工程控制授权合同",多次进行银行结算时均不需要公司经理人签字,并且聘用其他企业参与工程施工,招聘施工人员或者同意给予相应的资金方面的利益,应被视为该工程的事实上的领导人(最高法院商事庭,2000年7月4日)。一名薪金雇员虽然持有公司一半以上的资本,但在该公司的管理中并无任何独立的主动活动,法院拒绝认定其为公司事实上的领导人(最高法院商事庭,2001年6月26日)。

6. 一公司在实行司法清算的债务人公司中持有资本,不能因为其履行两公司之间订立的行政服务合同而将此事实认定为该公司及其法定代表人参与该债务人公司管理的证据,因为该合同规定需要提供各种协助服务,并且应当给付并不过分的报酬(巴黎法院,1997年10月14日)。在一家有限责任公司内持有股份,但随后被任命为"自愿清算人"的人,不能被认定(此前)为该公司的事实上的领导人(巴黎法院,2000年6月13日)。有限责任公司的多数股东,亦是如此(最高法院商事庭,1994年1月25日)。母公司继续管理已经转移给子公司的资产的情况,参见最高法院商事庭1999年11月23日判决。某一股东被授予公司的签字权,如果这是表明其参与公司管理的唯一标志,那么,不能据此认定其在企业中享有(事实上的领导)权力(巴黎法院,1992年9月9日)。

7. 公法人担任(债务人的)领导人的情况:除法律有明文规定的例外情形,因公共行政服务造成的损害而引起的应当由国家或其他公法法人承担的责任,受公法制度的约束(管辖权限冲突法庭,1999年11月15日)。不能从第L651-2条的规定推断认为,立法者对有关公法人责任的原则规定例外,目的是要取消司法系统的法院对国家与公法人因执行公共行政服务引起的、追究民事责任的诉讼的管辖权(同一判决)。虽然说因公共行政服务造成的损害所引起的应当由国家或其他公法法人承担责任的诉讼,属于行政系统的法院管辖,但是,当这种责任是由于(公法人从事的)工商性质的活动引起时,仍应由司法系统的法院管辖相关诉讼,无必要查明公共机构是以法律上的领导人还是事实上的领导人的身份开展活动(管辖权限冲突法庭,2006年11月20日)。虽然说地方政府部门作为"混合经济公司"的股东,可以根据第L651-2条的规定受请求对该公司在清算时的资产不足承担全部或一部填补责任,但是,这些唯一适用于司法清算的规定并不准许地方行政部门在决定通过协商解散"混合经济公司"时违反有关对企业直接给予帮助的法律规定(最高行政法院,2000年3月15日)。

8. 法人的代表:由法人委任的常任代表仅在如其是以自己的名义作为管理者时,才按照《商法典》第L225-20条的规定承担相同的责任,且不妨碍由其代表的公司承担连带责任(巴黎法院,1991年6月18日)。市镇行政区担任某一协会的管理人时,具有该法人法律上的领导人的资格,可以被判决承担协会的债务之一部(最高法院商事庭,1993年2月16日)。

9. 法人原领导人的退出:在法人停止支付至其开始实行集体程序的期间已将其股份转让他人的原领导人,仍可被判决填补该法人的负债(最高法院商事庭,1969年2月4日);但是,法官应当具体说明在该领导人停止任职时公司就已经存在资产不足的问题(最高法院商事庭,1999年2月2日)。

10. 过错发生的日期:唯有公司领导人在该公司实行集体程序的判决作出之前进行的管理(活动中的过错),才能引起其(因公司资产不足而)填补负债之(责任的)诉讼,不能将该判决作出之后产生的负债作为引起此种制裁的负债对待(最高法院商事庭,1995年2月8日)。当公司领导人在管理中的过错与公司资产不足两者之间的因果关系得到确认时,此种过错可以是公司停止支付之前存在的过错(巴黎法院,1996年7月5日)。

11. 企业继续经营的方案(2005年7月25日法律之前的判决):企业继续经营方案中已安排的清理债务,不妨碍由领导人承担在集体程序中揭示出来的资产不足之全部或一部(最高法院商事庭,2006年11月21日)。

12. 过错的性质:负责公司管理的法律上的领导人,如果没有任何与"善意的(陷入破产境地的)倒霉商人"的行为形成鲜明对照的欺诈行为,也没有管理上的"典型的严重过错",不能按照第L651-2条的规定(责成其)负担填补司法清算的公司的负债的义务(布尔日法院,1998年6月3日)。只要法人的领导人没有任何管理上的过错,即使企业管理的结果非常糟糕,也不会受到个人制裁(巴黎法院,2000年9月8日)。法院判决认定,公司领导人不作为,不采取有效力的管理结构与可行的管理方法,从而使法人丧失机会,未能采取有效措施进行重整,把握经济与财务局面,公司管理全面混乱是导致公司资产不足并且不断加剧的原因,而管理人对此毫无觉察,这种情况充分说明公司领导人存在"管理上的典型过错"(最高法院商事庭,1993年12月14日)。公司领导人不借助长期贷款而是将自有资金作为投资资金,明知而故意对营业资产进行亏损经营,在资产负债表显示公司亏损数额已经超过其一半注册资本的情况下,仍然不召集股东大会听取意见以决定公司是否继续经营;采取各种手段少报亏损数额,掩盖公司的财务状况,欺骗股东与信贷给予机构;不指定会计监察人,多次动用公司的资金结算其个人的费用开支,运用公司资金偿还其享有利益的公司的债务;为自己确定过分的高额报酬;不顾公司经营活动的不确定性,高额分派股息;向并无确实工作岗位(空设岗位)的人支付薪金;不清偿公司原来的债务却招聘大批人员,进行大笔投资,而所签订的合同并无任何确定的前景;将公司的资金大量借贷给其领导的、已经发生困难的另一公司且不要求任何担保;等等。这些情况都可以构成管理上的过错。

13. 关于公司已停止支付却迟迟不进行申报,此种情况构成管理过错的问题,参见最高法院商事庭1998年12月8日判决。只要是由于公司领导人的过错促成了公司资产不足,该领导人即应对公司债务承担责任,无须查明该领导人本人是否从公司继续经营中获得利益(最高法院商事庭,1995年5月23日);因为,可以引起公司领导人被判清偿公司债务的"管理上的过错"可以独立存在,不论领导人是否是为其本人的利益而有过错(最高法院商事庭,2001年7月17日)。

14. 接受管理人(董事)职责的人有义务认真关注并监督公司的管理事务,即使管理人本人在管理事务中仅有有限的利益,这一事实并不能证明其有任何理由可以在管理中懈怠(最高法院商事庭,1995年1月31日);但是,当公司董事并无董事长或总经理身份时,以其不知道公司准确状况为理由,甚至以并未受召唤参加董事会为理由,也可能免于承担责任(最高法院商事庭,2002年5月14日)。有关的当事人不能以所谓(在实行管理的过程中)"受到持有公司90%资本的母公司的压力"为由而逃避责任(巴黎法院,1999年11月19日)。一董事不得以另一董事的态度(行为)作为借口而主张自己不受第L651-2条之规定的约束(最高法院商事庭,2002年1月8日)。法人董事(在其管理的公司处于停止支付状态时)不要求该公司的董事长申报(公司已)停止支付,属于有管理上的过错(最高法院商事庭,1997年3月25日);公司领导人不得以"公共权力机关的干预"为理由而逃避适用第L651-2条之规定(最高法院商事庭,2001年2月6日)。

15. 与此相反,公司领导人在明知公司亏损的情况下仍然接管公司的管理责任并继续进行经营,直至公司状况无法挽回并停止支付,对公司账目不符合规定之事实也作不出解释,并且也没有证明公司出现资产不足的情况是由原领导人的管理过错所造成,在此情况下,这些理由并不足以认定是该领导人管理上的过错促成了公司的资产不足(最高法院商事庭,1992年11月17日)。一董事容忍本公司制造的产品在未得到管理部门批准的情况下投入市场,并继续进行产品的经营,这种事实不能构成第L651-2条意义上的管理过错(最高法院商事庭,1992年12月15日)。公司领导人不(按照法律规定)指定会计监察人,构成促成有限责任公司资产不足的过错(巴黎法院,1997年11月18日)。

16. 因果关系:即使公司领导人的管理过错仅仅是造成公司资产不足的原因之一,仍可依据第L651-2条的规定宣告其应当承担责任,并可判处其承担公司的全部债务,即使其过错仅仅是造成部分负债的原因(最高法院商事庭,1993年11月30日)。两公司发生的困难并不是其领导人的管理过错所造成的,而是因为它们的合作伙伴停止支付,从而导致一项投资计划失败,法院拒绝判决公司领导人承担责任(巴黎法院,2002年2月1日)。

二、责任制度的实施

1. 时效期间(2005年7月26日法律之前的判例):(1)只有符合规定送达的传唤状,才能中断诉讼时效期间,由(司法)管理人提出的要求领导人填补公司负债的"申请",不能产生此种效果(第戎法院,1992年11月4日)。

(2) 在将程序扩张至其他公司的情况下,法院作出此种扩张判决之日才是计算"填补负债诉讼"的时效期间的起始日期,因为,只有在这一日期,程序机关才得以了解领导人对公司集团管理的准确状况以及他们在管理上(是否有)过错(巴黎法院,1994年12月20日)。(3) 因(领导人在)法人实行集体程序之前有管理上的过错而(对其)提出的清偿公司债务的诉讼,时效期间为3年,自确定企业实行司法重整的判决作出之日起计算或者从宣告企业进行司法清算的判决作出之日起开始计算(最高法院商事庭,2007年10月2日)。(4) 在存在转让方案的情况下,时效期间自确定该方案的判决之日起计算(最高法院商事庭,2004年5月19日)。(5) 在企业继续经营方案被解除之后开始新的集体程序时,以领导人在管理上有过错为依据对其提起填补公司负债诉讼的时效期间,自新的判决作出之日开始计算(最高法院商事庭,1998年1月20日)。(6) 在法定期限内对某一领导人提出"填补公司负债"的诉讼,并不对其他领导人中断诉讼时效期间,不论他们是法律上的领导人还是事实上的领导人,只要从"填补公司负债"的诉讼的角度来看,同一法人的这些领导人之间不存在任何连带关系即可(最高法院商事庭,2006年11月7日);如果对法人的负债全部或一部负有填补义务的领导人不履行此项义务,针对该领导人提起的对其实行司法重整的诉讼,在没有特别规定的情况下,不受填补公司债务诉讼的时效约束,而应当适用普通法的时效(最高法院商事庭,1996年5月14日)。以第L651-2条为依据的诉讼时效产生的理由,不得按照《民法典》第2247条的规定依职权提出(最高法院商事庭,2000年12月19日)。

2. 延期审理:正在进行中的以滥用公司财产罪、破产欺诈罪或者发布虚假信息或欺骗性信息罪对公司领导人提起的刑事诉讼,对有关填补公司负债的诉讼不产生影响(受理后一诉讼的法官无须延期审理裁判)(凡尔赛法院,1995年5月4日)。只要可以确认因公司领导人在管理上的过错提起的旨在对债权人受到的损失给予赔偿而填补公司亏损的诉讼,与对伪造文书罪提起的刑事诉讼没有任何依据与标的上的同一性,那么,就没有必要延迟审理因资产不足而提起的填补亏损的诉讼(最高法院商事庭,2000年1月18日)。

3. 资产不足:就适用第L651-2条的规定而言,不要求公司的负债数额已经确定具体数字,也不要求公司资产已经全部变现,只需要认定公司的资产肯定不足即可(最高法院商事庭,1996年7月17日)。可以对公司领导人先行作出处罚判决,甚至可以在公司负债清册尚未制定之前就作出判决(最高法院商事庭,1986年7月8日)。除法院作出先行处罚判决之外,第L651-2

条的适用要求已经进行债权审核,包括已经对无担保债权进行了审核,但是,在审核债权的活动终结之前即可提起"因资产不足而填补亏损的诉讼"。如果受到追诉的领导人之一对债权的总数提出异议,在考虑其提出的异议的基础上债权审核拖延的时间可能超过3年时(对以第L651-2条为依据的诉讼的时效期间),法庭应当支持清算人提出的延期审理的请求(巴黎法院,1997年3月28日)。只要债务人公司是其占用的土地的所有权人,就不能仅仅按照负债的数额来确定资产不足部分的数额,因为,不能丝毫不考虑土地的价值(巴黎法院,1997年5月30日)。

4. 可以判处由公司领导人承担的资产不足的部分是指,在集体程序过程中或者经过集体程序之后得到确认的不足的数额,但排除在集体程序判决作出之后才产生的任何负债;只要负债源于集体程序开始之前,并且此种负债的产生源于领导人已经得到认定的管理上的过错,即属于资产不足之范围(巴黎法院,1996年7月5日)。提起诉讼,请求由公司领导人承担公司负债时,应当按照受理诉讼的法院作出判决时的状况来评判公司(是否确实)存在"资产不足"的情况以及"不足的数额"(最高法院商事庭,1978年2月27日)。以(管理上有过错造成公司)"资产不足"为理由而判处公司领导人承担的债务之全部或一部,并不仅仅是指债权人恢复个人求偿权并取得执行根据的那些债务(埃克斯—普罗旺斯法院,1992年10月29日)。按照第L651-2条规定的条件可以判处由法人领导人承担的法人的债务,不得包括"以概括财产发生混同为原因而被扩张实行集体程序的"其他法人的负债,因为承担(自己领导的)本法人债务的领导人并不是这些其他法人的领导人(最高法院商事庭,2000年5月23日)。

5. 被判承担的数额:为了确定在管理上有过错的公司领导人应当承担的债务的数额,法院应当考虑领导人的过错的大小(严重程度)以及这种过错在造成资产不足方面所起的作用,而不是考虑法人对特定的债权人拖欠的债务数额有多少,即使在原则上因领导人的过错可以判处其全额清偿"资产的不足数额",亦应考虑其过错的具体情节(凡尔赛法院,1990年5月3日)。即使法人的领导人(在管理上)的过错仅仅是造成资产不足的原因之一,仍然可以按照第L651-2条的规定宣告其承担责任,判处其承担公司债务之全部或一部(最高法院商事庭,1998年2月17日)。为了确定在管理上有过错的公司领导人应当承担的债务数额,法院不仅应考虑领导人的过错的大小(严重程度)以及资产不足的数额,而且应当考虑领导人本人的状况及其填补债务的能力(凡尔赛法院,2001年9月27日)。第L651-2条并没有规定法院以资产不足的名义(对法人领导人)宣告的处罚应当与领导人在公司资本中的持股数额成比例(凡尔赛法院,1999 年 12 月 2 日)。判处法人领导人承担的债务的数额,不得超过法官作出判决之日认定的资产不足的实际数额(最高法院商事庭,2003 年 1 月 21 日)。法院判决法人的某一领导人全额承担"资产不足之部分",又判处另一领导人承担其中之一部,但并没有相应地明确减少前者所承担的部分,这一判决违反第 L651-2 条的规定(最高法院商事庭,1992 年 11 月 17 日)。

6. 法院可以不判处领导人"填补资产不足":第 L651-2 条给予法院以选择权利,可以不适用这一条文规定的制裁。因此,考虑到法人领导人已经履行保证人的义务,并且仅领取最低保障工资,法官可以不对该领导人宣告金钱性质的制裁,尽管其(原来)在管理上有过错(巴黎法院,1998 年 10 月 9 日)。领导人自愿支付现金、抛弃债权、转让其持有的可以用股份偿还的债权,通过这些形式填补法人的资产不足,总额已达 42 万法郎,可以满足清偿负债的要求,得免除对其宣告处罚(巴黎商事法院,1998 年 9 月 7 日)。

7. 连带性:综合第 L225-20 条与第 L651-2 条之规定,法人与其法定代表人之间对 1967 年 7 月 13 日法律第 99 条规定的责任存在法定的连带义务(最高法院商事庭,1986 年 12 月 2 日)。因此,在法定期限内对公司提起诉讼,中断对其法定代表人的诉讼时效期间(同一判决)。也是基于这种连带性,可以有效地以第 L651-2 条为依据仅对法人的常任代表提起诉讼(巴黎商事法院,1994 年 1 月 5 日)。

8. 法官只要没有受理这方面的任何请求,就没有义务宣告造成损害的每一共同行为人在其相互关系中应当承担的责任份额(最高法院商事庭,1995 年 1 月 3 日);由于判决没有在连带共同债务人之间分配他们各自应当承担的数额,共同债务人之间的关系自然受《民法典》第 1213 条至第 1214 条有关连带义务的普通法的规定调整(巴黎法院,1992 年 2 月 4 日)。

9. 和解:按照第 L651-2 条之规定宣告的处罚,不能作为和解(交易)的标的(最高法院商事庭,2003 年 11 月 5 日);但是,与此相反,也有在公司转让方案框架内"主要就放弃以第 L651-2 条为依据提起诉讼"而实现和解的情况(克雷泰尔法院,2001 年 7 月 27 日)。

10. 拒绝给予支付(宽限)期限:对于负有填补公司负债义务的领导人,法院拒绝给予支付宽限期,只不过是行使《民法典》第 1244-1 条赋予的权力,无须特别说明其所作判决的理由(最高法院商事庭,2003 年 10 月 8 日)。

11. 与领导人滥用公司财产情况下提起的民事诉讼的关系:虽然说,由清算人向商事法院提起的"请求公司领导人填补公司负债的诉讼"有一部分是以相同的管理过错为依据,但这一诉讼有别于领导人因滥用公司财产罪而引起的赔偿损害之民事诉讼(最高法院商事庭,1996年10月29日)。因此,尽管正在商事法院进行"要求被告人填补公司负债"的诉讼,以实行司法清算的公司的名义在刑事法院提起的民事诉讼仍然可予受理(最高法院刑事庭,1997年10月9日)。反过来,即使清算人已经在刑事法院获得公司领导人对滥用公司财产所造成的损失给予的赔偿,只要该领导人同意(由公司)给予其私人朋友借款,在认定滥用公司财产罪之外,还因其管理上的过错造成公司资产减少,那么,仍然可以判处该领导人填补债务人公司的资产不足(最高法院商事庭,2000年2月29日)。公司委托代理人,在领导人滥用公司财产罪的刑事诉讼中向刑事法院提起的请求损害赔偿的民事诉讼被驳回,仍然可以提起要求(领导人)填补公司负债的诉讼(最高法院商事庭,2001年11月27日)。由于以滥用公司财产罪和破产欺诈罪为依据提起的民事诉讼有别于(要求公司领导人)填补公司负债的诉讼,因此,受理前一诉讼的刑事法院不能判处滥用公司财产罪与破产欺诈罪的领导人承担公司负债(而应由商事法院管辖这一诉讼)(最高法院刑事庭,1998年8月5日)。

12. 以破产欺诈罪为依据向刑事法院提起的(附带)民事诉讼可以受理,这种(民事)诉讼有别于要求领导人填补公司负债的诉讼(最高法院刑事庭,2001年6月13日)。

13. 款项的分配:按照第L651-2条第3款的规定,由法人的领导人按照该条第1款支付的(用于填补资产不足的)款项归入债务人的概括财产,在进行清算的情况下,在所有的债权人之间按照比例分配,这些款项的分配不给予特别优先权债权人以优先受偿地位(最高法院商事庭,1997年5月20日)。

第 L651-3 条 (2005年7月26日第2005-845号法律第129条)在第L651-2条规定的情况下,法庭经(2008年12月18日第2008-1345号法令第132条废止:"司法代理人")清算人或者检察院提出请求,受理诉讼。

在(2008年12月18日第2008-1345号法令第132条)"清算人"没有提起第L651-2条所指的诉讼的情况下,在按照最高行政法院提出资政意见后颁布的法令规定的期限与条件发出催告仍无结果时,法庭得应被任命为监督人的债权人的多数为了债权人集体的利益提出的请求而受理诉讼。

(2014年3月12日第2014-326号法律第86条废止:委任法官既不能作为判决法庭的成员,也不得参加评议。)

(2008年12月18日第2008-1345号法令第132条)领导人(2010年12月9日第2010-1512号法令第6-2条)"或者有限责任个体企业主"受判决支付的"不能收回的诉讼费用",用其为垫补负债而交纳的款项优先支付。

第L651-4条 (2005年7月26日第2005-845号法律第130条)不论有何相反的立法规定,为适用第L651-2条的规定,法庭庭长得依职权或者应第L651-3条所指的人之一提出的请求,责成委任法官,或者在没有委任法官的情况下,责成其指定的本法庭的一名成员从行政部门、公共组织机构、社会保险与互济组织以及信贷机构、金融公司、电子货币机构取得有关第L651-1条所指的法人的领导人以及作为领导人的法人的常任代表的概括财产状况的信息,(2010年12月9日第2010-1512号法令第6-4条)"或者有限责任个体企业主的收入及其没有指定用途的概括财产的信息"。

法庭庭长得按照相同条件对前款所指的法人的领导人或其常任代表的财产,(2010年12月9日第2010-1512号法令第6-4条)"或者有限责任个体企业主的包括在没有专门用途的概括财产内的某些财产"采取任何有必要的保全措施。(2012年3月12日第2012-346号法律第3条)"法庭庭长可以按照第L631-10-1条的规定继续保持已经命令对法律上或事实上的领导人采取的措施"。

在实行保护程序、司法重整或司法清算程序的法人的成员或合伙人对法人的债务负连带无限责任的情况下,适用本条之规定。

第二章 对公司债务的义务

(2008年12月18日第2008-1345号法令第133条废止)

第L652-1条原条文:(2005年7月26日第2005-845号法律第131条)法人的法律上或事实上的领导人之一经认定因以下过错之一促成法人停止支付的,法庭得在实施司法清算程序的过程中决定由该人承担法人债务之全部或一部:

1. 将法人的财产作为自己的财产予以处分的;
2. 以法人作掩护,掩盖其行为,为个人利益从事商事行为的;
3. 违反法人的利益,将法人的财产或信贷用于个人目的或者利益于其本人曾经直接或间接有利益的其他法人或企业的;
4. 为个人利益,滥用权力继续亏损经营,最终必然导致法人停止支付的;

5. 挪用或隐匿法人资产之全部或一部,或者弄虚作假增加法人负债数额的。

在本条所指情况下,不得适用第 L651-2 条之规定。

第 L652-2 条原条文:(2005 年 7 月 26 日第 2005-845 号法律第 131 条)在法人有多名领导人的情况下,法庭考虑每一个人的过错情况,决定其各自应当承担的社会性债务的数额;法庭得以说明理由的判决宣告这些领导人对这些债务承担连带责任。

第 L652-3 条原条文:(2005 年 7 月 26 日第 2005-845 号法律第 131 条)由此收取的款项,按照债权人的担保顺位进行清偿。

第 L652-4 条原条文:(2005 年 7 月 26 日第 2005-845 号法律第 131 条)此种诉讼时效期间为 3 年,自宣告司法清算的判决之日开始计算。

第 L652-5 条原条文:(2005 年 7 月 26 日第 2005-845 号法律第 131 条)第 L651-3 条与第 L651-4 条之规定适用于本章规定的诉讼。

第三章　个人破产[①]及其他禁止性措施

第 L653-1 条　(2005 年 7 月 26 日第 2005-845 号法律第 132 条)一、在实行司法重整或司法清算程序时,本章之规定适用于下列人员:

1. 从事(2008 年 12 月 18 日第 2008-1345 号法令第 134 条)"商业、手工业活动的自然人、农业生产者",以及其他所有从事独立的职业活动,其中包括从事受法律与条例特别规范、名称受到保护的自由职业的自然人;

2. 担任法人法律上或事实上的领导人的自然人;

3. 担任上述第 2 点定义的法人的领导人、常任代表的自然人。

相同规定不适用于从事独立的职业活动并由此名义而受纪律惩戒规则

[①]　本《法典》规定的"个人破产"(faillite personnelle)是在司法重整程序或司法清算程序中可能对第 L653-1 条所指的特定的自然人因第 L653-3 条、第 L653-4 条、第 L653-5 条规定的事实以及第 L653-6 条所指情况宣告的制裁措施,不论该人本人是商人还是从事经济活动的法人的法律上的领导人或者由法人派出的常任代表。这种制裁,除丧失相应的权利之外,还包括禁止该人担任任何企业或任何法人的领导、管理或监督职务,"个人破产"主要体现为禁止权利、丧失权利。有人据此将其译为"人格破产"。本书译者认为,"人格破产"一语似有过头之嫌。此外,应当区分的是:在法国,非商人自然人处于资不抵债的状况时,称为"个人超额负债"(surendettement),适用的是"个人超额负债处理程序",这一程序是由《消费法典》作出的规定,与《商法典》规定的"个人破产"是不同的程序,尽管在日常用语中有时仍将前者称为"个人破产"。个人破产程序与第 L653-8 条规定的"权利禁止"也不能等同,后者可以替代宣告个人破产,两者都是独立的制裁措施,是独立的程序。——译者注

约束的自然人或法人的领导人。

二、本章规定的诉讼，时效期间为 3 年，自宣告实行第一项所指程序的判决之日起计算。

司法解释：

1. 本条规定所针对的人：法人法律上的领导人，参见第 L653-4 条。

2. 法人事实上的领导人：为了认定当事人具有法人事实上的经理资格，有必要证明当事人实施了积极的管理行为（巴黎法院，1999 年 2 月 15 日）；照此意义，为了认定当事人具有法人事实上的领导人的资格，法庭可以考虑（参照）此前依据第 L651-2 条对（该）领导人作出处罚的、已经终局确定的判决（中所作的认定）（最高法院商事庭，2000 年 10 月 3 日）。

3. 领导人是否领取报酬：第 L653-1 条的规定不区分领导人是否领取报酬（之不同情况）（最高法院商事庭，1999 年 2 月 16 日）。

4. 法人的常任代表：关于法人的常任代表的问题，参见巴黎法院 1995 年 5 月 16 日判决。

5. 外国公司（在法国的）分店的领导人：按照德国法律设立的公司在法国设立分公司，只要其符合体现分公司特点的各项标准，尽管其在法国"商事及公司注册登记簿"上进行了公示，仍然没有独立的法人资格；这样一来，在该分公司被宣告实行司法重整之后，因其以领导人的身份实施的行为而受到传唤的当事人，由于从未担任过该德国法上的公司的领导人，因此，对其不适用第 L653-1 条之规定（巴黎法院，1997 年 6 月 27 日）。

6. 从事经济活动的法人：一家协会，为了实现其宗旨，雇佣 15 名雇员，并且对其从事的服务性给付收取费用，每月向其中担任经理的雇员支付住房补贴，该协会具有经济性质的宗旨（巴黎法院，2003 年 1 月 17 日）。

7. 独立的职业人：与从事独立的自由职业的医生和律师不同，药房经营者是在"商事及公司注册登记簿"上登记注册的商人，因此可以受到第 L653-1 条至第 L653-11 条规定的制裁；这些条文仅对从事独立的职业活动的自然人作出了例外规定并以此名义对他们规定了纪律制裁（药房不属于这一类自然人）（巴黎法院，2008 年 9 月 23 日）。

8. 重整方案被解除，司法重整程序因此而终结时，由于新的程序已经开始，法庭没有权力因涉及"已经不再进行的程序"的事实而制裁债务人（卡昂法院，1995 年 6 月 1 日）。

第 L653-2 条 个人破产意味着禁止直接或间接领导、经营、管理或者监督任何商业或手工业企业、任何农业经营企业(2005年7月26日第2005-845号法律第133条)"或任何从事其他独立活动的企业以及任何法人"。

司法解释：
领导行为：关于是否应当将签订商业租约的行为看成是对商业企业的领导行为，参见最高法院第三民事庭1999年1月27日判决。

第 L653-3 条 (2005年7月26日第2005-845号法律第134条)一、第L653-1条第一项所指的任何人经认定有以下情形之一的，法院得宣告其个人破产，但保留该条第一项最后一款规定的例外：

1. 继续滥行从事已经亏损的经营活动，其结果必然导致企业停止支付的；

2. (2005年7月26日第2005-845号法律第133条废止："不按照法律规定制作会计账目或者隐藏或指使隐藏全部或部分会计文件的。")

3. 挪用或隐匿其资产之全部或一部，(2008年12月18日第2008-1345号法令第134条)"或者，弄虚作假增加其负债的数额的"。

(2010年12月9日第2010-1512号法令第6-5条)二、此外，除相同保留条件外，认定有限责任个体企业主有以下事实的，得宣告其个人破产：

1. 如同这些财产属于其他没有指定用途的概括财产一样，处分包括在程序所针对的概括财产中的财产；

2. 以程序所针对的活动为掩护，为该活动之外的其他活动的利益从事商事行为；

3. 为其个人目的，或者为其原有直接或间接利益的法人或企业的利益，将程序所针对的企业的财产或信贷用于危害该企业利益之用途。

司法解释：
在实行集体程序的判决作出之后，由另一判决确定在3个月期间继续经营营业资产的，不得以债务人的经营活动已超过判决确定的3个月，即宣告其个人破产(波城法院，1998年6月24日)。确定债务人停止支付的日期的判决仅仅指出，只有机构债权人没有获得清偿，但并未证明债务人继续从事的经营活动必然导致其停止支付，因此债务人的行为并没有滥权性质，不应宣告其个人破产(同一判决)。

第 L653-4 条 （2008 年 12 月 18 日第 2008-1345 号法令第 135 条）法人的法律上或事实上的任何领导人经认定有以下行为之一的，法庭得宣告其宣告个人破产：

1. 将法人的财产如同自己的财产予以处分的；
2. 以法人作掩护，掩盖其行为，为个人利益从事商事行为的；
3. 违反法人的利益，将法人的财产或信贷用于个人目的或者利益于其本人曾直接或间接有利益的其他法人或企业的；
4. 为个人利益滥用权力继续亏损经营，最终必然导致法人停止支付的；
5. 挪用或隐匿法人资产之全部或一部，或者弄虚作假增加其负债数额的。

司法解释：

1. 法律上的领导人：公司的原总经理已经改任监事会主席，不再有资格申报公司停止支付，因此，也不能被宣告禁止担任（本条所指的）领导职责（巴黎法院，1995 年 6 月 9 日）。同样，公司的经理不因其辞职后的事实而受宣告个人破产（最高法院商事庭，1997 年 1 月 14 日）。第 L653-4 条意义上的法人的法律上的领导人，不得主张其仅仅是公司的事实上的领导人的借名，以此摆脱其应负的责任（最高法院商事庭，1991 年 11 月 2 日）。

2. 事实上的领导人：从法律上看，公司事实上的领导人的身份，应有（当事人）"完全有权独立地主动从事使公司承担义务的管理与领导活动"来具体体现（巴黎法院，1997 年 12 月 16 日）；仅仅在数月之内掌握公司的签字权，而没有其他积极要件能够证明当事人对公司从事管理与领导行为时，不足以体现其具有事实上的领导人的身份（同一判决）；不能仅仅因为当事人的劳动合同为虚拟性质，就推断当事人具有法人事实上的经理的资格（最高法院商事庭，2005 年 5 月 24 日）。公司股东的身份，即使是多数股东的身份，本身并不意味着当事人实际参与公司的管理活动，因此，也不必然意味着其具有公司事实上的领导人的身份（巴黎法院，1995 年 9 月 19 日）；同样，一薪金雇员占有某一公司 1/4 的资本，并且为该公司的债权人受益而提供保证，因为他在公司中持有资本，对公司的良好运作享有直接的利益，仅仅凭这些情况，不足以认定该薪金雇员具有公司事实上的领导人的身份（巴黎法院，1996 年 1 月 19 日）；与此相反，一家有限责任公司的法律上的领导人的妻子，持有能够使公司承担义务的授权，也是公司的保证人，并且持有持股人转账账号，因此被认定为公司的事实上的领导人（巴黎法院，1996 年 2 月 6 日）。

3. 此前已受到处罚:同一人在数家公司里担任领导人职务,可以因其担任每一公司领导人的身份而受到个人破产制裁,因此,其可以因有限责任公司经理的身份受到这种处罚,即使他在此之前因另一公司领导人的身份已经受到同样的处罚(凡尔赛法院,1996年11月14日)。

4. 可以受到处罚的行为:只有法院作出实行集体程序的判决之前的事实才能作为宣告个人破产的理由(最高法院商事庭,2000年10月17日);只能对实施第L624-5条所指行为的领导人宣告个人破产(最高法院商事庭,1992年11月17日)。在1994年法律之前,不按照规定制作账目,不属于"可据以宣告领导人个人破产"的事实(行为),法律只是规定"领导人毁弃、隐匿会计文件或者不制作账目的情况下",可以宣告其个人破产(巴黎法院,1989年6月13日)。没有及时记账,不等于完全不制作账目,只有后一种情况才能作为禁止(领导人)从事职业的理由(巴黎法院,1990年5月29日)。

第L653-5条 (2005年7月26日第2005-845号法律第136条)第L653-1条所指的任何人经认定有以下情形之一的,法院得宣告其个人破产:

1. 违背法律规定的禁止事项,从事商业、手工业活动或农业活动或者担任法人的领导或管理职务的;

2. 为了避免或者推迟实行司法重整或者司法清算程序,按照低于市价的价格重新卖出而进行买进活动,或者以耗尽资财的高昂代价获取资金的;

3. 明知企业或法人本身的状况,为他人利益并且无任何对等代价,承诺在签约之当时就被认为是过于重大的义务的;

4. 企业停止支付之后,在其明知停止支付之事实的情况下,损害其他债权人利益,清偿或让他人清偿某一个债权人的债务的;

5. 故意不与实行程序的机关合作,对程序的正常进行设置妨碍的;

6. 指使藏匿会计文件;在有关法规规定此种义务的情况下,不制作账目,或者从有关法规的规定来看,制作假账或者制作的账目明显不完整或不符合规定的;

7. 故意以某个债权人的名义申报某项虚假不实的债权。

司法解释:

1. 本条所针对的人:(即使)有限责任公司的两经理之一的任命事项没有在"商事及公司注册登记簿"上进行公示,也不能以此为理由认为:这种没有进行公示的情况本身足以证明该人并未管理过公司,因此不应受到第

L653-5 条及第 L653-8 条规定的制裁(而任命事宜原本就应由其进行公示,因此,该人仍适用相关规定)(巴黎法院,1989 年 9 月 26 日)。

2. 尽管某一经理辞职并未在"商事及公司注册登记簿"上进行公示,仍然不能将该人辞职之后发生的事实作为宣告第 L653-8 条规定的禁止(其)任职的理由(巴黎法院,1990 年 5 月 15 日)。

3. 公司事实上的领导人负有义务,对公司停止支付的状态作出申报,即使其并非公司的法定代表人,或者并未得到申报停止支付的特别授权(最高法院商事庭,1998 年 1 月 6 日)。当公司的某一董事并不是公司事实上的领导人时,不得令其承担没有及时申报公司停止支付的责任(巴黎法院,1996 年 10 月 25 日);公司董事会成员并未证明他们原已在董事会内采取行动,要求进行停止支付申报的,仍然属于第 L653-8 条的适用范围(最高法院商事庭,1992 年 6 月 9 日);当事人(仅仅是)接受公司"名誉经理"的职位,这一事实不能免除公司的任何领导人应当负担的"监督企业良好运作,遵守各项法定义务"的责任(巴黎法院,1998 年 10 月 23 日);照此意义,当公司的前领导人仍然是公司事实上的领导人时,隐瞒公司的真实状况,并不能因此而免除公司法律上的领导人的责任,公司法律上的领导人,自其受任命之日即应对公司的财务状况进行切实的分析,并在相应情况下就公司停止支付作出申报(最高法院商事庭,1999 年 1 月 5 日)。

4. 只要涉及的是 1988 年 12 月 30 日第 88-1202 号法律之前发生的事实,对农业经营者不得宣告个人破产(最高法院商事庭,1996 年 10 月 8 日)。

5. 应当受到制裁的行为:依据第 L653-8 条的规定,对违反 1945 年 12 月 19 日法令规定的禁止事项的公证人实行制裁,参见最高法院商事庭 1995 年 10 月 10 日判决。一家有限责任公司的经理签订两份分包合同,涉及的项目很大,与公司的能力很不相称,公司因此面临极大的风险,尽管如此,仍不能就此宣告该经理个人破产(巴黎法院,1991 年 10 月 29 日);与此相反,个体经营者同意与其妻子及两子女签订劳动合同,但并非出于企业实际经营活动所必要,而且企业活动不能承受由此引起的负担,在此情况下,有理由按照第 L653-8 条的规定宣告该个体经营者个人破产(最高法院商事庭,2004 年 9 月 28 日)。

6. 延迟申报停止支付状况(2005 年 7 月 26 日法律之前的判例):《商法典》原第 L625-5 条(1985 年 1 月 25 日第 85-98 号法律第 189 条)规定:"第 L625-1 条所指的任何人,有下列行为之一的,法庭得在司法重整程序或者司法清算程序进行的任何时候,对其宣告个人破产:(1) 违背法律规定的禁令,从事商业、手工业或农业经营活动，或者担任法人的领导或管理职务；(2) 旨在避免或推迟司法重整或者司法清算程序，为按照低于市价的价格重新卖出而进行买进活动，或者以高昂代价获取资金；(3) 为他人利益，并且没有任何对应的补偿，从企业或者法人的状况来看，承诺在签约时就被认定为过重的义务；(4) 企业停止支付之后，在其明知停止支付的情况下，损害其他债权人利益，对某一个债权人进行债务清偿，或者让他人对某一债权人进行债务清偿；(5) 在15天期限内，不申报其处于停止支付状态。"按照这一条文第5点的规定，只有经认定在债权人申请债务人实行集体程序之前超过15天，债务人即已停止支付（而没有进行申报）的情况下，才能宣告债务人个人破产（最高法院商事庭，2000年2月15日）。事实审（一审或上诉审）法官应当确认债务人在"得到认定的停止支付之日"不能以其可处分的资产清偿到期债务（最高法院商事庭，2000年2月15日）；与此相反，事实审法官并无义务确定企业资产不足的数额就是领导人在申报停止支付之日业已存在的数额（最高法院商事庭，1999年10月26日）；受到债务追偿的公司领导人，为辩护之需要，有权对实行集体程序的判决确定的停止支付的日期提出异议（最高法院商事庭，2000年7月4日）。由于没有在规定的期限进行（有关停止支付事由的）申报而引起的责任，唯一由债务人承担，即使是听了第三人建议而延迟进行此项申报，亦同（最高法院商事庭，1993年11月30日）；没有必要考虑领导人之所以延迟申报停止支付状态的理由，也无须考虑其没有进行申报是否属于故意（最高法院商事庭，1995年10月10日）。债务人有义务在停止支付起15日内申请实行司法重整程序，并不因为债权人已经对其提出实行司法重整程序的传唤状，就免除债务人申报停止支付的义务（最高法院商事庭，1999年1月19日）。法人法律上的领导人不得以其"已经将职责抛弃给事实上的领导人"为理由，或者以其本人不过是"挂名"为理由，而主张免除其应当承担的义务（最高法院商事庭，2002年2月5日）。因此，一个年仅19岁的女孩，因其父亲的要求，签署了多项文件，但她根本不了解这些文件的真正作用，却因此而成为公司的一名股东与经理，尽管她根本不了解公司的运作、困难以及实行司法重整之事实，这种情况仍然不能使其免受制裁（巴黎法院，1999年6月18日）。

7. 只要公司已经获得司法重整方案（即使后来被解除），即使公司领导人在该方案确定之前没有进行"停止支付申报"，也不应再受制裁（最高法院商事庭，1998年3月17日）。

8.《商法典》第L653-5条对个人破产的原因进行了严格的限制性列举，

该条列举的原因中并未针对"商人在司法清算程序过程中创立个人活动"的情况而规定任何个人破产措施(最高法院商事庭,1998年3月17日);同样,资产不足也不构成第L653-4条所指的可"据以宣告个人破产的原因",而且,即使资产不足的数额很大,仅此一项,也不能作为禁止从事职业的依据(巴黎法院,1990年5月29日)。

9. 任意性措施:按照第L653-5条的规定,法官有权宣告有该条所指事实的领导人个人破产(最高法院商事庭,2001年11月9日)。

第L653-6条 对于不清偿按照第L651-2条之规定应当由其承担之债务的法人领导人(2010年12月9日第2010-1512号法令第6-5条)"或有限责任个体企业主",法庭得宣告其个人破产。

司法解释:
本条规定应严格解释:第L653-6条只适用于领导人按照第L651-2条的规定被判处承担法人的全部或一部债务而拒不清偿相应数额的情况(最高法院商事庭,1998年1月6日)。

第L653-7条 (2005年7月26日第2005-845号法律第137条)在第L653-3条至第L653-6条与第L653-8条所指情况下,法庭应司法代理人、清算人或者检察院提出请求而受理诉讼。

在按照最高行政法院提出咨政意见后颁布的法令确定的期限与条件进行催告仍无结果,有资格提起诉讼的司法代理人没有提起相应条文规定的诉讼的情况下,法庭亦可在程序进行的任何时候,经任命为监督人的债权人中的多数人为了债权人的集体利益提出请求,受理诉讼。

(2008年12月18日第2008-1345号法令第136条)"委任法官既不得作为审判法庭的成员,也不得参与评议"。

第L653-8条 在第L653-3条至第L653-6条所指情况下,法庭可以宣告以下处分替代宣告个人破产:禁止直接或间接领导、管理或监督任何商业企业或手工业企业,或者任何农业企业或任何法人,或者宣告禁止直接或间接领导、管理或监督这些法人中的某一或某些法人。

第L653-1条所指的任何人,出于恶意,在开始程序的判决作出后1个月内,不按照第L622-6条的规定将其应当报送的情况送交司法代理人、(2005年7月26日第2005-845号法律第137条)"管理人或清算人",或者明知而故意违反第L622-22条第2款规定的告知义务的,亦适用本条第1款所指的禁止事项。

(2005年7月26日第2005-845号法律第137条)"第L653-1条所指的任何人,自其停止支付起45日期限内,不向法庭申请实行司法重整程序或司法清算程序,此前也没有申请实行和解程序的,亦适用这些禁止规定。"

司法解释:

1. 本条规定所针对的人:按照第L653-8条的规定,对于一人有限责任企业的经理,即使其不领取报酬,仍可被有效判处禁止担任管理职务(最高法院商事庭,1999年2月16日);关于本条之规定适用于协会领导人的问题,参见克雷泰尔大审法院1989年2月15日判决。

2. 应当受到处罚的行为:没有提交会计账目,不足以作为宣告禁止(当事人)管理企业的理由(最高法院商事庭,2003年12月3日);一家股份有限公司的管理委员会主席(董事局主席),为公司缔结多项合同,从合同缔结当时的情况来看,公司承担的义务过于沉重,在没有经营预算账目和准备资金的情况下,公司投入了过多的资金,这种做法属于管理不慎,该人应当辞职,并有理由宣告禁止其担任(企业)管理职务(巴黎法院,1990年11月9日)。

3. 公司已停止支付,却迟迟不进行申报:对于不按照规定的期限申报公司停止支付之事实的领导人宣告禁止其担任管理职务,参见最高法院商事庭1998年10月13日判决;与此相反,法院作出判决认为,尽管法律规定的申报停止支付的期限已经超过,但是经认定,公司领导人在了解到协商清理债务的尝试失败之后立即进行了停止支付申报,因此,排除对其适用第L653-8条的规定(巴黎法院,1999年6月6日);只要因没有履行企业继续经营方案规定的财务义务导致该方案被解除并开始新的集体程序(对企业实现司法重整),那么,就不得再依据在法律规定的15日期限内没有进行停止支付的申报而宣告禁止(当事人)管理企业的制裁(最高法院商事庭,2001年5月29日)。

4. 一审法院已经宣告"禁止(当事人)管理企业",上诉法院不得宣告用更为严厉的个人破产制裁取代之(最高法院商事庭,1994年4月5日)。

第L653-9条 在实行司法重整程序或司法清算程序的法人的股东大会上,被宣告个人破产或受到第L653-8条所指的禁止权利的领导人的表决权,由法院为此指定的一名代理人行使。法庭应管理人、清算人或者方案执行监察人的请求指定代理人。

法庭可以责令这些领导人或者其中特定的人受强制转让他们在该法人里持有的股份或者份额,或者命令由法院指定的代理人在必要时经过鉴定后负责强制转让这些股份或份额;在判决由领导人承担公司债务的情况下,转让股份所得的款项用于支付公司的部分债务。

司法解释:

法院不得将第L653-9条规定的措施扩张至公司领导人在其他法人里持有的股份;禁止法人领导人担任监督、管理职责,不一定强制领导人转让这些股份作为个人破产的后果(凡尔赛法院,1993年2月25日)。

第L653-10条 (2005年7月26日第2005-845号法律第137条)法庭宣告个人破产时,可以宣告当事人无能力担任经选举任职的公职。此种无任职能力处分的期间,与个人破产期间相同,但以5年为限。法院判决为终局判决时,检察院向当事人通知此种无能力处分,并自该通知之日起产生效力。

第L653-11条 (2005年7月26日第2005-845号法律第140条)法庭宣告个人破产或者宣告第L653-8条所指的禁止权利时,应确定实行这些措施的期限。该期限不得超过15年。法庭可以命令其判决先予执行。丧失权利或者禁止权利以及无能力担任选举公职之处分,在法庭确定的期限到期时当然停止,无须另作判决。

因负债消灭而宣告程序终结的判决,其中包括在(2008年12月18日第2008-1345号法令第138条)"执行第L651-2条对当事人宣告的处罚之后宣告程序终结的判决",均恢复(2008年12月18日第2008-1345号法令第163-2条)"自然人债务人"或法人的领导人的全部权利。这项判决免除或者取消对这些自然人或法人领导人宣告的所有丧失权利、禁止权利与禁止担任选举公职的处分。

有利益关系的人,如果对清偿债务作出了充分的贡献,可以向法庭申请撤销有关全部或部分丧失权利、禁止权利与禁止担任选举公职的处分。

如果是受到第L653-8条所指的禁止权利处分,在当事人提出任何担保,证明其有能力领导或监督一家或数家企业或同一条文所指的法人时,也可以撤销对其宣告的禁止权利处分。

在对这些自然人或法人的领导人宣告撤销丧失权利、禁止权利处分时,法庭作出这项判决即意味着恢复他们的权利。

第四章　破产欺诈罪及其他违法行为

第一节　破产欺诈罪

第 L654-1 条　本节之规定适用于：

1. (2008 年 12 月 18 日第 2008-1345 号法令第 139 条)"从事商业或手工业活动的任何人、任何农业生产者及其他所有从事独立的职业活动，其中包括从事受法律与条例特别规范、名称受到保护的自由职业的自然人"；

2. 直接或间接在法律上或事实上领导过私法法人或者负责过私法法人清算的任何自然人；

3. 领导上述第 2 点所指法人的法人所派出的常任代表自然人。

第 L654-2 条　第 L654-1 条所指的人，在实行司法重整程序或司法清算程序的情况下，有以下行为的，犯破产欺诈罪：

1. 意图避免或推迟司法重整程序(2008 年 12 月 18 日第 2008-1345 号法令第 140 条)"或司法清算程序"，为按照低于市价的价格重新卖出而进行买进活动，或者以耗尽资财的高昂代价获取资金的；

2. 转移或隐匿债务人的全部或部分资产的；

3. 采取欺诈手段增加债务人的负债数额的；

4. 设立假账，或者隐匿企业或法人的会计文件，或者在(2005 年 7 月 26 日第 2005-845 号法律第 142-1 条)"法律规定有此种义务时"，不按照规定制作任何账目的；

5. 从法律规定来看，制作明显不完整或不符合规定的账目的。

司法解释：

1. 为了获取资金，开具虚假发票、许诺给予优厚待遇，由此导致的结果只能是进一步加剧企业的财务困难，此种耗损公司资产的手段构成破产欺诈罪(最高法院刑事庭，1993 年 12 月 6 日)，例如，以低于"分包市价"的价格订立建筑合同的。

2. "采用各种手段获取资金"的概念：这一概念要求(行为人)有主动行为，能够取得或回收资金，而不是简单地放弃清偿合法存在的债务；采用的手段具有"耗损公司资财"的性质，要求具备的条件是：在采取这些手段的同时,不可避免地增加公司的负债(凡尔赛法院,1993年6月11日);为了一家停止支付已经3年,明显无偿还能力的公司的利益向银行缔结借贷,仅凭此事实不足以认定有破产欺诈行为(最高法院刑事庭,1996年9月26日);将公司资金用于原定用途之外的其他用途,并不构成采取"耗损公司资财的手段"获取资金(最高法院刑事庭,1999年6月16日)。

3. 股份有限公司的董事长采取各种方法减少公司的负债并且在很大程度上达到了目的,不能据此指控其是为了避免或推迟公司停止支付而"采取耗尽公司资产、导致公司破产的手段",因此,该董事长的行为不构成破产欺诈行为(巴黎法院,1992年4月22日)。

4. 无论经认定的事实(行为)是发生在停止支付之前还是其后,只要这些行为是本着相同的意图,是为了达到相同的目的与效果——意图避免或推迟认定债务人停止支付,或者在当事人无法清偿到期债务的条件下使用公司资产,这种情况即可构成破产欺诈罪(最高法院刑事庭,1994年9月21日)。

5. 转移或隐匿资产:通过转移或隐匿资产实施的破产欺诈罪的前提条件是,债务人已经开始实行司法重整程序,这是提起公诉的先决条件,并构成一项程序规则,但这一规则对之前已经提起的追诉不产生影响(最高法院刑事庭,1986年3月10日)。由转移资产构成的破产欺诈罪意味着第L654-1条所列举的人"故意散佚"已经停止支付的债务人的资产要素(最高法院刑事庭,1989年6月5日)。在债务人停止支付之后,就债务人的概括财产实施的欺诈侵害债权人权益的任何故意处分行为,均构成通过转移或隐匿资产而实行的破产欺诈罪(最高法院刑事庭,1995年5月11日);关于债务人将出卖营业资产的价金予以提存,以便将其用于清偿对债权人的债务,债务人并无转移资产的故意,参见最高法院刑事庭1996年6月13日判决。所谓"故意散佚"债务人的概括财产要素的行为应当是第L654-1条所列举的人实施的行为;在由清算人经委任法官批准将公司资产的主要构成要素卖出时,实行司法清算的公司的经理不应受到处罚(最高法院刑事庭,1996年2月22日);不要求行为人采取的毁弃行为或处分行为已经使(债务人的)资产要素最终从其概括财产中消失,只需资产要素被故意隐藏或者转移,使之不能被债权人掌控,即可构成侵吞或隐匿资产(同一判决)。

6. 在认定(是否)构成破产欺诈罪时,刑事法官有权在考虑提交其评判的各项要素的基础上认定停止支付的日期并不是商事法院原先认定的日期(最高法院刑事庭,1991年11月18日);也可以在此意义上认定停止支付日期之前进行的转移资产的行为构成破产欺诈罪(最高法院刑事庭,1992年10

月5日)。

7. 公司领导人向该法人的一名或数名债权人转让其全部或部分财产，转让价格等于或高于这些财产的价值，而且这些受益债权人的债权已经到期、数额已经确定，这种情况不构成"通过转移公司资产实行的破产欺诈罪"（而是正常的清偿行为）（最高法院刑事庭，1989年1月16日）。自1985年1月25日法律废止1967年7月31日法律第131条第3款的规定之后，以抵债方式转让财产，只能作为对某项债权的"优先清偿"对待，而不再受到刑事制裁（同一判决）。

8. 顾客群体虽然是营业资产的构成要素之一，只要这项要素不是已经停止支付的公司的财产，因而不属于公司资产的范围，那么，已经实行租赁经营的营业资产的顾客群体发生转移，不能构成"采用转移资产的方式实行的破产欺诈罪"（最高法院刑事庭，1995年8月22日）；将按照保留所有权条款购买的车辆卖出，价格低于买入价，法庭认为这项买卖构成"通过转移资产实施的破产欺诈罪"（最高法院刑事庭，2004年10月20日）。

9. 公司领导人作为公司日常转账账目的持有人，在宣告公司实施司法重整程序的判决以及确定转让方案的判决作出之后，从公司账目上提取资金，用于清偿"因没有进行申报而已经消灭的债权"，且该领导人也已被部分停止管理权限，其行为构成通过转移公司资产实行的破产欺诈罪（最高法院刑事庭，1995年3月20日）。构成破产欺诈罪的行为包括：继续与公司的某些雇员一起从事搬家运送活动，并且亲自受领顾客支付的款项（最高法院刑事庭，1998年8月5日）；按照低于市场价值的价格，将实行司法重整程序的公司的某项资产要素转让给领导人本人在其中有利益的另一家公司（最高法院刑事庭，1992年12月7日）；在夫妻双方协议离婚程序开始之后，将属于夫妻共同财产的一宗不动产卖出，并将出卖所得的款项存入以女儿的名义在卢森堡银行开立的账户，意图将这些资产排除在"对债权人的担保"之外（最高法院商事庭，2000年3月29日）；与经营场所建筑物的所有权人串通，听任其处分公司在其内从事经营活动的场所，而不就公司丧失经营场所的租约权受到的损害向该所有权人请求赔偿（最高法院刑事庭，1995年10月26日）；（准许）使用公司承租的套房而不要求缴纳租金（巴黎法院，1996年5月16日）；不顾公司的财务状况，同意给予特定的人以过分的报酬（最高法院刑事庭，1998年6月18日）；签发转账支付指令，偿还作为其家庭成员的股东的款项（最高法院刑事庭，1997年11月27日）；在没有任何证据证明存在已到期的、可以追偿之债权的情况下，用公司的账号签发支票，用于偿还为增加公司资本而缴纳的款项,而增资问题本身不过是一个计划而已(最高法院刑事庭,1997年10月23日);让处于财务困难中的公司为其个人支付数额很大的费用开支(巴黎法院,1996年12月4日)。

10. (当事人)因破产欺诈罪受到追诉时,借口其所作所为是为了所谓"集团利益",不能构成(可以免责的)证明理由(最高法院刑事庭,2000年4月27日);处于停止支付状态的企业的领导人,因转移该企业的部分资产,以利益于本人在其中有利益的另一公司,而在一审受到处罚判决之后,以两公司之间有经济上的合作关系为理由提出上诉,上诉法院作出驳回上诉的判决是正确的(最高法院刑事庭,1993年7月20日)。

11. (债务人)抛弃(其享有的)已经得到公司会计监察人审核的规范协议中符合规定确认的债权,只要这种抛弃债权的行为被认定为"处分公司概况财产之组成部分",其目的是要减少对(其本人的)债权人的担保,那么,此种抛弃债权的行为可以视为"构成通过转移资产实行的破产欺诈罪"(部颁文件汇编第1563期)。

12. 与会计账目有关的犯罪行为:在1994年6月10日法律对1985年1月25日关于司法重整的法律进行修改之前,对于公司制作的账目不符合规定的情况,并没有在刑事犯罪方面作出任何规定,基于刑法"严格解释规则",账目不符合规定,不能视同"没有任何账目"(最高法院刑事庭,1987年1月26日)。

13. 公司领导人亲自指令对编制的账目进行虚假处理,对该人而言,构成"通过编制假账实行的破产欺诈罪"(最高法院刑事庭,1998年11月5日);虽然保存了制作账目的所有凭据、材料,但这不等于已制定账目本身(里约姆法院,1991年3月13日);在企业实行司法重整程序的情况下,任何商人或者商法人的领导人,不顾《商法典》的规定,不按照日期顺序将涉及企业概括财产的活动登记入账,也不对概括财产的资产与负债要素定期编制盘存表,构成"通过不制作任何账目而实行的破产欺诈罪"(最高法院刑事庭,1993年12月6日)。

14. 即使企业内部制作了符合规定的账目,但实行司法重整程序的有限责任公司的经理,不向集体程序机关或者司法机关提交该账目,构成"通过隐匿账目而实行的破产欺诈罪"(最高法院刑事庭,1992年10月19日)。公司领导人迟迟不向清算人提交会计账目,直到得知其已经受到轻罪法庭的传唤之日,因而被判犯破产欺诈罪(最高法院刑事庭,2004年2月25日)。

15. 在认定破产欺诈罪时,可以考虑涉及停止支付日之前的事实(行为)

(最高法院刑事庭,2004年11月17日)。

16. 破产欺诈罪的共犯:上诉法院判决(一方面)认定,以破产欺诈罪的共犯受到追诉的银行经营人此前已经向法人通知禁止该法人签发支票,随后又听任该公司领导人将公司的资金划入某个人账号并认可该领导人违反1935年10月30日法令的规定用该账号签发支票,(另一方面)又对该银行经营人作出无罪判决,这一判决没有正确理由(最高法院刑事庭,1989年10月9日);只有证明银行本身明知债务人处于停止支付状态,给予的信贷肯定不能收回,并且知道债务人是意图推迟交存"资产负债申报表"的情况下,才能认定银行参与实施破产欺诈罪,因此,只有当银行经营人有犯罪意识(conscience infractionnelle,犯意),明知而故意参与债务人采取的手段时,才能认定银行为破产欺诈罪的共犯(留尼旺圣德尼斯法院,1998年12月17日)。律师协助债务人向债权人隐瞒出卖不动产所得的款项,法院判决该律师犯破产欺诈罪(巴黎法院,1994年10月26日);法院以"缺乏故意要件"(为理由)判决一位刚开始从业的会计师无罪(relaxe)(巴黎法院,1994年10月26日);法院判决以"通过转移资产实行破产欺诈罪的共犯"的名义受到追诉的司法管理人无罪(最高法院刑事庭,2000年6月12日);

17. "债权人平等原则"并不抵触债权人对破产欺诈罪的共犯提起个人诉讼,破产欺诈罪的共犯本身并没有实行集体程序,其概括财产并不是(对债务人的)全体债权人的担保物(最高法院刑事庭,1993年10月11日)。

18. 破产欺诈罪与滥用公司财产罪的关系:滥用公司财产罪与破产欺诈罪这两个罪名相互排斥,因此,当受追诉的犯罪事实发生在停止支付日期之后,只能宣告破产欺诈罪(最高法院刑事庭,1999年10月27日)。

第L654-3条 破产欺诈罪处5年监禁并处7.5万欧元罚金。

(2008年12月18日第2008-1345号法令第141条废止:破产欺诈罪的共犯处相同刑罚,即使其没有商人、农业生产者或手工业者身份,或者并不直接或者间接在法律上或者事实上领导从事经济活动的私法法人。)

第L654-4条 破产欺诈罪的正犯或共犯是提供投资服务的企业的领导人时,当处之刑罚增至7年监禁并处10万欧元罚金。

第L654-5条 犯第L654-3条与第L654-4条所指犯罪的自然人还可处以下附加刑:

1. 按照《刑法典》第131-26条规定的方式,禁止公权、民事权利与亲权。
2. (2008年8月4日第2008-776号法律第71-1条)"按照《刑法典》第

131-27条规定的方式,在最长5年的期限内,禁止担任公职,或者禁止从事其在任职期间或者从事活动时实施了上述犯罪行为的那种职业活动或社会活动,或者禁止从事商业或工业职业,禁止以任何名义,直接或间接,为本人的利益或者为他人的利益,领导、管理与监督工业或商业企业或者商事公司。这些禁止性处罚可以并科宣告"。

3. 在最长5年的期限内,排除其进入公共工程市场的资格。

4. 在最长5年的期限内,禁止签发支票,但出票人从付款人处提取资金的支票或者经认证证明的支票除外。

5. 在《刑法典》第131-35条规定的条件下,张贴或者发布宣告的判决。

第L654-6条 (2005年7月26日第2005-845号法律第143条)刑事法庭认定第L654-1条所指之人犯破产欺诈罪时,还可(2008年12月18日第2008-1345号法令第142条)"按照第L653-11条第1款规定的条件"宣告该人个人破产,或者对其宣告第L653-8条规定的禁止权利,但民事法庭或商事法庭已经就(2008年12月18日第2008-1345号法令第142条)"同一事实作出终局判决宣告此种措施的除外"。

第L654-7条 (2008年12月18日第2008-1345号法令第143)经宣告对第L654-3条与第L654-4条所指的犯罪负有刑事责任的法人当处的刑罚为:

1. 按照《刑法典》第131-38条规定的方式科处罚金;

2.《刑法典》第131-39条规定的刑罚。

《刑法典》第131-39条第二项所指的禁止权利包括禁止从事在活动中实施了犯罪的那种活动。

第二节 其他犯罪行为

第L654-8条 (2005年7月26日第2005-845号法律第144条)下列之人有下列犯罪行为的,处2年监禁并处3万欧元罚金:

1. (2008年12月18日第2008-1345号法令第144条)"第L654-1条所指的任何人,违反第L622-7条之规定订立合同或者进行支付的";

2. 第L654-1条所指的任何人,违反保护方案(2009年1月30日第2009-112号法令第11-1条)"或重整"方案确定的清理债务的方式与条件,进行清偿的,或者未获得第L626-14条规定的批准,实施处分行为的;

3. 在观察期内或者实施保护方案或重整方案的期间,明知债务人所处

状况,而实施上述第 1 点所指的行为,或者从债务人处接受不符合规定的清偿的;

4. (2008 年 12 月 18 日第 2008-1345 号法令第 144 条)"任何人转让按照第 L642-10 条的规定不得转让之财产的"。

第 L654-9 条 下列情形,处第 L654-3 条至第 L654-5 条规定的刑罚:

1. 任何人,为了第 L654-1 条所指之人的利益,转移、隐匿或者隐瞒该人的全部或部分财产,不论是动产还是不动产的。(2010 年 12 月 9 日第 2010-1512 号法令第 6-7 条)"如果该人是有限责任个体企业主,这些财产就是程序所针对的概括财产之一部分",不影响适用《刑法典》第 121-7 条的规定。

2. 任何人,在保护程序、司法重整或者司法清算程序中,以自己的名义或者通过他人,采取欺诈手段申报虚假债权的。

(2005 年 7 月 26 日第 2005-845 号法律第 145 条)"3. 任何人,用他人名义或者利用假名,从事商业、手工业或者农业经营活动,因第 L654-14 条所指的事实之一被宣判有罪的"。

第 L654-10 条 第 L654-1 条所指之人的配偶、直系尊血亲、直系卑血亲、旁系亲属或者姻亲,挪用、散佚或者隐匿依附于(2005 年 7 月 26 日第 2005-845 号法律第 146-1 条,2008 年 12 月 18 日第 2008-1345 号法令第 145 条)"实行司法重整程序或司法清算程序的"债务人资产的票据的,处《刑法典》第 314-1 条规定的刑罚。

第 L654-11 条 在上述各条规定的情况下,受诉法庭,即使宣告无罪判决,仍可:

1. 依职权判决以欺诈手段转移的全部财产、权利或诉权均归入债务人的概括财产;

2. 对可能提出请求的损害赔偿作出裁决。

第 L654-12 条 一、任何管理人、司法代理人、清算人或者方案执行监察人,有下列行为的,处《刑法典》第 314-2 条规定的刑罚:

1. 为自己的利益,使用其在履行职责过程中收取的款项,或者让他人给予明知不应获得的好处,故意损害债权人或债务人利益的;

2. 为自己的利益,将其拥有的权力用于明知违背债权人或债务人利益之用途的。

二、任何管理人、司法代理人、清算人、方案实施监察人,或者除(2005 年 7 月 26 日第 2005-845 号法律第 146-3 条废止:"监督人及")员工代表之外的其他任何人,无论以何种名义参加了程序,为自己的利益,直接或者间接取得债务人的财产,或者为自己的利益,使用债务人的财产的,处相同刑罚。受诉法庭宣布买受行为无效,并对可能提出请求的(2005年7月26日第2005-845号法律第146-3条)"损害赔偿"作出裁决。

第 L654-13 条　在开始实行(2005年7月26日第2005-845号法律第163条)"保护程序"、司法重整或者司法清算程序的判决作出之后,债权人订立包含有由债务人负担特别利益之协议的,处《刑法典》第314-1条规定的刑罚。

受诉法庭宣告此种协议无效。

第 L654-14 条　第 L654-1 条第2点与第3点所指之人,为了使自己的概括财产之全部或一部不受已经实行(2005年7月26日第2005-845号法律第163条)"保护程序、司法重整程序或"司法清算程序的人的追偿,或者逃避该法人的股东或债权人的追偿,恶意转移或者隐匿其财产,或者以欺诈方式承认并不属于自己负债的款项,或者转移或隐匿财产未遂的,处第 L654-3 条至第 L654-5 条规定的刑罚。

(2010年12月9日第2010-1512号法令第6-8条)"有限责任个体企业主,在已经对其指定用于从事职业活动的概括财产实行保护程序、司法重整程序或者司法清算程序的情况下,为了逃避清偿可能依据第 L651-2 条的规定对其宣告或者已经宣告的某种处罚,转移或隐匿,或者企图转移或隐匿其没有指定专门用途的概括财产之全部或一部的,或者弄虚作假增加这项概括财产上的负债数额的,处相同刑罚"。

第 L654-15 条　任何人违反第 L653-2 条与第 L653-8 条规定的禁止权利、丧失权利或者无能力处分,从事职业活动或者担任职务的,处2年监禁并处37.5万欧元罚金。

第三节　程　序　规　则

第 L654-16 条　为适用本章第一节与第二节的规定,犯罪事实发生在(2005年7月26日第2005-845号法律第146-4条)"实行保护程序"、司法重整程序或司法清算程序的判决作出之前的,公诉时效期间仅自该判决作出之日起计算。

第 L654-17 条　有资格提起诉讼但并未采取行动的司法代理人受到催告之后,仍然没有在最高行政法院提出资政意见后颁布的法令规定的期限内按照该法令规定的条件提起诉讼的,刑事法院,依检察院提起的追诉,或者经管理人、司法代理人、薪金雇员代表、方案执行监察人、(2005 年 7 月 26 日第 2005-845 号法律第 146-5 条)清算人或者被任命为监督人的债权人中的多数人在刑事法院提起的民事诉讼而受理案件。

第 L654-18 条 检察院可以要求管理人或清算人交出他们持有的全部文书与文件。

第 L654-19 条 在法院作出无罪宣告的情况下,管理人、司法代理人、薪金雇员代表、方案执行监察人或者清算人提起诉讼的费用由国库承担。

在法院作出有罪判决的情况下,国库只有在司法清算活动终结之后才能对债务人提出追偿。

第 L654-20 条 按照本章之规定作出的有罪判决由被判刑人承担费用,予以公告。

第六编 程序性一般规定

第一章 救济途径

第 L661-1 条 (2008 年 12 月 18 日第 2008-1345 号法令第 146 条) 一、对下列判决,得向上诉法院或者最高法院提出上诉:

1. 就实行保护程序或司法清算程序作出裁判的判决,由债务人、行使追偿权的债权人与检察院提出上诉;

2. 就实行司法清算程序作出裁判的判决,由债务人、司法管理人、行使追偿权的债权人、企业委员会,或者在没有企业委员会的情况下,由员工代表,以及检察院提出上诉;

3. 就保护程序、司法重整程序或司法清算程序的扩张(2010 年 12 月 9 日第 2010-1512 号法令第 7 条)"或者就概括财产的合并"作出裁判的判决,由实行该程序的债务人、被扩张适用该程序的债务人、司法代理人或者清算人、管理人以及检察院提出上诉;

4. 就保护程序转为司法重整程序作出裁判的判决,由债务人、司法代理人、管理人以及检察院提出上诉;

5. 就观察期内宣告司法清算作出裁判的判决,由债务人、司法代理人、管理人企业委员会,或者在没有企业委员会的情况下,由员工代表以及检察院提出上诉;

6. 就确定保护方案或者重整方案作出裁判的判决,由债务人、司法代理人、管理人、企业委员会,或者在没有企业委员会的情况下,由员工代表,以及检察院提出上诉;按照第 L626-34-1 条之规定已经提出异议的债权人也可以提出上诉；

7. 就变更保护方案或者重整方案作出裁判的判决，由债务人、方案实施监察人、企业委员会，或者在没有企业委员会的情况下，由员工代表，以及检察院提出上诉；按照第 L626-34-1 条之规定已经提出异议的债权人也可以提出上诉；

8. 就解除保护方案或重整方案作出裁判的判决，由债务人、方案实施监察人、企业委员会，或者在没有企业委员会的情况下，由员工代表、行使追偿权的债权人以及检察院提出上诉。

（2005年7月26日第2005-845号法律第163条）二、检察院提起的上诉（抗诉）具有中止执行力，但对宣告实行保护程序或司法重整程序作出裁判的判决提出的上诉（抗诉）除外。

三、在没有企业委员会或者员工代表的情况下，由薪金雇员代表行使本条为这些机关开放的上诉权。

第 L661-2 条 第三人得对（2008年12月18日第2008-1345号法令第147条）第 L661-1 条第一项第1点至第5点所指的判决提出（第三人）异议，但第4点除外。（2005年7月26日第2005-845号法律第148-1条）针对就（第三人）异议作出裁判的判决，提出异议的第三人得向上诉法院或者最高法院提起上诉。

第 L661-3 条 （2005年7月26日第2005-845号法律第148-2条）对于确定或者变更保护方案或者重整方案或者驳回解除此种方案之请求的判决，得提出第三人异议。

针对就第三人异议作出裁判的判决，提出异议的第三人得向上诉法院或者最高法院提起上诉。

（2008年12月18日第2008-1345号法令第148条）对于驳回"确定或变更"保护方案或重整方案或者宣告解除此种方案的判决，不得提出第三人异议。

第 L661-4 条 （2008年12月18日第2008-1345号法令第149条）对于任命或者更换委任法官的判决或者（2008年12月18日第2008-1345号法令第149条）"裁定"，不准许提出任何救济申请。

第 L661-5 条 （2008年12月18日第2008-1345号法令第150条废止：对于法庭针对委任法官依据第 L642-18 条与第 L642-19 条之规定作出的裁定而作出的判决，检察院方面既不能向上诉法院提起上诉，也不得向最高法院提起上诉。）

第 L661-6 条 （2008 年 12 月 18 日第 2008-1345 号法令第 151 条）
一、以下判决仅能由检察院向上诉法院提出上诉（抗诉）：
1. 关于任命或替换管理人、司法代理人、方案执行监察人、清算人、监督人以及一名或者若干名鉴定人的判决；
2. 就观察期的持续时间、企业继续或停止活动作出裁判的判决。

二、有关变更管理人任务的判决，只能由债务人或检察院提起上诉。

三、对于确定或者驳回企业转让方案的判决，只能由检察院或者受让人或第 L642-7 条所指的合同对方当事人提出上诉。受让人只有在转让方案向其强加在方案拟订过程中其承诺的义务以外的负担时，才能对确定转让方案的判决提出上诉。第 L642-7 条所指的合同对方当事人只能对判决中导致其订立的合同被转让的相关部分提起上诉。

四、对变更转让方案的判决，仅能由检察院或者受让人在前款限定的条件下提起上诉。

五、对于就解除转让方案作出审理裁判的判决，只能由债务人、管理人、清算人、受让人与检察院提起上诉。

六、检察院提起的上诉具有中止执行力。

第 L661-7 条 （2008 年 12 月 18 日第 2008-1345 号法令第 152 条）"对于第 L661-6 条所指的各项判决，以及对（受理上诉的法院）按照该条第一项与第二项之规定作出的判决，不得提起第三人异议，也不得向最高法院提起上诉"。

对(2008 年 12 月 18 日第 2008-1345 号法令第 152 条)（受理上诉的法院）"依据第 L661-6 条第三项、第四项与第五项之规定"作出的判决，只能由检察院向最高法院提起上诉。

第 L661-8 条 在检察院应当了解(2005 年 7 月 26 日第 2005-845 号法律第 163 条)"保护程序、司法重整程序"或者司法清算程序以及有关公司领导人责任事由的情况下，对于没有向其进行此种通报的情形，只能由检察院向最高法院提起上诉。

第 L661-9 条 在撤销原判决并将案件发回原审法院审理的情况下，上诉法院可以规定一个新的观察期。该观察期的最长期限为 3 个月。

对于(2005 年 7 月 26 日第 2005-845 号法律第 152 条)在"观察期内"实行司法清算的判决，或者确定或驳回企业(2005 年 7 月 26 日第 2005-845 号法律第 152 条)"保护"方案或司法重整方案的判决提起上诉并且已裁定假执行的情况下，观察期延长至上诉法院作出判决为止。

第 L661-10 条　为执行本编之规定,企业委员会的各成员或者员工代表从他们中间指定一名有资格的人以他们的名义提起上诉。

第 L661-11 条　(2005 年 7 月 26 日第 2005-845 号法律第 153 条)"对于按照第 L645-4 条以及第五编第一章、第二章与第三章的规定作出的判决,得由检察院提起上诉。"

检察院提起上诉具有中止执行的效力。

第 L661-12 条　(2008 年 12 月 18 日第 2008-1345 号法令第 154 条)即使检察院并非作为主当事人进行诉讼,仍然可以由检察院提起本章规定的上诉。

第二章　其他规定

第 L662-1 条　对于支付至法国信托投资银行的所有款项提起的任何异议或者申请实行任何性质的执行程序,均不予受理。

第 L662-2 条　(2005 年 7 月 26 日第 2005-845 号法律第 154 条)基于各方利益,证明有必要时,上诉法院可以决定将案卷移送在本上诉法院辖区内有管辖权的另一相同性质的法院,由该法院按照法令规定的条件管辖(2008 年 12 月 18 日第 2008-1345 号法令第 155 条)有关的"专门委任"事由、和解程序、保护程序、司法重整程序或者司法清算程序。最高法院在相同条件下受理案卷之后可以将案卷发给另一上诉法院辖区的某一法院。

就专门委任事由或债务人实行调解程序事由指定管辖法院并向该法院移送案卷的判决,引起管辖权的扩张,使同一法院能够管辖经过调解程序而直接实行的保护程序、司法重整程序或者司法清算程序。

第 L662-3 条　(2005 年 7 月 26 日第 2005-845 号法律第 156 条)在商事法院与大审法院的辩论不公开进行(在评议室进行,en chambr du conseil),但是,在(第 L622-2 条所指的相应的)程序已经开始之后,如果债务人、司法代理人、管理人、清算人、薪金雇员的代表或者检察院提出请求,辩论当然公开进行。如果有可能发生扰乱法庭秩序的混乱情形,法庭庭长可以决定辩论仍然不公开进行,或者继续在评议室进行。

尽管有第 1 款的规定,涉及按照第五编第一章(2008 年 12 月 18 日第 2008-1345 号法令第 156 条废止:"第二章")与第三章的规定采取的措施的辩论公开进行。如果涉案当事人之一在辩论开始之前提出请求,法庭庭长可以决定辩论不公开进行。

法庭可以听取任何有必要听取其意见的人的陈述,尤其可以应国家代表的要求,听取其意见。

第 L662-4 条 视具体情况,管理人、雇主或者清算人考虑对(2005 年 7 月 26 日第 2005-845 号法律第 157 条)第 L621-4 条与第 L641-1 条所指的薪金雇员代表进行的任何解雇,必须提交企业委员会,企业委员会就此项解雇方案提出意见。

只有经该机构(企业)隶属管辖的劳动巡视员批准,才能实行这项解雇。在机构内没有设立企业委员会的情况下,劳动巡视员直接受理此项事由。

但是,在(当事人)有严重过错的情况下,视具体情形,管理人、雇主或者清算人均有权宣告立即停止当事人的工作并等待作出最终决定。在解雇被拒绝的情况下,即取消停止工作的处分,其效力亦当然停止。

在《劳动法典》第 L143-11-4 条所指的机构按照该《法典》第 L143-11-7 条第 2 款的规定向司法代理人支付的所有款项,均已由其支付给薪金雇员(代表)时,为了让薪金雇员代表能够完成第 L625-2 条所指的任务而对其规定的保护亦告停止。

在薪金雇员代表行使企业委员会的职权,或者在没有设立企业委员会的情况下,行使员工代表的职权时,上述保护亦在司法重整程序规定的最后一次听取或咨询其意见之后停止。

第 L662-5 条 (2003 年 1 月 3 日第 2003-7 号法律第 47 条)由财产管理人以司法清理债务程序的名义持有的资金,或者由其以 1967 年 7 月 13 日第 67-563 号关于司法清理债务的法律调整的财产清算程序、个人破产程序的名义以及因(当事人犯)破产欺诈罪而持有的资金,应立即支付至信托银行。在延迟支付的情况下,财产管理人对没有支付的款项应按照法定利率增加 5 个百分点的比例支付利息。

第 L662-6 条 (2005 年 7 月 26 日第 2005-845 号法律第 159 条)在每一季度结束时,商事法院书记员以及大审法院书记员均制订一份本法院在一个季度期限内指定的司法管理人与司法代理人的名册,以及由本法院给予委托授权的、与本卷所调整的程序相关的委任事项的名册,并且在该名册上记载每一当事人受分配的全部案卷的统计表以及法令所指的有关的债务人的各项信息。

这些信息应按照最高行政法院提出资政意见后颁布的法令规定的条件,报送司法部长、掌玺官、有关辖区的检察院以及负责对司法管理人与司法代理人实行监督与巡视的机关。

第 L662-7 条 委任法官,在其接受委任的程序当中,既不得作为审判法庭的成员,也不得参加评议,否则所做判决无效。

第 L622-8 条 如果有多个法院受理了涉及第 L233-3 条意义上的、由同一公司控制的各公司的程序,或者受理了涉及控制相同公司的公司的程序,可以为所有程序指定 1 名共同的司法管理人与司法代理人。

可以按照最高行政法院提出咨政意见后颁布的法令确定的方式规定他们所负担的协调任务。

第三章 诉 讼 费 用①

第 L663-1 条 一、如果债务人当前没有足够的可支配资金立即满足需要,与以下所列事项相关的、经法院书记员收取的税款、劳务费用或酬金,(2011 年 1 月 25 日第 2011-94 号法律第 32-2 条废止:"应当给予上诉法院诉讼代理人的按标准规定的收费与手续费")以及在规定的收费标准范围内支付给律师的报酬、执达员的送达费用、公告费用、法庭经检察院同意指定的技术人员的应得报酬,均由国库按照委任法官(2008 年 12 月 18 日第 2008-1345 号法令第 158 条废止:"或者法庭庭长")作出的说明理由的裁定事先垫付。这些事项是指:

1. 在(2005 年 7 月 26 日第 2005-845 号法律第 163 条)"保护程序、司法重整程序或者司法清算程序"过程中为债权人的集体利益或债务人的利益作出的各项裁定与判决;

2. 为重构债务人的概括财产或者为债权人的集体利益而进行的诉讼;

3. 进行第 L653-3 条至第 L653-6 条所指的诉讼。

(2005 年 7 月 26 日第 2005-845 号法律第 158-1 条)法院为了实现第 L622-6 条所指的财产盘存,以及相应情况下,为了对债务人的资产进行评估作价,按照(2008 年 12 月 18 日第 2008-1345 号法令第 158 条)"第 L621-4 条、第 L621-12 条、第 L622-6-1 条、第 L622-10 条、第 L631-9 条或第 L641-1 条之规定指定公务助理人员或者经宣誓的商品居间商时,为此应得报酬垫付款项,无须经检察院同意"。

二、由解除和变更方案的诉讼所引起的、与前款所指相同的费用,国库也按照法庭庭长作出的说明理由的裁定事先垫付。

三、上述两项规定也适用于对其所指各项裁定和判决向上诉法院及最

---

① 法文原文为"frais de procédure",也译为"程序费用"。——译者注

高法院提起上诉的程序。

四、就其垫付的款项的偿还而言,国库享有"诉讼费用优先权"担保。

五、在作出第四编第五章所指的恢复职业的判决引起债务消灭的情况下,依据法院院长的裁定,由国库垫付经法院书记员收取的税款、劳务费或酬金,以及执达员的送达费用和公告费用。

司法解释:

费用与酬金:第L663-1条所指的费用,按照《刑事诉讼法典》条例第R214条的规定,视同重罪、轻罪与违警罪诉讼的诉讼费用,并按照确定的收费标准与相应法院的规则缴纳并纳税。当这些费用涉及应当给予律师的费用时,除酬金之外,只能包括按照法律规定的标准与其提供的协助相对应的部分,而不能包括律师费,律师费由律师与其顾客协议确定;由国库垫付的费用与酬金不得包括在并非强制代理诉讼的法庭为清算人担任辩护人而收取的律师费(最高法院商事庭,1997年5月6日)。

只有委任法官按照第L621-9条规定指定的技术人员的报酬,按照1985年12月27日法律第138条指定的有资质的人员的报酬或者按照新《民事诉讼法典》第232条的规定为进行证据调查而指定的技术人员的报酬,才能由国库按照第L663-1条规定的条件进行垫付(最高法院商事庭,2004年9月28日)。为了协助清算人,特别是为了对领导人的责任进行调查,在1985年1月25日法律第37条规定的框架内对其客户账目进行审核时所指定的会计师事务所应得的酬金,不能由国库垫付(同一判决);为了对实行司法清算的公司的动产资产进行公开拍卖而指定的评估作价拍卖师,按照第L642-19条的规定,不属于第L663-1条意义上的技术人员(里摩日法院,2005年1月5日)。第L663-1条规定对资金不足的程序中垫付的费用与酬金予以偿还时,并没有区分向公务助理人员与司法助理人员支付的款项与其他费用及酬金,这一条文并没有要求为了支付法院书记员、司法执达员的费用,必须逐案、逐条或者逐页提交证明材料(巴黎法院,2002年10月15日)。

第L663-1-1条 (2012年3月12日第2012-346号法律第4条)当按照第L621-2条、第L631-10-1条以及第L651-4条的规定命令采取的保全措施所涉及的财产需要保管费用或维持费用时,或者这些财产有可能贬值时,委任法官可以批准管理人(如已任命)、司法代理人或者清算人,按照法官确定的价格,转让这些财产。转让财产所得的款项立即支付至在信托银行开立的寄托账户。

第 L663-2 条 （2005 年 7 月 26 日第 2005-845 号法律第 158-2 条）最高行政法院提出资政意见后颁布的法令确定司法管理人、司法代理人、方案执行监察人以及清算人取得报酬的具体条件。给予这些报酬之后，即排除以同一程序的名义或者以仅仅属于同一程序之延续的派生任务的名义，给予任何其他报酬或偿还任何费用，但第 L643-9 条第 3 款的名义给予的司法委任除外。

第 L663-3 条 （2005 年 7 月 26 日第 2005-845 号法律第 158-3 条）如果企业资产变现所得款项不足，清算人或司法代理人因此不能取得其按照第 L663-2 条的规定应当得到的报酬，并且不足数额至少达到法令确定的界限时，由法庭根据委任法官的提议和清算人或者司法代理人提交的证明材料，宣告与此相关的案卷"因资金不足而未给付报酬"（impécuniex）。

这项裁定应当确定清算人或司法代理人已经收到的报酬的数额与本条第 1 款所指的界限之间的差额。

信托银行利用按照第 L622-18 条、第 L626-25 条与第 L641-8 条的规定向其寄托的资金中拨出的一部分利息作为提取款项，支付给清算人或者司法代理人。信托银行管理的这项基金受管理委员会的监督。本条之实施条件由最高行政法院提出资政意见后颁布的法令具体规定。

第 L663-3-1 条 按照第 L645-4 条的规定被任命协助委任法官的代理人的报酬，从用于第 L663-3 条所指的资金的款项中提取。

最高行政法院提出资政意见后颁布的法令具体规定本条的实施条件。

第 L663-4 条 委任法官支出的差旅费，有权从债务人的资产中获得偿还。

第七编　适用于摩泽尔、上莱茵省与下莱茵省的特别例外规定

第 L670-1 条至第 L670-8 条　（略）

第八编　适用于有限责任个体企业主的特别规定

第 L680-1 条　（2010 年 12 月 9 日第 2010-1512 号法令第 8 条）本卷第一编至第六编关于有限责任个体企业主债务人的经济状态、权利或义务的规定，在因有限责任个体企业主从事的职业活动而得到适用时，应当对该个体企业主的每一项概括财产各自分开适用。

第 L680-2 条　（2010 年 12 月 9 日第 2010-1512 号法令第 8 条）除另有规定之外，本卷第一编至第六编关于有限责任个体企业主债务人的经济状态、权利或义务的规定，应当理解为"这些规定仅针对债务人为从事现在发生困难的职业活动而指定用途的概括财产的组成要素"；或者，如果个体企业主在从事职业活动时没有专门指定用途的概括财产，应理解为"这些规定仅针对该企业主没有指定专门用途的概括财产的组成要素"。

第 L680-3 条　（2010 年 12 月 9 日第 2010-1512 号法令第 8 条）本卷第一编至第六编关于有限责任个体企业主债务人的经济状态、权利或义务的规定，仅在债务人为从事现在发生困难的职业活动而专门指定用途的概括财产

的范围之内适用,或者如果个体企业主在从事职业活动时没有专门指定用途的概括财产,这些规定仅在债务人没有指定专门用途的概括财产的范围内适用。

第L680-4条 (2010年12月9日第2010-1512号法令第8条)除另有规定外,本卷第一编至第六编的规定中所提及的"债务人""企业""合同""合同相对方当事人"的用语分别是指:

——从事现在发生困难的职业活动并持有专门用于此种活动的概括财产的债务人,其他债务人均排除在外;

——属于现在发生困难的经营活动的范围内的企业;

——如果一项概括财产被指定用于从事现在发生困难的经营活动,那么,"合同"就是指在从事此种活动时所订立的各项合同;如果债务人在从事职业活动时没有专门指定用途的概括财产,那么,所谓"合同",则是指在利用专门用途的概括财产的活动之外所订立的合同;

——已经订立前款所指合同的合同相对方当事人。

第L680-5条 (2010年12月9日第2010-1512号法令第8条)在本卷第一编至第六编的规定由于利用没有指定用途的概括财产从事职业活动而得到适用时,按照第L526-15条的规定,已经不再有指定用途的原有指定用途的概括财产所产生的资产与负债的全部要素,视为在没有指定专门用途的概括财产之外;作为原概括财产组成部分的债权一经消灭,此种排除性处理亦随之终止。

如果利用有专门指定用途的概括财产从事的活动一直继续到其指定的用途停止以后,不适用本条之规定。

第L680-6条 (2010年12月9日第2010-1512号法令第8条)宣告司法保护、司法重整或司法清算的判决,至程序终结,或者相应情况下,至方案规定的活动终结,当然禁止任何债务人将包括在这些程序所针对的概括财产内的某项财产再用于从事某种职业活动,或者,如变更原来的指定用途将引起该概括财产的资产下降,当然禁止其变更原指定的用途,但仍然可以支付第L526-18条所指的收入。

违反本条规定而订立的任何合同,应任何利益当事人或者检察院在合同订立之日起3个月内提出的请求,得予撤销。

第L680-7条 (2010年12月9日第2010-1512号法令第8条)在不影响第L624-19条赋予委任法官的管辖权限的情况下,对有限责任个体企业主实施的保护程序、司法重整程序或司法清算程序有管辖权的法院,对在程序实施时提出的有关该企业主概括财产的构成要素的指定用途的争议,仍然有管辖权。

第七卷 商事法院及商事组织

第一编 工商会系统

第 L710-1 条 （2005年8月2日第2005-882号法律第62-1条）工商会系统的所有机构或者各省工商会，作为国家的中间团体，对公共权力机关或者对外国机关，有代表法国工业、商业与服务业利益的职能。

工商会系统的所有机构或者各省工商会从事活动，在有关的活动主体之间起着联系平台与接触界面的作用，但不影响现行立法与行政法规赋予各行业组织或跨行业组织的代表本行业的职责，也不影响各地方行政部门在其自由管理的框架内执行的各项任务。

工商会系统及其内部的每一机构或者各省工商会，为发展经济、增强地方吸引力、改善地域工商业发展布局、扶持企业与企业团体而开展工作，按照法令确定的条件，完成具有公共服务事业性质的一切任务，并且为了完成这些任务，承担具有总体利益性质的任何有必要的任务。

为此目的，工商会系统的每一个机构或者各省工商会，在遵照各自适用的行业发展规划的框架内，承担以下任务：

1. 法律与行政法规交付的具有总体利益性质的各项任务；
2. 在遵守有关竞争的现行法律和行政法规的条件下，为创立新的企业、接管现有企业的人与企业提供支持和扶持、协助它们建立关系、为企业提供咨询建议；
3. 与2003年8月1日第2003-721号法律第50条所指的开发署合作，为（法国）企业在国际上获得发展及其产品出口提供支持；
4. 通过工商会系统的各机构或者各省工商会设立、管理或者提供资金资助的公立或私立教育机构，提供起步性初级专业培训或者继续教育培训；

5. 负责有关设施的建立与管理，特别是承担港口与航空港设施的建立与管理任务；

6. 由公法人交付的或者为实现其他任务而有必要完成的商业性质的任务；

7. 公共权力机关就工业、商业、服务业与经济发展或者地方商业网点布局等方面的问题要求进行的任何鉴定、咨询或研究任务，且不妨碍工商会系统的各机构或者各省工商会在这方面主动进行的各项工作。

工商会系统由法国工商大会、各地区①工商会、各地域工商会、法兰西岛各省工商会以及数个地区工商会或地域工商会可以组建的跨商会团体组成。

法国工商大会、各地区工商会、各地域工商会以及数个地区或地域商会组建的跨商会团体，是受国家监管的公立机构，由经选举产生的企业领导人实行管理。法兰西岛各省工商会隶属于"巴黎—法兰西岛地区工商会"。法兰西岛各省工商会没有法人资格。

各地区工商会享有法律为其专门制定的各种性质的税收政策待遇。

此外，工商会系统的各公共机构的经费，由以下方面的收入来源予以保障：

1．属于特定性质的其他任何法定收入；

2．由其管理的活动或服务的买卖价金或所得的报酬；

3．在它们的子公司里参与的资本所得的股息和其他所得；

4．获得的补贴与资助，其中包括向其进行的遗赠。

工商会系统的每一机构均应制作分类会计账目，并向其接受监管与监督的机关提交该账目，以证明其在使用公共收入方面切实遵守了国家和欧洲共同体确定的各项竞争规则，并且证明其没有将这些收入用作筹措商业活动的资金。

工商会系统的各组成机构，可以在法令规定的条件下进行和解与仲裁。这些机构的债务受1968年12月31日关于对国家、省、市镇行政区和公共机构的债权的第68-1250号法律的约束。

工商会系统的各组成机构，经监管机关同意，可以参与创建宗旨属于其权限范围的民事合伙（民事公司），或者创建可发行股票的公司，也可以在这

---

① 法国的"区"或"地区"（也称为"大区"）是介于中央政府与省之间的一级行政区划或行政机关。法国全国共有101个"省"，划分为27个"地区"，其中本土22个，海外省5个。除科西嘉岛之外，按不同情况，一个"地区"地域区划通常辖2个以上的"省"。——译者注

类合伙及公司中参与资本。

工商会系统的各组成机构可以按照相同条件参与创建公共利益团体或者私益团体以及任何公法法人。

第一章 工商会系统的组织与任务

第一节 各地域工商会与法兰西岛[①]各省工商会

第 L711-1 条 （2005年8月2日第2005-882号法律第62-2条）各地域工商会由行政法规在本《法典》第L711-8条第2点所指的指导性规划的基础上创建。创建工商会的文件确定本工商会的管辖区划及其注册住所地，并且确定其隶属于哪一地区工商会。这方面的任何变更，均应遵守相同形式。

位于《地方行政部门法典》划定的城市周边地域的各地域工商会，可以采用该城市工商会的名称。于此情形，新成立的工商会取代原有的工商会。

各城市工商会，遵照有管辖权限的地区工商会确定的导向，按照本地区行业部门的发展规划，为活跃与适应其区域具体情况的基础性经济、工业与商业生活，优先享有第L710-1条对地域工商会规定的各项权限，但不影响各地方行政部门的职权。

除保留执行本条第2款之规定外，各城市工商会受有关地域工商会的各项规定调整。

各地域工商会以及法兰西岛各省工商会可以进行各种试验性活动，但这种试验性活动应当与第L711-8条规定的地区(发展)战略相协调。这种试验性活动的条件与方式由最高行政法院提出资政意见后颁布的法令作出具体规定。

所有的地域工商会均隶属于各地区工商会。

有此意愿的各地域工商会，可以在第L711-8条第2点所指的指导性规划的框架内联合成立一个工商会；在新成立的工商会内部，可以不再保留原有的地域工商会，或者由原有的地域工商会进行重组，成为新组成的工商会

---

① 法兰西岛(Ile-de-France)是地区名称，通称巴黎大区，包括塞纳—圣德尼省、瓦勒德马恩省、上塞纳省、瓦勒德瓦兹省、伊夫林省、埃松省和塞纳—马恩省。巴黎、凡尔赛、枫丹白露、圣日耳曼昂莱、沙特尔和圣德尼等地也包括在该区域内。地域工商会被称为"des chambres de commerce et d'industrie territoriales"，也可译为"地方工商会"。——译者注

的代表成员,但不再具有公共机构的地位。在此情况下,原有的各工商会组成一个新的工商会之后,共同确定它们希望采取的合作方式,并行使通常情况下由地域工商会所享有的各项职权。

如果参与组建新工商会的各地域工商会都在同一个省内,或者在属于同一地区的相关省内,合并后成立的新工商会仍然隶属于有地区管辖权限的地区工商会。如果是由相邻的但属于不同地区的省的几个工商会成立新的工商会,新的工商会隶属于各成员协商同意的地区工商会管辖;在达不成这项协议的情况下,新的工商会隶属于经济上占有的分量最大的地域工商会所在地的地区工商会管辖。各工商会在经济领域所占的分量按照经济研究的结果确定,其条件由最高行政法院提出资政意见后颁布的法令作出具体规定。

第 L711-1-1 条 各地域工商会可以在第 L711-8 条第 2 款第 2 点所指的指导性规划的框架内与其隶属的地区工商会进行联合;在此情况下,在该地区工商会内部,不再继续保留原地域工商会,原地域工商会也不再具有公共机构的地位。

除立法与行政法规另有规定外,地区工商会在解散的原地域工商会的全部管辖区划内,行使这些地域工商会通常享有的职权。

第 L711-2 条 (2005 年 8 月 2 日第 2005-882 号法律第 62-2 条)各地域工商会与法兰西岛各省工商会,对公共权力机关以及地方行动的参与者,代表其管辖区内的工业、商业与服务业的利益。

按照《城市规划法典》具体规定的条件,各地域工商会与法兰西岛各省工商会参与并协作制定地域协调方案和城市发展地方规划。

为了实施商业网点布局的调整,有管辖权限的市镇行政区或者跨市镇行政区的合作性机构,可以委托地域工商会行使先购权。

第 L711-3 条 (2005 年 8 月 2 日第 2005-882 号法律第 62-2 条)各地域工商会及法兰西岛各省工商会,在有管辖权限的地区工商会确定的指导性意见的框架内,为其区划内的工业、商业与服务业企业履行各种服务性任务。

以此名义,各地域工商会与法兰西岛各省工商会:

1. 创立并管理"企业手续办理中心",并且就涉及这些中心的事项,承担 1994 年 2 月 11 日关于个体企业的主动性的第 294-126 号法律第 2 条规定的各项任务;

2. 在必要时,可以按照各自适用的行业规划,对任何基础设施项目的实施担任监理任务,或者对属于其履行任务范围的各项服务活动实行管理;

3. 可以通过订立合同,接受国家、地方行政部门或者它们的公共机构的委托,在必要时,按照各自适用的行业规划,负责对属于其职责范围的任何基础设施、设备或者服务实行管理,特别是对交通运输基础设施、设备或服务实行管理;

4. 可以按照最高行政法院提出资政意见后颁布的法令确定的条件,以及在地区工商会长期委托授权情况下,在第 L711-8 条第 5 点的框架内,按照履行职责所必要的岗位招聘公法工作人员,并对这些工作人员的个人情况实行管理。各地域工商会与法兰西岛各省工商会招聘私法工作人员,以及在有必要时,招聘公法工作人员,以满足完成工商性质的公共服务任务的需要,特别是满足港口与航空港基础设施方面的公共服务任务的需要。

各地域工商会与法兰西岛各省工商会,为了完成近期必须完成的各项任务,可以按照最高行政法院提出资政意见后颁布的法令确定的条件,获得财政经费与人员配备,并对这些经费与人员实行自主管理。

对于上述第 1 点至第 4 点所指的各项活动,应编制分类会计账目。

除保留执行 1978 年 1 月 6 日关于信息、信息档案与自由的第 78-17 号法律的各项规定之外,各地域工商会与法兰西岛各省工商会,为履行其职责之必要,为其管辖区内的企业的经济数据建立基础资料档案,并及时更新与管理这些档案资料。

各地域工商会与法兰西岛各省工商会,只能为履行其任务、识别其管辖区内的企业、与这些企业进行接触和联系而有必要保存和通报其在履行"企业手续办理中心"的职责时所收集的信息资料。各地域工商会与法兰西岛各省工商会可以有偿或者无偿地向任何有利益关系的人传送这些企业的行业分类名册,但是,这项权利并不准许工商会无偿或有偿地传送其以"企业手续办理中心"的资格收集到的信息资料中涉及个人性质的事项与内容。

第 L711-4 条 (2005 年 8 月 2 日第 2005-882 号法律第 62-2 条)各地域工商会与法兰西岛各省工商会,可以单独或者与其他合作伙伴一起,在第 L711-8 条第 2 款第 3 点所指的行业规划的框架内,按照《教育法典》第 L443-1 条与第 L753-1 条的条件,创立并管理起步性质的初级专业培训机构或者专业继续教育培训机构;对于继续教育培训,应当遵守《劳动法典》第六部分第三卷第五编就有关问题作出的各项规定。

各地域工商会与法兰西岛各省工商会,在履行本条第 1 款所指的权限时,可以按照本章第五节规定的条件建立并管理被称为"学校"(école)[①]的高

[①] 例如"高等经济商业学校"(ESSEC)。——译者注

等商业教育机构。

第L711-5条 （2010年7月23日第2010-853号法律第2条废止）

第二节 地区工商会

第L711-6条 （2005年8月2日第2005-882号法律第62-2条）在每一个行政大区，地区工商会均由法令规定创建。地区工商会的管辖区划范围与该地区的行政区划的范围相同，或者，在科西嘉岛，地区工商会的管辖区划范围与该地方政府的行政区划相同，在征求各地域工商会与法兰西岛各省工商会的意见之后，由法令确定各地区工商会所在的地址。

在只设有一个（地域）工商会的地区，由该同一公共机构行使赋予地区工商会兼地域工商会的职责；在此情况下，其名称为"地区工商会"。

但是，法令可以规定设立包括两个或两个以上地区的地区工商会。该地区工商会的会址，在听取各隶属地域工商会的一致意见之后，由法令确定。

第L711-7条 （2005年8月2日第2005-882号法律第62-2条）各地区工商会，在其区划范围内，执行第L710-1条规定的工商会系统的全部任务。

以此名义：

1. 地区议会对本地区考虑创办的企业给予的任何资助安排，均应听取地区工商会的意见；

2. 地区工商会参与制定本地区的商业网点布局调整与发展的总体规划；

3. 当总体发展规划超出某个地域工商会或法兰西岛各省工商会的区划范围时，地区工商会按照《城市规划法典》规定的条件参与制定地方发展协调规划；

4. 地区工商会可以承担任何基础设施或设备项目的工程监理任务，特别是交通运输项目工程的监理任务，并且可以对参与执行其任务的任何服务进行管理。地区工商会也可以通过与国家、地区、本地区区划范围内的其他地方行政部门或者它们的公共机构订立合同，负责实施任何工程项目。为了完满完成工商性质的公共服务任务，地区工商会可以招聘必要的人员，并对这些人员实行管理。

本条第4点所指的各项活动应编制分类会计账目。

第L711-8条 （2005年8月2日第2005-882号法律第62-2条）各地区工商会统筹规划与支持隶属其管辖的各地域工商会与法兰西岛各省工商会

的活动。

各地区工商会确定其管辖区内的工商会系统的活动战略。各地区工商会按照法令确定的条件开展活动,充分发挥其对管辖区划内的地域工商会和法兰西岛各省工商会的权限。以此名义,各地区工商会:

1. 依据出席会议或者派代表出席会议的成员的 2/3 多数投票表决适用于其整个管辖区划的战略,以及依据出席会议或者派代表出席会议的成员多数,表决实施该战略所必要的每年的经费预算;

2. 各地区工商会,按照最高行政法院提出资政意见后颁布的法令规定的条件,制定指导性规划;在此规划中,确定在本地区工商会的区划范围内的各地域工商会与法兰西岛各省工商会的数量及它们的区划范围,为此,应考虑地方行政部门在经济发展与经济布局方面的组织情况以及各地域工商会所属的企业在经济上的能力与效益;

3. 在法令规定的活动或设施建设领域,制定行业部门的项目规划,以统筹各地域工商会的计划项目;

4. 扣除地区工商会本身的份额之后,在隶属管辖的各地域工商会之间,以及在法兰西岛各省工商会之间,按照行业部门规划,分配各种性质的税收所得,并按照最高行政法院提出资政意见后颁布的法令规定的条件,向法国工商会大会上交应当缴纳的款项;

5. 各地区工商会按照最高行政法院提出资政意见后颁布的法令规定的条件聘用公法工作人员,其中包括受 1952 年 12 月 10 日关于农业商会、工业商会、商业与手工业商会管理人员地位的第 52-1311 号法律规定地位的工作人员,并且在听取各地方商会与法兰西岛各省工商会会长的意见之后,将其招聘的人员分配到各工商会工作,同时对这些人员的个人地位状况进行管理;由此安排的人员应得的工资报酬所需的费用,构成各地域工商会必需的经费开支;

6. 为隶属其管辖的地域工商会的利益,负担法律方面的支持职责与审计职责,以及在人力资源管理、财务会计、通讯联络、建立信息系统等方面给予行政性扶持;具体职责由法令规定,并将所需费用数额纳入上述第 4 点所指的分配数额当中;

7. 按照法令确定的条件与限制,在表决通过的预算费用之外,为隶属其管辖的各工商会以及巴黎—法兰西岛各省工商会增加与筹措经费,以满足某些特别开支或者应对特别情形;

8. 各地区工商会可以为其本身的利益或者为其管辖区划内的工商会系

统的所有工商会或部分工商会订立工程合同或者订立框架协议；各地区工商会可以为其管辖区划内的地域工商会或各省工商会的利益承担《公共工程法典》意义上的采购中心的职能。

第 L711-9 条 （2005 年 8 月 2 日第 2005-882 号法律第 62-2 条）各地区工商会，与发展职业教育培训和职业导向的地区"计划合同"协调一致，对地域工商会或者巴黎—法兰西岛各省工商会在考虑地方的特殊性的基础上在其内部可能无法安排的职业培训，制定地区培训规划。

地区工商会在行使第 1 款所指的权限时，可以按照本章第五节规定的条件设立并管理被称为"学校"（école）的"商业高等教育机构"。

地区工商会可以单独或者与其他伙伴合作，按照《教育法典》第 L443-1 条与第 L753-1 条规定的条件，设立并管理起步性质的初级专业培训机构或者专业继续教育培训机构；对于继续教育培训，应遵守《劳动法典》第六部分第三卷第五编的规定，遵守竞争法并应制作分类财会账目。

第 L711-10 条 （2005 年 8 月 2 日第 2005-882 号法律第 62-2 条）一、尽管有第 L711-7 条第 1 款的规定，地区工商会可以通过订立协议，将以下任务委托给某个地域工商会或者巴黎—法兰西岛各省工商会：

1. 第 L711-7 条第 2 款第 4 点所指的任何基础设施或设备项目的监理任务以及任何服务的管理活动；

2. 任何起步性质的初级专业培训机构或专业继续教育培训机构的管理；对于继续教育培训，需遵守《劳动法典》第六部分第三卷第五编就这方面的问题作出的各项规定。

地区工商会也可以通过订立协议，将第 L711-8 条第 2 款第 6 点所指的部分扶持企业的职能委托给隶属其管辖的某个地域工商会或巴黎—法兰西岛某个省工商会。

二、地域工商会与法兰西岛的各省工商会，在必要时，可以通过订立协议，并且与所适用的行业规划协调一致，向其隶属的地区工商会，或者向隶属于同一地区工商会的地域工商会或者法兰西岛各省工商会，转让此前由其管理的某项服务、活动或设备。

三、上述第一项与第二项所指的协议可以就委托或转让的任务或设施规定随同转让其必要的财产、经费与知识产权，以及进行相应的资金方面的抵偿。

前款所指的转让免征税款。

第三节 巴黎—法兰西岛地区工商会

第 L711-11 条 创设巴黎—法兰西岛地区工商会,其管辖区划与整个巴黎—法兰西岛地区的行政区划一致。

巴黎—法兰西岛地区现有的工商会及其代表机构,作为巴黎—法兰西岛各省工商会,隶属于新设立的巴黎—法兰西岛地区工商会,并且不再具有公共机构之法律地位。

但是,尽管有本条第 2 款的规定,塞纳—马恩省与埃索省工商会可以决定按照法令确定的条件仍然保留公共机构的法律地位。该两省的工商会由此成为地域工商会,并据此行使第 L711-1 条至第 L711-4 条规定的全部权限。

第 L711-12 条 巴黎—法兰西岛地区工商会的全体成员以及巴黎—法兰西岛各省工商会的全体成员,按照所有地区工商会与地域工商会成员相同的条件,各自经选举产生。

第 L711-13 条 巴黎—法兰西岛各省工商会的主席是法国工商会大会的成员,也是巴黎—法兰西岛地区工商会的副主席和办事处的当然成员。

第 L711-14 条 巴黎—法兰西岛地区工商会行使赋予任何一个地区工商会的全部权限。

巴黎—法兰西岛地区工商会按照巴黎—法兰西岛地区工商会大会确定的导向,执行按照第 L711-1 条至第 L711-4 条的规定赋予任何一个地域工商会的近期任务。

第四节 法国工商会大会

第 L711-15 条 (2005 年 8 月 2 日第 2005-882 号法律第 62-2 条)法国工商会大会是第 L710-1 条所指的法国工商会系统的最高公共机构,有资格对国家、欧盟以及在国际上代表法国工业、商业与服务业的利益。

法国工商会大会的审议机关,由在任的巴黎—法兰西岛各省工商会会长、各地域工商会会长、《宪法》第 74 条所指的海外行政区的工商会会长和新喀里多尼亚工商会会长以及各地区工商会会长组成。

法国工商会大会的运作经费,以及由全体大会审议通过的、涉及工商会系统整体的全国性项目的费用开支,对工商会系统的所有机构,均构成必需的费用。

这些经费的分配方式由行政法规确定。

第 L711-16 条 （2005 年 8 月 2 日第 2005-882 号法律第 62-2 条）法国工商会大会负担对整个工商会系统的活动的筹划与引导任务，以此名义，法国工商会大会：

1. 制定全国工商会系统的战略；

2. 制定全国工商会系统的各成员机构的行动规范并确保这些规范得到遵守；

3. 管理与工商会系统有关的具有全国意义的项目，并且可以将工程的监理任务委托给本系统的其他机构承担；

4. 向各地域工商会、巴黎—法兰西岛各省工商会以及各地区工商会提议在技术、法律与资金方面以及机构之间相互联络方面支持工商会系统的活动；

5. 可以为其本身或本系统的工商会整体或部分的利益，订立工程合同或框架协议，以及为地区工商会、地域工商会与法兰西岛各省工商会整体或部分的利益，承担《公共工程法典》意义上的采购中心的职能；

与所适用的行业规划协调一致，向隶属管辖的地区工商会，或者向隶属于同一地区工商会的地域工商会或者法兰西岛各省工商会，转让此前由其管理的某项服务、活动或设备；

6. 确定并实施工商会系统有关人员管理、谈判与签订适用于工商会人员的社会保障的全国性协议；如果所订协议对人员的工资报酬产生影响，应按照最高行政法院提出资政意见后颁布的法令规定的条件提交认可；法国工商会大会可以制定分享成果的制度，以及在雇主与工作人员之间确定分担的社会保障金缴纳费用之外的自愿储蓄与补充退休金保障制度；

7. 可以对工商会系统的各商会的运作状况进行财务审计，并按照最高行政法院提出资政意见后颁布的法令规定的条件将审计结果报送有管辖权限的机关；

8. 协调工商会系统与法国在国外的各商会的行动；以此名义，法国工商会大会主要依据工商会系统的各商会收集的经济资料数据，识别在出口方面具备最佳前景的企业，并依此通过专门方式对这类企业在国际上与 2003 年 8 月 1 日第 2003-721 号法律第 50 条所指的办事处协同合作、发展其活动给予帮助；

9. 可以应本系统工商会的请求，设置协商调解机构，以便在争议诉诸法院之前,处理多个工商会之间发生的分歧;行使这项协商调解职能不收取费用。

第五节 工商会主办的学校

第 L711-17 条 （商业）高等商业教育机构是受适用于股份有限公司的立法调整的私法法人,但以不与其所适用的特别规定相抵触为保留条件。

尽管存在本《法典》第 L225-1 条的规定,此种股份有限公司的股东人数可以少于 7 人。

地域工商会与地区工商会可以单独,或者在相应情况下,与多个跨商业团体一起,直接或间接持有这些高等教育机构的大部分资本或股东大会的表决权。任何其他股东或者股东团体均不得单独或者共同采取联合行动、直接或者间接持有这些公司的股东大会超过33%的表决权。

有利益关系的数个地区可以单独或者在与其他地方行政部门及其团体订立协议的框架之内,在高等商业教育机构内参与资本。

相应情况下,尽管有本《法典》第 L225-20 条的规定,各地方行政部门的代表在高等商业教育机构的董事会里的民事责任,由其所代理的地方行政部门或团体承担。

作为地方行政部门及其团体在高等商业教育机构内的委托代理人并担任董事或者监事的地方当选人,不视为《选举法典》第 L207 条、第 L231 条与第 L343 条意义上的市镇、省或地区服务事业的承揽人,也不视为《地方行政部门总法典》第 L2131-11 条意义上的"与商业之间存在参与关系"。

地方当选人作为董事会或监事会成员的高等商业教育机构是公共工程的候选承揽人时,地方当选人不得参与此种项目的招投标活动委员会。

除保留执行《教育法典》第 L443-1 条之规定外,高等商业教育机构有资格在法国与国外自行或者通过其子公司,或者通过资本参与方式,从事直接或者间接属于其任务范围的所有活动,或者从事本《法典》第 L711-19 条所指的协议确定的所有活动以及章程规定的其他活动,但以有关的政府之间订立协议为保留条件。

高等商业教育机构获得本《法典》第 L232-11 条第 1 款意义上的可分配的利润时,应将此利润纳入准备金。

高等商业教育机构的章程需经负责高等教育、商业与工业事务的部长发布条例批准。

第 L711-18 条 高等商业教育机构的董事会与监事会由 12 名至 24 名成员组成,其中至少有 1 名学生代表,3 名经选举产生的代表,其中 2 人由教学人员选举产生,另 1 人由其他类别的工作人员选举产生,相应情况下,包括按照 2014 年 12 月 20 日关于简化企业生活的第 2014-1545 号法律第 43 条第五项由教育机构安排工作的人员以及教师学长或者担任相类似职务的任何人。这些成员的选举,受本《法典》第 L225-28 条最后 6 款的规定调整。最高行政法院提出资政意见后颁布的法令具体规定选举人与被选举人的条件。

高等商业教育机构的董事会与监事会设置的企业委员会,由该委员会指定 1 名正式成员作为负责人。

在上述各机关中经选举任职的成员,不得以其职务的名义接受任何报酬,有关的费用,按照提交的票据证明,经批准后予以报销。

第 L711-19 条 地域工商会与地区工商会,通过订立协议,确定与它们创建的高等商业教育机构之间的关系。本《法典》第 L225-40 条与第 L225-88 条之规定不予适用。最高行政法院提出资政意见后颁布的法令具体规定这些协议必须规定的条款。

地域工商会与地区工商会保留无偿处分高等商业教育机构使用的或者向其转让的标志的权利。

第 L711-20 条 高等商业教育机构企业委员会里的员工代表,由每一个团体的工会组织制定名单、进行选举。企业委员会包括以下 3 个团体:

1. 工人与雇员的团体;
2. 工程师、领班、技术员、主管与类似人员的团体;
3. 教师团体。

《劳动法典》第 L2324-11 条与第 L2324-12 条的规定不适用于该企业委员会。

尽管有《劳动法典》第 L2327-4 条与第 L2327-5 条的规定,在按照该《法典》第 L327-1 条的规定设置"机构委员会"或者"中心委员会"的情况下,每一机构委员会内部均应有教师团体的代表;在中心委员会内部至少应有 1 名由该团体产生的正式代表和 1 名候补代表。

第 L711-21 条 委派到高等商业教育机构工作的公法工作人员自行决定其是否在地区工商会设置的人数对等委员会或高等商业教育机构内部的员工代表选举与企业委员会选举中行使表决权,并且自行决定是否行使作为员工代表候选人的权利;在后一种情况下,委派到高等商业教育机构内工作的公法工作人员是选举人,并且可以按照高等商业教育机构的雇员相同的条件,作为员工代表和企业委员会成员的被选举人。关于任职年限的问题,在工商会与高等商业教育机构内的任职时间均予计算。

第六节 地区工商会的地方工商会

第 L711-22 条 在巴黎—法兰西岛以外的其他地区,或者在海外地区,现有的地域工商会可以提出请求,并且按照第 L711-8 条所指的指导性规划,作为不享有公共机构地位的地方工商会归属相应的地区工商会。

第 L711-23 条 地区工商会与地方工商会的成员,按照相同的条件经选举产生。

第 L711-24 条 各地方工商会的主席是法国工商会大会的成员,也当然是其所隶属的地区工商会办事处的成员。

第 L711-25 条 地方工商会按照地区工商会大会确定的导向并按照第 L711-8 条所指的行业规划,执行第 L711-1 条至第 L711-4 条赋予任何地域工商会的近期任务。

第二章 工商会系统各机构的行政管理

第 L712-1 条 (2005 年 8 月 2 日第 2005-882 号法律第 65-1 条)在工商会系统的每一个公共机构内部,由选举产生的成员全体大会确定本机构的行动导向与计划。为此目的,与本机构宗旨有关的所有事务,尤其是本机构的财政预算、账目与内部规章,均由成员全体大会审议决定。

经选举产生的成员全体大会也可以授权本机构内的其他组织行使与其机构的日常运作和管理有关的权限。工商会系统的每一个公共机构的主席是本机构的法定代表人,也是机构经费与款项的总管,并且负责机构的行政管理。工商会系统的每一个公共机构的主席主持本机构的成员全体大会及其他有审议权限的机构。最高行政法院提出资政意见后颁布的法令具体规定工商会的各公共机构适用 1984 年 9 月 13 日有关担任公职或公立部门任职的年龄限制的第 84-834 号法律第 7 条之规定的条件。

工商会系统的每一个公共机构的司库人员的职务,由全体大会的 1 名成员担任。

地域工商会大会从已经当选的地区工商会成员中选举其主席;如果在职主席被选为地区工商会的主席,则辞去地域工商会会长职务。

每一个地域工商会的会长当然为其所隶属的地区工商会的副会长。

法国工商会大会的当选主席,应辞去地域工商会会长、法兰西岛工商会会长或者地区工商会会长的职务。

法国工商会大会的表决票统计与计票,由最高行政法院提出资政意见后颁布的法令确定。

第 L712-2 条 (2005 年 8 月 2 日第 2005-882 号法律第 64-1 条)通过收取分派给地区工商会的各种性质的税款作为工商大会的日常经费开支。

第 L712-3 条 (2010 年 7 月 23 日第 2010-853 号法律第 6 条废止:工商会可以将来自其提供的日常服务的收入的全部或部分结余用于设立准备基金,以应付没有纳入预计的紧急开支。此项准备金的数额,应记入本机构的账目和经费预算的专项栏目,并且在任何情况下,均不得超过全年预算经费收入的一半。)

第 L712-4 条 (2005 年 8 月 2 日第 2005-882 号法律第 65-2 条)地区工商会系统的某个公立机构对实施第 L711-8 条所指的指导性规划没有作出赞同决定时,或者被主管机关认定没有遵守指导性规划的有关规定的,不得缔结借贷。

第 L712-5 条 (2010 年 7 月 23 日第 2010-853 号法律第 6 条废止:地区工商会可以按照法令规定的条件提高其经费预算数额,以用于特别的经费开支或者应对特别情况。)

第 L712-6 条 (2005 年 8 月 2 日第 2005-882 号法律第 64 条)工商会系统的机构至少应从本《法典》第 L822-1 条所指的名册上挑选并任命 1 名会计监察人和 1 名替补会计监察人;会计监察人按照本《法典》第二卷与第八卷规定的条件履行职责,但保留适用会计监察人本身适用的各项规则。

按照《公共工程法典》的规定需要指定的会计监察人,由工商会会长提议,全体大会任命。

行政法规具体规定工商会系统的每一个机构公告资产负债表、损益表及其附件并向监管机关报送这些文件的具体条件。

对每年均不制定资产负债表、损益表及其附件的工商会的领导人,适用本《法典》第 L242-8 条规定的处罚。

第 L712-7 条 (2005 年 8 月 2 日第 2005-882 号法律第 66 条)有权限的主管机关保障工商会系统的各个机构按照规定正规运作。主管机关当然列席工商会系统各机构的审议会议;特定的审议决定,尤其是第 L711-8 条第 2 款第 1 点所指的审议决定,均应提交主管机关按照法令确定的条件审核批准。

第 L712-8 条 （2005 年 8 月 2 日第 2005-882 号法律第 66 条）在会计年度内，机构的预算经费或者已经执行的经费数额发生可支配的剩余款项不能填补赤字之状况，必需的经费开支没有编入经费预算，或者没有得到委托授权，或者经确认经费开支发生严重运作不良，致使机构的财务平衡发生危险时，有权限的机关在实行对席审议程序之后，确定经费预算，并委托省公共财政局长履行司库职责。

第 L712-9 条 （2005 年 8 月 2 日第 2005-882 号法律第 66 条）工商会系统的某一机构经选举任职的任何成员在履行职责时有严重过错的，经主管机关对席程序审理之后，可以依职权中止该成员的任职，或者依职权宣告其辞职。

在发生的情形已经影响到某一机构的运作时，主管机关可以宣告该机构内部各部门的权限均暂时停止，并任命一个临时委员会。

在有需要的情况下，主管机关作出决定，可以解散该机构的各部门组织。

第 L712-10 条 在工商会系统的会长、主席、司库，替代会长、主席或司库的经选举任职的人，或者得到会长、主席或司库委托授权的当选任职的人，或者离开这种职责的原当选人因与其履行职务不能分离的过错受到刑事追诉的情况下，该系统的任何机构有义务对涉案人给予保护。在当事人履行职务时或者因履行职务之事实而可能受到暴力、威胁或者侮辱的情况下，同样应当给予保护；这种保护包括相应情况下赔偿其由此受到的损失。

对于机构在犯罪行为人之前向当选人或原当选人所支付的款项，机构本身可以取得对受害人的各项权利的代位权，以获得其支付的款项的返还。

第 L712-11 条 一、工商会系统各机构的工会组织的代表性，按照《劳动法典》第 L2121-1 条规定的标准确定，但保留执行本条有关措施的规定。

二、只有达到《劳动法典》第 L2122-5 条所指的可以派代表参加会议的界限的工会组织，才能单独在依据 1952 年 12 月 10 日关于农业商会、商业商会、手工业职业商会强制建立行政管理人员规则的第 52-1311 号法律第 2 条的规定建立的工商会系统的机构对等委员会内，按照行政法规确定的方式取得席位。

三、凡是达到《劳动法典》第 L2122-1 条所指的可以派代表参加会议的界限的工会组织，在工商会系统的机构内可以有自己的代表席位；是否达到所要求的界限，根据在机构对等委员会的选举中获得的选票结果进行评价。这些选举在负责商业事务的部长发表的条例确定的统一日期举行。

第 L712-12 条 （2005 年 8 月 2 日第 2005-882 号法律第 66 条）最高行政法院提出资政意见后颁发的法令具体规定本章的适用条件，特别是规定工商会系统各机构的行政运作规则与经费运作规则以及国家实行监督的方式。

第三章 地域工商会、地区工商会成员以及商事代表的选举

第一节 地域工商会与地区工商会成员的选举

第 L713-1 条 一、地域工商会与地区工商会的成员经选举任职，任期 5 年。同一个地域工商会与地区工商会的成员不得连续担任 3 届以上的本工商会的会长，不论每届任期实际时间如何。

为了进行地域工商会与地区工商会成员的选举，选区的划分依据是地域工商会的管辖区划范围。在地域工商会与地区工商会成员的选举中，每一选举人在按照第 L713-11 条的规定确定的行业类别内，或者在可能进行细分的行业类别内，参加两次投票。

二、下列之人为地域工商会与地区工商会成员选举中的选举人：

1. 以个人名义作为选举人的：

A. 在本工商会辖区范围内的"商事及公司注册登记簿"上登记注册的商人，但对于合名公司与股份两合公司的股东，保留适用第 L713-2 条第三项的规定；

B. 在本工商会辖区范围内的"手工业职业名录"登记，并且在"商事及公司注册登记簿"上登记注册的企业的主要负责人；

C. 在"商事及公司注册登记簿"上申报其参与配偶的职业活动并且不从事其他职业活动的上述 A 点与 B 点所列之人的配偶；

D. 在法国注册、船籍港在本工商会辖区之内的海运船舶上担任指挥职务的海商商船的船长；在法国注册、船籍港在本工商会辖区之内的海运船舶的舵手；在法国注册的航空器上担任机长的民用航空器的驾驶员。

2. 由其法定代表作为选举人的：

A. 注册住所在本工商会辖区内本《法典》第 L210-1 条第 2 款意义上的商事公司以及具有工商性质的公共机构；

B. 在本工商会辖区内进行了补充登记或第二次登记的机构，但现行法

律与行政法规免除补充登记或第二次登记的情况除外；上述第 1 点中 A 点与 B 点所指的自然人以及第 2 点中 A 点所指的法人，不论其行使表决权利的地域范围如何；

C. 注册住所在法国领土之外但在本工商会辖区内设有机构，并且该机构在"商事及公司注册登记簿"上进行了注册登记的商事性质的公司。

地区工商会的成员不论何种原因位置空缺的，至地区工商会重新选举之时，由与其同时当选的人替代。

第 L713-2 条 一、第 L713-1 条第二项第 1 点与第 2 点所指的自然人或法人，如其在本地域工商会的辖区内雇佣的薪金雇员为 10 人至 49 人，按照其注册住所以及在本工商会辖区内的所有机构的名义，可以有 1 个候补代表名额；如其在本地域工商会管辖区划内雇佣的薪金雇员为 50 人至 99 人，可以有 2 个候补代表名额；除此之外：

1. 在本工商会辖区内雇佣的薪金雇员为 100 人至 999 人，从第 100 人开始，每 100 人再增加 1 个补充名额；

2. 如其在本工商会辖区内雇佣的薪金雇员超过 1000 人，从第 1000 人开始，每 250 人再增加 1 个补充名额。

二、但是，第 L713-1 条第二项第 1 点中 A 点与 B 点所列举的自然人，在其配偶适用该条第二项第 1 中点 C 点的规定时，如该自然人在本工商会管辖区划内雇佣的薪金雇员不足 50 人，不指定任何候补代表。

三、合名公司与股份两合公司，按照公司章程的规定作出的明文决定，以股东和公司的名义唯一指定 1 名代表，但不影响按照上述规定指定候补代表的可能性。

第 L713-3 条 （2003 年 11 月 12 日第 2003-1067 号法令第 3 条）一、第 L713-1 条与第 L713-2 条所指的代表，应当是在企业内担任董事长兼总经理、董事长、管理委员会主席、监事会主席、经理、具有工商性质的公共机构的董事长、董事会或管理委员会成员职务的人，或者是以委托代理人的名义作为这些人的代表在企业或机构内担当与商业、技术或管理相关的领导职务的人。

二、第 L713-1 条第二项第 1 点所指的以个人名义作为选举人的人，以及该条第二项第 2 点所指的自然人或法人的代表，应当是欧洲共同成员国的国民，或者是欧洲经济区协议签字国的国民，此外，还必须具备以下条件，才能参加投票表决：

1. 具备《选举法典》第 L2 条确定的各项条件，但有关国籍的条件除外；

2. 没有受到《选举法典》第 L6 条所指的任何禁止权利处分；

3. 自前次宣告的处罚判决终局确定之日起计算，最近至少 15 年内没有被宣告个人破产，或者没有受到以下法律规定的禁止权利或丧失权利之惩罚：本《法典》第六编，1985 年 1 月 25 关于企业司法重整与司法清算的第 85-98 号法律，1967 年 7 月 13 日关于司法清理债务、财产清算、个人破产与欺诈破产的第 67-563 号法律；

4. 没有按照《刑法典》第 131-27 条规定的条件受到禁止从事商业或工业职业，禁止以任何名义直接或间接为其本人或他人利益领导、管理或监督工商企业或商事公司的处分；

5. 没有受到按照在欧洲共同体国家或者欧洲经济区协议签字国现行的立法宣告的相当于本条第 2、3、4 点所指的丧失权利或制裁。

第 L713-4 条 （2003 年 11 月 12 日第 2003-1067 号法律第 5 条）一、下列之人可以经选举担任地域工商会、地区工商会成员，但应年满 18 周岁并且具备第 L713-3 条第二项确定的各项条件：

1. 对于第 L713-1 条第二项第 1 点所指的以个人名义作为选举人的人，在相应的工商会辖区的选举人名册上进行登记；对于该第 1 点中 A、B、C 三点所指的选举人，证明其在"商事及公司注册登记簿"上登记注册至少已有 2 年；

2. 以第 L713-1 条第二项第 2 点以及第 L713-2 条所指的代表资格登记的选举人，在相应的工商会辖区的选举名册上登记，并且证明其代表的企业从事活动至少已有 2 年。

二、地域工商会、地区工商会的任何成员，不再具备上述第一项确定的被选举人条件的，应向省长提出辞职；非如此，省长得依职权宣告其辞职。

但是，停止从事职业活动不到 6 个月的情况，不引起停业人辞职，但第 L713-3 条第二项第 2、3、4、5 点所指情况除外。

第 L713-5 条 （2003 年 11 月 12 日第 2003-1067 号法律第 7 条）在工商会解散的情况下，6 个月内进行重新选举；但是，如距离工商会全部改选的时间还不到 1 年，无须进行重新选举。

二、在某一工商会的成员人数减少到原有人数的 1/2 以下时，省长作出决定对此状况进行认定，并在 6 个月期限内就全部席位重新组织选举。

但是，如果在确认这种状况时距离工商会全部改选的时间还不到 1 年，不组织重新选举。

三、按照本条的规定当选的工商会成员任职至原定任职期满。

第二节 商事代表的选举①

第 L713-6 条 （2004 年 1 月 15 日第 2004-328 号法令第 3 条）商事代表,按照每一个工商会的管辖区划范围,经选举任职,任期 5 年。

但是,当某一工商会的辖区或该辖区的一部分所在的区划范围内 在商事方面有管辖权限的法院本身不包括任何经选举任职的法官②时,不进行任何商事代表的选举。

第 L713-7 条 （2004 年 1 月 15 日第 2004-328 号法令第 3 条）商事代表选举中的选举人是：

1. 以个人名义作为选举人的：

A. 在工商会辖区内的"商事及公司注册登记簿"上注册登记的商人,但是,对于合名公司与股份两合公司的股东,保留适用第 L713-2 条第三项之规定；

B. 在辖区内的"手工业职业名录"与"商事及公司注册登记簿"上注册登记的企业的主要负责人；

C. 上述 A 点和 B 点所指之人的配偶,合作参与其配偶从事的商事活动,向"商事及公司注册登记簿"进行了申报,且不从事其他职业活动的；

D. 在法国注册的、船籍港在本辖区内的远洋船只上担任船长或海商船只船长的人,在本工商会辖区内注册的航空器的驾驶员以及担任在法国注册的航空器的机长的人；

E. 已申请在选举人名册上登记的在商事法院担任现职的成员以及这些

---

① 商事代表是指在选举商事法院法官时参加投票的代表,商事代表本身也经选举产生,任期 5 年。其职责很简单:在 5 年任期内,每年一次,通过函寄表决票的方式,选举商事法院的法官。担任商事代表的人要求具备的条件是:年满 30 岁并在"商事及公司注册登记簿"上进行注册登记,具有商人资格,享有各项民事权利与商事权利。担任商事代表的人可以作为商事法院法官候选人。

通常情况是,愿意参选商事代表的人往往少于待选举的席位,例如,2004 年,巴黎有 1000 个商事代表席位,却只有 700 人提名作为候选人,这样,所有的提名候选人都会当选。原先,商事代表的选举由工商会负责组织,现在由商事法院组织。原则上,参选人需负担参选商事代表的广告费用,但在选举中获得 5% 以上选票的候选人可以获得费用的偿还。担任商事代表的职务,既不给报酬,也不给补贴,完全是一种义务性职责。商事代表还可参与按照不同专题成立的工作委员会与工作小组的活动。——译者注

② 只有商事法院才有经选举任职的法官。如果没有商事法院,由其他法院行使商事争议案件的管辖权,不需要选举任何商事代表。——译者注

法院的原成员。

2. 由法定代表人作为选举人的：

A. 本《法典》第 L210-1 条意义上的商事性质的公司以及具有工商性质的公共机构，其注册住所在本辖区之内的；

B. 在本辖区内进行了补充登记或者第二次登记的机构，但现行的法律与条例免除进行补充登记或第二次登记的除外；上述第 1 点中 A 点与 B 点所指的自然人以及第 2 点中 A 点所指的法人，不论其行使表决权的地域范围如何；

C. 注册住所在法国领土之外但在本辖区内设有 1 家机构，且该机构在"商事及公司注册登记簿"上进行了注册登记的商事性质的公司。

3. 在本辖区内由第 1 点与第 2 点所指的选举人雇佣的，在企业或机构内担当领导、技术或管理责任的干部。

第 L713-8 条 （2004 年 1 月 5 日第 2004-328 号法令第 4 条）第 L713-7 条第二项所指的(法定)代表人应当是在企业内担任董事长兼总经理、董事长或董事会成员、管理委员会主席或管理委员会成员、监事会主席、经理、具有工商性质的公共机构的董事长或董事会成员，或者是以授权的名义，作为这些人的代表在企业或机构内担当与商业、技术或管理责任有关的职务的人。

第 L713-9 条（2004 年 1 月 5 日第 2004-328 号法令第 4 条）第 L713-7 条第 1 点与第 3 点所指的以个人名义作为选举人的人，以及该条第 2 点所指的自然人或法人的代表，应当是欧洲共同体成员国的国民或者是欧洲经济区协议签字国的国民。

此外，还必须具备以下条件，才能参加投票表决：

1. 具备《选举法典》第 L2 条规定的各项条件，且保留执行上述第 1 款之规定；

2. 没有因违反荣誉、廉洁或善良风俗的行为而受到刑事有罪判决；

3. 自前次宣告的刑事有罪判决终局确定之日起计算，最近至少 15 年内，没有被宣告个人破产，或者没有受到以下法律规定的禁止权利或丧失权利之惩罚：本《法典》第六编，1985 年 1 月 25 关于企业司法重整与司法清算的第 85-98 号法律，1967 年 7 月 13 日关于司法清理债务、财产清算、个人破产与欺诈破产的第 67-563 号法律；

4. 没有按照《刑法典》第 131-27 条规定的条件受到禁止从事商业职业或工业职业，或者禁止以任何名义直接或间接为其本人或者为他人利益领导、管理或监督工商企业或商事公司的处分；

5. 没有受到按照在欧洲共同体成员国或者欧洲经济区协议签字国现行立法宣告的、相当于上述第 2、3、4 点所指的丧失权利或制裁。

第 L713-10 条　属于第 L713-7 条定义的选举人团的人,可以参选担任商事代表的职务。

第三节　共同规定

第 L713-11 条　在每一个行政区范围内,商事代表和地域工商会成员、地区工商会成员的选举中的选举人,各自按照商业、工业和服务业三类职业,划分为 3 个选举人类别。

在每一类别的选举人内部,还可能按照各企业的规模进行职业类别的细分。

在适用第 2 款的规定时,地区工商会,以及隶属于地区工商会的地域工商会,在前者的监督下,具体确定共同适用的细分职业类别。

第 L713-12 条　一、商事代表的席位数不得少于 60 个,也不得超过 600 个;具体席位数目,按照辖区内的商事选举人团的规模、应当选举的工商会成员人数,以及在相应工商会辖区范围内商事法院的数目确定。

二、地域工商会的成员席位数为 24 席至 60 席。但是,在由数省组成的地区内只有一个地域工商会的情况下,按照本项相同的条件,地域工商会的成员席位数为 24 席至 100 席。

三、地区工商会成员的席位数,按照最高行政法院提出资政意见后颁布的法令具体规定的条件,确定为 30 人至 100 人。

每一个地域工商会或者巴黎—法兰西岛各省工商会,在地区工商会内或者在巴黎—法兰西岛地区工商会内,均有其代表;各工商会所占代表的比例,按照管辖区划所占的经济分量确定;但是,同一个工商会在地区工商会内不得占有超过 40% 的席位。

一个地区工商会的辖区内只有两个地域工商会时,不适用这些规定。

跨越两个地区的地域工商会的当选成员,在代表这样的工商会参加地区工商会选举时,可以在两个地区的工商会大会上都派出代表,其代表比例不按照该工商会的地理位置构成计算。

第 L713-13 条　不同类别的选举人之间,或者细分类别的选举人之间,根据当地属民纳税情况、国民人数以及雇佣的雇员人数来确定席位分配数目,但任何类别的选举人均不得占有超过半数的席位。

第 L713-14 条 选举人名册按照商事法院的辖区范围,由受委任监督"商事及公司注册登记簿"的法官主持的委员会按照最高行政法院提出资政意见后颁布的法令具体规定的条件制定,并且应遵守《选举法典》第 L25 条、第 L27 条、第 L34 条与第 L35 条的规定。

第 L713-15 条 为了进行各地域工商会和各地区工商会成员的选举,每一个选举人拥有的选举表决权与其按照第 L713-1 条的规定作为选举人的资格相等。

为进行商事代表的选举,每一个选举人只有一票表决权。

选举地域工商会成员、地区工商会成员以及商事代表的表决权,采用通信方式或电子邮件行使。

第 L713-16 条 商事代表以及各地域工商会、地区工商会的成员,按照多名候选人一轮投票、多数票当选的方式选举。如果有数名候选人得票数相等,年长者当选。

地区工商会的成员、巴黎—法兰西岛各省工商会的成员以及各地域工商会的成员,按照最高行政法院提出资政意见后颁布的法令具体规定的条件,在同一日进行选举。

地区工商会的成员选举中的候选人与其替补候选人应为不同性别的人。

地区工商会的当选成员与替补成员也是其当选辖区内的地域工商会的成员。

丧失或者放弃这两个机构之一的成员的资格,将使当事人同时丧失在另一机构内作为成员的资格。

第 L713-17 条 商事代表与各地域工商会、地区工商会成员的选举活动,由行政主管机关,以及在行政主管机关的监督下,由各地域工商会和各地区工商会组织,并于同一日进行。

商事代表与各地域工商会、地区工商会成员的选举活动受《选举法典》第 L49 条、第 L50 条、第 L58 条至第 L67 条之规定的约束。违反这些规定的行为,处该《法典》第 L86 条至第 L117-1 条规定的刑罚。

由省长或其代表主持的一个委员会负责保障选举投票活动按照规定正常进行,并由其宣告选举结果。

对商事代表与各地域工商会、地区工商会的成员的选举活动提出投诉的,作为市镇选举方面的争议,向行政法院提出。

当选受到异议的巴黎—法兰西岛各省工商会的成员或者某个地域工商会的成员,仍然继续任职,直至对提出的争议作出最终确定的裁决。

第 L713-18 条　最高行政法院提出资政意见后颁布的法令具体规定第 L713-1 条至第 L713-14 条的适用条件。该法令尤其对各类职业与细分类的职业之间分配商事代表与工商会成员名额的条件作出规定。

第二编　商　事　法　院

译者概述：

法国的法院分为司法法院与行政法院两大系统。司法法院系统包括刑事法院与民事法院。民事法院又分为普通法院(le tribunal de droit commun)与专门法院：大审法院(le tribunal de grande instance)与上诉法院(cour d'appel)为普通法院,商事法院或商法院(tribunal de commerce)属于专门法院(tribunal d'exception)；除商法院外,专门法院还有："劳资纠纷调解法庭"(也译为"劳资纠纷仲裁法庭"或"劳资纠纷调解委员会")、"社会事务法庭"、"农村租约对等法庭"。国内有的书籍也将"tribunal d'exception"译为"特殊民事法院",但专门法院不是"特别法院"。一审普通法院与专门法院的共同上诉审法院(二审法院)是上诉法院。

商事法院是一审法院。案件争议数额超过4000欧元时,不服商事法院的判决,可以向有地域管辖权的上诉法院提起上诉,因法律上的理由,不服一审终审判决或二审判决,可以向最高法院提出上诉。最高法院不是第三审级,对其受理的上诉案件不进行事实审。最高法院设有一个"商事庭",称为"最高法院商事庭"。

现在,在法国《司法组织法典》中没有关于商事法院组织原则的专门规定,但商事法院仍然受有关司法组织的共同规则约束。在《民事诉讼法典》中则有关于商事法院管辖、受理、审理案件的专门规则以及对商事法院判决提起上诉的规则。

法国最早的商事法院(法庭)应当是1419年在里昂设立的商事法庭。

1556年，卢昂和图卢兹两城市也设立了类似法庭。1563年，国王查理四世颁布敕令设立巴黎商事法庭，并准许凡是打算设立商事法庭的城市均可设立之。当时的商事法庭由1名法官和4名经选举任职的商事裁判官组成，因此也称为"商事裁判庭"（juridiction consulaire，或译为"商事裁判所"）。商事裁判庭管辖的是商人之间因商业事务发生的争议。自1715年开始，商事裁判庭也管辖有关企业倒闭方面的案件以及"一般的"或"普通的"破产案件（非破产欺诈案件，non frauduleuses）。

法国大革命几乎废除了旧王政制度下的所有司法机构，但仍然保留了商事裁判庭的各项原则，并且颁布了1790年8月16日与8月24日的法律，进一步确立了商事法院的法律地位，其名称也改为"Tribunal de commerce"（商事法院或商事法庭），沿用至今。由于历史原因，有些场合，商事法院仍然称为"商事裁判庭"（juridiction consulaire）。

2008年，除阿尔萨斯和摩泽尔地区外，法国全国一共有191家商事法院，2009年1月撤销了其中55家，另设了5家。在上述两地区，由大审法院商事庭管辖在其他地区属于商事法院管辖权限内的争议。商事法庭由庭长或者1名行使司法裁判职权的法官主持（第L722-3条）。

法国现有商事法官3300多名。规模较大的商事法院分设若干法庭。例如马赛商事法院设有三个审判庭：普通商事庭（les chambres de rôle générales）、集体程序庭（les chambres de procédures collectives），此外还有海事与运输法庭（les chambres de droit maritime et de transport）。马赛商事法院也是法国唯一设有专门审理海事及运输法（Droit Maritime et des transports）纠纷法庭的商事法院。商事法庭的判决由3名法官组成法庭作出。

按照通常规则，有地域管辖权的商事法院是被告所在地的法院，但《民事诉讼法典》也规定了若干例外，例如合同争议，有地域管辖权的商事法院不一定是被告（所在地）的法院，而是主要给付履行地的法院，例如，买卖合同，可以是标的物交付地法院。

关于协议管辖条款，也有一个特别问题：即使当事人可以在合同中规定有关地域管辖的条款，但这种条款的有效性取决于当事人的身份——只有各方当事人均为商人身份，并且在合同文本中指明这一身份时，这种条款才能有效；反过来，如果是非商人与商人之间订立的地域（协议）管辖条款，则视为未予订立。

商事法院虽然是专门法院（une juridiction d'exception），但可以与普通法院分享管辖权：凡是没有设立商事法院的辖区，由大审法院行使（商事）管辖权。

商事法院无管辖权的情形属于绝对无管辖权:如果提交商事法院受理的案件不属于其事物管辖权限,法官与诉讼当事人均可提出其无管辖权。

在《商法典》的实施法令部分,对商事法院的管辖权做了列举规定。商事法院管辖的案件范围包括:(1) 商人之间、信贷机构之间,或者商人与信贷组织之间的商事争议;(2) 商法人(商事公司)之间的争议或者涉及商事行为的所有争议,包括自然人之间的涉及商事性质的行为;(3) 任何人之间有关汇票的争议,在涉及商人与非商人之间的汇票时,不具有商人身份的一方当事人可以请求将案卷移送民事法院;(4) 针对某一商事企业或手工业者提起的诉讼,但是自由执业公司被明确排除在商事法院管辖之外(第L721-5条)。商事法院还管辖集体程序:保护程序、司法重整程序与司法清算程序。

如同商事法院地域管辖权方面的情况一样,在事物管辖方面,协议管辖条款同样存在问题:从根本上来说,个人之间的争议本应由民事法官管辖,商事法院本是由商人为商人利益而创设的法院,而商事法官被认为是熟悉法律的商业职业人,在这种情况下,强制消费者到商事法院"打官司",似乎并不很公平。正是从这一角度出发,最高法院的判例认定,如果被告是非商人,禁止订立协议管辖条款,但在商人之间订立这一条款仍然合法。如果原告是非商人,可以在协议管辖条款与其本来的法官——民事法官之间选择。总的来说,无论是地域管辖还是事物管辖,对于非商人,法院判例可以认定协议管辖条款无效。

商事法院适用商法,尤其是适用证据自由规则以及本行业的习惯法。

法国商事法院最突出的特点是组成商事庭的法官并非职业法官(法国职业法官实行终身制,不被罢免)。商事法院的法官,包括院长和各法庭庭长都是商人,实际上是或曾是企业领导人。商事法院的法官由商人、手工业者同行,经两级选举任职:首先选出"商事裁判官选举人代表",再由选举人代表以及在任或原任的商事法官组成的选举人团选举候任法官。商事裁判官选举人代表本身必须是在"商事及公司注册登记簿"上注册登记的商人以及某些类似人员,例如,远洋船只的船长。商事法官所拥有的商业领域的实践经验对处理复杂的商事、经济争议很有利。

每一个商事法院法官的人数,主要依据法院受理案件的数量及其职能的重要性来决定。在一些较大的工业或商业城市,商事法院的法官数量相应较多。

商事法院的法官的任职纯属名誉性质,不取报酬。因此,虽然法国实行的是"检审合署"体制,但在商事法院并不设置隶属于司法部长管辖的检察官。

商事法官一般任期为4年,可以连任4个任期,有时可以接受国家法官学校安排的培训。由当选法官选举本商事法院的院长,院长以命令的形式制定本法院可以担任委任法官职责的法官名单。

法国的商事司法程序非常迅速,费用较少,适应商业活动的需要。这也是独立设置商事法院的目的。有些商事法院每年要作出大量判决,但上诉率或变更率却相对较低。集体程序案件大约占商事法院受理案件总数的20%,成为商事法院审判活动的主要领域。除商事法官之外,司法管理人、司法代理人、清算人也参与司法程序,由商事法院任命并监督他们在具体案件中承担相关职责。

20世纪90年代末,法国有人对商事法院提出批评,主要意见是:经选举任职的商事法院法官往往表现出法律知识不足,在其裁判的商事争议中容易发生利益冲突。有人建议商事法庭的审判程序应由1名职业法官主持,两名经选举任职的法官协助。这一改革建议后来被放弃了。

第一章 机构与管辖权

第 L721-1 条 (2006年6月8日第2006-673号法律第2条)商事法院为初级(一审)法院,由选举产生的法官和1名书记官组成。商事法院的管辖权由本《法典》及其他法典与特别法律确定。

商事法院受《司法组织法典》第一卷关于所有法院的共同规定的约束。

第 L721-2 条 (2006年6月8日第2006-673号法律第2条)没有设立商事法院的辖区,属于商事法院管辖的案件由大审法院管辖。

第 L721-3 条 (2006年6月8日第2006-673号法律第2条)商事法院管辖以下案件:

1. 商人之间、信贷机构之间或者商人与信贷机构之间有关义务承诺的争议;
2. 有关商事公司的争议;
3. 任何人之间有关商事行为的争议。

但是,当事人在订立合同时可以约定将以上列举的争议提交仲裁。

第 L721-3-1 条 对于根据欧洲议会与欧洲理事会2007年7月11日关

于建立欧盟处理小额争议程序的第861/2007号条例的规定而提出的诉讼请求,商事法院在其事物管辖权的权限内有管辖权。

第L721-4条 (2006年6月8日第2006-673号法律第2条)商事法院管辖同时有商人与非商人签字的期票的争议。

但是,如果汇票上仅有非商人签字且不是因商事、交易、交换、银行或居间活动而签发,在被告提出请求时,商事法院应将有关争议移送大审法院受理。

第L721-5条 (2006年6月8日第2006-673号法律第2条)尽管有第L731-3条的规定,并且保留纪律惩戒庭的管辖权,不论有何相反规定,如诉讼一方当事人是按照1990年12月31日关于以自由职业公司的形式执业的第90-1258号法律设立的、受立法或条例确定的规则约束或者名称受到保护的公司,民事法院唯一有管辖权;此种公司的各股东(合伙人)之间发生的争议,民事法院也唯一有管辖权。

但是,此种公司的股东(合伙人)可以在公司章程中约定将他们之间因公司原因产生的争议提交仲裁。

第L721-6条 (2006年6月8日第2006-673号法律第2条)因酿造生产的食品的买卖,针对所有权人、种植人或葡萄种植人提起的诉讼,以及因商人购买供其个人使用的食品与商品的支付而针对商人提起的诉讼,不受商事法院管辖。

但是,商人出具的票据被视为是因其商事而为。

第L721-7条 就以下所指的财产采取的保全措施,如其目的是为了保全属于商事法院管辖权限的债权并且是在任何诉讼之前提出请求时,商事法院院长与执行法官可以竞合行使管辖权:

1. 在《民事执行程序法典》规定的情况与条件下,就动产与不动产采取的保全措施;

2. 在《交通运输法典》第L5114-20条和第L5114-29条规定的情况与条件下,就船舶采取的保全措施;

3. 在《民用航空法典》规定的情况与条件下,就航空器采取的保全措施;

4. 在《河流公产与内水航行法典》规定的情况与条件下,对吨位在20吨或20吨以上的内水航行船舶采取的保全措施。

第二章　组织及其运作

第一节　商事法院的组织与运作

第 L722-1 条　(2006 年 6 月 8 日第 2006-673 号法律第 2 条)除有关独任法官的各项规定之外,商事法院的判决由以合议庭进行审理的诸法官作出。

第 L722-2 条　(2006 年 6 月 8 日第 2006-673 号法律第 2 条)商事法院在审理有关司法保护、司法重整与司法清算、司法清理或财产清算案件时,组成审判庭的法官中担任审判职务 2 年以上的法官应占多数,但保留适用第 L722-15 条的规定。

第 L722-3 条　(2006 年 6 月 8 日第 2006-673 号法律第 2 条)除适用第 L722-15 条之规定外,商事审判庭由商事法庭庭长主持,或者由本法庭 1 名担任审判职务 3 年以上的法官主持。

第 722-3-1 条　商事法院院长,在商事法院事物管辖权的权限之内,对于根据欧洲议会与欧洲理事会 2006 年 12 月 12 日关于建立欧盟指令支付程序的第 1896/2006 号条例的规定提出的诉讼请求有管辖权。

第 L722-4 条　(2006 年 6 月 8 日第 2006-673 号法律第 2 条)不能组成商事法庭或者商事法庭不能进行审理时,如不适用第 L722-13 条和第 L722-14 条的规定,经(上诉法院)检察长提出要求,由上诉法院指定其辖区内的大审法院审理已在商事法院庭期表上登记的案件及此后可能受理的案件。因无法遵守第 L722-2 条的规定而需移转管辖时,大审法庭仅受理司法重整和司法清算案件。商事法院的书记员不因此而丧失其职权,并继续在受移送法庭履行职责。

第 L722-5 条　(2006 年 6 月 8 日第 2006-673 号法律第 2 条)引起移转管辖的障碍消失时,应检察长提出的申请,上诉法院确定商事法院重新管辖属于其权限的案件的日期。到此日期,所有案件均按其所处状态移转商事法院;但是,除司法保护、司法重整与司法清算、财产司法清理与清算案件之外,原受移转法院继续管辖和解案件以及已经进入实质审理的案件。

第二节　商事法院法官的委任

第 L722-6 条　（2006年6月8日第2006-673号法律第2条）除保留执行第L723-11条第2款关于法官补选的规定之外,商事法院的法官,第一次当选任职任期为2年;第一个任期之后,可以在同一法院或其他任何商事法院连选连任,任期为4年,但不得超过第L723-7条规定的最多任期。

商事法院法官的任期在其继任者任职期开始之前届满的,继续任职至继任者就任之日,但延长的期间不得超过3个月。

第 L722-7 条　（2006年6月8日第2006-673号法律第2条）商事法院法官在就职之前应进行宣誓。

誓词如下:"我宣誓,我将很好地忠实履行我的职责,虔诚地保守审议秘密,始终作为一个诚实的合格法官行事。"

商事法院设在上诉法院所在地的,法官在上诉法院进行宣誓;其他情况下,宣誓在商事法院所在地的大审法院进行。

第 L722-8 条　（2006年6月8日第2006-673号法律第2条）有下列原因之一的,商事法院法官停止履职:

1. 选举任职期满,但保留执行第L722-6条第2款与第L722-11条第3款的规定;
2. 商事法院被撤销;
3. 辞职;
4. 丧失权利。

第 L722-9 条　（2006年6月8日第2006-673号法律第2条）商事法院的某个法官实行司法保护、司法重整或司法清算程序时,该当事人自实行此种程序的判决作出之日起停止履职,并视其辞职。

商事法院法官具有第L713-3条第一项所指身份之一的,在其所属的公司或公立机构被宣告实行司法保护、司法重整或司法清算程序时,适用相同规定。

第 L722-10 条　（2006年6月8日第2006-673号法律第2条）大审法院按照第L722-4条规定的条件被指定管辖案件时,在商事法院停止管辖期间,其法官的任期不中断。

第 L722-11 条　（2006年6月8日第2006-673号法律第2条）商事法院院长从在一商事法院任职6年以上的该法院的法官中选任,但保留适用第

L722-13 条的规定。

商事法院院长由本法院法官经全体会议秘密投票方式选举产生,任期4年。全体会议由卸任的院长主持,或者无卸任院长主持的,由年龄最长的法官主持。进行第一、二轮投票,选举按绝对多数计算结果,如进行第三轮投票,按相对多数计算结果。第三轮投票出现得票数相等情况时,担任审判职务年限最长的候选人当选;任职年限相等者得票相同时,年长者当选。

卸任院长履职至继任者就任之日,但延长任职的期限不得超过3个月。

第 L722-12 条 (2006 年 6 月 8 日第 2006-673 号法律第 2 条)无论商事法院院长在任期期间以何种原因停止履职,均应在 3 个月期限内选出新院长;新任院长的任期至原任院长尚剩的任职期间届满。

商事法院院长因故暂时不能履职时,由其指定的法官替代。未指定替代人或者受指定的法官因故不能任职,由担任审判职务年限最长的法官替任。

第 L7221-13 条 (2006 年 6 月 8 日第 2006-673 号法律第 2 条)候选人中无人符合担任商事法院院长所要求的资历条件时,上诉法院第一院长,根据检察长的申请,以命令作出不要求资历条件的决定。

第 L722-14 条 (2006 年 6 月 8 日第 2006-673 号法律第 2 条)除保留适用第 L722-15 条之规定外,凡是在商事法院担任裁判职务不满 2 年的人,不得受指定按照本《法典》第六卷规定的条件担任委任法官之职务。①

每一个司法年度开始时,商事法院院长在征求本法院全体会议的意见之后,以命令的形式编制本院可以担任委任法官职务的法官名单。

第 L722-15 条 (2006 年 6 月 8 日第 2006-673 号法律第 2 条)如商事法院没有任何法官符合第 L722-2 条规定的审理司法保护、司法重整或司法清算案件或者第 L722-3 条规定的主持审判法庭的条件,或者第 L722-14 条规定的担任委任法官职务的资历条件,上诉法院第一院长,根据检察长的申请,以命令作出不要求此种条件的决定。

第 L722-16 条 (2006 年 6 月 8 日第 2006-673 号法律第 2 条)商事法院经选举产生的法官任职不获取报酬。

---

① 不得担任集体程序中的委任法官。——译者注

第三章　商事法院法官的选举

第一节　选举人资格

第 L723-1 条　（2006 年 6 月 8 日第 2006-673 号法律第 2 条）商事法院的法官，由本法院管辖区内的选举团选举产生。选举团由以下人员组成：

1. 本法院辖区内选举产生的商事代表；

2. 商事法院在职法官（原规定为"工商会在职成员"）以及申请在选举人名册上登记的原商事法院法官（原规定为"和原工商会成员"）。

第 L723-2 条　（2006 年 6 月 8 日第 2006-673 号法律第 2 条）只有符合以下条件的第 L723-1 条所指之人，才能作为选举团的成员：

1. 没有被解除职务；

2. 没有因违反荣誉、廉洁或善良风俗而受到刑事有罪判决；

3. 自宣告上述措施的判决终局确定之日起至少 15 年没有再被判决宣告个人破产，禁治产处分，或本《法典》第六卷，1985 年 1 月 25 日关于企业司法重整与司法清算的第 85-98 号法律及 1967 年 7 月 13 日关于司法清理与清算财产、个人破产与破产欺诈的第 67-563 号法律所规定的丧失权利；

4. 没有受到按照《刑法典》第 131-27 条规定的条件禁止以任何名义、直接或间接，为其本人或他人利益，从事商业或工业职业，领导、管理或监督工商企业或商事公司之处分。

商事代表按照第 L713-6 条至第 L713-18 条规定的条件指定。

第 L723-3 条　（2006 年 6 月 8 日第 2006-673 号法律第 2 条）选举商事法院法官的选举团成员名册，由受指定监管"商事及公司注册登记簿"的委任法官主持的一个委员会编制。在新设商事法庭的情况下，上诉法院第一院长指定司法系统的 1 名法官担任该委员会的主任。

对选举团成员名册有争议时，适用《选举法典》第 L25 条第 1 款、第 L27 条、第 L34 条与第 L35 条的规定。

第二节　被选举人资格

第 L723-4 条　（2006 年 6 月 8 日第 2006-673 号法律第 2 条）年满 30 岁

的下列之人，可以被选举担任商事法院法官职务：

1. 已在本商事法院或数个相邻的商事法院辖区内按照第 L713-7 条规定编制的选举人名册上登记；
2. 符合《选举法典》第 L2 条规定的国籍条件；
3. 没有实行司法保护程序、司法重整或司法清算程序；
4. 如果是第 L713-7 条第 1 点与第 2 点所指之人，不隶属于实行司法保护、司法重整或司法清算程序的公司或公立机构；
5. 证明最近 5 年均在"商事及公司注册登记簿"上注册登记，或者在总共相加满 5 年的期间内具有第 L713-8 条列举的资格之一，或从事第 L713-7 条第一项所列举的职业之一。

第 L723-5 条　（2006 年 6 月 8 日第 2006-673 号法律第 2 条）任何人丧失担任商事法院法官职务之权利的，在 10 年期间内，不得被选举担任该职务。

第 L723-6 条　（2006 年 6 月 8 日第 2006-673 号法律第 2 条）国家商事法官纪律委员会可以宣告在实行纪律惩戒程序期间辞去商事法官职务的任何人 10 年内没有被选举权。

第 L723-7 条　（2006 年 6 月 8 日第 2006-673 号法律第 2 条）在同一商事法院已经连续选举任职达 4 个任期的商事法院法官，在 1 年内，在该法院不得享有被选举资格。

但是，连续担任商事法院法官或院长已满 4 个任期的离任院长，可以经选举重新担任同一商事法院的法官。在这一任期届满后，该法官在 1 年内不得被选举担任任何职务。

第 L723-8 条　（2006 年 6 月 8 日第 2006-673 号法律第 2 条）商事法院的法官不得同时担任劳资纠纷仲裁法庭或另一商事法院的法官。

第三节　投票和选举程序

第 L723-9 条　（2006 年 6 月 8 日第 2006-673 号法律第 2 条）每一选举人，在同一商事法院辖区范围内，仅有一票表决权。

可以通过信函或电子通讯途径行使表决权。

第 L723-10 条　（2006 年 6 月 8 日第 2006-673 号法律第 2 条）商事法院法官的选举采用多名候选人两轮多数票程序进行。

在第一轮选举中至少获得半数表决票以及全体登记选举人 1/4 赞成的

候选人,宣告当选。

如无候选人当选或仍有空缺名额,第二轮投票时,获得参加投票人数的相对多数赞成票者当选。第二轮选举中数名候选人获得相等票数时,年长者当选。

第 L723-11 条 (2006 年 6 月 8 日第 2006-673 号法律第 2 条)每一商事法院,无论出于何种原因,法官席位空缺需要补选的,当年均应进行补选。

如在当年空缺席位超过法院编制人数的 1/3,省长(国家代表)得决定进行补选。于此情形,当选法官的任期至司法年度终了时届满。

第 L723-12 条 (2006 年 6 月 8 日第 2006-673 号法律第 2 条)《选举法典》第 L49 条、第 L50 条、第 L58 条至第 L67 条以及第 L86 条至第 L117 条的规定,适用于为选举商事法院法官而组织的选举活动。

第 L723-13 条 (2006 年 6 月 8 日第 2006-673 号法律第 2 条)由上诉法院第一院长指定的 1 名司法系统的法官主持的委员会负责监督选举投票是否符合规定并宣布选举结果。

第 L723-14 条 (2006 年 6 月 8 日第 2006-673 号法律第 2 条)最高行政法院提出资政意见后颁布的法令规定本章的适用细则。

第四章　商事法院法官的纪律

(1987 年 7 月 16 日第 L87-550 号法律)

第 L724-1 条 (2006 年 6 月 8 日第 2006-673 号法律第 2 条)商事法院法官有任何违反诚实、廉洁、尊严和所负职责的行为,均构成违纪过错(une faute disciplinaire)。

第 L724-2 条 (2006 年 6 月 8 日第 2006-673 号法律第 2 条)国家商事法官纪律委员会行使纪律惩戒权。委员会由最高法院院长指定的最高法院的 1 名庭长主持(任主席)。

国家商事法官纪律委员会由下列成员组成:

1. 最高行政法院法官 1 名,由最高行政法院副院长任命;

2. 上诉法院坐席司法官 2 名,由最高法院首席院长根据全体上诉法院首席院长制定的名单任命;各上诉法院的首席院长,在征求该法院法官全体会议的意见后,确定 1 名该上诉法院法官的人选;

3. 商事法院法官 4 名,由全体商事法院的院长选举产生。

同等人数的候补委员,按同等条件任命或选举产生。

国家商事法官纪律委员会成员的任期为4年。

第L724-3条 （2006年6月8日第2006-673号法律第2条）在当事人所属的法院院长听取其意见陈述之后，国家商事法官纪律委员会得受理由掌玺官、司法部长提交其受理的案卷。

国家商事法官纪律委员会可以宣布对当事人进行训诫，或者宣告其丧失任职权利。

第L724-4条 （2006年6月8日第2006-673号法律第2条）如存在可能导致对当事人给予纪律惩戒的事实，由当事人所属的法庭庭长听取其意见陈述之后，国家商事法官纪律委员会，根据掌玺官、司法部长的建议，可以暂时停止当事人的职务。停职期限不得超过6个月，国家商事法官纪律委员会可以宣布延展停职期间，但延展的时间也不得超过6个月。如商事法院法官受刑事追诉，国家商事法官纪律委员会主席得命令暂停该法官的职务，直至作出终局刑事判决。

第L724-5条 （2006年6月8日第2006-673号法律第2条）国家商事法官纪律委员会，只有在至少4名委员，其中包括主席出席时，始可进行评议。持两种意见的票数相等时，委员会主席的表决意见起决定作用。

第L724-6条 （2006年6月8日第2006-673号法律第2条）国家商事法官纪律委员会的决定及其主席的决定应当说明理由。对国家商事法官纪律委员会及其主席的决定，只能向最高法院提起上诉。

第L724-7条 （2006年6月8日第2006-673号法律第2条）除依照第L724-3条和第L724-4条可能作出的决定外，在选举之后，商事法院的法官在就任前或就任后受到第L723-2条所指的刑罚之一、丧失权利或无能力处分的，该法官自动丧失其职务。

第三编　特别商事法院

第一章　适用于上莱茵省、下莱茵省及摩泽尔的规定

第 L731-1 条　(2006 年 6 月 8 日第 2006-673 号法律第 2 条)在上莱茵省、下莱茵省及摩泽尔设立大审法院商事法庭(chambre commerciale)。

第 L731-2 条　(2006 年 6 月 8 日第 2006-673 号法律第 2 条)大审法院商事法庭的管辖权限为商事法院的权限,但按照《司法组织法典》第二卷第二编第三章的规定属于大审法院管辖的案件除外。

第 L731-3 条　大审法院商事法庭由 1 名大审法院的法官、2 名经选举任职的陪审官和 1 名书记员组成。大审法院的法官任庭长。

第 L731-4 条　(2006 年 6 月 8 日第 2006-673 号法律第 2 条)除第 L721-1 条、第 L721-2 条、第 L722-3 条、第 L722-11 条至第 L722-13 条与第 L723-7 条第 2 款之外,本《法典》第七卷第二编的规定适用于大审法院商事法庭。

但是,尽管有第 L722-14 条的规定,委任法官的职权也可以由 1 名坐席司法官按照《司法组织法典》第 L215-1 条第 2 款规定的条件行使之。

第二章　适用于海外省与地区的规定

第 L732-1 条　(2006 年 6 月 8 日第 2006-673 号法律第 2 条)在海外省与地区设置商事法院混合法庭。

第 L732-2 条　(2006 年 6 月 8 日第 2006-673 号法律第 2 条)商事法院

混合法庭的管辖权限由本《法典》与特别法规定。

第 L732-3 条 （2006年6月8日第2006-673号法律第2条）商事法院混合法庭是一审法庭，由初审法院院长及经选举任职的法官和1名书记员组成，但保留适用第 L732-7 条之规定。初审法院院长任庭长。法官选举按照第 L723-1 条至第 L723-13 条确定的条件进行。

第 L732-4 条 （2006年6月8日第2006-673号法律第2条）在没有设立商事法院混合法庭的辖区内，初审法院管辖由混合法庭管辖的案件。

第 L732-5 条 （2006年6月8日第2006-673号法律第2条）商事法院混合法庭的判决由合议庭作出，合议庭除庭长外，由3名经选举任职或者按照第 L732-7 条的规定指定的法官组成，但法律规定由独任法官作出判决的情形除外。

在法官评议时持两种意见的票数相等时，法庭庭长的意见起决定作用。

第 L732-6 条 （2006年6月8日第2006-673号法律第2条）除第 L721-1 条、第 L722-1 条、第 L722-3 条、第 L722-11 条至第 L722-13 条与第 L723-7 条第2款之外，本《法典》第七卷第二编的规定适用于大审法院商事庭。

第 L723-7 条 （2006年6月8日第2006-673号法律第2条）在宣告当选的候选人名单上，由第 L723-13 条所指的委员会附上一份补充名单，补充名单写明没有当选的候选人的姓名、身份与住所，并写明各自的得票数。上诉法院首席院长，在通知商事法院混合法庭之后，以该补充名单为基础，制定一份最多15人的名单；该15人的住所在本城市，可以替补混合法庭的缺额。如果在一年期间内混合法庭法官人数不够，混合法庭庭长通过公开抽签，从上诉法院首席院长确定的上述名单中指定替补的法官。中签的人应在混合法庭庭长前进行宣誓。

第四编　商事法院书记室

第一章　机构与任务

第 L741-1 条　（2006 年 6 月 8 日第 2006-673 号法律第 2 条）商事法院书记员是公务助理与司法助理人员。①

第 L741-2 条　（2006 年 6 月 8 日第 2006-673 号法律第 2 条）商事法院书记员全国理事会对公共权力代表商事法院书记员职业。商事法院书记员全国理事会具有法人资格并负责保护其集体利益。

对于直接或者间接损害商事法庭书记员职业之集体利益的行为，商事法庭书记员全国理事会可以在所有法院行使民事当事人的各项权利。

商事法院书记员全国理事会的选举方式，由最高行政法院提出资政意见后颁布的法令具体规定。

商事法院书记员全国理事会确定其经费预算，（2006 年 12 月 21 日第 2006-1666 号法律第 116 条）商事法院书记员全国理事会可以在法令规定的范围内负担（本会）具有集体利益服务部门所需的资金。

为此目的，商事法院书记员全国理事会要求"商事法院书记员事务所"的每一个持有人每年交纳会费。交纳会费的数额，由法令按照各事务所的活动情况以及事务所成员合作人的人数作出规定。这一法令的制定应听取商

---

① 法国商事法院的书记员是一种特殊职业，法律规定其地位是公务助理与司法助理人员，但不是公务员。——译者注

事法院书记员全国理事会的意见。

由交纳会费带来的收入,不得超过商事法院书记员全国理事会确定的份额,按照上一年全国所有商事法院书记员事务所全部入账收入的2%。

受到催告之后1个月仍然不交纳会费的事务所,由商事法院书记员全国理事会向欠款人发出类似于1991年7月9日第91-650号关于改革民事执行程序的法律第3条所指的文书。

商事法院书记员全国理事会可以就全国范围内的行业习惯制定规章。理事会制定的规章应提交司法部长、掌玺官批准。

商事法院书记员全国理事会也可以负责掌管第L128-1条所指的资料档案。

第二章 从事商事法院书记员职业与其他司法和法律职业的条件

第L742-1条 (2006年6月8日第2006-673号法律第2条)从事商事法院书记员职业的条件,由最高行政法院提出资政意见后颁布的法令具体规定。

第L742-2条 (2006年6月8日第2006-673号法律第2条)商事法院书记员从事其他司法和法律职业的条件,由最高行政法院提出资政意见后颁布的法令具体规定。

第三章 执 业 条 件

第一节 巡视检查与纪律

第一目 巡视检查

第L743-1条 (2006年6月8日第2006-673号法律第2条)商事法院书记员在从事职业时应接受在掌玺官、司法部长领导下按照最高行政法院提出资政意见后颁布的法令确定的条件进行的巡视检查。巡视检查过程中,商事法院书记员有义务提交全部有益于检查的文件与情况,不得以保守职业秘密为理由对抗检查。

第二目 纪　　律

第 L743-2 条　（2006年6月8日第2006-673号法律第2条）商事法院书记员违反诚信、廉洁、尊严与所负职责的任何行为，均构成违纪过错。

如归咎于商事法院书记员的违纪行为是其在履行职责时实施的，在同意相关的商事法院书记员辞职的同时，不妨碍对其宣告纪律惩戒。

第 L743-3 条　（2006年6月8日第2006-673号法律第2条）对商事法院书记员的纪律惩戒有：

1. 向其重申工作秩序；
2. 警告；
3. 训诫；
4. 暂行禁止任职；
5. 撤销或收回荣誉。

第1点至第4点所指惩戒可以附带暂时停止参选商事法院书记员全国理事会成员的资格。

对于第一项至第三项所指的惩戒附带暂停参选资格的处罚最长期限为5年，第四项所指的处罚附带暂停参选资格的处罚最长期限为10年。

第 L743-4 条　（2006年6月8日第2006-673号法律第2条）针对商事法院书记员的纪律惩戒诉讼，向商事法院书记员全国理事会提出，或者向商事法院所在辖区的大审法院提出，或者，如果书记员持有多个事务所，此种诉讼向上诉法院首席院长按照本章规定的条件指定的大审法院提出。

针对商事法院书记员提起纪律惩戒诉讼，时效期间为10年。

第 L743-5 条　（2006年6月8日第2006-673号法律第2条）商事法院书记员全国理事会的纪律委员会由该理事会在其内部指定5名成员组成，并按照相同条件指定5名候补成员。委员会选举主席1名。

商事法院书记员全国理事会主席不得担任纪律委员会的成员。

商事法院书记员全国理事会只能宣告第 L743-3 条第1点至第3点规定的惩戒事项。

第 L743-6 条　（2006年6月8日第2006-673号法律第2条）针对商事法院书记员的纪律惩戒诉讼由共和国检察官提起，也可以由商事法院书记员全国理事会理事长提起，在此情况下，应向共和国检察官进行通知，共和国检察官可以向大审法院处理纪律惩戒案件的法庭传唤作为当事人的书记员。

共和国检察官发出的传票，应通知商事法院书记员全国理事会的纪律惩戒委员会。

自共和国检察官进行这项通知时起,商事法院书记员全国理事会的纪律惩戒委员会即停止管辖。

第 L743-7 条 （2006 年 6 月 8 日第 2006-673 号法律第 2 条）商事法院书记员受到刑事追诉或受到纪律惩戒时,经共和国检察官提出诉状,可以由大审法院申请暂时停止其履行职务。

在紧急情况下,甚至在商事法院书记员受到刑事追诉或者纪律惩戒之前,由大审法院宣告暂时停止其职务。

应共和国检察官或者书记员本人提出的申请,大审法院可以终止暂停任职之处罚,在刑事诉讼或者纪律惩戒诉讼已经消灭时,暂停任职之处罚亦告终止。

如果在宣告暂停任职起 1 个月期限经过之后,没有提起任何纪律惩戒诉讼或者刑事诉讼,暂停任职亦告终止。

第 L743-8 条 有权限提起纪律惩戒诉讼的共和国检察官,或者在由商事法院书记员全国理事会主席主动提起追诉的情况下,理事会主席,以及作为当事人的书记员本人,对商事法院书记员全国理事会纪律委员会作出的决定可以向上诉法院提起上诉。

有权限提起纪律惩戒诉讼的共和国检察官,或者在由商事法院书记员全国理事会主席主动提起追诉的情况下,理事会主席,以及作为当事人的书记员本人,对大审法院作出的决定可以向上诉法院提起上诉。

第 L743-9 条 （2006 年 6 月 8 日第 2006-673 号法律第 2 条）被停止履职、禁止履职或者被撤职的商事法院书记员,应停止履行任何本职业行为。应任何有利益关系的人或者共和国检察官的申请,大审法院得宣告商事法院书记员违反这一禁止性规定实施的行为无效。大审法院的这一决定对任何人均具有执行力。

任何违反第 1 款之规定的行为,处《刑法典》第 433-17 条规定的刑罚。

第 L743-10 条 （2006 年 6 月 8 日第 2006-673 号法律第 2 条）对商事法院书记员宣告停止履职、禁止履职或者撤职的大审法院（为商事法院书记员事务所）任命 1 名或数名临时管理人。

第 L743-11 条 最高行政法院提出资政意见后颁布的法令规定本章的实施条件。

第二节　商事法院书记员的执业方式

第 L743-12 条　（2006 年 6 月 8 日第 2006-673 号法律第 2 条）商事法院书记员可以以个人名义执业，或者以 1990 年 12 月 31 日第 90-1258 号关于受专门立法或条例规则约束、其名称受到保护的自由职业公司（sociétés des professions libérales，自由职业合伙）的法律规定的专业民事公司（sociétés civiles professionnelles，职业民事合伙）的形式或自由执业公司（sociétés d'exercice libéeral，自由执业合伙）的形式持有商事法院书记室的自然人或法人①的薪金雇员的身份从事职业。

商事法院书记员可以成立共同经济利益联合组织并作为其成员，或者设立欧洲共同经济利益联合组织并作为其成员，也可以成为 1990 年 12 月 31 日关于受专门立法或条例规则约束、其名称受到保护的自由职业公司（合伙）的第 90-1258 号法律所指的专业民事公司或者自由执业公司的合伙人。

第 L743-12-1 条　持有商事法院书记室的自然人所雇用的、作为其薪金雇员的商事法院书记员的人数不得超过 1 人；持有商事法院书记室的法人所雇用的、作为其薪金雇员的商事法院书记员的人数不得超过在该法人内执业的有书记员身份的合伙人的人数。

在任何情况下，作为薪金雇员的商事法院书记员的劳动合同均不得抵触商事法院书记员行业的"职业道德规范"。不论劳动合同中订有何种条款，在商事法院书记员认为其需完成的任务违背其良心或者损害其独立性时，可以拒绝完成雇主交给的此种任务。

最高行政法院提出资政意见后颁布的法令确定本条的实施方式，尤其是确定在商事法院书记员全国理事会理事长进行调解之后处理因履行劳动合同发生的争议时所适用的规则，以及有关解雇商事法院书记员的规则和终止商事法院公务助理人员职务的条件。

第三节　商事法院书记员的收费标准

第 L743-13 条　（2006 年 6 月 8 日第 2006-673 号法律第 2 条）商事法院

---

①　商事法院书记室，如同律师事务所、会计师事务所、司法执达员事务所、公证人事务所，可以由自然人或者公司作为其持有人。——译者注

书记员的酬金,由最高行政法院提出资政意见后颁布的法令具体规定。

第四节 商事法院书记员财会制度

第 L743-14 条 (2006年6月8日第2006-673号法律第2条)商事法院书记员为第三人利益持有的款项,如属于最高行政法院提出资政意见后颁布的法令规定的类别,应当存入在信托银行专门为此开立的账户。同一法令还具体规定这些资金的寄存条件。

第 L743-15 条 正在执业的商事法院书记员,受强制接受继续职业培训。

最高行政法院提出资政意见后颁布的法令确定以继续职业培训义务的名义从事的活动的性质与时间。

商事法庭书记员全国理事会对完成继续职业培训的条件与方式作出具体规定。

第五编　商　业　布　局

译者概述：

在西方国家,行政权力干预市场的情况并不普遍。《法国商法典》第五卷有关商业网点和商业资源的宏观调节问题的规定,只涉及大型商城、大型商场的布局与建设。对大型商业项目规定实行"批准"(autorisation)制度,是为了合理布局商业经营网,既方便大众又避免盲目无序的发展。因此,将商业布局纳入城市总体规划,对于现代化城市的发展、国土资源的有效利用以及保持可持续发展空间,至关重要。均衡有序的商业布局被认为是区域发展、城市规划和环境保护等方面的一个重要指标。法国在城市商业规划的改革过程中,对关于经济现代化的法律,用所谓"商业布局"(l'aménagement commercial)与"持续发展"方面的标准取代了原先的"经济标准",对商业网点的设置实行监督。但是,这种监督,对于保持各种形式的商业之间的平衡,并不能起到真正的过滤作用。

按照法国目前对各类商场进行的分类,大型商场分为以下几种：

营业面积等于或者超过2500平方米,以销售食品类商品为主导的非专营零售商店,为"特级超市"(hypermarché,超大商场)；

营业面积在300平方米至2500平方米之间,以销售食品类商品为主导,食品方面的营业额超过65%的非专营零售商店,为"超级商场"(supermarché,即我们所称的"超市")；

营业面积等于或超过2500平方米,不以销售食品类商品为主导的非专营零售商店,为"大型商场"(grand magasin,大商店或"综合商场")；

营业面积在 300 平方米至 2500 平方米之间,以销售食品类商品为主导,食品方面的营业额低于 65% 的非专营零售商店,为"民众商场"(magasin populaire,大众商场)。

在我国,将"自选商店"称为"超市",一些小本商人甚至将在很小的出租棚屋里开设的小门店也称为"超市",实际上是无规范市场秩序的一种表现。

第 L750-1 条 商业与手工业企业建店设点、现有经营活动的扩展或转移,以及经营活动部门的改变,均应符合领土整治、环境保护、城市化发展质量等方面的要求,尤其应当有助于保持农村地区和山区的商业与手工业活动,有助于通过发展城市中心地区和有活力的城区(闹市区)的商业活动,以实现人口集中的居民小区在商业与手工业网点布局方面的再平衡。

(2008 年 8 月 4 日第 2008-776 号法律第 102-1 条)在公平竞争的框架内,商业与手工业企业的建店设点、现有经营活动的扩展或转移,以及经营活动部门的改变,还应有助于商业设施设备的现代化,有助于这些设施设备适应消费时尚和营销技术的发展变化,有助于消费者舒适购物并改善雇员的劳动条件。

第 L750-1-1 条 (2008 年 8 月 4 日第 2008-776 号法律第 100-1 条)政府按照第 L750-1 条确定的导向,通过对居民区的邻近商业给予 1989 年 12 月 31 日关于发展商业与手工业企业以及改善经济、法律与社会环境的第 89-1008 号法律第 4 条规定的帮助,促进居民区邻近商业的活力,关注与保障不同形式的商业的平衡发展。

获得"服务业、手工业与商业参与基金"支持的项目,目的应是方便创建能够为公众使用的机构,有利于这些机构的维护和现代化改造,使之能够适应新的需求,特别是在这些机构实施规范化工程方面有利于企业安全和邻近居民点的企业的转型,加强定点商业或非定点商业的商业服务,尤其是加强农村地区、山区、集市市场以及城市政策优先考虑的街区的商业服务。

法令确定可以获得"服务业、手工业与商业参与基金"支持的活动项目、获得支持的对象以及支持的经费数额;法令尤其确定选择这类活动项目的方式以及给予的支持的性质、比例与数额。

第一章　商业网点布局委员会

第一节　省商业网点布局委员会

第 L751-1 条　（2006 年 6 月 8 日第 2006-673 号法律第 2 条，2008 年 8 月 4 日第 2008-776 号法律第 102-2 条）省商业网点布局委员会审议依据本《法典》第 L752-1 条、第 L753-3 条与第 L752-15 条之规定提交的批准申请。

第 L751-2 条　（2006 年 6 月 8 日第 2006-673 号法令第 2 条，2008 年 8 月 4 日第 2008-776 号法律第 102-28 条）一、省商业网点布局委员会由省长主持。

二、除巴黎以外，各省商业网点布局委员会的组成是：

1. 以下经选举产生的 7 名成员：

A. 商业网点设立地的市镇的市长或其代表；

B. 商业网点设立地的市镇为其成员、实行特别税制的跨市镇合作性公共机构的主席或其代表；

C.《城市规划法典》第 L22-4 条所指的、在商业网点设立地的市镇周边范围内负责地域协调规划的混合管理委员会或跨市镇合作性公共机构的主席或其代表；非如此，则由人口最多①的市镇的市镇长或议会的 1 名议员为成员；

D. 省议会主席或其代表；

E. 地区议会主席或其代表；

F. 在省一级代表各市镇长的 1 名成员；

G. 在省一级代表跨市镇机构的 1 名成员。

当选人之一在上述 A 点至 G 点所指的职务中担任多个职务的情况下，仅以其中 1 个职务的名义作为委员会的成员；相应情况下，由该人所在的审议机关指定 1 名替代人取代其不能兼任的其他每一个职务。

2. 在消费和保护消费者领域、可持续发展和区域整治布局领域有资格的人士 4 名，每个领域各 2 名。

---

① 法国城市行政区划的范围比较小，同一个居民小区的不同部分可能属于不同的"commune"（市镇行政区），所以，存在跨市镇的居民小区的情况。——译者注

设立的商业点所在地的区域超越1个省的省界时,国家在该省的代表(省长)至少应指定另一个与此有关的省的1名当选人与1名有资格的人士进入本省的商业网点布局委员会。

凡是对将要作出的决定或提出的意见可以提供更多情况的人,商业网点布局委员会均可听取他们的意见。

三、在巴黎,省商业网点布局委员会的人员组成是:

1. 以下经选举产生的5名成员:

A. 巴黎市长或其代表;

B. 商业设点地的城区的区长,或其代表;

C. 巴黎市议会指定的区议会的议员;

D. 巴黎市长的1名助理;

E. 巴黎地区议会指定的1名地区议会的议员。

2. 在消费、可持续发展与区域商业网点布局与整治方面有资格的3名人士。

凡是对将要作出的决定或提出的意见可以提供更多情况的人,商业网点布局委员会均可听取他们的意见。

四、省商业网点布局委员会审查开设电影放映场所的计划时,在省长指定的有资格的人士中应包括1名由全国电影与动画中心的主席从其制定的名单上选任的专家。

第L751-3条 (2006年6月8日第2006-673号法令第2条)省商业网点布局委员会的任何成员均应向省长报明其在经济活动中所持有的利益以及担任的职务。省商业网点布局委员会的任何成员均不得参与审议本人在其中有利益的事务,或者其代表或曾经代表一方或各方当事人的事务。

第L751-4条 (2006年6月8日第2006-673号法令第2条)指定省商业网点布局委员会成员的条件以及委员会的运作方式,由最高行政法院提出资政意见后颁布的法令具体规定。

第二节 国家商业网点布局委员会

第L751-5条 (2006年6月8日第2006-673号法令第2条)国家商业网点布局委员会由12名成员组成,依据负责商业事务的部长提出的报告作出的行政令任命,任期6年,不能连任。在6年任期届满时,所有成员继续任职到新组成的委员会召开第 1 次会议为止。国家商业网点布局委员会的成员每 3 年按照最高行政法院提出资政意见后颁布的法令确定的条件进行部分改选。

第 L751-6 条　一、国家商业网点布局委员会的组成如下：

1. 最高行政法院的 1 名成员，由最高行政法院副院长指定；
2. 审计法院的 1 名成员，由审计法院院长指定；
3. 财政监察总署的 1 名成员，由该署署长指定；
4. 属于可持续发展管理部门的总巡视员编制的 1 名成员，由环境和可持续发展总委员会的副主席指定；
5. 4 名在经销、消费、城市规划、可持续发展与领土整治或者就业方面有资格和能力而指定的人士，分别由国民议会议长、参议院议长、负责商业事务的部长以及负责城市规划事务的部长各指定 1 名；
6. 在地方选举中当选的人士的代表 4 名，其中包括：市镇行政区的代表 1 名，实行特别税制的跨市镇合作性质的公共机构的代表 1 名，分别代表各省与各地区的代表各 1 名。

国家商业网点布局委员会从其内部选举 1 名主席和 2 名副主席。

第 L751-7 条　(2006 年 6 月 8 日第 2006-673 号法令第 2 条)一、国家商业网点布局委员会的所有成员均应遵守 2013 年 10 月 11 日关于公共生活透明度的第 2013-907 号法律第 6 条第一项第 6 点关于有义务就其涉及的经济利益作出申报的规定。任何成员提交的有关其涉及的经济利益情况的申报，由委员会主席随时提交给本委员会的其他成员。

二、国家商业网点布局委员会的任何成员均不得参与审议其本人或者其在此之前的 3 年时间里担任职务或委任职务的法人在其中有直接利益的事务，也不得参与审议其在相同时间里代表或曾经代表过的一方当事人的事务。

担任国家商业网点布局委员会成员职务的全体成员，不得同时在与商业行业有关系的经济活动或金融活动范围内兼任任何职务。

三、国家商业网点布局委员会的全体成员以及以任何名义参与该委员会活动的所有自然人或法人，即使是偶然参与活动，对于他们在履行职务时可以了解的事实、文书与情况，负有保守职业秘密的义务。

四、国家商业网点布局委员会查实某个成员处于不能兼任职务的状况或者因故不能履行职务或者违反应当遵守的义务时，经其他成员 3/4 多数表决同意,可以中止该成员的任职。

第 L751-8 条 (2006 年 6 月 8 日第 2006-673 号法令第 2 条)指定省商业网点布局委员会成员及其主席的条件以及委员会的运作方式,由最高行政法院提出资政意见后颁布的法令具体规定。

第三节 对商业网点布局状况的观测①

第 L751-9 条 (2008 年 8 月 4 日第 2008-776 号法律第 102-8 条)一、国家商业网点布局委员会每年发布一份报告,汇总全国和各省商业网点布局委员会所进行的活动的数据资料。该报告还包括关于了解各地域在商业领域情况的信息。

二、负责对商业领域进行经济研究的国家部门,编制全国主要从事零售业活动的机构的普查基础数据,其中尤其包括这些机构用于进行销售活动的营业面积的数据。负责对商业领域进行经济研究的国家部门的工作人员有资格按照《税收征管手册》第 L135 条第二项规定的条件,接收该条所指的各项信息资料。

负责对商业领域进行经济研究的国家部门有权要求向其报送有利于实现基础数据资料编制的各项信息。在编制基础数据资料时,持有这些信息资料的各部门、机构、机关与组织的工作人员,对负责在商业领域进行经济研究的国家部门,不再受保守职业秘密之义务的约束。

在保守统计机密与税收机密的限度内,负责对商业领域进行经济研究的国家部门向各地方行政部门、地方行政部门组成的团体以及工商会系统提供与它们各自有关的数据资料。

---

① 这一节的标题原为"省商业设备设施观测所"(les observatoires départementaux d'équipement commercial),现在改为"对商业网点布局状况观测"(observation de l'aménagement commercial)。"省商业设备设施观测所"负责为制定本地区商业发展总体规划收集商业网点布局方面的有关情况资料。观测所的人员组成由负责商业事务的部长发布的行政令作出规定。——译者注

第二章　商 业 批 准①

第一节　需经批准的商业项目

第 L752-1 条　(2006 年 6 月 8 日第 2006-673 号法令第 2 条)一、下列计划项目须申请"商业经营许可"(autorisation d'exploitation commerciale):

1. 通过新建或现有建筑物改造,新开设面积超过(2008 年 8 月 4 日第 2008-776 号法律第 102-9 条)"1000 平方米"的零售业商店。

2. 现有的销售场地面积已经达到 1000 平方米的零售业商店的扩展,或者在实施扩展计划之后零售业商店的销售场地面积超过 1000 平方米的;补充利用不属于第 L310-2 条所指范围的任何有顶或无顶、固定或活动场地,视为扩展面积。

3. (2008 年 8 月 4 日第 2008-776 号法律)"销售场地面积超过 2000 平方米的商业场地的经营活动部门的任何改变。如商店新开展的营业活动是以食品销售为主导,前款所指 2000 平方米面积减为 1000 平方米"。

4. (2008 年 8 月 4 日第 2008-776 号法律第 102-9 条)"新建第 L752-3 条所指的多种店面组成的综合商业中心,全部销售场地面积超过 1000 平方米的"。

5. (2009 年 5 月 12 日第 2009-526 号法律第 47 条)"对销售面积已经达到 1000 平方米、由多种店面组成的综合商业中心进行扩展,或者扩展计划实现之后全部销售场地面积超过 1000 平方米的";

6. 在停止经营 3 年之后,在原场地向公众重新开放超过(2008 年 8 月 4 日第 2008-776 号法律第 102-9 条)"1000 平方米"营业场地销售面积的零售商店。在场地的经营者原是因为实行司法重整程序而停止经营的情况下,3 年期限,仅自所有人完全恢复对场地的处分权之日开始计算。

---

① 2008 年 8 月 4 日关于经济现代化的法律对城市商业布局的规章进行了修改。按照该法的规定,新开、扩建、改造营业面积不超过 1000 平方米的商店不需要事先申请批准(过去限制为 300 平方米)。新开、扩建、改造后的营业面积超过 1000 平方米时,需要事先向省商业网点布局委员会提出批准申请。按照所谓"经商自由"的规则,法国法律较少规定行政审批程序。这里规定的"商业批准"(autorisation commerciale)所依据的标准主要是:环境保护,可持续发展,其中包括商业供需状况、顾客与货车出入通道、安全通道、场地管理、能源消耗、污染、对景观与生态的影响等。——译者注

对于苗木、园艺经营商户，第 1 款所指的销售场地面积为其按照最高行政法院提出资政意见后发布的法令规定的条件销售并非产于自己园地的产品所使用的面积。

7. 新增或扩充为经零售电商途径购物的顾客收取订货、机动车能够进入的常设网点。

尽管有上述第 7 点的规定，凡是在 2014 年 3 月 24 日第 2014-366 号法律颁布之日前已经纳入城市规划改造范围、可供机动车辆进入居民区而建设的、对公众开放的零售商店，新建面积在 20 平方米以上的、经电商途径购物的顾客收取订货的常设网点，不需要经过商业经营批准。

获得商业经营许可的收取货物的场所的所有权人，如其终止经营，以及在 3 年之内不再在同一地点重新向公众开放任何经营活动，应当负责将该地点的剩余物料全部清理干净并恢复原先占用的场所的原状。在经营者实行司法重整程序的情况下，前述 3 年期限，自所有权人完全恢复对场地的完全处分权之日开始计算。

最高行政法院提出资政意见后颁布的法令对前款所指场地的物料清理以及原状的恢复作出一般规定。法令还确定国家在省内的代表按照何种条件查证、确认该款所指的所有权人是否实施了这些行动。

第 L752-2 条 （2008 年 8 月 4 日第 2008-776 号法律第 102-9 条）"一、在不新增营业面积的情况下，将相邻商店拥有的经营场地的面积合并后总面积不超过 2500 平方米时，或者，在新的经营活动是以食品销售为主导、营业面积不超过 1000 平方米时，无须经过'商业经营许可'。"

二、（2008 年 8 月 4 日第 2008-776 号法律第 102-9 条）"药店以及汽车、摩托车销售门店，无须经过第 L752-1 条所指的商业经营许可"。

三、（2006 年 6 月 8 日第 2006-673 号法令第 2 条）"由市议会决定在公产的附属部分上建立的有顶或无顶的生活用品零售供货大厅或市场，在机场范围内设立的、只有持飞机票的旅行者才能进入的商店，以及在城市中心地区的火车站使用的公产上设立的最大面积为 2500 平方米的商店，无须商业经营许可"。

第 L752-3 条 （2006 年 6 月 8 日第 2006-673 号法令第 2 条）一、在同一地点集中开设的各家商店，不论是否设在不同的建筑物内，也不论所有权人或者经营者是否为同 1 人，属于以下情形的，视为同一商业整体的组成部分：

1. 各商店是在同一块土地规划项目的框架内进行设计的，不论是否在同一阶段建成还是分阶段建成；

2. 由于各商店之间的建筑设计,相同的顾客群体可以进入各家店铺;

3. 对这些商店经营的特定要素实行共同管理,尤其是建有集体的服务部门或者经常运用共同的商业广告;

4. 各商店有共同的法律结构紧密联系在一起,并直接或间接由一参与人实行监督,对其实行第 L233-16 条意义上的影响,或者有 1 名法律上或事实上的共同领导人。

二、但是,本条之规定不适用于按照《城市规划法典》第 L311-1 条在城市中心创建的协调布局区域。

三、按照本《法典》的意义,为了便于顾客收取经电商途径订购的商品所建立的设施、布置和设备,以及与之紧邻的送货道路,构成经电商途径购物、可供机动车进入的顾客收取物件的常设网点。

第 L752-4 条 （2008 年 8 月 4 日第 2008-776 号法律第 102-14 条）在人口不足 2 万人的市镇行政区,市长或者在城市规划方面有管辖权限的跨市镇合作公共机构的主席,在收到打算建设营业面积为 300 平方米到 1000 平方米的商业设施的建筑许可证的申请时,可以向市议会或者该机构的审议机关建议向省商业网点布局委员会提出申请,以便该委员会审查计划建设的项目是否符合第 L752-6 条规定的标准。

在这些市镇行政区,市长或者在城市规划方面有管辖权限的跨市镇合作公共机构的主席,在收到建设前款所指的商业设施的建筑许可证申请时,应在 8 日之内将此项申请报送该项目设置地的跨市镇合作公共机构的主席或者《城市规划法典》第 L12-4 条所指的混合管理委员会主席。

委员会主席可以建议该审议机构向省商业网点布局委员会提出申请,以便该委员会审查计划建设的项目是否符合第 L752-6 条规定的标准。

市议会或者跨市镇合作公共机构的审议机构作出的决定应当说明理由,这项审议决定应在 3 日内转送提出申请的人并在 1 个月内张贴在拟选设点地的市政府。在省商业网点布局委员会不赞成拟定中的计划时,或者在国家商业网点布局委员会不赞成这一计划时,不得颁发建筑许可证。在计划被否定的情况下,计划的提出人可以在 1 个月内向国家商业网点布局委员会申请复议;国家商业网点布局委员会在 1 个月内没有作出答复,等于确认省商业网点布局委员会的意见。

第 L752-5 条 企业或企业集团,经营一家或数家零售商店,或者经营机动车辆可以进入、为经电商途径购物的顾客收取订购商品而设置的常设网点的,如果滥用其占有的经济支配地位或他人所处的经济依附地位,市长、实行特别税制的跨市镇合作性公共机构的主席,或者《城市规划法典》第 L122-4 条所指的混合管理机构或跨市镇合作性公共机构的主席,可以向竞争主管机关提出请求,要求竞争主管机关作出指令,并对涉案当事人实行本《法典》第 L464-2 条规定的金钱性质的制裁。

第二节 省商业网点布局委员会的决定

第 L752-6 条 第 L752-1 条所指的"商业经营许可",应当符合地域协调规划的导向性、目标性文件,或者,相应情况下,应当符合包含《城市规划法典》第 L123-1-4 条最后一款之规定的跨市镇规划布局和地方项目的导向性文件。

省商业网点布局委员会在作出决定时,应当考虑以下方面的问题:

1. 地域整治方面;
   A. 项目选点及其与城市规划的协调问题;
   B. 节约占用的空间,特别是停车场的建设用地问题;
   C. 对活跃城市、农村以及山区和海边地区生活的影响问题;
   D. 对交通流量的影响、使用集体交通工具的可行性以及最大限度减少二氧化碳排放量的方式问题。

2. 可持续发展方面;
   A. 申请批准的项目在环境方面的质量,特别是能源利用的效力、最大限度地利用可再生能源以及使用生物再生材料或方法、饮用水的管理、防止土地渗透性污染以及环境保护问题;
   B. 项目的建筑与自然外观的融合,特别是使用地方生产的有特色的外墙材料问题;
   C. 项目对周边环境可能带来的各种性质的危害问题。

如果是第 L752-1 条第 1 款第 2 点与第 5 点所指的项目,上述第 2 点中 A 点与 B 点的规定也适用于现有的建筑物。

3. 保护消费者方面;
   A. 申请批准的项目带来的便利性,特别是对于居民生活区的就近供货问题;
   B. 项目对活跃商业网所起的作用,特别是在现有的商业设备的现代化更新改造与保护城市中心区方面所起的作用;
   C. 项目可能提供的供货的多样性,特别是通过使用地方生产的有特色

的外墙护栏材料提供的货品的多样性问题;

D. 项目设立地可能面临的自然与矿物方面的风险问题。

二、省商业网点布局委员会在作出决定时,还应附带考虑项目在社会方面的作用。

第 L752-6-1 条　在属于《宪法》第73条适用范围的行政区,以及在圣巴泰勒米、圣马丁与圣皮埃尔—密克隆行政区,并且按照《有关欧盟运作的条约》第349条的规定,省商业网点布局委员会在作出决定时,应当考虑提交商业经营批准申请的企业在该地区已经占有的经济实力。如果按照经营场所里用于销售商品的面积来计算,在项目实施之后,其在当地所占的市场份额可能超过50%时,省商业网点布局委员会可以请求竞争主管机关提出意见。

第 L752-7 条至**第 L752-11 条**　(2008年8月4日第2008-776号法律废止)

第 L752-12 条　由国家下放权力的部门对批准申请进行审理前的调查。

第 L752-13 条　(2008年8月4日第2008-776号法律废止)

第 L752-14 条　(2008年8月4日第2008-776号法律第102-19条)

一、省商业布局委员会,经出席会议的成员投票,按照绝对多数赞成票,对申请的计划项目作出批准决定。

会议笔录写明每一个成员投票时表明的意见。

省长主持商业布局委员会会议,但不参加投票。

二、省商业网点布局委员会自受理申请之日起2个月内作出决定;经过这一期限仍未作出决定的,视委员会作出了赞成计划项目的决定。

在审议项目之前10日,向省商业网点布局委员会的各成员告知提交的申请。

省商业网点布局委员会的决定在10日内报送市长与申请人。

第 L752-15 条　如果建筑项目不要求持有建筑许可证,在该项目实现之前,即可颁发商业批准书。

商业批准书按照营业面积的平方米签发。

如果由于申请人方面的原因,在项目审议过程中或者在其建设过程中,从第L752-6条规定的某项标准来看或者从营业面积方面来看,项目发生了实质性改变,应当重新申请批准。

为了开设零售商店,或者为了设立可供车辆进出、为电商购物顾客收取订购商品而设置常设网点而要求事先获得批准的批准书,既不得转让他人,也不得转移用于其他地点。

尽管商业批准书具有不可转让性，但以项目推动人的资格提出批准申请的申请人，在对公众开放的销售面积上进行的营业活动开始之前，可以按照项目完成时的状态进行买卖；按照项目将来完工时的状态取得该商业场地的买受人，应当在该销售场地内进行原申请批准的、对公众开放的经营活动，且不得再将其转让他人。

第 L752-16 条 第 L752-3 条所指的可供车辆进出、为电商购物顾客收取订购商品而设置的常设网点，按照送货道路以及用于收取商品而占用的场所的面积的平方米给予批准，不论该场所是否有建筑物。

第三节 对省商业网点布局委员会的决定的申诉

第 L752-17 条 一、按照《城市规划法典》第 L425-4 条的规定，申诉人、国家在省内的代表、省商业网点布局委员会的任何成员、在每一个项目划定的营业区域内从事的经营活动有可能受到项目影响的任何职业人或者代表这些职业人的任何协会，均可就省商业网点布局委员会的意见向国家商业网点布局委员会提出申诉。

国家商业网点布局委员会就相应的项目是否符合本《法典》第 L752-6 条规定的标准提出意见，并以此意见取代省商业网点布局委员会已经提出的原意见。国家商业网点布局委员会在其受理申诉之日4个月内没有提出明文意见的，省商业网点布局委员会的原意见视为得到确认。

本项所指的人向国家商业网点布局委员会提出申诉，是对有管辖权限的行政主管机关就申请建筑许可证作出的决定提起行政诉讼的必要前置程序，否则，提起的行政诉讼不予受理。

二、实施项目不需要建筑许可证的情况，上述第一项第1款所指的人，可以在1个月内对省商业网点布局委员会的决定提出申诉。

国家商业网点布局委员会提出意见，并以此意见取代省商业网点布局委员会提出的原意见。国家商业网点布局委员会在其受理申诉起4个月内没有提出明文意见的，省商业网点布局委员会的原意见视为得到确认。

向国家商业网点布局委员会提出申诉，是提起行政诉讼的必要前置程序，否则，提起的行政诉讼不予受理。

三、凡是用于从事销售活动的营业面积至少达到2万平方米的第 L752-1 条所指的计划项目，自提交申请之日，省商业网点布局委员会即应向国家商业网点布局委员会作出报告。

四、凡是用于从事销售活动的营业面积超过 2 万平方米的第 L752-1 条所指的计划项目,或者项目实现之后营业面积超过 2 万平方米的,省商业网点布局委员会应在接收向其提交的申请案卷材料之日,向国家商业网点布局委员会进行报告。

五、在省商业网点布局委员会按照上述第一项的规定提出意见之后 1 个月期限内,或者在按照第二项的规定作出决定之后 1 个月期限内,国家商业网点布局委员会可以受理用于从事销售活动的营业面积不超过 2 万平方米的第 L752-1 条所指的项目。

国家商业网点布局委员会就申报的项目是否符合第 L752-6 条宣告的标准提出意见,或者就此作出决定。该意见或者决定取代省商业网点布局委员会的原意见或原决定。

国家商业网点布局委员会在受理申诉起 4 个月内没有提出明文意见,或者没有作出明文决定的,省商业网点布局委员会的原意见或原决定视为得到确认。

第 L752-18 条　(2006 年 6 月 8 日第 2006-673 号法令第 2 条)在可以提出申诉的期间经过之前或者在提出了申诉的情况下,在国家商业网点布局委员会作出决定之前,既不得颁发建筑许可证,也不得实施工程。就作为地基的同一地块,不得向省商业网点布局委员会提出第二次申请。

第 L752-19 条　(2006 年 6 月 8 日第 2006-673 号法令第 2 条)在省商业网点布局委员会作出的决定受到申诉的情况下,作为该委员会成员之一、商业点设置地的市镇的市长如提出要求,国家商业网点布局委员会应听取其意见。

由(2008 年 8 月 4 日第 2008-776 号法律第 102-23 条)负责商业事务的部长任命 1 名政府特派员列席委员会的听证会,并就案卷提出报告。

第 L752-20 条　(2008 年 8 月 4 日第 2008-776 号法律第 102-24 条)表决时如两种意见的得票数相等,国家商业网点布局委员会主席的表决意见起主导性作用。

国家商业网点布局委员会在其作出的决定中写明项目获得的赞成票与反对票的数目,以及可能的弃权票的数目。国家商业网点布局委员会的决定应当按照 1979 年 7 月 11 日关于行政文书说明理由以及改善行政部门与公众关系的第 79-587 号法律的规定说明理由。

第 L752-21 条　(2006 年 6 月 8 日第 2006-673 号法令第 2 条)国家商业网点布局委员会基于实体上的理由驳回批准申请的情况下,除已经考虑国家商业网点布局委员会作出决定所说明的理由之外,同一申请人不得就相同项目与相同地块提出新的申请。

第 L752-22 条 国家商业网点布局委员会批准或者拒绝批准某个项目,都是对该项目的整体批准或拒绝。

第 L752-23 条 (2008 年 8 月 4 日第 2008-776 号法律第 102-27 条)依据 1989 年 12 月 31 日关于发展商业与手工业企业、改善这些企业的经济法律与社会环境的第 89-1008 号法律第 9 条的规定,经授权对违反第 L752-1 条至第 L752-3 条之规定的行为进行调查与确认的工作人员,在认定某个营业场所的经营面积违反本编之规定时,应制作一份报告,并将其报送该商场所在省的省长。

对于可供车辆进出、为电商购物顾客收取订购商品而设置的常设网点,经享有授权资格的工作人员查证,用于从事经营活动而占用的土地面积或者已建设的送货道路并未得到批准时,工作人员应就此提出报告。

如果是新建的网点,省长催告有关的经营者关闭在违法使用的面积上从事的对公众开放的活动,或者,催告其在 1 个月内将营业场所用于销售的面积减少至有权限的省商业网点布局委员会所批准的面积。省长可以发布行政决定,命令在 15 日内关闭在违反规定从事经营的营业面积上所从事的活动,直至切实纠正违规行为为止,且不影响实行刑事制裁。在规定这项措施的同时还可规定,按照违规从事经营活动的面积计算,每平方米每天处罚款 150 欧元。

省长得责令有关的经营者在 1 个月内将其营业场所的面积减少至有权限的省商业网点布局委员会批准的面积。除不影响适用刑事制裁之外,省长得发布条令命令在 15 日内对公众关闭违反规定经营的面积,直至切实纠正违规行为时为止。在规定这项措施的同时,还可规定按照违反规定的面积每平方米每天处罚款 150 欧元。

对于可供车辆进出、为电商购物顾客收取订购商品而设置的常设网点,本条第 3 款所指的面积等于第 L752-16 条规定的面积。

拒不执行省长按照第 3 款的规定采取的措施,处 1.5 万欧元罚款。

本条之规定的实施方式由最高行政法院提出资证意见后颁布的法令具体规定。

第 L752-24 条 (2008 年 8 月 4 日第 2008-776 号法律第 102-27 条)本章之规定的实施细则由最高行政法院提出资政意见后颁布的法令具体规定。

第 L752-25 条 (2008 年 8 月 4 日第 2008-776 号法律第 102-27 条)由公

法人或者私人在实施属于本编规定范围的项目时,以及在项目实现之后2年内订立的合同,凡是所涉金额超过法令规定之数额的,合同每一方当事人均应按照法令规定的形式将此合同报送省长与地区审计法庭。这一义务扩展适用于在项目获得批准之前或者在建筑许可证颁发之前订立的取得或整理将用于建设商业机构的土地的合同。

这项义务涉及任何类型的合同,其中包括规定无偿转让、实物给付以及物质回报的合同。此项报送义务应在合同订立后2个月内进行,如果是在批准之前订立的合同或者是在建筑许可证颁发之前订立的合同,则应在获得批准之后2个月内进行。

任何违反本条之规定的行为,处7.5万欧元罚金。

第四节 竞争主管机关对滥用经济支配地位的情况的监督

第L752-26条 经营一家或数家零售商业的企业或者企业集团,滥用其占据的经济支配地位或者他人对其所处的经济依附地位的,竞争主管机关可以对该企业或企业集团发出第L464-2条所指的指令以及进行该条规定的金钱性质的处罚。

如果发出上述指令并实行金钱性质的处罚仍然不能制止企业或企业集团滥用其经济支配地位或他人对其所处的经济依附地位,竞争主管机关可以在听取涉案企业或企业集团的辩解意见之后作出说明理由的决定,责令其变更、补充或解除足以使其形成经济强势、借此实施滥权行为的任何协议与合同。如果责令这些企业或企业集团转让部分资产是保证在相应的商业地域切实开展竞争的唯一手段,竞争主管机关可以在相同条件下责令进行资产转让。

第L752-27条 在适用《宪法》第73条之规定的地方行政区,或者圣巴泰勒米、圣马丁与圣皮埃尔—密克隆行政区存在由经营一家或数家零售商业的企业或企业集团滥用其占有的经济支配地位或者他人对其所处的经济依附地位的情况时,如果与有关的经济部门平常实行的平均价格与边际效益相比较,该企业或企业集团实行的价格或者提高的边际效益足以引起人们对竞争状况的关注和担忧时,由于这些地域的地理特点和经济特点所带来的特殊的强制性与限制,竞争主管机构可以向所涉及的企业或企业集团告知其对开展竞争的状况的关注,企业或者企业集团可以在2个月内按照第L464-2条规定的条件向竞争主管机构提出其所做的承诺。

如果企业或企业集团不作出承诺，或者如果竞争主管机关认为企业或企业集团作出的承诺不足以打消人们对竞争的关注和担忧，竞争主管机关可以在听取所涉及的企业或企业集团的辩解意见之后，以说明理由的决定，责令其在不超过 2 个月的期限内变更、补充或者解除足以使其形成经济强势、借此实施滥权行为的任何协议与合同。如果责令这些企业或企业集团转让部分资产是保证在相应的商业地域切实开展竞争的唯一手段，竞争主管机关在相同条件下可以责令进行资产转让。竞争主管机关在相同条件下可以按照第 L464-2 条规定的条件对不执行这些指令的行为实行制裁。

在上述第 1 款与第 2 款规定的程序范围内，竞争主管机关可以要求按照第 L450-3 条、第 L450-7 条与第 L450-8 条规定的条件向其报送任何数据资料。

第六编　农副产品批发市场与商业展会

译者概述：

在法国，食品、蔬菜、水果、花卉等农副产品的大型集散中心或批发市场称为"Les marchés d'intérêt national"，简称"MIN"，直译为"民生利益市场"或"国民利益市场"。这一名称很有"菜篮子工程"的意味。

第二次世界大战结束后的一段时间里，物资相对短缺，合理调配居民食品与日用生活品，是战后恢复经济的重要方面。大城市的农副产品供应涉及千家万户的日常生活。保障食品、新鲜蔬菜、水果、水产品的供应，建立畅通的销售渠道，逐步实现现代化管理，是保障国计民生的大事，也是现代城市管理的一个重大课题。

自戴高乐将军主政时期开始，法国前后发布了17个法令，共建立了19处大型农副产品批发市场，分布在巴黎、里尔、卢昂、南特、里昂、波尔多、图卢兹、尼斯、马赛、斯特拉斯堡等城市，形成一个遍布全国的鲜活农副产品流通网络。

民生利益市场的建立，要由所在行政大区的议会提出建议，最后由总理发布法令作出宣告。市场用地通常是国家或地方行政区所有的土地，近年来，也利用私有土地。立法上将民生利益市场定位为"公用事业"或"公共服务事业"（service public），如同城市供水、供电、煤气供应以及公共交通一样具有特殊地位。

除国家保留选择管理模式的权力外，行政大区或市场所在的省也有权选择这种市场的管理模式。目前，19家批发市场中有4家由行政部门设立的市场"管理处"实行管理;其余15家,有的是按照"公用事业委托经营"规则,委托私人或公法人管理,大多数则采取"混合经济公司"也就是股份公司的管理模式,股东中有私人也有公法人,但公法人是主要股东;也可以将市场交给私人管理,自担风险。多种管理模式,各有特色。

由于民生利益市场被定为公共服务事业,所以,国家对实行委托经营的管理人规定了多种义务,例如,向市场用户收取的租金标准需得到省长批准,不得乱收费。管理人应建立"准备性损益账目"(准备金),用于履行社会、财务、卫生等方面的义务。国家可以采取各种支持措施。已经定级的"民生利益市场",如果管理不善,不符合《商法典》规定的条件,部长可以作出决定,宣告其降级。进入市场交易的所有商家都必须遵守义务,不得有损市场的形象与信誉。

民生利益市场是"受特别保护的市场":对每一个市场,都设置了一种"周边保护区域",称为"périmètre de référence",在这个区域内,禁止其他批发商销售与市场内批发的产品相类似的产品。建立这种区域,一方面是保护在市场内从事交易的商家免受市场邻近商家的竞争,另一方面也是鼓励业内人士到市场内交易。基于"经商自由"原则,划定这种保护区域的期限必须限制为30年之内。但是,如果某个批发商从事的经营活动有助于改善经销商的生产力,或者有助于活跃竞争,也可以例外地向省长申请在市场周边区域外从事批发业务,提出申请的批发商应当证明市场内的业务活动不能满足周边居民的需求。

市场用户只能是批发商与生产商,是场内经营场所的承租人,租约期限通常就是市场管理人接受委托管理的期限,为期1年至9年。对于在市场内有投资的批发商,也可以赋予其物权,例如,可以用其营业资产设立无形动产质权,用其建筑物设置抵押权,或者可以采用"租赁—经营"的方法为其投资提供资金。

目前,法国规模最大、最著名的农副产品批发市场是位于巴黎东南郊的兰吉斯市场(Rungis)。1969年,巴黎市政府将位于市中心的有近900年历史的"LES HALLES"(交易大厅)农贸市场迁至此地。该市场距巴黎市区约7公里,距巴黎三大机场之一的奥利机场仅2公里,市场所在地与高速公路网及火车站相连,有数条公共汽车路线从市场经过。

兰吉斯市场由国家、巴黎大区、巴黎市三方投资建立。管理机构是SEM-MARIS私人公司。公司经理由政府提名,董事会任命。国家占有57%的股份,是该市场最大的股东。政府通过出让土地、建设高速路和火车站、支持交通运输等作为投资。市场以公道的价格,为邻近居民点的零售商人提供稳定的货源,维护巴黎大区蔬菜、食品价格的稳定并保障这些商品具备发达国家卫生、安全方面的标准。

兰吉斯市场占地面积达232公顷,交易大厅面积12万平方米,经营项目分为水产、肉食、水果和蔬菜、乳品和蛋品以及花卉等几大部分,年营业额达720亿欧元(6000亿人民币左右),有2万多人员在市场内从业,负责食品的运输、交易和加工等。市场本身的管理人员只有200多人,主要为技术工程师、市场开发人员、营销管理以及卫生监督人员。进入市场从事交易活动的是农副产品批发商、生产商与进口商,其顾客则是固定的与流动的零售商、私人餐馆或集体餐饮服务者、企业委员会,也有少数大型经销商进货中心在此进货。市场工作区实行进货、冷藏、加工一条龙作业,所有海鲜打捞后24小时内便运到这里,全部实行低温控制,保证新鲜。如同欧美所有的食品市场,兰吉斯市场不出售任何活禽活畜。

法国民生利益市场虽然是农副产品批发市场(如同北京地区的"新发地农副产品批发市场"),但所有的货架都整整齐齐,场地十分清洁,即使是水产品的营业区,地面同样十分整洁。市场管理达到了很高的现代化水平,完全不是"地面脏乱"、"送菜车辆自由设摊"的所谓"自由市场"。法国农业部派人每天24小时抽查各类产品,确保产品质量,也就是说,人们至少不必担心发生"注水肉"或"硫黄熏牛肚"之类的恶劣现象。由于品种丰富、价格便宜、质量有保证,兰吉斯市场是巴黎大区专业食品采购人员的天堂。兰吉斯市场的大部分货物供应巴黎地区1000多万人口的生活消费,同时也销往瑞士、德国等地。除来自法国的客商以外,还有来自挪威、荷兰、比利时及北非一些国家的客商。

与此同时,市场还为交易人员与顾客提供各种服务:水、电、供暖、冷库、办公室、商业场地、餐饮、住宿服务、清扫、安全保卫(进出口的监控与电子监视)、银行、邮局、旅行社、药店、理发店、租车服务。

农副产品市场的经营与管理水平虽然不能脱离国家经济的整体发展水平,但关键是,如果管理者真正尽到职责,真正严格要求,许多问题是完全可以解决的。

第一章 民生利益市场

第 L761-1 条 民生利益市场是实行市场化管理的公共服务事业,为批发商和生产商提供与特定农副产品的特点相适应的集体管理服务。

建立民生利益市场,应当符合地域商业网点布局和改善环境质量与食品安全之目标。

只有生产者与商人才能进入民生利益市场从事交易活动。

将农产品与食品批发市场定级为民生利益市场,或者民生利益市场的建立,由各行政大区议会提出议案,以法令作出宣告。

民生利益市场可以建立在属于国家公产的土地上,或者建立在属于公法人的私产土地或私人土地上。

如果(已定级的)民生利益市场的活动不再符合第 1 款所定义的任务,或者不再符合按照第 L761-10 条确定的条件规定的一般组织,负责商业与农业事务的部长可以发布行政决定宣告撤销其定级。

第 L761-2 条 由国家布局设点并组织管理的民生利益市场的名单由法令具体规定。

其他民生利益市场的设立地点,由其设立地的各市镇行政区或者有利益关系的各市镇行政区组成的联合机构作出具体安排,并以市场管理处(en régie)的组织形式进行管理,或者指定某一公法人或私法人进行管理。在采取后一种管理模式的情况下,按照《地方行政机关总法典》第 L141-1 条确定的条件,通过竞争,指定负责管理该市场的法人。

但是,这些市镇行政区或者它们的联合机构也可以委托行政大区行使上述权力,或者,在科西嘉岛,由科西嘉地方行政部门行使这些权力。

第 L761-3 条 向经营场地占用批准书的持有人(商户)收取租金的标准,以及市场用户为市场运作而交纳费用的形式,由市场管理人制定并提交省长批准。

为了应对已经确定或可以预计的社会、财务与卫生等方面的义务,市场管理人应编制预测性资本报告。

如果市场在财务管理方面出现或将要出现严重亏损,有关的主管部长可以在向市场管理人,以及相应情况下,向为市场贷款提供担保的各地方行政部门提出建议之后,依职权作出提高租金收费标准的决定,或者创造新的收入来源,减少市场的费用支出,总的来说,可以采取适于恢复市场财务平衡的任何措施。

第 L761-4 条 经最高行政法院提出资政意见之后颁布的法令,可以在围绕民生利益市场的周边建立一个参照保护范围(un périmetre de référence)。①

该法令确定民生利益市场的设置地点。

提前撤销全部或部分周边保护范围、扩大市场设置范围或者在保护范围内迁移地址,由主管行政机关作出决定。

第 L761-5 条 在第 L761-4 条所指的周边保护范围之内,除零售业之外,在超过 1000 平方米的场地上建设或扩大销售面积,旨在销售由相关监管部门的部长发布的行政决定确定的名单上的产品,应当按照第 L761-7 条规定的条件经行政主管机关批准。

在市场没有可以用于计划建设或扩大的销售项目的必要面积时,当然需要经过批准。

对于生产者或生产集团为来自市场周边范围之内生产的产品所使用的场地,不适用本条规定的批准制度。

行政主管机关最迟于 2012 年 12 月 31 日向国民议会提交一份有关民生利益市场设置与组织的总结,特别是从追求的目标的角度,对周边保护区域的设置及其效果作出总结,以便决定是否有必要继续保留这种保护地区,或者从 2013 年 1 月 1 日起,对这种规定作出评估。在起草上述总结时,尤其要有各公共机构及有关的跨行业组织参加。

最高行政法院提出资政意见后颁布的法令具体规定本条之适用条件。

第 L761-6 条 如果某个港口从事港口业务活动的设围区域跨越民生利益市场的周边保护范围,而这些设施的目的唯一是为海上运输进港的进口货品或者从港区出口的货物所使用时,第 L761-5 条第 1 款规定的批准制度也不适用于这类设施。

第 L761-7 条 有管辖权限的行政机关,对于根据第 L761-5 条的规定向其提出的批准申请,在考虑项目所在区域的商业网点布局及其在可持续发展方面产生的影响的基础上,作出审理决定。

---

① 这是一项比较特别的规定,它表明民生利益市场实际上是"受到特别保护的"大型批发市场,法律专门规定在这种市场的周边地区建立一个称为"un périmetre de référence"的周边参照保护范围,明文禁止在这一区域范围内设置与市场内经销相同产品的批发商。最近,为了与欧盟的有关规定接轨,有议员提出取消这一所谓"周边参照保护范围",但反对者认为:在民生利益市场的这一周边范围内,并没有抑制竞争,把民生利益市场看成是受到保护的市场,将所谓"周边范围"称为"参照保护范围"只不过是一种误解。这一问题目前尚无定论。——译者注

第L761-8条　违反第L761-5条与第L761-7条以及这些条文的实施条例的犯罪行为,按照第L450-1条、第L450-2条与第L450-3条确定的条件进行认定与追诉,并处1.5万欧元罚金。

　　第L761-9条　在民生利益市场内设立商铺的商人持有的营业场地的私人占用权,可以被包括在用营业资产设立的动产质押标的之内。

　　第L761-10条　有关建立与经营(一般)农副产品市场的立法与条例的规定不适用于民生利益市场。

　　民生利益市场的一般组织由最高行政法院提出资政意见后颁布的法令具体规定。

　　没有设置周边保护范围的民生利益市场的范围变更及其迁移,可以自由进行。

　　第L761-11条　民生利益市场范围内的治安权力,由省长行使。省长确保与该市场有关的规章得到执行,并为此向共和国检察官揭露有关的犯罪行为。在民生利益市场与其保护范围跨越数省的情况下,上述治安权力由内政部长指定的省长行使。

第二章　商　业　展　会[①]

　　第L762-1条　展览中心[②]是指封闭的独立建筑物整体,拥有适当的设施与设备,具有永久性并且无须经第L752-1条所指的批准,在一年中的全部或部分时间举行临时性商业展会或其他展览活动的场所。

　　展览中心应向主管行政机关登记注册。

　　展览中心每年接待的商业展览的计划安排,事先应向主管行政机关申报。

　　第L762-2条　专业展会是指专门为持有收费或免费入场券的参观者举

---

　　①　商业展览或商业展会(manifestation commerciale)是展览会、博览会、展销会、订货会、展评会、物资交流会、供货会、洽谈会及其他交易会形式的总称。多家企业集中在一起,向参观者展示自己的商品,边展边销,以展促销,将商品宣传、销售、市场调研、公关活动有机结合在一起的一种促销方式。——译者注

　　②　"parc d'exposition"(展览园区),在我国通常称为"展览中心"。展览中心向组织展览会的人出租展位或者出租无建筑物的展览场地,直接或者由中间人向参展人提供与租赁场所相关的服务。在法国,设立展览中心应在所在省的省府进行注册登记,并对其一年内举办的商业展会的计划安排进行申报。巴黎著名的展览中心有"凡尔赛门展览中心""布尔歇展览中心"等,布尔歇国际航展尤其有名。——译者注

办的促进整体专业活动的商业展会。

专业展会现场只能推销个人使用的商品,且其价值不得超过法令规定的最高限额,所有的专业展会均应事先向主管行政机关申报。

第 L762-3 条 本章之适用条件由最高行政法院提出资政意见后颁布的法令具体规定。

第八卷　某些受特别规则约束的职业

第一编　司法管理人、司法代理人、企业状况诊断鉴定人

第一章　司法管理人

译者概述：

司法管理人（administrateur judiciaire）与司法代理人（mandataire judiciaire）是指经法院指定的管理人和代理人。这两种职业都属于"独立的自由职业"，从业人员既不是公务员，也不是国家工作人员，亦不是完全意义上的企业管理人，而是司法助理人员（officier ministériel）。

企业无力清偿债务时，应向商事法院提交"资产负债表"，也就是所谓"申请破产保护"。商事法院往往给予企业一个期限，并对其实行司法清理债务的程序，法院为企业任命1名司法管理人与1名司法代理人，由这些人负责处理企业遇到的困难，这种情况下，司法管理人是处于困境的企业的顾问；在企业实行司法重整程序时，司法管理人则是受商事法院委托的司法助理人员，负责协助企业领导人，甚至取代企业领导人，对企业发生此种状况的原因进行诊断，分析企业的账目，制定重整方案与企业继续经营方案或者企业转让方案，其任务是监督、协助或者代表企业的厂长、经理，制定企业的经济与社会计划，就企业的负债进行谈判，寻找能够保障企业继续生存的办法——向商事法院提出企业继续经营、转让给第三人或者进行清算的建议。在企业进行转让的情况下，司法管理人完成所有的买卖手续。除了在法院进行的活动之外，管理人可以提供口头咨询服务。在股东之间严重不和或者领

导权力缺位的情况下,也可以指定临时管理人;在此情况下,临时管理人对企业拥有真正的管理权,代表董事会担任经理职责,可以提前解散公司,对公司进行协议清算。

第一节 任务、任职与执业条件以及不得任职的各种情形

第一目 任 务

第 L811-1 条 司法管理人是由法院判决指定负责管理他人财产,或者在此种财产管理中担负协助或监督职责的自然人或法人。

(2003 年 1 月 3 日第 2003-7 号法律第 1-2 条)此种委任所包含的各项任务,应由司法管理人本人执行;但是,如在程序的正常开展中有此要求,且经法院院长批准并说明批准理由,司法管理人也可以将其受委托的任务部分交由第三人完成。

司法管理人将法院委托其完成的部分任务交由第三人执行时,应从其本人收取的报酬中向该第三人支付其应得的报酬。

第二目 取得执业资质的条件

第 L811-2 条 任何人,如果没有在为此设立的全国委员会制定的名册上登记注册,一律不得受指定担任司法管理人的职务,但保留执行特定事务的特别规定,尤其是有关未成年人以及受保护的成年人的规定或者有关可以交给民事方面的司法与法律职业的成员完成的临时性任务的规定。

但是,(2008 年 12 月 18 日第 2008-1345 号法律第 161-1 条废止:"作为特殊例外")法院在听取共和国检察官的意见之后,也可以根据所涉事务的性质,(2008 年 12 月 18 日第 2008-1345 号法律第 161-1 条废止:"作出特别说明理由的决定")指定某个证明其有经验或者符合第 L811-5 条第 1 款第 1 点至第 4 点规定之条件的有特别资质的人作为司法管理人。

法院根据受指定的人的经验或特别资质,特别说明其所做决定的理由。

前款所指的人必须符合以下条件:在此前的 5 年期间里没有以任何名义直接或间接收受过将要实行管理、协助或监督措施的自然人或法人方面给予的或支付的款项;没有收受过对该法人持有控制权的人或者由该法人实行第 L233-16 条意义上的控制的公司之一给予的或支付的款项;也没有担任过该

法人或自然人的顾问或者与其有过从属关系;前款所指的人还必须在其接受委任的任务中没有任何利益,不是已经按照第 L811-6 条、第 L811-12 条与第 L812-4 条之规定从名册上注销或除名的原司法管理人或司法代理人。前款所指之人在履行其接受的委托任务时,必须遵守与在名册上注册登记的司法管理人相同的义务,并且不得以日常名义担任司法管理人。

按照上述第 2 款的规定受到指定的人在接受委任任务时,应当以其荣誉证明自己具备第 L811-5 条第 1 款第 1 点至第 4 点规定的各项条件,遵守前款列举的各项义务,并且没有按照第 L814-10 条最后一款的规定受到禁止执业。

法院任命法人作为司法管理人时,具体指定在该法人内代表其履行所交付的任务的 1 名或数名自然人。

第 L811-3 条　全国司法管理人名册,与每一个上诉法院的辖区范围相对应,划分为(2003 年 1 月 3 日法律第 2003-7 号法律第 3 条)"若干个地区分部"(sections régionales)。

第 L811-4 条　(2003 年 1 月 3 日第 2003-7 号法律)第 L811-2 条所指的(司法管理人)全国委员会由以下成员组成:

——最高法院法官 1 名,任委员会主席,由最高法院院长指定;

——审计法院的司法官 1 名,由审计法院院长指定;

——财政总巡视署的巡视员 1 名,由负责财政事务的部长指定;

——上诉法院的坐席司法官 1 名,由最高法院院长指定;

——一审商事法院的成员 1 名,由最高法院院长指定;

——法律、经济学或者管理学教授或者讲师 2 名,由负责大学事务的部长指定;

——最高行政法院代表 1 名,由最高行政法院副院长指定;

——在经济或者社会事务方面有资格的人士 2 名,由司法部长、掌玺官指定;

——在全国委员会依据第 L811-6 条的规定受理相关事务,或者作为纪律惩戒庭处理事务时,还应有已经在名册上登记注册的司法管理人 3 名作为成员;该 3 名成员,由其同事按照最高行政法院提出资政意见后颁布的法令规定的条件经选举产生。

委员会内(投票表决)两种意见票数相等时,主席的表决意见起主导性作用。

委员会的主席及其成员以及相同人数的替补人选,按照上述相同类别选任,任职期限为3年,可以连任一次。

指定检察院的1名司法官与1名替补人担任政府派驻全国委员会的特派员职务,尤其是负责对提交的注册申请进行预备性审查。

全国委员会的活动经费由国家负担。

第L811-5条 (2003年1月3日第2003-7号法律第5-1条)任何人,如不具备以下条件,不得在全国委员会制定的(司法管理人)名册上登记注册:

1. 是法国人或者欧洲共同体成员国或欧洲经济区协议签字国的国民;

2. 没有因违反荣誉或廉洁的行为受到刑事有罪判决;

3. 没有因违反荣誉或廉洁的行为受到撤职、注销登记、撤销职务、撤销认可或者撤销批准之纪律性或行政性制裁;

4. 没有被宣告本《法典》第六卷第二编第五章规定的,1985年1月25日关于企业司法重整与司法清算的第85-98号法律第六编或者该法律之前的1967年7月13日关于司法清理债务、财产清算、个人破产或破产欺诈的第67-563号法律第二编意义上的个人破产(faillte personnelle)或禁止权利或丧失权利;

5. 通过了取得专业实习资格的考试以及从事司法管理员职务的资格考试。

只有持有法令确定的证书或毕业证书的人,才准许报名参加取得专业实习资格的考试。

尽管有前几款的规定,具备法令确定的专业能力与经验的人,无须参加取得专业实习资格的考试。此外,全国委员会可以按照最高行政法院提出资政意见后颁布的法令确定的条件免除这些人的部分专业实习,以及免除全部或部分取得司法管理人资质的专业考试。

已经注册的法人,只能通过1名或数名成员履行司法管理人的职责,这些成员同样应进行注册登记。

证明已经在法国以外的欧洲共同体成员国或者欧洲经济区协议签字国内取得从事司法管理人职业之足够资格的人,免除上述(2003年1月3日第2003-7号法律第5-2条)"第2款与第3款"规定的证书、专业考试与实习之条件要求,但保留按照最高行政法院提出资政意见后颁布的法令确定的条件接受有关知识的监督性审查考试。准许报名参加考试的人员名单由全国委员会确定。

第三目 执业条件

第 L811-6 条 对于(2003 年 1 月 3 日第 2003-7 号法律第 6 条)"因身体状况或者精神状况,不能保障正常履行司法管理人职责的人,或者表明没有能力胜任司法管理人职责的人,由全国委员会主动提出,或者应司法部长、掌玺官、司法管理人与司法代理人全国理事会、政府特派员、司法管理人执业辖区的共和国检察官的申请,可以作出说明理由的决定,并在听取当事人的解释说明之后,从第 L811-1 条所指名册上注销其作为司法管理人的姓名"。

如果司法管理人是因其在履行职责时实施的违规行为而被从注册名单上撤销名字,并不影响对其实行纪律制裁。

第 L811-7 条 司法管理人之间,为共同执业,可以组成受 1966 年 11 月 29 日有关职业民事公司的第 66-879 号法律调整的职业民事公司(société civiles professionnelles,专业民事合伙);司法管理人之间也可以采取 1990 年 12 月 31 日第 90-1258 号法律规定的自由职业合伙的形式从事职业。这一法律就适用立法或条例规则的自由职业合伙作出规范。

司法管理人之间可以成立经济利益联合组织或欧洲共同经济联合组织,并成为其成员,或者采取 1990 年 12 月 31 日第 90-1258 号法律规定的隐名合伙的形式从事职业。这一法律就适用立法或条例规则的自由职业合伙作出规范。

第 L811-8 条 (2003 年 1 月 3 日第 2003-7 号法律第 7 条)司法管理人不论何种原因离职,其正在处理中的所有案卷(事务),自司法管理人停止履职之日起 3 个月内,由法院在其他管理人之间进行分派。

但是,为了检察院正确司法行政之利益,法院可以批准原司法管理人继续处理其正在处理的一份或数份案卷,但是,因当事人放弃其职务而注销登记的情况除外。继续处理案卷的司法管理人仍然受第 L811-10 条至第 L811-16 条、第 L814-1 条与第 L814-5 条之规定约束。

第 L811-9 条 在名册上登记注册的人可以在全国范围内从事其职业。

第四目 不得兼任职务的各种情况

第 L811-10 条 (2003 年 1 月 3 日第 2003-7 号法律)除从事律师职业之外,已在名册上注册登记、具有司法管理人资格的人不得同时从事其他任何职业。

此外,具有司法管理人资格的人:

1. 不得直接或者通过中间人从事任何商业性质的活动;

2. 不得是合名公司的股东、普通两合公司或股份两合公司的无限责任股东、有限责任公司的经理管理人、股份有限公司的董事长、管理委员会成员、总经理或总经理代表、简化的股份有限公司的董事长或领导人、商事公司的监事会或董事会的成员、民事合伙的经理管理人，但这类公司的业务范围本身是从事司法管理人职业时，不在此限。此外，司法管理人可以担任唯一宗旨是负责管理家庭性质的利益的民事公司的经理职务。

已在名册上登记注册、取得司法管理人身份，并不妨碍当事人就属于其专业资格范围的问题从事咨询性质的活动，也不妨碍其接受并完成本《法典》第 L611-3 条、第 L611-6 条和第 L611-8 条以及《农村及海洋渔业法典》第 L351-4 条所指的专任委托代理人与调解人的委托任务，以及企业方案执行人、管理人、协议清算人、司法鉴定人与争讼物保管人之任务，但是，除专门委任的代理人、调解人、方案执行监督人的任务之外，司法管理人只能以辅助名义从事这些活动。

本条之规定，除第 2 款第 2 点之外，适用于注册登记的法人。

第二节　监督、巡视与纪律

第一目　监督与巡视

第 L811-11 条　（2003 年 1 月 3 日第 2003-7 号法律第 9 条）司法管理人接受检察院的监督。

司法管理人在从事职业活动时应接受公共机关的巡视。

公共机关巡视时，司法管理人有义务提交各项情况和必要文件，不得以保守职业秘密为理由相对抗。

此种巡视的组织与实施方式，由最高行政法院提出资政意见后颁布的法令具体规定。

在由第 L814-2 条所指的全国理事会负责进行的监督范围内，所有的司法管理人均有义务回应负责此种监督事务的人提出的报送情况或提交必要文件的要求，不得以保守职业秘密为理由相对抗。

接受监督或巡视的司法管理人的会计监察人，有义务回答负责监督或巡视的人提出的要求，向其报送会计监察人在履行职责时收集的各种情况或制定的任何文件。

信托银行有义务回答负责巡视的人或第 L814-2 条所指的全国理事会为

执行其负责的监督任务而提出的报送情况或必要文件的要求,以便了解以每一司法管理人的名义在信托银行掌握的簿册上开立的账号的资金流动情况,以及以接受监督或巡视的委托任务的名义存入的款项的流动状况,不得以保守职业秘密为理由相对抗。

在每一会计年度终结时,司法管理人应当制定一份财务状况报表,最迟在会计年度终结后6个月内将该财务状况报表报送"全国司法管理人与司法代理人理事会"。法令具体规定财务报表的内容,并且按照司法管理人编制收支账目与承担义务的情况,进行与之相适应的处理。

第L811-11-1条 (2005年9月8日第2005-1126号法令第2条)司法管理人有义务指定1名会计监察人,由会计监察人确保对司法管理人的专项会计账目实行监督,并且以此名义,对司法管理人因履行职责、接受委托而唯一作为持有人持有的属于他人的资金、物品、证券或其他有价证券实行经常性监督。

对于因经营活动需要,以实行第六卷第二编所指程序的债务人的名义,并且只有司法管理人或其按照规定授权的代表签字才能运作的银行账户或邮政账户,会计监察人也要实行监督。

此外,为了实行上述监督,会计监察人可以取得司法管理人事务所的总账目,可以参与司法管理人接受委托而实施的程序,并且可以要求司法管理人或者持有资金的第三人向其报送为实行监督所必要的情况,另有规定的除外。

第L811-11-2条 (2005年9月8日第2005-1126号法令第2条)会计监察人,按照最高行政法院提出资政意见后颁布的法令确定的条件,向负责对司法管理人实行监督、检查与巡视的机关报告其执行任务的结果,并且向该机关指出其在执行任务时所了解的各种不正常情况或不符合规定的情况。

第L811-11-3条 (2008年12月18日第2008-1345号法律第162条)正在实行保护程序、司法重整程序或司法清算程序的债务人的会计监察人,在司法管理人的会计监察人向其提出报送自司法管理人接受指定之日起有关债务人银行账户或邮政账户运作情况的要求时,不得以保守职业秘密为由相对抗。

第二目 纪 律

第L811-12A条 (2003年1月3日第2003-7号法律第10条)司法管理人有任何违反法律与规章的行为、任何违反职业规则的犯罪行为、任何违反廉洁或荣誉的行为,即使是与其在从事职业之外实施的行为有关的,均使有违规或违法行为的司法管理人受到纪律制裁。

第 L811-12 条 （2003年1月3日第2003-7号法律第11条）司法部长、掌玺官、违法行为实施地所在辖区的上诉法院检察长、政府特派员或者全国司法管理人与司法代理人理事会的理事长，均可提起纪律惩戒诉讼。

如果在司法管理人名册上注册登记的人受到指控的行为是其在履行职务时实行的，即使其同意辞职，也不影响提起纪律惩戒诉讼。

一、全国司法管理人与司法代理人注册登记委员会组成纪律惩戒庭。政府特派员在纪律惩戒庭上行使检察院的职权。

纪律惩戒庭可以宣告以下制裁：

1. 警告；

2. 训诫；

3. 在不超过5年期间内禁止执业；

4. 从登记册上除名。

二、在警告、训诫与暂行禁止执业的同时，也可以规定最长1年期间附加其他监督措施，规定司法管理人遵守委员会规定的特别义务。在司法管理人被暂时禁止恢复职务时，委员会也可以规定这项义务。

三、（2003年1月3日第2003-7号法律第11条）委员会在宣告纪律制裁时，可以根据违规的司法管理人实施的行为的严重程度，决定由其负担为认定违规行为而进行检查或巡视，需要会计监察人或鉴定人到场而引起的全部或部分费用。

第 L811-13 条 对受到刑事制裁或纪律制裁的司法管理人，可以由（2004年2月11日第2004-130号法律第69条）"执业地的大审法院"宣告其暂时停止履行司法管理人的职务。

如果经过巡视或审查，可以看出司法管理人因履行其职务而收受的资金存在风险，紧急情况下，甚至可以在对司法管理人实行刑事追诉或纪律制裁之前，即宣告停止其从事此种职务。

（2004年2月11日第2004-130号法律第69条）"法院应政府特派员或者司法管理人本人的申请，可以随时终止暂停执业处分"。

刑事诉讼或纪律惩戒诉讼一经消灭，暂停执业处分当然终止。

在第2款所指情况下，如果在宣告停止执业处分后1个月内，没有提起任何刑事或纪律惩戒追诉，暂停执业处分当然终止。

第 L811-14 条 纪律惩戒诉讼，时效期间为10年，自违法行为实施之日起计算，或者，在违法行为与从事职业活动有关时，自实施了此种违法行为的职业任务完成之日起计算。

如果司法管理人实施的行为受到刑事追诉,诉讼时效期间为2年,自刑事法院作出的有罪判决最终确定之日起计算。

第L811-15条 禁止执业、注销登记或者暂停执业的司法管理人应当放弃实施任何职业行为。

法院,应任何利益关系人或检察院的申请,得不经开庭审理,宣告违反此项规定而完成的行为无效。法院宣告的判决对任何人均有执行力。

违反前几款规定的任何行为,以《刑法典》第433-17条规定的盗用名义罪科处刑罚。

第L811-16条 任何人,如果没有在司法管理人的名册上注册登记,在其根据第L811-2条或者第L811-8条第2款的规定接受委托的任务之外,不得使用司法管理人的名义。

违反这项规定的任何行为,以《刑法典》第433-17条规定的盗用名义罪科处刑罚。

任何人使用与司法管理人的名称相类似的名称,在公众思想上引起与司法管理人的名称混淆时,处相同刑罚。

第二章 司法代理人

译者概述:

司法代理人(mandataire judiciaire)是指,经法院判决指定的代表债权人的委托代理人。在集体程序中,司法代理人的介入可以有两个层次。一方面,在整个观察期里协助企业的原领导人。在企业实行司法重整的情况下,代表债权人,维护债权人的利益,处理雇员尚未支付的工资,接受债权人的债权申报,就管理人提出的清偿建议征求债权人的意见,审核债务的准确数额。另一方面,在为了恢复企业的财务状况采取的措施仍然不足,挽救企业的各种方法均告失败,法院命令实行司法清算的情况下,司法代理人由法院指定为清算人,负责企业的清算活动,并在其中起重要作用:对企业财产进行盘点,管理这些财产、对企业财产进行清算,寻找转让企业或其资产的办法,出卖企业资产、收回客户尚欠的资金,按照债权人的顺位分配财产变现而获得的资金,对债权人进行清偿,解雇企业雇员,处理因劳动合同中断产生的补偿金,关闭企业使用的场所。在司法清算的情况下,司法代理人也称为"清算委托代理人"。

法国的司法管理人与司法代理人是受法院指定承担委托任务的专业人员。在法国目前共有430多名这方面的专业人士,雇员300人。法国全国每年仅招收10来个本职业的新成员。

要想成为司法管理人或者司法代理人,至少应持有法律、经济学、管理学第一阶段硕士证书,商业学校毕业证书或者高等会计学校毕业证书。具备这些条件的人才有资格参加"实习资格考试"。只有通过"实习资格考试"的人才能在从事本专业的实习导师的事务所进行3年"专业能力实习"。实习人员的培训、实习的组织以及专业考试,由全国司法管理人与司法代理人理事会负责;实习期间以合作人身份从事活动(也等于3年学徒)。完成3年实习之后,再通过"专业资格考试",然后才能在委员会制定的名册上注册登记。最后一项考试是淘汰性考试,同1人可以连考3次,但任何人都不能参加3次以上的考试。经过数年执业,可以取得或者建立自己的事务所。可以在全国范围内从事活动,报酬由司法重整企业负担,标准有条例的明文规定。

在民事方面,司法代理人可以负责管理遗产或共有财产,担任顾问活动。

第一节 任务、任职与执业条件以及不得任职的各种情形

第一目 任 务

第 L812-1 条 司法代理人是由法院判决按照第六卷第二编规定的条件指定的代表债权人并进行企业清算的(2003年1月3日第2003-7号法律第14条)"自然人委托代理人或者法人委托代理人"。

(2003年1月3日第2003-7号法律第14条)司法代理人接受委任而执行的各项任务应由其本人完成;但是,如程序的正常开展有此要求,经法院院长批准并说明批准理由,司法代理人可以将其受委托的任务之一部分交由第三人完成。

司法代理人将法院委托其完成的一部分任务交由第三人完成时,应从其本人收取的报酬中支付第三人应得的报酬。

第二目 取得执业资质的条件

第 L812-2 条 一、任何人,只要没有在全国委员会为此专门制定的名册上注册登记,一律不得受法院指定(2004年2月11日第2004-130号法律第69条废止:"在司法重整程序中")履行司法代理人职责。

二、但是,(2008年12月18日第2008-1345号法律第160条废止:"作为例外")法院可以在听取共和国检察官的意见之后,(2008年12月18日第2008-1345号法律第160条废止:"以特别说明理由的决定")指定从案件的性质来看有实践经验或者符合第 L812-3 条第1款第1点至第4点规定之条件的有特别资质的人作为司法代理人。

(2008年12月18日第2008-1345号法律第161-2条)"法院在考虑当事人的经验或者特别资质时,应当特别说明其所做决定的理由"。

前款所指的人必须符合以下条件:在此前5年期间没有以任何名义直接或间接收受过实行司法重整或司法清算的自然人或法人方面给予的或支付的款项;没有收受过对该法人持有控制权的人或者由该法人实行第 L233-16 条意义上控制的公司之一给予的或支付的款项;也没有担任过该法人或自然人的顾问或者与其有过从属关系。前款所指的人还必须在其接受委任的任务中没有任何利益,且不是已经按照第 L811-6 条、第 L811-12 条、第 L812-4 条与第 L812-9 条之规定从名册上注销或除名的原司法管理人或司法代理人。前款所指之人在履行其接受的委托任务时,必须遵守与在名册上注册登记的司法代理人相同的义务,并且不得以日常名义担任司法代理人职务。

按照本条第二项第1款的规定受到指定的人在接受委任任务时,应当以其荣誉证明自己具备第 L812-3 条第1款第1点至第4点规定的各项条件,遵守前款列举的各项义务,并且没有按照第 L814-10 条最后一款的规定受到禁止执业。

三、法庭任命法人作为司法代理人时,应具体指定在该法人内代表其执行所交付的任务的1名或数名自然人。

第 L812-2-1 条 (2003年1月3日第2003-7号法律第16条)第 L812-2 条所指的(全国司法代理人)名册,与每一个上诉法院的辖区范围相对应,划分为若干个分部(sections)。

第 L812-2-2 条 (2003年1月3日第2003-7号法律16条)第 L812-2 条所指的(司法代理人)全国委员会由以下成员组成:

——最高法院法官1名,任委员会主席,由最高法院院长指定;

——审计法院的司法官 1 名,由审计法院院长指定;

——财政巡视总署的巡视员 1 名,由负责财政事务的部长指定;

——上诉法院的坐席司法官 1 名,由最高法院院长指定;

——一审商事法院的成员 1 名,由最高法院院长指定;

——法律、经济学或者管理学教授或讲师 2 名,由负责大学事务的部长指定;

——最高行政法院代表 1 名,由最高行政法院副院长指定;

——在经济或者社会事务方面有资格的人士 2 名,由司法部长、掌玺官指定;

——在全国委员会按照第 L812-4 条的规定受理案卷时,或者作为纪律惩戒庭受理案卷时,其成员中还应包括已经在名册上登记注册的司法代理人 3 名,由其同事按照最高行政法院提出资政意见后颁布的法令规定的条件选举产生。

委员会内(就表决的问题)两种意见票数相等时,主席的表决意见起主导性作用。

委员会的主席及成员以及相同人数的替补人选,按照相同的类别进行挑选,任职期限为 3 年,可以连任一次。

指定检察院的 1 名司法官与 1 名替补人担任政府派驻全国委员会的特派员的职务,尤其是负责对已提交的注册申请进行预备性审查。

全国委员会的活动经费由国家负担。

第 L812-3 条 (2003 年 1 月 3 日第 2003-7 号法律 17 条)任何人,如不具备以下条件,不得在全国委员会制定的名册上登记注册:

1. 是法国人或者欧洲共同体成员国或欧洲经济区协议签字国的国民;

2. 没有因违反荣誉或廉洁的行为受到刑事有罪判决;

3. 没有因违反荣誉或廉洁的行为受到撤职、注销登记、撤销职务、撤销认可或者撤销批准之纪律性或行政性制裁;

4. 没有被宣告本《法典》第六卷第二编第五章规定的,1985 年 1 月 25 日关于企业司法重整与司法清算的第 85-98 号法律第六编或者该法律之前的 1967 年 7 月 13 日关于司法清理债务、财产清算、个人破产或欺诈破产的第 67-563 号法律第二编意义上的个人破产(faillte personnelle)或禁止权利或丧失权利;

5. 通过了取得专业实习资格的考试以及从事司法代理人职务的资格考试。

只有持有法令确定的证书或毕业证书的人,才能获准报名参加取得专业实习资格的考试。

尽管有前几款的规定,具备最高行政法院提出资政意见后颁布的法令确定之能力与实践经验的人可以免除取得专业实习资格的考试。此外,全国委员会可以按照最高行政法院提出资政意见后颁布的法令确定的条件免除这些人的部分专业实习,以及免除全部或部分担任司法代理人的专业考试。

已经注册的法人,只能通过1名或数名成员履行司法代理人的职责,这些成员同样应进行注册登记。

证明已经在法国以外的欧洲共同体成员国或者欧洲经济区协议签字国内取得从事司法代理人职业之足够资格的人,免除上述(2003年1月3日第2003-7号法律第17条)"第2款与第3款"规定的证书、专业考试与实习之条件要求,但保留按照最高行政法院提出资政意见后颁布的法令确定的条件接受有关知识的监督审查考试。准许报名参加考试的人员名单由全国委员会确定。

第三目 执业条件

第L812-4条 对于(2003年1月3日第2003-7号法律第18条)"因身体状况或者精神状况,不能保障正常履行司法代理人职责的人,或者表明没有能力胜任司法代理人职责的人,由全国委员会主动提出,或者应司法部长、掌玺官、司法管理人与司法代理人全国理事会、政府特派员、司法代理人从业辖区的共和国检察官的申请,可以作出说明理由的决定,并在听取当事人作出的解释说明之后,从第L812-2条所指名册上注销其作为司法代理人的姓名"。

如果司法代理人是因其在履行职责时实施受到指控的违规行为而被撤销其名册上的注册登记,并不影响对其实行纪律制裁。

第L812-5条 司法代理人之间,为共同执业,可以成立受1966年11月29日有关职业民事公司的第66-879号法律调整的职业民事公司(société civiles professionnelles,专业民事合伙),也可以采取1990年12月31日第90-1258号法律规定的自由职业合伙的形式从事职业。这一法律就适用立法或条例规则的自由职业合伙作出规范。

司法代理人之间可以成立经济利益联合组织或欧洲共同经济联合组织,并成为其成员,或者采取1990年12月31日第90-1258号法律规定的隐名合伙的形式从事职业。这一法律就适用立法或条例规则的自由职业合伙作出

规范

第 L812-6 条 （2003 年 1 月 3 日第 2003-7 号法律第 19 条）司法代理人不论因何种原因离职，其正在处理中的所有案卷（事务），自停止履职之日起 3 个月内，由法院在其他代理人之间进行分派处理。

但是，为了检察院正确司法行政之利益，法院可以批准原司法代理人继续处理其正在处理的一份或数份案卷，但是，因当事人放弃其职务而注销登记的情况除外。继续处理案卷的司法代理人仍然受第 L812-8 条至第 L812-10 条、第 L814-1 条与第 L814-5 条之规定的约束。

第 L812-7 条 （2003 年 1 月 3 日第 2003-7 号法律第 20 条）在名册上登记注册的人可以在全国范围内从事其职业。

第四目　不得兼任职务的各种情况

第 L812-8 条 （2003 年 1 月 3 日第 2003-7 号法律第 21 条）已在名册上注册登记，具有司法代理人资格的人，不得同时从事其他任何职业。

此外，具有司法代理人资格的人：

1. 不得直接或者通过中间人从事任何商业性质的活动；

2. 不得是合名公司的股东、普通两合公司或股份两合公司的无限责任股东、有限责任公司的经理管理人、股份有限公司的董事长、管理委员会成员、总经理或总经理代表、简化的股份有限公司的董事长或领导人、商事公司的监事会或董事会的成员、民事合伙的经理管理人，但以从事司法委托代理职业为宗旨或者为从事此种职业取得场所的这类公司不在此限。

司法代理人不得在以负责管理家庭性质的利益为宗旨的民事公司里担任经理职务。

已在名册上登记注册、取得司法代理人的身份，不妨碍当事人就其专业资格范围的问题提供咨询活动，也不妨碍其接受并完成本《法典》第 L611-3 条与第 L611-6 条以及《农村及海洋渔业法典》第 L351-4 条所指的专任委托代理人与调解人的委托任务。司法代理人只能以辅助名义从事这些活动及受委托的任务，但专门委任的代理人、调解人或者方案执行监督人的委托任务除外。

本条之规定，除第 2 款第 2 点之外，适用于注册登记的法人。

第二节 监督、巡视与纪律

第 L812-9 条 第 L811-11 条至第 L811-15 条有关司法管理人监督、巡视与纪律的各项规定适用于司法代理人。

司法代理人(2003 年 1 月 3 日第 2003-7 号法律第 13-2 条)全国理事会组成纪律惩戒庭。政府特派员在纪律惩戒庭行使检察院的职权。

第 L812-10 条 （2003 年 1 月 3 日第 2003-7 号法律第 23 条）任何人,如果没有在司法代理人名册上注册登记,在其根据第 L812-2 条或者第 L812-6 条第 2 款的规定接受的委托任务之外,不得使用司法代理人的名义。

违反前款规定的任何行为,处《刑法典》第 433-17 条规定的盗用名义罪当处之刑罚。

任何人使用与司法代理人的名称相类似的名称,在公众思想上造成与司法代理人的名称混淆时,处相同之刑罚。

第三章 企业状况诊断鉴定人

第 L813-1 条 企业状况诊断鉴定师,在企业实行调解程序、保护程序或司法重整程序的情况下,受法院指定,就企业的经济与财务状况制定报告,或者在企业实行保护程序或司法重整程序时,参与协助制定这一报告。

这些鉴定师必须具备以下条件:在此前 5 年期间没有以任何名义直接或间接收受过被实行管理、协助或监督程序的自然人或法人给予或支付的款项,没有收取对该法人持有控制权的人支付的任何款项,也不对有关的自然人或法人处于服从地位;此外,在其接受的委托中没有任何利益。

这些受指定的鉴定师,在接受委托任务时,应当以其荣誉证明自己符合前款列举的各项义务。

这些鉴定师可以从按照 1971 年 6 月 29 日有关司法鉴定师的第 71-498 号法律第 2 条的规定制定的名单上注册登记的本专业的鉴定师中选任。

每一个上诉法院均按照 1971 年 6 月 29 日有关司法鉴定师的第 71-498 号法律第 2 条的规定进行本专业的鉴定师的注册登记。

第四章 共同规定

第一节 对委员会的决定提出申诉以及对公共权力机关的代表权

第一目 对各委员会的决定提出申诉

第 L814-1 条 对委员会就注册登记、撤销登记以及纪律制裁问题作出的决定的申诉,向巴黎上诉法院提起;提出申诉产生中止执行所做决定的效力。

第二目 对公共权力机关代表职业的权利

第 L814-2 条 (2003 年 1 月 3 日第 2003-7 号法律第 26 条)司法管理人与司法代理人职业,对于公共权力机关,分别由两职业的全国理事会为代表。司法管理人与司法代理人全国理事会是具有法人资格的公益性机构,负责维护本职业的集体利益。全国司法管理人与司法代理人理事会可以在所有法院,就直接或间接损害两个职业集体利益的行为,行使民事当事人的所有权利。此外,司法管理人与司法代理人全国理事会关注和保障法院指定的代理人遵守规定的各项义务,组织他们参加职业培训,确保并关注他们按照规定保持与完善其知识,对他们的事务实行监督,并每年向司法部长、掌玺官提交报告,汇报其完成任务的情况。

最迟自 2014 年 1 月 1 日起,全国司法管理人与司法代理人理事会负责建立一个电子联络网站,为两职业活动保持联系提供加密处理的电子通讯服务。最高行政法院听取信息与自由全国委员会的意见之后提出资政意见颁布一项法令,司法管理人、司法代理人以及按照第 L811-2 条第 2 款或第 L812-2 条第一项的规定受到指定的人可以按照该法令确定的条件,通过全国司法管理人与司法代理人理事会网站发送和接收程序性文书。

全国司法管理人与司法代理人理事会每年向司法部长提交一份报告汇报其完成任务的情况。

全国司法管理人与司法代理人理事会的选举与运作方式,由最高行政法院提出资政意见后颁布的法令确定。全国理事会由分别代表司法管理人与司法代理人的两个对等人数的团体组成。

第二节 有关返还资金的担保、职业民事责任及报酬

第一目 有关返还资金的担保、职业民事责任

第 L814-3 条 （2003 年 1 月 3 日第 2003-7 号法律第 27 条）设立一个具有法人资格并由交纳分摊份额款的人管理的资金管理处。该资金管理处的宗旨是担保每一个在名册上注册登记的司法管理人或司法代理人能够返还他们因职务而负责实施的活动中收受的资金、票据或有价证券。

向资金管理处委派 2 名检察院的司法官，分别担任政府正式特派员与替补特派员职务。

在名册上注册登记的每一个司法管理人与司法代理人均受强制向资金管理处交纳分摊份额款。

由司法管理人与司法代理人交纳的分摊份额款，唯一用于对名册上注册登记的司法管理人与司法代理人的担保。

在资金管理处的财政收入不足以履行其债务时，可以要求在名册上注册登记的两职业的执业人员交纳补充份额。

只要在名册上注册登记的司法管理人或司法代理人没有返还其收受的资金，且债权已经到期，资金管理处所负的担保均发生效力，不受《民法典》第 2298 条规定的先诉求偿权的对抗。

资金管理处有义务为保障其承担因本《法典》之规定而引起的风险进行投保。

对资金管理决定的申诉，向巴黎上诉法院提出。

第 L814-4 条 （2003 年 1 月 3 日第 2003-7 号法律第 28 条）在名册上注册登记的每一个司法管理人或司法代理人，均应证明其通过上述担保资金管理处参加了保险。

此项保险用于担保司法管理人或司法代理人本人或其职员在履行委托任务时疏忽大意或过错而引起的民事责任。

第 L814-5 条 没有在全国名册上注册登记、按照第 L811-2 条第 2 款以及第 L812-2 条第二项第 1 款规定的条件被指定担任司法管理人或者司法代理人的人，在接受任务时，应当证明其参加了保险以用于担保返还其收受的资金、票据或有价证券，或者证明其在担保基金管理处参加了保险。

此项保险用于担保司法管理人或司法代理人本人或其职员在履行委托

任务时疏忽大意或过错而引起的民事责任。

第二目 报 酬

第 L814-6 条至**第 L814-7 条** （2005年7月26日第2005-845号法律废止并参见本《法典》第L663-2条与第L663-3条）

第三节 其他规定

第 L814-8 条 （2003年1月3日第2003-7号法律第31条）在名册上注册登记并且受到法院指定为某一企业完成第六卷所指任务的司法管理人或司法代理人，如其原已作为该企业的顾问，或者以第L811-10条与第L812-8条规定的任务的名义为该企业的利益从事过活动，应当告知法院其在此前5年期间所完成的各项工作的性质与工作量。

不遵守前款之规定，以纪律性制裁论处。

第 L814-9 条 （2003年1月3日第2003-7号法律第32条）在名册上注册登记的司法管理人与司法代理人有义务接受继续培训教育，以保持与完善知识。

此种继续教育培训由第L814-2条所指的全国理事会组织安排。

第 L814-10 条 （2003年1月3日第2003-7号法律第35条）没有在全国司法管理人与司法代理人名册上注册的人，按照第L811-2条或者第L812-2条第一项规定的条件受到指定时，应接受检察院的监督，并且在其从事的职业活动中接受公共权力机关的巡视。接受巡视时，应向巡视员报送任何相关情况或有益的文件，不得以保守职业秘密相对抗。

没有在名册上注册登记的人担任司法管理人或司法代理人的任务和接受巡视时，有义务回复负责巡视的人提出的要求，向巡视员报送其收集的情况或者在执行任务时制定的任何文件，不得以保守职业秘密相对抗。

这些由法院指定的委托代理人受到指控有违规、犯罪或者违反第L811-12条之规定的行为时，共和国检察官可以向这些委托代理人注册登记并履行职责地的大审法院要求禁止其从事这项活动。

按照前款规定宣告的禁止从事职业的措施，应向司法部长、掌玺官报告，以便向各上诉法院检察官发布。

第 L814-11 条 （2003年1月3日第2003-7号法律第368条）由司法管理人或者司法代理人按照自愿给予的委托的名义所持有的任何款项，一经收受,即应交存至信托寄存处,但如委托人明文规定将此款项寄存至其他金融机构时,不在此限。

司法管理人或者司法代理人延迟寄存其接收的款项,应对该款项支付按照法定利率计算的利息。

第 L814-12 条　在名册上注册登记的任何司法管理人与司法代理人,对于其在履行职务时知悉、了解的重罪或轻罪行为,有义务立即报告共和国检察官,并向检察官转送与此种犯罪行为有关的情况、资料、笔录与文书。

第 L814-13 条　司法管理人、司法代理人以及按照第 L811-2 条第 2 款或者第 L812-2 条第一项的规定受到指定的人可以通过电子途径发送与接收的程序性文书的名单由法令确定。

在接收文书或者发送文书的第三人明确提出请求或者同意采取此种方式时,司法管理人与司法代理人可以经电子途径发送文书。为此目的,司法管理人与司法代理人可以使用全国理事会按照第 L814-2 条的规定为他们设置的专门网址。

由最高行政法院在听取信息与自由全国委员会的意见之后提出资政意见颁布的法令确定本条规定的适用条件。

第二编　会计监察人

译者概述：

各国法律都有关于公司财务审计制度的规定。有的国家将负责公司财务监督任务的人称为"审计师"或"审计员"，有的称为"会计监事"或"监督会计师"，在日本大公司里称为"会计监察人"。法国法律使用的名称为"commissaire aux comptes"，其中"commissaire"一词的意思是"特派员""专员"，但是，法国的会计监察人制度与我国对国有大型企业派遣的稽查特派员制度有很大区别，将其称为"会计监察人"比较恰当（日语译为"会计监查役"）。

法国公司会计监察人制度始于1966年7月24日的《商事公司法》。现行法律规定，所有股份有限公司至少应指定1名会计监察人（第L225-218条），股份两合公司亦是如此（第L226-1条）；制定集团合并结算账目的股份有限公司（集团公司），至少应当指定两名会计监察人。股份有限公司成立时如果不指定会计监察人，就不能召开公司成立大会；凡是没有按照法律规定任命会计监察人的股份公司，股东大会的审议决定以无效论处。合名公司（第L221-9条）、有限责任公司（第L223-35条）以及普通两合公司（第L222-2条）、简化的股份有限公司（第L227-9-1条）在达到法律规定的标准时也应任命会计监察人。这一标准是：在一个会计年度结束时，资产负债总额（资产负债表上的资产总额或者负债总额）、税负外的总营业额（不计增值税额）或者本会计年度的平均用工人数两项标准超过法令规定的数额；即使公司并未达到这一标准，如果至少持有1/10资本的1名或数名股东提出要求，也可以请求法院为公司任命1名会计监察人。

原则上,会计监察人由普通股东大会指定,个别情况下也可以由公司章程指定。非公开募集资本的公司在设立时可以在章程中任命会计监察人。如果由于公司没有指定会计监察人,致使其不能按照规定的条件正常运作,或者因为在职的会计监察人受到回避申请,法院也可以为公司指定会计监察人。其他指定会计监察人的方式均不合法。公司董事会、监事会不得临时指定他人替代因故不能履职的会计监察人。在指定正式的会计监察人的同时,还应当指定1名替补会计监察人。如果正式会计监察人不能履行职责,由替补会计监察人临时替代或接替职务,直至原定的任职期限届满。会计监察人的任职时间为公司的6个会计年度。

会计监察人制度是对公司强制规定的一种经常性自我约束、自我监督的法定制度:会计监察人不得是接受其监督的公司的雇员,而应是公司外聘的专业审计人员,从事的是"有专门规范的自由职业"。法律强制规定被监督人自行负担费用、外聘第三人来监督自己,是法国公司审计制度的最大特色。这种机制显然不同于企业内部自行设立的审计机构,也不同于由行政部门委派人员进行的抽查审计制度。如果负责监督职责的人必须接受被监督人的领导、指令与指挥,这种"监督制度"很可能形同虚设,很难达到实际效果。

会计监察人虽然是公司的外聘人员,但在接受监督的公司内则是法定的监督机关,其进行的监督活动的主要受益者是公司股东,并对股东大会负责。相对于公司领导机关,股东有权期待会计监察人为他们的整体利益保持独立地位。

会计监察人虽然是公司的监督机关,但有别于监事会。监事会不仅对公司账目实行监督,而且主要应监督公司的管理事务;而会计监察人的监督活动仅限于公司财务与法律领域,不得以任何方式干预公司的管理事务,甚至不得评价公司管理(活动)的适当性,公司在管理方面即使存在错误,只要不反映在财务账目上,就不属于会计监察人的监督职责范围。会计监察人也不享有代表公司的任何权力。然而,会计监察人执行的某些法定任务实际上已接近于"对公司管理事务的干预",例如,公司领导人不按规定召集股东大会时,会计监察人可以召集股东大会;在公司有可能停止支付的情况下,会计监察人可以启动"警告程序"。会计监察人在行使监督权时,不应当妨碍公司的正常运作,不得将法律要求存放在公司注册住所的文件拿回自己的办公室,但有复印文件的权利。

会计监察人的主要任务是监督公司每一个会计年度的账目,监督公司领导人在每一个会计年度终结时制定的主要会计文件,特别是对公司的资产负债表、损益表及其附件实行监督。法律不要求会计监察人审核公司账目是否"准确",仅仅要求其审查公司账目的制定是否"符合规定"、是否"反映公司真实状况",确保公司遵守会计制度的各项规章、遵守会计法、遵守有关"会计科目"的一般规定,没有任何隐瞒、掩饰甚至做假账的情形。会计监察人应将其进行监督活动的结果告知公司领导人;应当列席为确定向股东大会提交的账目与报告而召开的董事会会议并向股东大会提交报告。如果公司账目符合规定,会计监察人的报告可以作出这项证明。与公司董事会的报告不同,会计监察人提交的报告并不是向股东说明公司管理情况。如果公司账目不真实,不符合规定,会计监察人应提出自己的保留意见,或者提出拒绝出具证明的理由,例如,当会计监察人没有看到公司设立在国外的某个分公司的账目时,即可提出保留意见。如果没有会计监察人的报告,审议公司账目的股东大会的决定无效。

会计监察人还负担其他特别任务,其中包括:向共和国检察官披露他在履行监督任务的过程中了解到的违法行为,特别是在税收与海关方面的违法犯罪行为。会计监察人不忠实履行这些义务,应负民事责任,特别是刑事责任,但这并不意味着会计监察人受强制对犯罪行为进行系统的追查。会计监察人在法定任务之外从事活动时并不负有"揭露违法行为"的义务,也不因其揭露违法犯罪行为而引起自己的责任,即使公司因违法行为受到处罚、受到损失;但是,如果会计监察人故意歪曲事实,有严重过错,则不能免负责任。

在公司领导人拒绝召集股东大会的情况下,会计监察人可以自行召集股东大会,既可以召集普通股东大会,也可以召集特别股东大会。

会计监察人在发现足以影响公司继续经营的事实时,应当启动警告程序:向公司董事长发出警报。在没有得到满意答复的情况下,可以将此事由提交到公司董事会或监事会;如果公司局面仍然没有扭转,会计监察人应当起草一份专项报告,并提交下一次召开的股东大会,或者提交由其专门召集的股东大会;在公司经营前景已无任何希望的情况下,会计监察人应向商事法院院长报告。启动警告程序,会计监察人同样享有免负责任的待遇。凡是法律有规定的事项,都必须有会计监察人参与监督。会计监察人对公司的监督不局限于特定时间,不仅仅是公司制定账目或者向股东大会提交账目时才进行审计,而是一种常态监督。这种常态监督显然有别于采取抽查方式进行的审计活动,其优点在于:可以及时掌握公司财务的真实状况;这种监督是对公司监事会职权的补充与支持,也可以避免仅仅依靠行政职权监督的某些弊端。

为了保证会计监察人完成监督任务,法律赋予其广泛的知情权。凡是公司召开股东大会以及确定公司本会计年度账目的董事会,都要召集会计监察人参加。会计监察人还可以参加公司领导层的某些会议,对公司领导人给予指导,将其对公司账目的最后审查结果告知公司领导人,然后才在股东大会介绍其提交的报告。凡是公司提交股东大会的账目与文件,应在大会之前提交会计监察人处理。会计监察人最迟应在股东大会召开之前15日提出监督审查报告。

会计监察人不仅享有广泛的知情权,而且有广泛的调查权力,公司章程不得限制这项权力,公司领导人不得抵制会计监察人进行调查;凡是会计监察人认为适于审查的材料,都可以进行调查与查阅。会计监察人可以要求当场提交其认为有利于履行职责的全部材料,尤其可以要求提供公司订立的全部合同、公司账册以及计算机会计文件,特别是财务分析账目以及公司领导人通过订立合同委托账目复核人制定的报告。会计监察人还可调查与审核公司盘存是否真实,甚至可以要求向其提供已经经过审查并获得通过的此前会计年度的有关文件。

会计监察人有权向属于同一集团的各公司调查情况,尤其是调查受监督的公司与其他公司之间的参股关系,但是由于各有关公司注册住所距离较远,很难要求会计监察人经常前往母公司的注册住所调查某些细节的问题;如果集团的各公司设在不同国家,还会遇到法律上的妨碍。

会计监察人还可以向特定的第三人进行调查。银行、证券公司或者公证人均是会计监察人的调查对象,而公司的顾客或供货商,则不在会计监察人的调查对象之列。在对第三人进行调查时,会计监察人只能提出问题,不能直接查阅文件。会计监察人可以要求银行出具证明。

会计监察人可以向公司领导人提出建议,监督其按照法律的规定编制财务账目,提醒公司领导人注意公司账目方面存在的不符合规定的情形,也可以在股东大会上揭露账目违规行为。

会计监察人(原则上)必须由其本人完成监督任务的主要部分,也可借助合作者的帮助,特别是当受监督的公司规模很大、公司活动类型多样、需要在不同的场所进行监督时,更是如此。会计监察人对其因履行职务而了解到的一切情况负有保守职业秘密的义务。保守秘密是与知情权、调查权相对应的义务。

会计监察人有权获得酬金,酬金由公司负担,数额由会计监察人与公司共同商定。会计监察人要制定监督工作计划,指出监督工作所必要的时间。会计监督人的任职应有必要的稳定性,便于其与公司前期经营状况进行比较。对公司的监督活动往往令公司领导人不高兴,因此,应当保障会计监察人不会被随便解除任职。撤销会计监察人职务要由公司注册住所地的商事法院院长以紧急审理程序作出宣告,甚至连股东大会也无权解聘会计监察人。会计监察人6年任职期满,即应停止履职,但可以立即连选聘任,并无限制。

因法律规定不能担任此种职务、生病、与公司领导人关系恶化,因本人有其他适当理由,会计监察人可以辞职,辞职之前必须进行预先通知;不应当选择在不恰当的时机提出辞职,例如,在召开股东大会的前夕提出辞职;仅仅是因为受到公司领导人不善意对待,不能作为立即辞职的理由。

会计监察人离职之后5年内不得在其监督过的公司或公司集团内担任董事、总经理职务。这一规定有利于防止公司现任领导人向会计监察人许诺在其停止任职后任命其担任利益上有很大吸引力的职务,从而使会计监察人放弃对公司的严格要求。违反这项规定进行的职务任命无效,但不禁止卸任后的会计监察人立即进入其监督过的公司的监事会。

法律对会计监察人的职业有严格规范,所有的会计监察人都必须有相应的专业文凭或专业能力,通过任职资格考试,在上诉法院所在地设置的"地区会计监察人登记委员会"注册登记,开始执业之前应进行宣誓。会计监察人本身不得具有商人身份,除了因执行监督任务取得报酬之外,不得因其他任务从公司获得经常性报酬。法律对会计监察人的任职条件以及不得任职的各种情形都做了详细的限制规定。

会计监察人可以个体从业,也可以在自由执业公司(自由执业合伙)里执业。会计监察人的行业组织与医师公会、律师公会、建筑师公会、会计师公会相类似,受行政部门的严密监督。

法国会计监察人的行业组织有:全国会计监察人公会,是一个具有法人资格的公益性机构;地区会计监察人公会,按上诉法院辖区设置,具有法人资格。两级会计监察人公会的常设机构均为理事会。在地区会计监察人登记委员会内设立地区会计监察人纪律惩戒庭,负责处理对会计监察人的纪律惩戒诉讼。此外,还设立了一个隶属于司法部长的独立行政机构——国家会计监察人最高委员会。

序章 一般规定

（2001年5月15日第2001-420号法律）

第L820-1条 无论有何相反规定，也不论在接受的任务中出具何种性质的审查证明，本编之规定均适用于由任何人（2005年9月8日第2005-1126号法令第3条）"和实体"①任命的会计监察人。

除这些人（2005年9月8日第2005-1126号法令第3条）"与实体"本身适用的特别规则之外，不论他们的法律地位如何，均适用本编之规定。

（2005年9月8日第2005-1126号法令第3条）就适用本编之规定而言，"实体"一词是指《货币与金融法典》第L214-20条及第L214-43条所指的基金。

第L820-2条 任何人，如不具备（2005年9月8日第2005-1126号法律第4条）"第L225-227条至第L225-242条与"（2003年8月1日第2003-706号法律第110条）"本编"规定的条件，均不得主张、使用会计监察人的称号。

第L820-3条 （2003年8月1日第2003-706号法律第109条）会计监察人，为了获得任命，应当用书面形式告知其自荐为之监督、证明账目的人（2005年9月8日第2005-1126号法律第5条）"或实体"所加盟的不是以法定监督账目为唯一活动且其成员有着共同经济利益的国内或国际组织系统②；相应情况下，在该组织系统向接受监督的人（2005年9月8日第2005-1126号法律第5条）"或实体"提供服务时，或者向该人或实体所控制的人（2005年9月8日第2005-1126号法律第5条）"或实体"提供服务时，自荐为之监督、证明账目的（2005年9月8日第2005-1126号法律第5条）会计监察人还应当告知该网络以此种服务的名义收取的与会计监察人本人的任务范围无直接联系的酬金的总数额。所告知的这些情况应当归入按照第L225-108条之规定提交给股东的文件。会计监察人每年均应适时更新其提供的信息，并在其监督、证明账目的人（2005年9月8日第2005-1126号法律第5条）"或实体"的注册住所所在地，交由股东或参股人支配；对于受监督的协

---

① 按照此前的法律条文规定，有关会计监察人的规定仅适用于"公司"，现在将"公司"改为"人"与"实体"，范围更加广泛。所谓"实体"，主要是指基金会，也适用有关会计监察人的规定。——译者注

② 指会计监察人组织之间的业务合作组织系统，而不是互联网。——译者注

会而言，则应将这项信息提交协会的参加者与财产赠与人支配。

有关向每一个会计监察人支付的酬金的信息，应在受监督的人(2005年9月8日第2005-1126号法律第5条)"或实体"的注册住所所在地提交给股东或参股人支配；对于受监督的协会而言，应提交给其参加者与财产赠与人支配。

第L820-3-1条 (2005年9月8日第2005-1126号法律第6条)第L823-1条第1款所指的机关，在没有按照规定指定会计监察人的情况下作出的审议决定，以及依据违反本编或有关的人或实体适用的其他规定而任命或继续任职的会计监察人的报告所作出的审议决定，均无效。

如这样的审议决定得到有权限的机关依据符合规定指定的会计监察人提出的报告而作出的明文确认，无效之诉即告消灭。

（第L225-227条原条文：在没有按规定指定会计监察人的情况下作出的审议决议或者依据违反第L822-1条及第L225-224条之规定而任命或继续任职的会计监察人的报告所作出的审议决议无效；但如股东大会依据按规定指定的会计监察人提出的报告，对前述审议决议明文确认者，有关此种决议的无效之诉即告消灭。）

第L820-4条 不论有何相反规定：

1. 按照规定必须任命会计监察人的人(2005年9月8日第2005-1126号法律第7条)"或实体"的任何领导人，不主动提议指定会计监察人，或者不召请会计监察人参加任何股东大会的，处2年监禁并处3万欧元罚金。

2. 按照规定必须任命1名会计监察人的人或"实体"的任何领导人，对执行第L223-37条与第L225-231条的规定任命的会计监察人或鉴定人进行的账目审计活动与监督活动设置障碍的，或者拒绝现场向会计监察人提供有利于他们完成任务的任何材料，特别是拒绝提供任何合同、账册、会计文件与笔录登记簿的，处5年监禁并处75000欧元罚金。

第L820-5条 有下列情形的，处1年监禁并处15000欧元罚金：

1. 没有按照规定在(原)第L225-219条第一项所指的名册上注册登记以及没有按照(原)第L225-223条规定的条件进行宣誓即使用会计监察人的称号，或者使用与会计监察人称号相似或旨在造成混淆的其他任何称号的；

2. 违反(原)第L225-219条第一项与(原)第L225-223条之规定，或者违反禁止执业或中止执业之规定，非法从事会计监察人职业的。

《刑法典》第226-13条与第226-14条适用于会计监察人。

第L820-6条 任何人,不顾法律有关不得执业的规定,以其本人的名义或者以会计监察人公司的股东(或合伙人)的名义,接受、行使或保有会计监察人职务的,处6个月监禁并处7500欧元罚金。

第L820-7条 担任会计监察人的任何人对法人的状况提供虚假信息或者对虚假信息给予确认,或者不向共和国检察官揭露其知道的违法行为的,处5年监禁并处75000欧元罚金。

第一章 职业的组织与监督

(2003年8月1日第2003-706号法律第100条)

第L821-1条 (2003年8月1日第2003-706号法律第100条)设立一个隶属于司法部长、掌玺官的(2005年9月8日第2005-1126号法律第8条)"独立的行政机构"①,其名称为国家会计监察人最高委员会(Haut Conseil du commisariat aux comptes),该委员会的职责是:

1. 在按照第L821-6条之规定设立的全国会计监察人公会的协同下,保障对本职业的监控;

2. 关注并保障会计监察人遵守职业道德规范,尊重其独立性。

为了履行这些职责,国家会计监察人最高委员会尤其负责:

1. 鉴识与推荐本职业的好的实践做法;

2. 在司法部长、掌玺官发布条例颁布由全国会计监察人公会制定的执业规范之前,就此执业规范提出意见;

3. 作为第L882-2条所指的地区会计监察人登记委员会的决定的上诉审级,负责会计监察人的注册登记事宜;

4. 作为对第L822-6条所指的地区会计监察人公会的决定的上诉审,保障对会计监察人执行纪律;

5. 确定第L821-7条第2点所指的定期监督的导向与范围,并且由其直接实施此种监督,或者授权全国会计监察人公会或地区会计监察人公会实施监督;或者由全国会计监察人公会或地区会计监察人公会按照第L821-9条规定的条件直接进行督察;

6. 对第L821-7条第2点与第3点所指的监督情况实行检查,并发出相

---

① 如"竞争委员会"、证券交易所业务委员会等独立的机构,具有法人资格,并享有制定规章与作出裁判的权限。——译者注

应的指令；

7. 关注并保障第 L821-7 条第 2 点所指的定期监督得到良好实施；在该条第 3 点所指的监督是由其提出要求而进行时，关注与保障此种监督得到良好实施；

8. 与其他国家行使类似权限的机关建立关系。

本条第 2 款第 6 点与第 7 点规定的任务的执行，应当遵守最高行政法院提出资政意见后颁布的法令确定的条件，保障监督职责与制裁职责的独立性。

第 L821-2 条 第 L821-1 条第 2 款第 2 点所指的意见，如涉及金融市场主管机关、预防机构监督委员会的权限，应在听取这些机关各自提出的咨询意见之后，由司法部长、掌玺官收集。

第 L821-3 条 （2003 年 8 月 1 日第 2003-706 号法律第 100 条）国家会计监察人最高委员会由以下成员组成：

（2005 年 9 月 8 日第 2005-1126 号法令第 9 条）"1. 3 名司法官；其中 1 名为最高法院成员或原成员，任主席，1 名司法系统的司法官，任替任主席，以及 1 名审计法院司法官"；

2. 金融市场主管机关的主席或者其代表，负责财政与经济事务的部长代表以及 1 名法律、经济或金融专业的大学教授；

3. 3 名在经济与金融专业方面有资格的人士，其中 2 人按照其在公开募集社会资本的领域与金融证券准许进入规范市场交易的公司领域的专业能力挑选，另 1 人依据其在中小企业与从事经济活动的私法法人或者协会领域的能力进行挑选；

4. 3 名会计监察人，其中 2 人有对公开募集社会资本或者进行公众募捐的人的账面进行监督的实际经验。

国家会计监察人最高委员会主席为全时专职职务；在其因故不能履行职务的情况下，由司法系统的第 2 位司法官替代。

国家会计监察人最高委员会的决定依多数意见作出，在两种意见票数相同的情况下，主席的表决意见起主导作用。

国家会计监察人最高委员会主席及所有成员由法令任命，任期 6 年，可以连任。国家会计监察人最高委员会的成员每 3 年改选一半成员。

国家会计监察人最高委员会在其内部设立若干专门委员会，以准备其决定与意见。在相应情况下，这些专门委员会可以请专家协助。

国家会计监察人最高委员会的工作人员由委派的公职人员组成，或者按照最高行政法院提出资政意见后颁布的法令确定的条件安排工作的公法合同制人员或私法薪金雇员组成。这些工作人员在履行职责时应保守职业秘密。

对于国家会计监察人最高委员会及其工作部门履行的职责，不得以保守职业秘密为借口相对抗，但司法助理人员除外。

第L821-4条 （2003年8月1日第2003-706号法律第100条）司法部长、掌玺官指定1名派驻国家会计监察人最高委员会的政府特派员。政府特派员享有咨询权。政府特派员不参与纪律惩戒方面的审议。除纪律惩戒方面的事务之外，政府特派员可以要求按照最高行政法院提出资政意见后颁布的法令规定的条件进行复议。

第L821-5条 （2003年8月1日第2003-706号法律第100条）一、国家会计监察人最高委员会在财政上有自主性；其经费预算根据委员会秘书长的提议确定。国家会计监察人最高委员会不执行有关国家行政机关内部财务监督方面的规定。

二、国家会计监察人最高委员会收取本条第三项与第四项以及第L821-6-1条规定的缴款和所得收入。

三、在第L822-1条的名单上登记注册的人每年缴纳10欧元的固定数额的款项。

四、对第L822-1条的名单上登记注册的人签字的每一份审计报告设置一种固定税，其征收数额如下：对于进入规范市场交易的人或实体，税额为1000欧元；在金融证券进入规范市场以外的其他多边交易系统进行交易、提供公众认购、募集资金的人或实体那里执行任务的范围内出具的审计报告，税额为500欧元；其他证明报告，收取税款20欧元。

五、上述第三项与第四项所指的税额，由国家会计监察人公会按照第L821-6条所指的分摊会费相同的形式收取，并且在每年3月31日之前支付给全国会计监察人最高委员会。本项的实施条件，由最高行政法院提出资政意见后颁布的法令作出具体规定。

六、属于全国会计监察人最高委员会的不动产，受国家公共机构适用的《公法人财产总法典》的有关规定调整。

七、最高行政法院提出资政意见后颁布的法令具体规定全国会计监察人最高委员会的会计制度，以及对其成员、主席、秘书长和副秘书长的补贴制度。

第L821-5-1条 为了第L821-1条第2款第8点所指的目的，应欧盟成员国的行使类似职权的国家机关的请求,国家会计监察人最高委员会可以向它们转送其持有或收集的信息资料与文件。

为了回复本条第1款所指的欧盟成员国的机关提出的协助请求,国家会计监察人最高委员会可以请求司法部长派人按照第L821-8条的规定进行巡视,或者委派第L821-9条所指的监督人员进行确定的监督活动。

在欧盟成员国的机关提出请求的情况下,司法部长可以批准这些机关的工作人员参与上述第2款所指的监督活动。

最高行政法院提出资政意见后颁布的法令具体规定本条的实施条件。

第L821-5-2条 为了第L821-1条所指的目的,国家会计监察人最高委员会可以向欧盟成员国行使类似职权的国家机关通报其持有或收集的信息资料与文件,但以互惠为保留条件,并要求成员国的相应机关按照与法国相同的担保条件保守职业秘密。

为了回复本条第1款所指的欧盟成员国的机关提出的协助请求,按照相同的保留条件,国家会计监察人最高委员会可以请求司法部长派人按照第L821-8条的规定进行巡视,或者委派第L821-9条所指的监督人员进行其确定的监督活动。

作为特殊情况,国家会计监察人最高委员会可以批准欧盟成员国的机关工作人员列席第L821-7条第2点所指的定期监督活动。在国家会计监察人最高委员会的领导下,欧盟成员国的这些机关的工作人员在进行监督活动时,可以直接要求接受检查的会计监察人向其报送要求提交的信息资料与文件。

最高行政法院提出资政意见后颁布的法令具体规定本条的实施条件,特别是对国家会计监察人最高委员会与欧盟成员国的类似权限的机关进行合作的方式以及国家会计监察人最高委员会与这些机关订立协议的条件作出具体规定。

第L821-5-3条 为了前两条所指的目的,1968年7月26日关于向外国自然人或法人转送经济、商业、工业、金融或者技术性质的文件与情况的法律的规定不适用于国家会计监察人最高委员会。

第L821-6条 (2003年8月1日第2003-706号法律第100条)设立一个隶属于司法部长、掌玺官的具有法人资格的公益性机构——全国会计监察人公会,负责对公共权力机关代表会计监察人职业。

全国会计监察人公会促进本职业良好执业,促进对其成员的监督,保护其成员的荣誉与独立地位。

按照上诉法院辖区划分，设置具有法人资格的地区会计监察人公会，但是，司法部长、掌玺官可以根据全国会计监察人公会征求有关地区会计监察人公会的意见之后提出的建议，对地区会计监察人公会进行合并。

全国与地区会计监察人公会的经费主要由会计监察人每年应当缴纳的分摊会费构成。

第 L821-6-1 条 设立一项由全国会计监察人公会负担的分摊会费，缴纳费用比例由法令确定；缴纳款项的比例，按照上一年度全年本公会的全体成员在执行法定监督任务时收取的报酬总额计算，在0.65%至1%之间，但不超过该总额的1%。接受监督任务的人或实体是指：金融证券进入规范市场交易或者进行公众募捐的人与实体，《社会保险法典》第L114-8条所指的社会保险组织，受《保险法典》调整的信贷机构、金融公司与企业，受《社会保险法典》第九卷第三编调整的预防性机构，受《合作社法典》第二卷调整的合作社或者合作社联合会。

全国会计监察人公会负担的分摊会费，按照对国家行政机关的收入规定的方式与条件进行结算、入账与追收。

每年4月30日前，向全国会计监察人最高委员会支付应纳会费款项的50%，其余的部分于当年9月30日支付。

本条之规定的实施条件，由最高行政法院提出资政意见后颁布的法令具体规定。

第 L821-7 条 （2003年8月1日第2003-706号法律第100条）会计监察人在从事职业活动时应服从：

1. 第L821-8条所指的督察巡视；
2. 按照全国会计监察人最高委员会规定的方式组织的定期监督；
3. 由全国会计监察人公会与地区会计监察人公会决定进行或者应全国会计监察人最高委员会的要求进行的抽查监督。

参与监督与巡视的人应当保守职业秘密。

第 L821-8 条 （2003年8月1日第2003-706号法律第100条）司法部长、掌玺官可以指示开展督察巡视，并为此要求金融市场主管机关、全国会计监察人公会、预防与处理机构给予协助。

对于证券进入规范市场交易或者在受保护投资者、防止内幕交易活动、操纵交易价格与发布虚假信息的立法和行政法规调整的多边交易系统上公开募集资金的人聘任的会计监察人，金融市场主管机关可以进行任何督察；为此目的，金融市场主管机关可以要求全国会计监察人公会给予协助，以及相应情况下,要求《货币与金融法典》第 L621-9-2 条第二项列举的人和机关给予协助。

在进行督察之后,如果实行纪律惩戒程序,金融市场主管机关或其代表不参加国家会计监察人最高委员会的审议。

第 L821-9 条 （2003 年 8 月 1 日第 2003-706 号法律第 100 条）第 L821-7 条所指的各项监督活动,按照全国会计监察人最高委员会规定的方式与条件,由全国会计监察人最高委员会派出的、不承担法定账目监督任务的监督人员进行,或者由全国会计监察人公会或地区会计监察人公会进行。全国会计监察人最高委员会派出的监督人员,按照第 L821-3-1 条规定的条件聘用。

如果是对证券进入规范市场交易或者在受保护投资者,防止内幕交易活动、操纵交易价格与发布虚假信息的立法和行政法规调整的多边交易系统上公开募集资金的人或集体投资机构的会计监察人进行监督,此种监督活动在金融市场主管机关的协助下进行。

第 L821-7 条所指的各项监督,由全国会计监察人公会或地区会计监察人公会主动进行或者应全国会计监察人最高委员会的要求进行。

第 L821-10 条 （2003 年 8 月 1 日第 2003-706 号法律第 100 条）如果在督察巡视中发现的事实特别严重,有足够理由给予刑事制裁或纪律惩戒,在情况紧急以及公共利益证明有此必要时,司法部长、掌玺官可以在提起追诉的同时,让当事人有可能提出其意见说明之后,先行停止自然人会计监察人的职务。

全国会计监察人公会主席以及金融市场主管机关的主席可以为此向司法部长、掌玺官提出这种请求。

应当事人或者第 1 款所指的机关的请求,司法部长、掌玺官可以随时终止其主动作出的先行停止履职的决定。

刑事诉讼与纪律惩戒诉讼消灭,先行停止履职当然截止。

第 L821-11 条 （2003 年 8 月 1 日第 2003-706 号法律第 100 条）第 L821-3 条与第 L821-6 条至第 L821-10 条之适用条件由最高行政法院提出资政意见后颁布的法令具体规定。

第 L821-12 条 （2003 年 8 月 1 日第 2003-706 号法律第 100 条）在接受督察与监督检查时,会计监察人有义务提供要求其提交的所有文件与材料,不得以保守职业秘密相对抗。

第 L821-12-1 条 进行第 L821-7 条与第 L821-8 条所指的监督或巡视的人,在确认存在可能与洗钱活动有联系的事实时,或者确认存在与为恐怖活动提供资金有关的事实时,应向《货币与金融法典》第L561-23条所指的部门进行报告。

第L821-13条 会计监察人在执行账目审计任务时,遵照欧洲委员会根据2006年5月17日欧洲共同体第2006/43号指令确定的条件所采用的国际审计规范进行。在没有欧洲委员会采用的国际审计规范的情况下,会计监察人按照全国会计监察人公会制定的、得到司法部长在听取全国会计监察人最高委员会的意见之后给予认可的本行业的执业规范执行账目审计监督任务。

在欧洲委员会按照前款所指的条件采用某种国际审计规范的情况下,掌玺官、司法部长可以考虑法国法的特殊性,在听取全国会计监察人公会与全国会计监察人最高委员会的意见后,依职权或者依据全国会计监察人公会的提议,并听取全国会计监察人最高委员会的意见,(对会计监察人执行监督任务)强制规定某些补充要求或补充程序,或者,作为特殊情况,排除适用国际审计规范中的某项特定要求。

如果(对审计活动的实施)增加某些要求或者增加某种补充程序,在增加事项公布之前,应当通知欧洲委员会以及其他欧盟成员国。

如果在特殊情况下排除适用国际审计规范的某项特定要求,司法部长应在作出此种决定的文件公布之前至少6个月,或者在欧洲委员会采用国际规范之前就已经存在这种特殊性的情况下,至少应在此种规范在欧洲共同体官方公报上发布之前3个月,向欧洲委员会与其他欧盟成员国进行通知,并具体说明(法国)作出相应决定的理由。

第二章 会计监察人的地位

(2003年8月1日第2003-706号法律)

第一节 登记与纪律

第一目 登 记

第L822-1条 (2003年8月1日第2003-706号法律第103条)任何人,没有在为此而设立的名册上进行登记,均不得履行会计监察人职责。

（第L225-219条原条文①：任何人，没有在为此专门设立的名册上登记，均不得履行会计监察人职责。

最高行政法院提出资政意见后颁布的法令对会计监察人职业的组织作出规定。该法令尤其应对以下事项作出规定：

1. 会计监察人名册的制订与修订方式。制定与修订名册属于地区会计监察人登记委员会的权限，在上诉级，属于全国会计监察人登记委员会的权限。委员会的组成依下述第L225-222条之规定。

2. 在名册上进行登记的条件。

3. 纪律制度，属于地区纪律惩戒庭的权限；在上诉级，属于下述第L225-223条所指的全国纪律惩戒庭的权限。

4. 会计监察人组成行业组织的条件。）

（第L225-219-1条原条文：每一地区会计监察人登记委员会由下列成员组成：

——1名上诉法院法官，任主任；

——1名该上诉法院管辖范围内的大审法院法官，任副主任；

——1名地区审计法庭的法官；

——1名商事法院的成员；

——1名法学、经济学或管理学教授；

——1名在企业管理方面有经验有资格的人；

——1名地区会计监察人公会之成员。

地区会计监察人登记委员会的决定，得依紧急审理程序提交国家会计监察人登记委员会。

上诉审级，国家会计监察人登记委员会由以下人员组成：

——1名司法法官，任主任；

——1名审计法院法官，任副主任；

——1名法学、经济学或管理学教授；

——1名在企业管理方面有资格的人；

——财政经济部长代表1人；

——商事法院成员1人；

——2名会计监察人；

---

① 关于会计监察人的规定原来编在"公司法"中，《商法典》将这部分内容归入现行第八卷的条文。——译者注

地区会计监察人登记委员会成员或者全国会计监察人登记委员会成员在进行表决时,如两种意见票数相等,主任的表决票具有决定作用。

地区及国家会计监察人登记委员会的成员以及从同一级挑选的同等人数的替补成员,按照法令规定的条件指定。会计监察人的任命,依地区会计监察人公会或全国会计监察人公会各自的提议进行。)

(第L225-219-2条原条文:地区会计监察人登记委员会组成地区纪律惩戒庭,负责审理对属于地区公会成员的会计监察人提出的有关纪律方面的投诉,不论被投诉的事实的发生地如何。

全国会计监察人登记委员会组成全国会计监察人纪律惩戒庭,负责审理对地区纪律惩戒庭之决定提出的上诉。

由1名隶属于检察院或最高检察院的司法官行使地区或全国会计监察人纪律惩戒庭检察部门的职权。前述法官由司法部长、掌玺官指定。)

(第L225-219-4条原条文:所有的会计监察人均应在其于第L219条所指的名册上登记后1个月内,在其隶属的上诉法院进行宣誓,以示忠诚、廉明地履行自己的职业义务,遵守并让他人遵守法律。)

第L822-1-1条 (2005年9月8日第2005-1126号法律第12条)任何人,如果不具备以下条件,不得在会计监察人名册上登记注册:

1. 是法国人、欧洲共同体成员国的国民,欧洲经济区协议参加国以及准许法国国民对公司账目进行法律监督的其他外国国家的国民;
2. 没有引起刑事有罪判决的违反荣誉与廉洁的行为;
3. 没有因相同的行为受到注销注册登记之纪律制裁;
4. 没有个人破产或者第六卷所指禁止权利或丧失权利处分;
5. 在欧洲共同体一成员国认可的可以履行账目法定监督职责的人那里完成符合条例所定时间的职业实习;
6. 成功通过会计监察人资格证书考试或者持有会计师证书。

完成上述第5点规定的实习的条件,以及准许参加第6点所指的会计监察人任职资格考试的毕业证书或培训条件,由最高行政法院提出资政意见后颁布的法令具体规定。

第L822-1-2条 (2005年9月8日第2005-1126号法律第12条)尽管有第L822-1-1条之规定,具备最高行政法院提出资政意见后颁布的条例规定的专业能力与经验的人,按照司法部长、掌玺官的决定,可以免除该条第5点所指的全部或部分实习。

凡是证明已经在欧洲共同体一成员国或者准许法国国民对公司账目进

行法律监督的其他国家取得从事法定账目监督所要求的资质的人,可以按照最高行政法院提出资政意见后颁布的法令规定的条件,免除第 L822-1-1 条第五项与第六项所指的实习与考试,但会计监察人任职资格考试除外。

第 L822-1-3 条 在非欧盟成员国或非欧洲经济区协议签字国内得到认可的会计监察人与会计监察人公司,对欧洲共同体成员国或欧洲经济区协议签字国内没有注册住所但发行准许在法国规范市场上进行交易的证券的人或实体进行年度账目或合并结算账目审计并出具审计证明时,应当在第 L822-1 条所指的名册上进行注册登记,但如聘任其进行审计活动并出具审计证明的人或实体唯一发行的是在法国规范市场上进行交易的债权凭证且单位面值至少为 5 万欧元,或者唯一发行的是用欧元之外的另一种货币表示的债权凭证时,无须进行此项注册登记。

除保留执行互惠条件之外,在非欧盟成员国或者非欧洲经济区协议签字国内得到认可的会计监察人与会计监察人公司,获得司法部长、掌玺官作出的行政决定免除其进行注册登记的,可以免除履行上述注册登记义务。

属于以下情况的,可以免除注册登记:

1. 某国的主管机关认可的会计监察人及会计监察人公司,当欧洲委员会依据欧洲议会和欧洲理事会 2006 年 5 月 17 日第 2006/43 号指令第 46 条的规定作出决定承认该国具备该条所规定的类似的公共监督制度、符合有关调查质量保证与制裁方面的要求时;

2. 在没有欧洲委员会作出的上述决定的情况下,对会计监察人以及会计监察人公司给予认可的国家的公共监督制度、调查质量保证与制裁制度符合第 L820-1 条及随后条文规定的类似要求,或者此前已经有另一欧盟成员国对这种制度进行了评估并承认其具备所要求的类似条件时。

按照本条之规定在第 L822-1 条所指的名册上注册登记的会计监察人和会计监察人公司,就其执行本条第 1 款所指的任务而言,仍应遵守本卷第一章与第二章第一节的规定。

注册登记与免除注册登记,仅仅是这些会计监察人与会计监察人公司在法国出具的审计报告有效的条件,并不因此赋予其对注册住所在法国领土上的人或实体实行法定监督任务的权利。

本条之规定的实施条件,由最高行政法院提出资政意见后颁布的法令具体规定。

第 L822-2 条 (2003 年 8 月 1 日第 2003-706 号法律第 103 条)每一上诉法院所在地均设置一个地区会计监察人登记委员会。该专门委员会制定并更新第 L822-1 条所指的名册。

每一个地区会计监察人委员会均由以下人员组成:
1. 司法系统的法官 1 名,担任登记委员会的主席;
2. 地区审计法庭的司法官 1 名;
3. 法律、经济或金融专业的大学教授 1 名;
4. 在法律、经济或金融方面有资格的人士 2 名;
5. 负责经济事务的部长的 1 名代表;
6. 地区会计监察人公会的成员 1 名。

地区会计监察人登记委员会的主席与所有成员以及他们的替补人员,由司法部长、掌玺官发布条例任命,任期为 3 年,可以连任。

所有的决定均按照多数票赞成作出。在两种意见的票数相同的情况下,主席的表决意见起主导作用。

不服地区会计监察人登记委员会的决定,可以向国家会计监察人最高委员会提出申诉。

第 L822-3 条 (2003 年 8 月 1 日第 2003-706 号法律第 103 条)所有的会计监察人都必须在其隶属的上诉法院进行宣誓,以荣誉和诚信,独立履行职业责任并遵守和让他人遵守法律。

第 L822-4 条 (2003 年 8 月 1 日第 2003-706 号法律第 103 条)凡是在第 L822-1 条所指册上进行注册登记的人,在 3 年期间没有履行会计监察人职责的,在接受查证账目的任务之前,均有义务接受继续培训。

第 L822-5 条 (2003 年 8 月 1 日第 2003-706 号法律第 103 条)本目之规定的实施条件,由最高行政法院提出资政意见后颁布的法令作出规定。

第二目 纪 律

第 L822-6 条 (2003 年 8 月 1 日第 2003-706 号法律第 103 条)不论受到指责的行为是在何地实施,针对本地区会计监察人公会成员的会计监察人提起的纪律惩戒诉讼,均由地区会计监察人登记委员会组成的纪律惩戒庭管辖。

第 L822-7 条 (2003 年 8 月 1 日第 2003-706 号法律第 103 条)地区会计监察人纪律惩戒庭可以受理由司法部长、掌玺官、共和国检察官、全国会计监察人公会主席或者地区会计监察人公会主席提请受理的案件。

除最高行政法院提出资政意见后颁布的法令所指之人外,金融市场主管机关的主席可以向检察长提出受理纪律惩戒案件的请求。金融市场主管机关的主席在行使这项权力时,不得在同一程序中参加国家会计监察人最高委员会的纪律惩戒庭。

对地区会计监察人纪律惩戒庭的决定,本条所指的机关以及有关的职业人员本人,均可以主动向国家最高委员会提出申诉。

由司法部长、掌玺官指定的属于最高检察院或检察院的司法系统的1名司法官,在每一个地区纪律惩戒庭以及组成纪律惩戒庭的最高委员会,行使检察院的职权。

本条规定的适用条件由最高行政法院提出资政意见后颁布的法令规定。

第L822-8条　(2003年8月1日第2003-706号法律第103条)纪律制裁分别为:

1. 警告;
2. 训诫;
3. 在不超过5年期间内暂行禁止执业;
4. 从登记册上除名。

也可以撤销荣誉称号。

在警告、训诫与暂行禁止执业的同时,也可以规定在最长10年期间不得参加职业组织选举的补充处罚。

暂行禁止执业的处罚也可以缓期执行,但处罚的中止执行并不扩张至依据前款之规定实行的附加处罚。如自宣告制裁起5年期间,会计监察人又实行了犯罪或者有引起宣告新的纪律制裁的过错时,此种新的制裁引起执行第一次受到的制裁,且不得与第二次受到的制裁混同,但有说明理由的决定除外。

国家会计监察人最高委员会与地区纪律惩戒庭宣告纪律处罚时,可以决定由会计监察人负担因查证其受到制裁的行为而进行督察与监督检查所产生的全部或部分费用。

第二节　会计监察人的职业道德规范与独立地位

(2003年8月1日第2003-706号法律第104条)

第L822-9条　(2003年8月1日第2003-706号法律第104-1条)会计监察人的职责由自然人行使,或者由自然人组成的任何形式的公司(合伙)行使。

(2008年12月8日第2008-1278号法令)会计监察人公司(合伙)的3/4

的资本应由会计监察人持有,或者由在第 L822-1 条所指名册上登记的会计监察人公司(合伙)持有,或者由在欧洲共同体另一成员国内符合规定经认可从事账目法定监督的职业人员持有。当一会计监察人公司对另一会计监察人公司持有股份时,非会计监察人股东所持有的资本不得超过两家公司全部资本总额的 25%。公司的经理、董事长或者管理委员会主席、监事会主席以及总经理的职务应由在第 L822-1 条所指名册上登记或者在欧洲共同体另一成员国内符合规定认可的会计监察人担任。管理委员会、领导委员会或者监事会至少 3/4 的成员以及公司至少 3/4 的股东或者持股人应当是在第 L822-1 条所指名册上登记或者在欧洲共同体另一成员国内符合规定认可的会计监察人。作为持股人或股东的会计监察人公司的常任代表必须是在第 L822-1 条所指名册上登记或者在欧洲共同体另一成员国内符合规定认可的会计监察人。

在已经登记注册的会计监察人公司(合伙)里,由作为该公司(合伙)股东、持股人或者领导人的会计监察人以公司的名义行使会计监察人的职责。这些人只能在一家会计监察人公司内行使会计监察人的职责。董事会或者监事会的所有成员可以是公司的薪金雇员,没有人数与作为薪金雇员工作年限条件的限制。

在作为会计监察人的股东或持股人死亡的情况下,其权利继受人拥有 2 年期限将其股份转让给某一会计监察人。

任何新股东或新持股人加入会计监察人公司(合伙),均应事先经过认可。按照公司章程规定的条件,由股东或持股人全体会议给予认可,或者按具体情况,由董事会、监事会或经理管理人给予认可。

尽管有以上这些规定,会计监察人可以同时在一会计监察人公司与其持有一半以上资本的另一会计监察人公司内行使以上职责,或者在两个实体之内至少有一半以上的持股人是两者共同持股人的情况下,可以同时在两个实体内行使这项职责。

(第 L225-218 条原条文:会计监察人的职务由自然人或者自然人组成的任何形式的公司行使。

会计监察公司 3/4 的资本应由会计监察人持有。一家会计监察人公司对另一会计监察人公司持有股份时,非会计监察人股东所持有的资本不得超过两家公司全部资本总额的 25%。公司的经理管理人、董事长或者管理委员会主席、监事会主席以及总经理的职务应由会计监察人担任。

公司的管理、行政、经营、领导或监事机关至少 3/4 的成员以及公司至少

3/4 的股东或持股人应当是会计监察人。作为公司持股人或股东的会计监察人公司的常任代表,不论其是股票持有人还是其他持股人,均应是会计监察人。

在已注册登记的会计监察人公司里,会计监察人的职务由该公司的自然人会计监察人以公司的名义行使,不论该人是股票持有人还是其他股东或公司领导人。

上述人员仅得在一家会计监察公司里履行会计监察人职务。公司董事会或监事会成员可以是公司的薪金雇员,且不受人数以及作为雇员之工作年限的限制。

在一会计监察人股东或持股人死亡的情况下,其权利继受人拥有 2 年期限将其所持股票或股份转让给某一会计监察人。

任何新股东或新持股人加入公司均应事先经过认可。应按照公司章程规定的条件,由股东或持股人全体大会给予认可,或者由董事会,或者相应情况下,由管理委员会或经理管理人给予认可。)

第 L822-10 条 (2003 年 8 月 1 日第 2003-706 号法律第 104-1 条)担任会计监察人职务:

1. 不得有任何损害会计监察人独立性的活动或行为;

2. 不得从事任何薪金雇员的工作,但是会计监察人可以从事与本职业相关的教学活动或者在另一会计监察人或会计师事务所占有取酬岗位。

3. 不得直接或者通过中间人从事商务活动。

(第 L225-219-3 条原条文:担任股份有限公司会计监察人的职务:

—— 不得有任何损害会计监察人独立性的活动或行为;

—— 不得从事任何领取薪金的工作,但会计监察人可以发布与其履行本职活动有关的信息材料,或者在另一会计监察人或注册会计师处从事领取报酬的工作;

—— 不得直接或通过中间人从事任何商务活动。)

第 L822-11 条 (2003 年 8 月 1 日第 2003-706 号法律第 104-2 条)一、会计监察人不得从其负责审查、证明账目的人(2005 年 9 月 8 日第 2005-1126 号法律第 13 条)"或实体"那里,或者从以第 L233-3 条第一项与第二项规定的意义控制该人或实体或者受该人或实体控制的人那里,直接或间接取得、接受或保有某种利益。

会计监察人在执行任务的同时或此前存在的禁止其执行会计监察人任务的个人关系、财务关系和职业关系,由第 L822-16 条所指的《职业道德规范》作出具体规定,且不影响本卷或本《法典》第二卷的有关规定。《职业道德规范》尤其应特别规定,在哪些情况下,当会计监察人隶属于多个国内或国际专业系统,而由于该系统的成员向按照第 L233-3 条第一项与第二项的意义受该会计监察人负责查证账目的人(2005 年 9 月 8 日第 2005-1126 号法律第 13 条)"或实体"所控制的人(2005 年 9 月 8 日第 2005-1126 号法律第 13 条)"或实体"提供服务因而有共同利益时,会计监察人的独立地位有可能受到影响。《职业道德规范》还应具体规定对会计监察人的薪金雇员与合作人在其负责查证账目的公司内持有资金利益的限制。

二、禁止会计监察人向其负责审查、证明账目的人(2005 年 9 月 8 日第 2005-1126 号法律第 13 条)"或实体"以及按照第 L233-3 条第一项与第二项的意义受该人(2005 年 9 月 8 日第 2005-1126 号法律第 13 条)"或实体"控制的人(2005 年 9 月 8 日第 2005-1126 号法律第 13 条)"或实体"提供任何"与会计监察人的任务没有直接联系"的咨询与服务。这些任务的范围由第 L821-1 条第 2 款第 2 点所指的执业规范作出具体规定。

在会计监察人参与多个国内或国际的专业系统,而该系统并非唯一以法定的审查、证明账目为活动宗旨且其成员相互间有共同利益时,按照国家会计监察人最高委员会适用第 L821-1 条第 1 款第 2 点之规定作出的评判,凡是依据与该系统或该系统的某一成员订立的合同,有利益提供"与从事会计监察人任务没有直接联系"的服务的人(2005 年 9 月 8 日第 2005-1126 号法律第 13 条)"或实体",该会计监察人不得承担为其查证账目的任务。

(第 L225-224 条原条文:以下人员不得担任股份有限公司的会计监察人:

1. 本公司或者第 L233-1 条所定义的子公司的发起人、实物出资人、特别利益受益人、董事,或者相应情况下,管理委员会成员或监事会成员。

2. 第 1 点所指之人的直系亲属与旁系亲属,第四亲等包括在内。

3. 持有本公司 1/10 资本的公司,或者本公司持有其 1/10 资本的公司的董事,或者相应情况下,管理委员会成员与监事会成员,以及董事的配偶,或者相应情况下,管理委员会或监事会成员的配偶。

4. 直接或间接,或者通过中间人,从本条第 1 款所指的本公司的上述人员或适用第 3 款的任何公司的上述人员处,由于从事除会计监察人工作以外的任何其他工作而获取工资或其他任何报酬的人。此项规定不适用于在国外从事的补充性职业活动,亦不适用于为已经进行集团结算或将要进入集团结算之公司的利益而进行查账审核之单项工作。会计监察人可以从公司收取因从事属于其职务范围的、目标有限的临时性工作而应得的报酬，只要此种工作系应公共部门之要求，经公司委托其完成者即可。

5. 其股东或领导人之一处于以上各款所指地位的会计监察人公司。

6. 因从事会计监察人工作之外的活动，从本公司，或者从其经理管理人、管理委员会或监事会成员，或者从持有本公司 1/10 资本的公司以及本公司持有其资本 1/10 的公司接收经常性工作之工资或报酬的人的配偶。

7. 其领导成员之一或者其股东，以公司的名义从事会计监察人职务，而其配偶处于上述第 6 点所指地位的会计监察人公司。）

第 L822-12 条　（2003 年 8 月 1 日第 2003-706 号法律第 104-2 条）会计监察人以及会计监察人公司（合伙）的有签字权的成员，在其停止履行职务之后不满 5 年的，不得被任命为其负责过账目监督的人（2005 年 9 月 8 日第 2005-1126 号法律第 14 条）"或实体"的领导人或成为其薪金雇员。

在相同期间内，会计监察人以及会计监察人公司（合伙）的有签字权的成员，不得在按照第 L233-3 条第一项与第二项的意义控制其负责监督账目的人（2005 年 9 月 8 日第 2005-1126 号法律第 14 条）"或实体"或受该人或实体控制的人（2005 年 9 月 8 日第 2005-1126 号法律第 14 条）"或实体"那里担任上述同样职务。

（第 L225-225 条原条文：会计监察人停止担任职务不满 5 年的，不得被任命为其曾负责账目监督的公司的董事、总经理或管理委员会成员；同样之禁止规定亦适用于会计监察人公司的股东或领导人。

在相同期限内，会计监察人不得在持有其曾经监督过的公司 10% 资本的公司里担任上述同样职务，亦不得在其停止担任会计监察人职务时所监督的公司持有 10% 资本的公司里担任上述同样职务。）

第 L822-13 条　（2003 年 8 月 1 日第 2003-706 号法律第 104-2 条）曾经担任过人（2005 年 9 月 8 日第 2005-1126 号法律第 15 条）"或实体"的领导人的人，或者原是该人或实体的薪金雇员的人，在其停止履行职务之后不满 5 年的，不得被任命为该人（2005 年 9 月 8 日第 2005-1126 号法律第 15 条）"或实体"的会计监察人。

在相同期限内，曾经担任过人（2005 年 9 月 8 日第 2005-1126 号法律第 15 条）"或实体"的领导人的人，或者曾经是该人或实体的薪金雇员的人，在持有其曾经任职的人（2005 年 9 月 8 日第 2005-1126 号法律第 15 条）"或实体"至少 10% 的资本的人或实体那里，或者在其曾经任职的人（2005 年 9 月 8 日第 2005-1126 号法律第 15 条）"或实体"在其停止任职时至少持有 10% 的资本的人(2005年9月8日第2005-1126号法律第15条)"或实体"那里,不得被任命为会计监察人。

本条对其第1款对所指的人或实体的禁止性规定,也适用于这些人或实体作为股东或者领导人的会计监察人公司。

(第225-226条原条文:曾经担任某一公司董事、总经理、管理委员会成员之职务或者是其薪金雇员的人,在其停止履职后不满5年的,不得被任命为该公司的会计监察人。

在相同期限内,上述之人不得被任命为持有其曾担任过上述职务的公司10%资本的公司的会计监察人,亦不得被任命为在其停止任职时其担任上述职务的公司持有10%资本的公司的会计监察人。

本条对第1款所指之人的禁止规定适用于他们作为股东或领导人的会计监察人公司。)

第L822-14条 自然人会计监察人、在会计监察人公司里享有签字权的合伙人以及2006年欧洲议会与欧洲理事会有关年度合并结算账目的法定监督并修改欧盟理事会发布的共同体第78/660号指令与第84/253号指令的第2006/43号指令第2条第16点意义上的其他主要合伙人,不得在连续6个会计年度以上的时间里为金融证券进入规范市场交易的人(2005年9月8日第2005-1126号法律第16条)"与实体"进行账目审计、出具审计证明。

上述第1款所指的人,自其进行账目审计、出具审计证明的第6年终止起计算,2年期限届满之前,也不得重新参加对上述人或实体的账目的法定监督任务。

这一规定也适用于第L612-1条所指的人(2005年9月8日第2005-1126号法律第16条)"与实体"以及第L612-4条所指的协会,如果这些人公开向社会进行1991年8月7日第91-772号法律第3条意义上的募捐资金活动。

第L822-15条 (2003年8月1日第2003-706号法律第104-2条)除(2005年9月8日第2005-1126号法律第22条)第L823-12条以及特别立法的规定之保留外,会计监察人及其合作人与专家,对其因履行职责而了解的事实、文书与情况,受保守职业秘密的限制。但是,(2005年7月26日第2005-845号法律第162-5条)对商事法院院长或大审法院院长,在他们适用第二卷第三编第四章或者第六卷第一编第二章之规定时,会计监察人及其合作人与专家,就其因履行职责而了解的事实、文书与情况,不受保守职业秘密的限制。

在法人制定集团结算账目的情况下,进行集团结算的法人的会计监察人与纳入集团结算的各法人的会计监察人相互之间不受保守职业秘密义务的限制。在制定综合账目时，亦适用这项规定。

对账目进行独立复查或者参与内部财会质量监督的会计监察人受保守职业秘密的限制。

第 L822-16 条 （2003 年 8 月 1 日第 2003-706 号法律第 104-2 条）在听取国家会计监察人最高委员会的意见之后，由最高行政法院提出资政意见后颁布的法令批准会计监察人《职业道德规范》，并且就在金融证券进入规范市场交易或者通过多边交易系统公开募集资本，必须遵守旨在保护投资者，防止内幕交易、操纵交易价格与发布虚假信息的立法与行政法规的人（2005 年 9 月 8 日第 2005-1126 号法律第 17 条）"和实体"那里执行法定监督任务的会计监察人所适用的规定，听取金融市场主管机关的意见。

第三节 民事责任

（2005 年 9 月 8 日第 2005-1126 号法律第 18 条）

第 L822-17 条 （2005 年 9 月 8 日第 2005-1126 号法律第 18 条）会计监察人对其在履行职责中因过错与疏忽大意造成的损害后果对（受其监督的）人或实体及第三人承担责任。

但是，会计监察人不因其在执行任务时提供信息或披露事实而引起责任。

会计监察人，对公司领导人与委托代理人实行的犯罪行为，在民事上不承担责任，但如其知道此种情形而不在其向股东大会或第 L823-1 条所指的有权限的机关提交的报告中进行披露的，不在此限。

第 L822-18 条 （2005 年 9 月 8 日第 2005-1126 号法律第 18 条）针对会计监察人提起责任之诉，时效期间依第 L225-254 条规定的条件确定。

第三章 法定监督的实施

（2005 年 9 月 8 日第 2005-1126 号法律第 19 条）

第一节 会计监察人的任命、回避与解职

第 L823-1 条 （2005 年 9 月 8 日第 2005-1126 号法律第 19 条）除在章程

中规定任命会计监察人之外，在设有股东大会的法人里，会计监察人由普通股东大会任命，或者根据适用于其他人或实体的规则，由行使与股东大会类似职权的有权限的机关任命。

按照相同条件，可以任命1名或数名替补会计监察人，以便在正式的会计监察人拒绝任职、因故不能履职、辞职或死亡的情况下，替换正式的会计监察人。

替代正式的会计监察人履职的替补会计监察人的任职时间至其替代的会计监察人的任职期限届满亦行终止，但如正式的会计监察人仅仅是临时因故不能履职，不在此限。在后一种情况下，妨碍履职的事由一经停止，在股东大会或有权限的机关批准账目之后，正式的会计监察人即恢复履职。

当会计监察人在此前两个会计年度对公司或者公司按照第L233-16条第一项与第二项的意义控制的各公司的出资或合并活动进行过审核时，任命其为会计监察人的决定草案应指明这一情况。

第L823-2条 （2005年9月8日第2005-1126号法律第19条）制定集团结算账目的人与实体至少应指定2名会计监察人。

第L823-3条 （2005年9月8日第2005-1126号法律第19条）会计监察人受任命的时间为6个会计年度；在对第6个会计年度的账目进行审议的股东大会之后或有权限的机关对该年度的账目作出审议决议之后，会计监察人的任期即告终止。

受任命替代他人的会计监察人的任期至其被替代人的任期终止时，亦行终止。

账目监督任务已经终止、已经被解除职务、取消职务、中止职务或者暂时禁止履行职务的会计监察人，以及已经被除名、被排除登记或者已经辞职的会计监察人，应当准许其替代人取得由其负责账目监督的人或实体的所有信息资料与文件。

第L823-4条 （2005年9月8日第2005-1126号法律第19条）如果股东大会或者有权限的机关怠于指定会计监察人，股东大会或有权限的机关的任何成员均可请求法院指定会计监察人，但应按照规定传唤该人与实体的法定代表人。由此进行的委任，至股东大会或者有权限的机关本应当任命的会计监察人的任期终止时亦行终止。

第L823-5条 （2005年9月8日第2005-1126号法律第19条）一会计监察人公司被另一会计监察人公司吸收时，吸收公司继续履行被吸收公司受委托的任职，直至其原任期终止。

但是，尽管有第 L823-3 条之规定，接受监督的人或实体的股东大会或者有权限的机关，可以在其被吸收之后的第一次会议上，听取会计监察人的意见后，对是否保留原委任作出审议决定。

第 L823-6 条 （2005 年 9 月 8 日第 2005-1126 号法律第 19 条）至少持有公司 5% 资本的 1 名或数名股东、企业委员会、检察院，以及对于金融证券准许进入规范市场交易的人与实体，金融市场主管机关，均可按照最高行政法院提出资政意见后颁布的法令规定的期限与条件，以正当理由向法院申请 1 名或数名会计监察人回避。

对于商事公司以外的其他人，由股东大会或有权限的机关的 1/5 的成员提出请求，亦适用前款之规定。

如法院支持所提出的请求，即指定 1 名新的会计监察人，该会计监察人的任职时间至股东大会或有权限的机关指定的会计监察人的任职期满。

第 L823-7 条 （2005 年 9 月 8 日第 2005-1126 号法律第 19 条）在会计监察人有过错或者因故不能履职的情况下，可以按照最高行政法院提出资政意见后颁布的法令规定的条件，在该会计监察人正常任职期满之前，由负责管理事务的集体机关、负责领导事务的机关或者至少持有 5% 资本的 1 名或数名股东或持股人、企业委员会、检察院提出请求，以及对于公开募集资本的人而言，由金融市场主管机关提出请求，由法院作出决定，解除该会计监察人的职务。

对于商事公司以外的其他人，应股东大会或有权限的机关的 1/5 的成员的请求，亦适用前款之规定。

第 L823-8 条 （2005 年 9 月 8 日第 2005-1126 号法律第 19 条）当会计监察人在其任职期满时向股东大会或有权限的机关主动提出不再续聘时，该会计监察人如提出请求，股东大会或者有权限的机关应当听取其意见说明，但保留执行第 L822-14 条之规定。

第 L823-8-1 条 在按照规定设有普通股东大会的商事公司里，普通股东大会或者根据其适用的规则行使类似普通股东大会权限的机关，可以依据负责公司管理或领导事务的合议机关的建议，批准会计监察人在对公司强制规定的期限内直接向商事法院书记室提交的报告、作为报告附件提交的文件以及与接受任务或辞职有关的文件的副本。此项批准可以按照相同形式终止。

第二节 会计监察人的任务

第 L823-9 条 （2005 年 9 月 8 日第 2005-1126 号法律第 19 条）会计监察人出具证明，确认接受其监督的人或实体提交的账目符合规定、真实可信，确认该账目反映了该人或实体在过去的会计年度业务活动的结果及其在会计年度终结时的财务状况与概括财产状况的忠实面貌，并对其评价提出证明理由。

当（接受监督的）人与实体制定集团结算账目时，会计监察人出具证明，确认集团结算账目符合规定、真实可信，能够反映纳入集团结算的所有的人或实体构成的整体在过去的会计年度中业务活动的结果及其财务状况与概括财产状况的忠实面貌，并对其评价提出证明理由。

在不影响第 L823-14 条之规定的情况下，有关集团结算账目的证明尤其应当在对纳入集团结算的所有的人与实体的会计监察人的工作进行审查之后提交，或者如果不是这样做，则应当在对负责监督这些人与实体的账目的专业人员的工作进行审查之后提交。

第 L823-10 条 （2005 年 9 月 8 日第 2005-1126 号法律第 19 条）会计监察人的经常性任务是，审核其负责出具账目证明并按现行规则监督财务会计的人与实体的有价证券与会计文件，但不得对这些人与实体的管理进行任何干涉。

会计监察人还负责审核在董事会、管理委员会或者其他任何领导机关的报告中以及发给股东或持股人的有关财务状况与年度账目的文件中所提供的各种情况、信息是否真实可信，以及是否与年度账目一致。

相应情况下，会计监察人审核集团管理的报告中提供的情况信息是否真实可信，是否与集团结算报告一致。

第 L823-11 条 （2005 年 9 月 8 日第 2005-1126 号法律第 19 条）会计监察人确认在股东或持股人之间，或者在有权限的机关的成员之间，平等地位是否得到遵守。

第 L823-12 条 （2005 年 9 月 8 日第 2005-1126 号法律第 19 条）会计监察人在下一次召开的股东大会或者有权限的机关的会议上指出他们在完成任务的过程中发现的不符合规定的情况以及与事实不符的情况。

会计监察人向共和国检察官披露其了解的违法事实，且不因此种披露而引起其责任。

会计监察人应当履行《货币与金融法典》第五卷第六编第一章所定义的反洗钱、反资助恐怖活动行为的义务，且不影响会计监察人履行义务、揭露前款所指的违法行为。

第三节 会计监察人执行任务的方式

第 L823-12-1 条 在一个会计年度终结时，以下两项标准均不超过最高行政法院提出资政意见后颁布的法令确定的限额的合名公司、普通两合公司、有限责任公司以及简化的可发行股票的股份有限公司里，会计监察人按照在这些公司里执业的专门规范履行职责。此种规范由司法部长认可。两项标准是：资产负债总额、税负外营业额及平均用工人数。

第 L823-13 条 （2005 年 9 月 8 日第 2005-1126 号法律第 19 条）一年中的任何时候，会计监察人均可以一起或者分开进行其认为为适当的任何审核与任何监督活动，可以当场要求向其提供其认为对完成任务有用的所有材料，特别是所有的合同、账册与会计文件以及笔录登记簿。

会计监察人为完成其监督任务，在其负责下，可以由其选任的专家或合作人协助或代理，但应向由其负责出具账目证明的人与实体通报这些专家或合作人的姓名。这些专家或合作人与会计监察人享有相同的了解情况的权利。

第 L823-14 条 （2005 年 9 月 8 日第 2005-1126 号法律第 19 条）第 L823-13 条所指的了解情况，既可以是向会计监察人负责监督并出具账目证明的人与实体了解情况，也可以是向第 L233-3 条意义上的控制该人与实体或者受该人与实体控制的人或实体了解情况。为适用第 L823-9 条之规定，也可以向纳入集团结算的所有的人与实体了解情况。

会计监察人还可以向为接受其监督的人与实体的利益完成业务活动的第三人收集对其完成任务有用的任何情况、信息。但是，此项调查权不得扩张为向其报送由第三人持有的材料、合同与任何文件，但如得到法院作出的决定批准时，不在此限。

在会计监察人履行职责的范围内，不得以保守职业秘密相对抗，但司法助理人员除外。

第 L823-15 条 （2005 年 9 月 8 日第 2005-1126 号法律第 19 条）在人与实体必须指定两名会计监察人的情况下，该两名会计监察人应在一起按照第 L821-1 条第 2 款第 2 点所指的"执业规范"的规定，现场审查该人与实体制定账目的条件与方式。"执业规范"确定每一个会计监察人为完成其任务而实行分工的原则。

第 L823-16 条 （2005 年 9 月 8 日第 2005-1126 号法律第 19 条）会计监察人向接受其监督的人或实体的负责管理事务的集体机关报告以下事项，或者，相应情况下，向负责领导事务与监督事务的机关以及由这些机关独家承担集体责任而开展活动的专门委员会报告以下事项：

1. 他们实行的总体工作计划以及所进行的各种调查；
2. 他们认为对应当制定的账目或其他会计文件必须作出的变更，并就制定这些账目与会计文件所采用的评估方法提出任何有益的看法；
3. 他们所发现的不符合规定的以及不确实的情况；
4. 与前一会计年度相比较，上述看法以及所做的更正所导致的有关本会计年度资产负债结果的结论。

会计监察人在对需要遵守第 L823-19 条的规定或者自愿设置该条意义上的专门委员会的人和实体进行账目监督时，应当与该条所指的专门委员会一起研究是否存在有损于他们的独立性的可能风险以及为了减轻这种风险而应当采取的保护措施。会计监察人向该专门委员会报告（企业）内部在监督制定与处理财务信息的程序方面存在的不足，并且每年向该委员会报送：

1. 有关会计监察人独立性方面的情况报告；
2. 实时更新第 L820-3 条所指的信息；这些信息应详细说明其隶属的会计监察人系统的成员提供的服务以及与其完成任务有直接联系的各项服务。

第 L823-16-1 条 会计监察人在负责对公共组织的账目进行审计并出具审计证明时，对该公共组织的公共财会人员不负有保守职业秘密的义务。

会计监察人将设有公共财会人员的公共组织的账目审计报告的副本发送给该组织的会计人员。

第 L823-17 条 （2005 年 9 月 8 日第 2005-1126 号法律第 19 条）董事会、管理委员会、监事会或者集体管理或领导机关与监事机关为审查或制定年度账目或中间账目而召开的所有会议，所有的股东大会或持股人大会，以及第 L823-1 条所指的有权限的机关的所有会议，均应召请会计监察人参加。

第 L823-18 条 （2005 年 9 月 8 日第 2005-1126 号法律第 19 条）会计监察人的酬金由接受其负责出具的账目证明的人负担。酬金的数额按照最高行政法院提出资政意见后颁布的法令确定。

地区会计监察人纪律惩戒庭，以及在上诉审级，国家会计监察人最高委员会对涉及会计监察人酬金的任何争议有管辖权。

第 L823-19 条 （2008 年 12 月 8 日第 2008-1278 号法令第 14 条）在证券准许进入规范市场交易的法人或实体内，以及《货币与金融法典》第 L511-1 条所指的信贷机构、保险与再保险企业，《合作社法典》第二卷调整的合作社，《社会保险法典》第九卷第三编调整的预防性机构内设立一个专门委员会，由其负责管理事务或监事事务的机关负责，切实保障跟踪有关会计与财务信息的编制和监督的所有问题。

上述专门委员会的组成，按照不同情况，由法人或实体的负责管理事务或者监事事务的机关确定，但委员会中只能包括公司内在职的负责管理（董事会）或监事事务的机关的成员，排除公司担任领导职务的成员。委员会内至少应有 1 名成员在金融与财会方面有特别能力，在遵守由负责管理（董事会）或监事事务的机关制定与发布的具体标准时保持独立地位。

不妨碍法人或实体的负责管理（董事会）或监事事务的机关的权限，上述委员会主要负责跟踪以下事务：

1. 金融信息的编制程序；
2. 内部监督与风险管理机制的效率；
3. 会计监察人对账目进行的年度法定监督，相应情况下，对集团结算账目的年度法定监督；
4. 会计监察人的独立性。

专门委员会向股东大会或类似机关提议指定的会计监察人提出建议。

专门委员会向公司负责管理（董事会）或监事事务的机关汇报其执行任务的情况，以及立即报告其遇到的困难。

第 L823-20 条 （2008 年 12 月 8 日第 2008-1278 号法令第 14 条）以下所列的人与实体免除第 L823-19 条规定的义务：

1. 第 L233-16 条意义上接受监督的人与实体，如负责对其实施监督任务的人或实体本身受第 L823-19 条之规定的约束；
2. 《货币与金融法典》第 L214-1 条所指的集体投资机构；
3. 证券未获准在规范市场上市、只能持续或者多次发行债券凭证的信贷机构，但以其发行的债券凭证的总面值低于 100 万欧元并且不发布募集债券说明书为条件；
4. 设有履行第 L823-19 条所指专门委员会职责的机关的人与实体，这种履行专门委员会职责的机关可以是负责公司管理（董事会）或监事事务的机关，并以公示其人员组成为条件。

第九卷 适用于海外(省、领地)的规定

第 L910-1 条至第 L960-2 条(略)